lonely planet



# England

Neil Wilson,
Oliver Berry, Fionn Davenport, Marc Di Duca, Belinda Dixon,
Peter Dragicevich, Damian Harper, Catherine Le Nevez

## REISEPLANUNG

PAUL THOMPSON /GETTY IMAGES ©

BEACHY HEAD S. 171

BRUCE YUANYUE BI /GETTY IMAGES ©

TOWER OF LONDON S. 71

## REISEZIELE IN ENGLAND

# Inhalt

## REISEZIELE IN ENGLAND

JOHN FINNEY PHOTOGRAPHY / GETTY IMAGES ©

SCAFELL PIKE S. 653

# Inhalt

# Willkommen in England

*Dieses schöne grüne Land, diese königliche Insel, dieser Schmelztiegel des Empire und Vorreiter der Demokratie ist der exzentrischste, außergewöhnlichste und faszinierendste Platz unter der Sonne.*

## Vielfalt im Überfluss

Von den Überresten des römischen Hadrianswalls bis zu Londons unvergleichlicher Theaterszene – England strotzt förmlich vor Vielfalt. In den Städten mit ihren verführerischen Läden und Restaurants und einigen der besten Museen der Welt ist immer was los. Abends sorgen hypermoderne Clubs und eine bunte Livemusikszene für tolle Erlebnisse. Am nächsten Tag locken dann vielleicht ländliche Idyllen oder klassische Badeorte am Meer. Es gibt tatsächlich für jeden etwas, egal ob acht oder 80, ob allein oder mit Freunden, Kindern oder der Oma unterwegs.

## Zeitreisen

Eine Reise durch England ist wie eine Reise durch die Geschichte – und zwar eine Geschichte, die man hautnah ertasten und erleben kann. Hier kann man seine Hände auf die Megalithen eines 5000 Jahre alten Steinkreises legen oder genauso wie die Ritter vor Jahrhunderten über die Wehrgänge einer mittelalterlichen Festung spazieren. Neben den Schauplätzen der Legende von König Artus und der Sonette Shakespeares locken hier die Paläste der Royals aus Vergangenheit und Gegenwart. Und dann geht's ab in die Zukunft zur Architektur des 21. Jhs. in Manchester oder zu den Kuppeln des Eden Project in Cornwall.

## Wir sprechen Englisch

Zwar hat England eine Kultur und Traditionen ausgebildet, die komplex anmuten, doch zumindest oberflächlich betrachtet sind diese den Besuchern aus zahllosen Filmen und Fernsehserien bekannt. Dasselbe gilt für die Kommunikation, denn dies ist die Heimat der englischen Sprache. Für viele Reisende bedeutet das, dass sie kein Wörterbuch mit herumschleppen müssen, wenn auch die regionalen Dialekte zum Teil schwer zu verstehen sind.

## Immer locker bleiben!

In England herumzureisen ist ein Kinderspiel, auf jeden Fall im Vergleich zu vielen anderen Gegenden des Globus. Zwar schimpfen die Einheimischen gern über die öffentlichen Verkehrsmittel, doch sind diese eigentlich sehr gut und eine Zugfahrt übers Land kann an sich schon eine wahre Freude sein. Aber egal, wie man sich auch fortbewegt: In diesem kompakten Land ist der nächste Ort, das nächste Pub, das nächste Restaurant, der nächste Nationalpark oder die nächste imposante Burg nie weit entfernt. Die Auswahl ist wahrlich endlos und wir haben die besten Orte ausgewählt – was Besucher aber nicht davon abhalten sollte, ihre eigenen Entdeckungen zu machen.

## Warum ich England so liebe

von Neil Wilson

Das Reizvolle an England ist, dass einem aus beinahe jedem Winkel der Atem der Geschichte entgegenweht. Die Städte und Dörfer, Burgen, Schlösser und Kathedralen scheinen im Verlauf vieler Jahrhunderte organisch gewachsen zu sind, um Wohlfühllandschaften zu schaffen, in die sich der Geist wie in einen gemütlichen Sessel versenken kann. Es ist ein Ort, der zur geruhsamen Betrachtung einlädt, ob man nun von einer Brücke auf verträumte Turmspitzen schaut, den Ausblick von einem kleinen Hügel genießt oder sich in einem alten reetgedeckten Pub ein wohlverdientes Pint einverleibt.

**Mehr über unsere Autoren siehe S. 786**

Oben: Big Ben & Houses of Parliament (S. 57), London

# England

0 100 km
0 50 Meilen
Höhe
500 m
300 m
200 m
100 m
0
Hadrianswall
An der spektakulären römischen Ruine entlangstiefeln (S. 689)
Lake District
Grüne Hügel und schroffe Gipfel erklimmen (S. 632)
York
In das Erbe der Wikinger eintauchen (S. 534)
Liverpool
In den umgenutzten Docks Kultur genießen (S. 610)
Peak District
Durch phantastische Landschaften streifen (S. 514)
56°N
55°N
54°N
53°N
2°O
1°O
0° (Greenwich)
1°W
NORDSEE
IRISCHE SEE
SCHOTTLAND
NORDIRLAND
IRLAND
EDINBURGH
Dunbar
Greenock
Dumbarton
Glasgow
Motherwell
Kilmarnock
Ayr
Campbeltown
Kelso
Coldstream
Berwick-upon-Tweed
Tweed
Holy Island
Farne Islands
Hawick
Alnwick
Moffat
Dumfries
Northumberland National Park
Hadrian's Wall
Corbridge
Haltwhistle
Newcastle-upon-Tyne
River Tyne
Sunderland
Carlisle
Warwick
Durham
Hartlepool
Middlesbrough
BELFAST
Keswick
Lake District
Whitehaven
Lake District National Park
Darlington
Castleton
Whitby
Grasmere
Windermere
Coniston
Kendal
North York Moors National Park
Isle of Man
Ramsey
Douglas
Castletown
Scarborough
Ulverston
Barrow-in-Furness
Grange-over-Sands
Yorkshire Dales National Park
Ripon
Dundalk
Harrogate
York
Blackpool
Preston
Bradford
Leeds
Beverley
Hull
Burnley
Halifax
Blackburn
Southport
Huddersfield
Grimsby
Bolton
Peak District National Park
Scunthorpe
Manchester
Doncaster
Liverpool
Stockport
Sheffield
Louth
DUBLIN
Holyhead
Birkenhead
Warrington
Worksop
Buxton
Chesterfield
Lincoln
Chester
Crewe
Bakewell
Matlock Bath
Skegness
Newark-on-Trent
Stoke-on-Trent
Derby

Stratford-upon-Avon
Ein Shakespeare-Stück im Geburtsort des Dichters erleben (S. 450)
Oxford
Über altehrwürdige Fakultäten und Traditionen staunen (S. 186)
Cotswolds
Durch englische Bilderbuchlandschaften schweifen (S. 202)
Bath
Großartige georgianische Architektur bewundern (S. 334)
Eden Project
Cornwalls drei gigantische Treibhäuser besuchen (S. 375)
Stonehenge
Die Mystik der berühmten prähistorischen Stätte spüren (S. 278)
London
Nicht versäumen: die erstklassige Theaterszene (S. 52)
Seven Sisters
Über die auffälligen weißen Klippen spazieren (S. 171)
Canterbury
Das geschichtsträchtige Gotteshaus besichtigen (S. 145)
Cambridge
An den malerischen „Backs" Stechkahn fahren (S. 388)
ENGLAND
WALES
FRANKREICH
ATLANTIK
Ärmelkanal
LONDON
CARDIFF
Stafford
Shrewsbury
Ironbridge Gorge
Wolverhampton
Leicester
Peterborough
King's Lynn
Norwich
The Broads
Great Yarmouth
Church Stretton
Birmingham
Coventry
Aberystwyth
Ludlow
Warwick
Northampton
St. Ives
Cambridge
Bury St. Edmunds
Aldeburgh
Worcester
Stratford-upon-Avon
Bedford
Ipswich
Hereford
Great Malvern
Milton Keynes
Felixstowe
Hay-on-Wye
Fishguard
Gloucester
Cheltenham
Luton
Aylesbury
Colchester
St. Albans
Chelmsford
The Cotswolds
Oxford
Watford
Pembroke
Swansea
Swindon
Southend-on-Sea
Margate
Bristol
Bath
Avebury
Reading
Windsor
Canterbury
Sandwich
Ilfracombe
Exmoor National Park
Glastonbury
Stonehenge
Farnham
Royal Tunbridge Wells
Dover
Salisbury
Winchester
Folkestone
Calais
Southampton
Rye
Farnham
Lyndhurst
Chichester
Hove
Lewes
Hastings
Arundel
Brighton
Eastbourne
New Forest National Park
Portsmouth
Beachy Head
Exeter
Dorchester
Bournemouth
Jurassic Coast
Dartmoor National Park
Weymouth
Isle of Wight
Newquay
Torquay
Totnes
Eden Project
Plymouth
Dartmouth
St. Ives
Penzance
Land's End
Isles of Scilly
Le Havre
Rouen
52°N
51°N
50°N
6°W
5°W
4°W
3°W
2°W
1°W

# Englands Top 20

1

## Stonehenge

**1** Das mysteriöse und faszinerende Stonehenge (S. 278) ist Englands berühmteste prähistorische Stätte. Schon seit mehr als 5000 Jahren zieht es die Menschen zu diesem geheimnisumwitterten Steinkreis und wir wissen auch heute noch nicht genau, warum er errichtet wurde. Die meisten Besucher schauen sich die 50-t-Kolosse von außerhalb des Umfassungszaunes an, doch wer frühzeitig plant, kann frühmorgens oder abends auch in den inneren Kreis selbst hineingehen. Ohne den normalen Besucherandrang und im Licht der Dämmerung ist dies ein der Welt entrückter Ort – ein Erlebnis, das man nicht vergisst.

## Oxford

**2** Näher als bei einer Besichtigungstour in Oxford (S. 186) kommen die meisten von uns wohl kaum den brillanten Geistern und altehrwürdigen Institutionen, die diese Stadt auf der ganzen Welt so berühmt gemacht haben. Einen Eindruck von dieser exklusiven Welt vermitteln die Kopfsteinpflastergassen und alten Colleges, in denen radelnde Studenten und angegraute Akademiker umherstreifen. Die wunderschönen Gebäude und die uralten Traditionen haben sich im Verlauf der Jahrhunderte kaum verändert – das Stadtzentrum sieht heute noch mehr oder weniger genauso aus, wie es Einstein und Tolkien vorgefunden haben. Unten: Radcliffe Camera (S. 191), University of Oxford

EURASIA PRESS / GETTY IMAGES ©

ALLAN BAXTER / GETTY IMAGES ©

3

4

## Lake District

**3** William Wordsworth und seine Romantikerfreunde schwärmten als erste vom Reiz des Lake District (S. 632) und es ist nicht schwer zu erkennen, was sie dazu veranlasste. Die dramatische Landschaft aus buckeligen Hügeln, tiefen Tälern, nebelverhangenen Bergseen und hohen Gipfeln – darunter der höchste Englands – macht diese zerklüftete Ecke des Landes zum Paradies für Wanderer. Also Stiefel an, Proviant einpacken und die zauberhaften Ausblicke genießen! Oben links: Grasmere (S. 645)

## York

**4** Mit seinem römischen und Wikinger-Erbe, seinen alten Stadtmauern und dem Labyrinth aus Kopfsteinpfalsterstraßen ist York (S. 534) ein echtes Highlight für Geschichtsfans. Auf einer der vielen angebotenen Stadtführungen kann man in das Netz der Gassen eintauchen, von denen jede mit einer Spuk- oder sonstigen Geschichte aufwartet. Das York Minster ist die größte mittelalterliche Kathedrale in ganz Nordeuropa. Errungenschaften aus neuerer Zeit sind im National Railway Museum mit der weltweit größten Sammlung historischer Lokomotiven zu bestaunen.

## Bath

**5** In einem Land voller schöner Städte sticht Bath (S. 334) noch einmal deutlich hervor. Gegründet von den Römern, die sich an den warmen Quellen des Orts labten, erlebte Bath im 18. Jh. seine eigentliche Blüte: Damals erfand es sich unter der Ägide des reichen Unternehmers Ralph Allen nach Plänen der beiden Architekten John Wood des Älteren und des Jüngeren völlig neu als georgianische Musterstadt. Mit seinen zahllosen honigfarbenen Stadthäusern, eleganten Häuserreihen und palladianischen Villen verlangt Bath nach ungeteilter Aufmerksamkeit. Oben: Pulteney Bridge (S. 335)

CHRIS MELLOR / GETTY IMAGES ©

## Museen in Liverpool

**6** Nach einer gut zehnjährigen Sanierung ist das Hafengebiet heute wieder das Herz von Liverpool (S. 610). Im Mittelpunkt steht das Albert Dock, eine Welterbestätte mit denkmalgeschützten Wahrzeichen und einigen Top-Museen: Das Merseyside Maritime Museum und das International Slavery Museum beleuchten die guten und die schlechten Seiten der Geschichte der Stadt; die Tate Liverpool und die Beatles Story befassen sich mit Popkultur und den immer noch berühmtesten Söhnen der Metropole. Oben: Albert Dock & Beatles Story (S. 614)

## Hadrianswall

**7** Der Hadrianswall (S. 690) ist eine der faszinierendsten römischen Hinterlassenschaften des Landes: Durch die wilde, einsame Landschaft Nordenglands erstreckt sich eine 2000 Jahre alte Abfolge verlassener Befestigungen, Garnisonen, Türme und Meilenfestungen. Dieser Wall diente der Verteidigung und Kontrolle, aber hier am Rand des Römischen Reiches verlief auch die Grenze der zivilisierten Welt – dahinter lag das Land der brandschatzenden Kelten, davor die römische Welt mit Steuern, Fußbodenheizung und Bädern.

## Die Cotswolds

**8** Das Schönste an den Cotswolds (S. 202) ist, dass man, egal wohin man fährt oder wie sehr man sich verirrt, immer in einem unglaublich idyllischen Dorf aus honigfarbenem Stein mit rosenüberwucherten Cottages herauskommt. Sicher gibt es eine reizende Dorfwiese, ein Pub mit schiefen Böden und gutem Bier und einen Ausblick auf die grünen Hügel. Hier ist es einfach, den Massen zu entkommen und ein eigenes Stück altes England sowie einige der besten Boutiquehotels des Landes für sich zu entdecken. Oben: Snowshill (S. 214)

## Englands Pubs

**9** Trotz der vielen neuen Clubs und Bars ist das traditionelle Eck- oder Dorfpub – das älteste des Landes ist Ye Olde Trip to Jerusalem (S. 488) – noch immer das Zentrum des geselligen Lebens in England. Ein Pub anzusteuern zählt zu den besten Möglichkeiten, das Land besser kennenzulernen. Das traditionelle englische Ale mag Nicht-Briten zu warm und zu schal erscheinen, aber wer sich auf das Experiment einlässt, lernt bald die komplexen Aromen dieser Biere und die vielen regionalen Unterschiede zu schätzen. Unten: Ye Olde Trip to Jerusalem, Nottingham

## Cambridge

**10** Zu den Highlights in Cambridge (S. 388), einer der beiden großen alten Universitätsstädte des Landes, zählt die Besichtigung eines der altehrwürdigen Colleges und des grandiosen Deckengewölbes der King's College Chapel. Aber kein Cambridge-Trip ist vollständig ohne eine Stechkahntour durch die malerischen „Backs", die schattigen Weiden hinter den Colleges. Am Ende des Tages lockt dann ein Pint in einem der alten Pubs. Und bald fragt man sich, wie man je woanders hat studieren können! Unten: Cambridge University (S. 389)

## Peak District

**11** Komischerweise gibt's im Peak District (S. 514) nicht viele *peaks* (Gipfel) – dafür aber meilenweit Moore, tiefe Täler, erodierte Sandsteinfelsen, üppiges Farmland und alte Dörfer. An Sommerwochenenden lockt diese schöne Landschaft scharenweise Outdoorfreaks an. Wer es lieber etwas ruhiger angeht, genießt den Landmarkt und die berühmten Puddings von Bakewell, die viktorianischen Pavillons im Kurort Buxton und das grandiose Architekturjuwel Chatsworth House. Unten: Chatsworth House (S. 526), Bakewell

## Tower of London

**12** Der Londoner Tower (S. 71) ist die besterhaltene mittelalterliche Burg Europas und eine der berühmtesten Sehenswürdigkeiten Englands. Er ist über tausend Jahre alt – älter, wenn man die römischen Fundamente mitzählt – und schon immer ein Wahrzeichen der Stadt. Im Verlauf der Jahrhunderte hat diese unbeugsame Festung als Palast, Gefängnis, Waffenarsenal und Münze gedient. Heute sind hier die legendären Beefeater und die Raben zu Hause, denen mythische Kräfte zugeschrieben werden.

11

12

ADINA TOVY / GETTY IMAGES ©

MICHAEL ENGLAND / GETTY IMAGES ©

## Afternoon Tea

**13** Der *afternoon tea* ist eine der reizendsten der vielen unterschiedlichen Traditionen Englands – und sicher eine der leckersten. Im Mittelpunkt steht das beliebte Getränk selbst, aufgebrüht in einer Kanne, am besten einer versilberten, und dann sorgfältig in feine Porzellantassen eingeschenkt. Je nachdem, wo man sich im Land befindet, werden dazu *scones* und *cream*, Obstkuchen oder dünne Gurkensandwiches gereicht. Am besten probiert man diese kulinarische Wonne in einem schicken Stadthotel oder einem traditionellen Tearoom wie Betty's (S. 549) in Harrogate.

## Stratford-upon-Avon

**14** Im hübschen Stratford-upon-Avon (S. 450) wurde der weltberühmte Dramatiker William Shakespeare geboren und hier starb er auch. Heute erzählen die alten Straßen der Stadt vom Leben und der Zeit Shakespeares und das renommierte Theater lockt scharenweise Theaterfreunde zu seinen Vorstellungen. Wer möchte, kann die fünf historischen Häuser besuchen, die der Familie des Autors gehörten, und dann die alte Steinkirche aufsuchen, in der der Dichter seine letzte Ruhestätte fand. Oben rechts: Nash's House & New Place (S.451)

## Canterbury Cathedral

**15** Nur wenige andere englische Kirchen können es mit der Canterbury Cathedral (S. 148) aufnehmen, dem Zentrum der anglikanischen Kirche; hier finden seit über 1500 Jahren Gottesdienste statt. Der reich verzierte Turm der Kirche beherrscht die Skyline der Stadt. Im Innern der Kirche verbirgt sich ein Tatort: Hier wurde im 12. Jh. auf Geheiß des Königs Erzbischof Thomas Becket ermordet – bis heute pilgern deswegen Gläubige hierher. An die grausame Tat erinnert eine einsame Kerze; der rosa Sandstein davor ist von den Knien der Pilger ganz glatt poliert.

## Wandern in England

**16** Dank seiner recht kompakten Größe und der traditionellen Wegerechte lässt sich England wunderbar zu Fuß erkunden. In den berühmten historischen Städten des Landes laden enge Sträßchen und versteckte Gassen zum Bummeln ein. In den offenen Landschaften des Südens an einem gewundenen Fluss entlangzuwandern oder in den Nationalparks wie dem Peak District die Hügel zu erklimmen, kann eine tolle Art sein, England und seinen Bewohnern ein wenig näher zu kommen. Oben links: Peak District National Park (S. 514)

## Fußball

**17** Trotz allem, was die Fußballfans in Spanien oder Deutschland sagen mögen, umfasst die englische Premier League noch immer einige der Top-Mannschaften der Welt, mit vielen der besten – und bestbezahlten – Spieler. Einer der berühmtesten Vereine überhaupt ist nach wie vor Manchester United (S. 598), aber natürlich gibt's auch noch Manchester City, Arsenal, Liverpool und Chelsea. An Karten für wichtige Spieler ist nur schwer zu kommen – als Trost bleibt eine Stadionführung an spielfreien Tagen. Oben rechts: Old Trafford (S. 598), Manchester

## Kreidefelsen Seven Sisters

**18** Die weißen Klippen von Dover kennt jeder, doch weitaus spektakulärer sind die Seven Sisters (S. 171). Diese 6,5 km lange Abfolge schierer weißer Felsen erstreckt sich an der Küste von Sussex am Ärmelkanal. Sie bilden die imposante Südgrenze des South Downs National Park und sind am eindrucksvollsten an der hoch aufragenden Landspitze Beachy Head. Von den Klippenpfaden oben bieten sich weite Blicke aufs Meer – in jedem Sinne atemberaubend.

## Das Eden Project

**19** Die drei gigantischen halbkugelförmigen Gewächshäuser des Eden Project (S. 375) ähneln einer Kreuzung aus einer Mondlandefähre und dem Unterschlupf eines Bond-Film-Bösewichts. Die in einer aufgegebenen Tongrube bei St. Austell errichteten „Biome“ gehen auf eine Idee des ehemaligen Schallplattenproduzenten Tim Smit zurück. In ihnen sind Biotope aus aller Welt nachgebildet, vom üppigen Dschungel des Amazonas-Regenwalds bis zu den gemäßigten Ebenen der afrikanischen Savanne.

## Londons Theaterszene

**20** Egal, was man in London sonst so macht, man sollte auf jeden Fall eine Theatervorstellung (S. 133) besuchen. Bekannte Schauspieler treten auf den Bühnen des West End wie dem National Theatre, Old Vic, Shaftesbury und Theatre Royal in der Drury Lane auf. Wer's lieber experimenteller mag, steuert z. B. das Donmar Warehouse oder das Royal Court Theatre an. Auf jeden Fall wird man Bestätigung dafür finden, dass die Londoner Theaterszene zu den besten der Welt zählt.

19

20

# Gut zu wissen

**Weiteres siehe Praktische Informationen (S. 754)**

### Währung
Britisches Pfund (£)

### Sprache
Englisch

### Einreise
Deutsche, Österreicher und Schweizer benötigen für die Einreise nur ihren Personalausweis.

### Geld
Geldautomaten sind fast überall zu finden; Kreditkarten sind ein gängiges Zahlungsmittel.

### Handy
Das britische Handynetz ist ein GSM 900/1800-Netz, also mit Handys vom europäischen Kontinent kompatibel.

### Zeit
Greenwich Mean Time (GMT): MEZ minus eine Stunde.

## Reisezeit

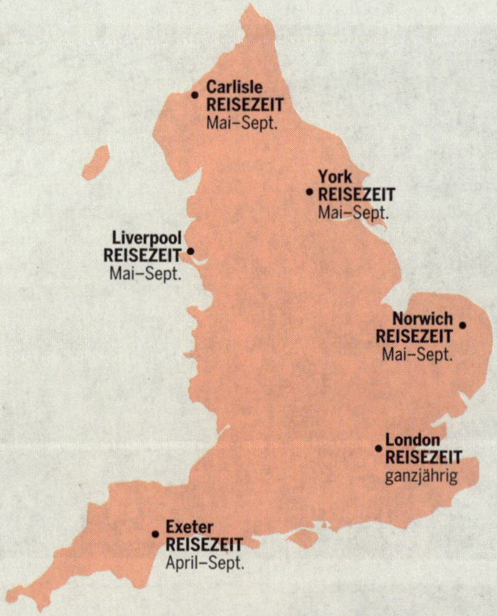


### Hochsaison
(Juni–Aug.)

- Gutes Wetter, aber hohe Übernachtungspreise, besonders während der Schulferien im August.
- Viel Verkehr, besonders am Meer, in Nationalparks und in beliebten Städten wie Oxford, Bath und York.

### Zwischensaison
(Ostern–Mai, Mitte Sept.–Okt.)

- Weniger Andrang, niedrigere Preise.
- Oft gutes Wetter: Mix aus Sonne und plötzlichem Regen von März bis Mai; teils Altweibersommer im September und Oktober.

### Nebensaison
(Dez.–Feb.)

- Gewöhnlich nass und kalt. Vor allem im Norden kann Schnee fallen.
- Von Oktober bis Ostern eingeschränkte Öffnungszeiten, teils komplette Schließung über den Winter. Attraktionen in den großen Städten sind ganzjährig geöffnet.

## Websites

**BBC** (www.bbc.co.uk) Nachrichten und Unterhaltung.

**Enjoy England** (www.enjoyengland.com) Offizielle Tourismus-Website.

**Lonely Planet** (www.lonelyplanet.com/england) Informationen, Hotelbuchungen, Reiseforen und mehr.

**National Traveline** (www.traveline.org.uk) Tolles Portal für öffentliche Verkehrsmittel in England.

**British Arts Festivals** (www.artsfestivals.co.uk) Festivalkalender für Kunst, Literatur, Tanz, Folk und mehr.

## Wichtige Telefonnummern

| | |
|---|---|
| **Ländervorwahl Großbritannien** | ☎44 |
| **Internationaler Zugangscode** | ☎00 |
| **Notruf (Polizei, Feuer, Ambulanz, Bergrettung und Küstenwache)** | ☎112 oder ☎999 |

## Wechselkurse

| | | |
|---|---|---|
| **Eurozone** | 1 € | 0,79 £ |
| **Schweiz** | 1 SFr | 0,75 £ |

Aktuelle Wechselkurse siehe www.xe.com.

## Tagesbudget

### Budget bis 55 £

- Hostelbett: 15–25 £
- Günstiges Essen in Cafés und Pubs: 7–11 £
- Fernbus: 15–40 £ (320 km)

### Mittelklasse 55–120 £

- Doppelzimmer in Mittelklassehotel oder B&B: 60–130 £ (London 100–200 £)
- Hauptgericht in Mittelklasserestaurant: 10–20 £
- Bahnfahrt: 20–80 £ (320 km)

### Gehoben über 120 £

- 4-Sterne-Hotelzimmer: ab 130 £ (London ab 200 £)
- 3-Gänge-Mahlzeit in gutem Restaurant: ca. 40 £
- Mietwagen: ab 35 £

## Öffnungszeiten

Öffnungszeiten variieren je nach Jahreszeit, besonders in ländlichen Gegenden, wo kürzere Öffnungszeiten die Regel sind – hier ist vieles von Oktober oder November bis März oder April komplett geschlossen.

**Banken** Montag bis Freitag 9.30–16 oder 17 Uhr, teils auch Samstag 9.30–13 Uhr.

**Pubs und Bars** Montag bis Donnerstag 11–23, Freitag und Samstag 11–1, Sonntag 12.30–23 Uhr.

**Restaurants** Mittagessen 12–15 Uhr, Abendessen 18–21/22 Uhr (in den Städten auch später).

**Geschäfte** Montag bis Samstag 9–17.30 Uhr (in den Städten bis 18 Uhr) und oft Sonntag 11–17 Uhr. In London und anderen Städten gibt es rund um die Uhr geöffnete Minimärkte.

## Ankunft in England

**Flughafen Heathrow** (S. 141) Züge in die Londoner Innenstadt (Paddington Station) alle 15 Minuten (ab 18 £). Taxi 40–50 £.

**Flughafen Gatwick** (S. 141) Züge in die Londoner Innenstadt (Victoria Station) alle 15 Minuten (ab 16 £). Taxi 70–90 £ (bzw. mehr zu den Stoßzeiten).

**Eurostar-Züge** (S. 762) Ab Paris oder Brüssel zum Bahnhof St. Pancras International im Zentrum von London.

## Unterwegs vor Ort

Die öffentlichen Verkehrsmittel können in England teuer sein. In abgelegeneren Gegenden sind die Bus- und Bahnverbindungen lückenhaft. Fahrpläne bietet www.traveline.org.uk.

**Auto** Gut für unabhängiges Reisen und für Gegenden mit schlechten öffentlichen Verbindungen. Autoverleiher gibt's in allen größeren Orten.

**Zug** Recht teuer, mit gutem Netz und regelmäßigen Verbindungen im größten Teil des Landes.

**Bus** Billiger und langsamer als Züge, aber nützlich für abgelegenere Gebiete ohne Bahnanbindung.

Mehr zum Thema **Unterwegs vor Ort** ab S. 763

# England für Einsteiger

**Weiteres siehe Praktische Informationen (S. 754)**

## Checkliste

- Gültigkeit der Reisedokumente prüfen
- Buchungen vornehmen (Sehenswürdigkeiten, Unterkünfte, Reisen)
- Bei Flügen Höchstgrenze fürs Reisegepäck prüfen
- Bei Flügen Gegenstände wie Taschenmesser, Haargel usw. aus dem Handgepäck nehmen und einchecken
- Kreditkartenunternehmen bzw. Bank von der Reise unterrichten
- Eventuell Reiseversicherung abschließen
- Bedingungen der Handynutzung klären
- Eventuell Mietwagen buchen

## An alles gedacht?

- Pass oder Ausweis
- Kreditkarte
- Führerschein
- Adapter für britische Steckdosen
- Wasserdichte Outdoorjacke
- Regenschirm
- Bequeme Schuhe

## Top-Tipps für die Reise

- An den Londoner Flughäfen sind Fahrkarten für die Expresszüge in die Innenstadt gewöhnlich schon in der Ankunftshalle erhältlich.
- Britische Pfund besorgt man sich am besten an Geldautomaten.
- Wer länger in London ist, sollte sich für die U-Bahn eine Oyster Card besorgen, wie sie auch die Londoner benutzen.
- In den beliebten Touristengegenden und besonders in London sind Taschendiebe und Trickbetrüger unterwegs. Kein Grund zur Paranoia, man sollte einfach nur die Augen offen halten.
- Britische Steckdosen unterscheiden sich von denen des restlichen Europas, daher benötigt man einen Adapter.

## Was anziehen?

Ins Gepäck gehört auf jeden Fall eine Regenjacke, und ein Rucksack, damit man sie bei gutem Wetter herumtragen kann, ist auch nicht verkehrt. Im Sommer braucht man Sonnencreme und einen Regenschirm – vielleicht am selben Tag.

Unbequeme Schuhe können einem den ganzen Urlaub verderben. Wer in der freien Natur unterwegs ist, sollte für schrofferes Terrain entsprechend ausgerüstet sein. Für kleinere Spaziergänge reicht normales Schuhwerk.

In einigen Bars und Restaurants sind Jeans, T-Shirts und Turnschuhe tabu.

## Übernachtung

Besonders für den Sommer, für Wochenenden und die Inseln, wo es oft nur ein begrenztes Angebot gibt, sollten Unterkünfte vorgebucht werden, für Juli und August mindestens zwei Monate im Voraus.

- **B&Bs** Diese kleinen, familiengeführten Unterkünfte sind gewöhnlich relativ preisgünstig. Luxuriösere B&Bs ähneln Boutiquehotels.
- **Hotels** Englische Hotels reichen von ein paar Zimmern über einem Pub bis zu restaurierten Landsitzen und Schlössern mit entsprechenden Preisen.
- **Hostels** Es gibt ein gutes Angebot an offiziellen Jugendherbergen und unabhängigen Hostels, oft in schönen Gebäuden.

## Geld

In den größeren Orten gibt's fast überall Geldautomaten *(cash machines)*. Wie überall sollte man auch hier darauf achten, dass der Automat nicht manipuliert wurde. Visa- und MasterCard-Karten sind in England gängige Zahlungsmittel, außer vielleicht in kleineren B&Bs, die nur Bargeld nehmen. Andere Kreditkarten sind nicht so weit verbreitet. In den größeren Orten lässt sich Geld auch in Banken oder Wechselstuben umtauschen, doch sind hier die Kurse teils eher schlecht. Auch einige Postämter wechseln – zu normalen Kursen – Geld, was besonders auf dem Land praktisch ist.

## Feilschen

Auf Flohmärkten und in Antiquitätengeschäften ist höfliches Handeln akzeptabel, sonst jedoch nicht.

## Trinkgeld

➡ **Restaurants** In Restaurants und Tearooms mit Bedienung am Tisch rund 10 %, in schickeren Restaurants eher 15 %. Es kann sein, dass das Trinkgeld als *service charge* schon in der Rechnung enthalten ist. Trinkgeld zu geben oder die *service charge* zu zahlen ist jedoch absolut freiwillig.

➡ **Pubs und Bars** Wer an der Theke Getränke (und Essen) bestellt und bezahlt, braucht kein Trinkgeld zu geben. Wer am Tisch bestellt und das Essen gebracht bekommt, sollte 10 % Trinkgeld geben.

➡ **Taxis** Gewöhnlich rund 10 % oder aufs nächste volle Pfund aufgerundet, besonders in London.

## Etikette

➡ **Benehmen** Die Engländer sind für ihre Höflichkeit bekannt und gutes Benehmen gilt in den meisten Situationen als wichtig, darum auch immer brav *please* und *thank you* sagen.

➡ **Schlangen** In England ist das Schlangestehen, ob beim Einsteigen in einen Bus, beim Kartenkauf an einem Schalter oder vor den Toren einer Sehenswürdigkeit, die absolute Norm. Wer sich vordrängelt, wird mit entrüstetem Kopfschütteln bestraft.

➡ **Rolltreppen** Wer eine Rolltreppe (besonders in den Londoner U-Bahnhöfen) oder ein Rollband (z. B. am Flughafen) benutzt, muss rechts stehen, um links überholt werden zu können.

## Essen

In Mittelklasserestaurants sollte man besonders fürs Wochenende einen Tisch reservieren, in Top-Restaurants ein paar Wochen im Voraus. Näheres im Kapitel Essen & Trinken (S. 723).

➡ **Restaurants** Englands Restaurants reichen von fröhlich-billig bis zu Michelin-besternt und decken jede nur vorstellbare ethnische Küche ab.

➡ **Cafés** Tagsüber, selten bis nach 18 Uhr geöffnete Cafés eignen sich prima für ein lockeres Frühstück oder ein zwangloses Mittagessen oder einfach nur einen Kaffee.

➡ **Pubs** Die meisten englischen Pubs servieren zu recht vernünftigen Preisen Essen und viele können es im Hinblick auf die Qualität durchaus mit Restaurants aufnehmen.

MATTHEW E. MADDOCK / GETTY IMAGES ©

U-Bahnhof in London

# Was gibt's Neues?

## Radfahren

Dadurch, dass 2014 die beiden ersten Etappen der Tour de France in Yorkshire stattfanden, wurde das Interesse am Radfahren in erheblichem Maße befeuert. Nicht nur strampeln jetzt immer mehr Leute die Hügel der Yorkshire Dales und des Lake District hoch, sondern es gibt auch zahlreiche neue Fernradwege, Radleihmöglichkeiten und spezielle Fahrradcafés wie das Your Bike Shed in York. (S. 543)

### Stonehenge

Im Zuge einer 27 Mio. £ teuren Umgestaltung der berühmtesten prähistorischen Stätte Englands ist die Umgebung von Stonehenge jetzt wieder Grasland und es wurde ein eindrucksvolles neues Besucherzentrum eröffnet. (S. 280)

### Shangri-La at the Shard

Die erste Niederlassung der asiatischen Luxushotelkette belegt den 34. bis 52. Stock des Londoner Wolkenkratzers The Shard. (S. 81)

### The Making of Harry Potter

Zukünftige Hogwarts-Schüler können bei dieser spektakulären neuen Führung der Warner Bros Studios außerhalb von London den Zauberstab schwingen und ihre Zauberkünste schulen. (S. 226)

### Eden Project

Das berühmte Umweltzentrum in Cornwall verfügt jetzt über eine neue Attraktion: Durch das Regenwald-„Biom" führt ein neuer Baumwipfelpfad. (S. 375)

### King Richard III: Dynasty, Death & Discovery

Dieses neue Hightech-Besucherzentrum erzählt die spannende Geschichte der Entdeckung der Gebeine König Richards III. unter einem Parkplatz in Leicester im Jahr 2012. (S. 502)

### Bleak House

In diesem Hotel am Strand von Broadstairs können Gäste in demselben Zimmer nächtigen, in dem Charles Dickens zwölf produktive Sommer verbrachte. (S. 157)

### Liverpool International Music Festival

Liverpools altes Mathew Street Festival ist zu einem Ende August stattfindenden, zweiwöchigen Musikfestival für Künstler aus dem In- und Ausland ausgebaut worden. (S. 615)

### Black Sail Youth Hostel

Eine der abgeschiedensten Jugendherbergen Englands, hoch oben in den Bergen des Lake District oberhalb von Ennerdale gelegen, wartet jetzt nach einer umfassenden Sanierung mit Doppelverglasung und Beleuchtung aus Solarstrom auf. (S. 654)

### Northumberland National Park

Ende 2013 wurde dem am dünnsten besiedelten Nationalpark Englands von der International Dark Skies Association der Dark Sky Status verliehen. Dadurch erfreut sich das Sternegucken im Kielder-Observatorium noch größerer Beliebtheit. (S. 696)

Noch mehr aktuelle Tipps und Empfehlungen gibt's auf: lonelyplanet.com/England

# Wie wär's mit …

## Royals

Nach 60 Jahren auf dem Thron feierte Königin Elisabeth II. 2012 ihr diamantenes Thronjubiläum. Angesichts einer 1500 Jahre alten Monarchie überrascht es kaum, dass die Royals im ganzen Land ihre Spuren hinterlassen haben.

**Buckingham Palace** Die offizielle Londoner Residenz der Königin mit dem Balkon, von dem die Royals herabwinken, und der Wachablösung. (S. 59)

**Westminster Abbey** Wo die englischen Monarchen gekrönt werden und heiraten, zuletzt William und Kate. (S. 56)

**Tower of London** Burg und Königspalast seit Jahrhunderten, beherbergt die Kronjuwelen – 900 Jahre Geschichte in einem einzigen Gebäude. (S. 71)

**Sandringham House** Die Landresidenz der Monarchin mit einem Museum für königliche Erinnerungsstücke. (S. 427)

**Royal Pavilion** Opulenter, phantastischer Palast, erbaut für König Georg IV. (S. 173)

**Althorp House** Stammsitz ihrer Familie und Begräbnisstätte von Diana, Prinzessin von Wales. (S. 501)

**Osborne House** Sommerfrische der Royals auf der Isle of Wight, erbaut für Königin Victoria. (S. 251)

## Burgen

**Windsor Castle** Größte und älteste noch bewohnte Festung der Welt und Wochenend-Refugium der Königin. (S. 130)

**Warwick Castle** Eine der schönsten Burgen in England, gut in Schuss und so imposant wie romantisch. (S. 447)

**Tintagel Castle** Stimmungsvolle Ruinen auf einer Klippe und legendärer Geburtsort von König Artus. (S. 355)

**Bamburgh Castle** Spektakulär gelegene und größtenteils rekonstruierte Festung an der Küste Northumberlands, ein starker Kontrast zu den Ruinen des nahen Dunstanburgh Castle. (S. 702)

**Richmond Castle** Eine der ältesten Burgen Englands, mit phantastischer Aussicht vom mittelalterlichen Burgfried. (S. 571)

**Skipton Castle** Kaum bekannt, aber wohl die besterhaltene mittelalterliche Burg im Land. (S. 565)

## Kathedralen

**St. Paul's Cathedral** Seit Jahrhunderten ein Londoner Wahrzeichen und immer noch ein wesentlicher Bestandteil der Skyline. (S. 75)

**York Minster** Eine der größten mittelalterlichen Kathedralen Europas, besonders berühmt für ihre Fenster. (S. 534)

**Canterbury Cathedral** Wichtigstes Gotteshaus der anglikanischen Kirche, zieht immer noch Tausende Pilger und Besucher an. (S. 148)

**Salisbury Cathedral** Wahrhaft majestätische Kathedrale und Wahrzeichen Englands mit dem höchsten Kirchturm des Landes. (S. 274)

**Ely Cathedral** Im ostenglischen Flachland meilenweit sichtbar, im Volksmund das „Schiff der Fens" genannt. (S. 402)

**Liverpool Cathedral** Die größte anglikanische Kathedrale der Welt; dazu kommt noch die katholische Kathedrale – beide ziemlich modern. (S. 613)

## Museen

**British Museum** Englands größtes und meistbesuchtes Museum ist auch eins der ältesten und besten weltweit. (S. 98)

**National Railway Museum** Englands Mekka für Dampfeisenbahnfreaks. (S. 537)

**Natural History Museum** Ein Hit bei Kindern aller Altersstufen, mit Dinosaurierskeletten, Erdbebensimulatoren und interaktiven Exponaten. (S. 87)

**Museum of Liverpool** Die vielschichtige Vergangenheit der Stadt wird anhand von kulturellen und historischen Meilensteinen wie natürlich den Beatles erzählt. (S. 616)

**Ashmolean Museum** Englands ältestes Museum, gegründet 1683 und vollgestopft mit ägyptischen Mumien, seltenem Porzellan und unbezahlbaren Musikinstrumenten. (S. 194)

**Mary Rose Museum** Tolles modernes Museum, erbaut um die Überreste des Flaggschiffs von König Heinrich VIII. aus dem 16. Jh. (S. 241)



## Historische Häuser

**Blenheim Palace** Monumentaler Barockbau, Geburtsort Winston Churchills und eines von Englands prächtigsten Herrenhäusern. (S. 200)

**Castle Howard** Imposante Barockanlage, am besten bekannt als Kulisse für *Wiedersehen mit Brideshead.* (S. 546)

**Audley End** Eines der stattlichsten Herrenhäuser Englands, inmitten prächtiger von Lancelot „Capability" Brown gestalteter Gärten. (S. 407)

**Chatsworth House** Der Inbegriff eines Adelssitzes mit entsprechenden Parkanlagen und ein Schatzkästchen voller Erbstücke und Kunstwerke. (S. 526)

**Longleat** Das erste englische Herrenhaus, das sich für die Öffentlichkeit öffnete, ergänzt durch einen Safaripark auf dem Gelände. (S. 281)

**Wilton House** Das Zuhause von Generationen von Pembrokes erlaubt mit seinen Kunstschätzen und Stilmöbeln einen Einblick in das exklusive Dasein des englischen Adels. (S. 275)

Oben: Clovelly (S. 321)

Unten: Glastonbury Music Festival (S. 350)

## Urige Dörfer

**Clovelly** Malerisches Fischerdorf, in dem sich niedliche Cottages einen steilen Hügel zum Hafen hinunterziehen. (S. 319)

**Lavenham** Einer der schönsten Orte Englands: wunderbar erhaltene mittelalterliche Gebäude in East Anglia, so gut wie unberührt seit dem 15. Jh. (S. 410)

**Painswick** In den Cotswolds gibt's viele schöne Dörfer, aber der Hügelort Painswick ist ein absolutes Juwel, unprätentiös und wunderbar unkommerziell. (S. 216)

**Goathland** Eines der schönsten Dörfer in Yorkshire, mit Dorfanger und Bahnhof für Dampfeisenbahnen. (S. 564)

**Hawkshead** Das inmitten atemberaubender Landschaft gelegene Labyrinth aus Kopfsteinpflastersträßchen und weißen Cottages ist das schönste Dorf des Lake District. (S. 647)

## Moore & Berge

**North York Moors National Park** Wild und windgepeitscht, mit buckeligen Hügeln bis hinunter ans Meer und der ausgedehntesten Heidelandschaft Englands. (S. 555)

**Lake District** Ein Fest aus Bergen, Tälern, Ausblicken und – natürlich – Seen; hier kann man sich die Hügel erwandern, die auch den Dichter William Wordsworth inspirierten. (S. 632)

**Yorkshire Dales National Park** Mit ihren reizvollen Tälern, hohen Hügeln und tiefen Höhlen sind die Dales fürs Wandern, Radfahren und Caving wie geschaffen. (S. 564)

**Dartmoor** Umwerfende Wildnis, versteckte Täler und die höchsten Berge Südenglands. (S. 311)

**Peak District** Der meistbesuchte Nationalpark Europas, aber all die Outdoorfans können sich einfach nicht irren! (S. 514)

## Shoppen

**Portobello Road** Im Shoppingmekka London bietet die Portobello Road einen der bekanntesten Straßenmärkte. (S. 137)

**Victoria Quarter** In Leeds; hübsche Arkaden mit Schmiedeeisen und Buntglas und mehreren Top-Modeboutiquen. (S. 577)

**North Laine** Der ideale Ort in Brighton für vegane Schuhe, Elvis-Outfits und Zirkus-Einräder. (S. 178)

**Tetbury** Gehobenes Shoppingerlebnis mit stilvollen Shops sowie einem Outlet für die Erzeugnisse des Anwesens des Prince of Wales im nahen Highgrove. (S. 217)

**Ludlow** Gourmetparadies, in dem fast alles ökologisch, handwerklich, nachhaltig oder regional erzeugt ist. (S. 483)

## Kunstmuseen

**Tate Britain** Das bekannteste Kunstmuseum in London, bis zum Rand gefüllt mit erstklassigen Kunstwerken. (S. 86)

**Tate Modern** Die andere Londoner Tate befasst sich mit moderner Kunst in all ihren wunderbaren Ausprägungen. (S. 81)

**BALTIC – Centre for Contemporary Art** Die „Tate of the North" bietet Werke einiger der bekanntesten Namen der Gegenwartskunstszene. (S. 678)

**Hepworth Wakefield** Das preisgekrönte Museum wartet mit moderner Bildhauerei auf; im Mittelpunkt steht die erstklassige Sammlung von Arbeiten von Barbara Hepworth, die aus Wakefield stammt. (S. 580)

**Barber Institute of Fine Arts** Mit Werken von Rubens, Turner und Picasso ist dieses Provinzmuseum wahrlich kein Leichtgewicht. (S. 440)

**Turner Contemporary** Das neueste Kunstmuseum der Südküste in Margate residiert in einem Museumsbau direkt am Meer und wurde nach einem der bedeutendsten Künstler Englands benannt. (S. 155)

**Yorkshire Sculpture Park** Englands größter Freiluft-Skulpturenpark, v. a. mit Werken von Henry Moore und Barbara Hepworth. (S. 579)

## Festivals

**Notting Hill Carnival** Londons Karibik-Community zeigt der Stadt, wie man richtig feiert. (S. 110)

**Glastonbury** Nach mehr als 40 Jahren immer noch voll im Geschäft: Englands größtes und beliebtestes Musikfestival. (S. 347)

**Brighton Festival** Dieses Kulturfestival hat sich inzwischen fest auf dem Festkalender etabliert und sich sogar ein Alternativprogramm zugelegt. (S. 174)

**Latitude** Eine bunte Mischung aus Musik, Literatur, Tanz, Drama und Comedy, in toller Lage in Southwold und von überschaubarer Größe. (S. 416)

**Grassington Festival** Dieses tolle zweiwöchige Kulturspektakel richtet ein Dorf in den Yorkshire Dales aus. (S. 567)

Royal Pavilion (S. 173), Brighton

**Reading Festival** Altehrwürdiges Rockfestival mit Wurzeln in den 1960er-Jahren. (S. 231)

**Leeds Festival** Das nördliche Gegenstück zum lang etablierten Reading Festival. (S. 573)

## Küstenlandschaften

**Holkham Bay** Der naturbelassene 5 km lange Strand vermittelt unter einem weiten Himmel ein echtes Gefühl der Einsamkeit. (S. 425)

**Jurassic Coast** Tolle Geologiestunde in 3D mit sich hochreckenden Felsnadeln, vom Meer ausgespülten Felsbrücken und jeder Menge Fossilien sowie einigen der besten Strände des Landes. (S. 261)

**Beachy Head & Seven Sisters** Hier stürzen die South Downs ins Meer: Diese gewaltigen Kreidefelsen liefern ein dramatisches Finale. (S. 171)

**Robin Hood's Bay** Malerisches Fischerdorf inmitten imposanter Klippenlandschaft. (S. 563)

**Land's End** Die Kliffs und Buchten der Westspitze Englands gehören zu den dramatischsten des Landes. (S. 368)

## Badeorte

**Scarborough** Die Mutter der englischen Seebäder, wo damals im 17. Jh. alles begann. (S. 550)

**Southwold** Ein vornehmes Seebad mit hübschem Sandstrand, reizendem Pier und bunten Strandhütten. (S. 415)

**Bournemouth** Elf Kilometer Sandstrand, 3000 Liegestühle, 1800 Strandhütten und zwei edwardianische Klippenlifte. (S. 255)

**Brighton** Abseits der hypercoolen Szene gibt's im „London-by-the-Sea" auch noch jede Menge Strandurlaubskitsch. (S. 171)

**Eastbourne** Liebling an der Südküste, einst bekannt als das Altenheim der Nation, wo neue Attraktionen und ein munteres Ambiente heute ein weitaus jüngeres Publikum anlocken. (S. 169)

# Monat für Monat

**TOP-EVENTS**

**Brighton Festival**, Mai

**Glastonbury Festival**, Ende Juni

**Glyndebourne**, Ende Mai–August

**Notting Hill Carnival**, Ende August

**Trooping the Colour**, Mitte Juni

## Januar

**Nach Weihnachten und Neujahr ist im Januar etwas die Puste raus, verstärkt vom meist schlechten Wetter.**

### The London Parade

Die Londoner Neujahrsparade (www.london parade.co.uk) wirft ein bisschen Licht ins Dunkel und ist eine der größten ihrer Art weltweit, mit Blaskapellen, Straßenkünstlern, Oldtimern und Festzugswagen.

## Februar

**Im Februar, zur Mitte des englischen Winters, hüllt sich das Land vielleicht idyllisch unter eine Schneedecke, aber wahrscheinlich ist's eher grau und trübe. Festivals und Events zur Aufhellung der Stimmung sind nach wie vor eher rar.**

### Jorvik Viking Festival

Zur Mitte des kalten Februars fallen die hornbehelmten Wikinger wieder in ihre alte Hauptstadt York ein und es finden spannende Langschiffrennen statt. (S. 541)

## März

**Der Frühling zeigt sich zaghaft, blühende Narzissen tragen zur Aufmunterung bei. Manche verharren noch im Wintermodus, doch Hotels und Gasthäuser versuchen, sie mit Wochenendrabatten unter den warmen Bettdecken hervorzulocken.**

### University Boat Race

Das jährliche Bootsrennen auf der Themse in London zwischen den Rudermannschaften der Universitäten Cambridge und Oxford wird seit 1856 ausgetragen und schlägt die Nation auch heute noch in seinen Bann. Ende März. (S. 109)

## April

**Mit dem Wetter geht's aufwärts, längere und wärmere Tage bringen alles zum Blühen. Zur Monatsmitte oder zu Ostern öffnen Sehenswürdigkeiten, die den Winter über geschlossen hatten, wieder ihre Pforten.**

### Grand National

Das halbe Land wettet beim Highlight des dreitägigen Pferderennevents in Aintree, einem Hindernisrennen über einen schwierigen Parcours. Erster Samstag im April. (S. 617

### London Marathon

Anfang April laufen die fittesten Teilnehmer die 42 km lange Strecke in knapp über zwei Stunden. Andere nehmen in verrückten Kostümen teil und brauchen erheblich länger. (S. 109)

## Mai

**Die Frühlingstage werden sonniger und der Veranstaltungskalender füllt sich. An den beiden langen Wochenenden vor dem ersten und letzten Montag des Mais herrscht viel Verkehr.**

### FA Cup Final

Der Höhepunkt der Spielzeit seit mehr als einem Jahrhundert: das Pokalfinale im Wembley-Stadion, dem Mekka des englischen Fußballs. Anfang Mai. (S. 135)

### Brighton Festival

Das muntere dreiwöchige Kulturfest findet im Mai auf den Straßen des quirligen Südküsten-Seebads Brighton statt. Neben dem normalen Programm hat sich inzwischen auch ein Alternativangebot etabliert. (S. 174)

### Chelsea Flower Show

Die Blumenschau der Royal Horticultural Society Ende Mai ist das Highlight des Gärtnerjahres. Die besten Gartengestalter heimsen Medaillen und Fernsehruhm ein und das Publikum deckt sich am letzten Tag mit Pflanzen ein. (S. 110)

### Glyndebourne

Das erstklassige Freiluft-Opernfestival belebt von Ende Mai bis Ende August die ländliche Idylle des Glyndebourne House in Ost-Sussex.

### Cotswold Food & Farming Festival

Eine Feier der regionalen Landwirtschaft und der vor Ort angebauten Lebensmittel (www.thecotswoldfoodandfarmingfestival.com) im Cotswold Farm Park bei Cheltenham mit Ständen, Darbietungen, Aktivitäten und Kochvorführungen. Das Hauptfestival ist im Mai, weitere finden später im Jahr statt.

## Juni

**Jetzt ist fast Sommer: Im Juni fängt die Festivalsaison richtig an und Sportveranstaltungen von Rudern bis Pferderennen füllen den Kalender.**

### Derby Week

Pferderennen, Leutegucken und Klamottenerkennen stehen auf dem Programm dieser einwöchigen Rennveranstaltung (www.epsomderby.co.uk) Anfang Juni in Epsom in Surrey.

### Cotswold Olimpicks

Gummistiefelweitwurf, Mastenerklimmen und Schienbeintreten sind die Schlüsseldisziplinen dieses traditionellen Sportfests Anfang Juni in Gloucestershire, das seit 1612 jedes Jahr stattfindet. (S. 213)

### Isle of Wight Festival

Das Musikevent (www.isleofwightfestival.com) fand ursprünglich von 1968 bis 1970 auf dem Höhepunkt der Hippiekultur statt und wurde 2002 neu belebt. Heute zieht es Top-Bands an, besonders aus der Indie- und Rockszene. Mitte Juni. (S. 252)

### Trooping the Colour

Militärkapellen und Grenadiere mit Bärenfellmützen marschieren Mitte Juni bei diesem Umzug zur Feier des Geburtstags der Königin die Londoner Whitehall hinunter. (S. 110)

### Royal Ascot

Es ist schwer zu sagen, was bei diesem Höhepunkt im Pferderennkalender, der Mitte Juni in Ascot in Berkshire stattfindet, wichtiger ist: die Mode oder die Pferde. Zylinder, Designerfummel und jede Menge fieberhaftes Wetten prägen das Bild. (S. 227)

### Wimbledon Lawn Tennis Championships

Die All England Club Championship, das berühmteste Rasenplatz-Tennisturnier der Welt, lockt all die großen Stars an. Ende Juni. (S. 110)

### Glastonbury Festival

Englands beliebtestes Pop- und Rockfestival findet (fast) jedes Jahr Ende Juni auf einer Milchfarm in Somerset statt – unweigerlich artet dieser Initiationsritus eines jeden britischen Musikfans, der etwas auf sich hält, jedes Mal wieder zu einer Schlammschlacht aus. (S. 350)

### Meltdown Festival

Ende Juni übergibt das Londoner Southbank Centre (www.southbankcentre.co.uk) die Zügel an eine Legende der zeitgenössischen Musik wie David Bowie, Morrissey oder Patti Smith, die dann ein Programm aus Konzerten, Vorträgen und Filmen auf die Beine stellt. (S. 110)

### Royal Regatta

Ende Juni oder Anfang Juli nehmen alle möglichen Boote an der vornehmen Flussregatta von Henley-on-Thames teil. (S. 231)

### Rochester Dickens Festival

Charles Dickens, einer der berühmtesten englischen Schriftsteller, wird in der Stadt, in der er lebte und in der viele seiner Romane spielen, mit diesem Literaturfestival geehrt.

### Pride

Das wichtigste Event für Schwule und Lesben ist diese bunte Straßenparade durch das Londoner West End, das mit einem Konzert auf dem Trafalgar Square endet. Ende Juni oder Anfang Juli. (S. 110)

## Juli

**Der Sommer ist da, mit Festivals und Landwirtschaftsschauen jede Woche. Am Ende des Monats ist die Schule zu Ende und Ferienstimmung liegt in der Luft. Nur der Freitagabendverkehr stört die Freude.**

### Great Yorkshire Show

Im Juli findet im reizenden Harrogate eine der größten Landwirtschaftsshows des Landes (www.greatyorkshireshow.co.uk) statt. Hier gibt's alles, was irgendwie aus Yorkshire kommt. (S. 548)

### International Birdman Competition

Am ersten Juliwochenende wetteifern bei dieser schrägen Feier des menschlichen Flugs in Bognor Regis in West-Sussex als Batmen, Feen und fliegende Maschinen kostümierte Teilnehmer. Wer am weitesten fliegt, gewinnt 30 000 £. Bisher hat es niemand auch nur in die Nähe der stolzen 100-m-Marke geschafft. Siehe www.birdman.org.uk.

### Latitude Festival

Das beliebte, vielseitige Festival findet beim hübschen Küstenort Southwold in Suffolk statt. Neben Alternative-Music-Konzerten gibt's Theater, Varieté und Literatur. Mitte Juli. (S. 416)

### Cowes Week

Das größte Segelspektakel des Landes findet Ende Juli rund um die Isle of Wight statt.

### Womad

Dieses Festival (www.womad.org) Ende Juli, das früher in Reading stattfand, bietet jetzt in einem Park bei Malmesbury in den südlichen Cotswolds v. a. Roots- und Weltmusik.

### Truck

Dieses Indie-Musikfestival (www.thisistruck.com) Ende Juli in Steventon in Oxfordshire erfreut sich einer treuen Gefolgschaft und ist für sein vielseitiges Programm bekannt.

## August

**Die Schulen und Colleges sind geschlossen, das Parlament macht Pause, die Sonne scheint (hoffentlich) und die meisten Leute fahren für eine oder zwei Wochen in den Urlaub, einige auch ins Ausland – England ist in Ferienstimmung.**

### Notting Hill Carnival

Multikultureller Straßenkarneval im Karibikstil Ende August im Londoner Stadtteil Notting Hill mit Steeldrums, Tänzern und schrillen Kostümen. (S. 110)

### Reading Festival

Englands zweitältestes Musikfestival war ursprünglich ein Rockfestival, tendiert heute aber mehr in Richtung Pop. Nach wie vor treten bekannte Namen auf. Ende August. (S. 231)

### Leeds Festival

Das größte Musikfestival in Leeds und die nördliche Schwester des Festivals in Reading. Die beiden Festivals finden am selben Wochenende Ende August statt und bieten dasselbe Programm: Wer freitags in Reading spielt, spielt samstags in Leeds – und umgekehrt. (S. 573)

### Manchester Pride

Eines der größten Events in England für Schwule, Bi- und Transsexuelle. Ende August; siehe www.manchesterpride.com. (S. 599)

### International Beatleweek

Die weltweit größte Hommage an die Beatles wartet in Liverpool mit sechs Tagen voller Musik, Ausstellungen, Führungen und Sammlerstückmärkten auf. Letzte Augustwoche. (S. 617)

## September

**Die erste Septemberwoche wirkt noch wie der August, doch dann begin-**

**nen die Schulen wieder, auf den Autobahnen herrscht wieder Normalverkehr und die Sommerparty ist wieder vorbei. Das Wetter kann aber immer noch gut sein.**

### ☆ Bestival

Uriges Musikfestival Anfang September, jedes Jahr mit einem anderen Kostümmotto. Findet im Robin Hill Country Park auf der Isle of Wight statt. (S. 252)

### ☆ World Gurning Championships

*Gurning* bedeutet Grimassenschneiden – dies ist sicher eines der irrsten Events des Jahres: Mitte September verziehen in Egremont in Cumbria jedes Jahr Leute ihr Gesicht zu den groteskesten Fratzen.

### Great North Run

Englands größter Marathon findet zwar in London statt, doch der Great North Run in Tyneside ist die größte Halbmarathonveranstaltung der Welt.

## Oktober

**Der Herbst hält Einzug, die Blätter verfärben sich und es wird ungemütlich. Manche Sehenswürdigkeiten schließen langsam ihre Pforten für den Winter und die Übernachtungspreise fallen.**

### Falmouth Oyster Festival

Das Festival in Falmouth markiert den Beginn der traditionellen Austernfangsaison und feiert die Erzeugnisse, die das Meer und die Bauern Cornwalls bieten.

### ☆ Horse of the Year Show

Die wichtigste Hallenpferdeschau des Landes mit Dressur, Schauspringen und anderen Reitsportevents. Anfang Oktober in der NEC Arena bei Birmingham.

## November

**Es wird winterlich und trüb. Im nasskalten Wetter sehnt man sich nach dem Sommer zurück und auch Weihnachten ist noch weit entfernt: eine angemessen nüchterne Stimmung für den Remembrance Day. Für ein bisschen Spaß sorgt die Guy Fawkes Night.**

### ☆ Guy Fawkes Night

Am Abend des 5. November, auch Bonfire Night (www.bonfirenight.net) und Fireworks Night genannt, erleuchten Feuerwerkskörper den Himmel, um an den gescheiterten Versuch im Jahr 1605 zu erinnern, das Parlament in die Luft zu jagen. Oft werden auf Freudenfeuern Puppen von Guy Fawkes verbrannt, dem Anführer des Gunpowder Plot.

### Remembrance Day

Am 11. November trägt man rote Mohnblumen und es werden im ganzen Land Kränze niedergelegt. Dieser Tag (www.poppy.org.uk) erinnert an die in den Weltkriegen und Kriegen seither in Erfüllung ihrer Pflicht Gefallenen und Verletzten.

### ☆ World's Biggest Liar Contest

Ein weiteres irres Event, und wieder in Cumbria: Im Bridge Inn in Wasdale liefern sich Flunkerer aus allen Gesellschaftsschichten Mitte November eine wahre Lügenschlacht.

## Dezember

**Die Schule ist Mitte Dezember zu Ende, die meisten Geschäfte haben bis zum Heiligabend geöffnet. Vielerorts finden Weihnachtsmärkte statt. Die Urlauber zieht es am Wochenende vor Weihnachten auf dem Weg zur Familie oder zum Flughafen auf die Straßen.**

### Victorian Festival of Christmas

Bei dieser Feier (www.christmasfestival.co.uk) viktorianischer Weihnachtstraditionen wird das historische Hafenviertel von Portsmouth mit der HMS *Victory* und dem Mary Rose Museum nach Dickens-Manier umgestaltet, mit Straßenkunst, Weihnachtsliedersingen und einem Weihnachtsmarkt. Erstes Wochenende im Dezember oder letztes Wochenende im November.

### ☆ Silvester

Am 31. Dezember finden überall im Land Straßenpartys mit Feuerwerk statt, um das neue Jahr einzuläuten.

# Reiserouten

## 8 TAGE England in Kürze

Eine gute Woche reicht, um einige der Highlights Englands abzukaken. Diese Tour führt zu einem Dutzend Top-Sehenswürdigkeiten, von London bis zum Lake District.

Los geht's mit einem Tag in der britischen Hauptstadt **London** mit einem Bummel entlang weltberühmter Sehenswürdigkeiten wie dem Buckingham Palace und der Tower Bridge. Dann geht's weiter nach **Winchester** oder **Salisbury** mit ihren großen Kathedralen. Nächster Stopp sind die berühmten Megalithen von **Stonehenge**.

Ein Stückchen nordwestlich liegt die schöne Stadt **Bath** mit ihrer römischen Geschichte und sagenhaften georgianischen Architektur. Durch die klassisch englische Landschaft der **Cotswolds** führt die Route dann in die alte Universitätsstadt **Oxford**. Nicht weit entfernt liegt das Shakespeare-Städtchen **Stratford-upon-Avon**.

Anschließend steht der **Lake District** hoch oben im Norden auf dem Programm, eine der schönsten englischen Landschaften, sowie **York** mit Hinterlassenschaften der Wikinger und dem umwerfenden Münster. Die letzte Etappe ist Englands zweite große Unistadt **Cambridge**. Am letzten Tag in **London** hat man die Qual der Wahl aus Museen, Galerien, Luxusläden, Straßenmärkten, West-End-Theater und East-End-Cafés.

4 WOCHEN

## Das volle Programm

Wer einen ganzen Monat Zeit hat, kann sich in aller Ruhe die Rosinen aus den Schönheiten Englands herauspicken. Diese Rundreise deckt alle Facetten des Landes ab.

Los geht's in **London**: Hier kann man zwei Tage lang Sehenswürdigkeiten abklappern, es sollte aber auch noch Zeit bleiben für einen Bummel am Südufer der Themse oder über die Märkte des East End. Danach geht's hinunter ans Meer zum quirligen Badeort **Brighton**, danach Richtung Westen über das historisch bedeutsame **Portsmouth** in den malerischen **New Forest**. Anschließend führt der Weg zurück ins Landesinnere in die Bischofsstädte **Winchester** und **Salisbury** sowie weiter nach **Stonehenge**, Englands berühmtester prähistorischer Stätte, und zum **Avebury Stone Circle** – größer als Stonehenge, aber nicht so überlaufen.

Durchs tiefste Essex geht's über **Dorchester** zum wilden **Dartmoor National Park**. Danach stehen weitere Städte auf dem Programm: **Wells** mit seiner schönen Kathedrale, **Bath** mit seiner umwerfenden georgianischen Architektur und **Bristol**, die Metropole des Südwestens. Es folgt die klassische englische Landschaft der **Cotswolds** mit einer Pause im hübschen Stow-on-the-Wold und vielleicht Broadway oder Chipping Campden. Schließlich erreicht man **Oxford**, Englands älteste Stadt der Gelehrsamkeit. Nicht weit entfernt liegt die Shakespeare-Heimatstadt **Stratford-upon-Avon** – eine Aufführung eines Stücks des Meisters sollte man sich nicht entgehen lassen. Durch die Heide- und Moorlandschaften des **Peak District** führt die Route sodann nach **Manchester** und zu dessen Nachbarstadt **Liverpool**.

Danach lockt wieder die Wildnis, und zwar im schönen **Lake District**. Von der Grenzstadt **Carlisle** folgt die Route dem römischen **Hadrianswall** hinüber zum wiedererblühten **Newcastle-upon-Tyne**. Ab hier geht's wieder in den Süden: über **Durham** und **York** mit ihren wundervollen Kathedralen nach **Cambridge**, der zweiten berühmten Unistadt des Landes. Von hier ist's nicht mehr weit zurück nach **London**; hier kann man sich noch Highlights wie den Trafalgar Square, die National Gallery, die Tate Modern und den Tower zu Gemüte führen und über die Westminster Bridge bummeln, während Big Ben zur vollen Stunde sein Geläut erklingen lässt.

2 WOCHEN

## Durch das wilde England

Diese Rundreise führt durch die schönsten Landschaften Englands, die schon Generationen von Dichtern, Schriftstellern und Komponisten inspiriert haben. Also Wanderschuhe anziehen und Kamera bereithalten: Durch einige der schönsten Nationalparks und Landschaften geht's vom Norden hinunter in den Südwesten.

Los geht's mit den spektakulären Überresten des römischen **Hadrianwalls**: Hier kann man alte Befestigungsanlagen erkunden. Dann führt die Route nach Cumbria zu den höchsten Gipfeln des **Lake District National Park**, der spirituellen Heimat von Wordsworth und den Dichtern der englischen Romantik. Heute ist dies ein Mekka für Naturfreaks mit Wanderwegen auf allen Niveaus sowie gemütlichen Gasthöfen und traditionellen Landhotels.

Richtung Osten geht's danach über die Pennines, das Rückgrat Englands, zu den grünen Hügeln und Tälern des **Yorkshire Dales National Park**. Ganz in der Nähe liegt inmitten der wilden Moorlandschaft der Ort **Haworth**, Heimat der Schriftstellerschwestern Brontë.

Durch die Hügel und Täler des **Peak District National Park** – wer Zeit hat, kann noch den grandiosen Landschaftspark des Chatsworth House besichtigen – führt die Route Richtung Süden über Elgars geliebte **Malvern Hills** zur typisch englischen Landschaft der **Cotswolds**. Noch weiter südlich erstreckt sich die weite **Salisbury Plain** mit **Stonehenge** und anderen archäologischen Rätseln. Ganz in der Nähe liegt **Avebury** mit dem anderen wundervollen Steinkreis Englands. Und nach ein paar weiteren Meilen erreicht man schließlich in Dorset die spektakuläre, fossilienreiche **Jurassic Coast**.

Im Südwesten erstreckt sich die Westcountry Peninsula in den Atlantik. Durchs üppige Farmland Devons und die Heidehügel und Sandbuchten des **Exmoor National Park** geht die Reise zu den geheimnisvollen Granithügeln des **Dartmoor National Park** mit einigen der schönsten einsamen Landschaften Englands. Nächster Halt ist **Cornwall** mit seinen hübschen Häfen, ginsterüberwucherten Klippen und glitzernden Buchten. Den Schlusspunkt dieser Landpartie bildet **Land's End**: Hier geht dem englischen „Festland“ die Puste aus und es stürzt Hals über Kopf in den ruhelosen Ozean.

## 8 TAGE Städteabenteuer

Startpunkt der Städtetour ist **Bristol**, eine blühende Regionalhauptstadt mit einem reichen technischen Erbe und einer lebendigen Kulturszene. Die nächste Etappe ist **Birmingham** im Herz der Midlands, einst heruntergekommen, heute ein Synonym für städtische Erneuerung.

Weiter im Norden steht die Musik- und Fußballstadt **Manchester** auf dem Programm. Zu den architektonischen Highlights hier zählt das großartige Imperial War Museum North. Das nahe **Liverpool** erfindet sich gerade neu als Kulturstadt.

Über die **Pennines** geht's ins Shoppingparadies **Leeds**: Hier haben sich stillgelegte Fabriken und leere Lagerhäuser inzwischen in Lofts und Boutiquen verwandelt. An die industrielle Vergangenheit der Region erinnert das **National Coal Mining Museum**.

Noch weiter nördlich liegen **Newcastle-upon-Tyne** und Gateshead, wo früher Kohle, Stahl und Schiffe regierten; hier wurde die Schwerindustrie durch Kunst und Kultur ersetzt, z. B. das BALTIC, ein Museum für moderne Kunst, und das Musikzentrum Sage. Den Schlusspunkt der Tour bildet das berühmte Freiluftkunstwerk **Angel of the North**.

## 2 WOCHEN Das Herz Englands

Die Reise beginnt in **London** mit den Top-Attraktionen Westminster Abbey, Tower, St. Paul's Cathedral und Buckingham Palace. Sehenswert sind vor den Toren der Stadt zudem die Kew Gardens, das Eton College und das **Windsor Castle**.

Außerhalb der Hauptstadt erstreckt sich das wahre England, besonders um die Marktstädte Kents herum. Die schönsten Sehenswürdigkeiten hier sind die **Canterbury Cathedral** und das **Leeds Castle**.

Durch Essex geht's sodann nach Hampshire. Hier wartet die alte englische Hauptstadt **Winchester** mit einer weiteren schönen Kathedrale auf. Der Kirchturm der Kathedrale im nahen **Salisbury** beherrscht meilenweit die Landschaft.

Im Westen verzaubert das georgianische **Bath**; die malerischen **Cotswolds** bergen zahlreiche hübsche Städtchen und Dörfer wie Northleach, Wantage und **Cirencester** sowie den prächtigen Blenheim Palace. Das reizende **Oxford** beeindruckt mit seinen honigfarbenen Colleges, **Stratford-upon-Avon** trumpft mit Shakespeare und schönen Fachwerkhäusern auf. Den Schlusspunkt bildet eine Stunde in englischer Geschichte im imposanten **Warwick Castle**.

## 2 WOCHEN Durch den Südwesten

Der Startschuss fällt in **Bristol**, der Hauptstadt des Westcountry, dann geht's durch Somerset nach **Glastonbury**, berühmt durch sein alljährliches Musikfestival und seine bunte Esoterikszene. Ein Highlight im südlich gelegenen Dorset ist das malerische **Shaftesbury**.

Westlich erstrecken sich die Heidelandschaften des **Exmoor National Park**. Devon bietet schöne Küsten und den **Dartmoor National Park**: Hier erheben sich die höchsten und wildesten Berge Südenglands.

Im benachbarten Cornwall harren die spacigen „Biodome" des **Eden Project** der Erkundung. Im nahen Tintagel Castle, einem Relikt aus einer ganz anderen Zeit, wurde der Legende nach König Artus geboren. Je nach Vorliebe kann man dann im Surfermekka **Newquay** abhängen oder in **St. Ives** in den Galerien stöbern.

**Land's End** bildet den natürlichen Schlusspunkt dieser Tour durch den wilden Westen, gebührend begossen mit einem Pint im First & Last Inn im nahen Sennen.

## 2 WOCHEN Die Ostküste

Von **Colchester** führt die Route ins verschlafene **Suffolk** mit seinen urigen Dörfern und Marktstädtchen wie Sudbury und Lavenham. Die Küste lockt mit Tierschutzgebieten, Kiesstränden, Fischerhäfen wie **Aldeburgh** und dem netten Retro-Seebad **Southwold**.

Noch stiller wird's in Norfolk, besonders um die nebelverhangenen Seen und von Windmühlen gesäumten Flüsse der **Norfolk Broads**. Für Strandspaziergänge und ein Pint in alten Landpubs bieten sich die Küstendörfer bei **Wells-next-the-Sea** an.

Nördlich von Norfolk erstreckt sich die unheimliche flache Landschaft der **Fens**, heute ein Paradies für Otter und Vögel. Weiter geht's Richtung Norden nach Yorkshire mit den Heidelandschaften der **North York Moors**: Hier ziehen sich die buckeligen Hügel bis hinunter zur Küste, um dramatisch in die tosende Nordsee zu stürzen.

Den krönenden Abschluss bilden eine Wanderung zwischen den Burgen von Bamburgh und Dunstanburgh an der wilden **Northumberland Coast** und eine Besichtigung der Insel **Lindisfarne**.

Reiseplanung

# Outdoor-aktivitäten

Wie kann man am besten entschleunigen, Einheimische treffen und die ausgetretenen Touristenpfade verlassen? Ganz einfach: indem man sich in die freie Natur begibt. Das macht viel mehr Freude als sie durch ein Autofenster oder ein Kameraobjektiv anzustarren.

## Top-Naturerlebnisse

### Fernwanderwege

Coast to Coast, Hadrianswall, Cotswold Way, South West Coast Path

### Gebiete für kurze Wanderungen

Lake District, Yorkshire Dales, Cotswolds, Dartmoor

### Küstenwanderungen

Northumberland, Devon und Cornwall, Norfolk und Suffolk, Dorset

### Reisezeit

**Sommer (Juni bis August)** Die beste Zeit zum Wandern: Es ist gewöhnlich warm und hoffentlich auch trocken und die Tage sind lang.

**Spätfrühling (Mai) und Frühherbst (September)** Auch die Zeit vor und nach dem Sommer kann toll fürs Wandern sein: Es ist wengier los und die Tage sind oft mild und sonnig.

### Wanderkarten

**Ordnance Survey** (britische Landvermessungsbehörde) Explorer-Reihe im Maßstab 1:25 000.

**Harvey Maps** (Wanderkarten) Superwalker-Reihe im Maßstab 1:25 000.

## Wandern

Wandern ist die beliebteste Outdooraktivität in England, sowohl für Einheimische als auch Reisende. Erst auf Wanderungen erschließen sich den Besuchern einige der schönsten Ecken des Landes. Außerdem kann man meist ganz spontan losgehen. Im Unterschied zu einigen anderen Gegenden der Welt ist hier fast keine Vorausplanung nötig.

### Los geht's!

England verwöhnt Wanderer mit einer tollen Infrastruktur, sodass es auch Besuchern und Anfängern leicht gemacht wird. In den meisten Dörfern und Städten in Wandergegenden verkaufen Läden Karten und Führer zu Wegen in der Umgebung und die Touristeninformationen bieten Broschüren und anderes Material. In Nationalparks sind oft Routen ausgewiesen und es werden geführte Wanderungen angeboten. So kann man schon bald, nachdem man irgendwo angekommen ist, auf Schusters Rappen durch wunderschöne Landschaften streifen – alles völlig problemlos!

### Englands Wegenetz

England wird von einem riesigen Netz an Wanderwegen durchzogen. Viele Wege gibt es schon seit Jahrhunderten, aus einer Zeit, als die meisten Leute sich nur zu Fuß von Ort zu Ort oder von Tal zu Tal fortbewegen konnten. Diesen historischen Pfaden folgen die heutigen Wanderwege. Selbst die längsten Routen sind im Prinzip nur eine Verbindung von mehreren kürzeren Wegen. Zuweilen geht man auch auf *bridleways* (Reitweigen) und alten unbefestigten Straßen, den *byways*.

## Wegerecht

Fast alle Fußwege, auch die, die über Privatland verlaufen, dürfen von jedermann benutzt werden. Das meiste Land in England, von kleinen landwirtschaftlich genutzten Flächen bis zu gewaltigen Bergregionen, befindet sich in Privatbesitz, aber der Eigentümer kann das Recht der Öffentlichkeit auf Nutzung der Wege nicht beschränken.

Wanderer können den öffentlichen Fußwegen also über Felder, Weiden und Koppeln, durch Wälder und selbst über Höfe folgen, solange sie sich auf den Wegen halten und nichts beschädigen.

In einigen Berg- und Moorgegenden ist es sogar noch besser: Hier dürfen Wanderer die Wege verlassen und die Landschaft nach Gutdünken erkunden. Diese *freedom to roam* ist, falls sie gilt, durch Schilder an Gattern und durch andere Hinweisschilder klar ausgewiesen.

## Ist Erfahrung notwendig?

Welche Gegend man sich für seine Wanderabenteuer aussucht, sollte auch davon abhängen, über welche Erfahrungen man verfügt. Im Allgemeinen gilt: Je flacher und und stärker bewirtschaftet die Landschaft, desto einfacher das Wandern, mit klar gekennzeichneten Pfaden und Wegweisern – ideal für Anfänger.

In höheren Gegenden steigen in der Regel auch die Anforderungen. In beliebten Berg- und Moorregionen gibt's – wenn auch teils schwer zu erkennende – Pfade, jedoch nur wenige Wegweiser. Das ist okay für Leute, die schon über ein wenig Wandererfahrung verfügen.

In abgeschiedeneren Gegenden gibt's vielleicht gar keine Pfade und überhaupt keine Schilder – hier muss man also wissen, was man tut, und eine gute Karte und einen Kompass dabeihaben.

## Englands beste Wanderreviere

Zwar kann man überall in England wandern, doch einige Gebiete sind schöner als andere. Hier einige der besten Gebiete, geeignet sowohl für kürzere Spaziergänge als auch längere Tagesausflüge:

### Cotswolds

Die Cotswold Hills (S. 202) zählen zu den beliebtesten Wanderrevieren Südenglands: Hier führen Wege durch eine klassisch englische Landschaft mit adretten Feldern und hübschen Dörfern aus honigfarbenem Stein. Die Ostseite der Cotswolds ist eher sanfter, die Westseite etwas steiler, besonders am Cotswold Escarpment – jedoch sind hier auch die Ausblicke besser.

### Dartmoor

Der Dartmoor National Park (S. 311) in Englands Südwesten trumpft mit den höchsten Bergen weit und breit auf und im Hochland mit weiten, überraschend wilden Landschaften fast ohne Bäume. Die hübschen Täler im Schatten der Berge eignen sich im Sommer wunderbar für ein Picknick oder einen Spaziergang an einem Fluss entlang.

### Exmoor

Exmoor (S. 286), der zweite Nationalpark Südwest-Englands, liegt unmittelbar nördlich von Dartmoor und fristet sein Dasein oft im Schatten des größeren Nachbarn. Heidebewachsene Hügel und tiefe Täler bilden hier ein tolles Wanderterrain. Und dazu kommt noch eine spektakuläre Küste mit Klippen und Stränden.

### WANDER-WEBSITES

Bevor man losgeht, sollte man sich die ausführliche Website der **Ramblers** (www.ramblers.org.uk) anschauen, der führenden Wanderorganisation Englands. Dazu gibt's das jährliche aktualisierte Handbuch *Walk Britain* mit Wandererunterkünften im ganzen Land.

Einzelheiten zu einigen längeren Strecken bietet auch die Seite www.nationaltrail.co.uk.

### Lake District

Der Lake District (S. 632) ist wohl das schönste Wanderparadies Englands: ein wunderschönes Gebiet mit hohen Berggipfeln, weiten Aussichten, tiefen Tälern und schönen Seen. Der Lake District National Park – oft einfach zu „the Lakes" abgekürzt – ist auch deshalb so beliebt bei Wanderern, weil er neben toller Landschaft auch jede Menge Geschichte bietet. Dank dem Dichter William Wordsworth und seinen Romantiker-Freunden nahm das Wandern aus purer Freude hier seinen Anfang.

### Isle of Wight

Diese Insel (S. 249) vor der Südküste ist besonders gut für Wandernovizen und Leute, die auch ohne hohe Berge und Wildnis auskommen, mit zahlreichen ausgeschilderten kürzeren wie auch längeren Routen.

### New Forest

Der New Forest (S. 245) liegt ganz im Süden Englands. Besucher wundern sich über den Namen, da das Gebiet über tausend Jahre alt ist und es auch nicht *so* viele Bäume gibt. Doch die schönen offenen Landschaften mit Ginster und Gras eignen sich bestens für leichte Spaziergänge.

### Northumberland

Die auf karge Weise schönen Moore des Northumberland National Park (S. 696) an der englischen Nordgrenze sind sehr beliebt bei Wanderenthusiasten. Weniger anstrengend, aber genauso spektakulär sind die hohen Klippen und die langen leeren Strände an der Küste – ideal für Spaziergänge am wilden Meer.

### WETTERLAUNEN

Wer in England wandern möchte, sollte immer an die Unbeständigkeit des launischen englischen Wetters denken. Das Land sieht oft sanft und einladend aus, und meist ist es das auch, doch besonders im Hochland kann sich das Blatt schnell wenden. Wer in den Bergen oder auf dem offenen Moor unterwegs ist, sollte zu jeder Jahreszeit gut ausgerüstet sein und selbst im Sommer warme, wasserdichte Kleidung dabeihaben, außerdem Karte und Kompass, Wasser und Proviant, z. B. Energielieferanten wie Schokolade. Und wer abseits der Wege wandert, sollte jemanden über seine Pläne informieren.

### Norfolk & Suffolk

Die östlichen Grafschaften Norfolk (S. 417) und Suffolk (S. 408) sind zumeist flach: Hier führen stille Pfade über Farmland und an Flüssen und Seen vorbei von Dorf zu Dorf und zu einladenden Landpubs. Die Küste wartet mit Salzmarschen, Vogelschutzgebieten, Kiesstränden und Urlaubsorten auf.

### North Downs & South Downs

Die North und South Downs (S. 145) sind zwei parallel verlaufende Höhenzüge mit breiten Kalkhügeln zwischen London und der Südküste. Auf der Karte erscheinen die North Downs eingekesselt von Autobahnen und Siedlungen. Zwar ist das Gebiet sicher keine Wildnis, doch die Wanderwege sind oft unerwartet ruhig. Die South Downs sind höher und werden nicht so von Siedlungsgebieten bedrängt; sie bieten mehr Wandermöglichkeiten sowie den jüngsten englischen Nationalpark.

### Peak District

Trotz des Namens hat der Peak District (S. 514) nur sehr wenige höhere Gipfel zu bieten. Doch die zahlreichen Hügel, Täler und Moore macht dieses Hügelland zu einem beliebten Wandergebiet in Nordengland, geschützt als Nationalpark. Der Süden des Peak District besteht zumeist aus von Kalksteintälern durchschnittenem Farmland; im kargeren Norden erstrecken sich Hochmoore mit Felsnasen.

### Südwestküste

Cornwall (S. 352) und Devon (S. 292) genießen das beste Wetter in England und bieten Landschaften, die zu den schönsten Englands zählen, besonders an den Küsten. Aber das Wandern in der zerklüfteten Landschaft stellt schon gewisse Ansprüche. Wegen der hübschen Flüsschen, die sich durch steile Täler zum Meer hinunter ergießen, geht man ständig hoch oder runter. Die Küste im benachbarten Dorset – angesichts der vielen Fossilien Jurassic Coast (Jura-Küste) genannt – ist weniger anstrengend und ein weiteres tolles Gebiet für Küstenwanderungen.

### Yorkshire Dales

Mit seinen sanften Hügeln, wilden Mooren, Kalksteinfelsen und grünen Tälern zählt der Yorkshire Dales National Park (S. 564) zu den beliebtesten Wandergebieten Englands. Hier sind die Pfade ein wenig sanfter und das Wandern ist etwas weniger anstrengend als im Lake District. In die Täler schmiegen sich einige hübsche Dörfer – viele mit Pubs und Tearooms zur Stärkung der Wanderer.

## Die besten Fernwanderwege

Einige Fernwanderwege durchziehen das Land von West nach Ost, andere folgen der Küste oder verlaufen durch Nationalparks oder andere schöne Gebiete. Hier einige der absoluten Klassiker:

### Coast to Coast Walk

➡ 306 km; 12–14 Tage; www.wainwright.org.uk/coasttocoast.html

Der nach dem Mann, der die Strecke ausgearbeitet hat, auch Wainwright's Coast to Coast genannte Weg ist kein *national trail*, aber dennoch der beliebteste Fernwanderweg im Land. Er führt auf einer spektakulären Strecke durch drei Nationalparks.

### Hadrianswall

➡ 135 km; 7–8 Tage; www.nationaltrail.co.uk/hadrianswall

Der neue *national trail* folgt dem berühmten römischen Wall durch Nordengland, vorbei an Befestigungsanlagen und Burgen, und ist dem Coast to Coast in Sachen Beliebtheit dicht auf den Fersen.

### Cotswold Way

➡ 164 km; 7–10 Tage; www.nationaltrail.co.uk/cotswold

Die malerische Route präsentiert England von seiner charmantesten Seite. Außerdem begibt man sich hier auf eine Zeitreise vorbei an prähistorischen Hügelfestungen, römischen Relikten und Herrenhäusern.

### South West Coast Path

➡ 1014 km; 8–10 Wochen; www.southwestcoastpath.com

Die Achterbahn-Wanderung über die Südwesthalbinsel Englands führt vorbei an Stränden, Buchten, Schiffswracks, Seebädern, Fischerdörfern und Klippenburgen.

> **FERNWANDERWEGE**
>
> Einige Fernwanderwege wie der Pennine Way und der South West Coast Path sind bekannt und mit Wegweisern und -markierungen versehen sowie auf den Ordnance-Survey-Karten eingezeichnet. Am besten vor Ort und auf den Karten gekennzeichnet sind die *national trails* und somit ideal für Anfänger und Besucher aus dem Ausland – allerdings heißt die gute Markierung nicht, dass sie auch einfach zu gehen sind. Der Nachteil dieser bekannten Routen ist, dass es in den Ferienzeiten auf ihnen recht voll werden kann und Unterkünfte schwerer zu bekommen sind. Der Vorteil wiederum ist das Gefühl, mit zahlreichen Gleichgesinnten unterwegs zu sein.

Angesichts seiner Länge wird er meist abschnittweise begangen: Am beliebtesten ist der zweiwöchige Teil von Padstow um Land's End herum nach Falmouth.

### Pennine Way

➡ 412 km; 14–21 Tage; www.nationaltrail.co.uk/pennineway

Der *national trail* führt entlang der Bergkette, die das Rückgrat Nordenglands bildet, durch hohe, wilde Landschaften. Selbst im Sommer kann einem das Wetter hier übel mitspielen und für viele Wanderer ist der Weg ein echter Härtetest – aber einer, der sich lohnt.

### South Downs Way

➡ 161 km; 7–9 Tage; www.nationaltrail.co.uk/southdowns

Die Route führt auf einem alten Kreideweg von Winchester durch Südostengland ans Meer. Dabei folgt sie unter einem weiten Himmel zumeist den sanften Hügeln, mit wunderbaren Ausblicken, malerischen Dörfern und prähistorischen Stätten.

### Dales Way

➡ 137 km; 6 Tage; www.dalesway.org.uk

Der kaum anstrengende Weg führt durch einige der schönsten Täler Nordenglands in den reizenden Yorkshire Dales nach Windermere im Lake District.

## Radfahren & Mountainbiken

Ein Fahrrad ist das perfekte Transportmittel, um England abseits der viel befahrenen Hauptstraßen zu erkunden: Zahllose Landstraßen durchziehen das Land, vorbei an Feldern und friedvollen Dörfern – ideal für Radtouren. Genussradler cruisen durch sanfte Landschaften und gönnen sich unterwegs einen *cream tea,* andere kämpfen sich den ganzen Tag durch die Berge und erfreuen sich an steilen Anstiegen und langen Abfahrten. Man kann von Ort zu Ort radeln und zelten oder in B&Bs absteigen oder man sucht sich irgendwo einen Stützpunkt und fährt dann tageweise in verschiedene Richtungen. Alles, was man braucht, ist eine Karte und einen Sinn für Abenteuer.

Mountainbiker können auf den Trails und Reitwegen, die die Hügel und die Hochmoore Englands durchziehen, weiter in die Wildnis eindringen. Oder sie steuern eins der zahlreichen Trail Center an, in denen speziell angelegte Singletrails durch die Wälder führen. Hier reichen die Wege von für Familien geeigneten netten Pisten bis zu knorrigen Felsgärten und steilen Abhängen für Hardcore-Biker, allesamt in Skipistenmanier von grün bis schwarz klassifiziert.

**Sustrans** (www.sustrans.org.uk) Informationen über Radwege in Großbritannien.

**Forestry Commision** (www.forestry.gov.uk/england-cycling) Führer zu den Waldtrails in England.

## Angeln

Nach dem Wandern ist das Angeln die beliebteste Freiluftaktivität der Engländer. Neben dem Fischen im Meer bieten sich im ganzen Land ausgezeichnete Möglichkeiten zum Angeln nach Bachforellen, Äschen, Hechten, Barschen und anderen Grobfischen. Die berühmten Kreidebäche von Hampshire und Wiltshire lockt mit Möglichkeiten zum Forellenfischen, die zu den besten weltweit zählen.

Bei den meisten Binnenlandgewässern liegen die Fischereirechte in privater Hand, sodass man eine Genehmigung braucht, um hier angeln zu können. Diese gibt's gewöhnlich problemlos im örtlichen Anglerladen oder im Hotel, wo man sich auch mit Infos versorgen kann. Die Genehmigungen kosten von etwa fünf bis 20 £ pro Tag; das Lachsfischen an einigen Flüssen, besonders dem Tyne in Nordost-England, kann allerdings erheblich teurer sein und bis zu 150 £ am Tag kosten.

Neben einer Angelerlaubnis benötigt man noch einen Angelschein; dieser ist im Internet (www.postoffice.co.uk/rod-fishing-licence) und in Postämtern erhältlich. Er kostet 3,75/8/27 £ für einen Tag/acht Tage/ein Jahr für alle Süßwasserfische außer Lachs und Meerforelle, die 8/23/72 £ kosten.

Das Angeln im Meer kostet in der Regel nichts (außer Lachs und Meerforelle) und erfordert weder Erlaubnis noch Angelschein.

**FishPal** (www.fishpal.com) Angel-Informations- und -Buchungsportal (hauptsächlich fürs Lachs- und Forellenfischen) für ganz Großbritannien.

## Reiten & Ponytrekking

Wer die Hügel und Moore erkunden möchte, sich aber nicht wandernd oder radelnd verausgaben möchte, kann sich die Landschaft auch sehr schön vom Rücken eines Pferdes anschauen. In ländlichen Gebieten und Nationalparks wie Dartmoor und Northumberland bieten Reiterhöfe Ausritte auf allen Fertigkeitsstufen, mit Ponys für Kinder und Anfänger und großen Pferden für Leute mit Erfahrung.

**British Horse Society** (www.bhs.org.uk) Bietet ein Verzeichnis lizenzierter Reiterhöfe, die Tagesritte und auch längere Treks anbieten.

## Surfen & Windsurfen

England ist vielleicht nicht gerade das naheliegendste Ziel für Surfer, doch die Bedingungen sind überraschend gut und dank des großen Tidenhubs bieten sich bei Ebbe und Flut oft total unterschiedliche Breaks. In den Surfzentren kann man meist problemlos Surfbretter und Neoprenanzüge leihen.

Die besten Spots sind die Atlantikküsten von Cornwall und Devon – das Surfmekka ist Newquay mit der üblichen, von VW-Bussen und blondierten Haaren geprägten Surferszene – und auch anderswo gibt's kleinere Surferzentren, besonders in Norfolk und Yorkshire im Osten Englands.

Windsurfen ist überall an der Küste beliebt. Zu den besten Gebieten zählen Norfolk, Suffolk, Devon und Cornwall sowie die Isle of Wight.

**UK Windsurfing Association** (www.ukwindsurfing.com) Gute Informationsquelle fürs Windsurfen.

**Surfing Great Britain** (www.surfinggb.com) Verzeichnisse geprüfter Surfschulen, Kurse, Wettkämpfe usw.

## Segeln & Bootfahren

Mit ihrer grandiosen Landschaft und den starken Winden und ausgeprägten Tiden zählt die Südküste Englands zu den beliebtesten Segelrevieren Europas. Dagegen bieten die englischen Kanäle ein klassisches Kanalboot-Erlebnis. Anfänger können in vielen Segelschulen an der Küste einen Segel- oder Jollensegelkurs der Royal Yachting Association belegen. Kanalbootskapitäne benötigen zu Beginn ihres Abenteuers lediglich eine kurze Einweisung.

**Royal Yachting Association** (www.rya.org.uk) Website der Royal Yachting Association.

**CanalHolidays.com** (www.canalholidays.com) Infos zu Kanalbooten und Kursen.

## Klettern

England blickt auf eine lange Geschichte im Felsklettern und Bergsteigen zurück – viele der klassischen Routen wurden zum ersten Mal im 19. Jh. begangen. Zu den wichtigsten Klettergebieten zählen der Lake District, der Peak District und Yorkshire, außerdem die Meeresklippen von Devon und Cornwall, doch gibt es im ganzen Land Hunderte von Felsen zu bezwingen.

Kletterführer werden herausgegeben vom **Fell & Rock Climbing Club** (www.frcc.co.uk) und vom **Climbers Club** (www.climbers-club.co.uk).

**UKClimbing.com** (www.ukclimbing.com) Website mit jeder Menge nützlichen Informationen.

## Kanu- & Kajakfahren

Mit ihren geschützten Buchten und ihrem eingekerbten Verlauf ist die Südwestküste Englands wie geschaffen fürs Seekajakfahren. Im Landesinneren bieten Seen und Kanäle ideale Bedingungen für Touren im Kanadier. Die turbulenten Flüsse des Lake District, von Northumberland und Devon können je nach Wasserstand gute Bedingungen fürs Wildwasserkajaken bieten.

In den Kajakzentren wie Cornwall, Devon und dem Lake District ist vielerorts Ausrüstung zu leihen und wird Unterricht angeboten.

**GoCanoeing** (www.gocanoeing.org.uk) Verzeichnet geprüfte Kanuzentren in England.

## Coasteering

Wem eine einfache Klippenwanderung zu langweilig ist, kann sich im Coasteering versuchen. Das ist wie Bergsteigen, doch anstatt einen Berg hochzusteigen bewegt man sich an einer steilen Felsküste entlang und unter einem tost die Brandung. Und wenn die Felsen zu steil werden, kein Problem: Dann springt man ins Wasser und schwimmt. Coasteering-Center stellen Neoprenanzüge, Helme und Schwimmwesten zur Verfügung; die Teilnehmer bringen alte Turnschuhe und Spaß am Abenteuer mit. Coasteering wird an sämtlichen Küsten Englands angeboten, doch dank steiler Klippen, sandiger Strände und warmem Wetter sind Cornwall und Devon besonders beliebt.

**Coasteering.org** (www.coasteering.org) Infos zum Coasteering in Devon und Cornwall.

Reiseplanung

# England mit Kindern

Dank seiner recht kompakten Größe mit zahlreichen Attraktionen auf eher kleiner Fläche ist England ideal für Urlaube mit Kindern. So können Mama und Papa auf die Frage „Wann sind wir endlich da?" häufig mit „Jetzt!" antworten.

## Die besten Regionen mit Kindern

### London

Jede Menge Sehenswertes für Kids – einige nicht ganz so günstig, andere kostenlos.

### Südwest-England

Einige der schönsten Strände in England mit recht zuverlässigem Ferienwetter – im Sommer ist's hier jedoch voll.

### Peak District

Ideal für Radtouren dank autofreier Radwege auf alten Eisenbahntrassen.

### Oxford & die Cotswolds

Oxford bietet kinderfreundliche Museen und Harry-Potter-Drehorte, die Cotswolds sind ideal für kurze Beine.

### Shropshire

Viele Burgen und tolle Museen im historischen Grenzland zwischen England und Wales.

### Lake District & Cumbria

Super für Aktivitäten an der frischen Luft: Ziplines und Mountainbikes für Teenager, Bootsfahrten und Beatrix Potter für die Kleinen.

## England für Kids

Viele Sehenswürdigkeiten wenden sich sowohl an Erwachsene als auch Kinder. Auf einer Burg z. B. können *mum and dad* die mittelalterliche Architektur bestaunen, während die Kinder ihren Spaß daran haben, über die Wehrgänge zu streifen und einer Falknereivorführung zuzuschauen. Ebenso organisieren viele Nationalparks und Urlaubsorte spezielle Aktivitäten für den Nachwuchs – besonders viel wird natürlich in den Schulferien geboten.

### Schnäppchenjagd

Viele Sehenswürdigkeiten bieten Familientickets – gewöhnlich für zwei Erwachsene und zwei Kinder –, die günstiger sind als mehrere Einzeltickets. Auch für einzelne Elternteile mit Kindern werden oft ermäßigte Tickets geboten. Auf jeden Fall fragen – die Ermäßigungen sind nicht immer sofort ersichtlich.

### Auf Tour

Wer als Familie mit öffentlichen Verkehrsmitteln reist: Gut sind Züge, denn hier gibt's genug Platz fürs Gepäck und für Kinderwagen und die Kinder haben ein bisschen Bewegungsfreiraum, wenn ihnen langweilig wird. In Fernbussen dagegen müssen sie auf ihrem Platz bleiben.

Wer ein Auto leiht: Die meisten Autovermietungen können Kindersitze zur Verfügung stellen – am besten vorher nachfragen. Aus Versicherungsgründen muss man die Kindersitze meist selbst im Auto befestigen.

## Essen statt stressen

Die meisten Cafés und Tearooms sind kinderfreundlich. Bei den Restaurants ist es unterschiedlich: Einige bieten Hochstühle und Kinderteller, bei anderen heißt es ganz strikt „Keine Kinder nach 18 Uhr!".

In einigen Pubs haben Personen unter 18 Jahren keinen Zutritt, doch in den Touristengebieten servieren die meisten Pubs auch Essen und präsentieren sich so familienfreundlich. Wer unsicher ist, fragt einfach das Personal.

Und schließlich noch ein Wort zu einer anderer Art von Nahrungsaufnahme: Was das Stillen in der Öffentlichkeit angeht, ist England nach wie vor recht zugeknöpft. Ältere Leute schauen vielleicht etwas missbilligend, aber wenn das Stillen auf recht dezente Weise erfolgt, dann sollte es gewöhnlich okay sein.

# Highlights für Kinder

## Zum Anfassen

„Bitte nicht berühren!"? Keine Chance! Hier sind schmutzige Finger und neugierige Geister auf jeden Fall willkommen:

**Science Museum, London** (S. 87) Sieben Etagen voller lehrreicher Exponate in der Mutter aller Naturwissenschaftsmuseen.

**Discovery Museum, Newcastle** (S. 676) Hier wird die reiche Geschichte von Tyneside erzählt; ein Highlight ist ein Wissenschaftslabyrinth mit allen möglichen Knöpfen und Klingeln.

**National Railway Museum, York** (S. 537) In den Führerstand einer Dampflok klettern, einen Postzug erkunden, bei technischen Vorführungen zuschauen ... – all das ist hier möglich.

**Action Stations!, Portsmouth** (S. 243) Spielzeuge mit militärischen Hintergrund: Hier können Kinder einen Hubschrauber fliegen, einen Flugzeugträger steuern oder durch das Periskop eines U-Boots schauen.

**Enginuity, Ironbridge** (S. 475) Zahllose interaktive Exponate an der Geburtsstätte der Industriellen Revolution.

## An der frischen Luft

Wenn die Kids von den Burgen und Museen genug haben, dann können sie sich an der frischen Luft austoben:

**Conkers, Leicestershire** (S. 508) Drinnen, draußen oder inmitten der Bäume im Herzen des National Forest spielen.

**Puzzlewood, Forest of Dean** (S. 222) Ein wundervoller Waldspielplatz mit labyrinthischen Pfaden, skurrilen Felsformationen und unheimlichen Gängen – toll für echte Entdeckungstouren!

**Whinlatter Forest Park, Cumbria** (S. 656) Zu den Highlights hier zählen ein „Go Ape"-Abenteuerpark, tolle Mountainbike-Trails sowie Live-Videofeeds von Eichhörnchen-Kameras.

**Bewilderwood, Norfolk** (S. 420) Seilrutschen, Dschungelbrücken, Baumhäuser, Marsch-Spaziergänge, Bootstouren, Labyrinthe und alle möglichen altmodischen Freiluftabenteuer.

**North York Moors, Yorkshire** (S. 532) Schöne einfache Radwege bei Sutton Bank, anspruchsvolle Bike-Trails im Dalby Forest.

**Lyme Regis & die Jurassic Coast, Dorset** (S. 269, S. 261) Auf Führungen kann man hier prähistorische Fossilien suchen.

**Tissington Trail, Derbyshire** (S. 511) Auf dieser alten Eisenbahntrasse zu radeln macht Spaß und kostet kaum Kraft. Kinderfahrräder, Mountainbikes, Tandems und Kinderanhänger können ausgeliehen werden. In den Tunneln das Hupen nicht vergessen!

### GUT GEWICKELT

Die meisten Museen und anderen Attraktionen in England bieten gute Einrichtungen zum Windelnwechseln. Ansonsten gibt's in einigen öffentlichen Toiletten in den Stadtzentren Wickeltische, wenn diese oft auch nicht gerade sauber sind. Am besten versucht man es in einem der besseren Kaufhäuser. An den Autobahnraststätten und in Supermärkten außerhalb der Städte sind die Wickeleinrichtungen gewöhnlich okay.

## An Regentagen

An den unvermeidlichen trüben Tagen steuert man am besten Attraktionen wie die tollen Museen des Landes an. Oder man probiert Outdooraktivitäten wie Coasteering in Cornwall oder Canyoning im Lake District aus – das macht immer Spaß, egal ob's regnet oder nicht.

**Cadbury World, Birmingham** (S. 440) Der Zahnarzt muss es ja nicht wissen – aber die Kinder lieben die Geschichte der Schokolade. Und ja, es gibt kostenlose Kostproben!

**Eden Project, Cornwall** (S. 375) Draußen regnet es vielleicht, aber in diesen riesigen halbkugelförmigen Gewächshäusern herrscht immer das Klima des tropischen Regenwalds oder des Mittelmeers.

**Cheddar Gorge Caves, Somerset** (S. 345) In den tiefen Höhlen im Westcountry lernt man vielleicht endlich den Unterschied zwischen Stalaktiten und Stalagmiten.

**Underground Passages, Exeter** (S. 295) Hier kann man mittelalterliche Katakomben erkunden – die einzigen ihrer Art in England, die öffentlich zugänglich sind.

**National Media Museum, Bradford** (S. 578) Zu den Highlights hier zählen ein Fernsehstudio, in dem man sich selbst filmen kann, eine Galerie mit Videospielen aus den 1980er-Jahren, die man sogar spielen kann, und ein IMAX-Kino.

## Etwas lernen, ohne zu merken, dass man was lernt

Hier können die Kleinen etwas lernen, während sie glauben, dass sie einfach nur Spaß haben:

**At-Bristol Science Centre** (S. 326) Eins der besten interaktiven Wissenschaftsmuseen Englands, zu den Themen Weltall, Technologie und menschliches Hirn.

**Jorvik Viking Centre, York** (S. 538) Ein toller Nachbau einer Wikingersiedlung mit allem Drum und Dran.

**Natural History Museum, London** (S. 87) Überall Tiere! Zu den Highlights zählen der lebensgroße Blauwal und die Animatronik-Dinosaurier.

**Thinktank, Birmingham** (S. 438) In dem unterhaltsamen Wissenschaftsmuseum verfügt jedes Exponat über einen Knopf oder Hebel.

**National Space Centre, Leicester** (S. 504) Raumanzüge, schwerelose Toiletten und Training für Mini-Astronauten – das alles befeuert sicher die kleinen Geister.

# Reiseplanung

## Reisezeit

Die beste Reisezeit für Familien mit Kindern ist quasi dieselbe wie für alle anderen – die gesamte Zeit von April/Mai bis Ende September. Den August, die Kernzeit der Schulferien im Sommer, meidet man jedoch besser: Dann steigen die Preise und es herrscht viel Verkehr, besonders an den Küsten.

## Unterkünfte

Einige Hotels heißen Kinder willkommen und stellen Kinderbetten, Spielzeug und Babysitter-Dienste zur Verfügung, andere wiederum pflegen ein ausschließlich erwachsenes Ambiente. Viele B&Bs bieten „Familiensuiten" – zwei aneinandergrenzende Zimmer mit einem gemeinsamen Bad – und immer mehr Jugendherbergen und unabhängige Hostels haben Familienzimmer mit vier oder sechs Betten, einige sogar mit eigenem Bad. Wer länger an einem Ort bleiben möchte, sollte vielleicht ein Feriencottage mieten. Bei englischen Familien ist Camping sehr beliebt und es gibt zahllose phantastische Plätze, doch gewöhnlich benötigt man seine eigene Ausrüstung.

## Websites

**Baby Goes 2** (www.babygoes2.com) Tipps und Ansporn – sowie jede Menge Werbung – für Familien auf Reisen.

**Enjoy England** (www.visitengland.com) Offizielle Tourismus-Website für England, mit zahlreichen nützlichen Infos für Familien.

**Mumsnet** (www.mumsnet.com) Geradlinige Reiseratschläge und mehr von englischen Müttern.

**Lonely Planet** (www.lonelyplanet.com/family-travel) Interessante Artikel zum Reisen mit Kindern.

# England im Überblick

Vom multikuturellen Schmelztiegel London bis zum einsamen spirituellen Vorposten Lindisfarne: Englands Regionen bieten ein wahres Füllhorn an klassischen Reiseerlebnissen. In Südengland findet man die typischen englischen Landschaften mit üppigen Weiden, reetgedeckten Cottages und Dorfwiesen, auf denen Cricket gespielt wird. Die südwestlichen Grafschaften Cornwall und Devon sind wilder und für ihre Surferstrände und Fischrestaurants bekannt. Liebhaber von Moor- und Berglandschaften kommen im Lake District und Peak Districht voll auf ihre Kosten. Wer sich eher für das industrielle Erbe Englands und für ein munteres Nachtleben interessiert, ist wiederum in den nördlichen Metropolen Manchester, Liverpool und Newcastle gut aufgehoben. Und dazu kommt noch Yorkshire mit der wundervollen Stadt York und den sanften Hügeln der Yorkshire Dales.

## London

**Geschichte**
**Unterhaltung**
**Museen**

### Historische Straßen

Londons uralte Straßen säumen viele der berühmtesten und geschichtsträchtigsten Sehenswürdigkeiten Englands. An Orten wie dem Tower, der Westminster Abbey und der St. Paul's Cathedral, aber auch in Pubs und alten Postkutschstationen ist immer noch der Widerhall der Schritte von Monarchen, Dichtern, Huren und Heiligen zu spüren.

### Theater & mehr

Von den Theatern des West End bis zu den Clubs des East End, von den Rockläden Camdens bis zur Oper von Covent Garden, vom Tennis in Wimbledon bis zum Cricket im Lord's oder Fußball in Wembly – Londons weltberühmte Kultur- und Freizeiteinrichtungen bieten Unterhaltung ohne Ende.

### Museen & Galerien

Das große Publikummagnet ist zwar das British Museum, doch die britische Hauptstadt lockt mit Museen aller Art und Größe – und viele der besten kosten keinen Eintritt.

S. 52

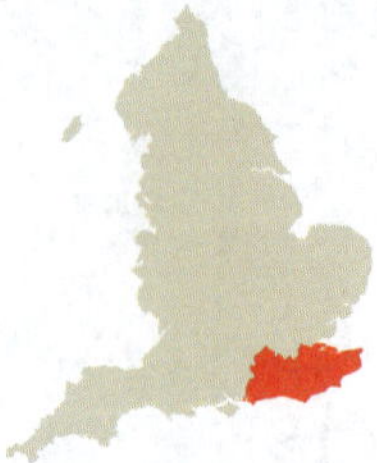

## Canterbury & Südostengland

**Kathedrale**
**Geschichte**
**Essen & Trinken**

### Canterbury Cathedral

Canterbury Cathedral ist schon allein ein Grund für eine Reise nach Südost-England: Sie ist eine der schönsten Kirchen Europas und eine der heiligsten Stätten der Christenheit, mit stimmungsvollen Kapellen, Kreuzgängen und Krypten.

### Invasionen

Der Südosten war schon immer ein Tor für Ankömmlinge vom Kontinent, einige willkommener als andere. Burgen und Festungen, das Schlachtfeld von 1066 und die geheimen Kriegstunnel von Dover erzählen die von Invasion und Verteidgung geprägte Geschichte der Region.

### Hopfen & Trauben

Kent ist zu Recht bekannt als der Garten Englands und ist schon lange für seinen Hopfen berühmt, der auch heute noch englischen Bieren Aroma verleiht. Auch Sussex macht von sich reden: Hier werden die besten Schaumweine Englands produziert.

S. 144

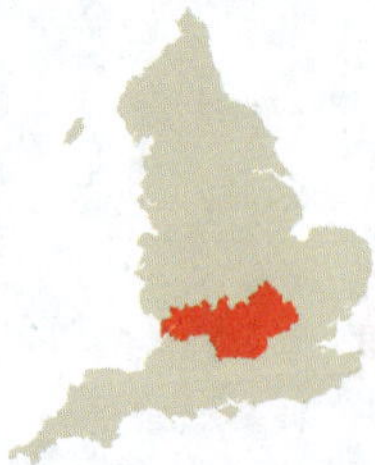

## Oxford, Cotswolds & Umgebung

**Architektur**
**Herrenhäuser**
**Dörfer**

### Colleges in Oxford

Oxfords Architektur lässt niemanden kalt, ob man nun vom Carfax Tower auf die verträumten Türme schaut, die mittelalterlichen Straßen zu Fuß erkundet oder einfach die phantastischen Wasserspeier an den Fassaden der Colleges bestaunt.

### Blenheim Palace

Diese Region ist schon seit Jahrhunderten beliebt bei den Reichen und Mächtigen und so gibt's hier einige der schönsten Herrenhäuser Englands. Am bekanntesten ist das Barockmeisterwerk Blenheim Palace, Geburtsstätte von Winston Churchill.

### Dörfer der Cotswolds

Mit ihren malerischen honigfarbenen Steincottages, Reetdächern, gepflegten Gärten und Kopfsteinpflastergassen sind die Dörfer der Cotswolds ein reizendes Stück ländliches England.

S. 184

## Bath & Südwestengland

**Küste**
**Geschichte**
**Aktivitäten**

### Strände in Cornwall

Englands Südwesthalbinsel sticht stolz in den Atlantik, gesäumt von einer fast endlosen Serie von Sandstränden, von der malerischen Kynance Cove bis zum Surfmekka Newquay.

### Römische Ruinen

Die hübsche georgianische Stadt Bath – die in ihrer Gesamtheit Weltkulturerbe ist – beherbergt einen der besterhaltenen römischen Bäderkomplexe überhaupt.

### Wandern & Surfen

Wer es gerne ruhig angehen lässt, kann hier über die Moore wandern oder auf den Radwegen entlangrollen. Und wer's lieber schnell und spannend mag, kann auf den besten Wellen Englands reiten oder tauchen oder kitesurfen lernen.

S. 232

## Cambridge & East Anglia

**Architektur**
**Küste**
**Wasserwege**

### Historische Kirchen

Von den prächtigen Kathedralen von Ely, Norwich und Peterborough bis zur King's College Chapel, dem Great Court des Trinity College und dem New Court des St. John's College in Cambridge: Das Bauerbe East Anglias braucht sich wahrlich nicht zu verstecken.

### Seebäder

Weite Sandstrände, tolle Meeresfrüchte, reizende alte Pubs, Vogelschutzgebiete von Weltrang, historische, auch heute noch auf ihr maritimes Erbe stolze Dörfer und klassische Badeorte wie Southwold und Cromer: Die Küste East Anglias erweist sich als extrem vielfältig.

### The Broads

Die Norfolk und Suffolk Broads sind ein stilles Paradies der Seen und Flüsse und ideal zum Boot-, Kanu- und Radfahren, zum Wandern und zur Vogelbeobachtung oder einfach nur zum gemächlichen Eintauchen in die Natur.

S. 384

## Birmingham, Midlands & Marches

**Aktivitäten**
**Herrenhäuser**
**Essen & Trinken**

### Wandern & Radfahren

Der Peak District National Park, Cannock Chase, die Shropshire Hills, die Roaches, die Malvern Hills, der Offa's Dyke Path, der Tissington Trail und der Pennine Cycleway machen diese Region zu einem wahren Wander- und Radelmekka.

### Chatsworth

Herrschaftliche Häuser wie Haddon Hall, Burghley House und insbesondere Chatsworth versprechen Landschaftsparks voller Rehe und prächtige Inneneinrichtungen voller unbezahlbarer Familienerbstücke und Ölgemälde.

### Curry-Kapitale

Ein Tipp für Gourmets: Birmingham ist die Curry-Hauptstadt des Landes und inzwischen auch vermehrt ein Magnet für mit Sterneköche. Das winzige Ludlow ist ein Zentrum gastronomischer Erkundungen.

S. 429

## Yorkshire

**Aktivitäten**
**Essen & Trinken**
**Geschichte**

### Wandern & Radfahren

Mit seinen sanften Hügeln, schönen Tälern, Hochmooren und seiner Steilküste, allesamt geschützt in Nationalparks, ist Yorkshire ein echter Abenteuerspielplatz für Wanderer, Radfahrer, Surfer und Kletterer.

### Roastbeef & Real Ale

Saftige Weiden machen Rind- und Lammfleisch aus Yorkshire zu begehrten Erzeugnissen. Die ausgezeichneten Brauereien von Masham wiederum produzieren erstklassige *real ales,* die man am besten in den schönen alten Pubs von Yorkshire probiert.

### Uralte Abteien

Vom Wikingererbe Yorks und den alten Abteien Rievaulx, Fountains und Whitby bis zur Industriegeschichte von Leeds, Bradford und Sheffield: Hier werden wichtige Stränge der englischen Geschichte erzählt.

S. 529

## Manchester, Liverpool & Nordwestengland

**Geschichte**
**Sport**
**Seebäder**

### Historische Museen

Die vielen historischen Stätten des Nordwestens, vom wunderbaren People's History Museum in Manchester bis zum International Slavery Museum in Liverpool, zeugen von der vielschichtigen Geschichte der Region und ihrer Fähigkeit, diese in Erinnerung zu halten.

### Fußball

Die beiden Städte Liverpool und Manchester beherbergen gleich vier weltbekannte Fußballvereine, darunter die beiden erfolgreichsten der englischen Fußballgeschichte. Das National Football Museum in Manchester ist nur ein weiterer Grund für Fußballfreunde, diese Region zu besuchen.

### Blackpool

Blackpool, der Inbegriff des klassischen englischen Seebads, lässt sich durch nichts aufhalten, u. a. dank dem Freizeitpark Pleasure Beach, in dem sich Adrenalinjunkies austoben können.

S. 590

## Lake District & Cumbria

**Landschaft**
**Aktivitäten**
**Literatur**

### Seen & Berge

Der Lake District National Park ist der bergigste Teil Englands, mit dem Scafell (Englands höchstem Gipfel) und unzähligen schönen Seen, einige davon groß und berühmt wie Windermere, Coniston und Ullswater, andere klein, versteckt und kaum bekannt.

### Wandern

Der Lake District ist Englands Eldorado für Wanderer. Für Spaziergänger gibt's leichte Wege durch kleine Hügel und Täler, hartgesottene Wanderer zieht es in die Berge, viele davon auf den Scafell Pike, Englands höchste Erhebung.

### William Wordsworth

Die Schönheit des Lake District inspirierte William Wordsworth zu einer berühmten Ode. Wordsworth-Stätten wie Dove Cottage und Hawkshead Grammar School sind beliebte Ziele von literaturbegeisterten Besuchern.

S. 628

## Newcastle & Nordostengland

**Geschichte**
**Landschaft**
**Burgen**

### Hadrianswall

Der Hadrianswall ist eine der bedeutendsten römischen Stätten überhaupt: Das Symbol imperialer Macht erstreckt sich mehr als 110 km weit von Tyneside bis zum Solway Firth über Nordengland. Wer möchte, kann die ganze Strecke ablaufen und unterwegs an Festungen Pausen einlegen.

### Northumberland National Park

Wer auf Breitbildpanoramen aus ist: Die weiten Moore, Steindörfer und unverstellten Ausblicke in Englands nördlichstem Nationalpark werden sicher nicht enttäuschen.

### Alnwick Castle

Northumberland ist mit einigen der schönsten Burgen Englands gespickt, darunter die Küstenfestungen Bamburgh und Dunstanburgh. Am berühmtesten ist jedoch Alnwick, Drehort der *Harry Potter*-Filme.

S. 671

# Reiseziele in England

# London

020 / 8,3 MIO. EW. / FLÄCHE 1577 KM²

**Inhalt ➡**



## Gut essen

- Dinner by Heston Blumenthal (S. 121)
- Five Fields (S. 122)
- Koya (S. 117)
- Brasserie Zédel (S. 120)
- Ledbury (S. 123)

## Schön übernachten

- Haymarket Hotel (S. 111)
- Zetter Hotel (S. 116)
- Hoxton Hotel (S. 117)
- Citizen M (S. 112)

## Auf nach London

Jeder kommt mit eigenen Vorstellungen nach London, die von Romanen, Filmen und Songs geprägt sind. Aber welche es auch sein mögen, die unendlich faszinierende, chaotische Stadt wirft sie alle über den Haufen. Man kann London ein Leben lang erkunden und wird jedes Mal feststellen, dass es sich schon wieder verändert hat. Eines bleibt jedoch gleich: der mächtige Fluss, der die Stadt in seinen Biegungen umarmt und mit dem grünen Herzen Englands und mit der ganzen Welt verbindet.

Seit der Römerzeit kamen Menschen von überall her nach London, ließen sich nieder und klagten über das Wetter. Es ist eine der multikulturellsten Städte der Welt – an jeder Ecke sind zahlreiche Sprachen zu hören. Die engen Straßen der Stadt sind zudem von faszinierender Geschichte, großartiger Kunst, imposanter Architektur und weltberühmter Popkultur durchdrungen. Bei soviel unerschöpflicher Coolness ist eigentlich klar, dass London eine großartige Stadt ist, wenn nicht die großartigste.

## Reisezeit

- London lässt sich zu jeder Jahreszeit besuchen. Davon abgesehen haben jeder Monat und jede Jahreszeit ihren eigenen Reiz.
- Im Frühling blühen die Narzissen und die Bäume.
- Im Juni sind die Parks voller Menschen, es gibt das Trooping the Colour, Sommerfeste, Field Day im Victoria Park und andere Musikveranstaltungen, Gay Pride und Wimbledon.
- Auch wenn die Tage spürbar kürzer sind – der Herbst ist in London die Zeit der Literatur-, Kunst- und Kulturfestivals.
- Im Dezember funkelt es weihnachtlich in Oxford und Regent Street und vielleicht gibt's etwas Schnee.

## Geschichte

London entstand als keltisches Dorf an einer Furt über die Themse, aber zur Stadt entwickelte es sich erst nach der römischen Eroberung 43 n. Chr. Die Invasoren bauten um ihr „Londinium" eine Mauer, die bis heute in der Form City of London nachzuvollziehen ist.

Ende des 3. Jhs. n. Chr. lebten bereits um die 30 000 Menschen in Londinium. Interne Konflikte und Angriffe von außen zermürbten die Römer jedoch, die schließlich im 5. Jh. Britannien verließen. Die Stadt sank zum Provinznest herab.

Als nächste kamen die Angelsachsen, deren „Lundenwic" blühte und sich zu einer großen, gut organisierten Stadt entwickelte. Mit ihrer wachsenden Bedeutung erregte die Stadt die Aufmerksamkeit der dänischen Wikinger, die sie mehrmals überfielen. 1016 waren die Angelsachsen schließlich geschlagen und gezwungen, das dänische Stammesoberhaupt Knut als König von England anzuerkennen, unter dem London Winchester als Hauptstadt ersetzte. 1042 bestieg sein angelsächsischer Nachfolger Eduard der Bekenner den Thron, der Westminster Abbey errichten ließ.

Nach der normannischen Eroberung 1066 wurde Wilhelm der Eroberer in London zum König von England gekrönt. Er baute den White Tower (das Kernstück des Tower of London), handelte mit den Kaufleuten Steuern aus und bekräftigte die Unabhängigkeit der Stadt. Von da an war die Stadtpolitik von Kämpfen zwischen Monarchie, Kirche und Zünften bestimmt, bis Ende des 15. Jhs. ein wackliger politischer Kompromiss zwischen den drei Mächten geschlossen wurde. Im 16. Jh. dehnte sich die Stadt unter den Tudors rasch aus.

Die Pest, die bereits zwischen 1348 und 1350 die halbe Bevölkerung Londons ausgelöschte hatte, schlug 1665 erneut zu. Als die Winterkälte die Epidemie bremste, waren bereits 100 000 Londoner gestorben. Der Katastrophe folgte eine weitere Verwüstung, als das Große Feuer von 1666 die Stadt in Schutt und Asche legte. Die Feuersbrunst hinterließ Freiflächen, auf denen Meisterarchitekt Christopher Wren prachtvolle Kirchen baute.

Trotz solcher Rückschläge wuchs London auch weiterhin und war 1700 mit 600 000 Einwohnern die größte Stadt Europas. Durch den Zustrom ausländischer Arbeiter wuchsen der Osten und Süden, während jene, die es sich leisten konnten, in die besseren Gegenden im Norden und Westen zogen. Im georgianischen London erblühte die künstlerischere Kreativität: Menschen wie Dr. Johnson, Händel, Gainsborough und Reynolds bereicherten das kulturelle Leben und große Architekten gestalteten eine elegante neue Metropole.

1837 trat die 18-jährige Victoria ihre lange Herrschaft an und London wurde zum Dreh- und Angelpunkt des Britischen Weltreichs. Die Industrielle Revolution brachte den Bau neuer Hafenbecken und Eisenbahnen mit sich (1863 wurde die erste U-Bahnstrecke eröffnet), und die Weltausstellung von 1851 präsentierte London der Welt. In viktorianischer Zeit wuchs die Stadtbevölkerung von knapp über 2 Mio. auf 6,6 Mio. Einwohner.

Im Ersten Weltkrieg erlitt London nur relativ geringe Schäden, aber im Zweiten Weltkrieg wurde die Stadt von deutschen Bomben schwer getroffen: Große Flächen im Zentrum und im East End wurden dem Erdboden gleichgemacht und 32 000 Menschen getötet. Unansehnliche Wohnblocks und kostengünstige Neubauten prägten das Bild in den wiederaufgebauten Stadtteilen und Schadstoffe aus Haushalten und Industrie belasteten die Luft. Am 6. Dezember 1952 kam es zur großen Smog-Katastrophe. Eine tödliche Kombination aus Nebel, Rauch und Luftverschmutzung kostete über 4000 Menschen das Leben.

Der Wohlstand kehrte allmählich in die Stadt zurück und all die kreative Energie, die sich in den Nachkriegsjahren angestaut hatte, setzte sich plötzlich frei. In den Swinging Sixties wurde London zur coolen Hauptstadt der Mode und Musik – eine Party, auf die in den 1970er-Jahren Ernüchterung folgte. Seither reitet London auf der Welle der globalen Entwicklung auf und ab, hat aber seine Stellung als weltweit führendes Finanzzentrum beibehalten.

Im Jahr 2000 wählte die Metropole erstmals ihren Bürgermeister für die City und alle 32 Stadtbezirke. 2008 übernahm der überzeugte Radfahrer Boris Johnson, ein Tory (Konservativer) mit blondem Struwelschopf und leutseligem Auftreten, das Amt und wurde 2012 darin bestätigt.

Als im August 2011 die Polizei in Tottenham einen Mann erschoss, brachen in zahlreichen Londoner Bezirken Krawalle mit Plünderungen und Brandstiftung aus. Die Ursachen für die Unruhen werden noch im-

## Highlights

1. An einem sonnigen Tag im **Regent's Park** (S. 94) oder einer anderen grünen Oase faulenzen
2. Im **British Museum** (S. 98) die Beute eines Weltreichs durchkämmen
3. Im **Tower of London** (S. 71) tief in die Geschichte eintauchen
4. Die mächtige Architektur der **Westminster Abbey** (S. 56) bewundern
5. Im **Dove** (S. 123) oder in einem anderen Pub mit Blick auf die Themse das Glas erheben
6. Sich auf einer **Kneipentour** in Hoxton (S. 101) die Londoner schön trinken

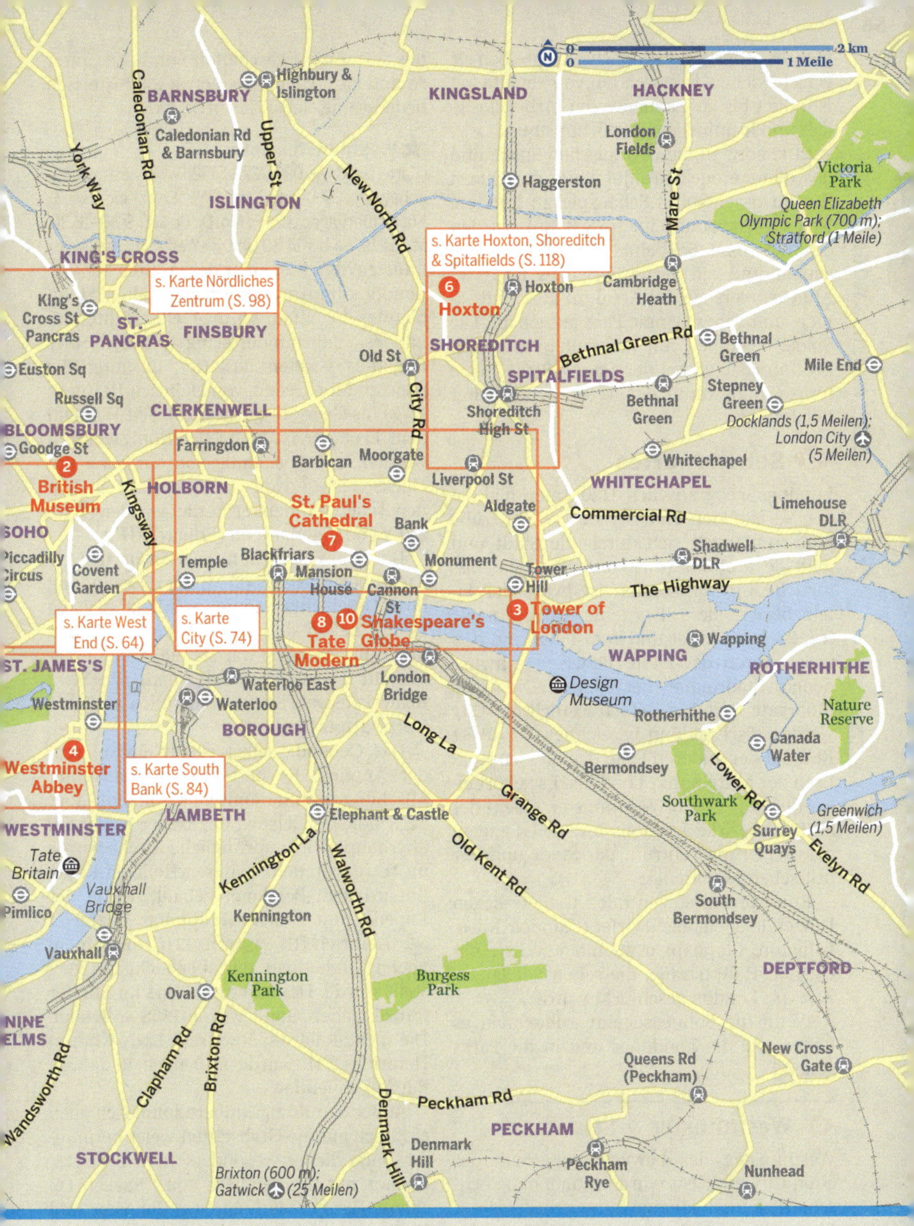


7 Von der Kuppel der **St. Paul's Cathedral** (S. 75) aus nach den Wolken greifen

8 In der **Tate Modern** (S. 81) moderne und zeitgenössische Kunst auf neue Art erleben

9 Die prächtige Fassade und die Exponate im **Natural History Museum** (S. 87) bestaunen

10 In **Shakespeare's Globe** (S. 80) oder einem anderen der berühmten Londoner Theater ein Drama miterleben

mer diskutiert und Beobachter schreiben sie verschiedenen Faktoren zu, von zerrütteten Familien bis zu Bandenwesen, Arbeitslosigkeit und kriminellem Opportunismus.

2012 sorgten die Olympischen Spiele und das diamantene Thronjubiläum der Queen für ein prachtvolles Schauspiel in London. Neue Overground-Linien (S-Bahn) wurden eröffnet, eine Seilbahn über die Themse gebaut und ein vernachlässigtes und von Altlasten verseuchtes Areal im East End saniert und zum Olympic Park ausgebaut. Die Spiele begannen mit einer phantastischen Eröffnungsfeier, bei der Danny Boyle Regie führte, und waren ein weltweit bejubeltet Erfolg.

## Sehenswertes

Londons geografisches Hauptmerkmal ist der Verlauf der Themse. Der graue, trübe Fluss schlängelt sich durch die Stadt und teilt sie grob in Nord und Süd. Die historische City of London ist heute der Finanzbezirk, der etwa eine Quadratmeile (ca. 2,6 km$^2$) misst und vom Fluss und den vielen Toren der alten (längst verschwundenen) Stadtmauer begrenzt ist: Newgate, Moorgate usw. Die Gebiete östlich der City werden als East End bezeichnet. Das West End auf der anderen Seite der City ist praktisch der Mittelpunkt Londons. Es gehört eigentlich zur City of Westminster, einem der 32 Stadtbezirke Londons und seit Langem das Regierungszentrum der Stadt und der britischen Monarchie.

Rund um diese zentralen Gebiete liegen Dutzende ehemalige Dörfer (Camden Town, Islington, Clapham usw.) mit jeweils einer eigenen Hauptstraße, die schon vor langer Zeit von London geschluckt wurden.

Wenn die Sonne scheint, sollte man es halten wie die Londoner und in die Parks gehen.

## Westminster & St. James's

Westminster, das bewusst außerhalb der alten City angelegt wurde (Londons leidenschaftlich unabhängige Bürger zogen es vor, Monarchen und Parlament in gebührendem Abstand zu halten), ist seit fast einem Jahrtausend das Zentrum der politischen Macht des Landes. Die vielen Wahrzeichen der Gegend ergeben zusammen ein phantastisches Bild von Obrigkeit, Prunk und ehrfurchtgebietender Würde

St. James's ist eine aristokratische Enklave mit Stadtresidenzen, berühmten Hotels, Traditionsgeschäften und eleganter Architektur. Hier stehen etwa 150 historisch bedeutsame Gebäude auf 36 ha.

### ★ Westminster Abbey — KIRCHE

(Karte S. 58; ☎ 020-7222 5152; www.westminster-abbey.org; 20 Dean's Yard, SW1; Erw./Kind 18/8 £, Küsterführungen 3 £; ⌚ Mo, Di, Do & Fr 9.30–16.30, Mi bis 19, Sa bis 14.30 Uhr; Ⓤ Westminster) Westminster Abbey ist einer der größten Schätze Londons und präsentiert auf kalten Steinplatten die altehrwürdige Geschichte des Landes. Jahrhundertelang wurden hier Englands Größen bestattet, darunter die meisten Monarchen, von Heinrich III. (gest. 1272) bis Georg II. (gest. 1760). Seit Wilhelm dem Eroberer ist hier jeder König gekrönt worden, mit Ausnahme von ein, zwei unglückseligen Edwards, die kurz vor dem magischen Moment ermordet wurden (Eduard V.) oder abdankten (Eduard VIII.).

Die Abbey ist nicht nur als ein Ort der Andacht beeindruckend. Mit der Erkundung ihrer Geschichte und der architektonischen Details ließen sich Tage füllen. Eine Kathedrale (Bischofssitz) war sie nie, aber sie untersteht direkt der Krone *(royal peculiar)*. Bemerkenswert ist der erstaunlich schlichte **Coronation Chair**.

Das Gebäude selbst ist ein faszinierender Anblick. Es besteht zwar aus einer Mischung architektonischer Stile, gilt aber als schönstes Beispiel englischer Frühgotik überhaupt. Die ursprüngliche Kirche wurde im 11. Jh. von dem späteren Heiligen König Eduard dem Bekenner gebaut, der in der Kapelle hinter dem Hauptaltar begraben ist. Heinrich III. begann 1245 mit einem neuen Kirchenbau, der aber nicht fertiggestellt wurde. Das **Kirchenschiff** im Stil der französischen Gotik wurde 1388 vollendet. Die spektakuläre spätgotische **Lady Chapel** Heinrichs VII. wurde 1519 nach 16 Jahren Bauzeit vollendet.

Außer den Königsgräbern lohnt sich auch ein Blick auf die Grabstätten vieler berühmter Bürgerlicher, besonders in der **Poets' Corner** mit den Gräbern von Chaucer, Dickens, Hardy, Tennyson, Dr. Johnson und Kipling sowie Gedenkstätten für andere literarische Größen (Shakespeare, Austen, Brontë usw.). An anderer Stelle befinden sich die Gräber von Händel und Isaac Newton.

Im achteckigen **Chapter House**, das in den 1250-er Jahren erbaut wurde, trafen sich die Mönche zum täglichen Gebet, bevor Heinrich VIII. 1536 die Klöster zerschlug. Die Tür rechts vom Eingang stammt aus dem Jahr 1050 und ist die älteste Kirchentür in Großbritannien. Die kryptaähnliche **Pyx Chamber**, die als Schatzkammer und „königlicher Kleiderschrank“ genutzt wurde, entstand um 1070. Die Hauptattraktion im benachbarten **Abbey Museum** sind die Totenmasken von Generationen von Monarchen.

Teile der Abbey-Anlage können kostenlos besichtigt werden. Dazu gehören der 900 Jahre alte **College Garden** (April–Sept. Di–Do 10–18 Uhr, Okt.–März Di–Do bis 16 Uhr) und der **Cloister**, wo es im Coffee Club Getränke und Snacks gibt. Volle Mahlzeiten serviert das neue **Cellarium** (Karte S. 58; ☎ 020-7222 0516; www.cellariumcafe.com; Hauptgerichte 9,50–14,50 £; ⏲ Mo–Fr 9–18, Sa bis 16.30 Uhr). Es ist Teil eines Benediktinerklosters aus dem 14. Jh. und bietet einen großartigen Blick auf die architektonischen Details der Abbey.

Neben der Abteikirche liegt **St. Margaret's Church** (Karte S. 58; ⏲ Mo–Fr 9.30–15.30, Sa bis 13.30, So 14–16.30 Uhr), seit 1614 die Kirche des House of Commons. Darin befinden sich Fenster zum Gedenken an die Kirchgänger Caxton und Milton, und am Altar ist Walter Raleigh begraben.

Führungen mit dem Küster finden mehrmals täglich statt (außer sonntags); für die Teilnahme sollte man vorher anrufen. Der Eintritt in die Abbey ist für Gottesdienstbesucher selbstverständlich frei. Das Morgengebet findet werktags um 7.30 Uhr statt, Gottesdienst mit Kommunion ist um 8 und um 12.30 Uhr und die Abendandacht um 17 Uhr. Sonntags gibt es den ganzen Tag über Gottesdienste. Die Besucher sind eingeladen, teilzunehmen und die Atmosphäre zu genießen, auch wenn sie nicht religiös sind.

### ★ Houses of Parliament

HISTORISCHES GEBÄUDE

(Karte S. 58; www.parliament.uk; Parliament Sq, SW1; ⊖ Westminster) GRATIS Eines der bekanntesten Gebäude der Welt live zu sehen, kann ein surrealer Moment sein, aber im Fall der Houses of Parliament ist es schlicht eine Offenbarung. Fotos werden dem kunstvollen Mauerwerk und den goldenen Fialen von Charles Barrys und Augustus Pugins neugotischem Meisterwerk (1840) einfach nicht gerecht. Der bekannteste Teil des Bauwerks ist der Uhrenturm, auch bekannt als **Big Ben** (Karte S. 58), was allerdings ursprünglich der Name der 13 t schweren Glocke war, so benannt nach Benjamin Hall, dem verantwortlichen Baumeister zur Zeit der Vollendung des Turms 1858.

Der älteste Teil des Gebäudekomplexes, der offiziell **Palace of Westminster** heißt, ist **Westminster Hall** (1097). Sie ist einer von wenigen Teilen, die ein verheerendes Feuer im Jahr 1834 überstanden. Ihr Stichbalkendach wurde zwischen 1394 und 1401 aufgesetzt und ist das älteste bekannte

## LONDON IN ...

### ... zwei Tagen

Nur zwei Tage? Startpunkt ist **Trafalgar Square**. Von hier aus werden die großen Sehenswürdigkeiten wenigstens von außen besichtigt: **London Eye**, **Houses of Parliament**, **Westminster Abbey**, **St. James's Park & Palace**, **Buckingham Palace**, **Green Park**, **Hyde Park** und **Kensington Gardens & Palace**. Am Nachmittag düst man durch die **Tate Modern**. Abends geht's ab nach **Soho**. Der zweite Tag beginnt mit dem Besuch des **British Museum** und einem **Spaziergang** durch die **City**, der am **Tower of London** endet. Zu Abend gegessen wird in einem der internationalen Restaurants in **Clerkenwell**, später zieht man in die angesagten Bars in **Hoxton** und **Shoreditch** um.

### ... vier Tagen

Gleiches Programm wie oben, nur weniger gedrängt, das heißt, mit mehr Zeit für die Tate Modern, das British Museum und den Tower of London. Am Trafalgar Square wird die **National Gallery** ins Programm genommen, Westminster Abbey und **St. Paul's Cathedral** sind ebenfalls die Besichtigung wert. An den zusätzlichen Abenden werden **Camden** und **Islington** erkundet oder es wird fein und teuer in **Kensington** oder **Knightsbridge** gespeist.

### ... einer Woche

Wie oben, mit jeweils einem zusätzlichen Tag in **Greenwich**, **Kew Gardens** und **Hampton Court Palace**.

# Westminster & St. James's

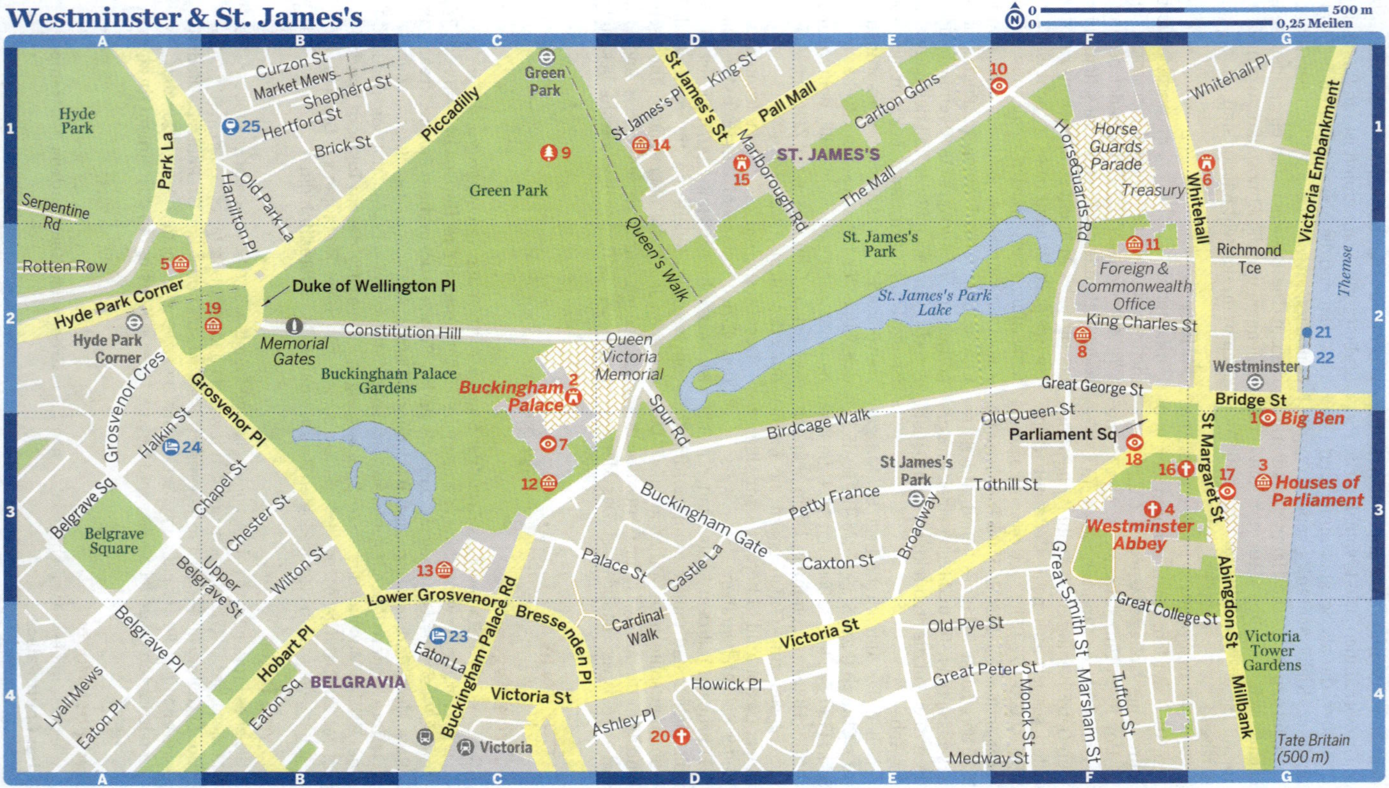

seiner Art. Es wird als Meisterleistung des mittelalterlichen Zimmerhandwerks in England gepriesen.

Das Parlament besteht aus zwei Häusern. Das in Grün gehaltene **House of Commons** ist das Unterhaus, in dem 650 vom Volk gewählte Mitglieder tagen. Auf den roten Lederbänken des **House of Lords** sitzen Blaublüter, denen dieser Platz ursprünglich zusammen mit dem Adelstitel vererbt wurde. Heutzutage werden sie bei Freiwerden eines Sitzes von den anderen Lords gewählt oder von der Regierung berufen. Beide Häuser debattieren und segnen Gesetze ab, die dann der Queen zur Genehmigung *(royal assent)* vorgelegt werden (in der Praxis ist das nur eine Formalität, das letzte Mal, dass ein *royal assent* verweigert wurde, war 1708). Bei der alljährlichen Parlamentseröffnung (meist im November) fährt die Queen in der goldverzierten Irish State Coach vor und nimmt im House of Lords auf ihrem Thron Platz. Es lohnt sich, an der Strecke auszuharren, um einen Blick auf die Kronjuwelen zu erhaschen, die in der Sonne glitzern.

Wenn das Parlament tagt, dürfen Besucher auf der **House of Commons Visitors' Gallery** (Besuchergalerie) zuhören. Die beste, aber auch begehrteste Gelegenheit ist die Fragestunde des Premierministers mittwochs um 12 Uhr. Hinein geht's durch den **St. Stephen's Entrance** (Karte S. 58). Auch die **House of Lords Visitors' Gallery** ist frei zugänglich.

Samstags und während der Parlamentsferien (Mitte Juli bis Anfang September) können Besucher an einer 75-minütigen **Führung** (☎0844 847 1672; www.ticketmaster.co.uk/housesofparliament; 75-min. Führung Erw./Kind 16,50/7 £) teilnehmen. Qualifizierte Blue-Badge-Guides führen in sechs Sprachen durch beide Parlamentskammern, die Westminster Hall und andere Gebäudeteile. Die Termine ändern sich jedes Jahr und müssen vorher abgefragt (und besser auch gebucht) werden.

### ★ Buckingham Palace — SCHLOSS

(Karte S. 58; ☎020-7766 7300; www.royalcollection.org.uk; Buckingham Palace Rd, SW1; Erw./Kind 19,75/11,25 £; ⏲Ende Juli–Aug. 9.30–19.30 Uhr, Sept. bis 18.30 Uhr; ⊖St James's Park, Victoria, Green Park) Der Buckingham Palace, der 1703 für den Herzog von Buckingham gebaut wurde, löste 1837 den St. James's Palace als offizielle Londoner Residenz des Monarchen ab. Wenn Königin Elisabeth II. nicht gerade in weit entfernten Teilen des Commonwealth den Leuten zuwinkt, lebt sie hier, in Windsor oder in Balmoral. Wenn sie daheim ist, weht die gelb-rot-blaue Standarte. 19 verschwenderisch ausgestattete **State Rooms** können besichtigt werden, wenn HRH (Her Royal Highness) Urlaub macht.

Die zweistündige Führung schließt den **Thronsaal** mit ein, in dem zwei ziemlich seltsame rosa Stühle mit den königlichen Initialen E R und P stehen. Die Eintrittskarten werden mit festen Einlasszeiten im 15-Minuten-Takt ausgegeben, der Audioguide ist im Eintritt inbegriffen. Selbstredend sind auch die Gärten eine Pracht.

Die Eintrittskarte für den Buckingham Palace erlaubt einen zweiten Besuch, wenn



## Westminster & St. James's

**Highlights**

1 Big Ben ... G3
2 Buckingham Palace ... C2
3 Houses of Parliament ... G3
4 Westminster Abbey ... F3

**Sehenswertes**

5 Apsley House ... A2
6 Banqueting House ... G1
7 Changing of the Guard ... C3
8 Churchill War Rooms ... F2
9 Green Park ... C1
10 Institute of Contemporary Arts ... F1
11 No 10 Downing Street ... F2
12 Queen's Gallery ... C3
13 Royal Mews ... C3
14 Spencer House ... D1
15 St. James's Palace ... D1
16 St. Margaret's Church ... F3
17 St. Stephen's Entrance ... G3
18 Supreme Court ... F3
19 Wellington Arch ... B2
20 Westminster Cathedral ... D4

**Aktivitäten, Kurse & Touren**

21 City Cruises ... G2
22 Westminster Passenger Services Association ... G2

**Schlafen**

23 Goring ... C4
24 Halkin by Como ... A3

**Essen**

Cellarium ... (s. 4)

**Ausgehen & Nachtleben**

25 Galvin at Windows ... B1

sie direkt vor Ort gekauft wurde (sie muss dazu im Kartenbüro abgestempelt werden). Die Karte „Royal Day Out" ist ein Kombiticket für die State Rooms, Queen's Gallery und die Royal Mews (Erw./Kind 34,50/19,50 £).

### ➡ Changing of the Guard

Von April bis Juli findet täglich um 11.30 Uhr und (wenn das Wetter mitspielt) von August bis März an jedem zweiten Tag auf dem Vorhof des Buckingham Palace der Wachwechsel der Foot Guards of the Household Regiment statt. Das höchst beliebte Spektakel dauert etwa 40 Minuten (mit Andrang ist zu rechnen). Die Prozession von Buckingham Palace zum State Opening of Parliament im November ist jedoch weitaus eindrucksvoller.

### ➡ Queen's Gallery

(www.royalcollection.org.uk; Südflügel, Buckingham Palace; Erw./Kind 9,50/4,80 £, mit Royal Mews 16,25/9,10 £; ⏲10–17.30 Uhr) Die von Nash ursprünglich als Wintergarten entworfene Queen's Gallery zeigt in wechselnden Ausstellungen Schätze aus dem Schloss. Der Eingang zur Galerie ist das Buckingham Gate.

### ➡ Royal Mews

(www.royalcollection.org.uk; Erw./Kind 8/5 £, mit Queen's Gallery 16,25/9,10 £; ⏲April–Okt. 10–17 Uhr, Nov. & Dez. Mo–Sa bis 16 Uhr) Beim Betrachten der feinen Staatskarossen in den Royal Mews, den Stallungen für die mustergültig gepflegten Pferde und opulenten Fahrzeuge zum Herumkutschieren der Königsfamilie, werden Aschenputtel-Phantasien wach. Zu den Highlights zählen die prachtvolle Goldkutsche von 1762 und die Glaskutsche von 1910 (Prinz William und Catherine Middleton fuhren bei ihrer Hochzeit 2011 im Staatslandauer von 1902).

## Supreme Court — WAHRZEICHEN

(Karte S. 58; www.supremecourt.gov.uk; Parliament Sq, SW1; ⏲Mo–Fr 9.30–16.30 Uhr; Ⓤ Westminster) GRATIS Der Supreme Court, der oberste Gerichtshof von Großbritannien, hat sein Domizil in der neugotischen Middlesex Guildhall (1913) am Parliament Square. Bürger können an vier Tagen pro Woche (Mo–Do) bei den Verhandlungen zuschauen. Im Erdgeschoss befindet sich eine ständige Ausstellung zum Supreme Court sowie zur Geschichte des Gebäudes.

## St. James's Park & Palace — PARK

(Ⓤ St James's Park, Green Park) Der St. James's Park mit seinen gepflegten Blumenrabatten

---

## Stadtspaziergang
## Königliches London

**START** HOUSES OF PARLIAMENT
**ZIEL** HOUSES OF PARLIAMENT
**LÄNGE** 6,4 KM; DREI BIS VIER STUNDEN

Vom U-Bahnhof Westminster geht's über die Bridge Street zum Palace of Westminster bzw. den ❶ **Houses of Parliament** (S. 57). Die Westminster Hall von 1097 ist der älteste erhaltene Teil des ursprünglichen Schlosses, das im Oktober 1834 fast gänzlich niederbrannte. Die Abingdon Street (die zur Old Palace Yard wird) führt entlang der ganzen Länge der Houses of Parliament zum ❷ **Jewel Tower**, dem einzigen anderen erhaltenen Teil. Er wurde im 14. Jh. für die königlichen Schätze von Eduard III. gebaut.

Vom Jewel Tower geht es zur ❸ **Westminster Abbey** (S. 56), Londons West-Münster (im Unterschied zum Münster im Osten, der St. Paul's Cathedral) und traditionelle Krönungskirche der englischen Monarchen. Beachtenswert am Parliament Square ist der ❹ **Supreme Court** (S. 60) in der verschnörkelten Middlesex Guildhall von 1913.

Um die Ecke geht es westwärts über die Great George Street, links in die Storey's Gate, rechts in die Old Queen Street und die ❺ **Cockpit Steps** runter, auf denen eine kopflose Frau in Rot spuken soll. Die Stufen führen auf den hübschen Birdcage Walk, benannt nach dem königlichen Vogelhaus, das sich einst hier befand. Auf der anderen Straßenseite lädt der ❻ **St. James's Park** (S. 60) zu einem Spaziergang am See ein. Am Südwestende des Parks, am anderen Ende des Birdcage Walk, steht das ❼ **Guards Museum**.

Durchs Buckingham Gate geht's zur ❽ **Queen's Gallery** (S. 60) und zu den ❾ **Royal Mews** (S. 60), dann wieder zurück zum ❿ **Buckingham Palace** (S. 59) und zum ⓫ **Queen Victoria Memorial** von 1911, mit einer Monarchin, die mürrisch auf die Mall starrt. Die Repräsentationsstraße Mall (sprich: Mell) hinunter, geht's in den ⓬ **Green Park** (S. 62) hinein und im Park über den Queen's Walk zum ⓭ **Spencer House** (S. 62). Zurück an der Mall, weiter zum ⓮ **Clarence House**, wo Prinz Charles residiert und vor ihm die Queen Mother lebte.

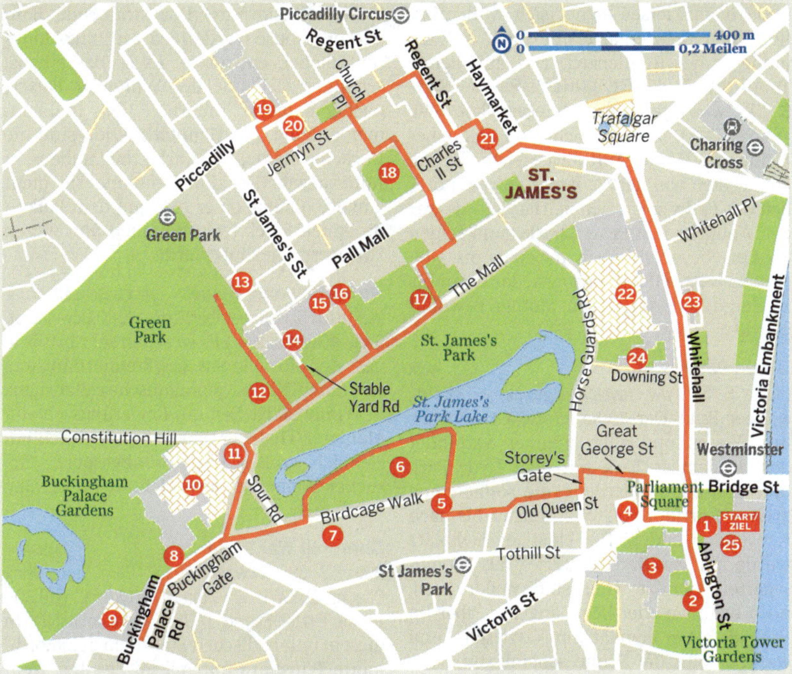


Der Weg führt über die Mall weiter ostwärts, dann die Marlborough Road nach Norden zum 15 **St. James's Palace** (S. 62) und zur 16 **Queen's Chapel** gegenüber. Der schöne Kirchenraum aus dem 17. Jh. ist nur für Gottesdienste geöffnet. Zurück auf der Mall geht es neben einer 17 **Bronzestatue** der Queen Mother mit König Georg VI. an ihrer Seite die Treppe hoch.

Über die Carlton Gardens und die erste Straße links (auch Carlton Gardens) und über den Fußgängerübergang in der Pall Mall kommt man zum 18 **St. James's Square** mit schönen georgianischen Bauten. Der private Garten in der Mitte des Platzes mit einer Statue von König Wilhelm III. ist werktags von 10 bis 16.30 Uhr geöffnet.

Der Weg führt über die Duke of York Street Richtung St. James's Church Piccadilly von Christopher Wren, dann links in die Jermyn Street, über die Duke Street St. James's hinweg und die Piccadilly Arcade entlang bis zur Piccadilly. Auf der anderen Straßenseite liegt der imposante Eingang zur 19 **Royal Academy of Arts** (S. 67) im Burlington House, 1768 von Georg III. gegründet. Wieder zurück auf der anderen Seite leuchtet wenig später die mintgrüne Fassade von 20 **Fortnum & Mason** (S. 136), Londons ältestem Feinkostgeschäft und königlichem Hoflieferanten, auf.

Nun geht's ostwärts über die Piccadilly, rechts in den Church Place, links in die Jermyn Street, rechts in die Regent Street, links in die King Charles II Street und dort zur 21 **Royal Opera Arcade**, Londons ältester Einkaufspassage (von John Nash entworfen). Von der Pall Mall geht's über die Cockspur Street und den Trafalgar Square Whitehall runter. Hinter dem alten Admiralty Building beginnt 22 **Horse Guards Parade**, wo die berittenen Soldaten der Household Cavalry täglich um 11 Uhr (sonntags um 10 Uhr) ihren Wachwechsel vollziehen. Der schlichtere Wachwechsel der Fußgarde findet um 16 Uhr statt. Hier liegt auch das täglich geöffnete Household Cavalry Museum. Auf der gegenüberliegende Seite von Whitehall steht das 23 **Banqueting House** (S. 62) mit einer Büste von Karl I. an der Ecke über dem Eingang. Die Whitehall weiter Richtung Süden geht's an 24 **No 10 Downing Street** (S. 62) vorbei zurück zu den 25 **Houses of Parliament**.

und einem Ziersee eignet sich wunderbar für einen Spaziergang mit Blick auf die umliegenden Residenzen. Das auffallende Tudortorhaus des **St. James's Palace** (Karte S. 58; www.royal.gov.uk; Cleveland Row, SW1; ⊖Green Park), 1530 von Schlösser-Liebhaber Heinrich VIII. in Auftrag gegeben, ist am einfachsten von der St. James's Street nördlich des Parks zu erreichen. Das Schloss war der Wohnsitz von Prinz Charles und seinen Söhnen, bevor sie nach nebenan ins **Clarence House** (1828) umzogen, das davor bis zu deren Tod von Queen Mother bewohnt wurde.

**Green Park** PARK

(Karte S. 58; www.royalparks.gov.uk; ⏲24 Std.; ⊖Green Park) Der 19 ha große Green Park mit Wiesen und alten Bäumen verbindet den St. James's Park mit dem Hyde Park und Kensington Gardens, die somit einen grünen Korridor von Westminster bis nach Kensington bilden. Der einstige Duellplatz wurde im Zweiten Weltkrieg als Gemüsegarten genutzt. Hier sind weder Seen, noch Brunnen oder Beete angelegt, aber im Frühjahr ist er übersät von Narzissen – und wann immer die Sonne scheint von halbnackten Menschen.

**Westminster Cathedral** KIRCHE

(Karte S. 58; www.westminstercathedral.org.uk; Victoria St, SW1; Turm Erw./Kind 5/2,50 £; ⏲Mo–Fr 9.30–17, Sa & So bis 18 Uhr; ⊖Victoria) Der Bau der Kathedrale im neobyzantinischen Stil wurde 1895 begonnen und ist noch immer nicht abgeschlossen – die Arbeiten schreiten je nach Finanzlage voran. Interessant ist der hochgeschätzte **Kreuzweg** von Eric Gill (1918). Die Ausstellung **Treasures of the Cathedral** lohnt sich ebenfalls. Es gibt ein Café in der Nähe der Taufkapelle und über allem erhebt sich der unverwechselbare 83 m hohe **Turm** aus rotem Backstein im Wechsel mit weißem Portlandstein, der einen fabelhaften Blick über London bietet und anders als die Kuppel von St. Paul's einen Aufzug hat.

Die **Chapel of the Blessed Sacrament** und andere Teile des Innenraums sind mit leuchtenden Mosaiken nach oströmischem Vorbild und 100 unterschiedlichen Marmorarten geschmückt; in anderen Bereichen ist rohes Mauerwerk sichtbar.

**Banqueting House** SCHLOSS

(Karte S. 58; www.hrp.org.uk/banquetinghouse; Whitehall, SW1; Erw./Kind 6,60 £/frei; ⏲10–17 Uhr; ⊖Westminster) Das strahlende Banqueting House wurde 1622 von Inigo Jones für Jakob I. entworfen. Es ist das einzige erhaltene Gebäude des Whitehall Palace, nachdem dieser Tudorbau 1698 in Flammen aufging. Die Hauptattraktion sind die Deckengemälde, die Karl I. bei Rubens in Auftrag gab. Der König konnte sie nicht lange genießen, da er 1649 auf dem Balkon im ersten Stock festgenommen und wegen Hochverrat geköpft wurde.

**No 10 Downing Street** HISTORISCHES GEBÄUDE

(Karte S. 58; www.number10.gov.uk; 10 Downing St, SW1; ⊖Westminster) Es ist schon sehr britisch, dass der offizielle Sitz des Premierministers ein unauffälliges georgianisches Stadthaus in Whitehall ist. Seit der Regierungszeit von Margaret Thatcher ist die Straße durch ein ziemlich großes Eisentor abgesperrt, Besucher können es also nicht aus der Nähe anschauen.

**Churchill War Rooms** MUSEUM

(Karte S. 58; www.iwm.org.uk; Clive Steps, King Charles St, SW1; Erw./Kind 17,50 £/frei; ⏲9.30–18 Uhr, letzter Eintritt 17 Uhr; ⊖Westminster) In diesem unterirdischen Stabsquartier koordinierte Winston Churchill im Zweiten Weltkrieg über ein Bakelit-Telefon den Kampf der Alliierten gegen Nazi-Deutschland. Die Cabinet War Rooms sehen heute noch fast genauso aus wie 1945, als die Lichter ausgeschaltet wurden, und vermitteln noch immer die Dramatik der Stunde und die Entschlossenheit der Beteiligten. Das Museum gewährt faszinierende Einblicke in die Persönlichkeit des Zigarre rauchenden Kriegspremiers.

**Institute of Contemporary Arts** KUNSTZENTRUM

(ICA; Karte S. 58; ☎020-7930 9493; www.ica.org.uk; Nash House, The Mall, SW1; ⏲Di–Do 11–23 Uhr, unterschiedliche Öffnungszeiten für Ausstellungen; ⊖Charing Cross) GRATIS Das ICA ist eine Schatzkammer zeitgenössischer Kunst. Das aufregend anspruchsvolle Programm umfasst Film, Fotografie, Theater, Installations-, Aktions- und Digitalkunst, DJ-Auftritte, Vorträge und Lesungen. Nach einem Rundgang durch die Galerien, einer Filmvorführung und dem Besuch des linken Buchladens erfrischt ein Bier in der Bar.

**Spencer House** HISTORISCHES GEBÄUDE

(Karte S. 58; ☎020-7514 1958; www.spencerhouse.co.uk; 27 St. James's Pl, SW1; Erw./Kind 12/10 £; ⏲Feb.–Juli & Sept.–Dez. So 10.30–

17.45 Uhr; ⊖ Green Park) Spencer House, der Stammsitz der Familie von Prinzessin Diana, wurde zwischen 1756 und 1766 im palladianischen Stil errichtet. Nach dem Auszug der Spencers wurde es 1927 zum Bürogebäude umfunktioniert und 60 Jahre später für 18 Mio. £ einer grundlegenden Renovierung unterzogen, die den alten Glanz wieder herstellte. Die Besichtigung ist nur im Rahmen einer Führung möglich.

**Apsley House** HISTORISCHES GEBÄUDE

(Karte S. 58; www.english-heritage.org.uk; 149 Piccadilly, Hyde Park Corner, W1; Erw./Kind 6,90/4,10 £, mit Wellington Arch 8,90/5,30 £; ⌚ April–Okt. Mi–So 11–17 Uhr, Nov.–März Mi–So bis 16 Uhr; ⊖ Hyde Park Corner) Das repräsentative Haus, das heute als Museum mit Exponaten zum Duke of Wellington der Öffentlichkeit zugänglich ist, wurde Ende des 18. Jhs. von Robert Adam für Baron Apsley entworfen. Später wurde es an den ersten Duke of Wellington verkauft, der Napoleon in der Schlacht von Waterloo besiegte und hier 35 Jahre lang bis zu seinem Tod 1852 lebte. Zehn Räume können besichtigt werden. Das Treppenhaus wird von Antonio Canovas gigantischer, 3,4 m hohen Statue von Napoleon mit Feigenblatt und massiven Schultern dominiert.

Unbedingt sehenswert sind das kunstvolle gestaltete portugiesische Silberservice und das ägyptische Service, ein Scheidungsgeschenk Napoleons an Josephine (sie lehnte es ab).

**Wellington Arch** MUSEUM

(Karte S. 58; www.english-heritage.org.uk; Hyde Park Corner, W1; Erw./Kind 4,20/2,50 £, mit Apsley House 8,90/5,30 £; ⌚ April–Okt. Mi–So 10–17 Uhr, Nov.–März Mi–So bis 16 Uhr; ⊖ Hyde Park Corner) Das Monument mitten auf dem Kreisverkehr an der Hyde Park Corner ist Londons Antwort auf den Arc de Triomphe (nur dass er an Frankreichs *Niederlage* durch den Duke of Wellington erinnert). Der Wellington Arch wurde 1826 errichtet und ist bekrönt von Europas größter Bronzeskulptur: *Peace Descending on the Quadriga of War* (1912). Bis in die 1960er-Jahre war hier die kleinste Polizeistation der Stadt untergebracht (samt Hauskatze). Von den Balkonen bietet sich ein unvergesslicher Blick auf den Hyde Park, Buckingham Palace und die Houses of Parliament.

Innen befinden sich eine Ausstellung zur Geschichte des Monuments und die neu eröffnete **Quadriga Gallery**.

## West End

Das West End ist eine grelle Mischung aus Kultur und Konsumwahn und damit eher so etwas wie ein Konzept als ein geografisches Gebiet. Es ist ein Synonym für begeisternde Musicals, helle Lichter, herausragende Restaurants und unendliche Einkaufsmöglichkeiten. Im Süden umfasst es Piccadilly Circus und Trafalgar Square, im Westen die Regent Street, im Norden die Oxford Street, im Osten Covent Garden und im Südosten The Strand.

Die Piccadilly, benannt nach den Spitzenkragen *(picadils)*, die im 17. Jh. zum üblichen Angebot der hier ansässigen Schneider gehörten, wurde die bevorzugte Meile einer betuchten Klientel. Hier stehen das Hotel Ritz und das Luxuskaufhaus Fortnum & Mason, zwei Ikonen des Establishments. Auf dem neongrellen Piccadilly Circus – wo die beliebte, fälschlicherweise stets als Eros gedeutete, geflügelte Figur steht – trifft die Piccadilly mit der Regent Street, der Shaftesbury Avenue und Haymarket aufeinander.

In Mayfair, westlich des Piccadilly Circus, liegen all die teuren Straßen des Londoner Immobilien-Monopolys, darunter Park Lane und Bond Street. Sie werden gesäumt von exklusiven Läden, Restaurants mit Michelin-Sternen, Nobelhotels und Herrenclubs. Die in einem eleganten Bogen geführte Regent Street und die hektische Oxford Street sind die wichtigsten Einkaufsmeilen der Stadt. Im Herzen des West End befindet sich Soho, ein szeniges Straßengewirr voller Schwulenbars, Stripclubs, Cafés und Werbeagenturen. Die Carnaby Street war in den 1960er-Jahren das Zentrum des Swinging London, heute ist sie voller Modeläden. Die Lisle Street und besonders die chinesisch dekorierte Gerrard Street (nördlich des Leicester Square) bilden das Herz von Chinatown, einem Viertel mit preisgünstigen asiatischen Restaurants und duftenden kantonesischen Supermärkten. Der angrenzende Leicester Square (sprich: Less-ter) voller Touristen und Standort großer Kinopaläste (in denen gelegentlich Premieren mit erheblichem Staraufgebot stattfinden) wurde jüngst runderneuert. The Strand, im 19. Jh. von Benjamin Disraeli als schönste Straße Europas bezeichnet, ist noch immer Sitz einiger Nobelhotels wie dem Savoy, aber ihr Glanz ist verblasst.

# West End

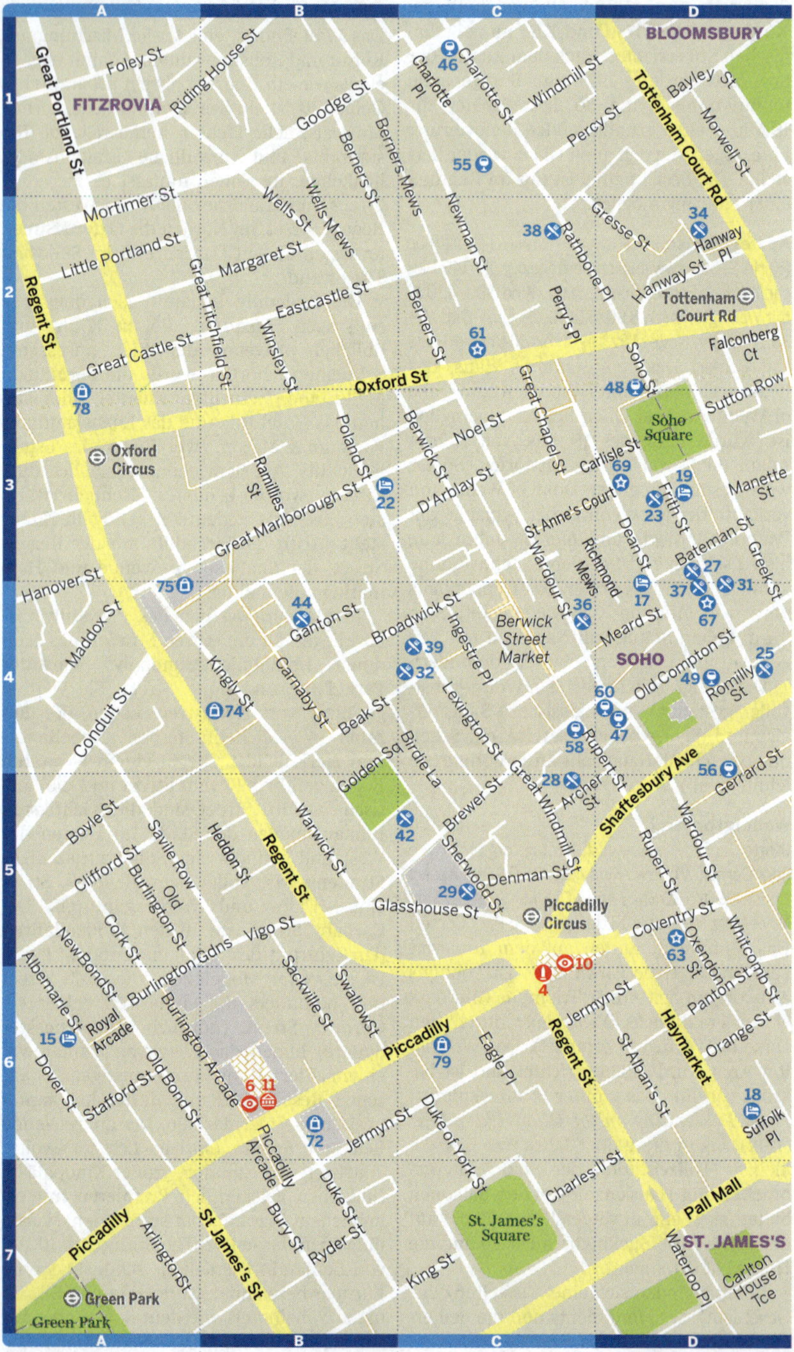

A
B
C
D
1
2
3
4
5
6
7
BLOOMSBURY
FITZROVIA
SOHO
ST. JAMES'S
Great Portland St
Foley St
Riding House St
Goodge St
Charlotte Pl
Charlotte St
Windmill St
Tottenham Court Rd
Bayley St
Morwell St
Percy St
Berners St
Berners Mews
Newman St
Mortimer St
Wells St
Wells Mews
Rathbone Pl
Gresse St
Hanway Pl
Hanway St
Little Portland St
Margaret St
Great Titchfield St
Regent St
Eastcastle St
Winsley St
Perry's Pl
Tottenham Court Rd
Falconberg Ct
Great Castle St
Oxford St
Soho St
Sutton Row
Soho Square
Oxford Circus
Poland St
Berwick St
Noel St
Great Chapel St
Carlisle St
Ramillies St
D'Arblay St
Manette St
Great Marlborough St
St Anne's Court
Dean St
Frith St
Bateman St
Greek St
Hanover St
Richmond Mews
Wardour St
Maddox St
Ganton St
Broadwick St
Ingestre Pl
Berwick Street Market
Meard St
Kingly St
Carnaby St
Old Compton St
Romilly St
Conduit St
Beak St
Lexington St
Birdie La
Golden Sq
Rupert St
Great Windmill St
Archer St
Shaftesbury Ave
Gerrard St
Boyle St
Savile Row
Heddon St
Warwick St
Brewer St
Clifford St
Old Burlington St
Sherwood St
Denman St
Glasshouse St
Piccadilly Circus
Coventry St
Oxendon St
Whitcomb St
Cork St
Vigo St
New Bond St
Burlington Gdns
Albemarle St
Sackville St
Swallow St
Panton St
Jermyn St
Royal Arcade
Burlington Arcade
Piccadilly
Eagle Pl
St Alban's St
Haymarket
Orange St
Dover St
Stafford St
Old Bond St
Duke of York St
Suffolk Pl
Piccadilly Arcade
Duke St
Charles II St
Pall Mall
Bury St
Ryder St
St. James's Square
St James's St
Arlington St
King St
Waterloo Pl
Carlton House Tce
Green Park
46
55
38
34
61
48
78
69
19
23
22
75
44
27
37
31
17
36
67
39
32
25
49
74
60
47
58
56
28
42
29
63
10
4
15
79
6
11
72
18

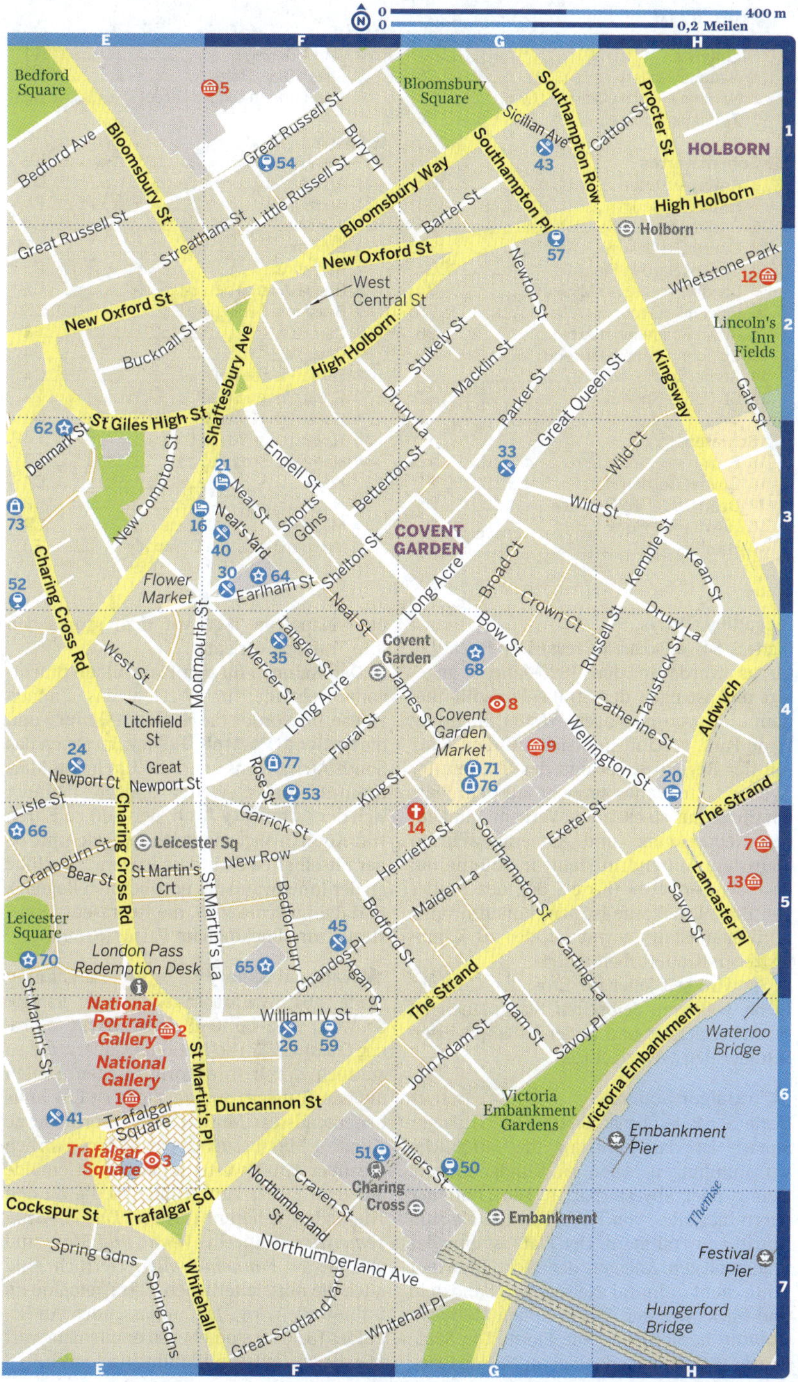

N
0
400 m
0
0,2 Meilen
E
F
G
H
1
2
3
4
5
6
7
Bedford Square
Bloomsbury Square
HOLBORN
COVENT GARDEN
Bedford Ave
Bloomsbury St
Great Russell St
Little Russell St
Bury Pl
Streatham St
Bloomsbury Way
Barter St
Sicilian Ave
Southampton Row
Southampton Pl
Catton St
Procter St
High Holborn
Holborn
New Oxford St
West Central St
Newton St
Whetstone Park
Lincoln's Inn Fields
Gate St
Bucknall St
Shaftesbury Ave
Stukeley St
Macklin St
Parker St
Great Queen St
Kingsway
St Giles High St
Denmark St
Drury La
Endell St
Betterton St
Wild Ct
Wild St
New Compton St
Neal St
Neal's Yard
Shorts Gdns
Shelton St
Earlham St
Flower Market
Charing Cross Rd
Monmouth St
Long Acre
Broad Ct
Crown Ct
Kemble St
Kean St
Drury La
Bow St
Russell St
Tavistock St
Covent Garden
West St
Langley St
Mercer St
James St
Covent Garden Market
Catherine St
Aldwych
Wellington St
Litchfield St
Great Newport St
Newport Ct
Floral St
Rose St
King St
Lisle St
Garrick St
Exeter St
The Strand
Leicester Sq
Cranbourn St
Bear St
St Martin's Crt
New Row
Henrietta St
Southampton St
Lancaster Pl
Savoy St
Leicester Square
St Martin's La
Bedfordbury
Bedford St
Maiden La
Chandos Pl
Agar St
Carting La
London Pass Redemption Desk
St Martin's St
William IV St
Adam St
Savoy Pl
Waterloo Bridge
National Portrait Gallery
National Gallery
John Adam St
Victoria Embankment
Victoria Embankment Gardens
Duncannon St
St Martin's Pl
Trafalgar Square
Villiers St
Embankment Pier
Charing Cross
Craven St
Northumberland St
Embankment
Themse
Cockspur St
Trafalgar Sq
Spring Gdns
Whitehall
Northumberland Ave
Festival Pier
Great Scotland Yard
Whitehall Pl
Hungerford Bridge
1
2
3
5
7
8
9
12
13
14
16
20
21
24
26
30
33
35
40
41
43
45
50
51
52
53
54
57
59
62
64
65
66
68
70
71
73
76
77

## West End

| | |
|---|---|
| **Highlights** | |
| 1 National Gallery | E6 |
| 2 National Portrait Gallery | E6 |
| 3 Trafalgar Square | E6 |
| **Sehenswertes** | |
| 4 Anteros-Statue | C6 |
| 5 British Museum | F1 |
| 6 Burlington Arcade | B6 |
| 7 Courtauld Gallery | H5 |
| 8 Covent Garden Piazza | G4 |
| 9 London Transport Museum | G4 |
| 10 Piccadilly Circus | C5 |
| 11 Royal Academy of Arts | B6 |
| 12 Sir John Soane's Museum | H2 |
| 13 Somerset House | H5 |
| 14 St. Paul's Church | G5 |
| **Schlafen** | |
| 15 Brown's Hotel | A6 |
| 16 Covent Garden Hotel | E3 |
| 17 Dean Street Townhouse | D4 |
| 18 Haymarket Hotel | D6 |
| 19 Hazlitt's | D3 |
| 20 One Aldwych | H4 |
| 21 Seven Dials Hotel | F3 |
| 22 YHA London Oxford Street | B3 |
| **Essen** | |
| 5th View | (s. 79) |
| 23 Arbutus | D3 |
| 24 Baozi Inn | E4 |
| 25 Bar Shu | D4 |
| 26 Barrafina | F6 |
| 27 Barrafina | D3 |
| 28 Bocca di Lupo | C5 |
| 29 Brasserie Zédel | C5 |
| 30 Canela | F3 |
| 31 Ceviche | D4 |
| 32 Fernandez & Wells | C4 |
| 33 Great Queen Street | G3 |
| 34 Hakkasan Hanway Place | D2 |
| 35 Hawksmoor Seven Dials | F4 |
| 36 Hummus Bros | C4 |
| 37 Koya | D4 |
| 38 Lima | C2 |
| 39 Mildreds | C4 |
| 40 Monmouth Coffee Company | F3 |

**Piccadilly Circus** PLATZ

(Karte S. 64; Piccadilly Circus) Der Piccadilly Circus wurde in den 1820-Jahren angelegt und ist nach der Straße Piccadilly benannt, die von hier nach Westen, Richtung Hyde Park, verläuft und sich auf dem Platz mit der Regent Street und der Shaftesbury Avenue trifft. Heute herrscht auf dem Platz ein Chaos aus stockendem Verkehr, blinkender Neonreklame und kamerabewehrten Touristen. Mittendrin steht, in Aluminium gegossen, **Anteros** (Karte S. 64), der Bruder von Eros. Die Statue ist dem Philanthropen Lord Shaftesbury gewidmet, der als Kämpfer gegen Kinderarbeit auftrat.

Sie wird seit jeher für Eros, den Gott der Liebe, gehalten. Selbst auf Stadtplänen ist sie so bezeichnet und in der U-Bahn weisen Schilder den Weg zu „Eros".

**★ Trafalgar Square** PLATZ

(Karte S. 64; Charing Cross) Der Trafalgar Square ist das Zentrum für öffentliche Versammlungen, seien es Kundgebungen, Demos oder Silvesterpartys. Die Londoner feiern hier alles, von Fußballsiegen bis zum Abtritt von Politikern. Der Platz ist eine der prachtvollsten Anlagen der Welt. In seiner Mitte steht Admiral Nelson aus Sandstein und blickt von der 43,5 m hohen **Nelson's Column** herab über seine Flotte. Die Säule wurde 1843 zum Gedenken an Nelsons Sieg über Napoleon 1805 vor dem spanischen Kap Trafalgar errichtet.

Den Rahmen für den Platz bilden prachtvolle Gebäude: im Westen das Canada House, im Norden die **National Gallery** und die **National Portrait Gallery**, im Osten das South Africa House und die Kirche St. Martin-in-the-Fields. Weiter südlich befindet sich der **Admiralty Arch**, der 1910 zu Ehren von Königin Victoria gebaut wurde (mit einer rätselhaften Steinnase in etwa 2 m Höhe an der Innenwand des nördlichsten Bogens), und dahinter die **Mall**, die Repräsentationsstraße zum Buckingham Palace (S. 59).

**★ National Gallery** KUNSTGALERIE

(Karte S. 64; www.nationalgallery.org.uk; Trafalgar Sq, WC2; Sa–Do 10–18, Fr bis 21 Uhr; Charing Cross) GRATIS Die National Gallery, die so stattlich durch ihre korinthischen Säulen auf den Trafalgar Square blickt, ist Englands bedeutendstes Museum für vormoderne Kunst. 4 Mio. Besucher bewundern jährlich die über 2300 westeuropäischen Gemälde aus dem 13. bis zum frühen 20. Jh. Zu den Highlights gehören Turners *The Fighting Temeraire*, Botticellis *Venus und Mars* und van Goghs *Sonnenblumen*. Herrlich sind auch die mittelalterlichen Sakralgemälde im **Sainsbury Wing**. Die umfassenden Audioguides (3,50 £) sind ebenso empfehlenswert wie die kostenlosen Einführungstouren.

| | | |
|---|---|---|
| 41 | National Dining Rooms | E6 |
| 42 | Nordic Bakery | C5 |
| 43 | Orchard | G1 |
| 44 | Pitt Cue Co | B4 |
| | Portrait | (s. 2) |
| 45 | Wahaca | F5 |

**Ausgehen & Nachtleben**

| | | |
|---|---|---|
| 46 | Draft House | C1 |
| 47 | Duke of Wellington | D4 |
| 48 | Edge | D2 |
| 49 | French House | D4 |
| 50 | Gordon's Wine Bar | G6 |
| 51 | Heaven | F6 |
| 52 | LAB | E3 |
| 53 | Lamb & Flag | F4 |
| 54 | Museum Tavern | F1 |
| 55 | Newman Arms | C1 |
| 56 | Opium | D4 |
| 57 | Princess Louise | G2 |
| 58 | Spuntino | C4 |
| 59 | Terroirs | F6 |
| 60 | Village | D4 |

**Unterhaltung**

| | | |
|---|---|---|
| 61 | 100 Club | C2 |
| 62 | 12 Bar Club | E3 |
| 63 | Comedy Store | D5 |
| 64 | Donmar Warehouse | F3 |
| 65 | London Coliseum | F5 |
| 66 | Prince Charles | E5 |
| 67 | Ronnie Scott's | D4 |
| 68 | Royal Opera House | G4 |
| 69 | Soho Theatre | D3 |
| 70 | TKTS | E5 |

**Shoppen**

| | | |
|---|---|---|
| 71 | Benjamin Pollock's Toy Shop | G4 |
| 72 | Fortnum & Mason | B6 |
| 73 | Foyles | E3 |
| 74 | Hamleys | B4 |
| 75 | Liberty | A4 |
| 76 | Moomin Shop | G4 |
| 77 | Stanford's | F4 |
| 78 | Topshop | A3 |
| 79 | Waterstones | C6 |

Für leibliche Erfrischung sorgen die National Dining Rooms (S. 120) im Sainsbury Wing.

**★ National Portrait Gallery** KUNSTGALERIE
(Karte S. 64; www.npg.org.uk; St Martin's Pl, WC2; Sa–Mi 10–18, Do & Fr bis 21 Uhr; Charing Cross, Leicester Sq) GRATIS Die 1856 gegründete National Portrait Gallery ist ein Bilderbuch der englischen Geschichte. Die ständige Sammlung umfasst rund 11 000 Werke. Von den Tudors im zweiten Stock steigt der Betrachter hinab zu zeitgenössischen Persönlichkeiten (von Popstars bis zu Wissenschaftlern), darunter Marc Quinn und sein Werk *Self*, eine Skulptur seines Kopfes aus gefrorenem Blut, die alle fünf Jahre erneuert wird. Ein audiovisueller Guide kostet 3 £.

Das Restaurant **Portrait** (020-7312 2490; www.npg.org.uk/visit/shop-eat-drink.php; 3. Stock; Hauptgerichte 18,50 £; tgl. 11.45–14.45 & Do–Sa 17.30–20.15 Uhr; Charing Cross) verbindet eine tolle Aussicht auf Westminster mit leckerem Essen.

**Royal Academy of Arts** KUNSTGALERIE
(Karte S. 64; www.royalacademy.org.uk; Burlington House, Piccadilly, W1; Erw./Kind 10/6 £; unterschiedliche Preise für Ausstellungen; Sa–Do 10–18, Fr bis 22 Uhr; Green Park) Die Akademie, die viel beachtete Ausstellungen und einige Werke aus der ständigen Sammlung zeigt, war so clever, es für die Aufnahme in ihren exklusiven Club aus 80 Künstlern zur Bedingung zu machen, dass neue Mitglieder eines ihrer Kunstwerke spenden. Zur Sammlung gehören Werke von Meistern wie Constable, Turner und Norman Foster. Die Summer Exhibition präsentiert allerdings nur zeitgenössische Kunst. Es werden kostenlose Führungen durch die John Madesjki Fine Rooms angeboten und unter der Adresse 6 Burlington Gardens verfügt die Akademie über weitere Ausstellungsfläche.

**Covent Garden Piazza** PLATZ
(Karte S. 64; Covent Garden) Covent Garden ist heiliger Grund für Opernfans, die hier zum angesehenen Royal Opera House strömen, und einer der größten Touristenmagnete der Stadt. Die Covent Garden Piazza war der erste öffentliche Platz Londons. Durch die als Markthallen angelegten Arkaden ziehen heute Massen von Besuchern, unter die sich Straßenkünstler und -musiker mischen. An der westlichen Seite steht **St. Paul's Church** (Karte S. 64; www.actorschurch.org; Bedford St, WC2; Mo–Fr 8.30–17, So 9–13 Uhr, Sa unterschiedliche Zeiten; Covent Garden) mit einem hübschen Hof an der Rückseite, der für ein Picknick in der Sonne einfach ideal ist.

1

3

. Windsor Castle **2.** Tower of London
. Hampton Court Palace **4.** Buckingham Palace

# Königliches London

**Neben Stonehenge und Big Ben steht kaum etwas so sehr für das gute alte England wie die derzeitige Monarchin, Königin Elisabeth II. So gut wie alles, was mit dem königlichen Erbe des Landes zu tun hat, zieht garantiert die Aufmerksamkeit auf sich – insbesondere die tolle Ansammlung von Palästen und Burgen der Hauptstadt.**

## Tower of London

Der Tower of London (S. 71) blickt auf eine 1000-jährige Geschichte zurück, einige Fundamente stammen sogar noch aus der Römerzeit. Über die Jahrhunderte hinweg diente er als königliche Residenz, Schatzkammer, Münze, Gefängnis und Waffenarsenal. Heute beherbergt er die spektakulären Kronjuwelen ebenso wie die Beefeaters mit ihren roten Mänteln und Raben, denen mythische Kräfte zugeschrieben werden.

## Windsor Castle

Windsor Castle (S. 227) ist zwar nicht in London, aber nah genug, um es auf einem Tagesausflug zu besichtigen. Die größte und älteste noch bewohnte Burg ist ein erstaunliches Bauwerk aus Festungsmauern, Türmen und Zinnen. Sie wird für Staatsanlässe und als Wochenendzuflucht der Queen genutzt.

## Buckingham Palace

Buckingham Palace (S. 59) ist seit 1837 die Londoner Residenz des Monarchen, und die Queen verbringt ihre Zeit entweder hier, in Windsor Castle oder in Balmoral in Schottland. Ist sie zu Hause, weht die königliche Standarte. Ist sie unterwegs, kann man bei einer Führung das Innere besichtigen. Auf keinen Fall die berühmte Wachablösung verpassen.

## Hampton Court Palace

Hampton Court Palace (S. 105), Englands größter und prächtigster Tudorbau, wurde von Heinrich VIII. als Rückzugsort genutzt. Nach der Besichtigung des vornehmen Interieurs kann man sich in den ausgedehnten Gärten erholen. Bloß nicht im 300 Jahre alten Irrgarten verlaufen!

**London Transport Museum** MUSEUM

(Karte S. 64; www.ltmuseum.co.uk; Covent Garden Piazza, WC2; Erw./Kind 15 £/frei; ⌚ Sa–Do 10–18, Fr 11–18 Uhr; ⊖ Covent Garden) Kinder und Erwachsene können hier alle möglichen Transportmittel unter die Lupe nehmen, von Sänften bis zu Eisenbahnwaggons, Straßenbahnen und Taxis. Hinzu kommen originale Werbeplakate, Fotos und ein klasse Museumsshop, der Boxershorts mit U-Bahn-Netzkarten und Socken mit dem Aufdruck „Mind the Gap" (Vorsicht an der Bahnsteigkante) verkauft.

**Sir John Soane's Museum** MUSEUM

(Karte S. 64; www.soane.org; 13 Lincoln's Inn Fields, WC2; ⌚ Di–Sa 10–17 & 1. Di im Monat 18–21 Uhr; ⊖ Holborn) GRATIS Aus dem Haus des Architekten und herausragenden Sammlers John Soane (1753–1837) wurde eines der stimmungsvollsten und faszinierendsten Museen Londons. Es wurde weitgehend so belassen wie es beim Tod von Soane war. Zu den vielfältigen Sammlerstücken zählen ein ägyptischer Sarkophag, Dutzende griechische und römische Altertümer und die Bilderserie *Rake's Progress* von William Hogarth, der darin den Werdegang eines Londoner Schurken aus dem späten 18. Jh. erzählt.

Der zweite Stock mit Soanes Privatwohnung und Modellzimmer wurde zur Zeit der Recherche restauriert und wird anschließend erstmals der Öffentlichkeit zugänglich sein. Führungen (10 £) beginnen dienstags und freitags um 11.30 Uhr und mittwochs und donnerstags um 15.30 Uhr. Audioguides sind kostenlos. Lange Besucherschlangen bilden sich, wenn am Abend jedes ersten Dienstags im Monat das Haus von Kerzen erhellt wird.

**Somerset House** HISTORISCHES GEBÄUDE

(Karte S. 64; www.somersethouse.org.uk; The Strand, WC2; ⌚ Kunstgalerien 10–18 Uhr, Safra Courtyard 7.30–23 Uhr; ⊖ Charing Cross, Embankment, Temple) Das erste Somerset House wurde 1551 für den Duke of Somerset, den Bruder von Jane Seymour, gebaut. Über zwei Jahrhunderte wohnten hier Royals (darunter Elisabeth I.), ausländische Diplomaten und die parlamentarische Armee (im Bürgerkrieg). Es war Schauplatz von wilden Maskenbällen, Friedensverhandlungen und der Totenwache für Oliver Cromwell. 1775 wurde das verfallene Gebäude abgerissen und 1801 nach Entwürfen von William Chambers neu gebaut.

Neben anderen gewichtigen Organisationen ließen sich hier die Royal Academy of the Arts, die Society of Antiquaries, das Navy Board und, die beliebteste aller Behörden, das Finanzamt, nieder.

Die Steuereintreiber sind noch immer hier, aber das hält die Londoner nicht davon ab, an den Open-Air-Veranstaltungen im prächtigen Safra Courtyard teilzunehmen. Im Sommer wird der Hof für 14 Tage zum Freiluftkino für das Film4 Summer Screen und im Winter zur Eislaufbahn. Hinter dem Haus ist ein sonniges Terrassencafé direkt am Themseufer.

Die **Courtauld Gallery** (Karte S. 64; www.courtauld.ac.uk; Somerset House, The Strand, WC2; Erw./Kind Di–So 6 £/frei, Mo 3 £/frei; ⌚ 10–18 Uhr; ⊖ Charing Cross, Embankment, Temple) nahe dem Eingang in der Strand zeigt Kunst aus dem 14. bis 20. Jh., darunter Werke von Rubens, van Gogh, Renoir und Cézanne. In den **Embankment Galleries** unten werden Wechselausstellungen gezeigt; Preise und Öffnungszeiten variieren.

**Burlington Arcade** EINKAUFSPASSAGE

(Karte S. 64; www.burlington-arcade.co.uk; 51 Piccadilly, W1; ⌚ Mo–Fr 10–21, Sa 9–18.30, So 11–17 Uhr; ⊖ Green Park) In der berühmten Burlington Arcade von 1819 patrouillieren die Burlington Beadles, uniformierte Wächter, die eine der kleinsten privaten Polizeitruppen der Welt bilden.

**Broadcasting House** FUNKHAUS

(☎ 0370 901 1227; www.bbc.co.uk/showsandtours; Portland Pl, W1; Erw./Kind 13,75/9,25 £; ⌚ Termine für Führungen variieren; ⊖ Oxford Circus) In dem prachtvollen Gebäude nördlich der Oxford Street begann 1932 die BBC mit der Rundfunkausstrahlung und jüngst zogen auch der BBC World Service und andere Londoner Radio- und Fernsehsender hier ein. Die häufigen 1½-stündigen Führungen ermöglichen einen Blick in die Studios und in die hochmoderne Nachrichtenredaktion; auf der Website stehen Details und Termine. Kinder unter neun Jahren haben keinen Zutritt; Anmeldung (mindestens einen Tag vorher) ist erforderlich.

## City of London

Bezaubernde Kirchen, versteckte Gärten und atmosphärische Gassen zwischen charismatischen Wolkenkratzern und Bürohäusern: Man könnte Wochen damit verbringen, die City of London, die den größten

Teil ihrer Vergangenheit die gesamte Stadt London bildete, zu erkunden. Ihre Grenzen haben sich seit der Zeit, als die Römer hier vor 2000 Jahren eine befestigte Siedlung gründeten, kaum verändert.

Erst in den letzten 250 Jahren hat sich die City vom eigentlichen Kern und Lebenszentrum Londons zum bloßen Geschäftsviertel entwickelt. Aber was für ein Geschäftsviertel! Die „Square Mile" (Quadratmeile, wie sie entsprechend ihrer Ausdehnung auch genannt wird) ist nach wie vor das Herz der Weltfinanzwirtschaft.

Derzeit wohnen hier nur noch knapp 1000 Menschen, allerdings strömen jeden Werktag um die 300 000 Leute in die City, um fast drei Viertel des Bruttoinlandsprodukts Großbritanniens zu erwirtschaften, bevor sie sich abends wieder zurück in die U-Bahn quetschen. Sonntags wird die City praktisch zur Geisterstadt. Die Atmosphäre ist angenehm ruhig, aber es ist ratsam, mit vollem Magen zu kommen, denn die meisten Läden, Restaurants und Pubs sind dann geschlossen.

**★ Tower of London** BURG

(Karte S. 74; ☎0844 482 7777; www.hrp.org.uk/toweroflondon; Tower Hill, EC3; Erw./Kind 22/11 £, Audioguide 4/3 £; ⌚Di–Sa 9–17.30, So & Mo 10–17.30 Uhr, Nov.–Feb. bis 16.30 Uhr; ⊖Tower Hill) Der Tower, Weltkulturerbe, hat eine schaurige und fesselnde Geschichte. Wil[...] oberer ließ in den 1070-er Jahre[...] Tower an Stelle einer älteren B[...] 1285 war er von einer Mauer mi[...] und einem Burggraben umgeben, [...] lage, die seither kaum verändert wur[...] Burg war Königssitz, Schatzkammer, Münze und Zeughaus, aber am berühmtesten wurde sie als Gefängnis. Heinrich VIII., der 1529 in den Whitehall Palace umgezogen war, praktizierte hier seine bevorzugte Bestrafung.

Das eindrucksvollste Gebäude ist der zentrale **White Tower** mit seiner robusten romanischen Architektur und vier Türmchen. Heute befindet sich dort die Sammlung **Royal Armouries** mit der ausladenden Rüstung von Heinrich VIII. Im zweiten Stock liegt die **St. John's Chapel**. Sie wurde 1080 fertiggestellt und ist somit die älteste Kirche Londons. An der Nordseite sind die **Waterloo Barracks**, in denen heute die spektakulären Kronjuwelen aufbewahrt werden, darunter die Imperial State Crown und die Platinkrone der verstorbenen Queen Mother mit dem 105-karätigen Diamanten Koh-i-Noor (Berg des Lichts). Hinter dem White Tower steht der **Bloody Tower**, wo der zwölfjährige Eduard V. und sein kleiner Bruder „zu ihrer eigenen Sicherheit" gefangen gehalten und später ermordet wurden, vermutlich von ihrem Onkel, dem zukünftigen Richard III. Auch Walter Raleigh saß



INSIDERWISSEN

## ALAN KINGSHOTT: OBERSTER YEOMAN-WÄCHTER IM TOWER

**Den Besuch voll auskosten** Um eine Vorstellung davon zu bekommen, was sich hier alles zugetragen hat, sollten Besucher an einer Führung (auf Englisch) mit einem Yeoman Warder teilnehmen. In diesen Mauern steckt so viel Geschichte, dass mindestens drei Stunden eingeplant werden sollten, um das Erlebnis voll zu genießen.

**Die Kronjuwelen** Die neue Präsentation der Kronjuwelen ist ein Muss. Durch das neue Konzept ist es einfacher geworden, die manchmal komplizierte Vergangenheit des Landes und unsere Zeremonien kennenzulernen. Wer einen Angestellten des Jewel House über einen Gegenstand befragt, wird erstaunt sein, was die alles wissen, und hinterher selbst klüger sein.

**Die Raben des Tower** Auf königliche Anordnung von ursprünglich Karl II. müssen jederzeit sechs Raben im Tower leben. Laut einer Legende werden der White Tower und die Monarchie zusammenbrechen, sollten die Vögel verschwinden. Da wir das Schicksal nicht herausfordern wollen, haben wir in der Regel acht Raben.

**Empfehlenswerte Zeremonien** Es gibt im Tower of London viele Zeremonien, bei denen die Besucher zuschauen können. Eine ganze Reihe haben mit dem Königshaus zu tun und finden zum Beispiel am Geburtstag der Queen oder bei der Eröffnung des Parlaments statt. Die Ceremony of the Keys (das Abschließen des Tower of London) findet seit 700 Jahren jeden Abend um 21.30 Uhr statt. (Bitte beachten: Die Teilnahme ist kostenlos, muss aber mindestens zwei Monate zuvor schriftlich und mit Rückumschlag beantragt werden).

# ver of London

## AUF IN DEN TOWER

Am Spätnachmittag ist es zwar meist ruhiger, aber es lohnt sich trotzdem, etwas früher am Tower einzutreffen: Selbst nach Stunden hat man längst noch nicht alles gesehen. Eine Orientierung bieten die Führungen mit einem der Yeoman Warders („Beefeaters"); sie sind im Eintrittspreis enthalten, unterhaltsam und die einzige Möglichkeit, die **1 Chapel Royal of St. Peter ad Vincula** zu betreten, wo die Tour endet.

Gegenüber dem Ausgang der Kapelle liegt gleich die **2 Tower Green Scaffold Site**. Das Gebäude zur Linken sind die Waterloo Barracks, wo die **3 Kronjuwelen** aufbewahrt werden. Sie sind das absolute Highlight des Tower. Es ist daher ratsam, den Eingang im Auge zu behalten und sie zu besuchen, wenn es relativ ruhig aussieht. Drinnen kann man sich Zeit lassen. Langsame Laufbänder transportieren Besucher an den etwa einem Dutzend Kronen vorbei, die das Glanzstück der Schatzkammer sind. Wer sie ausführlich bewundern will oder beim ersten Mal ganz hinten auf dem Laufband stand, kann die Tour auch mehrmals machen. Viel Zeit sollte für den **4 White Tower**, den Kern der Anlage mit seiner Ausstellung königlicher Rüstungen und im 2. Stock mit der **5 St. John's Chapel**, eingeplant werden. Die berühmten **6 Raben** tummeln sich im Hof um den White Tower. Als Nächstes geht es durch die Türme des **7 Mittelalterlichen Palastes**, mit anschließendem Bummel über den **8 East Wall Walk**, der einen Eindruck der mächtigen Zinnen der Burg vermittelt. Der Rest des Besuchs ist der Erkundung der vielen anderen faszinierenden Ecken des Tower gewidmet.

### AN DER SCHLANGE VORBEI

» **Tickets** für schnellen Zugang gibt's online oder im City of London Information Centre im St. Paul's Churchyard.

» **Mitgliedschaft** Mit der Jahreskarte für die Historic Royal Palaces kann man ohne Anstehen den Tower (und vier weitere Londoner Paläste) so oft man will besuchen.

MIKE BOOTH/ALAMY ©

### Chapel Royal of St. Peter ad Vincula

Die Kapelle diente als Begräbnisstätte für Könige und andere Aristokraten, die auf der Grünfläche davor hingerichtet wurden. Auch mehrere andere historische Persönlichkeiten sind hier bestattet, darunter Thomas More.

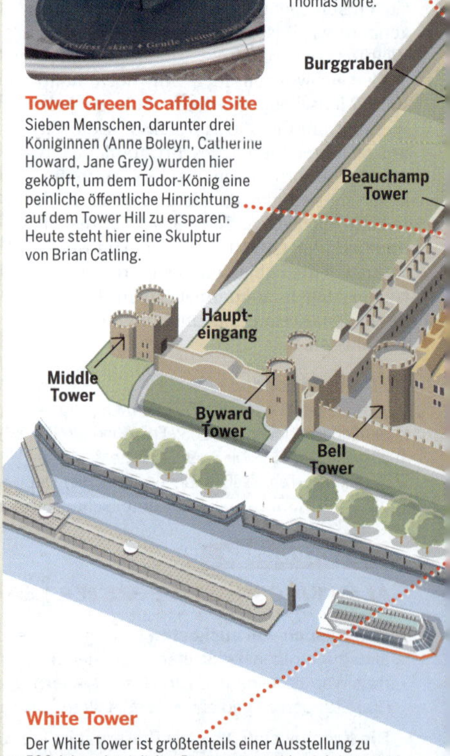


### Tower Green Scaffold Site

Sieben Menschen, darunter drei Königinnen (Anne Boleyn, Catherine Howard, Jane Grey) wurden hier geköpft, um dem Tudor-König eine peinliche öffentliche Hinrichtung auf dem Tower Hill zu ersparen. Heute steht hier eine Skulptur von Brian Catling.

### White Tower

Der White Tower ist größtenteils einer Ausstellung zu 500 Jahren königlicher Rüstungen gewidmet. Interessant ist die würfelförmige Rüstung für den aufgedunsenen Heinrich VIII. samt einem gepanzerten Beutel, um die, ähem, Kronjuwelen zu schützen.

RYAN MCGINNIS/GETTY IMAGES ©

## St. John's Chapel

Die Kapelle im 1. Stock des White Tower, schlicht und schmucklos wie zu normannischen Zeiten gehalten, stammt von 1080 und ist die älteste erhaltene Kirche in London.

TOM HANLEY/ALAMY ©

## Kronjuwelen

Hier werden die Klunker Ihrer Majestät aufbewahrt, wenn sie nicht zu Zeremonien getragen werden. Unter den 23 578 Juwelen ist auch der 530-karätige Diamant Cullinan I auf dem Zepter mit Kreuz, das größte Stück des einstmals größten Diamanten, der jemals gefunden wurde.

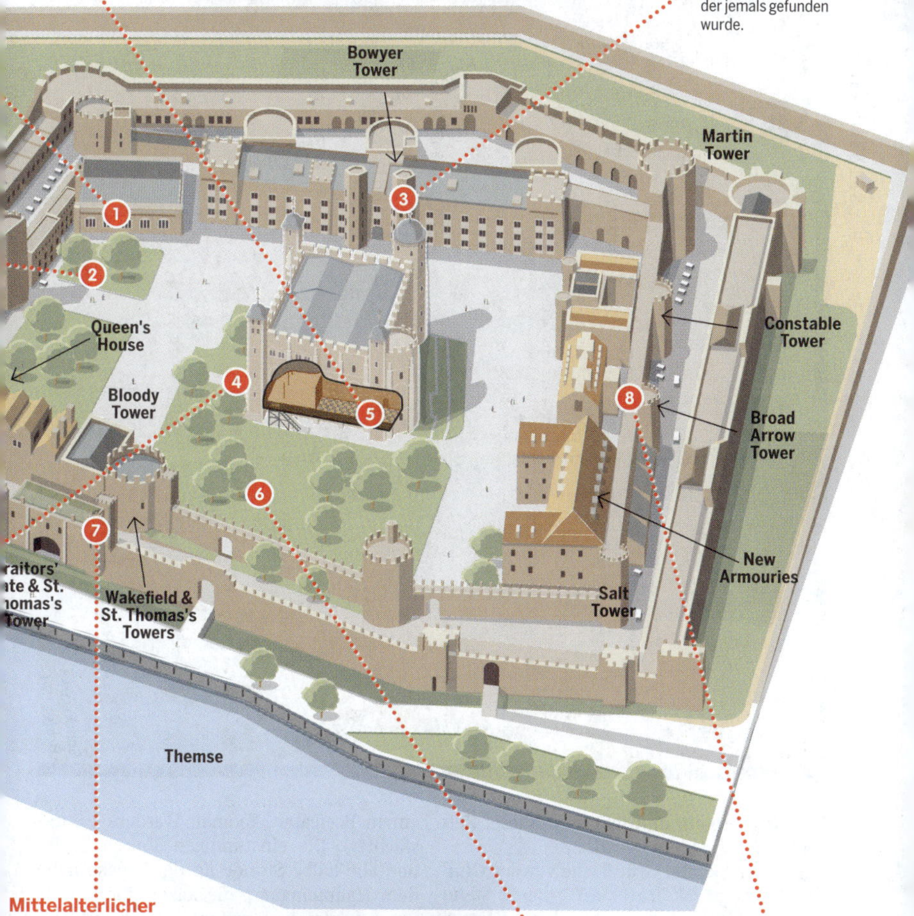


## Mittelalterlicher Palast

Dieser Teil des Tower entstand ab 1220 und war Sitz der mittelalterlichen Monarchen. Sehenswert sind die Replik der Schlafkammer von Eduard I. (1272–1307) im St. Thomas's Tower und der Thronsaal seines Vaters Heinrich III. (1216–72) im Wakefield Tower.

DAVID GARRY/GETTY IMAGES ©

## Raben

Hier werden die Raben des Tower gehalten und mit rohem Fleisch und blutgetränkten Vogelkeksen gefüttert. Der Legende nach wird das Königreich untergehen, wenn die Vögel den Tower verlassen.

## East Wall Walk

Der Weg führt über die inneren Festungsmauern ab dem Salt Tower aus dem 13. Jh., durch den Broad Arrow Tower und den Constable Tower bis zum Martin Tower, wo die Kronjuwelen bis Mitte des 19. Jhs. aufbewahrt wurden.

## City

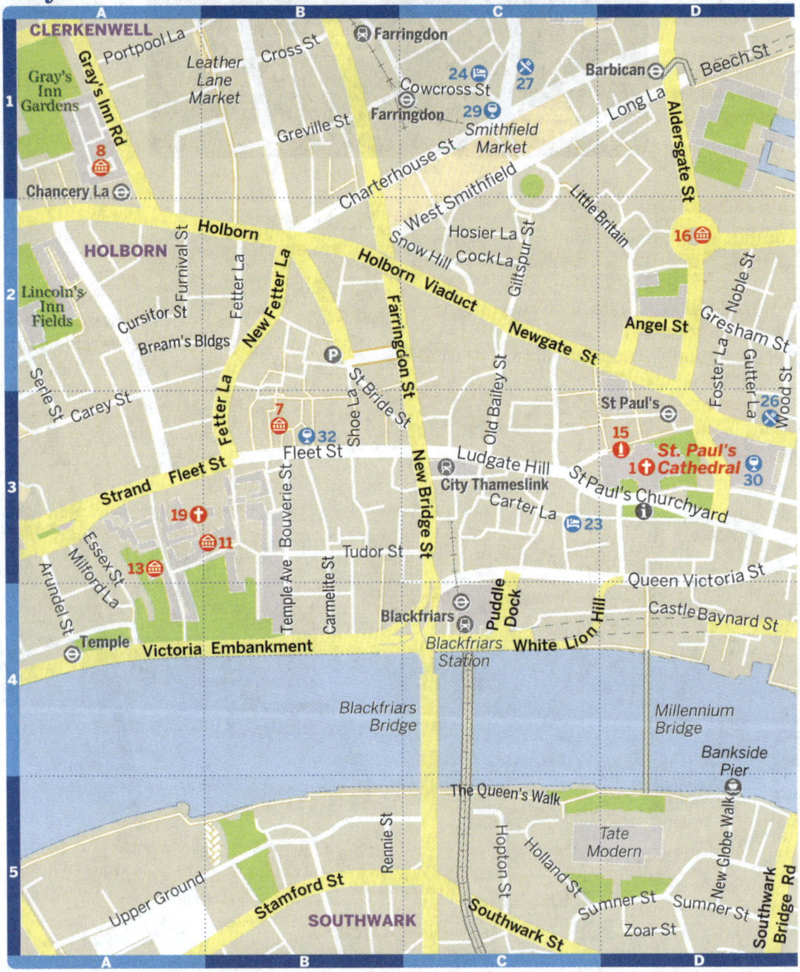


hier 13 Jahre ein und schrieb in dieser Zeit seine *History of the World*.

Auf der kleinen Grünfläche vor der **Chapel Royal of St. Peter ad Vincula** stand das Schafott, auf dem Heinrich VIII. sieben Menschen, darunter Anne Boleyn und ihre Cousine Catherine Howard (Heinrichs zweite bzw. fünfte Frau), köpfen ließ.

Berühmt sind auch die Raben des Tower – der Legende nach wird der White Tower einstürzen, sollten sie jemals davonfliegen (damit sie nicht auf dumme Gedanken kommen, wurden ihnen die Flügel gestutzt).

Zur Orientierung lohnt sich die höchst unterhaltsame und kostenlose Führung mit einem Beefeater (Yeoman Warders – Burgwächter). Die einstündigen Touren beginnen alle halbe Stunde an der Brücke nahe dem Haupteingang, die letzte eine Stunde vor Schließung. Der Eintritt wird bei Online-Buchung billiger.

### ★ Tower Bridge — BRÜCKE

(Karte S. 74; Tower Hill) 1894, als die elegante Tower Bridge gebaut wurde, war London noch eine blühende Hafenstadt. Der Klappmechanismus sollte die Durchfahrt von Schiffen ermöglichen – sie wird noch immer etwa 1000-mal im Jahr hochgezogen, aber nicht mehr mit Dampfkraft,

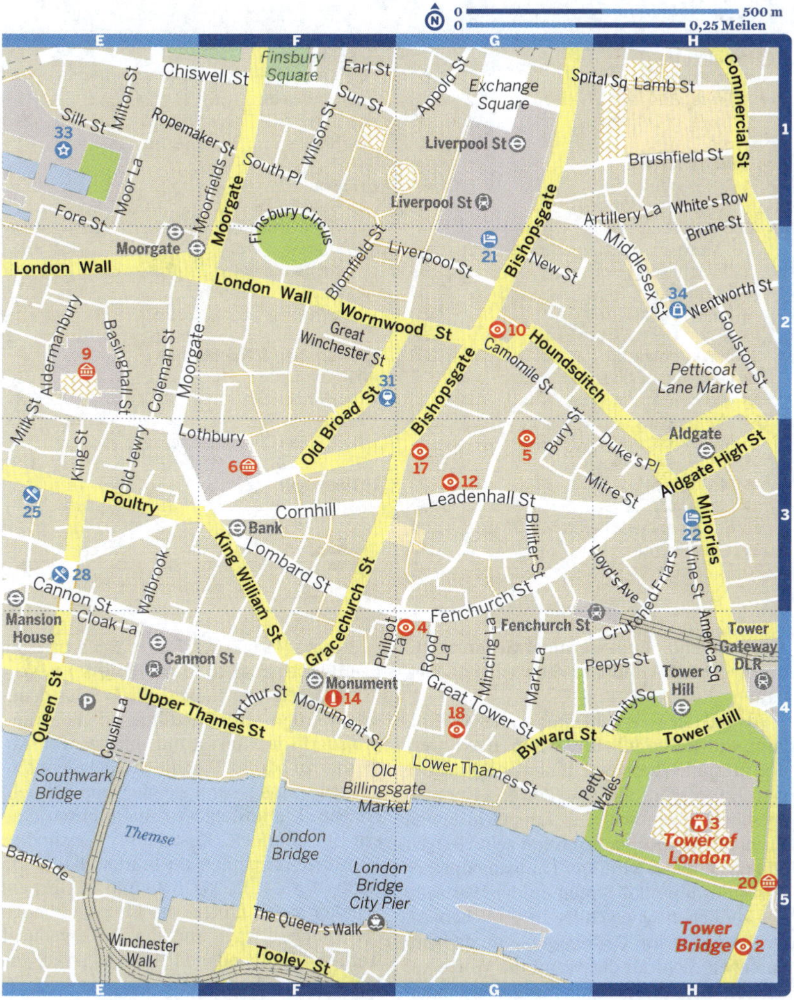


wie ursprünglich, sondern elektrisch. Ein Aufzug am Nordturm fährt hinauf zur **Tower Bridge Exhibition** (Karte S. 74; www.towerbridge.org.uk; Erw./Kind 8/3,40 £; April–Sept. 10–18 Uhr, Okt.–März 9.30–17.30 Uhr; Tower Hill) 42 m über dem Wasser, von wo die Laufgänge erreichbar sind, die nach Osten und Westen blicken.

Die Eintrittskarte zur Ausstellung gilt auch für die Maschinenräume unter dem Südturm, wo die Mechanik begutachtet werden kann.

### ★ St. Paul's Cathedral KIRCHE

(Karte S. 74; www.stpauls.co.uk; St Paul's Churchyard, EC4; Erw./Kind 16,50/7,50 £; Mo–Sa 8.30–16.30 Uhr; St Paul's) Die St. Paul's Cathedral, die mit einer der größten Kuppeln der Welt (rund 65 000 t schwer) die City dominiert, wurde nach dem Großen Feuer von Christopher Wren entworfen und zwischen 1675 und 1710 gebaut. Der Standort ist eine uralte heilige Stätte, auf der zuvor bereits vier andere Gotteshäuser standen; das älteste stammte aus dem Jahr 604. Die Kuppel entging im Dezember 1940 den Brandbomben der deutschen Luftwaffe und wurde zum Symbol für Londons Widerstandsfähigkeit während des Kriegs.

Das **Monument to the People of London** (Karte S. 74) nördlich der Kathedrale ist

## City

**Highlights**

| | | |
|---|---|---|
| 1 | St. Paul's Cathedral | D3 |
| 2 | Tower Bridge | H5 |
| 3 | Tower of London | H5 |

**Sehenswertes**

| | | |
|---|---|---|
| 4 | 20 Fenchurch St | G4 |
| 5 | 30 St. Mary Axe | G3 |
| 6 | Bank of England Museum | F3 |
| 7 | Dr. Johnson's House | B3 |
| 8 | Gray's Inn | A1 |
| 9 | Guildhall | E2 |
| 10 | Heron Tower | G2 |
| 11 | Inner Temple | B3 |
| 12 | Leadenhall Building | G3 |
| 13 | Middle Temple | A3 |
| 14 | Monument | F4 |
| 15 | Monument to the People of London | D3 |
| 16 | Museum of London | D2 |
| 17 | Pinnacle | G3 |
| 18 | St. Dunstan-in-the-East | G4 |
| 19 | Temple Church | A3 |
| 20 | Tower Bridge Exhibition | H5 |

**Schlafen**

| | | |
|---|---|---|
| 21 | Andaz Liverpool Street | G2 |
| 22 | Hotel Indigo Tower Hill | H3 |
| 23 | London St Paul's YHA | C3 |
| 24 | Rookery | C1 |

**Essen**

| | | |
|---|---|---|
| 25 | Café Below | E3 |
| | Duck & Waffle | (s. 10) |
| 26 | Hummus Bros | D3 |
| | Restaurant at St Paul's | (s. 1) |
| 27 | St John | C1 |
| 28 | Sweeting's | E3 |

**Ausgehen & Nachtleben**

| | | |
|---|---|---|
| 29 | Fabric | C1 |
| 30 | Madison | D3 |
| 31 | Vertigo 42 | F2 |
| 32 | Ye Olde Cheshire Cheese | B3 |

**Unterhaltung**

| | | |
|---|---|---|
| 33 | Barbican | E1 |

**Shoppen**

| | | |
|---|---|---|
| 34 | Petticoat Lane Market | H2 |

eine schlichte und elegante Gedenkstätte für die 32 000 Londoner, die weniger Glück hatten.

Als Teil der Feierlichkeiten zum 300. Jubiläum wurde St. Paul's für 40 Mio. £ renoviert und gründlich gereinigt. Innen ist 30 m über dem Hauptschiff die erste der drei Kuppeln zu sehen (eigentlich eine Kuppel in einem Kegel in einer Kuppel), die von acht riesigen Säulen getragen wird. Der Laufgang um ihre Basis, der über 257 Stufen an der Westseite des südlichen Querschiffs zu erreichen ist, wird **Whispering Gallery** genannt, da beim Sprechen dicht an der Wand die Worte auf der 32 m entfernten gegenüberliegenden Seite zu hören sind. Weitere 119 Stufen führen zur **Stone Gallery** hinauf und nochmals 152 Eisenstufen zur **Golden Gallery** ganz oben mit unvergesslichem Blick auf London.

In der **Krypta** stehen Denkmäler für etwa 300 militärische Halbgötter, darunter Wellington, Kitchener und Nelson, der unter der Kuppel begraben ist. Doch keines ist so berührend, wie das für Wren. Auf einer schlichten Platte mit seinem Namen steht eine lateinische Inschrift, die lautet: „Wenn du sein Denkmal suchst, schau dich um." In der Krypta befinden sich auch ein Café und das exzellente **Restaurant at St. Paul's** (☎ 020-7248 2469; www.restaurantatstpauls.co.uk; 2-/3-Gänge-Menü 21,50/25,95 £; ⏲ Mo–Sa Essen 12–15 Uhr, Tee 15.30–16.30 Uhr; 📶; ⊖ St Paul's).

Im **Oculus** in der ehemaligen Schatzkammer werden vier Kurzfilme an die Wand projiziert (der Ton ist nur mit der iPad-Audiotour zu hören). Wer die Kuppel nicht hinaufsteigen mag, kann sie hier (audiovisuell) erleben. Die kostenlosen Audiotouren dauern 1½ Stunden. Kostenlose 1½-stündige Führungen beginnen am Tourenschalter um 10.30, 10.45, 11.15, 13, 13.30 und 14 Uhr; am Schalter gleich hinter dem Eingang können die Zeiten erfragt und ein Platz gebucht werden. Die Abendandacht findet so gut wie täglich um 17 Uhr statt.

**Museum of London** MUSEUM

(Karte S. 74; www.museumoflondon.org.uk; 150 London Wall, EC2; ⏲ 10–18 Uhr; ⊖ Barbican) GRATIS

Das spannende Museum führt durch die Geschichte Londons und bietet einmalige Perspektiven auf diese großartige Stadt. Die erste Abteilung, **London before London**, veranschaulicht die Siedlungen vor der Römerzeit. Die römische Abteilung erkundet die antiken Wurzeln der Stadt von heute, das London der angelsächsischen, mittelalterlichen, Tudor- und Stuart-Zeit wird auf faszinierende Weise zum Leben erweckt. Die neuen, 20 Mio. £ teuren **Galleries of Modern London** umfassen die Zeit von 1666 (das verheerende Große Feuer von London) bis heute. Die Prunkkutsche des Lord Mayor steht zwar im Mittelpunkt, aber in vielen Bereichen sollen die Besucher Stadtgeschichte hautnah erleben: Sie können Nachbildungen eines Schuldturms aus dem 18. Jh., eines georgianischen Lustgartens und einer viktorianischen Straße betreten.

**Guildhall** HISTORISCHES GEBÄUDE
(Karte S. 74; ☎ 020-7606 3030; www.guildhall.cityoflondon.gov.uk; Gresham St, EC2; ⊖ Bank) GRATIS Die Guildhall ist seit 800 Jahren das Rathaus der City. Das heutige Gebäude stammt aus dem frühen 15. Jh. Besucher können die **Great Hall** besichtigen, wo der Bürgermeister seinen Amtseid ablegt – es ist ein beeindruckender Saal, der mit den Wappenschildern und Bannern der zwölf führenden Zünfte Londons, geschnitzten Emporen und einer schönen Decke mit Eichentäfelung geschmückt ist. Darunter befindet sich Londons größte **mittelalterliche Krypta** (nur mit Führung zu besichtigen. Der Rundgang ist kostenlos, aber Buchung ist erforderlich).

Das **Clockmakers' Museum** zeichnet mit einer faszinierenden Sammlung von über 700 Uhren 500 Jahre Geschichte der Uhrmacherkunst nach; die **Guildhall Art Gallery** zeigt 250 Kunstwerke. Im Eintrittspreis der Kunstgalerie enthalten ist der Zugang zu den Überresten eines **römischen Amphitheaters**.

**Bank of England Museum** MUSEUM
(Karte S. 74; www.bankofengland.co.uk/museum; Bartholomew Lane, EC2; ⌚ Mo–Fr 10–17 Uhr; ⊖ Bank) GRATIS Die Bank of England, Hüterin der britischen Währung, wurde 1694 gegründet, als die Regierung Geld für einen Krieg mit Frankreich brauchte. Hauptattraktion des Museums ist die Nachbildung der alten Besucherhalle inklusive originalem Schalter aus Mahagoni, entworfen von dem Architekten John Soane. In etlichen Räumen, die von ihr abgehen, sind zahlreiche Ausstellungsstücke zu sehen, wie Silberwaren und Münzen und ein 13 kg schwerer Goldbarren, den Besucher hochheben (aber nicht mitnehmen) dürfen.

**Monument** TURM
(Karte S. 74; www.themonument.info; Fish Street Hill, EC3; Erw./Kind 4/2 £, inkl. Tower Bridge Exhibition 10,50/4,70 £; ⌚ April–Sept. 9.30–18 Uhr, Okt.–März bis 17.30 Uhr; ⊖ Monument) Das turmhohe Monument wurde von Wren zum Gedenken an das Große Feuer entworfen und ist 60,6 m hoch, das ist exakt die Entfernung von seinem Sockel bis zu der Bäckerei in der Pudding Lane, wo das Feuer ausbrach. Eine enge Wendeltreppe führt 311 etwas klaustrophobische Stufen hinauf , doch die Mühe wird mit einem der besten Panoramablicke auf London belohnt. Wieder unten angekommen, gibt es ein Zertifikat zur Erinnerung an den Aufstieg.

**Dr Johnson's House** MUSEUM
(Karte S. 74; www.drjohnsonshouse.org; 17 Gough Sq, EC4; Erw./Kind 4,50/1,50 £, Audioguide 2 £; ⌚ Mai–Sept. Mo–Sa 11–17.30 Uhr, Okt.–April bis 17 Uhr; ⊖ Chancery Lane) In dem georgianischen Haus, in dem Samuel Johnson und seine Assistenten das erste englische Wörter-

## LONDONS NEUE WOLKENKRATZER

Der Trend zu himmelhohen, futuristischen Türmen – durch die Olympischen Spiele noch angeheizt – hat der ansonsten eher niedrigen Skyline Londons ein neues Gesicht gegeben. Der berühmteste unter den Giganten ist The Shard (S. 112), ein riesiger Glassplitter, der hinter der London Bridge hoch aufschießt, und in dem in luftiger Höhe das 5-Sterne-Hotel Shangri-La Domizil genommen hat. Das höchste Gebäude der City of London ist der kantige **Heron Tower** (Karte S. 74; 110 Bishopsgate, EC2; ⊖ Aldgate oder Bank), der 2011 nicht weit von **30 St. Mary Axe** („The Gherkin", „Gürkchen"; Karte S. 74; www.30stmaryaxe.co.uk; 30 St. Mary Axe, EC3; ⊖ Aldgate) errichtet wurde. Auf dem nach oben ausladenden **20 Fenchurch St** („The Walkie Talkie"; Karte S. 74) soll ein riesiger Dachgarten angelegt werden, vom dem aus man einen großartigen Blick über London haben wird. Nahe beim Lloyd's Building ragt das keilförmige, 225 m hohe, 48-stöckige **Leadenhall Building** („Cheese Grater", „Käsehobel"; Karte S. 74; 122 Leadenhall St, EC3) in den Himmel. Der Bau des **Pinnacle** (Karte S. 74; 22–24 Bishopsgate, EC2; ⊖ Aldgate oder Bank), der wegen seiner korkenzieherförmigen Spitze den Spitznamen „Helter Skelter" erhielt, wurde unterbrochen und ruhte zur Zeit der Recherche.

buch erarbeiteten (zwischen 1748 und 1759), sind viele Druckgrafiken und Porträts von Freunden und Vertrauten ausgestellt, darunter vom jamaikanischen Diener des Doktors, dem er das prachtvolle Haus vermachte.

**Inns of Court** HISTORISCHE GEBÄUDE

Jeder Londoner Rechtsanwalt (mit Gerichtszulassung) muss sich in einem der vier atmosphärischen Inns of Court niederlassen, die zwischen den alten Mauern der City und Westminster liegen. Es dauert wohl ein ganzes Anwaltsleben, alle Feinheiten des undurchsichtigen Protokolls zu verstehen, das hier seit dem 13. Jh. herrscht. Lieber genießt man stattdessen das idyllische Ambiente der Gassen und Plätze und denkt an die berühmten Mitglieder der Inns, wie Oliver Cromwell, Charles Dickens, Mahatma Gandhi und Margaret Thatcher.

Einige Gebäude des **Lincoln's Inn** (www.lincolnsinn.org.uk; Lincoln's Inn Fields, Newmans Row, WC2; ⏲ Gelände Mo–Fr 7–19 Uhr, Kapelle Mo–Fr 12–14.30 Uhr; ⊖ Holborn) stammen aus dem 15. Jh. Es ist das älteste und schönste Inn, mit einer Kapelle aus dem 17. Jh. und hübschen Gärten.

**Gray's Inn** (Karte S. 74; www.graysinn.org.uk; Gray's Inn Rd, WC1; ⏲ Gelände Mo–Fr 10–16 Uhr, Kapelle Mo–Fr 10–18 Uhr; ⊖ Chancery Lane) wurde nach der Zerstörung durch deutsche Luftangriffe weitgehend neu gebaut.

**Middle Temple** (Karte S. 74; www.middletemple.org.uk; Middle Temple Lane, EC4; ⏲ Gelände Mo–Fr 10–11.30 & 15–16 Uhr; ⊖ Temple) und **Inner Temple** (Karte S. 74; www.innertemple.org.uk; King's Bench Walk, EC4; ⏲ Gelände Mo–Fr 10–16 Uhr, Gärten Mo–Fr 12.30–15 Uhr; ⊖ Temple) liegen zwischen Fleet Street und Victoria Embankment. Ersteres ist gut erhalten, im zweiten steht die **Temple Church** (Karte S. 74; ☎ 020-7353 8559; www.templechurch.com; Erw./erm. 4/2 £; ⏲ Mo–Fr 11–13 & 14–16 Uhr, Zeiten ändern sich), die im 12. Jh. von den Tempelrittern erbaut wurde. In der runden Kapelle befinden sich neun liegende Steinfiguren von Rittern. Die Öffnungszeiten der Kirche sind über die Website oder telefonisch zu erfahren.

**St. Katharine Docks** HAFEN

(⊖ Tower Hill) St. Katharine Docks war 1000 Jahre lang ein Handelszentrum und ist heute ein belebtes Ufergebiet mit Ausflugsbooten, Läden und Restaurants. Im Zweiten Weltkrieg wurden die Docks schwer zerstört, erhalten blieben u. a. das beliebte **Dickens Inn** mit seinem originalen Fachwerk

## Stadtspaziergang City of London

**START** ST. BARTHOLOMEW-THE-GREAT
**ZIEL** HERON TOWER
**LÄNGE** 3 KM; ZWEI BIS VIER STUNDEN

Startpunkt ist 1 **St. Bartholomew-the-Great** (fünf Minuten zu Fuß vom U-Bahnhof Barbican), eine Kirche aus dem 12. Jh., die einst eine Pilgerstätte für Reisende nach London war.

Durch das Tudortorhaus hindurch ist rechts die Gusseisenhalle des Smithfield Fleischmarkts zu sehen. Er befindet sich seit 800 Jahren an dieser Stelle, die damals außerhalb der Stadtmauern lag. Auch der Hinrichtungsplatz war hier, berüchtigt für die Verbrennung von Protestanten unter Maria I. und die brutale Tötung des schottischen Freiheitskämpfers William Wallace (Braveheart) 1305. An ihn erinnert eine Tafel am 2 **St. Bartholomew's Hospital**.

Zurück durch's Tor geht es rechts auf die Little Britain, die einen Bogen nach rechts macht, wo dann der große Baum am Eingang zum 3 **Postman's Park** zu sehen ist. Im Park steht ein rührendes Überbleibsel des viktorianischen Sozialismus: eine Mauer mit Gedenkkacheln für Alltagshelden.

Am Parkausgang führt der Weg rechts in die Aldersgate, dann links und nochmal links in die Noble Street – innerhalb der 4 **Stadtmauern**, deren Reste links zu sehen sind. Dieser Abschnitt wurde erst entdeckt, als das Gebäude darüber im Zweiten Weltkrieg zerstört wurde. Die Treppe zur Fußgängerbrücke über die London Wall hoch geht's weiter zum 5 **Museum of London** (S. 76).

Nach Verlassen des Museums nimmt man den Highwalk. Er führt vorbei an den 6 **Ruinen** der Barbakane (Wehrtürme), die einst die Nordwestecke der Mauer bewachten. Dahinter liegt das 7 **Barbican Centre** (S. 134) (erbaut auf einem Trümmergrundstück aus dem Zweiten Weltkrieg). Im Kulturzentrum gibt's Konzerthallen, Kinos, Galerien, Restaurants, eine Bibliothek und eine Schule.

Man kann dem Highwalk weiter folgen oder am Pizza Express rechts abbiegen, die Rolltreppe hinunter zur Wood Street nehmen und zum Turm von 8 **St. Alban's**

gehen. Die von Wren entworfene Kirche wurde im Zweiten Weltkrieg zerstört. Links geht's zum hübschen Garten der 9 **St. Mary Aldermanbury** mit Shakespeare-Büste.

Auf der Aldermanbury nach rechts führt der Weg zur 10 **Guildhall** (S. 77). Von dort durch die King Street und rechts in die Cheapside kommt man zu 11 **St. Mary-le-Bow**. Die elegante Kirche wurde nach dem Großen Feuer von Wren wieder aufgebaut, und nach dem Zweiten Weltkrieg noch einmal.

Hinter der Westseite der Kirche geht's links in den Bow Churchyard und zur Bow Lane; der schmale Weg führt südwärts zu 12 **St. Mary Aldermary**, nach dem Großen Feuer 1682 im spätgotischen Stil wiederaufgebaut. Die Queen Victoria Street nach links und dann rechts in die Bucklersbury steht 13 **St. Stephen's Walbrook**. Die heutige, nach dem Brand wieder aufgebaute Kirche mit korinthischen Säulen, die eine wohl proportionierte Kuppel stützen, ist ein Meisterwerk von Wren.

Nach Verlassen der Kirche geht's am 14 **Mansion House** vorbei, das 1752 als Amtssitz des Bürgermeisters gebaut wurde. Die verkehrsreiche Kreuzung Bank mit ihren klassizistischen Kommerztempeln wirkt wie ein Forum im alten Rom (das tatsächliche Forum lag ein paar Straßen weiter östlich). Hinter der 15 **Reiterstatue des Duke of Wellington** steht eine Metallpyramide mit Erläuterungen zu den Gebäuden rundum. In unmittelbarer Nähe steht die 16 **Royal Exchange**. Durch sie geht's hindurch und durch die rechte Tür wieder raus, dann links auf die Cornhill.

Noch nicht kirchenmüde? Auf der Straßenseite gegenüber steht 17 **St. Michael's**, 1672 von Wren entworfen. Verborgen im Gewirr der Durchgänge hinter der Kirche liegt der 18 **Kirchhof**. Von der Gracechurch Street dahinter geht's nach links ab und über die Straße zum bezaubernden 19 **Leadenhall Market**. Am anderen Ende der Arkaden ist das berühmte 20 **Lloyd's of London** mit nach außen gekehrtem Innenleben zu sehen. Richtung Süden ragt 21 **20 Fenchurch Street** („Walkie-Talkie") empor.

Über die Lime Street nach links ist bald das 22 **Leadenhall Building** („Cheese Grater") erreicht. Geradeaus ragt Norman Fosters 180 m hoher 23 **30 St. Mary Axe** („Gherkin") empor. Der 24 **Heron Tower** ein kurzes Stück dahinter ist derzeit das höchste Gebäude in der City. Von dort sind es nur noch ein paar Schritte nordwärts zum U-Bahnhof Liverpool Street.

aus dem 18. Jh. und das **Ivory House** (1854 gebaut), in dem Elfenbein, Parfüm und andere wertvolle Waren gelagert wurden. Die Docks sind der ideale Startpunkt zur Erkundung von Wapping und Limehouse.

## South Bank

Einst überquerten die Londoner den Fluss, um am rechten Themseufer, wo der ausschweifende Bischof von Southwark das Sagen hatte, allen möglichen unzüchtigen Vergnügungen nachzugehen, die in der City verpönt waren. Heute geht es dort weitaus schicklicher und zahmer zu, aber die Theater und Unterhaltungsstätten sind geblieben. Genau genommen bezeichnet „South Bank" nur das Flussufer zwischen Westminster und Blackfriars Bridge (wegen der Biegungen des Flusses ist ein Ende eigentlich ein Ostufer), aber im weiteren Sinne sind jene Gegenden von Southwark und Lambeth gemeint, die in unmittelbarer Nähe vom Fluss liegen.

**★ Tate Modern** MUSEUM

(Karte S. 84; www.tate.org.uk; Queen's Walk, SE1; So–Do 10–18, Fr & Sa bis 22 Uhr; Southwark, St. Paul's) GRATIS Das herausragende Museum für moderne und zeitgenössische Kunst in der grandios umgebauten **Bankside Power Station** südlich der Millennium Bridge ist eine der größten Attraktionen Londons. Die faszinierende Synthese aus abgefahrener moderner Kunst und großräumigem Backstein-Industriedesign ist eine Glanzleistung in Sachen Kunstpräsentation. Auch in ihren Ausstellungen ist die Tate Modern außerordentlich erfolgreich darin, mit anspruchsvollen Werken die Massen anzuziehen. Derzeit ist ein futuristischer Erweiterungsbau in Arbeit, der 2016 fertiggestellt sein soll.

Die Mulitmediaguides (3,50 £) lohnen die Ausgabe und es gibt kostenlose 45-minütige Führungen zu den Highlights der Sammlung (Ebene 3 um 11 und 12 Uhr, Ebene 5 um 14 und 15 Uhr).

**★ Shakespeare's Globe** HISTORISCHES GEBÄUDE

(Karte S. 84; www.shakespearesglobe.com; 21 New Globe Walk, SE1; Erw./Kind 13,50/8 £; 9–17.30 Uhr; London Bridge) Heutige Londoner, die einen draufmachen wollen, zieht es eher nach Amsterdam, aber damals schwärmten sie über die London Bridge nach Southwark. Den Sittenhütern in der City entkommen, konnten die Männer hier ungehemmt herumhuren, Bären hetzen und Schauspieler anpöbeln. Das berühmteste Theater war das Globe, wo ein genialer Bühnenautor Erfolgsstücke wie *Macbeth* und *Hamlet* aufführte. Im Eintrittspreis enthalten sind die Besichtigung der Ausstellungshalle und eine Führung durch das Theater (alle 15 bis 30 Minuten).

Das originale Globe – nach seiner runden Form und der dachfreien Mitte als „Wooden O" (hölzernes O) bezeichnet – eröffnete 1599 als Konkurrent des Rose Theatres. 1613 brach während der Vorstellung ein Feuer aus (eine Bühnenkanone entzündete das Strohdach) und innerhalb von zwei Stunden brannte das ganze Gebäude nieder. Das neue Theater – mit Ziegeldach – war den sauertöpfischen Puritanern ein Dorn im Auge. 1642 mussten alle Lasterhöhlen der Stadt schließen und zwei Jahre später wurde das Theater abgerissen. Der heutige Bau ist eine originalgetreue Rekonstruktion mit Eichenbalken, handgemachten Ziegelsteinen, Kalkputz und Strohdach. Er ist das Lebenswerk des amerikanischen Schauspielers und Regisseurs Sam Wanamaker, der jedoch die Eröffnung 1997 nicht mehr erlebte.

Gespielt wird von April bis Oktober. Shakespeare und seine Zeitgenossen dominieren, aber auch moderne Stücke werden aufgeführt (das aktuelle Programm steht auf der Website). Wie zu elisabethanischen Zeiten haben die Parterrebesucher (bis zu 700 passen hinein) auf Stehplätzen unter freiem Himmel (5 £; Sitzplätze kosten 15 bis 39 £) den besten Blick. Es gibt keinen Schutz vor Wind und Wetter (oder überfliegenden Jets), aber es ist ein einzigartiges Erlebnis.

Seit kurzer Zeit gibt es eine Ergänzung zum Globe, das **Sam Wanamaker Playhouse**, ein geschlossenes jakobinisches Theater.

Wenn in der Saison im Globe Nachmittagsvorstellungen anstehen, weichen die Führungen auf das nahe **Rose Theatre** aus.

**★ London Eye** RIESENRAD

(Karte S. 84; 0871 781 3000; www.londoneye.com; Erw./Kind 21/15 £; 10–20 Uhr; Waterloo) Das 135 m hohe, aufgemotzte, langsam drehende Aussichtsriesenrad ist das höchste „freistehende Riesenrad" der Welt. Die Gäste sitzen in eiförmigen Kabinen; das Rad braucht 30 Minuten für eine Umdrehung und bietet an klaren Tagen einen 40 km weiten Blick. In der Hochsaison (Juli, August und Schulferien) scheint es, als ob die jährlich 3,5 Mio Besucher alle auf einmal in der Schlange stünden. Wer Tickets online

## HIGHLIGHTS DER TATE MODERN

Über 50 Mio. kunstbesessene Besucher sind in den ersten zehn Jahren nach der Eröffnung durch die Tate Modern gerauscht, was sie zu einer der meistbesuchten Sehenswürdigkeiten Londons macht. Mit dem Umbau zweier unterirdischer Öltanks und einem visionären, elfstöckigen Anbau, der 2016 eröffnet werden soll, wird das ambitionierte Museum noch größer werden.

Sonderausstellungen finden auf den Ebenen 2 und 3 statt. Kostenlose Führungen beginnen täglich um 11, 12, 14 und 15 Uhr; eine Buchung ist nicht erforderlich. Auch Multimediaguides sind erhältlich. Freitags und samstags ist das Museum bis 22 Uhr geöffnet.

Die Sammlung wird im ständigen Wechsel präsentiert. Die Themen der verschiedenen Abteilungen bleiben zwar gleich, aber die Gemälde und Kunstwerke, die dazu gezeigt werden, wechseln.

Ein Highlight der Tate Modern ist die Architektur. Die von Gilbert Scott entworfene Bankside Power Station wurde aus 4,2 Mio. Backsteinen erbaut. Ihr letztes Watt erzeugte sie 1981, als steigende Ölpreise die Turbinen unrentabel machten. 2000 wurde das Gebäude auf brillante Weise zur Kunstgalerie für moderne und zeitgenössische Kunst umgebaut.

Die gewaltige, 3300 m² große **Turbinenhalle** ist nicht zu übersehen, aber von der Rampe in der Holland Street, über die die Besucher das Museum betreten, ist der Eindruck noch gewaltiger. Die Halle, in der die kolossalen Turbinen des Kraftwerks untergebracht waren, ist ein imposanter Raum für Ausstellungen von großformatiger, zeitgenössischer Kunst, die hier von Oktober bis April stattfinden.

Die ständige Sammlung ist auf den Ebenen 2, 3 und 4 zu sehen. Sie ist thematisch gegliedert. Die surrealistischen Traumlandschaften von Paul Delvaux, Yves Tanguy, Max Ernst und anderen befinden sich in der Abteilung **Poetry & Dream** auf Ebene 2. Auf Ebene 3 präsentiert **Transformed Visions** Werke der expressiven abstrakten Malerei der Nachkriegszeit.

Schwerpunkt von **Structure & Clarity** auf Ebene 4 ist die abstrakte Malerei der Zwischenkriegsjahre mit Werken, die Utopien und universelle Themen aufgreifen. Ebenfalls auf Ebene 4 nimmt sich **Energy & Process** der Arte Povera an, einer Kunstströmung der 1960er-Jahre.

Wer genug moderne Kunst gesehen hat, kann beim Besuch des Bar-Restaurant auf Ebene 7 einen herrlichen Blick auf St. Paul's und die Themse genießen. Ein beliebtes Café gibt es auch auf Ebene 2.

kauft, spart Geld und Zeit in der Schlange; gegen 10 £ extra geht's auch schneller voran.

Ansonsten empfiehlt sich ein Besuch außerhalb der Stoßzeiten, nämlich vor 11 oder nach 15 Uhr.

**★ Imperial War Museum** MUSEUM

(Karte S. 84; www.iwm.org.uk; Lambeth Rd, SE1; ⏲10–18 Uhr; ⊖Lambeth North) GRATIS Das fesselnde Museum mit den zwei 15-Zoll-Marinegeschützen vor dem Eingang, die eine 900-Kilo-Granate auf 25 km Entfernung abschießen könnten, ist im ehemaligen Bethlehem Royal Hospital untergebracht, das den berüchtigten Namen Bedlam („Chaos") trug. Nach umfassenden Renovierungsarbeiten wurde es 2014 wieder eröffnet.

Neben den phantastischen neuen Abteilungen zum Ersten Weltkrieg und einem hinreißenden Atrium von Foster+Partners gehören zu den Highlights unter den Exponaten das 1000cc-Motorrad von Lawrence von Arabien, eine deutsche V2-Rakete, eine V1 und eine naturgetreue Nachbildung von Little Boy (der Atombombe, die auf Hiroshima abgeworfen wurde) sowie eine Spitfire, ein Harrier Jet und andere klassische Kampfflugzeuge, die von der Decke baumeln. Hinzu kommen ein Luftschutzbunker aus dem Zweiten Weltkrieg und eine Ausstellung zum Holocaust.

**Shard** BAUWERK

(Karte S. 84; www.the-shard.com; 32 London Bridge St, SE1; Erw./Kind 29,95/23,95 £; ⏲9–22 Uhr; ⊖London Bridge) Der gläserne Splitter wurde rasch zu einem spektakulären Wahrzeichen der Stadt. Der Turm ist das höchste Gebäude Westeuropas. Innen befinden sich das nagelneue 5-Sterne-Hotel Shangri-La at the Shard

# Die Themse

## EINE FLUSSTOUR

Londons Geschichte wird seit jeher von der Themse bestimmt. Die Stadt wurde vor fast 2000 Jahren als römischer Hafen gegründet. Seither entstanden am Flussufer viele Denkmäler der Hauptstadt. Auf einer Bootstour lassen sich die Attraktionen wunderbar erkunden.

Anleger gibt's in regelmäßigen Abständen an beiden Ufern, wo man beliebig die Boote für Besichtigungen verlassen und wieder besteigen kann. Die beste Anlegestelle ist Westminster Pier, von wo die Boote flussabwärts vom Regierungssitz City of Westminster bis zur City of London, dem heutigen Finanzbezirk mit seinen Wolkenkratzern, schippern. Am Südufer liegen an der einst schäbigen und vernachlässigten South Bank heute ebenso viele Topattraktionen wie an der Nordseite des Flusses, darunter auch der schlanke Wolkenkratzer The Shard.

Unsere Abbildung zeigt die wichtigsten Highlights, die man vom Boot aus sieht. Es sind, von

### St. Paul's Cathedral

Zwar stand hier seit 604 n. Chr. eine Kirche, aber der heutige Bau, das Meisterwerk von Christopher Wren, entstand nach dem Großen Feuer von 1666. Berühmt ist er, weil er den Zweiten Weltkrieg intakt überstand und weil Charles und Diana hier heirateten. Seit seiner Renovierung zum 300. Jahrestag sieht er wieder aus wie neu.

### Somerset House

Der klassizistische Palast war einst eines von vielen Adelshäusern an der Themse. Die großen Bögen auf Flusshöhe dienten bis zum Bau des Embankment in den 1860er-Jahren als direkter Zugang zur Themse.

### London Eye

Das Riesenrad von 2000 sollte nur kurzzeitig stehen, wurde aber sofort zu einem beliebten Wahrzeichen. Die 30-minütige Runde führt 135 m hinauf und bietet einen tollen Blick auf die Stadt.

### Houses of Parliament

Nachdem der alte Palast 1834 niedergebrannt war, wurde das heutige britische Parlament im neugotischen Stil wieder aufgebaut. Der berühmteste Teil ist der Uhrenturm, der Big Ben, der nach dem Baumeister Benjamin Hall benannt wurde.

West nach Ost, die **1 Houses of Parliament**, das **2 London Eye**, das **3 Somerset House**, die **4 St. Paul's Cathedral**, die **5 Tate Modern**, **6 Shakespeare's Globe**, der **7 Tower of London** und die **8 Tower Bridge**.

Außer dieser Route im Stadtzentrum fahren die Boote auch flussaufwärts zu den Kew Gardens und zum Hampton Court Palace und flussabwärts nach Greenwich und zur Thames Barrier.

## BOOTS-HOPPING

Die „Wasserbusse" Thames Clippers richten sich an Pendler, sind aber auch für Besucher attraktiv. Sie schippern alle 15 Minuten von den Anlegern Embankment, Waterloo, Blackfriars, Bankside und London Bridge zum Tower und wieder zurück, andere auch von Westminster. Mit der Oyster Card gibt es Ermäßigungen.

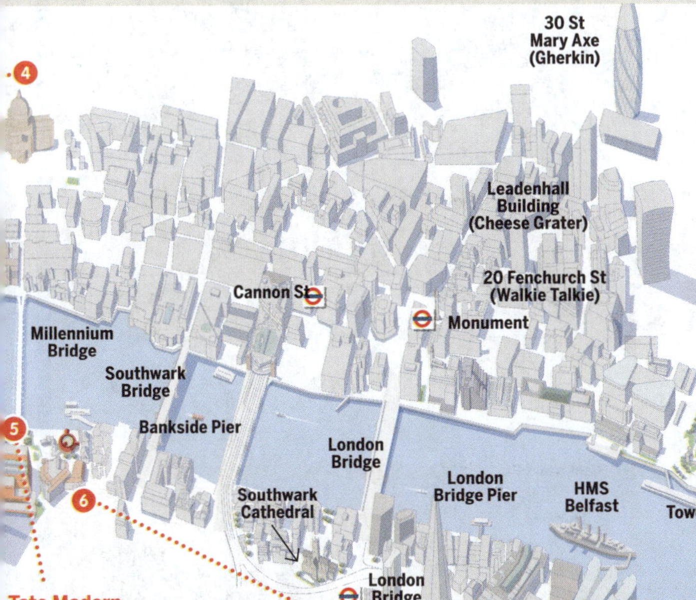


### Tower of London

Der 900 Jahre alte Tower ist zwar nicht mehr das höchste Gebäude Londons, aber mit den Kronjuwelen und dem Schafott stellt er die anderen Attraktionen in den Schatten. Vom Fluss aus ist das Traitor's Gate zu sehen, durch das die Staatsfeinde ins Gefängnis gingen.

### Tate Modern

Der Tempel der modernen Kunst direkt gegenüber von St. Paul's ist der meist besuchte weltweit. Die Industriearchitektur des ehemaligen Kraftwerks vom Ende der 1940er-Jahre ist bei Besuchern ebenso beliebt wie die Gemälde an der Wand.

DOUG MCKINLAY / GETTY IMAGES ©

### Shakespeare's Globe

Das rekonstruierte Globe steht ein paar Hundert Meter vom Standort des Originals entfernt (das 1613 während einer Vorstellung abbrannte). Das Theater, das Lebenswerk des amerikanischen Schauspielers Sam Wanamaker, führt von April bis Oktober höchst beliebte Stücke auf.

### Tower Bridge

Eine der berühmtesten Brücken der Welt, die zwar so alt wie ihr Namensvetter nebenan aussehen mag, aber erst 1894 eingeweiht wurde. Die Klappbrücke, nicht zu verwechseln mit der London Bridge, ermöglichte es Großseglern im alten Hafen im Westen anzulegen und wird noch immer bis zu 1000-mal im Jahr angehoben.

# South Bank

500 m
0,25 Meilen
Themse
Victoria Embankment Gardens
Embankment Pier
Festival Pier
Golden Jubilee Bridge
Hungerford Bridge
Jubilee Gardens
London Eye
Waterloo Millennium Pier
Westminster Bridge Rd
Westminster Bridge
Lambeth Palace Rd
Archbishop's Park
Waterloo Bridge
Waterloo Rd
Belvedere Rd
York Rd
Addington St
Carlisle La
Upper Ground
Tenison Way
Stamford St
South Bank
Waterloo
Lower Marsh
Baylis Rd
Lambeth North
Kennington Rd
Cosser St
Lambeth
Lambeth Rd
Coin St
Theed St
Roupell St
Waterloo East
Wootton St
Coral St
Pearman St
Morley St
Westminster Bridge Rd
St George's Rd
Imperial War Museum
Blackfriars Bridge
Rennie St
Paris Garden
Hatfields St
Duchy St
Meymott St
Joan St
Southwark
The Cut
Mitre Rd
Ufford St
Borough
Waterloo Rd
Blackfriars Rd
Surrey Row
Garden Row
London Rd
Borough Rd
Lancaster St
Webber St
Glasshill St
Great Suffolk St
Elephant & Castle
Hopton St
Holland St
Millennium Bridge
Shakespeare's Globe
Tate Modern
Sumner St
New Globe Walk
Park St
Bankside Pier
Tate Boat
Southwark St
Southwark
Union St
Copperfield St
Great Guildford St
Lant St
Borough
Newington Causeway
Southwark Bridge
Bankside
Southwark Bridge Rd
Ayres St
Redcross Way
Stoney St
Borough High St
Swan St
Trinity St
Harper Rd
Tabard St
Great Dover St
London Bridge
London Bridge
Newcomen St
Crosby Row
Kipling St
Guy St
Long La
Weston St
Snowsfields
Law St
Lower Thames St
Old Billingsgate Market
London Bridge City Pier
The Queen's Walk
Railway App
Tooley St
St Thomas St
Bermondsey St
Bermondsey
Tanner St
Rothsay St
Bermondsey Market
Abbey St
Grange Rd
Tower Bridge Rd
Crucifix La
Druid St
Battle Br La
Tower of London
Design Museum (500 m)
William Curtis Park

(S. 112), Restaurants und Aussichtsplattformen auf dem 68., 69., und 72. Stock. Online ist der Eintritt 5 £ billiger.

**Old Operating Theatre Museum & Herb Garret** MUSEUM

(Karte S. 84; www.thegarret.org.uk; 9a St Thomas St, SE1; Erw./Kind 6,50/3,50 £; ⌚10.30–17 Uhr; ⊖London Bridge) Das Highlight des einzigartigen Museums – 32 Stufen über eine Wendeltreppe hoch im Turm der Thomas Church (1703) – sind Exponate zur abscheulichen Krankenhausversorgung im 19. Jh. Grausige Amputationsmesser stimmen auf den Operationssaal ein, wo Ärzte unter mehr schlechten als rechten Bedingungen (und vor Äther, Chloroform und Antiseptika) operierten. Samstags um 14 Uhr findet eine Demonstration dieser viktorianischen Blitz-OPs statt und sonntags um 14 Uhr wird gezeigt, wie Medikamente hergestellt wurden. Naturheilmittel sind in der Kräuterkammer ausgestellt, darunter Schneckenwasser gegen Geschlechtskrankheiten und Blasentang gegen Kröpfe und Tuberkulose.

**Southwark Cathedral** KIRCHE

(Karte S. 84; ☎020-7367 6700; http://cathedral.southwark.anglican.org; Montague Close, SE1; Spenden willkommen; ⌚Mo–Fr 8–18, Sa & So 9–18 Uhr; ⊖London Bridge) Die ältesten erhaltenen Teile der kleinen Kathedrale sind der Chorumgang an der Ostseite, einige alte Bogen beim Südwestportal, Mauerkerne aus dem 12. Jh. im nördlichen Querschiff und ein Bogen aus dem normannischen Vorgängerbau. Der Großteil ist jedoch viktorianisch. Im Südgang des Kirchenschiffs steht ein Denkmal aus grünem Alabaster für William Shakespeare, daneben ist eine Gedenktafel für Sam Wanamaker (1919–1993) aufgestellt.

Nicht weit davon hängt eine prachtvolle Christus-Ikone, die von Andachtskerzen beleuchtet ist. Im nördlichen Querschiff steht eine schöner Schrank aus elisabethanischer Zeit.

**Design Museum** MUSEUM

(www.designmuseum.org; 28 Shad Thames, SE1; Erw./Kind 12,40/6,20 £; ⌚10–17.45 Uhr; 👪; ⊖Tower Hill) In den rechtwinkligen Ausstellungsräumen in einem Lagerhaus aus den 1930er-Jahren werden Wechselausstellungen zu zeitgenössischem Design veranstaltet. Das Museum ist Schauplatz der jährlichen *Brit Insurance Design Awards* für innovatives Design und zeigt eine ständige Sammlung, die einen Überblick über modernes britisches Design gibt. Im November 2015 zieht das Museum in das ehemalige Commonwealth Institute südlich vom Holland Park in Kensington um.



## South Bank

**Highlights**
1 Imperial War Museum ... C4
2 London Eye ... A2
3 Shakespeare's Globe ... D1
4 Tate Modern ... D1

**Sehenswertes**
5 Hayward Gallery ... A2
6 HMS Belfast ... G1
7 London Bridge Experience & London Tombs ... F1
8 London Dungeon ... A3
9 London Sea Life Aquarium ... A3
10 Old Operating Theatre Museum & Herb Garret ... F2
11 Shard ... F2
12 Southwark Cathedral ... E1
13 White Cube Bermondsey ... G3

**Aktivitäten, Kurse & Touren**
14 London Bicycle Tour ... B1
15 London Duck Tours ... A3

**Schlafen**
16 Citizen M ... D2
17 Oasis ... E2
Shangri-La Hotel at the Shard ... (s. 11)
18 St Christopher's Inn ... E2
19 St Christopher's Village ... E2

**Essen**
20 M. Manze ... G4
21 Magdalen ... G2
22 Monmouth Coffee Company ... E2
23 Skylon ... A2

**Ausgehen & Nachtleben**
24 George Inn ... E2
25 Ministry of Sound ... D4
26 Rake ... E1

**Unterhaltung**
27 BFI IMAX Cinema ... B2
28 BFI Southbank ... B1
29 National Theatre ... B1
30 Old Vic ... B3
31 Southbank Centre ... A2
32 Young Vic ... C2

**Shoppen**
33 Borough Market ... E2

**HMS Belfast** SCHIFF

(Karte S. 84; www.iwm.org.uk/visits/hms-belfast; Queen's Walk, SE1; Erw./Kind 15,50 £/frei; ⌚10–17 Uhr; 👪; ⊖London Bridge) Die HMS *Belfast* mit ihrer weißen Flagge, die im Themsewind flattert, ist ein Magnet für schiffsbegeisterte Kids. Der große Leichte Kreuzer war im Zweiten Weltkrieg im Einsatz. Er war an der Versenkung des deutschen Schlachtschiffs *Scharnhorst* beteiligt und nahm an der Landung in der Normandie teil. Besucher können auf den neun Decks den Maschinenraum, die Kanonen, Kombüse, Kapelle, Strafzellen, Kantine und Zahnarztpraxis besichtigen. Der hervorragende Audioguide begleitet eine 1½-stündige Tour durch das Schiff, ist aber nur bis 15.30 Uhr erhältlich.

**London Dungeon** HISTORISCHES GEBÄUDE

(Karte S. 84; www.thedungeons.com/london; County Hall, Westminster Bridge Rd, SE1; Erw./Kind 25,20/19,80 £; ⌚10–17 Uhr, in den Ferien länger geöffnet; 👪; ⊖Westminster, Waterloo) Für ältere Kinder ist das Gruselkabinett ein Vergnügen: Hängen am Galgen, schaurige Bootsfahrten, Kunstblut und Schauspieler, die als mörderische Schurken (darunter Jack the Ripper und Sweeney Todd), Folterknechte und Richter ganz schön dick auftragen, sowie grausiges interaktives Chaos und reichlich anzüglicher Humor. Der Dungeon zog jüngst aus dem alten Gebäude in die County Hall beim London Eye um.

**London Bridge Experience & London Tombs** TOURISTENATTRAKTION

(Karte S. 84; www.thelondonbridgeexperience.com; 2–4 Tooley St, SE1; Erw./Kind 23/17 £; ⌚Mo–Fr 10–17, Sa & So bis 18 Uhr; 👪; ⊖London Bridge) Die abgeschlagenen Köpfe anhand derer die Akteure im ersten Teil (London Bridge Experience) die Geschichte der Brücke Revue passieren lassen, sind relativ harmlos. Aber die London Tombs legen kräftig Schrecken nach, sobald der erzieherische Teil abgehakt ist. Den Grusel steigert der Umstand, dass es sich bei der Location tatsächlich um ehemalige Pestgruben, also wirkliche Gräber, handelt. Das Spektakel dauert etwa 45 Minuten, nimmt man den Gräber-Horror dazu nochmals 25 Minuten.

Online wird es um bis zu 50 % billiger.

**London Sea Life Aquarium** AQUARIUM

(Karte S. 84; www.visitsealife.com; Westminster Bridge Rd, SE1; Erw./Kind 22,20/16,50 £; ⌚10–19 Uhr; ⊖Westminster, Waterloo) Das Aquarium ist eines der größten in Europa und die Heimat verschiedenster Meerestierarten (viele davon gefährdet), die nach Lebensräumen aufgeteilt sind (Korallenhöhlen, Regenwald, Themse). Gleich zu Beginn geht's durch einen Haifischtunnel. Auf der Website sind die Zeiten für die Haifischfütterung angegeben und die Eintrittspreise sind dort 10 % günstiger.

**White Cube Bermondsey** GALERIE

(Karte S. 84; www.whitecube.com; 144-152 Bermondsey St, SE1; ⌚Di–Sa 10–18, So 12–18 Uhr; ⊖London Bridge) GRATIS Die White Cube Bermondsey hat große Ausstellungsräume für großformatige und gewagte Installationen.

**Hayward Gallery** KUNSTGALERIE

(Karte S. 84; www.southbankcentre.co.uk; Belvedere Rd, SE1; ⌚Sa–Mi 10–18, Do & Fr bis 20 Uhr; 👪; ⊖Waterloo) Die Meinungen über die brutalistische Architektur von 1968 gehen weit auseinander, aber die populären internationalen Ausstellungen zeitgenössischer Kunst sind eine von vielen kulturellen Fundgruben im Southbank Centre.

## Pimlico

Pimlico – die Herkunft des Namens liegt im Dunkeln – ist ein gepflegter Stadtteil am Themseufer. Er wird immer hübscher, je weiter man sich von der Victoria Station entfernt, besitzt aber wenig Nachbarschaftsatmosphäre.

★ **Tate Britain** KUNSTGALERIE

(www.tate.org.uk; Millbank, SW1; ⌚10–18, 1. Fr im Monat bis 22 Uhr; ⊖Pimlico) GRATIS Die ältere und ehrwürdigere Schwester der beiden Tates in einem Gebäude aus Portlandstein am Flussufer erhielt bei einem gelungenen Umbau eine umwerfende neue Treppe. Auch die Sammlung wurde neu arrangiert. Die Gemälde stammen aus der Zeit vom 15. Jh. bis zur Gegenwart. Unter ihnen sind

### TATE-A-TATE

Das farbenfrohe **Tate Boat** (Karte S. 84; www.tate.org.uk/visit/tate-boat; einfache Fahrt Erw./Kind 6,50/3,25 £), das Kunstliebhaber zwischen beiden Tate-Galerien hin und her befördert, hält unterwegs am London Eye. Die Boote fahren täglich von 9.57 bis 16.44 Uhr im 40-Minuten-Takt vom Bankside Pier ab (vom Millbank Pier von 10.20 bis 16.27 Uhr). Mit der Travelcard gibt es Ermäßigung.

Werke von Blake, Hogarth, Gainsborough, Barbara Hepworth, Whistler, Constable und insbesondere Turner, dessen lichtdurchflutete Visionen in der **Clore Gallery** zu sehen sind. Aber das ist nicht alles: Lucian Freud, Francis Bacon und Tracey Emin vertreten die moderne und zeitgenössische Kunst.

Jedes Jahr zwischen Oktober und Januar wird hier der kontroverse **Turner Prize** verliehen (und jedes Mal von Protesten vor dem Museum begleitet). In einem schönen Café mit einer tollen Terrasse am Fluss finden erschöpfte Museumsbesucher Stärkung und schöne Aussichten. Kostenlose einstündige **Führungen** zu verschiedenen Themen gibt es täglich um 11, 12, 14 und 15 Uhr; am ersten Freitag im Monat werden zu „Late at Tate" die Tore bis um 22 Uhr offen gehalten.

## Chelsea & Kensington

In Chelsea und Kensington, dem sogenannten Royal Borough, leben die reichsten Menschen Großbritanniens. Die Kensington High Street ist eine quirlige Mischung aus Ladenketten und Boutiquen und auf der King's Road sehen selbst die Secondhandläden wie Fashion-Outlets aus. Einige der schönsten und attraktivsten Museen Londons liegen in South Kensington.

### ★ Victoria & Albert Museum — MUSEUM

(V&A; Karte S. 90; www.vam.ac.uk; Cromwell Rd, SW7; Sa–Do 10–17.45, Fr bis 22 Uhr; South Kensington) GRATIS Das herausragende Museum besitzt eine beispiellose Sammlung ornamentaler Kunst mit rund 4,5 Mio. Objekten aus Großbritannien und der ganzen Welt. Die Lage und hinreißende Architektur des Museums sind ebenso spannend wie die Vielfalt und Exklusivität der Exponate, die es auf fast 150 Galerien verteilt präsentiert. Ein bisschen hat das Museum, das nach der Weltausstellung von 1851 mit Unterstützung Prinz Alberts gegründet wurde, etwas von einer Rumpellkammer der Nation.

Das Museum ist gigantisch, an Freitagabenden ist es weniger besucht als sonst. Essen und Trinken gibt's im **V&A Café** in den prachtvollen Refreshment Rooms aus den 1860er-Jahren oder im Sommer im **Garden Café** im John Madesjki Garden.

Kostenlose Führungen beginnen viermal täglich am Hauptempfang.

### ★ Natural History Museum — MUSEUM

(Karte S. 90; www.nhm.ac.uk; Cromwell Rd, SW7; 10–17.50 Uhr; South Kensington) GRATIS Das verschnörkelte Gebäude ist ein Meisterwerk, das seinesgleichen sucht: blassblauer und honigfarbener Stein, durchbrochen von venezianischen Bogen, die mit allerlei gemeißeltem Getier verziert sind. Und das großartige Museum ist bei Kindern jeden Alters garantiert ein Hit. Es steckt voller faszinierender Entdeckungen, angefangen beim riesigen Diplodocus-Skelett in der Haupthalle. Ein aufregendes Highlight in der **Dinosauriergalerie** ist der 4 m hohe animierte Tyrannosaurus Rex.

Auch die anderen Abteilungen beeindrucken. Eine Rolltreppe gleitet hinauf in eine Hohlkugel, wo die Besucher in der Ausstellung **Volcanoes and Earthquakes** (Vulkane und Erdbeben) die Kräfte erkunden können, die unsere Erde formen. Zu den besonderen Effekten gehören ein Plattentektonik-Raum und die Simulation des Erdbebens von Kobe, eine knochenerschütternde Lektion über Verwerfungslinien.

Im **Darwin Centre** sind 20 Mio. Exemplare von Insekten und Pflanzen aufbewahrt. Das Biologen-Team vor Ort lässt sich durch Glasfenster bei der Arbeit zuschauen. Der **Cocoon**, ein siebenstöckiger, eiförmiger Bau in einem Glaspavillon, zeigt in jedem Stockwerk eine andere interaktive Ausstellung. Am besten fährt man mit dem Aufzug ganz nach oben und arbeitet sich zu Fuß zurück nach unten durch.

Besuchenswert sind auch die **Sensational Butterflies** am East Lawn und der zauberhafte **Wildlife Garden**, ein Stück englische Landidylle in SW7.

### ★ Science Museum — MUSEUM

(Karte S. 90; www.sciencemuseum.org.uk; Exhibition Rd, SW7; 10–18 Uhr; South Kensington) GRATIS Die sieben Stockwerke voller interaktiver Angebote und lehrreicher Exponate wissen selbst kleine Einsteins zu fesseln. Zu den Highlights gehören die **Energy Hall** im Erdgeschoss, die spannende **Flight Gallery** im dritten Stock und der Flugsimulator. Es gibt hier auch ein **Imax-Kino** mit 450 Plätzen. Einige Kinder zieht es gleich zu den Stimmverzerrern, Lavalampen, Bumerangs, Hüpfbällen und außerirdischen Babys im Laden im Erdgeschoss, wo sie dann nicht mehr wegzukriegen sind.

Toll für Kinder unter fünf Jahren ist der **Garden** im Untergeschoss mit einem kurzweiligen Spielangebot und Wasserspielen, in denen sich Knirpse in roten, wasserdichten Kitteln vergnügen.

# Victoria & Albert Museum

## HALBTÄGIGE HIGHLIGHTS-TOUR

Das mit Kunst und Design vollgestopfte V&A ist riesig: Im Folgenden daher eine besucherfreundliche Tour zu den Highlights des Museums, die zu einigen berühmten Stücken führt und auch die Pracht des Museumsbaus erleben lässt.

Nach Eintritt durch den Grand Entrance des V&A an der Cromwell Road geht es sofort nach links zur Islamic Middle East Gallery und dem **1 Ardabil-Teppich** in seiner riesigen Glasvitrine. Zu den Stücken aus Südasien in der angrenzenden Galerie gehört der furchterregende automatisierte **2 Tipus Tiger**. Weiter geht's in den großartigen **3 Fashion Room**, wo Kleidungsstile aus allen Epochen ausgestellt sind. Die prächtige Galerie gegenüber mit den Raffael-Zeichnungen ist eine Abkürzung über die Treppe ganz hinten zur Ebene 2 und der Britain 1500–1760 Gallery; von dort nach links geht es

DAMIAN HARPER ©

### Fashion Gallery

Die runde und chronologisch arrangierte Galerie zeigt Kleidung vom 18. Jh. bis heute. Dazu zählen Abendkleidung, Unterwäsche und bahnbrechende Mode, wie Kleider aus den 1960er-Jahren der Designerin Mary Quant.

### Das Große Bett von Ware

Das eichene Große Bett von Ware aus dem 16. Jh. entstand zur Zeit Königin Elisabeths I. Es wird in Shakespeares Stück *Was ihr wollt* erwähnt. In Kopfteil und Bettpfosten sind alte Graffitischnitzereien eingekerbt.

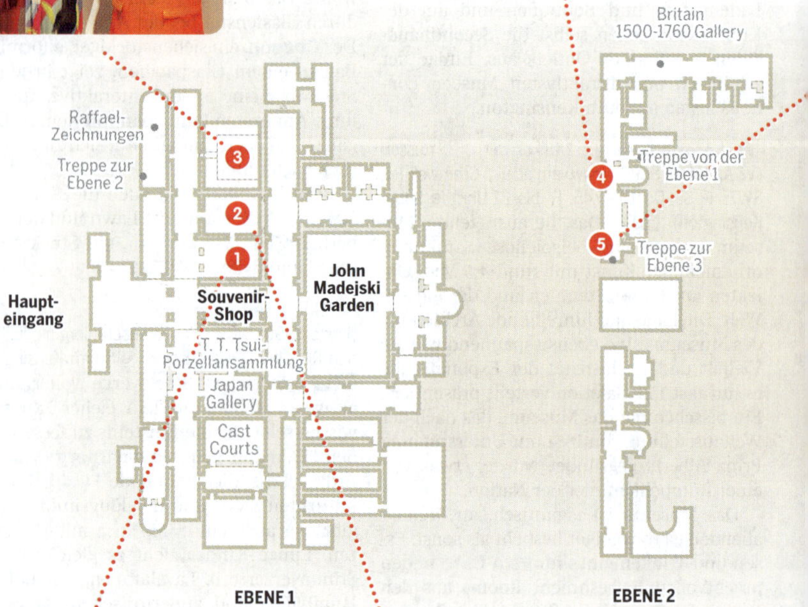


### Der Ardabil-Teppich

Der Ardabil, einer der schönsten Teppiche der Welt, wurde 1540 als einer von zweien im Auftrag des Schahs Tahmasp von Persien gefertigt. Beeindruckend ist vor allem die Kunstfertigkeit der Details und des subtilen Designs.

### Tipus Tiger

Der Automat aus dem 18. Jh. stellt einen Europäer dar, der von einem Tiger zerfleischt wird. Wird ein Hebel gedreht, imitiert eine Orgel im Inneren der Katze die Schreie des Sterbenden, dessen Arm sich außerdem erhebt.

INDIAN SCHOOL / GETTY IMAGES ©

zum **4 Großen Bett von Ware**, hinter dem das wunderschön gearbeitete **5 Schreibpult von Heinrich VIII.** zu sehen ist. Treppen führen hinauf zum **6 Hereford Screen** in der Metalware Gallery auf Ebene 3. Es geht weiter durch die Ironwork and Sculpture Galleries und den Leighton Corridor zur funkelnden **7 Jewellery Gallery**, von wo mehrere Galerien um den John Madejski Garden zur Galerie **8 Design Since 1946** gegenüber der 20th Century Gallery führen (an deren Ende sich Treppen und ein Aufzug zum Rest des Museums befinden).

## TOP-TIPPS

» **Mehr Infos** Museumswärter stehen auf der Tour stets zur Verfügung.

» **Fotografieren** Ist erlaubt. Ausnahmen: die Jewellery Gallery, die Raffael-Zeichnungen und die Porzellangalerie.

» **Abendbesuche** Freitags ist das V&A bis 22 Uhr geöffnet und dann auch leerer.

### Schreibpult Heinrichs VIII.

Das reich verzierte Walnuss- und Eichenschreibpult aus dem 16. Jh. wurde im Lauf der Zeit oft neu bearbeitet. Aber die Originalverzierungen, wie Heinrichs Wappen flankiert von Venus (mit Amor) und Mars, sind großartig.

### Design seit 1946

Zu sehen sind einige innovative Klassiker, die das Ende des 20. Jhs. definierten, als Handys noch richtig klobig und ein Walkman (Kassettenspielgerät) noch der letzte Schrei waren.

DAMIAN HARPER ©

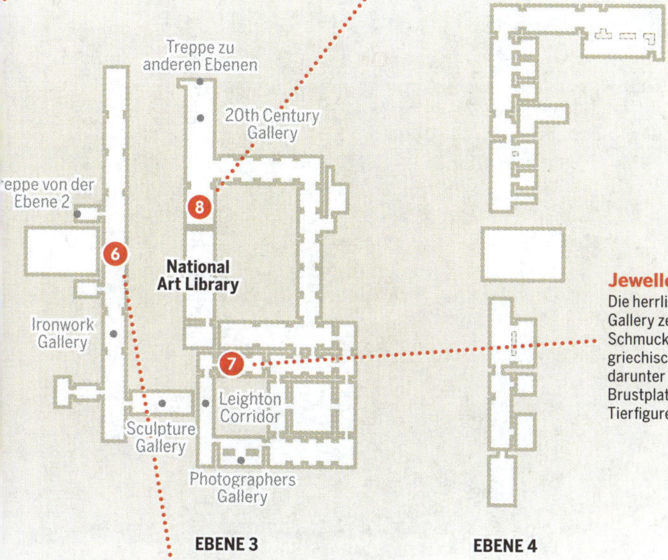


### Jewellery Gallery

Die herrlich beleuchtete Jewellery Gallery zeigt eine umwerfende Schmucksammlung, die von der griechischen Antike bis heute reicht, darunter eine goldene keltische Brustplatte, Jugendstilschmuck und Tierfiguren von Fabergé.

DAMIAN HARPER ©

### Hereford Screen

Die prachtvolle, von George Gilbert Scott entworfene und aufwendig ausgeführte Chorschranke wurde ursprünglich für die Hereford Cathedral gefertigt. Nur wenige Räume des V&A konnten das gewaltige Gewicht des mächtigen Gebildes aus Holz, Eisen, Kupfer, Messing und Stein tragen.

# Knightsbridge, South Kensington & Chelsea

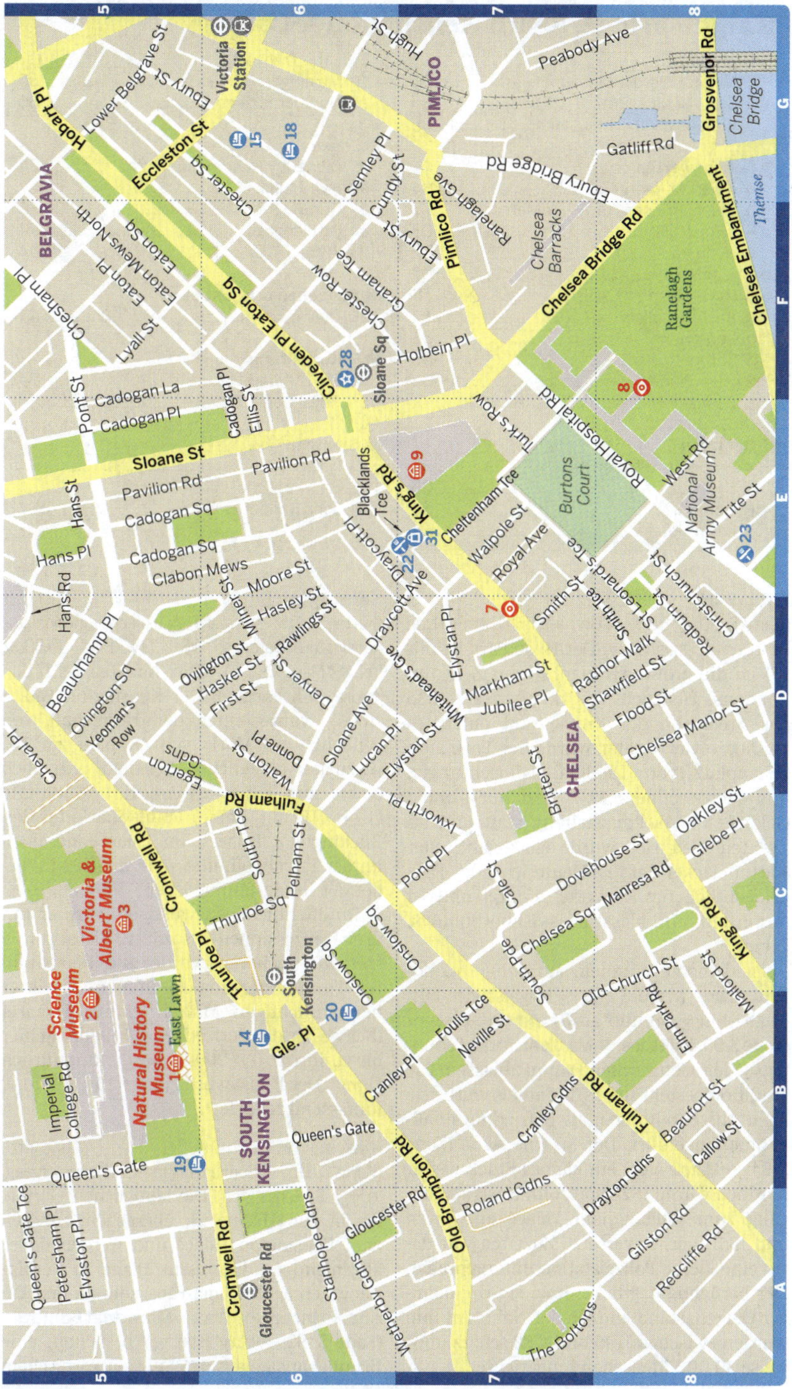

BELGRAVIA
PIMLICO
CHELSEA
SOUTH KENSINGTON
Victoria Station
Hobart Pl
Lower Belgrave St
Ebury St
Eccleston St
Chester Sq
Eaton Mews North
Eaton Sq
Eaton Pl
Chesham Pl
Lyall St
Cliveden Pl Eaton Sq
Hugh St
Semley Pl
Cundy St
Ebury St
Graham Tce
Chester Row
Sloane Sq
Holbein Pl
Pimlico Rd
Ranelagh Gve
Ebury Bridge Rd
Peabody Ave
Gatliff Rd
Grosvenor Rd
Chelsea Bridge
Thames
Chelsea Barracks
Chelsea Bridge Rd
Ranelagh Gardens
Chelsea Embankment
Pont St
Cadogan La
Cadogan Pl
Ellis St
Sloane St
Pavilion Rd
Blacklands Tce
King's Rd
Turk's Row
Royal Hospital Rd
West Rd
National Army Museum
Tite St
Hans St
Hans Pl
Cadogan Sq
Clabon Mews
Moore St
Draycott Pl
Cheltenham Tce
Burtons Court
Walpole St
Royal Ave
St Leonard's Tce
Christchurch St
Smith St
Smith Tce
Redburn St
Hans Rd
Beauchamp Pl
Milner St
Hasley St
Rawlings St
Draycott Ave
Elystan Pl
Markham St
Radnor Walk
Shawfield St
Ovington Sq
Ovington St
Hasker St
First St
Denyer St
Whitehead's Gve
Jubilee Pl
Flood St
Chelsea Manor St
Cheval Pl
Yeoman's Row
Egerton Gdns
Donne Pl
Walton St
Sloane Ave
Lucan Pl
Elystan St
Britten St
Fulham Rd
Ixworth Pl
Oakley St
Glebe Pl
Victoria & Albert Museum
Cromwell Rd
South Tce
Pelham St
Pond Pl
Dovehouse St
Cale St
Manresa Rd
Thurloe Sq
Onslow Sq
Chelsea Sq
South Pde
King's Rd
Mallord St
Science Museum
Natural History Museum
East Lawn
Thurloe Pl
South Kensington
Old Church St
Elm Park Rd
Foulis Tce
Neville St
Gle. Pl
Cranley Pl
Imperial College Rd
Queen's Gate
Cranley Gdns
Beaufort St
Callow St
Old Brompton Rd
Roland Gdns
Drayton Gdns
Queen's Gate Tce
Petersham Pl
Elvaston Pl
Stanhope Gdns
Gloucester Rd
Wetherby Gdns
Gilston Rd
Redcliffe Rd
The Boltons

## Knightsbridge, South Kensington & Chelsea

**Highlights**
1 Natural History Museum ..... B5
2 Science Museum ..... B5
3 Victoria & Albert Museum ..... C5

**Sehenswertes**
4 Albert Memorial ..... B4
5 Diana, Princess of Wales Memorial Fountain ..... C3
6 Hyde Park ..... D2
7 King's Road ..... D7
8 Royal Hospital Chelsea ..... F8
9 Saatchi Gallery ..... E7
10 Serpentine Gallery ..... B3
11 Serpentine Lake ..... D3
12 Serpentine Sackler Gallery ..... C2
13 Speakers' Corner ..... E1

**Schlafen**
14 Ampersand Hotel ..... B6
15 B+B Belgravia ..... G6
16 Gore ..... B4
17 Levin Hotel ..... E4
18 Lime Tree Hotel ..... G6
19 Meininger ..... B5
20 Number Sixteen ..... B6

**Essen**
21 Dinner by Heston Blumenthal ..... E4
22 Five Fields ..... E7
23 Gordon Ramsay ..... E8
24 Ottolenghi ..... E4
25 Zuma ..... D4

**Ausgehen & Nachtleben**
26 Queen's Arms ..... A4

**Unterhaltung**
27 Royal Albert Hall ..... B4
28 Royal Court Theatre ..... F6

**Shoppen**
29 Harrods ..... D4
30 Harvey Nichols ..... E4
31 John Sandoe Books ..... E7

**Hyde Park** PARK

(Karte S. 90; ⏲5.30–24 Uhr; ⊖Marble Arch, Hyde Park Corner, Queensway) Der Hyde Park ist mit 145 ha die größte Grünanlage im Zentrum Londons. Heinrich VIII. konfiszierte 1536 das Areal von der Kirche und nutzte es als Jagdrevier. Später wurde der Park zum Schauplatz von Duellen, Hinrichtungen und Pferderennen. 1851 fand auf seinem Gelände die Weltausstellung statt und im Zweiten Weltkrieg wurde ein gigantischer Kartoffelacker daraus. Heute wird der Park gelegentlich für Konzerte genutzt und ist ansonsten ein klassisches Naherholungsgebiet.

Paddelboote dümpeln auf dem **Serpentine Lake** (Karte S. 90; ⊖Knightsbridge oder South Kensington) und an **Speakers' Corner** (Karte S. 90; Park Lane; ⊖Marble Arch) darf sonntags jeder rhetorischen Dampf ablassen. Die Tradition besteht seit 1872, damals wurde sie nach Ausschreitungen als Befriedungsmaßnahme eingeführt. Der **Marble Arch** (Karte S. 94; ⊖Marble Arch) ein kleines Stück weiter nördlich wurde 1828 von John Nash als Eingang zum Buckingham Palace entworfen und 1851 hierher versetzt. Zuzeiten war darin eine kleine Polizeistation untergebracht. Der berüchtigte Tyburn Tree, ein dreibeiniger Galgen, stand ganz in der Nähe. An ihm wurden zwischen 1196 und 1783 schätzungsweise 50 000 Menschen hingerichtet.

**Kensington Palace** SCHLOSS

(Karte S. 115; www.hrp.org.uk/kensingtonpalace; Kensington Gardens, W8; Erw./Kind 16,50 £/frei; ⏲März–Okt. 10–18 Uhr, Nov.–Feb. bis 17 Uhr; ⊖High St Kensington) Der Kensington Palace (1605) wurde unter der Herrschaft von Wilhelm und Maria von Oranien zur bevorzugten königlichen Residenz und blieb es bis zum Tod von Georg II. (1762 kaufte Georg III. für seine Frau Charlotte den Buckingham Palace). Im Palast sind noch immer Privatwohnungen, in denen Mitglieder der Königsfamilie leben.

Im öffentlichen Bewusstsein wird er mit drei Prinzessinnen assoziiert: Victoria (die hier 1819 geboren wurde und bis zu ihrer Thronbesteigung zusammen mit ihrer herrschsüchtigen Mutter lebte), Margaret (Schwester der derzeitigen Königin, die hier bis zu ihrem Tod 2002 lebte) und natürlich Diana. Der Palast wurde jüngst für 12 Mio. £ umfassend renoviert.

**Kensington Gardens** GÄRTEN

(Karte S. 115; ⏲Sonnenaufgang–Sonnenuntergang; ⊖High St Kensington) Die königlichen Gärten, die in den Hyde Park übergehen, gehören zum Kensington Palace und werden daher allgemein mit Prinzessin Diana in Verbindung gebracht. Diana-Fans können den **Diana, Princess of Wales Memorial Fountain** (Karte S. 90; ⊖Knightsbridge) besuchen, eine Brunnenanlage aus 545 Stücken kornischem

Granit, die Wasser aus 100 m tiefen Kalkschichten in einen kreisförmigen, sanft plätschernden Wasserlauf leitet, der in ein Sammelbecken mündet; Planschen ist erlaubt.

Das **Albert Memorial** (Karte S. 90; Führungen Erw./erm. 6/5 £; Führungen März–Dez. 1. So im Monat 14 & 15 Uhr; Knightsbridge, Gloucester Rd) GRATIS gegenüber der Royal Albert Hall ist ein glänzendes Beispiel für viktorianischen Bombast. Königin Victoria ließ das verschwenderische Gebilde aus Marmor, Mosaik und Gold zu Ehren ihres Ehemanns Albert (1819–1861) errichten.

In den Gärten befindet sich auch die **Serpentine Gallery** (Karte S. 90; www.serpentinegallery.org; Di–So 10–18 Uhr; Lancaster Gate oder Knightsbridge) GRATIS, ein innovatives Museum für zeitgenössische Kunst. Die neu eröffnete **Serpentine Sackler Gallery** (Karte S. 90; www.serpentinegallery.org; West Carriage Drive; Di–So 10–18 Uhr; Lancaster Gate) liegt jenseits der Serpentine Bridge in einem ehemaligen Lagerhaus. Der **Sunken Garden** in Schlossnähe ist im Sommer am schönsten. Ein Vergnügen zu jeder Jahreszeit ist der *afternoon tea* in der **Orangery** (Karte S. 115; 020-3166 6112; www.hrp.org.uk; Kensington Palace, Kensington Gardens, W8; afternoon tea 24 £, mit Champagner 34 £; März–Okt. 10–18 Uhrt, Nov.–Feb. bis 17 Uhr; Queensway, Notting Hill Gate, High St Kensington).

### King's Road — STRASSE

(Karte S. 90; Sloane Sq) Die Straße erhielt ihren Namen nach König Karl II., der nach amourösen Besuchen bei Nell Gwyn hier, damals noch auf einem Feldweg, zum Hampton Court Palace zurückkehrte. In den 1960er- und 1970er-Jahren war die King's Road nahezu ein Synonym für Londoner Mode. Aber diese Zeiten, wie auch ihre Tage als gegenkulturelle Speerspitze, sind längst vorüber, heute ist sie eher ein Tummelplatz für einkaufswütige Müßiggänger.

### Saatchi Gallery — GALERIE

(Karte S. 90; www.saatchi-gallery.co.uk; Duke of York's HQ, King's Rd, SW1; 10–18 Uhr; Sloane Sq) GRATIS Die interessante Galerie für zeitgenössische Kunst zeigt Wechselausstellungen experimenteller und tiefschürfender Werke verschiedenster Art. Die Kunst wird in weißen Räumen mit sandgestrahlten Holzböden stilvoll präsentiert, aber nichts toppt Gallery 15, wo Richard Wilsons Werk *20:50* ständig ausgestellt ist: faszinierend, bewegungslos, unbeschreiblich. Im Untergeschoss befindet sich ein cooler Buchladen.

### Royal Hospital Chelsea — HISTORISCHES GEBÄUDE

(Karte S. 90; www.chelsea-pensioners.co.uk; Royal Hospital Rd, SW3; Gelände Mo–Sa 10–12 & 14–16 Uhr, Museum Mo–Fr 10–12 & 14–16 Uhr; Sloane Sq) GRATIS Das von Wren entworfene Royal Hospital Chelsea wurde 1692 als Unterkunft für ehemalige Soldaten gebaut. Heute wohnen dort Hunderte Kriegsveteranen, die *Chelsea Pensioners*, reizende alte Herren, auf die die ganze Nation stolz ist. Im Mai findet auf dem Gelände die Chelsea Flower Show statt.

### Chelsea Physic Garden — GARTEN

(www.chelseaphysicgarden.co.uk; 66 Royal Hospital Rd, SW3; Erw./Kind 9,90/6,60 £; April–Okt. Di–Fr & So 11–18 Uhr, Juli & Aug. Mi bis 22 Uhr; Sloane Sq) Das botanische Kleinod wurde 1676 von der Apothecaries' Society (Apothekervereinigung) für Schüler der Pflanzenheilkunde angelegt. Der Garten ist einer der ältesten seiner Art in Europa und ein Lehrbuch der Botanik, das u. a. fleischfressende Kannenpflanzen, gelbe Schwertlilien, eine Korkeiche aus Portugal, zarte Farne und seltene Bäumen und Büsche enthält. Kostenlose Führungen werden dreimal täglich angeboten.

### Fulham Palace — HISTORISCHES GEBÄUDE

(www.fulhampalace.org; Bishop's Ave; Palast & Museum Mo–Do 12.30–16.30, So 12–17 Uhr, Gärten tgl. Sonnenaufgang–Sonnenuntergang; Putney Bridge) GRATIS Der vornehme Herrensitz in Themsenähe war von 704 bis 1975 die Sommerresidenz der Bischöfe von London. Er hat eine entzückenden Hof, der an sonnigen Tagen Aquarellmaler anlockt, ein großartiges Café im hinteren Salon (mit Blick auf einen prächtigen Rasen), einen hübschen ummauerten Garten und eine Kapelle im Tudorstil.

Auf den ungefähr 1¼-stündigen Führungen werden in der Regel die Great Hall, die viktorianische Kapelle, der Bishop Sherlock's Room und das Museum gezeigt. Es gibt auch Gartenführungen (5 £); auf der Website stehen Infos zu Abendspaziergängen. Sehr schön sind die Wanderungen um den teilweise wieder ausgehobenen Schlossgraben (einst der längste Englands). Im Sommer wird der Rasen zum Freiluftkino und es finden Kunstmärkte und Musikfestivals statt.

## Marylebone

Das trendige Marylebone ist längst nicht so exklusiv wie der südliche Nachbar Mayfair, hat aber eine der nettesten Hauptstraßen

# Marylebone

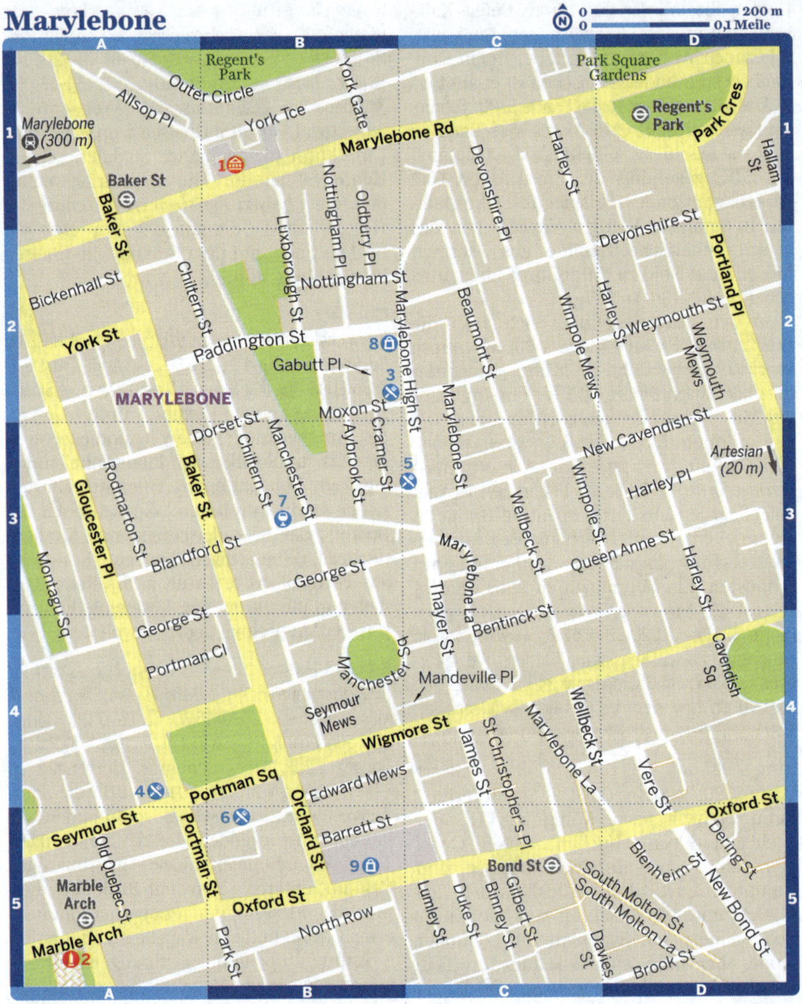


Londons. Hier befindet sich die berühmte, wenn auch eher enttäuschende Baker Street, unsterblich gemacht im Hit von Gerry Rafferty und durch den viktorianischen Detektiv Sherlock Holmes (unter dessen fiktionaler Adresse Nr. 221b gibt es ein Museum und einen Souvenirladen).

**Regent's Park** PARK

(www.royalparks.org.uk; 5 Uhr–Sonnenuntergang; Regent's Park, Baker St) Der Regent's Park, ein ehemaliges königliches Jagdrevier, wurde Anfang des 19. Jhs. von John Nash entworfen. Zwar wurde nur ein kleiner Teil vom großen Plan des gefeierten Architekten verwirklicht, dennoch ist der Park eine der reizvollsten Freiflächen Londons – kosmopolitisch und nachbarschaftlich zugleich – mit Fußball- und Tennisplätzen, einem See mit Paddelbooten, dem ZSL London Zoo und dem Regent's Canal am Nordrand.

Die **Queen Mary's Gardens** im Süden des Parks mit ihren spektakulären Rosen sind im Sommer besonders hübsch. Im **Open Air Theatre** (0844 826 4242; www.openairtheatre.org) werden an Sommeraben-

## Marylebone

**Sehenswertes**
1 Madame Tussauds ............ B1
2 Marble Arch ............ A5

**Essen**
3 La Fromagerie ............ B2
4 Locanda Locatelli ............ A4
5 Providores & Tapa Room ............ C3
6 Roti Chai ............ B5

**Ausgehen & Nachtleben**
7 Purl ............ B3

**Shoppen**
8 Daunt Books ............ B2
9 Selfridges ............ B5

den Stücke von Shakespeare und andere Klassiker aufgeführt, aber es gibt auch Comedy und Konzerte.

**ZSL London Zoo** ZOO

(www.londonzoo.co.uk; Outer Circle, Regent's Park, NW1; Erw./Kind 26/18,50 £; März–Okt. 10–17.30 Uhr, Nov.–Feb. bis 16 Uhr; Camden Town) Der berühmte Zoo hat sich seit seiner Gründung 1828 ganz schön entwickelt. Mit massiven Investitionen werden moderne Konzepte zu den Themen Artenschutz, Zucht bedrohter Tiere und Bildung der Zoobesucher gefördert. Zu den Highlights zählen das Tiger Territory, der Penguin Beach, das Gorilla Kingdom, Rainforest Life, Nightlife und Butterfly Paradise. Fütterungen und Vorträge gibt es den ganzen Tag über. Online ist der Eintrittspreis um 20 % niedriger.

**Regent's Canal** KANAL

Die Kanäle spielten einst eine wichtige Rolle für den Güterverkehr in der Hauptstadt. Heutet bietet sich vom Wasser aus ein malerischer Blick auf North London abseits der überfüllten Straßen. Der Uferweg am Regent's Canal ist zu Fuß oder mit dem Fahrrad eine reizvolle Abkürzung quer durch North London.

Der Wasserweg verläuft über 14 km von Limehouse nach Little Venice (wo er mit dem Grand Union Canal zusammenfließt). Von Little Venice bis Camden läuft man knapp eine Stunde daran entlang. Die Strecke führt am Regent's Park und London Zoo sowie an wunderschönen, von John Nash entworfenen Villen und sanierter Industriearchitektur vorbei. Für das Stück zwischen Camden und Regent's Park braucht man 15 bis 20 Minuten, von Regent's Park bis Little Venice 25 bis 30 Minuten. Die London Waterbus Company (S. 142) und Jason's Trip (S. 142) bieten Bootsfahrten zwischen Camden Lock und Little Venice an.

**Madame Tussauds** MUSEUM

(Karte S. 94; 0870 400 3000; www.madametussauds.com/london; Marylebone Rd, NW1; Erw./Kind 30/26 £; 9.30–17.30 Uhr; Baker St) Der Spaß kostet zwar eine Stange Geld und der Massenandrang kann so überwältigend wie die Exponate sein, aber die Gelegenheit neben Posh und Becks zu posieren, ist ein glasklarer Anreiz. Die meisten der lebensgroßen Wachsfiguren – z. B. Leonardo Di Caprio – sind unglaublich lebensecht und dem Vorbild so nah, wie ihnen unsereins nur kommen kann. In den Schlangen vor der Queen (und Barack Obama) kann man sich jedoch die Beine in den Bauch stehen.

Madame Tussaud, die zunächst Totenmasken der Opfer der Französischen Revolution herstellte, kam 1802 mit ihren Werken nach England. Ihre Schreckenskammer ist noch immer vorhanden (einschließlich der echten Klinge, die Marie Antoinette köpfte), wurde aber durch die Ausstellung „Scream!" ergänzt, wo sich Schauspieler im Dunkeln auf erschrockene Besucher stürzen. Die Fahrt „Spirit of London" in einem Londoner Black Cab durch historische Ereignisse ist ein Vergnügen und der Film *Marvel Super Heroes 4D* bietet Spitzenunterhaltung. Die Zuschauer werden während des spektakulären Actionfilms, der in London spielt, mit Luftdüsen, Sprühregen und Stößen im Sitz attackiert. Am frühen Vormittag sind die Schlangen kürzer.

Die Tickets sind bei Online-Bestellung billiger; Kombitickets mit London Eye, London Dungeon und London Sealife Aquarium sind erhältlich.

## Bloomsbury & St. Pancras

Kein Wunder, dass das feine Bloomsbury im Lauf der Jahre zahlreiche intelligente und gebildete Menschen angezogen hat: Hier befinden sich schließlich die University of London und das British Museum. Zwischen den Weltkriegen lebte in den hübschen Straßen eine Gruppe von Künstlern und Intellektuellen, die sogenannte Bloomsbury Group, zu denen die Schriftsteller Virginia Woolf und

# British Museum

## EIN HALBER TAG IM MUSEUM

Das British Museum ist mit fast 8 Mio. Exponaten so groß und umfassend, dass es erstmalige Besucher überwältigt. Um einen frustrierenden Besuch zu vermeiden und damit sich niemand auf dem Weg zu den ägyptischen Mumien verläuft, sei diese Halbtagstour empfohlen, die einige der wichtigsten Highlights einschließt. Wer mehr sehen will, kann sich einer Führung anschließen oder ein Multimedia-iPad leihen.

Startpunkt ist der **1 Stein von Rosette**, der Schlüssel, der die altägyptische Schrift entziffern half. Nach den Schätzen aus Assyrien, einer antiken Zivilisation in Mesopotamien zwischen Euphrat und Tigris, darunter die **2 Geflügelten Stiere von Khorsabad**, folgen die **3 Parthenon-Skulpturen**, Glanzstücke klassischer griechischer Kunst, die uns noch heute beeinflusst. Auch das monumentale Fries, das die Geburt Athenes feiert, ist beeindruckend. Auf dem Weg zur Westtreppe steht eine riesige Büste von **4 Ramses II.**, ein Hinweis auf die umfängliche Sammlung

**Geflügelte Stiere von Khorsabad**
Die beiden großartigen geflügelten Alabasterstiere mit Menschenköpfen bewachten einst das Tor zum Palast des assyrischen Königs Sargon II. im mesopotamischen Khorsabad, der Wiege der Zivilisation im heutigen Irak.

**Parthenon-Skulpturen**
Der Parthenon, ein weißer Marmortempel der Athene, war Teil der Akropolis, der antiken Stadtfestung Athens. Das Museum zeigt Dutzende Skulpturen und Friese sowie Modelle und interaktive Darstellungen, die den Zusammenhang erläutern.

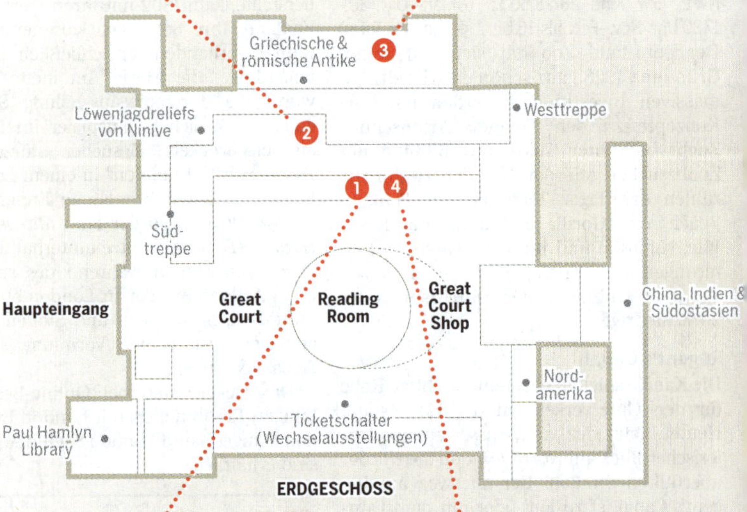


**Stein von Rosette**
Der 762 kg schwere Stein mit demotischen (kursiven altägyptischen Hieroglyphen für den Alltagsgebrauch) und griechischen Inschriften enthält einen Steuererlass für Priester zum ersten Jahrestag der Krönung des jungen Ptolemäus V.

**Büste von Ramses dem Großen**
Die 7,5 t schwere Büste, die eindrucksvollste Skulptur der ägyptischen Sammlung, stellt Ramses II., die Geißel der Israeliten im 2. Buch Mose, als großen Wohltäter dar.

JAMES MCCORMICK, VISITBRITAIN / GETTY IMAGES ©

NORTH LIGHT IMAGES / GETTY IMAGES ©

**5 ägyptischer Mumien** oben. (Die älteste, wegen des rötlichen Haares liebevoll Ginger – Rotschopf – genannte Mumie, blieb nur durch heißen Sand erhalten). Von den Römern geht es über den **6 Schatz von Mildenhall** in die frühenglischen Galerien. Es folgen das angelsächsische **7 Schiffsgrab von Sutton Hoo** und die mittelalterlichen **8 Lewis-Schachfiguren**.

## ESSEN IM MUSEUM

» **Court Cafés** An der Nordseite des Great Court; Imbisstheken mit Salaten und Sandwiches; gemeinschaftliche Tische

» **Gallery Café** Etwas abseits nahe dem Saal 12; ruhiger; serviert warme Mahlzeiten

» **Court Restaurant** Oben mit Blick auf den einstigen Reading Room; Bedienung am Tisch

**Lewis-Schachfiguren**
Die 78 allseits beliebten Schachfiguren porträtieren gesichtslose Bauern, besorgt blickende Damen, Läufer mit seitlich aufgesetzter Bischofsmütze und Türme als „Wächter", die an ihren Schildern knabbern.

FEARGUS COONEY / GETTY IMAGES ©

**Ägyptische Mumien**
Zu der umfangreichen Sammlung von Mumien und Grabbeigaben gehören auch „Ginger", der vor über 5000 Jahren in Gebelein in Oberägypten begraben wurde, und Katebet, eine rituelle Sängerin im Tempel des Amun in Karnak.

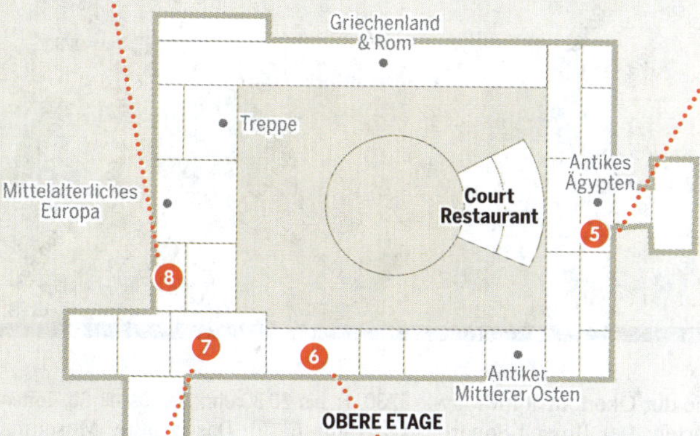


**Schiffsgrab von Sutton Hoo**
In dem einzigartigen Grab eines bedeutenden (aber unbekannten) angelsächsischen Fürsten wurden Trinkhörner, Goldschnallen und ein Helm mit Gesichtsmaske entdeckt.

**Schatz von Mildenhall**
Auf den silbernen Schalen, Tellern und Löffeln des Schatzes sind römische Götter wie Neptun und Bacchus und frühchristliche Symbole wie *chi-rho* (kurz für „Christus") dargestellt.

## Nördliches Zentrum

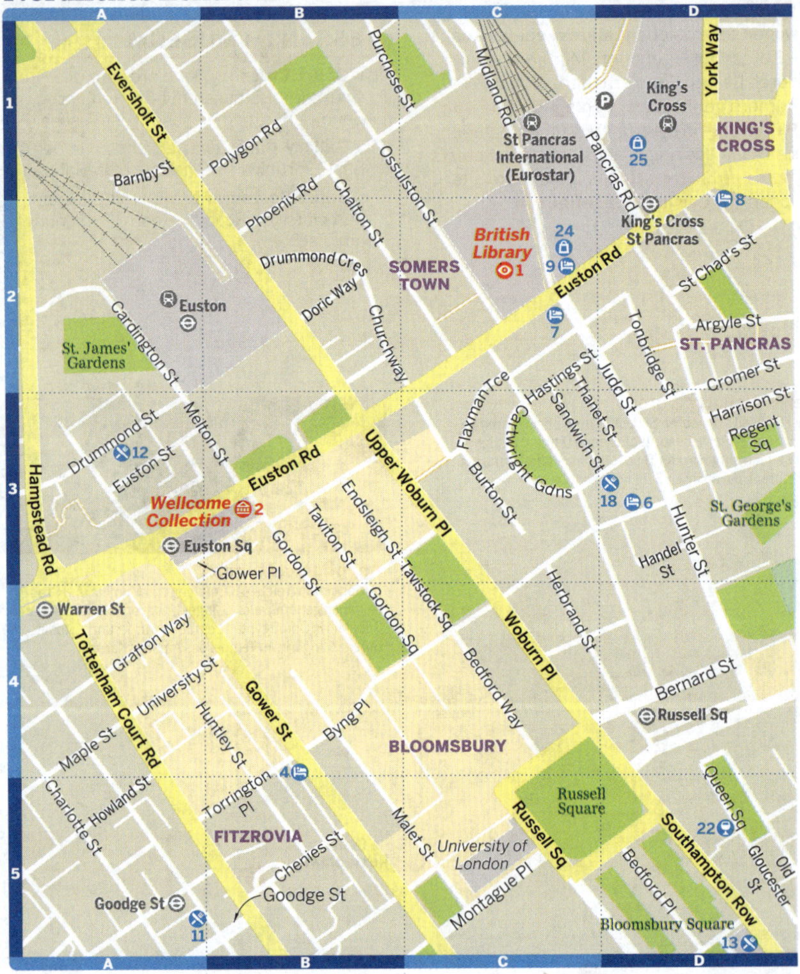


E. M. Forster sowie der Ökonom John Maynard Keynes gehörten. Der Russell Square, das Herz von Bloomsbury, wurde 1800 angelegt und ist einer der größten und schönsten Plätze Londons.

Der Umbau der spektakulären St. Pancras Station zum Endbahnhof des Eurostar und die Errichtung eines Apartmentkomplexes mit Luxuswohnungen haben die Gegend neu aufgewertet.

**★ British Museum** MUSEUM

(Karte S. 64; ☎020-7323 8000; www.britishmuseum.org; Great Russell St, WC1; ⌚Sa–Do 10–17.30, Fr bis 20.30 Uhr; ⊖Russell Sq, Tottenham Court Rd) GRATIS Das größte Museum des Landes und eines der ältesten und besten der Welt ist eine unübertroffene Ansammlung von Schätzen. Es umfasst u. a. wirklich riesige ägyptische, etruskische, griechische, römische, europäische und orientalische Abteilungen. Den Grundstock bildete ein Kuriositätenkabinett, das der irische Wissenschaftler Hans Sloane 1753 dem Staat vermachte. Über die Jahre wuchs die Sammlung teilweise durch Plünderung des britischen Weltreichs. Die erste Abteilung, die bei der Umgestaltung des Museums fer-

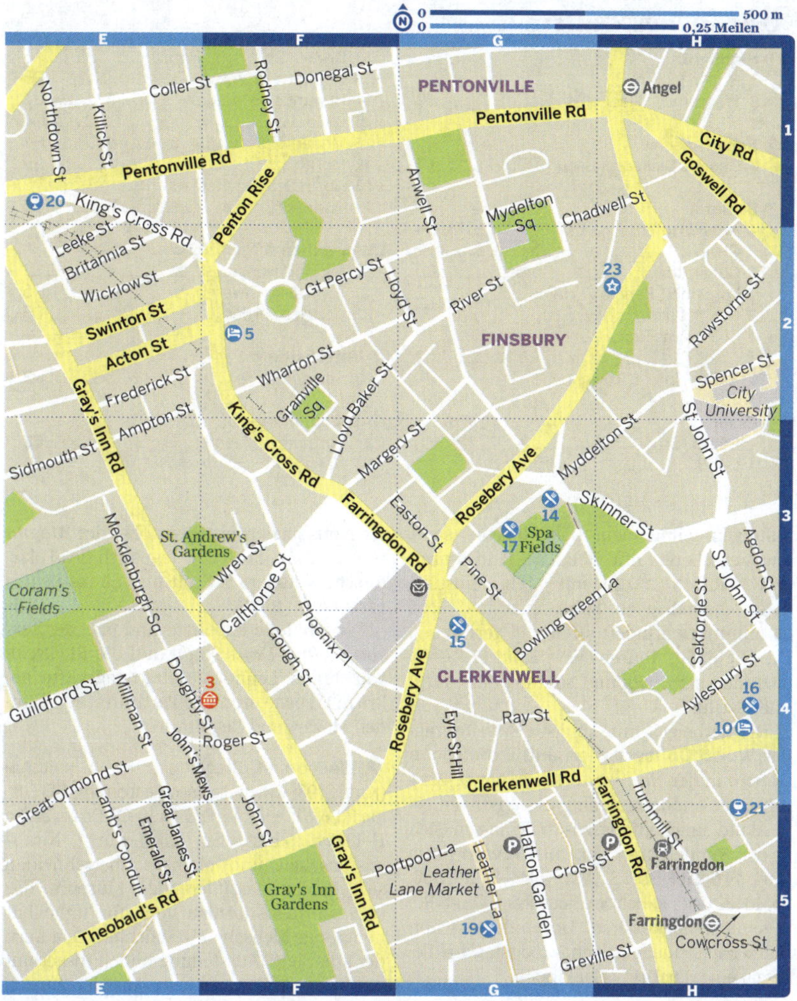


tiggestellt wurde (1820), war die prachtvolle **Enlightenment Gallery**.

Zu den Highlights gehören der 1799 entdeckte **Stein von Rosette**, der einen Schlüssel zur Entzifferung der ägyptischen Hieroglyphen lieferte, die **Parthenon-Skulpturen**, die von Lord Elgin (damals britischer Botschafter im Osmanischen Reich) in Athen geraubt wurden und die Griechenland zurückfordert, der umwerfende **Oxus-Schatz**, persisches Gold aus der Zeit vom 7. bis 5. Jh. v. Chr., sowie die Beigaben aus dem angelsächsischen Schiffsgrab von **Sutton Hoo**. Der **Great Court** wurde im Jahr 2000 restauriert und erweitert und besitzt seither ein spektakuläres Dach aus Glas und Stahl. Das Werk von Norman Foster ist schlicht eine architektonische Meisterleistung. Im Zentrum befindet sich der **Reading Room** mit seiner großartigen blauen und goldenen Kuppeldecke, unter der Karl Marx das Manifest der Kommunistische Partei schrieb.

Das Museum ist unüberschaubar, wer Zeit hat, sollte lieber ein paar gezielte Besuche machen und vielleicht an den täglich 15 kostenlosen, 30- bis 40-minütigen eyeOpener-Führungen durch einzelne Ab-

## Nördliches Zentrum

**Highlights**
1 British Library ... C2
2 Wellcome Collection ... B3

**Sehenswertes**
3 Charles Dickens Museum ... F4

**Schlafen**
4 Arosfa Hotel ... B4
5 Clink78 ... F2
6 Generator ... D3
7 London St Pancras YHA ... C2
8 Rough Luxe ... D2
9 St Pancras Renaissance London Hotel ... C2
10 Zetter Hotel & Townhouse ... H4

**Essen**
Bistrot Bruno Loubet ... (s. 10)
11 Dabbous ... A5
12 Diwana Bhel Poori House ... A3
13 Hummus Bros ... D5
14 Hummus Bros ... G3
15 Little Bay ... G4
16 Modern Pantry ... H4
17 Morito ... G3
18 North Sea Fish Restaurant ... D3
19 Prufrock Coffee ... G5

**Ausgehen & Nachtleben**
20 Big Chill House ... E1
21 Jerusalem Tavern ... H5
22 Queen's Larder ... D5

**Unterhaltung**
23 Sadler's Wells ... H2

**Shoppen**
24 Fortnum & Mason ... C2
25 Harry Potter Shop ... D1

teilungen teilnehmen. Das Museum stellt auch exzellente multimediale iPad-Touren (Erw./Kind 5/3,50 £) mit sechs einstündigen thematischen Führungen und acht 35-minütigen Kindertouren zur Verfügung. Die Highlights-Touren (Erw./Kind 12 £/frei) beginnen samstags und sonntags um 11.30 und 14 Uhr.

Die herbeigesehnte jüngste Erweiterung, das **World Conservation and Exhibitions Centre** in der Nordwestecke, eröffnete 2014 mit einer Ausstellung über die Wikinger.

Akute Erschöpfungszustände lassen sich in der wunderbaren **Museum Tavern** (Karte S. 64; 49 Great Russell St, WC1; Mo–Sa 11–23.30, So 10–22 Uhr; Holborn, Tottenham Court Rd) gegenüber auskurieren. Dort pflegte schon Marx nach einem harten Arbeitstag im Lesesaal ein paar Drinks zu kippen.

### ★ British Library — BIBLIOTHEK

(Karte S. 98; www.bl.uk; 96 Euston Rd, NW1; Ritblat Gallery frei, Eintritt für Sonderausstellungen unterschiedlich; Mo & Mi–Fr 9.30–18, Di bis 20, Sa bis 17, So 11–17 Uhr; King's Cross St Pancras) Die Highlights ihrer Sammlung präsentiert die British Library der Öffentlichkeit in der kostenlos zugänglichen **Sir John Ritblat Gallery**. Hier werden Manuskripte und Schriftstücke aus fast drei Jahrtausenden ausgestellt, darunter der *Codex Sinaiticus* (der älteste erhaltene vollständige Text des Neuen Testaments), eine Gutenberg-Bibel (1455), phantastisch illuminierte heilige Schriften des Janaismus, Leonardo da Vincis Notizbücher, ein Exemplar der *Magna Carta* (1215), das letzte Tagebuch des Polarforschers Robert F. Scott und Shakespeares *First Folio* (1623).

Weitere tolle Exponate sind u. a. der Text von *A Hard Day's Night* (auf die Rückseite von Julian Lennons Geburtstagskarte gekritzelt) sowie originale Partituren von Händel, Mozart und Beethoven.

### ★ Wellcome Collection — MUSEUM

(Karte S. 98; www.wellcomecollection.org; 183 Euston Rd, NW1; Di, Mi, Fr & Sa 10–18, Do bis 22, So 11–18 Uhr; Euston Sq) GRATIS Kunst, Naturwissenschaft und Medizin überschneiden sich in dem faszinierenden Museum, das sich selbst als „Anlaufstelle für unheilbar neugierige Menschen" bezeichnet. Den Kern der ständigen Ausstellung bilden insgesamt über eine Million Objekte aus der ganzen Welt und den verschiedensten Kulturen, die der zweifellos neugierige Apotheker, Unternehmer und Sammler Sir Henry Wellcome (1853–1936) zusammengetragen hat.

### Charles Dickens Museum — MUSEUM

(Karte S. 98; www.dickensmuseum.com; 48 Doughty St, WC1; Erw./Kind 8/4 £; 10–17 Uhr, letzter Eintritt 16 Uhr; Chancery Lane, Russell Sq) Im jüngst renovierten einzigen erhaltenen Londoner Wohnhaus von Dickens schrieb er einige seiner größten Werke, wie *Die Pickwickier, Nicholas Nickleby* und *Oliver Twist*. Das hübsche vierstöckige Haus entging nur knapp dem Abriss und wurde 1925 als Museum eröffnet.

## Camden Town

Einst lagen die ehemaligen Dörfer von North London weit außerhalb der Stadtgrenzen, sie wurden aber schon vor langer Zeit von der Metropole geschluckt. Gleichwohl besitzen sie bis heute dörfliches Flair und eine ausgeprägte eigene Identität. „The Norf“ ist weder so reich wie der Westen (von ein paar begehrten Ecken abgesehen), noch so rau und bodenständig (und stolz darauf) wie der Osten. Er ist eine Mischung aus gepflegten Reihenhäusern und gesichtslosen Sozialbausiedlungen, und einige angesagte Londoner Stadtviertel sind hier zu finden.

Knallbunte Frisuren, Gesichtsschmuck, aufwendige Tattoos und alternative Klamotten sind der Look im szenigen Camden Town, einem lebhaften Stadtteil mit Pubs, verlockenden Boutiquen und dem berühmten Camden Market (S. 138).

## Hoxton, Shoreditch & Spitalfields

Die trendigen Stadtviertel nordöstlich der City haben durchaus genügend Reize, um auch tagsüber Besucher anzuziehen. Aber richtig los geht es erst am Abend, wenn die Pubs, Clubs und Restaurants sich mit Leben füllen. Das quirlige Hoxton und Shoreditch bilden das Epizentrum des Nachtlebens. Für einen gemächlichen Bummel durch Spitalfields ist der Sonntag nach einer durchfeierten Nacht gerade recht. Über die Jahrhunderte hinterließen verschiedene Einwandererwellen ihre Spuren, ein wunderbarer Ort also, um unterschiedlichste Küchen und ein lebhaftes Nachtleben zu genießen.

**Dennis Severs' House** MUSEUM

(Karte S. 118; ☎020-7247 4013; www.dennissevershouse.co.uk; 18 Folgate St, E1; ⊖Liverpool St) Das georgianische Haus ist eingerichtet, als ob seine Bewohner (eine hugenottische Seidenweberfamilie) es gerade erst verlassen hätten: halb leer getrunkene Teetassen, brennende Kerzen und, vielleicht etwas zu realistisch, ein voller Nachttopf unterm Bett. Nicht nur ein Museum, sondern eine Gelegenheit, das Alltagsleben im georgianischen England aus der Nähe zu erleben.

Für die Kerzenlichtabende am Montag und Mittwoch ist eine Buchung erforderlich (14 £; 18–21 Uhr), aber sonntags (10 £; 12–16 Uhr) und an manchen Montagen (7 £; 12–14 Uhr) ist ein Besuch auch ohne Anmeldung möglich.

**Geffrye Museum** MUSEUM

(Karte S. 118; www.geffrye-museum.org.uk; 136 Kingsland Rd, E2; ⏲Di–So 10–17 Uhr; ⊖Hoxton, Old St) GRATIS Wer gern seine Nase in anderer Leute Wohnungen steckt, wird dieses Museum lieben. Die ehemaligen Armenhäuser (1714) wurden zu Wohnzimmern umgestaltet, die über die einen Zeitraum von 1630 bis

### LONDON FÜR KINDER

London ist für Kids ein tolles Pflaster. Die Museen der Stadt gehören zu den besten der Welt und faszinieren Kinder jeden Alters. Viele verlangen keinen Eintritt. Sie bieten massenhaft Aktivitäten, von Geschichtenerzählen in der National Gallery (S. 66) bis zu Kunsthandwerks-Workshops im Victoria & Albert Museum (S. 87) und Pyjama-Partys z. B. im British Museum (S. 98), Natural History Museum (S. 87) oder Science Museum (S. 87). Für ältere Kinder und Jugendliche gibt es ein großes Angebot an Theater-, Tanz- und Konzertveranstaltungen. Auf Spielplätzen und in Parks können sich die Rabauken austoben oder entspannen. Hinzu kommen Stadtbauernhöfe (s. www.london-footprints.co.uk/visitfarms.htm) und die großen Kunstgalerien mit Aktivitäten für kleine Besucher. Im Winter glitzern überall die Schlittschuhbahnen, z. B. am Somerset House (S. 70), Natural History Museum (S. 87), Tower of London (S. 71) und Hampton Court Palace (S. 105). Auf Hogwart-Fans wartet nur eine kurze Zugfahrt ab Euston Station entfernt die Warner-Bros-Studiotour „The Making of Harry Potter“ (S. 226).

Alle Spitzenklassehotels haben einen hauseigenen Babysitter-Service. Die Preise pro Stunde sind von Hotel zu Hotel höchst unterschiedlich und an der Rezeption zu erfragen. Babysitter und Kindermädchen vermittelt auch **Greatcare** (www.greatcare.co.uk), eine Website, die verschiedene Formen von Kinderbetreuung anbietet.

Kinder unter 16 Jahren fahren kostenlos Bus, unter elf Jahren auch U-Bahn und unter fünf Jahren auch Zug.

zur heutigen Ikea-Generation bürgerliche Wohnkultur spiegeln. Auch das Freigelände wurde in entsprechende historische „Gartenräume“ samt einem wunderbaren Kräutergarten umgewandelt (nur April–Okt.).

## East End & Docklands

Das riesige Gebiet von East End und Docklands bietet nicht viele Sehenswürdigkeiten, aber mit dem Olympic Park entstand ein neues attraktives Freizeitgelände im East End und mit den jüngst eröffneten Overground-Linien ist die Anfahrt ein Kinderspiel.

Die Hochhäuser auf der Isle of Dogs in den Docklands machen jenen in der City Konkurrenz. Der Londoner Hafen war einst der größte der Welt und Knotenpunkt des enormen Welthandels des britischen Reichs. Seit der Bombardierung durch die deutsche Luftwaffe im Zweiten Weltkrieg ging es mit dem Hafen auf und ab. Mit dem gigantischen Bürogebäudekomplex Canary Wharf kamen Büroangestellte in dunklen Anzügen und ersetzten im Herzen der Docklands die rauen Hafenarbeiter.

**Museum of London Docklands** MUSEUM
(www.museumoflondon.org.uk/docklands; Hertsmere Rd, West India Quay, E17; 10–18 Uhr; DLR West India Quay) GRATIS Das Museum in einem denkmalgeschützten Lagerhaus erzählt mit Objekten und multimedialen Präsentationen die Geschichte der Stadt, des Flusses und der Hafenanlagen. Es gibt eine Menge zu entdecken, u. a. eine sehr informative Abteilung zum Sklavenhandel. Das Museum liegt am West India Quay; beim Verlassen der DLR-Station nach Westen (Richtung City) gehen.

**Queen Elizabeth Olympic Park** PARK
(www.queenelizabetholympicpark.co.uk; Stratford) Die ehemalige Industriebrache in East London wurde von 2008 an aufwendig saniert und zum Londoner Olympic Park für die Spiele von 2012 umgestaltet. 2014 wurde die 226 ha große Parklandschaft komplett für die Öffentlichkeit freigegeben. Neben den Sportanlagen (von denen viele nun für öffentliche Zwecke genutzt werden) wurde ein Konglomerat aus Feuchtgebieten, Wald, Wiesen und anderen Biotopen angelegt, die als wachsendes ökologisches Vermächtnis an die Zukunft gedacht sind.

Die herausragenden Bauwerke sind das **Olympic Stadium**, bei dem Nachhaltigkeit groß geschrieben wurde, das faszinierende **Aquatics Centre** (jetzt ein öffentliches Schwimmbad), der hochmoderne **Lee Valley VeloPark** (0845 6770 603; 9–22 Uhr), in dem nun jeder seine Runden auf dem Rad drehen kann, und die **Copper Box Arena**, eine Veranstaltungshalle für Sportveranstaltungen und Konzerte. Die spiralförmige Metallkonstruktion, die alles überragt, ist der **ArcelorMittal Orbit** (www.arcelormittalorbit.com; Queen Elizabeth Olympic Park, E20; Erw./Kind 15/7 £; April–Sept. 10–18 Uhr, Okt.–März bis 16 Uhr; Stratford), ein 115 m hoher Aussichtsturm, der während der Spiele eröffnet wurde. Einen Panoramablick über den Park bietet auch das **View Tube** (www.theviewtube.co.uk; The Greenway; 9–17 Uhr; DLR Pudding Mill Lane) am Greenway. Die Westfield Stratford City (S. 139) direkt neben dem Park ist das größte innerstädtische Einkaufszentrum in Europa.

### DIE SEILBAHN EMIRATES AIR LINE

Die **Emirates Air Line** (www.emiratesairline.co.uk; Erw./Kind einfach 4,40/2,30 £, hin & zurück 8,80/4,60 £, mit Oyster Card oder Travelcard einfach 3,20/1,60 £, hin & zurück 6,40/3,20 £; April–Sept. Mo–Fr 7–21, Sa 8–21, So 9–21 Uhr, Okt.–März letzte Fahrt 1 Std. früher; DLR Royal Victoria, North Greenwich) verbindet die Greenwich Peninsula mit den Royal Docks. Alle 30 Sekunden startet eine Kabine von den beiden Stationen, die Fahrt dauert fünf bis zehn Minuten. Bis zu 2400 Passagiere pro Stunde können in beide Richtungen über die Themse befördert werden.

Die erste städtische Seilbahn Großbritanniens soll dazu beitragen, das Flussufer rund um die beiden Stationen neu zu beleben. Mit Oyster Card oder Travelcard gibt es Ermäßigungen; auch können Fahrräder mitgenommen werden.

An den Royal Docks besteht am Bahnhof Victoria Anschluss an die DLR, in Greenwich kann man am Bahnhof North Greenwich in die U-Bahn umsteigen. Bei der Hin- und Rückfahrkarte (10 £) mit Rückfahrt am gleichen Tag ist der Eintritt in die Erlebniswelt Emirates Aviation Experience inbegriffen.

**House Mill** HISTORISCHES GEBÄUDE
(www.housemill.org.uk; Three Mill Lane, E3; Erw./Kind 3 £/frei; ⌚ Mai–Okt. So 11–16 Uhr, März, April & Dez. nur am 1. So im Monat; Ⓤ Bromley-by-Bow) Die House Mill (1776) ist eine von zwei erhaltenen von ursprünglich drei Mühlen, die auf der kleinen Insel im River Lea standen. Sie war eine Gezeitenmühle und mahlte bis 1941 Korn für eine Schnapsbrennerei in der Nähe. Führungen durch alle vier Stockwerke finden je nach Bedarf statt und dauern 45 Minuten.

**Crystal** MUSEUM
(One Siemens Brothers Way, Royal Victoria Docks, E16; Erw./Kind 8 £/frei; ⌚ Di–Fr 10–17, Sa & So bis 19 Uhr; DLR Royal Victoria, Seilbahn Emirates Royal Docks) Die kreative, interaktive und absolut spannende, von Siemens gesponserte Ausstellung in einem spektakulären modernen Gebäude beschäftigt sich mit urbaner Nachhaltigkeit und den Problemen heutiger Städte, von Wasser- und Stromverbrauch bis zum Verkehrsbedarf. Sie ist für Erwachsene und Jugendliche interessant und kann mit einer Fahrt mit der Emirates Air Line über den Fluss von North Greenwich aus verbunden werden. Die Eintrittskarte erlaubt einen kostenlosen zweiten Besuch innerhalb von zwei Wochen.

## Greenwich

Greenwich (sprich: *Grän-n*itsch) ist der Ort, an dem östliche und westliche Hemisphäre aufeinandertreffen und die Weltzeit gemessen wird. Eine historisch gewachsene, enge Verbindungen von Meer und Wissenschaft und außerordentliche Bauwerke, die aus dieser Verbindung hervorgegangen sind, prägen den Stadtteil und haben „Maritime Greenwich" den Status als Unesco-Welterbe eingetragen.

Greenwich ist mit der DLR oder dem Zug ab London Bridge leicht zu erreichen. Die Schiffe der **Thames River Services** (www.thamesriverservices.co.uk; Erw./Kind einfach 12,25/6,10 £, hin & zurück 16/8 £) legen am Westminster Pier ab (1 Std., alle 40 Min.), billiger wird's mit der Fähre von **Thames Clippers** (www.thamesclippers.com; Erw./Kind 6,50/3,25 £).

**★Old Royal Naval College** HISTORISCHES GEBÄUDE
(www.oldroyalnavalcollege.org; 2 Cutty Sark Gardens, SE10; ⌚ 10–17 Uhr, Gelände 8–18 Uhr; DLR Cutty Sark) GRATIS Das von Wren entworfene Old Royal Naval College ist ein prachtvolles Beispiel klassizistischer Profanarchitektur. Teile werden heute von der University of Greenwich und dem Trinity College of Music genutzt, aber die **Kapelle** und die **Painted Hall**, für die der Künstler James Thornhill 19 Jahre brauchte, können besichtigt werden. Der Komplex wurde auf dem Gelände des Palace of Placentia aus dem 15. Jh. gebaut, dem Geburtshaus von Heinrich VIII. und Elisabeth I.

Die Verbindung mit den Tudors sowie die Industrie- und Seefahrtsgeschichte Greenwichs werden im Besucherzentrum **Discover Greenwich** (www.ornc.org; Pepys Building, King William Walk; ⌚ 10–17 Uhr) GRATIS dargestellt. Dort befinden sich auch die Touristeninformation, ein Café-Restaurant und eine Kleinbrauerei. Das Aufsichtspersonal führt durch die Anlage. Die Führungen beginnen täglich um 14 Uhr und schließen auch Teile ein, die der Öffentlichkeit sonst nicht zugänglich sind (6 £, 90 Min.).

**★National Maritime Museum** MUSEUM
(www.rmg.co.uk/national-maritime-museum; Romney Rd, SE10; ⌚ 10–17 Uhr, Sammy Ofer Wing & Galerien im Erdgeschoss Do bis 20 Uhr; DLR Cutty Sark) GRATIS Das National Maritime Museum mit dem jüngst eröffneten **Sammy Ofer Wing** besitzt eine großartige Sammlung nautischer Exponate, die Großbritanniens Seefahrtsgeschichte erzählen. Zu den Ausstellungsobjekten gehören die **Miss Britain III** von 1933 (das erste Rennboot, das 160 km/h auf offenem Wasser erreichte), die 19 m lange **goldene Staatsbarkasse**, die 1732 für Friedrich Ludwig von Hannover gebaut wurde, **Cooks Tagebücher** und **Nelsons Uniform** samt Einschussloch sowie interaktive und informative Ausstellungselemente. Führungen beginnen um 12, 13 und 15 Uhr an der Schiffsschraube.

**★Royal Observatory** HISTORISCHES GEBÄUDE
(www.rmg.co.uk; Greenwich Park, SE10; Erw./Kind 7,70/3,60 £; ⌚ 10–17 Uhr; DLR Cutty Sark, DLR Greenwich, Greenwich) Das Royal Observatory, mit herrlichem Blick über London von seiner Hügellage im idyllischen Greenwich Park, wurde 1675 von Karl II. gegründet, damit die Astronomen das Problem der Bestimmung des Längengrades auf offenem Meer lösten. Die Mühen zahlten sich aus, als 1884 die Entscheidung fiel, dass der Nullmeridian durch Greenwich laufen sollte und Greenwich Mean Time (GMT) Weltzeit wurde.

Nördlich des Observatoriums befinden sich das schöne **Flamsteed House** und der **Meridian Courtyard** (wo man mit jeweils einem Bein in der westlichen und in der östlichen Hemisphäre stehen kann. Südlich stehen das sehr informative (und kostenlose) **Astronomy Centre** und das **Peter Harrison Planetarium** (Erw./Kind 6,50/4,50 £).

**Queen's House** HISTORISCHES GEBÄUDE

(☎020-8858 4422; www.rmg.co.uk/queens-house; Romney Rd, SE10; ⌚10–17 Uhr; Greenwich oder DLR Cutty Sark) GRATIS Das elegante Queen's House ist ein palladianisches Juwel, das Inigo Jones 1616 für die Frau von Karl I. entwarf. Besonders sehenswert sind die **Great Hall** und die entzückende, spiralförmige **Tulip Staircase**.

**Cutty Sark** SCHIFF

(www.rmg.co.uk/cuttysark; King William Walk, SE10; Erw./Kind 13,50/7 £; ⌚10–17 Uhr; DLR Cutty Sark) Der letzte der großen Klipper, die im 19. Jh. zwischen China und England segelten, hat nach einem Feuer, das ihn beinahe völlig vernichtet hätte, die Schotten wieder geöffnet. Das Schiff wurde angehoben, damit die Besucher es auch von unten betrachten können.

**O2** MEHRZWECKHALLE

(www.theo2.co.uk; Peninsula Sq, SE10; North Greenwich) Der Bau der runden O2-Halle mit einem Durchmesser von 380 m kostete 750 Mio. £. Damals die Fehlinvestition schlechthin, liegt die Mehrzweckhalle inzwischen auf finanziellem Erfolgskurs: Hier finden Großkonzerte, Sportveranstaltungen (die Gymnastik- und Basketballwettkämpfe der Olympischen Spiele wurde hier ausgetragen) und Event-Ausstellungen statt. Dutzende Bars und Restaurants stecken unter ihrem Dach. O2 liegt auf der Greenwich Peninsula, nur zehn Minuten mit dem Bus von Greenwich entfernt.

## Hampstead & Highgate

In den malerischen und betuchten Dörfern auf den Hügeln nördlich von London leben etliche Promis der A- und B-Kategorie.

**Hampstead Heath** PARK

(Gospel Oak, Hampstead Heath, Hampstead) Der 320 ha große Park Hampstead Heath mit Wiesen und Wäldern ist eine Million Meilen – eigentlich sind es nur etwa 6 km – vom Zentrum von London entfernt. Ein Spaziergang den **Parliament Hill** hinauf bietet einen der spektakulärsten Blicke über die Stadt; im Sommer ist das Gelände ein Picknickparadies. Verblüffenderweise ist auch das trübe, braune Wasser der geschlechtergetrennten und der gemischten Badeteiche beliebt.

**Kenwood House** HISTORISCHES GEBÄUDE

(www.english-heritage.org.uk; Hampstead Lane, NW3; ⌚10–17 Uhr; Gospel Oak, Hampstead Heath) GRATIS Kenwood House ist eine prachtvolle klassizistische Villa (1764) an der Nordseite von Hampstead Heath, die besichtigt werden kann. Die Gemäldesammlung englischer und europäischer Meister umfasst Werke von Rembrandt, Vermeer, Turner und Gainsborough.

**Highgate Cemetery** FRIEDHOF

(www.highgatecemetery.org; Swain's Lane, N6; East Cemetery Erw./Kind 4 £/frei; ⌚Mo–Fr 10–16, Sa & So 11–16 Uhr; Archway) Der Friedhof, ein grandioses viktorianisches Walhalla, ist ein schauriges Zauberland mit nebelumwaberten Urnen, Obelisken, Säulentorsi, schlafenden Marmorengeln, Mausoleen mit klassischen Säulenreihen und zugewachsenen Grabstätten. An der Ostseite liegen die Gräber von Karl Marx und George Eliot (Mary Ann Evans), aber wilder und schöner ist der völlig überwucherte **West Cemetery**. Hier führt ein Gewirr aus gewunden Pfaden zum Circle of Lebanon, einer ringförmigen Gräberstraße, die von einer majestätischen Libanonzeder überragt wird.

Der Besuch des West Cemetery ist nur mit Führung möglich (Erw./Kind 12/6 £); am Wochenende ist Anmeldung erforderlich. Führungen auf dem **East Cemetery** finden samstags um 14 Uhr statt (Erw./Kind 8/4 £). Der Weg zum Friedhof vom Bahnhof Archway führt den Highgate Hill hinauf, bis links der Waterlow Park beginnt. Den Park

ABSTECHER

### ESTORICK COLLECTION OF MODERN ITALIAN ART

Die herausragende **Estorick Collection of Modern Italian Art** (www.estorickcollection.com; 39a Canonbury Sq, N1; Erw./Kind 5 £/frei; ⌚Mi–Sa 11–18, So 12–17 Uhr; Highbury & Islington) in Islington zeigt eine der weltbesten Sammlungen futuristischer Kunst mit Gemälden von so bedeutenden Vertretern wie Umberto Boccioni, Giacomo Balla und Gino Severini.

durchqueren und auf der anderen Seite wieder verlassen; die Friedhofstore liegen gegenüber vom Parkausgang.

## Außerhalb des Zentrums

**★ Kew Gardens** GÄRTEN

(www.kew.org; Kew Rd; Erw./Kind 15 £/frei; ⏲ April–Aug. 9.30–18.30 Uhr, Sept.–März frühere Schließung; Kew Pier, Kew Bridge, Kew Gardens) Im Jahr 1759 durchstöberten Botaniker die Welt nach Pflanzen für die 3 ha großen Royal Botanic Gardens. Sie sammelten weiter und heute bieten die Gärten, die auf 120 ha anwuchsen, die umfassendste botanische Sammlung der Welt und sind Unesco-Welterbe.

Wer keine Ahnung hat, was ein Goldener Frauenschuh, ein *fengoky*, ein Köcherbaum oder Flammengras ist, braucht nicht nervös zu werden. Ein Besuch in Kew ist für alle eine Entdeckungsreise. Man kann hier gut einen ganzen Tag verbringen, aber wer weniger Zeit hat, kann mit der Bimmelbahn Kew Explorer (Erw./Kind 2/1 £) ab dem Victoria Gate zu den wichtigsten Sehenswürdigkeiten zuckeln und dabei ein- und aussteigen, wo er möchte.

Zu den Highlights zählen das frühviktorianische **Palm House**, ein großes Gewächshaus aus Metall und gewölbtem Glas; das eindrucksvolle **Princess of Wales Conservatory**; der backsteinerne **Kew Palace** (www.hrp.org.uk/kewpalace; ⏲ April–Sept. 9.30–17.30 Uhr) von 1631, einst der Landsitz von König Georg III.; die berühmte, von William Chambers 1762 entworfene **Great Pagoda**; das **Temperate House**, das größte nichtindustrielle Treibhaus der Welt, und der vergnügliche **Rhizotron and Xstrata Treetop Walkway** in 18 m Höhe.

Mehrere Aussichtspunkte (**Cedar Vista**, **Syon Vista** und **Pagoda Vista**) bieten fabelhafte Blickachsen. Das idyllische, strohgedeckte **Queen Charlotte's Cottage** (⏲ April–Sept. Sa & So 11–16 Uhr) im Südwesten der Gärten war ein Lieblingsplätzchen des „verrückten" Georg III. und seiner Gemahlin; der nahegelegene Teppich aus Glockenblumen ist im Frühjahr eine Attraktion. In der **Orangery** in der Nähe des Kew Palace gibt es ein Restaurant, ein Café und einen Laden.

Die Gärten sind mit der U-Bahn einfach zu erreichen, aber schöner ist eine Schiffsfahrt mit der **Westminster Passenger Services Association** (Karte S. 58; ☎ 020-7930 2062; www.wpsa.co.uk; hin & zurück Erw./Kind bis Kew Gardens 18/9 £), die von April bis Oktober täglich mehrmals am Westminster Pier ablegen (90 Min.).

**★ Hampton Court Palace** SCHLOSS

(www.hrp.org.uk/HamptonCourtPalace; Erw./Kind 18,20/9,10 £; ⏲ April–Okt. 10–18 Uhr, Nov.–März bis 16.30 Uhr; Hampton Court Palace, Hampton Court) Der Hampton Court Palace, der größte und prächtigste Tudorbau Englands, wurde 1514 von Kardinal Thomas Wolsey gebaut, aber Heinrich VIII. schwatzte ihn Wolsey ab, kurz bevor dieser (als Kanzler) in Ungnade fiel. Das Schloss war bereits das eleganteste in Europa, als Wren im 17. Jh. mit einem Erweiterungsbau beauftragt wurde. Das Ergebnis ist eine wunderschöne Verbindung aus Tudor- und „dezenter" Barockarchitektur.

Die thematischen Führungen mit kostümierten Historikern sind ihr Geld wert, bei Zeitknappheit sollte wenigstens ein Besuch der Highlights drin sein: die **State Apartments Heinrichs VIII.**, einschließlich der **Great Hall** mit ihrer spektakulären Stichbalkendecke, die **Tudor Kitchens**, in denen „Personal" werkelt, und die **Wolsey Rooms**. Mit der Besichtigung des Schlosses und der 24 ha großen Parkanlage am Fluss lässt sich ein ganzer Tag verbringen, ohne dass Langeweile aufkommt, besonders wenn man sich in dem 300 Jahre alten **Irrgarten** verläuft.

Hampton Court liegt 21 km südwestlich vom Zentrum Londons und ist mit dem Zug ab Waterloo Station einfach zu erreichen. Alternativ bieten sich Themseboote ab Westminster Richtung Kew an, die von dort weiterfahren (hin & zurück Erw./Kind 22,50/11,25 £, 3 Std.).

**Richmond Park** PARK

(⏲ 7 Uhr–Sonnenuntergang; Richmond) Londons unberührtester Park – und die größte innerstädtische Parklandschaft Europas – umfasst über 1000 ha Wald und ist ein Revier für alle möglichen Tiere, besonders von Rot- und Damhirschen.

Der Weg zum Park führt vom U-Bahnhof Richmond links in die George Street und an der Gabelung, die zum Richmond Hill hinaufführt, wieder links.

**Strawberry Hill** HISTORISCHES GEBÄUDE

(www.strawberryhillhouse.org.uk; 268 Waldegrave Rd, TW1; Erw./Kind 10,80 £/frei; ⏲ Haus März–Okt. Mo–Mi 14–18, Sa & So 12–18 Uhr, Garten tgl. 10–18 Uhr; Richmond, dann Bus R68) Das märchenhafte Gebilde aus schneeweißen Mauern und Türmchen ist das kapriziöse Werk

# Hampton Court Palace

## EIN TAG IM PALAST

Wo anfangen? Es gibt viel zu entdecken und die Gärten scheinen endlos zu sein. Wie hat sich der Palast über die Jahrhunderte entwickelt und wie haben ihn die königlichen Bewohner nach ihren jeweiligen Wünschen zeitgemäß umgestaltet?

Gleich nachdem Heinrich VIII. den Palast von Kardinal Thomas Wolsey übernommen hatte, begann er die **1 Tudor-Architektur** auszubauen. Er ergänzte die **2 Great Hall**, die exquisite **3 Chapel Royal**, die opulente Great Watching Chamber und die riesige **4 Küche**. 1540 war der Palast zu einem der prächtigsten und exklusivsten Europas angewachsen. Jakob I. hielt sich noch zurück, aber Karl I. ließ einen neuen Tennisplatz bauen und erwarb einige wertvolle Kunststücke, wie den **5 Triumph des Cäsar**.

VISITBRITAIN / GETTY IMAGES ©

### 7 Der Irrgarten

*150 m nördlich vom Hauptgebäude*

Das rund 10 ha große Labyrinth aus Hainbuchen und Eiben wurde um 1700 gepflanzt und umfasst etwa einen Drittel des berühmten Palastgartens. Besucher benötigen durchschnittlich 20 Minuten, um ins Zentrum zu gelangen.

### Tudor-Küche

Diese riesige Küche war der Maschinenraum des Palasts. 200 Leute arbeiteten u.a. an sechs Spießen, auf denen ständig Braten rösteten (bei einem Verbrauch von 8200 Schafen und 1240 Ochsen im Jahr).

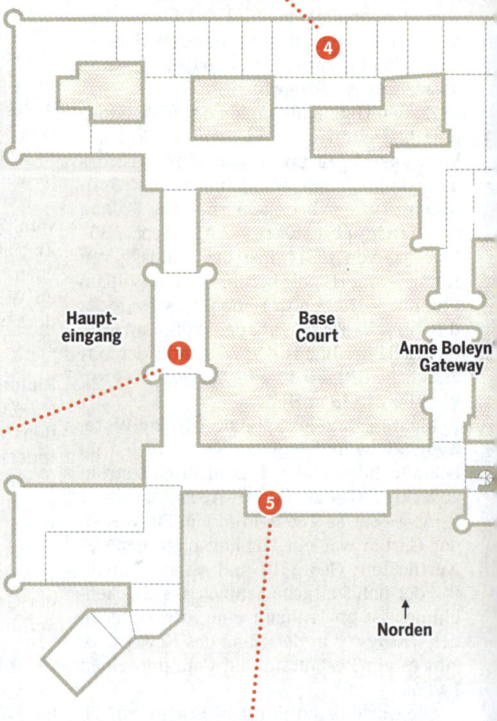


### Tudor-Architektur

Der Kern des Palasts von 1515 gehört zu den schönsten Beispielen englischer Tudor-Architektur. Kardinal Thomas Wolsey lies damals ein mittelalterliches Herrenhaus in einen atemberaubenden Tudor-Palast umbauen.

CHRIS MELLOR / GETTY IMAGES ©

### Triumph des Cäsar

1629 kaufte Karl I. das neunteilige Gemälde *Triumph des Cäsar* des italienischen Künstlers Andrea Mantegna. Es zeigt die triumpale Rückkehr Julius Cäsars nach Rom mitsamt seiner Kriegsbeute.

Nach dem Bürgerkrieg lernte der puritanische Oliver Cromwell die königlichen Vorteile schätzen. Er verbrachte die Wochenenden im komfortablen Schlafzimmer der Königin und verkaufte die Kunstsammlung von Karl I. Ende des 17. Jhs. beauftragten Wilhelm und Maria Sir Christopher Wren mit barocken Erweiterungen, insbesondere den William III Apartments, zugänglich über die **6 King's Staircase**. Auf das Konto Williams III. geht auch der weltberühmte **7 Irrgarten**.

## TOP-TIPPS

» Die Aufseher in roter Uniform nach Anekdoten und Informationen fragen

» An einer Führung mit kostümierten Historikern oder einer Klatsch-und-Tratsch-Tour mit Skandalen der Königsfamilie teilnehmen

» Einen Audioguides aus dem Informationszentrum mitnehmen

### Great Hall

Dieser famose Speisesaal mit Englands schönstem Stichbalkengewölbe, flämischen Wandteppichen aus dem 16. Jh, auf denen die Geschichte Abrahams erzählt wird, und einigen tollen Buntglasfenstern ist der zentrale Raum des Palasts.

DAMIAN HARPER ©

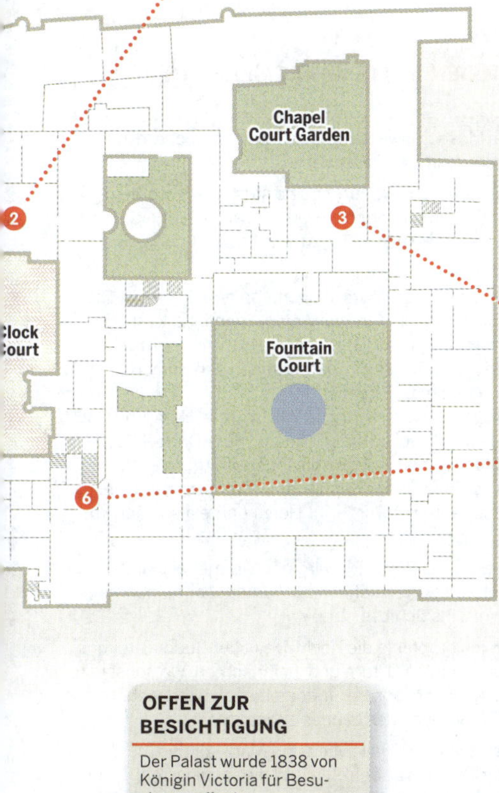


### Chapel Royal

Die blau-gold gewölbte Decke war ursprünglich für die Christ Church in Oxford gedacht. Das Eichenaltarretabel wurde im 18. Jh. von Grinling Gibbons geschnitzt. Unter den ausgestellten Büchern ist eine Erstausgabe der King-James-Bibel, gedruckt von Robert Baker, von 1611.

### King's Staircase

Einer von fünf Räumen von Antonio Verrio und ein bombastischer Vorgeschmack auf die Gemächer des Königs. Die schwülstige King's Staircase schmeichelt Wilhelm III., der über einer Reihe von römischen Kaisern steht.

DAMIAN HARPER ©

## OFFEN ZUR BESICHTIGUNG

Der Palast wurde 1838 von Königin Victoria für Besucher geöffnet.

des Kunsthistorikers, Schriftstellers und Politikers Horace Walpole, der es im 18. Jh. in Twickenham errichten ließ. Glanzpunkt des komplett restaurierten Schlösschens mit wunderbaren Buntglasfenstern ist die Säulenhalle mit einer prachtvollen Decke, die aus Pappmaché gefertigt ist. Der ganze Zauber erschließt sich am schönsten in einer Abendführung (20 £).

**Wimbledon Lawn Tennis Museum** MUSEUM
(☎ 020-8946 6131; www.wimbledon.com/museum; Tor 4, Church Rd, SW19; Erw./Kind 12/7 £, Museum & Führung 22/13 £; ⏲ 10–17 Uhr; Wimbledon, dann Bus 93, Wimbledon) Das Museum im grünen Wimbledon dokumentiert die Geschichte des Tennis, vom französischen Vorgänger *jeu de paume* bis zu den rasanten Aufschlägen heutiger Champions. Die Ausstellung ist hochmodern, mit vielen Videoclips und einer Projektion, die John McEnroe als Geist in der Umkleidekabine in Wimbledon erscheinen lässt. Das Highlight ist jedoch der **360-Grad-Schaukasten**, aus dem heraus man auf den Centre Court sehen kann. Während der Meisterschaften ist das Museum nur für Besucher mit Stadiontickets zugänglich.

Die regelmäßigen Besichtigungstouren führen über den Centre Court, den No 1 Court und durch weitere Bereiche in den Heiligen Hallen des All England Club, einschließlich Eintritt ins Museum.

## Geführte Touren

Eine der besten Möglichkeiten, sich, angekommen in London, erst einmal zu orientieren, ist das 24-Stunden-Ticket für die Doppeldecker-Bustouren mit Kommentar und beliebigem Ein- und Ausstieg. Die Busse fahren den ganzen Tag auf miteinander verbundenen Rundstrecken. Im Preis enthalten sind eine Schiffsfahrt auf der Themse und drei Stadtspaziergänge. Bei Online-Buchung wird's billiger.

INSIDERWISSEN

### IAN FRANKLIN: AUFSEHER IN DEN STATE APARTMENTS IN HAMPTON COURT PALACE

Ian Franklin arbeitet seit 17 Jahren als Museumswärter in den Staatsgemächern in Hampton Court Palace und spricht gerne mit den Besuchern.

**Kostümierte Führer & Aufsichtspersonal** Unsere Führer sind studierte Historiker und die Kostüme, die sie tragen, wurden nach historischen Quellen angefertigt. So wird Geschichte lebendig. Überall ist Aufsichtspersonal zu finden, das Fragen kundig und persönlich beantwortet.

**Kurioses aus dem Schloss** Im Schloss lebt die größte indigene Spinne Englands. Die *Tegenaria parietina*, auch Kardinalsspinne (nach Kardinal Wolsey) genannt, kann von Beinspitze zu Beinspitze bis zu 20 cm groß werden. Besucher werden sie kaum zu Gesicht bekommen, aber ihre Netze sind in den Tudor Kitchens oder an den King's Stairs durchaus zu entdecken. Wer keine Spinnen mag – Vorsicht!

Und noch etwas: Jane Seymour, die dritte Frau Heinrichs VIII., starb in Hampton Court Palace. Weil noch kein Grab ausgehoben war, wurde ihr Leichnam in der Chapel Royal aufgebahrt. Um die Verwesung zu verlangsamen, wurden die inneren Organe entfernt. Ihr Herz soll in einem Kästchen neben dem Altar der Kapelle beigesetzt worden sein. Es gibt keinen Beleg, dass es jemals wieder entfernt wurde, ihr Herz könnte also noch immer im Schloss begraben sein.

**Lieblingsort im Schloss** Ich liebe die Chapel Royal. Sie wird noch immer als Kirche genutzt und an den sonntäglichen Gottesdiensten können auch Besucher teilnehmen. Das bringt Leben und Gemeinschaftgeist ins Schloss.

**Empfehlenswerte Veranstaltungen** Ich empfehle die Kochtage in den Tudor Kitchens am ersten vollen Wochenende im Monat und an Ostern und Weihnachten. Wo sonst kann man Köchen dabei zuschauen, wie sie Gerichte aus der Tudorzeit nach historischen Rezepten in der größten erhaltenen Tudorküche des Landes zubereiten?

**Gruseliges** Bei unseren Geistertouren zwischen Halloween und März können die Besucher das Schloss nach Einbruch der Dunkelheit betreten und die „spukigsten" Ecken erforschen. In der berüchtigten „Haunted Galley" ist es dann nahezu vollkommen finster!

**Original Tour** BUSTOUR
(www.theoriginaltour.com; Erw./Kind/Fam. 29/14/86 £; ⏲ alle 20 Min. 8.30–17.30 Uhr) Eine Hop-on-Hop-off-Tour einschließlich Schiffsfahrt und drei thematischen Stadtrundgängen: Changing of the Guard, Rock 'n' Roll und Jack the Ripper.

**Big Bus Tours** BUSTOUR
(www.bigbustours.com; Erw./Kind/Fam. 32/12/76 £; ⏲ alle 20 Min. April–Sept. 8.30–18 Uhr, Okt. & März bis 17 Uhr, Nov.–Feb. bis 16.30 Uhr) Informative Kommentare in acht Sprachen. Das Ticket enthält eine kostenlose Flussfahrt mit City Cruises und drei thematische Stadtrundgänge (Royal London, Drehorte der Harry-Potter-Filme und Ghosts by Gaslight). Ermäßigungen bei Online-Buchung.

**London Beatles Walks** STADTRUNDGANG
(☎020-8200 3438; www.beatlesinlondon.com; Erw./Kind 9 £/frei) Auf den Spuren der Fab Four.

**London Walks** STADTRUNDGANG
(☎020-7624 3978; www.walks.com; Erw./Kind 9 £/frei) Touren zu Harry Potter, Geistern und dem nie aus der Mode kommenden Jack the Ripper.

**London Mystery Walks** STADTRUNDGANG
(☎07957 388280; www.tourguides.org.uk; Erw./Kind/Fam. 10/9/25 £) Montags, mittwochs und freitags um 19 Uhr geht's zu den Schauplätzen von Jack the Rippers Gräueltaten. Nur mit vorheriger Anmeldung.

**Greenwich Guided Walks** STADTRUNDGANG
(☎07575 772298; www.greenwichtours.co.uk; Erw./Kind 8 £/frei; ⏲ 12.15 & 14.15 Uhr) Zweimal täglich Führungen zu den Sehenswürdigkeiten von Greenwich ab der Touristeninformation (Buchung nicht nötig).

**City Cruises** BOOTSFAHRT
(Karte S. 58; ☎020-7740 0400; www.citycruises.com; einfach/hin & zurück ab 9,75/13 £, Tageskarte 18 £) Fährverbindung zwischen den Anlegern Westminster, Waterloo, Tower und Greenwich.

**Capital Taxi Tours** TAXITOUR
(☎020-8590 3621; www.capitaltaxitours.co.uk; 2 Std. tagsüber pro Taxi 165 £, 2½ Std. abends pro Taxi 235 £) Unterschiedliche Touren für bis zu sechs Personen mit von Führern/Fahrern mit Qualifikation von Blue Badge, der City of London und der City of Westminster. Freche Cockney Cabbies und Führungen in anderen Sprachen können angefordert werden.

ABSTECHER

### ABBEY ROAD

Beatles-Fans werden kaum nach London kommen, ohne die **Abbey Road Studios** (www.abbeyroad.com; 3 Abbey Rd, NW8) in St. John's Wood zu besuchen. Die Mauer davor ist von Graffiti übersät, seit Jahrzehnten verewigen sich hier die Fans. Die Autofahrer sind längst an Gruppen von Touristen gewöhnt, die auf dem Zebrastreifen das Cover des Meisterwerks von 1969, *Abbey Road*, nachstellen. 2010 wurde der Zebrastreifen unter Denkmalschutz gestellt.

Einen unterhaltsamen Live-Blick auf den Zebrastreifen und das Geschehen auf dem Bürgersteig bietet die Webcam www.abbeyroad.com/crossing. Um zu den Studios zu gelangen fährt man mit der U-Bahn bis St. John's Wood, wechselt auf die andere Straßenseite, folgt der Grove End Road bis zu ihrem Ende und biegt dort nach rechts ab.

**London Bicycle Tour** RADTOUR
(Karte S. 84; ☎020-7928 6838; www.londonbicycle.com; 1a Gabriel's Wharf, 56 Upper Ground, SE1; Tour inkl. Fahrrad ab 23,95 £; ⊖Waterloo) Thematische 2½- bis 3½-stündige Touren durchs West End, East End, Zentrum oder Nachtfahrten.

**London Duck Tours** ABENTEUERTOUR
(Karte S. 84; ☎020-7928 3132; www.londonducktours.co.uk; County Hall, SE1; Erw./Kind 24/16 £; ⊖Waterloo) Tour durch die Stadt in einem Amphibienfahrzeug, ähnlich denen, die bei der Landung in der Normandie benutzt wurden, das schließlich in die Themse fährt.

## Festivals & Events

**Chinesisches Neujahrsfest** KULTUR
Ende Januar/Anfang Februar geht's in Chinatown mit knallenden und zischenden Feuerwerkskörpern, einem farbenfrohen Umzug, Drachen- und Löwentänzen und reichlich Dim Sum richtig rund.

**University Boat Race** RUDERN
(www.theboatrace.org) Der erbitterte Zweikampf zwischen den Rudermannschaften der Universitäten Oxford und Cambridge findet seit 1829 jährlich Ende März auf der Themse statt.

**Virgin Money London Marathon** MARATHON
(www.virginmoneylondonmarathon.com) Bis zu einer halben Million Zuschauer feuern die

## GELD SPAREN IN LONDON

Da viele schöne Sehenswürdigkeiten kostenlos sind, lässt sich gut eine ganze Woche mit Besichtigungen verbringen, ohne viel für Eintrittspreise auszugeben. Wer länger bleibt oder bestimmte Attraktionen sehen will, hat ein paar Sparmöglichkeiten.

**London Pass** (www.londonpass.com; 1/2/3/6 Tage 49/68/81/108 £) Der London Pass ist eine Chipkarte, die Zutritt ohne lange Wartezeiten zu über 60 Attraktionen ermöglicht, darunter auch teurere wie den Tower of London und die St. Paul's Cathedral. Ein Tagesticket lohnt sich nur, wenn man den Turbo einlegt, aber über zwei oder drei Tage lässt sich mit diesem Angebot eine Menge sparen.

Die Karte kann online gekauft und zugesandt oder am **London Pass Redemption Desk** (Karte S. 64; 11a Charing Cross Rd, WC2; ⌚10–16.30 Uhr; ⊖Leicester Square) gegenüber dem Garrick Theatre abgeholt werden. Es gibt sie auch in Kombination mit einer bereits geladenen Travelcard von Transport For London (TFL), aber es kommt billiger, diese gesondert zu kaufen.

**Historic Royal Palaces** (www.hrp.org.uk; Einzel-/Gruppenmitgliedschaft 43/65 £) Monarchiefans können mit der Jahresmitgliedschaft für die Historic Royal Palaces Warteschlangen vermeiden und den Tower of London, Kensington Palace, Kew Palace, Hampton Court Palace und das Banqueting House so oft sie wollen besuchen.

Wer alle fünf besichtigen will, spart mit der Mitgliedschaft 32 £ (87 £ für ein Paar). Es kann einige Zeit vergehen, bis man seine Mitgliedskarte zugestellt bekommt, aber provisorische Karten werden sofort ausgestellt.

hageren Champions und ausgefallen gekleideten Mitläufer an, die Ende April durch Londons Straßen rennen.

**Chelsea Flower Show** GARTENBAU
(www.rhs.org.uk/chelsea; Royal Hospital Chelsea; Eintritt ab 23 £) Die zweifellos bekannteste Gartenausstellung der Welt zieht jedes Jahr im Mai ein internationales Publikum an.

**Trooping the Colour** HISTORISCHES SCHAUSPIEL
Die zeremonielle Militärparade zu Ehren des Geburtstag der Queen (in der Regel im Juni) marschiert zur königlichen Inspektion über die Mall. Ein überwältigendes Spektakel.

**Field Day** MUSIK
(www.fielddayfestivals.com; Victoria Park; Tickets 29,50–59,50 £; ⊖Mile End) Sehr beliebtes Festival der Indie- und Alternativmusik an einem Juniwochenende im Victoria Park.

**Royal Academy Summer Exhibition** KUNST
(www.royalacademy.org.uk; Erw./Kind 9,50/5 £) Die jährliche Ausstellung zeigt von Mitte Juni bis Mitte August Werke von Künstlern aus ganz Großbritannien.

**Meltdown Festival** MUSIK
(www.southbankcentre.co.uk) Das Southbank Centre übergibt die programmatischen Zügel an eine Legende der zeitgenössischen Musik (z. B. Nick Cave, Morrissey oder Patti Smith), die Ende Juni ein Programm aus Konzerten, Diskussionsveranstaltungen und Filmvorführungen präsentiert.

**Wimbledon Lawn Tennis Championships** TENNIS
(www.wimbledon.com) Beim renommiertesten Tennisturnier der Welt geht es genauso sehr um Erdbeeren, Sahne und Tradition wie um die Größen des Tennissports.

**Wireless** MUSIK
(www.wirelessfestival.co.uk; Queen Elizabeth Olympic Park, E20) Wireless ist eines der führenden Musikfestivals in London mit Schwerpunkt auf R&B. 2013 zog es vom Hyde Park zum neuen Standort im Queen Elizabeth Olympic Park um. Findet meist im Juli statt; Karten vorher bestellen.

**Pride** SCHWULE & LESBEN
(www.prideinlondon.org) Der größte Event im LGBT-Kalender liegt im Juni/Juli.

**Lovebox** MUSIK
(www.loveboxfestival.com; Victoria Park, E9) Das beliebte Festival ist eines von mehreren Sommer-Musikfestivals und findet Mitte Juli im Victoria Park statt.

**Notting Hill Carnival** KARNEVAL
(www.thenottinghillcarnival.com) Auf Europas größtem Karneval (und Londons farbenprächtigstem Outdoor-Event) zeigt die karibische Gemeinde der Stadt an zwei Tagen im August, was Party heißt.

## Schlafen

In Sachen Unterkunft ist London eines der teuersten Pflaster der Welt. Als „Budget" gilt so ziemlich alles unter 100 £ pro Nacht und Doppelzimmer. Und eine Suite der Spitzenkategorie Nähe Hyde Park Corner für 18 000 £ klingt doch verlockend, oder? Doppelzimmer zwischen 90 und 180 £ pro Nacht sind mittlere Preisklasse, alles darüber fällt in die gehobene Kategorie.

London hat eine wunderbare Auswahl an Hotels voller Charakter, ob sie nun Geschichte atmen, abgedrehte moderne Einrichtung präsentieren oder durch besonderen Charme überzeugen. Die meisten noblen Häuser bieten an Wochenenden, bei frühzeitiger Buchung und zu ruhigeren Zeiten erhebliche Ermäßigungen.

Die öffentlichen Verkehrsmittel sind gut, es muss also niemand im Buckingham Palace nächtigen, um mittendrin zu sein.

Budgetunterkünfte sind über die ganze Stadt verteilt, eine gute Auswahl gibt es in Bloomsbury, St. Pancras, Earl's Court und der South Bank. Feinere Möglichkeiten bieten Bayswater, Notting Hill Gate oder Belgravia. Wer es sich leisten kann, schaut sich im West End, in Kensington und Knightsbridge um. Die meisten Budget- und Mittelklasseunterkünfte bieten kostenloses WLAN (Spitzenhotels verlangen meist eine Gebühr).

In den hier aufgeführten Preisen sind 20 % MwSt. enthalten, sofern verlangt.

## West End

Für ein Hotelzimmer in Mayfair muss man wie bei Monopoly unter Umständen erst sein Haus verkaufen oder zumindest eine Hypothek aufnehmen. Immerhin gibt es im Zentrum des Geschehens ein paar Hostels für Möchtegern-Soho-Hipster mit bescheideneren Mitteln.

**YHA London Oxford Street** HOSTEL £
(Karte S. 64; ☎020-7734 1618; www.yha.org.uk; 14 Noel St, W1; B/2BZ ab 18/46 £; @📶; ⊖Oxford Circus) Das Hostel ist nicht nur das zentralste der Londoner YHA-Gruppe, sondern wegen der hellen und farbenfrohen Ausstattung, der Sauberkeit und der übersichtlichen Größe von 104 Betten auch ansonsten eine erstklassige Wahl. Es gibt auch Doppel-, Zweibett und Drei-/Vierbettzimmer; WLAN kostet extra.

**Dean Street Townhouse** BOUTIQUEHOTEL ££
(Karte S. 64; ☎020-7434 1775; www.deanstreettownhouse.com; 69–71 Dean St, W1; Zi. 140–310 £; ❄📶; ⊖Tottenham Court Rd) Im schmucken Boutiquehotel in Soho herrscht eine wunderbare Boudoir-Atmosphäre und die 39 Zimmer sind alle erstklassig, so, wie es sein soll – von „winzig" bis „größer".

**Seven Dials Hotel** HOTEL ££
(Karte S. 64; ☎020-7240 0823; www.sevendialshotellondon.com; 7 Monmouth St, WC2; EZ/DZ/3BZ/4BZ 95/105/130/150 £; 📶; ⊖Covent Garden, Tottenham Court Rd) Das saubere, komfortable und erschwingliche Seven Dials hat eine zentrale Lage, vorne Zimmer mit Blick auf die wunderbare Monmouth Street und hinten solche mit weniger Aussicht aber mehr Ruhe.

★ **Haymarket Hotel** HOTEL £££
(Karte S. 64; ☎020-7470 4000; www.haymarkethotel.com; 1 Suffolk Pl, Haymarket, SW1; Zi. 325–425 £, Suite ab 505 £; ❄📶🏊; ⊖Piccadilly Circus) Das von Tim und Kit Kemp entworfene Hotel ist ein hervorragende Wahl für einen stilvollen Aufenthalt. Der Pool ist in stimmungsvolle Lichtbäder getaucht.

**Hazlitt's** HISTORISCHES HOTEL £££
(Karte S. 64; ☎020-7434 1771; www.hazlittshotel.com; 6 Frith St, W1; EZ 216 £, DZ/Suite ab 288/660 £; ❄📶; ⊖Tottenham Court Rd) Georgianischer Glanz erwartet den Gast in dem schönen Haus von 1718, eine Reise zurück in die Zeit der Himmelbetten, freistehenden Badewannen und Wandvertäfelung. Jedes der 30 individuell eingerichteten Zimmer schmücken reichlich georgianische Antiquitäten und der Charme vergangener Zeiten (plus hochmodernem Komfort).

**One Aldwych** HOTEL £££
(Karte S. 64; ☎020-7300 1000; www.onealdwych.co.uk; 1 Aldwych, WC2; DZ 255–470 £, Suite 465–1005 £; ❄📶🏊; ⊖Covent Garden) Ein phantastisches Haus mit moderner Kunst, Granit in den Badezimmern und einer herrschaftlichen Bar mit Restaurant und einem langen, chlorfreien Pool (mit Unterwassermusik). Die Rundraum-Suiten bieten einen tollen Blick auf The Strand und die Waterloo Bridge.

**Brown's Hotel** HOTEL £££
(Karte S. 64; ☎020-7493 6020; www.browns hotel.com; 30 Albemarle St, W1; Zi./Suite ab 460/2000 £; ❄📶; ⊖Green Park) Das hinreißende 5-Sterne-Hotel mit 117 Zimmern, für das damals elf Häuser miteinander verbunden wurden, eröffnete 1837. Schöne traditionelle Details (edwardianische Eichentäfelung, Kamine) bereichern die individuell eingerichteten Zimmer.

**Covent Garden Hotel** BOUTIQUEHOTEL £££
(Karte S. 64; ☎020-7806 1000; www.coventgardenhotel.co.uk; 10 Monmouth St, WC2; DZ/Suite ab 310/490 £; ❄📶; ⊖Covent Garden) Das gut gelegene Firmdale-Hotel mit 58 Zimmern residiert in einem ehemaligen französischen Krankenhaus. Es bietet eine elegante Melange aus Antiquitäten, hellen, leuchtenden Stoffen und originellem Nippes und dazu ein gutes Restaurant.

## City

Unter der Woche wimmelt es in der City von Bankern, aber an Wochenenden gibt es hier oft beachtliche Schnäppchen.

**London St. Paul's YHA** HOSTEL £
(Karte S. 74; ☎020-7236 4965; www.yha.org.uk; 36 Carter Lane, EC4; B 17–25 £, DZ 40–50 £; @📶; ⊖St Paul's) Das 213-Betten-Hostel hat die perfekte Lage für kurze Wege zu den Sehenswürdigkeiten der City und der South Bank. Es ist in einem denkmalgeschützten Haus gleich um die Ecke von St. Paul's untergebracht (Glockengeläut!). Im Haus gibt's eine Cafeteria mit Alkoholausschank, aber keine Gästeküche, keinen Aufzug – und maximal sieben Nächte Aufenthalt.

**Hotel Indigo Tower Hill** BOUTIQUEHOTEL ££
(Karte S. 74; ☎0843 208 7007; www.hotelindigo.com/lontowerhill; 142 Minories, EC3; Zi. Wochenende/werktags ab 100/200 £; ❄📶; ⊖Aldgate) Die 46 unterschiedlich eingerichteten Zimmer in diesem frischen und erschwinglichen Hotel nördlich des Tower of London haben Himmelbetten und iPod-Dockingstations.

**Andaz Liverpool Street** HOTEL ££
(Karte S. 74; ☎020-7961 1234; www.london.liverpoolstreet.andaz.com; 40 Liverpool St, EC2; Zi. Wochenende/werktags ab 145/290 £; ❄📶; ⊖Liverpool St) Das ehemalige Great Eastern Hotel ist jetzt das Londoner Haupthaus der jugendorientierten Andaz-Kette von Hyatt. Es gibt keine Rezeption, nur schwarz gekleidetes Personal, das die Gäste auf Mini-Laptops eincheckt. Die Zimmer sind etwas nichtssagend, aber bieten kostenlosen Saft, Snacks und WLAN.

## South Bank

Eine Unterkunft direkt an der Südseite der Themse ist optimal, um schnell zu den zentralen Sehenswürdigkeiten zu gelangen und gleichzeitig die Atmosphäre von South London aufzunehmen.

**St. Christopher's Village** HOSTEL £
(Karte S. 84; ☎020-7939 9710; www.st-christophers.co.uk; 163 Borough High St, SE1; B/Zi. ab 14/62 £; @📶; ⊖London Bridge) Das Village – ein riesiges Partyhostel mit einer gut besuchten Bar, Dachterrasse (mit Bar), Kino und massenhaft Betten – ist das Haupthaus von dreien in der gleichen Straße. Die Schlafsäle haben bis zu 14 Betten. Die anderen Häuser sind sehr viel kleiner, ruhiger und offen gesagt angenehmer. **St. Christopher's Inn** (Karte S. 84; 121 Borough High St, SE1) liegt über einem sehr netten Pub, das **Oasis** (Karte S. 84; 59 Borough High St) ist nur für Frauen.

★ **Citizen M** BOUTIQUEHOTEL ££
(Karte S. 84; ☎020-3519 1680; www.citizenm.com/london-bankside; 20 Lavington St, SE1; Zi. 109–189 £; ❄@📶; ⊖Southwark) Das niederländische Boutiquehotel wendet sich ganz klar an junge, trendbewusste und kunstsinnige Reisende und zieht in Sachen Design alle Register (und noch ein paar mehr aus dem Hut). Die Zimmer sind winzig, haben aber Samsung-Tablets, mit denen sich die gesamte Elektronik kontrollieren lässt, und kostenlose Filme im TV. Viel Platz gibt's in der Lounge, die zum Abhängen gedacht ist.

Neue Häuser sollen 2015 in Tower Hill und St. Pauls eröffnet werden.

**Shangri-La Hotel at the Shard** HOTEL £££
(Karte S. 84; ☎020-7234 8000; www.shangri-la.com/london/shangrila; 31 St. Thomas St, SE1; DZ/Suite 575/3000 £; ❄@📶🏊; 🚉London Bridge, ⊖London Bridge) Das erste Shangri-La-Hotel in Großbritannien ist auch das erste 5-Sterne-Hotel Londons südlich der Themse und das höchste Hotel Westeuropas mit atemberaubendem Blick vom 34. bis 52. Stock des Shard. Von der Lobby im 35. Stock bis zu den Zimmern besteht das Shangri-La aus einer stilvollen Mischung aus chinesischer Ästhetik, asiatischer Gastlichkeit und raffinierter Modernität.

Wegen der konischen Form des Shard liegen die Suiten in den unteren Stockwerken und jedes Zimmer hat eine etwas andere Form. Umwerfende Ausblicke bietet die Bar Gŏng im 52. Stock; Zimmer müssen sehr frühzeitig gebucht werden.

## Pimlico & Belgravia

**Lime Tree Hotel** B&B ££
(Karte S. 90; ☎020-7730 8191; www.limetreehotel.co.uk; 135–137 Ebury St, SW1; EZ/3BZ/FZ 110/205/225 £, DZ 165–205 £; @📶; ⊖Victoria) Das schick

renovierte georgianische Stadthaus wird seit über 40 Jahren von der gleichen Familie geführt. Der hübsche Garten mit Sonne am Spätnachmittag, die moderne Ausstattung und höfliches Personal machen es zu einer reizvollen Unterkunft. Kein Aufzug.

**B+B Belgravia** B&B ££

(Karte S. 90; ☎020-7259 8570; www.bb-belgravia.com; 64–66 Ebury St, SW1; EZ 89–120 £, DZ 100–140 £, Apt. 225 £; @ ; ⊖Victoria) Das hübsche Haus verbindet zeitgenössischen Schick mit georgianischer Eleganz (und einem netten Hofgarten hinten). Die Zimmer sind gepflegt, in Hausnr. 82 wenige Türen weiter, gibt es schöne, wenn auch nicht sehr große, Studio-Apartments mit kompakten Küchen. Kein Aufzug.

**★Goring** HOTEL £££

(Karte S. 58; ☎020-7396 9000; www.thegoring.com; Beeston Place; Zi. 575–4350 £; ❄@ ; ⊖Victoria) Kate Middleton verbrachte in der Royal Suite ihre letzte Nacht als Bürgerliche, bevor sie in die königliche Familie einheiratete, was das Goring in den Blickpunkt der Medien rückte. Das Hotel in Familienbesitz mit seinen funkelnden Kronleuchtern und großartigem Personal ist ein äußerst herrschaftliches, wenngleich sehr relaxtes Stück England.

## Knightsbridge

In Knightsbridge, nach einer Brücke über den Fluss Westbourne benannt, liegen die bekanntesten Kaufhäuser Londons und einige Spitzenhotels.

**Levin Hotel** HOTEL £££

(Karte S. 90; ☎020-7589 6286; www.thelevinhotel.co.uk; 28 Basil St, SW3; Zi. ab 379 £; ❄ ; ⊖Knightsbridge) Das Levin mit zwölf Zimmern könnte nicht dichter an Harrods liegen und kennt seine Klientel. Eleganz und Kultiviertheit durchdringen das winzige Hotel von oben bis unten – eine höchst angenehme Wahl im Herzen von Knightsbridge.

## Chelsea & Kensington

Von den gepflegten Stadtteilen Chelsea und Kensington sind Museen, schicke Läden und einige der attraktivsten Straßen Londons bequem zu erreichen.

**Meininger** HOSTEL £

(Karte S. 90; ☎020-3318 1407; www.meininger-hostels.com; Baden Powell House, 65–67 Queen's Gate, SW7; B 16–22 £, EZ/2BZ ab 75/90 £; ❄@ ; ⊖Gloucester Rd, South Kensington) Das von Deutschen geführte „City-Hostel und -Hotel" im Baden Powell House aus den späten 1950er-Jahren liegt gegenüber vom Natural History Museum. Es hat 48 blitzblanke Zimmer, die meisten davon Schlafsäle mit vier bis zwölf Betten, Duschkabinen und elf private Zimmer mit jeweils eigenem Bad. Es gibt eine hauseigene Bar und eine tolle Dachterrasse.

**Ampersand Hotel** BOUTIQUEHOTEL £££

(Karte S. 90; ☎020-7589 5895; www.ampersandhotel.com; 10 Harrington Road; EZ & DZ 372 £; ❄@ ; ⊖South Kensington) Das Ampersand im Gebäude des alten Norfolk Hotel besitzt ein leichtes, frisches und quirliges Flair: Die Muster der Tapeten in den (engen) Fluren und (stilvollen, aber kleinen) Zimmern sind Anspielungen auf die benachbarten Kunst- und Wissenschaftsmuseen von South Kensington. Das mediterrane Restaurant Apero im Untergeschoss ist hervorragend.

**Halkin by Como** HOTEL £££

(Karte S. 58; ☎020-7333 1000; www.comohotels.com/thehalkin; Halkin St, SW1; Zi./Suite ab 390/540 £; ❄@ ; ⊖Hyde Park Corner) Das mondäne Halkin mit seiner verhalten asiatischen Prägung wendet sich an Geschäftsreisende mit Hang zum Minimalismus. Die Zimmertüren scheinen in den Wänden der gebogenen, mit Holz ausgekleideten Flure zu verschwinden und die 41 noblen Zimmer haben viel natürliches Licht, cremefarbene Wände, Vertäfelungen aus Wurzelholz und große, marmorne Badezimmer.

**Number Sixteen** HOTEL £££

(Karte S. 90; ☎020-7589 5232; www.firmdalehotels.com/hotels/london/number-sixteen; 16 Sumner Pl, SW7; EZ ab 174 £, DZ 228–360 £; ❄@ ; ⊖South Kensington) Vier Häuser wurden zu einem entzückenden Hotel mit 42 individuell eingerichteten Zimmern, einen behaglichen Salon, einer gut bestückten Bibliothek und einem schlichtweg idyllischen Garten zusammengelegt.

**Gore** HOTEL £££

(Karte S. 90; ☎020-7584 6601; www.gorehotel.com; 190 Queen's Gate, SW7; Zi. ab 204 £; ❄@ ; ⊖Gloucester Rd) Das großartige 50-Zimmer-Hotel mit zuvorkommendem Personal im Frack, funkelnden Kronleuchtern und zahllosen Porträts und Drucken an den Wänden steckt voller altenglischem Charme. Rolling-Stones-Fans können die Vorstellung des Albums *Beggars Banquet* von 1968 in der Bar feiern; Fans von Judy Garland können in ihrem Bett schlafen.

## Earl's Court & Fulham

Earl's Court in West London ist lebhaft, kosmopolitisch und so beliebt bei australischen Touristen, dass es Kangaroo Valley genannt wird. Es gibt zwar so gut wie keine Sehenswürdigkeiten, aber dafür preiswerte Unterkünfte, eine ansteckende Urlaubsatmosphäre und es ist nur ein kurzer Weg mitten hinein ins Geschehen. In Fulham, weiter westlich, steht direkt am Themseufer der berühmte Fulham Palace.

**★ Barclay House** B&B ££

(☎020-7384 3390; www.barclayhouselondon.com; 21 Barclay Rd, SW6; Zi. 110–125 £; @ 📶; ⊖ Fulham Broadway) Die zwei schmuck, absolut modern eingerichteten und gemütlichen Zimmer in dem zauberhaft gepflegten viktorianischen Haus sind ein Traum, von den Duschbädern von Philippe Starck, den Walnussmöbeln, neuen, doppelverglasten Schiebefenstern und der Fußbodenheizung bis zu den kleinen, aufmerksamen Details (unkomplizierte Kleiderbügel, Nähzeug in den Schubladen und Stadtpläne). In der Regel vier Nächte Mindestaufenthalt.

**Rockwell** BOUTIQUEHOTEL ££

(☎020-7244 2000; www.therockwell.com; 181-183 Cromwell Rd, SW5; EZ/Suite ab 90/160 £, DZ 100–150 £; ❄@📶; ⊖Earl's Court) Dank dezent-coolem Design kommt im „Budget-Boutiquehotel" Rockwell alles gedeckt, adrett und ein wenig minimalistisch daher. Alle 40 Zimmer haben eine Dusche, die Suite mit Halbgeschoss ist ein absolutes Schmuckstück und die drei Zimmer zum Garten raus (LG 1, 2 und 3) sind richtig nett. Die Zimmerfenster zur Cromwell Road raus sind dreifach verglast, um den Lärm zu dämpfen.

## Notting Hill, Bayswater & Paddington

Von dem Mumpitz rund um Julia Roberts und Hugh Grant sollte sich niemand täuschen lassen, Notting Hill und die Gegenden unmittelbar nördlich des Hyde Park sind so schäbig wie schick – aber immer noch cool. Es gibt dort einige wunderschöne Plätze mit eingezäunten Grünanlagen und georgianischen Stadthäusern drumherum, aber typischer für die Gegend sind der Portobello Road Market und der Notting Hill Carnival.

Im schmuddeligen Paddington gibt es viele billige Hotels, eine größere Ansammlung unscheinbarer Unterkünfte an den Sussex Gardens, die sich lohnen, wenn sonst nicht viel Auswahl ist.

**Tune Hotel** HOTEL £

(☎020-7258 3140; www.tunehotels.com; 41 Praed St, W2; Zi. 35–80 £; ❄@📶; ⊖Paddington) Das 137-Zimmer-Budgethotel in malaysischem Besitz hat supertolle Angebote für Leute, die sehr, sehr früh buchen. Der Preis garantiert jedoch nur die Grundversorgung – das billigste Zweibett- oder Doppelzimmer (ohne Fenster) –, für jedes Extra (Handtuch, WLAN, TV) wird ein Aufschlag fällig. Ideal für Leute, die nur ein Dach über dem Kopf wollen. Es gibt nicht einmal Schränke, nur Kleiderbügel.

**★ La Suite West** BOUTIQUEHOTEL £££

(☎020-7313 8484; www.lasuitewest.com; 41–51 Inverness Tce, W2; Zi. 179–489 £; ❄@📶; ⊖Bayswater) Das schwarz-weiße Foyer des von Anouska Hempel eingerichteten Hotels – kahle Wände, ein minimalistischer Kamin, ein iPad für Gäste auf einem kahlen Rezeptionsschalter aus weißem Marmor – kündigt

### Notting Hill & Bayswater

**Sehenswertes**
1 Kensington Gardens ... D3
2 Kensington Palace ... D4

**Essen**
3 Electric Diner ... A1
4 Ledbury ... B1
5 Orangery ... D4
6 Ottolenghi ... B1
7 Ottolenghi ... C5
8 Taquería ... C1

**Ausgehen & Nachtleben**
9 Churchill Arms ... C4
10 Earl of Lonsdale ... A2
11 Windsor Castle ... B4

**Unterhaltung**
Electric Cinema ... (s. 3)

**Shoppen**
12 Ceramica Blue ... A1
13 Portobello Road Market ... A1
14 Rough Trade West ... A1

## Notting Hill & Bayswater

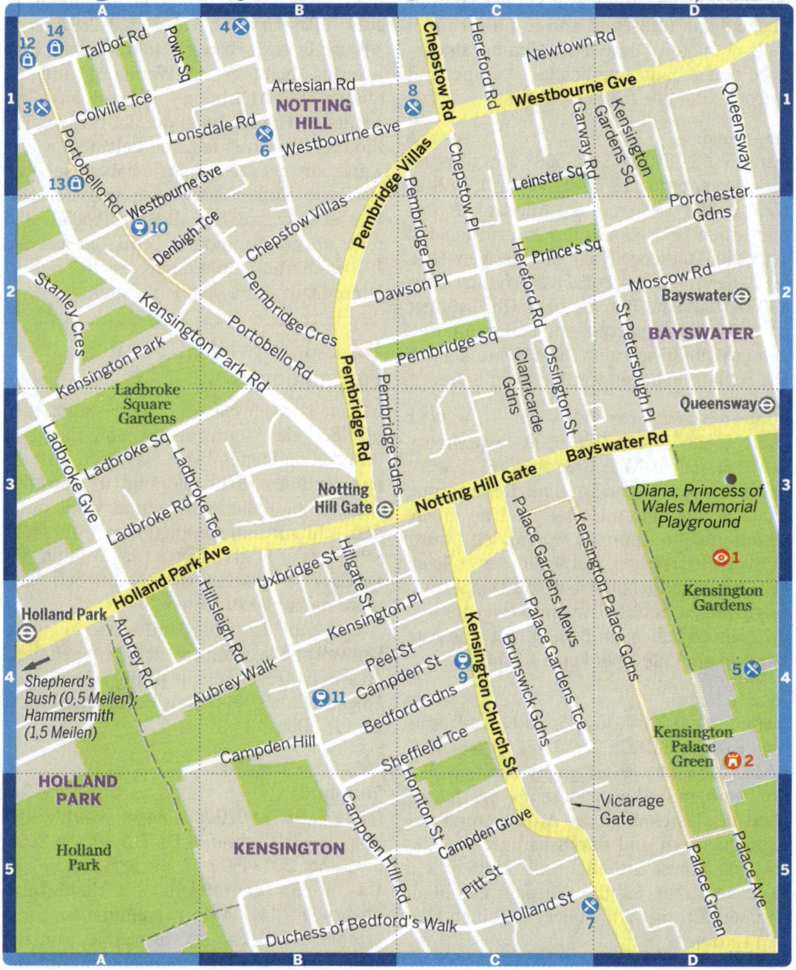


bereits die nahezu zwangsneurotische Ordentlichkeit der Zimmer entlang der dunklen Flure an: makellose Badezimmer, komfortable Betten und ein freundlicher Service. Die Suiten unten haben einen Garten und eigene Eingänge.

## 🛏 Bloomsbury & St. Pancras

Beide Stadtviertel, nur wenige Schritte vom West End entfernt und voll mit umgebauten alten Stadthäusern im georgianischen Stil, sind erschwinglicher als der Nachbarbezirk. Ein paar günstigere Hotels befinden sich in der Gower Street und in dem hübschen Bogen der Cartwright Gardens. St. Pancras ist keine besonders anheimelnde Gegend, liegt aber günstig und hat ein paar hervorragende Budgetunterkünfte.

**Clink78** HOSTEL £

(Karte S. 98; ☎020-7183 9400; www.clinkhostels.com; 78 King's Cross Rd, WC1; B/Zi. ab 10/25 £; @ 📶; ⊖ King's Cross St Pancras) Wenn irgendwer eine stimmigere Unterkunft in London kennt als das Gerichtsgebäude, in dem

The Clash ihren Prozess hatten, sollte sich bei uns melden. Die Gäste können auf der Zeugenbank fernsehen und in umgebauten Zellen schlafen. Die meisten Zimmer sind jedoch neu gebaut, ziemlich komfortabel und wurden 2014 alle frisch gestrichen.

**Generator** HOSTEL £
(Karte S. 98; ☎020-7388 7666; www.generatorhostels.com/london; 37 Tavistock Pl, WC1; B/Zi. ab 12/50 £; @📶; ⊖Russell Sq) Massenhaft Primärfarben und glänzendes Industriemetall sind die Markenzeichen des riesigen Hostels. Die ehemalige Polizeikaserne hat über 850 Betten, eine Bar, die bis 2 Uhr geöffnet ist und Themenpartys veranstaltet, und einen großen Speiseraum (aber keine Küche). Die Schlafsäle haben vier bis zwölf Betten.

**London St. Pancras YHA** HOSTEL £
(Karte S. 98; ☎020-7388 9998; www.yha.org.uk; 79 Euston Rd, NW1; B/Zi. ab 20/61 £; @📶; ⊖King's Cross St Pancras) Eine Renovierung hat das 185-Betten-Hostel in eine solide Unterkunft im Zentrum verwandelt – trotz der verkehrsreichen Straße, an der es liegt. Das Zimmerangebot reicht von Doppelzimmern bis zu Schlafsälen mit sechs Betten; die meisten haben ein Bad. Es gibt eine gute Bar und ein Café, aber keine Küche.

**Arosfa Hotel** B&B ££
(Karte S. 98; ☎020-7636 2115; www.arosfalondon.com; 83 Gower St, WC1; EZ/3BZ/FZ 78/145/175 £, DZ 130–145 £; 📶; ⊖Goodge St) Die makellosen Zimmer sind zwar dezent eingerichtet, aber die Gästelounge des Arosfa protzt mit Kronleuchtern und durchsichtigen Plastiksesseln. Jüngst erhielten alle Zimmer ein (winziges) Bad. Es gibt ein paar Familienzimmer; Zimmer Nr. 4 blickt auf einen kleinen Garten.

**St. Pancras Renaissance London Hotel** LUXUSHOTEL £££
(Karte S. 98; ☎020-7841 3540; www.marriott.co.uk; Euston Rd, NW1; DZ ab 230 £; ❄📶🏊; ⊖King's Cross St Pancras) George Gilbert Scotts neugotisches Meisterwerk ist ein Backstein gewordenes, viktorianisches Phantasiegebilde. Die Lobby des Hotels ist der großartig umgebaute Taxistand des ehemaligen Bahnhofs. Eine prächtige Doppeltreppe führt zu den Zimmern. Leider liegen nur 38 der 245 Zimmer im originalen Gebäude. Der Rest befindet sich in einem Anbau dahinter und ist ziemlich langweilig. Der 29 m lange Tresen der Booking Office Bar ist in die ehemalige Schalterhalle gezimmert.

**Rough Luxe** BOUTIQUEHOTEL £££
(Karte S. 98; ☎020-7837 5338; www.roughluxe.co.uk; 1 Birkenhead St, WC1; Zi. 229–289 £; ❄📶; ⊖King's Cross St Pancras) Halb schäbig, halb luxuriös, heißt es im Werbetext und die Shabby-Chic-Mischung des denkmalgeschützten Hauses ist in der Tat reizvoll. Die Zimmer sind mit feinster Bettwäsche und Kunst ausgestattet, manche haben eine freistehende Kupferbadewanne und der Service ist spitzenmäßig, aber die Tapeten sind recht abgewetzt und der Fernseher aus den 1970er-Jahren funktioniert nicht richtig. Hinten gibt's eine schöne Veranda.

## Clerkenwell & Farringdon

In den mittlerweile angesagten Stadtteilen nördlich des Zentrums ist von den heruntergekommenen Mietskasernen, in denen Familien dicht gedrängt in feuchten, stinkenden Kellerlöchern und wohl unter den schlimmsten Bedingungen in der Geschichte der Stadt hausten (das London, das Dickens so anschaulich beschrieben hat), nicht mehr viel zu ahnen.

Die Zahl der Unterkünfte hat mit Clerkenwells Aufschwung nicht Schritt gehalten, aber es ist trotzdem eine prima Gegend zum Übernachten. Die besten Häuser sind nicht gerade billig.

★ **Zetter Hotel & Townhouse** BOUTIQUEHOTEL £££
(Karte S. 98; ☎020-7324 4444; www.thezetter.com; 86–88 Clerkenwell Rd, EC1; DZ ab 235 £, Studio-Apt. 300–450 £; ❄📶; ⊖Farringdon) 🍃 Das 59-Zimmer-Hotel mit Nachhaltigkeitsanspruch (das Wasser stammt aus dem eigenen Bohrloch) ist wunderbar, von der schönen Möblierung bis zur innovativen Ausstattung. Die Studio-Apartments auf dem Dach mit eigener Veranda und weitem Blick sind das Sahnehäubchen. Das **Bistrot Bruno Loubet** (Karte S. 98; ☎020-7324 4455; www.bistrotbrunoloubet.com; Hauptgerichte 12–17 £; ⏲7.30–10.30, 12–14.30 & 18–22 Uhr; 📶) kümmert sich um feines Essen.

**Rookery** LUXUSHOTEL £££
(Karte S. 74; ☎020-7336 0931; www.rookeryhotel.com; 12 Peter's Lane, Cowcross St, EC1; EZ 222 £, DZ 288–660 £, Suite 474 £; ❄📶; ⊖Farringdon) Das zauberhafte Hotel voller Antiquitäten ist nach Londons berüchtigten Slums *(rookery)* benannt (ganz in der Nähe stand Fagins Haus in *Oliver Twist*) und bietet

18.-Jh.-Ambiente, aber ohne zugehörigen Dreck und Verbrechen. Eine Vogelperspektive auf St. Paul's bietet das zweistöckige Rook's Nest, aber Vorsicht: Es gibt keinen Aufzug.

## Hoxton, Shoreditch & Spitalfields

Das Schmuddel-Image haben Gentrifizierung und reiche Twens gründlich glatt gebügelt und die Bars und das Nachtleben gehören zum Feinsten, was London in der Richtung zu bieten hat, also eine super Gegend für eine Bleibe.

**★ Hoxton Hotel** HOTEL £

(Karte S. 118; ☎ 020-7550 1000; www.hoxtonhotels.com; 81 Great Eastern St, EC2; Zi. ab 59 £; ; Old St) Die revolutionäre Preisgestaltung kommt daher, dass zwar alle Zimmer identisch ausgestattet sind, das trendige Hoxton aber nach Voll-Auslastung strebt. Wer drei Monate zuvor bucht (über die Website) erwischt mit etwas Glück ein Zimmer für 1 £; auch die Angebote von 49 bis 69 £ müssen frühzeitig gebucht werden.

Die halbwegs großen Zimmer haben komfortable Betten, gute Bettwäsche, einen Schreibtisch und einen Kühlschrank mit kostenlosem Wasser und Milch.

## East End & Docklands

**40 Winks** BOUTIQUEHOTEL ££

(☎ 020-7790 0259; www.40winks.org; 109 Mile End Rd, E1; EZ/DZ 110/185 £; ; Stepney Green) Das witzige Queen-Anne-Haus steckt voller Charme, kunterbuntem Stilmix und Schrulligkeiten, genug, dass die zwei Zimmer (eines ist ein Einzelzimmer) auch ohne TV auskommen. Modefans pflegen hier gerne abzusteigen, besser frühzeitig buchen. Frühstück ist im Preis enthalten.

# Essen

Der große Trend in London heißt Essen gehen. Man kann kaum noch eine Speisekarte aufschlagen, ohne auf den einen oder anderen Promikoch zu stoßen. Die Auswahl und Qualität der Restaurants hat sich in den vergangenen Jahrzehnten enorm verbessert. Die Essenkultur vieler Einwanderergruppen hat die Küche durch und durch geprägt und die heutigen Londoner sind höchst anspruchsvoll.

Die folgenden Restaurants und Cafés haben wir nach ihrer Lage, ihrem Preis-Leistungs-Verhältnis, ihrem Ambiente und selbstverständlich nach der Qualität des Essens ausgewählt. Vegetarier können unbesorgt sein: In London gibt es eine Menge Lokale, in denen fleischfrei gegessen wird, und die meisten anderen haben auch vegetarische Angebote.

## West End

Mayfair, Soho und Covent Garden sind das gastronomische Herz Londons mit einer blendenden Auswahl an Restaurants und Küchen, zu Preisen, die Schluckspechten, Theaterbesuchern und leidenschaftlichen Essern zusagen.

**★ Koya** NUDELN £

(Karte S. 64; www.koya.co.uk; 49 Frith St, W1; Hauptgerichte 7–15 £; 12–15 & 17.30–22.30; Tottenham Court Rd, Leicester Sq) Koyas Spezialität sind Udon-Nudeln (eine Art Bandnudeln aus Weizenmehl), die entweder mit einer kalten Soße oder in diversen Suppen (einfach oder mit Ente oder mit geräucherter Makrele) verspeist werden. Die Nudeln sind göttlich und die schlichte Einrichtung mit Holztischen ist angenehm. Früh und spät gibt es keine Warteschlangen.

**Ceviche** SÜDAMERIKANISCH £

(Karte S. 64; www.cevicheuk.com; 17 Frith St, W1; Hauptgerichte 5–11 £; Mo–Sa 12–23.30, So bis 22.30 Uhr; ; Leicester Sq) Die farbenfrohe, lebhafte und fabelhafte Bodega ist ein großer Hit unter Soho-Feinschmeckern und ein Muss für Fans peruanischer Küche – oder für jene, die sich ab sofort für *anticuchos* (Grillspieße), Ceviche (in Zitrone marinierter, roher Fisch) und herzerwärmende Gläschen Pisco begeistern wollen.

**Orchard** VEGETARISCH £

(Karte S. 64; www.orchard-kitchen.co.uk; 11 Sicilian Ave, WC1; Hauptgerichte 6,50–7 £; Mo–Fr 8–16 Uhr; ; Holborn) An dem behaglichen, in der zauberhaften Häuserreihe an der Sicilian Avenue versteckten Restaurant kommen Vegetarier auf Tour nicht vorbei. Die traditionellen Speisen sind ein gesundes Vergnügen, von Löwenzahn, jungem Spinat und pochierter Knoblauchmilch bis zu Rübenbrei mit rosa Pfefferkörnern.

**Roti Chai** INDISCH £

(Karte S. 94; www.rotichai.com; 3 Portman Mews South, W1; Hauptgerichte ab 5–12 £; Mo–Sa 12–23, So 13–21 Uhr; ; Marble Arch) Das leuchtend bunte Roti Chai mit erfrischender

## Hoxton, Shoreditch & Spitalfields

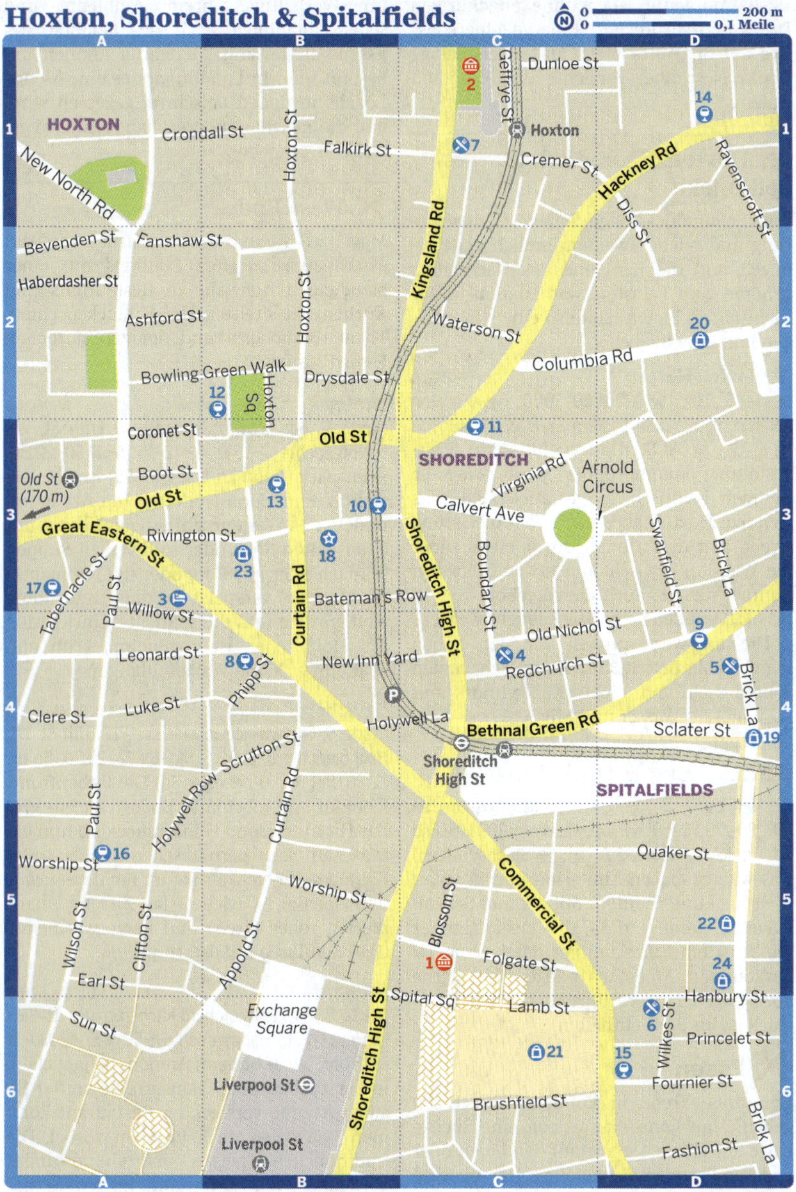


Straßenküche macht im oberen Geschoss ein glänzendes Geschäft mit *bel puris, chapli kebabs* aus scharfem Lammfleisch, *papri chaat* und Lammcurry-Imbiss für Laufkundschaft. Die Speisekarte unten bietet ein breiteres und teureres Angebot.

**Wahaca** MEXIKANISCH £
(Karte S. 64; www.wahaca.com; 66 Chandos Pl, WC2; Hauptgerichte 7–10 £; 12–23 Uhr; ; Covent Garden) Die einladende *cantina* ist eine Filiale einer Kette, die Zentrum mehrfach zu finden ist, und eignet sich prima für eine

## Hoxton, Shoreditch & Spitalfields

**Sehenswertes**
1 Dennis Severs' House ........ C5
2 Geffrye Museum ........ C1

**Schlafen**
3 Hoxton Hotel ........ A3

**Essen**
4 Albion ........ C4
5 Brick Lane Beigel Bake ........ D4
6 Poppies ........ D6
7 Sông Quê Café ........ C1

**Ausgehen & Nachtleben**
8 Book Club ........ B4
9 BrewDog ........ D4
10 Cargo ........ B3
11 George & Dragon ........ C3
12 Happiness Forgets ........ B2
13 Plastic People ........ B3
14 Sager & Wilde ........ D1
15 Ten Bells ........ D6
16 Worship St Whistling Shop ........ A5
17 XOYO ........ A3

**Unterhaltung**
18 Comedy Cafe ........ B3

**Shoppen**
19 Brick Lane Market ........ D4
20 Columbia Road Flower Market ........ D2
21 Old Spitalfields Market ........ C6
22 Rough Trade East ........ D5
23 Start ........ B3
24 Sunday UpMarket ........ D5

Stärkung mit mexikanischen Snacks (Tacos, *tostadas, quesadillas*) oder traditionelleren Speisen wie mariniertem Grillhuhn oder Fisch-Tacos. Dazu führt sie eine lange Liste Tequila und Mezqal. Obendrein wurde ihre Umweltfreundlichkeit prämiert.

**Nordic Bakery** SKANDINAVISCH £
(Karte S. 64; www.nordicbakery.com; 14a Golden Sq, W1; Snacks 4–5 £; Mo–Fr 8–20, Sa 9–19, So 10–19 Uhr; Piccadilly Circus) Das kleine Café – typisch nordisch, schnörkelloser Stil, blanke Holzwände – serviert unkomplizierte nordische Snacks, wie zuckrige finnische Zimtschnecken, Sandwiches mit skandinavischem Räucherfisch, Salat aus Roter Bete und Ziegenkäse sowie Haferkekse.

**Monmouth Coffee Company** CAFÉ £
(Karte S. 64; www.monmouthcoffee.co.uk; 27 Monmouth St, WC2; Gebäck & Kuchen ab 2,50 £; Mo–Sa 8–18.30 Uhr; Tottenham Court Rd, Leicester Sq) Auf der Ladentheke sind viele Leckereien ausgelegt, aber der Kaffee ist hier der Star, ach was, der Gott. Man kann hinten an einem der eng gestellten Tische mit einem anderen Koffeinsüchtigen quatschen oder seine Dröhnung mitnehmen und sich in eine der Gassen der Umgebung verdrücken. Eine Filiale gibt's in **Borough** (Karte S. 84; 2 Park St, SE1; 7.30–18 Uhr; London Bridge).

**Hummus Bros** CAFÉ £
(Karte S. 64; www.hbros.co.uk; 88 Wardour St, W1; Hauptgerichte 3,50–6,50 £; Mo–Sa 12–22, So bis 21 Uhr; ; Piccadilly Circus) Wer Kichererbsen nicht mag, sollte wegbleiben, denn das zwanglose Café ist ein Hummus-Paradies. Der köstliche Matsch kommt in Schälchen mit Fleisch oder Gemüse obenauf und mit Fladenbrot. Weitere Filialen gibt es in **Holborn** (Karte S. 98; 37–63 Southampton Row, W1; Mo–Fr 11–21, Sa 12–17 Uhr; ; Holborn), **Cheapside** (Karte S. 74; 128 Cheapside, EC2; Mo–Do 7.30–21, Fr bis 16 Uhr; ; St Paul's) und auf dem **Exmouth Market** (Karte S. 98; 62 Exmouth Market; Mo–Sa 8–21 Uhr; ).

**Fernandez & Wells** CAFÉ £
(Karte S. 64; www.fernandezandwells.com; 73 Beak St, W1; Gerichte 4,50–6 £; Mo–Fr 7.30–18, Sa & So 9–18 Uhr; Piccadilly Circus) Eine von vier Filialen im Zentrum Londons, alle mit kleinen, freundlichen und eleganten Räumen. Café und Espresso-Bar servieren beide Sandwiches und erstklassigen Kaffee.

**Mildreds** VEGETARISCH £
(Karte S. 64; www.mildreds.co.uk; 45 Lexington St, W1; Hauptgerichte 8–10,50 £; Mo–Sa 12–23 Uhr; ; Oxford Circus, Piccadilly Circus) Das alteingesessene und stets gut besuchte Mildred's verführt alle Arten von Vegetariern, Allesessern und Gesundheitsfanatikern, also kein Grund, nicht einen Tisch mit ihnen unter dem Oberlicht zu teilen. Vegane und glutenfreie Speisen gibt es auch.

**Baozi Inn** CHINESISCH £
(Karte S. 64; 25 Newport Ct, WC2; Hauptgerichte 5–7,50 £; 12–22.30 Uhr; Leicester Sq) Das Baozi Inn mit Vintage-Einrichtung und kitschigem Kommunisten-Pop serviert authentische Straßenküche aus Peking und Chendu, wie pikante *dan dan*-Nudeln (klassische Sichuan-Küche) und *baozi* (gedämpfte, gefüllte Teigtaschen), alles täglich handgemacht.

### ★ Brasserie Zédel
FRANZÖSISCH ££

(Karte S. 64; ☎ 020-7734 4888; www.brasseriezedel.com; 20 Sherwood St, W1; Hauptgerichte 8,75–30 £; ⏲ Mo–Sa 11.30–24, So bis 23 Uhr; 📶; ⊖ Piccadilly Circus) Die erfolgreiche Keller-Brasserie im prachtvoll renovierten Art-déco-Ballsaal des ehemaligen Hotels Piccadilly bietet sehr preiswerte Menüs (2/3 Gänge für 8,95/11,75 £) und *plats du jour* (12,95 £) in tollem Ambiente.

### Great Queen Street
BRITISCH ££

(Karte S. 64; ☎ 020-7242 0622; 32 Great Queen St, WC2; Hauptgerichte 12–16 £; ⏲ Mo–Sa 12–14.30 & 18–22.30, So 12–15 Uhr; ⊖ Holborn) Die Speisekarte in einem der besten Restaurants in Covent Garden ist saisonal (und wechselt täglich) mit Schwerpunkt auf hochwertigen, deftigen Gerichten und guten Zutaten, z. B. stets köstliche Eintöpfe, Braten und einfache Fischgerichte. Die Atmosphäre ist lebhaft und unten gibt es eine kleine Bar. Reservierung ist erforderlich.

### National Dining Rooms
BRITISCH ££

(Karte S. 64; ☎ 020-7747 2525; www.peytonandbyrne.co.uk; 1. Stock, Sainsbury Wing, National Gallery, Trafalgar Sq, WC2; Hauptgerichte 15,50–20,50 £; ⏲ Sa–Do 10–17.30, Fr bis 20.30 Uhr; ⊖ Charing Cross) Es ist durchaus passend, dass sich das hochgelobte Restaurant der britischen Küche widmet, schließlich befindet es sich in der National Gallery und blickt auf den Trafalgar Square. Viel billiger, aber mit dem gleichen Blick, Ambiente, exzellenten Service und Qualitätsprodukten sind ein Salat, Pie oder eine Tarte in der benachbarten Bäckerei.

### Bocca di Lupo
ITALIENISCH ££

(Karte S. 64; ☎ 020-7734 2223; www.boccadilupo.com; 12 Archer St, W1; Hauptgerichte 8–27,50 £; ⏲ Mo–Sa 12.30–15.45 & 17.30–23, So bis 21 Uhr; ⊖ Piccadilly Circus) Das Bocca in einer dunklen Seitenstraße in Soho strahlt elegante Kultiviertheit aus und verwöhnt den Gaumen mit Speisen aus allen kulinarischen Regionen Italiens.

### Barrafina
SPANISCH ££

(Karte S. 64; ☎ 020-7813 8016; www.barrafina.co.uk; 54 Frith St, W1; Tapas 5–18,50 £; ⏲ Mo–Sa 12–15 & 17–23 Uhr, So 13–15.30 & 17.30–22 Uhr; ⊖ Tottenham Court Road) Die Tapas (nur am Bartresen) mögen hier nicht so preiswert sein wie in Spanien, aber sie sind herausragend. Keine Reservierung, mit Warteschlangen ist zu rechnen. Eine Filiale eröffnete jüngst in **Covent Garden** (Karte S. 64; 10 Adelaide St, WC2).

### Canela
PORTUGIESISCH ££

(Karte S. 64; www.canelacafe.com; 33 Earlham St, WC2; Hauptgerichte 9–13 £; ⏲ Mo–Sa 11–23, So bis 21 Uhr; 📶; ⊖ Covent Garden) Das nette Café in Covent Garden brutzelt eine verlockende Auswahl an portugiesischen und brasilianischen Gerichten, darunter *feijoada* (Bohneneintopf mit Räucherfleisch) und *pão de queijo* (Käsebrötchen). Prima für den kleinen Hunger vor dem Theaterbesuch.

### Bar Shu
CHINESISCH ££

(Karte S. 64; ☎ 020-7287 6688; www.barshurestaurant.co.uk; 28 Frith St, W1; Hauptgerichte 10–31 £; ⏲ 12–23 Uhr; ⊖ Piccadilly Circus, Leicester Sq) Authentische Sichuan-Küche wurde von den auf Süßes gepolten kantonesischen Köchen in Chinatown lange vernachlässigt. Aber die Bar Shu kriegt es richtig *mala* (feurig scharf) hin mit ihren Gerichten voll mit geräucherten Chilis und dem unverzichtbaren aromatischen Pfefferkorn *(hua jiao)*.

### Pitt Cue Co
BARBECUE ££

(Karte S. 64; www.pittcue.co.uk; 1 Newburgh St, W1; Hauptgerichte 11,50–16,50 £; ⏲ Mo–Sa 12–15 & 17.30–23, So 12–16 Uhr; ⊖ Oxford Circus) Es gibt nur 30 Plätze in dem winzigen Lokal (oben Bar, unten Restaurant), daher ist mit Wartezeiten (keine Reservierung) für einen Tisch und Blechtabletts voller Fleisch nach amerikanischer Barbecue-Art (Zupfbraten, Rinderrippen) zu rechnen. Reinquetschen und genießen.

### Hawksmoor Seven Dials
STEAKHAUS £££

(Karte S. 64; ☎ 020-7420 9390; www.thehawksmoor.co.uk; 11 Langley St, WC2; Steak 20–34 £, 2-/3-Gänge-Expressmenü 23/26 £; ⏲ Mo–Sa 12–15 & 17–22.30, So 12–21.30 Uhr; 📶; ⊖ Covent Garden) 🍃 Das Hawksmoor ist wegen seiner leckeren und schmackhaften Steaks von britischen Rindern legendär unter Londoner Fleischliebhabern. Auch die üppigen Sonntagsbraten, Hamburger und gut gemixten Cocktails sind Knüller. Reservierung ist ratsam.

### Arbutus
MODERN EUROPÄISCH £££

(Karte S. 64; ☎ 020-7734 4545; www.arbutusrestaurant.co.uk; 63–64 Frith St, W1; Hauptgerichte 18–20 £; ⏲ Mo–Sa 12–14.30 & 17–23, So 12–15 & 17.30–22.30 Uhr; 📶; ⊖ Tottenham Court Rd) Anthony Demetres Sternerestaurant mit kreativen Gerichten aus saisonalen Zutaten ist absolut klasse. Das preisgünstige „Arbeits-Lunch-Menü" für 17,95 £ für zwei Gänge und 19,95 £ für drei ist ein Schnäppchen. Reservierung ist unumgänglich.

## City

Wer an einem Sonntagmorgen mit leerem Magen in die City kommt, wird bitter enttäuscht werden. Selbst unter der geschäftigen Woche sind die Kettenlokale die einzige Rettung.

**Café Below** CAFÉ £

(Karte S. 74; ☎020-7329 0789; www.cafebelow.co.uk; St. Mary-le-Bow Church, Cheapside, EC2; Hauptgerichte 8,75–10,50 £; ⏲Mo–Fr 7.30–14.30 Uhr; ✎; ⊖Mansion House) Das stimmungsvolle Café-Restaurant in der Krypta einer der berühmtesten Kirchen Londons serviert heute nur noch Frühstück und Mittagessen, ist aber sehr preiswert und hat viele vegetarische Speisen. Im Sommer stehen Tische im schattigen Hof.

**Duck & Waffle** BRASSERIE ££

(Karte S. 74; ☎020-3640 7310; www.duckandwaffle.com; 40. Stock, Heron Tower, 110 Bishopsgate, EC2; Hauptgerichte 7–32 £; ⏲24 Std.; ⊖Liverpool St) Das höchste Restaurant in Großbritannien verbindet eine sehr schicke (keine Sportkleidung und Flipflops) und moderne Location im 40. Stock des Heron Tower, überzeugende britische Speisen (kleine Portionen zum Probieren und geselligem Teilen) – und Waffeln – mit einem Panoramablick rund um die Uhr.

**Sweeting's** FISCH & MEERESFRÜCHTE £££

(Karte S. 74; ☎020-7248 3062; www.sweetingsrestaurant.com; 39 Queen Victoria St, EC4; Hauptgerichte 15–45 £; ⏲Mo–Fr 11.30–15 Uhr; ⊖Mansion House) Das Sweeting's, das bereits seit 1889 Gäste bewirtet, ist eine Institution für leckeren Fisch (gegrillt, gebraten oder gedünstet) aus nachhaltiger Fischerei, gebratene Jungfische, Seezunge und eine hervorragenden Fischpastete (15 £).

## South Bank

Die beliebtesten Restaurants liegen am Fluss mit klassischen Ausblicken, aber wer sich umschaut, entdeckt auch abseits der Ufergegend tolle Möglichkeiten. Ein Essen mit London-Flair gibt's auf dem Borough Market (S. 138) oder in der Bermondsey Street.

**M. Manze** BRITISCH £

(Karte S. 84; www.manze.co.uk; 87 Tower Bridge Rd, SE1; Hauptgerichte 2,40–6,25 £; ⏲Mo–Do 11–14, Fr & Sa 10–14.30 Uhr; ⊖Borough) Das klassische M. Manze (mit italienischen Wurzeln) begann 1902 als Eisladen, bevor es sich den *pies* zuwandte. Der Laden ist schön gekachelt und serviert traditionelles Arbeiteressen: *pie & mash* (Fleischpastete mit Kartoffelbrei), *pie & liquor* (mit Petersiliensoße) und Aal in Aspik oder geschmort.

**★ Skylon** MODERN EUROPÄISCH ££

(Karte S. 84; ☎020-7654 7800; www.skylon-restaurant.co.uk; 3. Stock, Royal Festival Hall, Southbank Centre, Belvedere Rd, SE1; Grill Hauptgerichte 12,50–30 £, Restaurant 2-/3-Gänge 42/48 £; ⏲Grill 12–23 Uhr, Restaurant Mo–Sa 12–14.30 & 17.30–22.30, So 12–16 Uhr; 📶; ⊖Waterloo) Das schöne Lokal ganz oben in der Royal Festival Hall ist in zwei Bereiche, Grill und Fine-Dining-Restaurant, aufgeteilt. Das Design ist feinste 1950er-Jahre mit deckenhohen Fenstern mit Blick auf die Themse und die City. Werktags kosten die 2-/3-Gänge-Mittagsmenüs im Grill verlockende 18/21 £. Reservierung ist ratsam, besonders für das Restaurant. Sportlich elegante Kleidung (aber keine Sportkleidung) ist erwünscht.

**Magdalen** MODERN BRITISCH ££

(Karte S. 84; ☎020-7403 1342; www.magdalenrestaurant.co.uk; 152 Tooley St, SE1; Hauptgerichte 14,50–21 £, 2-/3-Gänge-Mittagsmenü 15,50/18,50 £; ⏲Mo–Fr 12–14.30 & Mo–Sa 18.30–22 Uhr; 📶; ⊖London Bridge) Das Magdalen ist ein kleines Juwel in der wenig schönen Tooley Street und genau das Richtige für alle, die unbedingt ein paar der besten modern-britischen Speisen Londons probieren wollen. Schwerpunkt ist Fleisch, liebevoll zubereitet und präsentiert, also kein Restaurant für Vegetarier und Figurbewusste.

## Belgravia

**★ Pimlico Fresh** CAFÉ £

(86 Wilton Road, SW1; Hauptgerichte ab 6 £; ⏲Mo–Fr 7.30–19.30, Sa & So 9–18 Uhr; ⊖Victoria) Das freundliche Café mit zwei Räumen ist eine gute Wahl für ein gesundes Frühstück oder Mittagessen. Es serviert hausgemachte Gerichte, wie Pasteten, Suppen, gebackene Bohnen auf Toast und Lasagne oder wärmenden Haferbrei mit Honig, Ahornsirup, Banane, Joghurt und Sultaninen. Regelmäßig auch kreative Küche.

## Knightsbridge

**★ Dinner by Heston Blumenthal** MODERN BRITISCH £££

(Karte S. 90; ☎020-7201 3833; www.dinnerbyheston.com; Mandarin Oriental Hyde Park, 66 Knightsbridge,

SW1; Hauptgerichte 28–42 £, 3-Gänge-Mittagsmenü 38 £; ⌚12–14.30 & 18.30–22.30 Uhr; 📶; ⊖Knightsbridge) Das Dinner mit seinen zwei Michelin-Sternen ist ein kulinarisches Glanzstück, das seine Gäste auf eine Reise durch die britische Küchengeschichte (mit kreativen modernen Kniffen) mitnimmt. Um den historischen Kontext zu vermitteln, sind die Gerichte mit Jahreszahlen versehen – der Kabeljau in Cidre (ca. 1940) ist eine Freude. Sofern nicht das Mittagsmenü (Mo–Fr) bestellt wird, kann die Rechnung schnell in die Höhe schießen. Reservierung ist ratsam.

**Zuma** JAPANISCH £££
(Karte S. 90; ☎020-7584 1010; www.zumarestaurant.com; 5 Raphael St, SW7; Hauptgerichte 15–75 £; ⌚Mo–Fr 12–14.30, Sa & So 12.30–15.30, tgl. 18–23 Uhr; 📶; ⊖Knightsbridge) Das stilvolle Zuma ist eine moderne Version des traditionellen japanischen *izakaya,* wo Essen und Trinken einander gleichgestellt sind. Aber im Mittelpunkt stehen die exzellenten Sushi, Sashimi und *robata*-Gerichte (vom Holzkohlengrill). Sake-Liebhaber stehen an der Bar vor einer Auswahl von über 40 verschiedenen Sorten ihres Lieblingsgetränks.

## Chelsea & Kensington

In den beiden Nobelvierteln liegen einige der besten (und teuersten) Restaurants Londons.

**Wasabi** JAPANISCH £
(www.wasabi.uk.com; Kensington Arcade, Kensington High St, W8; Hauptgerichte 5–8 £; ⌚Mo–Sa 10–22, So 11–21 Uhr; ⊖High St Kensington) Große, helle Filiale (mit Tischen und Take-away) der hervorragenden japanischen Sushi- und Bentokette mit köstlichen Reisgerichten, Nudeln, Sushi und Salaten, alles preiswert und ideal für einen schnellen Mittagsimbiss. Filialen gibt's in der ganzen Innenstadt.

★ **Five Fields** MODERN BRITISCH £££
(Karte S. 90; ☎020-7838 1082; www.fivefieldsrestaurant.com; 8–9 Blacklands Terrace, SW3; 3-Gänge-Menü 50 £; ⌚Di–Sa 18.30–22 Uhr; 📶; ⊖Sloane Square) Die einfallsreiche britische Küche, der vollendete Service und die helle und einladende Einrichtung des erfolgreichen Restaurants in Chelsea haben sofort treue Anhänger gewonnen, daher früh buchen, um einen Tisch zu bekommen.

★ **Medlar** MODERN EUROPÄISCH £££
(☎020-7349 1900; www.medlarrestaurant.co.uk; 438 King's Rd, SW10; 3-Gänge-Menü mittags 27–30 £, abends 35–45 £; ⌚12–15 & 18.30–22.30 Uhr; 📶; ⊖South Kensington, Fulham Broadway, Sloane Sq) Das Sternerestaurant Medlar mit seinem ungekünstelten und doch kühl modernen, grün-grauen Design wurde rasch zu einer Sensation in der King's Road. Es gibt keine À-la-carte-Gerichte und kaum Überheblichkeit, aber die Menüs werden von Küchenchef Joe Mercer Nairne (vom Chez Bruce) perfekt zubereitet.

**Gordon Ramsay** FRANZÖSISCH £££
(Karte S. 90; ☎020-7352 4441; www.gordonramsay.com; 68 Royal Hospital Rd, SW3; 3-Gänge-Menü mittags/abends 55/95 £; ⌚Mo–Fr 12–14.30 & 18.30–23 Uhr; ⊖Sloane Sq) Ein Tisch in einem der besten Restaurants Großbritanniens und Londons ältestem mit drei Michelin-Sternen muss früh reserviert werden und es wird feine Kleidung erwartet: In Jeans und T-Shirt wird niemand eingelassen. Und wer den Chefkoch im Einsatz gesehen hat, wird sich vor Widerspruch hüten.

## Notting Hill, Shepherd's Bush & Hammersmith

In Notting Hill wimmelt von guten Lokalen, von billigen Take-aways bis zu atmosphärischen Pubs und Restaurants, die das Etikett „gehoben" verdienen. Shepherd's Bush und Hammersmith weiter westlich haben auch ein paar gute Anwärter zu verzeichnen.

**Taquería** MEXIKANISCH £
(Karte S. 115; www.taqueria.co.uk; 139–143 Westbourne Grove; Tacos 5–7,50 £; ⌚Mo–Fr 12–23, Sa 10–23.30, So 12–22.30 Uhr; 📶; ⊖Notting Hill Gate) 🍃 Das Ökobewusstsein des Lokals ist ebenso ansprechend und anspruchsvoll wie die authentischen, frisch zubereiten Mais-Tortillas, weswegen es andere mexikanische Restaurants sofort in die Ecke von Tex-Mex drängt. Der Fisch stammt aus nachhaltigen Quellen und Schwein, Huhn und Eier kommen aus Freilandhaltung. Eine tolle Auswahl an Mezcal und Tequila gibt's auch.

**Electric Diner** AMERIKANISCH ££
(Karte S. 115; www.electricdiner.com; 191 Portobello Rd, W11; Hauptgerichte ab 8–19 £; ⌚Mo–Do 8–24, Fr–So bis 1 Uhr; 📶; ⊖Ladbroke Grove) Ein Feuer in der Küche bedeutete das Ende der Electric Brasserie. Aber sie wurde als schmales amerikanischer Diner mit langem Tresen, roten Ledernischen und einer überzeugenden französisch-amerikanischen Speisekarte mit Frühstück, Hamburgern, Steak mit Pommes frites und Hot Dogs neu gestaltet.

ABSTECHER

## HAMMERSMITH & SHEPHERD'S BUSH

Hammersmith und Shepherd's Bush sind nicht weit von Notting Hill entfernt und lohnen wegen ihrer guten Restaurants und Pubs einen Abstecher.

**Potli** (www.potli.co.uk; 319–321 King St, W6; werktags 1-/2-Gänge-Mittagsmenü 6,95/9,95 £, Hauptgerichte 6,50–13,50 £; ⌚Mo–Sa 12–14.45 & 18–22.30, So 12–22.30 Uhr; ⊖Stamford Brook, Ravenscourt Park) Mit Bollywood-Plakaten, diversen Stücken vom Diebesmarkt in Mumbai, einer indischen Basarküche, hausgemachten Mixed Pickles und Gewürzmischungen und der Betonung auf authentischem Geschmack vermittelt das Potli gekonnt das Flair seiner kulinarischen Heimat. Unten befindet sich eine offene Küche und der Service ist sehr freundlich. Der wirkliche Renner sind aber die verlockenden Speisen.

**Kerbisher & Malt** (www.kerbisher.co.uk; 164 Shepherd's Bush Rd, W6; Hauptgerichte 5,80–6,90 £; ⌚Di–Do 12–14.30 & 16.30–22, Fr & Sa 12–22, So bis 21 Uhr; ⊖Hammersmith) Der nachhaltig gefischte, köstliche, panierte oder gegrillte Seelachs, Schellfisch, Kabeljau oder Scholle von Kerbisher & Malt hat die Anerkennung von massenhaft Fischfans gewonnen. Die *chip butties* (Sandwiches mit Pommes belegt), die knusprigen Jungfische und die leckeren, zweifach frittierten Pommes frites verdienen ebenfalls Applaus.

**Dove** (☎020-8748 9474; www.dovehammersmith.co.uk; 19 Upper Mall, W6; ⌚Mo–Sa 11–23, So 12–22.30 Uhr; ⊖Hammersmith, Ravenscourt Park) Das wunderbare Pub aus dem 17. Jh., das von der gewaltigen Flut von 1928 schwer getroffen wurde, bietet viel historischen Charme und einen herrlichen Blick auf die Themse. Der schottische Dichter James Thompson soll hier im 18. Jh. zum Text von *Rule Britannia* inspiriert worden sein, das Dove war Graham Greenes Stammkneipe, auch Hemingway und Dylan Thomas tranken hier und William Morris lebte um die Ecke.

**★ Ledbury** FRANZÖSISCH £££
(Karte S. 115; ☎020-7792 9090; www.theledbury.com; 127 Ledbury Rd, W11; 4-Gänge-Menü mittags 45 £, abends 90 £; ⌚Mi–So 12–14 & tgl. 18.30–21.45 Uhr; 📶; ⊖Westbourne Park, Notting Hill Gate) Brett Grahams vornehmes französisches Restaurant mit zwei Michelin-Sternen und hinreißender Eleganz wird gern von betuchten Gästen in Jeans und Designerjacke besucht. Die Gerichte – wie gebratener Seebarsch mit Brokkolistrunk, Krebs und schwarzer Quinoa oder Wildrücken mit Roter Bete, Pinot-Weintrub und knusprigen Kartoffeln – sind perfekt. Londoner Feinschmecker sind hier Stammgäste, Reservierung ist also erforderlich.

## Marylebone

Bei den Restaurants in Marylebones hübscher High Street kann man nicht allzu viel falsch machen.

**La Fromagerie** CAFÉ ££
(Karte S. 94; www.lafromagerie.co.uk; 2–6 Moxon St, W1; Hauptgerichte 7–16,50 £; ⌚Mo–Fr 8–19.30, Sa 9–19, So 10–18 Uhr; ⊖Baker St) Auf dem langen Gemeinschaftstisch des Cafés und Feinkostladens stehen Schüsseln mit köstlichen Salaten, Antipasti, Paprika und Bohnen. Große Stücke Brot laden zum Zugreifen ein, während aus dem Käseraum ein himmlischer Duft lockt.

**Locanda Locatelli** ITALIENISCH ££
(Karte S. 94; ☎020-7935 9088; www.locandalocatelli.com; 8 Seymour St, W1; Hauptgerichte ab 13,50 £; ⌚tgl. 12–15, Mo–Sa 18.45–23, So bis 22.15 Uhr; 📶; ⊖Marble Arch) Das dunkle, aber dezent glamouröse Restaurant in einem ansonsten unscheinbaren Hotel ist bekannt für seine herausragenden, wenn auch teuren Pastagerichte und eine der angesagtesten Adressen Londons.

**Providores & Tapa Room** FUSIONSKÜCHE £££
(Karte S. 94; ☎020-7935 6175; www.theprovidores.co.uk; 109 Marylebone High St, W1; 2-/3-/4-/5-Gänge-Abendmenü 33/47/57/63 £; ⌚Mo–Fr 9–22.30, Sa & So 10–22 Uhr; 📶; ⊖Baker St) Küchenchef Peter Gordon ist Neuseelands profiliertester kulinarischer Export seit der Kiwifrucht und zaubert hier seine Fusionsgerichte passend zu neuseeländischem Wein. Der Tapa Room (ein hübsches Wortspiel, gemeint ist aber der polynesische Rindenbaststoff) unten serviert raffinierte Tapas und auch exzellentes Frühstück.

## Bloomsbury & St. Pancras

**Diwana Bhel Poori House** INDISCH £
(Karte S. 98; 121–123 Drummond St, NW1; Hauptgerichte 7–9 £; Mo–Sa 12–23.30, So bis 22.30 Uhr; Euston, Euston Sq) Das geniale indische, vegetarische Restaurant ist auf *bhel poori* (süß-saure, weiche und knusprige „Party-Mix-Snacks"), Dosa (gefüllte Pfannkuchen aus Reismehl) und Thali spezialisiert. Das All-you-can-eat-Mittagsbuffet (6,95 £) ist ein Schlemmerfest.

**Caravan** MEDITERRAN ££
(020-7101 7661; www.caravankingscross.co.uk; Granary Bldg, 1 Granary Sq, N1C; Hauptgerichte 7–15 £; Mo–Do 8–22.30, Fr bis 24, Sa 10–24, So 10–16 Uhr; King's Cross St Pancras) Das Caravan im frisch renovierten Granary Building am faszinierenden Granary Square am Regent's Canal ist ein großes und trendiges (Industrieschick) Lokal mit leckerer mediterraner Fusionsküche. Reservierung ist ratsam.

**North Sea Fish Restaurant** FISH & CHIPS ££
(Karte S. 98; www.northseafishrestaurant.co.uk; 7–8 Leigh St, WC1; Hauptgerichte 10–20 £; Mo–Sa 12–14.30 & 17.30–23, So 13–18 Uhr; Russell Sq) Das North Sea ist ein klassischer Fish-&-Chips-Laden zum gleich Essen oder Mitnehmen. Hier gibt's riesige Stücke Scholle oder Heilbutt, frittiert oder gegrillt, und große Portionen Pommes.

## Fitzrovia

Charlotte Street und Goodge Street in Fitzrovia, hinter der verkehrsreichen Tottenham Court Road, bilden eine der lebendigsten Restaurantmeilen im Zentrum von London.

**Dabbous** MODERN EUROPÄISCH ££
(Karte S. 98; 020-7323 1544; www.dabbous.co.uk; 39 Whitfield St, W1; Hauptgerichte 12–16 £; Di–Sa 12–15 & 17.30–23.30 Uhr; Goodge St) Ein Tisch in dem Lokal von Ollie Dabbous ist abends nur mit Reservierung oder aber mittags (vier Gänge 28 £) zu ergattern. Das ziemlich nüchterne und kahle Ambiente ist nicht jedermanns Sache, aber einfallsreiche Speisen voller Überraschungen und Ideenreichtum wiegen es auf; die Cocktailbar im Untergeschoss ist ideal für einen Drink vor dem Essen.

★ **Lima** SÜDAMERIKANISCH £££
(Karte S. 64; 020-3002 2640; www.limalondon.com; 31 Rathbone Place, W1; Hauptgerichte 10–29 £; Mo–Sa 12–14.30 & 17.30–22.30 Uhr; Tottenham Court Rd) Herrlich pikante peruanische Speisen stehen in dem gepflegten und bescheidenen Restaurant in Fitzrovia im Mittelpunkt. Die hinreißend präsentierten Gerichte haben einen Michelin-Stern eingebracht und das Personal ist stolz auf seine Arbeit.

**Hakkasan Hanway Place** CHINESISCH £££
(Karte S. 64; 020-7927 7000; www.hakkasan.com; 8 Hanway Place, W1; Hauptgerichte 11–100 £; Mo–Fr 12–15, Sa & So bis 16, So–Mi 17.30–23, Do–Sa bis 0.15 Uhr; Tottenham Court Rd) Das Sternerestaurant Hakkasan verbindet elegant chinesische Küche mit einer tollen Einrichtung und überzeugenden Cocktails. Die gedämpfte Beleuchtung vermittelt stimmige Romantik und die lange Speisekarte reicht von *Szechuan mabo tofu* bis zu gegrillten Shanghaier Teigtaschen, Pekingente und mehr.

## Camden Town

Camden ist super für ein preisgünstiges Essen. Die benachbarten Viertel Chalk Farm und Primrose Hill stecken voller Gastropubs und gehobener Restaurants.

**Dirty Burger** HAMBURGER £
(www.eatdirtyburger.com; 79 Highgate Rd, NW5; Hamburger 5,50 £; Mo–Fr 17–24, Sa 12–24, So bis 22 Uhr; Gospel Oak, Kentish Town) Bei Dirty Burger, eher eine Edelbude als ein Restaurant, gibt's hauptsächlich Hamburger (bis 11 Uhr auch Würstchen und Speck) und wellig geschnittene Pommes frites. Und was für Hamburger: dick, saftig und überquellend mit Senf, Gürkchen und Käse. Die Shakes sind auch gut.

**Mango Room** KARIBISCH ££
(Karte S. 125; 020-7482 5065; www.mangoroom.co.uk; 10–12 Kentish Town Rd, NW1; Hauptgerichte 8–15 £; 12–23 Uhr; Camden Town) Mango Room ist ein gehobenes karibisches Restaurant mit einer Mischung aus modernen und traditionellen Gerichten – kreolischer Schnapper, Ziegencurry, mariniertes Grillhuhn – bei Ska- und Reggae-Rhythmen.

## Islington

Wenigstens ein Abend sollte der Erkundung der Upper Street in Islington samt Seitenstraßen gewidmet werden.

**Trullo** ITALIENISCH ££
(020-7226 2733; www.trullorestaurant.com; 300–302 St. Paul's Rd, N1; Hauptgerichte 8,50–16 £,

## Camden Town

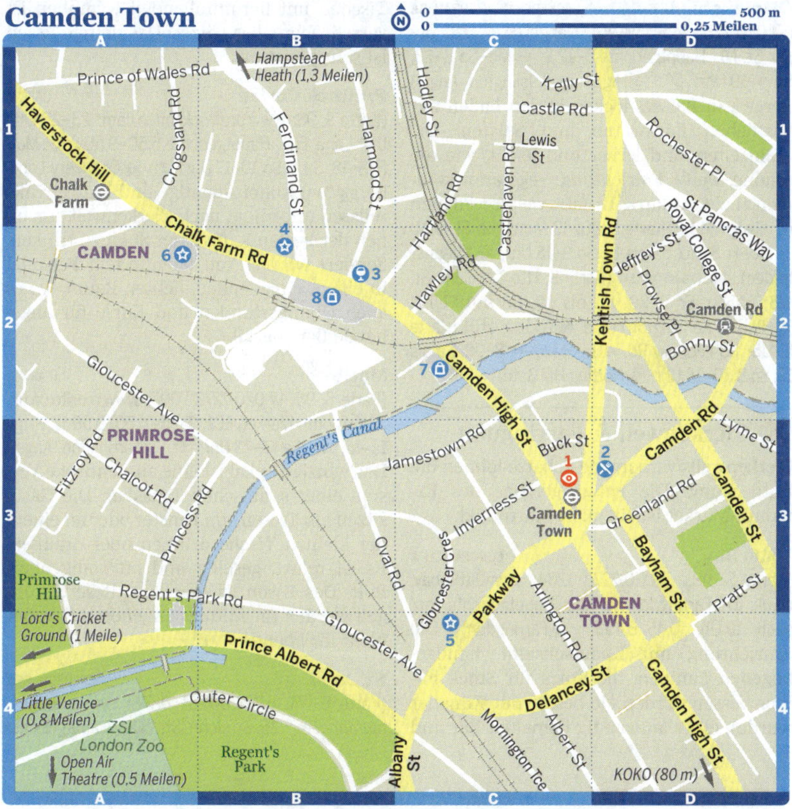


2-/3-Gänge-Mittagsmenü 15/19 £; ⏲ tgl. 12.30–15, Mo–Sa 18–22.30 Uhr; ⊖ Highbury & Islington) Das große Plus des Trullo ist, neben gutem Service, eine erfreuliche Vielfalt jenseits von Pasta und Pizza. Klar gibt es ein paar hervorragende Pastagerichte, aber die Hauptattraktion ist der Holzkohlengrill, von dem saftige T-Bone-Steaks und leckere Schweinekoteletts kommen, serviert mit gebackenen Borlotti-Bohnen oder Polenta. Reservierung ist erforderlich.

**Le Mercury** FRANZÖSISCH ££

(☎ 020-7354 4088; www.lemercury.co.uk; 140a Upper St, N1; Hauptgerichte 9,95 £; ⏲ Mo–Sa 12–1, So bis 23 Uhr; ⊖ Highbury & Islington, Angel) Ein behagliches französisches Lokal, ideal für klamme Casanovas, angesichts der Tatsache, dass es sehr viel teurer aussieht als es ist. Das sonntägliche Mittagessen oben am Kamin ist ein Gaumenschmaus, muss aber reserviert werden. **Le Mercury Deuxieme** (www.lemercury.co.uk; 154–155 Upper St, N1; Hauptgerichte 9,95 £; ⏲ Mo–Do 17–24, Fr & Sa 12–14, So bis 23 Uhr; ⊖ Highbury & Islington) ein paar Häuser weiter ist eine Filiale.

### Camden Town

**Sehenswertes**
1 Camden Market ........ C3

**Essen**
2 Mango Room ........ D3

**Ausgehen & Nachtleben**
3 Lock Tavern ........ B2

**Unterhaltung**
4 Barfly ........ B2
5 Dublin Castle ........ C4
6 Roundhouse ........ A2

**Shoppen**
7 Camden Lock Market ........ C2
8 Stables Market ........ B2

**Ottolenghi** BÄCKEREI, MEDITERRAN ££
(☎020-7288 1454; www.ottolenghi.co.uk; 287 Upper St, N1; Hauptgerichte 9–12 £; ⏲Mo–Sa 8–23, So 9–19 Uhr; ; ⊖Highbury & Islington, Angel) Berge von Baisers locken in den Laden mit köstlichen Backwaren und Salaten. Die Mahlzeiten sind lecker und leicht, wie die schöne, weiße Einrichtung. Vegetarier kommen nicht zu kurz. Es gibt weitere Filialen in **Belgravia** (Karte S. 90; 13 Motcomb St, SW1; ⏲Mo–Fr 8–20, Sa bis 19, So 9–18 Uhr; ⊖Knightsbridge), **Kensington** (Karte S. 115; 1 Holland St, W8; ⏲Mo–Fr 8–20, Sa bis 19, So 9–18 Uhr; ⊖High St Kensington) und **Notting Hill** (Karte S. 115; 63 Ledbury Rd, W11; ⏲Mo–Fr 8–20, Sa bis 19, So 8.30–18 Uhr; ⊖Notting Hill Gate).

## Clerkenwell & Farringdon

Clerkenwells verborgene Schätze lohnen die Entdeckung. Die Fußgängerzone des Exmouth Market ist ein guter Startpunkt.

**Little Bay** EUROPÄISCH £
(Karte S. 98; ☎020-7278 1234; www.little-bay.co.uk; 171 Farringdon Rd, EC1; Hauptgerichte vor/nach 19 Uhr 6,45/8,45 £; ⊖Farringdon) Die Einrichtung mit Knautschsamt, handgebogenen Lampen, die Stück für Stück immer besser werden (je besser der Künstler wurde), einer aufwendig bemalten Bar und Tischen mit herumtollenden Nymphen ist verschroben aber witzig. Das deftige Essen ist sehr preiswert.

**Prufrock Coffee** CAFÉ £
(Karte S. 98; www.prufrockcoffee.com; 23–25 Leather Lane, EC1; Hauptgerichte 5,50–9,50 £; ⏲Mo–Fr 8–18, Sa & So 10–17 Uhr; ; ⊖Chancery Lane, Farringdon) Koffeinsüchtige und Kaffeefreaks müssen unbedingt nach Clerkenwell, um einen der besten Kaffees der Stadt zu trinken. Serviert wird er von talentiertem Personal in einem einladenden, lichten Raum, wo es auch Übungsstunden und Kurse für angehende Baristas gibt.

**Morito** TAPAS ££
(Karte S. 98; ☎020-7278 7007; www.morito.co.uk; 32 Exmouth Market, EC1; Tapas 4,50–9,50 £; ⏲tgl. 12–16, Mo–Sa 17–23 Uhr; ; ⊖Farringdon, Angel) Das winzige Lokal ist eine authentische Version einer spanischen Tapasbar. Die Gäste sitzen am Tresen, am Fenster oder an einem der kleinen Tische drinnen oder draußen. Es ist relaxt, gesellig und oft völlig überfüllt. Das Essen ist exzellent; Reservierungen werden für mittags angenommen, aber nicht für abends.

**St. John** BRITISCH £££
(Karte S. 74; ☎020-7251 0848; www.stjohnrestaurant.com; 26 St. John St, EC1; Hauptgerichte

### FUTTERKETTEN

Zu all den Caffè Neros und Pret a Mangers gibt es einige tolle Alternativen. Hier eine Auswahl der besten:

**Konditor & Cook** (www.konditorandcook.com) Londons beste Bäckereikette mit exzellenten Torten, Kuchen, Brot und Kaffee.

**Jamie's Italian** (www.jamieoliver.com) Gutes italienisches Essen in modernem Ambiente.

**Masala Zone** (www.masalazone.com) Ausgezeichnete indische Kette, deren Spezialität Thalis (eine Mahlzeit aus mehreren kleinen Gerichten) sind.

**Nando's** (www.nandos.co.uk) Bei den Londonern sehr beliebt wegen der humanen Preise, köstlichen pikanten Hühnchen *à la portuguesa* – und tränentreibend scharfen Peri-Peri-Soßen.

**Pizza Express** (www.pizzaexpress.com) Hervorragende Pizza, gepflegtes Ambiente und super Standorte in ganz London.

**Wagamama** (www.wagamama.com) Japanische Nudeln erobern vom Londoner Haupthaus aus die ganze Welt.

**Wahaca** (www.wahaca.com) Mexikanische Street-Food-Kultur in frischem, farbenfrohem Ambiente.

**Wasabi** (www.wasabi.uk.com) Macht mit japanischen Gerichten in den Einkaufsstraßen Furore.

**Zizzi** (www.zizzi.co.uk) Pizza aus dem Holzofen.

17–23 £; ⌚Mo–Sa 12–15 & 18–23, So 13–15 Uhr; ⊖Farringdon) Helle, weiß gestrichene Backsteinwände, hohe Decken und einfache Holzmöbel lenken die Aufmerksamkeit auf weltberühmte Gerichte wie Schweinsgekröse und Ochsenzunge.

**Modern Pantry** FUSIONSKÜCHE £££
(Karte S. 98; ☎020-7553 9210; www.themodernpantry.co.uk; 47–48 St. John's Sq, EC1; Hauptgerichte 14–21,50 £; ⌚Di–Fr 12–15, Sa & So 11–16, Di–Sa 18–22.30 Uhr; 📶; ⊖Farringdon) Das Restaurant in einem dreistöckigen georgianischen Stadthaus im Herzen von Clerkenwell hat ein tolles, innovatives Speisenangebot und ist in London aller Munde.

## Hoxton, Shoreditch & Spitalfields

Von den mal guten, mal nicht so guten Bangladescher Restaurants in der Brick Lane bis zu den vietnamesischen Lokalen in der Kingsland Road und den jüdischen, spanischen, französischen, italienischen und griechischen Restaurants dazwischen ist die Küche des East End so multikulturell wie seine Bewohner.

**Sông Quê Café** VIETNAMESISCH £
(Karte S. 118; www.songque.co.uk; 134 Kingsland Rd, E2; Hauptgerichte 6-9 £; ⌚Mo–Fr 12–15 & 17.30–23, Sa & So 12–23 Uhr; ⊖Hoxton) Wer nach 19.30 Uhr ankommt, muss mit Warteschlangen rechnen: Das bescheidene Lokal ist eines der besten vietnamesischen Restaurants in London und die Gäste werden hinauskomplimentiert, sobald sie den letzten Bissen geschluckt haben.

**Brick Lane Beigel Bake** BAGELS £
(Karte S. 118; 159 Brick Lane, E2; Bagels 1–4 £; ⌚24 Std.; ⊖Shoreditch High St, Liverpool St) Das stets gut besuchte Relikt des jüdischen East End ist eher ein Take-away als ein Café und verkauft spottbillige Bagels – ein toller nächtlicher Snack nach reichlich Alkoholgenuss.

**Poppies** FISH & CHIPS ££
(Karte S. 118; www.poppiesfishandchips.co.uk; 6–8 Hanbury St, E1; Hauptgerichte 7–16 £; ⌚Mo–Do 11–23, Fr & Sa bis 23.30t, So bis 22.30 Uhr; 📶; ⊖Shoreditch High St, Liverpool St) Der phantastische Laden in Spitalfields frittiert schon seit 1945 und ist eine wunderbare Zeitreise zurück in die 1950er-Jahre, samt originaler Jukebox, massenhaft Memorabilien, Kellnerinnen mit Schürze und Haarnetz und klassischen Fish & Chips (plus Aal in Aspik).

**Albion** BRITISCH ££
(Karte S. 118; ☎020-7729 1051; www.albioncaff.co.uk; 2–4 Boundary St, E2; Hauptgerichte 9–13 £; ⌚8–23 Uhr; 📶; ⊖Old St) Wer Sehnsucht nach guter alter englischer Küche hat, nur weniger fettig und pampig, bekommt in diesem bewusst altmodischen „Caff" wunderbare *bangers and mash* (Würstchen und Kartoffelbrei) sowie Steak and *kidney pie*, pikante Hammelnierchen und natürlich Fish & Chips.

## East End

**Formans** BRITISCH ££
(☎020-8525 2365; www.formans.co.uk; Stour Rd, Fish Island, E3; Hauptgerichte 11,50–19,50 £; ⌚Do & Fr 19–23, Sa 10–14 & 19–23, So 12–17 Uhr; 📶; ⊖Hackney) Bei Formans wird schon seit 1905 Fisch geräuchert und neuerdings bietet das Restaurant in Flusslage außerdem einen erstklassigen Blick auf das Olympiastadion. Zur Wahl stehen diverser Räucherlachs (darunter der nach Londoner Art mild geräucherte) und Meeresfrüchte, sowie ein paar köstliche britische Gerichte. Eine Galerie mit Blick in die Räucherei und eine Lounge-Bar runden das reizvolle Ambiente ab.

# Ausgehen & Nachtleben

So lange es die Stadt gibt, lieben die Londoner ihre Drinks – und, wie die Geschichte zeigt, oft grenzenlos. Das Pub ist Dreh- und Angelpunkt des geselligen Lebens und trotz schwindender Zahl ist immer eines um die Ecke. Wenn die Sonne scheint, wird an Straßentischen, in Parks und auf Plätzen getrunken.

Soho ist zweifellos der Mittelpunkt der Barkultur, mit genug Auswahl für jeden Geschmack. Camden wurde zwar in Sachen Coolness von Hoxton und Shoreditch abgedrängt, ist aber noch immer ein Eldorado für Szenetrinker und Rock-Kids.

Stadtteile wie Clerkenwell, Islington, Southwark, Notting Hill und Earl's Court platzen geradezu aus ihren bierbenebelten Säumen mit Pubs und sind für Kneipentouren einfach ideal.

In der City ist entsprechend der Leute, die dort arbeiten, nur montags bis freitags etwas los; mehrere historische Pubs schließen am Wochenende oder an Sonntagen. In South London gibt es ein paar schöne historische Kneipen in Flussnähe. Der Preis für Bier ist hoch genug, um jeden in den Suff zu treiben – ein Pint Lager kostet ab 3,25 £.

Die Menge und Vielfalt der Clubs in London ist überwältigend. Megaclubs sind in der ganzen Stadt verteilt, solange der Laden nur groß genug, billig genug oder abgefahren genug ist. Freitags und samstags sind sie brechend voll, aber die besseren Gigs gibt's unter der Woche. Die Eintrittspreise sind sehr unterschiedlich; frühes Eintreffen oder Kartenvorbestellung machen die Sache oft billiger.

## West End

**★Gordon's Wine Bar** BAR

(Karte S. 64; www.gordonswinebar.com; 47 Villiers St, WC2; Mo–Sa 11–23t, So 12–22 Uhr; Embankment) Dem riesigen, von Kerzen beleuchteten Weinkeller, der seit 120 Jahren praktisch unverändert ist, kann man kaum widerstehen. Aber wer nicht vor dem Ansturm der Büroheinis auftaucht (meist gegen 18 Uhr), kann einen Tisch vergessen.

**Opium** COCKTAILBAR

(Karte S. 64; 020-7734 7276; www.opiumchinatown.com; 15–16 Gerrard St, W1; Mo–Mi 17–24, Do–Sa bis 2, So 12–24 Uhr) Der selbsterklärte „Cocktail- und Dim-Sum-Salon" hoch über der Hauptstraße von Chinatown könnte gut als Opiumhöhle mit Bordell durchgehen: Eine jadegrüne Tür führt in einen roten Raum und zu komplexen Cocktails.

**Spuntino** BAR

(Karte S. 64; www.spuntino.co.uk; 61 Rupert St, W1; Hauptgerichte 6–10 £; Mo–Mi 12–24, Do–Sa bis 1, So bis 23 Uhr; Piccadilly Circus) Im coolen Spuntino in der Rupert Street trifft Kneipenambiente auf amerikanisch-italienische Fusionsküche. Für einen Platz an der Bar oder einem der langen Tische hinten muss allerdings mit etwas Wartezeit gerechnet werden (keine Reservierung, kein Telefon).

**French House** BAR

(Karte S. 64; www.frenchhousesoho.com; 49 Dean St, W1; 12–23 Uhr; Leicester Sq) Das French House ist Sohos legendäre Szenekneipe mit Geschichte: Hier trafen sich während des Zweiten Weltkriegs die Kämpfer des Freien Frankreichs, de Gaulle soll hier ein paar Drinks gekippt haben, und Dylan Thomas, Peter O'Toole, Brendan Behan und Francis Bacon waren entschlossen, den Laden leer zu saufen. Handy-, Musik- und Fernsehverbot verstärken den Mythos noch.

**Princess Louise** PUB

(Karte S. 64; 208 High Holborn, WC1; 11.30–23 Uhr; Holborn) Das spätviktorianische Pub ist das urigste von ganz London. Es ist mit wundervollen Kacheln, geätzten Spiegeln, Stuck und einer besonders schönen hufeisenförmigen Bar stimmungsvoll ausgestattet. Nach Feierabend wird's hier voll.

**Terroirs** WEINBAR

(Karte S. 64; www.terroirswinebar.com; 5 William IV St, WC2; Mo–Sa 12–23 Uhr; Charing Cross Road) Toller zweistöckiger Laden für einen Drink vor oder nach dem Theater oder eine Wurstplatte, die keine Wünsche offen lässt. Das Personal kennt sich aus, die Tagesgerichte mittags kosten 10 £, die Atmosphäre ist fröhlich und es gibt eine sehr große Auswahl an Bioweinen.

**Lamb & Flag** PUB

(Karte S. 64; www.lambandflagcoventgarden.co.uk; 33 Rose St, WC2; Mo–Sa 11–23, So 12–22.30 Uhr; Covent Garden) Das historische Pub mit Messingbeschlägen und knarzendem Holzfußboden hält jeder Covent-Garden-Besucher für seine persönliche Entdeckung. Es existiert seit 1623, hieß früher „Bucket of Blood" und steckt ebenso voller Geschichte wie voller Gäste.

**Galvin at Windows** BAR

(Karte S. 58; www.galvinatwindows.com; London Hilton on Park Lane, 28. Stock, 22 Park Lane, W1; Mo–Mi 11–1, Do–Sa bis 3, So bis 23 Uhr; Hyde Park Corner) Die Aussicht und die Preise für die Cocktails haben hier, im 28. Stock des Hilton am Hyde Park, etwas gemeinsam: Sie sind umwerfend.

**LAB** COCKTAILBAR

(Karte S. 64; 020-7437 7820; www.labbaruk.com; 12 Old Compton St, W1; Mo–Sa 16–24, So bis 22.30 Uhr; Leicester Sq, Tottenham Court Rd) Die Einrichtung wurde in der London Academy of Bartending vernachlässigt, die ganze Kreativität manifestiert sich in den Cocktails – die Barmixer sind wahre Talente.

## City

**★Vertigo 42** BAR

(Karte S. 74; 020-7877 7842; www.vertigo42.co.uk; Tower 42, 25 Old Broad St, EC2; Mo–Fr 12–15.45i & Mo–Sa 17–23 Uhr; Liverpool St) In der Champagnerbar (keine Shorts, Mützen oder Flipflops) im 42. Stock des ehemaligen National Westminster Tower mit schwindelerregendem Blick über London wird eine Reservierung verlangt, die einen zweistündigen Aufenthalt gewährt.

**Madison** COCKTAILBAR
(Karte S. 74; www.madisonlondon.net; Rooftop Terrace, One New Change, EC4; ⌚ Mo–Sa 10–24, So bis 20 Uhr; Ⓤ St Paul's) Das Madison ganz oben im One New Change mit direktem Blick auf St. Paul's und darüber hinaus hat eine der größten frei zugänglichen Dachterrassen der Stadt. Auf einer Seite ist ein Restaurant, auf der anderen eine Cocktailbar mit Freilufttischen.

**Ye Olde Cheshire Cheese** PUB
(Karte S. 74; Wine Office Court, 145 Fleet St, EC4; ⌚ Mo–Fr 11–23, Sa 12–23 Uhr; Ⓤ Chancery Lane) Das uralte Pub – sechs Jahre nach dem Großen Feuer 1666 wiederaufgebaut – wurde von Dr. Johnson, Thackeray, Dickens und Mark Twain aufgesucht. Es ist touristisch, aber atmosphärisch und immer gut für ein Kneipenessen.

## South Bank

★ **Rake** PUB
(Karte S. 84; www.uttobeer.co.uk; 14 Winchester Walk, SE1; ⌚ Mo–Sa 12–23, So bis 20 Uhr; Ⓤ London Bridge) Die findigen Betreiber des Rake schaffen es, auf engstem Raum über 100 Sorten Bier, *bitter* und *real ale* unterzubringen. Die Plätze auf der Veranda sind hart umkämpft.

### SCHWULE & LESBEN

Das West End, besonders Soho und dort die Gegend um die Old Compton Street und ihre Lokale herum, ist der Treffpunkt der Schwulen und Lesben in London, hält jedoch kein Monopol auf die Schwulenszene. Vauxhall ist der Brennpunkt des behaarten, kräftigen und allgemein härteren Teils der Gemeinde. In den Eisenbahnbogen haben sich zahlreiche Clubs, Lederbars und eine Sauna einquartiert. Clapham (South London), Earl's Court (West London), Islington (North London) und Limehouse (East End) haben eigene kleine Zentren.

London ist für Schwule und Lesben generell eine sichere Stadt. Es gibt selten irgendwelche Probleme, in der Innenstadt ein Zimmer zu teilen oder Händchen zu halten. Es ist dennoch ratsam, nachts vorsichtig zu sein und auf das Umfeld zu achten.

Einige Lokale für den Anfang:

**George & Dragon** (Karte S. 118; 2 Hackney Rd, E2; ⌚ 18–23 Uhr; Ⓤ Old St) Nette Eckkneipe, deren Gäste oft genauso kunterbunt daherkommen wie der Laden selbst.

**She Soho** (☎ 0207 437 4303; www.she-soho.com; 23a Old Compton St, W1D; ⌚ Mo–Do 16–23.30, Fr & Sa bis 0.30, So bis 22.30 Uhr; Ⓤ Leicester Square) Lesbenbar in Soho mit DJs an Wochenenden, Comedy und Livemusik.

**Duke of Wellington** (Karte S. 64; 77 Wardour St, W1; ⌚ So–Mi 12–23, Do–Sa bis 24 Uhr; Ⓤ Leicester Sq) Freundliches Pub für Schwule ab 30.

**Edge** (Karte S. 64; www.edgesoho.co.uk; 11 Soho Sq, W1; ⌚ Mo–Do 15–1, Fr & Sa bis 3, So bis 22.30 Uhr; Ⓤ Tottenham Court Rd) Londons größte Schwulenbar, auf deren vier Etagen es jeden Abend hoch hergeht.

**Heaven** (Karte S. 64; www.heavennightclub-london.com; Villiers St, WC2; ⌚ Mo, Do & Fr 23–5, Sa 22–5 Uhr; Ⓤ Embankment, Charing Cross) Stets beliebter Schwulenclub unter den Bogen des Bahnhofs Charing Cross mit tollen Clubnächten.

**RVT** (www.rvt.org.uk; 372 Kennington Lane, SE11; ⌚ Mo, Mi & Do 19–24, Di 18–24, Fr & Sa 21–2, So 14–24 Uhr; Ⓤ Vauxhall) Viel geliebtes Pub mit abgedrehten Varieté- und Drag-Shows. Unter den Bogen des U-Bahnhofs Vauxhall hindurch die Kennington Lane betreten, wo die Kneipe gleich links liegt.

**Two Brewers** (www.the2brewers.com; 114 Clapham High St, SW4; Eintritt nach 22 Uhr 3–6 £; ⌚ So–Do 16–2, Fr & Sa bis 4 Uhr; Ⓤ Clapham Common) Beliebte Bar mit regelmäßigen Acts und einem Club im hinteren Bereich. Vom U-Bahnhof aus über die Clapham High Street nach Norden (von Clapham Common weg) gehen.

**Village** (Karte S. 64; www.village-soho.co.uk; 81 Wardour St, W1; ⌚ Mo–Sa 16–1, So bis 23.30 Uhr; Ⓤ Piccadilly Circus) Schicke Schwulenbar mit exzellenter und langer Happy Hour.

**George Inn** PUB

(Karte S. 84; www.nationaltrust.org.uk/george-inn; 77 Borough High St, SE1; ⌚11–23 Uhr; ⊖London Bridge) Das herrliche alte Gasthaus ist Londons letzte erhaltene Poststation mit Fassadengalerien. Es stammt aus dem Jahr 1676 und gehört zum National Trust. Dickens erwähnt es in *Little Dorrit* und zudem wurde es auf dem Grund des Tabard Inn errichtet, wo sich in Chaucers *Canterbury Tales* die Pilger vor ihrer Weiterreise ausruhten.

**Ministry of Sound** CLUB

(Karte S. 84; www.ministryofsound.com; 103 Gaunt St, SE1; Eintritt 16–25 £; ⌚Fr & Sa 23–6.30 Uhr; ⊖Elephant & Castle) Londons berühmtester Club wurde zur Weltmarke und zieht mit britischen und internationalen Namen noch immer ein gemischtes Publikum an.

## Chelsea & Kensington

**★Queen's Arms** PUB

(Karte S. 90; www.thequeensarmskensington.co.uk; 30 Queen's Gate Mews, SW7; ⌚12–23 Uhr; ⊖Gloucester Rd) Das blau-grau gestrichene Pub gleich um die Ecke von der Royal Albert Hall ist ein Glücksfall. Es liegt in einem reizenden kopfsteingepflasterten Hinterhof an der trubeligen Queen's Gate und lockt mit einem gemütlichen Gastraum und einer wahrlich königlichen Auswahl an Ale und Cider vom Fass.

## Bloomsbury & St. Pancras

**★Queen's Larder** PUB

(Karte S. 98; www.queenslarder.co.uk; 1 Queen Sq, WC1; ⌚Mo–Sa 11.30–23, So 12–22.30 Uhr; ⊖Russell Sq) Das kleine und herrlich gemütliche Pub an einem hinreißenden Platz erhielt seinen Namen von Königin Charlotte, der Gattin des „verrückten" Königs Georg III. Sie mietete einen Teil des Kellers des Pubs, um während seiner Behandlung in der Nähe besondere Lebensmittel für ihn aufzubewahren. Das Dichterpaar Sylvia Plath und Ted Hughes heiratete in der Kirche gegenüber.

**Newman Arms** PUB

(Karte S. 64; www.newmanarms.co.uk; 23 Rathbone St, W1; ⌚Mo–Fr 12–23.30 Uhr; ⊖Goodge St) Das winzige Pub, eines der wenigen familiengeführten im Zentrum Londons, hat nur einen Raum und oben ein Speisezimmer, aber dafür viel Geschichte. George Orwell und Dylan Thomas tranken hier und eine Szene in Michael Powells *Augen der Angst* wurde 1960 im Durchgang neben dem Pub gefilmt.

**69 Colebrooke Row** COCKTAILBAR

(69 Colebrooke Row, N1; ⌚So–Mi 17–24, Do bis 1, Fr & Sa bis 2 Uhr; ⊖Angel) Londoner Cocktailliebhaber zieht es in diese beliebte Bar, die vom Mixmeister Tony Conigliaro geführt wird. Reservierung ist ratsam, da die Plätze schneller weg sind als man auf ex trinken kann. Die saisonalen Getränke sind voller gewagter Aromen und Mixturen, aber es gibt auch klassische Drinks für konservative Gaumen. Auch Cocktailkurse werden angeboten (40 £).

**Big Chill House** DJ-BAR

(Karte S. 98; www.wearebigchill.com; 257-259 Pentonville Rd, N1; ⌚Mo–Do 9–24, Fr & Sa bis 3, So 11–24 Uhr; 📶; ⊖King's Cross St Pancras) Am Wochenende ist die tolle und große Dachterrasse die einzige halbwegs ruhige Ecke in der belebten zweigeschossigen Bar.

**Draft House** BAR

(Karte S. 64; www.drafthouse.co.uk; 43 Goodge St, W1; ⌚Mo–Sa 12–23 Uhr; ⊖Goodge Street) Obwohl auch das Essen sehr gut ist, steht in dem winzigen Draft House die Bierauswahl im Mittelpunkt. Ein Pub für Ale-Kenner, die hier ein Flying Dog Gonzo Imperial Porter oder ein brummschädeliges Samichlaus 14 % schlürfen können.

## Notting Hill, Bayswater & Paddington

**★Churchill Arms** PUB

(Karte S. 115; www.churchillarmskensington.co.uk; 119 Kensington Church St, W8; ⌚Mo–Mi 11–23, Do–Sa bis 24, So 12–22.30 Uhr; 📶; ⊖Notting Hill Gate) Das prachtvolle alte Pub, geschmückt mit unglaublich vielen Blumenkörben und Union Jacks, ist ein Klassiker. Es ist berühmt für seine Atmosphäre, Winston-Memorabilien, Nippes und den Wintergarten, in dem gutes thailändisches Essen serviert wird (Hauptgerichte ab 7,50 £).

**Windsor Castle** PUB

(Karte S. 115; www.thewindsorcastlekensington.co.uk; 114 Campden Hill Rd, W11; ⌚12–23 Uhr; 📶; ⊖Notting Hill Gate) Ein schönes Pub am obersten Teil der Campden Hill Road mit Trennwänden aus Eichenholz zwischen den originalen Tresen. Beim Seiteneingang verbirgt sich einer der hübschesten ummauerten Pub-Gärten Londons. Gerüchte behaupten, im Keller ruhten die Gebeine von Thomas Paine (Verfasser von *Die Rechte des Menschen*).

**Earl of Lonsdale** PUB

(Karte S. 115; 277-281 Portobello Rd, W11; ⌚12–23 Uhr; Ⓤ Notting Hill Gate, Ladbroke Grove) Das Pub, das nach dem lebensfrohen Gründer der Automobile Association benannt ist, ist tagsüber ein ruhiger Ort, an dem sich ältere Frauen und junge Hipster in den wieder eingebauten *snugs* (Nischen) aufhalten. Es gibt ein tolles Hinterzimmer mit Sofas, Polsterbänken und Kamin sowie einen schönen Biergarten.

## Marylebone

**Purl** COCKTAILBAR

(Karte S. 94; ☎020-7935 0835; www.purl-london.com; 50–54 Blandford St, W1; ⌚17–23.30 Uhr; Ⓤ Baker St, Bond St) Das Purl trägt seinen Namen nach einem altenglischen Frühstücksgetränk aus warmem Bier, Gin, Wermut und Gewürzen. In dem gedämpft beleuchteten und behaglichen Kellerlokal werden einige ungewöhnliche und mächtig rausgeputzte Cocktails serviert, musikalisch untermalt von Swing und Jazz. Reservierung ist ratsam, Gruppen sollten sich einen Tisch in einer der Nischen reservieren.

**Artesian** BAR

(☎020-7636 1000; www.artesian-bar.co.uk; Langham Hotel, 1c Portland Pl, W1; ⌚Mo–Sa 11–2, So bis 24 Uhr; Ⓤ Oxford Circus) Die luxuriöse Bar im Langham sorgt für eine Dosis kolonialen Glamour mit einem Hauch China. Die Hausspezialität ist Rum – aus 60 verschiedenen Sorten werden prämierte Cocktails (ab 14 £) gemixt.

## Camden Town

**Lock Tavern** PUB

(Karte S. 125; www.lock-tavern.com; 35 Chalk Farm Rd, NW1; ⌚Mo–Do 12–24, Fr & Sa bis 1, So bis 11 Uhr; Ⓤ Chalk Farm) Das archetypische Camden-Pub hat eine Dachterrasse und einen Biergarten und zieht mit einer gelungenen Mischung aus Geselligkeit und Livemusik interessante Gäste an.

## Clerkenwell & Farringdon

★ **Jerusalem Tavern** PUB

(Karte S. 98; www.stpetersbrewery.co.uk; 55 Britton St, EC1; ⌚Mo–Fr 11–23 Uhr; 📶; Ⓤ Farringdon) In dem winzige Kaffeehaus von 1720, heute ein Pub (benannt nach der Priory of St. John of Jerusalem) mit holzgetäfelten Nischen, wird phantastisches Bier aus der Brauerei St. Peter in North Suffolk gezapft.

**Fabric** CLUB

(Karte S. 74; www.fabriclondon.com; 77a Charterhouse St, EC1; Eintritt 8–18 £; ⌚Fr 22–6, Sa 23–8, So 23–6 Uhr; Ⓤ Farringdon) Das Fabric, von DJs immer wieder als bester Club der Welt bewertet, liegt in einer umgebauten Fleischkühlhalle gegenüber vom Smithfield Fleischmarkt und hat drei Tanzflächen. FabricLive bietet freitags Drum and Bass, Breakbeat und Hip-Hop, samstags gibt's House, Techno und Electronica und sonntags lässt die Wetyourself-Crew die Wände wackeln.

## Hoxton, Shoreditch & Spitalfields

★ **BrewDog** BAR

(Karte S. 118; ☎020-7729 8476; www.brewdog.com; 51–55 Bethnal Green Rd, EC1; ⌚So–Do 12–24, Fr & Sa bis 1 Uhr; 📶; Ⓤ Shoreditch High St) Ale-Kenner sollten sich zu dieser Bar aufmachen, wo es ein bewährtes und fachkundig ausgewähltes Bierangebot vom Fass und in der Flasche gibt. Biere aus Kleinbrauereien sind stark vertreten, darunter die Camden Town Brewery und die Redchurch Brewery.

**Book Club** BAR

(Karte S. 118; ☎020-7684 8618; www.wearetbc.com; 100 Leonard St, EC2A; ⌚Mo–Mi 8–24, Do & Fr bis 2, Sa & So 10–2 Uhr; 📶; Ⓤ Old St) Ein intellektuelles/kreatives Flair belebt das phantastische ehemalige viktorianische Lagerhaus in Shoreditch, das als Ergänzung zum Trinken Kulturevents (Aktzeichnen, Workshops, Tanzkurse) und DJ-Nächte, enthusiastischen Tischtennis- und Billardturniere veranstaltet. Frühaufsteher können hier werktags ab acht Uhr frühstücken, Essen gibt's den ganzen Tag über.

**Ten Bells** PUB

(Karte S. 118; Ecke Commercial/Fournier Sts, E1; ⌚Mo–Sa 11–23, So 12–22.30 Uhr; Ⓤ Liverpool St) Das Ten Bells ist das berühmteste Pub im Zusammenhang mit Jack the Ripper: Seines letztes Opfer besuchte es vor seinem grausigen Tod und vermutlich auch der Mörder selbst.

**Plastic People** CLUB

(Karte S. 118; www.plasticpeople.co.uk; 147–149 Curtain Rd, EC2; Eintritt 5–10 £; ⌚Do 22–2, Fr & Sa bis 4 Uhr; Ⓤ Old St) Das Plastic People nimmt die Sache mit dem Underground Club wörtlich und sorgt in seinem niedrigen Kellerraum für schrägen, abgefahrenen, ehrlichen Dubstep-Spaß.

**XOYO** CLUB
(Karte S. 118; www.xoyo.co.uk; 32–37 Cowper St, EC2; ⌚unterschiedliche Zeiten; ⊖Old St) Der exzellente Club in einem Lagerhaus in Shoreditch bietet eine pulsierende Mischung aus Gigs, Clubnächten und Kunstevents.

**Cargo** CLUB
(Karte S. 118; www.cargo-london.com; 83 Rivington St, EC2; Eintritt frei–16 £; ⌚Mo–Do 12–1, Fr & Sa bis 3, So bis 24 Uhr; ⊖Old St) Ein beliebter Club mit Innenhof, wo die Gäste gleichzeitig laute Musik und Frischluft genießen können. Livemusik gibt's auch.

**Happiness Forgets** COCKTAILBAR
(Karte S. 118; ☎020-7613 0325; www.happinessforgets.com; 8–9 Hoxton Sq, N1; ⌚17.30–23 Uhr; 🚆Hoxton, ⊖Old St) In der trendigen Kellerbar kennen sich die Angestellten mit Cocktails aus und das verführerische, gedämpfte Ambiente sorgt für die richtige Stimmung (auch wenn sie früh schließt).

**Worship St. Whistling Shop** COCKTAILBAR
(Karte S. 118; ☎020-7247 0015; www.whistlingshop.com; 63 Worship St, EC2; ⌚Di 17–24, Mi & Do bis 1, Fr & Sa bis 2 Uhr; ⊖Old St) Die Meistermixer in der gut besuchten Bar erkunden gerne die eher unbekannteren Gefilde der Cocktailchemie und Aromawissenschaft. Viele Zutaten werden im hauseigenen Labor mit Rotationsverdampfern hergestellt.

**Sager & Wilde** WEINBAR
(Karte S. 118; www.sagerandwilde.com; 193 Hackney Rd, E2; ⌚Mo–Fr 17–23, Sa & So 14–23 Uhr; 📶; ⊖Hoxton) Die Weinbar in der Hackney Road, etwas abseits des Getriebes von Hoxton, ist ein attraktiver, unprätentiöser Neuzugang in der Londoner Kneipenlandschaft mit einem ins Auge fallenden Tresen aus Eisen und Glasbausteinen. Sie bietet modische Bar-Snacks, und exzellente Weine glas- oder flaschenweise.

## Greenwich

**Greenwich Union** PUB
(www.greenwichunion.com; 56 Royal Hill, SE10; ⌚Mo–Fr 12–23, Sa & So 11–23 Uhr; 🚆DLR Cutty Sark) Das preisgekrönte Greenwich Union führt sechs oder sieben Biere aus lokalen Kleinbrauereien, darunter Himbeer- und Weizenbiere, und hat ein gutes Angebot an Ales und internationalen Flaschenbieren. Getrunken wird in auf alt gemachten Ledersesseln, im Wintergarten oder hinten im Biergarten.

**Cutty Sark Tavern** PUB
(www.cuttysarktavern.co.uk; 4–6 Ballast Quay, SE10; ⌚Mo–Sa 11–23, So 12–22.30 Uhr; 🚆DLR Cutty Sark) Das historische Schmuckstück an der Themse, ein hübsches georgianisches Haus mit Erkerfenstern und Deckenbalken und mit Tischen am Ufer zapft ein halbes Dutzend im Fass vergorene Ales.

## Hampstead & Highgate

**Holly Bush** PUB
(www.hollybushhampstead.co.uk; 22 Holly Mount, NW3; ⌚12–23 Uhr; ⊖Hampstead) Das schöne Pub aus dem frühen 19. Jh. hat eine abgeschiedene Hügellage, Kaminfeuer im Winter und die Gabe, die Gäste länger bleiben zu lassen als sie eigentlich wollten. Es befindet sich oberhalb der Heath Street und ist über die Holly Bush Steps zu erreichen.

## Außerhalb des Zentrums

**White Cross** PUB
(www.thewhitecrossrichmond.com; Water Lane, TW9; ⌚10–23 Uhr; ⊖Richmond) Die Lage am Fluss sowie gutes Essen und Ale machen das Pub mit Erkerfenstern, das auf dem Grund eines ehemaligen Klosters errichtet wurde, zum Renner. Es gibt unterschiedliche Eingänge bei Ebbe und Flut, aber wenn der Flusspegel Höchststände erreicht, ist der Cholmondeley Walk am Themseufer überflutet und das Pub nicht mehr zugänglich für Leute, die nicht durchs Wasser waten wollen. Gummistiefel stehen zur Verfügung.

Kurioses Detail: *Unter* dem Fenster gleich neben dem Eingang rechts gibt es einen winzigen, funktionierenden Kamin.

# ☆ Unterhaltung

Ob West-End-Schickis oder East-End-Käuze, die Londoner waren schon immer amüsierwillig. Da Bärenhatz und öffentliche Hinrichtungen seit Längerem tabu sind, greifen sie auf das zurück, was London heute zu bieten hat, nämlich eines der weltbesten Theater- und Livemusikangebote.

Ein umfassendes Programm für jeden Tag steht in der kostenlosen Veranstaltungszeitschrift *Time Out* und im Programmverzeichnis von *Evening Standard* und *Metro*.

### Theater

Als Theatermetropole bietet London das ganze Spektrum, von Supermusicals bis zu tiefgründigen Dramen für ein intellektuelles Publikum. Was Erfolg hat, läuft und läuft. *Les Misérables* und *Phantom der Oper* sind die Spitzenreiter im Musical, aber den Vogel schießt Agatha Christies *Die Mausefalle (The Mousetrap)* ab, bei der das Publikum seit 1952 rätselt, wer der Mörder ist.

Am Tag der Vorstellung gibt es am Verkaufsschalter der offiziellen Ticketagentur **TKTS** (Karte S. 64; www.tkts.co.uk; Leicester Sq, WC2; ⏲ Mo–Sa 10–19, So 12–16 Uhr; ⊖ Leicester Sq) an der Südseite des Leicester Square für West-End-Produktionen Karten zum halben Preis (nur gegen Bargeld). Es ist die Bude mit dem Uhrturm. Vorsicht vor Schwarzhändlern, die gefälschte oder überteuerte Karten verkaufen.

Der Begriff „West End" bezieht sich allgemein auf die teuren Großproduktionen wie Musicals, schließt aber auch große Sprechtheater mit ein. Im Off West End – zu dem auch Almeida und Young Vic zählen – gibt es meist die originelleren Aufführungen.

**National Theatre** THEATER
(Karte S. 84; ☎ 020-7452 3000; www.nationaltheatre.org.uk; South Bank, SE1; ⊖ Waterloo) Renommiertheater in South Bank mit drei Spielstätten und preisgünstigen Karten. Gespielt werden klassische und zeitgenössische Stücke.

**Royal Court Theatre** THEATER
(Karte S. 90; ☎ 020-7565 5000; www.royalcourttheatre.com; Sloane Sq, SW1; ⊖ Sloane Sq) Bühne für moderne Inszenierungen und aufstrebende, neue Talente.

**Old Vic** THEATER
(Karte S. 84; ☎ 0844 871 7628; www.oldvictheatre.com; The Cut, SE1; ⊖ Waterloo) Kevin Spacey ist nach wie vor Intendant des Hauses, das klassische, anspruchsvolle Stücke aufführt. Gelegentlich steht er auch selbst auf der Bühne.

**Donmar Warehouse** THEATER
(Karte S. 64; ☎ 0844 871 7624; www.donmarwarehouse.com; 41 Earlham St, WC2; ⊖ Covent Garden) Kleines Theater (mit 251 Plätzen), das sich einen guten Ruf im West End erworben hat.

**Almeida** THEATER
(☎ 020-7359 4404; www.almeida.co.uk; Almeida St, N1; ⊖ Highbury & Islington) Vornehmes Haus mit ideenreichem Spielplan in Islington.

**Young Vic** THEATER
(Karte S. 84; ☎ 020-7922 2922; www.youngvic.org; 66 The Cut, SE1; ⊖ Waterloo) Das Ensemble des Young Vic ist eines der angesehensten der Hauptstadt und steht für innovative Inszenierungen.

### Livemusik

Es versteht sich von selbst, dass London eine musikalische Talentschmiede ist und in der ganzen Stadt junge Bands auftreten.

★ **Vortex Jazz Club** JAZZ
(www.vortexjazz.co.uk; 11 Gillet St, N16; 🚌 73, 🚆 Dalston Kingsland, Dalston Junction) Das Vortex hat ein herausragendes Programm. Hier treten Jazzmusiker, Sänger und Songwriter aus Großbritannien, Europa, Afrika und darüber hinaus auf. Der Schuppen ist klein, es empfiehlt sich also zu buchen, wenn es ein bestimmtes Konzert sein soll.

★ **O2 Academy Brixton** LIVEMUSIK
(www.o2academybrixton.co.uk; 211 Stockwell Rd, SW9; ⊖ Brixton) Die denkmalgeschützte Art-déco-Musikhalle wird mit Preisen als „beste Livemusikbühne" überschüttet (liegt vielleicht auch am geschickt abschüssigen Boden) und veranstaltet Konzerte mit Stars in einem relativ intimen Rahmen (5000 Plätze).

**KOKO** LIVEMUSIK
(www.koko.uk.com; 1a Camden High St, NW1; ⏲ So–Do 19–23, Fr & Sa bis 4 Uhr; ⊖ Mornington Cres) Im KOKO im prachtvollen Camden Palace Theatre treten an den meisten Abenden Bands auf; freitags findet regelmäßig der Club NME (New Musical Express; 5 £) statt.

**12 Bar Club** LIVEMUSIK
(Karte S. 64; www.12barclub.com; Denmark St, WC2; Eintritt 6–10 £; ⏲ Mo–Sa 19–3, So bis 0.30 Uhr; ⊖ Tottenham Court Rd) Der beliebte Livemusikclub ist klein, intim und hat den Charme des Provisorischen. Jeden Abend treten Solisten oder Bands auf. Schwerpunkt sind Songwriter und die Musik geht klar Richtung Indie-Rock, von Folk und jazzigen Einflüssen bis zu knallhartem Punk und Metal.

**Dublin Castle** LIVEMUSIK
(Karte S. 125; ☎ 020-7485 1773; www.thedublincastle.com; 94 Parkway, NW1; ⊖ Camden Town) Im Hinterzimmer des Pubs gibt's an den meisten Abenden Punk- oder Alternativkonzerte (Eintritt in der Regel 6 £).

**Barfly** LIVEMUSIK
(Karte S. 125; www.mamacolive.com/thebarfly; 49 Chalk Farm Rd, NW1; Gigs ab 8 £, Clubnächte 3–5 £;

⏲ Mo–Sa 19–3, So bis 24 Uhr; ⊖ Chalk Farm) In dem schmuddeligen Indie-Rock-Schuppen in Camden treten unbekannte Künstler auf, die auf ihren großen Durchbruch hoffen. The Killers, Kasabian und Franz Ferdinand standen schon auf dem Programm. Die Tendenz geht zu Rock aus den USA und Großbritannien. Xfm, der Radiosender für Alternativmusik, veranstaltet hier regelmäßig Clubnächte.

**Ronnie Scott's** JAZZ
(Karte S. 64; ☎ 020-7439 0747; www.ronniescotts.co.uk; 47 Frith St, W1; ⏲ Mo–Sa 18.30–3, So bis 24 Uhr; ⊖ Leicester Sq, Tottenham Court Rd) In Londons legendärem Jazzclub treten schon seit 1959 Jazztitanen auf.

**100 Club** LIVEMUSIK
(Karte S. 64; ☎ 020-7636 0933; www.the100club.co.uk; 100 Oxford St, W1; Eintritt 8–20 £; ⏲ Konzertbeginn steht auf der Website; ⊖ Oxford Circus, Tottenham Court Rd) In dem legendären Club gibt es schon seit 70 Jahren Livemusik. Hier traten einst die Stones auf, später stand der Laden im Zentrum der Punkrevolution. Heute sind Jazz, Rock und sogar ein bisschen Klassik und Swing zu hören.

**606 Club** BLUES, JAZZ
(☎ 020-7352 5953; www.606club.co.uk; 90 Lots Rd, SW10; Musikzuschlag So–Do 10 £, Fr & Sa 12 £; ⏲ So–Do 19–23.15, Fr & Sa 20–0.30 Uhr; ⊖ Imperial Wharf) Der phantastische Jazzkeller mit Restaurant, der nach seiner alten Adresse in der King's Road benannt ist, bietet jeden Abend modernen Jazzmusikern eine Bühne. Wer Alkohol trinken will, muss wegen ziemlich antiquierter Ausschankauflagen etwas essen. Eintritt wird nicht erhoben, aber ein Musikzuschlag wird auf die Restaurantrechnung gesetzt. Reservierung ist ratsam.

Der Club ist auch oft am Sonntag von 12.30 bis 16.30 Uhr geöffnet.

**Roundhouse** LIVEMUSIK
(Karte S. 125; www.roundhouse.org.uk; Chalk Farm Rd, NW1; ⊖ Chalk Farm) Camden's Roundhouse, das 1847 als Eisenbahndepot gebaut wurde, ist seit den 1960er-Jahren eine kultige Konzerthalle (3300 Plätze), in der schon die Rolling Stones, Led Zeppelin und The Clash aufgetreten sind. Theater und Comedy werden ebenfalls aufgeführt.

### Klassische Musik

Mit vier Weltklasse-Sinfonieorchestern, zwei Opernensembles, verschiedenen kleineren Orchestern, großartigen Häusern, erschwinglichen Preisen und hohem künstlerischen Niveau ist London eine Hauptstadt der Klassik. Lohnenswert sind auch die kostenlosen (oder fast kostenlosen) Mittagskonzerte in vielen Kirchen der Stadt.

**Royal Albert Hall** KONZERTHAUS
(Karte S. 90; ☎ 020-7589 8212, 0845 401 5045; www.royalalberthall.com; Kensington Gore, SW7; ⊖ South Kensington) Das viktorianische Konzerthaus mit seiner charakteristischen elliptischen Form – angelehnt an ein antikes römisches Amphitheater – veranstaltet klassische Konzerte und Darbietungen zeitgenössischer Künstler. Am bekanntesten ist es als Schauplatz der Proms, einer jährlich stattfindenden Konzertreihe mit klassischer Musik.

**Barbican** DARSTELLENDE KÜNSTE
(Karte S. 74; ☎ 020-7638 8891, 0845 121 6823; www.barbican.org.uk; Silk St, EC2; ⊖ Barbican) Das Kulturzentrum, Stammhaus des exzellenten **London Symphony Orchestra** (www.lso.co.uk), hat ein reichhaltiges Programm aus Film, Musik, Theater, Kunst, Tanz und Konzerten.

**Southbank Centre** KONZERTHALLE
(Karte S. 84; ☎ 020-7960 4200; www.southbankcentre.co.uk; Belvedere Rd, SE1; ⊖ Waterloo) Das Kunstzentrum, Stammhaus u. a. des **London Philharmonic Orchestra** (www.lpo.co.uk), der **Sinfonietta** (www.londonsinfonietta.org.uk) und des **Philharmonia Orchestra** (www.philharmonia.co.uk) bietet klassische Konzerte, Oper, Jazz und Chormusik an drei führenden Veranstaltungsstätten: der **Royal Festival Hall**, der kleineren **Queen Elizabeth Hall** und dem **Purcell Room**.

### Oper & Tanz

**Royal Opera House** OPER
(Karte S. 64; ☎ 020-7304 4000; www.roh.org.uk; Bow St, WC2; Karten 4–250 £; ⊖ Covent Garden) Dank dem berühmten Royal Opera House ist Covent Garden ein Synonym für Oper und die Hausbühne des **Royal Ballet**, dem führenden Ballettensemble Großbritanniens. Führungen hinter die Kulissen finden werktags dreimal täglich und samstags fünfmal statt (8,50–12 £, im Voraus reservieren).

**Sadler's Wells** TANZ
(Karte S. 98; ☎ 0844 412 4300; www.sadlerswells.com; Rosebery Ave, EC1; Karten 10–49 £; ⊖ Angel) Die Anfänge des Sadler's Wells liegen im

17. Jh. Im 20. und 21. Jh. erhielt das Haus viel Anerkennung für seine Verdienste um das moderne Tanztheater.

**London Coliseum** OPER
(Karte S. 64; ☎020-7845 9300; www.eno.org; St. Martin's Lane, WC2; ⊖Leicester Sq) Das Coliseum ist das Stammhaus der progressiven English National Opera; auch das English National Ballet tritt hier auf.

### Comedy

Wenn Londons Komiker ihre irrsinnig witzigen Shows nicht gerade im Fernsehen abziehen, trifft man sie beim Stand-up gleich um die Ecke.

**Comedy Store** COMEDY
(Karte S. 64; ☎0844 871 7699; www.thecomedystore.co.uk; 1a Oxendon St, SW1; Eintritt 16,50–26 £; ⊖Piccadilly Circus) In einem der ältesten Comedy-Clubs Londons treten mittwochs (20 Uhr) und sonntags (19.30 Uhr) die berühmtesten Improvisationstalente der Hauptstadt auf.

**Comedy Cafe** COMEDY
(Karte S. 118; ☎020-7739 5706; www.comedycafe.co.uk; 68 Rivington St, EC2; Eintritt frei–12 £; ⌚Mi–Sa; ⊖Old St) Hier gibt's Comedy zum Abendessen; die eintrittsfreie New Act Night am Mittwoch ist schönste Fremdschäm-Unterhaltung.

**Soho Theatre** COMEDY
(Karte S. 64; ☎020-7478 0100; www.sohotheatre.com; 21 Dean St, W1; 15–20 £; ⊖Tottenham Court Rd) Hier müssen gestandene Komiker, auf die das Publikum bereits aufmerksam geworden ist, beweisen, was sie drauf haben.

### Kinos

Glamouröse Premieren finden meistens in einem der riesigen Multiplexkinos am Leicester Square statt.

**Electric Cinema** KINO
(Karte S. 115; ☎020-7908 9696; www.electriccinema.co.uk; 191 Portobello Rd, W11; Karten 8–22,50 £; ⊖Ladbroke Grove) Im Electric, das schon seit 1911 die Londoner begeistert, kann man sich an der Bar ein Glas Wein holen, ein Ledersofa ansteuern und es sich vor der großen Flimmerkiste gemütlich machen.

**BFI Southbank** KINO
(Karte S. 84; ☎020-7928 3232; www.bfi.org.uk; Belvedere Rd, SE1; Karten 8–12 £; ⌚11–23 Uhr; ⊖Waterloo) Ein Paradies für Filmfans, das um die 2000 Filme im Jahr zeigt, von Klassikern bis zu ausländischen Arthouse-Streifen. Hinzu kommt eine Mediathek, in der man sich kostenlos jeden Film aus dem umfassenden Archiv des British Film Institute anschauen kann.

**BFI IMAX Cinema** KINO
(Karte S. 84; www.bfi.org.uk/bfi-imax; 1 Charlie Chaplin Walk, SE1; Erw./Kind ab 9/5,75 £; ⊖Waterloo) 3D- und aktuelle Kinostarts auf der größten Leinwand des Landes: 20 m hoch (fast fünf Doppeldecker) und 26 m breit.

**Prince Charles** KINO
(Karte S. 64; www.princecharlescinema.com; 7 Leicester Pl, WC2; Karten 7,50–16 £; ⊖Leicester Sq) Angesichts der gepfefferten Preise in den West-End-Kinos kann es sich lohnen, zu warten, bis die Filme hier, im billigsten Kino im Zentrum, laufen. Hinzu kommen Minifestivals, Klassiker und Aufführungen zum Mitsingen.

### Fußball

Als Hauptstadt eines fußballverrückten Landes ist in der kühleren Jahreshälfte halb London auf den Beinen, um sich die Spiele mitzuerleben.

Heimstadion der englischen Nationalmannschaft und Austragungsort des FA Cup Final ist das **Wembley Stadium** (☎0844 980 8001; www.wembleystadium.com; Führungen Erw./Kind 16/9 £).

Karten für Spiele der Premier League sind in etwa so begehrt wie Goldstaub, aber jeder kann sein Glück versuchen.

Zu Londons führenden Fußballclubs gehören die folgenden:

**Arsenal** STADION
(www.arsenal.com/tours; 75 Drayton Park, N5; Besichtigung Erw./Kind 17,50/9; ⌚Mo–Sa 10–18, So bis 16 Uhr; ⊖Arsenal, Finsbury Park, Highbury & Islington) Das Arsenal Emirates Stadium ist das drittgrößte in England. Es kann täglich besichtigt werden.

**Chelsea** STADION
(☎0871 984 1955; www.chelseafc.com; Stamford Bridge, Fulham Rd, SW6; Stadiontouren & Museum Erw./Kind 20/13 £; ⌚Museum 9.30–17 Uhr; ⊖Fulham Broadway)

**Fulham** STADION
(www.fulhamfc.com; Craven Cottage, Stevenage Rd, SW6; Führungen Erw./Kind 12/9 £; ⌚Mo–Fr 9–17 Uhr; ⊖Putney Bridge)

**Tottenham Hotspur** STADION
(www.tottenhamhotspur.com; White Hart Lane, 748 High Rd, N17; Führungen Erw./Kind 20/9 £; White Hart Lane)

**West Ham** STADION
(www.whufc.com; Boleyn Ground, Green Street, Upton Park, E13; Upton Park) 2016 wird das Olympic Stadium die neue Heimstätte des West Ham United FC.

### Rugby

**Twickenham** (www.rfu.com; Rugby Rd, TW1; Twickenham) ist der Sitz des englischen Rugby-Verbands, aber wie beim Fußball sind Karten für internationale Spiele schwer zu bekommen, wenn man keine Kontakte hat. Auf dem Gelände befindet sich das **World Rugby Museum** (020-8892 8877; www.rfu.com; Erw./Kind 8/6 £; Di–Sa 10–17, So 11–17 Uhr), dessen Besuch auch mit einer Führung durch das Stadion verbunden werden kann (Erw./Kind 16/10 £, Reservierung ist ratsam).

### Cricket & Tennis

Cricket ist in England seit eh und je beliebt. Die Test-Matches werden an zwei traditionsreichen Orten ausgetragen, am Lord's Cricket Ground (der auch Führungen anbietet) und im **Brit Oval** (0871 246 1100; www.kiaoval.com; Surrey County Cricket Club, Kennington Oval, SE11; Oval). Karten kosten von 20 bis 80 £, aber für Fans ist es das Geld wert.

Die Wimbledon Lawn Tennis Championships (S. 110) gehören zu den größten Events im Sommerprogramm der Stadt.

**Lord's Cricket Ground** CRICKETSTADION
(www.lords.org; St. John's Wood Rd, NW8; Führungen Erw./Kind 18/12 £; St John's Wood) Die zweitbeste Sache nach dem Besuch eines Spiels im Lord's ist die 100-minütige Führung über das Gelände und die Anlagen voller spannendender Histörchen und inklusive Besichtigung des berühmten Long Room (nur für Mitglieder) und des **MCC Museum**, das voller interessanter Memorabilien steckt, darunter die winzige „The Ashes"-Urne. An Vorbereitungs- und Spieltagen findet keine Führung statt.

## Shoppen

Vom Luxuskaufhaus bis zu originellen, kleinen Einzelhandelsläden ist London ein Mekka für Käufer mit Freude an Stil und gut gedeckter Kreditkarte.

Londons berühmte Kaufhäuser sind selbst schon eine Touristenattraktion und jedes nennens- und begehrenswerte Label ist im Zentrum vertreten. Die berühmtesten Designer der Hauptstadt (Paul Smith, Vivienne Westwood, Stella McCartney, der verstorbene Alexander McQueen) haben eigene Geschäfte, werden aber auch in allen größeren Kaufhäusern geführt. Lohnenswert sind Secondhandläden für Designerkleidung, -handtaschen und -schuhe – in den betuchteren Stadtvierteln gibt es da reiche Beute zu machen.

Nick Hornbys Buch *High Fidelity* mag bei den Angestellten in Musikläden das Gleiche bewirkt haben wie *Sweeney Todd* bei den Herrenfriseuren, aber noch immer lauern in den kultigen Schuppen in der ganzen Stadt besessene Gestalten.

## West End

Oxford Street ist *die* Straße für Konfektionsmode, die Regent Street ist eine Stufe nobler. In der Bond Street haben sich Tür an Tür Designer niedergelassen, in der Savile Row dreht sich alles um Maßanzüge und in der Jermyn Street sind schicke Klamotten (besonders Hemden) zu finden.

**Selfridges** KAUFHAUS
(Karte S. 94; www.selfridges.com; 400 Oxford St, W1; Mo–Sa 9.30–21, So 11.30–18.15 Uhr; Bond St) Das trendigste Kaufhaus Londons ist bekannt für seine originelle Schaufensterdekoration, besonders zur Weihnachtszeit. Hier gibt's massenhaft Modelabels, eine unvergleichliche Lebensmittelabteilung und die größte Schuhabteilung der Welt.

**Fortnum & Mason** KAUFHAUS
(Karte S. 64; www.fortnumandmason.com; 181 Piccadilly, W1; Mo–Sa 10–21, So 12–18 Uhr; Piccadilly Circus) Das Kaufhaus mit einer 300-jährigen Tradition ist der Inbegriff von Qualität und Service einer längst vergangenen Ära. In der altmodischen Lebensmittelabteilung im Untergeschoss stockt die britische Oberschicht ihre Speisekammervorräte auf. 2013 eröffnete eine Filiale in **St. Pancras International** (Karte S. 98; www.fortnumandmason.com; Unit 1a, St. Pancras International Station, Pancras Rd, N1; Mo–Sa 7–21, So 8–21 Uhr; King's Cross St Pancras).

**Liberty** KAUFHAUS
(Karte S. 64; www.liberty.co.uk; Great Marlborough St, W1; Mo–Sa 10–20, So 12–18 Uhr; Oxford Circus) Eine unwiderstehliche Mischung aus zeitgenössischem Design und genießerischem Schwelgen in einer Tudor-Phantasie mit viel Holzschnitzerei.

**Topshop** KLEIDUNG
(Karte S. 64; www.topshop.co.uk; 36–38 Great Castle St, W1; ⌚Mo–Sa 9–21, So 11.30–18 Uhr; ⊖Oxford Circus) Die Topshop-Filiale am Oxford Circus wirbt für sich als „größtes Modegeschäft der Welt" und ist ein Gewusel aus Kunden, die nach dem neuesten Look zu vernünftigen Preisen suchen. Hier gibt es auch die Kollektion von Londons liebstem Supermodel und Rock-Chick Kate Moss. Topman befindet sich oben.

**Foyles** BÜCHER
(Karte S. 64; www.foyles.co.uk; 107 Charing Cross Rd, WC2; ⌚Mo–Sa 9.30–21, So 11.30–18 Uhr; ⊖Tottenham Court Rd) Foyles ist bereits seit 1906 im Geschäft und Institution und Wahrzeichen unter den Buchhandlungen.

**Stanford's** BÜCHER, KARTEN
(Karte S. 64; www.stanfords.co.uk; 12–14 Long Acre, WC2; ⌚Mo–Fr 9–20, Sa 10–20, So 12–18 Uhr; ⊖Leicester Sq, Covent Garden) Ein Wunderland der Reiseliteratur und Karten mit 160 Jahren Erfahrung.

**Hamleys** SPIELZEUG
(Karte S. 64; www.hamleys.com; 188–196 Regent St, W1; ⌚Mo–Sa 10–20, So 12–18 Uhr; ⊖Oxford Circus) Hamleys ist angeblich der älteste und größte Spielzeugladen der Welt und verkauft auf fünf Etagen Spiele und Spielzeug, ergänzt von einer Lego-Welt und einem Café.

**Waterstones** BÜCHER
(Karte S. 64; www.waterstones.com; 203–206 Piccadilly, W1; ⌚Mo–Sa 9–22,So 12–18 Uhr; ⊖Piccadilly Circus) Der Megastore der Kette am Piccadilly ist der größte Buchladen Europas mit sachkundigen Angestellten und regelmäßigen Autorenlesungen und Signierstunden. Toll ist auch das Bar-Restaurant **5th View** (Karte S. 64; ☎020-7851 2433; www.5thview.co.uk; Hauptgerichte 9–15 £; ⌚Mo–Sa 9–22, So 12–17 Uhr) auf dem Dach.

**Benjamin Pollock's Toy Shop** SPIELZEUG
(Karte S. 64; www.pollocks-coventgarden.co.uk; 1. Stock, 44 Market Bldg, Covent Garden, WC2; ⌚Mo–Sa 10.30–18, So 11–16 Uhr; ⊖Covent Garden) In dem traditionellen Spielzeugladen sind Schätze zu entdecken: das viktorianische Theater aus Papier, Masken, Kreisel, Fingerpuppen, altertümliche Teddybären, Puppen und und und.

**Moomin Shop** KINDER
(Karte S. 64; www.themoominshop.com; 43 Market Bldg, Covent Garden, WC2; ⌚Mo–Sa 10–20, So 11–19 Uhr; ⊖Covent Garden) Ein winziger Schrein für Tove Janssons liebenswerte Trollwesen: Becher, Wärmflaschenüberzüge, Geschirrtücher, T-Shirts, Kühlschrankmagneten – die ganze Mumin-Palette.

## Knightsbridge, Kensington & Chelsea

In Knightsbridge befinden sich Niederlassungen aller bekannten englischen Kaufhäuser.

**Harrods** KAUFHAUS
(Karte S. 90; www.harrods.com; 87 Brompton Rd, SW1; ⌚Mo–Sa 10–20, So 11.30–18 Uhr; ⊖Knightsbridge) Das gleichzeitig stilvolle und protzige Harrods sollte kein Reisender links liegen lassen, ob knapp bei Kasse oder mit dickem Bankkonto. Die spektakuläre Lebensmittelabteilung ist eine Sehenswürdigkeit für sich.

**John Sandoe Books** BÜCHER
(Karte S. 90; www.johnsandoe.com; 10 Blacklands Tce, SW3; ⌚Mo–Sa 9.30–18.30, So 11–17 Uhr; ⊖Sloane Sq) Der atmosphärische kleine Buchladen ist eine Schatztruhe für literarische Entdeckungen und unerwartete Überraschungen. Seit Jahrzehnten schon schwört die Stammkundschaft auf den Laden und die belesenen Verkäufer haben reichlich Empfehlungen parat.

**Harvey Nichols** KAUFHAUS
(Karte S. 90; www.harveynichols.com; 109–125 Knightsbridge, SW1; ⌚Mo–Sa 10–20, So 11.30–18 Uhr; ⊖Knightsbridge) Londons Tempel für Edelmode, Schmuck und Parfüm.

## Bloomsbury & St. Pancras

**Harry Potter Shop** KINDER
(Karte S. 98; www.harrypotterplatform934.com; Abfahrtsbahnsteig, King's Cross Station, N1; ⌚10–18 Uhr; ⊖King's Cross St Pancras) Alles zu Harry Potter und Hogwart.

## Notting Hill, Bayswater & Paddington

Die Portobello Road und die kleinen Nebenstraßen sind der Mittelpunkt des berühmten Markts und einer ganzen Menge origineller Boutiquen und Krimskramsläden.

**Ceramica Blue** HAUSHALTSWAREN
(Karte S. 115; www.ceramicablue.co.uk; 10 Blenheim Cres, W11; ⌚Mo–Sa 10–18.30, So 12–17 Uhr; ⊖Ladbroke Grove) Originelles und auffallen-

## MARKTGENÜSSE

In London gibt es über 350 Märkte, auf den man von Antiquitäten und Trödel bis zu Blumen und Fisch so ziemlich alles kaufen kann. Auf einigen, wie in Camden und in der Portobello Road, tummeln sich die Touristen, andere sind nur für Anwohner.

**Columbia Road Flower Market** (Karte S. 118; Columbia Rd, E2; ⌚ So 8–15 Uhr; ⊖ Old St) Der beste Ort für East-End-Händlersprüche in Reinkultur („Wir haben Blumen, die billig genug für das Grab deiner Schwiegermutter sind"). Einfach einmalig.

**Borough Market** (Karte S. 84; www.boroughmarket.org.uk; 8 Southwark St, SE1; ⌚ Do 11–17, Fr 12–18, Sa 8–17 Uhr; ⊖ London Bridge) Der Bauernmarkt, manchmal auch Londons Speisekammer genannt, findet schon seit dem 13. Jh. statt. Er hat eine tolle Atmosphäre und es gibt alles, von Bio-Falafel bis zu Wildschweinkopf.

**Maltby Street Market** (www.maltby.st; Maltby St, SE1; ⌚ Sa 10–16 Uhr; ⊖ London Bridge) Maltby Street, als neuer Borrough Market gepriesen, ist klein, köstlich und herrlich für einen Samstagnachmittag.

**Camden Market** (Karte S. 125; Camden High St, NW1; ⌚ 10–18 Uhr; ⊖ Camden Town, Chalk Farm) Londons berühmtester Markt besteht eigentlich aus mehreren Märkten, die sich in der Camden High Street und Chalk Farm Road verteilen. Trotz eines großen Feuers 2008 sind der Camden Lock Market (Karte S. 125; www.camdenlockmarket.com; 54–56 Camden Lock Pl, NW1; ⌚ 10–18 Uhr; ⊖ Camden Town, Chalk Farm) und der Camden Stables Market (Karte S. 125; Chalk Farm Rd, NW1; ⌚ 10–18 Uhr; ⊖ Chalk Farm) noch immer angesagt für Punkmode, billige Lebensmittel, Hippy-Schick und alle möglichen Verrücktheiten.

**Portobello Road Market** (Karte S. 115; www.portobellomarket.org; Portobello Rd, W10; ⌚ Mo–Mi, Fr & Sa 8–18.30, Do bis 13 Uhr; ⊖ Notting Hill Gate, Ladbroke Grove) Einer der berühmtesten Straßenmärkte Londons (in Notting Hill). Neue und Vintage-Kleidung sind die Hauptattraktion. Antiquitäten gibt's am südlichen und Lebensmittel am nördlichen Ende.

**Old Spitalfields Market** (Karte S. 118; www.oldspitalfieldsmarket.com; Commercial St, zwischen Brushfield & Lamb St, E1; ⌚ So–Fr 10–16 Uhr; ⊖ Liverpool St) Der Markt ist heute in einem viktorianischen Lagerhaus untergebracht, existiert aber schon seit 1638. Donnerstags werden Antiquitäten und Vintage-Kleidung verkauft, freitags Mode und Kunst. Sonntags ist der große Tag mit etwas von allem.

**Broadway Market** (www.broadwaymarket.co.uk; London Fields, E8; ⌚ Sa 9–17 Uhr; ⊖ Bethnal Green) Hier gibt's Bio-Imbissbuden und warme Mahlzeiten und anschließend eines von 200 Bieren im benachbarten Dove Freehouse. Der Markt liegt eine ganze Ecke vom U-Bahnhof entfernt.

**Brixton Village** (www.brixtonmarket.net; Atlantic Rd; ⌚ Mo–Mi 10.30–18, Do–Sa bis 22, So 10.30–17 Uhr; ⊖ Brixton) Die trendig umgebaute wiederbelebte Granville Arcade nahe dem Brixton Market wartet mit zahllosen originellen Läden und phantastischen Restaurants und Cafés auf.

**Sunday UpMarket** (Karte S. 118; www.sundayupmarket.co.uk; Old Truman Brewery, Brick Lane, E1; ⌚ So 10–17 Uhr; ⊖ Liverpool St) Handgefertige Handtaschen, Schmuck, neue und Vintage-Klamotten und Schuhe, dazu Essensstände zum Auftanken.

**Brick Lane Market** (Karte S. 118; www.visitbricklane.org; Brick Lane, E1; ⌚ So 8–14 Uhr; ⊖ Liverpool St) Ein weitläufiger Basar im East End mit einem Angebot von Obst und Gemüse bis zu Gemälden und Nippes.

**Camden Passage Market** (www.camdenpassageislington.co.uk; Camden Passage, N1; ⌚ Mi 8–14, Sa bis 17 Uhr; ⊖ Angel) Massenhaft Antiquitäten und Nippes. Nicht in Camden (trotz des Namens).

**Greenwich Market** (www.greenwichmarketlondon.com; College Approach, SE10; ⌚ 10–17.30 Uhr; DLR Cutty Sark) Antiquitäten, Vintage-Kleidung und Sammlerstücke (Do & Fr), Kunsthandwerk (Mi & Wochenende) und eine Lebensmittelabteilung mit großem Angebot.

**Petticoat Lane Market** (Karte S. 74; Wentworth St & Middlesex St, E1; ⌚ So–Fr 9–14 Uhr; ⊖ Aldgate) Eine geschätzte East-End-Institution für billige Gebrauchsgüter und Trödel.

des Geschirr und bunte Glaswaren aus über einem Dutzend Ländern, darunter japanische Teeschalen mit Eierschalenglasur oder Servierteller mit traditionellen südafrikanischen Mustern.

## Marylebone

**Daunt Books** BÜCHER
(Karte S. 94; www.dauntbooks.co.uk; 83 Marylebone High St, W1; ⌚Mo–Sa 9–19.30, So 11–18 Uhr; ⊖Baker St) Daunt ist ein ausnehmend schöner eingerichteter Laden und ein Spezialist für Reiseliteratur (führt aber auch Romane und Sachbücher).

## Hoxton, Shoreditch & Spitalfields

**Rough Trade East** MUSIK
(Karte S. 118; www.roughtrade.com; Dray Walk, Old Truman Brewery, 91 Brick Lane, E1; ⌚Mo–Fr 8–20, Sa & So 11–19 Uhr; ⊖Liverpool St) Das Rough Trade East – oder **West** (Karte S. 115; ☎020-7229 8541; www.roughtrade.com; 130 Talbot Rd, W11; ⌚Mo–Sa 10–18.30, So 11–17 Uhr; ⊖Ladbroke Grove) – war in den 1970er-Jahren das Mekka des Punks und ist noch immer erste Wahl für Indie- und Alternativmusik.

**Start** KLEIDUNG
(Karte S. 118; www.start-london.com; 42–44 Rivington St, EC2; ⌚Mo–Mi & Fr 10.30–18.30, Sa 11–18, So 12–17 Uhr; ⊖Old St) Wenn es um Designerjeans geht, sind die drei Start-Läden, alle in der gleichen Straße (Damen-, Herren- und formelle Kleidung), der erste Anlaufpunkt.

## East End & Docklands

**Westfield Stratford City** EINKAUFSZENTRUM
(http://uk.westfield.com; 2 Stratford Place, Montifichet Road, Queen Elizabeth Olympic Park, E20; ⌚Mo–Fr 10–21, Sa 9–21, So 12–18 Uhr; ⊖Stratford) Das Einkaufszentrum direkt am Queen Elizabeth Olympic Park ist das größte Europas, ein Riesenteil mit über 250 Läden, Dutzenden Restaurants, einem Kino mit 17 Leinwänden und einem Casino.

## Praktische Informationen

### GEFAHREN & ÄRGERNISSE

Angesichts der Größe der Stadt und der Kluft zwischen Arm und Reich ist London im Allgemeinen sicher. Abgesehen davon sollte jeder so vernünftig sein, nicht unnötig mit Bargeld herumzuwedeln. Eine Messerstecherei unter Jugendlichen ist keine Lappalie, wenn es also irgendwo nach Ärger riecht, sollte man sich fernhalten und besonders nachts vorsichtig sein. In der U-Bahn sind Waggons mit Fahrgästen drin vorzuziehen und einsame U-Bahnhöfe zu meiden. Nach Berichten von Raubüberfällen und sexuellen Übergriffen sind konzessionslose oder unbestellte Taxis unbedingt zu vermeiden.

Fast alle Londoner können von Diebstählen berichten, bei denen Brieftaschen, Handys oder Handtaschen geklaut wurden und zwar nicht nur vor der Nase, sondern buchstäblich unter dem Hintern weg, wie in Fällen von Taschen, die in Bars auf dem Boden abgestellt wurden. Vorsicht auch vor Taschendieben in überfüllten U-Bahnen, Nachtbussen und Straßen.

Bei der Benutzung von Geldautomaten sollte die PIN sorgfältig geschützt werden. Ein Geldautomat, der irgendwie manipuliert aussieht, sollte nicht benutzt werden, denn das Ausspähen von Bankdaten kommt vor.

### INFOS IM INTERNET

**BBC London** (www.bbc.co.uk/london)
**Evening Standard** (www.standard.co.uk)
**Londonist** (www.londonist.com) London-Blog.
**Lonely Planet** (www.lonelyplanet.com/london)
**Time Out** (www.timeout.com/london)
**View London** (www.viewlondon.co.uk)
**Walk It** (www.walkit.com) Bei Eingabe des Zielorts zeigt die Website eine Karte mit dem Weg, die geschätzte Zeit, die Menge der Kalorien, die verbrannt werden, und des gesparten Kohlendioxids.

### INTERNETZUGANG

In vielen Bars, Cafés und Hotels gibt es kostenloses WLAN (ein paar Hotels, besonders der Spitzenkategorie, verlangen aber immer noch eine Gebühr).

### MEDIEN

Jeder Werktag beginnt und endet mit einer kostenlosen Tageszeitung: morgens *Metro* und abends *London Evening Standard* – beide in U-Bahnhöfen erhältlich. Ebenfalls kostenlos ist *Time Out*, das Londoner Programmheft schlechthin.

### MEDIZINISCHE VERSORGUNG

Ärzte, Apotheken und Krankenhäuser sind im Londoner Telefonbuch oder über ☎0845 46 47 zu finden.

Krankenhäuser mit Notfallaufnahme rund um die Uhr:

**St. Thomas' Hospital** (☎020-7188 7188; Lambeth Palace Rd, SE1; ⊖Waterloo)
**University College London Hospital** (☎0845 155 5000, 020-3456 7890; www.uclh.org; 235 Euston Rd, NW1; ⊖Euston Sq, Warren St)

### NOTFALL

**Polizei/Feuerwehr/Krankenwagen** (☎ 999)

**Rape & Sexual Abuse Support Centre** (☎ 0808 802 9999; www.rasasc.org.uk; ⏰ 12–14.30 & 19–21.30 Uhr) Notruf bei sexuellem Missbrauch und Vergewaltigung

**Samaritans** (☎ 08457 90 90 90; www.samaritans.org) Telefonseelsorge

### TOILETTEN

Wer dringend muss, findet kaum öffentliche Toiletten. In den U-Bahnhöfen gibt es nur eine Handvoll, in den größeren Bahnhöfen der National Rail ein paar mehr (meist mit Münzbedienung). Wer es noch fünf Stockwerke mit dem Aufzug aushält, kann sich in Kaufhäusern erleichtern.

### TOURISTENINFORMATION

Touristeninformationen gibt es im Heathrow Airport, in den Bahnhöfen St. Pancras und Liverpool Street und in den U-Bahnhöfen Piccadilly Circus und Victoria Station. **Visit London** (☎ 0870 156 6366; www.visitlondon.com) informiert über Attraktionen, Events, Touren und Unterkünfte.

**City of London Information Centre** (Karte S. 74; www.visitthecity.co.uk; St. Paul's Churchyard, EC4; ⏰ Mo–Sa 9.30–17.30, So 10–16 Uhr; ⊖ St Paul's) Touristeninformation, Tickets für den Eintritt ohne Anstehen für Attraktionen in der City und Stadtrundgänge (Erw./Kind unter 12 J. 7 £/frei).

**Greenwich Tourist Office** (www.visitgreenwich.org.uk/tourist-information-centre; Pepys House, 2 Cutty Sark Gardens, SE10; ⏰ 10–17 Uhr; DLR Cutty Sark) Informationen und Führungen.

## An- & Weiterreise

London ist das Tor nach England.

### AUTO

Alle große Autovermietungen haben Niederlassungen an den Flughäfen und in der Stadt.

### BUS

Die meisten Fernbusse fahren ab der **Victoria Coach Station** (Karte S. 90; 164 Buckingham Palace Rd, SW1; ⊖ Victoria).

### FLUGZEUG

Es gibt mehrere Flughäfen in London. Weitere Informationen s. Seite 762.

### ZUG

Alle Bahnhöfe in London sind mit dem U-Bahnnetz verbunden. Sie sind alle Endbahnhöfe von Hauptbahnstrecken, die jede in eine andere Richtung führen. In den meisten Bahnhöfen befinden sich Gepäckaufbewahrungsschalter (um 4 £), Schließfächer, Toiletten (0,20 £) mit Duschen (um 3 £), Zeitungs- und Buchläden sowie Gastronomie. In den Bahnhöfen St. Pancras, Victoria und Liverpool Street gibt es auch Einkaufszentren.

Wer sein Ziel nicht hinter den Endbahnhöfen angegeben findet, sollte die Fahrplanauskunft unter www.nationalrail.co.uk konsultieren.

**Charing Cross** Canterbury

**Euston** Manchester, Liverpool, Carlisle, Glasgow

**King's Cross** Cambridge, Hull, York, Newcastle, Schottland

**Liverpool Street** Stansted Airport, Cambridge

**London Bridge** Gatwick Airport, Brighton

**Marylebone** Birmingham

**Paddington** Heathrow Airport, Oxford, Bath, Bristol, Exeter, Plymouth, Cardiff

**St. Pancras** Flughäfen Gatwick und Luton, Brighton, Nottingham, Sheffield, Leicester, Leeds, Paris

**Victoria** Flughafen Gatwick, Brighton, Canterbury

**Waterloo** Windsor, Winchester, Exeter, Plymouth

## Unterwegs vor Ort

### AUTO

Die Ringautobahn M25 umschließt 1577 km², ein Gebiet, das grob als „Greater London" bezeichnet wird. Für Autofahrer ist sie der erste Ring der Hölle. Die Straßen Londons können unvorstellbar verstopft sein. Der Verkehr ist heftig, Straßenbauarbeiten sind ein Dauerzustand, Parken ist entweder unmöglich oder teuer und Autokrallen werden gnadenlos eingesetzt. Autofahrer, die werktags zwischen 7 und 18 Uhr ins Zentrum fahren, müssen pro Tag 10 £ City-Maut (Zahlungsarten s. www.tfl.gov.uk) oder ein hohes Bußgeld zahlen. Wer von London aus weiterreisen will und dazu ein Auto gemietet hat, sollte mit der U-Bahn nach Heathrow fahren und den Wagen dort abholen.

### FAHRRAD

Das Stadtzentrum ist flach und relativ kompakt, mit zäh fließendem Verkehr – prima für Fahrradfahrer. Mit dem hervorragenden **Barclays Cycle Hire Scheme** (☎ 0845 026 3630; www.tfl.gov.uk.) kann man sich rund um die Uhr an einer von 400 Stationen in ganz London ein Fahrrad leihen. Die Anmeldegebühr beträgt 2 £ für 24 Stunden oder 10 £ pro Woche; die ersten 30 Minuten sind kostenlos (ideal also für kurze Strecken), danach zahlt man 1/4/6/15 £ für 1/1½ /2/3 Stunden. Die Fahrräder können so oft ausgeliehen werden wie gewünscht, aber fünf Minuten sollten zwischen jeder Fahrt liegen.

London-Besucher können entweder online oder mit Kreditkarte an den Stationen zahlen. Der Mieter muss mindestens 18, Benutzer müssen mindestens 14 Jahre alt sein.

## VOM/ZUM FLUGHAFEN

### Gatwick

Züge der **National Rail** (☎ 0845 748 4950; www.nationalrail.co.uk) verbinden tagsüber alle 15 Minuten und nachts stündlich den South Terminal von Gatwick mit Victoria Station (ab 15 £, 37 Min.). Weitere Züge fahren nach London St. Pancras International (ab 10 £, 56 Min.) und London Bridge (10 £, 30 Min., alle 15 in.). Je früher sie gebucht werden, desto billiger sind die Fahrkarten. Wer es eilig hat, nimmt den **Gatwick Express** (www.gatwickexpress.com; einfach/hin & zurück 19,90/34,90 £), der zwischen 5 und 23.45 Uhr alle 15 Minuten von Victoria Station abfährt (30 Min., erster/letzter Zug 3.30/0.32 Uhr).

Fahrkarten für den Minibus von **EasyBus** (www.easybus.co.uk) kosten ab 2 £, je nach Zeitpunkt des Kaufs. Er verkehrt zwischen Gatwick und Earls Court (1¼ Std., 4.20–1 Uhr alle 30 Min.). Wer mehr als ein Stück Handgepäck und eine Reisetasche hat, muss extra zahlen. Am günstigsten ist der Kauf übers Internet.

### Heathrow

Die öffentlichen Verkehrsverbindungen von und nach Heathrow sind hervorragend. Am billigsten ist die U-Bahn. Die Piccadilly Line ist von jedem Terminal aus zu erreichen (5,70 £, 1 Std. bis Stadtzentrum, ca. 5–23.30 Uhr alle 5 Min.). Wenn am Fahrkartenschalter lange Schlangen stehen, kann man auf die Fahrkartenautomaten ausweichen; einige akzeptieren neben Bargeld auch Kreditkarten.

Etwas schneller geht die Fahrt mit dem erheblich teureren **Heathrow Express** (www.heathrowexpress.com; einfach/hin & zurück 21/34 £), einem hochmodernen Zug nach Paddington Station (15 Min., 5.12–23.48 alle 15 Min.). Fahrkarten können im Zug (5 £ extra), an Automaten (mit Bargeld oder Kreditkarte) auf beiden Bahnhöfen oder online gekauft werden.

Vor jedem Terminal sind Taxistände für Black Cabs; eine Fahrt ins Stadtzentrum kostet zwischen 45 und 85 £.

### London City

Die Docklands Light Railway (DLR) verbindet den London City Airport mit dem U-Bahnnetz und braucht 22 Minuten bis Bank Station (4,70 £). Ein Black Cab ins/vom Stadtzentrum kostet um 30 £.

### Luton

Es gibt regelmäßige Verbindungen der **National Rail** (www.nationalrail.co.uk) von St. Pancras (13,90 £, 29–39 Min.) zum Bahnhof Luton Airport Parkway, wo ein Shuttlebus (1,60 £) in zehn Minuten zum Flughafen fährt. EasyBus-Minibusse fahren von den Bahnhöfen Victoria, Earl's Court und Baker Street nach Luton (einfach 10 £, 1½ Std., alle 30 Min.). Ein Taxi ins Stadtzentrum kostet um 100 bis 110 £.

### Stansted

Der **Stansted Express** (☎ 0845 8500150; www.stanstedexpress.com) verbindet den Flughafen mit Liverpool Street Station (einfach/hin & zurück 23,40/33,20 £, 46 Min., 6–0.30 Uhr alle 15–30 Min.).

**EasyBus** (www.easybus.co.uk; einfach 10 £, hin & zurück ab 12 £) verkehrt zwischen Stansted und Baker Street (1¼ Std., alle 20 Min.). Der **Airbus A6** (☎ 0870 580 8080; www.nationalexpress.com) fährt zur Victoria Coach Station (11 £, 1¾ Std., mindestens alle 30 Min.). Die Busse von **National Express** (www.nationalexpress.com) fahren ebenfalls von Liverpool Street Station nach Stansted (einfach 9 £, 80 Min., alle 30 Min.).

**Terravision-**Busse (www.terravision.eu) verbinden von 6 bis 1 Uhr alle 20 bis 40 Minuten Stansted mit Liverpool Street Station (Bus A51, einfach/hin & zurück ab 9/15 £, 55 Min.) und Victoria Coach Station (Bus A50, einfach/hin & zurück ab 8/14 £, 75 Min.).

Ein Taxi ins/vom Stadtzentrum kostet um die 125 £.

## ÖFFENTLICHE VERKEHRSMITTEL

Über die öffentlichen Verkehrsmittel zu meckern, gehört in London zum guten Ton, aber eigentlich sind sie hervorragend: Das Netz aus U-Bahn, Zügen, Bussen und Schiffen deckt die ganze Stadt ab und **TFL** (Transport for London, www.tfl.gov.uk), die Verkehrsbetriebe der Stadt, hält es zusammen. Auf der Website gibt es einen praktischen Routenplaner und Informationen zu allen Verkehrsmitteln, auch Taxis. Mit der Oyster Card wird es am günstigsten.

### Bus

Fahrten mit dem Doppeldeckerbus durch London sind toll, um die Stadt zu sehen, aber meist langsamer als die U-Bahn. Die traditionellen Routemaster-Busse mit Schaffner fahren auf der Linie 9 (von Aldwych zur Royal Albert Hall) und 15 (zwischen Trafalgar Square und Tower Hill); sie sind die einzigen Busse ohne Rollstuhlrampe. Eine neue Flotte von barrierefreien Hybrid-Routemastern (Diesel/Elektro) befährt derzeit erst wenige Strecken, soll aber bis 2016 auf 600 Fahrzeuge ausgeweitet werden.

Die Busse fahren tagsüber regelmäßig, die Nachtbusse (mit einem „N" gekennzeichnet), die ab Betriebsschluss der U-Bahn zum Einsatz kommen, weniger häufig. Eine einfache Fahrkarte (gültig 2 Std.) kostet 2,40 £ (1,45 £ mit der Oyster Card, pro Tag nie mehr als 4,40 £);

## MIT DEN ÖFFENTLICHEN DURCH LONDON

Ein London-Besuch macht den meisten Spaß, wenn man die öffentlichen Verkehrsmittel wie die Einheimischen nutzt und sich möglichst nicht bei jedem einzelnen Fahrkartenkauf über die gesalzenen Preisen ärgert. Die beste und günstigste Möglichkeit sind die Oyster Card oder Travelcards für Zeiträume von einem Tag bis zu einem Jahr. Die Oyster Card ist eine wiederverwendbare Chipkarte, auf der ein Guthaben gespeichert ist und die am Schalter nachgeladen werden kann. Beim Kauf sind 5 £ Pfand fällig, die bei der Rückgabe erstattet werden.

London ist in Tarifzonen aufgeteilt, die ringförmig und das Zentrum liegen. Die meisten Touristenattraktionen befinden sich in den Zonen 1 und 2. Die Travelcard ermöglicht unbegrenzte Fahrten mit U-Bahn, Bus und Bahn innerhalb der gewählten Zonen. Die Karte muss nur über die gelben Sensoren an den Drehkreuzen im Bahnhof oder vorne im Bus gezogen werden.

Bei der Oyster Card wird der Fahrpreis vom Guthaben auf der Karte abgezogen und zwar zu einem weitaus günstigeren Tarif als regulär. Eine Busfahrt mit der Oyster Card kostet 1,45 £, mit Einzelfahrschein 2,40 £, eine U-Bahnfahrt 2,20 £ statt 4,70 £. Darüberhinaus werden die Kosten an jedem einzelnen Tag gedeckelt, sodass sie den Preis eines Tagestickets für die befahrenen Zonen nicht übersteigen (Zonen 1 und 2 verkehrsstarke/-schwache Zeiten 8,40/7 £).

Bei Vermeidung der verkehrsstarken Zeiten (6.30–9.30 und 16–19 Uhr) bieten die folgenden Varianten die billigsten Tarife für einen Aufenthalt von entsprechender Länge:

**Ein bis vier Tage** Prepaidkarte

**Fünf bis 24 Tage** Wochenkarte plus Prepaidkarte für die restlichen Tage

**20 bis 31 Tage** Monatskarte

eine Wochenkarte kostet 20,20 £. Kinder fahren umsonst. An Haltestellen mit gelbem Schild muss die Fahrkarte vor dem Einstieg am Automaten gekauft oder eine Oyster Card genutzt werden. Die Busse halten auf Anforderung, der Haltewunsch muss dem Fahrer mit deutlich ausgestrecktem Arm signalisiert werden.

### Schiff

Die Schiffe auf der Themse sind ein prima Transportmittel, das nicht im Verkehrsstau stecken bleibt und gleichzeitig herrliche Aussichten bietet. Passagiere mit Tages-, Wochen- oder Monatskarten (einschließlich Oyster Card) erhalten 30 % Rabatt auf alle Fahrpreise.

Die Fähren von **Thames Clippers** (www.thamesclippers.com) verkehren regelmäßig zwischen den Anlegern Embankment, Waterloo, Blackfriars, Bankside, London Bridge, Tower, Canary Wharf, Greenwich, North Greenwich und Woolwich (Erw./Kind 6,80/3,40 £). Sie fahren zwischen 6 und je nach Wochentag 22 oder 24 Uhr (am Wochenende ab 9.30 Uhr). Zum weiteren Angebot gehören der Shuttleservice Tate-to-Tate (S. 86) und die Ausflugsfahrten zwischen Westminster und Greenwich. Schiffe fahren auch zu den Kew Gardens und zum Hampton Court Palace.

Die **London Waterbus Company** (☎ 020-7482 2660; www.londonwaterbus.com; einfach/hin & zurück 8,20/11,50 £) und **Jason's Trip** (www.jasons.co.uk; gegenüber 42 Blomfield Rd, W9; einfach/hin & zurück 9/14 £) betreiben Kanalboote zwischen Camden Lock und Little Venice; Zeiten s. Websites. In der Innenstadt gibt es rund 65 km Kanäle, die meist im 19. Jh. gebaut wurden.

### U-Bahn, DLR & Overground

Die U-Bahn oder *tube*, wie sie allgemein genannt wird, gräbt sich durch ganz London und bis in die Grafschaften im Umland. Die Züge fahren von ungefähr 5.30 bis 0.30 Uhr (sonntags von 7 bis 23.30 Uhr) alle paar Minuten.

Die Benutzung ist einfach. Fahrkarten (oder Guthaben für die Oyster Card) sind an Schaltern oder Automaten am Eingang der U-Bahnhöfe erhältlich, zahlbar mit Bargeld oder Kreditkarte. Am Bahnsteigeingang wird die Fahrkarte am Drehkreuz in den Schlitz geschoben (oder die Oyster Card über das gelbe Lesegerät gezogen) und die Absperrung öffnet sich.

Zum Schienennetz gehören auch die führerlose Docklands Light Railway (DLR) und die Bahnlinien, die auf den Streckennetzkarten der U-Bahn als „Overground“ (S-Bahn) eingetragen sind. Die DLR verbindet die City mit den Docklands, Greenwich und dem London City Airport.

Die Streckennetzkarte der U-Bahn ist ein viel gepriesenes grafisches Design, das mit bunten Linien die Verbindungen zwischen den

14 verschiedenen Strecken aufzeigt. Es ist jedoch nicht annährernd maßstabsgerecht. Die Entfernungen zwischen den Bahnhöfen werden umso größer, je weiter entfernt sie vom Zentrum liegen, wohingegen die Bahnhöfe Leicester Square und Covent Garden nur 250 m voneinander entfernt sind.

### Zug

Besonders südlich des Flusses, wo weniger U-Bahnlinien sind, spielen die verschiedenen Bahngesellschaften eine wichtige Rolle im öffentlichen Nahverkehr. An den meisten Bahnhöfen gibt es Lesegeräte für die Oyster Card und sie akzeptieren Travelcards. Wer außerhalb der bezahlten Zone fährt, muss genug Guthaben auf der Oyster Card haben, um den zusätzlichen Preis zahlen zu können. Da es nicht auf allen Bahnhöfen Drehkreuze gibt, ist es wichtig, daran zu denken, die Oyster Card bei Betreten und Verlassen des Bahnhofs über das Lesegerät zu ziehen. Ansonsten registriert die Karte eine unvollendete Fahrt, was zusätzlich kostet. Papierfahrscheine sind aber immer noch im Bahnhof an Automaten und Schaltern erhältlich.

## TAXI

Londons berühmte Black Cabs, die schwarzen Taxis, sind frei, wenn das gelbe Licht oberhalb der Windschutzscheibe aufleuchtet. Um eine Lizenz für ganz London zu erhalten, müssen die Taxifahrer „The Knowledge" bestehen. Geprüft werden ihre Kenntnisse von bis zu 25 000 Straßen in einem Radius von ca. 10 km um Charing Cross und von allen wichtigen Orten, von Hotels bis Kirchen. Der Fahrpreis wird mit Taxameter berechnet, die Grundgebühr beträgt 2,40 £ und der zusätzliche Preis richtet sich nach Tageszeit, Entfernung und Geschwindigkeit. Eine Meile (1,6 km) kostet zwischen 5,60 und 8,80 £. Telefonisch kann ein Black Cab z. B. über **Computer Cabs** (☎ Barzahlung 020-7908 0207, Kreditkarte 020-7432 1432; www.comcablondon.com) bestellt werden; die Buchungsgebühr beträgt 2 £. Die **Hailo-App** (www.hailocab.com) fürs Handy meldet das nächste freie Black Cab.

Lizensierte Minicabs arbeiten über Agenturen (in den meisten belebten Gegenden gibt es offene Schalterbüros, wo die Fahrer warten). Sie sind billiger als Black Cabs und nennen den Preis vor der Fahrt. Die Agenturen sind auf www.tfl.gov.uk aufgelistet.

Es gab viele Berichte von sexuellen Übergriffen und Diebstählen durch nicht lizensierte Minicabfahrer. Es sollten nur Fahrer von seriösen Agenturen in Anspruch genommen werden; lizensierte Minicabfahrer dürfen nicht auf Kundenfang gehen oder Fahrgäste ohne Buchung an der Straße mitnehmen. Die zwielichtigen Gestalten, die vor Clubs und Bars herumhängen, sollten vermieden werden.

# Canterbury & Südostengland

Inhalt ➡



## Gut essen

- Deeson's (S. 153)
- Allotment (S. 164)
- Iydea (S. 175)
- Terre à Terre (S. 176)
- Town House (S. 180)

## Schön übernachten

- Bleak House (S. 157)
- Jeake's House (S. 166)
- Wallett's Court (S. 164)
- Reading Rooms (S. 156)
- Hotel Una (S. 175)

## Auf nach Canterbury & Südostengland

Imposante Kalksteinklippen, viktorianisch geprägte Badeorte, Hopfenfelder und Reben: Willkommen in Englands Südosten! Vier Grafschaften wetteifern um die Besuchergunst mit Landgütern, Märchenschlössern und dem Besten aus Englands Küche und Keller. Die Sonne meint es hier besonders gut, lässt Obst und Gemüse reifen und sorgt in den von Felsen umrahmten Küstenstädtchen für Urlaubsstimmung. Ob Mittelalterflair in Sandwich, Künstleratmosphäre in Brighton oder gepflegte Eleganz in Eastbourne, hier ist für jeden etwas dabei.

Aber auch dunklere Zeiten haben ihre Spuren hinterlassen. Für Angreifer vom Festland war die Region stets das erste Ziel. Daran erinnern römische Ruinen, Geheimtunnel unter der Burg von Dover und natürlich das Schlachtfeld von 1066.

Englands christliche Seele hat ihren weltlichen Sitz in Canterbury. Seine Kathedrale und weitere von der Unesco geschützte Attraktionen haben auch für moderne Pilger nichts von ihrer Faszination eingebüßt.

## Reisezeit

- Im Mai wird Brighton mit Großbritanniens zweitgrößtem Kunstfestival kreativ.
- Im Juni sind Strohhut und Kniehosen angesagt: Das Dickens Festival in Broadstairs vermittelt viktorianisches Lebensgefühl.
- Von Mai bis Oktober lädt der South Downs Way zu Wanderungen durch Englands jüngsten Nationalpark ein.
- Im Hochsommer brodeln Thanets perfekte Strände vor ausgelassenem Badevergnügen.

## Aktivitäten

Auch wenn Südostengland die am dichtesten besiedelte Ecke der britischen Insel ist, bietet sie jede Menge Wander- und Radwege fernab von jeglicher Hektik.

### Radfahren

Zugegeben, es ist nicht immer leicht, im Südosten ruhige Landstraßen zum Radeln zu finden. Aber die Mühe lohnt sich. Außerdem führen diverse Fernradwanderwege des **National Cycle Network** (NCN; www.sustrans.org.uk) durch die Region, darunter:

**Downs & Weald Cycle Route** (177 km; NCN-Routen 2, 20 & 21) London bis Brighton und weiter nach Hastings.

**Garden of England Cycle Route** (266 km, NCN-Routen 1 & 2) London bis Dover und weiter nach Hastings.

Auf der NCN-Website gibt's auch Vorschläge für weniger anspruchsvolle Touren. Mountainbiker, die nach bergigen Herausforderungen suchen, können es mit den zahlreichen Wanderwegen versuchen. Auf dem South Downs Way National Trail sind sie zwei bis vier Tage gut beschäftigt.

### Wandern

Zwei Fernwanderwege schlängeln sich quer durch die Region in Richtung Westen. Eine ganze Palette kürzerer Routen wird jedem Anspruch bezüglich Kondition, Zeitaufwand und bevorzugter Landschaft gerecht.

**South Downs Way National Trail** (www.nationaltrail.co.uk/southdowns) Die 160 km lange Wanderroute durch Englands jüngsten Nationalpark ist ein abwechslungsreiches Auf und Ab entlang uralter Triftwege zwischen Winchester und Eastbourne.

**North Downs Way National Trail** (www.nationaltrail.co.uk/northdowns) Nicht weit von Farnham (Surrey) beginnt dieser 246 km lange Fernwanderweg, dessen attraktivste Abschnitte zwischen Ashford und Dover liegen. Am Ende schlägt er eine Schleife über Canterbury.

**1066 Country Walk** Die Verlängerung des South Downs Way führt auf 51 km vom Pevensey Castle nach Rye.

## Touristeninformation

**Kent Attractions** (www.kentattractions.co.uk)

**Tourism South East** (www.visitsoutheastengland.com) Die offizielle Website für Englands Süden und Südosten.

**Visit Kent** (www.visitkent.co.uk)

**Visit Surrey** (www.visitsurrey.com)

**Visit Sussex** (www.visitsussex.org)

## Anreise & Unterwegs vor Ort

Den Südosten per Bus und Zug zu erforschen, ist kein Problem. Viele Attraktionen eignen sich für einen Tagesausflug ab London. Ausführliche Infos über öffentliche Verkehrsmittel stehen auf der Website von National Traveline (www.travelinesoutheast.org.uk).

### BUS

**Explorer Tickets** (Erw./Kind 6,20/3,10 £) gelten einen Tag lang für fast alle Busse der Region und sind beim Fahrer erhältlich.

### ZUG

33 % Rabatt auf so gut wie alle Zugtickets für Fahrten im Südosten gewährt die **Network Railcard** (www.network-railcard.co.uk; pro Jahr 30 £). Inhaber der Karte können drei Erwachsene zum gleichen ermäßigten Preis mitnehmen, Kinder bis 15 Jahre bezahlen sogar 60 % weniger.

# KENT

Nicht umsonst wird Kent „der Garten Englands" genannt. Die vom Meer umarmte Grafschaft setzt sich aus sanften Hügeln, fruchtbarem Ackerland, gepflegten Landgütern und vor Früchten überbordenden Obstplantagen zusammen. Sie könnte locker auch den Titel „Biergarten Englands" beanspruchen, denn der Hopfen aus Kent ist weltberühmt und einige der besten englischen Biere (wie auch Weine) werden hier produziert. Das Herz der Grafschaft schlägt in Canterbury mit seiner legendären Kathedrale.

Auch die Küste hat mit netten Städtchen und Dörfern ihren besonderen Reiz, angefangen mit dem sympathisch altmodischen Broadstairs über das elegante Whitstable bis hin zum kontrastreichen Dover mit seinem Hafen.

## Canterbury

151 200 EW.

Wenn es um englische Kathedralen geht, kommt keiner an Canterbury vorbei. Die Stadt ist einer der größten Touristenmagneten im Süden und viele halten den von der Unesco geschützten Sakralbau in ihrem Zentrum für eine der schönsten Kathedra-

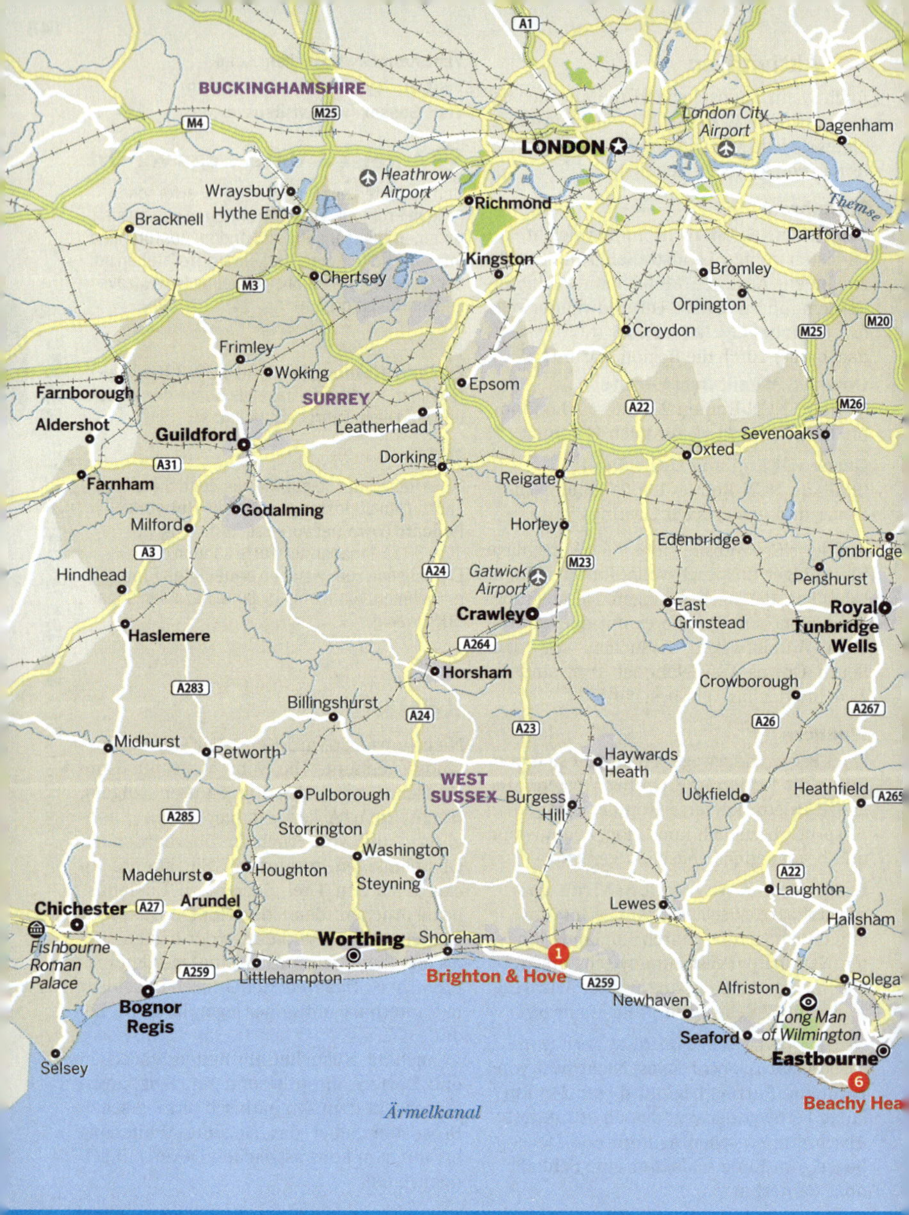


## Highlights

1 Shoppen, Sonne tanken und feiern in den Partyhochburgen **Brighton & Hove** (S. 171)

2 Nach **Canterbury** (S. 145) pilgern, einem der wichtigsten religiösen Orte Englands

3 In den Tunneln unter dem **Dover Castle** (S. 161) Weltkriegsstimmung erleben

4 Durch die Pflastergassen des Bilderbuchstädtchens **Rye** (S. 165) bummeln

5 Einen entspannten Rundgang durch das **Leeds Castle** (S. 155) unternehmen

**6** Auf die schneeweißen Kalksteinfelsen von **Beachy Head** (S. 171) hinaufkraxeln

**7** Auf der **Isle of Thanet** (S. 155) das Strandlaken auspacken und es sich gut gehen lassen

**8** Sich im mittelalterlichen Gassengewirr von **Sandwich** (S. 159) verirren

## Canterbury

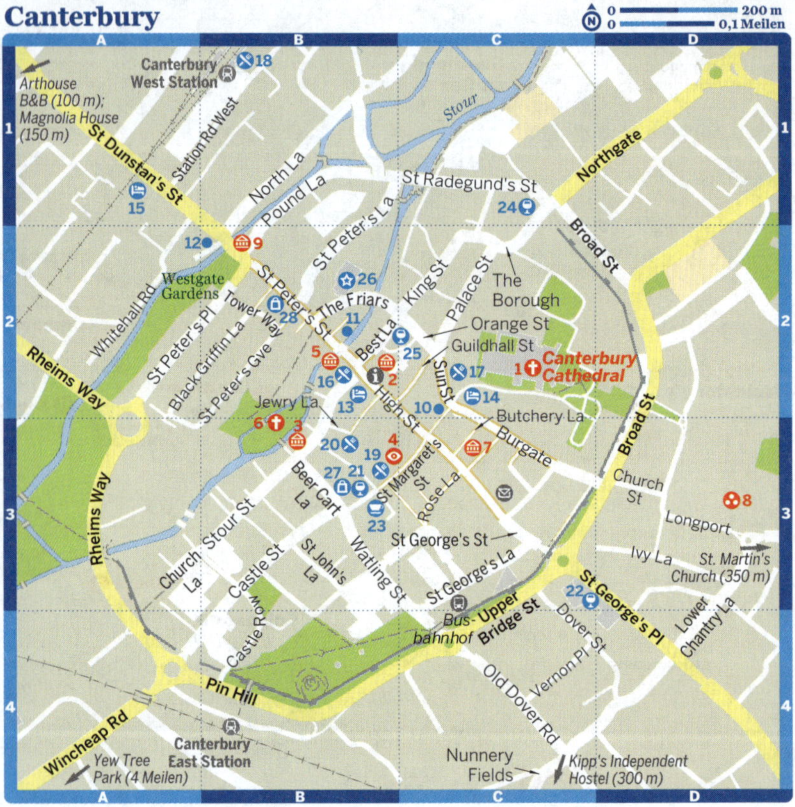


len Europas. Die alten Stadtmauern, die schmalen, mittelalterlichen Gassen und die Ufergärten laden zum gemütlichen Bummel ein. Dabei zehrt Canterbury keineswegs nur vom Glanz längst vergangener Zeiten. Die aufgeweckte Studentenszene und eine ganze Latte moderner Bars, Restaurants und kultureller Einrichtungen halten die Stadt auf Trab. Um sich bei Unterkünften und Restaurants nicht mit der zweiten Wahl begnügen zu müssen, empfiehlt es sich, rechtzeitig zu reservieren – Canterbury ist immer noch ein Wallfahrtziel, auch wenn die Pilgerströme mittlerweile anstatt des Wanderstocks das Handy dabeihaben.

## Geschichte

Canterbury hat schon allerhand mitgemacht. Den Grundstein legten die Römer um 200 n. Chr., danach wurde es die Hauptstadt des angelsächsischen Königreichs Kent. Als Augustinus 597 aus Afrika kam, um die heidnischen Horden zu bekehren, wählte er Canterbury als seinen *cathedra* (Sitz) und begann mit dem Bau einer Abtei am Stadtrand. Nach dem Märtyrertod von Thomas Becket, einem Erzbischof von Canterbury, wurde die Stadt zum wichtigsten Pilgerziel Nordeuropas. Das inspirierte Geoffrey Chaucer zu den berühmten *Canterbury Tales*, einem der bedeutendsten Werke der englischen Literatur.

Obwohl grausame Morde an Würdenträgern und Touristenhorden dem Seelenheil nicht gerade zuträglich sind, hält die Church of England an Canterbury als ihrem Hauptsitz fest.

## Sehenswertes

★ **Canterbury Cathedral** KATHEDRALE
(www.canterbury-cathedral.org; Erw./erm. 10,50/9,50 £, Führung Erw./erm. 5/4 £, Audioguide Erw./erm. 4/3 £; ⏲ Mo–Sa 9–17, So 12.30–14.30 Uhr) Das Mutterschiff der Church of England ist

## Canterbury

**Highlights**
1 Canterbury Cathedral ........ C2

**Sehenswertes**
2 Beaney House of Art & Knowledge ........ B2
3 Canterbury Heritage Museum ........ B3
4 Canterbury Tales ........ B3
5 Eastbridge Hospital ........ B2
6 Greyfriars Chapel ........ B3
7 Roman Museum ........ C3
8 St. Augustine's Abbey ........ D3
9 West Gate Towers ........ B2

**Aktivitäten, Kurse & Touren**
10 Canterbury Guided Tours ........ C2
11 Canterbury Historic River Tours ........ B2
12 Canterbury River Navigation Company ........ B2

**Schlafen**
13 Abode Canterbury ........ B2
14 Cathedral Gate Hotel ........ C2
15 House of Agnes ........ A1

**Essen**
16 Boho ........ B2
17 Deeson's ........ C2
18 Goods Shed ........ B1
19 Tiny Tim's Tearoom ........ B3
20 Veg Box Cafe ........ B3

**Ausgehen & Nachtleben**
21 Alberry's Wine Bar ........ B3
22 Chill Nightclub ........ C3
23 Micro Roastery ........ B3
24 Parrot ........ C1
25 Thomas Becket ........ C2

**Unterhaltung**
26 New Marlowe Theatre ........ B2

**Shoppen**
27 Chaucer Bookshop ........ B3
28 Revivals ........ B2

ein Archiv für über 1400 Jahre Religionsgeschichte und hat selbst eine faszinierende Vergangenheit. Unter den als Weltkulturerbe eingestuften Stätten Canterburys ist das gotische Bauwerk das absolute Highlight, das sowohl Gläubige wie auch Touristen in seinen Bann zieht. In seinen Mauern fand der berühmteste Mord in Englands Geschichte statt: Erzbischof Thomas Becket wurde hier 1170 grausam niedergemetzelt. Für die Besichtigung mindestens zwei Stunden einplanen!

Die Kathedrale ist eine faszinierende Mischung aus packenden Geschichten, überwältigender Architektur und tiefer Spiritualität – mit einem unterschwelligen Hauch von Gewalt und Blutvergießen, der bei jedem Besucher für leichte Gänsehaut sorgt.

Viele Monumente erinnern an Schlachten, die auf englischem Boden geschlagen worden sind. Ein Beispiel dafür ist das Grab mit der Rüstung eines der heldenhaftesten Kriegsherren Englands, des „Schwarzen Prinzen" Edward of Woodstock (1330–1376). Die Stelle im nordwestlichen Querschiff, an der Thomas Becket sein grausames Schicksal ereilte, ist seit über 800 Jahren ein beliebtes Pilgerziel. Flackerndes Kerzenlicht beleuchtet den überraschend modernen Altar, der dort aufgestellt wurde.

Neben dem Altar liegt der Eingang zur Krypta. Der Brand von 1174 hatte das damalige Gebäude in Schutt und Asche verwandelt, nur dieser höhlenartige Raum blieb von den Flammen verschont und ist ebenfalls ein Besuchermagnet. Vor allem die erstaunlich gut erhaltenen Steinmetzarbeiten an den vielen Säulen verdienen es, näher in Augenschein genommen zu werden.

Es gibt in der Kathedrale so viel zu sehen, dass es sich wirklich lohnt, die einstündige Führung (Mo–Sa 3-mal tgl.) mitzumachen oder sich den Audioguide (40 Min.) auszuleihen.

**Canterbury Heritage Museum** MUSEUM

(www.canterbury-museums.co.uk; Stour St; Erw./Kind 8 £/frei; ⌚11–17 Uhr) Das imposante Gebäude wurde im 14. Jh. als Poor Priests' Hospital errichtet und pflegt heute die Stadtgeschichte. Seine eklektische Sammlung beleuchtet sämtliche wichtigen Perioden und Ereignisse, von der vorrömischen Ära über die Ermordung Beckets bis hin zu Joseph Conrad und anderen berühmten Söhnen Canterburys. Es gibt einen clever konzipierten Raum für Kids, in dem neben anderen, spannenden Objekten ein „echter" Kothaufen aus dem Mittelalter zu sehen ist. Eisenbahnfans werden von der Invicta-Dampflokomotive begeistert sein, die auf der weltweit dritten Eisenbahnlinie für Personenverkehr, der „Crab & Winkle" zwischen Canterbury und Whitstable, ihren Dienst verrichtete.

Im selben Gebäude ist auch das Rupert Bear Museum untergebracht (Mary Tourtel, die Schöpferin der Comicfigur, stammte aus Canterbury) sowie eine Galerie, die sich einem weiteren ehemaligen Liebling aller britischen Kinder widmet, der Fernsehserie *Bagpuss*.

**St. Augustine's Abbey** RUINE

(EH; Longport; Erw./Kind 5/3 £; ⌚Juli & Aug. 10–18 Uhr, April–Juni & Sept.–Okt. Mi–So 10–17 Uhr, Nov.–März Sa & So 10–16 Uhr) Ein wichtiger, aber leider oft übersehener Teil des hiesigen Weltkulturerbes ist die St. Augustine's Abbey. Mit ihrer Gründung 597 erlebte das Christentum in Südengland einen neuen Boom. Die Abtei wurde später als Königspalast zweckentfremdet und dann dem Verfall überlassen, sodass nur noch ein paar Fragmente der Grundmauern übrig geblieben sind. Ein kleines Museum und ein kostenloser Audioguide tun ihr Bestes, um die Bedeutung der Abtei bewusst zu machen und die (Wissens-)Lücken zu füllen.

**St. Martin's Church** KIRCHE

(www.martinpaul.org; North Holmes Rd; ⌚April–Sept. Di, Do & Sa 11–16 Uhr, Okt.–März bis 15 Uhr) Angeblich ist das trutzige, recht kleine Gebäude nicht weit von der Straße nach Sandwich Englands dienstälteste Pfarrkirche. Hier hieß Königin Bertha (Gattin des angelsächsischen Königs Ethelbert) St. Augustinus willkommen, als er im 6. Jh. nach England kam. Von der damaligen Kirche ist aufgrund ständiger Umbauten so gut wie nichts mehr übrig. Aber für einen Spaziergang ist St. Martin's allemal ein lohnendes Ziel.

**Eastbridge Hospital** HISTORISCHES GEBÄUDE

(www.eastbridgehospital.org.uk; 25 High St; Erw./Kind 2/1 £; ⌚Mo–Sa 10–17 Uhr) Seit 1180 bietet das „gastfreundliche Haus" (so die Übersetzung aus dem Latein) Pilgern, Soldaten und (heute) Alten ein Dach über dem Kopf. Damit ist es das letzte der ehemals in Canterbury weit verbreiteten Hospitäler, das noch in Betrieb ist. Ein Besuch lohnt sich wegen der romanischen Kellergewölbe und der alten Kapelle. Die Armenhäuser kamen im 16. Jh. dazu; sie sind ebenfalls noch bewohnt und sitzen auf Großbritanniens ältester Straßenbrücke, die über 800 Jahre auf dem Buckel hat.

**Roman Museum** MUSEUM

(Butchery Lane; Erw./Kind 6 £/frei; ⌚10–17 Uhr) Eigentlich drohten dem Museum Sparmaßnahmen, aber dann wurde 2013 nochmal kräftig renoviert und nun macht der Spaziergang durch die unterirdische Ausgrabungsstätte doppelt Laune. Ein rekonstruierter Marktplatz und Wohnräume inklusive Küche und Mosaikböden geben faszinierende Einblicke in das Alltagsleben einer Römersiedlung. Das alles ist übrigens Bomben aus dem Zweiten Weltkrieg zu verdanken, die ungewollt mit den „Ausgrabungsarbeiten" begonnen hatten.

**West Gate Towers** MUSEUM

(St Peter's St) Das einzige Stadttor, das aus dem Mittelalter übriggeblieben ist, war in letzter Zeit Diskussionsthema Nr. 1 in Canterbury. 2011 sollten die städtischen Zuschüsse drastisch gekürzt werden, dann sprang ein hiesiger Unternehmer in die Bresche. Mit einer kräftigen Finanzspritze machte er das Museum familientauglich, aber sein plötzlicher Tod 2012 brachte das Projekt wieder zum Stillstand. Momentan ist das Gebäude geschlossen und seine Zukunft liegt noch im Dunkeln. Die einzige Attraktion ist, dabei zuzuschauen, wie sich Busse mit eingeklappten Seitenspiegeln durch die verdammt schmale Toröffnung lavieren.

## DER MÄRTYRER THOMAS BECKET

Vetternwirtschaft gab es schon 1162, als Heinrich II. seinem Kumpel Thomas Becket das höchste kirchliche Amt zuschanzte. Mit dem Erzbischof als bestem Freund glaubte er, die aufmüpfige Geistlichkeit besser in den Griff zu bekommen. Leider hatte der König nicht damit gerechnet, dass Becket seinen Job so ernstnehmen würde. Schon bald stellte sich der Erzbischof gegen praktisch alles, was Heinrich sagte oder tat. 1170 hatte dieser dann die Schnauze voll von den Querelen mit seinem einstigen Günstling und deutete vieren seiner Ritter gegenüber an, dass Becket nicht mehr tragbar sei. Am 29. Dezember wurde Thomas Becket ermordet. Beckets Märtyrertod und ultraschnelle Heiligsprechung (1173) katapultierte die Kathedrale von Canterbury in die oberste Liga der Pilgerstätten Nordeuropas. Heinrich II. war sich im Klaren darüber, wie sehr seine Rolle in dieser Geschichte seinem Prestige schaden würde, und reiste 1174 nach Canterbury. Er gestand seine Schuld, wurde öffentlich gegeißelt und schließlich rehabilitiert.

### CANTERBURY ATTRACTIONS PASSPORT

**Canterbury Attractions Passport** (Erw./Kind 28/13 £) Der Pass gilt für die Canterbury Cathedral, die Canterbury Tales sowie alle städtischen Museen und berechtigt zu diversen Rabatten. Er ist in der Touristeninformation erhältlich.

**Greyfriars Chapel** KIRCHE
(Ostern–Sept. Mo–Sa 14–16 Uhr) Interessierte finden die Kapelle in einem friedlichen Ufergarten hinter dem Eastbridge Hospital. Die Parkanlage des ersten von Franziskanern in England erbauten Klosters von 1267 lädt dazu ein, die Picknickdecke auszubreiten.

**Canterbury Tales** AUSSTELLUNG
(www.canterburytales.org.uk; St Margaret's St; Erw./Kind 8,50/6,25 £; März–Okt. 10–17 Uhr) Die dreidimensionale Umsetzung von Chaucers Klassiker mit Hilfe von Audioguides und animierten Puppen (die sich ziemlich ruckartig bewegen) ist ein ehrgeiziger Versuch und zweifelsfrei unterhaltsam, wird aber dem Original nicht wirklich gerecht. Für alle, die noch nie etwas von den Canterbury Tales gehört haben, ist das auf jeden Fall eine Einführung mit hohem Spaßfaktor.

**Beaney House of Art & Knowledge** MUSEUM
(18 High St; Mo–Mi, Fr & Sa 9–17, Do bis 19, So 10–17 Uhr) GRATIS Auch wenn das Gebäude nur ein Nachbau ist, gibt's in der gesamten Einkaufsstraße kein schöneres Beispiel für die Architektur der Tudorzeit. Das frühere Royal Museum & Art Gallery beherbergt seit 1899 ein Museum, eine Kunstgalerie und die städtische Bibliothek. Dann wurde es zu Ehren des Wohltäters, der den Bau im 19. Jh. finanziert hatte, umbenannt. Mittlerweile sind auch die Touristeninformation und ein nettes Café eingezogen, sodass es sich auf jeden Fall lohnt, hier kurz hereinzuschauen. Interessante Wechselausstellungen (z. T. kostenpflichtig) ergänzen das bunte Angebot.

## Geführte Touren

**Canterbury Historic River Tours** BOOTSTOUREN
(07790-534744; www.canterburyrivertours.co.uk; Kings Bridge; Erw./Kind 8,50/5 £; März–Okt. 10–17 Uhr) Ruderer mit kräftigen Muskeln erweisen sich auf den kurzen Ausflugsfahrten auf dem Fluss Stour als kundige Fremdenführer. Die Anlegestelle liegt hinter dem Old Weaver's House.

**Canterbury River Navigation Company** BOOTSOUREN
(07816-760869; www.crnc.co.uk; Westgate Gardens; Erw./Kind 9/4 £; April–Okt.) Bei gutem Wetter bietet die Agentur Fahrten mit dem Stocherkahn auf dem Stour an.

**Canterbury Guided Tours** STADTRUNDGANG
(01227-459779; www.canterburyguidedtours.com; Erw./Kind/erm. 7/5/6,50 £; Feb.–Okt. 11 Uhr, Juli–Sept. auch 14 Uhr) Die Stadtführung beginnt gegenüber dem Eingang zur Kathedrale. Tickets gibt's in der Touristeninformation.

## Feste & Events

**Canterbury Festival** KULTURFESTIVAL
(01227-787787; www.canterburyfestival.co.uk; Okt.) Jede Menge Musiker, Comedians, Theatergruppen und andere Künstler aus aller Welt machen dieses Festival in den letzten beiden Oktoberwochen zur Riesenparty.

## Schlafen

**Kipp's Independent Hostel** HOSTEL £
(01227-786121; www.kipps-hostel.com; 40 Nunnery Fields; B/EZ/DZ 19,50/28,50/57 £; @) Das Backsteingebäude in einer ruhigen Wohngegend rund 1 km vom Stadtzentrum bietet genau das, was sich Backpacker wünschen: relaxte Atmosphäre und saubere (wenn auch etwas vollgepackte) Schlafsäle. Alle Kritiken bestätigen einhellig: eine super Unterkunft!

**Yew Tree Park** CAMPINGPLATZ £
(01227-700306; www.yewtreepark.com; Stone St; Platz pro Zelt & 2 Pers. 14,20–24,50 £; April–Sept.; P @) Eine Familie betreibt den landschaftlich schön gelegenen Campingplatz 8 km südöstlich der Stadt. Tipps für die Anfahrt am besten telefonisch erfragen.

**House of Agnes** HOTEL ££
(01227-472185; www.houseofagnes.co.uk; 71 St Dunstan's St; Zi. 85–130 £; @) Schon in Dickens *David Copperfield* wird der Gasthof mit seinen krummen Balken aus dem 13. Jh. erwähnt. Er bietet acht in verschiedenen Stilen eingerichtete Zimmer, die z. B. „Marrakesh“ (maurisch), „Venice“ (mit venezianischen Masken), „Boston“ (hell und luftig) oder Canterbury (Antikmöbel, schwere Stoffe) heißen. Wer klare Linien und rechte

## DIE CANTERBURY TALES

Wenn es einen Vater der englischen Literatur gibt, dann ist es Geoffrey Chaucer (1342–1400). Er führte in seinen Erzählungen erstmals Personen (anstatt typisierter Figuren) ein, wofür seine berühmten *Canterbury Tales* das beste Beispiel sind.

Das unvollendete Werk wurde zwischen 1387 und 1400 im heute schwer verständlichen Mittelenglisch verfasst und besteht aus 24 Geschichten, die von Pilgern auf ihrem Weg von London nach Canterbury erzählt werden. So erweckt Chaucer geschickt den Eindruck, nicht er sei der Verfasser dieser Geschichten (obwohl er selbst darin auch als Person auftritt), was ihm große schriftstellerische Freiheiten erlaubt. Bis heute sind die *Canterbury Tales* ein Grundpfeiler des literarischen Kanons – und ein plastisches, unterhaltsames Sittengemälde aus Liebe, Verbrechen, Ehebruch und Ausschweifung, mit dem Chaucer die menschliche Natur geistreich und mit Witz beschreibt.

Winkel bevorzugt, wählt eines der weiteren acht Zimmer im Anbau im Garten, die schlichter, aber genauso komfortabel sind.

**Arthouse B&B** B&B ££

(☎07976-725457; www.arthousebandb.com; 24 London Rd; Zi. 75 £; P 📶) Wer in Canterburys lockerster Unterkunft nächtigt (ein Feuerwehrhaus aus dem 19. Jh.), kommt sich ein bisschen vor wie in einer WG von Kunststudenten. Das Ambiente ist supercool, die Einrichtung stammt von hiesigen Designern und die Deko von dem sympathischen Künstlerpärchen, das das B&B betreibt und sein Atelier im Hinterhaus hat. Das Frühstück aus Biozutaten wird in der Gästeküche serviert, die an ein Hostel erinnert. Nur eines der drei Zimmer hat ein eigenes Bad.

**Cathedral Gate Hotel** HOTEL ££

(☎01227-464381; www.cathgate.co.uk; 36 Burgate; EZ/DZ 50/112 £, ohne Bad 50/81,50 £; 📶) Das Hotel steht hier schon seit dem 15. Jh. und ist damit älter als das spektakuläre Portal der Kathedrale gleich nebenan. Ein Labyrinth aus steilen Treppen und engen Fluren führt zu den 27 sympathisch altmodischen Zimmern mit verwinkelten Grundrissen, niedrigen Türen und schiefen Wänden. Einige haben Blick auf die Kathedrale, andere auf den hübschen Buttermarkt. Es gibt keinen Aufzug.

**Magnolia House** B&B ££

(☎01227-765121; www.magnoliahousecanterbury.co.uk; 36 St Dunstan's Tce; EZ/DZ ab 50/95 £; P @ 📶) Hier hat es jemand zu gut gemeint, denn die wunderschön eingerichteten Zimmer wirken etwas überladen. Trotzdem strahlt das georgianische Magnolia House mit seinem hübschen Garten viel Wärme aus. Das Frühstück wird mit Liebe zubereitet. Vom West Gate aus die Dunstan's Street hochgehen bis zum Kreisverkehr (ca. 400 m) und links abbiegen; die Dunstan's Terrace ist die zweite Straße links.

★ **Abode Canterbury** HOTEL £££

(☎01227-766266; www.abodehotels.co.uk; 30-33 High St; Zi. ab 143 £; 📶) Die 72 Zimmer des zentral gelegenen, einzigen Boutiquehotels der Stadt sind in Kategorien von „komfortabel" bis „märchenhaft" eingeteilt und die meisten werden den Bezeichnungen auch gerecht. Von Hand getischlerte Betten, Überwürfe aus Kaschmirwolle, samtige Bademäntel, wunderschöne, moderne Bäder und ein kleines Tablett mit lokal hergestellten Knabbereien erhöhen den Wohlfühlfaktor genauso wie die herrliche Champagnerbar, das Restaurant und das Pub im Haus.

## Essen

**Boho** INTERNATIONAL £

(43 St Peter's St; Snacks 4–14 £; ⏲Mo–Sa 9–18, So 10–17 Uhr) Die hippe Essadresse mitten im Zentrum ist extrem beliebt und wenn viele Shopper unterwegs sind, ist kaum ein Tisch zu bekommen. Ein cooler Soundtrack wabert durch die im Retrostil eingerichteten Räume, in denen sich die Gäste genussvoll den Breakfasts mit allem Drum und Dran, riesigen Burgern und internationalen Kreationen des in der Küche wirbelnden Besitzers hingeben. Da keine Reservierungen entgegengenommen werden, ist mit Schlangen zu rechnen.

**Veg Box Cafe** VEGETARISCH £

(www.thevegboxcafe.co.uk; 1 Jewry Lane; Hauptgerichte 7 £; ⏲Mo–Sa 10–18 Uhr; 🌱) Im Obergeschoss von Canterburys bestem Bioladen bietet das freundliche, relaxte Lokal leckere Gerichte aus besten, knackfrischen Zutaten von lokalen Bioproduzenten an.

**Tiny Tim's Tearoom** CAFÉ £
(34 St Margaret's St; Hauptgerichte 7–9 £; ⌚Di–Sa 9.30–17, So 10.30–16 Uhr) Einkaufen macht hungrig, da schafft der schicke Tearoom aus den 1930er-Jahren Abhilfe. Die Zutaten für das üppige English Breakfast kommen aus Kent, die Etageren mit Kuchen, *crumpets*, Gurkensandwiches und *scones* mit dickem Rahm sind unwiderstehlich.

★ **Deeson's** BRITISCH ££
(☎01227-767854; 25–27 Sun St; Hauptgerichte 6–16 £; ⌚Mo–Sa 12–15 & 17–22, So 12–22 Uhr) „Lokal, saisonal und lecker", so könnte man die phantastische britische Küche hier in drei Worten charakterisieren. Obst und Gemüse, preisgekrönte Biere und Ciders kommen alle aus Kent und manche Zutaten erntet der Besitzer sogar im eigenen Schrebergarten. Das Lokal ist schlicht und modern eingerichtet und liegt nur einen Steinwurf von der Kathedrale entfernt.

**Goods Shed** MARKT, RESTAURANT ££
(www.thegoodsshed.co.uk; Station Rd West; Hauptgerichte 12–20 £; ⌚Markt Di–Sa 9–19, So 10–16 Uhr, Restaurant Di–Sa 8–21.30, So 9–15 Uhr) Ein Bauernmarkt, eine Markthalle und ein fabelhaftes Restaurant – diesen Dreierpack bietet das umgebaute Kaufhaus nicht weit vom Bahnhof Canterbury West. Selbstversorger können hier Vorräte bunkern; wer sich lieber bedienen lässt, nimmt an einem der etwas erhöht aufgestellten, rustikalen Holztische Platz, lässt den Blick über das bunte Treiben schweifen und bestellt sich eines der Tagesgerichte aus leckeren Produkten frisch vom Bauernhof.

## Ausgehen & Nachtleben

**Parrot** PUB
(1–9 Church Lane; ⌚12–23 Uhr) Canterburys älteste Kneipe wurde 1370 auf römischen Grundmauern errichtet. Im Erdgeschoss mit Holzbalken wie auch im darüber liegenden Speisesaal mit noch mehr altem Eichenholz fließt der Gerstensaft aus Kleinbrauereien; die Küche wird hoch gelobt.

**Thomas Becket** PUB
(21 Best Lane; ⌚Mo–Do & So 12–15 & 17–21, Fr & Sa bis 21.30 Uhr) Wagenladungen von Hopfenranken baumeln vom alten Holzgebälk des klassischen Pubs. Kupferkessel, bequeme Sitzgelegenheiten und ein Kamin für kalte Wintertage sorgen für ein gemütliches Ambiente, um gepflegte Biere und anständige Hausmannskost zu genießen.

**Micro Roastery** CAFÉ
(www.microroastery.co.uk; 4 St Margaret's St; ⌚Mo–Fr 8–18, Sa ab 9, So 10–17 Uhr; WLAN) In seinem vor Kurzem eröffneten Café verkauft und serviert das englisch-peruanische Pärchen unübertrefflich guten Kaffee aus selbst importierten und gerösteten, frisch gemah-



### FLÜSSIGES AUS KENT & SUSSEX

Früher war es schick, die Fähre nach Calais zu nehmen, um Alkohol zu bunkern. Mittlerweile besinnt man sich in Kent und Sussex auf die eigenen Tropfen. Beide Grafschaften produzieren einige der besten Ales der Insel und die Weine aus Englands Südosten machen denen vom Festland ernsthaft Konkurrenz.

Die **Shepherd Neame Brewery** (☎01795-542016; www.shepherdneame.co.uk; 10 Court St, Faversham; Führung 12,50 £; ⌚Zeiten telefonisch erfragen oder auf der Website nachlesen) in Kent ist die älteste Brauerei Großbritanniens. Heimischer Qualitätshopfen macht ihre Biere besonders aromatisch. Sussex' Antwort ist die **Harveys Brewery** (☎01273-480217; www.harveys.org.uk; Bridge Wharf, Lewes; pro Person 2,50 £; ⌚Juni–Juli & Sept.–Nov. 3-mal wöchentl. abends), die ganz Lewes in hopfige Duftwolken hüllt. Führungen müssen in beiden Brauereien vorab gebucht werden.

Englischer Wein – dafür hatten Kenner bisher nur ein verächtliches Schnauben übrig. Aber dank Klimaerwärmung und engagierter Winzer werden die hiesigen Gewächse (vor allem Schaumweine) immer beliebter.

Die Kalksteinböden von Sussex und Kent, die oft mit denen der Champagne verglichen werden, bringen preisgekrönte Weine hervor und viele Winzer bieten Weinproben und Führungen an. Populäre Weingüter sind die **Biddenden Vineyards** (☎01580-291726; www.biddendenvineyards.com; Eintritt frei; ⌚Führung Mi & Sa 10 Uhr), 1,9 km von Wealden entfernt, und die **Chapel Down Vinery** (☎01580-766111; www.englishwinesgroup.com; Tenterden; Eintritt 10 £; ⌚Führung Juni–Sept. tgl., Mai & Okt. am Wochenende), 4 km südlich von Tenterden an der B2082.

ABSTECHER

## WHITSTABLE

Vielleicht liegt's an den Austern, die hier schon den alten Römern schmeckten. Oder an den Holzhäusern und Kiesstränden. Oder an der rührend altmodischen Hauptstraße mit ihren kleinen Galerien, alteingesessenen Geschäften und Secondhandläden. Jedenfalls ist Whitstable zu einer Art Mekka für Städter geworden, die sich hier am Wochenende vom Stress erholen wollen.

Das erklärte Ziel der Austernfans ist die **Wheeler's Oyster Bar** (☎ 01227-273311; 8 High St; Hauptgerichte 18,50–22,50 £; ⌚ Mo & Di 10.30–21, Do ab 10.15, Fr 10.15–21.30, Sa 10–22, So 11.30–21 Uhr) Der Tisch für eine der vier Schichten (13 Uhr, 15 Uhr, 17 Uhr und 19.30 Uhr) muss vorbestellt, der Wein mitgebracht werden. Der Verdauungsspaziergang könnte zum Strand führen oder zum **Whitstable Museum & Gallery** (www.whitstable-museum.co.uk; 5 Oxford St; Erw./erm. 3/2 £; ⌚ 11–16.30 Uhr), das eine Ecke dem Schauspieler Peter Cushing widmet. Der Star diverser Hammer-Filme war bis zu seinem Tod 1994 Withstables prominentester Einwohner.

Whitstable hat keine Touristeninformation, dafür liegen in der **Stadtbücherei** (31–33 Oxford St; ⌚ Mo–Fr 9–18, Sa bis 17, So 10–16 Uhr) Prospekte und Karten aus. Bus 4 fährt alle 10 Minuten von Canterbury nach Whitstable (30 Min.).

lenen Bohnen. Ausgediente Kaffeesäcke und Werke lokaler Künstler verschönern das Lokal, in dem eine Espressomaschine von La Marzocco zischt.

**Alberry's Wine Bar** CLUB
(www.alberrys.co.uk; 38 St Margaret's St; ⌚ 23–3 Uhr) Nachtschwärmer lassen sich hier von einem Soundtrack berieseln, der von Live Jazz über von DJs animiertem Drum'n'Bass bis zu Mainstream-Pop reicht, chillen bei einem French Kiss und anderen Cocktails im Obergeschoss oder hängen unten an der Bar ab.

**Chill Nightclub** CLUB
(www.chill-nightclub.com; 41 St George's Pl) Der kleine, unprätentiöse Club veranstaltet Themenabende wie „Alphabeats" am Mittwoch und „Sound of Saturday", der bis weit in den Sonntagmorgen hinein dauert.

## ☆ Unterhaltung

**New Marlowe Theatre** THEATER
(☎ 01227-787787; www.newmarlowetheatre.org.uk; The Friars) Canterburys größtes Theater holt angesagte und erfolgreiche Produktionen auf die Bühne. Im Saal bildet die Bestuhlung im knalligen Orange von Rettungsjacken einen bizarren Kontrast zur dunklen Täfelung aus Holzimitat.

## Shoppen

Canterbury ist das Shoppingparadies von Kent. Die großen Ketten dominieren das östliche Ende der Hauptstraße (High Street und St. George's Street), originellere Läden finden sich am westlichen Ende in der High Street, St. Peter's Street und der sogenannten „King's Mile" (Palace Street, Borough und Northgate).

**Revivals** KLAMOTTEN
(42 St Peter's St; ⌚ Mo–Sa 10–17, So bis 16 Uhr) Eine der besten Fundgruben für Vintage-Klamotten im gesamten Südosten.

**Chaucer Bookshop** BÜCHER
(6-7 Beer Cart Lane; ⌚ Mo–Sa 10–17, So 11–16 Uhr) Gebrauchte und antiquarische Bücher.

## ℹ Praktische Informationen

**Postamt** (19 St George's St; ⌚ Mo–Sa 9–17.30 Uhr) Im ersten Stock von WH Smiths.

**Touristeninformation** (☎ 01227-378100; www.canterbury.co.uk; 18 High St; ⌚ Mo–Mi, Fr & Sa 9–17, Do bis 19, So 10–17 Uhr) Im Beaney House of Art & Knowledge. Die Mitarbeiter sind bei Buchungen von Unterkünften, Ausflügen und Theaterkarten behilflich.

## ℹ An- & Weiterreise

Der **Busbahnhof** (St George's Lane) liegt gerade noch innerhalb der Stadtmauern. Von den beiden Zugbahnhöfen ist Canterbury East für Verbindungen nach London Victoria zuständig, während es von Canterbury West nach London Charing Cross und St. Pancras geht.

### BUS

Busse fahren u. a. nach:

**Dover** National Express; 4,90 £, 40 Min., stündl.

**London Victoria** National Express; 14,40 £, 2 Std., stündl.

**Margate** 5,10 £, 50 Min., 3-mal stündl.
**Ramsgate** 5,10 £, 45 Min., stündl.
**Sandwich** 3,50 £, 40 Min., 3-mal stündl.
**Whitstable** 4,50 £, 30 Min., alle 10 Min.

### ZUG

Canterbury hat Zugverbindungen nach:
**Dover Priory** 8 £, 25 Min., halbstündl.
**London St Pancras** Schnellzug; 33,70 £, 1 Std., stündl.
**London Victoria/Charing Cross** 28,40 £, 1¾ Std., 2-mal stündl.

## Unterwegs vor Ort

Weite Teile des Zentrums sind Fußgängerzone. Entlang der Stadtmauern und unmittelbar dahinter liegen mehrere Parkplätze und -häuser. Wer den dichten Stadtverkehr meiden will, kann sein Auto auf einem der drei P&R-Plätze abstellen. Sie kosten 3 £ pro Tag, der Pendelbus zum Zentrum (Mo–Sa 7–19.30 Uhr) fährt alle acht Minuten.

# Leeds Castle

Das von einem breiten Wassergraben umgebene **Schloss** (www.leeds-castle.com; Erw./Kind 21/13,50 £; April–Sept. 10–18 Uhr, Okt.–März bis 17 Uhr) östlich von Maidstone ist ein absoluter Besuchermagnet und viele halten es für unschlagbar romantisch. Die prächtige, auf zwei Inseln verteilte Anlage wird gerne als „Frauenschloss" betrachtet, weil sie in ihrer über 1000-jährigen Geschichte zahllose Königinnen beherbergte, darunter auch die erste Gattin Heinrichs VIII., Katharina von Aragon.

Im Verlauf der Jahrhunderte hat es sich von einer trutzigen Burg in einen luxuriösen Palast verwandelt. Die letzte Besitzerin, Lady Baillie, nutzte es als Familiensitz und veranstaltete darin verschwenderische Partys mit so illustren Gästen wie Errol Flynn, Douglas Fairbanks und John F. Kennedy.

Die ausufernde Anlage bietet genügend Attraktionen, um einen ganzen Tag auszufüllen: idyllische Spazierwege, ein Enten- und ein Vogelhaus, Falkenflugvorführungen, das wahrscheinlich weltweit einzige Hundehalsband-Museum und viele Angebote für Kinder. Ein Highlight ist der Irrgarten, dessen Hecken von einem grasbewachsenen Damm aus einsehbar sind. Dort versammeln sich Besucher gerne, um die „Verirrten" anzufeuern – oder sie noch mehr zu verwirren.

Seit Lady Baillies Tod 1974 wird das Anwesen von einem privaten Trust verwaltet. Zeitweise sind bestimmte Trakte gesperrt, weil darin Privatveranstaltungen stattfinden.

Anfahrt per Zug ab London Victoria bis Bearsted, von wo ein Shuttlebus zum Schloss fährt.

# Margate

40 400 EW.

Über 200 Jahre lang strömten Urlauber nach Margate. Doch dann tauschten die sonnenhungrigen Briten den viktorianischen Prunk gegen spanische Strände ein und der lange Abstieg begann. Mittlerweile hat der einst glamouröse Badeort mit seinen schönen Sandstränden den Tiefpunkt überwunden. Groß angelegte Projekte auf dem Kultursektor, darunter die faszinierende Kunstgalerie Turner Contemporary, helfen Margate langsam wieder auf die Beine. In der Hochsaison sind in den neu eröffneten Cafés und der aufgepeppten Altstadt sogar vereinzelt ausländische Besucher zu sehen.

## Sehenswertes

★ **Turner Contemporary** KUNSTGALERIE
(www.turnercontemporary.org; Rendezvous (Seafront); Di–So 10–18 Uhr) GRATIS William Turner, der berühmte englische Farbenmagier, bewohnte einst das Gästehaus am Strand, das zu einer absolut spannenden Galerie für zeitgenössische Kunst umfunktioniert wurde und heute eine der Top-Attraktionen im Osten Kents ist. Nichts in dem bemerkenswert schlichten Gebäude lenkt von den darin ausgestellten Werken ab, außer dem Blick durch die wandhohen Fenster aufs Meer. Und genau das begeisterte Turner

### ISLE OF THANET

Um die Isle of Thanet mit den Städten Margate, Ramsgate und Broadstairs zu erreichen, sind weder Taucheranzug noch Fähre erforderlich: Der 3,2 km breite Wantsum Channel, der die Insel vom Festland trennte, ist im 16. Jh. versandet. Das hat die Küstenlinie Kents total verändert. Als Insel war Thanet das Sprungbrett mehrerer historischer Ereignisse. Von hier aus fielen die Römer im 1. Jh. in England ein und im Jahr 597 landete Augustinus von Canterbury auf Thanet, um seine Christianisierungskampagne zu starten.

an Margate – dieser einzigartige Dreiklang von Wasser, Himmel und Licht an der Nordküste Kents.

Die Ausstellung überzeugt mit Installationen hochkarätiger Künstler der Avantgarde wie Tracey Emin (die in Margate aufwuchs) und Alex Katz. Es lohnt sich, die kostenlose Führung (freitags und am Wochenende um 11.30 Uhr) mitzumachen.

**Shell Grotto** GROTTE, HÖHLE

(www.shellgrotto.co.uk; Grotto Hill; Erw./Kind 3,50/1,50 £; ⏲ April–Okt. 10–17 Uhr, Nov.–März Sa & So 11–16 Uhr) Margates geheimnisvolle Grotte, die 1835 entdeckt wurde, ist wirklich einzigartig. Aus 4,6 Mio. Muscheln zusammengesetzte, symbolreiche Mosaike bedecken die Wände der diversen Kammern und Gänge. Ihr Ursprung ist bis heute ein Rätsel; manche vermuten einen 2000 Jahre alten, heidnischen Tempel, andere datieren die Pracht auf das 19. Jh. Wie auch immer, die Grotte ist auf jeden Fall absolut sehenswert!

## Schlafen & Essen

★ **Reading Rooms** B&B £££

(☎01843-225166; www.thereadingroomsmargate.co.uk; 31 Hawley Sq; Zi. 180 £; 📶) Kein Schild weist auf die georgianische Stadtvilla aus dem 18. Jh. hin, die an einem ruhigen Platz nur wenige Minuten vom Strand steht. Das darin untergebrachte Luxus-B&B ist eine echte Augenweide. Großzügig geschnittene Zimmer mit gewachsten Holzböden und wunderschönen Reproduktionen französischer Stilmöbel werden von ultramodernen, nach REN-Produkten duftenden Bädern apart ergänzt. Das Frühstück wird aufs Zimmer gebracht. Reservierung erforderlich.

**Sands Hotel** BOUTIQUEHOTEL £££

(☎01843-228228; www.sandshotelmargate.co.uk; 16 Marine Dr; Zi. 120–190 £; ❄📶) Das perfekt gestylte Boutiquehotel an der Strandpromenade überzeugt mit seinem dezenten Farbkonzept in Naturtönen, den besten Bädern des Südostens und einem Restaurant mit spektakulärem Meerblick (den es mit rund der Hälfte der Zimmer teilt). Der Eingang versteckt sich unter den Arkaden, direkt neben der im Sommer geöffneten Eisdiele, die ebenfalls zum Hotel gehört.

**Mad Hatter** CAFÉ £

(9 Lombard St; Snacks & kleine Gerichte 3,50–11 £; ⏲ Sa 11–17.30 Uhr) Echt schräg: Der Besitzer trägt Zylinder, die zwei Räume des Gebäudes aus den 1690er-Jahren sind mit antikem Trödelkram vollgepackt, die Weihnachtsdekoration bleibt das ganze Jahr über hängen und die Toiletten sind viktorianische Porzellanschönheiten. Die hausgemachten Kuchen und Snacks schmecken superlecker.

**Great British Pizza Company** PIZZA £

(14a Marine Dr; Pizza 6–9 £; ⏲ Di–Sa 12–21, So bis 15 Uhr) Was in Großbritannien normalerweise als Pizza durchgeht, hat nichts mit dem zu tun, was hier serviert wird: runde, mit Käse überbackene Köstlichkeiten aus den besten heimischen und italienischen Rohprodukten. Das beliebte Lokal liegt direkt am Strand, ist originell, aber nicht überladen eingerichtet und serviert auch Kaffee, der den Kreislauf in Schwung bringt, sowie Eiscreme, die auf überflüssige Chemie verzichtet.

## ℹ Praktische Informationen

**Touristeninformation** (☎01843-577577; www.visitthanet.co.uk; Droit House, Stone Pier; ⏲ Ostern–Okt. 10–17 Uhr, Nov.–Ostern Di–Sa 10–17 Uhr) Die Touristeninformation neben der Turner Contemporary ist für die gesamte Isle of Thanet zuständig. Hier gibt's auch die kostenlose Zeitschrift *The Isle* mit Veranstaltungsterminen.

## ℹ An- & Weiterreise

Die Regionalbusse halten in der Queen Street und der benachbarten Cecil Street. Der Zugbahnhof liegt nur ein paar Schritte von der Strandpromenade entfernt.

### BUS

**Broadstairs** Thanet Loop Bus; 1,80 £, bis zu 6-mal stündl.

**Canterbury** 5,10 £, 50 Min., 3-mal stündl.

**London Victoria** National Express; 16 £, 2½ Std., 4-mal tgl.

**Ramsgate** Thanet Loop Bus; 2,20 £, bis zu 6-mal stündl.

### ZUG

**London St. Pancras** Schnellzug, 38,10 £, 1½ Std., stündl.

**London Victoria** 22,30 £, 1¾ Std., 2-mal stündl.

# Broadstairs

24 370 EW.

Während die größeren, ehrgeizigeren Nachbarorte versuchen, ihr Image aufzupolieren, bleibt das altmodische kleine Broadstairs weiterhin bei seinem Erfolgsrezept, das seit 150 Jahren funktioniert: Besucher mit der schmalen rötlichen Sandsichel namens Viking Bay, in der sich sonnenwarme Wellen brechen, in seinen Bann zu ziehen. Anscheinend hat das auch bei Charles Dickens geklappt, denn die meisten Sommer zwischen 1837 und 1859 verbrachte er hier. Damit hat Broadstairs noch einen weiteren Trumpf im Ärmel und jedes zweite Geschäft im viktorianischen Nostalgie-Look nennt sich nach einer Figur oder einem Werk des prominenten Feriengasts.

## Sehenswertes

**Dickens House Museum** MUSEUM

(www.dickensfellowship.org; 2 Victoria Pde; Erw./Kind 3,60/2 £; ⏲ Ostern–Mai 14–17 Uhr, Juni–Sept. 10–17 Uhr) Pünktlich zu Charles Dickens' 200. Geburtstag bekam das nette, kleine Museum 2012 einen neuen Anstrich. Als ehemaliges Wohnhaus von Mary Pearson Strong, die den Autor zu seiner Figur Betsy Trotwood in *David Copperfield* inspirierte, ist es *die* Besucherattraktion von Broadstairs. Seine Dickens-Sammlung beinhaltet auch Briefe der englischen Literaturikone.

## Feste & Events

**Dickens Festival** KULTURFESTIVAL

(www.broadstairsdickensfestival.co.uk) Broadstairs' größtes Event ist das neuntägige Festival Mitte Juni mit einem Bankett und Ball in viktorianischen Kostümen als Höhepunkt.

## Schlafen & Essen

**Copperfields Guest House** B&B ££

(☎01843-601247; www.copperfieldsbb.co.uk; 11 Queen's Rd; EZ/DZ 50/75 £; 📶) Drei heimelige Zimmer mit Bad und ein herzlicher Empfang durch den Besitzer und ihren Hund erwartet die Gäste dieses B&B. Es gibt vegetarische wie auch vegane Küche und die (kostenlosen) Körperpflegeartikel in den Bädern wurden ohne Tierversuche hergestellt.

★ **Bleak House** HISTORISCHES HOTEL £££

(☎01843-865338; www.bleakhousebroadstairs.co.uk; Fort Rd; Zi. 155–200 £, Apartment 300 £; 📶) Das Hotel mit Strandblick wurde erst kürzlich wiedereröffnet. Nachdem das bullige Gebäude aus napoleonischen Zeiten zu einem viktorianischen Hotel umgebaut worden war, hat sich Charles Dickens darin zwölfmal (1837–1859) im Sommer eingemietet. Von der Lounge-Bar bis zur Copperfield-Suite mit Blick auf die Viking Bay und Fünfsternebad strotzt alles nur so vor historischem Flair. Von 10 Uhr bis 18 Uhr werden Führungen durch das Gebäude angeboten.

Dickens, der hier *David Copperfield* schrieb und die Rahmenhandlung für *Bleak House* entwarf, liebte diesen Ort – was angesichts der tollen Aussicht nur allzu verständlich ist. Die Hauptattraktion ist natürlich sein Schlafzimmer mit halbrundem Arbeitszimmer, von wo aus er den Kanal überblicken konnte. Wer hier am Schreibtisch sitzt, um sein Reisetagebuch auf den neuesten Stand zu bringen, wird den Preis von 250 £ pro Nacht sicher nicht bereuen. Im Untergeschoss liegen ein labyrinthartiges Schmugglermuseum, ein schickes Restaurant und ein Tearoom.

**Oscar's Festival Cafe** CAFÉ £

(15 Oscar Rd; Snacks 4–6,50 £; ⏲ Do–So 10.30–17.30 Uhr) Nicht weit von der Konzertmuschel am Südende der Viking Bay lässt diese versteckte Perle das Urlaubsflair der sparsamen 1950er-Jahre mit Buttertoast und Eisenbahn wiederaufleben. Kein Wunder, dass hier jeder Brite nostalgisch wird.

**Wyatt & Jones** BRITISCH ££

(www.wyattandjones.co.uk; 23-27 Harbour St; Hauptgerichte 6–17 £; ⏲ Mo–Sa 9–11, 12–15 & 18–23, So 12.30–17 Uhr) Ein Restaurant mit zeitgemäßer britischer Küche war in Broadstairs schon lange fällig; nun gibt's ein paar Meter vom Strand entfernt endlich bekennend lokale Gerichte wie Rebhuhn mit Gelee von Wildäpfeln, Seebrassen und Muscheln mit Chips und englisches Frühstück. Eine Wand des in kühlem Graublau gehaltenen, sparsam eingerichteten Lokals ist mit alten Spiegeln dekoriert, in der Gäste nach dem Essen ihre Speckröllchen über dem Hosenbund betrachten können.

## An- & Weiterreise

### BUS

**Canterbury** 5,10 £, 1½ Std., bis zu 3-mal stündl.

**London Victoria** National Express, 13,90 £, 3 Std., 7-mal tgl.

**Margate** Thanet Loop Bus; 1,80 £, bis zu 6-mal stündl.

**Ramsgate** Thanet Loop Bus; 1,80 £, bis zu 6-mal stündl.

### ZUG

**London St. Pancras** Schnellzug, 38,10 £, 80 Min., stündl.

**London Victoria** 22,30 £, 2 Std., 2-mal stündl.

# Ramsgate

40 000 EW.

Von den Städtchen im Thanet-Gebiet ist Ramsgate am abwechslungsreichsten. Es hat eine freundlichere Atmosphäre als die alte Rivalin Margate und ist lebendiger als der kleine, verschlafene Nachbar Broadstairs. Eine leichte Brise lässt den Wald von Schiffsmasten vor den geschwungenen Mauern von Großbritanniens einzigem königlichen Hafen knarren. Bars und urban wirkende Straßencafés säumen die Uferfront; fehlt nur noch ein Lokal von einem Starkoch, dann würde Ramsgate als neuer Geheimtipp gehandelt. Sein noch unentdeckter, etwas schäbiger Charme und die endlosen Strände, die mit der Blauen Flagge als umweltfreundlich zertifiziert wurden, sowie ein paar prächtige Bauten aus der viktorianischen Ära sind auf jeden Fall einen Abstecher wert.

## Sehenswertes & Aktivitäten

**Spitfire Memorial Museum** MUSEUM

(www.spitfiremuseum.org.uk; Manston Rd; April–Okt. 10–17 Uhr, Nov.–März bis 16 Uhr) GRATIS Rund 6,5 km nordwestlich vom Zentrum wurde am Manston Airport ein Museum für zwei Jagdbomber aus dem Zweiten Weltkrieg errichtet, einen Spitfire und einen Hawker Hurricane. Beide sehen nagelneu aus, sind aber so empfindlich, dass Besucher leider nicht an Bord dürfen. Anfahrt mit Bus 38 (stündlich) ab King Street bis zum Flughafen, von dort sind es noch zehn Gehminuten auf der Manston Road.

Rund um die Flugzeuge wurden alle möglichen Objekte, die etwas mit Luftfahrt zu tun haben, aufgestellt. Viele davon erinnern an Manstons Rolle als Flugstützpunkt während der Luftschlacht um England.

**Ramsgate Maritime Museum** MUSEUM

(www.ramsgatemaritimemuseum.org; The Clock House, Royal Harbour; Erw./Kind 2/1 £; Ostern–Sept. Di–So 10–17 Uhr) Das interessante, aber recht unregelmäßig geöffnete Museum zeigt Fundstücke von den über 600 Schiffswracks, denen die heimtückischen Goodwin Sands vor der Küste zum Verhängnis wurden.

## Schlafen & Essen

Ramsgates Restaurants liegen vor allem in der Harbour Street und in der Westcliff Arcade.

**Glendevon Guesthouse** B&B ££

(01843-570909; www.glendevonguesthouse.co.uk; 8 Truro Rd; EZ/DZ ab 52,50/70 £; P) Die engagierten, jungen Betreiber des gemütlichen B&B tun etwas für die Umwelt: Es gibt Mülltrennung, Ökoduschen und sogar energiesparende Haartrockner. Die Flure des prächtigen viktorianischen Gebäudes einen Block hinter Ramsgates Uferpromenade wurden mit Werken lokaler Künstler dekoriert. Alle Zimmer haben Kochgelegenheit, das Frühstück wird am kontaktfreundlichen großen Tisch serviert.

**Bon Appetit** FRANZÖSISCH ££

(4 Westcliff Arcade; Hauptgerichte 7–21 £; 12–14.30 & 19 Uhr–spät) Das erstklassige Bistro verwöhnt mit der besten Küche am West Cliff. Die Zutaten für die französisch inspirierten Gerichte kommen aus der Gegend, gegessen wird in einem einfachen Speisesaal oder auf der Terrasse mit Hafenblick.

Auf der Karte stehen z. B. gebratener Fasan (aus Kent), mit der Leine gefangener Barsch oder Lamm mit Rosmarin und Johannisbeerkompott.

## Praktische Informationen

**Touristeninformation** (01843-598750; Customs House, Harbour Pde; tgl. 10–16 Uhr) Wenn das kleine Besucherzentrum geschlossen ist, stehen zumindest Ständer mit Prospekten zur Verfügung.

## An- & Weiterreise

### BUS

**Broadstairs** Thanet Loop Bus; 1,80 £, bis zu 6-mal stündl.

**London Victoria** National Express, 13,90 £, 3 Std., 7-mal tgl.

**Margate** Thanet Loop Bus; 2,20 £, bis zu 6-mal stündl.

**Sandwich** 2,90 £, 25 Min., stündl.

### SCHIFF

**Euroferries** (0844 414 5355; www.euroferries.co.uk) Hochgeschwindigkeitsfähre nach Boulogne (ab 49 £ pro Pkw, 1¼ Std., 4-mal tgl.)

### ZUG

**London Charing Cross** 22,30 £, 2 Std., 2-mal stündl.

**London St. Pancras** Schnellzug, 38,50 £, 1¼ Std., stündl.

## Sandwich

5000 EW.

Was heute wie ein lebendes Museum wirkt, war einst die viertgrößte Stadt Englands (nach London, Norwich und Ipswich). Kaum zu glauben angesichts der verschlafenen mittelalterlichen Gassen, halbverwitterten Kirchen, Volutengiebel, Tonziegeldächer und Fachwerkhäuser mit Schlagseite. Bis ins 16. Jh. machte Sandwichs Hafen dem von London ernsthaft Konkurrenz. Dann begann die Hafeneinfahrt zu verschlammen und der einst so wichtige Umschlagplatz für Waren aus und nach Kontinentaleuropa versank für die nächsten 400 Jahre in einen Dornröschenschlaf in ländlicher Idylle. Aber Sandwich kümmert sich um sein kulturelles Erbe und die Einwohner legen großen Wert auf eine authentische Darstellung ihrer Stadtgeschichte. Das Minikino mit 100 Plätzen wird als Art-Déco-Juwel gehegt und gepflegt und das Autohaus aus den 1920er-Jahren macht mit Oldtimern mehr Umsatz als mit modernen Wagen. Fast alle Häuser im Stadtkern stehen unter Denkmalschutz.

Außerdem bereicherte Sandwich die kulinarische Weltkarte mit dem berühmten belegten Brot. Der vierte Earl of Sandwich verlangte nämlich, sein Steak zwischen zwei Brotscheiben eingeklemmt serviert zu bekommen, um essen und gleichzeitig spielen zu können, ohne die Karten zu beschmutzen. So wurde die Mode geboren, eine Scheibe Fleisch „like Sandwich" zu bestellen – und der Rest ist Fastfood-Geschichte. Zum Glück wird das in Sandwich kaum ausgeschlachtet.

### Sehenswertes & Aktivitäten

Sandwichs Labyrinth aus mittelalterlichen und elisabethanischen Straßen ist wie dafür geschaffen, sich treiben zu lassen (auch wenn sich viele dabei verirren). In der **Strand Street** ist die Konzentration von Fachwerkhäusern so hoch wie fast nirgendwo sonst auf der Insel. Dekorative Backsteinornamente tragen die Handschrift der 350 protestantischen Flüchtlinge aus Flamen, die sich auf Einladung von Königin Elisabeth I. im 16. Jh. hier niederließen (und „the strangers" – die Fremden – genannt wurden).

**Richborough Roman Fort** — RUINE

(EH; Richborough Rd; Erw./Kind 5,20/3,10 £; ⌚April–Sept. 10–18 Uhr, Okt. Mi–So bis 17 Uhr, Nov.–März Sa & So bis 16 Uhr) Zwischen den windgepeitschten Ruinen von Richborough, nur 3,6 km nördlich von Sandwich, begann die römische Ära Großbritanniens. Nach ihrem erfolgreichen Feldzug 43 n. Chr. errichteten die Römer an dieser Stelle einen imposanten Triumphbogen, dessen Überreste noch erkennbar sind. Die auffälligsten Überreste der Festung, hohe Mauern und Senken, in denen früher tiefe Wallgräben verliefen, wurden erst später gebaut, als die Römer sich zunehmend gegen Angriffe vom Meer her verteidigen mussten.

Wer wie die Römer auf dem Seeweg hierherkommen will, nimmt am Quay den Sandwich River Bus.

**Sandwich Quay** — UFERANLAGE

Der Fluss Stour wird von mehreren Attraktionen gesäumt. Den Anfang macht eine fast putzig wirkende, befestigte Zollbrücke. Sie wurde unter Heinrich VIII. errichtet, um den Verkehr auf der einzigen Straßenbrücke über den Fluss zu kontrollieren. Nicht weit davon steht das Fishergate von 1384, das ehemalige Haupttor zur Stadt, das Waren vom Kontinent und noch weiter her passieren mussten. Bei schönem Wetter bietet sich eine Fahrt mit dem **Sandwich River Bus** (☎07958 376183; www.sandwichriverbus.co.uk; Fahrt 30 Min. Erw./Kind 7/5 £, 1 Std. 12/8 £; ⌚April–Sept. Do–So 11–18 Uhr halbstündl. bis stündl.) an. Das Boot legt neben der Zollbrücke ab und fährt zu Seehundkolonien am Fluss Stour und in der Pegwell Bay sowie zu den Ruinen von Richborough.

**Guildhall Museum** — MUSEUM

(Erw./Kind 1 £/50 p; ⌚April–Nov. Di, Mi, Fr & Sa 10.30–12.30 & 14–16, Do & So 14–16 Uhr) Sandwichs kleines, aber feines Museum ist der ideale Startpunkt, um das Städtchen zu entdecken. Es behandelt dessen Vergangenheit als Mitglied der Cinque Ports, zeigt, welche Rolle es in diversen Kriegen spielte, und erläutert, welche grausamen Strafen Schwindler, Schurken und Wüstlinge erwarteten.

**Salutation Gardens** — GÄRTEN

(www.the-secretgardens.co.uk; The Salutation, Knightrider St; Erw./Kind 6,50/3 £; ⌚10–17 Uhr) Hinter einem Herrenhaus von 1912, nicht weit vom Fishergate, liegt ein Ensemble herrlicher Gärten, die Anfang des 20. Jhs. von den berühmten Landschaftsplanern

## CINQUE PORTS

Aufgrund ihrer Nähe zum europäischen Festland bildeten die Küstenstädte des Südostens in der angelsächsischen Ära eine Verteidigungslinie gegen Überfälle und Invasionen. Da es damals weder ein stehendes Heer noch eine Marine gab, mussten sie sich und das Königreich aus eigener Kraft verteidigen.

1278 stärkte ihnen Eduard I. den Rücken durch die Gründung des Städtebundes der Cinque Ports (sprich: sink ports). Den fünf Hafenstädten Sandwich, Dover, Hythe, Romney und Hastings wurden Privilegien und finanzielle Mittel zugestanden, dafür mussten sie dem König Männer und Schiffe zur Verfügung stellen. In ihrer Glanzzeit waren die Cinque Ports nach Krone und Kirche die drittstärkste Macht im Land.

Als mit der Zeit einige der Häfen versandeten und in Portsmouth eine ständige Kriegsflotte stationiert wurde, nahm die Bedeutung der Cinque Ports ab. Aber viele Traditionen haben sich gehalten. Der Lord Warden of the Cinque Ports ist ein begehrter Posten, der nur mit höchsten Würdenträgern besetzt wird. Die Queen Mum trug diesen Titel bis zu ihrem Tod, danach ging er an Admiral Lord Boyce. Prominente Vorgänger waren der Duke of Wellington und Sir Winston Churchill.

Jekyll und Lutyens entworfen wurden. Zu der Anlage gehört auch ein wunderschöner Tearoom.

**St. Peter's** KIRCHE
(King St; ⌚10–17 Uhr) Sandwichs älteste Kirche, nicht mehr für Gottesdienste genutzt, ist ein Patchwork aus Bauperioden und Stilen. Der Turm war 1661 eingestürzt, von den flämischen Strangers wiederaufgebaut und mit einer zwiebelähnlichen Kuppel versehen worden.

**St. Mary's** KIRCHEN
(www.stmarysartscentre.org.uk; Ecke Church St & Strand St; ⌚10–17 Uhr) Die Kirche wurde zur Mehrzweckhalle umfunktioniert, in der erstaunlich hochkarätige Events stattfinden. Tagsüber ist sie für Besichtigungen geöffnet.

## Schlafen & Essen

★ **Bell Hotel** HOTEL ££
(☎01304-613388; www.bellhotelsandwich.co.uk; The Quay; EZ/2BZ/DZ ab 95/120/165 £; 📶) Schon zu Tudorzeiten fanden Reisende in dem Haus am Kai ein gemachtes Bett. Große Teile des Gebäudes stammen allerdings aus dem 19. Jh. und heute steigen hier vor allem bekannte Golfer ab. Eine prächtige, geschwungene Treppe führt hoch zu den luxuriösen Zimmern, die teilweise schöne Blicke auf die Uferstraße bieten. Das Hotelrestaurant The Old Dining Room gehört zu den nobelsten Essadressen in East Kent.

**King's Arms** GASTHOF ££
(☎01304-617330; www.kingsarms-sandwich.co.uk; Ecke Church St St Mary's & Strand St; kleine Gerichte 3–9 £, Hauptgerichte 10–17 £; 📶) Das gemütliche Gasthaus gegenüber der Kirche St. Mary's stammt aus dem 15. Jh. und bietet im Obergeschoss auch sechs Fremdenzimmer an. Im Speisesaal mit Balkendecke und großen Kaminen wird gute englische Küche serviert; viele kommen sonntags zum Mittagessen hierher.

**No Name Shop** FEINKOST, BISTRO ££
(www.nonameshop.co.uk; No Name St; Snacks 1,60–6,75 £, Gerichte 6,50–14,50 £; ⌚Mo–Sa 8–17, So 9–16 Uhr) Von wegen No Name! Die Kombination von Feinkostladen (im Erdgeschoss) und Bistro (im Obergeschoss) nicht weit von der Bushaltestelle ist fest in französischer Hand und eine leckere Anlaufstelle für ein schnelles Sandwich in Sandwich oder einen *croque-monsieur*. Aber auch die aufwendigigeren Gerichte schmecken köstlich, vor allem zusammen mit einem Gläschen Wein aus Frankreich. Offensichtlich lassen dafür auch viele Einheimische die englische Küche gerne mal links liegen.

## Praktische Informationen

**Touristeninformation** (☎01304-613565; www.open-sandwich.co.uk; Guildhall, Cattle Market; ⌚April–Okt. Mo–Sa 10–16 Uhr) In der historischen Guildhall.

## An- & Weiterreise

Es gibt Zugverbindungen zum Bahnhof Priory in Dover (22 Min., stündl.), nach Ramsgate (12 Min., stündl.) und London Charing Cross (33,20 £, 2½ Std., stündl.).

Busse fahren nach Ramsgate (2,90 £, 22 Min., stündl.), Dover (5,50 £, 45 Min., stündl.) und Canterbury (3,50 £, 40 Min., 3-mal stündl.).

## Dover

37 090 EW.

Dover hat eindeutig schon bessere Tage gesehen. Mit seiner bröckelnden Nachkriegsarchitektur und dem schäbigen Zentrum voller leerstehender Läden bereitet es Reisenden, die mit der Fähre oder Kreuzfahrtschiffen nach England kommen, einen traurigen Empfang. Die meisten bleiben auch nicht lange. Zum Glück hat Dover wenigstens ein paar spektakuläre Attraktionen, die alles wieder herausreißen. Seiner bevorzugten Lage so nah am europäischen Festland verdankt die Stadt eine prächtige Burg, die auf eine 2000-jährige Geschichte zurückblickt. Die weißen Kalksteinklippen rangieren als nationales Symbol für Durchhaltevermögen in Kriegszeiten in einer Reihe mit Winston Churchill oder der Luftschlacht um England und verleihen Dover einen majestätischen Rahmen.

### Sehenswertes & Aktivitäten

★ **Dover Castle** BURG

(EH; www.english-heritage.org.uk; Erw./Kind 17/10,20 £; April–Juni & Sept. 10–18 Uhr, Aug. 9.30–18 Uhr, Okt. bis 17 Uhr, Nov.–März Sa & So 10–16 Uhr; P) Der absolute Höhepunkt Dovers – sowohl wörtlich wie auch im übertragenen Sinn – ist die imposante Festung, die Englands Schwachstelle mit dem kürzesten Seeweg zum Kontinent schützen sollte. Besuchermagneten sind die **Geheimtunnel** und der **Große Turm**, aber die riesige Anlage hat noch weit mehr zu bieten. Drei Stunden sollten für die Besichtigung mindestens veranschlagt werden; wer die herrlichen Blicke über den Kanal bis zur französischen Küste genießen will, kalkuliert lieber großzügiger.

Schon vor 2000 Jahren leistete das Bollwerk gute Dienste. Der **römische Leuchtturm** von 50 n. Chr. ist wahrscheinlich das älteste noch intakte Bauwerk auf bri-

**Dover**

**Highlights**
1 Dover Castle ........ C1

**Sehenswertes**
2 Dover Museum ........ B2
3 Roman Painted House ........ B2

**Schlafen**
4 Dover Marina Hotel ........ B3
5 East Lee Guest House ........ B1

**Essen**
6 Allotment ........ A1
7 La Salle Verte ........ B2

**Dover**

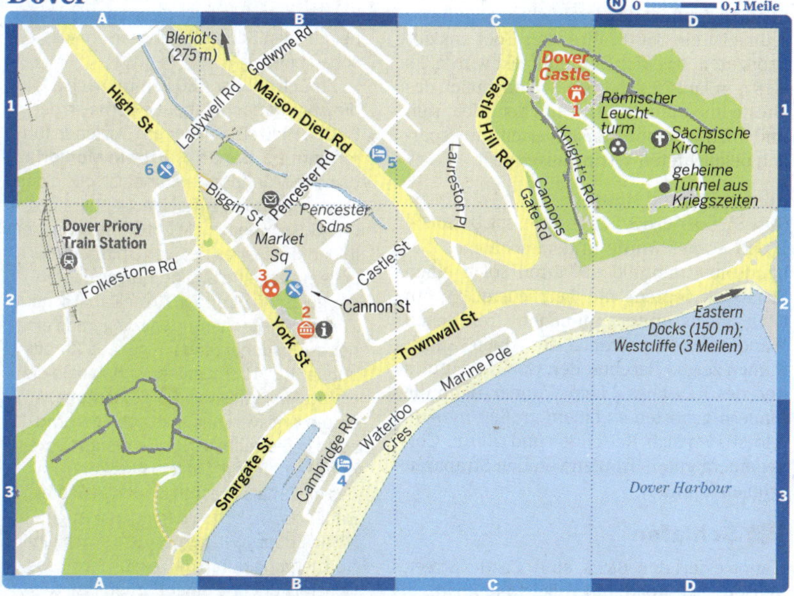

tischem Boden. Daneben steht die restaurierte angelsächsische **Church of St. Mary in Castro**.

Der mächtige Große Turm aus dem 12. Jh. mit bis zu 7 m dicken Mauern beherbergt diverse interaktive Ausstellungen und Sound-&-Light-Shows, die Besucher in die Ära von Heinrich II. zurückversetzen.

Aber die größte Attraktion der Anlage sind die Geheimtunnel, die in Kriegszeiten benutzt wurden. Die engen Gänge waren während der Napoleonischen Kriege in den Kalkstein gehauen und später erweitert worden. Im Zweiten Weltkrieg beherbergten sie eine Kommandozentrale und ein Militärkrankenhaus. Eine spannende, 50-minütige Führung (alle 20 Min.) beschäftigt sich mit der berühmten Operation Dynamo. Sie wurde 1940 von hier aus geleitet und umfasste die Evakuierung Hunderttausender Soldaten von den Stränden Dunkerques. Die Geschichte wird äußerst anschaulich erzählt. Videoprojektionen an den Tunnelwänden und dramatische Soundeffekte unterstützen die Wirkung; mal scheint ein kompletter Tunnel in Flammen aufzugehen, mal werden Besucher in schwärzeste Finsternis gestürzt.

**Dover Museum** MUSEUM

(www.dovermuseum.co.uk; Market Sq; Erw./Kind 3,50/2,25 £; ⌚Mo–Sa 9.30–17 Uhr, April–Sept. auch So 10–15 Uhr) Das mit Abstand spannendste Exponat des dreistöckigen Stadtmuseums ist ein 3600 Jahre altes Boot aus der Bronzezeit, das hier 1992 entdeckt wurde. Es ist 9,5 m lang, 2,4 m breit, soll angeblich das älteste meertaugliche Schiff der Welt sein und wird in einer klimatisierten, nur spärlich beleuchteten Vitrine ausgestellt.

**Roman Painted House** RUINE

(New St; Erw./Kind 3/2 £; ⌚Juni–Sept. Di–So 10–17 Uhr) Keiner würde in dem schäbigen Gebäude aus den 1960er-Jahren solch einen Schatz vermuten: die herrlichsten (wenn auch etwas mitgenommenen) römischen Wandmalereien nördlich der Alpen. Einige Szenen zeigen Bacchus, den Gott des Weines und des Rausches – kein Wunder, denn die Mauern gehörten zu einem großen *mansio* (Hotel), wo sich Reisende rund 200 n. Chr. bei einem guten Tropfen von den Strapazen erholen konnten.

## Schlafen

Hauptrevier der B&Bs sind Castle Street, Maison Dieu Road und Folkestone Road.

## Autotour von Dover nach Rye

**START** DOVER EASTERN DOCKS
**ZIEL** RYE
**LÄNGE** 57 KM; MIND. VIER STUNDEN (OHNE ABSTECHER ZUR HALBINSEL DUNGENESS)

Wer mit der Fähre in Dover ankommt oder mit dem Kreuzfahrtschiff dort einen Tag pausiert, muss nicht unbedingt gleich nach London eilen. Viel schöner ist diese Spazierfahrt entlang weißer Klippen und Marschlandschaften zwischen Sussex und Kent, um einige versteckten Ecken von Englands Südosten zu entdecken. Die Busse 100, 101 und 102 von Dover nach Lydd und Hastings folgen derselben Route.

Los geht's in Dover am Ausgang der 1 **Eastern Docks**, wo alle Kanalfähren festmachen, auf der A20 entlang der Küste. Schon bald klettert die vierspurige Straße hinauf zu den berühmten weißen Klippen westlich von Dover.

Erster Halt ist der 2 **Naturpark Samphire Hoe**, dessen Abzweigung ausgeschildert ist. Fünf Millionen. Kubikmeter Schutt vom Bau des Kanaltunnels wurden recycelt, um diese Parklandschaft zwischen Felsen und Meer zu schaffen. Während des Picknicks nach den 30 hier heimischen Schmetterlingsarten Ausschau halten!

Zurück auf der A20 kommt nach 2,8 km die Abfahrt nach Capel-Le-Ferne an der B2011. Hinweisschilder am Dorfende führen zum 3 **Battle of Britain Memorial**, das den Männern gewidmet ist, die in der entscheidenden Luftschlacht über Kent und Sussex gegen die Luftwaffe kämpften. In der Mitte eines riesigen Spitfire-Propellers sitzt eine Skulptur eines Piloten, der gelassen über den Ärmelkanal schaut. Zurzeit der Recherche wurde gerade ein neues Besucherzentrum gebaut. Zurück auf der B2011 erscheinen schon bald die ersten Ausläufer von 4 **Folkestone**. Am ersten Kreisverkehr links abbiegen und dann in die sechste Straße rechts (Dover Road) einbiegen. Sie führt ins Zentrum des einstmals prächtigen und beliebten Badeorts, wo schon der lebenslustige König Eduard VII. gerne kurte. Nach einem Spaziergang durch den exotischen Leas Coastal Park und einer Portion Fish &

Chips am alten Fischmarkt lohnt sich ein Abstecher ins Creative Quarter in der Altstadt, wo sich Künstlerateliers und Kunstgewerbeläden angesiedelt haben.

Von Folkestone auf der Sandgate Road/ A259 westwärts nach Sandgate mit seinen Trödelläden und Kiesstränden fahren. Von dort sind es nur noch 8 km bis nach 5 **Hythe**. Das faszinierende, ehemalige Cinque-Ports-Mitglied hätte genug Attraktionen für einen ganzen Tag zu bieten. Es ist nicht nur Endpunkt der Schmalspurbahn Romney, Hythe and Dymchurch Railway (RH&D Railway), sondern liegt auch am Royal Military Canal und hat eine hübsche Hauptstraße und einen schönen Strand.

Es geht weiter westwärts auf der A259, vorbei an den nicht besonders attraktiven Badeorten Dymchurch und St. Mary's. Sie kauern hinter hohen Deichen, ohne die sich der Küstenstreifen längst in Meeresboden verwandelt hätte.

Die Klippen bleiben nun zurück und es geht hinein in die 6 **Romney Marsh**, ein flacher, spärlich besiedelter Landstrich mit Schilfgebieten und Schafweiden. Wer Zeit hat, schaut in dem Besucherzentrum (www.kent wildlifetrust.org.uk) an der A259 zwischen St. Mary's Bay und New Romney vorbei.

Hinter New Romney, das ebenfalls zu den Cinque Ports gehörte, geht's links ab auf die B2075 nach 7 **Lydd**, einem idyllischen Städtchen, das den Cinque Ports später beitrat. Von hier bietet sich ein Abstecher auf der kaum befahrenen Dungeness Road durch die einsamen Ebenen der von Kiesstränden eingefassten 8 **Dungeness Peninsula** an, aus denen drohend die Silhouette eines Kernkraftwerks aufragt. Dungeness hat die größte Seevogelkolonie hier im Südosten und ist der westliche Endpunkt der RH&D Railway.

Zurück in Lydd geht's wieder auf die B2075, und zwar knapp 10 km westwärts bis nach Camber. Wer glaubte, an der Südküste gäb's nur Kiesstrände, wird mit den 9 **Camber Sands** eines Besseren belehrt. Der breite Streifen aus Sand und Dünen ist perfekt zum Picknicken und für einen Strandspaziergang.

Die B2075 windet sich nun durch steinige, struppige Feuchtgebiete bis zur Kreuzung mit der A259 in East Guldeford. Hier links in Richtung Rye abbiegen. Unterwegs wird deutlich, was die Haupteinnahmequelle dieser Gegend ist: Schafe, die zu Tausenden in den grünen Niederungen grasen. Auch die A259 mäandert durch Marschlandschaften und erreicht schließlich das Endziel 10 **Rye**, eines der hübschesten Städtchen des Südostens.

**Blériot's** PENSION £

(☎01304-211394; www.bleriotsguesthouse.co.uk; 47 Park Ave; EZ/DZ 35/52 £; P 📶) Die geräumige Pension liegt in einer ruhigen Wohngegend, in Fußweite zu allen Attraktionen der Stadt. Ein paar der acht hellen, freundlichen Zimmer haben noch einen original viktorianischen Kamin. Es gibt eine gemütliche Lounge und sympathischere Gastgeber sind im gesamten Südosten nicht zu finden. Das Frühstück kostet 6 £ extra.

**Dover Marina Hotel** HOTEL ££

(☎01304-203633; www.dovermarinahotel.co.uk; Waterloo Cres; Zi. 89–130 £; 📶) Nur ein paar Schritte vom Strand entfernt bietet das hübsch geschwungene Gebäude aus den 1870er-Jahren 81 Zimmer verschiedener Größe an. Die langen Flure tragen zwar Altersspuren, aber die Zimmer sind mit trendigen Ethnostoffen, Mustertapeten und moderner Kunst tipptopp. Rund die Hälfte davon hat Meerblick, die zehn mit Balkon sind besonders begehrt.

**East Lee Guest House** B&B ££

(☎01304-210176; www.eastlee.co.uk; 108 Maison Dieu Rd; DZ 65–75 £; P 📶) Hinter der Fassade, die mit Schmuckelementen aus Tonziegeln verziert ist, verbergen sich top gepflegte Zimmer und elegant gestylte Gemeinschaftsbereiche. Die sehr engagierten Gastgeber verwöhnen mit einem hervorragenden, vielseitigen Frühstücksangebot.

★ **Wallett's Court** HOTEL £££

(☎01304-852424; www.wallettscourt.com; Westcliffe, St Margaret's-at-Cliffe; DZ 120–330 £; P 📶 🏊) Mit Spa, Gourmetrestaurant und erstklassigem Service ist das Landhotel eine echte Oase im Grünen. Neben geräumigen Zimmern im jakobinischen Stil gibt's auch Blockhütten und Wigwams der Kategorie „glamping" (steht für Glamour-Camping). Anfahrt auf der A258 in Richtung Deal, nach ca. 3,2 km rechts abbiegen nach Westcliffe.

## Essen

**La Salle Verte** CAFÉ £

(14–15 Cannon St; Snacks 2–6 £; ⊙Mo–Sa 9–16.30 Uhr) Interessante Schwarzweißfotos vom alten Dover an den Wänden, intime Atmosphäre und freundliches Personal machen das Kellercafé zum beliebten Treffpunkt für eine Tasse Tee oder einen Happen zwischendurch. Selbst an einem normalen Mittwoch im Winter sind die Tische mittags alle besetzt.

★ **Allotment** BRITISCH ££

(www.theallotmentdover.com; 9 High St; Hauptgerichte 7,50–16 £; ⊙Di–Sa 8.30–22 Uhr) Dovers beste Essadresse tischt Fisch und Fleisch der Region auf, die mit Kräutern aus dem idyllischen Garten hinter dem Haus gewürzt werden. Dazu schmeckt ein Wein aus Kent. Es gibt sowohl Frühstück wie auch Mittag- und Abendessen. Durch die wunderschönen Buntglasscheiben haben die Gäste Blick auf die Maison Dieu (ein Pilgerhospiz aus dem 13. Jh.) direkt gegenüber.

## Praktische Informationen

**Postamt** (68–72 Pencester Rd; ⊙Mo–Sa 7–22, So 8–20 Uhr)

**Touristeninformation** (☎01304-201066; www.whitecliffscountry.org.uk; Market Sq; ⊙Mo–Sa 9.30–17 Uhr, April–Sept. auch So 10–15 Uhr) Im Dover Museum.

## An- & Weiterreise

### BUS

Dover hat Verbindungen nach:

**Canterbury** 4,90 £, 40 Min., 4-mal stündl.

**London Victoria** Coach 007; 14,80 £, 2½–3½ Std., 12-mal tgl.

**Sandwich** 5,50 £, 40 Min., stündl.

### SCHIFF

Die Fähren nach Frankreich legen an den Eastern Docks unterhalb der Burg ab. Die Preise variieren je nach Saison und Zeitpunkt der Buchung. Die Fahrpläne scheinen sich derzeit ständig zu ändern.

**DFDS** (☎0871 5747235; www.dfdsseaways.co.uk) Fährt nach Dunkerque (2 Std., alle 2 Std.).

**MyFerryLink** (☎0844 2482 100; www.myferrylink.com) Fährt nach Calais (1½ Std., 5-mal tgl.).

**P&O Ferries** (☎0871 6642020; www.poferries.com) Fährt nach Calais (1½ Std., alle 40–60 Min.).

### ZUG

Dover hat Verbindungen nach:

**London Charing Cross** 22,30 £, 2 Std., 2-mal stündl.

**London St Pancras** Schnellzug, 38,50 £, 1 Std., stündl.

**Ramsgate** (über Sandwich) 9,30 £, 35 Min., stündl.

## Unterwegs vor Ort

Von 7 Uhr bis 21 Uhr pendelt der **Port Shuttle Bus** (2 £, 5 Min., alle 20 Min.) zwischen den Eastern Docks und dem Bahnhof, was zu Fuß eine recht weite Strecke wäre.

## Rund um Dover

### Die White Cliffs

Unzählige Lieder, Filme und Bücher haben die weißen Klippen von Dover unsterblich gemacht. Sie sind ein nationales Wahrzeichen, bei dessen Anblick Generationen von Reisenden und Soldaten wussten: Jetzt bin ich wieder zu Hause. Beiderseits von Dover ragen die beeindruckenden Felsen 100 m senkrecht in die Höhe. Der spektakulärste Abschnitt beginnt 3,2 km östlich der Stadt, ist 9,6 km lang und heißt Langdon Cliffs.

Die Klippen sind ein Schützling des National Trust, der 3,2 km östlich von Dover eine **Touristeninformation** (☎01304-202756; ⏲März–Okt. 10–17 Uhr, Nov.–Feb. 11–16) mit **Parkplatz** (Nichtmitglieder 3 £ pro Tag) betreibt. Sie ist über die A258 nach Deal und die Castle Hill Road oder auch über die A2 erreichbar (hinter den Eastern Docks abbiegen). Von der Touristeninformation führt ein steiniger Fußweg ostwärts am Klippenrand entlang zum 3,2 km entfernten **South Foreland Lighthouse** (NT; Erw./Kind 5/2,50 £; ⏲Führungen Mitte März–Okt. Fr–Mo 11–17.30 Uhr). Der kompakte, viktorianische Leuchtturm war der erste, der mit Strom betrieben wurde, und diente 1898 als Sender für die ersten internationalen Radioübertragungen.

Wer dem Weg für weitere 1,6 km folgt, landet in der hübschen **St. Margaret's Bay**. In der von Kalksteinfelsen umschlossenen Bucht warten ein sonniger Kiesstrand und das freundliche **Coastguard Pub** (www.thecoastguard.co.uk; Hauptgerichte 10–16 £; ⏲10.30–23 Uhr). Kein Punkt der Insel kommt Frankreich näher und viele Schwimmer stürzten sich hier schon für eine Kanalüberquerung in die Fluten. Oben auf der Klippe hält Bus 15 nach Dover und Deal, der im Stundentakt verkehrt.

Um die Klippen in ihrer ganzen Pracht zu sehen, gibt's nichts Besseres als eine Bootstour. **Dover White Cliffs Tours** (☎01303-271388; www.doverwhiteclifftours.com; Erw./Kind 10/5 £; ⏲Juli & Aug. tgl., April–Juni & Sept.–Okt. Sa & So) bietet mindestens dreimal täglich eine 40-minütige Rundfahrt an, die an den Western Docks beginnt. **Dover Sea Safari** (☎01304-212880; www.doverseasafari.co.uk; Dover Sea Sports Centre, Esplanade; Erw./Kind 25/13 £; ⏲ganzjährig) kurvt mit schnellen, kompakten Schlauchbooten durch die Küstengewässer vor den Klippen und auch weiter hinaus.

# OSTSUSSEX

Saftig grüne Landschaften, mittelalterliche Dörfer und spektakuläre Küsten sind die Markenzeichen dieser spannenden Ecke Großbritanniens. Sie wird an Wochenenden von erholungsbedürftigen Londonern überschwemmt, sobald sich nur der kleinste Sonnenstrahl zeigt. Recht haben sie, die armen Großstädter, denn die Pflastergassen von Rye, die historischen Schlachtfelder, wo Wilhelm der Eroberer 1066 den Angelsachsen gegenüberstand, oder die Kalksteinklippen Seven Sisters und Beachy Head mit ihren atemberaubenden Ausblicken nicht weit vom netten Badeort Eastbourne sind wirklich etwas Besonderes. Brighton ist natürlich ein Must-See und macht mit spannenden Ausgehmöglichkeiten, interessanten Läden und quirligem Strandleben Laune. Wem der Rummel zu viel wird, der kann sich auf dem South Downs Way durch Englands jüngsten Nationalpark, den South Downs National Park, die Füße vertreten.

## Rye

4500 EW.

Rye wird oft als Englands altmodischstes Städtchen beschrieben. Tatsächlich wirkt es wie eine Modellsiedlung aus dem Mittelalter, die in Formaldehyd eingelegt wurde, damit wir sie heute bewundern können. Selbst abgeklärteste Pragmatiker können sich dem Charme der Pflastergässchen, versteckten Durchgänge und krummen Fachwerkhäuser aus der Tudorzeit nicht entziehen. Und natürlich weben sich unzählige Geschichten von Schmugglern, Geistern, Dichtern und Künstlern um diese historische Idylle.

Einst gehörte Rye zu den Cinque Ports. Damals thronte es noch auf einem Felssporn über dem Meer; inzwischen liegt das Ufer gut 3 km entfernt und wo einst die Wellen des Ärmelkanals mit den Gezeiten kamen und gingen, grasen heute Schafe.

### Sehenswertes

Meist beginnt der Bummel durch Rye in der berühmten **Mermaid Street** nicht weit vom Rye Heritage Centre. Hier drängen sich die Fachwerkbauten aus dem 15. Jh. mit lustigen Namen wie „The House with Two Front Doors" (Das Haus mit zwei Eingangstüren) oder „The House Opposite" (Das Haus gegenüber).

**Ypres Tower** MUSEUM
(www.ryemuseum.co.uk; Erw./Kind 3 £/frei; ⌚ April–Okt. 10.30–17 Uhr, Nov.–März bis 15.30 Uhr) Ein paar Schritte vom Church Square entfernt erhebt sich der wie eine Sandburg wirkende Ypres (sprich: waipers) Tower. Ein Streifzug durch das Gebäude aus dem 13. Jh. offenbart dessen lange Geschichte als Festung, Gefängnis, Leichenhaus und Museum (die letzten beiden Funktionen erfüllte es zeitweise parallel). Aber was die Aufmerksamkeit der Besucher am längsten fesselt, sind die herrlichen Ausblicke auf die Rye Bay, das Atomkraftwerk von Dungeness und – an besonders klaren Tagen – die französische Küste.

**Lamb House** HAUS, MUSEUM
(NT; West St; Erw./Kind 5/2,60 £; ⌚ Ende März–Okt. Di & Sa 14–18 Uhr) Bei Geistern scheint das georgianische Stadthaus sehr beliebt zu sein. Aber sein berühmtester Bewohner war der amerikanische Schriftsteller Henry James, der hier von 1898 bis 1916 residierte und *Die Flügel der Taube* schrieb.

**Church of St. Mary the Virgin** KIRCHE
(Church Sq; Turm Erw./Kind 3/1 £; ⌚ April–Sept. 9.15–17.30 Uhr, Nov.–März bis 16.30 Uhr) Die Kirche verbindet Baustile aus dem Mittelalter und späteren Zeiten und seine Turmuhr von 1561 ist die älteste Englands. Sie wird immer noch vom Originalpendel angetrieben, das beim Eintreten über den Köpfen der Besucher schwingt. Wer die Stadt und ihre Umgebung aus der Vogelperspektive sehen will, sollte sich ein Ticket für den Turm kaufen.

## Schlafen

**★ Jeake's House** HOTEL ££
(☎ 01797-222828; www.jeakeshouse.com; Mermaid St; EZ/DZ ab 70/90 £; P 📶) Einst gehörte das Stadthaus aus dem 17. Jh. dem amerikanischen Dichter Conrad Aitken. Die elf Zimmer sind nach Schriftstellern benannt, die hier schon übernachteten, und waren damals vielleicht nicht so edel mit gewachsten Antikmöbeln und üppigen Stoffen ausgestattet. In der mit Bücherregalen dekorierten Bar laden alte Kirchenbänke zu einem Drink ein und das Frühstück wird – um beim Thema zu bleiben – in einer ehemaligen Quäkerkapelle aus dem 18. Jh. serviert.

**Mermaid Inn** HOTEL £££
(☎ 01797-223065; www.mermaidinn.com; Mermaid St; EZ/DZ ab 90/150 £; P) Nur wenige Unterkünfte sind so stimmungsvoll wie dieser Gasthof von 1420. Jedes der 31 Zimmer ist anders, aber allen gemeinsam sind die Bleiglasfenster und das dunkle Gebälk. Zu einigen führen sogar Geheimgänge, die heute als Fluchtwege im Brandfall dienen. Das Hotelrestaurant gehört zu den besten Essadressen in Rye.

**George in Rye** HOTEL £££
(☎ 01797-222114; www.thegeorgeinrye.com; 98 High St; DZ ab 135 £; @ 📶) Die Verwandlung der ehemaligen Kutschenstation in ein modernes Boutiquehotel ist perfekt gelungen, ohne dass dabei Charakter und Authentizität auf der Strecke blieben. In der altmodischen, holzgetäfelten Lounge lodern die Holzscheite im Kamin. Die Zimmer im Haupthaus wurden von dem Szenenbildner, der für den Film *Stolz & Vorurteil* gearbeitet hat, mit diskretem Schick gestylt.

## Essen

**Haydens** CAFÉ £
(www.haydensinrye.co.uk; 108 High St; Snacks/Gerichte ab 4–9 £; ⌚ 10–17 Uhr) Bio und Fairtrade sind die Prinzipien des hellen, lebhaften Cafés, das leckere Omeletts, *ploughman's lunches* (Vesperteller), Salate und Bagels serviert. Die erhöhte Terrasse auf der Rückseite bietet herrliche Ausblicke auf Rye und Umgebung. Im Obergeschoss stehen sieben schöne, umweltfreundliche Gästezimmer zur Verfügung.

**Landgate Bistro** BRITISCH ££
(www.landgatebistro.co.uk; 5–6 Landgate; Hauptgerichte 13–20 £; ⌚ Mi–Fr 19–21, Sa 12–15 & 19–21, So 12–15 Uhr) Zu den Lokalen im Zentrum mit ihrem aufdringlichen Mittelalter-Touch bietet dieses Bistro einen erfrischenden Kontrast. Es liegt etwas abseits der Touristenpfade, nicht weit vom trutzigen Landgate aus dem 14. Jh. Die Einheimischen schwören auf seine Küche, die Lamm und Fisch aus der Region verarbeitet und auf Fertig- und Halbfertigprodukte verzichtet.

## Praktische Informationen

**Postamt** (Unit 2, Station Approach; ⌚ Mo–Fr 8.30–17.30, Sa bis 13 Uhr)

**Rye Heritage Centre** (☎ 01797-226696; www.ryeheritage.co.uk; Strand Quay; ⌚ April–Okt. 10–17 Uhr, Nov.–März kürzer) Hier warten eine audiovisuelle Führungen durch Rye in Modellform (3,50 £) sowie eine witzige Ausstellung von Glücksspielautomaten im Obergeschoss.

**Touristeninformation** (☎ 01797-229049; www.visit1066country.com; 4–5 Lion St; ⌚ April–

Sept. 10–17 Uhr, Okt.–März bis 16 Uhr) Hilft bei der Buchung von Unterkünften und verkauft Bus- und Zugfahrkarten.

## An- & Weiterreise

### BUS

**Dover** Bus 100, 2 Std., stündl.

**Hastings** Bus 344 oder 100, 40 Min., 2-mal stündl.

### ZUG

**London Charing Cross** 22,30 £, 2 Std., stündl. (mit Umsteigen in Ashford)

# Battle

6170 EW.

*„If there'd been no battle, there'd be no Battle"* (Hätte es keine Schlacht gegeben, gäbe es auch Battle nicht) heißt ein beliebter Spruch in dem unauffälligen Dorf. Battle entstand rund um den Hügel, auf dem der Herzog der Normandie, der später als Wilhelm der Eroberer in die Geschichte einging, dem englischen König Harald II. 1066 eine entscheidende Niederlage beibrachte. Dieser geschichtsträchtige Ort zieht natürlich Heerscharen von Besuchern an, vor allem Mitte Oktober, wenn die Schlacht am Originalschauplatz in historischen Kostümen und allem Drum und Dran nachgestellt wird.

## Sehenswertes

**Battle Abbey** HISTORISCHE STÄTTE

(EH; Erw./Kind 7,80/4,70 £; April–Sept. 10–18 Uhr, Okt.–März Sa &So bis 16 Uhr) An dieser Stelle wütete 1066 die entscheidende Schlacht um England, das seither nie wieder von einer fremden Macht eingenommen wurde. Das Ereignis hatte unvorstellbare Folgen auf die Sozialstruktur und die Sprache der Inselbevölkerung; kurz gesagt: Ihr Leben wurde komplett umgekrempelt. Der Papst forderte von den Siegern ein Zeichen der Buße für die vielen Todesopfer, die die Schlacht gefordert hatte. So begannen die Normannen vier Jahre nach ihrem Triumph mit dem Bau der Abtei auf dem Schlachtfeld. Von der damaligen Abteikirche sind nur die Grundmauern übrig geblieben. Der Altar soll an der Stelle gestanden haben, wo König Harald von einem Pfeil ins Auge niedergestreckt wurde.

Andere Gebäude der Klosteranlage haben die Zeiten besser überstanden und lohnen einen Streifzug über das Gelände. Die idyllische Hügellandschaft macht es einem schwer, sich die Ereignisse auf dem Schlachtfeld in all ihrer Grausamkeit vorzustellen. Aber interaktive Hightech-Installationen und ein Film im Besucherzentrum sowie Audioguides, die die Schlacht Stück für Stück aufarbeiten, leisten wertvolle Hilfestellung.

**Yesterday's World** MUSEUM

(www.yesterdaysworld.co.uk; 89–90 High St; Erw./Kind 7,95/5,75 £; April–Sept. 10–17.30 Uhr, Okt.–März 11–16 Uhr) Das hervorragend gemachte Museum steht wörtlich wie auch im übertragenen Sinne im Schatten der Battle Abbey, dabei ist es eine schier unerschöpfliche Fundgrube, was die Konsumgeschichte Englands angeht. Das erste Gebäude beherbergt komplette Straßen mit nostalgischen Läden, in denen kostümierte Puppen Markenprodukte von anno dazumal anbieten. Jeder Winkel ist mit Waren aus Großmutters Zeiten vollgestopft, dazu kommen emaillierte Werbeschilder, verbeultes Spielzeug, Kriegssouvenirs und sonstiger Krimskrams mit „Weißt-du-noch?"-Effekt. Im zweiten Gebäude liegt der Royalty Room. Ein Pappmodell von Königin Victoria verdeutlicht, wie groß die Grande Dame tatsächlich war – gerade mal 1,40 m!

## Praktische Informationen

Die städtische Touristeninformation ist im Gebäude des Museums Yesterday's World (s. oben) untergebracht.

## An- & Weiterreise

Bus 304/305 fährt nach Hastings (26 Min., stündl.).

Es gibt Zugverbindungen nach Hastings (4,10 £, 15 Min., 2-mal stündl.) und London Charing Cross (22,10 £, 80 Min., 2-mal stündl.).

# Hastings

90 300 EW.

Der Name der Stadt ist untrennbar mit der normannischen Invasion von 1066 verbunden, auch wenn die Schlacht knapp 10 km davon entfernt tobte. Als einer der Cinque Ports erlebte Hastings eine Blütezeit und in der viktorianischen Ära traf sich die britische High Society in dem schicken Badeort. Es folgte eine lange Durststrecke, aber mittlerweile ist Hastings ein kleines Comeback gelungen - als spannende Mischung aus Fischerhafen, touristisch-kitschigem Seebad und Hangout für künstlerisch angehauchte New-Age-Jünger.

## Sehenswertes

**Stade** STADTVIERTEL

(Rock-A-Nore Rd) Das Gebiet in Strandnähe, unterhalb von East Hill, wird Stade genannt und fällt durch die mit Holzplanken verkleideten Häuser, die Net Shops, auf. Sie stammen aus dem 17. Jh. und dienten als Lagerschuppen für Fischernetze und andere Arbeitsgeräte. Einige davon werden heute von Fischhändlern benutzt, die den Fang von Europas größter vom Strand aus operierender Fischfangflotte verkaufen. Die Boote liegen meist auf dem Kiesstreifen hinter den Net Shops. All diese „fischigen" Aktivitäten verleihen dem Stade-Viertel eine geschäftige Atmosphäre, die durch den Geruch nach Diesel und Eingeweiden verdichtet wird.

**Hastings Museum & Art Gallery** MUSEUM

(www.hmag.org.uk; Johns Place, Bohemia Rd; April–Sept. Di–Sa 10–17, So 12–17 Uhr, Okt.–März kürzer) GRATIS Ein paar Schritte westlich des Bahnhofs beherbergt ein rotes Backsteingebäude dieses wunderbare kleine Museum. Zu seinen Highlights gehören die faszinierende maurische Durbar Hall und die Abteilung über John Logie Baird, der sich nach einer Krankheit von Februar 1923 bis November 1924 in Hastings erholte und die Zeit nutzte, um das Fernsehen zu erfinden.

**Jerwood Gallery** GALERIE

(www.jerwoodgallery.org; Rock-A-Nore Rd; Erw./Kind 8/3,50 £; Di–Fr 11–16, Sa & So bis 18 Uhr) Die große Kunsthalle am Rand des Viertels Stade wird für Wanderausstellungen zeitgenössischer britischer Kunst sowie für themenbezogene Installationen mit Exponaten aus der Jerwood-Sammlung benutzt. Das angeschlossene Café ist perfekt für eine Erholungspause und bietet Blick auf den Ärmelkanal.

**Fishermen's Museum** MUSEUM

(Rock-A-Nore Rd; April–Okt. 10–17 Uhr, Nov.–März 11–16 Uhr) GRATIS Schwärme von mit Seepocken überzogenen Objekten umgeben das riesige Fischerboot *Enterprise*, das Kernstück des Museums, das in einer ehemaligen Fischerkirche untergebracht ist.

**Hastings Castle** RUINE

(www.discoverhastings.co.uk; Castle Hill Rd; Erw./Kind 4,35/3,60 £; Ostern–Sept. 10–16 Uhr) Die Burg geht auf Wilhelm den Eroberer zurück. Ihre Geschichte und die der Schlacht von Hastings sind die Hauptthemen einer Ausstellung auf dem Burggelände.

**Smugglers Adventure** HÖHLE

(www.smugglersadventure.co.uk; St Clement Caves; Erw./Kind 7,50/5,50 £; Ostern–Sept. 10–17 Uhr) Ein kurzer Spaziergang von der Burg in Richtung Osten bringt Besucher in die Höhlen des West Hill, in denen Schmugglergeschichten von der Küste von Sussex erzählt werden.

**Shipwreck Museum** MUSEUM

(www.shipwreckmuseum.co.uk; Rock-a-Nore Rd; April–Okt. 10–17 Uhr, Nov.–März Sa & So 11–16 Uhr) GRATIS Das altmodische Museum beherbergt eine bunte Sammlung von Fundstücken aus Schiffen, die im Ärmelkanal ihr Seemannsgrab fanden. Fossilien und Tauchen sind weitere Themen, denen je eine Abteilung gewidmet ist.

### EINE SEEBRÜCKE IN DIE ZUKUNFT

Im Oktober 2010 machte Hastings Schlagzeilen, als seine viktorianische Seebrücke in Flammen aufging. Der Ballsaal an seinem Ende, in dem schon The Clash, die Sex Pistols, die Rolling Stones, The Who, Jimi Hendrix und Pink Floyd auftraten, wurde komplett zerstört. Der Pier wird nun als Open-Air-Bühne wiederaufgebaut, zum Teil mit Geldern aus Spenden der einheimischen Bevölkerung.

## Schlafen & Essen

**Swan House** B&B ££

(01424-430014; www.swanhousehastings.co.uk; 1 Hill St; EZ/DZ ab 80/120 £; @) Die Fachwerkhülle aus dem 15. Jh. umschließt eine gelungene Kombination aus Alt und Neu. Biotoiletten, frische Blumen, künstlerisch gestrichene Wände und breite Betten werten die vier Gästezimmer auf. In der Lounge ergeben Sofas in Pastelltönen, lackierte Holzböden, moderne Skulpturen, alte Holzbalken und ein riesiger steinerner Kamin ein kontrastreiches Ambiente, das überzeugt.

**Dragon Bar** RESTAURANT ££

(71 George St; Hauptgerichte 10–18 £, Mittagsmenü werktags 7 £; Mo–Sa 12–23, So bis 22.30 Uhr; ) Unter den jüngeren Mitgliedern der Alternativszene in der Altstadt ist das Bar-Restaurant ein beliebtes Hangout. Dunkle Wände,

### DIE LETZTE INVASION AUF ENGLISCHEM BODEN

Eine Jahreszahl hat sich in das Gedächtnis jedes englischen Schülers eingebrannt: 1066, das Datum der berühmtesten Schlacht in Englands Geschichte, der Battle of Hastings. Am 14. Oktober bildeten König Haralds Mannen auf dem Feld, in dessen Nähe später die Ortschaft Battle entstand, einen dreireihigen Verteidigungsring aus Bogenschützen, Kavallerie und Fußsoldaten. Der normannische Angreifer, Wilhelm der Eroberer, bezog mit seiner Armee 400 m südlich der Engländer Stellung. Mehrmals versucht er erfolglos, den Schildwall zu durchbrechen. Dann ordnete er einen fingierten Rückzug an, woraufhin einige von Haralds Truppen die Verfolgung aufnahmen. Das war ein fataler Fehler. Es entstanden Lücken in der englischen Verteidigung, die Wilhelms Mannen sofort nutzten. Damit war die Schlacht so gut wie entschieden. Unter den Opfern auf englischer Seite war auch Harald II. Es heißt, ein Pfeil habe ihn im Auge getroffen, und während er diesen zu entfernen versuchte, sei er von normannischen Rittern überwältigt worden. Mit der Nachricht von seinem Tod brach auch der letzte Widerstand zusammen.

In ihrem satirischen Geschichtsbuch *1066 and All That* (1930) behaupten die Autoren Sellar und Yeatman, dass „die Besetzung durch die Normannen ein Glück war, denn ab da wurde England nie mehr überfallen und konnte sich so zu einer führenden Nation entwickeln".

frech kombinierte Möbel und abgewetzte Ledersofas sorgen für Atmosphäre, auf der Speisekarte geht's genauso unorthodox weiter: Die Spanne reicht vom Thai-Curry über Lamm aus Winchelsea bis zur Pizza.

## Ausgehen & Nachtleben

**Hanushka Coffee House** CAFÉ
(28 George St; ⌚9.30–18 Uhr) Hastings' beste Koffein-Tankstelle erinnert an einen Secondhand-Buchladen, denn jeder Quadratzentimeter Wand ist mit Büchern bedeckt. Schummrige Beleuchtung und drangvolle Enge machen Kontakte mit dem Nachbartisch unvermeidlich; wer unbedingt seine Ruhe haben will, flüchtet sich auf die Sofas und Fensterbänke. Kein WLAN.

## Praktische Informationen

**Touristeninformation** (☎01424-451111; www.visit1066country.com; Aquila House, Breeds Pl; ⌚April–Sept. Mo–Fr 9–17.30, Sa bis 17, So 10.30–16 Uhr, Okt.–März kürzer)

## An- & Weiterreise

**BUS**

**Eastbourne** Bus 99, 80 Min., 4-mal stündl.

**London Victoria** National Express, 14,40 £, 3 Std., tgl.

**Rye** Bus 100 & 344, 40 Min., 2-mal stündl.

**ZUG**

**Brighton** über Eastbourne, 12,90 £, 60–80 Min., 2-mal stündl.

**London Victoria** 17,30 £, 2 Std., stündl.

## Unterwegs vor Ort

Hastings hat zwei hübsche viktorianische Seilbahnen.

**East Hill Cliff Railway** (Rock-A-Nore Rd; Erw./Kind 2,50/1,50 £; ⌚April–Sept. 10–17.30 Uhr, Okt.–März Sa & So 11–16 Uhr) Die Seilbahn startet im Stade-Viertel und hangelt sich hoch zum Hastings Country Park.

**West Hill Cliff Railway** (George St; Erw./Kind 2,50/1,50 £; ⌚März–Sept. 10–17.30 Uhr, Okt.–Feb. 11–16 Uhr) Wer keine Lust hat, zum Hasting Castle hochzukeuchen, setzt sich in diese Seilbahn.

# Eastbourne

99 000 EW.

Trotz seines offiziellen Titels als „Großbritanniens sonnigste Stadt" hat Eastbourne lange gebraucht, um sein Image als „Wartezimmer des Todes am fröstеligen Ärmelkanal" loszuwerden, das es den Achtzigjährigen verdankt, die dort in Liegestühlen vor sich hin dämmern. Allenfalls ein paar Schotten mit akutem Vitamin-D-Mangel, die sich für ein verlängertes Wochenende in den muffigen Pensionen einmieteten, konnten den Altersschnitt leicht drücken. Diese Klientel ist zwar auch heute noch dort anzutreffen, aber in den letzten zehn Jahren hat der Zuzug von Studenten und die Herausbildung der größten polnischen Gemeinde des britischen Südostens das Bild deutlich belebt.

Eastbournes 5,6 km lange, von Palmen gesäumte Strandpromenade sucht landesweit ihresgleichen. Ein brandneues Museum für moderne Kunst und der kürzlich geschaffene South Downs National Park, der am Westrand der Stadt beginnt, sind ebenfalls gute Argumente für einen Tagesausflug ab London oder Brighton. Außerdem beginnt bzw. endet hier der 160 km lange Wanderweg South Downs Way.

## Sehenswertes & Aktivitäten

**Towner Art Gallery** KUNSTGALERIE
(☎01323-434670; www.townereastbourne.org.uk; Devonshire Park, College Rd; ⌚Di–So 10–17 Uhr, Führung 11.30 & 14 Uhr) GRATIS Für Kunstfreaks ist das maßgeschneiderte Gebäude mit seinen Wechselausstellungen *die* Adresse im Südosten. Im Erdgeschoss und in der 2. Etage wird Zeitgenössisches gezeigt, die erste Etage ist für themenbezogene Ausstellungen reserviert, die aus dem eigenen, rund 5000 Werke umfassenden Fundus bestückt werden. Die Führung umfasst auch einen Abstecher in das klimatisierte Archiv.

**Pier** WAHRZEICHEN
(☎01323-410466; www.eastbournepier.com; ⌚24 Std.) Bis zum Sommer 2014 ragte Eastbournes Landungssteg als bröckelndes Relikt aus glanzvollen viktorianischen Zeiten in den Ärmelkanal. Dann gingen vor den Augen Tausender Urlauber am 30. Juli 2014 die Spielhalle an seinem landseitigen Ende und rund ein Drittel der Seebrücke in Flammen auf. Dank des mutigen Einsatzes der Feuerwehr wurden die restlichen zwei Drittel gerettet. 2015 soll das frisch restaurierte Wahrzeichen von Eastbourne wiedereröffnet werden.

**Museum of Shops** MUSEUM
(20 Cornfield Tce; Erw./Kind 5/4 £; ⌚10–17 Uhr, Jan. geschl.) Das kleine Museum platzt schier aus den Nähten vor Konsumprodukten aus vergangenen Zeiten, die bei jedem Besucher todsicher nostalgische Erinnerungen wachrufen.

## Geführte Touren

**Sussex Voyages** BOOTSTOUR
(☎01293-888780; www.sussexvoyages.co.uk; Lower Quayside, The Waterfront, Sovereign Harbour Marina; Erw./Kind 24/14 £) Der einstündige Trip in Festrumpfschlauchbooten zum Beachy Head und den Seven Sisters beginnt am Sovereign Harbour (wo Bus 51 stündlich vorbeikommt). Reservierung erforderlich.

## Feste & Events

**Airbourne** KUNSTFLUGSHOW
(www.airshows.org.uk; ⌚Mitte Aug.) Für viele ist das die beste Flugshow von ganz Großbritannien – auch, weil sie keinen Eintritt kostet! Die tollkühnen Flieger kreisen über dem Ärmelkanal.

## Schlafen

**Big Sleep** HOTEL ££
(☎01323-722676; www.thebigsleephotel.com; King Edward's Pde; EZ/DZ ab 45/60 £; 📶) Frisch, freundlich und mit Pepp: Das sind die 50 Zimmer des Strandhotels mit ihren großgemusterten Tapeten, Retromöbeln und plüschigen Vorhängen, die an Schafe erinnern, die eben noch auf dem Beachy Head grasten. Dazu eine trendige Bar, eine Spielhalle im Untergeschoss und Blicke auf den Ärmelkanal – eindeutig die coolste Unterkunft von Eastbourne.

**Albert & Victoria** B&B ££
(☎01323-730948; www.albertandvictoria.com; 19 St Aubyns Rd; EZ/DZ ab 35/70 £; 📶) Wer in dem wunderschönen viktorianischen Reihenhaus nächtigen will, sollte unbedingt im Voraus buchen. Es bietet vier duftende Zimmer mit Himmelbetten, Kristalllüstern und Namen von Königin Victorias Kindern sowie einen intimen, ummauerten Garten fürs sommerliche Frühstück und liegt nur ein paar Schritte von der Strandpromenade entfernt.

## Essen

**Lamb Inn** PUB ££
(www.thelamb.eu; 36 High St; Hauptgerichte 8,50–11 £; ⌚11–23.30 Uhr) Die lokale Institution in der oft vernachlässigten Altstadt 1,5 km nordwestlich des Bahnhofs zapft schon seit 800 Jahren gepflegte Biere aus Sussex. Mittlerweile ist britische Kneipenkost der Luxusklasse dazugekommen. Schon Charles Dickens, der gegenüber Feriengast war, hat hier ein paar Bierringe und verschmierte Servietten hinterlassen. Die Busse 1, 1A und 12 halten ganz in der Nähe.

**Belgian Cafe** BELGISCH ££
(www.thebelgiancafe.co.uk; 11-23 Grand Pde; Hauptgerichte 11–22,50 £) Wer bisher nicht wusste, dass belgisches Bier nach Früchten schmecken kann, Muscheln mit Pommes das belgische Nationalgericht sind und Tintin aus Brüssel stammt, kann in dem beliebten belgischen Café nicht weit von der Seebrücke

Nachhilfeunterricht nehmen – bei 50 verschiedenen Muschelgerichten und ebenso vielen belgischen Biersorten.

## Unterhaltung

**Eastbourne International Tennis Tournament** TENNIS
(www.devonshireparkltc.co.uk; Devonshire Park; Mitte Juni) Das in Großbritannien höchst populäre Tennisturnier wird eine Woche vor Wimbledon ausgetragen. Einige internationale Stars nutzen es als Probelauf.

## Shoppen

**Camilla's Bookshop** BÜCHER
(www.camillasbookshop.com; 57 Grove Rd; Mo–Sa 10–17 Uhr) Eine halbe Million leicht schimmelig riechender Bände füllen das Bücher-Altersheim bis unters Dach. Das dreistöckige viktorianische Stadthaus ist selbst schon etwas tatterig, lohnt aber die paar Schritte vom Bahnhof auf jeden Fall.

## Praktische Informationen

**Touristeninformation** (0871 6630031; www.visiteastbourne.com; Cornfield Rd; April–Okt. Mo–Fr 9.15–17.30, Sa bis 17, So 10–13 Uhr, Nov.–März kürzer, So geschl.)

## An- & Weiterreise

### BUS

**Brighton** Bus 12, 75 Min., bis zu 4-mal stündl.
**Hastings** Bus 98/99, 70 Min., 3-mal stündl.

### ZUG

**Brighton** 10,30 £, 30–40 Min., 2-mal stündl.
**London Victoria** 17,30 £, 1½ Std., 2-mal stündl.

# Rund um Eastbourne

Der über 1554 km² große **South Downs National Park** erstreckt sich westlich von Eastbourne 160 km weit über Kalksteingrate und -täler und wird auf seiner ganzen Länge vom Wanderweg South Downs Way durchschnitten.

## Beachy Head

Am Südende der South Downs überragen die berühmten Klippen Beachy Head die zerklüftete Kalksteinkette entlang der Küste. Sie liegen nicht weit von der B2103, die zwischen Eastbourne und Newhaven von der A259 abzweigt. In Richtung Westen erheben die **Seven Sisters Cliffs** ihre steinernen Häupter; ein Klippenweg (eine Variante des South Downs Way) folgt den Kalksteinwellen bis ins malerische Cuckmere Haven.

Eastbournes Touristenbus **City Sightseeing** (www.city-sightseeing.co.uk; Eastbourne Pier; Erw./Kind 9/5 £; Mitte März–Okt. 10–17 Uhr alle 30 Min.) hält dort, wo der Klippenweg beginnt.

Beachy Head ist wirklich eine dieser Naturschönheiten mit Gänsehauteffekt, aber leider auch einer der Orte Europas, die bei Selbstmördern hoch im Kurs stehen.

Der Klippenweg führt am winzigen Küstenort Birling Gap vorbei, wo das **Birling Gap Hotel** (Seven Sisters Cliffs) müde Wanderer mit Getränken, Snacks und Eiscreme wieder fit macht. Wer ein längeres Päuschen braucht, macht es wie die Einheimischen und legt sich am idyllisch abgelegenen Strand in die Sonne.

## Pevensey Castle

Die **Ruine** (EH; Castle Rd, Pevensey; Erw./Kind 5/3 £; April–Sept. 10–18 Uhr) der ersten Festung Williams des Eroberers auf englischem Boden liegt 8 km östlich von Eastbourne, nicht weit von der A259. Die Züge von London Victoria nach Hastings über Eastbourne halten in Westham, nur 800 m von Pevensey entfernt. Die Burg versinkt mittlerweile in ihrem eigenen Burggraben, ist aber immer noch ein imposanter Hinweis auf die Stelle, wo der normannische Herzog 1066 landete, um sich zwei Wochen später in die Schlacht von Hastings zu stürzen.

Die Wartezeit nutzte er, um auf den vorgefundenen römischen Mauern seine Burg zu errichten, die auch späteren Herrschern im Verlauf der Jahrhunderte (und bis zum Zweiten Weltkrieg) gute Dienste tat.

# Brighton & Hove

273 400 EW.

Raves am Strand, Romane von Graham Greene, Mods und Rocker, die sich an langen Wochenenden Schlägereien liefern, Oldtimer-Rallyes, Otto Normalverbraucher, der sich mal was Verrücktes leisten will, die lebhafteste Schwulenszene der Insel und die besten Clubs am Ärmelkanal – das sind die Assoziationen der Briten, wenn sie den Namen Brighton hören. Sicher ist jedenfalls: Mit seinen künstlerischen, weltmännischen und hedonistischen Vibes ist das der Ba-

## Brighton & Hove

## Brighton & Hove

**Highlights**
1 Royal Pavilion ........ E3

**Sehenswertes**
2 Brighton Museum & Art Gallery ........ E2
3 Brighton Pier ........ F4

**Schlafen**
4 Baggies Backpackers ........ A3
5 Drakes ........ G4
6 Hotel Pelirocco ........ B3
7 Hotel Una ........ B3
8 Kipps Brighton ........ F2
9 Motel Schmotel ........ B3
10 myhotel ........ E2
11 Neo Hotel ........ A2

**Essen**
12 English's Oyster Bar ........ E3
13 Food for Friends ........ D3
14 Foodilic ........ D2
15 Infinity Foods Cafe ........ E2
16 Iydea ........ E1
17 JB's American Diner ........ D4
18 Mock Turtle ........ E4
19 Riddle & Finns ........ E3
20 Scoop & Crumb ........ E4
21 Tea Cosy ........ F3
22 Terre à Terre ........ E4

**Ausgehen & Nachtleben**
23 A Bar ........ F4
24 Audio ........ F4
25 Brighton Rocks ........ G4
26 Bulldog ........ F3
27 Coalition ........ D4
28 Concorde 2 ........ G4
29 Digital ........ D4
30 Dorset ........ E1
31 Legends Club ........ G4
32 Poison Ivy ........ F3
33 Queen's Arms ........ F3
34 Revenge ........ F4

**Unterhaltung**
35 Brighton Dome ........ E2
36 Komedia Theatre ........ E1
37 Theatre Royal ........ E2

deort in England, den die Leute nicht kühl, sondern cool finden.

Kaum eine andere Stadt der Insel wirkt so bunt und schrill oder hat so viele Gesichter. Da trifft Burlesque auf modernes Design, sitzen spanische Studenten bei einem Kaffee im Starbucks und essen Stars Tapas in einer spanischen Bar. Die düstersten Hostels des Südostens haben originelle Boutiquehotels als Nachbarn, an den Bars wird sowohl Ale aus Mikrobrauereien für 4 £ das Pint wie auch „Sex on the Beach", der Eimer zu 1 £, ausgeschenkt und Junggesellenabschied feiernde Cliquen feuern Drag Queens an. Brighton ist die Stadt, die den ersten Abgeordneten der Green Party ins Parlament schickte, in der der Valentinstag ausgiebiger gefeiert wird als Weihnachten und wo laut einer Umfrage von 2001 mehr Jedis wohnen als irgendwo sonst auf der Insel.

Brighton rockt das ganze Jahr über. Aber wenn im Sommer Touristen, Sprachstudenten und vergnügungssüchtige Londoner über die Stadt hereinbrechen, um deren legendäres Nachtleben, die Festivals und die schrägen Boutiquen zu testen, dann geht wirklich die Post ab. Ein Highlight ist auf jeden Fall der kitschig-schöne Royal Pavilion, den der spätere König Georg IV. im 19. Jh. als seine Party-Location bauen ließ und mit dem Brightons bis heute andauernde Vorliebe für alles Exotische begann.

## Sehenswertes

★ **Royal Pavilion** PALAST

(www.royalpavilion.org.uk; Royal Pavilion Gardens; Erw./Kind 11/6 £; April–Sept. 9.30–17.45 Uhr, Okt.–März 10–17.15 Uhr) Eine der Hauptattraktionen ist unbestritten der prächtige Royal Pavilion Georgs IV., eines der opulentesten Gebäude ganz Englands und sicherlich das schönste Beispiel in Europa für den asiatisch-chinesischen Stil, der im frühen 19. Jh. so beliebt war. Kein Bauwerk könnte Brightons Hang zur Dekadenz besser repräsentieren. Königin Victoria bezeichnete es herablassend als „fremdartigen, skurrilen chinesischen Ort", aber Besucher lieben ihn als schillernden Beitrag zur Geschichte von Sussex.

Der gesamte Palast ist ein Fest fürs Auge, aber einige Bereiche sind besonders spektakulär. Der mit Drachenmotiven dekorierte Festsaal ist sicher in ganz England konkurrenzlos; noch mehr Drachen und Schlangen bevölkern den Musiksaal, dessen Decke von 26 000 goldenen Schuppen bedeckt wird. Angesichts der damals hochmodernen Küche mit automatischen Drehspießen und beheizter Anrichte blieb sicherlich einigen Gästen vor Staunen der Mund offen stehen. Prinz Albert hatte die gesamte Möblierung entfernen lassen, aber einige Stücke hat die aktuelle Queen als Leihgaben wieder zurückgegeben.

**Brighton Museum & Art Gallery** MUSEUM, GALERIE

(www.brighton-hove-museums.org.uk; Royal Pavilion Gardens; Di–So 10–17 Uhr) GRATIS Im renovierten Stallkomplex des Royal Pavilion ist ein Museum mit Galerie untergebracht, das eine glänzende Sammlung von Kunst und Design aus dem 20. Jh. zeigt, darunter Dalis berühmtes, knallrotes Sofa, für das die Lippen von Mae West Modell standen. Auch die Abteilungen für Ethnokunst und ägyptische Artefakte sind beeindruckend. Die Multimediapräsentation der „Bilder von Brighton" beinhaltet eine Serie von gesprochenen Geschichten und ein Modell des West Pier in seiner Glanzzeit.

**Brighton Pier** WAHRZEICHEN

(www.brightonpier.co.uk; Madeira Dr) Die prächtige Seebrücke wurde Ende des 19. Jhs. errichtet und gehört zu den Orten Brightons, wo ungehemmt dem Kitsch gehuldigt wird. Fahrgeschäfte und Spielsalons, Zuckerwatte und Brighton Rock (Zuckerstangen) sorgen für Vergnügungen, die nur Leute mit starken Magennerven wirklich genießen können.

Westlich davon erheben sich die traurigen Überreste des **West Pier**, eines Eisenskeletts, das bei Sonnenuntergang Schwärme von Staren anzieht. Schade, dass ein viktorianisches Glanzstück, auf dem einst Größen wie Charlie Chaplin und Stan Laurel ihre Show abzogen, so enden musste!

Bis jetzt ist noch nichts vom geplanten Aussichtsturm i360 zu sehen (zum Glück, wie einige meinen). Das futuristische Bauwerk der Architekten des London Eye soll 175 m über der Strandpromenade aufragen, aber mit der für 2015 angekündigten Eröffnung haben sie sich offensichtlich verkalkuliert. Der Komplex soll ein West Pier Heritage Center enthalten, einen Pavillon mit audiovisuellen Exponaten zur Geschichte des West Pier.

## Feste & Events

**Brighton Festival** FESTIVAL

(01273-709 709; www.brightonfestival.org; Mai) Das nach Edinburgh zweitgrößte Festival Großbritanniens holt internationale Stars für drei Wochen an den Ärmelkanal.

**Brighton Pride** SCHWULE & LESBEN

(www.brighton-pride.org; Anfang Aug.) Einer der größten Schwulenaufmärsche der Insel mit großer Parade und Konzerten im Preston Park.

## Schlafen

Brighton hat massig Unterkünfte für jeden Geschmack und jeden Geldbeutel. An Sommerwochenenden und während größerer Events wie dem Brighton Festival kann es zu Engpässen kommen und es empfiehlt sich, rechtzeitig zu buchen.

**Baggies Backpackers** HOSTEL £

(01273-733740; www.baggiesbackpackers.com; 33 Oriental Pl; B/DZ 15/40 £; ) Das Management hat kürzlich gewechselt, aber die neuen Besitzer sind offensichtlich entschlossen, die familiäre Atmosphäre, den traditionellen Charme, das hilfsbereite Personal und die sauberen, gemütlichen Zimmer beizubehalten, die dem alteingesessenen Hostel seinen guten Ruf eingebracht haben. Der Gemeinschaftsraum im Erdgeschoss ist perfekt zum Musik hören und chillen. Auch die TV-Lounge mit Stapeln von Videokassetten hat den Besitzerwechsel – und die digitale Revolution – überlebt.

**Kipps Brighton** HOSTEL £

(01273-604182; www.kipps-brighton.com; 76 Grand Pde; B/EZ/DZ ab 15/25/25 £; ) Die Besitzer des hochgelobten Hostels in Canterbury haben ihr Erfolgsrezept auch in Brighton umgesetzt. Die Rezeption der Budgetunterkunft wirkt wie ein cooles Café, es gibt eine Selbstversorgerküche und Angebote wie kostenlose Filmprojektionen, Pubnächte und Pizzaservice bringen die Gäste sogar dazu, sich zeitweise vom Internet zu trennen (WLAN verfügbar).

**Hotel Pelirocco** HOTEL ££

(01273-327055; www.hotelpelirocco.co.uk; 10 Regency Sq; EZ 59–75 £, DZ 109–155 £; ) Für ein Rock'n'Roll-Wochenende mit Flirtpotential ist das abgefahrene Pelirocco eine der coolsten Adresse in Brighton. Einige der ausgefallenen Zimmer wurden von Künstlern gestylt; im „Soviet-Chic" zieren eingemauerte Wodkaflaschen die Wände, der „Pin-up Parlour" ist eine Hommage an Diana Dors und das Doppelzimmer „Pretty Vacant" huldigt den Sex Pistols.

Die Play Room Suite hat ein rundes Bett von 3 m Durchmesser, eine verspiegelte Decke und eine Poledance-Plattform.

**Neo Hotel** BOUTIQUEHOTEL ££

(01273-711104; www.neohotel.com; 19 Oriental Pl; EZ inkl. Frühstück 55–65 £, DZ inkl. Frühstück 100–150 £; ) Dass der Besitzer auch als Innenarchitekt tätig ist, wird keinen überraschen. Die neun Zimmer könnten aus einer

Wohnzeitschrift stammen: kräftige Farben, haptische Materialien, auffällige florale und asiatische Muster, schwarz gekachelte Bäder … Hausgemachte Smoothies und Pancakes machen das Frühstück zum Fest.

**Snooze** HOTEL ££

(☎ 01273-605797; www.snoozebrighton.com; 25 St George's Tce; EZ/DZ ab 55/65 £; ) Retrofans werden sich in dem schrägen Hotel in Kemptown pudelwohl fühlen. Alte Poster und grelle Tapeten aus den 1960er- und 1970er-Jahren, Filmplakate aus Bollywood, Waschbecken in Blütenform und Knallfarben sind aber nicht alles – die Zimmer sind echt komfortabel und makellos sauber. Ein weiteres Highlight ist das vegetarische Frühstücksangebot. Das Snooze liegt nicht weit von der St. James' Street, rund 500 m östlich von New Steine.

**Motel Schmotel** B&B ££

(☎ 07557-947449; www.motelschmotel.co.uk; 37 Russell Sq; DZ 63–120 £; ) Wer sich mit kleinen Zimmern und noch kleineren Bädern abfinden kann, ist mit dem B&B in einer Stadtvilla im Regency-Stil gut bedient. Es liegt so zentral, dass es zu sämtlichen Attraktionen nur ein paar Schritte sind. Die elf Zimmer bekommen durch bunte Drucke im Maxiformat Pepp, die Möblierung ist eher sparsam. Das Besitzerpärchen scheint ständig im Dienst zu sein und erntet mit dem eigenhändig zubereiteten Frühstück regelmäßig Lobeshymnen.

**Paskins Town House** B&B ££

(☎ 01273-601203; www.paskins.co.uk; 18–19 Charlotte St; EZ 50–75 £, DZ 100–150 £; @ ) Das umweltfreundliche B&B liegt 1 km östlich des Brighton Pier nicht weit vom Strand und verteilt sich auf zwei elegante Stadthäuser. Zum ökologischen Konzept gehören Energiesparlampen, Recyclingpapier fürs WC und biologisch abbaubare Reinigungsmittel. Die individuell eingerichteten Zimmer sind bestens in Schuss, das Frühstück aus Biozutaten bietet auch Leckeres für Vegetarier und wird in einem hübschen Raum im Art-Déco-Stil serviert.

**myhotel** HOTEL ££

(☎ 01273-900300; www.myhotels.com; 17 Jubilee St; Zi. 70–320 £; ) Von wegen „quadratisch, praktisch, gut": Mit ihren gewölbten weißen Wänden, den deckenhohen Fenstern und den herabhängenden Flachbildschirmen erinnern die trendigen Zimmer an Raumkapseln, die durch Farbtupfer in Neonpink oder -orange aufgepeppt werden. Wer seinen iPod anschließt, kann über die Deckenlautsprecher Musik hören. Eine sehr intime Bar lädt zum Chillen ein; wer in Geld schwimmt, kann die Suite mit Dampfbad und altem Karussellpferd mieten.

**★ Hotel Una** BOUTIQUEHOTEL £££

(☎ 01723-820464; www.hotel-una.co.uk; 55-56 Regency Sq; EZ inkl. Frühstück 55–75 £, DZ inkl. Frühstück 115–200 £; ) Alle 19 Zimmer sind großzügig geschnitten und begeistern mit auffällig gemusterten Stoffen, riesigen Ledersofas und freistehender Badewanne. Das Frühstück (auch vegetarisch oder vegan) wird ans Bett serviert. Die Suite auf zwei Ebenen mit eigenem Minikino oder die Zimmer mit Wellnessbereich und Whirlpool sind absolut sensationell – und nicht so teuer, wie sie aussehen.

Zusammen mit der coolen Cocktailbar und den vielen Details aus allen möglichen Stilrichtungen lautet unser abschließendes Urteil: Das Una ist unsere Numero Uno!

**Drakes** BOUTIQUEHOTEL £££

(☎ 01273-696934; www.drakesofbrighton.com; 43-44 Marine Pde; Zi. 115–345 £; P @ ) Unauffällige Eleganz heißt die Botschaft des minimalistischen Einrichtungskonzepts – so unauffällig, dass Neulinge den Eingang des Boutiquehotels glatt übersehen. Alle Zimmer überzeugen mit kräftigen Farben und mit Ulmenholz vertäfelten Wänden, aber am begehrtesten sind die mit riesigen, freistehenden Badewannen vor vollverglasten Erkern, die einen Panoramablick auf den Ärmelkanal bieten. Das Restaurant im Untergeschoss ist absolut top.

## Essen

Nirgends an der Südküste ist die Auswahl so groß wie in Brighton; unter den Cafés, Bistros und Restaurants findet sich für jeden Geschmack das Richtige. Auch Vegetarier werden begeistert sein, zumal die einfallsreichen, fleischlosen Gerichte oft erstaunlich preisgünstig sind. Aromen aus allen Ecken des ehemaligen Britischen Weltreichs (und anderen Ländern) schwängern die Luft in der Preston Street mit ihrer unglaublichen Dichte an ausländischen Lokalen.

**★ Iydea** VEGETARISCH £

(www.iydea.co.uk; 17 Kensington Gardens; Hauptgerichte 6–7,50 £; ⌚ Mo–Sa 9.30–17.30, So ab 10 Uhr; ) Selbst am hohen Standard Brightons gemessen bietet dieses hitverdächtige vegetarische Café Außergewöhnliches. Das täglich wechselnde Angebot an Currys, Lasagne, Falafel, Enchiladas und Quiches schmeckt durchweg göttlich, dazu gibt's vegane Weine, Ökobiere und hausgemachte Limonaden. Wer's eilig hat, bekommt die Köstlichkeiten in umweltfreundlichen Verpackungen zum Mitnehmen.

**Infinity Foods Cafe** VEGETARISCH £
(www.infinityfoodscafe.co.uk; 50 Gardner St; Hauptgerichte 3,50–8 £; Mo–Fr 10.30–17, Sa ab 10, So 12–16 Uhr; ) Der Ableger des Bioladens Infinity Foods (einer in Brighton seit Langem etablierten Kooperative) serviert vegetarische Biokost, darunter zahlreiche vegane und weizen- bzw. glutenfreie Angebote. Die Riesenauswahl reicht von Tofuburgern über Mezzeplatten bis zu Sandwiches mit fleischfreien Würstchen.

**Foodilic** BUFFET £
(www.foodilic.com; 60 North St; Buffet 6,45 £, zum Mitnehmen pro 100 g 1,20 £; Mo–Sa 9–21.30, So bis 18 Uhr) Frühstück gibt's in dem originellen Lokal ab 2 £ und die Öffnungszeiten sind auch nett zu Leuten, die eher spät zu Abend essen. Aber das mit allen (gesunden) Schikanen beladene All-you-can-eat-Buffet sorgt dafür, dass hier den ganzen Tag über die Hölle los ist.

**Tea Cosy** CAFÉ £
(www.theteacosy.co.uk; 3 George St; Teas 3,50–12 £; Mi–Fr & So 12–17, Sa bis 17.30 Uhr) Dass der Tearoom Kuchen und Sandwiches anbietet, lässt sich aufgrund des ausufernden Dekors, das der königlichen Familie gewidmet ist, nur schwer feststellen. Kate und William sind besonders gut vertreten.

**Mock Turtle** CAFÉ £
(4 Pool Valley; Hauptgerichte 4–7 £; Mo–Sa 9–18, So bis 18.30 Uhr) Seit Mitte des letzten Jahrhunderts hat sich in dem wunderschönen nostalgisch-englischen Tearoom kaum etwas verändert. Die Stammkunden schwören jedenfalls, dass die vielen hausgemachten Kuchen, leichten Gerichte und Sussex Cream Teas noch genauso schmecken wie damals.

**Scoop & Crumb** EISDIELE £
(5–6 East St; Snacks 3–6 £, Eisbecher 2,50–6 £; So–Fr 10–18, Sa bis 19 Uhr) Das Lokal gehört zu Brightons kleinem Kreis von handwerklichen Eiscremeproduzenten und die über 50 verschiedenen Eisbecher sind kaum zu toppen. Frisch zubereitete Sandwiches und riesige Toasts ergänzen das Angebot.

★ **Terre à Terre** VEGETARISCH ££
(01273-729051; www.terreaterre.co.uk; 71 East St; Hauptgerichte 15 £; Mo–Fr 12–22.30, Sa 11–23, So bis 22 Uhr; ) Selbst eingeschworene Fleischfans geraten in dem legendären vegetarischen Restaurant in Verzückung. Das moderne, lebhafte Ambiente, die informative Speisekarte und die kreativen Gerichten aus oft recht ungewöhnlichen Zutaten addieren sich zu einem denkwürdigen Gourmeterlebnis. Auch an Veganer wird gedacht und die Desserts sind einsame Spitze.

**Riddle & Finns** FISCH & MEERESFRÜCHTE ££
(www.riddleandfinns.co.uk; 12 Meeting House Lane; Hauptgerichte 13–18 £; 12 Uhr–zum letzten Gast) Was als die Topadresse für Fisch und Meeresfrüchte gilt, verzichtet auf kitschiges Klischeedekor (weiße Metzgerkacheln, Marmortische und Kerzen reichen) und konzentriert sich dafür voll auf den Geschmack. Die Küche ist von der Straße aus einsehbar und Passanten bekommen sozusagen einen Gratiskochkurs für die Zubereitung von geräuchertem Dorsch in Champagnersauce oder Seebarsch aus Wildfang.

Wartezeiten lassen sich bestens mit der hervorragenden Weinkarte überbrücken.

**JB's American Diner** FASTFOOD ££
(http://jbsdiner.co.uk; 31 King's Rd; Burger 8–10 £, Hauptgerichte 6,50–12 £; Mo–Sa 10–22, So ab 9 Uhr) Der Würstchenduft beim Hereinkommen, die roten Lacklederbänke, die Stars & Stripes an der Wand, der Soundtrack aus den 1950ern und dazu Burger, Pommes und Milchshakes im XXL-Format: Kein Zweifel, hier hat sich auf britischem Boden ein Stück USA breitgemacht.

**Food for Friends** VEGETARISCH ££
(www.foodforfriends.com; 17–18 Prince Albert St; Hauptgerichte 11–13 £; ) Eine immer wieder neu zusammengestellte Auswahl an vegetarischen und veganen Köstlichkeiten macht auch Einheimische zu Wiederholungstätern, die sich in dem In-Lokal gerne sehen lassen – was wörtlich gemeint ist, denn die riesigen Glasfronten zur Straßen hin sind wie Schaufenster. An geschäftigen Einkaufstagen muss mit Wartezeiten gerechnet werden.

**English's Oyster Bar** FISCH & MEERESFRÜCHTE ££
(www.englishs.co.uk; 29–31 East St; Hauptgerichte 9–30 £; Mo–Sa 12–22.15, So 12.30–16 Uhr) Das Paradies für Leckeres aus dem Meer hat knapp 70 Jahre auf dem Buckel und schon einige Promis mit Austern, Hummer und

Seezunge aus heimischen Gewässern satt und glücklich gemacht. Ehemalige Fischerhütten wurden zu einem Lokal umgebaut, das innen elegante edwardianische Züge aufweist und auf dem verkehrsfreien Platz davor zusätzlich Tische aufgestellt hat.

**Gingerman** MODERN EUROPÄISCH £££

(☎01273-326688; 21a Norfolk Sq; 2-/3-Gänge-Menü 15/18 £; ⊙Di–So 12.30–14 & 19–22 Uhr) Fisch und Meeresfrüchte aus Hastings, Rindfleisch aus Sussex, Lämmer von der Romney Marsh, Sekt aus Südengland und viele weitere lokale, saisonale und britische Spezialitäten werden in der Küche des intimen Lokals mit 32 Plätzen zu Köstlichkeiten verarbeitet, die meist kurz in der Pfanne gebraten oder sanft bei Niedrigtemperatur gegart werden. Der Norfolk Square liegt westlich des Einkaufszentrums Churchill Square und ist über die Western Road zu erreichen. Reservierung empfohlen.

## Ausgehen & Nachtleben

Abgesehen von London ist das Nachtleben im Süden der Insel nirgends so spannend wie in Brighton, das mit einem Mix aus Strandbars, Clubs und Gastauftritten von Top-DJs punktet. Auf der West Street regieren eher angetrunkene Cliquen auf Junggesellenabschied und gesichtslose Ballermann-Clubs. Weitere Ausgehtipps stehen auf der Website www.drinkinbrighton.co.uk und in Stadtzeitungen wie *The List, Source* und *What's On*.

**Brighton Rocks** BAR

(www.brightonrocksbar.co.uk; 6 Rock Pl; ⊙Mo–Do 16–23, Sa bis 1, So 12–23 Uhr; ) Trotz der nicht gerade ansprechenden Lage in einer Gasse voller Kfz-Werkstätten und Gebrauchtwagenhändler ist die Bar im Stadtteil Kemptown ein beliebter Schwulentreffpunkt. Aber auch Heteros haben Spaß an den „Shocktails", der phantasievollen Speisekarte und den Themenpartys.

**Dorset** PUB

(www.thedorset.co.uk; 28 North Rd; ⊙9 Uhr–open end; ) Bei schönem Wetter stehen Fenster und Türen des entspannten, alteingesessenen Pubs weit offen und die Gäste können draußen sitzen. Hier schmeckt morgens ein Kaffee und abends ein zünftiges Pint – und für zwischendurch gibt's eine Karte mit anständiger Kneipenkost.

**Black Dove** PUB

(www.blackdovebrighton.com; 74 St James's St; ⊙16 Uhr–open end) Sympathisch abgewetztes Mobiliar, riesige alte Deckenventilatoren, eine gut bestückte Bar und ein gemütlicher Gastraum im Untergeschoss kommen bei



### SCHWULE & LESBEN IN BRIGHTON

Nach London und Kemptown (auch Camptown genannt) hat Brighton die spannendste Schwulenszene der Insel. Sie konzentriert sich rund um die St. James Street. Brunswick Town in Hove ist eine relaxtere Alternative zu den schrillen, oft etwas zwielichtigen Clubs in Kemptown. Aktuelle Infos zu Locations und Events in Brighton stehen auf den Websites www.gay.brighton.co.uk und www.realbrighton.com sowie in dem kostenlosen Monatsmagazin *Gscene* (www.gscene.com), das in Schwulenbars ausliegt.

#### Ausgehen

**Poison Ivy** (129 St James's St) Schräges Pub mit Transen und tuntigem Karaoke.

**A Bar** (www.amsterdam.uk.com; 11–12 Marine Pde; ⊙12–2 Uhr) Mega-angesagte Bar mit Sauna im Hotel Amsterdam; die Sonnenterrasse ist der Hit.

**Bulldog** (www.bulldogbrighton.com; 31 St James's St) Älteste Schwulenbar Brightons mit meist ausschließlich männlichem Publikum.

**Queen's Arms** (www.queensarmsbrighton.com; 7 George St; ⊙15 Uhr–open end) Hier geht's nicht um Victoria oder Elisabeth, sondern um tuntiges Varieté und Karaoke.

#### Tanzen

**Revenge** (www.revenge.co.uk; 32–34 Old Steine) Jede Nacht Disco, gelegentlich auch Varieté.

**Legends Club** (31–34 Marine Pde) Im Legends Hotel, dem wohl besten Schwulenhotel Brightons, das 2009 den Schwulenpreis Golden Handbag gewann.

der bunt gemischten Crowd bestens an, vor allem wenn Livebands und DJs für einen entspannten Soundtrack sorgen. Sobald das Wetter mitspielt, wird auch draußen fröhlich gezecht.

**Coalition** BAR
(171-181 Kings Rd Arches; ⌚10 Uhr–open end) An Sommertagen gibt's keinen besseren Ort, um die Welt an sich vorbeiziehen zu lassen, als diese beliebte Strandbar mit Restaurant und Club. Das Unterhaltungsprogramm reicht von Comedy über Livemusik bis zu Clubnächten.

**Concorde 2** CLUB
(www.concorde2.co.uk; Madeira Dr) Brightons bekanntester und beliebtester Club ist das Gegenteil von schick, was ihn umso sympathischer macht. Hier hat DJ Fatboy Slim seine Big Beat Boutique aus der Taufe gehoben und lässt sich auch heute noch gelegentlich blicken. Jeder Monat ist vollgepackt mit Clubnächten, Livebands und Auftritten internationaler Größen.

**Audio** CLUB
(www.audiobrighton.com; 10 Marine Pde) Auch wenn ein Gehörschaden droht, machen die Clubnächte hier total Laune. Der ausgesuchte Soundtrack trifft vor allem bei einer jungen, feierwütigen Crowd ins Schwarze.

**Digital** CLUB
(www.yourfutureisdigital.com/brighton; 187–193 Kings Rd Arches) Der Club am Strand überzeugt mit Sounds aus der Indie-Ecke, House und Studentennächten.

## ☆ Unterhaltung

**Brighton Dome** THEATER
(☎01273-709709; www.brightondome.org; Church St) Früher beherbergte der Gebäudekomplex des Royal Pavilion im Art-Déco-Stil die Pferde von König Georg IV. Heute haben sich darin drei Theater eingerichtet; in einem davon gewannen ABBA 1974 den Eurovision Song Contest.

**Theatre Royal** THEATER
(☎08448 717 650; New Rd) Der spätere König Georg IV. hatte 1806 den Bau des prächtigen Theaters veranlasst, in dem Musicals, Opern und Schauspiele gezeigt werden.

**Komedia Theatre** COMEDY
(☎0845 293 8480; www.komedia.co.uk; 44–47 Gardner St) Stand-up-Comedy, Kabarett und Theater finden in diesem Gebäude einen elegant gestylten Rahmen.

## Shoppen

Für vegane Schuhe, ein naives Porträt eines Legomännchens, einen versauten Brieföffner oder sonstige ausgefallene Souvenirs, neu oder gebraucht, ist Brighton eine super Adresse. In der populärsten Einkaufszone, den von Menschenmassen bevölkerten **Lanes**, drängen sich Juweliere, Geschenkeläden, Coffeeshops und Boutiquen, die von antiken Waffen bis zu seltenen Vinylplatten wirklich alles bieten, was das Herz begehrt. Etwas weniger Getümmel herrscht im **North Laine**, einem weiteren Shoppingzentrum nördlich der Lanes, zu dem die teilweise autofreien Straßen Bond, Gardner, Kensington und Sydney Street gehören. Hier sind nette Secondhand-Boutiquen und gemütliche Cafés zu Hause. Die großen Ketten machen sich im Einkaufszentrum Churchill Square und entlang der Western Road breit.

## Praktische Informationen

Unglaublich, aber wahr: Brightons stark frequentierte Touristeninformation wurde 2013 geschlossen!

**Brighton City Guide** (www.brighton.co.uk)

**City Council** (www.brighton-hove.gov.uk) Die Anlaufstelle für Informationen über Brighton.

**Jubilee Library** (Jubilee St; ⌚Mo, Di & Do 10–19, Mi, Fr & Sa bis 17, So 11–17 Uhr) Die Stadtbücherei bietet kostenlosen Internetzugang (gegen Vorlage des Personalausweises).

**Postamt** (2–3 Churchill Sq; ⌚Mo–Sa 9–17.30 Uhr) Hat einen Schalter im Buch- und Papierwarenladen WH Smiths.

**Visit Brighton** (☎01273-290337; www.visitbrighton.com) Die Touristeninformation hat kein Büro mehr, aber Telefon und Website sind immer noch aktiv.

## An- & Weiterreise

Zwischen London und Brighton gibt's häufige, schnelle Verbindungen. Wer mit dem Pkw unterwegs ist, findet problemlos Parkplätze, die jedoch ziemlich teuer sind. Dichter Verkehr, viele Busse und die unübersichtliche Straßenführung erschweren die Orientierung im Stadtzentrum.

### BUS

Es gibt u. a. Verbindungen nach:

**Arundel** Bus 700, 2 Std., 2-mal stündl.

**Chichester** Bus 700, 2¾ Std., 2-mal stündl.

**Eastbourne** Bus 12, 70 Min., bis zu 6-mal stündl.

**London Victoria** National Express, ab 8 £, 2¼ Std., stündl.

#### ZUG

Die Züge nach London fahren über den Gatwick Airport (9,80 £, 25–40 Min., bis zu 5-mal stündl.).

**Chichester** 12,60 £, 50 Min., halbstündl.
**Eastbourne** 10,30 £, 30–40 Min., halbstündl.
**Hastings** 13 £, 80 Min., halbstündl.
**London St Pancras** 22,40 £, 1¼ Std., halbstündl.
**London Victoria** 24 £, 1 Std., 3-mal stündl.
**Portsmouth** 15 £, 1½ Std., stündl.

### Unterwegs vor Ort

Für die Busse von Brigthton und Hove gibt's eine Tageskarte (4,60 £), die beim Fahrer gekauft werden kann. Wer seine Zugfahrkarte mit einem PlusBus-Ticket für 2 £ aufstockt, kann an dem Tag ebenfalls sämtliche Busse benutzen.

Die städtischen Parkplätze haben Parkscheinautomaten; im Zentrum kostet eine Stunde normalerweise 3,50 £, die maximale Parkdauer ist auf zwei Stunden beschränkt. In Withdean, 4 km nordwestlich des Zentrums, gibt's einen P&R-Parkplatz, der von Bus 27 angefahren wird.

Taxis fahren u. a. für **Brighton Streamline Taxis** (☎ 01273-202020) und **City Cabs** (☎ 01273-205205); sie stehen an der Kreuzung von East Street und Market Street.

# WESTSUSSEX

Westsussex bietet einen erholsamen Kontrast zum Touristenrummel. Die einsamen Hügel und Täler der South Downs ziehen sich durch die Grafschaft bis hinunter zur felsigen Küste. Das schmucke Arundel und das kulturell interessante Chichester eignen sich als Standorte für Ausflüge ins Hinterland und zu beeindruckenden römischen Ruinen.

## Arundel

3410 EW.

Viele halten Arundel für das hübscheste Städtchen der Gegend. Seine Häuser kauern sich rund um das weitläufige Schloss, das einem Ritterroman entsprungen scheint, und die steilen Sträßchen quellen über vor Läden im Nostalgielook, Tearooms und Esslokalen. Das Gesamtbild wirkt zwar recht mittelalterlich – die Burg war Jahrhunderte lang der Familiensitz der Grafen von Norfolk –, aber die meisten Gebäude stammen aus der viktorianischen Ära.

### Sehenswertes

**Arundel Castle** SCHLOSS
(www.arundelcastle.org; Erw./Kind 18/9 £; ⏲ April–Okt. Di–So 10–17 Uhr) Die ursprüngliche Burg geht auf das 11. Jh. zurück, aber von der damaligen Anlage sind nur ein paar dürftige Reste des Burgfrieds übrig geblieben. Während des Englischen Bürgerkriegs hat sie schwere Schäden davongetragen und ihr heutiges Aussehen ist größtenteils das Ergebnis der Restaurierungsarbeiten, die der 8., 11. und 15. Herzog von Norfolk zwischen 1718 und 1900 durchführen ließen. Ein Trakt des Schlosses wird noch vom momentanen Herzog bewohnt; Besucherhighlights sind der romantische Burgfried, die beeindruckende Great Hall und die Bibliothek.

In *Victoria, die junge Kaiserin* von 2009 diente das Schloss als Double für das Windsor Castle und den St. James' Palace. Es wird öfter als Filmset benutzt und ist gelegentlich wegen Dreharbeiten geschlossen.

**Arundel Cathedral** KATHEDRALE
(www.arundelcathedral.org; London Rd; ⏲ April–Okt. 9–18 Uhr, Nov.–März 9 Uhr–Sonnenuntergang) Die auffällige katholische Kathedrale aus dem 19. Jh. ist der zweite Blickfang in Arundels Skyline. Sie wurde 1868 vom 15. Herzog von Norfolk in Auftrag gegeben und von Joseph Aloysius Hansom (dem Erfinder der „Hansom Cab" genannten Kutsche) entworfen. Das neugotische Gebäude ist eher von viktorianischer Sparsamkeit und Zurückhaltung geprägt und mit nur 500 Plätzen für eine Kathedrale relativ klein, wirkt aber dank cleverer architektonischer Kniffe trotzdem äußerst imposant.

Im nördlichen Querschiff wurde 1970 ein Schrein mit den Reliquien von Philip Howard aufgestellt. Wegen seiner unverbrüchlichen Treue zum Katholizismus war er von Elisabeth I. in den Tower von London geworfen worden, wo er 1595 den Märtyrertod starb. Er wurde später heiliggesprochen. Anders als ihre Schwestern in Südengland hat die Kathedrale von Arundel nur bescheidene Besucherzahlen.

**Arundel Museum** MUSEUM
(www.arundelmuseum.org; Mill Rd; Erw./Kind 3/2,50 £; ⏲ 10–16 Uhr) Das kleine Museum gegenüber dem Eingangstor zum Schloss ist brandneu und behandelt das Schloss, den South Downs National Park, die Rolle des Flusses Arun als Handelsweg im 19. Jh. und weitere Stationen aus Arundels Vergangenheit.

## Schlafen & Essen

**Arundel House** B&B ££

(☎01903-882136; www.arundelhouseonline.com; 11 High St; DZ/Suite ab 85/120 £; ) Die modern eingerichteten Zimmer des hübschen „Restaurants mit Zimmern" haben zwar niedrige Decken, sind aber makellos sauber und sehr komfortabel – in den Duschen ist Platz für zwei. Dass seine Küche als eine der besten Arundels gilt, können Hausgäste beim leckeren Frühstück nachvollziehen.

**Arden Guest House** B&B ££

(☎01903-882544; www.ardenguesthouse.net; 4 Queens Lane; EZ/DZ 58/78 £, ohne Bad 48/68 £; P ) So sieht ein klassisches englisches B&B aus: Acht ansprechende Zimmer mit allem Komfort und freundliche Besitzer, die ihre Gäste mit einem liebevoll zubereiteten Frühstück verwöhnen. Es liegt nicht weit von der Altstadt entfernt, gleich auf der anderen Seite des Flusses. Kinder unter 14 Jahren und Haustiere sind nicht willkommen.

★ **Town House** BRITISCH £££

(☎01903-883847; 65 High St; Menü mittags/abends ab 17,50/25,50 £; ⌚Di–Sa 12–14.30 & 19–21.30 Uhr) Schon die prächtige florentinische Decke aus vergoldetem Walnussholz (16. Jh.) sorgt im Speisesaal des eleganten Restaurants für einen Wow-Effekt, wird aber von der angeregten Atmosphäre und der britischen Küche mit paneuropäischem Touch noch übertroffen. Reservierung empfohlen. Es gibt auch gut ausgestattete Gästezimmer.

## Shoppen

Für Antiquitätenjäger ist Arundel die beste Fundgrube in Westsussex. In der **Tarrant Street** drängen sich die Läden, die zum ausgiebigen Stöbern in Trödel und Kitsch aus vergangenen Zeiten einladen.

## An- & Weiterreise

Es gibt Zugverbindungen nach London Victoria (17,30 £, 1½ Std., 2-mal stündl.), Chichester (4,50 £, 20 Min., 2-mal stündl.) und Brighton (10,10 £, 1¼ Std., 2-mal stündl.), jeweils mit Umsteigen in Ford oder Barnham.

Bus 700 fährt nach Brighton (2 Std., 2-mal stündl.).

# Chichester

23 700 EW.

Bis heute wird das quirlige georgianische Städtchen fast gänzlich von mittelalterlichen Mauern umschlossen. Chichester, in der Ebene zwischen Küste und den South Downs gelegen, ist das administrative Zentrum der Grafschaft. Seine Besucherattraktionen sind die prächtige Kathedrale, die hübschen Stadthäuser aus dem 18. Jh. sowie das berühmte Theater, dazu kommt eine attraktive Fußgängerzone, die zum Shoppen einlädt. Die ehemalige römische Garnisonsstadt bietet sich als Ausgangspunkt für Ausflüge zu anderen, faszinierenden Überbleibseln aus der Römerzeit sowie nach Arundel und zur Küste an.

## Sehenswertes

**Chichester Cathedral** KATHEDRALE

(www.chichestercathedral.org.uk; West St; ⌚7.15–19 Uhr, Führung Mo–Sa 11.15 & 14.30 Uhr) Der Grundstein für die relativ schlichte Kathedrale wurde bereits 1075 gelegt, doch ihre wichtigste Bauphase lag im 13. Jh. Der Vierungsturm entstand im 15. Jh., brach jedoch im 19. Jh. ein, wurde neu aufgebaut und mit dem heutigen Turmhelm versehen. Der Innenraum überwältigt mit drei übereinanderliegenden Arkadenreihen und romanischen Steinmetzarbeiten. Ein Blickfang ist das Buntglasfenster von Marc Chagall (1978) sowie das romanische Bodenmosaik, das von einer Glasplatte geschützt wird. Die kostenlose Führung dauert 45 Minuten.

Einen akustischen Hochgenuss bietet die tägliche Abendandacht (Evensong, 17.30 Uhr) mit dem Kirchenchor.

**Pallant House Gallery** GALERIE

(www.pallant.org.uk; 9 North Pallant; Erw./Kind 9/3,50 £; ⌚Di, Mi, Fr & Sa 10–17, Do bis 20, So ab 11 Uhr) Das Pallant House stammt aus der Zeit von Königin Anne (frühes 18. Jh.) und gehörte einem reichen Weinhändler. Zusammen mit einem im 21. Jh. angebauten Trakt beherbergt es eine sehenswerte Kunstgalerie mit Schwerpunkt britische Moderne, darunter Werke von Patrick Caulfield, Lucian Freud, Graham Sutherland, Frank Auerbach und Henry Moore. Auch ein paar ausländische Kollegen (Emil Filla, Le Corbusier, R. B. Kitaj) sind vertreten. Die ältere Generation ist standesgemäß im Haupthaus untergebracht, während der neue Flügel Pop Art und Wechselausstellungen zeitgenössischer Kunst zeigt.

**Novium Museum** MUSEUM

(www.thenovium.org; Tower St; Erw./Kind 7/2,50 £; ⌚April–Okt. Mo–Sa 10–17, So bis 16 Uhr, Nov.–März Di–Sa 10–17 Uhr) Der Neubau wurde für die umfangreiche Sammlung des mittlerweile geschlossenen District Museum errichtet, hat aber auch Fundstücke aus dem römischen Fishbourne Palace und ein großes Mosaik aus der römischen Villa Chilgrove aufgenommen. Herzstück und zugleich absolutes Highlight des Museums sind die in den 1970er-Jahren entdeckten römischen Bäder, um die herum das 6 Mio. £ teure Gebäude angelegt wurde.

## Schlafen

Im Zentrum sieht's mit Unterkünften eher mau aus. Während Veranstaltungen auf der Pferderennbahn Goodwood (nördlich von Chichester) sind die wenigen Betten schnell belegt.

**Ship Hotel** BOUTIQUEHOTEL ££
(☎01243-778000; www.theshiphotel.net; North St; Zi. ab 124 £; 📶) Die prächtige Mitteltreppe des georgianischen Stadthauses führt zu 36 recht geräumigen Zimmern voller nostalgischem Charme. Im Zentrum ist das Hotel die beste Wahl, zumal darin erst kürzlich ein todschick gestyltes Restaurant eröffnet wurde. Rechtzeitig reservieren!

**Jubilee House** B&B ££
(☎01243-536558; www.jubileehousechichester.co.uk; 13 New Park Rd; EZ 60–80 £, DZ 70–90 £; 📶) Nur zwei Zimmer vermietet das B&B am Rand des historischen Stadtkerns. Alles ist top gepflegt, das Frühstück wird am großen Esstisch serviert und zu allen Attraktionen Chichesters sind's nur ein paar Schritte. Rechtzeitig reservieren!

## Essen

**St Martin's Tearooms** CAFÉ £
(3 St Martins St; Hauptgerichte 4–10 £; ⏲Mo–Sa 10–18 Uhr) Das kleine, abgeschiedene Biocafé versteckt sich in einem Stadthaus, das teils aus dem 18. Jh. und teils aus dem Mittelalter stammt. Zum Kaffee aus frisch gemahlenen Bohnen gibt's gesunde, meist vegetarische Gerichte und göttliche Desserts. Wem es hier zu ruhig ist, der kann auf dem bereitstehenden Klavier ein paar Takte klimpern. Die St. Martins Street zweigt von der East Street ab.

**Wests Bar** BRITISCH £
(14 West St; Hauptgerichte 5–9 £; ⏲Mo–Sa 11–23, So bis 22.30 Uhr; 📶) Die geräumige Ex-Kirche gegenüber der Kathedrale hat sich in einen Tempel der leiblichen Genüsse verwandelt. Auf der Karte stehen typisch britische Esssünden, zum Teil so würzig, dass sie einen heiligen Durst verursachen. Da bringt ein frisches Ale, unterstützt durch das skurril-sakrale Ambiente, die Erlösung.

## Unterhaltung

**Chichester Festival Theatre** THEATER
(☎01243-781312; www.cft.org.uk; Oakland's Park) Das Theater Baujahr 1962 wirkt fast sowjetisch, aber seine Geschichte ist umso glanzvoller: Sir Laurence Olivier war hier der erste Direktor und große Namen wie Ingrid Bergman, Sir John Gielgud und Sir Anthony Hopkins standen schon auf seiner Bühne.

## Praktische Informationen

**Postamt** (10 West St; ⏲Mo & Mi–Fr 9–17.30, Di ab 9.30, Sa 9–15 Uhr)

**Touristeninformation** (☎01243-775888; www.visitchichester.org; Tower St; ⏲Mo–Sa 10–17, So bis 16 Uhr) Im Novium Museum.

## An- & Weiterreise

### BUS

**Brighton** Bus 700, 2½ Std., 2-mal stündl.

**London Victoria** National Express, mit Umsteigen am Gatwick Airport; 15,60 £, 3¾ Std., alle 2 Std.

**Portsmouth** Bus 700, 70 Min., 2-mal stündl.

### ZUG

Chichester hat Zugverbindungen nach:

**Arundel** mit Umsteigen in Ford oder Barnham; 4,50 £, 20 Min., 2-mal stündl.

**Brighton** 12,60 £, 50 Min., 2-mal stündl.

**London Victoria** 17,30 £, 1½ Std., halbstündl.

**Portsmouth** 7,50 £, 30–40 Min., 2-mal stündl.

# Rund um Chichester

## Fishbourne Palace & Museum

**Fishbourne Palace** (www.sussexpast.co.uk; Roman Way; Erw./Kind 8,70/4,30 £; ⏲März–Okt. 10–17 Uhr, sonst seltener & kürzer) ist die größte bekannte römische Villa in Großbritannien. Sie liegt 2,4 km westlich von Chichester, nicht weit von der A259 (Anfahrt mit Bus 700 ab Haltestelle vor der Kathedrale). Die Ruinen, die in den 1960er-Jahren von Arbeitern entdeckt wurden, stammen wahrscheinlich von der Residenz eines lokalen Herrschers, der zu den Römern übergelaufen war. Sie wird auf ca. 75 n. Chr. datiert. Ein moderner Pavillon beherbergt die Fundamente, das hypokaustische Heizsystem und sorgfältig rekonstruierte Mosaiken.

Die Hauptattraktion ist ein spektakuläres Bodenmosaik, auf dem Amor zu erkennen ist, der auf einem Delin reitet und von Seepferden und Panthern flankiert wird. Dazu kommen ein kleines, interessant gemachtes Museum und ein im römischen Stil angelegter Garten.



# SURREY

Surrey wird von gut betuchten Londoner Pendlern bevölkert, die sich der Kinder wegen ein Häuschen auf dem Land gekauft haben. Ansonsten besteht die Grafschaft aus ein paar gesichtslosen Städtchen und den ständig wachsenden, eintönigen Vororten Londons. Abseits der lauten Autobahnen und vollgepackten Pendlerzüge hat sich die Landschaft ihren ursprünglichen Charme bewahrt, der in Büchern von Sir Arthur Conan Doyle, Sir Walter Scott und Jane Austen zum Ausdruck kommt.

## Farnham

39 500 EW.

Nur einen Katzensprung von der Grenze zu Hampshire entfernt und in nächster Nachbarschaft zum Garnisonsstädtchen Aldershot liegt Farnham, der reizvollste Ort der Grafschaft. Seine Einkaufsstraßen, die in georgianischer Symmetrie angelegt sind, die Burg aus dem 12. Jh. und hübsche Spazierwege am Wasser entlang machen es zu einem lohnenden Ziel für einen entspannten Tagesausflug ab London, das nur eine Fahrstunde entfernt ist.

### Sehenswertes

**Farnham Castle** BURG

(EH; ☎01252-721194; www.farnhamcastle.com; Castle St; Schloss Erw./Kind 3,50/2,50 £, Burgfried frei; ⏲Schloss Mi 14–16 Uhr, Burgfried Mo–Fr 9–17, Sa & So 10–16 Uhr, Jan. geschl.) Farnham Castle wurde 1138 unter Heinrich von Blois, einem Enkel Wilhelm des Eroberers, erbaut. Abgesehen von den imposanten Festungsmauern ist vom Burgfried nicht mehr viel zu sehen. Aber selbst außerhalb der Öffnungszeiten lohnt sich ein Spaziergang rund um die Anlage wegen der malerischen Ausblicke.

Das Schloss wurde im 13. Jh. als Unterkunft für den öfter nach London reisenden Bischof von Winchester errichtet. Von 1926 bis in die 1950er-Jahre stand es den Bischöfen von Guildford zur Verfügung.

Heute wird es für private Events genutzt, was die sehr eingeschränkten Öffnungszeiten erklärt.

**Museum of Farnham** MUSEUM

(38 West St; ⏲Di–Sa 10–17 Uhr) GRATIS Das faszinierende kleine Museum befindet sich im prächtigen Willmer House, einer georgianischen Villa, die 1718 für den reichen Hopfenhändler und Mälzer John Thorne gebaut wurde.

Die themenbezogenen Räume erzählen Farnhams Geschichte von der Steinzeit bis zur Ära der Bakelit-Telefone. Eine Ecke widmet sich William Cobbett, dem berühmtesten Sohn der Stadt. Der radikale Parlamentsabgeordnete, Reformer, Schriftsteller und Journalist hatte im 19. Jh. die protokollarische Aufzeichnung von Parlamentsdebatten (Hansard) eingeführt.

Im idyllischen Garten hinter dem Museum steht eine Büste Cobbetts sowie ein Holzhaus, das für Wechselausstellungen genutzt wird.

### Schlafen & Essen

**Bush Hotel** HOTEL ££

(☎01252-234800; www.mercure-uk.com; The Borough; Zi. ab 109 £; P❄📶) Der Gasthof aus dem 17. Jh. steht dort, wo in Farnham am meisten los ist. Kontinuierliche Renovierungsarbeiten halten alles gut in Schuss, die Bar wirkt mit ihren Holzbalken urgemütlich und das empfehlenswerte Restaurant hat auch ein paar Tische im hübschen Innenhof.

**Vintage Cake House** CAFÉ £

(www.thevintagecakehouse.co.uk; 5 Downing St; kleine Gerichte & Tea 5–10 £; ⏲9.30–17 Uhr) Dicke Kuchenstücke aus eigener Herstellung, hübsches Porzellan, Mitarbeiter in nostalgischer Dienstkleidung und jede Menge *clotted cream* (dicke Sahne) sind die Attribute dieses klassischen englischen Tearooms.

**Brasserie Blanc** FRANZÖSISCH ££

(www.brasserieblanc.com; 5 Castle St; Hauptgerichte 10–18 £; ⏲Mo–Do 9–11, 12–15 & 18–22, Fr bis 22.30, Sa 12–22.30, So bis 21 Uhr) Wen es nach etwas französischer Raffinesse gelüstet, der wird sich in dem betont einfach gestylten Lokal nicht weit vom Farnham Castle garantiert wohlfühlen. Tische ohne Schnickschnack, gedimmte Art-Déco-Lampen, viel Kunst an den Wänden und ein hübscher ummauerter Garten zaubern ein Flair unaufdringlicher Eleganz. In der Küche werden erstklassige, aus Frankreich importierte Zutaten gekonnt zu saisonal geprägten Gerichten verarbeitet.

### ℹ Praktische Informationen

Farnham hat keine Touristeninformation, aber im Rathaus in der South Street gibt's Karten und Prospekte.

### ℹ An- & Weiterreise

#### BUS

**London Victoria** National Express; 9,70 £, 2 Std., tgl.

#### ZUG

**London Waterloo** 15,30 £, 1 Std., 2-mal stündl.
**Winchester** mit Umsteigen in Woking; 19,40 £, 60–80 Min., 2-mal stündl.

## Hindhead

Hindhead ist ein winziger Weiler 13 km südlich von Farnham, nicht weit von der A287. Er liegt mitten in der größten offenen Heidelandschaft Surreys. Im 19. Jh. haben sich hier einige viktorianische Promis, darunter der geistige Vater von Sherlock Holmes, Sir Arthur Conan Doyle (1859–1930), einen Landsitz gekauft. Einer der drei Gründer des National Trust, Sir Robert Hunter, wohnte im benachbarten Haslemere. Die Stiftung verwaltet weite Teile des Gebiets.

Der reizvollste Abschnitt liegt im Nordosten rund um die natürliche Senke **Devil's Punchbowl** und wird von zahlreichen Wander- und Reitwegen erschlossen. Den schönsten Blick bietet der 280 m hohe **Gibbet Hill**, der einst als Hinrichtungsstätte diente. Das **Hindhead YHA Hostel** (☎0845 371 9022; www.yha.org.uk; Devil's Punchbowl, Thursley, Godalming; B ab 16 £) in einem total abgelegenen Cottage am Nordrand der Punchbowl wird vom National Trust betrieben und eignet sich perfekt für Wanderer.

Die Busse 18 und 19 pendeln im 30-Minuten-Takt zwischen Hindhead und Farnham.

# Oxford, Cotswolds & Umgebung

**Inhalt ➡**



## Gut essen

- Paris House (S. 225)
- Waterside Inn (S. 231)
- Rickety Press (S. 197)
- Horse & Groom (S. 212)
- Edamame (S. 196)

## Schön übernachten

- Bradley (S. 220)
- Glove House (S. 200)
- Star Cottage (S. 206)
- Hope House (S. 200)

## Auf nach Oxford und in die Cotswolds

Dieser Teil des Landes mit seinen entzückenden kleinen Dörfern ist der Inbegriff englischer Idylle vergangener Zeiten. Eine Zauberwelt aus sanften grünen Hügeln, rosenbewachsenen Cottages, anmutigen Kirchen und Reetdächern. Und dann ist da noch die legendäre Universitätsstadt Oxford mit ihrer eleganten Architektur und lebhafter Studentenatmosphäre. Kein Wunder, dass die Region ein beliebtes Reiseziel ist.

Im Sommer herrscht auf den Straßen reger Verkehr und die bekanntesten Dörfer sind ziemlich überlaufen, aber es ist nicht schwer, dem Trubel zu entrinnen. Die Cotswolds sind dort am schönsten, wo man zwischen Gasthäusern, in denen Kaminfeuer prasseln, und grandiosen Herrenhäusern, die Prominente und Reiche zum Immobilienerwerb verführen, sein eigenes romantisches Refugium entdeckt.

Ein Tagesausflug von London aus ist gut machbar, aber Oxford und die Cotswolds verdienen unbedingt ein paar geruhsame Tage.

## Reisezeit

- Am 1. Mai begrüßt der Magdalen College Choir in Oxford die Morgendämmerung mit Hymnengesang vom Turm des College.
- Im Juli fließt bei Henley's Royal Regatta and Festival Champagner für die Zuschauer der Ruderrennen.
- Das viertägige St. Albans Beer Festival im September ist eine gute Gelegenheit, die besten Ales der Insel zu probieren.
- Die schönste Zeit zum Wandern in den Cotswolds sind Frühling, Frühsommer und September: Das Wetter spielt mit, aber es herrscht weniger Betrieb als im Juli und August.

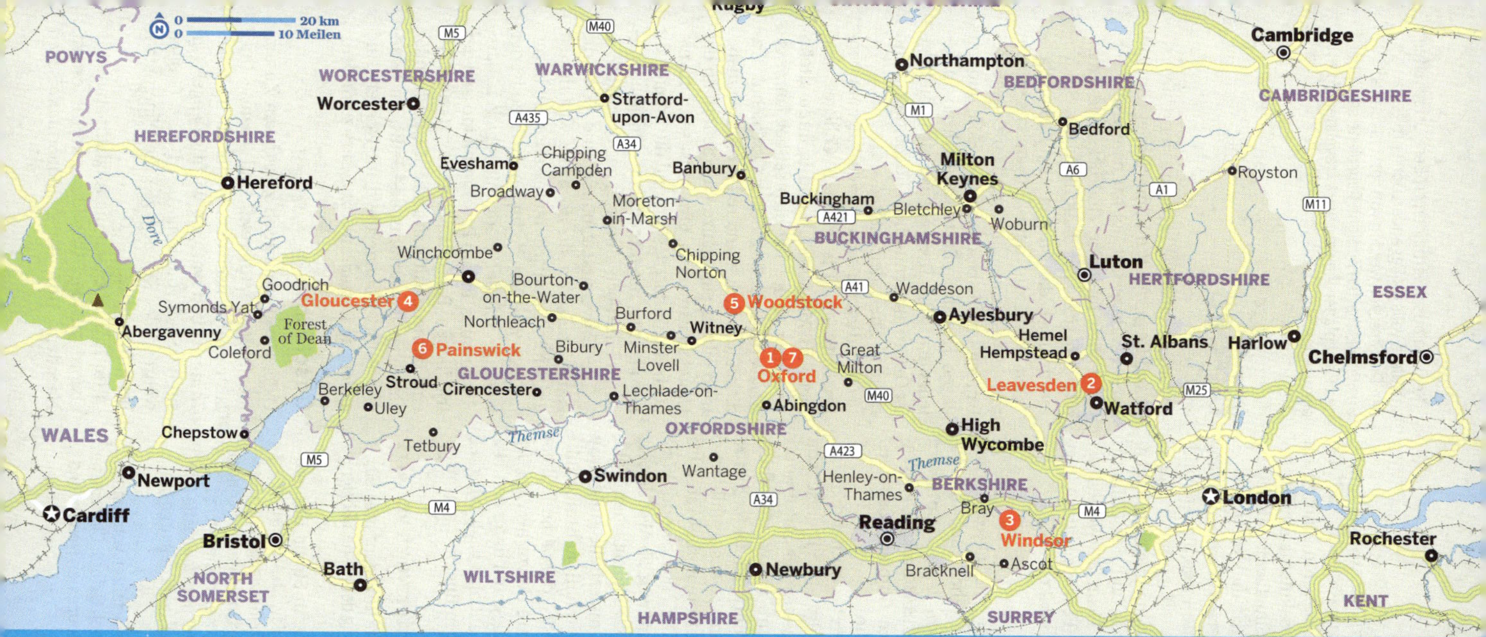


## Highlights

1 In den **Oxford Colleges** auf Spuren von J. R. R .Tolkien, C. S. Lewis, Evelyn Waugh und Oscar Wilde wandeln (S. 186)

2 Auf der **Studiotour „The Making of Harry Potter"** (S. 226) in Leavesden magische Stunden erleben

3 Im Wochenendhaus der Queen, **Windsor Castle** (S. 227), einen Blick aufs königliche Leben werfen

4 Den eleganten Kreuzgang der **Gloucester Cathedral** (S. 219) abschreiten

5 **Blenheim Palace** (S. 200), eines der prachtvollsten Schlösser des Landes, besuchen

6 Durch **Painswick** (S. 216) bummeln, ein hübsches, touristisch kaum berührtes Dorf in den Cotswolds.

7 Die anthropologischen Schätze im **Pitt Rivers Museum** (S. 187) in Oxford inspizieren

## Aktivitäten

### Radfahren

Sanfte Hügel und schöne Aussichten machen die Cotswolds zum idealen Radfahrgelände. Nur an den steileren Hängen im Westen ist die Beinmuskulatur stärker gefordert. Zahlreiche stille Landstraßen und Seitenwege durchziehen die Natur und es gibt den ausgeschilderten **Thames Valley Cycle Way** (NCN-Route 4 und 5) von Windsor nach Oxford.

Mountainbiker können verschiedene Reitwege in den Cotswolds und den Chilterns nutzen. Im Forest of Dean im Westen der Region gibt es viele Feldwege und einige ausgewiesene Mountainbiketrails.

### Wandern

Die Cotswolds bieten gute Gelegenheiten für Tageswanderungen, aber auch den anspruchsvolleren, 164 km langen **Cotswold Way** (www.nationaltrail.co.uk/cotswold). Die Wanderung von Bath nach Chipping Campden dauert etwa eine Woche.

Der **Thames Path** (www.nationaltrail.co.uk/thamespath) folgt der Themse von der Quelle bei Cirencester flussabwärts bis London. In Oxfordshire (www.oxfordshire.gov.uk/countryside) führt der **Oxfordshire Way**, ein 104 km langer, ausgeschilderter Wanderweg, von Bourton-on-the-Water bis Henley-on-Thames. Der **Wychwood Way**, ein 60 km langer Rundweg ab Woodstock, verläuft durch einen alten königlichen Wald.

Der 140 km lange, malerische **Ridgeway National Trail** (www.nationaltrail.co.uk/ridgeway) schlängelt sich durch die Kalkbodenwiesen der Wiltshire Downs bei Avebury hinab ins Thames Valley und dann den Hügelzug der Chilterns entlang nach Ivinghoe Beacon bei Aylesbury in Buckinghamshire.

## Anreise & Unterwegs vor Ort

Ein Auto bietet die größte Bewegungsfreiheit, besonders zur Erkundung der kleinen Dörfer in den Cotswolds.

Oxford, Moreton-in-Marsh, Stroud, Cheltenham, Gloucester, Bletchley, St. Albans und Windsor sind an das Bahnnetz angeschlossen und haben alle Direktverbindungen mit London. Weitere Direktverbindungen bestehen mit Birmingham, Manchester und Newcastle (ab Oxford) sowie mit Cardiff und Edinburgh (ab Cheltenham).

National-Express-Busse fahren von London und anderen Städten nach Oxford, Cirencester, Stroud, Cheltenham, Gloucester, Newent und Windsor.

Regionalbusse verbinden größere Ortschaften und die jeweils umliegenden Dörfer miteinander. Die Strecken werden von verschiedenen Busgesellschaften bedient. Fahrpläne sind über den Reiseplaner-Link auf www.traveline.info einzusehen.

# OXFORD

171 000 EW.

Oxford ist eine der berühmtesten Universitätsstädte der Welt und in vielerlei Hinsicht ein besonderer Ort. Es hat eine große Vergangenheit und eine eindrucksvolle Architektur, besitzt aber dank der vielen Studenten dennoch das Flair einer jungen, lebendigen Stadt. Auf dem Universitätsgelände mit den eleganten, honiggelben College-Gebäuden um die beschaulichen Höfe und mit engen Kopfsteinpflastergassen herrscht gelehrsame Ruhe. Doch ebenso wie Cambridge ist Oxford akademischer Elfenbeinturm und normale Stadt gleichzeitig.

Oxford eignet sich wunderbar zum Umherschweifen: Die ältesten Colleges sind mehr als 750 Jahre alt und in ihren altehrwürdigen Hallen hat sich seither kaum etwas verändert. Aber neben Geschichte, Tradition und dem munteren Wissenschaftsbetrieb gibt es eine ganze Welt außerhalb der Universitätsmauern. Oxford ist seit Langem auch eine Industriestadt und die arbeitende Bevölkerung ist gegenüber der akademischen Elite noch immer in der Überzahl.

Die Universitätsgebäude sind über die ganze Stadt verteilt, doch die wichtigsten und architektonisch interessantesten liegen im Zentrum. Jericho im Nordwesten ist der trendige Teil der Stadt mit schicken Bars, Restaurants, einem Programmkino und der friedlichen Port Meadow. East Oxford ist eine arme, multikulturelle Gegend voller einfacher Restaurants und Pubs. Im feineren Vorort Summertown im Norden sind gehobene Restaurants und Bars zu finden.

## Geschichte

Oxford liegt strategisch günstig am Zusammenfluss von Cherwell und Themse (hier Isis genannt, nach dem lateinischen Namen *Tamesis*) und war eine wichtige angelsächsische Stadt, die von Alfred dem Großen während des Kriegs gegen die Dänen stark befestigt wurde.

Im 11. Jh. begann die Augustinerabtei in Oxford mit der Ausbildung von Priestern. Nachdem 1167 die anglonormannischen

Theologiestudenten aus der Sorbonne vertrieben wurden, wurde der Zustrom stärker. Mit dem wachsenden Wohlstand Oxfords nahmen aber auch die Feindseligkeiten zwischen der Stadtbevölkerung und den Studenten zu. Sie kulminierten 1355 im St. Scholastica's Day Riot, einer tödlichen Massenprügelei, die mit einem Streit um Bier begann. Daraufhin ordnete der König die Unterteilung der Universität in Colleges an, die jeweils ihre eigenen Traditionen entwickelten.

Die Universität, in jener Zeit weitgehend eine kirchliche Einrichtung, wurde im 16. Jh. durch die Reformation schwer erschüttert: Unter Maria I. wurde den Protestanten öffentlich der Prozess gemacht und sie wurden als Ketzer auf dem Scheiterhaufen verbrannt. Unter ihrer Nachfolgerin Elisabeth I. wurden Katholiken gehängt, ausgeweidet und gevierteilt. Im Bürgerkrieg stand Oxford als royalistische Hochburg auf der Verliererseite, florierte aber nach der Restauration der Monarchie. Einige der namhaftesten Gebäude entstanden in dieser Zeit.

Der Bau der Kanäle 1790 hatte weitreichende Folgen für das nichtakademische Oxford. Es entstand eine Verbindung mit den Industriezentren in den Midlands und Arbeit und Handel expandierten. Eine Entwicklung, die durch den Bau der Schienenwege weiter vorangetrieben wurde.

Der wahre industrielle Aufschwung der Stadt begann jedoch 1913, als William Morris hier mit der Autoproduktion begann. Mit dem Erfolg seines Bullnose Morris und Morris Minor wurde die Fabrik in Cowley zu einer der größten Autofabriken der Welt. Zwar wurde die Produktionsstätte, die heute BMW gehört, seit ihrer Glanzzeit abgespeckt, aber in Cowley rollen noch immer Minis vom Band.

## Sehenswertes

### Universität Oxford

Ein Großteil des Zentrums von Oxford besteht aus den imposanten Universitätsgebäuden und eleganten Colleges. Jedes sieht anders aus und jedes hat ein anderes akademisches Fachgebiet. Die ersten Colleges (Balliol, Merton und University) wurden im 13. Jh. gegründet, in den folgenden Jahrhunderten kamen noch jeweils mindestens drei hinzu. Noch im 19. Jh. und 20 Jh. wurden weitere Colleges, wie Keble, gegründet um die ständig steigende Studentenzahl zu bewältigen. Tradition ist in Oxford jedoch nicht totzukriegen. So durften Dozenten erst ab 1877 heiraten. Ein Jahr später wurden die ersten Studentinnen zugelassen, es dauerte aber noch weitere 42 Jahre, ehe Frauen ein akademischer Grad gewährt wurde.

Heute sind an den 38 Colleges über 21 000 Studenten eingeschrieben. Nicht alle Gebäude sind der Öffentlichkeit zugänglich. Die Besuchszeiten für jene, die man besichtigen kann, ändern sich je nach Semester und Prüfungszeiten; genauere Infos dazu unter www.ox.ac.uk.

### Oxford University Museum of Natural History — MUSEUM

(www.oum.ox.ac.uk; Parks Rd; 10–17 Uhr; ) GRATIS Das Museum in einem viktorianisch-neugotischen Gebäude mit schlanken, gusseisernen Säulen, verschnörkelten Kapitellen und einem hohen Glasdach lohnt den Besuch schon allein wegen der Architektur. Die größere Attraktion sind dennoch die über 5 Mio. Exponate. Sie reichen von exotischen Insekten und Fossilien bis zu dem gigantischen Skelett eines Tyrannosaurus Rex und den Überresten des ersten Dinosauriers, der jemals schriftlich erwähnt wurde (1677).

### ★ Pitt Rivers Museum — MUSEUM

(www.prm.ox.ac.uk; Parks Rd; Mo 12–16.30, Di–So 10–16.30 Uhr; ) GRATIS Im hinteren Teil der Haupthalle des Oxford University Museum of Natural History befindet sich der Durchgang zu dem herrlich gruseligen ethnografischen Museum. Es ist eine Schatzkammer mit Objekten aus aller Welt – mehr als genug, um jedem Lehnstuhlabenteurer in Entzücken zu versetzen. Einer der Gründe, warum das Museum so toll ist: Es gibt weder Computer oder irgendwelchen anderen neumodischen Schnickschnack. Die gedämpfte Beleuchtung verleiht den Glasvitrinen mit

INSIDERWISSEN

#### AKADEMISCHE GARDEROBE

Studenten, die in schwarzen Talaren, schwarzen Doktorhüten, mit Fliege und (bei Absolventen) bunten Hauben durch Oxford laufen, sind ein üblicher Anblick. Die Studenten müssen ihre akademische Garderobe bei jedem Examen tragen, einige Colleges verlangen das sogar jeden Abend im Speisesaal.

## Oxford

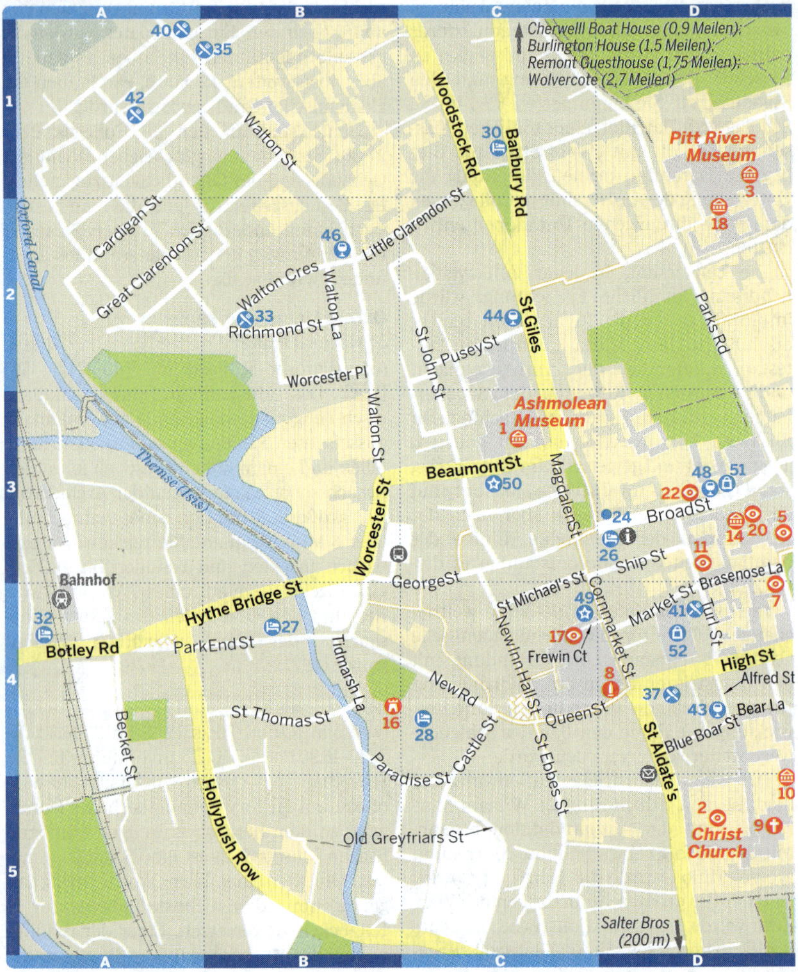


der reichen Beute viktorianischer Entdeckungsreisender etwas Geheimnisvolles.

Die Objekte werden thematisch präsentiert, nicht nach kultureller Zugehörigkeit. Themen sind z. B. „Rauchen" oder „Behandlung von toten Feinden" (ein besonders verstörendes Ensemble). Zwischen Federumhängen, Zahnketten, Blasrohren, Amuletten, Noh-Masken, Totempfählen, Fellparkas, Musikinstrumenten und Schrumpfköpfen sind auch rituelle Kopfbedeckungen aus Uganda, die bei Beschneidungszeremonien getragen wurden, ein altes Zahnarztbesteck und ein Igelfischhelm aus Kiribati zu entdecken.

**Trinity College** COLLEGE

(www.trinity.ox.ac.uk; Broad St; Erw./Kind 2/1 £; ⏲ Mo–Fr 10–12, tgl. 14–16 Uhr) Das kleine, 1555 gegründete College besitzt einen schönen Hofgarten, der von Christopher Wren entworfen wurde. Die Kapelle mit kunstvollen Holzschnitzereien ist ein Meisterwerk des englischen Barock und eine der schönsten in der Stadt. Zu den berühmten Absolventen des Trinity College zählten William Pitt der Ältere und John Henry Kardinal Newman.

**Exeter College** COLLEGE

(www.exeter.ox.ac.uk; Turl St; ⏲ 14–17 Uhr) GRATIS Das Exeter College ist für seinen prächtigen

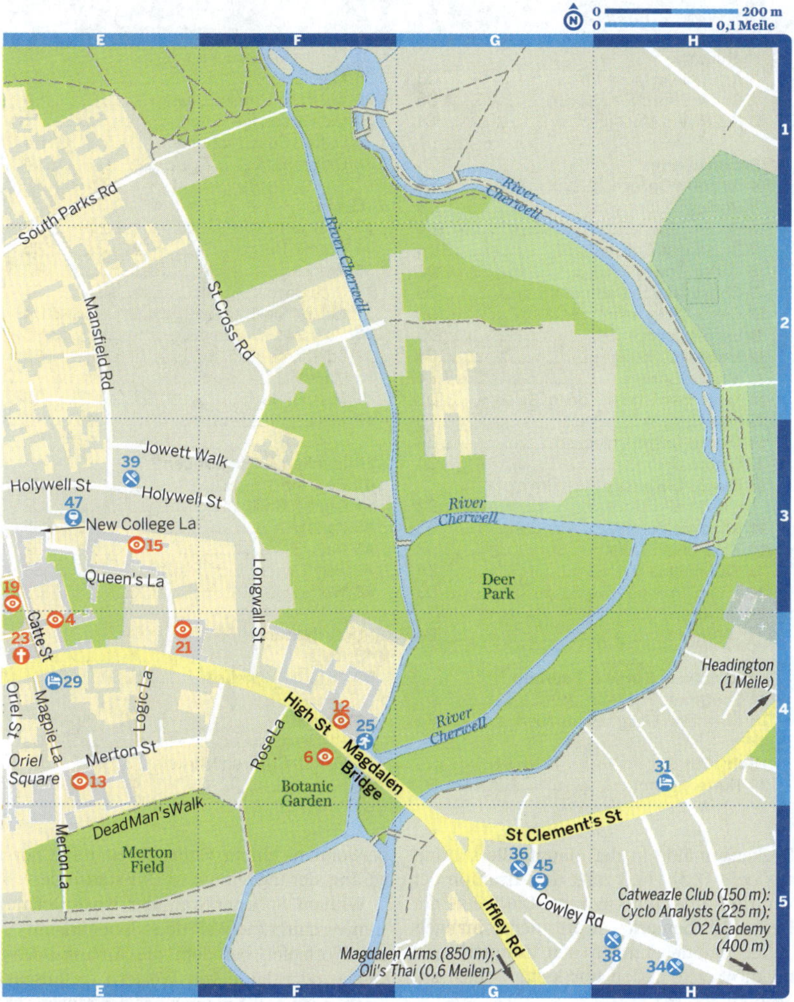


Speisesaal aus dem 17. Jh. und seine viktorianisch-neugotische Kapelle bekannt, die mit dem Wandteppich *The Adoration of the Magi* von William Morris und psychedelischem Bombast aus Goldmosaiken und Buntglas ausgestattet ist.

**Museum of the History of Science** MUSEUM
(www.mhs.ox.ac.uk; Broad St; ⏲Di–Fr 12–17, Sa 10–17, So 14–17 Uhr) GRATIS Wissenschaft, Kunst, berühmte Persönlichkeiten und Nostalgie gehen in diesem Museum eine faszinierende Verbindung ein. Es ist in einem schönen Gebäude aus dem 17. Jh. untergebracht und zeigt eine der besten Sammlungen historischer wissenschaftlicher Apparate der Welt. Auch eine Kreidetafel, die Albert Einstein benutzte, ist ausgestellt.

**Sheldonian Theatre** THEATER
(www.sheldon.ox.ac.uk; Broad St; Erw./Kind 3,50/2,50 £; ⏲Juli & Aug. tgl. 10–16.30 Uhr, Sept.–Juni So geschl., Dez. & Jan. Sa geschl.) Das monumentale Gebäude von 1663 war das erste größere Werk von Christopher Wren, der zu jener Zeit Professor für Astronomie war. Nach seinem Vorbild, dem antiken Marcellustheater in Rom, hat es eine rechteckige Fassade und eine halbrunde Rückwand. Das

## Oxford

**Highlights**
1 Ashmolean Museum C3
2 Christ Church D5
3 Pitt Rivers Museum D1

**Sehenswertes**
4 All Souls College E4
5 Bodleian Library D3
6 Botanic Garden F4
7 Brasenose College D4
8 Carfax Tower D4
9 Christ Church Cathedral D5
10 Christ Church Picture Gallery D5
11 Exeter College D3
12 Magdalen College F4
13 Merton College E4
14 Museum of the History of Science D3
15 New College E3
16 Oxford Castle Unlocked B4
17 Oxford Union C4
18 Oxford University Museum of Natural History D2
19 Radcliffe Camera E3
20 Sheldonian Theatre D3
21 St. Edmund Hall E4
22 Trinity College D3
23 University Church of St. Mary the Virgin E4

**Aktivitäten, Kurse & Touren**
24 Footprints Tours D3
25 Magdalen Bridge Boathouse F4

**Schlafen**
26 Buttery Hotel D3
27 Central Backpackers B4
28 Malmaison C4
29 Old Bank Hotel E4
30 Old Parsonage Hotel C1
31 Oxford Coach & Horses H4
32 Oxford YHA A4

**Essen**
33 Al-Shami B2
34 Atomic Burger H5
35 Branca B1
36 Café Coco G5
37 Chiang Mai Kitchen D4
38 Door 74 H5
39 Edamame E3
40 Manos A1
41 Missing Bean D4
42 Rickety Press A1

**Ausgehen & Nachtleben**
43 Bear Inn D4
44 Eagle & Child C2
45 Kazbar G5
46 Raoul's B2
47 Turf Tavern E3
48 White Horse D3

**Unterhaltung**
49 Cellar C4
50 Oxford Playhouse C3

**Shoppen**
51 Blackwell's D3
52 Oxford Covered Market D4

Deckengemälde in der Haupthalle stammt aus dem 17. Jh. und zeigt den Triumph der Wahrheit über die Ignoranz. Die Länge der Decke ist bemerkenswert, denn mangels hoher Bäume standen den Zimmerleuten für die Konstruktion nur kurze Balken zur Verfügung.

Das Sheldonian wird heute für Universitätszeremonien und öffentliche Konzerte genutzt. Besucher können in die Kuppel hochsteigen und den Blick über die umliegenden Gebäude genießen.

**New College** COLLEGE

(www.new.ox.ac.uk; Holywell St; März–Sept. Erw./Kind 3/2 £, Okt.–Feb. frei; ⌚ März–Sept. 11–17 Uhr, Okt.–Feb. 14–16 Uhr) Das College aus dem 14. Jh. ist ein herrliches Beispiel englischer Spätgotik. Die Kapelle ist voller Schätze, darunter prächtige, überwiegend originale Buntglasfenster und Jacob Epsteins verstörende Lazarus-Statue. Während des Semesters können Besucher der Abendandacht beiwohnen, einem Gottesdienst mit Chorgesang, der täglich um 18 Uhr stattfindet.

William Spooner war hier einst Dekan. Ihm verdankt die Welt den „Spoonerismus", ein Wortspiel, bei dem die Anfangsbuchstaben oder -laute von Wörtern vertauscht werden. So soll Spooner bei der Marine in Portsmouth statt von *battleships and cruisers* („Kriegsschiffe und Kreuzer") von *cattleships and bruisers* („Viehtransporter und Rabauken") gesprochen haben. Hugh Grant und Kate Beckinsale sind bekannte Absolventen des Colleges.

Das New College ist auch berühmt für einige skurrile Rituale. Alle drei Jahre muss der Bürgermeister von Oxford über die Reste der Stadtmauer laufen, die Teil der Anlage des New College sind. Er bekennt sich damit zu einem Versprechen, das seine Vorgänger im Mittelalter gaben. Sie sagten damals zu, dass die Mauer restauriert würde, wenn es nötig werden sollte.

Der Besuchereingang ist von Ostern bis Anfang Oktober das Tor in der New College Lane, ansonsten der Eingang in der Holywell Street. Die New College Lane überspannt die spitzbogige **Seufzerbrücke**, die das New College mit dem Hertford College verbindet. Gelegentlich wird sie irrtümlich als eine Nachbildung der gleichnamigen Brücke in Venedig bezeichnet. In Wirklichkeit ähnelt sie weit mehr der Rialtobrücke.

**Bodleian Library** BIBLIOTHEK
(☎01865-287400; www.bodley.ox.ac.uk; Catte St; Führungen 5–13 £; ⌚Mo–Sa 9–17, So 11–17 Uhr) Die Bodleian Library ist eine der ältesten öffentlichen Bibliotheken der Welt und vermutlich die großartigste von allen. Besucher können jederzeit durch den Innenhof schlendern und die Ausstellung im Foyer besuchen. Der Eintritt in die Divinity School kostet 1 £. Der Rest kann nur im Rahmen einer Führung besichtigt werden (Termine sind online oder am Informationsschalter zu erfahren; Reservierung ist ratsam).

Die Bodleian Library wurde im 15. Jh. gegründet und verdankt ihren heutigen Umfang weitgehend Thomas Bodley, einem akademischen Mitglied des Merton College. Bodley handelte im 16. Jh mit der Stationers' Company of London (einer frühen Drucker- und Verlegergilde) aus, dass die Bibliothek ein Exemplar von jedem Buch bekam, das in Großbritannien veröffentlicht wurde – die Verabredung ist bis heute in Kraft. Derzeit lagert die Bibliothek über 11 Mio. Druckerzeugnisse auf 188 Regalkilometern und hat Leseplätze für bis zu 2500 Nutzer. Jede Woche treffen 4000 Bücher und Veröffentlichungen ein, die katalogisiert und magaziniert werden müssen.

Der älteste Teil der Bibliothek liegt um den jakobinisch-gotischen **Old Schools Quadrangle** aus dem frühen 17. Jh. Ihn säumen ein paar der eigenwilligsten Bauwerke Oxfords. An der Ostseite des Hofs steht der **Tower of Five Orders**, ein schnörkeliges Gebäude, dessen Architektur den antiken Formenkanon spiegelt. An der Westseite befindet sich die **Divinity School**, der älteste Hörsaal der Universität aus dem 15. Jh. Er ist ein Meisterwerk der englischen Gotik, mit einem großartigen Fächergewölbe und diente als Filmdrehort für die Krankenstation von Harry Potters Hogwarts.

Die halbstündigen Führungen (5 £) schließen die Divinity School und die mittelalterliche **Duke Humfrey's Library** ein. Dort büffelten zwischen Reihen schwerer Bücher, die mit Ketten an den Regalen befestigt sind, schon fünf Könige, 40 Nobelpreisträger, 25 britische Premierminister und Schriftsteller wie Oscar Wilde, C. S. Lewis und J .R .R. Tolkien. Wer selbst einen Blick in die alten Schinken werfen möchte (die Bücher werden nicht ausgeliehen), muss noch immer den „Bodley's Oath" schwören, der besagt, dass er kein Feuer und keine Flamme in die Bibliothek bringen oder dort entzünden wird.

Auf der einstündigen Führungen (7 £) werden auch das **Convocation House** aus dem 17. Jh., wo während des Bürgerkriegs das Parlament tagte, sowie der **Chancellor's Court** gezeigt. Erweiterte Touren (90 Min., 13 £) führen zusätzlich zur Radcliffe Camera und entweder in den Upper Reading Room oder den unterirdischen Gladstone Link.

**Radcliffe Camera** BIBLIOTHEK
(Radcliffe Sq) Die Radcliffe Camera ist das Wahrzeichen von Oxford schlechthin und eines der meistfotografierten Gebäude der Stadt. Der spektakuläre von natürlichem Licht durchströmte Rundbau, der heute als Lesesaal dient, wurde von 1737 bis 1749 im noblen palladianischen Stil erbaut und besitzt die drittgrößte Kuppel in Großbritannien. Er ist nur im Rahmen der erweiterten Tour (90 Min., 13 £) durch die Bodleian Library (s. links) zu besichtigen.

**Brasenose College** COLLEGE
(www.bnc.ox.ac.uk; Radcliffe Sq; Eintritt 2 £; ⌚10–11.30 & 14–16.30 Uhr) Das kleine, exklusive College wurde 1509 gegründet und ist nach einer *brass nose*, einem Messingtürklopfer benannt. Es heißt, dass missratene Studenten den Klopfer 1533 stahlen und er an der Tür eines Hauses in Stamford in Lincolnshire wieder auftauchte. 1890 kaufte das College das ganze Haus, um ihn zurückzubekommen. Heute nimmt das fragliche Objekt einen Ehrenplatz über dem Honoratiorentisch im Speisesaal ein.

Ebenfalls sehenswert ist die Kapelle mit ihrer schön ausgemalten Gewölbedecke. Berühmte Absolventen des Colleges sind William Golding, Autor von *Herr der Fliegen*, Michael Palin von Monty Python und der britische Premierminister David Cameron. Wenn während der Öffnungszeiten ein Schild ausgehängt, das besagt, das College sei geschlossen, sollte man sich an den Pförtner wenden. Oft hängt es nur da, um Reisegruppen abzuschrecken.

**University Church of St. Mary the Virgin** KIRCHE

(www.university-church.ox.ac.uk; High St; Mo–Sa 9–17, So 11.30–17 Uhr) Die schmucklose Kirche mit einem Turm von 1280 und einem spätgotischen Schiff war der Schauplatz eines berühmten Prozesses. Unter der Herrschaft von Maria I. wurden im Jahr 1556 drei anglikanische Bischöfe (unter ihnen Thomas Cranmer, der erste anglikanische Erzbischof von Canterbury) wegen Ketzerei verurteilt und später in der Broad Street auf dem Scheiterhaufen verbrannt. In der Kirche befindet sich ein Denkmal für die Opfer der Reformation – die protestantischen wie die katholischen.

Mahatma Gandhi hielt hier in den 1930er-Jahren eine Rede und sein Abbild ist in eine Deckenbosse im hinteren Teil der Kirche gemeißelt. Der Aufstieg auf den Turm (Erw./Kind 4/3 £) wird mit einem tollem Blick über die Radcliffe Camera belohnt.

**All Souls College** COLLEGE

(www.all-souls.ox.ac.uk; High St; Mo–Fr 14–16 Uhr) GRATIS All Souls, eines der reichsten Colleges in Oxford, wurde 1438 als kirchliche Institution gegründet. Es ist eines von mehreren Graduierten-Colleges in Oxford, akzeptiert aber nicht jeden. Jedes Jahr werden die besten Studenten der Universität zu einem Examen eingeladen, das im Durchschnitt nur zwei bestehen. Eine Fellowship im All Souls College gehört zu den höchsten akademischen Ehren des Landes.

Die Fassade des Gebäudes stammt aus den 1440er-Jahren und, anders als bei vielen anderen älteren Colleges, ist der Vorhof seit fünf Jahrhunderten kaum verändert worden. Es befindet sich dort eine schöne, von Christopher Wren entworfene Sonnenuhr aus dem 17. Jh., am auffälligsten sind jedoch die beiden pseudogotischen Türme am Nordrand des Hofs. Sie wurden 1710 ebenfalls von Christopher Wren entworfen und damals hieß es, sie verschandelten die Silhouette von Oxford.

**St. Edmund Hall** COLLEGE

(www.seh.ox.ac.uk; Queen's Lane; 10–16 Uhr) GRATIS St. Edmund Hall (intern „Teddy Hall") ist die einzige erhaltene mittelalterliche Hall, aus denen die Universität bestand, bevor die Colleges gegründet wurden, und behielt diesen Namen bei. Der Mohikanerhäuptling Oronhyatekha war hier 1862 eingeschrieben (und brannte mit der Tochter des Rektors durch). Bekannt ist die kleine Kapelle des Colleges, die von William Morris und Edward Burne-Jones ausgestaltet wurde.

**Magdalen College** COLLEGE

(www.magd.ox.ac.uk; High St; Erw./Kind 5/4 £; 13–18 Uhr) Magdalen (sprich: *mod*-lin), 1458 gegründet, liegt auf einem 40 ha großen Gelände mit Rasen, Wäldchen, Uferwegen und Wildpark und ist eines der reichsten und schönsten Colleges in Oxford. Es genießt einen guten Ruf und gilt als musisch orientiert. Zu seinen namhaften Ehemaligen gehörten die Autoren Julian Barnes, Alan Hollinghurst, C. S. Lewis, John Betjeman, Seamus Heaney und Oscar Wilde, nicht zu vergessen Eduard VIII., T. E. Lawrence „von Arabien" und Dudley Moore.

Ein elegantes viktorianisches Tor führt zur mittelalterlichen Kapelle (mit einem prächtigem Turm aus dem 15. Jh.) und weiter zu einem bemerkenswerten Kreuzgang (mit merkwürdigem Getier auf den Pfeilern), der zu den schönsten in Oxford gehört. Die phantastischen Wasserspeier und Fratzen an der Fassade sollen C. S. Lewis zu den Steinstatuen in *Die Chroniken von Narnia* inspiriert haben. Hinter dem Kreuzgang führt der schöne Addison's Walk über ca. 1½ km am Ufer des Cherwell entlang. Mitte der 1870er-Jahre führte hier Oscar Wilde sein Haustier, einen Hummer, spazieren.

Das College hat einen bekannten Chor, der am Maifeiertag (1. Mai) um 6 Uhr von dem 42 hohen Turm herunter den Hymnus Eucharisticus singt. Die Darbietung ist heute der Höhepunkt einer durchzechten Nacht für viele Studenten, die sich im Morgengrauen in ihren schicken Klamotten auf der Magdalen Bridge versammeln und dem Gesang lauschen.

**Botanischer Garten** GARTEN

(www.botanic-garden.ox.ac.uk; High St; Erw./Kind 4,50 £/frei; 9–17 Uhr) Der beschauliche Garten am Ufer des Cherwell wurde 1621 zur Erforschung von Heilpflanzen angelegt und gehört noch immer zur Universität. Die Bank, auf der in Phillip Pullmans Romanreihe *His Dark Materials* das Mädchen Lyra aus einer Parallelwelt und ihr irdischer Freund Will zu sitzen pflegten, ist nach wie vor mit schmachtenden Studentenpärchen besetzt.

**Merton College** COLLEGE

(www.merton.ox.ac.uk; Merton St; Eintritt 3 £; Mo–Fr 14–17, Sa & So 10–17 Uhr) Merton wurde 1264 gegründet. Es gehört zu den drei ältesten Colleges in Oxford und war das erste, das eine Satzung einführte und damit die formelle Gemeinschaft von Studenten und Dozenten mit fester Unterkunft auf dem Campus einführte. Zu den architektonischen Besonderheiten gehören große Wasserspeier, deren Gesichter aussehen, als müssten sie sich gleich erbrechen, und der reizende **Mob Quad** aus dem 14. Jh. – der älteste Kolleghof in Oxford.

Gleich außerhalb des Hofs befinden sich die **Kapelle** aus dem 13. Jh. und die **Old Library** (Zutritt nur mit Führung), die älteste noch benutzte mittelalterliche Bibliothek (beachtenswert sind die angeketteten Bücher). Es heißt, dass Tolkien hier viele Stunden mit dem Schreiben von *Der Herr der Ringe* zubrachte, und dass die Bäume im Fellows' Garden Inspiration für die Ents von Mittelerde waren. Weitere literarische Größen mit Beziehung zum College sind u. a. T. S. Eliot und Louis MacNeice.

In den Sommerferien werden Führungen über das Gelände angeboten (4 £). Ebenfalls im Sommer finden in der Kapelle Konzerte bei Kerzenlicht statt, die auf Plakaten angekündigt werden.

Hinter dem Merton College verläuft der **Dead Man's Walk**, der seinen ominösen Namen daher hat, dass die jüdische Gemeinde im Mittelalter ihre Toten nicht innerhalb der Stadt begraben durfte und die Leichname auf diesem Weg zum jüdischen Friedhof (heute der Botanische Garten) überführte.

### ★ Christ Church — COLLEGE

(www.chch.ox.ac.uk; St Aldate's; Erw./Kind 8/6,50 £; ⌚Mo–Sa 10–16.30, So 14–16.30 Uhr) Christ Church ist das größte und beliebteste College in Oxford und besitzt den prachtvollsten Kolleghof von allen. Die großartigen Gebäude, die glanzvolle Vergangenheit und der jüngste Ruhm als Drehort der Harry-Potter-Filme locken scharenweise Touristen an. Das College wurde 1524 von Kardinal Thomas Wolsey gegründet, der dazu ein Kloster, das sich hier befand, auflöste und mit dem Erlös sein verschwenderisches Bauprojekt finanzierte.

Über die Jahre studierten hier zahlreiche Berühmtheiten, darunter der Philosoph John Locke, der Dichter W. H. Auden, Charles Dodgson (Lewis Carroll) sowie 13 britische Premierminister. Der Haupteingang befindet unter dem imposanten **Tom Tower**, dessen oberer Teil vom ehemaligen Studenten Christopher Wren entworfen wurde. Great Tom, die 7 t schwere Turmglocke, läutet noch immer jeden Abend um 21.05 Uhr (Oxford liegt fünf Minuten westlich von Greenwich) 101 mal, um den ursprünglich 100 Studenten – plus einen, der 1663 hinzukam – den Zapfenstreich zu verkünden.

Besucher müssen die St Aldate's weiter runter zum Nebeneingang gehen. Gleich dahinter liegt der Kreuzgang aus dem 15. Jh., ein Überrest der alten Priory of St. Frideswide, deren Schrein einst ein Pilgerziel war. Von dort geht es hoch in die **Great Hall**, den prachtvollen Speisesaal des Colleges, mit Stichbalkendecke und imposanten Gelehrtenporträts. Für die Harry-Potter-Filme wurde sie in den Filmstudios als Speisesaal in Hogwarts nachgebildet.

Die große Treppe (auf der Professor McGonagall Harry im ersten Film begrüßt) führt hinab zum **Tom Quad**, Oxfords größtem und zweifellos eindrucksvollsten Kolleghof, und von dort zur **Christ Church Cathedral** aus dem 12. Jh. Sie war ursprünglich die Abteikirche und dann die College-Kapelle, wurde aber von Heinrich VIII. zur Kathedrale erklärt, als der sich von der katholischen Kirche lossagte, weitere Klöster abschaffte und dem College seinen heutigen Namen gab. Bis dahin hieß es Cardinal's College.

Die stämmigen normannischen Säulen im Innenraum werden von eleganten Bögen überspannt und wunderschöne Buntglasfenster lassen die Wände schillern. Interessant ist die Darstellung der Ermordung von Thomas Becket (1320) über dem Seitenaltar rechts. Für einen Besuch der anglikanischen Kirche zum privaten Gebet oder zum Gottesdienst wird kein Eintritt verlangt, die Wärter am Haupttor sind darüber informiert. Die Abendandacht findet fast täglich um 18 Uhr statt.

**INSIDERWISSEN**

**TOLKIENS GRAB**

J. R. R. Tolkien, der Autor von *Der Herr der Ringe*, ist zusammen mit seiner Frau Edith auf dem Wolvercote Cemetery, gut 3 km nördlich der Stadt an der Banbury Road, begraben. Auf dem Grabstein sind auch die Namen Beren und Luthien eingraviert, eine Anspielung auf eine Geschichte von Tolkien über die Liebe zwischen einem sterblichen Mann und einer Elbin, die für ihn ihre Unsterblichkeit aufgibt.

Südlich des College erstreckt sich die **Christ Church Meadow**, eine Grünanlage an den Flüssen Cherwell und Isis. Sie eignet sich ideal für einen Spaziergang.

Die Hall ist zwischen 12 und 14 Uhr oft geschlossen, die Kathedrale am Spätnachmittag.

**Christ Church Picture Gallery** KUNSTGALERIE
(www.chch.ox.ac.uk/gallery; Oriel Sq; Erw./Kind 3 £/frei; ⌚Mo–Sa 10.30–16.30t, So 14–16.30 Uhr, Okt.–Juni Di geschl.) Die kostbaren Meisterwerke von Christ Church stammen aus der Zeit von 1300 bis 1750, wobei ein besonderer Schwerpunkt auf der italienischen Renaissance liegt. Die Gemälde u. a. von Tintoretto, Veronese und Anton van Dyck nehmen einen Ehrenplatz ein. Dazu gibt es eine feine Sammlung mit Zeichnungen von Meistern wie Michelangelo, Leonardo da Vinci und Raffael. Mit einer gültigen Eintrittskarte für Christ Church kostet es hier nur die Hälfte.

### Weitere Sehenswürdigkeiten

★ **Ashmolean Museum** MUSEUM
(www.ashmolean.org; Beaumont St; ⌚Di–So 10–17 Uhr; 👪) GRATIS Das älteste öffentliche Museum Großbritanniens genießt nach dem British Museum in London das höchste Renommee im Land. Es wurde 1683 gegründet, als Elias Ashmole der Universität die Raritäten schenkte, die der weitgereiste John Tradescant, Gärtner im Dienst Karls I., gesammelt hatte. Nach einem Umbau verfügt das Museum seit 2009 über neue interaktive Einrichtungen, ein riesiges Atrium, Glaswände zwischen den Abteilungen auf verschiedenen Ebenen und ein schönes Dachrestaurant.

Die Sammlungen, die in hellen, geräumigen Galerien in einem der schönsten klassizistischen Bauten des Landes ausgestellt sind, wurden in der ganzen Welt zusammengetragen. Es befinden sich ägyptische Mumien, islamische Kunst, alte Dokumente, seltenes Porzellan, Tapisserien, Silberwaren, wertvolle Musikinstrumente und zahlreiche europäische Kunstwerke darunter.

**Oxford Union** BIBLIOTHEK
(www.oxford-union.org; Frewin Ct; Eintritt 1,50 £; ⌚Mo–Fr 9.30–17 Uhr, während des Semesters länger) Die legendäre Oxford Union ist berühmt für die lebhaften Debatten, die hier geführt werden, international bekannte Redner, die hier auftreten, und die präraffaelitischen Wandbilder. Das Gebäude ist zwar für Nichtmitglieder größtenteils gesperrt, aber die Wandbilder in der Bibliothek können Besucher besichtigen. Sie wurden zwischen 1857 und 1859 von Dante Gabriel Rossetti, William Morris und Edward Burne-Jones gemalt und stellen Szenen aus der Artus-Sage dar. An hellen Tagen sind sie schlecht zu sehen, da sie von Fenstern umgeben sind.

**Carfax Tower** TURM
(Queen St; Erw./Kind 2,50/1,30 £; ⌚10–17.30 Uhr) Das Wahrzeichen im Zentrum, das seit 1000 Jahren an einer einstigen Wegkreuzung steht, ist der einzige Überrest der mittelalterlichen St. Martin's Church und bietet einen schönen Blick über das Stadtzentrum.

**Oxford Castle Unlocked** BURG
(www.oxfordcastleunlocked.co.uk; 44–46 Oxford Castle; Erw./Kind 10/7 £; ⌚Führungen 10–16.20 Uhr) Oxford Castle ist nicht die imposanteste Festung Englands, aber immerhin über 1000 Jahre alt. Der Zutritt ist nur mit den Führungen (durch kostümierte Guides) möglich, die alle 20 Minuten beginnen.

Besichtigt werden der St. George's Tower mit tollem Blick auf die Stadt, die Krypta der St. George's Chapel aus dem 11. Jh. (mutmaßlich die erste Lehranstalt in Oxford), die viktorianischen Gefängnisanlage und der Debtors' Tower aus dem 18. Jh., wo die Besucher etwas über das grauenhafte Dasein der Insassen, wagemutige Fluchten und maßlose Strafen erfahren. Der mittelalterliche Burghügel kann bestiegen werden.

## Aktivitäten

**Punting** (Stechkahnfahren) gehört in Oxford einfach dazu. Die Rede ist von einer entspannten Tour mit vielen Pimms (das typische englische Sommergetränk) und Blick auf die herrliche Architektur der Stadt, die langsam vorbeizieht. Was natürlich bedeutet, dass jemand anderes die Arbeit übernehmen muss – Kahnstechen ist weitaus schwieriger als es aussieht. Wer es dennoch selbst wagen will, muss in der Regel eine Kaution hinterlegen. Die meisten Kähne fassen fünf Personen, einschließlich des Kahnstechers.

**Magdalen Bridge Boathouse** BOOTFAHREN
(☎01865-202643; www.oxfordpunting.co.uk; High St; mit Kahnstecher 30 Min. 25 £, Selbstfahrer pro Std. 20 £; ⌚Feb.–Nov. 9.30 Uhr–Sonnenuntergang) Der zentralste Bootsverleih in der Stadt. Von hier geht es flussabwärts durch

den Botanischen Garten und die Christ Church Meadow oder flussaufwärts durch den Magdalen Deer Park. Paddel- und Tretboote werden ebenfalls verliehen.

**Cherwell Boat House** BOOTFAHREN
(☎01865-515978; www.cherwellboathouse.co.uk; 50 Bardwell Rd; pro Std. 15–18 £; ⏲Mitte März–Mitte Okt. 10 Uhr–Sonnenuntergang) Das Bootshaus liegt etwa 1,5 km nördlich vom Zentrum. Das beliebteste Ziel für eine Kahnfahrt auf dem Cherwell durch die Landschaft ist das viel besuchten Pub Victoria Arms. Auch Ruderboote und Kanadier stehen zur Verfügung. Zu erreichen ist der Verleih über die Banbury Road Richtung Norden und dann rechts in die Bardwell Road.

**Salter Bros** BOOTFAHREN
(☎01865-243421; www.salterssteamers.co.uk; Folly Bridge; Kahn/Ruderboot/Motorboot pro Std. 20/20/35 £; ⏲Mai–Ende Sept.) Verleiht Stechkähne, Ruder- und Motorboote und bietet verschiedene Ausflugsfahrten auf der Isis ab Oxford an. Die beliebteste Tour ist die malerische Fahrt zur historischen Marktstadt Abingdon (Erw./Kind 13/6,80 £). Sie dauert zwei Stunden und führt an College-Bootshäusern und mehreren Pubs am Flussufer vorbei.

## Geführte Touren

**Bill Spectre's Ghost Trails** STADTRUNDGANG
(☎07941 041811; www.ghosttrail.org; Erw./Kind 8/6 £; ⏲Fr & Sa 18.30 Uhr) Einen höchst unterhaltsamen und informativen Blick auf Oxfords dunkle Seite bietet der viktorianische Bestatter Bill Spectre auf seiner 1¾-stündigen Tour durch finstere Ecken und Gassen. Sie beginnt am Oxford Castle Unlocked (S. 194); mit aktiver Mitwirkung durch die Teilnehmer ist zu rechnen.

**Footprints Tours** STADTRUNDGANG
(☎020-7558 8706; www.footprints-tours.com) Für die „kostenlose" (gezahlt wird per Trinkgeld) zweistündige Stadtführung ist keine Anmeldung erforderlich. Interessierte sind aufgefordert, sich um 11 oder 14 Uhr am Ausgangspunkt in der Broad Street einzufinden. Für die Pub-, Fahrrad-, Harry-Potter- und Blenheim-Palace-Touren hingegen muss man sich anmelden – Termine und Preise sind online zu erfahren.

**Oxford City Walk** STADTRUNDGANG
(☎07530 951320; www.oxfordcitywalk.co.uk; 2-Std.-Tour für bis zu 5 Pers. 50 £) Führungen nach Wünschen und Interessen der Teilnehmer, ob Architektur, Literatur, Geschichte, Wissenschaft, Musik, Universitätsleben oder auch zur Krimiserie *Inspektor Morse.*

**Oxford Official Guided Walking Tours** STADTRUNDGANG
(☎01865-252200; www.visitoxfordandoxfordshire.com; 15–16 Broad St; Erw./Kind ab 9/8 £) In der Touristeninformation können Führungen durch die Stadt und zu den Colleges (ganzjährig um 10.45 und 13 Uhr, bei starker Nachfrage auch um 11 und 14 Uhr) sowie ein überwältigendes Angebot an thematischen Touren, u. a. *Inspektor Morse, Alice im Wunderland* und *Harry Potter* gebucht werden, in den Schulferien auch Stadtrundgänge für die ganze Familie. Einzelheiten stehen auf der Website.

**Oxon Carts** TOUREN
(☎07747 024600; www.oxoncarts.com; Touren 25 £) Flexible einstündige Touren mit dem Fahrradtaxi. Die Teilnehmer erhalten einen Stadtplan von 1904 und eine persönlichen Führung zu Gebäuden und Geschichte.

## Schlafen

Zwischen Mai und September und an Wochenenden sollte reserviert werden. Neben den hier genannten gibt es außerdem etliche weitere B&Bs in der Iffley, Abingdon, Banbury und Headington Road.

**Central Backpackers** HOSTEL £
(☎01865-242288; www.centralbackpackers.co.uk; 13 Park End St; B 22–28 £; @📶) Das kleine Hostel ist eine freundliche Budgetunterkunft über einer Bar und mitten im Stadtzentrum. Es hat einfache, helle Zimmer für jeweils vier bis zwölf Personen, eine Dachterrasse und eine kleine Lounge mit Satelliten-TV.

**Oxford YHA** HOSTEL £
(☎0845 371 9131; www.yha.org.uk; 2a Botley Rd; B/Zi. ab 17/56 £; @📶) Das Hostel ist besonders praktisch für Budgetreisende, die mit dem Zug unterwegs sind. Es hat einfache, aber komfortable Schlafzimmer mit vier und sechs Betten und Bad sowie Privatzimmer. Zur guten Ausstattung gehören ein Restaurant, eine Bibliothek, einen Garten, eine Waschküche und mehrere Aufenthaltsräume.

★**Oxford Coach & Horses** B&B ££
(☎01865-200017; www.oxfordcoachandhorses.co.uk; 62 St. Clements St; EZ/DZ ab 115/130 £; P📶) Die einstige Poststation aus dem 18. Jh. ist

taubenblau gestrichen und frisch modernisiert. Die Zimmer sind geräumig und hell und das Erdgeschoss wurde zu einem großen, schönen Frühstücksraum umgebaut.

**Burlington House** B&B ££
(☎01865-513513; www.burlington-house.co.uk; 374 Banbury Rd, Summertown; EZ/DZ ab 70/97 £; P 📶) In dem viktorianischen Kaufmannshaus stehen zwölf große, helle und elegante Zimmer mit gemusterten Tapeten und Farbtupfern zur Miete. Die Ausstattung ist luxuriös, die Badezimmer blitzblank, der Service aufmerksam und zum Frühstück gehören Bio-Eier und Müsli. Die Verkehrsanbindung ins Stadtzentrum ist gut.

**Remont Guesthouse** B&B ££
(☎01865-311020; www.remont-oxford.co.uk; 367 Banbury Rd, Summertown; Zi. 112–142 £; P @ 📶) Moderner Stil, dezente Beleuchtung und edle Möblierung bestimmen das Ambiente in der 25-Zimmer-Pension. Die Zimmer sind in kühlen, neutralen Farben gehalten und mit seidigen Bettüberwürfen, abstrakter Kunst und riesigen Plasma-TVs ausgestattet. Einen sonnigen Garten gibt's auch.

**Buttery Hotel** HOTEL ££
(☎01865-811950; www.thebutteryhotel.co.uk; 11–12 Broad St; EZ/DZ ab 75/125 £; 📶) Das Hotel mitten in der Stadt liegt wunderbar zentral und bietet von den vorderen Zimmern aus Aussichten über die Colleges. Die Zimmer sind geräumig, aber bescheiden eingerichtet, man zahlt für die Lage. Die Zimmer nach hinten raus sind kleiner, aber ruhiger.

**University Rooms Oxford** STUDENTENUNTERKUNFT ££
(www.universityrooms.com; EZ/DZ ab 45/60 £; 📶) Wie wäre es mit einer echten Studentenunterkunft in einem der Colleges und mit Frühstück in einem prächtigen Speisesaal? Die meisten Zimmer sind zweckmäßige Einzelzimmer mit schlichter Möblierung und Gemeinschaftsbad. Aber es gibt auch einige mit eigenem Bad, Zweibettzimmer und kleine Wohnungen. Einige blicken auf Kolleghöfe. Sie stehen nur in den Semesterferien zur Verfügung (Weihnachten, Ostern und im Sommer).

**Old Bank Hotel** HOTEL £££
(☎01865-799599; www.oldbank-hotel.co.uk; 92 High St; Zi. ab 250 £; P 📶) Die vorderen Zimmer des noblen Hotels im Zentrum von Oxford blicken auf St. Mary's Church und mitten ins Herz der Universität. Die eleganten Zimmer in blassen Farben sind gepflegt und geräumig und im ganzen Haus hängt interessante zeitgenössische Kunst. Unten befindet sich ein viel besuchtes Restaurant.

**Malmaison** HOTEL £££
(☎01865-268400; www.malmaison-oxford.com; 3 New Rd; DZ/Suite ab 180/315 £; P 📶) In dem ehemaligen viktorianischen Gefängnis würde sich wohl jeder gerne einsperren lassen. Es gehört zum Oxford Castle und wurde zu einem feinen Hotel mit nobler Einrichtung, stimmungsvoller Beleuchtung und riesigen Betten umgebaut. Aus je drei Zellen wurde ein Zimmer.

**Old Parsonage Hotel** HOTEL £££
(☎01865-310210; www.oldparsonage-hotel.co.uk; 1 Banbury Rd; Zi. ab 250 £; P 📶) Das kleine, originelle Boutiquehotel in einem von Glyzinien überwucherten Haus aus dem 17. Jh. hat genau die richtige Mischung aus historischem Charme und modernem Luxus. Es ist mit zeitgenössischer Kunst und geschickt zusammengewürfelten Möbeln eingerichtet und die eleganten Zimmer haben handgefertigte Betten und Marmorbäder. Oscar Wilde machte es zu seinem Zuhause.

## Essen

### Stadtzentrum

**★ Edamame** JAPANISCH £
(www.edamame.co.uk; 15 Holywell St; Hauptgerichte 6–8 £; ⏲Mi–So 11.30–14.30, Do–Sa 17–20.30 Uhr) Die Schlange bis vor die Tür sagt alles über die Qualität des Essens. Das winzige Lokal ganz in hellem Holz bietet die beste authentisch japanische Küche der Stadt. Es herrscht ein freundliches Gewusel Am besten früh kommen und sich auf etwas Wartezeit einstellen.

**Missing Bean** CAFÉ £
(www.themissingbean.co.uk; 14 Turl St; Hauptgerichte 3–4 £; ⏲Mo–Sa 8–18.30, So 10–17.30 Uhr) Hier gibt's den besten Kaffee in Oxford, aber auch (losen) Tee und Smoothies für Nicht-Koffeinsüchtige. Die frischen Muffins, Kuchen und belegte Ciabatta sind ein prima Mittagsimbiss.

**Chiang Mai Kitchen** THAILÄNDISCH ££
(☎01865-202233; www.chiangmaikitchen.co.uk; 130a High St; Hauptgerichte 7–16 £; ⏲12–22.30 Uhr; 🌶) Authentische thailändische Küche im Zentrum von Oxford samt tränentreibend scharfem *som tum* (scharfer

ABSTECHER

### LE MANOIR AUX QUAT'SAISONS

Da Oxford kein Sternerestaurant hat, begeben sich die örtlichen Feinschmecker zu besonderen Anlässen 10 km weiter östlich ins berühmte **Le Manoir aux Quat'Saisons** (☎ 01844-278881; www.manoir.com; Church Rd, Great Milton; Hauptgerichte 48–54 £, 5-Gänge-Menü mittags/abends 79/134 £; ⏲ 7.30–10, 11.45–14.15 & 18.45–21.30 Uhr; ✎). In dem stattlichen Herrenhaus vollführt Chefkoch Raymond Blanc bereits seit über 30 Jahren Küchenmagie vom Feinsten und serviert seinen Bewunderern kreative, komplexe und exquisit präsentierte Speisen. Wer sich zu seinen Fans zählt, kann auch gleich in einem der luxuriösen Zimmer nächtigen. Frühzeitige Reservierung und elegante Kleidung sind erforderlich.

Papaya-Salat), Nudelgerichten und ausgezeichnet zubereiteten Klassikern wie Huhn mit Cashewnüssen. Für Vegetarier gibt es eine lange Extraspeisekarte.

## Jericho

**Al-Shami** LIBANESISCH £
(☎ 01865-310066; www.al-shami.co.uk; 25 Walton Crescent; Hauptgerichte 7–12 £; ⏲ 12–24 Uhr; ✎) Der Service ist in dem alteingesessenen libanesischen Restaurant nicht immer umwerfend, aber das Essen ist authentisch und lecker. Empfehlenswert ist eine Auswahl warmer und kalter Mezze, anschließend gegrilltes Lammfleisch oder Huhn. Ein sehr gute vegetarische Auswahl gibt es auch.

**Manos** GRIECHISCH £
(☎ 01865-311782; www.manosfoodbar.com; 105 Walton St; Hauptgerichte 7–9 £; ⏲ 10.30–21 Uhr; ✎) In dem griechischen Feinkostladen mit Restaurant gibt es hausgemachte, mediterrane Köstlichkeiten, z. B. Spinat-Feta-Kuchen, Hühner-Souvlaki und eine große Auswahl Mezze. Das Café mit Feinkostabteilung im Erdgeschoss serviert preiswerte Wraps und Salate, im Untergeschoss wird mehr Stil und Komfort geboten.

★ **Rickety Press** MODERN BRITISCH ££
(☎ 01865-424581; www.thericketypress.com; 67 Cranham St; Hauptgerichte 13–17 £; ⏲ 12–14.30 & 18–21.30 Uhr) Die alte, in den Gassen von Jericho verborgene Eckkneipe serviert schön angerichtete, leckere Speisen in lässigem Ambiente. Mittags und abends vor 19 Uhr gibt es preiswerte Menüs (2-/3-Gänge 13/15 £).

**Branca** ITALIENISCH ££
(☎ 01865-556111; www.branca.co.uk; 110–111 Walton St; Hauptgerichte 10–18 £; ⏲ 10–23 Uhr; ✎) Das schicke italienische Restaurant ist groß, geschäftig und hell und serviert köstliche Cocktails und dazu die üblichen Pizzas, Pasta sowie Fleisch und Fisch vom Grill. Das Feinkostgeschäft nebenan gehört dazu.

## East Oxford

**Oli's Thai** THAILÄNDISCH £
(☎ 01865-790223; www.olisthai.com; 38 Magdalen Rd; Hauptgerichte 7–10 £; ⏲ Di 16–22, Mi–Sa 11–22 Uhr) Das kleine Lokal mit seiner sonnigen Straßenterrasse und buntem Innenraum liegt abseits der Touristenpfade, lohnt aber einen Besuch. Ein thailändischer Chefkoch sorgt für Authentizität auf der kurzen, aber tollen Speisekarte. Zu finden von der Magdalen Bridge über die Iffley Street und am Pub Magdalen Arms links; Reservierung ist ratsam.

**Atomic Burger** AMERIKANISCH £
(www.atomicburger.co.uk; 96 Cowley Rd; Hauptgerichte 7–11 £; ⏲ 11.30–22.30 Uhr) Das Atomic bietet den „Fallout Challenge", das ist ein dreifach gestapelter Hamburger mit einer furchteinflößenden Bhut-Jolokia-Chilisauce. Wer seine Geschmacksnerven nicht abtöten will, kann sich mit Chuck Norris, Dead Elvis, Grillrippchen, Nachos oder Spiralpommes samt Riesen-Shakes begnügen.

**Magdalen Arms** BRITISCH ££
(☎ 01865-243159; www.magdalenarms.com; 243 Iffley Rd; Hauptgerichte 12–19 £; ⏲ Mo 17–23, Di–So 11–23 Uhr) Weinrote Wände und zusammengewürfeltes Mobiliar sorgen für Ambiente in dem gemütlichen Pub, das bei Studenten genauso beliebt ist wie bei Feinschmeckern. Die 20 Minuten zu Fuß von der Magdalen Bridge lohnen auf jeden Fall, um deftige Gerichte wie Steak and Ale Pie, Wild und Ente zu genießen.

**Café Coco** MEDITERRAN ££
(☎ 01865-200232; www.cafecoco.co.uk; 23 Cowley Rd; Frühstück 4–10 £, mittags 7–12 £; ⏲ Do–Sa 10–24, So bis 17 Uhr) Das Café ist eine Institution an der Cowley Road und wird gern von trendigen und hungrigen Gästen zum Brunch aufgesucht. Die Dekoration besteht

aus klassischen Plakaten an den Wänden und einem kahlköpfigen Clown aus Gips in einem Eisbad. Das Speisenangebot reicht von englischem Frühstück und Waffeln bis zu Pizza, Salaten, mediterranen Speisen und Pecankuchen.

**Door 74** MODERN BRITISCH ££
(☎01865-203374; www.door74.co.uk; 74 Cowley Rd; Hauptgerichte 10–14 £; ⏲Di–Fr 12–15 & 17–23, Sa 10–23, So 11–16 Uhr) Das behagliche, kleine Lokal lockt seine Gäste mit einer Mischung aus britischer und mediterraner Küche und freundlichem Service. Das Angebot ist nicht groß und die Tische stehen dicht gedrängt, aber das Essen ist stets gut und der Brunch am Wochenende (englisches Frühstück, Pfannkuchen usw.) reichlich und sättigend. Reservierung ist ratsam.

## Ausgehen & Nachtleben

Oxford besitzt einige wunderbar traditionelle Pubs (s. www.oxfordpubguide.co.uk) sowie eine gute Auswahl an trendigen Bars. Trotz der vielen Studenten gibt es nicht sehr viele Clubs, nur ein paar große Allerweltsläden auf der Bahnhofsseite des Stadtzentrums. Ein paar Schwulenbars sind in der Paradise Street zu finden.

**Bear Inn** PUB
(www.bearoxford.co.uk; 6 Alfred St; ⏲11–23 Uhr; 📶) Beim Eintritt in das atmosphärisch knarzige Pub, zweifellos das älteste in Oxford (schon seit 1242 steht an dieser Stelle ein Pub), müssen bis auf sehr klein geratene Menschen alle ihren Kopf einziehen. An den Wänden und der Decke hängt eine merkwürdige Schlipssammlung (leider kann man seinen eigenen nicht mehr gegen ein Pint eintauschen) und meistens gibt es ein paar leckere Gast-Ales kennenzulernen.

**Eagle & Child** PUB
(www.nicholsonspubs.co.uk/theeagleandchildoxford; 49 St Giles; ⏲11–23 Uhr; 📶) Das atmosphärische Pub von 1650, liebevoll „Bird & Baby" genannt, war einst die Lieblingskneipe der Autoren J. R. R. Tolkien und C. S. Lewis. Die holzgetäfelten Räume und die Auswahl an *real ales* zieht ein reiferes Publikum an.

**Turf Tavern** PUB
(www.theturftavern.co.uk; 4 Bath Pl; ⏲11–23 Uhr) Das winzige, mittelalterliche Pub (seine Wurzeln reichen mindestens zurück bis 1381) in einer engen Gasse ist das meistgeliebte der Stadt. Hier hat der ehemalige US-Präsident Bill Clinton bekanntermaßen „nicht inhaliert". Elf Ale-Sorten gibt es und der Laden ist immer voll mit einer Mischung aus Studenten, Berufstätigen und Touristen, die es mit Glück gefunden haben. Viele Straßentische.

**White Horse** PUB
(www.whitehorseoxford.co.uk; 52 Broad St; ⏲11–23 Uhr) Das winzige Pub aus dem 16. Jh. war nicht für TV-Detektiv Inspektor Morse ein beliebtes Refugium und kann abends ganz schön voll werden. Es ist aber toll am Nachmittag für ein ruhiges Glas von welchem aktuellen Ale auch immer.

**Raoul's** COCKTAILBAR
(www.raoulsbar.com; 32 Walton St; ⏲16–24 Uhr) In Jerichos schönster Bar im Retrolook gibt's perfekt gemixte Cocktails und abgefahrene Musik.

**Kazbar** BAR
(www.kazbar.co.uk; 25-27 Cowley Rd; ⏲Mo–Fr 17–24, Sa 12–0.30, So 12–23 Uhr) Die witzige Bar im Marokkolook hat riesige Fenster, gedämpftes Licht, warme Farben und ein cooles Flair. An den meisten Abenden drängen sich hier hippe junge Leute, die Cocktails schlürfen und spanische und nordafrikanische Tapas mampfen.

**Trout** PUB
(www.thetroutoxford.co.uk; 195 Godstow Rd, Wolvercote; ⏲11–23 Uhr) Ein 4 km Fußmarsch vom Stadtzentrum Richtung Nordwesten an der Themse entlang führt zu diesem zauberhaften, altmodischen Pub, in das seit dem 17. Jh. gern Gäste kommen. TV-Detektiv Inspektor Morse machte es unsterblich und meistens ist es proppenvoll mit Leuten, die den Garten am Fluss genießen.

## ☆ Unterhaltung

Fans klassischer Musik haben in Oxford mehr als genug Auswahl: In der Stadt gibt es tolle Veranstaltungssäle und das ganze Jahr über Konzerte. Ein Programmverzeichnis steht auf www.dailyinfo.co.uk und www.musicatoxford.com.

★ **Creation Theatre** THEATER
(☎01865-766266; www.creationtheatre.co.uk) Das Theaterensemble tritt an verschiedenen, ungewöhnlichen Orten auf, darunter Stadtparks, die BMW-Fabrik und Oxford Castle. Auf dem Spielplan stehen höchst originelle Inszenierungen, meist Shakespeare, mit viel Magie und Spezialeffekten.

**Oxford Playhouse** THEATER
(☎01865-305305; www.oxfordplayhouse.com; Beaumont St) An der Hauptbühne der Stadt für hochkarätige Schauspielkunst werden auch eindrucksvolle Gastspiele (Musik, Tanz und Theater) aufgeführt. Im Burton Taylor Studio werden oft schräge Studenteninszenierungen aufgeführt.

**Catweazle Club** LIVEMUSIK
(www.catweazleclub.com; East Oxford Social Club, 44 Princes St; Eintritt 6 £; ⏲Do 20 Uhr) Legendärer Open-Mic-Abend mit Musikern, Dichtern und allen möglichen Szenegrößen.

**O2 Academy** LIVEMUSIK
(www.o2academyoxford.co.uk; 190 Cowley Rd) In den drei Bühnenräumen von Oxfords bestem Club und Livemusikladen gibt's ein breites Angebot, von berühmten DJs und internationalen Künstlern bis zu Indie-Bands, Hard Rock und Funk.

**Cellar** LIVEMUSIK
(www.cellaroxford.co.uk; Frewin Crt; 📶) In dem unabhängigen Schuppen sorgen an den meisten Abenden Livemusik oder DJs für Stimmung; zum breiten Spektrum gehören Indie-Rock, Reggae, Folk, Hip Hop und Drum and Bass.

## Shoppen

★**Blackwell's** BÜCHER
(www.blackwell.co.uk; 48–51 Broad St; ⏲Mo–Sa 9–18.30, So 11–17 Uhr) Blackwell's, der berühmteste Buchladen in der studentischsten aller Studentenstädte, enttäuscht nicht mit seinem riesigen Sortiment an Literatur, akademischen Abhandlungen und heimlichen Lesevergnügen. Filialen in der gleichen Straße sind Noten und Kunstposter spezialisiert. Im Sommer bietet Blackwell's literarische Stadtrundgänge an.

Die riesige, kopfstehende Stufenpyramide aus Bücherregalen im Norrington Room im Untergeschoss ist unbedingt sehenswert.

**Oxford Covered Market** MARKTHALLE
(www.oxford-coveredmarket.co.uk; Market St; ⏲Mo–Sa 9–17.30, So 10–16 Uhr) Die Markthalle ist ein Paradies mit traditionellen Fleischern, Fischhändlern, Schustern, Barbieren, Restaurants und unabhängigen Läden. Hier gibt's sizilianische Würste, abgefahrene T-Shirts und verrückte Hüte für Hochzeiten und/oder Pferderennen in Ascot. Weihnachten ist der Markt ein Muss: Dann gibt's hier frisches Wild, Wildschwein, Strauß und Truthahn. Unbedingt in der Schlange vor Ben's Cookies anstellen!

## Praktische Informationen

**John Radcliffe Hospital** (☎01865-741166; www.ouh.nhs.uk; Headley Way, Headington) Liegt 5 km östlich des Stadtzentrums von Oxford.

**Post** (102 St Aldate's; ⏲Mo–Sa 9–17.30 Uhr)

**Touristeninformation** (☎01865-252200; www.visitoxfordandoxfordshire.com; 15–16 Broad St; ⏲Mo–Sa 9.30–17, So 10–15.30 Uhr)

## An- & Weiterreise

### AUTO

Autofahren und Parken in der Oxforder Innenstadt ist ein Albtraum. Es gibt fünf Park & Ride-Parkplätze an den größeren Einfallstraßen in die Stadt. Parken kostet pro Tag 2 bis 4 £; die Busse in die Stadt fahren ungefähr alle 15 Minuten und kosten etwa 2,70 £ (Fahrtzeit 12–25 Min.).

### BUS

Oxfords Busbahnhof befindet sich in am Gloucester Green nahe Ecke Worcester Street/ George Street.

Busse fahren zu folgenden Orten:

**Cambridge** (X5) 12,50 £, 3¾ Std.
**Chipping Norton** (S3) 4,30 £, 56 Min.
**Cheltenham** (853) 7,50 £, 1½ Std.
**London Victoria** (Oxford Tube/X90) 14 £, 1¾ Std.
**Woodstock** (S3) 3,50 £, 25 Min.

**Oxford Bus Company** (☎01865-785400; www.oxfordbus.co.uk) Befährt die Strecke „The Airline" von/nach Heathrow (23 £, 1½ Std.) und Gatwick (28 £, 2 Std.).

**National Express** (☎08717 818178; www.nationalexpress.com) Ziele der Fernbusse sind u. a. London Victoria (15 £, 2 Std.), Bath (6,50 £, 2 Std.), Bristol (7,50 £, 2¾ Std.) und Birmingham (8,50 £, 2 Std.).

### ZUG

Der Bahnhof von Oxford liegt günstig im Westen des Stadtzentrums. Einige Zielorte sind:

**Birmingham** 27 £, 1¼ Std.
**London Paddington** 25 £, 1¼ Std.
**Manchester** 60 £, 3 Std.
**Newcastle** 106 £, 4¾ Std.
**Winchester** 17 £, 1¼ Std.

## Unterwegs vor Ort

### BUS

Oxford Bus Company und Stagecoach betreiben ein umfassendes Stadtbusnetz mit regelmäßigen Verbindungen auf den Hauptstrecken. Eine kurze Fahrt kostet 1,70 £ (hin & zurück 2,80 £); eine Tageskarte lohnt sich (4 £). Fahrkarten können im Bus gekauft werden.

### FAHRRAD

**Cyclo Analysts** (☎ 01865-424444; www.cycloanalysts.com; 150 Cowley Rd; pro Tag/Woche ab 10/36 £; ⏲ Mo–Sa 9–18 Uhr) Verkauft, repariert und verleiht Fahrräder, auch Hybridräder.

### TAXI

Taxistände gibt es am Bahn- und am Busbahnhof sowie in der St. Giles und am Carfax.

# RUND UM OXFORD

Ländlichen Charme haben die Dörfer und Städtchen um Oxford reichlich zu bieten. Sie eignen sich für Tagesausflüge oder als Stationen auf dem Weg in die Cotswolds.

## Woodstock

2520 EW.

Batikklamotten, Rockmusik oder verdächtig riechende Rauchschwaden sind im englischen Woodstock nicht zu erwarten. Seine Reize sind weitaus manierlicher. In den Steinhäusern im Ortskern, durch den eine betuchte Klientel bummelt, sind vorwiegend alte Pubs und Antiquitätenläden zu finden. Der größte Besuchermagnet ist Blenheim Palace, jenes prächtige Barockschloss, in dem Winston Churchill geboren wurde.

### Sehenswertes

**★ Blenheim Palace** SCHLOSS

(www.blenheimpalace.com; Erw./Kind 22/12 £, nur Park & Gärten 13/6,50 £; ⏲ tgl. 10.30–17.30 Uhr, Nov.–Mitte Feb. Mo & Di geschl.) Blenheim Palace gehört zu den schönsten Schlössern des Landes. Es ist eine monumentale Barockphantasie, nach Entwürfen von John Vanbrugh und Nicholas Hawksmoor zwischen 1705 und 1722 erbaut. Land und Geld wurden John Churchill, dem Herzog von Marlborough, von einer dankbaren Königin Anne nach seinem entscheidenden Sieg in der Schlacht von Blenheim 1704 geschenkt. Derzeit wird Blenheim (sprich *blen*-nem), das zum Unesco-Welterbe gehört, vom 11. Herzog von Marlborough bewohnt.

Das Schloss ist angefüllt mit protzigen Möbeln, schweren Tapisserien, Skulpturen, kostbarem Porzellan und gigantischen Ölgemälden in prunkvollen, vergoldeten Rahmen. Die Besichtigung beginnt in der Great Hall, die eine 20 m hohe Decke hat und mit Bildern vom ersten Herzog von Marlborough geschmückt ist. Es folgt die Churchill Exhibition, eine Ausstellung zu Leben, Werk und Schriften von Winston Churchill, der 1874 in Blenheim geboren wurde. Der britische Premierminister war ein Nachkomme des Herzogs, ebenso wie Prinzessin Diana.

Danach besteht die Wahl, auf eigene Faust durch verschiedene Prunksäle zu schlendern oder sich einer der kostenlosen Führungen anzuschließen, die den ganzen Tag über regelmäßig stattfinden (außer sonntags). Zu den Highlights gehören die berühmten Blenheim Tapestries, zehn große Wandteppiche, auf denen die militärischen Triumphe Marlboroughs dargestellt sind, der State Dining Room mit Wand- und Deckenbemalung sowie die prachtvolle Long Library.

Im ersten Stock erzählt eine geisterhafte Kammerjungfer die *„Untold Story"*, wozu sie ihre Gäste durch verschiedene Szenenarrangements führt, in denen Ereignisse aus der Schlossgeschichte nachgestellt sind.

Wem der Rummel im Haus zu viel ist, der kann sich in die üppigen Gärten und den weitläufigen Park zurückziehen, der teilweise von Lancelot „Capability" Brown gestaltet wurde. Eine Minibahn bringt die Besucher zu den Pleasure Gardens mit Eibenlabyrinth, Abenteuerspielplatz und Schmetterlingshaus. Herrliche Wege, die zu einem Arboretum, einer Kaskade und einem Tempel führen, laden zu einem ausgedehnten, ruhigen Spaziergang ein.

### Schlafen & Essen

**★ Glove House** B&B £££

(☎ 01993-813475; www.theglovehouse.co.uk; 24 Oxford St; Zi./Suite ab 155/165 £; 📶) Das elegante, 400 Jahre alte Stadthaus wurde luxuriös renoviert, zeigt aber trotzdem stolz sein ehrwürdiges Alter und besitzt einen herrlichen Garten. Die größte Suite hat eine wunderbare, frei stehende Kupferbadewanne, eine andere eine frei stehende Emaillewanne.

**★ Hope House** BOUTIQUEHOTEL £££

(☎ 01993-815990; www.hopehousewoodstock.co.uk; 14 Oxford St; EZ/DZ ab 250/350 £; P ❄ 📶) Reinen Genuss bietet das luxuriöse Stadthaus von 1708, das sorgfältig restauriert und spielerisch elegant eingerichtet wurde. In den drei großen Suiten verbinden sich Originaldetails bruchlos mit High-Tech-Ausstattung

**La Galleria** ITALIENISCH ££

(☎ 01993-813381; www.lagalleriawoodstock.com; 2 Market Pl; Hauptgerichte 11–24 £; ⏲ Di–So 12–14 &

ABSTECHER

### KELMSCOTT MANOR

**Kelmscott Manor** (☎ 01367-252486; www.kelmscottmanor.org.uk; Kelmscott; Erw./Kind 9/4,50 £; ⌚ April–Okt. Mi & Sa 11–17 Uhr), mitten auf dem Land 32 km westlich von Oxford (bei Faringdon), ist ein hinreißendes Tudorhaus, das einst das Sommerhaus von William Morris war, seines Zeichens Dichter, Künstler und Gründer des Arts and Crafts Movement. Die Innenausstattung entspricht vollkommen seiner Philosophie, dass man nichts besitzen sollte, was nicht schön oder nützlich ist. Das Haus enthält viel persönliche Habe von Morris sowie Stoffe und Möbel, die von ihm und seinen Mitstreitern entworfen wurden.

19–22 Uhr) Durch große Fenster strömt Licht in den schlichten Raum des beliebten Restaurants. Der Gastraum ist mit schweren, drapierten Vorhängen, rosa Tischdecken und Blumen auf jedem Tisch altmodisch eingerichtet, aber das Essen ist exzellent. Die überwiegend sardischen Speisen reichen von delikater Pasta bis zu perfekt zubereitetem Kalb und Fisch.

### An- & Weiterreise

Busse von **Stagecoach** (☎ 01865-772250; www.stagecoachbus.com) fahren von/nach Oxford (Nr. S3; 3,50 £, 25 Min.), Chipping Norton (S3; 3,80 £, 25 Min.) und Witney (242; 3,40 £, 28 Min.).

## Witney

29 100 EW.

Das verschlafene Städtchen Witney liegt im Einzugsgebiet von Oxford. Wer durch den Verkehr und die Neubausiedlungen bis ins Ortszentrum vordringt, kommt an eine zauberhafte Grünfläche, die von hübschen Steinhäusern gesäumt wird. An dem einen Ende liegen die prächtige Kirche aus dem 13. Jh. und Armenhäuser aus dem 18. Jh., am anderen eine Markthalle aus dem 17. Jh.

Witney begründete seinen Wohlstand durch die Herstellung von Wolldecken – von der Eisenzeit bis ins Jahr 2002 das Hauptgewerbe der Einwohner. Die Mühlen, Kaufmannshäuser und Fabriken sind heute noch zu sehen. Die barocke Blanket Hall aus dem 18. Jh. dominiert die vornehme High Street und in Wood Green gibt es eine zweite große Grünfläche und eine Gruppe alter Steinhäuschen.

### Schlafen & Essen

**Fleece** PUB ££

(☎ 01993-892270; www.fleecewitney.co.uk; 11 Church Green; Hauptgerichte 12–26 £, EZ/DZ ab 69/89 £; P ᯤ) Das geräumige Pub am Hauptanger serviert anspruchsvolle saisonale Gerichte, z. B. wunderbaren Räucherfisch, Steaks, Platten mit diversen Kleinigkeiten und Sonntagsbraten. Die Gästezimmer oben sind schick und geräumig.

### Praktische Informationen

**Touristeninformation** (☎ 01993-861000; www.westoxon.gov.uk; 3 Welch Way; ⌚ Mo–Sa 9–17 Uhr) Hat Broschüren mit Wanderungen in der Umgebung.

### An- & Weiterreise

Minibusse von **Witney Shuttle** (☎ 01993-705993; www.witneyshuttle.com) fahren alle zwei Stunden von/zu den Flughäfen Heathrow (48 £, 1½ Std.) und Gatwick (68 £, 2½ Std.). Weitere Zielorte sind:

**Burford** (Nr. 233) 3 £, 19 Min.

**Chipping Norton** (233/X9) 3,40 £, 45 Min.

**Minster Lovell** (233/853) 2,50 £, 6 Min.

**Oxford** (11/S1/S2/853) 4,50 £, 30 Min.

**Woodstock** (242) 3,40 £, 28 Min.

## Vale of the White Horse

In dem grünen Tal südwestlich von Oxford liegt der historische Marktflecken **Wantage**, der Geburtsort von Alfred dem Großen (849 n. Chr.). Aber die interessantesten Ausflugsziele sind sehr viel älter.

Das **Uffington White Horse** gleich unterhalb des Kamms des White Horse Hill, der höchsten Erhebung in Oxfordshire, stammt aus der Bronzezeit und gilt als älteste Erdzeichnung in England. Das stilisierte Bild eines Pferdes wurde vor etwa 3000 Jahren durch Ausheben von Gräben geschaffen, die dann mit Kreideblöcken aufgefüllt wurden. Die Einheimischen haben die Zeichnung jahrhundertelang instand gehalten. Ihre Bedeutung ist unklar, vielleicht wurde das Pferd zu Ehren der Götter erschaffen, denn am besten ist es aus der Luft zu erkennen.

Der **Dragon Hill** gleich unterhalb der Erdzeichnung erhielt seinen Namen nach dem Glauben der Einheimischen, dass der hl. Georg hier den Drachen tötete. Möglicherweise befand sich an dieser Stelle eine eisenzeitliche Kultstätte. Oberhalb des Uffington-Pferdes steht **Uffington Castle**, eine Bergfeste von etwa 700 v. Chr. Gut 1,5 km östlich liegt am **Ridgeway** (eine Altstraße, die es vielleicht schon seit über 5000 Jahren gibt) **Wayland's Smithy**, ein jungsteinzeitliches Hünengrab, das nach Wieland dem Schmied aus der angelsächsischen Mythologie benannt wurde.

# DIE COTSWOLDS

Idyllische Dörfer voller alter Herrenhäuser aus honiggelbem Stein, reetgedeckte Cottages, stimmungsvolle Kirchen und beschauliche Armenhaussiedlungen locken viele Besucher in die Cotswolds. Wer jemals von Balkendecken und Cream Tea am Nachmittag träumte, wird nicht enttäuscht werden.

Der blühende Wollhandel im Mittelalter brachte der Gegend Reichtum und mithin viele schöne Gebäude. 1966 wurde sie zur Area of Outstanding Natural Beauty (AONB; „Gebiet von außergewöhnlicher Naturschönheit") erklärt und mit 2046 km² Fläche ist sie nach dem Lake District das zweitgrößte Naturschutzgebiet in England. Die Cotswolds, die sich von Chipping Campden im Norden bis nach Bath im Süden ausdehnen, erstrecken sich über sechs verschiedene Grafschaften, der größte Teil gehört jedoch zu Gloucestershire. Über 86 % sind Agrarland, gleichwohl leben rund 158 000 Menschen innerhalb der AONB, die größeren Dörfer und kleinen Städte am Rand, wie Cirencester, Cheltenham und Gloucester, nicht mitgezählt.

Zwischen den größeren Ortschaften bestehen Busverbindungen, aber um flexibel zu sein und die üblichen Wege auch mal verlassen zu können ist ein Auto die bessere Wahl. Die sanften Hügel sind zum Wandern, Radfahren und Reiten bestens geeignet. Etliche Fernwanderwege führen durch das Gebiet, insbesondere der 164 km lange **Cotswold Way** (www.nationaltrail.co.uk/cotswold).

## Cirencester

17 200 EW.

Das erfrischend unprätentiöse, zauberhafte Cirencester (sprich: sai*ren*-sester) ist ein wohlhabendes, elegantes Städtchen. Rings um den hübschen Marktplatz, das Zentrum der Stadt, stehen viktorianische Häuser und die angrenzenden Straßen sind ein harmonischer Mischmasch von Gebäuden aus verschiedenen Epochen.

Es ist kaum zu glauben, dass Cirencester unter den Römern (die den Ort Corinium nannten) in Sachen Größe und Bedeutung gleich nach London kam. Aus dieser Zeit ist jedoch kaum etwas erhalten, lediglich die grasüberwachsene Ruine eines der größten Amphitheater des Landes ist noch zu sehen. Der mittelalterliche Wollhandel kam der Stadt zugute: Reiche Kaufleute finanzierten den Bau einer großartigen Kirche.

Heute ist Cirencester die bedeutendste Stadt in den südlichen Cotswolds und der lebhafte Markt am Montag und Freitag ist genauso gut besucht wie die teuren Geschäfte und trendigen Feinkostläden in den engen Gassen.

### Sehenswertes & Aktivitäten

**Corinium Museum** MUSEUM

(www.coriniummuseum.org; Park St; Erw./Kind 5/2,50 £; Mo–Sa 10–16, So 14–16 Uhr; ) Der größte Teil des gut gemachten, modernen Museums ist der römischen Vergangenheit von Cirencester gewidmet. Highlights sind u. a. die unglaublichen Bodenmosaiken und die Jupiter-Säule, ein Kapitell mit Reliefs, die Bacchus und seine betrunkenen Kumpane darstellen. Rekonstruierte Zimmer und interaktive Ausstellungsbereiche erwecken die damalige Zeit zum Leben. Die Kids können sich als römische Bürger und mittelalterliche Mönche verkleiden.

**St. John the Baptist's Church** KIRCHE

(www.cirenparish.co.uk; Market Sq; erbetene Spende 3 £; 9.30–16 Uhr) Die kathedralenartige Kirche, mit deren Bau 1100 begonnen wurde, ist eine der größten Gemeindekirchen Englands. Sie besitzt einen herausragenden spätgotischen Turm mit Strebebögen (ca. 1400) und eine majestätische, dreistöckige Vorhalle an der Südseite, die Ende des 15. Jhs. als Arbeitsraum für die Äbte gebaut wurde und später als Rathaus diente.

Hohe Bögen und ein prachtvolles Fächergewölbe prägen das lichtdurchflutete Kirchenschiff aus der Tudorzeit, in dem sich eine bemalte Steinkanzel aus dem 15. Jh. und einige Säulen befinden, die aus römischen Bauwerken stammen. Das Fenster an der Ostwand besteht aus Buntglas aus dem

15. und 16. Jh. und ein Mauertresor zeigt den Boleyn-Kelch, der 1535 für Anne Boleyn gefertigt wurde.

**New Brewery Arts** KULTURZENTRUM
(www.newbreweryarts.org.uk; Brewery Court; Mo–Sa 9–17, So 10–16 Uhr) GRATIS In der ehemaligen viktorianischen Brauerei haben sich ein Theater und über ein Dutzend Kunsthandwerker niedergelassen. Es finden regelmäßig Ausstellungen, Workshops und Kurse statt.

**Cirencester Park** PARK
(www.cirencesterpark.co.uk; Cecily Hill; 8–17 Uhr) Das Schlösschen des Earl of Bathurst liegt, für einen Adelssitz ungewöhnlich, direkt am Ortsrand hinter einer gigantischen Eibenhecke. Die ausgedehnte Parklandschaft ist täglich und kostenlos der Öffentlichkeit zugänglich.

## Schlafen

**Old Brewhouse** B&B ££
(01285-656099; www.theoldbrewhouse.com; 7 London Rd; EZ/DZ ab 68/79 £; P) Das B&B in einem reizenden Stadthaus aus dem 17. Jh. vermietet hübsche Zimmer mit gusseisernen Betten und geblümten oder Patchwork-Überwürfen. Die Zimmer zum Hofgarten sind neuer und größer.

**Greensleeves** B&B ££
(01285-642516; www.greensleeves4u.co.uk; Baunton Lane, Stratton; EZ/DZ 50/65 £; P) Agrarland umgibt das moderne Haus am Ortsrand (an der Gloucester Road). Die drei komfortablen Zimmer samt kleiner Gemeinschaftsküche sind in einem eigenen Flügel untergebracht. Zum Frühstück gibt es hausgebackenes Brot.

**No 12** B&B ££
(01285-640232; www.no12cirencester.co.uk; 12 Park St; DZ/Suite 120/140 £) Das georgianische Stadthaus direkt im Zentrum von Cirencester hat vier wunderbare Zimmer, die mit einer geschmackvollen Mischung aus antiken und modernen Möbeln, ganz ohne Schnickschnack eingerichtet sind. Viele Federkissen, extralange Betten und schicke, moderne Badezimmer gehören dazu.

## Essen

**Lick the Spoon** CAFÉ £
(www.lickthespoon.co.uk; 3 Black Jack St; Kuchen 1–2,50 £; Mo–Sa 9.30–17 Uhr) Ein Wort nur: Schokolade. Und zwar sowohl in preisgekrönter fester Form, hübsch verpackt zum Mitnehmen, als auch in feinster flüssiger Form. Für die, die zum Zuckerkick noch einen Koffeinschub brauchen, gibt es hausgerösteten Kaffee.

**Made by Bob** MODERN BRITISCH ££
(www.foodmadebybob.com; Corn Hall, 26 Market Pl; Frühstück 5–10 £, mittags 10–19 £; Mo–Sa 7.30–18.30 Uhr; ) Das Bob, teils Feinkostladen, teils hippe Brasserie, hat eine zwanglose Atmosphäre und bietet einfallsreiche, raffinierte Gerichte, die täglich wechseln. Die Frühstücksauswahl ist die beste im Ort, mittags gibt es leichte Imbisse wie Suppen, Salate und kalte Platten.

**Jesse's Bistro** MODERN BRITISCH £££
(01285-641497; www.jessesbistro.co.uk; 14 Black Jack St; Hauptgerichte 18–19 £; Mo–Sa 12–14.15, Di–Sa 18.45–21.15 Uhr) Das nette, kleine Bistro liegt versteckt in einem kopfsteingepflasterten Stallhof und ist mit Steinfliesen, schmiedeeisernen Stühlen und Mosaiktischen ausgestattet. Die Gerichte werden aus lokalen, saisonalen Zutaten zubereitet, z. B. kornische Krebse und Rindfleisch aus den Cotswolds.

## Praktische Informationen

**Touristeninformation** (01285-654180; www.cotswolds.com; Corinium Museum, Park St; Mo–Sa 10–16, So 14–16 Uhr) Hat ein Faltblatt mit einem ausführlich beschriebenen Stadtrundgang (1,20 £).

## An- & Weiterreise

Die meisten Busse halten vor der Corn Hall am Market Place. Montags bis samstags befahren sie folgende Strecken:

**Cheltenham** (Nr. 51) 3,60 £, 40 Min.
**Gloucester** (852) 2,60 £, 1 Std.
**Northleach** (855) 2,20 £, 30 Min.
**Stroud** (54) 3,50 £, 36 Min.
**Tetbury** (881) 3,50 £, 37 Min.

### COTSWOLDS DISCOVERER

Wer vorhat, in kürzester Zeit möglichst viel von den Cotswolds zu sehen, aber ohne Auto unterwegs ist, ist mit dem **Cotswolds Discoverer** (www.escapetothecotswolds.org.uk/discoverer; Busfahrkarte für 1/3Tage 10/25 £, Zugfahrkarte 8,30/20 £) gut beraten. Er gewährt unbegrenzte Fahrten auf allen Bus- oder Bahnstrecken der teilnehmenden Anbieter.

# Die Cotswolds

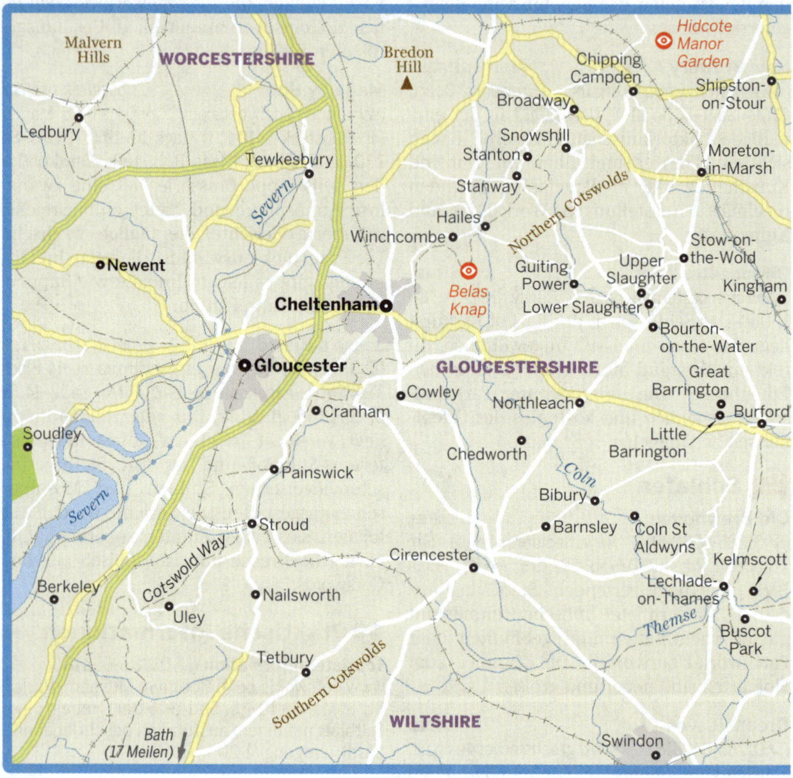


National-Express-Busse fahren zu folgenden Zielorten:

**Birmingham** 15 £, 2½ Std.
**Leeds** 52 £, 6¾ Std.
**London** 17 £, 2½ Std.
**Newcastle-upon-Tyne** 68 £, 10 Std.
**Nottingham** 27 £, 5¼ Std.

## Bibury

625 EW.

William Morris bezeichnete Bibury als „allerschönstes Dorf in England". Mit seinen Cottages am Fluss und einem Gewirr aus engen und von urigen Steinhäuschen gesäumten Straßen ist es der Inbegriff eines Cotswolds-Dorfes. Die **Arlington Row**, eine pittoreske Häuserzeile, die schon oft als Filmkulisse (am bekanntesten *Der Sternwanderer*) diente, ist ein heißer Anwärter auf den Titel der meistfotografierten Straße in Großbritannien. Nicht weniger sehenswert ist die **Arlington Mill** aus dem 17. Jh. Dorthin ist es nur ein kurzes Stück zu Fuß durch die **Rack Isle**, die heute ein Naturschutzgebiet ist und damals von den Weber genutzt wurde, um die gewaschene Wolle zum Trocknen aufzuspannen.

### Sehenswertes

**Church of St. Mary the Virgin** KIRCHE
(Church Rd) Die ursprünglich von den Angelsachsen errichtete Dorfkirche wurde im Lauf der Zeit stark verändert, aber zwischen all den Um- und Anbauten aus dem 12. und 13. Jh. sind noch viele Details aus dem 8. Jh. zu sehen.

**Bibury Trout Farm** FISCHFARM
(www.biburytroutfarm.co.uk; Erw./Kind 4/3 £, Fang pro Pfund 4 £; ⌚9–17 Uhr) Auf der Forellenfarm am Rand des Dorfs, wo die B4425 über den Fluss Coln führt, kann man sein Abendessen selbst angeln. Einfacher ist es, in dem kleinen Laden etwas Räucherfisch zu kaufen.

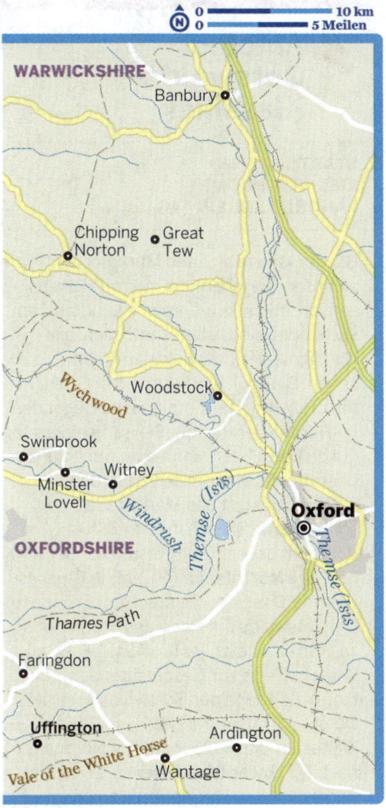


## Schlafen

Die besten Unterkünfte gibt es in den Nachbardörfern Coln St. Aldwyns (3 km östlich) und Barnsley (5 km südwestlich).

**New Inn** PUB ££
(☎01285-750651; www.new-inn.co.uk; Coln St. Aldwyns; Zi. 100–150 £; P 📶) Das von Jasmin bewachsene New Inn vermietet im Haupthaus und in einem benachbarten Cottage luxuriöse Zimmer in 16.-Jh.-Umgebung. Alle 15 Zimmer sind geräumig und stimmungsvoll, in kräftigen Farben gehalten und hübsch möbliert.

**Barnsley House** HOTEL £££
(☎01285-740000; www.barnsleyhouse.com; B4425, Barnsley; Zi. ab 290 £; P 📶 🏊) In Sachen Luxus und Romantik ist das Haus von 1697 mit seinem phantastischen Garten einfach unschlagbar. Alle 18 Zimmer sind individuell eingerichtet und einige sogar mit Diskokugel und Whirlpool ausgestattet, doch die meisten kommen zurückhaltend daher. Zum Haus gehören ein Spa, ein Privatkino und ein Restaurant.

## An- & Weiterreise

Bus 855 von Pulhams Coaches (www.pulhams coaches.com) fährt montags bis samstags von/nach Cirencester (2,20 £, 15 Min.) und Northleach (1,70 £, 19 Min.).

# Burford

1190 EW.

Das Dorf Burford, das sich einen steilen Hang hinab bis zu einem mittelalterlichen Übergang über den Fluss Windrush erstreckt, hat sich seit den Glanzzeiten des Wollhandels kaum verändert. Die durcheinander gewürfelten Cottages und schönen Stadthäuser, mit dem ein oder anderen elisabethanischen oder georgianischen Schmuckstück darunter, sind ein pittoresker Anblick. Antiquitätenläden, Teestuben und kleine Fachgeschäfte bieten den Besuchern, die hier im Sommer massenhaft einfallen, vor allem eins: Nostalgie. Trotz der vielen Touristen sind abseits der Hauptstraße noch ruhige Seitenstraßen zu finden, in denen die Zeit scheinbar stillsteht.

## Sehenswertes

**St. John the Baptist's Church** KIRCHE
(www.burfordchurch.org; Church Lane) Die solide Kirche von Burford, mit deren Bau 1175 begonnen wurde und die im Lauf der Jahrhunderte etliche Veränderungen erfuhr, überstand Reformer und Roundheads (Unterstützer des Parlaments gegen den König im englischen Bürgerkrieg). Die schöne Fächergewölbedecke und mehrere prächtige Grabmäler blieben unbeschadet. Glücklicherweise auch das makabre Tanfield Tomb von 1626, das ein Adelspaar oben in vollem Staat und unten als Skelette darstellt.

Während des Bürgerkriegs wurden hier 340 sogenannte Levellers eingekerkert – Roundhead-Soldaten, die meuterten, weil ihr Kommandant den Anspruch auf Gleichheit aller Männer vor dem Gesetz nicht achtete. Einer von ihnen ritzte seinen Namen in die Bleiauskleidung des Taufbeckens. Eine Tafel am Kircheneingang erinnert an ihre drei Anführer, die auf dem Kirchhof hingerichtet wurden.

Gleich beim Kirchhof stehen die städtischen Armenhäuser aus dem 15. Jh.

**Tolsey House** GEBÄUDE

(Ecke High St/Sheep St) In dem Haus aus dem 16. Jh., das auf stämmigen Pfeilern steht, befand sich die Zahlstelle zur Entrichtung der Marktgebühren.

**Cotswold Wildlife Park** ZOO

(☎01993-823006; www.cotswoldwildlifepark.co.uk; Erw./Kind 15/10 £; ⏲10–17 Uhr; 👪) Ein Besuch in dem stark frequentierten Wildtierpark 5 km südlich von Burford ist vor allem für jüngere Besucher ein Erlebnis. Hier leben Pinguine, Zebras, Breitmaulnashörner, Löwen und noch viele andere Tiere. Eine Minibahn (1 £) und ein Streichelzoo machen die Sache noch attraktiver. Letzter Einlass 1½ Stunden vor Schließung.

## Aktivitäten

Ab Burford gibt es mehrere hübsche Wanderwege, darunter auch einen, der am Ufer des Flusses entlang bis zum unberührten und kaum besuchten Dorf **Swinbrook** (5 km) führt, wo sich in St. Mary's Church aus dem 12. Jh. die erstaunlich fröhlichen Grabmäler der Familie Fettiplace befinden, die in dieser Gegend 500 Jahre lang das Sagen hatte. Fans von *Downton Abbey* werden das Pub als jenes wiedererkennen, in dem Lady Sybil und Branson ihre Flucht planten.

## Schlafen & Essen

★ **Star Cottage** B&B ££

(☎01993-822032; www.burfordbedandbreakfast.co.uk; Meadow Lane, Fulbrook; EZ/DZ ab 70/80 £; 📶) Das wunderbare alte Cotswold-Cottage in Fulbrook, 15 Minuten zu Fuß von Burford, hat zwei komfortable und atmosphärische Zimmer mit Bad, das kleinere mit einem tollen Himmelbett. Das englische Frühstück ist hervorragend.

**Bull** HOTEL ££

(☎01993-822220; www.bullatburford.co.uk; 105 High St; EZ/DZ ab 65/80 £; P📶) Wer in dem Hotel aus dem 15. Jh. nächtigt, wandelt auf den Spuren illustrer Gäste wie Karl II. und Horatio Nelson. Die vornehmeren Zimmer haben Himmelbetten und antikes Mobiliar und das Restaurant bietet reinste Gourmetküche mit wunderbaren Gerichten, die aus lokalen Zutaten zubereitet werden.

**Lamb Inn** PUB £££

(☎01993-823155; www.cotswold-inns-hotels.co.uk/lamb; Sheep St; EZ/DZ ab 150/160 £; 📶) Das stimmungsvolle Gasthaus hat Steinböden, Deckenbalken, knarzende Treppen, eine

## Autotour Cotswolds-Klassiker

**START** BURFORD
**ZIEL** WINCHCOMBE
**LÄNGE** 80 KM; EIN TAG

Bei der Menge an alten Marktflecken, zeitlosen Dörfchen und stolzen Herrensitzen, die durch kurvenreiche Landstraßen verbunden sind, ist es unmöglich, alle Highlights der Cotswolds an einem Tag zu sehen. Die Tour führt durch drei Grafschaften und einige sehr malerische Gegenden im Norden der Region. Sie ist an einem Tag gut zu bewältigen, kann aber auch auf zwei oder drei Tage ausgedehnt werden.

Startpunkt ist das Marktstädtchen 1 **Burford** (S. 205) in Oxfordshire. Von dort geht es Richtung Westen auf der A40 nach 2 **Northleach** (S. 208) in Gloucestershire. Das Besucherzentrum Escape to the Cotswolds am Rand des Städtchens zeigt in einer exzellenten Ausstellung alles Wissenswerte zur Geschichte, Geografie, Flora und Fauna der Cotswolds Area of Outstanding Natural Beauty (AONB). Weiter auf der A429 Richtung Nordosten nach 3 **Lower Slaughter** (S. 209), ein Bilderbuchdorf mit Häusern aus dem für die Gegend typischen honiggelben Stein. Wer mag, läuft die 1,6 km herüber nach 4 **Upper Slaughter** (S. 209). Das Schwesterdorf ist weniger besucht, aber wegen der Lage zwischen einer kleinen Furt und den Hügeln nicht weniger hübsch. Bei rechtzeitiger Reservierung kann man im Sternerestaurant Lords of the Manor in einem jakobinischen Herrenhaus zu Mittag essen.

Nun geht's nach 5 **Stow-on-the-Wold** (S. 210), mit 244 m das höchstgelegene Cotswold-Dorf und seit dem 12. Jh. Marktstadt. Nach einer Runde um den Marktplatz geht es auf der A429 entlang der alten Römerstraße Fosse Way nach Norden. Nach 6,5 km ist 6 **Moreton-in-Marsh** (S. 211) erreicht. Hier gibt es einen Wochenmarkt und ausgezeichnete Lebensmittelläden.

Von Moreton führt die A44 westwärts durch das winzige 7 **Bourton-on-the-Hill** mit schönen Cottages aus dem 17.

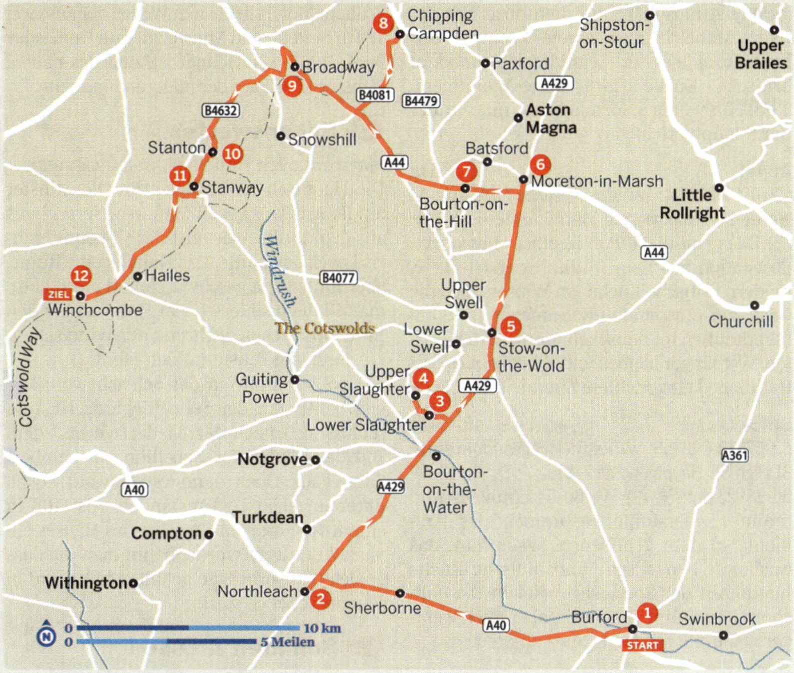


und 18. Jh. Hier lässt sich eine Mittagspause einlegen. Zwei Dinge haben das Dorf bekannt gemacht: ein Käfig, in dem im 19. Jh. die Leichen von Wegelagerern zur Abschreckung ausgestellt wurden, und die Pferdeausbildung. Im Umland liegen mehrere Gestüte.

Auf der Weiterfahrt zweigt rechts die B4081 nach 8 **Chipping Campden** (S. 212) ab, einem der hübschesten Orte in den Cotswolds. Sehenswert sind die Häuser entlang der Hauptstraße. Falls keine Übernachtung geplant ist, geht es zurück auf die A44 in den Worcesteshire-Teil der Cotswolds und bergab nach 9 **Broadway** (S. 213). Nach Durchfahren der breiten Hauptstraße führt die B4632 südwärts Richtung Cheltenham.

Nach 5 km zweigt links eine Straße nach 10 **Stanton** ab. Idyllische Häuser aus Cotswolds-Stein – und kein Laden oder niedlicher Teesalon weit und breit. Ins Auge fallen das jakobinische Stanton Court und der schöne, spätgotische Turm der St. Michael & All Angels' Church, die einen fabelhaften mittelalterlichen Innenraum hat. Stanton Court war der Wohnsitz von Philip Stott (1858–1937), der als Architekt für die Restauration vieler Häuser im Dorf verantwortlich war.

Meistens begegnet man hier Wanderern, die auf dem Cotswold Way Richtung Süden nach 11 **Stanway**, etwa 1,5 km weiter südlich, stapfen. Weiter geht es auf der schmalen Straße parallel zum Wanderweg. Stanway besteht aus nicht mehr als ein paar Reetdachhäuschen, einer Kirche und dem Stanway House, einem jakobinischen Herrenhaus hinter einem Tor mit drei Giebeln. In seinem barocken Wassergarten schießt die höchste Fontäne Großbritanniens wie ein Geysir 91 m hoch. Das Haus ist seit 500 Jahren der Wohnsitz der Grafen von Wemyss und besitzt Wohnlichkeit und Charme. Viele originale Möbel sind noch erhalten. Es ist von Juni bis August dienstag- und donnerstagnachmittags zugänglich (Erw./Kind 7/2 £).

Hinter Stanway geht's rechts auf die B4077 und dann links zurück auf die B4632. Nächste Station ist 12 **Winchcombe** (S. 215), eine alte angelsächsische Stadt mit guten Restaurants und Unterkünften. Hier zu übernachten ist empfehlenswert, etwa um am nächsten Morgen Sudeley Castle zu besichtigen. Sonst geht's weiter ins verhältnismäßig betriebsame Cheltenham.

lockere Atmosphäre und luxuriöse, mit antiken Möbeln eingerichtete Zimmer. Das Restaurant serviert erstklassige, modern britische Küche (2-/3-Gänge-Abendmenü 33/39 £); weniger förmlich isst man in der Bar (Hauptgerichte ab 8–5 £).

**Angel** PUB ££
(☎01993-822714; www.theangelatburford.co.uk; 14 Witney St; Hauptgerichte 14–17 £; ⏲12–23.30 Uhr; 📶) Das gemütliche Pub in einer ehemaligen Poststation aus dem 16. Jh. serviert leckere, modern britische Küche. Im Winter essen die Gäste am prasselnden Kaminfeuer, im Sommer draußen im hübschen ummauerten Garten. Wer länger bleiben will: Oben gibt es drei traditionell eingerichtete Zimmer (90–120 £).

**Spice Lounge** INDISCH, BENGALISCH ££
(☎07833 292255; www.spiceloungeburford.co.uk; 81 High St; Hauptgerichte 7–13 £; ⏲Sa–Do 12–14, tgl. 18–23 Uhr; 📶🍷) Weiße Tischtücher und braune Lederstühle bestimmen das Ambiente in dem gehobenen Restaurant, das exzellente bengalische und indische Küche bietet. Auf der Speisekarte stehen die üblichen Currys und Tandooris, aber auch weniger bekannte regionale Spezialitäten.

**Huffkins** BÄCKEREI, CAFÉ ££
(www.huffkins.com; 98 High St; Hauptgerichte 7–12 £; ⏲Mo–Sa 8–17, So 10–17 Uhr) Huffkins backt und serviert schon seit 1890 leckere *scones*, Kuchen und Pies. Zu den deftigeren Gerichten gehören englisches Frühstück, Makkaroni mit Käse, Käsetoast und Hamburger.

### ℹ Praktische Informationen

**Touristeninformation** (☎01993-823558; www.oxfordshirecotswolds.org; 33a High St; ⏲9.30–17 Uhr)

### ℹ An- & Weiterreise

Die meisten Busse halten in der High Street oder der Sheep Street. Verbindungen mit Burford:
**Cheltenham** (Nr. 853) 3,80 £, 45 Min.
**Gloucester** (853) 5 £, 1¼ Std.
**Oxford** (853) 4,20 £, 45 Min.
**Minster Lovell** (233/853) 1,60 £, 9 Min.
**Witney** (233/853) 3,10 £, 19 Min.

## Minster Lovell

1340 EW.

Minster Lovell liegt an einem sanften Hang am mäandernden Fluss Windrush. Das romantische Dorf mit steinernen Cottages, einem alten Pub und einer Mühle am Fluss hat sich seit dem Mittelalter kaum verändert. William Morris liebte den Weiler, der aus zwei Teilen besteht: Old Minster, das im Domesday Book (1086) verzeichnet ist, und das neuere Minster Lovell auf der anderen Flussseite.

### Sehenswertes

**Minster Lovell Hall** HISTORISCHES GEBÄUDE
Die Hauptsehenswürdigkeit in Old Minster ist die Minster Lovell Hall, ein Herrenhaus aus dem 15. Jh., das einst der Viscount Francis Lovell bewohnte. Das Haus ist eine Ruine, aber hinter den geschwärzten Mauern kann man in die dachlose Great Hall und auf den Innenhof gucken, während der Wind schaurig durch die Fensterhöhlen pfeift.

Lovell kämpfte in der Schlacht von Bosworth 1485 an der Seite Richards III. und schloss sich nach der Niederlage und dem Tod des Königs der Rebellion um Lambert Simnel an. Doch dann verschwand Lovell unter ungeklärten Umständen. Als 1708 in einem verborgenen Gewölbe des Hauses ein Skelett entdeckt wurde, nahm man an, dass er sich hier verborgen gehalten hatte und in seinem Versteck starb.

### Schlafen & Essen

**Old Swan & Minster Mill** HOTEL, PUB £££
(☎01993-774441; www.oldswanandminstermill.com; Old Minster; DZ/Suite ab 165/285 £, Hauptgerichte 14–22 £; ⏲Old Swan 12–15 & 18–21 Uhr; P📶👶🐾) Das luxuriöse Anwesen bietet zauberhafte, im historischen Stil gehaltene Zimmer in einem 600 Jahre alten Pub und schickes, modernes Design in der umgebauten Mühle aus dem 19. Jh. In der Mühle werden Wellnessbehandlungen angeboten, das Old Swan serviert exzellentes Gastropub-Essen, z. B. mittags Sandwiches mit dick geschnittenem Brot und abends hausgemachte Würste, frischen Fisch und Wild.

### ℹ An- & Weiterreise

Busse fahren zu folgenden Zielorten:
**Burford** (Nr. 233/853) 1,60 £, 9 Min.
**Cheltenham** (853) 4,60 £, 52 Min.
**Gloucester** (853) 5,60 £, 1½ Std.
**Oxford** (S2/853) 3,90 £, 46 Min.
**Witney** (233/S2/853) 2,60 £, 6 Min.

## Northleach

1860 EW.

Das kaum besuchte und wenig gewürdigte Northleach existiert seit 1227. Es ist eine kleine Marktstadt mit spätmittelalterlichen

Cottages, stattlichen Kaufmannsläden und Fachwerkhäusern aus der Tudorzeit. Eine wunderbare Mischung architektonischer Stile findet sich rund um den Marktplatz und in den engen Gassen drumherum.

## Sehenswertes

**Escape to the Cotswolds** BESUCHERZENTRUM
(www.cotswoldsaonb.co.uk; A429; 9.30–16.30 Uhr; ) GRATIS Das offizielle Besucherzentrum für die Cotswolds Area of Outstanding Natural Beauty (AONB) befindet sich im Old Prison (das alte Gefängnis ist eine Sehenswürdigkeit für sich) und erläutert in Ausstellungen Geschichte, Ökologie und Attraktionen der Gegend. Es gibt hier auch ein Café und im hinteren Hof eine Sammlung landwirtschaftlicher Fuhrwerke.

**Church of St. Peter & St. Paul** KIRCHE
(www.northleach.org; Church Walk; 10 Uhr–Sonnenuntergang) Die Pracht und Vielfalt dieses Meisterwerks des spätgotischen Stils in den Cotswolds ist ein Zeugnis des Reichtums aus dem Wollhandel. Der Altarraum stammt etwa von 1350, aber der Rest wurde zu Zeiten des Wollbooms im 15. Jh. umfassend umgebaut. Ein modernes Highlight ist das große Buntglasfenster von 1964 hinter dem Altar, das Christus auf dem Thron darstellt.

**Keith Harding's World of Mechanical Music** MUSEUM
(www.mechanicalmusic.co.uk; High St; Erw./Kind 8/3,50 £; 10–17 Uhr) Das faszinierende Museum im Oak House, einem Wollhaus aus dem 17. Jh. in der Nähe des Marktplatzes, zeigt liebevoll restaurierte automatische Musikinstrumente. Zutritt nur im Rahmen einer einstündigen Führung.

**Chedworth Roman Villa** AUSGRABUNGSSTÄTTE
(NT; www.nationaltrust.org.uk; Yanworth; Erw./Kind 9/4,50 £; Feb.–Nov. 10–16 Uhr) Die weitläufigen Ruinen, die 1864 von einem Wildhüter auf der Pirsch entdeckt wurden, sind die Überreste einer der größten und vornehmsten römischen Villen in England. Der älteste Teil stammt aus dem Jahr 175 n. Chr. Es wird angenommen, dass die Villa zu ihren Glanzzeiten um 362 mit zwei Badehäusern, einem Speiseraum mit Fußbodenheizung und einem Wasserschrein ausgestattet war. Die Ausgrabungsstätte liegt gut 7 km südwestlich des Dorfs und ist ab der A429 ausgeschildert.

## Schlafen & Essen

★ **Wheatsheaf** PUB £££
(01451-860244; www.cotswoldswheatsheaf.com; West End; DZ 140–180 £, Hauptgerichte 11–20 £; 8–10, 12–15 & 18–21.30 Uhr; P) Die 14 Zimmer in der ehemaligen Poststation verbinden nette historische Details, z. B. freistehende Badewannen, mit modernem Komfort, wie Elektroduschen. Das exzellente Restaurant serviert deftige britische Küche, z. B. ausgezeichnete pikante Hammelnierchen.

## An- & Weiterreise

Busverbindungen bestehen mit folgenden Orten:
**Cheltenham** (Nr. 801/853) 1,80 £, 30 Min.
**Cirencester** (855) 2,20 £, 30 Min.
**Gloucester** (853) 3 £, 1 Std.
**Moreton-in-Marsh** (801) 2,20 £, 40 Min.
**Oxford** (853) 6 £, 1 Std.

# Die Slaughters

400 EW

Die Bilderbuchdörfer Upper und Lower Slaughter haben ihren gemächlichen, mittelalterlichen Charme trotz Besucherandrang bewahrt. Ihr Name hat nichts mit Schlachthäusern zu tun, sondern kommt von dem altenglischen *sloughtre*, was „schlammiger Ort" bedeutet. Heute ist der Fluss Eye von Kalksteinufer eingefasst und mäandert friedlich durch das Dorf, an Lower Slaughter Manor aus dem 17. Jh. vorbei zur **Old Mill** (www.oldmill-lowerslaughter.com; Erw./Kind 2,50/1 £; 10–18 Uhr), in der sich ein kleines Museum, ein Café und ein Eissalon befinden.

## Schlafen & Essen

**Lords of the Manor** HOTEL £££
(01451-820243; www.lordsofthemanor.com; Upper Slaughter; DZ 199–495 £, 3-Gänge-Menü 69 £; Restaurant So 12–15, tgl. 18–21 Uhr; P) „Landhausluxus" ist der Eindruck beim Anblick des Herrenhauses aus dem 17. Jh. Die Zimmer sind geräumig und äußerst geschmackvoll eingerichtet und das Sternerestaurant mit seinen kreativen, schön angerichteten Speisen gehört zu den besten in den Cotswolds.

## An- & Weiterreise

Bus 801 von Pulhams Coaches (www.pulhams coaches.com) verkehrt montags bis samstags zwischen Lower Slaughter und Northleach

(1,80 £, 20 Min.), Stow-on-the-Wold (1,70 £, 7 Min.), Moreton-in-Marsh (1,70 £, 17 Min.) und Cheltenham (3 £, 33 Min.).

## Stow-on-the-Wold

2050 EW.

Stow ist der höchstgelegene Ort in den Cotswolds (244 m), mit einem großen Marktplatz im Zentrum, der von schönen Häusern umgeben ist und auf den Viehtriebgassen (mit Mauern) zulaufen, durch die die Schafherden zum Markt geführt wurden. In der Vergangenheit war Stow wegen seiner Lage an der Römerstraße Fosse Way ein strategisch wichtiger Ort in den Cotswolds, an dem sich noch sechs weitere Straßen kreuzten. Heute ist es noch immer ein Handelsplatz, bekannt für seinen Pferdemarkt, der zweimal jährlich stattfindet (Mai und Oktober) und auf dem sich seit über 500 Jahren Roma und anderes fahrendes Volk trifft.

### Schlafen

**Stow-on-the-Wold YHA** HOSTEL £

(☎0845 3719540; www.yha.org.uk; Market Sq; B 19 £; @ 📶 👪) Zentraler als in diesem Hostel am Marktplatz geht's nicht. Das einzige YHA in den Cotswolds ist in einem herrlichen Stadthaus aus dem 16. Jh. untergebracht. Die Schlafsäle sind nicht allzu groß, es hat einen Spielplatz und ein hauseigenes Café, das preiswerte warme Mahlzeiten serviert.

**Number 9** B&B ££

(☎01451-870333; www.number-nine.info; 9 Park St; EZ/DZ ab 45/65 £; 📶) Zu der charmanten Atmosphäre in dem freundliche B&B in zentraler Lage tragen nicht zuletzt die unebenen Fußböden und niedrige Balkendecken bei. Die drei Zimmer sind gemütlich und trotzdem geräumig, jedes hat ein eigenes Bad.

**Number Four at Stow** HOTEL £££

(☎01451-830297; www.hotelnumberfour.co.uk; Fosse Way; EZ/DZ ab 115/130 £; P 📶) Das Number Four ist nicht gerade „in Stow" (es liegt steile 1,5 km zu Fuß vom Ort an der Hauptstraße nach Burford), aber es führt ein beliebtes Restaurant und hat 18 moderne Zimmer mit Bad. Die Standardzimmer sind etwas klein (vor allem für den Preis), aber nett eingerichtet.

### Essen

**Bell at Stow** PUB ££

(☎01451-870916; www.thebellatstow.com; Park St; Hauptgerichte 13–16 £; ⏱11–23 Uhr) In Stow gibt es reichlich coole, alte Pubs, aber das Bell am Ostrand des Orts ist das beste. Es hat ein peppiges und vielfältiges Speisenangebot, z. B. Wiener Schnitzel, mariniertes Grillhuhn oder Jambalaya. Auf der Kreidetafel stehen täglich frische Fischgerichte.

**Vine Leaf** CAFÉ ££

(☎01451-832010; www.thevineleaf.co.uk; 10 Talbot Court; Hauptgerichte 9–16 £, 2-/3-Gänge-Menü 12/15 £; ⏱April–Sept. Di–Sa 11.30–21 Uhr, Okt.–März Mi–Sa) Ein wunderbares, kleines Allroundcafé, das dicke Sandwiches mit Brot aus einer örtlichen Bäckerei, Hamburger, mediterrane Vorspeisen und reichhaltigere Bistrogerichte mit Zutaten aus lokalem Anbau serviert.

### An- & Weiterreise

➜ Bus 801 von Pulhams Coaches (www.pulhamscoaches.com) fährt montags bis samstags von/nach Moreton-in-Marsh (1,70 £, 15 Min.), Lower Slaughter (1,70 £, 7 Min.), Northleach (2,10 £, 26 Min.) und Cheltenham (3 £, 1 Std.).

➜ Minibusse von Witney Shuttle (www.witneyshuttle.com) fahren von/zu den Flughäfen Heathrow (88 £, 2 Std.) und Gatwick (108 £, 3 Std.).

## Chipping Norton

5720 EW.

Das hügelige Städtchen Chipping Norton („Chippy" unter Einheimischen) hat viele stille Seitenstraßen und keinerlei Cotswolds-Touristen. Schöne georgianische Häuser und alte Poststationen säumen den Marktplatz und in der Church Street steht eine Reihe honiggelber **Armenhäuser** aus dem 17. Jh.

### Sehenswertes

**St. Mary's Church** KIRCHE

(www.stmaryscnorton.com) Die etwas abgelegene Kirche mit einem prachtvollen spätgotischen Schiff und Fenstergeschoss ist eine typische Cotswolder Wollkirche. Ein Großteil wurde erst 1448 gebaut, aber zwei Bögen im Altarraum stammen aus dem Jahr 1200. Aus den Schnitzereien an den Deckenbossen im sechseckigen Vorraum lugt der Grüne Mann hervor. Die Fabelgestalt ist wahrscheinlichen heidnischen Ursprungs, aber in vielen britischen Kirchen zu finden.

**Bliss Mill** WAHRZEICHEN

Chipping Nortons Wahrzeichen ist ein Denkmal der Industriearchitektur des 19. Jhs. am

Westrand des Orts. Mit ihrem Kuppelturm und dem toskanisch anmutenden Schornstein erscheint die Bliss Mill eher wie ein herrschaftliches Anwesen, nicht wie eine Fabrik. Die ehemalige Wollweberei wurde zu Luxuswohnungen umgebaut und kann daher nur von der A44 aus im Vorbeifahren bewundert werden.

## Essen

**Wild Thyme** MODERN BRITISCH £££
(☎01608-645060; www.wildthymerestaurant.co.uk; 10 New St; Hauptgerichte 18–19 £, 2-/3-Gänge-Mittagsmenü 18/23 £; ⏲Mi–So 12–14, Di–Sa 19–21 Uhr) Das kleine „Restaurant mit Zimmern" verwöhnt den Gaumen mit erstklassigen Gerichten wie Ziegenkäsesoufflé mit roter Zwiebelmarmelade. Die Desserts sind schlichtweg sensationell und in den drei Zimmern oben (EZ/DZ ab 65/75 £) sinken die Gäste in Federbetten und Bettwäsche aus ägyptischer Baumwolle.

## Shoppen

★ **Jaffé & Neale Bookshop Cafe** BÜCHER
(www.jaffeandneale.co.uk; 1 Middle Row; ⏲Mo–Sa 9.30–17.30, So 11–17 Uhr) Der tolle kleine Buchladen kredenzt an kleinen Tischen, die zwischen den Bücherregalen stehen, köstlichen Kuchen. Im Obergeschoss gibt's ein gutes Antiquariat.

## An- & Weiterreise

Busse fahren zu folgenden Zielorten:
**Oxford** (Nr. S3) 4,30 £, 56 Min.
**Stratford-upon-Avon** (50) 5,40 £, 45 Min.
**Witney** (233/X9) 3,40 £, 45 Min.
**Woodstock** (S3) 3,80 £, 25 Min.
Sonntags fährt ein Bus nach Burford (233; 3,80 £, 30 Min.).

ABSTECHER

### COTSWOLD FARM PARK

**Cotswold Farm Park** (www.cotswoldfarmpark.co.uk; Guiting Power; Erw./Kind 9/8 £; ⏲März–Nov. 10.30–16.30 Uhr; 🚼) gehört dem Fernsehmoderator Adam Henson, der hier kleinen Kindern Gelegenheit gibt, mit Bauernhoftieren vertraut zu werden, und gleichzeitig seltene Rassen erhalten will. Es gibt Melk- und Schafschurvorführungen, einen Abenteuerspielplatz und Trettraktoren zum Herumfahren. Die Farm liegt in Guiting Power auf halber Strecke zwischen Stow-on-the-Wold und Winchcombe und ist von der B4077 ausgeschildert.

# Moreton-in-Marsh

3500 EW.

In Moreton-in-Marsh stehen ein paar schöne Häuser, aber der Verkehr, der die breite High Street (über die Römerstraße Fosse Way gebaut) verstopft, ist heftig. Der Ort ist ein Verkehrsknotenpunkt und bekannt für exzellente Lebensmittelläden, die Erzeugnisse aus den Cotswolds führen. Dienstags ist mächtig was los, denn da ist Wochenmarkt. Im September lockt die **Moreton Show** (www.moretonshow.co.uk), das ultimative Landwirtschaftsspektakel mit kulinarischen Spezialitäten und der Prämierung von aufgebrezeltem Vieh, an einem Tag bis zu 20 000 Besucher an.

## Sehenswertes & Aktivitäten

**Chastleton House** HERRENHAUS
(NT; www.nationaltrust.org.uk; Erw./Kind 8,50/4 £; ⏲März–Okt. Mi–So 12.30–15 Uhr) Chastleton, 8 km östlich von Moreton (nahe der A44), ist eines der schönsten und am besten erhaltenen Beispiele jakobinischer Architektur in ganz England. Besonders prachtvoll ist die Long Gallery mit Tapisserien, Familienporträts und antikem Mobiliar. Draußen blüht ein wunderbarer Heckengarten.

**Batsford Arboretum** PARK
(www.batsarb.co.uk; Batsford Park; Erw./Kind 7/3 £; ⏲10–17 Uhr; 🐾) Der von Bertie Mitford (Lord Redesdale) 1880 angelegte exotische Waldpark besteht aus über 3300 beschrifteten Bäumen, Bambussen und Sträuchern aus Nepal, China, Japan und Nordamerika. Zu den Highlights gehören riesige amerikanische Rotholzbäume, japanische Kirschbäume (am schönsten im Frühjahr) und die „Kathedralen-Linde", die tatsächlich Ähnlichkeit mit einer Kirche hat.

★ **Cotswold Falconry Centre** VOGELPARK
(www.cotswold-falconry.co.uk; Batsford Park; Erw./Kind 10/5 £; ⏲Mitte Feb.–Mitte Okt. 10.30–17 Uhr) Der Vogelpark mit Eulen, Geiern, Adlern und natürlich Falken veranstaltet täglich um 11.30, 13.30 und 15 Uhr (im Sommer auch um 16.30 Uhr) Falknerei-Vorführungen. Die Vögel fliegen am besten an windigem Tagen. Weitere Angebote zur Vogelbeobachtung in kundiger Begleitung ab 40 £.

## Schlafen & Essen

**White Hart Royal Hotel** HOTEL ££
(☎01608-650731; www.whitehartroyal.co.uk; High St; EZ/DZ ab 72/86 £) Das „Royal" im Namen bezieht sich darauf, dass hier während des Bürgerkriegs Karl I. nächtigte. Auch wenn er nicht in den Genuss von iPod-Stationen, Flachbildschirm-TVs und Zimmern mit Bad kam, in die knarzigen Fachwerkflure dürfte er seinen Fuß gesetzt haben. Das Restaurant unten im Haus besitzt gleichfalls viel Charme.

★ **Horse & Groom** PUB ££
(☎01386-700413; www.horseandgroom.info; Hauptgerichte 14–20 £; ⏲tgl. 12–14, Mo–Sa 19–21 Uhr; P 📶) Das zwanglose Pub im Dorf Bourton-on-the-Hill, gut 3 km von Moreton-in-Marsh, zeichnet sich durch gehobene Landküche mit einheimischem Lamm und Rind und schmackhaften Fischgerichten aus. Es wird regelmäßig von betuchten Gutsherrengestalten aus der Umgebung aufgesucht. Im Obergeschoss werden Zimmer (EZ/DZ 80/120 £) vermietet.

## An- & Weiterreise

### BUS

Montags bis samstags fahren Busse zu folgenden Zielorten:
**Broadway** (Nr. 21/973) 3 £, 25 Min.
**Cheltenham** (801/813) 3,30 £, 1¼ Std.
**Chipping Campden** (21/22/816) 3 £, 40 Min.
**Stow-on-the-Wold** (801/817) 1,70 £, 15 Min.
**Stratford-upon-Avon** (21/22/23) 5 £, 1 Std.

### ZUG

Es bestehen folgende Zugverbindungen:
**Hereford** 18 £, 2 Std.
**Ledbury** 17 £, 1½ Std.
**London Paddington** 33 £, 1¾ Std.
**Oxford** 9,60 £, 35 Min.
**Worcester** 12 £, 45 Min.

# Chipping Campden

2290 EW.

Chipping Campden liegt wie ein Edelstein umgeben von hübschen Ortschaften in der Landschaft und hält die Erinnerung an das Leben in den Cotwolds im Mittelalter lebendig. Stein-Cottages, Reihenhäuschen, alte Gasthöfe und Wohnhäuser, viele aus jenem honiggelben Gestein, für das die Cotswolds berühmt sind, säumen die verschlungene Hauptstraße. Trotz seiner Reize bleibt das Dorf von Besuchermassen relativ verschont, ist aber sehr beliebt bei Wanderern, die auf dem Cotswold Way unterwegs sind.

Der Name des Dorfs leitet sich zwar vom altenglischen *ceapen* ab, was „Markt" bedeutet, aber „Chippys" sichtbarer Reichtum rührt aus der Wollhandel-Vergangenheit.

## Sehenswertes & Aktivitäten

**St. James' Church** KIRCHE
(www.stjameschurchcampden.co.uk; Church St; ⏲April–Okt. Mo–Sa 10–17, So 14–17.45 Uhr, Nov.–März Mo–Sa 11–15, So 14–16 Uhr) Die imposante, spätgotische St James' Church aus dem 15. Jh. besitzt einen prachtvollen Turm und einige schöne Grabmäler aus dem 17. Jh. Die Church Street ein Stück weiter runter stehen bemerkenswerte **Armenhäuser** aus dem Jahr 1612.

**Court Barn Museum** MUSEUM
(☎01386-841951; www.courtbarn.org.uk; Church St; Erw./Kind 4 £/frei; ⏲Di–So 10–6 Uhr) Chipping Campden wird mit dem Arts and Crafts Movement in Verbindung gebracht, seit der Architekt und Gestalter Charles Robert Ashbee 1902 seine Guild of Handicrafts von East London hier verlegte. Das kleine, aber interessante Designmuseum zeigt Werke von berühmten Köpfen der Bewegung, die im Zeitalter der Industrialisierung das traditionelle Kunsthandwerk pflegte.

Die ehemalige Scheune gehörte einst zum **Campden House**. Royalistische Soldaten setzten das stattliche Kaufmannshaus im Bürgerkrieg in Brand. Einige Häuschen auf dem nicht öffentlichen Gelände wurden restauriert und werden über den **Landmark Trust** (www.landmarktrust.org.uk) als Ferienhäuser vermietet. Besucher dürfen die Anlage nicht betreten, können aber durch die Tore linsen.

**Grevel House** HISTORISCHES GEBÄUDE
(High St) Das Grevel House aus dem 14. Jh. ist eines der prächtigsten Wohnhäuser in der High Street. Hier lebte der Wollhändler William Grevel. Es ist nicht zu besichtigen, aber von der Straße aus sieht man das großartige spätgotische Giebelfenster.

**Market Hall** HISTORISCHES GEBÄUDE
(High St) Auf der Mitte der High Street steht die Market Hall aus dem 17. Jh. In dem nach allen Seiten offenen Gebäud boten früher die Milchbauern ihre Ware feil. Mit seinen Bögen, dem unebenen Steinboden, den vielen Giebeln und dem kunstvollen Holzschindeldach sieht es wie eine Kreuzung aus Scheune und Kapelle aus.

**Guild Craft Workshops** KULTURZENTRUM
(www.thegalleryattheguild.co.uk; Sheep St; ⌚10–16.30 Uhr) GRATIS In der ehemaligen Seidenmanufaktur (ca. 1790) war von 1902 bis zu ihrem Bankrott 1908 Charles Ashbees Guild of Handicrafts untergebracht. Viele Kunsthandwerker blieben, auch Hart Gold & Silversmiths, die noch immer hier residieren. Unten gibt es ein Café und eine Galerie, in der die Arbeiten einer Kooperative lokaler Künstler und Kunsthandwerker ausgestellt sind.

**Hidcote Manor Garden** GÄRTEN
(NT; www.nationaltrust.org.uk; Hidcote Bartrim; Erw./Kind 10/5 £; ⌚10–18 Uhr) Der Garten, der etwa 6,5 km nordöstlich von Chipping Campden liegt, ist einer der schönsten Landschaftsparks, die nach den Prinzipien der Arts-and-Crafts-Bewegung in England angelegt wurden. Die „Zimmer" im Freien sind mit Blumen und seltenen Pflanzen gefüllt.

**Cotswold Country Cycles** RADFAHREN
(☎01386-438706; www.cotswoldcountrycycles.com; Longlands Farm Cottage; Touren ab 265 £) Stellt Karten zur Verfügung und sorgt für Gepäcktransport und Unterkünfte in B&Bs für Radwanderungen durch die Cotswolds.

## Schlafen & Essen

**Volunteer Inn** B&B £
(☎01386-840688; www.thevolunteerinn.net; Lower High St; EZ/DZ 35/50 £, mit Bad 45/60 £, Hauptgerichte 8–20 £; 📶) Die einfachen Zimmer des Pubs sind bei Wanderern und Radfahrern, die auf dem Cotswold Way unterwegs sind, sehr beliebt. **Maharaja**, das populäre indische Restaurant des Pubs, bietet alle Klassiker und auch einige ungewöhnlichere Gerichte, wie *tikka masala* mit Wild. Das Gasthaus verleiht auch Fahrräder.

**Eight Bells Inn** PUB ££
(☎01386-840371; www.eightbellsinn.co.uk; Church St; EZ/DZ ab 80/115 £, Hauptgerichte 13–19 £) Das Gasthaus aus dem 14. Jh. ist eine Unterkunft mit Flair. Die Zimmer sind hell und modern und mit eisernen Bettgestellen, wohltuend neutraler Einrichtung und warmen Akzenten ausgestattet. Das Pub zeichnet ein schöner Steinfußboden und gute modern britische Landküche aus.

**Cotswold House & Spa** HOTEL £££
(☎01386-840330; www.cotswoldhouse.com; The Square; Zi. ab 162 £; ⌚Restaurant Di–Sa 18.30–21.30, So 12–14.30 Uhr; P 📶 🏊) Das Boutiquehotel im schicken Stadthaus im Regency-Stil bietet komfortable Riesenbetten und eine luxuriöse Einrichtung. Die besten Zimmer haben eine separaten Garten und einen Whirlpool. Zum Verwöhnprogramm gehören nicht nur Wellnessbehandlungen, sondern auch das feine Restaurant Dining Room (3-Gänge-Abendmenüs 45 £).

> INSIDERWISSEN
>
> **DIE COTSWOLDS OLIMPICKS**
>
> Der mittelalterliche Sport des Schienbeintretens ist in Chipping Campden noch lebendig. Jedes Jahr kommen die Einwohner zusammen, um bei den **Cotswold Olimpicks** (www.olimpickgames.co.uk; ⌚Ende Mai oder Anfang Juni) anzutreten, einem traditionellen Sportfest, das erstmals 1612 stattfand. Ein unterhaltsamer, zuweilen bizarrer Event, bei dem viele weitere originelle Wettkämpfe auf dem Programm stehen, wie Tauziehen, Sackhüpfen und Klettern an einer rutschigen Stange.

## Praktische Informationen

**Touristeninformation** (☎01386-841206; www.campdenonline.org; High St; ⌚April–Okt. tgl. 9.30–17 Uhr, Nov.–März Mo–Do bis 13, Fr–So bis 16 Uhr) Hier gibt es einen Stadtführer (1,50 £) mit einer Tour entlang der wichtigsten Gebäude, außerdem werden Führungen mit den Cotswold Voluntary Wardens (Mai–Sept.; erbetene Spende 3 £) vermittelt.

## Anreise & Unterwegs vor Ort

Johnsons Excelbus (www.johnsonscoaches.co.uk) fährt montags bis samstags von/nach Moreton-in-Marsh (Nr. 21/22/816; 3 £, 40 Min.), Broadway (21/608; 3 £, 17 Min.) und Stratford-upon-Avon (21/22; 4 £, 35 Min.).

# Broadway

2540 EW.

Broadway ist ein typisch englisches Dorf mit Antiquitätenläden, Teestuben und Kunstgalerien. Mit seinen hübschen, honiggelben Cottages zu Füßen eines Steilhangs hat es in der Vergangenheit Schriftsteller, Künstler und Komponisten inspiriert. Empfehlenswert ist ein (ausgeschilderter) Spaziergang zur **St. Eadburgha's Church** aus dem 12. Jh., etwa 1,6 km außerhalb der Stadt.

Sollte einem das Nachbardorf **Snowshill** bekannt vorkommen, dann deshalb, weil es

INSIDERWISSEN

### LEBENSMITTEL & MÄRKTE IN DEN COTSWOLDS

Als es in Mode kam, regionalen und saisonalen Lebensmitteln den Vorzug zu geben, war das in den Cotswolds längst selbstverständlich. Ökologisch und ethisch erzeugte Produkte waren in den Dörfern schon lange vorher die Norm. In den Feinkostläden und unabhängigen Lebensmittelgeschäften in der ganzen Region werden Feinschmecker verlockende Entdeckungen machen. Besondere Leckereien sind u. a. Käse von **Simon Weaver Organic** (www.simonweaver.net) von einem Hof bei Upper Slaughter, Biorindfleisch von **LoveMyCow** (www.lovemycow.com) in Bourton-on-the-Water, Räucherfisch und -schinken von der **Upton Smokery** (www.uptonsmokery.co.uk) in Burford und phantastisches Eis von der **Cotswold Ice Cream Company** (www.cotswold-icecream.co.uk) in Chedworth.

Bauernmärkte, auf denen zahlreiche einheimische Erzeuger ihre saisonalen Köstlichkeiten verkaufen, finden in vielen Ortschaften jeden Monat oder alle zwei Wochen statt. Den besten Markt gibt es jeden Samstagvormittag in Stroud.

in dem Film *Bridget Jones – Schokolade zum Frühstück* auftaucht. Eines der Häuser war Bridgets Elternhaus.

## Sehenswertes

**Broadway Tower** TURM

(www.broadwaytower.co.uk; Middle Hill; Erw./Kind 4,80/3 £; 10–17 Uhr) In der Nähe von St. Eadburgha's Church, 1,6 km von Broadway, führt ein Pfad gut 2 km hinauf zum Broadway Tower, einem zinnenbewehrten neogotischen Zierbau. Von dem Turm, der auf einem der höchsten Punkte in den Cotswolds steht, bietet sich eine einmalige Rundumsicht.

**Snowshill Manor** HERRENHAUS

(NT; www.nationaltrust.org.uk; Erw./Kind 9,80/4,90 £; April–Juni, Sept. & Okt. Mi–So 12–17 Uhr, Juli & Aug. Mi–Mo 11.30–16.30 Uhr) Snowshill Manor, etwa 5 km südlich von Broadway, ist ein schönes Cotswold-Herrenhaus, in dem einst der exzentrische Dichter und Architekt Charles Paget Wade (1883–1956) lebte. Das Haus birgt Wades außerordentliche Sammlung kunsthandwerklicher Objekte, von Musikinstrumenten bis zu viktorianischen Kinderwagen und japanischen Samurai-Rüstungen. Der beeindruckende Garten wurde mit Teichen, Terrassen und herrlichen Aussichten als Erweiterung des Hauses gestaltet.

## Schlafen & Essen

**Crown & Trumpet** PUB ££

(01386-853202; www.cotswoldholidays.co.uk; 14 Church St; Zi. 60 £; P ) Das freundliche Pub bietet fünf Zimmer mit Bad und modernen Komfort in einem 300 Jahre alten Haus mit unebenen Böden und niedrigen Balkendecken. Unten gibt's *real ale* und dazu einen ordentlichen Braten.

**Russell's** HOTEL ££

(01386-853555; www.russellsofbroadway.co.uk; 20 High St; Zi. ab 115 £, 2-/3-Gänge-Menü 14/17 £; Restaurant tgl. 12–14.30, Mo–Sa 18–21.30 Uhr; P ) Das gepflegte und stilvolle Russell's vermietet sieben geräumige, individuell gestaltete Zimmer, einige mit Balkendecke und Himmelbett und alle mit heutigem Luxus wie modernen Badezimmern und iPod-Stationen. Bekannt ist das Haus für seine gute britische Küche.

**Lygon Arms** HOTEL £££

(01386-852255; www.pumahotels.co.uk; High St, Broadway; Zi. ab 126 £; P ) Das Gasthaus aus dem 16. Jh. stellt mittelalterliche Pracht oder modernen Schick zur Wahl. Es ist ein tolles Haus im Herzen von Broadway mit goldfarbener Steinfassade außen und Fachwerk innen. Ein gutes Restaurant gehört auch dazu.

## Praktische Informationen

**Touristeninformation** (01386-852937; www.beautifulbroadway.com; Russell Sq; April–Okt. Mo–Sa 10–17, So 11–15 Uhr, Nov.–März Mo–Sa 10–16 Uhr)

## An- & Weiterreise

Busverbindungen bestehen mit folgenden Orten:

**Cheltenham** (Nr. 606/608) 47 Min.
**Chipping Campden** (21/22/608) 3 £, 17 Min.
**Moreton-in-Marsh** (21/22/973) 3 £, 25 Min.
**Stratford-upon-Avon** (21) 4 £, 52 Min.
**Winchcombe** (606) 30 Min.

# Winchcombe

4540 EW.

Winchcombe ist ein lebendiges Städtchen, dessen Hauptstraße Metzger, Bäcker und kleine Läden säumen. Einst war es die Hauptstadt des angelsächsischen Königreichs Mercia und bis ins Mittelalter eine der bedeutendsten Städte in den Cotswolds. Reste dieser glanzvollen Vergangenheit sind noch immer an den Stein- und Fachwerkhäusern abzulesen. Besonders sehenswert sind die malerischen Cottages in der Vineyard Street und in der Dents Terrace sowie die grotesken Fratzen an der **St. Peter's Church**.

Winchcombe hat für Wanderer eine ideale Lage, da ein ganzes Netz von Fernwanderwegen von hier in alle Richtungen abzweigt, darunter der Cotswold Way, der Gloucestershire Way und der St. Kenelm's Way nach Worcestershire.

## Sehenswertes & Aktivitäten

**Sudeley Castle** SCHLOSS

(www.sudeleycastle.co.uk; Erw./Kind 14/5 £; Mitte März–Okt. 10–17 Uhr) Das prächtige Schloss ist Winchcombes Hauptattraktion und hat im Laufe seiner tausendjährigen Geschichte so manchen Monarchen beherbergt, darunter Richard III., Heinrich VIII. und Karl I. Berühmt wurde es aber als Wohnsitz von Catherine Parr (Heinrichs VIII. Witwe) und ihrem zweiten Ehemann Thomas Seymour. Prinzessin Elisabeth (bevor sie Elisabeth I. war) lebte eine Zeitlang hier, bis Seymours Nachstellungen Catherine veranlassten, sie rauszuwerfen.

Auch Lady Jane Grey, die unglückselige „Neuntagekönigin", wurde in den Haushalt aufgenommen. Sie führte bei Catherines Beerdigung den Trauerzug an. Catherines Grab befindet sich in der Kapelle – Sudeley ist das erste Privathaus, in dem eine Königin bestattet wurde.

Das Anwesen ist noch immer bewohnt und nur teilweise der Öffentlichkeit zugänglich. Aber die beeindruckenden Verhältnisse werden auch beim Besuch der Ausstellung, die Kleidungsstücke, Memorabilien und Gemälde zeigt, sowie beim Erkunden des Gartens deutlich. Zum Park gehören Alleen mit geformten Eiben, ein Irrgarten und Volieren mit Fasanen mit prächtig buntem Federkleid.

Im Besucherzentrum gibt es Infos zu einem 8 km langen Rundweg, der von hier zu einem gut erhaltenen Mosaikboden, Überrest einer römischen Villa, in den Wäldern der Umgebung führt. Die Wanderung dauert etwa 2½ Stunden.

**Belas Knap Long Barrow** AUSGRABUNGSSTÄTTE

Das über 5500 Jahre alte Belas Knap ist eine gut erhaltene neolithische Grabstätte mit atemberaubenden Blick hinunter auf Sudeley Castle und über das Umland. Bei der Ausgrabung der vier Kammern wurden die Überreste von 38 Menschen gefunden. Der Grabhügel ist ab Winchcombe über eine 4 km lange Strecke auf dem Cotswold Way zu erreichen. Möglich ist auch ein kürzerer, aber steiler Weg über die Felder ab der Corndean Lane.

**Hailes Abbey** RUINE

(EH; www.english-heritage.org.uk; Hailes; Erw./Kind 4,50/2,70; April–Nov. 10–17 Uhr) Gut 3 km nordöstlich von Winchcombe steht die kümmerliche Ruine einer Zisterzienserabtei, die dank eines im Mittelalter in die Welt gesetzten Schwindels als eine der wichtigsten Pilgerstätten Großbritanniens galt. Angeblich waren die Mönche im Besitz einer Phiole mit dem Blut Christi gewesen, das sich aber als gefärbtes Wasser herausstellte. Bevor der Betrug aufflog, machten Tausende Pilger die Abtei reich.

## Schlafen & Essen

**Wesley House** B&B ££

(01242-602366; www.wesleyhouse.co.uk; High St; EZ/DZ ab 65/90 £, Hauptgerichte 17–20 £; Restaurant Di–So 12–14, Di–Sa 19–21 Uhr; ) Der Gründer der methodistischen Kirche John Wesley nächtigte in diesem wundervollen Fachwerkhaus aus dem 15. Jh. Die Zimmer sind angenehm luxuriös, besonders „Almsbury", das einen Balkon mit Blick in die Landschaft hat. Im Erdgeschoss befinden sich eine zwanglosen Bar mit Grill und ein gehobeneres Restaurant, das fabelhafte modern britische Küche serviert.

**White Hart Inn** HOTEL ££

(01242-602359; www.whitehartwinchcombe.co.uk; High St; EZ/DZ ab 60/70 £, ohne Bad 40/50 £; ) Das zentral gelegene und im guten Sinne altmodische Gasthaus ist eine ideale Unterkunft für Wanderfreunde. Zur Wahl stehen drei billigere „Wanderer-Katen" mit Gemeinschaftsbad und Eisenbetten sowie Superiorzimmer mit mehr Luxus.

★ **5 North St** MODERN EUROPÄISCH £££
(☎01242-604566; www.5northstreetrestaurant.co.uk; 5 North St; 2-/3-Gänge-Mittagsmenü 24/28 £, 3- bis 7-Gänge-Abendmenü 44–70 £; ⊙Di–Sa 19–21.30 Uhr) Das Sternerestaurant ist rundum eine Freude, von der schönen, 400 Jahre alten Fachwerkfassade bis zum Essen. Marcus Ashenfords Küche verlässt sich auf traditionelle Zutaten, einen zusätzlichen Reiz bieten jedoch einige spielerische Experimente (z. B. Guinness-Eis).

## Praktische Informationen

**Touristeninformation** (☎01242-602925; www.winchcombe.co.uk; High St; ⊙April–Okt. tgl. 10–16 Uhr, Nov.–März Sa & So)

## An- & Weiterreise

Bus 606 von Castleways (www.castleways.co.uk) fährt montags bis samstags von/nach Broadway (30 Min.) und Cheltenham (20 Min.).

# Painswick

1770 EW.

In das Hügeldorf Painswick verschlägt es nur wenige Besucher, sodass es noch möglich ist, gemächlich durch die engen, gewundenen Sträßchen des unberührten Ortes zu schlendern und die bildschönen Cottages, hübschen Steinhäuser und mittelalterlichen Gasthäuser zu bewundern. Beachtenswert ist die Bisley Street, die ursprünglich die Hauptstraße war, bevor sie im Mittelalter durch die heute alt aussehende New Street ersetzt wurde.

## Sehenswertes & Aktivitäten

**St. Mary's Church** KIRCHE
(www.stmaryspainswick.org.uk; New St; ⊙April–Sept. 9.30–18 Uhr, Okt.–März bis 16 Uhr) Mittelpunkt des Dorfs ist die schöne spätgotische Kirche aus dem 14. Jh. Sie ist von Hochgräbern und gestutzten Eiben umgeben, die riesigen Lutschern gleichen. Einer Legende wegen durften hier nicht mehr als 99 Bäume wachsen, da ansonsten der Teufel persönlich erscheinen und den 100. Baum verdorren lassen würde. Anlässlich der Jahrtausendwende wurde er dennoch gepflanzt und – siehe da! – ein paar Jahre später stürzte einer der Bäume um. Wie uns versichert wurde, hat er sich inzwischen jedoch wieder erholt.

Gleich hinter dem Kirchhof steht an der Straße eine seltene alte Vorrichtung mit eisernen Fußfesseln.

**Painswick Rococo Garden** GÄRTEN
(www.rococogarden.org.uk; Erw./Kind 6,50/3 £; ⊙Mitte Jan.–Okt. 11–17 Uhr) Der Garten etwa 1,5 km nördlich des Dorfs ist der einzige seiner Art in England. Er wurde in den 1740er-Jahren von Benjamin Hyett entworfen und mittlerweile in all seiner Pracht restauriert. Gewundene Pfade führen die Besucher durch die ansonsten streng geometrische Anlage zu den vielen neugotischen Zierbauten, die um den zentralen Gemüsegarten herum liegen. Für Kinder gibt es einen Naturlehrpfad und ein Labyrinth.

## Schlafen & Essen

**Troy House** B&B ££
(☎01452-812339; www.troy-house.co.uk; Gloucester St; EZ/DZ 50/75 £; 📶) Die zwei geräumigen Gästezimmer in dem tollen, kleinen B&B sind in einem eigenen Cottage hinter dem Haus untergebracht, das über einen hübschen Hof zu erreichen ist. Sie sind mit hochwertigen Toilettenartikeln, Zeitschriften und Tim-und-Struppi-Literatur ausgestattet.

**Cardynham House** HOTEL ££
(☎01452-814006; www.cardynham.co.uk; Tibbiwell St; EZ/DZ ab 70/90 £, Essen mittags 12–14 £, abends 14–17 £; ⊙Bistro Di–So 12–15, Di–Sa 18.30–21.30 Uhr; 📶🏊) Jedes der ansonsten individuellen Zimmer in dem Haus aus dem 15. Jh. ist mit einem Himmelbett und schweren, gemusterten Stoffen eingerichtet. Zum „Pool Room" gehört ein separater Hofgarten mit Pool. Das Bistro unten (Hauptgerichte 10–20 £) serviert deftige britische Küche.

**Cotswolds88** HOTEL £££
(☎01452-813688; www.cotswolds88.com; Kemps Lane; Zi./Suite ab 110/250 £, 2-/3-Gänge-Menü

### KÄSE ROLLEN IN COOPER'S HILL

Cooper's Hill in Cranham bei Painswick ist der Austragungsort für die gefährlichste Sportart der Cotswolds: das jährliche **Cheese-Rolling** (www.cheese-rolling.co.uk; ⊙letztes Wochenende im Mai). Bei dem Wettkampf mit 200-jähriger Tradition rennen, stolpern und rutschen die Einheimischen einen steilen Hügel hinab und hinter einem 3 kg schweren Käserad eines Double Gloucester her. Die Strecke ist nur 90 m lang, aber jedes Jahr gibt es Verletzte. Der Preis? Der Käse selbst und der Ruhm, ihn erwischt zu haben.

mittags 15/20 £, abends 43/50 £; ⌚Restaurant Mi–So 12–14.30 & 19–21.30 Uhr; P📶) Das Haus ist eine geglückte Verbindung aus Architektur des 18. Jhs. und leicht überspannter Einrichtung – von den Tapeten bis zur psychedelischen Beleuchtung. Die geräumigen, individuell eingerichteten Zimmer bieten jeden Komfort, die Suiten sind mit Himmelbett und Whirlpool ausgestattet. Auf der Karte des exzellenten Restaurants stehen anspruchsvolle, doch verspielte Gerichte.

## An- & Weiterreise

Der Stagecoach-Bus 46 (www.stagecoachbus.com) fährt von/nach Cheltenham (3,40 £, 42 Min.) und Stroud (2 £, 10 Min.).

# Stroud

32 700 EW.

Einst brummten in Stroud über 150 Stoffmanufakturen. Aber als der Markt einbrach, ging es mit der Stadt bergab. Zwar sind einige der schönen alten Fabriken noch in Betrieb, aber die hügelige Stadt hat sich zur Szeneenklave mit Fair-Trade-, Feinkost- und unabhängigen Geschäften entwickelt.

Davon abgesehen ist Stroud noch immer eine der wichtigsten Marktstädte in den Cotswolds. Dutzende Händler stellen jeden Samstag auf dem **Bauernmarkt** ihre Stände auf. Biolebensmittel, Bücher, Kunsthandwerk und dergleichen werden auch auf dem **Shambles Market** (www.shamblesmarketstroud.co.uk) verkauft, der freitags und samstags in den historischen Shambles abgehalten wird.

## Sehenswertes

**Museum in the Park** MUSEUM

(www.museuminthepark.org.uk; Stratford Pk; ⌚Di–So 11–16 Uhr; 👪) GRATIS Das Museum, das in einem Landhaus aus dem 18. Jh. in einem Landschaftspark liegt, erzählt die Geschichte der Stadt und der Stoffherstellung dort. Hinzu kommen interaktive Ausstellungen zu diversen Themen, von Dinosauriern bis zu viktorianischem Spielzeug. In einer separaten Abteilung finden kleinere Ausstellungen mit zeitgenössischer Kunst statt.

## Essen

**Star Anise** CAFÉ £

(www.staraniseartscafe.com; Gloucester St; Hauptgerichte 6–8 £; ⌚Mo–Sa 8–17 Uhr; 🖉) Lokale Erzeugnisse sind die Hauptzutaten in den einfallsreichen Gerichten in dem überwiegend vegetarischen Café (es gibt ein paar Fischgerichte). Hier gibt's oft Livemusik und Kleinveranstaltungen.

**No 23** TAPAS ££

(☎01453-298525; www.facebook.com/no23barandbistrostroud; 23 Nelson St; Tapas 5–10 £; ⌚10–22 Uhr; 📶🖉) Das lässige kleine Lokal serviert authentische spanische Tapas, Wein, Sherry und Brandy. Oben auf dem Balkon kommt noch ein toller Blick über die Landschaft dazu.

## Praktische Informationen

**Touristeninformation** (☎01453-760960; www.visitthecotswolds.org.uk; George St; ⌚Mo–Sa 10–17 Uhr)

## An- & Weiterreise

- Busse fahren von/nach Cirencester (Nr. 54; 3,50 £, 36 Min.), Uley (21/35; 4 £, 30 Min.), Painswick (46; 2 £, 9 Min.), Cheltenham (46; 3,60 £, 46 Min.) und Gloucester (14/93; 3,70 £, 1¼ Std.).
- National-Express-Busse fahren von/nach London Victoria (25 £, 2¾ Std.), Bristol (8 £, 45 Min.), Birmingham (15 £, 2½ Std.), Hereford (8 £, 1½ Std.) und Scarborough (56 £, 10 Std.).
- Zugverbindungen bestehen nach London Paddington (22 £, 1½ Std.), Gloucester (4,50 £, 20 Min.) und Cheltenham (5,90 £, 40 Min.).

# Tetbury

5480 EW.

Die geschäftigen Straßen von Tetbury, einst ein wohlhabendes Wollhandelszentrum, sind von mittelalterlichen Cottages, alten Stadthäusern und einigen georgianischen Schmuckstücken gesäumt. Die georgianisch-neogotische Kirche **Sts. Mary the Virgin & Mary Magadelene** besitzt einen hohen Turm und eine wunderbare Innenausstattung, darunter die originalen Kirchenbänke. Von dort ist es nur ein kurzes Stück zum Market Square, wo das Market House aus dem 17. Jh. wie auf Stelzen steht.

Tetbury ist ein toller Ort für Trödelschnüffler, an fast jeder Ecke gibt es einen Laden mit altem Krempel. Ein guter Anreisetermin sind der letzte Montag im Mai, an dem die **Woolsack Races** (www.tetburywoolsack.co.uk) stattfinden, eine Referenz an die Vergangenheit der Stadt, oder das Reitturnier **Festival of British Eventing** (www.gatcombe-horse.co.uk), das im August in Gatcombe Park, dem Landgut von Prinzessin Anne, ausgetragen wird. Ihr großer Bruder Charles lebt ebenfalls ganz in der Nähe, in Highgrove.

Busverbindungen bestehen täglich außer sonntags mit Stroud (Nr. 29/129; 3,50 £, 36 Min.) und mit Cirencester (881; 3,50 £, 37 Min.).

## Uley

1000 EW.

Das kleine Dorf mit idyllischem Anger und einem Flickenteppich aus hübschen Häuschen liegt zu Füßen der überwucherten Reste von **Uley Bury**, der größten eisenzeitlichen Bergfeste Englands. Die Festung, die etwa 300 v. Chr. angelegt wurde, ist über einen steilen Pfad hinter der Dorfkirche zu erreichen und bietet spektakuläre Aussichten über das Severn Vale. Autofahrer können auf dem Parkplatz an der B4066 nördlich des Dorfs parken.

Das Herrenhaus **Woodchester Mansion** (www.woodchestermansion.org.uk; Erw./Kind 6,50 £/frei; April–Okt. Sa & So 11–17 Uhr), das seit den 1870er-Jahren so gut wie unverändert geblieben ist, wurde noch vor der Fertigstellung aufgegeben und ist dennoch erstaunlich imposant und elegant. Türen öffnen sich ins Nichts, Kamine hören auf halber Wandhöhe auf und Flure enden an Kanten mit Blick auf das Stockwerk darunter. Das Gebäude schmücken ein paar mächtige, schaurige Wasserspeier und es ist das Zuhause einer der größten Kolonien von Hufeisennasen (einer Fledermausart) in England sowie mehrerer Geister. Das Haus liegt 1,6 km nördlich von Uley an der B4066.

Von Stroud nach Uley fahren werktags die Busse 21 und 35 (4 £, 30 Min.).

# WEST-GLOUCESTERSHIRE

Der größte Pluspunkt von Gloucestershire westlich der Cotswolds ist die elegante Regency-Stadt Cheltenham mit baumbestandenen Wohnstraßen, einer gehobenen Geschäftskultur und einem verlockenden Restaurantangebot. Die Hauptstadt der Grafschaft, Gloucester, lohnt den Besuch wegen der prachtvollen gotischen Kathedrale und der malerische Forest of Dean im Westen ist ein Refugium, ideal zum Radfahren und Wandern.

## Berkeley

2040 EW.

Berkeley liegt auf dem dünnen Streifen zwischen den Cotswolds und dem Fluss Severn und ist ein idyllischer kleiner Ort, der gleichwohl eine wichtige Rolle in der Geschichte spielte.

### Sehenswertes

**Berkeley Castle** BURG

(www.berkeley-castle.com; Erw./Kind 10/5,50 £; April–Okt. So–Mi 11–17 Uhr) Die schöne Festung blieb seit ihrem Bau als wehrhafte Normannenburg so gut wie unverändert und ist seit fast 900 Jahren der Sitz der Berkeleys. Eduard II. wurde hier 1327 auf Anordnung seiner Frau und ihres Liebhabers gefangen genommen und ermordet (angeblich mit einem heißen Schüreisen, das ihm in den Allerwertesten geschoben wurde). Die Besichtigung führt u. a. durch die King's Gallery (mit Zelle und Kerker), die mittelalterliche Great Hall und die Küche.

**Dr. Jenner's House** MUSEUM

(www.jennermuseum.com; Church Lane; Erw./Kind 6,95/5,95 £; April–Sept. So–Mi 12–17 Uhr) Das Museum in dem schönen Haus im Queen-Anne-Stil würdigt Leben und Werk von Edward Jenner (1749–1823), der das Prinzip der Impfung entdeckte und damit unser aller Leben veränderte. Hier führte der Landarzt 1796 die erste Pockenimpfung durch.

### An- & Weiterreise

Berkeley ist am besten mit dem eigenen Fahrzeug zu erreichen, da öffentliche Verkehrsmittel dünn gesät sind. Es liegt rund 26 km südlich von Gloucester und ist über die A38 ausgeschildert.

## Cheltenham

117 000 EW.

Cheltenham besitzt noch immer das Flair kultivierter Eleganz aus seiner Glanzzeit als Kurort im 18. Jh. Damals stand die Stadt als Heilbad für reiche Kranke auf einer Stufe mit Bath und noch immer gibt es hier viele schöne Regency-Häuser und gepflegte Anlagen. Heute ist Cheltenham jedoch vor allem für seine Rennbahn (www.cheltenham.co.uk) bekannt, wo Mitte März bis zu 40 000 Zuschauer dem Cheltenham Gold Cup, dem bedeutendsten Hindernisrennen in England, beiwohnen.

ABSTECHER

## GLOUCESTER

Gloucester (sprich: *Gloss*-ter) ist die Grafschaftshauptstadt von Gloucestershire und ein wichtiger Verkehrsknotenpunkt mit vielen Bahn- und Busverbindungen. Die ursprünglich für römische Soldaten im Ruhestand gegründete Siedlung erblühte im Mittelalter, als frommes Volk zum Grab von Eduard II. strömte und den Bau einer Kathedrale finanzierte, die ein berühmtes Wahrzeichen werden sollte.

Die **Gloucester Cathedral** (www.gloucestercathedral.org.uk; 12 College Green; Turmführungen Erw./Kind 4/1 £; ⌚Mo–Sa 7.40–17.30, So bis 15 Uhr) gehört zu den ältesten und schönsten Bauwerken der Spätgotik. Benediktinermönche bauten im 12. Jh. auf dem Grund einer angelsächsischen Abtei eine normannische Kirche. Nach der Ermordung von Eduard II. im Jahr 1327 wurde diese Kirche als seine Begräbnisstätte ausgewählt.

Im Innenraum wurden normannisch-romanische und gotische Bauformen geschickt mit stämmigen Pfeilern zusammengefügt, was den Eindruck von von Anmut und Bodenständigkeit zugleich vermittelt. Vom kunstvollen hölzernen Chorgestühl aus dem 14. Jh. bietet sich ein guter Blick auf das beeindruckende Great East Window, eines der größten Kirchenfenster Englands. Unter dem Fenster, im nördlichen Chorumgang, befindet sich das prachtvolle Grab von Eduard II. Nahebei liegt die Lady Chapel aus dem späten 15. Jh., in der gemeißelter Stein und Buntglas wunderbar zusammenwirken.

Einer der Schätze der Kathedrale ist der Great Cloister (Drehort in den ersten beiden Harry-Potter-Filmen). Der 1367 fertiggestellte Kreuzgang ist der erste Bau mit Fächergewölbe in England und in seiner Schönheit nur mit der Kapelle Heinrichs VIII. in Westminster Abbey zu vergleichen.

**Gloucester Quays** (www.gloucesterquays.co.uk; St Ann Way; ⌚Mo–Sa 10–20, So bis 17 Uhr) In den alten Backsteinspeichern haben sich etliche Outlets vieler großer Modelabels niedergelassen. Auch das empfehlenswerte dreistöckige Gloucester Antiques Centre befindet sich hier.

Dank der hervorragenden Unterkünfte und Restaurants ist Cheltenham eine reizvollere Basis zur Erkundung der Region als etwa die Graftschaftshauptstadt Gloucester, viel mehr hat die mittelständische Stadt aber nicht zu bieten.

## Sehenswertes

**Wilson** MUSEUM, KUNSTGALERIE
(www.thewilson.org.uk; Clarence St; ⌚9.30–17.15 Uhr) GRATIS Cheltenhams ausgezeichnetes Museum schildert die Geschichte der Stadt und zeigt wunderbare Ausstellungen zu William Morris und dem Arts and Crafts Movement sowie britische Keramik und Kunst. Ein berühmter Sohn der Stadt war Edward Wilson, der an Robert F. Scotts tragischer Expedition in die Antarktis teilnahm, auch seiner wird hier gedacht.

**Holst Birthplace Museum** MUSEUM
(www.holstmuseum.org.uk; 4 Clarence Rd; Erw./Kind 5/4,50 £; ⌚Juni–Sept. Di–Sa 10–17, So 13.30–17 Uhr, Feb.–Mai & Okt.–Mitte Dez. Di–Sa 10–16 Uhr) Gustav Holst wurde 1874 in Cheltenham geboren und die Zimmer seines Elternhauses sind so eingerichtet, wie sie zu seiner Zeit ausgesehen haben dürften. Sie enthalten viele persönliche Gegenstände, darunter der Flügel, auf dem er einen großen Teil seiner Orchestersuite *Die Planeten* komponierte, sowie Fotos von dem Komponisten, der notorisch kamerascheu war.

**Pittville Pump Room** GEBÄUDE
(www.pittvillepumproom.org.uk; Pittville Park; ⌚Mi–So 10–16 Uhr) GRATIS Der Pittville Pump Room, eine Kurhalle, die 1830 nach dem Vorbild eines antiken Athener Tempels als Mittelpunkt einer großen Wohnsiedlung gebaut wurde, ist das schönste Regency-Bauwerk in Cheltenham. Besucher können den alten Ballsaal besichtigen und am Brunnen das allerdings etwas muffig schmeckende Heilwasser kosten – oder einfach nur den Park mit See, Rasen, Spielplatz und Vogelvoliere erkunden.

## Schlafen

Unterkünfte sind zum Pferderennen im März schon früh ausgebucht, nicht nur in Cheltenham selbst, sondern auch in den umliegenden Dörfern.

## Cheltenham

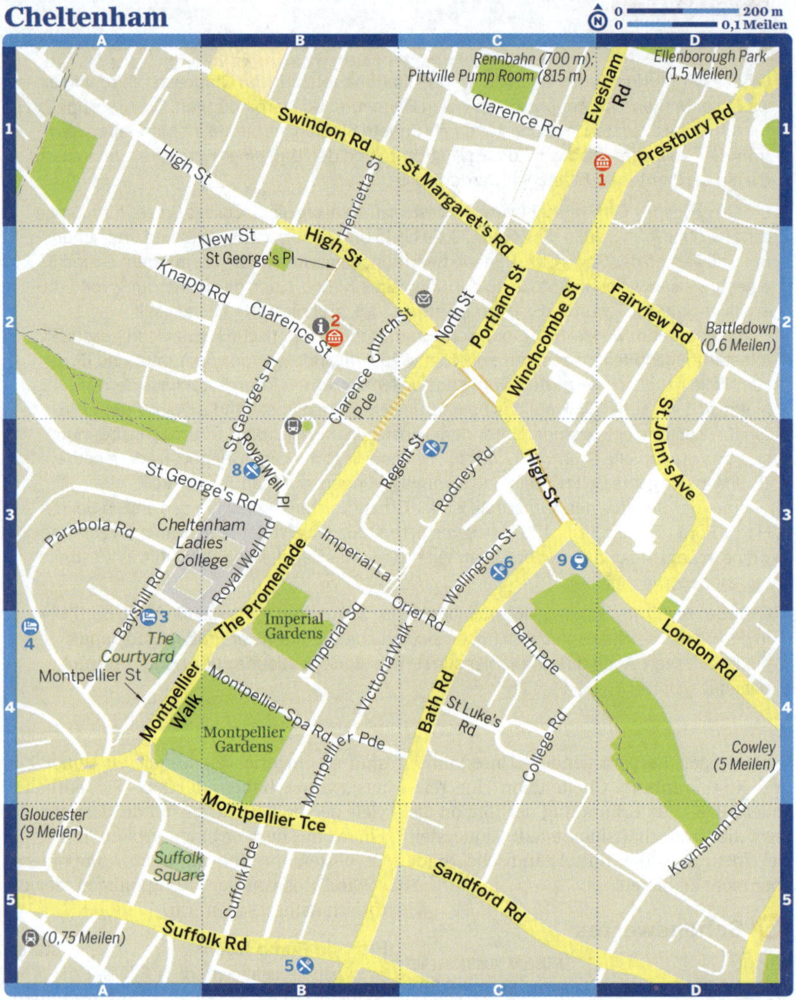


★ **Bradley** B&B ££
(☎01242-519077; www.thebradleyhotel.co.uk; 19 Royal Parade, Bayshill Rd; EZ/DZ ab 80/88 £; P 📶) Vor über 100 Jahren brachte die exzentrische Großtante Madge das schöne Regency-Haus in die Familie des derzeitigen Besitzers ein. Bei der Umwandlung in ein wirklich fabelhaftes B&B behielt es seinen eigenwilligen Charakter. Jedes der sechs Zimmer hat einen individuellen Stil.

**Battledown** B&B ££
(☎01242-233881; www.thebattledown.co.uk; 125 Hales Rd; EZ/DZ 60/80 £; P 📶) Wenn 20 Minuten zu Fuß ins Stadtzentrum kein Problem darstellen, ist die familiengeführte Villa im französischen Kolonialstil eine besonders herzliche und freundliche Option. Die Hales Road zweigt südöstlich vom Stadtzentrum von der London Road ab.

**Wyastone Townhouse** B&B ££
(☎01242-245549; www.wyastonehotel.co.uk; Parabola Rd; EZ/DZ ab 80/112 £; P 📶) Ein junges Pärchen hat das große, weiße viktorianische Haus im Zentrum von Cheltenham übernommen und die Einrichtung aufgefrischt. Die Zimmer im Haupthaus sind

## Cheltenham

**Sehenswertes**
1 Holst Birthplace Museum ................... D1
2 Wilson ................................................ B2

**Schlafen**
3 Bradley ................................................ A4
4 Wyastone Townhouse ......................... A4

**Essen**
5 Le Champignon Sauvage ................... B5
6 Prithvi ................................................ C3
7 Red Pepper ........................................ C3
8 The Tavern ......................................... B3

**Ausgehen & Nachtleben**
9 Sandford Park Ale House ................... C3

nobler als die im Anbau mit Blick auf den hübschen Hinterhof, aber alle sind sehr komfortabel.

**Ellenborough Park** HOTEL £££
(☎01242-545454; www.ellenboroughpark.com; Southam Rd; Zi. ab 207 £; P 📶 ≋) Das majestätische, 500 Jahre alte Landhaus pflegt die Tradition. Es hat 62 individuell gestaltete Zimmer, in denen originale Ausstattung und moderner Komfort kombiniert werden, wie z. B. bequeme Betten und iPod-Stationen. Das Haus liegt ca. 5 km nordöstlich vom Stadtzentrum und ist über die Prestbury Road ausgeschildert.

**Cowley Manor** HOTEL £££
(☎01242-870900; www.cowleymanor.com; Cowley; Zi. ab 195 £; P 📶 ≋) In der großartigen Sandsteinvilla im italienisierenden Stil im Dorf Cowley, 8 km südlich von Cheltenham (an der A435), erreichen Komfort und Extravaganz höchstes Niveau. Handgefertigte Möbel und Stoffe junger britischer Designer schmücken die hellen, eleganten Zimmer. Im Erdgeschoss hängt exzentrische Kunst an den Wänden.

## Essen

**The Tavern** PUB ££
(☎01242-221212; www.thetaverncheltenham.com; 5 Royal Well Pl; Hauptgerichte 10–20 £; ⌚9–22 Uhr; ❄) Die schick-schlunzige Bar (unverputztes Mauerwerk, blanke Holztische) serviert feinstes Essen „für ganze Kerle“, wie aufgemotzte Hamburger, Hot Dogs, Steaks, Makkaroni mit Käse, gefüllte Scotch Eggs, Kalbsleber und, für richtig coole Typen, Austern auf thailändische Art. Popcorn und Sprudelwasser sind kostenlos und die Minihamburger allein rechtfertigen einen weiteren Besuch.

**Prithvi** INDISCH ££
(☎01242-226229; www.prithvirestaurant.com; 37 Bath Rd; Hauptgerichte 11–16 £; ⌚Mi–So 12–13.30, Di–So 18–21.45 Uhr) Der spitzenmäßige Service und das noble Ambiente des Prithvi passen perfekt zur Küche. Jede der köstlichen Speisen wird mit großer Liebe zum Detail serviert. Verschiedene Menüs werden ebenfalls angeboten, auch ein preiswertes Mittagsmenü (2-/3-Gänge 15/19 £).

**Red Pepper** CAFÉ ££
(☎01242-253900; www.redpeppercheltenham.co.uk; 13 Regent St; Brunch 5–9 £, abends 11–17 £; ⌚So & Mo 9.30–16, Di–Sa bis 21.30 Uhr) Der Gastraum befindet sich zwar im Untergeschoss, aber das zentral gelegene Café ist dennoch überraschend hell und peppig. Abends gibt es anstelle der leichten Mahlzeiten mittags Bistrogerichte, mittwochs ist „Steakabend“ und donnerstags „Würstchen- und Weinabend“.

★ **Le Champignon Sauvage** FRANZÖSISCH £££
(☎01242-573449; www.lechampignonsauvage.co.uk; 24–28 Suffolk Rd; 3-Gänge-Menü 32–59 £; ⌚Di–Sa 12.30–15 & 19.30–22 Uhr) Seit fast 30 Jahren beglückt diese Institution in Cheltenham Reisende und Einwohner mit fein zubereiteten Gerichten und kreativen Geschmackskombination von Chefkoch David Everitt-Matthias. Wir sind nicht die Einzigen, die es für Gloucestershires bestes Restaurant halten.

**Sandford Park Ale House** PUB
(www.spalehouse.co.uk; 20 High St; ⌚12–24 Uhr) Cheltenhams führende Bierkneipe bietet zehn Ale- und Cidersorten vom Fass, über 80 Flaschenbiere und zapft 16 belgische und deutsche Biere. Der große Garten hinter dem Haus ist dem grell erleuchteten Gastraum unbedingt vorzuziehen.

## Praktische Informationen

**Touristeninformation** (☎01242-237431; www.visitcheltenham.com; The Wilson, Clarence St; ⌚9.30–17.15 Uhr)

## An- & Weiterreise

### BUS

Busverbindungen:
**Oxford** (Nr. 853) 7,50 £, 1½ Std.

**Cirencester** (51) 3,60 £, 40 Min.
**Gloucester** (4/10/94/97–99/377) 3,20 £, 45 Min.
**Stroud** (23/46) 3,60 £, 1¾ Std.
**Winchcombe** (606) 20 Min.
Fernbusverbindungen von National Express:
**Birmingham** 12 £, 1½ Std.
**Leeds** 42 £, 5½ Std.
**London Victoria** 17 £, 3 Std.
**Newcastle-upon-Tyne** 55 £, 8¾ Std.
**Nottingham** 24 £, 4 Std.

### ZUG

Zugverbindungen:
**Bristol** 8,70 £, 40 Min.
**Cardiff** 18 £, 1½ Std.
**Edinburgh** 84 £, 6 Std.
**Exeter** 22 £, 1¾ Std.
**London Paddington** 29 £, 2¼ Std.



# Forest of Dean

Der Forest of Dean ist der älteste Eichenwald in England und herrlich zum Wandern, Radfahren oder Paddeln. Das 109 km² große Waldgebiet, 1938 zum ersten National Forest Park Englands ernannt, war einst ein königliches Jagdrevier und ein Zentrum des Eisen- und Kohlebergbaus. Seine geheimnisvollen Tiefen sollen J. R. R. Tolkien zu den Wäldern Mittelerdes inspiriert haben und er war Schauplatz einiger Schlüsselszenen in *Harry Potter und die Heiligtümer des Todes*.

Der Forest of Dean lieh seinen Namen auch einem Bezirk. Zu ihm gehören die kleinen Orte Newent und Coleford, die nördlich und südlich des Walds liegen. Ein guter Startpunkt zu seiner Erkundung ist das Dean Forest Centre an seinem Ostrand in der Nähe des Dorfs Soudley. Im Westen erstreckt sich der Wald nahe dem Dorf Goodrich bis nach Herefordshire hinein. Der Fluss Wye, der am Waldrand entlang fließt, bietet Kanufahrern, die z. B. in dem hübschen Dorf Symonds Yat lospaddeln, großartige Aussichten.

## Sehenswertes

### Three Choirs Vineyard — WEINGUT

(☎ 01531-890223; www.threechoirs.com; B4215, Newent; Hauptgerichte 16–19 £; ⌚ Laden 9–17 Uhr, Restaurant Di–So 12–14 & 19–21 Uhr) Die Bezeichnung „englischer Qualitätswein" mag sich wie ein Widerspruch in sich anhören, aber eine Handvoll englischer Erzeuger schaffen es dennoch. Three Choirs ist Englands drittgrößtes Weingut und produziert jährlich 250 000 Flaschen Wein aus Rebsorten wie Pinot Noir, Bacchus und Siegerrebe. Das Gut veranstaltet Verkostungen (fünf Sorten Wein, Bier oder Cider für 6 £) sowie Führungen (12,50 £, tgl. 14.30 Uhr). Das zugehörige Restaurant serviert klassische Brasseriegerichte, nach Möglichkeit aus lokalen Produkten.

### ★ International Centre for Birds of Prey — VOGELPARK

(☎ 01531-820286; www.icbp.org; Erw./Kind 11/7 £; ⌚ Feb.–Nov. 10.30–16.30 Uhr) Auf dem großen Gelände auf dem Land 3 km von Newent (ausgeschildert) werden Flugschauen mit Greifvögeln gezeigt. Es gibt mindestens drei Vorstellungen am Tag sowie Volieren, in denen Eulen, Falken, Turmfalken, Adler, Bussarde und Habichte aus der ganzen Welt gehalten werden.

### Dean Heritage Centre — MUSEUM

(www.deanheritagecentre.com; Camp Mill, Soudley; Erw./Kind 7,20/5,40 £; ⌚ 10–16 Uhr; 👪) Das unterhaltsame Museum beschäftigt sich mit vielerlei Themen, von der Geologie des Forest of Dean bis zur römischen Besetzungszeit, von mittelalterlichen Jagdgesetzen bis zu häuslichem Kunsthandwerk und Kohlebergbau. Auch für Kinder gibt es einiges zu sehen, ob Minizoo mit Schweinen, Kaninchen und Wieseln oder die aktuelle Attraktion, den Gruffalo Trail mit lebensgroßen Holzfiguren aus Julia Donaldsons Bilderbuchklassiker.

### Puzzlewood — WALD, BAUERNHOF

(www.puzzlewood.net; Perrygrove Rd, Coleford; Erw./Kind 6,50/5 £; ⌚ April–Okt. 10–17 Uhr, März, Nov. & Dez. Sa & So bis 15.30 Uhr; 👪) Im gespenstischen Puzzlewood, eine Tagebaumine aus vorrömischer Zeit, die von urwüchsigen, moosbedeckten Bäumen überwachsen ist, gibt es merkwürdige Felsformationen, Rankendschungel und dunkle Gänge, die durchstreifenden Besuchern kalte Schauer über den Rücken jagen. Manch einem wird die Szenerie aus den Fernsehserien *Doctor Who* und *Merlin* bekannt vorkommen, für die hier gedreht wurde. Kinder können Bauernhoftiere kennenlernen und ihren Weg durch zwei Labyrinthe suchen, eines drinnen und eines draußen. Puzzlewood liegt 1,6 km südlich von Coleford an der B4228.

### Clearwell Caves — HÖHLE

(www.clearwellcaves.com; Erw./Kind 6,50/4,50 £, Weihnachtsgrotte 8,50 £; ⌚ Mitte Feb.–Dez. 10–17 Uhr; 👪) Die feuchte, unterirdische Welt einer 4500 Jahre alten Eisenmine ist ein Gewirr aus schwach beleuchteten Gängen, Höhlen und Teichen, in dem mehrere Fledermausarten leben. Ab November werden die Höhlen in eine höchst beliebte Weihnachtsgrotte verwandelt. Clearwell liegt 1,6 km südlich von Coleford und ist ab der B4228 ausgeschildert.

### Symonds Yat
DORF

Symonds Yat liegt direkt am Rand des Forest of Dean zwischen dem Fluss Wye und dem hohen Kalksteinfelsen Symonds Yat Rock (504 m). Das Dorf ist ein hübscher Flickenteppich aus Pubs, Pensionen, Campingplätzen und Kanuzentrum. Der Fluss teilt es in zwei Hälften, die durch eine alte, von Hand gezogene Fähre verbunden sind (Erw./Kind/Fahrrad 1,20/0,60/0,60 £). Wegen gefährlicher Strömungen ist es verboten, im Fluss zu schwimmen.

Herrliche Wanderrouten liegen rund um Symonds Yat. Der malerische Peregrine Path folgt dem Wye von Symonds Yat East bis nach Monmouth. Ein weiterer beliebter Wanderweg auf der Ostseite führt den Symonds Yat Rock hinauf, mit herrlichen Aussichten über Fluss und Tal. Mit etwas Glück lassen sich im Juli und August Wanderfalken blicken, die an der Steilwand entlang segeln. Eine Bude oben auf dem Felsen verkauft Getränke und Snacks. Beschauliche Wanderwege führen weiter in den Wald.

Erfahrene Felskletterer können über etliche (hauptsächlich nicht gebohrte) Routen die Felswand hochsteigen. Die Routen an den einfacheren Steigungen sind oft sehr glatt und Steinschläge kommen häufig vor – entsprechende Ausrüstung und vor allem ein Helm sind erforderlich.

### Goodrich Castle
BURG

(EH; ☎01600-890538; www.english-heritage.org.uk; Castle Lane, Goodrich; Erw./Kind 6/3,60 £; ⌚April–Okt. tgl. 10–17 Uhr, Nov.–März Sa & So bis 16 Uhr) Goodrich, das wie aus dem schroffen Fels gewachsen wirkt, ist eine teilweise verfallene Burg mit einem Bergfried aus dem 12. Jh., der spektakuläre Aussichten gewährt. Ein Audioguide erzählt die Geschichte der Burg von den Ursprüngen bis zum Niedergang im Bürgerkrieg.

## Aktivitäten

### Wyedean Canoe & Adventure Centre
ABENTEUERSPORT

(☎01600-890238; www.wyedean.co.uk; Symonds Yat East; Verleih halbtags 24 £) Verleiht Kanus und Kajaks und organisiert Wildwasserausflüge, Bogenschießen, Seilrutschen, Abseilen, Höhlenklettern und Felsklettern.

### Way2Go Adventures
ABENTEUERSPORT

(☎01594-800908; www.way2goadventures.co.uk; pro Pers. 55 £) Bietet Kanu- und Kajakfahrten, Floßbauen und Nordic Walking.

### Kingfisher Cruises
BOOTSTOUREN

(☎01432 267862; Symonds Yat East; Erw./Kind 8/3,50 £) Faule Wasserratten können den Wye ohne Anstrengung auf einer 40-minütigen, gemütlichen Flussfahrt genießen, die in Symonds Yat East neben dem Fähranleger loslegt.

### Pedalabikeaway
RADFAHREN

(☎01594-860065; www.pedalabikeaway.co.uk; Cannop Valley; Verleih pro Tag 18 £; ⌚April–Okt. 9–18 Uhr) Verleiht Fahrräder und voll gefederte Mountainbikes und gibt Tipps zu Strecken. Befindet sich im Cannop Valley bei Coleford.

## Schlafen & Essen

### Wye Valley YHA
HOSTEL £

(☎0845 371 9666; www.yha.org.uk; B/Zi. ab 16/46 £; ⌚April–Okt.; P) Das nüchterne, viktorianische ehemalige Pfarrhaus in schöner Flusslage blickt über die Landschaft. Es liegt am Wye Valley Walk, 2,4 km von Goodrich. Autofahrer sollten sich auf eine steile und schwierige Zufahrtsstraße gefasst machen; zu finden über die ausgeschilderte Straße bei Goodrich Castle und dann an der Gabelung rechts.

### Garth Cottage
B&B ££

(☎01600-890364; www.garthcottage-symondsyat.com; Symonds Yat East; EZ/DZ 43/85 £; ⌚Mitte März–Oct; P 📶) Das überaus freundliche, familiengeführte B&B liegt am Fluss nahe dem Fähranleger und vermietet makellos saubere, etwas spießige Zimmer mit Flussblick. Bei längerem Aufenthalt gibt es Ermäßigungen.

### Old Court Hotel
HOTEL ££

(☎01600-890367; www.oldcourthotel.co.uk; EZ/DZ/Suite ab 63/85/155 £; P 📶 🐾) Das von Gärten umgebene Herrenhaus aus dem 16. Jh. liegt am Rand von Symonds Yat West an der Hauptstraße ins Dorf, die von der A40 abgeht. Der Speiseraum ist original erhalten. An den blitzblanken Zimmern im neueren Teil des Hauses ist nichts auszusetzen, aber die alten Zimmer und Suiten im Scheunenanbau (hübsches Fachwerk und Himmelbetten) sind weitaus atmosphärischer.

**Ye Olde Ferrie Inn** PUB ££
(☎01600-890232; www.yeoldferrieinn.com; Ferrie Lane; Hauptgerichte 9–11 £; ⏲12–23 Uhr; P 📶) Das Inn, ein echtes Schmuckstück am Westufer des Wye, füllt seit 1473 hungrige Mägen. Zum Angebot gehören *ploughman's lunch* (kalte Platte), saftige Hamburger und die üblichen Pubgerichte (Steak, Würstchen usw.). Die Gästezimmer oben haben alle Bad und Flussblick.

### An- & Weiterreise

- Busse fahren von Gloucester nach Coleford (Nr. 23/30/31; 3,40 £, 1¼ Std.) und Newent (32/132; 2,40 £, 30 Min.) sowie von Monmouth nach Coleford (35; 2,40 £, 22 Min.) und Goodrich (34; 2,20 £, 19 Min.).
- National-Express-Busse fahren nach Newent ab London Victoria (25 £, 3¾ Std.), Cirencester (6 £, 1¼ Std.), Gloucester (3 £, 25 Min.) und Hereford (5 £, 45 Min.).

# BUCKINGHAMSHIRE, BEDFORDSHIRE & HERTFORDSHIRE

Die Grafschaften, die heute im Einzugsgebiet von London liegen, waren einst ländliche Rückzugsorte für reiche und adlige Stadtbewohner, besonders als Gestank und Dreck des industriellen Zeitalters ihren Höhepunkt erreichten. In den weiten Tälern und auf den bewaldeten Hügeln sind etliche herrschaftliche Anwesen und Gärten zu finden, viele davon heute der Öffentlichkeit zugänglich.

## Stowe

Stowe liegt 5 km nordwestlich der Markstadt Buckingham und besaß schon in der Zeit vor der normannischen Eroberung einen Herrensitz. Die heutige Version ist zwar angemessen prächtig, aber die eigentliche Attraktion ist der außergewöhnliche georgianische Landschaftsgarten. Den spektakulärsten Anblick bietet er bei Anfahrt über die 2,4 km lange, baumbestandene Stowe Avenue.

### Sehenswertes

**Stowe Gardens** GÄRTEN
(NT; www.nationaltrust.org.uk; Erw./Kind 9/5 £; ⏲März–Okt. 10–18 Uhr, Nov.–Feb. bis 16 Uhr) Die herrlichen, 400 ha großen Gärten wurden im 18. Jh. von den besten Landschaftsgärtnern Großbritanniens angelegt, unter ihnen Lancelot „Capability" Brown. Die Anlagen sind berühmt für 32 Tempel und weitere Zierbauten, die der superreiche Richard Temple (erster Viscount Cobham) in Auftrag gab. Sein Familienmotto lautete *Templa Quam Delecta* („Wie lieb sind mir deine Tempel" samt Anspielung auf den eigenen Nachnamen).

**Stowe House** HERRENHAUS
(☎01280-818166; www.stowe.co.uk/house; Erw./Kind 5,70 £/frei, inkl. Stowe Gardens 14 £) Im klassizistischen Stowe House ist heute eine Privatschule untergebracht, von deren Exklusivität die 800 m lange Auffahrt beredtes Zeugnis ablegt. Gewöhnliche Sterbliche dürfen die acht Prunksäle mit Führung besuchen. Die Zeiten sind telefonisch oder auf der Website zu erfahren. Die Räume stehen zwar leer (die Einrichtung des Hauses wurde von den ursprünglichen Besitzern verkauft, um den finanziellen Ruin abzuwenden), aber die schiere Größe und der Bauschmuck sind eindrucksvoll genug.

## Bletchley

**Bletchley Park** (www.bletchleypark.org.uk; Erw./Kind 15/9 £; ⏲9.30–16 Uhr) war einst Englands bestgehütetes Geheimnis, denn es war der Schauplatz einer gewaltigen Dechiffrierungsoperation im Zweiten Weltkrieg, die in dem Film *Enigma* von 2001 dramatisiert wurde. Fast 8500 Menschen waren hier unter strengster Geheimhaltung mit Abhören, Entziffern, Übersetzen und Auswerten der feindlichen Nachrichtenübermittlung beschäftigt.

Bletchley liegt gleich südlich von Milton Keynes an der B4034. Mit London Euston (£19, 40 Min.) bestehen regelmäßige Zugverbindungen.

Zum Besuch gehören eine optionale einstündige Führung über das Gelände und ein Multimediaguide. Er vermittelt einen echten Einblick in die komplizierte Entschlüsselungsaktion und die harte Arbeit, Frustration und Erfolge der Beteiligten. In der Station X ist auch jene Enigma-Maschine zu sehen, die für das Knacken des Codes entscheidend war.

## Woburn

935 EW.

Das beschauliche Dorf im ländlichen Bedfordshire existiert seit dem 10. Jh. Trotz Besucherattraktionen und Sternerestaurant ist es noch immer zauberhaft verschlafen.

## Sehenswertes

**Woburn Abbey** HERRENHAUS

(www.woburn.co.uk; Park St; Erw./Kind 15/7,25 £; ⌚Haus Ostern–Okt. 11–17 Uhr) Woburn Abbey, ein wunderbares Herrenhaus in einem 1200 ha großen Wildpark, war ursprünglich eine Zisterzienserabtei, wurde aber von Heinrich VIII. aufgelöst und dem Grafen von Bedford übereignet (der heutige Herzog von Bedford lebt dort immer noch). In den opulenten Räumlichkeiten sind Gemälde von Gainsborough, van Dyck und Canaletto ausgestellt. Zu den Highlights zählen das Schlafzimmer von Königin Victoria, wunderschöne Wandbehänge und Vitrinen im Chinesischen Salon sowie die mysteriöse Geschichte der „Fliegenden Herzogin".

**Woburn Safari Park** ZOO

(www.woburnsafari.co.uk; Erw./Kind 21/16 £; ⌚10–17 Uhr) Der Zoo ist das größte Freigehege im Land. Nashörner, Tiger, Löwen, Zebras, Bisons, Affen, Elefanten und Giraffen durchstreifen das Gelände und können vom Auto aus beobachtet werden. Im Areal der „Safari zu Fuß" sind Löwen, Pinguine und Lemuren zu sehen.

## Essen

★**Paris House** MODERN BRITISCH £££

(☎01525-290692; www.parishouse.co.uk; London Rd; mittags 39 £, abends 71–98 £; ⌚Mi–Sa 12–14 & 19–22, So 12–20 Uhr) Das Paris House auf dem Woburn Estate ist ein hübsches Gebäude in Schwarz-Weiß, an dem der vorherige Herzog von Bedford bei einem Besuch in der französischen Hauptstadt Gefallen fand, weshalb er es nach England verfrachten ließ. Im Zweiten Weltkrieg hielt sich hier die Königin oft auf. Heute ist es das beste Restaurant in Bedfordshire, das exquisite Probiermenüs serviert.

## Praktische Informationen

Der Woburn Passport (Erw./Kind 27/20 £) kann innerhalb von zwölf Monaten an zwei verschiedenen Tagen benutzt werden und dient als Eintrittskarte für Woburn Abbey und den Safari Park.

# Waddesdon

1800 EW.

**Waddesdon Manor** (NT; www.waddesdon.org.uk; Erw./Kind 18/9 £, nur Garten 8/4 £; ⌚April–Dez. Mi–So 10–17 Uhr), ein Märchenschloss im französischen Renaissancestil, wurde 1889 für Baron Ferdinand de Rothschil[d] damit er seine Sammlung franzö[s] ornamentaler Kunst ausstellen und g[...] volle Partys feiern konnte. Beim Anbli[ck] der pompösen Pracht fällt es nicht schwer, sich dazu die Crème de la Crème der viktorianischen Gesellschaft vorzustellen, wie sie in den prunkvollen Räumen die Puppen tanzen lässt.

Nur wenige Ecken sind ohne Bauschmuck, allein der Bachelor's Wing zeichnet sich spürbar durch Zurückhaltung aus. Zu sehen sind herausragende Sammlungen alter niederländischer Meister und englischer Porträts, Sèvres-Porzellan, verschnörkeltes Mobiliar und der große Weinkeller. Auf dem Grundstück gibt es Barockgärten, moderne Skulpturen und ein Vogelhaus mit Rokokoarchitektur und exotischen Vögeln.

Das **Five Arrows Hotel** (☎01296-651727; www.thefivearrows.co.uk; EZ/DZ ab 75/105 £; P 📶) im Dorf Waddeson am Rand des Schlossparks wurde ursprünglich als Gasthaus für die Kunsthandwerker errichtet, die am Schloss beschäftigt waren. Die 16 Zimmer in dem kunstvoll gestalteten Fachwerkhaus sind hübsch renoviert und das Restaurant serviert ein tolles englisches Frühstück. Gäste haben freien Zugang zum Schlossgarten.

Waddesdon liegt an der A41 8 km nordwestlich von Aylesbury.

# St. Albans

57 800 EW.

Unter dem Namen Verulamium war St. Albans einst die drittgrößte Stadt im römischen Britannien. Ihren heutigen Namen erhielt sie nach einem christlichen, römischen Soldaten, der hier um 250 n. Chr. sein Leben ließ und der erste englische Märtyrer wurde. Heute ist St. Albans eine geschäftige und wohlhabende Marktstadt mit vielen windschiefen Tudorgebäuden und eleganten georgianischen Stadthäusern.

Etwas schräger und weniger elegant geht es Ende September beim populären Bier- und Ciderfestival zu (http://stalbansbeerfestival.org.uk).

## Sehenswertes

★**St. Alban's Cathedral** KATHEDRALE

(www.stalbanscathedral.org; nahe Ecke High St/Holywell Hill; ⌚8.30–17.45 Uhr, kostenlose Führungen Mo–Sa 11.30 & 14.30, So 14.30 Uhr) Die

…edrale, die König Offa von … das Grab von St. Alban er… eine prachtvolle Mischung …h-romanischer und goti… Das längste mittelalter… des Landes besitzt eine …muckte Decke, halb verblichene …andgemälde, einen kunstvollen Lettner und natürlich den Schrein von St. Alban hinter einer steinernen Altarwand.

**Verulamium Museum** MUSEUM
(www.stalbansmuseums.org.uk; St. Michael's St; Erw./Kind 5/2,50 £; ⏲Mo–Sa 10–17.30, So 14–17.30 Uhr) Das phantastische Museum zum Alltagsleben in Britannien unter den Römern zeigt Haushaltsgegenstände, Legionärsrüstungen, Plastiken, Schmuck, Glaswaren und Grabbeigaben. Das Highlight ist jedoch der Mosaikraum, in dem fünf großartige Mosaikböden ausgelegt sind, die zwischen 1930 und 1955 entdeckt wurden.

Im angrenzenden Verulamium Park stehen die Reste einer Basilika, eines Badehauses und Teile der Stadtmauer, jenseits der verkehrsreichen A4147 die grasüberwucherten Fundamente eines römischen Theaters, das 2000 Zuschauer fasste.

## Essen

**Lussmanns Fish & Grill** MODERN BRITISCH ££
(☎01727-851941; www.lussmans.com; Waxhouse Gate, nahe der High St; Hauptgerichte 12–20 £; ⏲12–21.30 Uhr) Das helle, moderne Restaurant abseits der Hauptstraße serviert ein wechselndes Angebot kreativer, britischer Gerichte mit mediterranem Touch. Die Zutaten sind alle ethisch produziert und nach Möglichkeit lokaler Herkunft.

## Praktische Informationen

**Touristeninformation** (☎01727-864511; www.enjoystalbans.com; Market Pl; ⏲Mo–Sa 10–16.30 Uhr)

## An- & Weiterreise

Zwischen London St. Pancras und St. Albans (12 £, 30 Min.) bestehen regelmäßige Zugverbindungen, weniger häufig mit London Blackfriars.

NICHT VERSÄUMEN

### WARNER BROS STUDIO TOUR: THE MAKING OF HARRY POTTER

Ob für nur mäßig Interessierte oder absolute Potter-Fans, die **Warner Bros Studio Tour: The Making of Harry Potter** (☎0845 084 0900; www.wbstudiotour.co.uk; Studio Tour Drive, Leavesden; Erw./Kind 31/24 £; ⏲9–21.30 Uhr) ist die zugebenermaßen gepfefferten Eintrittspreise wert. Der Besuch muss für ein festes Datum und eine feste Uhrzeit gebucht werden und zwei bis drei Stunden Zeit sind mindestens erforderlich, um dem gerecht zu werden, was hier geboten wird. Die Tour beginnt mit einem kurzen Film, bevor es durch riesige Tore in die echte Kulisse der Great Hall von Hogwart geht – der erste von vielen „Wow"-Momenten.

Ab dort können die Besucher weitere Schauplätze auf eigene Faust erkunden, auch einen großen Hangar mit den bekanntesten Innenkulissen (Dumbledores Büro, der Gemeinschaftsraum im Haus Gryffindor, Hagrids Hütte) und ein Freiluftareal mit dem Privet Drive, dem lilafarbenen Dreifachdecker Knight Bus und einem Laden, der Butterbier verkauft (sehr süß, aber eine Kostprobe wert). Unterwegs schalten sich Videobildschirme ein und gewähren viele weitere Einblicke in die Produktionsarbeit. Die Liebe fürs Detail ist faszinierend: Es gibt sogar eine Abteilung, die dem grafischen Design von Gegenständen wie den Müslikartons in der Küche der Weasleys gewidmet ist!

Zu den weiteren Highlights zählen die Trickwerkstatt (Hallo Hippogreif!) und ein Bummel über die Winkelgasse. Der magischste Moment kommt zum Schluss – ein riesiges, atemberaubendes, maßstabsgetreues Modell von Hogwarts, das für die Außenaufnahmen genutzt wurde. Dann folgt die größte Herausforderung für Fans und Eltern: ein ebenfalls gut gemachter Laden mit allen Zauberaccessoires, den Schuluniformen der einzelnen Hogwarts-Häuser und Kopien der Zauberstäbe von jeder nur denkbaren Figur.

Für Besucher, die mit dem eigenen Auto kommen, gibt es einen großen, kostenlosen Parkplatz und ausführliche Wegbeschreibungen auf der Website. Ansonsten fahren Züge von London Euston (9,50 £, 20 Min.), Bletchley (15 £, 34 Min.), Northampton (22 £, 40 Min.), Coventry (20 £, 45 Min.) oder Birmingham (20 £, 1½ Std.) zur Watford Junction, wo ein Pendelbus abfährt (hin & zurück 2 £).

# THAMES VALLEY

Dieses ziemlich noble und reiche Ende der Welt dient einigen der wichtigsten Persönlichkeiten Englands als ländlicher Zufluchtsort. In der idyllischen Landschaft in der Nähe von London und doch Welten entfernt liegen ein paar schöne Dörfer und historische Herrensitze sowie auch einige Spitzenattraktionen.

## Windsor & Eton

33 400 EW

In den beiden benachbarten Orte, die vom massiven Windsor Castle dominiert werden, kommt surreale Atmosphäre auf, wenn in Windsor vormittags mit allem Pomp der zeremonielle Wachwechsel stattfindet und im winzigen Eton Schuljungen im Frack durch die Straßen flitzen.

Das Ortszentrum von Windsor steckt voller teurer Boutiquen, vornehmer Cafés und trendiger Restaurants. Eton ist im Vergleich viel ruhiger. Die einzige Straße im Zentrum säumen rauf und runter Antiquitätenläden und Kunstgalerien. Beide lassen sich von London aus gut in einem Tagesausflug besuchen.

### Sehenswertes

**★Windsor Castle** BURG, SCHLOSS

(www.royalcollection.org.uk; Castle Hill; Erw./Kind 19/11 £; ⌚9.45–17.15 Uhr) Windsor Castle, die größte und älteste noch bewohnte Burg der Welt, ist ein majestätisches Bauwerk aus Festungsmauern und Türmen. Sie wird zu Staatsanlässen genutzt und ist eine offizielle Residenz der Queen. Ist die daheim, flattert der Royal Standard am Round Tower. Die opulenten Prunkzimmer und wunderschönen Kapellen können auf kostenlosen Führungen (alle halbe Stunde) oder mit Audioguides in mehreren Sprachen besichtigt werden. Einzelne Teile können jedoch jederzeit auch kurzfristig wegen besonderer Anlässe gesperrt sein.

Die erste königliche Residenz in Windsor errichtete Wilhelm dem Eroberer 1070; seither haben seine Nachfolger den Burgkomplex neugebaut, umgestaltet und renoviert und so den massiven und luxurösen Komplex von heute geschaffen. Heinrich II. ersetzte 1165 die hölzerne Einfriedung durch Steinmauern, Karl II. ließ die State Apartments im barocken Stil einrichten, Georg IV. hinterließ von ihm bevorzugte Neugotik und Königin Victoria veranlasste die Umgestaltung einer Kapelle zur Erinnerung an ihren geliebten Albert.

**➡ Queen Mary's Dolls' House**

Die erste Station auf der Führung ist meistens das unglaubliche Puppenhaus, das Edwin Lutyens 1924 für Königin Maria entwarf. Die Detailtreue ist faszinierend – es gibt fließend Wasser, Strom und Licht, winzige Kronjuwelen und Jahrgangswein im Keller.

**➡ State Apartments**

Die **Prunktreppe** ist der Auftakt zu einer Reihe spektakulärer Prunksäle, die von Blattgold glänzen und in denen jeder Zentimeter bemalte Fläche und glitzernder Kronleuchter das *royal* nur so herausposaunen. Zu den Highlights gehört die **St. George's Hall**, die für Staatsbankette für bis zu 160 Personen genutzt wird. Für intimere Zusammenkünfte (bis zu 60 Personen) nutzt die Queen das **Waterloo Chamber** mit Gemälden, die den Sieg über Napoleon feiern.

**➡ St. George's Chapel**

Die elegante Kapelle, die 1475 von Eduard IV. für den Hosenbandorden in Auftrag gegeben wurde, ist eines der schönsten Bauwerke der Spätgotik in Großbritannien. Das Schiff mit seinem Fächergewölbe wurde unter Heinrich VII. vollendet, aber gänzlich fertiggestellt wurde die Kapelle erst 1528 unter Heinrich VIII.

Die Kapelle dient als königliches Mausoleum neben Westminster Abbey. Hier ruhen zahlreiche Angehörige der königlichen Familie, unter ihnen Heinrich VIII., Karl I. und

#### ROYAL ASCOT

Wer sich in Schale wirft, kann sich beim größten **Pferderennen** (www.ascot.co.uk; Silver Ring pro Tag 25 £, Grandstand pro Tag 65 £; ⌚Mitte Juni) des Jahres unter die Schickeria mischen. Hier treffen die königliche Familie, hohe Prominenz und die Reichen und Schönen zusammen, um ihre Jimmy Choos vorzuzeigen und die eine oder andere Wette abzuschließen. Tickets für den fünftägigen Event müssen allerdings lange im Voraus gebucht werden.

Atmosphäre lässt sich schon für 25 £ vom Silver Ring aus schnuppern, im Grandstand trifft man für 65 £ pro Tag auf die vornehmen Damen mit den ausgefallenen Hüten.

## Windsor & Eton

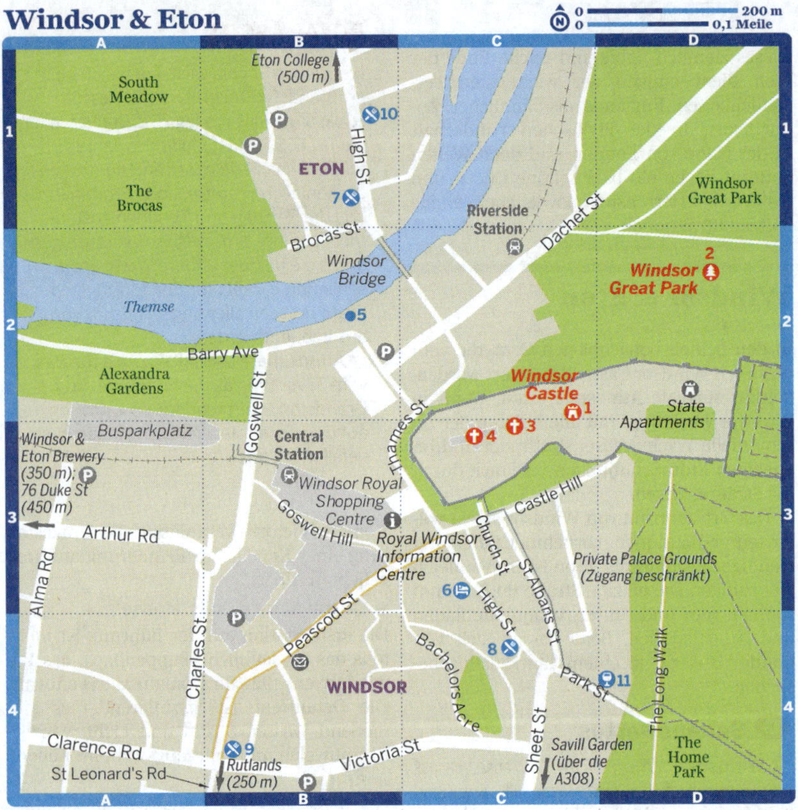




Vater (König Georg VI.), Mutter (Königin Elisabeth) und Schwester (Prinzessin Margaret) der derzeitigen Königin.

Die St. George's Chapel ist sonntags geschlossen, aber wer einen Besuch plant, kann am Frühgottesdienst oder an der Abendandacht täglich um 17.15 Uhr teilnehmen.

### ➡ Albert Memorial Chapel

Die kleine Kapelle, die 1240 gebaut und Eduard dem Bekenner gewidmet ist, war das Gotteshaus des Hosenbandordens, bis diese Ehre der St. George's Chapel zuteil wurde. Nach dem Tod von Prinz Albert 1861 in Windsor Castle befahl Königin Victoria die aufwendige Neugestaltung zu Ehren ihres geliebten Gatten. Ein wichtiger Teil des Umbaus ist die prachtvolle Gewölbedecke, deren Goldmosaiksteine in Venedig hergestellt wurden. Es gibt ein Grabmahl für den Prinzen, aber bestattet ist er zusammen mit Königin Victoria im Frogmore Royal Mausoleum auf dem Schlossgelände.

### ➡ Changing of the Guard

Der Wachwechsel ist ein fabelhaftes Spektakel mit schmetternder Militärmusik und reichlich Fußgestampfe und lockt massenhaft Besucher zum Schlosstor, die den aufgeputzten Jungs in roter Uniform und Bärenfellmütze bei ihrem Ritual zuschauen. Von April bis Juli findet die Ablösung montags bis samstags um 11 Uhr, von August bis März nur jeden zweiten Tag statt. Den besten Blick bietet ein Platz rechts von der Zuschauermenge.

### Eton College — GEBÄUDE

(www.etoncollege.com) Eton ist die größte und berühmteste private Internatsschule Englands und zweifellos das beständigste und glanzvollste Symbol der englischen Klassengesellschaft. Zur Zeit der Recherche war eine Besichtigung der Schule wegen Bauarbeiten nicht möglich, aber auf der Website ist zu erfahren, ob wieder Führungen stattfinden.

## Windsor & Eton

**Highlights**
1 Windsor Castle ... C2
2 Windsor Great Park ... D2

**Sehenswertes**
3 Albert Memorial Chapel ... C3
4 St. George's Chapel ... C3

**Aktivitäten, Kurse & Touren**
5 French Brothers ... B2

**Schlafen**
6 Macdonald Windsor Hotel ... C3

**Essen**
7 Gilbey's ... B1
8 Green Olive ... C4
9 Meimo ... B4
10 Zero 3 ... B1

**Ausgehen & Nachtleben**
11 Two Brewers ... D4

Eton wurde 1440 von Heinrich VI. zur Unterweisung von 70 hochbegabten Jungen gegründet, die ein Stipendium aus der Kasse des Königs erhielten. Seither werden in strengen Prüfungen jedes Jahr 70 „King's Scholars" (von zwölf bis 14 Jahren) ausgewählt. Diese Jungen wohnen in separaten Quartieren, getrennt vom Rest der etwa 1300 anderen Schüler. Alle sind Internatsschüler und müssen zum Unterricht eine Schuluniform aus Frack, Weste und weißem Kragen tragen (der Zylinder wurde 1948 abgeschafft).

Zu den Absolventen gehören 19 Premierminister, zahllose Prinzen, Könige und Maharadschas, berühmte Forschungsreisende, Autoren und Wirtschaftswissenschaftler, z. B. die Prinzen William und Harry, George Orwell, Ian Fleming, Aldous Huxley, John Maynard Keynes und Bear Grylls.

**★ Windsor Great Park** PARK

Im etwa 20 km² großen Windsor Great Park, der sich hinter dem Windsor Castle fast bis nach Ascot erstreckt, gibt es einen See, Wanderwege, einen Reitweg und Gärten. Der Long Walk ist ein 3 km langer Spazierweg auf einer Allee vom King George IV Gate bis zur Statue Copper Horse (Georg III.) auf dem Snow Hill, dem höchsten Punkt des Parks.

**Savill Garden** GÄRTEN

(www.theroyallandscape.co.uk; Wick Lane, Englefield Green; Erw./Kind 9,50/4,25 £; ⌚März–Okt. 10–18 Uhr, Nov.–Feb. bis 16.30 Uhr) Der hübsche, 14 ha große Garten, der in den 1930er-Jahren in den südlichen Ausläufern des Windsor Great Park angelegt wurde, besteht aus ornamentalen Blumenbeeten und Wäldchen. Zu erreichen ist er über die A308 in südlicher Richtung immer den braunen Schildern nach. Er liegt 7 km von Windsor Castle entfernt.

**Runnymede** HISTORISCHE STÄTTE

(NT; www.nationaltrust.org.uk; Windsor Rd, Old Windsor; Parkplatz pro Std. 1,50 £; ⌚Parkplatz April–Sept. 8.30–19, Okt.–März bis 17 Uhr) GRATIS Im Juni 1215 versammelte König Johann Ohneland seine Barone in einem Feld 5 km südöstlich von Windsor und vereinbarte mit ihnen einen Grundrechtekatalog, der Freiheiten der Untertanen und Einschränkungen der absoluten Macht des Monarchen festlegte. Das von allen unterzeichnete Dokument war die Magna Carta, die erste Verfassung der Welt. Das Feld sieht heute noch ziemlich genau so aus wie in jener Zeit aus, außer dass dort inzwischen zwei Landhäuser (1930) nach Entwürfen von Edward Lutyens stehen.

Die Magna Carta bildete die Grundlage für die Gesetzgebung in allen Demokratien der Welt. Sowohl die Verfassung der USA als auch die Verfassungen der einzelnen Bundesstaaten der USA, die 500 Jahre später proklamiert wurden, berufen sich auf sie. Zum Gedenken an dieses Vermächtnis errichtete die American Bar Association 1957 hier ein Denkmal in Form eines griechischen Tempels. Und 1963 schenkte Großbritannien den USA einen halben Hektar des Landes zum Gedenken an den ermordeten Präsidenten John F. Kennedy.

Nach einem Marsch durch das matschige Gelände zu Denkmal und Gedenkstein (entsprechende Schuhe tragen), kann man, den Hügel weiter hinauf, einem zweistündigen Rundweg zum bewegenden **Commonwealth Airforces Memorial** folgen, wo die Namen von 20 000 Piloten aus Großbritannien, Kanada, Neuseeland, Australien, Indien und Südafrika festgehalten sind, die im Zweiten Weltkrieg ums Leben kamen ohne ein Grab zu finden.

Runnymede liegt an der A308 5 km südöstlich von Windsor.

### Geführte Touren

**French Brothers** BOOTSTOUREN

(☎01753-851900; www.frenchbrothers.co.uk; Windsor Promenade, Barry Ave; ⌚Ostern–Okt. 11–

17 Uhr) Verschiedene Bootsausflüge nach Runnymede (Erw./Kind 13/8,65 £) und rund um Windsor (Erw./Kind ab 6,70/4,50 £).

**Royal Windsor Town Walks** STADTRUNDGANG
(☎01753-743900; www.windsor.gov.uk; Erw./Kind 7/6 £; ⏲Sa 11.30 Uhr, April–Sept. auch So 15.30 Uhr) Kann in der Touristeninformation oder online gebucht werden.

## Schlafen

Windsor ist ein guter Tagesausflug von London, aber eine Übernachtung ermöglicht es, die Stadt in ihrem normalerweise verschlafenen Zustand zu erleben, nachdem die Besucherhorden abgezogen sind.

**76 Duke Street** B&B ££
(☎01753-620636; www.76dukestreet.co.uk; 76 Duke St; EZ/DZ 85/100 £; 📶) Das zentral gelegene B&B, das von einer freundlichen Gastgeberin geführt wird, vermietet zwei makellose Doppelzimmer. Beide sind nur gemeinsam buchbar, also ideal für eine Familie oder zwei Paare.

**Rutlands** B&B ££
(☎01753-859533; www.therutlandsbedandbreakfast.co.uk; 102 St Leonards Rd; EZ/DZ ab 55/85 £, EZ ohne Bad 40 £; P📶) Das komfortable B&B mit sechs Gästezimmern liegt in Zentrumsnähe und hat zwei äußerst praktische Parkplätze. Die Zimmer sind hübsch renoviert, ein paar haben Kronleuchter und Stuckkamine.

**Macdonald Windsor Hotel** HOTEL £££
(☎0844 879 9101; www.macdonaldhotels.co.uk/Windsor; 23 High St; Zi. ab 149 £; P📶) Das Hotel, die eleganteste Unterkunft in Windsor, sieht von außen klein und urig aus, aber hinter der Fassade verbergen sich 120 geräumige Zimmer. Dunkelbraune und cremefarbene Töne verleihen der modernen Einrichtung bodenständiges Flair.

## Essen

### Windsor

**Meimo** MAROKKANISCH, MEDITERRAN ££
(☎01753-862222; www.meimo.co.uk; 69–70 Peascod St; Hauptgerichte 9–17 £; ⏲11–22 Uhr) Leuchtende Farben, Glaslaternen und drapierte Stoffe bringen nordafrikanischen Sonnenschein in diese Bastion alles Englischen. Die Tajines sind exzellent und werden brutzelnd serviert. Pasta, Steaks und Fischgerichte runden das Angebot ab.

**Green Olive** GRIECHISCH ££
(☎01753-866655; www.green-olive.co.uk; 10 High St; Hauptgerichte 13–20 £; ⏲12–15 & 18–22 Uhr; 🖉) Das Lokal ist ideal für einen leichten Mittagsimbiss und serviert großzügige Portionen traditioneller griechischer Vorspeisen und einige interessante Desserts in einem hellen, einfachen Ambiente.

### Eton

**Zero 3** SANDWICHES, CAFÉ £
(www.facebook.com/zero3eton; 45 High St; Hauptgerichte 4–9 £; ⏲8.30–16 Uhr) Das Zero 3 ist die noble Variante eines amerikanischen Diner, mit viel glänzendem Chrom und Hollywood-Porträts. Die lange Speisekarte enthält warme Frühstücksgerichte, Gegrilltes, Pasta, Salate, Hamburger und Backkartoffeln. Zum Mitnehmen gibt's auch Sandwiches.

**Gilbey's** MODERN BRITISCH £££
(☎01753-854921; www.gilbeygroup.com; 82-83 High St; 2-/3-Gänge-Menü 20/26 £; ⏲Di–So 12–15, tgl. 18–22 Uhr) Das Restaurant ist klein, aber perfekt eingerichtet und eines der besten in der Gegend. Terrakottafliesen, ein sonniger Hofgarten und ein Wintergarten schaffen ein kontinentales Ambiente, aber auf den Tisch kommt hervorragende modern britische Küche.

## Ausgehen & Nachtleben

**Two Brewers** PUB
(www.twobrewerswindsor.co.uk; 34 Park St; ⏲11.30–23 Uhr) Feine Leute mit Hund kommen gern in das Gasthaus aus dem 17. Jh. am Rand des Windsor Great Park. Für die richtige Atmosphäre sorgen niedrige Balkendecken, schummrige Beleuchtung , deftige Pubgerichte und im Winter ein prasselndes Feuer im Kamin.

**Windsor & Eton Brewery** BRAUEREI
(www.webrew.co.uk; Duke St; ⏲Mo–Fr 9–18,Sa bis 15 Uhr) Prämiertes Knight of the Garter (ein helles Ale), Guardsman Best Bitter oder Windsor Knot, ein Spezialgebräu zur Hochzeit von Kate und William, gehören zu den Bieren, die diese Kleinbrauerei ausschenkt und verkauft.

## Praktische Informationen

**Royal Windsor Information Centre** (www.windsor.gov.uk; Old Booking Hall, Windsor Royal Shopping Arcade; ⏲9.30–17 Uhr) Hier gibt's eine Broschüre zu einem historischen Stadtspaziergang (50 p).

## An- & Weiterreise

- Busverbindungen bestehen mit Bray (Nr. 6/16; 4 £, 36 Min.) und dem Terminal 5 in Heathrow (60/61/71/77; 4,70 £, 52 Min.).
- Die Green-Line-Busse (www.greenline.co.uk) fahren nach London (5 £, 1½ Std.).
- Züge verkehren direkt vom Bahnhof Windsor Riverside nach London Waterloo (9,80 £, 1 Std.), merklich schneller geht es aber von Windsor Central mit Umsteigen in Slough nach London Paddington (26–44 Min.).

# Bray

Kaum zu glauben, dass dieses winzige Dorf an der Themse mit seinen Häuschen aus Feuerstein, Ziegeln und Fachwerk die Feinschmeckerhauptstadt Großbritanniens sein soll. Aber in Bray gibt es zwei von nur vier Restaurants im ganzen Land, die in der Gourmetbibel Michelin drei Sterne (mehr geht nicht) erhalten haben. Hinzu kommen zwei Pubs, die ebenfalls mit einem Stern ausgezeichnet wurden.

Einen Tisch im Fat Duck zu ergattern – Vorzeigerestaurant von Starkoch Heston Blumenthal und zweifellos das berühmteste Restaurant in England –, wird immer schwieriger (selbst bei Preisen von 195 £ pro Person). Und seit Blumenthal verkündet hat, dass er 2015 sein ganzes Unternehmen für sechs Monate ins australische Melbourne verlegen wird, werden sich Feinschmecker noch etwas länger gedulden müssen.

## Essen

**★ Waterside Inn** FRANZÖSISCH £££
(☎ 01628-620691; www.waterside-inn.co.uk; Ferry Rd; Hauptgerichte 50–59 £, 2-/3-Gänge-Mittagsmenü 46/60 £; ⊙ Mi–So 12–14 & 19–22 Uhr, Ende Dez.–Ende Jan. geschl.) Von dem Moment, da der Hausdiener die Autotür öffnet, bis zur letzten Servierplatte mit Petit Fours ist klar, dass es sich um ein nobles Haus handelt. Seit über 40 Jahren zaubert Chefkoch Alain Roux hier seine Kunst und kreiert außergewöhnliche Gerichte, die eine kleine Kellnerarmee in einem Raum serviert, der direkt auf die Themse blickt. Zimmer werden ebenfalls vermietet.

**★ Hind's Head** GASTROPUB £££
(☎ 01628-626151; www.hindsheadbray.com; High St; Hauptgerichte 16–33 £; ⊙ Mo–Sa 11.30–23, So 12–16 Uhr) Das Pub aus dem 15. Jh. bietet viel Atmosphäre und die Chance, einige der kreativen Gerichte von Heston Blumenthal relativ erschwinglich und in zwanglosem Ambiente zu genießen. Das Essen ist weniger extravagant als in seinem Restaurant, dem Fat Duck, aber es gibt immer noch genug kapriziöse Kniffe, z. B. die Fischpastete mit *surf* (knusprigem Grünkohl) und *sand* (Anchovisbrösel).

> **READING FESTIVAL**
>
> Am Bank-Holiday-Wochenende im August fallen bis zu 87 000 Fans in die Industriestadt Reading ein, um eines der größten Rock-Festivals des Landes mitzuerleben. Beim dreitägigen **Reading Festival** (www.readingfestival.com; Tickets 100–213 £; ⊙ Aug.) treten Spitzenmusiker aus der Rock-, Indie-, Punk- und Alternativszene auf. Tickets kosten etwa 100 £ pro Tag oder 213 £ für alle drei Tage.

## An- & Weiterreise

Busse von Courtney (www.courtneybuses.com) fahren von/nach Windsor (Nr. 6/16; 4 £; 36 Min.).

# Henley-on-Thames

11 500 EW.

Der hübsche Vorort Henley ist gleichbedeutend mit der **Henley Royal Regatta** (www.hrr.co.uk; Tickets 18–24 £ ; ⊙ Juli), einem weltberühmten Ruderwettkampf im Juli, zu dem es in der Stadt hoch hergeht. Die fünftägige Regatta hat sich zum festen Termin im gesellschaftliche Leben der Upperclass entwickelt und so kommt es, dass selbst die hochkarätige Hauptveranstaltung von den champagnerseligen Eskapaden der Reichen überschattet wird, die hierher kommen, um zu sehen und gesehen zu werden. Dennoch lohnt sich bei sonnigem Wetter ein Picknick im Zuschauerareal und der Anblick der durchtrainierten Körper der Ruderer entschädigt für manches.

Das **Henley Festival** (www.henley-festival.co.uk; ⊙ Juli), das in der Woche nach der berühmten Henley Royal Regatta stattfindet, ist eine lebhafte, vornehme Angelegenheit mit allerlei Unterhaltung, von Oper bis Rock, Jazz, Comedy und Swing. Die großen Veranstaltungen finden auf einer schwimmenden Bühne auf der Themse statt.

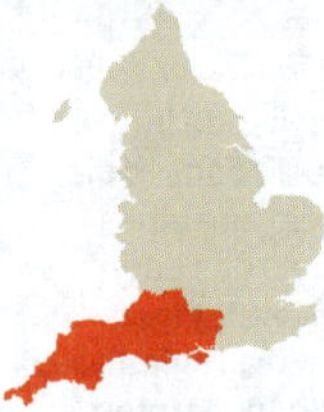

# Bath & Südwestengland

Inhalt ➜



## Gut essen

- Restaurant Nathan Outlaw (S. 358)
- Riverford Field Kitchen (S. 306)
- Circus (S. 342)
- The Pig (S. 247)

## Schön übernachten

- Vintage Vacations (S. 252)
- Scarlet (S. 360)
- Lulworth Cove (S. 262)
- Tide House (S. 363)

## Auf nach Bath & Südwestengland

Englands Südwesten ist einfach spektakulär. Hier ist die Vergangenheit stets präsent – in Steinkreisen, Hügelfestungen der Eisenzeit und römischen Bädern. Neben umwerfenden herrschaftlichen Häusern stehen romantische Burgen; stille Kathedralen überragen opulente georgianische Stadtlandschaften. Die Landschaft taucht Besucher in die Mythen von König Artus und Alfred dem Großen sowie in die Romane von Thomas Hardy, Jane Austen und Daphne du Maurier.

Aber der Südwesten ist auch aufgeschlossen für die Zukunft. Besucher können alternative Ökostädte, wegweisende Restaurants und coole Surferreviere ansteuern und auf Campingplätzen in schicken Jurten oder altmodischen Wohnwagen nächtigen. Dazu kommen noch drei Nationalparks, mit Fossilien reich gesegnete Küsten, Englands beste Surfspots und eine Küste voller schöner Buchten, steiler Felsformationen und stiller Sandstrände. Als Besucher hat man hier die Qual der Wahl: Wohin zuerst in Englands Südwesten?

## Reisezeit

- Klippen, Hügel und kunstvolle Gärten betören im April und Mai mit einer duftenden Blütenpracht. Saisonale Sehenswürdigkeiten öffnen und Bootstouren werden wieder angeboten.
- Im Juni finden in Glastonbury (S. 347) und auf der Isle of Wight (S. 249) Musikfestivals statt.
- Das beste Wetter herrscht zumindest theoretisch in der Hauptferienzeit im Juli und August.
- Mit dem Ende der Sommerferien im September werden die Unterkünfte billiger, die Strände leerer und das Meer wärmer. Auf der Isle of Wight (S. 249 erklingen beim alternativen Bestival (S. 252) lässige Grooves.
- Im Oktober locken höhere Wellen Surfer nach Cornwall und Norddevon. In Exmoor liefern sich riesige Hirschböcke heftige Brunftkämpfe und es beginnt die Zeit, Winterstürme zu beobachten.

## Aktivitäten

### Radfahren

Radfahren im Südwesten ist eine wundervolle, wenn auch anstrengende Art und Weise, die freie Natur Englands zu erleben. Das National Cycle Network (NCN) der Region umfasst u. a. den **West Country Way** (NCN Route 3), eine 386 km lange Strecke von Bristol über Glastonbury, Taunton und Barnstaple nach Padstow, und die 166 km lange **Devon Coast to Coast Cycle Route** (NCN Route 27) zwischen Ilfracombe und Plymouth.

Die 257 km lange Rundstrecke des **Wiltshire Cycleway** verläuft an den Grenzen der Grafschaft entlang. In Hampshire winden sich im New Forest Hunderte Kilometer Radwege durch eine an Tieren reiche Landschaft. Die Isle of Wight wartet mit 100 km an fahrradfreundlichen Strecken und einem eigenen Fahrradfest auf.

Zu den Highlights für Mountainbiker zählen die North Wessex Downs, der Exmoor National Park und der Dartmoor National Park. Viele Radrouten folgen den Trassen alter Bahnlinien, so auch der 18 km lange **Granite Way** zwischen Okehampton und Lydford in Devon und der beliebte, 29 km lange **Camel Trail** zwischen Padstow und Bodmin Moor in Cornwall.

Nähere Informationen bieten **Sustrans** (www.sustrans.org.uk) und die örtlichen Touristeninformationen.

### Wandern

Der 1014 km lange **South West Coast Path** (www.southwestcoastpath.com) ist Großbritanniens längster Fernwanderweg: Er erstreckt sich von Minehead in Exmoor über Land's End nach Poole in Dorset. Man muss natürlich nicht die ganze Strecke gehen, sondern kann überall an der Küste spektakuläre Tages- oder Mehrtageswanderungen unternehmen. Die **South West Coast Path Association** (www.swcp.org.uk) gibt einen jährlichen Führer heraus.

In puncto Wildniswanderungen sind die Nationalparks Dartmoor und Exmoor kaum zu überbieten. Dartmoor ist größer und abgeschiedener; Exmoors As im Ärmel sind seine 55 km Steilküste. Der dritte Nationalpark der Region, der New Forest, präsentiert sich mit seinen zahllosen alten Pfaden weitaus sanfter.

Andere Highlights für Wanderer sind der 82 km lange **Coleridge Way** (www.coleridgeway.co.uk), die Isle of Wight und Bodmin Moor. Der 140 km lange **Ridgeway National Trail** (www.nationaltrail.co.uk/ridgeway) windet sich von Avebury in Wiltshire durch Kreidehügelland und die bewaldeten Chiltern Hills.

### Surfen & Segeln

Nordcornwall und zu einem geringeren Grad auch Norddevon warten mit den besten Surfspots Englands auf. Das Epizentrum der Szene ist die Partystadt Newquay; weitere Top-Spots sind Bude in Cornwall und Croyde in Devon. Über regionale Surfbedingungen informiert www.magicseaweed.com.

Zu den Highlights für Segler zählen die Austragungsstätten der Segelwettkämpfe bei den Olympischen Spielen 2012 in Weymouth und Portland und die Seglermekkas Isle of Wight, Falmouth, Dartmouth und Poole.

### Andere Aktivitäten

Der englische Südwesten ist außerdem ein Top-Revier fürs Kitesurfen, Windsurfen, Tauchen, Seekajakfahren, Wildwasser-Kajakfahren und Wakeboarden. Wachsender Beliebtheit erfreut sich besonders an ruhigen Küstenabschnitten das Standup-Paddleboarding (SUP; Stehpaddeln).

Außerdem werden vielerorts Höhlenerkundungen, Coasteering, Mountainboarding, Klettern und Kitebuggying angeboten. Anbieter sind auf www.visitsouthwest.co.uk zu finden.

## Unterwegs vor Ort

Es ist durchaus möglich, den Südwesten Englands mit öffentlichen Verkehrsmitteln zu bereisen, jedoch sind die Verbindungen in abgelegeneren Gegenden begrenzt – mit einem eigenen Fahrzeug sind Reisende natürlich flexibler. Bus- und Zugfahrpläne für die Region bietet die **Traveline South West** (☎ 0871 200 2233; www.travelinesw.com).

### AUTO

Die großen Autoverleiher sind an den Flughäfen und Hauptstrecken-Bahnhöfen der Region vertreten. Die Preise für Leihwagen sind denen im übrigen Großbritannien ähnlich.

### BUS

Das regionale Busnetz ist recht umfassend, jedoch abseits der Hauptorte lückenhaft. **National Express** (www.nationalexpress.com) bietet oft die schnellsten Verbindungen zwischen den Städten und größeren Orten. **PlusBus** (www.plusbus.info) bietet Inhabern von Zugtickets Anschlussbusse (ab 2 £ pro Tag). Zu den teilnehmenden Städten gehören Bath, Bournemouth,

## Highlights

1 Im zauberhaften Licht der Morgendämmerung den Steinkreis von **Stonehenge** (S. 278) betreten

2 Am weißen Sandstrand von Porthcurno oder an einem idyllischen Surfspot wie **Croyde** (S. 319) die Freuden des Meeres genießen

3 An Englands prächtigster Straße entlangbummeln, dem **Royal Crescent** (S. 337) in Bath

4 Die Berge von **Exmoor** (S. 286), Dartmoor und Bodmin Moor durchstreifen

5 In **Portsmouth** (S. 241) die *Mary Rose* anschauen, ein Kriegsschiff Heinrichs VIII.

6 Im **Eden Project** (S. 375) die futuristisch wirkenden Biome bewundern

7 An der **Jurassic Coast** (S. 261) von Dorset nach 200 Mio. Jahre alten Fossilien stöbern

8 Die Stille der Kathedralen von **Salisbury** (S. 274), Exeter, Winchester und Wells auf sich wirken lassen

9 In Bristol Brunels bahnbrechendes Dampfschiff **SS Great Britain** (S. 323) besteigen

10 In Agatha Christies reizender Residenz **Greenway** (S. 302) die Schauplätze von Krimimorden entdecken

Bristol, Exeter, Plymouth, Salisbury, Truro und Weymouth. Tickets gibt's an den Bahnhöfen.

**First** (www.firstgroup.com) Das größte Busunternehmen der Region. Das Ticket FirstDay Southwest (Erw./Kind 7/6 £) gilt einen Tag lang in vielen First-Bussen. Außerdem sind Wochenkarten (Erw./Kind ab 37/23 £) erhältlich.

**More** (Wiltshire & Dorset; www.wdbus.co.uk) Nützliche Busverbindungen in Wiltshire und Dorset. Bietet Tageskarten (Erw./Kind 8,50/5,50 £) und 7-Tage-Netzkarten (25/20 £) für Strecken an der Südküste.

**Stagecoach** (www.stagecoachbus.com) Wichtiges Busunternehmen für Hampshire und Devon. Bietet verschiedene Tageskarten (Erw./Kind ab 4/3 £) und Megarider-Wochenkarten ab 8 £ (keine Ermäßigung für Kinder).

**Western Greyhound** (www.westerngreyhound.com) Wichtigstes Busunternehmen in Cornwall. Tagestickets kosten 8,50/5,50 £ für Erwachsene/Kinder.

### ZUG

Der Hauptbahnknotenpunkt des Südwestens ist Bristol mit Verbindungen nach London Paddington, Schottland und Birmingham sowie regional nach Bath, Swindon, Chippenham, Weymouth, Southampton und Portsmouth. Von London Waterloo verkehren Züge nach Bournemouth, Salisbury, Southampton, Portsmouth und Weymouth.

Bahnhöfe an der Strecke von London Paddington nach Penzance sind z. B. Exeter, Plymouth, Liskeard, St. Austell und Truro. Nebenstrecken verlaufen nach Barnstaple, Paignton, Gunnislake, Looe, Falmouth, St. Ives und Newquay.

Der Freedom of the South West Rover Pass (Erw./Kind 110/55 £) ermöglicht innerhalb von 15 Tagen an 8 Tagen unbegrenztes Bahnreisen im Gebiet westlich von (und einschließlich) Salisbury, Bath, Bristol und Weymouth.



# HAMPSHIRE

Die Geschichte Hampshires ist reich an Royals. Die Könige Alfred der Große, Knut und Wilhelm der Eroberer hatten ihre Machtzentren allesamt in der alten Bischofsstadt Winchester mit ihren zahlreichen historischen Gebäuden inmitten des sanft gewellten Kreidehügellands. Auch an der Küste der Grafschaft ist jede Menge Geschichte zu finden – im revitalisierten Portsmouth können Besucher den Stolz von Nelsons Marine besteigen, die HMS *Victory*, und sich die *Mary Rose* anschauen, das Flaggschiff Heinrichs VIII., um sich danach in die Restaurants, Läden und Bars an den quirligen Kais zu stürzen. Hampshires Südwestecke bedecken die offenen Heiden und die Wälder des New Forest und gleich vor der Küste liegt die angesagte Urlaubsinsel Isle of Wight.

## Winchester

116 600 EW.

Die stille College-Stadt Winchester ist ein Muss für Reisende. In den Mauern der alten Bischofsstadt ist die Vergangenheit noch deutlich präsent. Winchester war die Hauptstadt der sächsischen Könige und eine bischöfliche Machtbasis. Statuen und Sehenswürdigkeiten erinnern an zwei der am meisten von Mythen umrankten Gestalten Englands: Alfred den Großen und König Artus. Die Architektur der Stadt ist herausragend, von den hübschen elisabethanischen und Regency-Gebäuden in den engen Gassen bis zur prächtigen Kathedrale im Zentrum. Und dank der Lage am Fluss stehen für Erkundungsspaziergänge reizende Uferwege zur Verfügung.

### Geschichte

Die Römer errichteten hier 70 n. Chr. eine befestigte Siedlung. Zu einer ersten Blüte gelangte Winchester jedoch erst 670, als die mächtigen westsächsischen Bischöfe ihren Sitz hierher verlegten. Von da an war Winchester die wichtigste Stadt im mächtigen Königreich Wessex. Winchester wurde unter König Alfred dem Großen (reg. 871–899) Hauptstadt und blieb es auch unter Knut (reg. 1016–1035) und den dänischen Königen. Nach der normannischen Invasion 1066 beauftragte Wilhelm der Eroberer örtliche Mönche mit der Abfassung des berühmten Domesday Book (1086), eines Grundbuchs des gesamten Landes – die bedeutendste bürokratische Leistung des Mittelalters. Winchester florierte bis zum 12. Jh.; dann wurde ein Großteil der Stadt durch ein Feuer zerstört – und London übernahm die Krone. Im 18. Jh. lebte Winchester als Handelszentrum wieder auf.

### Sehenswertes

★ **Winchester Cathedral** KATHEDRALE

(☎01962-857225; www.winchester-cathedral.org.uk; The Close; Erw./Kind mit Langhaus- & Krypta-Führungen 7,50 £/frei; ⌚Mo–Sa 9.30–17, So 12.30–15 Uhr) Die aufs 11. Jh. zurückgehende Winchester Cathedral ist eines der imposantesten Gebäude Südenglands. Sie verfügt über eine schöne gotische Fassade, eines der längsten mittelalterlichen Langhäuser

Europas (164 m) und einen faszinierenden Mischmasch von Ausstattungselementen aus allen Epochen. Zu den weiteren Highlights zählen das filigran geschnitzte mittelalterliche Chorgestühl mit mythischen Wesen und dem schelmischen Grünen Mann sowie eine der schönsten illuminierten Handschriften Großbritanniens. Die drei Führungen (S. 239) durch die Kathedrale – Erdgeschoss, Krypta und Turm – sind sehr begehrt, daher am besten im Voraus buchen!

Die heutige Kathedrale erhebt sich neben den Fundamenten des ursprünglichen Münsters aus dem 7. Jh. Mit dem Bau der Kathedrale wurde 1070 begonnen. Nach der Fertigstellung 1093 hielten hier die Gebeine des Schutzpatrons der Kirche, des hl. Swithin, Einzug, Bischof von Winchester von 852 bis 862. Am besten bekannt ist er durch eine alte Bauernregel: Regnet es am Tag des hl. Swithin (15. Juli), dann folgen 40 weitere Tage Regen.

In der Anfangszeit hatten der matschige Baugrund und die mangelnde Qualität der Bauarbeiten schlimme Folgen für die Kathedrale. Der ursprüngliche Turm stürzte 1107 zusammen und größere Umbaumaßnahmen dauerten bis zur Mitte des 15. Jhs. an. Am Ende des Gebäudes erinnert ein Denkmal an den Taucher William Walker: Er rettete das Gotteshaus vor dem Einsturz, indem er zwischen 1906 und 1912 wiederholt ins Grundwasser unter der Kirche tauchte, um verfaulende Holzfundamente mit Beton und Backstein zu sichern.

Sehr stimmungsvoll ist die vom Chor begleitete Abendandacht, der Evensong (Mo–Sa 17.30 & So 15.30 Uhr). Die Sonntagsgottesdienste finden um 7.40, 8 und 10 Uhr statt.

**➡ Winchester Bible & Triforium Gallery**

(⏲ Di–Sa 10.30–16, Mo 14–16 Uhr) Die atemberaubende Winchester-Bibel ist die größte und schönste englische Bibel des 12. Jhs. und beeindruckt mit ihren bunt illuminierten Seiten. Sie wurde 1160 vielleicht vom Enkel Wilhelm des Eroberers in Auftrag gegeben. Zu den Schätzen in der Triforium Gallery zählen seltenes spätsächsisches Glas und eine Madonna mit Kind aus dem 15. Jh., Teil des mittelalterlichen Lettners. Der Eintritt ist im Eintritt zur Kathedrale inbegriffen.

**➡ Jane Austens Grab**

Jane Austen, eine der beliebtesten Schriftstellerinnen Englands, liegt in der Nähe des Eingangs im nördlichen Seitenschiff begraben. Austen starb 1817 einen Katzensprung entfernt im Jane Austen's House, in dem sie die letzten sechs Wochen ihres Lebens verbrachte. Heute ist dies ein privates Wohnhaus. Eine **Schiefertafel** (8 College St) erinnert an Austen. Ein weiteres Haus, in dem sie gelebt hatte, heute ein Museum (s. unten), ist 29 km entfernt.

**➡ Außenanlagen**

Die Rasenflächen um die Kathedrale herum, denen Bäume Schatten spenden, bieten sich wunderbar zum Relaxen an, besonders auf der ruhigeren Südseite hinter dem Kreuzgang. Am antiquarischen Bücherstand im **Deanery Porch** kann man schön nach billigen Büchern stöbern.

**★ Wolvesey Castle** BURG

(EH; ☎02392-378291; www.english-heritage.org.uk; College St; ⏲ April–Okt. 10–17 Uhr) GRATIS Die verfallenen Überreste des aus dem frühen

## JANE AUSTEN'S HOUSE MUSEUM

Der ehemalige Wohnsitz von Jane Austen (1775–1817) verströmt mehr als nur einen Hauch des Flairs der Kostümdramen, die ihre Romane inspirierten. Das nette Backsteinhaus, in dem die berühmte englische Schriftstellerin von 1809 bis 1817 mit ihrer Mutter und Schwester lebte, ist heute ein **Museum** (☎01420-83262; www.jane-austens-house-museum.org.uk; Chawton; Erw./Kind 7,50/2,50 £; ⏲ Mitte Feb.–Dez. 10.30–16.30 Uhr). Hier schrieb sie *Mansfield Park*, *Emma* und *Überredung* und überarbeitete *Verstand und Gefühl*, *Stolz und Vorurteil* und *Die Abtei von Northanger*.

Die Einrichtung entspricht der einer typischen gut situierten georgianischen Familie, mit eleganten Möbeln und Kupferpfannen in der Küche. Außerdem gibt's hier Tische, die Austen als Schreibtisch dienten, Erstausgaben ihrer Romane und das feine Taschentuch, das sie für ihre Schwester bestickte.

Das Museum liegt 29 km östlich von Winchester im Dorf Chawton. Anfahrt mit dem Bus 64 von Winchester nach Alton Butts (8 £, 45 Min., stündl.), dann 800 m zu Fuß nach Chawton.

## Winchester

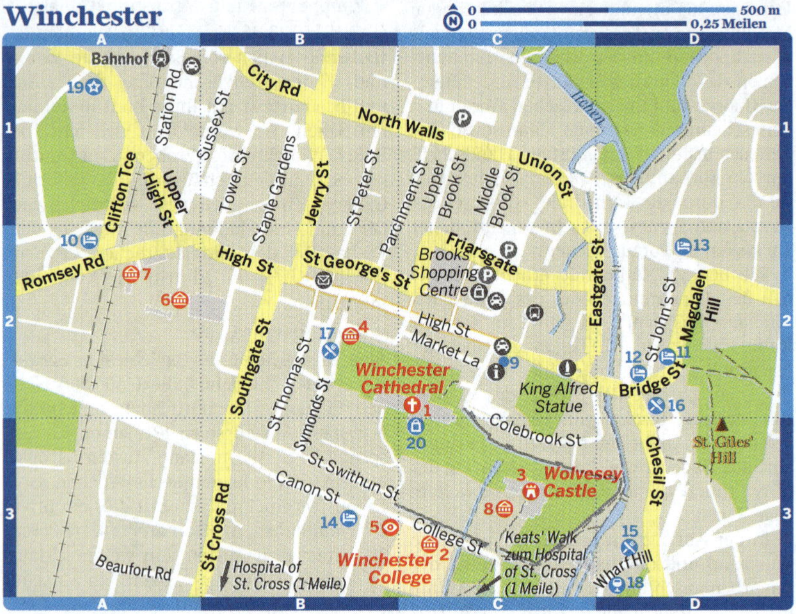


## Winchester

**Highlights**

1 Winchester Cathedral .......................... C2
2 Winchester College .......................... C3
3 Wolvesey Castle .......................... C3

**Sehenswertes**

Cathedral Grounds .......................... (s. 1)
4 City Museum .......................... B2
Grab von Jane Austen .......................... (s. 1)
5 Jane Austen's House Museum .......................... B3
6 Round Table & Great Hall .......................... A2
7 Royal Green Jackets Museum .......................... A2
Winchester Bible & Triforium Gallery .......................... (s. 1)
8 Wolvesey Palace .......................... C3

**Aktivitäten, Kurse & Touren**

9 Stadtführungen .......................... C2

**Schlafen**

10 5 Clifton Terrace .......................... A2
11 Magdalen House .......................... D2
12 No 5 .......................... D2
13 St John's Croft .......................... D2
14 Wykeham Arms .......................... B3

**Essen**

15 Black Rat .......................... D3
16 Chesil Rectory .......................... D2
17 Old Vine .......................... B2
Wykeham Arms .......................... (s. 14)

**Ausgehen & Nachtleben**

18 Black Boy .......................... D3
Wykeham Arms .......................... (s. 14)

**Unterhaltung**

19 Railway Inn .......................... A1

**Shoppen**

20 Deanery Porch .......................... C3

12. Jh. stammenden Wolvesey Castle werden von der Stadtmauer geschützt. Die unter Heinrich von Blois fertiggestellte Burg diente im Mittelalter als bischöfliche Residenz. Hier hielten Königin Maria I. und Philip II. von Spanien ihre Hochzeit ab. Gemäß der Überlieferung verdankt die Burg ihren Namen der Forderung eines sächsischen Königs nach einer Tributzahlung von 300 Wolfsköpfen pro Jahr. Heute residiert der Bischof im **Wolvesey Palace** nebenan.

**★ Winchester College** HISTORISCHES GEBÄUDE
(☎01962-621100; www.winchestercollege.org; College St; Erw./Kind 6/5 £; ⌚Mo–Sa 10.45 & 12, Mo, Mi, Fr–So außerdem 14.15 & 15.30 Uhr) Im

Winchester College hat man die seltene Gelegenheit, sich eine prestigeträchtige englische Privatschule aus nächster Nähe anzuschauen. Gegründet wurde die Schule 1393 von William Wykeham, damals Bischof von Winchester, 14 Jahre, zuvor hatte er das New College in Oxford gegründet. Bei den einstündigen Führungen sehen die Teilnehmer die gotische Kapelle aus dem 14. Jh. mit ihrem Holzgewölbe, den Speisesaal, die sogenannte College Hall, sowie einen großen offenen Klassenraum des 17. Jhs., heute School genannt, in dem immer noch Prüfungen stattfinden – ein schöner Einblick in die Art, wie die Kinder der Wohlhabenden lernen.

**City Museum** MUSEUM
(www.winchester.gov.uk/heritage-conservation/museums/city-museum; The Square; ⏲ Mo–Sa 10–16, So 12–16 Uhr) GRATIS Das Stadtmuseum bietet anhand von Schmuck, Mosaiken, Skulpturen, Münzen und Tabaksdosen eine Reise durch Winchesters Vergangenheit von der Eisenzeit über die Römer und Angelsachsen bis zur Gegenwart.

**Round Table & Great Hall** HISTORISCHES GEBÄUDE
(☎01962-846476; www.hants.gov.uk/greathall; Castle Ave; empfohlene Spende 2 £; ⏲ 10–17 Uhr) GRATIS Die riesige Great Hall ist der einzige Teil des aus dem 11. Jh. stammenden Winchester Castle, das Oliver Cromwell nicht zerstören ließ. Die Wand krönt wie eine gewaltige Dartscheibe mit grünen und cremefarbenen Speichen eine Tischplatte, die der Legende nach König Artus' Runder Tisch ist. Tatsächlich handelt es sich um eine 700 Jahre alte Kopie, aber sie ist dennoch faszinierend. Sie soll im späten 13. Jh. entstanden und dann unter Heinrich VIII. bemalt worden sein – das Bildnis von König Artus erinnert wenig überraschend an das jugendliche Konterfei Heinrichs.

In diesem Saal spielten sich auch mehrere fesselnde englische Gerichtsdramen ab, u. a. der Prozess gegen den Abenteurer Sir Walter Raleigh im Jahr 1603; er wurde zum Tode verurteilt, jedoch in letzter Minute begnadigt.

**Royal Green Jackets Museum** MUSEUM
(The Rifles; ☎01962-828549; www.winchestermilitarymuseums.co.uk; Peninsula Barracks, Romsey Rd; Erw./Kind 4/1,50 £; ⏲ Di–Sa 10–17 Uhr, Juli–Sept. auch So) Das beste von mehreren Militärmuseen der Stadt hat eine kleine Gewehrschussanlage, einen Raum mit 6000 Medaillen und ein eindrucksvolles Diorama der Schlacht von Waterloo.

**Hospital of St. Cross** HISTORISCHES GEBÄUDE
(☎01962-853525; www.stcrosshospital.co.uk; St. Cross Rd; Erw./Kind 4/2 £; ⏲ April–Okt. Mo–Sa 9.30–17, So 13–17 Uhr, Nov.–März Mo–Sa 10.30–15.30 Uhr) Dies ist die älteste karitative Einrichtung im Land, 1132 gegründet vom Enkel Heinrich des Eroberers, Heinrich von Blois. Das Spital sollte nicht nur Kranke heilen und Bedürftige unterstützen, sondern auch Pilger und Kreuzfahrer auf dem Weg ins Heilige Land versorgen. Auch heute noch geben hier ältere Klosterbrüder in schwarzen und roten Roben das traditionelle Wayfarer's Dole aus, eine Kruste Brot und einen kleinen Schluck Bier – früher gab's ein Horn Bier.

Interessant sind die gedrungene Kirche, der Klosterbrüdersaal, die Küche und die friedvollen Gärten. Am besten gelangt man über den rund 1,5 km langen Keats' Walk durch die Flussauen hierher; der Weg beginnt beim Wolvesey Castle.

## Aktivitäten

Zu den schönen Spazierwegen in Winchester zählt der 1,5 km lange **Keats' Walk** durch die Flussauen zum Hospital of St. Cross. Seine Schönheit soll den Dichter Keats zur Abfassung der Ode *To Autumn* (An den Herbst) inspiriert haben; der Weg beginnt beim Wolvesey Castle. Eine andere Möglichkeit ist, den Wharf Hill hinunter und durch die Auen zu St. Catherine's Hill (1,5 km) zu gehen oder den stillen **Riverside Walk** vom Wolvesey Castle am River Itchen entlang zur High Street zu nehmen.

## Geführte Touren

**Führungen durch die Kathedrale** RUNDGANG
Die sehr informativen einstündigen **Langhausführungen** (Mo–Sa 10–15 Uhr) und die stimmungsvollen **Kryptaführungen** (Mo–Sa 10.30, 12.30 und 14.30 Uhr) sind im Eintrittspreis für die Winchester Cathedral (S. 236) inbegriffen. Die **Turm- und Dachführungen** (Mo–Sa 14.15 Uhr, Mai–Sept. außerdem Sa 11.30 Uhr) kosten 6 £; vom Dach bieten sich Ausblicke bis zur Isle of Wight. Diese Führungen sind sehr begehrt – also weit im Voraus buchen!

Auf der Kryptaführung sollte man nach *Sound II* Ausschau halten, einer geheimnisvollen lebensgroßen Darstellung eines nachdenklichen Mannes von Anthony Gormley. Bei der Turm- und Dachführung geht es 213

Stufen durch enge Treppen hinauf, an einer Galerie hoch über dem Langhaus entlang sowie zur Glockenkammer.

**Stadtführungen** STADTRUNDGANG
(Erw./Kind 6 £/frei; April–Okt. Mo–Sa, Nov.–März wöchentl.) Zu den 90-minütigen Stadtführungen zählen die Touren City Highlights und Roman and Saxon Winchester. In der Hauptsaison finden ab der Touristeninformation bis zu vier Führungen täglich statt.

## Schlafen

**★ St. John's Croft** B&B ££
(01962-859976; www.st-johns-croft.co.uk; St. John's St; EZ/DZ 45/85 £; P) Die Gäste verlieben sich oft in dieses so locker stilvolle, große Queen-Anne-Stadthaus: Hier gehen Bastteppiche und indische Kunst eine schöne Ehe mit vollgestopften Bücherregalen und Antiquitäten im *shabby-chic* ein. Die Zimmer sind riesig, der Garten still und das Frühstück wird neben dem Herd in der Landhausküche serviert.

**5 Clifton Terrace** B&B ££
(01962-890053; cliftonterrace@hotmail.co.uk; 5 Clifton Tce; EZ 65–70 £, DZ 75–90 £, FZ 110–125 £; ) In diesem hohen georgianischen Stadthaus herrscht eine faszinierende Atmosphäre lockerer Eleganz. Familienerbstücke finden sich neben bonbonfarben gestreiften Teppichen und pfefferminzgrünen Klauenfußbadewannen. Und das Haus bietet ein tolles Preis-Leistungs-Verhältnis.

**No 5** B&B ££
(01962-863838; www.no5bridgestreet.co.uk; 5 Bridge St; DZ 99–130 £; ) Tweed- und Schottenstoffe treffen sich hier auf raffinierte Weise. Weiche karierte Überwürfe zieren in sanftem Grau gehaltene Betten. Geräumige Bäder, Kamine und das Bistro unten tragen weiter zum Reiz des Ganzen bei.

**Magdalen House** B&B ££
(01962-869634; www.magdalen-house.co.uk; 5 Magdalen Hill; EZ/DZ/FZ 50/65/75 £; P) In dem stillen, modernen Haus an einem Hang ziehen sich schicke Zimmer über drei Etagen. Das Familienzimmer verfügt über eine eigene Sonnenterrasse, von den Doppelzimmern bieten sich Ausblicke über die Dächer zur Winchester Cathedral.

**★ Wykeham Arms** GASTHOF £££
(01962-853834; www.wykehamarmswinchester.co.uk; 75 Kingsgate St; EZ/DZ/Suite 65/150/180 £; P) Das rund 250 Jahre alte Wykeham Arms verströmt aus jeder Pore Geschichte – früher war das Haus ein Bordell und hier schlüpfte auch Nelson für eine Nacht unter. Über knarzende Treppen gelangt man zu üppigen Zimmern, die gleichermaßen altbewährt wie trendig sind: Messing-Bettgestelle treffen hier auf schicke Decken, Eichenholzkommoden verfügen über stilvolle Lampen. Einfach umwerfend!

## Essen

**Chesil Rectory** BRITISCH ££
(01962-851555; www.chesilrectory.co.uk; 1 Chesil St; Hauptgerichte 14–20 £; 12–14.20 & 18–21.30 Uhr) Man könnte meinen, hier hätte jemand eine Checkliste für ein tolles Rendezvous abgearbeitet: gedämpfte Farben, flackernde Kerzen, dunkle Holzbalken. Und auch das Essen ist gut, von leichteren Speisen wie Zwiebelrisotto bis zur aromatischen geschmorten Ochsenbacke oder dem gebratenen Perlhuhn mit Rotwein.

**Wykeham Arms** PUB ££
(01962-853834; www.wykehamarmswinchester.co.uk; 75 Kingsgate St; Hauptgerichte 14–23 £; 12–15 & 18–21 Uhr; ) Die Bandbreite der Karte hier ist wirklich bemerkenswert, von saftigen Hamburgern und Fish & Chips bis zu sättigenden Schöpfungen des Küchenchefs: Zur Schweinshaxen-Terrine, zum Wildbraten und zu den scharf angebratenen Jakobsmuscheln gibt's Pürees, Cremes, Gelees, „Schnee" und „Sand".

**Old Vine** PUB ££
(01962-854616; www.oldvinewinchester.com; 8 Great Minster St; Hauptgerichte 10–20 £; 12–14.30 & 18.30–21 Uhr) Am besten fragt man nach einem Tisch mit Blick auf das schöne Cathedral Green, saugt die entspannte Atmosphäre eines alten Gasthauses auf und wählt dann zwischen Hausmannskost (Schweinspastete und gebackene Eier) und Edlerem wie Lachsgeschnetzeltes vom Grill oder dicken Ribeye-Steaks.

**★ Black Rat** GOURMETKÜCHE £££
(01962-844465; www.theblackrat.co.uk; 88 Chesil St; Hauptgerichte 23 £, 2-/3-Gänge-Mittagsmenü 23/26 £; tgl. 19–21, Sa & So 12–14.15 Uhr) Unwiderstehliche Aromen, einfach fabelhaftes Essen, meisterhafte Kochkunst und überraschende Zutaten wie Sepia, Kaninchenrücken, Schwarzer Lauch, Seetangsalz, Liebstöckel und mit dem Gasbrenner bearbeiteter Rückenspeck – damit hat sich das Black Rat seinen Michelin-Stern verdient.

## Ausgehen & Unterhaltung

**★ Wykeham Arms** PUB

(www.wykehamarmswinchester.co.uk; 75 Kingsgate St; 11–23 Uhr; ) Winchesters schönster Gasthof präsentiert sich recht exzentrisch. Bierkrüge und Schulstöcke hängen von der Decke und die abgenutzten Schultische verleihen dem Biertrinken etwas Anrüchiges. Und angesichts der allabendlich um 18 Uhr gereichten heißen Würste (0,75 £ das Stück) kann man sich kaum vorstellen, je wieder irgendwo anders sein Bierchen zu schlürfen.

**Black Boy** PUB

(www.theblackboypub.com; 1 Wharf Hill; Mo–Do 12–23, Fr & Sa bis 24, So bis 22.30 Uhr) Diese schöne alte Kneipe lohnt schon allein wegen ihrer bizarren Sammlung an Taschenuhren, Wachsgesichtern, Bärenfallen und entzwei gesägten Taschenbüchern einen Besuch. Und dazu kommt noch das Bier, fünf gepflegte *real ales* aus der Region.

**Railway Inn** LIVEMUSIK

(www.railwaylive.co.uk; 3 St. Paul's Hill; So–Do 17–24, Fr bis 2, Sa bis 1 Uhr) Das über zwei Säle verfügende Railway Inn zählt zu den besten Livemusikläden und Clubs der Region. Hier wird alles von Indie bis Country sowie Poesie, Comedy und sogar Retrospiele geboten.

## Praktische Informationen

**Discovery Centre** (www3.hants.gov.uk/wdc; Jewry St; Mo–Fr 9–19, Sa bis 17, So 11–15 Uhr; ) Kostenloser Internetzugang.

**Touristeninformation** (01962-840500; www.visitwinchester.co.uk; High St; Mo–Sa 10–17 Uhr, Mai–Sept. außerdem So 11–16 Uhr)

## An- & Weiterreise

Winchester liegt 105 km westlich von London. Direktbusse von National Express fahren alle zwei Stunden nach London Victoria (14 £, 1¾ Std.). Züge verkehren halbstündlich bis stündlich nach London Waterloo (33 £, 1¼ Std.) sowie stündlich nach Portsmouth (11 £, 1¼ Std.). Außerdem gibt's schnelle Verbindungen in die Midlands.

## Unterwegs vor Ort

Fahrräder verleiht die Touristeninformation (halber/ganzer Tag 7/10 £). Park-and-Ride-Parkplätze (3 £ pro Tag) sind an den Ausfahrten 10 und 11 an der M3 ausgeschildert.

Taxis warten in der High Street, am Bahnhof und vor der Touristeninformation.

**Wintax** (01962-878727; www.wintaxcars.com) Ruftaxis rund um die Uhr.

# Portsmouth

209 100 EW.

Das wundervolle maritime Erbe von Portsmouth ist auf jeden Fall einen Tagesausflug wert. Hier können sich Besucher drei atemberaubende historische Schiffe, ein U-Boot und eindrucksvolle Museen anschauen. Außerdem lockt das Viertel The Point mit Kopfsteinpflasterstraßen und alten Pubs, vom Spinnaker Tower eröffnen sich umwerfende Ausblicke und der Hafen ist ein tolles Tor zur Isle of Wight.

## Sehenswertes

**★ Portsmouth Historic Dockyard** HISTORISCHE SCHIFFE

(02392-728060; www.historicdockyard.co.uk; Victory Gate; All-Attractions-Ticket Erw./Kind/Fam. 28/21/78 £; April–Okt. 10–18 Uhr, Nov.–März bis 17.30 Uhr) Portsmouths Publikumsmagnet lockt mit dem stimmungsvollen Rumpf des Flaggschiffs Heinrichs VIII., der *Mary Rose*, sowie der HMS *Victory* – dem Kriegsschiff, das Nelson in der Schlacht von Trafalgar befehligte. Außerdem gibt's noch die viktorianische HMS *Warrior*, das U-Boot HMS *Alliance* aus dem Zweiten Weltkrieg sowie eine Reihe phantasievoller Seefahrtsmuseen. Wer möchte, kann auch an Bootstouren teilnehmen. Wer sich mehr als ein Ausstellungsstück anschauen möchte, sollte zum All-Attractions-Ticket greifen. Letzter Einlass ist 1½ Stunden vor Schließung. Die Hafenrundfahrten (S. 244) sind im All-Attractions-Ticket inbegriffen.

➡ **★ Mary Rose Museum**

(www.maryrose.org; Erw./Kind 18/13 £) Die Hebung des Kriegsschiffs *Mary Rose* aus dem 16. Jh. im Jahr 1982 war eine außerordentliche Leistung der Meeresarchäologie. Jetzt ist um das Schiff herum das 35 Mio. £ teure, schiffsförmige Mary Rose Museum erbaut worden. Hier ist von verschieden hohen Galerien der große Rumpf des Schiffs zu sehen und anhand einiger der 19 000 Gegenstände, die zusammen mit dem Schiff geborgen wurden, wird das Leben auf den einzelnen Decks rekonstruiert.

Die schwimmende 700-t-Festung war das Lieblingsschiff Heinrichs VIII. Jedoch sank es 1545 vor Portsmouth beim Kampf gegen die Franzosen. Von 400 Mann Besatzung sollen dabei 360 ums Leben gekommen sein. Unter den ausgestellten Gegenständen befindet sich Militärisches wie Kanonen und Langbögen sowie Prosaisches

## Portsmouth

wie Trinkkrüge, Kämme, Lederschuhe und sogar das Skelett von Hatch, dem Schiffshund.

➡ ★ **HMS Victory**

(www.hms-victory.com; Erw./Kind 18/13 £) Die prächtige, altehrwürdige HMS *Victory* war Lord Nelsons Flaggschiff in der Schlacht von Trafalgar (1805). Hier sprach Nelson nach dem Sieg über die Franzosen seine berühmten letzten Worte *„kiss me, Hardy"*. Das wundervolle Schiff ist mit einem Wald aus Masten und Seilen gekrönt und darunter befindet sich ein geschwollener Bauch voller Kanonen und Sachen für die 850 Mann Besatzung. Sich hier duckend durch die niedrigen Decks und Mannschaftsquartiere zu bewegen ist ein sehr eindrucksvolles Erlebnis.

➡ ★ **HMS Warrior**

(www.hmswarrior.org; Erw./Kind 18/13 £) Überall sonst würde das großartige Kriegsschiff HMS *Warrior* im Rampenlicht stehen. Als sie 1860 gebaut wurde, war diese stattliche Dame auf dem allerneuesten Stand der Technik, genau am Übergang von Holz zu Eisen und von Segeln zu Dampf. Das glänzende Oberdeck, das riesige Kanonendeck und die schummrigen Kabelspinde beschwören den Alltag der viktorianischen Marine herauf.

## Portsmouth



➡ **National Museum of the Royal Navy**
(www.royalnavalmuseum.org; Erw./Kind 13/8 £) In der multimedialen Nachstellung der Schlacht von Trafalgar gibt's Geschützfeuer, zurückprallende Kanonen und verletzte Soldaten; selbst Nelson und Napoleon tauchen auf, um taktische Anweisungen zu geben. Hier ist auch William Wyllies knapp 13 m breites Gemälde *The Panorama of the Battle of Trafalgar*, eine Lebendmaske von Nelson aus dem Jahr 1800 sowie eine Enigma, eine deutsche Chiffriermaschine aus dem Zweiten Weltkrieg, zu finden.

➡ **Action Stations!**
(Erw./Kind 12/9 £) Action Stations! ist ein Lagerhaus voller interaktiver Gerätschaften für Kinder: Hier können sie ein Kriegsschiff kommandieren, wie ein Astronaut auf die Erde blicken und durch ein Periskop schauen. Das Ganze ist eine kaum verhüllte Werbeaktion für die heutige britische Kriegsmarine, aber dennoch recht vergnüglich.

➡ **Explosion!**
(www.explosion.org.uk; Priddy's Hard, Gosport; Erw./Kind 10/6 £) Im Pulvermagazin von 1771 zeigt die Ausstellung unterschiedlichster Waffen die Geschichte der Marineausrüstung vom Schießpulver bis zu den Exocet-Raketen. Explosion! ist in Gosport auf der Westseite des Portsmouth Harbour – vom Historic Dockyard fährt ein kostenloser Wasserbus (15 Min.) dorthin.

➡ **HMS Alliance at the Submarine Museum**
(www.submarine-museum.co.uk; Haslar Jetty Rd, Gosport; Erw./Kind 14/10 £) Den Bauch des U-Boots HMS *Alliance* aus dem Zweiten Weltkrieg aufzusuchen, ist dank der Beleuchtung, den Geräuschen und sogar den Gerüchen, die suggerieren, dass die Besatzung gerade erst an Land gegangen ist, wirklich spannend. Die HMS *Alliance* liegt in Gosport, von Portsmouth kommend auf der anderen Seite des Hafens; vom Historic Dockyard fahren kostenlose Wasserbusse (30 Min.) dorthin.

Bei den Führungen werden die Einsatzjahre des U-Boots, die 1940er- bis 70er-Jahre, behandelt, es geht durch die engen Mannschaftsräume und man blickt durch Periskope auf den Hafen draußen.

**The Point** HISTORISCHE STÄTTE
Die stimmungsvollen Kopfsteinpflasterstraßen von The Point sind gesäumt von schiefen Häusern und alten Seefahrerkneipen – von ihren Terrassen lässt sich schön das Auf und Ab der Fähren und Marineschiffe betrachten. Außerdem kann man hier den **Round Tower** Heinrichs V. erklimmen und an den Festungsmauern entlang zum **Square Tower** aus dem 15. Jh. bummeln. Darunter führen Gewölbe zu den **Ausfallstoren**, Öffnungen in den Befestigungen, durch die die Kapitäne Zugang zum Meer hatten; heute gelangen Sonnenanbeter durch die Tore zu einem kleinen Kieselstrand.

**Spinnaker Tower** TURM
(☎02392-857520; www.spinnakertower.co.uk; Gunwharf Quays; Erw./Kind 9/7 £; ⊙10–18 Uhr) Der Spinnaker Tower erhebt sich 170 m über den Gunwharf Quays. Von einigen Blickwinkeln aus ähneln seine beiden weißen Bögen einem vom Wind geblähten Segel, von anderen dem Skelett eines Brustkorbs. Von hier oben blickt man auf Portsmouth, die

**HMS VICTORY**

Im Sommer besichtigt man Nelsons Flaggschiff auf eigene Faust. Vom Herbst bis zum Frühjahr finden extrem beliebte 40-minütige **Führungen** statt. Wer teilnehmen möchte, muss früh da sein – vorher reservieren ist nicht möglich.

Isle of Wight und bis in die South Downs. Die Aussichtsplattform 1 erfreut Abenteuerlustige mit einem Glasboden; im offenen „Krähennest“ auf Plattform 3 kann man sich den Wind um die Nase wehen lassen. Übers Internet gebuchte Tickets sind 15 % billiger.

**D-Day Museum** MUSEUM
(☎02392-826722; www.ddaymuseum.co.uk; Clarence Esplanade, Southsea; Erw./Kind 7/5 £; ⌚10–17 Uhr) Das Museum befasst sich mit der Landung der Alliierten in der Normandie im Jahr 1944 und der Schlüsselrolle, die Portsmouth dabei zukam.

## Geführte Touren

**Harbour Tours** BOOTSTOUR
(☎01983-864602; Portsmouth Historic Dockyard; Erw./Kind 7/5 £; ⌚April–Okt. 10.30–16 Uhr, Nov.–März 11–15 Uhr) Auf diesen 45-minütigen Hafenrundfahrten können die Teilnehmer die HMS *Warrior* und HMS *Victory* sowie einige moderne Kriegsschiffe vom Wasser aus sehen. Beim All-Attractions-Ticket (S. 241) sind die Touren im Preis inbegriffen. Vom selben Anleger fahren auch die kostenlosen Wasserbusse zur HMS *Alliance*, zum Submarine Museum und zum Explosion!.

**Stadtrundgänge** HISTORISCHE TOUR
(Erw./Kind 3 £/frei; ⌚So 14.30 Uhr) Stadtrundgänge gibt's z. B. zu den Themen Nelson, The Point und Old Fortifications; sonntagabends werden auch Ghost Walks geboten. Näheres in der Touristeninformation.

## Essen & Ausgehen

**Still & West** PUB £
(www.stillandwest.co.uk; 2 Bath Sq; Hauptgerichte 8 £; ⌚Mo–Do 9–21, Fr & Sa bis 22, So bis 20 Uhr) Klasse: zwei tolle britische Institutionen unter einem Dach – ein Fish-&-Chips-Laden in einem Pub (geöffnet 11–23 Uhr). Die frittierten Köstlichkeiten werden in traditionelles Chips-Papier gewickelt. Also holt man sich einfach ein Pint, setzt sich an einen Tisch am Fenster und lässt es sich schmecken, während draußen die Schiffe vorbeigondeln.

**Lady Hamilton** PUB £
(☎02392-870505; 21 The Hard; Hauptgerichte 7,50 £; ⌚Küche Mo–Sa 11–15 & 18–21, So 12–21 Uhr) Hirschfänger und Gemälde von heldenhaften Seeschlachten zieren die Wände dieser echten alten Kneipe (geöffnet 11–23 Uhr), benannt nach der Geliebten des Marinehelden Horatio Nelson. Legendär ist der Braten des Tages, die Stimmung ist gradeheraus und die Einrichtung wahrlich nicht schick – und das ist auch gut so.

**A Bar** BISTRO ££
(☎02392-811585; www.abarbistro.co.uk; 58 White Hart Rd; Hauptgerichte 10–19 £; ⌚11–23 Uhr; 📶) In dem lockeren Lokal kann man wunderbar regionale Erzeugnisse probieren und dem hiesigen Alltag zuschauen: Auf der Karte steht viel Fisch, der nur wenige Schritte entfernt an Land ging, und an der Theke halten sich Cider trinkende Fischer fest. Sehr gut ist die Weinkarte; die Betreiber des Bistros haben oben eine Weinhandlung.

**Old Customs House** PUB ££
(www.theoldcustomshouse.com; Gunwharf Quays; Hauptgerichte 10–16 £; ⌚So–Do 9–21, Fr & Sa bis 22 Uhr; 📶) Dieses elegante Pub ist das beste der Esslokale an den Gunwharf Quays. Es residiert in einem ehemaligen Marinehospital des 18. Jhs. Heute wird hier inmitten von himbeerroten Wänden und goldgerahmten Spiegeln überdurchschnittliche Kneipenkost (in Cider gedämpfte Muscheln, *steak-and-ale pie*, *Welsh rarebit*) serviert.

## Praktische Informationen

**Net Cafe** (www.netcafeportsmouth.com; 4 Market Way; 3 £ pro Std.; ⌚Mo–Fr 10–17.30, Sa bis 17 Uhr) Rund 2,5 km östlich des Historic Dockyard.

**Touristeninformation** (☎02392-826722; www.visitportsmouth.co.uk; Clarence Esplanade; ⌚April–Sept. 10–17 Uhr, Nov.–März bis 16.30 Uhr) Im D-Day Museum in Southsea.

## An- & Weiterreise

Portsmouth liegt 160 km südwestlich von London.

### BUS

Von London Victoria (14 £, 1¾ Std.) fahren jede Stunde direkte National-Express-Busse nach Portsmouth. Bus 700 fährt mindestens stündlich nach Chichester (4,40 £, 1 Std.) und Brighton (4,70 £, 4 Std.).

### SCHIFF/FÄHRE

Fähren fahren von Portsmouth zur Isle of Wight (S. 249).

Es gibt mehrere Fährverbindungen von Portsmouth nach Frankreich. Die Preise hängen stark von der Reisezeit ab; als Anhaltspunkt kann man auf der Strecke Portsmouth–Cherbourg für die einfache Fahrt mit 120 £ rechnen für ein Fahrzeug und zwei Erwachsene. Am besten bucht man im Voraus, reist außerhalb der Hauptreisezeiten und hält nach Sonderangeboten Ausschau.

**Brittany Ferries** (www.brittanyferries.co.uk) Regelmäßige Verbindungen von Portsmouth nach St-Malo (10¾ Std.), Caen (4 Std.), Cherbourg (3 Std.) und Le Havre (3¾ Std.) in Frankreich sowie zweimal pro Woche nach Santander (13 Std.) und Bilbao in Spanien.

**Condor Ferries** (www.condorferries.co.uk) Bietet von Juni bis September eine Auto- und Passagierfähre pro Woche von Portsmouth nach Cherbourg (6½ Std.).

**LD Lines** (www.ldlines.co.uk) Pendelt täglich nach Le Havre (5–8 Std.) in Frankreich.

### ZUG

Stündliche Direktverbindungen gibt's ab London Victoria (35 £, 2 Std.), halbstündliche von London Waterloo (35 £, 2 Std.). Zum Historic Dockyard steigt man am letzten Stopp aus, Portsmouth Harbour.

Andere Verbindungen:

**Brighton** (16 £, 1½ Std., stündl.)

**Chichester** (8 £, 40 Min., 2-mal pro Std.)

**Southampton** (10 £, 1 Std., 3-mal pro Std.)

**Winchester** (15 £, 1¼ Std., halbstündl.)

## Unterwegs vor Ort

Bus 1 fährt alle 20 Minuten vom Busbahnhof Portsmouth Harbour über Old Portsmouth zum South Parade Pier in Southsea. Eine Tageskarte kostet 4 £.

Taxistände gibt's beim Bus- und Zugbahnhof Portsmouth Harbour. Oder man ruft **Aquacars** (☎ 02392-811111; www.aquacars.co.uk) an.

# NEW FOREST

Typisch englische Ironie: Der New Forest ist alles andere als neu – er wurde 1079 zum ersten Mal als königliches Jagdrevier ausgewiesen. Außerdem ist er auch kein richtiger Wald, sondern besteht zumeist aus Heideland – das „Forest" stammt vom altfranzösischen Wort für „Jagdrevier". 2005 wurde der New Forest in den Rang eines Nationalparks erhoben und bietet heute Möglichkeiten für reizende Erkundungen. Auf hübschem Buschland grasen Wildpferde, in der Ferne ist Wild zu erspähen und im Blattwerk der Bäume flattern seltene Vögel umher. Hübsche Dörfer spicken die Landschaft, miteinander verbunden durch Wander- und Radwege.

## Aktivitäten

Der New Forest ist ein erstklassiges **Wanderrevier**. Ordnance Survey (OS) gibt eine detaillierte Explorer Map (*New Forest*; Nr. 22, 8 £) im Maßstab 1:25 000 heraus. Das Pathfinder-Buch *New Forest Short Walks* (8 £) beschreibt 20 Tageswanderungen.

> **ZELTEN IM NEW FOREST**
>
> Der New Forest ist ein Paradies für Camper. Die **Forestry Commission** (www.campingintheforest.co.uk) unterhält zehn recht ländliche Plätze. Die Touristeninformation (S. 246) in Lyndhurst hält eine kostenlose Broschüre bereit, auf der noch andere ausgewiesene Plätze verzeichnet sind; siehe auch www.thenewforest.co.uk.

**New Forest Activities** ABENTEUERSPORT
(☎ 01590-612377; www.newforestactivities.co.uk; High St, Beaulieu) Bietet Kanufahren (Erw./Kind 32/25 £ für 2 Std.), Kajakfahren (32 £ für 2 Std.) und Bogenschießen (Erw./Kind 22/17 £ für 1½ Std.).

### Radfahren

Mit 160 km an Radwegen zwischen den Hauptorten und dem zentralen Bahnhof in Brockenhurst eignet sich der New Forest bestens zum Radfahren.

*Cycling in the New Forest* (3,25 £) zeigt Strecken abseits der Straßen und auf ruhigeren Nebenstraßen. Das *New Forest Cycle Experience Route Pack* (4 £) beschreibt sieben Radtouren von 6,5 bis 39 km Länge. Das *Forest Leisure Cycling Route Pack* (4 £) bietet neun Rund-Trails für alle Fertigkeitsstufen – alle beginnen im Dorf Burley.

Karten und Führer gibt's in der Touristeninformation von Lyndhurst (S. 246) und auf deren Website.

Wer ein Fahrrad leihen möchte, muss eine Kaution zahlen (gewöhnlich 20 £) und benötigt einen Ausweis.

**AA Bike Hire** FAHRRADVERLEIH
(☎ 02380-283349; www.aabikehirenewforest.co.uk; Fern Glen, Gosport Lane, Lyndhurst; Erw./Kind 10/5 £ pro Tag)

**Country Lanes** FAHRRADVERLEIH
(☎ 01590-622627; www.countrylanes.co.uk; Bahnhof, Brockenhurst; Erw./Kind/Fam. 16/9/43 £ pro Tag)

**New Forest Cycle Hire** FAHRRADVERLEIH
(Cyclexperience; ☎ 01590-624204; www.newforestcyclehire.co.uk; 2–4 Brookley Rd, Brockenhurst; Erw./Kind 16/6 £ pro Tag)

**Forest Leisure Cycling** FAHRRADVERLEIH
(☎01425-403584; www.forestleisurecycling.co.uk; The Cross, Burley; Erw./Kind 16/6 £ pro Tag)

### Reiten

Einige Reiterhöfe bieten auch Ausritte für Anfänger.

**Arniss Equestrian Centre** REITEN
(☎01425-654114; www.arnissequestrian.co.uk; Godshill, Fordingbridge; 27 £ pro Std.)

**Burley Manor** REITEN
(☎01425-403489; www.burleymanorridingstables.com; Ringwood Rd, Burley; 33/60 £ pro 1/2 Std.)

**Burley Villa** REITEN
(☎01425-610278; www.burleyvilla.co.uk; bei New Milton; 42 £ pro Std.)

## Geführte Touren

**Ranger Walks** SPAZIERGANG
(☎03000 680400; www.forestry.gov.uk; ab 5 £) Es werden Tageswanderungen zu Themen wie Ökologie, Blumen und Pferde geboten sowie schöne Spaziergänge am frühen Abend zur Wildbeobachtung.

## Praktische Informationen

**Touristeninformation** (☎02380-282269; www.thenewforest.co.uk; Hauptparkplatz, Lyndhurst; ⏲10–17 Uhr) Die zentrale Touristeninformation des Nationalparks im New Forest Centre bietet jede Menge Infos sowie Wander- und Radkarten und Campingführer.

## Anreise & Unterwegs vor Ort

### BUS

Es bestehen regelmäßige Verbindungen nach Bournemouth (8,50 £) und Southampton (7,20 £).

**New Forest Tour** (www.thenewforesttour.info; Erw. für 1/2/5 Tage 14/19/28 £, Kind 7/9/14 £; ⏲Mitte Juni–Mitte Sept. 10–18 Uhr stündl.) Drei miteinander verbundene Routen von *hop-on/hop-off*-Bussen; Haltestellen sind u. a. der Hauptparkplatz von Lyndhurst, der Bahnhof von Brockenhurst sowie Lymington, Beaulieu und Exbury.

### ZUG

Von London Waterloo (15 £, 2 Std.) fahren zwei Züge pro Stunde über Winchester (12 £, 30 Min.) nach Brockenhurst und weiter nach Bournemouth (8 £, 25 Min.). Zwischen Brockenhurst und Lymington (4 £, 10 Min.) pendelt zweimal stündlich ein Regionalzug.

# Lyndhurst, Brockenhurst & Umgebung

6579 EW.

Die urigen Örtchen Lyndhurst und Brockenhurst liegen nur 6,5 km auseinander. Ihre malerischen Unterkünfte und tollen Restaurants machen sie zu stimmungsvollen Ausgangspunkten für die Erkundung des New Forest.

In Lyndhurst befinden sich das New Forest Centre mit der Touristeninformation sowie eine **Bücherei** (Hauptparkplatz; ⏲Mo, Mi & Sa 9.30–13, Di & Fr 14–17.30 Uhr) mit kostenlosem Internetzugang.

## Sehenswertes

**New Forest Museum** MUSEUM
(www.newforestcentre.org.uk; Hauptparkplatz, Lyndhurst; Erw./Kind 4 £/frei; ⏲10–17 Uhr) Mit einem Arbeitercottage (komplett mit am Feuer trocknenden Socken), Setzhölzern für Kartoffeln und einer Cider-Presse. Ein kleiner Film bietet eine kurze Einführung zum Park und man kann sich auch Aufnahmen von den herbstlichen Pferdeverkäufen anhören, die nach dem jährlichen Zusammentrieb stattfinden.

**Beaulieu** HISTORISCHES GEBÄUDE
(www.beaulieu.co.uk; Erw./Kind 10/10 £; ⏲Juni–Sept. 10–18 Uhr, Okt.–Mai bis 17 Uhr) PS-Jünger, Historiker und Geisterjäger zieht es nach Beaulieu (sprich: *bjuh*-lie). Auf dem Gelände eines bedeutenden Zisterzienserklosters des 13. Jhs. gibt's ein Automuseum, ein stattliches Herrenhaus und einen Touristenkomplex. Autofreaks ergötzen sich an Lord Montagues National Motor Museum. Beaulieu liegt an der Lymington/Brockenhurst-Route der New Forest Tour (s. links).

Nach der Auflösung der Klöster durch Heinrich VIII. 1536 fiel die Abtei an die Vorfahren der derzeitigen Besitzer, der Familie Montague. Das **Automuseum** präsentiert eine prachtvolle Sammlung an Automobilen, darunter auch früher Klassiker, außerdem Formel-1-Rennwagen und düsenbetriebene Geschwindigkeits-Rekordhalter wie den *Bluebird*, der 1964 649 km/h erreichte. An Promikutschen stehen hier von James Bond und Mr. Bean gefahrene Karossen.

Beaulieus stattlicher, gleichzeitig aber auch heimeliger **Palast** begann sein Dasein als gotisches Torhaus einer Abtei des 14. Jhs., wurde aber in den 1860er-Jahren von Baron Montague umfassend im schottischen Baronialstil umgebaut. Wer die Ohren spitzt, vernimmt vielleicht unheimliche gregorianische Gesänge – die Abtei ist angeblich eines der Gebäude Englands, in denen es am meisten spukt.

## Schlafen

**Lyndhurst House** B&B ££
(02380-282230; www.lyndhursthousebb.co.uk; 35 Romsey Rd, Lyndhurst; EZ 55 £, DZ 70–76 £; P ) Kiefernmöbel und Blumenmuster prägen die Zimmer, besonders gemütlich sind die im Obergeschoss unter steilen Dachschrägen. Aber eine echte Überraschung verbirgt sich in einem Nebengebäude: eine kleine Kombination aus Whirlpool und Sauna, wo sich die vom Wandern, Radfahren oder Reiten im New Forest müden Glieder entspannen können.

**Daisybank Cottage** BOUTIQUE-B&B ££
(01590-622086; www.bedandbreakfast-newforest.co.uk; Sway Rd, Brockenhurst; EZ 75 £, DZ 90–135 £; P ) Die fünf wunderhübschen Suiten hier sind kleine Verwöhnpaläste. Die glitzernden Bäder duften aromatisch, die Einrichtung ist stilvoll und luxuriös und dazu kommen kleine Extras wie Frühstück mit vielen guten Sachen aus dem New Forest, handgemachte Pralinen und bei der Ankunft Kuchen aus eigener Herstellung.

★ **The Pig** BOUTIQUEHOTEL £££
(01590-622354; www.thepighotel.co.uk; Beaulieu Rd, Brockenhurst; Zi. 139–169 £; P ) Eines der edelsten Hotels im New Forest ist nach wie vor eine echte Freude: Körbe mit Holzscheiten, Croquet-Schläger und die Gummistiefel der Gäste verleihen dem Ganzen ein Landhausflair und Espressomaschinen und Mini-Vorratsschränkchen verpassen den Zimmern einen Hauch von Luxus. Tatsächlich vermittelt all die mühelose Eleganz das Gefühl, dass man im (sehr stilvollen) Landrefugium von Freunden angekommen ist.

## Essen

**Oak Inn** PUB ££
(02380-282350; www.oakinnlyndhurst.co.uk; Pinkney Lane, Bank; Hauptgerichte 8–16 £; Mo–Fr 12–14.30 & 18–21.30, Sa & So 12–21 Uhr) Balken, Holzvertäfelung, Zaumzeugbeschläge und getrockneter Hopfen über der Theke – dieses blumengeschmückte Gasthaus im New Forest ist so, wie man sich das gute alte England vorstellt. Das Essen ist typisch Gastropub: Seeteufel-Tintenfisch-Salat oder Ziegenkäsemousse. Rund 1,5 km südwestlich von Lyndhurst im Dörfchen Bank.

### SOUTHAMPTON

Southampton ist ein praktischer Verkehrsknotenpunkt. Der **Southampton International Airport** (www.southamptonairport.com) liegt zwischen Winchester, Portsmouth und Bournemouth. Von hier bestehen Verbindungen zu mehr als 30 britischen und anderen europäischen Zielen wie Amsterdam, Glasgow, Paris, Dublin, Salzburg, Innsbruck und Genf.

Vom Flughafen verkehren Züge über Brockenhurst im New Forest (9 £, 25 Min.) nach Bournemouth (13 £, 30 Min., 3-mal pro Std.). Fünf Züge pro Stunde fahren vom Flughafen zum Hauptbahnhof von Southampton (7 Min.). Von dort gibt es drei Züge pro Stunde nach Portsmouth (10 £, 1 Std.) und Winchester (7 £, 25 Min.).

**Fähren** (www.redfunnel.co.uk) pendeln von Southampton zur Isle of Wight.

★ **The Pig** MODERN BRITISCH ££
(01590-622354; www.thepighotel.co.uk; Beaulieu Rd, Brockenhurst; Hauptgerichte 10–17 £; 12–14.30 & 18.30–21.30 Uhr; ) Hier sollte man mal gegessen haben. Die Zutaten zum „25-Meilen-Menü" in diesem supercoolen Hotel stammen alle aus der Umgebung – selbst angebaut und gezogen oder gesammelt. Daraus ergeben sich phantasievolle Kombinationen mit erdigem Mangold aus dem Küchengarten, kräftigem, selbst geräuchertem Schinken und frisch gesammelten Pilzen im cremigen Risotto. Wer möchte, kann sich einem Ausflug zum Zutatensammeln anschließen.

## An- & Weiterreise

Bus 6 pendelt zwischen Lyndhurst, Brockenhurst und Lymington (3,60 £, Mo–Sa stündl., So 5-mal), genauso wie die New Forest Tour (S. 246).

Zwischen Brockenhurst und Lymington (4 £, 10 Min.) verkehrt zweimal stündlich ein Zug.

# Buckler's Hard

Für so einen winzigen Ort hat diese malerische Ansammlung von Cottages aus dem 18. Jh. bei der Mündung des River Beaulieu eine wirklich große Geschichte. Diese begann 1722, als der Herzog von Montague zur Finanzierung einer Karibikexpedition einen Hafen anlegen ließ. Sein Traum ging nicht in Erfüllung, doch als Krieg mit Frankreich ausbrach, entwickelte sich dieses kleine Dörfchen mit seinem geschützten Kieselufer zu einer geheimen Schiffswerft, in der mehrere von Nelsons in der Schlacht von Trafalgar siegreichen Schiffen gebaut wurden. Im 20. Jh. spielte der Ort eine Rolle bei den Vorbereitungen zur Landung der Alliierten in der Normandie.

Buckler's Hard liegt gut 3 km flussabwärts von Beaulieu. Zwischen den beiden Orten verläuft ein Uferweg.

### Sehenswertes

**Buckler's Hard Story** MUSEUM

(☎01590-616203; www.bucklershard.co.uk; Erw./Kind 6,20/4,40 £; ⊙April–Sept. 10–17.30 Uhr, Okt.–März bis 16.30 Uhr) Das faszinierende Seefahrtsmuseum und Geschichtszentrum des Orts erzählt die Geschichte des Schiffsbaus hier und die Rolle des Orts im Zweiten Weltkrieg. Zu sehen sind u. a. makellos erhaltene Arbeiterhäuschen aus dem 18. Jh.

### Schlafen

**Master Builder's House Hotel** HOTEL ££

(☎01590-616253; www.themasterbuilders.co.uk; Buckler's Hard; DZ 93–158 £; P) Das luxuriöse Master Builder's House Hotel gehört zum Komplex Buckler's Hard Story. Das schön restaurierte Hotel aus dem 18. Jh. wartet mit 25 stattlichen, stilvollen Zimmern mit dezenter Beleuchtung, polierten Truhen und üppigen Stoffen auf. Vom stimmungsvollen **Restaurant** (mittags 2/3 Gänge 16/19 £, Hauptgerichte abends 16 £) blicken die Gäste auf den Fluss. In der holzvertäfelten **Yachtsman's Bar** wird gutes Kneipenessen (ab 7 £) serviert.

## Lymington

15 425 EW.

Die ansprechende georgianische Hafenstadt Lymington ist ein Seglermekka, eine Basis für den New Forest und ein Tor zur Isle of Wight. Geboten werden in dem ehemaligen Schmugglerort Läden für Schiffsausrüstung, sehr gute Restaurants und Unterkünfte sowie mit der Quay Street eine sehr urige Kopfsteinpflastergasse.

### Sehenswertes

**St. Barbe Museum** MUSEUM

(☎01590-676969; www.stbarbe-museum.org.uk; New St; Erw./Kind 4/2 £; ⊙Mo–Sa 10–16 Uhr) Das Museum erzählt anhand von Modellen, interaktiven Exponaten und Gegenständen die Geschichten von Bootsbauern, Seeleuten, Schmugglern, Salzmachern und Bauern.

### Geführte Touren

**Puffin Cruises** BOOTSTOUR

(☎07850-947618; www.puffincruiseslymington.com; Town Quay) Der beste Ausflug ist eine erfrischende dreistündige Tour über den Solent zur Isle of Wight (Erw./Kind 19/8 £, Mai–Okt. Mi & Fr 18 Uhr). Dort erheben sich der Leuchtturm und die Kreidefelsen der Needles aus dem Wasser. Außerdem stehen eine 1½-stündige Abendrundfahrt und eine einstündige Picknickfahrt auf dem Programm.

### Schlafen

**Auplands** B&B ££

(☎01590-675944; www.auplands.com; 22 Southampton Rd; EZ 45 £, DZ 60–70 £; P ᯤ) Die freundlichen Gastgeber betreiben dieses B&B schon seit mehr als 30 Jahren. Das zeigt sich in den effizienten Abläufen genauso wie in ihrer charmanten Lockerheit. Die gemütlichen Zimmer zieren Kiefernholz und große Pflanzen und Lymingtons Restaurants sind nur einen kurzen Spaziergang entfernt.

★**Mill at Gordleton** BOUTIQUEHOTEL £££

(☎01590-682219; www.themillatgordleton.co.uk; Silver St, Hordle; DZ/Suite 150/195 £; P ᯤ) Wer dieses Hotel betritt, weiß sofort, dass man sich hier gut um ihn kümmern wird. Die exquisiten Zimmer sind mit Korbmöbeln, Samt- und Gingham-Stoffen eingerichtet – in jedem gibt's außerdem eine süße Plüschente. Der Garten erweist sich als zauberhafte Mischung aus plätscherndem Wasser, Lichterketten und modernen Skulpturen. Das renommierte Restaurant (2-Gänge-Mittag-/-Abendessen 16/23 £, geöffnet tgl. 12–14 & Mo–Sa 19–21 Uhr) legt den Schwerpunkt eindeutig auf Selbstgemachtes und Selbstangebautes. Die Mühle liegt 6,5 km westlich von Lymington.

**Stanwell House** BOUTIQUEHOTEL £££

(☎0844 7046820; www.stanwellhouse.com; 14 High St; DZ 140–180 £, Suite 220 £; @ᯤ) Die eleganten Zimmer des Stanwell sind gleichzeitig historisch und modern. Die „Four Posters" zeichnen sich durch dunkle Hölzer und schwungvolle Farben aus, die mit Unterhaltungselektronik ausgestatteten Suiten sind einfach unwiderstehlich – zwei verfügen sogar über ihre eigene Dachterrasse für sonnige Tage und mondbeschienene Abende.

## Essen

**Fish & Chips** FISH & CHIPS £

(130 High St; Hauptgerichte 7,50 £; ⏲Mo–Do 11.30–14.30 & 16.30–20.30, Fr & Sa 11.30–21, So bis 19 Uhr) Vor diesem klassischen britischen Fish-&-Chips-Imbiss bilden sich oft Schlangen. Verlockend sind neben tollem Fisch und Soleiern die Resopaltische. Vor Ort verputzen oder mitnehmen.

**Ship Inn** PUB ££

(www.theshiplymington.co.uk; The Quay; Hauptgerichte 9–17 £; ⏲Küche 12–21 Uhr; ) Ein Pub für alle Jahreszeiten: Im Sommer genießen die Gäste ihre Drinks auf der Terrasse am Wasser, im Winter wärmt drinnen ein Kaminfeuer. An herzhaften Speisen gibt's alles von Prosciutto mit verlorenem Ei bis zu mariniertem Huhn, an Getränken leckere *real ales*, aber auch Jahrgangsschampus.

**Elderflower** MODERN BRITISCH £££

(☎01590-676908; www.elderflowerrestaurant.co.uk; 5 Quay St; Hauptgerichte 15–23 £; ⏲Mi–Sa 12–14.30 & 18.30–21.30, So 12–15.30 Uhr) Der Mann, der den Laden hier schmeißt, war einst Chefkoch in einem der edelsten Hotels im New Forest. Dieses Restaurant ist so ambitioniert und innovativ wie zu erwarten: Hier gibt's seltene Leckereien wie heugeräucherten Ziegenkäse, Dorset-Schnecken und zigarrengeräucherte Schokolade. Ein echtes Schnäppchen ist das dreigängige Mittagmenü (25 £).

## Praktische Informationen

**Bücherei** (North Close; ⏲Mo, Mi, Do & Sa 9–17, Di & Fr bis 19 Uhr; ) Kostenloser Internetzugang.

## An- & Weiterreise

Lymington verfügt über zwei Bahnhöfe, Lymington Town und Lymington Pier. Die Fähren zur Isle of Wight fahren beim Bahnhof Lymington Pier ab. Jede Stunde fahren Züge über Brockenhurst nach Southampton (11 £, 40 Min.).

**Wightlink Ferries** (☎0871 376 1000; www.wightlink.co.uk) Autofähren fahren stündlich nach Yarmouth auf der Isle of Wight (30 Min.). Für Fußgänger kostet eine Tagesrückfahrkarte 14 £ für Erwachsene, 7 £ für Kinder; ein Auto kostet hin und zurück bei einem Aufenthalt von bis zu vier Nächten ab etwa 60 £.

# ISLE OF WIGHT

Auf der Isle of Wight liegt neuerdings etwas Grooviges in der Luft. Jahrzehntelang war diese Insel vor Portsmouth ein Ferienmagnet für Familien und es gibt auch heute noch jede Menge Seebadkitsch. Jedoch haben sich inzwischen zu den Promenaden und Spielplätzen echt abgefahrene Nischen gesellt. Einige Musikfestivals locken Partygänger an, frisch gefangene Meeresfrüchte werden in schrägen Fischercafés serviert und es gibt echt coole Campingplätze mit Öko-Jurten und alten Wohnwagen. Doch der eigentliche Reiz der Insel ist immer noch derselbe: ein mildes Klima, zahllose Outdooraktivitäten und 40 km Küste mit Stränden, dramatischen weißen Klippen und stillen Sanddünen.

## Aktivitäten

Wassersport ist eine ernstgenommene Angelegenheit auf der Isle of Wight. Das Zentrum für Segler ist Cowes, Surfer und Wind- und Kitesurfer zieht es in den Südwesten der Insel, besonders die Gegend um die Compton Bay, und zu den Needles führen Motorboottrips. Weiteres auf dem Besucherportal der Insel, www.visitisleofwight.co.uk.

**Isle of Wight Adventure** ABENTEUERSPORT

(☎01983-755838; www.isleofwightadventureactivities.co.uk; Freshwater) Aktivitäten von Surfen, Stehpaddeln und Kajakfahren (Erw./Kind 40/25 £ für 2 Std.) bis zu Bogenschießen (12 £) und Fossiliensuchen (Erw./Kind 4/3 £).

**Isle of Wight Steam Railway** HISTORISCHE EISENBAHN

(☎01983-882204; www.iwsteamrailway.co.uk; ⏲Mitte April–Sept.) Dampft regelmäßig von Smallbrook Junction nach Wootton Common (Erw./Kind hin & zurück 12/6 £, 1. Klasse 17/12 £, 1 Std.).

### PREISE FÜR AUTOFÄHREN

Die Preise für die Autofähren zur Isle of Wight schwanken teils erheblich. Wer Geld sparen möchte, bucht im Voraus, erkundigt sich nach Angeboten und reist *off-peak* (zur Wochenmitte und später am Tag). Wer länger auf der Insel bleibt, zahlt weniger für die Überfahrt, und bei einigen Angeboten sind Eintrittspreise zu Sehenswürdigkeiten auf der Insel eingeschlossen. Wer online bucht, spart z. T. bis zu 20 £.

## Isle of Wight

### Radfahren

Mit einem 320 km umspannenden Radwegenetz ist die Isle of Wight ein echtes Paradies für Pedalritter. Auf der offiziellen Besucherwebsite der Insel sind verschiedene Routen mit Karten verzeichnet, von familienfreundlichen Spazierfahrten entlang alter Eisenbahntrassen bis zum 80 km langen Klippenweg **Chalk Ridge Extreme**. Jedes Jahr findet im September ein **Cycling Festival** (☎01983-821000; www.sunseaandcycling.com) statt.

Leihräder sind ab etwa 13/45 £ pro Tag/Woche zu haben. Viele Verleiher bringen bei Aufträgen über 30 £ die Räder zur Unterkunft und holen sie wieder ab.

**Tavcycles** FAHRRADVERLEIH
(☎01983- 812989; www.tavcycles.co.uk; 140 High St, Ryde)

**Top Gear** FAHRRADVERLEIH
(☎01983-299056; www.top-gearhire.com; 1 Terminus Rd, Cowes)

**Wight Cycle Hire** FAHRRADVERLEIH
(☎01983-761800; www.wightcyclehire.co.uk; Station Rd, Yarmouth)

### Wandern

Mit 800 km an markierten Wegen ist dies eines der besten Wanderreviere in Südengland; mehr als 100 km führen an der Küste entlang. Das zweiwöchige **Walking Festival** (www.isleofwightwalkingfestival.co.uk) im Mai gilt als das größte Wanderfest Großbritanniens.

## ℹ Praktische Informationen

Bei Redaktionsschluss verfügte die Isle of Wight über keine Touristeninformation. Es gibt kleine Infopunkte, u. a. einen beim Yarmouth Harbour Office.

**Visit Isle of Wight** (www.visitisleofwight.co.uk) Die offizielle Tourismuswebsite der Insel.

## ℹ An- & Weiterreise

**Hovertravel** (☎08434 87 88 87; www.hovertravel.co.uk; Tagesrückfahrkarte Erw./Kind 18/9 £) Befördert jede halbe bis volle Stunde Fußgänger von Southsea (einem Vorort von Portsmouth) nach Ryde.

**Red Funnel** (☎0844 844 9988; www.redfunnel.co.uk) Betreibt Autofähren zwischen Southampton und East Cowes (Tagesrückfahrkarte Erw./Kind 16/8 £, mit Auto ab 40 £, 60 Min., stündl.) sowie schnelle Passagierfähren zwischen Southampton und West Cowes (Tagesrückfahrkarte Erw./Kind 23/11 £, 25 Min., 1- bis 2-mal pro Std.).

**Wightlink Ferries** (☎0871 376 1000; www.wightlink.co.uk) Betreibt jede halbe Stunde Passagierfähren von Portsmouth nach Ryde (Tagesrückfahrkarte Erw./Kind 17/9 £,

22 Min.), außerdem jede Stunde Autofähren von Portsmouth nach Fishbourne (40 Min.) und von Lymington nach Yarmouth (30 Min.). Für beide Fähren kostet eine Tagesrückfahrkarte für Fußgänger 14/7 £ (Erw./Kind). Ein Auto kostet hin und zurück bei einem Aufenthalt von bis zu vier Nächten ab etwa 60 £.

## Unterwegs vor Ort

### AUTO

**1st Call** (01983-400055; www.1stcallcarsales.com; 15 College Close, Sandown; ab 22/160 £ pro Tag/Woche) Bringt Mietwagen zu Unterkünften auf der gesamten Insel und holt sie wieder ab.

### BUS

**Southern Vectis** (www.islandbuses.info) Bietet ungefähr jede halbe Stunde Busverbindungen zwischen den Orten im Osten. Verbindungen in den abgeschiedeneren Südwesten, besonders zwischen Blackgang Chine und Brook, sind weniger häufig; zwischen April und September macht der Island Coaster jedoch je Richtung vier Fahrten am Tag entlang der Südküste von Ryde nach Yarmouth im Westen. Es gibt Rover Tickets für einen Tag (Erw./Kind 10/5 £), zwei Tage (Erw./Kind 15/7,30 £) und eine Woche (Erw./Kind 24/12 £).

### ZUG

**Island Line** (www.southwesttrains.co.uk/island-line) Fährt alle zwei Stunden von Ryde über Smallbrook Junction, Brading und Sandown nach Shanklin (Tagesrückfahrkarte 5,40 £, 25 Min.).

# Cowes & Umgebung

10 437 EW.

Die hügelige georgianische Hafenstadt Cowes ist berühmt für die **Cowes Week** (www.aamcowesweek.co.uk) Ende Juli. Sie fand 1826 zum ersten Mal statt und ist die größte und älteste Segelregatta der Welt. Fiberglasboote und alte Segelboote säumen den Hafen von Cowes, das durch den River Medina in East und West Cowes geteilt wird. Zwischen beiden pendelt regelmäßig eine Kettenfähre (für Fußgänger gratis, Autos 2 £).

Die Hauptstadt der Insel, Newport, liegt 8 km südlich.

## Sehenswertes

**★ Osborne House** HISTORISCHES GEBÄUDE
(EH; 01983-200022; www.english-heritage.org.uk; York Ave, East Cowes; Erw./Kind 14/8 £,; April–Okt. 10–17 Uhr; P) Das pastellgelbe, italienisch anmutende Osborne House ist echter viktorianischer Pomp. Es wurde in den 1840er-Jahren im Auftrag Königin Viktorias erbaut – die Monarchin zog sich nach dem Tod ihres Gatten hierher mehrere Jahre zum Trauern zurück. Zu den extravaganten Räumen zählen die opulenten Royal Apartments und der Durbar Room. Weitere Highlights sind Ritte und Kutschfahrten, das Swiss Cottage – wo die königlichen Knöchelbeißer spielten – und der Spaziergang den Rhododendron Walk entlang zum Privatstrand der Königin.

**Carisbrooke Castle** BURG
(EH; 01983-522107; www.english-heritage.org.uk; Castle Hill, Newport; Erw./Kind 8/5 £; April–Okt. 10–17 Uhr; P) Vor seiner Hinrichtung 1649 war hier Karl I. eingesperrt. Heute können Besucher auf den stabilen Festungsanlagen herumturnen und auf dem Platz, den auch der dem Tode geweihte König nutzte, Bowls spielen.

## Schlafen

**onefiftycowes** B&B ££
(07795-296399; www.onefiftycowes.co.uk; 150 Park Rd, West Cowes; EZ 60–70 £, DZ 85–95 £; P) Moderne Kunst an den Wänden, vom Meer geglättete Kiesel überall – dies ist ein frisches, modernes B&B mit schön eingerichteten Zimmern. Zwei haben einen Blick aufs Wasser. Am schönsten ist das Zimmer Solent im obersten Geschoss; hier steht den Gästen ein kleines Fernglas zur Verfügung, damit sie den Meerblick in vollen Zügen genießen können.

**Fountain** HOTEL ££
(01983-292397; www.fountaininn-cowes.co.uk; High St, West Cowes; EZ 40–100 £, DZ 50–110 £; ) In diesem ansprechenden Hotel am Hafen wird georgianischer Stil imitiert, mit Velourtapeten und alten Holzmöbeln in den gemütlichen Zimmern. Zimmer 15 bietet tolle Blicke auf den geschäftigen Kai. In der gemütlichen Bar und auf der Sonnenterrasse lassen sich wunderbar ein Pint sowie Pubfood-Klassiker (Hauptgerichte 9 £; geöffnet 12–22 Uhr) genießen.

# Von Ryde nach Shanklin

Die schnellste Passagierfähre zwischen der Insel und Portsmouth legt in **Ryde** an, einem viktorianischen Städtchen mit den typischen Kennzeichen britischer Badeorte. Danach kommen das niedliche Dorf **Brading** mit seiner schönen römischen Villa, das fotogene,

### MUSIKFESTIVALS AUF DER ISLE OF WIGHT

Die Festivaltradition auf der Isle of Wight nahm in den frühen 1970er-Jahren ihren Anfang: Damals strömten 600 000 Hippies auf die Insel, um die Doors, The Who, Joni Mitchell und den letzten Auftritt der Rocklegende Jimi Hendrix zu sehen. Eine Generation später zählen die Inselfestivals noch immer zu den Top-Musikevents Englands. Beim **Isle of Wight Festival** (www.isleofwightfestival.org) Mitte Juni haben schon Muse, die Red Hot Chili Peppers, die Kings of Leon und die Rolling Stones gespielt. Das **Bestival** (www.bestival.net) Anfang September ist mit Acts wie den Super Furry Animals, den Scissor Sisters und Candi Staton eher bunt und alternativ aufgelegt.

von Sandstränden gesäumte **Bembridge Harbour** und die beiden Badeorte **Sandown** und **Shanklin** mit ihren Seepromenaden und zahllosen mit Eimer und Schaufel bewaffneten Familien. Das Gebiet wartet zudem mit einzigartigen Unterkünften auf – darunter ein ausgemustertes Kriegsschiff und alte Airstream-Wohnwagen.

## Sehenswertes

**Brading Roman Villa** RUINE

(☎01983-406223; www.bradingromanvilla.org.uk; Morton Old Rd, Brading; Erw./Kind 6,50/3,75 £; ⏲9.30–17 Uhr) Die wunderbar erhaltenen Mosaike hier – darunter der berühmte hahnenköpfige Mann – machen dies zu einer der schönsten römisch-britischen Stätten im ganzen Land. Holzstege führen über Mauerreste und bunt bemalte Fliesen und man kann direkt auf die Ruinen unter einem schauen.

**St. Helens Duver** NATURSCHUTZGEBIET

(NT; www.nationaltrust.org.uk; ⏲24 Std.; P) Auf dieser idyllischen, aus Sand und Kiesel bestehenden Landspitze an der Mündung des River Yar führen Wege vorbei an Sandglöckchen, Dünengras und seltenen Kleearten. Das Schutzgebiet ist im Dorf St. Helens bei Bembridge Harbour ausgeschildert.

## Schlafen

★ **Vintage Vacations** CAMPINGPLATZ £

(☎07802-758113; www.vintagevacations.co.uk; Ashey, bei Ryde; 4-Pers.-Wohnwagen 460–680 £ pro Woche; ⏲April–Okt.; P) Die Airstream-Wohnwagen aus den 1960er-Jahren auf dieser Farm verkörpern echten Retroschick. Die glänzenden Aluminiumwagen sind liebevoll eingerichtet, u. a. mit fröhlichen Patchworkdecken und bunten Teewärmern. Außerdem stehen noch eine Strandhütte, eine Scout-Hütte aus den 1930er-Jahren und die „Mission“ zur Auswahl, eine spätviktorianische Blechkapelle.

**Xoron Floatel** B&B ££

(☎01983-874596; www.xoronfloatel.co.uk; Bembridge Harbour; DZ 70 £; P) Eine wirklich einzigartige Unterkunft: Dieses alte Kanonenboot aus dem Zweiten Weltkrieg ist heute ein freundliches, mit Wimpeln geschmücktes Hausboot. Die gemütlichen Kabinen sind mit winzigen Bädern ausgestattet. Der Hafenblick von der blumengeschmückten Sonnenterrasse ist einfach erstklassig.

**Townhouse** B&B ££

(☎07703-171365; www.thetownhouseryde.co.uk; 1 Monkton St, Ryde; DZ 70–90 £; WLAN) Das Townhouse ist todschick und originell – mit stilvoller Einrichtung, Messing-Bettgestellen und im nobelsten Zimmer einer Retro-Badewanne am Feuer. Frühstück gibt's bis 13.30 Uhr und wird entweder in einem nahen Café am Meer serviert oder man entscheidet sich für ein aufs Zimmer geliefertes Schinkensandwich.

## Essen

**Pilot Boat** PUB ££

(☎01983-872077; www.thepilotboatinn.com; Station Rd, Bembridge; Hauptgerichte 9 £; ⏲12–14 & 18–20 Uhr; P WLAN) Es ist ein gutes Zeichen, wenn sich die Gäste einfach ans Klavier setzen oder sich eine der Gitarren des Pubs schnappen. Zur geselligen Atmosphäre tragen auch der Holzofen, die Schiffsfahnen und das gute hausgemachte Essen bei (z. B. Krebssalat und große Schüsseln Chili con carne). Die tadellos sauberen Gästezimmer (DZ 90 £) sind schön nach nautischem Motto eingerichtet.

**Black Sheep** BISTRO ££

(www.theblacksheepbar.co.uk; 53 Union St, Ryde; Tapas 5–7 £; ⏲So–Do 10–23, Fr & Sa bis 2 Uhr) Wer gerne auf der Sonnenterrasse sitzt, ein Bier von der Isle of Wight schlürft und tapasähnliche Köstlichkeiten wie gegrillte Chorizo oder Büffelmozzarella mit Honig und Thymian verspeist, ist in diesem eleganten Lounge-Club mit seinem Art-déco-Flair genau richtig.

## Ventnor & Umgebung

6300 EW.

Das viktorianische Städtchen Ventnor erstreckt sich so steil an der Südküste der Insel zum Meer hinab, dass man sich wie in Südfrankreich vorkommt. Die gewundenen Straßen sind gesäumt von einigen Boutiquen und die Hotels, die Restaurants und die stimmungsvolle Steephill Cove sind durchaus einen Umweg wert.

Den Richtung Westen gelegenen südlichsten Punkt der Insel markiert das untersetzte **St. Catherine's Lighthouse** aus dem 19. Jh. Nicht weit entfernt steht das **St. Catherine's Oratory** aus dem 14. Jh. und wartet der kinderfreundliche **Blackgang Chine Fun Park** (☎ 01983-730330; www.blackgangchine.com; Eintritt 17 £; ⌚ April–Juli 10–17 Uhr, Aug. bis 18 Uhr, Sept.–März bis 16 Uhr) mit Wassergärten, Trickfilmshows und einem Heckenlabyrinth auf.

### Schlafen

**★ Lighthouse** APARTMENTS £

(☎ 07801-899747; www.theboathouse-steephillcove.co.uk; Steephill Cove; 6 Pers. 1400–1850 £ pro Woche) Diese Unterkunft besticht mit einem traumhaften Ausblick aufs Meer – ein zweistöckiger weißer Holzleuchtturm im Neuenglandstil direkt am Ufer. Vom Bett aus kann man den Wellen zuschauen oder man geht ein paar Schritte und nimmt ein Bad im Meer oder speist auf der eigenen Terrasse. Himmlisch! Dieselben Betreiber bieten in der Nähe außerdem ein Haus (für bis zu 6 Pers., 700–1400 £ pro Woche) und das romantische Crow's Nest (350–550 £) für zwei Personen.

**St. Augustine Villa** B&B ££

(Harbour View; ☎ 01983-852285; www.harbourviewhotel.co.uk; Esplanade, Ventnor; EZ 94 £, DZ 88–103 £; P 📶) Landhausstücke spicken diese viktorianische Villa im italienischen Stil, in den stattlichen Zimmern stehen Ohrensessel und Stoffe in satten Rottönen rahmen Ausblicke aufs Meer. Und was für Blicke: Vom Sofa kann man dem Sonnenuntergang zuschauen, vom Himmelbett auf die Wellen blicken. In den Tower Room strömt Licht aus drei Richtungen.

**Hambrough** BOUTIQUEHOTEL £££

(☎ 01983-856333; www.thehambrough.com; Hambrough Rd, Ventnor; DZ 190–280 £; P 📶) Es ist schwer zu sagen, was besser ist: die 180-Grad-Panoramen des Meeres oder die superschicken Zimmer mit ihren Espressomaschinen und beheizten Böden.

### Essen

**Crab Shed** CAFÉ £

(Steephill Cove; Snacks 5 £; ⌚ April–Sept. 12–15 Uhr) Vor dem Schuppen mit seinen Korkschwimmern und verblichenen Bojen säumen Hummerkörbe und Fischerboote die Helling. Zu den unwiderstehlichen Leckereien hier zählen Krebssalat, Makrelen-Ciabatta und Krabben-*pasties*.

**★ Boathouse** FISCH & MEERESFRÜCHTE ££

(☎ 01983-852747; www.theboathouse-steephillcove.co.uk; Steephill Cove; Hauptgerichte 18–35 £; ⌚ Ende Mai–Anfang Sept. Do–Di 12–15 Uhr) Wer früh genug da ist, kann den Fischern von Steephill Cove (Jimmy und Mark) dabei zusehen, wie sie das Mittagessen an Land bringen – die Holztische hier stehen nur Schritte vom Meer entfernt. Ein wunderbares Örtchen für ein kühles Gläschen Weißwein und einen saftigen Hummer inmitten des neuen Treibholzschicks der Insel. Reservieren!

**Pond Cafe** MODERN BRITISCH ££

(☎ 01983-855666; www.thehambrough.com; Bonchurch; Hauptgerichte 15 £; ⌚ Do–Mo 10.30–15 & 18–21.30 Uhr) Köchin Joanne Bennetts

ABSTECHER

#### STEEPHILL COVE

Der winzige Sandstrand der Steephill Cove ist von unterschiedlichsten Gebäuden gesäumt, die Bandbreite reicht von Steincottages bis zu wackelig aussehenden Schuppen. Am Strand gefundene Stücke schmücken Veranden, die mit Treibholzmöbeln und Fischernetzen wohnlich gemacht wurden. Über der Szenerie thront ein kleiner hölzerner **Leuchtturm**, der als fabelhaftes Selbstversorger-Feriendomizil (s. links) für bis zu sechs Personen vermietet wird. Zwei stimmungsvolle Esslokale, das Boathouse (s. oben) und der Crab Shed (s. oben), runden das nette Gesamtbild ab.

Die Steephill Cove liegt rund 1,5 km westlich von Ventnor und ist für Autos gesperrt. Entweder man geht vom nahen Botanischen Garten hierher oder vom Parkplatz 200 m westlich der Ventnor Esplanade und folgt dem teils steilen Küstenpfad bis zur Bucht.

versieht beste Zutaten von der Insel mit einem italienischen Einschlag – vielleicht gibt's gebratene Taube mit Pancetta, Rindfleisch-Carpaccio mit Parmesan oder den Fang des Tages mit Cannellini-Bohnen-Püree. Die Einheimischen reservieren hier gerne einen Tisch auf der Terrasse für ein Mittagsmenü oder ein frühes Abendessen (2/3 Gänge 18/22 £).

**Ale & Oyster** BISTRO ££
(www.thealeandoyster.co.uk; The Esplanade, Ventnor; 8–22 £; ⌚Di–So 12–14.30 & 18–21 Uhr) Die modernen Varianten von Pub- und Bistro-Klassikern umfassen u. a. Seeteufel-Scampi und Chips, Schweinshaxen-Terrine mit verlorenem Ei und Käse von der Isle of Wight.

## West Wight

Die ländliche und abgeschiedene Westecke der Insel zeigt deren eigentliches Wesen. Wo sich die atemberaubende Küste Richtung Alum Bay herumwindet, erheben sich schiere weiße Klippen aus der tosenden See. Die berühmtesten Kreidefelsen der Region, die zerklüfteten **Needles**, ragen wie Scherben aus dem Wasser und erscheinen wie das Rückgrat eines prähistorischen Seeungeheuers. In West Wight gibt's außerdem den vielleicht besten Strand der Insel, nämlich an der sandigen, windgepeitschten **Compton Bay**.

### Sehenswertes

★ **Needles Old & New Battery** FESTUNG
(NT; ☎01983-754772; www.nationaltrust.org.uk; The Needles; Erw./Kind 5,30/2,65 £; ⌚Mitte März–Okt. 11–16 Uhr) Der viktorianische Festungskomplex an der Westspitze der Isle of Wight beherbergt zwei Geschützstellungen. Hier wird sehr spannend dargelegt, wie die Festung 1862 angelegt wurde, welche Funktion sie in den beiden Weltkriegen erfüllte und wie sie im Kalten Krieg schließlich zu einer geheimen Raketentestbasis mutierte. Von der Alum Bay sind es zu Fuß 1,5 km über die Klippen hierher oder man nimmt den **Touristenbus** (www.islandbuses.info; Erw./Kind 10/5 £ für 24 Std.; ⌚Mitte März–Sept. 10–17 Uhr), der alle zwei Stunden zwischen der Festung und der Bucht verkehrt.

An der **Old Battery** scheint immer noch der Geruch von Schwarzpulver in der Luft zu liegen: Hier liegen Hülsen und Pulverfässer herum und Uniformen hängen an Haken. Mit Entfernungsmessern können Besucher die Positionen von Schiffen ermitteln und anschließend eine alte, reich verzierte Wendeltreppe hinabsteigen und durch einen hallenden, 60 m langen Tunnel zu einem Suchscheinwerferposten mit Blick auf die erodierten Klippen gehen.

In den 1950er-Jahren fanden hier absolut geheime Versuche mit in East Cowes gebauten Black-Knight-Raketen statt; später wurden mit diesen von Australien aus Überwachungssatelliten ins Weltall geschossen. Im winzigen unterirdischen Bunker der **New Battery** zeigt eine Ausstellung, wie die abgeschiedene Lage und die bestehenden Festungsanlagen dazu beitrugen, dass dieser Ort für geheime Aktivitäten einfach prädestiniert war.

### Geführte Touren

**Needles Pleasure Cruises** BOOTSTOUR
(☎01983-761587; www.needlespleasurecruises.co.uk; Alum Bay; Erw./Kind 5,50/3,50 £; ⌚April–Okt. 10.30–16.30 Uhr) Vom Strand von Alum Bay führen jede halbe Stunde 20-minütige Bootstouren zu den Kreidefelsnadeln The Needles und ermöglichen Blicke auf die weißen Felsen aus nächster Nähe.

### Schlafen

★ **Really Green** CAMPINGPLATZ £
(☎07802-678591; www.thereallygreenholidaycompany.com; Blackbridge Rd, Freshwater Bay; Jurte 375–700 £ pro Woche; ⌚April–Okt.; Ⓟ) 🍃 Zelten war noch nie so einfach: Die voll ausgestatteten Jurten für zwei bis fünf Personen auf diesem schattigen Platz warten mit Himmelbetten, Futons, Holzöfen und abgenutzten Antiquitäten auf. Der Platz liegt inmitten abgeschiedener Weiden mit Flussblick und nur ein paar Minuten entfernt befindet sich ein Feinkost-Hofladen.

**Totland Bay YHA** HOSTEL £
(☎01983-752165; www.yha.org.uk; Hirst Hill, Totland Bay; B/DZ 17/22 £; Ⓟ) In dem knarzenden, munter geführten viktorianischen Haus gibt's höchstens acht Betten pro Zimmer. Das Personal versorgt Gäste gern mit Infos zur Region.

## DORSET

Der Urlaubermagnet Dorset geizt wahrlich nicht mit Reizen. Seine Küste zählt zu den schönsten Englands, u. a. wegen der Jurassic Coast, einer Welterbestätte mit von der See ausgewaschenen Buchten, zerbröselnden Klippen und Stränden voller fossiler Souvenirs. Es ist einfach ein tolles Erlebnis, hier zu baden, Kajak zu fahren und zu wandern. Im Landesinneren wartet Thomas Hardys lyrische Landschaft mit riesigen Festungen aus der Eisenzeit, gewagten Kreidefiguren, märchenhaften Burgen und sehr sehenswerten herrschaftlichen Häusern auf. Dazu kommen Seebäder voller Feierwütiger, bei Multimillionären sehr beliebte goldene Strände und Segelreviere auf Olympianiveau. Dorset ist auf jeden Fall eine Reise wert!

## Praktische Informationen

**Visit Dorset** (www.visit-dorset.com) Offizielle Tourismuswebsite der Grafschaft.

## Unterwegs vor Ort

Eine Hauptbahnstrecke verläuft von Bristol und Bath über Dorchester West nach Weymouth. Die andere verbindet London über Southampton, Bournemouth, Poole und Dorchester South mit Weymouth.

**First** (www.firstgroup.com) Bietet Busverbindungen zwischen den größeren Orten.

**More** (Wiltshire & Dorset; www.morebus.co.uk) Wichtigstes Busunternehmen in Bournemouth, Poole und Umgebung.

# Bournemouth

186 700 EW.

Wenn eine Sache Bournemouth geprägt hat, dann ist es sein Strand. Dieser wunderbare, 11 km lange weiche Sandstreifen lockte schon zu viktorianischer Zeit Urlauber an. Heute zieht das Seebad sowohl grauhaarige Teilnehmer von Busausflügen als auch betrunkene Junggesellenabschiede an – samstagabends ist überall Verkleidung angesagt: Engel mit Joints treffen auf Männer in Mankinis. Doch Bournemouth ist mehr als eine ausgerastete Partystadt. Es wartet auch mit einigen hippen Refugien, tollen Restaurants, verlockenden Wassersportmöglichkeiten und mit Boscombe, gut 3 km östlich des Zentrums, einem Vorort mit einem coolen Surferflair auf.

## Sehenswertes & Aktivitäten

**Bournemouth Beach** STRAND

Bournemouths sandige Küstenlinie fährt immer wieder Auszeichnungen für seine Seebäder ein. Sie erstreckt sich von Southborne im Osten bis nach Alum Chine im Westen – eine ellenlange Promenade gesäumt von 3000 Strandliegen, Ziergärten, Kinderspielplätzen und Cafés. Außerdem gibt's zwei Piers. Um den **Bournemouth Pier** kann man bunte **Strandhütten** (☎0845 055 0968; www.bournemouthbeachhuts.co.uk; 36/145 £ pro Tag/Woche), Sonnenliegen (2,50 £ pro Tag), Windschutz (3 £) und Sonnenschirme (4,50 £) leihen. Boscombe Pier ist das Zentrum des Wassersports.

**East Cliff Lift Railway** HISTORISCHE EISENBAHN

(☎01202-451781; Undercliff Dr; Erw./Kind 1,25/0,85 £; ⏲Ostern–Okt.) Diese kastenartigen Wagen auf Schienen befördern Passagiere die mit Farndickicht bewachsenen Hänge hinauf. Die ab 1908 erbauten Bahnen ersparen einem die kurze, aber steile Wanderung von der Seepromenade zur Straße oberhalb.

**Alum Chine** GÄRTEN

(Mountbatten Rd; ⏲24 Std.) Die Blütezeit Bournemouths in den 1920er-Jahren wird in dieser subtropischen Enklave wunderbar heraufbeschworen mit Pflanzen von den Kanarischen Inseln, aus Neuseeland, Mexiko und dem Himalaja. Die knallroten Blätter, silbernen Disteln und lila Blüten heben sich schön vom glitzernden Meer ab. Der Garten liegt 2,5 km westlich des Bournemouth Pier.

**Russell-Cotes** MUSEUM

(☎01202-451858; www.russell-cotes.bournemouth.gov.uk; Russell-Cotes Rd; Erw./Kind 5/4 £; ⏲Di–So 10–17 Uhr) Aus jedem Quadratzentimeter dieses interessanten Baus, einer Mischung aus italienischer Villa und schottischem Schloss, strömt der Wille zur Prahlerei. Das Haus entstand am Ende des 19. Jhs. für Merton und Annie Russell-Cotes, damit sie irgendwo ihre umfangreiche Sammlung an Mitbringseln von ihren Weltreisen präsentieren konnten. Interessant sind die Gipsnachbildung des Parthenon-Frieses, die Maori-Schnitzereien und persischen Kacheln. Außerdem sind Gemälde von z. B. Rossetti, Edwin Landseer und William Frith zu sehen.

**Sorted Watersports** WASSERSPORT

(☎01202-300668; www.sortedsurfschool.co.uk; Overstrand Bldg, Undercliff Dr) Von seiner Station beim Boscombe Pier bietet Sorted Watersports Unterricht im Surfen (Erw./Kind 30/25 £ für 2 Std.) und Stehpaddeln (30 £ für 2 Std.). Außerdem werden Neoprenanzüge (2/8 Std. 10/30 £), Surfbretter

(2/8 Std. 10/30 £), Paddleboards (1/2 Std. 15/20 £) und Kajaks (1/4 Std. 15/45 £) verliehen.

**Coastal Activity Park** OUTDOORAKTIVITÄTEN
(www.coastalactivitypark.co.uk; Boscombe Promenade) Dieser 1,5 km lange Park in Boscombe war bei Redaktionsschluss noch im Werden begriffen, soll aber nach Fertigstellung Aktivitäten wie Bouldern, Slacklinen, Schnorcheln, Strandvolleyball, Strandfußball, Tischtennis und Krafttraining ermöglichen.

## Schlafen

**Bournemouth Backpackers** HOSTEL £
(01202-299491; www.bournemouthbackpackers.co.uk; 3 Frances Rd; B/DZ 18/33 £; P ) Schlafsäle mit drei bis sechs Betten in einem Vororthaus voller Reiseandenken – eine Wand ist mit Schokoriegelpapier aus aller Welt gepflastert. Nur für Gäste aus dem Ausland; Reservierung sonntags 17 bis 19 Uhr per E-Mail oder Telefon.

★ **B&B By The Beach** B&B ££
(01202-433632; www.bedandbreakfastbythebeach.co.uk; 7 Burtley Rd; DZ 88–92 £; P ) Die wunderschönen Zimmer, das Frühstück mit viel Obst und charmante, zum Lachen aufgelegte Betreiber machen dieses helle B&B zu einem der besten der Stadt. Die Zimmer verfügen über weiße Fensterläden und sind dezent im maritimen Stil eingerichtet. Die sonnige Terrasse eignet sich bestens für ein Frühstück mit Waffeln oder ein Stück hausgemachten Kuchen.

**Mory House** B&B ££
(01202-433553; www.moryhouse.co.uk; 31 Grand Ave; EZ 50–65 £, DZ 72–93 £, FZ ab 108 £; P ) Im Mory House herrscht eine wunderbare Stille. Buntglas und eine elegante Treppe weisen auf die Entstehung des Hauses im edwardianischen Zeitalter hin. Das schönste der modernen Zimmer ist die Nr. 3, auf deren winzigem Balkon man schön an den Keksen und Süßigkeiten knabbern kann, die überall im Haus zu finden sind.

**Amarillo** B&B ££
(01202-553884; www.amarillohotel.co.uk; 52 Frances Rd; EZ 30–35 £, DZ 60–70 £; P ) Die schicken, stilvollen Zimmer des Amarillo mit auffallenden Tapeten, flotten Decken und subtiler Beleuchtung weisen ein geradezu lächerlich gutes Preis-Leistungs-Verhältnis auf.

★ **Urban Beach** BOUTIQUEHOTEL ££
(01202-301509; www.urbanbeach.co.uk; 23 Argyll Rd; EZ 72 £, DZ 100–145 £; P @ ) Das Urban Beach ist nach wie vor die Lieblingsabsteige hipper Bournemouth-Besucher und sorgt für eine Rundum-sorglos-Stimmung – Gäste können kostenlos Gummistiefel, Schirme und DVDs ausleihen. Die Zimmer sind von der Farbgebung aus Schwarz, Dunkelgrau und Dunkelbraun geprägt. Auf der Terrasse gönnt man sich Essen aus dem gehobenen Bistro (geöffnet 8–22 Uhr).

## Essen

★ **Urban Reef** BISTRO ££
(01202-443960; www.urbanreef.com; Undercliff Dr, Boscombe; Hauptgerichte 7–35 £; Mo–Sa 8–23, So bis 18 Uhr; ) An sonnigen Wochenenden gibt's vor dem funkigen Urban Reef eine Warteschlange aus coolen Leuten. Kein Wunder angesichts der Terrasse und des Balkons am Wasser, des starken Kaffees, der erstklassigen Snacks und der sehr guten Restaurantkost. An stürmischen Tagen kann man es sich am Holzofen gemütlich machen und dem Rauschen des Meeres lauschen.

**West Beach** FISCH & MEERESFRÜCHTE ££
(01202-587785; www.west-beach.co.uk; Pier Approach; Hauptgerichte 13–40 £; 12–14.30 & 18–21 Uhr) Die Meeresfrüchte und die Lage sind kaum zu toppen – wer auf der Terrasse über dem Sand einen Stuhl ergattert, kann zuschauen, wie die Wellen den Bournemouth Pier umspülen, und sich an perfekt zubereitetem frischem Fisch laben, vielleicht an in Cider gedämpfter Scholle oder einer Schalentierplatte voller Austern, Kaisergranat und Muscheln.

**Reef Encounter** BISTRO ££
(www.reef-encounter.com; 42 Sea Rd, Boscombe; Hauptgerichte 7–15 £; 11–22, Sa & So ab 9 Uhr; ) Große Sofas, raue Holzwände, sanfte Hintergrundmusik und eine Terrasse mit Seeblick verleihen diesem chilligen Esslokal das Flair einer Surferkneipe. Man bahnt sich seinen Weg durch eine Fleisch-, Fisch- oder Gemüseplatte oder sitzt einfach draußen bei einem kühlen Bierchen und schaut den Wellen bei ihrer Arbeit zu.

## Ausgehen & Nachtleben

Die meisten wichtigen Unterhaltungsläden tummeln sich um die Firvale Road, St Peter's Road und Old Christchurch Road. Die Schwulenszene trifft sich um das Triangle herum.

**Sixty Million Postcards** PUB
(www.sixtymillionpostcards.com; 19 Exeter Rd; ⏲ So–Do 12–24, Fr & Sa bis 2 Uhr) Das Sixty Million ist eine unkonventionelle Oase in einer Stadt der Getränke-Specials und lockt ein echtes Beatnik-Publikum an. Abgewetzte Holzböden und Lampenschirme mit Troddeln bilden den Rahmen für DJ-Abende, Livemusik (Indiepop und Punk-Grunge) und Musikbingo.

**Old Firestation** CLUB
(www.oldfirestation.co.uk; 36 Holdernhurst Rd; ⏲ Do–Sa 22–3 Uhr) Konzerte, Clubnächte und Studentenpartys. An Musik gibt's D&B, Dubstep, Electro und Old Skool.

## Praktische Informationen

**Rio Internet Cafe** (☎ 01202-312021; 130 Commercial Rd; 1,80 £ pro Std.; ⏲ 9–19 Uhr)
**Touristeninformation** (☎ 08450-511700; www.bournemouth.co.uk; Westover Rd; ⏲ Mo–Sa 10–17, So bis 16 Uhr, Nov.–Feb. So geschl.)

## An- & Weiterreise

### BUS

**Morebus Zone A Dayrider** (Erw./Kind 4,10/3,60 £) Ein Tag unbegrenztes Busfahren in einem großen Teil von Poole, Bournemouth und dem benachbarten Christchurch.

Direktbusse von National Express z. B. nach:
**Bristol** (20 £, 4 Std., Mo–Sa 1-mal)
**London** (23 £, 2½ Std., halbstündl.)
**Oxford** (22 £, 3 Std., 3-mal tgl.)
**Southampton** (7 £, 50 Min., stündl.)
Regionalbusse:
**Poole** (2 £, 25 Min., alle 15 Min.) Bus M1/M2
**Salisbury** (6,30 £, 1¼ Std., Min. stündl.) Bus X3

### ZUG

Züge z. B. nach Dorchester South (12 £, 45 Min., stündl.), London Waterloo (20 £, 2¾ Std., halbstündl.), Poole (4 £, 12 Min., halbstündl.) und Weymouth (15 £, 1 Std., stündl.).

# Poole

148 600 EW.

In der urigen alten Hafenstadt Poole liegt der Duft des Geldes in der Luft: Hinter dem wunderschönen Strand von Sandbanks erstrecken sich einige der teuersten Grundstücke der Welt. Außerdem beeindruckt Poole mit ausgezeichneten Restaurants und wartet mit Wassersportaktivitäten und unwiderstehlichen Bootsausflügen auf.

## Sehenswertes

**Brownsea Island** INSEL
(NT; ☎ 01202-707744; www.nationaltrust.org.uk; Erw./Kind 6/3 £; ⏲ Ende März–Okt. 10–17 Uhr) Auf dieser kleinen, bewaldeten Insel mitten im Poole Harbour winden sich Pfade durch Heide und Wald vorbei an Pfauen, Eichhörnchen, Rotwild und jeder Menge Vögeln. Atemberaubend sind die Ausblicke auf die Isle of Purbeck. Kostenlose geführte Spaziergänge (um 11.30 und 14 Uhr) befassen sich mit der Insel in Kriegszeiten, mit Schmugglern und Piraten. Die von **Brownsea Island Ferries** (☎ 01929-62383; www.brownsea islandferries.com; ⏲ Ende März–Okt. 10–17 Uhr) betriebenen Boote fahren halbstündlich ab Poole Quay (Erw./Kind hin & zurück 10/6 £) und Sandbanks (Erw./Kind hin & zurück 6/4,50 £).

Brownsea spielte eine wichtige Rolle in der Boy-Scouts-Bewegung – hier veranstaltete Lord Baden-Powell 1907 das allererste Scoutcamp.

**Poole Old Town** HISTORISCHES VIERTEL
Zu den schönen historischen Gebäuden am Poole Quay zählen das Tudor-Pub **King Charles** in der Thames Street, das cremefarbene **Old Harbour Office** aus den 1820er-Jahren nebenan sowie der eindrucksvolle Ziegelbau des **Custom House** (1813) gegenüber, komplett mit Union Jack und vergoldetem Wappen. Die Touristeninformation verkauft den Altstadtführer *PooleCockle Trail* (0,30 £).

**Waterfront Museum** MUSEUM
(☎ 01202-262600; www.boroughofpoole.com/museums; 4 High St; ⏲ Mo–Sa 10–17, So 12–17 Uhr) GRATIS Schon das Gebäude selbst lohnt einen Blick: ein schön restauriertes Lagerhaus aus dem 15. Jh. Das Starexponat drinnen ist der 2300 Jahre alte **Eisenzeiteinbaum**, der aus dem Poole Harbour geborgen wurde. Mit einer Länge von 10 m und einem Gewicht von 14 t ist er der größte je in Südengland gefundene und bot wahrscheinlich 18 Personen Platz. Das Boot wurde aus einem einzigen Baum per Hand herausgehauen – auch heute noch sind die Hackspuren im Holz zu sehen.

**Sandbanks** STRAND
Sandbanks, eine 3 km lange schmale Halbinsel am Ende des Poole Harbour, beherbergt einige der teuersten Häuser der Welt. Doch die weißen Sandstrände davor sind

## WASSERSPORT – POOLE HARBOUR

Die geschützten Ufer des Poole Harbour laden dazu ein, sich hier ins Wasser zu begeben. Anbieter von Aktivitäten tummeln sich am Anfang der Sandbanks-Halbinsel.

**Pool Harbour Watersports** (☎01202-700503; www.pooleharbour.co.uk; 284 Sandbanks Rd) Unterricht im Standup-Paddleboarding (SUP; 40 £ für 2 Std.), Windsurfen (45 £ für 3 Std.) und Kitesurfen (99 £ pro Tag), dazu schöne Kajak- und SUP-Touren (40 £ für 3 Std.).

**FC Watersports** (☎01202-707757; www.fcwatersports.co.uk; 19 Banks Rd, Sandbanks) Unterricht im Kitesurfen (99 £ pro Tag).

**Watersports Academy** (☎01202-708283; www.thewatersportsacademy.com; Banks Rd) Unterricht im Kitesurfen, Schnupperkurse im Windsurfen (25 £ pro Std.), Segelunterricht (55/165 £ für 2 Std./Tage) und Wakeboarden und Wasserski (20 £ für 15 Min.).

gratis und bieten mit die beste Wasserqualität im ganzen Land. Hier sind außerdem zahlreiche Wassersport-Anbieter ansässig. Die Brownsea Island Ferries (S. 257) pendeln zwischen Poole Quay und Sandbanks (Erw./Kind hin & zurück 10/6 £).

## Schlafen

**Corkers** B&B ££
(☎01202-681393; www.corkers.co.uk; 1 High St; EZ 61–77 £, DZ 83–94 £; WLAN) Die Einrichtung ist zwar eher unscheinbar, doch dieses gepflegte B&B ist dank seiner Lage direkt am quirligen Poole Quay und der winzigen Dachterrasse mit Hafenblick an den Zimmern Brownsea und Purbeck durchaus eine gute Wahl.

**Quayside** B&B ££
(☎01202-683733; www.poolequayside.co.uk; 9 High St; EZ 35–50 £, DZ 60–80 £, FZ 80 £; WLAN) Schnuckelige Zimmer mit Kiefernholz und bunten großen Mustern im Herzen des alten Hafens.

**Merchant House** BOUTIQUE-B&B £££
(☎01202-661474; www.themerchanthouse.org.uk; 10 Strand St; EZ 100 £, DZ 140–180 £) Der große Backsteinbau des nur eine Straße vom Wasser entfernten Merchant House bietet Boutiquestandard auf höchstem Niveau. Große Holzskulpturen, Korbschaukelstühle und frische Bettwäsche sorgen für Stil und die Teddybären hier und da sind dafür zuständig, dass das Ganze einen fröhlichen Anstrich bekommt.

## Essen

**Storm** FISCH & MEERESFRÜCHTE ££
(☎01202-674970; www.stormfish.co.uk; 16 High St; Hauptgerichte 16–20 £; ⏰Mo–Sa 18–22 Uhr) Im Storm legen sich die Köche schon seit 1991 ordentlich ins Zeug. Das Angebot an Speisen hängt davon ab, was Fischer und Betreiber Pete gefangen hat. Vielleicht gibt's ein aromatisches goanisches Fischcurry, buttrige Scholle oder in Weißwein gedünstete Venusmuscheln. Im Sommer ist manchmal auch mittags geöffnet.

**Poole Arms** PUB ££
(www.localbiztoday.com/poole-arms; The Quay; Hauptgerichte 9–16 £; ⏰12–14.30 & 18–20.30 Uhr) Das Essen in diesem uralten Pub besteht vorwiegend aus Fisch und Meeresfrüchten aus der Gegend – Tipps: die hausgemachte Fisch-Pie, Krebse oder gebratener Heringsrogen. Mit einem Bier aus dem New Forest ausgestattet kann man sich zu den Einheimischen in die gemütliche Bar setzen oder auch auf die Terrasse mit Blick auf die Uferstraße.

★ **Guildhall Tavern** FRANZÖSISCH £££
(☎01202-671717; www.guildhalltavern.co.uk; 15 Market St; Hauptgerichte 20 £, 2-Gänge-Mittags-/-Abendmenü 15/22 £; ⏰Di–Sa 12–15 & 17.30–22 Uhr; 🖉) Die beste Speiseadresse der Stadt verwöhnt ihre Gäste, indem regionale Zutaten mit französischem Flair verarbeitet werden. Zu empfehlen sind besonders der über Holzkohle gegrillte und mit Pernod flambierte Seebarsch und die sehr preisgünstigen Menüs (doppelt gebackenes Käsesoufflé, Bœuf Bourguignon, *crêpe au chocolat* und reifer Käse).

## Praktische Informationen

**Touristeninformation** (☎0845 234 5560; www.pooletourism.com; Poole Quay; ⏰10–17 Uhr, Juli & Aug. bis 18 Uhr, Nov.–April So geschl.)

## Anreise & Unterwegs vor Ort

**BUS**

**Bournemouth** (2 £, 25 Min., alle 15 Min.) Bus M1/M2.

**London Victoria** (20 £, 2¾ Std., alle 2 Std.) National Express.

**Sandbanks** (3,40 £, 30 Min., Mo–Sa stündl.) Bus 52.

**SCHIFF/FÄHRE**

**Brittany Ferries** (☎ 0871 244 0744; www.brittany-ferries.com) Schippert von Poole nach Cherbourg in Frankreich (4½ Std., 1-mal tgl.). Die Sommerpreise (hin & zurück) reichen von 80 £ für Fußgänger bis 320 £ für ein Fahrzeug und zwei Erwachsene.

**Sandbanks Ferry** (☎ 01929-450203; www.sandbanksferry.co.uk; Fußgänger/Auto 1/3,50 £; ⏲7–23 Uhr) Fährt alle 20 Minuten von Sandbanks nach Studland (4 Min.). Von Poole nach Swanage, Wareham und zur Isle of Purbeck ist es ebenfalls nicht weit, doch im Sommer können sich hier nervig lange Warteschlangen bilden.

**TAXI**

**Dial-a-Cab** (☎ 01202-666822; www.pooletaxis.co.uk)

**ZUG**

**Bournemouth** (4 £, 12 Min., halbstündl.)
**Dorchester South** (10 £, 30 Min., stündl.)
**London Waterloo** (25 £, 2¾ Std., halbstündl.)
**Weymouth** (14 £, 45 Min., stündl.)

# Südostdorset

Mit seinen glitzernden Buchten und hoch aufragenden Felsformationen verfügt der Südosten von Dorset über die schönsten Küstenlandschaften Englands. Mit der Isle of Purbeck – die eigentlich keine Insel, sondern eine Halbinsel ist – beginnt auch die Jurassic Coast. Hier zu baden und zu wandern, besonders um die Lulworth Cove herum, ist angesichts der Landschaft und der Geologie der Gegend wirklich unwiderstehlich. Im Hinterland stehen die gewaltigen, märchenhaften Ruinen von Corfe Castle und Wareham bringt Licht ins Dunkel, das die geheimnisvolle Figur Lawrence von Arabien umhüllt.

## Wareham & Umgebung

5492 EW.

Im 10. Jh. gründeten Sachsen am River Frome die Siedlung Wareham. Überreste von Erdwällen und einer der letzten sächsischen Kirchen Dorsets zeigen noch heute ihre Spuren. Wareham ist außerdem berühmt für seine Verbindungen zum geheimnisumwitterten T. E. Lawrence, dem britischen Soldaten, dem David Lean 1962 mit seinem Filmepos *Lawrence von Arabien* ein Denkmal in Zelluloid setzte.

### Sehenswertes

**★ Clouds Hill** HAUS

(NT; ☎ 01929-405616; www.nationaltrust.org.uk; bei Bovington; Erw./Kind 5,50/2,50 £; ⏲ Mitte März–Okt. Mi–So 11–17 Uhr; P) Das winzige Cottage, in dem T. E. Lawrence (1888–1935) zu Hause war, gewährt einen spannenden Einblick in eine komplexe Persönlichkeit. Der britische Soldat gelangte zu legendärem Ruhm, nachdem er sich im Ersten Weltkrieg im Kampf gegen die Osmanen mit arabischen Stämmen verbündet hatte. Interessant sind z. B. Lawrence' stimmungsvolle Feldzugsfotos, seine Skizzen einer französischen Kreuzfahrerburg und der Schreibtisch, an dem er eine gekürzte Fassung von *Die sieben Säulen der Weisheit* anfertigte. Unter den vier Zimmern des Landhäuschens befinden sich ein überraschend komfortables Badezimmer, ein mit Aluminiumfolie ausgekleideter Schlafraum und ein Musikzimmer mit schweren Balken.

Das Haus sieht mehr oder weniger genauso aus, wie Lawrence es hinterließ – er starb nach einem Motorradunfall in der Nähe im Alter von 46 Jahren.

**St. Martin's on the Walls** KIRCHE

(North St, Wareham; ⏲9–17 Uhr) Diese Kirche aus dem 11. Jh. beherbergt an ihrer Nordwand ein Fresko aus dem 12. Jh. sowie eine Marmorbüste von T. E. Lawrence. Sollte die Kirche während der normalen Öffnungszeiten verschlossen sein, kann man sich bei Joy's Outfitters in der North Street den Schlüssel holen.

**Monkey World** ZOO

(☎ 01929-462537; www.monkeyworld.co.uk; Longthorns; Erw./Kind 12/8,50 £; ⏲ 10–17 Uhr, Juli & Aug. bis 18 Uhr; P) Ein ansprechendes Refugium für gerettete Schimpansen, Orang-Utans, Gibbons, Seidenaffen und einige sehr niedliche Kattas.

### Schlafen & Essen

**Red Lion** GASTHOF ££

(☎ 01929-550099; www.redlionwareham.co.uk; 1 North St, Wareham; DZ 90–115 £; P) Der äußerst stilvolle Umbau dieses alten Gasthofs hat große, elegante Zimmer mit Messingbetten, netten Sesseln und Weckern zum Aufziehen hervorgebracht. Die Karte (Hauptgerichte 6–16 £, Küche geöffnet 12–20 Uhr) reicht von Dorset-Pâté bis zum Sonntagsbraten.

**Anglebury** GASTHOF ££
(☎ 01929-408094; www.angleburyhouse.co.uk; 15 North St; EZ/DZ/FZ 50/75/95 £) In einem mehr als 450 Jahre alten Gasthof kann man schon einiges an Flair erwarten und genau das bekommt man hier auch. Eine knarzende Treppe führt hinauf zu gediegenen Zimmern im traditionellen Stil. Die Bar ist mit dunklem Holz und jeder Menge Balken sehr behaglich.

### Praktische Informationen

**Touristeninformation Purbeck** (☎ 01929-552740; www.visitswanageandpurbeck.com; South St, Wareham; ⏲ Mo–Sa 9.30–16 Uhr)

### An- & Weiterreise

Zugverbindungen bestehen z. B. nach London Waterloo (25 £, 2½ Std., halbstündl.) und Weymouth (10 £, 30 Min., halbstündl.).

Bus 40 fährt jede Stunde Richtung Norden nach Poole (4,90 £, 35 Min.) und Richtung Süden über Corfe Castle (4 £, 15 Min.) nach Swanage (4,90 £, 30 Min.). Bus 104 verkehrt nach Lulworth (4,90 £, 35 Min., Mo–Sa 2-mal tgl.).

## Corfe Castle

Die massiven Ruinen von Corfe Castle erheben sich so dramatisch über der Landschaft, dass sie wie eine Filmkulisse anmuten. Die Reste der Verteidigungsanlagen thronen über einem gleichermaßen fotogenen Dorf, das den Namen der Burg trägt und ein romantisches Örtchen für ein Essen oder eine Übernachtung darstellt.

### Sehenswertes

**★ Corfe Castle** BURG
(NT; ☎ 01929-481294; www.nationaltrust.org.uk; The Square; Erw./Kind 8/4 £; ⏲ April–Sept. 10–18 Uhr, Okt.–März bis 16 Uhr) Wovon heute nur noch diese malerischen Ruinen übrig sind – eines der markantesten Wahrzeichen Dorsets –, das war früher das Zuhause von Sir John Bankes, der rechten Hand Karls I. Im Englischen Bürgerkrieg wurde die Burg von Truppen Cromwells belagert; 1646 organisierte die mutige Lady Bankes eine sechs Wochen währende Verteidigung und erst durch einen Verrat fiel die Burg schließlich. Daraufhin sprengten sie die Roundheads. Heute erheben sich hier Türme und Mauern in gefährlichen Winkeln und das Torhaus sieht so aus, als sei es gerade erst in die Luft gejagt worden.

**Swanage Steam Railway** HISTORISCHE EISENBAHN
(☎ 01929-425800; www.swanagerailway.co.uk; Erw./Kind hin & zurück 11,50/7 £; ⏲ April–Okt. tgl., Nov.–März Sa & So) Alte Dampfeisenbahnen verkehren etwa stündlich zwischen Swanage und Norden (25 Min.) und halten unterwegs in Corfe Castle.

### Schlafen & Essen

**Ammonite** B&B £
(☎ 01929-480188; www.ammonite-corfecastle.co.uk; 88 West St; EZ 55 £, DZ 65–75 £; P 📶) Die netten Zimmer in diesem ruhigen B&B am Dorfrand warten mit Pastellfarben und Kiefernholz auf. Zum Frühstück gibt's Eier aus der Gegend, hausgemachte Marmelade und knuspriges Brot aus der Bäckerei von Corfe Castle.

**Olivers** B&B ££
(☎ 01929-477111; www.oliverscorfecastle.com; 5 West St; EZ 75–85 £, DZ 85–95 £) Das in einer schönen Straße im Herz des alten Dorfs gelegene Olivers vermählt honigfarbene Balken mit dem Schick des 21. Jhs.: braune Ledersessel, Baumsilhouetten-Tapeten und schwere Holzmöbel – hier gibt's stilvolle, ansprechende Zimmer mit einem sehr guten Preis-Leistungs-Verhältnis.

**Castle Inn** PUB ££
(www.castleinncorfe.com; 63 East St; Hauptgerichte 10–17 £; ⏲ Mo–Sa 12–15 & 18–21, So 12–21 Uhr; 🖉) Hier treffen sich die Einheimischen, in einem Ambiente aus Steinplattenböden und alten, mit Lichterketten geschmückten Balken. Zu essen gibt's köstliche Pubklassiker sowie einige Überraschungen wie Seebarsch mit geräucherter Paprika oder Kichererbseneintopf.

### An- & Weiterreise

Bus 40 pendelt stündlich zwischen Poole, Wareham, Corfe Castle und Swanage. Die 15-minütige Fahrt nach Wareham kostet 4 £.

## Lulworth Cove & Umgebung

740 EW.

Die Küste südlich von Corfe Castle ist einfach überwältigend. Millionen Jahre lang haben die Elemente hier eine komplexe Küstenlandschaft mit sichelförmigen Buchten, Höhlen, Felsnadeln und merkwürdig wunderbaren Gesteinsformationen geschaffen – z. B. die riesige natürliche Felsbrücke Durdle Door.

An der schönen Lulworth Cove geht es vorbei an reetgedeckten Cottages und Fischereiausrüstung hinunter zu einem perfekten Halbmond aus weißen Klippen.

## Sehenswertes & Aktivitäten

**★ Durdle Door** WAHRZEICHEN

Das Aushängeschild der Jurassic Coast in Dorset ist diese große, im Meer stehende, 150 Mio. Jahre alte Brücke aus Portland-Stein, die durch ein Zusammenwirken von massiven Erdbewegungen und Erosion entstand. Heute ist sie von einer glitzernden Bucht gesäumt. Wer seine Badesachen eingepackt hat, kann hier über unzählige Stufen hinunter zum Strand gelangen und ein unvergessliches Bad nehmen.

Parkplätze gibt's oben auf den Klippen. Am schönsten ist es aber, auf dem Küstenpfad von Lulworth Cove (1,5 km) vorbei am **Lulworth Crumple**, wo Gesteinsschichten faszinierende Zickzackfalten bilden, hierher zu wandern.

**Lulworth Castle** SCHLOSS

(EH; ☎01929-400352; www.lulworth.com; East Lulworth; Erw./Kind 5/3 £; ⏲So–Fr 10.30–17 Uhr, Nov.–März bis 16 Uhr) Dieser verträumte Kasten sieht mehr wie ein französisches Château als wie eine traditionelle englische Burg aus. Das 1608 als Jagdschloss errichtete Gemäuer hat extravagante Besitzer, umfassende Umbauten und ein verheerendes Feuer im Jahr 1929 überlebt. Inzwischen ist es umfassend renoviert worden – interessant sind etwa die rekonstruierte Küche und die Keller. Vom Turm bieten sich schöne Ausblicke auf die Küste. Parken kostet 3 £.

**Lulworth Cove Heritage Centre** BESUCHERZENTRUM

(☎01929-400587; www.lulworth.com; Hauptparkplatz, Lulworth Cove; ⏲10–17 Uhr) Eine ausgezeichnete Ausstellung informiert darüber, wie Geologie und Erosion die außergewöhnliche Küste hier geschaffen haben. Das Personal informiert gern über Wandermöglichkeiten.

**★ Jurassic Coast Activities** KAJAKFAHREN

(☎01305-835301; www.jurassiccoastactivities.co.uk; Lulworth Cove; 50 £ pro Pers.; ⏲bis zu 3 Touren tgl.) Auf dieser wunderbaren dreistündigen Paddeltour bieten sich umwerfende Ausblicke auf die zerklüftete Küste Dorsets. Los geht's an der Lulworth Cove, dann vorbei an den Höhlen und Felstürmen der Stair Hole, über die Man O'War Bay und schließlich durch den Bogen der Durdle Door. Unterwegs werden Bade- und Picknickstopps eingelegt.

### JURASSIC COAST

Die Jurassic Coast (Jura-Küste) ist Englands erstes Weltnaturerbe und steht damit auf einer Stufe mit dem Great Barrier Reef und dem Grand Canyon. Die atemberaubende Küste erstreckt sich von Exmouth in Ostdevon bis nach Swanage in Dorset und erzählt auf nur 153 km Länge 185 Mio. Jahre Erdgeschichte. So können Wanderer hier innerhalb nur weniger Stunden Millionen Jahre geologischer Zeit abdecken.

Das Ganze begann, indem sich Gesteinsschichten ausbildeten, die je nach Klima unterschiedlich zusammengesetzt waren und abbilden, wie auf wüstenähnliche Bedingungen höhere, dann wieder niedrigere Meeresspiegel folgten. Durch massive Erdbewegungen wurden die Gesteinsschichten dann gekippt: Ältere Formationen gelangten in den Westen, die jüngsten nach Osten. Und anschließend wurden die verschiedenen Schichten durch Erosion freigelegt.

Die Unterschiede sind leicht zu erkennen. Das rostrote Triasgestein Devons ist 200 bis 250 Mio. Jahre alt. Die fossilienreichen dunklen Tonfelsen von Lyme Regis sind 190 Mio. Jahre alt. Besonders um die Lulworth Cove herum, wo durch die Erosion eine überwältigende Szenerie aus Buchten, Felsnadeln und Felsbrücken entstanden ist, tritt immer wieder erheblich jüngerer, cremefarbener Kreidefels hervor, der nur 65 bis 140 Mio. Jahre alt ist.

Eine tolle Informationsquelle ist die **Website** (www.jurassiccoast.com) der Jurassic Coast. Vor Ort und über www.jurassiccoasttrust.org ist auch der sehr lesenswerte *Official Guide to the Jurassic Coast* (4,95 £) erhältlich.

## Schlafen & Essen

**Lulworth YHA** HOSTEL £
(☎0845 371 9331; www.yha.org.uk; School Lane, West Lulworth; B 18–23 £; P) Hinter diesem gemütlichen Hostel im Chaletstil am Dorfrand erheben sich die Hügel und rund herum blöken die Schafe.

**Durdle Door Holiday Park** CAMPINGPLATZ £
(☎01929-400200; www.lulworth.com; Stellplätze 25–35 £; ⌚März–Okt.; P) Geräumiger Platz nur ein paar Minuten von den Kreidefelsen entfernt sowie 2,5 km westlich der Lulworth Cove.

★**Lulworth Cove** GASTHOF ££
(☎01929-400333; www.lulworth-coveinn.co.uk; Main Rd, Lulworth Cove; DZ 110–120 £; P WLAN) Hier herrscht echter Treibholz-Schick: weiße Holzböden, marineblaue Holzvertäfelung, bemalte Korbstühle und Retro-Badewannen. Das Haus liegt an dem Weg, der hinunter zur Bucht führt, sodass es z. B. von der kleinen Dachterrasse tolle Meerblicke gibt. Dazu kommt noch erstklassiges Gastropubessen (Hauptgerichte 8–14 £, Küche geöffnet 12–21 Uhr) – insgesamt ein unwiderstehliches Paket.

**Cove House** B&B ££
(☎01929-400137; www.covehouse.net; Main Rd, West Lulworth; EZ 80–95 £, DZ 80–100 £; P) Duftende, kühle, gepflegte Zimmer in den Hügeln von West Lulworth.

**Cove Fish** FISCH & MEERESFRÜCHTE £
(☎01929-400807; Lulworth Cove; ⌚Ostern–Okt. Di–So 10–16 Uhr, Nov.–Ostern Sa & So) Der Fisch und die Meeresfrüchte, die in diesem Schuppen am Weg zum Strand serviert werden, werden von Joe gefangen, Fischer in neunter Generation. Entweder man schnappt sich ein Fischkebab für den Grill oder setzt sich an einen wackeligen Tisch und genießt Lulworth-Cove-Krebse, die ihr bisheriges Leben nur wenige Schritte entfernt verbracht hatten.

## Ausgehen & Nachtleben

★**Castle** PUB
(www.thecastleinn-lulworthcove.co.uk; West Lulworth; ⌚12–22 Uhr; WLAN) Mit seiner berauschenden Auswahl an über 40 Sorten Cider ist dieses reetgedeckte Pub ein Magnet für Fans des goldenen Apfelmosts. Vom süffigen Bumble Berry (4 %) bis zum epischen Old Rosie (7,3 %) – diese Kneipe bietet auch Probiersets mit drei verschiedenen Drittelpints, damit man ein paar verkosten kann.

## An- & Weiterreise

Bus 104 verbindet Lulworth mit Wareham (4,90 £, 35 Min., Mo–Sa 2-mal tgl.).

# Dorchester & Umgebung

19 143 EW.

In Dorchester erhält man zwei Orte auf einmal: eine echte geschäftige Landstadt sowie Thomas Hardys fiktionales Casterbridge. Der viktorianische Schriftsteller wurde in der Nähe geboren und die Schauplätze seiner Romane sind auch heute noch inmitten der weißen und ziegelroten georgianischen Häuserreihen der Stadt zu finden. Außerdem können Literaturfreunde die ehemaligen Wohnhäuser Hardys besuchen und Originalmanuskripte begutachten. Dazu kommen noch tolle archäologische Stätten sowie schöne Unterkünfte und Speiselokale, und fertig ist eine ansprechende Bleibe für eine oder zwei Nächte.

## Sehenswertes

Thomas-Hardy-Fans machen sich im modernen Dorchester sicher auf die Spuren der Schauplätze aus dem *Bürgermeister von Casterbridge*. Dazu zählt **Lucetta's House**, ein stattlicher georgianischer Kasten mit verzierten Türpfosten in der Trinity Street; in der parallel verlaufenden South Street gilt ein Backsteinhaus aus dem mittleren 18. Jh. (heute eine Bank) als Vorbild für das **Haus des Bürgermeisters** selbst. Die Touristeninformation verkauft Führer zu den Schauplätzen des Buchs.

★**Dorset County Museum** MUSEUM
(☎01305-262735; www.dorsetcountymuseum.org; High West St; Erw./Kind 6,35/3,60 £; ⌚Mo–Sa 10–17 Uhr, Nov.–März bis 16 Uhr) Die hiesige Thomas-Hardy-Sammlung ist die weltweit größte und gewährt außergewöhnliche Einblicke in seinen Schaffensprozess. Wer seine verkrampfte Handschrift liest, kann sehen, wo er Wörter gestrichen und ersetzt hat. Außerdem sind hier ein stimmungsvoller Nachbau seines Arbeitszimmers in seinem Haus Max Gate sowie ein Brief zu sehen, in dem Siegfried Sassoon um Erlaubnis bittet, seinen ersten Gedichtband Hardy widmen zu dürfen. Weitere Ausstellungen zeigen Fossilien von der Jurassic Coast wie einen großen Ichthyosaurier und die 1,80 m lange Vorderflosse eines Plesiosauriers.

ABSTECHER

## MAIDEN CASTLE

Das gewaltige **Maiden Castle** (EH; www.english-heritage.org.uk; ⏲ Sonnenaufgang–Sonnenuntergang; P) GRATIS nimmt am südlichen Stadtrand von Dorchester einen erheblichen Teil des Horizonts ein: Es ist die größte und komplexeste eisenzeitliche Hügelfestung in Großbritannien. Die großen steilen Kreidewälle verlaufen quasi entlang den Höhenlinien des Hügels und umspannen eine Fläche von 48 ha – das entspricht der Fläche von 50 Fußballfeldern. Die ersten Befestigungen entstanden hier um 500 v. Chr.; zur Blütezeit war die Anlage dicht besiedelt, mit Rundhäusern und einem Straßennetz. Die Römer belagerten die Festung 43 n. Chr. und nahmen sie auch schließlich ein – es wurde später das Skelett eines Briten mit einem römischen Armbrustpfeil im Rückgrat gefunden. Das schiere Ausmaß der Befestigungswälle ist wirklich atemberaubend und die Komplexität des gewundenen Westeingangs verdeutlicht, wie schwer es war, die Festung einzunehmen. Funde von der Stätte sind im Dorset County Museum (S. 262) ausgestellt. Maiden Castle liegt 2,5 km südwestlich von Dorchester.

Zu den Bronze- und Eisenzeitfunden aus dem Maiden Castle zählen Münzen und Halsringe, zu den römischen Artefakten 70 Goldmünzen, Nagelreiniger und (ekelhafte) Ohrlöffel.

**Max Gate** HISTORISCHES GEBÄUDE
(NT; ☎01305-262538; www.nationaltrust.org.uk; Alington Ave; Erw./Kind 5,50/2,50 £; ⏲Mitte März–Okt. Mi–So 11–17 Uhr; P) Der Romancier Thomas Hardy war ein ausgebildeter Architekt und entwarf dieses schöne Haus, in dem er von 1885 bis zu seinem Tod 1928 lebte. Sowohl *Tess von den D'Urbervilles* als auch *Jude the Obscure* (dt. zuletzt als *Im Dunkeln*) wurden hier zu Papier gebracht. Das Haus beherbergt außerdem mehrere originale Möbelstücke. Es liegt 1,5 km östlich von Dorchester an der A352.

**Hardy's Cottage** HISTORISCHES GEBÄUDE
(NT; ☎01305-262366; www.nationaltrust.org.uk; Erw./Kind 5,50/2,50 £; ⏲Mitte März–Okt. Mi–So 11–17 Uhr; P) Dieses malerische Strohlehmhaus ist die Geburtsstätte von Thomas Hardy und wartet mit sparsam eingerichteten Zimmern und einem üppigen Garten auf. Es befindet sich in Higher Bockhampton, 5 km nordöstlich von Dorchester.

**Roman Town House** HISTORISCHES GEBÄUDE
(www.romantownhouse.co.uk; Northern Hay; ⏲24 Std.) GRATIS Die kniehohen Flintsteinmauern und schön erhaltenen Mosaike beschwören die römische Ära Dorchesters – damals Durnovaria – herauf. Im Sommerspeisezimmer ist die Fußbodenheizung erkennbar: Hier zirkulierte durch Kohlenfeuer erwärmte Luft um Säulen herum und schuf eine angenehme Temperatur von 18 °C.

## Schlafen

★ **Beggars Knap** BOUTIQUE-B&B ££
(☎01305-268191; www.beggarsknap.co.uk; 2 Weymouth Ave; EZ 60–70 £, DZ 80–90 £, FZ 85–130 £; P) Trotz des Namens ist dieses rundum fabelhafte B&B mit leichtem Hang zur Dekadenz alles andere als eine Absteige für Bettler. Die opulenten Zimmer präsentierten sich mit Kronleuchtern und Goldbrokat; die mit feinen Stoffen bedeckten Betten reichen vom französischen Schlitten bis zum Himmelbett. Man kann sehr viel mehr für eine Unterkunft zahlen und dafür etwas bekommen, das nur halb so schön ist.

**Yalbury Cottage** HOTEL ££
(☎01305-262382; www.yalburycottage.com; Lower Bockhampton; EZ 85 £, DZ 120 £) Mit seinen blumengeschmückten Terrassen und der urigen Dorflage versetzt das stille Yalbury Cottage seine Gäste ins ländliche Westcountry. Aus den frischen, einfachen Zimmern im Cottagestil blickt man auf Felder. Das kleine Restaurant genießt einen guten Ruf (2/3 Gänge kosten 33/38 £, Buchung erforderlich) und in den ausgezeichneten englischen Tapas (8 £, erhältlich Mai–Sept. Di–Sa 12–16 Uhr) sind herausragende Erzeugnisse aus Dorset verarbeitet.

**Westwood** B&B ££
(☎01305-268018; www.westwoodhouse.co.uk; 29 High West St; EZ/DZ/FZ 75/95/130 £; 📶) Einen reizenden Hauch Eleganz des 18. Jhs. bietet das Westwood. Die schnieken Zimmer sind in Oliv, Taubengrau oder Enteneiblau gehalten. Überall gibt's kleine Sessel und Leselämpchen. Ein wahres Fest ist das Frühstück.

## Essen

**No 6** FRANZÖSISCH ££
(☎ 01305-267679; www.no6-restaurant.co.uk; 6 North Sq; Hauptgerichte 17 £; ⏲ Di–Fr 12–14 & 18.30–21, Sa 18–22 Uhr) Hier werden regionale Zutaten mit mehr als nur einem französischen Touch präsentiert. So gibt's z. B. in Rotwein gegarten Wildtopf, dralle Große Pilgermuscheln aus der Lyme Bay und einfach zubereiteten, aber atemberaubenden Fisch. Dienstag- bis Donnerstagabend kostet ein Hauptgericht samt Nachtisch nur 16 £.

**Trinity** FISCH & MEERESFRÜCHTE ££
(☎ 01305-757428; www.trinitybistro.co.uk; Trinity St; Hauptgerichte ab 9 £; ⏲ Di–Sa 11.30–15, Do–Sa 18–21.30 Uhr) Aus der nur wenige Meter entfernten offenen Küche wehen köstliche Aromen herüber. Das Angebot auf der Kreidetafel umfasst vielleicht gerade mit Zitrone aromatisierten Seebarsch, sizilianische Muscheln oder Venusmuscheln – alles schnörkellos, aber gut, und der Fisch ist superfrisch.

**Sienna** MODERN BRITISCH £££
(☎ 01305-250022; www.siennarestaurant.co.uk; 36 High West St; 2-Gänge-Mittag-/-Abendessen 26/39 £; ⏲ Mi–Sa 12.30–14, Di–Sa 19–21 Uhr) Das winzige, mit einem Michelin-Stern ausgezeichnete Sienna verzaubert mit Schöpfergeist, exquisiter Präsentation und saisonalen Zutaten. Tipps: Entenei mit Spargel, Glattbutt mit Kaviar sowie Käseplatten mit dem besten Käse aus dem Westen Englands. Reservierung erforderlich.

## Praktische Informationen

**Touristeninformation** (☎ 01305-267992; www.visit-dorset.com; Antelope Walk; ⏲ April–Okt. Mo–Sa 9–17 Uhr, Nov.–März bis 16 Uhr)

## Anreise & Unterwegs vor Ort

### BUS

**London** (20 £, 4 Std., 1-mal tgl.) National Express
**Lyme Regis** (4,50 £, 1¾ Std., stündl.) Bus 31.
**Poole** (4,30 £, 1¼ Std., Di & Fr 1-mal tgl.) Bus 186
**Sherborne** (4,10 £, 1 Std., Mo–Sa 4- bis 6-mal tgl.) Bus 216; via Cerne Abbas
**Weymouth** (3 £, 20 Min., halbstündl.) Bus 10

### FAHRRAD

**Dorchester Cycles** (☎ 01305-268787; www.dorchestercycles.co.uk; 31 Great Western Rd; 12 £ pro Tag; ⏲ Mo–Sa 9–17.30 Uhr)

### ZUG

Alle zwei Stunden fahren Züge von Dorchester West nach Bath (30 £, 2 Std.) und Bristol (20 £, 2½ Std.).

Stündliche Verbindungen ab Dorchester South:

**Bournemouth** (12 £, 45 Min.)
**London Waterloo** (25 £, 2¾ Std.)
**Southampton** (25 £, 1½ Std.)
**Weymouth** (5 £, 10 Min.)

# Cerne Abbas & der Cerne Giant

Wer ein typisches verschlafenes Dorset-Dorf beschreiben müsste, würde etwas heraufbeschwören, das stark Cerne Abbas ähnelt: Häuser aller möglichen englischen Architekturstile, von Rosen umrankte Türen und Fachwerkhäuser rund um um eine honigfarbene Kirche aus dem 12. Jh. Aber dieses Dorf wartet mit einer gewaltigen Überraschung auf: dem Cerne Giant, der Kreidefigur eines nackten Mannes.

## Sehenswertes

**Cerne Giant** WAHRZEICHEN
(⏲ 24 Std.; P) GRATIS Solch eine schlüpfrige Touristenattraktion gibt's nur selten. Nackt, direkt von vorne und gut bestückt, zeigt sich diese Kreidefigur in ihrer ganzen Pracht. Und sie befindet sich in einem Zustand der Erregung, die für die allermeisten Zeitschriften tabu wäre. Der rund 60 m hohe und 51 m breite Riese stellt nach wie vor ein Mysterium dar: Teils wird behauptet, er sei römischen Ursprungs. Doch die erste urkundliche Erwähnung stammt von 1694, als für seine Reparatur vier Schillinge bereitgestellt wurden.

Die Viktorianer fanden das Ganze natürlich sehr peinlich und ließen über sein hervorstechendstes Merkmal Gras wachsen. Heute grasen auf dem Hügel Schafe und Kühe, jedoch dürfen nur die Schafe im Bereich des Riesen herumknabbern – die Kühe würden ihm zu viel Schaden zufügen.

## Schlafen

**Abbots** B&B ££
(☎ 01300-341349; www.abbotsbedandbreakfast.co.uk; 7 Long St; EZ/DZ/FZ 60/85/130 £; 📶) Die Zimmer im Obergeschoss sind zwar sehr stimmungsvoll, aber auch recht beengt, sodass über 1,80 m große Gäste auf ihren Kopf achten müssen. Doch das gesamte Haus

ist sehr reizvoll mit seinen in Hellgrau, Zitronengelb und Blau gehaltenen Zimmern. Der Kuchen im Café (geöffnet 10–17 Uhr) sprengt jede Diät.

**★ New Inn** GASTHOF ££
(☎01300-341274; www.thenewinncerneabbas.co.uk; 14 Long St; DZ 95–140 £, Suite 170 £; P ≋) Was kommt heraus, wenn ein pensionierter Michelin-Tester einen englischen Gasthof aus dem 16. Jh. führt? Schicke Zimmer in Nebengebäuden und luxuriöse Zimmer mit dunklen Balken im Haupthaus. Die Bar verströmt das angenehme Flair eines Landsitzes – mit Geweihen an den Wänden und honigbraunen Schottenmustern – und zaubert von 12 bis 14 und 19 bis 21 Uhr erstklassige Kneipenkost (Hauptgerichte 9–18 £).

### An- & Weiterreise

Dorchester liegt 13 km südlich. Bus 216 (Mo–Sa 4- bis 6-mal tgl.) fährt nach Dorchester (2,40 £, 30 Min.) und Sherborne (2,80 £, 30 Min.).

## Weymouth

65 000 EW.

Dank der hiesigen großen Bucht fanden vor diesem Teil der Küste Dorsets 2012 die olympischen Segelwettkämpfe statt. Ein hypermodernes Wassersportzentrum und ein gen Himmel strebender Aussichtsturm zählen zu den bleibenden Spuren davon. Ansonsten hat sich die Gegend ihre wichtigsten Merkmale erhalten: den quirligen Hafen von Weymouth mit seinen Fischerbooten und den 5 km langen Strand mit seinen bunt gestreiften Strandkiosken.

Seit König Georg III. hier 1789 ein spontanes Bad nahm, ist Weymouth ein beliebtes Seebad. Auch 225 Jahre später erfreut sich die Stadt großer Beliebtheit bei Urlaubern: Sie werden von einem sichelförmigen, goldenen Sandstrand, einem wiederbelebten alten Hafen und jeder Menge maritimem Kitsch angelockt.

### Sehenswertes & Aktivitäten

**Weymouth Beach** STRAND
Der schöne Sandstrand von Weymouth kann glatt nostalgisch stimmen: Hier gibt's geschickte Erbauer von Sandskulpturen, Strandliegen und Tretboote (7 £ pro Std.), Kasperletheater und Eselsritte. Oder man wird zum Kalifornier und beteiligt sich an einem Volleyballmatch.

**Nothe Fort** FESTUNG
(☎01305-766626; www.nothefort.org.uk; Barrack Rd; Erw./Kind 7/1 £; ⊙April–Okt. 10.30–17.30 Uhr) Die Festung aus dem 19. Jh. strotzt vor Kanonen, Suchscheinwerfern und 12-Zoll-Küstengeschützen. Eine Ausstellung informiert über die Eroberung Dorsets durch die Römer, den Drill viktorianischer Soldaten und Weymouth im Zweiten Weltkrieg. Kinder sitzen gern oben in einem Panzerfahrzeug und klettern durchs Magazin.

**Sea Life** AQUARIUM
(☎0871 423 2110; www.sealifeweymouth.com; Lodmoor Country Park; Eintritt 23 £; ⊙10–17 Uhr; P) Zu den Highlights hier zählen Haie, Pinguine und Seepferdchen. Im Eintritt inbegriffen ist eine Fahrt auf den 53 m hohen, rotierenden **Sea Life Tower** am Wasser. Online sind Tickets 25 % billiger.

**Coastline Cruises** BOOTSTOUR
(☎01305-785000; www.coastlinecruises.com; Brewers Quay; Erw./Kind hin & zurück 9/6 £; ⊙April–Okt. 2 Fahrten tgl.) Diese windige



ABSTECHER

### ABBOTSBURY SWANNERY

Jeden Mai nisten in der **Abbotsbury Swannery** (☎01305-871858; www.abbotsbury-tourism.co.uk; New Barn Rd, Abbotsbury; Erw./Kind 11/8 £; ⊙Ende März–Okt. 10–17 Uhr) in der durch den Chesil Beach geschützten Fleet Lagoon rund 600 freilebende Schwäne. Der Schwanenteich wurde vor etwa 600 Jahren von Mönchen angelegt; Federn der Schwäne von Abbotsbury werden auch heute noch für die Helme der Gentlemen at Arms verwendet, der offiziellen Leibgarde der Königin. Ein Bummel entlang der Wege, die zwischen den Schwanennestern hindurchführen, ist wirklich faszinierend, und zuweilen versichern sich die Schwäne durch Schniefen, Husten und aufrechtes Flügelschlagen ihres Territoriums, sodass auch die frechsten Küken keinen Mucks mehr von sich zu geben wagen.

Die Swannery befindet sich im malerischen Dorf Abbotsbury, 16 km von Weymouth abseits der B3157.

ABSTECHER

## DIE KANALINSELN

Die direkt vor der französischen Küste gelegenen Inseln Jersey, Guernsey, Sark, Herm und Alderney beeindrucken mit tollen Küsten, schönen Häfen, schattigen Gässchen und einem altmodischen Charme. In der warmen Bucht von St-Malo gedeihen subtropische Pflanzen, auf den Karten stehen erstklassige Meeresfrüchte und es gibt eine reiche Vogelwelt.

Die größeren Inseln Guernsey und Jersey sind die beiden wichtigsten Ziele hier und werden von England und Frankreich aus von zahlreichen Fähren angesteuert. Die Flugverbindungen zwischen Guernsey, Jersey und Alderney sind gut; außerdem verkehren zwischen ihnen und den anderen Inseln zahlreiche Fähren. Auch das Angebot an Unterkünften und Restaurants ist hervorragend. Nähere Informationen bieten die Websites der Inseln.

Im Zweiten Weltkrieg waren die Kanalinseln der einzige Teil Großbritanniens, der von den Nazis besetzt wurde. An diese schwierige Zeit erinnern auf den Inseln mehrere Museen, einige in alten Kriegstunneln und Bunkern.

Die Inseln sind stolz auf ihre Unabhängigkeit: Sie sind ein sich selbst verwaltender britischer Kronbesitz und warten mit zahlreichen interessanten Anachronismen auf. Die Hauptsprache ist Englisch, und obwohl die Ortsnamen teilweise französisch aussehen, ist ihre Aussprache hier völlig anders. Außerdem drucken die Inseln ihre eigene Version des Britischen Pfunds – damit kann man im restlichen Land nicht bezahlen. Das normale britische Geld hingegen ist auch auf den Inseln gültig. Übrigens gibt's hier nicht den britischen National Health Service und auch die Europäische Krankenversicherungskarte gilt hier nicht. Ansonsten gelten dieselben Einreisebestimmungen wie in Großbritannien.

### Jersey

Mit einer Ausdehnung von 14,5 mal 8 km ist **Jersey** (www.jersey.com) die größte der Kanalinseln. In dem Steuerparadies mit seiner wilden Nordküste sind die wichtigsten Sehenswürdigkeiten der **Durrell Wildlife Park** (www.durrell.org) und die nachdenklich stimmenden **Jersey War Tunnels** (www.jerseywartunnels.com), ein unterirdisches Militärhospital aus dem Zweiten Weltkrieg.

### Guernsey

**Guernsey** (www.visitguernsey.com), die zweitgrößte Insel, wartet mit der spannenden Hauptstadt St. Peter Port sowie atemberaubenden Seeklippen und sandigen Buchten auf. Die wichtigsten Attraktionen der Insel sind das ehemalige Wohnhaus Victor Hugos, das **Hauteville House** (www.victorhugo.gg), und das **Castle Cornet** (www.museums.gov.gg).

### Alderney

Das abgeschiedene **Alderney** (www.visitalderney.com) ist die drittgrößte der Inseln. Sein kleiner Hauptort St. Anne präsentiert sich wirklich malerisch. Zur reichen Tierwelt zählen Blonde Igel und 7000 krähende Seevögel.

### Sark

Auf der steilen, autofreien Insel **Sark** (www.sark.co.uk) sind nur Fahrräder, Traktoren und Pferdewagen unterwegs – daher verströmt die nur 5 mal 2,5 km große Insel ein zauberhaftes einsames Flair.

### Herm

Das autofreie, winzige **Herm** (www.herm.com) ist nur 2,5 km lang und 800 m breit. Hier werden blumige Hügel von weißen Sandstränden gesäumt – ein wundervolles Plätzchen zum Baden ist der Shell Beach.

40-minütige Fahrt über den Portland Harbour, auf dem 2012 die olympischen Segelwettkämpfe ausgetragen wurden, führt hinüber zum Portland Castle. Abfahrt ist am Weymouth Harbour.

## Schlafen

★ **B+B** B&B ££

(☎ 01305-761190; www.bb-weymouth.com; 68 The Esplanade; EZ 60–70 £, DZ 80–95 £; P 📶) Dieses hippe Hotel mit seinen schicken, minimalistischen Zimmern – einige mit Meerblick – und zahlreichen Gratiszugaben ist nach wie vor bemerkenswert preisgünstig. Mineralwasser, Kekse und Kaffee aus der Espressomaschine lassen sich am besten in der unkonventionellen Lounge im 1. Stock mit Blick auf die Bucht genießen. Wer möchte, kann sich ein Fahrrad ausleihen.

**Roundhouse** B&B ££
(☎01305-761010; www.roundhouse-hotel-weymouth.com; 1 The Esplanade; DZ 105–145 £; 📶) Hier können die Gäste von ihrem Zimmer aus die maritimen Reize von Weymouth genießen – fast alle verfügen nämlich über tolle Ausblicke auf den Strand vorm Haus und die Bucht. Die Einrichtung ist in Himmelblau-, Lila- und grellen Pinktönen gehalten und fluffige Kissen ergänzen schicke moderne Kunst.

**Old Harbour View** B&B ££
(☎01305-774633; www.oldharbourviewweymouth.co.uk; 12 Trinity Rd; EZ/DZ 78/98 £; P📶) Von diesem makellosen georgianischen Reihenhaus blicken die Gäste direkt auf die Boote im Hafen. Eins der weißen Zimmer geht nach vorn zum geschäftigen Kai hinaus, das andere nach hinten.

## Essen

**Marlboro** FISH & CHIPS £
(www.marlbororestaurant.co.uk; 46 St. Thomas St; Hauptgerichte 7,50 £; ⏲12–21.45 Uhr) In dem traditionellen Fish-&-Chips-Laden nur wenige Meter vom Hafen entfernt werden verschiedene superfrische Fische angeboten, darunter Makrele. Wer sein Futter nicht mitnehmen möchte, kann es auch im Café (geöffnet bis 20 Uhr; mit Alkoholausschank) verspeisen.

**Dining Room** MODERN BRITISCH ££
(☎01305-783008; www.thediningroomweymouth.co.uk; 67 St. Mary St; Hauptgerichte 11–24 £; ⏲tgl. 12–14, Mo–Sa 19–21.30 Uhr) Dank der offenen Küche können die Gäste den Köchen dabei zusehen, wie sie regionale Zutaten zu frischen Gerichten verarbeiten. Vielleicht bereiten sie gerade in Limone gepökelten Fisch aus Weymouth oder Westcountry-Chorizo in Rotwein zu. Den krönenden Abschluss bildet der Schokoladen-Käsekuchen mit Dorset-Wasabi.

**Dorset Burger Co** HAMBURGER ££
(DBC; www.thedorsetburgercompany.co.uk; 97 St. Mary St; Burger 9 £; ⏲Mi–So 12–15, Mi–Sa 18–21 Uhr) Diese handgeformten, saftigen, über Holzkohle gegrillten Hamburger werden größtenteils mit Zutaten aus Dorset zubereitet.

## Praktische Informationen

**Touristeninformation** (☎01305-783225; www.visit-dorset.com; The Esplanade; ⏲10–18 Uhr) Im Theater Weymouth Pavilion.

## An- & Weiterreise

### BUS

**Axminster** (6 £, 2¼ Std., stündl.) Bus 31
**Dorchester** (3 £, 20 Min., halbstündl.) Bus 10
**Fortuneswell** (2,50 £, Isle of Portland; 30 Min., 4-mal pro Std.) Bus 1
**Jurassic Coast Bus X53** (7,20 £, 4-mal tgl. bis stündl., im Winter So keine Busse) Fährt von Weymouth nach Wareham (50 Min.), Poole (1½ Std.), Abbotsbury (35 Min.), Lyme Regis (1¾ Std.) und Exeter (3 Std.).
**London** (17 £, 4¼ Std., tgl. 1-mal direkt) National Express
**Lyme Regis** (6 £, 2 Std., stündl.) Bus 31
**Portland Bill** (2,50 £, Isle of Portland; 45 Min., nur Mai–Sept. Min. 4-mal tgl.) Bus 501

### SCHIFF/FÄHRE

**Condor Ferries** (☎0845 609 1024; www.condorferries.co.uk) Schippert zu den Kanalinseln Guernsey und Jersey. Preise ab rund 50 £ hin und zurück für Fußgänger bzw. 300 £ für ein Fahrzeug und zwei Insassen.

### ZUG

Stündliche Zugverbindungen:
**Bournemouth** (15 £, 1 Std.)
**Dorchester South** (5 £, 10 Min.)
**London Waterloo** (30 £, 3 Std.)
Züge alle zwei Stunden:
**Bath** (17 £, 2 Std.)
**Bristol** (18 £, 2¾ Std.)

# Isle of Portland

Die Isle of Portland ist keine Insel, sondern ein felsiges, hohes Komma, das mit dem restlichen Dorset durch die Landbrücke Chesil Beach verbunden ist. Hier gibt's heute ein Segelzentrum, Geschäftsgebäude und neue Wohnhäuser. Das Innere der Halbinsel jedoch, das 150 m hohe Plateau, prägen noch immer die Spuren der Steinbrüche wie riesige Krater und große Kalksteinblöcke. Von der Halbinsel bieten sich außerdem wunderbare Aussichten auf den 29 km langen Chesil Beach mit der Fleet Lagoon, der größten Gezeitenlagune Großbritanniens – das Zuhause von 600 nistenden Schwänen. Die stolze, karge und raue Portland-Halbinsel unterscheidet sich stark vom restlichen Dorset und ist daher umso interessanter. Mit seinem industriellen Erbe, den Wassersportmöglichkeiten, der reichen Avifauna und den düster-schönen Klippen lohnt sie auf jeden Fall mindestens einen Tagesausflug. Die Siedlungszentren Fortuneswell und Chiswell liegen im Norden der Halbinsel; Portland Bill liegt 6,5 km südlich an ihrer Spitze.

## Sehenswertes

**★ Tout Quarry** SKULPTURENPARK

(bei Fortuneswell; 24 Std.; P) GRATIS Der weiße Kalkstein von Portland wird schon seit Jahrhunderten abgebaut und ist bei einigen der schönsten Gebäude des Landes zum Einsatz gekommen, z. B. beim British Museum und der St. Paul's Cathedral. Im stillgelegten Steinbruch Tout Quarry stehen heute 53 Skulpturen, die vor Ort aus dem Stein geschlagen wurden – eine faszinierende Kombination des Rohmaterials mit den Hinterlassenschaften des Steinbrechens und der Schönheit der geschaffenen Kunstwerke. Labyrinthische Pfade winden sich durch herausgeschlagene Schluchten und um Felshaufen herum, vorbei an halbgeformten Bären, Bisons und Echsen, die sich aus dem Stein erheben. Zu den Highlights zählen *Still Falling* von Antony Gormley, *Woman on Rock* von Dhruva Mistry und der versteckte *Green Man*. Der Tout Quarry ist an der Hauptstraße unmittelbar südlich von Fortuneswell ausgeschildert.

**Portland Lighthouse** LEUCHTTURM

(01255-245156; www.trinityhouse.co.uk; Portland Bill; Erw./Kind 4/3 £; Ende April–Aug. So–Do 11–17 Uhr; P) Ein echtes Gefühl für die Abgeschiedenheit der Halbinsel erhält man an ihrer Südspitze, Portland Bill. Dort kann man den 41 m hohen, gestreiften Leuchtturm besteigen und von oben atemberaubende Ausblicke auf zerklüftete Kliffs und das Race genießen, einen brandenden Strudel entgegenläufiger Tiden.

**Portland Castle** BURG

(EH; 01305-820539; www.english-heritage.org.uk; Liberty Rd, Chiswell; Erw./Kind 5/3 £; April–Sept. 10–18 Uhr, Okt. bis 17 Uhr) Ein besonders schönes Produkt des Burgenbauprogramms Heinrichs VIII., es erlaubt weite Blicke über den Portland Harbour.

## Schlafen & Essen

**Portland YHA** HOSTEL £

(0845 371 9339; www.yha.org.uk; Castle Rd; B/DZ 18/32 £) Gemütliches, großes edwardianisches Haus mit Seeblick von den meisten Zimmern.

**Queen Anne House** B&B ££

(01305-820028; www.queenannehouse.co.uk; 2 Fortuneswell; EZ 45–55 £, DZ 75–90 £; ) Hier kann man sich gar nicht entscheiden, welches Zimmer man nehmen soll: das White mit Oberlicht, Balken und Hobbit-artiger Tür, das Lotus mit seinen prachtvollen Möbeln, das Oyster mit seinem Halbhimmelbett oder die Suite mit ihrem französischen Bad und dem kleinen Wintergarten? Aber eigentlich ist's auch egal – alle Zimmer sind wunderbar und bieten ein tolles Preis-Leistungs-Verhältnis.

### WASSERSPORT – PORTLAND HARBOUR

Im 890 ha großen Portland Harbour unmittelbar südlich von Weymouth fanden 2012 die olympischen Segelwettkämpfe statt. Die **Weymouth & Portland National Sailing Academy** (01305-866000; www.wpnsa.org.uk; Portland Harbour) beherbergt das **Andrew Simpson Sailing Centre** (0753 201 6281; www.andrewsimpsonsailing.org), das Unterricht anbietet (Erw./Kind 180/210 £ für 2 Tage) und Laser verleiht (32/75 £ für 2 Std./Tage). Außerdem bietet das **OTC** (07817-717904; www.uk.otc-windsurf.com) hier Unterricht im Standup-Paddleboarding (SUP; 1/2 Std. 25/40 £) und Windsurfen (45/90/165 £ für 2 Std./1 Tag/2 Tage). Es vermietet auch SUP-Bretter (10 £ pro Std.) und Windsurfing-Boards und -Segel (15 £ pro Std.).

Hier herrschen außerdem erstklassige Tauchbedingungen, mit sehr unterschiedlichen Tiefen und Unterwasserlandschaften und Wracks. Anbieter sind z. B. **Underwater Explorers** (01305-824555; www.underwaterexplorers.co.uk; Mereside, Portland) und das **Old Harbour Dive Centre** (01305-760888; www.oldharbourdivecentre.co.uk; 11 Nothe Pde, Weymouth). Unterricht gibt's für ab etwa 50 £ pro Tag bis 475 £ für einen fünftägigen PADI-Freiwasser-Tauchkurs.

**★Crab House Cafe** FISCH & MEERESFRÜCHTE ££
(☎01305-788867; www.crabhousecafe.co.uk; Portland Rd, Wyke Regis; Hauptgerichte 16–21 £; ⌚Mi–Sa 12–14.30 & 18–21, So 12–15.30 Uhr) Hier erwarten einen äußerst frischer Fisch und Strandbudenschick. Vom funkigen Café blicken die Gäste auf die caféeigenen Austernbänke in der Fleet Lagoon. Auf der Terrasse am Wasser lassen sich wunderbar Spaghetti mit Venus- und Herzmuscheln oder ein aufgebrochener ganzer Krebs probieren, am besten hinunterzuspülen mit einem köstlichen Cider aus Somerset.

**Cove House** PUB ££
(www.thecovehouseinn.co.uk; Chiswell Seafront; Hauptgerichte 10–18 £; ⌚Mo–Fr 12–14.30 & 18–21, Sa & So 12–21 Uhr) Tolle Blicke auf den Chesil Beach, erinnerungswürdige Sonnenuntergänge und tolles Essen (Tipp: das knusprige *whitebait*) in einem an Geschichte reichen Fischergasthaus.

### An- & Weiterreise

Bus 1 fährt von Weymouth nach Fortuneswell (2,50 £, 30 Min., 4-mal pro Std.). Von Mai bis September fährt Bus 501 von Weymouth nach Portland Bill (2,50 £, Min. 4-mal tgl.).

Coastline Cruises (S. 265) betreibt Fähren von Weymouth zum Portland Castle.

## Chesil Beach

Der 29 km lange und 15 m hohe Chesil Beach ist einer der atemberaubendsten Strände Großbritanniens. Mit einer Geschwindigkeit von 5 m pro Jahrhundert wandert er landeinwärts. Diese 100 Mio. t schwere Kieselsteinlandbrücke ist ein Kind der Jurassic Coast und erst 6000 Jahre alt. Die Größe der Steine reicht von erbsengroß im Westen bis zu handgroß im Osten.

### Sehenswertes & Aktivitäten

**Chesil Beach Visitors Centre** BESUCHERZENTRUM
(☎01305-206191; www.chesilbeach.org; Ferrybridge; ⌚10–16 Uhr) GRATIS Das unmittelbar hinter der Brücke nach Portland gelegene Zentrum bildet ein tolles Tor zum Strand. Hier ist der Kieselsteinkamm am höchsten – 15 m, verglichen mit 7 m bei Abbotsbury. Vom Parkplatz führt eine anstrengende Wanderung über rutschige Kiesel zur ständigen Brandung und zum Klackern der Wellen auf den Steinen sowie zu atemberaubenden Ausblicken aufs Meer. Hinter einem erstrecken sich der dünne Kieselkamm und die große Fleet Lagoon.

Das Zentrum informiert auch über die hiesige Vogelwelt mit z. B. Sandregenpfeifern, Rotschenkeln und Austernfischern sowie Pflanzen wie Sandglöckchen und Strand-Leimkraut. Außerdem ist hier von 10 bis 16 Uhr das Café Taste geöffnet.

**Fleet Observer** BOOTSTOUREN
(☎01305-759692; www.thefleetobserver.co.uk; Erw./Kind 7/4 £; ⌚Ostern–Sept. tgl.) Glasbodenboottrips auf der Fleet Lagoon.

## Lyme Regis

3662 EW.

Das phantastisch fossilienreiche Lyme Regis ist von immenser historischer Bedeutung. Aus den umliegenden Klippen treten nach Landrutschen an der erodierenden Küste regelmäßig steinharte Relikte der Vergangenheit hervor. Lyme Regis ist mittlerweile ein Zentrum der Jurassic Coast, eines Unesco-Welterbes. Alle möglichen Leute sind vom Fossilienfieber ergriffen, von Profi-Paläontologen bis zu Amateuren, die rein zum Spaß ein bisschen an der Küste herumsuchen. Dazu kommen noch Sandstrände und einige reizende Unterkünfte und Restaurants, und das Resultat ist ein verlockender Ausgangspunkt für Erkundungstouren.

### Sehenswertes

**Lyme Regis Museum** MUSEUM
(☎01297-443370; www.lymeregismuseum.co.uk; Bridge St; Erw./Kind 10/5 £; ⌚Ostern–Okt. 10–17 Uhr, Nov.–Ostern Mi–So 11–16 Uhr) Im Jahr 1814 fand Teenager Mary Anning bei Lyme Regis das erste vollständige Skelett eines Ichthyosaurus – damit gelangte die Stadt ins Rampenlicht der Weltöffentlichkeit. Miss Anning war zu ihrer Zeit eine unglaublich berühmte Fossilienforscherin und trug erheblich zur Ausbildung der modernen Paläontologie als Wissenschaft bei. Das Museum an der Stelle, wo früher ihr Haus stand, erzählt ihre Geschichte und zeigt spektakuläre Fossilien und andere prähistorische Funde.

**Dinosaurland** MUSEUM
(☎01297-443541; www.dinosaurland.co.uk; Coombe St; Erw./Kind 5/4 £; ⌚Mitte Feb.–Nov. 10–17 Uhr) Dieser vergnügliche kleine Jurassic Park ist vollgepackt mit Fossilienfunden. Interessant sind v. a. die Belemniten, ein Plesiosaurus und der eindrucksvolle, in der Nähe gefun-

dene Ichthyosaurus. Lebensgroße Dinosauriermodelle erfreuen besonders die jungen Besucher – die steinharten Tyrannosauruseier und der 73 kg schwere Dinosaurierdung werden sie sicher fesseln.

**Cobb** WAHRZEICHEN
(⌚24 Std.) Die ursprünglich aus dem 13. Jh. stammenden, geschwungenen Hafenmauern von Lyme sind im Verlauf der Zeit weiter befestigt und ausgebaut worden, sehen heute also nicht mehr so elegant aus wie früher. Aber auch heute zieht es einen hinaus zu einem Spaziergang bis zu ihrem Ende.

**Town Mill** HISTORISCHES GEBÄUDE
(www.townmill.org.uk; Mill Lane; ⌚Mo–Fr 11–14 Uhr, April–Okt. zusätzl. Sa & So bis 16 Uhr) GRATIS Eine stimmungsvolle, knarrende Wassermühle aus dem 14. Jh., die noch immer in Betrieb ist. Daneben tummeln sich Cafés, Galerien, eine Käsehandlung und eine Kleinbrauerei.

## Schlafen

**Sanctuary** B&B £
(☎01297-445815; www.lyme-regis.demon.co.uk; 65 Broad St; EZ/DZ 45/56 £) Ein B&B für Bibliophile: Die reizenden Zimmer voller Bücher gehören zu einem vierstöckigen Buchladen mit 18 Zimmern. Überall finden sich alte Bücher, die nur darauf warten, durchgeblättert zu werden – sie können einem auf dem Weg zum ausgezeichneten Frühstück aufhalten, aber Gott sei Dank herrscht hier eine wunderbar relaxte Stimmung.

**Coombe House** B&B ££
(☎01297-443849; www.coombe-house.co.uk; 41 Coombe St; EZ 35 £, DZ 62–70 £, Wohnung für 5 Pers. 370–650 £ pro Woche; P) Die luftigen, stilvollen Zimmer in diesem sehr preisgünstigen B&B präsentieren sich mit *bay windows*, Korbmöbeln und weißem Holz. Das Frühstück wird samt selbst gebackenem Brot und Toaster auf einem Wägelchen ins Zimmer geliefert – perfekt für einen faulen Start in den Tag.

★ **Hix Townhouse** BOUTIQUE-B&B £££
(☎01297-442499; www.hixtownhouse.co.uk; 1 Pound St; DZ 130–150 £, Suite 165 £; 📶) Mit seiner witzigen Designereinrichtung, seiner Luxusausstattung und der Lage in der Stadt ist dieses B&B in einem Reihenhaus schwer zu toppen. Jedes Zimmer steht unter einem Freizeitmotto wie Gärtnern oder Angeln. Am schönsten ist das Zimmer Sailing mit seinen Pseudo-Bullaugen, kunstvoll drapierten Tauen, der kleinen Dachterrasse und dem tollen Seeblick.

## Essen

★ **Alexandra** CAFÉ £
(☎01297-442010; www.hotelalexandra.co.uk; Pound St; afternoon tea 6,50–28 £; ⌚15–17.30 Uhr; P) Dies ist wie die Kulisse für einen Agatha-Christie-Krimi, allerdings ohne den Mord. Korbstühle zieren gepflegte Rasenflächen, dahinter erstreckt sich die glitzernde Lyme Bay – das perfekte Plätzchen für einen echten englischen *afternoon tea* mit *scones*, Marmelade und appetitlichen Sandwiches. Die besten Zimmer des Hotels (EZ 90 £, DZ 177–235 £) warten mit *bay windows* und Seeblicken auf; auch die nach hinten raus gehenden haben ihren Reiz.

### AUF DER SUCHE NACH FOSSILIEN

Fossilienfieber ist ansteckend. Lyme Regis liegt an einer der instabilsten Küsten Großbritanniens. Nach Erdrutschen kullern hier regelmäßig Juwele aus grauer Vorzeit aus den Klippen.

Fachmännischer ist man auf einer geführten Wanderung unterwegs. Das **Charmouth Heritage Coast Centre** (☎01297-560772; www.charmouth.org) 5 km östlich von Lyme bietet einen bis sieben Ausflüge pro Woche (Erw./Kind 7,50/3 £). Das Lyme Regis Museum in Lyme selbst veranstaltet drei bis sieben Wanderungen wöchentlich (Erw./Kind 11/6 £). Auch der ortsansässige Experte **Brandon Lennon** (☎07944-664757; www.lymeregisfossilwalks.com; Erw./Kind 8/6 £; ⌚Sa–Mo) bietet entsprechende Expeditionen. Alle Führungen sind sehr beliebt, daher frühzeitig buchen!

Die besten Chancen, etwas zu finden, herrschen in der Zeit bis zwei Stunden vor und nach der Ebbe. Wer allein unterwegs ist, sollte sich über die Gezeiten informieren und bei ablaufendem Wasser auf Suche gehen, Warnschilder beachten, sich von den Klippen fernhalten, nur am Strand etwas aufsammeln und auch für andere etwas übrig lassen. Und wer über was ganz Tolles gestolpert ist, sollte den Experten Bescheid sagen.

### FORDE ABBEY

Diese **Abtei** (☎01460-220231; www.fordeabbey.co.uk; Chard; Haus Erw./Kind 11 £/frei, Gärten 9 £/frei; ⊙Haus April–Okt. Di–Fr & So 12–16 Uhr, Gärten 10–16.30 Uhr) wurde im 12. Jh. als Zisterzienserkloster erbaut, dient aber seit 1649 als Privatresidenz. Die Gebäude beeindrucken mit prächtigen Stuckarbeiten und schönen Tapisserien, doch die Hauptattraktion sind die Gärten: 12 ha Rasen, Teiche, Gebüsch und Blumenbeete mit Hunderten seltener, schöner Arten.

Die Abtei liegt 16 km nördlich von Lyme Regis; öffentliche Verkehrsmittel fahren nicht hierher.

**Mill Cafe** BISTRO ££
(☎01297-445757; www.townmillcafe.co.uk; The Town Mill, Mill Lane; Hauptgerichte mittags 8 £, 2-Gänge-Abendessen 20 £; ⊙Do–So 10–16, Fr & Sa 19–21 Uhr) Die italienische Hausmacherkost hier ist so authentisch, dass man sich eher wie in der Lombardei als in Lyme fühlt. Zu essen gibt's z. B. Maiseintöpfe, Kabeljau nach sizilianischer Art und unwiderstehliches hausgemachtes Brot, das am besten auf der versteckten Terrasse hinterm Haus schmeckt.

**Harbour Inn** PUB ££
(www.harbourinnlymeregis.co.uk; Marine Pde; Hauptgerichte 10–19 £; ⊙12–14.30 & 18–21 Uhr) Eine von Blumen umrankte Veranda zum Strand hin, eine schicke, aber gemütliche Inneneinrichtung und mit das beste Bistro-Kneipenessen der Stadt – die geschmacksintensive Bouillabaisse passt da bestens zum Ambiente.

**★Hix Oyster & Fish House** FISCH & MEERESFRÜCHTE £££
(☎01297-446910; www.hixoysterandfishhouse.co.uk; Cobb Rd; Hauptgerichte 14–25 £; ⊙10–22 Uhr) Das superstylische Restaurant beeindruckt mit weiten Ausblicken über die Hafenmauern und atemberaubendem Essen. Der Spargel aus der Region wird mit einem Dressing aus Tintenfischsud gereicht, der saftige Portland-Race-Seebarsch mit Seetangbrühe. Vielleicht gönnt man sich zu Beginn erst einmal ein paar Austern: Brownsea-Island- oder Portland-Austern kosten 2,25 £ das Stück.

## Praktische Informationen

**Touristeninformation** (☎01297-442138; www.visit-dorset.com; Church St; ⊙Mo–Sa 10–17, So bis 16 Uhr, Nov.–März Mo–Sa bis 15 Uhr)

## An- & Weiterreise

Bus 31 fährt stündlich nach Dorchester (1¾ Std.) und Weymouth (2 Std.). Bus X53 fährt Richtung Westen nach Exeter (7 £, 6-mal tgl., 1¾ Std.) und Richtung Osten nach Weymouth (7,20 £, stündl., 1¾ Std.), im Winter allerdings nicht sonntags.

# Sherborne

9495 EW.

Sherborne leuchtet im sanften Widerschein des orangegelben Steins, aus dem im 15. Jh. Gebäude rund um eine eindrucksvolle Abteikirche errichtet wurden. Dieses stille Städtchen strahlt Wohlstand aus. Zu den fünf Privatschulen der Stadt zählt auch die berühmte Sherborne School, deren Schüler das Stadtbild prägen. Spuren des Wohlstands aus dem 16. und 18. Jh. befinden sich am Stadtrand in der Form einer Burg und eines Schlosses: die Burg eine zerbröckelnde Ruine, das Schloss ein wundervolles Herrenhaus mit einem von Lancelot „Capability" Brown gestalteten See.

## Sehenswertes

**Sherborne Abbey** KIRCHE
(☎01935-812452; www.sherborneabbey.com; empfohlene Spende 3,50 £; ⊙8–18 Uhr) GRATIS In ihrer bedeutungsvollsten Zeit diente die prächtige Abteikirche St. Mary the Virgin, die auf das 8. Jh. zurückgeht, 26 aufeinanderfolgenden sächsischen Bischöfen als Kathedrale. 998 wurden die Kirchengebäude zu einer Benediktinerabtei und die Kirche fungierte noch bis 1075 als Kathedrale. Die Kirche verfügt über ein faszinierendes Fächergewölbe, das älteste des Landes, einen von sächsisch-normannischen Stützpfeilern getragenen Vierungsturm und ein normannisches Portal von 1180.

Zu den **Grabmalen** der Abtei zählen auch das reich verzierte Marmorgrabmal von John Lord Digby, Earl of Bristol, und die der älteren Brüder von Alfred dem Großen, Ethelred und Ethelbert.

**Sherborne Old Castle** BURG
(EH; ☎01935-812730; www.english-heritage.org.uk; Erw./Kind 3,70/2,20 £; ⊙April–Okt. 10–17 Uhr; P) Sherbornes Old Castle stellt heute die

Verkörperung einer malerischen Ruine dar. Es wurde 1120 von Roger, Bischof von Salisbury, errichtet. Im 16. Jh. schenkte Elisabeth I. es ihrem Günstling Sir Walter Raleigh. Während des Englischen Bürgerkriegs war die Burg ein Bollwerk der Royalisten, wurde jedoch von Cromwell 1645 nach 16-tägiger Belagerung in Schutt und Asche gelegt. Übrig blieben nur das zerstörte Torhaus im Südwesten, der große Turm und die North Range.

**Sherborne New Castle** SCHLOSS

(☎ 01935-812072; www.sherbornecastle.com; New Rd; Haus & Gärten Erw./Kind 11 £/frei, nur Garten 6 £/frei; ⏲ April–Okt. Di–Do, Sa & So 11–16.30 Uhr; P) Mit dem Bau des eindrucksvollen Sherborne New Castle begann Sir Walter Raleigh im Jahr 1594, konnte jedoch nur den Mittelteil fertigstellen, bevor er von Jakob I. ins Gefängnis geworfen wurde. Jakob verkaufte das Haus kurzerhand an Sir John Digby, der die prächtigen Flügel anfügen ließ, die heute zu sehen sind. 1753 wurden die Außenanlagen vom legendären Landschaftsgärtner Lancelot „Capability" Brown völlig umgekrempelt: Er ließ einen großen See sowie 12 ha Gärten anlegen.

## Geführte Touren

**Stadtrundgänge** HISTORISCHE FÜHRUNG

(Touren 5 £; ⏲ Juli–Sept. Fr 11 Uhr) Die 90-minütigen Rundgänge ab der Touristeninformation erkunden die fotogene Altstadt.

## Schlafen

**Cumberland House** B&B ££

(☎ 01935-817554; www.bandbdorset.co.uk; Green Hill; EZ 55–60 £, DZ 70–85 £; P 📶) Die geschichtsträchtigen Zimmer verströmen ein künstlerisches Flair: Auf Steinplattenböden sind bunte Teppiche verteilt, zwischen wunderbar schrägen Balken erstrecken sich Wände in Zitronengelb und Hellbeige. Zum Schlemmerfrühstück gibt's frisch gepressten Orangensaft. Wer gegen 16 Uhr eintrudelt, dem wird Tee angeboten, den man im Garten oder am Kamin einnehmen kann.

**Stoneleigh Barn** B&B ££

(☎ 01935-389288; www.stoneleighbarn.co.uk; North Wootton; EZ/DZ 60/80 £; P 📶) Draußen ist diese wundervolle Scheune aus dem 18. Jh. ein wahres Fest für die Sinne – sie ist mit bunten, duftenden Blumen überwuchert. Drinnen rahmen Balken geräumige Zimmer in Flieder- und Türkistönen. Stoneleigh liegt 5 km südöstlich von Sherborne.

## Essen

**Green** MODERN BRITISCH ££

(☎ 01935-813821; www.greenrestaurant.co.uk; 3 The Green; Hauptgerichte 13–25 £; ⏲ Di–Sa 12–14.30 & 18.30–21.30 Uhr) In diesem geselligen, eleganten Speiselokal wirkt das leicht mitgenommene Mobiliar eher schick als schäbig. Das Essen verkörpert wunderbar den Spirit des Westcountry – vielleicht stehen Lyme-Bay-Krebse, Seezungen-Escabeche und Wild-Carpaccio auf der Karte. Oder man entscheidet sich für das sehr preisgünstige *menu du jour* (3 Gänge 20 £).

**George** PUB ££

(www.thegeorgesherborne.co.uk; 4 Higher Cheap St; Hauptgerichte 7–10 £; ⏲ 12–14.30 & 18–21 Uhr; 📶) Es ist schon fünf Jahrhunderte her, dass in Sherbornes ältestem und gemütlichstem Gasthaus das erste Pint ausgeschenkt wurde. Heute zeigt sich das Alter des Pubs an den von zahllosen Hinterteilen blankpolierten Holzbänken. Hier werden bewährte Klassiker der Kneipenkost serviert: ordentliche Steaks, Schinken und Eier, hausgemachte Desserts und Samstags- und Sonntagsbraten.

## Praktische Informationen

**Touristeninformation** (☎ 01935-815341; www.visit-dorset.com; Digby Rd; ⏲ Mo–Sa 9.30–16 Uhr, Dez.–März bis 15 Uhr) Hält eine Broschüre für einen Stadtrundgang auf eigene Faust bereit (50 p).

## An- & Weiterreise

### BUS

**Dorchester** (4,10 £, 1 Std., Mo–Sa 4- bis 6-mal tgl.) Bus 216; via Cerne Abbas (30 Min.)

**Shaftesbury** (6 £, 30 Min., tgl.) National Express

**Yeovil** (4,10 £, 15 Min., Mo–Sa alle 2 Std.) Bus 58

### ZUG

Stündliche Verbindungen nach Exeter (20 £, 1¼ Std.), London Waterloo (30 £, 2½ Std.) und Salisbury (13 £, 40 Min.).

# Shaftesbury & Umgebung

7707 EW.

Die ansprechende Marktstadt Shaftesbury thront auf einem Hügelkamm mit Blick aufs umliegende Weideland und gruppiert sich um die Ruinen einer mittelalterlichen Abtei in ihrer Mitte. Eine stolze Burg und eine postkartenidyllische alte Straße machen das Städtchen umso reizvoller.

## Sehenswertes

**Shaftesbury Abbey** RUINE
(01747-852910; www.shaftesburyabbey.org.uk; Park Walk; Erw./Kind 3 £/frei; April–Okt. 10–17 Uhr) Auf diesem Hügel stand einst das größte und reichste Nonnenkloster Englands. Es wurde 888 von König Alfred dem Großen gegründet; seine Tochter Aethelgifu war die erste Äbtissin. Hier soll der hl. Eduard bestattet worden sein; König Knut verstarb 1035 in der Abtei. Die meisten Gebäude wurden unter Heinrich VIII. abgerissen, aber man kann sich die Fundamente und im Museum Statuen und illuminierte Handschriften anschauen.

**Old Wardour Castle** BURG
(EH; 01747-870487; www.english-heritage.org.uk; Erw./Kind 4,20/2,50 £; April–Okt. 10–17 Uhr, Nov.–März Sa & So bis 16 Uhr; P) Das sechsseitige Old Wardour Castle wurde um 1393 gebaut und im Englischen Bürgerkrieg stark beschädigt, sodass nur diese eindrucksvollen Ruinen übrig blieben. Die Aussicht von den oberen Etagen ist fabelhaft und die Rasenflächen eignen sich wunderbar für ein Picknick. Die Burg ist im Juli und August bis 18 Uhr geöffnet; sie liegt 6,5 km westlich von Shaftesbury.

**Gold Hill** STRASSE
Diese viel fotografierte, extrem steile urige Kopfsteinpflasterstraße ist von niedlichen Häuschen gesäumt.

## Schlafen & Essen

**Old Chapel** B&B ££
(01747-852404; www.theoldchapelbb.co.uk; 9 Breach Lane; EZ/DZ 60/90 £; P) Eine Unterkunft kann kaum mehr Flair haben als diese umgebaute viktorianische Kapelle mit schlanken, über zwei Stockwerke reichenden Fenstern, lichtdurchfluteten Atrien und massigen Stützpfeilern. Die schicken, gemütlichen Zimmer warten mit frischen Blumen und Keksgläsern auf. Von der Gästelounge reicht der Blick bis zur Salisbury Plain.

**Updown** COTTAGE ££
(07710-307202; www.updowncottage.co.uk; 12 Gold Hill; 700–1300 £ pro Woche; P) Das äußerst malerische weiße Cottage für sechs Personen schmiegt sich an den reizenden Gold Hill und bietet behagliche Zimmer mit Holzbalken, Kamine und einen Hanggarten.

**Fleur de Lys** HOTEL £££
(01747-853717; www.lafleurdelys.co.uk; Bleke St; EZ 95–110 £, DZ 130–170 £; P@) Der richtige Ort, um sich verwöhnen zu lassen, entweder in den luxuriösen Zimmern oder im renommierten Restaurant (geöffnet Mo–Sa 7–22 Uhr; 2/3 Gänge 27/34 £).

**Mitre** PUB ££
(www.youngs.co.uk/pubs/mitre; 23 High St; Hauptgerichte 9 £; Mo–Do 10.30–23, Fr & Sa 10.30–23.30, So 12–22.30 Uhr, Küche bis 21 Uhr) Hier lockt v. a. die Terrasse Gäste an – die tollen Ausblicke über das Blackmore Vale bilden einen würdigen Rahmen für die hausgemachten Pizzas, Fish & Chips und fleischigen Burger.

## Praktische Informationen

**Touristeninformation** (01747-853514; www.shaftesburydorset.com; 8 Bell St; Mo–Sa 10–16 Uhr)

## An- & Weiterreise

Busse z. B. nach:

**London Victoria** (22 £, 4 Std., 1-mal tgl.) National Express; über Heathrow

**Salisbury** (4,20 £, 1¼ Std., Mo–Sa 5-mal tgl.) Bus 29

**Sherborne** (6 £, 30 Min., 1-mal tgl.) National Express

# WILTSHIRE

Wiltshire ist reich an rituellen Zeugnissen und faszinierenden Sehenswürdigkeiten. Seine üppige Landschaft ist mit mehr geheimnisvollen Steinkreisen, Prozessionsalleen und alten Grabhügeln gespickt als alle anderen Gegenden Großbritanniens. Diese Region fordert die Phantasie heraus und beflügelt sie – hier erlebt man die prähistorische Erhabenheit von Stonehenge und den stimmungsvollen Steinkreis von Avebury. Dazu kommen noch die 800 Jahre alte Kathedrale von Salisbury, die hochherrschaftlichen Häuser Stourhead und Longleat und das überaus malerische Dorf Lacock, und fertig ist eine Grafschaft voller englischem Charme.

## Praktische Informationen

Es gibt eine Touristeninformation in Salisbury (S. 278).

**Visit Wiltshire** (www.visitwiltshire.co.uk)

## Unterwegs vor Ort

### BUS

Das Busnetz in Wiltshire ist teilweise etwas lückenhaft, besonders im Nordwesten.

**First** (www.firstgroup.com) Bedient das westliche Wiltshire.

**Salisbury Reds** (www.salisburyreds.co.uk) Bedient Salisbury und viele ländliche Gegenden. Bietet Explorer-Tagestickets (8,50 £) und 7-Tage-Pässe (Raum Salisbury 15 £, gesamtes Busnetz 27 £).

### ZUG

Bahnlinien verlaufen von London Waterloo nach Salisbury und weiter nach Exeter und Plymouth, mit Abzweigungen Richtung Norden nach Bradford-on-Avon, Bath und Bristol.

# Salisbury & Umgebung

40 300 EW.

Mit seiner majestätischen Kathedrale, die vom höchsten Kirchturm Englands gekrönt wird, bildet Salisbury eine schöne Basis für Wiltshire. Seit mehr als tausend Jahren ist Salisbury eine bedeutende Provinzstadt. Seine Straßen stellen eine architektonische Zeitachse dar, von den mittelalterlichen Mauern und Tudor-Fachwerkhäusern bis zu georgianischen Herrenhäusern und viktorianischen Villen. Salisbury ist eine lebendige, moderne Stadt mit zahlreichen Restaurants und Bars sowie einer Ansammlung hervorragender Museen.

## Sehenswertes

### ★ Salisbury Cathedral — KATHEDRALE

(☎01722-555120; www.salisburycathedral.org.uk; Cathedral Close; erwünschte Spende Erw./Kind 6,50/3 £; ⊙Mo–Sa 9–17, So 12–16 Uhr) England kann mit zahlreichen atemberaubenden Kirchen aufwarten, aber nur wenige sind so prachtvoll und spektakulär wie die Salisbury Cathedral aus dem 13. Jh. Dieses im frühgotischen Early English Style erbaute Gotteshaus verfügt über ein reich verziertes Äußeres mit Spitzbögen und Strebepfeilern sowie ein düsteres, schlichtes Inneres, um die versammelten Gläubigen in ihrer Frömmigkeit zu bestärken. Herausragend sind die Statuen und Grabmale. Faszinierend ist auch das Originalexemplar der Magna Carta aus dem 13. Jh. Am besten erlebt man die Kathedrale auf einer der Turmführungen (S. 276).

Die Kathedrale wurde zwischen 1220 und 1258 erbaut. Hinter der reich geschmückten **Westfassade** führt ein kleiner Gang ins 70 m lange **Langhaus**, gesäumt von schönen Pfeilern aus Purbeck-Stein. Die **astronomische Uhr** im nördlichen Seitenschiff stammt von 1386 und ist wahrscheinlich die älteste funktionierende Uhr der Welt. Das prächtige Buntglasfenster **Prisoners of Conscience** (1980) am östlichen Ende des Chorumgangs erhebt sich über dem reich verzierten **Grabmal** von Edward Seymour (1539–1621) und Lady Catherine Grey. Andere Denkmäler und Grabstätten säumen das Langschiff, darunter das von William Longespée, Sohn Heinrichs II. und Halbbruder von König Johann. Als das Grabmal ausgegraben wurde, fand man in Longespées Schädel eine gut erhaltene Ratte.

Der 123 m hohe **Kirchturm** wurde im 14. Jh. errichtet; er ist der höchste in Großbritannien. Sein Bau stellte für die mittelalterlichen Baumeister eine enorme technische Herausforderung dar. Er wiegt rund 6500 t. Um den Turm aufrecht zu halten, war ein ausgeklügeltes System aus Querstreben, Scherenbögen und Stützpfeilern notwendig. Wer genau hinschaut, erkennt, dass sich die vier Pfeiler unter dem Vierungsturm unter der Last gekrümmt haben.

Sir Christopher Wren vermaß die Kathedrale 1668 und kam zu dem Ergebnis, dass sich der Turm um 75 cm neigt. Eine Messingplatte im Boden dient dazu, Veränderungen zu messen, jedoch wurde weder 1951 noch 1970 eine Verstärkung der Neigung festgestellt. Trotz allem wird die Bausubstanz des berüchtigt „wackeligen Turms" ständig weiter gestärkt.

Besonders stimmungsvoll präsentiert sich die Kathedrale beim **Evensong** (nur während der Schulzeit: Mo–Sa 17.30 & So 15 Uhr).

### ➡ Magna Carta

(⊙Mo–Sa 10–16.30, So 12.45–16.30 Uhr) Im Kapitelhaus der Kathedrale befindet sich eines von nur vier noch existierenden Exemplaren der Magna Carta, der historischen Vereinbarung zwischen König Johann und seinen Baronen im Jahr 1215: In ihr wurde grundlegend festgestellt, dass der Monarch nicht über dem Gesetz stand. Das Dokument strahlt auch heute noch viel Kraft aus; es ist schön anzuschauen und bemerkenswert gut erhalten.

### ★ Cathedral Close — HISTORISCHES VIERTEL

Die mittelalterliche Domfreiheit Salisburys, eine stille Enklave mit schönen Gebäuden, verströmt ein außerirdisches Flair. Viele der Häuser stammen aus dem 13. Jh., wenn das

Areal auch im 18. Jh. bei einer Sanierung von James Wyatt umfassend restauriert wurde. Der Dombezirk ist von einer robusten Mauer von 1333 umgeben; die massiven Tore, die in den Bezirk hineinführen, werden auch heute noch jeden Abend abgesperrt.

Gleich hinter dem schmalen High Street Gate befindet sich das 1682 für die Witwen und unverheirateten Töchter von Geistlichen gegründete **College of Matrons**. Südlich der Kathedrale steht der **Bischofspalast**, heute die private Cathedral School, die teilweise von 1220 stammt.

**★ Salisbury Museum** MUSEUM

(☎01722-332151; www.salisburymuseum.org.uk; 65 Cathedral Close; Erw./Kind 5/2 £; ⌚Mo–Sa 10–17 Uhr, Juni–Sept. außerdem So 12–17 Uhr) Zu den bedeutenden archäologischen Funden hier zählt der Stonehenge Archer (Bogenschütze von Stonehenge), das Skelett eines Mannes, das aus einem den Steinkreis umgebenden Graben ausgegraben wurde – eine der Pfeilspitzen, die bei ihm gefunden wurden, war wahrscheinlich für seinen Tod verantwortlich. Dieses Museum ist eine tolle Einführung in die Geschichte Wiltshires, nicht zuletzt wegen der Goldmünzen von 100 v. Chr. und einer Goldkette aus der Bronzezeit.

**Mompesson House** HISTORISCHES GEBÄUDE

(NT; ☎01722-335659; www.nationaltrust.org.uk; Cathedral Close; Erw./Kind 6/3 £; ⌚Mitte März–Okt. Sa–Mi 11–17 Uhr) Prachtvolle Stuckdecken, schöne Stilmöbel und eine breite Holztreppe schmücken dieses noble Queen-Anne-Gebäude (1701). Seine Pracht prädestinierte es auch als Kulisse für den 1995er-Film *Sinn und Sinnlichkeit* nach Jane Austens Roman.

**Rifles** MUSEUM

(The Wardrobe; ☎01722-419419; www.thewardrobe.org.uk; 58 Cathedral Close; Erw./Kind 5/2 £; ⌚Mo–Sa 10–17 Uhr, Dez. & Jan. geschl.) Zur hiesigen Sammlung zählen eine Kanonenkugel aus dem Amerikanischen Unabhängigkeitskrieg, viktorianische Rotrock-Uniformen und Ausstellungen zu Konflikten in Afghanistan im 19. und 21. Jh.

**Old Sarum** ARCHÄOLOGISCHE STÄTTE

(EH; ☎01722-335398; www.english-heritage.org.uk; Castle Rd; Erw./Kind 4/2,40 £; ⌚Sept.–Juni 10–17 Uhr, Juli & Aug. 9–18 Uhr; Ⓟ) Die gewaltigen Ringwälle von Old Sarum befinden sich auf einem gräsernen Hügel gut 3 km nördlich von Salisbury. Zu sehen sind hier heute noch die Steinfundamente der alten Kathedrale sowie über die grüne Landschaft Wiltshires hinweg auch der Turm der neuen Kathedrale in Salisbury. An ausgewählten Tagen finden hier mittelalterliche Turniere, Freilufttheatervorführungen und Scheingefechte statt. Bus X5/8 fährt zweimal pro Stunde von Salisbury nach Old Sarum (2,20 £, So stündl.). Auch der Stonehenge-Tourbus (S. 280) hält hier.

Old Sarum begann sein Dasein als Hügelfestung der Eisenzeit und wurde später sowohl von den Römern als auch den Sachsen genutzt. Bis Mitte des 11. Jhs. hatte es sich zur Stadt entwickelt, einer der wichtigsten im Westen Englands. Wilhelm der Eroberer hielt hier eine seiner ersten Nationalversammlungen ab. Die erste Kathedrale entstand 1092 und der Bischofssitz wurde vom nahen Sherborne hierher verlegt. Jedoch hatte Old Sarum mit Problemen zu kämpfen: Es mangelte an Wasser und der Ort war stark den Elementen ausgesetzt. 1219 erhielt der Bischof schließlich die Erlaubnis, den Bischofssitz zu verlegen: So entstand die heutige Stadt Salisbury. Bis 1331 wurde die Kathedrale von Old Sarum zur Gewinnung von Baumaterial abgerissen und die Stadt war so gut wie verlassen.

> **ABSTECHER**
>
> **KANALTRIPS**
>
> Der 140 km lange Kennet & Avon Canal (www.katrust.org) führt von Bristol nach Reading. Kanalboote *(narrowboats)* verleiht **Sally Boats** (☎01225- 864923; www.sallyboats.ltd.uk). Der Preis für ein 4-Kojen-Boot reicht von ab etwa 750 £ im Winter bis 995 £ im Hochsommer.

**Wilton House** HISTORISCHES GEBÄUDE

(☎01722-746700; www.wiltonhouse.com; Wilton; Haus & Außenanlagen Erw./Kind 15/8 £; ⌚Mitte April–Aug. So–Do 11.30–17 Uhr; Ⓟ) Das stattliche Wilton House gewährt einen Einblick in die exklusive Welt des britischen Adels. In diesem Gemäuer, einem der schönsten Herrenhäuser Englands, residieren seit 1542 die Grafen von Pembroke. Das Haus wurde von Generation zu Generation immer wieder um- und ausgebaut. Zu den Highlights zählen der **Single Cube Room** (Würfelsaal) und der **Double Cube Room** (Doppelwürfelsaal), entworfen vom wegweisenden Architekten des 17. Jhs., Inigo Jones.

Wilton House liegt 4 km westlich von Salisbury; Bus R3 fährt von Salisbury (2,60 £, 10 Min., 1- bis 3-mal stündl.) hierher.

## Salisbury

Das Resultat der wiederholten Verschönerungsmaßnahmen ist überwältigend: Prächtige Stilmöbel, Deckenfresken und feiner Stuck bilden den angemessenen Rahmen für Gemälde von van Dyck, Rembrandt und Joshua Reynolds. All diese Pracht prädestiniert das Haus zur Filmkulisse: *King George – Ein Königreich für mehr Verstand, Sinn und Sinnlichkeit* und *Stolz und Vorurteil* wurden allesamt hier gedreht. Aber Wilton House diente schon lange vor der Ära des Films als Zufluchtsort von Künstlern: Zu den berühmten Gästen zählten die Literaten Ben Jonson, Edmund Spenser, Christopher Marlowe und John Donne. Shakespeares *Wie es euch gefällt* wurde hier 1603 kurz nach der Abfassung des Stücks aufgeführt. Die schönen **Außenanlagen** (Erw./Kind 6/4,50 £; ⏲Anfang April–Sept. 11–17.30 Uhr) wurden größtenteils vom berühmten Landschaftsarchitekten Lancelot „Capability" Brown angelegt.

## Geführte Touren

**Tower Tour** FÜHRUNG

(Erw./Kind 10/8 £; ⏲1- bis 5-mal tgl.) Am beeindruckendsten erweist sich die Salisbury Cathedral bei einer 90-minütigen Turmführung. Dabei geht es 332 Stufen zur Basis des Turmhelms hinauf. Von oben bieten sich überwältigende Ausblicke auf die Stadt und ihr Umland. Buchung erforderlich.

**Salisbury Guides** HISTORISCHE FÜHRUNG

(☎07873-212941; www.salisburycityguides.co.uk; Erw./Kind 5 £/frei; ⏲April–Okt. tgl. 11 Uhr, Nov.–März Sa & So 11 Uhr) 90-minütige Stadtrundgänge ab der Touristeninformation.

## Festivals & Events

**Salisbury Festival** KULTURFESTIVAL

(☎01722-33224; www.salisburyfestival.co.uk) Das renommierte, vielseitige Festival von Ende Mai bis Anfang Juni bietet Klassik, Welt- und Popmusik sowie Theater, Literatur und Kunst.

## Salisbury



## Schlafen

**Salisbury YHA** HOSTEL £

(☎0845 371 9537; www.yha.org.uk; Milford Hill; B/DZ 18/28 £; P @ 📶) Ein echtes Juwel: gepflegte Zimmer in einem großen viktorianischen Haus mit Café-Bar, Waschsalon und Garten.

★ **St Ann's House** BOUTIQUE-B&B ££

(☎01722-335657; www.stannshouse.co.uk; 32 St. Ann St; EZ 59–64 £, DZ 89–110 £; 📶) Die Düfte, die vom Frühstück heraufwabern, können einen glatt aus dem Bett reißen: toller Kaffee, gebackene Pflaumen mit Himbeeren, Honig und Mandeln, verlorene Eier mit Parma-Schinken. Oben regiert äußerste Eleganz – sorgsam ausgewählte Antiquitäten, warme Farbtöne und türkisches Leinen sorgen für einen sehr komfortablen Aufenthalt.

**Spire House** B&B ££

(☎01722-339213; www.salisbury-bedandbreakfast.com; 84 Exeter St; EZ/DZ/FZ 60/75/90 £; P 📶) In diesem B&B mit gepflegten, schönen Zimmern herrscht auch beim Frühstück (5 £ extra) eine lockere Stimmung: Man schreibt seine Bestellung am Abend davor einfach auf eine Schiefertafel. Zur Wahl stehen z. B. langsam gekochter Porridge mit Blaubeeren, Croissants und anderes Gebäck sowie *bacon and eggs* (Frühstücksspeck mit Eiern).

**Lazy Cow** GASTHOF ££

(☎01722-412 028; www.thelazycowsalisbury.co.uk; 9 St. Johns St; DZ 75–95 £, 3BZ 120 £; 📶) Dass hier alles irgendwie mit Kühen zu tun hat, ist schon etwas verrückt, es ist aber doch auch irgendwie nett. Von den Wänden unterhalb der schrägen Balken lächeln Hochlandrinder, an mit Eichenholz getäfelten Wänden hängen mit Kuhfell gerahmte Spiegel. Der Zimmerschlüssel hängt an einem Nasenring und im Restaurant gibt's natürlich v. a. Steaks.

**Cathedral View** B&B ££

(☎01722-502254; www.cathedral-viewbandb.co.uk; 83 Exeter St; EZ 70–80 £, DZ 75–99 £; P 📶) In dem georgianischen Stadthaus wird viel Wert aufs Detail gelegt. Kleine Blumenarrangements und selbst gebackene Kekse erwarten die Gäste in den dezent eleganten Zimmern. Zum Frühstück werden u. a. erstklassige Wiltshire-Würste sowie Brot und Marmelade aus eigener Herstellung geboten.

## Essen

**Fish Row** FEINKOSTLADEN, CAFÉ £

(www.fishrowdelicafe.co.uk; 3 Fish Row; Snacks ab 5 £; ⏰Mo–Sa 8.30–17.30, So 9.30–16.30 Uhr) In diesem Feinkostladen und Café stapeln sich unter den Deckenbalken zahlreiche regionale Erzeugnisse – die Käsesorten New Forest Blue, Old Sarum und Nanny Williams kommen ganz aus der Nähe. Kartoffelsalat und Quiche gibt's auch zum Mitnehmen, oder man speist oben inmitten von altem Holz, Buntglas und alten Kirchenbänken.

**Anokaa** INDISCH ££

(☎01722-414142; www.anokaa.com; 60 Fisherton St; Hauptgerichte 11–32 £; ⏰12–14 & 17.30–23 Uhr; 🌶) Rosa Neonlicht und bunte Blubbersachen deuten schon an, was einen hier erwartet: eine sehr moderne Variante der indischen Küche. Die Gewürz- und Geschmackskombinationen bringen die Zutaten zum Tanzen und die fleischlosen Angebote auf der Karte zaubern Vegetariern ein breites Lächeln auf die Lippen.

**Cloisters** PUB ££
(www.cloisterspubsalisbury.co.uk; 83 Catherine St; Hauptgerichte 9–13 £; ⌚ Sa & So 11–21, Mo–Fr 11–15 & 18–21 Uhr) Das Gebäude stammt von 1350 und seit dem 17. Jh. befindet sich hier ein Pub. Heute sorgen die grotesk schiefen Balken für ein altmodisches Flair. Die Kneipe ist ein geselliges Plätzchen für köstliche Klassiker wie *beef-and-ale pie* und *sausage and mash* sowie anspruchsvollere Speisen wie eine beeindruckende langsam in Rotwein gegarte Lammhüfte.

**Charter 1227** BRITISCH £££
(☎ 01722-333118; www.charter1227.co.uk; 6 Ox Row, Market Pl; Hauptgerichte 15–26 £; ⌚ Di–Sa 12–14.30 & 18–21.30, So 12–14.30 Uhr) Zutaten, die das alte England heraufbeschwören, sind hier stark vertreten, z. B. Spanferkel, Haxe vom Schwein aus Wiltshire oder gebratener Petersfisch. Die Einheimischen essen hier gern dienstags, mittwochs und donnerstags zwischen 18 und 20 Uhr (2/3 Gänge 20/25 £) oder mittags, wenn die Gerichte jeweils nur 5,50 £ kosten.

## Ausgehen & Nachtleben

**Haunch of Venison** PUB
(1 Minster St; ⌚ Mo–Sa 11–23, So bis 18 Uhr) Holzvertäfelte *snugs* (kleine Nebenräume), Wendeltreppen und schiefe Decken verleihen dieser Kneipe aus dem 14. Jh. unglaublich viel Flair – und spuken soll es hier auch. Einer der umherirrenden Geister ist ein betrügerischer Whist-Spieler, der bei einem Spiel seine Hand einbüßte – seine mumifizierten Knochen sind drinnen ausgestellt.

**Chapel** BAR, CLUB
(www.chapelnightclub.com; 34 Milford St; ⌚ Mi–Sa 17–3 Uhr) Muntere Bar mit angrenzendem Club, in denen DJs alles von Funk bis zu Hip-Hop der 90er und Chart 'n' Cheese auflegen.

**MusicBox** CLUB
(www.themusicboxsalisbury.co.uk; 46 Catherine St; ⌚ Do–So 21–3 Uhr) Der dreistöckige Club bietet Konzerte, offene Bühnen und DJs mit 80er-Jahre-Pop, Reggae und Dub.

## Unterhaltung

**Salisbury Arts Centre** KULTURZENTRUM
(☎ 01722-321744; www.salisburyartscentre.co.uk; Bedwin St) In dem innovativen Kulturzentrum stehen Avantgarde-Theater, Indie-Filme, Tanzaufführungen und Konzerte auf dem Programm.

**Salisbury Playhouse** THEATER
(☎ 01722-320333; www.salisburyplayhouse.com; Malthouse Lane) Neben eigenen Inszenierungen sind hier auch Gastinszenierungen und Musicals zu sehen.

## Praktische Informationen

**Bücherei** (Market Pl; Internet 1 £ pro Std.; ⌚ Mo–Di & Fr 10–19, Mi–Do & Sa 9–17 Uhr; 📶)

**Touristeninformation** (☎ 01722-342860; www.visitwiltshire.co.uk; Fish Row; ⌚ Mo–Fr 9–17, Sa 10–16, So 10–14 Uhr)

## An- & Weiterreise

### BUS

Direktbusse von National Express fahren z. B. nach Bath (11 £, 1¼ Std., 1-mal tgl.), Bristol (11 £, 2¼ Std., 1-mal tgl.) und über Heathrow nach London (17 £, 3 Std., 3-mal tgl.).

An Regionalverbindungen gibt's z. B. den Bus 29 nach Shaftesbury (4,20 £, 1¼ Std., Mo–Sa 5-mal tgl.) und den Bus 2 nach Devizes (5 £, 1 Std., Mo–Sa stündl.).

Regelmäßig fahren Tourbusse von Salisbury nach Stonehenge (S. 280).

### ZUG

Halbstündliche Verbindungen z. B. nach:

**Bath** (10 £, 1 Std.)
**Bradford-on-Avon** (13 £, 40 Min.)
**Bristol** (11 £, 1¼ Std.)
**London Waterloo** (38 £, 1¾ Std.)
**Southampton** (10 £, 30 Min.)

Stündliche Verbindungen z. B. nach:

**Exeter** (25 £, 2 Std.)
**Portsmouth** (20 £, 1¾ Std.)

# Stonehenge

Willkommen bei der berühmtesten archäologischen Stätte Englands! Dieser faszinierende Monolithsteinkreis zieht schon seit 5000 Jahren Pilger, Dichter und Philosophen an und ist auch heute noch ein geheimnisvoller, entrückter Ort – ein verstörendes Echo aus der Vergangenheit Großbritanniens und eine Erinnerung an die Menschen, die einst auf den Prozessionsalleen der Salisbury Plain unterwegs waren.

## Sehenswertes

★ **Stonehenge** ARCHÄOLOGISCHE STÄTTE
(EH; ☎ 0870 333 1181; www.english-heritage.org.uk; Erw./Kind mit Visitor Centre 14/8,30 £; ⌚ Juni–Aug. 9–20 Uhr, April, Mai & Sept. 9.30–19 Uhr,

## Stonehenge

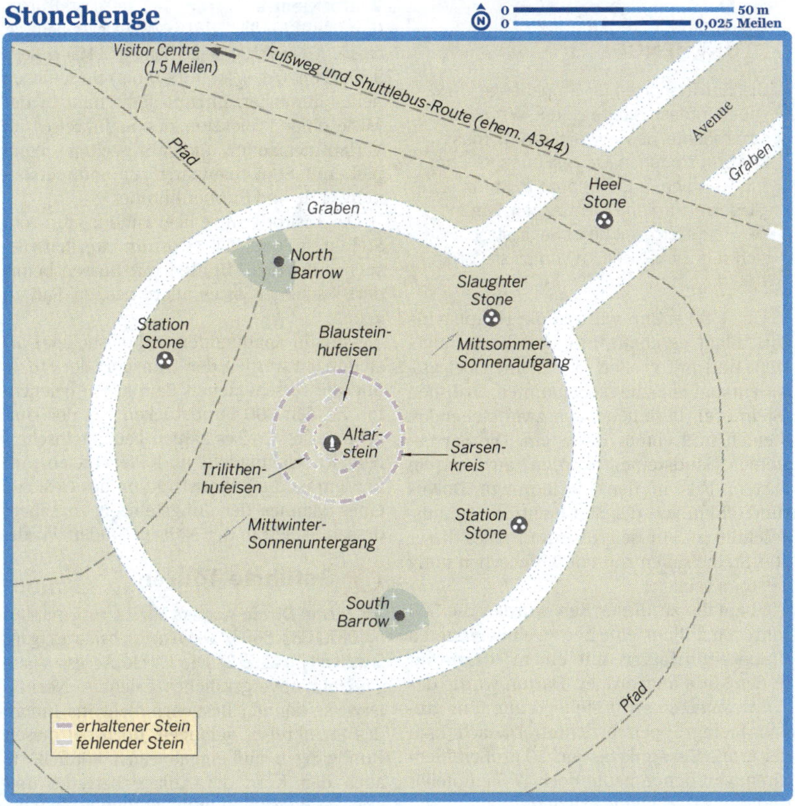


Okt.–März 9.30–17 Uhr; P) Das uralte Stonehenge ist für 27 Mio. £ ultramodern saniert worden. Dabei entstand ein eindrucksvolles neues Besucherzentrum, zugleich wurde eine störende Straße in der Nähe gesperrt und in eine Rasenfläche zurückverwandelt. Dadurch können Besucher nun den historischen Kontext viel anschaulicher nachempfinden – das archäologische Juwel wurde mit neuer Würde ausgestattet und zeigt sich rätselhafter denn je.

Um den Steinkreis führt ein Pfad herum. Zwar können Besucher nicht in den Steinkreis hineingehen – außer bei einem sehr empfehlenswerten Stone Circle Access Visit (S. 280) –, doch sie sehen ihn ganz aus der Nähe. Der Zutritt zur Anlage erfolgt nur mit vorausgebuchten Tickets, die man sich weit im Voraus sichern sollte.

Stonehenge ist eines der großen archäologischen Rätsel Großbritanniens: Trotz zahlloser Theorien über den Zweck der Anlage, vom Zeremonienzentrum bis zur Himmelsuhr, weiß in Wahrheit niemand sicher, was die prähistorischen Bewohner Britanniens dazu veranlasste, so viel Zeit und Mühe in ihren Bau zu investieren.

Die erste Bauphase begann um 3000 v. Chr.: Damals entstanden der äußere Ringwall und -graben. Tausend Jahre später kam der innere Kreis aus Granitsteinen, den sogenannten Blausteinen, dazu. Diese gewaltigen, 4 t schweren Blöcke sollen aus den rund 400 km entfernten Preseli Mountains in Südwales stammen – eine fast unerklärliche Leistung für die Steinzeitmenschen, denen nur die einfachsten Werkzeuge zur Verfügung standen. Obwohl sich niemand sicher ist, wie die Steine so weit transportiert wurden, geht man davon aus, dass Seile, Schlitten und aus Baumstämmen gefertigte Rollen zum Einsatz kamen – die Salisbury Plain war in der Entstehungszeit von Stonehenge noch bewaldet.

### TICKETS FÜR STONEHENGE

Die Eintrittskarten für Stonehenge gelten für festgelegte Zeiten. Wer sicher sein möchte, dass er reinkommt, muss im Voraus buchen. Das gilt auch für English-Heritage- und National-Trust-Mitglieder, die freien Zutritt haben. Wer in der Hauptreisezeit unterwegs ist, sollte sich sein Ticket weit im Voraus sichern.

Um 1500 v. Chr. wurden die Hauptsteine zur Anlage geschafft, in einem Kreis aufgestellt und mit großen Decksteinen belegt – so entstanden die sogenannten Trilithen (Steintore), bestehend aus zwei stehenden Steinen und einem Deckstein. Die Sarsensteine (Sandsteine) wurden aus extrem hartem Fels in den Marlborough Downs rund 32 km von der Stätte entfernt herausgeschnitten. Für den Transport eines dieser 50-t-Steine sollen rund 600 Menschen nötig gewesen sein.

Ebenfalls zu dieser Zeit wurden die 500 Jahre alten Blausteine neu zu einem inneren **Blausteinhufeisen** mit einem **Altarstein** in der Mitte angeordnet. Darum wurde das **Trilithenhufeisen** bestehend aus fünf großen Steingruppen errichtet. Danach kam der große **Sarsenkreis** aus 30 großen Menhiren, von denen heute noch 17 Steinpfeiler und sechs Decksteine existieren.

Viel weiter außerhalb markierten 58 Aubrey Holes, benannt nach John Aubrey, der sie im 17. Jh. entdeckte, einen weiteren Kreis. Unmittelbar innerhalb dieses Kreises befinden sich der **South** und der **North Barrow**; jeder der beiden kleinen Grabhügel war ursprünglich mit einem Stein bedeckt. Wie bei vielen Steinkreisen in Großbritannien – z. B. im 35 km entfernten Avebury – sind die inneren Hufeisen mit Bezug zum Sonnenaufgang zur Sommersonnenwende ausgerichtet. Daraus schließen manche Forscher, dass die Stätte als eine Art astronomischer Kalender diente.

Die prähistorischen Pilger betraten die Stätte über einen **Prozessionsweg**. An dessen Eingang zum Kreis befinden sich der **Slaughter Stone** (Opferstein) und der **Heel Stone** (Sonnenstein); Letzterer liegt etwas außerhalb des Kreises.

Ein Audioguide ist im Eintritt inbegriffen. Für English-Heritage- und National-Trust-Mitglieder ist der Eintritt frei.

**Visitor Centre** BESUCHERZENTRUM
(EH; ☎0870 333 1181; www.english-heritage.org.uk; ⏲Juni–Aug. 9–20 Uhr, April, Mai & Sept. 9.30–19 Uhr, Okt.–März 9.30–17 Uhr) Im schicken neuen Besucherzentrum steht man in der Mitte einer Projektion des Steinkreises im Verlauf der Zeiten und Jahreszeiten – komplett mit Sonnenaufgang zur Sommersonnenwende und Sternenhimmel.

Das Visitor Centre liegt rund 2,5 km vom Steinkreis entfernt. Dorthin werden Besucher in zehn Minuten mit Bussen befördert – schöner ist es allerdings, zu Fuß zu gehen.

Anhand spannender audiovisueller Darstellungen werden der Transport der Steine und die verschiedenen Bauphasen beleuchtet. Zu den 300 Fundstücken aus der Umgebung des Kreises zählen Feuersteinscherben, Knochennadeln und Pfeilspitzen. Außerdem ist die Rekonstruktion des Gesichts eines Mannes der Jungsteinzeit zu sehen, dessen Skelett in der Nähe gefunden wurde.

## Geführte Touren

★**Stone Circle Access Visits** FÜHRUNG
(☎0870 333 0605; www.english-heritage.org.uk; Erw./Kind 21/12,60 £) Die Circle Access Visits sind ein unvergessliches Erlebnis. Normalerweise können Besucher nicht ins Innere des Steinkreises gelangen, doch bei diesen Rundgängen auf eigene Faust können sie auch den Kern der Anlage betreten und sich die Blausteine und Trilithen aus nächster Nähe anschauen. Diese Besichtigungen werden abends und am frühen Morgen angeboten, sodass das Stonehenge-Erlebnis durch die größere Stille und die tiefstehende Sonne noch verstärkt wird. Bei jedem dieser Visits sind höchstens 30 Personen zugelassen; man muss mindestens zwei Monate im Voraus buchen.

**Salisbury Guided Tours** FÜHRUNG
(☎07775-674816; www.salisburyguidedtours.com; ab 80 £ pro Pers.) Bietet verschiedene von Experten geführte Touren nach Stonehenge, in die umliegende Rituallandschaft und nach Salisbury.

## Anreise & Unterwegs vor Ort

### BUS

Nach Stonehenge verkehren keine öffentlichen Busse.

**Stonehenge Tour** (☎0845 0727 093; www.thestonehengetour.info; Erw./Kind 26/16 £) Von Juni bis August jede halbe Stunde ab dem

Bahnhof von Salisbury, von September bis Mai jede Stunde. Im Fahrpreis ist der Eintritt für Stonehenge und die eisenzeitliche Festung Old Sarum (S. 275) eingeschlossen; dort halten die Busse auf der Rückfahrt.

## Rund um Stonehenge

Stonehenge gehört zu einem großen Komplex uralter Monumente.

### Sehenswertes & Aktivitäten

Nördlich von Stonehenge befindet sich der grob in ostwestlicher Richtung verlaufende **Cursus** (Großer Umlauf), ein längliches Oval mit umlaufendem Erdwall. In der Nähe ist der **Lesser Cursus** (Kleinerer Umlauf). Zum Zweck dieser Anlagen kursieren unterschiedlichste Theorien, von alten Sportarenen bis zu Prozessionswegen für die Verstorbenen. Zwei Gruppen von Grabhügeln, die **Old** und die **New King Barrows**, befinden sich neben der **Avenue** (Prozessionsallee), die ursprünglich Stonehenge mit dem gut 3 km entfernten River Avon verband.

Von der Website des **National Trust** (www.nationaltrust.org.uk) kann man sich die Beschreibung des 5,6 km langen Rundwegs A King's View herunterladen. Er verläuft von Stonehenge vorbei am Cursus und den King Barrows sowie auf einem Abschnitt des Prozessionswegs durch die Kreidehochebene. Auch im Besucherzentrum von Stonehenge gibt's Faltblätter zu Wandermöglichkeiten.

**Woodhenge** ARCHÄOLOGISCHE STÄTTE
(EH; ☎0870 3331181; www.english-heritage.org.uk; ⊙Sonnenaufgang–Sonnenuntergang) GRATIS Bei Amesbury rund 2,5 km östlich von Stonehenge befindet sich Woodhenge mit einer Reihe konzentrischer Ringe, die einst mit Holzpfosten markiert waren. Es wird angenommen, dass zwischen der Nutzung von Stein und Holz in den beiden Stätten ein Zusammenhang besteht. Bei Ausgrabungen in den 1970er-Jahren wurde hier das Skelett eines Kindes mit gespaltenem Schädel zutage gefördert, das nahe der Kreismitte bestattet war.

## Stourhead

Mit seinen vielen Ausblicken, Tempeln und Zierbauten wartet **Stourhead** (NT; ☎01747-841152; www.nationaltrust.org.uk; Mere; Haus oder Garten Erw./Kind 8/4 £, Haus & Garten 13/7 £; ⊙Haus Mitte März–Okt. 11–16.30 Uhr, Nov.–Mitte März Sa & So 11–15 Uhr; P) mit Landschaftsarchitektur vom Feinsten auf. Im palladianischen Haus gibt's ein paar schöne Chippendale-Möbel und Gemälde von Claude und Gaspard Poussin, doch das Ganze verblasst im Vergleich zur prächtigen Gartenanlage (geöffnet 9–17 Uhr, April–Sept. bis 19 Uhr) aus dem 18. Jh., die sich übers Tal erstreckt. Stourhead liegt abseits der B3092, 13 km südlich von Frome in Somerset.

Ein malerischer, gut 3 km langer Rundweg führt vorbei an den am reichsten geschmückten Zierbauten, um den See herum und zum Apollotempel; ein 5,5 km langer Abstecher führt in der Nähe des Pantheons zum **King Alfred's Tower** (Erw./Kind 3/2 £; ⊙März–Okt. Sa & So 12–16 Uhr), einem 50 m hohen Bau mit wunderbarer Aussicht.

## Longleat

Auf dem alten herrschaftlichen Anwesen **Longleat** (☎01985-844400; www.longleat.co.uk; All-inclusive-Ticket Erw./Kind 34/22 £, Haus & Außenanlagen 15,50/10,50 £; ⊙Juli & Aug. 10–19 Uhr, April–Juni bis 17 Uhr, März, Sept. & Okt. bis 16 Uhr; P) entstand 1966 Großbritanniens erster Safaripark. Dadurch wurden die von Lancelot „Capability" Brown gestalteten Gartenanlagen in einen atemberaubenden Autozoo mit zahlreichen Tieren verwandelt, die sich in der afrikanischen Wildnis sicher eher zu Hause fühlen als auf den Weiden Wiltshires. Daneben gibt's weitere Attraktionen wie eine Schmalspurbahn, eine Dr.-Who-Ausstellung, ein Postman-Pat-Dorf, eine Haustierecke und einen Schmetterlingsgarten.

Longleat House liegt an der A362, 5 km von Frome und Warminster.

Dieses war das erste Herrenhaus in England, das seine Türen für die Öffentlichkeit öffnete: Angesichts hoher Steuern und nach dem Zweiten Weltkrieg steigenden Ausgaben musste sich das Haus seinen Unterhalt selbst verdienen.

Das Haus selbst wartet mit schönen Wandbehängen, Möbeln und verzierten Decken auf sowie einer Bibliothek mit rund 40 000 Bänden. Das Highlight sind jedoch die Gemälde und psychedelischen Wandbilder des derzeitigen Marquis, der in den 1960er-Jahren Kunst studierte und die lange Tradition exzentrischer englischer Adliger fortführt. Näheres auf seiner Website (www.lordbath.co.uk).

# Malmesbury

Das entspannte Hügelstädtchen Malmesbury ist mit alten, aus honigfarbenem Cotswold-Stein erbauten Gebäuden gespickt. Dies ist das älteste *borough* Englands; diesen Status erhielt der Ort 880. Außerdem steht hier eins der schönsten **Marktkreuze** des Landes, ein kronenartiger Bau aus dem 15. Jh., in dem sich die Armen bei Regen unterstellen konnten.

Bus 31 fährt nach Swindon (3 £, 1 Std., Mo–Sa stündl.), Bus 92 nach Chippenham (2,70 £, 45 Min., Mo–Sa stündl.).

## Sehenswertes

**Malmesbury Abbey** ABTEI

(☎01666-826666; www.malmesburyabbey.info; empfohlene Spende 3 £; ⏲9–16 Uhr) Malmesburys große Attraktion ist die Malmesbury Abbey, eine Mischung aus Ruine und aktiver Kirche mit einer recht turbulenten Geschichte. Bemerkenswert sind hier das mit biblischen Figuren verzierte normannische Portal, die romanischen Apostel-Darstellungen und eine vierbändige illuminierte Bibel von 1407. Auf einem Fenster in der Westwand der Kirche ist der „fliegende Mönch“ Elmer dargestellt: Er schnallte sich im Jahr 1010 Flügel an und sprang vom Kirchturm. Zwar brach er sich dabei beide Beine, doch er überlebte und wurde zu einem Lokalhelden.

Ein Kloster aus dem 7. Jh. wurde später durch eine normannische Kirche ersetzt. Bis zur Mitte des 15. Jhs. kamen eine Kirchturmspitze und zwei Türme hinzu, doch 1470 stürzte ein Turm während eines Sturms ein, wodurch der Ostteil der Kirche zerstört wurde. Auch der Westturm stürzte 1662 ein, was wiederum das Langhaus stark in Mitleidenschaft zog. Die heutige Kirche macht etwa ein Drittel ihrer Originalgröße aus und ist auf beiden Seiten von Ruinen flankiert.

Gleich unterhalb der Abtei befinden sich die **Abbey House Gardens** (☎01666-827650; www.abbeyhousegardens.co.uk; Erw./Kind 8/3 £; ⏲Mitte März–Okt. 11–17.30 Uhr) mit einem Kräutergarten, Flüsschen, Wasserfall und 2 ha Blumen.

# Lacock

1000 EW.

Mit seinen geraniengeschmückten Cottages und seinen schiefen Dächern scheint das mittelalterliche Dorf Lacock teils in der Mitte des 19. Jhs. steckengeblieben zu sein. Seit 1944 wird das Dorf vom National Trust verwaltet und ist großteils frei von Zeugnissen der Moderne: So gibt es hier keine Telefonmasten oder elektrischen Straßenlampen und dank dem großen Parkplatz am Ortsrand herrscht hier auch fast kein motorisierter Verkehr. Insgesamt überrascht es daher kaum, dass der Ort eine beliebte Kulisse für Historien- und andere Spielfilme abgibt: Das Dorf und seine Abtei tauchen in den Harry-Potter-Filmen auf, in *Die Schwester der Königin* und in den BBC-Verfilmungen von *Moll Flanders* und *Stolz und Vorurteil*.

## Sehenswertes

**Lacock Abbey** ABTEI

(NT; ☎01249-730459; www.nationaltrust.org.uk; Erw./Kind 11,20/5,60 £; ⏲März–Okt. 10.30–17.30 Uhr, Nov.–Feb. 11–16 Uhr) Lacock Abbey ist ein Fenster zur Welt des Mittelalters. Die stimmungsvollen Räume und die beeindruckende gotische Eingangshalle der im 13. Jh. als augustinisches Nonnenkloster gegründeten Abtei sind von bizarren Terrakottafiguren gesäumt – z. B. einem Sündenbock mit einem Stück Zucker auf der Nase. Im Kreuzgang ist noch etwas von der ursprünglichen Bausubstanz erhalten und es sind auch Spuren mittelalterlicher Wandbilder zu finden. Der Zugang ist ganzjährig dienstags und im Winter unter der Woche auf den Kreuzgang beschränkt.

Ela, Gräfin von Salisbury, gründete die Abtei 1232. Nach der Auflösung der Klöster wurde sie 1539 an Sir William Sharington verkauft. Er baute das Kloster in eine Wohnresidenz um, ließ die Kirche abreißen sowie einen Turm und eine Brauerei errichten.

Mit der Eintrittskarte für die Abtei hat man auch Zutritt zum **Fox Talbot Museum**. Dieses beschäftigt sich mit dem Pionier des Fotonegativs, William Henry Fox Talbot (1800–1877). Der umtriebige Erfinder begann 1834, als er in der Abtei arbeitete, mit der Entwicklung des Negativ-Positiv-Verfahrens. Das Museum erläutert die Einzelheiten seiner wegweisenden Arbeit und stellt eine erstklassige Sammlung seiner Bilder vor.

Eine günstigere Eintrittskarte (Erw./Kind 8,50/4,50 £) gewährt Zugang zu den Außenanlagen, dem Museum und dem Kreuzgang, jedoch nicht zur Abtei selbst.

## Schlafen & Essen

★ **Red Lion** GASTHOF ££

(☎01249-730456; www.redlionlacock.co.uk; 1 High St; DZ 120 £; P 📶) Im urigen Lacock steigt man kaum besser ab als in dieser georgianischen Postkutschenstation, die durch und durch stimmungsvoll ist – mit Steinplattenböden, offenen Kaminen und einer prächtigen Treppe. In den einladenden Zimmern gewähren Stabkreuzfenster einen Blick auf malerische alte Straßen. Auch das Essen ist gut (Hauptgerichte 11 £, erhältlich 9–20.30 Uhr).

**King John's Hunting Lodge** B&B ££
(☎01249-730313; www.kingjohnslodge.2day.ws; 21 Church St; DZ/FZ 95/110 £; P) Lacocks ältestes Gebäude strahlt vor allem Ruhe aus. Die Einrichtung entspricht den von Balken gesäumten, unregelmäßig geformten, makellos gepflegten Zimmern – Wandbehänge, anmutige Stühle und Porzellanfiguren. Sehr empfehlenswert ist der *afternoon tea* im **Café** (erhältlich Mi–So 10.30–16 Uhr).

**Lacock Pottery** B&B ££
(☎01249-730266; www.lacockbedandbreakfast.com; Church St; EZ 56–66 £, DZ 89–110 £; P 📶) Das ruhige, luftige ehemalige Arbeitshaus bietet Torffeuer, Biofrühstück und schöne Keramik.

**George Inn** PUB £
(www.georgeinnlacock.co.uk; 4 West St; Hauptgerichte 11–19 £; ⏲12–14.30 & 18–21 Uhr) Gutes Essen und Bier aus der Region in einem Pub aus dem 14. Jh. voller Messing-Zaumzeugbeschläge.

### An- & Weiterreise

Bus 234 fährt von Chippenham (2,40 £, 15 Min., Mo–Sa stündl.) nach Lacock.

## Avebury

235 EW.

Während die Tourbusse schnurstracks auf Stonehenge zuhalten, begeben sich die Vorgeschichtspuristen zum großen Steinkreis von Avebury. Zwar fehlen diesem Kreis die eindrucksvollen Trilithen (Steintore) der Schwesterstätte auf der anderen Seite der Salisbury Plain, doch lohnt Avebury in gleichem Maße eine Besichtigung. Der hiesige Steinkreis ist größer und älter und ein großer Teil des Dorfs liegt innerhalb des Kreises – um die Steine herum führen Fußwege, sodass man die einzigartige Stimmung wirklich voll genießen kann. Das Umland von Avebury ist zudem reich an anderen prähistorischen Stätten und es wartet mit einem Herrenhaus auf, dessen restaurierte Räume fünf komplett unterschiedliche Epochen repräsentieren.

### RITUALLANDSCHAFT

Avebury ist von Monumenten aus der Vorgeschichte umgeben wie dem Silbury Hill (S. 285) und dem West Kennet Long Barrow (S. 285). Südlich des Orts erstreckt sich 2,5 km weit die von einhundert Steinpaaren gesäumte West Kennet Avenue. Sie verband den Steinkreis von Avebury mit einer **Sanctuary** genannten Stätte. Hier weisen Löcher für Pfosten darauf hin, dass hier einst ein von einem Steinkreis umgebenes Holzgebäude stand. Jedoch weiß niemand wirklich, welchen Zweck die Stätte hatte.

Der **Ridgeway National Trail** (www.nationaltrail.co.uk/ridgeway) beginnt bei Avebury und führt in östlicher Richtung über die Fyfield Down, woher viele der Sarsensteine von Avebury und Stonehenge stammten.

### Sehenswertes

**★ Avebury Stone Circle** ARCHÄOLOGISCHE STÄTTE
(NT; ☎01672-539250; www.nationaltrust.org.uk; ⏲24 Std.; P) GRATIS Mit einem Durchmesser von 348 m ist Avebury der größte Steinkreis der Welt. Außerdem ist er einer der ältesten: Er stammt von 2500 bis 2200 v. Chr. Heute stehen noch 30 Steine an Ort und Stelle; Säulen deuten an, wo einst die fehlenden Steine standen. Wer hier herumspaziert, erkennt schnell die gewaltigen Ausmaße der Anlage. Davon zeugen auch der große Wall und der Graben um den Steinkreis herum. Besonders stimmungsvoll ist die Nordwestecke der Anlage. Der National Trust bietet täglich Führungen an.

Avebury Henge bestand ursprünglich aus einem äußeren Kreis aus 98 bis zu 6 m hohen Menhiren, von denen viele 20 t wogen. Die Steine waren von einem weiteren Kreis umgeben, bestehend aus einem 5 m hohen Erdwall und einem 9 m tiefen Graben. Innerhalb des Kreises lagen im Norden (27 Steine) und im Süden (29 Steine) kleinere Steinkreise.

Als der Kirche im Mittelalter das heidnische Erbe peinlich war, wurden viele der Monolithe vergraben, entfernt oder zerstört. 1934 überwachte der wohlhabende Geschäftsmann und Archäologe Alexander Keiller die Wiederaufrichtung der Steine.

## Avebury

### Avebury



Später erwarb er mit Geldern aus dem Familienvermögen, das mit Marmelade verdient worden war, die Stätte für die Nachwelt.

Die heutigen Straßen, die nach Avebury hineinführen, teilen den Steinkreis genau in vier Sektoren ein. Wer an der High Street beim **Henge Shop** losgeht und dann dem Kreis gegen den Uhrzeigersinn folgt, trifft im **Südwestsektor** auf elf Menhire. Darunter ist der **Barber Surgeon Stone**, benannt nach dem Skelett eines Mannes, das unter dem Stein gefunden wurde – die Gegenstände, die mit ihm bestattet worden waren, legen die Vermutung nahe, dass es sich bei ihm um einen Barbier und Arzt gehandelt hatte.

Der **Südostsektor** beginnt mit den großen **Portalsteinen**, die den Eingang zum Kreis an der **West Kennet Avenue** markieren. Im diesem Sektor befand sich der **südliche innere Kreis** mit einem **Obelisken** und einer Steingruppe in **Z-Form**. Unmittelbar außerhalb dieses kleineren Kreises ist vom **Ring Stone** nur die Basis erhalten.

Im **nördlichen inneren Kreis** im **nordöstlichen Sektor** sind von einer **U-Form** nur drei Sarsensteine übrig. Der **Nordwestsektor** wartet mit der komplettesten Sammlung von Steinpfeilern auf, darunter der gewaltige, 65 t schwere **Swindon Stone**, einer von nur wenigen, die nie umgestoßen worden sind.

**★ Avebury Manor** HISTORISCHES GEBÄUDE
(NT; ☎01672-539250; www.nationaltrust.org.uk; Erw./Kind 9/4,50 £; ⊙April–Okt. Do–Di 11–17 Uhr) Im Rahmen der BBC-Sendung *The Manor Reborn* fand in diesem Herrenhaus aus dem 16. Jh. die Mutter aller Umbauten statt. Mit alten Techniken und Materialien wurden Innenausstattungen aus fünf verschiedenen Epochen verwirklicht. Heute können Besucher daher auf Betten sitzen, Billard spielen und einem Grammophon lauschen – in Räumen, deren Einrichtung von der Tudorzeit über die georgianische Ära bis in die 1930er-Jahre alles abdeckt.

Im Garten schaffen Formschnitt- und Buchsbaumhecken eine Reihe von Räumen, die Vita Sackville-West inspirierten, Schöpferin der **Sissinghurst Gardens** (☎01580-710700; www.nationaltrust.org.uk/sissinghurst; Erw./erm./Fam. 8,80/4,40/22 £; ⊙11–18.30 Uhr, letzter Einlass Mo, Di & Fr 17.30 Uhr, Mitte März–Nov. Sa & So 10–18.30 Uhr, letzter Einlass 17.30 Uhr) in Kent. Die Gärten sind nur mit Eintrittskarten mit festen Zeiten zugänglich – früh da sein!

**Silbury Hill** ARCHÄOLOGISCHE STÄTTE
(www.english-heritage.org.uk; P) GRATIS Der 40 m hohe Silbury Hill erhebt sich abrupt aus der Landschaft unmittelbar südlich von Avebury; er ist der größte von Menschenhand geschaffene Erdhügel in Europa. Er wurde schrittweise ab etwa 1500 v. Chr. angelegt, doch sein Zweck ist nach wie vor unklar. Es gibt keinen direkten Zugang zum Hügel; man kann ihn von einer Parkbucht an der A4 sehen. Ein schönerer Blick bietet sich, wenn man in Avebury über den Hauptparkplatz geht, die Straße überquert und dann einem Pfad in südlicher Richtung zur Nordseite des Hügels über die Felder folgt (5 km hin & zurück).

**West Kennet Long Barrow** ARCHÄOLOGISCHE STÄTTE
(EH; ☎01672-539250; www.english-heritage.org.uk; ⊙Sonnenaufgang–Sonnenuntergang) GRATIS Der schönste Begräbnishügel Englands stammt von ungefähr 3500 v. Chr. Seinen Eingang bilden große Sarsensteine, sein Dach besteht aus gigantischen überlappenden Decksteinen. Als die Grabkammer ausgegraben wurde, wurden etwa 50 Skelette gefunden. Die Funde aus dem Grabhügel sind im Wiltshire Heritage Museum in Devizes ausgestellt. Von Avebury führt ein Fußweg vorbei am Silbury Hill nach West Kennet (3,2 km).

## Schlafen

**★ Manor Farm** B&B ££
(☎01672-539294; www.manorfarmavebury.com; High St; EZ 70–80 £, DZ 90–100 £; P 📶) Hier haben Gäste die seltene Gelegenheit, stilvoll innerhalb eines Steinkreises zu nächtigen: Dieses gemütliche Backstein-Bauernhaus schmiegt sich drinnen an den Avebury Henge. Die eleganten, komfortablen Zimmer bieten eine Mischung aus alten Hölzern und heller Ausstattung und aus den Fenstern blickt man auf 4000 Jahre alte Menhire.

**Avebury Lodge** B&B £££
(☎01672-539023; www.aveburylodge.co.uk; High St; DZ 175 £; P 📶) Hier herrscht der Eindruck, als hätten sich die adligen Archäologen gerade erst verabschiedet: Die Wände sind mit alten Stichen von Steinkreisen bedeckt und überall finden sich Schabracken und Kronleuchter. Und wer aus dem Fenster blickt, erspäht sicher einen Teil des Steinkreises von Avebury.

## Essen & Ausgehen

**Circle** CAFÉ £
(www.nationaltrust.org.uk; Hauptgerichte ab 7 £; ⊙April–Okt. 10–18 Uhr, Nov.–März bis 16 Uhr; 🖉) Das vegetarische und Vollwert-Café neben der Great Barn serviert Quiche und Kuchen aus eigener Herstellung, dicke Sandwiches und *afternoon teas*.

**Red Lion** PUB
(www.oldenglishinns.co.uk; High St; ⊙11–23 Uhr) Wer sich hier ein Pint genehmigt, trinkt im einzigen in einem Steinkreis gelegenen Pub weltweit. Das Essen (erhältlich 12–21 Uhr, Hauptgerichte 7–13 £) steht fest auf dem Boden der Tradition – z. B. Schweinebauch und *sausage and mash*.

## An- & Weiterreise

Bus 49 fährt stündlich nach Swindon (4,40 £, 30 Min.) und Devizes (4 £, 20 Min.).

# EXMOOR NATIONAL PARK

Exmoor macht süchtig! Selbst wenn man wieder zu Hause ist, hat man noch das rotbraune Breitwandpanorama vor Augen. Im Herzen des Nationalparks erstreckt sich unter einem endlosen Himmel das Hochmoor: eine verlassene, weitläufige, gelbe Graslandschaft wie aus einer anderen Welt. Das malerische Dorf Exford bietet sich hier als ideales Basislager an. Im Norden durchschneiden klare, felsige Flusstäler das Plateau und pechschwarze Klippen stürzen ins Meer. Zwischen den aufgetürmten Kaps locken stimmungsvolle Orte zum Verweilen, wie das charismatische Porlock oder die Zwillingsorte Lynton und Lynmouth. Das entspannte Dulverton besticht mit ländlichem Kleinstadtflair, während der ansprechende Ort Dunster mit Kopfsteinpflasterstraßen und einem rostroten Schloss auftrumpft. Und überall zeigt sich das Leben im Einklang mit dem Rhythmus der Jahreszeiten. Exmoor ist wie ein Blick in eine andere Welt und wer einmal hier war, wird bald wiederkommen wollen.

## Aktivitäten

**Exmoor Adventures** OUTDOORAKTIVITÄTEN
(☎01643-863536; www.exmooradventures.co.uk) Bietet Kajak-, Kanu-, Mountainbike-, Coasteering- und Felsklettertouren.

### Radfahren

Trotz beachtlicher Steigungen ist Radfahren sehr beliebt in Exmoor. Mehrere Routen des **National Cycle Network** (NCN; www.sustrans.org.uk) verlaufen durch den Park, darunter der Westcountry Way (NCN-Route 3) von Bristol nach Land's End sowie die Devon Coast-to-Coast Cycle Route (NCN-Route 27), die von Ilfracombe durch Exmoor und Dartmoor nach Plymouth führt.

Mit seinen vielen Reitwegen und für Räder zugelassenen Pfaden ist Exmoor eins der attraktivsten Crossrad-Gelände Devons. Die Exmoor National Park Authority (ENPA; S. 287) hat eine farbkodierte Karte für Crossradler erstellt (10 £); erhältlich ist sie bei Touristeninformationen oder online bei der ENPA.

Exmoor Adventures (s. links) bietet einen fünfstündigen Mountainbike-Kurs (50 £) und vermietet auch Räder (Erw. 25 £ pro Tag).

**Exmoor Cycle Hire** FAHRRADVERLEIH
(☎01598-753967; www.exmoorcyclehire.co.uk; Erw. 14/50 £ pro Tag/Woche, Kind 8/28 £)

**Pompys** FAHRRADVERLEIH
(☎01643-704077; www.pompyscycles.co.uk; Mart Rd, Minehead; 15 £ pro Tag; ⏲Mo–Sa 9–17 Uhr)

### Ponytrekking & Reiten

Exmoor ist bestes Reitterrain. Reiterhöfe bieten Pony- und Pferderitte, zweistündige Ausritte kosten etwa 40 bis 45 £.

**Brendan Manor Stables** REITEN
(☎01598-741246; www.ridingonexmoor.co.uk; Brendon Manor, bei Lynton)

**Burrowhayes Farm** REITEN
(☎01643-862463; www.burrowhayes.co.uk; West Luccombe, bei Porlock)

### AUF HIRSCHPIRSCH

Exmoor beheimatet einen der größten frei lebenden Rotwildbestände Englands. Am besten sind die Tiere im Herbst zu beobachten, wenn in der Brunftzeit röhrende Hirschböcke mit ihren gewaltigen Geweihen aufeinander losgehen und um die Gunst ihrer zukünftigen Hirschkuh kämpfen. Trotz ihrer großen Zahl sind die scheuen Tiere ohne einheimische Kenntnis nur schwer aufzufinden.

Die Exmoor National Park Authority (S. 287) organisiert regelmäßig Führungen zur Tierbeobachtung (3–5 £). Eine Alternative sind mehrstündige Jeepsafaris quer durchs Gelände, bei denen Wildtiere aufgespürt werden.

**Barle Valley Safaris** (☎01643-841326; www.exmoorwildlifesafaris.co.uk; Erw./Kind 30/25 £) Ab Dulverton und Dunster, sammelt auch in Wheddon Cross Teilnehmer ein.

**Discovery Safaris** (☎01643-863444; www.discoverysafaris.com; 25 £ pro Pers.) Zweimal täglich ab Porlock.

**Exmoor Safari** (☎01643-831229; www.exmoorsafari.co.uk; Erw./Kind 35/16 £) Alteingesessener Anbieter, der auch Fotosafaris im Programm hat.

**Red Stag Safari** (☎01643-841831; www.redstagsafari.co.uk; Safari 25–38 £) Ab verschiedenen Orten in Exmoor.

## Exmoor National Park

**Outovercott Stables** REITEN
(☎01598-753341; www.outovercott.co.uk; bei Lynton)

**Wandern**

Die weiten Moore und zahlreichen markierten Pfade von Exmoor lassen jedes Wanderherz höher schlagen. Zu den besten Fernwanderwegen zählen der **Somerset & North Devon Coast Path**, der zum **South West Coast Path** (www.southwestcoastpath.com) gehört, sowie die Exmoor-Etappe des **Two Moors Way**. Letzterer beginnt in Lynmouth und führt gen Süden nach Dartmoor und noch weiter.

Der **Coleridge Way** (www.coleridgeway.co.uk) windet sich auf einer Länge von 82 km durch Exmoor, die Brendon Hills und die Quantocks. Auch ein Abschnitt des 290 km langen **Tarka Trail** durchquert den Park. Wer diesem Weg ab Combe Martin folgt, kann entlang der Klippen nach Lynton und Lynmouth und dann quer durchs Moor nach Barnstaple wandern.

Die Exmoor National Park Authority (s. unten) veranstaltet das ganze Jahr über Wanderungen, u. a. Rotwildsafaris, Nachtschwalben-Spaziergänge und Nachtwanderungen.

## ℹ Praktische Informationen

### TOURISTENINFORMATIONEN

Die **Exmoor National Park Authority** (ENPA; www.exmoor-nationalpark.gov.uk) unterhält drei Besucherzentren:

**Dulverton** (☎01398-323841; www.exmoor-nationalpark.gov.uk; 7–9 Fore St, Dulverton; ⏲10–17 Uhr)

**Dunster** (☎01643-821835; www.exmoor-nationalpark.gov.uk; Dunster Steep, Dunster; ⏲10–17 Uhr)

**Lynmouth** (☎01598-752509; www.exmoor-nationalpark.gov.uk; The Esplanade, Lynmouth; ⏲10–17 Uhr)

### WEBSITES

**Active Exmoor** (www.activeexmoor.com) Infos zu Outdooraktivitäten.

**Visit Exmoor** (www.visit-exmoor.co.uk) Offizielle Tourismuswebsite mit nützlichen Tipps zu Aktivitäten, Veranstaltungen und Unterkünften.

## ℹ Unterwegs vor Ort

Der **MoorRover** (☎01643-709701) ist ein Ruf-Minibus, mit dem man jedes Ziel in Exmoor ansteuern kann. Je nach Strecke liegt der Fahrpreis bei 10 bis 30 £. Der Bus kann auch Fahrräder befördern und bietet zudem einen Gepäcktransportservice. Mindestens einen Tag vorher buchen!

Die Busverbindungen in Exmoor finden sich auf der Website ExploreMoor. Achtung: Manche Verbindungen sind saisonabhängig und besonders die in abgelegeneren Gegenden ändern sich häufig.

**300** (Mo–Sa 1- bis 3-mal tgl., Okt.–Mai So kein Bus) Fährt von Minehead über Porlock nach Lynmouth die Küste entlang. Samstags und sonntags fährt ein Bus weiter nach Ilfracombe.

**309/310** (Mo–Sa 9-mal tgl.) Fährt ganzjährig von Barnstaple über Parracombe nach Lynmouth.

**398** (Mo–Sa 6-mal tgl.) Fährt ganzjährig von Minehead durchs Moor nach Tiverton. Zwischenstationen sind Dunster, Wheddon Cross und Dulverton. Einmal pro Tag hält der Bus auch in Exford.

# Dulverton

1500 EW.

Dulverton ist das südliche Tor zum Exmoor-Nationalpark und schmiegt sich nahe des Zusammenflusses von Exe und Barle ins Barle Valley. Das traditionelle Landstädtchen beherbergt mehrere Fachgeschäfte für den Jagd- und Angelbedarf sowie einige Geschenkartikelläden und bietet sich als reizvolle Basisstation am Rande des Moors an.

## Sehenswertes

**Tarr Steps** WAHRZEICHEN

(24 Std.) GRATIS Exmoors berühmtestes Wahrzeichen ist eine alte Brücke aus großen Sandsteinplatten. Diese ruhen auf steinernen Pfeilern, die im Fluss Barle versenkt sind. Die *clapper bridge* (Steinplattenbrücke) wurde der Sage nach vom Teufel zum Sonnenbaden erbaut. Urkundlich erwähnt wurde die Brücke zum ersten Mal im 17. Jh.; im 21. Jh. musste sie nach Flutschäden erneuert werden. Die Tarr Steps sind 8 km nordwestlich von Dulverton an der B3223 zwischen Dulverton und Simonsbath ausgeschildert.

Oder man wandert von Dulverton am Ufer des Barle entlang (19 km hin & zurück) zur Brücke.

## Schlafen

**★ Streamcombe Farm** B&B ££

(01398-323775; www.streamcombefarm.co.uk; Streamcombe Lane, bei Dulverton; EZ 60–65 £, DZ 75–100 £; P) Die elegant-rustikalen Zimmer in einem reizenden Bauernhaus aus dem 18. Jh. beeindrucken mit Kaminen und antiken Deckenbalken. Nur die Schafe, Hirsche und Fasane draußen unterbrechen hier und da die Stille. Und wer noch mehr Lust auf Zurück-zur-Natur hat, kann im Wald zelten (10 £ pro Pers.) oder zu zweit in einer Schäferhütte (75 £) übernachten.

**Town Mills** B&B ££

(01398-323124; www.townmillsdulverton.co.uk; High St; EZ/DZ 85/95 £; P) Die beste Wahl, wenn man mitten in Dulverton übernachten will. Die Zimmer in der umgebauten Mühle am Fluss sind ganz modern mit cremeweißen Teppichen, magnolienfarbenen Wänden und kleinen floralen Kunstwerken ausgestattet.

**Tarr Farm** HOTEL £££

(01643-851507; www.tarrfarm.co.uk; Tarr Steps; EZ/DZ 85/150 £; P) Ein perfekter Ort zur Tiefenentspannung. Das charmante Bauernhaus liegt versteckt mitten im Wald bei den Tarr Steps, 11 km von Dulverton entfernt. Die neun Zimmer sind geräumig und luxuriös und verwöhnen mit Extras wie biologischen Badeprodukten oder selbst gebackenen Keksen.

### DEM HIMMEL SO NAH

In ganz Exmoor sind die Leute zurecht völlig begeistert, dass der Nationalpark – dank seines pechschwarzen Nachthimmels – zum ersten europäischen „International Dark Sky Reserve" (Schutzgebiet zur Bewahrung des dunklen Nachthimmels) erklärt wurde. Die ENPA veranstaltet kostenlos nächtliche Sternbeobachtungswanderungen. Das einzige Licht bei diesen schaurig-schönen Touren über finstere Hügel spenden die faszinierenden Sternenbilder. Die Nationalparkverwaltung hat zudem kostenlose Prospekte mit Sternenschaubildern und Karten erstellt. Die beste Sternensicht bietet der zentrale, höher gelegene Teil des Nationalparks – vielversprechend sind z. B. die Berge um Dunkery Beacon.

## Essen

**Exclusive Cake Co** BÄCKEREI £

(www.exclusivecakecompany.co.uk; 19 High St; Speisen ab 3 £; Mo–Fr 9–17, Sa bis 14 Uhr) In den Regalen stapeln sich die Gourmetköstlichkeiten: Exmoor-Ale, -Käse und -Vollkorn-Senfbrot, Somerset-Cider-Kuchen, Wildbret-Portwein-Pastete (samt der für Exmoor typischen Warnung „Wildbretpasteten können Flintenschrot enthalten").

**Mortimers** CAFÉ £

(01398-323850; 13 High St; Hauptgerichte ab 6 £; Do–Di 9.30–17.15 Uhr) Zu erstklassigen und exotischen Tees werden in dem reizend schnörkeligen Tearoom himmlische Kuchen und knusprige Käsetoasts gereicht.

**★ Woods** BISTRO £££

(01398-324007; www.woodsdulverton.co.uk; 4 Bank Sq; Hauptgerichte 19 £; 12–14 & 18–21.30 Uhr) Rustikaler Chic par excellence – von der Einrichtung bis zum Geschirr. An den rauen Steinwänden prangen Hirschgeweihe und in den holzvertäfelten Separees warten urige Tische und Bänke. Die Speisekarte versammelt Rindfleisch, Lamm, Taube und Käse aus Exmoor, die mit spannenden

Beilagen wie Trüffelpüree, eingelegten Pilzen und karamellisierten Walnüssen kombiniert werden.

## Lynton & Lynmouth

Mit ihren abfallenden Klippen und steilen, baumbestandenen Abhängen ist die Landschaft rund um diese beiden netten Küstenorte ausgesprochen reizvoll. Unten am Meer liegt das quirlige Hafenstädtchen Lynmouth mit seinen Pubs und Souvenirläden. Sehr viel nobler wirkt das oben auf dem felsigen Kap thronende Lynton. Den Weg dorthin bewältigt eine Standseilbahn, die mit dem Wasser des West Lyn River angetrieben wird, der in der Nähe zahlreiche Kaskaden und Wasserfälle speist.

### Sehenswertes

**Cliff Railway** HISTORISCHE EISENBAHN
(☎01598-753486; www.cliffrailwaylynton.co.uk; einfach/hin & zurück Erw. 2,50/3,50 £, Kind 1,50/2 £; ⌚Feb.–Okt. 10–17 Uhr, Juni–Aug. bis 19 Uhr) Ein Meisterwerk viktorianischer Ingenieurskunst: Zwei Waggons, die mit einem Stahlkabel verbunden sind, fahren die steile Klippe je nach Wassermenge in ihren Tanks hinauf oder hinab. Die mit poliertem Holz und glänzendem Messing ausgestattete Bahn läuft seit 1890 wie geschmiert und ist unbedingt eine Fahrt wert.

**Flood Memorial Hall** BESUCHERZENTRUM
(The Esplanade, Lynmouth; ⌚Ostern–Okt. 9–17 Uhr) GRATIS Nach sintflutartigen Regenfällen am Tag zuvor wälzte sich am frühen Morgen des 16. August 1952 eine riesige Sturzflutwelle durch Lynmouth. Die Katastrophe war verheerend – 34 Menschen kamen ums Leben, vier Brücken und unzählige Häuser wurden von den Wassermassen mitgerissen. Die Ausstellung in der Memorial Hall beinhaltet ein Modell des Dorfes vor der Flut, Fotos von Gebäuden, die damals zerstört wurden, und persönliche Berichte von Zeitzeugen.

### Aktivitäten

Zu den beliebten Wanderwegen durch die spektakuläre Landschaft rund um Lynton und Lynmouth zählen die Touren zum Leuchtturm am **Foreland Point**, nach **Watersmeet** (3 km östlich von Lynmouth, entlang der verträumten Ufer des East Lyn) und durch die idyllische **Glen Lyn Gorge**.

**Valley of the Rocks** WANDERN
Die dramatische Geologie dieses Tals der Felsen beschrieb der Dichter Robert Southey mit den Worten: „Fels rollt sich auf Fels, Stein schichtet sich auf Stein, eine gewaltige, bedrohliche, taumelnde Masse“. Viele der Formationen haben phantasievolle Namen wie Devil's Cheesewring (Käsepresse des Teufels) oder Ragged Jack (eine Kohlsorte). Mit etwas Glück sieht man sogar ein paar wilde Ziegen über die Hänge klettern. Das Tal liegt 1,5 km westlich von Lynton und der Weg hierher führt über einen wildromantischen Küstenpfad.

### Schlafen

★ **Rock House** B&B ££
(☎01598-753508; www.rock-house.co.uk; Manor Green, Lynmouth; EZ 45 £, DZ 100–120 £) Die Lage ist einfach grandios. Das B&B logiert direkt am kleinen Hafen von Lynmouth und ist zu drei Seiten umringt von steilen Hügeln. Die zeitgenössisch eingerichteten Zimmer sind mit ledernen Bettköpfen, fliederfarbenen Sofakissen und Minisesseln ausgestattet. Die Aussicht ist in allen Zimmern faszinierend, aber den besten Blick bietet die Nummer vier mit ihrem Strandpanorama.

**North Walk House** B&B ££
(☎01598-753372; www.northwalkhouse.co.uk; North Walk, Lynton; DZ 60–80 £; P 📶) Abgeschliffene Holzböden, gestreifte Bettwäsche und kleine bunte Teppiche verleihen dem North Walk House einen netten, unkonventionellen Touch. Die Aussicht aufs Meer und die zerklüfteten Klippen ist phantastisch. Zum Biofrühstück bekommen die Gäste Speck

**HOSTELS & CAMPINGSCHEUNEN**

Die einzige offizielle Jugendherberge im Exmoor National Park ist in **Exford** (☎0845 3719 634; www.yha.org.uk; Exe Mead; B 18 £; P). Einfache Unterkünfte bieten die Campingscheunen der **Mullacott Farm** (YHA; ☎0800 0191 700; www.yha.org.uk; Mullacott Cross, bei Ilfracombe; 10 £ pro Pers.) bei Ilfracombe und der **Northcombe Farm** (YHA; ☎0800 0191 700; www.yha.org.uk; Hollam, bei Dulverton; 9 £ pro Pers.) bei Dulverton; dafür benötigt man die übliche Campingausrüstung.

und Würstchen aus Exmoor sowie gebackene Eier aus dem gusseisernen Aga-Ofen.

**Castle Hill** B&B ££
(☎01598-752291; www.castlehill.biz; Castle Hill, Lynton; DZ 70–95 £, FZ 140 £; 📶) Die in Hellbeige gehaltenen Zimmer dieses stattlichen viktorianischen Gemäuers im Ortszentrum sind eindeutig modern und mit soliden Holzmöbeln bestückt, manche warten mit kirschroten Sofas auf. Die Minisuiten haben winzige Balkone mit Blick auf die Stadt und die Hügel.

★ **Millers at the Tors** BOUTIQUEHOTEL £££
(☎01598-753236; www.millerslynmouth.co.uk; Countisbury Hill, Lynmouth; DZ 180–300 £; P) Extravagant ist gar kein Ausdruck für diese schicke Enklave voll exotischer Artefakte und Kunstobjekte. Der ehemalige Betreiber Martin Miller war Autor der Bücher *Miller's Antiques*, was die wunderbar überkandidelte Einrichtung erklärt. Dank der Lage am Hang des steilen Countisbury Hill gibt's obendrein eine rundum tolle Aussicht zu genießen.

## Essen

**Charlie Friday's** CAFÉ £
(www.charliefridays.co.uk; Church Hill, Lynton; Speisen ab 3 £; ⏲ Feb.–Nov. 10–17 Uhr) Ein sympathischer, alternativ angehauchter Ort zum Entspannen. Das Gebäck und die dick belegten Sandwiches sind erste Sahne und der doppelte Espresso (aus fairem Handel) hat es wirklich in sich.

**Rising Sun** FUSIONSKÜCHE ££
(☎01598-753223; www.risingsunlynmouth.co.uk; Hauptgerichte 12–19 £; ⏲12–14.30 & 18–21 Uhr) Küchenchef Ben Meill kombiniert Spezialitäten aus dem Südwesten Englands mit europäischen Aromen. Kredenzt werden z. B. zarte, sautierte Jakobsmuscheln mit knuspriger Pancetta oder Krebse mit Koriander und Limette. Auch das Gebäude selbst hat mit den mächtigen Deckenbalken und buckligen Böden seinen ganz eigenen Charme.

## Praktische Informationen

Lynmouth hat ein ENPA-Besucherzentrum (S. 287).

**Touristeninformation Lynton** (☎01598-752225; www.lynton-lynmouth-tourism.co.uk; Lynton Town Hall, Lee Rd; ⏲ Mo–Sa 10–17, So bis 14 Uhr)

# Porlock & Umgebung

2300 EW.

Das kleine Dorf Porlock ist einer der hübschesten Orte an der Nordküste Exmoors. Er bettet sich zwischen das Meer und einen steilen Hang, an dem die Häuser hinaufklettern. Reetgedeckte Cottages säumen die Hauptstraße und gewundene Pfade führen zum verträumten Hafen **Porlock Weir** 3 km westlich von Porlock, mit einem bogenförmigen Kieselsteinstrand und schönen Küstenblicken.

## Sehenswertes

**Holnicote Estate** HISTORISCHE GEBÄUDE
(NT; ☎01823-451587; www.nationaltrust.org.uk; bei Porlock; ⏲ 24 Std.; P) GRATIS Das 5060 ha große Holnicote Estate südöstlich von Porlock umfasst eine Reihe reetgedeckter Bilderbuchdörfer. Auf das malerische **Bossington** folgt das charmante **Allerford** mit einer im 15. Jh. für Lastpferde erbauten Brücke. Im größten Dorf, **Selworthy**, gruppieren sich pittoreske Lehmhäuser mit Strohdächern um die Dorfwiese und es gibt phänomenale Aussichten auf Exmoor sowie ein Café und einen Laden.

## Schlafen & Essen

★ **Millers at the Anchor** BOUTIQUEHOTEL ££
(☎01643-862753; www.millersuk.com/anchor; Porlock Weir; EZ 65–95 £, DZ 90–155 £; P📶) Das Millers beherbergt ein wildes Antiquitätensammelsurium, überquellende Bücherregale sowie etliche exotische Teppiche und sprüht über vor liebenswerter englischer Exzentrik. Die Zimmer, in denen goldgerahmte Spiegel mit Marmorbüsten konkurrieren, punkten mit riesigen Betten und einer faszinierenden Aussicht auf Porlock Weir. Aber das Schachbrett in der Lounge oder das skurrile Heimkino locken so manchen Gast schnell wieder vor die Zimmertür.

### AUTOFAHRT NACH PORLOCK

Wer mit dem Auto unterwegs ist, kann das Dorf Porlock auf zwei malerischen Routen erreichen. Die New Road Toll Road windet sich durch Kiefernwald und Spitzkehren und am Porlock Hill (A39) geht's sehr steil den Berg hinunter. Eine Alternativstrecke hoch von Porlock Weir ist eine weitere Mautstraße, die Porlock Scenic (Worthy) Toll Road.

**Culbone** BRITISCH ££

(☎01643-862259; www.theculbone.com; bei Porlock; Hauptgerichte 13–25 £; ⏲Di–Sa 12–22, So bis 16 Uhr; P) In diesem schicken Restaurant mit angeschlossenen Zimmern versammelt die Speisekarte jede Menge regionale Erzeugnisse, darunter 28 Tage lang abgehangene Devon-Red-Steaks (man hat die Wahl zwischen drei verschiedenen Teilstücken oder einem riesigen Chateaubriand für zwei). Die Ausstaffierung mit Schieferböden und schwarzen Lederstühlen setzt ganz auf zeitgenössischen Chic. Dieser Stil ist auch in den Gästezimmern in der oberen Etage (85–100 £) wiederzufinden.

**Ship Inn** PUB £

(www.shipinnporlock.co.uk; High St, Porlock; Hauptgerichte 8–16 £; ⏲12–14.30 & 18–21 Uhr; P) Der Dichter Coleridge und sein Kumpel Robert Southey haben sich in diesem reetgedeckten Pub in Porlock beide schon das eine oder andere Pint gegönnt. Es wird sättigendes Pubessen serviert – hauptsächlich Steaks, Braten und Eintöpfe – und wer möchte, kann in einem von zehn hellen, in Cremetönen gehaltenen und mit Kiefernholz eingerichteten Gästezimmern (DZ 70 £) nächtigen.

### Praktische Informationen

**Touristeninformation Porlock** (☎01643-863150; www.porlock.co.uk; High St, Porlock; ⏲Mo–Sa 10–17, So bis 13 Uhr)

## Dunster

850 EW.

Dunster ist einer der ältesten Orte Exmoors und gruppiert sich mit seinen sprudelnden Bächen, kleinen Brücken und Kopfsteinpflasterstraßen um ein rosafarbenes Schloss und den mittelalterlichen *yarn market* (Woll- und Stoffmarkt).

### Sehenswertes

**Dunster Castle** BURG

(NT; ☎01643-821314; www.nationaltrust.org.uk; Erw./Kind 9,30/4,60 £; ⏲März–Okt. 11–17 Uhr; P) Das rosafarbene Dunster Castle residiert hoch oben auf einem dicht bewaldeten Hügel. Das Schloss wurde von den Luttrells errichtet, denen einst ein Großteil des nördlichen Exmoor gehörte. Der älteste Gebäudeteil stammt aus dem 13. Jh., allerdings wurden die Türme und Außenmauern im 19. Jh. angefügt. Innen ist das Schloss mit Tudormöbeln, Stuckatur aus dem 17. Jh. und einer übertrieben prächtigen Treppe ausgestattet, draußen überblicken die Terrassengärten die Exmoorküste.

**St. George's Church** KIRCHE

Die schöne Kirche von Dunster stammt größtenteils aus dem 15. Jh. und beeindruckt mit einer aufwendig geschnitzten Chorschranke samt kunstvollem Fächergewölbe. Direkt hinter der Kirche befindet sich ein Taubenschlag aus dem 16. Jh., in dem schmackhafte Täubchen für die Schlosstafel gezüchtet wurden.

**Watermill** MÜHLE

(☎01643-821759; Mill Lane; Erw./Kind 3,75/2,75 £; ⏲April–Okt. 11–16.45 Uhr) Diese funktionierende Wassermühle aus dem 18. Jh. besitzt größtenteils noch ihre originalen Mühlräder, Zahnkränze und Mahlsteine. Am Flussufer wartet ein uriger Teesalon.

### Schlafen & Essen

**Mill Stream Cottage** B&B ££

(☎01643-821966; www.millstreamcottagedunster.co.uk; 2 Mill Lane; EZ 55 £, DZ 74–84 £) In dem ehemaligen Armenhaus aus dem 17. Jh. logiert heute eine zuckersüße Pension mit Zimmern im Cottagestil. Bei der Ankunft gibt's selbst gebackenen Kuchen, zum Tee werden selbst gemachte Kekse gereicht und in der Gästelounge kann man es sich auf den Sofas vor dem Holzofen bequem machen.

**Dunster Castle Hotel** HOTEL ££

(☎01643-823030; www.thedunstercastlehotel.co.uk; 5 High St; DZ 70–160 £; ⏲12–14.30 & 18–21 Uhr; 📶) Die einstige Poststationsherberge kommt alles andere als nüchtern daher – von der Einrichtung in dunklem Purpur über das polierte Holzmobiliar bis zu den edlen Stoffüberwürfen, die an Wappendecken erinnern. Die Bar ist gemütlich und das quirlige Restaurant (Hauptgerichte 14–22 £) überzeugt mit pikanten Kombinationen wie Rindfleisch mit Chorizo oder Jakobsmuscheln mit luftgetrocknetem Schinken.

**Spears Cross** B&B ££

(☎01643-821439; www.spearscross.co.uk; 1 West St; DZ 97–107 £; P📶) Ein Ort für Gourmets und Liebhaber antiker Hölzer. Überall finden sich Balken und Vertäfelungen aus dekorativem, alten Ulmenholz, die von geblümten Stoffen und himbeerroten Wänden umrahmt werden. Aber schon allein das Frühstück ist den Aufenthalt wert: Zu Bucks Fizz (mit frisch gepresstem Orangensaft und Champagner) gibt's selbst geräucherten Speck, vor Ort geräucherte Forelle sowie traditionell gebackenes Honig-Dinkelbrot.

**Reeve's** BRITISCH ££

(☎01643-821414; www.reevesrestaurantdunster.co.uk; 20 High St; Hauptgerichte 12–25 £; ⏲Sa & So 12–13.30, Di–Sa 19–21 Uhr) Dieses wirklich stilvolle Restaurant tischt das beste Essen in Dunster auf. Die Küchenkreationen sind ausgefeilt und äußerst sättigend. Serviert werden z. B. Enten- und Hühnchen-Confit, Steinbutt mit Safranaroma und eine noch warme, pikante Zitronen-Meringue.

**Cobblestones** CAFÉ ££

(☎01643-821595; www.cobblestonesofdunster.co.uk; 24 High St; Hauptgerichte 5–10 £; ⏲tgl. 10–15.30, Mi–Sa 18.30–20.30 Uhr) Das Dorfcafé serviert Schinken- und Käseplatten, Garnelen auf Toast und erstklassige *cream teas*.

### ℹ An- & Weiterreise

Bus 28 hält auf dem Weg von Taunton nach Minehead (4 £, Mo–Sa halbstündl., So stündl.) in Dunster.

Die Züge der **West Somerset Railway** (☎01643-704996; www.west-somerset-railway.co.uk; 24-Std.-Rover-Ticket Erw./Kind 17/8,50 £) halten im Sommer in Dunster; von Mai bis Oktober fahren vier bis sieben Züge täglich.



## DEVON

Devon heißt Freiheit! Zwischen den Küsten mit ihren zahllosen Stränden erstrecken sich Landschaften voller historischer Herrenhäuser, quirliger Städte und wildromantischer Moore. Hier kann man alle Pläne über Bord werfen und zerklüftete Küstenpfade entlangwandern, tolle Bootsausflüge unternehmen oder sich auf von Hecken gesäumten Landsträßchen verirren, die noch nicht mal auf der Karte verzeichnet sind. Für Städtefreunde gibt's die Unistadt Exeter, das touristische Torquay, das Seglermekka Dartmouth und das alternative Totnes. Oder man steuert die Wildnis Dartmoors und die abgeschiedene Nordküste mit ihrer wilden Brandung an. Hier werden die Reisenden mit Wein verwöhnt, der gleich nebenan wächst, und mit Essen, das frisch vom Feld oder aus dem Meer auf dem Tisch landet. Hier kann man surfen, Rad und Kajak fahren, reiten, im Meer baden und barfuß am Strand entlangstreifen – in Devon erwarten Besucher die große Freiheit der Natur und sandige Füße.

### ℹ Praktische Informationen

**Visit Devon** (www.visitdevon.co.uk)

### ℹ Unterwegs vor Ort

**Traveline South West** (www.travelinesw.com) Bus- und Zugfahrpläne.

**BUS**

Bei der Reiseplanung hilft die interaktive **Buslinienkarte** (www.journeydevon.info). Central Dartmoor wird von verschiedenen kleineren Busunternehmen abgedeckt.

**First** (www.firstgroup.com) Wichtiger Busbetreiber in Plymouth und Süddevon.

**Stagecoach Devon** (www.stagecoachbus.com) Busverbindungen rund um Exeter, in Norddevon, dem südlichen Dartmoor und um Torquay.

**Buspässe**

**First Seven Day** (Erw./Kind/Fam. 37/23/58 £) Wochenkarte für die meisten First-Busse in Devon.

**Firstday Southwest** (Erw./Kind 7,40/5,30 £) Tageskarte für First-Busse in Devon und Cornwall.

**MegaRiderGold** (1/4 Wochen 26/94 £) Unbegrenzte Nutzung aller Stagecoach-Busse im Südwesten.

**Stagecoach Explorer** (Erw./Kind/Fam. 7,50/5/15 £) Tageskarte für das Südwestnetz von Stagecoach.

**ZUG**

Die Hauptbahnstrecke Devons führt auf dem Weg von Exeter nach Plymouth am südlichen Dartmoor vorbei und verläuft weiter nach Cornwall. Nebenstrecken sind z. B. die 63 km lange Tarka Line von Exeter nach Barnstaple, die 24 km lange Tamar Valley Line von Plymouth nach Gunnislake und die schöne Paignton Line von Exeter nach Torquay.

**Freedom of Devon & Cornwall Rover** Ermöglicht unbegrenztes Reisen in Devon und Cornwall an drei von sieben Tagen (Erw./Kind 45/23 £) oder acht von fünfzehn Tagen (65/39 £).

## Exeter & Umgebung

117 800 EW.

Die wohlhabende Universitätsstadt Exeter ist reich an Zeugnissen aus den vergangenen Jahrhunderten, in denen die Stadt kulturelles und administratives Zentrum der Grafschaft Devon war. Davon zeugen die alte Kathedrale, die über Kopfsteinpflasterstraßen mit mittelalterlichen und georgianischen Bauten thront, sowie Reste einer römischen Mauer, während einzelne ultramoderne Bauten und eine quicklebendige Kulturszene für frischen Wind sorgen. Der schöne Quai am Fluss Exe bietet den idealen Ausgangspunkt für Fahrrad- oder Kajaktouren und eine Handvoll schicker Hotels und Restaurants sind weitere Gründe, Exeter als Urlaubsort zu wählen.

## Geschichte

Die Geschichte der Stadt lässt sich leicht anhand ihrer Gebäude verfolgen. Um 55 n. Chr. bauten die Römer eine 17 ha große Festung, die von einer 3,2 km langen Verteidigungsmauer umbaut wurde. Von dieser Mauer existieren noch Überreste, besonders in den Rougemont und Northernhay Gardens. Unter den Sachsen und Normannen wuchs die Stadt: 1068 wurde eine Burg hochgezogen, die Kathedrale dann 40 Jahre später. Die Wollindustrie der Tudorzeit machte Exeter reich und brachte Fachwerkhäuser ins Stadtbild. Der Wohlstand setzte sich bis in die georgianische Ära fort, als Kaufleute noble Stadthäuser bauten. Im Zweiten Weltkrieg wurde die Stadt durch deutsche Luftangriffe stark zerstört. 1942 starben in nur einer Nacht 156 Menschen und 12 ha der Stadt wurden dem Erdboden gleichgemacht. Ins 21. Jh. führte schließlich die glänzende Glas- und Stahlkonstruktion des für 220 Mio. £ erbauten Einkaufszentrums Princesshay und eröffnete eine neue Epoche in der Architektur-Chronik der Stadt.

## Sehenswertes

★ **Exeter Cathedral** KATHEDRALE
(Cathedral Church of St. Peter; ☎01392-285983; www.exeter-cathedral.org.uk; The Close; Erw./Kind 6 £/frei; ⏲Mo–Sa 9.30–16.45, So 11.30–15.30 Uhr)
Die in einem warmen, honigfarbenen Stein erbaute prächtige Kathedrale zählt zu den bedeutendsten Sehenswürdigkeiten Devons. Das größtenteils aus dem 12. und 13. Jh. stammende Gotteshaus ist draußen mit außerordentlichen mittelalterlichen Skulpturen geschmückt. Im Inneren zieht die Decke die Besucher in ihren Bann: das weltweit längste durchgehende gotische Gewölbe, dessen atemberaubend hohe Fächerrippen am Scheitelpunkt mit verzierten Schlusssteinen in Bronze und lebhaften Farben enden. Zu den weiteren Highlights im Inneren der Kirche zählen die eleganten Holzschnitzarbeiten und die wundervollen Bildhauereien.

Hier war schon mindestens seit dem 5. Jh. eine religiöse Stätte, auf der die Normannen 1114 anfingen, die Kathedrale zu bauen. Die Türme stammen noch aus dieser Zeit. 1270 begann ein insgesamt 90-jähriger Umbau, durch den die englischen Gotikvarianten Early English und Decorated Style in den Kirchenbau eingeführt wurden.

An der **Westfassade** zieren Dutzende von verwitterten Figuren eine ursprünglich in leuchtenden Farben bemalte, riesige Bildwand. Die Figuren gelten heute als die größte englische Ansammlung von Skulpturen aus dem 14. Jh. Ein weiterer Hingucker befindet sich drinnen im nördlichen Querschiff: die **Exeter Clock**. Die Uhr stammt aus dem 15. Jh. und zeigt die Erde nach den astronomischen Annahmen des Mittelalters im Zentrum des Universums, die von der Sonne (in Lilienform) umkreist wird. Bis heute dreht sich das Uhrwerk zuverlässig und zu jeder vollen Stunde schlägt die Uhr.

Der riesige Eichenbaldachin über dem **Bischofsstuhl** wurde 1312 geschnitzt und die **Sängertribüne** von 1350 schmücken zwölf Engel, die Musikinstrumente spielen. Das Personal in der Kathedrale verweist gerne auf die berühmte Skulptur der Dame mit zwei linken Füßen und die winzige **St. James Chapel**, die eine während eines Luftangriffs zerstörte Kapelle ersetzte und mit den ungewöhnlichen Schnitzereien einer Katze, einer Maus und seltsamerweise sogar eines Rugbyspielers überrascht.

Neben den phantastischen Dachtouren (s. oben) bietet die Kathedrale 45-minütige **Führungen** (im Eintritt inbegriffen; ⏲Mo–Sa 11, 12.30 & 14.30 Uhr). Bewegende **Abendandachten** mit Chorgesang finden Montag bis Freitag um 17.30 Uhr und Samstag und Sonntag um 16 Uhr statt.

NICHT VERSÄUMEN

### DER KATHEDRALE AUFS DACH STEIGEN

Einen sensationellen Blick auf die Exeter Cathedral (s. unten links) bieten die hoch hinaus führenden **Führungen** (☎01392-285983; www.exeter-cathedral.org.uk; Erw./Kind 10/5 £; ⏲April–Sept. Di–Do 14, Sa 11 Uhr). Nach 251 Stufen auf einer Wendeltreppe geht es hinauf auf das weitläufige Dach bis zur Spitze des Nordturms, von wo man die ganze Stadt überblickt. Die Dachtouren sind beliebt, also mindestens zwei Wochen vorher buchen.

## Exeter

## Exeter

### Highlights
1 Exeter Cathedral ........ C3
2 RAMM ........ C2
3 Unterirdische Gänge ........ D2

### Sehenswertes
4 St. Nicholas Priory ........ B3

### Aktivitäten, Kurse & Touren
Exeter Cathedral Führungen ........ (s. 1)
Exeter Cathedral Dachtouren ........ (s. 1)
5 Redcoat Tours ........ C3
6 Saddles & Paddles ........ C4

### Schlafen
7 ABode Exeter ........ C3
8 Globe Backpackers ........ C4
9 Magdalen Chapter ........ D4
10 Raffles ........ D1
11 Townhouse ........ A1
12 White Hart ........ C4

### Essen
13 @Angela's ........ B4
14 Herbies ........ B3
15 Michael Caines ........ C3
Refectory ........ (s. 1)
16 Ruby ........ C2
17 Rusty Bike ........ C1

### Ausgehen & Nachtleben
18 Mamma Stone's ........ B3
19 Old Firehouse ........ D2
20 Timepiece ........ C2

### Unterhaltung
21 Bike Shed ........ B3
22 Exeter Picturehouse ........ B4
23 Phoenix ........ C2

Im angrenzenden **Refektorium** (Serlo's; Hauptgerichte 6 £; ⌚ Mo–Sa 10–16.45 Uhr) können sich Gäste inmitten von Gewölbedecken, Buntglas und Büsten aller möglichen Großen, Guten und Dahingeschiedenen mit Kuchen, Quiche und Suppe stärken.

**★ Unterirdische Gänge** UNTERIRDISCHE GÄNGE

(☎ 01392-665887; www.exeter.gov.uk/passages; Paris St; Erw./Kind 6/4 £; ⌚ Juni–Sept. Mo–Sa 9.30–17.30, So 10–16 Uhr, Okt.–Mai Di–So 11.30–16 Uhr) Wer sich nicht scheut, einen Helm aufzusetzen, in die Knie zu gehen und eventuell sogar Geistern zu begegnen, kann Englands einzige öffentlich zugängliche Kanalisation besichtigen. In den Gewölben der mittelalterlichen Tunnel verliefen einst Rohre, die die Stadt mit frischem Trinkwasser aus den Quellen der Umgebung versorgten. Unterhaltsame Führer begleiten ihre Gruppen durch einen Teil dieses riesigen, klammen Tunnelsystems und würzen den Rundgang mit Geschichten über Geister, Fluchten und die Cholera. Die letzte Führung beginnt eine Stunde vor Schließung. Die Führungen sind begehrt, also vorausbuchen!

**★ RAMM** MUSEUM

(Royal Albert Memorial Museum & Art Gallery; ☎ 01392-265858; www.rammuseum.org.uk; Queen St; ⌚ Di–So 10–17 Uhr) GRATIS Der imposante Ziegelsteinbau sieht aus wie ein viktorianisches Museum, aber ein 24 Mio. £ teurer Umbau hat die Ausstellung in die Moderne katapultiert. Interaktive Bildschirme erklären die Geschichte Exeters von der Ur- und Frühgeschichte bis heute, die Erkundung der Welt und das Prinzip des Sammelns. Es gibt Gegenstände aus der Zeit der Römer zu entdecken sowie Schnitzereien aus der Tudorzeit und eindrucksvolle ethnographische Stücke wie afrikanische Masken, Samuraiwaffen und die Mumie Shep en-Mut.

**Bill Douglas Centre** MUSEUM

(☎ 01392-724321; www.billdouglas.org; Old Library, Prince of Wales Rd; ⌚ 10–17 Uhr; P) GRATIS Eine ebenso charmante wie lebhafte Liebeserklärung an Film und Slapstick ist dieses Filmmuseum mit einer kompakten Sammlung, die das gesamte Spektrum von der Laterna magica bis zu Micky Maus abdeckt. Daneben sind noch diverse Erinnerungsstücke wie Flaschenverschlüsse im Charlie-Chaplin-Look, Spielkarten mit Ginger-Rogers-Konterfei und Spielzeug aus *Star Wars* zu sehen. Das Bill Douglas Centre befindet sich auf dem Campus der Universität von Exeter 1,5 km nordwestlich der Stadtmitte.

**St. Nicholas Priory** HISTORISCHES GEBÄUDE

(☎ 01392-265858; www.exeter.gov.uk/priory; The Mint; Erw./Kind 4,20/1,60 £; ⌚ Sa 10–17 Uhr, in den Schulferien auch Mo–Fr) Wer einen Eindruck vom Leben in einem Stadthaus der späten elisabethanischen Ära bekommen möchte, sollte dieses ehemalige Benediktinerkloster besuchen. Es wurde vor 900 Jahren aus rotbraunem Gestein gebaut und beeindruckt mit der Einrichtung: Möbel in hellen Farben, raffinierte Stuckdecken und aufwendige Eichenvertäfelungen.

**Powderham Castle** HISTORISCHES GEBÄUDE

(☎ 01626-890243; www.powderham.co.uk; Erw./Kind 11/10 £; ⌚ April–Okt. So–Fr 11–16.30 Uhr; P) Irgendwie schafft es der historische und auch aktuelle Stammsitz des Earl of Devon, gleichzeitig herrschaftlich und heimelig zu wirken. Das Herrenhaus wurde 1391 erbaut und dann in der viktorianischen Ära umgebaut. Zu den Highlights gehören die schöne, holzgetäfelte Great Hall, der Park mit 650 Hirschen und die Küche, die einen Einblick in das Leben der Angestellten gewährt. Powderham liegt am Fluss Exe bei Kenton, 13 km südlich von Exeter, und ist von Exeter mit der Buslinie 2 erreichbar (3,80 £, 30 Min., Mo–Sa alle 20 Min.).

**A La Ronde** HISTORISCHES GEBÄUDE

(NT; ☎ 01395-265514; www.nationaltrust.org.uk; Summer Lane; Erw./Kind 8/4 £; ⌚ Anfang Feb.–Okt. 11–17 Uhr, Nov.–Jan. Sa & So 12–16 Uhr; P) Diese wunderbar kuriose, sechzehneckige Hütte ließ sich ein älteres, lediges Cousinenduo 1796 eigens als Behausung einer riesigen Sammlung von Mitbringseln von einer zehnjährigen Endlostour über das europäische Festland bauen. Besucher in diesem kleinen Reich aus verglasten Nischen, niedrigen Türrahmen und winzigen Türchen fühlen sich wie im Puppenhaus. Zu den Highlights zählen ein zartes Federfries im Salon und eine Empore mit Tausenden von Muscheln. Das Haus liegt 16 km südlich von Exeter bei Exmouth. Bus 57 (4,30 £, 30 Min., alle 15 Min.) hält ganz in der Nähe.

## Aktivitäten

Vom **Quay** verlaufen am River Exe und am Exeter Canal Rad- und Wanderwege an Pubs vorbei Richtung Süden und führen am immer breiter werdenden Fluss entlang zum 16 km entfernten Meer.

**Saddles & Paddles** OUTDOORAKTIVITÄTEN

(☎ 01392-424241; www.sadpad.com; Exeter Quay; ⌚ 9–18 Uhr) Verleiht Fahrräder (Erw. 6/15 £

pro Std./Tag), Kajaks (10/35 £) und Kanadier (15/50 £); die Touristeninformation hält Karten bereit.

## Geführte Touren

★ **Redcoat Tours** STADTRUNDGANG
(☎01392-265203; www.exeter.gov.uk/visiting; ⏲April–Okt. tgl. 15–18 Uhr, Nov.–März 2-mal tgl.) GRATIS Während dieser 1½-stündigen Spaziergänge breitet sich die lange Geschichte Exeters aus. Die Themen reichen von Mord und Handel bis zu den Tudors und Religion – es werden sogar Erkundungen der Katakomben bei Fackellicht und abendliche Geisterführungen angeboten. Die Führungen beginnen im Cathedral Yard oder am Exeter Quay; vorab Buchen ist nicht erforderlich.

## Schlafen

★ **Wood Life** CAMPINGPLATZ £
(☎01392-832509; www.thewoodlife.org; The Linhay; 5/7 Nächte ab 550/800 £; ⏲April–Okt.; P) Zu den Annehmlichkeiten in diesen luxuriösen Safarizelten für sechs Personen zählen nicht nur Messing-Bettgestelle und Mako-Baumwolle sowie dicke Teppiche auf den Holzböden – es gibt auch eine Feuerstelle samt Lagerfeuerkessel, frische Kräuter und eine Truhe mit alten Spielen. Und zusammen mit holzbeheizten Duschen und einem 3,5 ha großen Wald ergibt sich hier ein komfortables Campingparadies. Wood Life liegt am Rand des Dorfs Kenn, 11 km südlich von Exeter.

**Globe Backpackers** HOSTEL £
(☎01392-215521; www.exeterbackpackers.co.uk; 71 Holloway St; B/DZ 17,50/45 £; P WLAN) Diese makellos saubere, weitläufige Unterkunft mit drei Doppelzimmern, geräumigen Schlafsälen und Duschräumen, die ein wahrer Luxus sind, ist zu Recht ein beständiger Favorit bei den Rucksackreisenden.

**ABode Exeter** HOTEL ££
(☎01392-319955; www.abodehotels.co.uk/exeter; Cathedral Yard; Zi. 90–300 £; WLAN) Im ABode trifft georgianische Eleganz auf minimalistischen Chic. Unebene Böden und Buntglasfenster verbinden sich mit Einbauleuchten, zurückhaltendem Mobiliar und neutralen Farbtönen. Die Zimmernamen lauten „Komfortabel", „Beneidenswert" und „Fabelhaft". Letzteres stimmt ganz und gar: Die schrägen Decken rahmen einen Logenplatzblick auf die Kathedrale. Die Preise hängen von der Verfügbarkeit ab. Die Schnäppchen gibt's bei früher Buchung.

### BLACKDOWN YURTS

Diese mongolischen **Jurten** (☎01884-266699; www.blackdownyurts.co.uk; bei Exeter; 6-Pers.-Jurte 200 £ für 5 Tage; P) sind dank Biobettwäsche, frischem Quellwasser, dicken Teppichen und röhrenden Holzfeuern ganz und gar unwiderstehlich. Außerdem gibt's eine Feldküche, eine Feuerstelle und jede Menge Brennholz. Zu finden sind die vier gemütlichen Jurten auf einem verschlafenen Kleinbauernhof rund 24 km südöstlich von Exeter.

**Raffles** B&B ££
(☎01392-270200; www.raffles-exeter.co.uk; 11 Blackall Rd; EZ/DZ/FZ 55/78/88 £; P WLAN) Das von einem Antiquitätenhändler geführte B&B ist überladen mit knarzenden Antiquitäten und einem Sammelsurium viktorianischer Kinkerlitzchen; dazu kommen Bakelitradios, hölzerne Pflanzenständer und glänzende Truhen. Frühstück in (überwiegend) Bioqualität und ein ummauerter Garten rundet das Angebot ab.

**White Hart** GASTHOF ££
(☎01392-279897; www.whitehartpubexeter.co.uk; 66 South St; EZ/DZ 74/84 £; P WLAN) In diesem Haus übernachten Gäste seit der Herrschaft der Plantagenets im 14. Jh. Der gepflasterte Hof wird von Blauregen eingerahmt und die Bar hat eine Balkendecke und Bücherregale an den Wänden. Die Zimmer sind geschmackvoll modern in Honig- und Goldtönen eingerichtet, mit Wildlederstühlen und blitzblanken Badezimmern.

**Townhouse** B&B ££
(☎01392-494994; www.townhouseexeter.co.uk; 54 St. David's Hill; EZ/DZ/FZ 40/80/90 £; P WLAN) Einfache, aber reizende Zimmer mit abgezogenen Holzböden und klarem, übersichtlichem Design werden durch kräftige Farbspritzer aufgemuntert. Die viktorianische Fassade ist efeuumrankt und alle Zimmer sind nach literarischen Figuren benannt. Wie wär's: Schlafen mit Moneypenny, Dorian Gray oder Darcy?

★ **Magdalen Chapter** BOUTIQUEHOTEL £££
(☎01392-281000; www.themagdalenchapter.com; Magdalen St; DZ 160–250 £; @ WLAN Pool) Das zweifellos coolste Hotel von Exeter (das Personal trägt Converse-Turnschuhe und lässige Hosen) ist überreichlich mit flippigen Details

ausgestattet. Flure in sattem Lila führen zu taubengrauen Schlafzimmern, jedes mit iPad, Kaffeemaschine, kostenloser Minibar und Beleuchtungssystem für jede Stimmung. Am besten aber ist der winzige beheizte Pool, der von draußen in einen kleinen Raum führt, der von einem eigenen Holzofen angeheizt wird.

## Essen

**★Rusty Bike** MODERN BRITISCH ££
(☎01392-214440; www.rustybike-exeter.co.uk; 67 Howell Rd; Hauptgerichte 15–19 £; ⌚tgl. 18–22, Sa & So 12–15 Uhr) Der alte Kicker und abgenutzte Stühle strahlen Beatnik-Atmosphäre aus, aber das Essen ist stylisch-rustikal. Die Karte wechselt täglich, je nachdem, was die ortsansässigen Lieferanten auf Lager haben. Es gibt Seltenheiten wie Gänse-Confit mit Pistazien, Rinderkamm mit Möhren oder Fasanenbrust mit Trüffeln – natürlich geliefert vom örtlichen Wildhüter.

**Ruby** BURGER ££
(www.rubyburgers.com; 74 Queen St; Hauptgerichte 5,50–10 £; ⌚10–22 Uhr) Das Ambiente ist zwar vielleicht retro-hip, aber die Vorliebe für erstklassige regionale Zutaten ist voll auf der Höhe der Zeit: Hier gibt's saftige Rindfleischburger von Devon'schen Kühen sowie Schwein und Huhn aus Freilandhaltung. Zusammen mit Devon-Blue-Käse und Gemüse vom Stadtrand von Exeter ergibt sich so ein modernes Speiseerlebnis, das sich aus der Masse hervorhebt.

**Herbies** VEGETARISCH ££
(15 North St; Hauptgerichte 7–11 £; ⌚Mo–Sa 11–14.30, Di–Sa 18.30–21.30 Uhr; ✎) Das gemütliche Herbies mit seinem entspannten Groove füttert Exeters Vegetarier seit über 20 Jahren fröhlich durch. Sehr lecker sind die toskanischen Pilze, die marokkanische Tajine oder das Kürbis-Thymian-Risotto. Auch für Veganer ein heißer Tipp.

**★Michael Caines** GOURMETKÜCHE £££
(☎01392-319955; www.michaelcaines.com; Cathedral Yard; Hauptgerichte 24 £; ⌚Mo–Sa 12–14.30 & 18–21 Uhr) Der mit zwei Michelin-Sternen ausgezeichnete Namensgeber dieses Restaurants ist natürlich auch sein Chefkoch. Mit seinem Kochstil kreiert er eine komplexe Symbiose von erstklassigen heimischen Zutaten und französischer Raffinesse. Für das 7-Gänge-Probiermenü (65 £) sollte man sich Zeit lassen. Die Mittagsmenüs (2/3 Gänge 13/18 £) gehören zu den besten Schnäppchen, die die Stadt zu bieten hat.

**@Angela's** MODERN BRITISCH £££
(☎01392-499038; www.angelasrestaurant.co.uk; 38 New Bridge St; Hauptgerichte 20 £; ⌚Mo–Sa 18–21.30 Uhr) Hier sorgt der Koch persönlich dafür, dass frische, regionale Ware auf den Tisch kommt. Und wenn das bedeutet, dass er vor Sonnenaufgang aufsteht, um den besten Fisch vom Brixham Market zu erstehen. Allein wegen seines gebratenen Petersfischs mit viel Knoblauch lohnt sich der Weg. Ein Gericht, das unvergesslich bleiben wird, ist Ente mit einer gehaltvollen karamellisierten Orangensauce. Das Restaurant ist auch freitag- und samstagmittags geöffnet, allerdings nur für Gäste mit Reservierung.

## Ausgehen & Nachtleben

**★Old Firehouse** PUB
(www.oldfirehouseexeter.co.uk; 50 New North Rd; ⌚Mo–Mi 12–2, Do–Sa bis 3, So bis 1 Uhr) Wer diese lauschige, kerzenbeschienene Institution Exeters betritt, fühlt sich gleich wie zu Hause. Von den Dachsparren hängt getrockneter Hopfen, der Fußboden besteht aus

ABSTECHER

### RIVER COTTAGE CANTEEN

Fernsehkoch Hugh Fearnly-Whittingstall hat sich die Förderung einer nachhaltigen Ernährung auf die Fahnen geschrieben. Da ist es keine Überraschung, dass seine 48 km östlich von Exeter in Ostdevon gelegene **River Cottage Canteen** (☎01297-631715; www.rivercottage.net; Trinity Sq, Axminster; Hauptgerichte 8–16 £; ⌚tgl. 9–17, Di–Sa 18.30–21 Uhr; ✎) ganz auf regionale, saisonale und nachhaltig erzeugte Zutaten setzt. Serviert werden herzhafte Gerichte wie geräuchertes Wildschwein, Schottische Eier mit Wild und Platten mit Wurst, Fisch und Käse aus der Region. Zu den kredenzten Getränken zählt Stinger Beer, gebraut aus (sorgfältig) handverlesenen Brennesseln aus Dorset. Oder man wählt – Buchen erforderlich! – ein viergängiges Festmahl im nahen **River Cottage HQ** (☎01297-630300; www.rivercottage.net; 2-Gänge-Mittagessen 55 £, 4-Gänge-Abendessen 70–90 £; ⌚So 12–15, Fr & Sa 19.30–23 Uhr). Eine weitere River Cottage Canteen gibt's in Plymouth (S. 310).

Steinplatten, die Wände sind unverputzt. Es gibt eine eindrucksvolle Auswahl gezapfter Ciders und Ales vom Fass und die Pizza, die nach 21 Uhr aufgetischt wird, hat schon zahllose Studenten gesättigt.

**Timepiece** CLUB
(www.timepiecenightclub.co.uk; Little Castle St; ⌚Mo–Mi 21.30–1.30, Fr & Sa 22–2 Uhr) Die DJ-Sets reichen von Salsa (dienstags) und Indie-Electro (freitags) bis zu unterschiedlichsten Clubklassikern (samstags).

## ☆ Unterhaltung

**Mama Stone's** LIVEMUSIK
(www.mamastones.com; 1 Mary Arches St; ⌚18–24 Uhr) Supercoole Location, die jede Musikrichtung von Akustikcombos über Pop und Folk bis zu Impressessions auf die Bühne bringt. Viele der auftretenden Künstler haben das Artist Development Programm besucht, das hier angeboten wird. Auch die illustre Tochter von Mama Stone (doch, tatsächlich, *die* Joss Stone) gibt sich manchmal die Ehre. Geöffnet von 12 bis 3 Uhr, wenn Bands spielen.

**Phoenix** DARSTELLENDE KÜNSTE
(www.exeterphoenix.org.uk; Gandy St; ⌚Mo–Sa 10–23 Uhr; 📶) Die Seele der Kultur von Exeter – das Phoenix bietet eine Mischung aus unabhängigem Kino, Kunstperformances, Galerien und einer angesagten Café-Bar (kleine Speisen bis 21 Uhr).

**Exeter Picturehouse** KINO
(☎0871 902 5730; www.picturehouses.co.uk; 51 Bartholomew St West) Gemütliches kleines Programmkino. Zu sehen sind sowohl Mainstream- als auch Arthouse-Filme.

**Bike Shed** THEATER
(☎01392-434169; www.bikeshedtheatre.co.uk; 162 Fore St; ⌚Mo–Do 12–24, Fr & Sa bis 2, So 17–23 Uhr) In dem kahlen, von Backsteinwänden umgebenen Bühnenraum im Keller des Bike Shed werden Nachwuchsautoren vorgestellt. In der Vintage-Cocktailbar gibt's freitag- und samstagabends Livemusik und es legen DJs auf.

## ℹ Praktische Informationen

**Polizei** (☎08452-777444; Heavitree Rd; ⌚24 Std.)

**Royal Devon & Exeter Hospital** (Barrack Rd) Notaufnahme.

**Stadtbücherei** (Castle St; 3 £ für 30 Min.; ⌚Mo, Di, Do & Fr 9–18, Mi 10–17, Sa 9–16 Uhr; 📶) Internetzugang und kostenloses WLAN.

**Touristeninformation** (☎01392-665700; www.heartofdevon.com; Dix's Field; ⌚9.30–16.30 Uhr)

**Touristeninformation am Kai** (☎01392-271611; www.heartofdevon.com; The Quay; ⌚April–Okt. 10–17 Uhr, Nov.–März Sa & So 11–16 Uhr)

## ℹ An- & Weiterreise

### BUS

Busverbindungen u. a. nach:

**Bude** (6,50 £, 2 Std., Mo–Sa 5-mal tgl.) Bus X9; via Okehampton

**Jurassic Coast Bus/Bus X53** 4- bis 6-mal tgl. nach Lyme Regis (7 £), Weymouth (7,20 £) und Poole (7,20 £); im Winter sonntags keine Busse

**Moretonhampstead** (3,50 £, 1 Std., Mo–Sa 6-mal tgl.) Bus 359

**Plymouth** (6,50 £, 1¼ Std., Mo–Sa alle 2 Std., So 3-mal) Bus X38

**Totnes** (5,80 £, 50 Min., Mo–Sa 7-mal tgl., So 2-mal) Bus X64

**Transmoor Link/Bus 82** Verkehrt nur im Sommer (Mitte Mai–Mitte Sept.) samstags und sonntags, mit jeweils einer Fahrt pro Richtung von Exeter über Moretonhampstead, Postbridge, Princetown und Yelverton nach Tavistock (5,80 £)

### FLUGZEUG

**Exeter International** (www.exeter-airport.co.uk) Flüge ins In- und Ausland, u. a. nach Amsterdam, Genf, Glasgow, auf die Isles of Scilly, nach Manchester, Newcastle und Paris sowie auf die Kanalinseln

### ZUG

Züge von Exeter St. David's u. a. nach:

**Barnstaple** (10 £, 1¼ Std., 1- bis 2-mal stündl.)

**Bristol** (15 £, 1¼ Std., halbstündl.)

**Exmouth** (4 £, stündl., 40 Min.)

**London Paddington** (46 £, 2½ Std., halbstündl.)

**Paignton** (7 £, 50 Min., halbstündl.)

**Penzance** (15 £, 3 Std., halbstündl. bis stündl.)

**Plymouth** (9 £, 1 Std., halbstündl.)

**Torquay** (6 £, 45 Min., halbstündl. bis stündl.)

**Totnes** (7 £, 35 Min., halbstündl.)

Einige Nebenstreckenverbindungen führen auch durch Exeter Central.

## ℹ Unterwegs vor Ort

### AUTO

An Autovermietungen gibt's z. B. **Europcar** (www.europcar.co.uk).

Park-and-Ride-Busse (Erw./Kind 2,40/1,60 £) verkehren montags bis samstags alle 20 Minuten von Sowton (M5, Abfahrt 30) und Matford (M5, Abfahrt 31) sowie täglich ab der Honiton Road (M5, Abfahrt 29).

### BUS

Bus H (2- bis 4-mal pro Std.) verbindet den Bahnhof St. David's mit der Central Station und der High Street und kommt unterwegs auch in der Nähe des Busbahnhofs vorbei.

### FAHRRAD

Saddles & Paddles (S. 295) verleiht Fahrräder, Kajaks und Kanus.

### VOM/ZUM FLUGHAFEN

Bus 56 fährt vom Busbahnhof und vom Eisenbahnhof Exeter St. David's zum Exeter Airport (2,80 £, 30 Min., 7–18 Uhr stündl.).

### TAXI

Taxistände gibt's am Bahnhof St. David's sowie in der High Street und Sidwell Street.

**Capital Taxis** (☎ 01392-434343; ⌚ 24 Std.)
**Club Cars** (☎ 01392-213030; ⌚ 24 Std.)
**Gemini** (☎ 01392-666666; ⌚ 24 Std.)

# Torquay & Umgebung

114 266 EW.

Torquay liegt zwar am Ärmelkanal und nicht am Mittelmeer, aber die Palmen, Bootsstege und rostroten Klippen verleihen dem Küstenabschnitt rund um Torquay schon lange den Beinamen „Englische Riviera". Auf den ersten Blick ist Torquay ein typisches englisches Seebad mit etwas verblasstem Charme, das bei Rentnern auf Kaffeefahrt genauso beliebt ist wie bei Partywütigen auf Junggesellenabschied. Mittlerweile haben das milde Mikroklima und das türkisblaue Wasser auch eine gehobenere Klasse angezogen, sodass die kulinarische Szene in Torquay inzwischen als brandheiße Konkurrenz für die Gourmethochburg Dartmouth gilt. Wenn man dann noch einmalige Attraktionen wie eine riesige Voliere, prähistorische Höhlen, die Hinterlassenschaften Agatha Christies, Fischerhäfen und Dampflokomotiven dazu nimmt, darf man sich auf ein paar unvergessliche Tage am Meer gefasst machen.

Torquays Nachbarseebad Paignton liegt 5 km südlich; nach weiteren 8 km folgt der Fischerhafen Brixham.

## Sehenswertes & Aktivitäten

Torquay hat entlang einer sage und schreibe 35 km langen Küstenlinie 20 Strände. Die Urlauber scharen sich am zentral gelegenen **Torre Abbey Sands**, der bei Flut unter Wasser steht. Die Einheimischen gehen eher an die Sand- und Kiesstrände neben den 73 m hohen roten Felsen in **Babbacombe**.

**Living Coasts** ZOO
(☎ 0844 474 3366; www.livingcoasts.org.uk; Beacon Quay; Erw./Kind 12/9 £; ⌚ 10–17 Uhr) Diese Großraumvoliere bietet die einmalige Gelegenheit, freilaufende Pinguine, Papageientaucher mit Punkerfrisur und entwaffnend süße Küstenscharben aus nächster Nähe zu erleben.

**Babbacombe Model Village** MINIATURDORF
(☎ 01803-315315; www.model-village.co.uk; Hampton Ave; Erw./Kind 11/7 £; ⌚ 10–16 Uhr) Eine faszinierende Sehenswürdigkeit voller britischer Exzentrik auf 1,6 ha Fläche mit Mini-Stonehenge, Fußballstadion, Strand, Burg (belagert von einem Feuer speienden Drachen) und reetgedecktem Dörfchen, in dem die Feuerwehr gerade im Einsatz ist. Besonders schön ist abends die Beleuchtung bestimmter Miniaturen, z. B. des Piccadilly Circus, der inklusive aller Leuchtreklamen in ganzer Pracht erstrahlt. An Sommerabenden ist das Miniaturdorf teils bis 21 Uhr geöffnet.

**Paignton Zoo** ZOO
(☎ 0844 474 2222; www.paigntonzoo.org.uk; Totnes Rd, Paignton; Erw./Kind 16/12 £; ⌚ 10–17 Uhr; P) Eine Naturschutzorganisation betreibt diesen innovativen Zoo. Die Tiergehege imitieren auf insgesamt 32 ha die unterschiedlichsten Lebensräume von Savanne über Feuchtbiotop und tropischen Regenwald bis zur Wüste. Highlights sind die Orang-Utan-Insel, das riesige, von Glaswänden begrenzte Löwengehege und der Lemurenwald, in dem Besucher zwischen den herumturnenden Primaten über eine hölzerne Hängebrücke laufen. Und im Krokodilsumpf schlängeln sich erhöhte Wege vorbei an furchterregenden Nil-, Kuba- und Salzwasserkrokodilen, die bis zu 6 m lang sind.

**Babbacombe Cliff Railway** HISTORISCHE EISENBAHN
(☎ 01803-328750; www.babbacombecliffrailway.co.uk; Erw./Kind hin & zurück 2/1,40 £; ⌚ Feb.–Okt. 9.30–16.55 Uhr) In Babbacombe rattert die winzige Holzgondel einer tollen Seilbahn aus den 1920er-Jahren auf im Fels verankerten Schienen die Klippen hoch und runter.

## TORQUAY UND AGATHA CHRISTIE

In Torquay stand die Wiege der „Queen of Crime" Agatha Christie (1890–1976), Verfasserin von 75 Romanen und 33 Bühnenstücken. Sie schuf Hercule Poirot, den arroganten belgischen Privatdetektiv mit Schnauzer, und Miss Marple, die erstaunlich scharfsinnige alte Jungfer, die sich überall einmischt. Die gebürtige Agatha Miller wuchs in Torquay auf, traf hier ihren Liebsten und verbrachte auch ihre Flitterwochen hier. Außerdem arbeitete sie im Zweiten Weltkrieg in der Apotheke eines hiesigen Krankenhauses und verschaffte sich so ihr berühmtes Wissen über Gifte.

Die Touristeninformation hält die kostenlose Broschüre Agatha Christie Mile bereit, die zu bedeutenden Christie-Orten der Stadt führt. Das **Torquay Museum** (☎01803-293975; www.torquaymuseum.org; 529 Babbacombe Rd; Erw./Kind 6/3 £; ⏲Mo–Do & Sa 10–16 Uhr) beherbergt eine Sammlung an Agatha-Christie-Erinnerungsstücken mit Fotos, handschriftlichen Notizen und Exponaten, die ihren berühmten Spürnasen gewidmet sind. Das Highlight ist jedoch Greenway (S. 302), ihr Sommerhaus bei Dartmouth. Dorthin tuckert vom Torquay's Princess Pier die Greenway Ferry (S. 303) – am besten vorab buchen. Auch von Dartmouth und Totnes verkehren Boote zum Haus, von Paignton ein Dampfzug.

**Fähre nach Brixham** FÄHRFAHRT
(☎01803-882811; www.greenwayferry.co.uk; Princess Pier; Erw./Kind hin & zurück 6/4 £; ⏲April–Okt. 12-mal tgl.) Auf dieser Fahrt über die Tor Bay tuckert man vorbei an Stränden, bröckeligen Steilküsten und vornehmen viktorianischen Hotels. Der Konkurrenzkampf zwischen den Schifffahrtsgesellschaften lässt manchmal die Preise purzeln, am besten die Angebote an den Ständen im Hafen vergleichen.

### Schlafen

**Torquay Backpackers** HOSTEL £
(☎01803-299924; www.torquaybackpackers.co.uk; 119 Abbey Rd; B/DZ 17/34 £; @) Hier schmücken Fotos grinsender Gäste die Schwarzen Bretter, Flaggen aller Länder die Wände. An Ausflügen ins Reich des Luxus gibt's einen DVD-Raum und eine Holzterrasse mit Billardtisch.

**Orestone** HOTEL ££
(☎01803-328098; www.orestonemanor.com; Rock House Lane; EZ 90–275 £, DZ 105–190 £, Suite 185–285 £; P) Das georgianische Orestone strotzt voll Landhauscharme – im Winter knistert es im Kamin und im Sommer wird das Frühstück auf der Terrasse serviert, mit dem Meer im Hintergrund. In den Zimmern trifft traditionelle Eleganz auf modernen Komfort: gedämpfte Blau- und Grüntöne verzieren die schicken Badezimmer. Alle Zimmer haben Meerblick. Das Orestone liegt etwas versteckt in einem bewaldeten Tal, 5 km nördlich von Torquay. Das angeschlossene Restaurant ist von 12 bis 14 und von 19 bis 21 Uhr geöffnet.

**Seabreeze** B&B ££
(☎01803-322429; www.seabreezebabbacombe.co.uk; 39 Babbacombe Downs Rd; EZ 60–80 £, DZ 70–90 £; P) Die eleganten Zimmer erstrahlen in fröhlichen Farben, von maritimem Aquamarin bis zu leuchtendem Rot, Weiß und Blau. Schicke Badezimmer und kleine Balkone mit Meerblick runden das Angebot ab.

**Headland View** B&B ££
(☎01803-312612; www.headlandview.com; 37 Babbacombe Downs Rd; DZ 72–75 £; P) Hoch auf der Steilküste bei Babbacombe steht dieses herrliche Haus. Die Einrichtung ist dezent mit maritimen Motiven aufgepeppt, z. B. mit flotten Leuchtturmmodellen oder Schiffsmotiven auf den Vorhängen. Von den Korbstühlen auf den winzigen Balkonen bietet sich eine phantastische Aussicht auf das Meer.

★ **Cary Arms** BOUTIQUEHOTEL £££
(☎01803-327110; www.caryarms.co.uk; Babbacombe Beach; DZ 195–275 £, Suite 375 £) Die großartige britische Küste fängt gerade an, sich elegant auszustatten. In diesem Boutiqueschlupfloch werden neuenglische Töne mit bonbonfarben gestreiften Kissen aufgehübscht. Die Balkone blicken direkt über das Meer und Kinder kriegen bei der Ankunft Fischernetz und Köder. In der Nebensaison fallen die Preise um bis zu 80 £.

### Essen & Ausgehen

Bei Redaktionsschluss plante der Fischgastronom Mitch Tonks gerade die Eröffnung einer weiteren Filiale seiner renommierten Restaurantkette **Rockfish** (www.therockfish.co.uk) am Torquay Harbour.

**Number 7** FISCH & MEERESFRÜCHTE ££

(☎01803-295055; www.no7-fish.com; 7 Beacon Tce; Hauptgerichte 14–20 £; ⊙ganzjährig Mi–Sa 12–13.45 Uhr, Juli–Sept. tgl. 19–21 Uhr, Okt.–Juni Di–Sa) Herrliche Düfte wabern durch das lebhafte Hafenbistro. Auf der Schiefertafel stehen z. B. Krebs, Hummer und fangfrischer Fisch. Die Zutaten reichen von Knoblauch und Brandy bis zu marokkanischen Gewürzen.

**Orange Tree** MODERN BRITISCH ££

(☎01803-213936; www.orangetreerestaurant.co.uk; 14 Park Hill Rd; Hauptgerichte 15–25 £; ⊙Di–Sa 19–21 Uhr) Die Gerichte im Zeichen der Vereinigung von englischer und europäischer Küche bestehen vor allem aus Fisch, Wild und anderem Fleisch. Exquisit sind die köstliche Brixham-Krebssuppe mit Jakobsmuscheln, der Kabeljau mit nussigem Serrano-Schinken oder das Steak nach Süddevon-Art mit Madeira-Pilz-Sauce.

★**The Room at the Elephant** GOURMETKÜCHE £££

(☎01803-200044; www.elephantrestaurant.co.uk; 3 Beacon Tce; 7 Gänge 72 £; ⊙Di–Sa 18.30–20.30 Uhr) Wer schon mal hier war, wird sich lange daran erinnern. Das Probiermenü des Michelin-besternten Lokals in Torbay zeichnet sich durch eine raffinierte Präsentation und originelle Geschmackskombinationen aus: Brixham-Krebs mit Liebstöckel, Reh mit Zwiebelasche oder Rote Bete mit geräucherten Blaubeeren. Der Meerblick aus dem Fenster ist ein richtiger Augenschmaus. Eine Brasserie im Erdgeschoss (geöffnet Di–Sa 12–14 & 18.30–21 Uhr) serviert einfachere Kost (Hauptgerichte 16–23 £).

**Hole in the Wall** PUB

(www.holeinthewalltorquay.co.uk; 6 Park Lane; ⊙11–23 Uhr) Holzlastige Kneipe mit winziger Terrasse – ein stimmungsvolles Örtchen für ein Pint.

## ℹ Praktische Informationen

**Touristeninformation** (☎0844 474 2233; www.theenglishriviera.co.uk; Vaughan Pde, The Harbour; ⊙Mo–Sa 9.30–17 Uhr)

## ℹ An- & Weiterreise

### BUS

**Brixham** (4,10 £, 50 Min., halbstündl.) Bus 12, via Paignton

**Dartmouth** (4,50 £, 1¼ Std., Mo–Sa stündl.) Stagecoach Gold

**Totnes** (3,50 £, 45 Min., Mo–Sa halbstündl., So 7-mal) Stagecoach Gold

### FÄHRE

Fähren (S. 306) pendeln regelmäßig zwischen Torquay und Brixham.

### ZUG

Von Exeter fahren Züge über Torquay (6 £, 45 Min., halbstündl. bis stündl.) nach Paignton (6 £, 52 Min.).

**Dartmouth Steam Railway** (www.dartmouthrailriver.co.uk; Paignton Station; Erw./Kind hin & zurück 14/8 £; ⊙April–Okt. 3- bis 9-mal tgl.) Diese Dampfzüge schnaufen von Paignton über Greenway Halt nach Kingswear, das per Fähre (S. 302) mit Dartmouth verbunden ist.

# Brixham

17 457 EW.

Ansprechende, pastellfarbene Fischerhütten führen hinunter zum hufeisenförmigen Hafen von Brixham. Spielhallen und Souvenirläden existieren hier neben gewundenen Straßen, leuchtend bunten Booten und einem der geschäftigsten Fischereihäfen von England. Es ist zwar malerisch, aber Brixham hat nichts von einem hübsch verpackten Ferienort. Sein derber Zauber gibt dafür ein wesentlich authentischeres Bild vom Leben an der Küste von Devon.

## Sehenswertes

**Golden Hind** SEGELSCHIFF

(☎01803-856223; www.goldenhind.co.uk; The Quay; Erw./Kind 4/3 £; ⊙März–Okt. 10–16 Uhr) Der aus Devon stammende Entdecker Sir Francis Drake segelte im späten 16. Jh. mit der *Golden Hind* um die Welt. Auf diesem originalgroßen Nachbau des Schiffes können Besucher über die Laufplanken schlendern, unter Deck klettern, einen Blick in die Kabine des Käpitäns werfen und das Hüttendeck erkunden.

**Brixham Heritage Museum** MUSEUM

(☎01803-856267; www.torbaymuseums.com; Bolton Cross; Erw./Kind 2 £/frei; ⊙April–Okt. Di–Sa 10–16 Uhr, Nov.–März bis 13 Uhr) Thema der vielseitigen Ausstellung mit Stücken und Infos zu Segelbooten, Schmugglern, Schiffsbau und Seerettung ist die maritime Geschichte der Stadt.

## Geführte Touren

**★ Fischmarkt** MARKTTOUR
(☎0741 0617931; www.brixhamtourismpartnership.co.uk; The Quay; Führung mit Frühstück 10 £; ⌚Ende Juni–Sept. 2-mal monatl.) Diese Führungen früh am Morgen gewähren einen einzigartigen Einblick in eine Welt, die Touristen meist verschlossen bleibt. Fischer führen die Teilnehmer an Käufern in weißen Mänteln und mit Eis gefüllten Plastikschüsseln voller Fisch vorbei, bevor die hektische Auktion beginnt. Danach gibt es Frühstück in der Fishermen's Mission. Die Führungen sind sehr beliebt, also rechtzeitig buchen. Wer sie verpasst, kann gegen 6 Uhr zur Aussichtsplattform auf dem Fischmarkt gehen, um der Fischflotte beim Einlaufen zuzusehen.

## Essen & Ausgehen

**David Walker** FISCH & MEERESFRÜCHTE £
(www.davidwalkerandson.com; Unit B, Fish Market; ⌚Mo–Fr 9–15, Sa 8–15 Uhr) Hier gibt's die Chance, Brixhams Fischhändler zu treffen und für den Grillabend einzukaufen: in den mit Eis ausgelegten Theken stapeln sich die gerade abgeladenen Fische. Fürs Picknick eignen sich besonders die riesigen, gekochten Garnelen und die gefüllten Taschenkrebse.

**Beamers** FISCH & MEERESFRÜCHTE ££
(☎01803-854777; www.beamersrestaurant.co.uk; 19 The Quay; Hauptgerichte 16–20 £; ⌚Mi–Mo 18–21 Uhr; 🅥) Jeden Morgen besucht Chefköchin Simone den Fischmarkt von Brixham, um die besten Exemplare des Tagesfangs auszusuchen. Und das kommt dabei heraus: extrem frischer, hervorragend gekochter Fisch. Meerfenchel, Safran und Pernod begleiten einige der Menüüberraschungen. Und wer einen Fenstertisch ergattert, bekommt dazu noch einen fesselnden Hafenblick.

**Maritime** PUB
(www.themaritime.co.uk; 79 King St; ⌚19–23 Uhr) Durchgeknalltes altes Pub mit Tausenden von Schlüsselringen, Steinkrügen und Nachttöpfen und hauseigenem Papagei, Mr. Tibbs.

## An- & Weiterreise

Fähren (S. 306) pendeln regelmäßig zwischen Brixham und Torquay.

**Bus 22 nach Kingswear** (3,20 £, 15 Min., halbstündl. bis stündl.) Per Fähre (S. 304) weiter nach Dartmouth

**Bus 12 nach Torquay** (4,10 £, 50 Min., halbstündl.) Via Paignton

# Dartmouth & Umgebung

10 716 EW.

Mit seinem bezaubernden Mix aus leuchtend bunten Booten und malerischen Häusern in zarten Pastelltönen erobert Dartmouth jeden Besucher. Wie steinerne Kaskaden stürzen sich die eng bebauten Sträßchen zur Flussmündung hinunter und die hübsch verzierten, teils vergoldeten Ladenfronten machen die verschlungenen Gässchen zum Laufsteg der Architektur des 17. Jhs. Kein Wunder, dass die malerische Idylle die Segelschickeria magisch anzieht und einen guten Nährboden für noble Fresstempel abgibt. Aber bei allem Glamour ist Dartmouth noch ein ganz bodenständiger Hafen geblieben, in dem Fischerboote, Fähren und Ausflugsdampfer ihre öligen Duftmarken setzen. An Land führen Wanderwege flussaufwärts oder auf die Küstenfelsen und als nette Extras warten ein wunderschönes Gebäude im Art-déco-Stil und Agatha Christies Ferienhaus Greenway auf Entdecker.

Dartmouth liegt auf der Westseite des Mündungsgebiets des Dart River. Zum Dorf Kingswear am gegenüberliegenden Ufer tuckern jede Menge Auto- und Personenfähren, die somit eine wichtige Verkehrsverbindung nach Torquay bilden.

## Sehenswertes & Aktivitäten

**★ Greenway** HISTORISCHES GEBÄUDE
(NT; ☎01803-842382; www.nationaltrust.org.uk; Greenway Rd, Galmpton; Erw./Kind 9,40/5,20 £; ⌚März–Okt. Mi–So 10.30–17 Uhr, Ende Juli–Ende Aug. auch Di) Weit oben auf der Liste von Devons Schmuckstücken steht das hinreißende Ferienhaus der Krimiautorin Agatha Christie am gemächlichen River Dart. Heute bietet es ein einzigartiges Erlebnis: Führungen geben Besuchern anregende Infos, lassen aber genug Spielraum, um allein durch die Zimmer zu streifen, in denen größtenteils alles noch so ist, wie es die Grande Dame des Krimis hinterlassen hatte. Die reizenden Gärten am Wasser tauchen teils in ihren Krimis auf, sodass man sich hier auf die Suche nach Tatorten fiktiver Morde machen kann. Parkplätze müssen vorgebucht werden; am besten kommt man zu Fuß oder mit der Fähre hierher.

Christie gehörte das Anwesen von 1938 bis 1959. So liegen im Flur noch stapelweise ihre Hüte, in der Bibliothek sind noch ihre Bücher und im Kleiderschrank

INSIDERWISSEN

## ESSEN & TRINKEN WIE DIE EINHEIMISCHEN

Der Südwesten ist ein wahres Gourmetmekka. Hier einige der Lieblingsspeisen der Einheimischen:

**Cornish Pasties** Inzwischen sogar von der EU geschützt – diesen herzhaften Snack gibt's in Bäckereien in ganz Cornwall.

**Fisch & Meeresfrüchte** Fisch und Meeresfrüchte frisch aus dem Meer servieren erstklassige Fischrestaurants wie das Seahorse (S. 304) in Dartmouth, das Wheelhouse (S. 373) in Falmouth und das Crab House Cafe (S. 269) auf der Isle of Portland.

**Cream Tea** Hausgemachte Marmelade, frisch gebackene *scones* und dicke *clotted cream*; zu haben z. B. im Alexandra (S. 270), auf der Brimpts Farm (S. 316) und im Dwelling House (S. 377) in Fowey.

**Biokost & Slow Food** Rund ein Viertel aller registrierten Bioerzeuger Großbritanniens befinden sich im Südwesten des Landes. Nachhaltig erzeugte Speisen servieren das Riverford (S. 306) und das **River Cottage** (☎01297-630300; www.rivercottage.net; bei Axminster; 4-Gänge-Mittag-/-Abendessen 50/80 £; ⊙Fr–So 12–16, Fr & Sa 19.30–23 Uhr; ✎).

**Getränke** Zu den besten Orten, um Getränke aus der Region zu probieren, gehören z. B. das Castle (S. 262) für Cider, die Weingüter Camel Valley (S. 354) und Sharpham (S. 305) für Wein, Grain Barge (S. 332) in Bristol und Salamander (S. 343) in Bath für Bier und Plymouth (S. 307) für Gin.

ihre Klamotten zu bewundern. Im Salon kann man sie sogar aus einem nachgebauten Dampfradio sprechen hören. Im Garten säumen hübsche Wäldchen durchbrochen von Magnolien, Narzissen und Hortensien den Flusslauf, während die Anpflanzungen versteckte, lauschige Schlupfwinkel schaffen. Das Bootshaus und die Aussicht auf den Fluss sind herrlich. Natürlich hat Agatha Christie Greenway in einem Roman verewigt: In *Wiedersehen mit Mrs. Oliver* diente es als Vorlage für Nasse House – und das Bootshaus wurde zum Schauplatz für einen Mord.

Von Dartmouth (Erw./Kind hin & zurück 8/6 £, 8-mal tgl.), Totnes (8 £ hin & zurück, 2- bis 7-mal pro Woche) und Torquay (1-mal tgl., Erw./Kind hin & zurück 15/10 £) pendelt die **Greenway Ferry** (☎01803-882811; www.greenwayferry.co.uk) zum Haus, jedoch nur, wenn das Haus geöffnet ist – Vorausbuchung ratsam. Oder man nimmt die Dartmouth Steam Railway (S. 304) von Paignton nach Greenway Halt (Erw./Kind 8,50/5 £) und geht dann einen knappen Kilometer durch den Wald. Oder man wandert von Kingswear (6,5 km) auf dem malerischen **Dart Valley Trail** hierher.

### Coleton Fishacre — HISTORISCHES GEBÄUDE

(NT; ☎01803-842382; www.nationaltrust.org.uk; Brownstone Rd, bei Kingswear; Erw./Kind 9,40/5,20 £; ⊙Mitte Feb.–Okt. Sa–Do 10.30–17 Uhr; Ⓟ) Dieses Gemäuer verströmt die glanzvolle Magie des Zeitalters des Jazz. Es wurde in den 1920er-Jahren für die Familie D'Oyly Carte erbaut, die ihr Geld als Theateragenten verdiente. Die Zimmer wurden verschwenderisch mit Art-déco-Elementen dekoriert: Lalique-Lampen in Tulpenform, Badezimmerfliesen mit neckischen Motiven und ein glamouröser Salon wie aus dem Film – komplett mit klimperndem Piano. Ein Croquet-Rasen führt hinunter zu einem subtropischen Garten, in dem sich immer wieder Ausblicke aufs Meer auftun. Von Kingswear (6,5 km) führt ein Klippenweg nach Coleton Fishacre; die Anreise im eigenen Pkw ist auch unproblematisch.

### Dartmouth Castle — BURG

(EH; ☎01803-833588; www.english-heritage.org.uk; Erw./Kind 5,50/3.30 £; ⊙April–Sept. 10–18 Uhr, Okt. bis 17 Uhr, Nov.–März Sa & So bis 16 Uhr) Die Burg präsentiert sich mit einem Gewirr an Gängen, stimmungsvollen Wachstuben und Festungsmauern mit tollem Ausblick. Die Anfahrt erfolgt mit der winzigen offenen **Castle Ferry** (www.dartmouthcastleferry.co.uk; Erw./Kind hin & zurück 4/2 £; ⊙April–Okt. 10–16.45 Uhr).

### Blackpool Sands — STRAND

Einheimische Sonnenanbeter fahren 5 km südlich von Dartmouth zu diesem langen, gebogenen, grobsandigen Strand, wegen der tollen Ausblicke oder zum Kajakfahren (15/40 £ pro Std./Tag) und wegen des Biocafés mit Lizenz zum Alkoholausschank. Mit Bus 93 ab Dartmouth (20 Min., Mo–Sa stündl.).

**Dartmouth Steam Railway & River Boat Co** BOOTSTOUR
(☎01803-555872; www.dartmouthrailriver.co.uk) Bootsausflüge auf dem River Dart nach Totnes (Erw./Kind hin & zurück 14/8,50 £, 1¼ Std., April–Sept. 2- bis 4-mal tgl.).

## Schlafen

**★ Bayard's Cove** B&B ££
(☎01803-839278; www.bayardscoveinn.co.uk; 27 Lower St; DZ 115–125 £, Suite 135–180 £, FZ ab 155 £; 📶) Bayard's Cove strotzt vor Originalität und hat überall Balken. Gäste schlafen zwischen gekalkten Steinwänden und riesigen Kirchenkerzen. Die wunderbaren Suiten haben große Doppelbetten sowie Mini-Zimmer mit Etagenbett und winzigen Fernsehern für die Kids. Die Flussmündung ist aus den Zimmern zu erahnen.

**Just B** GÄSTEHAUS ££
(☎01803-834311; www.justbdartmouth.com; Rezeption 17 Fosse St; Zi. 70–94 £) Die neun extravaganten Schlafmöglichkeiten reichen von Schlafzimmern mit Badezimmer bis zu Mini-Apartments. Alle sind schick möbliert, haben frische Bettwäsche und komfortable Betten. Sie sind verteilt auf drei zentral gelegene Gebäude und das „nur B" (kein „&B" bedeutet kein Frühstück) sorgt für günstige Preise.

**Hill View House** B&B ££
(☎01803-839372; www.hillviewdartmouth.co.uk; 76 Victoria Rd; EZ/DZ 47/70 £; P📶) 🍃 Bei diesem Preis könnte man sich schon fragen: Wo ist der Haken? Es gibt keinen. Möbel im Stil von Lloyd Loom und Anglepoise-Leuchten schmücken lässige, hübsch gestaltete Zimmer über einem Gästesalon im Retrostil. Ins Zentrum von Dartmouth läuft man 10 Minuten.

## Essen

**★ Alf Resco** CAFÉ £
(☎01803-835880; www.cafealfresco.co.uk; Lower St; Hauptgerichte ab 6 £; ⏲7–14 Uhr; 📶) Bei Alf trifft sich ein buntes Völkchen – Hipster, Familien, Touristen und Flussschiffer. Morgens und mittags gilt dieselbe Karte mit haufenweise in der Pfanne Gebratenem, unwiderstehlichen Backwaren und die Augen öffnenden Espressos. Die wunderhübschen B&B-Zimmer (75 £) sind reinster *shabby-chic.*

**Rockfish** FISH & CHIPS ££
(☎01803-832800; www.rockfishdevon.co.uk; 8 South Embankment; Hauptgerichte 10–14 £; ⏲12–21.30 Uhr) Verwitterte Dielen und ein relaxter Klang verleihen diesem Fish-&-Chips-Laden die Atmosphäre eines Künstler-Bootshauses. Das Angebot übertrifft die typische Frittenbude: Neben Kabeljau aus nachhaltigem Fang gibt es auch Seeteufel, Jakobsmuscheln, Austern und guten Wein. Das Essen gibt's am Tisch (bei toller Atmosphäre) oder zum Mitnehmen (falls man mit den Möwen kämpfen will).

**★ Seahorse** FISCH & MEERESFRÜCHTE £££
(☎01803-835147; www.seahorserestaurant.co.uk; 5 South Embankment; Hauptgerichte 23–32 £; ⏲Di–So 12–15, Di–Sa 18–22 Uhr) Der Fisch in Mitch Tonks' Restaurant ist so frisch, dass die Speisekarte täglich wechselt. Je nachdem, ob die Ware im 11 km entfernten Brixham oder gleich nebenan in Dartmouth angelandet wurde, gibt's dann Sepien in Chianti, mit Knoblauch geröstete Jakobsmuscheln oder *fritto misto di mare*. Eine Spezialität des Seahorse ist der herrlich auf Holzkohle gegrillte Fisch, die 2-Gänge-Mittagsmenüs (20 £, Mi–So) sind ein leckeres Schnäppchen.

## ℹ Praktische Informationen

**Touristeninformation** (☎01803-834224; www.discoverdartmouth.com; Mayor's Ave; ⏲April–Okt. Mo–Sa 10–16, So bis 14 Uhr, Nov.–März Mi & So geschl.)

## ℹ An- & Weiterreise

### BUS

**Plymouth** (6,25 £, 2½ Std., Mo–Sa stündl.) Bus 93; via Kingsbridge (1 Std.)

**Torquay** (4,50 £, 1¼ Std., Mo–Sa stündl.) Stagecoach Gold

**Totnes** (3,50 £, 50 Min., Mo–Sa stündl.) Stagecoach Gold

### FÄHRE

**Dartmouth–Kingswear Ferries** (www.dartmouthhigherferry.com; Auto/Fußgänger 4,70/1,50 £ einfach; ⏲7–22.20 Uhr) Sowohl die Dartmouth Higher als auch die Lower Ferry befördern Autos und Fußgänger. Sie pendeln alle sechs Minunten über den Fluss nach Kingswear.

### ZUG

**Dampfzüge** (☎01803-555872; www.dartmouthrailriver.co.uk) fahren regelmäßig von Kingswear nach Paignton (Erw./Kind hin & zurück 14/8 £).

# Totnes & Umgebung

8041 EW.

Dass in Totnes die Alternativszene regiert, zeigt sich schon am Ortsschild, dem die Einwohner den Zusatz „Partnerstadt von Narnia“ (einer fiktiven Welt aus Fantasy-Romanen) verpasst haben. Jahrzehntelang berühmt als das Hippieparadies von Devon, wurde Totnes 2005 außerdem Großbritanniens erste *transition town*: Es wollte sich von der Abhängigkeit vom Öl lösen. Heute beeindruckt die Stadt mit einem verführerischen Weingut, einer anmutigen normannischen Burg und jeder Menge schönen Tudorhäusern und sie weist sich als Sprungbrett zu allen möglichen Abenteuersportarten aus.

## Sehenswertes & Aktivitäten

**★ Sharpham Wine & Cheese** WEINGUT

(01803-732203; www.sharpham.com; März–Sept. 10–17 Uhr; für einige Touren Buchung erforderlich; P) Die Weinberge hier erinnern eher an Chablis als an Süddevon. Wer möchte, kann sich hier auf eigene Faust umsehen (2,50 £) oder auch Wein und Käse verkosten (9 £). Die teuerste Führung (65 £) wird von einem Experten geleitet, der eine Weinprobe anleitet, dazu gibt es ein Mittagessen und eine Flasche Dart Valley Reserve. Das Essen im preisgekrönten Café (S. 306) ist ein echter Hochgenuss. Sharpham Vineyard liegt knapp 5 km südlich von Totnes abseits der A381. Von Totnes auf dem Dart Valley Trail herzuwandern ist allerdings die schönere Anreisevariante. Für einige der Führungen ist eine Buchung erforderlich.

**DARTINGTON HALL**

Heinrich VIII. schenkte dieses 320 ha große **Anwesen** (01803-847000; www.dartington.org) zwei seiner Frauen (Catherine Howard und Catherine Parr). Heute beherbergt es eine B&B-Unterkunft (s. rechts), das Programmkino Barn, ein geselliges Pub (S. 306), einen Landschaftspark und einen mittelalterlichen Saal, in dem Veranstaltungen stattfinden wie klassische Konzerte und das **Ways With Words Literature Festival** (01803-867373; www.wayswithwords.co.uk). Das Anwesen liegt gut 3 km nordwestlich von Totnes.

**Totnes Castle** BURG

(EH; 01803-864406; www.english-heritage.org.uk; Castle St; Erw./Kind 3,70/2,20 £; April–Sept. 10–18 Uhr, Okt. bis 17 Uhr, Nov.–März Sa & So bis 16 Uhr) Der äußere Burgfried der normannischen Turmhügelburg von Totnes oberhalb der Stadt gewährt einen fesselnden Überblick über das Dächermeer und das Flusstal. Bemerkenswert ist das mittelalterliche Klo.

**★ Dynamic Adventures** ABENTEUERSPORT

(01803-862725; www.dynamicadventurescic.co.uk; The Shops at Dartington, Dartington) Hier werden wunderbare Ausflüge und Aktivitäten angeboten wie Kanu-, Kajak- (halber/ganzer Tag 30/60 £) und Seekajakfahren (ab 75 £) sowie Felsklettern und Bogenschießen (beides 12 £ pro Std.). Gut 3 km nordwestlich von Totnes.

**Totnes Kayaks** KAJAKFAHREN

(07799-403788; www.totneskayaks.co.uk; The Quay, Stoke Gabriel; 15/40 £ für 1/6 Std.) Der beste Weg, den ruhigen Fluss Dart zu erkunden? Sich im verschlafenen Stoke Gabriel (8 km südöstlich von Totnes) ein Kajak mieten und dort zwischen unverbauten Hügeln paddeln. Am einfachsten ist es, den Gezeiten zu folgen (Besitzer Tom gibt Rat) und flussaufwärts vorbei am Sharpham Vineyard zu paddeln oder flussabwärts zum attraktiven Dittisham.

## Schlafen

**★ Dartington Hall** B&B ££

(01803-847147; www.dartington.org; Dartington, bei Totnes; DZ 59–115 £; P) Die Flügel des idyllischen alten Herrenhauses wurden behutsam zu Schlafzimmern umgebaut, die thematisch von historisch bis modern-luxuriös gestaltet sind. Die Zimmer mit Blick auf den grünen, mit Pflastersteinen gesäumten Schlosshof sind am besten – perfekt für eine wahrhaft ruhige Nacht.

**Sea Trout** GASTHOF ££

(01803-762274; www.theseatroutinn.co.uk; Staverton, bei Totnes; DZ 95–150 £; P) Die meisten Zimmer hier sind der Inbegriff einer harmonisch abgestimmten modernen Gestaltung. Das alles verändert sich dramatisch im „Feature Room“, einer absichtlich übertriebenen Rokoko-Herrlichkeit, in der verzierte Möbel aus schwarzem Holz neben Kronleuchterattrappen und einer frei stehenden Badewanne stehen. Im Anbau gibt es noch eine Mini-Suite und das erschwingliche Restaurant (Hauptgerichte 13 £, geöffnet 12–14 & 18–21 Uhr), das regelmäßig Preise absahnt.

**Steam Packet** GASTHOF ££

(☎ 01803-863880; www.steampacketinn.co.uk; St. Peters Quay; EZ/DZ 85/105 £; P) Die Zimmer in diesem Lager am Kai sind so minimalistisch, dass sie direkt aus einem Design-Magazin stammen könnten. Lackierte Holzvertäfelungen, Weidenarrangements und neutrale Farbtöne tun ihr Übriges. Besonders schön sind die Zimmer mit Blick auf den Fluss, der geruhsam vorbeifließt.

## Essen

**★ Riverford Field Kitchen** MODERN BRITISCH ££

(☎ 01803-762074; www.riverford.co.uk; Wash Barn; 2/3 Gänge 23/27 £; ⏲ tgl. 12–14.30, an den meisten Abenden 18–22 Uhr; ✎) Das Riverford-Ökobistro liegt direkt auf einem Bauernhof, wo die Wege für die Zutaten sehr kurz sind. Das Gemüse wird direkt vom Feld gepflückt und das Fleisch stammt aus regionalen Biobetrieben. Gegessen wird in einem futuristischen Hangar an langen Biertischen, wo das reich gewürzte Essen auf Platten unter den Gästen weitergereicht wird. Zu den phantasievollen Kreationen gehört z. B. mariniertes marokkanisches Lamm vom Grill, begleitet von britischem Gemüse mit Kreuzkümmel oder Safran. An diese Tafel kommt nur, wer im Voraus bucht.

**Sharpham Vineyard Café** BISTRO ££

(☎ 01803-732178; www.vineyardcafe.co.uk; Sharpham Estate; Hauptgerichte 10–15 £, Snacks 4–7 £; ⏲ Mai–Sept. 12–14 Uhr; ✎) In diesem Café steht rustikales Bioessen auf den Tischen, nur einige Meter entfernt von den Rebstöcken. Zu den Verlockungen gehören Räucherfisch- oder Wurstteller, Krabbensalat und herzhafte Gerichte wie Eintopf mit Schweinebauch und Bohnen. Und natürlich gibt es die einfach erstklassigen Käse und Weine des Weinguts. Knapp 5 km südlich von Totnes.

**White Hart** PUB ££

(☎ 01803-847111; www.dartingtonhall.com; Dartington Estate, bei Totnes; Tapas 6 £, Hauptgerichte 12–17 £; ⏲ 12–21 Uhr; ✎) Die bereits bejubelte Küche des Gastropubs ist um ein englisches Tapas-Angebot erweitert worden, sodass Gäste sich nun zwischen kleinen schmackhaften Häppchen und z. B. Schweinshaxe, Lammkoteletts, Jakobsmuscheln oder Waldpilzrisotto entscheiden müssen. Im Winter brennt im Kamin ein gemütliches Feuer, im Sommer sind die Tische am Rasen die reinste Wonne.

**Rumour** PUB ££

(☎ 01803-864682; www.rumourtotnes.com; 30 High St, Totnes; Hauptgerichte 9–18 £; ⏲ Mo–Sa 12–15, tgl. 18–21 Uhr) Das Rumour ist eine lokale Institution – ein enges, gemütliches Pub-Restaurant mit schummriger Beleuchtung, moderner Kunst und ausliegenden Zeitungen. Spezialität des Hauses sind die knusprigen Pizzas (9 £), sonst ist die Küche eher stilvoll flott: Seelachs mit Avocado-Butter oder ein unwiderstehliches, 28 Tage abgehangenes 250-g-Steak.

## Praktische Informationen

**Touristeninformation** (☎ 01803-863168; www.totnesinformation.co.uk; Coronation Rd; ⏲ April–Okt. Mo–Fr 9–17, Sa 10–16 Uhr, Nov.–März Mo–Fr 10–16, Sa bis 13 Uhr)

## An- & Weiterreise

### BUS

**Dartmouth** (3,50 £, 50 Min., Mo–Sa stündl.) Stagecoach Gold.

**Torquay** (3,50 £, 45 Min., Mo–Sa halbstündl., So 7-mal) Stagecoach Gold.

### SCHIFF/FÄHRE

Fähren (S. 304) tuckern flussabwärts nach Dartmouth.

### ZUG

Züge verkehren mindestens stündlich nach Exeter (8 £, 35 Min.) und Plymouth (8 £, 30 Min.). Die private **South Devon Steam Railway** (www.southdevonrailway.org; Erw./Kind hin & zurück 12/7 £; ⏲ April–Okt. 4- bis 9-mal tgl.) schnauft nach Buckfastleigh am Rand von Dartmoor.

# Plymouth & Umgebung

258 000 EW.

Plymouth war wegen seiner architektonischen Schandflecken und der teils offensichtlichen Armut jahrzehntelang als wuchernde, hässliche Stadt verschrien. Aber die Ankunft von zwei berühmten Chefköchen (Hugh Fearnley-Whittingstall und Mitch Tonks) und die fortdauernde Hafensanierung haben ein Umdenken eingeleitet. Ja, die Stadt (ein wichtiger Hafen für die Royal Navy) hat stark unter den Bombardierungen des Zweiten Weltkriegs gelitten und auch heute ist sie manchmal eher trostlos als hübsch, aber Plymouth ist zugleich eine Stadt der vielen Möglichkeiten. Man kann in einem Art-déco-Freibad schwimmen, eine Gin-Destille besuchen, das Kajakfahren erlernen, ein Aquarium entdecken, mit dem Boot durch die Bucht schippern, ein Stück in einem erstklassigen Theater sehen und bis in die Puppen feiern. Und das Beste? Plymouth Hoe – eine weite, grüne Landzunge mit Cafés und mit atemberaubendem Blick auf die Bucht und ihre vielen Schiffe.

## Geschichte

Die Geschichte von Plymouth wurde vom Meer geschrieben. 1211 wurden hier urkundlich erwähnt zum ersten Mal Waren verschifft und ab dem späten 16. Jh. war Plymouth der Hafen für Entdecker und Abenteurer: Sir Francis Drake, Sir Walter Raleigh, die Flotte, die die Spanische Armada besiegte, die Pilgerväter, die Amerika „gründeten", Charles Darwin, Captain Cook und unzählige Schiffe, die Auswanderer nach Australien und Neuseeland verschifften – alle stachen von Plymouth aus in See.

In den 1940er-Jahren litt Plymouth als Standort der Marinewerften fürchterlich unter den Angriffen der deutschen Luftwaffe. Mehr als 1000 Zivilisten starben im Bombenhagel und das Stadtzentrum wurde in Schutt und Asche gelegt. In jüngster Zeit ist der Hafen saniert worden, es entstand das 200 Mio. £ teure Einkaufszentrum Drake Circus und die Universität, an der heute 30 000 Studenten eingeschrieben sind, bescherte dem Stadtzentrum einige neue Gebäude.

## Sehenswertes

**★ Plymouth Hoe** LANDSPITZE

Der Legende nach war es auf dieser begrünten Landzunge, wo Sir Francis Drake die spanische Armada erblickte und angeblich darauf bestand, erst sein Bowlsspiel zu beenden, bevor er sich dem Feind widmen kann. Dieses sagenumwobene Bowlsfeld war höchstwahrscheinlich genau dort, wo heute seine **Statue** steht. Das riesige **Plymouth Naval Memorial** ist die größte der vielen Gedenkstätten auf dem Hoe. Es ist den Seemännern des Commonwealth gewidmet, die im Ersten und Zweiten Weltkrieg mit ihren Schiffen untergegangen sind.

**Smeaton's Tower** LEUCHTTURM

(☎01752-304774; www.plymouth.gov.uk/museumsmeatonstower; The Hoe; Erw./Kind 2,60/1,30 £; ⊙April–Sept. 10–16.30 Uhr, Okt., Nov., Feb. & März Di–Sa bis 15 Uhr) Aus der Mitte des Plymouth Hoe erhebt sich der rot-weiß gestreifte Smeaton's Tower. Der 21 m hohe Leuchtturm stand früher auf dem Eddystone Riff, 22,5 km vor der Küste, und wurde in den 1880er-Jahren Stein für Stein abgebaut und hierher versetzt. Heute erlaubt er Besuchern einen im wahrsten Sinne erleuchtenden Einblick in das Leben früherer Leuchtturmwärter. Wer alle 93 Stufen der steinernen Wendeltreppe erklimmt und die runden Zimmer durchquert, wird schließlich auf einer Freiluftplattform durch einen atemberaubenden Ausblick auf Plymouth, das Dartmoor und das Meer belohnt.

### ROYAL WILLIAM YARD

Einst versorgte dieser Lagerhauskomplex aus den 1830er-Jahren zahllose Schiffe der Royal Navy. Heute befinden sich hier schicke Apartments, Kunstgalerien, ein lockeres Pub, eine elegante Weinbar und einige Restaurants – zu den besten zählen die River Cottage Canteen (S. 297) und die Royal William Bakery (S. 310).

Der Komplex steht gut 3 km westlich vom Stadtzentrum; Anfahrt mit Bus 34 (1,20 £, 8 Min., halbstündl.) oder schöner mit der **Fähre** (☎07979-152008; www.royalwilliamyardharbour.co.uk; Erw./Kind einfach 3/1,50 £; ⊙Mai–Sept. 10–17 Uhr, Juli & Aug. bis 18 Uhr) vom Barbican Pontoon.

**★ Barbican** STADTVIERTEL

(www.plymouthbarbican.com) Entlang der kopfsteingepflasterten Straßen von Plymouths historischem Viertel Barbican reihen sich Häuser aus der Tudor- und Jakobinerzeit zwischen Galerien, Restaurants und ausgefallenen Bars. Die **Mayflower Steps** (⊙24 Std.) GRATIS erinnern an die letzte Station der Pilgerväter vor ihrer Abreise aus Großbritannien im Jahr 1620, um in der Neuen Welt ihre religiöse Freiheit zu suchen. Nicht weit entfernt hängt an der Wand des **Island House** die Passagierliste der *Mayflower*. An den Stufen wird außerdem an weitere bedeutende Abreisen erinnert wie Captain James Cooks Entdeckungsreise von 1768 und die ersten Auswandererschiffe nach Australien und Neuseeland.

**★ Plymouth Gin Distillery** BRENNEREI

(☎01752-665292; www.plymouthdistillery.com; 60 Southside St; Führungen 7 £; ⊙6 Führungen tgl.) In dieser Destille mit den vielen Holzbalken

## Plymouth

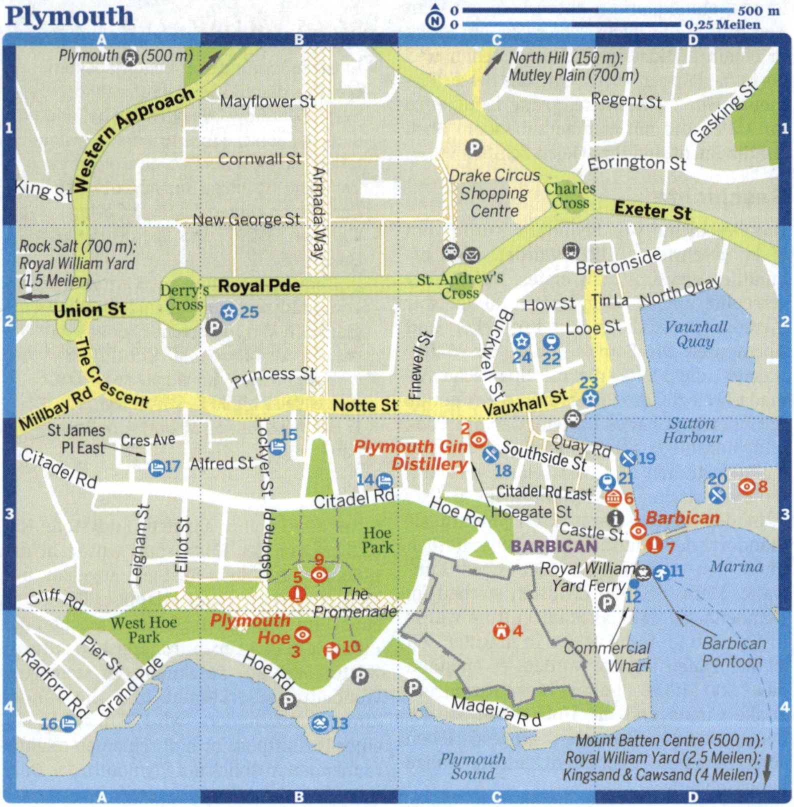




wird seit 1793 Gin gebrannt. Sie ist damit der älteste Schnapshersteller der Welt. Die Offiziere der Royal Navy hatten ihr Lieblingsgetränk auf der ganzen Welt im Gepäck. Aber erst in den 1930er-Jahren wurde „Plymouth Gin" zum ersten Mal offiziell als Zutat in einem Rezept für Martini Dry angegeben. Bei einer Führung laufen Besucher an Destillierapparaten vorbei und dürfen bei einer Verkostung ihre Geschmacksnerven trainieren. Zum Abschluss gibt's in der mittelalterlichen Bar einen kostenlosen Gin Tonic. Reservieren!

**National Marine Aquarium** AQUARIUM
(☎0844 893 7938; www.national-aquarium.co.uk; Rope Walk; Erw./Kind 14/10 £; ⏲10–17 Uhr, April–Sept. bis 18 Uhr) In riesigen Becken gleiten Haie lautlos durch eine von Muränen und knallbunten Fischen bevölkerte Unterwasserwelt. Hin und wieder paddelt sogar eine Unechte Karettschildkröte namens Snorkel ins Bild, die von einem Strand in Cornwall gerettet wurde. In gläsernen Bogengängen gleiten riesige Rochen den Besuchern lautlos über die Köpfe hinweg, während im noch größeren Atlantic-Reef-Becken das Meeresgetier zu bewundern ist, das nur ein paar Kilometer vor der Küste herumlungert.

**Buckland Abbey** HISTORISCHES GEBÄUDE
(NT; ☎01822-853607; www.nationaltrust.org.uk; bei Yelverton; Erw./Kind 9/4,50 £; ⏲März–Okt. 10.30–17.30 Uhr, Dez. & Feb. 11.30–16.30 Uhr; P) Buckland Abbey begann ihr Dasein im 13. Jh. als Zisterzienserkloster mit Abteikirche und war eine der ersten „Erwerbungen" Heinrichs VIII. nach der Auflösung der Klöster. Der landhungrige König verkaufte das Kloster an Sir Richard Grenville, der es wiederum an seinen Cousin und Rivalen Sir Francis Drake veräußerte. Zu den Highlights hier zählen die Drake's Drum, die angeblich von selbst anfängt zu trommeln, wenn Großbritannien in Gefahr ist, aufwendige Stuckdecken, die Klosterscheune, der eli-

## Plymouth

**Highlights**
1 Barbican ... D3
2 Plymouth Gin Distillery ... C3
3 Plymouth Hoe ... B4

**Sehenswertes**
4 Zitadelle ... C4
5 Drake-Statue ... B3
6 Island House ... D3
7 Mayflower Steps ... D3
8 National Marine Aquarium ... D3
9 Plymouth Naval Memorial ... B3
10 Smeaton's Tower ... B4

**Aktivitäten, Kurse & Touren**
11 Mount Batten Ferry ... D3
12 Plymouth Boat Trips ... D3
13 Tinside Lido ... B4

**Schlafen**
14 Acorns & Lawns ... B3
15 Imperial ... B3
16 Sea Breezes ... A4
17 Squires ... A3

**Essen**
18 Barbican Kitchen ... C3
19 Cap'n Jaspers ... D3
20 Rockfish ... D3

**Ausgehen & Nachtleben**
21 Dolpin ... D3
22 Minerva ... C2

**Unterhaltung**
23 Annabel's ... C2
24 Plymouth Arts Centre ... C2
25 Theatre Royal ... B2

sabethanische Garten und ausgiebige Spaziermöglichkeiten durch Wälder. Buckland Abbey liegt 18 km nördlich von Plymouth.

## Aktivitäten

**★ Tinside Lido** SCHWIMMEN
(☎01752-261915; www.everyoneactive.com; Hoe Rd; Erw./Kind 3,90/2,80 £; ⊙Juni–Sept. 10–18 Uhr) Einmal in ein Freiluftbecken aus der Zeit des Art déco einzutauchen, ist ein unvergessliches Erlebnis. Der Bau von 1935, der sich anmutig am Fuße des Hoe räkelt, präsentiert sich in cremefarbenen Kurven und hell- und dunkelblauen Kacheln. Im frischen Salzwasser ziehen die Stammgäste ihre Bahnen, während die Jüngeren rund um die Fontäne toben.

**Mount Batten Centre** WASSERSPORT
(☎01752-404567; www.mount-batten-centre.com; 70 Lawrence Rd) Zweistündige Schnupperkurse mit Segel-Dinghis (20 £) und im Standup-Paddleboarding und Kanufahren (jeweils 20 £); außerdem zweitägige Kurse für Kajak (90 £), Segeln (170 £) und Windsurfen (145 £).

**Mount Batten Ferry** FÄHRFAHRT
(www.mountbattenferry.com; Erw./Kind hin & zurück 3/2 £) Eine kleine gelbe Fähre pendelt zwischen Barbican Pontoon und Mount Batten Peninsula (10 Min., halbstündl.).

## Geführte Touren

**Plymouth Boat Trips** BOOTSTOUR
(☎01752-253153; www.plymouthboattrips.co.uk; Barbican Pontoon; ⊙April–Mitte Okt. 4-mal tgl.) Die beste Tour aus dem Angebot dieses Unternehmens ist die 30-minütige Turbofahrt über die Bucht in die malerischen kornischen Fischerdörfer Kingsand und Cawsand mit ihren unzähligen Pubs (Erw./Kind hin & zurück 8/4 £). Außerdem bietet es einstündige Hafenrundfahrten (Erw./Kind 7,50/4 £) zu den Kriegsschiffen des Marinestützpunktes.

## Schlafen

**★ St Elizabeth's House** BOUTIQUEHOTEL ££
(☎01752-344840; www.stelizabeths.co.uk; Longbrook St, Plympton St. Maurice; DZ 99–119 £, Suite 150 £; P 📶) Hier können sich Gäste echt verwöhnen lassen: Das Minihotel in einem Herrenhaus aus dem 17. Jh. wartet mit frei stehende Badewannen, Eichenmöbeln und Bettwäsche aus ägyptischer Baumwolle auf. Die Suiten haben feudale Badezimmer und private Terrassen. Das Haus liegt im dörflichen Vorort Plympton St. Maurice, 8 km östlich von Plymouth.

**Imperial** HOTEL ££
(☎01752-227311; www.imperialplymouth.co.uk; Lockyer St; EZ 60 £, DZ 62–86 £, FZ 92–100 £; P 📶) In diesem eleganten Stadthaus bettete in den 1840er-Jahren ein Admiral sein Haupt zur Ruhe. Heute nächtigen die Gäste inmitten historischer Stilelemente und schicker moderner Annehmlichkeiten, bevor sie sich an einem Frühstück aus erstklassigen regionalen Zutaten erfreuen dürfen – der hausgemachte *kedgeree* (Reis mit Fisch und Eiern) ist ein echter Genuss!

**Sea Breezes** B&B ££

(☎01752-667205; www.plymouth-bedandbreakfast.co.uk; 28 Grand Pde; EZ/DZ/FZ 45/72/97 £; P) In dieser komfortablen Pension reicht das Design von feinen Karomustern bis zu frech geschwungenen Linien. Die Badezimmer glänzen, die Handtücher sind fluffig und zum Frühstück gibt es Melone, Erdbeeren und handgeschnittenen Toast. Die Zimmer (einige mit Fensterbank) nach vorne raus bieten wunderbare Meerblicke.

**Acorns & Lawns** B&B ££

(☎01752-229474; www.acornsandlawnsguesthouse.com; 171 Citadel Rd; DZ 60–75 £; 📶) Schlicht und heiter ist hier das Ambiente. Der Gästesalon und das Frühstückszimmer sind in hellen Farben gehalten und haben lackierte Fußböden, eine hellweiße Treppe führt zu hell gestrichenen, lichtdurchfluteten Zimmern. Wer ein Zimmer nach vorne raus nimmt, blickt auf den flachen Abhang des grünen Plymouth Hoe.

**Squires** B&B ££

(☎01752-261459; www.squiresguesthouse.com; 7 St. James Pl East; EZ/DZ 32/65 £; 📶) Schnörkellose, supersaubere Zimmer, eine ruhige, aber zentrale Lage und ein freundlicher Empfang.

## Essen

**Royal William Bakery** CAFÉ, BÄCKEREI £

(www.royalwilliambakery.com; Royal William Yard; Hauptgerichte 5 £; ⏲8.30–16 Uhr; 🖉) Stapelweise riesige, frisch gebackene Brote, mit Suppe gefüllte Terrinen, krümeliges Gebäck und unwiderstehliche Kuchen: Diese Bäckerei sucht ihresgleichen. Das Selbstbedienungskonzept ist so relaxt, dass es nicht einmal eine Rechnung gibt. Man sagt an, was man hatte, und dann wird am Ende alles zusammengezählt. Der Royal William Yard liegt gut 3 km westlich vom Stadtzentrum an der Buslinie 34.

**Cap'n Jaspers** CAFÉ £

(www.capn-jaspers.co.uk; Whitehouse Pier, Quay Rd; Snacks 3–5 £; ⏲7.30–24 Uhr) Dieser Imbiss ist dank seiner langen Öffnungszeiten, seiner elektrischen Spielereien und der resoluten Burgerkost bei Bikern, Fischern, Familien und Touristen gleichermaßen ein Dauerbrenner. Wer den „*half a yard of hotdog*" (eine 45 cm lange Wurst im Brötchen) schafft, hat die Aufnahmeprüfung für Plymouth bestanden. Leichter verdaulich sind die Brötchen mit frischem Krebsfleisch.

★ **Rock Salt** MODERN BRITISCH ££

(☎01752-225522; www.rocksaltcafe.co.uk; 31 Stonehouse St; Hauptgerichte 7–20 £; ⏲10–21.30, Mi–Sa ab 8 Uhr; 📶) Großartige Zutaten und kreative Geschmackskombinationen – kein Wunder, das das Rock Salt immer wieder Auszeichnungen einfährt. Das Angebotsspektrum ist wirklich bemerkenswert: vom stilvollen Frühstück, das den ganzen Tag angeboten wird, über Cupcakes am Nachmittag bis zum Confit vom Dartmoor-Lamm ist hier alles vertreten. Und das Ganze wird serviert in einem Ambiente, das dem einer unkonventionellen Stadtteilbrasserie ähnelt.

**River Cottage Canteen** MODERN BRITISCH ££

(☎01752-252702; www.rivercottage.net; Royal William Yard; Hauptgerichte 10–17 £; ⏲Mo–Sa 11–22.30, So bis 16 Uhr; 🖉) Fernsehkoch Hugh Fearnley-Whittingstall setzt sich seit Langem für regionale, nachhaltige, saisonale und ökologische Zutaten ein – und genau das gibt es hier. Das Fleisch wird über einem offenen Feuer gebraten, der Fisch ist einfach gegrillt und die bekannten Gemüsesorten erhalten eine aromatische Verfeinerungskur. Im Royal William Yard, gut 3 km westlich vom Stadtzentrum, erreichbar mit Bus 34.

**Barbican Kitchen** MODERN BRITISCH ££

(☎01752-604448; www.barbicankitchen.com; 60 Southside St; Hauptgerichte 10–20 £; ⏲12–14.30 & 17–21.30 Uhr) Die Karte dieses stilvollen Restaurants bietet alles von Chili-Hotdogs und Knoblauch-Risotto bis zu einem Chateaubriand für zwei. Das Express-Menü (2/3 Gänge 13/16 £), das mittags sowie montags bis donnerstags am frühen Abend serviert wird, ist ein echtes Schnäppchen.

**Rockfish** FISCH & MEERESFRÜCHTE ££

(☎01752-255974; www.therockfish.co.uk; 3 Rope Walk; Hauptgerichte 12 £; ⏲12–21.30 Uhr) In Mitch Tonks' fröhlichem Bistro direkt am Fischmarkt werden zum perfekt zubereiteten Kabeljau so viele Pommes gereicht, wie man möchte. Außerdem stehen gebratene Jakobsmuscheln, gedämpfte Garnelen und süße Devon-Krebse auf der phantasievollen Karte.

## Ausgehen & Nachtleben

Wie jeder andere Stützpunkt der Royal Navy wartet Plymouth mit einem mehr als munteren Nachtleben auf. Clubs tummeln sich an der Union Street, studentischer geht's in Mutley Plain und North Hill zu und in Barbican verstecken sich zwischen den Bars zahlreiche Restaurants. Besonders am Wochenende kann es in all diesen Gegenden ruppig zugehen.

**★Dolpin** PUB
(14 The Barbican; ⏲10–23 Uhr) In dieser herrlich renovierten Barbican-Kneipe sorgen abgenutzte Tische und gepolsterte Sitzbänke für eine authentische, geradlinige Atmosphäre. Hungrig? Einfach nebenan Fish & Chips holen und sich mit einem Pint hier niederlassen.

**Minerva** PUB
(www.minervainn.co.uk; 31 Looe St; ⏲So–Mi 11.30–23, Do–Sa bis 24 Uhr; 📶) Steinwände, hölzerne Bänke, Holzplanken von Segelschiffen, *real ales,* Livemusik und Jamsessions am Donnerstagabend begeistern in diesem Schuppen aus dem 16. Jh. vor allem Einheimische.

**Vignoble** WEINBAR
(www.levignoble.co.uk; Royal William Yard; ⏲12–23.30 Uhr) In der schmucken kleinen Bar können Gäste in Probiergläsern verschiedene Weine verkosten. Im Royal William Yard, 3 km westlich des Zentrums.

## ☆ Unterhaltung

**★Annabel's** VARIETÉ, CLUB
(www.annabelscabaret.co.uk; 88 Vauxhall St; ⏲Do 21–2, Fr & Sa 20.30–3 Uhr) Die Bühnen in diesem fabelhaft schrägen Laden werden von verschiedenen Künsten bespielt (zu erwarten ist alles zwischen Comedy, Bauchtanz und Burlesque). Gefällige Sounds sorgen für gefüllte Tanzflächen, noble Cocktails erwarten einen in der Lounge.

**Plymouth Arts Centre** KINO
(☎01752-206114; www.plymouthartscentre.org; 38 Looe St; ⏲Di–Sa 10–20.30, So ab 16 Uhr) Tolles Programmkino, Ausstellungen mit moderner Kunst sowie vegetarierfreundliches Bistro mit Alkoholausschank (So geschl.).

**Theatre Royal** THEATER
(☎01752-267222; www.theatreroyal.com; Royal Pde) Das Theatre Royal zeigt auf seiner Hauptbühne Eigeninszenierungen sowie groß angelegte Gastspiele. Das preisgekrönte Drum Theatre ist hingegen für neue Stücke bekannt.

## ℹ Praktische Informationen

**Polizei** (Charles Cross; ⏲24 Std.)

**Stadtbücherei** (Drake Circus; 2 £ für 30 Min.; ⏲Mo–Fr 9–18, Sa bis 17 Uhr; 📶) Internetzugang und kostenloses WLAN.

**Touristeninformation** (☎01752-306330; www.visitplymouth.co.uk; 3 The Barbican; ⏲April–Okt. Mo–Sa 9–17, So 10–16 Uhr, Nov.–März Mo–Sa 10–16 Uhr)

## ℹ An- & Weiterreise

### BUS

National-Express-Busse u. a. nach:

**Birmingham** (30 £, 5 Std., 5-mal tgl.)

**Bristol** (20 £, 3 Std., 4-mal tgl.)

**London** (25 £, 5–6 Std., 6-mal tgl.)

**Penzance** (10 £, 3¼ Std., 4-mal tgl.)

Andere Busverbindungen:

**Exeter** (6,50 £, 1¼ Std., Mo–Sa alle 2 Std., So 3-mal) Bus X38

**Tavistock** (6,20 £, 1 Std., 1- bis 3-mal stündl.) Bus 83/84/86; via Yelverton

### ZUG

Züge u. a. nach:

**Bristol** (20 £, 2 Std., 2- oder 3-mal pro Std.)

**Exeter** (9 £, 1 Std., halbstündl.)

**London Paddington** (40 £, 3¼ Std., halbstündl.)

**Penzance** (10 £, 2 Std., halbstündl.)

**Totnes** (8 £, 30 Min., halbstündl. bis stündl.)

# Dartmoor National Park

Dartmoor zieht die Menschen schon seit Urzeiten in seinen Bann. Es unterscheidet sich so stark vom übrigen Devon, dass sich Besucher direkt in die Trilogie *Der Herr der Ringe* katapultiert fühlen. Frei stehende Granitbuckel *(tors)* setzen zwischen honigfarbenen Moorgebieten markante Akzente. Bäche sprudeln in Wäldern mit bizarr gekrümmten Bäumen über moosbewachsene Steine. Im Zentrum des 950 km² großen Nationalparks breitet sich das Hochmoor aus, eine baumlose, öde Mondlandschaft.

An sonnigen Sommertagen ist Dartmoor idyllisch: Ponys streifen umher und Schafe grasen neben der Straße. Es ist eine filmreife Landschaft, die Steven Spielberg veranlasste, hier sein Weltkriegsdrama *Gefährten* zu drehen. Und es ist auch der Schauplatz von Sir Arthur Conan Doyles *Der Hund von Baskerville* – im Schneeregen und wabernden Nebel wird schnell klar warum: Das Moor verwandelt sich in eine düstere Wildnis, in der die Geschichte eines Phantomhundes wirklich wahr sein könnte.

## Dartmoor National Park

So unterschiedlich wie die Landschaften sind auch ihre Ortschaften: Princetown ist düster-romantisch, Widecombe-in-the-Moor eine echte Postkartenidylle und Postbridge winzig, während Chagford recht vornehm wirkt. Dazwischen liegt ein natürliches Aussteigergebiet mit großartigen Möglichkeiten zum Wandern, Radfahren, Reiten, Klettern und Wildwasserraften. Rustikale Pubs und ausgefallene Restaurants, Ecken zum wilden Campen und gemütliche Landhaushotels bieten perfekte Schlupflöcher, wenn der Nebel aufkommt.

Dartmoor wird von der **Dartmoor National Park Authority** (DNPA; www.dartmoor.gov.uk) verwaltet.

## Aktivitäten

### Wandern

Rund 1175 km öffentliche Fußwege durchkreuzen die Heideflächen und felsigen *tors* von Dartmoor. Im Pathfinder-Führer *Dartmoor Walks* (12 £) stehen 28 Wanderungen mit bis zu 15 km Länge, in *Dartmoor Short Walks* (8 £) werden dagegen eher familienfreundliche Wanderungen vorgestellt.

Mehrtageswanderungen siehe S. 313.

★ **Moorland Guides** WANDERN
(www.moorlandguides.co.uk; Erw./Kind 5–10 £/frei) Unterschiedliche geführte Wanderungen von einstündigen Spaziergängen bis zu anstrengenden Tageswanderungen, zu Themen wie Geschichte, Geologie, Tiere und Pflanzen, Mythologie und Orientierung.

**DNPA Guided Walks** WANDERN
(www.dartmoor.gov.uk/visiting; Erw./Kind 5 £/frei) Ein- bis sechsstündige von Rangern geführte Ausflüge.

### Radfahren

Zu den Radrouten im Nationalpark zählen der **Granite Way**, der 17 km einer ehemaligen Eisenbahnstrecke zwischen Okehampton und Lydford folgt und über offenes Gelände führt. Anstrengender ist die 21 km lange **Princetown & Burrator Mountain Bike Route**, ein Rundkurs auf Feld- und Reitwegen durchs Moor; er verläuft durch Princetown, das Dorf Sheepstor und vorbei am Burrator-Stausee. In den Touristeninformationen ist die *Dartmoor Cycling Map* (13 £) erhältlich.

**Devon Cycle Hire** FAHRRADVERLEIH
(☎01837-861141; www.devoncyclehire.co.uk; Sourton Down, bei Okehampton; Erw./Kind 14/10 £ pro Tag; ⏲April–Sept. Do–Di 9–17 Uhr) Am Granite Way.

**Princetown Cycle Hire** FAHRRADVERLEIH
(Fox Tor Cafe; ☎01822-890238; www.princetowncyclehire.co.uk; Two Bridges Rd, Princetown; Erw./Kind 18,50/10 £ pro Tag; ⏲9–17 Uhr) Praktisch für die Princetown & Burrator Mountain Bike Route.

### Reiten

Reiterhöfe bieten Ausritte auf allen Fertigkeitsniveaus.

**Eastlake** REITEN
(☎01837-52513; www.eastlakeridingstables.co.uk; Eastlake, bei Okehampton; 35 £ für 2 Std.)

**Shilstone Rocks** REITEN
(☎01364-621281; www.dartmoorstables.com; Widecombe-in-the-Moor; 40/55 £ für 1/2 Std.)

**Tor Royal** REITEN
(☎01822-890189; www.dartmoorhorseriding.co.uk; Princetown; 25/40 £ für 1/2 Std.)

### Wildwassersport

Der reißende Fluss Dart zieht die besonders Abenteuerlustigen nach Dartmoor. Erfahrene Kajakfahrer können sich bei der DNPA (S. 313) eine Genehmigung für Trips auf eigene Faust besorgen. Wildwasser-Kajaktouren bietet Dynamic Adventures (S. 305) bei Totnes. Die Flüsse dürfen nur von Oktober bis Mitte März befahren werden.

**CRS Adventures** WASSERSPORT
(☎01364-653444; www.crsadventures.co.uk) Wildwasserrafting-Anbieter (100 £ für 2 Pers.) bei Widecombe-in-the-Moor.

### Klettern

**Adventure Okehampton** OUTDOORAKTIVITÄTEN
(☎01837-53916; www.adventureokehampton.com; Klondyke Rd, Okehampton; ab 60 £ pro Tag; ⏲nur in den Schulferien) Adventure Okehampton bietet sowohl Indoor- als auch Outdoorklettern sowie Aktivitäten wie Bogenschießen, Abseilen und wildes Zelten.

## ℹ Praktische Informationen

**DNPA Haytor** (☎01364-661520; ⏲April–Sept. 10–17 Uhr, März & Okt. bis 16 Uhr, Nov.–Feb. Do–So 10.30–15.30 Uhr)

**DNPA Postbridge** (☎01822-880272; ⏲April–Sept. 10–17 Uhr, März & Okt. bis 16 Uhr, Nov.–Feb. Do–So 10.30–15.30 Uhr)

**Higher Moorland Tourist Office** (DNPA; ☎01822-890414; www.dartmoor.gov.uk; Princetown; ⏲April–Sept. 10–17 Uhr, März & Okt. bis 16 Uhr, Nov.–Feb. Do–So 10.30–15.30 Uhr) Die Haupttouristeninformation von Dartmoor hat Wanderführer, Karten und Kleidung im Angebot.

## ℹ Anreise & Unterwegs vor Ort

Wer in Artmoor mit öffentlichen Verkehrsmitteln reisen möchte, muss ein bisschen vorausplanen; einige Verbindungen sind nur saisonal. Busfahrpläne halten die Touristeninformationen bereit. Siehe www.journeydevon.info.

### BUS

Der **Dartmoor Sunday Rover** (Erw./Kind/Fam. 8/6/17 £) bietet an Sonntagen die unbegrenzte Nutzung der meisten Buslinien in Dartmoor; erhältlich beim Busfahrer und am Bahnhof von Plymouth.

### WANDERUNGEN IN DARTMOOR

Der 29 km lange **Templer Way** führt in zwei bis drei Tagen von Haytor nach Teignmouth, der 58 km lange **West Devon Way** von Okehampton nach Plymouth. Der 153 km lange **Dartmoor Way** beschreibt von Buckfastleigh im Süden eine Runde durch Moretonhampstead, Richtung Nordwesten nach Okehampton und Richtung Süden durch Lydford nach Tavistock. Der 188 km lange **Two Moors Way** führt von Wembury an der Südküste von Devon über Dartmoor und Exmoor nach Lynmouth an der Nordküste.

Das Wetter in Dartmoor ist bekanntermaßen launisch. Viele Wege sind nicht ausgeschildert, also Karte und Kompass nicht vergessen. Die Explorer-Karte *Dartmoor* (8 £) des Ordnance Survey (OS) im Maßstab 1:25 000 (Nr. 28) ist die detaillierteste Karte und zeigt sowohl die Grenzen des Parks als auch die Truppenübungsplätze.

Kürzere Wanderungen siehe S. 314.

Autotour
# Eine Fahrt durch Dartmoor

**START** TAVISTOCK
**ZIEL** CHAGFORD
**LÄNGE** 32 KM; EIN TAG

Dartmoor gleicht einer dramatischen Filmkulisse. Diese West-Ost-Route führt vorbei an einem düsteren Gefängnis, prähistorischen Zeugnissen, einem rustikalen Pub und einem einzigartigen Schloss durch die Wildnis.

Vor dem Start lohnt ein Spaziergang durch 1 **Tavistock**s feine Architektur aus dem 19. Jh. und ein Abstecher zu den Antiquitäten auf dem Pannier Market. Danach geht es auf der B3357 Richtung Princetown. Sie steigt steil an, führt über ein Weiderost (hier beginnt das „richtige" Moor) und hinauf auf einen Hügel mit Sicht auf ein Feld honigfarbener *tors*. In 2 **Merrivale** (S. 317) rechts direkt hinter dem Dartmoor Inn parken und über die (südliche) Anhöhe schlendern, nur 100 m hinter einer Steinschlange gibt's einen winzigen Steinkreis und einen Menhir. Zurück im Auto, nach einem kurzen Anstieg rechts nach Princetown abbiegen. Wenn das mächtige Gemäuer von Dartmoor Prison in Sicht kommt, folgt etwas später ein Aussichtspunkt. Das 3 **Dartmoor Prison Museum** (S. 315) erzählt die düstere Gefängnisgeschichte. Hinter 4 **Princetown** (S. 315) geht's auf der B3212 weiter Richtung Two Bridges. Von der 5 **Parkbucht** direkt hinter Princetown bietet sich ein toller Blick auf das Dartmoor Prison. Wenn man danach den Schildern nach Moretonhampstead folgt, entfaltet sich eine tolle weite Landschaft. In 6 **Postbridge** (S. 316) über die 700 Jahre alte Brücke spazieren und danach die Füße in den kalten Fluss Dart hängen. Einige Kilometer weiter liegt das 7 **Warren House Inn** (S. 316), ein stimmungsvolles Lokal für die Mittagspause. Bei 8 **Lettaford** eine der ausgeschilderten, abfallenden Straßen nach 9 **Chagford** (S. 317) nehmen; am hübschen Platz mit reetgedeckten Häusern gibt's tolle altmodische Geschäfte. Dann weiterfahren zum 1920er-Jahre-Anwesen 10 **Castle Drogo** (S. 317). Eine edle Adresse für Essen und Übernachtung ist 11 **22 Mill Street** (S. 318) in Chagford.

**Bus 83/84/86** (1-bis 3-mal stündl.) Von Plymouth über Yelverton nach Tavistock.

**Bus 118** (2- bis 6-mal tgl.) Von Barnstaple über Lydford und Okehampton nach Tavistock (2¼ Std.).

**Bus 359** (Mo–Sa 6-mal tgl.) Von Exeter nach Moretonhampstead.

**Bus 98** (Mo–Sa 3-mal tgl.) Ganzjährig von Tavistock über Merrivale nach Princetown; ein Bus pro Tag fährt weiter nach Two Bridges und Postbridge.

**Haytor Hoppa** Verkehrt nur samstags zwischen April und Oktober, und zwar viermal zwischen Newton Abbot, Bovey Tracey, Haytor und Widecombe-in-the-Moor (Tageskarte 5 £).

**Transmoor Link/Bus 82** Fährt von Mitte Mai bis Mitte September samstags und sonntags jeweils einmal von Exeter über Moretonhampstead, Postbridge, Princetown und Yelverton nach Tavistock (5,80 £) und zurück. Abfahrt in Exeter ist morgens, zurück von Tavistock geht's nachmittags.

## Princetown

1767 EW.

Mitten im Herzen des einsamen Hochmoors kauert Princetown im Schatten eines grauen, Unheil verkündenden Gebäudekomplexes, des berühmten Dartmoor Prison. Bei schlechtem Wetter wirkt die Stadt teils recht trostlos. Aber der Ort gewährt auch einen faszinierenden Einblick in die Härten des Lebens im Moor und ist ein stimmungsvoller Ausgangspunkt für einige tolle Wanderungen.

### Sehenswertes

**Dartmoor Prison Museum** MUSEUM
(☎01822-322130; www.dartmoor-prison.co.uk; Princetown; Erw./Kind 3,50/2,50 £; ⏲9.30–12.30 & 13.30–16 Uhr; P) Anfang des 19. Jhs. waren in dem Gefängnis französische und amerikanische Kriegsgefangene untergebracht, bis es 1850 schließlich in eine ganz normale Justizvollzugsanstalt umgewandelt wurde. Direkt hinter dem bedrohlichen Eingangstor jagt einem das Dartmoor Prison Museum einen Schauder über den Rücken und lässt erahnen, wie der Knastalltag aussieht. Zu den Exponaten gehören Zwangsjacken, Handfesseln und von heutigen Insassen selbst gebastelte Messer. Ausbrüche sind natürlich ebenfalls ein Thema. Wer möchte, kann auch eine Führung (Erw./Kind 6,50/5,50 £) außen ums Gefängnis herum und zu den ansonsten unzugänglichen französischen und amerikanischen Friedhöfen buchen.

> **ACHTUNG, GEFAHR!**
>
> Im Dartmoor gibt's drei Truppenübungsplätze, auf denen mit scharfer Munition geschossen wird. Wo diese genau sind, wissen die Touristeninformationen, aber auch auf den Karten vom Ordnance Survey sind sie eingezeichnet. Wanderer sollten auf jeden Fall vorher prüfen, ob die geplante Route dort vorbeiführt. Falls ja, informiert der **Firing Information Service** (☎0800 458 4868; www.mod.uk/access), ob für den fraglichen Zeitpunkt Übungen angesetzt sind. Die Grenzen der Gebiete, in denen gerade geschossen wird, sind tagsüber mit roten Fahnen, nachts mit roten Lampen gekennzeichnet. Auch wenn alles friedlich ist: Hände weg von unbekannten Metallobjekten im Gras! Fundstelle notieren und die Polizei oder den **Commandant** (☎01837-650010) informieren.

**Higher Moorland Tourist Office** BESUCHERZENTRUM
(DNPA; ☎01822-890414; ⏲April–Sept. 10–17 Uhr, März & Okt. bis 16 Uhr, Nov.–Feb. Do–So 10.30–15.30 Uhr) Die historischen Ausstellungen befassen sich u. a. mit Zinngruben, Schießpulverfabriken und Legenden und es gibt ein umwerfendes Zeitraffervideo. Einst residierte in dem Gebäude das Duchy Hotel, in dem auch Sir Arthur Conan Doyle nächtigte, um dann später den *Hund von Baskerville* zu schreiben. Es heißt, dass Conan Doyle vom hier ansässigen Henry Baskerville zu einer Kutschfahrt eingeladen wurde, auf der ihn die düstere Landschaft und die Legenden von einem riesigen Phantomhund inspirierten.

### Schlafen & Essen

★ **Prince of Wales** HOSTEL £
(☎01822-890219; www.theprinceofwalesprincetown.co.uk; Tavistock Rd; B/EZ/DZ 14/40/60 £; P) In der ehemaligen Brauerei ist eine der besseren Schlafherbergen von Dartmoor eingezogen. Es gibt Zentralheizung und doppelt verglaste Fenster (im Moor ist das wichtig) und – Freude aller Freuden – einen Trockenraum. Das rustikale Pub (Hauptgerichte 5–16 £, erhältlich 11–14.30 & 17.30–20 Uhr) nebenan ist berühmt für seine drei Kamine, die gemischten Grillplatten, die so groß wie ein Tablett sind, und Pints ihres selbst gebrauten, vollmundigen Jail Ales.

★ **Tor Royal Farm** B&B ££
(☎01822-890189; www.torroyal.co.uk; Tor Royal Lane, bei Princetown; EZ 55 £, DZ 85–100 £; P 📶) Genau so sollte eine Herberge mitten im Moor aussehen: ein lässiger Bauernhof mit lebendiger Atmosphäre. Die Schweine des Hofs landen auf dem Frühstückstisch und nebenan im Stall kann man Reitstunden nehmen.

**Two Bridges** HOTEL £££
(☎01822-892300; www.twobridges.co.uk; Two Bridges; EZ 95–120 £, DZ 140–190 £; P 📶) Dies ist vielleicht der Inbegriff des klassischen Moorlandhotels: Holzvertäfelung, riesige Kamine und eine Gästeliste, auf der z. B. Wallis Simpson, Winston Churchill und Vivien Leigh gestanden haben. Das Two Bridges liegt 2,5 km nordöstlich von Princetown.

### An- & Weiterreise

Bus 98 fährt von Tavistock nach Princetown (2,30 £, Mo–Sa 3-mal tgl.). Ein Bus pro Tag fährt weiter nach Two Bridges und Postbridge.

## Postbridge

170 EW.

Die urige Ortschaft Postbridge verdankt ihre Berühmtheit – und seinen Namen – einer mittelalterlichen Brücke aus Steinplatten, einer sogenannten *clapper bridge*. Die Brücke aus dem 13. Jh. besteht aus vier Steinplatten mit jeweils 3 m Länge, die durch stabile Säulen aus aufgeschichteten Steinen gestützt werden. Darunter sprudelt der East Dart. Neben dem Fluss führen Pfade zu lauschigen Plätzchen am Ufer, die dazu einladen, die Wanderstiefel auszuziehen und die müden Füße ins eiskalte Wasser zu hängen.

### Schlafen & Essen

★ **Brimpts Farm** B&B £
(☎0845 0345968; www.brimptsfarm.co.uk; Stellplatz 3 £ pro Pers., EZ/DZ/FZ 33/55/83 £; P) Die hell gestrichenen, rustikalen Zimmer über diesem Bauernhof bieten einen Blick auf Combstone Tor, wo Spielberg seinen Film *Gefährten* gedreht hat. Die Zeltstellplätze in der freien Natur sind wirklich idyllisch und der hier erhältliche *cream tea* zählt zu den besten im Moor, mit frisch gebackenen *scones*, selbst gemachter Marmelade und unglaublich leckerer *clotted cream* (5 £). Das Café ist an Wochenenden und während der Schulferien von 11.30 bis 17.30 Uhr geöffnet. Der Hof ist an der B3357 zwischen Two Bridges und Dartmoor ausgeschildert.

> **ENJOY DARTMOOR**
>
> Das von der DNPA herausgegebene Magazin *Enjoy Dartmoor* ist vollgepackt mit Infos zu Aktivitäten, Attraktionen, Campingplätzen und geführten Wanderungen. Erhältlich ist es in den Touristeninformationen und bei anderen touristischen Einrichtungen überall im Moor.

**Runnage YHA** HÜTTE £
(☎0800 0191 700; www.yha.org.uk; B 10 £; P) In dieser umgebauten Heuscheune auf einem Bauernhof rollen die Gäste ihren Schlafsack zum Geblöke der Schafe aus. 2,4 km östlich von Postbridge; von der Straße nach Moretonhampstead (B3212) Richtung Widecombe abbiegen.

**Dartmoor YHA** HOSTEL £
(Bellever; ☎0845 371 9622; www.yha.org.uk; B/DZ 15/48 £; P) Ein stimmungsvoller ehemaliger Bauernhof am Rand einer Nadelbaumpflanzung mit riesiger Küche, jeder Menge rustikalen Steinwänden und gemütlichen Schlafsälen. Das Hostel liegt 1,5 km südlich von Postbridge.

★ **Warren House Inn** PUB £
(www.warrenhouseinn.co.uk; Hauptgerichte 6–14 £; ⏲Küche 12–20.30 Uhr, im Winter kürzere Öffnungszeiten) Die ehemalige Bergarbeiterkneipe strahlt so viel Wärme und Gastfreundschaft aus, wie es nur ein Pub inmitten einer gottverlassenen Wildnis fertigbringt. Seine Steinböden, die rustikalen Tische und das herzhafte Essen werden vom Schein des prasselnden Kaminfeuers vergoldet, das hier seit 1845 geschürt wird. Legendär ist die Warreners' Pie mit Kaninchen. Das Lokal liegt an der B3212, gut 3 km nordöstlich von Postbridge. Das Pub ist von 11 bis 23 Uhr geöffnet.

### An- & Weiterreise

Bus 98 fährt nach Princetown (1,25 £, Mo–Sa 1-mal tgl.). Postbridge wird auch vom Transmoor Link (S. 298 angesteuert.

## Widecombe-in-the-Moor

566 EW.

Widecombe ist so typisch Dartmoor, wie es typischer schon nicht mehr geht – bis hin zu den Ponys, die auf der Dorfanger grasen, die von honiggrauen Gebäuden aus dem 15. Jh. gesäumt wird. Widecombe wird in dem traditionellen englischen Volkslied *Widecombe*

*Fair* besungen. Der Jahrmarkt, um den es hier geht, findet am zweiten Dienstag im September statt.

## Sehenswertes

**St. Pancras Church** KIRCHE

Der 40 m hohe Turm von St. Pancras trägt den Titel „Kathedrale des Moors". Berühmt sind drinnen die Holztafeln, die die Geschichte des schlimmen Sturms von 1638 erzählen. Er blies eine Zinne vom Dach herunter und riss damit mehrere Einwohner in den Tod. Und wie alles im Dartmoor galt er als Werk des Teufels, der sich wieder einmal ein paar arme Seelen greifen wollte.

## Schlafen & Essen

**Manor Cottage** B&B £

(☎01364-621218; www.manorcottagedartmoor.co.uk; DZ 50–60 £; P 📶) Rund um die Tür des mitten im Ort gelegenen alten Dartmoor-Cottage klettern Rosen. Das beste Quartier ist eine Suite mit Badezimmer, zu der eine eigene Wendeltreppe führt. Zum Frühstück gibt's Beerenkompott, Würstchen aus der Region und frisch gelegte Eier der Hühner, die um das Haus herum gackern.

**Rugglestone Inn** PUB ££

(www.rugglestoneinn.co.uk; Hauptgerichte 11 £; ⏰Küche 12–14 & 18.30–21 Uhr) An dem Holzofen dieses gemütlichen alten Pubs wärmen sich auch gerne die Einheimischen auf. Ein Steinfußboden und niedrige Deckenbalken bilden den Rahmen für herzhafte Gerichte. Eine Spezialität sind Pies wie z. B. mit Fisch, Rindfleisch in Ale oder Steak und Stilton-Käse.

## An- & Weiterreise

Bus 672 hält hier einmal pro Woche (mittwochs) auf dem Weg nach Buckfastleigh (1,60 £, 40 Min.) und Newton Abbot (2,60 £, 1 Std.). Im Sommer wird Widecombe samstags vom Haytor Hoppa (S. 315) angesteuert.

# Chagford & Umgebung

1446 EW.

Die schiefen Reetdachhütten und cremeweißen Häuschen des am Rand von Dartmoor gelegenen Chagford stehen rund um einen quirligen Platz – offensichtlich ein zeitloses Heidelanddorf durch und durch. Aber hier sind auch einige überaus stilvolle Restaurants und Unterkünfte ansässig.

Der muntere Marktflecken Moretonhampstead liegt 8 km östlich.

## Sehenswertes

★ **Castle Drogo** HISTORISCHES GEBÄUDE

(NT; ☎01647-433306; www.nationaltrust.org.uk; bei Drewsteignton; Erw./Kind 8,70/4,30 £; ⏰Mitte März–Okt. 11–17 Uhr; P) Diesem zauberhaften, einzigartigen Landschloss sollte man auf jeden Fall einen Besuch abstatten. Der imposante Kasten entstand zwischen 1911 und 1931 im Auftrag von Selfmademan und Aldi-Vorreiter Julius Drewe, der dafür keinen geringeren als Sir Edwin Lutyens unter Vertrag nahm, den damals wohl wichtigsten britischen Architekten. Dessen Auftrag war es bei diesem Bau, mittelalterlichen Prunk mit neuzeitlichem Komfort zu kombinieren. Heraus kam eine erstaunlich reizvolle Mischung aus Tudor-, georgianischem und

### PRÄHISTORISCHES DARTMOOR

Mit seinen geschätzten 11 000 Monumenten ist Dartmoor reif für archäologische Erkundungen. Mehr Funde aus der Bronzezeit (2300–700 v. Chr.) gibt es in ganz Großbritannien nicht. Die Hälfte aller im Land bekannten Steinreihen stehen hier (insgesamt 75), daneben außerdem 18 Steinkreise und 5000 Bronzezeithütten.

Die **Merrivale Stone Rows** in der Nähe von Princetown sind eine praktische, zentrale Anlaufstelle für viele verschiedene Arten von Monumenten. Hier gibt's eine parallele Steinreihe, einen Steinkreis, einen Hinkelstein, Grabkammern und Dutzende steinerne Grundrisse von Hütten. Im Nordosten, nahe Chagford, stehen die Steinkreise **Grey Wethers** direkt neben einem Stück offenem Moor; ein weiterer Steinkreis liegt 400 m entfernt bei Fernworthy. Der Steinkreis **Scorhill** im nahegelegenen Gidleigh wird manchmal das Stonehenge von Dartmoor genannt, obwohl nur die Hälfte der ursprünglichen Steine erhalten sind. Der größte Fundort ist das riesige Bronzezeitdorf **Grimspound** direkt an der B3212, wo Neugierige durch die Ruinen mehrerer Rundhäuser und entlang der runden Steinmauer laufen können, die früher die ganze Siedlung umgab.

Für manche Fundstätten gibt es in den Touristeninformationen kleine Führer (4 £) zu kaufen.

edwardianischem Stil sowie aus zinnenbewehrten Festungsmauern und gemütlichen Zimmern mit Teppichboden. Die Waldwege des Anwesens bieten hier und da fast schon alpine Ausblicke über die Abgründe der Schlucht Teign Gorge. Castle Drogo liegt 5 km nordöstlich von Chagford.

## Schlafen & Essen

**Sparrowhawk** HOSTEL £
(☎01647-440318; www.sparrowhawkbackpackers.co.uk; 45 Ford St, Moretonhampstead; B/DZ/FZ 17/38/46 £) In den hellen Zimmern dieses altbewährten Backpackerlieblings, dessen Gebäude sich um einen Hof gruppieren, treffen Primärfarben auf Balken und nackte Steinwände.

★**Gidleigh Park** HOTEL £££
(☎01647-432367; www.gidleigh.com; Gidleigh; DZ 315–515 £, Suite 1100–1220 £; P) Die repräsentative Luxusoase Gidleigh verbindet Wappen, Zinnen und prasselndes Kaminfeuer mit glänzenden Luxusbädern aus blauem Marmor und mit wasserdichten Fernsehern. Mit kulinarischer Alchemie besticht das mit zwei Michelin-Sternen bedachte Restaurant: Das 8-Gänge-Probiermenü schlägt hier mit 140 £ zu Buche. Sparsame halten sich an das zweigängige Mittagessen für 44 £. Das Hotel liegt gut 3 km westlich von Chagford.

**22 Mill Street** B&B £££
(☎01647-432244; www.22millst.com; 22 Mill St, Chagford; DZ 130–170 £; ) Die eleganten Zimmer dieser Boutiqueoase haben Holzdielen und sind geschmackvoll mit Satinkissen und modernen Kunstwerken dekoriert. Das lauschige Restaurant (2-Gänge-Mittag-/-Abendessen 19/36 £, erhältlich Mi–Sa 12–14.30 & 19–21 Uhr) zaubert phantasievoll verwandelte Klassiker regionaler saisonaler Küche, z. B. Jakobsmuscheln mit Blutwurst und Dartmoor-Lamm mit viel Knoblauch.

★**Horse** GASTROPUB ££
(☎01647-440242; www.thehorsedartmoor.co.uk; 7 George St; Hauptgerichte 5–19 £; Di–Sa 12.30–14.30, tgl. 18.30–21 Uhr) Der Stil dieses abgefahrenen Pubs liegt irgendwo zwischen städtisch-schick und traditionell ländlich. Leckereien aus der Mittelmeerregion bestimmen die Karte, von Pizza und Dartmoorrind-Bresaola bis zu Gerichten à la carte (für die es sich lohnt, ein paar Pfund lockerzumachen).

**Sandy Park** BISTRO ££
(☎01647-433267; www.sandyparkinn.co.uk; Sandy Park; Hauptgerichte 8–12 £; Mo–Fr 12–14.30 & 18–21, Sa & So 12–21 Uhr; P) Reetdach-Cottage aus dem 17. Jh. mit altem Pub, gutem Restaurant und hell eingerichteten Zimmern (60–80 £).

## An- & Weiterreise

**Bus 173** Fährt von Chagford nach Exeter (3,60 £, 1 Std., Mo–Sa 5-mal tgl.); zweimal hält er auch in Moretonhampstead.

**Bus 178** (Mo–Sa 1-mal tgl.) Fährt von Moretonhampstead über Chagford (45 Min.) nach Okehampton (2,40 £, 1 Std.).

**Bus 359** (3,50 £, Mo–Sa 6-mal tgl.) Verbindet Moretonhampstead mit Exeter. Moretonhampstead liegt auch auf der Strecke des Transmoor Link (S. 298).

### FAHREN IN DARTMOOR

Auf den Straßen von Dartmoor herumzukurven macht echt Spaß, aber oft sind die Felder beiderseits der Straßen nicht eingezäunt, sodass schon mal Ponys, Schafe und sogar Kühe mitten auf der Straße stehen können. Auf vielen Straßen gilt eine Geschwindigkeitsbegrenzung von 40 Meilen pro Stunde (knapp 65 km/h). Bei den Parkplätzen im Moor handelt es sich oft nur um Haltebuchten, die mitunter sehr holprig sein können.

# Okehampton & Lydford

7831 EW.

Okehampton drängt sich am Rande eines unbewohnten Geländes mit zugewachsenen Abhängen und Granit-*tors*. Die alle Sinne öffnende Landschaft wird auch als Hochmoor bezeichnet. Die traditionellen Geschäfte und Pubs machen Okehampton zu einem guten Platz, um die Vorräte aufzufüllen, bevor es weiter in die Wildnis geht.

Das 14,5 km südwestlich gelegene Dorf Lydford wartet mit einem typischen Gasthof, einer Reihe von Granithütten, einer Schlossruine und einer herrlichen Schlucht auf.

## Sehenswertes & Aktivitäten

★**Lydford Gorge** WASSERFALL
(NT; ☎01822-820320; www.nationaltrust.org.uk; Lydford; Erw./Kind 7/3,50 £; Mitte März–Okt. 10–17 Uhr) Ein 2,5 km langer Wanderweg führt

durch zerklüftetes Terrain vorbei an einigen blubbernden Strudeln – u. a. dem Furcht einflößenden Devil's Cauldron – zum donnernden 30 m hohen Wasserfall White Lady.

**Okehampton Castle** BURG

(EH; ☎01837-52844; www.english-heritage.org.uk; Castle Lodge, Okehampton; Erw./Kind 4/2,40 £; ⏲April–Okt. 10–17 Uhr, Juli & Aug. bis 18 Uhr) Die mächtige Ruine der normannischen Erdhügelburg, einst die größte Burg in ganz Devon, balanciert auf der Spitze eines bewaldeten Vorsprungs. Hier kann man schön ein wenig auf den Befestigungsanlagen herumkraxeln.

**Finch Foundry** HISTORISCHE STÄTTE

(NT; ☎01837-840046; www.nationaltrust.org.uk; Sticklepath; Erw./Kind 5/3 £; ⏲Mitte März–Okt. 11–17 Uhr; P) Dies ist der letzte von Wasserkraft angetriebene Schmiedeofen aus dem 19. Jh. in England. Die Schmiede liegt am Ende einer 6,5 km langen Wanderung (3½ Std.) auf dem Tarka Trail von Okehampton Richtung Osten.

## Schlafen & Essen

**Okehampton Bracken Tor YHA** HOSTEL £

(☎0844 293 0555; www.yha.org.uk; Saxongate; B 20 £; P @ ᯤ) Dieses 100 Jahre alte Landhaus auf einem 1,6 ha großen Gelände am Rande des Hochmoors ist die perfekte Bleibe für die Sparfüchse unter den Naturfreaks. Hier kann man bestens klettern und Kanu fahren und es werden Fahrräder verliehen. Die Herberge liegt 1,5 km südlich von Okehampton. Auch in Okehampton selbst gibt es ein Hostel – nicht verwechseln!

★ **Dartmoor Inn** GASTHOF ££

(☎01822-820221; www.dartmoorinn.com; Moorside, Lydford; DZ 100 £; P) Die Betreiber haben das Motto „alt trifft neu" perfekt umgesetzt. Die Gästezimmer trumpfen mit schicken Badezimmern, Möbeln im Retroschick, überbordenden Stoffen und Kultradios von Roberts auf. Geflieste Böden, knisternde offene Kamine und Pferdeplaketten, die von den Balken hängen, sorgen für die passende Atmosphäre zum eleganten Gastropubessen (Hauptgerichte 13–22 £, erhältlich Di–Sa 12–14.30 & 18.45–21, So 12–14.30 Uhr). Unwiderstehlich!

**Castle** GASTHOF ££

(☎01822-820241; www.castleinndartmoor.co.uk; Lydford; DZ 60–95 £; P ᯤ) Die Schlafzimmer in diesem elisabethanischen Gasthof reichen von klein und einfach bis geräumig und luxuriös. Wer Zimmer Nr. 1 wählt, erhält eine eigene Terrasse und Blick auf Lydford Castle. Die Bar ist überaus behaglich, die Bogendecke und Bänke mit hohen Rückenlehnen werden von Lampen beleuchtet. Serviert werden herzhafte, für Dartmoor typische Gerichte (Hauptgerichte 9–22 £, serviert 12–15 & 17–21 Uhr).

## Praktische Informationen

**Touristeninformation** (☎01837-53020; www.okehamptondevon.co.uk; Museum Courtyard, 3 West St, Okehampton; ⏲April–Okt. Mo–Sa 10–17 Uhr, Nov.–März Mo, Fr & Sa bis 16 Uhr)

## An- & Weiterreise

**Bus 118** (2- bis 6-mal tgl.) Hält auf dem Weg von Barnstaple nach Tavistock in Okehampton und Lydford. (6,15 £, 2¼ Std.).

**Bus 178** (Mo–Sa 1-mal tgl.) Fährt von Moretonhampstead über Chagford (45 Min.) nach Okehampton (2,40 £, 1 Std.).

**Bus X9** (Mo–Sa 5-mal tgl.) Verbindet Okehampton mit Exeter (3,40 £, 50 Min.) und Bude (4,40 £, 1 Std.).

# Croyde & Braunton

8131 EW.

Croyde legt als Surferhochburg Norddevons genau die gut gelaunte, entspannte Stimmung an den Tag, die man von ihr erwartet. Tradition und hippe Surfkultur gehen hier Hand in Hand: Vor den reetgedeckten Cottages hängen Neoprenanzüge zum Trocknen und coole Wellenreiter lehnen lässig an den Theken der Pubs aus dem 17. Jh.

Der geschäftsmäßige Ort Braunton liegt 6,5 km entfernt im Landesinneren.

## Sehenswertes & Aktivitäten

Das Wasser ist extrem einladend. Mehrere Anbieter verleihen Surfausrüstungen, darunter **Ralph's** (☎01271-890147; Hobbs Hill, Croyde; Surfboard & Neoprenanzug 12/18 £ für 4/24 Std., Bodyboard & Neoprenanzug 10/15 £; ⏲Mitte März–Dez. 9 Uhr–Sonnenuntergang). Unterricht bieten **Surf South West** (☎01271-890400; www.surfsouthwest.com; Croyde Burrows, Croyde; halber/ganzer Tag 32/62 £; ⏲März–Nov.) und **Surfing Croyde Bay** (☎01271-891200; www.surfingcroydebay.co.uk; 8 Hobbs Hill, Croyde; halber Tag Erw./Kind 40/35 £).

★ **Museum of British Surfing** MUSEUM

(☎01271-815155; www.museumofbritishsurfing.org.uk; Caen St, Braunton; Erw./Kind 3,60 £/frei;

Ostern–Dez. Mi–Mo 10–16 Uhr) Nur wenige Museen kommen so cool daher. An den Wänden hängen schnittige Surfbretter, antike Surfanzüge und Sepiafotos. Die Ausstellung erzählt spannende Geschichten von britischen Soldaten, die im 18. Jh. auf hawaiischen Wellen ritten, und würdigt die einheimischen Surfpioniere der 1920er-Jahre sowie die Erfinder der Neoprenanzüge in den 1960er-Jahren – sehr kultig!

## Schlafen & Essen

Im Sommer platzt Croyde aus allen Nähten. Unterkünfte (auch Zeltplätze) unbedingt im Voraus buchen!

**★Baggy** HOSTEL, B&B £
(www.baggys.co.uk; Baggy Point; B/DZ 30/110 £; ) Diese Surferlodge samt Café am Küstenpfad an der Croyde Bay schießt in Sachen Eleganz den Vogel ab. Die Zimmer hier sind wirklich schick, die Doppelzimmer mit Seeblick haben die Qualität eines Boutiquehotels und das bis 11 Uhr erhältliche Frühstück kann auf einer Terrasse eingenommen werden, von der man dem Spiel der Wellen zuschauen kann.

**Bay View Farm** CAMPINGPLATZ £
(01271-890501; www.bayviewfarm.co.uk; Croyde; Stellplatz für 2 Erw. 24 £; April–Okt.; P ) Dieser Campingplatz zählt zu den besten der Gegend. Es gibt Waschmaschinen, Duschen und Stellplätze mit Blick auf die Brandung. Im Sommer oftmals nur ab sieben Nächten buchbar.

**Ocean Pitch** CAMPINGPLATZ £
(07581-024348; www.oceanpitch.co.uk; Moor Lane, Croyde; Stellplatz für 2 Erw. 29–33 £; Mitte Juni–Aug.; P ) Der gut ausgestattete Platz am Nordende der Croyde Bay ist nur einen Katzensprung vom Strand entfernt und beeindruckt mit tollem Seeblick.

**Thatch** GASTHOF ££
(01271-890349; www.thethatchcroyde.com; 14 Hobbs Hill, Croyde; DZ 50–110 £, FZ 130 £) Dieses große reetgedeckte Pub ist ein legendärer Surfertreff. Die modernen Zimmer sind in beigen und braunen Farbtönen gehalten und kleiden sich mit dezenten Streifen- und Karomustern. Die Besitzer vermieten ähnliche Zimmer über einem weiteren Wellenreiter-Pub und im Cottage gegenüber. Am besten sind jedoch die Gästezimmer in ihrem nahe gelegenen (ruhigeren) Haus Priory mit alten Holzbalken und freigelegtem Mauerwerk.

## Praktische Informationen

**Touristeninformation** (01271-816688; www.visitbraunton.co.uk; Caen St, Braunton; Mo–Fr 10–15, Sa bis 13 Uhr) Im Museum in Braunton.

## An- & Weiterreise

**Bus 21/21A** (Mo–Sa halbstündl., So stündl.) Verkehrt über Braunton zwischen Ilfracombe und Barnstaple (2,30 £, 40 Min.).

**Bus 308** (Mo–Sa stündl., So 5-mal) Fährt von Barnstaple nach Braunton, Saunton Sands und Croyde (2,40 £, 50 Min.).

# Ilfracombe & Umgebung

11 509 EW.

Die Geologie von Ilfracombe ist imposant. Schroffe Kaps stürzen sich zu winzigen Stränden hinab und die Uferwege hangeln sich an den steilen Klippen entlang. Auf den ersten Blick wirkt die Stadt wie ein klassischer viktorianischer Badeort, der seine besten Zeiten hinter sich hat. Steile Straßen führen hinab zu einem historischen Hafen, der von Touristenläden belagert ist, und die Strandpromenade ist von geometrischen Grünanlagen und blinkenden Lichterketten gesäumt. Aber der Ferienort hat auch eine andere, mondänere Seite. Davon zeugen eine riesige Statue von Damien Hurst, eine Reihe eleganter Restaurants und Unterkünfte und einige reizende viktorianische Schwimmbecken.

## Sehenswertes & Aktivitäten

**★Verity** WAHRZEICHEN
(The Pier) GRATIS Schwanger, nackt und mit einem riesigen, gen Himmel gestreckten Schwert thront Damien Hirsts 20 m hohe Statue *Verity* über der Hafeneinfahrt von Ilfracombe. Auf der zum Meer gewandten Seite ist die Haut abgezogen und enthüllt Sehnen, Fett und einen Fötus. Kritiker nörgeln, sie lenke von der Landschaft ab, der Künstler sagt, sie verkörpere Wahrheit und Gerechtigkeit. So oder so ist sie ein Publikumsmagnet.

**Ilfracombe Aquarium** AQUARIUM
(01271-864533; www.ilfracombeaquarium.co.uk; The Pier; Erw./Kind 4,25/3,25 £; 10–16.30 Uhr, Ende Juli & Aug. bis 17.45 Uhr) Die hier nachgestellten Unterwasserwelten erstrecken sich samt Flussmündung, Hafen und Gezeitentümpel von Exmoor bis zum Atlantik.

★ **Tunnelsbeaches** SCHWIMMEN
(☎01271-879882; www.tunnelsbeaches.co.uk; Granville Rd; Erw./Kind 2,50/2 £; ⏲April–Okt. 10–17 Uhr, Juli & Aug. bis 19 Uhr) Eine bemerkenswerte Leistung: 1823 hackten hier Hunderte walisische Bergarbeiter von Hand vier Tunnel aus dem Fels. Sie führen zu einem Strandstreifen mit viktorianischen Gezeitenschwimmbecken, wo man auch heute noch ins Meer hüpfen kann. Sepiafotos veranschaulichen, wie es hier im 19. Jh. zuging: Die Badeanzüge waren aus Wolle gestrickt, die Schwimmbereiche nach Geschlechtern getrennt und eine Benimmregel fürs Rudern lautete: „Herren, die des Schwimmens nicht mächtig sind, sollten niemals eine Dame zu einer Bootstour einladen!"

## Schlafen & Essen

**Ocean Backpackers** HOSTEL £
(☎01271-867835; www.oceanbackpackers.co.uk; 29 St. James Pl; B 15–19 £, DZ 45 £; P @ ) Bunte Schlafsäle mit Bad, eine gesellige Küche und kostenloser Kaffee verleihen diesem alteingesessenen unabhängigen Hostel eine lockere Stimmung. Die riesige Weltkarte in der Lounge hat schon unzählige Reisegeschichte aus den Gästen hervorgezaubert.

★ **Norbury House** B&B ££
(☎01271-863888; www.norburyhouse.co.uk; Torrs Park; DZ 85–110 £, FZ 120–145 £; P ) Jedes der reizenden Zimmer in dieser famosen Pension ist in einem anderen Stil eingerichtet. Die Gäste haben die Wahl zwischen Pop-Art, Art déco und zeitgenössischem Chic. Geschmackvolle Teppiche, Vorhänge und Kissen, das lichtdurchflutete Wohnzimmer (samt Stutzflügel) und die tolle Aussicht auf das Meer und die Stadt tragen ebenfalls dazu bei, dass man sich hier rundum wohlfühlt.

**Olive Branch & Room** B&B ££
(☎01271-879005; www.olivebranchguesthouse.co.uk; 56 Fore St; EZ 42–95 £, DZ 75–105 £; ) Hier treffen georgianische Erkerfenster und Deckenrosen auf moderne ovale Sessel und kunstvoll geschnitzte Holzmöbel. Fast alle Zimmer haben einen direkten Blick auf die Bucht und den steil abfallenden Capstone Hill. Das muntere Bistro (Hauptgerichte 12 £, geöffnet Mi–Mo 18.30–21 Uhr) unten serviert leckere Köstlichkeiten.

**11 The Quay** EUROPÄISCH ££
(☎01271-868090; www.11thequay.co.uk; 11 The Quay; Hauptgerichte 8–25 £; ⏲10–22 Uhr) Ilfracombes bei Weitem hipstes Hafenlokal gehört Damien Hirst, dessen Schöpfungen hier die Wände zieren. Während die Gäste also Hummer-Makkaroni oder Exmoor-Angus-Steaks verspeisen, können sie Modelle seiner Statue *Verity* und – eine schöne Ironie – Fische in Formaldehyd studieren.

## Praktische Informationen

**Touristeninformation** (☎01271-863001; www.visitilfracombe.co.uk; The Seafront; ⏲Mo–Fr 9.30–16.30, Sa & So ab 10.30 Uhr) Im Landmark Theatre.

## An- & Weiterreise

**Bus 21/21A** (Mo–Sa halbstündl., So stündl.) Über Braunton nach Barnstaple (2,30 £, 40 Min.).

**Bus 300** Fährt samstags zweimal und sonntags einmal nach Lynton und Lynmouth (3,70 £, 45 Min.); sonntags fährt der Bus weiter nach Minehead (5,40 £, 1¾ Std.).

# Clovelly & Umgebung

440 EW.

Clovelly wartet mit der Postkartenidylle eines typischen Devon-Dorfes auf. Seine Cottages ergießen sich neben den steilen Klippen den Hügel hinunter bis zum von Hummerkörben gesäumten Hafen, der wie eine Krebsschere nach dem tiefblauen Ozean greift. Und dank einiger unglaublich malerischer Gasthöfe und B&Bs ist es wirklich schwierig, den Ort wieder zu verlassen.

## Sehenswertes

**Clovelly Historic Village** HISTORISCHE STÄTTE
(☎01237-431644; www.clovelly.co.uk; Erw./Kind 7/4 £; ⏲Juni–Sept. 9–18.30 Uhr, April–Mai & Okt. 9.30–17 Uhr, Nov.–März 10–16 Uhr; P) Clovelly ist in Privatbesitz und im Besucherzentrum oben am Berg muss man daher Eintritt berappen. Die Kopfsteinpflasterstraßen des Dorfs sind für Autos viel zu steil. Deshalb transportieren die Einwohner alles Notwendige auf Schlitten – oft lehnen die riesigen „Brotkörbe" auf Kufen außen an den Hauswänden. Charles Kingsley, der Autor des Kinderbuchklassikers *Die Wasserkinder*, verbrachte einen Großteil seiner Kindheit in Clovelly. Neben seinem **Wohnhaus** sind im Dorf außerdem das sehr stimmungsvolle **Fischercottage** sowie die beiden **Dorfkapellen** von Interesse.

**Hartland Abbey** HISTORISCHES GEBÄUDE

(☎01237-441496; www.hartlandabbey.com; Erw./Kind 11/5 £; ⏲April–Sept. So–Do Haus 15–17 Uhr, Außenanlagen 11.30–17 Uhr; P) Die freundlichen, grauen Gemäuer dieses bezaubernden Herrenhauses atmen Geschichte. Das Licht der Welt erblickte es im 12. Jh. als Abtei, die Heinrich VIII. während der *Dissolution* (Auflösung der englischen Klöster) einkassierte und seinem Kellermeister übergab. Heute sind in den opulenten Räumen verschiedene leuchtend bunte Wandgemälde, eine verschnörkelte Alhambra-Passage und eine Bibliothek aus der Regency-Zeit (im Stil der Strawberry-Hill-Gotik) untergebracht.

Hartland Abbey liegt 8 km westlich von Clovelly abseits der A39 zwischen Hartland und Hartland Quay.

## Schlafen & Essen

**Donkey Shoe Cottage** B&B £

(☎01237-431601; www.donkeyshoecottage.co.uk; 21 High St; EZ/DZ 30/60 £) Das mit Holzböden und himbeerroten Wänden im Landhausstil eingerichtete B&B am wahnsinnig steilen Hügel von Clovelly wartet mit schönen Meerblicken auf – die beste Aussicht bietet Zimmer drei unterm Dach.

★ **Berridon Farm** CAMPINGPLATZ ££

(☎01409-241552; www.berridonfarm.co.uk; bei Bradworthy; 3 Nächte 400–515 £, 7 Nächte 575–975 £; ⏲Ostern–Mitte Okt.; P) Luxuscamping mit Gemütlichkeitsgarantie! Die wärmeisolierten Safarizelte haben Platz für fünf bis sechs Personen und verwöhnen mit Ledersofas, Holzöfen, richtigen Betten und WCs. Bei Regen winkt die umgebaute Scheune mit einem Sitz- und Essbereich im *shabby-chic*. Das Ganze liegt 18 km südlich von Clovelly.

**Red Lion** GASTHOF £££

(☎01237-431237; www.clovelly.co.uk; DZ 150–180 £) Im Red Lion direkt am Kai von Clovelly bekommt man schicke Zimmer mit Meer- oder Hafenblick, eine edle Restaurantküche (2/3 Gänge 25/30 £, Reservierung erforderlich) kredenzt erlesene Speisen und in der Bar (Hauptgerichte 8 £, erhältlich 12–14.30 & 18–20.30 Uhr) werden alle Gäste freundlich begrüßt.

## An- & Weiterreise

Bus 319 (Mo–Sa 5-mal tgl.) Verkehrt zwischen Clovelly, Hartland Village, Bideford (2,10 £, 40 Min.) und Barnstaple (2,70 £, 1 Std.).



# BRISTOL

393 300 EW.

Wenn es unter den britischen Städten einen Aufsteiger gibt, dann ist das mit Sicherheit Bristol. Das einstige Zentrum der Schwerindustrie, die größte Stadt des englischen Südwestens, hat sich in den vergangenen paar Jahrzehnten neu erfunden als Mekka der Kultur und der Kreativität. Von Cliftons berühmter Hängebrücke bis zu Brunels wegweisendem Dampfschiff, der SS *Great Britain* – Bristol ist eine Stadt mit einem reichen historischen Erbe. Doch die Metropole ist auch für ihre alternative Szene bekannt: Hier tummeln sich jede Menge Künstlerkollektive, Community-Cafés und Musikschuppen – nicht zu vergessen natürlich auch die Wandbilder, die der berüchtigtste Sohn der Stadt hinterlassen hat, der scharfsinnige Streetart-Künstler Banksy.

Dazu kommen noch der sanierte Hafenbezirk, das neue aufsehenerregende Geschichtsmuseum M-Shed und ein schnell gedeihender Ruf als Gourmethochburg und so überrascht es kaum, dass Bristol letztens zur britischen Stadt mit der größten Lebensqualität gekürt wurde. Einfach klasse!

## Geschichte

Die Stadt begann ihr Dasein als sächsisches Dorf und entwickelte sich zum mittelalterlichen Flusshafen Brigstow, einem wichtigen Umschlagplatz für Tuche und Wein.

Im Jahr 1497 segelte der „Lokalheld" John Cabot – eigentlich ein genuesischer Seemann namens Giovanni Caboto – von Bristol Richtung Amerika und entdeckte im selben Jahr Neufundland. In der Folgezeit entwickelte sich die Stadt zu einem der größten Häfen Großbritanniens und lebte bestens vom Handel mit afrikanischen Sklaven (die aus Afrika in die Neue Welt verschifft wurden) sowie Zucker, Rum, Tabak und Baumwolle (die aus der Neuen Welt nach England gebracht und hier sehr profitabel weiterverkauft wurden). Ein Großteil der Pracht des 18. Jhs. wie die Häuserreihen von Clifton und das Theater Old Vic wurde teils mit den so erwirtschafteten Gewinnen finanziert.

Nachdem Bristol von den Häfen London und Liverpool überflügelt worden war, etablierte es sich als Industrie- und Werftenzentrum. 1840 wurde es zum westlichen Endbahnhof der neuen Great Western Railway ab London.

Im frühen 20. Jh. wurde in Bristol ein wegweisendes Flugzeugdesign entwickelt, der Bristol Boxkite, und die Stadt mauserte sich zu einem Zentrum der Luftfahrt. Viele Teile für die Concorde wurden im nahen Filton gefertigt. Durch ihre Bedeutung als Industriestandort war die Stadt im Zweiten Weltkrieg dann leider ein Ziel der deutschen Luftwaffe und ein großer Teil des Stadtzentrums und des Hafengebiets wurden in Schutt und Asche gelegt.

Im Jahr 2006 feierte die Stadt den 200. Geburtstag von Isambard Kingdom Brunel, dem technischen Pionier der viktorianischen Ära. Auf sein Konto geht u. a. der Bau der Great Western Railway, der Clifton Suspension Bridge und der SS *Great Britain*.

## Sehenswertes

**★SS Great Britain** HISTORISCHES SCHIFF

(☎0117-926 0680; www.ssgreatbritain.org; Great Western Dock, Gas Ferry Rd; Erw./Kind/Fam. 13,75/7/36,50 £; ⌚April–Okt. 10–17.30 Uhr, Nov.–März bis 16.30 Uhr) Bristols ganzer Stolz ist das mächtige Dampfschiff SS *Great Britain,* das der geniale Ingenieur Isambard Kingdom Brunel 1843 entwarf. Das von einer revolutionären neuen Schraube angetriebene Schiff war eines der größten und technisch fortschrittlichsten Dampfschiffe, die je gebaut wurden: Es war stolze 98 m lang. Ursprünglich als luxuriöser Atlantikdampfer gebaut, verfiel das Schiff später, erstrahlt aber mittlerweile wieder vollständig in alter Pracht.

Die Geschichte des Schiffs war recht wechselhaft. Von 1843 bis 1886 diente die SS *Great Britain* ihrem gedachten Zweck als Passagierdampfer; die Überfahrt von Bristol nach New York schaffte sie in nur 14 Tagen. Doch leider ging sie aufgrund hoher Betriebskosten und anwachsender Schulden einem unwürdigen Ende entgegen: Sie wurde schließlich verkauft und diente danach als Truppentransporter, Quarantäneschiff, Auswandererschiff und Kohlenhulk,

### BANKSY

Wenn es einen Sohn Bristols gibt, von dem fast jeder schon einmal gehört hat, dann ist das **Banksy** (www.banksy.co.uk), der Streetart-Künstler: Seine provokativen Werke im typischen Schablonenstil haben ihn weltweit bekannt gemacht.

Zwar ist seine Identität nach wie vor ein Rätsel, doch soll er 1974 in Yate, 19 km von Bristol, geboren worden sein und seine Kunst in einer örtlichen Sprühercrew verfeinert haben. Seine Arbeiten nehmen eine ironische Haltung zur Kultur des 21. Jhs. ein, besonders zum Kapitalismus, zum Konsum und zum Promikult. Zu seinen besten Arbeiten zählen seine Geldscheinparodien mit dem Konterfei von Prinzessin Diana anstelle dem der Königin, eine Serie von Wandbildern an der israelischen Sperrmauer im Westjordanland – die Menschen beim Löchergraben und Leitererklimmen zeigen – sowie das Bild eines einen Einkaufswagen schiebenden Höhlenmenschen im British Museum, das das Museum gleich in seine Sammlung aufnahm. Sein Dokumentarfilm *Exit Through The Gift Shop* über einen Streetart-Künstler in Los Angeles wurde 2011 für einen Oscar nominiert.

Lange von den Behörden verteufelt, ist Banksy inzwischen eine Touristenattraktion. Zwar sind viele seiner Arbeiten nur vorübergehend zu sehen, doch sind in Bristol noch einige vorhanden. **Well Hung Lover** (Frogmore St) in der Frogmore Street zeigt einen wütenden Ehemann, eine untreue Ehefrau und einen aus dem Fenster hängenden nackten Mann. Außerdem gibt's noch das Schablonenbild eines **Grim Reaper** am Thekla (S. 332), den **Paint-Pot Angel** am Bristol Museum & Art Gallery (S. 327), der an die sehr erfolgreiche Ausstellung des Künstlers im Jahr 2009 in diesem Museum erinnert, und **Mild Mild West** in der Cheltenham Road mit einem einen Molotowcocktail schleudernden Teddybär.

Im April 2014 machte Banksy wieder Schlagzeilen, als eines seiner Bilder unerwartet auf einer Holzfläche am Broad Plain Boys' Club erschien. Das als *Mobile Lovers* bekannte Wandbild zeigte ein junges Paar, das sich umarmt, aber gleichzeitig auf seine Smartphones starrt. Wie vorherzusehen entwickelte sich eine Debatte über die Urheberschaft des Werks, jedoch stellte der Künstler klar, dass er das Bild als Geschenk an den Jugendclub angefertigt habe, den er als Jugendlicher aufgesucht haben soll. Nachdem das Werk ein paar Monte lang im Bristol City Museum ausgestellt worden war, wurde es im August 2014 für 400 000 £ an einen privaten Sammler verkauft. Der Erlös wurde für die gemeinnützigen Projekte des Clubs gestiftet. Gut gemacht, Banksy!

## Bristol

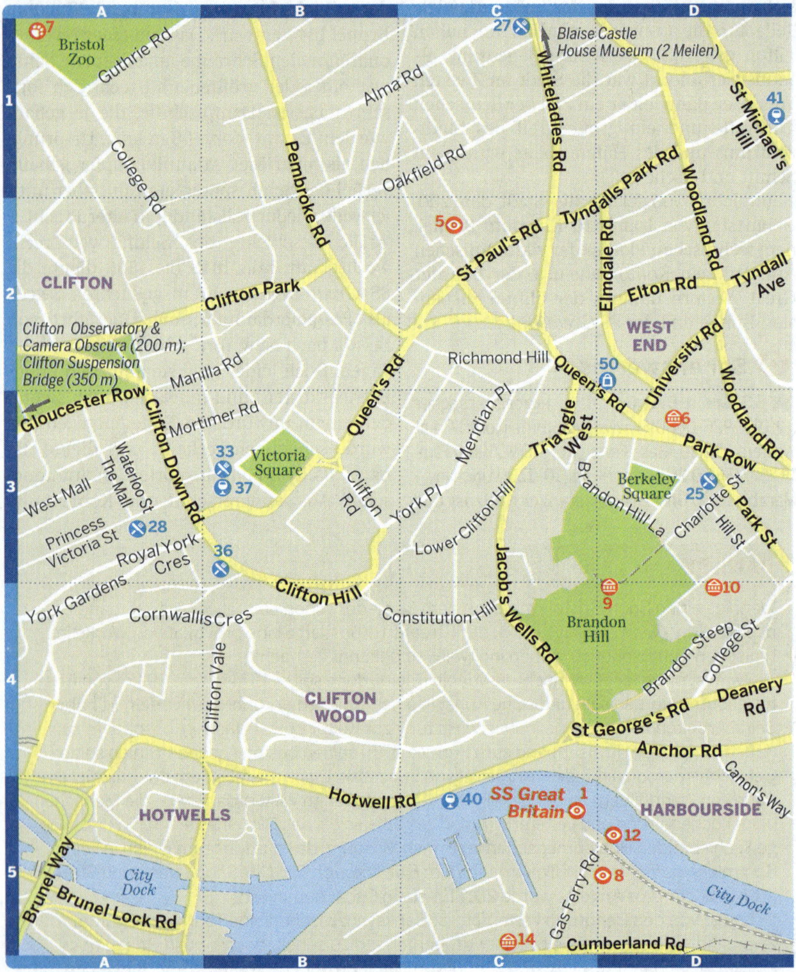


bis sie 1937 bei Port Stanley auf den Falklandinseln stillgelegt wurde.

Doch glücklicherweise war das nicht das Ende. 1970 wurde das Schiff zurück nach Bristol geschleppt und wurde anschließend 30 Jahre lang restauriert. Die Räumlichkeiten des Dampfers wie die Kombüse, die Arztkabine und der Speisesaal wurden liebevoll wiederhergestellt und es wurde ein funktionierender Nachbau der originalen 340 t schweren und drei Stockwerke hohen Dampfmaschine eingebaut. Ein Highlight ist auch das „Glasmeer", in dem das Schiff steht und das ein Trockendock luftdicht abschließt; so wird der Schiffsrumpf geschützt und Besucher haben die Möglichkeit, die Schiffsschraube aus nächster Nähe zu bestaunen.

Die Eintrittskarten sind ein Jahr lang gültig und umfassen auch den Eintritt zum nahen **Brunel Institute** (☎0117-926 0680; Great Western Dockyard; ⌚Di–Fr & die ersten beiden Samstage des Monats 10.30–16.30 Uhr) GRATIS, das jede Menge Forschungsmaterial zur Seefahrtsgeschichte Bristols beherbergt.

**Matthew** HISTORISCHES SCHIFF

(☎0117-927 6868; www.matthew.co.uk; Princes Wharf; ⌚Di–So 10–16 Uhr) GRATIS Die meiste

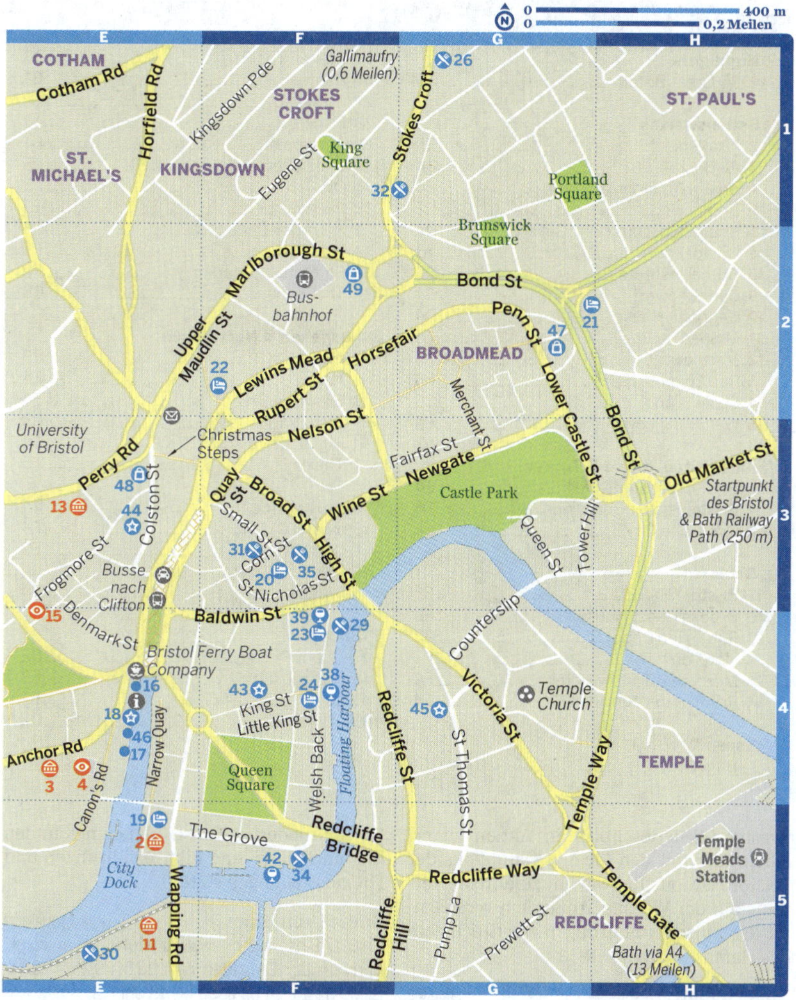


Zeit des Jahres liegt ein Nachbau von John Cabots Schiff *Matthew* in Bristols Floating Harbour vor Anker. Mit dem Originalpott unternahm der Entdecker 1497 seine legendäre Reise nach Neufundland. Die *Matthew* empfängt dienstags bis sonntags Besucher und unternimmt außerdem Ausflüge durch den Hafen (Erw./Kind 10/8 £) und durch die Avon Gorge; Termine auf der Website.

**M Shed** MUSEUM

(☎ 0117-352 6600; www.mshed.org; Princes Wharf; ⌚ Di–Fr 10–17, Sa & So bis 18 Uhr; 👪) GRATIS Das 2011 inmitten der Kranlandschaft des Bristoler Hafens eröffnete eindrucksvolle Museum ist eine Schatzkiste mit allen möglichen Sachen aus der Geschichte der Stadt. Das Museum ist in die drei Abteilungen Menschen, Ort und Leben unterteilt und liefert einen panoramaartigen Abriss der Stadtgeschichte – es zeigt Besitztümer von Sklaven genauso wie alte Busse, Wallace-und-Gromit-Figuren und zwei von der Band Massive Attack benutzten Decks. Das Ganze ist sehr interaktiv, kinderfreundlich – und gratis!

Im Sommer werden spezielle Wochenendaktivitäten geboten wie die Möglichkeit, in einem Hafenkran mitzufahren, das alte

## Bristol

**Highlights**
1 SS Great Britain ........ C5

**Sehenswertes**
2 Arnolfini ........ E5
3 At-Bristol ........ E4
4 Bristol Aquarium ........ E4
5 Bristol Lido ........ C2
6 Bristol Museum & Art Gallery ........ D3
7 Bristol Zoo ........ A1
8 Brunel Institute ........ D5
9 Cabot Tower ........ D4
10 Georgian House ........ D4
11 M Shed ........ E5
12 Matthew ........ D5
13 Red Lodge ........ E3
14 Spike Island ........ C5
15 Well Hung Lover ........ E4

**Aktivitäten, Kurse & Touren**
16 Bristol Highlights Walk ........ E4
17 Bristol Packet Boat Trips ........ E4
18 Cycle The City ........ E4

**Schlafen**
19 Bristol YHA ........ E5
20 Brooks Guest House ........ F3
21 Future Inn Cabot Circus ........ G2
22 Hotel du Vin ........ F2
23 Mercure Brigstow Hotel ........ F4
24 Premier Inn, King St ........ F4

**Essen**
Bagel Boy ........ (s. 35)
25 Boston Tea Party ........ D3
26 Canteen ........ G1
27 Cowshed ........ C1
28 Fishers ........ A3
29 Glassboat ........ F4
30 Olive Shed ........ E5
31 Ox ........ F3
32 Pieminister ........ F1
33 Primrose Café ........ B3
34 Riverstation ........ F5
35 St. Nicholas Market ........ F3
36 Thali Café ........ B3

**Ausgehen & Nachtleben**
37 Albion ........ B3
38 Apple ........ F4
39 BrewDog Bristol ........ F4
40 Grain Barge ........ C5
41 Highbury Vaults ........ D1
42 Thekla ........ F5

**Unterhaltung**
43 Bristol Old Vic ........ F4
44 Colston Hall ........ E3
45 Fleece ........ G4
46 Watershed ........ E4

**Shoppen**
47 Cabot Circus ........ G2
48 Dig Haüshizzle ........ E3
49 Loot ........ F2
50 Rise Music ........ D2

Pyronaut-Feuerlöschboot in Aktion zu erleben oder mit den kleinen Dampfloks der Bristol Harbour Railway mitzufahren – Termine auf der Website. Außerdem veranstaltet das Museum Führungen zur Geschichte des Hafens.

**Spike Island** GALERIE
(☎0117-929 2266; www.spikeisland.org.uk; 133 Cumberland Rd; ⏲Galerie Di–So 12–17 Uhr, Café Mo–Fr 8.30–17, Sa & So 12–17 Uhr) Kulturfreaks sollten sich Zeit nehmen für Spike Island, ein quirliges Kulturzentrum mit den Ateliers eines Künstlerkollektivs, einer Galerie für Gegenwartskunst und einem tollen kleinen Café. Das Zentrum liegt einen kurzen Spaziergang südlich der SS *Great Britain*.

**Arnolfini** GALERIE
(☎0117-917 2300; www.arnolfini.org.uk; 16 Narrow Quay; ⏲Di–So 10–18 Uhr) Die avantgardistische Kunstgalerie der Stadt residiert in einem großen Backstein-Lagerhaus am Fluss und ist nach wie vor die Topadresse in Bristol für moderne Kunst. Manchmal finden hier auch Tanz- und Filmvorführungen und Fotoausstellungen statt.

**Bristol Aquarium** AQUARIUM
(☎0117-929 8929; www.bristolaquarium.co.uk; Harbourside; Erw./Kind/Fam. 13,50/9,25/43,50 £; ⏲Mo–Fr 10–17, Sa & So bis 18 Uhr) Bristols am Hafen gelegenes Aquarium besticht mit Unterwasserhabitaten wie der Bay of Rays (Rochenbucht), der Coral Sea, dem Shark Tank (Haifischbecken) und der Amazon River Zone sowie einem riesigen Pazifischen Riesenkraken als ständigem Bewohner und einem Unterwasser-Beobachtungstunnel. Wer online bucht, spart 2 £ pro Ticket.

**At-Bristol** MUSEUM
(☎0845 345 1235; www.at-bristol.org.uk; Anchor Rd; Erw./Kind/Fam. 12,05/7,70/34,15 £; ⏲Mo–Fr 10–17, Sa & So bis 18 Uhr; 👪) Bristols interaktives Wissenschaftsmuseum bietet verschiedene Bereiche zu den Themen Weltall, Technologie und das menschliche Hirn. In der Curiosity

Zone können Besucher durch einen Tornado gehen, sich auf einem menschlichen Kreisel drehen und die Saiten einer virtuellen Harfe zupfen. Außerdem gibt's hier ein tolles Planetarium. Das unterhaltsame Museum sollte Kinder stundenlang bei Laune halten.

**Georgian House** HISTORISCHES GEBÄUDE
(7 Great George St; ⌚April–Aug. Di–So 10–16 Uhr) GRATIS Die einstige Residenz des wohlhabenden Westindienkaufmanns John Pinney stammt aus dem 18. Jh. und bietet einen tollen Einblick in das Leben der Adligen im Bristol der georgianischen Ära. Das Haus ist im Stil der damaligen Zeit eingerichtet, so etwa mit einer großen Küche (komplett mit gusseisernem Bratspieß), einer Bibliothek und einem prächtigen Salon. Und im Untergeschoss hatte Pinney ein Kaltwasser-Schwimmbecken.

**Cabot Tower** HISTORISCHES GEBÄUDE
(⌚8 Uhr–Sonnenuntergang) GRATIS Der Backsteinturm im kleinen Park Brandon Hill wurde zwischen 1896 und 1898 errichtet, um an John Cabots wegweisende Reise nach Kanada zu erinnern. 2007 wurde der Turm geschlossen, nachdem verdächtige Risse aufgetaucht waren, jedoch 2011 wieder eröffnet. Von oben entfaltet sich ein unvergleichlicher Panoramablick über ganz Bristol.

**Bristol Museum & Art Gallery** MUSEUM
(☎0117-922 3571; Queen's Rd; ⌚Mo–Fr 10–17, Sa & So bis 18 Uhr) GRATIS Das klassische alte edwardianische Museum ist vollgestopft mit einem Sammelsurium an Ausstellungsstücken – von Dinosauriern und asiatischen Antiquitäten bis zu assyrischen Reliefs ist hier alles vertreten. Besonders reich ausgestattet sind die Abteilungen zu französischer und östlicher Kunst, mit Gemälden von Pissarro und Renoir sowie einer neuen „Rotes Tor"-Skulptur des chinesischen Künstlers Guan Donghai. Wenn man reinkommt, sieht man oben den berühmten Bristol Boxkite von der Decke hängen, einen propellerangetriebenen Doppeldecker aus der Frühzeit der Luftfahrt.

**Red Lodge** HISTORISCHES GEBÄUDE
(Park Row; ⌚April–Aug. Di–So 10–16 Uhr) GRATIS Das 1590 erbaute, jedoch 1730 umgebaute Backsteinhaus ist ein Mischmasch aus elisabethanischer, Stuart- und georgianischer Architektur. Das Highlight ist der Great Oak Room mit seiner ursprünglichen elisabethanischen Eichenvertäfelung, der Stuckdecke und dem verzierten Kamin.

**Clifton** STADTVIERTEL
Im 18. und 19. Jh. verwandelten reiche Bristoler Kaufleute das ehemalige Heilbad Clifton in einen eleganten Hügelvorort voller eindrucksvoller georgianischer Häuser. Einige der schönsten sind am **Cornwallis Crescent** und **Royal York Crescent** zu finden. Clifton ist nach wie vor die nobelste Adresse der Stadt, mit schicken Läden und einer eher dörflichen Atmosphäre, die sich von der der restlichen Stadt deutlich unterscheidet.

INSIDERWISSEN

## BRISTOLS HEISSE QUELLEN

Bath ist nicht die einzige Stadt in Englands Südwesten mit seiner eigenen heißen Freiluftbadewanne. Nur wenige wissen, dass auch Bristol auf heißen Quellen sitzt: Sie sprudeln durch den Fels der Avon Gorge nach oben. Im 19. Jh. machte das Thermalwasser die Gegend um Hotwells zu einem beliebten Kurort. Das Wasser, so nahm man an, lindere alle möglichen Leiden wie Schwind- und Wassersucht, Asthma und Geschlechtskrankheiten. Zwischen Hotwells und Clifton gab's sogar eine Standseilbahn; im Zweiten Weltkrieg diente der Tunnel als Luftschutzkeller.

Zwar gehören Bristols Tage als Kurort der Vergangenheit an, doch von ihnen zeugt noch der wunderbare **Bristol Lido** (☎0117-933 9530; www.lidobristol.com; Oakfield Pl; Tagesgäste 20 £; ⌚Tagesgäste Mo–Fr 13–16 Uhr). Die ursprünglich 1849 als Clifton Lido eröffneten Bäder verfielen später und wurden 1990 geschlossen, sind jedoch in den vergangenen Jahren sorgfältig restauriert worden. Heute sind sie mit ihrem schönen 24-m-Becken unter freiem Himmel, das stets um die 24 °C warm ist, ein echter Geheimtipp. Außerdem werden Wellnessbehandlungen und Massagen angeboten und es gibt ein ausgezeichnetes Bistro.

Der einzige Nachteil für Reisende ist, dass Mitglieder bevorzugt werden. Am Wochenende und an vollen Tagen ist das Bad für Tagesgäste geschlossen. Am besten erkundigt man sich vor einem Besuch telefonisch, ob man kommen kann.

**Clifton Suspension Bridge** BRÜCKE
(www.cliftonbridge.org.uk) Das berühmteste Wahrzeichen von Clifton ist diese 76 m hohe Hängebrücke über die Avon Gorge. Mit dem Bau der Brücke wurde 1836 begonnen, doch Brunel starb vor ihrer Fertigstellung im Jahr 1864. Auf ihr sollten Pferdegespanne und Fußgänger die Schlucht überqueren; heute nutzen sie rund 12 000 Fahrzeuge am Tag – ein klares Zeichen für Brunels Weitsicht. Zu Fuß und mit dem Fahrrad kann man die Brücke umsonst überqueren, Autofahrer zahlen 1 £.

Beim Turm auf der Leigh-Woods-Seite befindet sich ein Infopunkt. Von Ostern bis Oktober werden samstags und sonntags um 15 Uhr kostenlose Führungen angeboten.

**The Downs** PARK
() Mit ihren Rasenflächen bieten die Parks Clifton Down und Durdham Down – oft einfach die Downs genannt – bei der Clifton Suspension Bridge schöne Möglichkeiten für ein Picknick. Das kleine **Clifton Observatory** (0117-974 1242; Clifton Down; Erw./Kind 2/1 £; Mo–Fr 11.30–17.30, Sa & So ab 10.30 Uhr) in der Nähe beherbergt eine **Camera obscura** (0117-974 1242; Erw./Kind 2/1 £; 10.30–17.30 Uhr). Ein Tunnel führt hinunter zur **Giant's Cave** (Erw./Kind 1,50 £/50 p), einer Höhle auf halber Höhe der Klippe, von der sich tolle Ausblicke auf die Avon Gorge bieten. Bei Redaktionsschluss stand das Observatorium für läppische 2 Mio. £ zum Verkauf: Es kann also sein, dass sich die Dinge hier ändern – am besten vorher anrufen!

**Bristol Zoo** ZOO
(0117-974 7399; www.bristolzoo.org.uk; Erw./Kind 14,50/8,86 £; 9–17.30 Uhr; P) Der Zoo der Stadt liegt auf der Nordseite von Clifton. Zu den Highlights zählen das nagelneue, 1 Mio. £ teure Haus für die sieben Gorillas des Zoos sowie das Reptilien- und Käferhaus, der Schmetterlingswald, das Löwengehege, der Affendschungel und der Baumwipfel-Abenteuerpark **Zooropia** (Erw./Kind 8/7 £). Online gekaufte Tickets sind 10 % billiger. Anfahrt vom Stadtzentrum mit Bus 15A oder 8/9.

**Blaise Castle House Museum** MUSEUM
(Henbury Rd; Mi–Sa 10–17 Uhr) GRATIS Das Gemäuer vom späten 18. Jh. im nördlichen Vorort Henbury beherbergt heute ein Museum für Alltagsgeschichte. Zu sehen sind Spielzeuge, Kleidung und andere Dinge aus viktorianischer Zeit. Bus 42/42A (45 Min., alle 15 Min.) ab der Colston Avenue fährt am Schloss vorbei; Bus 1 (20 Min., alle 10 Min.) fährt vom Bahnhof und von der St Augustine's Parade hierher.

## Geführte Touren

**Bristol Highlights Walk** STADTRUNDGANG
(www.bristolwalks.co.uk; Erw./unter 12 J. 5 £/frei; April–Sept. Sa 11 Uhr) Jeden Samstag um 11 Uhr Führungen durch die Altstadt, das Stadtzentrum und Harbourside – einfach vor der Touristeninformation erscheinen. Außerdem werden auf Anfrage Themenführungen zu Clifton, Bristol im Mittelalter und der Geschichte des Bristoler Sklaven- und Weinhandels angeboten.

**MP3-Touren** STADTRUNDGANG
(www.visitbristol.co.uk/about-bristol/video-and-audio/audio-tours) GRATIS Wer möchte, kann sich kostenlos MP3-Führer zu Bristols Hafen, dem Sklavenhandel, der historischen Architektur, den Kirchen und den literarischen Verbindungen der Stadt herunterladen.

NICHT VERSÄUMEN

### TYNTESFIELD

Die ehemalige Residenz der Adelsfamilie Gibbs, **Tyntesfield** (NT; 01275-461900; www.nationaltrust.org.uk/tyntesfield; Erw./Kind 13,90/7 £, nur Gärten 8,55/4,30 £; Haus Fr–Mi 11–17 Uhr, Außenanlagen 10–18 Uhr), ist eine der wichtigsten Erwerbungen des National Trust der letzten Jahre. Der märchenhafte Kasten mit seinen vielen Spitzen und Türmchen, ausladenden Treppen und großen Räumen voller Antiquitäten vermittelt einen Einblick in das einstige opulente Leben in englischen Adelshäusern. Die Eintrittskarten gelten nur für ein bestimmtes Zeitfenster und umfassen eine Führung. Das Haus liegt 11 km südwestlich von Bristol abseits der B3128.

Als der National Trust das nach Entwürfen von John Norton im neugotischen Stil erbaute Gemäuer 2001 erwarb, war es stark einsturzgefährdet. Doch inzwischen ist es für viel Geld umfassend restauriert worden. Draußen wird an der Orangerie und an den ummauerten Gärten noch immer gewerkelt.

**Bristol Packet Boat Trips** BOOTSTOUR
(☎0117-926 8157; www.bristolpacket.co.uk; Wapping Wharf, Gas Ferry Rd; ⊙Sa & So 11–16.15 Uhr) Diese Reederei bietet Hafenrundfahrten (Erw./Kind 5,75/3,75 £, Abfahrt am Wochenende alle 45 Min., in den Schulferien tgl.), von Mai bis Oktober außerdem einmal pro Woche eine Fahrt den Avon hinunter (Erw./Kind 16/12 £); sonntagnachmittags steht ein Ausflug zu Beese's Tea Gardens (11/7 £) auf dem Programm. Von Mai bis September finden außerdem einmal im Monat Bootstouren nach Bath (26,50/20 £) statt.

**Cycle The City** RADFAHREN
(☎07873-387167; www.cyclethecity.org; 1 Canon's Rd; Leihrad 16 £ pro Tag; ⊙Mo–Sa 10–17.30 Uhr) Fahrradverleih und geführte Radtouren ab No. 1 Harbourside am Avon.

## Festivals & Events

**Bristol Shakespeare Festival** THEATERFESTIVAL
(www.bristolshakespeare.org.uk) Großbritanniens größtes Freiluft-Shakespeare-Festival findet von Mai bis September statt.

**Bristol Harbour Festival** STADTFEST
(www.bristolharbourfestival.co.uk) Hafenfest Anfang August mit Bands, Events und historischen Schiffen.

**International Balloon Fiesta** HEISSLUFTBALLONS
(www.bristolballoonfiesta.co.uk) Vom herrschaftlichen Anwesen Ashton Court steigen im August Heißluftballons auf.

**Encounters** FILMFESTIVAL
(www.encounters-festival.org.uk) Bristols größtes Filmfestival findet im November statt.

## Schlafen

Bristols Hotels richten sich v. a. an Geschäftsreisende, aber es gibt in der Innenstadt ein paar sehr preisgünstige Hotelketten und B&B.

**Bristol YHA** HOSTEL £
(☎0845 371 9726; bristol@yha.org.uk; 14 Narrow Quay; B 13–22 £, DZ ab 70 £; @) Nur wenige Jugendherbergen punkten mit einer so guten Lage wie diese: Sie befindet sich in einem Backstein-Lagerhaus am Fluss. Zu den Einrichtungen zählen Küchen, Fahrradabstellraum, Spielezimmer und die **Kaffeelounge** Grainshed – die Schlafsäle sind jedoch funktional und die Doppelzimmer teuer.

**Brooks Guest House** B&B ££
(☎0117-930 0066; www.brooksguesthousebristol.com; Exchange Ave; DZ 85–120 £; WLAN) Dieses wunderbar zentrale B&B ist toll für Leute, die gern mitten im Trubel sind. Es befindet sich in einem modernen Gebäude gegenüber vom St. Nick's Market. Die Zimmer sind eher kistenartig, jedoch nett eingerichtet mit Velourtapeten, John-Lewis-Bettwäsche und Hansgrohe-Powerduschen. Wer ein Auto hat, kann dies verbilligt für 14 £ am Tag im nahen Parkhaus in der Queen Charlotte Street abstellen.

**Future Inn Cabot Circus** HOTEL ££
(☎0845 094 5588; www.futureinns.co.uk/bristolhotels; Bond St South; DZ 59–99 £; P WLAN) Diese Minikette hat Ableger in Plymouth, Cardiff und Bristol. Das Hotel ist modern und geschäftsmäßig, aber die Zimmer bieten das beste Preis-Leistungs-Verhältnis der Stadt, sie sind einfach eingerichtet in Beige, Weiß und mit Holzfaserplatten. Im Preis inbegriffen ist das Parken im Parkhaus am Cabot Circus.

**Mercure Brigstow Hotel** HOTEL ££
(☎0117-929 1030; H6548@accor.com; Welsh Back; DZ 63–125 £; WLAN) Die Lage am Hafen und die schöne moderne Ausstattung machen das Mercure zu einer guten Wahl im Zentrum. Alle Zimmer verfügen über gewölbte Holzvertäfelungen und in den Badezimmerfliesen winzige Fernseher. Von den Zimmern in den oberen Etagen bieten sich schöne Blicke auf die Stadt.

**Premier Inn, King Street** HOTEL ££
(☎0871 527 8158; www.premiertravelinn.com; King St; Zi. 59–89 £; ❄ WLAN) Dieses Premier Inn bietet günstige Preise und eine Lage am Fluss. Die Zimmer warten mit großen Betten, Schreibtisch und WLAN auf und von einigen kann man sogar den Hafen erspähen. Nicht schlecht – allerdings wird's am Wochenende im benachbarten Pub Llandoger Trow ziemlich laut. Ermäßigte Parkplätze befinden sich im Parkhaus in der Queen Charlotte Street.

**Greenhouse** B&B ££
(☎0117-902 9166; www.thegreenhousebristol.co.uk; 61 Greenbank Rd, Southville; EZ/DZ 70/105 £; P WLAN) 🍃 Hier gibt's nicht viel Schnickschnack, sondern einfach ein hübsches, freundliches, ruhiges B&B in Southville, ein paar Gehminuten vom Fluss und Stadtzentrum entfernt. Die cremefarbenen Zimmer, die weiße Bettwäsche und das ausgezeich-

nete Biofrühstück machen das Haus zu einer guten Wahl. Extrapunkte gibt's für die kostenlosen Parkplätze.

**★ Number 38** B&B £££
(☎0117-946 6905; www.number38clifton.com; 38 Upper Belgrave Rd, Clifton; DZ 135–210 £; P Wi-Fi) Dieses gehobene B&B am Rand der Downs ist etwas für Stilbewusste. Die Zimmer sind riesig und modern – nüchterne Grau- und sanfte Blautöne prägen das Bild und Luxus gibt's in Form von Waffle-Bademänteln und REN-Badezimmerartikeln. Von der Dachterrasse blickt man auf die Stadt. Die beiden Suiten überraschen mit altmodischen Zinnbadewannen.

**Hotel du Vin** HOTEL £££
(☎0117-925 5577; www.hotelduvin.com; Narrow Lewins Mead; Zi. 139–254 £; P Wi-Fi) Diese britische Luxushotelkette erfreut sich großer Beliebtheit bei gut situierten Städtereisenden. Die Bristoler Niederlassung residiert in einem alten Zuckerlagerhaus und vermählt Industrieschick mit elegantem Minimalismus: Nackter Backstein und Eisenpfeiler treffen auf Futonbetten und Klauenfußbadewannen. Die Zimmer sind nach Champagnern benannt. Am besten sind die Maisonette-Suiten. Auch das **Bistro** ist toll.

## Essen

Bristols lebendige Gastroszene umfasst alles von ethnischen Restaurants bis zu Vollwertcafés. Tipps für ein schnelles Mittagessen: **Boston Tea Party** (www.bostonteaparty.co.uk; Park St; Sandwiches & Salate 4–6 £) und **Bagel Boy** (☎0117-922 0417; 39–41 St Nicholas St; Bagels 3–5 £; ⊙9.30–17.30 Uhr).

**Canteen** CAFÉ £
(☎0117-923 2017; www.canteenbristol.co.uk; 80 Stokes Croft; Hauptgerichte 4–10 £; ⊙10–22 Uhr) Dieses Community-Café im Erdgeschoss eines alten Bürogebäudes im ruppigen Stokes Croft verkörpert den Geist der alternativen Szene der Stadt: Hier dreht sich alles um Slow Food, Zulieferer aus der Umgebung und faire Preise, egal ob für ein Schinkensandwich, ein vegetarisches Chili oder ein richtiges Abendgericht. Außerdem wird regelmäßig Livemusik geboten und Künstlerateliers laden zu Erkundungen ein.

**St. Nicholas Market** MARKT £
(Corn St; ⊙Mo–Sa 9.30–17 Uhr) Der muntere Markt der Stadt wartet mit zahlreichen Ständen auf, auf denen alles von Mezze-Tellern bis zu Pulled-Pork-Sandwiches von den Grillspezialisten **Grillstock** geboten wird. Mittags können die Schlangen etwas länger werden, aber das Warten lohnt sich. Mittwochs findet ein **Bauernmarkt** statt, am ersten Sonntag des Monats ein **Slow-Food-Markt**.

**Thali Café** INDISCH £
(☎0117-974 3793; www.thethalicafe.co.uk; 1 Regent St; Mahlzeiten 5,95–10,95 £; ⊙12–22 Uhr) Das alteingesessene indische Lokal verfügt über vier Filialen, darunter diese in Clifton. Es ist auf *thalis* (indische Mahlzeiten mit mehreren Gerichten) spezialisiert, mit verschiedenen Currystilen aus ganz Indien. Takeaways werden in einer wiederverwendbaren Lunchbox gereicht.

**Gallimaufry** BRITISCH £
(☎0117-942 7319; www.thegallimaufry.co.uk; 26–28 The Promenade; Hauptgerichte mittags 5,50–7 £, abends 11,50–13,50 £; ⊙11–24 Uhr) Der Inbegriff einer Stadtteilkneipe ist der Liebling der Coolen von der Gloucester Road. Alle nötigen Merkmale sind vorhanden – Upcycling-Möbel, originelle Kunst, eine abgerockte Einrichtung – und es wird Wert darauf gelegt, dass die Zutaten aus der Gegend kommen. Das Essen deckt das ganze Spektrum von kleinen Snacks bis zum Schweinebauch und Kartoffelpüree ab.

**Pieminister** BRITISCH £
(24 Stokes Croft; Pies ca. 4,50 £; ⊙Sa 10–19, So 11–16 Uhr) Eine Bristoler Institution: Gourmet-Pies mit witzigen Namen (Chicken of Aragon, Deerstalker, Moo and Blue), alle ertränkt in Bratensauce (auf Wunsch fleischlos). Die Hauptfiliale befindet sich an der Straße Stokes Croft, aber es gibt auch eine Niederlassung am St. Nick's Market.

**Olive Shed** BISTRO £
(☎0117-929 1960; www.theoliveshed.com; Princes Wharf; Hauptgerichte 4–8 £; ⊙Mi 18.30–22, Do–Sa 12–22, So 12–16 Uhr) Ein guter Laden für einen Lunch am Hafen, besonders nach der Besichtigung der SS *Great Britain* oder einem Besuch im M Shed. Es werden Tapas und mediterranes Essen aufgetischt und es stehen auch Tische draußen am Wasser.

**★ Riverstation** BRITISCH ££
(☎0117-914 4434; www.riverstation.co.uk; The Grove; 2-/3-Gänge-Mittagessen 12,75/15,50 £, Hauptgerichte abends 15,50–19,50 £; ⊙12–14.30 & 18–22 Uhr) Eines der alteingesessenen Restaurants der Stadt und immer noch ganz vorn mit dabei. Die Lage am Fluss mit Blick

INSIDERWISSEN

## BRISTOL & BATH RAILWAY PATH

Dieser **Radweg** (www.bristolbathrailwaypath.org.uk) zwischen Bristol und Bath ist wunderbar, um die Gegend zwischen den beiden Städten zu erkunden. Der 21 km lange Weg verläuft entlang einer alten Bahntrasse, die in den 1950er-Jahren stillgelegt wurde. Er führt an mehreren interessanten Stätten wie stillgelegten Fabriken und dem schönen alten Bahnhof von Bitton vorbei, der jetzt auf der Strecke der restaurierten Avon Valley Railway liegt. Außerdem gibt's Verbindungen zu anderen Radwegen wie dem **Dramway Path** (www.southglos.gov.uk/Documents/The%20Dramway.pdf) und dem **River Avon Trail** (www.riveravontrail.org.uk).

Die offiziellen Startpunkte des Radwegs sind an der St Phillips Lane in Bristol und der Brassmill Lane in Bath, aber man kann natürlich auch woanders an der Strecke einsteigen.

Fahrradverleihe siehe S. 333 und S. 329.

auf den Floating Harbour ist kaum zu toppen, doch kommen die Gäste wegen des Essens immer wieder hierher zurück: klassisch und mit einem starken kontinentaleuropäischen Einschlag, von französischer Fischsuppe bis zum Steak *à la béarnaise*. Die **bar+kitchen** unten ist den ganzen Tag für Kaffee und Kuchen geöffnet.

### Ox — BRITISCH ££

(☎0117-922 1001; www.theoxbristol.com; 43 Corn St; Hauptgerichte abends 12,50–16 £; ⏲Do & Fr 12.30–14.30, Di–Sa 17–22.30, So 12–16 Uhr) Dieser Neuling auf der Corn Street offeriert ein edles Speiseerlebnis. Er residiert in einem Banktresor-Kellergewölbe und ähnelt mit seiner Holzvertäfelung, der Mahagonibar und den präraffaelitischen Wandbildern einem eleganten Pullman-Waggon. Wie der Name schon andeutet, ist dies ein Mekka der Fleischfreunde: Wurstplatten, Gourmet-Hamburger und fünf Steakzuschnitte.

### Fishers — FISCH & MEERESFRÜCHTE ££

(☎0117-974 7044; www.fishers-restaurant.com; 35 Princess Victoria St; Hauptgerichte 11,95–15,50 £; ⏲12–14.30 & 18.30–22 Uhr) Erste Wahl für ein Fischmahl, von gebackener Brasse bis zu Seezunge. Die warme Schalentierplatte (43 £ für 2 Pers.) ist allein nicht zu schaffen. Das einfache Ambiente mit weißen Wänden, Schiffslaternen und nautischem Nippes sorgt für maritimes Flair.

### Cowshed — BRITISCH ££

(☎0117-973 3550; www.thecowshedbristol.com; 46 Whiteladies Rd; 3-Gänge-Mittagessen 10 £, Hauptgerichte abends 12,95–21,50 £; ⏲12–15 & 18–22 Uhr) Im Cowshed wird Landküche mit modernem Touch serviert. Das Hauptaugenmerk liegt auf der Qualität des aus der Region stammenden Fleisches: gut abgehangenes Rindfleisch, wildes Kaninchen, Schweinebauch. Das Vorzeigegericht ist das *steak on stone*, ein brutzelnd auf einem heißen Lavastein serviertes Steak. Sehr preisgünstig sind der dreigängige Lunch und die Platten (15,30–18,50 £ für 4 Pers.).

### Primrose Café — BISTRO ££

(☎0117-946 6577; www.primrosecafe.co.uk; 1–2 Boyce's Ave; Hauptgerichte mittags 6–12 £, abends 13,50–18,50 £; ⏲Di–Sa 9–17 & 18–22, So 9.30–15, Mo 9–17 Uhr) Der Klassiker in Clifton eignet sich genauso toll für einen Kaffee am Morgen wie für ein richtiges Abendgericht. Mit seinen Tischen draußen und seiner Einrichtung mit viel Holz ähnelt es stark einem Pariser Straßencafé. Besonders klasse ist das Frühstück: Der *croque-monsieur* und die belgischen Waffeln sind legendär.

### Glassboat — FRANZÖSISCH ££

(☎0117-929 0704; www.glassboat.co.uk; Welsh Back; 2-/3-Gänge-Mittagsmenü 10/12 £, Hauptgerichte abends 15–22 £; ⏲Mo–Sa 8–11, 12–17 & 17.30–22, So bis 16 Uhr) Dieser umgebaute Flusskahn lädt mit seinen kerzenbeschienenen Tischen und den Hafenblicken durch den Glasanbau zu romantischen Abendessen ein. Das Essen kreist um französische und italienische Aromen.

### Soukitchen — ORIENTALISCH ££

(☎0117-966 6880; www.soukkitchen.co.uk; 277 North St; Hauptgerichte 9,50–12,50 £; ⏲12–15 & 18–22 Uhr) Das freundliche Lokal in Southville bietet orientalische Marktspeisen wie Börek mit Fleisch oder Gemüse, Mezze-Teller und Kebabs – ehrliches Essen mit Herz.

### Maitreya Social — VEGETARISCH ££

(☎0117-951 0100; www.cafemaitreya.co.uk; 89 St. Marks Rd; Hauptgerichte 8,95–10,95 £; ⏲Di–Sa

10–23.30, So bis 16 Uhr; ) Das Restaurant in Easton hat mit seiner innovativen vegetarischen Küche schon Preise gewonnen. Kürzlich hat es sich außerdem nagelneue Räumlichkeiten für Ausstellungen und Konzerte zugelegt.

## Ausgehen & Nachtleben

**Grain Barge** PUB
(www.grainbarge.com; Mardyke Wharf, Hotwell Rd; So–Do 12–23, Fr & Sa bis 23.30 Uhr) Dieser 1936 gebaute Kahn gegenüber der SS *Great Britain* gehört der Bristol Beer Factory. Unter Deck können sich Gäste an einem No. 7 Bitter oder einem dunklen Exhibition Ale laben.

**Highbury Vaults** PUB
(164 St. Michaels Hill; Mo–Sa 12–24, So bis 23 Uhr) Diese angenehm schäbige Kneipe ist ein Labyrinth aus holzgetäfelten Räumen und Gängen. Es werden mindestens acht *real ales* vom Fass gezapft.

**Albion** PUB
(www.thealbionclifton.co.uk; Boyce's Ave; Mo–Sa 9–24, So bis 23 Uhr) Das hübsche altmodische Pub ist beliebt bei Abendtrinkern aus den wohlhabenden Straßen Cliftons.

**BrewDog Bristol** PUB
(www.brewdog.com/bars/bristol; 58 Baldwin St; 12–24 Uhr) Die britische Punkbrauerei hat eine neue Filiale in Bristol. Hier werden Craft-Biere wie Libertine Black Ale, Dead Pony Club und Hardcore IPA kredenzt.

**Apple** BAR
(www.applecider.co.uk; Welsh Back; Sommer Mo–Sa 12–24, So bis 22.30 Uhr, Winter Mo–Sa 17–24 Uhr) Auf diesem umgebauten Kahn werden 40 Sorten Cider serviert, darunter Himbeere, Erdbeere und sechs *perries* (Pfirsich-Cider).

**Thekla** CLUB
(www.thekla.co.uk; The Grove) Bristols Clubboot bietet Nächte für jede Stimmung: Electro-Punk, Indie, Disco und New Wave, dazu regelmäßige Live-Gigs.

## Unterhaltung

**Watershed** KINO
(www.watershed.co.uk; 1 Canon's Rd) Bristols Zentrum für digitale Medien zeigt regelmäßig anspruchsvolle Filme und bietet auch andere Filmevents wie das **Encounters Festival** im November.

**Bristol Old Vic** THEATER
(www.bristololdvic.org.uk; 103 The Cut) Bristols prächtiges Theater, eins der ältesten Englands, bietet in seinem reich verzierten Saal großen Gastinszenierungen eine Bühne, im kleineren Studiotheater experimentelleren Arbeiten.

**Colston Hall** LIVEMUSIK
(www.colstonhall.org; Colston St) Die historische Konzerthalle lockt gewöhnlich die besten Bands und bekanntesten Comedy-Acts an.

**Fleece** LIVEMUSIK
(www.fleecegigs.co.uk; St. Thomas St) Eine bei Indie-Künstlern beliebte Musikkneipe.

## Shoppen

Bristol ist eine gute Einkaufsstadt. Wer sich abseits der Filialen großer Ketten, die sich um den **Cabot Circus** (www.cabotcircus.com) und **Broadmead** herum tummeln, umschauen möchte, muss allerdings der Innenstadt den Rücken kehren.

Für unabhängige Läden, besonders für Vintage-Mode, Kunsthandwerk und Second-hand-CDs, sind die Straßen Stokes Croft und Gloucester Road am besten. Gehobener ist das Angebot in Clifton: Hier gibt's teure Designersachen, Haushaltswaren und Antiquitäten.

**Rise Music** MUSIK
(0117-929 7511; bristol@rise-music.co.uk; 70 Queens Rd; Mo–Sa 10–19, So 12–18 Uhr) Das beste unabhängige Musikgeschäft der Stadt, mit stapelweise CDs und LPs sowie unten einer Kaffeebar.

**Dig Haüshizzle** VINTAGE
(07789-145 175; www.dig-haushizzle.co.uk; 51 Colston St; Mo–Fr 11–18, Sa 10–18, So 12–16 Uhr) Alte Möbel und Retro-Stücke von Kiefernholzkommoden bis zu Apothekergläsern.

**Loot** KLEIDUNG
(0117-922 0633; facebook.com/LOOTvintageware house; 6–9 Haymarket Walk; Mo–Sa 10–17.30, So 12–17 Uhr) Der größte Shop der Stadt für Vintage-Mode.

## Praktische Informationen

**Bristol Tourist Information Centre** (0906 711 2191; www.visitbristol.co.uk; E-Shed, 1 Canon's Rd; Mo–Sa 10–16, So 11–16 Uhr) Wer sich hier telefonisch informiert, zahlt satte 50 p pro Minute.

## An- & Weiterreise

Die Website **Travel Bristol** (www.travelbristol.org) bietet umfassende Informationen über öffentliche Verkehrsmittel in und um Bristol.

### BUS

National Express fährt nach Birmingham (21,30 £, 2 Std., 6- bis 8-mal tgl.), London (18,90 £, 2½ Std., stündl.), Cardiff (6 £, 1¼ Std., alle 2 Std.) und Exeter (15 £, 2 Std., 5-mal tgl.).

Nützliche Regionalbusse:

**Bath** (5,50 £, 50 Min., mehrere pro Std.) Expressbus X39/339

**Wells** (5,50 £, 1 Std., Mo–Sa halbstündl., So stündl.) Bus 376, mit Anschlussbussen nach Glastonbury (5,50 £, 1¼ Std.)

### FLUGZEUG

**Bristol International Airport** (☎ 0871 3344344; www.bristolairport.co.uk) Bristols Flughafen liegt 13 km südwestlich der Stadt. Von hier werden britische Ziele wie Newcastle, Edinburgh, Glasgow und Aberdeen (v. a. von Ryanair und EasyJet) sowie Städte in Irland und auf dem Kontinent angeflogen.

Parken am Flughafen ist teuer; erheblich billiger wird's, wenn man im Voraus übers Internet reserviert.

### ZUG

Bristol ist ein wichtiger Eisenbahnknotenpunkt. **First Great Western** (www.firstgreatwestern.co.uk) bietet regelmäßige Verbindungen nach London Paddington, **CrossCountry** (www.crosscountrytrains.co.uk) Verbindungen nach Nordengland und Schottland. Wer im Voraus bucht, zahlt weniger als unten angegeben.

**Birmingham** (51,50 £, 1½ Std., stündl.)

**Edinburgh** (163,10 £, 6½ Std., stündl.)

**Exeter** (26,90 £, 1 Std., stündl.)

**Glasgow** (148 £, 6½ Std., stündl.)

**London** (42 £, 1¾ Std., stündl.)

**Penzance** (45 £, 5½ Std., stündl.)

**Truro** (45 £, 5 Std., stündl.)

## Unterwegs vor Ort

### BUS

Busfahrten im Zentrum von Bristol kosten 1 £ für bis zu drei Stopps, sonst 1,50 £.

**Bus 8/9** Alle 15 Minuten ab der St Augustine's Parade nach Clifton (10 Min.), zur Whiteladies Road und zu den Bristol Zoo Gardens. Ab Temple Meads zehn Minuten länger.

**Bus 73** Fährt von der Parkway Station ins Zentrum (30 Min.).

### FAHRRAD

**Bristol Bike Project** (☎ 07983-417231; www.thebristolbikeproject.org; City Rd; Leihräder Mo–Fr 12 £, Sa & So 25 £ pro Tag; ⏲ Mo–Fr 9–17.30 Uhr) Community-Fahrradladen und -verleiher in Stokes Croft.

**Roll for the Soul** (☎ 07596-917963; www.rollforthesoul.org; 2 Quay St; ⏲ Mo–Fr 9–17.30, Sa 10–17.30 Uhr) Gemeinnütziges Fahrradcafé mit Werkstatt – toll, um andere Fahrradfreaks kennenzulernen.

### VOM/ZUM FLUGHAFEN

**Bristol International Flyer** (http://flyer.bristolairport.co.uk) Betreibt Shuttlebusse (einfach/hin & zurück 11/7 £, 30 Min., zu den Hauptzeiten alle 10 Min.) vom Busbahnhof und von Temple Meads.

**Checker Cars** (☎ 01275-475000; www.checkercars.com) Der offizielle Taxiservice des Flughafens. Preise ab etwa 25 bis 30 £ in die Innenstadt.

### SCHIFF/FÄHRE

**Bristol Ferry Boat Company** (☎ 0117-927 3416; www.bristolferry.com; Erw./Kind 4,80/3,80 £ hin & zurück, Tageskarte 6/5 £) Regelmäßige Fährverbindungen im Hafen. Es werden jede Stunde zwei Routen befahren: Die rote Linie verläuft Richtung Westen nach Hotwells, mit Stopps u. a. am Millennium Square und bei der SS *Great Britain;* die blaue verläuft Richtung Osten nach Temple Meads, mit Stopps u. a. beim Castle Park (für den Cabot Circus), Welsh Back, Millennium Square und der SS *Great Britain*. Die Boote fahren vom Anleger bei der Touristeninformation.

### TAXI

Taxis warten gewöhnlich am Taxistand an der St Augustine's Parade, aber es gibt auch jede Menge Funktaxi-Unternehmen wie **Streamline Taxis** (☎ 0117-926 4001) oder **1st Call Taxi** (☎ 0117-955 8880; www.1stcalltaxis.net). Wer ein Taxi ohne Taxameter nimmt, sollte den Fahrpreis vorher aushandeln!

### MIT DEM AUTO IN BRISTOL

Viel Verkehr und teure Parkplätze machen das Autofahren in Bristol nicht gerade zum Vergnügen. Wer dennoch mit dem Auto unterwegs ist, sollte sich vergewissern, dass das angepeilte Hotel über Parkplätze verfügt, oder ab Portway, Bath Road und Long Ashton die **Park-and-Ride-Busse** (☎ 01179-222910; hin & zurück Mo–Fr vor 10 Uhr 3,50 £, Mo–Fr nach 10 Uhr 2,50 £, Sa 2,50 £; ⏲ Mo–Sa alle 10 Min.) nutzen. Auf diesen Parkplätzen darf man allerdings nicht über Nacht parken.

# BATH

90 144 EW.

Hübsche Städte gibt's in Großbritannien in Hülle und Fülle, doch nur sehr wenige können es an Schönheit mit Bath aufnehmen. Diese elegante, kultivierte und versnobte Stadt besticht mit prachtvoller georgianischer Architektur sowie mit einem der besterhaltenen römischen Bäder überhaupt. Schon seit fast 2000 Jahren lockt Bath Reisende an.

Bath wurde über natürlichen warmen Quellen gegründet und erlebte seine Blütezeit im 18. Jh.: Damals verwandelten der einheimische Unternehmer Ralph Allen und sein Vater-Sohn-Architektenteam aus John Wood dem Älteren und dem Jüngeren dieses verschlafene Provinznest in die Lieblingsstadt der georgianischen Gesellschaft und errichteten fabelhafte Wahrzeichen wie den Circus und den Royal Crescent.

## Geschichte

Der Überlieferung zufolge gründete König Bladud, Flüchtling aus Troja und Vater von König Lear, Bath vor rund 2800 Jahren, nachdem seine Schweine durch ein Bad im schlammigen Sumpf von Lepra geheilt worden waren. Die Römer gründeten die Stadt 44 n. Chr. als Aquae Sulis und errichteten den großen Badekomplex und einen Tempel für die Göttin Sulis Minerva.

### BILLIGER INS MUSEUM

Wer einige Zeit in Bath und im restlichen Somerset verbringt, für den lohnt sich die **Bath Visitor Card** (http://visitbath.co.uk/special-offers/bath-visitor-card; 3 £), erhältlich in der Touristeninformation. Sie gewährt in verschiedenen Museen und Sehenswürdigkeiten und Restaurants und Geschäften Rabatte.

Andere Sparmöglichkeiten: Ein **Kombiticket** für die Roman Baths und das Fashion Museum kostet 17/10,25/48 £ für Erwachsene/Kinder/Familien; außerdem gibt's ein Kombiticket für das Fashion Museum und No. 1 Royal Crescent für 13/7,50/32 £ – mit der Eintrittskarte vom ersten Museum kann man auch später noch „aufstocken", wenn man auch das zweite noch besuchen möchte.

Lange nach dem Abzug der Römer kamen die Angelsachsen hierher und 944 wurde dort, wo heute die Abteikirche steht, ein Kloster gegründet. Im Mittelalter war Bath ein kirchliches Zentrum und eine Stadt des Wollhandels. Aber erst im frühen 18. Jh. machten Ralph Allen und der gefeierte Dandy Richard „Beau" Nash Bath zum Mekka der feinen Gesellschaft. Allen erschloss die Steinbrüche von Coombe Down, erbaute Prior Park und beauftragte die beiden John Woods mit der Errichtung der Gebäude, für die Bath heute so berühmt ist.

Im Zweiten Weltkrieg wurde Bath bei den sogenannten *Baedeker raids* (Baedeker-Angriffen) von der deutschen Luftwaffe bombardiert – die griff historische Städte an, um die Moral der britischen Bevölkerung zu schwächen. Mehrere Häuser am Royal Crescent und am Circus wurden schwer beschädigt und die Assembly Rooms der Stadt brannten aus, jedoch sind inzwischen sämtliche Bauten wieder restauriert worden.

Im Jahr 1987 wurde Bath als bisher einzige britische Stadt in ihrer Gesamtheit zu einem Unesco-Welterbe erklärt. Daraus ergaben sich in der Folgezeit zahlreiche Streitigkeiten über Baumaßnahmen und Erschließungsprojekte, in jüngster Zeit v. a. zum Aussehen des neu erschlossenen Thermae Bath Spa und des Einkaufszentrums SouthGate.

## Sehenswertes

★ **Roman Baths** MUSEUM

(☎01225-477785; www.romanbaths.co.uk; Abbey Churchyard; Erw./Kind/Fam. 13,50/8,80/38 £; ⏲9–18 Uhr, Juli & Aug. bis 21 Uhr) In typisch opulenter Manier errichteten die Römer über den drei natürlichen heißen Quellen der Stadt, die mit konstanten 46 °C hervorsprudeln, neben einem der Heilgöttin Sulis Minerva geweihten Tempel einen Komplex aus Badehäusern. Diese Bäder zählen heute zu den besterhaltenen römischen Bädern überhaupt. Sie sind von Gebäuden aus dem 18. und 19. Jh. umgeben. Da die Bäder die wichtigste Sehenswürdigkeit in Bath sind, kann es sehr, sehr voll werden. Am besten kauft man seine Eintrittskarten online und kommt dann zur Wochenmitte früh vormittags hierher – Juli und August sind besser zu meiden.

Den Herz des Komplexes bildet das 1,60 m tiefe **Great Bath**, ein bleiverkleidetes Becken mit dampfendem, geothermisch erhitztem Wasser aus der sogenannten Heiligen Quelle. Heute befindet es sich unter

ABSTECHER

## PRIOR PARK

Der teils vom Landschaftsarchitekten Lancelot „Capability" Brown entworfene Park dieses **Herrenhauses aus dem 18. Jh.** (NT; ☎01225-833422; www.nationaltrust.org.uk/priorpark; Ralph Allen Dr; Erw./Kind 6/3,30 £; ⏲Feb.–Nov. 10–17.30 Uhr) am südlichen Stadtrand von Bath wartet mit Seekaskaden und einer anmutigen **palladianischen Brücke** auf, einem von nur vier solcher Bauwerke weltweit. Übrigens stammen einige der Graffiti hier aus dem 19. Jh.

Die Brücke ließ der Unternehmer Ralph Allen erbauen; er gründete den ersten britischen Postservice und ihm gehörten viele der Steinbrüche, aus denen der honigfarbene Stein für die Gebäude in Bath stammte. In dem Haus selbst ist heute eine Privatschule ansässig, doch führen mehrere schöne Wege über das Anwesen, darunter der knapp 10 km lange **Bath Skyline Trail** mit seinen tollen Ausblicken.

Der Park liegt gut 1,5 km südlich des Zentrums von Bath. Bus 2 (alle 10 Min.) hält in der Nähe, ebenso die Busse der „City Skyline"-Tour von Bath City Sightseeing (S. 340).

freiem Himmel, ursprünglich war es jedoch mit einem 45 m hohen Tonnengewölbe überdacht.

Östlich und westlich schließen sich weitere Badebecken und Umkleideräume an. Hier wurde teils die **Hypokaustheizung**, mit der die Baderäume beheizt wurden, freigelegt. Nach dem Warmwasserbad kühlten sich die Römer im runden **Kaltwasserbecken** ab, in dem heute lebensgroße Filme von Badenden an die Wände projiziert werden.

Im 12. Jh. wurde bei der ursprünglichen Heiligen Quelle das **King's Bath** errichtet. Jeden Tag fließen 1,5 Mio. l heißes Wasser in das Becken. Unter dem Pump Room befinden sich die Überreste des **Sulis-Minerva-Tempels**.

Das faszinierende **Museum** zeigt hier vor Ort gefundene Gegenstände wie den berühmten vergoldeten Bronzekopf der Minerva und ein interessantes Gorgonenhaupt. Außerdem sind hier einige der rund 12 000 römischen Münzen zu sehen, die als Opfergabe für die Göttin in die Quelle geworfen wurden.

Der Gebäudekomplex um die Bäder herum entstand schrittweise im 18. und 19. Jh. Die beiden John Woods entwarfen die Gebäude um die Heilige Quelle herum. Den berühmten **Pump Room** (Stall St), die Brunnenhalle, errichteten ihre Zeitgenossen Thomas Baldwin und John Palmer im klassizistischen Stil mit hoch aufragenden ionischen und korinthischen Säulen. Das Gebäude beherbergt heute ein Restaurant, in dem ein großartiger *afternoon tea* (21 £, mit Champagner 27,50 £) kredenzt wird. Wer möchte, kann auch das Wasser probieren, dem besonders in viktorianischer Zeit Heilkräfte zugesprochen wurden. Und wer Glück hat, kommt auch noch in den Genuss von Livemusik des Pump-Room-Streichertrios.

Im Eintritt inbegriffen ist ein Audioguide in acht Sprachen. Der englische Kommentar wird vom Bestsellerautor Bill Bryson gesprochen. Die stündlich stattfindenden kostenlosen Führungen beginnen im Great Bath.

### ★ Bath Abbey — KIRCHE

(☎01225-422462; www.bathabbey.org; erwünschte Spende 2,50 £; ⏲Mo–Sa 9–18, So 13–14.30 & 16.30–17.30 Uhr) Über dem Stadtzentrum erhebt sich die große Abteikirche. Sie wurde zwischen 1499 und 1616 erbaut und war somit die letzte große Kirche des Mittelalters, die in England entstand. Ihr augenfälligstes Merkmal ist die Westfassade: An ihr steigen Engel Steinleitern hoch und runter und erinnern damit an einen Traum des Bauherrn der Kathedrale, Bischof Oliver King.

**Turmführungen** (towertours@bathabbey.org; Erw./Kind 6/3 £; ⏲April–Aug. 11–17 Uhr, Sept.–Okt. bis 16 Uhr, Dez.–März bis 15 Uhr) beginnen montags bis freitags jeweils zur vollen Stunde sowie samstags jede halbe Stunde – sonntags finden keine Führungen statt. Die Aussicht von oben lohnt die Mühe des Aufstiegs über die 212 Stufen. Eingefleischte Romantiker können auch eine Führung für zwei Personen buchen.

Das kleine **Vaults Heritage Museum** auf der Südseite der Abteikirche erforscht die Geschichte der Abtei. In der Kirche bestattet sind u. a. Sir Isaac Pitman (der die englische Pitman-Kurzschrift erfand) und der berühmte Bonvivant Beau Nash.

# Bath

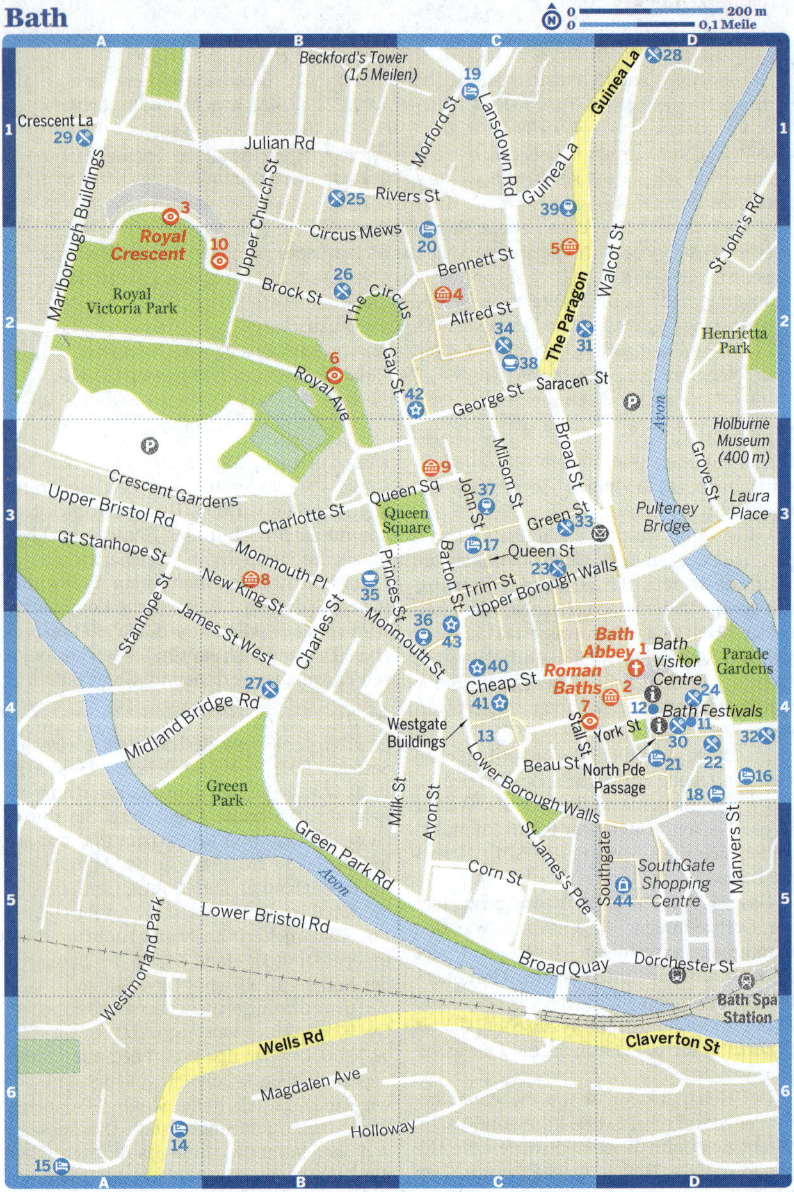




**Jane Austen Centre** MUSEUM

(☎01225-443000; www.janeausten.co.uk; 40 Gay St; Erw./Kind 8/4,50 £; ⌚9.45–17.30 Uhr) Bath ist vielen Literaturliebhabern als Schauplatz der Romane Jane Austens bekannt; u. a. spielen hier *Überredung* und *Northanger Abbey*. Zwar lebte Austen nur fünf Jahre lang in Bath, von 1801 bis 1806, doch blieb sie der Stadt durch regelmäßige Besuche verbunden und war eine engagierte Erforscherin des gesellschaftlichen Lebens der Stadt. Das Museum beherbergt Erinnerungsstücke, die

## Bath



mit dem Leben der Schriftstellerin in Bath zu tun haben. Außerdem werden in einem Regency-Tearoom in angemessen schnörkeligem Ambiente *crumpets* (Toastbrötchen) und *cream teas* serviert.

**Herschel Museum of Astronomy** MUSEUM
(☎01225-446865; www.herschelmuseum.org.uk; 19 New King St; Erw./Kind 6/3 £; ⌚Mo–Fr 13–17, Sa & So 11–17 Uhr) Im Jahr 1781 entdeckte der Astronom William Herschel vom Garten seines Hauses aus den Planten Uranus – heute ist hier ein Museum. Das Haus hat sich seit dem 18. Jh. kaum verändert. Ein Astrolab im Garten markiert die Position von Herschels Teleskop.

★ **Royal Crescent** HISTORISCHES VIERTEL
Bath ist zu Recht berühmt für seine wundervolle georgianische Architektur. Eines der absoluten Highlights ist der Royal Crescent, eine sichelförmige Reihe majestätischer Stadthäuser am Royal Victoria Park. Die von John Wood dem Jüngeren (1728–1782) entworfenen und zwischen 1767 und 1775 errichteten Häuser sehen von außen perfekt symmetrisch aus, doch durften sie die Eigentümer im Inneren an ihre eigenen Bedürfnisse anpassen. Daher sind keine zwei Häuser des Crescent völlig gleich.

Wer vom Royal Crescent der Brock Street Richtung Osten folgt, gelangt zum **Circus**, einem Ring aus 33 Häusern, eingeteilt in drei *terraces* (Häuserreihen). Tafeln an den Häusern erinnern an berühmte Bewohner wie Thomas Gainsborough, Robert Clive und David Livingstone. Der Circus wurde von John Wood dem Älteren geplant, doch er starb 1754 und so wurde die Anlage 1768 von seinem Sohn fertiggestellt.

Über den Gravel Walk erreicht man den südlich gelegenen **Georgian Garden**. Er wurde so restauriert, dass er einem typischen Stadthausgarten des 18. Jhs. ähnelt.

**No 1 Royal Crescent** HISTORISCHES GEBÄUDE
(☎01225-428126; www.bath-preservation-trust.org.uk; 1 Royal Cres; Erw./Kind/Fam. 8,50/3,50/17 £; ⌚Ende Feb.–Mitte Dez. Di–So 10.30–17 Uhr) Einen Einblick in die Pracht und den Pomp des georgianischen Zeitalters vermittelt das schön restaurierte Haus No 1 Royal Cres-

# Stadtspaziergang Bath & seine Bauten

**START** BATH ABBEY
**ZIEL** ROYAL CRESCENT
**LÄNGE** 2,4 KM; ZWEI STUNDEN

Der architektonische Rundgang beginnt an der 1 **Bath Abbey** (S. 335), dem kirchlichen Wahrzeichen der Stadt; hier stand vorher seit dem 8. Jh. eine Kapelle. Von der Kirche geht's weiter Richtung Süden die Stall Street entlang zum 2 **Pump Room** (S. 335) aus dem 19. Jh. Über die York Street gelangt man in östlicher Richtung zu den viktorianischen 3 **Parade Gardens** am Avon.

Von hier führt die Grand Parade nach Norden; interessant ist das Eckgebäude 4 **The Empire**, 1901 als Luxushotel erbaut. Am Nordende der Grand Parade ist die 1773 von Robert Adams entworfene 5 **Pulteney Bridge**, eine von nur wenigen bebauten Brücken weltweit. Westlich der Brücke markieren die 6 **Upper Borough Walls** die Nordgrenze des mittelalterlichen Bath; wer genau hinschaut, entdeckt vielleicht noch Überreste der mittelalterlichen Mauer.

Im 7 **Theatre Royal** (S. 343) in der Saw Close wird schon seit 1805 Theater gespielt. Von hier führt die Barton Street zum 8 **Queen Square**, dem ältesten georgianischen Platz der Stadt, der zwischen 1728 und 1736 als Vorzeigebau seines Architekten John Wood des Älteren entstand.

Weiter geht's über die Gay Street nach Norden, dann rechts in die George Street. Neben dem Pub The Porter führt eine Gasse nach Norden zu den 9 **Assembly Rooms** (S. 339), in dem in der georgianischen Ära das gesellschaftliche Herz der Stadt schlug. Weiter geht's bis zur Bennett Street und dort links zum 10 **Circus**, einer Anspielung auf das Kolosseum in Rom. Die Säulen des Gebäudes verweisen auf die Schlüsselformen klassischer Architektur (dorisch, ionisch, korinthisch).

Von hier führt die Brock Street nach Westen zur georgianischen Krone der Stadt, dem 11 **Royal Crescent** (S. 337). Der heute denkmalgeschützte Häuserbogen wurde 1774 von John Wood dem Jüngeren gebaut. In Hausnummer 16 befindet sich das elegante Royal Crescent Hotel.

cent. Der Großreeder Major Bernard Cayzer vermachte das Haus der Stadt Bath und es wurde rein mit Materialien des 18. Jhs. restauriert. Zu den Räumen, die hier zu besichtigen sind, zählen der Salon, mehrere Schlafzimmer und die große Küche, komplett mit riesiger Herdstelle, Bratspieß und Mäusefallen. Kostümierte Führer steuern den historischen Hintergrund bei.

**Bath Assembly Rooms** HISTORISCHES GEBÄUDE
(www.nationaltrust.org.uk/main/w-bathassem bly rooms; 19 Bennett St; Erw./Kind 2,50 £/frei; ⌚10.30–18 Uhr) In den 1771 eröffneten prächtigen Assembly Rooms der Stadt traf sich die High Society zum Walzertanzen, Kartenspielen und zu Kammermusikkonzerten. Zu den Räumen, die heute zugänglich sind, zählen das Kartenzimmer, der Teesalon und der Ballsaal, allesamt erleuchtet mit den Originalkronleuchtern des 18. Jhs.

Mit einem Ticket fürs Fashion Museum ist der Eintritt frei.

**Fashion Museum** MUSEUM
(☎01225-477282; www.fashionmuseum.co.uk; Assembly Rooms, Bennett St; Erw./Kind 8/6 £; ⌚10.30–17 Uhr) Das Modemuseum im Untergeschoss der Assembly Rooms wartet mit Kleidung vom 16. bis zum späten 20. Jh. auf. Die Ausstellungen wechseln jährlich, also schaut man am besten auf der Website nach, was gerade gezeigt wird.

**Building of Bath Museum** MUSEUM
(☎01225-333895; www.bath-preservation-trust.org.uk; The Vineyards, The Paragon; Erw./Kind 5/2,50 £; ⌚Mitte Feb.–Nov. Di–Fr 14–17, Sa & So 10.30–17 Uhr) Das Museum beleuchtet anhand von alten Werkzeugen, Informationen zu georgianischen Bautechniken und einem Bath-Modell im Maßstab 1:500 die Geschichte der Architektur der Stadt.

**Holburne Museum** GALERIE
(☎01225-388569; www.holburne.org; Great Pulteney St; ⌚10–17 Uhr) GRATIS Sir William Holburne, ein Adliger und Kunstfanatiker des 18. Jhs., trug eine gewaltige Sammlung zusammen, die heute den Grundstock des Holburne Museum bildet. Dieses residiert in einem opulenten Herrenhaus am Ende der Great Pulteney Street. Das gerade drei Jahre lang sanierte Museum beeindruckt mit wichtigen Werken von Künstlern wie Turner, Stubbs, William Hoare und Thomas Gainsborough sowie Majolika und Porzellan aus dem 18. Jh. Für Sonderausstellungen ist eine Eintrittsgebühr fällig.

**Beckford's Tower** HISTORISCHES GEBÄUDE
(www.beckfordstower.org.uk; Erw./Kind 4/1,50 £; ⌚März–Okt. Sa & So 10.30–17 Uhr) Den 39 m hohen klassizistischen Turm ließ sich der Adlige William Beckford 1827 für seine Arbeitsräume und Bibliothek errichten. Heute lohnt der Turm dank seiner überwältigenden Ausblicke auf Bath einen Abstecher. Über eine Wendeltreppe gelangt man zum **Belvedere** im obersten Stock. Eine kleine Sammlung von Gemälden und Gegenständen beleuchtet Beckfords exzentrisches Leben.

Der Turm steht gut 3 km nördlich des Royal Crescent und ist über die Lansdown Road zu erreichen.

**American Museum in Britain** MUSEUM
(☎01225-460503; www.americanmuseum.org; Claverton Manor; Erw./Kind 9/5 £; ⌚12–17 Uhr) Großbritanniens größte Sammlung an amerikanischer Volkskunst, u. a. mit indianischen Textilien, Patchwork-Decken und historischen Karten, ist in einem schönen Herrenhaus 3 km vom Stadtzentrum untergebracht. Einige Räume sind so ausstaffiert, dass sie einem Puritanerhaus des 17. Jhs., einer Taverne des 18. Jhs. und einem Boudoir aus New Orleans von etwa 1860 ähneln. Die Busse 18/418/U18 fahren vom Bahnhof hierher.

## Aktivitäten

Mehrere Veranstalter bieten Bootsausflüge auf dem Avon ab der Pulteney Bridge, z. B. **Pulteney Cruisers** (☎01225-312900; www.bathboating.com; Erw./Kind 8/4 £), die **Pulteney Princess** (☎07791-910650; www.pulteneyprincess.co.uk; Erw./Kind 8/4 £) und **Bath City Boat Trips** (☎07974-560197; www.bathcityboattrips.com; Erw./Kind 8/4 £). Zwischen den verschiedenen Touren gibt's kaum Unterschiede; die meisten dauern rund eine Stunde. Je nach Jahreszeit fährt mindestens ein Boot pro Stunde, in den Hauptreisezeiten mehrere.

★ **Thermae Bath Spa** SPA
(☎0844 888 0844; www.thermaebathspa.com; Bath St; ⌚9–22 Uhr, letzter Einlass 19.30 Uhr) In den alten römischen Bädern ins warme Nass zu tauchen, ist nicht mehr möglich, doch das heilende Wasser der Stadt kann man heute in diesem fabelhaften modernen Wellnesskomplex in einem Gebäude aus Stein aus der Umgebung und Spiegelglas auf sich wirken lassen. Im Eintrittspreis inbegriffen ist die Nutzung von Dampfstuben,

Wasserfallduschen und zwei Schwimmbecken. Das Highlight des Ganzen ist der offene Dachpool: Hier kann man es sich inmitten der Kulisse der Stadtlandschaft von Bath gutgehen lassen – am schönsten ist es in der Abenddämmerung.

**Bathwick Boating Station** BOOTFAHREN
(☎ 01225-312900; www.bathboating.co.uk; Forrester Rd; 1. Std. Erw./Kind 7/3,50 £, jede weitere Std. 4/2 £; ⏲ Ostern–Okt. 10–18 Uhr) In dem viktorianischen Bootshaus werden Boote für Törns auf dem Avon vermietet, und zwar traditionelle Skiffe, Ruderboote und Kanadier. Im Vorort Bathwick 20 Minuten zu Fuß nordöstlich vom Stadtzentrum.

## Geführte Touren

**Mayor's Guide Tours** STADTRUNDGANG
(☎ 01225-477411; www.bathguides.org.uk; ⏲ So–Fr 10.30 & 14, Sa 10.30 Uhr) GRATIS Die exzellenten historischen Stadtführungen werden kostenlos vom The Mayor of Bath's Corps of Honorary Guides durchgeführt. Sie beginnen vor dem Pump Room. Von Mai bis September werden dienstags und donnerstags um 19 Uhr zusätzliche Führungen angeboten. Die Führungen sind gut 3 km lang und auch mit dem Rollstuhl zu bewältigen.

**Jane Austen's Bath** STADTRUNDGANG
(☎ 01225-443000; www.janeausten.co.uk/jane-austen-centre-walking-tours; Erw./Kind 12/10 £; ⏲ Sa & So 11 Uhr) Vom Jane Austen Centre organisierte 1½-stündige Führung durch die georgianische Stadt ab dem Kirchhof der Abbey Church.

**Bizarre Bath Comedy Walk** STADTRUNDGANG
(☎ 01225-335124; www.bizarrebath.co.uk; Erw./Stud. 8/5 £; ⏲ März–Okt. 20 Uhr) Bei diesen witzigen Stadtführungen kommen auch Theater und Livedarbietungen zum Einsatz. Die Touren beginnen vor dem Huntsman Inn an der North Parade Passage. Der größte Teil der Strecke ist rollstuhltauglich.

**Bath City Sightseeing** BUSTOUR
(☎ 01225-330444; www.city-sightseeing.com; Erw./Kind 14/8 £; ⏲ März–Nov. 9.30–18.30 Uhr) Hop-on/hop-off-Stadtrundfahrten in offenen Bussen mit Kommentar in sieben Sprachen.

## Festivals & Events

In Bath finden zahlreiche Festivals statt. Sämtliche Buchungen werden durch **Bath Festivals** (☎ 01225-463362; www.bathfestivals.org.uk; 2 Church St; ⏲ Mo–Sa 9.30–17.30 Uhr) abgewickelt.

**Bath Literature Festival** LITERATURFESTIVAL
(www.bathlitfest.org.uk) Großes Bücherfestival Ende Februar oder Anfang März.

**Bath International Music Festival** MUSIKFESTIVAL
(www.bathmusicfest.org.uk) Vorwiegend klassische Musik und Oper, außerdem kleinere Konzerte mit Jazz, Folk und Weltmusik. Mitte Mai bis Anfang Juni.

**Bath Fringe Festival** THEATERFESTIVAL
(www.bathfringe.co.uk) Großes Theaterfestival Mitte Mai bis Anfang Juni.

## Schlafen

Im Hochsommer wird es in Bath sehr voll und dann sind die Preise natürlich auch am höchsten. Nur wenige Hotels verfügen über Parkplätze; einige bieten ermäßigte Stellplätze in städtischen Parkhäusern und -garagen.

**Bath YHA** HOSTEL £
(☎ 0845 371 9303; www.yha.org.uk; Bathwick Hill; B 13–20 £, DZ ab 29 £; ⏲ Rezeption 7–23 Uhr; P @ 📶) Die eindrucksvolle, in einer italienisch anmutenden Villa und einem modernen Nebengebäude untergebrachte Jugendherberge liegt einen steilen Spaziergang oder eine kurze Fahrt mit dem Bus Nr. 18 vom Stadtzentrum entfernt. Das denkmalgeschützte Gebäude erfreut mit großen Zimmern, einige davon mit historischen Gestaltungelementen wie Stuckornamenten und *bay windows*.

**Grays Boutique B&B** B&B ££
(☎ 01225-403020; www.graysbath.co.uk; Upper Oldfield Park; DZ 120–195 £; 📶) Ein elegantes B&B wie aus einem Einrichtungsmagazin. Alle Zimmer sind unterschiedlich: Einige warten mit einem femininen Touch oder Tupfendrucken auf, andere mit maritimen Streifen, aber alle sind einfach und stilvoll – am besten gefällt uns Zimmer 2 mit seinem französischen Bett und dem *bay window*. Das Frühstück wird im Wintergarten serviert, mit Eiern, Milch und Schinken von Farmen der Umgebung.

Im Osten der Stadt betreiben die Gastgeber noch ein kleineres, aber genauso schickes B&B, **Brindleys** (☎ 01225-310444; www.brindleysbath.co.uk; 14 Pulteney Gardens; DZ 110–185 £).

**139 Bath** B&B ££
(☎ 01225-314769; www.139bath.co.uk; 139 Wells Rd; Zi. 125–195 £; P 📶) Das schnieke B&B liegt etwas außerhalb des Zentrums, aber es

ist wohlüberlegt eingerichtet, mit gemusterten Stoffen und extrem bequemen Betten. Außerdem werden Gäste mit Pressstempelkannenkaffee und in einigen Zimmern Whirlpools verwöhnt. Recht nobel, aber vielleicht für das Gebotene doch einen Tick zu teuer.

**Hill House Bath** B&B ££
(☎01225-920520; www.hillhousebath.co.uk; 25 Belvedere; EZ 85 £, DZ 110–140 £) In dem 6-Zimmer-B&B fühlt man sich wie zu Gast bei Freunden. Die Einrichtung des 2011 renovierten Hauses spiegelt den schrägen Geschmack der Eigentümer wider – überall gibt's mit Hundebildern bedruckte Kissen, Retro-Bilder und Kunst. Das Frühstück serviert Gastgeber Douglas im Buffetstil – wer möchte, kann sich von ihm auch den Weinkeller des Hauses zeigen lassen. Es sind Parkscheine fürs Parken auf der Straße erhältlich.

**Henry** B&B ££
(☎01225-424052; www.thehenry.com; 6 Henry St; DZ 95–125 £, FZ 155–165 £; 📶) Dieses hohe Stadthaus punktet mit seiner hervorragenden Lage in Fußnähe zum Zentrum. Die sieben Zimmer und das Apartment für Selbstversorger sind in klaren Weiß- und sanften Beigetönen gehalten und bieten angesichts der Lage ein gutes Preis-Leistungs-Verhältnis. Allerdings gibt's keine Parkplätze und einige der Zimmer sind etwas beengt. Am Wochenende gilt ein Mindestaufenthalt von zwei Nächten.

**Three Abbey Green** B&B ££
(☎01225-428558; www.threeabbeygreen.com; 3 Abbey Green; DZ 100–160 £; 📶) Zentraler geht's nicht: Wer aus der Tür tritt, steht gleich vor der Abteikirche. Das Haus liegt an einem schattigen Platz und verströmt mit seinen Originalkaminen und Sesseln ein altmodisches Landhausflair. Drei Zimmer sind nach Jane-Austen-Figuren benannt. Die Suiten verfügen über ein extra Einzelzimmer – ideal für Familien.

★ **Queensberry Hotel** HOTEL £££
(☎01225-447928; www.thequeensberry.co.uk; 4 Russell St; DZ 115–225 £; P📶) Das originelle Queensbury ist das beste Boutiquehotel der Stadt. Vier georgianische Stadthäuser wurden nahtlos zu einem stilvollen Ganzen verschmolzen. Einige Zimmer sind gemütlich mit karierten Stoffen und Landhaus-Cremetönen eingerichtet, andere mit hellen Stoffen, Originalkaminen und frei stehenden Badewannen. Auch das Olive Tree Restaurant ist klasse. Frühstück ist nicht im Preis inbegriffen.

★ **Halcyon** HOTEL £££
(☎01225-444100; www.thehalcyon.com; 2/3 South Pde; DZ 125–145 £; 📶) Genau das, was Bath fehlte: ein schickes Hotel im Stadtzentrum, für das man nicht sein Sparkonto plündern muss. Das Halcyon liegt in einer Häuserreihe abseits der Manvers Street und bietet Stil zu erschwinglichen Preisen: gradlinige Zimmer, moderne Bettwäsche und Badarmaturen von Philippe Starck.

Die Zimmer sind unterschiedlich groß und verteilen sich auf drei Etagen – einen Aufzug gibt's nicht. In einem weiteren Gebäude in der 15a George Street sind Selbstversorger-Apartments für 150–300 £ pro Nacht erhältlich.

**Haringtons Hotel** HOTEL £££
(☎01225-461278; www.haringtonshotel.co.uk; Queen St; DZ 148–200 £) Der klassische Bath-Look ist nicht jedermanns Geschmack: Diese Herberge im Stadtzentrum gibt sich vollständig modern und die grellen Farben und die sich damit farblich beißenden Tapeten verleihen dem Ganzen ein spaßiges, jugendliches Flair. Die Lage ist phantastisch, aber es gibt keinen Aufzug und einige Zimmer sind winzig. Parken kostet 11 £.

## Essen

In vielen Bäckereien in Bath gibt's das berühmte Bath Bun, ein Zwischending zwischen Brioche und Brot – nicht zu verwechseln mit dem London Bath Bun, das klein und süß ist.

Samstagvormittags findet an der **Green Park Station** (Green Park; ⌚8–13 Uhr) ein Lebensmittelmarkt statt; hier werden Käse, Wurst und Cider aus der Region verkauft außerdem Brot von der **Thoughtful Bread Company** (www.thethoughtfulbreadcompany.com; Green Park Railway Station; ⌚Di–Sa 9–18 Uhr).

**Sam's Kitchen Deli** CAFÉ £
(☎01225-481159; www.samskitchendeli.co.uk; 61 Walcot St; Mittagessen 8–10 £; ⌚Mo–Sa 8–17, jeden 2. Fr bis 22 Uhr) Das an der hippsten Straße von Bath gelegene Sam's ist perfekt für ein Mittagessen: Aus Pfannen auf dem Tresen werden Mittagsgerichte wie z. B. ein Braten des Tages serviert. Mit seinem alten Klavier und dem recycelten Mobiliar ist das sehr beliebte Café der Inbegriff des *shabby-chic*. Jeden zweiten Freitag erklingt Livemusik.

**Bertinet Bakery** BÄCKEREI, CAFÉ £
(www.bertinet.com/bertinetbakery; 6 New Bond St Pl; ⌚ Mo–Sa 8–18, So 10.30–16 Uhr) Der renommierte Bäcker Richard Bertinet verfügt nun in Bath über sein eigenes Café. Hier können Hungrige seinen federleichten Kuchen und seine französischen Backwaren probieren. Außerdem betreibt er in der Nähe der George Street eine Backschule.

**Café Retro** CAFÉ £
(☎ 01225-339347; 18 York St; Hauptgerichte 5–11 £; ⌚ Mo–Sa 9–17, So 10–17 Uhr) Dieses Café ist ein Stachel im Fleisch der großen Kaffeeketten. Der Anstrich ist oll, das Geschirr uralt und die Möbel passen nicht zusammen, aber das alles macht den Charme des Ladens aus: Dies ist ein Café der alten Schule und nirgendwo gibt's bessere Burger, Sandwiches und Kuchen. Im Retro-to-Go nebenan sind Sachen zum Mitnehmen (in biologisch abbaubaren Behältnissen) erhältlich.

**Sally Lunn's** TEAROOM £
(4 North Pde Passage; Hauptgerichte 5–15 £; ⌚ 10–21 Uhr) Bei Sally Lunn's ein Brötchen zu verspeisen gehört zu einem Bath-Besuch auf jeden Fall dazu. Hier dreht sich alles um echten englischen Tee, aufgebrüht in Porzellankannen und zusammen mit Sandwiches und niedlichem Gebäck serviert von Kellnerinnen, die Rüschenschürzen tragen.

Die Spezialität des Hauses ist der Sally Lunn's Bun, aber es gibt auch herzhaftere Sachen wie *Welsh rarebit* und „Trencher"-Gerichte, bei denen das „Brötchen" als Teller dient.

★ **Circus** MODERN BRITISCH ££
(☎ 01225-466020; www.thecircuscafeandrestaurant.co.uk; 34 Brock St; Hauptgerichte mittags 8,30–13,50 £, abends 16,50–18,50 £; ⌚ Mo–Sa 10–22 Uhr) Chefköchin Ali Golden hat dieses Bistro in eine der Top-Adressen in Bath verwandelt. Ihr Hauptaugenmerk gilt britischen Gerichten, die sie mit einem kontinentaleuropäischen Touch versieht: Kaninchen, Perlhuhn, Brathähnchen und Frühlingslamm, alles mit viel Kräuteraroma und cremigen Saucen serviert. Das Restaurant belegt das Erd- und Untergeschoss eines Stadthauses beim Circus. Reservierung empfohlen.

**Tasting Room** TAPAS ££
(☎ 01225-483070; www.tastingroom.co.uk; 6 Green St; 3 Tapas 10 £; ⌚ So & Mo 10–16.30, Di–Sa 9.30–23 Uhr) Tapas-Teller und erstklassige Weine sind das Aushängeschild dieser schicken Café-Bar über der Top-Weinhandlung von Bath.

**Marlborough Tavern** GASTROPUB ££
(☎ 01225-423731; www.marlborough-tavern.com; 35 Marlborough Bldgs; Mittagessen 9–13 £, Hauptgerichte abends 13,50–21,50 £; ⌚ 12–23 Uhr) Die Königin der Gastropubs der Stadt mit einem Essen, das eher dem eines Edelrestaurants entspricht – hier wird Wild- und Schweinefilet statt der Standardmahlzeit aus Fleisch mit zwei Gemüsebeilagen aufgetischt. Schwere Holztische und Weinregale hinter der Theke verleihen der Bar ein exklusives, nobles Flair.

**Sotto Sotto** ITALIENISCH ££
(☎ 01225-330236; www.sottosotto.co.uk; 10a North Pde; Pasta 9 £, Hauptgerichte 13–17 £; ⌚ 12–14.30 & 17–22.30 Uhr) Baths bester Italiener, versteckt in einem Gewölbekeller. Die Zutaten werden aus Italien herangekarrt und alles ist so, wie es auch die Mama immer gemacht hat, von der klassischen Lasagne bis zu ungewohnteren Gerichten wie Kalbfleisch, gegrilltem Schwertfisch und Seebarsch in Parmaschinken.

**Chequers** GASTROPUB ££
(☎ 01225-360017; www.thechequersbar.com; 50 Rivers St; Hauptgerichte mittags 6,95–13,50 £, abends 14,50–21,95 £; ⌚ 12–23 Uhr) Dieses bei den Einheimischen sehr beliebte Pub ist schon seit 1776 im Geschäft, aber die Karte ist dank dem jungen Küchenchef Leigh Evans voll auf der Höhe der Zeit. Hier gibt's keine *bangers and mash*, sondern Bath-Chorizo und Frühlingszwiebel-Kartoffelpüree. Für Sonntagmittag muss man reservieren.

**Yen Sushi** JAPANISCH ££
(11–12 Bartlett St; Sushi 4–6 £; ⌚ 12–15 & 17.30–22.30 Uhr) Ein *kaiten*-Restaurant mit Nigiri, Sushi und Sashimi auf dem umlaufenden Band.

**Hudson Steakhouse** STEAKHAUS £££
(☎ 01225-332323; www.hudsonbars.com; 14 London St; Steaks 22–34 £; ⌚ 17–22.30 Uhr) Steaks, Steaks und noch mehr Steaks – erstklassige Stücke Fleisch vom Porterhouse bis zum Filet. Alles stammt von einer Farmerkooperative in Staffordshire.

**Allium** MODERN BRITISCH £££
(☎ 01225-805870; www.alliumbrasserie.co.uk; North Pde; 2-/3-Gänge-Mittagessen 17,50/23 £, Hauptgerichte abends 16,50–21 £; ⌚ 12–15 & 17.30–21 Uhr) Nicht oft findet man ein Restaurant auf Michelin-Niveau in einem Best-Western-Hotel – aber genau das ist im

Abbey Hotel der Fall, in dem der bekannte Koch Chris Staines das Zepter schwingt. Dies ist echt edle Küche, mit allen möglichen Emulsionen und Pürees und Schäumen und einer Mischung asiatischer und europäischer Aromen.

**Menu Gordon Jones** MODERN BRITISCH £££
(☎01225-480871; www.menugordonjones.co.uk; 2 Wellsway; 5-Gänge-Mittagessen 40 £, 6-Gänge-Abendessen 50 £; ⏲Di–Sa 12.30–14 & 19–21 Uhr) Wer sich beim Essengehen gern mal überraschen lässt, ist in Gordon Jones' Restaurant genau richtig. Die Karte stellt der Küchenchef jeden Tag neu zusammen und er beweist täglich von Neuem seine Leidenschaft für experimentelle Zutaten (kandierte Zitronen, Kabeljauzungen, biodynamische Weine) und für eine verrückte Präsentation (Reagenzgläser, essbare Tassen, Schieferteller). Angesichts des hier dargebotenen Könnens bietet das Restaurant ein grandioses Preis-Leistungs-Verhältnis. Reservierung unbedingt ratsam.

## Ausgehen & Nachtleben

★**Colonna & Smalls** CAFÉ
(www.colonnaandsmalls.co.uk; 6 Chapel Row; ⏲Mo–Sa 8–17.30, So 10–16 Uhr) Dies ist ein Café für Kenner. Der Espresso und Cappuccino ist einfach unschlagbar. Und echte Fans können hier sogar einen Barista-Kurs belegen.

★**Star Inn** PUB
(www.star-inn-bath.co.uk; 23 The Vineyards, abseits von The Paragon; ⏲12–23 Uhr) Nicht viele Pubs sind denkmalgeschützt, aber das Star schon – es verfügt noch immer über einen großen Teil der Ausstattung des 19. Jhs. Dies ist das Brauhaus der in Bath ansässigen Brauerei Abbey Ales. Einige Biere werden in traditionellen Krügen kredenzt, in der „kleineren Bar" können Gäste sogar um eine Prise Schnupftabak bitten.

**Same Same But Different** CAFÉ, BAR
(7a Prince's Bldgs, Bartlett St; ⏲Mo–Mi 8–18, Do–Sa bis 23, So 10–17 Uhr) Der Bohemetreff für die Trendies der Stadt versteckt sich in einer Gasse, die von der George Street abzweigt. Wein, Tapas und zur Sonntagszeitung ein Cappuccino.

**Door 34** COCKTAILBAR
(www.door34.co.uk; 34 Monmouth St; Cocktails ab 8 £; ⏲ab 19 Uhr) Die Cocktailbar preist sich als „Lounge der Flüssigkeitsalchemisten" an und hier wird auf jeden Fall ein umwerfender Martini gemixt.

**Salamander** PUB
(☎01225-428889; www.bathales.com/pubs/salamander.html; 3 John St; Hauptgerichte 10–14 £; ⏲Mo–Do 10–24, Fr & Sa bis 1, So bis 23 Uhr) Das Sally gehört der Brauerei Bath Ales und serviert eigene Biere wie das bernsteinfarbene Gem, das Golden Hare und das stärkere, dunklere Rare Hare. Oben befindet sich ein Supper Club.

## Unterhaltung

**Moles** LIVEMUSIK
(www.moles.co.uk; 14 George St) Im März 2014 wurde der wichtigste Liveclub der Stadt durch einen Brand stark beschädigt; bei Redaktionsschluss war er geschlossen und soll allerfrühestens 2015 wieder eröffnen.

**Theatre Royal** THEATER
(www.theatreroyal.org.uk; Sawclose) Das historische Theater der Stadt ist 200 Jahre alt. Im Hauptsaal gastieren Fremdinszenierungen, kleinere Vorstellungen werden im Ustinov Studio präsentiert.

**Komedia** VARIETÉ, COMEDY
(www.komedia.co.uk; 22–23 Westgate St) Live-Comedy und Varieté in einem Ableger einer in Brighton ansässigen Entertainment-Gruppe.

**Little Theatre Cinema** KINO
(St Michael's Pl) Das exzellente Programmkino zeigt Filme abseits des Mainstreams sowie fremdsprachige Streifen.

## Shoppen

Das größte Einkaufszentrum der Stadt ist das **Southgate** (www.southgatebath.com) mit allen großen Ladenketten.

Kleinere Geschäfte sind eher nördlich des Zentrums zu finden. Die Milsom Street ist gut für gehobene Mode, die Walcot Street ist von originellen unabhängigen Lebensmittel-, Design- und Vintage-Läden gesäumt.

## Praktische Informationen

**Bath Visitor Centre** (☎0906 711 2000, Zimmerbuchungsservice 0844 847 5256; www.visitbath.co.uk; Abbey Churchyard; ⏲Mo–Sa 9.30–17, So 10–16 Uhr) Verkauft die Bath Visitor Card (S. 334). Wer die Nummer für allgemeine Auskünfte anruft, zahlt stolze 0,30 £ pro Minute.
**Hauptpost** (27 Northgate St)
**Polizei** (Manvers St; ⏲7–24 Uhr)

## An- & Weiterreise

### BUS

Der **Busbahnhof** (Dorchester St; ⌚ Mo–Sa 9–17 Uhr) ist in der Nähe des Bahnhofs.

National-Express-Busse fahren über Heathrow nach London (17 £, 3½ Std., 8- bis 10-mal tgl.). Zu den meisten anderen Zielen muss man in Bristol oder Heathrow umsteigen.

Regionalbusse:

**Bristol** (5,50 £, 50 Min., Mo–Sa 4-mal pro Std., So halbstündl.) Bus X39/339

**Wells** (5,50 £, 1 Std. 10 Min., Mo–Sa stündl., So 5-mal) Bus 173

### ZUG

Der Bahnhof Bath Spa liegt am Ende der Manvers Street. Viele Bahnverbindungen gehen über Bristol, besonders in den Norden Englands.

Direktverbindungen u. a. nach:

**Bristol** (7,10 £, 15 Min., mehrmals pro Std.)

**Cardiff Central** (19,40 £, 1 Std., stündl.)

**Exeter** (32 £, 1¼ Std., stündl.)

**London Paddington** (42 £, 1½ Std., halbstündl.)

**Salisbury** (16,90 £, 1 Std., stündl.)

## Unterwegs vor Ort

### AUTO & MOTORRAD

Bath hat mit üblen Verkehrsproblemen zu kämpfen. In Lansdown im Norden, Newbridge im Westen und Odd Down im Süden stehen **Park-and-Ride-Parkplätze** (☎ 01225-464446; hin & zurück Mo–Fr 3 £, Sa 2,50 £; ⌚ Mo–Sa 6.15–19.30 Uhr) zur Verfügung. Von hier sind es rund zehn Minuten per Bus ins Zentrum; die Busse fahren alle zehn bis fünfzehn Minuten.

Das günstigste Parkhaus befindet sich unter dem Einkaufszentrum SouthGate (2/8 Std. 3,30/10 £, nach 18 Uhr 2 £).

### BUS

Bus 18 fährt alle zehn Minuten vom Busbahnhof, der High Street und der Great Pulteney Street den Bathwick Hill hinauf an der Jugendherberge vorbei zur Universität. Bus 4 fährt alle 20 Minuten nach Bathampton.

### FAHRRAD

Angesichts der Steigungen in der Stadt ist das Radfahren hier eine echte Herausforderung. Tolle Möglichkeiten für Radtouren bieten jedoch die Wege am Kennet and Avon Canal und der 21 km lange Bristol & Bath Railway Path (S. 331).

**Bath Bike Hire** (☎ 01225-447276; www.bath-narrowboats.co.uk/bathbikehirecom; Sydney Wharf; halber/ganzer Tag 13/19 £; ⌚ 9–23 Uhr) Zehn Minuten zu Fuß vom Stadtzentrum entfernt und praktisch gelegen für die Wege am Kanal und an der alten Eisenbahntrasse entlang.

**Bath by Cycle** (☎ 01225-807881; www.bathbycycle.com; 3 George's Pl; Leihräder ab 5 £; ⌚ 9–18 Uhr) Verleiht normale Räder und E-Bikes.

# SOMERSET

Mit seinen idyllischen Landschaften mit Hecken, Feldern und Hügeln ist das verschlafene Somerset der Inbegriff des ländlichen Englands und bietet sich wunderbar dafür an, dem Trubel in Bristol und Bath zu entfliehen. Auf jeden Fall geht hier alles ein wenig langsamer vonstatten – hier kann man ganz nach Lust und Laune herumstreifen, seinen Gedanken nachhängen und sich die Sehenswürdigkeiten zu Gemüte führen. Eine praktische Basis für die Erkundung der Kalksteinhöhlen und Schluchten um Cheddar ist das Bischofsstädtchen Wells. Das Hippiemekka Glastonbury wiederum ist ein guter Ausgangspunkt für Ausflüge in die Feuchtgebiete der Somerset Levels und das Hügelland der Quantocks.

## Praktische Informationen

**Somerset Visitor Centre** (☎ 01934-750833; www.visitsomerset.co.uk; Sedgemoor Services M5 South; ⌚ Ostern–Okt. tgl. 9.15–17 Uhr, Nov.–Ostern Mo–Fr)

**Visit South Somerset** (www.visitsouthsomerset.co.uk)

## Unterwegs vor Ort

Die meisten Busse in Somerset werden von **First** (☎ 08456 064446; www.firstgroup.com) betrieben. Fahrpläne und allgemeine Infos bietet die **Traveline South West** (www.travelinesw.com).

Regelmäßige Bahnverbindungen bestehen zwischen Bath, Bristol, Bridgwater, Taunton und Weston-super-Mare. Die M5 führt in südlicher Richtung vorbei an Bristol nach Bridgwater und Taunton, die A39 Richtung Westen über die Quantocks nach Exmoor.

## Wells & Umgebung

10 406 EW.

Klein, aber fein: Wells ist die kleinste *city* Englands und verdankt diese Einstufung nur seiner großartigen mittelalterlichen Kathedrale. Diese erhebt sich neben dem prächtigen Bischofspalast, Sitz des Bischofs von Bath und Wells seit dem 12. Jh. Von der Kathedrale erstrecken sich mittelalterliche

Gebäude und Kopfsteinpflasterstraßen zu einem Marktplatz, der schon seit rund neun Jahrhunderten das quirlige Zentrum von Wells bildet – Markttage sind Mittwoch und Samstag. Filmfreaks erkennen den Platz vielleicht aus der britischen Komödie *Hot Fuzz* – die abschließende Schießerei des Films wurde hier gedreht.

## Sehenswertes

**Wells Cathedral** KATHEDRALE
(Cathedral Church of St. Andrew; www.wellscathedral.org.uk; Cathedral Green; erwünschte Spende Erw./Kind 6/3 £; ⏲7–19 Uhr) Die große gotische Kathedrale von Wells erhebt sich mächtig im Zentrum des Orts, umgeben von einem der größten Dombezirke Englands. Das Gotteshaus entstand schrittweise zwischen 1180 und 1508 und weist daher verschiedene Stilepochen der englischen Gotik auf. Zu den wichtigsten Merkmalen der Kirche gehören die **Westfassade** mit mehr als 300 Figuren und die berühmten **Scherenbögen**, eine geniale architektonische Lösung, um die Last des Vierungsturms aufzufangen.

Die **astronomische Uhr** im Nordquerhaus stammt von 1392 und ist nach der Uhr in der Kathedrale von Salisbury die älteste Englands. Sie zeigt die Position der Planeten und die Mondphasen an.

Zu den weiteren Highlights der Kirche zählen die elegante **Lady Chapel** (Marienkapelle; 1326), das **Chapter House** (Kapitelhaus; 1306) mit seinem Fächergewölbe und die berühmte **Kettenbibliothek** mit Büchern und Handschriften bis zurück ins Jahr 1472. Über die **Chain Bridge**, einen überdachten Gang, konnten die Kleriker die Kathedrale erreichen, ohne sich nasse Füße zu holen.

Von Montag bis Samstag finden stündlich kostenlose Führungen statt; wer Fotos machen möchte, benötigt eine Fotoerlaubnis (3 £).

**Cathedral Close** HISTORISCHE STÄTTE
Die Kathedrale bildet den Kern eines Komplexes aus kirchlichen Gebäuden aus dem Mittelalter. Links der Westfassade befinden sich die **Old Deanery** (15. Jh.) und das **Wells & Mendip Museum** (www.wellsmuseum.org.uk; 8 Cathedral Green; Erw./Kind 3/1 £; ⏲Ostern–Okt. 10–17.30 Uhr, Nov.–Ostern Mi–Mo 11–16 Uhr) mit Ausstellungen zur Ortsgeschichte, zur Architektur der Kathedrale und zu den berüchtigte Hexe von Wookey Hole.

Die **Vicars' Close** dahinter ist eine schöne Kopfsteinpflastergasse aus dem 14. Jh. mit einer Kapelle am Ende. Hier leben auch heute noch Mitglieder des Chors der Kathedrale. Dies ist angeblich die älteste komplett erhaltene Straße des Mittelalters in Europa.

Der **Penniless Porch**, ein Ecktor, das zum Market Square führt, heißt so, weil hier früher Bettler um Almosen baten.

**Bishop's Palace** HISTORISCHES GEBÄUDE
(www.bishopspalacewells.co.uk; Erw./Kind 7/3 £; ⏲April–Okt. 10–18 Uhr, Nov.–März bis 16 Uhr) Der von einem Wassergraben umgebene, im 13. Jh. erbaute Bischofspalast gilt als ältestes bewohntes Gebäude Englands. Die Prunkzimmer und der große Saal sind durchaus einen Blick wert, die eigentliche Attraktion ist aber der Garten. Auf dem Palastgelände sprudeln auch die Quellen, denen Wells seinen Namen verdankt.

Die stummen Schwäne des Palastes sind berühmt dafür, dass ihnen beigebracht wurde, eine Glocke zu läuten, wenn sie gefüttert werden wollen.

Im Eintrittspreis sind Führungen inbegriffen; sie finden im Sommer um 11.30 und 14.30 Uhr statt.

**Wookey Hole** HÖHLE
(www.wookey.co.uk; Erw./Kind 18/12 £; ⏲April–Okt. 10–17 Uhr, Nov.–März 10.30–16 Uhr) Am Rand der Mendip Hills hat der River Axe tiefe Kalksteinhöhlen ausgewaschen, die zusammen als Wookey Hole bekannt sind. Sie sind wegen ihrer Stalagmiten und Stalaktiten berühmt – einer davon ist die berühmte Hexe von Wookey Hole, die von einem Priester in Stein verwandelt wurde. Die Besichtigung der Höhlen erfolgt im Rahmen von Führungen. Oben dürfen sich Besucher über Touristenkitsch wie eine Spielhalle und ein Spiegellabyrinth freuen. Wookey Hole liegt 5 km nordwestlich von Wells und ist an der A371 mit braunen Wegweisern ausgeschildert.

Am Wochenende werden Besucher vielleicht sogar von der Hexe persönlich begrüßt. Die Tickets sind den ganzen Tag gültig; wer online bucht, spart 15 %.

**Cheddar Gorge** HÖHLE
(www.cheddargorge.co.uk; Explorer Ticket Erw./Kind 18,50/12 £; ⏲10–17.30 Uhr) Die in der letzten Eiszeit von Gletscherschmelzwasser ausgewaschene Cheddar Gorge bildet mit ihren Kalksteinklippen Englands tiefsten natürlichen Canyon; die Felsen ragen bis zu 138 m

über der kurvigen B3135 empor. Unter den Klippen ist die Schlucht mit zahllosen Höhlen gespickt. Am leichtesten zu erreichen sind die **Cox's Cave** und **Gough's Cave** mit eindrucksvollen Stalagmiten und Stalaktiten. Wer tiefer ins Höhlensystem eindringen möchte, muss sich einer Caving-Tour (s. unten) anschließen. Die Schlucht nimmt ihren Anfang rund 32 km nordwestlich von Wells und ist über die A371 zu erreichen.

Die Höhlen hier waren schon seit der letzten Eiszeit bewohnt. 1903 wurde hier ein 9000 Jahre altes Skelett gefunden – der phantasievoll benannte Cheddar Man –, doch laut Kohlenstoffdatierung war die Gough's Cave schon mehrere Tausend Jahre früher bewohnt. Jüngere Funde deuten darauf hin, dass es in grauer Vorzeit Kannibalismus gegeben hat: Polierte menschliche Schädel wurden anscheinend als Trinkgefäße genutzt.

Die Cheddar Gorge ist sehr beliebt, sodass hier im Sommer und in den Schulferien viel Verkehr herrscht. Wer dem Trubel entfliehen will, kann die 274 Stufen der **Jacob's Ladder** erklimmen: Sie führt zu einem spektakulären Aussichtspunkt über der Schlucht und einem 5 km langen Klippenweg. Wer seine Eintrittskarte für die Attraktionen der Schlucht online bucht, spart 15 % des Preises.

**Cheddar Gorge Cheese Company** KÄSEREI

(☎01934-742810; www.cheddargorgecheeseco.co.uk; Erw./Kind 2,25 £/frei; ⌚Ostern–Okt. 10–17 Uhr) Neben seinen Höhlen ist Cheddar auch bekannt für den Lieblingskäse der Engländer, der hier seit dem 12. Jh. produziert wird – Heinrich II. hielt ihn für den besten Käse in Britannien und gemäß der königlichen Buchhaltung von 1170 kaufte er über 4600 kg. Besucher können an einer Führung durch die Käserei teilnehmen und sich mit erstklassigem Cheddar-Käse eindecken.

## Aktivitäten

**X-Treme** ABENTEUERSPORT

(☎01934-742343; www.cheddargorge.co.uk/x-treme; 1½-stündiger Trip Erw./Kind 21/19 £) Der wichtigste Anbieter von Outdooraktivitäten an der Cheddar Gorge hat 1½-stündige Höhlenerkundungstouren im Programm. Dabei wird man nass und schmutzig und wer Probleme mit engen Räumen hat, sollte besser an der frischen Luft bleiben. Außerdem werden Klettertouren angeboten.

## Schlafen

**Beryl** B&B ££

(☎01749-678738; www.beryl-wells.co.uk; Hawkers Lane; DZ 100–150 £; P) Dieses stattliche Giebelhaus vermittelt einen Geschmack englischer Exzentrik. Aus jeder Pore verströmt das Haus das Flair der Vergangenheit und in den Zimmern stehen alte Uhren, Sofas und Himmelbetten. Rund 1,5 km von Wells.

**Swan Hotel** HOTEL ££

(☎01749-836300; www.swanhotelwells.co.uk; Sadler St; DZ 100–149 £) Die ehemalige Postkutschenstation sticht aus der Masse der Best-Western-Herbergen eindeutig hervor. Das Gebäude stammt z. T. aus dem 15. Jh. und weist noch entsprechende Merkmale auf. Aus vielen der Zimmer blickt man auf die Domfreiheit – jedoch sind die Zimmer sehr unterschiedlich groß, sodass man am besten erst ein paar anschaut.

**Ancient Gate House Hotel** HOTEL ££

(☎01749-672029; www.ancientgatehouse.co.uk; Browne's Gate; EZ 90–100 £, DZ 110–130 £; ) Diese alte Herberge ist teils direkt ins Westtor der Kathedrale hineingebaut. Die Zimmer sind in Königsrot- und Enteneiblautönen gehalten. Die besten beeindrucken mit Himmelbetten und tollem Blick auf die Kathedrale – diese kosten 15 £ mehr, aber es lohnt sich.

**Stoberry House** B&B ££

(☎01749-672906; www.stoberryhouse.co.uk; Stoberry Park; DZ 85–145 £; P) Das moderne Haus am Stadtrand beherbergt ein schickes B&B mit eleganten Kissen und Stoffgirlanden über den Betten. In der Gästelounge liegen Bücher zum Durchstöbern bereit und es gibt Nespresso-Kaffee.

## Essen

**Good Earth** VEGETARISCH £

(☎01749-678600; www.thegoodearthwells.co.uk; 4–6 Priory Rd; Mittagessen 8–12 £; ⌚9–16.30 Uhr) Der Vollwertladen hat sich jetzt ein Sortiment an Haushaltswaren und ein phantastisches vegetarisches Café zugelegt. Hier werden in einem sonnigen Raum oder auf einer stillen Gartenterrasse zwei Tagesgerichte angeboten.

**Strangers with Coffee** CAFÉ £

(31 St. Cuthbert St; Kuchen 2–5 £; ⌚Mo–Sa 10–17.30 Uhr) Das kleine Café zaubert den besten Milchkaffee des Orts und lockt außerdem mit einer entsprechenden Kuchenauswahl.

**Old Spot** BRITISCH ££
(☎01749-689099; www.theoldspot.co.uk; 12 Sadler St; Mittagessen 18,50 £, Hauptgerichte abends 14–21,50 £; ⊙Mi–So 12.30–14.30, Di–Sa 19–21.30 Uhr) Das vom Ehepaar Ian und Clare Bates geführte Restaurant legt den Schwerpunkt auf britische Klassiker mit ein wenig italienischer Würze – Lammhüfte mit Polenta und Peperonata oder Perlhuhn mit Risotto.

**Goodfellows** BISTRO, CAFÉ £££
(☎01749-673866; www.goodfellows.co.uk; 5 Sadler St) Im Goodfellows haben die Gäste die Wahl zwischen einem **Café** (Mittagessen 10–17 £, Abendessen 20–25 £; ⊙Mo & Di 8.30–16, Mi–Sa 8.30–17 & 18–22 Uhr) im kontinentaleuropäischen Stil mit Quiche, Kuchen und Gebäck und einem **Meeresfrüchtebistro** (3-/6-Gänge-Menü 42/55 £; ⊙Di–Sa 12–14, Mi–Sa 18.30–21.30 Uhr) für Mahlzeiten im Restaurantstil. In beiden ist die Qualität hervorragend.

### Praktische Informationen

**Touristeninformation** (☎01749-672552; www.wellstourism.com; Market Pl; ⊙April–Okt. 9.30–17.30 Uhr, Nov.–März 10–16 Uhr) Hält das Faltblatt *Wells City Trail* (0,30 £) bereit und verkauft ermäßigte Tickets für Wookey Hole und die Cheddar Gorge.

### An- & Weiterreise

Der Busbahnhof liegt südlich der Cuthbert Street an der Princes Road. Nützliche Verbindungen:

**Bath** (5,50 £, 1¼ Std., Mo–Sa stündl., So 5-mal) Bus 173

**Bristol** (5,50 £, 1 Std., Mo–Sa halbstündl., So stündl.) Bus 376

**Cheddar** (4,50 £, 25 Min., Mo–Sa stündl., So 4-mal) Bus 126; fährt weiter nach Weston-super-Mare (5,50 £, 1½ Std.).

**Glastonbury** (3,50 £, 15 Min., mehrmals pro Std.) Bus 377

**Taunton** (Day Rover 10 £, 1¼ Std., Mo–Sa stündl.) Bus 29 hält in Glastonbury.

## Glastonbury

8429 EW.

Energielinien treffen sich, weiße Hexen halten Meetings ab und aus jedem Laden im guten alten Glastonbury, der unzweifelhaften Hauptstadt esoterisch-alternativer Kultur in Südwestengland, wabert der Duft glimmender Räucherstäbchen. Heute ist der Ort v. a. für das jährliche Musik- und Schlammfest auf der Farm von Michael Eavis im nahen Pilton berühmt, doch seine Geschichte reicht viel weiter in die Vergangenheit zurück: Der markante Glastonbury Tor (Hügel) war eine bedeutsame heidnische Stätte und einige halten ihn für die legendäre Insel Avalon, die letzte Ruhestätte von König Artus. Der Tor gilt vielen als einer der bedeutendsten spirituellen Knotenpunkte überhaupt, an dem zahlreiche mystische Kraftlinien zusammenlaufen – wer also seine Chakren neu ausrichten lassen möchte, ist hier an der richtigen Adresse. Was immer all die Legenden, die in Glastonbury herumschwirren, an Wahrheit enthalten mögen, eins ist sicher: Vom Hügel aus die Sonne aufgehen zu sehen, ist ein Erlebnis, das man so schnell nicht vergisst.

### Sehenswertes

★**Glastonbury Tor** WAHRZEICHEN
(NT; www.nationaltrust.org.uk/glastonbury-tor) Der markante, meilenweit sichtbare Kegelberg Glastonbury Tor ist von der Ruine der mittelalterlichen **Chapel of St. Michael** gekrönt – er ist eines der bekanntesten Wahrzeichen Somersets. Vom Beginn des Wegs an der Well House Lane braucht man eine halbe Stunde bis nach oben, an den steilsten Stellen gibt's Stufen. Der Anfang des Weges liegt etwa 20 Gehminuten vom Stadtkern entfernt oder man nimmt den Tor Bus, der regelmäßig vom St.-Dunstan's-Parkplatz bei der Abbey zum Beginn des Wegs fährt.

Um den Hügel kreisen zahlreiche lokale Legenden. Gemäß einer keltischen Legende ist er das Zuhause von Arawn oder Gwyn ap Nudd, König der Unterwelt und Herr der Feen. Einer bekannteren Überlieferung zufolge ist der Hügel die mythische Insel Avalon, die König Artus ansteuerte, nachdem er in der Schlacht tödlich verwundet worden war, und wo Britanniens „einstiger und zukünftiger König" schläft, bis sein Land wieder nach ihm ruft. Andere wiederum glauben, dass der Glastonbury Tor einen uralten Knotenpunkt markiert, an dem unsichtbare Energielinien, die sogenannten *ley lines*, zusammenlaufen.

Warum der Kegelberg Inspirationsquelle so vieler Mythen war, ist leicht zu erkennen. In der ansonsten völlig flachen Landschaft ist er ein merkwürdiger Fremdkörper und in grauer Vorzeit, als die Gegend um Glastonbury die meiste Zeit des Jahres unter Wasser stand, erschien er tatsächlich als Insel, in Nebel gehüllt und durch Flüsse, Marschen und Sümpfe von der restlichen Welt abgeschnitten.

## Glastonbury

0 200 m
0 0,1 Meile

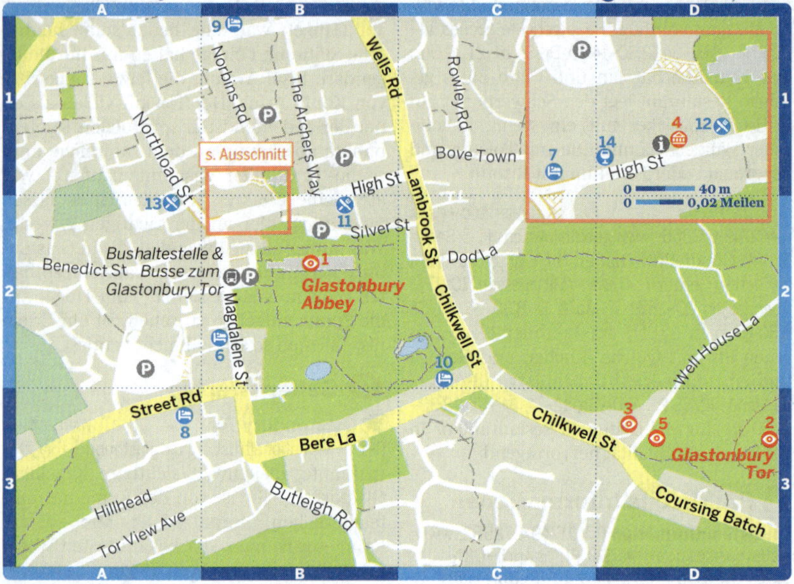


## Glastonbury

**Highlights**

1 Glastonbury Abbey ........ B2
2 Glastonbury Tor ........ D3

**Sehenswertes**

3 Chalice Well & Gardens ........ D3
4 Lake Village Museum ........ D1
5 White Spring ........ D3

**Schlafen**

6 Covenstead ........ B2
7 Crown Glastonbury Backpackers ........ C1
8 Glastonbury Townhouse ........ A3
9 Glastonbury White House ........ B1
10 Parsnips ........ C2

**Essen**

11 Hundred Monkeys Cafe ........ B2
12 Rainbow's End ........ D1
13 Who'd a Thought It Inn ........ A2

**Ausgehen & Nachtleben**

14 George & Pilgrim ........ D1

**Chalice Well & Gardens** GÄRTEN

(☎01458-831154; www.chalicewell.org.uk; Erw./Kind 4/2 £; ⏲April–Okt. 10–18 Uhr, Nov.–März bis 16.30 Uhr) Die Chalice Well and Gardens, von Eiben beschattet und von Pfaden durchzogen, sind schon seit der Zeit der Kelten eine Pilgerstätte. Das eisenrote Wasser der 800 Jahre alten Quelle soll über Heilkräfte verfügen und gut sein für alles von Ekzemen bis zu Schweißfüßen; einigen Legenden zufolge ist in der Quelle außerdem der Heilige Gral versteckt. Die Rotfärbung des Wassers rührt von der Eisenablagerung im Boden her. Wer möchte, kann Wasser aus dem Löwenkopf trinken, aus dem es hervorsprudelt, oder man tunkt seine Füße in von Blumen umgebene Becken.

Die Chalice Well ist auch als „Rote Quelle" oder „Blutquelle" bekannt; ihre Schwester, die **White Spring**, sprudelt auf der anderen Seite der Well House Lane hervor.

★ **Glastonbury Abbey** RUINE

(☎01458-832267; www.glastonburyabbey.com; Magdalene St; Erw./Kind 6/4 £; ⏲9–20 Uhr) Die Ruinen der Glastonbury Abbey lassen kaum erahnen, dass dies einst eines der bedeutendsten Zentren kirchlicher Macht war. Nach der Auflösung der Klöster durch Heinrich VIII. wurde die Abtei 1539 abgerissen und der letzte Abt, Richard Whiting, wurde auf dem Glastonbury Tor gehängt, gestreckt und gevierteilt. Außer ein paar Mauern des Langschiffs, der Ruine der **St. Mary's Chapel** und der Vierungsbögen, die womöglich in der Kathedrale von Wells eine Scherenform hatten, ist heute kaum etwas übrig.

Auf dem Klostergelände gibt es außerdem ein **Museum**, einen **Apfelgarten** und einen **Kräutergarten**. Gemäß der Überlieferung erwuchs der berühmte Dornenbusch der Abtei aus dem Wanderstab des Joseph von Arimathäa, des Großonkels Jesu, der den Ort angeblich nicht lange nach Christi Tod besuchte. Der Dornenbaum blüht zu Weihnachten und zu Ostern.

Die Abtei verfügt sogar über eine Verbindung zu König Artus. Im 12. Jh. sollen Mönche auf dem Abteigelände ein Grab entdeckt haben, das mit der Inschrift *Hic iacet sepultus inclitus rex arturius in insula avalonia* (Hier liegt begraben der berühmte König Artus auf der Insel Avalon) versehen war. In dem Grab befanden sich ineinander verschlungene Skelette, angeblich die von Artus und seiner Frau Guinevere. Die Gebeine wurden 1278 unter dem Altar neu bestattet, gingen jedoch nach der Zerstörung des Klosters verloren.

**Lake Village Museum** MUSEUM
(The Tribunal, 9 High St; Erw./Kind 3/1,50 £; ⌚10–15 Uhr) Über der Touristeninformation von Glastonbury zeigt das Lake Village Museum Funde aus einem prähistorischen Sumpfdorf, das im nahen Godney gefunden wurde. Die Häuser waren in etwa sechs Gruppen zusammengefasst und bestanden aus Reet, Haselnuss- und Weidenholz. Man nimmt an, dass sie von Sommerhändlern bewohnt wurden, die die restliche Zeit des Jahres um den Glastonbury Tor herum siedelten.

## Schlafen

**Crown Glastonbury Backpackers** HOSTEL £
(☎01458-833353; www.glastonburybackpackers.com; 4 Market Pl; B 16,50 £, DZ 35–60 £; P @) Einfaches, aber freundliches Hostel über dem alten Pub The Crown, mit kleinen, sauberen Zimmern sowie einer Küche und Waschküche.

**Covenstead** B&B ££
(☎07970-615251; www.covenstead.co.uk; Magdalene St; EZ 60 £, DZ 70–90 £) Was sonst soll man im esoterischen Glastonbury erwarten als ein B&B mit Hexenmotto? Jedes der vier Zimmer ist mit einem heidnischen Motto bedacht. Das Haus ist eine auf schauerlich getrimmte Vorort-Doppelhaushälfte, mit Ölgemälden, Geweih-Nachttischlampen und -Kandelabern und Samtstühlen. Zum Frühstück gibt's aber glücklicherweise keine Molche und Kröten.

**Glastonbury White House** B&B ££
(☎01458-830886; www.theglastonburywhitehouse.com; 21 Manor House Rd; EZ 60–65 £, DZ 75–95 £; P) Hier gibt's nur zwei Zimmer, die hat Gastgeberin Carey jedoch supergemütlich eingerichtet. Dazu gesellen sich Extras wie Kühlschränke, frische Milch und White-Spring-Wasser. Das Frühstück ist nicht inbegriffen (*continental* 5 £, englisch 7,50 £). Etwa fünf Minuten zu Fuß von der High Street.

**Glastonbury Townhouse** B&B ££
(☎01458-831040; www.glastonburytownhouse.co.uk; Street Rd; DZ 90–120 £) Das solide edwardianische Backsteinhaus wartet mit drei ruhigen Zimmern, jeder Menge Antiquitäten und einem freundlichen Eigentümer auf – Greg kann seine Gäste mit guten Tipps versorgen.

**Parsnips** B&B ££
(☎01458-835599; www.parsnips-glastonbury.co.uk; 99 Bere Lane; EZ 55 £, DZ 70–75 £; P @) Das moderne B&B ist eine solide Wahl. In den hellen Zimmern dominieren Karomuster und Cremetöne, zur Ankunft wird Kaffee gereicht und auf Wunsch werden verschiedene ganzheitliche Anwendungen geboten. Das Frühstück wird in einem schönen Wintergarten serviert.

## Essen & Ausgehen

**Rainbow's End** VEGETARISCH £
(☎01458-833896; www.rainbowsendcafe.com; 17a High St; Hauptgerichte 4–8 £; ⌚Mo–Sa 10–17.30, So bis 16 Uhr; ✎) Dieses psychedelische Café verkörpert mit seinem vegetarischen Angebot, den Topfpflanzen und der zusammengewürfelten Einrichtung den Geist Glastonburys. Hier gibt's u. a. warme Gemüsequiche und hausgemachten Kuchen. Hinterm Haus lockt eine kleine Terrasse.

**Bocabar** BRITISCH ££
(☎01458-440558; http://glastonbury.bocabar.co.uk; Morland Rd; Mittagessen 5–10 £, Abendessen 13,50–19,95 £; ⌚Di–Sa 9.30–24, So & Mo bis 17 Uhr) In einer alten Fabrik des Schaffellherstellers Morlands residiert heute einer der hippsten Läden von Glastonbury. Mehrmals pro Woche treten hier Bands auf oder finden andere Events statt. Auf der Karte stehen Gerichte aus aller Welt wie Thai-Currys, klassische Steaks, Gourmetburger und phantasievolle Crêpes. Schön ist auch der Industrieschick der Einrichtung. Etwa 2,5 km südwestlich der Stadt, zu erreichen über die Morland Road.

## GLASTONBURY FESTIVAL

Für viele ist Glastonbury gleichbedeutend mit dem **Glastonbury Festival of Contemporary Performing Arts** (www.glastonburyfestivals.co.uk), einem großen, oft in eine Schlammschlacht ausartenden Festival mit Musik, Theater, Tanz, Varieté, Karnevaleskem, Spirituellem und jeder Menge verrückten Sachen. In den letzten 40 Jahren fand das Festival auf Feldern in Pilton nicht weit von Glastonbury fast jedes Jahr statt – manchmal wurde der Farm auch eine Erholungspause gegönnt.

Zum ersten Mal gab's das Festival 1970: Der junge Milchbauer Michael Eavis wollte auf seiner Worthy Farm eine britische Version von Woodstock veranstalten. Er lieh sich 15 000 £ und lud ein paar Bands dazu ein, auf zwei auf einem Feld improvisierten Bühnen zu spielen. Der Eintritt betrug 1 £, darin inbegriffen ein Pint Milch von Eavis' eigenen Kühen. Unter anderem trat Marc Bolan von T-Rex auf, der in typischer Manier in einem samtbezogenen Buick vorfuhr.

Vierzig Jahre später ist dieses Festival das am längsten bestehende Popmusikfestival der Welt und lockt mehr als 120 000 Besucher an. Der Regisseur Julien Temple hat sogar schon einen Film darüber gedreht. Eavis' Tochter Emily hat inzwischen die Leitung des Festivals übernommen. Da sie auch Leute wie Jay-Z und U2 spielen ließ, mokieren sich jetzt viele darüber, dass Glastonbury zum Mainstream übergewechselt sei. Doch mit Auftritten von Bands wie den Rolling Stones und den Arctic Monkeys bleibt Glastonbury wohl auch weiter das wichtigste Open-Air-Festival des Landes.

Und auch die örtlichen Behörden scheinen sich inzwischen mit dem Spektakel versöhnt zu haben. Nach jahrelangem Ringen erhielt das Festival 2014 eine 10-Jahres-Lizenz – man scheint sich jetzt also der Bedeutung des Events bewusst geworden zu sein. Die Tickets – die 2014 210 £ kosteten – werden gewöhnlich ab dem Herbst verkauft, sind aber schon innerhalb weniger Minuten vergriffen – wer also dabei sein möchte, muss wirklich superschnell sein!

**Hundred Monkeys Cafe** BISTRO ££
(www.hundredmonkeyscafe.com; 52 High St; Hauptgerichte 8–15 £; ⌚Mo–Fr 8–20.30, Fr & Sa bis 21, So 9–16 Uhr; 🖉) Das gemütliche Bistro mit relaxtem Ambiente und einer Vorliebe fürs Saisonale und fair Gehandelte ist heimelig mit Kiefernholzmöbeln und handbeschriebenen Schiefertafeln eingerichtet. Mezze-Teller, Pastagerichte, Currys und Risottos bilden das Rückgrat des Angebots, mit zahlreichen glutenfreien und veganen Gerichten – schließlich sind wir hier in Glastonbury. Die Auswahl an Tees ist gigantisch und alle Weine sind biodynamisch.

**Who'd a Thought It Inn** GASTROPUB ££
(17 Northload St; Hauptgerichte 10,95–13,95 £; ⌚12–14 & 18–21 Uhr) Ein angenehm originelles Pub voller Sachen wie alten Flaschen und Schildern, einer alten roten Telefonzelle und einem auf dem Kopf hängenden Fahrrad unter der Decke. Das Essen ist solide Kneipenkost – Würste, Pies und Steaks – und über der Theke sind gewöhnlich Tagesgerichte angeschrieben.

**George & Pilgrim** PUB
(1 High St; Hauptgerichte 7–15 £; ⌚11–23 Uhr) Der Gasthof stammt teilweise aus dem 15. Jh. und wartet mit einer ziemlich authentischen historischen Einrichtung mit viel Holz, Steinplatten usw. auf.

### ℹ Praktische Informationen

**Touristeninformation** (☎01458-832954; www.glastonburytic.co.uk; The Tribunal, 9 High St; ⌚10–17 Uhr)

### ℹ An- & Weiterreise

In Glastonbury gibt's keinen Bahnhof. Bus 377 (mehrmals pro Std.) fährt Richtung Norden nach Wells (3,50 £, 15 Min.). Bus 29 verkehrt nach Taunton (5,50 £, 50 Min., Mo–Sa stündl.).

## Taunton & Umgebung

Taunton liegt im Herzen von Somerset und ist zudem die Hauptstadt der Grafschaft und ihr kommerzielles Zentrum.

Einen Blick lohnt die teils aus dem 12. Jh. stammende **Burg** mit dem **Museum of Somerset** und dem **Somerset Military Museum** (☎01823-255088; Castle Green, Taunton; ⌚Di–Sa 10–17 Uhr) GRATIS.

Taunton ist ein praktisches Tor zu den Quantocks und ein guter Ausgangspunkt für die Erkundung einiger Sehenswürdigkeiten in der Umgebung.

## Sehenswertes

**Fleet Air Arm Museum** MUSEUM

(☎01963-840565; www.fleetairarm.com; Erw./Kind 14/10 £; ⏲April–Okt. tgl. 10–17.30 Uhr, Nov.–März Mi–So 10–16.30 Uhr) Das ausgezeichnete Luftfahrtmuseum umfasst Hunderte Marineflugzeuge von Sopwiths bis zu Phantom-Kampfflugzeugen. Besucher können das Cockpit der ersten in Großbritannien gebauten Concorde inspizieren und eine simulierte Landung auf dem Flugzeugträger HMS *Ark Royal* hinlegen. Das Museum liegt 6,5 km nördlich von Yeovil bei Yeovilton.

**West Somerset Railway** HISTORISCHE EISENBAHN

(☎01643-704996; www.west-somerset-railway.co.uk; 24 Std. gültiges Rover Ticket Erw./Kind 17/8,50 £) Mit diesen schnaufenden Dampfzügen der historischen Eisenbahn lässt sich das ländliche Somerset bestens erkunden. Die 32 km lange Strecke führt von Bishops Lydeard nach Minehead, mit Stopps in Dunster, Watchet, Williton, Crowcombe Heathfield und an mehreren anderen Bahnhöfen. Von März bis Oktober fahren vier bis acht Züge täglich, ansonsten verkehren sie weniger häufig. Fahrräder werden für 2 £ mitgenommen.

Bei Onlinebuchung gibt's Ermäßigungen.

**Montacute House** HISTORISCHES GEBÄUDE

(NT; ☎01935-823289; montacute@nationaltrust.org.uk; Erw./Kind 11,20/5,60 £; ⏲Sommer Mi–Mo 11–16 Uhr, Gärten ganzjährig 10–17 Uhr) Dieses Herrenhaus wurde in den 1590er-Jahren für Sir Edward Phelips erbaut, einen Speaker des House of Commons. Es birgt eine der schönsten Einrichtung aus dem 16. und 17. Jh. im ganzen Land. Besonders bekannt ist das Haus für seine Stuckarbeiten, Kaminaufsätze und Wandbehänge. Das Highlight ist jedoch die **Long Gallery**, der längste Saal dieser Art in England. Geschmückt ist die Galerie mit elisabethanischen Porträts aus der Londoner National Portrait Gallery. Das Haus liegt 39 km südöstlich von Taunton, zu erreichen über die A358 und A303 bzw. 8 km westlich von Yeovil an der A3088.

Im Winter ist das Haus nur an ausgewählten Tagen geöffnet, also am besten vorher anrufen!

**Ham Hill** AUSSICHTSPUNKT

(www.southsomerset.gov.uk/hamhill; bei Stoke-sub-Hamdon) GRATIS Dieser Hügel beim Dorf Stoke-sub-Hamdon ist die höchste Erhebung in Somerset. Er diente verschiedensten Zwecken – als eisenzeitliche Festung, im Mittelalter als Fläche für ein Dorf und als Steinbruch. Heute ist dies ein hübscher, 156 ha großer Park. Bei Ausgrabungen ist vor Kurzem eine große Knochengrube aus der Eisenzeit freigelegt worden, deren Ursprung bisher noch ein Rätsel ist.

Stoke-sub-Hamdon liegt 11 km westlich von Yeovil abseits der A303 – den braunen Schildern folgen!

## Schlafen & Essen

**Queen's Arms** GASTHOF ££

(☎01963-220317; www.thequeensarms.com; Corton Denham; DZ 85–130 £, Hauptgerichte 15–25 £; ⏲Restaurant 12–15 & 18–21 Uhr; P 📶) In So-



ABSEITS DER ÜBLICHEN PFADE

### DIE QUANTOCKS

Die aus rotem Sandstein bestehende Hügelkette der Quantocks beschreibt am Nordrand von Somerset einen 19 km langen Bogen. Diese aus Mooren, Tälern und altem Eichenbuschwald bestehende Landschaft wird von Touristen kaum beachtet, wartet aber mit tollen Ausblicken über den Bristol Channel auf: Bei gutem Wetter ist hier die Küste der Gower-Halbinsel in Südwales zu erkennen.

In die Quantocks, offiziell als Area of Outstanding Natural Beauty (AONB) eingestuft, kommen viel weniger Besucher als nach Exmoor und Dartmoor, daher sind sie ideal für Wanderer und Biker, denen der Sinn nach Stille steht. Die **Quantocks AONB** (www.quantockhills.com; Fyne Ct; ⏲Mo–Fr 9–17 Uhr) bietet geführte Wanderungen an.

Für Literaturfreunde ist vielleicht das Dorf **Nether Stowey** interessant: Hierher zog der Dichter Samuel Taylor Coleridge 1796 mit seiner Frau Sara und seinem Sohn Hartley. Heute gehört das **Coleridge Cottage** (NT; ☎01278-732662; 35 Lime St, Nether Stowey; Rew. 5,80/2,90 £; ⏲Do–Mo 11–17 Uhr) dem National Trust. In den drei Jahren, die Coleridge hier verbrachte, soll er einige seiner größten Werke verfasst haben wie *The Rime of the Ancient Mariner* (dt.: *Der alte Seefahrer*), *Kubla Khan* und *This Lime Tree Bower My Prison*.

ABSEITS DER ÜBLICHEN PFADE

## DIE SOMERSET LEVELS

Die **Somerset Levels** sind platt wie ein Pfannkuchen, liegen unter dem Meeresspiegel und sind von Kanälen durchzogen, die hier *rhynes* genannt werden. Die 64 000 ha großen Levels zwischen den Quantock und Mendip Hills zählen zu den größten Feuchtgebieten Englands und sind ein Paradies für Vogelfreunde, besonders im Oktober und November, wenn hier riesige Schwärme von Staren im Formationsflug unterwegs sind. Als Naturschutzgebiete ausgewiesen sind die Bereiche Ham Wall, Shapwick Heath, Sedgemoor und Westhay.

In jüngster Zeit kamen die Levels in die Schlagzeilen, als das Gebiet 2014 im Zuge der großen Überschwemmungen für einen Großteil des Winters meterweit unter Wasser stand. Das Land war hier schon immer anfällig für Überschwemmungen – allerdings soll das Ausmaß der jüngsten Naturkatastrophe im Klimawandel und im Ende der Ausbaggerung der Flüsse begründet liegen.

Neben der Landwirtschaft leben auch weitere Erwerbszweige in den Levels weiter wie das Torfstechen, die Schilfrohrernte und das Weidenflechten, das man sich im **Willows & Wetlands Visitor Centre** (☎01823-490249; www.englishwillowbaskets.co.uk; ⏲Mo–Sa 9.30–17 Uhr) bei Stoke St. Gregory anschauen kann.

Die flache Landschaft der Levels eignet sich natürlich bestens zum **Radfahren**. Mehrere Radwege wie z. B. der Fernradweg River Parrett Trail führen durch das Dorf Langport.



merset herrscht wahrlich kein Mangel an hübschen Pubs, aber dieses in Corton Denham lohnt auf jeden Fall einen Umweg. Teppiche, recycelte Kirchenbänke und Steinplatten zeugen vom Erbe des 18. Jhs., doch die Gastropub-Karte und die rustikal-schicken Räume sind gänzlich modern. Der Gasthof hat schon verschiedene Auszeichnungen eingeheimst, darunter den Titel als Somerset Cider Pub of the Year. 13 km nordöstlich von Yeovil.

**Frog Street Farmhouse** B&B ££
(☎01823-481883; www.frogstreet.co.uk; Hatch Beauchamp; DZ 90–120 £; Ⓟ📶) Der Name dieses aus bernsteinfarbenem Stein erbauten Langhauses im nahen Hatch Beauchamp leitet sich vom angelsächsischen Wort für „Versammlungsplatz" ab. Das Haus ist eine echte Schönheit: In den vier Zimmern gehen eine rustikale Einrichtung mit Balken, Stein und schiefen Türen eine wunderbare Ehe mit luxuriösen Dingen wie Retrobadewannen, Baumwollbettwäsche und Holzböden ein.

★ **Lord Poulett Arms** GASTROPUB ££
(☎01460-73149; www.lordpoulettarms.com; Hinton St. George; Hauptgerichte 14–16 £, Zi. 85–95 £; ⏲12–14.30 & 18–21 Uhr; Ⓟ) Das wunderbar altmodische Dorfpub von Hinton St. George ist schon dreimal zum Somerset Dining Pub of the Year gekürt worden, zuletzt 2014. Das herzhafte Essen ist phantastisch und das Haus verströmt mit seinen Balken, Kaminfeuern und Bierfässern hinter der Theke jede Menge Landatmosphäre. Und es gibt oben sogar urige Zimmer zum Übernachten. Da gibt's nichts auszusetzen!

Das Pub liegt ungefähr 24 km von Yeovil und Taunton entfernt.

# CORNWALL

Weiter nach Westen als bis zum alten keltischen Königreich Cornwall – auf Kornisch Kernow – geht's nicht. Diese stolz auf ihre Unabhängigkeit bedachte Halbinsel mit den wildesten Küsten und den atemberaubendsten Stränden des Südwestens hat immer nach ihrer eigenen Pfeife getanzt.

Zwar sind die alten Erwerbszweige wie Bergbau, Fischerei und Landwirtschaft fast allesamt gänzlich verschwunden, doch hat sich Cornwall neu erfunden als eine der kreativen Ecken Großbritanniens. Ob man nun die spacigen Kuppeln des Eden Project erkundet, sich die kulinarischen Schöpfungen eines Küchenkünstlers einverleibt oder sich an einem einsamen Strand sonnt, überall wird man angesteckt vom inspirierenden Flair. Es ist Zeit, ein bisschen Kernow in seine Seele zu lassen!

Die historischen Bergbauanlagen Cornwalls gehören zum seit 2006 bestehenden Unesco-Welterbe **Cornwall & West Devon Mining Landscape** (www.cornish-mining.org.uk).

## Unterwegs vor Ort

Bus-, Bahn- und Fährfahrpläne finden sich auf der Website der **Traveline South West** (☎ 0871 200 2233; www.travelinesw.com).

Die praktische Website **Great Scenic Railways** (www.greatscenicrailways.com) bietet Fahrpläne und ermöglicht Internetbuchungen für die Regionalbahnen Cornwalls.

### BUS

Cornwall wird hauptsächlich von zwei Busunternehmen abgedeckt. First Cornwall betreibt Buslinien zwischen den Hauptorten und den Großteil der Strecken im Westen der Grafschaft. Western Greyhound bietet Verbindungen zwischen den Küstendörfern sowie im Osten der Grafschaft.

**First Cornwall** (☎ Kundenservice 0845 600 1420, Fahrpläne 0871 200 2233; www.firstgroup.com/ukbus/devon_cornwall)

**Western Greyhound** (☎ 01637-871871; www.westerngreyhound.com)

### ZUG

Die Hauptstrecke folgt der Küste bis nach Penzance, mit Nebenstrecken nach Gunnislake, Looe, Falmouth, St. Ives und Newquay.

**CrossCountry** (☎ 0844 811 0124; www.crosscountrytrains.co.uk) Zugverbindungen in den Norden Englands, in die Midlands und nach Schottland.

**First Great Western** (☎ 08457 000125; www.firstgreatwestern.co.uk) Betreibt die Hauptstrecke von London Paddington über Exeter, Plymouth, St. Austell und Truro nach Penzance sowie die regionalen Nebenstrecken.

### ERMÄSSIGUNGSKARTEN

Für die öffentlichen Verkehrsmittel in Cornwall gibt's mehrere Ermäßigungspässe. Insgesamt am preisgünstigsten ist Ride Cornwall für Busse und Bahnen. Außerdem gibt's für alle Nebenstrecken Day-Ranger-Tickets sowie „Two Together"- und „Groupsave"-Tickets für zwei bzw. vier zusammen reisende Erwachsene.

**FirstDay Southwest** (Erw./Kind/Fam. 7,60/6,20/18,70 £) Die Tageskarte bietet unbegrenzte Nutzung der First-Busse in Devon und Cornwall.

**Freedom of Devon & Cornwall Rover** (3 Tage Erw./Kind 45 £, 8 Tage Erw./Kind 69 £) Drei Tage unbegrenztes Zugfahren innerhalb von sieben Tagen bzw. acht Tage Reisen innerhalb von 14 Tagen. Gültig werktags ab 9 Uhr und ganztägig am Wochenende.

**Ride Cornwall** (Erw./Kind/Fam. 10/7,50/20 £) Der preisgünstigste Pass ermöglicht einen Tag lang die Nutzung aller Busse und Bahnen zwischen Cornwall und Plymouth. Gültig werktags ab 9 Uhr und ganztägig am Wochenende.

**Western Greyhound Day Explorer** (Erw./Kind/Fam. 8,50/5,50/17 £) Ein Tag unbegrenzte Nutzung von Western-Greyhound-Bussen in Cornwall.

#### Day-Ranger-Bahntickets

**Atlantic Coast Line** (Ranger-Tageskarte Erw./Kind 4,60/2,30 £) Nebenstrecke von Newquay nach Par.

**Looe Valley Line** (Ranger-Tageskarte Erw./Kind 5/3,15 £) Reizvolle Strecke von Liskeard nach Looe.

**Maritime Line** (Ranger-Tageskarte Erw./Kind 4,10/2,05 £) Von Truro nach Falmouth Docks mit Stopps in Penryn und Falmouth Town.

**Tamar Valley Line** (Ranger-Tageskarte Erw./Kind 5,40/2,70 £) Von Plymouth nach Gunnislake mit Stopps u. a. am Devonport Dockyard und in St. Budeaux, Bere Alston und Calstock.

**St. Ives Bay Line** (Ranger-Tageskarte Erw./Kind/Fam. 4/2/10 £) Hübsche Strecke zwischen St. Erth, Carbis Bay und St. Ives.

# Bude

9242 EW.

Nur ein paar Kilometer hinter der Grenze zu Devon liegt der Strandort Bude mit einigen eindrucksvollen Stränden sowie einem hübschen Strandbad aus den 1930er-Jahren. Der Ort selbst macht nicht viel her, doch die atemberaubende Küste rechtfertigt einen Abstecher.

## Sehenswertes

Seine Strände sind sicher das wertvollste touristische Gut Budes. Am ortsnächsten liegt **Summerleaze**, ein klassischer Sandstrand mit viel Platz bei Ebbe. Hier ist auch der schöne **Bude Sea Pool** (www.budeseapool.net). In nördlicher Richtung schließt sich auf der anderen Seite der Summerleaze Down **Crooklets** an, bei Ebbe mit goldenem Sand und Felsbecken.

Wer einen der anderen Strände Budes ansteuern möchte, benötigt ein Auto oder muss sich zu Fuß auf den Weg machen. 5 km südlich der Stadt liegt die **Widemouth Bay** mit einem breiten Sandstrand, der v. a. Familien und Surfer anlockt. Gut 3 km weiter erstreckt sich der Kiesstrand **Millook**, gefolgt von den dramatischen Klippen um **Crackington Haven**.

5 km nördlich des Orts locken die Strände **Northcott Mouth** und **Sandymouth**, die sich im Besitz des National Trust befinden.

Rund 1,5 km weiter erstreckt sich der im Sommer oft ruhige Kieselstrand **Duckpool**.

ABSTECHER

## WEIN AUS CORNWALL

Cornwall ist nicht gerade bekannt als Weinregion, aber der einheimische Winzer Bob Lindo keltert auf dem **Camel Valley Vineyard** (☎01208-77959; www.camelvalley.com; ⌚Mo–Sa 10–17 Uhr) seit 1989 preisgekrönte Weiß- und Roséweine sowie einen prickelnden Schaumwein, der bis auf den Namen alles von einem Champagner hat. Kennern zufolge verdanken die hiesigen Weine ihre Frische und Leichtigkeit dem milden Klima und der klaren Seeluft. Auf dem Weingut werden regelmäßig Führungen angeboten. Im angeschlossenen Weinladen kann man die Weine verkosten und sich mit seinen Lieblingstropfen eindecken.

**Bude Castle** MUSEUM
(www.thecastlebude.org.uk; The Castle; ⌚Ostern–Okt. 10–17 Uhr, Nov.–Ostern 10–16 Uhr) GRATIS Das sonderbare Bude Castle hinter dem Summerleaze Beach wurde vom ortsansässigen Erfinder Sir Goldsworthy Gurney errichtet. Zu seinen Schöpfungen zählten das sogenannte Bude-Licht fürs Theater und der Dampfwagen. In dem Gebäude ist heute ein kleines **Geschichtsmuseum** untergebracht, das sich mit der Schifffahrts- und Sozialgeschichte sowie der Geologie Budes befasst. Im obersten Geschoss befindet sich außerdem ein Café.

## Schlafen

**Dylan's Guesthouse** B&B £
(☎01288-354705; www.dylansguesthouseinbude.co.uk; Downs View; EZ 40–50 £, DZ 60–75 £; P ☎) In diesem schicken B&B sind die Zimmer mit weißer Bettwäsche, schokoladenfarbenen Überdecken, Kiefermöbeln und seltsamen Kuriositäten eingerichtet. Die meisten Zimmer blicken auf den Golfplatz der Stadt und landeinwärts.

**Elements Hotel** HOTEL ££
(☎01288-275066; www.elements-life.co.uk; Marine Dr; DZ 99–120 £; P ☎) Elf behagliche Zimmer in Weiß und Creme, mit weiter Aussicht von der Terrasse, Fitnessraum, finnischer Sauna und Surfunterricht in der nahen Raven Surf School. Es liegt herrlich auf den Klippen oberhalb von Bude.

**Beach at Bude** HOTEL £££
(☎01288-389800; www.thebeachatbude.co.uk; Summerleaze Cres; Zi. 95–185 £; P ☎) Die Gäste kommen vor allem wegen der tollen Aussicht auf den Strand von Summerleaze in dieses noble Hotel. Aber auch die Zimmer sind schön: geräumig und elegant, mit Badezimmern in Schiefer, Waschbecken für sie und ihn und Lloyd-Loom-Stühlen. Eingerichtet sind die Zimmer insgesamt im Stil eines neuenglischen Strandhauses.

## Essen

**Scrummies** CAFÉ £
(Lansdown Rd; Hauptgerichte 6–8 £; ⌚8–22 Uhr) Die besten Fish & Chips der Stadt (der Besitzer fängt Rochen und Seeteufel selbst). Wer es ausgefallener möchte, wählt Jakobsmuscheln und Hummer (halber/ganzer Tag 12/24 £).

**Life's a Beach** CAFÉ ££
(☎01288-355222; www.lifesabeach.info; Summerleaze; Hauptgerichte mittags 6–10 £, abends 16,50–19 £; ⌚Mo–Sa 10.30–15.30 & 19–22, So 10.30–15.30 Uhr) Das Lokal oberhalb von Summerleaze hat eine gespaltene Persönlichkeit: Tagsüber ist es ein Strandcafé, in dem Badegäste Panini, Kaffee und Eiscreme genießen, am Abend verwandelt es sich in ein erstklassiges Fischrestaurant.

## Praktische Informationen

**Touristeninformation** (☎01288-354240; www.visitbude.info; The Crescent; ⌚Mo–Sa 10–17 Uhr, im Sommer außerdem So 10–16 Uhr) Am Hauptparkplatz beim Schloss.

## An- & Weiterreise

Bus 594/595 (Mo–Sa 6-mal tgl., im Sommer So 4-mal) fährt über Widemouth und Crackington Haven (3 oder 4 £) nach Boscastle (4,50 £ einfach).

# Boscastle

641 EW.

Eingebettet in ein tiefes Tal am Zusammenfluss dreier Flüsse ist Boscastle, dessen Seefahrtsgeschichte bis in elisabethanische Zeit zurückreicht, der perfekte kornische Hafen: Schiefergedeckte Häuser, mit Wildblumen bewachsene Klippen, glucksende Bäche und ein robuster Kai lassen den Ort unglaublich fotogen erscheinen.

Doch die idyllische Lage täuscht über die teils turbulente Geschichte des Orts hinweg: 2004 verursachten heftige Regenfälle dramatische Überschwemmungen, die Autos und Brücken wegspülten und viele Häuser verwüsteten. Inzwischen ist alles wieder aufgebaut, doch wer genau hinschaut, entdeckt hier und da noch vereinzelte Spuren der Fluten.

## Sehenswertes

**Museum of Witchcraft** MUSEUM
(☎ 01840-250111; www.museumofwitchcraft.com; The Harbour; Erw./Kind 5/4 £; ⌚ März–Nov. Mo–Sa 10.30–18, So 11.30–18 Uhr) Dieses abgedrehte Museum will die weltweit größte Sammlung von Hexensachen beherbergen, von verfluchten Schädeln bis zu Voodoopuppen. Das Museum ist genauso kitschig wie schauerlich und einige der Ausstellungsstücke können sensiblere Kinder (und Erwachsene) vielleicht verstören.

## Schlafen

**Boscastle YHA** HOSTEL £
(☎ 01840-250928, 0845 371 9006; boscastle@yha.org.uk; Palace Stables, The Harbour; B 20–22,50 £; ⌚ April–Nov.) Das kleine Hostel von Boscastle wurde von den Fluten 2004 beinahe weggespült, ist heute aber komplett wiederhergestellt. Es ist eines der ältesten Gebäude des Dorfs und steht neben dem Hafen. Die Schlafräume sind allerdings ziemlich klein, besonders angesichts des Preises.

**Boscastle House** B&B ££
(☎ 01840-250654; www.boscastlehouse.co.uk; Tintagel Rd; EZ/DZ ab 50/102 £; P 📶) Das viktorianische Haus oberhalb des Tals ist das schickste der B&Bs in Boscastle. Die fünf Zimmer sind hell und modern mit neutralen Farben und kräftig gemusterten Tapeten eingerichtet. „Charlotte" hat Erkerfenster mit Aussicht, „Nine Windows" Doppelwaschbecken und eine frei stehende Badewanne und „Trelawney" viel Platz und ein Sofa.

**Orchard Lodge** B&B ££
(☎ 01840-250418; www.orchardlodgeboscastle.co.uk; Gunpool Lane; DZ 89–99 £, im Sommer 2 Nächte Mindestaufenthalt; P 📶) Geoff und Shirley Barratt haben ihr weißgetünchtes Haus oberhalb des Hafens in ein charmantes B&B verwandelt. Jedes Zimmer ist individuell mit bunt zusammengewürfelten Möbeln und Stoffen eingerichtet; die Flure zieren Zitate von Thomas Hardy. Im Sommer gilt ein Mindestaufenthalt von zwei Nächten; je länger man bleibt, desto billiger wird's.

## Essen

Gutes Kneipenessen gibt's im gemütlichen **Cobweb** (☎ 01840-250278; www.cobwebinn.co.uk; The Bridge; Hauptgerichte 8–14 £) und im altmodischen **Napoleon** (☎ 01840-250204; High St; Hauptgerichte 6–12 £).

**Boscastle Farm Shop** CAFÉ £
(☎ 01840-250827; www.boscastlefarmshop.co.uk; Kuchen & Tee 3–5 £; ⌚ 10–17 Uhr; P) An der B3263, 800 m vom Hafen entfernt, verkauft der Hofladen seine Produkte, darunter rubinrotes Rindfleisch und die vielleicht besten Würste der Nordküste. Das Café hat große Fenster, die einen schönen Blick auf die Felder und die Küste gewähren – die perfekte Umgebung für einen *cream tea*.

**Waterloo Restaurant** BRITISCH £££
(☎ 01840-250202; www.wellingtonhotelboscastle.com; The Harbour; 2-/3-Gänge-Menü 30/37,50 £) Die mit Zinnen versehene Poststation aus dem 16. Jh. (frühere Gäste waren König Eduard VII. und Guy Gibson, der berühmte Kommandeur der Royal Navy) ist ein altmodischer Ort mit flauschigen Teppichen, polierten Möbeln und Polstersesseln. Der Stil setzt sich auch im Restaurant fort – es wird jetzt von Kit Davis geführt, der vorher in Bude ein eigenes Restaurant gehabt hatte.

## Praktische Informationen

**Touristeninformation** (☎ 01840-250010; www.visitboscastleandtintagel.com; The Harbour; ⌚ März–Okt. 10–17 Uhr, Nov.–Feb. 10.30–16 Uhr)

# Tintagel

1822 EW.

Über Tintagel und seiner spektakulären Burg schwebt überlebensgroß der Geist von König Artus. Die Ruinen auf dem Felshügel stammen zwar überwiegend aus dem 13. Jh., aber archäologische Ausgrabungen haben die Fundamente einer älteren Festung freigelegt. Das belebt die Spekulationen darüber, ob der legendäre König hier geboren wurde, wie es die örtliche Legende behauptet.

Das Dorf selbst ist nicht gerade spannend, doch wer ein kitschiges König-Artus-Souvenir sucht, wird hier sicher fündig.

## Sehenswertes

★ **Tintagel Castle** BURG
(EH; ☎ 01840-770328; Erw./Kind 6,10/3,70 £; ⌚ April–Sept. 10–18 Uhr, Okt. bis 17 Uhr, Nov.–März

bis 16 Uhr) Die angebliche Geburtsstätte von König Artus war bereits seit römischen Zeiten bewohnt und diente zwischenzeitlich als Residenz der keltischen Könige Cornwalls. Die gegenwärtige Burg jedoch wurde weitgehend von Graf Richard von Cornwall erbaut, der von der Artus-Legende profitieren und sich bei der einheimischen Bevölkerung einschmeicheln wollte.

Auch ohne König Artus ist ein stimmungsvollerer Ort für eine Festung kaum vorstellbar: Die Burg klammert sich an schwarze Granitklippen, umtost von der Brandung und dem Geschrei der Möwen – so stellen sich die meisten Leute wohl ein Märchenschloss vor.

Ein Großteil der Burg ist zwar seit Langem verfallen, aber mehrere Mauern und ein Großteil des Grundrisses der Anlage sind noch auszumachen. Ein Teil der Burgruine steht auf einer felsigen Halbinsel, die nur über eine Holzbrücke und schwindelerregende Felstreppen erreichbar ist. Auf der Landspitze entlang führen Wege zur stimmungsvollen mittelalterlichen Kapelle **St. Glebe's**.

Von den Parkplätzen im Dorf ist es ein steiler Spaziergang hinunter zur Burg. Im Sommer pendeln Land-Rover-Taxis den ganzen Tag hoch und runter.

**Old Post Office** HISTORISCHES GEBÄUDE

(NT; ☎01840-770024; Fore St; Erw./Kind 3,70/1,80 £; ⏲Mitte März–Sept. 10.30–17.30 Uhr, Okt. 11–16 Uhr) Das Old Post Office ist eine der ältesten Besitzungen des National Trust und zugleich eines der am besten erhaltenen Exemplare eines traditionellen kornischen Langhauses aus dem 16. Jh., mit den für diese Häuser typischen Schornsteinen und winzigen Zimmern. Wie der Name andeutet, diente das Haus im 19. Jh. als Dorfpostamt.

### ℹ An- & Weiterreise

Tintagel liegt an der Strecke des Busses 594/595 (4–5,50 £, Mo–Sa 6-mal tgl.), mit Anschlüssen nach Bude, Boscastle und Newquay.

## Port Isaac

Das klassische kornische Fischerdorf Port Isaac ein paar Kilometer südwestlich von Tintagel besteht aus einem Gewirr aus Kopfsteinpflastergassen, schmalen *opes* (Gässchen) und Lehmhäuschen rund um einen mittelalterlichen Hafen.

Port Isaac ist zwar noch ein geschäftiger Hafen, berühmter aber ist es als Drehort für den britischen Film *Grasgeflüster* und die Fernsehserie *Doc Martin*: Beide nutzten das Dorf als Kulisse (ein Schild nahe dem Kai weist Touristen den Weg zu Doc Martins Cottage). Ein Stückchen westlich des Orts liegt **Port Gaverne** und wiederum ein paar Kilometer weiter westlich **Port Quin**, das heute dem National Trust gehört.

Der derzeit angesagteste Kochkünstler Cornwalls, Nathan Outlaw, hat sein neuestes Restaurant direkt am Kai eröffnet. **Outlaw's Fish Kitchen** (☎01208-881183; www.outlaws.co.uk/fishkitchen; 1 Middle St; Hauptgerichte 6–10 £; ⏲Juni–Dez. tgl. 12–15 & 18–21 Uhr, Feb.–Juni Di–Sa) serviert Fisch-Verkostungsplatten; auf der Karte steht, was von den Fischern von Port Isaac gerade frisch gefangen wurde. Das Restaurant ist winzig, aber reservieren kann man nur für abends.

## Padstow & Rock

3162 EW.

Wenn es eine Stadt gibt, die den Wandel Cornwalls verkörpert, dann ist es **Padstow**. Der einst verschlafene Fischerhafen hat sich dank Promikoch Rick Stein in eine der kosmopolitischsten Ecken des Landes verwandelt. Zu seinem Imperium gehören mittlerweile mehrere Restaurants, Geschäfte und Hotels sowie eine Kochschule für Fischgerichte und ein Fish-&-Chips-Laden.

Durch den „Stein-Effekt" hat sich Padstow grundlegend geändert: Hier ist heute alles eher so schick wie in Kensington als urig kornisch. Neben alten Pubs, *pasty*-Läden und Hummerbooten existieren zahlreiche Edelboutiquen und gehobene Restaurants. Ob die Stadt ihren ursprünglichen Charme bewahren konnte, ist strittig, aber es ist schwierig, von ihrer Szenerie nicht fasziniert zu sein.

Gegenüber von Padstow liegt auf der anderen Seite des Camel Estuary das einst urige Dorf **Rock**, das heute als superexklusives Urlaubsziel gilt. Ein Abstecher hierher lohnt sich wegen der mit Michelin-Sternen ausgezeichneten Restaurants des berühmten Fischkochs Nathan Outlaw.

Zwischen den beiden Küstenorten erstreckt sich die silbrige Doom Bar, eine trügerische Sandbank, der im Verlauf der Jahrhunderte schon viele Schiffe zum Opfer gefallen sind.

## Sehenswertes & Aktivitäten

Padstow ist von schönen Stränden umgeben, u. a. den sogenannten **Seven Bays**: Trevone, Harlyn, Mother Ivey's, Booby's, Constantine, Treyarnon und Porthcothan. Bus 556 fährt in der Nähe der meisten vorbei.

Von Ostern bis Oktober fahren Ausflugsboote wie die **Jubilee Queen** (☎07836-798457; www.padstowboattrips.co.uk; Erw./Kind 11/6 £) und Boote von **Padstow Sealife Safaris** (☎01841-521613; www.padstowsealifesafaris.co.uk; 2-stündige Bootstour Erw./Kind 39/25 £) zu Robben- und Seevögelkolonien in der Nähe.

**National Lobster Hatchery** HUMMERZUCHT
(☎01841-533877; www.nationallobsterhatchery.co.uk; Erw./Kind 3,75/1,50 £; ⏲Juli & Aug. 10–19.30 Uhr, Sept.–Juni bis 16 oder 17 Uhr) Um dem Schwinden der Hummerbestände entgegenzuwirken, werden in dieser Hummerzucht am Hafen Junghummer in Becken aufgezogen und dann wieder freigesetzt. Besucher erfahren hier einiges über den Lebenszyklus der Krustentiere und in Schaubecken sind die Bewohner der Zuchtstation zu sehen.

**Prideaux Place** HISTORISCHES GEBÄUDE
(☎01841-532411; www.prideauxplace.co.uk; Haus & Außenanlagen Erw. 8,50 £, nur Außenanlagen 3 £; ⏲April–Okt. So–Do Haus 13.30–16 Uhr, Außenanlagen & Tearoom 12.30–17.30 Uhr) Das prächtige Herrenhaus ist sehr begehrt bei Regisseuren von Historienschinken. Gebaut wurde es von der Familie Prideaux-Brune, angeblich Nachfahren von Wilhelm dem Eroberer. Die etwa einstündige Führung stellt Prunksäle, Treppenhäuser und Familienerbstücke der Prideaux-Brunes vor.

**Camel Trail** RADFAHREN
Die einstige Bahnstrecke Padstow–Bodmin wurde in den 1950er-Jahren stillgelegt und ist heute der beliebteste Radweg Cornwalls. Der Hauptabschnitt der Strecke führt von Padstow ostwärts nach Wadebridge (gut 9 km), der Weg führt dann aber weiter bis nach Poley's Bridge (29,5 km) in Bodmin Moor.

Fahrräder verleihen **Padstow Cycle Hire** (☎01841-533533; www.padstowcyclehire.com; South Quay; Erw./Kind pro Tag 14/6 £; ⏲9–17 Uhr, im Sommer bis 21 Uhr) und **Trail Bike Hire** (☎01841-532594; www.trailbikehire.co.uk; Unit 6, South Quay; Erw. 12 £, Kind 5–8 £; ⏲9–18 Uhr) in Padstow sowie **Bridge Bike Hire** (☎01208-813050; www.bridgebikehire.co.uk; Erw. 12–15 £, Kind 6–9 £; ⏲10–17 Uhr) in Wadebridge. Luftpumpen und Helme sind gewöhnlich im Preis inbegriffen, doch Tandems und Kinderanhänger kosten extra.

## Schlafen

**Treyarnon Bay YHA** HOSTEL £
(☎0845 371 9664; treyarnon@yha.org.uk; Treyarnon Bay; B 17–23 £; P@) Ein herrliches Strandhostel aus den 1930er-Jahren auf den Klippen oberhalb von Treyarnon Bay, gut 7 km östlich von Padstow. Die Zimmer sind groß, es gibt ein gutes Café und im Sommer wird gegrillt. Bus 556 hält in Constantine.

**Althea Library** B&B ££
(☎01841-532579; www.altheahouse-padstow.co.uk; 64 Church St, Padstow; DZ 98–124 £; P📶) Im Herzen von Padstow gibt es kaum eine bessere Unterkunft als dieses charmante, efeubewachsene Haus. Die beiden Zimmer warten mit Sofas, Nespresso-Maschinen, Kühlschränken und Retrobadewannen auf. Zum Zimmer „Rafters" führt eine eigene Treppe, das „Driftwood" verfügt über ein Himmelbett aus Kiefernholz. Für längere Aufenthalte steht außerdem ein Cottage zur Verfügung.

**Treann House** B&B ££
(☎01841-553855; www.treannhousepadstow.co.uk; 24 Dennis Rd, Padstow; DZ 100–130 £; 📶) Das



NICHT VERSÄUMEN

### BEDRUTHAN STEPS

Ungefähr auf halber Strecke zwischen Newquay und Padstow erheben sich die stattlichen Felssäulen von **Bedruthan** (Carnewas; NT; www.nationaltrust.org.uk/carnewas-and-bedruthan-steps). Diese majestätischen Felsen wurden über Tausende Jahre von unerbittlichen Winden und Wellen aus dem Meer ausgewaschen und sind heute ein ideales Örtchen für einen schönen Sonnenuntergangsspaziergang. Das Gebiet gehört heute zum National Trust, der hier auch einen großen Parkplatz und ein Café betreibt. Der Strand kann nur über eine steile Treppe erreicht werden und wird von der Flut überspült. Am nördlichen Ende liegt die Felsbank **Diggory's Island**, die den Strand von einer weiteren, weniger bekannten Bucht trennt.

stilvolle B&B ist eine wirklich schnieke Unterkunft. Die drei Zimmer bieten abgezogenen Holzböden, frische Bettwäsche und antike Betten. Der Estuary Room hat einen kleinen Balkon mit Ausblick über die Dächer von Padstow.

**Treverbyn House** B&B ££
(☎ 01841-532855; www.treverbynhouse.com; Station Rd, Padstow; DZ 120–125 £; P 📶) In diesem Stadthaus gibt es vier farblich (rosa, grün, lila und gelb) abgestimmte Zimmer und ein ungemein romantisches Refugium im Turm. Die Einrichtung der riesigen Zimmer ist klassisch mit Orientteppichen, Messing-Bettgestellen und traditionellen Teetabletts. Und zum Frühstück gibt's hausgemachte Marmelade und geräucherte Bücklinge.

## Essen

**Chough Bakery** BÄCKEREI £
(☎ 01841-533361; www.thechoughbakery.co.uk; 1–3 The Strand, Padstow; Gebäck 2–4 £) Familienbäckerei mit den garantiert besten *pasties* der Stadt.

**Stein's Fish & Chips** CAFÉ £
(South Quay, Padstow; Takeaways 6,65–10,95 £; ⏲ 9–11.30, 12–15 & 17–20 Uhr) In Rick Steins Fischbude sorgt die in Rinderfett ausgebackene Panade für eine superkrosse Kruste. Oft werden hier ungewöhnlichere Fischsorten geboten wie Seeteufel, Petersfisch oder Rotzunge.

**Margot's Bistro** BRITISCH ££
(☎ 01840-533441; www.margotsbistro.co.uk; 11 Duke St, Padstow; Hauptgerichte 14,50–17,50 £; ⏲ Mi–Sa 12–14, Di–Sa 19–22 Uhr) Während die Food-Snobs zu Stein pilgern, empfehlen die Einheimischen das Margot's. Koch Adrian Oliver, der für seinen verrückten Stil und seine saisonalen Gerichte bekannt ist, ist ein echtes Original. Das Lokal ist wunderbar gesellig, aber die Tische stehen wirklich sehr eng zusammen.

**Rojano's in the Square** ITALIENISCH ££
(☎ 01841-532796; www.rojanos.co.uk; 9 Mill Sq, Padstow; Pizza & Pasta 12–15 £) Die ausgezeichnete kleine Pizzeria unter der Leitung von Paul Ainsworth beeindruckt mit Holzofenpizzas, pikanten Pastagerichten und Antipasti.

**Rick Stein's Cafe** EUROPÄISCH ££
(☎ 01841-532700; Middle St, Padstow; Hauptgerichte 10–18 £; ⏲ 8–21.30 Uhr) Steins Nebenstraßenbistro ist von den weltumspannenden Reisen des Kochs inspiriert: Hier gibt's Essen z. B. aus dem Fernen Osten und dem Mittelmeer wie klassische Muscheln mit Safran oder eine thailändisch gewürzte Meeresfrüchtebrühe.

**Basement** CAFÉ ££
(☎ 01841-532846; 11 Broad St, Padstow; Hauptgerichte mittags 5–10 £, abends 10–14 £; ⏲ 8–22 Uhr) Café am Hafen, perfekt für den Morgenkaffee oder für eine Schüssel Muscheln zum Mittag.

★ **Paul Ainsworth at No 6** BRITISCH £££
(☎ 01840-532093; www.number6inpadstow.co.uk; 6 Middle St, Padstow; 2-/3-Gänge-Mittagsmenü 19/25 £, Hauptgerichte abends 26–30 £; ⏲ 12–14.30 & 18.30–21 Uhr) Paul Ainsworth ist der derzeit angesagteste Koch von Padstow und dank einem glitzernden Michelin-Stern zählen Tische in seinem Restaurant jetzt zu den begehrtesten der Stadt. Bekannt ist Ainsworth für seine modernen Interpretationen von *surf-and-turf*-Gerichten mit Meeresfrüchten aus der Region und Fleisch, verarbeitet zu frischen, überraschenden Schöpfungen. Seine Dessertspezialität „A Trip to the Fairground" (Eine Reise zum Jahrmarkt) schuf er 2011 für die BBC2-Sendung *Great British Menu*.

★ **Restaurant Nathan Outlaw** FISCH & MEERESFRÜCHTE £££
(☎ 01208-862737; www.nathan-outlaw.com; Rock Rd, Rock; Probiermenü 99 £; ⏲ Di–Sa 19–21 Uhr) Nathan Outlaw, ein einstiger Schüler von Rick Stein, hat sich einen erstklassigen Ruf als Fischkoch und zwei Michelin-Sterne erarbeitet – als einziger Koch in Cornwall. Es gibt zwei Outlaw-Restaurants in Rock: Feinschmecker ziehen das Restaurant Nathan Outlaw vor, das ein tolles Probiermenü für 99 £ serviert – teuer, aber unvergesslich!

Nathan kocht überraschend klassisch; er vertraut mehr auf die Qualität der Fische und Meeresfrüchte als auf raffinierte Tricks, um seine Gaumenfreuden zu zaubern. Das lässigere **Outlaw's** (Hauptgerichte 16–25 £; ⏲ 12–14.30 & 18–21.30 Uhr) bietet eine ähnliche Qualität zu etwas günstigeren Preisen. Kürzlich hat Nathan Outlaw auch noch in Port Isaac die Outlaw's Fish Kitchen (S. 356) eröffnet.

**The Seafood Restaurant** FISCH & MEERESFRÜCHTE £££
(☎ 01841-532700; www.rickstein.com; Riverside, Padstow; Hauptgerichte 25–65 £; ⏲ 12–14 & 18.30–22 Uhr) Rick Steins Flaggschiff-Fisch-

restaurant ist eine der besten Adressen für Fisch und Meeresfrüchte in Großbritannien. Auf der Karte stehen hochpreisige Köstlichkeiten wie frischer Padstow-Hummer und üppige *fruits de mer*. In der Regel muss man einen Tisch Monate im Voraus reservieren – manchmal ist mittags in letzter Minute jedoch noch was zu machen.

### Praktische Informationen

**Touristeninformation** (☎ 01841-533449; www.padstowlive.com; North Quay, Padstow; ⊙ Mo–Sa 10–17 Uhr)

### An- & Weiterreise

Am Hafen von Padstow gibt's ein paar Parkplätze, die aber immer schnell voll sind. Gewöhnlich ist es also besser, auf einem der großen Parkplätze am oberen Ortsende zu parken und zu Fuß hinunter in den Ort zu gehen.

Nützliche Busverbindungen:

**Bude** Bus 594/595 (8 £, Mo–Sa 6-mal tgl.) über Wadebridge (7,50 £), Boscastle und Tintagel.

**Newquay** Bus 556 (6,50 £, Mo–Sa stündl., So 5-mal) fährt an den wichtigsten Stränden von Padstow entlang nach Newquay.

## Newquay

19 423 EW.

Wenn Padstow das Cannes von Cornwall ist, dann ist Newquay seine Costa del Sol. Die oberhalb von weißen Sandstränden gelegene Stadt stellt mit ihren zahllosen Pubs, Bars und zwielichtigen Clubs Ibiza glatt in den Schatten und hat sich zur Hochburg von Biertrinkern, Strandhasen und Surfern entwickelt, die hier im Sommer allesamt scharenweise einfallen. Dies ist außerdem das Surfermekka Cornwalls, und wer lernen möchte, den Wellen zu trotzen, kann das hier bestens tun.

### Sehenswertes

Newquay erfreut sich einer atemberaubenden Lage an einigen der schönsten Strände Nordcornwalls. Am bekanntesten ist **Fistral**, der berühmteste Surferstrand England. Er erstreckt sich zehn Fußminuten vom Stadtzentrum entfernt auf der Westseite des Towan Head.

Die anderen Hauptstrände von Newquay liegen auf der Ostseite des Towan Head. Gleich unterhalb der Stadt sind **Towan**, **Great Western** und **Tolcarne**, gefolgt vom nahen **Lusty Glaze**. Hier kann man im Sommer unter dem wachsamen Auge von Rettungsschwimmern überall schön baden.

Zu den anderen Stränden Newquays benötigt man dann ein Verkehrsmittel. Nördlich von Lusty Glaze is **Porth**, ein langer, schmaler Strand, der bei Familien beliebt ist. Ein paar Kilometer weiter folgt dann die weite Sichel der **Watergate Bay** mit Jamie Olivers renommiertem Restaurant Fifteen Cornwall. Gut 3 km nördlich liegt **Mawgan Porth**, eine hufeisenförmige Bucht, an der es oft ruhiger zugeht als an den Nachbarstränden.

Weitere Strände erstrecken sich südwestlich von Newquay, z. B. die großen familienfreundlichen Sandstrände **Crantock** (5 km von Newquay) und **Holywell Bay** (10 km von der Stadt).

**Blue Reef Aquarium** AQUARIUM
(☎ 01637-878134; www.bluereefaquarium.co.uk/newquay; Towan Promenade; Erw./Kind/Fam. 10/7,75/33,50 £; ⊙ 10–17 Uhr; 👪) Das kleine Aquarium am Towan Beach bietet Streichelbecken und Tiefseekreaturen wie Riffhaie, Unechte Karettschildkröten und Pazifische Riesenkraken.

**Newquay Zoo** ZOO
(☎ 01637-873342; www.newquayzoo.org.uk; Trenance Gardens; Erw./Kind/Fam. 11,75/9,05/35 £; ⊙ April–Sept. 9.30–17 Uhr, Okt.–März 10–17 Uhr; 👪) Dies ist kein Zoo von Weltrang, aber die Kids freuen sich sicher über Pinguine, Lemuren, Papageien und Schlangen. Besonders interessant sind das Tropenhaus und die Krötenhalle.

**Trerice** HISTORISCHES GEBÄUDE
(NT; ☎ 01637-875404; www.nationaltrust.org.uk/trerice; Erw./Kind 7,65/3,80 £; ⊙ Haus 11–17 Uhr, Gärten 10.30–17 Uhr) Berühmt ist das elisabethanische Herrenhaus von 1751 für seine kunstvolle Tonnendecke im Prunksaal. Trerice liegt 5,3 km südöstlich von Newquay.

### Aktivitäten

Newquay strotzt nur so vor Surfschulen, aber die Qualität schwankt erheblich. Am besten sucht man sich eine Schule, die Unterricht in kleinen Gruppen bietet und möglichst auch keine Junggesellenabschiedstrupps aufnimmt. Außerdem sollte man sich nach der Akkreditierung sowie der Erfahrung der Lehrer erkundigen und erfragen, ob die Schule auch andere Strände als Fistral ansteuert – gute Schulen fahren zu den besten Wellen.

**English Surf School** SURFEN
(☎01637-879571; www.englishsurfschool.com) Eine der erfahrensten und effektivsten der großen Schulen, verbunden mit dem Ausstatter Rip Curl; die Lehrer sind von der English Surfing Federation (zu der auch der britische Chefcoach gehört) anerkannt.

**Extreme Academy** ABENTEUERSPORT
(☎01637-860840; www.extremeacademy.co.uk; Watergate Bay) Eine gut organisierte Surfschule mit Wassersportzentrum und großer Basis an der Watergate Bay.

**Errant Surf School** SURFEN
(☎07581-397038; www.errantsurfschool.co.uk; Trebarwith Cres) Die kleine unabhängige Schule bietet Kurse mit wenigen Teilnehmern, freundliche Lehrer und die Möglichkeit zum Einzelunterricht; ansässig im Trebarwith Hotel.

**Kingsurf Surf School** SURFEN
(☎01637-860091; www.kingsurf.co.uk) Diese Schule am Mawgan Porth ist eine gute Wahl für alle, die den Trubel am Fistral vermeiden wollen. Hier gibt es fünf junge Lehrer, die sich individuell um kleine Kurse kümmern.

**EboAdventure** OUTDOORAKTIVITÄTEN
(☎0800 781 6861; www.eboadventure.co.uk) In Newquay kann man nicht nur surfen, sondern sich auch im Kitebuggying, Kajakfahren, Paddlesurfen und Coasteering versuchen. Dieses Aktivitätenzentrum befindet sich im Penhale Training Camp am Nordende der Holywell Bay.

## Schlafen

**Newquay Townhouse** B&B £
(☎01637-620009; www.newquaytownhouse.co.uk; 6 Tower Rd; DZ 50–70 £; P 📶) Das tolle B&B in der Nähe des Zentrums hat helle Zimmer mit gestreiften Kissen und Korbmöbeln.

★ **Scarlet** HOTEL £££
(☎01637-861600; www.scarlethotel.co.uk; Zi. Winter/Sommer ab 155/285 £; P 📶 🏊) Wenn es um echten Luxus geht, dann schießt das fabelhaft schicke Ökohotel nur für Erwachsene den Vogel ab. Die riesigen Zimmer des Hotels in königlicher Lage oberhalb von Mawgan Porth, 8 km von Newquay, haben alle einen umwerfenden Blick aufs Meer und sind mit bunten Möbeln minimalistisch eingerichtet. Das Luxusspa trumpft mit Meditationslounge, Whirlpools unter freiem Himmel und Naturschwimmbad auf. Auch das Restaurant ist eine Wucht.

★ **Bedruthan Hotel** HOTEL £££
(☎01637-860555; www.bedruthan.com; Mawgan Porth; DZ ab 130 £; P 📶 🏊) Das vom selben Team wie das Scarlet betriebene Bedruthan ist die familienfreundliche Variante des Schwesterhotels, mit derselben Liebe zu Stil und Detail. Es bietet moderne Zimmer in hellen Primärfarben mit Kunstwerken und frechen Drucken, außerdem Häuschen und Apartments für längere Aufenthalte. Jede Menge Aktivitäten halten die Kids bei Laune.

## Essen

**Café Irie** CAFÉ £
(☎01637-859200; www.cafeirie.co.uk; 38 Fore St; Mittagessen 3–8 £; ⌚Mo–Sa 9–17.30 Uhr) Dieses Surfercafé im Zentrum ist perfekt für heiße Schokolade, cremigen Kuchen und Backkartoffeln nach dem großen Wellenabenteuer.

**Beach Hut** BISTRO ££
(☎01637-860877; Watergate Bay; Hauptgerichte 10–18 £; ⌚9–21 Uhr) Das Strandbistro unter Jamie Olivers Fifteen Cornwall ist eine tolle Wahl für einfaches *surf 'n' turf* (Fisch und Fleisch): klebrige Schweinerippchen, „extreme" Burger und jeden Tag anderen Fisch.

**Lewinnick Lodge** GASTROPUB ££
(☎01637-878117; www.lewinnick-lodge.info; Pentire Head, Newquay; Hauptgerichte 10–16 £; ⌚9–23 Uhr) Das Lewinnick kauert direkt am Felsrand des Pentire Head und eignet sich perfekt für ein Mittagessen. Am meisten beeindruckt das Pub mit seinen Panoramablicken über die Küste, aber auch das Angebot an Gourmetburgern, Muscheln und Salaten im Thai-Stil kann sich sehen lassen.

**Fifteen Cornwall** ITALIENISCH £££
(☎01637-861000; www.fifteencornwall.com; Watergate Bay; Mittags-/Abendmenü 28/60 £; ⌚8.30–10, 12–14.30 & 18.15–21.15 Uhr) Das Restaurant des Starkochs und meisterhaften Selbstvermarkters Jamie Oliver an der Watergate Bay serviert italienische Küche im typischen Oliver-Stil. Sozial benachteiligte Jugendliche können hier eine Kochlehre machen. Die Stimmung ist entspannt und die Strandblicke sind überwältigend, doch die Preise sind vielleicht einen Tick zu hoch.

## Ausgehen & Nachtleben

Freitag- und samstagabends geht's im Zentrum von Newquay eher laut und ruppig zu.

**Chy** BAR
(www.thekoola.com/the-chy-bar; 12 Beach Rd; ⌚9–23 Uhr) Chrom, Holz und Leder prägen

diese Café-Bar am Towan Beach. Unten im Club Koola wird bis in die frühen Morgenstunden gefeiert.

**Central** PUB
(11 Central Sq; ⌚So–Do 11–24, Fr & Sa bis 1 Uhr) Wie der Name schon sagt, liegt dieses Vorglüh-Pub im Herzen der Stadt und ist am Wochenende gewöhnlich rappelvoll.

## Praktische Informationen

**Touristeninformation** (☎01637-854020; www.visitnewquay.com; Marcus Hill; ⌚Mo–Sa 9.30–17.30, So bis 12.30 Uhr)

## An- & Weiterreise

Die Linie 585/586 ist die schnellste Busverbindung nach Truro (50 Min., Mo–Sa alle 2 Std.). Der stündlich verkehrende Bus 587 (3,40 £ zu allen Haltestellen an der Strecke) folgt der Küste über Crantock (14 Min.), Holywell Bay (25 Min.) und Perranporth (50 Min.).

Alle zwei Stunden fahren Züge auf der Nebenstrecke zwischen Newquay und Par (4,50 £, 45 Min.), welches wiederum an der Hauptstrecke von London nach Penzance liegt.

**Newquay Airport** (☎01637-860600; www.newquaycornwallairport.com) Newquays 8 km von der Stadt entfernter Flughafen bietet derzeit Direktflüge nach Belfast, Edinburgh, Glasgow, Manchester, Newcastle und London Gatwick. Bus 556 (22 Min., Mo–Sa stündl., So 5-mal) fährt vom Busbahnhof zum Flughafen. Ein Taxi kostet 15 bis 25 £.

# Von Perranporth nach Porthtowan

Südwestlich von Newquay windet sich die zerklüftete Nordküste Cornwalls durch ein atemberaubendes Panorama mit wilden, von der Brandung umtosten Klippen und Buchten mit goldenen Sandstränden wie dem familienfreundlichen Strand von Perranporth. Außerdem befinden sich hier die alte Bergbaustadt St. Agnes und das Surfermekka Porthtowan.

## Sehenswertes

**Perranporth Beach** STRAND
(👪) Der große, flache Sandstrand von Perranporth ist bei Familien mit Kindern und Surfern gleichermaßen beliebt. Er ist über 1,5 km lang und von Dünen und Felsklippen gesäumt und selbst an den vollsten Tagen ist hier meist immer noch ein Plätzchen zu finden. Außerdem ist hier die Bar Watering Hole (S. 362).

★ **Chapel Porth** BUCHT
Etwa 3,2 km von St. Agnes befindet sich eine der fotogensten Buchten von Cornwall – Chapel Porth mit einem wilden, felsigen Strand, der von steilen, mit Ginster bewachsenen Felsen eingerahmt wird und heute zum National Trust gehört. Oberhalb der Bucht befindet sich das berühmte Maschinenhaus von **Wheal Coates**, von dem noch der Schornstein und Fassadenwände übrig sind. Von hier schlängelt sich der Küstenweg bis zum windigen Kap **St. Agnes Head**.

**Trevaunance Cove** BUCHT
Am Hauptstrand von St. Agnes kann man toll im Meer herumpaddeln und Gezeitenpools erforschen und es gibt hier altmodische Strandhütten zum Umziehen. Koru Kayaking (S. 371) bietet Ausflüge von der Bucht aus an.

**Blue Hills Tin Streams** AUSSTELLUNG
(☎01872-553341; www.bluehillstin.com; Erw./Kind 6,50/3 £; ⌚Mitte April–Mitte Okt. Di–Sa 10–16 Uhr) Gut 1,5 km östlich von St. Agnes (ausgeschildert Richtung Wheal Kitty) erstreckt sich das felsige Tal **Trevellas** mit einer der letzten übrig gebliebenen Zinnwerkstätten von Cornwall. Führungen zeigen den gesamten Produktionsprozess, vom Abbau und Schmelzen bis zum Formen und letzten Schliff. Im Shop wird handgemachter Schmuck verkauft.

## Essen & Ausgehen

**Chapel Porth Cafe** CAFÉ £
(Chapel Porth; Sandwiches & Kuchen 2–4 £; ⌚10–17 Uhr) Das Chapel Porth Cafe ist eine örtliche Institution und serviert heiße Schokolade, Käsebaguettes und die Hausspezialität Igeleis: Vanilleeis mit Sahne und Haselnüssen.

★ **No 4 Peterville** BISTRO ££
(☎01872-554245; Peterville Sq, St. Agnes; Hauptgerichte 12–16,95 £; ⌚Mi–Sa 19–22.30, Sa & So 10–13 Uhr) Das eindrucksvolle Bistro am unteren Ende von St. Agnes hat sich mit seinem Essen im Bistrostil eine treue Gefolgschaft erkocht: Vielleicht gibt's eine ganze Scholle mit Curry-Muschel-Butter oder ein Ribeye-Steak mit Rosmarin-Pommes. Die Kieferntische und Kerzen in Gläsern auf den Tischen tragen zur freundlichen Atmosphäre bei.

**Driftwood Spars** PUB ££
(☎01872-552428; www.driftwoodspars.com; Trevaunance Cove, St. Agnes; Hauptgerichte 8–16 £; ⌚11–23 Uhr; P) Das klassische alte Pub an

der Trevaunance Cove bietet für jeden etwas: hausgemachte Biere, gutes Kneipenessen und oben Zimmer mit maritimem Motto.

**Bolingey Inn** PUB ££

(☎ 01872-571626; Penwartha Rd, Bolingey; Hauptgerichte 10–16 £; ⏲ 12–23 Uhr) Das in einem Tal gut 3 km landeinwärts gelegene, efeuüberwucherte Bolingey Inn ist in Sachen Essen das beste Pub um Perranporth.

**Blue Bar** BISTRO ££

(☎ 01209-890329; www.blue-bar.co.uk; Porthtowan; Hauptgerichte 8–16 £; ⏲ 10–23 Uhr) Für einen Sundowner am Meer oder einen Mittagsimbiss ist dieses Café in Porthtowan schwer zu toppen. Leider weiß das auch jeder, also früh da sein!

**Watering Hole** BAR

(www.the-wateringhole.co.uk; Perranporth Beach) Das Watering Hole ist eine von Cornwalls ältesten Strandbars und wurde bei den schweren Stürmen 2014 fast weggespült.

### An- & Weiterreise

Der First-Bus 85 verkehrt mindestens stündlich zwischen Truro und St. Agnes (2,50 £). Western-Greyhound-Bus 587 fährt zweimal pro Stunde von Truro nach St. Agnes (1,70 £) und dann weiter nach Perranporth (2,20 £) und Newquay (3,40 £).

## St. Ives

9870 EW.

Selbst wer St. Ives schon oft gesehen hat, wird vom Anblick des unglaublich hübschen Sammelsuriums der Schieferdächer, Kirchtürmen und türkisfarbenen Buchten immer wieder aufs Neue überwältigt. In vergangenen Tagen war St. Ives ein wichtiger Sardinenhafen. In den 1920er- und 1930er-Jahren wurde die Stadt jedoch zum Brennpunkt der Kunstszene von Cornwall und auch heute noch ist sie ein Zentrum künstlerischer Kreativität: Zahlreiche Galerien und Kunstgewerbeläden säumen die gewundenen Kopfsteinpflastersträßchen und außerdem befindet sich hier ein Außenposten der berühmten Londoner Tate.

### Sehenswertes & Aktivitäten

Die größten Stadtstrände sind **Porthmeor** und **Porthminster**, beide mit jeder Menge Sand und Platz. Dazwischen schiebt sich eine als **Island** bekannte Landzunge mit der winzigen **Chapel of St. Nicholas** aus der Zeit vor dem 14. Jh. An der kleinen Bucht **Porthgwidden** auf der Ostseite der Halbinsel kann man oft gut den Besuchermassen entfliehen.

**★ Tate St. Ives** GALERIE

(☎ 01736-796226; www.tate.org.uk/stives; Porthmeor Beach; Erw./Kind 7/4,50 £, mit Barbara Hepworth Museum 10/6 £; ⏲ März–Okt. 10–17 Uhr, Nov.–Feb. bis 16 Uhr) Die Galerie schwebt wie ein weißer Betonkringel oberhalb des Porthmeor Beach. Die ständige Sammlung umfasst neben Werken zeitgenössischer Künstler besonders viele Werke von Vertretern der St.-Ives-Schule, also von bekannten Leuten wie Terry Frost, Patrick Heron, Naum Gabo, Ben Nicholson und Barbara Hepworth. Besonders interessant sind die naiven Werke des Fischers Alfred Wallis, der sich erst im reifen Alter von 67 Jahren zum Künstler entpuppte und zu malen begann.

Vom Café im obersten Stockwerk bieten sich wundervolle Blicke auf den Porthmeor Beach.

**Barbara Hepworth Museum** MUSEUM

(☎ 01736-796226; Barnoon Hill; Erw./Kind 6/4 £, mit Tate St. Ives 10/6 £; ⏲ März–Okt. 10–17 Uhr, Nov.–Feb. bis 16 Uhr) Barbara Hepworth (1903–1975) war eine der führenden abstrakten Bildhauerinnen des 20. Jhs. und eine Schlüsselfigur in der Kunstszene von St. Ives. Ihr Atelier auf dem Barnoon Hill ist seit ihrem Tod so gut wie unverändert und im angrenzenden Garten stehen einige ihrer berühmtesten Skulpturen. Ihre Kunst ist außerdem in der ganzen Stadt verstreut; Hepworth-Skulpturen stehen z. B. vor der Guildhall und in der Kirche St. Ia.

**St. Ives Boats** BOOTSTOUREN

(☎ 0777 300 8000; www.stivesboats.co.uk; Erw./Kind 10/8 £) Am Kai bieten mehrere Bootsgesellschaften wie St. Ives Boats Angeltrips und Rundfahrten an. Im Angebot sind z. B. auch Ausflüge zur Kegelrobbenkolonie auf Seal Island. Mit viel Glück lässt sich im Sommer auch mal ein Tümmler oder ein Riesenhai blicken.

### Schlafen

**No 1 St. Ives** B&B ££

(☎ 01736-799047; www.no1stives.co.uk; 1 Fern Glen; DZ 95–139 £; P ☎) Das renovierte Granitcottage aus dem 19. Jh. ist nach wie vor eines der schönsten B&Bs in St. Ives. Die

## Westcornwall

Zimmer sind unterschiedlich groß, aber alle in kühlen Grau- und Cremetönen eingerichtet. Zum Verwöhnprogramm gehören gefiltertes Wasser, Gänsedaunendecken, iPod-Anschlüsse und Pflegeprodukte der White Company. Das Haus liegt fünf Fußminuten von der Stadt entfernt; Parkplätze gibt's nur für vier Autos.

**Little Leaf Guest House** B&B ££
(☎01736-795427; www.littleleafguesthouse.co.uk; Park Ave; Zi. 65–120 £; 📶) Ein freundliches und behagliches 5-Zimmer-B&B mit Blick auf die Dächer der Stadt. Die Zimmer sind hübsch und schlicht, mit Cremetönen und Fichtenmöbeln. Zimmer 2 und 5 bieten einen tollen Meerblick.

**Gekko Lodge** B&B ££
(☎01736-796591; www.gekkolodge.co.uk; 7 Carthew Tce; DZ 70–90 £) Ein echtes Juwel: ein viktorianischisches Haus mit Kieselrauputz und nur zwei Zimmern, beide riesig und mit Seeblick durch ihre *bay windows*. Die Einrichtung ist modern mit Futonbetten und schicken runden Waschbecken.

**Treliska** B&B ££
(☎01736-797678; www.treliska.com; 3 Bedford Rd; DZ 60–80 £; 📶) Im teuren St. Ives ist dieses B&B ein Schnäppchen, besonders angesichts der Lage einen Katzensprung vom Ortszentrum. Dafür sind die Zimmer meist eher klein; wer Platz braucht, kann nach Nr. 5 fragen.

**★ Tide House** HOTEL £££
(☎01736-791803; www.thetidehouse.co.uk; Skidden Hill; DZ 140–240 £) Selbst im immer schickeren St. Ives hinterlässt dieses schöne Hotel einen besonderen Eindruck. Es besticht mit zahlreichen Pluspunkten: Das Gebäude aus dem 16. Jh. liegt direkt am Hafen und ist wundervoll eingerichtet. Die wirklich luxuriösen Zimmer, alle nach einem kornischen Leuchtturm benannt, reichen von ei-

## St. Ives

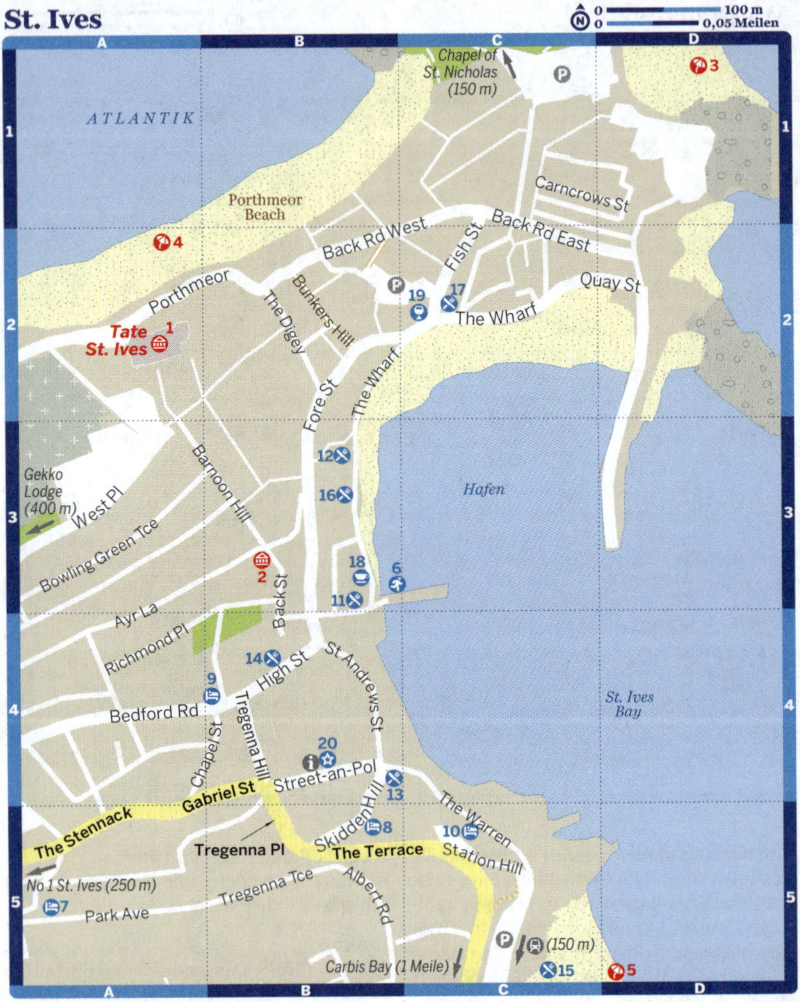




nem romantischen Penthouse bis zu einem Maisonette-Zimmer. Auf jeden Fall etwas für Leute, die mal so richtig auf den Putz hauen wollen!

**Trevose Harbour House** B&B £££

(☎01736-793267; www.trevosehouse.co.uk; 22 The Warren; DZ 140–195 £; 📶) Das schicke Stadthaus mit sechs Zimmern steht am kurvigen Warren und erstrahlt nach einer Renovierung in einer maritimen Mischung aus frischem Weiß und blauen Streifen. Es ist wunderschön eingerichtet mit Pflegeprodukten von Neal's Yard, iPod-Dockingstationen und Retrodesignstücken in den Zimmern. Dazu kommen noch eine Lounge voller Bücher und eine minimalistische Hofterrasse. Allerdings sind die Zimmer für den Preis recht klein.

**Boskerris** HOTEL £££

(☎01736-795295; www.boskerrishotel.co.uk; Boskerris Rd, Carbis Bay; DZ 130–265 £; P📶) Dieses gehobene Minihotel in der Carbis Bay wirkt mit seinen wenigen kühlen Farben und der schicken Designeinrichtung – mit Mustern bedruckte Bettenden, viele Kissen, minimalis-

## St. Ives

**Highlights**
1 Tate St. Ives ........ A2

**Sehenswertes**
2 Barbara Hepworth Museum ........ B3
3 Porthgwidden Beach ........ D1
4 Porthmeor Beach ........ A2
5 Porthminster Beach ........ D5

**Aktivitäten, Kurse & Touren**
6 St. Ives Boats ........ B3

**Schlafen**
7 Little Leaf Guest House ........ A5
8 Tide House ........ B5
9 Treliska ........ B4
10 Trevose Harbour House ........ C5

**Essen**
11 Alba ........ B3
12 Alfresco ........ B3
13 Blas Burgerworks ........ B4
14 Pengenna Pasties ........ B4
15 Porthminster Beach Café ........ C5
16 Rum & Crab Shack ........ B3
17 Seagrass ........ C2

**Ausgehen & Nachtleben**
18 Hub ........ B3
19 Sloop Inn ........ C2

**Unterhaltung**
20 Guildhall ........ B4

tische Keramikwaschbecken – klar und übersichtlich. Eine echte Schönheit ist die Terrasse mit ihren Panoramablicken über die Bucht.

## Essen

**Blas Burgerworks** CAFÉ £
(01736-797272; The Warren; Burger 5–10 £; 12–21.30 Uhr) Der phantastische Gourmetburgerladen präsentiert sich umweltfreundlich und mit einfallsreicher Karte. Auf Nummer sicher geht man mit dem Classic Blasburger mit 170 g Fleisch oder man probiert einen Rancheros mit Guacamole und Maissalsa oder gar einen Smokey mit Roter Bete, altem Cheddar und hausgemachten Piccalilli. Auch vegetarische Burger sind im Angebot. Die Besitzer betreiben außerdem das hervorragende **Halsetown Inn** (01736-795583; www.halsetowninn.co.uk) gleich vor den Toren von St. Ives.

**Pengenna Pasties** BÄCKEREI £
(www.pengennapasties.co.uk; 9 High St; Backwaren 3–4 £; Mo–Sa 10–17 Uhr) Großzügig gefüllte *pasties* mit Abwandlungen, über die man sich streiten kann, wie nach oben gekräuseltem Rand und Blätterteig.

★ **Porthminster Beach Café** BISTRO ££
(01736-795352; www.porthminstercafe.co.uk; Porthminster Beach; Hauptgerichte 10,50–16,50 £, Abendessen 10–22 £; 9–22 Uhr) Dies ist kein gewöhnliches Strandcafé, sondern ein richtiges Bistro mit einer wunderbaren Sonnenterrasse und einer erstklassigen, von der Mittelmeerküche beeinflussten Karte mit einem Schwerpunkt auf Fisch und Meeresfrüchten. Hier gibt's eine reichhaltige Bouillabaisse, Meeresfrüchtecurrys und provenzalische Fischsuppe, alles zu genießen bei Strandblicken und Meeresbrise.

**Rum & Crab Shack** FISCH & MEERESFRÜCHTE ££
(01736-796353; Wharf Rd; Hauptgerichte 9,95–12,95 £; 9–21 Uhr; ) Wer seine Taschenkrebse am liebsten selbst aufbricht und direkt aus der Schale isst, ist hier an der richtigen Adresse (Schürze und Werkzeug werden gestellt). Oder man nimmt nur die Scheren in Angriff oder bestellt gleich ein Seafood-*gumbo* oder *scrowlers* (Sardinen aus Cornwall) auf Toast. Ein toller Spaß und ein entsprechend tolles Essen!

**Alba** MODERN BRITISCH ££
(01736-797222; www.thealbarestaurant.com; Old Lifeboat House; 2-/3-Gänge-Abendmenü 16,95/19,95 £; 12–14 & 18–22 Uhr) Das alteingesessene Fischrestaurant nahe der Lebensrettungsstation serviert schon seit Jahren mit das beste Essen der Stadt. Mit seinen Sitzbänken und der schicken Einrichtung macht es einen edlen Eindruck, besonders wenn man einen der tollen Tische am Panoramafenster ergattert. Auf der Karte stehen britische und kontinentaleuropäische Gerichte.

**Alfresco** BISTRO ££
(01736-793737; info@alfrescocafebar.co.uk; The Wharf; 2-/3-Gänge-Abendmenü 16,95 £; tgl. 19–21, Do & Fr 12–15 Uhr) Wenn die Sonne scheint und die Türen zum Hafen geöffnet sind, könnte man in diesem winzigen Restaurant meinen, in Italien zu sein. Besonders empfehlenswert ist der Alfresco-Fischeintopf.

**Seagrass** MODERN BRITISCH ££
(01736-793763; www.seagrass-stives.com; Fish St; 2-/3-Gänge-Abendmenü 16,95/19,95 £; 18–21 Uhr) Das beliebte kleine Bistro nicht weit vom Hafen hat sich auf Meeresfrüchte aus der Region konzentriert. Fischfans gefällt

NICHT VERSÄUMEN

### GWITHIAN & GODREVY TOWANS

Sechseinhalb Kilometer Autofahrt östlich von St. Ives liegt auf der anderen Seite des Hayle Estuary am glitzernden Meer der weite Bogen der flachen, von Dünen gesäumten Strände Gwithian und Godrevy, die bei Ebbe zu den viel gelobten „5 Kilometern goldener Sandstrand" verschmelzen. Dies ist eines der schönsten Strandpanoramen Cornwalls. Gleich jenseits der Strände beginnen ausgedehnte, grasbewachsene Dünenfelder (auf Kornisch: *towans*). Am Nordende steht der Leuchtturm, der Virginia Woolf zu ihrem Klassiker in der Erzähltechnik des Bewusstseinsstroms inspirierte: *Zum Leuchtturm*.

In der Nähe gibt's mehrere gute Cafés wie das hölzerne **Godrevy Cafe** (☎01736-757999; www.godrevycafe.com; Mittagessen 6–10 £; ⏲10–17 Uhr) sowie den ausgezeichneten Hofladen der **Trevaskis Farm** (☎01209-713931; www.trevaskisfarm.co.uk; 12 Gwinear Rd, Hayle; ⏲Juni–Aug. 9–18 Uhr, Sept.–Mai bis 17 Uhr).

vielleicht das Menü „Oysters & Shells" mit Kaisergranat, einem ganzen Krebs, Hummer und Austern.

## Ausgehen & Unterhaltung

**Hub** CAFÉ, BAR
(www.hub-stives.co.uk; The Wharf; ⏲9–23 Uhr) Das offene Hub ist das Herz des (begrenzten) Nachtlebens von St. Ives: Tagsüber gibt's Kaffee und Hamburger, abends Cocktails.

**Sloop Inn** PUB
(☎01736-796584; www.sloop-inn.co.uk; The Wharf; ⏲11–23 Uhr) Die Kneipe mit ihren Deckenbalken ist so behaglich wie ein Paar alte Hausschuhe. Es gibt auch ein paar Tische draußen am Hafen und es werden Ales aus der Region serviert.

**Guildhall** KONZERTHAUS
(1 Street-an-Pol) St. Ives' Konzerthalle bietet Musik und Theater, besonders während des jährlichen **St. Ives September Festival** (www.stivesseptemberfestival.co.uk).

## Praktische Informationen

**Touristeninformation** (☎01736-796297; www.stivestic.co.uk; Street-an-Pol; ⏲Mo–Fr 9–17.30, Sa 9–17, So 10–16 Uhr) In der Guildhall.

## An- & Weiterreise

Die Nebenbahnstrecke ab St. Ives lohnt schon allein wegen der Küstenblicke eine Fahrt. Die Züge fahren bis St. Erth (3 £, 14 Min., halbstündl.) an der Strecke von Penzance nach London Paddington.

**Bus 17/17A** (4 £, 30 Min., Mo–Sa halbstündl., So stündl.) Die schnellste Verbindung nach Penzance.

**Bus 16/16A** (5 £, Mo–Sa stündl.) Auf der Küstenstraße nach Penzance; nur die Linie 16A verkehrt über Zennor.

# Zennor & St. Just

Die Küstenstraße B3306 ab St. Ives ist eine Art Achterbahn – sie windet sich durch eine abweisende Landschaft mit uralten Feldsteinmauern, kargem Moorland, winzigen Dörfern und felsigen Klippen. Dieses wilde Stück Cornwall scheint meilenweit entfernt von den aufgehübschten Ecken der Grafschaft.

## Sehenswertes

**Church of St. Senara** KIRCHE
(Zennor) Diese kleine Kirche im Dörfchen Zennor wurde spätestens 1150 erbaut. Drinnen erzählt eine berühmte Schnitzarbeit von der legendären Meerjungfrau von Zennor, die sich in den Gesang des einheimischen Burschen Matthew Trewhella verliebt haben soll. Die Einheimischen sagen, man könne sie manchmal noch unten in der nahen Pendour Cove singen hören – und wenn nicht, dann sind die Ausblicke vom Küstenpfad Belohnung genug.

★ **Geevor Tin Mine** MINE
(☎01736-788662; www.geevor.com; Erw./Kind 11/6,50 £; ⏲März–Okt. So–Fr 9–17 Uhr, Nov.–Feb. bis 16 Uhr) Die historische Mine unmittelbar nördlich von St. Just bei Pendeen wurde 1990 geschlossen und bietet jetzt einen spannenden Einblick in die düsteren, beengten und gefährlichen Bedingungen, unter denen die Bergarbeiter in Cornwall arbeiteten. Über Tage sind die alten Maschinen zu besichtigen, mit denen das Zinnerz ausgewaschen wurde. Unter Tage gibt es Führungen durch einige der Schächte – nichts für Klaustrophobiker.

**Botallack Mine** RUINE, MINE
Das Maschinenhaus der Zeche klammert sich atemberaubend an die Klippen bei Le-

vant. Ihre verlassenen Minenschächte ziehen sich bis unter den tosenden Atlantik. Der Abstieg zur Mine ist ziemlich gefährlich, also schaut man sie sich am besten aus sicherer Entfernung vom nahe gelegenen **Botallack Head** an.

**Levant Mine & Beam Engine** HISTORISCHE STÄTTE
(www.nationaltrust.org.uk/main/w-levantmineandbeamengine; Erw./Kind 6,60/3,30 £; ⊙So–Fr 11–17 Uhr) Bei diesem auf einer Klippe gelegenen Bergwerk befindet sich eine der wenigen noch funktionierenden Balanciermaschinen der Welt bei der ohrenbetäubenden Arbeit. Diese 1840 gebauten Dampfmaschinen trieben den kornischen Bergbauboom an und dienten dazu, das Flutwasser in tiefen Schächten abzupumpen und Erze nach oben zu transportieren. Die Maschine wurde von engagierten Freiwilligen restauriert und bietet, wenn sie voll unter Dampf steht, ein wirklich beeindruckendes Schauspiel.

**Cape Cornwall** WAHRZEICHEN
Aus den Klippen heraus erstreckt sich bei St. Just Cornwalls einziges „offizielles“ Kap, ein zerklüfteter Landfinger mit dem Schornstein einer verlassenen Zeche. Unterhalb des Kaps befindet sich der felsige Strand der **Priest's Cove**. Ganz in der Nähe stehen die Ruinen der **St. Helen's Oratory**, angeblich eine der ersten christlichen Kapellen Westcornwalls.

## Schlafen & Essen

**Tinner's Arms** GASTHOF ££
(☎01736-792697; www.tinnersarms.com; Zennor; EZ/DZ 60/100 £, Hauptgerichte 10–16 £; P) Das Tinner's Arms ist ein typisch kornisches Wirtshaus: Schieferdach, prasselndes Kaminfeuer, glänzende Zapfhähne und null kommerzieller Müll (kein TV, keine Jukebox, kein Handyempfang). Im „White House“ nebenan werden frische, saubere Zimmer vermietet. D. H. Lawrence genehmigte sich hier das eine oder andere Gläschen, als er *Liebende Frauen* schrieb.

★ **Gurnard's Head** BRITISCH ££
(☎01736-796928; www.gurnardshead.co.uk; Hauptgerichte 10–18,50 £, Zi. 105–170 £; P) Das Gurnard's an der Küstenstraße von Zennor nach St. Just ist nicht zu übersehen – der Name ist aufs Dach gemalt. Die Kneipe unter der Leitung der Inkin-Brüder (die außerdem noch das Old Coastguard Hotel in Mousehole besitzen) ist das perfekte Landpub: In den altmodischen Räumen verbreiten Bücherregale und Sepiadrucke ein angenehm heimeliges Flair. Aus der Küche kommt hier köstliches klassisches britisches Essen.

## An- & Weiterreise

St. Just liegt 10 km nördlich von Land's End.

**Bus 16A** (4 £, Mo–Sa 3- oder 4-mal tgl.) Fährt von St. Ives über Zennor nach Penzance.

**Bus 10/10A** (5 £, Mo–Sa stündl., So 6-mal) Rundroute ab Penzance über Madron, St. Just und Botallack.

NICHT VERSÄUMEN

### MINACK THEATRE & PORTHCURNO

Das schwindelerregende **Minack** (☎01736-810181; www.minack.com) ist in die Klippen oberhalb der Porthcurno Bay und des azurblauen Atlantiks gehauen. Ausgeheckt wurde das Klippentheater in den 1930er-Jahren von der einheimischen Exzentrikerin Rowena Cade, die es dann bis zu ihrem Tod 1983 betrieb. Heute ist das Theater sehr beliebt für Freilichtvorstellungen; die 17-wöchige Spielzeit dauert von Mitte Mai bis Mitte September. Insider bringen Wein, Picknickkörbe und Regenschirme mit sowie – sehr wichtig, da die Sitze aus Granit bestehen – ein bequemes Kissen. Oberhalb des Theaters gibt es ein **Besucherzentrum** (Erw./Kind 3,50/1,40 £; ⊙April–Sept. 9.30–17.30 Uhr, Okt.–März 10–16 Uhr), das die Geschichte des Theaters erzählt. Das Theater kann tagsüber besichtigt werden, wenn keine Matinee stattfindet.

Das unterhalb des Theaters gelegene Stranddreieck von **Porthcurno** eignet sich wunderbar zum Baden und Sonnenbaden. Genauso gut ist der weniger bekannte Strand von **Pednvounder** ganz in der Nähe – er ist einer von nur wenigen FKK-Stränden in Cornwall. Landeinwärts erzählt das neu konzipierte **Porthcurno Telegraph Museum** (☎01736-810966; www.porthcurno.org.uk; Erw./Kind 8,50/5 £; ⊙10–17 Uhr) die Geschichte der Gegend als erstes Telekommunikationszentrum Großbritanniens.

Das Minack Theatre liegt 5 km von Land's End und 14,5 km von Penzance entfernt. Bus 1/1A von Penzance hält hier mehrmals täglich.

## Sennen & Land's End

Hinter St. Ives wird die Küste noch wilder und leerer: Man nähert sich der Spitze von Cornwall, **Land's End**, dem westlichsten Punkt des englischen Festlands. Hier stemmen sich schwarze Granitklippen gegen die donnernde Meeresbrandung und bei gutem Wetter sind die Isles of Scilly am Horizont auszumachen.

Leider ist in den 1980er-Jahren auf der Landspitze der Freizeitpark **Legendary Land's End** (www.landsend-landmark.co.uk; Erw./Kind 10/7 £; März–Okt. 10–17 Uhr; ) gebaut worden – durch ihn hat sich der Ausblick wahrlich nicht verschönert. Am besten ist, ihn komplett zu ignorieren, nur für den Parkplatz zu zahlen und stattdessen den tollen Küstenpfad entlangzumarschieren. Auf einem Felsenriff 2 km weit draußen im Meer erhebt sich die schlanke Silhouette des historischen **Longships Lighthouse**.

Ab Land's End verläuft ein Küstenpfad Richtung Westen zur abgeschiedenen **Nanjizal Bay** und Richtung Osten zum alten Hafen **Sennen** mit dem wundervollen Strand der treffend benannten **Whitesand Bay** (allerdings „Whitsand" ausgesprochen), dem schönsten Strand der Gegend.

Land's End liegt 14,5 km von Penzance. Bus 1/1A fährt von Penzance (5 £, 1 Std., Mo–Sa 6-mal tgl.) nach Land's End; Bus 1 fährt über Sennen, Bus 1A über Treen und Porthcurno.

## Mousehole

697 EW.

Mit seinem dichten Gewirr aus Cottages und Gassen hinter der Kaimauer aus Granit scheint Mousehole (sprich: Mausl) einem Kinderbuch zu entstammen – das entging auch der Autorin Antonia Barber nicht, die hier ihr beliebtes Märchen *Mauzel* spielen ließ. In vergangenen Zeiten war Mousehole der rührigste Sardinenhafen Cornwalls, doch an der Wende zum 20. Jh. versiegten die Bestände und das Dorf lebt heute vorwiegend vom Tourismus.

Das im Sommer von Besuchern überflutete und im Winter verlassene Dorf lohnt mit seinen Slipanlagen, Netzschuppen und Höfen einen Erkundungsbummel. Bekannt ist der Ort auch für seine Weihnachtsbeleuchtung und die *stargazy pie,* eine Sardinenpastete, in der die Fischköpfe durch die Pastetenkruste nach oben ragen. Gegessen wird sie traditionell am Tom Bawcock's Eve (23. Dezember) in Erinnerung an den einheimischen Burschen Tom Bawcock: Er beendete eine Hungersnot im Dorf, indem er sich trotz Sturms rauswagte und einen reichen Fischfang machte.

Das **Old Coastguard Hotel** (01736-731222; www.oldcoastguardhotel.co.uk; DZ 120–245 £, Hauptgerichte 11–15 £; P) ist die beste Unterkunft am Ort: ein schickes, am Meer gelegenes Hotel am Ortsrand von Mousehole mit umwerfenden Ausblicken.

Bus 6 fährt in 20 Minuten jede halbe Stunde (3 £) nach Penzance.

## Penzance

21 168 EW.

Die alte Hafenstadt Penzance an der Mount's Bay verströmt einen salzigen Meerescharme, der hier sehr viel authentischer wirkt als in vielen der rausgeputzten Häfen Cornwalls. Die leicht heruntergekommenen Straßen und Einkaufspassagen der Stadt warten noch mit echtem Alltagsflair auf. An einem windigen Tag gibt's kein besseres Plätzchen für einen Spaziergang als die viktorianische Seepromenade der Stadt. Im nahen Hafen von **Newlyn** liegt nach wie vor die größte Fischereiflotte Cornwalls vor Anker.

### Sehenswertes & Aktivitäten

**Penlee House Gallery & Museum** GALERIE
(www.penleehouse.org.uk; Morrab Rd; Erw./Kind 4,50/3 £; Ostern–Sept. Mo–Sa 10–17 Uhr, Okt.–Ostern 10.30–16.30 Uhr) Das Kunstmuseum von Penzance zeigt Gemälde von Künstlern der Newlyn School wie Stanhope Forbes und veranstaltet regelmäßig Ausstellungen. Samstags ist der Eintritt frei.

**Exchange** GALERIE
(www.theexchangegallery.co.uk; Princes St; Ostern–Sept. Mo–Sa 10–17 Uhr, Okt.–Ostern Mi–Sa) GRATIS Die Galerie im ehemaligen Telekommunikationsgebäude zeigt regelmäßig zeitgenössische Kunst. 1,5 km weiter westlich an der Strandpromenade von Penzance ist außerdem noch die Schwestergalerie, die **Newlyn Art Gallery** (www.newlynartgallery.co.uk; Ostern–Sept. Mo–Sa 10–17 Uhr, Okt.–Ostern Mi–Sa).

**Trengwainton** GÄRTEN
(NT; 01736-363148; trengwainton@nationaltrust.org.uk; Madron; Erw./Kind 6,80/3,40 £; Mitte Feb.–Nov. So–Do 10–17 Uhr) Gut 3 km nördlich von Penzance liegt bei Madron der ummau-

## Penzance

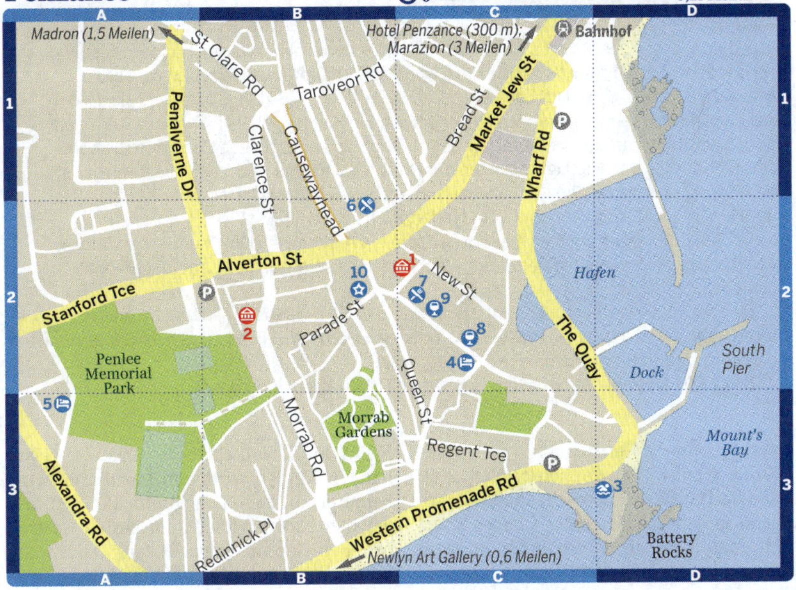


erte Garten von Trengwainton, der für seine Sammlung von Farnen, Stauden, Magnolien und Rhododendren bekannt ist.

**Jubilee Pool** SCHWIMMEN

(www.jubileepool.co.uk) Am östlichen Ende der Stadt befindet sich ein Strandbad aus den 1930er-Jahren. Es ist gewöhnlich im Sommer geöffnet, doch bei Redaktionsschluss war es aufgrund von Sturmschäden geschlossen – über den aktuellen Stand informiert die Website.

### Schlafen

Penzance kann mit zahlreichen günstigen B&Bs aufwarten, besonders an der Alexandra Road und Morrab Road.

**Penzance YHA** HOSTEL £

(☎0845 371 9653; penzance@yha.org.uk; Castle Horneck, Alverton; B 15–20 £; P@) Die Jugendherberge von Penzance ist in einem Haus aus dem 18. Jh. am Stadtrand untergebracht. Das riesige, freundliche Hostel hat ein Café, eine Wäscherei und 4- bis 10-Bett-Zimmer. Vom Hafenkai aus läuft man 15 Minuten zu Fuß her. Die Busse 5 und 6 halten in der Nähe.

★ **Venton Vean** B&B ££

(☎01736-351294; www.ventonvean.co.uk; Trewithen Rd; Zi. 80–95 £; ) Ein bildhübsches, modernes B&B, ganz in Grau, Blau und Pistaziengrün eingerichtet, mit gebeizten Holzböden und originellem Design. Die Zimmer 1 und 2 sind besonders geräumig; Ersteres blickt über den Penlee Memorial Park. Zum Frühstück können Gäste sogar geräucherten Seelachs oder spanische Tortillas bekommen.

### Penzance

**Sehenswertes**
1 Exchange ........ C2
2 Penlee House Gallery & Museum ........ B2

**Aktivitäten, Kurse & Touren**
3 Jubilee Pool ........ D3

**Schlafen**
4 Artist Residence Penzance ........ C2
5 Venton Vean ........ A3

**Essen**
6 Archie Brown's ........ B2
7 Bakehouse ........ C2

**Ausgehen & Nachtleben**
8 Turk's Head ........ C2
9 Zero Lounge ........ C2

**Unterhaltung**
10 Acorn Arts Centre ........ B2

NICHT VERSÄUMEN

### ST. MICHAEL'S MOUNT

Aus dem Wasser der Mount's Bay erhebt sich der durch einen Damm mit dem Festland verbundene **St. Michael's Mount** (NT; ☎01736-710507; www.stmichaelsmount.co.uk; Erw./Kind 8,75/4,25 £; ⏲Haus Ende März–Okt. So–Fr 10.30–17.30 Uhr, Gärten April–Juni Mo–Fr, Juli–Sept. Do & Fr) – ein unvergesslicher Anblick. Ein Kloster gab es hier mindestens seit dem 5. Jh., aber die heutige Abtei wurde größtenteils im 12. Jh. von Benediktinermönchen erbaut. Zu den Highlights zählen der Rokokosalon, das Zeughaus, die Kirche aus dem 14. Jh. und die an den Klippen klebenden subtropischen Gärten. Die Abtei gehört der Familie St. Aubyn, wird aber vom National Trust verwaltet.

Bei Ausgrabungen wurden hier vor Kurzem ein Axtkopf, ein Dolch und eine Metallspange aus der Bronzezeit gefunden – die Insel ist also schon seit sehr langer Zeit besiedelt.

Bei Flut ist die Insel mit der Fähre (Erw./Kind 2/1 £) vom nahen Marazion aus zu erreichen, aber schöner ist es, bei Ebbe über den Damm zur Insel zu gehen, wie es auch die Mönche und Pilger vor Jahrhunderten taten.

Bus 13/13A pendelt dreimal am Tag zwischen Marazion und Penzance (2 £).



**Artist Residence Penzance** B&B ££
(☎01736-365664; www.arthotelcornwall.co.uk; Chapel St; DZ 105–145 £; 📶) In diesem erfrischend anderen B&B in der Chapel Street fühlt man sich, als würde man in einer Kunstgalerie schlafen. Jedes Zimmer hat ein ganz eigenes, von einem lokalen Künstler entworfenes Design: Streetart-Wandbilder von Jo Peel, Seelandschaften von Pinky Vision, Schmetterlingstapete von Dolly Divine. Die Ausstattung besteht aus Retromöbeln und die meisten Zimmer bieten einen Ausblick über die Dächer von Penzance. Rundum angenehm.

**Hotel Penzance** HOTEL £££
(☎01736-363117; www.hotelpenzance.com; Briton's Hill; DZ 140–205 £; 📶) Das Stadthaus thront auf einem Hügel mit Ausblick über Mount's Bay und ist eine angenehme Ausgangsbasis in Penzance. Die Schlafzimmer sind seriös eingerichtet in Creme- und Magnolientönen, mit lackierten Schreibtischen und altmodischen Lampen. Die schönsten haben ein *bay window* mit Meerblick. Im Hotelrestaurant „Bay" gibt es gutes Essen.

## Essen

**Archie Brown's** CAFÉ £
(☎01736-362828; Bread St; Hauptgerichte 4–10 £; ⏲Mo–Sa 9–17 Uhr) Das Vollwertcafé (mit Naturkostladen) serviert der Künstlerboheme von Penzance Quiche, offene Gemüsepastete und Salate.

★ **Tolcarne Inn** PUB ££
(☎01736-363074; www.tolcarneinn.co.uk; Tolcarne Pl, Newlyn; Hauptgerichte 12–18 £; ⏲Di–Sa 12–14.15 & 19–21, So 12–14.15 Uhr) Das alte Gasthaus in Newlyn wird vom talentierten einheimischen Koch Ben Tunnicliffe geführt, der den Laden schnell zum besten Gastropub der Gegend gemacht hat. Das Motto ist erfrischend ehrlich: Bester Fisch, Meeresfrüchte und Fleisch aus der Region werden möglichst schlicht und ohne Schnickschnack serviert. Reservieren ist ratsam, v. a. für Sonntagmittag.

**Ben's Cornish Kitchen** BRITISCH ££
(☎01736-719200; www.benscornishkitchen.com; Marazion; Hauptgerichte 14–23 £; ⏲Di–Sa 12–14 & 19–20.30 Uhr; 🖉) An Ben Priors Restaurant an der Hauptstraße von Marazion kann man leicht vorbeirauschen, aber das wäre wirklich schade. Feinschmecker reisen von nah und fern an, um seine klassische Küche zu kosten, die sich auf französisch angehauchte kornische Fleischgenüsse stützt. Das Restaurant ist so beliebt, dass jetzt aufgestockt wurde.

**Bakehouse** MEDITERRAN ££
(☎01736-331331; www.bakehouserestaurant.co.uk; Chapel St; Hauptgerichte 8,95–19,50 £; ⏲Mo–Sa 18.15–22 Uhr) Das schnörkellose Bistro in einer Nebengasse der Chapel Street serviert unprätentiöses Essen wie mediterran marinierten Fisch und würzige Steaks.

## Ausgehen & Unterhaltung

**Turk's Head** PUB
(Chapel St; ⏲11–23 Uhr) Diese alte Seefahrerkneipe könnte direkt aus der *Schatzinsel* stammen. Sie ist mit maritimen Sachen übersät. Ein Schmugglertunnel soll einst vom Pub direkt zum Hafen geführt haben.

**Zero Lounge** BAR
(Chapel St; ⏲11–23 Uhr) Diese offene Bar gibt sich eher urban schick als altmodisch und verfügt über den besten Biergarten der Stadt.

**Acorn Arts Centre** THEATER
(www.acornartscentre.co.uk; Parade St) Kleines Kulturzentrum mit einem Programm aus Film, Theater, Comedy und Livebands.

## An- & Weiterreise

### BUS

Regionalbusse z. B. nach:

**Helston and Falmouth** Bus 2/2A (5 £, Mo–Sa stündl., So 6-mal), via Marazion

**St. Ives** Busse 17/17A/17B (4 £, 30 Min., Mo–Sa halbstündl., So stündl.)

### ZUG

Penzance ist die letzte Station auf der Strecke von London Paddington.

**Exeter** (19,80 £, 3 Std.)

**London Paddington** (60,50 £, 5½ Std.)

**Truro** (6,40 £, 30 Min.)

# Der Lizard

Die zerklüftete Lizard Peninsula, einst ein berüchtigtes Schmugglerparadies und ein gefürchteter Schiffsfriedhof, wartet mit Cornwalls wildesten Küstenpanoramen auf. Die im Winter windgepeitschten Heiden und Klippen erblühen im Sommer mit zahllosen Wildblumen und die vielen Strände und Buchten eignen sich perfekt zum Baden.

Der größte Ort der Halbinsel ist **Helston**, bekannt für sein jährlich am 8. Mai stattfindendes Straßenfest **Flora Day**. Die gesamte Küste der Halbinsel ist von hübschen Dörfern gesäumt: Der alte Hafenort **Coverack**, die Strände von **Mullion** und die idyllische, von reetgedeckten Cottages gesäumte Bucht von **Cadgwith** lohnen allesamt einen Besuch.

Am Nordrand der Halbinsel fließt der Helford River. Mit seinen Zuflüssen und Ausbuchtungen inspirierte er Daphne du Maurier zu ihrer Schmugglergeschichte *Die Bucht des Franzosen*. Mehrere Anbieter veranstalten hier Kajaktouren.

## Sehenswertes & Aktivitäten

**Lizard Lighthouse Heritage Centre** MUSEUM
(☎01326-290202; www.lizardlighthouse.co.uk; Erw./Kind 2,75/1,75 £; ⏲März–Okt. So–Do 11–17 Uhr) Das in einem Leuchtturm von 1751 oberhalb des Lizard Point untergebrachte Museum beschäftigt sich mit der Seefahrt und mit Schiffskatastrophen. Außerdem werden Führungen (Erw./Kind 7/4 £) in den Leuchtturm zum Lampenraum und Nebelhorn angeboten.

★ **Kynance Cove** STRAND
Diese Bucht gut 1,5 km nördlich des Lizard Point gehört dem National Trust und ist mit ihren Inselchen, die sich aus dem tiefblauen Meer erheben, eine echte Schönheit. In den Klippen an der Bucht ist viel Serpentin (Schlangenstein) zu finden; der rot-grüne Stein war in viktorianischer Zeit bei Billigschmuckherstellern beliebt. Ein **Café** (www.kynancecovecafe.co.uk; Hauptgerichte 8–14 £) versorgt Besucher mit Getränken und Snacks.

**National Seal Sanctuary** TIERSCHUTZGEBIET
(☎0871 423 2110; www.sealsanctuary.co.uk; Erw./Kind 14,40/12 £; ⏲Mai–Sept. 10–17 Uhr, Okt.–April 9–16 Uhr) Dieses Schutzgebiet im Nordwesten der Halbinsel kümmert sich um kranke oder verwaiste Robben, die an der kornischen Küste angespült werden, um sie schließlich wieder auszuwildern.

**Koru Kayaking** KAJAKFAHREN
(☎07794-321827; www.korukayaking.co.uk; 2-stündiger Trip 35 £) Kajaktrips zum Frenchman's Creek vom Nordufer des Helford River sowie ab der Trevaunance Cove bei St. Agnes.

**Aberfal Outdoor Pursuits** KAJAKFAHREN
(☎07968-770756; www.aberfaloutdoorpursuits.co.uk; halber/ganzer Tag 35/50 £) Geführte Halb- und Ganztagesausflüge mit dem Kajak auf dem Helford mit Sit-on-top-Kajaks.

## Schlafen & Essen

**Lizard YHA** HOSTEL £
(☎0845 371 9550; www.yha.org.uk; B 17–22 £; ⏲April–Okt.) Das alte Leuchtturmwärterhäuschen beim Museum ist heute die südlichste Jugendherberge Großbritanniens.

**Ann's Pasties** BRITISCH £
(☎01326-290889; www.annspasties.co.uk; Backwaren 2,85 £; ⏲Mo–Sa 9–15 Uhr) Ann Muller serviert in ihrem winzigen Laden beim Lizard Point riesige traditionelle *pasties*.

**Roskilly's** EISCREME £
(The Harbour; Eiscreme 2–3 £; ⏲9–17 Uhr) Am Hafen gelegene Eisdiele des renommierten Eisherstellers.

**★ Kota** INTERNATIONAL ££

(☎01326-562407; www.kotarestaurant.co.uk; 2-Gänge-Menü 17,50 £, Hauptgerichte 12–20 £; ⏰12.30–14.30 & 18–21 Uhr) Der Neuseeländer Jude Kereama bezieht seine kulinarischen Inspirationen von seinen Weltreisen und so ist die Karte hier mit exotischen Aromen aus allerlei Weltgegenden gespickt, von Sichuan über Thailand bis Malaysia. Sein Hauptrestaurant befindet sich in einer umgebauten Mühle in Porthleven, 5 km südlich von Helston. Außerdem betreibt er am Kai ein neues Café-Bistro, **Kota Kai** (☎01326-574411; www.kotakai.co.uk; Hauptgerichte 11,50–14,95 £; ⏰12–14 & 17.30–21.30 Uhr; 📶).

**Halzephron Inn** PUB ££

(☎01326-240406; www.halzephron-inn.co.uk; Hauptgerichte 9,95–21,95 £; ⏰11–23 Uhr) Dieses echte kornische Pub auf den Klippen oberhalb von Gunwalloe, 8 km südlich von Helston, residiert in einem weiß getünchten Haus mit Schieferdach. Drinnen hängt aller mögliche Messingschnickschnack über der Theke. Auf der Karte stehen Fisch im Bierteig und *surf-and-turf*-Steak.

### An- & Weiterreise

**Bus 2** Von Penzance nach Falmouth, mit Stopps in Porthleven und Helston (5 £, Mo–Sa stündl., So 6-mal)

**Bus 36** Von Helston nach Gunwalloe, Gweek, Coverack und St. Keverne (3 £, Mo–Sa 3- oder 4-mal tgl.)

**Bus 37** Von Helston nach Mullion (3 £) und auf den Lizard (5 £, Mo–Sa alle 2 Std., So 4-mal)

**Bus 82** (5 £, 1 Std., stündl., So 5-mal) Von Helston nach Truro

## Falmouth & Umgebung

20 775 EW.

Falmouth verdiente sich seinen Wohlstand dank seiner Lage am Rand des dritttiefsten Naturhafens der Welt. Im 18. und 19. Jh. legten hier Klipper, Handelsschiffe und Postsegler an, um sich ihrer Waren und Sendungen zu entledigen. Auch heute ist die Stadt noch ein wichtiges Zentrum für Schiffsreparaturen. Und dank dem stets expandierenden Campus des University College Falmouth im nahen Penryn ist Falmouth inzwischen auch eine muntere Studentenstadt.

Mit seinen vielen Bars und Bistros, seinen drei Stränden und dem wichtigsten Seefahrtsmuseum des Landes vor der Tür ist Falmouth eine ideale Basis für die Erkundung der Südküste Cornwalls.

### Sehenswertes

Falmouth hat drei Strände. Nicht weit vom Zentrum erstreckt sich der beliebte **Gyllyngvase** mit viel Platz und dem quirligen Gylly Beach Café. Auf der anderen Seite der Landzunge ist **Swanpool**; **Maenporth** liegt weitere 1,5 km westlich. Der Bus 500 hält im Sommer bei allen drei Stränden.

**National Maritime Museum** MUSEUM

(☎01326-313388; www.nmmc.co.uk; Discovery Quay; Erw./Kind 11,50/8 £; ⏰10–17 Uhr) Das Schwestermuseum des National Maritime Museum in Greenwich beschäftigt sich mit der Geschichte von Falmouth als Hafenstadt. Außerdem werden regelmäßig Ausstellungen zu Schifffahrtsthemen gezeigt. Den Kern des Museums bildet die eindrucksvolle **Flotilla Gallery**, in der unterschiedlichste kleine Boote an Stahlseilen von der Decke hängen. Vom **Lookout Tower** bietet sich ein Rundumpanorama der Falmouth Bay.

**Pendennis Castle** BURG

(EH; ☎01326-316594; Erw./Kind 7/4,20 £; ⏰Juli & Aug. 10–18 Uhr, April–Juni & Sept. bis 17 Uhr, Okt.–März bis 16 Uhr) Diese Burg auf der Landspitze Pendennis Point wurde unter Heinrich VIII. als Teil einer Festungskette zur Verteidigung Englands gebaut. Zur Seite gestellt wurde ihr eine Festung in St. Mawes auf der anderen Seite des Naturhafens. Besucher können auf mehreren Etagen der Burg und auf dem Kanonendeck herumlaufen und sich auch das Gouverneursschlafzimmer, ein Wachhaus aus dem Ersten und die Geschützbatterie Half-Moon Battery aus dem Zweiten Weltkrieg anschauen. Mittags donnert die Noonday Gun los.

### Schlafen

**Falmouth Lodge Backpackers** HOSTEL £

(☎01326-319996; www.falmouthbackpackers.co.uk; 9 Gyllyngvase Tce; B/EZ 19/26 £, DZ 28–35 £) Das freundliche Hostel in einem Fachwerkhausnachbau am oberen Ende der Stadt ist eine vergnügliche Budgetunterkunft. Die Zimmer sind klein, aber sauber und gemütlich. In der Küche steht ein Aga-Herd und es gibt eine DVD-Lounge. Betreiberin Judi richtet für ihre Gäste oft spontane Grillabende aus.

**Highcliffe Contemporary B&B** B&B ££

(☎01326-314466; www.highcliffefalmouth.com; 22 Melvill Rd; EZ 45–55 £, DZ 75–130 £; 📶) Alte Möbel und Upcycling-Designerstücke verleihen jedem der Zimmer hier sein ganz individuel-

ABSTECHER

## TREBAH & GLENDURGAN GARDEN

Zwei von Cornwalls herrlichen subtropischen Gärten liegen nebeneinander am Nordufer des River Helford. Der seit 1840 angelegte **Trebah Garden** (☎01326-252200; www.trebahgarden.co.uk; Erw./Kind 9/3 £; ⏲10.30–16.30 Uhr) erstreckt sich eindrucksvoll in einer tiefen Schlucht voller großer Rhododendren, riesiger brasilianischer Rhabarberpflanzen und Dschungelfarne.

Der benachbarte **Glendurgan Garden** (NT; ☎01326-250906; www.nationaltrust.org.uk/glendurgan-garden; Erw./Kind 7,20/3,60 £; ⏲Di–So 10.30–17.30 Uhr) wurde etwa zur selben Zeit von der betuchten Familie Fox angelegt und gehört heute dem National Trust. Vom Garten bieten sich schöne Blicke auf den River Helford. Außerdem gibt's hier ein altes Eibenlabyrinth und beim Dorf Durgan einen abgeschiedenen Strand.

Die Gärten liegen rund 6,5 km von Falmouth entfernt: Richtung Mawnan Smith fahren und dann der Ausschilderung folgen.

les Flair. Das schönste ist das lichtdurchflutete Attic Penthouse mit Dachfenstern hinaus zur Falmouth Bay. Das Frühstück wird in Picknickkörben aufs Zimmer gebracht oder man labt sich im Speiseraum an Pfannkuchen und *Hog's pudding* (kornische Wurst).

**Bosanneth** B&B ££

(☎01326-314649; www.bosanneth.co.uk; Gyllyngvase Hill; DZ ab 90 £; 📶) Das 8-Zimmer-B&B ist kunterbunt eingerichtet. Einige der Zimmer haben mit ihren alten Spiegeln, recycelten Möbeln und klassischen Farben ein Vintage-Flair, andere geben sich moderner. Besonders schön ist die Gartenoase.

**Greenbank** HOTEL £££

(☎01326-312440; www.greenbank-hotel.co.uk; Harbourside; Zi. 99–245 £; P📶) Das schönste der alten Hotels der Stadt thront in wunderbarer Lage mit Blick über den Hafen voller Boote Richtung Flushing. Das Ganze mutet ein bisschen wie der Schauplatz eines Romans von Agatha Christie an – die öffentlichen Bereiche zieren nautischer Nippes und Schiffe in Vitrinen und durch hohe Fenster blickt man aufs Wasser. Die Zimmer wiederum sind moderner und in dezenten Beige- und Cremetönen gehalten. Zimmer mit Meerblick sind am teuersten.

### Essen

★**Oliver's** BISTRO ££

(☎01326-218138; www.oliversfalmouth.com; 33 High St; Hauptgerichte 12,50–20,50 £; ⏲Di–Sa 12–14 & 19–21 Uhr) Das vom Koch Ken Oliver geführte kleine Bistro ist derzeit die angesagteste Schlemmeradresse der Stadt – allerdings gibt's nur wenig Platz, weshalb man lange im Voraus reservieren muss. Die weißen Wände und Kiefernholztische passen gut zu Kens schnörkelloser, mediterran beeinflusster Küche. Ein Großteil der Zutaten stammt aus der Region.

**Wheelhouse** FISCH & MEERESFRÜCHTE ££

(☎01326-318050; Upton Slip; Hauptgerichte 8–15 £; ⏲Mi–Sa 18–22 Uhr) Die in einer kleinen Gasse versteckte Meeresfrüchtebar ist ein weiterer angesagter Laden. Hier müssen die Gäste beim Essen echten Einsatz zeigen: Die Krebse, Jakobsmuscheln und anderen Muscheln und Hummer werden in der Schale serviert – Werkzeug zum Knacken wird aber bereitgestellt. Hier ist's immer voll – lange im Voraus reservieren!

**Courtyard Deli** FEINKOSTLADEN, CAFÉ ££

(☎01326-319526; http:courtyarddeli.wordpress.com; 2 Bells Ct; Hauptgerichte 8–12 £; ⏲Mo–Mi 8.30–17.30, Do–Sa bis 21.30, So 10.30–16 Uhr) Klein ist fein, wie dieses phantastische Feinkostcafé wieder einmal beweist. Wurstwaren, Törtchen, Salate und Quiches füllen die Auslagen; mehrmals wöchentlich sind am Abend auch Tapas angesagt. Das Ganze versteckt sich in einer Gasse neben Beerwolf Books.

**Gylly Beach Café** CAFÉ ££

(☎01326-312884; www.gyllybeach.com; Gyllyngvase Beach; Hauptgerichte 10,95–15,95 £; ⏲9–23 Uhr) Wenn die Sonne scheint, strömt alles morgens auf einen Kaffee oder mittags zum Lunch ins Gylly Beach am Meer. Durch Schiebetüren geht's zur glasgewandeten Terrasse direkt über dem Gyllyngvase Beach. Hamburger, Kebabs, Muscheln und Salat beherrschen die Karte und auch das Frühstück ist toll.

**Rick Stein's Fish** FISH & CHIPS ££

(☎01841-532700; Discovery Quay; Takeaways 4,95–6,50 £, Hauptgerichte 10,50–14,50 £; ⏲12–

14.30 & 17–21 Uhr) Rick Steins edler Fish-&-Chips-Laden hat jetzt auch eine Filiale in Falmouth.

## Ausgehen & Nachtleben

**Dolly's** TEAROOM
(☎01326-218400; www.dollysbar.co.uk; 21 Church St; ⊙Di–Sa 10–22 oder 23 Uhr) Dieser freundliche, rüschige Laden verkörpert die Freuden der altmodischen englischen Teestube – Secondhandlampen, Porzellanteekannen und Tortenständer inklusive. Abends wird mit Cocktails und Jazz die Gangart gewechselt.

**Espressini** CAFÉ
(39 Killigrew St; ⊙Mo–Sa 8–18, So 10–16 Uhr; 📶) Unangefochten das beste Kaffeehaus in Cornwall. Die Auswahl an Mischungen, Röstungen und Kaffeevariationen füllt mühelos eine drei Meter lange Schiefertafel.

**Beerwolf Books** PUB
(☎01326-618474; www.beerwolfbooks.co.uk; 3 Bells Ct; ⊙12–24 Uhr) Möglicherweise die beste Idee aller Zeiten: eine Kreuzung aus Pub und Buchladen, in dem man erst nach Lesestoff suchen kann, um es sich dann mit einem Pint gemütlich zu machen.

**Front** PUB
(☎01326-212168; Custom House Quay; ⊙11–23.30 Uhr) Dieses alte Pub ist die erste Wahl aller Bierliebhaber, mit abgewetzten Holzböden und *real ales* direkt aus den Holzfässern.

**Chain Locker** PUB
(Quay St; ⊙11–23 Uhr) Ein richtig olles Seebärenpub mit Tischen draußen am Hafen.

## An- & Weiterreise

Falmouth liegt am Ende der Nebenbahnstrecke von Truro (4 £, 20 Min.); Züge halten auch in Penryn.

**Bus 2** (5 £, Mo–Sa stündl.) Von Penzance über Helston

**Bus 35** (5 £, Mo–Sa 2-mal tgl.) Halt auf dem Weg nach Helston in Glendurgan und Gweek

**Bus 88** (5 £, stündl.) Schnellster Bus nach Truro

# Truro

17 431 EW.

Truro, unverkennbar mit den drei Turmspitzen der im 19. Jh. erbauten Kathedrale, ist die Hauptstadt Cornwalls. Einst war es ein wichtiger Flusshafen und eine der fünf Zinnstädte Cornwalls, in denen Zinn geprüft und für den Export freigegeben wurde. Heute ist Truro eine quirlige Handelsstadt mit den üblichen Café- und Ladenketten im Zentrum.

Überreste der eleganten georgianischen Vergangenheit der Stadt sind in der Lemon Street und am Walsingham Place zu erkennen.

## Sehenswertes

**Royal Cornwall Museum** MUSEUM
(☎01872-272205; www.royalcornwallmuseum.org.uk; River St; ⊙Mo–Sa 10–17 Uhr) GRATIS Die Sammlungen des zentralen Museums der Grafschaft umfassen alles von geologischen Funden bis zu keltischen Armreifen und einer zeremoniellen Kutsche. Oben gibt's eine ägyptische Abteilung und eine kleine Galerie mit einigen überraschenden Funden wie einem Turner hier und einem van Dyck da sowie mehreren Werken von Stanhope Forbes.

**Truro Cathedral** KATHEDRALE
(www.trurocathedral.org.uk; High Cross; empfohlene Spende 4 £; ⊙Mo–Sa 7.30–18, So 9–19 Uhr) Wo die neugotische Truro Cathedral 1910 fertiggestellt wurde – als erste englische Kathedrale seit St. Paul's –, stand früher eine Gemeindekirche aus dem 16. Jh. Das große Langhaus beeindruckt mit schönem viktorianischem Buntglas und der imposanten Father-Willis-Orgel.

**Trelissick Gardens** GÄRTEN
(NT; www.nationaltrust.org.uk/trelissick-garden; Erw./Kind 8,60/4,30 £; ⊙10.30–17.30 Uhr) Trelissick am Ende des Mündungsbeckens des Fal, 6,5 km südlich von Truro, zählt mit seinem Garten voller Magnolien und Hortensien und seinen weiten Feldern und dem von Wegen durchzogenen Park zu den schönsten Anwesen Cornwalls.

**Lemon Street Market** MARKT
(www.lemonstreetmarket.co.uk; Lemon St; ⊙Mo–Sa 10.30–17.30 Uhr) Die Markthalle beherbergt Kunstgewerbeläden, Cafés, Feinkostgeschäfte und oben eine Galerie. Die Laternen aus Weidenholz und Papier wurden für den Weihnachtsumzug der Stadt im Rahmen der **City of Lights** angefertigt, der Anfang Dezember stattfindet.

## Schlafen

**Mannings Hotel** HOTEL ££
(☎01872-270345; www.manningshotels.co.uk; Lemon St; Zi. 79–109 £; P 📶) Die beste Unter-

NICHT VERSÄUMEN

## CORNWALLS WELTGÄRTEN

Die riesigen, in einer alten Tonerdegrube gelegenen Kuppeln des **Eden Project** (☎ 01726-811911; www.edenproject.com; Erw./Kind/Fam. 23,50/13,50/68 £; ⌚ April–Okt. 10–18 Uhr, Nov.–März bis 16.30 Uhr) – die größten Treibhäuser der Welt – haben sich zur Top-Sehenswürdigkeit entwickelt und lohnen auf jeden Fall einen Besuch. Die blasenförmigen „Biome" ähneln dem Unterschlupf eines Bond-Bösewichts. Sie beherbergen Mini-Ökosysteme, die es allen möglichen sonderbaren und wundervollen Pflanzen ermöglichen hier zu gedeihen – von stinkenden Rafflesia und Bananenbäumen im Regenwald-Biom bis zu den Kakteen und Palmen im Mittelmeer-Biom.

In Ausstellungen werden ökologische und Umweltschutzthemen erkundet, von der Erderwärmung bis zur Kautschukproduktion und Schokoladenherstellung. Zwischen den Biomen wurden Gärten angelegt. Das Highlight ist jedoch der schwindelerregende Baumwipfelweg im Regenwald-Biom.

Im Sommer bilden die Biome im Rahmen der Eden Sessions eine schöne Kulisse für Konzerte; im Winter gibt's hier eine große Eislaufbahn.

Die Anlage liegt 8 km von St. Austell entfernt bei Bodelva. Wer sein Ticket online kauft oder mit öffentlichen Verkehrsmitteln anreist, spart beim Eintrittspreis. Bus 101 fährt regelmäßig vom Bahnhof St. Austell hierher, Bus 527 von Newquay.

Nicht weit entfernt befindet sich Cornwalls Geheimgarten, die **Lost Gardens of Heligan** (☎ 01726-845100; www.heligan.com; Erw./Kind 12/6 £; ⌚ März–Okt. 10–18 Uhr, Nov.–Feb. bis 17 Uhr). Die prächtigen Gärten des 19. Jhs. gehörten einst zum Anwesen der Tremaynes, verwilderten nach dem Ersten Weltkrieg jedoch. Inzwischen entstanden sie auf Initiative des Mannes hinter dem Eden Project, Tim Smit, und mithilfe einer großen Truppe aus Gärtnern, Gartenbauspezialisten und Freiwilligen wieder neu in alter Pracht.

Dies ist ein echter Wundergarten: Hier gibt's formelle Rasenflächen, Küchengärten, Gewächshäuser für Obst, eine geheime Grotte und einen 25 m hohen Rhododendron – angeblich der größte der Welt. Für viele Besucher ist jedoch das absolute Highlight das Dschungeltal mit riesigen Farnen und Palmen und tropischen Blüten.

Heligan liegt gut 11 km von St. Austell entfernt. Bus 526 verbindet Heligan mit dem Bahnhof von Mevagissey und St. Austell (5 £).

kunft im Zentrum: Das teilweise georgianische Haus wurde geschmackvoll modernisiert, mit schwungvollen Farben und minimalistischen Möbeln. Für längere Aufenthalte gibt's Apartments (129 £).

**Merchant House Hotel** HOTEL ££
(☎ 01872-272450; www.merchant-house.co.uk; 49 Falmouth Rd; EZ 55 £, DZ 70–90 £, FZ 95 £; P) Das elegante viktorianische Haus ist für Ausflüge in die Stadt günstig gelegen. Nach einer Renovierung strahlen die Zimmer in frischen Farben. Manche Zimmer haben ein Oberlicht, andere eine Aussicht in den Garten. Das Hotel ist bei Geschäfts- und Busreisenden beliebt, also frühzeitig buchen!

## Essen

**Bustopher's** BISTRO ££
(☎ 01872-279029; www.bustophersbarbistro.com; 62 Lemon St; Hauptgerichte 10–14 £; ⌚ Mi–Sa 12–22, So bis 16 Uhr) Mit diesem edlen Bistro mit seinen glänzenden Hölzern, Kerzen auf den Tischen und jeder Menge Eckchen kommt die moderne städtische Esskultur auch nach Truro. Die Karte ist in „Smalls" und „Bigs" unterteilt und wartet mit allem von Muschel- und Fischeintopf bis zu Enten-Confit auf. Wirklich nicht schlecht!

**Sam's in the City** BISTRO ££
(www.samscornwall.co.uk; 1–2 New Bridge St; Hauptgerichte 11,95–21,95 £; ⌚ 9–22 Uhr) Das alteingesessene Restaurant hat jetzt eine schicke neue Adresse in der Stadt, und zwar in einem ehemaligen Schmuckgeschäft in einer der ältesten Straßen Truros. Auf der Karte stehen Meeresfrüchteklassiker, Steaks, moderne Salate und Platten für mehrere Personen sowie für die sehr Hungrigen Bouillabaisse- und Meeresfrüchtefestmahle.

## Ausgehen & Unterhaltung

**Old Ale House** PUB
(Quay St; ⌚ 12–23 Uhr) Eine echte Bierschwemme mit Sägemehl auf dem Fußboden, Bierdeckeln an der Decke und Gast-Ales.

ABSTECHER

**DIE ROSELAND PENINSULA**

Von Truro und Falmouth gesehen liegt am anderen Ufer des Fal die Roseland Peninsula. Der Name der Halbinsel hat übrigens nichts mit Blumen zu tun, sondern leitet sich vom kornischen Wort *ros* (Landzunge) ab. Die Halbinsel ist grüner und sanfter als die schroffen Granitklippen der Nordküste, eher ländlich mit Hecken und stillen Dörfchen und sandigen Buchten. Die beiden Strände **Carne** und **Pendower** vereinen sich bei Ebbe zu einem einzigen großen Sandstreifen. Einen Besuch lohnt auch der schicke Ort **St. Mawes** mit einer schön erhaltenen, kleeblattförmigen **Burg** (EH; ☎01326-270526; Erw./Kind 4,60/2,80 £; ⏲April–Sept. 10–18 Uhr, Okt.–März bis 17 Uhr) aus der Tudorzeit.

Am schnellsten ist die Roseland-Halbinsel mit der **King Harry Ferry** (☎01872-862312; www.falriver.co.uk/getting-about/ferries/king-harry-ferry; einfach/hin & zurück 5/8 £ pro Auto, Fahrräder & Fußgänger gratis) zu erreichen, die Autos und Fußgänger über den Fal River transportiert, von etwa den Trelissick Gardens hinüber nach Philleigh. Ansonsten sind es mit dem Auto von Truro rund 22,5 km.

**Old Grammar School** PUB
(19 St. Mary St; ⏲10 Uhr–spät) Citybar mit offenem Barraum, großen Tischen und weichen Sofas. Mittagessen wird von 12 bis 15 Uhr serviert, danach gibt es Cocktails, Kerzen sowie belgische und japanische Importbiere.

**Hall for Cornwall** THEATER
(☎01872-262466; www.hallforcornwall.co.uk; Lemon Quay) Größte Bühne der Grafschaft für Theatergastspiele und Musik.

### Praktische Informationen

**Touristeninformation** (☎01872-274555; tic@truro.gov.uk; Boscawen St; ⏲Mo–Fr 9–17.30, Sa bis 17 Uhr)

### An- & Weiterreise

**BUS**

Truros Busbahnhof liegt am Lemon Quay.

**Bus 88** (5 £, stündl.) Expressbus nach Falmouth

**Bus X18** (5 £, Mo–Sa stündl., So 6-mal) Nach Penzance

**Bus 14/14A** (5 £, 1½ Std., Mo–Sa stündl.) Nach St. Ives

**ZUG**

Truro liegt an der Hauptstrecke von London Paddington nach Penzance und an der Nebenstrecke nach Falmouth.

**Bristol** (45 £, 3½ Std.)
**Exeter** (17,90 £, 2¼ Std.)
**Falmouth** (4 £, 30 Min.)
**London Paddington** (60,50 £, 4½ Std.)
**Penzance** (6 £,40, 30 Min.)

## Fowey

2273 EW.

Fowey wirkt in vielerlei Hinsicht wie die Südküstenschwester von Padstow: Eine alltägliche Hafenstadt, die sich zum betuchten Urlaubsort entwickelt hat. Dazu gehören ein gepflegtes Durcheinander aus pastellfarbenen Häusern, Hafenpubs und abgestufte Terrassen mit Blick auf die bewaldeten Ufer des Fowey River. Der Reichtum des Orts beruhte hauptsächlich auf dem Export von Porzellanerde aus den Gruben von St. Austell, aber Fowey war bereits seit dem 16. Jh. eine bedeutende Hafenstadt. Später ließ sich hier die Krimiautorin Daphne du Maurier nieder, die ihr Haus im nahen Menabilly Barton als Inspiration für *Rebecca* nutzte.

Heute ist Fowey ein adrettes und immer teurer werdendes Städtchen, das sich als Ausgangspunkt für die Erkundung der Südostecke Cornwalls anbietet.

### Sehenswertes

**Readymoney Cove** STRAND
Vom Zentrum aus führt die Esplanade zur kleinen Readymoney Cove und zur Ruine der kleinen Tudor-Festung **St. Catherine's Castle** hinunter.

**Polkerris Beach** STRAND
(www.polkerrisbeach.com) Dieser Strand liegt ein paar Kilometer westlich von Fowey und ist der größte und vollste der Gegend. Hier kann man Segeln, Windsurfen und Stehpaddeln lernen.

### Aktivitäten

**Hall Walk** WANDERN
(www.nationaltrust.org.uk/item379352) Dieser 5,6 km lange Rundweg beginnt in Bodinnick auf der von Fowey gesehen anderen Seite des Flusses und windet sich das bewaldete Ufer des Pont Pill Creek entlang. Danach folgt er der Küste bis zum Hafenort Polruan, von wo

Fähren zurück nach Fowey fahren. Von der Website des National Trust kann man sich eine Wegbeschreibung herunterladen.

**Encounter Cornwall** KAJAKFAHREN
(☎07976-466123; www.encountercornwall.com; Golant; Erw./Kind 25/12,50 £) Dreistündige Fahrten ab Golant unmittelbar nördlich von Fowey, entweder auf dem Fluss oder an der Küste entlang.

## Schlafen

★**Coriander Cottages** B&B ££
(☎01726-834998; www.foweyaccommodation.co.uk; Penventinue Lane; Zi. 100–130 £; P 📶) Der schön ländliche Cottagekomplex am Ortsrand von Fowey bietet umweltfreundliche Unterkünfte in verschiedenen offenen Scheunen für Selbstversorger, allesamt mit Ausblicken aufs stille Land. Die Steinscheunen sind schön modernisiert worden und mit Solarzellen, Erdwärme und Regenwasserrückgewinnung wird der ökologische Fußabdruck möglichst niedrig gehalten. Ein tolles Refugium!

**Cormorant Hotel** HOTEL ££
(☎01726-833426; www.cormoranthotel.co.uk; Golant; DZ 115–170 £) Das kleine Hotel in Golant wartet mit einer fabelhaften Lage am Fluss auf und viele Zimmer verfügen über schöne Balkone mit entsprechender Aussicht. Die Zimmer sind in drei Komfortkategorien aufgeteilt: Das beste Verhältnis von Preis und Komfort bieten die Superior-Zimmer.

**Old Quay House** HOTEL £££
(☎01726-833302; www.theoldquayhouse.com; 28 Fore St; DZ 145–395 £; 📶) Dieses exklusive Hotel am Kai ist die konsequente Fortführung des Luxustrends in Fowey. Innen dominieren Naturtextilien, Rattanstühle und geschmackvolle Farbtöne, die Zimmer sind ein Mix aus Suiten mit Blick auf die Flussmündung und Penthäusern im Dachgeschoss. Insgesamt erinnert es eher an die vornehmeren Gegenden in London als an Cornwall.

## Essen & Ausgehen

**Lifebuoy Cafe** CAFÉ £
(☎07715-075869; www.thelifebuoycafe.co.uk; 8 Lostwithiel St; Hauptgerichte 5–10 £; ⏲8–17 Uhr) Foweys beliebtestes Frühstückslokal ist ein freundliches Café mit jeder Menge Charme – von den bunten Möbeln und getupften Fähnchengirlanden bis zu den alten Action-Figuren auf den Regalen. Zum Essen gibt's z. B. das Frühstück Fat Buoy oder einen heiß geliebten britischen Klassiker: Fischstäbchen zwischen gebutterten Brotscheiben. Und dazu natürlich eine Tasse guten, alten, englischen Tee.

**Dwelling House** CAFÉ £
(☎01726-833662; 6 Fore St; Tee 3–6 £; ⏲Mai–Sept. 10–18.30 Uhr, Okt.–April Mi–So bis 17.30 Uhr) Die beste Adresse für Tee (über 20 Sorten!) und feine Törtchen (verziert mit Zuckerstreuseln und bunter Glasur und serviert auf einem richtigen Tortenständer).

**Bistro** FRANZÖSISCH ££
(☎01726-832322; www.thebistrofowey.co.uk; 24 Fore St; 2-/3-Gänge-Menü 15,95/18,95 £) Solide Bistroküche an der Hauptstraße von Fowley mit kornischen Versionen französischer Klassiker und einem Schwerpunkt auf Fisch und Meeresfrüchten. Mosaikböden und einfarbige Drucke sorgen im Speisesaal für schlichten Schick.

**Sam's** BISTRO ££
(www.samsfowey.co.uk; 20 Fore St; Hauptgerichte 6,50–13,95 £; ⏲12–21 Uhr) Das Sam's ist schon seit Jahren eine Institution in Fowey. Sitznischen, bunte Speisekarten und klassische Filmplakate sorgen für ein lockeres Flair. Die Hamburger, Fischgerichte, Salate und „alten Favoriten" sind alle in Vorspeisen- oder Hauptgerichtgröße erhältlich. Eine weitere Filiale gibt's am Polkerris Beach. Keine Reservierung möglich.

**King of Prussia** PUB
(www.kingofprussiafowey.co.uk; Town Quay; ⏲11–23 Uhr) Fowey beeindruckt mit vielen Pubs, aber die besten Hafenblicke hat diese nach dem berüchtigten Schmuggler John Carter benannte Kneipe.

## An- & Weiterreise

Busse nach Fowey halten alle an der Par Station, wo man in Züge zur Hauptstrecke von Penzance nach London Paddington umsteigen kann. Bus 524/525 (halbstündl.) hält in Fowey, St. Austell (4 £) und Mevagissey (5 £); Bus 525 fährt weiter nach Heligan (5 £).

**Bodinnick Ferry** (Auto & 2 Insassen/Fußgänger/Fahrrad 4,60/1,70 £/frei; ⏲letzte Fähre April–Okt. 20.45 Uhr, Nov.–März 19 Uhr) Autofähre über den Fluss nach Bodinnick.

**Polruan Ferry** (Erw./Kind/Fahrrad 1,80/0,80/1 £; ⏲letzte Fähre So–Do 21, Fr & Sa 23 Uhr) Personenfähre nach Polruan. Im Winter und abends im Sommer fährt sie vom Town Quay, sonst vom Whitehouse Slipway an der Esplanade.

# Polperro

1206 EW.

In Cornwall herrscht ja nicht gerade ein Mangel an malerischen Fischerhäfen. Und trotzdem muss man sich einfach in Polperro verlieben, mit seinem Netz aus engen Gassen mit Cottages und Anglerbedarfsläden, die sich alle um den befestigten Hafen drapieren. Dass das Dorf einst ein Schmugglernest war, überrascht kaum, und es herrscht hier trotz der Besuchermassen im Sommer nach wie vor ein gewisses Seebärenflair. Der Küstenpfad zwischen Polperro und Looe ist besonders reizvoll um die **Talland Bay** herum.

Der Hauptparkplatz liegt 750 m bergauf vom Dorf; von hier aus sind es 15 Minuten zu Fuß bis zum Kai. Natürlich kann man einfach nur herumbummeln und die Atmosphäre genießen, doch das urige **Polperro Heritage Museum** (01503-272423; The Warren; Erw./Kind 1,75 £/50 p; März–Okt. 10–18 Uhr) lohnt durchaus einen Besuch. Es erkundet die Seefahrt- und Schmugglergeschichte des Städtchens.

Bus 573 (2,80 £, stündl.) verkehrt zwischen Liskeard, Looe und Polperro, Bus 572 (6,50 £, Mo–Sa stündl., So 3-mal) fährt weiter nach Plymouth.

# Looe

5280 EW.

Looe schmiegt sich in eine lange Biegung der Küste zwischen dem Fowey River und dem Plymouth Sound und ist halb alter Fischerhafen und halb klassischer Urlaubsort am Meer. Die beiden Teile East und West Looe sind durch eine historische Bogenbrücke miteinander verbunden. Looe ist eine nette Basis für die Erkundung des Südostens Cornwalls. In der Nähe locken ein paar schöne Strände.

## Sehenswertes & Aktivitäten

Rund 800 entfernt liegt vor der Küste die winzige **Looe Island**, ein vom Cornwall Wildlife Trust verwaltetes, 9 ha großes Naturschutzgebiet. Das Schiff **Islander** (07814-139223; Erw./Kind hin & zurück 7/5 £, plus 3/1 £ Landungsgebühr) fährt im Sommer hinüber zur Insel. Vom Kai starten Naturführungen.

**Wild Futures Monkey Sanctuary** TIERSCHUTZZENTRUM
(01503-262532; www.monkeysanctuary.org; St. Martins; Erw./Kind 8/5 £; Ostern–Sept. So–Do 11–16.30 Uhr) Die unglaublich niedlichen, teils aus Gefangenschaft geretteten Wollaffen und Kapuzineräffchen in diesem Tierschutzzentrum rund 800 m westlich des Orts sorgen bei vielen Besuchern sicher für große Verzückung.

**Porfell Wildlife Park** ZOO
(01503-220211; www.porfell.co.uk; Lanreath; Erw./Kind 9,50/7,50 £; 10–18 Uhr) Ein munterer Tierpark rund 3 km außerhalb von Looe mit Aras, Sittichen, Eulen, Lemuren, Meerkatzen und Zebras sowie einem altehrwürdigen Wasserschwein namens Bert.

## Schlafen

**Penvith Barns** B&B £
(01503-240772; www.penvithbarns.co.uk; St-Martin-by-Looe; EZ 63–72 £, DZ 65–80 £) Keine Lust auf das Gedränge in Looe? Diese umgebaute Scheune im nahen St.-Martin-by-Looe ist die perfekte Alternative. Es werden alle Zimmergrößen von klein bis geräumig geboten: Die winzige Piggery versteckt sich unter dem Dach, während die Dairy genug Platz für ein zusätzliches Bett und Sofa hat.

**Barclay House** B&B £££
(01503-262929; www.barclayhouse.co.uk; St. Martins Rd; DZ 95–130 £) Die viktorianische Villa ist von 2,4 ha Garten umgeben und bietet die besten Zimmer in East Looe, mit Panoramablick auf den Fluss und anmutigen Pfirsich-, Pistazien- und Aquamarintönen. Außerdem werden Selbstversorgercottages geboten.

## Praktische Informationen

**Touristeninformation** (01503-262072; www.visit-southeastcornwall.co.uk; Guildhall, Fore St; Ostern–Okt. 10–17 Uhr)

## An- & Weiterreise

Bus 572 fährt nach Plymouth (1¼ Std., Mo–Sa 7-mal tgl.). Züge auf der Looe Valley Line (Mo–Sa alle 2 Std., So 8-mal, Day Ranger Erw./Kind 5/3,15 £) fahren entlang einer wunderschönen Strecke nach Liskeard.

# Südostcornwall & Rame Peninsula

Die Rame-Halbinsel wird oft als „Cornwalls vergessene Ecke" bezeichnet und ist noch immer eine der unberührtesten Winkel der Grafschaft. Wer den Massen entkommen möchte, ist hier genau richtig. Einst teilten sich einige alte Adelsfamilien das Land hier; mehrere stattliche Herrensitze sind für die Öffentlichkeit zugänglich. Auch die Hafendörfchen **Kingsand** und **Cawsand** sind einen Umweg wert, ebenso der eindrucksvolle 5 km lange Strand der **Whitsand Bay** (nicht zu verwechseln mit der Whitesand Bay bei Sennen). Im Landesinneren stehen in Cornwalls Südosten außerdem ein paar imposante alte Anwesen.

## Sehenswertes

**Lanhydrock** HISTORISCHES GEBÄUDE

(NT; ☎ 01208-265950; www.nationaltrust.org.uk/lanhydrock; Erw./Kind 11,30/5,60 £, nur Außenanlagen 7/3,50 £; ⌚ Haus Di–Sa 11–17.30 Uhr, Außenanlagen tgl. 10–18 Uhr) Dieser riesige Kasten gewährt einen faszinierenden Einblick in das Leben des kornischen Landadels, insbesondere der Familie Robartes. Das Haus wurde nach einem Brand 1881 umfassend neu aufgebaut und ist ein typisches viktorianisches Herrenhaus mit Rauchersalon für die Herren, Kinderzimmer voller Spielzeug und Speiseraum voller Antiquitäten. Dazu kommt noch eine enorm große Küche mit dem Original-Bratspieß. Das Haus liegt 4 km südöstlich von Bodmin.

**Antony House** HISTORISCHES GEBÄUDE

(NT; ☎ 01752-812191; www.nationaltrust.org.uk/antony; Erw./Kind 8,10/5,10 £, nur Außenanlagen 4,10/2,10 £; ⌚ Haus 13–17 Uhr, Gärten Di–Do & So 12–17 Uhr) Das Haus ist bis heute von der Familie Carew-Pole bewohnt, befindet sich aber inzwischen im Besitz des National Trust. Es ist hauptsächlich bekannt wegen seines ornamentalen Gartens, der im 18. Jh. vom Landschaftsarchitekten Humphrey Repton entworfen wurde und voller ausgefallener Formschnitthecken steckt. Diese waren teilweise in Tim Burtons Filmbearbeitung von *Alice in Wonderland* (2010) zu sehen. Das Haus liegt 14,5 km östlich von Looe bzw. knapp 10 km westlich von Plymouth.

**Port Eliot** HISTORISCHES GEBÄUDE

(☎ 01503-230211; www.porteliot.co.uk; Haus & Außenanlagen Erw./Kind 8/4 £, nur Außenanlagen 5/2 £; ⌚ März–Juni Sa–Do 14–18 Uhr) Dieses herrliche 2400 ha große Anwesen ist der Stammsitz der Grafen von St. Germans. Das Haus ist vier Monate des Jahres öffentlich zugänglich und übers Gelände erstrecken sich zahlreiche schöne Spazierwege. Im Juli findet hier das **Port Eliot Festival** (www.porteliotfestival.com) mit Musik und Literatur statt.

## An- & Weiterreise

Auf der Ostseite der Rame Peninsula schippert die **Torpoint Ferry** (www.tamarcrossings.org.uk/index.aspx?articleid=36386; Auto 2,50 £, Fußgänger & Radfahrer gratis; ⌚ 24 Std.) über den River Tamar nach Plymouth.

# Bodmin Moor

Zwar besitzt Bodmin Moor nicht dieselbe wilde Erhabenheit wie Dartmoor, aber es beeindruckt mit einer ganz eigenen kargen Schönheit. Mit seinen Heidelandschaften und Granithügeln – u. a. dem **Rough Tor** (sprich: rou-tor; 400 m) und dem **Brown Willy** (419 m), der höchsten Erhebung Cornwalls – ist dies eine einsame Gegend, die die Phantasie beflügelt: Seit Jahren wird hier die berüchtigte Bestie von Bodmin Moor gesichtet; die schwarze, katzenartige Kreatur konnte aber bis dato noch von keiner Kamera eingefangen werden.

Außer den Bergen ist das bekannteste Wahrzeichen des Moors das **Jamaica Inn** (☎ 01566-86250; www.jamaicainn.co.uk; EZ 65 £, DZ 80–110 £; P), das durch Daphne du Mauriers gleichnamigen Roman berühmt wurde – allerdings wurde es leider inzwischen modernisiert.

Die Busverbindungen sind hier sehr eingeschränkt; für Erkundungen benötigt man daher ein eigenes Fahrzeug.

## Sehenswertes & Aktivitäten

**Golitha Falls** WASSERFALL

Diese sprudelnden Wasserfälle rund 2 km westlich von St. Cleer gehören zu den schönsten Örtchen des Moores. Um die Fälle herum erstrecken sich die Überreste eines uralten Eichenwaldes, der früher das gesamte Bodmin Moor bedeckte. Von einem Parkplatz bei der Draynes Bridge führt ein 800 m langer Fußweg hierher.

**Carnglaze Caverns** HÖHLE

(☎ 01579-320251; www.carnglaze.com; Erw./Kind 6/4 £; ⌚ 10–17 Uhr) In Bodmin Moor wurde früher im großen Stil Schiefer abgebaut. Davon zeugen heute tiefe Höhlen wie diese außerhalb von St. Neot. Mehrere Höhlen sind hier für die Öffentlichkeit zugänglich und können im Rahmen von Führungen besichtigt werden.

**Bodmin & Wenford Railway** HISTORISCHE EISENBAHN
(☎ 01208-73555; www.bodminandwenfordrailway.co.uk; Rover Pass Erw./Kind 12/6 £; ⌚ März–Okt.) Die von Eisenbahnfans betriebene Dampfbahn schnauft auf einer 10,5 km langen Strecke zwischen Bodmin und Boscarne Junction. Viele der Züge sind noch immer wie in den 1950er-Jahren ausgestattet. In Boscarne trifft die Bahn auf den Camel Trail (S. 357); wenn Platz ist, können im Zug Räder mitgenommen werden. Im Sommer werden teils Sonderfahrten angeboten wie etwa eine Fahrt mit Dinner inklusive Silbergeschirr.

**Cardinham Woods** WANDERN, MOUNTAINBIKEN
(☎ 01208-72577; www.forestry.gov.uk/cardinham) Dieser große Wald unmittelbar außerhalb von Bodmin eignet sich wunderbar für einen Waldspaziergang und bietet außerdem einige Mountainbiketrails. Die Bodmin and Wenford Railway hält am nahen Coleslogget Halt; von dort führt ein 2,5 km langer Weg nach Cardinham.

# ISLES OF SCILLY

Zwar liegen sie nur 45 km westlich des Festlands, aber in vielerlei Hinsicht repräsentieren die Isles of Scilly eine ganz eigene Welt. Das Leben auf der Gruppe aus rund 140 Inselchen scheint sich seit Jahrzehnten kaum verändert zu haben: Hier gibt's keine Verkehrsstaus, keine Supermärkte und keine internationalen Hotelketten und man hört nur die Brandung und das Schreien der Möwen. Das heißt jedoch nicht, dass die Inseln der Zeit hinterherhinken – auf den Hauptinseln gibt's ein Handynetz und Breitband-Internet –, doch die Bewohner scheinen vollkommen glücklich damit zu sein, dass das Leben hier seinen ganz eigenen Rhythmus hat. Die für ihre schönen Strände bekannten Inseln sind ein wunderbarer Zufluchtsort, wenn man der modernen Welt mal entfliehen möchte.

Nur fünf Inseln sind bewohnt: St. Mary's ist die größte Insel, gefolgt von Tresco, und nur ein paar wenige Unverdrossene leben auf Bryher, St. Martin's und St. Agnes.

Natürlich ist hier im Sommer am meisten los. Im Winter ist vieles komplett geschlossen. Die Hotels sind teuer und das Angebot an B&Bs ist begrenzt, sodass viele Besucher stattdessen ein Cottage mieten – die beiden Hauptanbieter sind **Island Properties** (☎ 01720-422082; www.scillyhols.com) und **Sibley's Island Homes** (☎ 01720-422431; www.sibleysonscilly.co.uk).

Auf allen bewohnten Inseln außer Tresco gibt's einen Campingplatz; für Juli und August muss man jedoch weit im Voraus buchen.

## ℹ Praktische Informationen

**Isles of Scilly Tourist Board** (☎ 01720-422536; tic@scilly.gov.uk; St. Mary's; ⌚ Mai–Sept. Mo–Fr 8.30–18, Sa 9–17, So 9–14 Uhr, Okt.–April kürzere Öffnungszeiten) Die einzige Touristeninformation der Inseln.

**Simply Scilly** (www.simplyscilly.co.uk) Das offizielle Tourismusportal.

## ℹ An- & Weiterreise

Buchungen für Flüge und Fähren nimmt das **Isles of Scilly Travel Centre** (☎ 0845 710 5555; www.islesofscilly-travel.co.uk; Quay St; ⌚ Mo–Sa 8–18.30 Uhr) in Penzance entgegen.

**Isles of Scilly Skybus** Seit der Schließung des Hubschrauberservice 2013 bieten Flugzeuge die einzige Flugverbindung zu den Inseln. Vom Land's End Airport bei Zennor und Newquay Airport finden täglich mehrere Flüge statt. Im Sommer gibt's außerdem Flugverbindungen von Exeter, Bristol und Southampton.

**Scillonian III** (⌚ April–Okt.) Fähren verkehren in den berüchtigt turbulenten Gewässern zwischen Penzance und St. Mary's (Erw. ab 47 £ je Strecke). Im Sommer verkehrt mindestens eine Fähre am Tag, im Winter fahren allerdings keine Fähren.

## ℹ Unterwegs vor Ort

**St. Mary's Boatmen Association** (☎ 01720-423999; www.scillyboating.co.uk) Bietet regelmäßige Fährverbindungen von St. Mary's zu den anderen Inseln der Gruppe. Hin und zurück kostet die Fahrt zu einer Insel 8,50/4,25 £ (Erw./Kind); ein „Rundfahrtticket" mit Rückfahrt über eine weitere Insel kostet 13/6,50 £.

## St. Mary's

2200 EW.

St. Mary's ist die größte und betriebsamste der Inseln und der wichtigste Anlaufpunkt für Flüge und Fähren. Rund 1,5 km westlich vom Flughafen liegt der Hauptort **Hugh Town** mit den meisten Hotels, Geschäften und B&Bs des Archipels sowie dem wichtigsten Hafen.

Die meisten Besucher schaffen es nur bis **Porthcressa**, Hugh Towns schmalem Sandstrand. Doch sind noch zahlreiche weitere

Buchten zu Fuß oder mit dem Rad zu erreichen wie **Porth Hellick**, **Watermill Cove** und die abgeschiedene **Pelistry Bay**.

## Sehenswertes

**Isles of Scilly Museum** MUSEUM
(Church St, Hugh Town; Erw./Kind 3,50/1 £; Ostern–Sept. Mo–Fr 10–16.30, Sa bis 12 Uhr, Okt.–Ostern Mo–Sa 10–12 Uhr) Das kleine Museum erkundet die Geschichte der Inseln mit einer bunten Mischung aus archäologischen Funden und Gegenständen von untergegangenen Schiffen.

## Geführte Touren

**Scilly Walks** WANDERN
(01720-423326; www.scillywalks.co.uk; Erw./Kind 6/3 £) Dreistündige archäologische und historische Führungen sowie Besuche auf den anderen Inseln.

**Island Wildlife Tours** WANDERN
(01720-422212; www.islandwildlifetours.co.uk; halber/ganzer Tag 6/12 £) Regelmäßige Vogelbeobachtungs- und Wildtierwanderungen mit dem lokalen Experten Will Wagstaff.

**Island Sea Safaris** BOOTSTOUR
(01720-422732; www.islandseasafaris.co.uk) Bietet Ausflüge zu örtlichen Vogel- und Robbenkolonien (Erw./Kind 33/25 £). Verleiht außerdem Neoprenanzüge und Schnorchelausrüstung.

## Schlafen

**Garrison Campsite** CAMPINGPLATZ £
(01720-422670; tedmoulson@aol.com; Tower Cottage, Garrison; Stellplätze 8,80–11 £; ) Großer Campingplatz oberhalb von Hugh Town mit Meerblick sowie elektrischen Anschlüssen, WLAN und Waschmaschinen- und Duschblock. Außerdem kann man hier fertig aufgebaute Zelte mieten.

**Isles of Scilly Country Guesthouse** B&B ££
(01720-422440; www.scillyguesthouse.co.uk; High Lanes; DZ 100–124 £; ) Das von der Bayerin Sabine Schraudolph geführte B&B ist eins der komfortabelsten auf St. Mary's. Die großen Zimmer kommen ohne Kitsch aus und bieten Blicke über die Felder der Insel. In ihrem Wintergarten und Café serviert Sabine bayerische Köstlichkeiten wie Apfelstrudel.

**Wingletang** B&B ££
(01720-422381; www.wingletangguesthouse.co.uk; The Parade; DZ 72–90 £) Einfache, gemütliche Zimmer in einem 200 Jahre alten Granitcottage im Herzen von Hugh Town.

**Star Castle Hotel** HOTEL £££
(01720-422317; www.star-castle.co.uk; The Garrison; Zi. mit Abendessen 98–398 £; ) Die ehemalige Festung mit sternförmigem Grundriss am Garrison Point ist eines der Tophotels der Inseln und bietet eine Auswahl zwischen auf historisch getrimmten Palastzimmern und moderneren Gartensuiten. Es ist ein bisschen steif und teuer, aber dafür ist das Abendessen im Preis enthalten.

## Essen

**Dibble & Grub** CAFÉ ££
(01720-423719; www.dibbleandgrub.com; Mittagessen 6–12 £, Abendessen 10–16 £; April–Sept. 10–22 Uhr) Schickes neues Strandcafé in der alten Feuerwache der Insel. Auf der Karte stehen Tapas und mediterrane Klassiker.

**Juliet's Garden Restaurant** BISTRO ££
(01720-422228; www.julietsgardenrestaurant.co.uk; Hauptgerichte 8–16 £; 12–14 & 18–21 Uhr) Das alteingesessene Bistro besteht seit drei Jahrzehnten und ist nach wie vor die beste Speiseadresse der Insel. Es befindet sich in einer alten Scheune 15 Minuten zu Fuß von Hugh Town und serviert tagsüber gute Salate und Sandwiches, abends dann bei Kerzenlicht Anspruchsvolleres wie Curry-Seeteufel und Milchlamm.

## Unterwegs vor Ort

Taxiunternehmen auf St. Mary's sind z. B. **Island Taxis** (01720-422126), **Scilly Cabs** (01720-422901) und **Toots Taxis** (01720-422142).

Bei allen Flugankünften steht **Paulgers Transport** (01720-423701) bereit; das Unternehmen bringt Gäste für einen Pauschalpreis von 4 £ zu allen Unterkünften oder zum Schiffsanleger, falls man auf eine andere Insel weiterreist.

**Island Rover** (01720-422131; www.islandrover.co.uk; Tickets 8 £) St. Mary's einzige Buslinie befährt ab Holgate's Green in Hugh Town um 10.15 und 15.30 Uhr eine Rundstrecke; im Hochsommer werden Extrarunden gedreht.

# Tresco

175 EW.

Die zweitgrößte Insel des Archipels gehört zum Herzogtum Cornwall. Die Hauptattraktion der Insel ist der zauberhafte **Tresco Abbey Garden** (01720-424105; www.tresco.co.uk/stay/abbey-garden; Erw./Kind 12 £/frei; 10–16 Uhr) mit mehr als 5000 subtropischen Pflanzen und einem einzigartigen, vom Golfstrom genährten Mikroklima. Interessant ist auch die Valhalla-Sammlung: Sie besteht aus Galionsfiguren und Namensschildern von den zahlreichen Schiffen, die vor Tresco Schiffbruch erlitten.

Da die Unterkünfte in der Hauptsaison hier lächerlich teuer sind, kommen die meisten Besucher nur im Rahmen eines Tagesausflugs hierher. Aber ein Mittagessen im munteren Inselpub **New Inn** (☎01720-422849; contactus@tresco.co.uk; Hauptgerichte 10–18 £) sollte doch drin sein.

## Bryher

70 EW.

Nur rund 70 Menschen leben auf Bryher, der kleinsten und wildesten der bewohnten Scilly-Inseln. Die mit struppigem Farndickicht und Heidekraut bewachsene Insel ist den Stürmen des Atlantiks voll ausgesetzt: Die Hell Bay in einem Wintersturm ist ein echtes Naturerlebnis. Ansonsten lässt sich das Eiland wunderbar zu Fuß erkunden. Vom **Watch Hill** bieten sich tolle Ausblicke über die Insel. Die **Rushy Bay** beherbergt einen der schönsten Strände des gesamten Archipels. Über den Küstenpfad sind noch mehrere kleinere Strände zu erreichen.

### Schlafen & Essen

**Bryher Campsite** CAMPINGPLATZ £
(☎01720-422886; www.bryhercampsite.co.uk; Stellplätze 10,25 £; 🐾) Schnörkelloser Campingplatz in Kainähe. Heiße Duschen und Transfer vom Boot per Traktor sind im Preis enthalten.

**Samson Hill** B&B ££
(☎01720-423951; www.samsonhill.co.uk; DZ 60–75 £; 📶) Das von der echten Insulanerin Issy Tibbs betriebene hübsche 2-Zimmer-B&B wartet mit umwerfenden Ausblicken Richtung Tresco auf. Issy ist eine engagierte Köchin und daher gibt's zum Frühstück alles von kanadischen Pfannkuchen bis zu hausgemachtem Müsli; außerdem stellt sie ihr eigenes Fudge her. Ehemann Gareth bereitet an mehreren Abenden der Woche im Garten Holzofenpizza zu.

**Hell Bay Hotel** HOTEL £££
(☎01720-422947; www.hellbay.co.uk; DZ 190–320 £) So ziemlich die schickste Unterkunft auf den Inseln: eine echte Inselzuflucht mit New-England-Möbeln, sonnigem Goldgelb und Meeresblau sowie hellen Holzbalken.

**Fraggle Rock** CAFÉ ££
(☎01720-422222; www.bryher.co; Hauptgerichte 8–14 £; ⏲9–21 Uhr; 📶) Das lässige Café dient gleichzeitig als Inselpub. Serviert werden hauptsächlich Quiches, Salate und Hamburger. Wenn möglich nutzen die Betreiber Chris und Kim Zulieferer von den Inseln. Wer bleiben möchte, kann in einer der Holzhütten unterkommen.

## St. Martin's

136 EW.

Das kleine St. Martin's, die nördlichste der Hauptinseln, ist zu Recht bekannt für seine Strände. Einen Abstecher lohnen auf jeden Fall die **Lawrence's Bay** an der Südküste, an der bei Ebbe ein breiter Sandstrand entsteht, die **Great Bay** im Norden mit dem vielleicht schönsten Strand der gesamten Inselgruppe und die abgeschiedene Bucht von **Perpitch** im Südosten.

### Sehenswertes & Aktivitäten

**St. Martin's Vineyard** WEINGUT
(☎01720-423418; www.stmartinsvineyard.co.uk; ⏲Führungen Di–Do 10.45–16 Uhr) Das kleinste und südwestlichste Weingut Großbritanniens produziert Weißweine. Die Eigentümer Val und Graham bieten auch Führungen an.

**Scilly Diving** TAUCHEN
(☎01720-422848; www.scillydiving.com) Tauchkurse und 1-Flaschen-Tauchgänge; in Higher Town.

### Schlafen

Außer dem superteuren Hotel **St. Martin's on the Isle** (☎01720-422090; www.stmartinshotel.co.uk; DZ 300–560 £) und einer Handvoll B&Bs ist das Angebot an Unterkünften sehr begrenzt.

**St. Martin's Campsite** CAMPINGPLATZ £
(☎01720-422888; www.stmartinscampsite.co.uk; Stellplätze 9–11 £; ⏲März–Okt.) Der Campingplatz am westlichen Ende der Lawrence's Bay ist mit 50 Stellplätzen auf drei Feldern der zweitgrößte der Inselgruppe. Waschmaschinen und Duschen sind münzbetrieben und man kann Eier und Gemüse fürs Frühstück kaufen.

**Polreath** B&B ££
(☎01720-422046; www.polreath.com; Higher Town; DZ 100–110 £) Das freundliche Gra-

nitcottage bietet kleine Zimmer und einen sonnigen Wintergarten, in dem *cream tea,* hausgemachte Limo und Abendessen serviert werden.

## Essen

**Adam's Fish & Chips** FISCH & MEERESFRÜCHTE £
(☎01720-422457; ⏲Juli & Aug. Di–Do 18–20.30, Sa 12–14.30 Uhr, Sept.–Juni Di & Do 18–20.30 Uhr) Viel frischeren Fisch gibt es wohl nirgends: Was tagsüber im Netz landet, kommt abends in den Teig. Den Laden führen Adam und Emma, die auf der nahe gelegenen Little Arthur Farm leben und arbeiten.

**Little Arthur Farm** CAFÉ £
(☎01720-422457; www.littlearthur.co.uk; ⏲tgl. 10.30–16, Mo–Fr 18.30–20.30 Uhr) Lebensmittel aus eigenem Anbau, handgemachte Schuhe, frische Milch vom Bauernhof: Das alles gibt's auf dieser Biofarm mit Vollwertcafé.

**St. Martin's Bakery** BÄCKEREI £
(☎01720-423444; www.stmartinsbakery.co.uk; ⏲Mo–Sa 9–18, So bis 14 Uhr) Die heimelige Bäckerei produziert frisches Brot, Pizza und hausgemachte *pasties.*

# St. Agnes

170 EW.

Die südlichste Insel der Isles of Scilly wirkt mit ihren leeren Buchten und wenigen prähistorischen Stätten wirklich abgeschieden. Die Besucher kommen in Porth Conger in der Nähe des stillgelegten **Old Lig**... an, eines der ältesten Leuchttür... Landes.

Interessant sind außerdem das 200 Ja... alte **Troy Town Maze** und die Insel **Gug**... mit faszinierenden Menhiren und Zeugnissen der Bronzezeit.

## Schlafen & Essen

**Troytown Farm** CAMPINGPLATZ £
(☎01720-422360; www.troytown.co.uk; Erw. 8,75 £, Zelte 2–8 £) Wo früher Blumen angepflanzt wurden, ist heute ein winziger Feldcampingplatz mit wunderbarem Meerblick. Außerdem werden drei Selbstversorgercottages (550–950 £ pro Woche) vermietet.

**Covean Cottage** COTTAGE ££
(☎01720-422620; http://st-agnes-scilly.org/covean.htm; DZ 60–80 £) Ein kleines Steincottage, dessen drei hübsche Zimmer Meerblick haben. Es hat außerdem ein kleines Café, in dem der Inhaber Frühstück und leichte Mahlzeiten serviert.

**Turk's Head** PUB ££
(☎01720-422434; Hauptgerichte 8–14 £; ⏲Mo–Sa 11–23, So 12–22.30 Uhr) Großbritanniens südlichstes Wirtshaus ist eine echte Schönheit. Modellschiffe und Seemannsfotos hängen an den Wänden und das hausgebraute Turk's Head schmeckt auch draußen am Landungssteg. Und wenn die Jungs bei Laune sind, wird manchmal auch ein Shanty angestimmt.

# Cambridge & East Anglia

**Inhalt ➡**



## Gut Essen

- Midsummer House (S. 400)
- Roger Hickman's (S. 422)
- Company Shed (S. 405)
- Great House (S. 411)

## Schön übernachten

- Varsity (S. 398)
- Sutherland House (S. 416)
- Angel (S. 413)
- Peacocks (S. 403)

## Auf nach Cambridge & East Anglia

Das flache Land von East Anglia erstreckt sich nach Osten bis hin zum Meer in einem Netz aus fruchtbaren Äckern, verträumten Niederungen, den sogenannten Fens, und rauschenden Flüssen. Die herrlichen Sandstrände, der weite Horizont und die poetische Landschaft haben Maler wie Constable und Gainsborough inspiriert.

Doch es herrscht nicht nur ländliche Idylle: Über den Fens erhebt sich die berühmte Universitätsstadt Cambridge mit ihrer klassischen Architektur und würdevollen Ausstrahlung. Östlich davon liegt das kosmopolitische Norwich. In der Nähe legen herrliche Domstädte, hübsche Marktorte und malerische Dörfer Zeugnis davon ab, wie viel Reichtum hier im Mittelalter Wollhandel und Weberei einbrachten.

Heute reihen sich entlang der Küste einladende Fischerdörfer und traditionelle Badeorte. Wer sich wirklich entspannen möchte, sollte ins Landesinnere fahren und dort die gelassene Atmosphäre der Norfolk Broads genießen.

## Reisezeit

- Wer die Colleges in Cambridge besuchen möchte, sollte den Frühling (Anfang April bis Mitte Juni) meiden, denn die Unigebäude sind in der Zeit für Besucher geschlossen.
- Die beste Zeit für die Strände in Norfolk und Suffolk sowie die Norfolk Broads sind die Monate Juni bis August. Während der Schulferien (Ende Juli bis August) kommen mehr Besucher und der Übernachtungspreis steigt.
- Im Juni bietet Suffolk beim Aldeburgh Festival klassische Musik von Weltrang (S. 414). Fans von alternativer Kultur kommen im Juli beim Latitude Festival in Southwold auf ihre Kosten (S. 416).
- Im November zieht es bekannte Autoren zum Literaturfestival Ways With Words (S. 416) nach Southwold.
- Im Dezember erklingt weihnachtliche Musik in der Kirche des King's College in Cambridge (S. 389); Höhepunkte sind das Festival of Nine Lessons und Carols on Christmas Eve.

## Geschichte

East Anglia war ein wichtiges angelsächsisches Königreich. Die in einem gesunkenen Schiff in Sutton Hoo in Suffolk gefundenen Schätze zeigen, dass die Gesellschaft schon damals sehr vielschichtig war.

Mit dem Zuzug von flämischen Webern im Mittelalter erlebte die Region ihre Blütezeit. In diese Periode geht sowohl der Bau vieler der großen Kirchen als auch die Gründung der Universität Cambridge zurück.

Bis zum 17. Jh. war der größte Teil des Marschlands und der Moore trockengelegt und in Ackerland verwandelt worden.

Die puritanische Bürgerschicht von East Anglia war ein guter Nährboden für den Englischen Bürgerkrieg. Oliver Cromwell, der ungekrönte König der Parlamentarier, war ein kleiner Kaufmann in Ely. Er fühlte sich von Gott dazu berufen, sich mit Waffengewalt gegen den in seinen Augen korrupten König Karl I. aufzulehnen.

Als im 18. Jh. die Industrielle Revolution Nordengland zu einer Vormachtstellung verhalf, begann der Stern von East Anglia zu sinken. Aufgrund seines flachen, offenen Landes und der Nähe zu Kontinentaleuropa erwies sich East Anglia während des Zweiten Weltkriegs als ideale Basis für die britische und amerikanische Luftwaffe im Kampf gegen Nazi-Deutschland.

## Aktivitäten

East Anglia eignet sich wunderbar für Wander-, Rad- und Kajaktouren. Besucher können die lange Küste erkunden, in aller Ruhe über das flache Land wandern oder auf verwinkelten Wasserwegen ins Landesinnere vordringen.

Die Küste und die Norfolk Broads sind auch bei Seglern beliebt. Wer kein eigenes Boot hat, kann sich leicht eins mieten oder Stunden nehmen. Alternativ lassen sich die Broads auf den sacht dahin strömenden Flüssen auch per Motor- oder Ruderboot erkunden. Außerdem gibt es natürlich noch die ausgedehnten und oft menschenleeren Strände der Küste von Norfolk. Hier kann man herrlich Strandsegeln und Kitesurfen betreiben.

Bei **Visit East of England** (www.visiteastofengland.com) gibt es weitere Infos.

### Radfahren

Die Region ist bekanntermaßen die flachste in ganz England; die Küsten von Suffolk und Norfolk sowie die Fens sind somit ideal zum Radfahren. Selbst die Tour de France machte 2014 einen Abstecher durch East Anglia. Empfehlenswert für Mountainbiker ist Norfolks **Thetford Forest** (www.forestry.gov.uk/thetfordforestpark). Der Peddars Way (s. unten), der auf und neben der Hauptstraße verläuft, ist eigentlich eine Wanderstrecke, steht aber auch Radfahrern offen.

### Wanderungen

Der **Peddars Way and Norfolk Coast Path** (www.nationaltrail.co.uk/peddarsway) ist ein nationaler Wanderweg. der von Knettishall Heath bei Thetford bis nach Cromer führt. Die Strecke von 150 Kilometern ist gut in sieben Tagen zu schaffen. Die erste Hälfte folgt einer altrömischen Straße und der Rest schlängelt sich an Stränden, Deichen und Salzmarschen (ideal zum Vogelbeobachten) entlang und endet in den Fischerdörfern an der Küste.

Weiter nach Süden verbindet der 80 km lange **Suffolk Coast Path** Felixstowe und Lowestoft über Snape Maltings, Aldeburgh, Dunwich und Southwold.

## Anreise & Unterwegs vor Ort

Die Verbindungen mit öffentlichen Verkehrsmitteln zwischen London, den Midlands und East Anglia sind hervorragend. Auch in der Region gibt es meist gute Verbindungen, aber kleinere Städte und Dörfer werden nicht ganz so oft angefahren.

**Traveline East Anglia** (www.travelineeastanglia.org.uk) Hier sind die Fahrpläne für die örtlichen Busse und Züge einzusehen.

### BUS

Das regionale Busnetz wird von mehreren kleinen und zwei größeren Gesellschaften betrieben.

**First** (www.firstgroup.com) Hauptanbieter in Essex, Norfolk und Suffolk

**Stagecoach** (www.stagecoachbus.com) Services in Cambridge und Umgebung

### ZUG

**Greater Anglia** (Abellio; www.greateranglia.co.uk) Betreibt Züge in ganz East Anglia.

**Anglia Plus Pass** Betreibt Züge und auch ein paar Busse außerhalb der Spitzenzeiten in Norfolk, Suffolk und Teilen von Cambridgeshire. Karten für einen Tag bzw. für drei innerhalb von sieben Tagen kosten 18/35 £. Bis zu vier begleitende Kinder fahren für je 2 £.

## Highlights

1. Stechkahn fahren mit Blick auf historische Colleges in Cambridge und die himmlischen Klänge des Evensong in der **King's College Chapel** (S. 389) genießen
2. Die mittelalterliche Atmosphäre im schönen **Lavenham** (S. 410) auf sich wirken lassen
3. Zum kunstvollen Fächer-Stern-Gewölbe der **Norwich Cathedral** (S. 417) aufblicken
4. Spazierengehen auf der Promenade, königlich speisen und einfach abschalten im unaufdringlichen **Aldeburgh** (S. 414)
5. Das Wohnzimmer der Queen auf ihrem Landsitz in **Sandringham** (S. 427) durchstöbern
6. Im Kanu die ruhigen Wasserwege der **Norfolk Broads** (S. 420) erkunden
7. Im **Imperial War Museum** (S. 401) in Duxford einen Blick auf die Geschichte der britischen und amerikanischen Luftwaffe werfen
8. Barfuß durch den goldenen Sand am langen **Holkham Beach** (S. 425) stapfen
9. Eines der prachtvollsten britischen Schlösser, **Audley End** (S. 407) in Saffron Walden, bewundern

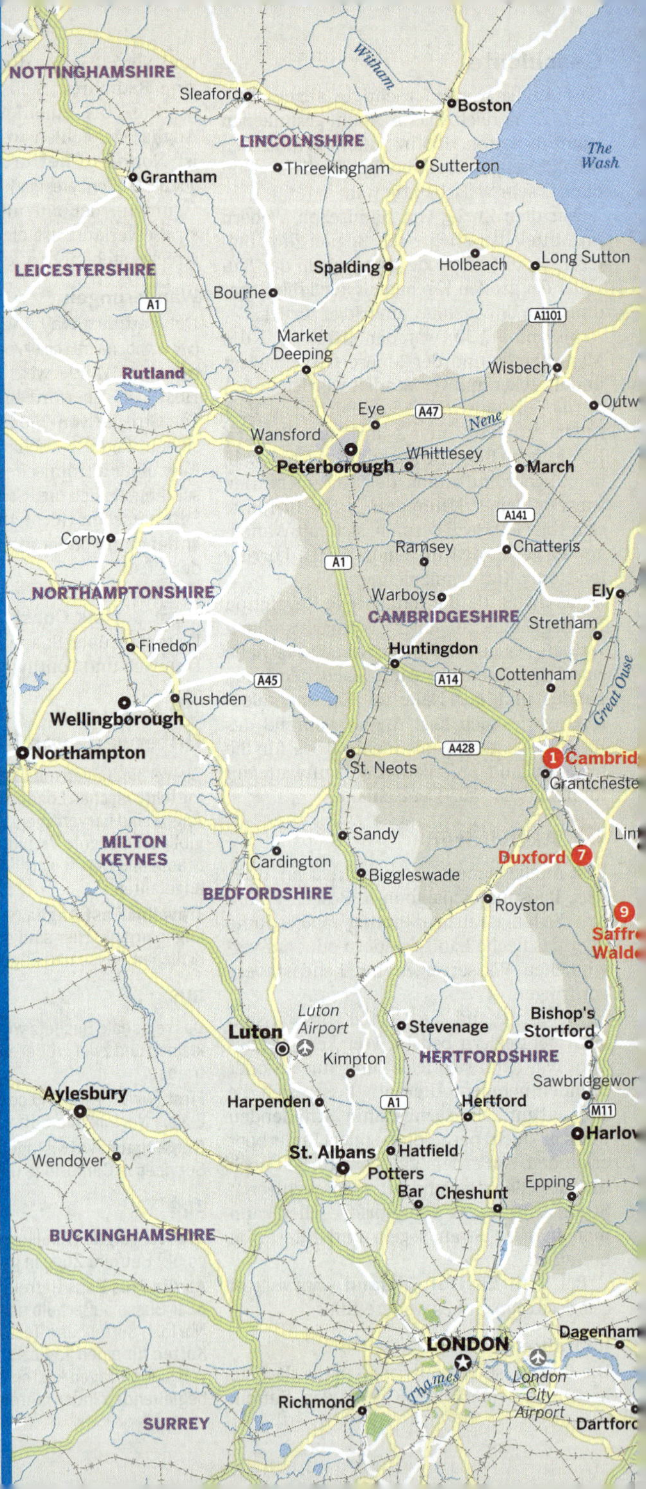

Titchwell Marsh RSPB Nature Reserve
Burnham Deepdale
Holkham
8
Wells-next-the-Sea
Cley-next-the-Sea
Sheringham
Cromer
Blakeney
Holkham Hall
Hunstanton
Little Walsingham
Baconsthorpe
Sustead
Mundesley
0 20 km
0 10 Meilen
Sandringham
5
Houghton Hall
Fakenham
Blickling Hall
Aylsham
A149
Weavers' Way
Palling
Castle Rising
Harpley
A1067
How Hill
Potter Heigham
Winterton
NORFOLK
Peddars Way & Norfolk Coast Path
King's Lynn
Wroxham
Ranworth
Dereham
Norwich
3
Acle
Great Yarmouth
Norfolk Broads National Park
Swaffham
Stradsett
Wymondham
Swainsthorpe
Reedham
A1065
A134
A11
Loddon
Attleborough
Mundford
Norfolk Broads
6
Lowestoft
Military Camp
Thetford Forest
Thetford
Bungay
Kessingland
Rushford
Diss
A143
Southwold
Suffolk Coast National Nature Reserve
Dunwich
A143
Ixworth
RSPB Minsmere
Bury St. Edmunds
A1120
Saxmundham
Newmarket
Ickworth House & Park
Thorpeness
Stowmarket
A12
4
Aldeburgh
SUFFOLK
Suffolk Coast Path
A143
Butley
Lavenham
2
Woodbridge
Sutton Hoo
Orford
Ipswich
Long Melford
Kersey
Hadleigh
Alderton
Sudbury
Dedham Vale
Felixstowe
Finchingfield
Halstead
Wormingford
Harwich
Baintree
Colchester
Frinton-on-Sea
Walton-on-the-Naze
Blackwater
Layer de la Haye
Tiptree
Brightlingsea
Clacton-on-Sea
Witham
Mersea Island
A12
Chelmsford
ESSEX
NORDSEE
Brentwood
Southend-on-Sea
Canvey Island
KENT
Leysdown-on-Sea
Rochester
Chatham
Margate

# CAMBRIDGESHIRE

Viele, die nach Cambridgeshire reisen, kommen nicht über die faszinierende Universitätsstadt Cambridge hinaus. Ja, die bedeutenden Gebäude, die Studenten in ihren Roben auf Fahrrädern und die erhabenen Kirchen sind schon beeindruckend. Doch jenseits dieser ehrwürdigen Stätte der Gelehrsamkeit bieten die Fens, das üppige Ackerland und die unzähligen Wasserstraßen ideale Möglichkeiten zum Wandern und Radfahren. Und auch die außergewöhnliche Kathedrale in Ely und das sagenhafte Kriegsmuseum in Duxford brauchen sich hinter Cambridge nicht zu verstecken.

### ℹ Unterwegs vor Ort

Knotenpunkt für sämtliche öffentlichen Verkehrsmittel ist Cambridge. Von London aus sind es mit der Bahn bis dahin nur 55 Minuten. Dieselbe Bahnstrecke führt nach Norden durch Ely bis King's Lynn in Norfolk. Andere Züge fahren nach Osten bis Norwich und Suffolk.

## Cambridge

123 900 EW.

Cambridge ist eine außergewöhnliche, geschichtsträchtige Universitätsstadt mit einer Fülle von wunderbarer Architektur und berühmt für seine recht schrulligen Traditionen und Rituale. Mit ihren eng zusammenliegenden Colleges, den malerischen „Backs" (Collegegärten), die sich bis zum Fluss erstrecken, und den grünen Wiesen in der Umgebung wirkt sie gegenüber der ewigen Rivalin Oxford ruhiger und gemütlicher.

Doch wie in Oxford, das von den Einheimischen „the Other Place" („die andere Stadt") genannt wird, haben sich die Gebäude seit Jahrhunderten nicht verändert. Auch heute kann man die Universitätsstätten durchstreifen, wie es schon unzählige Premierminister, Dichter, Autoren und Wissenschaftler zuvor getan haben. Die ehrwürdigen Mauern lassen die hier gewonnenen akademischen Errungenschaften erahnen. Verstärkt wird dieser Eindruck durch Studenten, die bücherbepackt durch die engen Kopfsteinpflastergassen radeln oder sich auf gepflegten Wiesen erholen. In historischen Pubs diskutieren große Geister über die neuesten Forschungsergebnisse. Ansonsten erproben Neulinge beim Stechkahnfahren ihre Künste auf dem Fluss oder man schlendert gemütlich durch die Einkaufspassage Grand Arcade und betagte Akademiker fragen sich, wie es wohl gewesen wäre, in solch prachtvoller Umgebung zu studieren.

### Geschichte

Die Geschichte der Stadt geht zwar bis in die Eisenzeit zurück, aber bis ins 11. Jh. war Cambridge nur ein unbedeutendes Nest. Dann ließen sich hier Augustinermönche nieder und gründeten die erste religiöse Institution, aus der später die Colleges wurden. 1209 kam es in der Universitätsstadt Oxford zu einem Aufstand zwischen den städtischen Autoritäten und Gelehrten. Eine Gruppe von Scholaren hatte die Nase voll von den Auseinandersetzungen, ging nach Cambridge und legte mit anderen den Grundstein für die spätere Universität. Doch auch Cambridge blieb nicht von derartigen Unruhen verschont.

Das erste Cambridger College, gegründet 1284, war Peterhouse (niemals: Peterhouse *College*) und 1318 erklärte Papst Johannes XXII. Cambridge offiziell zur Universität.

Im 14. Jh. konnten Könige, Adelige, Kirchen, Handelsgilden und quasi alle, die es sich leisten konnten, durch die Gründung eigener Colleges Prestige erwerben. Dem setzte allerdings die Reformation mit der Auflösung der Klöster ein Ende. Es dauerte 500 Jahre, bis Studentinnen an den erhabenen Stätten zugelassen wurden, und selbst dann nur an den reinen Frauencolleges Girton (gegr. 1869) und Newnham (gegr. 1871). Erst im Jahr 1948 rückte die Universitätsleitung von ihren veralteten Vorstellungen ab und gestattete Frauen, einen echten Abschluss zu machen.

Die Gedenktafel der berühmten Studenten der Universität liest sich wie ein internationales Who is Who von genialen Persönlichkeiten: 87 Nobelpreisträger (weltweit die größte Anzahl einer Institution), 13 britische Premierminister, neun Erzbischöfe von Canterbury, unzählige Wissenschaftler, Dichter und Autoren. Hier verfeinerte Newton seine Gravitationstheorie, erfand Whipple das Düsentriebwerk und entdeckten Crick und Watson die DNA. Auch Berühmtheiten wie William Wordsworth, Lord Byron, Vladimir Nabokov, Stephen Hawking und Stephen Fry studierten hier.

Bis heute gilt die Universität als eine der besten Forschungsstätten weltweit. Dank einiger bahnbrechender Entdeckungen ist Cambridge untrennbar mit der Geschichte der Gelehrsamkeit verbunden.

## Sehenswertes

### Universität Cambridge

Die Universität Cambridge umfasst 31 Colleges, von denen allerdings nicht alle öffentlich zugänglich sind.

**★ King's College Chapel** KAPELLE
(☎01223-331212; www.kings.cam.ac.uk/chapel; King's Pde; Erw./Kind 7,50 £/frei; ⌚außerhalb des Unibetriebs 9.45–16.30 Uhr, bei Unibetrieb Mo–Sa 9.45–15.15, So 13.15–14.30 Uhr) Eindeutig die meistbesuchte Sehenswürdigkeit der Stadt. Die grandiose King's College Chapel aus dem 16. Jh. ist eines der außergewöhnlichsten Beispiele für Englands gotische Architektur. Ihr 80 m langes, fein ziseliertes Fächergewölbe ist das größte der Welt und explodiert nach oben hin geradezu in einem Feuerwerk aus Stein. Sie ist der perfekte Rahmen für den weltberühmten Chor der Kapelle, zu hören in Vollbesetzung zum herrlichen Evensong (nur während Unibetrieb – Montag bis Samstag 17.30, Sonntag 10.30 und 15.30 Uhr, Eintritt frei).

Die **Türme** der Kapelle haben schon Generationen von Studenten zum nächtlichen Besteigen verführt und heute ziert ihr Bild Tausende von Postkarten, Geschirrhandtüchern und CDs. 1446 veranlasste Heinrich VI. den Bau als Akt der Frömmigkeit, aber erst ca. 1516 wurde die Kapelle unter Heinrich VIII. vollendet.

Dank der hohen **Buntglasfenster** in den Seitenschiffen ist es in der Kapelle erstaunlich hell. Das Glas der Fenster hat im Gegensatz zu anderen Kirchen die Zerstörung durch den Bürgerkrieg in dieser Region unbeschadet überstanden. Es heißt, Cromwell selbst habe angeordnet, dass diese Fenster verschont bleiben sollen. Als ehemaliger Student war er sich ihrer Schönheit bewusst.

Der Vorraum und der Altarraum sind durch einen meisterlich geschnitzten **Lettner** abgetrennt und wurden von Peter Stockton für Heinrich VIII. entworfen und gebaut. Die hölzerne Trennwand trägt die Initialen des Königs verwoben mit denen Anne Boleyns. Wer genau hinschaut, findet unter der Vielzahl mythischer Wesen und stilisierter Blumen ein wütendes menschliches Gesicht (möglicherweise das von Stockton). Oberhalb befindet sich die herrliche **Orgel**, die seit ihrem Bau 1686 viele Veränderungen erfahren hat.

Hinter dem grob geschnitzten Chorgestühl aus dunklem Holz fällt helles Licht auf den hohen **Altar**. Dieser wird umrahmt von Rubens' Meisterwerk *Die Anbetung der Heiligen Drei Könige* (1634) und dem herrlichen Ostfenster. In den Seitenkapellen links vom Altar dokumentiert eine **Ausstellung** die verschiedenen Bauabschnitte und -methoden.

Achtung: Die Kapelle (nicht aber das Collegegelände) ist auch während der Examenszeiten (April bis Juni) geöffnet. Jedes Jahr an Heiligabend wird in der King's College Chapel das **Festival of Nine Lessons and Carols** aufgeführt. Es wird weltweit von der BBC ausgestrahlt und von rund 300 amerikanischen Rundfunkstationen übertragen. Wer früh genug ist (vor 9 Uhr), kann sich in die Schlange stellen und hat gute Chancen, eingelassen zu werden.

**Senate House** HISTORISCHES GEBÄUDE
(Senate House Passage) Dieses schöne klassische Gebäude (nicht für die Öffentlichkeit zugänglich) direkt neben dem King's College wurde 1730 von James Gibbs entworfen. Hier finden im Sommer, wenn Studenten in ihren Roben und mit Doktorhut auf dem Kopf das Stadtbild prägen, die Abschlussexamen statt. Am Ende des akademischen Jahres informiert ein Aushang über die Art der Abschlüsse.

**Gonville & Caius College** COLLEGE
(www.cai.cam.ac.uk; Trinity St; ⌚9–14 Uhr, geschl. Anfang April–Mitte Juni) GRATIS Gonville and Caius (von den Einheimischen kurz Caius genannt, gesprochen „keys") rühmt sich dreier faszinierender **Tore** mit Namen: Virtue (Tugend), Humility (Demut) und Honour (Ehre). Sie symbolisieren den Fortschritt des guten Studenten, da das dritte Tor (die Porta Honoris, eine wunderbare Kreation mit Kuppel und Sonnenuhr) zum Senate House und damit zum Abschluss führt. Unter den ehemaligen Studenten finden sich Francis Crick (der eine des DNA-Entdeckerpaars Crick und Watson) sowie Edward Wilson (einer der Teilnehmer der tragischen Antarktisexpedition von Scott). Stephen Haw-

**BESICHTIGUNG DER COLLEGES**

In den Weihnachtsferien sind die Colleges für Besucher geschlossen, ebenso von Anfang April bis Mitte Juni, weil sich die Studenten dann auf ihre Examen vorbereiten. Vorsicht: Die Öffnungszeiten können täglich wechseln, also besser vorher nachfragen.

# Cambridge

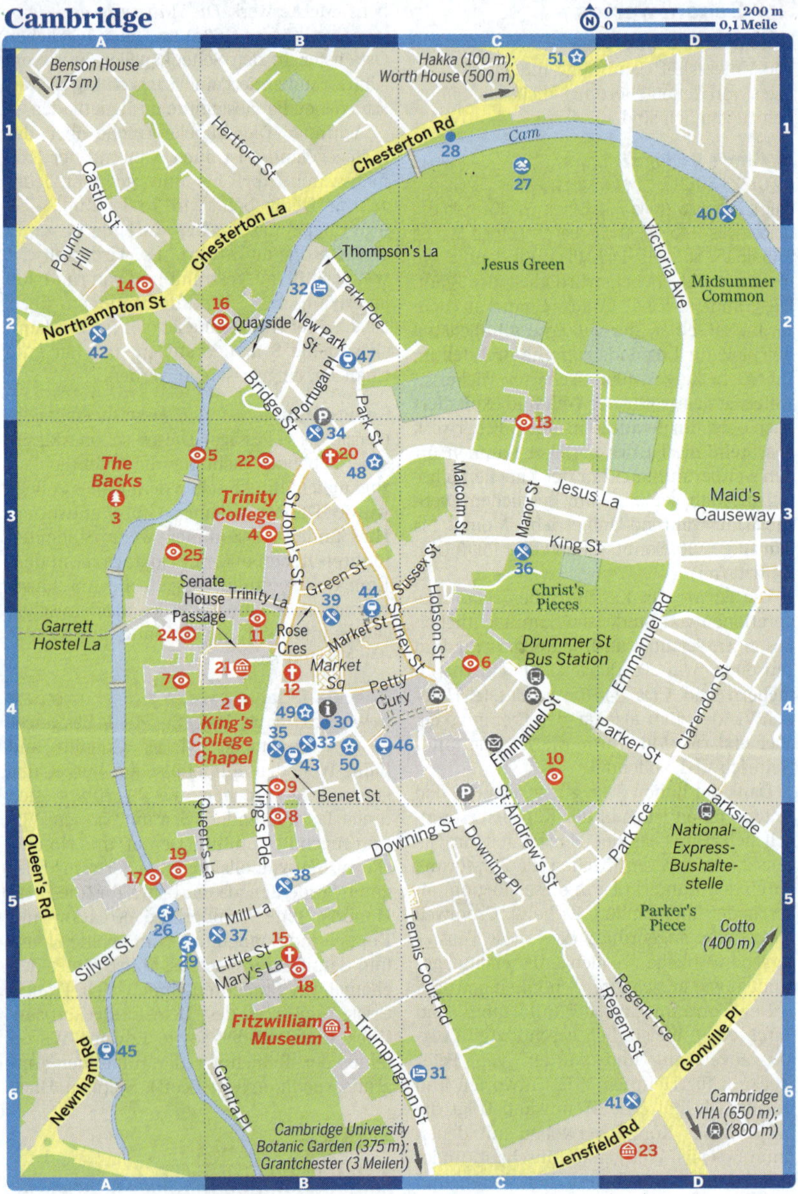


king, der Megastar unter den Astrophysikern, hat hier derzeit einen Lehrstuhl inne.

Das College wurde tatsächlich zweimal gegründet: zuerst 1348 von einem Priester namens Gonville und dann ein zweites Mal 1557 von Dr. Caius (eigentlich Keys – aber Akademiker nahmen gern die lateinische Form ihres Namens). Der durchaus renommierte Arzt soll darauf bestanden haben, dass „Stumme, Taube, Entstellte, Lahme, chronisch Kranke sowie Waliser" nicht am College aufgenommen werden durften.

## Cambridge

**Highlights**

1 Fitzwilliam Museum .......... B6
2 King's College Chapel .......... B4
3 The Backs .......... A3
4 Trinity College .......... B3

**Sehenswertes**

5 Bridge of Sighs .......... A3
6 Christ's College .......... C4
7 Clare College .......... A4
8 Corpus Christi College .......... B5
9 Corpus Clock .......... B4
10 Emmanuel College .......... C4
11 Gonville & Caius College .......... B4
12 Great St. Mary's Church .......... B4
13 Jesus College .......... C3
14 Kettle's Yard .......... A2
15 Little St. Mary's Church .......... B5
16 Magdalene College .......... B2
17 Mathematical Bridge .......... A5
Pepys Library .......... (s. 16)
18 Peterhouse .......... B5
19 Queens' College .......... A5
20 Round Church .......... B3
21 Senate House .......... B4
22 St. John's College .......... B3
23 The Polar Museum .......... D6
24 Trinity Hall College .......... A4
25 Wren Library .......... A3

**Aktivitäten, Kurse & Touren**

26 Cambridge Chauffer Punts .......... A5
Granta Canoe & Punt Hire Company .......... (s. 45)
27 Jesus Green Pool .......... [illegible]
28 Riverboat Georgina .......... [illegible]
29 Scudamore's Punting Cambridge .......... [illegible]
30 Walking Tours .......... B4

**Schlafen**

31 Hotel du Vin .......... C6
32 Varsity .......... B2

**Essen**

33 Aromi .......... B4
34 Byron .......... B3
35 Chop House .......... B4
36 Clowns .......... C3
37 Dojo .......... B5
38 Fitzbillies .......... B5
39 Gardenia .......... B4
40 Midsummer House .......... D1
41 Oak .......... D6
42 St. John's Chop House .......... A2

**Ausgehen & Nachtleben**

43 Eagle .......... B4
44 Fez .......... B3
45 Granta .......... A6
46 Lola Lo .......... B4
47 Maypole .......... B2

**Unterhaltung**

48 ADC .......... B3
49 Cambridge Arts Theatre .......... B4
50 Corn Exchange .......... B4
51 Portland Arms .......... C1

**Trinity Hall College** COLLEGE
(www.trinhall.cam.ac.uk; Trinity Lane; Eintritt mit Spende; ⏲ 9.15–12 & 14–16 Uhr, Anfang April–Mitte Juni geschl.) Trinity Hall (keine Verbindung zum Trinity College) wurde 1350 für Anwälte und Geistliche als Stätte der Zuflucht vor dem Schwarzen Tod gegründet. In der **Bibliothek** aus dem 16. Jh. gibt es noch original jakobinische Lesepulte und angekettete Bücher (Besuch zwei Wochen im Voraus buchen) und die **Kapelle** ist eine der schönsten College-Kapellen der Stadt – empfehlenswert: Evensong Donnerstag um 18.30 und Sonntag um 18 Uhr während des Unibetriebs. Zu den Absolventen von Trinity Hall gehören der Schriftsteller J.B. Priestley, der Astrophysiker Stephen Hawking und die Schauspielerin Rachel Weisz.

★ **Trinity College** COLLEGE
(www.trin.cam.ac.uk; Trinity St; Erw./Kind 2/1 £; ⏲ 10–16.30 Uhr, Anfang April–Mitte Juni geschl.) Zu den Attraktionen des größten Colleges in Cambridge gehören ein außergewöhnliches Tudortor, eine Atmosphäre höchster Eleganz und ein umwerfender Great Court – der größte seiner Art weltweit. Berühmt ist auch die sympathisch muffige **Wren Library** (⏲ Mo–Fr 12–14 Uhr), mit 55 000 Büchern aus der Zeit vor 1820 und über 2500 Manuskripten. Darunter sind Werke von Shakespeare, St. Jerome, Newton und Swift – sowie die Originalausgabe von A.A. Milnes *Winnie the Pooh*; sowohl Milne als auch sein Sohn Christopher Robin haben hier studiert.

Das teilweise vergoldete Eingangstor wird geschmückt von einer **Statue** des Collegegründers Heinrich VIII. In seiner linken Hand hält er einen goldenen Reichsapfel und in seiner rechten ein Tischbein; das ursprüngliche Zepter ist einem Studentenstreich zum Opfer gefallen und nie wieder ersetzt worden. Das Tor führt die Besucher in wunderbarer Weise zu einem der ehrwürdigsten Colleges von Cambridge und zeigt, wer hier wirklich das Zepter in der Hand hat.

### CHARIOTS OF FIRE

Das Rennen, das durch den Film *Chariots of Fire (Die Stunde des Siegers)* berühmt wurde, findet im Great Court des Trinity College statt – ein Sprint über 350 m einmal um den Hof in 43 Sekunden (so lange braucht die Uhr, um 12 zu schlagen). Viele Studenten versuchen das zu schaffen, aber selbst Filmheld Harold Abrahams ist es nie gelungen und daher wurde das Rennen in Eton gedreht. Wer sich dennoch Chancen ausrechnet, sollte bedenken, dass man schon Olympiaformat braucht, um einigermaßen an die Zeit heranzukommen.

Dahinter im **Great Court** weicht der scholastische Humor angesichts der imposanten Architektur und der Größe schnell einem Gefühl der Bewunderung. Rechts vom Eingang hat man in den 1950er-Jahren einen Baum gepflanzt. Er soll ein Ableger des Apfelbaums sein, der den Trinity-Absolventen Sir Isaac Newton berühmt gemacht hat. Des Weiteren haben hier studiert: Francis Bacon, Lord Byron, Tennyson, Prince Charles (der Legende nach hat sein Bodyguard im Examen besser abgeschnitten als er), mindestens neun Premierminister von Großbritannien und anderen Ländern sowie rund 32 Nobelpreisträger.

Die riesige **Halle** wird überspannt von einem gewaltigen Stichbalkendach und einer Laterne; darauf folgen die würdevollen Kreuzgänge von **Nevile's Court**. Heinrich VIII. wäre sicher stolz darauf gewesen, dass sein College eines Tages die beste Party der Stadt ausrichten würde, den opulenten **May Ball** im Juni; wer hier rein will, braucht eine dicke Brieftasche und Beziehungen.

**St. John's College** COLLEGE

(www.joh.cam.ac.uk; St John's St; Erw./Kind 5/3,50 £; ⌚ Mitte Juni–Okt. 10–17 Uhr, Nov.–Anfang Apr. 10–15.30 Uhr) Am äußerst fotogenen St. John's College studierten sechs Premierminister, drei Heilige und Douglas Adams (Autor von *Per Anhalter durch die Galaxis*). Nach Trinity ist es das zweitgrößte College. Es wurde 1511 von Margaret Beaufort, der Mutter Henrichs VII., gegründet und erstreckt sich über beide Flussufer. Die beiden Teile sind verbunden durch die Bridge of Sighs (S. 395), einem Meisterwerk filigraner Steinmetzkunst und beliebte Zielscheibe für Studentenstreiche. Um sie in Augenschein zu nehmen, muss man entweder St. John's besuchen oder eine Stechkahntour machen.

Auf der anderen Seite der Brücke liegt der **New Court**, eine extravagante neugotische Schöpfung aus dem 19. Jh.; zur linken Seite eröffnen sich eindrucksvolle Ausblicke auf die Backs. Einige Teile des Colleges sind viel älter; die Kapelle ist zwar kleiner als die des King's College, dafür aber ein verborgenes Juwel unter den Kapellen von Cambridge.

**Magdalene College** COLLEGE

(www.magd.cam.ac.uk; Magdalene St; ⌚ 8–18 Uhr, Anfang April–Mitte Juni geschl.) GRATIS Achtung: Der Name des am Fluss gelegenen Colleges wird „*mod*-lin" ausgesprochen. Hauptattraktion dieses ursprünglich von Benediktinern als Herberge gegründeten Colleges ist die **Pepys Library** (⌚ Mai–Aug. Mo–Fr 14–16, Sa 11.30–12.30 & 13.30–14.30 Uhr, Okt.–April Mo–Sa 14–15 Uhr). Die 3000 Bücher der Bibliothek wurden dem College in der Mitte des 17. Jh. vom Chronisten Pepys überlassen. Die schön gebundenen Wälzer dieser eigentümlichen Sammlung sind nach Höhe geordnet. Zu ihren Schätzen gehören wunderbare mittelalterliche Manuskripte und die *Anthony Roll*, mit Darstellungen der Schiffe der Königlichen Marine von 1540.

Magdalene College war 1988 das letzte, das endlich auch Frauen zum Studium zuließ; in dem Jahr trugen einige der männlichen Studierenden schwarze Armbänder und setzten die Collegeflagge auf Halbmast.

**Jesus College** COLLEGE

(www.jesus.cam.ac.uk; Jesus Lane; ⌚ 9–17 Uhr, Anfang April–Mitte Juni geschl.) GRATIS Dieses ruhige College aus dem 15. Jh. war ursprünglich ein Nonnenkloster von St. Radegund, bis der Bischof von Ely, John Alcock, die Nonnen wegen „Unbedachtheit, Verschwendungssucht und Unkeuschheit" hinauswarf. Zu den Highlights gehören eine **Galerie** mit normannischen Bögen, ein **Altarraum** aus dem 13. Jh. sowie Jugendstilelemente von Pugin, Ford Madox Brown, William Morris (Decken) und Burne-Jones (Buntglas). Zu seinen illustren Absolventen zählen Thomas Cranmer, der aus Glaubensgründen in Oxford während der Reformation verbrannt wurde, und Alistair Cooke, der langjährige Radiojournalist und -moderator.

**Christ's College** COLLEGE

(www.christs.cam.ac.uk; St Andrew's St; ⌚ 9.30–16 Uhr, Anfang April–Mitte Juni geschl.) GRATIS Man betritt die über 500 Jahre alte Institution durch das **Great Gate**. Es wird geschmückt von Tudorrosen, Fallgitter und antilopenartigen Tieren. Lady Margaret Beaufort, die Gründerin, schwebt über dem Ganzen wie ein Spiritus rector. Eine massive Eichentür führt in den **First Court**. Er gehört zu den schöneren Vorderhöfen in Cambridge und ist der einzige rund angelegte. Die **Gärten** sind dem ehemaligen Studenten Charles Darwin gewidmet; sie zeigen Figuren von Tieren, die der Gelehrte von seiner berühmten Galapagos-Reise mitgebracht hat.

Durch den Second Court führt ein Tor zum **Fellows' Garden**. Hier steht ein Maulbeerbaum, unter dem der Dichter John Milton „Lycidas" geschrieben haben soll. Des Weiteren studierten hier Sacha Baron Cohen (alias Ali G und Borat) und der Historiker Simon Schama.

**Emmanuel College** COLLEGE

(www.emma.cam.ac.uk; St Andrew's St; ⌚9–18 Uhr, Anfang April–Mitte Juni geschl.) GRATIS Das Emmanuel College (für Studenten einfach nur „Emma") aus dem 16. Jh. ist berühmt für seine bezaubernde **Kapelle**, entworfen von Sir Christopher Wren. Hier wimmelt es von diversen Entenarten, die im Frühjahr dem Gelände ganze Armeen von hellgelben Küken bescheren. Hier befindet sich eine Gedächtnistafel für den Gelehrten John Harvard (BA 1632), der nach Neuengland auswanderte. Sein Geld vermachte er einem gewissen Cambridge College in Massachusetts – der heutigen Universität Harvard.

**Corpus Christi College** COLLEGE

(www.corpus.cam.ac.uk; King's Pde; Eintritt 2,50 £; ⌚Mitte Juni–Sept. 10.30–16.30 Uhr, Okt.–Anfang April 14–16 Uhr) Gegründet 1352 gehört Corpus Christi zu den ältesten Colleges in Cambridge. Seine Gebäude verströmen den Charme alter Zeiten und im **Old Court** herrscht eine geradezu klösterliche Atmosphäre. Man beachte die herrliche Sonnenuhr und die Gedächtnistafel für den Ehemaligen Christopher Marlowe (1564–93), Autor von *Doctor Faustus* und *Tamburlaine*. Der New Court (läppische 200 Jahre alt) führt in die **Parker Library** mit der besten Sammlung angelsächsischer Manuskripte weltweit (geöffnet Donnerstag Nachmittag für Touren der Touristeninformation).

Sehenswert ist die neue **Corpus Clock** an der Kreuzung von Benet St und King's Pde. Die aus 24-karätigem Gold bestehende Uhr zeigt die Zeit mit konzentrischen LED-Lichtern. Über das obere Ende kriecht ein hässlicher, insektenartiger „Zeitfresser". Sie ist nur alle fünf Minuten zeitgenau. Zwischendurch geht sie schneller oder langsamer oder hält ganz an. Ihr Erbauer J.C. Taylor wollte damit die Unregelmäßigkeit des Lebens veranschaulichen.

**Queens' College** COLLEGE

(www.queens.cam.ac.uk; Silver St; Eintritt 2,50 £; ⌚10–16 Uhr, Anfang April–Mitte Juni geschl.) Das herrliche Queens' College aus dem 15. Jh. erstreckt sich elegant auf beiden Seiten des Flusses. Die verbindende Mathematical Bridge (S. 395) macht allerdings keinen sehr wissenschaftlichen Eindruck. Zu den Highlights gehören hier: die bezaubernden mittelalterlichen Höfe **Old Court** und **Cloister Court**, die schöne **President's Lodge** sowie der Turm, in dem der niederländische Gelehrte und Erneuerer Desiderius Erasmus von 1510 bis 1514 wohnte. Sein Urteil über Cambridge: Der Wein schmeckt wie Essig, das Bier ist Spülwasser und das Leben zu teuer; allerdings küssen die Frauen hier gut.

**Peterhouse** COLLEGE

(www.pet.cam.ac.uk; Trumpington St; ⌚9–17 Uhr, Anfang April–Mitte Juni geschl.) GRATIS Peterhouse wurde 1284 gegründet und ist das älteste und kleinste College. Im Laufe der Jahre wurde es oft umgebaut und erweitert, z. B. 1632 durch die kleine, aber feine **Kapelle**. Doch die wunderbar restaurierte **Haupthalle** stammt tatsächlich aus dem 13. Jh. Nördlich davon liegt die **Little St. Mary's Church**. Sie beherbergt ein Denkmal des Peterhouse-Studenten Godfrey Washington, Großonkel des berühmten George Washington. Sein Familienwappen mit den „stars and stripes" diente als Vorlage für die amerikanische Flagge.

Die Studenten berichten gern über alle möglichen Geistererscheinungen auf dem Gelände, was von offizieller Seite mit Nachdruck dementiert wird. Das College hat u. a. drei Nobelpreisträger hervorgebracht.

★ **The Backs** PARK

Hinter den beeindruckenden Fassaden und Höfen der Colleges reihen sich am Fluss Gärten und Parks aneinander. Diese so genannten „Backs" mit ihren grünen Wiesen bis hin zum glitzernden Wasser verbreiten eine wunderbar ruhige Atmosphäre. Von hier aus haben die Besucher einen einzigartigen Blick auf die Colleges, den viele als typisches Bild von Cambridge in Erinnerung

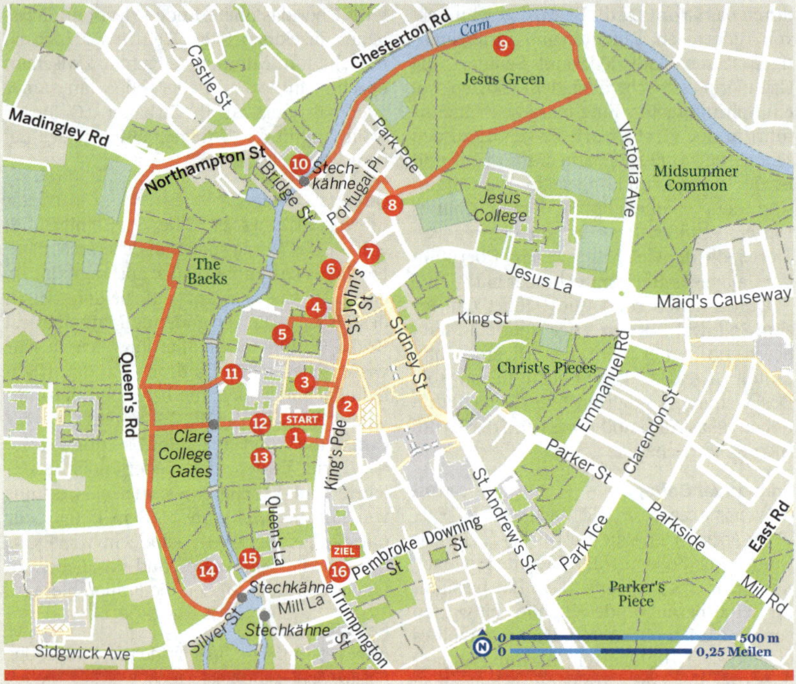


# Stadtspaziergang
# Die Colleges & die Backs

**START** KING'S COLLEGE CHAPEL
**ZIEL** FITZBILLIES
**LÄNGE** 5 KM; VIER STUNDEN

Vom 1 **King's College** (S. 389) geht's nach Norden und in die 2 **Great St. Mary's Church** (S. 395), um die Aussicht vom Turm zu genießen. Es folgt das verträumte 3 **Gonville & Caius** (S. 389) mit seinen reich verzierten Toren. Links erhebt sich der Eingang zum 4 **Trinity College** (S. 391); dahinter folgt der Great Court; wenn man die Architektur genossen hat, geht's weiter in die 5 **Wren Library** (S. 391) mit ihren außergewöhnlichen historischen Büchern. Am 6 **St. John's College** (S. 392) fasziniert die herrliche Fassade, bevor man die beeindruckende 7 **Round Church** (S. 396) betritt. Dann geht's rechts in die Straße Portugal Place mit ihren niedrigen Häusern – am Ende bietet sich das freundliche Pub 8 **Maypole** (S. 400) zum Essen oder Trinken an. Weiter führt der Weg quer über das Jesus Green vorbei an Picknickern und Tennisspielern; wer mag, hüpft ins Becken des 9 **Freibads** (S. 396). Dann folgt man südwestlich dem Fluss mit seinen Wehren und Hausbooten, bis ein Bohlenweg zu einer Stechkahnablegestelle führt. Auf der anderen Seite der Brücke liegt das 10 **Magdalene College** (S. 392), das den Abstecher wegen der einzigartigen Pepys Library lohnt. Nach ein paar Schritten auf der lauten Northampton St läuft man links den Weg durch die Backs über das Gelände von St. John's College und Trinity College. Dann geht's hin und her zwischen den Collegewegen und dem Fluss: nach ein paar Schritten die 11 **Garret Hostel Lane** hinauf hat man einen schönen Blick auf Brücken, Kähne und Colleges. Dann biegt man zurück auf den Weg, bevor es nach links zu den meist offenen Toren des 12 **Clare College** (S. 395) geht; Pflicht hier: Fellow's Garden. Zurück führt der Weg zu den Backs und weiter zur wunderbaren Westseite der King's College Chapel; das 13 **Fellows' Building** liegt gleich rechts. Nach dem 14 **Queens' College** (S. 393) links abbiegen. Von der Brücke der Silver St sind links die 15 **Mathematical Bridge** (S. 395) und rechts die Stechkähne zu sehen. Zeit zum Ausruhen. Im 16 **Fitzbillies** (S. 399) vielleicht ein Chelsea Bun mit Tee.

behalten. Die postkartenreifen Bilder vom Collegeleben und den malerischen Brücken können von den Wegen am Fluss und den Fußgängerbrücken aus genossen werden. Alternativ kann man sich auch von einem Stechkahn fahren lassen.

Die 1831 in St. John's (S. 392) gebaute **Bridge of Sighs** lässt sich am besten von einer anderen Brücke aus betrachten. Die von Wren entworfene Brücke liegt nur ein Stück südlicher auf dem Gelände von St. John's. Der älteste Flussübergang liegt auf dem Gelände von **Clare College**. Die Brücke wurde 1639 gebaut und ist mit dekorativen Kugeln geschmückt. Der Architekt bekam gerade mal 15 Pence für seinen Entwurf und war entsprechend verärgert. Es heißt, er habe ein Stück aus einer der Kugeln an der Balustrade gehauen, auf dass die Brücke auf ewig unvollendet bliebe.

Doch die kurioseste von allen Brücken ist die instabil wirkende Holzkonstruktion, die die beiden Hälften des Queen's College miteinander verbindet: die **Mathematical Bridge**, zum ersten Mal errichtet 1749. Etwas unseriöse Fremdenführer erzählen gern die Mär, Sir Isaac Newton (er starb 1727) habe sie eigenhändig ohne Nägel gebaut oder Professoren hätten sie auseinander genommen und konnten sie anschließend nicht wieder zusammensetzen.

## Noch mehr Sehenswertes

### ★ Fitzwilliam Museum — MUSEUM

(www.fitzmuseum.cam.ac.uk; Trumpington St; Eintritt mit Spende; ⌚ Di–Sa 10–17, So 12–17 Uhr) Dieser neoklassische Koloss mit dem Spitznamen „the Fitz" war eines der ersten öffentlichen Kunstmuseen in Großbritannien. Erbaut wurde es für die Schätze, die der siebte Viscount Fitzwilliam seiner alten Uni hinterließ. Ausgestellt sind römische und ägyptische Grabbeigaben, Werke namhafter Künstler und eher etwas eigentümliche Sammlungen von Banknoten, Autogramme von Literaten, Uhren und Rüstungen.

Das exzentrische Äußere des Gebäudes entspricht dem innen Ausgestellten. Es ist eine pompöse Stilmischung, in der Mosaiken mit Marmor und griechische mit ägyptischen Elementen verbunden sind. In den **unteren Galerien** findet man kostbare antike Schätze wie z. B. eine römische Grabliege, eine kupferne Inschrift aus dem Jemen (ca. 100–200 n. Chr.), eine Figurine der ägyptischen Katzengöttin Bastet, wunderbare ägyptische Sarkophage und mumifizierte Tiere sowie illuminierte Manuskripte. Die **oberen Galerien** zeigen Werke von Leonardo da Vinci, Titian, Rubens, den Impressionisten, Gainsborough und Constable bis hin zu Gemälden von Rembrandt und Picasso; zu den Highlights gehören die zarte *Pietà* von Giovanni del Ponte und Salvator Rosas dunkle *L'Umana Fragilita*.

Mit dem Fitz ist ein tragisches Ereignis verbunden: George Basevi begann 1837 mit dem Bau, erlebte aber dessen Vollendung nicht mehr; bei seiner Arbeit an der Kathedrale von Ely fiel er vom Gerüst und stürzte in den Tod.

Einstündige Führungen (6 £) durch das Museum samstags 14.30 Uhr.

### The Polar Museum — MUSEUM

(www.spri.cam.ac.uk/museum; Lensfield Rd; ⌚ Di–Sa 10–16 Uhr) GRATIS Dieses beeindruckende Museum „erzählt" Geschichten von der Auseinandersetzung mit der feindlichen Natur, wilder Entschlossenheit und Fehlern, die Menschenleben forderten. Im Mittelpunkt stehen die Aufzeichnungen der Polarexpeditionen von Roald Amundsen, Fridtjof Nansen und Captain Robert Falcon Scott. Ergänzt wird die bewegende Sammlung von Gemälden, Fotos, Kleidungsstücken, Ausrüstungsgegenständen, Karten, Tagebüchern und den letzten Mitteilungen von Scotts Mannschaft an die Hinterbliebenen.

Auch Modelle von Schiffen, die bis in die Gewässer der Arktis und Antarktis vordrangen, und neuartige Geräte wie der Nansen-Kocher sind zu sehen. Veränderungen der Eisschichten und des Klimas werden auf interaktiven Bildschirmen dargestellt. Die Abteilung über die Bewohner der Arktis umfasst Schnitzereien der Inuit aus Holz und Knochen, ein samisches Messer mit einer aus Rentiergeweih geschnitzten Scheide, einen Walrosszahn mit eingeritzten Szenen von der Walrossjagd und besonders kunstvolle Exemplare von *Tupilaat* (aus Rentiergeweihen geschnitzte Figurinen, denen die Seelen der Ahnen innewohnen) aus Grönland. Museumsbetreiber ist das Scott Polar Institute. Es wurde ins Leben gerufen mit einem Teil des Hilfsfonds, der nach der verhängnisvollen Südpolexpedition des Forschers eingerichtet wurde. Heute spielt es eine führende Rolle in der Klimawandelforschung.

### Great St. Mary's Church — KIRCHE

(www.gsm.cam.ac.uk; Senate House Hill; ⌚ Mo–Sa 10–16, So 13–16 Uhr) GRATIS Der Ursprung dieser erhabenen Universitätskirche geht bis auf das Jahr 1010 zurück. Ende des 13. Jhs.

## STREICHE, NACHTKLETTERER UND CUBES

In einer Stadt, in der sich so viel akademischer Geist ballt, ist es geradezu unvermeidlich, dass sich die Studenten allerlei Schabernack ausdenken. Der beeindruckendste Streich, den Cambridge je gesehen hat, war der Austin-Seven-Lieferwagen auf dem Dach des ehrwürdigen Senate House (S. 389) im Jahr 1958. Das erforderte von den Maschinenbaustudenten eine ganze Menge Planung und hat andere zu ähnlichen Streichen angeregt. So ließ man z. B. auch einen Austin Seven von der Bridge of Sighs (S. 395) herunterhängen.

Das King's College ist seit Langem das Ziel von Nachtkletterern, also von Studenten, die nachts hohe Gebäude hinaufklettern. Dieser Sport wird sehr ernst genommen. So schrieb z. B. Geoffrey Winthrop Young, Student am Trinity College, im Jahr 1900 den *Roof Climber's Guide to Trinity*. Nach einer solchen Kletteraktion kann man auf den Spitzen der King's College Chapel die unmöglichsten Dinge finden – alles von einem Absperrkegel bis hin zu einer Weihnachtsmannmütze.

Und dann gibt es noch die Cubes (Cambridge University Breaking and Entering Society – Einbruchs- und Eindringverein der Universität Cambridge). Erklärtes Satzungsziel ist es, sich illegal Zugang zu Orten zu verschaffen und dort eine „Visitenkarte" zu hinterlassen. Am meisten Furore hat bisher die hölzerne Stockente in den Dachsparren der Great Hall des Trinity College gemacht.

brannte sie bis auf die Grundmauern nieder und wurde 1351 wieder aufgebaut. Der große Erweiterungsbau aus dem Jahren 1478–1519 erfolgte im spätgotischen Perpendicular Style, in dem sich die Kirche heute präsentiert. Besonders eindrucksvoll sind die mittelviktorianischen Buntglasfenster, die Sitzempore und zwei Orgeln – ungewöhnlich für eine Kirche. Der Turm (Erw./Kind 3,50/2 £) wurde 1690 hinzugefügt; er bietet wunderbare Ausblicke auf die verträumten Kirchtürme der Stadt.

### Round Church
KIRCHE

(www.christianheritageuk.org.uk; Bridge St; Erw./Kind 2 £/frei; ⏲ 10–17 Uhr) Die stimmungsvolle Round Church ist eine von nur vier Rundkirchen in England. Sie wurde 1130 von den sagenumwobenen Tempelrittern erbaut und beherbergt ein ungewöhnliches Rundschiff umgeben von massigen normannischen Säulen. Diese werden gekrönt von steingehauenen Gesichtern, die ein lebendiges Bild vom Leben im 12. Jh. zeichnen. Die Lage der Kirche in der Bridge St erinnert daran, dass die Kapelle ursprünglich für Pilger gedacht war, die den Fluss überqueren wollten.

### Kettle's Yard
HAUS

(www.kettlesyard.co.uk; Castle St; ⏲ Di–So 14–17 Uhr) GRATIS Dies ist das Haus von H.S. „Jim" Ede, einem ehemaligen Kustos der Tate Gallery in London. Wer gern in anderer Leute Haus herum stöbert, bekommt hier einen höchst privaten Einblick in das Leben und die faszinierende Persönlichkeit des Bewohners. Das geräumig erscheinende Cottage ist angefüllt mit Möbeln, Keramiken und Kunstwerken von Miró, Henry Moore und anderen.

### Cambridge University Botanic Garden
GÄRTEN

(www.botanic.cam.ac.uk; Bateman St; Erw./Kind 4,50 £/frei; ⏲ April–Sept. 10–18, Okt.–März 10–16 Uhr) Der herrliche botanische Garten wurde von Charles Darwins Mentor, Professor John Henslow, gegründet. Hier findet man 8000 Pflanzenarten, ein phantastisches Arboretum, Gewächshäuser mit fleischfressenden Kannenpflanzen und eleganten Frauenschuhorchideen sowie einen Wintergarten und prächtige Staudenrabatten. Einstündige Führungen (7 £) gibt es um 11 Uhr an jedem ersten Samstag im Monat und gelegentlich mittwochs. Der Garten liegt 1200 m südlich vom Stadtzentrum (über Trumpington St).

## Aktivitäten

### Jesus Green Pool
SCHWIMMEN

(www.better.org.uk; Jesus Green; Eintritt 4,20 £; ⏲ Mai–Sept. 8–18 Uhr) Ein langgezogenes Freibad aus den 1920er-Jahren, das auch gern zum Sonnenbaden genutzt wird.

### Stechkahnfahren

Selbst mit einem Stechkahn an den Backs entlangzufahren, ist eine tolle Erfahrung. Das kann sich zu Anfang erst mal als schwierig erweisen, aber man kriegt den Bogen schon raus. Falls gar nichts geht, kann man immer noch einen Kahn mit Fahrer anheuern.

Die Miete liegt bei 19 £ pro Stunde, eine einstündige Tour mit Fahrer ca. 15 £, und eine Tour bis Grantchester und zurück (2½ Std.) kostet rund 27 £.

**Cambridge Chauffer Punts** STECHKAHNFAHREN
(www.punting-in-cambridge.co.uk; Silver St Bridge) Einer der größten Stechkahnverleiher in Cambridge mit regelmäßigen Touren mit Fahrer.

**Granta Canoe & Punt Hire Company** STECHKAHNFAHREN
(www.puntingincambridge.com; Newnham Rd) Für Touren nach Grantchester günstig gelegener Kahnverleih. Im Winter eingeschränkter Betrieb.

**Scudamore's Punting Cambridge** STECHKAHNFAHREN
(www.scudamores.com; Granta Pl) Verleih von Stechkähnen, Ruderbooten, Kajaks und Kanus. Online-Rabatt bis zu 5 £.

## Touren

Die Touristeninformation (S. 401) veranstaltet Führungen und informiert über selbstgeführte Touren.

**Walking Tours** STADTRUNDGÄNGE
(01223-457574; www.visitcambridge.org; Peas Hill) Die Touristeninformation veranstaltet zweistündige Führungen im Stadtzentrum (Erw./Kind 17,50/15,50 £). Besucht werden zwei der wichtigsten Colleges wie z. B. King's College Chapel, Queens', Pembroke oder St. John's (je nach Öffnungszeiten). Der Eintritt zu den Colleges ist im Preis inbegriffen. Die Führungen finden ganzjährig von Montag bis Freitag um 11 Uhr, Samstag um 11, 12 und 14 Uhr und Sonntag um 13 Uhr statt. Im Juli und August gibt es täglich zusätzliche Führungen um 12 und 14 Uhr. Rechtzeitig buchen, denn sie sind gefragt!

Die bunten einstündigen Ghost Tours (6 £) starten freitags um 18 Uhr, und – von Mai bis August – samstags um 20 Uhr.

**Riverboat Georgina** BOOTSTOUR
(01223-929124; www.georgina.co.uk; Jesus Lock; April–Sept.) Preis für die ein-/zweistündige Fahrt: 7/13 £, Mittagessen, Fish & Chips, Wein oder Cream Tea kosten extra.

**City Sightseeing** BUSTOUR
(www.city-sightseeing.com; Erw./Kind 14/7 £; 10–16.40 Uhr alle 20 Min.) Hop-on/Hop-off-Bustouren; Ticket unbegrenzt 24 Stunden gültig.

## Festivals & Events

Cambridge hat immer etwas zu bieten. Über einzelne Events informieren Aushänge im gesamten Stadtbereich, insbesondere im Umkreis der St. Mary's Church.

**Bumps** BOOTSRENNEN
(www.cucbc.org/bumps; Feb. & Juni) Traditionelles Wettrudern auf der Cam (bzw. der Granta, wie das durch Cambridge verlaufende Stück genannt wird). Hierbei versuchen die Bootclubs der Colleges, den vor sich liegenden Gegner „anzurempeln" *(bump)*.

INSIDERWISSEN

### STECHKAHNFAHREN

Stechkahnfahren sieht auf den ersten Blick recht einfach aus, aber das täuscht. Deshalb hier ein paar Tipps, damit man nicht wild hin und her trudelt, den Stab verliert oder ins Wasser fällt.

- Der Kahnfahrer steht hinten und hebt den Stab an der Kahnseite aus dem Wasser.
- Man lässt den Stab durch die Hände gleiten, bis er den Boden berührt.
- Dann wird er nach vorn geneigt (d. h. in Fahrtrichtung) und nach unten gedrückt.
- Anschließend muss er gedreht werden, damit sich der Bodenschlamm löst. Man lässt ihn wieder hochkommen und dann hinter dem Kahn herschleifen. Dabei kann er zum Steuern verwendet werden.
- Wenn man bis jetzt noch nicht ins Wasser gefallen ist, hebt man den Stab senkrecht aus dem Wasser und beginnt von vorn.
- Den Stab immer gut festhalten, besonders unter der Clare Bridge, weil sich Studenten hier gern einen Spaß daraus machen, sich die Stäbe zu schnappen.

**Beer Festival** BIER
(www.cambridgebeerfestival.com; May) Bei dem beliebten fünftägigen Fest fließen auf dem Jesus Green Bier und Cider im Übermaß. Es gibt diverse englische Biersorten sowie eine Vielfalt von Käse aus dem gesamten Königreich.

**Folk Festival** MUSIK
(www.cambridgefolkfestival.co.uk; Ende Juli–Anfang Aug.) Renommiertes viertägiges Musikfestival in der Cherry Hinton Hall. Hier sind schon Berühmtheiten wie Van Morrison, Ladysmith Black Mambazo, Sinéad O'Connor, Paul Simon und k.d. lang aufgetreten.

**May Balls** BÄLLE
(Anfang Juni) Trotz des Namens finden diese formellen Bälle, die größten Studentenevents, erst im Juni statt. Von offizieller Seite befand man, dass der ursprüngliche Termin, der von Trinkfreude geprägte Monat Mai, direkt vor den Prüfungen nicht so sinnvoll wäre. Daher werden die Bälle heute nach den Examen abgehalten, aber – typisch für das spleenige Cambridge – der alte Name wurde nicht geändert.

**Cambridge Shakespeare Festival** THEATER
(www.cambridgeshakespeare.com; Juli & Aug.) Freiluftaufführungen der beliebtesten Werke des Dichters.

## Schlafen

**Cambridge YHA** HOSTEL £
(0845 371 9728; www.yha.org.uk; 97 Tenison Rd; B/DZ 21/30 £; @) Gut besuchtes, frisch renoviertes Hostel mit kompakten Schlafsälen und guter Ausstattung in Bahnhofsnähe.

**Cambridge Rooms** B&B ££
(www.universityrooms.com/en/city/cambridge/home; EZ/DZ ab 45/75 £) Wer einen Blick ins echte Unileben werfen möchte, mietet sich ein Studentenzimmer in einem der Colleges. Die Auswahl reicht von funktionalen Einzelzimmern (Gemeinschaftsbad) mit Blick in den Collegehof bis zu moderneren Zimmern mit Bad in Nebengebäuden. Frühstück gibt es oft in der Mensa.

**Worth House** B&B ££
(01223-316074; www.worth-house.co.uk; 152 Chesterton Rd; EZ 65–75 £, DZ 65–100 £; P) Hier werden die Gäste aufs Herzlichste empfangen; die gut ausgestatteten Zimmer sind die reine Freude. Sanfte Grau- und Cremetöne bilden einen angenehmen Kontrast zu roten Streifen, die schicken Badezimmer haben Wannen mit Löwenfüßen und das Tablett mit dem Teekocher ist gefüllt mit kleinen Köstlichkeiten. Weiter hinten gibt es noch ein Drei-Personen-Apartment für Selbstversorger (550 £ pro Woche).

**Benson House** B&B ££
(01223-311594; www.bensonhouse.co.uk; 24 Huntingdon Rd; EZ 70 £, DZ 90–115 £; P) Viele Kleinigkeiten machen im Benson das Besondere aus: Schlafen auf Federkissen und in Baumwollbettwäsche und Frühstücken von edlem Porzellan mit Kipper, Croissants und frischem Obst.

**Tudor Cottage** B&B ££
(01223-565212; www.tudorcottageguesthouse.co.uk; 292 Histon Rd; EZ/DZ 45/75 £; P) In diesem picobello Gästehaus fühlt man sich wie zu Hause: von den Zimmern mit strahlenden Bädern bis hin zu exotischen Teesorten, ausgesuchten Cerealien, Kuchen und Muffins am Frühstückstisch. Es liegt 3,2 km nördlich vom Stadtzentrum mit einer Haltestelle von Bus 8 gleich vor der Tür.

**Rosa's** B&B ££
(01223-512596; www.rosasbedandbreakfast.co.uk; 53 Roseford Rd; EZ 45–60 £; P) Ein freundliches, familiengeführtes B&B für Alleinreisende; vier gemütliche Einzelzimmer eingerichtet in Cremetönen und mit hellem Holz. Die Gastgeber kümmern sich um alles, sind aber sehr diskret. 3,2 km nördlich vom Stadtzentrum, Bus 8 hält in der Nähe.

**★ Varsity** BOUTIQUEHOTEL £££
(01223-306030; www.thevarsityhotel.co.uk; Thompson's Lane; DZ 180–345 £; ) Das Varsity liegt am Fluss und hat 48 individuell eingerichtete Zimmer. Die Gäste erfreuen sich an phantasievollen Möbeln, u. a. mit Union-Jack-Bemalung, und Kunstgegenständen wie übergroßen Briefmarken, zimmerhohen Fenstern, Regenduschen oder iPod-Docks. Der Blick von der Dachterrasse ist einfach umwerfend.

**★ Hotel du Vin** HOTEL £££
(01223-227330; www.hotelduvin.com; Trumpington St; DZ 200–230 £, Suite 250–340 £; @) Die wohl schickste und coolste Hotelkette des Landes macht hier ihrem Namen wieder alle Ehre. In den superschönen Zimmern genießen die Gäste frei stehende Badewannen und Bettwäsche aus ägyptischer Baumwolle. Die gemütliche Kellerbar ist in einem Gewölbe untergebracht, das Bistro (Hauptgerichte 18 £) gibt sich elegant

und die Rezeption wird passenderweise von einer weinseligen Mai-Ball-Szene geschmückt.

**Felix** BOUTIQUEHOTEL £££
(☎01223-277977; www.hotelfelix.co.uk; Whitehouse Lane, Huntingdon Rd; EZ 175 £, DZ 210–260 £, Suite 305–325 £; P @ 📶) Hier fallen die Werke moderner Kunst und das phantasievolle Design ins Auge (fuchsienrote Stühle zwischen auf Hochglanz polierten Holzflächen); diese verleihen dem Felix den Boutiquestatus. Dazu kommen Seidenvorhänge, Luxusbettwäsche und Badezimmer mit Stein- und Schieferkacheln. Das Penthouse unter dem Dach lässt Romantikerherzen höher schlagen. Das Felix liegt 2,4 km nordwestlich der Stadt.

## Essen

**Aromi** ITALIENISCH £
(www.aromi.co.uk; 1 Benet St; Hauptgerichte 4,50 £; ⌚Fr–So 9–20, Mo–Do 9–17 Uhr; 🖉) Manchmal muss man sich einfach etwas gönnen. Die Vitrine lockt mit einer Fülle herrlicher sizilianischer Pizza. Der Pizzaboden ist leicht und knusprig – wie wär's mit frischem Spinat und Parmaschinken als Belag? Danach vielleicht eine unanständig dicke heiße Schokolade, am besten gleich eine große.

**Fitzbillies** BÄCKEREI, CAFÉ £
(www.fitzbillies.com; 52 Trumpington St; Hauptgerichte 6–16 £; ⌚Do–Sa 9–21.30, Mo–Mi 8–17, So 10–17 Uhr) Dank seiner wahnsinnig klebrigen Chelsea Buns und anderer süßer Versuchungen erfreut die älteste Bäckerei in Cambridge schon Generationen von Studenten. Genießer haben die Wahl: entweder einfach eine Tüte voll mitnehmen oder es sich im Café nebenan gut gehen lassen.

**Byron** BURGER £
(www.byronhamburgers.com; 12 Bridge St; Hauptgerichte 8 £; ⌚11–23 Uhr) Ein gut gehender, überdurchschnittlicher Burgerladen, wo sich ein gemischtes Publikum auf aufgearbeiteten Bänken über Edelburger und anderes hermacht.

**Dojo** ASIATISCH £
(www.dojonoodlebar.co.uk; Mill Lane; Hauptgerichte 8 £; 🖉) Studenten vom Queens' College um die Ecke und Nudelliebhaber kommen gern in dieses smarte Esslokal wegen der würzigen Speisen, wie man sie in Thailand, Malaysia, Singapur, Japan und Vietnam auf der Straße bekommt.

**Gardenia** GRIECHISCH £
(www.gardis.org.uk; 2 Rose Cres; Hauptgerichte 5 £; ⌚12–4 Uhr; 🖉) Das „Gardi's" rettet nachts Massen von hungrigen Studenten. An den Wänden hängen Fotos von zufriedenen Kunden, die Lamm-Souvlaki und Döner-Kebabs kauen.

**Clowns** CAFÉ £
(54 King St; Hauptgerichte 6 £; ⌚8–23 Uhr; 📶) Diese Institution in Cambridge wurde von einer freundlichen italienischen Familie eröffnet. Super Adresse für warmes Frühstück, selbst gemachte Lasagne und erstklassigen Kaffee.

**Kingston Arms** PUB ££
(www.kingston-arms.co.uk; 33 Kingston St; Hauptgerichte 5–16 £; ⌚Mo–Fr 12–14 & 18–22, Sa & So 18–22 Uhr; 📶) Im preisgekrönten Kingston gibt es großartiges, sättigendes Pubessen – von Braten bis zu weißer Zwiebelsuppe und preisstabilen Hauptgerichten (4,99 £). Bei 12 Ale-Sorten, Brettspielen und einer Mischung aus Studenten und Bewohnern aus der Nachbarschaft kommt eine echte Cambridge-Atmosphäre auf. Es liegt 1,6 km südöstlich vom Zentrum, die Parkside entlang und dann die Mill Rd runter.

**Oak** BISTRO ££
(☎01223-323361; www.theoakbistro.co.uk; 6 Lensfield Rd; Hauptgerichte 12–20 £, Mittagstisch 2/3 Gänge 13/16 £; ⌚Mo–Sa 12–14.30 & 18–21.30 Uhr) Dieses freundliche, eher noble Esslokal serviert Ente, Fisch und Rind aus der Region; gekrönt werden die Gerichte mit weißen oder schwarzen Trüffeln, Olivenpesto und Rosmarienjus. Der Mittagstisch ist preislich unschlagbar.

**Chop House** BRITISCH ££
(www.cambscuisine.com/cambridge-chop-house; 1 Kings Pde; Hauptgerichte 14–20 £; ⌚Mo–Sa 12–22.30, So 12–21.30 Uhr) Wer einen Fensterplatz ergattert, hat beste Aussicht auf die erhabenen Mauern des King's College. Die Küche ist bürgerlich englisch: herzhafte Steaks und Kottelets und Pommes Frites sowie ein paar Fischgerichte und Puddings. Das Schwesterrestaurant **St. John's Chop House** (21-24 Northampton St) liegt nahe dem Eingang zum St. John's College.

**Hakka** CHINESISCH ££
(www.hakka.co.uk; 24 Milton Rd; Hauptgerichte 10 £; ⌚18.30–21.30 Uhr; 🖉) Daniel hat die Geheimnisse der Hakka-Küche von seiner Mutter gelernt. Wer sein spezielles Salz-und-

Chili-Hühnchen probiert hat, möchte sie am liebsten umarmen. Besonders beliebt sind hier die brutzelnden Fleischgerichte, aber die Speisekarte bietet noch viel mehr.

★ **Midsummer House** GOURMETKÜCHE £££
(☎ 01223-369299; www.midsummerhouse.co.uk; Midsummer Common; 5/7/10 Gänge 45/75/95 £; ⌚ Mi–Sa 12–13.30, Di–Sa 19–21 Uhr) In diesem mit zwei Michelin-Sternen gekrönten Restaurant kreiert Chefkoch Daniel Clifford Gerichte, die sich durch Geschmackstiefe und technische Raffinesse auszeichnen. Wie wär's mit geschmortem Ochsenschwanz, auf Holzkohle gebackenem Sellerie und Jakobsmuscheln mit Trüffel gefolgt von Eis aus dunkler Schokolade, Blutorange oder Orangenmarmelade? Weine ab 55 £.

**Cotto** INTERNATIONAL £££
(☎ 01223-302010; www.cottocambridge.co.uk; 183 East Rd; 3 Gänge 50 £; ⌚ Mi–Sa 18.30–21 Uhr; ✎) Mit Kunstfertigkeit und Präzision erschafft Chefkoch Hans Schweitzer Gerichte, die superb aussehen und köstlich schmecken. Zu den Highlights gehören Cromer-Krabben mit Safran und *crayfish tian* oder Salzmarsch-Lamm in Kräuterkruste und zum Nachtisch eine karibische Crème brûlée aus Palmzucker und Vanilleschote.

## Ausgehen & Nachtleben

**Eagle** PUB
(www.gkpubs.co.uk; Benet St; ⌚ Mo–Sa 9–23, So 9–22.30 Uhr) Cambridges berühmtestes Pub hat schon vielen berühmten Akademikern die Zunge gelockert und die grauen Zellen vernebelt, z. B. den Nobelpreisträgern Crick und Watson, die hier über ihre DNA-Forschung diskutierten (s. blaues Schild an der Tür). Seit dem 15. Jh. geben sich die Gäste die Klinke in die Hand. Die gemütlichen Räume sind holzvertäfelt und eine der Decken ist mit Unterschriften von Luftwaffenangehörigen aus dem Zweiten Weltkrieg verziert. Auch das durchgehend servierte Essen ist gut.

**Granta** PUB
(www.gkpubs.co.uk; Newnham Rd; ⌚ 11–23, So 11–22.30 Uhr) Wenn einem das Pub, malerisch an einem Mühlenteich gelegen, bekannt vorkommt, dann liegt es daran, dass es oft für Fernsehproduktionen herhalten muss. Auf seiner romantischen Flussterrasse mit den vertäuten Stechkähnen (S. 397) lässt es sich wunderbar essen und das Treiben ringsum beobachten.

**Maypole** PUB
(www.maypolefreehouse.co.uk; 20a Portugal Pl; ⌚ So–Do 11.30–24, Fr & Sa 11.30–2 Uhr) Dieses Rotklinker-Pub ist bei den Leuten aus der Nachbarschaft beliebt wegen seiner 12 echten Ales vom Fass, wegen des großen Biergartens und der lockeren Atmosphäre. Außerdem gibt es hier herzhaftes italienisches Essen aus eigener Küche und ein jährliches Bierfest mit Bieren aus der Region und von kleinen Privatbrauereien.

**Fez** CLUB
(www.cambridgefez.com; 15 Market Passage; ⌚ 22–3 Uhr) Hip-Hop, Dance, R&B, Techno, Funk, Indie, Top-DJs und Clubnächte – das ist das Rezept des beliebtesten Clubs in Cambridge; im Fez mit seinen orientalischen Teppichen und Kissen fühlen sich die Clubber wie in Marokko.

**Lola Lo** CLUB
(www.lolalocambridge.com; 1 Corn Exchange St; ⌚ Mi–Mo 22–3 Uhr) Lola Lo bringt südpazifische Atmosphäre nach Cambridge; hier schwört man auf Cocktails und Themenabende bei kommerzieller Dance-Music, Drum 'n' Bass und Club-Klassikern. Dresscodemäßig ist für die Damen der Bastrock angesagt, aber das ist vielleicht auch nur ein Gerücht.

## Unterhaltung

**Portland Arms** LIVEMUSIK
(www.theportlandarms.co.uk; 129 Chesterton Rd; ⌚ 11–23.30, Fr & Sa 11–00.30 Uhr) Das bei Studenten beliebte Portland ist das beste Musiklokal der Stadt mit den unterschiedlichsten Bands. Die Wände sind mit Holz vertäfelt und es gibt eine große Terrasse. Einmal im Monat steht eine Comedy-Night auf dem Programm.

**ADC** THEATER
(www.adctheatre.com; Park St) Dieses berühmte Theater wird von Studenten betrieben. Es ist die Heimstatt der universitätseigenen Comedy-Gruppe Footlights, zu der einst Berühmtheiten wie Emma Thompson, Hugh Laurie und Stephen Fry gehörten.

**Junction** DARSTELLENDE KÜNSTE
(☎ 01223-578000; www.junction.co.uk; Clifton Way) Modernes Veranstaltungszentrum in Bahnhofsnähe mit Theateraufführungen, Tanz, Comedy, Livebands und Clubabenden. Es liegt 2,4 km südöstlich vom Stadtzentrum die Regent St (und anschließend Hills Rd) hinunter.

**Cambridge Arts Theatre** THEATER
(☎01223-503333; www.cambridgeartstheatre.com; 6 St Edward's Passage) Das Programm des größten Theaters in Cambridge umfasst alles von intellektuellem Drama und Tanz bis hin zu Weihnachtsmärchen und aktuellen Shows aus dem Londoner West End.

**Corn Exchange** DARSTELLENDE KÜNSTE
(☎01223-357851; www.cornex.co.uk; Wheeler St) Hier treten Topleute aus Pop und Rock sowie Comedy auf.

## ℹ Praktische Informationen

**Addenbrooke's** (www.cuh.org.uk; Hills Rd) Krankenhaus 6,4 km südöstlich vom Zentrum.

**CB1** (www.cb1.com; 32 Mill Rd; 1,80 £ pro Std.; ⏲9.30–20 Uhr; 📶) Internet-Café 800 m südöstlich vom Zentrum.

**Polizei** (www.cambs.police.uk; Parkside; ⏲8–22 Uhr) An der nordöstlichen Ecke von Parker's Piece.

**Post** (St. Andrew's St; ⏲Mo–Sa 9.30–17.30 Uhr)

**Touristeninformation** (☎0871 226 8006; www.visitcambridge.org; Peas Hill; ⏲Mo–Sa 10–17 Uhr, April–Okt. auch So 11–15 Uhr)

## ℹ An- & Weiterreise

### BUS

Busse von **National Express** (www.nationalexpress.com) fahren von Parkside u. a. nach:

**Gatwick** 20 £, 4½ Std., stündl.

**Heathrow** 17 £, 4 Std., stündl.

**Oxford** 15 £, 3½ Std., alle 30 Min.

**Stansted** 10 £, 50 Min., stündl.

### AUTO

Das Zentrum von Cambridge ist vorwiegend Fußgängerzone. Die Parkgebühren in den Parkhäusern liegen zwischen 2,50 und 4,80 £ für zwei Stunden.

An den Hauptstraßen um die Stadt gibt es fünf Park-&-Ride-Parkplätze; von hier fahren zwischen 7 und 20 Uhr Busse (hin und zurück 2,90 £) alle 10 bis 15 Minuten in die Innenstadt.

### ZUG

Der **Bahnhof** liegt 2,4 km südöstlich vom Zentrum. Abfahrten u. a. nach:

**Birmingham New Street** 32 £, 4 Std., stündl.

**Bury St Edmunds** 10 £, 50 Min., stündl.

**Ely** 4 £, 15 Min., 3-mal stündl.

**King's Lynn** 10 £, 45 Min., stündl.

**London Kings Cross** 18 £, 1 Std., 2- bis 4-mal stündl.

**Stansted** 15 £, 30 Min. bis 1¼ Std., 2-mal stündl.

## ℹ Unterwegs vor Ort

### FAHRRAD

Cambridge ist ausgesprochen fahrradfreundlich und so ist das Fahrrad ist das ideale Fortbewegungsmittel für das Erkunden der romantischen Stadt.

**Station Cycles** (www.stationcycles.co.uk; Corn Exchange St; halber Tag/Tag/Woche 7/10/25 £; ⏲Mo–Fr 8–18, Sa 9–17, So 10–16 Uhr) Unterhalb des Einkaufszentrums Grand Arcade im Herzen der Stadt. Am Bahnhof in der Station Rd gibt es eine weitere Filiale.

**City Cycle Hire** (www.citycyclehire.com; 61 Newnham Rd; halber Tag/Tag/Woche 7/10/25 £; ⏲Mo–Fr 9–17.30, April–Okt. auch Sa 9–17 Uhr) 1,6 km südwestlich vom Zentrum

### BUS

Die Stadtbusse fahren vom **Hauptbusbahnhof** (Drummer St) ab. Viele verkehren bis ca. 23.30 Uhr. C1, C3 und C7 halten am Bahnhof. Ein Tagesticket (Dayrider) (3,90 £) gilt 24 Stunden unbegrenzt für alle Stadtbusse.

# Grantchester

560 EW.

Ein Ausflug entlang der Cam ins bilderbuchhafte Dorf Grantchester lohnt nicht nur wegen der alten reetgedeckten Cottages mit ihren blühenden Gärten, der luftigen Wiesen und der klassischen Cream Teas. Wer die knapp fünf Kilometer zu Fuß, mit dem Rad oder dem Stechkahn zurücklegt, folgt auch den Fußstapfen einiger der größten Denker der Welt. Im Dorf lockt der typisch englische **Orchard Tea Garden**, wo man unter Apfelbäumen kalorienreichen Kuchen oder ein leichtes Mittagessen zu sich nehmen kann (www.orchard-grantchester.com; Mill Way; Mittagessen 4–9 £, Kuchen 3 £; ⏲März–Okt. 9.30–17, Nov.–Febr. 10–16 Uhr). Dies war der Lieblingstreffpunkt der Mitglieder der Bloomsbury Group, die hier kampierten, picknickten, schwimmen gingen und über ihre Arbeit sprachen.

# Imperial War Museum

Im größten europäischen ★ **Luftfahrtmuseum** (www.iwm.org.uk; Duxford; Erw./Kind 17,50 £/frei; ⏲Ostern–Okt. 10–18, Nov.–Ostern 10–16 Uhr; P 👪) hat die geflügelte Kriegsmaschine noch Hochkonjunktur; hier werden in riesigen Hangars fast 200 liebevoll gepflegte Oldtimerflugzeuge ausgestellt. Der ausgedehnte Flugplatz bietet alles von Sturzkampfbombern bis hin zu Doppeldeckern, einer Spitfire und einer Concorde.

Spätester Einlass ist eine Stunde vor Schließung. Duxford liegt gut 14 km südlich von Cambridge an Junction 10 der M11. Der Bus C7 fährt von der Emmanuel St in Cambridge bis Duxford (3,50 £, 50 Min, 2–3-mal stündl.).

Hier bietet sich ein Tagesausflug an; gerade Kinder haben an den interaktiven Raketenabschussrampen und Flugsimulatoren einen Mordsspaß.

Der Hangar des umwerfenden **American Air Museum** wurde von Norman Foster entworfen. Er ist den kühnen US-Soldaten des Zweiten Weltkriegs gewidmet und beherbergt die größte Sammlung amerikanischer Zivil- und Militärflugzeuge außerhalb der USA. Im Hangar namens **AirSpace** sind Exponate aus der Luftfahrttechnik Großbritanniens und des Commonwealth ausgestellt. Die Flugzeuge stehen hier nicht nur als schöne Ausstellungsstücke; ein paar davon, z. B. die legendäre *Flying Fortress*, erheben sich sogar während der überaus beliebten **Winged Legends Airshow** im Juni/Juli in die Lüfte. Dies ist ein spektakuläres Ereignis, bei dem die Piloten ein beträchtliches Risiko eingehen. Thematisiert werden auch moderne Kampfschauplätze wie der Wüstenkrieg in Afghanistan und im Irak. Zu sehen sind u. a. unterschiedliche Panzertypen und Artilleriegeschütze aus der Zeit nach dem Zweiten Weltkrieg.



# Ely

20 200 EW.

Das charmante Städtchen Ely mit seiner umwerfenden Kathedrale lohnt einen Tagesausflug von Cambridge aus. Der Name (sprich: *ih*-lih) geht zurück auf die Aale *(eels)*, die einst die noch Wasser führenden Fens im Umkreis der Stadt bevölkerten. Im Mittelalter war Ely eines der größten Opium produzierenden Zentren in Großbritannien. Vornehme Damen hielten „Mohnpartys" ab und Mütter in den Fens stellten ihre Kinder mit „Mohntee" ruhig. Überragt von der Kathedrale ist Ely heute eine schöne mittelalterliche Stadt mit traditionellen Tearooms und hübschen georgianischen Häusern in einem Gewirr aus Gassen; auch die altertümliche Uferpartie hat ihren Reiz.

## Sehenswertes

**Ely Cathedral** KATHEDRALE

(www.elycathedral.org; The Gallery; Erw./Kind 8 £/frei, Eintritt & Turmführung 14,50 £/frei; ⌚7–18.30, Evensong Mo–Sa 17.30, So 16, Chorgottesdienst So 10.30 Uhr) Die atemberaubende Kathedrale von Ely prägt die gesamte Gegend; sie wird auch „Schiff der Fens" genannt, weil sie weithin über das ausgedehnte flache Land zu sehen ist. Das **Kirchenschiff** aus dem 12. Jh. beeindruckt durch seine klaren Linien und die Offenheit des Raums. Meisterlich gestaltet sind auch die Decke, das **Oktagon** und die **Türme** aus dem 14. Jh., die in changierenden Farben in den Himmel ragen. Im normalen Eintritt enthalten ist eine Führung durch das Kirchenschiff. Bei den Turmführungen (3- bis 5-mal tgl., 165 Stufen) schauen die Besucher hinter die Kulissen und genießen herrliche Ausblicke.

Seit mindestens 673 ist Ely ein Ort für Pilger und Gottesfürchtige. In dem Jahr gründete Etheldreda, die Tochter des Königs von East Anglia, hier ein Nonnenkloster (obwohl sie schon zwei Ehen hinter sich hatte). Kurz nach ihrem Tod wurde sie heiliggesprochen. Das Kloster wurde von den Dänen geplündert, als Männerkloster wieder aufgebaut, zerstört und dann nach der Eroberung durch die Normannen zur Kirche umgebaut. Im Jahr 1109 wurde die Kirche von Ely zur Kathedrale ernannt. Zur Abstützung der Mauern wurden später gotische Bögen hinzugefügt.

Die weitläufige **Lady Chapel** aus dem 14. Jh. enthält gespenstisch leere Nischen, in denen einst Statuen von Heiligen und Märtyrern standen. Sie wurden von Bilderstürmern während des Englischen Bürgerkriegs kurzerhand herausgehauen. Über die filigranen Steinmetzarbeiten wacht seit dem Jahr 2000 eine umstrittene Statue der *Heiligen Maria* von David Wynne. Die Schönheit der Kathedrale wird gern für Filmarbeiten genutzt: Einige der kunstvollen Details sind zu sehen in *Elizabeth: Das Goldene Königreich* und *Die Schwester der Königin*. Am besten ist die Atmosphäre natürlich beim Evensong oder einem Chorgottesdienst.

**Oliver Cromwell's House** MUSEUM

(www.olivercromwellshouse.co.uk; 29 St. Mary's St; Erw./Kind 4,60/3,10 £; ⌚April–Okt. 10–17, Nov.–März 11–16 Uhr) Englands führender Puritaner lebte von 1636 bis 1647 mit seiner Familie in diesem attraktiven Fachwerkhaus und trieb

## OLIVER CROMWELL – SCHRECKEN DER KÖNIGE

Für die einen ist der rätselhafte Cromwell ein Königsmörder und Diktator, für die anderen ein Freiheitsheld, doch die Wahrheit dürfte etwas komplexer sein.

Der berühmt-berüchtigte Sohn East Anglias wurde 1599 in Huntingdon geboren. Über die ersten 40 Lebensjahre, die er auf einem Kleinbauernhof verbrachte, ist wenig bekannt. Nachdem er konvertierte und zum militanten Puritaner wurde, war er nicht mehr aufzuhalten. Sein Ehrgeiz und seine klaren religiösen Vorstellungen trieben ihn an. Nachdem er kurze Zeit Parlamentsabgeordneter für Huntingdon und anschließend Cambridge war, tat er sich im Englischen Bürgerkrieg als Militärführer hervor und kämpfte auf Seiten der siegreichen „Roundheads" (die Unterstützer des Parlaments gegen den König). Man machte ihn verantwortlich für die Hinrichtung von Karl I., obwohl er nur einer von mehreren war, die den Vollstreckungsbefehl unterzeichnet hatten.

Die Historiker gehen heute davon aus, dass Cromwell, um die „Wirtschaft anzukurbeln", Juden wieder nach Großbritannien einwandern ließ (sie waren 1290 verbannt worden). Er nutzte sein Amt als Lordprotektor, um diese unpopuläre Entscheidung durchzuboxen. Dies zeigt, wie fest er daran glaubte, dass die Bekehrung der Juden zum Christentum eine wesentliche Voraussetzung für das Königreich Christi auf Erden sei: „Hatten nicht besonders wir die Pflicht, sie zu ermutigen sich hier niederzulassen, wo man sie doch nur hier die Wahrheit lehren konnte?"

Zu seinen bedeutendsten Taten gehörte die Eroberung von Irland und von Schottland. Diese Eroberungen sowie der Tod von Karl I. bescherten ihm viele Feinde. Das ging nach seinem Tod so weit, dass er nach der Wiedereinsetzung der Monarchie aus der Westminster Abbey exhumiert und dann wie ein noch lebender Rebell in Tyburn gehängt und zusätzlich enthauptet wurde. Der Körper wurde höchstwahrscheinlich in die allgemeine Abfallgrube in Tyburn (dem heutigen Marble Arch) geworfen. Der Kopf hingegen wurde zur Abschreckung an der Westminster Hall angebracht. Dort blieb er über mehrere Jahrzehnte, bis ihn ein Sturm Anfang des 18. Jhs. herabriss. Er gelangte daraufhin in Privatbesitz und wurde ab und zu als Kuriosum ausgestellt. Ein Nachfahre des letzten Besitzers stiftete ihn 1960 dem Sidney Sussex College, Cromwells alter Uni. Dort wurde er in der Kapelle beigesetzt. Es gibt eine Gedenktafel, aber der genaue Ort wird aus Angst vor rachsüchtigen Royalisten geheim gehalten.

von seinen Gemeindemitgliedern den Zehnten ein. Die Inneneinrichtung zeigt, wie der Alltag der Familie ausgesehen haben mag: brennende Kerzen, Schlapphüte, Schreibfedern usw. Es ist für die Besucher sehr unterhaltsam, zumal sie sich unwillkürlich die Frage stellen, ob dieser komplexe Mensch ein Held oder ein Bösewicht war.

**Ely Museum** MUSEUM

(www.elymuseum.org.uk; Market St; Erw./Kind 3,50/1 £; ⌚Mi–Sa & Mo 10.30–17, April–Okt. So 13–17, Nov.–März 13–16 Uhr) Hauptattraktion in diesem skurrilen, kleinen Museum im Old Gaol House sind die abschreckend eingerichteten Gefangenenzellen; daneben gibt es Themenausstellungen über die Römer, die Angelsachsen, den Friedhof Long Barrow im nahen Haddlington sowie die Entstehung der Fens. Des Weiteren erhalten die Besucher Einblicke in die alten Handwerksberufe von Ely wie z. B. das Kürschnern und der Aalfang.

## Schlafen & Essen

**★ Peacocks** B&B ££

(☎01353-661100; www.peacockstearoom.co.uk; 65 Waterside; DZ 125–150 £) In den geräumigen Suiten fühlt man sofort zu Hause. Im „Cottage" zieren Blumentapeten von Laura Ashley Sitzecke und Schlafzimmer; im „Brewery" erinnern vergilbte Bücher, vergoldete Spiegel und polierte Antiquitäten an einen Gentlemen-Club. Im Untergeschoss befindet sich das preisgekrönte Café (Mi–So 10.30–17 Uhr), bekannt für seine diversen Teesorten und Cream Teas (ab 7 £), selbstgemachte Suppen, Salate, Kuchen und *scones*.

**Riverside Inn** B&B ££

(☎01353-661677; www.riversideinn-ely.co.uk; 8 Annesdale; EZ/DZ 65/90 £; P) Die Zimmer in diesem georgianischen Gästehaus am Kai sind mit Brokatbettüberwürfen, dunklen Holzmöbeln und neuen Bädern ausgestattet. Ein super Ort, um die Hausboote und Ruderer auf der Great Ouse zu betrachten.

**Old Fire Engine House** BRITISCH ££
(☎01353-662582; www.theoldfireenginehouse.co.uk; 25 St. Mary's St; Mittagessen 2/3 Gänge 15/20 £, Hauptgerichte 16 £; ⊙Mo–Sa 12–14 & 19–21, So 12–14 Uhr) Die Gerichte hier könnten direkt von einem traditionellen Bauernhof in East Anglia stammen, haben aber entschieden mehr Klasse. Zu den Gerichten aus vorwiegend saisonalen und regionalen Produkten gehören Suffolk-Reh mit Quitte und Stilton-Quiche mit Fen-Sellerie oder Norfolk-Meerfenchel gefolgt von einem dampfgegarten Kuchen *(pudding)* mit Sirup und Vanillesauce.

## Praktische Informationen

**Tourist Office** (☎01353-662062; www.visitely.org.uk; 29 St. Mary's St; ⊙10–16 Uhr) Hier gibt's Broschüren (50 P.) über den malerischen „Eel Trail" und die Rundwanderungen auf dem Fen Rivers Way (2 £).

## An- & Weiterreise

Wer gern wandert, kann die 27 km von Cambridge nach Ely am Fluss entlang über den Fen Rivers Way zu Fuß zurücklegen. Zugverbindungen u. a.:

**Cambridge** 4 £, 15 Min., 3-mal stündl.

**King's Lynn** 7 £, 30 Min., stündl.

**Norwich** 16 £, 1 Std., alle 30 Min.



# ESSEX

Die Einwohner dieser Grafschaft sind seit Jahren Zielscheibe von arroganten und äußerst verletzenden Witzen. Aber außer den nachgemachten Burberry-Taschen und den Ferienorten mit Rummelplätzen gibt es immer noch die idyllischen mittelalterlichen Dörfer in hügeliger Landschaft. Diese haben schon Constable, einen der beliebtesten englischen Maler, inspiriert. Hier befindet sich auch die historische Stadt Colchester. Southend-on-Sea ist der populärste Erholungsort der Gegend; im verschlafenen Vorort Leigh gibt es noch die traditionellen Muschelverkäufer und Gassen mit Kopfsteinpflaster.

## Colchester

173 074 EW.

Colchester mit seiner Trutzburg und der römischen Stadtmauer geht bis ins 5. Jh. v. Chr. zurück und ist Großbritanniens älteste in Chroniken erwähnte Stadt. 43 n. Chr. kamen, sahen und siegten die Römer und bauten hier ihre nördliche Hauptstadt Camulodunum. Bereits 17 Jahre später wurde sie von Boudica zerstört. Im 11. Jh. bauten die normannischen Invasoren eine mächtige Burg. Diese liegt heute in einem Gewirr aus schmalen Straßen mit ein paar Fachwerkhäusern und kunstvoll gestalteten Neubauten.

### Sehenswertes

★**Colchester Castle** BURG
(www.cimuseums.org.uk; Erw./Kind 7,50/4,75 £; ⊙Mo–Sa 10–15, So 11–17 Uhr) Der Wohnturm wurde 1076 auf den Grundmauern des römischen Tempels von Claudius erbaut. Er ist Englands größter noch erhaltener normannischer Wohnturm, größer als der des Tower of London. Er war bereits königliche Residenz, Gefängnis und Wohnhaus eines Hexenjägers. Inzwischen wurden die Mauern aus dem 11. Jh. mit einem Budget von vier Millionen Pfund und der Technik aus dem 21. Jh. restauriert. Es gibt Smartphone-Apps und Tablets zum Ausleihen sowie eine phantastische Licht- und Ton Show, die verloren gegangene Gebäudeteile auferstehen lässt und die Geschichte der Burg zu neuem Leben erweckt.

**firstsite** KUNSTZENTRUM
(www.firstsite.uk.net; Lewis Gdns; ⊙Di–So 10–17 Uhr; ) GRATIS In ihrem geschwungenen Kunstzentrum aus glänzendem Kupfer und Glas hält die Stadt ihre Bewohner künstlerisch auf dem Laufenden. Das Gebäude ist innen genauso beeindruckend wie außen: Installationen gehen in einem Meer aus Licht und Raum nahtlos ineinander über. Zeitgenössische visuelle Kunst wird historischen Werken gegenübergestellt. Es gibt ein permanentes Ausstellungsstück, das Berryfield-Mosaik; das römische Artefakt wurde 1923 an dieser Stelle gefunden und bildet jetzt – unter Glas geschützt – das Zentrum der Galerie.

**Hollytrees Museum** MUSEUM
(www.cimuseums.org.uk; Castle Park; ⊙Di–Sa 10–17, So 11–17 Uhr) GRATIS Es ist wie in einem historischen Theaterstück: ein georgianisches Stadthaus aus dem Jahr 1718 voller Spielzeug und Kostüme, Armband- und Wanduhren. Die Besucher werden Zeugen des häuslichen Lebens der reichen Besitzer und ihrer Diener. So staunen sie z. B. über den in Bootsform gebauten Kinderwagen eines Schiffbauers, eine kleine Werkstatt, wo

jeder seinen eigenen viktorianischen Scherenschnitt anfertigen kann, und ein Neid weckendes Puppenhaus.

**Dutch Quarter** HISTORISCHES STADTVIERTEL
Nur ein paar Schritte nördlich der High St stößt man auf die schönsten Fachwerkhäuser der Stadt mit ihren urigen Dächern. Noch heute legt das Viertel Zeugnis ab vom Leben der protestantischen Weber, die im 16. Jh. von Holland hierher flohen.

## Schlafen & Essen

**North Hill** HOTEL ££
(Green Room; ☎01206-574001; www.northhillhotel.com; 50 North Hill; EZ 65–80 £, DZ/FZ/Suite 90/120/110 £; 📶) Am besten um ein Zimmer im charaktervolleren Hintergebäude bitten; die erfreuen durch Holzbalken, Ziegelwände und schicke moderne Möbel. Das Restaurant (geöffnet tgl. 12–14.30 und Mo–Sa auch 18–21.30 Uhr) serviert regionale, saisonale Hausmannskostklassiker mit einem modernen Einschlag. Abendessen liegt bei rund 15 £ und der Mittagstisch an Werktagen ist mit 7 £ ein Schnäppchen.

**Four Sevens** B&B ££
(☎01206-546093; www.foursevens.co.uk; 28 Inglis Rd; EZ 55–60 £, DZ 65–75 £; P 📶) Hier gibt's keine Schnörkel und Fransen, sondern frei stehende Waschbecken, Kleiderstangen im Industrielook und Schubladenbetten. Zum umfangreichen Frühstück gehören acht verschiedene Cerealien und als Willkommensgruß erhalten die Gäste oft Biskuitkuchen oder sogar Tiramisu. Es liegt 1,6 km südwestlich vom Zentrum in einer Nebenstraße der B1022 nach Maldon.

★ **Company Shed** FISCH & MEERESFRÜCHTE ££
(☎01206-382700; www.the-company-shed.co.uk; 129 Coast Rd, West Mersea; Hauptgerichte 4–12 £; ⏱Di–Sa 9–17, So 10–17 Uhr) In diesem einfachen Fischlokal dürfen die Gäste selbst Brot und Wein mitbringen. Serviert werden Muscheln, Colchester-Austern, Garnelen, Hummer und Aal in Aspik sowie Räucherfisch von Familie Howard – Austern-Experten in der achten Generation. Es liegt 14 km südlich von Colchester auf Mersea Island; je nach Gezeiten und Hochwasser ist der Zugang stundenweise nicht möglich.

## Praktische Informationen

**Touristeninformation** (☎01206-282920; www.visitcolchester.com; Castle Park; ⏱Mo–Sa 9.30–17 Uhr) Jetzt im Hollytrees Museum untergebracht.

## An- & Weiterreise

Busse des National Express fahren alle 2 Stunden nach London Victoria (15 £, 2½ Std.).

Züge gehen bis London Liverpool Street (18 £, 1 Std., alle 15 Min.).

# Dedham Vale

In diesem ruhigen Tal ließ sich John Constable zu seinen romantischen Darstellungen von Feldwegen, Frühlingswiesen und sprudelnden Bächen inspirieren. Der Künstler wurde 1776 in East Bergholt geboren und wuchs hier auf. Auch wenn heute der in seinem berühmten Bild *Der Heuwagen* verewigte klapprige Wagen nicht mehr da ist, so können sich die Besucher dennoch weiter an den hübschen Cottages, der hügeligen Landschaft und dem lässigen Charme der Gegend erfreuen.

Das auch Constable Country genannte **Dedham Vale** (www.dedhamvalestourvalley.org) umfasst die Dörfer Dedham, East Bergholt und Flatford. Das Gebiet mit seinen schattigen Gassen, schönen Wiesen und erhabenen alten Kirchen lässt sich wunderbar zu Fuß oder mit dem Fahrrad erkunden.

## Sehenswertes

**Bridge Cottage** HISTORISCHES GEBÄUDE
(NT; ☎01206-298260; www.nationaltrust.org.uk; Flatford, nahe East Bergholt; Parkgebühr 3 £; ⏱April–Okt. 10.30–17, Nov.–März Sa & So 10.30–15.30 Uhr; P) GRATIS Das reetgedeckte Bridge Cottage liegt gleich neben der von Constable oft gemalten Mühle von Flatford. Es beherbergt eine Ausstellung, die einen guten Überblick über Leben und Werk des Künstlers vermittelt. Man sollte sich vorher über die täglichen Führungen (6,50 £) informieren. Besucht werden Flatford Mill, Willy Lott's Cottage (mit dem Bild *Der Heuwagen*) und andere von Constable gemalte Plätze. Man kann die Führung auch auf eigene Faust unternehmen.

**Flatford Mill** HISTORISCHES GEBÄUDE
(Flatford, nahe East Bergholt; P) Constable-Fans erkennen sofort die Flatford Mill, die Mühle, die er so oft gemalt hat und die heute noch genauso idyllisch wirkt. Der einstige Familienbesitz der Familie Constable dient jetzt als Bildungszentrum. Man kann leider nicht hinein, aber zumindest Fotos von allen Seiten schießen.

## Kurse

**Malkurse** KUNST
(☎01206-323027; www.dedhamhall.co.uk; Brook St, Dedham; Tagesbesucher 3/7 Tage 295/325 £) Wer die Landschaften im Dedham Vale mag, kann an einem der renommierten Malkurse in der Dedham Hall teilnehmen; die Atmosphäre dieser einstigen Scheune aus dem 14. Jh. inspiriert jeden. Tagesbesucher zahlen den obigen Preis, mit Übernachtung und Halbpension wird's teurer, macht aber auch mehr Spaß (3/7 Tage ab 495/650 £).

## Schlafen & Essen

**Sun** GASTHAUS ££
(☎01206-323351; www.thesuninndedham.com; High St, Dedham; DZ 110–150 £; P ) Die Qual der Wahl. Das blaue Zimmer im Rocco-Stil oder das mit dem Himmelbett, Balken im Bad und eigenem Hausgeist? Das Lamm-Kofta und Mojitos oder das Stilton Ploughmans und echtes Ale? Wie auch immer, das Sun aus dem 15. Jh. entzückt durch schiefe Wände, knarrende Fußböden und unwiderstehlichen Charme. Das Restaurant (Hauptgerichte 13 bis 19 £) ist von 12 bis 14.30 und 18.30 bis 21.30 Uhr geöffnet.

**Milsoms** HOTEL ££
(☎01206-322795; www.milsomhotels.com; Stratford Rd, Dedham; DZ 120–200 £; P ) Stilsicheres Design verleiht den Zimmern hier einen humorvollen Touch: rote Ledersessel, Anglepoise-Lampen und Telefone im Retrolook mischen sich mit riesigen Standspiegeln und moderner Kunst. Doch der pfeffrige Lachs in Pistazienkruste oder das Limonenposset in der funkigen Brasserie (geöffnet von 12–21.30 Uhr, Hauptgerichte 8 bis 27 £) könnten einen dazu verleiten, das Zimmer zu verlassen.

**Dedham Hall** B&B ££
(☎01206-323027; www.dedhamhall.co.uk; Brook St, Dedham; EZ/DZ 65/110 £, 3 Gänge 35 £; P) Alles in diesem Haus aus dem 15. Jh. strahlt Atmosphäre aus: von der balkengeschmückten Bar und gemütlichen Lounge bis hin zu den schwülstigen Möbeln und antiquarischen Büchern. Auf den gepflegten Rasenflächen stehen Stühle und Tische und im Restaurant Fountain House (drei Gänge 35 £, nur mit Reservierung) wird gehobene, phantasievolle Küche serviert.

**Maison Talbooth** BOUTIQUEHOTEL £££
(☎01206-322367; www.milsomhotels.com; Stratford Rd, Dedham; Suite 210–345 £; P ) In diesem wunderbaren Hotel mit Blick auf Constables Dedham Vale genießen die Gäste den Luxus in todschicken Suiten mit Gänsefederbettdecken und Wohlfühlbetten und entstressen im beheizten Pool, im Whirlpool, auf dem Tennisplatz oder im Spa.

## Anreise & Unterwegs vor Ort

Die Busse 247 und 102 fahren von Colchester nach Dedham (2,20 £, 30 Min., 2- bis 8-mal tgl.). Von Colchester geht Bus 93 nach East Bergholt (2,60 £, 45 Min., Mo–Sa alle 2 Std.). Für Zugfahrer ist es vom Bahnhof Manningtree ein schöner Spaziergang bis zur Mühle von Flatford (gut 3 km).

# Saffron Walden

14 572 EW.

Die seit dem 12. Jh. bestehende Marktstadt Saffron Walden besticht durch schönes Fachwerk, enge Gassen, schiefe Dächer und urige Gebäude. Ihr Name leitet sich vom purpurfabenen Safrankrokus ab (aus ihm wird das teuerste Gewürz der Welt gewonnen), der hier vom 15. bis zum 18. Jh. angebaut wurde. Für Nostalgiker lohnt sich ein Tagesausflug von Cambridge aus.

## Sehenswertes

**Old Sun Inn** HISTORISCHES GEBÄUDE
(Church St) Das berühmteste Wahrzeichen von Saffron Walden liegt an einer Kreuzung zwischen Fachwerkhäusern. Der kunstvolle Bau aus dem 14. Jh. wurde einst von Cromwell als Hauptquartier genutzt. Die äußeren Mauern sind mit feinen Stuckarbeiten aus dem 17. Jh. verziert.

**St. Mary the Virgin** KIRCHE
(www.stmaryssaffronwalden.org; Church St; 8–17 Uhr) GRATIS Die ältesten Teile von St. Mary stammen aus dem Jahr 1250. Die Kirche symbolisiert das Goldene Zeitalter der Stadt, als hier noch mit Safran gehandelt wurde. Sie gehört zu den größten der Grafschaft und zu ihren Besonderheiten gehören beeindruckende gotische Bögen und das Grab des Gutsbesitzers Lord Audley.

**Saffron Walden Museum** MUSEUM
(www.saffronwaldenmuseum.org; Museum St; Erw./Kind 1,50 £/frei; Di–Sa 10–16.30, So 10–14 Uhr) Die ausgefallene Sammlung umfasst Zeugnisse der örtlichen Geschichte, Kostüme aus dem 18. Jh. und viktoriani-

NICHT VERSÄUMEN

## AUDLEY END HOUSE PARK

Der erste Earl von Suffolk ließ all seine Ambitionen in den herrlichen frühjakobinischen **Audley End House Park** (Mi–So 10–18 Uhr) einfließen; von der Größe und vom Stil her wie ein Palast wirkend, wurde er tatsächlich zum Königspalast, als Karl II. ihn 1668 kaufte.

Audley End House liegt 1,6 km westlich von Saffron Walden an einem Abzweig der B1383. Der Bahnhof von Audley End ist 2 km vom Haus entfernt. Ein Taxi vom Marktplatz des Ortes kostet etwa 5 £.

Von dem riesigen Gebäude ist nur ein Drittel geblieben, aber es beeindruckt nach wie vor. Mit seinen prächtigen Zimmern voller Silberwaren, wertvoller Möbel und Gemälde gilt es als einer der prachtvollsten Landsitze Englands. Im 19. Jh. ließ der dritte Baron Braybrooke das Interieur im gotischen Stil umgestalten; das meiste davon ist bis heute erhalten.

Umgeben ist das Haus von einem Landschaftspark (geöffnet Mi–So 10–18 Uhr), der nach einem Entwurf von Lancelot „Capability" Brown gestaltet wurde. Im Sommer finden hier Konzerte statt.

sches Spielzeug sowie geologische Stücke, alte ägyptische Artefakte und aus Knochen gefertigte Harpunen der Inuit. Auf dem Museumsgelände liegt auch das von Brombeerhecken überwucherte **Walden Castle Keep**, das um das Jahr 1125 entstand.

**Bridge End Gardens** GÄRTEN

(Gärten 24 Std., Labyrinth & Küchengarten Mo–Do 9–15, Fr 9–13, Sa & So 10–16 Uhr) GRATIS Die sieben miteinander verbundenen Gärten erstrahlen nach sorgfältiger Restaurierung in ihrer alten viktorianischen Pracht. Der Besuch lohnt sich besonders dann, wenn auch das Labyrinth und der üppige Küchengarten geöffnet sind.

## Essen

**Eight Bells** PUB ££

(www.8bells-pub.co.uk; 18 Bridge St; Hauptgerichte 12–20 £; Mo–Sa 12–15 & 18–22, So 12–18 Uhr; ) In diesem Gastropub aus dem 16. Jh. mischen sich Mittelalterliches und Modernes auf gefällige Weise. Hier gibt es z. B. Schweinefilet mit Salbei-Äpfeln und hausgemachtem Gravlax. Polierte Holzfußböden, Fachwerkwände, abstrakte Kunst, ausladende Ledersofas und prasselndes Kaminfeuer laden dazu ein, gemütlich ein Glas Bier zu trinken.

**Cafe Coucou** CAFÉ ££

(www.cafecoucou.co.uk; 17 George St; Hauptgerichte 7–10 £; Mo–Sa 9–17 Uhr) Köstliche hausgemachte Quiches, riesige *scones* und Sandwiches sowie Salate gehen in diesem fröhlichen Familienbetrieb weg wie die sprichwörtlichen warmen Semmeln.

## Praktische Informationen

**Touristeninformation** (01799-524002; www.visitsaffronwalden.gov.uk; 1 Market Pl; Mo–Sa 9.30–17 Uhr) Hat eine gute Broschüre über Spaziergänge und die historischen Gebäude in der Stadt auf Lager.

## Anreise & Unterwegs vor Ort

Bus 7 verkehrt zwischen Saffron Walden und Cambridge (4 £, 1 Std., stündl.).

Den nächsten Bahnhof gibt es in Audley End, gut 3 km westlich von Saffron Walden. Bus 301 verbindet den Bahnhof Audley End mit Saffron Walden (1,70 £, 15 Min., Mo–Fr stündl.). Zugverbindungen von da u. a. nach:

**Cambridge** 7 £, 20 Min., alle 20 Min.

**London Liverpool Street** 11 £, 1 Std., Mo–Sa 2-mal stündl., So stündl.

# Southend-on-Sea

173.600 EW.

Southend ist am Wochenende der Spielplatz für die Londoner. Hier gibt es alles, was das Herz begehrt: blinkende Lichter, Jahrmarkt, bunte Unterhaltung und rappelvolle Clubs. Aber darüber hinaus bietet die Stadt einen herrlichen Sandstrand, eine absurd lange Seebrücke und ein traditionelles Fischerdorf im Ortsteil Old Leigh.

## Sehenswertes

**Southend Pier** WAHRZEICHEN

(www.southend.gov.uk/pier; April–Sept. Mo–Fr 8–18, Sa & So 8–20 Uhr, Okt.–März Mi–So 9–17 Uhr) GRATIS Willkommen auf der längsten Seebrücke der Welt! Sie ist ganze 2 km lang, wurde

1830 erbaut und scheint Schäden durch Boote, Stürme und Feuer geradezu magisch anzuziehen; beim letzten Brand im Jahr 2005 wurde die Spitze zerstört. Heute führt der angenehme Spaziergang ans oft windige Pierende zu einem Café, Künstlerstudios und dem **Royal Pavilion** mit 185 Sitzen. Die **Pier Railway** (Einzelfahrt Erw./Kind 3,50/2 £) erspart den langen Rückmarsch.

**Pier Museum** MUSEUM
(www.southendpiermuseum.co.uk; Marine Pde; Erw./Kind 1,50 £/50 p; ⌚ März–Okt. Sa, So, Di & Mi 11–17 Uhr) Das charmante Museum erweckt die Blütezeit Southends zum Leben mit Ausstellungsstücken wie einer viktorianischen Pierbahn neben einem immer noch funktionstüchtigen Stellwerk, Fotos in Sepia und Kostümen aus der alten Zeit. Am schönsten aber sind die antiken Münzspielautomaten, die auch heute noch funktionieren.

**Old Leigh** STADTVIERTEL
Was Old Leigh so stimmungsvoll macht, sind die Straßen mit Kopfsteinpflaster, die Muschelbuden, Kunstgalerien und Kunsthandwerksläden. Von der Uferpromenade geht man ein ganzes Stück nach Westen, aber mit dem Vorortzug ist es nur ein Katzensprung.

## Schlafen & Essen

**Roslin Beach** HOTEL ££
(☎ 01702-586375; www.roslinhotel.com; Thorpe Esplanade; EZ/DZ/Suite 87/120/185 £, Hauptgerichte 14–22 £; P 📶 🐾) Das am Wasser gelegene Roslin bietet sämtlichen Schick eines neuenglischen Strandhauses: Skulpturen aus Treibholz, Siegel in mit Muscheln verzierten Rahmen und angewehten Sand auf den Treppenstufen vor dem Haus. Hier entspannt man in Sauna und Spa und genießt eine vor Ort gefangene Fleckengalaxie auf der Terrasse mit Meerblick umgeben von Palmen. Essenszeiten sind 12–15 und 18–21 Uhr.

**Beaches** B&B ££
(☎ 01702-586124; www.beachesguesthouse.co.uk; 192 Eastern Esplanade; EZ/DZ ab 40/90 £; P 📶) Die Zimmer im Beaches sind ausnahmsweise nicht mit erdrückenden Blumenmustern und dicken Vorhängen überladen, sondern hell, einfach und geschmackvoll eingerichtet; die Federbetten sind mit Bettwäsche aus weißer ägyptischer Baumwolle bezogen.

**Osborne Bros** FISCH & MEERESFRÜCHTE £
(www.osbornebros.co.uk; High St, Leigh-on-Sea; Snacks 2,50 £, Hauptgerichte 6 £; ⌚ 8–17 Uhr) Das Osbourne ist halb Fischbude und halb einfaches Café direkt am Wasser in Old Leigh und bietet weite Ausblicke auf die Themse-Mündung. Da der Inhaber Fischverkäufer ist, gibt es zum Salat oder zur Ofenkartoffel Herzmuscheln, Miesmuscheln, Garnelen oder Aal in Aspik.

## ℹ Praktische Informationen

**Touristeninformation** (☎ 01702-618747; www.visitsouthend.co.uk; Western Esplanade; ⌚ April–Okt. 8–18, Nov.–März Mi–So 9–17 Uhr) Am Eingang zur Seebrücke.

## ℹ Anreise & Unterwegs vor Ort

Southend hat zwei Bahnhöfe: Central (10 Min. zu Fuß vom Meer) und Victoria (15 Min. vom Meer).

**London Liverpool Street** 15 £, 1 Std., 4-mal stündl. ab Southend Victoria

**London Fenchurch St** 11 £, 55 Min., 4-mal stündl. ab Southend Central

**Leigh-on-Sea** 3 £, 7 Min., alle 15 Min. ab Southend Central

# SUFFOLK

Suffolk ist geprägt von seinen malerischen Dörfern, in denen die Zeit still zu stehen scheint. Die Grafschaft verdiente einst ihr Geld mit dem mittelalterlichen Wollhandel, wovon noch heute prachtvolle Kirchen und prunkvolle Tudorhäuser Zeugnis ablegen. Im Westen liegen die Bilderbuchdörfer Lavenham und Long Melford. Weiter im Norden wird das Bild der Marktstadt Bury St. Edmunds von historischen Gebäuden geprägt. Am Meer versprühen die Badeorte Aldeburgh und Southwold vornehmen Charme.

## ℹ Unterwegs vor Ort

Verkehrsknotenpunkt der Grafschaft ist Ipswich. Busverbindungen gibt's online bei **Suffolk County Tourism** (www.suffolkonboard.com) und Traveline (S. 385).

Zugverbindungen von Ipswich u. a. nach:

**Bury St Edmunds** 9 £, 30 Min., 2-mal stündl.

**London Liverpool Street** 30 £, 1¼ Std., alle 20 Min.

**Norwich** 15 £, 40 Min., 2-mal stündl.

## Long Melford

2898 EW.

Was einen Abstecher nach Long Melford lohnt, sind zwei elisabethanische Herrenhäuser und ein paar feine Esslokale. Auch

NICHT VERSÄUMEN

## SUTTON HOO

Der Rumpf eines riesigen angelsächsischen Schiffs liegt seit 1300 in **Sutton Hoo** (NT; ☎ 01394-389700; www.nationaltrust.org.uk; Sutton Hoo, nahe Woodbridge; Erw./Kind 7,50/ 3,70 £; ⏲ Ostern–Okt. 10.30–17 Uhr, Nov.–Ostern Sa & So 11–16 Uhr; P 👪). Es wurde erst 1939 unter einem Erdhügel entdeckt und nie ausgeraubt. Bis zum Jahr 625 war das Schiff die Ruhestätte des Königs Raedwald von East Anglia und enthielt eine Fülle von wertvollen Grabbeigaben. Die gut gemachte Ausstellung zeigt, wie weit die sächsische Kultur damals schon entwickelt war. Der Aufwand, mit dem Raedwald begraben wurde, lässt erahnen, welch hohe Stellung er bekleidet haben muss. Die Beigaben sind so fein gearbeitet und vielfältig, dass sie einen neuen Blick auf die damalige Epoche werfen.

Im Besucherzentrum lassen sich viele Fundstücke sowie eine Rekonstruktion des Schiffs und der Grabkammer in Originalgröße besichtigen. Die wertvollsten Gegenstände wie der fein gearbeitete Königshelm, Schilde, Goldschmuck und byzantinisches Silber werden im British Museum in London ausgestellt. Hier sind zumindest Nachbildungen davon sowie ein originales Prinzenschwert zu sehen.

Die 18 Grabhügel des „Königsfriedhofs" sind von Gehwegen umgeben. Sie sind nur im Rahmen einer einstündigen, höchst faszinierenden **Führung** (Erw./Kind 2,50/1,25 £) begehbar. Zeiten telefonisch erfragen.

Sutton Hoo liegt gut 3 km westlich von Woodbridge und knapp 10 km nordöstlich von Ipswich an einem Abzweig der B1083.

die weitläufige Dorfwiese, Antiquitätenläden und kleine Geschäfte laden zum Spazierengehen ein.

## Sehenswertes

**Kentwell Hall** HISTORISCHES GEBÄUDE
(☎ 01787-310207; www.kentwell.co.uk; Erw./Kind 11,50/8 £; P) Das prunkvolle Herrenhaus Kentwell Hall mit seinen Türmen und Hausgeistern mag zwar bis ins 16. Jh. zurückgehen, aber es ist heute noch bewohnt und strahlt daher eine heimelige Atmosphäre aus. Es ist umgeben von einem rechteckigen Wassergraben und hat schöne Gärten und eine beeindruckende Farm für seltene Zuchttiere. Bunt wird es hier bei den Veranstaltungen, die die Tudorzeit wiederauferstehen lassen; dann wimmelt es auf dem Gelände von Korsetts, Schamkapseln und Kniehosen. Zu Halloween steigt das Kostümfest Scaresville. Die Öffnungszeiten müssen erfragt werden, aber es ist im Sommer an fast allen Tagen von 12 bis 16 Uhr geöffnet, außerdem an bestimmten Wochenenden.

**Melford Hall** HISTORISCHES GEBÄUDE
(NT; www.nationaltrust.org.uk; Hall St; Erw./Kind 7/3,40 £; ⏲ April–Okt. Mi–So 13–17 Uhr; P) Von außen betrachtet scheint sich am romantischen elisabethanischen Herrenhaus Melford Hall kaum etwas verändert zu haben, seit Königin Elisabeth I. 1578 hier empfangen wurde. Innen unterhält es mit einem holzvertäfelten Bankettsaal, üppigem Prunk aus Regency- und viktorianischen Zeiten und einer Beatrix-Potter-Ausstellung; die Kinderbuchautorin- und -illustratorin war eine Cousine der Parkers, denen das Haus von 1786 bis 1960 gehörte.

**Holy Trinity** KIRCHE
(www.longmelfordchurch.com; Church Walk; ⏲ 10–17 Uhr) Die herrliche Holy Trinity ist von der Größer her eher eine Kathedrale als eine Kirche und ein wunderbares Beispiel für eine Wollkirche aus dem 15. Jh. Die Buntglasfenster und das Flushwork aus Feuerstein und Kalkstein sind hervorragend.

## Schlafen & Essen

**Black Lion** HOTEL ££
(☎ 01787-312356; www.blacklionhotel.net; The Green; EZ/DZ/Suite 100/125/175 £, Hauptgerichte 16 £; P 📶) Im umwerfenden Black Lion lassen die schottischen Highlands grüßen: Teppiche mit Tartanmuster, offene Kamine und angestaubte Ölgemälde. Die extravaganten Schlafzimmer mit drapierten Vorhängen und Feature-Betten sind nach klassischen Weinen benannt – so ist Yquem z. B. dementsprechend rot vom Boden bis zur Decke. Essen – eine Kombination aus moderner und traditionell eleganter Küche – gibt es von 12 bis 14 und 19 bis 21 Uhr.

**Bull** GASTHAUS ££
(☎ 01787-378494; www.oldenglishinns.co.uk; Hall St; EZ/DZ 60/80 £, Hauptgerichte 8–12 £; P 📶) Seit 1580 werden in diesem gut besuchten Dorfpub Gäste bedient. An den Theken geht

es trotz geschnitzter Decken und Wappen angenehm geschäftsmäßig zu. Am meisten Atmosphäre haben die Zimmer zur Straße raus; dafür sorgen die alten Balken und dunkles Holz. Die Küche hat von 12 bis 21.30 Uhr geöffnet.

**Scutcher's Bistro** BRITISCH £££
(☎ 01787-310200; www.scutchers.com; Westgate St; Hauptgerichte 20–30 £; ⏲ Do–Sa 12–14 & 19–21.30 Uhr) Dieses schlichte Bistro hat im ganzen Stour Valley einen Namen, weil traditionelle Gerichte hier neu interpretiert werden. So kriegt z. B. die Gressingham-Ente einen asiatischen Touch und wilder Seebarsch wird eventuell mit Mailänder Risotto gereicht. Es ist modern, hat Klasse und gibt sich selbstbewusst.

### An- & Weiterreise

Busverbindungen u. a. nach:

**Bury St Edmunds** 3,95 £, 50 Min., Mo–Sa stündl.

**Sudbury** 1 £, 10 Min., Mo–Sa stündl.

## Sudbury

13 000 EW.

Sudbury hat den berühmten Portrait- und Landschaftsmaler Thomas Gainsborough (1727–88) hervorgebracht und diente als Vorlage für Charles Dickens' Stadt Eatanswill in *Die Pickwickier* (1837). Doch Sudbury ist vor allem eine geschäftige Marktstadt, die mit dem Wollhandel zu Wohlstand kam und heute in kleinem Maßstab Seidenweberei betreibt.

Die meisten Besucher kommen nach Sudbury wegen **Gainsborough's House** (www.gainsborough.org; 46 Gainsborough St; Erw./Kind 6,50/2 £; ⏲ Mo–Sa 10–17 Uhr). Es ist das Geburtshaus des Künstlers und beherbergt die weltgrößte Sammlung seiner Werke. Die georgianische Fassade, die das Haus aus dem 16. Jh. schmückt, wurde von Gainsboroughs Vater gebaut. Besonders interessant sind sein frühestes erhaltenes Portrait, *A Boy and a Girl in a Landscape*, das exquisite *Portrait of Harriett, Viscountess Tracy*, das wegen seines feinen Faltenwurfs zu Ruhm gelangte, sowie seine passionierten Landschaftsbilder.

Vom Bahnhof Sudbury gehen stündlich Züge nach London Liverpool Sreet (26 £, 1¼ Std.). Busse fahren regelmäßig nach Ipswich (1 Std.), Long Melford (13 Min.), Lavenham (30 Min.), Bury St Edmunds (1 Std.) und Colchester (1 Std.).

## Lavenham

1413 EW.

Lavenham, East Anglias schönste und besuchenswerteste Stadt, war einst Zentrum des Wollhandels. Hier haben sich prachtvolle mittelalterliche Gebäude erhalten. Windschief, aber bestens restauriert beeindrucken sie die erstaunten Besucher. Seit dem 15. Jh. sind die 300 Fachwerkhäuser mit Stuck und Reetdächern praktisch unberührt geblieben; in vielen davon kann man heute wunderbar essen und übernachten.

### Sehenswertes

**Guildhall of Corpus Christi** HISTORISCHES GEBÄUDE
(NT; www.nationaltrust.org.uk; Market Pl; Erw./Kind 5,35/2,65 £; ⏲ April–Okt. 11–17 Uhr, März & Nov. Sa & So 11–16 Uhr) Die schönsten Gebäude der Stadt liegen in der High St, Water St und am Marktplatz mit seiner ungewöhnlichen dreieckigen Form. Hervor sticht das weiß getünchte Gildenhaus aus dem frühen 16. Jh., ein ausgezeichnetes Beispiel für Fachwerk mit enger Balkenlage. Es beherbergt heute ein Museum für einheimische Geschichte und dokumentiert den Wollhandel und die mittelalterlichen Gilden; im beschaulichen Garten gibt es immer noch Pflanzen, die die im Mittelalter typischen Farben lieferten.

**Little Hall** HISTORISCHES GEBÄUDE
(www.littlehall.org.uk; Market Pl; Erw./Kind 3,50 £/frei; ⏲ April–Okt. Di–Do, Sa & So 14–16.30, Mo 10–13 Uhr) Die in einem Karamellton gestrichene Little Hall war einst das Wohnhaus eines erfolgreichen Wollhändlers. In den 1920er- und 1930er-Jahren war es im Besitz der Gayer-Anderson-Zwillinge; ihnen ist es zu verdanken, dass die Zimmer wieder in ihrer alten Pracht erstrahlen.

**St. Peter & St. Paul** KIRCHE
(www.lavenhamchurch.wordpress.com; Church St; ⏲ 8.30–17.30 Uhr) Auf Grund der wohl proportionierten Fenster, des hohen Turms aus Feuerstein und der Wasserspeier scheint diese Kirche im späten Perpendicular Style zum Himmel empor zu schweben. Sie wurde zwischen 1485 und 1530 erbaut und gehört zu den letzten großen Wollkirchen in Suffolk; sie wurde am Abend der Reformation vollendet und kündet heute von Lavenhams vergangenem Reichtum.

## Touren

**Guided Walks** STADTRUNDGANG
(Erw./Kind 4 £/frei; Ostern–Okt. Sa 14.30, So 11 Uhr) Auf diesen geführten Spaziergängen werden die Geschichten erzählt, die hinter den schönen Gebäuden von Lavenham stecken. Startpunkt ist die Touristeninformation (Buchung nicht erforderlich).

## Schlafen & Essen

★ **Angel** HOTEL ££
(01787-247388; www.wheelersangel.com; Market Pl; EZ 85 £, DZ 75–125 £, Hauptgerichte 12–19 £; P) Hier bekommen die Gäste erstaunlich viel für ihr Geld. Die dunkelgrünen Flure im ältesten Gebäude von Lavenham führen zu großen, hellen, wunderbar renovierten Zimmern mit dekorativen Balken. Außerdem wird das Hotel zufälligerweise vom renommierten Koch Marco Pierre White geführt; das Essen (12–14.30 und 18–21 Uhr) ist eine echt gute Kombination aus Bistro- und Pubgerichten.

**Lavenham Priory** B&B ££
(01787-247404; www.lavenhampriory.co.uk; Water St; EZ/DZ ab 87/120 £; P) Ein seltenes Juwel: Beim Betreten dieses aufwendig restaurierten B&B aus dem 13. Jh. ist jeder sofort hingerissen. Die geschichtsträchtigen Zimmer erfreuen mit Kaminen, Bleiglasfenstern, Eichenfußböden, originalen Wandmalereien und Himmelbetten. Rechtzeitig buchen.

**Guinea House** B&B ££
(01787-249046; www.guineahouse.co.uk; 16 Bolton St; DZ 75–85 £) Kopf einziehen: Einige der Türen in diesem äußerst behaglichen Cottage aus dem 15. Jh. sind nur 1,5 m hoch. Schiefe Dächer treffen auf schräge Wände und unebene Fußböden tragen irrwitzige Balken. Das Frühstück wird auf einem altmodischen Aga-Herd zubereitet und vor einem riesigen Kamin serviert. Perfekt.

★ **Swan** HOTEL £££
(01787-247477; www.theswanatlavenham.co.uk; High St; EZ 105 £, DZ 195–290 £, Suite 350 £; P) Die herrlich mittelalterliche Atmosphäre und der Verwöhnfaktor geben dem Swan Vorrang vor anderen Unterkünften. Die geschmackvollen Möbel kommen vor den Wänden in beige, olive und rötlichen Tönen und Gitterwerk aus altem Holz gut zur Geltung. Der Service läuft reibungslos und die Suiten sind mit ihren hohen Bogendecken und gekreuzten Balken einfach umwerfend.

★ **Great House** FRANZÖSISCH ££
(01787-247431; www.greathouse.co.uk; Market Pl; 3-Gänge-Mittagessen/-Abendessen 24/33 £; Mi–So 12–14.30, Di–Sa 17–21.30 Uhr; ) Gegensätzliche Kulturen werden hier in angenehmer Weise vereint: Traditionelles und Modernes, Zutaten aus East Anglia französisch zubereitet. Das könnte bedeuten: Confit vom Lavenham-Lamm oder karamellisiertes Suffolk-Schweinefleisch sowie *moelleux au chocolat* oder Stücke von geschmacksintensivem Käse aus Frankreich oder Suffolk.

## Praktische Informationen

**Touristeninformation** (01787-248207; www.discoverlavenham.co.uk; Lady St; Mitte März–Okt. 10–16.45 Uhr, Nov.–Mitte März Sa & So 11–15 Uhr) Etwas versteckt am Marktplatz.

## An- & Weiterreise

Bus 753/754 geht Mo–Sa stündl. nach Bury St. Edmunds (3,65 £, 30 Min.) und Sudbury (3,55 £, 30 Min.).

# Bury St. Edmunds

41 113 EW.

In Bury ist die Vergangenheit allgegenwärtig. Die Stadt war jahrhundertelang ein Pilgerzentrum und von ihrer reichen Geschichte zeugen eine stimmungsvolle Abteiruine, schöne georgianische Architektur und beschauliche Gärten. Es laden auch zwei Brauereien zum Besuch ein.

Bury kam erst durch die Beerdigung von St. Edmund, dem letzten sächsischen König von East Anglia, im Jahre 903 zu Ruhm. Seine Enthauptung durch die Dänen 869 machte Edmund zum Märtyrer. Sein Grab wurde zur Pilgerstätte und Teil eines der mächtigsten mittelalterlichen Klöster in Europa. 1214 unterzeichneten die englischen Barone in der Abtei die Petition, die die Grundlage der Magna Carta bildete, und bereiteten damit dem Land den Weg zu einer konstitutionellen Regierungsform.

## Sehenswertes

**Abbey Gardens** RUINE
(Mustow St; Sonnenaufgang–Sonnenuntergang) GRATIS Die einst mächtige Abtei liegt jetzt als malerische Ruine auf dem Parkgelände hinter der Kathedrale. Sie ist nach wie vor beeindruckend, auch wenn sich die Stadtbewohner nach der Auflösung der englischen Klöster einen Großteil der Steine unter den

INSIDERWISSEN

## TRINKEN WIE DIE EINHEIMISCHEN

Seit Generationen wird in East Anglia vorwiegend Bier von Greene King and Adnams getrunken. Wie genau dieses hergestellt wird, kann man auf zwei Brauereiführungen erfahren: in der georgianischen Greene King Brewery in Bury St. Edmond's und dem Stammsitz von Adnams (S. 416) im viktorianischen Southwold. Neben dem interessanten Einblick in die Geschichte der alteingesessenen Marken kommen die Besucher auch in den Genuss von Kostproben.

Nagel gerissen haben. Die Mauern (insbesondere auf der Westseite) beeindrucken dadurch, dass sie auf Grund von Zerfall und Erosion phantastische Formen bilden. Zu weiteren Highlights gehören das schmuckvolle Great Gate, das kleine Taubenhaus und die Blumengärten.

Zwei gut erhaltene alte Tore gegenüber der Touristeninformation bilden den Eingang zu den Abteigärten; das massive **Great Gate** aus der Mitte des 14. Jhs. ist aufwendig verziert, zeigt aber auch seine Funktion als Verteidigungswall mit Zinnen, Fallgitter und Pfeilscharten. Weiter oben am Angel Hill gibt es einen weiteren Eingang; hier erhebt sich der **Norman Tower** aus dem frühen 12. Jh. mit seinen Wasserspeiern.

Gleich hinter dem Great Gate liegt ein friedvoller Garten mit dem **Great Court**, in dem es einst sehr geschäftig zuging; das **Taubenhaus** ist das Einzige, was vom Palast des Abts erhalten blieb. Am beeindruckendsten sind die Überreste an der Westseite. Hier wurden im 18. Jh. die Mauern der ursprünglichen Abtei zu Häusern umfunktioniert. Sie sehen aus, als wären sie wie Höhlen in den Stein gemeißelt worden und werden nach wie vor bewohnt. Ganz in der Nähe steht der **Samson Tower** mit einer schönen Statue von St. Edmund geschaffen von Dame Elisabeth Frink (1976). Der restliche Teil der Abtei erstreckt sich nach Osten wie ein zerfleddertes Skelett; verstreute Steinbrocken und Säulen lassen erahnen, wie groß sie einst gewesen sein muss.

### St Edmundsbury Cathedral — KATHEDRALE

(www.stedscathedral.co.uk; Angel Hill; Eintritt mit Spende Erw./Kind 3 £/50 p; ⌚8.30–18 Uhr) Der 45 m hohe Turm dieser Kathedrale wurde erst 2005 vollendet und ist eine Vision aus Lincolnshire-Kalkstein. Der traditionelle gotische Baustil zeigt, wie viele der englischen Kathedralen direkt nach Beendigung der Steinmetzarbeiten einmal ausgesehen haben müssen. Der Großteil des Gebäudes stammt aus dem 16. Jh., nur der Ostteil entstand erst nach 1945. Die Kathedrale mit dem herrlichen Polygonaldach wirkt insgesamt leicht und erhaben; beeindruckend im nördlichen Querschiff ist eine Skulptur des gekreuzigten Christus, geschaffen von Dame Elisabeth Frink.

Die prächtigen Eingangsstufen sind eindeutig spanisch beeinflusst. Sie sind ein Tribut an Abt Anselm (1121–48), der sich gegen das Pilgern nach Santiago de Compostela aussprach und stattdessen an dieser Stelle den Bau einer Kirche zu Ehren des hl. Jakobus (Santiago auf Spanisch) befürwortete.

Sehenswert ist der **Kirchenschatz** (Angel Hill; ⌚Mo–Sa 10–16, So 12.30–15 Uhr) mit dem Kirchensilber und reich verzierten mittelalterlichen Bibeln in der Krypta. Bei 30-minütigen **Führungen** (Angel Hill; gratis; ⌚Ende April–Sept. Mo–Sa 11.30Uhr) gewinnen Besucher Einblick in die Geschichte der Kathedrale.

### St. Mary's Church — KIRCHE

(www.stmarystpeter.net/stmaryschurch; Honey Hill; Eintritt mit Spende; ⌚10–16 Uhr) St. Mary's ist eine der größten Stadtkirchen in England und enthält das Grab von Mary Tudor – der Schwester von Heinrich VIII. und einstiger Königin von Frankreich. Der in den 1430er-Jahren entstandene Bau ist berühmt für sein Stichbalkendach, auf dem sich vampirähnliche Engel tummeln. Wie im Mittelalter wird immer noch die Abendglocke geläutet.

### Greene King Brewery — BRAUEREI

(☎01284-714297; www.greeneking.co.uk; Crown St; Besucherzentrum frei; Führungen 10 £; ⌚Mo–Sa 10–16.30 Uhr) Die Brauerei stellt seit 1799 das bei den Engländern so beliebte Getränk her. Das Besucherzentrum vermittelt heute einen guten Einblick in die 900 Jahre alte Braukunst der Stadt. Die Führung (14 Uhr an Werktagen, Mi–So auch 11 Uhr sowie Sa 12.30 und 15.30 Uhr) geht vorbei an den Bottichen und Rohren des historischen Brauhauses bis aufs Dach, wo sich eine herrliche Aussicht auf die Stadt bietet, und endet am Zapfhahn mit Bier vom Fass. Rechtzeitig buchen, denn die Führungen sind sehr beliebt.

**Moyse's Hall** MUSEUM
(www.stedmundsbury.gov.uk/moyseshall; Cornhill; Erw./Kind 4/2 £; ⌚ Mo–Sa 10.30–16.30 Uhr) Das Museum befindet sich in einem unterirdischen Gewölbe aus dem 12. Jh. Es zeigt Raritäten wie ein Medaillon mit einer Haarlocke von Mary Tudor und Fundstücke aus der Abtei. Daneben gibt es Darstellungen der wichtigen Ereignisse der Stadtgeschichte, z. B. von den gruseligen Hexenprozessen. Ein weiteres Thema ist der spektakuläre Mord an Maria Marten in der roten Scheune im nahegelegenen Polstead im Jahr 1827. Der Mörder wurde in Anwesenheit einer großen Menschenmenge in Bury gehängt.

**Theatre Royal** HISTORISCHES GEBÄUDE
(NT; www.theatreroyal.org; Westgate St; ⌚ Anfang Aug. Mi–So 11.30–15.30 Uhr, Ende Mai–Juni Sa & So 11–17 Uhr) Dies ist das einzige Regency-Theater in Großbritannien, das heute noch in Betrieb ist. Auf geführten oder selbstgeführten Rundgängen bekommen die Besucher den üppig mit Gold verzierten Saal mit seinen schönen Logen und einer *trompe l'oeuil*-Decke sowie den Bereich vor und hinter den Kulissen zu sehen.

## Schlafen

★ **Fox** GASTHAUS ££
(☎01284-705562; www.oldenglishinns.co.uk; 1 Eastgate St; DZ 90–150 £; P 📶) Die ehemaligen Stallungen laden heute zum Übernachten ein. Viel von der alten Substanz konnte erhalten werden: weißgetünchte Balken, verwitterte Ziegelwände und sogar die Ringe zum Anbinden der Tiere. Bemalte Korbstühle und ein Kronleuchter hier und da ergänzen die niveauvolle Atmosphäre.

**The Glen** B&B ££
(☎01284-755490; rallov@aol.com; 84 Eastgate St; EZ 40 £, DZ 60–75 £; P 📶) Ein mit Holz befeuerter Herd und Wandteppiche verleihen dem Gesellschaftsraum in diesem spätgeorgianischen B&B eine gemütliche Stimmung. Oben auf der Wohnetage ist es hell und elegant: Die Zimmer sind in Creme- und Goldtönen gehalten.

**Angel** HOTEL £££
(☎01284-714000; www.theangel.co.uk; 3 Angel Hill; DZ 115–180 £, Suite 350 £; P 📶) Die teureren Zimmer in dieser efeubewachsenen georgianischen Poststation sind schon etwas Besonderes. Sie verfügen über Luxusbad, nachgemachte Möbel im Stil des frühen 18. Jhs. (neben dem einen oder anderen Plastikstuhl) und die Suiten haben frei stehende Kupferbadewannen. Die billigeren Zimmer sind weniger extravagant.

## Essen & Ausgehen

★ **Pea Porridge** INTERNATIONAL ££
(☎01284-700200; www.peaporridge.co.uk; 28-29 Cannon St; Hauptgerichte 13–18 £; ⌚ Mi–Sa 12–14 & 18.30–21.30, Di 18.30–21.30 Uhr) Dieses freundliche Nachbarschaftslokal begrüßt seine Gäste mit Warmherzigkeit, fröhlichem Geplauder und verlockenden Aromen. Die Küche macht Anleihen in Ländern wie der Türkei, Italien und Frankreich; zur Auswahl stehen u. a.: Tajines, Gnocchi, Blutwurst aus der Normandie oder Schweinsbacke und Polenta – alles köstlich.

★ **Maison Bleue** FRANZÖSISCH £££
(☎01284-760 623; www.maisonbleue.co.uk; 31 Churchgate St; Hauptgerichte 18–27 £; ⌚ Di–Sa 12–14 & 19–21.30 Uhr) Auf eleganten Stühlen lässt sich hier moderne französische Küche genießen – eine Wohltat für Auge und Gaumen. Wie wär's mit gebratener Gressingham-Ente mit einer Hühnerleber-Velouté oder einem Tartar von der Goldbrasse mit Ingwer? Die Drei-Gänge-Menüs (Mittagessen/Abendessen 24/33 £) sind vergleichsweise günstig.

★ **Old Cannon** PUB
(☎01284-768769; www.oldcannonbrewery.co.uk; 86 Cannon St) 🍃 Hier gibt es gleich drei-in-eins: Eine Privatbrauerei mit eigenem Pub und Gästezimmern (EZ/DZ 90/120 £). Im funkigen Schankraum glänzen die Maischebottiche, in denen z. B. Rusty Gun (Vol. 4%) oder das temperamentvollere Gunner's Daughter (5,5%) gebraut werden. Zu essen gibt es eine Kombination aus Bistro- und Pubgerichten (Hauptgerichte 12–17 £, Mo–Sa 8.30–21, So 8.30–15 Uhr) und dann geht's ins Bett vorbei an Terracotta-Wänden mit Karomuster.

**Nutshell** PUB
(www.thenutshellpub.co.uk; The Traverse; ⌚ Mo–Fr 11–23, Sa 11–24, Fr 11–22.30 Uhr) Wie viele Leute passen wohl in diese winzige Nussschale voller Memorabilien, das im *Guinness Buch der Rekorde* als Großbritanniens kleinstes Pub geführt wird?

## Praktische Informationen

**Touristeninformation** (☎01284-764667; www.visit-burystedmunds.co.uk; 6 Angel Hill; ⌚ Ostern–Okt. Mo–Sa 9.30–17 Uhr, Ostern–Okt. So 10–15 Uhr, Nov.–Ostern Mo–Fr 10–16 Uhr)

## Anreise & Unterwegs vor Ort

### BUS

Der Hauptbusbahnhof liegt in der St. Andrew's St North.

**Cambridge** (4,80 £, 1 Std., Mo–Sa stündl.) Stagecoach-Bus 11

**London** (15 £, 2½ Std., 5-mal tgl.) National Express

### ZUG

Der Bahnhof befindet sich 900 m nordwestlich von der Touristeninformation; von hier fahren häufig Busse ins Zentrum.

**Cambridge** 10 £, 45 Min., stündl.

**Ely** 10 £, 30 Min., alle 2 Std.

# Orford

720 EW.

Das etwas abgelegene, aber durchaus reizvolle Dorf Orford liegt knapp 10 km südlich von Snape Maltings und lohnt einen Abstecher. Hier geht es ruhig zu, aber unter den hübschen Häusern ragt eine wahre Kuriosität heraus: das polygonale Orford Castle.

## Sehenswertes

**Orford Castle** BURG

(EH; www.english-heritage.org.uk; Erw./Kind 6/3,60 £; ⌚ April–Okt. tgl. 10–18 Uhr, Nov.–März Sa & So; P) Das Gebäude aus dem 12. Jh. hat die Form eines 18-seitigen Tambour und wird von drei viereckigen Türmen flankiert. Vom Dach aus bietet sich ein herrlicher Ausblick auf Orford Ness.

**Orford Ness** NATURSCHUTZGEBIET

(NT; www.nationaltrust.org.uk; Erw./Kind mit Fähre 4/2 £; ⌚ Juli–Sept. Di–Sa 10–17 Uhr, Okt. & Ende April–Juni auch Sa) Die größte bewachsene Kieselnehrung in Europa wurde früher vom Militär als geheimes Testgelände genutzt; heute ist es Naturschutzgebiet und Zufluchtsort für seltene Stelzvögel, Tiere und Pflanzen. Vom Orford Quay verkehren Fähren: die letzte verlässt Orford um 14 Uhr und fährt um 17 Uhr zurück. Die Fähren haben nur begrenzte Kapazität, also früh ankommen und einen Platz reservieren.

## Essen

**Butley Orford Oysterage** FISCH ££

(☎01394-450277; www.pinneysoforford.co.uk; Market Hill; Hauptgerichte 8–17 £; ⌚tgl. 12–14 Uhr, Juni–Mitte Sept. auch 18.30–21 Uhr) Hier ist eine Reservierung unerlässlich, denn das Lokal ist bei den Einheimischen beliebt, weil der Fisch und die Meeresfrüchte selbst gefangen und geräuchert werden (auch in der Nebensaison manchmal abends geöffnet); wer nur etwas auf die Hand möchte, geht zu **Pinney's** (www.pinneysoforford.co.uk; The Quay; ⌚10–16 Uhr), ihrem Geschäft am Hafen.

# Aldeburgh

3225 EW.

Die Zeit hat ihre Spuren in der Küstenstadt Aldeburgh (sprich: „*orld*-börah") hinterlassen, aber dennoch gehört sie zu den reizvollsten Orten der Region. Die malerischen Straßen und der ausladende Kieselstrand sind gesäumt von pastellfarbenen Häusern, kleinen Läden, Kunstgalerien und Fischbuden. Für Musikfans könnte die Stadt auch wegen ihrer Verbindung zum Komponisten Benjamin Britten und zweier Musikfestivals interessant sein.

## Sehenswertes

**Scallop** WAHRZEICHEN

(Thorpe Rd Parkplatz) Die Skulptur von Maggi Hambling erinnert an die Verbindung von Aldeburgh mit dem Komponisten Benjamin Britten, der einen Großteil seines Lebens in der Stadt verbracht hat. Die 4 m hohe, mit Schriftzügen versehene Stahlkonstruktion in Form einer Jakobsmuschel *(scallop)* und ihr Standort am Strand sind überaus umstritten. Sie ist zu Fuß nach einem kurzen Spaziergang am Meer entlang nördlich der Stadt leicht zu finden.

**Moot Hall** MUSEUM

(www.aldeburghmuseum.org.uk; Market Cross Pl; Erw./Kind 2 £/frei; ⌚ Juni–Aug. 12–17 Uhr, April, Mai, Sept. & Okt. 14.30–17 Uhr) Ausstellungen zu den Themen Fischerei, Schiffbau, Küstenverteidigung und Tourismus in der Regency-Ära in einem mit feinen Schnitzereien verzierten Fachwerkhaus aus dem 16. Jh.

## Festivals

**Aldeburgh Festival** MUSIK

(www.aldeburgh.co.uk; ⌚ Jun) Das von Benjamin Britten 1948 ins Leben gerufene Musikfestival gehört zu einem der größten in East Anglia; neben klassischer Musik, neuen, neu interpretierten und wiederentdeckten Stücken wird auch visuelle Kunst präsentiert.

**Aldeburgh Food & Drink Festival** ESSEN

(www.aldeburghfoodanddrink.co.uk; ⌚ Ende Sept.) Das zweitägige Fest zelebriert Produkte aus Suffolk und erstklassige Kochkunst.

ABSTECHER

### DUNWICH & RSPB MINSMERE

Nördlich von Aldeburgh reihen sich ein paar idyllische und kaum besuchte Orte an der Küste entlang, die nach und nach dem Meer zum Opfer fallen. Dies ist am drastischsten in der einst blühenden Hafenstadt **Dunwich** zu sehen; ihre 12 mittelalterlichen Kirchen sind alle im Wasser versunken und der Ort hat sich in ein gespenstisches Dorf verwandelt.

Viele Vogelbeobachter kommen an die Küste in der Nähe von Dunwich wegen der **Royal Society for the Protection of Birds Minsmere** (RSPB; www.rspb.org.uk; nahe Westleton; Erw./Kind 7,50/3 £; ⌚ Gelände Sonnenaufgang–Sonnenuntergang, Besucherzentrum 9–17 Uhr; P). Das Naturschutzgebiet beheimatet einen der seltensten Vögel Englands, die Rohrdommel, und im Herbst machen Hunderte von Zugvögeln hier Station. Im Besucherzentrum kann man das ganze Jahr über Ferngläser ausleihen; die Beobachtungstürme bieten ideale Sicht auf die Vögel.

Da es hier keine öffentlichen Verkehrsmittel gibt, bleiben nur Auto, Fahrrad oder Laufen.

## Schlafen & Essen

★ **Ocean House** B&B, APARTMENT ££

(☎01728-452094; www.oceanhousealdeburgh.co.uk; 25 Crag Path; DZ 100 £, Apartment pro Woche 1300 £) Da dieses Gästehaus nur einen Kieselsteinwurf vom Strand entfernt liegt, haben viele der rustikal-schicken Zimmer direkten Meerblick. Das 5-Personen-Apartment ist mit einer gemütlichen Küche und einem kleinen Balkon ausgestattet; das Doppelzimmer im Obergeschoss lässt jedes Herz höher schlagen: von drei Seiten Blick aufs Wasser und ein Wohnzimmer mit einem Stutzflügel.

**Dunan House** B&B ££

(☎01728-452486; www.dunanhouse.co.uk; 41 Park Rd; DZ 80–95 £, FZ ab 117 £; P 📶) Hier wird schnell klar, dass der Besitzer Künstler ist: Das Haus ist voller abstrakter Gemälde in hellen Farben, Selbstportraits und getöpferten Objekten. Die Wandfarben wechseln zwischen Rot, Orange und Limonengrün, alte Bücher und ramponierte Reisetruhen liegen herum und in der Familiensuite im Obergeschoss gibt es sogar ein Fernglas, das das Mündungsgebiet ganz nah heranholt.

**Fish & Chip Shop** FISH & CHIPS £

(www.aldeburghfishandchips.co.uk; 226 High St; Hauptgerichte 5–6 £; ⌚ Di–Sa 12–14, Do–Sa auch 17–20 Uhr) In Aldeburgh gibt es angeblich die leckersten Fish & Chips der Gegend und dies ist der beste Laden, um das herauszufinden.

★ **Lighthouse** MODERN BRITISCH ££

(☎01728-453377; www.lighthouserestaurant.co.uk; 77 High St; Hauptgerichte 11–16 £; ⌚12–14 & 18.30–22 Uhr; 👪) Das helle Lighthouse macht nicht nur Fischfans glücklich, sondern auch Fleischesser. Die aromatischen Gerichte reichen von Kalbsleber mit Kartoffelpüree über Kabeljau in Bierteig mit Pommes bis hin zu erstklassigem Entenconfit.

**Regatta Restaurant** FISCH & MEERESFRÜCHTE ££

(☎ 01728-452011; www.regattaaldeburgh.com; 171 High St; Hauptgerichte 14–20 £; ⌚12–14 & 18–22 Uhr) Andere Restaurants können nur neidisch sein auf den hauseigenen Räucherofen im Garten. Zu den mit Eichenholz geräucherten Leckereien gehören u. a. fleischiger Lachs und mächtige Garnelen; zum Fang des Tages könnten Risotto oder Knoblauchbutter oder auch Basilikumsauce gereicht werden.

## Praktische Informationen

**Touristeninformation** (☎ 01728 453637; www.thesuffolkcoast.co.uk; 48 High St; ⌚ Mo–Sa 10–15 Uhr)

## An- & Weiterreise

Bus 165 geht stündl. Mo–Sa nach Ipswich (4,10 £, 1½ Std.); dort bestehen Verbindungen in alle Richtungen.

# Southwold

974 EW.

Da Southwold als schöner Ferienort gilt, nennt man es auch gern „Kensington-on-Sea“ (nach dem schicken Londoner Stadtteil). Seine wunderbaren Sandstrände, die Cottages mit ihren Kieselsteinmauern, die Klippe mit der Kanone und die Badehäuschen am Wasser sind zweifellos malerisch. All das zieht Künstler an wie JMW Turner, Charles Rennie Mackintosh, Lucian Freud und Damien Hirst.

## Sehenswertes

**Strandpromenade & Pier** STADTVIERTEL
(www.southwoldpier.co.uk; Pier 10–17, Fr & Sa 10–19 Uhr) GRATIS Die Strandpromenade ist Southwolds Hauptanziehungspunkt. Die Leute schlendern die Promenade entlang, bewundern den kompakten **Leuchtturm** aus dem 19. Jh. und besuchen dann die 190 m lange Seebrücke; diese wurde 1899 gebaut, hat aber vor Kurzem eine Generalüberholung erfahren. Die „Under the Pier Show“ (Öffnungszeiten wie Pier) bietet eine kuriose Sammlung von handgemachten Spielautomaten, die alberne Späße mit Politsatire kombinieren.

**Adnams** BRAUEREI
(01502-727225; www.adnams.co.uk; Adnams Pl; Führungen 12 £; März–Sept. tgl. 2–4 Führungen) Zur Führung gehören ein einstündiger Rundgang durch die moderne Anlage dieser Brauerei aus viktorianischer Zeit, eine halbstündige Verkostung und eine Flasche Bier zum Mitnehmen gratis. Rechtzeitig anmelden!

**St. Edmund's** KIRCHE
(Church St; 9–18 Uhr) Der Besuch lohnt sich wegen des wunderbaren Lettners aus dem Mittelalter und der Nachbildung des „Southwold Jack“; ursprünglich war er wohl Teil einer Uhr und wacht mit blutunterlaufenen Augen über den hinteren Teil der Kirche.

## Touren

**Coastal Voyager** BOOTSTOUREN
(07887 525082.; www.coastalvoyager.co.uk; Hafen von Southwold) Es gibt verschiedene Angebote: eine 30-minütige Fahrt in der Bucht mit dem Schnellboot (Erw./Kind 24/12 £), eine gemütliche Tour über 3½ Stunden im Blyth-Mündungsgebiet (28/14 £) und eine 3-stündige Fahrt nach Scroby Sands (35/18 £) mit Seehundkolonie und Windpark.

## Festivals

**Latitude Festival** KUNST & KULTUR
(www.latitudefestival.co.uk; Henham Park; Juli) Ausgefallene Mischung aus Musik, Literatur, Tanz, Drama und Comedy auf einem Gutshof.

**Ways With Words** LITERATUR
(www.wayswithwords.co.uk; Nov.) Gespräche und Lesungen mit bekannten Autoren an verschiedenen Veranstaltungsorten.

## Schlafen & Essen

**Home@21** B&B ££
(01502-722573; www.homeat21.co.uk; 21 North Pde; DZ 80–100 £; ) Die Zimmer in diesem ordentlichen viktorianischen Reihenhaus sind zwar sehr kompakt und relativ einfach, aber hier zählt die Lage: direkt am Wasser mit super Aussicht auf die kultige Seebrücke von Southwold und die wogende See.

★ **Sutherland House** HOTEL £££
(01502-724544; www.sutherlandhouse.co.uk; 56 High St; DZ 140–220 £, Hauptgerichte 19 £; P ) Zu den erlesenen Gästen in diesem ehemaligen Bürgermeisterhaus gehörten der spätere Jakob II. und der Earl of Sandwich. Ihnen würde die heutige Ausstattung sicher zusagen: stuckverzierte Decken, rohe Balken und frei stehende Badewannen. Die Speisekarte (12–14 und 19–21 Uhr, Mo geschlossen) präsentiert vorwiegend einheimische Produkte, bereichert durch Bouillabaisse mit Sauce Rouille, Kochbananenchips und Venusmuschel-Ragout.

**Swan** GASTHAUS £££
(01502-722186; www.adnams.co.uk/hotels/the-swan; Market Sq; EZ/DZ ab 115/185 £; ) Im Swan aus dem 17. Jh. herrscht zeitlose Eleganz; große Kamine, Großvateruhren und altmodische Lampen verbreiten ansteckende Ruhe. Die Zimmer sind unterschiedlich eingerichtet: von georgianisch-edel bis modern-maritim; im stimmungsvollen Restaurant (12–14 und 19–21 Uhr) wird hauptsächlich einheimischer Fisch serviert und das Kneipenteam preist gern das in Southwold gebraute Adnams Bier an.

**Coasters** MODERN BRITISCH ££
(01502-724734; www.coastersofsouthwold.co.uk; 12 Queen St; Hauptgerichte 10–20 £; 9–15 & 18–21 Uhr) In diesem Bistro geht es um das Geschmackserlebnis und gute Zutaten; die umfangreiche Speisekarte reicht von im Ganzen gebackenen Krabben und Rind mit Stilton-Käse bis zu Dingley Dell Suffolk Schweinewürsten mit Püree aus Kartoffeln und Senf.

## Praktische Informationen

**Touristeninformation** (01502-724729; www.visit-sunrisecoast.co.uk; Child's Yard; Mo–Sa 10–17, So 11–16 Uhr) Liegt gleich um die Ecke von der High St und hat ausführliche Infos über Unterkünfte.

### An- & Weiterreise

Es gibt nur begrenzt Verkehrsverbindungen: Bus 61 geht nach Lowestoft (3,90 £, 50 Min., stündl.), Bus 88 zum Bahnhof Halesworth (2,70 £, 20 Min., stündl. Mo–Sa), von wo es mit der Bahn weitergeht.

# NORFOLK

Ein weiter Himmel, umwerfende Strände, sturmgepeitschtes Marschland, mäandernde Flüsse und Bäche und hübsche Feuersteinhäuser ergänzen sich in Norfolk in idealer Weise. Von den Einheimischen heißt es, sie stünden „mit einem Fuß auf dem Land und mit einem im Meer". Hier ist das Wasser immer in Reichweite – sowohl in den Norfolk Broads mit seinen von Windmühlen gesäumten Flüssen oder am Meer mit den weitläufigen Stränden und Vogelparadiesen. Im Landesinneren hat die quirlige Stadt Norwich einiges zu bieten: eine feine Burg und Kathedrale, einen geschäftigen Markt und ein paar wirklich ausgezeichnete Unterkünfte und Restaurants.

## Norwich

132 500 EW.

In der wohlhabenden Stadt Norwich (ausgesprochen „*norr*-itsch") bilden die sich windenden Straßen und Gassen ein umfangreiches Netz, das dank des mittelalterlichen Wollbooms über und über mit architektonischen Reichtümern gespickt ist. Umrahmt wird die Stadt von einer prächtigen Kathedrale und einer beeindruckenden Burg; dazwischen liegen ruhige Gassen mit windschiefen Fachwerkhäusern. Die blühenden Märkte und die große Zahl der Studenten tragen zum entspannten Lebensstil der Stadt bei. Der leichte Zugang zu den Broads und den Stränden von Norfolk machen Norwich zur idealen Ausgangsbasis für die Erkundung der Gegend.

### Sehenswertes

**★ Norwich Cathedral** KATHEDRALE

(www.cathedral.org.uk; The Close; Spende erbeten; ⌚7.30–18 Uhr) Die anglikanische Kathedrale ist Norwichs beeindruckendstes Wahrzeichen; ihr Turm erhebt sich höher in den Himmel als irgendein anderer in England. Nur Salisbury übertrifft die Kathedrale hinsichtlich der Größe der Säulengänge. Zu den Highlights gehören die faszinierende Decke und die moderne Gestaltung der **Hostry**, die die Vergangenheit der Kathedrale mit Hightech illustriert. Wer mehr erfahren möchte, schließt sich einer der einstündigen **Führungen** an (gegen Spende, stündl. Mo–Sa).

Mit dem Bau der Kathedrale wurde 1096 begonnen und sie ist bis heute eine der großartigsten anglo-normannischen Abteikirchen des Landes. Allein die Größe des Kirchenschiffs ist überwältigend. Noch berühmter ist die Kathedrale allerdings für das 1463 hinzugefügte gotische Fächer-

#### GEISTERSCHLOSS BLICKLING HALL

Das für Sir Henry Hobart, den Obersten Richter von James I., im 17. Jh. weitgehend umgestaltete **Blickling Hall** (NT; www.nationaltrust.org.uk; Blickling; Erw./Kind 12/7 £; ⌚Ostern–Okt. Mi–So 12–17 Uhr, Nov.–März Sa & So 11–17 Uhr; P) war im 11. Jh. erst Herrenhaus und später Bischofspalast. Das imposante jakobinische Herrenhaus liegt heute in einer ausgedehnten Parklandschaft und ist für Geistererscheinungen und eine spektakuläre Long Gallery berühmt.

Blickling Hall liegt 24 km nördlich von Norwich an einem Abzweig der A140. zweimal stündl. gehen Busse von Castle Meadow und Tombland in Norwich. Der nächste Bahnhof liegt 2,4 km entfernt in Aylsham.

1437 gelangte das einsam gelegene Haus in den Besitz der Familie Boleyn und wurde über Generationen hinweg weitergegeben, zuletzt an Thomas, den Vater von Anne Boleyn. Annes Ehemann, Heinrich VIII., ließ seine Frau 1533 hinrichten: Sie wurde auf seinen Wunsch hin enthauptet. Der Legende nach fährt jedes Jahr an ihrem Todestag eine Kutsche zum Haus hinauf; Pferde und Kutscher sind kopflos und die Königin sitzt in der Kutsche und hält ihren Kopf im Schoß. Von den Geistern abgesehen hat Blickling einiges zu bieten: Die imposanten Räume sind mit edlen georgianischen Möbeln, Bildern und Wandteppichen ausgestattet und die jakobinische Stuckdecke in der Long Gallery ist eine Augenweide.

# Norwich

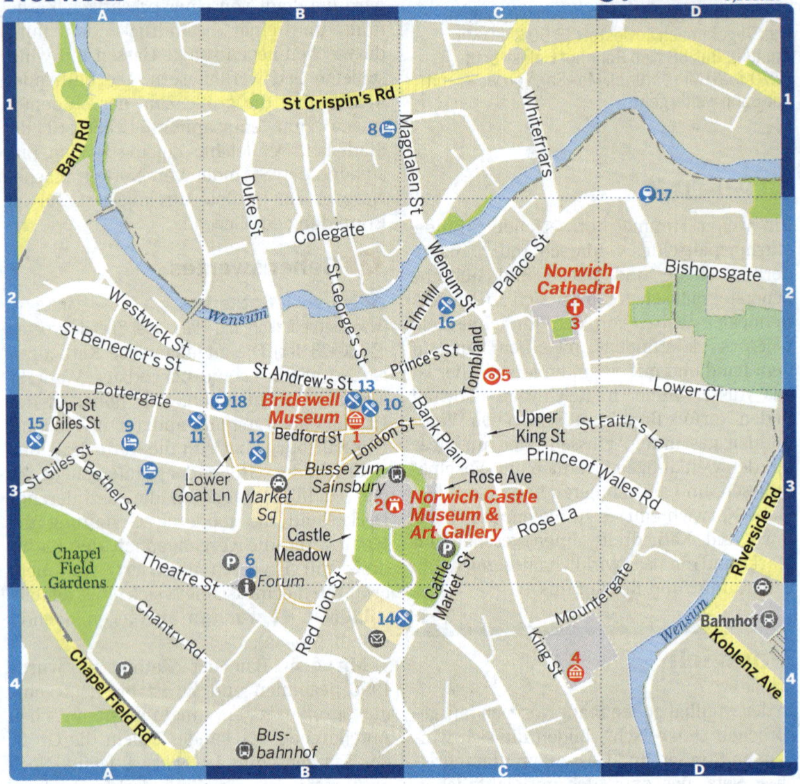


## Norwich

**Highlights**

1 Bridewell Museum ........ B3
2 Norwich Castle Museum & Art Gallery ........ B3
3 Norwich Cathedral ........ C2

**Sehenswertes**

4 Dragon Hall ........ C4
5 Tombland & Elm Hill ........ C2

**Aktivitäten, Kurse & Touren**

Ghost Walks ........ (s. 17)
6 Guided Walks ........ B3

**Schlafen**

7 38 St Giles ........ A3
8 Gothic House ........ B1
9 St. Giles House ........ A3

**Essen**

10 Bishops ........ B3
11 Grosvenor Fish Bar ........ A3
12 Library ........ B3
13 Mustard ........ B3
14 No 12 ........ C4
15 Roger Hickman's ........ A3
16 Tea House ........ C2

**Ausgehen & Nachtleben**

17 Adam & Eve ........ D1
18 Birdcage ........ B3

Stern-Gewölbe. Die 1200 Schlusssteine der Pfeiler zeigen Szenen aus der Bibel. Sie gehören zu den größten Errungenschaften der englischen Baukunst im Mittelalter.

Ähnliche Schlusssteine finden sich in den zweistöckigen **Säulengängen**, wo sie aus geringerer Entfernung besser betrachtet werden können. Die Säulengänge entstanden zwischen 1297 und 1430. Sie sind einzigartig in England und wurden ursprünglich zur Unterbringung von etwa 100 Mönchen gebaut.

Über dem bronzenen Taufbecken (aus einer Schokoladenfabrik in der Nähe) schwebt der *Censing Angel* (2012). Dieses Himmelswesen, das die Worte „Frieden", „Hoffnung" und „Liebe" trägt, wurde von Bildhauer Joy Whiddett aus Weidenzweigen geflochten.

Außerhalb der Kathedrale befindet sich am Ostende das Grab der Kriegsheldin Edith Cavell aus dem Ersten Weltkrieg; die aus Norfolk stammende Krankenschwester wurde exekutiert, weil sie Hunderten von alliierten Soldaten zur Flucht aus dem deutsch besetzten Belgien verhalf. Auf dem Kathedralengelände steht auch die alte **Kapelle** der King Edward VI School (die der Seeheld Admiral Nelson besuchte). Der Chor, der täglich bei den Gottesdiensten auftritt, besteht gänzlich aus Studenten.

**Tombland & Elm Hill** STADTVIERTEL

Im grünen Stadtteil Tombland nahe der Kathedrale von Norwich fand ursprünglich der Markt statt („tomb" ist ein altnordisches Wort für „leer", gleichbedeutend mit Platz für einen Markt). Von dort gelangt man über die Princes St nach Elm Hill, der schönsten Straße in Norwich. Auf mittelalterlichen Pflastersteinen führt sie vorbei an Häusern mit schiefen Balken und Türen, verlockenden Läden und versteckten Cafés.

**★ Bridewell Museum** MUSEUM

(www.museums.norfolk.gov.uk; Bridewell Alley; Erw./Kind 5/3 £; ⌚Di–Sa 10–16.30 Uhr) Hier sind gute Manieren angesagt: Das aus dem 14. Jh. stammende Bridewell war einmal eine Besserungsanstalt, ein „Gefängnis für Frauen, Bettler und Landstreicher". Das Museum dokumentiert die Vorrangstellung von Norwich als zweiter Stadt im England des Mittelalters und ihre Industriegeschichte im 19. Jh. Außerdem können die Besucher in einem Raum aus den 1950er-Jahren Spiele spielen, Schustern lauschen, die aus ihrem Leben erzählen, und in einem winzigen Kino Filme sehen. Nicht den skurrilen vor Schlangenbissen schützenden Stiefel übersehen!

**★ Norwich Castle Museum & Art Gallery** BURG

(www.museums.norfolk.gov.uk; Castle Hill; Erw./Kind 7/5 £; ⌚Mo–Sa 10–16.30, So 13–16.30 Uhr) Norwich Castle aus dem 12. Jh. blickt von einem Hügel auf die Innenstadt herab und ist eines der besterhaltenen Beispiele für die anglonormannische Militärarchitektur Englands. Sein hervorragendes **interaktives Museum** quillt über von Relikten und Infos zu Königin Boudicca, den Icenern, Angelsachsen und Wikingern. Doch das Beste ist der beklemmende Wohnturm selbst; hier wird in drastischer Weise vorgeführt, wie die Verurteilten im damaligen Gefängnis bestraft wurden. Zweimal täglich gibt es **Führungen** (2 £) durch die Festungsmauern und unheimlichen Verliese. Die **Kunstgalerie** der Burg zeigt Werke der renommierten Norwicher Schule für Landschaftsmalerei, die im 19. Jh. von John Crome gegründet wurde, und (Trommelwirbel!) die weltgrößte Sammlung von ausgefallenen Teekannen.

**Dragon Hall** HISTORISCHES GEBÄUDE

(www.dragonhall.org; 123 King St; Erw./Kind 5/3 £; ⌚Di–Do 10–16 Uhr, April–Okt. So 12–16 Uhr) Die geschnitzten, gebogenen Holzbalken verleihen diesem mittelalterlichen Handelshaus ein ungewöhnliches Aussehen. Der namensgebende Drache aus Holz ist im Gebälk zu sehen. Das Gebäude geht zurück auf das Jahr 1430 und ist das einzige seiner Art, das nicht einer ganzen Gilde, sondern einem einzelnen Mann gehörte; Robert Toppes muss ein erfolgreicher Unternehmer gewesen sein. Die Ausstellung gibt Einblicke in das Leben des Kaufmanns, den mittelalterlichen Handel und die Gebräuche von Norwich im 15. Jh.

**Sainsbury Centre for Visual Arts** GALERIE

(www.scva.org.uk; University of East Anglia; ⌚Di–So 10–17 Uhr) GRATIS Das wichtigste Kunstzentrum der Region ist in einem Gebäude des renommierten Architekten Norman Foster untergebracht. Es ist das erste öffentliche Gebäude von Bedeutung in der Laufbahn des Architekten. Die ungewöhnliche Sammlung enthält Werke von Picasso, Moore, Degas und Bacon, zu denen sich Kuriositäten aus Afrika, der Pazifikregion und Nord- und Südamerika gesellen. Die Galerie liegt ca. 3 km westlich von der Innenstadt auf dem Gelände der University of East Anglia. Dorthin fahren Bus 25, 25A oder X25 ab Castle Meadow (20 Min.).

## Touren

**Guided Walks** STADTRUNDGANG

(☎01603-213999; www.visitnorwich.co.uk; Erw./Kind 4/1,50 £; ⌚Ostern–Okt. 2- bis 4-mal wöchentlich 11.30 oder 14 Uhr) Themen dieser anderthalbstündigen Stadtführung sind u. a. der Jugendstil von Norwich, georgianische Dandys und die tausendjährige Stadtgeschichte.

Diese Führungen werden von der Touristeninformation (S. 422) durchgeführt und starten meist an der Geschäftsstelle im Forum Centre.

**Ghost Walks** STADTRUNDGANG
(☎07831-189985; www.ghostwalksnorwich.co.uk; Erw./Kind 7/5 £; ⏱Mitte April–Dez. 2- bis 3-mal wöchentlich) Eintauchen in die gespenstische Geschichte von Norwich; Los geht's am Pub Adam & Eve (S. 422) in Bishopsgate um 19.30 Uhr.

## Schlafen

**★ 38 St Giles** B&B ££
(☎01603-662944; www.38stgiles.co.uk; 38 St. Giles St; EZ/DZ/Suite 90/130/160 £; 📶) Dunkelrote Teppiche auf gebohnerten Fußböden; Seidenvorhänge in hellen Zimmern mit etwas skurriler Kunst – dieses schöne B&B hat Boutique-Niveau mit dennoch lockerer Atmosphäre. Der Frühstückstisch biegt sich unter Bioaufschnitt und -eiern aus der Region sowie selbstgebackenem Brot.

**Gothic House** B&B ££
(☎01603-631879; www.gothic-house-norwich.com; King's Head Yard, Magdalen St; EZ/DZ 65/95 £; P📶) Der Schritt durch die Tür gleicht einem Zeitsprung in die Regency-Ära. Die Wendeltreppe ist umgeben von Originalvertäfelung, Säulen und Gesimsen; in den eleganten Zimmern, gehalten in Oliv-, Gelb- und Blautönen, warten frisches Obst und Minidekanter mit Sherry auf die Gäste.

**No 15** B&B ££
(☎01603-250283; www.number15bedandbreakfast.co.uk; 15 Grange Rd; EZ/DZ 55/75 £; 📶) Das Frühstück in diesem vegetarischen B&B kann sich sehen lassen: Bioeier, vegetari-

### UNTERWEGS IN DEN NORFOLK BROADS

**Was kann an einem Sumpf reizvoll sein?**

Diese riesigen Feuchtgebiete entstanden, als die Flüsse Wensum, Bure, Waveney und Yare die großen Erdlöcher überfluteten, die im 12. Jh. von Kleinbauern auf der Suche nach Torf ausgehoben worden waren. Die empfindlichen Ökosysteme stehen heute unter Naturschutz und beheimaten einige der seltensten Pflanzen und Vögel in Großbritannien. Und wer schon immer mal Kapitän auf seinem eigenen Boot sein wollte, kann dies auf den 200 km langen Wasserwegen ungestört von Wehren genüsslich ausleben. Aber es ist auch genügend Platz für Kanufahrer, die sich abseits vom Rest der Welt in den sanften Wellen wiegen wollen.

**Was kann man sehen und unternehmen, was nichts mit Wasser zu tun hat?**

**Museum of the Broads** (www.museumofthebroads.org.uk; The Staithe, Stalham; Erw./Kind 5/2,50 £; ⏱Ostern–Okt. 10.30–17 Uhr; 🐾) Dieses Museum liegt 8 km nördlich von Potter Heigham an einem Abzweig der A149. Es zeigt Boote und dokumentiert das Leben der Marschbevölkerung, ihre Traditionen, den Torfabbau und den modernen Naturschutz.

**Toad Hole Cottage** (How Hill; ⏱April–Okt. 10.30–17 Uhr) GRATIS Dieses winzige Cottage ist typisch für die Bewohner der Fens; es veranschaulicht, wie die Familie eines Aalfängers lebte und welches Handwerkszeug die Leute für die Bearbeitung des umliegenden Marschlands benutzten.

**Bewilderwood** (www.bewilderwood.co.uk; Hornig Rd, Hoveton; Erw./Kind 14/12 £; ⏱März–Okt. 10–17.30 Uhr) Dieser Waldspielplatz macht nicht nur Kindern, sondern auch Erwachsenen Spaß; es gibt Seilrutschen, Dschungelbrücken und Baumhäuser und man kann wie früher einfach im Schlamm spielen, durch Irrgärten laufen oder in der Marsch spazieren gehen.

**St. Helen's Church** (Ranworth; ⏱8–19 Uhr) Das Highlight unter den Gotteshäusern in den Broads ist diese Kirche aus dem 14. Jh., die hier auch „Cathedral of the Broads" genannt wird. Sie ist Prunkstück im hübschen Dorf Ranworth und sehenswert wegen ihres kunstvoll bemalten Lettners und eines Antiphonars (illustriertes Gebetsbuch) aus dem 15. Jh.

**Bure Valley Steam Railway** (www.bvrw.co.uk; Aylsham; Erw./Kind Hin- und Rückfahrt 12/6 £; ⏱April–Okt. tgl. 2- bis 6-mal; P) Diese Dampfeisenbahn ist genau das Richtige für Bahnfreaks; sie schnauft auf der 15 km langen Schmalspurstrecke zwischen Aylsham und Wroxham hin und her.

sche Würste, selbstgebackenes Walnussbrot und gegrillter Halloumi-Käse. Die Einrichtung ist allergikerfreundlich, bewegt sich aber auf hohem Stilniveau: Naturholzmöbel, gedämpftes Licht und helle Überwürfe. Es liegt 1,6 km westlich vom Zentrum und Bus 25 hält in der Nähe.

**Arrandale Lodge** B&B ££
(☎01603-250150; www.norwichbedandbreakfast.co.uk; 431 Earlham Rd; EZ/DZ 50/70 £; P 📶) Kunstdrucke mit Zebras und irisches Essen findet man selten in britischen B&Bs, aber hier wollen die Besitzer zeigen, wo sie herkommen: aus Südafrika bzw. Südirland. Die geschmackvoll und modern eingerichteten Zimmer sind mit Motiven von afrikanischen Tieren geschmückt und zum Frühstück gibt es White und Black Pudding. 1,4 km westlich vom Zentrum.

**St. Giles House** HOTEL £££
(☎01603-275180; www.stgileshousehotel.com; 41 St. Giles St; DZ/Suite 130/200 £; P 📶) Die Jugendstilelemente im luxuriösen St. Giles House aus dem Jahr 1919 sind nicht zu übersehen. Das gilt auch für die Zimmer (kräftige Muster und fließende Linien), aber auch Spa, Bistro und Cocktailterrasse sind schön.

## Essen

**Grosvenor Fish Bar** FISH & CHIPS £
(www.fshshop.com; 28 Lower Goat Lane; Hauptgerichte 5 £; ⌚Mo–Sa 11–19 Uhr) Dieser tolle Laden ist ein bisschen anders. Zu den Chips gibt es frische Kabeljau-Goujons, die Seebarsch-Wraps werden mit Mango-Salsa veredelt und ein „Big Mack" ist hier knuspriges Makrelenfilet in einem Brötchen. Das Ganze gibt's zum Mitnehmen oder zum direkten Verspeisen auf den Bänken im Laden.

### Wie komme ich da hin?

Es ist ziemlich sinnlos, einfach in den Broads herumzufahren. Die Hauptzentren in den Broads – Wroxham, an der A1151 von Norwich aus, und Potter Heigham, an der A1062 von Wroxham aus – sind von Norwich und Great Yarmouth aus per Bus zu erreichen und von dort geht es aufs Wasser oder die Wanderwege.

### Erkundung per Boot

Von großen Kajütbooten bis zu kleinen Booten mit Außenbordmotor können alle möglichen Typen gemietet werden; die Zeiten gehen von zwei Stunden für Kurztrips bis hin zu einer oder mehreren Wochen. Bei allen gibt's eine Einweisung. Je nach Bootsgröße, Ausstattung und Saison kostet ein Boot für vier Personen pro Stunde ab ca. 15 £, für vier Stunden ab 75 £ und pro Tag ab 100 £. Die Miete für eine Woche inkl. Benzin und Versicherung liegt zwischen 650 £ und 1300 £. **Boats for the Broads** (www.dayboathire.com) und **Barnes Brinkcraft** (www.barnesbrinkcraft.co.uk) bieten kurze und längere Mietzeiten, **Broads Tours** (www.broads.co.uk) verleiht ab einer Woche; alle drei sitzen in Wroxham. Beim Bootsverleih **Blakes** (www.blakes.co.uk) gibt es ganz unterschiedliche Urlaubsarrangements.

### Erkundung per Kanu

Wer gern paddelt, findet schon Angebote pro Tag für ca. 33 £; **Rowan Craft** (www.rowancraft.com; Geldeston) und **Waveney River Centre** (www.waveneyrivercentre.co.uk; Burgh St. Peter) sind zu empfehlen. **Mark the Canoe Man** (www.thecanoeman.com; Halbtagestour 25–45 £) kennt die Geheimnisse der Broads und organisiert geführte Ein- und Zweitagestouren mit Übernachtung in Gebiete, die andere Boote nicht anfahren können; das Unternehmen bietet außerdem Kanu- und Kajakverleih, Kanu-Camping-Touren am Wochenende (zwei Nächte 65 £) und Überlebenstraining (zwei Tage Erw./Kind 95/70 £).

### Erkundung zu Fuß/mit dem Fahrrad

Im ganzen Gebiet gibt es Wanderwege, u. a. den 100 km langen **Weavers' Way** von Cromer nach Great Yarmouth mit landschaftlich schönen Abschnitten. Mit gerade mal 12 m über dem Meeresspielgel ist How Hill der höchste Punkt der Broads; der ist auch für nicht ganz so Fitte erklimmbar. Teile der Strecke sind für Radler freigegeben. **Broadland Cycle Hire** (www.norfolkbroadscycling.co.uk; Bewilderwood, Hoveton) und **Martha's Cottage** (www.marthascottagecyclehire.co.uk; Barnby) sind zwei von mehreren Radverleihern. Die Preise pro Tag gehen bei 16 £ los; es gibt auch Kindersitze und Tandems.

**Mustard** CAFÉ £
(www.mustardcoffeebar.com; 3 Bridewell Alley; Snacks/Hauptgerichte 2/6 £; Mo–Sa 7.30–17.30, So 10–16 Uhr) Was einmal der Colman's Mustard Shop war, ist jetzt ein funkiges Café in zum Namen passenden Gelbtönen. Unter den hochwertigen und hausgemachten Gerichten finden sich wahre Raritäten (z. B. mexikanische Huevos Rancheros mit Salsa). Sie backen die Schottischen Eier und Brötchen zum Belegen selbst und rösten den Kaffee mit der Hand.

**Tea House** CAFÉ £
(Elm Hill; Snacks ab 2 £; Mo–Sa 8.30–17.30 Uhr; ) Serviert Sandwiches mit dicken Scheiben, dampfende Ofenkartoffeln und sehr guten Tee und *scones*.

**Bishops** MODERN BRITISCH ££
(01603-767321; www.bishopsrestaurant.co.uk; 8 St. Andrew's Hill; 2-Gänge-Mittagessen/-Abendessen 15/27 £; 12–14 & 18–21.30 Uhr) Das Ungewöhnliche, das Unerwartete und Produkte aus Norfolk dominieren bei Bishops die Speisekarte. Wie wär's mit Räucheraal und Schweinefleisch-Confit, einer Ballottine vom Norfolk-Huhn oder einem Eintopf aus Herz- und Miesmuscheln sowie Bacon? Danach gegrillte Ananas gespickt mit Chili?

**Library** BRASSERIE ££
(01603-616606; www.thelibraryrestaurant.co.uk; 1 Guildhall Hill; Hauptgerichte 12 £; Mo–Sa 12–14 & 18–22, So 12–15 Uhr) An den Wänden stehen immer noch die viktorianischen Bücherschränke, die dem Restaurant eine clubartige Atmosphäre verleihen. Auf der phantasievollen Speisekarte finden sich vorwiegend regionale Produkte wie Lowestoft-Fisch, Havensfield-Eier, Wild aus East Anglia und bester Käse aus Norfolk.

**No 12** BISTRO ££
(www.number12norwich.org; 12 Farmers Ave; Hauptgerichte 12 £; Mo–Sa 12–14.30 & 17–21, So 12–15 Uhr) Gespielt wird Lounge-Musik, heidefarbene Tartan-Muster schmücken die Wände und Balken spannen sich über mit weißem Leder bespannte Barhocker; das klingt etwas schräg, aber es funktioniert. Die Auswahl an Gerichten reicht von hausgemachten Burgern und Chili- und Fisch-Pie bis hin zu panierten Schnitzel.

★ **Roger Hickman's** GOURMETKÜCHE £££
(01603-633522; www.rogerhickmansrestaurant.com; 79 Upper St. Giles St; Abendessen mit 2/3/7 Gängen 34/42/55 £; Di–Sa 12–14.30 & 19–22 Uhr) Hier herrscht das Motto „unaufdringliche Eleganz": helle Holzdielen, weiße Tischwäsche und unauffälliger Service. Serviert wird u. a. Wild mit Kirschen, salzgebackener Turnip oder flambierte Makrele; die Küche ist geprägt von Flair, Phantasie und dem Anspruch auf Qualität. Besonders lohnen sich die Mittagsmenüs (2/3 Gänge 18/22 £).

## Ausgehen & Nachtleben

★ **Birdcage** PUB
(www.thebirdcagenorwich.co.uk; 23 Pottergate; 11–24 Uhr; ) Formicabeschichtete Tische, chillige Musik, Cupcakes und Cocktails lassen jedes Beatnikherz in diesem einzigartigen Pub höher schlagen. Wer Lust auf Unterricht im Aktzeichnen (ja tatsächlich!) und auf edles Knabberzeug hat, ist hier richtig; Fish & Chips gibt's gleich gegenüber.

**Adam & Eve** PUB
(Bishopsgate; Mo–Sa 11–23, So 12–22.30 Uhr) Norwichs ältestes noch bestehendes Pub löscht seit 1249 den Durst der Einheimischen; damals schauten die Kathedralenbauer hier rein. Es ist winzig, der Boden biegt sich und die Wände sind zum Teil holzvertäfelt. Die meisten Besucher sind Stammgäste, Choristen und Geisterjäger, die wegen der guten Malt-Whiskys und echten Ales hierher kommen.

## Praktische Informationen

**Touristeninformation** (01603-213999; www.visitnorwich.co.uk; Millenium Plain; Mo–Sa 9.30–17.30, Mitte Juli–Mitte Sept. auch So 10.30–15.30 Uhr) Im Forum Centre.

## Anreise & Unterwegs vor Ort

In Norwich gibt es sechs kostenlose Park-and-Ride-Plätze. Ab ca. 6.30 bis 19 Uhr fahren Busse (2,40 £) bis zu alle 15 Min. in die Innenstadt, einige davon nicht am Wochenende.

### FLUGZEUG

**Norwich International Airport** (www.norwichinternational.com), 6,5 km nördlich der Stadt; das ganze Jahr Verbindungen nach Amsterdam, Aberdeen, Edinburgh und Manchester und im Sommer auch zu den Kanal-Inseln.

### BUS

Der **Busbahnhof** (Queen's Rd) liegt 400 m südlich der Burg. Man geht über die Red Lion St in die Stephen's St und biegt dann nach links in die Surrey St ab. **National Express** (www.nationalexpress.com) und **First** (www.firstgroup.com) fahren folgende Orte an:

**Cromer** 3,30 £, 1 Std., stündl.

**King's Lynn** 8,60 £, 1½ Std., stündl.

**London** 15 £, 3 Std., stündl.

#### ZUG

Der Bahnhof liegt etwas abseits der Thorpe Rd, 600 m östlich der Burg.

**Cambridge** 18 £, 1¼ Std., stündl.

**Ely** 16 £, 1 Std., 2-mal pro Std.

**London Liverpool Street** 45 £, 2 Std., 2-mal pro Std.

## Nordküste von Norfolk

Die Nordküste von Norfolk hat etwas von einer gespaltenen Persönlichkeit. Die Küstenstädte im Osten sind voller knalliger Attraktionen, während im Westen Dörfer mit Gastropubs und Boutiquehotels dominieren. Dazwischen gibt es ausgedehnte Sandstrände und Marschen, die ungewöhnlich viele Vögel wie Austernfischer, Kiebitze, Brachvögel und Ringelgänse anziehen.

### An- & Weiterreise

**Coasthopper Bus** (www.coasthopper.co.uk; einfache Fahrt ab 2,70 £, Tageskarten für 1/3/7 Tage 9/18/32 £.) Verkehrt zwischen Cromer und Kings Lynn. Hält u. a. in Cley, Blakeney, Wells, Holkham, Burnham Deepdale und Brancaster. Die Busse fahren sehr unterschiedlich häufig, von alle 30 Min. bis 5-mal tgl.

## Cromer

7294 EW.

Der einst angesagte viktorianische Ferienort Cromer wird allmählich wieder gentrifiziert, nachdem es hier jahrelang nur Spielhallen und Souvenirläden gab. Die Hauptattraktionen sind nach wie vor die süßen Cromer-Krabben, die stilvolle Seebrücke und der einladende Sandstrand.

### Sehenswertes

**Henry Blogg Museum** MUSEUM

(Lifeboat Museum; www.rnlicromer.org.uk; The Gangway; ⌚Febr.–Nov. Di–So 10–16 Uhr) GRATIS Das Museum ist nach einem der am häufigsten ausgezeichneten Bootsführer der Royal National Lifeboat Institution benannt. Das Seenotrettungsboot von Cromer aus dem Zweiten Weltkrieg und andere Ausstellungsstücke legen Zeugnis von höchst mutigen Rettungsaktionen ab.

**Felbrigg Hall** HISTORISCHES GEBÄUDE

(NT; www.nationaltrust.org.uk; Felbrigg; Erw./Kind 10/5 £; ⌚März–Okt. Sa–Mi 11–17 Uhr; P) Zu den Besonderheiten dieses eleganten jakobinischen Hauses gehören die georgianische Innenausstattung und die wunderschöne Fassade sowie herrliche ummauerte Gärten und eine Orangerie. Es liegt 3,2 km westlich von Cromer an einer Nebenstraße der B1436.

### Schlafen & Essen

★ **Red Lion** GASTHAUS ££

(☎01263-514964; www.redlioncromer.co.uk; Brook St; EZ 65 £, DZ 110 £, Suite 125–180 £; P 📶) Wenn nur alle Gasthäuser am Wasser so schick wären. In den modernen Zimmern stehen Holz- oder Messingbetten mit Überwürfen in weichem Grau oder Purpur und Rot. Die große Billiard Room Suite mit Kronleuchter, frei stehender Badewanne und Chaiselongue ist fast ein Schnäppchen (125 £).

**Rocket House** CAFÉ £

(www.rockethousecafe.co.uk; The Gangway; Hauptgerichte 4–10 £; ⌚10–17 Uhr) Das Rocket House liegt direkt am Wasser im Henry Blogg Museum; hier gibt es ein luftiges Restaurant, eine Terrasse mit Meerblick, Suppen, Sandwiches und große Portionen Cromer-Krabben.

**Davies** FISCH & MEERESFRÜCHTE £

(7 Garden St; ⌚Mai–Sept. tgl. 8–16.30 Uhr, Okt.–April Di–Sa) Hier kommt alles frisch gefangen auf den Tisch, z. B. Krabben und Hummer gekocht und vom Panzer befreit, Herz- und Miesmuscheln sowie Fisch-Pâté.

### An- & Weiterreise

Züge nach Norwich (7 £, 45 Min.) Mo–Sa stündl., So alle 2 Std. Der Coasthopper Bus (s. links) fährt im Sommer etwa jede halbe Stunde an der Küste entlang bis King's Lynn.

## Cley-next-the-Sea & Umgebung

420 EW.

Wie der Name schon sagt, liegt das verschlafene Dorf Cley (ausgesprochen „clai") nahe dem Meer. Inmitten von hübschen Häusern und vogelreichen Marschen lässt sich hier eine fotogene Windmühle bestaunen.

## Sehenswertes

**Cley Marshes** NATURSCHUTZGEBIET
(www.norfolkwildlifetrust.org.uk; nahe Cley-next-the-Sea; Erw./Kind 5 £/frei; Nov.–März 10–17 Uhr, April–Okt. 10–16 Uhr; P) Die Cley Marshes sind eines der besten Gebiete zum Beobachten von Vögeln in England. Hier gibt es über 300 einheimische Vogelarten sowie viele Zugvögel. Das Gebiet ist durchzogen von Wanderwegen und etliche im goldenen Schilf versteckte Türme machen die Vogelbeobachtung zu einem Erlebnis. Selbst nicht so sehr Vogelinteressierte sollten mal im **Besucherzentrum und Café** vorbeischauen (www.norfolkwildlifetrust.org.uk; Nov.–März 10–17 Uhr, April–Okt. 10–16 Uhr). GRATIS Hier laden Stühle, Teleskope und Panoramafenster zum Betrachten der Landschaft ein. Die nicht so hart gesottenen Vogelbeobachter können mit einem Milchkaffee in der Hand einen gemütlichen Blick auf die Rohrweihen werfen.

## Schlafen & Essen

**Cookes** B&B ££
(01263-740776; www.cookes-of-cley.co.uk; High St; DZ/3BZ 70/80 £; P) Satinvorhänge und zurückhaltende Karomuster bringen einen Hauch 21. Jh. in diese ehemalige Poststation aus dem 18. Jh. Praktisch, aber auch zum Schmunzeln sind die plüschbezogenen Wärmflaschen; Frühstück gibt's im Fachwerk-Teeladen nebenan.

★ **Cley Windmill** B&B £££
(01263-740209; www.cleymill.co.uk; High St; DZ 160–200 £, Apartment pro Woche 570 £.; P) Die Windmühle aus dem 18. Jh. versprüht mit ihren schiefen Wänden genau den Charme, den man von einem solchen einst wirtschaftlich genutzten Gebäude erwartet. Die Zimmer sind nach ihren ehemaligen Funktionen benannt wie z. B. das herrlich verschachtelte „Barley Bin“ (Gerstenspeicher); viele von ihnen haben direkten Blick auf die schilfbedeckten Marschen. Gleich nebenan gibt es ein hübsches Cottage für vier Selbstversorger.

**Cley Smokehouse** DELI £
(www.cleysmokehouse.com; High St; 9.30–16.30 Uhr) Hocharomatischer, selbstgeräucherter Fisch, Schellfisch und Fleischsülze.

**Picnic Fayre** DELI £
(www.picnic-fayre.co.uk; High St; Mo–Sa 9–17, So 10–16 Uhr) Für Liebhaber von leckerem Brot, Käse, Schweinefleisch-Pies und Kuchen aus eigener Herstellung sowie Eis, Marmelade und Chutney aus Norfolk.

# Blakeney Point

700 EW.

Blakeney war ein blühender Fischerei- und Handelshafen, bis er versandete. Heute wartet der Ort mit einer einladenden Uferpromenade mit Jachtliegeplätzen auf. Hier starten Bootstouren zu einer Kolonie von Seehunden und Kegelrobben, die auf dem nahegelegenen Blakeney Point leben. Unternehmen wie **Bishop's Boats** (www.norfolksealtrips.co.uk; Blakeney Quay) und **Beans Boat Trips** (www.beansboattrips.co.uk; Morston, nahe Cley-next-the-Sea) veranstalten mehrstündige Touren (Erw./Kind 10/5 £, April–Okt. 1 bis 4 Boote tgl.). Die Monate Juni, Juli und August lohnen sich am meisten, weil es dann Nachwuchs bei den Seehunden gibt.

## Schlafen & Essen

**Kings Arms** GASTHAUS ££
(01263-740341; www.blakeneykingsarms.co.uk; Westgate St; DZ 80 £; Hauptgerichte 6–15 £; P) Hübsche, einfache Zimmer (helle Farben und Pinienholz) in einem Pub, der seine Gäste so herzlich aufnimmt, dass sie gar nicht wieder weg wollen. Nach einer ordentlichen Pubmahlzeit (12–21 Uhr) ist Gelegenheit, Hausherrin Marjorie über ihre Theaterkarriere auszufragen.

**Moorings** MODERN BRITISCH ££
(01263-40054; www.blakeney-moorings.co.uk; High St; Hauptgerichte 7–17 £; Fr & Sa 10.30–21, So & Di–Do 10–17.30 Uhr) Die perfekt zubereiteten Fischgerichte haben diesem Bistro eine treue Fangemeinde eingebracht. Wie wär's mit Barsch in Seesalzkruste oder der Fischplatte? Aber auch die klassischen Fleisch- und vegetarischen Gerichte sind verführerisch. Auf keinen Fall den Nachtisch ausfallen lassen, z. B. Birnen-Ingwer-Strudel oder *treacle sponge*.

# Wells-next-the-Sea

2165 EW.

Das charmante Örtchen Wells bietet beides: attraktives Land und Meer. Eine Straße mit hübschen georgianischen Häusern und Cottages aus Feuerstein schlängelt sich hinab bis zu einem Bootsanleger; im Norden lockt der große goldene Strand hinter pinienbedeckten Dünen.

## Sehenswertes

**Wells Beach** STRAND
Der Sandstrand von Wells liegt hinter dichten Kiefernwäldern und Dünen und erstreckt sich kilometerweit nach Westen. Es gibt bunte

Strandhäuschen und Zugänge mit Holzstufen in den Wald. Das Ganze ist schön versteckt am Ende einer langen Straße; hin kommt man zu Fuß, mit dem Auto oder einem Miniaturzug. Ein Parkplatz ist vorhanden.

**Wells & Walsingham Railway** OLDTIMERZUG
(www.wellswalsinghamrailway.co.uk; Stiffkey Rd; Erw./Kind Hin- und Rückfahrt 9/7 £; ⌚April–Okt. 3- bis 6-mal tgl.; P) Die längste 260-mm-Schmalspurbahn der Welt zuckelt von Wells acht Kilometer lang durch malerische Landschaft. Sie fährt bis zum Dorf Little Walsingham, das mit Marienaltären und einer beeindruckenden Abteiruine aufwartet.

## Schlafen & Essen

**Wells YHA** HOSTEL £
(☎ 0845 371 9544; www.yha.org.uk; Church Plains; B/DZ 15/32 £; P) Im Herzen der Stadt in einem Gemeindesaal aus dem frühen 20. Jh. mit schönem Giebel.

**Crugmeer** B&B ££
(☎ 01328-710622; www.crugmeer-wells.co.uk; Croft Yard; DZ 85 £; P ) Die perfekte Ferienunterkunft liegt nur 20 Schritte vom hübschen Kai. Die Wände und der begehbare Kleiderschrank sind kreuz und quer mit Balken versetzt, das Bett erstrahlt in Burgunder und Schneeweiß und die Badewanne steht frei auf weißem Fußboden.

**Wells Beach Cafe** CAFÉ £
(Wells Beach; Hauptgerichte 4 £; ⌚Ostern–Okt. 10–17, Nov.–Ostern 10–16 Uhr; ) Hier genießen die Einheimischen gern Bacon-Brötchen, hausgemachtes Chili con Carne und eine unwiderstehliche „heiße Schokolade der Woche". Sitzen kann man draußen an Picknicktischen oder, wenn es zu windig ist, drinnen auf Sofas an einem Holzofen.

**Crown** RESTAURANT ££
(www.thecrownhotelwells.co.uk; The Buttlands; Hauptgerichte 12–22 £; ⌚12–14.30 & 18–21 Uhr) Beliebt wegen seiner deftigen Gerichte aus regionalen Produkten.

## Praktische Informationen

**Touristeninformation** (☎ 01328-710885; www.visitnorthnorfolk.com; Staithe St; ⌚Mo–Sa 10–17 Uhr, April–Okt. auch So 10–13 Uhr)

# Holkham

Das Besondere im hübschen Dorf Holkham sind **Holkham Hall and Estate** (www.holkham.co.uk; Holkham; Erw./Kind 13/5 £, Parkgebühr 2,50 £; ⌚April–Okt. So, Mo & 
16 Uhr; P). Das palladianische He
ist von außen eher schlicht und lieg
nem großen von William Kent entworf
Rotwildpark.

Noch interessanter ist für viele aber der andere Teil des Anwesens – das **Holkham National Nature Reserve**. Schmuckstück ist hier der ausgedehnte, unberührte **Strand** an der Holkham Bay, umhüllt vom Duft der Kiefern, die an seinem Rand wachsen. Gewundene Pfade führen zu Tierbeobachtungstürmen und angrenzenden Dörfern.

Das Gut ist der Stammsitz des ursprünglichen Earl of Leicester und noch immer im Besitz der Familie. Innen im Haus herrscht purer Luxus: ein mit Samt verkleideter roter Salon, Kopien von griechischen und römischen Statuen, geriffelte Säulen in der Marble Hall und der prächtige Green State Bedroom. Der Eintritt zum Haus umfasst auch das **Bygones Museum** (www.holkham.co.uk; Holkham; Museum ohne Haus Erw./Kind 7/3,50 £; ⌚April–Okt. 10–17 Uhr) im Nebengebäude mit den Stallungen. Unter den 4000 Exponaten befindet sich alles von mechanischem Spielzeug über Oldtimer bis hin zu Dampfmaschinen.

# Burnham Deepdale & Umgebung

800 EW.

Dieser hübsche Küstenfleck mit den winzigen Zwillingsdörfern Burnham Deepdale und Brancaster Staithe ist ein beliebtes Ziel von Spaziergängern. Burnham Deepdale bietet außerdem unzählige Wassersportmöglichkeiten. Es liegt am herrlichen Norfolk Coastal Path, ist umgeben von Stränden und Schilfmarschen mit einem reichen Vogelbestand und durchzogen von Radwegen.

## Schlafen & Essen

**Deepdale Farm** HOSTEL £
(☎ 01485-210256; www.deepdalefarm.co.uk; Burnham Deepdale; B 13–18 £, DZ 30–60 £, Camping 9–20 £, Tipis ab 60 £; P @ ) Rucksacktouristen finden kaum etwas Besseres als Deepdale Farm: blitzsaubere Schlafsäle und Doppelzimmer mit Bad in einem umgebauten Stall, eine gut ausgestattete Küche, BBQ-Bereich und ein gemütlicher Gesellschaftsraum mit Holzofen. Camper, die es etwas nobler wollen, gehen in ein Tipi oder eine Jurte und die mit normalen Ansprüchen in ein gutes altes Zelt.

Das Hostel betreibt auch eine **Touristeninformation** (☎01485-210256; ⏰10–16 Uhr), die beste Adresse zum Buchen von Kite- oder Windsurfen an den Stränden in der Nähe. Es gibt auch einen **Fahrradverleih** (☎014852-10258; halber Tag/ganzer Tag 10/16 £) auch hier.

**White Horse** HOTEL £££
(☎01485-210262; www.whitehorsebrancaster.co.uk; Main Rd, Brancaster Staithe; Hauptgerichte 10–14 £; ⏰11–21 Uhr; P 📶) Das preisgekrönte White Horse ist ein Gastropub mit einer stark fischbetonten Speisekarte; zu den in Tapasform servierten Gerichten gehören eingelegte braune Garnele, kurzgebratener Tunfisch und Tempura-Makrele, an die die Konkurrenz nicht herankommt. Die charmanten Zimmer (DZ 140 bis 230 £) greifen die zarten Farben der Küste auf.

## Titchwell & Umgebung

Das kleine Titchwell, ein kleines Stück westlich von Burnham Deepdale gelegen, hat etwas Großartiges zu bieten: das **Titchwell Marsh Nature Reserve** (RSPB; www.rspb.org.uk; Titchwell; Parkgebühr 5 £; ⏰Sonnenaufgang–Sonnenuntergang; P). Mit seinen Marschen, Sandbänken und Haffs zieht dieses Naturschutzgebiet unzählige Vögel an. Im Sommer machen hier Marschweihen, Säbelschnäbler, Seeschwalben und Bartmeisen Station; im Winter sind über 20 Stelzvogelarten und zahllose Enten und Gänse zu sehen.

Das nahegelegene, verträumte **Titchwell Manor** (☎01485-210221; www.titchwellmanor.com; Titchwell; DZ 125–215 £, Hauptgerichte 12–19 £; P @) ist ein todschickes, modernes Hotel. Eines der beiden Restaurants in diesem pompösen viktorianischen Haus gibt sich locker, in dem anderen ist feines Dinieren angesagt. Öffnungszeiten für beide: 12–14 und 18–21 Uhr.

# King's Lynn & Umgebung

12.200 EW.

King's Lynn war dereinst der wichtigste englische Hafen und galt lange Zeit als „Warehouse on the Wash" (Lagerhaus am „Wash", wie dieser Teil der Nordsee genannt wurde). Es hieß, in seiner Blütezeit hätte man nur von Boot zu Boot springen müssen, um von der einen Seite der Great Ouse auf die andere zu gelangen. Das alte King's Lynn mit seinen Kopfsteinpflasterstraßen, geschäftigen Wochenmärkten und betagten Kaufmannshäusern in engen Gassen hat noch einiges von der Hafenatmosphäre bewahrt.

## Sehenswertes

**St. Margaret's Church** KIRCHE
(www.stmargaretskingslynn.org.uk; Margaret Plain; ⏰8–18 Uhr) In dieser Kirche mischen sich diverse Stile; so sind u. a. von Flamen gefertigte Gedenktafeln und eine seltene Tidenmonduhr aus dem 17. Jh. zu sehen. Am Westeingang lässt sich an historischen Markierungen ablesen, wie hoch die Überschwemmungen waren. Die **Trinity Guildhall** von 1421 gegenüber hat eine attraktive Steinfassade.

**Old Gaol House** MUSEUM
(www.kingslynntownhall.com; Sat Market Pl; Erw./Kind 3,30/2,20 £, Regalia Room frei; ⏰April–Okt. Mi–Sa 10–16 Uhr) Beim Rundgang durch die alten Zellen hören die Besucher auch Schauergeschichten über die ehemaligen Insassen wie Schmuggler, Hexen und Straßenräuber. Im Regalia Room werden die Gemeindeschätze aufbewahrt, z. B. der 650 Jahre alte Kelch von König Johann verziert mit Jagd- und Falknereiszenen.

**Lynn Museum** MUSEUM
(www.museums.norfolk.gov.uk; Market St; Erw./Kind 3,70/2,10 £; ⏰Di–Sa 10–17 Uhr) Hervorzuheben sind hier eine Sammlung von Goldmünzen der Icener und die Seahenge Gallery. Die Galerie dokumentiert den Bau und die Erhaltung von Seahenge. Diese kreisförmige Anlage aus Holzstämmen aus der Bronzezeit hat trotz der Überflutung durch die Nordsee 4000 Jahre überlebt, wurde aber erst 1998 entdeckt.

**True's Yard** MUSEUM
(www.truesyard.co.uk; North St; Erw./Kind 3/1,50 £; ⏰Di–Sa 10–16 Uhr) Das Museum befindet sich in zwei umgebauten Fischerkaten, den einzigen Überresten einer einst blühenden und unabhängigen Gemeinschaft von Fischern. Es gibt Einblicke in das Leben und die Traditionen der Fischer, die wie die Sardinen in solchen Katen eingepfercht waren.

**Castle Rising** BURG
(www.castlerising.co.uk; Castle Rising; Erw./Kind 4/2,50 £; ⏰April–Okt. 10–17 Uhr, Nov.–März Mi–So 10–16 Uhr; P) Der Turm dieser schön verzierten Burg hat fast schon etwas Kirchenhaftes. Sie wurde 1138 gebaut und sitzt auf

NICHT VERSÄUMEN

## SANDRINGHAM HOUSE

Der **Landsitz der Queen** (www.sandringhamestate.co.uk; Sandringham; Erw./Kind 13/6,50 £; ⌚Ostern–Okt. 11–16.30 Uhr; P) gibt sowohl Freunden der Monarchie als auch denen, die dem englischen System eher skeptisch gegenüberstehen, einiges zu denken. Das Haus thront inmitten schöner Landschaftsgärten auf einer Fläche von 25 Hektar und ist für Publikumsverkehr geöffnet, wenn die königliche Familie nicht hier weilt. Sandringham liegt knapp 10 km von King's Lynn an einem Abzweig der B1440. Per Bus geht es vom Busbahnhof in King's Lynn mit der Nummer 11 in Richtung Hunstanton (30 Min., Mo–Sa stündl., So 4-mal).

Königin Victoria kaufte 1862 Sandringham für ihren Sohn, den Prince of Wales (später Eduard VII.). Seit den Tagen Eduards hat sich innen und außen kaum etwas verändert. Die prunkvollen Empfangssäle bergen Schätze von Kunstgegenständen und wertvolle Gastgeschenke von europäischen und russischen Königsfamilien. In den Ställen befindet sich heute ein **Museum** mit diversen königlichen Memorabilien. Zur ausgezeichneten **Oldtimer-Sammlung** gehören das allererste königliche Motorfahrzeug aus dem Jahr 1900 und der Kinderwagen, mit dem die Königinmutter die Rennbahnen unsicher zu machen pflegte.

Die Gärten können im Rahmen einer **Führung** (3,50 £, Mi & Sa 11 und 14 Uhr) besichtigt werden. Es gibt auch einen Laden, in dem man die auf dem weitläufigen Anwesen produzierten Biolebensmittel kaufen kann.

einem großen Erdhügel, auf dem Fasane wie Wachen herumstolzieren. Es lohnt sich, von King's Lynn die Strecke von gut 6 km die A149 hinauf nach Norden zu fahren. Bus 10 und 11 fährt hierher (20 Min., Mo–Sa stündl., So 4-mal) vom Busbahnhof in King's Lynn.

Die Steinmetzarbeiten sind so außergewöhnlich, dass es kaum verwundert, dass die Steinmetze auch an den schönsten Kathedralen von East Anglia mitgebaut haben. Hier residierte dereinst auch Königin Isabella, die (angeblich) den grausamen Mord an ihrem Mann Eduard II. eingefädelt hatte.

**Houghton Hall** HISTORISCHES GEBÄUDE

(www.houghtonhall.com; bei King's Lynn; Erw./Kind 13/5 £; ⌚Mai–Mitte Okt. Mi, Do & So 11–16 Uhr; P) Die palladianische Houghton Hall wurde 1730 für den ersten britischen Premierminister Sir Robert Walpole gebaut; der Besuch lohnt sich allein schon wegen der prunkvollen herrschaftlichen Zimmer mit Goldverzierungen, Wandteppichen, Samtverkleidung und Originalmöbeln. Selbst wenn das Gebäude geschlossen ist, kann man herrlich durch die Parkanlage mit 600 Tieren Rotwild spazieren. Houghton Hall liegt ein kleines Stück abseits der A148 21 km von King's Lynn entfernt.

Eigentlich hätte sich der Besuch noch aus einem anderen Grund lohnen können, wenn der Enkel von Sir Robert Walpole die wunderbare Kunstsammlung der Familie nicht an Katharina die Große verkauft hätte, um seine Schulden zu tilgen. Die Gemälde bildeten die Grundlage für die weltberühmte Sammlung der Hermitage in St. Petersburg.

## Festivals & Events

**King's Lynn Festival** KULTUR

(www.kingslynnfestival.org.uk; ⌚Juli) East Anglias wichtigstes Kulturereignis mit Musik unterschiedlicher Stilrichtungen von mittelalterlichen Balladen bis Oper, aber auch Gesprächsrunden über Literatur.

## Schlafen & Essen

**Bank House** B&B ££

(☎01553-660492; www.thebankhouse.co.uk; King's Staithe Sq; EZ/DZ ab 90/110 £; P ☎) Da lässt sich nicht meckern: ein stilvolles georgianisches Stadthaus am Wasser mit leicht funkiger Einrichtung und Luxusbädern. Insbesondere, weil in der hippen Brasserie (Hauptgerichte 8 bis 17 £) moderne britische Küche in hervorragender Qualität serviert wird.

**Market Bistro** MODERN BRITISCH ££

(☎01553-77148301553-771483; www.marketbistro.co.uk; 11 Sat Market Pl; Hauptgerichte 10–18 £; ⌚Di–Sa 12–14 & 18–20.30 Uhr) Der Familienbetrieb hat so viele Fans, weil hier vorwiegend Produkte aus Norfolk verwendet werden. In der Saison gibt es z. B. saftige Cromer-Krabben, vor Ort geräucherten Fisch und würzigen Meerfenchel aus der Marsch, vom hausgemachten Eis mal ganz abgesehen.

## ℹ Praktische Informationen

**Touristeninformation** (☎ 01553-763044; www.visitwestnorfolk.com; Purfleet Quay; ⏰ Mo–Sa 10–16, So 12–16 Uhr) Organisiert historische Stadtführungen (Erw./Kind 4/1 £, Mai–Okt. Di, Fr & Sa 14 Uhr).

## ℹ An- & Weiterreise

Es fahren stündl. Züge nach Cambridge (9 £, 50 Min.) über Ely bis London Kings Cross (31 £, 1¾ Std.). Der Bus **Coasthopper 1** (www.coasthopper.co.uk) geht nach Hunstanton (35 Min., stündl.) und hat dort Anschluss an Coasthopper 2, der die Nordküste von Norfolk entlangfährt. Von April bis September fahren die Busse häufiger als in der restlichen Zeit des Jahres.

# Birmingham, Midlands & Marches

**Inhalt ➜**



## Gut essen

- Hammer & Pincers (S. 506)
- Old Rectifying House (S. 461)
- Samuel Fox (S. 552)
- Trooper (S. 459)

## Schön ausgehen

- Ye Olde Trip to Jerusalem (S. 488)
- Jekyll & Hyde (S. 442)
- Ludlow Brewing Company (S. 483)
- Old Bell Hotel (S. 510)

## Auf nach Birmingham, in die Midlands und die Marches

Kaum eine Region kommt dem Traumbild von England so nahe wie diese Gegend im Herzen der Insel. Wer grüne Täler und Puppenstubendörfer mit schiefen Fachwerkhäusern liebt, als Robin-Hood-Fan vom Sherwood Forest träumt oder sich beim Anblick eines herrschaftlichen Anwesens vorstellt, dass gleich ein Lord um die Ecke galoppiert kommt, ist hier goldrichtig.

Auch die Industriegeschichte hat ihre Spuren hinterlassen. Paradebeispiele dafür sind die als Weltkulturerbe eingestuften Fabrikgebäude von Ironbridge oder das Derwent Valley. Aber es gibt auch dynamische Städte wie Englands zweitgrößte Metropole Birmingham: Der von einem Kanalnetz durchzogene Industriestandort hat sich zu einem kulturellen Schmelztiegel entwickelt, in dem es von kühner Architektur, hippen Restaurants, Bars und Ausgehmöglichkeiten nur so wimmelt. Das alles liegt eingebettet in eine sanfte Hügellandschaft, in der Luftholen ein wortwörtlich reines Vergnügen ist. Die vielen Wanderer und Radfahrer, vor allem im Peak District National Park und den Shropshire Hills, verlieren sich in der Weite dieser großartigen Landschaft.

## Reisezeit

- Im Februar/März findet in Ashbourne das Shrovetide-Fußballspiel statt, das meist in einem wilden Chaos endet.
- Ein Termin für Bücherfreaks: Auf dem Literaturfestival von Stratford im April/Mai stellen moderne Wortschmiede den guten alten Shakespeare in den Schatten.
- Ein gut trainierter Magen und Stretchjeans sind gute Voraussetzungen für das berühmte Food and Drink Festival in Ludlow im September.
- Von April bis September bringen die Shropshire Hills Shuttles am Wochenende Outdoorfreaks zu den herrlichen Wanderwegen im Long Mynd und den Shropshire Hills. Juni bis September ist Hochsaison für Wander- und Radtouren im Peak District.

## Highlights

1. Im „geheimen Dachgarten" der genialen neuen **Bibliothek** (S. 434) sitzen und Birmingham von oben betrachten
2. Durch den rauen **Peak District National Park** (S. 514) wandern, radeln oder fahren
3. Den Apfelbaum im **Woolsthorpe Manor** (S. 498) suchen, der Isaac Newton zu seinem Gravitationsgesetz inspirierte
4. Die Museen in **Ironbridge Gorge** (S. 472), der Wiege der Industriellen Revolution, abklappern
5. In **Leicester** (S. 502) alles über König Richard III. und die Entdeckung seiner Gebeine erfahren
6. In Shakespeares Geburtsort **Stratford-upon-Avon** (S. 450) eines seiner Theaterstücke anschauen
7. Die **Morgan Motor Company** (S. 463) in Great Malvern besichtigen und mit einem ihrer Flitzer eine Spritztour machen
8. Durch die grandiosen Gebäude und Gärten des **Burghley House** (S. 498) in Stamford schlendern

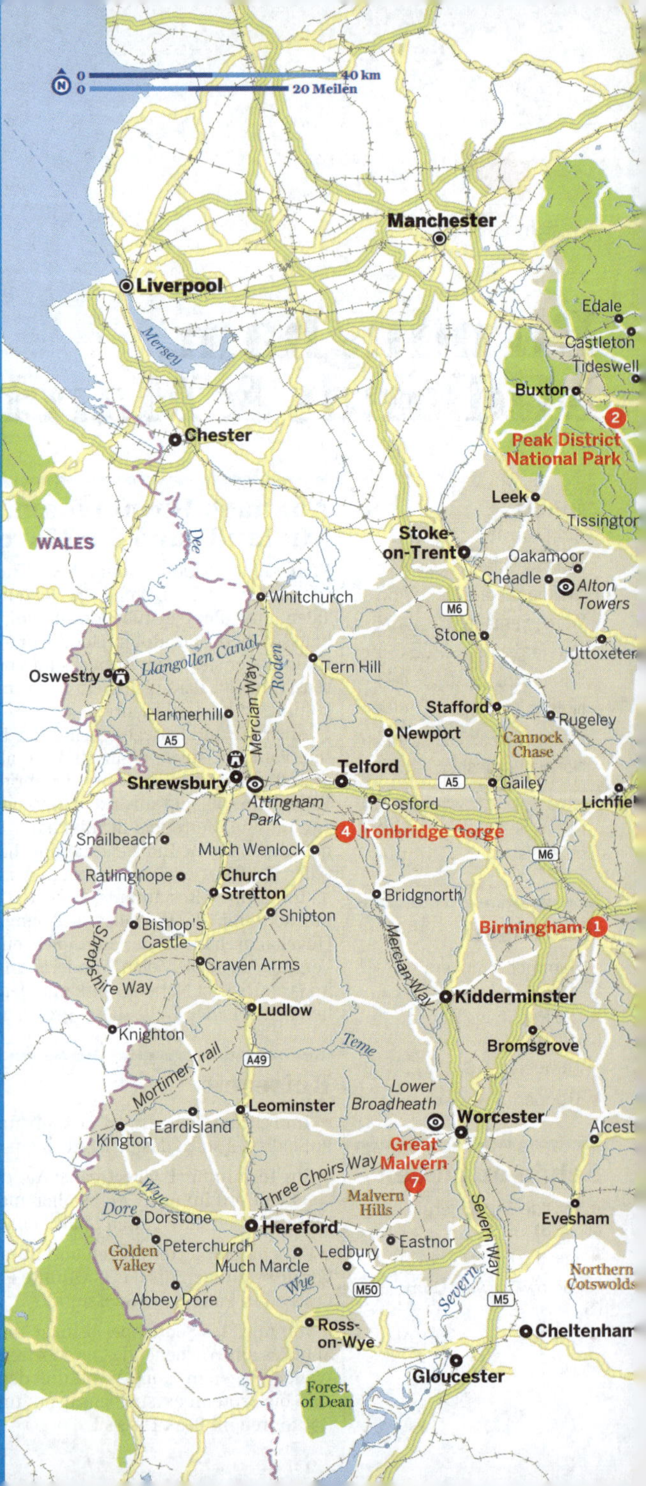

Nordsee
Humber
Scunthorpe
M180
Grimsby
Doncaster
Rotherham
M1
Sheffield
A57
Gainsborough
Market Rasen
Louth
Trent
Worksop
Chatsworth House
Chesterfield
Tuxford
Lincoln
Horncastle
Bakewell
Hardwick Hall
Sherwood Forest National Nature Reserve
A1(M1)
Skegness
Matlock Bath
Newstead Abbey
Cromford
A16
Newark-on-Trent
Witham
Southwell
A17
Sleaford
Boston
The Wash
Belper
M1
A46
Ashbourne
Nottingham
Grantham
Derby
East Midlands Airport
A38
Woolsthorpe Manor
Spalding
A17
Loughborough
Melton Mowbray
A1
Burton-upon-Trent
National Forest
Packington
The Fens
A16
Tamworth
Oakham
Stamford
M1
Leicester
Rutland Water
Burghley House
Drayton Manor
A47
Peterborough
Lyddington
A5
Bosworth Battlefield
Birmingham Airport
Market Harborough
Kettering
Coventry
Rugby
Kenilworth
Stoneleigh Abbey
Althorp House
Warwick
Cambridge
Northampton
Charlecote Park
Sulgrave Manor
Stratford-upon-Avon
Stoke Bruerne
Towcester
M1
Banbury
Milton Keynes
Luton

## Aktivitäten

In den Midlands ist der Peak District *die* Gegend für ein Rendezvous mit der Natur. Berühmte Wanderwege wie **Pennine Way** und **Limestone Way** kämpfen sich hügelauf und hügelab, Radfahrer trainieren auf anspruchsvollen Routen wie dem **Pennine Cycleway** (NCN-Route 68) von Derby nach Buxton Durchhaltevermögen und Wadenmuskeln. Weitere Outdooraktivitäten wie Caving und Klettern finden hier ebenfalls beste Voraussetzungen.

Entlang der Grenze zwischen England und Wales breiten sich die saftig grünen, von Burgruinen durchsetzten Hügel der Marches aus. Beliebte Rad- und Wandergebiete sind Long Mynd und Stiperstones in Shropshire sowie die Malvern Hills in Worcestershire.

Segler, Windsurfer und Wasserratten jeglichen Niveaus und Alters treffen sich am Rutland Water nicht weit von Leicester, während Hereford eher zum Kanu- und Kajakfahren einlädt.

## Anreise & Unterwegs vor Ort

**Birmingham Airport** (☎ 0871 222 0072; www.birminghamairport.co.uk) und **East Midlands Airport** (☎ 0871 919 9000; www.eastmidlandsairport.com) bei Derby sind die beiden größten Flughäfen der Region.

Die Midlands haben ein ausgezeichnetes Eisenbahnnetz. **National Express** (☎ 08717 818178; www.nationalexpress.com) mit Büro in der Birmingham Coach Station und einige lokale Busunternehmen sorgen für die Verbindungen zwischen den Städten und Dörfern, die jedoch in der Nebensaison deutlich eingeschränkt werden. Hilfreiche Routenplaner sind **Traveline** (☎ 0871 200 2233; www.travelinemidlands.co.uk) und www.networkwestmidlands.com. Nach preisgünstigen Tagestickets am besten vor Ort fragen.

# BIRMINGHAM

1.085 800 EW.

Kaum irgendwo ist mehr los als in der zweitgrößten Metropole des Landes. Eine 189 Mio. £ teure, ultramoderne Bücherei, ein neonfunkelndes Einkaufszentrum über der generalüberholten New Street Station, wunderschön restaurierte viktorianische Gebäude und eine erst kürzlich eröffnete, 1,4 km lange Verlängerung der Midland Metro durch die Innenstadt sind erste Resultate des Big City Plan. Überall entstehen neue Parks, öffentliche Anlagen, Geschäfts- und Wohnhäuser und versuchen, Prestigeobjekten wie den Shoppingcentern Mailbox und Bullring oder dem Selfridge-Gebäude mit seiner wie von Luftpolsterfolie überzogenen Fassade die Show zu stehlen.

### ESSEN & TRINKEN WIE DIE EINHEIMISCHEN

In Birmingham, den Midlands und den Marches sind folgende Spezialitäten unbedingt einen Versuch wert:

**Balti** Der feurige Curryeintopf, dessen Name sich von *balty* (Urdu für „Eimer") ableiten soll, wird im gusseisernen Wok zubereitet und mit Naan-Brot serviert. Pakistanische Arbeiter, die in den 1970er-Jahren nach Birmingham kamen, führten das Gericht in den Currylokalen von Sparkbrook ein; das Viertel im Süden der Stadt ist heute als **Balti Triangle** (S. 442) bekannt.

**Schokolade** Die berühmte Firma Cadbury entstand 1824 in Birmingham, als John Cadbury in der Bull Street Nr. 93 einen Laden eröffnete und Kakao und Trinkschokolade verkaufte. Die Cadbury World (S. 440) erzählt die Geschichte der Schokolade, demonstriert ihre Herstellung und verteilt Kostproben.

**Bakewell Pudding** Das berühmteste Gebäck des Peak District wurde von Großbäckereien aufgetunt – ursprünglich bestand es aus einer Teigschale, die mit Marmelade und Mandel-Ei-Creme gefüllt wurde. Die Kreation war eigentlich ein Missgeschick, da der Urheber ein Rezept von 1820 nicht richtig gelesen hatte. Der Old Original Bakewell Pudding Shop (S. 526) und Bloomers Original Bakewell Puddings (S. 527) behaupten beide, das Törtchen erfunden zu haben.

**Cider** Spritzige, trockene Ciders gibt's in Herefordshire schon seit dem Mittelalter. Auf der Herefordshire Cider Route (S. 464) können sie probiert werden.

### BIRMINGHAM IN ...

#### ... zwei Tagen

Den Anfang macht das abwechslungsreiche **Birmingham Museum & Art Gallery** (S. 435). Weiter geht's über den Centenary Square westlich davon zu den Birmingham Canals, mit einem Stopp in der **Library of Birmingham** (S. 434). Nun stehen eine **Kanalfahrt** (S. 440), ein Nachmittag im **National Sea Life Centre** (S. 439) oder in der **Ikon Gallery** (S. 439) zur Wahl. Zum Abendessen bietet sich eine von Birminghams In-Adressen wie das **adam's** (S. 442) an. Tag zwei beginnt mit einer Shopping-Tour in den schicken Einkaufszentren **Bullring** (S. 444) und **Mailbox** (S. 444), die auch fürs Mittagessen gute Anlaufstellen sind. Nachmittags steht Sozialgeschichte im Museum **Birmingham Back to Backs** (S. 435) auf dem Programm. Der abendliche Kneipenbummel könnte im **Lost & Found** (S. 443) beginnen.

#### ... vier Tagen

Am dritten Tag geht's nordwärts zu **Aston Hall** (S. 440) und **Soho House** (S. 439) oder zum berühmten **Barber Institute** (S. 440) im Süden. Eine Show im **Repertory Theatre** (S. 444) oder ein Konzert in der **Symphony Hall** (S. 444) runden den Tag ab. Tag vier beginnt mit einem Streifzug durch das faszinierende **Jewellery Quarter** (S. 439). Am Nachmittag erfüllt die **Cadbury World** (S. 440) süße Träume.

Neben attraktiven Museen und Galerien konkurriert eine wachsende Anzahl ambitionierter Restaurants und cooler Bars (oft noch Geheimtipps) mit den Lokalen, Ausflugsbooten und weiteren Attraktionen entlang der malerischen Kanäle. Zu den wiederbelebten Hinterlassenschaften aus Birminghams Industriegeschichte gehören das Jewellery Quarter, die Cadbury-Produktionsanlagen und eine ehemalige Puddingfabrik, die sich zu einem innovativen Kreativzentrum entwickelt hat.

Und schließlich soll der Bau einer neuen Linie der High Speed Rail (HS2), die ab 2026 in nur 40 Minuten von Birmingham nach London zischen wird, Wirtschaft und Arbeitsmarktlage entscheidend verbessern. „Brum", wie die Stadt von ihren Bewohnern getauft wurde, brummt tatsächlich!

## Geschichte

Erstmals erwähnt wird Birmingham im Domesday Book von 1086: als Ansiedlung einer Handvoll Bauern mit zwei Pflügen, Gesamtwert 1 £. Ein bescheidener Anfang, doch schon bald erlebte Brum seinen ersten Boom als Industrie- und Handelszentrum. Zunächst brachte der Wollhandel das große Geld, ab dem 16. Jh. spielte die Metallverarbeitung eine entscheidende Rolle.

Mitte des 18. Jhs. berief die Lunar Society führende Geologen, Chemiker, Ingenieure, und andere kluge Köpfe ein, die Birmingham zur ersten Industriestadt der Welt entwickelten. Das löste eine Zuwanderungswelle von Arbeitern aus ganz England aus.

Rund 100 Jahre später machten sich visionäre Stadtväter wie Bürgermeister Joseph Chamberlain (1836–1914) daran, die Slumgebiete zu säubern und das Zentrum mit beeindruckenden öffentlichen Gebäuden zu bestücken. Viele davon sind allerdings den Bombern des Zweiten Weltkriegs zum Opfer gefallen – und den Abrisskampagnen übereifriger Stadtplaner, die Birmingham unbedingt in Großbritanniens „Motor City" verwandeln wollten.

In den letzten Jahren wurden jede Menge Sanierungsprojekte in Angriff genommen, die Birminghams Skyline mit alten und neuen Wahrzeichen bestücken.

## Sehenswertes & Aktivitäten

### Stadtzentrum

Die prächtigsten Gebäude konzentrieren sich rund um den verkehrsberuhigten **Victoria Square** am Westende der New Street, darunter das **Council House** mit seiner beeindruckenden Fassade, das zwischen 1874 und 1879 errichtet wurde. Im Rahmen einer Verschönerungsaktion wurde der Platz 1993 mit modernistischen Meerjungfrauen und einem großen **Brunnen** aufgehübscht, an dessen oberem Ende sich eine nackte Frauenskulptur räkelt. Die Einheimischen haben sie „das Flittchen im Whirlpool" getauft und die **Statue von Königin Victoria** hat für sie nur einen missbilligenden Blick übrig.

Der westlich davon gelegene **Centenary Square** wird von der Hall of Memory (einem Kriegerdenkmal im Art-déco-Stil), dem **International Convention Centre** (ICC) und der Symphony Hall geprägt. Dazu gesellen sich eine goldglänzende **Statue** der Lichtfiguren der Industriellen Revolution, Matthew Boulton, James Watt und William Murdoch, sowie die brandneue Stadtbibliothek.

★ **Library of Birmingham** BIBLIOTHEK (www.libraryofbirmingham.com; Centenary Sq; ⌚ Mo–Fr 8–20, Sa 9–17, So 11–16 Uhr) Was wie ein Stapel hübsch verpackter Geschenkkartons aussieht, ist Francine Houbens Vision einer Stadtbibliothek und ein architektonisches Meisterwerk. Der 2013 eröffnete Komplex besteht aus einem in die Erde eingelassenen Amphitheater, spiralförmig ineinander übergehenden Ebenen und Galerien sowie einem „geheimen Garten" in der 7. Etage, zu dem sich Besucher mit einem gläserneren Lift bringen lassen, um den tollen Panoramablick auf die Stadt zu genießen. Neben dem Buchsortiment, Fotoarchiven und Sammlungen seltener Bücher – darunter Großbritanniens umfangreichster Shakespeare-Kollektion – stehen ihnen Ausstellungsräume, über 160 PCs und ein Café zur Verfügung.

## Birmingham

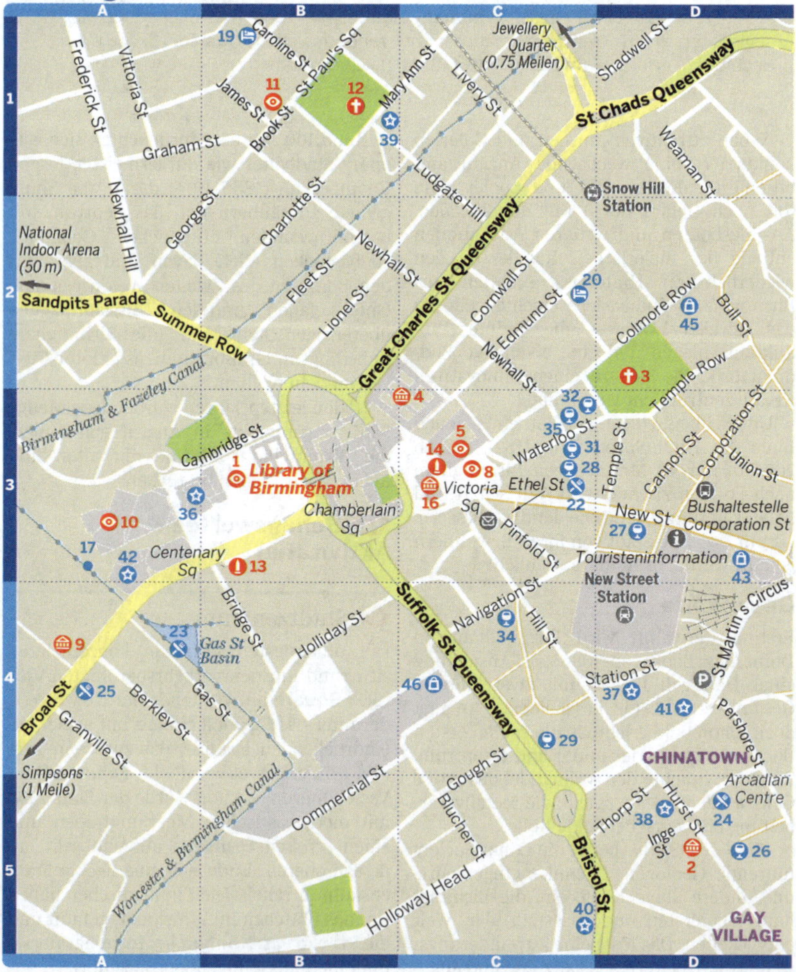

Die frühere Stadtbibliothek wird im Rahmen eines Sanierungsprojekts für den Paradise Circus (zwischen Centenary Square und Chamberlain Square) abgerissen. Bis Ende 2017 sollen hier ein Vier-Sterne-Hotel, Läden und öffentliche Plätze entstehen.

**Birmingham Museum & Art Gallery** MUSEUM

(☎0121-303 2834; www.bmag.org.uk; Chamberlain Sq; ⏰Sa–Do 10–17, Fr 10.30–17 Uhr; 👪) GRATIS Großartige Werke von Präraffaeliten wie Rossetti, Edward Burne-Jones und Genossen sind die Highlights des wunderbaren Museums, dessen beeindruckende Sammlung sich neben älteren Schätzen auf viktorianische Kunst konzentriert.

**Birmingham Back to Backs** HISTORISCHE GEBÄUDE

(NT; ☎0121-666 7671; www.nationaltrust.org.uk; 55–63 Hurst St; Führungen Erw./Kind 7,25/3,90 £; ⏰Di–Do 13–17, Fr–So 10–17 Uhr, während der Schulferien länger) Auf der originellen Tour durch die Ansammlung restaurierter Reihenhäuser werden vier Arbeiterwohnungen besichtigt und die Lebensgeschichten der Bewohner von 1840 bis in die 1970er-Jahre erzählt. Besichtigung nur im Rahmen einer Führung (telefonisch buchbar) möglich.

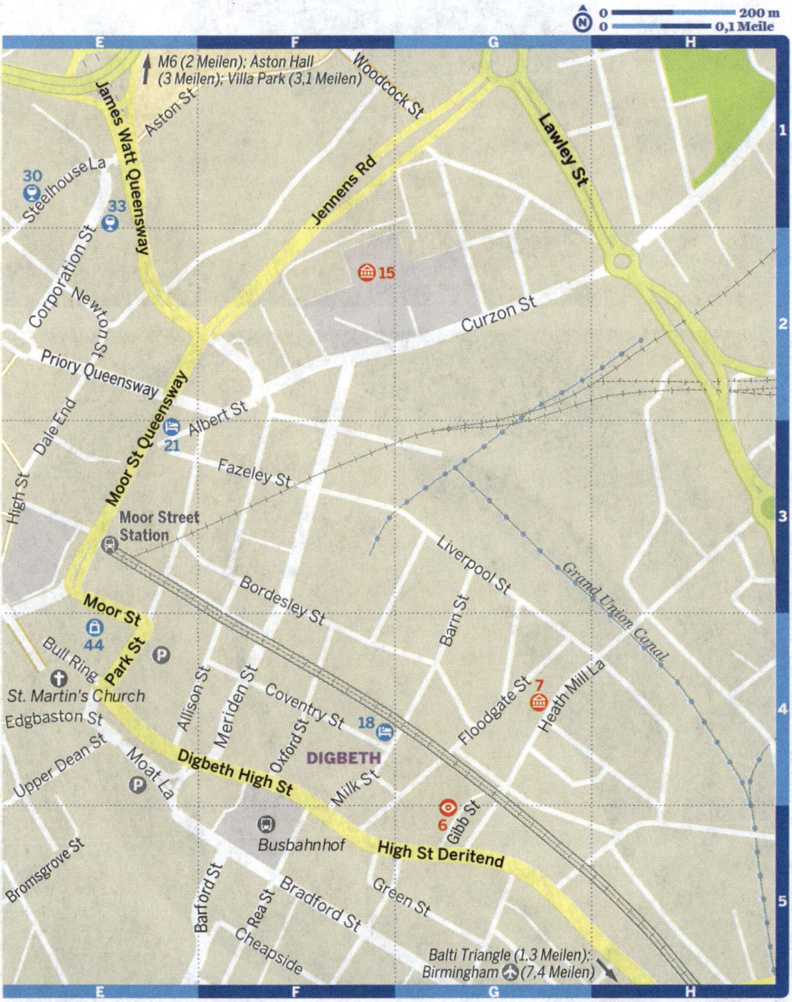

1

3

. Roast Beef & Yorkshire Pudding **2.** Sandwiches
. Cornish Pasty **4.** Cumberland Sausage

# So schmeckt England

**Die Zeiten, in denen England ein Synomym für fades Essen war, sind vorbei. Heute bekommt man in jedem Winkel des Landes hochwertige Gerichte, die sich um regionale und saisonale Zutaten drehen. Es gibt immer noch keine englische Entsprechung für „*bon appetit*", aber zumindest kann man diesen Ausdruck inzwischen aufrichtig benutzen – anstatt mit einem Hauch Ironie.**

## Frühstück

Für viele Gäste beginnt der kulinarische Tag im Hotel oder B&B mit dem Phänomen des *full English breakfast* – einem großen Teller mit vorwiegend gebratenen Speisen, der jeden überwältigt, der sonst nur ein Schälchen Müsli isst. Aber nur Mut, derartig gestärkt ist man garantiert fit für stundenlange Besichtigungstouren.

## Mittag- & Abendessen

Unbedingt sollte man hierfür zwei urenglische Institutionen ausprobieren, Café und Pub. In Städten sind Cafés eine gute günstigere Ess-Option. Auf dem Land heißen sie oft Teashops und sind ideal für einen traditionellen Afternoon Tea mit *scones, jam* und *cream*. Pubs sind natürlich in erster Linie der Ort, um traditionelles englisches Bier zu kosten, sie bieten daneben aber auch preiswerte Mahlzeiten an. Diejenigen mit besonderem Schwerpunkt auf ihrer Küche nennt man auch „Gastropubs".

### ENGLISCHE KLASSIKER

- **Fish & Chips** Am besten schmeckt die traditionelle Leibspeise an der Küste.
- **Sandwich** Die englische „Erfindung" aus dem 18. Jh. hat die Welt erobert.
- **Ploughman's Lunch** Brot, Käse und Branston Pickle, fehlt auf kaum einer Pub-Speisekarte, perfekt zu einem Pint.
- **Roast Beef & Yorkshire Pudding** Der gute alte englische Sonntagsbraten.
- **Cumberland Sausage** Spezialität aus dem Norden, so groß, dass sie nur aufgerollt auf den Teller passt.
- **Cornish Pasty** Ursprünglich nur im Südwesten, heute landesweit zu haben.

Wer das Lebensgefühl von damals noch intensiver mitbekommen will, kann sich in einem der einfach eingerichteten historischen Cottages einmieten (Inge Street 52 & 54, Doppelzimmer ab 100 £). Für Gäste ist die Back-to-Backs-Führung gratis.

**Town Hall** HISTORISCHES GEBÄUDE

(☎0121-345 0600; www.thsh.co.uk; Victoria Sq) Birminghams klassizistisches Rathaus wurde 1834 errichtet, und zwar nach dem Vorbild des Tempels von Castor und Pollux in Rom. Heute finden hier klassische Konzerte und andere Veranstaltungen statt.

**Birmingham Cathedral** KATHEDRALE

(☎0121-262 1840; www.birminghamcathedral.com; Colmore Row; Eintritt gegen Spende; ⏲Mo–Fr 7.30–18.30, Sa & So 8.30–17 Uhr) Die kleine, aber harmonisch konzipierte Kathedrale ist dem Hl. Philippus gewidmet und wurde zwischen 1709 und 1715 im klassizistischen Stil erbaut. Einige der wunderschönen Buntglasfenster stammen von dem Präraffaeliten Edward Burne-Jones.

**Thinktank** MUSEUM

(☎0121-202 2222; www.thinktank.ac; Millennium Point, Curzon St; Erw./Kind 12,25/8,40 £; ⏲10–17 Uhr) Zehn Fußminuten nordöstlich des Zentrums wurde in einem ehemaligen Industriegebiet der Millenium-Point-Komplex hochgezogen. Hier wartet ein unterhaltsames Museum, das sich die anspruchsvolle Aufgabe stellt, Kinder für Naturwissenschaften zu begeistern. Zu seinen Highlights gehören die Gänge durch Vergangenheit (Birminghams industrielle Glanzzeiten), Gegenwart (was wie funktioniert) und Zukunft sowie der Wissenschaftsgarten im Freien und das digitale Planetarium (im Eintrittspreis inbegriffen). Das **Kino mit Maxi-Leinwand** (☎0121-202 3333; www.giantscreencinema.co.uk; Erw./Kind ab 8,50/6 £) kostet extra.

## Birmingham Canals

Während der Industrieära war Birmingham einer der wichtigsten Häfen des englischen Kanalnetzes und bis heute kann die Stadt mehr Kanalkilometer vorweisen als

## Birmingham

**Highlights**
1 Library of Birmingham ... B3

**Sehenswertes**
2 Birmingham Back to Backs ... D5
3 Birmingham Cathedral ... D2
4 Birmingham Museum & Art Gallery ... C3
5 Council House ... C3
6 Custard Factory ... G5
7 Eastside Projects ... G4
8 Brunnen ... C3
9 Ikon Gallery ... A4
10 International Convention Centre ... A3
11 Royal Birmingham Society of Artists ... B1
12 St. Paul's Church ... B1
13 Statue von Boulton, Watt & Murdoch ... B3
14 Statue von Queen Victoria ... C3
15 Thinktank ... F2
16 Town Hall ... C3

**Aktivitäten, Kurse & Touren**
17 Sherborne Wharf Boat Trips ... A3

**Schlafen**
18 Birmingham Central Backpackers ... F4
19 Bloc ... B1
20 Hotel du Vin ... C2
21 Hotel La Tour ... E3

**Essen**
22 adam's ... C3
23 Canalside Cafe ... A4
24 Le Truc ... D5
25 Pushkar ... A4

**Ausgehen & Nachtleben**
26 Arcadian Centre ... D5
27 Bacchus ... D3
28 Bodega Bar & Cantina ... C3
29 Island Bar ... C4
30 Jekyll & Hyde ... E1
31 Lost & Found ... C3
32 Old Joint Stock ... C3
33 Q Club ... E1
34 Victoria ... C4
35 Wellington ... C3

**Unterhaltung**
36 Birmingham Repertory Theatre ... A3
37 Electric Cinema ... D4
Giant Screen ... (s. 15)
38 Hippodrome ... D5
39 Jam House ... B1
40 O2 Academy ... C5
41 Sunflower Lounge ... D4
42 Symphony Hall ... A3

**Shoppen**
43 Aston Villa City Centre Store ... D3
44 Bullring ... E4
45 Great Western Arcade ... D2
46 Mailbox ... C4

Venedig. Schmale Boote gleiten auf diesen Wasserstraßen durch das Stadtzentrum, vorbei an einer ganzen Reihe origineller Neubaukomplexe, die an den Kanalufern entstanden.

**Ikon Gallery** KUNSTMUSEUM
(☎0121-248 0708; www.ikon-gallery.co.uk; 1 Oozells Sq; ⌚Di–So 11–18 Uhr) GRATIS Nicht nur Banken und Designerrestaurants gehören zu der eleganten Neugestaltung des Brindley Place, sondern auch ein umgebautes gotisches Schulhaus, in dem die avantgardistische Ikon Gallery zu Hause ist. Manche finden die Konzeptkunst spannend, andere sind davon total abgestoßen und wieder andere regt sie zum Nachdenken an.

**National Sea Life Centre** AQUARIUM
(☎0121-643 6777; www.visitsealife.com; 3a Brindley Pl; Eintritt 20,95 £; ⌚Mo–Fr 10–17, Sa & So bis 18 Uhr) Das National Sea Life Centre in Birmingham, ein Entwurf von Norman Foster, ist Englands größtes Aquarium. In seinen Becken wimmelt es von exotischen Meeresbewohnern, darunter Hammerhaie, Schildkröten und Otter. Ab zwei Personen reduziert sich der Eintritt auf 17,50 £ pro Kopf. Wer seine Tickets online kauft, vermeidet Wartezeiten am Eingang und kann bis zu 40 % sparen.

## Jewellery Quarter

Seit Charles II. im Frankreich des 17. Jhs. seine Leidenschaft für Schmuck entdeckte, ist Birmingham ein Zentrum der Juwelierskunst. Das Jewellery Quarter gut 1 km nordwestlich des Zentrums wird zunehmend schicker, produziert aber bis heute rund 40 % des Glitzerkrams made in England. In der Gratisbroschüre *Jewellery Quarter: the Essential Guide* (erhältlich in den Touristeninformationan) sind Dutzende von Werkstätten aufgelistet, die besichtigt werden können. Weitere Infos dazu bietet www.jewelleryquarter.net.

Die U-Bahn ab Snow Hill (2,20 £; 10 Minuten, häufig) und der Zug ab Moor Street (1,80 £, sechs Minuten, alle 10 Minuten) fahren zur Haltestelle Jewellery Quarter.

**Museum of the Jewellery Quarter** MUSEUM
(☎0121-554 3598; www.bmag.org.uk; 75 Vyse St; Erw./Kind 5 £/frei; ⌚Di–Sa 10.30–17 Uhr) Die Schmuckfabrik Smith & Pepper sieht noch exakt so aus wie am Tag ihrer Schließung 1981, nach 80-jähriger Produktionsgeschichte. Auf einstündigen Führungen wird

INSIDERWISSEN

### KÜNSTLERVIERTEL DIGBETH

1,6 km südöstlich des Zentrums liegt das Künstlerviertel Digbeth mit der **Custard Factory** (☎0121-224 7777; www.custardfactory.co.uk; Gibb St). Die hippe Location war früher eine Puddingfabrik, die den allseits beliebten Bird's Custard produzierte. In dem entkernten Gebäude haben sich Galerien, schräge Designboutiquen, Secondhandläden, Skateboardshops und alternative Cafés eingenistet. Wer will, kann sich kostenlos auf einer Mini-Skaterrampe und an Tischtennistischen austoben.

Künstler betreiben die experimentelle Galerie **Eastside Projects** (www.eastsideprojects.org; 86 Heath Mill Lane; ⌚Mi–Sa 12–17 Uhr) ganz in der Nähe.

die Entwicklung des Schmuckhandwerks in Birmingham erläutert und durch vor Ort arbeitende Juweliere plastisch gemacht. Der Eintritt zu den Wechselausstellungen und dem Museumsshop ist frei.

**St. Paul's Church** KIRCHE
(www.saintpaulbrum.org; St Paul's Sq; ⌚Di–Sa 10–16 Uhr) Die wunderschöne georgianische Kirche (18. Jh.) überragt den St. Paul's Square und bot schon Birminghams Schlaubergern Matthew Boulton und James Watt Raum für die Zwiesprache mit Gott.

**Royal Birmingham Society of Artists** KULTURZENTRUM
(☎0121-236 4353; www.rbsa.org.uk; 4 Brook St; ⌚Mo–Fr 10.30–17.30, Sa bis 17, So 13–17 Uhr) GRATIS Schon seit 1814 stellen lokale Künstler und Kunsthandwerker ihre Kreationen in der Royal Birmingham Society of Artists aus.

**Jewellery-Silversmithing Design Academy** KURSE
(☎07780-671 870; www.jsdauk.com; Studio 214b, 120 Vyse St; ⌚Tageskurse ab 69 £) Wer seine eigenen Schmuckideen in die Praxis umsetzen will, besucht einen der Kurse, Master Classes oder Workshops der Akademie im Herzen des Jewellery Quarter.

## Außerhalb des Zentrums

**Soho House** MUSEUM
(☎0121-554 9122; www.bmag.org.uk; Soho Ave, Handsworth; Erw./Kind 4 £/frei; ⌚Mitte April–Okt.

Di–So 11.30–16 Uhr) Von 1766 bis 1809 lebte der Industriemagnat Matthew Boulton im Soho House rund 2,5 km nordwestlich des Jewellery Quarter. Die Räume mit ihrer Einrichtung aus dem 18. Jh. wurden restauriert; das Esszimmer diente Boulton und den Mitgliedern der renommierten Lunar Society als Treffpunkt, um ihre bahnbrechenden Ideen zu diskutieren, die der Welt den technologisch größten Fortschritt seit der Erfindung des Rads bescherten. Anfahrt ab Priory Queensway mit Bus 74 oder 75 (1,70 £, 25 Minuten, alle 10 Minuten) bis Haltestelle Lozells, von da 5 Minuten zu Fuß.

**Barber Institute of Fine Arts** GALERIE
(☎0121-414 7333; www.barber.org.uk; ⏲Mo–Fr 10–17, Sa & So 11–17 Uhr) GRATIS Das Barber Institute of Fine Arts 4,8 km südlich des Zentrums gehört zur Uni und zeigt eine beeindruckende Sammlung von Meisterwerken aus der Renaissance. Dazu kommen Bilder europäischer Genies wie Rubens und Van Dyck, britischer Ausnahmekünstler wie Gainsborough, Reynolds und Turner sowie moderner Titanen wie Picasso oder Magritte. Anfahrt per Zug ab New Street (2,10 £, sieben Minuten, alle fünf Minuten) bis Bahnhof University, dann 10 Minuten zu Fuß.

**Cadbury World** MUSEUM
(☎0844 880 7667; www.cadburyworld.co.uk; Linden Rd, Bournville; Erw./Kind 15,95/11,70 £; ⏲10–16.30 Uhr) Fast so genial wie Willy Wonkas Schokoladenfabrik ist Cadbury World, 6,5 km südlich von Birmingham. Die trockene Theorie über die Geschichte der Kakaobohne und der Familie Cadbury wird mit Gratiskostproben versüßt, Maschinen zur Schokoladeherstellung und interaktive Angebote zum Thema Schokolade sorgen ebenfalls für Abwechslung. Die Öffnungszeiten variieren; in der Hochsaison unbedingt vorab buchen! Letzter Einlass 90 Minuten vor Schließung. Anfahrt per Zug ab Bahnhof New Street (2,40 £, 12 Minuten, alle zehn Minuten) bis Bourneville, dann 10 Minuten zu Fuß (ausgeschildert).

Das Schokoladeparadies liegt mitten im hübschen **Bournville Village**, das die sozial engagierte Cadbury-Familie Anfang des 20. Jhs. für ihre Arbeiter errichten ließ.

**Aston Hall** HISTORISCHES GEBÄUDE
(☎0121-675 4722; www.bmag.org.uk; Trinity Rd, Aston; Haus Erw./Kind 4 £/frei, Gelände frei; ⏲Mitte April–Okt. Di–So 12–16 Uhr) Rund 4,8 km nördlich des Zentrums liegt das gut erhaltene Herrschaftshaus, das von gepflegtem Grün umgeben ist. Es wurde zwischen 1618 und 1635 im extravaganten jakobinischen Stil errichtet und beeindruckt im Inneren mit Friesen, Deckenornamenten und Wandteppichen. Anfahrt per Zug ab Bahnhof New Street (2 £, acht Minuten, alle zehn Minuten), dann 10 Minuten zu Fuß.

## Geführte Touren

**Big Brum Buz** BUSTOUR
(www.birmingham-tours.co.uk; Tagesticket Erw./Kind 12/5 £; ⏲Mai–Sept. Sa & So) Die Bustour bietet freie Zu- und Ausstiegsmöglichkeiten. Am ersten Sonntag des Monats (Mai bis Oktober) wird sie vom Museum Heritage Bus (Erw./Kind 5 £/frei) ersetzt, der eine andere Route fährt.

**Sherborne Wharf Boat Trips** BOOTSTOUREN
(☎0121-455 6163; www.sherbornewharf.co.uk; Sherborne St; Erw./Kind 8/6 £; ⏲Mitte April–Okt. tgl. 11.30, 13, 14.30 & 16 Uhr, Nov.–Mitte April Sa & So) Die nostalgischen schmalen Kanalboote legen am Kai beim International Convention Centre ab.

## Feste & Events

**Crufts Dog Show** TIERSCHAU
(www.crufts.org.uk; ⏲März) Jedes Jahr findet im National Exhibition Centre die weltgrößte Ausstellung von Rassehunden statt.

**Birmingham Pride** SCHWULENPARADE
(www.birminghampride.com; ⏲Mai) Birmingham Pride ist eines der wichtigsten und buntesten Events der britischen Schwulen- und Lesbenszene.

**Frankfurt Christmas Market & Craft Fair** WEIHNACHTSMARKT
(www.birmingham.gov.uk/frankfurtmarket; ⏲Mitte Nov.–Mitte Dez.) Rund 200 Stände mit Essen, Trinken und Kunsthandwerk aus Birminghams Partnerstadt Frankfurt am Main und von lokalen Anbietern bilden den größten Weihnachtsmarkt der Insel.

## Schlafen

Die meisten Hotels der Stadt richten sich an Geschäftsreisende und sind folglich an Werktagen eher teuer, bieten jedoch oft spezielle Wochenendtarife und günstigere Preise bei längerem Aufenthalt. Viele B&Bs liegen außerhalb des Zentrums, vor allem in Acocks Green (Südosten) sowie Edgbaston und Selly Oak (beide im Südwesten).

**Birmingham Central Backpackers** HOSTEL £

(☎0121-643 0033; www.birminghambackpackers.com; 58 Coventry St; B/DZ ab 14/36 £; @📶) Trotz der Lage direkt an einer Eisenbahnbrücke ist das in Lila und Türkis gehaltene Hostel mit sauberen, bunt gestylten Schlafsälen und Schlafkabinen eine gute Adresse. Es liegt nicht weit von Busbahnhof und bietet viele Extras wie z. B. die Lounge mit DVDs, freiem WLAN, Xbox und PlayStation, die Bar und die Küche für Selbstversorger. Letztere ist hier gar nicht so wichtig, denn im Preis sind Frühstück und ein Snack am Abend (vom Buffet) inbegriffen.

★ **Hotel La Tour** HOTEL ££

(☎0121-718 8000; http://hotel-latour.co.uk; Albert St; DZ ab 100; ❄📶) Die raumhohen Fenster in den Gemeinschaftsbereichen des Hotels lassen viel Sonne herein, die Zimmer sind geräumig und haben technische Spielereien wie digital bedienbare „Bitte nicht stören"-Zeichen und Multimediaanlagen. Ein rund um die Uhr geöffnetes Fitnessstudio sowie das schicke Restaurant Aalto mit moderner britischer Küche sind weitere Vorzüge des 2012 eröffneten, hochmodernen Hotels.

**Hotel du Vin** BOUTIQUEHOTEL ££

(☎0121-200 0600; www.hotelduvin.com; Church St; DZ ab 115 £; @📶) Der attraktive Backsteinkomplex, eine ehemalige Augenklinik im viktorianischen Stil mit schmiedeeisernen Balustraden, klassischen Wandmalereien und viel Nostalgieflair, beherbergt heute das Hotel du Vin. Die von Art déco inspirierte Einrichtung der Zimmer mit beeindruckenden Bädern, der Fitness- und Wellnessbereich und das Bistro mit seinen abgewetzten Holzdielen und einer exzellenten Weinkarte sowie ein Pub und eine Lounge-Bar mit bequemen Ledersesseln sind weitere Pluspunkte.

**Bloc** HOTEL ££

(☎0121-212 1223; www.blochotels.com; St Paul's, Caroline St; DZ ab 90 £; ❄📶) Im Jewellery Quarter überzeugt das Bloc mit zeitgemäßem, ausgeklügeltem Design. Der Raum der winzigen Zimmer wird optimal ausgenutzt – mit in die Wand integrierten Flachbildschirmen, Stauraum unter den Betten und kompakten Bädern mit Luxusduschköpfen. Manche Zimmer haben keine Fenster. Für Sonderangebote die Website konsultieren!

**Westbourne Lodge** B&B ££

(☎0121-429 1003; www.westbournelodge.co.uk; Fountain Rd; EZ/DZ/FZ ab 49,50/69,50/79,50 £; P@📶) Das beliebte B&B liegt nur 3,2 km westlich des Zentrums im ruhigen Vorort Edgbaston (erreichbar über die A456). Die etwas überreichlich mit Stoff ausgestatteten Zimmer sind geräumig und im Sommer können Gäste auf der hübschen Terrasse relaxen.

## Essen

Zur Auswahl stehen coole Cafés und gemütliche Pubs wie auch kulinarisch ambitionierte Lokale. Preisgünstige Curries bietet beispielsweise das **Balti Triangle**. Ähnlich feurig-würzige Gaumenfreuden für den kleineren Geldbeutel stehen auf den Speisekarten der vielen Restaurants in Chinatown auf der südwestlichen Seite des Einkaufszentrums Bullring.

**Canalside Cafe** CAFÉ £

(☎0121-643 3170; 35 Worcester Bar, Gas St; Gerichte 3,95–4,95 £; ⊙9–23 Uhr) Schmale Kanalboote gleiten an der Terrasse des ehemaligen Schleusenwärterhäuschens aus dem 18. Jh. vorbei, dessen niedrige Decken mit Andenken an die Flussschiffahrt dekoriert sind. Das Feuer im offenen Kamin wärmt ebenso wie die hausgemachten Spezialitäten (Cottage Pie, Lasagne, Gulasch), die neben vegetarischen Gerichten auf der Schiefertafel notiert sind. Auch für eine Tasse Tee mit Kuchen, ein frisch gezapftes Bier oder ein Glas Cider lohnt sich diese Adresse.

**Le Truc** FRANZÖSISCH ££

(☎0121-622 7050; http://letruc.co.uk; 21 Ladywell Way; Hauptgerichte 11,50–23 £; ⊙Mo–Do 17–21, Fr 17–22, Sa 10–22, So 10–17 Uhr) Bulldoggen als Wandmotiv, Kronleuchter, Scrabble-Kacheln und eine mit Musikkassetten dekorierte DJ-Konsole ergeben ein alternatives Ambiente, in dem französische Regionalküche mit modernem und/oder britischem Touch serviert wird. Zu den regelmäßigen Events gehört der Sonntagsbrunch mit Bloody Marys als Fitmachern.

**Pushkar** INDISCH ££

(☎0121-643 7978; www.pushkardining.com; 245 Broad St; 2-/3-Gänge-Mittagsmenü 10/13 £, Hauptgerichte 7,25–17 £; ⊙Mo–Fr 12–14.30 & 17–23.30, Sa & So 17–23.30 Uhr) Gehobene Küche aus Nordindien und dem Punjab ist die Attraktion hinter den Glasfronten des weiß eingedeckten Speisesaals mit seiner opulenten Golddekoration. Der elegante Stil setzt sich

## BALTI TRIANGLE

Ladypool Road, Stoney Lane und Stratford Road bilden das berühmtes „Balti-Dreieck" (www.balti-birmingham.co.uk) 4 km südöstlich des Zentrums. Hier servieren unzählige Lokale den pakistanisch inspirierten Curry-Eintopf Balti, dazu Softdrinks, Säfte und Lassi. Bier oder Wein können die Gäste selbst mitbringen.

Abends ist im Balti Triangle am meisten los, vor allem freitags. Anfahrt mit Bus 3, 5, 6, 31 und 37 ab Haltestelle Selfridges PA3 (1,90 £, 30 Min., alle 5 Min.).

**Saleem's Restaurant & Sweet House** (☎ 0121-449 1861; www.saleemsrestaurant.com; 256–258 Ladypool Rd; Hauptgerichte 6–8 £; ⏲ Mo–Sa 12–24, So 9–24 Uhr) Der Dauerbrenner im Balti Triangle überzeugt mit großzügigen Portionen und leckeren indischen Süßigkeiten auf Milchbasis.

**Al Faisal's** (☎ 0121-449 5695; www.alfaisal.co.uk; 136–140 Stoney Lane; Hauptgerichte 7–8 £; ⏲ 12–24 Uhr) Stammkunden lieben die köstlichen Gerichte aus den Bergen Kaschmirs wie auch die klassischen, für Birmingham typischen Balti.

mit in Kassetten präsentierten Speisekarten, in Servietten eingeschlagenem Naan-Brot und gekonnt gemixten Cocktails fort. Die Mittagsmenüs sind ein echtes Schnäppchen.

**adam's** MODERN BRITISCH £££

(☎ 0121-643 3745; www.adamsrestaurant.co.uk; 21a Bennett's Hill; 3-Gänge-Mittagsmenü 32 £, 5-/9-Gänge-Menü 50/80 £; ⏲ Di–Sa 12–14 & 19–21.30 Uhr) Ein kleiner, schicker Speisesaal mit Hängelampen und einem viktorianischen Säulengang als Fototapete, die mehr Weite vortäuscht, empfängt die Gäste des Newcomers in der Birminghamer Sternerestaurantszene. Die Küchenkreationen sind geschmacklich und optisch kaum zu überbieten. Mittags wie abends steht ein fünfgängiges Probiermenü auf der Karte, dazu freitags und samstags ein kulinarischer Höhenflug mit neun Gängen. Rechtzeitig reservieren!

★ **Simpsons** MODERN BRITISCH £££

(☎ 0121-454 3434; www.simpsonsrestaurant.co.uk; 20 Highfield Rd; 3-Gänge-Mittagsmenü 40 £, Hauptgerichte 21–27 £; ⏲ Mo–Sa 12–14 & 19–21.30, So 12–14.30 Uhr) Die sensationellen Kreationen des Sternekochs Andreas Antona sind den 4 km langen Abstecher zu dem prächtigen Herrenhaus im georgianischen Stil im grünen Vorort Edgbaston auf jeden Fall wert. Wer will, kann dort auch in einem der vier luxuriösen Zimmer (160–225 £, nur Di–Sa) übernachten oder einen Kochkurs (ganzer Tag, inklusive 3-Gänge-Mittagsmenü 135 £, nur Sa) belegen. Reservierung empfohlen.

## Ausgehen & Nachtleben

Zu den Anlaufpunkten für Nachtschwärmer gehört die Broad Street, auch „goldene Meile" genannt (manche meinen, wegen der üppig zur Schau gestellten künstlichen Bräune). Neben Theatern und Kinos gibt's hier jede Menge Pubs und Clubs, die dem Durchschnittsgeschmack entsprechen.

Südlich des Bahnhofs New Street haben sich ehemalige Arbeiterkneipen und Lagerhäuser zu angesagten Bars entwickelt. Das Einfalltor zu diesem coolen Ausgehviertel mit unzähligen quirligen Cafés und Discos ist das **Arcadian Centre** (www.thearcadian.co.uk; Hurst St) in Chinatown.

Die Alternativszene trifft sich im postindustriellen Digbeth, wo Clubs rund um die Custard Factory (S. 439) mit zahlreichen Events locken.

★ **Jekyll & Hyde** PUB

(☎ 0121-236 0345; www.thejekyllandhyde.co.uk; 28 Steelhouse Lane; ⏲ Mo–Do 12–23, Fr & Sa bis 2 Uhr) Gehaltvolle Cocktails werden in dem spacigen Lokal als *elixirs, concoctions* und *potions* (Elixiere, Gebräue und Zaubertränke) angeboten und in Bonbongläsern, Tee- und Gießkannen, Mini-Badewannen oder sogar in einem Kulturbeutel (mit Rum-Minze-Zahnpasta und Kaffirlimette) serviert. Zu Mr Hyde's Reich im Erdgeschoss gehören ein gemütliches Wohnzimmer und eine Terrasse mit Motiven aus *Alice im Wunderland*. Darüber liegt Dr Jekkyll's Gin Parlour.

Wem das Ambiente des Jekyll & Hyde gefällt, der hat vielleicht Lust, auch die anderen, originellen Lokale der unabhängigen Birminghamer Firma Bitters'n'Twisted zu testen. Die **Bodega Bar & Cantina** (www.bodegabirmingham.co.uk; 12 Bennett's Hill; ⏲ Mo–Do 12–23, Fr & Sa bis 2, So bis 20 Uhr) ist südamerikanisch inspiriert, das **Victoria** (www.

thevictoriabirmingham.co.uk; 48 John Bright St; ⌚So–Mi 12–24, Do bis 1, Fr & Sa bis 2 Uhr) besticht mit viktorianischem Glanz und ambitionierten DJs, während die Rum-lastige **Island Bar** (☎0121-632 5296; www.bar-island.co.uk; 14-16 Suffolk St Queensway; ⌚Mo–Mi 17–spät, Do–Sa bis 17–2, So 21–3 Uhr) mit Kitschfotos hawaiianischer Strände im Riesenformat bezaubert. In allen Lokalen gibt's auch lecker zu essen.

**Lost & Found** BAR

(www.the-lostandfound.co.uk; 8 Bennett's Hill; ⌚Mo–Do 11–23, Fr bis 24, Sa 10–24, So 11–21 Uhr) Die fiktive Naturforscherin Hettie G. Watson aus der viktorianischen Ära dient als Inspirationsquelle für das Dekor der Bar in einem ehemaligen Bankgebäude von 1869. Hinter dem prächtigen Eingang mit Kuppeldach wartet ein mit Pflanzen, Vogelkäfigen, Büchern und Landkarten ausgestatteter, erhöhter Gastraum. Hinter einem Bücherregal versteckt sich der Eingang zu „Hetties geheimem Reich", der Bar (die am einfachsten freitags und samstags ab 19.30 Uhr zu finden ist).

**Wellington** PUB

(www.thewellingtonrealale.co.uk; 37 Bennett's Hill; ⌚10–24 Uhr) Tapeten in Pastellfarben, Holztresen und viel poliertes Messing sorgen für Nostalgielook, doch das auf *real ales* spezialisierte Pub wurde erst kürzlich generalüberholt und um eine Dachterrasse erweitert. Zu den 16 handgezapften Bieren gehören die Publikumslieblinge von Black Country und Wye Valley sowie ein paar Raritäten, daneben gibt's auch drei Ciders vom Fass.

**Bacchus** BAR

(☎0121-632 5445; www.nicholsonspubs.co.uk; Burlington Arcade, New St; ⌚So–Do 11–23, Fr & Sa bis 1 Uhr) Eine von falschem Marmor eingefasste Treppe unter der Burlington Arcade führt in die düstere Bar, die mit bröckelnden Säulen, mittelalterlich anmutenden Steingewölben, Armleuchtern, Schwertern, Ritterrüstungen und riesigen griechischen Wandgemälden an den Hades erinnert.

**Old Joint Stock** PUB

(☎0121-200 1892; www.oldjointstocktheatre.co.uk; 4 Temple Row West; ⌚Mo–Sa 11–23, So 12–17 Uhr; 📶) In den tempelartigen Hallen des ehemaligen Bankgebäudes mit ihren hohen Decken trifft sich heute eine aufgeweckte Crowd zum Feierabendbier. Das darüberliegende Theater mit 80 Plätzen hat Comedyshows und Schauspiele im Programm.

**Q Club** CLUB

(www.qclub.co.uk; 212 Corporation St; ⌚unterschiedlich) Das Backsteingebäude Central Hall hat schon bessere Tage gesehen, aber der darin untergebrachte Club platzt schier vor Lebensenergie, wenn DJs mit Electro, House, Jungle und legendären Club-Klassikern einheizen.

## ☆ Unterhaltung

Tickets für die meisten Events verkauft der Branchenriese **TicketWeb** (☎0870 060 0100; www.ticketweb.co.uk).

Unter den kostenlosen Veranstaltungskalendern sind die *Brum Notes* (www.brumnotes.com) zu empfehlen, in denen alles drinsteht, was so läuft.

### Livemusik

In der **National Indoor Arena** (☎0121-780 4141; www.thenia.co.uk; King Edwards Rd) nördlich des Brindley Place und in der **National Exhibition Centre Arena** (☎0121-780 4141; www.thenec.co.uk; an der M42) nicht weit vom Birmingham Airport treten stadionfüllende Rock- und Popgrößen auf.

**Sunflower Lounge** LIVEMUSIK

(☎0121-632 6756; www.thesunflowerlounge.com; 76 Smallbrook Queensway; ⌚unterschiedlich) Von Kennern ausgesuchte Tunes aus der alternativen Kiste bilden den Soundtrack der kleinen, originellen Indie-Bar. Live-Gigs und DJs ergänzen das Programm.

**Jam House** LIVEMUSIK

(www.thejamhouse.com; 3–5 St Paul's Sq; ⌚Di & Mi 18–24, Do bis 1, Fr & Sa bis 2 Uhr) Hinter dem Konzept der stimmungsvollen Musikbar für gehobene Ansprüche steht der Pianist Jools Holland, der sowohl Jazz-Bigbands wie auch berühmte Soulgrößen auf die Bühne bringt. Wer sich unter das gestylte Publikum mischen will, muss über 21 sein.

### SCHWULE & LESBEN IN BIRMINGHAM

Birminghams unbekümmerte Schwulenszene konzentriert sich auf das **Gay Village** rund um die Hurst Street südlich vom Bullring. Die Hochburg des Hedonismus rockt vor allem an Wochenenden und erreicht mit dem Birmingham Pride (S. 440) im Mai ihren Höhepunkt. Updates über alles, was gerade angesagt ist, gibt's auf www.visitgaybrum.com.

**Symphony Hall** KLASSISCHE MUSIK
(☎0121-345 0600; www.symphonyhall.co.uk; Broad St) Die ultramoderne Symphony Hall ist das offizielle Zuhause des City of Birmingham Symphony Orchestra. Weitere Konzerte finden in der ansprechenden Aula der Town Hall statt.

**O2 Academy** LIVEMUSIK
(www.o2academybirmingham.co.uk; 16–18 Horsefair, Bristol St; ⏲Ticketschalter Mo–Sa 12–16 Uhr) Birminghams populärste Bühne für berühmte Rockstars, Coverbands und vielversprechende Newcomer.

### Theater & Kino

**Birmingham Repertory Theatre** THEATER
(☎0121-236 4455; www.birmingham-rep.co.uk; Centenary Sq) Das „Rep" hat schon über ein Jahrhundert auf dem Buckel und bietet heute drei Bühnen: Main House, Door (für eher experimentelle Stücke) und ein neues Studiotheater mit 300 Plätzen, dessen Theater- und Musicalprogramm zeitgenössische und kontroverse Beiträge liefert.

**Electric Cinema** KINO
(www.theelectric.co.uk; 47–49 Station St; normale/Deluxe-Plätze 7,80/13,50 £) Ein Art-déco-Schild kündigt das älteste noch aktive Kino Großbritanniens an, das seit 1909 in Betrieb ist und vor allem Autorenfilme mit künstlerischem Anspruch zeigt. Getränke werden sowohl zu den zweisitzigen Plüschsofas gebracht als auch in der kleinen Bar (mit Absinth-Fontäne!) serviert.

**Hippodrome** THEATER
(☎0844 338 5000; www.birminghamhippodrome.com; Hurst St) Hier tritt das Birmingham Royal Ballet auf.

### Sport

Gleich drei große Fußballteams gehören zum Einzugsgebiet Birminghams: Birmingham City Football Club, West Bromwich Albion („West Brom") und natürlich Aston Villa Football Club.

**Villa Park** FUSSBALL
(☎0800 612 0970; www.avfc.co.uk; Trinity Rd, Witton; Führungen Erw./Kind ab 12,95/7,95 £) Der Villa Park des Aston Villa Football Club stammt aus dem 19.Jh. und gehört zu den größten Stadien des Landes. Dreimal pro Woche wird eine Besichtigungstour (Anmeldung erforderlich) angeboten, die auch durch Umkleideräume, Spielertunnel und auf den Rasen führt. Das Stadion liegt 3,2 km nördlich der Stadt und ist per Bahn erreichbar. Züge fahren ab Bahnhof New Street nach Witton (2 £, neun Minuten, halbstündl.), von wo es fünf Gehminuten zum Stadion sind, oder nach Aston (alle zehn Minuten), wo sich ein 15-minütiger Spaziergang anschließt. Tickets und Fanartikel verkauft der **Aston Villa City Centre Store** (☎0121-326 1559; www.avfc.co.uk; New St; ⏲Mo–Sa 9.30–18, So 11–15 Uhr).

## Shoppen

In den Fußgängerzonen rund um den Bullring werden auf quirligen Märkten frische Lebensmittel und importierte Billigklamotten angeboten.

Im Obergeschoss des neu belebten Bahnhofs New Street wurde 2015 das Einkaufszentrum Grand Central (www.grandcentralbirmingham.com) eröffnet, zu dem auch eine riesige Filiale der Kaufhauskette John Lewis gehört.

**Great Western Arcade** LADENPASSAGE
(www.greatwesternarcade.co.uk; zwischen Colmore Row & Temple Row; ⏲Passage Mo–Sa 9–23, So 11–20 Uhr, Läden unterschiedlich) Die wunderschöne viktorianische Einkaufspassage mit Fliesenböden und Glasdach ist vor allem mit unabhängigen Einzelhandelsgeschäften bestückt.

**Bullring** EINKAUFSZENTRUM
(www.bullring.co.uk; St Martin's Circus; ⏲Mo–Fr 10–20, Sa 9–20, So 11–17 Uhr) Alle nur vorstellbaren internationalen Marken und Caféketten haben eine Filiale im Bullring, der in die beiden Ladenzonen East Mall und West Mall unterteilt ist. Zum Einkaufszentrum gehört auch der architektonische Hingucker von Selfridges, der wie das überdimensionale Facettenauge eines Roboterinsekts über die Stadt blickt.

**Mailbox** EINKAUFSZENTRUM
(www.mailboxlife.com; Wharfside St; ⏲Mo–Mi 10–18, Do–Sa bis 19, So 11–17 Uhr) Birminghams stylisches Einkaufsparadies am Kanalufer entstand aus der ehemaligen Briefsortierstelle der Royal Mail und beherbergt neben Boutiquehotels und einer ganzen Flotte schicker Restaurants einen Ableger des Luxuskaufhauses Harvey Nichols sowie jede Menge Designerläden. In der 25. Etage seines metallisch funkelnden Auswuchses The Cube residiert Marco Pierre White's Steakhouse Bar and Grill.

## ℹ Praktische Informationen

Wie in den meisten Großstädten ist es auch hier angebracht, nachts als Fußgänger unbeleuchtete Zonen zu meiden. Im Zentrum, vor allem südlich des Bullring, toben sich am Wochenende trinkfreudige Nachtschwärmer ungehemmt aus.

Auch die Gegend rund um den Busbahnhof Digbeth ist nach Einbruch der Dunkelheit ein ziemlich raues Pflaster.

**Birmingham Children's Hospital** (☎ 0121-333 9999; www.bch.nhs.uk; Steelhouse Lane) Hat eine Notaufnahme.

**Heart of England Tourist Board** (☎ 01905-887690; www.visitheartofengland.com)

**Heartlands Hospital** (☎ 0121-424 2000; www.heartofengland.nhs.uk; Bordesley Green East) Liegt 6,5 km östlich des Zentrums und hat eine Notaufnahme.

**Polizeiwache** (☎ 101; Steelhouse Lane)

**Touristeninformation** (☎ 0844 888 3883; www.visitbirmingham.com; Ecke Corporation & New Sts; ⌚ Mo–Sa 9–17, So 10–16 Uhr) Kiosk mit ständerweise Infomaterial zu Aktivitäten, Sehenswürdigkeiten und öffentlichen Verkehrsmitteln. Die Touristeninformation hat eine Filiale in der Library of Birmingham (S. 434).

## ℹ An- & Weiterreise

### BUS

Die meisten Stadtbusse fahren an der **Birmingham Coach Station** (Digbeth High St) ab. Ausnahme: Der Bus X20 nach Stratford-upon-Avon (5 £, 1¼ Stunden, stündl.) startet an der Haltestelle nördlich des Einkaufszentrums Pavilions in der Moor Street.

Die Busse von National Express verbinden Birmingham mit sämtlichen wichtigen Städten des Landes, darunter:

**London Victoria** 12,60 £, 2¾ Std., alle 30 Min.
**Manchester** 14,40 £, 3 Std., 14-mal tgl.
**Oxford** 15,20 £, 1½–4 Std., 8-mal tgl.

### FLUGZEUG

Der Birmingham Airport liegt rund 13 km östlich des Zentrums und bietet Direktflüge zu diversen britischen und europäischen Städten sowie Langstreckenflüge nach Dubai, Indien, Kanada und in die USA an.

### ZUG

Die meisten Fernzüge fahren am Bahnhof New Street ab. Mit Chiltern Railways beginnt die Fahrt nach London Marylebone (49 £, 2½ Std., halbstündl.) am Bahnhof Birmingham Snow Hill. Die Züge von London Midland nach Stratford-upon-Avon (7,30 £, 1 Std., halbstündl.) starten an den Bahnhöfen Snow Hill und Moor Street.

Ab Bahnhof New Street gibt es u. a. Verbindungen nach:

**Derby** 15.90 £, 45 Min., 4-mal stündl.
**Leicester** 12,90 £, 1 Std., 2-mal stündl.
**London Euston** 27,50 £, 1½ Std., viertelstündl.
**Manchester** 34,40 £, 1¾ Std., halbstündl.
**Nottingham** 17,40 £, 1¼ Std., 3-mal stündl.
**Shrewsbury** 13,60 £, 1 Std., 2-mal stündl.

## ℹ Unterwegs vor Ort

### AUTO

Alle großen Autovermietungen haben eine Filiale in Birmingham.

**Avis** (☎ 0844 544 6038; www.avis.co.uk; 17 Horse Fair)

**Enterprise Rent-a-Car** (☎ 0121-643 7743; www.enterprise.co.uk; 9–10 Suffolk St Queensway)

### VOM/ZUM FLUGHAFEN

Zwischen den Bahnhöfen New Street und Birmingham International gibt es schnelle, zuverlässige Verbindungen (3,50 £, 20 Min., alle 10 Min.). Außerdem wird der Flughafen rund um die Uhr von den Bussen 97 und 900 (5 £, 30 Min., halbstündl.) bedient, die an der Haltestelle Moor Street Queensway starten.

Ein Taxi vom Zentrum zum Flughafen kostet rund 30 £.

### ÖFFENTLICHE VERKEHRSMITTEL

Die Stadtbusse starten am günstig gelegenen Busbahnhof in der Corporation Street, gleich nördlich der Kreuzung mit der New Street. Alle Linien sind im kostenlosen *Network Birmingham Map & Guide* verzeichnet, den es in der Touristeninformation gibt. Ein Einzelfahrschein kostet ab 1,70 £.

Pendlerzüge in den Norden Birminghams (Aston eingeschlossen) fahren am Bahnhof Moor Street, nicht weit von Selfridges, ab.

Die 2015 eröffnete Verlängerung der einzigen Straßenbahnlinie Birminghams, der **Metro** (www.travelmetro.co.uk), verbindet den Bahnhof New Station mit Wolverhampton und fährt durch das Jewellery Quarter, West Bromwich und Dudley. Tickets kosten ab 2,20 £. Eine weitere Strecke, von der New Street zur Birmingham Town Hall und zum Centenary Square, soll 2017 in Betrieb genommen werden.

Verschiedene Sparpreistickets für Busse und Züge bietet **Network West Midlands** (☎ 0121-2147 7550; www.networkwestmidlands.com; ⌚ Mo–Sa 8.30–17.30) im Bahnhof New Street an.

**TOA Taxis** (☎ 0121-427 8888; www.toataxis.co.uk) ist ein zuverlässiger Anbieter von Black-Cab-Taxis.

# WARWICKSHIRE

Warwickshire könnte einfach nur eine dieser englischen Landidyllen sein, mit sanften Hügeln und netten Städtchen – wäre es nicht die Heimat einer Ikone der Literatur: William Shakespeare ist in Stratford-upon-Avon geboren und gestorben und sämtliche Orte, die mit seinem Leben zu tun hatten, sind natürlich Pilgerziele für Literaturfans aus aller Welt. Das berühmte Warwick Castle ist ein ähnlicher Touristenmagnet. Trotz allgemein sinkender Besucherzahlen können sich die romantischen Ruinen des Kenilworth Castle über mangelnden Zulauf nicht beklagen. Coventry steuert zwei außergewöhnliche Kathedralen bei und als Dreingabe ein absolut sehenswertes Verkehrsmuseum.

## Touristeninformation

**Shakespeare Country** (www.shakespeare-country.co.uk)

## Anreise & Unterwegs vor Ort

Coventry ist ein Verkehrsknotenpunkt und bietet häufige Zugverbindungen nach London Euston und Birmingham New Street.

## Coventry

325 950 EW.

Zwei Kirchturmspitzen und gesichtslose Hochhausblöcke dominieren die Skyline des heutigen Coventry. Dabei war die Stadt ein aufstrebendes Industriezentrum mit den Schwerpunkten Textilien, Uhren, Fahrräder, Autos und Munition. Die letztgenannte Branche war der Hauptgrund, warum die Deutsche Luftwaffe Coventry in der Nacht vom 14. November 1940 derart massiv bombardierte, dass sich unter den Nazis das neue Verb „coventrieren" einbürgerte, was so viel bedeutete wie „dem Erdboden gleichmachen". Die Stadtplaner der Nachkriegszeit füllten die entstandenen Lücken mit einfallslosen Betonklötzen. Der Niedergang der Automobilindustrie in den 1980er-Jahren war ein weiterer Schlag ins Kontor. Nur eine Handvoll mittelalterlicher Straßen, die den Bombenhagel überstanden, vermittelt eine leichte Ahnung davon, wie das alte Coventry ausgesehen haben mag.

### Sehenswertes

**★ Coventry Transport Museum** MUSEUM

(☎024-7623 4270; www.transport-museum.com; Hales St; ⏲10–17 Uhr) GRATIS Hunderte von Fahrzeugen, von pferdelosen Kutschen bis zu High-Tech-Boliden mit Jet-Antrieb, veranschaulichen die Entwicklung des Automobils. Hingucker sind ein DeLorean DMC-12 mit Flügeltüren (bekannt aus dem Film *Zurück in die Zukunft*) im Edelstahl-Look, ein Jaguar E-Type, ein gepanzerter Daimler-Benz und – für Fans britischer Skurrilitäten aus den 1970er-Jahren – ein Triumph TR7 und ein Austin Allegro „Spezial". Der Thrust SCC hält momentan den Geschwindigkeitsweltrekord zu Lande, mit dem er den Thrust 2 überrundete.

Kids sind fasziniert von der packenden „Coventry Blitz Experience" und dem Thrust-Geschwindigkeitsimulator (1,50 £).

**Coventry Cathedral** KATHEDRALE

(☎024-7652 1200; www.coventrycathedral.org.uk; Priory Row; Erw./Kind 8/5,75 £; ⏲10–16 Uhr) Die Reste der **St. Michael's Cathedral**, die 1300 erbaut und von den Nazis schwer bombardiert worden war, erinnern an Coventrys dunkelste Stunde und sind ein Mahnmal für Friede und Versöhnung. Wer die 180 Stufen des **gotischen Kirchturms** (Erw./Kind 2,75/1,50 £) nicht scheut, wird mit einem Panoramablick belohnt.

Sir Basil Spence entwarf die symbolische Verlängerung der Sandsteinmauern von St. Michael. Seine **Coventry Cathedral** ist ein Meisterwerk moderner Architektur mit futuristischer Orgel, Buntglasfenstern und einer Skulptur des Erzengels Michael und dem Teufel von Jacop Epstein.

**Herbert Art Gallery & Museum** GALERIE

(☎024-7623 7521; www.theherbert.org; Jordan Well; ⏲Mo–Sa 10–16, So 12–16 Uhr) GRATIS Hinter der Doppel-Kathedrale wartet das Kunstmuseum mit einer bunt gemischten Sammlung an Gemälden und Plastiken auf, darunter Werke von T.S. Lowry und Stanley Spencer. Ein hübsches Café, viele Angebote für Kinder und vor allem die beiden Galerien zu den Themen Geschichte sowie Friede und Versöhnung sind weitere Attraktionen.

**St. Mary's Guildhall** HISTORISCHES GEBÄUDE

(☎024-7683 3328; www.stmarysguildhall.co.uk; Bayley Lane; ⏲Mitte März–Sept. So–Do 10–16 Uhr) GRATIS In dieser Halle trafen sich im Mittelalter die Handwerker und Kaufleute Coventrys, um über städtische Angelegenheiten zu beraten. Sie gilt als eine der schönsten Zunfthäuser Englands und beherbergte eine äußerst prominente Gefangene: Maria Stuart, Königin von Schottland. Wunderschöne Buntglasfenster sind den verschiedenen

ABSTECHER

### RUGBY

Warwickshires zweitgrößte Stadt, Rugby (100 500 Einwohner), kann ihre Geschichte bis in die Eisenzeit zurückverfolgen. Aber ihren Ruhm verdankt sie der gleichnamigen Sportart, weshalb Fans aus Nah und Fern nach Rugby pilgern.

Das Ballspiel wurde 1823 in der **Rugby School** erfunden, als William Webb Ellis angeblich während eines Fußballmatches den Ball auffing und damit regelwidrig davonstürmte. Besucher werden nicht in die Schule eingelassen, können aber wenigstens durch das Tor einen Blick auf die geheiligte Stätte werfen. Gegenüber steht das **Webb Ellis Rugby Football Museum** (☎ 01788-533217; www.rugbyfootballmuseum.org.uk; 5–6 Matthews St; ⌚ Mo–Sa 9.30–17 Uhr) GRATIS. Es zeigt u. a. die Entwicklung des Rugbyballs und historische Fotos vom Webb Ellis Cup (alias Rugby World Cup). Angeschlossen ist die 1842 eröffnete Werkstatt, die die ersten Rugbybälle fertigte und sie bis heute produziert.

Rugby liegt 21 km östlich von Coventry, wohin eine gute Zugverbindung besteht (5,50 £, 10 Min., bis zu 4-mal stündl.). Weitere Züge fahren nach Birmingham (9,20 £, 40 Min., 2–4-mal stündl.) und Leicester (13,60 £, 1 Std., stündl.).

Monarchen Englands gewidmet, ein mittelalterlicher Wandteppich zeigt Heinrich VI. und W.C. Marshall steuerte die Statue der Lady Godiva bei.

## Schlafen & Essen

Von Birmingham aus bietet sich Coventry als Tagesausflug an. Wer dort übernachten will, findet in der Touristeninformation Hilfe beim Buchen einer Unterkunft.

In den Fachwerkhäusern der Spon Street, auch „Medieval Spon Street" genannt, haben sich zahlreiche Restaurants, Pubs, Cafés und Boutiquen eingenistet.

**Playwrights** CAFÉ ££
(☎ 024-7623 1441; www.playwrightsrestaurant.co.uk; 4–6 Hay Lane; Hauptgerichte 8–19,50 £; ⌚ 9 Uhr–spät) Ein hübsches Pflastergässchen zwischen Earl Street und Kathedrale ist die Heimat des einladenden Bistrocafés, das sich sowohl fürs Frühstück wie auch für einen Happen zu Mittag oder ein stimmungsvolles Abendessen anbietet. Wenn das Wetter mitspielt, werden Tische im Freien aufgestellt.

## Praktische Informationen

**Touristeninformation** (☎ 024-7622 5616; www.visitcoventry.co.uk; ⌚ Mo–Fr 9.30–16.30, Sa 10–16.30, So 10–12 & 13–16.30 Uhr) Im restaurierten Turm der St. Michael's Cathedral.

## An- & Weiterreise

Am Busbahnhof starten Busse von National Express zu Zielen in ganz Großbritannien. Die Busse X17 und X19 (viertelstündl.) fahren nach Kenilworth (1,90 £, 25 Min.), Leamington Spa (3,35 £, 50 Min.) und Warwick (5 £, 1¼ Std.).

Es gibt Zugverbindungen nach Süden mit Endstation London Euston (45,90 £, 1¼ Std., alle 10–20 Min.) und nach Birmingham (3,40 £, 30 Min., alle 10 Min.).

# Warwick

31 350 EW

Shakespeare-Fans ist der Name Warwick bestens bekannt: Hier residierten die Earls of Warwick, die im Rosenkrieg eine der Hauptrollen spielten. Trotz einer verheerenden Feuersbrunst 1694 ist die Stadt ein Schaukasten mittelalterlicher Baukunst geblieben, mit geschichtsträchtigen Ecken, bezaubernden Sträßchen und dem von Türmchen gekrönten Warwick Castle.

## Sehenswertes

★ **Warwick Castle** BURG
(☎ 0871 265 2000; www.warwick-castle.com; Burg Erw./Kind 22,80/16,80 £, Burg & Verlies 28,80/24 £, Kingdom Ticket für Burg, Verlies & Ausstellung 30,60/27 £; ⌚ April–Sept. 10–18 Uhr, Okt.–März nur bis 17 Uhr; P) Wilhelm der Eroberer ließ 1068 die wunderbar erhaltene Burg errichten und schenkte der Stadt damit einen echten Touristenmagnet. Die Tussauds Group hat sie mit Attraktionen bestückt, welche die abwechslungsreiche Geschichte Warwicks spannend (und familienfreundlich) nacherzählen. Die Privatgemächer werden von Wachsfiguren bewohnt, es finden Ritterturniere statt, täglich schleudert das *trebuchet* (Katapult) Geschosse durch die Gegend, es werden Themenabende veranstaltet und das Verlies ist ebenfalls ein Publikumsliebling. Wer sein Ticket online kauft, bezahlt weniger und muss nicht anstehen. Der Parkplatz kostet 6 £.

## Warwick

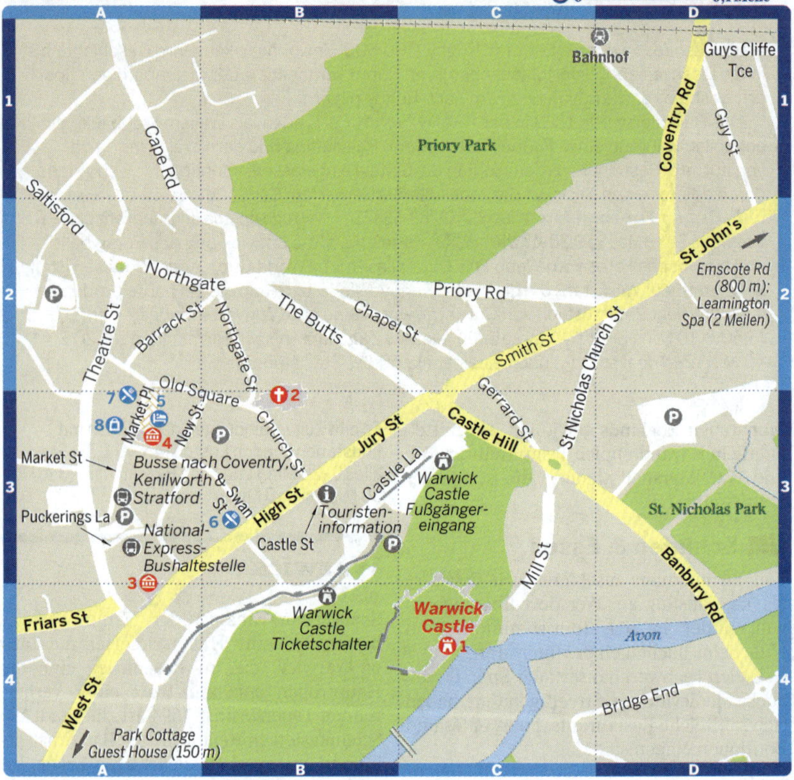


## Warwick

**Highlights**

1 Warwick Castle ........ C4

**Sehenswertes**

2 Collegiate Church of St. Mary ........ B3
3 Lord Leycester Hospital ........ A4
4 Warwickshire Museum ........ A3

**Schlafen**

5 Tilted Wig ........ A3

**Essen**

6 Merchants ........ B3
7 Tailors ........ A3

**Shoppen**

8 Warwick Books ........ A3

**Collegiate Church of St. Mary** KIRCHE
(☎01926-492909; www.stmaryswarwick.org.uk; Old Sq; Kirche Eintritt gegen Spende von 2 £, Turm Erw./Kind 2,50/1 £; ⏲ April–Sept. 10–18 Uhr, Okt.–März nur bis 16.30 Uhr) Die 1123 von den Normannen errichtete Kirche trug von der Feuersbrunst 1694 große Schäden davon. Erhalten geblieben sind die vielen Gruften aus dem 16. und 17. Jh. Sehenswert sind außerdem die normannische Krypta mit ihrer Erweiterung aus dem 14. Jh., die zwischen 1442 und 1464 entstandene Beauchamp-Kapelle, in der die sterblichen Überreste des Earl of Warwick ruhen, und der **Turm**, dessen 134 Stufen zu einer herrlichen Aussicht auf die Stadt führen (Kinder müssen über acht Jahre alt sein).

**Lord Leycester Hospital** HISTORISCHES GEBÄUDE
(☎01926-491422; www.lordleycester.com; High St; Erw./Kind 4,90/3,90 £, nur Garten 2 £; ⏲ April–Sept. Di–So 10–17 Uhr, Okt.–März nur bis 16.30 Uhr) Auch das rührend krumme und schiefe Lord Leycester Hospital hat den Brand von 1694 überlebt. Seit 1571 wurde es als Altersheim (nicht als Krankenhaus) für ausgemusterte

Soldaten benutzt. Besucher können die Kapelle, den Zunftsaal, das Militärmuseum und den restaurierten Garten mit Knotenlabyrinth und normannischem Torbogen besichtigen.

**Warwickshire Museum** MUSEUM
(☎ 01926-412501; Market Pl; ⊙ Di–Sa 10–17, April–Sept. auch So 11.30–17 Uhr) GRATIS Das Museum ist in der wunderschönen Markthalle aus dem 17. Jh. untergebracht und zeigt eine abwechslungsreiche Sammlung von Objekten, die die lokale Geschichte illustrieren – bis zurück zu den Warwick-Seepferdchen aus dem Jura.

## Schlafen & Essen

In der Emscote Road liegen ein paar bezahlbare B&Bs. Die Straße führt nach Leamington Spa, 3,2 km östlich von Warwick, einem hübschen Badeort, der fast schon zu Warwick gehört.

**Tilted Wig** PUB ££
(☎ 01926-400110; www.tiltedwigwarwick.co.uk; 11 Market Pl; DZ 65–90 £, Hauptgerichte 8,50–14 £; P ☎) Am Marktplatz in der Ortsmitte liegt das georgianische Gasthaus aus dem 17. Jh. mit dem lustigen Namen „schiefe Perücke". Es hat vier frisch renovierte, gemütliche Zimmer und seine Küche ist berühmt für herzhafte Hausmannskost wie z. B. gebratene Entenbrust in Portweinsauce. Hausgäste werden mit einem dreigängigen Menü für nur 10 £ verwöhnt.

**Park Cottage Guest House** B&B ££
(☎ 01926-410319; www.parkcottagewarwick.co.uk; 113 West St; EZ 55–70 £, DZ 75–90 £; P ☎) Südwestlich des Zentrums wartet dieses freistehende Haus mit Flechtwerkwänden aus dem 16. Jh. auf Gäste. Die ehemalige Molkerei des Warwick Castle mit Originalfußböden und einem Vorgarten bietet sieben hübsche Zimmer an, jedes mit Teddybär.

**Merchants** BRASSERIE ££
(☎ 01926-403833; www.merchantswarwick.co.uk; Swan St; Hauptgerichte 10,50–19,90 £; ⊙ Mo–Do 12–21, Fr & Sa bis 21.30 Uhr) Schicke Ledermöbel und eine Schiefertafel als Speisekarte zieren das Lokal mit den Schwerpunkten Steaks und Wein.

**Tailors** MODERN BRITISCH £££
(☎ 01926-410590; www.tailorsrestaurant.co.uk; 22 Market Pl; 2-/3-Gänge-Menü mittags 15/19 £, abends 28/32,50 £; ⊙ Di–Sa 12–13.45 & 18.30–21 Uhr) Der ehemaligen Herrenschneider hat umgesattelt und bietet jetzt erstklassige Küche in elegantem Ambiente. Perlhuhn, Schweinebauch und Lamm (der Name des jeweiligen Züchters steht auf der Karte) werden zu hübschen Türmchen gestapelt serviert.

## Shoppen

**Warwick Books** BÜCHER
(www.warwickbooks.net; 24 Market Pl; ⊙ Mo–Sa 9–17 Uhr) Klein, aber oho! – der Buchladen zeichnet sich durch sorgfältige Beratung aus.

## Praktische Informationen

**Touristeninformation** (☎ 01926-492212; www.visitwarwick.co.uk; Court House, Jury St; ⊙ Mo–Fr 9.30–16.30, Sa 10–16 Uhr) Die Touristeninformation liegt im Court House mit Steinplattenböden von 1725 und verkauft die interessante Broschüre *Warwick Town Hall Trail* (50 p).

## An- & Weiterreise

Die Haltestelle der Busse von National Express liegt in der Puckerings Lane. Die Stagecoach-Busse X17 und X19 fahren über Kenilworth (2,80 £, 30 Min., Mo–Sa viertelstündl.) nach Coventry (3 £, 1¼ Std.). Die Sonntagsalternative sind die Busse G1 und 18A nach Leamington Spa (3,35 £, halbstündl.) mit Umsteigemöglichkeit in Bus U17 nach Kenilworth (2 £) und Coventry (3,10 £).

Die Busse 16 und X18 pendeln zwischen Stratford-upon-Avon (5,40 £, 40 Min., halbstündl.) und Coventry und halten an den großen Bushaltestellen in der Market Street.

Züge fahren nach Birmingham (7,50 £, 40 Min., halbstündl.), Stratford-upon-Avon (5,40 £, 30 Min., stündl.) und London (28,80 £, 1½ Std., alle 20 Min.). Der Bahnhof liegt nordöstlich des Zentrums.

# Kenilworth

22 410 EW.

Wem der Kommerz um die Burg von Warwick auf die Nerven geht, findet nur ein paar Kilometer weiter die stimmungsvolle Ruine Kenilworth Castle, die Walter Scott zu seinem Roman *Kenilworth* inspirierte und ihre besondere Atmosphäre bis heute nicht verloren hat. Sie liegt zwischen Warwick und Coventry, nicht weit von der A46.

## Sehenswertes

**Kenilworth Castle** BURG
(EH; ☎ 01926-852078; www.english-heritage.org.uk; Erw./Kind 9,30/5,60 £; ⊙ April–Okt. 10–17 Uhr,

sonst kürzer; P) Eingebettet in eine von Feldern und Hecken geprägte Landschaft, strahlen die Ruinen am Ortsrand von Kenilworth etwas wahrhaft Erhabenes aus. Die um 1120 erbaute Burg trotzte 1266 der längsten Belagerung in der englischen Geschichte. Damals versuchten die Mannen des späteren Königs Eduard I. sechs Monate lang, Graben und Wehrmauern zu überwinden. In der Tudorära wurde die Burg erheblich erweitert, dann während des Englischen Bürgerkriegs geschleift. Der Burggraben fiel trocken, die Mauern wurden als Baumaterial ausgeschlachtet. Der restaurierte elisabethanische Garten ist eine Augenweide.

**Stoneleigh Abbey** HISTORISCHES GEBÄUDE
(01926-858535; www.stoneleighabbey.org; Erw./Kind 8/3,50 £, nur Garten 3,50 £; Führungen Ostern–Okt. Di–So, Garten Ostern–Okt. Di–So 11–17 Uhr; P) Bei solch einem Anwesen bekommen Filmregisseure glasige Augen: Der 850 Jahre alte Landsitz 3,2 km östlich von Kenilworth am Avon (an der B4115) hatte schon so illustre Besucher wie Karl I. und Jane Austen. Der Westflügel im palladianischen Stil wurde 1726 fertiggestellt und kann nur im Rahmen einer Führung besichtigt werden. Seine Attraktionen sind reich verzierte Stuckdecken und Holztäfelungen. Die top gepflegte Grünanlage eignet sich perfekt zum Picknicken. Die ursprüngliche Abtei war 1154 von Zisterziensermönchen gegründet, jedoch von der reichen Leigh-Familie (entfernte Verwandte von Jane Austen) im 16. Jh. aufgekauft und erheblich ausgebaut worden.

## Schlafen & Essen

Zahlreiche Pubs und Esslokale säumen die High Street (nördlich der Burg) und die Warwick Road (südlich der Burg).

**The Old Bakery** B&B ££
(01926-864111; www.theoldbakery.eu; 12 High St; EZ/DZ ab 75/95 £; P) Das B&B hat aufwendig ausgestattete, moderne Zimmer und im Erdgeschoss eine gemütliche Bar, in der *real ales* gezapft werden.

**Harringtons on the Hill** MODERN BRITISCH ££
(01926-852074; www.harringtonsonthehill.com; 42 Castle Hill; Hauptgerichte 10–19 £; Mo–Sa 12–15 & 18–23, So 12–16 Uhr) Eine nach außen gewölbte Fassade und Blumenkästen schmücken das reizende Cottage gegenüber dem Kenilworth Caste, in dem Küchenchef Ryan New seine erfolgreichen Kreationen für diverse Londoner Top-Lokale wieder aufleben lässt. Dazu gehören Räucherlachs mit *bubble and squeak* (angebratenes Kartoffel-Kohl-Püree) und pochiertem Ei oder Schwertfisch vom Holzkohlegrill mit Chorizo. Die Preise sind absolut im Rahmen.

## Praktische Informationen

Touristenbroschüren liegen in der städtischen **Bücherei** (01908-276 2451; www.kenilworthlibrary.org; 11 Smalley Pl; Mo, Di, Do & Fr 9–17.30, Mi 10.30–17.30, Sa 9–13 Uhr) zum Schmökern aus.

## An- & Weiterreise

Von Montag bis Samstag fahren die Busse X17 und X19 im 15-Minuten-Takt von Coventry nach Kenilworth (3,10 £, 25 Min.) und weiter nach Leamington Spa (3,10 £, 15 Min.) und Warwick (3,35 £, 20 Min.). Sonntags pendelt der Bus U17 zwischen Coventry (3,10 £) und Leamington Spa (2 £). Dort übernimmt Bus G1 oder 18A die Strecke bis Warwick (3,35 £, halbstündl.).

# Stratford-upon-Avon

27 830 EW.

Der wohl meist zitierte Schriftsteller des englischen Sprachraums, William Shakespeare, wurde 1564 in Stratford geboren und fand hier auch 1616 sein Ende. Die fünf mit seinem Leben verwobenen Gebäude sind die Hauptattraktion für einen Besucheransturm, der fast schon an Personenkult grenzt.

Dadurch wirkt die stark vom Tudorstil geprägte Stadt zwar oft touristisch-kitschig (vieles ist auf Mittelalter getrimmt, Teestuben im Shakespeare-Outfit), beschert aber auch nachdenkliche Momente (Shakespeares bescheidenes Grab in der Holy Trinity Church) und echte Glücksgefühle (beim Besuch einer Aufführung der weltberühmten Royal Shakespeare Company).

## Sehenswertes & Aktivitäten

★ **Shakespeares Geburtshaus** HISTORISCHES GEBÄUDE
(01789-204016; www.shakespeare.org.uk; Henley St; Erw./Kind inkl. Nash's House & New Place und Halls Croft 15,90/9,50 £; Juli–Sept. 9–17.30 Uhr, Okt.–Juni nur bis 17 Uhr) Um Shakespeares Spuren zu verfolgen, bietet sich als Start das Haus an, in dem er angeblich geboren wurde und seine Kindheit verbrachte, worüber sich Experten immer noch streiten. Jedenfalls pilgern die Fans der englischen Literaturikone spätestens seit dem 19. Jh. hierher,

um sich mit ihrem Namenszug an einem der Fenster zu verewigen. Hinter der modernen Fassade verbergen sich restaurierte Zimmer im Tudorstil, in denen Figuren aus Shakespeares Werken zum Leben erweckt werden. Eine ansprechende Ausstellung liefert weitere Einblicke in das Leben von Stratfords berühmtestem Sohn.

### Nash's House & New Place — HISTORISCHE STÄTTE

(☎01789-204016; www.shakespeare.org.uk; Ecke Chapel St & Chapel Lane; Erw./Kind inkl. Shakespeares Geburtshaus & Halls Croft 15,90/9,50 £; ⏲Mitte März–Okt. 10–17 Uhr) In fortgeschrittenem Alter tauschte Shakespeare den Glamour Londons gegen ein gemütliches Stadthaus am New Place ein, in dem er im April 1616 starb (Todesursache unbekannt). Das Haus wurde 1759 abgerissen; erhalten blieb ein elisabethanischer Knotengarten, der einen Teil des Grundstücks einnimmt. Was Archäologen bei einem vor Kurzem durchgeführten Ausgrabungsprojekt an Shakespeare-Schätzen ans Tageslicht beförderten, ist im benachbarten Nash's House ausgestellt, in dem Shakespeares Enkelin Elizabeth lebte. Objekte mit Bezug auf Stratfords Geschichte sowie Möbel und Wandteppiche aus dem 17. Jh. ergänzen die Sammlung.

### Hall's Croft — HISTORISCHES GEBÄUDE

(☎01789-204016; Old Town; Erw./Kind inkl. Shakespeares Geburtshaus und Nash's House & New Place 15,90/9,50 £; ⏲Mitte März–Okt. 10–17 Uhr) Das hübsche jakobinische Stadthaus südlich des Zentrums gehörte Shakespeares Tochter Susanna und ihrem Ehemann, dem angesehenen Arzt John Hall. Die darin arrangierte Ausstellung gibt faszinierende Einblicke in die Medizin des 16. und 17. Jhs. Heilpflanzen für Tinkturen, Salben und andere Mittelchen sprießen im angeschlossenen Garten.

### Holy Trinity Church — KIRCHE

(☎01789-266316; www.stratford-upon-avon.org; Old Town; Shakespeares Grab Erw./Kind 2/1 £; ⏲April–Sept. Mo–Sa 8.30–18, So 12.30–17 Uhr, sonst kürzer) Angeblich ist Shakespeares letzte Ruhestätte die meistbesuchte Pfarrkirche von ganz England. Neben beeindruckenden Grabmalen aus dem 16. und 17. Jh. (vor allem in der Clopton-Kapelle) und einem wunderschönen geschnitzten Chorgestühl wartet das Grab des großen Dichters, dessen Inschrift mit der Drohung *„cvrst be he yt moves my bones"* (Verflucht sei der, der meine Knochen entfernt) beginnt.

### Anne Hathaway's Cottage — HISTORISCHES GEBÄUDE

(☎01789-204016; www.shakespeare.org.uk; Cottage Lane, Shottery; Erw./Kind 9,50/5,50 £; ⏲Mitte März–Okt. 9–17 Uhr) Vor ihrer Heirat mit Shakespeare lebte Anne Hathaway in Shottery, 1,6 km westlich von Stratford-Zentrum, in diesem bezaubernden, strohgedeckten Cottage. Neben der Einrichtung mit Möbeln aus der damaligen Zeit sind vor allem die Gärten sehenswert, zu denen eine Obstplantage und ein Arboretum gehören, in denen Exemplare aller in Shakespeares Werken erwähnter Baumarten wächst. Am Evesham Place beginnt ein Fußweg (für Fahrräder gesperrt) nach Shottery.

### Mary Arden's Farm — HISTORISCHE STÄTTE

(☎01789-204016; www.shakespeare.org.uk; Station Rd, Wilmcote; Erw./Kind 12,50/8 £; ⏲Mitte März–Okt. 10–17 Uhr) Ahnenforscher haben herausgefunden, dass Shakespeares Mutter in Wilmcote, 4,8 km westlich von Stratford, aufgewachsen ist. Der bewirtschaftete Bauernhof mit Naturlehrpfaden, Falknervorführungen und selten gewordenen Nutztierrassen gibt Einblicke ins bäuerliche Leben vergangener Jahrhunderte und ist vor allem für Familien attraktiv. Wilmcote wird vom City Sightseeing Bus angefahren und ist per Rad über den Treidelweg des Stratford-upon-Avon-Kanals ab Anne Hathaway's Cottage erreichbar.

### Falstaff's Experience — GRUSELTOUREN

(☎01789-298070; www.falstaffsexperience.co.uk; 40 Sheep St; Erw./Kind 5,50/3 £; ⏲10.30–17.30 Uhr) Ein altes Fachwerkhaus bildet die Kulisse für schaurige Ausflüge in Shakespeares Phantasiewelt. Die Besucher spazieren durch Szenen von anno dazumal, die von berühmten Persönlichkeiten aus der Tudorzeit in Form von Puppen wie auch leben-

#### ℹ SHAKESPEARE-HÄUSER

Fünf der wichtigsten Häuser, die eine Verbindung zu Shakespeare haben, sind heute Museen und Stratfords größte Besuchermagnete. Sie werden vom Shakespeare Birthplace Trust (www.shakespeare.org.uk) verwaltet. Der Eintritt für die drei Häuser im Stadtgebiet – Shakespeares Geburtshaus, Nash's House & New Palace und Halls Croft – kostet pro Erw./Kind 15,90/9,50 £. Das Kombiticket für 23,90/14 £ schließt auch Anne Hathaway's Cottage und Mary Arden's Farm mit ein.

## Stratford-upon-Avon

den Schauspielern bestückt sind. Berühmte Medien (also Personen, die einen guten Draht zu Geistern haben) führen die nächtlichen Gruseltouren (nur für Erwachsene).

### Geführte Touren

**Stadtführungen** STADTRUNDGANG
(☎07855-760377; www.stratfordtownwalk.co.uk; Erw./Kind 5/2 £; ⌚Mo–Do 11, Sa & So 11 & 14 Uhr) Die lebendige, informative Führung dauert zwei Stunden und beginnt am Waterside, gegenüber der Sheep Street.

**Stratford Town Ghost Walk** STADTRUNDGANG
(☎07855-760377; www.stratfordtownwalk.co.uk; Erw./Kind 6/4 £; ⌚Mo & So–Sa 19.30 Uhr) Horrorfans kommen bei der „Geisterführung" auf ihre Kosten. Sie beginnt ebenfalls am Waterside, gegenüber der Sheep Street.

**City Sightseeing** BUSTOUR
(☎01789-412680; www.city-sightseeing.com; Erw./Kind 12,50/6,50 £; ⌚April–Sept. alle 30 Min., Okt.–März seltener) Der oben offene Doppeldeckerbus startet an der Touristeninformation am Bridge Foot und klappert alle Shakespeare-Stationen ab. Passagiere können unterwegs nach Belieben zu- und aussteigen, das Ticket ist 24 Stunden gültig (es gibt auch 48-Stunden-Tickets für 19/9,50 £) und kann beim Fahrer gelöst werden. Der Kommentar steht in sieben Sprachen zur Verfügung.

**Avon Boating** BOOTSTOUR
(☎01789-267073; www.avon-boating.co.uk; The Boathouse, Swan's Nest Lane; Erw./Kind 5,50/3,50 £; ⌚April–Okt. 9 Uhr–Sonnenuntergang) Alle 20 Minuten startet ein Ausflugsboot an einer der Anlegestellen beiderseits der großen Brücke zu einer 40-minütigen Flusstour.

### Feste & Events

**Stratford Literary Festival** LITERATURFESTIVAL
(☎01789-207100; www.stratfordliteraryfestival.co.uk; ⌚April/Mai) Im Stratforder Kulturka-

## Stratford-upon-Avon

**Highlights**
1 Shakespeare's Birthplace ............ C1

**Sehenswertes**
2 Hall's Croft ............ C3
3 Holy Trinity Church ............ C4
4 Nash's House & New Place ............ C2

**Aktivitäten, Kurse & Touren**
5 Avon Boating ............ E2
6 City Sightseeing ............ E1
7 Falstaff's Experience ............ D2
8 Guided Town Walks ............ D2
Stratford Town Ghost Walk ............ (s. 8)

**Schlafen**
9 Arden Hotel ............ D3
10 Church Street Townhouse ............ C3
11 Emsley Guesthouse ............ B1
12 Legacy Falcon ............ C2

**Essen**
Church Street Townhouse ............ (s. 10)
13 Edward Moon's ............ C2
14 Fourteas ............ D2
15 Lambs ............ D2

**Ausgehen & Nachtleben**
16 Dirty Duck ............ D3
17 Old Thatch Tavern ............ C1
18 Windmill Inn ............ C3

**Unterhaltung**
19 Royal Shakespeare Company ............ E2
20 Swan Theatre ............ D3

lender ist das Literaturfestival der Höhepunkt und glänzt mit so berühmten Schreiberlingen wie John Simpson oder Jonathan Miller.

## Schlafen

Das Angebot an B&Bs ist wirklich üppig, vor allem entlang der Grove Road und am Evesham Place. In der Hochsaison kann es allerdings zu Engpässen kommen. Gegen eine Gebühr von 5 £ kümmert sich die Touristeninformation um Buchungen.

**Stratford-upon-Avon YHA** HOSTEL £

(☎0845 371 9661; www.yha.org.uk; Hemmingford House, Alveston; B/DZ ab 19/40 £; P@) Das Edelhostel in einer 200 Jahre alten, großen Stadtvilla in der Tiddington Road, 2,4 km östlich des Zentrums, ist bei Travellern jeglichen Alters beliebt. Es bietet 32 Zimmer und Schlafsäle, die Hälfte davon mit eigenem Bad, sowie eine Kantine, eine Bar, eine Selbstversorgerküche und kostenloses WLAN in den Gemeinschaftsräumen. Anfahrt mit Bus 18 und 18A ab Bridge Street.

**Legacy Falcon** HOTEL ££

(☎08444 119 005; www.legacy-hotels.co.uk; Chapel St; DZ/FZ ab 83/113 £; P) Wer sich hier einbucht, sollte unbedingt auf ein Zimmer im Haupthaus aus dem 15. Jh. bestehen und sich nicht mit dem gesichtslosen modernen Anbau oder dem schäbigen Gartenhaus aus dem 17. Jh. abspeisen lassen. Dann ist das ultimative Tudorfeeling garantiert: knarrende Holzböden, schiefe Fachwerkwände und was sonst noch so dazugehört. Im Gemeinschaftsbereich mit flackernden Kaminfeuern gibt's WLAN, die Zimmer haben DSL-Internetanschluss. Das größte Plus des zentral gelegenen Hotels sind die kostenlosen Parkplätze – in Stratford eine absolute Ausnahme.

**White Sails** PENSION ££

(☎01789-550469; www.white-sails.co.uk; 85 Evesham Rd; DZ ab 100 £; ❄) Schwere Stoffe, gerahmte Drucke, Messingbetten, Tische und Lampen mit Vintage-Flair: Die vier individuell eingerichteten Zimmer der wunderbaren Pension am Stadtrand sind supergemütlich. Flachbildschirme, Klimaanlagen und tolle Bäder steigern den Komfort.

**Emsley Guesthouse** B&B ££

(☎01789-299557; www.theemsley.co.uk; 4 Arden St; DZ ab 64 £; P 📶) Der sympathische Besitzer der Pension in einem viktorianischen Gebäude vermietet fünf pieksaubere, attraktive Doppelzimmer sowie im Obergeschoss ein geräumiges Familienzimmer mit freigelegten Deckenbalken. An Wochenenden wird ein Mindestaufenthalt von zwei Nächten verlangt.

**Church Street Townhouse** BOUTIQUEHOTEL £££

(☎01789-262222; www.churchstreettownhouse.com; 16 Church St; DZ 110–200 £; 📶) Flachbildschirme, iPod-Dockingstationen und eine luxuriöse Einrichtung (manche Bäder haben frei stehende Wannen) machen die Zimmer zu Wohlfühloasen. Lärmempfindliche sollten allerdings Zimmer 1 neben der Bar meiden. Das Hotel in einem Schmuckstück aus dem 17. Jh. liegt zentral und bietet neben der Bar auch ein Restaurant. An Wochenenden gilt ein Mindestaufenthalt von zwei Nächten.

**Arden Hotel** HOTEL £££

(☎01789-298682; www.theardenhotelstratford.com; Waterside; DZ inkl. Frühstück ab 129 £; P @) Das elegante Gebäude gegenüber dem Swan Theatre beherbergt auch eine Brasserie und Champagner-Bar. Designerstoffe veredeln die Zimmer, die Bäder glänzen durch geschliffenen Stein.

## Essen

In der Sheep Street drängen sich angesagte Esslokale, die vor allem von den Theaterbesuchern leben (und vor den Vorstellungen oft ein günstiges Menü anbieten).

**Fourteas** TEAROOM £

(☎01789-293908; www.thefourteas.co.uk; 24 Sheep St; Gerichte 3–7 £, afternoon tea mit/ohne Prosecco 17/12,50 £; ⌚Mo–Fr 9.30–17, Sa 9–17.30, So 11–16 Uhr) Hier folgt das Dekor mal ausnahmsweise nicht dem Shakespeare-Hype, sondern lässt mit wunderschönen alten Teekannen, Postern und entsprechend gekleidetem Personal die 1940er-Jahre wieder aufleben. Neben hausgemachten Kuchen und Blatttees gibt's herzhafte Frühstücksangebote, leckere Sandwiches (gedünsteter Lachs, Brie mit Trauben), ein warmes Tagesgericht und *afternoon teas* mit allen Schikanen.

**Church Street Townhouse** BISTRO ££

(☎01789-262222; www.churchstreettownhouse.com; 16 Church St; Hauptgerichte 12,25–17 £; ⌚8–23 Uhr; 📶) Hier kommt Stratfords historischer Charme voll zum Zuge, die Küche zaubert leckere Gerichte und die Atmosphäre stimmt ebenfalls. Musikstudenten von schräg gegenüber (wo schon Shakespeare zur Schule ging) zeigen täglich um 17.30 Uhr am Klavier ihr Können – was allerdings manchmal im lebhaften Geräuschpegel untergeht.

**Lambs** MODERN EUROPÄISCH ££

(☎01789-292554; www.lambsrestaurant.co.uk; 12 Sheep St; Hauptgerichte 11,75–18,75 £; ⌚Mo & Di 17–21.30, Mi–Sa 12–14 & 17–21.30, So 12–14.30 & 18–21 Uhr) Anstelle von verschlissenem Shakespeare-Brokat zieren Jalousien und moderne Möbel die Räume mit ihrem Deckengebälk aus dem 16. Jh., was eine attraktive Mischung ergibt. Auf der Speisekarte stehen Gressingham-Ente, frittierter Ziegenkäse oder im Ofen geschmorte Lammstelze, für die flüssige Begleitung sorgt eine gute Weinkarte.

**Edward Moon's** MODERN BRITISCH ££

(☎01789-267069; www.edwardmoon.com; 9 Chapel St; Hauptgerichte 10–18 £; ⌚Mo–Fr 12.30–15 & 17–22, Sa & So 12–22 Uhr) Namensgeber des Lokals war ein berühmter Koch, der heimwehkranke Briten in den Kolonien mit Genüssen aus dem Mutterland kurierte. Dementsprechend gibt's hier leckere, deftige Traditionskost, oft mit Kräutern und Gewürzen aus Fernost aufgepeppt.

## Ausgehen & Nachtleben

★**Old Thatch Tavern** PUB

(http://oldthatchtavernstratford.co.uk; Greenhill St; ⌚Mo–Sa 11.30–23, So 12–18 Uhr; 📶) Wer so richtig in Stratfords Nostalgieatmosphäre baden will, trifft sich mit den Einheimischen auf ein Pint im ältesten Pub der Stadt. In den Gemäuern von 1470 mit Strohdach und niedrigen Decken werden astreine naturtrübe Biere gezapft. Im Sommer verlagert sich der Betrieb in den wunderschönen Innenhof.

**Dirty Duck** PUB

(Black Swan; Waterside; ⌚Mo–Sa 11–23, So bis 22.30 Uhr) Als einziges Pub Englands ist dieses hier offiziell unter zwei Namen registriert: Die „Schmutzige Ente" hat ein Alias als „Schwarzer Schwan". An seiner Bar sind schon viele Schauspieler versackt, darunter illustre Namen wie Laurence Olivier und Richard Attenborough.

**Windmill Inn** PUB
(Church St; ⌚Mo–Sa 11.30–23, So 11–23 Uhr) Schon während die Worte aus Shakespeares Feder flossen, strömte hier das Bier aus den Hähnen – das Pub mit seinen niedrigen Decken hat also schon einige Jährchen auf dem Buckel.

## ☆ Unterhaltung

★ **Royal Shakespeare Company** THEATER
(RSC; ☎0844 800 1110; www.rsc.org.uk; Waterside; Tickets 10–62,50 £) Stratford zu besuchen, ohne sich ein Shakespearestück anzuschauen, das wäre wie ein Peking-Aufenthalt ohne Abstecher zur Chinesischen Mauer. Auf den drei Bühnen der weltberühmten Royal Shakespeare Company standen schon legendäre Größen wie Laurence Olivier, Richard Burton, Judi Dench, Helen Mirren, Ian McKellen und Patrick Stewart.

Stratford hat zwei prächtige Schauspielhäuser, das Royal Shakespeare Theatre mit dem **Swan Theatre** am Waterside sowie das kleinere **Courtyard Theatre** (☎0844 800 1110; www.rsc.org.uk; Southern Lane). Aktuelle Infos und Termine können bei der RSC erfragt werden. Oft gibt's Sonderangebote für unter 25-Jährige, Studenten und Senioren. Ein bestimmtes Kartenkontingent wird für den Verkauf am Tag der Vorstellung zurückgehalten, ist aber ruckzuck weg. Es empfiehlt sich, lange im Voraus zu buchen.

## ℹ Praktische Informationen

**Touristeninformation** (☎01789-264293; www.shakespeare-country.co.uk; Bridge Foot; ⌚Mo–Sa 9–17.30, So 10–16 Uhr) Gleich westlich der Clopton Bridge, an der Ecke zum Bridgeway.

## ℹ An- & Weiterreise

### AUTO

Selbstfahrer, seid gewarnt: Die städtischen Parkplätze sind horrend teuer, und das rund um die Uhr!

### BUS

Die Busse von National Express und anderen Unternehmen fahren ab dem Busbahnhof Riverside (hinter dem Stratford Leisure Centre am Bridgeway) u. a. zu folgenden Zielen:

**Birmingham** National Express; 8,40 £, 1 Std., 2-mal tgl.

**London Victoria** National Express; 7 £, 3 Std., 3-mal tgl.

**Oxford** National Express; 10,70 £, 1 Std., 2-mal tgl.

**Warwick** Bus 16; 3 £, 40 Min., stündl.

### ZUG

Die Züge von London Midland fahren nach Birmingham (7,30 £, 50 Min., halbstündl.), die der Chiltern Railways nach London Marylebone (9 £, 2 Std., bis zu 2-mal stündl.).

Die nostalgische Dampfeisenbahn **Shakespeare Express** (☎0121-708 4960; www.shakespeareexpress.com; Erw./Kind 15/10 £) tuckert im Juli und August sonntags zweimal nach Birmingham Snow Hill und zurück. Die einfache Fahrt dauert eine Stunde.

## ℹ Unterwegs vor Ort

Von April bis Oktober pendelt eine per Handwinde betriebene **Kettenfähre** von 1937 zwischen den Ufern des Avon (einfache Fahrt 50 p).

Ein Fahrrad ist praktisch, um die ganzen Shakespeare-Stätten abzuklappern. **Stratford Bike Hire** (☎07711-776340; www.stratfordbikehire.com; 7 Seven Meadows Rd; halber/ganzer Tag ab 10/15 £) bringt die Leihräder zum Hotel.

Stocherkähne, Kanus und Ruderboote können bei Avon Boating (S. 452) nicht weit von der Clopton Bridge gemietet werden. Ruderboote und Kanus gibt's ab 3/5 £ pro halbe Stunde, Stocherkähne kosten 20 £.

# Rund um Stratford-upon-Avon

## Charlecote Park

Auf dem Gelände des elisabethanischen **Landguts** (NT; ☎01789-470277; www.nationaltrust.org.uk; Erw./Kind 9,35/7,40 £, nur Garten 5/2,50 £; ⌚Mitte Feb.–Mitte März Do–Di 12–15.30 Uhr, Mitte März–Okt. Do–Di 11–16.30 Uhr, Nov. & Dez. Sa & So 12–15.30 Uhr, Garten März–Okt. 10.30–17.30 Uhr, Nov.–Feb. bis 16.30 Uhr) soll Shakespeare als Jungspund verbotenerweise Hirsche gejagt haben. Bis heute durchstreift Damwild die weitläufige Anlage am Avon, 8 km östlich von Stratford. Die Einrichtung der Räume des Herrenhauses im georgianischen Stil wurde 1823 durch prunkvolles Tudor ersetzt. Ein Highlight ist die viktorianische Küche voller Backformen. Auch das original erhaltene Pförtnerhaus von 1551 ist ein Hingucker.

Bus 18 (sonntags 18A) fährt ab Stratford stündlich nach Charlecote (2,30 £, 30 Min.) und weiter nach Leamington Spa (2,30 £, 30 Min.).

# STAFFORDSHIRE

Die ausufernden Ballungszentren Birmingham und Manchester nehmen Staffordshire ordentlich in die Zange. Trotzdem ist es überraschend grün geblieben, vor allem im nördlichen Teil, der sich bis zu den schroffen Hügeln des Peak District erstreckt.

### Touristeninformation

**Staffordshire Tourism** (www.enjoystafford shire.com)

### Anreise & Unterwegs vor Ort

Viele Züge sowie Busse von National Express fahren nach Stafford und in andere größere Städte der Grafschaft. Der größte regionale Busbetreiber ist **First Group** (08456 020 121; www.firstgroup.com). Fahrpläne und weitere Details stehen auf der Website www.stafford shire.gov.uk unter der Rubrik „Transport".

## Stafford

68 470 EW.

Die ziemlich verschlafene Hauptstadt der Region steht etwas im Schatten anderer Provinzstädte wie z. B. Lichfield. Ihre Haupteinkaufsstraße wird von ein paar hübschen mittelalterlichen und georgianischen Gebäuden gesäumt. Aber es gibt kaum Zeugen ihrer glorreichen Vergangenheit als Regierungssitz des angelsächsischen Königreichs Mercia.

### Sehenswertes

**Ancient High House** MUSEUM

(01785-619131; www.staffordbc.gov.uk; Greengate St; Di–Sa 10–16 Uhr) GRATIS Das zwischen Läden eingeklemmte Ancient High House ist die größte Fachwerkkonstruktion der Grafschaft und wurde 1595 von echten Meistern ihres Fachs errichtet. Knarrende Holztreppen führen in liebevoll restaurierte Zimmer mit Exponaten zu den Themen Stadtgeschichte und mittelalterliche Bauweisen.

**Stafford Castle** RUINE

(01785-257698; www.staffordbc.gov.uk; Newport Rd; Besucherzentrum April–Okt. Mi–So 11–16 Uhr, Nov.–März Sa & So 11–16 Uhr) GRATIS Die Überreste des Stafford Castle, ein klassischer normannischer Burggraben und der Zwinger, thronen ganz romantisch in einer Waldlichtung auf einem Hügel rund 1,5 km südwestlich der Stadt, nicht weit von der A518.

### Schlafen & Essen

**Swan** PUB ££

(01785-258142; www.theswanstafford.co.uk; 46-46a Greengate St; EZ/DZ ab 85/105 £; Hauptgerichte 9,50–23 £; Küche Mo–Sa 12–22, So 12–16.30 & 18–20.30 Uhr; P) Ob zum Schlafen, Essen oder für ein Gläschen in geselliger Runde, der „Schwan" ist für alle Bedürfnisse die Top-Adresse in Stafford. Die ehemalige Postkutschenstation im Herzen des Städtchens hat 31 hübsche Zimmer (manche davon mit original erhaltenem Kamin und Fachwerk), ein ausgezeichnetes Restaurant im Brasserie-Stil, zwei Bars (eine für Cocktails, die andere eher kneipenmäßig) und ein Café/Tearoom. Für Hausgäste gibt's eine begrenzte Anzahl an kostenlosen Parkplätzen. Das Personal ist äußerst zuvorkommend.

### Praktische Informationen

**Touristeninformation** (01785-619619; www.visitstafford.org; Eastgate St; Mo–Sa 9.30–17 Uhr) Die Touristeninformation im Stafford Gatehouse Theatre versorgt Besucher mit allem Wissenswerten.

### An- & Weiterreise

Bus 101 (3,50 £, 1¼ Std., alle 20 Min., So stündl.) pendelt zwischen Stafford und Hanley (Stoke-on-Trent). Es gibt eine Zugverbindung nach Birmingham (10,20 £, 40 Min., alle 20 Min.).

## Lichfield

32 880 EW

Selbst ohne die spektakuläre gotische Kathedrale, die zu den schönsten des Landes zählt, wäre das malerische Provinzstädtchen mit seinen Pflastergassen einen Besuch wert. Es ist die Heimat von Erasmus Darwin, Naturphilosoph und Großvater des berühmten Charles, und von Samuel Johnson, Gelehrter und Lexikograf, der die Einwohner Lichfields für „die anständigsten und vernünftigsten Leute Englands" hielt – eine ziemlich euphemistische Einschätzung angesichts der Tatsache, dass hier noch Menschen auf dem Scheiterhaufen verbrannt wurden, als diese Strafe im restlichen Königreich längst abgeschafft war.

## Sehenswertes

**Lichfield Cathedral** KATHEDRALE
(☎01543-306100; www.lichfield-cathedral.org; Eintritt gegen Spende; ⊙So–Fr 7.30–18.15, Sa 8–18.15 Uhr) Drei spitz aufragende Türme krönen die Lichfield Cathedral, deren gotische Pracht zwischen 1200 und 1350 entstand. Das gewaltige Kirchenschiff liegt nicht ganz in einer Linie mit dem Chor, was vom Westeingang her gesehen eine etwas verwirrende Perspektive ergibt. Der Skulpturenschmuck im Inneren trägt noch deutliche Spuren des Bürgerkriegs, als Soldaten daran ihre Schwerter wetzten.

Im achteckigen Kapitelhaus sind die reich illustrierten *Chad Gospels* ausgestellt, die um 730 entstanden. Weitere Hingucker dort sind das angelsächsische Steinrelief *Lichfield Angel* sowie die prächtige, aber ziemlich verblasste mittelalterliche Wandmalerei über der Tür.

Die grandiose Westfassade ächzt unter der Last der 113 Statuen von Bischöfen, Heiligen und englischen Königen. Auch der ansprechende, früher von Festungsmauern umgebene Cathedral Close mit seinen beeindruckenden Häusern aus dem 17. und 18. Jh. lohnt einen kurzen Spaziergang.

**Erasmus Darwin House** HISTORISCHES GEBÄUDE
(☎01543-306260; www.erasmusdarwin.org; Beacon St; Erw./Kind 3/1 £; ⊙April–Okt. Di–So 11–17 Uhr, Nov.–März Do–So 12–16.30 Uhr) Das Jobangebot als Leibarzt von König Georg III. hatte Erasmus Darwin abgelehnt – da der Monarch zunehmend dem Wahnsinn verfiel, war das wahrscheinlich ein weiser Entschluss. Stattdessen wurde er eine treibende Kraft der Lunar Society, in der er mit ande-

### FREIZEITPARK-SCHIKANEN

Staffordshire ist berühmt für seine Freizeitparks und das hysterische Gekreische der Adrenalinjunkies ist von Weitem zu hören. Da gibt's nur eins: Augen zu und durch!

#### Alton Towers

**Alton Towers** (☎0871 222 3330; www.altontowers.com; Erw./Kind 48/40,80 £, Wasserpark 16,50/11,75 £; ⊙10–17 Uhr, Wasserpark 10–18 Uhr, an Wochenenden, in der Hochsaison und während der Schulferien länger, Nov.–März geschl.) östlich von Cheadle, nicht weit von der B5032, ist nicht umsonst so populär, denn er bietet was fürs Geld. Wer Achterbahnen liebt, wird hier glücklich: Mit Th13teen geht's senkrecht bergab; Fahrten im Liegen, Sitzen oder unterhalb der Schienen hängend bieten Nemesis, Oblivion, Air und Rita; Smiler testet die Nerven mit 14 Loopings. Etwas zahmer geht's bei den Wildwasserbahnen, Karussells und Bühnenshows, im Aquarium (mit Piratenthema) und im Wasserpark zu. Wer online bucht, bekommt Rabatt und umgeht die Schlangen am Eingang.

Die meisten größeren Orte in der Umgebung bieten Packagetouren mit dem Bus an (in den Touristeninformationen fragen). Bus 32A ab Stoke-on-Trent (7 £, 50 Min., alle 2 Std.) und X52 ab Nottingham (10 £, 40 Min., stündl.) und Derby (8 £, 20 Min.) fahren ebenfalls nach Alton Towers.

Die winzige **Jugendherberge Dimmingsdale** (☎0845 371 9513; www.yha.org.uk; Oakamoor; B ab 16 £) liegt in einem schönen Wandergebiet 3,2 km nordwestlich von Alton Towers.

#### Drayton Manor

**Drayton Manor** (☎0844 472 1960; www.draytonmanor.co.uk; Erw./Kind 36/27 £; ⊙Ostern–Okt. 10.30–17 Uhr, Mai–Sept. länger) sorgt seit 1949 für Nervenkitzel. Publikumslieblinge sind Apocalypse (Freifallturm; „angsteinflößendstes Fahrgeschäft Großbritanniens") und Shockwave (Europas einzige Achterbahn im Stehen). Kleinere Kids lieben Thomas Land, das an die Zeichentrick-Lok angelehnt ist.

Drayton Manor liegt an der A4091 zwischen den Abfahrten 9 und 10 der M42. Ab Birmingham gibt's Packagetouren per Bus, außerdem fährt Bus 110 von der Haltestelle Corporation Street nach Fazeley (10 £, 1 Std., Mo–Sa alle 20 Min., So stündl.), von wo es bis Drayton Manor noch 15 Minuten zu Fuß sind.

Der Themenpark bietet bislang keine Unterkünfte an, aber im 3,2 km entfernten Tamworth gibt's massenweise Hotels und B&Bs; die **Touristeninformation** (☎01827-709581; www.visittamworth.co.uk; Corporation St; ⊙Mo–Fr 9–19, Sa bis 17 Uhr) berät.

ren hellen Köpfen wie Wedgwood, Boulton und Watt über die Ursprünge des Lebens diskutierte, Jahrzehnte bevor sein Enkel Charles die Evolutionstheorie entwickelte. Im ehemaligen Wohnhaus des „Großvaters der Evolution" sind diverse persönliche Gegenstände ausgestellt.

Der duftende Kräutergarten hinter dem Haus führt zum Cathedral Close.

**Samuel Johnson Birthplace Museum** MUSEUM, HISTORISCHES GEBÄUDE
(☎01543-264972; www.samueljohnsonbirthplace.org.uk; Breadmarket St; ⌚April–Sept. 10.30–16.30 Uhr, Okt.–März 11–15.30 Uhr) GRATIS Ein hochinteressantes Museum, das sich dem Leben des Gelehrten, Dichters, Kritikers und Pioniers der Wörterbücher Samuel Johnson widmet. Als Sohn der Stadt Lichfield war er nach London gezogen, um dort in neunjähriger Arbeit das erste große Lexikon der englischen Sprache zusammenzustellen. Kein Wunder daher, dass er das Wort *dull* (langweilig) mit folgendem Beispiel veranschaulicht: „Wörterbücher zu verfassen, ist eine langweilige Arbeit." Im ersten Stock wird Johnsons Leben in einem kurzen Spielfilm nachgestellt. Ein Besuch hier lohnt sich unbedingt!

**Lichfield Heritage Centre** HEIMATMUSEUM
(☎01543-256611; www.stmaryslichfield.co.uk; Market Sq; Erw./Kind 2,50/1 £, Turm Erw./Kind 2,75/1,25 £; ⌚Mo–Fr 9.30–16, Sa bis 17, So 10–16 Uhr) In der alten St. Mary's Church erzählen Exponate die 1300-jährige Geschichte von Lichfield. Wer die 120 Stufen im Turm hochkeucht, wird mit herrlichen Blicken über die Stadt belohnt.

## Schlafen

**Bogey Hole** B&B £
(☎01543-264303; www.thebogeyhole.co.uk; 23 Dam St; EZ/DZ 40/60 £) Das nette kleine B&B nicht weit von der Kathedrale bietet helle, feminin angehauchte Zimmer mit Bad, eine Lounge mit TV, eine Küche und eine Waschküche. Es gibt keine Hinweisschilder; ein Anhaltspunkt ist die altmodische, cremefarbene Hausfassade.

**George Hotel** HOTEL ££
(☎01543-414822; www.thegeorgelichfield.co.uk; 12–14 Bird St; EZ 80 £, DZ 90–103 £; P@) Aus einem alten georgianischen Pub hat sich dieses angenehme Mittelklassehotel entwickelt, das zur Kette Best Western gehört. Es strotzt nicht gerade vor Atmosphäre, aber dafür ist die Lage attraktiv.

ABSTECHER

### DIE POTTERIES

Stoke-on-Trent (248 720 Einwohner) liegt im Herzen der Potteries, der berühmten Töpferregion von Staffordshire, und ist für seine Töpfereiwaren bekannt.

Hierbei geht es nicht um handgetöpferte Vasen & Co, sondern um Massenproduktion, die mit der Industriellen Revolution aufkam. Stoke ist ein Konglomerat von Industriesiedlungen, die durch Unter- und Überführungen miteinander verbunden sind. Wer alle abklappern will, braucht ein eigenes Fahrzeug.

Die **Touristeninformation** (☎01782-236000; www.visitstoke.co.uk; Victoria Hall, Bagnall St, Hanley; ⌚Di–Sa 10–16 Uhr) im „Stadtzentrum" von Stoke-on-Trent, Hanley, hat Prospekte über die Dutzende von Töpferbetrieben, die besichtigt werden können.

**Potteries Museum & Art Gallery** (☎01782-232323; www.stoke.gov.uk/museum; Bethesda St, Hanley; Eintritt gegen Spende; ⌚Mo–Sa 10–17, So 14–17 Uhr) Mit seiner umfangreichen Keramikausstellung, von Toby-Jugs über Jasperware bis zu dekorativen Schaustücken wie der Minton Peacock, gibt das Museum einen guten Überblick über die Geschichte der Potteries. Daneben sind Objekte aus dem Schatz von Staffordshire, Exponate mit Bezug auf das Jagdflugzeug Spitfire, die der aus Stoke stammende Flieger Reginald Mitchell konstruierte, und Werke von T.S. Lowry und Sir Henry Moore zu sehen.

**Wedgwood Visitor Centre** (☎01782-282986; www.wedgwoodvisitorcentre.com; Wedgwood Dr, Barlaston; Erw./Kind 10/8 £; ⌚Mo–Fr 10–17, Sa & So bis 16 Uhr) 13 km südlich von Hanley liegt das moderne Produktionszentrum des Porzellanherstellers Josiah Wedgwood in einem attraktiven Park. Besucher können eine große Anzahl historischer Stücke bewundern, darunter feinste Jasperware im klassischen blauweißen Design, den faszinierenden Herstellungsprozess kennenlernen und einen Film über Josiahs Leben und Werk anschauen, der auch seine Beteiligung am Kanalbau und sein Engagement zur Abschaffung der Sklaverei thematisiert.

## Essen & Ausgehen

**Chapters Cathedral Coffee Shop** CAFÉ £
(☎ 01543-306125; 19 The Close; Gerichte 3,50–7,75 £; ⏲ Mo–Sa 8.30–16, So 10–16 Uhr) Auf der einen Seite von seinem ummauerten Garten aus dem 13. Jh., auf der anderen von der Kathedrale eingerahmt, bietet das Café in einem hübschen Gebäude aus dem 18. Jh. Frühstück und *afternoon tea* sowie sonntags Mittagessen an.

**Damn Fine Cafe** CAFÉ £
(16 Bird St; Gerichte 4–8 £; ⏲ Di, Do & Fr 9–16, Mi bis 15.30, Sa bis 17, So 10–16 Uhr; 👪) Ein bei Einheimischen populäres Café, das Sandwiches, Suppen, üppige Frühstücksvarianten mit Würstchen und Speck, aber auch vegetarische Aufläufe anbietet. Man bestellt an der Theke und zahlt auch gleich.

★ **Trooper** GASTROPUB ££
(☎ 01543-480413; www.thetrooperwall.co.uk; Watling St, Wall; Hauptgerichte 9,50–23 £; ⏲ Küche Mo–Mi 12–21.15, Do–Sa bis 21.45, So bis 20 Uhr) Knapp 5 km südwestlich von Lichfield liegt das Dörfchen Wall mit diesem idyllischen Gastropub. Seine Spezialitäten sind gut abgehangene Steaks (mit handgemachten, in Schmalz frittierten Pommes und süßem Tomatenchutney), Schweinebauch (mit Apfel-Quitten-Essenz) sowie vegetarische Gerichte, für die der Koch Kräuter aus dem eigenen Garten erntet. Auch die *real ales* (naturtrübe Biere) sind phantastisch.

**Wine House** MODERN BRITISCH ££
(☎ 01543-419999; www.thewinehouselichfield.co.uk; 27 Bird St; Hauptgerichte 13–24 £; ⏲ Mo–Sa 12–22, So bis 18 Uhr) Clever ausgesuchte Weiß- und Rotweine, Rosés und Sekte (viele davon offen) ergänzen die äußerst leckere Küche des schicken Lokals im roten Backsteinkleid. Auf der Karte stehen beispielsweise von Speck umwickeltes, mit Feigen gefülltes Schweinefilet oder schottische Muscheln mit Riesengarnelen und schwarzem Tintenfischrisotto.

**Chandlers' Grande Brasserie** MODERN EUROPÄISCH ££
(☎ 01543-416688; www.chandlersrestaurant.co.uk; Conduit St; Hauptgerichte 9–24 £; ⏲ Mo–Sa 11–14 & 18–23 Uhr; 📶) Naturholz und poliertes Messing veredeln das Lokal im ehemaligen Corn Exchange (Getreidemarkt), dessen feine Küche mediterran inspiriert ist. Auch die Atmosphäre stimmt und unter Einheimischen ist das die Adresse der Wahl, wenn sie mal so richtig schick ausgehen wollen.

## Praktische Informationen

**Touristeninformation** (☎ 01543-256611; www.stmaryslichfield.co.uk; Market Sq; ⏲ Mo–Sa 9.30–15.30 Uhr) Im Lichfield Heritage Centre.

## An- & Weiterreise

Der Busbahnhof liegt gegenüber dem Hauptbahnhof in der Birmingham Road. Bus 825 fährt nach Stafford (3,40 £, 1½ Std., halbstündl., So stündl.).

Lichfield hat zwei Zugbahnhöfe. Züge nach Birmingham (5,80 £, 40 Min., alle 20 Min.) fahren vom Bahnhof Lichfield City im Zentrum ab. Für Züge nach London Euston (34 £, 1¾ Std., 2-mal stündl.) ist der Bahnhof Lichfield Trent Valley zuständig.

# WORCESTERSHIRE

Das berühmteste Kind der Region ist die Worcestersauce, die zwei hiesige Chemiker 1837 entwickelten. Hier geht das industrielle Kernstück der Midlands in die ländliche Idylle der Welsh Marches über. Die südlichen und westlichen Ausläufer der Grafschaft bezaubern mit grünen Wiesen und verschlafenen Marktflecken. Das Verwaltungszentrum Worcester ist eine typische englische Provinzstadt, deren prächtige Kathedrale den Komponisten Edward Elgar zu einigen seiner großartigsten Werke inspirierte.

## Aktivitäten

Der längste Uferweg Großbritanniens, der 338 km lange **Severn Way**, windet sich durch Worcestershire auf seinem Weg von Plynlimon in Wales nach Bristol an der Küste. Eine etwas kürzere Herausforderung für Wanderer ist der 160 km lange **Three Choirs Way**, der Worcester mit Hereford und Gloucester verbindet. Auch die Malvern Hills sind ein ideales Radfahr- und Wandergebiet. Infos hierzu stehen auf www.malvernhillsaonb.org.uk.

## Touristeninformation

**Visit Worcestershire** (www.visitworcestershire.org)

## Unterwegs vor Ort

Worcester verfügt über gute Verkehrsverbindungen. Kidderminster ist die südliche Endstation der nostalgischen **Severn Valley Railway** (☎ 01299-403816; www.svr.co.uk; ⏲ Mai–Sept. tgl., Okt.–April Sa & So).

Busse verbinden die größeren Orte untereinander, aber in ländlichen Gegenden lässt der Service oft zu wünschen übrig. Auskünfte über Busgesellschaften und Fahrpläne gibt die Website www.worcestershire.gov.uk.

# Worcester

100 150 EW.

Worcester (sprich: *Wuu*-ster) bietet genügend historische Schätze, die die architektonischen Missgriffe der Betonhysterie in der Nachkriegszeit wieder ausbügeln. Die alte Bischofsstadt und Heimat der berühmten Worcestershiresauce (eine verblüffende Kombination aus fermentierter Tamarinde und Sardellen) war der Austragungsort der letzten Schlacht des Englischen Bürgerkriegs am 3. September 1651. Nur knapp entkam der unterlegene König Karl II. seinen Gegnern, den Roundheads, indem er sich in einer hohlen Eiche versteckte. An dieses Ereignis erinnert der Gedenktag am 29. Mai, an dem alle öffentlichen Gebäude mit Eichenzweigen geschmückt sind.

ABSTECHER

### ELGAR BIRTHPLACE MUSEUM

Das **Elgar Birthplace Museum** (☎01905-333224; www.elgarmuseum.org; Crown East Lane, Lower Broadheath; Erw./Kind 7,50/3,50 £; ⏲Feb.–Ende Dez. 11–17 Uhr) feiert Englands berühmtesten Komponisten klassischer Musik mit gebührendem Pomp. Es befindet sich in dem bescheidenen Cottage, in dem er 1857 geboren wurde. Im Eintrittspreis ist ein Audioguide mit Musikbeispielen enthalten, der verdeutlicht, welch wichtige Rolle Edward Elgar für die Briten spielt.

Anfahrt mit Bus 308 ab Worcester nach Broadheath Common (3,10 £, 15 Min., Mo–Sa 3-mal), von wo es dann nur noch ein paar Schritte bis zum Museum sind.

## Sehenswertes

**Worcester Cathedral** KATHEDRALE
(☎01905-732900; www.worcestercathedral.co.uk; Eintritt gegen Spende von 5 £, Turm Erw./Kind 4/2 £, Führung 4 £/frei; ⏲7.30–18 Uhr, Turm April–Okt. Sa 11–17 Uhr, Führung März–Nov. Mo–Sa 11 & 14.30 Uhr, Dez.–Feb. Sa 11 & 14.30 Uhr; 👪) Hoch über dem Fluss Severn erhebt sich Worcesters majestätische Kathedrale, die als letzte Ruhestätte des Unterzeichners der Magna Carta, König Johann Ohneland, bekannt ist. Wer genügend Beinmuskeln hat, kann die 249 Stufen zur Spitze des **Turms** hochsteigen, von wo aus Karl II. die vernichtende Niederlage seiner Truppen in der Schlacht von Worcester beobachtete. Die einstündige **Kathedralenführung** beginnt im Souvenirshop. Diverse Werke des hiesigen Komponisten Edward Elgar wurden in der Kathedrale uraufgeführt. Einen Eindruck ihrer Akustik vermittelt der **Evensong** (Abendandacht; Mo–Sa 17.30 Uhr, So 16 Uhr).

**Commandery** MUSEUM
(☎01905-361821; www.worcestercitymuseums.org.uk; College St; Erw./Kind 5,50/2,50 £; ⏲Mo–Sa 10–17, So 13.30–17 Uhr) Das Museum zur Stadtgeschichte residiert in einem herrlichen Gebäude im Tudorstil, welches Karl II. während der Schlacht von Worcester als Hauptquartier diente. Gut gemachte Audioguides und interaktive Ausstellungsbereiche veranschaulichen die wichtigsten Stationen in Worcesters Vergangenheit. Ein Highlight ist das „bemalte Zimmer“, dessen Wände mit faszinierenden religiösen Fresken aus dem 15. Jh. bedeckt sind.

**Royal Worcester Porcelain Works** MUSEUM
(☎01905-21247; www.museumofroyalworcester.org; Severn St; Erw./Kind 6 £/frei; ⏲März–Okt. Mo–Sa 10–17 Uhr, Nov.–Feb. Mo–Sa 10–16 Uhr) Als es um den Vertrag als königlicher Hoflieferant ging, hatte die Porzellanfabrik Royal Worcester gegenüber ihren regionalen Konkurrenten Crown Derby und Wedgwood die Nase vorn. Eine unterhaltsame Führung mit Audioguide enthüllt auch eher ungewöhnliche Details aus der Firmengeschichte, zum Beispiel den kurzzeitigen Flirt mit Porzellangebissen oder transportablen Taufbecken, die bei Cholera-Epidemien Anwendung fanden. Zum attraktiven Sortiment des Souvenirshops gehören etwa Kerzenlöscher in Mönchform oder hübsch verzierte Fingerhüte und Pillendöschen.

## Geführte Touren

**Worcester Walks** STADTRUNDGANG
(☎01905-726311; www.worcesterwalks.co.uk; Erw. 5 £; ⏲April–Sept. Mo–Fr 11 Uhr) Der halbstündige Stadtspaziergang ist sehr beliebt.

**Worcester River Cruises** BOOTSTOUR
(☎01905-611060; www.worcesterrivercruises.co.uk; Erw./Kind 6/4 £; ⏲April–Sept. 12–16 Uhr stündl.) Ein anderer Blick auf Worcester eröffnet sich auf der 45-minütigen Bootsfahrt

auf dem Fluss Severn an Bord der 1926 in Betrieb genommenen *Earl*. Abfahrtstage und -zeiten können sich ändern.

## Schlafen

**Lenchford Inn** GASTHAUS ££
(☎01905-620229; www.thelenchfordinn.co.uk; Shrawley; DZ ab 75 £; P 📶) Rund 13 km nördlich von Worcester erscheint das am Ufer des Severn gelegene Gasthaus wie ein ruhiger Hafen. Seine neun Zimmer mit Bad sind altmodisch, aber sauber und geräumig. Alle haben direkten Zugang zu einer Terrasse mit Flussblick. Eine gemütliche Bar und ein Restaurant im Untergeschoss vervollständigen das Angebot.

**Barrington House** B&B ££
(☎01905-422965; www.barringtonhouse.eu; 204 Henwick Rd; Zi. 80–90 £; P @ 📶) Das ansprechende, georgianische Haus am Fluss verwöhnt mit tollen Ausblicken, einem hübschen Garten und drei mit schweren Stoffen, riesigen Betten und reichlich Deko ausstaffierten Zimmern. Die hauseigenen Hühner liefern Eier für das herzhafte Frühstück.

**Ye Olde Talbot Hotel** HOTEL ££
(☎01905-235730; www.oldenglishinns.co.uk; Friar St; EZ/DZ ab 55/70 £; 📶) Schon seit dem 13. Jh. beherbergt das an eine beliebte Bistro-Bar angeschlossene, geschmackvoll eingerichtete Gasthaus Übernachtungsgäste. Einige der Zimmer liegen allerdings im modernen Anbau. Wer per Auto anreist, bezahlt im mehrstöckigen Parkhaus in der Nähe ermäßigte Preise.

**Diglis House Hotel** HOTEL ££
(☎01905-353518; www.diglishousehotel.co.uk; Severn St; EZ/DZ ab 70/105 £; P 📶) Mit seinen 28 Zimmern ist das georgianische Gebäude gleich neben dem Bootshaus am Flussufer, nahe der Kathedrale, recht weitläufig. Trotzdem verströmt es eine gemütliche Atmosphäre. Einige Zimmer haben Himmelbetten und Luxusbäder. Die Benutzung des Fitnessstudios in der Nähe ist für Hausgäste kostenlos.

## Essen

**Mac & Jac's** FEINKOSTLADEN, CAFÉ £
(www.macandjacs.co.uk; 44 Friar St; Hauptgerichte 5–12 £; ⏲Mo–Sa 9–17 Uhr) Im Untergeschoss lockt eine Feinkostabteilung mit köstlichen Leckerbissen, das entspannte Café darüber serviert neben koffeinhaltigen Muntermachern auch Sandwiches mit Belägen wie z. B. Brie mit Trauben sowie herzhafte warme Gerichte (kross gebackener Schweinebauch mit gerösteten Mandeln und Koriander). Das Lokal hat noch einen Ableger in Great Malvern (S. 463).

**Little Ginger Pig** CAFÉ, BISTRO £
(☎01905-338913; www.littlegingerpig.co.uk; 9–11 Copenhagen St; Gerichte 4,50–8 £; ⏲Di–Fr 10–15.30, Sa 8.30–16.30, So 10–15 Uhr; 👪) 🌿 Hier liegt der Fokus auf Produkten aus der Region, aus artgerechter Haltung und von Kleinbetrieben. Die relaxte Mischung aus Café, Bistro und Bar scheint gut anzukommen, denn es herrscht immer gut Betrieb.

★**Old Rectifying House** MODERN BRITISCH ££
(☎01905-619622; www.theoldrec.co.uk; North Parade; Snacks 6–14 £, Hauptgerichte 12–23,50 £; ⏲Küche Di–Do 12–15 & 18–21, Fr & Sa bis 21.30, So bis 16 Uhr) Worcesters hipstes Esslokal überzeugt mit Kerzenlicht, gestrichenen Backsteinwänden und von Sonnenschirmen beschatteten Tischen im Hof. Auf der zeitgemäßen Speisekarte stehen leichte Snacks (z. B. Burger mit Halloumi, Wildschwein oder Wagyu-Rind), Hauptgerichte wie Fish Pie mit Krauskohl oder Ribeye-Steak vom Longhorn-Rind. In der Loungebar gibt's tolle Cocktails (unser Favorit: der mit Sekt aufgefüllte „Millionaire's Martini"), oft sorgen DJs für einen abwechslungsreichen Soundtrack.

## Ausgehen & Nachtleben

**Hand in Glove** COCKTAILBAR
(25 College St; ⏲Mo–Do 16–24, Fr & Sa 15–1, So 12.30–24 Uhr; 📶) Die düstere, kohlschwarze Fassade sieht nicht sehr vielversprechend aus, aber dahinter verbirgt sich eine entspannte, konzessionsfreie Bar, die hervorragende Cocktails mixt.

**Cardinal's Hat** PUB
(www.the-cardinals-hat.co.uk; 31 Friar St; ⏲Mo–Sa 12–23, So bis 22.30 Uhr; 📶) Obwohl alles hier so englisch wirkt wie eine Halskrause aus der Tudorzeit und sogar ein Hausgeist sein Unwesen treibt, serviert das alteingesessene, stimmungsvolle Pub bei knisterndem Kaminfeuer österreichisches Bier – original im Steinkrug – und zu Mittag österreichische Leckerbissen.

## Unterhaltung

**Marr's Bar** LIVEMUSIK
(☎01905-613336; www.marrsbar.co.uk; 12 Pierpoint St; ⏲20 Uhr–spät) Im Umkreis von einigen Meilen ist das hier die beste Location

für Livemusik. Die Tanzfläche mit Schwingboden ist ein Überbleibsel aus der Vergangenheit als Tanzstudio. Das abwechslungsreiche Programm aus Gigs, Comedyshows, akustischen Konzerten und Jam-Sessions bietet fast jeden Abend etwas.

## Shoppen

**Chocolate Deli** SCHOKOLADE
(☎ 01905-611324; www.chocolatedeli.biz; 53 New St; ⌚ Mo–Sa 10–17 Uhr) Der in Kirschrot gehaltene Laden verkauft handgeschöpfte Schokolade in Geschmacksrichtungen wie Erdbeere & Pfeffer und Whiskey-Trüffel (mit Jack Daniels) oder auch Bleistifte aus Milchschokolade, die tatsächlich schreiben. Wen die Kostproben bei einer Tasse Tee überzeugt haben, der kann in einem Tageskurs das Schokolademachen lernen (60 bis 99 £).

## Praktische Informationen

**Touristeninformation** (☎ 01905-726311; www.visitworcester.com; Guildhall, High St; ⌚ Mo–Sa 9.30–17 Uhr)

## An- & Weiterreise

### BUS

Der Busbahnhof liegt im Crowngate Centre am Friary Walk.

**Birmingham** Bus 144; 3,50 £, 1¾ Std., alle 20 Min. (So stündl.)

**Great Malvern** Bus 44; 3,50 £, 30 Min., alle 10 Min. (So stündl.)

**London Victoria** National Express; 22,60 £, 3½ Std., 3-mal tgl.

### ZUG

Worcester Foregate ist der Hauptbahnhof, aber es fahren auch Züge ab Worcester Shrub Hill. Regelmäßige Verbindungen gibt's u. a. nach:

**Birmingham** 8,40 £, 1 Std., alle 20 Min.

**Hereford** 8,90 £, 50 Min., stündl.

**Ledbury** 6,50 £, 25 Min., halbstündl.

**London Paddington** 30,50 £, 2½ Std., zweimal tgl.

# Great Malvern

36 770 EW.

Rund 11 km südwestlich von Worcester schmiegt sich der malerische Kurort Great Malvern an einen bewaldeten Hügelkamm, der das Tor zu den Malverns bildet, einer beeindruckenden, knapp 15 km langen Hügelkette vulkanischen Ursprungs, die aus den grünen Wiesen herauswächst. Zu viktorianischen Zeiten galt das Wasser von Great Malvern als Allheilmittel, das alles kurierte, von Gicht bis hin zu Augenkrankheiten. Ob das stimmt, lässt sich einfach feststellen, denn über das Städtchen verstreute Trinkbrunnen mit Quellwasser laden zu Kostproben ein.

### WANDERN IN DEN MALVERN HILLS

Unvermittelt wachsen aus den Niederungen des Severn zwischen Worcestershire und Herefordshire die Malvern Hills empor und recken sich bis zum 419 m hohen Worcester Beacon, zu dessen „Gipfel" ein steiler, 4,8 km langen Anstieg oberhalb von Great Malvern führt. Ein über 160 km langes Wegenetz erschließt die meist von Gras bedeckten Bergkuppen. Wer dort den Blick in die Ferne schweifen lässt, hat den Eindruck, die gesamte Landschaft sei in Bewegung.

In der Touristeninformation von Great Malvern stapeln sich die Wanderbroschüren, darunter eine Karte mit allen Mineralquellen und -brunnen der Gegend. Auch die von Wanderfans betreute Website www.malverntrail.co.uk ist eine wahre Goldgrube an Information.

Ein Parkschein (3 £) gilt 24 Stunden lang für sämtliche Wanderparkplätze in den Malvern Hills.

## Sehenswertes

**Great Malvern Priory** KLOSTER
(☎ 01684-561020; www.greatmalvernpriory.org.uk; Church St; ⌚ 9–17 Uhr) GRATIS Mehrere bemerkenswerte Details machen das Kloster aus dem 11. Jh. unverwechselbar, angefangen mit den normannischen Pfeilern bis hin zu den modernen Buntglasfenstern. Der Chor wird von einem gekachelten Lettner aus dem 15. Jh. abgeschirmt und die Stützbretter des Chorgestühls zieren herrlich respektlose Darstellungen von Basilisken (drachenähnliche Fabelwesen) oder Ratten, die eine Katze erhängen. Charles Darwins Tochter Annie hat in der Klosterkirche ihre letzte Ruhestätte gefunden.

**Malvern Museum of Local History** MUSEUM
(☎ 01684-567811; www.malvernmuseum.co.uk; Priory Gatehouse, Abbey Rd; Erw./Kind 2 £/50 p; ⌚ März–Okt. 10.30–17 Uhr) Das Stadtmuseum im prächtigen Priory Gatehouse von 1470, das über der Abbey Road aufragt, erklärt minutiös die Besonderheiten der Stadt: das

Heilwasser, die mittelalterlichen Klöster, die Malvern Hills und der Autohersteller Morgan Motor.

★ **Morgan Motor Company** MUSEUM
(☎01684-584580; www.morgan-motor.co.uk; Pickersleigh Rd; Führung Erw./Kind 12,50/7,50 £; ⌚Mo–Do 8.30–17, Fr bis 14.30 Uhr) GRATIS Seit 1909 werden in den barackenähnlichen Werkstätten von Morgan in Handarbeit elegante Sportwagen hergestellt. Im Rahmen einer Führung (Anmeldung erforderlich) können Besucher den Mechanikern bei der Arbeit über die Schulter gucken und eine ganze Flotte nostalgischer Klassiker bestaunen. Wem die Anschaffung eines dieser wunderschönen Flitzer zu teuer ist, der kann sich seinen Traumwagen für 190 £ (Versicherung inklusive) ausleihen und eine Spritztour durch die Malvern Hills machen. Anfahrt mit Bus 44 ab Church Street.

## Geführte Touren

**Great Malvern Walking Tours** STADTRUNDGANG
(Erw./Kind 3 £/50 p; ⌚Führung April–Sept. Sa & So 10.30 Uhr) Der Stadtspaziergang auf den Spuren mittelalterlicher und viktorianischer Zeitzeugen beginnt an der Touristeninformation.

## Schlafen

**Bredon House** HOTEL ££
(☎01684-566990; www.bredonhouse.co.uk; 34 Worcester Rd; EZ/DZ ab 45/70 £; P @) Nur ein paar Schritte vom Zentrum entfernt wartet das familien- und haustierfreundliche viktorianische Hotel in Panoramalage. Die Zimmer sind in einem originellen Mix aus Alt und Neu eingerichtet. Herumliegende Bücher, Zeitschriften und Familienfotos vermitteln den Eindruck, bei lieben Verwandten zu Besuch zu sein.

**Abbey Hotel** HOTEL £££
(☎01684-892332; www.sarova-abbeyhotel.com; Abbey Rd; DZ 180–220 £; P @) Das majestätische Gebäude mit seinen 103 eleganten Zimmern ist von Kletterpflanzen überwuchert und sieht aus wie ein Märchenschloss der Gebrüder Grimm. Die Lage nicht weit von Museum und Kloster ist ein weiteres Plus.

## Essen

**Mac & Jac's** CAFÉ £
(www.macandjacs.co.uk; 23 Abbey Rd; Gerichte 4,50–11 £; ⌚Di–Sa 9–19, So 10–16 Uhr) Kreative Salate, Fladenbrote, Platten für zwei (oder mehrere), Dinkelrisotto und eine leckere Tarte des Tages stehen auf der Karte dieses Newcomers in der hiesigen Gastroszene. Der Zwilling des Cafés in Worcester (S. 461) reiht sich in die in schickem Weiß gehaltene Ladenreihe bei der Great Malvern Priory ein und bietet gelegentlich auch Dinner-Abende (Zwei-/Drei-Gänge-Menü 25/29 £, Termine unregelmäßig).

**St Ann's Well Cafe** CAFÉ £
(☎01684-560285; www.stannswell.co.uk; St Ann's Rd; Gerichte 1,50–4 £; ⌚Ostern–Sept. Di–Fr 11.30–15.30, Sa & So 10–16 Uhr) Wer sich an den sehr steilen Anstieg zu diesem Café heranwagt, sollte besser vorher bei der Touristeninformation erfragen, ob es wirklich geöffnet ist! Aber die nostalgische Villa aus dem 19. Jh. mit einem dekorativen Steinbrunnen neben dem Eingang, aus dem frisches Quellwasser sprudelt, ist ein paar Schweißtropfen allemal wert.

**Fig Tree** MODERN BRITISCH ££
(☎01684-569909; www.thefigtreemalvern.co.uk; 99b Church St; Hauptgerichte 13–18 £; ⌚Di–Sa 10–22 Uhr) Ein schmaler Durchgang an der Church Street führt zu den ehemaligen Ställen aus dem 19. Jh., in denen es heute eher nach Knoblauch und Basilikum duftet: Auf der Karte stehen z. B. marinierte Schweinefleischstreifen mit karamellisierten Äpfeln, roten Zwiebeln und Rosmarinkartoffeln oder Hähnchen vom Holzkohlegrill mit Minzjoghurt und Safranreis.

## Unterhaltung

**Malvern Theatres** THEATER
(☎01684-892277; www.malvern-theatres.co.uk; Grange Rd) Das alteingesessene Kulturhaus gehört zu den renommiertesten Provinztheatern des Landes und zeigt ein abwechslungsreiches Programm aus Schauspiel, klassischer Musik, Tanz, Comedy und Kino.

**Theatre of Small Convenience** THEATER
(☎01684-568933; www.wctheatre.co.uk; Edith Walk; Shows Erw./Kind 2,50/1,50 £) Eine viktorianische Bedürfnisanstalt wurde mit neoklassizistischem Pomp in ein originelles Minitheater mit nur zwölf Plätzen verwandelt. Ob Oper, Marionettentheater oder Poesie, der Kunstgenuss dauert immer nur zwischen fünf und zehn Minuten.

## Praktische Informationen

**Touristeninformation** (☎01684-892289; www.visitthemalverns.org; 21 Church St; ⌚April–Okt. 10–17 Uhr, Nov.–März bis 16 Uhr)

Was Infos bezüglich Wandern und Radfahren angeht, ist die Touristeninformation eine wahre Goldmine.

### Anreise & Unterwegs vor Ort

Ein Bus von National Express fährt täglich nach London Victoria (21,70 £, 5 Std.). Die Verbindung nach Worcester übernimmt Bus 44 (3,50 £, Mo–Sa alle 10 Min., So stündl.).

Vom Bahnhof bei der Ave Road, östlich des Zentrums, fahren Züge u. a. nach:

**Hereford** 7,50 £, 35 Min., stündl.

**Ledbury** 4,80 £, 13 Min., stündl.

**Worcester** 5 £, 15–20 Min., 2- bis 3-mal stündl.

## HEREFORDSHIRE

Englisches Landleben pur – das ist Herefordshire mit seinem Patchwork aus Feldern, Hügeln und hübschen schwarzweiß gesprenkelten Dörfern, die seit der Tudorära oder noch länger vor sich hin dämmern. Gewundene Landstraßen und unregelmäßige Busverbindungen machen das Fortkommen zuweilen recht mühsam. Aber lange Fahrten durch friedliche Landschaften gehören zu den Attraktionen dieser bäuerlichen Idylle.

### Aktivitäten

Neben dem **Offa's Dyke Path** ist der **Herefordshire Trail** (www.herefordshiretrail.com), ein rund 240 km langer Rundweg durch Leominster, Ledbury, Ross-on-Wye und Kington, für Wanderer ein attraktives Angebot. Etwas kürzer ist der 219 km lange **Wye Valley Walk** (www.wyevalleywalk.org) von Chepstow in Wales durch Herefordshire und zurück nach Plynlimon. Der 161 km lange **Three Choirs Way** verbindet die Kathedralen von Hereford, Worcester und Gloucester.

Radfahrer können sich auf dem **Six Castles Cycleway** (NCN-Route 44) von Hereford nach Leominster und Shrewsbury austoben oder auf dem NCN-Radweg 68 nach Great Malvern und Worcester strampeln.

### Praktische Informationen

**Visit Herefordshire** (www.visitherefordshire.co.uk)

### Unterwegs vor Ort

Auskünfte über Busfahrpläne gibt's bei Traveline (S. 484). Touristeninformationen verkaufen den dicken *Bus and Train Timetable* (50 p). Hereford, Leominster und Ledbury haben eine gute Zuganbindung. Für die restliche Grafschaft sind Busse zuständig, die leider eher selten fahren.

## Hereford

60 410 EW.

Inmitten von Apfelplantagen und saftig grünen Wiesen breitet sich im Herzen der Marches am Fluss Wye das Städtchen Hereford aus. Seine berühmtesten Produkte sind saftige Steaks, Cider und die Pretenders – drei

### GENUSSTOUR DURCH CIDER COUNTRY

**Herefordshire Cider Route** (www.ciderroute.co.uk) Die Herefordshire Cider Route führt bei zahlreichen Produzenten vorbei, die freizügig Kostproben anbieten. Im Bewusstsein, welche Folgen das haben kann, verteilen Touristeninformationen Broschüren und Karten, die bei der Planung der Tour per Bus oder Fahrrad helfen.

**Westons Cider Mills** (☎ 01531-660108; www.westons-cider.co.uk; The Bounds; Führung Erw./Kind 7,50/4 £; ⏲ Mo–Fr 9–17, Sa & So 10–16.30 Uhr) Wer nur Zeit für einen einzigen Cider-Produzenten hat, sollte sich für die Westons Cider Mills entscheiden. Sie liegen 1,5 £ westlich von Much Marcle und ihre Hausmarke wird selbst in den Houses of Parliament geschätzt. Die informative Führung (1¼ Std.) beginnt um 11 Uhr, 12.30 Uhr und 14.30 Uhr, Kostproben von Apfel- und Birnencider (für Erwachsene) sind inbegriffen. Das Flaschenmuseum ist ebenfalls interessant.

**Walwyn Arms** (☎ 01531-660601; www.walwynarms.co.uk; Much Marcle; Hauptgerichte 9,50–17 £; ⏲ Küche Mo–Sa 12–14.30 & 18–21.30, So 12–16 & 18–21 Uhr) Das freundliche Landpub gegenüber den Westons Cider Mills serviert natürlich Westons-Cider, verwendet ihn aber auch in der Küche, z. B. für das doppelt gebackene „Old Rosie Scrumpy"-Soufflé mit altem Cheddar oder den frittierten Dorsch im Cider-Teig mit Chips und Erbsenpüree. Die Sandwiches aus handgeschnittenem Brot mit Belägen wie Garnelen in Bloody-Mary-Mayonnaise sind ebenfalls superlecker.

Gründungsmitglieder der Band (Gitarrist James Honeyman-Scott, Bassist Pete Farndon und Schlagzeuger Martin Chambers) stammen aus Hereford.

## Sehenswertes

**Hereford Cathedral** KATHEDRALE

(☎01432-374200; www.herefordcathedral.org; 5 College Cloisters; Kathedrale Eintritt gegen Spende von 5 £, Mappa Mundi 6 £; ⌚9.15–Evensong, Mappa Mundi Mai–Sept. Mo–Sa 10–17 Uhr, Okt.–April Mo–Sa bis 16 Uhr, Evensong Mo–Sa 17.30, So 15.30 Uhr) Nachdem walisische Plünderer die ursprüngliche angelsächsische Kirche abgefackelt hatten, errichteten die normannischen Herrscher von Hereford an ihrer Stelle einen größeren, prächtigeren Bau, der im Verlauf des Mittelalters im jeweils aktuellen Stil verändert und erweitert wurde.

Sein größter Schatz ist die herrliche **Mappa Mundi**, ein aus einer Kalbshaut gewonnenes Stück Pergament mit einer unglaublich detaillierten und recht phantasievollen Weltkarte, welche die Vorstellung von unserer Erde um 1290 widergibt. Im selben Flügel der Kathedrale ist die weltgrößte Bibliothek von Kettenbüchern untergebracht, d. h., die seltenen Manuskripte sind an die Regale angekettet.

Vier beeindruckende Guerney-Öfen sorgen für angenehme Temperaturen, wenn sich die Kathedrale zum **Evensong** (Abendandacht) füllt. Alle drei Jahre findet hier im August das berühmte Three Choirs Festival (www.3choirs.org) statt, die beiden anderen Austragungsorte sind die Kathedralen von Gloucester und Worcester.

Im Kreuzgang versteckt sich ein stimmungsvolles Café.

**Old House** MUSEUM

(☎01432-260694; ⌚Di–Sa 10–17 Uhr, April–Sept. auch So bis 16 Uhr) GRATIS Das dreistöckige, schwarzweiße Holzhaus stammt von 1621. Wer die herrlich knarrenden Treppen hochsteigt, stößt auf perfekt erhaltene mittelalterliche Räume mit Antikmöbeln (darunter Wiegen aus dem 17. Jh.), mit Schnitzereien verzierten Holztäfelungen und gusseisernen Kaminplatten.

**Hereford Museum & Art Gallery** MUSEUM

(☎01432-260692; www.herefordshire.gov.uk/museums; Broad St; ⌚Di–Sa 10–17 Uhr, April–Sept. auch So bis 16 Uhr) GRATIS Im Stadtmuseum wartet ein buntes Sammelsurium, von Relikten aus der Römerzeit bis hin zu Hexensprüchen aus dem 19. Jh.

ABSTECHER

### GOLDEN VALLEY

C. S. Lewis, der Autor der *Chroniken von Narnia*, machte das idyllische Tal am Fuß der Black Mountains berühmt.

Die Niederungen des Flusses Dore sind mit historischen Hinterlassenschaften übersät, darunter der **Arthur's Stone**, ein 5000 Jahre alter Dolmen (jungsteinzeitliche Grabstätte) nicht weit von Dorestone, und die stattliche **Dore Abbey** (www.doreabbey.org.uk; ⌚Sonnenaufgang–Sonnenuntergang) im passend benannten Dorf Abbey Dore.

Bus 39 folgt auf seinem Weg von Hereford nach Hay-on-Wye (3,50 £, 1 Std., Mo–Sa 5-mal) dem Talverlauf und hält in Dorestone und Peterchurch. Was Essen und Schlafen angeht, ist www.herefordholidays.co.uk eine gute Informationsquelle.

**Cider Museum & King Offa Distillery** CIDER-BRAUEREI

(☎01432-354207; www.cidermuseum.co.uk; 21 Ryeland St; Erw./Kind 5,50/3 £; ⌚April–Okt. Mo–Sa 10–17 Uhr, Nov.–März Mo–Sa 11–15 Uhr) Die Ausstellung des Brauereimuseums beleuchtet die Geschichte der Ciderherstellung, dazu werden Kostproben aus der aktuellen Produktion angeboten. Ein Hingucker sind die hübschen *costrels* (Minifässer), in denen Landarbeiter ihren flüssigen Lohn nach Hause trugen. Die Brauerei liegt rund 800 m westlich des Zentrums, einfach der Eign Street folgen und dann südwärts in die Ryelands Street abbiegen.

## Geführte Touren

**Stadtführung** STADTRUNDGANG

(Erw./Kind 3,50 £/frei; ⌚Mai–Sept. Mo–Sa 11, So 15 Uhr) Der Stadtspaziergang beginnt an der Touristeninformation und führt zu den weniger bekannten historischen Sehenswürdigkeiten im Zentrum.

**Ultimate Left Bank** KANUFAHREN

(☎01432-264807; www.leftbankcanoehire.com; Bridge St; Leihkanu halber/ganzer Tag 20/25 £) Der Kanuverleih bietet offene Boote an, um auf dem Fluss Wye herumzupaddeln.

## Schlafen

**Kidwells Guest House** B&B £

(☎01432-264625; www.kidwellshouse.com; 9 Newtown Rd; EZ/DZ mit Bad 50/60 £, ohne Bad

35/50 £; P 📶) Das freundliche B&B im Norden von Hereford bietet gemütliche Zimmer in verschiedenen Kategorien an; manche haben einen großen Balkon. Der sonnendurchflutete Glasanbau blickt auf einen großen Garten. Hausgäste haben kostenlosen Zugang zum knapp 5 km entfernten Fitnessstudio, das demselben Besitzer gehört.

**Charades** B&B ££
(☎01432-269444; www.charadeshereford.co.uk; 32 Southbank Rd; EZ/DZ ab 50/65 £; P@📶) Nicht weit vom Busbahnhof wartet dieses majestätische viktorianische Haus mit fünf einladenden Zimmern. Hohe Decken und große Fenster sorgen für lichte Weite und z. T. idyllische Ausblicke aufs Land. Alte Dienstbotenklingeln und jede Menge Titanic-Erinnerungsstücke zaubern nostalgische Atmosphäre.

★ **Castle House** BOUTIQUEHOTEL £££
(☎01432-356321; www.castlehse.co.uk; Castle St; EZ/DZ/Suite ab 130/150/195 £; P@📶) Früher residierte der Bischof von Hereford in der prächtigen georgianischen Stadtvilla, heute beherbergen die luxuriösen Räumlichkeiten ein ruhiges Hotel und ein Gourmetrestaurant. Der von der Sonne verwöhnte Garten erstreckt sich bis hinunter zum Flussufer. Das Hotel ist rollstuhlgerecht und hat noch acht neuere Zimmer in der Castle Street Nr. 25.

## Essen & Ausgehen

**Hereford Deli** FEINKOST £
(http://theherefordeli.com; 4 The Mews, St Owen St; Sandwiches 2–3 £; ⌚Mo–Fr 8–18, Sa 9–17 Uhr) Für ein schnelles Mittagessen im Stehen oder an einem der Tische sind die köstlichen Sandwiches des Edelfeinkostladens ideal und dazu sehr preisgünstig. Die Auswahl an Belägen reicht von Curryhuhn (aus Freilandhaltung) mit Mangochutney über schottischen Räucherlachs mit Zitronen-Dill-Butter bis zu Roastbeef von heimischen Rindern mit Cropwell Bishop Stilton und Hagebuttengelee. Das Deli liegt in einer engen Gasse in der Nähe eines großen Parkplatzes.

**Cafe@All Saints** CAFÉ £
(☎01432-370415; www.cafeatallsaints.co.uk; High St; Hauptgerichte 6–10 £; ⌚Mo–Sa 8–17 Uhr; 📶 👪) Im renovierten Schiff der All Saint's Church serviert das freundliche Café ab 8 Uhr morgens leckere Bacon-Sandwiches, Arme Ritter und andere Frühstücksleckereien sowie gesunde Tagesgerichte. An warmen Tagen werden Tische im Freien aufgestellt.

**La Madeleine** FRANZÖSISCH ££
(☎01432-265 233; www.la-madeleine.co.uk; 17 Church St; Hauptgerichte 11–16 £; ⌚Mo, Di & Do 10–16, Mi 10–14 & 18–21, Fr 10–16 & 18–22, Sa 9–17 Uhr) 🌿 Ansprechendes Ambiente mit Holzböden, Tische in einer grün überwucherten Laube und eine modern-französische Speisekarte (Croissants zum Frühstück, Tartes zu Mittag und abends Filetsteak mit Meerrettichcreme, Pommes und Salat von grünen Bohnen) – da würde jeder Pariser sein Heimweh glatt vergessen!

**Lichfield Vaults** PUB
(www.lichfieldvaultshereford.co.uk; 11 Church St; ⌚So–Do 11–24, Fr & Sa bis 2 Uhr) In einem gepflasterten Gässchen nicht weit von der Kathedrale kümmert sich das „Lich" seit dem 18. Jh. um durstige Gäste. Der freundliche Besitzer Andy aus Zypern serviert köstliche griechische Leckerbissen (Fleischbällchen, Mezze-Platten usw.), veranstaltet regelmäßig Live-Events wie den sonntäglichen Jazz Lunch und hat noch einen zusätzlichen Trumpf im Ärmel: den überdachten Biergarten auf der Rückseite des Pubs.

**Black Lion** PUB
(www.theblacklionhereford.co.uk; 31 Bridge St; ⌚10–23 Uhr) Mit jedem Glas *real ale* oder Cider aus der Region werden die Geschichten über den Hausgeist dieses traditionellen Pubs glaubhafter. Zumal es eine bewegte Vergangenheit als Kloster, Waisenhaus, Bordell und Chinarestaurant hinter sich hat. Oft steht Livemusik auf dem Programm.

**Jailhouse** CLUB
(http://thejailhouse.wordpress.com; Gaol St; ⌚Mi–Sa 22–3 Uhr) Herefords angesagtester Club überzeugt mit ambitionierten Underground-DJs und alternativen Soundtracks. Nicht selten lassen sich hier Szene-Größen zu einem inoffiziellen Set blicken.

## Praktische Informationen

**Touristeninformation** (☎01432-268430; www.visitherefordshire.co.uk; 1 King St; ⌚Mo–Sa 9.30–17 Uhr) Gegenüber der Kathedrale.

## Anreise & Unterwegs vor Ort

Der Busbahnhof liegt in der Commercial Road, nordöstlich des Zentrums. Busse von National Express fahren nach London Victoria (20,20 £, 4½ Std., 5-mal tgl.) und Goucester (5,50 £,

1 Std., 4-mal tgl.). Lokale Verbindungen gibt's u. a. nach:

**Ross-on-Wye** Bus 44; 3,50 £, 50 Min., Mo–Fr 5-mal, Sa 4-mal tgl.

**Worcester** Bus 420; 8,90 £, 1¼ Std., Mo–Sa 5-mal, So 4-mal tgl.

Vom Bahnhof nordöstlich des Zentrums fahren stündlich Züge nach Birmingham (15,20 £, 1½ Std.), Ledbury (6,50 £, 20 Min.) und London Paddington (38,50 £, 3 Std.), einige davon mit Umsteigen in Newport (South Wales). Eine halbstündliche Verbindung besteht nach Ludlow (9,50 £, 30 Min.).

## Ross-on-Wye

10 580 EW.

Dort, wo der Fluss Wye einen Bogen schlägt, sitzt auf einem roten Sandsteinfelsen das Städtchen Ross-on-Wye. Es erlebte seinen großen Moment, als die beiden Schriftsteller Alexander Pope und Samuel Taylor Coleridge im 18. Jh. dem Philantrophen John Kyrle ein dichterisches Denkmal setzten – der „Man of Ross" hatte sein Leben und Vermögen den Armen seiner Gemeinde gewidmet.

### Sehenswertes

**Market House** HEIMATMUSEUM

(☎ 01989-260675; April–Okt. Mo–Sa 10–17, So 10.30–16 Uhr, Nov.–März Mo–Sa 10–16 Uhr) GRATIS Der Marktplatz wird von dem auf verwitterten Sandsteinsäulen thronenden, lachsrosa Market House aus dem 17. Jh. beherrscht, in dessen Räumen Exponate zur Lokalgeschichte ausgestellt sind.

**St Mary's Church** KIRCHE

(Church St; 9–17 Uhr) Wie eine Nadelspitze ragt aus der Hügelkuppe die St. Mary's Church empor. Zu den Attraktionen der Kirche aus dem 13. Jh. gehören das wunderschöne Ostfenster sowie Gedenksteine aus Alabaster, u. a. für den Philantrophen John Kyrle, und die pompösen Gräber der Adelsdynastie Rudhall. Die Royal Parade hinter der Kirche führt bis an den Felsrand und wird von sehr realistisch anmutenden Teilen einer **Burgruine** gesäumt, die jedoch erst 1833 aufgestellt wurden.

### Schlafen & Essen

**White House Guest House** B&B ££

(☎ 01989-763572; www.whitehouseross.com; 13 Wye St; EZ/DZ/3BZ/FZ 50/70/90/100 £; P @ ) Das Natursteinhaus aus dem 18. Jh. überzeugt mit seiner schönen Lage auf der Flussseite der Straße. Bunt bepflanzte Blumenkästen geben ihm ein paar Farbtupfer; die ruhigen, komfortablen Zimmer sind in Burgundertönen und frischem Weiß gehalten.

**Truffles Delicatessen** FEINKOST £

(www.trufflesdeli.co.uk; 46 High St; Gerichte 2,50–3,50 £; Mo–Sa 8–17, So 11–17 Uhr) Der Laden ist bis an die Decke vollgepackt mit handwerklich hergestellten Produkten aus der Umgebung (Käse, Brot, Chutneys usw.). Er verkauft außerdem superleckere Sandwiches, Suppen und Salatboxen, die sich für ein Picknick am Flussufer eignen.

**Pots & Pieces** CAFÉ £

(www.potsandpieces.com; 40 High St; Hauptgerichte 5–6 £; Mo–Fr 9–17, Sa 10–17, So 11–16 Uhr) Am Marktplatz ist das der beste Tearoom. Die ausgestellten Töpferwaren und anderes Kunsthandwerk sind nette Hingucker.

**King's Head** GASTHAUS ££

(☎ 01989-763174; www.kingshead.co.uk; 8 High St; DZ 85–110 £, Hauptgerichte 11–21 £; Küche 12–14.15 & 18.30–21 Uhr; ) In der malerischen High Street fällt das Gasthaus aus dem 14. Jh. nicht besonders auf. Trotzdem ist es ein kleines Juwel: Im stimmungsvoll beleuchteten Speisesaal und im Wintergarten werden Köstlichkeiten wie Meeresfrüchte in Champagnersauce, Steaks und Pies aufgetischt, die in Schokotönen eingerichteten Zimmer haben z. T. Himmelbetten. Es stehen einige Gästeparkplätze zur Verfügung. Einzige Minuspunkte: Es gibt kaum vegetarische Gerichte und keinen rollstuhlgerechten Eingang.

#### SCHWARZWEISSE DÖRFER

Im Nordwesten Herefordshires hat ein Stück Tudor-England die Zeiten praktisch unbeschadet überstanden. Die schwarzweißen Häuschen auf den grünen Dorfwiesen wirken, als ob sie vom Himmel gefallen und von der modernen Welt unberührt wären. Der 64 km lange Rundkurs **Black and White Village Trail** (www.blackandwhitetrail.org) hangelt sich an den schönsten Fachwerkhäusern entlang. Er beginnt und endet in Leominster und trifft unterwegs auf Eardisland und Kington, die südliche Endstation des Mortimer Trail nach Ludlow.

Bei der Planung der Tour per Pkw, Bus oder Rad sind die Broschüren hilfreich, die in Touristeninformationen ausliegen.

## Praktische Informationen

**Touristeninformation** (☎ 01989-562768; www.herefordshire.gov.uk; Market House, Market Pl; ⊙ April–Sept. Mi–Mo 10.30–16.30 Uhr, Okt.–März So nur bis 16 Uhr) Eine gute Quelle für Infos über Sehenswürdigkeiten und Wanderwege. Die Broschüre *Ross-on-Wye Heritage Trail* kostet 50 p. Achtung: Die Touristeninformation ist jeden zweiten Sonntag (ganzjährig) geschlossen.

## Anreise & Unterwegs vor Ort

Die Bushaltestelle liegt in der Cantilupe Road. Bus 44 fährt stündlich nach Hereford (3,50 £, 45 Min., Mo–Fr 5-mal, Sa 4-mal tgl.).

# Ledbury

8860 EW.

Ledbury ist ein geschichtsträchtiger Ort mit unzähligen Trödlerläden. Seine krummen, von schwarzweißen Häusern gesäumten Straßen umkreisen das herrlich hochbeinige **Market House**. Sein Fachwerk balanciert auf einer Reihe von Holzpfeilern, die angeblich von gestrandeten Schiffen der Spanischen Armada stammen.

Die unglaublich malerische Church Lane führt von der High Street zur Kirche und wird von rührend schiefen Fachwerkhäusern gesäumt.

Am Ende des Pflastergässchens erhebt sich die Kirche **St. Michael and All Angels** (www.ledburyparishchurch.org.uk; ⊙ 9–17.30 Uhr) mit ihrem beeindruckenden Spitzturm aus dem 18. Jh. und dem davon abgesetzten, mittelalterlichen Schiff.

## Schlafen & Essen

In den Pubs wird Essen zu vernünftigen Preisen serviert, aber günstige Unterkünfte sind in Ledbury rar gesät.

**Feathers Hotel** HOTEL £££
(☎ 01531-635266; www.feathers-ledbury.co.uk; High St; EZ/DZ ab 97,50/145 £, Hauptgerichte 13,50–25 £; P 🛜 ≋) Zu dem bezaubernden schwarzweißen Hotel im Tudorstil in der Hauptstraße gehören ein stimmungsvolles, holzgetäfeltes Restaurant und ein beheiztes Hallenbad. Die Zimmer im ältesten Gebäudeteil haben dank schiefer Dielenböden und getünchter Holzbalken weit mehr Charme als die im moderneren Trakt.

**Chez Pascal** FRANZÖSISCH ££
(☎ 01531-634443; Church Lane; Hauptgerichte 14–15 £; ⊙ Mo–Do 9.30–17.30, Fr & Sa bis 23 Uhr) Mit den Gartentischen im hübschen Innenhof ist das Lokal unter Einheimischen eine populäre Ausgehadresse. Als Hauptgang tischt der französische Besitzer, Koch und Konditor Pascal Klassiker wie gebratenen Fasan in Rotwein, Meeresfrüchteragout oder Fischgratin auf, aber die wahren Highlights sind Desserts wie Zitronen-Ingwer-Tarte oder Himbeertörtchen.

## Shoppen

**Three Counties Cider Shop** CIDER
(www.threecountiescider.co.uk; 5a The Homend; ⊙ Di–Do 10–17.30, Fr & Sa bis 18 Uhr) Apfelduft durchweht den ansprechenden, kleinen Laden für Cider (auch aus Birnen) und Fruchtsäfte von Kleinproduzenten aus den drei Grafschaften Herefordshire, Worcestershire und Gloucestershire. Ein gutes Dutzend Apfel- und Birnenmoste gibt's vom Fass, lokal hergestellte Köstlichkeiten wie Cider-Schokolade, Chutneys und Marmeladen ergänzen das Angebot.

## An- & Weiterreise

Busse sind eher die Ausnahme, dafür gibt es regelmäßige Zugverbindungen u. a. nach:

**Great Malvern** 4,80 £, 10 Min., stündl.

**Hereford** 6,50 £, 15 Min., stündl.

**Worcester** 6,50 £, 30 Min., stündl.

# SHROPSHIRE

Eine malerische Ansammlung von Hügeln, Burgen und Fachwerkdörfchen entlang der Grenze zu Wales: Das ist die Grafschaft Shropshire. Zu ihren Highlights zählen das Foodie-Zentrum Ludlow, das industrielle Herzstück Ironbridge und die herrlichen Shropshire Hills mit den besten Wander- und Radwegen der Marches.

## Aktivitäten

### Wandern

Die beeindruckenden Shropshire Hills üben auf Wanderer eine magische Anziehungskraft aus. Zwischen Shrewsbury und Ludlow schlägt die Landschaft dramatische Falten und wunderschöne Wanderwege klettern die Flanken von **Wenlock Edge** und **Long Mynd** bei Church Stretton hinauf. Auch mehrere Fernwanderwege durchqueren das Gebiet, darunter der berühmte **Offa's Dyke Path** und der ebenfalls sehr populäre **Shropshire Way**, welcher sich um Ludlow und Church Stretton herumwindet. Allgemeine Infos zu den Wandermöglichkeiten in Shropshire stehen auf der Website www.shropshirewalking.co.uk.

**Radfahren**

Mountainbiker freuen sich über die matschigen Pisten über den **Long Mynd** bei Church Stretton, während Genussradler auf dem **Six Castles Cycleway** (NCN-Route 44), der auf 93 km von Shrewsbury nach Leominster führt, auf ihre Kosten kommen.

Die Touristeninformationen verkaufen den Fünferpack *Cycling for Pleasure in the Marches*, dessen Karten und Führer die gesamte Grafschaft abdecken. Die Website www.travelshropshire.co.uk stellt kostenlose Downloads von Tourenbeschreibungen zur Verfügung.

### Touristeninformation

**Secret Shropshire** (www.secretshropshire.org.uk)

**Shropshire Tourism** (www.shropshiretourism.co.uk)

### Unterwegs vor Ort

Shrewsbury ist der Verkehrsknotenpunkt mit günstigen Zugverbindungen nach Church Stretton und Ludlow. Der Streckenplan *Shropshire Bus & Train Map* ist in Touristeninformationen kostenlos erhältlich und leistet wertvolle Dienste. Entlang populärer Wanderrouten bietet **Shropshire Hills Shuttles** (www.shropshirehillsshuttles.co.uk) an Wochenenden und Feiertagen Shuttlebusse an.

## Shrewsbury

71 710 EW.

Verwinkelte mittelalterliche Sträßchen und bedenklich schiefe Fachwerkhäuser im Tudorstil machen den Reiz von Shrewsbury (sprich: *Schruus*-brie) aus. Einst war das Städtchen ein Zankapfel zwischen England und Wales; bis heute heißt die Straßenbrücke in Richtung London „English Bridge" im Unterschied zur „Welsh Bridge", die in Richtung Holyhead führt. Shrewsbury ist außerdem der Geburtsort von Charles Darwin (1809–1882).

### Sehenswertes

Die attraktivsten Gebäude verstecken sich in den engen Gassen rund um die **St. Alkmond's Church** aus dem Jahr 912, vor allem in der **Fish Street** und der **Grope Lane**, die ihrem Namen („Grapscher-Gasse") hoffentlich keine Ehre macht.

Die **Old Market Hall** aus dem 16. Jh. am hübschen, gepflasterten Marktplatz beherbergt heute das winzige Kino der Stadt.

**St. Mary's Church** KIRCHE

(www.visitchurches.org.uk; St Mary's St; ⌚ Mai–Anfang Dez. Mo–Sa 10–17 Uhr, Anfang Dez.–April bis 16 Uhr) Der Innenraum der mittelalterlichen Kirche mit ihrem spitz aufragenden Turm überwältigt mit wunderbaren Buntglasfenstern. Eines davon stammt von 1340 und zeigt die Wurzel Jesse (biblische Darstellung der Abstammung Jesu). Ein Großteil der Fenster war ursprünglich für andere Kirchen in ganz Europa angefertigt worden, ein besonders schönes Exemplar aus dem 16. Jh. kam aus Holland. Das Schiff wird von einer herrlichen Eichendecke überspannt, die 1894 von einem Sturm schwer beschädigt wurde (die Turmhaube wurde weggerissen).

**Shrewsbury Abbey** KIRCHE

(☎ 01743-232723; www.shrewsburyabbey.com; Abbey Foregate; Eintritt gegen Spende; ⌚ April–Okt. 10–16 Uhr, Nov.–März 10.30–15 Uhr) Von dem riesigen, kreuzförmig angelegten Benediktinerkloster von 1083 ist nur die hübsche Shrewsbury Abbey aus rotem Sandstein übriggeblieben. Sie hatte zweimal die Ehre, als Versammlungsort des englischen Parlaments zu dienen. Doch die Auflösung des Klosters 1540 kostete sie ihren Turm und zwei Seitenflügel. Weitere Schäden entstanden, als der Ingenieur Thomas Telford 1826 die Straße von London nach Holyhead quer durch das Kirchengelände verlaufen ließ. Trotzdem weist die Kathedrale immer noch einige sehenswerte Bauteile im normannischen, frühenglischen und viktorianischen Stil auf, darunter das außergewöhnliche Westfenster aus dem 14. Jh.

Die Kathedrale wurde als Schauplatz der *Cadfael-Erzählungen* von Ellis Peters berühmt.

**Shrewsbury Museum & Art Gallery** MUSEUM

(☎ 01743-258885; www.shrewsburymuseums.com; The Square; Erw./Kind 4/2 £; ⌚ 10–17 Uhr) Zusammen mit der Touristeninformation ist das Stadtmuseum erst kürzlich in die Music Hall eingezogen. Seine eklektische Sammlung reicht von römischen Schätzen bis hin zu antikem Goldschmuck aus Shropshire, darunter das Perry-Armband aus der Bronzezeit. Der Eintritt in die prähistorische und römische Abteilung ist frei.

## Shrewsbury

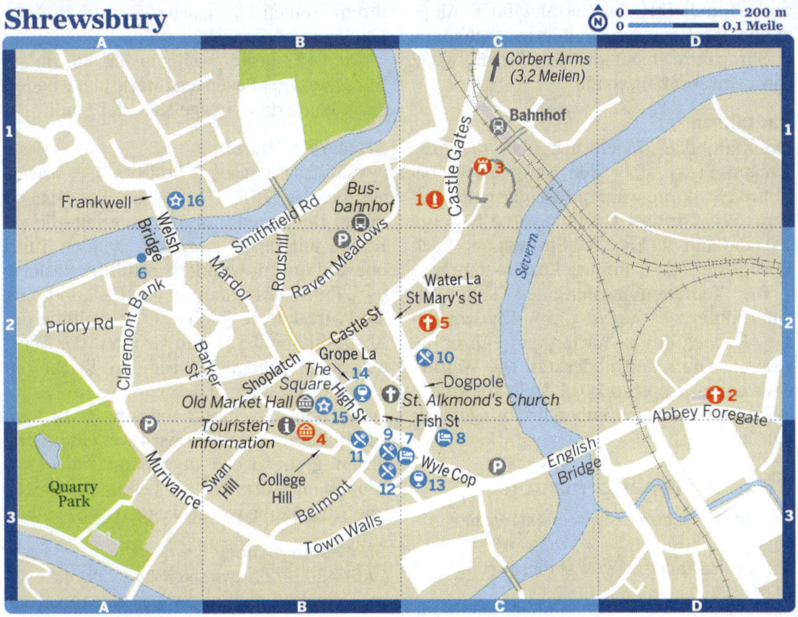


## Shrewsbury

**Sehenswertes**

1 Charles-Darwin-Statue .......... C1
2 Shrewsbury Abbey .......... D2
3 Shrewsbury Castle .......... C1
4 Shrewsbury Museum & Art Gallery .......... B3
5 St. Mary's Church .......... C2

**Aktivitäten, Kurse & Touren**

6 Sabrina .......... A2

**Schlafen**

7 Lion Hotel .......... C3
8 Old House Suites .......... C3

**Essen**

9 Appleyards Delicatessen .......... B3
10 Drapers Hall .......... C2
11 Golden Cross .......... B3
12 Good Life Wholefood Restaurant .......... B3

**Ausgehen & Nachtleben**

13 Henry Tudor House .......... C3
14 Three Fishes .......... B2

**Unterhaltung**

15 Old Market Hall Film & Digital Media .......... B2
16 Theatre Severn .......... A1

**Shrewsbury Castle** BURG
(☎01743-358516; www.shrewsburymuseum.org.uk; Erw./Kind 2,50/1,50 £; ⏲Ende Mai–Mitte Sept. Mo–Mi, Fr & Sa 10.30–17, So bis 16 Uhr, Mitte Sept.–Ende Mai Mo–Mi, Fr & Sa 10.30–16 Uhr) Der poröse rote Sandstein der Gegend diente als Baumaterial für die Burg, die das **Shropshire Regimental Museum** beherbergt. Die Festungsmauern mit dem **Laura's Tower** bieten herrliche Ausblicke. Der untere Teil der **Great Hall** stammt von 1150.

**Charles-Darwin-Statue** MONUMENT
Der berühmteste Sohn der Stadt, Charles Darwin, wurde 1809 im Mount im Stadtteil Frankwell geboren. Eine Statue vor der Stadtbibliothek ehrt den Naturforscher, der in diesem Gebäude – der ehemaligen Schule von Shrewsbury – Lesen und Schreiben lernte.

## Geführte Touren

**Shrewsbury Walking Tours** STADTRUNDGANG
(☎01743-258888; Erw./Kind 4/2,50 £; ⏲Mai–Sept. Mo–Sa 14.30, So 11 Uhr) Die Stadtführung beginnt vor der Touristeninformation.

**Sabrina** BOOTSTOUREN
(☎01743-369741; www.sabrinaboat.co.uk; Erw./Kind 7,50/3,50 £; ⏲März–Okt. ständl. 11–16 Uhr)

Auch an Bord der „Sabrina", die den Fluss Severn entlanggleitet, lässt sich Shrewsbury erkunden. Die Fahrt beginnt am Victoria Quay bei der Welsh Bridge. An Montagabenden wird eine „Geisterfahrt" angeboten (19.30–22.30 Uhr, 7,50/3,50 £), an Dienstagabenden eine „Musiknacht" (19.30–22.30 Uhr, 5 £).

## Schlafen

In der hübschen Abbey Foregate befinden sich mehrere B&Bs.

**Corbet Arms** PUB ££

(☎01743-709232; www.thecorbetarms.com; Church Rd, Uffington; DZ 65–95; P 📶) Im winzigen Dorf Uffington, 6,5 km östlich der Stadt, beherbergt das entspannte, familienfreundliche Pub Gäste in neun wunderschön eingerichteten Zimmern (mit Bad), die über eine Treppe erreichbar sind. Zimmer Nr. 10 im Obergeschoss hat freigelegtes Fachwerk, einen großen Sitzbereich und schöne Blicke auf die Umgebung. Auch die Küche des Pubs ist äußerst empfehlenswert – besonders der *Sunday roast* (Sonntagsbraten).

**Old House Suites** HISTORISCHES HOTEL ££

(☎07813-610904; www.theoldhousesuites.com; The Old House, 20 Dogpole; Suite 85–125 £; P @) In ganz Shrewsbury gibt's keine geschichtsträchtigere Stätte, um sein Haupt niederzulegen, als das Old House mit seinen drei luxuriös ausgestatteten Suiten. Das herrlich schiefe Herrenhaus im Tudorstil mit prächtigem Garten gehörte einem von Katharina von Aragons Höflingen. Auf Wunsch erklärt der Hausherr Gästen auf einer einstündigen Führung durch das Anwesen alle historischen Details. Die Zufahrt ist nicht beschildert; an der Bushaltestelle Dogpole führt eine Treppe hinauf zum Old House.

**Lion Hotel** HOTEL ££

(☎01743-353107; www.thelionhotelshrewsbury.com; Wyle Cop; EZ/DZ/Suite inkl. Frühstück ab 80/108/140 £; P) Ein goldener Löwe wacht über dem Eingang der berühmten Kutschenstation aus dem 16. Jh. Innen hängen jede Menge Porträts von feinen Lords und Ladies mit gepuderten Perücken. Ein prominenter Gast war Charles Dickens. In der Lounge sorgt ein prächtiger Steinkamin für heimelige Wärme. Bei der stilgerechten Einrichtung der wunderschönen Zimmer stimmt jedes Detail – bis hin zu den historischen Stoffmustern und Wasserkrügen aus Ton.

## Essen

**Good Life Wholefood Restaurant** VEGETARISCH £

(☎01743-350455; Barracks Passage; Hauptgerichte 3,50–7£; ⏲Mo–Sa 9–16 Uhr; ✍) 🌿 Wer sich etwas Gutes tun will, kehrt in diesem Tempel der Gesundheit ein. Zu den frisch zubereiteten, vegetarischen Gerichten gehören Quiches, fleischlose „Braten" und Lasagne, Salate, Suppen und eine superleckere Spinat-Moussaka.

**Appleyards Delicatessen** FEINKOST £

(☎01743-240180; 85 Wyle Cop; ⏲Di–Sa 9–17 Uhr) Das Feinkostgeschäft traditioneller Art hat eine Riesenauswahl an Käse und Bier.

**Golden Cross** MODERN BRITISCH ££

(☎01743-362507; www.goldencrosshotel.co.uk; 14 Princess St; Hauptgerichte mittags 10,50–14 £, abends 11,50–19,50 £; ⏲Küche 12–14.30 & 18–22 Uhr) Romantikern wird im Kerzenscheinambiente des 1428 eröffneten Gasthofs das Herz aufgehen. Die Küche ist kreativ und ohne Fehl und Tadel. Sie zaubert Köstlichkeiten wie in Grieß panierte Ricotta-Muskatbällchen, glasierte Grillrippchen mit Ananas-Salsa und geräuchertem Knoblauch oder Ente in Pflaumensauce. Die fünf exquisiten Gästezimmer im Obergeschoss (Doppelzimmer von 75 £ bis 150 £) haben so luxuriöse Details wie freistehende Badewannen und Liegesofas.

**Drapers Hall** FRANZÖSISCH £££

(☎01743-344679; www.drapershallrestaurant.co.uk; 10 St Mary's Pl; Hauptgerichte 12–25 £; ⏲Küche 12–14.30 & 18.30–21 Uhr; P 📶) Wer in diesem wunderbar erhaltenen Herrenhaus aus dem 16. Jh. absteigt, spürt den Hauch der Geschichte mit jedem Atemzug. Hinter der eleganten elisabethanischen Fassade wird in holzgetäfelten und mit Kunstobjekten dekorierten Speisesälen sterneverdächtige Haute Cuisine mit englischem Einschlag zelebriert. Die Zimmer im Obergeschoss (DZ 105–155 £) sind mit grandiosen alten Erbstücken eingerichtet.

## Ausgehen & Nachtleben

**Henry Tudor House** PUB

(www.henrytudorhouse.com; Barracks Passage; ⏲Mo–Do 11–23, Fr & Sa bis 1, So 12–23 Uhr) Die schwarzweiße Fachwerkschönheit aus dem frühen 15. Jh. hat eindeutig Schlagseite. Hier trank sich schon Heinrich VII. Mut an, bevor er sich in die Schlacht von Bosworth stürzte. Inzwischen hat das Pub in einer

Passage am Wyle Cop ein paar modernere Errungenschaften wie Metalltresen, Wintergarten und in Vogelkäfige eingesperrte Kronleuchter. Die Angebote auf der Speisekarte machen Appetit und die häufigen Livegigs Laune.

**Three Fishes** PUB
(www.realaleshrewsbury.co.uk; 4 Fish St; ⌚Mo–Do 11.30–15 & 17–23, Fr & Sa 11.30–23, So 12–22.30 Uhr) So stellt sich jeder eine urige Bierkneipe aus der Tudorzeit vor: mit einem gut gelaunten Wirt, entspannten Stammgästen und Hopfenranken, die von der Balkendecke aus dem 15. Jh. baumeln.

## Unterhaltung

**Old Market Hall Film & Digital Media** KINO
(☎01743-281281; www.oldmarkethall.co.uk; The Square; ⌚Mo–Sa 10–21, So 12–18 Uhr; 📶) Die Filmauswahl des bezaubernden Kinos im elisabethanischen Stil bedient sich sowohl aus der Autorenkiste wie auch beim Mainstream.

**Theatre Severn** THEATER
(☎01743-281281; www.theatresevern.co.uk; Frankwell Quay) Das hochgelobte und recht noble neue Theater am Flussufer bietet allen Kunstrichtungen, von Popmusik über Comedy bis zu Schauspiel und Klassikkonzerten, eine Bühne.

## Praktische Informationen

**Touristeninformation** (☎01743-258888; www.visitshrewsbury.com; The Square; ⌚April–Okt. tgl. 10–17 Uhr, Nov.–März Di–So 10–17 Uhr) Teilt sich die Music Hall mit dem Shrewsbury Museum & Art Gallery (S. 469).

## An- & Weiterreise

### BUS

Der **Busbahnhof** liegt in der Smithfield Road nicht weit vom Fluss. Bus 435 fährt nach Ludlow (3,50 £, 1½ Std., Mo–Fr stündl., Sa alle 2 Std.) und macht Zwischenstation in Church Stretton (2,70 £, 45 Min.). Außerdem gibt's u. a. Verbindungen nach:

**Birmingham** National Express; 7 £, 1½ Std., 2-mal tgl.

**Ironbridge** Bus 96; 3 £, 50 Min., Mo–Sa alle 2 Std.

**London Victoria** National Express; 22,10 £, 4½ Std., 2-mal tgl.

### ZUG

Der Bahnhof liegt am Ende von Castle Foregate. Züge fahren u. a. nach Birmingham (13,60 £, 1 Std., halbstündl.), Ludlow (14,20 £, 30 Min., halbstündl.) und London Euston (68 £, 2¾ Std., alle 20 Min.).

Wer in Richtung Wales weiter will, kann mit **Arriva Trains Wales** (☎0845 606 1660; www.arrivatrainswales.co.uk) nach Swansea (44,20 £, 3¾ Std., stündl.) und Holyhead (57,20 £, 3 Std., stündl.) fahren.

## Unterwegs vor Ort

**Dave Mellor Cycles** (☎01743-366662; www.davemellorcycles.com; 9a New St, Frankwell; halber/ganzer Tag 7,50/15 £; ⌚Mo–Sa 9–18 Uhr) verleiht Räder für Erwachsene, aber leider keine Kinderräder.

# Attingham Park

Eine Location wie aus einem historischen Liebesroman: **Attingham Park** (NT; ☎01743-708123; www.nationaltrust.org.uk; Haus & Park Erw./Kind 9,45/5,25 £, nur Park 4,55/2,35 £; ⌚Haus Mitte März–Anfang Nov. 10.30–17.30 Uhr, Park Mai–Sept. 8–19 Uhr, März–April & Okt. 9–18 Uhr, Nov.–März bis 17 Uhr) wurde 1785 im klassizistischen Stil errichtet. Säulen zieren die pompöse Fassade, die Rasenanlagen sind perfekt gepflegt und im Hof gibt's eine extra Wendeschleife für Kutschen. Der wunderschön angelegte Park umschließt einen dekorativen See und beherbergt rund 300 Stück Damwild. Der ummauerte Garten ist ein Prachtexemplar seiner Gattung.

Attingham Park liegt 6,5 km südöstlich von Shrewsbury in Atcham. Anfahrt mit Bus 81 oder 96 (2,10 £, 20 Min., Mo–Sa 6-mal tgl.).

# Ironbridge Gorge

Wer durch die Wälder, Hügel und Dörfer entlang der verträumten Schlucht wandert oder radelt, kann sich kaum vorstellen, dass dies der Geburtsort der Industriellen Revolution sein soll. Aber genau hier entwickelte Abraham Darby 1709 eine Methode, um Eisenerz mit Steinkohle zu verhütten, und ermöglichte damit die Herstellung von Gusseisen im großen Stil.

Sein Sohn, Abraham Darby II., erfand eine neue Schmelztechnik zur Produktion einzelner Eisenbarren. So konnte Enkel Abraham Darby III. die Welt mit der ersten Eisenbrücke überhaupt verblüffen, die er 1779 erbauen ließ. Die Brücke ist das Herzstück des als Weltkulturerbe eingestuften Gebiets mit zehn sehr unterschiedlichen Museen.

Sie alle erzählen die Geschichte der Industriellen Revolution in den Gebäuden, in der diese stattfand.

## Sehenswertes & Aktivitäten

**★Museum of the Gorge** MUSEUM
(☎01952-433424; www.ironbridge.org.uk; The Wharfage; Erw./Kind 4,15/3,25 £; ⏲März–Anfang Nov. 10–17 Uhr, Anfang Nov.–Feb. bis 16 Uhr) Die meisten beginnen ihren Besuch in diesem Museum, das mit Film, Fotos und 3D-Modellen einen Überblick über das vermittelt, was Besucher auf dem Gelände erwartet. Es ist in einem gotischen Lagerhaus am Fluss untergebracht und steckt voller interessanter Objekte zum Anfassen.

**★Iron Bridge** BRÜCKE
(www.ironbridge.org.uk; ⏲Zollhaus März–Anfang Nov. Sa & So 10–17 Uhr, Anfang Nov.–Feb. Sa & So bis 16 Uhr, während der Schulferien tgl.) GRATIS Die kühn geschwungene, mit einem Kiesbelag versehene Iron Bridge, der diese Gegend ihren Namen verdankt, wurde von der Darby-Familie 1779 als Anschauungsbeispiel für die von ihr entwickelten neuen Techniken errichtet. Damals konnte sich keiner vorstellen, dass es möglich wäre, eine so lange Eisenbrücke zu konstruieren, ohne dass sie unter ihrem Eigengewicht – immerhin 384 t – zusammenbricht. Eine kleine Ausstellung im **Zollhaus** beleuchtet die Geschichte der Brücke.

**Blists Hill Victorian Town** MUSEUM
(☎01952-433424; www.ironbridge.org.uk; Legges Way; Erw./Kind 16,50/11 £; ⏲März–Anfang Nov. 10–17 Uhr, Anfang Nov.–Feb bis 16 Uhr) Am oberen Ende der Hay Inclined Plane (einer Seilbahn, mit der früher mit Kohle beladene Boote vom Shropshire-Kanal hochgezogen wurden) liegt das liebevoll restaurierte viktorianische Museumsdorf Blists Hill. Seine stilgerecht eingekleideten „Bewohner" gehen ihren alltäglichen Pflichten nach und es gibt sogar eine Bank, in der Besucher ihr Geld in Shillings eintauschen können, um in den Dorfläden einzukaufen. Eine zusätzliche Attraktion, besonders für Kinder, ist der viktorianische Markt im Sommer.

**Museum of Iron** MUSEUM
(www.ironbridge.org.uk; Wellington Rd; Erw./Kind 8,50/5,75 £, inkl. Darby Houses 9,25/6,75 £; ⏲März–Anfang Nov. 10–17 Uhr, Anfang Nov.–Feb. bis 16 Uhr) In den düsteren Hallen von Abraham Darbys erster Eisenhütte überrascht das Museum mit einigen clever konzipierten interaktiven Objekten. Hier wurden nicht nur die Träger der Iron Bridge produziert, sondern auch Maschinen und ausgefallene Deko-Elemente aus Gusseisen, z. B. die Tore für den Londoner Hyde Park.

**Darby Houses** MUSEUM
(☎01952-433522; www.ironbridge.org.uk; Erw./Kind 5,25/3,75 £, inkl. Museum of Iron 9,25/6,75 £; ⏲Ende März–Anfang Nov. 10–17 Uhr) Generationen von Darbys wohnten in den wunderschön restaurierten Häusern aus dem 18. Jh. Da die Familie zu den Quäkern gehörte, ist die Einrichtung eher spartanisch. Die Häuser liegen direkt oberhalb des Museum of Iron.

**Coalport China Museum & Tar Tunnel** MUSEUM
(www.ironbridge.org.uk; Museum Erw./Kind 8,50/5,75 £, Tar Tunnel 3,25/2,50 £; ⏲März–Anfang Nov. 10.30–16 Uhr) Mit dem Niedergang der Eisenindustrie verlegte sich Ironbridge auf andere Produktionszweige. Dazu gehörte die Herstellung von Porzellangefäßen aus Kaolin, das rund um Blists Hill abgebaut wurde. Die Fabrikanlage wird von zwei flaschenförmigen Brennöfen dominiert und beherbergt nun ein faszinierendes **Museum**, in dem die Geschichte der Porzellanproduktion beleuchtet und von Demonstrationen traditioneller Töpfertechniken ergänzt wird.

Ein kurzer Spaziergang am Kanal entlang führt zum 200 Jahre alten **Tar Tunnel**. Beim Bau des Kanaltunnels wurde natürlich vorkommendes Bitumen entdeckt, das aus den Wänden sickerte. Er wurde nie für die Schifffahrt benutzt.

**Jackfield Tile Museum** MUSEUM
(☎01952-433424; www.ironbridge.org.uk; Erw./Kind 8,50/5,75 £; ⏲Ende März–Anfang Nov. 10–

### IRONBRIDGE-GORGE-MUSEUMSPASS

Die zehn Ironbridge-Museen werden vom **Ironbridge Gorge Museum Trust** (☎01952-433424; www.ironbridge.org.uk) verwaltet. Wer sich in einem davon oder in der Touristeninformation einen **Museumspass** (Erw./Kind 27,50/16,50 £) kauft, fährt erheblich günstiger. Er ist ein Jahr lang gültig und gewährt unbegrenzten Zutritt zu sämtlichen Attraktionen in Ironbridge Gorge.

# Ironbridge Gorge

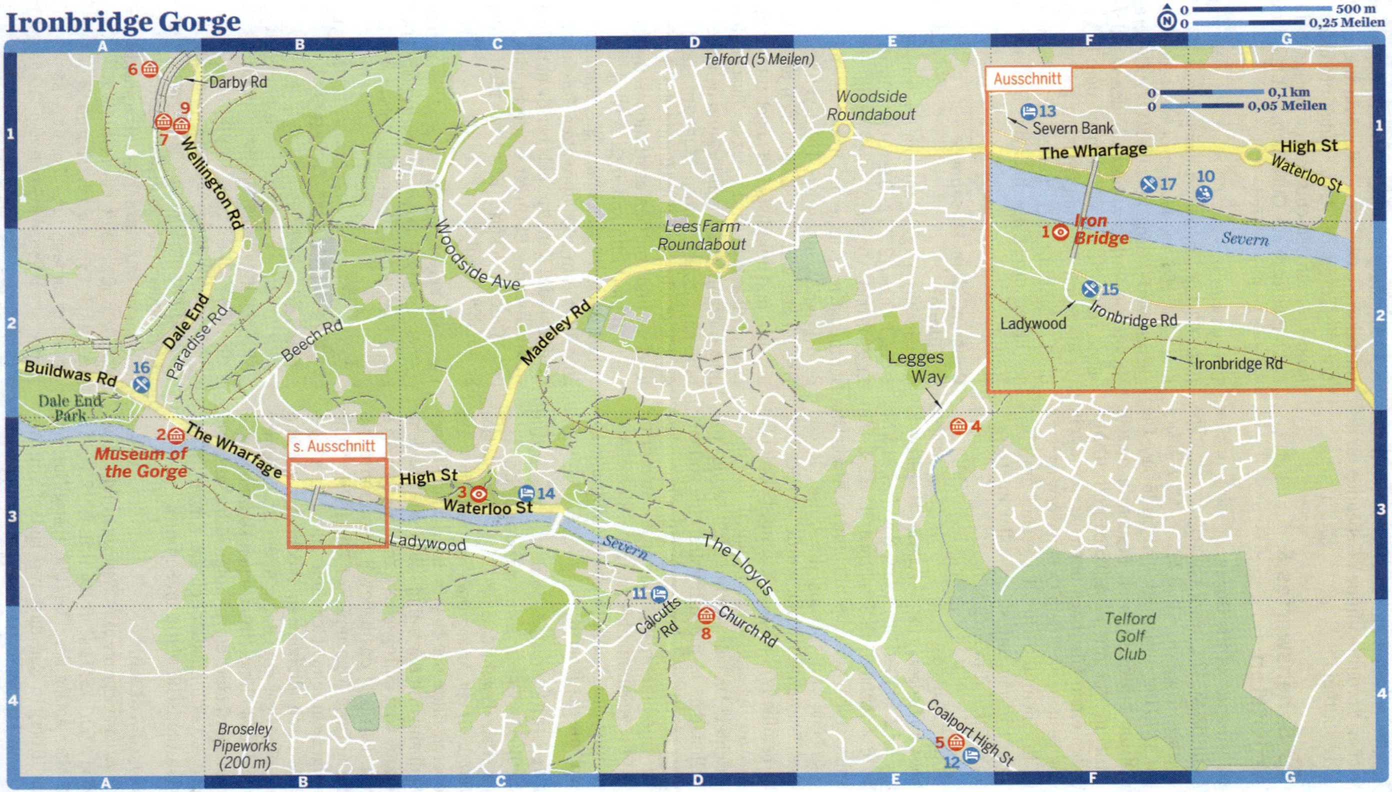

## Ironbridge Gorge



17 Uhr, Anfang Nov.–Ende März bis 16 Uhr) Jackfield galt einst als größte Fliesenfabrik der Welt, berühmt für ihre Schmuckkacheln, deren Muster durch Lagen verschiedenfarbigen Tons entstanden. Sie werden bis heute hier produziert, da sie für Restaurationsarbeiten gebraucht werden. In Sälen mit Gasbeleuchtung wurden historische Räume mit Schmuckkachelverzierung rekonstruiert, z. B. eine viktorianische Bedürfnisanstalt. Das Museum liegt am Südufer des Severn und ist über die Fußgängerbrücke am unteren Ende der Hay Inclined Plane erreichbar. Dienstags finden Workshops zur Herstellung von Schmuckkacheln statt (ab 10 Uhr; 5 £).

**Enginuity** MUSEUM
(www.ironbridge.org.uk; Wellington Rd; Erw./Kind 8,75/7,25 £; ⌚ Ende März–Anfang Nov. 10–17 Uhr, Anfang Nov.–Ende März bis 16 Uhr) Wenn die Kids langsam schlapp machen, ist es Zeit für dieses Wissenschaftsmuseum zum Anfassen und Mitmachen. Es liegt neben dem Museum of Iron und bringt die Kleinen schnell wieder auf Trab: Sie können Roboter per Fernsteuerung herumkommandieren, eine Dampflokomotive mit der bloßen Hand (und etwas technischem Verständnis) in Bewegung setzen und einen Staubsauger mit selbst erzeugtem Strom aufladen.

**Broseley Pipeworks** MUSEUM
(www.ironbridge.org.uk; Erw./Kind 5,25/3,75 £; ⌚ Mitte Mai–Mitte Sept. 13–17 Uhr) Mit Englands einstmals größtem Hersteller von Tabakpfeifen aus Ton ging es langsam bergab, als in den 1880er-Jahren fertig gerollte Zigaretten aufkamen. In der Fabrik sieht noch alles so aus wie zum Zeitpunkt der Schließung 1957. Sie liegt 1,6 km südlich des Flusses (an der Iron Bridge beginnt ein ausgeschilderter Fußweg) in einer kurvigen Gasse mit ehemaligen Arbeiterwohnungen. In der Touristeninformation liegt der Prospekt *Jitties* aus, der einen Rundgang durch die Gassen im Umfeld der Pfeifenfabrik beschreibt.

**Bedlam Furnaces** HISTORISCHES GEBÄUDE
Am Fluss Severn sind die Überreste zweier mit Koks befeuerter Hochöfen aus den 1750er-Jahren zu sehen, die bis ins 19. Jh. hinein in Betrieb waren.

**Ironbridge Leisure** KANU- & KAJAKFAHREN
(☎ 01952-433518; www.ironbridgeleisure.co.uk; 31 High St; Leihkajak/-kanu ab 20/25 £; ⌚ Di–Sa 9–17 Uhr) Im Sommer, wenn sich die Wassermassen des Severn beruhigt haben, macht eine Entdeckungsfahrt auf der 8 km langen Strecke durch die Schlucht und ihre Umgebung Laune (rund 3 Std.). Es werden auch Mehrtagestouren mit Camping angeboten.

### Schlafen

In Ironbridge gibt's eine große Auswahl an B&Bs, im nahegelegenen Telford einige moderne Hotels. Von den beiden Jugendherbergen in Ironbridge ist das Coalbrookdale Hostel für Gruppen reserviert.

**Ye Olde Robin Hood** PUB £
(☎ 01952-433071; www.yeolderobinhoodinn.co.uk; 33 Waterloo St; DZ ab 55 £; P 📶) Das neue Management ist dabei, den netten, weiß getünchten Traditionsgasthof am Flussufer etwas aufzumöbeln. Seine drei blitzsauberen Zimmer haben Betten im King-Size-Format, an der Bar gibt's preisgünstiges, zuverlässig gutes Essen und neue Gäste werden wie alte Stammkunden empfangen.

**Coalport YHA** HOSTEL £
(☎ 0845 371 9325; www.yha.org.uk; High St; B/DZ ab 13/50 £; P 📶) In der ruhigsten und hüb-

ABSTECHER

### COSFORD ROYAL AIR FORCE MUSEUM

Das berühmte **Luftfahrtmuseum** (☎ 01902-376200; www.rafmuseum.org.uk; Shifnal; ⏲ März–Okt. 10–18 Uhr, Nov.–Feb. bis 17 Uhr) liegt 21 km östlich von Ironbridge wird von der Royal Air Force betrieben, deren Piloten viele der rund 70 ausgestellten Wundermaschinen durch die Lüfte steuerten. Highlights sind der V-Bomber (britischer Kernwaffenträger) und der winzige, hubschrauberähnliche Gleiter Fa330 „Bachstelze", der von deutschen U-Booten gezogen wurde und sie vor feindlichen Schiffen warnte. Besucher dürfen den Black Hawk Simulator ausprobieren. Vom Bahnhof Cosford (an der Eisenbahnlinie Birmingham-Shrewsbury) sind es noch 800 m zu Fuß bis zum Museum.

Während der **Cosford Air Show** (www.cosfordairshow.co.uk) im Juni malt das Stunt-Team Red Arrows farbige Rauchmuster in den Himmel.

schesten Ecke von Ironbridge wurde eine alte Porzellanfabrik in eine Jugendherberge mit modernen, funktionellen Zimmern verwandelt. Das größte Plus sind zusätzliche Annehmlichkeiten wie Waschraum, Selbstversorgerküche, Café mit Alkohollizenz und WLAN in den Gemeinschaftsbereichen.

**★ Library House** B&B ££
(☎ 01952-432299; www.libraryhouse.com; 11 Severn Bank; EZ/DZ ab 75/90 £; P @ 📶) Das liebevoll renovierte georgianische Gebäude in einer Gasse, die von der Hauptstraße abzweigt, ist von Kletterpflanzen bewachsen und hat nach hinten hinaus einen wunderschönen Garten. Im Inneren zaubern Stapel alter Bücher, Nippes, Drucke und Lithografien eine gemütliche Atmosphäre. Die drei herrlich altmodischen Zimmer namens Milton, Chaucer und Eliot sind individuell eingerichtet und bestens in Schuss. Ein kontaktfreudiger Hund namens Millie gehört ebenfalls zum Inventar.

**Calcutts House** B&B ££
(☎ 01952-882631; www.calcuttshouse.co.uk; Calcutts Rd; EZ/2BZ/DZ ab 55/70/90 £; P 📶) Die frühere Villa eines Eisenhüttenbesitzers stammt aus dem 18. Jh. und liegt am Südufer des Severn beim Jackfield Tile Museum um die Ecke, rund 1,5 km östlich der Brücke. Die traditionell eingerichteten Zimmer (darunter eines mit einem riesigen, 200 Jahre alten Himmelbett) stecken voller Charme.

## Essen & Ausgehen

Die meisten Essadressen liegen in der High Street. Entlang der Ufer des Severn verstecken sich einige altmodische Pubs.

**Deli-Dale** FEINKOST £
(Dale End, Coalbrookdale; Gerichte 3–5,50 £; ⏲ Mo–Fr 8.30–17.30, Sa 10–16, So 12–16 Uhr; 📶 👪) Der wunderschöne Feinkostladen ist weit und breit die beste Adresse für einen Happen zwischendurch. Dampfende Suppen, Salate, Sandwiches und Kuchen werden frisch zubereitet und über die Theke verkauft oder an Tischen im Laden und im Hof unter Sonnenschirmen serviert. Eine prima Adresse für Familien.

**D'arcys at the Station** MEDITERRAN ££
(☎ 01952-884499; www.darcysironbridge.co.uk; Ladywood; Hauptgerichte 12–14 £; ⏲ Di–Sa 18–21.30 Uhr) Das alte Bahnhofsgebäude auf der anderen Flussseite ist eine wunderschöne Kulisse für leckere Mittelmeerspezialitäten, vom marokkanischen Huhn über zypriotisches Kebab bis zum toskanischen Bohneneintopf.

**Restaurant Severn** BRITISCH, FRANZÖSISCH £££
(☎ 01952-432233; www.restaurantsevern.co.uk; 33 High St; 2-/3-Gänge-Menü mittags 18,95/20,95 £, abends ab 25,95/27,95 £; ⏲ Mi–Sa 18.30–20.30, So 12–13.30 Uhr; P) Die gelungene englisch-französische Fusionsküche des kleinen, unauffälligen Lokals am Flussufer erntet viel Lob. Produkte der Region bilden das Rückgrat der wöchentlich wechselnden Speisekarte, auf der z. B. Rehmedaillons aus Shropshire an Cognacsauce mit sonnengetrockneten Preiselbeeren stehen könnte. Freitags und samstags werden die Preise leicht angehoben.

## Praktische Informationen

**Touristeninformation** (☎ 01952-433424; www.ironbridge.co.uk; The Wharfage; ⏲ 10–17 Uhr) Im Museum of the Gorge.

## An & Weiterreise

Der nächste Bahnhof liegt im 9,6 km entfernten Telford. Von dort fährt Bus 96 nach Ironbridge (2,10 £, 15 Min., Mo–Sa 6-mal tgl.) und weiter nach Shrewsbury (5,10 £, 35 Min.). Bus 99 verbindet Ironbridge mit Bridgnorth (3,20 £,

45 Min., Mo–Sa 9-mal tgl.), Bus 88 ist zuständig für Much Wenlock (3,50 £, 30 Min., Mo–Sa alle 2 Std.).

### Unterwegs vor Ort

Zwischen Ostern und Oktober fährt an Wochenenden und Feiertagen der Bus Gorge Connect (1,65 £, mit Museumspass 1 £) vom Busbahnhof Telford zu allen Museen am Nordufer des Severn. Ein Day Rover Pass kostet für Erwachsene 2,20 £, für Kinder 1,55 £.

## Much Wenlock

2210 EW.

Auf dem Land sind solche ausgefallenen Namen sehr verbreitet und Much Wenlock ist genauso bezaubernd, wie es sich anhört. Die Straßen rund um die vom Zahn der Zeit angenagten Ruinen der Wenlock Priory sind gesäumt von Häusern im jakobinischen, georgianischen und Tudorstil. Hier kennt jeder jeden, Besucher werden herzlich aufgenommen und es heißt, das Bilderbuchdörfchen habe die Olympischen Spiele der Neuzeit angestoßen.

### Sehenswertes

**Guildhall** HISTORISCHES GEBÄUDE

(01952-727509; Eintritt 1 £; April–Okt. Mo–Sa 10.30–13 & 14–16.30, So 14–16.30 Uhr) Die Zunfthalle von 1540 ist ein Tudorbau, wie er im Buche steht. Ihr vom Alter gebeugtes Fachwerk weist höchst dekorative Schnitzereien auf. An einem der Stützpfeiler wurden im Mittelalter Delinquenten öffentlich ausgepeitscht.

**Holy Trinity Church** KIRCHE

(www.muchwenlockchurch.co.uk; 9–17 Uhr) Die etwas altersschwache Kirche entstand 1150 auf den Überresten eines von den Sachsen errichteten Baus. Der normannische Bogen über dem Eingang weist die Initialen „AB" und „RI" auf, die bis heute nicht entschlüsselt wurden. Die ehemalige Polizeiwache von 1864 ganz in der Nähe ist ein hübscher Hingucker.

**Wenlock Priory** RUINE

(EH; 01952-727466; www.english-heritage.org.uk; Erw./Kind inkl. Audioguide 4,20/2,50 £; April–Sept. 10–18 Uhr, Okt. bis 17 Uhr, Nov.–März Sa & So bis 16 Uhr; P) Auf sattgrünem Rasen mit Sträuchern in Tierform dümpeln die kläglichen Überreste der Cluniazenzer-Abtei, die von normannischen Mönchen auf den Ruinen eines angelsächsischen Klosters von 680 errichtet worden war. Seine Hauptattraktionen sind das reich verzierte Kapitelhaus und ein auffälliges Steinbecken, an dem sich die Mönche vor den Mahlzeiten wuschen.

### Schlafen & Essen

**Raven Hotel** HOTEL ££

(01952-727251; www.ravenhotel.com; Barrow St; DZ 85–95 £, Suite 105 £, Hauptgerichte mittags 11–13 £, 2-/3-Gänge-Menü abends 28/36 £; P) Mit ihren umgebauten Ställen ist die ehemalige Kutschenstation aus dem 17. Jh. Wenlocks Top-Adresse. Die geschmackvolle Einrichtung im Country-Look unterstreicht den historischen Charme. Im Hotelrestaurant mit Blick auf den üppig blühenden Garten werden Gäste mit Klassikern der britischen und mediterranen Küche verwöhnt.



### DER GROSSVATER DER OLYMPISCHEN SPIELE DER NEUZEIT

2012 schauten alle nach London. Aber das winzige Much Wenlock führte im Juli desselben Jahres seine eigenen Olympischen Spiele durch, wie jedes Jahr seit 1850. Die Idee, Sportwettkämpfe nach dem Vorbild der alten Griechen zu veranstalten, hatte der Arzt William Penny Brookes ausgebrütet, als er nach einer gesunden Freizeitbeschäftigung für die gelangweilte Dorfjugend suchte. Er entwickelte einen Wettbewerb für „Männer aller Art" mit den Disziplinen Laufen, Hoch- und Weitsprung, Lanzenstechen, Hammerwerfen und Schubkarrenrennen sowie – für „Frauen aller Art" – Singen, Stricken und Nähen.

Schon bald wurde Pierre de Coubertins Interesse geweckt und er kam 1890 zu Besuch, um sich mit Brookes zu beraten, bevor er 1896 die Olympischen Spiele der Neuzeit in Athen ins Leben rief. Brookes wurde in der olympischen Geschichte nirgends erwähnt. Erst 1994 kam der damalige Vorsitzende des Internationalen Olympischen Komitees, Juan Antonio Samaranch, nach Much Wenlock, um den „Gründer der modernen Olympischen Spiele" zu würdigen.

Die Olympischen Spiele von Much Wenlock finden nach wie vor jeden Juli statt, mit Disziplinen von Volleyball bis Triathlon. Näheres dazu steht auf der Website www.wenlock-olympian-society.org.uk.

**Fox** PUB ££

(☎01952-727292; www.the-fox-inn.co.uk; 46 High St; EZ/DZ ab 65/85 £, Hauptgerichte 13,50–16,50 £; ⏰Di–Sa 12–14 & 18–21.30, So bis 14 Uhr; P@📶) Ein riesiger Kamin sorgt für heimelige Wärme, während die Küche Produkte aus der Umgebung (Rind, Fasan, Reh) zu leckeren Gerichten verarbeitet, zu denen ein Pint Ale aus Shropshire am besten passt. Auch wem der Sinn nach einem romantischen Abendessen mit Kerzenlicht steht, wird nicht enttäuscht. Die fünf Gästezimmer sind modern eingerichtet.

### ℹ Praktische Informationen

**Touristeninformation** (☎01952-727679; www.muchwenlockguide.info; The Square; ⏰April–Okt. 10.30–13 & 13.30–17 Uhr, Nov.–März Fr–So 10.30–13 & 13.30–16 Uhr) Mit einem kleinen Museum (Eintritt frei) zur Lokalgeschichte.

### ℹ An- & Weiterreise

Bus 436 fährt von Shrewsbury nach Much Wenlock (3,30 £, 35 Min., Mo–Sa stündl.) und weiter nach Bridgnorth (3,30 £, 20 Min.). Mit Bus 88 geht's nach Ironbridge (2,60 £, 30 Min., Mo–Sa alle 2 Std.).

## Rund um Much Wenlock

Das spektakuläre Kalksteinmassiv **Wenlock Edge** sieht aus wie eine zu Stein erstarrte Riesenwelle, die jeden Moment über die liebliche Landschaft Shropshires hereinbrechen könnte. Es hat sich aus Gesteinsmassen aus dem Silur gebildet, die damals von Wasser bedeckt waren, und erstreckt sich über 24 km zwischen Much Wenlock und Craven Arms an der B4371. Für Wanderungen nach Ludlow und die Ironbridge Gorge bietet es sich als attraktiver Rückweg an.

Die Jugendherberge **Wilderhope Manor YHA** (☎0845 371 9149; www.yha.org.uk; Longville-in-the-Dale; B/DZ/FZ ab 16/48/75 £; ⏰Fr, Sa & Schulferien; P) liegt in einem elisabethanischen Natursteinhaus mit Satteldach, Wendeltreppen, Holztäfelungen, einem riesigen Speisesaal mit Steinboden und geräumigen Zimmern, denen die alten Eichenbalken unheimlich viel Flair verleihen. Wahrhaft ein Hostel für Könige! Anfahrt per Bus 155 ab Ludlow (3,70 £, 50 Min., 1-mal tgl. außer So, Abfahrtszeit im Hotel erfragen) bis Shipton, dann ca. 800 m zu Fuß bis Wilderhope.

## Bridgnorth & Umgebung

12 315 EW.

Eingeklemmt zwischen zwei spektakulären, steil zum Severn abfallenden Sandsteinbrocken wartet eines der schönsten historischen Städtchen Shropshires mit einer Vielzahl architektonischer Juwelen auf, auch wenn große Teile der Oberstadt 1646 während des Englischen Bürgerkriegs einem Brand zum Opfer fielen.

Einige der attraktivsten Bauten liegen im **St. Leonard's Close** rund um die gleichnamige Kirche, darunter ehemalige Armenhäuser und ein prächtiges, sechsgiebliges Gebäude, das früher zur Oberschule gehörte.

Eine Bergbahn aus dem 19. Jh. sowie mehrere enge Gassen verbinden die High Town (Oberstadt) mit der Low Town (Unterstadt). Am unteren Ende des steilen, nur für Fußgänger zugänglichen Cartway steht das **Bishop Percy's House** von 1580.

### Sehenswertes & Aktivitäten

**Northgate** MUSEUM

(www.bridgnorthmuseum.org.uk; Northgate; ⏰Ostern–Okt. Sa 13.30–16, So 11–16 Uhr, während der Schulferien So–Fr 11–16, Sa 13.30–16 Uhr) GRATIS Von ursprünglich fünf Toren, die den Zugang zur Stadt kontrollierten, ist nur das Northgate übrig geblieben. Darin hat sich ein kleines Museum zur Stadtgeschichte eingenistet, das von ehrenamtlichen Mitarbeitern der Historical Society betrieben wird.

**Daniels Mill** MÜHLE

(☎01746-762753; www.danielsmill.co.uk; Erw./Kind 5/4 £; ⏰Ostern–Okt. 11–16 Uhr) Rund 1,5 km südlich des Zentrums liefert die größte noch arbeitende Wassermühle des Landes Mehl für die ansässigen Bäckereien. Der Müller wohnt selbst im Gebäude und erklärt Besuchern bei laufenden Maschinen die Funktionsweise der Mühle.

**Bridgnorth Cliff Railway** HISTORISCHE EISENBAHN

(☎01746-762052; www.bridgnorthcliffrailway.co.uk; Rückfahrkarte 1,20 £; ⏰Mai–Sept. Mo–Sa 8–20, So 12–20 Uhr, Okt.–April bis 18.30 Uhr) Großbritanniens steilste Inlandsbahnlinie quält sich seit 1892 die Felsen hinauf. An der Endstation beginnt ein Fußgängerweg (mit atemberaubenden nächtlichen Ausblicken), der um die Felsnase herum zu einem hübschen Park mit teils bedenklich schiefen Überresten des **Bridgnorth Castle** führt. Unterwegs passiert er die beeindruckende **St. Mary's Church**, die von Thomas Telford stammt und von einer Kuppel gekrönt ist.

**Severn Valley Railway** HISTORISCHE EISENBAHN
(☎01299-403816; www.svr.co.uk; Erw. einfach/hin und zurück 12,50/18 £, Kind 8/11,50 £; ⏰Mai–Sept. tgl., Okt.–April nur Sa & So) Bridgnorth ist die nördliche Endstation der Severn Valley Railway, deren historische Dampf- und Dieselloks durch das Tal nach Kidderminster schnaufen. Der Bahnhof liegt in der Hollybush Road. Termine für Sonderveranstaltungen können dort erfragt werden.

Parallel zu den Schienen verläuft ein landschaftlich schöner, rund 32 km langer Abschnitt des Radwegs Mercian Way (MCN 45) in Richtung Wyre Forest.

## Schlafen & Essen

**Severn Arms Hotel** HOTEL ££
(☎01746-764616; www.thesevernarms.co.uk; 3 Underhill St; EZ ohne/mit Bad 32/46£, DZ/FZ 64/75 £; 📶) Am Fuß der Felsnase, gleich neben der Bergbahn, bietet das komfortable Hotel in einem georgianischen Gebäude eine wunderbare Sicht auf den Fluss und die Brücke. Die hilfsbereiten Besitzer erklären Gästen den Weg zum Parkplatz, der ein paar Fußminuten entfernt auf der anderen Flussseite liegt.

**Cinnamon Cafe** CAFÉ £
(☎01746-762944; Waterloo House, Cartway; Hauptgerichte 5–8 £; ⏰Mo–Mi & Fr 9–18, Sa & So 10–16 Uhr; 👪) Dank der Lage nicht weit vom oberen Ende des Cartway bieten Speisesaal und Terrasse des Cafés (mit Schanklizenz) fabelhafte Ausblicke. Zu essen gibt's leckere Ofengerichte (auch vegetarisch und vegan), Quiches, hausgemachtes Müsli und Kuchen.

**Bridgnorth Delicatessen** FEINKOST £
(www.delicatessen.tv; 45 High St; ⏰Mo–Sa 9–17, So 11–16 Uhr) Für Picknickzutaten ist der hübsche, gut sortierte Feinkostladen mit seinen Unmengen an Leckereien in Gläsern eine Top-Adresse.

## Praktische Informationen

**Touristeninformation** (☎01746-763257; www.visitbridgnorth.co.uk; ⏰ganzjährig Mo–Mi, Fr & Sa 9.30–17 Uhr, April–Okt. auch 10–13 & 14–17 Uhr) Im selben Gebäude wie die Stadtbücherei.

## An- & Weiterreise

Bus 436 fährt von Shrewsbury nach Bridgnorth (3,30 £, 1 Std., Mo–Sa stündl.) mit Zwischenstation in Much Wenlock (3,30 £, 25 Min.). Bus 99 verbindet Bridgnorth mit Ironbridge (3,30 £, 30 Min., Mo–Sa alle 2 Std.).

# Church Stretton & Umgebung

3700 EW.

Der Long Mynd und die Caradoc Hills bilden ein tiefes Tal, in dem sich Church Stretton als Ausgangspunkt für Wander- und Radtouren durch die Shropshire Hills anbietet. Die meisten der schwarzweißen Fachwerkhäuser sind Nachbauten aus dem 19. Jh., als sich die viktorianische High Society hier vom Smog der Städte erholte. Über dem Nordportal der normannischen **St. Laurence's Church** zeigt eine Sheila-na-gig (primitive nackte Frauenfigur) ihre weiblichen Attribute.

## Aktivitäten

### Wandern

Church Stretton klammert sich an die steilen Hänge des 517 m hohen **Long Mynd**, Shropshires berühmtester Erhebung. Viktorianische Touristen hatten den kahlen aber dramatischen Felsen liebevoll *„Little Switzerland"* getauft. Seine zahlreichen Wanderwege bieten herrliche Aussichten auf die Umgebung. Ein beliebter Ausgangspunkt für Touren ist der Parkplatz des National Trust (pro Tag 2,50 £) am Ende des **Carding Mill Valley** (www.cardingmillvalley.org.uk), einen knappen Kilometer westlich der Shrewsbury Road. Dort bietet ein **Tearoom** (Gerichte 3,50–5 £; ⏰April–Okt. 10–17 Uhr, Nov.–März bis 16 Uhr) Getränke und Snacks an.

Ein Wirrwarr einspuriger Landstraßen klettert über den Long Mynd hinüber zum Nachbarkamm **Stiperstones**, der von leicht unheimlich wirkenden Felszacken überzogen ist. Auf der Weiterfahrt bietet sich der **Bog** (☎01743-792484; www.bogcentre.co.uk; ⏰Ostern–Okt. Mi–So 10–17 Uhr) mit einer Touristeninformation und einem Café als Zwischenhalt an. Das Schulhaus aus viktorianischen Zeiten wird von den Überresten eines verlassenen Bergarbeiterdörfchens umringt. Nicht weit davon entfernt liegt das Dorf **Snailbeach** (☎01743-790613; www.shropshiremines.org.uk; Führung Erw./Kind 7,50/3 £;

Führung Juni–Sept. So 11–16 Uhr) mit interessanten Zeugnissen aus der Zeit, als hier Blei abgebaut wurde.

### Andere Aktivitäten

In der Touristeninformation gibt's Karten mit Mountainbike-Routen und Infos über Reitmöglichkeiten (s. auch unter www.shropshireriding.co.uk).

**Plush Hill Cycles** RADFAHREN
(01694-720133; www.plushhillcycles.co.uk; 8 The Square; halber/ganzer Tag ab 17/22 £; Mo, Di, Do & Fr 8.30–18, Sa bis 17, So 10–16 Uhr) Der Fahrradverleih hat eine gute Auswahl an Mountainbikes und Elektrorädern. Helme, Karten und Kindersitze sind im Preis inbegriffen.

## Schlafen

**Bridges Long Mynd YHA** HOSTEL £
(01588-650656; www.yha.org.uk; Bridges; B ab 16 £; P) Das wunderbar einsam gelegene Hostel am anderen Ende des Long Mynd ist bei Wanderern sehr populär. Es logiert im ehemaligen Schulhaus des winzigen Weilers Bridges, knapp 2,5 km von Ratlinghope entfernt, hat weder WLAN noch Telefonanschluss und akzeptiert auch keine Kreditkarten. Bei Hunger und Durst springt das nahe gelegene Pub Horseshoe Inn in die Bresche. Anfahrt per Pkw über Ratlinghope oder mit dem Long Mynd & Stiperstones Shuttlebus (s. rechts).

**Mynd Guest House** B&B ££
(01694-722212; www.myndhouse.co.uk; Ludlow Rd; EZ/DZ ab 50/80 £; P@) Rund 3 km südlich von Church Stretton liegt Little Stretton mit diesem ansprechenden, familienfreundlichen B&B direkt am Mynd. Es bietet wunderschöne Talblicke und hübsche Zimmer, die nach den Hügeln der Umgebung benannt sind. Dazu gibt's eine kleine Bar, eine Lounge mit Literatur über die Gegend und einen Trockenraum für Wanderschuhe.

## Essen & Ausgehen

In der High Street von Church Stretton liegen mehrere gemütliche Pubs.

**Berry's Coffee House** CAFÉ £
(01694-724452; www.berryscoffeehouse.co.uk; 17 High St; Hauptgerichte 6–9,50 £; So–Do 9–17 Uhr, Fr & Sa länger; ) Bioanbau, artgerechte Haltung und Fair Trade sind die Prinzipien des freundlichen Cafés, das sich auf mehrere Räume in einem Gebäude aus dem 18. Jh. verteilt. Alles wird in der Küche frisch zubereitet, darunter auch das Shropshire-Frühstück und verführerische Desserts. Keine Kreditkarten.

**Bridges** PUB ££
(01588-650260; www.thebridgespub.co.uk; Ratlinghope; Hauptgerichte mittags 9–14 £, abends 10,50–17,50 £; Küche 12–15 & 18.30–21 Uhr) Rund 8 km nordöstlich von Church Stretton versteckt sich am Fuße des Long Mynd (nur 160 m vom Bridges Long Mynd YHA am Flussufer entfernt) eines dieser wunderbaren Landpubs mit Livemusik, Uferterrasse, ein paar netten Zimmern (Bett/DZ ab 15/50 £) und richtig leckerer Küche (in Cider geschmorter Schweinebauch, Strudel mit Pilzen und Ziegenkäse ...), das unter Kennern als Geheimtipp gehandelt wird. Nicht einfach zu finden, aber der Weg lohnt sich!

## Praktische Informationen

**Touristeninformation** (01694-723133; www.churchstretton.co.uk; Church St; Mo, Di & Do–Sa 9.30–15 Uhr) Sie liegt neben der Bücherei und bietet umfangreiches Infomaterial zu Wandermöglichkeiten sowie kostenlosen Internetzugang.

## Anreise & Unterwegs vor Ort

Die stündlich fahrenden Züge von Ludlow (6,80 £) nach Shrewsbury (5,90 £) halten auf halber Strecke in Church Stretton (15 Min.). Eine Alternative ist der Bus 435 von Shrewsbury nach Ludlow (2,70 £, 40 Min., Mo–Sa stündl.).

Bus 553 fährt von Shrewsbury nach Bishop's Castle und hält in Stiperstones und Snailbeach (3,30 £, 40 Min., Mo–Sa 4-mal tgl.).

Von Ostern bis September pendelt an Wochenenden der **Long Mynd & Stiperstones Shuttle** (www.shropshirehillsaonb.co.uk; Tagesticket 7 £; April–Sept. Sa & So 7-mal tgl.) zwischen dem Carding Mill Valley bei Church Stretton und den Dörfern auf dem Long Mynd. Er hält nach Bedarf (kräftig winken!) und macht Station an der Jugendherberge von Bridges sowie in Stiperstones, nicht weit von der Bleimine Snailbeach.

# Bishop's Castle

1895 EW.

Bishop's Castle, eine Handvoll Fachwerkhäuser und Cottages wie aus dem Bilderbuch, liegt friedlich eingebettet inmitten der herrlichen Natur Shropshires. Die High Street klettert von der Dorfkirche hoch zum restaurierten **Rathaus** von 1765 und dem **House on Crutches** (Haus auf Stelzen; ☎ 01588-630556; www.hocmuseum.org.uk; ⏲ April–Sept. Sa & So 14–17 Uhr) GRATIS, in dem das **Heimatmuseum** untergebracht ist.

## Aktivitäten

Für Wanderer bietet sich ab Bishop's Castle der **Shropshire Way** an, der auf den Fernwanderweg **Offa's Dyke Path** sowie im Westen auf den **Kerry Ridgeway** stößt. Die nördlichen Abschnitte des Shropshire Way winden sich hinauf zu den Felskämmen von Stiperstones und Long Mynd bei Church Stretton. Außerdem liegt Bishop's Castle am beliebten Radweg **Six Castles Cycleway** (NCN-Route 44) von Shrewsbury nach Leominster.

## Schlafen & Essen

**Castle Hotel** HOTEL ££
(☎ 01588-638403; www.thecastlehotelbishopscastle.co.uk; The Square; EZ/DZ/FZ inkl. Frühstück ab 100/105/150 £, Hauptgerichte 11–20 £; P 📶) Für den Bau des wuchtigen Gasthauses aus dem 18.Jh. wurden Steine der mittlerweile verschwundenen Burg verwendet, aus der auch die wunderschöne Holztäfelung im Speisesaal stammt. Die acht Zimmer mit Bad sind mit modernen Stoffen und Antikmöbeln sehr ansprechend eingerichtet. Auch die kneipenähnliche Bar und der hübsche Garten steuern zur Gemütlichkeit bei. An Wochenenden steigen die Preise.

**Yarborough House** CAFÉ £
(www.yarboroughhouse.com; The Square; Gerichte 3,50–5 £; ⏲ Di & Do–So 10–17 Uhr) Hier können Kunden bei Kaffee und Kuchen in Second-Hand-Büchern schmökern und die wahrhaft riesige Sammlung von gebrauchten Klassikplatten durchstöbern.

## Ausgehen & Nachtleben

**Three Tuns** PUB
(www.thethreetunsinn.co.uk; Salop St; ⏲ Mo–Sa 12–23, So bis 20.30 Uhr) Die beste Kneipe vor Ort gehört zur winzigen **Three Tuns Brewery** (www.threetunsbrewery.co.uk), über deren Hof seit 1642 Fässer mit haselnussbraunem Ale gerollt werden. Kein Wunder, dass sich hier die Einheimischen drängen: Das Bier ist wirklich top!

## Praktische Informationen

**Touristeninformation** (☎ 01588-630023; http://bishopscastletownhall.co.uk; ⏲ Mo–Sa 10–16 Uhr) Sie liegt im restaurierten Rathaus.

## An- & Weiterreise

Bus 553 sorgt für die Verbindung mit Shrewsbury (3,10 £, 1 Std., Mo–Sa halbstündl.) Von Mitte April bis September kommt am Wochenende und an Feiertagen der Castle Connect Shuttle aus Ludlow (Tagesticket/Einzelfahrt 7/1,30 £, 1¼ Std., 3-mal tgl.) in Bishop's Castle vorbei.

# Ludlow

10 515 EW.

Warum ausgerechnet dieses Provinzstädtchen rund um die Ruinen einer einstmals prächtigen normannischen Burg zu einem Mekka für Foodies wurde, ist rätselhaft. Aber die Straßen von Ludlow sind voll von kleinen Metzgereien, Bäckereien, Gemüseläden, Käsegeschäften und gastronomisch interessanten Restaurants.

## Sehenswertes & Aktivitäten

Die Umgebung von Ludlow ist landschaftlich außerordentlich reizvoll. Direkt vor dem Eingang zur Burg beginnt der **Mortimer Trail**, ein 48 km langer, gut ausgeschilderter Wanderweg durch typisch englische Naturidyllen bis nach Kington in Herefordshire. In der Touristeninformation gibt's darüber diverse Prospekte, weitere Infos stehen auf www.exploremortimercountry.com.

**Ludlow Castle** BURG
(☎ 01584-873355; www.ludlowcastle.com; Castle Sq; Erw./Kind 5/2,50 £; ⏲ Aug. tgl. 10–18 Uhr, April–Juli & Sept. bis 17 Uhr, Okt., Nov., Feb. & März bis 16 Uhr, Dez. & Jan. Sa & So bis 16 Uhr) In strategisch hervorragender Lage thront die Burg auf einem Felsen, der sich über der Flussbiegung erhebt. Sie war als Bollwerk gegen die plündernden Waliser – oder als Vorposten der in Wales einfallenden Engländer, je nach Sichtweise – kurz nach der Eroberung durch die Normannen errichtet und im 14. Jh. stark vergrößert worden.

Die normannische Kapelle im Innenhof gehört zu den wenigen noch existierenden Rundkapellen Englands. Der bullige Wachturm (um 1090 erbaut) bietet schöne Ausblicke über die Hügellandschaft.

**Church of St. Laurence** KIRCHE
(www.stlaurences.org.uk; King St; Eintritt gegen Spende von 3 £; ⏲ April–Sept. 10–17.30 Uhr, Okt.–März 11–16 Uhr) St. Laurence ist eine der größten Pfarrkirchen Großbritanniens. Sie beherbergt eindrucksvolle elisabethanische

Grabmale aus Alabaster sowie ein mittelalterliches Chorgestühl, dessen Stützbretter mit herrlich frechen Schnitzereien verziert sind, z. B. einem auf einem Bierfass reitenden fröhlichen Zecher. Ein Hingucker in der Marienkapelle ist das wunderschöne **Jesse-Fenster** von 1330 (das Glas wurde jedoch größtenteils in der viktorianischen Ära ersetzt). Vier Fenster in der Johannes-Kapelle stammen aus dem 15. Jh., darunter das honigfarbene **Golden Window**. 200 Stufen führen hinauf in den **Turm** (in der Spende enthalten), von dessen Spitze sich herrliche Ausblicke bieten.

## Geführte Touren

**Stadtführung** STADTRUNDGANG
(☎ 01584-874205; www.ludlowhistory.co.uk; Erw./Kind 3 £/frei; ⌚ April–Okt. Sa & So 14.30 Uhr) Die beliebte Stadtführung beginnt an der Kanone im Burghof.

**Ghost Walk** STADTRUNDGANG
(www.shropshireghostwalks.co.uk; Erw./Kind 4/3 £; ⌚ Fr 20 Uhr) Ob es in Ludlow spukt, können Besucher auf dieser „Geistertour" feststellen, die vor dem Church Inn am Buttercross beginnt.

## Feste & Events

**Ludlow Festival** KULTURFESTIVAL
(www.ludlowartsfestival.co.uk; ⌚ Juni) Zwei Wochen mit einem Terminkalender voller Musik- und Theateraufführungen, für die die Burg eine spektakuläre Kulisse bietet.

**Ludlow Food & Drink Festival** KULINARISCHES FESTIVAL
(www.foodfestival.co.uk; ⌚ Sept.) Für ein langes Septemberwochenende ist Ludlow Gastgeber eines der besten Food-Festivals von Großbritannien.

## Schlafen

**Feathers Hotel** HISTORISCHES HOTEL ££
(☎ 01584-875261; www.feathersatludlow.co.uk; 21 Bull Ring; EZ/DZ ab 95/130 £; P) Hinter der unglaublich reich verzierten jakobinischen Fachwerkfassade wartet ein Hotel, in dem Wandteppiche, knarrende Holzmöbel, freigelegte Balken und Buntglasfenster eine so dichte Atmosphäre schaffen, dass man fast die Ritter zu hören vermeint, die einen Trinkspruch auf ihren König ausbringen. Die Zimmer im alten Gebäudeteil haben erheblich mehr Charme und Charakter als die im neuen Trakt. Das Hotelrestaurant ist wärmstens zu empfehlen (2-/3-Gänge-Menü 32,50/39,95 £).

**Charlton Arms** GASTHAUS ££
(☎ 01584-872813; www.charltonarms.co.uk; Ludford Bridge; DZ 90–120 £; P WLAN) Die besten Zimmer des charaktervollen Landgasthofs haben Blick auf den Fluss Teme. Und darunter gibt's wiederum welche mit eigener Terrasse (der absolute Spitzenreiter hat eine Holzwanne im Freien und ein Himmelbett). Das Hotelrestaurant (ebenfalls mit Terrasse) entspricht mit moderner britischer Küche dem (hohen) Ludlow-Standard, beim Service gibt's absolut nichts zu meckern. Weiterer Pluspunkt: ein großer Gästeparkplatz.

**Dinham Hall Hotel** HOTEL £££
(☎ 01584-876464; www.dinhamhall.com; DZ 145–195 £, Suite 245 £; P WLAN) Ein prächtiges, herrschaftliches Landhaus aus dem 18. Jh., verschwenderisch mit Stilmöbeln eingerichtete Zimmer, phantastische Ausblicke auf die Burg und den Fluss Teme, das Feinschmeckerrestaurant Elliott's, Angebote für den *afternoon tea* – eine Adresse, um sich zu verwöhnen!

## Essen

Fast jedes Pub und jedes Restaurant der Stadt ist vom Foodie-Virus angesteckt und schwört auf Produkte der Region und Klasse statt Masse. Feinschmecker sollten sich das Ludlow Food Centre (S. 483) nicht entgehen lassen.

**Fish House** FISCH & MEERESFRÜCHTE £
(☎ 01584-879790; www.thefishhouseludlow.co.uk; 50 Bull Ring; Probierteller 4–9 £, Meeresfrüchteplatte 65 £; ⌚ Mi–Fr 9–17, Sa bis 16 Uhr) Wer einen der aus Fässern gebauten Tische ergattern will, sollte unbedingt vorbestellen (außer samstags, da gilt das Motto: Wer zuerst kommt, mahlt zuerst). Die angesagte Fisch- und Austernbar bietet landesweit die besten Schätze des Meeres: tischfertige Whitby-Krebse, geräucherten Arbroath-Schellfisch, Austern aus der Bigbury Bay usw. Die Meeresfrüchteplatte (nur Fr und Sa) verdient ein Glas Champagner als Begleitung.

**Green Cafe** CAFÉ £
(☎ 01584-879872; www.thegreencafe.co.uk; Mill on the Green, Linney; Gerichte 5–11 £; ⌚ Di–So 10.30–16.30 Uhr) Das „grüne Café" nutzt seine optimale Lage am Wehr unterhalb des Ludlow Castle für einen großen Außenbereich mit 25 Sitzplätzen (drinnen gibt's weitere 30 Plätze). Das lukullische Angebot reicht von *salt beef baps* (warme Brötchen mit gepökel-

tem Rindfleisch) bis zu Tagliatelle mit Fasan und Parmesanspänen. Wein, Bier und Cider wird von Kleinproduzenten geliefert. Das Lokal ist so populär, dass es sich empfiehlt, einen Tisch zu reservieren.

**La Bécasse** MODERN FRANZÖSISCH £££
(☎01584-872325; www.labecasse.co.uk; 17 Corve St; 2-/3-Gänge-Menü mittags 28/32,50 £, abends 45/55 £; ⏲Di–Fr 12–14 & 19–21, Sa bis 21.30 Uhr) Eine ehemalige Kutschenstation aus dem 17. Jh., ein Speisesaal mit Eichentäfelung und Sichtmauerwerk, das ist das Umfeld für Chefkoch Chris O'Hallorans kreative Geschmackskompositionen, die wie kleine Kunstwerke präsentiert werden. Am zweiten Montag jedes Monats bietet er auch anspruchsvolle Kochworkshops an (99 £ inklusive Mittagessen).

**Mr Underhill's** MODERN BRITISCH £££
(☎01584-874431; www.mr-underhills.co.uk; Dinham Weir; 8-Gänge-Menü 67,50–75 £; ⏲Mi–So 19–21.30 Uhr) Das renommierte, Sterne-Restaurant residiert in einer umgebauten Getreidemühle direkt am Fluss. Hier gibt's moderne britische Küche vom Feinsten, aus marktfrischen Zutaten wird täglich ein neues Menü komponiert. Wer nach diesem Hochgenuss nicht mehr so recht in die Gänge kommt, der kann in einer der vier super eleganten Suiten (220 £ bis 365 £) nächtigen.

## Ausgehen & Unterhaltung

Im gastronomieverrückten Ludlow sind *real ales* (naturtrübe Biere) natürlich Ehrensache.

★ **Ludlow Brewing Company** BRAUEREI, PUB
(☎01584-873291; www.theludlowbrewingcompany.co.uk; The Railway Shed, Station Dr; ⏲Mo–Do 10–17, Fr bis 18, Sa bis 16 Uhr) Eine unauffällige Gasse führt zu der Brauerei, die ihre preisgekrönten Biere direkt vor Ort in einer weitläufigen, im Industrie-Look gestylten Bar ausschenkt. Es werden auch einstündige Führungen angeboten (Mo–Fr um 15 Uhr, Sa um 14 Uhr, 6 £ inklusive drei Half Pints).

**Church Inn** PUB
(http://www.thechurchinnludlow.com; Buttercross; ⏲Mo–Do 10–24, Fr & Sa bis 1, So bis 23 Uhr) Das mit Hopfen dekorierte Church Inn ist eine gemütliche Zuflucht, an deren Bar die Predigerkanzel eine neue Verwendung fand. Das Lokal versteckt sich in einer engen Gasse neben dem ehemaligen Buttermarkt.

**Wheatsheaf Inn** PUB
(www.the-wheatsheaf-inn.co.uk; Lower Broad St; ⏲12–23 Uhr) Ein kleines, ruhiges Pub unterhalb der mittelalterlichen Broadgate mit einer guten Auswahl an regionalen Bieren.

**Ludlow Assembly Rooms** KINO
(☎01584-878141; www.ludlowassemblyrooms.co.uk; Erw. Standard/Balkon 6,50/7 £, Kind 4/5 £) Die Ludlow Assembly Rooms am Marktplatz beherbergen auch das Kino von Ludlow.

## Shoppen

Feinkostläden, unabhängige Metzger und Bäcker, die ihr Handwerk noch ernst nehmen, drängen sich am Marktplatz und in den Gassen darum herum.

**Ludlow Market** MARKT
(www.ludlowmarket.co.uk; ⏲Mo, Mi, Fr & Sa) Der Markt wird auf dem Platz abgehalten, auf dem früher das viktorianische Rathaus stand, das 1986 praktisch über Nacht abgerissen wurde.

**Ludlow Food Centre** ESSEN & TRINKEN
(☎01584-856000; www.ludlowfoodcentre.co.uk; Nähe Bromfield Rd, Bromfield; ⏲Mo–Mi & Sa 9–17.30, Do & Fr bis 18.30, So bis 16.30 Uhr) Über 80 % des Angebots an Käse, Fleisch, Brot, Obst und Gemüse, das in dem riesigen Bauernladen zu verlockenden Stapeln aufgebaut wird, stammen aus der Region. Das Gesamtsortiment besteht aus rund 4000 Produkten. Kunden können zuschauen, wie hinter Glasscheiben traditionelle Konserven, Pies, Eiscremes und weitere Leckereien hergestellt werden. Die Anfahrt zum Food Centre 6,5 km nordwestlich von Ludlow an der Bromfield Road (A49), ist ausgeschildert.

Im angeschlossenen Café-Restaurant **Ludlow Kitchen** (www.ludlowkitchen.co.uk; Frühstück 3,50–10 £, Hauptgerichte mittags 7–10 £, abends 7–15 £; ⏲Mo & Di 9–17, Mi–Sa 9–17 & 18.30–22, So 10–16 Uhr) werden die Produkte gleich weiterverarbeitet.

## Praktische Informationen

**Touristeninformation** (☎01584-875053; www.ludlow.org.uk; Castle Sq; ⏲April–Sept. tgl. 10–17 Uhr, Okt.–März Mo–Sa bis 16 Uhr) Sie beherbergt auch ein kleines Heimatmuseum (Erw./Kind 1 £/frei).

## Anreise & Unterwegs vor Ort

Bus 435 fährt nach Shrewsbury (4,50 £, 1½ Std., Mo–Sa stündl.) mit Halt in Church Stretton (2,70 £, 40 Min.). Von Mitte April bis September sorgt der Castle Connect Shuttle für die Verbindung zwischen Ludlow und Bishop's Castle (Day Rover Ticket/Einzelfahrt 7/1,30 £, 1¼ Std., 3-mal tgl.).

Vom Bahnhof am Nordrand von Ludlow fahren häufig Züge nach Hereford (9,50 £, 25 Min., halbstündl.) und Shrewsbury (14,20 £, 30 Min., halbstündl.) mit Zwischenstopp in Church Stretton (6,80 £, 20 Min.).

Fahrräder verleiht **Wheely Wonderful** (☎01568-770755; www.wheelywonderfulcycling.co.uk; Petchfield Farm; Rad für Erw./Kind pro Tag ab 20/10 £; ⏲April–Okt. Mo–Sa 9–17, So nach Absprache) 8 km westlich von Ludlow.



## NOTTINGHAMSHIRE

Wer Nottinghamshire hört, denkt automatisch an Robin Hood. Ob der Rächer der Armen tatsächlich existierte, ist umstritten, aber die Grafschaft zehrt von seinem Ruhm. Das Geschichtenerzählen scheint den Menschen hier im Blut zu liegen – Literaten wie D. H. Lawrence mit seiner provokanten Lady Chatterley und der hedonistische Dichter Lord Byron stammen aus Nottinghamshire. Quirliges Zentrum der Grafschaft ist Nottingham, aber wer sich zu Streifzügen in die Umgebung entschließt, wird rund um den Sherwood Forest viele historische Orte und prächtige Landgüter entdecken.

### ℹ Touristeninformation

**Experience Nottinghamshire** (www.experiencenottinghamshire.com)

### ℹ Anreise & Unterwegs vor Ort

Die meisten Busse fahren für National Express und **Trent Barton** (☎01773-712265; www.trentbarton.co.uk). Fahrpläne sind abrufbar bei **Traveline** (☎0871 200 2233; www.travelineeastmidlands.co.uk). Zu den meisten größeren Städten und einigen kleineren Orten im Peak District gibt es regelmäßige Zugverbindungen.

## Nottingham

289 300 EW.

Männer in Leggings und ein Sheriff, dem ein Kurs in Stressmanagement gut tun würde – wer sich von den Robin-Hood-Stereotypen lösen kann, wird erkennen, dass Nottingham eine dynamische Provinzmetropole mit eindeutig großstädtischen Zügen ist. Zu den stimmungsvollen historischen Ecken gesellt sich dank der vielen Studenten auch eine lebendige Musik- und Clubszene.

### Sehenswertes & Aktivitäten

**★ Nottingham Castle & Art Gallery** BURG, GALERIE

(☎0115-876 1400; www.nottinghamcity.gov.uk/nottinghamcastle; Erw./Kind 5,50/4 £, Mortimer's Hole Tour 3 £/frei; ⏲Mitte Feb.–Okt. tgl. 10–17 Uhr, Nov.–Mitte Feb. Mi–So bis 16 Uhr, Mortimer's Hole Tour 11, 13, 14 & 15 Uhr) Nottinghams Burg thront auf einem von Höhlen und Tunneln durchlöcherten Sandsteinmassiv. Sie geht auf Wilhelm den Eroberer zurück und diente einer ganzen Reihe englischer Könige als Stützpunkt, bevor sie im Englischen Bürgerkrieg geschleift wurde. Der an ihrer Stelle im 17. Jh. errichtete „Ersatz" gleicht eher einem hochherrschaftlichen Landsitz und beherbergt ein landesgeschichtliches Museum sowie eine Kunstgalerie.

Der unterirdische Felsentunnel **Mortimer's Hole** endet am Brewhouse Yard, wo fünf stimmungsvolle Cottages aus dem 17. Jh. zum Besuch des **Museum of Nottingham Life at Brewhouse Yard** (☎0115-876 1400; www.nottinghamcity.gov.uk; Castle Blvd; Erw./Kind 2,50 £/frei; ⏲Sa & So 12–16 Uhr) einladen.

Im Jahr 1330 benutzten die Anhänger von Eduard III. die Mortimer's Hole, um in die Burg einzudringen und den Earl of March, Roger Mortimer, gefangen zu nehmen. Der skrupellose Graf hatte Eduard II. kurzerhand abgesetzt und sich selbst zum Herrscher von England ernannt.

**City of Caves** HÖHLE

(☎0115-988 1955; www.cityofcaves.com; Erw./Kind 7,50/5,50 £, inkl. Galleries of Justice 12,75/9,75 £; ⏲10.30–17 Uhr) Im Verlauf der Jahrhunderte wurde die Sandsteinschicht im Untergrund von Nottingham von einem Labyrinth aus Gängen und Höhlen durchsetzt. Führungen mit Audioguide (Mo–Fr) und mit nachgespielten Szenen (Wochenende und Schulferien) bringen Besucher vom Einkaufszentrum Broadmarsh zu einem Luftschutzkeller aus dem Zweiten Weltkrieg, einer unterirdischen Gerberei aus dem Mittelalter, diversen Bierkellern von Pubs und dem Nachbau von Armenbehausungen aus der viktorianischen Ära. Reservierung erforderlich.

**Galleries of Justice** MUSEUM

(☎0115-952 0555; www.galleriesofjustice.org.uk; High Pavement; Erw./Kind 9,50/7,50 £, inkl. City of Caves 12,75/9,75 £; ⏲Mo–Fr 9–17.30, Sa & So 10–17 Uhr, Führungen Mo–Fr 10–16, Sa & So 10.30–16.30 Uhr) In der prächtigen georgianischen

Shire Hall bieten die Galleries of Justice einen makabren Streifzug durch mehrere Jahrhunderte britischer Justizgeschichte, angefangen bei mittelalterlichen Strafmethoden wie Ertränken und Verbrennen. Montags und dienstags gibt's die Führungen per Audioguide, von Mittwoch bis Sonntag (während der Schulferien täglich) sorgen schauspielerische Einlagen von „Kerkermeistern" für Action.

**Nottingham Contemporary** GALERIE
(☎0115-948 9755; www.nottinghamcontemporary.org; Weekday Cross; ⊙Di–Fr 10–19, Sa bis 18, So 11–17 Uhr) GRATIS Hinter der wie von Klöppelspitze überzogenen Betonfassade warten avantgardistische, optisch effektvolle Ausstellungen von Gemälden, Drucken, Fotos und Skulpturen.

**St. Mary's Church** KIRCHE
(www.nottinghamchurches.org; High Pavement; ⊙Mo–Sa 10–15 Uhr) Der Besuch der Kirche aus der Zeit der Angelsachsen während des Evensong (Abendandacht) um 18.15 Uhr ist ein besonders stimmungsvolles Erlebnis.

**National Ice Centre** EISLAUFEN
(☎0843 373 3000; www.national-ice-centre.com; Bolero Sq; Eislaufen 6 £, Leihschlittschuhe 2 £) Am Bolero Square (benannt nach der legendären Kür des Eistanzpaars Jayne Torvill und Christopher Dean, mit der sie 1984 Gold holten) liegt das berühmteste britische Eislaufzentrum mit zwei Eisflächen olympischer Ausmaße (60 x 30 m). Zu dem Komplex gehört außerdem die **Capital FM Arena**, das größte überdachte Stadion der East Midlands für Sportwettkämpfe und Schauveranstaltungen. Die Öffnungszeiten der Schlittschuhbahnen sind auf der Website zu finden.

## Geführte Touren

★ **Ezekial Bone Tours** STADTRUNDGANG
(☎07941 210986; www.bonecorporation.co.uk; Robin Hood Town Tour Erw./Kind 12/7 £, Guts & Gore Tour 7 £; ⊙Mai–Sept. Sa) Nottinghams „moderner" Robin Hood, Ezekial Bone (alias Ade Andrews), führt die unterhaltsame Geschichtsexkursion an. Neben dieser 2½-stündigen Führung nimmt er Besucher auch auf eine 80-minütige „Geistertour" (Guts & Gore Tour) mit. Des Weiteren werden auf Anfrage ganzjährig eine Robin Hood Sherwood Forest Tour und diverse andere Stadtspaziergänge angeboten. Das Mindestalter für Kinder ist zehn Jahre.

**Nottingham Princess** BOOTSTOUREN
(☎0115-910 0400; www.princessrivercruises.co.uk; 2-/3-stündige Bootsfahrt ab 14,85/16,35 £) Die Bootsfahrten mit Mittagessen, *afternoon tea* oder Abendessen (plus Tanz) finden auf dem Fluss Trent statt.

## Feste & Events

Nottinghams Festkalender ist gespickt mit spannenden Events – Daten und Infos bietet die Website www.experiencenottinghamshire.com.

**Splendour** MUSIK
(www.splendourfestival.com; ⊙Mitte Juli) Nottinghams größtes Festival für Livemusik.

**Goose Fair** VOLKSFEST
(www.nottinghamcity.gov.uk; ⊙Okt.) Seit dem Mittelalter findet Anfang Oktober der Gänsemarkt statt, der sich von einer Ansammlung fliegender Händler zu einem regelrechten Volksfest mit Vergnügungspark entwickelt hat.

**Robin Hood Beer & Cider Festival** ESSEN & TRINKEN
(www.beerfestival.nottinghamcamra.org; ⊙Okt.) Anfang Oktober zieht es unzählige Besucher auf das Burggelände, um über 1000 Bier- und 200 Cider-Sorten zu verkosten.

**Robin Hood Pageant** KOSTÜMFEST
(www.experiencenottinghamshire.com; ⊙Okt.) Das Kostümfest Ende Oktober garantiert Spaß für die ganze Familie.

## Schlafen

**Igloo Backpackers Hostel** HOSTEL £
(☎0115-947 5250; www.igloohostel.co.uk; 110 Mansfield Rd; B/DZ ab 16/44 £; ☎) Backpacker aus aller Welt bevölkern das unabhängige Hostel gegenüber dem Pub Golden Fleece und einem rund um die Uhr geöffneten Supermarkt (ideal für die Benutzer der Selbstversorgerküche). Im Anbau sowie im brandneuen Pods sind die im Retrostil eingerichteten Doppelzimmer mit Wandgraffiti, thermoelastischen Matratzen und Flachbildschirmen untergebracht.

★ **Lace Market Hotel** BOUTIQUEHOTEL ££
(☎0115-852 3232; www.lacemarkethotel.co.uk; 29–31 High Pavement; EZ/DZ inkl. Frühstück ab 65/85 £; P ❄ ☎) Das Hotel in einem eleganten georgianischen Stadthaus mitten im trendigen Viertel Lace Market bietet todschick eingerichtete Zimmer mit ultramodernen Details und Annehmlichkeiten

## Nottingham

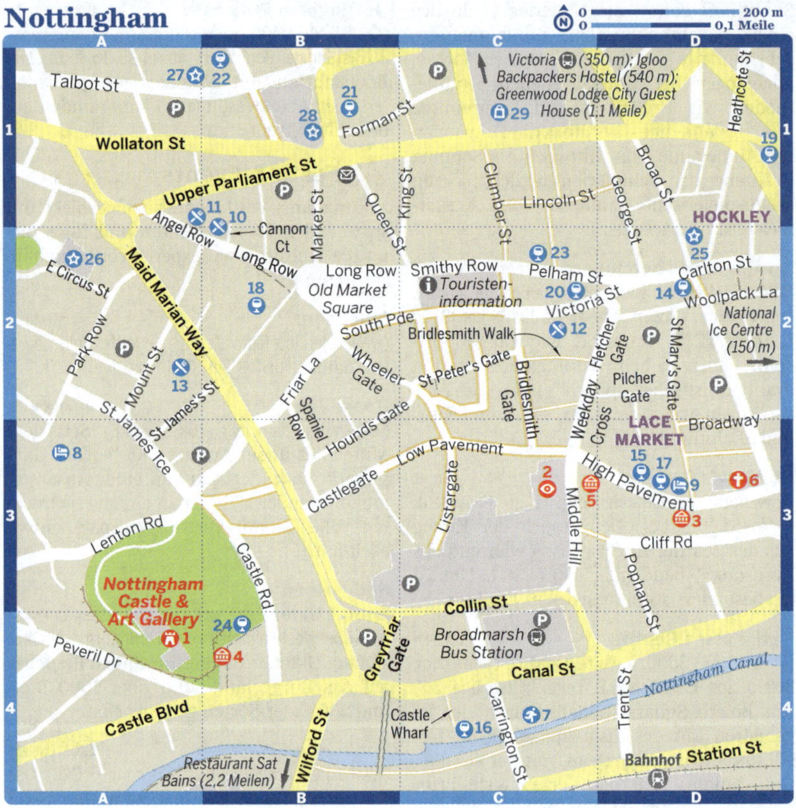


(einige davon mit Klimaanlage). Sowohl das angegliederte Feinschmeckerrestaurant Merchants (S. 487) als auch das gemütliche Pub **Cock & Hoop** (☎0115-852 3231; 25 High Pavement; ⊙Mo–Do 12–23, Fr bis 24, Sa bis 1, So bis 22.30 Uhr) sind absolut top.

**Greenwood Lodge City Guest House** B&B ££
(☎0115-962 1206; www.greenwoodlodgecityguesthouse.co.uk; Third Ave, Sherwood Rise; EZ/DZ ab 51,50/86,50 £; P 📶) In einem geräumigen viktorianischen Haus nördlich des Zentrums verwöhnt das B&B seine Gäste mit ruhigen Zimmern voller historischem Charme und einem hübschen Garten im Innenhof. Mindestalter für Kinder zehn Jahre.

**Hart's** BOUTIQUEHOTEL £££
(☎0115-988 1900; www.hartsnottingham.co.uk; Standard Hill, Park Row; DZ ab 125 £; P @ 📶) Wo früher das städtische Krankenhaus stand, hat sich nun das schickste Hotel Nottinghams häuslich niedergelassen. Das ultramoderne Gebäude ist ein Hingucker, die Zimmer tragen ebenfalls avantgardistische Züge, ein Fitnessraum und ein Garten steigern den Wohlfühlfaktor. Der historische Flügel aus rotem Backstein gehört dem renommierten **Hotelrestaurant** (☎0115-988 1900; www.hartsnottingham.co.uk; Standard Hill, Park Row; Hauptgerichte 15–29,50 £; ⊙12–14.30 & 18–22 Uhr; 🖉)

## Essen

Angeblich hat Nottingham mehr Restaurants, Pubs und Bars pro Quadratkilometer als jede andere Stadt Europas.

★**Delilah Fine Foods** FEINKOST, CAFÉ £
(www.delilahfinefoods.co.uk; 12 Victoria St; Gerichte 6–11 £; ⊙Mo–Fr 8–19, Sa 9–19, So 11–17 Uhr) Eine unglaubliche Käseauswahl (über 150 Sorten), Pâtés, Fleisch und andere handwerklich hergestellte Leckereien zum hier

## Nottingham

**Highlights**
1 Nottingham Castle & Art Gallery ........ A4

**Sights**
2 City of Caves ........ C3
3 Galleries of Justice ........ D3
4 Museum of Nottingham Life at Brewhouse Yard ........ B4
5 Nottingham Contemporary ........ C3
6 St. Mary's Church ........ D3

**Altivitäten, Kurse & Touren**
7 Bunneys Bikes ........ C4

**Schlafen**
8 Hart's ........ A3
9 Lace Market Hotel ........ D3

**Essen**
10 Alley Cafe Bar ........ B1
11 Aubrey's Traditional Crêperie ........ A1
12 Delilah Fine Foods ........ C2
Hart's Restaurant ........ (s. 8)
13 Memsaab ........ A2
Merchants ........ (s. 9)

**Ausgehen & Nachtleben**
14 Boilermaker ........ D2
15 Brass Monkey ........ D3
16 Canal House ........ C4
17 Cock & Hoop ........ D3
Dragon ........ (s. 10)
18 Malt Cross ........ B2
19 NG1 ........ D1
20 Pit & Pendulum ........ C2
21 Rocket@Saltwater ........ B1
22 Stealth ........ B1
23 Tilt ........ C2
24 Ye Olde Trip to Jerusalem ........ B4

**Unterhaltung**
25 Broadway Cinema ........ D2
26 Nottingham Playhouse ........ A2
27 Rock City ........ A1
28 Theatre Royal & Royal Concert Hall ........ B1

**Shoppen**
29 Victoria Shopping Centre ........ C1

Essen oder Mitnehmen machen den Laden mit Sitzgelegenheiten auf der Galerie zu einem Feinschmeckerparadies. Das prächtige Gebäude war früher eine Bank.

**Aubrey's Traditional Crêperie** CRÊPERIE £
(www.aubreystraditionalcreperie.com; 14-16 West End Arcade; Gerichte 2,75–7,50 £; Mo–Sa 10–18 Uhr) Eine wirklich authentische Crêperie, bis hin zu den pikanten *galettes*, die aus Buchweizenmehl gemacht werden, den süßen Varianten mit Salzkaramell und dem bretonischen Cider. Für einen preisgünstigen Happen zu Mittag ist das reizende Minilokal perfekt. Neben den Klassikern gibt's aber auch Kreationen, die absolut nichts mit der Bretagne am Hut haben, z. B. einen Belag aus Räuchertofu, Pflaumen-Balsamico-Chutney, roter Bete, Walnüssen, jungem Spinat und Orangenschale.

**Alley Cafe Bar** VEGETARISCH £
(0115-955 1013; www.alleycafe.co.uk; 1a Cannon Court; Hauptgerichte 5,50–8 £; Mo & Di 11–21, Mi–Sa bis 1, So 12–17 Uhr; ) Hippie-Flair und heiße Beats begleiten fleischlose Köstlichkeiten wie Burger aus Tempeh und Hanfsamen; Wein, Bier und Cider kommen von Bio-Herstellern. Gelegentlich lädt das Café am Ende einer schmalen Passage zum Open Mike und anderen Events ein und leiht seine Wände lokalen Künstlern als Ausstellungsfläche.

**Memsaab** INDISCH ££
(0115-957 0009; www.mem-saab.co.uk; 12–14 Maid Marian Way; Hauptgerichte 5,50–8 £; Mo & Di 11–21, Mi–Sa bis 1, So 12–17 Uhr) Unter den gestylten modernen Indern am Maid Marian Way ist dieser der beste. Die Küche zaubert Köstlichkeiten aus Indiens Regionalküchen, das Ambiente taugt auch für ein Date.

**Merchants** GOURMETKÜCHE £££
(0115-852 3232; www.thefinessecollection.com; 29-31 High Pavement; Hauptgerichte 19–30 £; Di–Do 12–14 & 19–21.30, Fr 12–14 & 18–22, Sa 12–16 & 18–22 Uhr) Ein überwältigender Speisesaal mit Kassettendecke dient einer der besten Küchen Nottinghams als Bühne. Zu ihren absolut atemberaubenden Kreationen gehören Risotto mit Räucheraal, Schweinebauch, Limettengelee, Knusperlolli, Wasabi-Kaviar und Salat aus Blüten und Zitrusfrüchten. Wie wär's mit einer Bayerischen Creme vom Butternutkürbis mit kandiertem Kürbispüree, Basilikumeis und Pfeffercookies zum Dessert?

**Restaurant Sat Bains** GOURMETKÜCHE £££
(0115-986 6566; www.restaurantsatbains.com; Lenton Lane; Probiermenü 75–99 £; Di–Sa 12–13.30, Di–Do 18.30–20.30, Fr & Sa 18–21.45 Uhr; ) Zwei Michelinsterne funkeln über Sat Bains' absolut revolutionärer europäischer Küche 3,2 km südwestlich des Zentrums

NICHT VERSÄUMEN

### WOLLATON HALL

Die phantastische **Wollaton Hall** (www.nottinghamcity.gov.uk; Wollaton Park, Derby Rd; Parkplatz 3 Std./Tag 2/4 £, Führung Erw./Kind 5/3 £; ⌚ Mitte Feb.–Okt. tgl. 10–17 Uhr, Nov.–Mitte Feb. Do–Mo 11–16 Uhr, Führungen 11, 14 & 15 Uhr) wurde 1588 von dem Avantgarde-Architekten Robert Smythson für den Landbesitzer und Kohlemagnaten Sir Francis Willoughby erbaut. Sie steht auf einem 200 ha großen Gelände, auf dem Dam- und Rotwild grast. Neben extravagant eingerichteten Räumen im Tudor-, Regency- und viktorianischen Stil gibt's ein Naturkunde- und ein Industriemuseum.

Wollaton Hall liegt 4 km westlich des Zentrums von Nottingham und ist mit Bus 30 und 2 ab Busbahnhof Victoria (2 £, 15 Min., Mo–Sa alle 15 Min., So halbstündl.) erreichbar.

Das Anwesen tauchte in dem Batman-Film *The Dark Knight Rises* von 2012 als Wayne Manor auf.

an der A52. Tische müssen lange im Voraus reserviert werden, bei Nichterscheinen wird eine saftige Gebühr fällig. Es gibt auch acht todschicke Gästezimmer (Doppelzimmer ab 129 £).

## Ausgehen & Nachtleben

Am Wochenende steppt der Bär in Nottingham. Feuchtfröhliche Junggesellenabschiede, nicht weniger ausgelassene Mädelscliquen, Studenten auf Kneipentour und gesetzte ältere Semester, die's nochmal wissen wollen, bevölkern die Straßen. Aber es gibt auch genügend relaxte Alternativen.

**★ Ye Olde Trip to Jerusalem** PUB

(☎0115-947 3171; www.triptojerusalem.com; Brewhouse Yard, Castle Rd; ⌚ So–Do 11–23, Fr & Sa bis 24 Uhr) Das stimmungsvolle Bierlokal in den Felsen unterhalb der Burg prahlt mit dem Titel „ältestes Pub von England". Seit 1189 im Geschäft, hat es wohl schon Kreuzrittern den Aufbruch ins Heilige Land erleichtert. Jedenfalls ist es mit seinen malerischen Räumen und gepflasterten Innenhöfen Nottinghams beste Adresse für ein Pint mit dem Geschmack der guten alten Zeit. Die unterhaltsame Kellerführung (2,50 £) muss mindestens zwei Wochen im Voraus gebucht werden.

**Boilermaker** COCKTAILBAR

(http://boilermakerbar.co.uk; 36b Carlton St, Hockley; ⌚ Mo–Sa 17–1, So 19–1 Uhr) Wer sich beim Hereinkommen vom Ambiente einer Kesselmacherwerkstatt nicht abschrecken lässt und die beiden gut versteckten Türen findet, landet in einer kellerartigen Loungebar mit gechilltem Soundtrack. Die Beleuchtung ist so gedimmt, dass es schwer fällt, die kreative Cocktailkarte zu lesen, und der Tischservice ist nicht gerade von der schnellen Truppe. Aber in dem bizarren Ambiente einen Cereal Killer (mit in Rum getränkten Cornflakes) zu schlürfen, ist auf jeden Fall eine Erfahrung.

**Dragon** PUB

(www.the-dragon.co.uk; 67 Long Row; ⌚ Mo–Do 12–23, Fr & Sa bis 1, So 11–22 Uhr) Dank leckerer Hausmacherküche, einem hübschen Biergarten und funkiger Musik (am Wochenende) herrscht im „Drachen" immer gute Stimmung. Ihren Höhepunkt erreicht sie dienstags ab 20 Uhr mit dem Racing Room (Teilnahmegebühr 5 £): Da werden Gäste zu Formel-1-Piloten und jagen ihren Boliden über die 55 m lange Scalextric-Rennbahn durch eine maßstabsgetreue Nachbildung von Nottingham.

**Tilt** COCKTAILBAR

(www.tiltbar.co.uk; 9 Pelham St; ⌚ Di–Do 17–24, Fr & Sa bis 1.30 Uhr) Die winzige Cocktailbar im ersten Stock bietet sowohl erstklassige Blues-Gigs wie auch Cocktails, die es der (in Nottingham ziemlich großen) Konkurrenz schwermachen. Zu den Hausspezialitäten gehört z. B. der Blue Blazer aus Cognac, Drambuie, Vanillezucker und Orangenschale, der als Special Effect flambiert wird.

**Pit & Pendulum** PUB

(www.eerie-pubs.co.uk/pit-pendulum; 17 Victoria St; ⌚ So & Mo 12–23, Di–Do bis 24, Fr & Sa bis 1 Uhr; 📶) Hier trifft sich die Gothic-Szene bei schummriger Beleuchtung, Vampir-Vibes und gelegentlicher Livemusik. Die originelle Einrichtung (die Toiletten verstecken sich hinter einem deckenhohen „Bücherregal" auf Rollen) und sündhafte Cocktails machen ebenfalls Laune.

**Brass Monkey** BAR

(www.brassmonkeybar.co.uk; High Pavement; ⌚ Mo–Sa 17–3, So 20–3 Uhr) Im Trendviertel Lace Market heizt der „Messingaffe" mit DJ-

Sets und originellen Varianten alter Cocktailklassiker (z. B. Holunderblüten-Mojito) ein. Im Sommer ist die Dachterrasse proppenvoll.

**Rocket@Saltwater** BAR
(☎0115-924 2664; www.rocketrestaurants.co.uk; The Cornerhouse, Forman St; ⏰Mo–Do 12–24, Fr & Sa bis 2, So bis 23 Uhr) Eine coole, angesagte Bar mit Restaurant und einer genialen Dachterrasse.

**Canal House** PUB
(☎0115-955 5060; http://thecanalhouse.co.uk; 48-52 Canal St; ⏰Mo–Mi 11–23, Do bis 24, Fr & Sa bis 1, So bis 22.30 Uhr) Ein Wasserarm durchschneidet das schönste Pub am Kanalufer, das der unabhängigen Castle Rock Brewery gehört.

**Malt Cross** PUB
(www.maltcross.com; 16 St James's St; ⏰Mo–Do 11–23, Fr & Sa bis 1, So 12–18 Uhr) In dem viktorianischen Musiktheater stand schon Charlie Chaplin auf der Bühne. Heute wird die Location vom Christian Charity Trust betrieben, der darin Kunstausstellungen und Livemusik organisiert. Eine gute Adresse für ein zünftiges Pint.

**NG1** SCHWULENTREFF
(☎0115-958 8440; www.ng1club.co.uk; 76–80 Lower Parliament St; ⏰Mi 23–4, Fr bis 6, Sa bis 6.30, So bis 4 Uhr) In der ausgelassenen, toleranten Atmosphäre fühlen sich Schwule wie Heteros wohl; Electro, House und Pop heizen auf den beiden Tanzflächen kräftig ein.

**Stealth** CLUB
(☎0845 413 4444; www.stealthattack.co.uk; Masonic Pl, Goldsmith St; ⏰Fr & Sa 22–5 Uhr) Wer auf wummernde Bässe und hektische Beats abfährt, ist in dem Underground-Club gut aufgehoben. In den angeschlossenen Rescue Rooms sorgen Livebands und DJs aller Richtungen für Stimmung.

## ☆ Unterhaltung

**Theatre Royal & Royal Concert Hall** THEATER, LIVEMUSIK
(☎0115-989 5555; www.trch.co.uk; Theatre Sq; ⏰Kartenschalter Mo–Sa 9.30–20.30 Uhr, So eine Stunde vor Vorstellungsbeginn) Das Theatre Royal und die Royal Concert Hall teilen sich Gebäude und Kartenschalter. Auf dem Programm stehen Musicals, Vorstellungen von Tourneetheatern und Live-Acts bekannter Musikveteranen. Auf Anfrage gibt's Backstage-Führungen (6 £, 90 Min.).

**Rock City** LIVEMUSIK
(☎0845 413 4444; www.rock-city.co.uk; 8 Talbot St) Eine Mega-Location für Livemusik aller Art, von Gothic Rock über Midlands Metal bis zum Northern Soul.

**Rescue Rooms** LIVEMUSIK
(☎0115-828 3173; www.rescuerooms.com; ⏰16–3 Uhr) Die Rescue Rooms gehören zum Club Stealth und holen Bands und DJs unterschiedlichster Richtungen auf die Bühne.

INSIDERWISSEN

### EZEKIAL BONE ALIAS ADE ANDREWS

*Ade Andrews ist Autor, Produzent und Fremdenführer.*

**Ihr Werdegang?** Ich habe Geschichte studiert und als Denkmalschützer im Sherwood Forest gearbeitet. Dann habe ich die Ezekial-Bone-Führungen entwickelt, um den Robin-Hood-Mythos zu brechen und die Aufmerksamkeit auf die historischen Gebäude zu lenken.

**Hat Robin Hood wirklich gelebt?** Er ist eine Mischfigur. Viele real existierende Gesetzlose des Mittelalters wurden von Minnesängern und Geschichtenerzählern im Lauf der Zeit miteinander verschmolzen. Die St. Mary's Church (S. 485) wird in der Ballade *Robin Hood and the Monk* von 1450 erwähnt, der Old Market Square in *Robin Hood and the Potter* von ca. 1500. Erst Ende des 16. Jhs. hat der Bühnenautor Antony Munday Robin Hood vom Freibauern zum vertriebenen angelsächsischen Grafen erhoben, als ein Symbol für die Unzufriedenheit des Adels mit der Krone.

**Welche Bedeutung hat Robin Hood im 21. Jh.?** Robin Hood war ein echter Öko-Krieger, der in Harmonie mit der Natur lebte. Ich möchte ihn auf den ihm zustehenden Sockel stellen – als Galionsfigur für Kultur und Umwelt.

**Wo wird Nottinghams Geschichte am deutlichsten spürbar?** Im Viertel Lace Market, in der City of Caves (S. 484), im Nottingham Castle (S. 484) und im Pub Ye Olde Trip to Jerusalem.

**Nottingham Playhouse** THEATER
(☎0115-941 9419; www.nottinghamplayhouse.co.uk; Wellington Circus) Anish Kapoors schüsselförmige Skulptur *Sky Mirror* ist das Markenzeichen des Theaters, dessen ambitioniertes Programm von Bühnenklassikern bis zu Stücken der Avantgarde reicht. In der Theaterbar mit Restaurant trifft sich die Künstlerszene Nottinghams.

**Broadway Cinema** KINO, GALERIE
(www.broadway.org.uk; 14–18 Broad St) Ein Kulturzentrum mit Programmkino, Galerie für Medienkunst und Café-Bar, die so ruhig ist, dass echte Unterhaltungen möglich sind.

## Praktische Informationen

**Touristeninformation** (☎0844 477 5678; www.experiencenottinghamshire.com; The Exchange, 1–4 Smithy Row; ⊙Mo–Sa 9.30–17.30 Uhr, Ende Juli–Aug. & Mitte–Ende Dez. auch So 11–17 Uhr) Eine kooperative Auskunftsquelle mit Regalen voller Infomaterial und Robin-Hood-Souvenirs.

## An- & Weiterreise

### BUS

Der Busbahnhof Victoria für den örtlichen Nahverkehr liegt hinter dem **Victoria Shopping Centre** (Lower Parliament St) in der Milton Street. Bus 100 fährt nach Southwell (4,15 £, 50 Min., Mo–Sa alle 20 Min., So stündl.), Bus 90 nach Newark (4,90 £, 55 Min., Mo–Sa stündl., So alle 2 Std.).

Fernbusse starten am heruntergekommenen **Busbahnhof Broadmarsh** (Collin St).

Busse von National Express fahren u. a. nach:

**Birmingham** 10,60 £, 2¼ Std., 5-mal tgl.

**Derby** 6,80 £, 40 Min., 7-mal tgl.

**Leicester** 4,80 £, 45 Min., alle 20 Min.

**London Victoria** 13 £, 3½ Std., 11-mal tgl.

### FLUGZEUG

Der East Midlands Airport (S. 432) liegt knapp 30 km südlich von Nottingham und wird von Skylink-Bussen angefahren (einfach/hin und zurück 5/7 £, 1 Std., rund um die Uhr mindestens stündl.).

### ZUG

Der Bahnhof liegt am Südrand des Zentrums. Es gibt u. a. Züge nach:

**Derby** 6,60 £, 25 Min., 4-mal stündl.

**Lincoln** 10,60 £, 1 Std., stündl.

**London King's Cross/St Pancras** 23,50 £, 2 Std., halbstündl.

**Manchester** 21,50 £, 2 Std., 2-mal stündl.

## Unterwegs vor Ort

Auskünfte über das örtliche Busnetz gibt's bei **Nottingham City Transport** (☎0115-950 6070; www.nctx.co.uk). Die Tageskarte heißt hier Kangaroo Ticket, kostet 4,20 £ und berechtigt zur unbegrenzten Nutzung der Overground und Busse im Stadtgebiet.

Die einzige Overground-Linie der Stadt, **Nottingham Express Transit** (www.thetram.net; Einzelfahrt/Tageskarte ab 2/3,50 £), fährt vom Bahnhof nach Hucknall und hält u. a. am Busbahnhof Broadmarsh, an der Touristeninformation und am Theatre Royal.

**Bunneys Bikes** (☎0115-947 2713; www.bunneysbikes.com; 97 Carrington St; pro Tag 12,99 £; ⊙Mo, Do & Fr 9–17.30, Di 8–17.30, Mi 9–19, Sa 10–17 Uhr) hat seine Zentrale in der Nähe des Bahnhofs. Es gibt auch ein städtisches Leihrädersystem mit Stützpunkten an der Touristeninformation und am Busbahnhof Broadmarsh, Kostenpunkt 4 £ pro Tag inklusive kostenloser Nutzung der städtischen Busse, Züge und Straßenbahn.

# Rund um Nottingham

## Newstead Abbey

Die beeindruckenden Ruinen der **Newstead Abbey** (☎01623-455900; www.newsteadabbey.org.uk; Erw./Kind 5/1 £, nur Gärten 1 £; ⊙Haus Sa & So 12–16 Uhr, Gärten 9 Uhr–Sonnenuntergang) am Seeufer sind untrennbar verbunden mit dem von Gefühlen zerrissenen Romantiker Lord Byron (1788–1824), dem das Anwesen bis 1817 gehörte. Die um 1170 gegründete Augustinerabtei war 1539 in ein Wohnhaus umgewandelt worden.

Newstead Abbey liegt knapp 20 km nördlich von Nottingham, nicht weit von der A60. Die Pronto-Busse ab Busbahnhof Victoria halten am Eingangstor der Abtei (3,10 £, 25 Min., Mo–Sa alle 10 Min., So halbstündl.). Von dort sind es noch 1,6 km bis zum Haus und den Gärten.

Byrons ehemaliges Wohnhaus steckt voller erwartungsgemäß exzentrischer Andenken und auf dem schön angelegten Grundstück steht ein Denkmal für seinen geliebten Hund Boatswain.

## Sherwood Forest National Nature Reserve

Wollte sich Robin Hood heute im Sherwood Forest verstecken, bräuchte er sich und seine tapferen Mannen nur in Radlertrikots zu stecken und auf Mountainbikes zu setzen. Der alte Waldbestand beschränkt sich mittlerweile auf 182 ha und ist für die Bevölkerung Nottinghams ein beliebtes Naherholungsgebiet.

Bis zur Eröffnung des geplanten Neubaus bleibt das **Besucherzentrum Sherwood Forest** (www.nottinghamshire.gov.uk; Swinecote Rd, Edwinstowe; Parkplatz 3 £; ⌚Ostern–Okt. 10–17 Uhr, Nov.–März bis 16.30 Uhr) an der B6034 eine wenig inspirierende Anlaufstelle mit Cafés und Souvenirläden in leicht verwahrlosten Gebäuden vom Ende des letzten Jahrhunderts. Hier beginnen Wanderwege zu den diversen Attraktionen im Sherwood Forest, darunter die **Major Oak** (Rundweg, 1,6 km), eine Eiche mit ausladendem, von Pfählen gestütztem Astwerk, unter dem Robin Hood Zuflucht gefunden haben soll.

## Aktivitäten

Für interessante geführte Spaziergänge bieten sich die Ezekial Bone Tours (S. 485) an.

**Sherwood Pines Cycles** RADFAHREN
(☎01623-822855; www.sherwoodpinescycles.co.uk; Sherwood Pines Forest Park, Clipstone; Leihfahrrad Erw./Kind pro Stunde 8/7 £, pro Tag 24/18 £; ⌚Do–Di 9–17, Mi bis 19 Uhr) Für kernige Entdeckungstouren auf den Pisten im Sherwood Pines Forest Park 3,2 km südlich des Sherwood Forest an der B6030 hält der Fahrradverleih Mountainbikes bereit.

## Feste & Events

**Robin Hood Festival** MITTELALTERSPEKTAKEL
(www.nottinghamshire.gov.uk; ⌚Aug.) Jährlich im August verfällt die Gegend mit dem Robin Hood Festival in einen einwöchigen Mittelaltertaumel.

## Schlafen

**Sherwood Forest YHA** HOSTEL £
(☎0845 371 9139; www.yha.org.uk; Forest Corner; B/DZ 13/39 £; P) Das Hostel liegt nur einen Pfeilflug vom Besucherzentrum entfernt und empfängt seine Gäste mit komfortablen Schlafräumen, Bar, Selbstversorgerküche und Essensangeboten.

## An- & Weiterreise

Der Sherwood-Arrow-Bus (3,50 £, 50 Min., Mo–Sa stündl., So 5-mal) sorgt für die Verbindung mit Nottingham.

# Southwell

6760 EW.

Mit seiner Handvoll malerischer, von Glyzinien umrankter Landhäuser scheint Southwell geradewegs aus einem Erzählband der englischen Romantik entsprungen zu sein.

## Sehenswertes

**Southwell Minster** KIRCHE
(www.southwellminster.org; Eintritt gegen Spende von 5 £; ⌚8–19 Uhr) Mitten im Ort erhebt sich auf angelsächsischen und römischen Fundamenten das beeindruckende Southwell Minster, das mit Rundbögen und gezackten Türeinfassungen architektonische Elemente des 12. und 13. Jhs. aufweist. Das Kapitelhaus besticht mit auffallenden Buntglasfenstern und unglaublich feinteilig gemeißelten Tieren, Blättern und Gesichtern.

**Southwell Workhouse** MUSEUM
(NT; www.nationaltrust.org.uk; Upton Rd; Erw./Kind 7,70/3,85 £; ⌚März–Okt. Mi–So 12–16 Uhr) Das Southwell Workhouse an der Straße nach Neward ist eine ernüchternde Erinnerung an das harte Leben von Bettlern im 19. Jh., die regelmäßig zu Zwangsarbeit verpflichtet wurden. Der Rundgang durch Fabrik und Arbeiterquartiere wird von einem Audioguide mit Kommentaren von „Insassen“ und „Aufsehern“ begleitet.

## Schlafen & Essen

Die Tearooms und Feinkostläden entlang der Dorfstraßen machen Appetit.

**Saracen's Head Hotel** HISTORISCHES HOTEL ££
(☎01636-812701; www.saracensheadhotel.com; Market Pl; EZ/DZ inkl. Frühstück ab 75/95 £, 2-/3-Gänge-Menüs ab 15,95/19,95 £; P 📶) Der weitläufige Gasthof in einem Fachwerkhaus verwöhnt mit 27 wunderschön renovierten Zimmern und einem mit Eichenholz getäfelten Restaurant.

**Mosedales Bakery** BÄCKEREI £
(7 King St; Gerichte 3–6,50 £; ⌚Mo–Fr 9–16, Sa 8.30–16, So 9.30–15 Uhr) Die Schlangen reichen in dieser vorzüglichen Bäckerei oft bis hinaus vor die Tür.

## An- & Weiterreise

Bus 100 fährt nach Nottingham (4,15 £, 50 Min., Mo–Sa alle 20 Min., So stündl.). Für Newark-on-Trent sind die Busse 28 und 29 (2,50 £, 20 Min., halbstündl.) zuständig.

## Newark-on-Trent

37 080 EW.

Dass Newark-on-Trent im Englischen Bürgerkrieg auf der falschen Seite stand, musste es teuer bezahlen. Nachdem es Oliver Cromwells vier Belagerungen überstanden hatte, wurde es 1646 nach der Niederlage Karls I. von den Roundheads geplündert. Heute ist das Städtchen am Fluss eine friedliche Oase, die zum Bummel durch ihre Burgruinen einlädt.

### Sehenswertes

**Newark Castle** BURG

(www.newark-sherwooddc.gov.uk/newarkcastle; Castlegate; Gelände Eintritt frei, Führung Erw./Kind 3/1,50 £; ⌚9–18 Uhr, Führungen Mi & Fr–So 11, 13 & 15 Uhr) In einem hübschen Park mit Blick auf den Trent warten die Überreste eines imposanten normannischen Tors sowie mehrere unterirdische Gänge und Höhlenkammern. König Johann Ohneland, der in der Robin-Hood-Legende als Bösewicht dargestellt wird, hauchte hier 1216 sein Leben aus. Führungen können in der Touristeninformation gebucht werden.

**Newark Air Museum** MUSEUM

(☎01636-707170; www.newarkairmuseum.org; Erw./Kind 7,50/4 £; ⌚März–Okt. 10–17 Uhr, Nov.–Feb. bis 16 Uhr) Das Luftfahrtmuseum 3,2 km östlich von Newark am Winthorpe Showground zeigt eine beeindruckende Sammlung von Flugzeugen, darunter einen der berüchtigten V-Bomber.

### Essen & Trinken

**Old Bakery Tea Rooms** TEAROOM £

(☎01636-611501; www.oldbakerytearooms.co.uk; 4 Queens Head Ct; Hauptgerichte 6–12 £; ⌚Mo–Sa 9.30–17 Uhr; 🌿) Alles, auch die mörderisch guten *scones*, wird vor Ort gebacken. Das Gebäude aus der Tudorzeit (15. Jh.) erinnert an das Knusperhäuschen von Hänsel und Gretel. Die Mittagsangebote reichen von Suppe über Omeletts und Bruschetta bis hin zu Brioches mit Räucherlachs.

**Castle Barge** BAR

(www.castlebarge.co.uk; The Wharf; ⌚11–23 Uhr) Der zur Bar umfunktionierte Flusskahn ankert so, dass Gäste bei einem gemütlichen Pint die Burg im Blick haben. Das Essen schmeckt lecker und ein paar Picknicktische am Ufer machen die Idylle komplett.

### Praktische Informationen

**Touristeninformation** (☎01636-655765; www.newark-sherwooddc.gov.uk/newarkcastle; Gilstrap Centre, Castlegate; ⌚10–16 Uhr) Die Touristeninformation liegt auf dem Burggelände und ist bei der Suche nach Unterkünften behilflich.

### An- & Weiterreise

Newark hat zwei Bahnhöfe. Die Züge der East Coast Main Line, die von London King's Cross (25 £, 2 Std., 1–2-mal stündl.) nach Norden unterwegs sind, halten am Bahnhof North Gate. Haltestelle der Züge von East Midlands in Richtung Leicester (12,40 £, 2 Std., stündl.), Nottingham (6,10 £, 1 Std., stündl.) und Lincoln (4,90 £, 50 Min., stündl.) ist der Bahnhof Newark Castle.

Bus 90 fährt stündlich nach Nottingham (4,90 £, 55 Min., So alle 2 Std.).

# LINCOLNSHIRE

Mit seinen Feldern, Wiesen, sanften Hügeln und den bügelbrettflachen Fens (Moorgebieten) ist Lincolnshire eine der am spärlichsten besiedelten Gegenden Englands. Die auffälligsten menschlichen Spuren sind Windmühlen und deren modernere Version, Windräder. Rund um die freundliche Provinzstadt Lincoln finden sich malerische Flüsse und Kanäle, Badeorte, friedliche Naturschutzgebiete und ansprechende Gemeinden, deren Natursteinhäuser wie für englische Historienfilme geschaffen scheinen.

### Aktivitäten

Der 225 km lange Wanderweg **Viking Way** schlängelt sich von den Ufern des Humber durch die hügeligen Lincolnshire Wolds bis nach Oakham in Leicestershire.

Für Radfahrer gibt's diverse Routen durch die Grafschaft, über die die Touristeninformationen gerne Auskunft geben. Der **Water Rail Way** ist eine relativ ebene, von Skulpturen gesäumte Tour auf wenig befahrenen Straßen, die dem Fluss Witham durch die Fens zwischen Lincoln und Boston folgt.

### Touristeninformation

**Visit Lincolnshire** (www.visitlincolnshire.com)

### Anreise & Unterwegs vor Ort

Die Züge von East Midlands verbinden Lincoln, Newark Castle und Nottingham. Newark North Gate und Grantham liegen an der East Coast Main Line zwischen London King's Cross und Edinburgh.

Das lokale Busnetz verbindet die Orte der Grafschaft untereinander, doch die Busse brauchen ewig und fahren nicht sehr häufig. Nähere Auskünfte dazu wie auch Infos über Radrouten stehen auf den Verkehrsseiten der Website www.lincolnshire.gov.uk.

## Lincoln

100 160 EW.

Mehrere historische Stadttore umschließen das Zentrum von Lincoln, darunter der Newport Arch in der Bailgate, ein Überrest der einstigen römischen Siedlung. Das Netz von mittelalterlichen Pflasterstraßen wird von der majestätischen Kathedrale aus dem 12. Jh. überragt. Alt eingesessene Pubs, interessante Läden und Stadthäuser aus der Tudorzeit säumen die Gassen, die sich über den Rand des Lincoln Cliff hangeln.

Am Fuße dieser Erhebung ist entlang des Flusses Witham die nicht besonders prickelnde Neustadt gewachsen. Die Brayford Waterfront nicht weit von der Universität wurde dagegen in letzter Zeit etwas aufgepeppt und bietet nun malerische Flecken, um zu relaxen und die Schiffe an sich vorbeiziehen zu lassen.

### Sehenswertes

In der Touristeninformation gibt's den **Visit Lincoln Pass** (Erw./Familie 12/35 £). Er ist drei Tage lang gültig und beinhaltet den Eintritt zu diversen historischen Attraktionen, darunter die Burg, die Kathedrale und der Bishop's Palace.

★ **Lincoln Cathedral** KATHEDRALE

(☎01522-561600; http://lincolncathedral.com; Minster Yard; Erw./Kind Mo–Sa 8/1 £, So gegen Spende; ⏲Mo–Fr 7.15–20, Sa & So bis 18 Uhr, Evensong Mo–Sa 17.30, So 15.45 Uhr) Wie ein Wolkenkratzer aus dem Mittelalter ragt die Kathedrale aus dem Häusermeer, als beeindruckendes Beispiel dafür, zu was die menschliche Hand mit göttlicher Inspiration fähig ist. Mit 83 m ist der Vierungsturm der dritthöchste Englands. Im Mittelalter, als er noch von einer mit Blei eingefassten Turmhaube aus Holz gekrönt wurde, erreichte er die stolze Höhe von 162 m und überragte damit sogar die Pyramiden von Gizeh.

Mindestens zweimal pro Tag wird eine **Kathedralenführung** angeboten; Touren zu Dach und Turm sind seltener. Sie müssen gebucht werden, sind aber in der Eintrittsspende für die Kathedrale enthalten.

Im riesigen Innenraum würden sich die heutigen Besucher der Gottesdienste glatt verlieren. Sie finden deshalb im **St. Hugh's Choir** statt; die „Kirche in der Kirche" liegt östlich der Vierung. Der Lettner ist mit wunderschönen Steinmetzarbeiten verziert und hat einen Durchgang zum Chor, dessen prächtige Fensterrose in der Nordwand von 1192 stammt und Dean's Eye („das Auge des

### LINCOLNSHIRE: BOMBER-COUNTY

Nach dem Ersten Weltkrieg wurde 1918 die Royal Air Force (RAF) gegründet. Zwei Jahre später eröffnete sie in Lincolnshire ihre Offiziersschule. Im Zweiten Weltkrieg waren mehrere Flugstaffeln in der Grafschaft stationiert und 1945 gab es dort mehr Militärflugplätze (49) als in jeder anderen Grafschaft. Flugboote der US Navy unternahmen in Lincolnshire U-Boot-Aufklärungsflüge und B-29s hatten hier ihre Basis.

Die Touristeninformation von Lincoln hat weiteres Material zur Geschichte der Luftwaffe in Lincolnshire.

**Battle of Britain Memorial Flight Visitor Centre** (☎01522-552222; www.lincolnshire.gov.uk/bbmf; Dogdyke Rd, Coningsby; Hangarführung Erw./Kind 6,50/4,50 £; ⏲Mo–Fr 10–17 Uhr) Spitfires und die viermotorige *Lancaster City of Lincoln* gehören zu den Attraktionen der 90-minütigen Führung. Anfahrt mit dem Interconnect-Bus 5 (3,95 £, 50 Min., Mo–Sa stündl.) ab Lincoln.

**Lincolnshire Aviation Heritage Centre** (☎01790-763207; www.lincsaviation.co.uk; East Kirkby, bei Spilsby; Erw./Kind 7/3 £; ⏲Ostern–Okt. Mo–Sa 9.30–17 Uhr, Nov.–Ostern Mo–Sa 10–16 Uhr) Das Zentrum liegt auf einem Flugplatz der britischen Bomberflotte aus dem Zweiten Weltkrieg, der Kontrollturm von damals steht noch. Er ist 48 km von Lincoln entfernt und über die A153 in Richtung Südosten zu erreichen; es gibt keine Verbindung mit öffentlichen Verkehrsmitteln.

**Waddington Air Show** (www.waddingtonairshow.co.uk; ⏲Juli) Die Flugtage der RAF finden am ersten Juli-Wochenende 4,8 km südlich von Lincoln statt. Rechtzeitig buchen!

## Lincoln

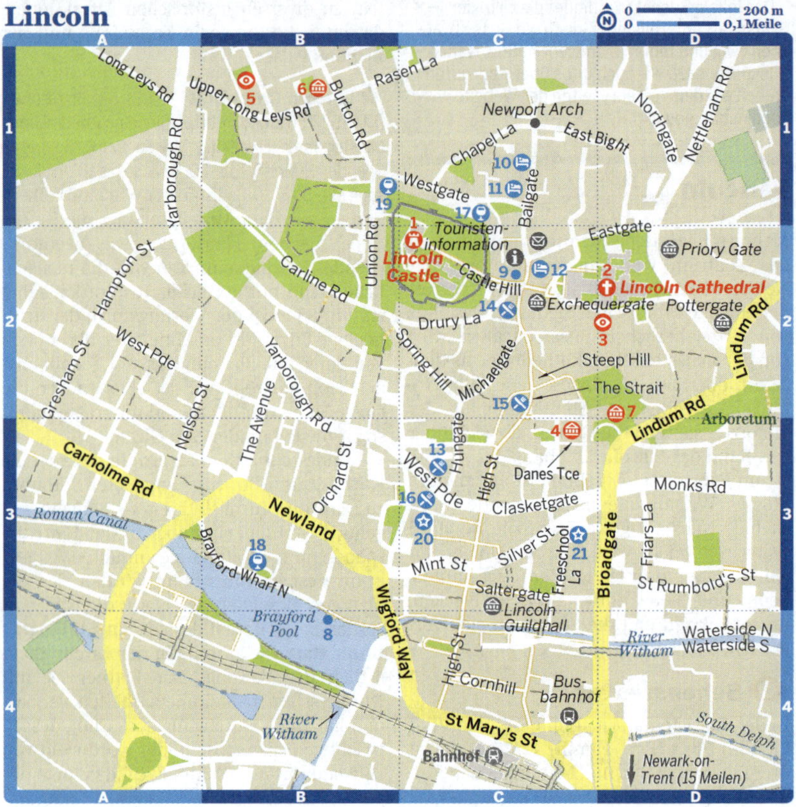


Dekans") getauft wurde. Ihr Pendant von 1330 in der Südwand heißt Bishop's Eye und ist mit floralen Motiven verziert. Weitere schöne Buntglasfenster finden sich in den drei Betkapellen im nördlichen Querschiff.

28 Säulen, deren Kapitelle mit Engeln und Blattornamenten verziert sind, stützen den **Angel Choir** hinter dem St. Hugh's Choir. Ein weiterer sehenswerter Bereich ist das zehneckige Kapitelhaus, in dem Eduard I. sein Parlament zusammenrief. Es diente 2005 als Filmkulisse für einen der Höhepunkte in *The Da Vinci Code – Sakrileg*.

Wer die Orgelklänge durch das Schiff wabern hören will, kommt am besten während des **Evensong** (Abendandacht).

**★ Lincoln Castle** BURG

(www.lincolnshire.gov.uk/lincolncastle; Erw./Kind 2/1,20 £; ⏲ Mai–Aug. 10–18 Uhr, April & Sept. bis 17 Uhr, Okt.–März bis 16 Uhr) Eine der ersten Burgen, die Wilhelm der Eroberer errichten ließ, um sein neues Reich zu festigen, war das beeindruckende Lincoln Castle. Von hier aus hatte er die Stadt und das gesamte Umland bestens im Blick. Besucher haben die einzigartige Gelegenheit, eine der vier verbleibenden Kopien der 1215 aufgesetzten **Magna Carta** in Augenschein zu nehmen. Ein weiteres Highlight ist die düstere **viktorianische Gefängniskapelle** aus der Zeit, als die Burg als Gefängnis und Hinrichtungsstätte der Grafschaft diente.

Zweimal täglich (im Dezember und Januar nur am Wochenende) wird eine kostenlose 75-minütige **Führung** angeboten.

**Bishops' Palace** HISTORISCHE STÄTTE

(EH; ☎ 01522-527468; www.english-heritage.org.uk; Erw./Kind 4,70/2,80 £; ⏲ April–Sept. Mi–So 10–18 Uhr, Okt. Mi–So bis 17 Uhr, Nov.–März Sa & So bis 16 Uhr) Nicht weit von der Kathedrale liegen die von der Zeit gezeichneten, aber immer noch beeindruckenden Ruinen des Bishop's Palace aus dem 12. Jh. Er diente

## Lincoln



dem ansässigen Bischof als Verwaltungssitz seiner Diözese, die vom Humber bis zur Themse reichte, und war während des Englischen Bürgerkriegs auf Anweisung des Parlaments verwüstet worden. Ein Audioguide mit unterhaltsamen Kommentaren ist im Eintritt inbegriffen.

**Collection** MUSEUM
(www.thecollectionmuseum.com; Danes Tce; ⏲10–16 Uhr, am 1. Montag des Monats ab 10.45 Uhr) GRATIS Die interaktive Ausstellung des Museums macht Archäologie lebendig. Objekte zum Anfassen und Kostüme verschiedener Epochen zum Verkleiden laden Kids zum spielerischen Lernen ein. Eine besondere Attraktion ist der 4000 Jahre alte eingeschlagene Schädel eines „Yellowbelly" (wie die Einheimischen hier genannt werden), der von einer Ausgrabungsstelle bei Sleaford stammt.

**Usher Gallery** GALERIE
(www.thecollectionmuseum.com; Danes Tce; ⏲10–16 Uhr, 1. Montag des Monats ab 10.45 Uhr) GRATIS Das stattliche edwardianische Gebäude ist mit Stierschädeln verziert, die in den Stein gemeißelt wurden. Es beherbergt eine eindrucksvolle Sammlung, zu der Werke von Größen wie Turner, Lowry und dem berühmten englischen Aquarellmaler Peter de Wint (1784–1849) gehören.

**Museum of Lincolnshire Life** MUSEUM
(Old Barracks, Burton Rd; ⏲April–Sept. tgl. 10–16 Uhr, Okt.–März So geschl.) GRATIS Kasernen aus der viktorianischen Ära haben als Heimatmuseum eine neue Aufgabe gefunden. Die höchst ansprechend präsentierte Sammlung enthält alle möglichen Objekte, von alten landwirtschaftlichen Geräten bis hin zu einem Panzer aus Blechbüchsen, der in Lincoln für den Ersten Weltkrieg gebaut worden war. Gleich um die Ecke rattert das Mahlwerk der putzigen **Ellis Mill** (www.lincolnshire.gov.uk; Mill Rd; ⏲April–Sept. Sa & So 14–17 Uhr, Okt.–März So 14 Uhr–Sonnenuntergang) GRATIS, in der seit dem 18. Jh. das Mehl für Lincolns Bäcker produziert wird.

## Geführte Touren

**Stadtführungen** STADTRUNDGANG
(☎01522-521256; www.lincolnguidedtours.co.uk; Erw./Kind 4 £/frei; ⏲Führung Juli & Aug. tgl. 11 Uhr, Juni, Sept. & Okt. Sa & So 11 Uhr) Die 90-minütige Führung mit Schwerpunkt Stadtgeschichte beginnt vor der Touristeninformation.

**Ghost Walks** STADTRUNDGANG
(☎01522-874056; Erw./Kind 4/2 £; ⏲ganzjährig Mi–Sa 19 Uhr) Die wirklich gruselige, 75-minütige Führung startet am Castle Square, gleich neben der Touristeninformation.

**Brayford Belle** BOOTSTOUR
(☎01522-881200; www.lincolnboattrips.co.uk; Erw./Kind 6,50/4 £) Das Boot legt an der Brayford Waterfront ab und schippert über den Fluss Witham und die Fossdyke Navigation, ein Kanalsystem römischen Ursprungs. Von Ostern bis September ist die *Brayford Belle* fünfmal täglich unterwegs, im Oktober nur am Wochenende. Keine Kreditkarten.

### LINCOLNS HÜGEL UMGEHEN

Wer zwischen Lincolns Altstadt und Neustadt unterwegs ist, kommt sich oft vor wie auf einer Everest-Expedition. Zum Glück gibt's Alternativen.

**Walk & Ride** (Einfache Fahrt Erw./Kind 1,50 £/70 p, Tageskarte 3/1,60 £; Mo–Sa 9.10–17.22 Uhr) Lincolns „Little Green Bus" fährt alle 20 Minuten von Stonebow (Ecke High Street und Saltergate) zur Kathedrale und zum Newport Arch. Auf dem Rückweg kommt er an der Brayford Waterfront und dem Bahnhof vorbei.

**Tour Lincoln** (Erw./Kind 10/4 £; Juli & Aug. 10–15 Uhr, März–Juni & Sept.–Okt. Sa & So 10–15 Uhr) Wer bequem in Lincoln herumkommen will, schnappt sich den Tour-Lincoln-Bus mit offenem Verdeck. Tickets gibt's beim Fahrer und in der Touristeninformation. Die Tour dauert eine Stunde, das Ticket gilt den ganzen Tag.

## Schlafen

**★Castle Hotel** BOUTIQUEHOTEL ££
(01522-538801; www.castlehotel.net; Westgate; EZ/DZ inkl. Frühstück 90/110–149 £; P) Auf dem Gelände eines römischen Forums wurde 1852 der rote Backsteinbau errichtet, der vor seiner Hotelkarriere schon als Schule und im Zweiten Weltkrieg als Aussichtsposten gedient hat. Alle 18 Zimmer wurden aufwendig renoviert und zeigen sich nun im Farbendreiklang Olive/Trüffel/Auster. Es wird auch Halbpension angeboten, zu der das preisgekrönte Restaurant Reform (s. rechts) das Abendessen beisteuert.

**Bail House** B&B ££
(01522-541000; http://bailhouse.jpchotelsandleisure.co.uk; 34 Bailgate; DZ ab 79 £; P @) Natursteinmauern, vom Alter glatt geschliffene Bodenplatten, verträumte Gärten und ein Zimmer mit wunderschöner Balkendecke sind nur ein paar der Pluspunkte der liebevoll restaurierten georgianischen Stadtvilla im Zentrum. Den Gästen stehen einige Parkplätze, ein Garten, ein Kinderspielplatz und ein beheizter Pool zur Verfügung.

**White Hart Hotel** HOTEL ££
(01522-526222; www.whitehart-lincoln.co.uk; Bailgate; EZ/DZ ab 70/90; P @) In ganz Lincoln gibt's keine ehrwürdigere Unterkunft als in dieser Grande Dame unter den hiesigen Hotels. Standesgemäß hat sie die Burg und die Kathedrale als Nachbarn und kann selbst auf 600 Jahre Berufserfahrung zurückblicken. Die Zimmer sind im Landhausstil eingerichtet.

## Essen

Steep Hill ist eine gute Adresse für Tearooms. Wer abends essen gehen will, sollte möglichst einen Tisch reservieren.

**La Bottega Delitalia** CAFÉ, FEINKOST £
(9 West Pde; Gerichte 2,15–7,45 £; Mo–Mi 9–16, Do & Fr bis 21, Sa 8.30–15 Uhr) Mit Fertigprodukten hat das preisgünstige Café mit Feinkostabteilung nichts am Hut: Aus frischen Zutaten entstehen hier original italienische Gaumengenüsse wir Hummerravioli in cremiger Tomaten-Basilikum-Sauce. Keine Kreditkarten.

**Reform** MODERN BRITISCH ££
(01522-538801; www.castlehotel.net; The Castle Hotel, Westgate; Hauptgerichte 13,50–23,95 £; Mo–Sa 12–14.30 & 19–21, So 12–15 & 19–21 Uhr) Saisonale Produkte der Region dienen dem Gourmetrestaurant des Castle Hotels als Inspirationsquelle. Auf der Karte stehen Vorspeisen wie frittierte Fetaplätzchen und israelisches Couscous mit Granatapfel, Minze und Koriander, Hauptgerichte wie Schweinefleischconfit mit Artischockenrisotto und Salbei-Zwiebelringen und sterneverdächtige Dessert wie warme Pflaumen-Himbeer-Tarte mit Streuseln, Eiscreme aus weißer Schokolade und Quittenpüree.

**Bronze Pig** MODERN BRITISCH ££
(01522-524817; http://thebronzepig.co.uk; 6 West Pde; Hauptgerichte 15–24 £; Abendessen Mi–Sa auf Vorbestellung) Eamonn Hunt, ein irischer Starkoch, der es 2012 bei der TV-Kochshow MasterChef in die Endrunde geschafft hat, und sein sizilianischer Kollege Pompeo Siracusa haben Lincolns Gourmetszene mit dem Bronze Pig im Sturm erobert. Ihre außergewöhnliche moderne britische Küche hat italienische Einschläge, die Zutaten kommen aus der Region. Wer sich hier überraschen und verwöhnen lassen will, sollte rechtzeitig reservieren.

**Brown's Pie Shop** BRITISCH ££
(01522-527330; www.brownspieshop.co.uk; 33 Steep Hill; Pies zum Mitnehmen 1,50–3,50 £, Hauptgerichte mittags 9–12 £, abends 10–25 £; Mo–Sa 12–14.30 & 17–23, So 12–20 Uhr) Der alteingesessene Pie-Shop gehört zu den besten Essadressen Lincolns. Im eleganten Speisesaal im

Obergeschoss sowie im gemütlicheren Backsteinambiente darunter werden herzhafte Pies serviert, die mit Wildbret, Rind- oder Kaninchenfleisch aus der Region gefüllt sind.

**Jew's House** MODERN EUROPÄISCH ££

(☎01522-524851; www.jewshouserestaurant.co.uk; 15 The Strait (Steep Hill); 2-/3-Gänge-Menü mittags 16,50/19,95 £, Hauptgerichte 15,50–21,50 £; ⌚Di 19–21.30, Mi–Sa 12–14 & 19–21.30 Uhr) Den Rahmen für den Darling der Lincolner Foodiegemeinde bildet eines der ältesten Häuser Englands; das romanische „Judenhaus" wurde um 1160 errichtet. Das sechsgängige Probiermenü (auf Vorbestellung, 59,50 £) ist ein wahrhaft paradiesisches Schlemmervergnügen.

**Wig & Mitre** PUB ££

(www.wigandmitre.com; 30 Steep Hill; Hauptgerichte 10,50–14,50 £; ⌚Mo–Sa 8.30–22.30, So bis 22 Uhr; 👪) Trotz anspruchsvoller Speisekarte hat sich das Wig & Mitre seine freundschaftliche Kneipenatmosphäre erhalten. Die Küche ist unermüdlich am Wirbeln, von leckeren Pfannengerichten morgens über Sandwiches zu Mittag bis hin zum deftigen Abendessen mit Braten und Beilagen. Keine Reservierung erforderlich.

## Ausgehen & Nachtleben

**Strugglers Inn** PUB

(83 Westgate; ⌚Di & Mi 12–24, Do–Sa bis 1, So & Mo bis 23 Uhr) Ein sonniger, von Gartenmauern eingerahmter Biergarten, ein gemütlicher Kneipenraum und ein erstklassiges Sortiment an *real ales* vom Fass machen das Strugglers Inn zur Nummer eins unter Lincolns konzessionsfreien Pubs.

**Cloud Bar** BAR

(1 St Pauls Lane; ⌚So–Do 10.30–23, Fr & Sa bis 1 Uhr; 📶) Wenn die Sonne scheint, ist die Dachterrasse dieses Newcomers nicht weit von der Kathedrale der Hit. Auch die Tapas-Karte macht Laune.

**Electric Bar & Restaurant** BAR

(☎01522-565182; www.electricbarandrestaurant.co.uk; 5. Etage, DoubleTree by Hilton Lincoln, Brayford Wharf North; ⌚So–Do 11–23, Fr & Sa bis 24 Uhr; 📶) Im obersten Geschoss von Lincolns schickem Viersternehotel Double Tree Hilton verwöhnt die glamouröse Bar mit Flussblick ihre Gäste mit einer großen Cocktailauswahl. Oft sorgen Jazz-Gigs für den Soundtrack. Das Restaurant serviert britische Edelküche mit Retrotouch (z. B. Haxenterrine und Kokosparfait).

## Unterhaltung

Der Veranstaltungskalender kann auf www.lovelincoln.co.uk oder www.visitlincolnshire.com abgerufen werden.

**Lincoln Drill Hall** KULTURZENTRUM

(www.lincolndrillhall.com; Freeschool Lane) Popbands, klassische Konzerte, Comedyshows und andere Spektakel sowie ganztägige Festivals finden in dem streng wirkenden Gebäude unterhalb des Bahnhofs eine Bühne.

**Home Nightclub** LIVEMUSIK

(http://homelincoln.co.uk; Park St; ⌚Mo & Mi 11.30–23, Di & Do–Sa bis 3, So 12–3 Uhr) Sechs Räume mit Livemusik oder tanzbaren Soundtracks sowie acht Bars machen die riesige Location für Lincolns Studenten zu einem zweiten Zuhause.

## Touristeninformation

**Touristeninformation** (☎01522-545458; www.visitlincoln.com; 9 Castle Hill; ⌚Mo–Sa 10–17, So 10.30–16 Uhr) Die hilfsbereite Anlaufstelle liegt in einem Gebäude aus dem 16. Jh.

## An- & Weiterreise

### BUS

National Express bietet Direktverbindungen nach London Victoria (19,60 £, 5¼ Std., 2-mal tgl.) und Birmingham (16,80 £, 3 Std., tgl.).

Bus 1 des lokalen Anbieters Stagecoach fährt nach Grantham (4,40 £, 1¼ Std., Mo–Sa stündl., So 5-mal).

### ZUG

**Boston** 15,10 £, 2 Std., stündlich, mit Umsteigen in Sleaford

**Newark-on-Trent** (Newark Castle) 4,90 £, 25 Min., Mo–Sa alle 15 Min., So 10-mal

**Nottingham** 10,60 £, 1 Std., stündl.

**Sheffield** 14,10 £, 80 Min., stündl.

**York** 36,60 £, 2 Std., 2-mal stündl.

# Stamford

19 700 EW.

In Stamford scheint die Zeit stillgestanden zu sein. Der Ort gehört zu den schönsten Englands und ist mit seinen eleganten Straßen, die von honigfarbenen Kalksteinhäusern gesäumt sind, wirklich ein Hingucker. In den schmalen Gassen verstecken sich urige Pubs, interessante Esslokale und kleine Boutiquen. Ein ganzer Wald von Kirchtürmen bildet die Skyline, zu deren Füßen sich der Fluss Welland gemütlich glu-

ABSTECHER

## GRANTHAM & UMGEBUNG

Grantham wäre eine ganz normale Provinzstadt, gäbe es da nicht zwei berühmte „Yellowbellies" (Gelbbäuche, wie sich die Bewohner von Lincolnshire selbst nennen): Sir Isaac Newton und Margaret Thatcher. Die mittlerweile verstorbene Ex-Premierministerin war die Tochter eines Gemüsehändlers mit einem Laden in der North Parade Nr. 2 in Grantham. Das Städtchen selbst hat wenig zu bieten, aber in seinem Umkreis liegen diverse attraktive Anwesen.

**Woolsthorpe Manor** (NT; www.nationaltrust.org.uk; Water Lane; Erw./Kind 6,65/3,35 £; ⌚ März–Okt. Mi–Mo 11–17 Uhr, Nov.–Feb. Fr–So 11–17 Uhr) Newton-Fans fühlen sich wahrscheinlich durch Gravitationskräfte zu dessen Geburtsstätte 13 km südlich von Grantham hingezogen. Im Gebäude aus dem 17. Jh. wurden Newtons Wohnräume rekonstruiert; der Apfel, der ihn zum Gravitationsgesetz inspirierte, fiel vermutlich von dem Baum im Garten. Für kleine Schlauberger gibt's einen Wissenschaftsraum, für die Eltern ein Café. Anfahrt mit Centrebus 28 ab Grantham (2,50 £, 25 Min., Mo–Sa 4-mal).

**Belvoir Castle** (☎ 01476-871001; www.belvoircastle.com; Erw./Kind 15/8 £, nur Gärten 8/5 £; ⌚ Schlossführung Mai–Aug. So & Mo 11.15, 13.15 & 15.15 Uhr, Gärten Mai–Aug. So & Mo 11–17 Uhr) Der Familienstammsitz des Duke und der Duchess of Rutland ist eine barockes Märchenschloss aus dem 19. Jh., das auf den Überresten dreier Vorgänger ruht. Bis heute wohnt darin die Manners-Dynastie, umgeben von antiken Möbeln, Wandteppichen und Ölgemälden. Belvoir (sprich: Bi-ver) gehört eigentlich zu Leicestershire, aber die nächste Stadt ist Grantham, 10 km weiter östlich. Bus 9 (1,60 £, 20 Min., Mo–Fr 4-mal tgl.) hält am Chequers Inn, von wo es bis zum Schloss noch 20 Minuten zu Fuß sind.

**Chequers Inn** (☎ 01476-870701; www.chequersinn.net; Main St, Woolsthorpe by Belvoir; Hauptgerichte 11–20 £; ⌚ Küche Mo–Sa 12–14.30 & 18–21.30, So 12–16 & 18–20.30 Uhr) Eine der besten Küchen der Midlands wird im Garten neben der Schafweide oder drinnen vor dem flackernden Kamin serviert, begleitet von einer großen Auswahl an Ciders und *real ales* vom Fass. Der bezaubernde Landgasthof liegt 11 km südwestlich von Grantham, sein sonniger Hof hat Blick auf das Belvoir Castle. In den ehemaligen Ställen auf der anderen Straßenseite befinden sich vier einfache, aber schicke Gästezimmer (EZ/DZ 50/70 £).

ckernd durch das Zentrum schlängelt. Auch Filmemacher schätzen diese Postkartenidylle und Stamford ist in unzähligen Streifen zu sehen, von *Stolz und Vorurteil* bis hin zu *The Da Vinci Code – Sakrileg*.

## Sehenswertes

Schon allein der Bummel durch Stamfords Straßen macht einfach Spaß.

★ **Burghley House** HISTORISCHES GEBÄUDE
(www.burghley.co.uk; Erw./Kind inkl. Skulpturengarten 13/6,50 £, nur Garten 7,50/6,50 £; ⌚ Mitte März–Ende Okt. Sa–Do 11–17 Uhr) Nur 1,6 km südlich von Stamford steht das pompöse Burghley (sprich: *Bör*-lie) House. Bauherr war William Cecil, Königin Elisabeths I. engster Berater, dessen Nachkommen bis heute darin wohnen.

Der umliegende, 810 ha große Park wurde von dem berühmten Gartenarchitekten Lancelot „Capability" Brown angelegt. Das Gebäude ist verschwenderisch mit Kuppeln, Pavillons, Erkern und Kaminen ausgestattet. Ein besonderes Highlight sind die herrlichen Prunkgemächer.

Anfang September finden hier die berühmten Burghley Horse Trials statt, ein Wettbewerb im Vielseitigkeitsreiten.

Ein ausgeschilderter Fußweg (15 Min.) führt vom Bahnhof Stamford durch den Park zum Burghley House.

**St. Mary's Church** KIRCHE
(http://stamfordstmary.weebly.com; St Mary's St; ⌚ unterschiedlich) Auffälligstes Merkmal ist ihr herrlich schiefer, spitzer Turmhelm.

**William Browne Hospital** MUSEUM
(Broad St; Erw./Kind 2,50/1 £; ⌚ Mai–Sept. Sa 11–16, So 14–16.30 Uhr) Die Räume des mittelalterlichen Armenhauses sowie seine Kapelle aus dem 15. Jh. laden zu einem Streifzug ein.

## Schlafen

**Stamford Lodge** B&B ££
(☎ 01780-482932; www.stamfordlodge.co.uk; 66 Scotgate; EZ/DZ 65/85 £; ☎) Das zentral gelegene B&B ist in einem ehemaligen Backhaus

aus dem 18. Jh. untergebracht. Es hat fünf erfrischend moderne Zimmer und serviert ein leckeres Frühstück.

**★ George Hotel** HISTORISCHES HOTEL £££
(☎01780-750750; www.georgehotelofstamford.com; 71 St Martin's; EZ/DZ ab 95/165 £, DZ mit Himmelbett 250 £; P@📶) Das luxuriöse Hotel ist schon seit 1597 im Geschäft und in Stamford eine Institution. Seine 47 Zimmer bieten eine perfekte Mischung aus historischem Charme und moderner Eleganz. Im angeschlossenen Gourmetrestaurant wird moderne britische Küche serviert.

**William Cecil at Stamford** HISTORISCHES HOTEL £££
(☎01780-750070; www.thewilliamcecil.co.uk; High St, St Martins; EZ/DZ unter der Woche 101/111 £, am Wochenende 120/130 £; P📶) Bei der Renovierung des Hotels auf dem Burghley-Anwesen diente das Burghley House als Vorlage. Stilmöbel und Details wie Badewannen mit Löwenfüßen sorgen für den luxuriösen Touch. Das elegante Restaurant geht in einen mit Korbsesseln möblierten Patio über.

## Essen

Die Restaurants der Hotels George und William Cecil sind die nobelsten Essadressen der Stadt.

**Tobie Norris** PUB ££
(www.tobienorris.com; 12 St Pauls St; Hauptgerichte 8–20 £; ⏲Küche Mo–Sa 12–14.30 & 18–21.30, So 12–14 & 18–20.30 Uhr) Natursteinmauern und Steinplatten sorgen in dem auf mehrere Räume verteilten Pub mit sonnigem Innenhof für Atmosphäre. Auf der Karte stehen internationale Spezialitäten wie Wasabi-Huhn mit Kartoffelbrei und Pflaumenchutney, dazu laufen bekömmliche, heimische Ales aus dem Zapfhahn.

**Jim's Yard** MODERN BRITISCH ££
(☎01780-756080; www.jimsyard.biz; 3 Ironmonger St; Hauptgerichte 12,50–21 £; ⏲Di–Sa 12–14.30 & 18–21.30 Uhr) Ein schmaler Durchgang führt zu dem Hof, in dem sich das Jim's Yard versteckt. Seine anspruchsvolle Küche basiert auf Zutaten aus heimischer Produktion.

## Praktische Informationen

**Touristeninformation** (☎01780-755611; www.stamfordartscentre.com; 27 St Mary's St; ⏲Mo–Sa 9.30–17 Uhr; 📶) Im Stamford Arts Centre.

## An- & Weiterreise

Der Centre-Bus 4 fährt nach Grantham (4 £, 1 Std., Mo–Fr 3-mal, Sa 2-mal). Busse von National Express bedienen die Strecke nach London Victoria (13,50 £, 4 Std., 1-mal tgl.).

Es gibt Züge nach Birmingham (21,90 £, 1½ Std., stündl.), Leicester (12,90 £, 40 Min., stündl.) und zum Stansted Airport (31,40 £, 1¾ Std., stündl.) über Cambridge (24 £, 1¼ Std.) und Peterborough (7,70 £, 15 Min.).

# Boston

41 340 EW.

Kaum zu glauben, dass das verschlafene Boston seinem weit größeren und berühmteren Namensvetter in den USA als Vorlage diente. Zwar befand sich unter den Passagieren der *Mayflower* kein einziger Bostoner, aber die Stadt war eine Anlaufstelle für Puritaner aus ganz Nottinghamshire, die der religiösen Verfolgung durch Auswanderung in die Niederlande und nach Amerika zu entkommen suchten. Die flammenden Predigten des Bostoner Vikars John Cotton in den 1630er-Jahren animierten dann auch viele Stadtbewohner, ihr Glück in der neuen Welt zu suchen. Einer davon war John Quincy Adams, der es zum sechsten amerikanischen Präsidenten brachte. Die aus Boston stammenden Pioniere gründeten dann in der neuen Kolonie Massachusetts die Stadt gleichen Namens, der Rest ist Geschichte.

## Sehenswertes

**St. Botolph's Church** KIRCHE
(www.parish-of-boston.org.uk; Turm Erw./Kind 3/1 £; ⏲Kirche tgl. 8.30–16.30 Uhr, Turm Mo–Sa 10–15.30 Uhr, letzter Aufstieg 15 Uhr) Die St. Botolph's Church (der Name Boston leitet sich aus St. Botolph's Stone ab) stammt aus dem frühen 14. Jh. und wird hier allgemein *„the stump"* (der Stumpen) genannt, weil ihr 88 m hoher Turm so gestaucht wirkt. Wer die 365 Stufen erklimmt, kann an klaren Tagen die 52 km entfernte Kathedrale von Lincoln sehen.

**Guildhall** MUSEUM
(☎01205-365954; www.bostonguildhall.co.uk; South St; ⏲Mi–Sa 10.30–15.30 Uhr) Vor ihrem Aufbruch in die Neue Welt waren die Pilgrim Fathers vorübergehend in der Guildhall aus den 1390er-Jahren eingekerkert worden. Sie ist eines der ältesten Backsteingebäude Lincolnshires und steht nicht weit vom Fluss Witham entfernt. In ihrem Inneren warten eine unterhaltsame interaktive

Ausstellung, ein restaurierter Gerichtssaal aus dem 16. Jh. und eine rekonstruierte georgianische Küche.

**Maud Foster Windmill** MÜHLE
(☎01205-352188; www.maudfoster.co.uk; Erw./Kind 4/2 £; ⏲Mi & Sa 10–17 Uhr) Rund 800 m nordöstlich des Market Place erhebt sich Englands größte noch arbeitende Windmühle und jede Flügeldrehung lässt ihre sieben Stockwerke ächzen und erbeben. Besucher können frisch gemahlenes Mehl kaufen, für Selbstversorger gibt's Unterkünfte in der Kornkammer nebenan (Doppelzimmer 195 £ für zwei Nächte inkl. Mühlenführung; Kinder sind nicht zugelassen).

### Schlafen & Essen

**White Hart** PUB ££
(☎01205-311900; www.whitehartboston.com; 1–5 High St; EZ/DZ 49,50/67,50 £; P@) In der Stadtmitte hat die Best-Western-Kette dieses nette Pub mit Hotel in ihre Reihen aufgenommen. Die Zimmer wurden mit viel Geschmack modernisiert, das Pub serviert moderne britische Küche (Hauptgerichte 9–18 £).

### Praktische Informationen

**Touristeninformation** (☎01205-365954; www.bostonguildhall.co.uk; South St; ⏲Mi–Sa 10.30–15.30 Uhr) In der Guildhall.

### An- & Weiterreise

Boston hat Zugverbindungen nach Leicester (22,10 £, 2½ Std., stündl.) und Lincoln (15,10 £, 2 Std., stündl.) mit Umsteigen in Sleaford.

## NORTHAMPTONSHIRE

Dörfer mit putzigen, strohgedeckten Fachwerkhäuschen im Tudorstil, aber auch eine ganze Reihe herrschaftlicher Anwesen wie die Familienstammsitze von George Washington und Prinzessin Diana machen den Reiz von Northamptonshire aus.

Für Motorsportfreaks ist der Große Preis von Großbritannien der Formel 1 auf dem Silverstone Circuit (www.silverstone.co.uk) bei Towcester Anfang Juli ein dreitägiges Highlight.

### Praktische Informationen

**Visit Northamptonshire** (www.visitnorthamptonshire.co.uk; WLAN)

### Unterwegs vor Ort

In Northampton laufen die Buslinien der Grafschaft zusammen. Infos und Fahrpläne stehen unter der Rubrik „Transport & Streets" auf der Website www.northamptonshire.gov.uk. Daneben gibt's von London Midland gute Zugverbindungen von/nach Northampton.

## Northampton

215 170

Nach einer verheerenden Feuersbrunst 1675 war Northampton wieder aufgebaut worden und zählte zu den schönsten Städten der Midlands. Die Bomber des Zweiten Weltkriegs und die Stadtplaner der Nachkriegszeit richteten jedoch erneut kolossale Schäden an, die nur einige grandiose Gebäude im Zentrum überlebten. Während der Rosenkriege und des Englischen Bürgerkriegs spielte Northampton eine Schlüsselrolle. Später verlegte sich die Stadt auf die Schuhproduktion.

### Sehenswertes

**All Saints' Church** KIRCHE
(www.allsaintsnorthampton.com; George Row; ⏲9–18 Uhr) Die Kirche wurde nach der Feuersbrunst von 1675 errichtet und zeigt deutliche Einflüsse von Sir Christopher Wren und den Kirchen, die dieser nach dem Großen Brand von London (1666) erbaute. Sehenswert sind das reich verzierte Fassgewölbe sowie die Orgel und Altaraufsätze aus dunklem Holz.

**Guildhall** HISTORISCHES GEBÄUDE
(St Giles St) Northamptons charakteristische Guildhall wurde zwischen 1861 und 1864 errichtet. Zu ihrem reichen Skulpturenschmuck gehören 14 Statuen von Monarchen, örtlichen Berühmtheiten und Heiligen, darunter der Schutzpatron der Zünfte St. Michael. Das Gebäude wird von der Stadtverwaltung genutzt und ist – außer an Denkmalstagen – nicht öffentlich zugänglich.

**Northampton Museum & Art Gallery** MUSEUM, GALERIE
(www.northampton.gov.uk/museums; Guildhall Rd; ⏲Di–Sa 10–17, So 14–17 Uhr) GRATIS Auch wer keinen Schuhtick hat, wird von der Ausstellung begeistert sein, die die Geschichte des Schuhhandwerks illustriert und unterschiedlichste Schuhmoden zeigt.

**St. Peter's Church** KIRCHE
(⏲März–Okt. Mi–Sa 10–16 Uhr, Nov.–Feb. Mi–Sa 11–15 Uhr) Westlich des zentral gelegenen Market Square wartet mit der St. Peter's Church ein wunderschönes Beispiel nor-

mannischer Sakralarchitektur. Es stammt von 1150 und besticht mit seinen Steinmetzarbeiten. Ein Schild am Eingang verrät, wo der Schlüssel abgeholt werden kann, um einen Blick ins Innere zu werfen.

**Church of the Holy Sepulchre** KIRCHE
(www.stseps.org; ⌚ Mai–Sept. Mi 14–16, Sa 11–15 Uhr) Hinter dem potthässlichen Busbahnhof nördlich des Zentrums ist die Church of the Holy Sepulchre eine der wenigen überlebenden Rundkirchen der Grafschaft. Der erste Earl von Northampton hatte sie 1100 nach seiner Rückkehr von den Kreuzzügen errichten lassen.

## Schlafen & Essen

Die Touristeninformation gibt Auskünfte über B&Bs in der Gegend.

**Church Bar & Restaurant** MODERN EUROPÄISCH ££
(☎ 01604-603800; www.thechurchrestaurant.com; 67–83 Bridge St; Hauptgerichte 15 £; ⌚ Mo–Sa 12–14.30 & 18–21.30 Uhr) Höchst gelungene Umbaumaßnahmen haben die frühere Kirche in ein Restaurant mit moderner europäischer Küche verwandelt (Reservierung empfohlen). In der Bar unter den Buntglasfenstern werden leckere Cocktails serviert.

## Praktische Informationen

**Touristeninformation** (☎ 01604-838800; www.visitnorthamptonshire.co.uk; George Row; ⌚ Mo–Fr 8–17.30 Uhr, April–Sept. auch Sa 10–14 Uhr) Im historischen Sessions House von 1675.

## An- & Weiterreise

Der Busbahnhof Greyfriars liegt in der Lady's Lane nördlich des Einkaufszentrums Grosvenor. Busse von National Express fahren u. a. nach:

**Birmingham** 7,40 £, 2¾ Std., 8-mal tgl.

**London Victoria** 13 £, 2¼ Std., 12-mal tgl.

**Nottingham** 13,20 £, 2½ Std., 2-mal tgl.

Northampton hat gute Zugverbindungen nach Birmingham (14 £, 1 Std., alle 20 Min.) und London Euston (26,20 £, 1 Std., 3-mal stündl.). Der Bahnhof liegt rund 800 m westlich der Stadt in der Gold Street.

# Rund um Northampton

Northamptonshire hat ein ganzes Arsenal uralter Kirchen; einige davon wurden von den Angelsachsen errichtet. Viele sind nur von Mai bis September für Besucher geöffnet. Nähere Auskünfte sowie Busfahrpläne gibt's in der Touristeninformation von Northampton.

## Althorp

Der Familienstammsitz der Spencers, **Althorp House** (sprich: Ohl-trp; ☎ 01604-770107; www.spencerofalthorp.com; Erw./Kind 18,50/11 £; ⌚ Mai–Mitte Juli & Sept. So 13–17 Uhr, Mitte Juli & Aug. tgl. 13–17 Uhr) ist auch die letzte Ruhestätte von Prinzessin Diana, an die ein Denkmal erinnert. Das Haus beherbergt eine hochkarätige Kunstsammlung mit Werken von Rubens, Gainsborough und Van Dyck. Die Besucherzahl ist begrenzt, Tickets müssen vorab telefonisch oder online gebucht werden.

Althorp liegt knapp 9 km nordwestlich von Northampton an der A428. Der Stagecoach-Bus 96 (Northampton–Rugby, 4,60 £, Mo–Sa stündl.) hält am Eingangstor des Anwesens. Von dort sind es noch 20 Fußminuten bis zum Haus.

Die Einnahmen durch den Ticketverkauf fließen in den Princess Diana Memorial Fund, der verschiedene Wohltätigkeitsorganisationen unterstützt.

## Stoke Bruerne

375

Rund 13 km südlich von Northampton gehen die bunten Kähne auf dem Grand Union Canal (der Hauptader des englischen Kanalnetzes) in diesem hübschen Dörfchen vor Anker, bevor sie nach Leicester, Birmingham oder London weitertuckern.

### Sehenswertes & Aktivitäten

Einige Skipper bieten im Sommer Bootsfahrten an.

**Canal Museum** MUSEUM
(http://canalrivertrust.org.uk/the-canal-museum/stoke-bruerne; Erw./Kind 4,75/2,75 £; ⌚ April–Okt. 10–17 Uhr, Nov.–März Mi–Fr 11–15, Sa & So bis 16 Uhr) In einer umgebauten Getreidemühle erzählt das unterhaltsame Museum die Geschichte des Kanalnetzes und seiner Schiffer, Schleusenwärter und Bergarbeiter. Neben zahlreichen Schiffsmodellen dient das denkmalgeschützte historische Kanalboot *Sculptor* vor der Haustür als Anschauungsbeispiel.

**Indian Chief** BOOTSTOUR
(☎ 01604-862428; www.boatinn.co.uk; Erw./Kind ab 3/2,50£; ⌚ So & Feiertagswochenenden 11.30–

15 Uhr) Für einen Sonntagsausflug bietet sich die 25-minütige Fahrt auf dem Kanalboot des Boat Inn, der *Indian Chief*, an.

### Schlafen & Essen

**Waterways Cottage** B&B ££
(☎01604-863865; www.waterwayscottage.co.uk; Bridge Rd; DZ 75 £) Mit seinem Strohdach wirkt das malerische B&B wie ein Motiv auf dem Deckel einer alten Keksdose.

**Boat Inn** PUB ££
(☎01604-862428; www.boatinn.co.uk; Hauptgerichte 7,75–24 £; ⊙Mo–Fr 9.30–15 & 18–21, Sa 9–21, So 9–20.30 Uhr) Leckeres Essen und zünftige Ales direkt am Kanalufer.

### An- & Weiterreise

Die Busse 86 und 87 verkehren zwischen Stoke Bruerne und Northampton (4,40 £, 30 Min., 4-mal tgl.).

## Sulgrave Manor

Das wunderbar erhaltene **Herrenhaus** (www.sulgravemanor.org.uk; Erw./Kind 7,90/3,60 £, nur Garten 3,60 £/frei; ⊙April–Juli, Sept. & Okt. Sa & So 11–16 Uhr, Aug. Di–So 11–16 Uhr) wurde 1539 für Lawrence Washington gebaut. Es diente seiner Familie knapp 120 Jahre lang als Wohnhaus. Dann wanderte Colonel John Washington (der Urgroßvater des ersten amerikanischen Präsidenten, George Washington) 1656 nach Virginia aus.

Sulgrave Manor liegt 32 km südwestlich von Northampton nicht weit von der B4525 bei Banbury und ist nicht mit öffentlichen Verkehrsmitteln erreichbar.

# LEICESTERSHIRE

Während der Industriellen Revolution war Leicestershire ein bedeutendes Wirtschaftszentrum, das zahlreiche kreative Neuentwicklungen hervorbrachte. Viele seiner Fabriken wurden während des Zweiten Weltkriegs von deutschen Bombern ins Visier genommen und in den meisten Städten der Grafschaft sind die Narben dieser Verwüstungswelle bis heute sichtbar. Trotzdem bietet die Grafschaft einige beeindruckende historische Attraktionen, von römischen Ruinen bis zu Burgen aus Elisabeths Zeiten. Die kürzliche Entdeckung der sterblichen Überreste von Richard III. brachte der quirligen, multikulturellen Hauptstadt Leicester neuen Ruhm.

### Touristeninformation

**Leicestershire Tourism** (www.goleicestershire.com)

### Anreise & Unterwegs vor Ort

Leicester hat gute Bus- und Zugverbindungen. Infos über Buslinien und Fahrpläne stehen unter der Rubrik „Roads & Transport" auf der Website www.leics.gov.uk. Zwischen Leicester, Rutland, Stamford und anderen Städten der Umgebung besteht ein regelmäßiger Busverkehr.

## Leicester

329 840 EW.

Leicester (sprich: Lester) ruht auf den Ruinen einer zweitausendjährigen Geschichte. Die deutsche Luftwaffe wie auch Stadtplaner der Nachkriegszeit haben hässliche Spuren hinterlassen. Aber dank der massiven Zuwanderung von Arbeitern aus Indien und Pakistan während der Blütezeit der Textilindustrie in den 1960er-Jahren hat sich die Stadt zu einem aufstrebenden, multikulturellen Zentrum entwickelt – was sich auch an den vielen Moscheen und Tempeln ablesen lässt.

Zu den historischen Schätzen Leicesters gehört eine der schönsten mittelalterlichen Guildhalls von England. Die sensationelle Entdeckung (2012) und Identifizierung (2013) der sterblichen Überreste König Richards III. auf einem Parkhausgelände war Anlass für eine ganze Reihe stadtplanerischer Maßnahmen. Ein Ergebnis ist das nagelneue Besucherzentrum am Fundort.

### Sehenswertes

★**King Richard III: Dynasty, Death & Discovery** HISTORISCHES MUSEUM
(http://kriii.com; St Martin's Pl; Erw./Kind 7,95/4,75 £; ⊙Mo–Fr 10–16, Sa & So bis 17 Uhr) Leicesters brandneues, hochmodernes Heritage Centre setzt sich aus drei Bereichen zusammen: „Dynasty" beschäftigt sich mit Richards Aufstieg zum letzten König der Plantagenet-Dynastie. „Death" nimmt die Schlacht von Bosworth unter die Lupe (nach Richard III. ist kein englischer König mehr in einer Schlacht ums Leben gekommen) und „Discovery" erläutert die Ausgrabungs- und Identifizierungsarbeiten der University of Leicester und gewährt Zutritt zur Fundstelle des Grabs.

**Guildhall** HISTORISCHES GEBÄUDE
(www.leicester.gov.uk/museums; Guildhall Lane; ⊙Feb.–Nov. Mo–Mi & Sa 11–16.30, So 13–16.30 Uhr)

## Leicester

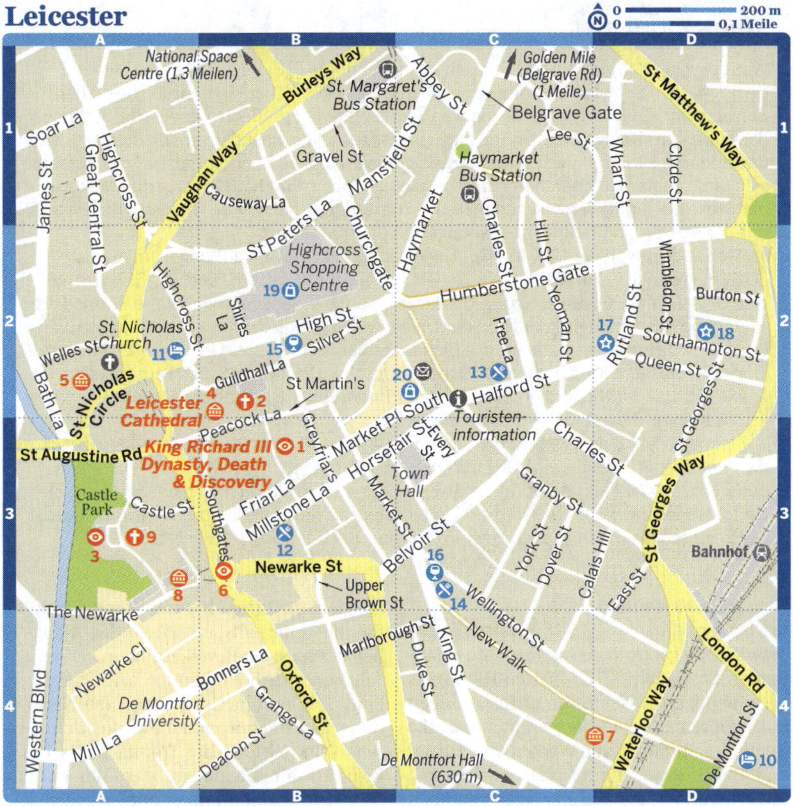


## Leicester

**Highlights**
- 1 King Richard III: Dynasty, Death & Discovery ........ B3
- 2 Leicester Cathedral ........ B2

**Sehenswertes**
- 3 Great Hall ........ A3
- 4 Guildhall ........ B2
- 5 Jewry Wall Museum ........ A2
- 6 Magazine ........ B3
- 7 New Walk Museum & Art Gallery ........ D4
- 8 Newarke Houses Museum ........ A3
- 9 St. Mary de Castro ........ A3

**Schlafen**
- 10 Belmont Hotel ........ D4
- 11 Hotel Maiyango ........ A2

**Essen**
- 12 Boot Room ........ B3
- 13 Good Earth ........ C2
- 14 White Peacock ........ C3

**Ausgehen & Nachtleben**
- 15 Globe ........ B2
- 16 XY Club ........ C3

**Unterhaltung**
- 17 Curve Theatre ........ D2
- 18 Phoenix Square ........ D2

**Shoppen**
- 19 Highcross Leicester ........ B2
- 20 Leicester Market ........ C2

GRATIS Leicesters perfekt erhaltene Guildhall aus dem 14. Jh. ist angeblich *der* Hotspot für Geister – ob es in der herrlichen Great Hall, im holzgetäfelten „Mayor's Parlour" (Sprechzimmer des Bürgermeisters) und den ehemaligen Gefängniszellen mit dem Nachbau eines Galgens aus dem 19. Jh. tatsächlich spukt, kann nur ein Besuch vor Ort erweisen.

## KÖNIG RICHARD III.

Was es nicht alles gibt! Viereinhalb Jahre lang fahndete Philippa Langley, ein Mitglied der Richard III Society, nach den sterblichen Überresten König Richards III., der in der Schlacht von Bosworth (S. 508) gefallen war. Die 1924 gegründete Gesellschaft erforscht das Leben des Königs, um sein Prestige zurechtzurücken, nachdem er von Shakespeare und anderen Literaten und Historikern als grausam und berechnend gezeichnet worden war. Mrs Langleys Recherchen wiesen eindeutig auf ein Parkhaus in Leicester hin, das an der Stelle der längst verschwundenen Greyfriars-Kirche stand. Aber sie brauchte weitere drei Jahre, um den Stadtrat zu Grabungen zu überreden.

Archäologen von der University of Leicester leiteten die Ausgrabungen im August 2012, die nach nur drei Wochen ein Skelett zu Tage förderten. Im Februar 2013 brachte eine DNA-Analyse die Bestätigung, dass es sich um die Gebeine von Richard III. handelte.

Anhand des Schädels konnte an der Universität das Gesicht des Königs rekonstruiert werden, sodass erstmals klar ist, wie Richard tatsächlich aussah. Die Rekonstruktion ist im neuen Museum King Richard III: Dynasty, Death & Discovery (S. 502) ausgestellt.

Die Gratis-App „Richard III Audio Tour" informiert über alle Stätten in Leicester und Leicestershire, die mit Richard zu tun haben.

Eigentlich sollte der König in der Leicester Cathedral bestattet werden, wogegen sich die Plantagenet Alliance, eine Gruppe entfernter Verwandter, wehrte. Einige von ihnen beharrten auf York als letzter Ruhestätte, andere wollten die Öffentlichkeit befragen. Ein Gerichtserlass von 2014 bestimmte die Leicester Cathedral als Grablege – im Frühjahr 2015 werden die Gebeine nach einer Prozession von Bosworth dort beigesetzt.

**New Walk Museum & Art Gallery** MUSEUM, GALERIE
(www.leicester.gov.uk/museums; New Walk; ⌚ Mo–Sa 10–17, So ab 11 Uhr) GRATIS Zu den Highlights des prächtigen Museums im viktorianischen Stil gehören die Dinosaurierabteilung, die Gemäldesammlung mit Werken von Turner und Degas sowie die ägyptische Abteilung mit echten Mumien und Exponaten zu Boris Karloffs Film *Die Mumie*. Für Kinder unter fünf Jahren ist der interaktive Den (Spielzimmer) ein interessanter Zeitvertreib.

**National Space Centre** MUSEUM
(www.spacecentre.co.uk; Erw./Kind 13/11 £; ⌚ Di–Fr 10–16, Sa & So bis 17 Uhr) Leicesters Weltraummuseum gibt faszinierende Einblicke in die Geheimnisse des Alls. Britische Raumfahrtprojekte starten zwar normalerweise in Französisch-Guyana oder Kasachstan, aber die gescheiterte Marsexpedition der *Beagle 2* wurde von hier aus gesteuert. Die kinderfreundlichen Exponate mit hohem Spaßfaktor decken eine große Bandbreite ab, von Astronomie bis zu aktuellen Raumfahrtmissionen. Das Museum liegt 24 km nördlich des Zentrums in der Nähe der A6. Anfahrt mit Bus 54 (1,80 £, 15 Min., alle 20 Min.) ab Charles Street.

**Newarke Houses Museum** MUSEUM
(www.leicester.gov.uk/museums; The Newarke; ⌚ Mo–Sa 10–17, So ab 11 Uhr) Zwei Stadtvillen aus dem 16. Jh. sind angefüllt mit Objekten, die auf unterhaltsame Weise das Alltagsleben der hiesigen Bevölkerung im Verlauf der Jahrhunderte dokumentieren. Zu den Highlights zählen ein Gang durch die Nachbildung eines Schützengrabens aus dem Ersten Weltkrieg und die Trophäen des Royal Leicestershire Regiment, darunter ein zur Tabaksdose umfunktionierter Tigerschädel.

**Leicester Castle** BURG
Rund um das Newarke Houses Museum verteilen sich die Ruinen des Leicester Castle aus dem Mittelalter, in dem Richard III. seine letzten Tage verbrachte, bevor er in der Schlacht von Bosworth umkam. Zu den beeindruckendsten Überresten gehört das massive Torhaus, auch **Magazine** (Newarke Street) genannt. Darin wurden früher Kanonenkugeln und Pulver gelagert. Ein georgianischer Backsteinbau aus dem 12. Jh. beherbergt die **Great Hall** (Castle Yard), zu der ein Tor aus dem 15. Jh. führt. Nicht weit davon steht die Kirche **St. Mary de Castro** (Castle Street), in der Geoffrey Chaucer 1336 getraut wurde.

**Jewry Wall Museum** MUSEUM
(www.leicester.gov.uk/museums; St Nicholas Circle; ⌚ Feb.–Okt. 11–16.30 Uhr) GRATIS Wunderschöne römische Mosaiken und Fresken sind die Attraktionen des Museums, in dem Leicesters Geschichte von den Römern bis heute abgehandelt wird. Davor steht die **Jewry Wall**,

die zu einer römischen Bäderanlage gehörte. Diverse Mauerreste und Fliesen der Bäder wurden beim Bau der benachbarten Kirche **St. Nicholas** recycelt.

★ **Leicester Cathedral** KATHEDRALE
(http://leicestercathedral.org; ⌚Mo–Sa 8–18, So 7–16.30 Uhr) GRATIS Ein besonderer Hingucker sind die Steinmetzarbeiten an den Dachstützen der massiven mittelalterlichen Kathedrale. Montags bis samstags wird um 14 Uhr eine kostenlose einstündige Führung angeboten.

## Feste & Events

**Leicester Comedy Festival** COMEDY
(☎0116-242 3595; www.comedy-festival.co.uk; ⌚Feb.) Englands ältestes Comedyfestival bringt sowohl altbekannte Veteranen wie auch Nachwuchstalente auf die Bühne.

**Leicester Caribbean Carnival** KULTURFESTIVAL
(http://leicestercarnival.com; ⌚Aug.) Das zweitgrößte karibische Spektakel des Landes (nach dem Londoner Notting Hill Carnival) wird mit heißer Musik und prächtigen Kostümen am ersten Augustsamstag gefeiert.

## Schlafen

★ **Hotel Maiyango** HOTEL ££
(☎0116-251 8898; www.maiyango.com; 13–21 St Nicholas Pl; DZ ab 89 £; ❄@📶) Am Ende der autofreien High Street steht das noble Hotel mit geräumigen Zimmern, denen in Handarbeit hergestellte asiatische Möbel, zeitgenössische Kunst und riesige Plasmabildschirme Klasse verleihen. Neben dem romantischen Hotelrestaurant mit Bar sorgt auch ein fabelhaftes Gourmetcafé mit Feinkostladen für das kulinarische Wohlergehen der Gäste.

**Belmont Hotel** HOTEL ££
(☎0116-254 4773; www.belmonthotel.co.uk; De Montfort St; EZ/DZ ab 59/79 £; P❄@📶) Seit vier Generationen betreibt dieselbe Familie das Hotel aus dem 19. Jh. in bester Lage und mit Blick auf den grünen New Walk. Die Zimmer sind individuell und mit modernem Schick eingerichtet. Das Hotelrestaurant hat einen guten Ruf, den beiden Bars Jamie's und Will's ist eine Terrasse bzw. ein Wintergarten vorgelagert.

## Essen

Niemand sollte Leicester verlassen, ohne seine Chili-Verträglichkeit mit einem Curry am **Golden Mile** getestet zu haben. Ein Eldorado für Selbstversorger ist der Leicester Market (S. 506). Im schicken Einkaufszentrum **Highcross Leicester** (www.highcrossleicester.com; Shires Lane; ⌚Mo–Fr 9.30–20, Sa 9–19, So 11–17 Uhr; 📶) haben sich eine ganze Reihe schicker Kettenrestaurants niedergelassen.

**Good Earth** VEGETARISCH £
(☎0116-262 6260; 19 Free Lane; Hauptgerichte 3,50–6,50 £; ⌚Mo–Fr 10–15, Sa bis 16 Uhr; ✎) 🌿 Mit täglich wechselnden vegetarischen Ofengerichten, riesigen Salaten und hausgemachten Kuchen hat sich die „Gute Erde" ihren guten Ruf mehr als verdient.

**Boot Room** BISTRO ££
(☎0116-262 2555; www.thebootroomeaterie.co.uk; 29 Millstone Lane; Hauptgerichte 13–19,50 £; ⌚Di–Fr 12–14.30 & 17.30–21.30, Sa 12–22 Uhr) Die ehemalige Schuhfabrik beherbergt heute ein konzessionsfreies, modernes Bistro. Aus Zutaten bester Qualität entstehen Köstlichkeiten wie gebackener Kabeljau (aus Cornwall) begleitet von Risotto mit geräucherten Tomaten oder Entenschlegel mit Clonakilty Blackpudding (irischer Blutwurst). Wer danach das Soufflé des Tages zum Dessert nicht mehr schafft, hat was verpasst.

NICHT VERSÄUMEN

### DIE GOLDENE MEILE

Mit ihren Sari-Läden, Juwelieren und Curryhäusern ist die Belgrave Road, auch „Golden Mile" genannt, eine Top-Adresse für indische vegetarische Küche.

Hier gibt's authentische Lokale in Hülle und Fülle. Zu den besten gehört **Bobby's** (☎0116-266 0106; www.eatatbobbys.com; 154–156 Belgrave Rd; Gerichte 3,75–6 £; ⌚Mo 11–21, Mi–Fr bis 22, Sa & So 10–22 Uhr; ✎) mit legendärem *namkeen* – eine Knabberei aus Linsenmehl in allen möglichen Formen und Größen. Mehrere Läden verkaufen *mithai*, indische Süßigkeiten aus Nüssen, Früchten, gestockter Milch und viel Zucker.

Die Belgrave Road liegt 1,6 km nordöstlich des Zentrums – einfach der Belgrave Gate folgen und über den Burleys Flyover gehen oder am Busbahnhof St. Margaret's in Bus 5A, 25, 54 oder 126 (1,80 £, 7 Min., alle 5 Min.) steigen.

ABSTECHER

**WYMESWOLD**

Foodies aufgepasst: In Wymeswold, 26 km nördlich von Leicester und erreichbar über die A46, wartet ein absolut galaktisches Esserlebnis. In einem idyllischen Garten am Dorfrand serviert das Gastropub **Hammer & Pincers** (☎01509-880735; www.hammerandpincers.co.uk; 5 East Rd; Hauptgerichte 15–24 £, 8-Gänge-Menü 45 £, mit Wein 65 £; ⏰Di–Sa 12–14 & 18–21.30, So bis 16 Uhr; ) durchweg Hausgemachtes, bis hin zum Brot und den Würzsaucen. Steaks sind hier die Spezialität, aber egal was man bestellt, alles ist seinen Preis mehr als wert. Anfahrt am besten per Pkw; wer mit dem Bus aus Leicester kommt, muss in Loughborough oder Ashfordby umsteigen.

**White Peacock** MODERN BRITISCH £££

(☎0116-254 7663; www.the-white-peacock.co.uk; 14–16 King St; 2-/3-Gänge-Menü mittags 16/19 £, abends 26,50/28,50 £; ⏰Di–Sa 12–15 & 18–21.30, So 12–15 Uhr) Ein unabhängiges Restaurant mit Gourmetanspruch fehlte in Leicester – bis das White Peacock in einem wunderschönen, denkmalgeschützten Gebäude mit Blick auf den New Walk eröffnet wurde. Küchenchef Phillip Sharpe kreiert Vorspeisen wie Ziegenkäsemousse mit roter Bete, Feigen und Walnüssen, gefolgt von Hauptgerichten wie Huhn mit Flusskrebsen, Mango und Tamarindenjus und göttlichen Desserts.

## Ausgehen & Nachtleben

Die im marokkanischen Stil eingerichtete Bar im Hotel Maiyango mixt die besten Cocktails von Leicester.

**Globe** PUB

(www.everards.co.uk; 43 Silver St; ⏰So–Do 11–23, Fr & Sa bis 1 Uhr) In den malerischen Lanes – einem Gewirr von Gassen südlich der High Street – wartet dieses altmodische Pub auf Bierliebhaber, denen Qualität wichtiger ist als Quantität.

**XY Club** CLUB

(www.superfly-city.com; 2 King St; ⏰Mi & Do 22–3, Fr & Sa bis 6 Uhr) Hinter der mächtigen, auf Tudor getrimmten Fassade sorgen Haus-DJs wie auch Kapazitäten von auswärts für einen abwechslungsreichen Soundtrack.

## Unterhaltung

**Curve Theatre** THEATER

(☎0116-242 3595; www.curveonline.co.uk; Rutland St; Backstage-Führung Erw./Kind 3/2 £) Das schicke Theater holt sowohl erfolgreiche Produktionen wie auch innovative Inszenierungen moderner Stücke auf die Bühne. Backstage-Führungen können telefonisch bei der Theaterkasse gebucht werden. Die schicke Bar ist perfekt für einen Drink am Feierabend.

**Phoenix Square** KINO

(☎0116-242 2800; http://phoenix.org.uk; 4 Midland St) Leicesters Nr. 1 für anspruchsvolles Kino und digitale Medien.

**De Montfort Hall** LIVEMUSIK

(☎0116-233 3111; www.demontforthall.co.uk; Granville Rd) Berühmte Orchester, Ballette, Musicals und andere Shows mit Musik und Tanz bestreiten das Programm der riesigen Location.

## Shoppen

**Leicester Market** MARKT

(www.leicestermarket.co.uk; Market Pl; ⏰Freiluftmarkt Mo–Sa 7–18 Uhr, Markthalle Di–Sa 8–17 Uhr) Das Areal im Freien und die Markthalle werden von über 300 Ständen bestückt, deren Angebot von Biogemüse über Gewürze, Fisch und Meeresfrüchte bis zu neuen und gebrauchten Klamotten, Haushaltswaren, Elektrogeräten, Kosmetika, Schmuck, Blumen und Stoffe reicht.

## Praktische Informationen

**Touristeninformation** (☎0116-299 4444; www.goleicestershire.com; 51 Gallowtree Gate; ⏰Mo–Sa 9.30–17.30, So 11–17 Uhr) Die hilfsbereite Anlaufstelle mit massenweise Infomaterial über Leicester und Umgebung verkauft auch die Wanderkarte *Richard III Walking Trail* (50 p, auch als Download verfügbar) sowie Tickets für die Stadtführungen (5 £).

## An- & Weiterreise

### BUS

Alle Überlandbusse starten am **Busbahnhof St. Margaret** in der Gravel Street nördlich des Zentrums. Der Skylink-Bus fährt zum East Midlands Airport (7,50 £, 50 Min., rund um die Uhr mindestens stündl.). Bus 440 düst nach Derby (7,70 £, 1 Std., mindestens stündl.)

Busse von National Express fahren u. a. nach:

## WASSERSPASS AUF DEM RUTLAND WATER

Nach der Zusammenlegung mit Leicestershire im Jahr 1974 wurde Rutland 1997 wieder „unabhängig" und ist heute Englands kleinste Grafschaft.

Ihre Hauptattraktion ist das **Rutland Water**, ein 1255 ha großer Stausee, der 1976 durch den Dammbau im Gwash Valley entstand. Er bietet 20 000 Vögeln eine Heimat, darunter auch Fischadlern.

Oakham, der Hauptort, liegt 32 km östlich von Leicester, wohin es eine Zugverbindung gibt (11,80 £, 30 Min., mindestens stündl.). Der Rutland Shore Link Bus ab Otley (Einzelfahrt/Tageskarte 2,50/4 £, Rundfahrt 1½ Std.) dreht eine Runde um den See und hält nach Bedarf.

**Rutland Water Visitor Centre** (☎01780-686800; www.anglianwater.co.uk; ⌚März–Okt. 10–16 Uhr, Nov.–Feb. unterschiedlich) Das Visitor Centre steht in Skyes Lane bei Empingham, wo viele Rad- und Wanderwege beginnen. Neben Infomaterial über die Gegend gibt's auch einen Kiosk mit Snacks.

**Rutland Water Nature Reserve** (www.rutlandwater.org.uk; Erw./Kind inkl. Parkgebühr 5,65/3,30 £; ⌚März–Okt. 9–17 Uhr, Nov.–Feb. bis 16 Uhr) Das Naturschutzgebiet bei Oakham hat Ausgucke, um die vielfältige Vogelwelt zu beobachten.

**Normanton Church** (☎01780-686800; www.anglianwater.co.uk; Erw./Kind 3/2 £; ⌚April–Aug. So–Mi 12.30–15 Uhr) Eine Kalksteinmauer schützt die kleine Kirche vor Überschwemmungen. Sie beherbergt eine Dokumentation über den Rutland-Stausee.

**Rockblok** (☎01780-460060; www.rockblok.com; Whitwell Leisure Park, Bull Brigg Lane, Whitwell; Kletterwand/Hochseilgarten 4/10 £, Leihrad Erw./Kind 17/10 £; ⌚10–16.30 Uhr) Für Schwindelfreie gibt's eine Kletterwand und einen Hochseilgarten. Wer lieber gemütlich eine Runde um den See drehen will, leiht sich ein Rad (siehe auch www.rutlandcycling.com).

**Rutland Watersports** (☎01780-460154; www.anglianwater.co.uk/leisure; Whitwell Leisure Park, Bull Brigg Lane, Whitwell; Segelboot/Surfbrett/Kajak Miete pro Std. ab 17,50/20/7 £; ⌚April–Okt. Fr–Di 9–19, Mi bis 20 Uhr, Nov.–März kürzer) Für Wassersport (Windsurfen, Segeln usw.) gibt's hier die passende Leihausrüstung, dazu werden Unterricht und Kurse mit Abschlussprüfung angeboten.

**Rutland Belle** (☎01572-787630; www.rutlandwatercruises.com; Erw./Kind 8,50/5,50 £; ⌚Mai–Sept. Mo–Sa 13–15 & So 11–15 Uhr stündl., April & Okt. Sa 13–15 & So 12–15 Uhr stündl.) Das Boot schippert von Whitwell nach Normanton am Südufer, wo ein gepflasterter Dammweg über das Wasser zur Normanton Church führt.

**Giant-Bike** (☎01780-720888; www.giant-rutland.co.uk; Erw./Kind pro Tag 17/10 £; ⌚9–17.30 Uhr) Der Fahrradverleih liegt in der Nähe der Schiffsanlegestelle von Normanton.

**Rutland Sailing School** (☎01780-721999; www.rutlandsc.co.uk; Gibbet Lane, Edith Weston; Leihsegelboot pro Stunde ab 20 £, halbtägige Segelkurse ab 125 £; ⌚7.30 Uhr–Sonnenuntergang) Vermietet Boote und bietet Segelkurse an.

**Hambleton Hall** (☎01572-756991; www.hambletonhall.com; EZ/DZ inkl. Frühstück ab 220/285 £, 2-/3-Gänge-Menü mittags 25,50/31,50 £, 3-Gänge-Menü abends 65 £; P 📶) Hambleton Hall ist eines der nobelsten Landhotels Englands und steht auf einer Halbinsel am Rutland Water, 4,8 km östlich von Oakham. Luxuriöse Zimmer mit floralem Dekor, ein Sternerestaurant und phantastische Gärten versprechen einen Traumurlaub.

**Coventry** 6,60 £, 45 Min., 4-mal tgl.
**London Victoria** 10 £, 2¾ Std., stündl.
**Nottingham** 4,60 £, 45 Min., 1–2-mal stündl.
**Rugby** 3,60 £, 1 Std., stündl.

### ZUG

Züge von East Midlands fahren u. a. nach:
**Birmingham** 12,90 £, 50 Min., stündl.
**London St Pancras** 57 £, 1¼ St., 2–4-mal stündl.

## ℹ Unterwegs vor Ort

Eine Reihe von Unter- und Überführungen trennt das Stadtzentrum von den Randgebieten. Die Kernstadt von Leicester lässt sich bequem zu Fuß erlaufen. Ein Flexi Day Ticket (5 £) gilt für unbegrenzte Fahrten mit städtischen Bussen.

# Rund um Leicester

## Bosworth Battlefield

Nach ein paar Hundert Jahren sieht jedes Schlachtfeld wieder wie ein einfaches Feld aus. Nicht so das Bosworth Battlefield, wo Richard III. anno 1485 das Zeitliche segnete. Hier hütet ein spannendes **Heritage Centre** (Kulturerbe-Zentrum; ☎01455-290429; www.bosworthbattlefield.com; Erw./Kind 7,95/4,75 £; ⏲April–Okt. 10–17 Uhr, Nov.–März bis 16 Uhr) Skelette und Musketenkugeln und jedes Jahr im August spielen Geschichtsfans in historischen Kostümen das große Ereignis nach.

Das Schlachtfeld liegt 26 km südwestlich von Leicester in Sutton Cheny, nicht weit von der A447. Ein Taxi ab Leicester kostet um die 25 £.

Obwohl die Schlacht von Bosworth nur ein paar Stunden dauerte, besiegelte sie das Ende der Plantagenet-Dynastie und läutete die Tudorära ein.

Und hier soll der tödlich verwundete Richard III. die berühmten Worte „Ein Pferd, ein Pferd, mein Königreich für ein Pferd" gesprochen haben – was aber nicht stimmt: Das Zitat stammt von dem eingefleischten Tudorfan William Shakespeare.

## Conkers & National Forest

**National Forest** (www.forestry.gov.uk/nationalforest) heißt ein ehrgeiziges Projekt, das durch die Pflanzung von 30 Millionen Bäumen in Leicestershire, Derbyshire und Staffordshire neue, nachhaltige Waldgebiete schaffen will. Über 8 Mio. Setzlinge haben bereits Wurzeln geschlagen, zusätzlich sind weitere Attraktionen aller Art geplant, um Besucher anzulocken.

### Sehenswertes & Aktivitäten

**Conkers** NATURZENTRUM

(☎01283-216633; www.visitconkers.com; Rawdon Rd; Erw./Kind 8,95/7,25 £; ⏲Ostern–Mitte Okt. 10–18 Uhr, Mitte Okt.–Ostern bis 17 Uhr) Mit interaktiven Ausstellungsobjekten, Spielplätzen (überdacht und im Freien) und jeder Menge Mitmachangeboten richtet sich das Naturzentrum vor allem an Familien. Es liegt 32 km nordwestlich von Leicester nicht weit von der A444. Anfahrt mit Bus 29 (3,30 £, 35 Min., halbstündl.).

> **DAMPFWOLKEN UM LEICESTER**
>
> Auf den Schienen der **Great Central Railway** (☎01509-632323; www.gcrailway.co.uk; hin und zurück Erw./Kind 15/9 £) keuchen Dampflokomotiven vom Bahnhof Leicester North am Redhill Circle zum 13 km entfernten Loughborough Central. Diese Strecke bot Thomas Cook 1841 erstmals als Pauschalreise an. Von Juni bis August fährt die Dampfeisenbahn an mehreren Wochentagen, während des restlichen Jahres nur am Wochenende. Fahrpläne sind online einsehbar.
>
> Anfahrt zum Bahnhof Leicester North mit Bus 125 (2,30 £, 20 Min., alle 5 Min.) ab Busbahnhof Haymarket in der Charles Street (Rückfahrt mit Bus 126).

**Hicks Lodge** RADFAHREN

(☎01751-460011; www.purplemountain.co.uk; Willesley Wood Side; Leihfahrrad pro Tag Erw./Kind 30/15 £; ⏲Pisten 8 Uhr–Sonnenuntergang, Fahrradverleih Mo–Fr 10–16, Sa & So 9–17 Uhr) Zu den Radwegen durch den National Forest gehört ein flacher, 2 km langer Rundkurs um den See. Alle Pisten beginnen an der Hicks Lodge, wo Räder gemietet sowie geführte Radtouren und Nachtfahrten gebucht werden können. Ein Café vervollständigt das Angebot.

### Schlafen

**National Forest YHA** HOSTEL £

(☎0845 371 9672; www.yha.org.uk; B/DZ ab 13/52 £; P @ ) Das Hostel in der Bath Lane, 300 m westlich vom Naturzentrum Conkers, überzeugt mit seinem ökologischen Konzept (Grauwassernutzung, Solarpaneele, Biomasseheizkessel), Doppelzimmern mit eigenem Bad und einem Restaurant, das heimische Produkte verarbeitet und Bioweine ausschenkt.

# DERBYSHIRE

Die Landschaft von Derbyshire leuchtet in zwei Farben –saftiges Grün in den von Trockensteinmauern durchsetzten Tälern und erdiges Braun auf den kargen Hügelkuppen der Moorgebiete. Die größte Attraktion der Grafschaft ist der Peak District National

Park, der mit überaus typischen englischen Landschaftsformen punktet und Heerscharen von Wanderern, Kletterern, Radfahrern und Caving-Fans anzieht.

## Anreise & Unterwegs vor Ort

Internationale Flüge landen auf dem East Midlands Airport (S. 432). Derby selbst hat gute Zugverbindungen, aber mit Anschlüssen zu kleineren Orten der Grafschaft sieht es eher mau aus. Die Derwent Valley Line von Derby nach Matlock bedient den Peak District. Edale und Hope liegen an der Hope Valley Line von Sheffield nach Manchester. Eine vollständige Liste der Buslinien in Derbyshire gibt's unter der Rubrik „Transport" auf der Website www.derbyshire.gov.uk.

# Derby

255 390 EW.

Derby war eine der Keimzellen der Industriellen Revolution. Praktisch über Nacht verwandelte sich das verschlafene Provinzstädtchen in ein Produktionszentrum für Waren aller Art, von Seide bis Porzellan. Später wurden hier Lokomotiven sowie Flugzeugmotoren für Rolls Royce gebaut. Die Rezession in den 1980er-Jahren hat auch Derby voll erwischt, aber beeindruckende Initiativen im kulturellen Bereich und eine Komplettsanierung der Uferzonen halfen der Stadt wieder auf die Beine.

## Sehenswertes

**Derby Cathedral** KATHEDRALE

(www.derbycathedral.org; 18 Irongate; Mo–Sa 9.30–16.30 Uhr, So während der Gottesdienste) Der Grundstein für Derbys Kathedrale wurde 943 gelegt; nach umfangreichen Um- und Neubauten im 18. Jh. glänzt sie heute mit einer prächtigen Gewölbedecke und einer beeindruckenden Anzahl mittelalterlicher Grabmale, darunter die opulente Gruft von Bess of Hardwick. Dank einer Serie geschickter Heiraten hielt sie Hof in Hardwick Hall, Chatsworth House und Bolsover Castle. Im Turm der Kathedrale nisten Wanderfalken, deren Privatleben auf www.derbyperegrines.blogspot.com verfolgt werden kann.

**Derby Museum & Art Gallery** MUSEUM

(www.derbymuseums.org; The Strand; Di–So 10–17 Uhr) GRATIS Unter den Exponaten zur Geschichte und industriellen Entwicklung der Stadt finden sich exquisite Porzellanwaren der Royal Crown Derby. Eine archäologische Abteilung ergänzt die Sammlung.

**Quad** GALERIE, KINO

(01332-290606; www.derbyquad.co.uk; Market Pl; Galerie & Mediathek frei, Kino 7–15 £; Galerie Mo–Sa 11–18, So 12–18 Uhr, BFI Mediathek Mo–Sa 11–20, So 12–20 Uhr) Der ultramoderne Würfel am Marktplatz beherbergt ein Kino, eine futuristische Galerie sowie eine Mediathek mit Filmarchiv, die vom British Film Institute (BFI) betrieben wird und alles hortet, was in den vergangenen Jahrzehnten im britischen Fernsehen ausgestrahlt wurde.

**Royal Crown Derby Factory** PORZELLANFABRIK

(01332-712800; www.royalcrownderby.co.uk; Osmaston Rd; Museum & Führung Erw./Kind 5/2,50 £; Mo–Sa 10–17 Uhr, Führungen Di–Do 11 & 13.30 Uhr, Fr nur mit Reservierung 11 Uhr) Bis heute stellt Derbys alteingesessene Porzellanmanufaktur mit die feinsten Porzellanwaren des Landes her, von Großmutters Sammeltassen bis hin zu ausgefallenen, asiatisch inspirierten Designobjekten.

## Schlafen

**Cathedral Quarter Hotel** HOTEL ££

(01332-546080; www.cathedralquarterhotel.com; 16 St Mary's Gate; EZ/DZ inkl. Frühstück ab 59/69 £; @ ) Nur einen Glockenschlag von der Kathedrale entfernt wartet Derbys nobelstes Hotel in georgianischem Gewand auf Gäste. Der Service ist genauso makellos wie die prächtige Marmortreppe; ein Wellnessbereich und ein Gourmetrestaurant vervollständigen das Angebot.

**Chuckles** B&B ££

(01332-367193; www.chucklesguesthouse.co.uk; 48 Crompton St; EZ/D& 38/64 £; ) Das anheimelnde B&B südlich des Zentrums wird von einem künstlerisch angehauchten Pärchen betrieben und ist berühmt für sein üppiges Frühstück. Anfahrt über die Green Lanes, an der Kirche in die Crompton Street abbiegen.

## Essen

★ **Jack Rabbits** CAFÉ, FEINKOST £

(01332-349966; www.jackrabbitskitchen.co.uk; 50–55 Queen St; Hauptgerichte 6–11 £; Mo–Sa 8.30–18, So 10–14 Uhr; ) Jack Rabbits bietet Gourmet-Sandwiches, Quiches, Leckeres aus der Feinkostabteilung (z. B. hausgemachte Konfitüren und Chutneys) sowie fertige Gerichte an, die sich auch gut für ein Picknick am Flussufer eignen. Der Feinkostladen läuft so gut, dass er um ein sonniges Café im Haus nebenan erweitert wurde.

Dort laden kalte Platten, Käseteller, köstliche Kuchen und Gebäck zum genüsslichen Schlemmen ein.

**Wonky Table** BISTRO ££

(☎01332-295000; www.wonkytable.co.uk; 32 Sadler Gate; Hauptgerichte mittags 5,50–7,25 £, 2-Gänge-Menü mittags 11 £, 2-/3-Gänge-Menü abends 15/19 £; ⏲Mo 17–24, Di–Sa 11.30–15 & 17–24 Uhr) Nomen est omen: Im „Wackeligen Tisch" sorgen Flohmarktmöbel für Retroatmosphäre, die von Sichtmauerwerk unterstützt wird. Tagsüber beschränkt sich das Angebot auf ein Menü plus Sandwiches mit Belägen wie warmem Ziegenkäse mit karamellisierten Zwiebeln und Walnüssen. Abends läuft die Küche dann zur Hochform auf: Gänsebrust mit Honig und Balsamico, Lamm in Rosmarinkruste, Bällchen von Risotto mit Roter Bete und Ziegenkäse auf Brunnenkressecreme …

**Darleys** MODERN BRITISCH £££

(☎01332-364987; www.darleys.com; Waterfront, Darley Abbey; Hauptgerichte 19,75–22,50 £; ⏲Mo–Sa 12–14 & 19–21.30, So 12–14.30 Uhr) Schon die Location, eine umgebaute Getreidemühle mit Flussblick, ist genial. Aus der Küche des schicken, hellen Restaurants 3,2 km nördlich des Zentrums kommen feine Leckereien wie lauwarme Feigentarte mit Ziegenkäsemousse und gerösteten Haselnüssen.

## Ausgehen & Unterhaltung

Derby hat eine super Auswahl an historischen Pubs, die *real ale* ausschenken und z. T. Livemusik bieten.

Anspruchsvolle Filme laufen im Quad; Theaterfans werfen einen Blick in das Programm von **Derby Live** (☎01332-255800; www.derbylive.co.uk; Market Pl) mit seinen zwei Bühnen.

**★Old Bell Hotel** PUB, TEAROOM

(51 Sadler Gate; ⏲Mo 8.30–17, Di–Do bis 23, Fr & Sa bis 0.30, So 10–22 Uhr) Seit seiner Eröffnung 1680 hat das Pub schon viel mitgemacht und diente beispielsweise Bonnie Prince Charlies Mannen 1745 als Unterkunft. Später dämmerte das schwarzweiße Gebäude dem Verfall entgegen, bis sich der lokale Unternehmer Paul Hurst erbarmte und es restaurieren ließ. Nun flackert im Kamin wieder ein munteres Feuer, der Innenhof sieht picobello aus, auch die Hausgeister sind angeblich wieder zurück und die weitere Planung sieht ein Boutiquehotel sowie eine Mikrobrauerei vor.

**Ye Olde Dolphin** PUB

(☎01332-267711; www.yeoldedolphin.co.uk; 5a Queen St; ⏲Mo–Mi 10.30–23, Do–Sa bis 24, So 12–23 Uhr) Derbys ältestes Pub ist seit 1530 im Geschäft und bietet deftige Hausmannskost, einen Biergarten mit Livemusik am Wochenende sowie Geisterführungen.

**Brewery Tap** PUB

(www.brewerytap-dbc.co.uk; 1 Derwent St; ⏲Mo–Mi 12–23, Do bis 24, Fr bis 1, Sa 11–1, So 13–23 Uhr) Im eleganten viktorianischen Ambiente kann man sich die Ales aus der eigenen Brauerei sowie ausgesuchte fremde Biersorten schmecken lassen.

**Silk Mill** PUB

(www.silkmillderby.co.uk; 19 Full St; ⏲Mo–Do 12–23, Fr & Sa 11–24, So 12–22.30 Uhr; 📶) Ein Pub mit mehreren Liveacts unter der Woche und Jazz am Sonntagnachmittag.

## Shoppen

**Bennetts** KAUFHAUS

(www.bennettsirongate.co.uk; 8 Irongate; ⏲Mo–Sa 9–17 Uhr) Derbys historisches Kaufhaus begann 1734 als Eisenwarenhandlung (und hat immer noch eine entsprechende Abteilung), bietet aber mittlerweile ein hochkarätiges Sortiment an Kleidern, Haushaltswaren, Wohnaccessoires, Geschenkartikeln und Ähnlichem. Neben einem Tearoom und Café wurde auf der Galerie in der ersten Etage die **Michael Frith at Bennetts Brasserie** (☎01332-344621; www.michaelfrithcuisine.co.uk; 8 Irongate; Hauptgerichte 8,50–11,50 £, 3-Gänge-Champagnerfrühstück 23 £; ⏲Mo–Sa 9–15 Uhr) eingerichtet, deren Spezialität ein dreigängiges Champagnerfrühstück ist (wird bis 14 Uhr serviert).

## Praktische Informationen

**Touristeninformation** (☎01332-643411; www.visitderby.co.uk; Market Pl; ⏲Mo–Sa 9.30–16.30 Uhr) Unterhalb der Assembly Rooms am Hauptplatz.

## An- & Weiterreise

### BUS

Die Stadt- wie auch die Überlandbusse starten am Busbahnhof östlich des Einkaufszentrums Westfield. Werktags pendeln Transpeak-Busse im Stundentakt zwischen Derby und Buxton (5,70 £, 1¾ Std.) mit Stopps in Matlock (4,20 £, 35 Min.) und Bakewell (4,70 £, 1¼ Std.). Fünf Busse fahren weiter bis Manchester (7,70 £, 2¼ Std.).

Es gibt außerdem Verbindungen nach:

**Leicester** National Express; 7,70 £, 1–2-mal stündl.

**Nottingham** Red Arrow; 7,20 £, 30 Min., 9-mal tgl.

**FLUGZEUG**

Der East Midlands Airport, 13 km nordwestlich von Derby, wird regelmäßig von Skylink-Bussen angefahren (4,20 £, 30 Min., rund um die Uhr mindestens stündl.).

**ZUG**

Der Bahnhof liegt rund 800 m südöstlich des Zentrums an der Railway Terrace. Es gibt u. a. Verbindungen nach:

**Birmingham** 15,90 £, 45 Min., 4-mal stündl.

**Leeds** 37,30 £, 1½ Std., halbstündl.

**London St Pancras** 65 £, 1¾ Std., halbstündl.

# Rund um Derby

## Ashbourne

8375 EW.

Ashbourne, ein hübsches Örtchen mit steilen Pflasterstraßen, Cafés, Pubs und Antiquitätenläden, zwängt sich in den südlichen Zipfel des Peak District National Park.

Seine Hauptattraktion ist der **Tissington Trail**, ein Abschnitt des NCN-Radwegs 68, der zum Wandern und Radfahren einlädt. Er führt zuerst 21 km nordwärts nach Parsley Hay und trifft dort auf den **Pennine Cycleway** (NCN-Route 68) und den **High Peak Trail** in Richtung Buxton oder Matlock. Der Weg klettert gemächlich bergauf durch Tunnel, über Viadukte und an Abschnitten einer stillgelegten Eisenbahnlinie entlang, die früher die Milch der hiesigen Bauern nach London brachte.

### Schlafen & Essen

**Compton House** B&B ££

(☎01335-343100; www.comptonhouse.co.uk; 27-31 Compton St; EZ/DZ/FZ ab 45/65/85 £; pW) Frische, saubere, mit allerlei Nippes ausstaffierte Zimmer, der herzliche Empfang und die zentrale Lage machen das Compton House zur Perle unter den B&Bs von Ashbourne.

**Bramhalls** FEINKOST, CAFÉ £

(☎01335-342631; www.bramhallsdeli.co.uk; 22 Market Pl; Gerichte 3,25–8 £; ⏲Mo–Sa 8–17, So 9–17 Uhr) Im Café des Ladens werden kreative, leichte Gerichte und Sandwiches serviert. Die Feinkostabteilung lockt mit leckerem, hausgemachtem Brot und Gebäck, kalten Wurst- und Fleischwaren und 60 Sorten Käse.

**Flower Cafe** CAFÉ £

(www.theflowercafe.co.uk; 5 Market Pl; Hauptgerichte 6–7 £; ⏲So–Fr 8.30–17, Sa bis 20 Uhr) Suppenkreationen wie Pastinakencreme, Chorizo-Kastanie, Broccoli-Stilton oder Bohnen mit Linsen und Gewürzen sind die Spezialität des netten, kleinen Cafés, das nur hausgemachte Leckereien anbietet.

### Ausgehen & Nachtleben

**Smith's Tavern** PUB

(36 St John's St; ⏲Mo–Do & So 12–23, Fr & Sa bis 24 Uhr) Das winzige Pub an der Hauptgeschäftsstraße macht mit einer großen Auswahl an *real ales* und einem alten Klavier Laune.

### An- & Weiterreise

Busse fahren u. a. nach:

**Buxton** Highpeak 441 und 442; 4,20 £, 80 Min., Mo–Sa alle 2 Std., So 4-mal

**ROYAL SHROVETIDE FOOTBALL**

Manche feiern den Shrove Tuesday (Faschingsdienstag) mit einem Pfannkuchenessen oder stürzen sich verkleidet in den Karneval. Aber in Ashbourne ist das der Termin für ein wildes Fußballmatch, bei dem der Ball eher gegrapscht als gekickt wird, wenn ihn die johlenden Massen von einem Ende des Orts ans andere befördern.

Gemäß den Regeln aus dem 12. Jh. wird die Dorfbevölkerung in zwei Teams aufgeteilt – die vom Nordufer und die vom Südufer. Die „Tore" sind zwei 4,8 km voneinander entfernte Mühlsteine. Der Ball darf gekickt, geworfen und auch getragen werden – aber normalerweise reißen ihn sich die Mitspieler gegenseitig aus den Händen, wie beim Rugby, und irgendwann landen Spieler wie auch Ball unweigerlich im Wasser. Ladenbesitzer verbarrikadieren vorsichtshalber ihre Schaufenster und das ganze Dorf versammelt sich zum Zuschauen.

Furchtlose Besucher sind als Mitspieler gerne willkommen, dürfen aber keine Tore schießen – laut Regelwerk ist das den Einheimischen vorbehalten.

**Derby** Trent Barton Swift; 4 £, 30 Min., Mo–Sa stündl., So 5-mal

## Unterwegs vor Ort

**Cycle Hire Centre** (☎01335-343156; www.peakdistrict.gov.uk/visiting/cycle; Mapleton Lane; halber/ganzer Tag ab 13/16 £; ⏲März–Okt. 9.30–17.30 Uhr, Nov.–Feb. kürzer) Der Fahrradverleih rund 1,5 km oberhalb des Städtchens liegt direkt am Tissington Trail, der hier in einem langen, düsteren Tunnel verschwindet und damit Ashbourne umgeht. Es gibt auch Kinderräder, Räder mit Kindersitz, Kinderanhänger und Tandems.

# Matlock Bath

640 EW.

Matlock Bath – nicht zu verwechseln mit dem etwas größeren, unauffälligen Städtchen Matlock 3,2 km weiter nördlich – ist total touristisch und wirkt wie ein Seebad, der sich aus unerfindlichen Gründen in den Peak District National Park verirrt hat. Die große Promenade entlang dem Fluss Derwent, der sich hier durch eine steile Schlucht zwängt, wird von Spielhallen, Fish-&-Chips-Shops, Pubs und Läden gesäumt, die von den Bikern leben, die an Sommerwochenenden in Massen einfallen. Außerhalb der Saison geht's hier bedeutend ruhiger zu und viele Läden und Unterkünfte sind geschlossen.

## Sehenswertes & Aktivitäten

Steile Pfade klettern an der Ostseite der Schlucht hinauf und sind von der A6 aus über Fußgängerbrücken erreichbar. In der Touristeninformation gibt's Broschüren über längere, anspruchsvollere Wanderwege durch die Schlucht und Umgebung.

Achtung: Viele Wege, die bergauf führen, sind zu schmal für Pkws und bieten keine Wendemöglichkeiten.

**Peak District Mining Museum & Temple Mine** MUSEUM

(www.peakmines.co.uk; The Grand Pavilion, South Pde; Museum Erw./Kind 3,50/2,50 £, Mine 3,50/2,50 £, Kombiticket 6/4 £; ⏲April–Okt. 10–17 Uhr, Nov.–März Mi–Fr 11–15, Sa & So bis 16 Uhr) Das Museum wird von Enthusiasten betrieben, denen es ein persönliches Anliegen ist, eine Einführung in die Geschichte des Bergbaus in Matlock zu geben. Es ist in einem ehemaligen viktorianischen Musiktheater untergebracht und verfügt über ein Labyrinth von Tunneln und Schäften, in denen sich die Kids vergnügen können, während sich ihre Eltern mit trockener Theorie beschäftigen. Täglich um 12 Uhr und 14 Uhr (von November bis März nur an Wochenenden) können Besucher in der **Temple Mine** „Gold" schürfen (gemeint sind glänzende Mineralien).

**Gulliver's Kingdom** FREIZEITPARK

(☎01925-444888; www.gulliversfun.co.uk; Eintritt 16 £; ⏲unterschiedlich) Der Vergnügungspark im alten Stil bietet jede Menge schwindelerregende Attraktionen, die den Besuchern wahlweise den Magen umdrehen oder sie klatschnass zurücklassen. Die Messlatte am Start bestimmt, wer einsteigen darf. Öffnungszeiten sind telefonisch oder online zu erfahren.

**Heights of Abraham** FREIZEITPARK

(☎01629-582365; www.heightsofabraham.com; Erw./Kind 14/9,50 £; ⏲Anfang Feb.–Mitte Feb. & Mitte März–Nov. tgl. 10–16.30 Uhr, Mitte Feb.–Mitte März Sa & So 10–16.30 Uhr) Eine spektakuläre **Seilbahnfahrt** (nur mit Eintrittskarte zum Park) bringt die Besucher vom Talgrund hinauf zum Vergnügungspark, dessen Fahrten durch Höhlen und Stollen ebenso wie die Fossilienausstellung bei Kids Begeisterung auslösen.

**Peak Rail** HISTORISCHE EISENBAHN

(☎01629-580381; www.peakrail.co.uk; Erw./Kind 8/4,30 £) Ein nostalgischer Zug mit Dampflok startet am Mini-Bahnsteig beim Supermarkt Sainsbury's am Stadtrand von Matlock (nicht Matlock Bath!) zu einer 6,5 km langen Reise nach Rowsley. Dort steht die Caudwell's Mill mit einem Ausstellungsraum für Kunsthandwerk. Das Ticket gilt für beliebig viele Fahrten am Tag des Kaufs. Von Mai bis Oktober fährt der Zug samstags und sonntags fünfmal (manchmal auch unter der Woche), in den restlichen Monaten gelegentlich an Wochenenden. Genaueres dazu steht auf der Website.

Wer schon immer von einer Karriere als Lokführer geträumt hat, kann eine Fahrstunde nehmen (von März bis November um 9.45 Uhr, im Januar und Februar um 9.15 Uhr; 115 £, nur für Erwachsene von 18 bis 70 Jahren) Von März bis November werden auch zweistündige Kurse angeboten (8.45 Uhr; 200 £).

## FABRIKEN IM DERWENT VALLEY

Es klingt verrückt, aber die Mills (Fabriken) im Derwent Valley stehen auf der Liste des Weltkulturerbes, in einer Reihe mit dem Taj Mahal.

**Cromford Mill** (01629-823256; www.cromfordmills.org.uk; Mill Lane, Cromford; Führung Erw./Kind 3,50/2,50 £; 9–17 Uhr, Führung Sa–Do 11, 13 & 14.30, Fr 11 Uhr nach Vereinbarung) 4,8 km südlich von Matlock Bath steht die in den 1770er-Jahren von Richard Arkwright gegründete Cromford Mill. Sie war die erste moderne Fabrik, in der Baumwolle von Maschinen hergestellt wurde. Eine ganze Serie von Wasserrädern entlang dem Fluss Derwent sorgte für die nötige Energie. Dem Pionier folgten schon bald weitere Mills und das Industriezeitalter begann. Die Arkwright Society bietet stimmungsvolle Führungen an. Die Fabrik liegt eine Zughaltestelle hinter Matlock Bath (60 p, 3 Min., stündl.).

**Masson Mills** (01629-581001; www.massonmills.co.uk; Derby Rd; Erw./Kind 3/2 £; Mo–Sa 10–16, So 11–16 Uhr, im Dez. geschl.) Ein Museum in dem großen Fabrikkomplex 1,6 km südlich von Matlock Bath erzählt die Geschichte der Textilindustrie im Derwent Valley. Im angeschlossenen Shopping Village drängen sich die Outlets bekannter Kleidermarken.

**Caudwell's Mill** (01629-734374; www.caudwellsmillcraftcentre.co.uk; Rowsley; Mühlenführung Erw./Kind 4,50/2 £; 9.30–16.30 Uhr) Die ächzende, von einem Wasserrad angetriebene Mühle produziert bis heute Mehl auf althergebrachte Art und Weise. Außerdem beherbergt sie einen Tearoom und Ateliers für Kunsthandwerk. Rowsley ist ab Matlock Bath mit dem Highpeak-Bus (2,70 £, 15 Min., Mo–Sa stündl., So 2-mal) erreichbar, der nach Bakewell fährt. Eine Alternative ist die Dampfeisenbahn Peak Rail; vom Bahnhof führt ein Fußweg zur Mühle.

## Schlafen & Essen

Trotz der Lage im Landesinnern sind Fish & Chips die Spezialität von Matlock Bath. Beinahe alle Cafés, Pubs und Tearooms entlang der Vergnügungsmeile haben sie im Angebot.

**Hodgkinson's Hotel & Restaurant** HOTEL ££
(01629-582170; www.hodgkinsons-hotel.co.uk; 150 South Pde; EZ/DZ inkl. Frühstück ab 77/95 £, 2-/3-Gänge-Menü 29,50/34 £; Restaurant 12–14.30 & 18.30–22.30 Uhr; P) Mit ihren Antikmöbeln, Blumentapeten und gusseisernen Kaminen erinnern die Zimmer der denkmalgeschützten viktorianischen Schönheit an die goldene Ära Matlocks. Da das Restaurant nur 16 Plätze hat, empfiehlt es sich zu reservieren. Der Service ist absolut top.

**Ashdale Guest House** B&B ££
(01629-57826; www.ashdaleguesthouse.co.uk; 92 North Pde; EZ/DZ ab 45/65 £; P) Das mächtige Natursteinhaus gleich unterhalb der Amüsiermeile bietet geschmackvoll eingerichtete Zimmer und ein Frühstück aus Bio-Zutaten.

## Shoppen

Wer sich für Kunst, Kunsthandwerk und Markenklamotten zu Schnäppchenpreisen interessiert, sollte die Mills (Fabriken) im Derwent Valley abklappern.

**Scarthin Books** BÜCHER
(www.scarthinbooks.com; The Promenade, Cromford; Mo–Sa 9–18, So 12–18 Uhr) Über 100 000 neue und gebrauchte Bücher stapeln sich in den zwölf Räumen dieses Paradieses für Leseratten. Der Laden veranstaltet regelmäßig Lesungen und hat ein kleines, vegetarisches Café mit Pizzas, Wraps, Pies und Burritos aus Bio-Zutaten.

## Praktische Informationen

**Touristeninformation** (01335-343666; www.visitpeakdistrict.com; The Grand Pavilion, South Pde; April–Okt. tgl. 10–17 Uhr, Nov.–März Mi–Fr 11–15, Sa & So bis 16 Uhr) Im Peak District Mining Museum.

## An- & Weiterreise

Matlock ist ein Verkehrsknotenpunkt für die Buslinien im Peak District.

**Bakewell** Highpeak; 3,20 £, 30 Min., Mo–Sa stündl.

**Derby** Transpeak; 4,20 £, 45 Min., Mo–Sa stündl., So 2-mal
Züge verkehren im Stundentakt zwischen Matlock Bath und Derby (5 £, 70 Min.).

## Chesterfield

88 480 EW.

Chesterfield ist das östliche Tor zu den Peaks und verdient einen Besuch schon allein wegen der seltsam verdrehten Kirchturmspitze seiner **St. Mary & All Saints Church** (☎01246-206506; www.chesterfieldparishchurch.org.uk; Kirchturmführung Erw./Kind 3,50/1,50 £; ⊙Kirchturmführung Di & Do 11.30 & 14, Mo, Mi, Fr & Sa 11.30 & 14.30 Uhr). Die Kirche stammt von 1360 und ihr 68 m hoher Turm wird von einem Helm gekrönt, der eine korkenzieherartige Rechtsdrehung aufweist und einige Meter in südwestlicher Richtung gekippt ist. Schuld daran hat die Bleieinfassung, die sich auf der Südseite aufgrund der Sonneneinstrahlung verzogen hat. Mehr dazu verrät das bezaubernde **Chesterfield Museum & Art Gallery** (☎01246-345727; www.chesterfieldmuseum.co.uk; St Mary's Gate; ⊙Mo & Do–Sa 10–16 Uhr) GRATIS

Die **Touristeninformation** (☎012246-345 777; www.visitchesterfield.info; Rykneld Sq; ⊙Ostern–Anfang Nov. 9–17.30 Uhr, Anfang Nov.–Ostern Mo–Sa bis 17 Uhr) ist direkt gegenüber dem ausgefallenen Kirchturm zu Hause.

Chesterfield liegt an der Eisenbahnlinie von Nottingham nach Derby (8 £, 30 Min., bis zu 2-mal stündl.) und Sheffield (4,90 £, 15 Min., bis zu 2-mal stündl.). Der Bahnhof befindet sich östlich des Zentrums. Am Busbahnhof in der Beetwell Street startet Bus 170 nach Bakewell (3,10 £, 45 Min., stündl.).

## Hardwick Hall

Eines der am vollständigsten erhaltenen elisabethanischen Herrenhäuser Englands, **Hardwick Hall** (NT; www.nationaltrust.org.uk; Haus & Garten Erw./Kind 12/6 £, nur Garten 6/3 £; ⊙Haus Mi–So 12–16.30 Uhr, Garten tgl. 9–18 Uhr), wurde von dem berühmten Architekten Robert Smythson entworfen. Es verfügte über die neuesten Errungenschaften der damaligen Zeit, z. B. vollverglaste Fenster. Die stimmungsvollen Innenräume sind mit herrlichen Wandteppichen und Ölporträts längst vergessener Würdenträger ausgeschmückt.

Hardwick Hall liegt 16 km südöstlich von Chesterfield, nicht weit von der M1, und ist am einfachsten per Pkw erreichbar.

Das Anwesen wurde von der zweitmächtigsten Dame des 16. Jhs. bewohnt, Elisabeth Gräfin von Shrewsbury, besser bekannt als Bess of Hardwick. Durch strategische Heiraten mit reichen Adligen, die bereits mit einem Fuß im Grab standen, hatte sie ein unglaubliches Vermögen angehäuft. Für den Bau von Hardwick Hall musste die Erbschaft von Ehemann Nr. 4 herhalten, der 1590 das Zeitliche gesegnet hatte.

Wer Hardwick Hall besucht, sollte genug Zeit einplanen, um die wunderschönen formalen Gärten zu besichtigen oder einen längeren Spaziergang durch den Hardwick Park zu machen.

In nächster Nachbarschaft steht Bess' erstes Haus, **Hardwick Old Hall** (EH; www.english-heritage.org.uk; Erw./Kind 5/3 £, inkl. Hardwick Hall 14/7 £; ⊙April–Anfang Nov. Mi–So 10–17 Uhr, Anfang Nov.–März Sa & So bis 17 Uhr). Die romantische Ruine wird von English Heritage verwaltet.

# PEAK DISTRICT

Die südlichen Ausläufer der Pennines bilden den Peak District. In die Täler der Hügellandschaft schmiegen sich uralte Dörfer mit Natursteinhäusern, die sanften Hänge sind von herrschaftlichen Anwesen übersät. Felsige Auswüchse ziehen scharenweise Wanderer, Kletterer und Höhlenwanderer an. Keiner weiß, wie der Peak District zu seinem Namen kam – die Landschaft weist zwar Hügel und Täler, Schluchten und Seen, Moorgebiete und Sandsteinformationen auf, aber bestimmt keine Gipfel *(peaks)*. Allgemein wird angenommen, dass die Region nach den Pecsaetan benannt wurde, einem angelsächsischen Volksstamm, der in diesem Teil Englands siedelte.

Der 1951 gegründete Peak District National Park war Englands erster Nationalpark und ist heute der meistbesuchte Europas. Aber keine Angst, wer sich nicht gerade ein Wochenende im Hochsommer aussucht, wird hier nicht von Menschenmassen überrollt. Und selbst in der Hochsaison findet jeder in dem 1437 km² großen Gebiet eine ruhige Ecke, um die Landschaft ungestört zu genießen.

Die Einheimischen unterteilen den Peak District in den Dark Peak, wo offene Hochmoore und Sandsteinfelsen vorherrschen, und den White Peak mit seinen Dales (Kalksteintäler) im Süden.

## Peak District National Park

Es gibt im Peak District zwar mehrere Jugendherbergen (YHA hostels; www.yha.org.uk), aber sie sind oft mit Gruppen belegt. Deshalb empfiehlt es sich, vorher dort anzufragen, anstatt einfach auf gut Glück hereinzuschneien.

### Aktivitäten

#### Caving & Klettern

Die Kalksteinabschnitte des Peak District sind von Höhlen und Gruben durchsetzt. Einige davon wurden für Besucher hergerichtet, z. B. in Castleton, Buxton und Mat-

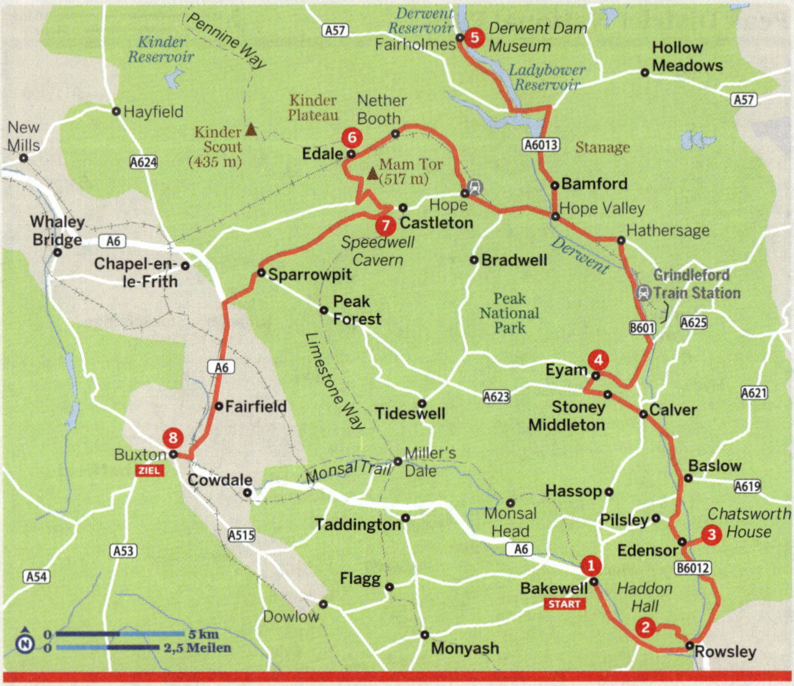


# Autotour
# Peak District

**START** BAKEWELL
**ZIEL** BUXTON
**LÄNGE** 84 KM; EIN BIS ZWEI TAGE

Erst mal auftanken (Auto wie Passagiere) in **1 Bakewell** (S. 525), das für den Bakewell Pudding bekannt ist. Dann geht's 5,6 km südwärts auf der A6 bis Rowsley und dort links ab auf die kurvige Church Lane. Nach 3,2 km lädt ein mittelalterliches Anwesen zum Besuch ein: **2 Haddon Hall** (S. 525).

Zurück in Rowsley links auf die A6 und wieder links auf die B6012 abbiegen, nach 4,7 km rechts zum „Palast des Peak District", dem **3 Chatsworth House** (S. 526) abfahren.

Zurück auf der B6012 rechts in die A619 einbiegen. In Baslow im Kreisverkehr links abbiegen und auf der A623 weiterfahren, bis nach 5,5 km die Abzweigung nach **4 Eyam** (S. 524) auftaucht. Den Hügel hochfahren zum kleinen Museum, das von der Pestepidemie erzählt, die das Städtchen heimsuchte. Hier gibt's tolle Wandermöglichkeiten.

Weiter hügelauf fahren, rechts in die Edge Road und erneut rechts in die Sir William Hill Road abbiegen. In Grindleford links auf die B601 abbiegen, bis Hathersage weiterfahren und links auf die A6187 ins Hope Valley hinein. Dort geht's rechts auf der A6013 weiter, am Ladybower Reservoir vorbei, bis zum **5 Derwent Dam Museum** (S. 523). Es verrät, wie die Dambusters hier während des Zweiten Weltkriegs ihre Rollbomben testeten.

Nun geht's 9,3 km zurück bis zum Abzweig im Hope Valley. Dort rechts auf die Hathersage Road und wieder rechts auf die Edale Road abbiegen. Dem Talverlauf folgen bis zum nächsten Wanderparadies, **6 Edale** (S. 423), um sich dort die Beine zu vertreten.

Einzigartige Landschaften warten auf der Fahrt südwestwärts nach Castleton. Die Straße klettert steil bergauf zur Winnats Road, mit dem 517 m hohen Mam Tor in nächster Nähe. Durch die Schlucht des Winnats Pass geht's zum nächsten Programmpunkt: einer Höhlenwanderung in der **7 Speedwell Cavern** (S. 521), 800 m westlich von Castleton.

Danach geht's westwärts am Arthurs Way entlang auf die Winnats Road. Rechts auf die A623 abbiegen, um sich von viktorianischer Pracht erschlagen zu lassen – im ehemaligen Badeort **8 Buxton** (S. 518).

lock Bath. Ambitionierte Höhlenwanderer sollten zuerst die Website www.peakdistrict caving.info studieren, die von **Hitch n Hike** (www.hitchnhike.co.uk; Mytham Bridge, Bamford) betrieben wird. Der Caving-Ausrüster betreibt seinen Laden nicht weit von Castleton und gibt auch wertvolle Tipps und Ratschläge.

Die Kletter-Elite Englands trainiert im Peak District, da seine Kalksteinschluchten, Felsformationen und Sandsteinklippen, die im Süden in die Staffordshire Moorlands übergehen, ein hohes Maß an Technik erfordern. Vor allem für die Touren auf Gritstone (grobkörniger Sandstein) empfiehlt sich traditionelles Klettern in Seilschaften mit Normalhaken und Klemmkeilen. Mehrere Kalksteinfelsen im Peak District haben markierte Klettertouren mit Bohrhaken. Aber oft werden auch alte Normalhaken benutzt und meistens sind zusätzlich mobile Sicherheitsmittel erforderlich. Die Klettergärten sind am leichtesten im eigenen Auto zu erreichen. Je nach Saison werden auch Busse eingesetzt; Näheres dazu kann in den Touristeninformationen von Trent Barton und Buxton erfragt werden.

### Radfahren

Die tief eingeschnittenen Täler und fast senkrecht aufragenden Steilhänge sind für Radfahrer eine echte Herausforderung. Dementsprechend liegen in den Touristeninformationen stapelweise Karten und Routenbeschreibungen aus. Anhänger von autofreiem Genussradeln freuen sich über den 28 km langen **High Peak Trail**, der der alten Eisenbahnlinie von Cromford (bei Matlock Bath) nach Dowlow (bei Buxton) folgt. Die Route schlängelt sich durch sanfte Hügel, Acker- und Weideland nach Parsley Hay, wo der **Tissington Trail**, ein Abschnitt der NCN-Route 68, weiter nach Süden ins 21 km entfernte Ashbourne führt. Die gesamte Strecke besteht aus autofreien Radwegen, die mit ganz normalen Standardrädern zu bewältigen sind.

Parallel zum Fernwanderweg Pennine Way wurde der **Pennine Bridleway** angelegt, der die Wadenmuskeln ebenfalls auf die Probe stellt. Die rund 193 km lange Route zwischen Middleton Top und den South Pennines eignet sich für Reiter, Radler und Wanderer. Eine weitere Möglichkeit ist der **Pennine Cycleway** (NCN-Route 68) von Derby nach Buxton und weiter. Ebenfalls beliebt sind der **Limestone Way** von Castleton in Richtung Süden nach Staffordshire und der **Monsal Trail & Tunnels** zwischen Bakewell und Wyedale bei Buxton.

**Peak Tours** (www.peak-tours.com; Mountainbike pro Tag 20 £) bringt die Leihräder zu jedem gewünschten Ort im Peak District und bietet auch geführte Radtouren an. Von März bis Oktober betreibt die **Peak District National Park Authority** (☎01629-816200; www.peakdistrict.gov.uk; Leihrad halber/ganzer Tag Erw. 13/16 £, Kind 9/11 £) mehrere Fahrradverleihstellen.

### Wandern

Der Peak District gehört zu Englands beliebtesten Wandergebieten. Hügel, Täler und Himmel ergeben Panoramen, bei denen einem fast das Herz stehen bleibt. Deshalb sind im Sommer hier scharenweise Wanderer unterwegs. Das Gebiet White Peak ist ideal für gemütliche, lange Spaziergänge, die keiner vorgezeichneten Route folgen müssen. Wichtig ist nur, beim Überqueren von Weidegebieten die Tore wieder zu schließen. Wer im unwegsameren Gelände des Dark Peak unterwegs ist, sollte wasserdichtes, festes Schuhwerk tragen und sich vor rutschigen Stellen in Acht nehmen, die einen schnell in einen Bach oder Sumpf befördern können.

Der berühmteste Wanderweg im Peak District heißt **Pennine Way** und führt von Edale über 400 km weit nordwärts bis nach Scottish Borders. Wer keine drei Wochen, sondern nur drei Tage Zeit hat, kann immerhin bequem das hübsche Städtchen Hebden Bridge in Yorkshire erreichen.

Der 74 km lange **Limestone Way** windet sich auf Fußwegen, Pisten und ruhigen Sträßchen von Castleton durch das ländliche Derbyshire bis nach Rocester in Staffordshire. Viele wandern nur den 42 km langen Abschnitt von Castleton bis Matlock, was für eine Tagestour fast ein bisschen viel ist – also besser auf zwei Tage verteilen. Die

#### GÜNSTIGER FAHREN IM PEAK DISTRICT

Wer sparen will, kauft sich einen Buspass, z. B. den **Peaks Plus** (Erw./Kind 6/4 £), der einen Tag lang für alle Trent-Barton-Busse und den Transpeak zwischen Derby und Buxton gilt. Inhaber eines **Derbyshire Wayfarer** (Erw./Kind 11,60/5,80 £) können per Bus und Zug in der ganzen Grafschaft und sogar bis nach Manchester und Sheffield fahren.

Touristeninformationen halten detaillierte Streckenbeschreibungen bereit.

Weitere beliebte Routen sind **High Peak Trail**, **Tissington Trail** und **Monsal Trail & Tunnels**, daneben gibt's noch zahlreiche kürzere Wanderwege.

### Touristeninformation

Touristeninformationen oder Besucherzentren gibt's u. a. in Buxton, Bakewell, Castleton und Edale. Die Website der Peak District National Park Authority (www.peakdistrict.gov.uk) bietet jede Menge Infos zu öffentlichen Verkehrsmitteln, Aktivitäten und Veranstaltungen.

### An- & Weiterreise

Von größeren Orten wie Sheffield und Derby fahren Busse zu Zielen im gesamten Peak District. Was die Häufigkeit der Verbindungen angeht, ist das Angebot am Wochenende deutlich größer. Manche Linien stellen den Verkehr im Winter ein. Bakewell und Matlock (nicht Matlock Bath) sind die beiden großen Anlaufstellen für den Peak District, von dort aus gibt's Anschlüsse in fast alle Richtungen. Fahrpläne sind in allen Touristeninformationen erhältlich oder online unter www.derbyshire.gov.uk/transport einsehbar. Züge fahren nach Matlock Bath, Buxton, Edale und in einige weitere Städte und Dörfer.



## Buxton

22 110 EW.

Die „Hauptstadt“ des Peak District National Park liegt zwar knapp außerhalb der Parkgrenze, ist aber mit ihren georgianischen Reihenhäusern, viktorianischen Vergnügungsstätten und Parks ein Besuchermagnet in der sanften Hügellandschaft der Derbyshire Dales. Thermalquellen bescherten dem Städtchen Ende des 19./Anfang des 20. Jhs. eine Blütezeit als angesagter Kurort.

Heute bewundern Touristen die Architekturperlen im Regency-Stil und genießen die Naturschönheiten in der Umgebung. Dienstags und samstags verwandelt der Wochenmarkt den in grauem Kalkstein gehaltenen Marktplatz in ein buntes Treiben.

### Sehenswertes

Buxtons historischer Stadtkern quillt über vor viktorianischen Pavillons, Konzertsälen und gläsernen Kuppelbauten. Das berühmteste Gebäude ist das von zwei Türmen eingerahmte Opernhaus (S. 521).

**★ Pavilion Gardens** GÄRTEN

(www.paviliongardens.co.uk; ⌚9.30–17 Uhr) GRATIS Hinter Buxtons opulentem Opernhaus breiten sich die nicht weniger opulenten Pavilion Gardens mit mehreren von Kuppeln gekrönten Pavillons aus. Das Hauptgebäude beherbergt ein tropisches Gewächshaus, ein nostalgisches Café und die Touristeninformation.

**Devonshire Dome** HISTORISCHES GEBÄUDE

Auch der Devonshire Dome ist ein Paradebeispiel viktorianischer Pracht und gehört zum Campus der University of Derby. Im Gebäude bietet das **Devonshire Spa** (☎01298-338408; www.devonshiredome.co.uk; 1 Devonshire Rd; 2-stündige Ganzkörperbehandlung 20 £, Meeres- oder Frangipani-Packung 50 £, Tagespaket ab 95 £) einen ganzen Katalog an Wellnessbehandlungen an.

**Buxton Baths** HISTORISCHES GEBÄUDE

Zu viktorianischen Zeiten konzentrierte sich das Kurangebot auf die extravaganten Buxton Baths, die 1854 im Regency-Stil erbaut worden waren. Die dem Bäderkomplex vorgelagerte geschwungene Fassade, der **Crescent**, erinnert an den Royal Crescent von Bath. Die Anlage soll 2016 als Fünfsternehotel und Spa wiedereröffnet werden.

**Slopes** PARK

Gegenüber dem Crescent klettert die kleine Parkanlage Slopes in mehreren begrünten Terrassen steil bergauf. Wer die Mühe nicht scheut, kann von oben den ultimativen Blick auf die viktorianischen Dächer Buxtons genießen.

**Pump Room** HISTORISCHES GEBÄUDE

Am Fuße der Slopes liegt der Pump Room, der ein knappes Jahrhundert lang Buxtons Thermalwasser lieferte. Heutige Gesundheitstouristen stehen Schlange, um ihre Plastikflaschen am kleinen Wasserspender **St. Ann's Well** zu füllen.

**Buxton Museum & Art Gallery** MUSEUM, GALERIE

(www.derbyshire.gov.uk/buxtonmuseum; Terrace Rd; ⌚Di–Fr 9.30–17.30, Sa bis 17 Uhr, Ostern–Sept. auch So 10.30–17 Uhr) GRATIS In einem stattlichen viktorianischen Gebäude zeigt das Heimatmuseum Exponate zur Stadtgeschichte sowie alle möglichen skurrilen Objekte, die aus dem „House of Wonders“ (einem Museum aus viktorianischen Zeiten) in Castleton stammen, darunter Harry Houdinis Handschellen.

## Buxton

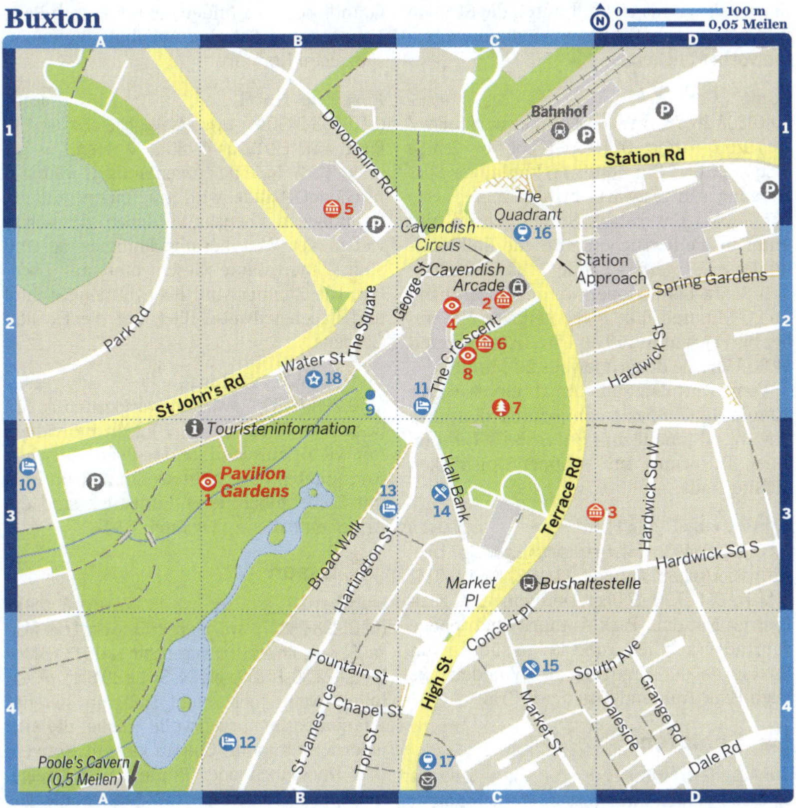


### Buxton

**Highlights**
1 Pavilion Gardens .......... B3

**Sehenswertes**
2 Buxton Baths .......... C2
3 Buxton Museum & Art Gallery .......... D3
4 Crescent .......... C2
5 Devonshire Dome .......... B1
6 Pump Room .......... C2
7 Slopes .......... C2
8 St. Ann's Well .......... C2

**Aktivitäten, Kurse & Touren**
9 Buxton Tram .......... B2
Devonshire Spa .......... (s. 5)

**Schlafen**
10 Buckingham Hotel .......... A3
11 Old Hall Hotel .......... C2
12 Roseleigh Hotel .......... B4
13 Victorian Guest House .......... B3

**Essen**
14 Columbine Restaurant .......... C3
15 Number 13 .......... C4

**Ausgehen & Nachtleben**
16 Barbarella's .......... C2
17 Old Sun Inn .......... C4

**Unterhaltung**
18 Opera House .......... B2

## Aktivitäten

**Buxton Tram** BUSFAHRT
(☎01298-79648; http://discoverbuxton.co.uk; Erw./Kind 6/4 £; ⏲10–16 Uhr stündl.) Am Eingang der Pavilion Gardens nimmt ein ehemaliges Milchauto Passagiere mit auf die rund einstündige, unterhaltsame Wonder of the Peak Tour durch das Stadtzentrum. Das Retroge-

fährt tuckert mit 20 kmh durch die Straßen und hat nur acht Sitzplätze, deshalb am besten vorher buchen.

**Poole's Cavern** HÖHLE
(☎01298-26978; www.poolescavern.co.uk; Erw./Kind 9/5 £; ⏲März–Okt. 9.30–17 Uhr, Nov.–Feb. Sa & So 10–16 Uhr) Ein netter 1,6 km langer Spaziergang südwestwärts bringt Interessierte zur Poole's Cavern. 28 Stufen führen hinunter in die herrliche natürliche Kalksteinhöhle, in der erfrischende 7° C herrschen. Von März bis Oktober werden Führungen im 20-Minuten-Takt angeboten, von November bis Februar um 10.30 Uhr, 12.30 Uhr und 14.30 Uhr; sie dauern jeweils 20 Minuten.

Vom Parkplatz aus führt ein weiterer 20-minütiger Spaziergang durch den Grin Low Wood hinauf zum **Solomon's Temple**, einer Turmruine mit schönen Ausblicken auf die Stadt.

**Parsley Hay Cycle Hire** RADFAHREN
(☎01298-84493; www.peakdistrict.gov.uk; Leihrad halber/ganzer Tag Erw. 13/16 £, Kind 9/11 £; ⏲März–Okt. 9.30–17 Uhr) Der von der Peak District National Park Authority betriebene Fahrradverleih liegt rund 13 km südlich von Buxton an der Kreuzung der Wanderwege High Peak Trail und Tissington Trail.

## Schlafen

**Buckingham Hotel** HOTEL £
(☎01298-70481; www.buckinghamhotel.co.uk; 1 Burlington Rd; DZ 55–65 £, FZ 67,50–80 £; P 📶) Das exzentrische Dekor ist nicht jedermanns Sache: Gerahmte Fotos von Hollywoodstars wie Pierce Brosnan oder Bruce Willis schmücken sowohl die 57 altmodischen Zimmer wie auch die Flure. Aber es gibt auch einige Gründe, die für dieses leicht verschrobene Hotel sprechen: Die Zimmer sind sauber und geräumig, Gäste können kostenlos parken und im Erdgeschoss liegen eine gut besuchte Bar und ein Restaurant.

**Old Hall Hotel** HISTORISCHES HOTEL ££
(☎01298-22841; www.oldhallhotelbuxton.co.uk; The Square; EZ/DZ inkl. Frühstück ab 69/79 £; @ 📶) Jedes Knarren der Bodendielen in diesem altehrwürdigen Gebäude erzählt eine Geschichte. Angeblich ist die Old Hall das älteste Hotel Englands; jedenfalls kann es eine Liste illustrer Gäste vorweisen, darunter Maria Stuart, Königin von Schottland, die hier (wenn auch gegen ihren Willen) von 1576 bis 1578 weilte. Was die Zimmer betrifft, wird auch heute in ganz Buxton nichts Grandioseres zu finden sein. Mehrere Bars, Lounges und Catering-Angebote bieten zusätzlichen Komfort.

**Roseleigh Hotel** B&B ££
(☎01298-24904; www.roseleighhotel.co.uk; 19 Broad Walk; EZ/DZ ab 41/80 £; P @ 📶) Das geniale B&B in einem weitläufigen viktorianischen Gebäude wird von einem äußerst freundlichen Ehepaar betrieben, das schon viel in der Welt herumgekommen ist und einige interessante Geschichten auf Lager hat. Die Zimmer sind liebevoll eingerichtet und haben teilweise Blick auf die Pavilion Gardens.

**Victorian Guest House** B&B ££
(☎01298-78759; www.buxtonvictorian.co.uk; 3a Broad Walk; DZ ab 95 £; P 📶) Acht individuell mit viktorianischen und edwardianischen Antiquitäten eingerichtete Zimmer und ein mit Liebe zubereitetes Frühstück sind die Argumente dieses eleganten B&B.

## Essen

**Number 13** MODERN BRITISCH ££
(☎01298-25397; www.number13.co.uk; Ecke Market St & South Ave; Hauptgerichte 11–16 £; ⏲Mo–Do 12–22.30, Fr & Sa bis 24, So bis 19 Uhr) 🍃 Zu billig? Nein, hier findet sich ein seltenes Phänomen: anspruchsvolle Küche, die sich jeder leisten kann! Coq au vin mit Rotwein und Knoblauch oder Püree aus Wurzelgemüse mit Würstchen und Marmelade aus geräucherten Zwiebeln werden hier perfekt zubereitet und ebenso perfekt präsentiert. Sonntagnachmittags groovt die Bar mit Livejazz.

**Columbine Restaurant** MODERN BRITISCH ££
(☎01298-78752; www.columbinerestaurant.co.uk; 7 Hall Bank; Hauptgerichte 13,50–17,50 £; ⏲Mai–Okt. & Dez. 19–22 Uhr, Jan.–April & Nov. Mi–Sa 19–22 Uhr) 🍃 Unter Eingeweihten ist das unauffällige Restaurant in einer Gasse neben der Town Hall ein Top-Tipp. Für seine einfallsreichen Kreationen verwendet der Küchenchef hauptsächlich Produkte der Region. Reservierung empfohlen.

## Ausgehen & Unterhaltung

**Barbarella's** WEINBAR
(www.barbarellaswinebar.co.uk; 7 The Quadrant; ⏲So–Do 12–23, Fr & Sa bis 24 Uhr; 📶) Schwarzweiße Tapeten mit Paisleymuster, Kronleuchter und polierte Holztische machen die schicke Retrobar zum angesagtesten Ausgeh-Spot Buxtons. Das Essen ist ebenfalls top.

**Old Sun Inn** PUB
(www.theoldsuninnbuxton.com; 33 High St; ⏲ Mo & Mi 12–23, Di, Do & So bis 23.30, Fr & Sa bis 24 Uhr) Unter Buxtons Pubs ist dieses hier eindeutig das gemütlichste. Die weitverzweigten Räumlichkeiten stecken voller origineller Details, es gibt ein Dutzend verschiedener Ales vom Fass und das Publikum rekrutiert sich aus allen Altersklassen.

**Opera House** OPER
(☎0845 127 2190; www.buxtonoperahouse.org.uk; Water St; Führung 2,50 £; ⏲ Führung Sa 11 Uhr) Buxtons aufwendig restauriertes Opernhaus bietet ein umfangreiches Programm an Schauspiel, Konzert, Tanz und Comedy. Gleichzeitig dient es als Location für alle möglichen Events, darunter das **Buxton Festival** (www.buxtonfestival.co.uk; ⏲ Juli).

## Shoppen

**Scrivener's Books & Bookbinding** BÜCHER
(☎01298-73100; www.scrivenersbooks.co.uk; 42 High St; ⏲ Mo–Sa 9–17, So 12–16 Uhr) Der sympathisch desorganisierte Buchladen erstreckt sich über fünf Stockwerke, in denen sich die Bücherstapel türmen. Von der Dewey-Dezimalklassifikation scheint hier noch keiner etwas gehört zu haben.

## Praktische Informationen

**Touristeninformation** (☎01298-25106; www.visitpeakdistrict.com; Pavilion Gardens; ⏲9.30–17 Uhr; 📶) Die gut organisierte, hilfsbereite Anlaufstelle hält jede Menge Prospektmaterial bereit. Samstags um 11 Uhr und 14 Uhr beginnt hier ein einstündiger Stadtspaziergang durch Buxtons römische Vergangenheit (freiwillige Spende erbeten).

## An- & Weiterreise

Die Busse halten beiderseits der Straße am Market Place. Der Highpeak-Bus düst stündlich nach Derby (5,70 £, 1½ Std.) mit Zwischenhalt in Bakewell (3,70 £, 30 Min.) und Matlock Bath (3,20 £, 1 Std.). Nach Manchester gibt's fünf Highpeak-Verbindungen (5,20 £, 1¼ Std.).

Bus 65 fährt nach Sheffield (5,70 £, 1¼ Std., Mo–Sa alle 2 Std., So 3-mal).

Für Northern Rail sind Züge von/nach Manchester (9,80 £, 1 Std., stündl.) unterwegs.

# Castleton & Umgebung

735 EW.

Dank seiner Lage an der Zufahrt zum landschaftlich einzigartigen Winnats Pass wird das bezaubernde Dörfchen an Sommerwochenenden von Ausflüglern überschwemmt. Aber unter der Woche lassen sich seine Reize relativ ungestört genießen. Rührend schiefe Natursteinhäuser säumen die Dorfstraßen, Wanderwege erschließen die umgebende Hügellandschaft. Auf dem Kamm über Castleton thront eine malerische Burg, deren Untergrund von faszinierenden Höhlen durchsetzt ist.

## Sehenswertes

**Peveril Castle** BURG
(EH; www.english-heritage.org.uk; Erw./Kind 4,70/2,80 £; ⏲April–Sept. 10–18 Uhr, Okt. bis 17 Uhr, Nov.–März Sa & So bis 16 Uhr) Der Zahn der Zeit hat der romantischen Burg auf den Felsen südlich von Castleton so zugesetzt, dass sie selbst fast wie verwittertes Gestein wirkt. Sie wurde von William Peveril, einem Sohn Wilhelm des Eroberers, erbaut und von den Königen Heinrich II., Johann Ohneland und Heinrich III. als Jagdschloss genutzt. Die bröckelnden Ruinen bieten herrliche Blicke auf das Hope Valley.

**Castleton Museum** MUSEUM
(☎01629-816572; Buxton Rd; ⏲April–Mitte Sept. 10–17.30 Uhr, Mitte Sept.–Okt. bis 17 Uhr, Nov.–März kürzer) GRATIS Das nette Heimatmuseum ist an die Touristeninformation angeschlossen und streift mit seiner Ausstellung die unterschiedlichsten Bereiche, von Bergbau und Geologie über Felsenklettern und Drachenfliegen bis hin zum ausgefallenen Garland Festival.

**Peak Cavern** HÖHLE
(☎01433-620285; http://devilsarse.com; Erw./Kind 9,25/7,25 £, inkl. Speedwell Cavern 15,50/11,75 £; ⏲April–Okt. 10–17 Uhr, Nov.–März Sa & So bis 17 Uhr) In der Dorfmitte beginnt ein hübscher Uferweg, der zu Castletons am günstigsten gelegener Höhle führt. Sie hat den landesweit breitesten natürlichen Zugang, der den nicht besonders schmeichelhaften Namen Devil's Arse (Teufelsar…) trägt. Ihre spektakulären Kalksteinformationen werden von Glasfaserkabeln beleuchtet.

**Speedwell Cavern** HÖHLE
(☎01433-620512; www.speedwellcavern.co.uk; Erw./Kind 10/8 £, inkl. Peak Cavern 15,50/11,75 £; ⏲9.30–16 Uhr) Dieser Albtraum jedes Klaustrophobikers liegt rund 800 m westlich von Castleton am Anfang des Winnats Pass. Eine gespenstische Bootsfahrt durch geflutete Tunnel, die in einen riesigen, unterirdischen See namens Bottomless Pit („bodenlose Grube“) münden, bringt Besucher in die

Höhle. Neugierige Caving-Fans entdecken auf ihren Erkundungstouren ständig neue Kammern.

**Treak Cliff Cavern** HÖHLE
(☎01433-620571; www.bluejohnstone.com; Erw./Kind 9,50/5,20 £; ⌚März–Okt. 10–17 Uhr, Nov.–Feb. bis 16 Uhr) Das faszinierende Höhlensystem Treak Cliff hat wahre Wälder von Stalaktiten sowie offene Adern des violetten Derbyshire Blue John Stone (ein Fluorit), der bis heute abgebaut und zu Schmuck verarbeitet wird. Das ist auch das Hauptthema der Führung; während der Schulferien können Kids ihren eigenen Blue John klopfen, polieren und mit nach Hause nehmen.

**Blue John Cavern** HÖHLE
(☎01433-620638; www.bluejohn-cavern.co.uk; Erw./Kind 10/5 £; ⌚April–Okt. 9.30–17.30 Uhr, Nov.–März 9.30–Sonnenuntergang) Blue John ist ein Labyrinth natürlicher Höhlen in der Flanke des Mam Tor. Die reichen Vorkommen an Derbyshire Blue John Stone werden bis heute in der Wintersaison gefördert. Fußgänger können das Höhlensystem über den gesperrten Abschnitt der Straße auf den Mam Tor erreichen.

## Aktivitäten

Castleton liegt am Fuß des 517 m hohen Mam Tor und ist das Nordende des **Limestone Way**, der weit unterhalb der Ostseite der Burg im schmalen, felsigen Cave Dale verschwindet. Broschüren hierzu wie auch zu zahlreichen einfacheren Wanderwegen gibt's in der Touristeninformation.

## Feste & Events

**Garland Festival** KULTURFESTIVAL
(www.visitpeakdistrict.co.uk; ⌚Mai) Am 29. Mai (oder am 28. Mai, wenn der 29. auf einen Sonntag fällt) feiert Castleton seit Jahrhunderten den Oak Apple Day (Gallapfel-Tag). Zu Pferd paradiert der Garland King (Girlanden-König), der unter einer riesigen Haube aus Blumengirlanden fast verschwindet, mit seiner Königin durch die Dorfstraßen.

## Schlafen

An Wochenenden steigen die Preise und es empfiehlt sich, rechtzeitig zu reservieren.

**Ye Olde Nag's Head Hotel** PUB £
(☎01433-620248; www.yeoldenagshead.co.uk; Cross St; DZ ab 50 £; 📶) Das gemütlichste unter den „Einheimischen-Pubs" an der Hauptstraße vermietet auch zehn komfortable, gut ausgestattete Zimmer (z. T. mit Himmelbett und Wellnessbereich). Im Pub werden Bierverkostungen und regelmäßig Livemusik angeboten, das Restaurant ist sehr beliebt.

**Rowter Farm** CAMPINGPLATZ £
(☎01433-620271; Platz für 2 Pers. 10 £; ⌚Ostern–Okt.; Ⓟ) Die perfekte Lage in den Hügeln 1,6 km westlich von Castleton ist der größte Trumpf des einfachen Campingplatzes. Anfahrt im Pkw über den Winnats Pass; Fußgänger können dem Cave-Dale-Wanderweg folgen.

**Causeway House** B&B ££
(☎01433-623921; www.causewayhouse.co.uk; Back St; EZ/DZ ab 35/70 £) Zugegeben, die Fußböden des alten, unheimlich stimmungsvollen Naturstein-Cottage sind ziemlich abgetreten. Aber die kleinen Zimmer wirken hell und freundlich. Die Doppelzimmer haben ein eigenes Bad, die beiden Einzelzimmer (wovon in einem ein zweites Bett aufgestellt werden kann) müssen sich ein Bad teilen.

## Essen & Ausgehen

An Tearooms herrscht in Castleton kein Mangel. Der Dorfladen hat täglich geöffnet und hält für Wanderer ein kleines Sortiment an Vorräten für den Rucksack bereit.

**Three Roofs Cafe** CAFÉ £
(www.threeroofscafe.co.uk; The Island; Gerichte 6–9,50 £; ⌚Mo–Fr 9.30–17, Sa & So bis 17.30 Uhr; 📶👪) Das Café gegenüber der Abzweigung zur Touristeninformation ist berühmt für seine *cream teas* (Tee, *scones*, Konfitüre, dicker Rahm).

**1530** ITALIENISCH ££
(☎01433-621870; www.1530therestaurant.co.uk; Cross St; Hauptgerichte 9,50–17 £; ⌚Mi & So 12–14 & 18–20.30, Fr & Sa bis 21.30, So & Mo bis 20 Uhr; 🖉) Knusprig dünne Pizzas und frische Pasta (z. B. Linguine mit Riesengarnelen, Krebsen, Krabben und Tintenfisch) sind die Spezialitäten des Italieners in Castleton.

★ **Samuel Fox** MODERN BRITISCH £££
(☎01433-621562; www.samuelfox.co.uk; Stretfield Rd, Bradwell; Hauptgerichte mittags 6–18,50 £, abends 13,50–22,50 £; ⌚Küche Mi–Sa 18–21, Fr & Sa auch 12–14, So 16–20 Uhr) Bradwell, ein Dorf im Hope Valley 4 km südöstlich von Castleton, ist stolz auf diesen malerischen Landgasthof unter der Ägide des preisgekrönten Küchenchefs James Duckett. Er komponiert Gaumenfreuden der Extraklasse, beispielsweise bei Nieder-

temperatur gegartes Wild mit eingelegtem Rotkohl oder Fasan aus dem Ofen mit kurz gebratenem Rosenkohl, Bacon und Pastinaken. Im Preis der wunderschönen, in Pastellfarben gehaltenen Zimmer (EZ/DZ 95/130 £) sind ein lukullisches Frühstück sowie Sherry, Trauben und Pralinen zur Begrüßung inbegriffen.

Es gibt häufig Sonderangebote für Halbpension.

## Praktische Informationen

**Touristeninformation** (☎01433-620679; www.peakdistrict.gov.uk; Buxton Rd; ⊙April–Mitte Sept. 10–17.30 Uhr, Mitte Sept.–Okt. bis 17 Uhr, Nov.–März kürzer) Im Castleton Museum.

## An- & Weiterreise

Es gibt u. a. Busverbindungen nach:

**Bakewell** Bus 173; 3 £, 50 Min., 4-mal tgl., über Hope (10 Min.) und Tideswell (25 Min.)

**Buxton** Bus 68 und 173; 3,80 £, 1 Std. (fährt an Werktagen morgens in Castleton ab und nachmittags wieder zurück)

Der nächste Bahnhof liegt in Hope, rund 3,2 km östlich von Castleton, an der Eisenbahnlinie nach Sheffield (6,60 £, 30 Min., halbstündl.) und Manchester (10,80 £, 50 Min., halbstündl.). Im Sommer fährt samstags ab Castleton ein auf die Züge abgestimmter Zubringerbus, ansonsten ist die Strecke auch zu Fuß kein Problem.

# Derwent Reservoirs

Die oberen Abschnitte des Derwent Valley nördlich des Hope Valley wurden zwischen 1916 und 1935 geflutet und es entstanden drei große Reservoirs, die Sheffield, Leicester, Nottingham und Derby seitdem mit Wasser versorgen. Diese künstlichen Seen erwiesen sich bald als äußerst nützlich: Die **Dambusters** („Dammbrecher"), eine Staffel der RAF, konnten hier üben, bevor sie im Zweiten Weltkrieg die Dämme der Ruhr mit Rollbomben zerstörten. Ihre Mission wird im **Derwent Dam Museum** (www.peakdistrict.gov.uk; Fairholmes; ⊙So 10–16 Uhr) GRATIS in einem Turm oberhalb des Staudamms ausführlich erklärt.

Heute sind die drei Staubecken Ladybower, Derwent und Howden beliebte Ziele für Wanderer, Radfahrer und Mountainbiker – aber auch für Heerscharen von Enten, deshalb ist auf den Wegen Vorsicht geboten. In **Fairholmes** gibt's eine **Touristeninformation** (☎01433-650953; www.peakdistrict.gov.uk; Fairholmes; ⊙April–Okt. 10–17 Uhr, Nov.–März bis 15.30 Uhr) mit Infomaterial zu Wander- und Radfahrmöglichkeiten, einem Parkplatz, einer Snackbar und einem gut bestückten **Fahrradverleih** (☎01433-651261; halber/ganzer Tag Erw. 13/16 £, Kind 9/11 £; ⊙9.30–17.30 Uhr).

Fairholmes liegt 3,2 km nördlich der A57, der Hauptstrecke zwischen Sheffield und Manchester. Es gibt kaum Busverbindungen nach Fairholmes, deshalb ist ein eigener fahrbarer Untersatz praktisch unerlässlich.

# Edale

290 EW.

Die malerische Ansammlung von Natursteinhäusern mit hübscher Pfarrkirche inmitten der majestätischen Szenerie des Peal District ist wie geschaffen für eine Erholungspause. Edale liegt zwischen dem White Peak und dem Dark Peak und ist die südliche Endstation des Pennine Way. Erstaunlicherweise führt die Eisenbahnlinie Manchester-Sheffield durch diesen abgelegenen Ort, was Scharen von Wochenendausflüglern nutzen.

## Aktivitäten

Die Wandermöglichkeiten sind Edales große Stärke. Auch wer nicht so gut trainiert ist, findet hier genügend abwechslungsreiche Wanderwege.

Neben den Touren zum Hollins Cross und Mam Tor über den Kamm zwischen Edale und Castleton bietet sich im Norden das **Kinder Plateau** als Ziel an. Oft versinkt es in düsteren Nebelschwaden, aber sobald die Sonne herauskommt, vermittelt es ein Gefühl von Weite, bei dem einem das Herz aufgeht. Das Plateau war Schauplatz eines Akts zivilen Ungehorsams: Naturfreunde erkämpften sich 1932 mit einer Massenveranstaltung das „Recht auf freies Wandern", was zur Gründung von Nationalparks in England führte.

Wenn das Wetter mitspielt, empfiehlt sich eine Rundtour, die anfangs dem **Pennine Way** folgt, der durch Felder zum **Upper Booth** führt. Dann geht's auf einem Pfad namens Jacobs Ladder weiter und am Südrand des Kinder Plateau entlang, um dann entweder über das schluchtartige, felsige Tal Grindsbrook Clough oder den Kamm des Ringing Roger wieder nach Edale abzusteigen.

Rund 2,4 km östlich von Edale bietet das **Ladybooth Equestrian Centre** (☎01433-

670205; www.ladybooth.co.uk; Nether Booth; Ausritte pro Stunde/Tag ab 25/100 £) Reitausflüge zu Zielen im Peak District an, die zwischen einer Stunde und einem ganzen Tag dauern können. Für Kinder gibt's Ponyreiten auf dem Farmgelände.

## Schlafen

**Fieldhead Campsite** CAMPINGPLATZ £
(☎01433-670386; www.fieldhead-campsite.co.uk; Parzelle pro Person/Pkw ab 5/2,50 £; P) Sechs Felder bilden das Gelände des hübschen, gut ausgestatteten Campingplatzes neben dem Moorland Tourist Office. Einige Parzellen liegen direkt am Flussufer.

**Edale YHA** HOSTEL £
(☎0845 371 9514; www.yha.org.uk; B/DZ ab 5/58 £; P@) Spektakuläre Ausblicke auf den Back Tor sind das kostenlose Extra des Hostels in einem Landhaus 2,4 km östlich von Edale. Das angeschlossene **Aktivitätszentrum** ist bei Studentengruppen sehr beliebt. Anfahrt über die Straße nach Hope (den Hinweisschildern folgen).

**Stonecroft** B&B ££
(☎01433-670262; www.stonecroftguesthouse.co.uk; Grindsbrook; DZ ab 80 £; P) Das hübsch hergerichtete Natursteinhaus vom Anfang des 19. Jhs. bietet zwei komfortable Zimmer. Vegetarier und Veganer können sich freuen: Gastgeberin Julia ist eine preisgekrönte Köchin und serviert ein köstliches Frühstück aus Biozutaten. Bei der Buchung kann auch ein Picknickkorb (12 £) bestellt werden.

## Essen

**Cooper's Cafe** CAFÉ £
(☎01433-670401; Cooper's Camp; Gerichte 2,20–4,80 £; April–Sept. tgl. 8–16 Uhr, Nov.–März Do–So 9.30–15 Uhr; ) Um auf leckere Art Kohlehydrate zu schaufeln, ist dieses freundliche Café bei der Dorfschule der perfekte Ort.

**Rambler Inn** PUB ££
(☎01433-670268; www.theramblerinn.com; Grindsbrook; Hauptgerichte 9,25–12 £; ) Das heimelige Pub mit Natursteinwänden, *real ales*, deftigen Steaks, Pies und Ofengerichten bietet auch Gästezimmer und gelegentlich Livemusik.

## Praktische Informationen

**Moorland Touristeninformation** (☎01433-670207; www.edale-valley.co.uk; Grindsbrook; April–Sept. Mo–Fr 9.30–17, Sa & So bis 17.30 Uhr, Okt.–März Sa & So 10.30–15.30 Uhr) Das Besucherzentrum hat Wanderkarten, eine kleine Ausstellung über die Moorlandschaft, einen Kiosk und einen Campingplatz.

## An- & Weiterreise

Es gibt stündliche Zugverbindungen von Edale nach Manchester (10,80 £, 45 Min.). Der Zug nach Sheffield (6,90 £, 40 Min., alle 2 Std.) hält auch in Hope.

# Eyam

970 EW.

Das winzige Fleckchen Eyam (sprich: *Ihem*), ein ehemaliges Bergarbeiterdorf, hat eine ergreifende Geschichte: 1665 wütete hier der gefürchtete Schwarze Tod, die Pest. Der Erreger war von Fliegen eingeschleppt worden, die als blinde Passagiere mit einer Stofflieferung aus London eintrafen. Der Dorfpfarrer William Mompesson beschwor seine Schäfchen, auf sämtliche Kontakte zur Außenwelt zu verzichten. 270 der damals 800 Dorfbewohner wurden dahingerafft, aber sämtliche umliegenden Gemeinden blieben von der Epidemie weitgehend verschont. Heute ist Eyam mit seinen steilen Sträßchen und alten Cottages ein beliebter Ausgangsort für Streifzüge durch das wellige grüne Umland.

## Sehenswertes

**Eyam Parish Church** KIRCHE
(www.eyam-church.org; 9–18 Uhr) Viele Opfer der Pestepidemie von 1665 wurden hier beigesetzt. Buntglasfenster und eine bewegende Ausstellung erinnern an die dunkelste Zeit des Dorfs. Im Kirchhof steht ein keltisches Kreuz aus dem 8. Jh.

**Eyam Hall** HISTORISCHES GEBÄUDE
(NT; www.nationaltrust.org.uk; Zentrum für Kunsthandwerk Eintritt frei, Haus & Garten Erw./Kind 7,15/3,70 £; Zentrum für Kunsthandwerk tgl. 10–16.30 Uhr, Haus & Garten Ostern–Anfang Mai & Ende Juli–Aug. Mi, Do & So 12–16 Uhr) Ein traditioneller, von Mauern eingefasster Garten umgibt das solide wirkende Herrenhaus aus dem 17. Jh. mit steinernen Tür- und Fensterrahmen. Es beherbergt ein Zentrum für Kunsthandwerk und mehrere Esslokale.

**Eyam Museum** MUSEUM
(www.eyammuseum.demon.co.uk; Hawkhill Rd; Erw./Kind 2,50/2 £; Ende März–Anfang Nov. Di–So 10–16.30 Uhr) Eindrückliche Exponate zum Thema Pest bilden das Kernstück der Sammlung des faszinierenden Heimatmuse-

ums. Daneben werden die ehemaligen Wirtschaftsfaktoren Bleiabbau und Seidenweberei näher erklärt.

## Aktivitäten

Eyam ist ein perfekter Standort für Wanderungen und Radtouren im White Peak. Ein spannender Spaziergang beginnt am Dorfplatz auf der Water Lane in Richtung Ortsrand. Dort rechts abbiegen und bergauf zum **Mompesson's Well** gehen, wo Freunde aus benachbarten Dörfern während der Pestepidemie Nahrungsmittel für die Einwohner von Eyam hinterlegten. Die Münzen zur Bezahlung wurden vor der Übergabe mit Essig keimfrei gemacht. Auf dem Rückweg auf den Pfad abbiegen, der direkt zur Kirche führt. Die 3,2 km lange Rundtour dauert rund 1½ Stunden.

## Schlafen & Essen

**Miner's Arms** PUB ££
(01433-630853; Water Lane; EZ/DZ 45/70 £; WLAN) Sein Alter ist ihm nicht unbedingt anzusehen, aber das Pub wurde kurz vor dem Ausbruch der Pest 1665 gebaut. Die Innenräume bezaubern mit Balkendecken und einem aus Stein gehauenen Kamin, das Personal ist sehr umgänglich und die Küche preiswert und gut. Zu den komfortablen Zimmern gehört ein eigenes Bad.

**Crown Cottage** B&B ££
(01433-630858; www.crown-cottage.co.uk; Main Rd; EZ/DZ ab 50/70 £; P) Wanderer und Radfahrer sind hier willkommen. Das B&B in einem ansprechenden Natursteinhaus gegenüber der Post ist mit getöpferten Dekoelementen geschmückt und am Wochenende meist bis auf den letzten Winkel ausgebucht. Mindestaufenthalt am Wochenende zwei Nächte.

**Village Green** CAFÉ £
(http://cafevillagegreen.com; The Square; Gerichte 2–6 £; 10–16 Uhr; WLAN) Das nette Café am Dorfplatz hat draußen auf dem Pflaster Tische aufgestellt. Der Kaffee schmeckt anständig und das Gebäcksortiment sieht äußerst verführerisch aus.

## An- & Weiterreise

Es gibt u. a. Verbindungen nach:

**Bakewell** Bus 275 und 350; 3,50 £, 20 Min., Mo–Sa 4-mal

**Buxton** Bus 65 und 66; 3,50 £, 40 Min., Mo–Sa 5-mal, So 3-mal

**Sheffield** Bus 65; 5,60 £, 40 Minuten, Mo–Sa 5-mal, So 3-mal

# Bakewell & Umgebung

3950 EW.

Bakewell ist der zweitgrößte Ort im Peak Disctrict und ein hübscher Ausgangspunkt für Streifzüge im White Peak. In der Umgebung wimmelt es nur so von imposanten Herrschaftshäusern und populären Wanderwegen. Aber seine Berühmtheit verdankt der Ort etwas ganz anderem, nämlich dem Bakewell Pudding. Das Gebäck mit einer Füllung aus Mandel-Ei-Creme und Marmelade wurde 1820 hier kreiert. Wie so viele Ortschaften der Gegend wird auch Bakewell in den Sommermonaten von Ausflüglern überschwemmt – was an Wochenenden Staus auf den Straßen und heiße Kämpfe um Unterkünfte zur Folge hat. Rutland Square ist der zentrale Platz, an dem die Straßen von Matlock, Buxton und Chesterfield zusammentreffen.

## Sehenswertes

**All Saints Church** KIRCHE
(www.bakewellchurch.co.uk; April–Okt. Mo–Sa 9–16, So bis 18 Uhr, Nov.–März tgl. 10–15.45 Uhr) Die Kirche oberhalb des Rutland Square ist vollgepackt mit Antiquitäten, darunter ein Taufbecken aus dem 14. Jh., zwei normannische Torbögen, diverse mit Wappen geschmückte Grabmale sowie eine Handvoll grob behauener Grabsteine und Kreuze aus dem 12. Jh.

**Old House Museum** MUSEUM
(www.oldhousemuseum.org.uk; Cunningham Pl; Erw./Kind 3,50/2 £, inkl. Spirit of the 1940s 5/2 £; April–Anfang Nov. 11–16 Uhr) Das Museum in einem vom Alter gezeichneten Natursteinhaus nicht weit von der Kirche widmet sich der Geschichte von Bakewell. Kleine Hingucker sind die Tudortoilette und die Anschauungsbeispiele für die traditionellen Fachwerkfüllungen aus miteinander verwobenen Zweigen und Rinderdung.

**Spirit of the 1940s** MUSEUM
(www.oldhousemuseum.org.uk; Tanners Yard; Erw./Kind 2 £/50 p, inkl. Old House Museum 5/2 £; April–Anfang Nov. Fr–Mo 10.30–16 Uhr) Das Museum im „Geist der 1940er-Jahre“ hat eine aussagekräftige Straßenszene nachgestellt. Briefe, Fotografien und Erinnerungsstücke aus dem Zweiten Weltkrieg lassen die Zeit ebenfalls wiederaufleben.

**Haddon Hall** HISTORISCHE STÄTTE
(www.haddonhall.co.uk; Erw./Kind 10/5,50 £; Mai–Sept. tgl. 12–17 Uhr, März–April & Okt. Sa–Mo 12–17 Uhr) Mit seinen Steintürmchen, verwitter-

ten Balken und ummauerten Gärten sieht Haddon Hall genau so aus, wie sich jeder ein herrschaftliches Anwesen aus dem Mittelalter vorstellt. Die Anlage stammt aus dem 12. Jh. und wurde in den folgenden Jahrhunderten ständig umgebaut und erweitert. Die „Modernisierungsmaßnahmen" endeten erst, als die letzten Bewohner im 18. Jh. auszogen. Haddon Hall liegt 3,2 km südlich von Bakewell an der A6 und ist von Bakewell aus mit dem Highpeak-Bus (2,10 £, 10 Min., stündl.) erreichbar. Als Alternative gibt's auch einen Fußweg durch die Felder, der größtenteils auf der östlichen Flussseite verläuft.

Da das Anwesen von der exzessiven Dekorwut der viktorianischen Zeit unberührt blieb, wurde es schon mehrmals als Drehort für Historienfilme benutzt, darunter der Erfolgsstreifen *Elizabeth*.

**Chatsworth House** HISTORISCHES GEBÄUDE
(☎01246-565300; www.chatsworth.org; Haus & Gärten Erw./Kind 18/10 £, nur Gärten 12/7 £, Spielplatz 6 £, Park frei; ⏰Mitte März–Ende Dez. 11–16.30 Uhr, Gärten Mitte März–Ende Dez. 11–18 Uhr) Über Jahrhunderte hinweg bewohnten die Earls und Dukes von Devonshire das riesige Anwesen 4,8 km nordöstlich von Bakewell, das den Spitznamen „Palace of the Peak" (Palast des Peak Disctrict) trägt. Seine luxuriösen Apartments und mit prächtigen Wandmalereien verzierten Prunkgemächer quellen schier über vor Gemälden und Antikmöbeln von unschätzbarem Wert. Die 65 km² große Parkanlage mit ornamentalen Gärten wurde von Lancelot „Capability" Brown mitgestaltet. Kinder sind begeistert vom Abenteuerspielplatz zum Thema Landleben.

Anfahrt ab Bakewell mit Bus 215 (2,10 £, 20 Min., stündl.).

Das Herrenhaus war 1552 für Bess of Hardwick und ihren Ehemann Nr. 2, William Cavendish, errichtet worden. Dieser hatte sich die Gunst Heinrichs VIII. verdient, indem er ihm half, die Klöster Englands aufzulösen. Maria Stuart, Königin von Schottland, wurde auf Anweisung Königin Elisabeths I. 1569 im Chatsworth House gefangen gehalten.

Die Porträts der aktuellen Devonshire-Generation stammen von Lucian Freud und sind absolut sehenswert.

Wanderer können den Fußweg durch den Chatsworth Park nehmen, der an dem venezianisch inspirierten Dorf Edensor (sprich: En-sor) vorbeiführt. Für Radfahrer bietet sich die Route über Pilsley an.

## Aktivitäten

Wandern und Radfahren sind hier natürlich die Hauptaktivitäten. Der landschaftlich schöne **Monsal Trail** folgt einer stillgelegten Eisenbahnlinie ab dem Combs Viaduct am Ortsrand von Bakewell bis zur Abzweigung Topley Pike in Wye Dale, rund 4,8 km östlich von Buxton. Er führt durch diverse stillgelegte Eisenbahntunnel und ist 13,6 km lang.

Eine lohnende, kürzere Tour folgt dem Monsal Trail 4,8 km weit bis zum Aussichtspunkt **Monsal Head**, wo das **Monsal Head Hotel** (☎01629-640250; www.monsalhead.com; EZ/DZ inkl. Frühstück ab 85/100 £, Hauptgerichte 11,50–16 £; ⏰Küche 8–10 & 12–21.30 Uhr; P) zu einer Ruhepause einlädt. Seine *real ales* sind gute Durstlöscher, die moderne britische Küche ist ausgezeichnet. Wer noch Puste hat, geht weiter bis zum **Miller's Dale**, wo Viadukte spektakuläre Ausblicke über das tief eingeschnittene Tal geben. Nähere Auskünfte zu den Touren erteilen die Touristeninformationen von Bakewell und Buxton.

Schöne Wanderwege führen auch zu den herrschaftlichen Anwesen Haddon Hall und Chatsworth House.

## Schlafen

**Melbourne House & Easthorpe** B&B ££
(☎01629-815357; www.bakewell-accommodation.co.uk; Buxton Rd; DZ ab 70 £; P) Das malerisch grün überwucherte Gebäude hat schon über 300 Jahre auf dem Buckel und dient jetzt als stimmungsvolles B&B, das mit einem Anbau erweitert wurde. Es liegt direkt an der Hauptstraße nach Buxton.

**Rutland Arms Hotel** HOTEL £££
(☎01629-812812; www.rutlandarmsbakewell.co.uk; The Square; EZ 82–95 £, DZ 139–195 £; P 📶) Jane Austen soll hier schon im Zimmer Nr. 2 genächtigt haben, während sie an *Stolz und Vorurteil* schrieb. Das noble, erst kürzlich renovierte Landgasthaus aus Naturstein hat 33 Zimmer, die etwas teureren sind mit reichlich viktorianischen Dekoelementen ausstaffiert.

## Essen & Trinken

In Bakewells Straßen drängen sich einladende Tearooms und Bäckereien, die den berühmten Bakewell Pudding verkaufen.

**Old Original Bakewell Pudding Shop** BÄCKEREI, TEAROOM £
(www.bakewellpuddingshop.co.uk; The Square; Gerichte 6,50–17 £; ⏰8.30–18 Uhr) Das ist eine

der Bäckereien, die Urheberrechte auf den Bakewell Pudding anmeldet. Sie hat einen reizenden Tearoom mit Balkendecke im Obergeschoss, wo leichte Gerichte und *afternoon teas* (auf dreistöckigen Etageren) serviert werden.

**Bloomers Original Bakewell Puddings** BÄCKEREI £
(☎ 01629-814844; Water St; Gerichte 80 p–4,50 £; ⌚ Mo–Sa 9–17, So 10.30–17 Uhr) Noch ein Laden, der behauptet, den Bakewell Pudding erfunden zu haben. Da es hier keine Sitzgelegenheiten gibt, bietet sich die hübsche Uferpromenade als Rastplatz an.

**Piedaniel's** FRANZÖSISCH ££
(☎ 01629-812687; www.piedaniels-restaurant.com; Bath St; Hauptgerichte 17 £, 2-/3-Gänge-Menü Di–Fr mittags 16/18 £; ⌚ Di–Sa 12–14 & 19–21 Uhr) Die modernen französischen Küchenkreationen von Eric und Christiana Piedaniel sind in Bakewell total angesagt. Der weiß getünchte Speisesaal ist ein würdiges Ambiente für exquisite Speisen wie Hummer-Bisque mit *quenelles* (federleichte Klößchen aus Mehl, Ei und Sahne), gefolgt von Seeteufel mit Lachsmousse. Die Mittagsmenüs (nicht samstags) sind echte Schnäppchen.

**Fischer's Baslow Hall** GOURMETKÜCHE £££
(☎ 01246-583259; www.fischers-baslowhall.co.uk; 259 Calver Rd, Baslow; 2-/3-Gänge-Menü mittags ab 20/27 £, 1-/2-/3-Gänge-Menü abends ab 34/55/72 £; ⌚ Küche tgl. 12–13.30 & ab 19 Uhr, Reservierung erforderlich) Über dem majestätischen Natursteinhaus von 1907, rund 6,5 km nordöstlich von Bakewell, leuchtet ein Michelinstern. Was im eleganten Speisesaal serviert wird, ist eine Demonstration dessen, was aus guten britischen Produkten (Derbyshire-Lamm, Wild aus Yorkshire, Krebse aus Cornwall, Gemüse aus dem eigenen Garten …) herausgekitzelt werden kann.

Sechs luxuriöse Zimmer mit floralem Dekor stehen im Haupthaus zur Verfügung, das Gartenhaus bietet fünf größere, aber nicht ganz so stimmungsvolle Zimmer (DZ 155–250 £).

**Castle Inn** PUB
(☎ 01629-812103; www.oldenglishinns.co.uk; Bridge St; 📶 👪) Das von Efeu überwucherte Castle Inn ist ein Pub der gehobenen Riege und weiß aus vierhundertjähriger Erfahrung, wie ausgehungerte Wanderer wieder aufgepäppelt werden können. Die Gourmet-Burger sind ein Highlight (Hauptgerichte 8–17 £).

## ℹ Praktische Informationen

**Touristeninformation** (☎ 01629-813227; www.visitpeakdistrict.com; Bridge St; ⌚ April–Okt. 9.30–17 Uhr, Nov.–März 10.30–16.30 Uhr) Die freundlichen Mitarbeiter der Anlaufstelle in der alten Markthalle übernehmen die Buchung von Unterkünften.

## ℹ An- & Weiterreise

Bakewell wird von Highpeak-Bussen bedient. Sie fahren stündlich nach Derby (4,70 £, 1¼ Std.), Matlock Bath (3,20 £, 30 Min.) und Buxton (3,20 £, 30 Min.). Fünf Busse täglich fahren weiter bis Manchester (5,90 £, 1¾ Std.).

Andere Linien fahren u. a. nach:

**Castleton** Bus 173; 3 £, 25 Min., 3-mal tgl.

**Chesterfield** Bus 170; 3,10 £, 45 Min., stündl.

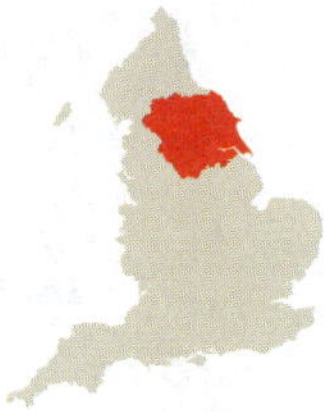

# Yorkshire

**Inhalt ➡**



## Gut essen

- Pipe & Glass Inn (S. 588)
- Van Zeller (S. 549)
- Star Inn (S. 557)
- Crafthouse (S. 576)
- Mannion's (S. 543)

## Schön übernachten

- Millgate House (S. 571)
- Devonshire Fell (S. 567)
- Helaina (S. 552)
- Quebecs (S. 575)

## Auf nach Yorkshire

Mit genauso vielen Einwohnern wie Schottland und einer Fläche von der Hälfte Belgiens ist Yorkshire schon fast ein eigenes Land. Es hat seine eigene Flagge, seinen eigenen Dialekt und seinen eigenen Feiertag, den Yorkshire Day (1. August). Zwar sind die Einheimischen stolz darauf, Engländer zu sein, aber noch stolzer sind sie darauf, in „God's Own Country" (Gottes eigenem Land) zu leben.

Was macht Yorkshire so besonders? Zuallererst ist da die Natur – mit seinen düsteren Mooren und grünen Tälern, die sich bis zur spektakulären Küste hinunterziehen, bietet Yorkshire Landschaften, die zu den schönsten Englands gehören. Und zweitens ist da die reiche Geschichte Yorkshires: Jeder Aspekt britischer Vergangenheit hat auch hier seinen Niederschlag gefunden, von den Römern bis ins 20. Jh.

Aber der größte Schatz Yorkshires sind seine Menschen. Sie gelten als fleißig und eigensinnig und verfügen über einen trockenen Humor und eine verschmitzte Freundlichkeit. Wer sich hier eine Weile aufhält, der wird wie die Einheimischen bald davon überzeugt sein, dass Gott tatsächlich ein Yorkshireman ist.

## Reisezeit

- Während des einwöchigen Jorvik Festival im Februar wird York von den Wikingern übernommen.
- Im Frühjahr erblühen in den Dales und den North York Moors an den Straßenrändern gelbe Narzissen; in Horton-in-Ribblesdale findet das Three Peaks Race statt.
- Im Juli wird mit der Great Yorkshire Show in Harrogate die Landwirtschaft gefeiert. Zur selben Jahreszeit nisten an den Klippen Yorkshires zahllose Seevögel.
- Der September ist die ideale Zeit für Wanderungen in den Yorkshire Dales; dann findet in Richmond auch das Walking Festival statt. York verwandelt sich beim zehntägigen Food Festival in ein Gourmetmekka, während sich in Harrogate bei der Autumn Flower Show die Gartenfreunde ein Stelldichein geben.

## Highlights

1. Die mittelalterlichen Straßen von **York** (S. 534) und seine atemberaubende Kathedrale erkunden
2. In den **Yorkshire Dales** (S. 564) von den Touristenpfaden abweichen und auch unbekanntere Gebiete durchstreifen
3. Durch die stimmungsvollen Ruinen der mittelalterlichen **Fountains Abbey** (S. 554) bummeln
4. Im traditionellen Seebad **Scarborough** (S. 550) Zeit am Meer verbringen
5. Mit der **North Yorkshire Moors Railway** (S. 558) eine der landschaftlich reizvollsten Bahnstrecken Englands befahren
6. Auf dem Pier in **Whitby** (S. 562) die weltbesten Fish & Chips verspeisen
7. Inmitten der adligen Pracht des **Castle Howard** (S. 546) das Ambiente von *Wiedersehen mit Brideshead* erleben
8. Die steilen Pfade rund um die schöne **Malham Cove** (S. 567) bewältigen
9. Sich im **National Coal Mining Museum for England** (S. 579) die dunklen Seiten des Bergbaus vor Augen führen
10. Die interaktiven Hightech-Exponate im **National Media Museum** (S. 578) in Bradford genießen

0 20 km
0 10 Meilen
NORDSEE
Billingham
Middlesbrough
tockton-
on-Tees
A174
A171
6 Whitby
Stokesley
Danby
Esk
Hawsker
Grosmont
Robin Hood's
Bay
Leven
A19
A171
North York Moors
National Park
5 North Yorkshire
Moors Railway
The
Hambleton
Hills
Seph
Hutton-
le-Hole
Lastingham
4 Scarborough
Helmsley
Pickering
Thirsk
Derwent
Hertford
Filey
Seven
Rye
Bempton Cliffs
Nature Reserve
A19
Cleveland Hills
Malton
Flamborough
Head
Castle
Howard
7
Bridlington
Boroughbridge
B1363
Kirkham
Priory
A64
Great
Driffield
A166
A59
1 York
Hull
A1079
EAST RIDING
OF YORKSHIRE
Wetherby
Hornsea
South Dalton
A1
A19
Beverley
A164
Selby
Barlby
Hull
Fährhafen
Hull
Monk
Fryston
Howden
nach Rotterdam & Seebrügge
Patrington
Ouse
Trent
Humber
Easington
NORTH
LINCOLNSHIRE
Kilnsea
A15
High
Ackworth
Thorne
Grimsby
Spurn
Head
Scunthorpe
Cleethorpes
Doncaster
NORTHEAST
LINCOLNSHIRE
A15
Rotherham
Gainsborough
Market
Rasen
Worksop
LINCOLNSHIRE
A158
NOTTINGHAMSHIRE
A57
esterfield
Lincoln
DERBYSHIRE

## Geschichte

Wer in Yorkshire auf der Fernstraße A1 unterwegs ist, folgt den Fußspuren der römischen Legionen, die das nördliche Britannien im 1. Jh. n. Chr. eroberten. Viele Städte in Yorkshire wie York, Catterick und Malton sind römische Gründungen und einige moderne Straßen wie die A1, A59, A166 und A1079 gehen auf Römerstraßen zurück.

Als die Römer im 5. Jh. das Feld räumten, kämpften die einheimischen Briten mit einwandernden teutonischen Stämmen wie den Angeln um die Vorherrschaft; für eine Weile gehörte Yorkshire zum Königreich Northumbria. Im 9. Jh. erschienen die Wikinger auf der Bildfläche und eroberten den größten Teil Nordbritanniens – dieses Gebiet war bald als Danelag bekannt. Die Wikinger untergliederten das heute als Yorkshire bekannte Gebiet in *thridings* (Drittel), die in Jorvik (York) zusammentrafen, der blühenden Handelshauptstadt.

Im Jahr 1066 war Yorkshire Schauplatz einer wegweisenden Schlacht beim Kampf um die englische Krone: Der angelsächsische König Harald II. besiegte hier im Norden in der Schlacht von Stamford Bridge die Truppen des norwegischen Königs Harald Hardrada; danach kehrte er in den Süden zurück, um sich in der Schlacht von Hastings mit Wilhelm dem Eroberer auseinanderzusetzen – und von einem tödlichen Pfeil getroffen zu werden.

Die Bewohner Nordenglands nahmen die folgende Invasion der Normannen nicht einfach hin. Um sie zu unterwerfen, errichteten die normannischen Adligen in ganz Yorkshire eine Kette mächtiger Festungen, u. a. in York, Richmond, Scarborough, Pickering und Helmsley. Die normannischen Eroberungen bildeten den Grundstock sämtlicher großen Ländereien, die die Machtbasis des englischen Adels des Mittelalters bildeten.

Im 15. Jh. waren die Herzogtümer York und Lancaster so reich und mächtig, dass sie sich im Rosenkrieg (1455–1487) um den englischen Thron balgten. Durch die Auflösung der Klöster durch Heinrich VIII. zwischen 1536 und 1540 gelangten die Vermögen der großen Klöster Rievaulx, Fountains und Whitby in die Hände von Adelsfamilien. In den folgenden 200 Jahren erlebte Yorkshire dank seiner ertragreichen Landwirtschaft im Norden und dem Schneidwarengewerbe in Sheffield im Süden eine stille Blüte – bis die Industrielle Revolution die Landschaft entscheidend veränderte.

South Yorkshire entwickelte sich zu einem Zentrum der Kohle- und Stahlindustrie, der Westen Yorkshires zu einem Zentrum der Textilindustrie; die Städte Leeds, Bradford, Sheffield und Rotherham florierten. Am Ende des 20. Jhs. fand eine weitere Revolution statt: Die Schwerindustrie war eingegangen und die Städte Yorkshires erfanden sich neu als glitzernde Hightechcenter des Finanzwesens, der höheren Bildung und des Tourismus.

## Aktivitäten

Die abwechslungsreiche Landschaft Yorkshires mit ihren wilden Hügeln, stillen Tälern, Hochmooren und spektakulären Küsten bietet jede Menge Möglichkeiten zu Aktivitäten in der freien Natur. Näheres auf www.outdooryorkshire.com.

### Radfahren

Im Jahr 2014 begann die Tour de France in Yorkshire und das bescherte dem Radsport hier einen gewaltigen Aufschwung. Das riesige Netz an kleinen Landstraßen ist perfekt für Straßenradler; jedoch locken die Nationalparks auch zahlreiche Autofahrer an, sodass an den Wochenenden selbst auf kleinen Nebenstraßen viel Verkehr herrschen kann.

**North York Moors** MOUNTAINBIKEN

(www.mtb-routes.co.uk/northyorkmoors) Für die Mountainbiker stehen Reitwege, ehemalige Bahntrassen und alte Bergbaustraßen bereit, die für den Zweiradverkehr umgestaltet wurden. Im Dalby Forest (www.forestry.gov.uk/dalbyforest) bei Pickering gibt's extra angelegte Mountainbiketrails aller Schwierigkeitsgrade von grün bis schwarz und beim Besucherzentrum Sutton Bank gibt's neu markierte Trails.

**Moor to Sea Cycle Route** RADFAHREN

(www.moortoseacycle.net) Das Streckennetz zwischen Pickering, Danby und der Küste umfasst eine 32 km lange verkehrsfreie Route, die einer ehemaligen Bahnstrecke zwischen Whitby und Scarborough folgt.

**White Rose Cycle Route** RADFAHREN

(www.sustrans.org.uk; NCN Route 65) Dies ist eine 211 km lange Straßenroute von Middlesbrough nach York und weiter nach Hull und Hornsea, über die atemberaubende westliche Abbruchkante der North York Moors und die sanften Hügel der Yorkshire Wolds. Auf einer alten Eisenbahntrasse zwischen Selby und York gibt's einen autofreien Abschnitt.

**Yorkshire Dales Cycleway** RADFAHREN, MOUNTAINBIKEN
(www.cyclethedales.org.uk) Die wunderbare 209 km lange Schleife führt durch die schönsten Teile des Nationalparks; auf der Website ist auch die Strecke der ersten Etappe der Tour de France 2014 verzeichnet. Außerdem gibt's zahlreiche Möglichkeiten, sich abseits der Straßen auf rund 800 km Reitwegen und Trails auszutoben – Genaueres siehe www.mtbthedales.org.uk.

### Wandern

Die beste Gegend für kürzere Wanderungen sind die **Yorkshire Dales** mit diversen Wegen durch schöne Täler und über wilde Hügel sowie einige höhere Berge. Mit versteckten Schönheiten warten die **Yorkshire Wolds** des East Riding auf und auch die stillen Täler und dramatischen Küsten der **North York Moors** bieten zahlreiche Wandergelegenheiten.

**Cleveland Way** WANDERN
(www.nationaltrail.co.uk/clevelandway) Ein altehrwürdiger Klassiker für eine Wanderung vom Moor zur Küste ist der Cleveland Way. Auf der 175 km langen, neuntägigen Strecke von Helmsley nach Filey führt er um den North York Moors National Park herum.

**Coast to Coast Walk** WANDERN
(www.wainwright.org.uk/coasttocoast.html) Dies ist einer der beliebtesten Wanderwege Englands: 306 km durch Nordengland vom Lake District durch die Nationalparks Yorkshire Dales und North York Moors. Für den in Yorkshire gelegenen Abschnitt braucht man eine Woche bis zehn Tage; er zählt zu den schönsten Wanderwegen Englands.

**Dales Way** WANDERN
(www.dalesway.org.uk) Eine reizvolle und nicht zu anstrengende Wanderung von den Yorkshire Dales zum Lake District, am River Wharfe entlang durch das Herz der Dales bis nach Bowness-on-Windermere.

**Pennine Way** WANDERN
(www.nationaltrail.co.uk/pennineway) Der Yorkshire-Abschnitt des berühmtesten Fernwanderwegs Englands verläuft über eine Länge von mehr als 160 km über Hebden Bridge, Malham, Horton-in-Ribblesdale und Hawes und nicht weit von Haworth und Skipton.

**White Rose Way** WANDERN
(www.whiteroseway.co.uk) Der 167 km lange Fernwanderweg führt auf der Strecke vom Stadtzentrum von Leeds nach Scarborough durch malerische abgelegene Dörfer.

**Wolds Way** WANDERN
(www.nationaltrail.co.uk/yorkshirewoldsway) Dieser schöne, aber oft übersehene Wanderweg windet sich durch den malerischsten Teil des Distrikts East Riding.

## ℹ Touristeninformation

**Yorkshire Tourist Board** (www.yorkshire.com) Von der Website kann man sich verschiedene Broschüren herunterladen. Nähere Informationen zu einzelnen Reisezielen halten die örtlichen Touristeninformationen bereit.

## ℹ Anreise & Unterwegs vor Ort

Die wichtigsten Nord-Süd-Straßenverbindungen, die Autobahn M1 und die Fernstraße A1, führen mitten durch Yorkshire, vorbei an den wichtigsten Städten Sheffield, Leeds und York. Wer aus Nordeuropa mit dem Schiff ankommt: Der wichtigste Hafen der Region ist Hull im Distrikt East Riding.

**Traveline Yorkshire** (☎ 0871 200 22 33; www.yorkshiretravel.net) bietet für ganz Yorkshire Informationen zu öffentlichen Verkehrsmitteln.

### BUS

Fernbusse von **National Express** (☎ 08717 81 81 81; www.nationalexpress.com) verkehren von London, Südengland, den Midlands und Schottland zu den meisten Städten in Yorkshire.

In Yorkshire selbst gibt es gute Busverbindungen, besonders zwischen den wichtigsten Städten. In den Nationalparks sind die Verbindungen lückenhafter, aber immer noch ausreichend, um die meisten Orte zu erreichen, besonders in den Sommermonaten von Juni bis September.

### ZUG

Die Hauptbahnstrecke von London nach Edinburgh verläuft durch Yorkshire; unterwegs halten in York und Doncaster mindestens zehn Züge am Tag und dort kann man dann zu anderen Zielen in Yorkshire umsteigen. Außerdem gibt es Direktverbindungen zwischen den größeren Städten in Yorkshire und anderen nordenglischen Städten wie Manchester und Newcastle. Fahrplanauskünfte gibt's bei **National Rail Enquiries** (☎ 08457 48 49 50; www.nationalrail.co.uk).

# NORDYORKSHIRE

Dies ist das größte der vier Countys in Yorkshire und auch das schönste. Im Unterschied zum restlichen Nordengland überstand es die Industrielle Revolution so gut wie unbeschadet. Seit dem Mittelalter dreht sich in Nordyorkshire alles um Schafe und den Reichtum, den sie mit ihrer Wolle hervorgebracht haben.

Statt geschlossener Fabriken und Bergwerke zieren die Landschaft hier stattliche Adelssitze und wohlhabende Abteien, die – ob verfallen oder restauriert – davon zeugen, dass sich auf dem Rücken der Schafe jede Menge Geld verdienen ließ.

Und doch ist die größte Attraktion in Nordyorkshire eine Stadt. Zwar haben auch die vornehme Bäderstadt Harrogate und die luftigen Seeorte Scarborough und Whitby zahlreiche Fans, doch alles verblasst im Vergleich zum prächtigen York, der nach London meistbesuchten Stadt Englands.



## York

198 000 EW.

Nichts in Nordengland präsentiert sich so mittelalterlich wie York, eine kulturell und historisch ungeheuer reiche Stadt, die kaum etwas von ihrem vorindustriellen Reiz eingebüßt hat. Eindrucksvolle Stadtmauern aus dem 13. Jh. umfassen ein mittelalterliches Labyrinth enger Gassen. Im Herzen des Ganzen thront das gewaltige, atemberaubende York Minster, eine der schönsten gotischen Kathedralen der Welt. Die lange Geschichte und das reiche Erbe Yorks sind in jedem Ziegelstein und Balken verwoben und die heutige, tourismusorientierte Stadt mit ihren vielen Museen, Restaurants, Cafés und traditionellen Pubs ist sorgfältigst darauf bedacht, das Erbe zu bewahren.

Übrigens sollte man sich nicht davon verwirren lassen, dass hier oben *gate* Straße bedeutet und *bar* Tor.

### Geschichte

Im Jahr 71 n. Chr. errichteten die Römer das Militärlager Eboracum, aus dem sich mit der Zeit eine große Festung mit ziviler Besiedlung vor den Toren entwickelte. Hadrian nutzte sie als Stützpunkt für seine Feldzüge in den Norden und 306 wurde hier Konstantin der Große zum Kaiser ausgerufen. Als das Römische Reich zusammenbrach, wurde die Stadt von den Angelsachsen übernommen, die sie Eoforwic nannten und zur Hauptstadt des unabhängigen Königreichs Northumbria machten.

Im Jahr 625 kam der römische Mönch Paulinus hierher und bekehrte König Edwin und seine Adligen zum Christentum; zwei Jahre später wurde hier eine erste Holzkirche errichtet. Im folgenden Jahrhundert war die Stadt ein bedeutendes Zentrum der Gelehrsamkeit, das Studenten aus ganz Europa anzog. 866 kamen die nächsten Eindringlinge, dieses Mal die Wikinger, die der Stadt einen zungenfreundlicheren Namen verpassten, Jorvik. Für die nächsten 100 Jahre fungierte sie als ihre Hauptstadt und in dieser Zeit verwandelten sie die Stadt in einen wichtigen Handelsplatz.

König Eadred von Wessex vertrieb 954 den letzten Wikingerherrscher und vereinte das Danelag wieder mit dem Süden, aber neuer Ärger ließ nicht lange auf sich warten. 1066 wehrte König Harald II. bei Stamford Bridge östlich von York eine norwegische Invasion ab, unterlag aber ein paar Monate später in der Schlacht von Hastings Wilhelm dem Eroberer.

Nachdem Wilhelms zwei Holzburgen von einer anglo-skandinavischen Armee eingenommen worden waren, ließ er die gesamte Stadt – wie auch die Stadt Durham – sowie das Umland niederbrennen. Dann machten sich die Normannen daran, die Stadt wieder aufzubauen und schmückten sie mit einem prächtigen neuen Münster. In den folgenden 300 Jahren florierte York – eine Ableitung des alten Wikingernamens Jorvik – dank königlicher Gunst, Tuchproduktion, Handel und Kirche.

Im gesamten 18. Jh. war die Stadt ein angesagtes gesellschaftliches Zentrum, dominiert vom Adel, der sich vom kulturellen Leben und der neuen Rennbahn der Stadt anziehen ließ. Als 1839 die Eisenbahn die Stadt erreichte, fanden Tausende Beschäftigung in den neuen Industrien, die sich in ihrem Umfeld bildeten, wie etwa der Süßwarenproduktion – die Marken Terry und Rowntree entstanden hier. In der zweiten Hälfte des 20. Jhs. erlebten diese Industriezweige einen Niedergang, jedoch stand schon ein neuer Eroberer vor den Toren und fragte nach dem Weg, bewaffnet nur mit einem Reiseführer.

### Sehenswertes

**★York Minster** KATHEDRALE

(www.yorkminster.org; Deangate; Erw./Kind 10 £/frei, Kombiticket mit Turm 15/5 £; ⌚Mo–Sa 9–17.30, So 12.45–17.30 Uhr, letzter Einlass 17 Uhr) Das großartige York Minster ist die größte mittelalterliche Kirche in ganz Nordeuropa und eines der schönsten gotischen Gebäude der Welt. Hier hat der Erzbischof von York seinen Sitz, der Primas von England, den für die anglikanische Kirche nur der Erzbischof von Canterbury, der Primas *of all England*, an Bedeutung übertrifft – die beiden Titel wurden geschaffen, um einen Streit über das wahre Zentrum der englischen Kirche beizulegen. Wer in England nur diese eine Kathedrale besichtigt, für den hat sich der Weg schon gelohnt.

Die erste Kirche an diesem Ort war eine Holzkapelle für die Taufe König Edwins von Northumbria zu Ostern 627; ihre Position ist in der Krypta markiert. Die Kapelle wurde durch eine Steinkirche ersetzt, die dort entstand, wo früher eine römische Basilika existiert hatte, von der Teile noch in den Fundamenten zu sehen sind. Das erste normannische Münster entstand im 11. Jh. und wiederum sind heute noch Fragmente der Kirche in den Fundamenten und der Krypta der heutigen Kathedrale zu entdecken.

Die Kathedrale, wie wir sie heute sehen, entstand hauptsächlich zwischen 1220 und 1480 und umfasst alle wichtigen Phasen der englischen Gotik. Die Querschiffe (1220–1255) sind im Early English Style erbaut, das achteckige Kapitelhaus (1260–1290) sowie das Langschiff (1291–1340) im Decorated Style und die Westtürme, die Westfassade und der Vierungsturm (1470–1472) im Perpendicular Style.

**➡ Chor, Kapitelhaus & Langschiff**

Man betritt die Kathedrale durch das südliche Querhaus, das 1984 durch einen Brand empfindlich beschädigt, aber inzwischen wieder vollständig restauriert wurde. Die Buntglasfenster, der Lettner und das Kapitelhaus sind herausragende Beispiele der englischen Gotik.

Wer das Querhaus betritt, blickt auf das prächtige **Five Sisters Window** mit fünf über 15 m hohen Lanzettfenstern. Dies ist das älteste komplett erhaltene Fenster der Kathedrale; das Grisailleglas stammt zumeist von um 1250. Rechts dahinter befindet sich das Kapitelhaus aus dem 13. Jh., ein schönes Beispiel für den Decorated Style. Den luftigen Raum, der sich unbehindert entfalten kann, säumen fein gearbeitete Steinplastiken – mehr als 200 ausdrucksstarke Köpfe und Figuren.

Zurück in der Hauptkirche ist die Höhe und Breite des Langschiffs bemerkenswert; die Seitenschiffe sind mit einem Steingewölbe überdacht, während das Mittelschiff ein Holzgewölbe trägt, das so bemalt ist, dass es wie Stein aussieht. Beiderseits des Langhauses finden sich bemalte Steinschilde der Adligen, die sich mit Eduard II. in York zu einem Parlament trafen. Interessant ist auch der **Drachenkopf**, der vom Triforium heraussteht: Dabei handelt es sich um eine Art Kran, der zum Anheben eines Taufbeckendeckels benutzt worden sein soll. Die Kathedrale wartet mit mehreren schönen Fenstern aus dem frühen 14. Jh. auf, am eindrucksvollsten ist jedoch das **Große Westfenster** (1338) mit seinem schönen herzförmigen Steinmaßwerk.

Hinter dem Lettner und dem Chor befinden sich die **Lady Chapel** (Marienkapelle) und dahinter der **Hochaltar**, über dem das riesige **Große Ostfenster** (1405) thront. Mit einer Größe von 23,7 mal 9,4 m – was ungefähr der Größe eines Tennisplatzes entspricht – ist es das größte mittelalterliche Buntglasfenster der Welt und der bedeutendste Schatz der Kirche. Und es überrascht natürlich nicht, dass das Thema des Fensters seiner Größe entspricht: Dargestellt sind Schöpfung und Apokalypse, wie sie im ersten Buch Mose und der Offenbarung des Johannes beschrieben sind.

**➡ Gewölbe, Schatzkammer & Krypta**

Im Südquerhaus führt eine Treppe hinunter zum architektonisch herausragenden Ensemble aus Gewölbe, Schatzkammer und Krypta. Die Schatzkammer beherbergt Artefakte aus dem 11. Jh. wie z. B. Relikte aus den Gräbern von Bischöfen des Mittelalters. In der Krypta gibt es Fragmente der normannischen Kathedrale, darunter das Taufbecken mit einer Darstellung der Taufe König Edwins; hier stand auch die ursprüngliche Holzkapelle. Interessant ist auch der **Doomstone**, eine Steinplastik des 12. Jhs. mit einer Darstellung des Jüngsten Gerichts: Dämonen stoßen verdammte Seelen in die Hölle.

Als der Vierungsturm 1967 zusammenzustürzen drohte, wurden die Fundamente der Kathedrale verstärkt. Während Ingenieure

**YORK PASS**

Wer ein paar Sehenswürdigkeiten abklappern möchte, kann mit dem **York Pass** (www.yorkpass.com; 1/2/3 Tage Erw. 36/48/58 £, Kind 20/24/28 £) ein bisschen Geld sparen. Er gewährt freien Zugang zu mehr als 30 kostenpflichtigen Sehenswürdigkeiten in und um York, u. a. zum York Minster, Jorvik und Castle Howard. Erhältlich ist der Pass in der Yorker Touristeninformation und im Internet.

# York

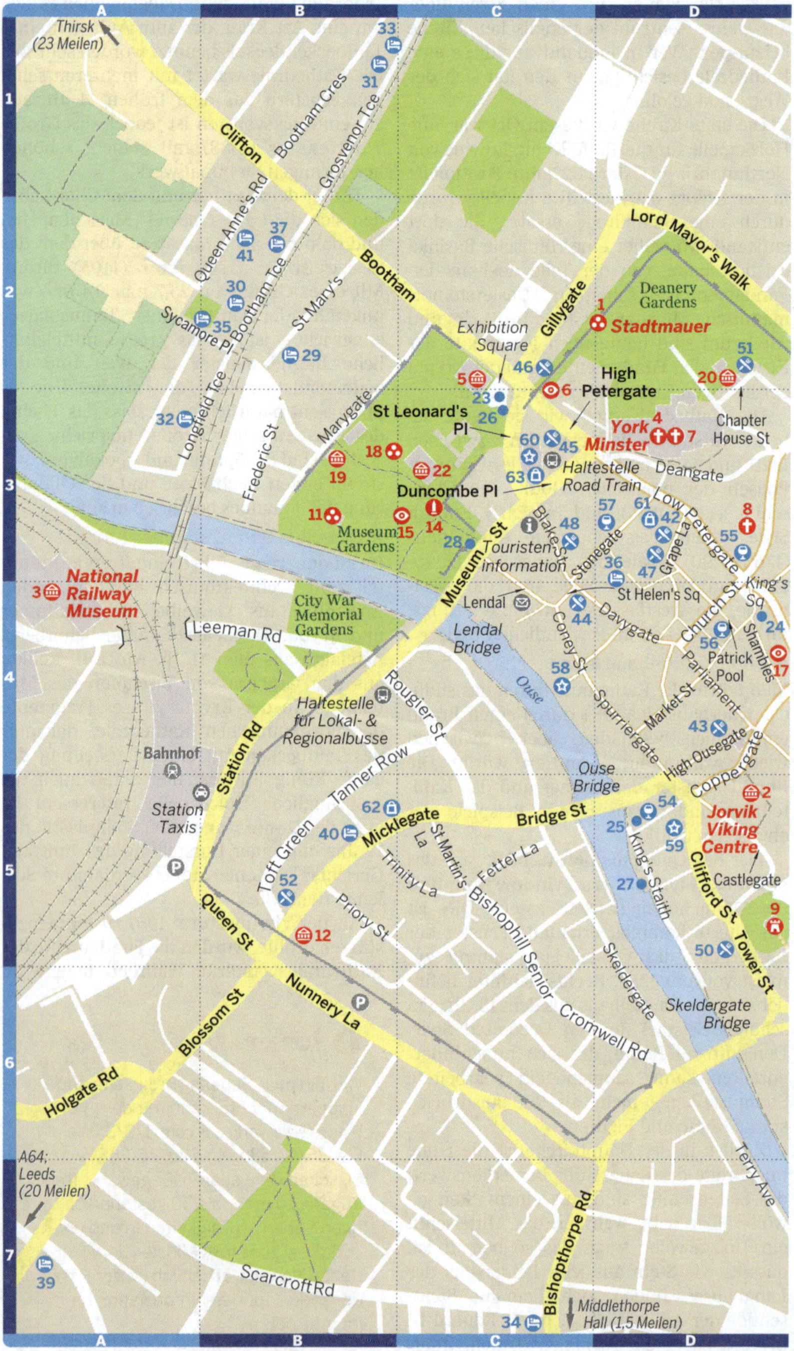

Thirsk (23 Meilen)
Clifton
Bootham Cres
Grosvenor Tce
Queen Anne's Rd
Bootham
Bootham Tce
St Mary's
Sycamore Pl
Longfield Tce
Frederic St
Marygate
Lord Mayor's Walk
Deanery Gardens
Gillygate
Exhibition Square
Stadtmauer
High Petergate
St Leonard's Pl
York Minster
Chapter House St
Deangate
Haltestelle Road Train
Duncombe Pl
Museum Gardens
Museum St
Blake St
Touristeninformation
Stonegate
Low Petergate
Grape La
King's Sq
St Helen's Sq
Church St
Lendal
Lendal Bridge
Davygate
Coney St
Shambles
Patrick Pool
Parliament
Market St
Spurriergate
Ouse
National Railway Museum
Leeman Rd
City War Memorial Gardens
Haltestelle für Lokal- & Regionalbusse
Rougier St
Tanner Row
Station Rd
Bahnhof
Station Taxis
High Ousegate
Coppergate
Ouse Bridge
Bridge St
Jorvik Viking Centre
Micklegate
Toft Green
St Martin's La
Fetter La
Trinity La
Castlegate
King's Staith
Clifford St
Queen St
Priory St
Bishophill Senior
Skeldergate
Tower St
Nunnery La
Cromwell Rd
Skeldergate Bridge
Blossom St
Holgate Rd
Terry Ave
A64; Leeds (20 Meilen)
Bishopthorpe Rd
Scarcroft Rd
Middlethorpe Hall (1,5 Meilen)

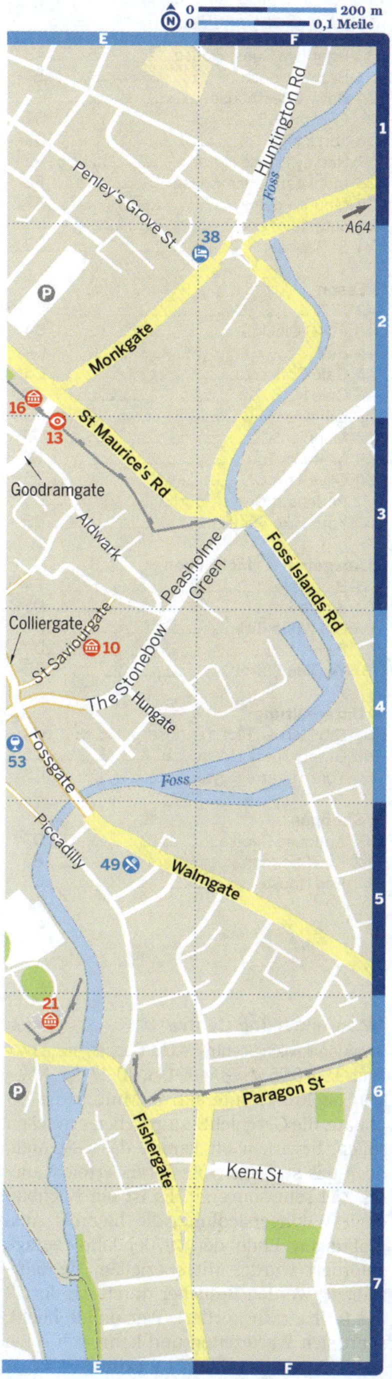


sich unter Hochdruck mühten, das Gebäude zu retten, entdeckten Archäologen römische und normannische Überreste, die von der langen Geschichte der Stätte zeugen – einer der außergewöhnlichsten Funde war eine **unterirdische römische Wasserleitung**, die immer noch Wasser in den Ouse transportierte.

Eine neue interaktive Ausstellung im Gewölbe, **Revealing York Minster**, führt Besucher durch die 2000-jährige Geschichte der Stätte, an der sich die Kathedrale erhebt.

**➡ Turm**

Den Mittelpunkt der Kathedrale bildet ein untersetzter Turm, von dem sich schöne Ausblicke auf York bieten. Allerdings sind es 275 recht enge Stufen bis nach oben und wahrscheinlich muss man sich unten in eine Warteschlange kamerabewehrter Besucher einreihen.

Der Zugang zum Turm befindet sich beim Eingang zum Südquerhaus. Eine exquisite **Fensterrose** erinnert hier an die Vereinigung der Häuser Lancaster und York durch die Hochzeit von Heinrich VII. mit Elisabeth von York; dieses Ereignis beendete die Rosenkriege und begründete die Dynastie der Tudors.

**★ National Railway Museum** MUSEUM

(www.nrm.org.uk; Leeman Rd; ⏲10–18 Uhr; P 👪) GRATIS Während viele Eisenbahnmuseen nur für einsame Männer in Anoraks interessant sind, die sich am Duft des Maschinenöls, dem Kohlendampf und der Nostalgie berauschen, ist dieses Museum von einem ganz anderen Kaliber. Das National Railway Museum, mit mehr als 100 Lokomotiven das größte Eisenbahnmuseum der Welt, ist so gut konzipiert und strotzt vor so vielen tollen Sachen, dass es selbst für Leute ein Erlebnis ist, die beim Anblick einer Pacific-Lokomotive nicht in Tränen der Rührung ausbrechen.

Zu den Highlights des Museums zählen ein Nachbau von George Stephensons **Rocket** (1829), der ersten „modernen" Dampflok der Welt, der elegante, stromlinienförmige **Mallard**, der 1938 mit gut 200 km/h einen Geschwindigkeitsweltrekord für Dampfloks aufstellte, ein japanischer **Shinkansen-Hochgeschwindigkeitszug** aus den 1960er-Jahren und der weltberühmte **Flying Scotsman**, die erste Dampflokomotive, die die 100-Meilen-Geschwindigkeitsschallmauer durchbrach. Eine riesige Dampflok von 1949 ist in zwei Hälften geschnitten worden, sodass man sehen kann, wie sie funktioniert.

## York

**Highlights**
1 Stadtmauer ... D2
2 Jorvik Viking Centre ... D5
3 National Railway Museum ... A4
4 York Minster ... D3

**Sehenswertes**
5 York City Art Gallery ... C2
6 Bootham Bar ... C3
7 Chor, Kapitelhaus & Langschiff ... D3
8 Church of the Holy Trinity ... D3
9 Clifford's Tower ... D5
10 Dig ... E4
11 Gatehall ... B3
Hospitium ... (s. 11)
12 Micklegate Bar Museum ... B5
13 Monk Bar ... E3
14 Multangular Tower ... C3
15 Museum Gardens ... C3
16 Richard III Museum ... E2
17 Shambles ... D4
18 St. Mary's Abbey ... B3
19 St. Mary's Lodge ... B3
Turm ... (s. 7)
20 Treasurer's House ... D2
Gewölbe, Schatzkammer & Krypta ... (s. 7)
21 York Castle Museum ... E6
22 Yorkshire Museum ... C3

**Aktivitäten, Kurse & Touren**
23 Association of Voluntary Guides ... C3
24 Ghost Hunt of York ... D4
25 Original Ghost Walk of York ... D5
26 York Citysightseeing ... C3
27 YorkBoat ... D5
28 Yorkwalk ... C3

**Schlafen**
29 23 St Mary's ... B2
30 Abbeyfields ... B2
31 Arnot House ... B1
32 Briar Lea Guest House ... A3
33 Brontë House ... B1
34 Dairy Guesthouse ... C7
35 Elliotts B&B ... B2
36 Fort ... D3
37 Hedley House Hotel ... B2
38 Monkgate Guesthouse ... F2
39 Mount Royale ... A7
40 Safestay York ... B5
41 St Raphael ... B2

**Essen**
42 1331 ... D3
43 Ate O'Clock ... D4
44 Bettys ... C4
45 Café Concerto ... C3
46 Cafe No 8 ... C2
47 El Piano ... D3
48 Mannion's ... C3
49 Melton's Too ... E5
50 Olive Tree ... D5
51 Parlour at Grays Court ... D2
52 Your Bike Shed ... B5

**Ausgehen & Nachtleben**
53 Blue Bell ... E4
54 King's Arms ... D5
55 Old White Swan ... D3
56 Pivní ... D4
57 Ye Olde Starre ... D3

**Unterhaltung**
58 City Screen Picturehouse ... C4
59 Grand Opera House ... D5
60 York Theatre Royal ... C3

**Shoppen**
61 Antiques Centre ... D3
62 Ken Spelman Booksellers ... B5
63 Red House ... C3

Selbst wer kein Bahnfreak ist, kann sich sicher an den glänzenden, mit Seide verkleideten Waggons der Züge von Königin Victoria und Eduard VII. oder an Tee und *scones* im Bahnsteigcafé des Museums erfreuen; das Café ist nach dem Filmklassiker *Brief Encounter* (dt. *Begegnung*) benannt, der zu großen Teilen an einem Bahnhof spielt.

Das Museum liegt etwa 400 m westlich des Bahnhofs; wer keine Lust hat zu laufen, kann mit dem **Road Train** (Erw./Kind 2/1 £, April–Okt.) fahren, der von 11 bis 16 Uhr alle 30 Minuten zwischen dem Minster und dem Museum verkehrt.

★ **Jorvik Viking Centre** MUSEUM
(www.jorvik-viking-centre.co.uk; Coppergate; Erw./Kind 9,95/6,95 £; April–Okt. 10–17 Uhr, Nov.–März bis 16 Uhr) Interaktive Multimedia-Exponate, die Geschichte zum Leben erwecken sollen, bewirken oft gerade das Gegenteil, doch das stark gehypte Jorvik erreicht dieses Ziel sehr souverän. Es ist ein Nachbau einer Wikingersiedlung, die hier bei Ausgrabungen Ende der 1970er-Jahre zutage gefördert wurde. Mit speziellen „Zeitfahrzeugen“ werden Besucher durch das Jorvik des 9. Jhs. transportiert. Wer online bucht, spart sich Wartezeiten und kann sich seine Besuchszeit auswählen (1 £ extra).

Zwar ist der „Zeitreisen"-Schnickschnack teils ein bisschen albern, doch insgesamt erweist sich das Ganze als eine gute Kombination aus historischer Authentizität und humorvoller Aufarbeitung, die alle Sinne anspricht und einen recht guten Eindruck davon vermittelt, wie das Leben zur Zeit der Wikinger ausgesehen haben muss. In der Ausstellung am Ende der Rundfahrt ist besonders der **Lloyds-Bank-Koprolith** interessant: fossile menschliche Exkremente mit einer Länge von knapp 23 cm und einem Gewicht von einem halben Pfund – wahrscheinlich das einzige Exkrement weltweit mit einem eigenen Wikipedia-Eintrag.

**★ Stadtmauern** ARCHÄOLOGISCHE STÄTTE

(8 Uhr–Sonnenuntergang) GRATIS Bei gutem Wetter lohnt sich unbedingt ein Spaziergang auf den Stadtmauern. Sie folgen den alten römischen Befestigungen und vermitteln eine ganz eigene Perspektive der Stadt. Für den gut 7 km langen Rundgang sind 1½ bis zwei Stunden einzuplanen. Wer weniger Zeit hat: Einen besonders schönen Blick auf das York Minster hat man vom Abschnitt zwischen **Bootham Bar** und **Monk Bar**.

Ideale Ausgangspunkte sind die Museum Gardens oder Bootham Bar – hier stand früher ein römisches Tor –, wo eine Multimedia-Ausstellung die historischen Hintergründe beleuchtet. Von hier aus geht man im Uhrzeigersinn. Zu den Highlights gehören Monk Bar, das am besten erhaltene mittelalterliche Stadttor mit immer noch funktionierendem Fallgitter, und **Walmgate Bar**, Englands einziges Stadttor mit intaktem Vorwerk.

Das **Richard III Museum** (www.richardiiimuseum.co.uk; Erw./Kind 2,50 £/frei; März–Okt. 9–17 Uhr, Nov.–Feb. 9.30–16 Uhr) bei Monk Bar beschreibt den Fall der „Prinzen im Tower" und lädt Besucher dazu ein, selbst zu urteilen, ob Onkel Richard seine Neffen wirklich ermorden ließ. Das **Micklegate Bar Museum** (www.micklegatebar.com; Micklegate; Erw./Kind 3,50 £/frei; Mai–Sept. 10–16.30 Uhr, Feb.–April, Okt. & Nov. 11–15.30 Uhr) liefert einen Abriss der Geschichte der Stadtmauern und der Schlacht von Towton, der wichtigsten Auseinandersetzung der Rosenkriege.

**Yorkshire Museum** MUSEUM

(www.yorkshiremuseum.org.uk; Museum St; Erw./Kind 7,50 £/frei; 10–17 Uhr) Der größte Teil der römischen Geschichte Yorks liegt unter der mittelalterlichen Stadt verborgen. Die kürzlich umgestalteten Ausstellungen im Yorkshire Museum sind daher von umso größerer Bedeutung für alle, die sich einen Eindruck davon verschaffen möchten, wie Eboracum ausgesehen hat. Hier gibt's Karten und Modelle des römischen York, Begräbnismonumente, Mosaikböden und Wandgemälde sowie eine Büste von Kaiser Konstantin aus dem 4. Jh.

Außerdem sind hier ausgezeichnete Ausstellungen zum York der Wikinger und des Mittelalters zu sehen, darunter Gegenstände von unschätzbarem Wert wie ein schön geschmückter Helm aus dem 9. Jh. und das feine Middleham-Juwel aus dem 15. Jh., ein gravierter Goldanhänger mit einem großen Saphir. Kinder haben sicher ihren Spaß in der Dinosaurier-Ausstellung mit riesigen Ichthyosaurier-Fossilien von der Jurassic Coast in Yorkshire.

**Museum Gardens** GÄRTEN

(Eingänge Museum St & Marygate; Sonnenaufgang–Sonnenuntergang) Auf dem Gelände der friedvollen Museum Gardens steht der **Multangular Tower**, ein Teil der Stadtmauer, einst der Westturm der Verteidigungsanlagen des römischen Legionärslagers. Die römischen Fundamente wurden im 13. Jh. überbaut. Auf der anderen Seite der Gärten befinden sich die Ruinen der **St. Mary's Abbey** (1270–1294). Durch die **Gatehall**, ihren Haupteingang, hatte die Abtei Zugang zum Fluss.

Das benachbarte **Hospitium** diente als Gästehaus der Abtei und stammt aus dem 14. Jh.; das Fachwerk-Obergeschoss aus dem 15. Jh. ist wiederholt umgebaut worden. **St. Mary's Lodge** entstand um 1470 als noble Unterkunft.

**Shambles** STRASSE

Die Shambles verdanken ihren Namen dem sächsischen Wort *shamel* (Schlachthaus) – 1862 gab es in dieser Straße 26 Metzgereien. Die Fleischer sind heute längst verschwunden, aber diese enge Kopfsteinpflastergasse mit ihren Tudorhäusern aus dem 15. Jh., die so weit überkragen, dass sie sich oben zu treffen scheinen, ist die malerischste in ganz Großbritannien – und daher oft auch gerammelt voll mit Touristen, die noch schnell ein kitschiges Souvenir kaufen wollen, bevor sie zurück zu ihrem Tourbus müssen.

**York Castle Museum** MUSEUM

(www.yorkcastlemuseum.org.uk; Tower St; Erw./Kind 8,50 £/frei; 9.30–17 Uhr) Das ausgezeichnete Museum beleuchtet mit rekonstruierten Zimmereinrichtungen und einer viktorianischen Straße das Alltagsleben in York im Verlauf der Jahrhunderte. In einer Gefängniszelle kann man die Pritsche eines zum Tode Verurteilten ausprobieren – in diesem Fall die des Straßenräubers Dick Turpin, der hier eingesperrt war, bevor er 1739 gehängt wurde. Dazu kommen zahllose interessante Gegenstände aus den vergangenen 400 Jahren, gesammelt ab den 1920er-Jahren von einem gewissen Dr. Kirk: Er hatte Angst, diese Gegenstände kämen außer Gebrauch und würden ganz von der Bildfläche verschwinden.

### Treasurer's House — HISTORISCHES GEBÄUDE

(NT; www.nationaltrust.org.uk; Chapter House St; Erw./Kind 7/3,50 £; ⌚April–Okt. Sa–Do 11–16.30 Uhr, Nov. bis 15 Uhr) In diesem Haus wurden einst die mittelalterlichen Schätze des York Minster aufbewahrt; es wurde im 17. und 18. Jh. in großen Teilen umgebaut. Heute beherbergt es eine schöne Sammlung an Möbeln und gewährt einen faszinierenden Einblick in das Leben im 18. Jh. Außerdem ist dies der Schauplatz einer der beständigsten Spukgeschichten Yorks: In den 1950er-Jahren schwor ein Klempner, der im Keller beschäftigt war, dass er eine Gruppe römischer Soldaten durch die Mauern habe gehen sehen.

### Dig — MUSEUM

(www.digyork.com; St. Saviour's Church, St. Saviourgate; Erw./Kind 6/5,50 £, Dig & Jorvik zusammen 14,45/11 £; ⌚10–17 Uhr, letzter Einlass 16 Uhr; 👪) Das von denselben Leuten wie das Jorvik betriebene Dig reitet auf der Popularitätswelle archäologischer Fernsehprogramme und gibt Besuchern Gelegenheit, sich als „archäologischer Detektiv" zu beweisen. Dabei sollen die Geheimnisse der Vergangenheit Yorks zutage gefördert werden und gleichzeitig will man den Besuchern die Welt der Archäologen näherbringen – was sie machen, wie sie arbeiten usw. Das Museum richtet sich v. a. an Kinder und ist sehr viel interaktiver als Jorvik; viel hängt allerdings davon ab, wie gut und unterhaltsam der Führer ist, den man erwischt.

### Clifford's Tower — BURG

(EH; www.english-heritage.org.uk; Tower St; Erw./Kind 4,30/2,60 £; ⌚April–Sept. 10–18 Uhr, Okt. bis 17 Uhr, Nov.–März bis 16 Uhr) Von York Castle ist kaum etwas übrig, eigentlich nur dieser Steinturm mit seiner sehr ungewöhnlichen Achterform. Er ersetzte den ursprünglichen Burgfried, nachdem dieser 1190 bei antijüdischen Pogromen zerstört worden war: 150 Juden verschanzten sich im Turm und nahmen sich lieber selbst das Leben, als getötet zu werden. Drinnen gibt's nicht viel zu sehen, aber der Ausblick auf die Stadt ist toll.

### Church of the Holy Trinity — KIRCHE

(Goodramgate; ⌚Mai–Sept. Di–Sa 10–17 Uhr, Okt.–April bis 16 Uhr) GRATIS Die Church of the Holy Trinity (Dreifaltigkeitskirche) versteckt sich hinter einem unscheinbaren Tor und ist scheinbar abgeschnitten von der restlichen Stadt. Doch es handelt sich bei ihr um ein phantastisch stimmungsvolles altes Gebäude, das die letzten 200 Jahre fast vollständig unverändert überdauert hat – hier gibt's auch heute noch keinen Strom und kein fließendes Wasser. Drinnen befinden sich seltene Kastenkirchenbänke des 17. und 18. Jh., Buntglas aus dem 15. Jh. und schiefe Wände, die ohne Lot und Wasserwaage errichtet zu sein scheinen.

### York City Art Gallery — GALERIE

(www.yorkartgallery.org.uk; Exhibition Sq; ⌚10–17 Uhr) GRATIS Zu den hier vertretenen Künstlern zählen Joshua Reynolds, Paul Nash, Eugène Boudin, L. S. Lowry und der umstrittener Yorker Künstler William Etty, der sich in den 1820er-Jahren als erster bedeutender britischer Künstler auf die Aktmalerei spezialisierte. Bei Redaktionsschluss war das Museum noch zwecks Sanierung geschlossen, es soll aber irgendwann im Verlauf des Jahres 2015 wieder eröffnen.

## Geführte Touren

In York werden verwirrend viele Führungen angeboten, von historischen Rundgängen bis zu den immer preiswerteren abendlichen Geistertouren – York gilt als Englands Spukstadt Nummer eins.

### Ghost Hunt of York — STADTRUNDGANG

(www.ghosthunt.co.uk; Erw./Kind 5/3 £; ⌚Touren 19.30 Uhr) Diese preisgekrönte und sehr unterhaltsame 75-minütige Führung, gewürzt mit echten Spukgeschichten, erfreut v. a. Kinderherzen. Die Tour beginnt bei jedem Wetter – sie fällt nie aus! – in den Shambles und muss nicht vorgebucht werden: Einfach hingehen und warten, bis die Handglocke erklingt.

### Yorkwalk — STADTRUNDGANG

(www.yorkwalk.co.uk; Erw./Kind 6/5 £; ⌚Touren Feb.–Nov. 10.30 & 14.15 Uhr) Bietet verschiedene zweistündige Rundgänge zu unterschiedlichsten Themen von den Klassikern – römisches York, Gassen und Stadtmauern –

INSIDERWISSEN

### ANDY DEXTROUS: GEISTERTOURENFÜHRER

Ich liebe Yorks herausragende Architektur, das Labyrinth der *snickleways* (schmalen Gassen), die kleinen unabhängigen Geschäfte, die Straßenkunst und die Festivals sowie die Grünanlagen in der Innenstadt wie die Museum Gardens. Das ganze Jahr über drängen sich in den Straßen Besucher aus aller Welt, erfreuen sich an der Stadt und tragen zu ihrer entspannten Atmosphäre bei.

**Yorks unheimlichste Orte** Pubs, in denen es spukt, wie der Old White Swan (S. 545), sowie das Antiques Centre (S. 545) in der Stonegate, in dem es auch spukt. In den Straßen um das Münster herum ist man nie weit von einer Geistergeschichte entfernt.

**Das Beste in York** Am besten in puncto Bier und Stimmung ist das Pub Blue Bell (S. 544). Für vegetarisches und veganes Essen empfehle ich das kinderfreundliche El Piano (S. 543). Das schönste Ambiente hat der Grays Court (S. 544).

**Das Beste in Yorkshire** Mit der North Yorkshire Moors Railway nach Goathland fahren und dann zum Wasserfall Mallyan Spout wandern. In Beck Hole sollte man sich im Birch Hall Inn (S. 564) einen Drink genehmigen. Für eine besondere Mahlzeit eignet sich das Star Inn (S. 557) in Harome oder das Stone Trough Inn (S. 547) in Kirkham; vor oder nach dem Essen bietet sich ein Spaziergang zu den Abteiruinen an.

bis zu Schokolade und Süßwaren, Frauen in York und den unausweichlichen Friedhofs-, Grab- und Pesttouren. Startpunkt ist das Museum Gardens Gate in der Museum Street; keine Buchung erforderlich.

**YorkBoat** BOOTSTOUR
(www.yorkboat.co.uk; King's Staith; Erw./Kind ab 7,50/3,50 £; ⏲ Touren Feb.–Nov. 10.30, 12, 13.30 & 15 Uhr) Einstündige Bootstouren auf dem Ouse mit Abfahrt am King's Staith und 10 Minuten später an der Lendal Bridge. Auf dem Programm stehen auch Touren mit Mittag- oder Abendessen sowie Abendrundfahrten.

**Original Ghost Walk of York** STADTRUNDGANG
(www.theoriginalghostwalkofyork.co.uk; Erw./Kind 5/3 £; ⏲ Touren 20 Uhr) Ein Abend voller Dämonen, Geister, Mysterien und Geschichte von einem alteingesessenen Unternehmen; Startpunkt ist das Pub King's Arms bei der Ouse Bridge.

**York Citysightseeing** BUSTOUR
(www.city-sightseeing.com; Tagesticket Erw./Kind 12/5 £; ⏲ Mitte Feb.–Nov. 9–17 Uhr) Bustour mit 16 Haltestellen an den wichtigsten Sehenswürdigkeiten, wo man beliebig oft aus- und wieder einsteigen kann. Abfahrt der Busse ist alle 20 bis 30 Minuten am Exhibition Square beim York Minster.

**Association of Voluntary Guides** STADTRUNDGANG
(www.avgyork.co.uk; ⏲ Touren April–Okt. 10.15 & 14.15 Uhr, Juni–Aug. außerdem 18.45 Uhr, Nov.–März nur 10.15 Uhr) GRATIS Zweistündige Stadtrundgänge ab der York City Art Gallery am Exhibition Square.

## Festivals & Events

Einen kompletten Veranstaltungskalender bietet www.yorkfestivals.com.

**Jorvik Viking Festival** GESCHICHTE
(www.jorvik-viking-centre.co.uk/festivals) Mitte Februar übernehmen wieder eine Woche lang die Wikinger York. Dann gibt's nachgestellte Schlachten, Themenführungen, Märkte und andere Wikingervergnügungen.

**York Food Festival** ESSEN & TRINKEN
(www.yorkfoodfestival.com) Im September wird hier zehn Tage lang alles aufgefahren, was man in Yorkshire Gutes essen und trinken kann; es gibt Lebensmittelstände, Verkostungen, ein Bierzelt, Kochvorführungen u. v. m.

**York Christmas** WEIHNACHTEN
(www.visityork.org/christmas) Die Adventszeit mit geschmückten Straßen, Marktständen, Weihnachtsliedsängern und Glühwein wird Ende November mit dem Markt St. Nicholas Fayre eingeläutet.

## Schlafen

Im Hochsommer sind Betten rar, selbst zu den überhöhten Hochsaisonpreisen. Der Buchungsservice der Touristeninformation verlangt 4 £ Gebühren – aber das sind sehr gut investierte 4 £, wenn man ohne Zimmerreservierung in der Stadt ankommt.

Natürlich sind die Übernachtungspreise umso höher, je zentraler die Unterkunft liegt. Jedoch gibt's zahlreiche recht gute B&Bs in den Straßen nördlich und südlich von Bootham. Südwestlich des Stadtzentrums tummeln sich B&Bs in der Scarcroft, Southlands und Bishopthorpe Road und um diese herum.

Wer zwei oder drei Nächte bleiben möchte, kann auch ein Apartment mit Zimmerservice in Erwägung ziehen. **In York Holidays** (☎01904-632660; www.inyorkholidays.co.uk) bietet gute Wohnungen für ab 110 £ pro Nacht für ein Apartment für zwei Personen.

**★Fort** HOSTEL £
(☎01904-620222; www.thefortyork.co.uk; 1 Little Stonegate; B ab 22 £, DZ ab 68 £; 📶) Dieses neue Boutique-Hostel präsentiert die Arbeiten junger britischer Designer und schafft so eine erschwingliche Unterkunft mit einem Schuss Einzigartigkeit und Flair. Es gibt 6- und 8-Bett-Zimmer sowie ein halbes Dutzend Doppelzimmer, Ruhebedürftige sollten sich aber lieber anderswo umsehen – das Haus liegt mitten im Ausgehviertel von York und unten ist ein munterer Club (Ohrstöpsel werden gestellt!).

**York YHA** HOSTEL £
(☎0845 371 9051; www.yha.org.uk; 42 Water End, Clifton; B/4BZ ab 21/99 £; P@📶) Dieses hübsche viktorianische Haus war einst die Residenz des Süßwarenherstellers Rowntree und ist heute ein geräumiges und kinderfreundliches Hostel mit überwiegend 4-Bett-Zimmern. Es ist oft voll, also vorausbuchen! Es liegt eine Meile nordwestlich vom Stadtzentrum; von der Lendal Bridge gibt's einen Fußweg am Fluss entlang, der aber abends schlecht beleuchtet und daher besser zu meiden ist. Oder man nimmt vom Bahnhof oder von der Museum Street den Bus 2.

**Safestay York** HOSTEL £
(☎01904-627720; www.safestayyork.co.uk; 88–90 Micklegate; B 16–34 £, 2BZ 60–72 £; @📶) Dieses große und gut ausgestatte Hostel hat sich in einem denkmalgeschützten georgianischen Gebäude eingenistet, in dem einst der High Sheriff of Yorkshire residierte. Es wurde kürzlich von der Londoner Hostelgruppe Safestay übernommen und ist beliebt bei Schülergruppen und Leuten, die Junggesellen- und -gesellinenabschiede feiern – Ruhe gibt's hier also eher nicht!

**Abbeyfields** B&B ££
(☎01904-636471; www.abbeyfields.co.uk; 19 Bootham Tce; EZ/DZ ab 55/84 £; 📶) 🍃 Hier erwarten Gäste ein herzlicher Empfang und klug eingerichtete Zimmer mit Sesseln und Leselampen am Bett. Das Frühstück hier zählt zu den besten in der Stadt: Wurst und Schinken liefert der örtliche Metzger, Eier kommen von einem Hof in der Nähe und das duftende Brot ist frisch gebacken.

**Elliotts B&B** B&B ££
(☎01904-623333; www.elliottshotel.co.uk; 2 Sycamore Pl; EZ/DZ ab 55/75 £; P@📶) Die schön umgebaute Gentlemen-Residenz ist mit ihren stilvollen, eleganten Zimmern und den Designer-Akzenten wie moderner Kunst und bunten Stoffen eher am oberen Ende des B&B-Marktes angesiedelt. Ausgezeichnete Lage, sowohl ruhig als auch zentral.

**Hedley House Hotel** HOTEL ££
(☎01904-637404; www.hedleyhouse.com; 3 Bootham Tce; Zi. ab 113 £; P📶) 🍃 Das Hotel in einem Backsteinreihenhaus bietet diverse schicke, familienfreundliche Zimmer für bis zu fünf Personen sowie einige Apartments für Selbstversorger. Außerdem gibt's auf der Terrasse hinterm Haus einen Whirlpool. Das Hotel liegt nur knapp fünf Minuten Fußweg vom Stadtzentrum durch die Museum Gardens entfernt.

**Dairy Guesthouse** B&B ££
(☎01904-639367; www.dairyguesthouse.co.uk; 3 Scarcroft Rd; DZ/FZ ab 80/110 £; 📶) Das hübsche viktorianische Haus hat sich viele originale Ausstattungselemente bewahrt, wie Kiefernholztüren, Buntglas und gusseiserne Kamine. Aber das Highlight ist eindeutig der pflanzengeschmückte Hof, über den man die Zimmer im Cottagestil erreicht. Am Wochenende zwei Nächte Mindestaufenthalt.

**Arnot House** B&B ££
(☎01904-641966; www.arnothouseyork.co.uk; 17 Grosvenor Tce; Zi. 80–88 £; 📶) 🍃 Mit seinen drei schön eingerichteten Zimmern – sofern man sich für viktorianischen Schnörkel und Blümchenmuster begeistern kann –, darunter zwei mit eindrucksvollen Himmelbetten, wartet das Arnot House mit einem authentisch altmodischen Ambiente auf, das eine reifere Klientel anspricht. Keine Kinder erlaubt.

**Brontë House** B&B ££
(☎01904-621066; www.bronte-guesthouse.com; 22 Grosvenor Tce; EZ/DZ/FZ ab 45/80/100 £; 📶) Das Brontë bietet fünf heimelige, individu-

ell eingerichtete Zimmer mit Bad. Unser Lieblingszimmer ist das Doppelzimmer mit beschnitztem Himmelbett aus dem 19. Jh., William-Morris-Tapeten und jeder Menge Nippes aus vergangenen Zeiten.

**23 St. Mary's** B&B ££

(☎01904-622738; www.23stmarys.co.uk; 23 St. Mary's; EZ/DZ ab 52/85 £; 📶) Das schicke, stattliche Stadthaus wartet mit neun überbordend im Landhausstil eingerichteten Zimmern auf. Einige verfügen über handbemalte Möbel, andere über Antiquitäten, Spitzen und poliertes Mahagoni.

**Briar Lea Guest House** B&B ££

(☎01904-635061; www.briarlea.co.uk; 8 Longfield Tce; EZ/DZ ab 40/66 £; 📶) Saubere, einfache Zimmer, herzlicher Empfang und zentrale Lage.

**St. Raphael** B&B ££

(☎01904-645028; www.straphaelguesthouse.co.uk; 44 Queen Anne's Rd; EZ/DZ ab 75/82 £; 📶) Historisches Haus im Fachwerklook in toller zentraler Lage. Zum Frühstück gibt's selbstgebackenes Brot.

**Monkgate Guesthouse** B&B ££

(☎01904-655947; www.monkgateguesthouse.com; 65 Monkgate; EZ/DZ/FZ ab 45/78/117 £; P📶) Attraktive Pension mit einer Familiensuite mit getrenntem Schlafzimmer für zwei Kinder.

★ **Middlethorpe Hall** HOTEL £££

(☎01904-641241; www.middlethorpe.com; Bishopthorpe Rd; EZ/DZ ab 139/199 £; P📶) Dieses atemberaubende Landhaus aus dem 17. Jh. liegt inmitten eines 8 ha großen Parks und war einst das Zuhause der Schriftstellerin Lady Mary Wortley Montagu. Die Zimmer verteilen sich auf das Haupthaus und die restaurierten Hofgebäude und es gibt drei Cottage-Suiten. Alle Zimmer sind wunderbar mit Antiquitäten und Originalgemälden eingerichtet, die sorgfältig ausgewählt wurden, um die Ära angemessen widerzuspiegeln.

**Mount Royale** HOTEL £££

(☎01904-628856; www.mountroyale.co.uk; The Mount; EZ/DZ/Suite ab 95/125/225 £; P📶) Ein prächtiges denkmalgeschütztes Gebäude aus dem frühen 19. Jh. wurde in ein tolles Luxushotel verwandelt, mit Solarium, Spa und beheiztem Außenpool. Schon die Zimmer im Haupthaus sind umwerfend, am schönsten sind jedoch die Gartensuiten, die man über eine Arkade aus tropischen Obstbäumen und Bougainvilleen erreicht.

## Essen

★ **Mannion's** CAFÉ, BISTRO £

(☎01904-631030; www.mannionandco.co.uk; 1 Blake St; Hauptgerichte 5–9 £; ⏲Mo–Sa 9–17.30, So 10–17 Uhr) Es dauert oft ein Weilchen, bis man in diesem beliebten Bistro einen freien Tisch ergattert – keine Reservierung möglich. In den gemütlichen, holzverkleideten Räumen werden verschiedene Tagesgerichte angeboten, etwa Eggs Benedict zum Frühstück, ein dickes *Yorkshire rarebit* (überbackene Käseschnitte) mit hausgemachtem Brot oder Mittagsteller mit Käse und Wurst aus dem angeschlossenen Feinkostladen. Und zum Nachtisch gibt's Pavlova.

**Your Bike Shed** CAFÉ £

(☎01904-633777; www.yourbikeshed.co.uk; 148–150 Micklegate; Hauptgerichte 3–7 £; ⏲Mo–Sa 9–17, So 10–17 Uhr; 📶) Die Radlerszene von York, durch die 2014er Tour de France zu neuem Leben erweckt, tummelt sich gerne in diesem neuen coolen Café mit Fahrradwerkstatt. Der „Fahrradschuppen" ist mit recycelten Möbeln und bunter Kunst eingerichtet und serviert hungrigen Radlern stärkende Portionen Halloumi-Burger, *pie and peas* (Pastete und Erbsen) und Möhrenkuchen. Dazu gibt's ausgezeichneten Kaffee.

**Cafe No 8** CAFÉ, BISTRO ££

(☎01904-653074; www.cafeno8.co.uk; 8 Gillygate; 2-/3-Gänge-Mahlzeit 18/22 £, Fr & Sa 22/27 £; ⏲10–22 Uhr; 📶) Das No 8 ist ein cooles kleines Café mit moderner Kunst, die das edwardianische Buntglas am Eingang imitiert. Es bietet klassische Bistrospeisen aus frischen regionalen Zutaten wie Entenbrust mit Blutorange und Wacholder oder Yorkshire-Schweinebauch mit Sternanis, Fenchel und Knoblauch. Außerdem wird jeden Tag Frühstück (Hauptgerichte 5 £) und sonntags Mittagessen (3 Gänge 25 £) serviert. Buchung empfehlenswert.

**El Piano** VEGAN ££

(☎01904-610676; www.el-piano.com; 15 Grape Lane; Hauptgerichte 10 £; ⏲Mo–Sa 11–23, So 12–21 Uhr; 📶) Mit einer zu 100 % veganen, nuss- und glutenfreien Karte ist dieser bunte Laden im spanischen Stil ein echtes Paradies für Vegetarier. Unten gibt's ein reizendes Café und oben drei thematisch eingerichtete Räume. Auf der Karte stehen Gerichte wie Falafel, Zwiebel-Bhaji, frittierte Maisbällchen und Pilz-Basilikum-

Salat, entweder in Tapasportionen oder als gemischte Teller. Die Speisen gibt's auch zum Mitnehmen.

**Parlour at Grays Court** CAFÉ ££

(www.grayscourtyork.com; Chapter House St; Hauptgerichte 8–14 £; 10–17 Uhr; ) Das Haus aus dem 16. Jh. – heute ein Hotel – ist ein unerwarteter Fund im Herzen von York, denn es verströmt eine eher ländliche Atmosphäre. Hier kann man im sonnigen Garten tollen Kaffee und Kuchen genießen oder sich drinnen in historischem, eichenholzverkleidetem Ambiente ein leichtes Mittagessen gönnen. Auf der Karte steht alles von *Yorkshire rarebit* bis zu Entenconfit und es gibt auch einen traditionellen *afternoon tea* (18,50 £).

**Ate O'Clock** BISTRO ££

(01904-644080; www.ateoclock.co.uk; 13a High Ousegate; Hauptgerichte 9–20 £; Mo 17.30–21, Di–Sa 12–14 & 18–21.30 Uhr; ) Das verführerische Angebot an klassischen Bistrospeisen (Filetsteak, langsam gerösteter Schweinebauch, in der Pfanne gebratene Entenbrust) aus frischen Zutaten aus Yorkshire sorgt dafür, dass dieses Restaurant bei den Einheimischen äußerst beliebt ist – also am besten reservieren! Ein 3-Gänge-Abendessen kostet dienstags bis donnerstags zwischen 18 und 19.55 Uhr 19 £.

**Bettys** TEESALON ££

(www.bettys.co.uk; St. Helen's Sq; Hauptgerichte 6–14 £, afternoon tea 18,50 £; 9–21 Uhr; ) Zwischen den von einer Teekannensammlung gezierten Wänden servieren hier weiß beschürzte Bedienungen auf Leinentischdecken altmodischen *afternoon tea*. Die Spezialität des Hauses ist der Yorkshire Fat Rascal, ein riesiger Obst-Scone mit geschmolzener Butter. Unser Lieblingsmittagsgericht – leider nur saisonal im Angebote – ist aber der geräucherte Schellfisch mit verlorenen Eiern und Sauce hollandaise. Keine Reservierung möglich – zu Stoßzeiten muss man oft auf einen Tisch warten.

**Olive Tree** MEDITERRAN ££

(01904-624433; www.theolivetreeyork.co.uk; 10 Tower St; Hauptgerichte 10–21 £; 12–14 & 17.30–22 Uhr) In diesem hellen, luftigen Bistro werden regionale Zutaten mediterran verarbeitet. Neben Pizza und klassischen Pastagerichten gibt's auch Aufwendigeres wie Langusten-Chorizo-Risotto oder marokkanischen Lammeintopf. Mittags und abends ist ein 2-Gänge-Menü für 15 £ im Angebot (freitags und samstags nur bis 18.30 Uhr).

**1331** STEAKS ££

(01904-661130; www.1331-york.co.uk; 13 Grape Lane; Hauptgerichte 9–17 £; Mo–Do 18–22, Fr & Sa 11–1, So 11–22 Uhr; ) Dieser Hofkomplex umfasst eine Bar, eine Cocktaillounge und sogar ein privates Kino sowie im ersten Stock dieses ansprechende Restaurant. Es serviert beliebte Klassiker, von *sausage and mash* (Wurst und Kartoffelpüree) mit Zwiebelsauce oder langsam geschmortem Lammkarree bis zu guten alten *steak and chips*. Auch für Vegetarier ist gesorgt, mit einem guten Angebot an Gerichten wie Kichererbsen-Koriander-Burgern.

**Café Concerto** CAFÉ, MEDITERRAN ££

(01904-610478; www.cafeconcerto.biz; 21 High Petergate; Hauptgerichte mittags 5–9 £, abends 13–18 £; 8.30–22 Uhr) Mit Notenblättern tapezierte Wände, gechillter Jazz aus der Stereoanlage und eine bunte Sammlung abgenutzter Tische und Stühle sorgen in diesem gemütlichen Café-Bistro für künstlerisches Flair. Tagsüber werden Frühstück, Bagels und supergroße Cappuccinos serviert, abends gibt's eine raffinierte mediterrane Karte.

**Melton's Too** CAFÉ, BISTRO ££

(www.meltonstoo.co.uk; 25 Walmgate; Tapas 3–6 £, Hauptgerichte 11–18 £; Mo–Sa 10.30–24, So bis 23 Uhr; ) Das Melton's Too ist ein gemütliches Café und Bistro und serviert alles von Kuchen und Cappuccino bis zu tapasähnlichen Snacks und 3-Gänge-Abendmenüs (bis 19 Uhr werden drei Gänge für 14 £ angeboten).

## Ausgehen & Nachtleben

Mit nur zwei Ausnahmen sind die besten Kneipen in York die älteren, traditionellen Pubs. Am Swinegate Court (nahe Grape Lane) gibt's ein paar nette Cocktailbars mit Terrassen, in der Gegend um Ousegate und Micklegate kann es besonders am Wochenende jedoch manchmal recht laut zugehen.

**★Blue Bell** PUB

(53 Fossgate; Mo–Sa 11–23, So 12–22.30 Uhr) So sieht ein echtes englisches Pub aus: ein winziger, 200 Jahre alter holzvertäfelter Raum mit Kamin, seit 1903 mit unveränderter Einrichtung, einem Stapel alter Brettspiele in der Ecke, freundlichem und effizientem Personal und Bieren von Timothy Taylor und Black Sheep vom Fass. Eine echte Wonne – wenn man reinkommt, denn es ist oft voll.

**Ye Olde Starre** PUB
(www.taylor-walker.co.uk; 40 Stonegate; ⌚So–Mi 11–23, Do–Sa bis 24 Uhr) Mit einer Schanklizenz seit 1644 ist dies Yorks ältestes Pub – ein Labyrinth aus kleinen Räumen und mit einem kleinen Biergarten und einem halben Dutzend *real ales* vom Fass. Während des Englischen Bürgerkriegs wurde das Pub von den Rundköpfen, den Anhängern des Parlaments, als Leichenhaus benutzt, aber seitdem ist die Stimmung hier erheblich besser geworden.

**Pivní** PUB
(pivni.co.uk; 6 Patrick Pool; ⌚So–Do 12–23.30, Fr & Sa 11–23.30 Uhr; 📶) Das schicke, moderne Pub in einem alten Fachwerkhaus bietet ein stimmungsvolles Ambiente, um eins oder mehrere der über 80 Fass- und Flaschenbiere aus aller Welt zu probieren.

**Old White Swan** PUB
(www.nicholsonspubs.co.uk; 80 Goodramgate; ⌚So–Do 10–24, Fr & Sa bis 1 Uhr) Beliebtes und stimmungsvolles altes Pub mit kleinem Biergarten und einem guten Angebot an wechselnden *real ales*.

**King's Arms** PUB
(King's Staith; ⌚So–Do 11–23, Fr & Sa bis 1 Uhr) Yorks bekanntestes Pub erfreut sich einer fabelhaften Lage am Fluss und hat auch Tische draußen am Ufer – perfekt an einem Sommerabend. Mehrere Hundert andere Gäste sehen das allerdings genauso.

## Unterhaltung

Es gibt zwei gute Theater in York sowie ein interessantes Programmkino.

**York Theatre Royal** THEATER
(☎01904-623568; www.yorktheatreroyal.co.uk; St. Leonard's Pl) Hier kommen renommierte Theater-, Opern- und Ballettinszenierungen auf die Bühne.

**Grand Opera House** LIVEMUSIK, COMEDY
(☎0844 871 3024; www.grandoperahouseyork.org.uk; Clifford St) Trotz des Namens werden hier keine Opern geträllert; stattdessen gibt's alle möglichen Unterhaltungsangebote von Konzerten und Musicals bis zu Comedy und Pantomime.

**City Screen Picturehouse** KINO
(☎0871 902 5726; www.picturehouses.co.uk; 13–17 Coney St) In dem ansprechenden modernen Gebäude in einer alten Druckerei laufen sowohl Mainstream- als auch Kunstfilme. Dazu gibt's hier ein nettes Café mit Flussterrasse.

## Shoppen

Coney Street, Davygate und die angrenzenden Straßen bilden das Einkaufsviertel der Yorker Innenstadt, interessanter sind jedoch die Antiquitäten- und Trödelläden und Buchantiquariate in den Straßen Colliergate, Fossgate und Micklegate.

**Ken Spelman Booksellers** BÜCHER
(www.kenspelman.com; 70 Micklegate; ⌚Mo–Sa 9–17.30 Uhr) In diesem faszinierenden Laden werden seit 1910 seltene, antiquarische und gebrauchte Bücher verkauft. Im Winter brennt ein Kaminfeuer – ein Paradies für Leute, die gern stöbern.

**Antiques Centre** ANTIQUITÄTEN
(www.theantiquescentreyork.co.uk; 41 Stonegate; ⌚Mo–Sa 9–17.30, So bis 16 Uhr) In dem georgianischen Stadthaus mit seinem Labyrinth aus Räumen und Fluren werden die Waren von rund 120 Händlern verkauft: alles von Reversnadeln und Schnupftabakdosen bis zu Ölgemälden und Standuhren. Und außerdem soll's hier spuken …

**Red House** ANTIQUITÄTEN
(www.redhouseyork.co.uk; Duncombe Pl; ⌚Mo–Sa 9.30–17.30, So 10.30–17 Uhr) Die Waren von rund 60 Antiquitätenhändlern werden in zehn Räumen auf zwei Etagen präsentiert: Schmuck, Porzellan, Uhren, Möbel u. v. m.

## Praktische Informationen

**Post** (22 Lendal; ⌚Mo–Sa 8.30–17.30 Uhr)
**Touristeninformation** (☎01904-550099; www.visityork.org; 1 Museum St; ⌚April–Sept. Mo–Sa 9–18, So 10–17 Uhr, Okt.–März kürzere Öffnungszeiten) Besucherinformationen (auch über öffentliche Verkehrsmittel) für ganz Yorkshire sowie Zimmerbuchung, Kartenvorverkauf und Internetzugang.
**York Hospital** (☎01904-631313; www.yorkhospitals.nhs.uk; Wiggington Rd) 1,5 km nördlich des Zentrums.

## An- & Weiterreise

### AUTO

Im Stadtzentrum ist ein Auto eher hinderlich, sodass Autofahrer besser einen der Park-and-Ride-Parkplätze am Stadtrand benutzen. Wer für die Erkundung des Umlands ein Auto mieten möchte, kann dies z. B. bei **Europcar** (☎0844 846 4003; www.europcar.co.uk; Train Station, Station Rd; ⌚Mo–Sa 8–20.30, So 9–20.30 Uhr) auf dem Dauerparkplatz des Bahnhofs tun. Europcar bewahrt außerdem für 4 £ pro Tasche Gepäck auf.

### BUS

Fahrplanauskünfte erteilen die **Traveline Yorkshire** (☎ 0871 200 2233; www.yorkshiretravel.net) oder die rund um die Uhr zugänglichen Computer-Infopoints am Bahnhof und in der Rougier Street. Alle Lokal- und Regionalbusse halten in der Rougier Street etwa 200 m nordöstlich des Bahnhofs.

Verbindungen ab York:

**Birmingham** 29 £, 3½ Std., 1-mal tgl.
**London** 31 £, 5½ Std., 3-mal tgl.
**Newcastle** 15,20 £, 2¾ Std., 2-mal tgl.

### ZUG

York ist ein wichtiger Eisenbahnknotenpunkt mit zahlreichen Verbindungen in andere britische Städte. Verbindungen ab York:

**Birmingham** 45 £, 2¼ Std., alle 30 Min.
**Cambridge** (in Peterborough umsteigen) 65 £, 3 Std., stündl.
**Edinburgh** 80 £, 2½ Std., alle 30 Min.
**Leeds** 13,50 £, 25 Min., alle 15 Min.
**London Kings Cross** 80 £, 2 Std., alle 30 Min.
**Manchester** 17 £, 1½ Std., alle 15 Min.
**Newcastle** 16 £, 1 Std., alle 30 Min.
**Scarborough** 8 £, 50 Min., stündl.

## ℹ Unterwegs vor Ort

Das Zentrum von York ist leicht zu Fuß zu erkunden – man ist nie mehr als 20 Gehminuten von den wichtigsten Sehenswürdigkeiten entfernt.

### BUS

Das städtische Busnetz wird von **First York** (www.firstgroup.com/ukbus/york) betrieben. Einfache Fahrkarten kosten zwischen 1 und 3 £, eine Tageskarte für alle Stadtbusse kostet 3,70 £ (erhältlich an den Park-and-Ride-Parkplätzen).

### FAHRRAD

Die Touristeninformation hat eine praktische kostenlose Karte mit den Radwegen der Stadt oder man schaut bei **iTravel-York** (www.itravelyork.info/cycling) nach. Ein interessantes Ziel für einen Ausflug ist Castle Howard (24 km nordöstlich von York via Haxby und Strensall) und ein Abschnitt des Fernradwegs **Trans-Pennine Trail** (www.transpenninetrail.org.uk) führt von Bishopthorpe in York entlang einer alten Eisenbahntrasse nach Selby (24 km).

Fahrräder verleiht **Cycle Heaven** (☎ 01904-622701; www.cycle-heaven.co.uk; York Railway Station, Station Rd; ⊙ Mo–Fr 8.30–17.30, Sa & So 9–18 Uhr, Sept.–April So geschl.) am Bahnhof für 20 £ pro Tag.

### TAXI

**Station Taxis** (☎ 01904-623332; www.yorkstationtaxis.co.uk; Train Station, Station Rd) hat einen Kiosk vor dem Bahnhof.

# Castle Howard

Stattliche Herrenhäuser gibt's in England in Hülle und Fülle, aber nur wenige sind so atemberaubend imposant wie das prächtige und verwegene **Castle Howard** (www.castlehoward.co.uk; Erw./Kind Haus & Außenanlagen 14/7,50 £, nur Außenanlagen 9,50/6 £; ⊙ Haus April–Okt. 11–16.30 Uhr, Außenanlagen März–Okt. & Dez. 10–17 Uhr, Nov., Jan. & Feb. bis 16 Uhr; P) in den sanften Howardian Hills. Das wirklich wunderschöne Gebäude ist bekannt aus der Fernsehserie *Wiedersehen mit Brideshead* aus den 1980er-Jahren und dem gleichnamigen Kinofilm von 2008 auf der Grundlage von Evelyn Waughs Roman von 1945, der sich durch einen nostalgischen Blick auf den englischen Adel auszeichnet.

Als der Earl of Carlisle seinen Kumpel Sir John Vanbrugh 1699 damit beauftragte, ihm ein neues Domizil zu entwerfen, erteilte er den Auftrag einem Mann ohne formale Ausbildung, der v. a. als Dramatiker bekannt war. Glücklicherweise warb Vanbrugh wiederum Nicholas Hawksmoor an, der als Christopher Wrens Werkmeister gearbeitet hatte. Hawksmoor hatte nicht nur einen großen Anteil am Entwurf für das Haus, später schufen er und Vanbrugh auch noch Großes mit dem Blenheim Palace. Heute ist Castle Howard noch immer das Zuhause des Honorable Simon Howard und seiner Familie und er ist oft auf dem Anwesen zu sehen.

Wer kann, sollte für seinen Besuch einen Wochentag wählen, um diese hedonistische Vermählung von Kunst, Architektur, Landschaftsgestaltung und natürlicher Schönheit in Ruhe genießen zu können. Beim Bummel über das Gelände mit seinen Pfauen eröffnen sich Blicke über die Hügel, auf Vanbrughs verspielten Temple of the Four Winds und Hawksmoors stattliches Mausoleum, doch der Blick wird immer wieder hin zum großen Barockhaus mit seiner großartigen zentralen Kuppel gezogen. Drinnen ist das Haus angefüllt mit allen möglichen Schätzen – der atemberaubenden Great Hall mit ihren hochstrebenden korinthischen Pilastern, dem präraffaelitischen Buntglas in der Kapelle und den klassischen Antiquitäten in den Korridoren.

Im Eingangshof befinden sich ein gutes Café, ein Andenkenladen und ein Hofladen mit Leckereien von Erzeugern in der Nähe.

Castle Howard liegt 24 km nordöstlich von York abseits der A64. Von York führen mehrere organisierte Touren hier-

ABSTECHER

### KIRKHAM PRIORY & STONE TROUGH INN

Wer keine Lust hat, sich in die lange Warteschlange zu stellen, um ins Castle Howard zu kommen, kann auch auf die andere Seite der A64 abbiegen und auf einer kleinen Landstraße zum Weiler Kirkham fahren. Hier erheben sich die malerischen Ruinen der **Kirkham Priory** (EH; www.english-heritage.org.uk; Erw./Kind 3,60/2,20 £; ⌚ April–Sept. Mi–So 10–18 Uhr, Aug. tgl.; P) anmutig über dem Ufer des River Derwent. Das eindrucksvolle Torhaus aus dem 13. Jh. ist mit heraldischen Symbolen geschmückt.

Nach einem Spaziergang am Fluss entlang geht's zum Mittagessen auf der anderen Seite den Berg hinauf zum **Stone Trough Inn** (☎ 01653-618713; www.stonetroughinn.co.uk; Kirkham; Hauptgerichte 12–18 £; ⌚ Mo–Fr 12–14.30 & 17.30–21, Sa 12–21, So bis 20 Uhr; P). Dieser traditionelle Landgasthof serviert Gourmet-Kneipenkost (Tipp: gebratener Schweinebauch mit Blutwurst und Estragon-Sahnesauce) und von der Terrasse bietet sich ein toller Blick aufs Tal.

her – Näheres in der Touristeninformation. **Stephenson's of Easingwold** (www.stephensonsofeasingwold.co.uk) bietet eine Busverbindung (7,50 £ hin & zurück, 40 Min., Mo–Sa 3-mal tgl.) zwischen York und Castle Howard.

## Harrogate

73 580 EW.

Als Inbegriff des viktorianischen Heilbads verkörpert das propere und hübsche Harrogate schon seit Langem etwas altmodisch Englisches – als Mekka pensionierter Armeemajore und respekteinflößender Witwen, die den *Daily Telegraph* beziehen und konservativ wählen. Sie kamen nach Harrogate, um die Blumenschauen und Gärten zu genießen, die die Stadt besonders im Frühjahr und Herbst in ein prachtvolles Farbenmeer tauchen. Die berühmteste Besucherin der Stadt war Agatha Christie, die hier 1926 inkognito Zuflucht vor ihrer zerrütteten Ehe suchte.

Diese Neuauflage der viktorianischen Ära ist aber nur ein Teil des Stadtbilds. Zwar kommen tatsächlich viele Menschen in ihren „goldenen Jahren" nach Harrogate, aber die Stadt verfügt auch über zahlreiche schicke Hotels und trendige Restaurants für das immer stärker boomende Konferenzwesen. Alle diese jungen, dynamischen Verkaufs- und Marketing-Strategen müssen schließlich irgendwo schlafen und essen.

### Sehenswertes & Aktivitäten

**Royal Pump Room Museum** MUSEUM
(www.harrogate.gov.uk; Crown Pl; Erw./Kind 3,95/2,30 £; ⌚ April–Okt. Mo–Sa 10.30–17, So 14–17 Uhr, Jan.–März bis 16 Uhr) Im reich verzierten Royal Pump Room, 1842 über der berühmtesten der schwefelhaltigen Quellen der Stadt erbaut, können Besucher alles Mögliche über die Geschichte Harrogates als Kurort erfahren. Hier wird ein Eindruck davon vermittelt, wie die Mode, in Kurorten Heilwässer zu sich zu nehmen, den Ort prägte, und es werden die berühmten Gäste der Stadt aufgezählt. Wer sich traut, kann am Ende auch noch das Heilwasser probieren.

Das Ritual, zu Gesundheitszwecken Kurorte aufzusuchen, kam im 19. Jh. in Mode. Seinen Höhepunkt erreichte das Phänomen in der edwardianischen Zeit in den Jahren vor dem Ersten Weltkrieg. Charles Dickens stattete Harrogate 1858 einen Besuch ab und beschrieb es als „den merkwürdigsten Ort, mit den komischsten Leuten, die ein sonderbares Leben mit Tanzen, Zeitunglesen und Speisen führen" – hört sich eigentlich gar nicht schlecht an!

**Montpellier Quarter** STADTVIERTEL
(www.montpellierharrogate.com) Der schönste Teil der Stadt ist das Montpellier Quarter oberhalb der Prospect Gardens zwischen Crescent Road und Montpellier Hill. In den autofreien Straßen mit ihren restaurierten Gebäuden aus dem 19. Jh. haben sich Kunstgalerien, Antiquitätenläden, Modeboutiquen, Cafés und Restaurants angesiedelt – eine noblere Erweiterung des Haupteinkaufsviertels um Oxford und Cambridge Street.

**Turkish Baths** SPA
(☎ 01423-556746; www.turkishbathsharrogate.co.uk; Parliament St; Eintritt 17–29,50 £, Führungen 3,75 £ pro Pers.; ⌚ siehe Website, Führungen Mi 9–10 Uhr) Im fabelhaft gefliesten Türkischen Bad kann man eine Reise in die Vergangenheit Harrogates unternehmen. Diese pseu-

INSIDERWISSEN

## ESSEN & TRINKEN WIE DIE EINHEIMISCHEN

**Yorkshire Pudding** *Das* klassische Gericht der Region: Die aufgeblasenen Pfannkuchen werden traditionell mit Rinderbraten serviert, aber in Tearooms in Yorkshire gibt es sie oft als eigenständiges Gericht mit Sauce. Probieren kann man sie z. B. im Ye Olde Naked Man (S. 568) in Settle.

**Theakston's Ale** Theakston's braute schon allerfeinstes Bier, bevor der Begriff „Craft-Bier" überhaupt erfunden wurde. Es wird in Pubs in ganz Großbritannien ausgeschenkt und natürlich auch in der Theakston's Brewery (S. 553) in Masham.

**Wensleydale-Käse** Berühmt als Lieblingsspeise der Knetfiguren Wallace und Gromit: Dieser bröckelige Weißkäse kommt aus dem Herzen der Yorkshire Dales. Am besten schmeckt er direkt an der Quelle in der Wensleydale Creamery (S. 569) in Hawes.

**Yorkshire-Rhabarber** Er wächst traditionell im „Rhabarber-Dreieck" bei Wakefield: *forced rhubarb* (in Dunkelheit gezogener Frührhabarber) aus Yorkshire besitzt inzwischen eine geschützte Ursprungsbezeichnung. Tipp: der Rhabarber-*trifle* im Sternerestaurant Pipe & Glass (S. 588) bei Beverley.

**Curd Tart** Eine sehr alte Speise aus Yorkshire, ein bisschen wie ein Käsekuchen, traditionell gebacken für die Pfingstfeiertage. Testen kann man die Quarktorte im Bettys (S. 549) in Harrogate.

**Parkin** Ein schwerer, klebriger Kuchen, zubereitet mit Hafermehl und gewürzt mit Ingwer und Sirup. Probieren kann man ihn bei Thomas of Helmsley (S. 557).



domaurische Einrichtung ist wunderbar viktorianisch und wartet mit unterschiedlichen feuchten Stätten wie Dampfbädern, Schwitzstuben und Tauchbecken auf. Die meisten Besucher verbringen hier rund 1½ Stunden. Die komplizierten Öffnungszeiten – nur für Frauen oder gemischt – kann man telefonisch erfragen oder im Internet nachschauen. Wer es vorzieht, nicht nass zu werden: Es gibt auch Führungen durchs Gebäude.

## Festivals & Events

Alle drei großen Events in Harrogate finden am südöstlichen Stadtrand auf dem Great Yorkshire Showground an der A661 statt.

**Spring Flower Show** GARTENBAU
(www.flowershow.org.uk; Eintritt 14,50–16 £) Das Hauptevent des Jahres findet Ende April statt: eine bunte dreitägige Schau der Blumen und Blüten mit Blumenwettbewerben, Gartenbauvorführungen, Marktständen, Kunsthandwerk und Gärtnereiläden.

**Great Yorkshire Show** LANDWIRTSCHAFT
(www.greatyorkshireshow.co.uk; Erw./Kind 25/11 £) Auf der dreitägigen Schau, die Mitte Juli von der Yorkshire Agricultural Society veranstaltet wird, konkurrieren herausgeputzte Nutztiere um Preise. Außerdem wird alle mögliche Unterhaltung geboten, von Schauspringen und Falknerei bis zu Kochvorführungen und Heißluftballonfahrten.

**Autumn Flower Show** GARTENBAU
(www.flowershow.org.uk; Eintritt 14,50–16 £) Diese Schau Ende September bietet Gemüse- und Obstbauwettbewerbe, Kochvorführungen, einen Wettbewerb zur Ermittlung der schwersten Zwiebel und Veranstaltungen für Kinder.

## Schlafen

Unmittelbar nördlich des Stadtzentrums von Harrogate gibt's in der Franklin und Ripon Road und deren Umgebung jede Menge ausgezeichnete B&Bs und Gästehäuser.

**Bijou** B&B ££
(☎01423-567974; www.thebijou.co.uk; 17 Ripon Rd; EZ/DZ ab 74/104 £; P @ ) Diese viktorianische Villa heißt nicht nur Bijou, sondern sie ist auch ein Schmuckstück und sicher am oberen Ende der B&B-Skala angesiedelt – die Unterkunft ist sehr durchdacht und mit Liebe geplant worden. Das Betreiberehepaar ist phantastisch als Gastgeber: warmherzig und hilfsbereit, aber nicht aufdringlich.

**Acorn Lodge** B&B ££
(☎01423-525630; www.acornlodgeharrogate.co.uk; 1 Studley Rd; EZ/DZ ab 49/89 £; P ) Die Liebe zum Detail macht den Unterschied zwischen einem durchschnittlichen und einem ausgezeichneten B&B aus und in der Acorn Lodge ist alles bestens – stilvolle Einrichtung, frische Baumwollbettwäsche,

kräftige Duschen und perfekte verlorene Eier zum Frühstück. Auch die Lage nur zehn Gehminuten vom Zentrum ist gut.

**Harrogate Brasserie Hotel** BOUTIQUEHOTEL ££
(☎01423-505041; www.harrogatebrasserie.co.uk; 26–30 Cheltenham Pde; EZ/DZ/FZ ab 85/110/120 £; P 📶) Mit ihren Kiefernholzmöbeln, den Ledersesseln und der dezenten Farbgestaltung ist dies eine der ansprechendsten Unterkünfte in Harrogate. Zum freundlichen, gemütlichen Hotel kommt noch ein exzellentes Restaurant mit Bar, wo allabendlich außer samstags Live-Jazz erklingt.

**Arden House Hotel** B&B ££
(☎01423-509224; www.ardenhousehotel.co.uk; 69–71 Franklin Rd; EZ/DZ ab 50/80 £; P 📶) Dieses stattliche alte edwardianische Haus ist umfassend modernisiert worden und wartet jetzt mit stilvollem zeitgenössischem Mobiliar, Bettwäsche aus Mako-Baumwolle und edlen Toilettenartikeln auf. Es gibt aber auch noch einige historische Einrichtungsmerkmale wie gekachelte gusseiserne Kamine. Aufmerksamer Service, gutes Frühstück und eine zentrale Lage kommen als Sahnehäubchen noch dazu.

**Hotel du Vin** BOUTIQUEHOTEL £££
(☎01423-856800; www.hotelduvin.com; Prospect Pl; Zi./Suite ab 155/315 £; P @ 📶) Das extrem stilvolle Boutiquehotel hat viele andere Unterkünfte der Stadt aus ihrem Dornröschenschlaf wachgerüttelt. Die Loftsuiten mit freiliegenden Eichenbalken, Hartholzböden und Designerbädern gehören zu den schönsten Zimmern der Stadt, doch auch die Standardzimmer sind geräumig und sehr komfortabel (wenn auch z. T. nicht gerade ruhig), jedes mit einem großen Bett, bedeckt mit weicher ägyptischer Baumwolle.

## Essen

**Le Jardin** BISTRO £
(☎01423-507323; www.lejardin-harrogate.com; 7 Montpellier Pde; Hauptgerichte mittags 5–9 £, 2-/3-Gänge-Abendessen 10/13 £; ⏲Di–Fr 11.30–14.30, Di–Sa 18–20.30, So 12–15 Uhr; 👪) Dieses coole kleine Bistro hat eine gemütliche Stimmung, besonders wenn abends Kerzenlicht ein romantisches Funkeln herbeizaubert. Tagsüber genießen die Einheimischen hier gerne tolle Salate und Sandwiches und hausgemachte Eiscreme.

**Bettys** TEAROOM ££
(www.bettys.co.uk; 1 Parliament St; Hauptgerichte 6–14 £, afternoon tea 18,50 £; ⏲9–21 Uhr) Das Bettys, ein klassischer Tearoom in toller Lage mit Blick auf den Park, ist eine echte Institution in der Stadt. Es wurde 1919 von einem zugewanderten Schweizer Konditor gegründet, der den falschen Zug genommen hatte, in Yorkshire gelandet war und sich entschlossen hatte zu bleiben. Hier gibt's ausgezeichnetes hausgemachtes Brot, *scones*, Kuchen, guten Tee und Kaffee sowie eine Galerie mit Jugendstil-Einlegearbeiten.

**Le D2** BISTRO, FRANZÖSISCH ££
(www.led2.co.uk; 7 Bower Rd; 2-/3-Gänge-Abendessen 21/25 £; ⏲Di–Sa 12–14 & 18–23.30 Uhr) 🍃 In diesem hellen, luftigen Bistro ist immer was los, denn dank entspannter Atmosphäre, herzlichem Service und herzhaften Speisen aus regionalen Zutaten, die mit französischer Raffinesse verarbeitet werden, kommen die Gäste immer wieder gerne hierher. Eine Mittagsmahlzeit mit einem Gericht und einem Getränk kostet 8,95 £.

**Tannin Level** MODERN BRITISCH ££
(☎01423-560595; www.tanninlevel.co.uk; 5 Raglan St; Hauptgerichte 15–25 £; ⏲Mo–Do 12–21, Fr & Sa bis 21.30, So bis 20 Uhr) 🍃 Alte Terrakotta-Bodenfliesen, polierte Mahagonitische und goldgerahmte Spiegel und Gemälde schaffen in diesem beliebten Viertelbistro ein elegantes und gleichzeitig entspanntes Ambiente. Die erschwinglichen Speisen, z. B. in Yorkshire-Ale geschmortes Rindfleisch oder Seebrasse in Haselnusskruste, basieren auf saisonalen britischen Zutaten und kommen sehr gut an – also am besten reservieren!

**Sasso** ITALIENISCH ££
(☎01423-508838; www.sassorestaurant.co.uk; 8–10 Princes Sq; Hauptgerichte 10–22 £; ⏲Mo–Sa 12–15 & 18–24 Uhr) In der erstklassigen Keller-Trattoria wird hausgemachte Pasta auf verschiedene traditionelle Art geboten. Dazu kommen noch andere italienische Spezialitäten.

★ **Van Zeller** MODERN BRITISCH £££
(☎01423-508762; www.vanzellerrestaurants.co.uk; 8 Montpellier St; 3-Gänge-Mittag-/Abendessen 35/50 £; ⏲Di–Sa 12–14 & 18–22 Uhr) 🍃 Der aus Yorkshire stammende Küchenchef Tom van Zeller, der seine Karriere im Bettys begann, bietet exquisite und ungewöhnliche Interpretationen klassischer britischer Gerichte in erfrischend relaxtem Ambiente – hier lautet das Motto „Gutes Essen ohne viel Schnickschnack". Phantasievolle Vorspeisen sind z. B. geräucherte Hühnereier mit Mor-

cheln oder ein Risotto mit wildem Knoblauch und Pinienkernen. Für ein 10-Gänge-Probiermenü muss man 85 £ hinblättern.

## Unterhaltung

**Harrogate Theatre** THEATER
(01423-502116; www.harrogatetheatre.co.uk; Oxford St) In einem viktorianischen Gebäude von 1900 werden Varieté, Comedy, Musicals und Tanz präsentiert.

**Royal Hall** MUSIK
(01423-500500; www.royalhall.co.uk; Ripon Rd) Das prachtvolle edwardianische Theater gehört heute zum Konferenz- und Veranstaltungskomplex Harrogate International Centre. Auf dem Musikprogramm stehen Orchester-, Chor-, Klavier- und Jazzkonzerte – und vieles mehr.

## Praktische Informationen

**Post** (11 Cambridge Rd; Mo–Sa 9.30–17.30 Uhr)

**Touristeninformation** (01423-537300; www.visitharrogate.co.uk; Crescent Rd; April–Okt. Mo–Sa 9–17.30, So 10–13 Uhr, Nov.–März Mo–Sa 9.30–17 Uhr)

## An- & Weiterreise

**Bus** Von Leeds (3,90 £, 40 Min., 4-mal tgl.) fahren National-Express-Busse nach Harrogate. Bus 36 kommt aus Ripon (6 £, 30 Min., alle 15 Min.) und fährt weiter nach Leeds.

**Zug** Mit dem Zug ist Harrogate u. a. von Leeds (7,90 £, 40 Min., alle 30 Min.) und York (8,10 £, 45 Min., stündl.) erreichbar.

# Scarborough

61 750 EW.

Scarborough ist der Ursprungsort der englischen Tradition der Badeurlaube am Meer – und das fing alles früher an, als man vielleicht glaubt. In den 1660er-Jahren pries ein Buch die Heilkräfte einer örtlichen Quelle an, heute Standort des Scarborough Spa. Daraufhin steuerte der erste Schwung an Besuchern den Ort an. Der Glaube an die gesundheitsfördernde Wirkung des Badens im Meer hatte zur Folge, dass in den 1730er-Jahren am Strand Badewagen auftauchten, und mit der Ankunft der Eisenbahn 1845 war das Schicksal Scarboroughs besiegelt. An der Wende zum 20. Jh. prägten Eselsritte, Fish & Chips und Bootsrundfahrten auf der Bucht das Bild und nur ein oder zwei Jahrzehnte später wurde es durch schlüpfrige Postkarten, Schönheitswettbewerbe und Spielhallen ergänzt.

Wie alle britischen Seebäder erlebte auch Scarborough in den letzten Jahrzehnten einen Niedergang, da die Leute sich jetzt eher ins Flugzeug setzten, um an die Costa Blanca oder sonst wohin zu jetten, aber inzwischen sieht es wieder besser aus. Die Stadt hat sich alle Markenzeichen eines klassischen Seebads bewahrt, ist aber gerade dabei, sich als Zentrum für kreative Künste und digitale Industrien neu zu erfinden. Das viktorianische Heilbad ist zu einem Konferenz- und Veranstaltungscenter umgemodelt worden, ein ehemaliges Museum beherbergt heute Künstlerateliers und an der Hafenpromenade gibt's jetzt kostenloses, frei zugängliches WLAN – dieses Areal wird als Kneipen-, Café- und Restaurantviertel der Stadt beworben.

Neben den üblichen Attraktionen einer Stadt am Meer bietet Scarborough ausgezeichnete Möglichkeiten für Küstenwanderungen, ein Geologiemuseum, eine der am eindrucksvollsten gelegenen Burgen Yorkshires und ein renommiertes Theater, Heimatbühne des beliebten Dramatikers Alan Ayckbourn.

## Sehenswertes

**★ Scarborough Castle** BURG
(EH; www.english-heritage.org.uk; Erw./Kind 5/3 £; April–Sept. 10–18 Uhr, Okt. bis 17 Uhr, Nov.–März nur Sa & So bis 16 Uhr) Der große mittelalterliche Burgfried von Scarborough Castle besticht durch seine beherrschende Stellung auf einer Landspitze. Der Legende nach liebte Richard I. den Ausblick von hier oben so sehr, dass sein Geist immer wieder hierher zurückkehrt. Wer bis zum Rand der Klippe geht, sieht die 2000 Jahre alten Überreste einer **römischen Signalstation**; schon die Römer erfreuten sich also an dieser Aussicht.

**★ Rotunda Museum** MUSEUM
(www.rotundamuseum.co.uk; Vernon Rd; Erw./Kind 3 £/frei; Di–So 10–17 Uhr; ) Das Rotunda Museum widmet sich der Küstengeologie des nordöstlichen Yorkshire: Hier wurden viele der bedeutendsten Dinosaurierfunde Großbritanniens gemacht. Die Gesteinsschichten der hiesigen Klippen waren außerdem wichtig für die Erkundung der Geogeschichte Englands. Das Museum wurde von William Smith, dem „Vater der englischen Geologie", der in den 1820er-Jahren

## Scarborough

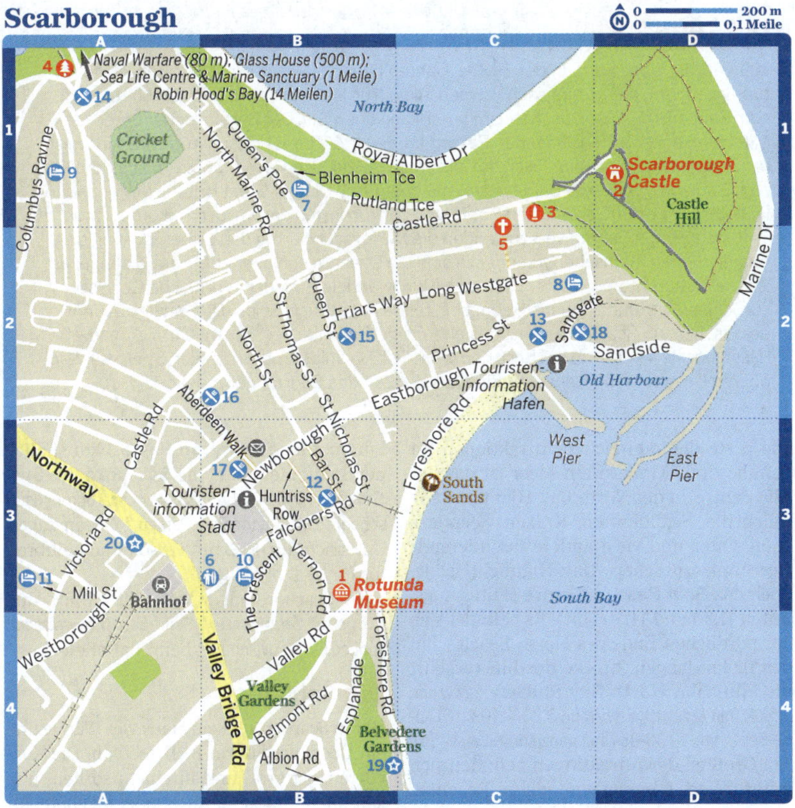


## Scarborough

**Highlights**
1 Rotunda Museum ..... B3
2 Scarborough Castle ..... D1

**Sehenswertes**
3 Grab von Anne Brontë ..... C1
4 Peasholm Park ..... A1
5 St. Mary's Church ..... C1

**Aktivitäten, Kurse & Touren**
6 Secretspot Surf Shop ..... B3

**Schlafen**
7 Helaina ..... B1
8 Interludes ..... C2
9 North Bay Guest House ..... A1
10 Regency Central Hotel ..... B3
11 Windmill ..... A3

**Essen**
12 Bonnet's ..... B3
13 Golden Grid ..... C2
14 Jeremy's ..... A1
15 Lanterna ..... B2
16 Naylor's ..... B2
17 Roasters ..... B3
18 Tunny Club ..... C2

**Unterhaltung**
19 Scarborough Spa ..... B4
20 Stephen Joseph Theatre ..... A3

in Scarborough lebte, gegründet und wartet sowohl mit viktorianischen Originalexponaten als auch einer interaktiven Abteilung für Kinder auf.

**Sea Life Centre & Marine Sanctuary** AQUARIUM
(www.sealife.co.uk; Scalby Mills; Eintritt 16,20 £, Familie 13,20 £ pro Pers.; 10–17 Uhr; P)

### DER TUNNY CLUB

Merkwürdig, aber wahr: In den 1930er-Jahren begann der Blauflossenthunfisch, kurz *tunny* genannt, den Heringsschwärmen in die Nordsee zu folgen, und Yorkshire wurde zum Zentrum der Sportfischerei im amerikanischen Stil. Der Berufsfischer Lorenzo Mitchell-Henry stellte 1933 einen Rekord für den größten in britischen Gewässern mit der Angelrute gefangenen Fisch auf, als er ein 386 kg schweres Monstrum aus dem Meer zog. Scarborough wurde bald zur Heimat des Tunny Club of Great Britain. Millionäre und Filmstars auf Urlaub charterten Boote und konkurrierten darum, den Rekord zu brechen.

In den 1950er-Jahren verschwanden die Heringsschwärme dank Überfischung und mit ihnen die Thunfische. Mittlerweile sind die Ozeanriesen aber aufgrund gestiegener Wassertemperaturen – einer Folge des Klimawandels – wieder in britische Gewässer zurückgekehrt, und auch die Heringsbestände haben sich erholt. Das einzige Zeugnis der Fischerei in Scarborough ist das ehemalige Gebäude des **Tunny Club** (1 Sandgate; Hauptgerichte 4–7 £; ⌚11–23 Uhr), heute ein Fish-&-Chips-Imbiss, dessen Speisesaal im oberen Geschoss mit Gegenständen aus der Zeit des Sportangelns dekoriert ist.

Die beste der zahlreichen Attraktionen für Familien mit Kindern am Meer ist das Sea Life Centre an der North Bay. Hier gibt's Korallenriffe, Schildkröten, Kraken, Seepferdchen, Otter und viele andere faszinierende Geschöpfe zu sehen. Das Highlight ist jedoch das **Seal Rescue Centre** (Fütterungszeiten 11.30 und 14.30 Uhr). Es befindet sich am nördlichen Ende des North Beach – auf der 1,2 km langen Strecke dorthin verkehrt die Minibahn **North Bay Railway** (www.nbr.org.uk; hin & zurück Erw./Kind 3,30/2,70 £; ⌚April–Sept. tgl. 10.30–15 Uhr, ganzjährig Sa & So). Ein Großteil der Attraktionen befindet sich unter freiem Himmel – an einem Regentag also nicht die allerbeste Wahl.

**Peasholm Park** PARK

(www.peasholmpark.com; Columbus Ravine; ⌚24 Std.) Scarboroughs schöner edwardianischer Park an der North Bay ist berühmt für die Sommerveranstaltung **Naval Warfare** (Erw./Kind 3,90/2,10 £; ⌚Juni–Aug. an 15 Terminen). Dann werden auf dem Bootsee mit großen Modellschiffen berühmte Seeschlachten nachgestellt (Termine auf der Website).

**St. Mary's Church** KIRCHE

(Castle Rd; ⌚Mai–Sept. Mo–Fr 10–16, So 13–16 Uhr) Diese Kirche stammt aus dem 12. bis 15. Jh. – ihre Geschichte wird drinnen auf Tafeln erläutert –, am interessantesten ist aber der kleine Friedhof auf der anderen Seite der Gasse mit dem **Grab von Anne Brontë**.

## Aktivitäten

Die Nordostküste Englands ist mit einer recht guten Brandung gesegnet, die eine wachsende Surferszene nährt. Ein guter Surfspot ist die **Cayton Bay** 6,5 km südlich der Stadt; hier bietet die **Scarborough Surf School** (☎01723-585585; www.scarboroughsurfschool.co.uk; Cayton Bay; Parken 2 £) Ganztagesunterricht für 45 £ pro Person und Leihbretter für 18 £ pro Tag.

In Scarborough selbst gibt's Infos und Tipps im **Secretspot Surf Shop** (www.secretspot.co.uk; 4 Pavilion Tce) beim Bahnhof.

## Schlafen

Hat in Scarborough ein Haus vier Wände und ein Dach, wird darin B&B geboten. Die Konkurrenz ist groß und in einem so heiß umkämpften Markt gibt's Sonderangebote für mehrere Nächte in Hülle und Fülle, sodass es am teuersten ist, nur eine Nacht zu bleiben.

**Scarborough YHA** HOSTEL £

(☎01723-361176; www.yha.org.uk; Burniston Rd; B/4BZ ab 18/60 £; P) Das idyllische Hostel in einer alten Wassermühle des 17. Jhs. liegt zwei Meilen nördlich der Stadt an der A165 Richtung Whitby. Vom York Place fahren Bus 3 und 3A hierher.

★ **Helaina** B&B ££

(☎01723-375191; www.hotelhelaina.co.uk; 14 Blenheim Tce; EZ/DZ ab 79/89 £; ⌚April–Nov. tgl., Feb. & März nur Fr & Sa; 📶) Es dürfte schwerfallen, eine Unterkunft mit einem besseren Meerblick zu finden als dieses elegante B&B auf einer Klippe oberhalb des North Beach. Und auch drinnen sieht's ziemlich gut aus, mit stilvollen modernen Möbeln und kühlen Farben. Der Aufpreis für das Zimmer mit Erkerfenster und Seeblick (119 £) lohnt sich auf jeden Fall.

### Waves
B&B ££

(☎01723-373658; www.scarboroughwaves.co.uk; 39 Esplanade Rd, South Cliff; EZ/DZ ab 39/68 £; P 📶) Frische Baumwollbettwäsche und kräftige Duschen sorgen in diesem B&B für komfortables Nächtigen, aber eigentlich herausragend ist das zweite B – das Frühstück hier reicht von veganerfreundlichen Obstsalaten und Smoothies bis zu Pfannengerichten, Bücklingen und *kedgeree*, einem Reisgericht mit Fisch, Eiern und Butter. Toll ist auch die Jukebox in der Lounge mit Hits aus den 60ern und 70ern.

Das B&B liegt einen guten Kilometer südlich des Stadtzentrums abseits der A165 (Ramshill Rd).

### North Bay Guest House
B&B ££

(☎01723-374406; www.northbay-scarborough.co.uk; 137 Columbus Ravine; EZ/DZ ab 28/60 £; 📶 🐾) Gemütliche, bunte Zimmer, reichhaltiges Frühstück und wunderbar freundliche Betreiber sorgen in diesem ausgezeichneten B&B für ein außergewöhnlich gutes Preis-Leistungs-Verhältnis. Es liegt in fußläufiger Nähe zum Peasholm Park, zur North Bay Railway und zum Strand der North Bay.

### Windmill
B&B ££

(☎01723-372735; www.windmill-hotel.co.uk; Mill St; DZ ab 85 £; P 📶) Dieses B&B urig zu nennen wäre noch stark untertrieben: Es residiert in einer wundervoll umgebauten Windmühle aus dem 18. Jh. mitten in der Stadt. Geboten werden zwei Selbstversorger-Cottages und drei Doppelzimmer mit Himmelbetten, angeordnet um einen Kopfsteinpflasterhof. Am schönsten ist jedoch die Suite (ab 110 £ pro Nacht) in den oberen Etagen der Windmühle selbst mit tollem Ausblick vom umlaufenden Balkon.

### Interludes
B&B ££

(☎01723-360513; www.interludeshotel.co.uk; 32 Princess St; EZ/DZ 45/70 £; 📶) Die Eigentümer Ian und Bob haben eine Ader fürs Theatralische und haben ihre Leidenschaft in diesem reizenden, schwulenfreundlichen georgianischen Haus voller alter Theaterplakate, Drucke und anderer Theater-Erinnerungsstücke mit sichtlichem Erfolg ausgelebt. Die individuell eingerichteten Zimmer zaubern ein Lächeln auf die Lippen eines jeden Gastes. Keine Kinder.

### Regency Central Hotel
HOTEL £££

(☎01723-365766; www.regencycentralhotel.com; 1–3 The Crescent; EZ/DZ ab 100/149 £; P 📶) Dieses vor Kurzem modernisierte Hotel in einer eleganten georgianischen *terrace* (Häuserreihe) mitten im Zentrum, an einer ruhigen, an einem Park gelegenen Straße, vereint



ABSTECHER

## DAS SCHWARZE SCHAF DER BRAUFAMILIE

Das Dorf Masham (sprich: Massam) ist eine wahre Pilgerstätte für *real-ale*-Kenner – hier werden seit 1827 die Theakston's-Biere gebraut. Das bekannteste Gebräu der Firma, Old Peculier, verdankt seinen Namen dem Peculier of Masham, einem im Mittelalter eingerichteten Pfarrgericht, das sich mit religiösen Verstößen befasste, z. B. Trunkenheit, Schlägereien und „einen Schädel vom Friedhof stehlen und ihn unter den Kopf einer Person legen, damit diese einschläft". Das Siegel des Gerichts dient als Emblem für die Theakston Ales.

Zum Schrecken der *real-ale*-Fans und nach starken Auseinandersetzungen zwischen den Mitgliedern der Familie Theakston wurde die Theakston Brewery 1987 vom Brauereigiganten Scottish & Newcastle übernommen. Fünf Jahre später kaufte Paul Theakston, der sich weigerte, für S&N zu arbeiten, und das handwerkliche Brauen in Mikrobrauereien am Leben erhalten wollte, eine alte Mälzerei in Masham und gründete seine eigene Brauerei, die er Black Sheep nannte. Er schaffte es, zahlreiche traditionelle Braugeräte zu retten, darunter sechs *Stone-square*-Braukessel aus Yorkshire, und führte bald ein florierendes Unternehmen.

Im Jahr 2004 schloss sich der Kreis, als Pauls vier Brüder die Theakston Brewery wieder für die Familie übernahmen. Sowohl die **Black Sheep Brewery** (☎01765-680101; www.blacksheepbrewery.com; Führungen 6,95 £; ⏲So–Mi 10–17, Do–Sa bis 23 Uhr) als auch die **Theakston's Brewery** (☎01765-680000; www.theakstons.co.uk; Führungen 6,95 £; ⏲Juli & Aug. 10.30–17.30 Uhr, Sept.–Juni bis 16.30 Uhr) haben Besucherzentren und bieten Führungen an, die man am besten vorbucht.

Masham liegt 15 km nordwestlich von Ripon an der A6108 nach Leyburn. Bus 159 von Richmond nach Ripon hält in Masham (4 £, 30 Min., 2- oder 3-mal tgl.).

altmodischen Stil – geraffte Gardinen und tiefe Sofas – und geräumige Zimmer mit aufmerksamem, aber freundlichen und ungezwungenen Service.

## Essen

**Glass House** CAFÉ £
(☎01723-368791; www.glasshousebistro.co.uk; Burniston Rd; Hauptgerichte 4–8 £; ⊙10–16.30 Uhr; ) Hausgemachte Lasagne, *steak-and-ale pie* und gefüllte gebackene Kartoffeln locken mittags zahlreiche Gäste in dieses nette und immer gut besuchte Café beim Startpunkt der North Bay Railway. Ansonsten gibt's noch warmes Frühstück, Sandwiches, Kuchen und *scones*.

**Roasters** CAFÉ £
(www.roasterscoffee.co.uk; 8 Aberdeen Walk; Hauptgerichte 4–6 £; ⊙9–17 Uhr) Ein einladendes Café mit schweren Kiefernholztischen, Bugholzstühlen und einer tollen Auswahl an frisch gemahlen Kaffeesorten. Außerdem gibt's eine Saft- und Smoothies-Theke und mittags z. B. Ciabatta, Salate und Pellkartoffeln.

**Bonnet's** TEAROOM £
(38–40 Huntriss Row; Hauptgerichte 5–9 £; ⊙Mo–Sa 9–17, So 11–16 Uhr) Eines der ältesten Cafés der Stadt (gegründet 1880) serviert in einem stillen Hof köstlichen Kuchen und kleine Gerichte.

### FOUNTAINS ABBEY & STUDLEY ROYAL

Im abgeschiedenen Tal des River Skell liegen zwei von Yorkshires schönsten Sehenswürdigkeiten, ein absolutes Muss auf jeder Reise durch Nordengland.

Der faszinierende Wassergarten des Anwesens Studley Royal wurde im 18. Jh. errichtet, um das Erscheinungsbild der malerischen Ruinen der **Fountains Abbey** (NT; www.fountainsabbey.org.uk; Erw./Kind 10,50/5,25 £; ⊙April–Sept. 10–18 Uhr, Okt.–März Sa–Do bis 17 Uhr) aus dem 12. Jh. zu verschönern. Das Ergebnis ist ein atemberaubendes Sinnbild ländlicher Eleganz und Stille, dem die Anlage ihren Status als Weltkulturerbe verdankt; außerdem ist sie die meistbesuchte aller kostenpflichtigen Einrichtungen des National Trust.

Nachdem sie sich 1132 mit den Yorker Benediktinern überworfen hatten, gründeten einige aufsässige Mönche hier ihr eigenes Kloster. Auf sich allein gestellt hatten sie Probleme, sich zu halten, und wurden 1135 formell von den Zisterziensern aufgenommen. Zur Mitte des 13. Jhs. war die neue Abtei das erfolgreichste Unternehmen der Zisterzienser im Land. Nach der Auflösung der Klöster durch Heinrich VIII. wurden die Ländereien des Klosters an Privatleute verkauft. Zwischen 1598 und 1611 wurde aus Steinen der Klosterruine die **Fountains Hall** erbaut. Das herrschaftliche Gemäuer und die Ruinen wurden 1768 mit dem Anwesen Studley Royal zusammengelegt.

**Studley Royal** befand sich im Besitz von John Aislabie, einst Chancellor of the Exchequer (Schatzkanzler); nachdem er aufgrund eines Finanzskandals aus dem Parlament ausgeschlossen worden war, widmete er sein Leben ganz der Schaffung dieses Parks. Das Haupthaus von Studley Royal brannte 1946 nieder, aber die wunderbaren Gartenanlagen mit dem stillen künstlichen See haben seit dem 18. Jh. fast unverändert überdauert.

Verschiedene schöne Wege führen über rund 1,5 km zum berühmten Wassergarten, der den romantischen Blick auf die Ruinen unterstreichen sollte. Die **St. Mary's Church** (Studley Royal; ⊙April–Sept. 12–16 Uhr) GRATIS oberhalb des Gartens ist ein neogotisches Juwel von William Burgess; wer mag, kann sich von der Aufsicht die bekannte Maus im Stein des Mausoleums zeigen lassen.

Die Überreste der Abtei sind beeindruckend grandios; sie umrahmen einen sonnigen romanischen **Kreuzgang**. An das westliche Ende der Kirche schließt sich ein großes **Cellarium** mit Gewölbedecke an. Hier lebten die 200 Laienbrüder des Klosters und wurden Lebensmittel und Wolle von den Höfen des Klosters gelagert. Am Ostende erhebt sich die **Chapel of Nine Altars** und draußen an ihrem Nordostfenster befindet sich ein Bildnis des Grünen Mannes, eines vorchristlichen Fruchtbarkeitssymbols.

Fountains Abbey liegt 6,5 km westlich von Ripon abseits der B6265. Bus 139 fährt ganzjährig von Ripon zum Besucherzentrum der Fountains Abbey (2,60 £ hin & zurück, 15 Min., Mo–Sa 4-mal tgl., im Sommer So 7-mal).

**Naylor's** FISH & CHIPS £
(45 Aberdeen Walk; Hauptgerichte 4–5 £; ⌚ Mo–Do 11.30–18, Fr & Sa bis 19 Uhr) Steht derzeit ganz oben auf der Hitliste für die besten Fish & Chips in Scarborough.

★ **Jeremy's** BRITISCH, FRANZÖSISCH ££
(☎ 01723-363871; www.jeremys.co; 33 Victoria Park Ave; Hauptgerichte 16–24 £, 3-Gänge-Mittagessen sonntags 25 £; ⌚ Mi–Sa 18–21.30, So 12–15 Uhr; 👪) Das phantastische Nachbarschaftsbistro liegt abseits der Touristenpfade und wird von einem Koch geführt, der sich seine Michelin-Lorbeeren bei Marco Pierre White verdient hat. Das Juwel wartet mit einem Art-déco-Ambiente und einer Karte auf, die beste Zutaten aus Yorkshire und dem restlichen Großbritannien mit französischem Erfindergeist und Flair vermählt. Fürs Wochenende sollte man reservieren.

**Golden Grid** FISH & CHIPS ££
(www.goldengrid.co.uk; 4 Sandside; Hauptgerichte 8–18 £; ⌚ 11.30–23 Uhr; 👪) Wer je behauptet hat, Fish & Chips könnte man nicht mit Würde essen, der kennt das Golden Grid noch nicht: In diesem Fischrestaurant wird seit 1883 der beste Kabeljau in Scarborough serviert. Die gestärkten weißen Tischdecken und gestärkten weißen Schürzen sind umwerfend traditionell, genauso wie die Speisekarte – neben Fisch gibt's z. B. noch *sausage and mash* (Wurst und Kartoffelpüree), *liver and bacon* (Leber und Frühstücksspeck) und *steak and chips*.

★ **Lanterna** ITALIENISCH £££
(☎ 01723-363616; www.lanterna-ristorante.co.uk; 33 Queen St; Hauptgerichte 15–24 £; ⌚ Mo–Sa 19–22 Uhr) Die gemütliche, altmodische Trattoria ist auf frische regionale Meeresfrüchte (Hummer ab 32 £) und klassische Gerichte vom Stiefel spezialisiert wie *stufato de ceci* (Kichererbseneintopf mit Ochsenschwanz). In der Saison werden außerdem Gerichte mit weißen Trüffeln aufgetischt (Okt.–Dez.; 30–45 £). Die Zutaten kommen nicht nur aus Yorkshire, sondern auch direkt aus Italien.

## ☆ Unterhaltung

**Stephen Joseph Theatre** THEATER
(☎ 01723-370541; www.sjt.uk.com; Westborough) Hier wird eine breite Palette von Theaterstücken inszeniert, u. a. finden hier die Uraufführungen der Dramen von Alan Ayckbourn statt, dem bekannten Chronisten der Mittelschicht.

**Scarborough Spa** VARIETÉ
(☎ 01723-821888; www.scarboroughspa.co.uk; Foreshore Rd) Im wiederbelebten Heilbadkomplex wird vielfältige Unterhaltung geboten, besonders in den Sommermonaten – Orchesterkonzerte, Varietévorstellungen, populäre Musicals und altmodische Tanztees.

## ℹ Praktische Informationen

**FreeBay Wifi** (📶) Kostenloses WLAN am Hafen zwischen West Pier und East Pier

**Post** (11–15 Aberdeen Walk; ⌚ Mo–Fr 9–17.30, Sa bis 12.30 Uhr)

**Touristeninformation Hafen** (Sandside; ⌚ Ostern–Okt. 10–17.30 Uhr, Juli & Aug. bis 21 Uhr)

**Touristeninformation Stadt** (☎ 01723-383637; www.discoveryorkshirecoast.com; Brunswick Shopping Centre, Westborough; ⌚ April–Okt. 9.30–17.30 Uhr, Nov.–März Mo–Sa 10–16.30 Uhr; 📶)

## ℹ An- & Weiterreise

**Bus** Bus 128 fährt auf der A170 von Helmsley über Pickering nach Scarborough (7,60 £, 1½ Std., Mo–Sa stündl., So 6-mal), die Busse 93 und X93 kommen aus Whitby (5,60 £, 1 Std., alle 30 Min.), davon jeder zweite Bus via Robin Hood's Bay (stündl.). Bus 843 fährt von Leeds (12 £, 2¾ Std., stündl.) über York (11 £, 1¾ Std., stündl.) nach Scarborough.

**Zug** Regelmäßig verkehren Züge aus Hull (15,10 £, 1½ Std., stündl.), Leeds (18 £, 1¼ Std., stündl.) und York (15 £, 50 Min., stündl.) nach Scarborough.

## ℹ Unterwegs vor Ort

Kleine viktorianische **Standseilbahnen** (0,80 £ pro Pers.; ⌚ Feb.–Okt. 9.30–17.30 Uhr) fahren die steilen Klippen zwischen Stadt und Strand hoch und runter. Stadtbusse verkehren vom westlichen Ende der Straße Westborough und ab dem Bahnhof.

Ein Taxi kann man bei **Station Taxis** (☎ 01723-366366; www.taxisinscarborough.co.uk) bestellen; für 5 £ sollte ein Großteil der Stadt erreichbar sein.

# NORTH YORK MOORS NATIONAL PARK

Die wilden, windgepeitschten North York Moors landeinwärts der Küste von Nordyorkshire erheben sich in einsamer Pracht. Drei Viertel des Heidemoorlands der Welt sind in Großbritannien zu finden und dies ist die größte Fläche im Land. Aus üppigen grünen Tälern winden sich Straßen hinauf

## North York Moors National Park

zum trostlosen offenen Hochmoor, wo vom Wetter gezeichnete Steinkreuze den Verlauf alter Wege markieren. Im Sommer erblüht die Heide zu einem lilafarbenen Teppich.

Dies ist klassisches Wanderterrain. Die North York Moors sind von alten und neuen Pfaden durchzogen und mit hübschen, blumengeschmückten Dörfern gespickt. Im Nationalpark verkehrt außerdem eine der schönsten Dampfbahnen Englands.

Der Nationalpark gibt die praktische Besucherbroschüre *Out & About* mit Informationen über Sehenswürdigkeiten und Aktivitäten heraus, erhältlich in Touristeninformationen und Hotels. Siehe auch www.northyorkmoors.org.uk.

### Praktische Informationen

Zwei Nationalparks-Besucherzentren halten Informationen zu Wander- und Radfahrmöglichkeiten, Wildtieren und öffentlichen Verkehrsmitteln bereit:

**Moors National Park Centre** (01439-772737; www.northyorkmoors.org.uk; Lodge Lane, Danby; April–Okt. 10–17 Uhr, Nov.–März 10.30–16 Uhr, Jan.–Feb. nur Sa & So)

**Sutton Bank National Park Centre** (01845-597426; www.northyorkmoors.org.uk; Sutton Bank, bei Thirsk; April–Okt. 10–17 Uhr, Nov.–März 10.30–16 Uhr, Jan.–Feb. nur Sa & So; )

### Unterwegs vor Ort

Von Ende Mai bis September fährt der Bus **Moors Explorer** (01482-592929; www.eyms.co.uk) sonntags und – falls das ein gesetzlicher Feiertag ist – auch montags von Hull zum Moors National Park Centre in Danby, über Beverley, Pickering, Hutton-le-Hole und das Lion Inn in Blakey; zwischen Danby und Pickering verkehrt ein Shuttle. Ein Tagesticket, mit dem man beliebig aus- und wieder einsteigen kann, kostet 12,50 £.

Wer auf den kleinen Landstraßen im Moor unterwegs ist, sollte besonders auf Schafe und Lämmer auf der Straße achten – jedes Jahr fallen Hunderte unachtsamen Autofahrern zum Opfer.

## Helmsley

1515 EW.

Helmsley ist ein klassischer Marktflecken in Nordyorkshire: ein hübscher Haufen alter Steinhäuser, historischer Poststationsherbergen und mit dem unvermeidlichen kopfsteingepflasterten Marktplatz (Freitag ist Markttag), alles bewacht von einer robusten normannischen Burg. Ganz in der Nähe befinden sich die romantischen Ruinen der Rievaulx Abbey und verlaufen einige Wanderwege.

## Sehenswertes & Aktivitäten

**Helmsley Castle** BURG

(EH; www.english-heritage.org.uk; Erw./Kind 5,20/3,10 £; April–Sept. 10–18 Uhr, Okt. bis 17 Uhr, Nov.–März Sa & So bis 16 Uhr) Die eindrucksvollen Ruinen des Helmsley Castle aus dem 12. Jh. werden geschützt durch einen Ring aus tiefen Gräben und hohen Wällen, auf denen spätere Herrscher dicke Steinmauern und Wehrtürme errichteten. Heute ist nach dem Abbruch der Burg durch Sir Thomas Fairfax nach dem Englischen Bürgerkrieg nur noch ein zahnförmiger Turm übrig. Die turbulente Geschichte der Festung wird im Besucherzentrum gut erläutert.

**Helmsley Walled Garden** GÄRTEN

(www.helmsleywalledgarden.org.uk; Erw./Kind 6 £/frei; April–Okt. 10–17 Uhr) Der Helmsley Walled Garden wäre eigentlich nichts Besonderes, wären da nicht seine tolle Lage neben dem Helmsley Castle und seine fabelhafte Sammlung an Blumen, Obst und Gemüse – mit einigen seltenen Sorten – und nicht zu vergessen an Kräutern, darunter allein 40 Sorten Minze. Leute, die sich für historischen Gartenbau interessieren, werden sich hier wie im Paradies fühlen.

**Duncombe Park Gardens** GÄRTEN

(www.duncombepark.com; Erw./Kind 5/3 £; Mai–Aug. So–Fr 10.30–17 Uhr) Südlich von Helmsley erstreckt sich die wundervolle Landschaft des Landsitzes Duncombe Park, dessen Herzstück das stattliche Duncombe Park House bildet. Vom nicht öffentlich zugänglichen Haus und den architektonischen Gärten ziehen sich Graswege und Terrassen durch Waldland zu pseudoklassischen Tempeln. Längere Wanderwege durchziehen das landschaftlich gestaltete Parkland, das heute als Naturschutzgebiet ausgewiesen ist. Wer sich auf einen der vielen Wege begibt, kann hier leicht einen ganzen Tag verbringen. Der beste ist die 5,6 km lange Strecke zur Rievaulx Abbey; die Touristeninformation hält Wegbroschüren bereit und informiert über Busverbindungen, sollte man nur eine Strecke laufen wollen. Dieser Weg ist zugleich der Beginn des Cleveland Way.

## Schlafen

**Helmsley YHA** HOSTEL £

(0845 371 9638; www.yha.org.uk; Carlton Lane; B/4BZ 21/91 £; P) Dank ihrer zentralen Lage nur 400 m östlich des Marktplatzes am Beginn des Cleveland Way ist diese Jugendherberge häufig ausgebucht – also besser reservieren!

**Wrens of Ryedale** CAMPINGPLATZ £

(01439-771260; www.wrensofryedale.co.uk; Gale Lane; Stellplatz & 1 Pers. 12 £, mit Auto & 2 Pers. 20 £; April–Okt.; ) Ein geschützter Campingplatz mit mehr als einem Hektar wunderschöner Parklandschaft knapp 5 km östlich von Helmsley, unmittelbar südlich von Beadlam.

**Feathers Hotel** GASTHOF ££

(01439-770275; www.feathershotelhelmsley.co.uk; Market Pl; EZ/DZ ab 70/80 £) Eine von mehreren alten Poststationsherbergen am Marktplatz, die B&B, recht gute Kneipenkost und handgepumptes *real ale* bieten. In einigen Zimmern stehen Himmelbetten und im ganzen Haus gibt's historische Ausstattungselemente.

**Feversham Arms** HOTEL £££

(01439-770766; www.fevershamarms.com; High St; Zi. ab 130 £; P ) Das Feversham Arms, ein rustikales Hotel, das im Designerlook modernisiert wurde, bietet eine gemütliche und kultivierte Atmosphäre – hier trifft ländlicher Charme auf Boutiquehotelschick. Neben individuell eingerichteten Zimmern gibt's ein ausgezeichnetes Restaurant, Wellnessanwendungen und im Innenhof einen beheizten Außenpool.

## Essen

Helmsley ist eine Art Gourmetort mit zwei guten Feinkostgeschäften am Hauptplatz. Der Fleischer und Feinkostladen **Thomas of Helmsley** (18 Market Pl; Mo–Sa 7.30–17.30, So 10–16 Uhr) ist auf Lebensmittel aus der Region spezialisiert, **Hunters of Helmsley** (www.huntersofhelmsley.com; 13 Market Pl; 8–17.30 Uhr) bietet ein Füllhorn an Chutneys, Marmeladen, Bier, Käse, Schinken, Pfefferminzbonbons und Eiscreme aus der Region – der richtige Ort, um sich für ein Gourmetpicknick einzudecken.

★ **Star Inn** GASTROPUB £££

(01439-770397; www.thestaratharome.co.uk; Harome; Hauptgerichte 19–29 £; Di–Sa 11.30–14, Mo–Sa 18.15–21.30, So 12–18 Uhr; P ) Dieses reetgedeckte Landpub beherbergt eines der besten Restaurants in Yorkshire: Die Speisen auf der Karte bestehen aus erstklassigen regionalen Erzeugnissen. So gibt es z. B. Whitby-Steinbutt mit Räucheraal und Roter Bete oder geröstete englische Wachtel mit Waldpilzen und Trüffeln. Es gibt auch ein 3-Gänge-Menü für 25 £ (Mo–Sa). Harome liegt gut 3 km südöstlich von Helmsley abseits der A170.

Das Star Inn ist einer dieser Orte, die man gar nicht mehr verlassen möchte, und zum Glück ist das auch gar nicht nötig: Die benachbarte Lodge wartet mit acht prächtigen Zimmern (170–260 £) auf, jedes im luxuriösen klassischen Landhausstil eingerichtet.

### Praktische Informationen

Die **Touristeninformation** (01439-770173; Castlegate; März–Okt. 9.30–17.30 Uhr, Nov.–Feb. Fr–So 10–16 Uhr) am Eingang zur Burg verkauft Karten und Bücher und hilft bei der Unterkunftssuche.

### An- & Weiterreise

Alle Busse halten am Hauptplatz. Von York fährt Bus 31X nach Helmsley (7,60 £, 1¼ Std., Mo–Sa 4-mal tgl.). Von Scarborough verkehrt Bus 128 (7,60 £, 1½ Std., Mo–Sa stündl., So 4-mal) über Pickering.

## Rievaulx

Im abgeschiedenen Tal des River Rye stehen inmitten von Feldern und Wäldern, die vom Gesang der Vögel erfüllt sind, die Ruinen der **Rievaulx Abbey** (www.english-heritage.org.uk; Erw./Kind 6,20/3,70 £; April–Sept. 10–18 Uhr, Okt. bis 17 Uhr, Nov.–März nur Sa & So bis 16 Uhr; P). Die umfangreichen Überreste vermitteln einen wunderbaren Eindruck von der Größe und Komplexität der Gemeinschaft, die hier einst existierte. Ihre Geschichte wird in einer Reihe faszinierender Ausstellungen im benachbarten Besucherzentrum beleuchtet.

Im Jahr 1132 wählten Zisterziensermönche dieses idyllische Fleckchen als Basis für ihre missionarische Tätigkeit im Norden Großbritanniens. St. Aelred, der dritte Abt, beschrieb die Lage der Abtei folgendermaßen: „Überall Friede, überall Stille und eine wundervolle Freiheit vom Chaos der Welt". Aber die Mönche von Rievaulx waren alles andere als weltabgewandt und bauten sich schnell ein Netz wirtschaftlicher Unternehmungen auf, von der Schafzucht bis zum Bleibergbau.

In den 1750er-Jahren war auf dem Gebiet der Landschaftsgestaltung gerade ein „gotischer" Look angesagt und viele Adlige ließen sich in ihren Parks Scheinruinen errichten. Die Familie Duncombe setzte noch eins drauf, da auf ihren Ländereien eine echte mittelalterliche Ruine stand, die Rievaulx Abbey. Damit die Lady- und Lordschaften mühelos in der „Wildnis" herumspazieren und die Abtei im Tal unter ihnen bewundern konnten, ließen sie die **Rievaulx Terrace and Temples** (www.nationaltrust.org.uk; Erw./Kind 5,95/3 £; März–Okt. 11–17 Uhr; P) errichten. Auch heutige Besucher können von hier aus wunderbare Ausblicke über das Ryedale und auf die Hambleton Hills genießen.

Rievaulx liegt knapp 5 km westlich von Helmsley. Zwischen der Abtei und der Terrasse gibt es keine direkte Verbindung. Die Zugangstore liegen rund 1,5 km voneinander entfernt, sind jedoch leicht über ein Sträßchen zu erreichen, das von der Abtei zur Terrasse steil bergauf führt.

## Pickering

6590 EW.

Pickering, das sich als „Tor zu den North York Moors" bezeichnet, ist eine lebendige Marktstadt mit einer imposanten normannischen Burg. Hier ist die Endstation der wunderbaren North Yorkshire Moors Railway, einer reizenden Überlebenden aus den glorreichen Zeiten der Dampfeisenbahnen. Die **Touristeninformation** (01751-473791; The Ropery; März–Okt. Mo–Sa 9.30–17.30, So bis 16 Uhr, Nov.–Feb. Mo–Sa 10–16 Uhr) bietet neben dem Üblichen auch zahlreiche Infos für Eisenbahnfreunde.

### Sehenswertes

**North Yorkshire Moors Railway** HISTORISCHE EISENBAHN
(NYMR; www.nymr.co.uk; Pickering-Whitby Day Rover Ticket Erw./Kind 25/12,50 £; Mai–Okt.) Die privat betriebene North Yorkshire Moors Railway befährt eine 29 km lange Strecke, die durch die schöne Landschaft zwischen Pickering und Grosmont führt. Liebevoll restaurierte Dampflokomotiven ziehen historische Waggons mit viel poliertem Messing und bunter Farbgestaltung. Diese Bahn spricht sowohl Eisenbahnfreaks als auch Tagesausflügler an. Wer ohne eigenes Fahrzeug unterwegs ist, kann mit der Bahn wunderbar abgelegene Orte erreichen. Grosmont liegt an der Hauptbahnstrecke zwischen Middlesbrough und Whitby, sodass sich noch viel mehr Möglichkeiten für Wanderungen und Tagestrips eröffnen.

**Pickering Castle** BURG
(EH; www.english-heritage.org.uk; Erw./Kind 4,20/2,50 £; April–Sept. 10–18 Uhr, Okt. bis 17 Uhr) Pickering Castle sieht ungefähr so aus, wie

man sich eine Burg als Kind vorstellte: Dicke Außenmauern umringen den Bergfried und das Ganze thront auf einem hohen Hügel mit toller Aussicht auf das umliegende Land. Die ursprünglich von Wilhelm dem Eroberer angelegte Festung wurde von späteren Herrschern immer wieder aus- und umgebaut.

### Schlafen & Essen

An der baumgesäumten Straße Eastgate (der A170 nach Scarborough) tummeln sich B&Bs und ein paar weitere gibt's an der Westgate Richtung Helmsley. Empfehlenswert sind z. B. **Eleven Westgate** (01751-475111; www.elevenwestgate.co.uk; 11 Westgate; EZ/DZ ab 49/75 £; ), ein hübsches Haus mit Terrasse und Garten, und das elegante georgianische Stadthaus **17 Burgate** (01751-473463; www.17burgate.co.uk; 17 Burgate; EZ/DZ ab 85/99 £; @ ).

Den Market Place säumen mehrere Cafés und Tearooms, gut ist aber auch der **Tearoom** (Hauptgerichte 4–6 £; 8.30–16 Uhr) am Bahnhof: Hier gibt's ausgezeichnete Backwaren aus eigener Herstellung und köstliche Mittagsgerichte wie *Yorkshire pudding* mit Rinderbraten und Bratensauce.

★ **White Swan Hotel** HOTEL £££
(01751-472288; www.white-swan.co.uk; Market Pl; Zi. ab 149 £; P ) Die Topadresse der Stadt vereint ein schickes Pub, ein erstklassiges Restaurant, in dem regionale Zutaten mit einem kontinentaleuropäischen Touch verarbeitet werden (Hauptgerichte 14–25 £), und ein Luxus-Boutiquehotel unter einem Dach. Neun moderne Zimmer in dem umgebauten Kutschenhaus beeindrucken mit Flachbild-TVs und anderen neuzeitlichen Paraphernalia.

### An- & Weiterreise

Zusätzlich zu den NYMR-Zügen verkehrt Bus 128 zwischen Helmsley (4,50 £, 40 Min.) und Scarborough (5,50 £, 50 Min.) stündlich über Pickering. Bus 840 zwischen Leeds und Whitby verbindet Pickering mit York (8,80 £, 70 Min., stündl.).

## Whitby

13 215 EW.

Whitby besteht aus zwei Hälften, die durch die Mündung des River Esk voneinander getrennt sind. Außerdem besitzt die Stadt zwei Persönlichkeiten – einerseits ist sie ein geschäftiger Handels- und Fischereihafen mit einem lebendigen Fischmarkt am Wasser, andererseits ein traditionelles Seebad mit Sandstrand, Spielhallen und Urlaubern, die Eis schleckend an der Seepromenade entlangbummeln.

Diese Kombination macht Whitby interessanter als andere Seebäder. Die Stadt hat sich viel von ihrem Flair des 18. Jhs. bewahrt und erinnert an die Zeit, als James Cook – Whitbys berühmtester Adoptivsohn – sich seine ersten Lorbeeren auf dem Meer verdiente, um schließlich einer der berühmtesten Entdeckungsreisenden aller Zeiten zu werden. Die engen Straßen und Gassen der Altstadt klammern sich ans Flussufer, an dem heute Restaurants, Pubs und niedliche kleine Läden dicht an dicht stehen, allesamt mit Ausblick auf den hübschen Hafen mit seinen bunten Fischerbooten. Und über der ganzen Szenerie wacht die stimmungsvolle Ruine der Abtei oben auf dem East Cliff.

Aber Whitby hat auch eine dunklere Seite. So diente sie als Inspiration und teils auch als Kulisse für Bram Stokers Schauerroman *Dracula*. Außerdem ist Whitby bekannt dafür, dass hier jahrhundertelang in den Seekliffs Gagat (fossiles Holz) abgebaut wurde. Diese glänzende schwarze Substanz wurde im 19. Jh. dadurch populär, dass Königin Victoria oft Trauerschmuck aus Whitby-Gagat trug. Dank diesen eher dunklen Assoziationen finden in Whitby seit ein paar Jahren einige sehr beliebte Grufti-Festivals statt.

### DRACULA IN WHITBY

Den berühmten Roman *Dracula*, Vorbild für Tausende von reißerischen Horrorfilmen, schrieb Bram Stoker, als er 1897 in Whitby Urlaub machte – eine blaue Tafel am Haus 6 Roxal Crescent markiert das Gebäude, in dem er untergebracht war. Obwohl sich die meisten Hollywood-Versionen der Geschichte auf das tiefste, düsterste Transsilvanien konzentrieren, spielte ein großer Teil des Originalbuchs in Whitby. Viele der Schauplätze sind auch heute noch vorhanden.

Die Touristeninformation verkauft ein Faltblatt zum *Dracula Trail* (1 £), der zur **Bram-Stoker-Gedächtnisbank** an der Straße Khyber Pass führt. Von hier sind alle Schauplätze in Whitby zu sehen, die im Roman vorkommen.

## Whitby

## Whitby

**Highlights**
- 1 Captain Cook Memorial Museum ........ C2
- 2 Whitby Abbey ........ D2

**Sehenswertes**
- 3 Bram-Stoker-Gedächtnisbank ........ B1
- 4 St. Mary's Church ........ D2
- 5 Whitby Museum ........ A3
- 6 Whitby Sands ........ B1

**Aktivitäten, Kurse & Touren**
- 7 Dr Crank's Bike Shack ........ B2

**Schlafen**
- 8 Argyle House ........ A2
- 9 Bramblewick ........ B2
- 10 La Rosa Hotel ........ B1
- 11 Langley Hotel ........ A1
- 12 Marine Hotel ........ C1
- 13 Rosslyn House ........ B1
- 14 Shepherd's Purse ........ C2
- 15 Whitby YHA ........ D2

**Essen**
- 16 Green's ........ C2
- 17 Humble Pie 'n' Mash ........ C2
- 18 Java Cafe-Bar ........ C2
- 19 Magpie Cafe ........ C1
- 20 Moon & Sixpence ........ C2
- 21 Quayside ........ C1

**Ausgehen & Nachtleben**
- 22 Duke of York ........ C2
- 23 Station Inn ........ C3

## Sehenswertes

★ **Whitby Abbey** RUINE

(EH; www.english-heritage.org.uk; Erw./Kind 6,60/4 £; April–Sept. 10–18 Uhr, Okt. bis 17 Uhr, Nov.–März nur Sa & So bis 16 Uhr; P) Es gibt Klosterruinen, es gibt malerische Klosterruinen, und es gibt Whitby Abbey, die mit ihrer Silhouette den Himmel über dem East Cliff wie ein riesiger Grabstein aus einem Horrorfilm beherrscht. Sie sieht aus, als sei sie als stimmungsvolle Filmkulisse errichtet worden, und so ist es kaum verwunderlich, dass der viktorianische Romanschriftsteller Bram Stoker – der in Whitby Urlaub machte – dieses mittelalterliche Monstrum zu jenem Ort auserkor, an dem Graf Dracula in dramatischer Weise an Land kam.

Vom Ende der Church Street mit ihren vielen Läden für Gagatschmuck führen die 199 Stufen der **Church Stairs** steil hinauf zur Whitby Abbey, vorbei an der gleichermaßen stimmungsvollen **St. Mary's Church** (⌚April–Okt. 10–17 Uhr, Nov.–März bis 16 Uhr) und ihrem gespenstischen Friedhof, einem beliebten Treffpunkt von Grufti-Pärchen.

**★Captain Cook Memorial Museum** MUSEUM

(www.cookmuseumwhitby.co.uk; Grape Lane; Erw./Kind 4,80/3,30 £; ⌚April–Okt. 9.45–17 Uhr, März 11–15 Uhr) Das faszinierende Museum befindet sich in dem Haus des Reeders, bei dem James Cook seine Seefahrerlaufbahn begann. Zu den Highlights zählen das Dachzimmer, in dem Cook als junger Lehrling logierte, Cooks eigene Karten und Briefe, Stiche aus der Südsee und ein wunderbares Modell der *Endeavour*, deren Mannschaft und Proviant zur Inspektion aufgereiht sind.

**Whitby Sands** STRAND

Auf den Whitby Sands, die sich von der Flussmündung Richtung Westen erstrecken, werden Eselsritte und Eiscreme angeboten und hier können sich die Kids mit Eimer und Schaufel austoben. Der Strand ist vom West Cliff mit dem **Cliff Lift** (0,60 £ pro Pers.; ⌚Mai–Sept. 10–17.30 Uhr) zu erreichen, einem Fahrstuhl, der seit 1931 in Betrieb ist. Das **Captain Cook Monument** auf der Klippe am östlichen Ende des Strands zeigt den großen Entdecker, wie er aufs offene Meer hinausblickt, oft mit einer Möwe auf dem Kopf. Nicht weit hiervon entfernt steht der **Whalebone Arch**, der an Whitbys Zeiten als Walfängerhafen erinnert.

**Whitby Museum** MUSEUM

(www.whitbymuseum.org.uk; Pannett Park; Erw./Kind 5 £/frei; ⌚Di–So 9.30–16.30 Uhr) In einem Park westlich des Stadtzentrums befindet sich das wunderbar vielseitige Whitby Museum. Es wartet mit Plesiosaurier-Fossilien und Dinosaurier-Fußstapfen, Captain-Cook-Erinnerungsstücken, Buddelschiffen, Gagatschmuck und der „Hand of Glory" auf: Die konservierte menschliche Hand wurde angeblich einem hingerichteten Kriminellen abgeschnitten.

## Aktivitäten

Wer einen wunderschönen Tagesausflug unternehmen möchte, nimmt einen Bus nach Robin Hood's Bay, erkundet das Dorf, speist zu Mittag und wandert dann auf dem rund 10 km langen **Klippenpfad** zurück nach Whitby (etwa 3 Std.).

Am schönsten für Radler ist die tolle 32-km-Tour auf dem **Coastal Cycle Trail** von Whitby nach Scarborough. Der Radweg beginnt rund 1,5 km südlich des Stadtzentrums und folgt der Trasse einer alten Eisenbahnlinie über Robin Hood's Bay. Fahrräder verleihen **Dr. Crank's Bike Shack** (☎01947-606661; 20 Skinner St; ⌚Mo, Di & Do–Sa 10–16.30 Uhr) in Whitby für 15 bis 25 £ pro Tag und **Trailways** (☎01947-820207; www.trailways.info; Old Railway Station, Hawsker; ⌚9.30–18 Uhr) in Hawsker.

## Festivals & Events

**Whitby Goth Weekends** SUBKULTUR

(www.whitbygothweekend.co.uk; Tickets 55 £) Ein Grufti-Paradies mit Konzerten, Events und dem Bizarre Bazaar, auf dem Dutzende Händler Grufti-Klamotten, -Schmuck, -Kunst und -Musik verkaufen. Zweimal im Jahr, am letzten April- und Oktoberwochenende.

**Whitby Spring Session** MUSIK, KUNST

(www.moorandcoast.co.uk; Tickets ab 40 £) Bärte, Sandalen und *real ale* gibt's in Hülle und Fülle bei diesem traditionellen Festival am langen Maifeiertagswochenende mit Volksmusik, Volkstanz und dubioser keltischer Kunst.

## Schlafen

B&Bs tummeln sich v. a. in West Cliff in den Straßen südlich und östlich des Royal Crescent. Wer hier kein B&B anbietet, bewohnt wahrscheinlich eine Ruine. Zu den Festivalzeiten sind Unterkünfte mitunter rar – vorausbuchen!

**Whitby YHA** HOSTEL £

(☎0845 371 9049; www.yha.org.uk; Church Lane; B/4BZ 25/109 £; P@ᯤ) Das Hostel in unschlagbarer Lage direkt neben der Abtei ist unglaublich beliebt – wer hier nächtigen möchte, muss weit im Voraus reservieren. Zur Herberge gelangt man über die 199 Stufen, die von der Stadt hochführen, oder mit dem Bus 97 vom Bahnhof zur Whitby Abbey (Mo–Sa 2-mal stündl.).

**Harbour Grange** HOSTEL £

(☎01947-600817; www.whitbybackpackers.co.uk; Spital Bridge; B ab 18 £) Das saubere und einfache Hostel oberhalb des Hafens, weniger als zehn Gehminuten vom Bahnhof, ist praktisch gelegen und bietet tolle Ausblicke, schließt aber abends um 23.30 Uhr – gerade richtig für Leute, die nicht unbedingt in der Stadt einen draufmachen wollen.

★ **La Rosa Hotel** HOTEL ££
(☎01947-606981; www.larosa.co.uk/hotel; 5 East Tce; DZ 86–135 £; 📶) 🍃 Schräg, aber klasse! Lewis Carroll, Verfasser von *Alice im Wunderland*, stieg einmal während eines Urlaubs in Whitby in diesem Haus ab. Und wer es heute betritt, hat das Gefühl, durch den Spiegel in eine altmodische Welt voller viktorianischem Nippes und Kitsch zu treten, die man entweder mag oder hasst. Acht originelle und stimmungsvolle Zimmer (eins mit Holzbadewanne!), kein Fernsehen, dafür toller Meerblick und Frühstückskorb aufs Zimmer.

**Langley Hotel** B&B ££
(☎01947-604250; www.langleyhotel.com; 16 Royal Cres; EZ/DZ ab 70/105 £; 📶) Mit seiner Farbgestaltung in Creme und Purpur und dem güldenen Himmelbett in einem Zimmer verströmt dieses stattliche alte Gästehaus einen Hauch viktorianischen Glanzes. Am besten sind Zimmer 1 und 2 – sie haben den schönsten Panoramablick. Den genoss auch Bram Stoker, der 1897 ein paar Türen weiter in Nr. 6 Urlaub machte.

**Shepherd's Purse** GÄSTEHAUS ££
(☎01947-820228; www.theshepherdspurse.com; 95 Church St; Zi. 60–75 £) Neben den Unterkünften im Hof hinterm Haus gibt's hier auch einen Klamotten- und Accessoiresladen sowie einen Naturkostladen. Die billigeren Zimmer haben kein eigenes Bad und sind völlig annehmbar, schöner sind aber die rustikalen Zimmer mit Bad. Die Himmelbetten machen zwar ein bisschen den Eindruck, als seien sie in die Zimmer hineingezwängt worden, aber der Gesamteindruck ist eher niedlich als beengt. Kein Frühstück.

**Trailways** SELBSTVERSORGER ££
(☎01947-820207; www.trailways.info; Hawsker; HS 699 £ pro Woche; P) Wer bei der Fahrt mit der North Yorkshire Moors Railway auf den Geschmack gekommen ist, möchte vielleicht auch in einem Zug nächtigen. Trailways bietet am alten Bahnhof von Hawsker am Radweg Whitby–Scarborough einen schön umgebauten InterCity-125-Waggon für luxuriöses Übernachten mit Selbstversorgung, mit allen Annehmlichkeiten für zwei bis sechs Personen.

**Rosslyn House** B&B ££
(☎01947-604086; www.rosslynhousewhitby.co.uk; 11 Abbey Tce; EZ/DZ ab 65/75 £; 📶) Hell und freundlich und mit herzlichem Empfang.

**Bramblewick** B&B ££
(☎01947-604504; www.bramblewickwhitby.com; 3 Havelock Pl; EZ/DZ 35/78 £; P 📶) Freundliche Betreiber, herzhaftes Frühstück und Abteiblicke vom Zimmer im obersten Stock.

**Argyle House** B&B ££
(☎01947-602733; www.argyle-house.co.uk; 18 Hudson St; 37–43 £ pro Pers.; 📶) 🍃 Sehr gemütlich und zum Frühstück gibt's Bücklinge.

★ **Marine Hotel** GASTHOF £££
(☎01947-605022; www.the-marine-hotel.co.uk; 13 Marine Pde; Zi. 135–150 £; 📶) Die vier Zimmer im Marine Hotel wirken mehr wie kleine Suiten als normale Hotelzimmer und sind originell, stilvoll und gemütlich. Hier möchte man eigentlich lieber im Haus verweilen, anstatt vor die Tür zu gehen. Am schönsten sind die beiden Zimmer mit Balkon und tollem Blick auf den Hafen.

## Essen & Ausgehen

**Humble Pie 'n' Mash** BRITISCH £
(www.humblepienmash.com; 163 Church St; Hauptgerichte 6 £; ⌚Mo–Sa 12–20, So bis 16 Uhr) Sehr gute hausgemachte Pies mit Füllungen von Lamm, Lauch und Rosmarin bis zu gebratenem Gemüse und Schafskäse, serviert in einem gemütlichen Fachwerk-Cottage.

**Java Cafe-Bar** CAFÉ £
(2 Flowergate; Hauptgerichte 5–8 £; ⌚8–18 Uhr; 📶) Cooles kleines Café mit Edelstahltresen und Retro-Einrichtung, Musikvideos auf Flachbildschirmen und einer Speisekarte voller gesunder Salate, Sandwiches und Wraps. Dazu gibt's ausgezeichneten Kaffee.

★ **Green's** FISCH & MEERESFRÜCHTE ££
(☎01947-600284; www.greensofwhitby.com; 13 Bridge St; Hauptgerichte 10–20 £; ⌚Mo–Fr 12–14 & 18–21, Sa & So 12–22 Uhr) 🍃 Das edelste Restaurant der Stadt liegt ideal, um sich am Hafen mit frisch angelandetem Fisch einzudecken. Im Bistro im Erdgeschoss gibt's herzhaftes Mittagessen (Muscheln und Pommes, *sausage and mash*, Fish & Chips), im Restaurant oben raffiniertes Abendessen. Montags bis freitags wird ein 2-Gänge-Mittagessen für 10 £ angeboten.

**Moon & Sixpence** BRASSERIE ££
(☎01947-604416; www.moon-and-sixpence.co.uk; 5 Marine Pde; Hauptgerichte 10–20 £; ⌚9–24 Uhr; 📶) 🍃 Diese Brasserie und Cocktailbar in toller Lage beeindruckt mit Ausblicken über den Hafen auf die Abteiruinen. Die fischlastige Karte umfasst v. a. herzhafte schnörkel-

## CAPTAIN COOK – WHITBYS ADOPTIVSOHN

Zwar wurde er in Marton geboren, heute ein Vorort von Middlesbrough, doch der berühmte Entdeckungsreisende James Cook wurde von Whitby quasi adoptiert. Schon seitdem in viktorianischer Zeit die ersten Touristen aus dem Zug stiegen, haben sich Geschäftsleute schamlos an der Erinnerung an Cook bereichert, wie die zahllosen Endeavour-Cafés und Captain-Cook-Chipsbuden beweisen.

Doch Whitby spielte tatsächlich eine wichtige Rolle in Cooks Entwicklung zu einem weltberühmten Entdecker. Von hier aus stach er das erste Mal in See, indem er bei einem örtlichen Reeder eine Lehre absolvierte, und das Aussehen der Schiffe, die er auf seinen Forschungsreisen einsetzte, wie die *Endeavour*, beruhte auf dem Design der *Whitby cats*, Schiffen mit flachem Boden, mit denen Kohle von Newcastle nach London befördert wurde.

lose Gerichte wie eine dicke Gemüsesuppe, Fischsuppe, Fisch-Pie, hausgemachte Hamburger und Muscheln mit Pommes frites. Auch das Frühstück ist gut – es gibt u. a. Bücklinge mit Brot und Butter.

**Magpie Cafe** FISCH & MEERESFRÜCHTE ££
(www.magpiecafe.co.uk; 14 Pier Rd; Hauptgerichte 7–23 £; ⏲11.30–21 Uhr; 👪) Das Magpie wirbt mit seinem Renommee, die besten Fish & Chips der Welt zu servieren. Und sie sind tatsächlich erstklassig, aber das weiß auch alle Welt und im Sommer zieht sich die Warteschlange mitunter die ganze Straße entlang. Fish & Chips zum Mitnehmen kosten 4,95 £; im Restaurant ist's teurer, aber hier ist auch das Angebot an Fischgerichten größer, von gegrilltem Seebarsch bis zu Paella.

**Quayside** FISH & CHIPS ££
(www.quaysidewhitby.co.uk; 7 Pier Rd; Hauptgerichte 10–14 £; ⏲So–Do 11–19, Fr & Sa bis 20 Uhr; 👪) Erstklassige Fish & Chips ohne die „world's best"-Werbung – dies ist die beste Alternative für Leute, die keine Lust auf Warteschlangen haben. Fish & Chips zum Mitnehmen kosten 4,40 £.

**Station Inn** PUB
(www.stationinnwhitby.co.uk; New Quay Rd; ⏲Mo–Sa 10–24, So bis 23.30 Uhr; 📶) Das beste Pub der Stadt, was Atmosphäre und Qualität des Biers betrifft, mit eindrucksvollem Angebot an naturbelassenen Bieren wie Timothy Taylor's Golden Best und Ossett Silver King. Livemusik mittwochs, freitags, samstags und sonntags.

**Duke of York** PUB
(www.dukeofyork.co.uk; Church St; ⏲So–Do 11–23, Fr bis 24, Sa bis 1 Uhr; 📶) Beliebte Kneipe am unteren Ende der Church Stairs mit Timothy-Taylor-Ales und tollem Hafenblick.

### Praktische Informationen

**Post** (Langbourne Rd; ⏲Mo–Sa 8.30–17.30 Uhr) Im Co-op-Supermarkt

**Touristeninformation** (☎01947-602674; www.visitwhitby.com; Langbourne Rd; ⏲April–Okt. 9.30–18 Uhr, Nov.–März bis 16.30 Uhr)

### An- & Weiterreise

**Bus** Die Busse 93 und X93 fahren Richtung Süden nach Scarborough (5,60 £, 1 Std., alle 30 Min.), davon jeder zweite Bus über Robin Hood's Bay (3,90 £, 15 Min., stündl.), sowie Richtung Norden nach Middlesbrough (5,60 £, 1 Std., stündl., So weniger häufig). Der Coastliner 840 verkehrt von Leeds über York und Pickering nach Whitby (13 £, 3¼ Std., Mo–Sa 6-mal tgl.).

**Zug** Wer von Norden kommt, kann von Middlesbrough (6 £, 1½ Std., 4-mal tgl.) – mit Anschlüssen von Durham und Newcastle – mit der Esk Valley Railway nach Whitby gelangen. Aus südlicher Richtung nimmt man am besten einen Zug von York nach Scarborough und von dort einen Bus nach Whitby.

## Robin Hood's Bay

Das malerische **Robin Hood's Bay** (www.robin-hoods-bay.co.uk) ist der Endpunkt des Coast to Coast Walk (S. 533). Der Name des Orts hat nichts mit dem Helden des Sherwood Forest zu tun – sein Ursprung liegt im Ungewissen und die Einheimischen nennen den Ort Bay Town oder einfach Bay. Aber auf jeden Fall ist dieses Fischerdorf eines der hübschesten Örtchen an der Küste von Yorkshire.

Wer mit dem Auto unterwegs ist, lässt es auf dem Parkplatz im Oberdorf (3,50 £ für 4 Std.), wo sich Schiffskapitäne im 19. Jh. komfortable viktorianische Villen errichten ließen, und geht hinunter nach Old Bay, dem ältesten Teil des Dorfs – mit dem Auto

ABSTECHER

## GOATHLAND

Dieser malerische Halt der North Yorkshire Moors Railway (S. 558) taucht in den Harry-Potter-Filmen als Bahnhof Hogsmeade auf, das Dorf in der britischen Fernsehserie *Heartbeat* als Aidensfield. Außerdem beginnen hier zahlreiche einfache, schöne Spaziergänge, oft begleitet vom Schnauben der Dampflokomotiven im Hintergrund.

Eine der beliebtesten Wanderungen führt vom Bahnhof Richtung Nordwesten (durch ein Tor am Bahnsteig auf der vom Dorf abgewandten Seite) zum Weiler Beck Hole. Hier kann man im wunderbar stimmungsvollen **Birch Hall Inn** (www.beckhole.info; ⌚ Mitte April–Mitte Sept. 11–23 Uhr, Mitte Sept.–Mitte April kürzere Öffnungszeiten & Di geschl.) eine Pause einlegen und sich eine Schweinefleischpastete und ein Pint Black Sheep gönnen – das Pub ermöglicht so etwas wie eine Zeitreise. Zurück nach Goathland geht's am Wasserfall **Mallyan Spout** vorbei (insgesamt 6,5 km).

Eine Alternative zu dieser Wanderung ist ein Spaziergang und eine Fahrradfahrt von Goathland entlang der Beck Hole Road (gut 1,5 km). Das Auto eignet sich hierfür nicht, da die Straße eng und kurvig ist und man nirgends parken kann.

runterzufahren sollte man erst gar nicht in Erwägung ziehen. Das Labyrinth aus engen Gassen und Durchgängen ist mit Tearooms, Pubs, Kunstgewerbeläden und Künstlerateliers gespickt (es gibt sogar ein winziges Kino). Bei Ebbe kann man hinunter auf den Strand gehen und die Felsbecken erkunden. Die denkmalgeschützte **Old Coastguard Station** (www.nationaltrust.org.uk; The Dock; ⌚ April–Okt. 10–17 Uhr, Nov.–März Sa & So bis 16 Uhr) GRATIS zeigt eine Ausstellung zur Geologie und Naturkunde des Orts.

Es gibt mehrere Pubs und Cafés. Stimmungs- und biertechnisch ist das beste Pub **Ye Dolphin** (King St; ⌚ 11.30–23 Uhr), wohingegen das **Swell Café** (www.swell.org.uk; Chapel St; Hauptgerichte 3–8 £; ⌚ Mo–Fr 10–16, Sa & So bis 16.30 Uhr; 📶 👪) mit tollem Kaffee und einer Terrasse mit Strandblick punktet.

Robin Hood's Bay liegt knapp 10 km südöstlich von Whitby. Über den Küstenpfad ist man in zwei bis drei Stunden hier, mit dem Rad auf dem Radweg in 40 Minuten. Zwischen Whitby und Scarborough verkehrt stündlich Bus 93 über Robin Hood's Bay – die Bushaltestelle liegt oben am Berg im neuen Teil des Orts.

# YORKSHIRE DALES NATIONAL PARK

Die Yorkshire Dales – vom altnorwegischen Wort *dalr*, Tal – sind die mittlere Perle in der Kette aus drei Nationalparks, die sich über Nordengland spannt, mit den atemberaubenden Bergen des Lake District im Westen und den düsteren Heidelandschaften der North York Moors im Osten.

Die Gletschertäler des Parks, von bekannteren wie Wensleydale und Ribblesdale bis zu unbekannteren wie Langstrothdale und Arkengarthdale, sind geprägt durch einzigartige Hochmoor-Heidelandschaften, Karststufen und Hügel mit flachen Gipfeln. Unten in den mit Bruchsteinmauern durchzogenen und mit kleinen Scheunen gespickten grünen Tälern liegen malerische Dörfer, in denen auch heute noch Schafe und Rinder auf dem Dorfanger weiden. Und in der Kalksteinregion der südlichen Dales finden sich Englands schönste Karstlandschaften.

Die Dales sind seit den 1950er-Jahren als Nationalpark ausgewiesen und somit ein Paradies für Wanderer und Radfahrer. Aber es gibt auch jede Menge Besucher, die nicht die Wanderstiefel schnüren: Vielleicht machen sie sich auf die Spuren des fiktiven Tierarztes James Herriot aus *Der Doktor und das liebe Vieh* oder probieren in der Wensleydale Creamery den beliebtesten Snack der britischen Fernsehfiguren Wallace und Gromit.

Die Zeitung *Visitor* informiert über Veranstaltungen und von Parkrangern geführte Wanderungen sowie über Unterkünfte und Restaurants; sie ist in den Touristeninformationen erhältlich. Nützlich ist auch die offizielle Website des Parks (www.yorkshiredales.org.uk).

### ℹ Anreise & Unterwegs vor Ort

Rund 90 % der Besucher des Parks kommen mit dem Auto hierher und im Sommer kann auf den engen Straßen ziemlich viel Verkehr herrschen. Problematisch kann sich auch die Parkplatzsuche gestalten – also möglichst oft öffentliche Verkehrsmittel nutzen!

## Yorkshire Dales National Park

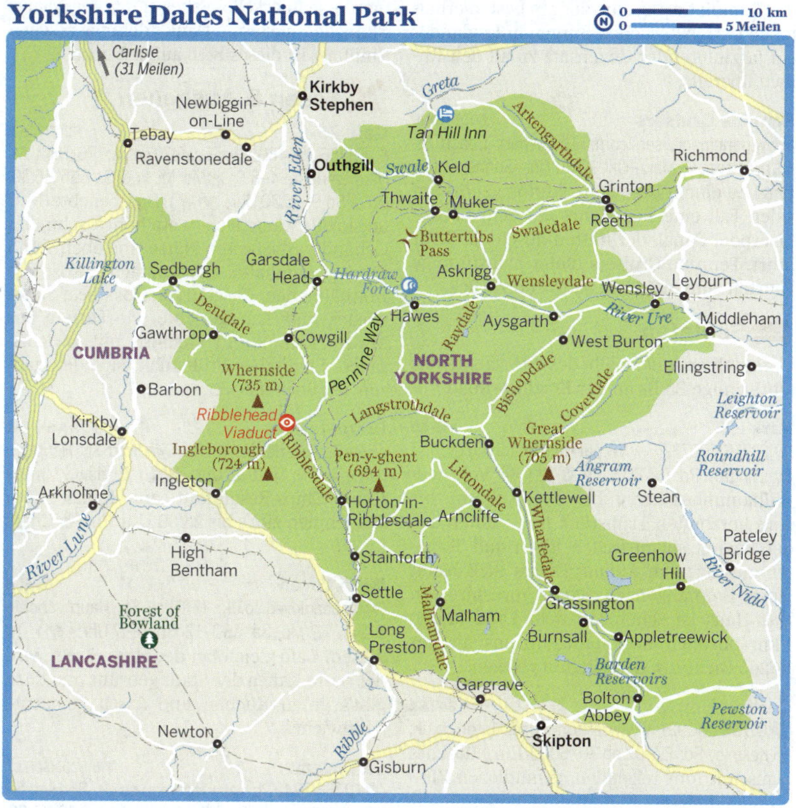


Die Touristeninformationen halten den Dales-Bus-Fahrplan bereit; dieselben Infos bietet auch die Website **DalesBus** (www.dalesbus.org).

Mit dem Zug gelangt man am besten über die berühmte Settle–Carlisle Line (S. 570) in die Dales. Die zwischen Leeds und Carlisle verkehrenden Züge halten in Skipton, Settle und zahlreichen kleinen Dörfern und ermöglichen so direkt vom Bahnsteig einen Zugang zu den Bergen.

# Skipton

14 625 EW.

Diese geschäftige Marktstadt am Südrand der Dales verdankt ihren Namen dem angelsächsischen *sceape ton* (Schafstadt). Daher kann man sich auch leicht vorstellen, womit hier Geld verdient wurde. Markttage sind Montag, Mittwoch, Freitag und Samstag: Dann kommen aus der ganzen Umgebung Leute hierher und es herrscht eine Art Festatmosphäre im Städtchen. Die **Touristeninformation** (☎01756-792809; www.welcometoskipton.com; Town Hall, High St; ⏲Mo–Sa 9.30–16, 1. So des Monats 10–16 Uhr) befindet sich im Rathaus.

## Sehenswertes & Aktivitäten

**High Street** STRASSE

Skiptons ganzer Stolz ist die breite, geschäftige High Street, eine der schönsten Einkaufsstraßen Yorkshires. An vier Tagen der Woche findet an der Straße ein Markt statt und am ersten Sonntag des Monats gibt's am nahen Kanalbecken den **Northern Dales Farmers Market** (www.northerndalesfarmersmarkets.com; ⏲1. So des Monats 8.30–14.30 Uhr).

**Skipton Castle** BURG

(www.skiptoncastle.co.uk; High St; Erw./Kind 7,30/4,50 £; ⏲März–Sept. Mo–Sa 10–18, So 12–18 Uhr, Okt.–Feb. bis 16 Uhr) Durch ein Tor neben der Kirche am Nordende der High Street geht's ins Skipton Castle, eine der am besten erhaltenen mittelalterlichen Burgen in England – ein faszinierender Gegensatz zu all den Ruinen überall.

**Pennine Cruisers** BOOTSTOUR
(www.penninecruisers.com; The Wharf, Coach St; 4 £ pro Pers.; März–Okt. 10.30 Uhr–Sonnenuntergang) Zu einem Besuch in Skipton gehört auf jeden Fall eine Bootsfahrt auf dem Leeds-Liverpool Canal, der mitten durch die Stadt führt. Pennine Cruisers bietet halbstündige Fahrten zum Skipton Castle und zurück.

## Schlafen

Unmittelbar außerhalb des Stadtzentrums gibt's einige B&Bs an der Keighley Road.

**Park Hill** B&B ££
(01756-792772; www.parkhillskipton.co.uk; 17 Grassington Rd; DZ 80 £; P @ ) Von dem Willkommenssherry bei der Ankunft bis zum herzhaften Frühstück mit Zutaten aus der Region, farmfrischen Eiern und Tomaten aus eigenem Anbau: Dieses B&B bietet einen Empfang nach echter Yorkshire-Art. Das Haus ist schön auf dem Land knapp 1 km nördlich des Stadtzentrums an der B6265 Richtung Grassington gelegen.

**Carlton House** B&B ££
(01756-700921; www.carltonhouseskipton.co.uk; 46 Keighley Rd; EZ/DZ ab 30/60 £) Ein hübsches Haus mit fünf reizenden, gemütlichen Zimmern – schnörkellos, aber mit jeder Menge Blümchenmustern. Dank dem herzlichen Empfang ist dieses B&B äußerst beliebt.

ABSEITS DER ÜBLICHEN PFADE

### DIE DALES ERKUNDEN

Ob mit zwei oder vier Rädern – es macht großen Spaß in den Yorkshire Dales, die versteckten Ecken der weniger bekannten Täler zu erkunden. Von Swaledale kann man hoch zu den Mooren oberhalb von Arkengarthdale klettern und das **Tan Hill Inn** (01833-628246; www.tanhillinn.com; Tan Hill; Juli & Aug. 8–23.30 Uhr, Sept.–Juni 12–21.30 Uhr; ) ansteuern, Großbritanniens höchstgelegenes Pub. Einen Abstecher wert ist auch der malerische Dorfanger von **West Burton** am Eingang des Bishopdale. Wer von Grassington dem hübschen Littondale Richtung Norden folgt, kann bald im **Falcon Inn** (www.thefalconinn.com; Arncliffe) einkehren; hier wird das Bier nach alter Sitte aus einem Krug auf der Theke eingeschenkt.

## Essen & Ausgehen

**Cafe 76** BRITISCH £
(01756-795460; www.cafe76.co.uk; 76 High St; Hauptgerichte 4–8 £; Mo, Mi, Fr & Sa 8.15–16.30, Do & So 9–16.30 Uhr; ) Das beliebte Mittagslokal zwängt sich in ein hohes, schmales Gebäude – die besten Plätze sind oben – und serviert herzhafte, hausgemachte Kost wie Brathähnchen, Käseburger, Roastbeef-Sandwiches und Tagesgerichte wie Pastete aus Minze, Lamm und Gemüse mit Zwiebelsauce. Englisches Frühstück wird den ganzen Tag über serviert.

**Bizzie Lizzies** FISH & CHIPS £
(www.bizzielizzies.co.uk; 36 Swadford St; Hauptgerichte 4–8 £; 11–21 Uhr; ) Preisgekröntes Fish-&-Chips-Restaurant am Kanal. Zum Mitnehmen gibt's bis 23.30 Uhr Fish & Chips für 5 £.

**Bean Loved** CAFÉ £
(www.beanloved.co.uk; 17 Otley St; Hauptgerichte 5–9 £; Mo–Sa 7.30–17, So 9–17 Uhr; ) In diesem Café gleich bei der High Street wird der beste Kaffee der Stadt gebrüht und dazu gibt's guten Kuchen und frisch gemachte Sandwiches.

**Le Caveau** FRANZÖSISCH ££
(01756-794274; www.lecaveau.co.uk; 86 High St; Hauptgerichte 13–20 £; Di–Fr 12–14 & 19–21.30, Sa 17–22 Uhr) Das freundliche Bistro in einem stilvoll eingerichteten Keller des 16. Jhs. mit Tonnengewölbedecke bietet eine saisonale Karte mit Gerichten auf der Grundlage heimischer Erzeugnisse. Zu den Tagesgerichten zählen Speisen wie eine leckere leichte Quiche mit Blutwurst, Schinken und Pilzen sowie eine Pie mit saftigem geräuchertem Schellfisch und Lauch. Unter der Woche gibt's ein 2-Gänge-Mittagessen für 11 £.

**Narrow Boat** PUB
(www.markettowntaverns.co.uk; 38 Victoria St; 12–23 Uhr) Pub im traditionellen Stil mit tollem Angebot an heimischen Ales und ausländischen Bieren, freundlichem Service und Kneipenessen.

## An- & Weiterreise

Skipton ist der letzte Bahnhof des Metrobahnnetzes von Leeds und Bradford (9,10 £, 45 Min., halbstündl., So stündl.). Drei Busse pro Tag (nur Mo–Fr) fahren von Skipton nach Settle (6 £, 40 Min.).

## Grassington

Grassington ist der perfekte Stützpunkt für Erkundungstouren in die südlichen Dales. Im hübschen georgianischen Zentrum tummeln sich im Sommer Wanderer und andere Touristen und erfreuen sich an einem Ambiente, das sich trotz einiger pseudoländlicher Eindringlinge sehr nett und traditionell präsentiert.

Das Highlight des Jahres ist das zweiwöchige **Grassington Festival** (www.grassington-festival.org.uk) im Juni, das bekannte Namen aus den Bereichen Musik, Theater und Comedy anlockt und außerdem ungewöhnlichere Veranstaltungen wie Trockensteinmauerbau-Workshops umfasst.

Die **Touristeninformation** (☎01756-751690; Hebden Rd; ⏲April–Okt. 10–17 Uhr, Nov.–März nur Fr–So) befindet sich am großen Parkplatz am Ortsrand.

### Schlafen & Essen

**Ashfield House** B&B ££

(☎01756-752584; www.ashfieldhouse.co.uk; Summers Fold; Zi. ab 100 £; P @ ) Ein abgeschiedenes Landhaus aus dem 17. Jh. hinter einem ummauerten Garten, mit unverputzten Steinwänden, offenen Kaminen und einem gemütlichen Ambiente das ganze Jahr über. Nicht weit vom Hauptplatz.

★ **Devonshire Fell** HOTEL £££

(☎01756-718111; www.devonshirefell.co.uk; Burnsall; Zi. ab 140 £; P @ ) Der ehemalige Gentleman's Club für Fabrikbesitzer, ein Schwesterhotel des Devonshire Arms Country House Hotel in Bolton Abbey, ist sehr viel moderner ausgerichtet; das schöne moderne Mobiliar stammt von Handwerkern aus der Region. Vom Wintergarten, der als Lounge und Frühstücksraum genutzt wird, bieten sich atemberaubende Ausblicke auf das Tal. Das Haus liegt knapp 5 km südöstlich von Grassington an der B6160.

**Whimsical Cottage** CAFÉ £

(☎01756-752414; 1 Garr's Lane; Hauptgerichte 4–9 £; ⏲10–16 Uhr; ) Dieses niedliche kleine weiße Cottage unmittelbar hügelaufwärts vom Dorfplatz serviert guten Kaffee und ungewöhnlichen hausgemachten Kuchen (unerwartet köstlich ist z. B. der Pastinaken-Apfel-Biskuitkuchen) sowie zum Mittagessen warme Pasteten – Huhn, Schinken und Lauch oder Steak und Guinness. Frühstück gibt's bis 11.30 Uhr.

## Malham

120 EW.

Von Grassington erstreckt sich Richtung Westen nach Ingleton die größte Kalksteinlandschaft Englands mit ihren Gruben, Trockentälern, Kalksteinformationen und Schluchten. Zwei der spektakulärsten Naturformationen – Malham Cove und Gordale Scar – liegen in der Nähe des hübschen Dörfchens Malham.

Das **Nationalparkszentrum** (☎01969-652380; www.yorkshiredales.org.uk; ⏲April–Okt. 10–17 Uhr, Nov.–März nur Sa & So bis 16 Uhr) am Südrand des Dorfs bietet die üblichen Infos; siehe auch www.malhamdale.com.

### Sehenswertes & Aktivitäten

Ein 1,2 km langer Spaziergang vom Dorf Malham führt zur **Malham Cove**, einem großen Felsamphitheater mit 80 m hohen senkrechten Klippen. Im Frühjahr nisten hier Wanderfalken; dann richtet die Royal Society for the Protection of Birds (RSPB) einen Vogelbeobachtungsposten ein. Die steilen Stufen auf der linken Seite der Klippe (Teil des Fernwanderwegs Pennine Way) kann man hochsteigen und sich die weitläufige zerklüftete Kalksteinoberfläche oben anschauen. Weitere 2,4 km weiter nördlich liegt der Gletschersee **Malham Tarn**, ein Naturschutzgebiet.

Rund 1,5 km östlich von Malham, zu erreichen über eine schmale Straße mit sehr begrenzten Parkmöglichkeiten, liegt das spektakuläre **Gordale Scar**, eine tiefe Kalksteinschlucht mit hübschen Kaskaden und den Überresten einer Siedlung der Eisenzeit. Das Nationalparkszentrum hat ein Faltblatt für den **Malham Landscape Trail**, einen 8 km langen Rundweg vorbei an Malham Cove, Gordale Scar und dem Wasserfall Janet's Foss.

Der Pennine Way (S. 533) führt durch Malham; Horton-in-Ribblesdale liegt eine Tageswanderung Richtung Nordwesten.

### Schlafen

**Malham YHA** HOSTEL £

(☎0845 371 9529; www.yha.org.uk; B/2BZ 22/49 £; P) Das kürzlich modernisierte, eigens als solches erbaute Hostel liegt im Dorfzentrum. Zu den erstklassigen Einrichtungen zählt ein Restaurant und auch für kleine Kinder ist gut gesorgt.

**Beck Hall** HOTEL ££
(☎01729-830332; www.beckhallmalham.com; EZ/DZ ab 45/65 £; P 📶) Dieses große Landhaus aus dem 17. Jh. liegt am Dorfrand – ein sprudelnder Bach fließt durch den Garten – und bietet 18 individuell eingerichtete Zimmer. Am schönsten ist der Green Room mit seiner Einrichtung im altmodischen Stil und seinem alten Himmelbett.

### An- & Weiterreise

Von Skipton fahren täglich außer dienstags und donnerstags zwei bis fünf Busse nach Malham (45 Min.). Der Malham Tarn Shuttle verkehrt von Ostern bis Oktober sonntags viermal zwischen Settle und Malham (25 Min.). Näheres auf der DalesBus-Website oder in der Touristeninformation von Skipton.

Die schmalen Straßen, die nach Malham führen, können im Sommer stark befahren sein. Am besten lässt man sein Fahrzeug beim Nationalparkszentrum und geht zu Fuß ins Dorf.

## Ribblesdale & Three Peaks

Das reizvolle Ribblesdale durchschneidet die Südwestecke des Yorkshire Dales National Park. Hier beherrschen drei einzigartige Berge die Landschaft, die **Three Peaks** – Whernside (735 m), Ingleborough (724 m) und Pen-y-ghent (694 m). Dieses Gebiet ist leicht mit der Settle-Carlisle-Bahn zugänglich und zählt zu den beliebtesten Gegenden Englands für Aktivitäten im Freien: Jedes Wochenende sind hier Tausende Wanderer, Radfahrer und Höhlenerkunder unterwegs.

### Settle

3660 EW.

Der geschäftige Marktflecken Settle mit seinem stattlichen neogotischen Rathaus ist das Tor zum Ribblesdale und markiert den Beginn des landschaftlich reizvollen Abschnitts der berühmten Bahnstrecke Settle–Carlisle. Vom Marktplatz (Markt ist am Dienstag) führen schmale, von Läden und Pubs gesäumte Kopfsteingassen weg. Der Ort bietet jede Menge Übernachtungsmöglichkeiten.

Die **Touristeninformation** (☎01729-825192; Town Hall, Cheapside; ⏲Mo, Di & Do–Sa 9.30–16, Mi bis 13 Uhr) hat Karten und Broschüren im Angebot.

Am Hauptplatz gibt's mehrere gute Cafés, z. B. das **Ye Olde Naked Man** (Market Pl; Hauptgerichte 4–8 £; ⏲Do–Di 9–17, Mi bis 16 Uhr; 👪) in einem ehemaligen Bestattungsinstitut – draußen unbedingt Ausschau nach dem „nackten Mann" von 1663 halten. Hier wird ausgezeichneter *Yorkshire pudding* mit verschiedenen Füllungen serviert.

Züge von Leeds nach Carlisle halten am Bahnhof von Settle nicht weit vom Ortszentrum (12 £, 1 Std., 8-mal tgl.). Züge nach Morecambe (an der Westküste) halten in Giggleswick, rund 2,5 km außerhalb des Orts.

### Horton-in-Ribblesdale

560 EW.

Das Dörfchen Horton ist ein Liebling der Naturfreaks und liegt mit seinem Bahnhof 8 km nördlich von Settle. Dreh- und Angelpunkt des Dorfs ist das Pen-y-Ghent Cafe, das als Touristeninformation, Schlechtwetter-Zufluchtsort und Informationszentrum für Wanderer dient.

Horton ist der Ausgangspunkt für Besteigungen des Pen-y-ghent sowie für den **Three Peaks Walk**; außerdem ist es eine Zwischenstation auf dem Pennine Way. Am Ende des Tals, 8 km nördlich von Horton, befindet sich der spektakuläre 30 m hohe **Ribblehead Viaduct**, 1874 errichtet und mit einer Länge von 400 m der längste Viadukt an der Settle-Carlisle-Bahn (S. 570). Man kann auf dem Pennine Way hinwandern und dann ab dem Bahnhof Ribblehead mit dem Zug zurückfahren.

#### Schlafen & Essen

Horton ist sehr beliebt, also sollten Unterkünfte besser vorgebucht werden.

**Golden Lion** GASTHOF £
(☎01729-860206; www.goldenlionhotel.co.uk; EZ/DZ ab 45/70 £, Schlafsaal 12 £ pro Pers.) Der Golden Lion ist ein munteres Pub mit gemütlichen B&B-Zimmern, einem 15-Betten-Schlafsaal und drei Bars, in denen man das Kneipenessen mit einem Pint traditionellem Ale hinunterspülen kann.

**Holme Farm Campsite** CAMPINGPLATZ £
(☎01729-860281; Horton-in-Ribblesdale; Zeltstellplätze 5 £ pro Pers., Dusche 1 £) Einfacher, schnörkelloser Campingplatz neben dem Golden Lion, sehr beliebt bei Wanderern auf dem Pennine Way.

**Pen-y-Ghent Cafe** CAFÉ £
(Hauptgerichte 3–6 £; ⏲Mo & Mi–Fr 9–17.30, Sa & So 8.30–17 Uhr; 🌿👪) Das traditionelle Café wird seit 1965 von derselben Familie geführt und stärkt müde Wanderer mit Spiegeleiern

### DIE THREE PEAKS – EINE HERAUSFORDERUNG

Seit 1968 haben sich mehr als 200 000 Wanderer der Herausforderung gestellt, die Three Peaks in Yorkshire in weniger als zwölf Stunden zu erklimmen. Der 40 km lange Rundweg beginnt und endet im Pen-y-Ghent Cafe in Horton-in-Ribblesdale (wo man sich an- und abmeldet, damit die Zeit gestoppt werden kann) und führt auf die Gipfel Pen-y-ghent, Whernside und Ingleborough. Wer's schafft, wird Mitglied des Three Peaks of Yorkshire Club des Cafés. Einzelheiten zur Route gibt's auf www.merseyventure.com/yorks. Auf www.walkingworld.com (Wanderungen Nr. 4228 und 4229) kann man auch einen Führer (4 £) herunterladen.

Wer sich einem härteren Ausdauertest unterziehen möchte, kann sich beim jährlichen **Three Peaks Race** (www.threepeaksrace.org.uk) am letzten Samstag im April den Bergläufern anschließen und die Route joggen statt wandern. Das erste Rennen fand mit sechs Teilnehmern 1954 statt, heute sind es 900. Der Rekord für die Strecke liegt bei zwei Stunden, 43 Minuten und drei Sekunden.

In der letzten Septemberwoche bekommen beim **Three Peaks Cyclo-Cross** (www.3peakscyclocross.org.uk) auch Mountainbiker ihre Chance; dabei werden auf der 61 km langen rauen Strecke 1524 Höhenmeter überwunden.

und Pommes, hausgemachten *scones* und Riesenbechern Tee. Außerdem werden Karten, Führer und Wanderausrüstung verkauft.

# Hawes

885 EW.

Hawes ist das Herz des Wensleydale, eine florierende, malerische Marktstadt – Markt ist dienstags – mit einem eigenen Wasserfall im Dorfzentrum. An Sommerwochenenden sind die engen Straßen des Orts jedoch hoffnungslos verstopft. Sein Auto lässt man am besten auf dem Parkplatz beim **Nationalparkszentrum** (☎01969-666210; Station Yard; ⏲April–Okt. 10–17 Uhr, Nov.–März eingeschränkte Öffnungszeiten, Jan. geschl.) am östlichen Ortseingang.

## Sehenswertes

**Dales Countryside Museum** MUSEUM
(☎01969-666210; Station Yard; Erw./Kind 4 £/frei; ⏲10–17 Uhr, Jan. geschl.; P) Das Dales Countryside Museum befindet sich im selben Gebäude wie das Nationalparkszentrum und wartet mit einer schön präsentierten Sozialgeschichte der Gegend auf. Hier wird erläutert, welche Kräfte die Landschaft formten, von der Geologie über den Bleiabbau bis zur *land enclosure* (Einhegung).

**Wensleydale Creamery** MUSEUM
(www.wensleydale.co.uk; Erw./Kind 2,50/1,50 £; ⏲10–16 Uhr; 👪) Das Museum widmet sich der Herstellung des bröckeligen Weißkäses, den die TV-Trickfilmfiguren Wallace und Gromit so gerne aßen. Man kann das Käsemuseum besuchen, bei der Käseproduktion zuschauen und dann im Laden Käse probieren und kaufen.

**Hardraw Force** WASSERFALL
Knapp 2,5 km nördlich von Hawes befindet sich der 30 m hohe Wasserfall Hardraw Force. Er ist der höchste durchgehende Wasserfall in England, aber im internationalen Vergleich ist er nicht sonderlich eindrucksvoll – außer vielleicht nach schweren Regengüssen. Zu erreichen ist der Wasserfall durch das Green Dragon Inn, das 2 £ Eintritt verlangt.

**Sheepdog Demonstrations** FARM
(www.sheepdogdemo.co.uk; Erw./Kind 4/1 £; ⏲Mai–Aug. Do 18.30 Uhr, Sept. Do 14.30 Uhr; P) Im Sommer zeigt ein Farmer donnerstags Schäferhunde bei ihrer Arbeit, und zwar auf einer Weide 800 m nördlich von Hawes an der kleinen Straße Richtung Hardraw.

## Schlafen & Essen

**Bainbridge Ings Caravan & Camp Site** CAMPINGPLATZ £
(☎01969-667354; www.bainbridge-ings.co.uk; Wanderer & Radfahrer 6 £, Stellplatz, Auto & 2 Erw. 15 £; 📶🐾) Schöner Campingplatz rund um ein großes Bauernhaus in mit Steinmauern umgebenen Feldern knapp 1 km östlich von Hawes. Vor Ort werden frisch gelegte Eier verkauft.

**Hawes YHA** HOSTEL £
(☎0845 371 9120; www.yha.org.uk; Lancaster Tce; B/2BZ 19,50/47 £) Modernes Hostel am westlichen Ortsrand an der Kreuzung der

## DIE SETTLE–CARLISLE LINE

Die 116 km lange **Settle–Carlisle Line** (SCL; www.settle-carlisle.co.uk), erbaut zwischen 1869 und 1875, ist eine der malerischsten Bahnstrecken Englands. Der Bau der Strecke gehörte zu den größten Leistungen der Ingenieurskunst der viktorianischen Zeit: 5000 mit Hacken und Schaufeln bewaffnete Arbeiter bauten unter furchtbaren Bedingungen 325 Brücken und 21 Viadukte und sprengten 14 Tunnel aus den Bergen – fast 200 verloren dabei ihr Leben. Die Züge verkehren heute rund achtmal am Tag von Leeds über Settle nach Carlisle.

Der erste Abschnitt der Strecke ab Leeds führt durch das Aire Valley, mit Halt in Keighley; hier zweigt die Keighley & Worth Valley Railway (S. 581) nach Haworth und Oxenhope ab. Danach arbeitet sich die Bahn am River Ribble entlang das Tal hinauf, durch Horton-in-Ribblesdale, über den spektakulären **Ribblehead Viaduct** und dann durch den Blea Moor Tunnel zum abgeschiedenen Bahnhof **Dent** auf 350 m Höhe, dem höchsten Bahnhof an einer Hauptstrecke in Großbritannien.

Ihren höchsten Punkt (356 m) erreicht die Strecke in Ais Gill; hier verlässt die Bahn die Dales und führt hinunter nach Kirkby Stephen. Die letzten Stopps sind Appleby und Langwathby, unmittelbar nordöstlich von Penrith (einem Tor zum Lake District); schließlich erreicht die Bahn dann Carlisle.

Die gesamte Fahrt von Leeds nach Carlisle dauert zwei Stunden 40 Minuten und kostet 28/34 £ für die einfache Fahrt/hin und zurück. Außerdem sind verschiedene *Hop-on-/hop-off*-Pässe für einen oder drei Tage erhältlich. An den meisten Bahnhöfen in Yorkshire gibt's einen kostenlosen Fahrplan für die Bahn mit farbiger Karte der Strecke und kurzen Erläuterungen zu Sehenswertem an der Strecke. Nähere Infos bei **National Rail Enquiries** (www.nationalrail.co.uk) und auf www.settle-carlisle.co.uk.

A684 (Aysgarth Rd) und B6255. Familienfreundlich und mit tollem Ausblick aufs Wensleydale.

**Herriot's Guest House** B&B ££
(☎01969-667536; www.herriotsinhawes.co.uk; Main St; DZ ab 75 £; WLAN) Das reizende B&B in einem alten Steingebäude nahe der Brücke beim Wasserfall bietet sieben gemütliche Zimmer mit Bad über einer Kunstgalerie und einem Café.

**Green Dragon Inn** GASTHOF ££
(☎01969-667392; www.greendragonhardraw.co.uk; Hardraw; B&B 35–50 £ pro Pers.; WLAN) Schönes altes Pub mit Steinplattenboden, niedrigen Holzbalken, alten Eichenmöbeln und Theakston's vom Fass. Das Dragon serviert ein köstliches *steak-and-ale pie* und bietet Unterkunft im Schlafsaal (15 £ pro Pers.), Camping (8 £ pro Pers.) und B&B in schlichten, aber annehmbaren Zimmern sowie zwei größere, komfortablere Suiten. Rund 1,5 km nordwestlich von Hawes.

**Cart House** TEAROOM £
(☎01969-667691; Hardraw; Hauptgerichte 4–7 £; ⏲Mitte März–Okt. 10–17 Uhr) Der Tearoom eines Kunstgewerbeladens bietet gesunde Kost wie hausgemachte Suppen, Biobrot und einen Fellman's Lunch mit Wensleydale-Käse, Pickles und Salat. Hinterm Haus befindet sich ein einfacher Zeltplatz (7 £ pro Pers. inkl. Zelt und Auto). Rund 1,5 km nordwestlich von Hawes.

### ℹ An- & Weiterreise

Die Busse 156 und 157 fahren von Hawes nach Leyburn (50 Min., Mo–Sa 4-mal tgl.); dort gibt es Anschlussbusse nach Richmond.

Vom Bahnhof Garsdale an der Strecke Settle–Carlisle fährt Bus 113 nach Hawes (20 Min., Mo–Fr 3-mal tgl.). Von April bis Oktober verkehrt Bus 831 sonn- und feiertags vom Bahnhof Ribblehead (25 Min., 1-mal tgl.) nach Hawes. Auskunft über Busfahrpläne erteilen Traveline Yorkshire und die Touristeninformationen – die Zeiten besser noch einmal vorher checken!

# Richmond

8415 EW.

Die hübsche Marktstadt Richmond gehört zu den besten Geheimtipps Englands: Sie liegt auf einem Felsen oberhalb des River Swale und wird von einer gewaltigen Burg bewacht. Vom breiten, abschüssigen Marktplatz (Markt ist samstags) geht ein Labyrinth von Kopfsteinpflasterstraßen ab, gesäumt von eleganten georgianischen Gebäuden und fotogenen Steincottages. Durch die Lücken eröffnen sich Ausblicke auf die umliegenden Berge und Täler.

Im September/Oktober findet in der Stadt das zehntägige **Richmond Walking & Book Festival** (www.booksandboots.org) mit Führungen, Vorträgen, Filmen und anderen Events statt.

## Sehenswertes

**Richmond Castle** BURG

(www.english-heritage.org.uk; Market Pl; Erw./Kind 4,90/2,90 £; April–Sept. 10–18 Uhr, Okt. bis 17 Uhr, Nov.–März nur Sa & So bis 16 Uhr) Das eindrucksvolle Richmond Castle, das auf das Jahr 1070 zurückgeht, war seit der Römerzeit eine der ersten aus Stein erbauten Festungen des Landes. Im Verlauf der Jahre hat es verschiedensten Zwecken gedient, im Ersten Weltkrieg z. B. als Gefängnis für Wehrdienstverweigerer – darüber informiert eine kleine, ernüchternde Ausstellung. Das Beste an der Burg ist vielleicht der Blick von der Spitze des bemerkenswert gut erhaltenen, 30 m hohen Bergfrieds.

**Green Howards Museum** MUSEUM

(www.greenhowards.org.uk; Trinity Church Sq; Erw./Kind 4/2 £; Feb.–Dez. Mo–Sa 10–16.30 Uhr, April–Okt. außerdem So 12.30–16.30 Uhr) Militärfans freuen sich sicher über dieses dreistöckige, kürzlich umfassend sanierte Museum, das einem berühmten Regiment aus Yorkshire gewidmet ist.

**Richmondshire Museum** MUSEUM

(www.richmondshiremuseum.org.uk; Ryder's Wynd; Erw./Kind 3 £/frei; April–Okt. 10.30–16 Uhr) Zu den lokalgeschichtlichen Exponaten dieses wunderbaren Museums zählen ein früher Höhlenbewohner in Yorkshire und Ausstellungskästen über den Bleibergbau, der vor einem Jahrhundert die Landschaft des Swaledale unwiederbringlich veränderte. Zu sehen gibt's außerdem die Originalkulisse von James Herriots Tierarztpraxis aus der Fernsehserie *Der Doktor und das liebe Vieh*.

**Georgian Theatre Royal** HISTORISCHES GEBÄUDE

(www.georgiantheatreroyal.co.uk; Victoria Rd; Führung 3,50 £ pro Pers.; Führungen Mitte Feb.–Mitte Nov. Mo–Sa 10–16 Uhr stündl.) Das 1788 errichtete georgianische Theatre Royal ist das am vollständigsten im Originalzustand erhaltene georgianische Theater Großbritanniens. Bei den Führungen bekommen die Teilnehmer das älteste erhaltene Bühnenbild des Landes zu sehen; es entstand zwischen 1818 und 1836.

## Aktivitäten

Von der Stadt aus können Wanderer dem River Swale sowohl stromauf- als auch stromabwärts folgen. Wem der Sinn nach einer längeren Wanderung steht, kann einen Abschnitt des berühmten Fernwanderwegs Coast to Coast Walk (S. 533) bis nach Reeth (18 km) begehen und mit dem Bus zurückfahren (siehe www.dalesbus.info/richmond).

Auch Radfahrer können durchs Swaledale strampeln, manchen reicht vielleicht die Fahrt bis Reeth. Anstrengender, aber auch sehr lohnend ist eine 65-km-Tour durch das Arkengarthdale und dann über die wilden Hochmoore über das Tan Hill Inn nach Kirkby Stephen.

## Schlafen

Einige nette Unterkünfte säumen die Straße Frenchgate, ein paar weitere Pottergate, die Straße, die von Osten her in die Stadt hineinführt.

**Frenchgate Hotel** HOTEL ££

(01748-822087; www.thefrenchgate.co.uk; 59–61 Frenchgate; EZ/DZ ab 88/118 £; P) Neun elegante Zimmer verteilen sich auf die oberen Etagen dieses umgebauten georgianischen Stadthauses, heute ein mit Kunst aus der Region geschmücktes Boutiquehotel. In den Zimmern bilden coole Designerstücke tolle Kontraste zu einem alten Kamin hier oder einem viktorianischen Rollenbad dort. Unten gibt's ein ausgezeichnetes Restaurant (3-Gänge-Abendessen 39 £) und eine gemütliche Lounge mit Eichenbalken und Kamin.

**Willance House** B&B ££

(01748-824467; www.willancehouse.com; 24 Frenchgate; EZ/DZ 55/75 £; ) Das 1600 erbaute Eichenbalkenhaus wartet mit drei makellos gepflegten Zimmern auf – eins davon mit Himmelbett –, bei denen altmodischer Charme und moderne Annehmlichkeiten eine glückliche Ehe eingehen.

**66 Frenchgate** B&B ££

(01748-823421; www.66frenchgate.co.uk; 66 Frenchgate; EZ/DZ/FZ 70/84/120 £; ) Drei der sechs stilvollen Zimmer verfügen über phantastische Flussblicke.

★ **Millgate House** B&B £££

(01748-823571; www.millgatehouse.com; Market Pl; Zi. 110–145 £; P @ ) Hinter einer unscheinbaren grauen Tür verbirgt sich eines der schönsten Gästehäuser Englands. Das

Haus selbst ist ein georgianisches Juwel voller Einrichtungsgegenstände von damals, doch noch schöner ist der vielfach preisgekrönte Garten hinterm Haus, von dem sich tolle Ausblicke auf den River Swale und die Cleveland Hills bieten. Wenn möglich die Garden Suite buchen!

## Essen & Ausgehen

**Cross View Tearooms** TEAROOM £
(www.crossviewtearooms.co.uk; 38 Market Pl; Hauptgerichte 5–8 £; 9–17.30 Uhr; ) Das Cross View ist so beliebt bei den Einheimischen, dass man mittags vielleicht auf einen Tisch warten muss. Dies ist die beste Adresse für herzhaftes Frühstück, Kuchen aus eigener Herstellung, eine warme Mittagsmahlzeit oder einfach nur für eine schöne Tasse Tee.

**Barkers** FISH & CHIPS £
(Trinity Church Sq; Hauptgerichte 6–10 £; 11–21.30 Uhr) Die besten Fish & Chips der Stadt – entweder gleich hier verputzen oder mitnehmen.

**Rustique** FRANZÖSISCH ££
(01748-821565; www.rustiqueyork.co.uk; Chantry Wynd, Finkle St; Hauptgerichte 10–21 £; 12–21 Uhr) Dieses gemütliche, in einer Einkaufspassage versteckte Bistro beeindruckt immer wieder mit seiner französischen Landküche, vom *confit de canard* (im eigenen Fett langsam gegarte Ente) bis zur *paupiette de poulet* (mit Brie und getrockneten Tomaten gefüllte Hühnerbrust). Buchung ratsam.

**Black Lion Hotel** PUB
(www.blacklionhotelrichmond.co.uk; Finkle St; 11–23 Uhr) Gemütliche Bars, niedrige Deckenbalken und gutes Bier und Essen.

**Unicorn Inn** PUB
(2 Newbiggin; Mo–Do 10.30–23, Fr & Sa bis 24, So bis 22.30 Uhr) Altmodisches Pub mit Theakston's und Old Speckled Hen vom Fass.

## Praktische Informationen

Die **Touristeninformation** (01748-850549; www.richmond.org; 2 Queens Rd; Mo–Sa 10–16 Uhr) im Geschäft Calverts am zentralen Kreisverkehr bietet die üblichen Karten und Führer sowie einige Faltblätter zu Spaziergängen in der Stadt und Wanderungen durchs Umland.

## An- & Weiterreise

Von Darlington (an der Bahnstrecke von London nach Edinburgh) ist Richmond leicht mit den Bussen X26 oder X27 (4,50 £, 30 Min., jede halbe Std., So stündl.) zu erreichen. Alle Busse halten am Market Place.

Von Mai bis Oktober fährt der Northern-Dalesman-Bus 830 sonn- und feiertags von Richmond über Reeth nach Hawes (6,25 £, 1½ Std., 1-mal tgl.) und weiter nach Ribblehead und Ingleton (8,90 £, 2 Std., 1-mal tgl.).

# WESTYORKSHIRE

Vom 18. Jh. an war die Wirtschaft Westyorkshires von der Tuchindustrie mit ihren harten und unerbittlichen Arbeitsbedingungen geprägt. Die Tuchfabriken und Kanäle für den Transport des Rohmaterials und der Fertigprodukte beherrschten einen großen Teil der Landschaft. Aber das ist alles Vergangenheit und in den letzten Jahren hat sich dieses einst raue Gebiet fast in eine Postkartenidylle verwandelt.

Leeds und Bradford, zwei benachbarte Städte, die inzwischen fast vollständig zusammengewachsen sind, stehen beispielhaft für diese Entwicklung. Zwar wurden beide Städte in Schatten der düsteren Fabriken der Industriellen Revolution gegründet, doch werden sie jetzt radikal umgebaut und erfinden sich geradezu neu: Sie hübschen ihr Stadtzentrum auf und versuchen, wagemutigere Touristen mit neuen Museen, Restaurants und Bars anzulocken.

Außerhalb der Städte besteht Westyorkshire aus trostlosen Moorlandschaften, zerschnitten durch tiefe Täler mit alten Fabrikstädten und -dörfern. Die Zeugnisse der Woll- und Tuchindustrie sind auch heute noch zu sehen: Reihen von Weber- und Arbeiterhäuschen an den Hängen oberhalb der gewaltigen Schornsteine der Fabriken in den Tälern. Diese Landschaften wurden auf sehr lebendige Weise von den Brontë-Schwestern beschrieben, dem berühmtesten literarischen Exportartikel und wichtigstem Tourismuszugpferd Westyorkshires.

## Unterwegs vor Ort

Westyorkshires sehr effizientes Bahn- und Busnetz mit Leeds und Bradford im Zentrum heißt Metro. Leeds und Bradford sind außerdem die wichtigsten Tore zur Region. Auskunft über die öffentlichen Verkehrsmittel erteilt **West Yorkshire Metro** (0113-245 7676; www.wymetro.com).

Mit einem Day Rover Ticket (7,70 £) kann man unter der Woche ab 9.30 Uhr und am Wochenende ganztägig einen Tag lang unbegrenzt Metrobahnen und -busse nutzen. Weitere

Rover-Tickets für Busse und/oder Bahnen sowie jede Menge praktische Metropläne und -fahrpläne gibt's an Bus- und Zugbahnhöfen sowie in den meisten Touristeninformationen in Westyorkshire.

# Leeds

751 500 EW.

Leeds, eine der am schnellsten wachsenden Städte im Vereinigten Königreich, verkörpert auf glänzende Weise das wiedergefundene Selbstbewusstsein des Nordens. Nach mehr als zehn Jahre andauernden Stadtsanierungsarbeiten hat sich die heruntergekommene Industriestadt in ein Musterexemplar des urbanen Schicks im Stil des 21. Jhs. gewandelt, mit hoch aufschießenden Bürokomplexen, Wohngebäuden aus Glas und Stahl am Wasser und renovierten viktorianischen Einkaufspassagen. Während der Finanzkrise von 2008 bis 2010 wurden viele Vorzeigeprojekte auf Eis gelegt, aber inzwischen schmücken wieder zahlreiche Baukräne die Skyline. Im Jahr 2013 eröffnete ein riesiger neuer Unterhaltungskomplex, die **Leeds Arena** (www.firstdirectarena.com; Clay Pit Lane).

Leeds hat sich in ein Shoppingmekka verwandelt; die Straßen sind von quirligen Einkaufszentren gesäumt, in denen die Topnamen der Modewelt vertreten sind. Und für die Zeit nach dem Shoppen stehen unzählige Pubs, Clubs und ausgezeichnete Restaurants zur Verfügung. Von modernster Mode bis zu zeitgenössischer Küche: Leeds serviert seinen Gästen alles auf dem Silbertablett – oder in einer stylischen Designertasche. Inmitten all dem Modeschnickschnack erscheint es passend, dass das Stadtbusnetz neben roten, orangefarbenen und blauen Linien auch pfirsich-, malven- und magentafarbene umfasst.

## Sehenswertes

### Royal Armouries — MUSEUM

(www.royalarmouries.org; Armouries Dr; ⌚10–17 Uhr; P 🚻) GRATIS Das interessanteste Museum in Leeds wurde 1996 ursprünglich für Rüstungen und Waffen aus dem Londoner Tower erbaut, anschließend jedoch so erweitert, dass es 3000 Jahre Militärgeschichte abdeckt. Das hört sich alles etwas machomäßig an, doch die Exponate sind sehr vielseitig und faszinierend: Es werden so unterschiedliche Themen behandelt wie Ritterturniere und indische Elefantenrüstungen. Um zum Museum zu gelangen, geht man entweder von der Centenary Footbridge Richtung Osten am Fluss entlang (10 Min.) oder nimmt an der Albion Street Bus 28.

### Leeds Industrial Museum — MUSEUM

(www.leeds.gov.uk/armleymills; Canal Rd; Erw./Kind 3,60/1,80 £; ⌚Di–Sa 10–17, So 13–17 Uhr; P 🚻) Eine der größten Textilfabriken der Welt ist in ein Museum verwandelt worden, das die glorreiche wie auch düstere Industriegeschichte der Stadt erzählt. Dank der Tuchindustrie wurde die Stadt reich, aber auch zu einem hohen Preis für die Menschen – die Arbeitsbedingungen waren wirklich katastrophal. Neben verschiedenen Fabrikmaschinen gibt es eine besonders informative Ausstellung zur Tuchherstellung. Das Museum liegt gut 3 km westlich des Stadtzentrums, vom Bahnhof aus mit Bus Nr. 5 zu erreichen.

### Leeds Art Gallery — GALERIE

(www.leeds.gov.uk/artgallery; The Headrow; ⌚Mo, Di & Do–Sa 10–17, Mi 12–17, So 13–17 Uhr) GRATIS Die städtische Kunstgalerie wartet mit zahlreichen Schwergewichten unter den britischen Malern des 19. und 20. Jhs. auf, wie Turner, Constable, Stanley Spencer und Wyndham Lewis. Dazu kommen Stücke zeitgenössischer Künstler wie Antony Gormley, der den *Angel of the North* schuf.

### Henry Moore Institute — GALERIE

(www.henry-moore.org; The Headrow; ⌚Di & Do–So 11–17.30, Mi bis 20 Uhr) GRATIS Diese Galerie in einem umgebauten viktorianischen Lagerhaus im Stadtzentrum zeigt Werke von Bildhauern des 20. Jhs. Trotz des Namens ist hier jedoch nichts von Henry Moore (1898–1986) zu sehen, der die Leeds School of Art absolvierte. Arbeiten von Moore findet man im Yorkshire Sculpture Park (S. 579).

## Festivals & Events

### Leeds Festival — MUSIK

(www.leedsfestival.com) Am Bank Holiday Weekend im August (dem Wochenende vor dem letzten Montag des Monats) strömen mehr als 50 000 Musikfans zum Leeds Festival in den Bramham Park 16 km vom Stadtzentrum. Das Festival findet auf vier Bühnen statt und ist eines der größten Rockspektakel Englands.

## Schlafen

Im Stadtzentrum gibt's keine Budgetunterkünfte und die Mittelklasseoptionen hier sind entweder Kettenhotels oder nicht zu

## Leeds

empfehlen. Wer günstig nächtigen möchte, muss sich in den Vororten umschauen: Hier gibt's jede Menge gute B&Bs und kleinere Hotels.

**Russell Scott Hostel** HOSTEL £

(☎0113-245 9046; www.rshostels.co.uk; 47a Well Close Rise, Woodhouse; B 15 £; 📶) Nicht ohne Grund gibt's auf der Website dieses neuen Hostels keine Fotos desselben – es handelt sich um eine anonyme Backstein-Doppelhaushälfte in einer Siedlung mit Sozialwohnungen. Aber es ist das einzige Hostel in Leeds und überzeugt – wenn man's dann mal gefunden hat – mit guten Einrichtungen und einer ruhigen Lage. Knapp 2,5 km (eine halbe Stunde zu Fuß) nördlich des Bahnhofs.

**Roomzzz Leeds City** APARTMENTS ££

(☎0844 499 4888; www.roomzzz.co.uk; 10 Swinegate; 2-Pers.-Apt. ab 82 £; @📶) Hier gibt's helle, moderne Luxusapartments mit Küche sowie einer rund um die Uhr besetzten Hotelrezeption und einer tollen Lage im Zentrum. Eine weitere Filiale, Roomzzz Leeds City West, befindet sich knapp 1 km Richtung Westen an der Burley Road.

**Headingley Lodge** HOTEL ££

(☎0844 858 2858; www.headingleylodge.co.uk; Headingley Stadium, St. Michael's Lane; DZ/FZ ab 60/75 £; P📶) Schicke, komfortable Zimmer mit Blick auf das Cricketstadion Headingley; das Hotel gehört zum Stadionkomplex.

**Bewleys Hotel** HOTEL ££

(☎0113-234 2340; www.bewleyshotels.com/leeds; City Walk, Sweet St; Zi. ab 68 £; P@📶) Das Bewleys liegt supergünstig für Autofahrer unmittelbar bei der Junction 3 der M621 sowie nur zehn Minuten zu Fuß vom Stadtzentrum; sichere Parkplätze befinden sich im Keller. Die Zimmer sind stilvoll und gut ausgestattet, mit schallisolierten Wänden und Fenstern. Der Zimmerpreis gilt für zwei Erwachsene und zwei Kinder unter 12.

## Leeds





★ **Quebecs** BOUTIQUEHOTEL £££
(0113-244 8989; www.quebecshotel.co.uk; 9 Quebec St; DZ/Suite ab 110/300 £; ) Viktorianische Anmut in ihrer opulentesten Form prägt unser Lieblingshotel in der Stadt, im umgebauten alten Leeds & County Liberal Club. Die raffinierte Holzvertäfelung und die mit Wappen verzierten Buntglasfenster in den öffentlichen Bereichen bilden einen schönen Kontrast zu dem zeitgenössischen Design der Zimmer. Wer übers Internet bucht, bekommt vielleicht eine Suite zur Hälfte des Listenpreises.

**42 The Calls** BOUTIQUEHOTEL £££
(0113-244 0099; www.42thecalls.co.uk; 42 The Calls; Zi./Suite ab 150/280 £; ) Das schicke Boutiquehotel in einer alten Getreidemühle des 19. Jhs. am Fluss ist besonders bei trendbewussten Geschäftsleuten beliebt, die klare Linien und Designerästhetik mögen. Die kleineren „Study"-Zimmer sind ziemlich kompakt und das Frühstück ist nicht inbegriffen – ein englisches Frühstück kostet 15 £.

### Essen

Die Restaurantszene von Leeds verändert sich ständig; neu erbaute Einkaufs- und Wohngebäude ziehen immer auch Neueröffnungen von Restaurants nach sich.

**Pickles & Potter** FEINKOSTLADEN, CAFÉ £
(www.picklesandpotter.co.uk; 18–20 Queens Arcade; Hauptgerichte 4–7 £; Mo–Fr 9–17, Sa bis 18, So 10.30–17 Uhr; ) Dieses rustikale Café ist berühmt für seine erstklassigen Sandwiches, besonders das üppige Roastbeef-Sandwich mit Senf, Zwiebelmarmelade und frischem Salat. Außerdem gibt's hausgemachte Suppe, köstlichen Kuchen und ein Tagesgericht mit und ohne Fleisch.

**Hansa's Gujarati** INDISCH, VEGETARISCH £
(www.hansasrestaurant.com; 72–74 North St; Hauptgerichte 6–8 £; Mo–Fr 17–22, Sa 18–23, So 12–14 Uhr; ) Das Hansa's ist eine echte Institution in Leeds und serviert schon seit fast 20 Jahren gesunde vegetarische Kost aus Gujarat. Das Restaurant ist abgesehen von einem Hinduschrein einfach und unscheinbar, aber das Essen umso exquisiter. Zu den Spezialitäten des Hauses gehört *samosa chaat*, verschiedene würzige Kartoffel- und Kichererbsen-Samosas mit Joghurt-Tamarinden-Sauce.

**Dish** MODERN BRITISCH ££
(0113-318 2274; www.dishdining.co.uk; 19 Boar Lane; Hauptgerichte 11–22 £; 2-/3-Gänge-Menü 16,50/19,50 £; Di–Sa 17–22, Fr & Sa 12–14.30 Uhr; ) Das Dish, eines der besten aufstrebenden Restaurants in Yorkshire, bietet nobles Speisen in informellem Ambiente. Auf der Karte stehen phantasievolle Interpretationen der besten britischen Klassiker, besonders mit Zutaten aus Yorkshire – Tipp: das *Yorkshire beef Wellington* (55 £ für 2 Pers.). Auch an Vegetarier ist gedacht worden; zur Auswahl stehen mehrere köstliche fleischlose Gerichte.

**Brasserie Blanc** FRANZÖSISCH ££

(☎0113-220 6060; www.brasserieblanc.com; Victoria Mill, Sovereign St; Hauptgerichte 10–20 £; ⏲Mo–Fr 12–14.45 & 17.30–22, Sa 12–22.30, So bis 21 Uhr; ) Raymond Blanc schafft inmitten der gusseisernen Pfeiler und der Backsteine eines alten viktorianischen Lagerhauses ein überraschend intimes und romantisches Ambiente, und bei gutem Wetter stehen draußen am Fluss ein paar Tische. Die Karte ist eindeutig französisch, von den *escargots* (Schnecken) bis zur Toulouse-Wurst. Mittags und abends (außer sonntags) bis 19 Uhr gibt's ein 3-Gänge-Menü für 14 £.

**Art's Cafe Bar & Restaurant** INTERNATIONAL ££

(www.artscafebar.co.uk; 42 Call Lane; Hauptgerichte 11–17 £; ⏲12–23 Uhr; ) Die Kunst aus der Region an den Wänden und eine Boheme-Atmosphäre machen dies Café zu einem beliebten Ort zum stillen Nachdenken, für ein gemütliches Pläuschchen und für einen wirklich guten Kaffee. Auf der Abendkarte steht ein halbes Dutzend klassischer Gerichte und ein dreigängiges Frühesser-Abendmenü (tgl. außer Samstag bis 19 Uhr) kostet 15 £.

★ **Crafthouse** MODERN BRITISCH £££

(☎0113-897 0444; www.crafthouse-restaurant.com; Level 5, Trinity Leeds, 70 Boar Lane; Hauptgerichte 14–21 £; ⏲Mo–Sa 12–15 & 17–23, So 12–22 Uhr; ) Dieses neue Dachrestaurant mit seiner coolen grau-schwarzen Einrichtung und den großen Panoramafenstern, durch die der Blick auf den benachbarten Kirchturm fällt, hinterlässt einen sehr guten Eindruck. Ebenso besonders ist das Essen, mit mutigen Geschmackskombinationen wie Schweinshaxe mit Löwenzahnsalat oder Seebrasse mit Fenchelsalat und sautierter Roter Bete. Mittags und von 17 bis 18.30 Uhr ist ein dreigängiges Menü (22,50 £) erhältlich.

## Ausgehen & Nachtleben

Leeds ist bekannt für sein gutes Angebot an Pubs und Bars. Rausgeputzte Partymeuten streifen durch die Lokale in der Boar und Call Lane, wo ständig Läden auf- und zumachen. Die meisten Bars sind bis 2 Uhr geöffnet und viele verwandeln sich ab 23 oder 24 Uhr in Clubs.

Die großartige Clubszene lockt Leute von nah und fern an. Gemäß altbewährter nordenglischer Tradition trotzen die Leute auch der Winterkälte mit möglichst wenig Kleidung – auch das ist schon sehenswert. Die Clubs erheben unterschiedlich viel Eintritt, an Abenden unter der Woche vielleicht nur 1 £, samstags dann aber 10 £ und mehr. Eine Orientierung über die stets veränderungsfreudige Szene vermittelt der **Leeds Guide** (www.leedsguide.co.uk). Die Touristeninformation hält die kostenlose Karte und Broschüre *Gay Leeds* bereit.

**North Bar** BAR

(www.northbar.com; 24 New Briggate; ⏲Mo & Di 11–1, Mi–Sa bis 2, So 12–24 Uhr; ) Diese lange und schmale, minimalistische Bar verströmt ein kontinentaleuropäisches Flair, nicht nur wegen der für England ungewöhnlichen Biere, von Dortmunder und Duvel bis zu Schneider und Snake Dog. In der Tat widmet sich die North Bar ganz der Welt des Gerstensafts, mit mehr als einem Dutzend Bieren vom Fass und jeder Menge Flaschenbieren. Auch die Auswahl an Whisky ist gut.

**Duck & Drake** PUB

(www.duckndrake.co.uk; 43 Kirkgate; ⏲Mo–Do 10–24, Fr & Sa bis 1, So 11–24 Uhr; ) Eine bodenständige, traditionelle Kneipe mit einem betagten Ambiente, vielen eingefleischten Stammgästen, einem Kneipenklavier, *pork pie and mushy peas* (Schweinefleischpastete mit Erbsenpüree) auf der Karte und 15 traditionellen *real ales* vom Fass. Mittwochs bis sonntags spielen hier außerdem Rock- und Bluesbands aus der Stadt.

**Whitelocks** PUB

(www.whitelocksleeds.com; 6–8 Turk's Head Yard; ⏲Mo–Do 11–24, Fr & Sa bis 1, So bis 23.30 Uhr; ) Dieses beliebte traditionelle Pub von 1715 wartet mit viel poliertem Holz, glänzendem Messing und Buntglas auf. Theakston's, Deuchars IPA und mehrere andere *real ales* gibt's vom Fass, im Winter brennt ein Kaminfeuer und im Sommer tummeln sich die Gäste auch draußen im Hof.

**Baby Jupiter** BAR

(www.babyjupiter.co.uk; 11 York Pl; ⏲Mo–Mi 12–24, Do & Fr bis 2, Sa 17–2 Uhr) Diese Kellerbar ist ein Retro-Juwel mit viel purpurnem Samt und Bildern aus alten Science-Fiction-Filmen. Hier läuft coole Musik von Indie, Funk und Soul bis Punk, New Wave und Electro.

**Sandinista** COCKTAILBAR

(www.sandinistaleeds.co.uk; 5/5a Cross Belgrave St; ⏲So–Fr 11–3, Sa 10–4 Uhr; ) Diese entspannte Bar präsentiert sich im Latino-Look und lockt mit unterschiedlichster Musik und einer unprätentiösen Stimmung ein gemischtes Publikum an.

**Bar Fibre** GAY

(www.barfibre.com; 168 Lower Briggate; So–Mi 12–1, Do & Fr bis 3, Sa bis 4 Uhr) In der beliebtesten Schwulenbar von Leeds am Queen's Court treffen sich all die schönen Menschen. Eine weitere Ansammlung von Schwulenkneipen befindet sich bergab an der Kreuzung von Lower Briggate und The Calls.

**HiFi Club** CLUB

(www.thehificlub.co.uk; 2 Central Rd; Mi & Fr–So 23–3 Uhr) Der intime Club bietet eine gute Abwechslung zu den Hardcore-Sounds der elektronischen Tanzmusik: Wer sich gern zu Tamla Motown oder den perkussiven Beats von Dancefloor-Jazz bewegt, ist hier genau richtig.

**Mission** CLUB

(www.clubmission.com; Viaduct St; Mo & Fr 23–4, Sa bis 6, Do 22–3.30 Uhr) Dieser riesige Club, gerade generalüberholt, ist ein Paradies für Feierwütige. Donnerstags gibt's die Studentennacht unter dem Motto Full Moon Thai Beach Party, samstags House-, Dance- und Anthem-Clubnächte sowie den Gay Club Queer-Do (23–6 Uhr).

**Wire** CLUB

(www.wireclub.co.uk; 2–8 Call Lane; 22–3 Uhr) Dieser kleine, stimmungsvolle Kellerclub inmitten eines Waldes aus viktorianischen gusseisernen Pfeilern erbebt jeden Abend zu einem anderen Beat, von Rock and Roll bis zu Drum and Bass. Beliebt bei den Studenten der Stadt.

## Unterhaltung

**City Varieties** VARIETÉ

(www.cityvarieties.co.uk; Swan St) Das 1865 gegründete City Varieties ist das älteste Varietétheater der Welt; hier traten einst Harry Houdini, Charlie Chaplin und Lily Langtry auf. Heute finden in dem umgebauten und kürzlich wiedereröffneten Haus Stand-up-Comedy, Livemusik, Pantomimik und altmodische Varietéshows statt.

**Grand Theatre & Opera House** THEATER, OPER

(www.leedsgrandtheatre.com; 46 New Briggate) Hier gibt's Musicals, Theater und Oper, u. a. Inszenierungen der renommierten **Opera North** (www.operanorth.co.uk).

**West Yorkshire Playhouse** THEATER

(www.wyp.org.uk; Quarry Hill Mount) Das Playhouse am östlichen Rand der Innenstadt genießt einen erstklassigen Ruf, ob für Klassiker oder Avantgardistisches.

## Shoppen

Im Zentrum von Leeds gibt's so viele Einkaufspassagen, dass sie sich alle zu einer einzigen riesigen Mall zu vereinigen scheinen. Das neueste, 2013 eröffnete Projekt, **Trinity Leeds** (www.trinityleeds.com; Mo–Sa 9–20, So 11–17 Uhr), ist das größte Einkaufszentrum der Stadt. Die historische **Corn Exchange** (www.leedscornexchange.co.uk; Mo–Sa 10–18, So 10.30–16.30 Uhr; WLAN) mit ihrer dramatischen schmiedeeisernen Kuppel erfindet sich derzeit neu als Heimat für Designerboutiquen und Modemärkte.

**Victoria Quarter** MALL

(www.v-q.co.uk) Die mit Mosaiken gepflasterten und mit Buntglas überdachten viktorianischen Arkaden des Victoria Quarter zwischen Briggate und Vicar Lane lohnen allein schon aus ästhetischen Gründen einen Besuch. Einkaufswütige können hier wie die Fußballerfrauen in den Läden von Louis Vuitton, Vivienne Westwood und Swarovski herumstöbern. Der größte Laden hier ist natürlich **Harvey Nichols** (www.harveynichols.com; 107–111 Briggate; Mo–Mi 10–18, Do bis 20, Fr bis 19, Sa 9–19, So 10.30–17 Uhr).

**Leeds City Market** MARKT

(www.leedsmarket.com; Kirkgate; Mo, Di & Do–Sa 9–17, Mi bis 13 Uhr, Do–Di Freiluftmarkt) Vom schicken Nachbarn Victoria Quarter aus gesehen am anderen Ende der Shoppingskala angesiedelt ist Großbritanniens größte Markthalle, in der neben Fleisch, Fisch und Obst und Gemüse auch Haushaltswaren verkauft werden. Hier war einst Michael Marks ansässig, der sich mit Spencer zusammentat und so die bekannte Kaufhauskette begründete.

## Praktische Informationen

**Gateway Yorkshire & Leeds Visitor Centre** (0113-242 5242; www.visitleeds.co.uk; The Arcade, Leeds City Train Station; Mo 10–17.30, Di–Sa 9–17.30, So 10–16 Uhr)

**Post** (St. John's Centre, 116 Albion St; Mo–Sa 9–17.30 Uhr)

## An- & Weiterreise

**Bus** Busse von **National Express** (www.nationalexpress.com) bieten Verbindungen in die meisten wichtigen Städte, u. a. nach London (ab 12 £, 4½ Std., stündl.) und Manchester (ab 5 £, 1¼ Std., alle 30 Min.). Busse von **Yorkshire Coastliner** (www.coastliner.co.uk) fahren von Leeds nach York (6,20 £, 1¼ Std.), Whitby (13 £, 3¾ Std.) und Scarborough (12 £, 3 Std.). Mit einem Freedom Ticket (15 £) kann man auf all diesen Strecken einen Tag lang unbegrenzt fahren.

**Flugzeug** Vom **Leeds Bradford International Airport** (www.leedsbradfordairport.co.uk), 18 km nordwestlich der Stadt und über die A65 zu erreichen, gehen Flüge zu Zielen im In- und Ausland. Zwischen dem Busbahnhof von Leeds und dem Flughafen verkehrt der Metroconnect-Bus 757 (3,50 £, 40 Min., alle 30 Min., So stündl.). Ein Taxi kostet rund 20 £.

**Zug** Die Leeds City Train Station, der Stadtbahnhof von Leeds, wird stündlich vom Londoner Bahnhof King's Cross (90 £, 2½ Std.), von Sheffield (14 £, 1 Std.), Manchester (16 £, 1 Std.) und York (13,50 £, 25 Min., alle 15 Min.) aus angefahren. Leeds ist außerdem Startpunkt von Zügen, die auf der berühmten Settle-Carlisle-Bahnlinie (S. 570) verkehren.

## Unterwegs vor Ort

Die Busse von **Leeds City Bus** (www.wymetro.com; Pauschalfahrpreis 50 p) fahren montags bis samstags von 6.30 bis 19.30 Uhr alle paar Minuten und verbinden den Bus- und den Zugbahnhof mit allen wichtigen Einkaufsvierteln im Zentrum.

Die verschiedenen WY-Metro-DayRover-Pässe für Bahnen und/oder Busse gelten auch für die Fahrt nach Bradford, Haworth und Hebden Bridge.

# Bradford

Ihre Vororte sind zwar zu einem einzigen großen Ballungsraum verschmolzen, doch Bradford unterscheidet sich stark von seinem glamouröseren Nachbarn Leeds. Dank seiner Bedeutung für den Wollhandel lockte Bradford im 20. Jh. zahlreiche Einwanderer aus Bangladesch und Pakistan an. Trotz gelegentlicher ethnischer Spannungen haben diese Neuankömmlinge stark zur Wiederbelebung der Stadt beigetragen und ihr neue Energie verliehen – und ihr dazu einen Ruf für erstklassige Curryrestaurants eingebracht. Ein Höhepunkt des Jahres ist die bunte **Bradford Mela**, inzwischen Teil des Mitte Juni stattfindenden **Bradford Festival** (www.bradfordfestival.org.uk) mit Musik, Tanz, Kunst, Kunsthandwerk und Essen aus Asien.

Bradford liegt im Metrobahnnetz von Leeds (3,60 £, 20 Min., 3- oder 4-mal stündl.).

## Sehenswertes

### ★ National Media Museum — MUSEUM

(www.nationalmediamuseum.org.uk; abseits der Little Horton Lane; ⌚10–18 Uhr) GRATIS Bradfords Topattraktion ist das National Media Museum in einem eindrucksvollen Gebäude mit Glasfassade. Hier wird die Geschichte der Fotografie, des Films, Fernsehens, Radios und Internets erzählt, von den Kameras des 19. Jhs. und frühen Zeichentrickfilmen bis zur Digitaltechnik und der Psychologie der Werbung. Viele der Exponate sind interaktiv: Man kann sich in einer Schlafzimmerszene filmen, sich als Nachrichtensprecher versuchen und sich mit Videospielen aus den 1970er- und 80er-Jahren vergnügen. Das **IMAX-Kino** (Erw./Kind 11,50/9 £) zeigt die üblichen Naturfilme, Weltraumdokus und 3D-Animationen.

Das Museum liegt am **City Park**, Bradfords neuem zentralem Platz mit dem Mirror Pool, dem größten städtischen Wasserspiel Großbritanniens.

## Essen

Bradford ist berühmt für seine Currygerichte – von 2011 bis 2013 wurde es dreimal in Folge zur Curry-Hauptstadt des Landes gewählt. Daher sollte niemand versäumen, eines der rund 100 Restaurants der Stadt zu testen. Eine gute Hilfestellung bietet der **Bradford Curry Guide** (www.visitbradford.com/explore/Bradford_Curry_Guide.aspx).

### Kashmir — INDISCH £

(27 Morley St; Hauptgerichte 4–6 £; ⌚11–3 Uhr; ✎) Bradfords ältestes Curryrestaurant bietet erstklassiges, schnörkelloses Essen, schenkt jedoch keinen Alkohol aus (man kann aber selbst welchen mitbringen). Die Tische oben sind auf jeden Fall zu bevorzugen, denn das gruselige fensterlose Untergeschoss hat den Charme einer Fabrikkantine der 1950er-Jahre. Gleich um die Ecke vom National Media Museum.

### Zouk Tea Bar — INDISCH ££

(www.zoukteabar.co.uk; 1312 Leeds Rd; Hauptgerichte 7–13 £; ⌚11–24 Uhr; 📶✎👪) Dieses moderne und stilvolle Café-Restaurant mit Köchen aus Lahore serviert alles von *chana puri* (Kichererbsencurry) zum Frühstück bis zum legendären Nihari-Lamm (langsam gegartes Lammfleisch mit einer dicken und pikanten Sauce) zum Abendessen.

# Saltaire

Saltaire, ein Wahrzeichen aus viktorianischer Zeit, war eine industrielle Mustersiedlung, 1851 vom philanthropischen Wollbaron und Abstinenzler Titus Salt erbaut. Von den Reihen properer, honigfarbener Arbeiterhäuschen blickt man hinunter auf die einst größte Fabrik der Welt. Das ganze Ensemble ist heute Weltkulturerbe der Unesco.

Die Fabrik heißt heute **Salts Mill** (www.saltsmill.org.uk; ⌚ Mo–Fr 10–17.30, Sa & So bis 18 Uhr; P) GRATIS und ist ein wunderbar helles und luftiges Gebäude. Seine Hauptattraktion ist eine Dauerausstellung von Werken des aus Yorkshire stammenden Künstlers David Hockney (geb. 1937) aus den 1970er- und 1980er-Jahren. Als sehr aussagekräftiges Beispiel für die Veränderung der britischen Wirtschaft – weg von der Produktion, hin zum Verkauf – ist dieser einstige Industriemotor heute ein Schrein des Konsums: Es gibt hier Buchhandlungen, Kunstgewerbeläden und Outdoor-Ausstatter sowie ein Café und Restaurant.

Saltaires **Touristeninformation** (☎ 01274-437942; www.saltairevillage.info; Salts Mill, Victoria Rd; ⌚ April–Sept. 10–17 Uhr, Okt.–März bis 16 Uhr) verkauft Karten der Siedlung und bietet Informationen über Spaziergänge und Wanderungen in der Umgebung.

Saltaire liegt 14,5 km westlich des Stadtzentrums von Leeds und 5 km nördlich des Zentrums von Bradford und ist von beiden Städten leicht mit den Metrobahnen zu erreichen.

## National Coal Mining Museum for England

Fast drei Jahrhunderte lang waren West- und Südyorkshire ein Inbegriff des Kohlebergbaus. Die Zechen formten und verschandelten die Landschaft und ganze Dörfer entstanden rund um die Bergwerke. In den 1980er-Jahren kam die gesamte Industrie abrupt zum Erliegen, doch die Spuren der Kohleförderung sind auch heute noch deutlich zu sehen, selbst wenn nur noch ein paar Zechen übrig sind. Eine davon, die ehemalige Caphouse Colliery, ist heute dieses faszinierende **Museum** (www.ncm.org.uk; Overton, bei Wakefield; ⌚ 10–17 Uhr, letzte Führung 15.15 Uhr; P 👪) GRATIS, das auf wunderbare Weise das Funktionieren einer Kohlegrube erklärt.

Das Highlight eines Besuchs hier ist die Untertagetour (Abfahrt alle 10 Min.): Ausgestattet mit Helm und Stirnlampe geht's im „Käfig" zunächst 140 m hinunter, dann durch unterirdische Gänge zum Kohleflöz, wo die riesigen Bohrmaschinen heute untätig herumstehen. Ehemalige Kumpel arbeiten hier heute als Führer und erklären die Details – manchmal in einer passend authentischen und fast unverständlichen Mischung aus örtlichem Dialekt (in Yorkshire als „Tyke" bekannt) und technischem Fachjargon.

Überirdisch gibt's dann audiovisuelle Ausstellungen, einige faszinierende Erinnerungsstücke (darunter Skizzen von Henry Moore) und Ausstellungen zu Gewerkschaften, Streiks und den Bergarbeitersiedlungen – allerdings teils etwas romantisch verklärt. Außerdem können sich Besucher die Zechenpony-Ställe anschauen (deren einstige Bewohner sich heute ebenfalls im Ruhestand befinden) sowie das etwas unheimliche Badehaus, unverändert seit die Bergarbeiter sich hier zum letzten Mal den Kohlestaub abwuschen und dann ihre Spinde leerräumten.

Das Museum liegt 16 km südlich von Leeds an der A642 zwischen Wakefield und Huddersfield, zu erreichen über die Junction 40 der M1. Oder man nimmt einen Zug von Leeds nach Wakefield (3,30 £, 15 Min., Min. stündl.) und dann Bus 232 Richtung Huddersfield (3 £, 25 Min., stündl.).

## Yorkshire Sculpture Park

Eine von Englands eindrucksvollsten **Skulpturensammlungen** (www.ysp.co.uk; Bretton Park, bei Wakefield; Eintritt frei, 4 Std. Parken 4 £; ⌚ April–Okt. 10–18 Uhr, Nov.–März bis 17 Uhr; P) verteilt sich über das große Anwesen Bretton Park aus dem 18. Jh. mit rund 200 ha Rasen, Weiden und Bäumen. Dies ist eine Art Safaripark der Kunstwelt; gezeigt werden Arbeiten von Dutzenden Bildhauern aus dem In- und Ausland. Das Hauptaugenmerk liegt allerdings auf dem Werk von Barbara Hepworth (1903–1975), die im nahen Wakefield geboren wurde, und von Henry Moore (1898–1986), der ebenfalls aus Yorkshire stammte.

Das ländliche Setting passt besonders gut zum Werk von Henry Moore, da der Künstler stark von der Natur beeinflusst war und seine Arbeiten lieber draußen als drinnen ausgestellt sah. Andere Highlights des Skulpturenparks sind Werke von Andy Goldsworthy und Eduardo Paolozzi sowie Richard Hiorns' berühmtes Werk *Seizure 2008/2013*, ein Apartment, das mit blauen Kupfersulphatkristallen überzogen ist (nur am Wochenende geöffnet). Außerdem gibt's hier Wechselausstellungen und Installationen von Gastkünstlern sowie eine Buchhandlung und ein Café.

Der Park liegt 19 km südlich von Leeds und 29 km nördlich von Sheffield, nicht weit von der Junction 38 der Autobahn M1. Oder man nimmt einen Zug von Leeds nach Wakefield (3,30 £, 15 Min., mindestens stündl.) oder von Sheffield nach Barnsley (3,80 £, 20 Min., mindestens stündl.) und dann Bus 9, der zwischen Wakefield und Barnsley verkehrt und am Bretton Park (3 £, 30 Min., Mo–Sa stündl.) vorbeikommt.

## Hepworth Wakefield

Westyorkshire gewann für die internationale Kunstszene weitere Bedeutung, als 2011 zum Yorkshire Sculpture Park noch diese preisgekrönte **Galerie für moderne Kunst** (☎01924-247360; www.hepworthwakefield.org; Gallery Walk, Wakefield; Eintritt frei, Parken 4,50 £; ⏲Di–So 10–17 Uhr; P) hinzukam. Sie residiert in einem atemberaubend verwinkelten Gebäude am Ufer des River Calder. Im Mittelpunkt stehen die Arbeiten der in Wakefield gebürtigen Bildhauerin Barbara Hepworth; ihr bekanntestes Werk ist vielleicht *Single Form*, das den Hauptsitz der Vereinten Nationen in New York schmückt.

Die Galerie kann mit mehr als einem Dutzend Originalwerken von Hepworth aufwarten, dazu mit Arbeiten vieler anderer britischer Künstler des 20. Jhs. wie Ivon Hitchens, Paul Nash, Victor Pasmore, John Piper und Henry Moore. Die Gott Collection mit Kunst des 19. Jhs. umfasst u. a. ein Gemälde der Wakefield Bridge und Chantry Chapel – wer durch das Fenster daneben schaut, kann das Bild mit der Originalansicht vergleichen.

Die Galerie liegt in der Nähe des Stadtzentrums von Wakefield, zehn Minuten zu Fuß südlich des Bahnhofs Wakefield Kirkgate, der von Leeds (3 £, 30 Min., mindestens stündl.) leicht zu erreichen ist.

## Hebden Bridge

4235 EW.

Yorkshires hippstes kleines Dorf schmiegt sich eng in ein steiles Tal. Der ehemalige Textilort wollte nach dem Untergang der Industrie nicht einfach den Geist aufgegeben, sondern verwandelte sich in eine schöne kleine Touristenfalle mit einem deutlich künstlerisch angehauchten Flair. Heute leben hier Akademiker, Künstler, Althippies und Schwule. Daraus erklärt sich das Übermaß an Kunstgewerbeläden, Biocafés und Buchantiquariaten.

### Sehenswertes

**Alternative Technology Centre** INFORMATIONSZENTRUM
(www.alternativetechnology.org.uk; Hebble End Mill; ⏲Mo–Fr 10–17, Sa 12–17, So 12–16 Uhr) GRATIS Wer vom Ortskern ein bisschen am schönen Rochdale-Kanal entlangspaziert, kommt bald zum Alternative Technology Centre. Dieses wirbt anhand von interessanten Ausstellungen und Workshops für erneuerbare Energien, Recycling und einen nachhaltigen Lebensstil.

**Heptonstall** DORF
Oberhalb von Hebden Bridge liegt das viel ältere Dorf Heptonstall. Seine engen Kopfsteinpflasterstraßen sind von 500 Jahre alten Cottages gesäumt, dazu gibt's noch die Ruine einer schönen Kirche aus dem 13. Jh. Jedoch ist es der Friedhof der jüngeren **St. Thomas' Church**, der Literaturpilger anzieht: Hier liegt nämlich die Dichterin Sylvia Plath (1932–1963) begraben, Ehefrau eines anderen berühmten Dichters, Ted Hughes (1930–1998), der im nahen Mytholmroyd geboren wurde.

**Gibson Mill** HISTORISCHES GEBÄUDE
(www.nationaltrust.org.uk; Erw./Kind 3,60/1,80 £; ⏲März–Okt. Di–Do, Sa & So 11–16 Uhr, Nov.–Feb. nur Sa & So bis 15 Uhr; P) 🍃 In dieser renovierten Baumwollfabrik des 19. Jhs. ist jetzt ein Besucherzentrum mit Ausstellungen zur Industrie- und Sozialgeschichte der Fabrik und ihrer Arbeiter untergebracht.

### Schlafen & Essen

**Hebden Bridge Hostel** HOSTEL £
(☎01422-843183; www.hebdenbridgehostel.co.uk; Birchcliffe Centre, Birchcliffe Rd; B/2BZ 20/55 £; ⏲Ostern–Anfang Nov.; P 📶) 🍃 Dieses Hostel, vom Ortskern nur zehn Minuten zu Fuß den Hügel hinauf, residiert in einem friedvollen Steingebäude mit sonnigem Hof, versteckt hinter einer ehemaligen Baptistenkapelle (nach den grünen Hostelschildern Ausschau halten). Es gibt eine gemütliche Bibliothek, behagliche und saubere Zimmer mit Bad sowie eine Küche, in der nur vegetarisches Essen zubereitet werden darf. Das Hostel ist täglich von 10.30 bis 17 Uhr geschlossen.

**Thorncliffe B&B** B&B ££
(☎01422-842163; Alexandra Rd; EZ/DZ 50/70 £; 📶) Das reizende viktorianische Haus thront auf dem Hügel oberhalb der Stadt und die Zimmer für die Gäste befinden sich ganz oben im Haus: ein geräumiges Dachdoppel-

zimmer mit Bad und hübschem Blick aufs Tal sowie ein zweites Doppelzimmer, allerdings ohne Ausblick und angeschlossenes Bad. Ein kleines vegetarisches Frühstück wird auf dem Zimmer serviert.

**Mooch** CAFÉ £
(www.moochcafebar.co.uk; 24 Market St; Hauptgerichte 4–9 £; Mo–Do 9–20, Fr bis 23, Sa 10–23, So bis 20 Uhr; ) Die chillige kleine Café-Bar verkörpert Hebdens alternatives Flair: Hier gibt's veganes Frühstück, Brie-und-Trauben-Ciabatta sowie mediterrane Lunchteller mit Oliven, Hummus, gefüllten Weinblättern, Taboulé und mehr. Außerdem wird hier Krombacher vom Fass gezapft und ausgezeichneter Espresso gebrüht.

**Organic House** CAFÉ £
(www.organic-house.co.uk; 2 Market St; Hauptgerichte 6–13 £; Mo–Sa 9–17, So 10–17 Uhr; ) Fast alles auf der Karte dieses geschäftigen Cafés stammt aus biologischem Anbau in der Region oder aus Fair-Trade-Handel, vom vegetarischen Frühstück bis zur *pâté du jour* (serviert mit Toast und Chutney). Man kann auch draußen im Garten sitzen. Oben gibt's noch ein Shiatsu- und Reflexzonenmassage-Studio.

★ **Green's Vegetarian Café** VEGETARISCH ££
(01422-843587; www.greensvegetariancafe.co.uk; Old Oxford House, Albert St; Hauptgerichte 11 £; Mi–So 11–15, Fr & Sa 18.30–21 Uhr; ) Das Green's ist eines der besten vegetarischen Restaurants in Yorkshire: Es serviert vegetarische und vegane Gourmetküche mit Gerichten wie sizilianischer *caponata* (Auberginen, Paprika, Sellerie, Oliven und Kapern) mit Spaghetti oder Thai Green Curry mit Kichererbsen, Kürbis und Tofu.

## Praktische Informationen

**Hebden Bridge Visitor & Canal Centre**
(01422-843831; www.hebdenbridge.co.uk; Butlers Wharf, New Rd; Mitte März–Mitte Okt. 10–17 Uhr, sonst kürzere Öffnungszeiten) Hält eine gute Auswahl an Karten und Broschüren zu Wanderungen in der Umgebung bereit, u. a. für eine Wanderung zu den Hardcastle Crags, einem landschaftlich reizvollen Gebiet in der Nähe, sowie zur nahen Gibson Mill des National Trust.

## An- & Weiterreise

Hebden Bridge liegt an der Bahnstrecke von Leeds (5,30 £, 50 Min., Mo–Sa alle 20 Min., So stündl.) nach Manchester.

# Haworth

6380 EW.

Es hat den Anschein, als würde nur Shakespeare höher geschätzt als die geliebten Brontë-Schwestern – Emily, Anne und Charlotte –, gemessen an den 8 Mio. Besuchern pro Jahr, die den Berg vom Bahnhof hochwandern zum hübschen Pfarrhaus, in dem Literaturklassiker wie *Jane Eyre* und *Wuthering Heights (Sturmhöhe)* entstanden.

Da überrascht es kaum, dass sich das ganze Dorf dem Brontë-Tourismus verschrieben hat. Aber auch ohne seine literarische Bedeutung würde Haworth durchaus einen Besuch lohnen. Allerdings kann man dem überbordenden Kommerz, der um die Brontës und ihre wunderbaren Schöpfungen herum entstanden ist, kaum aus dem Weg gehen.

## Sehenswertes

**Haworth Parish Church** KIRCHE
(Church St; 9–17.30 Uhr) Erster Anlaufpunkt in Haworth sollte die Pfarrkirche sein, ein charmantes altes Gotteshaus aus dem späten 19. Jh. Die Kirche, die hier vorher gestanden hatte und die auch die Brontës gekannt hatten, wurde 1879 abgerissen. Die Grabsteine auf dem Friedhof sind mit Moos überzogen oder wurden von knorrigen Baumwurzeln umgestoßen, sodass er ein überwältigendes Gefühl der Vergänglichkeit vermittelt.

**Brontë Parsonage Museum** MUSEUM
(www.bronte.info; Church St; Erw./Kind 7,50/3,75 £; 10–17.30 Uhr) Das Haus, in dem die Familie Brontë von 1820 bis 1861 lebte, liegt in

### DAMPFLOKS & EISENBAHNKINDER

Die **Keighley & Worth Valley Railway** (www.kwvr.co.uk; Erw./Kind hin & zurück 11/5,50 £, Day Rover 15/7,50 £) betreibt zwischen Keighley und Oxenhope über den Brontë-Ort Haworth Dampfloks und klassische Dieselloks. Hier wurde 1969 der Filmklassiker *The Railway Children* gedreht: Mr. Perks war Stationsvorsteher in Oakworth, das sich seinen edwardianischen Look sorgfältig bewahrt hat. Das ganze Jahr über verkehren am Wochenende stündlich Züge, zu Ferienzeiten jeden Tag stündlich.

## DIE BRONTËS: EIN TRAURIGES SCHICKSAL

Der Reverend Patrick Brontë, seine Frau Maria und ihre sechs Kinder zogen 1820 in die Haworth Parsonage. Innerhalb von nur vier Jahren starben Maria und die beiden ältesten Töchter an Krebs bzw. Tuberkulose. Nach dieser dreifachen Tragödie scharte der Reverend seine verbleibende Familie eng um sich und in den nächsten paar Jahren erhielten die Kinder ihre Schulbildung zu Hause in einem höchst kreativen Umfeld.

Die Kinder erschufen sich mythische Helden und Phantasieländer und produzierten selbstgemachte Minibücher. Dies war ein verheißungsvoller Anfang, zumindest für die drei Mädchen Charlotte, Emily und Anne. Der einzige Junge, Branwell, war eher dem Malen zugetan, ihm fehlten jedoch der Tatendrang und die Disziplin seiner Schwestern. Nach einer kurzen Zeit als professioneller Künstler verbrachte er schließlich die meisten seiner Tage im Pub Black Bull, betrunken und berauscht vom Laudanum, das es gegenüber in der Rose & Co Apothecary gab.

Während die drei Schwestern den Londoner Literaturbetrieb in einem außerordentlichen Jahr (1847) mit drei großartigen Romanen – *Jane Eyre*, *Wuthering Heights* und *Agnes Grey* – aus den Angeln hoben, ging es mit Branwell rapide bergab und im September 1848 starb er an Tuberkulose. Die Familie war erschüttert, aber es sollte bald noch schlimmer kommen. Kurz nach dem Begräbnis ihres Bruders erkrankte auch Emily an Tuberkulose. Sie sollte das Haus nie mehr verlassen und starb am 19. Dezember. Anne, die ebenfalls erkrankt war, war die nächste; Charlotte fuhr mit ihr nach Scarborough ans Meer, um ihr dort Linderung zu verschaffen, doch Anne starb am 28. Mai 1849.

Der Rest der Familie erholte sich nie mehr von diesen Tragödien. Trotz ihres wachsenden Ruhms kämpfte Charlotte mit Depressionen und konnte sich mit ihrer herausgehobenen Stellung in der literarischen Gemeinschaft nie recht anfreunden. Obwohl sie Zweifel hegte, heiratete sie schließlich, starb aber am 31. März 1855 im Frühstadium einer Schwangerschaft. Angesichts der Geschichte seiner Familie nimmt es kaum Wunder, dass der arme alte Patrick Brontë in den verbleibenden Jahren seines Lebens langsam, aber sicher dem Wahnsinn verfiel.

einem hübschen Garten bei der Kirche und dem Friedhof und ist heute ein Museum. Die Zimmer sind sorgfältigst so eingerichtet und ausstaffiert, wie sie es in der Zeit der Brontës waren, Charlottes Zimmer z. B. mit ihren Kleidern und ihren Schreibutensilien. Dazu gibt's eine informative Ausstellung, u. a. mit den faszinierenden Miniaturbüchern, die die Brontës als Kinder verfassten.

## Aktivitäten

Oberhalb von Haworth erstrecken sich die trostlosen Moore der South Pennines – die Brontë-Fans sofort wiedererkennen – und die Touristeninformation hält Faltblätter über Spaziergänge und Wanderungen zu allen möglichen Stellen bereit, die irgendwie mit den Brontës zu tun haben. Ein beliebter, 10 km langer Weg führt zu **Top Withins**, den Ruinen eines Gehöfts, das als Vorbild für *Sturmhöhe* gedient haben soll; allerdings weist eine Tafel eindeutig darauf hin, dass der Hof demjenigen, über den Emily schrieb, in nichts ähnelte.

Ein weiterer Wanderweg ist der längere **Brontë Way** von Bradford über Haworth nach Colne. Oder man wandert oder radelt 13 km Richtung Süden durch das schöne Tal Hardcastle Crags nach Hebden Bridge.

## Schlafen & Essen

Jedes zweite Haus an der Main Street bietet B&B; sie unterscheiden sich praktisch nicht voneinander, nur sind einige vielleicht ein kleines bisschen niedlicher. Es gibt zwei gute Restaurants im Ort und viele B&Bs verfügen über kleine Cafés, in denen man gut zu Mittag essen kann.

**Apothecary Guest House** B&B £
(☎01535-643642; www.theapothecaryguesthouse.co.uk; 86 Main St; EZ/DZ 35/55 £; WLAN) Unter Eichenbalken geht's durch enge, schiefe Gänge zu eher kleinen, fröhlich eingerichteten Zimmern.

**Haworth YHA** HOSTEL £
(☎0845 371 9520; www.yha.org.uk; Longlands Dr; B/2BZ 18,50/47 £; P @) Ein großes altes Haus mit Spielezimmer, Lounge, Fahrradladen und Waschsalon. Am nordöstlichen Ortsrand abseits der Lees Lane.

**Old Registry** B&B ££
(☎ 01535-646503; www.theoldregistryhaworth.co.uk; 2–4 Main St; Zi. 75–120 £; ) Diese Unterkunft ist ein bisschen etwas Besonderes: ein auf elegante Weise rustikales Gästehaus, in dem jedes der sorgfältig eingerichteten Zimmer über ein Himmelbett, einen Whirlpool oder einen Talblick verfügt. Das Blue-Heaven-Zimmer ist genau richtig für Fans von Laura Ashleys Ritterspornblau.

**Ye Sleeping House** B&B ££
(☎ 01535-546992; www.yesleepinghouse.co.uk; 8 Main St; EZ/DZ ab 29/58 £; P ) Dieses einladende B&B bietet ein gemütliches Landcottage-Flair. Es hat nur drei kleine Zimmer sowie zwei freundliche Katzen.

Am besten ist das einzige Zimmer mit Bad, in dem eine Familie mit zwei Kindern unterkommen kann und das mit einem tollen Talblick aufwartet.

**Old White Lion Hotel** GASTHOF ££
(☎ 01535-642313; www.oldwhitelionhotel.com; West Lane; EZ/DZ ab 70/98 £; P ) Unterbringung im Pubstil, gemütlich, aber kaum spektakulär – wenngleich einige Zimmer einen guten Blick haben –, über einem eichenvertäfelten Pub und renommierten Restaurant.

**Cookhouse** CAFÉ, BISTRO £
(☎ 01535-958904; www.thecookhousehaworth.co.uk; Main St; Hauptgerichte 4–9 £; ⏲ 10–17.30 Uhr; ) Das helle, luftige Café serviert stärkendes Frühstück (bis 11.45 Uhr) wie etwa Eggs Benedict oder Schinken-Käse-Zwiebel-Haschee, außerdem köstliche Mittagsgerichte wie *bangers and mash* (Würstchen mit Kartoffelbrei) mit Zwiebelsauce, Pulled-Pork-Sandwiches mit Grillsauce oder *crumpets* (Toastbrötchen) mit Wensleydale-Käse und Chutney.

**Cobbles & Clay** CAFÉ £
(www.cobblesandclay.co.uk; 60 Main St; Hauptgerichte 5–8 £; ⏲ 9–17 Uhr; ) Dieses hübsche, kinderfreundliche Café bietet nicht nur Fair-Trade-Kaffee und gesunde Salate und Snacks – toskanischen Bohneneintopf oder Hummus mit Pitabrot und rohen Gemüsestangen –, sondern auch die Gelegenheit, sich im Bemalen von Töpferwaren zu versuchen.

**Haworth Old Hall** PUB ££
(☎ 01535-642709; www.hawortholdhall.co.uk; Sun St; Hauptgerichte 10–15 £) Das Pub aus dem 16. Jh. serviert *real ale* und recht gutes Essen und besticht mit seinem tollen Biergarten. Wer länger verweilen möchte: Es gibt hier auch zwei gemütliche Doppelzimmer (ab 60 £).

## ℹ Praktische Informationen

**Touristeninformation** (☎ 01535-642329; www.haworth-village.org.uk; 2–4 West Lane; ⏲ 9–17.30 Uhr) Die Touristeninformation bietet ausgezeichnete Infos zum Dorf, zur Umgebung und natürlich zu den Brontës.

## ℹ An- & Weiterreise

Von Leeds gelangt man am einfachsten über Keighley, das am Metrobahnnetz liegt, nach Haworth. Bus 500 fährt vom Busbahnhof von Keighley nach Haworth (2,10 £, 15 Min., stündl.) und weiter nach Todmorden und Hebden Bridge. Am interessantesten ist aber die Anreise mit der Keighley & Worth Valley Railway (S. 581).

# SÜDYORKSHIRE

Was Wolle für Westyorkshire war, war Stahl für Südyorkshire. Da es hier jede Menge Kohle, Eisenerz und Wasser gab, wurde die Region zum Zentrum der britischen Eisen- und Stahlindustrie. Vom 18. bis zum 20. Jh. schlug hier das industrielle Herz Nordenglands.

Die Hochöfen von Sheffield und Rotherham und die Zechen von Barnsley und Doncaster schlossen zwar schon vor langer Zeit, aber die gewaltigen Zeugnisse dieses unwiderstehlichen viktorianischen Tatendrangs sind nach wie vor vorhanden: nicht nur die alten Stahlwerke und Fördertürme – von denen einige in Museen und Ausstellungsflächen verwandelt wurden –, sondern auch die stattlichen Verwaltungsgebäude im Zentrum von Sheffield, die Zeugnis ablegen von den grenzenlosen Ambitionen ihrer Erbauer im 19. Jh.

## Sheffield

551 800 EW.

Stahl ist überall in Sheffield. Heute ist es jedoch nicht das Stahl der Gießereien, Hütten und Schmieden, die der Stadt ihren Reichtum verschafften, noch das Besteck, das den „Sheffield Steel" in Großbritannien in jedem Haushalt bekannt machte, sondern es ist der Stahl der Gerüste und Kräne, der modernen Skulpturen und Straßenbahnen sowie der Stahl neuer Hochhäuser, die sich in die Skyline emporwuchten.

Die Stahlindustrie ist schon lange verschwunden, aber nach vielen Jahren des Niedergangs geht's mit der Stadt jetzt wieder aufwärts – wie viele nordenglische Städte hat sie die Gelegenheit, die die Stadterneuerung bietet, beim Schopf ergriffen und arbeitet hart daran, sich neu zu erfinden. Die neue Wirtschaft Sheffields gründet sich auf Dienstleistungen, dem Konsum und dank den Universitäten der Stadt auch auf dem Bildungswesen.

## Sehenswertes

Seit 2000 wird die Innenstadt umfassend saniert und neu erschlossen. Das Ganze soll bis mindestens 2020 andauern, sodass also noch lange mit Baustellen und Straßenbauarbeiten zu rechnen ist.

**Winter Gardens** GÄRTEN

(Surrey St; ⌚8–18 Uhr) Der ganze Stolz der Innenstadt von Sheffield ist dieser wunderbar ambitionierte öffentliche Raum mit einem hoch aufstrebenden Glasdach, das von anmutigen Bögen aus laminiertem Holz getragen wird. Der Baustil des 21. Jhs. bildet einen deutlichen Kontrast zum viktorianischen **Rathaus** in der Nähe und wird noch verstärkt durch die **Peace Gardens** mit ihren Brunnen, Skulpturen und Rasenflächen, auf denen sich bei entsprechendem Wetter die Büroangestellten herumlümmeln.

**Millennium Gallery** GALERIE, MUSEUM

(www.museums-sheffield.org.uk; Arundel Gate; ⌚Mo–Sa 10–17, So 11–16 Uhr) GRATIS An der Spitze von Sheffields kultureller Renaissance steht die Millennium Gallery, die vier Galerien unter einem Dach vereint. Die **Ruskin Gallery** beherbergt eine vielfältige Sammlung an Gemälden, Zeichnungen und Manuskripten des viktorianischen Künstlers, Schriftstellers, Kritikers und Philosophen John Ruskin sowie andere Werke. Die **Metalwork Gallery** erzählt von der Metamorphose der Sheffielder Stahlindustrie zu Kunsthandwerk und Design – der Stempel „Sheffield Steel" auf dem in der Stadt hergestellten Besteck steht mittlerweile für Designerschick.

**Graves Gallery** GALERIE

(www.museums-sheffield.org.uk; Surrey St; ⌚Mo–Sa 10–17 Uhr) Diese Galerie umfasst eine wohlgeordnete und gut zugängliche Sammlung britischer und anderer europäischer moderner Kunst. Zu den hier vertretenen Topnamen zählen Cézanne, Gaugin, Miró, Klee und Picasso.

**Abbeydale Industrial Hamlet** MUSEUM

(www.simt.co.uk; Abbeydale Rd S; Erw./Kind 4 £/frei; ⌚Mo–Do 10–16, So 11–16.45 Uhr; P) In der Zeit vor den großen Stahlhütten war die Metallverarbeitung genauso wie die Woll- und Baumwollverarbeitung eine Heimindustrie. Einen Einblick in diese frühere, unschuldigere Zeit verschaffen die restaurierten Öfen, Werkstätten und Maschinen aus dem 18. Jh. im Abbeydale Industrial Hamlet. Es liegt 6,5 km südwestlich der Innenstadt an der A621 Richtung Peak District.

## Schlafen & Essen

Der Tourismus steckt in Sheffield eigentlich noch immer in den Kinderschuhen und die meisten Hotels im Zentrum richten sich an Geschäftsreisende. Es entstehen ständig neue Restaurants, die wichtigsten Restaurantviertel befinden sich jedoch alle außerhalb des Zentrums.

Einen 1,5 km langen Abschnitt der Ecclesall Road, 1,5 km südwestlich der Innenstadt, säumen Bars, Restaurants, Cafés und Imbisse. Die London Road, 1,5 km südlich des Zentrums, wartet mit einem guten Angebot an ethnischen Restaurants auf, von türkisch bis thailändisch. Studentenkneipen und -esslokale findet man an der Division und Devonshire Street unmittelbar westlich des Zentrums.

**Leopold Hotel** BOUTIQUEHOTEL ££

(☎0845 078 0067; www.leopoldhotel.co.uk; 2 Leopold St; Zi. ab 65 £; 📶) Sheffields erstes Boutiquehotel ist in einem ehemaligen Gymnasium untergeschlüpft und verleiht der hiesigen Hotelszene einen dringend benötigten Schuss an Stil und Kultiviertheit – jedoch ohne die überhöhten Londoner Preise. Spätabends kann es dank der Bars an der Leopold Street etwas laut sein – also lieber ein ruhiges Zimmer nach hinten raus nehmen.

**Houseboat Hotels** HAUSBOOT ££

(☎01909-569393; www.houseboathotels.com; Victoria Quays, Wharfe St; EZ/DZ/4BZ ab 79/99/159 £; P) Mal was anderes: Hier können Gäste auf ihrem eigenen Hausboot entspannen, ausgestattet mit Küche und Terrasse. Außerdem können sie das Fitnessstudio und das Pool des Hilton auf der anderen Straßenseite mitbenutzen.

**Marmaduke's** CAFÉ £

(www.marmadukescafedeli.co.uk; 22a Norfolk Row; Hauptgerichte 6–9 £; ⌚Mo–Sa 9–17, So 10–16 Uhr;

Dieses sympathisch enge und chaotische Café, vollgestopft mit recycelten Möbeln und geführt von einer jungen, engagierten Crew, serviert phantasievolles Frühstück (bis 11.30 Uhr) wie etwa frittierte Maisbällchen mit Avocadosalsa sowie Mittagsspeisen von Feinkostsandwiches und Quiche bis zu vegetarischen Tagesgerichten. Nur Barzahlung.

**Blue Moon Cafe** VEGETARISCH £
(2 St. James St; Hauptgerichte 6–7 £; Mo–Sa 8–20 Uhr; ) Diese Sheffielder Institution bietet köstliche vegetarische und vegane Schöpfungen, Suppen und andere gesunde Speisen, allesamt serviert mit einem Salat. Dank der netten Atmosphäre eignet sich das Café wunderbar, um hier den Samstagnachmittag zu verbummeln.

★ **Vero Gusto** ITALIENISCH ££
(0114-276 0004; www.gustosheffield.com; 12 Norfolk Row; Hauptgerichte 9–25 £; Di–Sa 16–22 Uhr; ) Das Gusto ist ein waschechtes italienisches Restaurant: Hier servieren italienische Betreiber echte italienische Hausmannskost und es wird echter italienischer Kaffee kredenzt. Kaffee und italienischen Kuchen gibt's am späten Nachmittag, abends dann exquisite italienische Gerichte. Für den Abend sollte man reservieren.

## Praktische Informationen

**Post** (Norfolk St; Mo–Fr 8.30–17.30, Sa bis 15 Uhr)

**Touristeninformation** (0114-221 1900; www.welcometosheffield.co.uk; Winter Gardens, Surrey St; Mo–Fr 9.30–17, Sa bis 16 Uhr, 13–13.30 Uhr geschl.)

## An- & Weiterreise

Informationen über die öffentlichen Verkehrsmittel in Sheffield und Südyorkshire bietet **Travel South Yorkshire** (01709-515151; www.travelsouthyorkshire.com).

**Bus** Der Busbahnhof, Interchange genannt, liegt unmittelbar östlich des Zentrums, ca. 250 m nördlich des Bahnhofs. National-Express-Busse verbinden Sheffield mit allen wichtigen Städten des Nordens. Es fahren Busse u. a. nach Leeds (4,50 £, 1 Std., stündl.), Manchester (8,60 £, 1½ Std., 4-mal tgl.) und London (14 £, 4 Std., 4-mal tgl.).

**Zug** Sheffield wird aus allen Richtungen per Bahn angesteuert: Leeds (12 £, 1 Std., 2-mal stündl.), London St. Pancras (65 £, 2½ Std., stündl.) via Derby oder Nottingham, Manchester (14 £, 1 Std., 2-mal stündl.) und York (15 £, 1¼ Std., 2-mal stündl.).

# EAST RIDING OF YORKSHIRE

Das sanft gewellte Ackerland des East Riding of Yorkshire zieht sich bis hinüber nach Hull, einer schnörkellosen Hafenstadt, die von der Nordsee und der Mündung des Humber lebt. Gleich nördlich von Hull liegt das ganz anders geartete Beverley, die schönste Stadt des East Riding, mit jeder Menge georgianischem Flair und einer der ansehnlichsten Kirchen Englands.

## Hull

284 320 EW.

Hull heißt eigentlich Kingston-upon-Hull – dem alten Hafen am River Hull wurde 1299 das königliche Stadtrecht verliehen und er hieß von da an King's Town. Schon seit Langem ist Hull der wichtigste Hafen an der englischen Ostküste; hier wurde Wolle exportiert und Wein importiert. Bis zum Ende der Schleppnetzfischerei war es außerdem ein wichtiger Walfang- und Fischereihafen.

Zwar gewinnt die Stadt sicher keinen Schönheitswettbewerb, doch verströmt sie einen rauen Charme, der besonders Leute anspricht, die sich für die britische Industriegeschichte interessieren und gerne mal die ausgetretenen Touristenpfade verlassen. Hull ist berühmt als Heimat des Dichters Philip Larkin und beherbergt einige faszinierende Museen und eines der besten Aquarien Großbritanniens. Im Jahr 2017 ist Hull britische Kulturhauptstadt, weshalb der Hafenbereich derzeit umfassend saniert wird.

Im Fruitmarket-Viertel um die Humber Street herum hat sich eine kleine Kultur-Renaissance ereignet: Heruntergekommene Gebäude wurden in Ateliers und Veranstaltungsorte verwandelt, wenn es auch nur langsam vorwärts geht.

### Sehenswertes & Aktivitäten

**The Deep** AQUARIUM
(www.thedeep.co.uk; Tower St; Erw./Kind 11,50/9,50 £; 10–18 Uhr, letzter Einlass 17 Uhr; ) Hulls größte Touristenattraktion ist The Deep, ein riesiges Aquarium in einem kolossalen verwinkelten Gebäude, der sich über den trüben Wassern des Humber wie ein gewaltiger Haikopf zu erheben scheint. Auch drinnen präsentiert es sich überaus dramatisch, mit hallenden Kommentaren und computergenerierten interaktiven Expona-

ten, die Besucher durch die Entstehungsgeschichte der Ozeane und des Meereslebens geleiten.

Das größte Aquarium ist 10 m tief, voller Haie, Stachelrochen und bunter Korallenfische sowie Muränen, die wie schillernder Schleim über den Felsen hängen. Im Becken fährt ein Fahrstuhl hoch und runter, aber besser ist die Sicht von der Treppe aus. Unbedingt lohnend ist das Café im obersten Stock mit einem tollen Ausblick auf das Mündungsgebiet des Humber.



**Streetlife Museum** MUSEUM

(www.hullcc.gov.uk/museums; High St; ⏲ Mo–Sa 10–17, So 13.30–16.30 Uhr) GRATIS Dieses faszinierende Museum beherbergt nachgebaute Straßenszenen aus georgianischer und viktorianischer Zeit sowie aus den 1930er-Jahren. Besucher können alle möglichen Fahrzeuge erkunden, von Postkutschen bis zu Fahrrädern, Bussen und Straßenbahnen.

**Hull & East Riding Museum** MUSEUM

(www.hullcc.gov.uk/museums; ⏲ Mo–Sa 10–17, So 13.30–16.30 Uhr) GRATIS Das Regionalmuseum beschäftigt sich mit der Lokalgeschichte von den Römern bis zur Gegenwart und besitzt jetzt neue Abteilungen für angelsächsische und mittelalterliche Geschichte und für Geologie.

**Arctic Corsair** HISTORISCHES SCHIFF

(www.hullcc.gov.uk/museums; ⏲ April–Okt. Mi & Sa 10–16.30, So 13.30–16.30 Uhr) GRATIS Hinter dem Streetlife Museum liegt vertäut im Schlamm des River Hull die *Arctic Corsair*. Führungen über den Atlantiktrawler, einen Veteranen der sogenannten Kabeljaukriege der 1970er-Jahre, als sich Großbritannien und Island um Fischereirechte balgten, zeigen, was für eine harte Arbeit es war, nördlich des nördlichen Polarkreises zu fischen.

**Spurn Lightship** MUSEUM

(Castle St; ⏲ Ende Juni–Mitte Sept. So 13.30–16 Uhr) GRATIS Das 1927 gebaute Feuerschiff dienste einst Schiffen, die in die berüchtigt gefährliche Mündung des Humber einfuhren, als Navigationsmarke. Heute liegt das Schiff sicher in der Marina vor Anker und beherbergt eine spannende Ausstellung über seine eigene Geschichte. Interessant ist auch der Unterschied zwischen den Behausungen von Kapitän und Crew.

**Old Town** STADTVIERTEL

Hulls Old Town erstreckt sich auf dem Zipfel Land zwischen dem River Hull im Osten und dem Princes Quay im Westen. Die stattlichen öffentlichen Gemäuer hier zeugen noch immer vom einstigen Wohlstand der Stadt. Die eindrucksvollste Hinterlassenschaft aus vergangenen Zeiten ist die **Guildhall** (Low Gate; ⏲ Mo–Do 8.30–16.30, Fr bis 15.30 Uhr) GRATIS, ein riesiger neoklassizistischer Kasten von 1916 mit jeder Menge poliertem Marmor und Eichen- und Walnussholzvertäfelung. Außerdem ist in der Nähe des Empfangs die Hull Tapestry zu sehen, die die Geschichte der Stadt erzählt.

**Wilberforce House** MUSEUM

(www.hullcc.gov.uk/museums; High St; ⏲ Mo–Sa 10–17, So 13.30–16.30 Uhr) GRATIS Im Wilberforce House (1639) wurde 1759 der Politiker und engagierte Sklavereigegner William Wilberforce geboren. Heute ist es ein Museum zur Geschichte des Sklavenhandels und dessen Verbot.

**Larkin Trail** STADTRUNDGANG

(www.thelarkintrail.co.uk) An Hulls berühmtesten Sohn, den Dichter Philip Larkin, erinnert dieser Spazierweg, der bei der Bronzestatue des Poeten im Bahnhof beginnt. Der Rundgang führt vorbei an Orten, die in seinen Gedichten auftauchen, sowie zu einigen seiner Lieblingspubs. Ein Faltblatt zum Rundgang gibt's in der Touristeninformation.

## Schlafen & Essen

Im Stadtzentrum sind gute Unterkünfte rar; es gibt zumeist nur Kettenhotels für Geschäftsleute und ein paar mittelprächtige B&Bs. Die Touristeninformation ist kostenlos bei der Unterkunftssuche behilflich.

Die beste Ansammlung von Esslokalen findet man um die Dock Street im Stadtzentrum herum sowie an der Princes Avenue zwischen Welbeck Street und Blenheim Street, rund 1,5 km nordwestlich des Zentrums.

**Kingston Theatre Hotel** HOTEL ££

(☎ 01482-225828; www.kingstontheatrehotel.com; 1–2 Kingston Sq; EZ/DZ/Suite ab 60/80/110 £; 📶) Das Hotel am schattigen Kingston Square in der Nähe des New Theatre ist eine der besten Übernachtungsmöglichkeiten im Stadtzentrum. Es bietet elegante Zimmer, freundlichen Service und ein ausgezeichnetes Frühstück.

**Fudge** CAFÉ, BRASSERIE ££

(☎ 01482-441019; www.fudgefood.com; 93 Princes Ave; Hauptgerichte 7–21 £; ⏲ Di–Do & So 10.30–14.30, Fr & Sa 9–15, Di–So 18–21 Uhr) Das frische, in Pink und Pfefferminz gehaltene Café serviert den ganzen Tag lang herzhaftes Frühstück, Kaffee und Kuchen. Mittags und abends gibt's aber auch ein verführerisches Angebot an Brasseriespeisen wie saftige Burger (vegetarisch oder mit Rindfleisch), mit Kräutern gewürzte Krabbenpuffer und portugiesischen Fischeintopf.

**Hitchcock's Vegetarian Restaurant** VEGETARISCH ££

(☎01482-320233; www.hitchcocksrestaurant.co.uk; 1 Bishop Lane, High St; Buffet 18 £; ⌚Di–Sa 20–22.30 Uhr; ✍) Das Wort „urig" könnte für dieses Restaurant erfunden worden sein. Es besteht aus einem stimmungsvollen Labyrinth kleiner Räume und zu essen gibt's von einem vegetarischen Buffet: Die erste Person, die einen Tisch für den Abend reserviert, wählt auch die Küche aus – thailändisch, indisch, spanisch oder was auch immer. Das Essen ist hervorragend und der Empfang herzlich. Reservierung erforderlich.

**1884 Dock Street Kitchen** MODERN BRITISCH £££

(☎01482-222260; www.1884dockstreetkitchen.co.uk; Humber Dock St; Hauptgerichte 17–32 £; ⌚Di–Sa 12–14 & 18–21.30, So 12–15 Uhr; 📶) Dieses große und gewagte Restaurant ist das Aushängeschild der Hafenerneuerung. Hier wird versucht, britische Küche mit dem sepiagetönten Look eines New Yorker Steakhauses aus dem späten 19. Jh. zu vermählen – und es klappt auch einigermaßen. Neben Steaks gibt's viel schottischen Fisch, Schweinefleisch aus Yorkshire und Lamm aus Lancashire sowie Gerichte mit wildem Knoblauch und Enteneiern. Ein dreigängiges Menü kostet 22 £.

## Ausgehen & Unterhaltung

Besonders am Wochenende kann es in Hull nach Einbruch der Dunkelheit rau und laut zugehen, v. a. in den Straßen um den Trinity Square in der Old Town und an der Pubmeile an der Beverley Road nördlich des Zentrums.

**Minerva** PUB

(Nelson St; ⌚Mo–Sa 11–23, So 12–22.30 Uhr) Wer lieber ein Pub als einen Club ansteuern möchte, kann sich in diesem hübschen 200 Jahre alten Pub unten am Wasser vielleicht an einem Pint Black Sheep erfreuen. Wenn die Sonne scheint, kann man draußen sitzen und den Schiffen nachschauen.

**Fruitspace** LIVEMUSIK, COMEDY

(☎01482-221113; www.fruitspace.co.uk; 62–63 Humber St) Diese alte Industrieanlage bildet das Herzstück der kulturellen Erneuerung im Fruitmarket-Viertel. Heute ist sie ein Mehrzweck-Veranstaltungsort mit Bar, Kino und Bühne. Regelmäßig spielen hier Bands aus der Stadt – und manchmal auch bekanntere Namen – und es gibt einen monatlichen Comedy Club sowie am dritten Sonntag des Monats den Humber Street Market.

**Hull Truck Theatre** THEATER, JAZZ

(www.hulltruck.co.uk; Spring St) Das Hull Truck Theatre ist die Heimatbühne des Dramatikers John Godber, der sich mit rauen Komödien wie *Bouncers* und *Up 'n' Under* einen Namen machte – Godber zählt zu den meistgespielten Dramatikern in der englischsprachigen Welt. Ansonsten wird ein buntes Programm mit Theater, Comedy und sonntags Jazz präsentiert. Etwas nordwestlich der Old Town.

## Praktische Informationen

**Post** (63 Market Pl; ⌚Mo–Sa 9–17.30 Uhr)

**Touristeninformation** (☎0844-811 2070; www.visithullandeastyorkshire.com; 1 Paragon St; ⌚Mo–Sa 10–17, So 11–15 Uhr)

## An- & Weiterreise

**Bus** Nach Hull gibt's direkte Busverbindungen von London (26 £, 6½ Std., 1-mal tgl.), Leeds (9 £, 1¾ Std., stündl.) und York (6,90 £, 1¾ Std., 6-mal tgl.).

**Schiff/Fähre** Der Fährhafen liegt 5 km östlich des Zentrums am King George Dock. Vom Fährhafen fährt ein Bus zum Bahnhof. Es gibt Fährverbindungen nach Seebrügge und Rotterdam.

**Zug** Hull hat Bahnverbindungen Richtung Norden und Süden nach Newcastle (40 £, 2½ Std., stündl., in York oder Doncaster umsteigen) und London Kings Cross (75 £, 2¾ Std., alle 2 Std.) sowie Richtung Westen nach York (25 £, 1¼ Std., stündl.) und Leeds (15 £, 1 Std., stündl.).

# Beverley

30 590 EW.

Das hübsche, unverdorbene Beverley ist eine der schönsten Städte in Yorkshire, v. a. dank seinem großartigen Münster – das es in Sachen Schönheit mit jeder Kirche in England aufnehmen kann – und dem Straßenlabyrinth darunter mit seinen wunderbaren georgianischen und viktorianischen Gebäuden.

ABSTECHER

## PIPE & GLASS INN

Dieses reizende **Landpub** (01430-810246; www.pipeandglass.co.uk; West End, South Dalton; Hauptgerichte 11–27 £; Di–Fr 12–14 & 18.30–21.30, Sa 12–23, So 12–16 Uhr; ) hat seit 2010 einen Michelin-Stern. Das Ambiente ist erfrischend locker, mit alten Holztischen, Steinkamin und Ledersofas, und das Essen wird mit viel Liebe zubereitet – selbst scheinbar einfache Gerichte wie eine Fischpastete sind unvergesslich.

Alle Sehenswürdigkeiten liegen nur einen kurzen Spaziergang vom Bahnhof und Busbahnhof entfernt. Samstags findet auf dem Hauptplatz ein großer Markt statt, mittwochs ein kleinerer auf dem passend benannten Platz Wednesday Market.

## Sehenswertes

**★ Beverley Minster** KIRCHE

(www.beverleyminster.org; Mo–Sa 9–16.45, So 12–17.30 Uhr) Das Beverley Minster ist eines der Juwele englischer Kirchenarchitektur und die eindrucksvollste Kirche des Landes, die keine Kathedrale ist. Schon von außen ist das Gotteshaus mit seinen himmelwärts strebenden Linien eindrucksvoll, seine wahre Schönheit offenbart es jedoch erst drinnen. Das nördliche Seitenschiff aus dem 14. Jh. ist mit Original-Steinbildnissen gesäumt, zumeist von Musikern. Von diesen Bildern stammt ein Großteil unseres Wissens über alte Musikinstrumente. Daneben sind auch Kobolde, Teufel und groteske Figuren dargestellt. Besonders interessant ist der Dudelsackpfeifer.

Mit dem Bau der Kirche, der dritten an dieser Stelle – die erste stammte aus dem 7. Jh. –, wurde 1220 begonnen, danach wurde zwei Jahrhunderte lang weitergewerkelt. Somit sind alle drei Stilepochen der englischen Gotik vertreten: Early English, Decorated und Perpendicular Style.

Das reich verzierte **Percy Canopy** (1340) in der Nähe des Altars, ein Baldachin über dem Grabmal der örtlichen Adligen Lady Eleanor Percy, zeugt vom Können des Bildhauers und ist das schönste Stück gotischer Steinbildhauerei in England. Den Gegensatz dazu bildet der angelsächsische **Frith Stool** aus dem 10. Jh. im Chor, ein schlichter, polierter Steinstuhl, auf den sich einst jeder vor der Hand des Gesetzes flüchten konnte.

Im Dach befindet sich ein restaurierter Tretradkran, mit dem die Arbeiter beim Bau der Kirche schwere Lasten transportierten. Zugang zum Turm hat man nur im Rahmen einer Führung (5 £ pro Pers.).

**St. Mary's Church** KIRCHE

(April–Sept. Mo–Fr 9.30–16.30, Sa 10–16, So 14–16 Uhr, Okt.–März kürzere Öffnungszeiten) Die St. Mary's Church am anderen Ende der Stadt hatte das Schicksal, gegenüber dem Beverley Minster die zweite Geige spielen zu müssen. Sie entstand zwischen 1120 und 1530. Die Westfassade vom Anfang des 15. Jhs. gilt als eine der schönsten einer englischen Pfarrkirche. Im nördlichen Chorumgang befindet sich ein Bildnis (ca. 1330) eines als Pilger verkleideten Hasen; er soll Lewis Carroll zu seinem White Rabbit (weißen Kaninchen) inspiriert haben.

## Schlafen & Essen

**Friary YHA** HOSTEL £

(0845 371 9004; www.yha.org.uk; Friar's Lane; B/DZ 18,50/69 £; ) In Beverley hat die billigste Unterkunft die beste Lage und das schönste Ambiente. Diese Jugendherberge befindet sich in einem wunderbar restaurierten Dominikanerkloster des 14. Jhs., das auch in Chaucers *Canterbury Tales* vorkommt, und liegt nur 100 m vom Münster und nicht weit vom Bahnhof entfernt.

**Kings Head** GASTHOF ££

(01482-868103; www.kingsheadpubbeverley.co.uk; 38 Saturday Market; EZ/DZ 70/80 £; ) Der Kings Head ist eine modernisierte georgianische Postkutschenstation und heute ein munteres Pub mit zwölf hellen und freundlichen Zimmern über der Kneipe. Am Wochenende hat das Pub lange geöffnet und für Leute, die ihren Schlaf brauchen, stehen Ohrstöpsel zur Verfügung.

**Vanessa Delicafe** CAFÉ ££

(01482-868190; www.vanessadelicafe.co.uk; 21–22 Saturday Market; Hauptgerichte 7–15 £; Mo, Di, Fr & Sa 9–16.30, Mi & Do bis 21, So 10–15.30 Uhr; ) Dieses beliebte Café befindet sich über einem Feinkostladen. Zwischen den Tischen stehen Sofas und Bücherregale und von den Fenstersitzen fällt der Blick auf den Marktplatz. Der richtige Ort also, um sich bei einem Cappuccino und Stück Kuchen in die Sonntagszeitung zu vertiefen oder sich an herzhaften Mittags- und Abendgerichten wie hausgemachter Lasagne oder Wildburger zu laben.

**Grant's Bistro 22** MODERN BRITISCH £££
(☎01482-887624; 22 North Bar Within; Hauptgerichte 16–25 £; ⏲Fr & Sa 12–14, Mo–Sa 18–21.30 Uhr) Ein wundervolles Restaurant für ein romantisches Dinner zu zweit, mit dunklen Holztischen, frischen Blumen und Kerzenlicht. Rindfleisch, Wild und besonders Meeresfrüchte aus der Region kommen hier voll zur Geltung, in Gerichten wie in der Pfanne gebratenen Jakobsmuscheln mit Blutwurst. Ein 2-/3-Gänge-Mittagsmenü kostet 15/20 £.

## Praktische Informationen

**Post** (Register Sq; ⏲Mo–Fr 9–17.30, Sa bis 12.30 Uhr)

**Touristeninformation** (☎01482-391672; www.beverley.gov.uk; 34 Butcher Row; ⏲ganzjährig Mo–Fr 9.30–17.30, Sa bis 16.30 Uhr, April–Sept. außerdem So 10–15.30 Uhr)

## An- & Weiterreise

**Bus** Von Hull gibt's regelmäßige Busverbindungen nach Beverley, u. a. mit den Bussen 121, 122, 246 und X46/X47 (4,05 £, 30 Min., alle 20 Min.). Bus X46/X47 verbindet Beverley mit York (6,45 £, 1¼ Std., stündl.).

**Zug** Es bestehen Zugverbindungen nach Scarborough (13,70 £, 1¼ Std., alle 2 Std.) und Hull (6,60 £, 15 Min., 2-mal stündl.).

# Manchester, Liverpool & Nordwestengland

**Inhalt ➡**



## Gut essen

- Australasia (S. 601)
- Monro (S. 618)
- Lime Tree (S. 601)
- Upstairs at the Grill (S. 609)
- Tanroagan (S. 626)

## Schön übernachten

- Stone Villa (S. 609)
- Great John Street Hotel (S. 600)
- Hope Street Hotel (S. 617)
- Malmaison (S. 600)
- Richmond Hotel (S. 617)

## Auf nach Manchester, Liverpool & Nordwestengland

Spuren der einstigen Größe Großbritanniens finden sich reichlich im Nordwesten Englands. Das Zentrum der Region bildet Manchester, ein Musterbeispiel dafür, wie sich eine Stadt neu erfinden kann: Vom Industriemoloch des 20 Jhs. hat es sich zu einer modernen Metropole mit Freizeitverlockungen wie Fußball und feiner Gastronomie gemausert. Auch das nahe Liverpool hat einiges zu bieten – tolle Museen, erstklassige Einkaufsmöglichkeiten und eine Sportgeschichte, die genauso beeindruckt wie die des Nachbarn jenseits der Pennines. Von beiden Metropolen leicht zu erreichen ist Chester, eine malerische Stadt mit Bauten der Tudorzeit und einer Vergangenheit, die bis in die Römerzeit zurückreicht. Und schließlich findet man im nördlichen Lancashire und auf der Isle of Man Landschaften, die zu den schönsten Großbritanniens zählen und wunderbare Wanderreviere darstellen.

## Reisezeit

- Außerhalb von Liverpool findet am ersten Aprilwochenende das berühmteste Hindernisrennen der Welt statt, das Aintree Grand National.
- Mai und Juni sind auf der Isle of Man die Zeit des Tourist Trophy Festival, beliebt bei Motorsportfans auf der ganzen Welt.
- Das Highlight im Kulturkalender der Region ist das alle zwei Jahre im Juli stattfindende Manchester International Festival.
- Musikfans sollten in der letzten Augustwoche Liverpool ansteuern: Dann findet hier das Creamfields-Tanzfest und das Mathew Street Festival statt, eine Huldigung der Beatles.
- Fußball wird von Ende August bis Mai gespielt.

## Aktivitäten

### Wandern & Radfahren

Außerhalb der Ballungsräume eignet sich der Nordwesten überraschend gut zum Wandern und Radfahren. Besonders gut ist das Ribble Valley im nördlichen Lancashire mit seinen zahlreichen guten Wanderwegen wie dem über 110 km langen **Ribble Way**. Im historischen Dorf Whalley im Herzen des Ribble Valley treffen die beiden Rundstrecken zusammen, die den knapp 420 km langen **Lancashire Cycle Way** bilden.

Auch die Isle of Man beeindruckt mit erstklassigen Wander- und Radfahrmöglichkeiten. Infos dazu gibt's auf den regionalen Tourismuswebsites. Die Touristeninformationen halten kostenlose Faltblätter sowie Karten und Führer (gewöhnlich 1–5 £) zu Wanderungen, Radtouren und anderen Aktivitäten bereit.

### Bootsfahrten

Der historische Peak Forest Canal zwischen Manchester und dem Peak District lässt sich auf der **Wandering Duck** (www.wanderingduck.co.uk; Trip mit 2 Übernachtungen inkl. Mahlzeiten ab 145 £ pro Pers.) erkunden; übernachtet wird in Hostels.

## Touristeninformation

**Visit England's Northwest** (www.visitnorthwest.com) ist das zentrale Fremdenverkehrsportal des Nordwestens; für die Isle of Man gibt's Infos über die Website der **Isle of Man Public Services** (www.gov.im).

## Unterwegs vor Ort

Die hier vorgestellten Städte und Orte sind allesamt nicht weit voneinander entfernt und gut mit öffentlichen Verkehrsmitteln zu erreichen. Die beiden Metropolen Manchester und Liverpool liegen nur 55 km auseinander und sind durch stündliche Bus- und Bahnverbindungen miteinander verbunden. Chester liegt 29 km südlich von Liverpool, ist aber auch von Manchester aus leicht mit dem Zug oder über die M56 zu erreichen. Blackpool wiederum liegt 80 km nördlich von Manchester und Liverpool und ist ebenfalls gut ins Verkehrsnetz eingebunden.

**Transport for Greater Manchester** (www.tfgm.com) Umfassende Infos für den Großraum Manchester.

**Merseytravel** (www.merseytravel.gov.uk) Über öffentliche Verkehrsmittel im County Merseyside inklusive Liverpool.

**National Express** (www.nationalexpress.com) Umfangreiche Busverbindungen im Nordwesten, mit Manchester und Liverpool als wichtigen Knotenpunkten.

# MANCHESTER

503 100 EW.

Manchester stellt sein Licht nicht gern unter den Scheffel: Angesichts seiner Lage und Geschichte ist es in der Tat Englands zweitbedeutendste Stadt, auch wenn Birmingham größer ist. Fragt man einen Mancunian, einen Einwohner von Manchester, wie es sich damit lebt, die zweite Geige zu spielen, könnte es durchaus sein, dass er antwortet: „Keine Ahnung, fragen Sie einen Londoner!"

Auch wenn man den nordenglischen Regionalstolz außer Acht lässt, so verdient die ungekrönte Hauptstadt des Nordens diesen Titel völlig zu Recht. Die Stadt wartet mit einer faszinierenden Geschichte und einer reichen Kulturszene auf, mit zahlreichen Kunst- und anderen Museen. Aber das eigentlich Wunderbare an dieser Metropole ist, dass man hier essend, trinkend und tanzend in einen hedonistischen Rausch taumeln kann – dies ist einer der tollsten Vorzüge dieser Stadt.

## Geschichte

Kanäle und dampfbetriebene Baumwollfabriken verwandelten das kleine, schmutzige Provinznest Manchester in eine große, schmutzige Industriestadt. Die Grundlage dafür wurde in den 1760er-Jahren gelegt: 1763 wurde der Bridgewater Canal zwischen Manchester und den Kohlegruben von Worsley eröffnet und 1769 ließ sich Richard Arkwright seine Baumwollspinnerei patentieren. Danach sollte sich nicht nur Manchester komplett verändern. Nachdem der Kanal 1776 bis Liverpool und zum offenen Meer verlängert worden war, war es endgültig um Manchester – inzwischen „Cottonopolis" genannt – geschehen und es gelangte zu unerhörtem Reichtum.

Allerdings stellte im Manchester des 19. Jhs. das gut situierte Bürgertum sicher, dass die überwiegende Mehrheit der wachsenden Bevölkerung der Stadt (1801 hatte Manchester 90 000 Einwohner, hundert Jahre später 2 Mio.), die diesen Wohlstand produzierte, selbst nie etwas davon sah. Die Arbeiter fristeten ihr Dasein in einer neuen urbanen Siedlungsform, dem Slum der Industriestädte. Die Arbeitsbedingungen waren furchtbar, mit unglaublich langen Arbeitszeiten, Kinderarbeit und häufigen, auch tödlichen Arbeitsunfällen. Mark Twain meinte, er würde gern gerade hier leben, da der Übergang zwischen Manchester und dem Tod nicht spürbar sei. So viel also zu den Werten der Viktorianer.

## Highlights

1 Im **International Slavery Museum** (S. 614) in Liverpool eine aufschlussreiche Geschichtsstunde erleben

2 Sich im Freizeitpark **Pleasure Beach** (S. 621) in Blackpool den Magen umdrehen lassen

3 Im **Imperial War Museum North** (S. 595) erfahren, wie höllisch Krieg wirklich ist

4 Wie die Römer vor 2000 Jahren auf Chesters **Stadtmauern** (S. 607) entlangstapfen

5 Sich in einem (oder mehreren) der erstklassigen **Restaurants** (S. 601) in Manchester kulinarisch verwöhnen lassen

6 Die wilde **Isle of Man** (S. 624) erkunden

7 Im ländlichen **Ribble Valley** (S. 623) spazieren gehen

Doch bereits am Ende des 19. Jhs. begann sich der Niedergang abzuzeichnen. Die USA fingen an, ihr eigenes industrielles Potenzial auszuschöpfen, und übernahmen einen großen Teil des Textilhandels. Die Produktion in den Textilfabriken Manchesters ging zurück und kam schließlich gänzlich zum Erliegen. Zu Beginn des Zweiten Weltkriegs wurde in der Stadt kaum genug Baumwolle für eine einzige Tischdecke hergestellt. Und nach dem Krieg war's auch nicht besser: Zwischen 1961 und 1983 gingen 150 000 Arbeitsplätze in der Produktion verloren und der Hafen – 1963 noch der drittgrößte Großbritanniens – schloss 1982 schließlich ganz seine Tore. Der Niedergang erreichte seinen traurigen Höhepunkt, als am 15. Juni 1996 ein großer Teil der Innenstadt durch eine IRA-Bombe zerstört wurde. Doch der nachfolgende Wiederaufbau sollte die Grundlagen legen für die Glas-und-Chrom-Revolution, die das Stadtbild heute so stark prägt.

## Sehenswertes & Aktivitäten

### Stadtzentrum

**★ Museum of Science & Industry** MUSEUM
(MOSI; ☎0161-832 2244; www.msim.org.uk; Liverpool Rd; bei Sonderausstellungen unterschiedlicher Eintritt; ⏲10–17 Uhr) GRATIS Was immer man über die Industrielle (und postindustrielle) Revolution und Manchesters Rolle dabei wissen möchte – hier findet man die Antwort. Dampfmaschinen und -lokomotiven, Textilverarbeitungsmaschinen und eine ausgezeichnete Ausstellung erzählen die Geschichte Manchesters von den Abwasserkanälen aufwärts.

Dies ist ein Museum für alle Altersgruppen, doch besonderes Augenmerk liegt darauf, dass bei jungen Besuchern keine Langeweile aufkommt. Diese können problemlos einen ganzen Tag damit zubringen, in diesem „städtischen Geschichtspark" herumzubummeln und hier ein Elektroschockgerät der Frühzeit oder dort eine Druckerpresse auszuprobieren. Zusammengehalten wird alles durch den Bezug zu Manchester und seinen Bewohnern: Hier erfährt man, dass Manchester 1948 das Zuhause des weltweit ersten speicherprogrammierten Computers war, eines „Baby" genannten Monstrums, und dass hier 1880 nach Entwürfen des ortsansässigen Vikars George Garrett das erste Unterseeboot der Welt gebaut wurde.

**★ People's History Museum** MUSEUM
(☎0161-838 9190; www.phm.org.uk; Left Bank, Bridge St; ⏲10–17 Uhr) GRATIS In diesem hervorragenden, in einer edwardianischen Pumpstation untergebrachten Museum wird die Geschichte des 200 Jahre dauernden Wegs Großbritanniens zur Demokratie mit all seinen Problemen und Leidenschaften erzählt. Im 1. Stock stempeln Besucher ein, und zwar an einer alten Fabrik-Stechuhr – diese wurden früher meist so manipuliert, dass die Arbeiter länger arbeiten mussten. Und dann geht's mitten hinein in den Kampf für die demokratischen Grundrechte, die Reform des Arbeitsrechts und gerechte Bezahlung.

Inmitten von Exponaten wie dem winzigen Schreibtisch, an dem Thomas Paine (1737–1809) seine *Rights of Man* (1791) verfasste, und schönen bunten Gewerkschaftsfahnen finden sich fesselnde interaktive Exponate. Auf einem Bildschirm lassen sich z. B. die Auswirkungen aller im Museum dargestellten Ereignisse auf fünf Generationen einer Familie verfolgen. Im 2. Stock wird erzählt, wie vom Zweiten Weltkrieg bis zur Gegenwart um Gleichberechtigung gekämpft wurde; behandelt werden Schwulenrechte, Antirassismus und wichtige sozialpolitische Ereignisse in Großbritannien in den letzten 50 Jahren: die Gründung des National Health Service (NHS), der große Bergarbeiterstreik Mitte der 1980er-Jahre und die umfassenden Proteste gegen die Poll Tax (Kopfsteuer) Ende der 1980er-Jahre, beides unter der Regierung Thatcher.

**★ Manchester Art Gallery** GALERIE
(☎0161-235 8888; www.manchestergalleries.org; Mosley St; ⏲Mo–Mi & Fr–So 10–17, Do bis 21 Uhr) GRATIS Das beste Kunstmuseum der Stadt beherbergt eine erstklassige Sammlung britischer Kunst und europäischer Meister. Im älteren Flügel werden 37 Aquarelle von Turner sowie die beste Sammlung des Landes an Kunst der Präraffaeliten präsentiert. Im neueren Flügel gibt's britische Kunst des 20. Jhs. von Künstlern wie Lucien Freud, Francis Bacon, Stanley Spencer, Henry Moore und David Hockney.

Die Gallery of Craft & Design im Athenaeum zeigt Kunst aus der Zeit vor 1700, vorwiegend von niederländischen Meistern und Künstlern der Frührenaissance.

**National Football Museum** MUSEUM
(☎0161-605 8200; www.nationalfootballmuseum.com; Corporation St, Urbis, Cathedral Gardens;

## MANCHESTER IN ...

### ... zwei Tagen

Das **Museum of Science & Industry** (S. 594) und das **People's History Museum** (S. 594) vermitteln Einblicke in die historische Bedeutung von Manchester. Stärkung gibt's dann im **Oast House** (S. 601) oder bei einem *afternoon tea* in den **Rosylee Tearooms** (S. 601). Ausgeläutet wird der Tag in einer der Bars im Northern Quarter.

Der zweite Tag beginnt mit einer Metrolink-Fahrt nach Salford ins **Imperial War Museum North** (s. unten), das **Lowry** (S. 598) und das **Manchester United Museum at Old Trafford** (S. 598). In der **MediaCityUK** (S. 599) kann man an einer Führung durch den BBC-Komplex teilnehmen. Zurück in der Stadt verlocken die noblen Boutiquen in **Spinningfields** (S. 605) oder die schrägen Läden im **Northern Quarter** (S. 605) zum Konsum. Danach ist ein Essen im **Australasia** (S. 601) genau das Richtige.

### ... vier Tagen

Nach den oben beschriebenen beiden Tagen stehen einige der weniger bekannten Museen der Stadt auf dem Programm wie die **John Rylands Library** (s. unten) und die reich bestückte **Manchester Art Gallery** (S. 594). Am Abend lockt ein Konzert auf einer der tollen **Konzertbühnen** (S. 604) der Stadt. Für den nächsten Tag hat die Touristeninformation verschiedene geführte Stadtrundgänge im Angebot. Wer sich gern in Clubs rumtreibt, sollte einen Abstecher nach Ancoats ins absolut fabelhafte **Sankey's** (S. 603) machen.

⌚Mo–Sa 10–17, So 11–17 Uhr) GRATIS Großbritannien ist die Heimat des Fußballs und in Manchester sind zwei der beliebtesten und reichsten Clubs der Welt zu Hause. Daher passt es auch, dass dieses große Museum die Geschichte des britischen Fußballs von der Frühzeit bis zur milliardenschweren Eventindustrie erzählt, die der Fußball heute darstellt. Eines der Highlights ist **Football Plus**, eine Reihe interaktiver Stationen, an denen man unter simulierten Bedingungen seine fußballerischen Fähigkeiten unter Beweis stellen kann; man erwirbt Gutscheine (2 für 4 £, 12 für 10 £) und versucht sein Glück – für Kinder ab sieben Jahren.

**John Rylands Library** BIBLIOTHEK

(☎0161-306 0555; www.library.manchester.ac.uk; 150 Deansgate; ⌚Mo & So 12–17, Di–Sa 10–17 Uhr) Dies ist weniger eine Bibliothek als eine Kathedrale der Bücher: Basil Champneys' atemberaubendes Gebäude ist ein tolles Beispiel viktorianischer Gotik, besonders der Lesesaal mit seinen hohen Deckengewölben und Buntglasfenstern. Gleichermaßen eindrucksvoll ist die Sammlung an Wiegendrucken und seltenen Manuskripten, darunter eine Gutenberg-Bibel, das älteste erhaltene Fragment des Neuen Testaments und die zweitgrößte Sammlung des Landes von Arbeiten des ersten Druckers Großbritanniens, William Caxton.

## Salford Quays

Unmittelbar westlich der Innenstadt liegt der Stadtteil Salford Quays mit einigen der wichtigsten Attraktionen Manchesters und dem neuen BBC-Hauptsitz für Nordengland. Das Gebiet ist leicht mit der Metrolink (2 £) zu erreichen. Weitere Infos auf www.thequays.org.uk.

**Imperial War Museum North** MUSEUM

(☎0161-836 4000; www.iwm.org.uk/north; Trafford Wharf Rd; ⌚10–17 Uhr; Harbour City, MediaCityUK) GRATIS Kriegsmuseen sprechen gewöhnlich Leute an, die sich für militärisches Gerät und Kampfstrategien begeistern – nicht zwangsläufig auch für Spielzeugsoldaten –, aber Daniel Libeskinds atemberaubendes Imperial War Museum North geht einen radikal anderen Weg. Krieg ist die Hölle, sagt es uns, aber er ist eine Hölle, in die wir uns mit tragischer Regelmäßigkeit hineinbegeben.

Die Ausstellungen behandeln anhand von unterschiedlichsten Exponaten die wichtigsten kriegerischen Auseinandersetzungen des 20. Jhs. So werden im Rahmen der „Big Picture Show" regelmäßig Filme gezeigt. Zu den drei 15-minütigen Filmen *Children and War*, *The War at Home* und *Weapons of War*, die ständig auf dem Programm stehen, kommen weitere themenbezogene Filme wie z. B. im

# Manchester

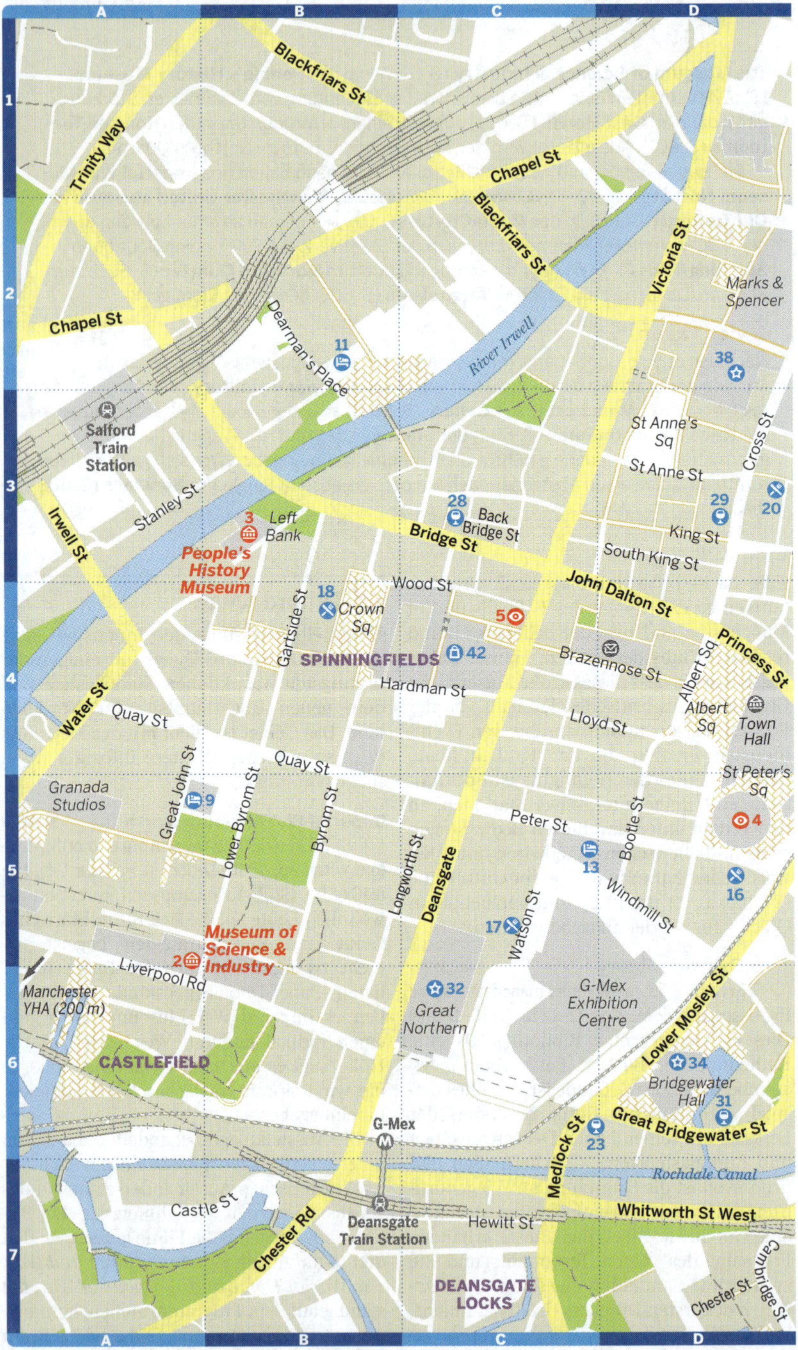

A
B
C
D
1
2
3
4
5
6
7
Blackfriars St
Trinity Way
Chapel St
Chapel St
Blackfriars St
Victoria St
Marks & Spencer
Dearman's Place
11
River Irwell
38
Salford Train Station
St Anne's Sq
St Anne St
Cross St
Stanley St
Irwell St
3
Left Bank
People's History Museum
28
Back Bridge St
29
20
King St
Bridge St
South King St
John Dalton St
Princess St
Gartside St
18
Crown Sq
Wood St
5
42
SPINNINGFIELDS
Brazennose St
Albert Sq
Hardman St
Albert Sq
Town Hall
Lloyd St
Water St
Quay St
Quay St
Great John St
9
Granada Studios
Lower Byrom St
Byrom St
St Peter's Sq
4
Peter St
Bootle St
Longworth St
Deansgate
13
Windmill St
16
17
Watson St
Museum of Science & Industry
2
Liverpool Rd
Manchester YHA (200 m)
32
Great Northern
G-Mex Exhibition Centre
Lower Mosley St
CASTLEFIELD
34
Bridgewater Hall
31
G-Mex
Medlock St
23
Great Bridgewater St
Rochdale Canal
Castle St
Chester Rd
Deansgate Train Station
Hewitt St
Whitworth St West
DEANSGATE LOCKS
Chester St
Cambridge St

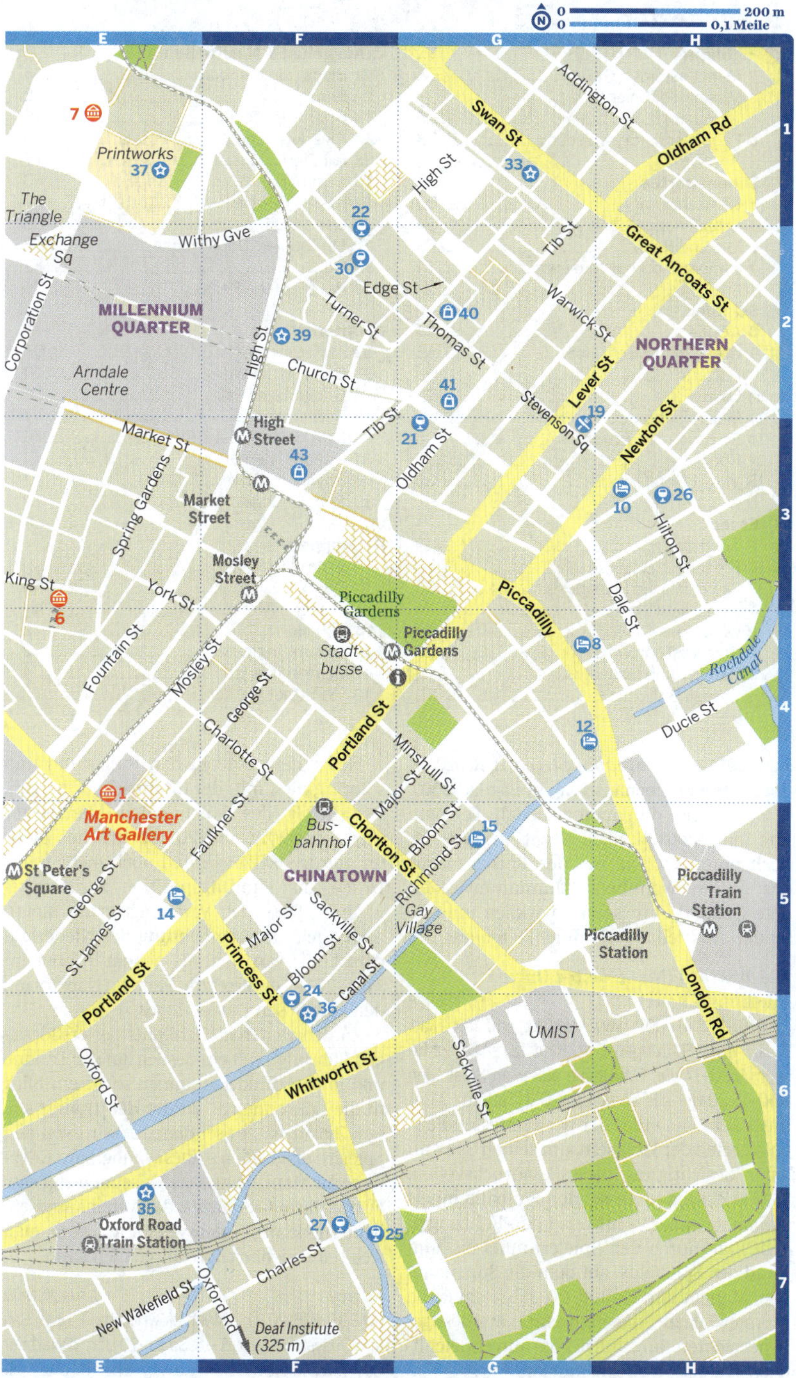

0 200 m
0 0,1 Meile
E
F
G
H
1
2
3
4
5
6
7
Printworks
The Triangle
Exchange Sq
Withy Gve
MILLENNIUM QUARTER
Corporation St
Arndale Centre
High St
Church St
Market St
High Street
Market Street
Mosley Street
Spring Gardens
King St
York St
Fountain St
Mosley St
George St
Charlotte St
Piccadilly Gardens
Stadtbusse
Portland St
Minshull St
Major St
Bloom St
Richmond St
Chorlton St
Busbahnhof
CHINATOWN
Manchester Art Gallery
Faulkner St
St Peter's Square
George St
St James St
Portland St
Princess St
Major St
Bloom St
Sackville St
Canal St
Gay Village
Oxford St
Whitworth St
Sackville St
UMIST
Oxford Road Train Station
New Wakefield St
Oxford Rd
Charles St
Deaf Institute (325 m)
Swan St
Addington St
Oldham Rd
High St
Tib St
Great Ancoats St
Edge St
Turner St
Thomas St
Warwick St
NORTHERN QUARTER
Lever St
Stevenson Sq
Tib St
Oldham St
Newton St
Hilton St
Piccadilly
Dale St
Rochdale Canal
Ducie St
Piccadilly Train Station
Piccadilly Station
London Rd
1
6
7
8
10
12
14
15
19
21
22
24
25
26
27
30
33
35
36
37
39
40
41
43

## Manchester

**Highlights**
1 Manchester Art Gallery ........ E4
2 Museum of Science & Industry ........ A5
3 People's History Museum ........ B3

**Sehenswertes**
4 Central Library ........ D5
5 John Rylands Library ........ C4
6 Midland Bank ........ E3
7 National Football Museum ........ E1

**Schlafen**
8 ABode ........ G4
9 Great John Street Hotel ........ A5
10 Hatters ........ H3
11 Lowry ........ B2
12 Malmaison ........ G4
13 Radisson Blu Edwardian ........ C5
14 Roomzzz ........ E5
15 Velvet Hotel ........ G5

**Essen**
Australasia ........ (s. 42)
16 French ........ D5
17 James Martin Manchester ........ C5
Jamie's Italian ........ (s. 6)
18 Oast House ........ B4
19 Rosylee Tearooms ........ G3
20 Sam's Chop House ........ D3
Smoak Grill ........ (s. 12)

**Ausgehen & Nachtleben**
21 Black Dog Ballroom ........ G3
22 Bluu ........ F2
23 Britons Protection ........ C6
24 Club Alter Ego ........ F6
25 Fac251 ........ F7
26 Lammar's ........ H3
27 Lass O'Gowrie ........ F7
28 Liar's Club ........ C3
29 Mr Thomas' Chop House ........ D3
30 Odd ........ F2
31 Peveril of the Peak ........ D6

**Unterhaltung**
32 AMC Cinemas ........ C6
33 Band on the Wall ........ G1
34 Bridgewater Hall ........ D6
35 Cornerhouse ........ E7
36 New Union Hotel & Showbar ........ F6
37 Odeon Cinema ........ E1
38 Royal Exchange ........ D2
39 Ruby Lounge ........ F2

**Shoppen**
Brooks Brothers ........ (s. 42)
DKNY ........ (s. 42)
Emporio Armani ........ (s. 42)
40 Oi Polloi ........ G2
41 Oxfam Originals ........ G2
42 Spinningfields ........ C4
43 Tib Street Market ........ F3

Jahr 2014 *Al-Mutanabbi Street: A Reaction* über einen Bombenanschlag in Bagdad 2007.

Zwar sind die audiovisuellen Formate und die Ausstellungen recht interessant, doch einen großen Teil des Reizes macht das außergewöhnliche aluminiumverkleidete Gebäude mit seinen wirklich umwerfenden Ausstellungsräumlichkeiten aus.

### Old Trafford (Manchester United Museum & Tour) STADION

(☎0161-868 8000; www.manutd.com; Sir Matt Busby Way; Führungen Erw./Kind 18/12 £; ⏲Museum 9.30–17 Uhr, Führungen außer an Spieltagen 9.40–16.30 Uhr alle 10. Min.; Old Trafford) Man muss kein Fan eines der berühmtesten Fußballvereine der Welt sein, um seinen Spaß an einer Besichtigung dieses eindrucksvollen, 75 000 Zuschauer fassenden Fußballtempels zu haben – aber es hilft. Bei den Führungen geht man durch den Spielertunnel bis zum Rand des Spielfelds, auf dem die Superstars von Manchester United 20 Jahre lang die Premier League, die englische 1. Bundesliga, beherrschten, angeführt vom unvergleichlichen Trainer Sir Alex Ferguson.

Fergie ging 2013 in den Ruhestand und sofort ging's mit der Mannschaft bergab. Der Erfolg des Lokalrivalen Manchester City – der 2012 und 2014 englischer Meister wurde – setzte United noch mehr unter Druck, die Führungsposition zurückzugewinnen. Dass der Verein es ernst meint, zeigt auch die Verpflichtung des Niederländers Louis van Gaal als neuem Trainer im Jahr 2014; er ersetzte Fergies Nachfolger, den glücklosen David Moyes.

Zu den weiteren Highlights der erstklassigen Führung zählt ein Besuch auf der Tribüne und in den Umkleideräumen sowie ein Blick in die Spielerlounge, zu der der Trainer keinen Zutritt hat, es sei denn, er wird von den Spielern eingeladen – alles wunderbare Erlebnisse für ManU-Fans. Das Museum bietet eine ausführliche Geschichte des Vereins und ein hypermodernes Videosystem, auf dem man sich seine Lieblingstore anschauen kann.

### Lowry KULTURZENTRUM

(☎0161-876 2020; www.thelowry.com; Pier 8, Salford Quays; ⏲So–Fr 11–18, Sa 10–20 Uhr; Harbour City, MediaCityUK) Das Lowry ähnelt eher einem glänzenden Stahlschiff als einem Kulturzentrum und ist der augenfälligste Erfolg des Stadtteils. Mit seinen Veranstaltungssälen, Bars, Restaurants und Geschäften zieht es jährlich mehr als 1 Mio. Besucher an. Als Magnet dienen die unterschiedlichsten Events, von Theateraufführungen mit bekannten Schauspielern bis zu Comedy, Kindertheater und sogar Hochzeiten. Das Zentrum beherbergt zudem 300 wunderbare Darstellungen städtischer Landschaften von L. S. Lowry (1887–1976), der im nahen Stretford geboren wurde – nach ihm ist der Komplex benannt.

**MediaCityUK** MEDIENZENTRUM
(☎ 0161-886 5300; www.mediacityuk.co.uk; Salford Quays; Erw./Kind 10/6,50 £; ⏲ Führungen Mo–Mi, Sa & So 10.30, 12.30 & 15 Uhr; MediaCityUK) Der Nordengland-Hauptsitz der BBC macht nur einen Teil dieses gewaltigen, 81 ha großen Komplexes aus: Hier befinden sich sechs Abteilungen des staatlichen Rundfunk- und Fernsehsenders. Außerdem stehen hier die Kulissen der ältesten Seifenoper der Welt, der nach wie vor sehr beliebten *Coronation Street* (die auf ITV ausgestrahlt wird).

Allerdings gibt's bisher keine Pläne, Führungen durch die Kulissen von *Coronation Street* anzubieten. Dafür kann man den eindrucksvollen Einrichtungen der BBC einen Besuch abstatten und sich bei einer 90-minütigen Führung die Kulissen von einigen der wichtigsten Sendungen des britischen Fernsehens anschauen. Kinder können in einem interaktiven Studio eine Sendung „aufnehmen" – Näheres auf www.bbc.co.uk/showsandtours. Wer eine Stärkung benötigt: In der Gegend wimmelt es von Cafés und Restaurants.

## Geführte Touren

Die Touristeninformation (S. 605) verkauft Karten für alle möglichen geführten Rundgänge durch die Stadt. Die Führungen zu Themen wie Architektur oder linke Bewegungen finden das ganze Jahr über fast täglich statt und kosten 7/6 £ für Erwachsene/Kinder.

## Festivals & Events

**Screenfields** FILM
(www.spinningfieldsonline.com; Spinningfields; Eintritt 3 £; ⏲ Mai–Juli Do 20 Uhr) Freilichtkino ab Mai mit Liegestühlen und Picknick.

**Manchester Day** KULTUR, PARADE
(www.themanchesterdayparade.co.uk) Hier wird alles gefeiert, was aus Manchester kommt, mit Kunst, Musik und diversen Vorführungen sowie einem Umzug durch die Innenstadt.

**Manchester International Festival** KULTUR
(☎ 0161-238 7300; www.mif.co.uk) Alle zwei Jahre jeweils in ungeraden Jahren stattfindendes dreiwöchiges Kulturfest mit neuen Arbeiten aus den Bereichen bildende und darstellende Kunst und Popkultur.

**Manchester Pride** SCHWULE & LESBEN
(☎ 0161-831 7700; www.manchesterpride.com) Eines der größten Events für Schwule, Lesben, Bi- und Transsexuelle in England; zehn Tage Ende August.

**Manchester Food & Drink Festival** ESSEN
(www.foodanddrinkfestival.com) Manchesters grandiose Gastroszene zeigt sich Mitte Ok-

### WEITERE BEMERKENSWERTE GEBÄUDE

Manchester präsentiert sich in einem munteren Mix verschiedener Architekturstile. Auch an auffälligen Gebäuden aus dem 19. Jh., als die Stadt dank ihrer Industrie florierte, herrscht kein Mangel. Wer in der Stadt unterwegs ist, sollte nach diesen drei Schönheiten Ausschau halten:

**Town Hall** (☎ 0161-234 5000; www.manchester.gov.uk; Albert Sq) Das viktorianische Rathaus ist das eindrucksvollste Gebäude in Manchester. Es wird von einem 85 m hohen Turm gekrönt und besticht mit einer opulenten Innenausstattung.

**Central Library** (☎ 0161-234 1900; www.manchester.gov.uk; St. Peter's Sq) Die größte Stadtbibliothek Großbritanniens wurde 1934 im Stil des Pantheons in Rom erbaut. Nach einer zweijährigen Sanierung wurde es Ende 2014 wieder eröffnet.

**Midland Bank** (100 King St) Im Jahr 1935 öffnete Edwin Lutyens' überwältigende, im Art-déco-Stil erbaute Midland Bank ihre Pforten. Heute befindet sich hier ein Ableger von Jamie's Italian (S. 602). Auch wer hier nicht essen möchte, sollte einen Blick ins Gebäude werfen, v. a. unten ins Tresorgewölbe.

tober zehn Tage lang von ihrer besten Seite. Das größte städtische Food-Festival Großbritanniens lockt mit Märkten, Pop-up-Restaurants und Schlemmerevents.

## Schlafen

Manchesters Hotels sind überwiegend auf Geschäftsreisende und Sportfans ausgerichtet, aber getreu dem Image der Stadt als Hauptstadt des Schicks gibt's auch ein paar coole Designhotels. Wenn die beiden Fußballclubs ihre Heimspiele austragen (August bis Mai), können Betten knapp werden. Die Touristeninformation bietet eine kostenlose Zimmervermittlung.

**Manchester YHA** HOSTEL £
(☎0845 371 9647; www.yha.org.uk; Potato Wharf; B/DZ ab 11/58 £; P @ ) Dieses an einem Kanal in Castlefield gelegene Hostel ist eines der besten des Landes, mit 4- und 6-Bett-Schlafsälen, allesamt mit Bad, sowie drei Doppelzimmern und einer Vielzahl von praktischen Gemeinschaftseinrichtungen. Potato Wharf zweigt links von der Liverpool Street ab.

**Hatters** HOSTEL £
(☎0161-236 9500; www.hattersgroup.com; 50 Newton St; B/EZ/DZ/3BZ ab 16/30/55/70 £; P @ ) Von der alten Hutfabrik sind nur ein altmodischer Aufzug und Porzellanwaschbecken übrig geblieben. Heute residiert hier eines der besten Hostels der Stadt, dazu noch in toller Lage mitten im Herzen des Northern Quarter. Von hier aus ist es nicht weit zum Zentrum des alternativen Manchester.

**ABode** HOTEL ££
(☎0161-247 7744; www.abodehotels.co.uk; 107 Piccadilly St; Zi. ab 100 £; @ ) Die alte Ausstattung dieser umgebauten Textilfabrik wurde erfolgreich in die 61 Zimmer integriert. Diese sind je nach Luxus in vier Kategorien aufgeteilt: Comfortable, Desirable, Enviable und Fabulous. Die letzte umfasst fünf echt schicke Suiten im obersten Stock. Vispring-Betten, Monsun-Duschen, LCD-Fernseher und jede Menge Aquae-Sulis-Toilettenartikel gehören zur Standardausstattung. Im Untergeschoss betreibt Starkoch Michael Caines neben seinem Restaurant eine Champagner- und Cocktailbar.

**Roomzzz** APARTMENTS ££
(☎0161-236 2121; www.roomzzz.co.uk; 36 Princess St; Zi. 65–180 £; @ ) Der unelegante Name passt nicht recht zu den Designzimmern in diesem schön restaurierten, denkmalgeschützten Haus. Drinnen gibt's Apartments mit Hotelservice sowie Küche und dem allerneusten Telekommunikations-Schnickschnack wie schicken iMac-Computern und kostenlosem WLAN im ganzen Haus. Unten sind in einem kleinen Vorratsraum einige Lebensmittel erhältlich. Sehr gut für Leute, die länger in der Stadt sind.

**Radisson Blu Edwardian** HOTEL ££
(☎0161-835 9929; www.radissonblu-edwardian.com/manchester; Peter St; Zi. ab 100 £; P @ ) Gladstone, Dickens und Fitzgerald sind nur einige Namen, die mit der historischen Free Trade Hall verbunden sind. Heute ist dies ein Businesshotel mit erstklassiger Ausstattung. Man hat sich größte Mühe gegeben, die Erinnerung an die berühmtesten Besucher des Gebäudes wach zu halten: So wurden Suiten nach Bob Dylan und Shirley Bassey benannt, Tagungsräume nach Disraeli, Thackeray und Pankhurst.

★ **Great John Street Hotel** HOTEL £££
(☎0161-831 3211; www.greatjohnstreet.co.uk; Great John St; Zi. 160–320 £; @ ) Eleganter Designerluxus? Volltreffer. Fabelhafte Zimmer mit all den üblichen Top-Ausstattungen (Bettwäsche aus Mako-Baumwolle, erstklassige Hygieneartikel, frei stehende Badewannen und jede Menge Hightech)? Volltreffer. Dieses ehemalige Schulgebäude ist klein, aber opulent – hinter der Art-déco-Lobby erstrecken sich wundervolle Zimmer, jedes einzelne ein Inbegriff von Stil und Luxus. Wenn doch auch die Schule so schöne Erinnerungen hinterlassen hätte …

**Malmaison** HOTEL £££
(☎0161-278 1000; www.malmaison.com; Piccadilly St; Zi. ab 119 £; Piccadilly) Das Malmaison Manchester ist umwerfend trendig und strotzt vor rotem Knautschsamt, satten Purpurtönen, Art-déco-Eisenarbeiten und schwarz-weißen Kacheln – somit folgt es dem eigenwilligen Designstil der Kette und ihrer Leidenschaft für das Coole. Und das geht selten auf Kosten der Gemütlichkeit: Die Zimmer sind einfach klasse. Sehr beliebt ist der **Smoak Grill** (☎0161-278 1000; www.smoak-grill.com; Hauptgerichte 13–25 £) unten im Haus.

**Velvet Hotel** BOUTIQUEHOTEL £££
(☎0161-236 9003; www.velvetmanchester.com; 2 Canal St; Zi. ab 119 £; ) Die 19 schönen individuellen Zimmer warten mit jeder Menge Stil auf: In Zimmer 24 gibt's ein Schlitten-

bett, in Zimmer 34 eine Doppelbadewanne und dazu kommen die gewagten Fotos eines halbnackten David Beckham (schließlich befinden wir uns hier im Gay Village). Trotz Einrichtung und Lage ist das Hotel bei heterosexuellen Besuchern genauso beliebt wie bei homosexuellen.

**Lowry** HOTEL £££
(☎0161-827 4000; www.roccofortecollection.com; 50 Dearman's Pl; Zi. 120–950 £; P@) In diesem modernen 5-Sterne-Hotel – nicht zu verwechseln mit dem Kulturzentrum in den Salford Quays – steigen gern Rockstars und Luxusjünger ab. Die fabelhaften Zimmer verfügen über riesige Betten und ergonomische Möbel, alles für den maximalen Komfort. Außerdem gibt's im Haus ein ausgezeichnetes Restaurant sowie einen Wellnessbereich, in dem man sich mit einer Pigmentfleckenbehandlung oder einer Aromatherapie-Kopfmassage verwöhnen lassen kann.

## Essen

Dank einer Restaurantszene, die in Großbritannien außerhalb von London ihresgleichen sucht, gibt's in Manchester etwas für jeden Geschmack und Geldbeutel. Überall in der Stadt kann man gut essen. In Spinningfields westlich der Straße Deansgate sind ein paar angesagte moderne Restaurants ansässig, das Northern Quarter ist das Mekka für Biokost. Die eingeweihten Mancunians essen gern im Vorort Didsbury, 8 km südlich des Zentrums gelegen und leicht mit der Metrolink erreichbar.

**Rosylee Tearooms** CAFÉ £
(www.rosyleetearooms.com; 11 Stevenson Sq; Mittagessen 6,95 £, 2-/3-Gänge-Menü 15,95/17,95 £; ⏲Di–Do 12–22, Fr–So 10–22 Uhr) Eines der nettesten Cafés im Northern Quarter öffnete 2014 die Pforten. Hier wird edwardianisches und georgianisches Dekor mit einem Hauch Pariser Bistro vermählt. Der Caféraum ist hell, der Kuchen klasse und der *afternoon tea* (18,95 £) gehört mit seinen frischen Sandwiches zu den besseren in Manchester.

★ **Australasia** MODERN AUSTRALISCH ££
(☎0161-831 0288; www.australasia.uk.com; 1 The Avenue, Spinningfields; Hauptgerichte 13–26 £; ⏲12–24 Uhr; ) Der Umbau des Kellerarchivs der *Manchester Evening News* in ein überraschend helles und schönes Restaurant gehört zu den gelungensten Umbaumaßnahmen in der Stadt. Hier wird moderne australische Küche mit teils südostasiatischen Aromen serviert. Besonders gut sind das mittägliche Angebot an frischem Sushi und die Tagesgerichte. Später am Abend verwandelt sich das Ganze in eine sehr coole Bar.

**ABSTECHER**

**EDEL TAFELN IN DIDSBURY**

Das Ambiente des **Lime Tree** (☎0161-445 1217; www.thelimetreerestaurant.co.uk; 8 Lapwing Lane; Hauptgerichte 16–26 £; ⏲Di–Fr 12–14.30, Mo–Sa 17.30–22, So 12–20 Uhr; West Didsbury) ist kultiviert, ohne bieder zu sein, der Service ist locker, aber genau richtig und das Essen ist himmlisch – Leute kommen extra aus Manchester, um sich hier verwöhnen zu lassen. Zum Dahinschmelzen ist das 21 Tage lang trocken gereifte Filetsteak an Pfeffersauce (21 £).

**Sam's Chop House** BRITISCH ££
(☎0161-834 3210; www.samschophouse.co.uk; Back Pool Fold, Chapel Walks, abseits Cross St; Hauptgerichte 12,50–20 £; ⏲Mo–Fr 12–15 & 17–21.30, Sa 12.30–22, So 12–20 Uhr) Das Sam's ist vielleicht das beste Gastropub der Stadt, ein viktorianischer Klassiker, in dem Speisen serviert werden, die direkt aus einem Dickens-Roman stammen könnten. Das Highlight ist die Vorspeise aus knusprigem Corned-Beef-Püree; das Corned Beef wird zehn Tage lang vor Ort gepökelt. Der in Bratensaucen verliebten Mrs. Todgers aus *Martin Chuzzlewit* hätte es sicher gefallen!

**James Martin Manchester** MODERN BRITISCH ££
(☎0161-828 0345; www.jamesmartinmanchester.co.uk; Manchester235, Great Northern, Watson St; Hauptgerichte 16–18 £; ⏲17–23 Uhr) Das elegante Restaurant im opulenten Kasino Manchester235, einem umgebauten Leinenlagerhaus, beeindruckt mit Holzböden, nackten Backsteinwänden und wunderbar bequemen Stühlen. Dies ist das perfekte Ambiente für die fabelhafte moderne britische Küche des Promikochs James Martin mit Gerichten wie langsam gegartem Redhill-Schweinebauch oder Westküstenscholle mit Kräuterklößen.

**Oast House** INTERNATIONAL ££
(☎0161-829 3830; www.theoasthouse.uk.com; Crown Sq, Spinningfields; Hauptgerichte 9–15 £; ⏲12–24 Uhr) Ein *oast house* ist eine Darre, in der Hopfen fürs Bierbrauen getrocknet

wird. Das Oast House in Manchester ist Tim Bacons spannendes Grillrestaurant, ein Stück mittelalterlicher Charme im Herzen des etwas verkniffenen modernen Designerschicks von Spinningfields.

Die Küche besteht aus einem unter freiem Himmel stehenden Grill, sodass die Servicekräfte die gegrillten Köstlichkeiten wie Hamburger, Kebabs, Steaks und Brathuhn zu den Gästen ins Restaurant tragen müssen, aber es funktioniert wunderbar. Ebenso lecker sind die Feinkostteller mit Käse und Wurst.

**Jamie's Italian** ITALIENISCH ££

(☎0161-241 3901; www.jamieoliver.com; 100 King St; Hauptgerichte 11–18 £; ⏱12–23.30 Uhr) Die prächtige Schalterhalle von Edwin Lutyens' burgähnlichem Art-déco-Gebäude der Midland Bank (1935) beherbergt heute eine Filiale von Jamie Olivers mit rasanter Geschwindigkeit wachsendem Gastro-Imperium. Zwar ist das Essen wirklich okay – eine ansprechende Mischung aus italienisch überarbeiteten britischen Standardgerichten –, doch der wahre Genuss hier ist das Gebäude selbst. Die alten Tresorgewölbe im Keller sind zu privaten Speiseräumen umgestaltet worden.

**French** MODERN BRITISCH £££

(☎0161-236 3333; www.the-french.co.uk; Midland Hotel, Peter St; 6-/10-Gänge-Menü 59/84 £; ⏱Mi–Sa 12–13.30, Di–Sa 18.30–21.30 Uhr) Das modernisierte Restaurant des Midland Hotel – in dem Mr. Rolls Mr. Royce traf, um daraufhin gemeinsam Automobilgeschichte zu schreiben – bringt heute Simon Rogans exquisite moderne britische Küche auf den Tisch. Die Zutaten stammen ausschließlich von seiner Farm in Cartmel in Cumbria mit dem Michelin-Stern-gekrönten Restaurant L'Enclume. Das zehn Gänge umfassende Probiermenü ist ein Fest, das man so schnell nicht vergisst.

## Ausgehen & Nachtleben

Es gibt die unterschiedlichsten Lokale in der Stadt, von altmodischen Pubs, in denen die Nostalgie quasi aus dem Zapfhahn strömt, bis zu trendigen Cocktaillounges, in denen sich die Schönen zu Selfies arrangieren und ihre Profile in sozialen Netzwerken updaten. Wie in den meisten britischen Städten gibt's Clubnächte v. a. in Bars mit später Sperrstunde und Tanzfläche. Über Veranstaltungen informieren die *Manchester Evening News*.

**Bluu** BAR

(☎0161-839 7740; www.bluu.co.uk; Smithfield Market Bldgs, Thomas St; ⏱10–24 Uhr; 📶) Unser Favorit unter den vielen tollen Bars im Northern Quarter: Das Bluu ist cool, gemütlich und verfügt über eine tolle Terrasse, auf der man ein Pint genießen und Musik hören kann, die von Leuten mit echt gutem Geschmack ausgewählt wurde.

**Black Dog Ballroom** BAR

(www.blackdogballroom.co.uk; 52 Church St; ⏱10–24 Uhr; 📶) Eine Kellerbar mit Flüsterkneipenflair, in der das Trinken aber nichts Ungesetzliches hat: Die Cocktails sind erstklassig, die Stimmung ist stets lebendig und die Musik immer gut und laut.

**Britons Protection** PUB

(☎0161-236 5895; www.britons-protection.com; 50 Great Bridgewater St; ⏱12–23 Uhr) In diesem die Leber strapazierenden, echten englischen Pub ist Whisky – es gibt über 300 Sorten – das Getränk der Wahl. Außerdem wird hier Hausmannskost serviert. Die Hinterzimmer der altmodischen Kneipe haben einen Kamin und das Ganze versprüht ein heimeliges Flair – perfekt für einen kalten Abend.

**Lass O'Gowrie** PUB

(☎0161-273 6932; 36 Charles St; ⏱12–23 Uhr) Der viktorianische Klassiker abseits der Princess Street braut im Keller sein eigenes Bier. Besonders beliebt ist die Kneipe bei Studenten, Alteingesessenen und allen, die ein echtes Pub erleben möchten. Außerdem gibt's hier preiswerte Kneipenkost.

**Liar's Club** BAR

(www.theliarsclub.co.uk; 19a Back Bridge St; ⏱17–4 Uhr; 📶) Der Liar's Club ist eine im Stil einer Flüsterkneipe und Südsee-Lounge eingerichtete Bar und serviert einem bunten Publikum aus Feiernden, Studenten und Kneipenpersonal, das seine Schicht beendet hat, starke Cocktails – eine tolle Atmosphäre an jedem Abend der Woche.

**Odd** BAR

(☎0161-833 0070; www.oddbar.co.uk; 30–32 Thomas St; ⏱So–Mi 11–24, Do bis 1, Fr & Sa bis 2 Uhr) Diese bunte kleine Bar mit ihrer zusammengewürfelten Einrichtung, der verrückten Musik und dem alternativen Publikum ist das perfekte Gegenstück zu all den sich immer ähnlicher sehenden modernen Bars. Ein Stück Manchester, das man in Ehren halten sollte.

## SCHWULES & LESBISCHES MANCHESTER

Die Schwulen- und Lesbenszene ist nach London die beste des Landes und bedient jegliche Vorlieben. Ihr Herz schlägt im Gay Village um die hübsche Canal Street herum. Hier gibt's Bars, Clubs, Restaurants und – wichtig! – Karaoke-Bars, die fast ausschließlich auf die Queerszene ausgerichtet sind.

Das zehntägige Festival Manchester Pride (S. 599) findet jährlich ab Mitte August statt und lockt mehr als 500 000 Menschen an.

Es gibt Bars für jeden Geschmack, aber richtig liegt man sicher mit dem **Lammar's** (www.lammarsbar.com; 57 Hilton St; ⌚ Mi–Sa 12 Uhr bis spät, So bis 18 Uhr), das bei den Pride of Manchester Awards zwei Jahre in Folge zur besten Bar gewählt wurde.

Ein Top-Tipp in Sachen Clubs ist der **Club Alter Ego** (105–107 Princess St; ⌚ Do–Sa 23–5 Uhr).

Und dann gibt's da noch Karaoke, den größten Spaß unter der Woche. Am besten ist die **New Union Hotel & Showbar** (☎ 0161-228 1492; 111 Princess St; Zi. ab 40 £; ⌚ Mo 12–22, Di–Do & So bis 2, Fr bis 3.30, Sa bis 4 Uhr), wo man jeden Dienstag und Donnerstag seine innere Madonna oder Cyndi Lauper entdecken kann – und es lockt ein Top-Gewinn von 50 £.

Nähere Infos bietet die **Lesbian & Gay Foundation** (☎ 0161-235 8035; www.lgf.org.uk; 105–107 Princess St; ⌚ 16–22 Uhr). Aktuelle Informationen sind außerdem unter dem Suchwort „LGBT" auf www.visitmanchester.com erhältlich.

**Mr Thomas' Chop House** PUB
(www.tomschophouse.com; 52 Cross St; ⌚ Mo–Do 11–23, Fr & Sa bis 24, So 12–22.30 Uhr) Das altmodische Pub ist sehr beliebt für ein Pint oder auch eine Mahlzeit (Hauptgerichte 13 £).

**Peveril of the Peak** PUB
(☎ 0161-236 6364; 127 Great Bridgewater St; ⌚ 11–23 Uhr) Ein gradliniges Pub mit wunderbaren viktorianischen glasierten Kacheln draußen an der Fassade.

**Sankey's** CLUB
(☎ 0161-950 4201; www.sankeys.info; Radium St, Ancoats; Eintritt frei bis 12 £; ⌚ Do & Fr 22–3, Sa bis 4 Uhr) Für Freunde von Techno, Electro und allen anderen Arten von Nicht-Mainstream-House ist ein Abstecher zu Manchesters bestem Club ein absolutes Muss. Hier legen neben den hauseigenen DJs auch weltbekannte Gast-DJs auf.

Das Sankey's hat sich als Speerspitze der Dance Music Kultstatus erarbeitet – hier verdienten sich etwa The Chemical Brothers und Daft Punk ihre ersten Sporen. Heutzutage legen hier Leute wie Timo Maas, Séb Léger und Thomas Schumacher auf. Am besten kommt man mit dem kostenlosen Disco Bus hierher, der donnerstag- bis samstagabends Haltestellen in der ganzen Stadt anfährt – Näheres auf der Website.

**Fac251** CLUB
(☎ 0161-272 7251; www.factorymanchester.com; 112–118 Princess St; Eintritt 1–6 £; ⌚ Mo–Sa 23–3 Uhr) Das Fac251 in Tony Wilsons ehemaligem Hauptsitz von Factory Records ist einer der beliebtesten Clubs der Stadt. Es gibt drei Räume, allesamt mit einem breitem Musikspektrum von Drum and Bass bis Motown und Indierock – für jeden ist etwas dabei.

## ☆ Unterhaltung

### Kinos

**Cornerhouse** KINO
(www.cornerhouse.org; 70 Oxford St; ⌚ Mo–Do 11–20.30, Fr–So bis 23 Uhr) Das einzige Kino der Stadt für anspruchsvollere Filme; mit Galerie, Buchladen und Café.

**Odeon Cinema** KINO
(www.odeon.co.uk; The Printworks, Exchange Sq; ⌚ 12–23 Uhr) Ein Multiplex mit 20 Sälen inmitten des Printworks-Komplexes.

**AMC Cinemas** KINO
(www.amccinemas.co.uk; The Great Northern, 235 Deansgate; ⌚ 12–23 Uhr) Ein Multiplex mit 16 Sälen in einem Einkaufszentrum, einem früheren Lagerhaus der Northern Railway Company.

### Theater

**Royal Exchange** THEATER
(☎ 0161-833 9833; www.royalexchange.co.uk; St. Anne's Sq) Interessante zeitgenössische Stücke in einem großartigen modernen Rundtheater.

### Livemusik

**Band on the Wall** LIVEMUSIK
(☎0161-834 1786; www.bandonthewall.org; 25 Swan St) Erstklassiger Veranstaltungsort für alles von Rock bis Weltmusik sowie einem Schuss Jazz, Blues und Folk.

**Deaf Institute** LIVEMUSIK
(www.thedeafinstitute.co.uk; 135 Grosvenor St; ⏲10–24 Uhr) Tolles Konzerthaus mittlerer Größe in einer ehemaligen Gehörloseneinrichtung, mit kleinerem Saal im Untergeschoss und Café im Erdgeschoss.

**MEN Arena** KONZERTHALLE
(www.men-arena.com; Great Ducie St) In der riesigen Arena nördlich des Zentrums finden Rockkonzerte statt und hier spielen auch die Eishockey- und Basketballteams der Stadt. Rund 300 m nördlich der Victoria Station.

**Ruby Lounge** LIVEMUSIK
(☎0161-834 1392; www.therubylounge.com; 28–34 High St; ⏲12–24 Uhr) Erstklassiger Konzertladen im Northern Quarter mit überwiegend Rockmusik. Hier wird's sehr laut.

### Klassische Musik

**Bridgewater Hall** KONZERTHALLE
(☎0161-907 9000; www.bridgewater-hall.co.uk; Lower Mosley St) Das weltbekannte Hallé Orchestra hat seine Heimstatt in dieser großen, eindrucksvollen Konzerthalle. Hier finden pro Jahr bis zu 250 Konzerte und andere Events statt. Das breite Programm umfasst auch Oper, Folk, Kindershows, Comedy und zeitgenössische Musik.

**Lowry** KONZERTHALLE
(☎0161-876 2020; www.thelowry.com; Pier 8, Salford Quays) Hier gibt's zwei Säle unter einem

## DER MANCHESTER SOUND

Manchester gilt vielen als der Antriebsmotor des britischen Pop, allen voran TV-Moderator und Musik-Impresario Tony Wilson (1950–2007), Gründer der Plattenfirma Factory Records, Eigentümer der Hacienda und der Mann hinter Joy Division und New Order. Im Jahr 1983 brachte Wilson den Song „Blue Monday" von New Order heraus; dieser legte mit seiner erfolgreichen Fusion von Punk und einem pulsierenden Tanzbeat die Grundlage für die trippige, Soul-gespeiste Tanzmusik, die bald als Manchester Sound bekannt wurde.

Die Hacienda war von 1982 bis 1997 geöffnet, und obwohl der Laden die meiste Zeit finanziell auf wackeligen Beinen stand – er wurde durch die Schallplattenverkäufe von New Order am Leben gehalten –, war er das Hauptquartier des Acid House und später, als der Club auf die House Music aus Chicago und Detroit einstieg, auch des Rave. Ende der 1980er-Jahre tauchte dann Ecstasy in der Szene auf und es sah so aus, als ob die gesamte Jugend der Stadt verückt danach wäre.

In der Zwischenzeit nahmen auch die Gitarrenbands der Stadt von der Entwicklung Notiz und begannen damit, ihren eigenen Sound den Erwartungen der Kids anzupassen. Besonders gut darin waren Happy Mondays und die Stone Roses, ebenso die Charlatans und Produzenten der Stadt wie A Guy Called Gerald („Voodoo Ray") und 808 State („Pacific"). The Smiths nahmen selbst keinen Anteil an der Entwicklung, wurden aber von allen in der Szene bewundert: Sie brachten einen ironischen und literarischen Ton ins graue England der 1980er-Jahre. Jedoch verschwanden sie wieder von der Bildfläche, als die Party namens Madchester erst richtig auf Touren kam.

Nach zu viel Tanz und zu vielen Drogen erwachte die Stadt 1992 mit einem fürchterlichen Kater. Nach rund einem Jahr war die Party vorbei. Die fruchtbare Crossover-Szene, in der die Clubber sich bei Rockkonzerten austobten und die Rockbands Tanzsounds spielten, die die Leute bis in die frühen Morgenstunden auf den Tanzflächen hielten, verschwand fast gänzlich und die beiden Musikrichtungen zogen sich wieder in ihr eigenes Umfeld zurück. Dafür übernahm eine neue Generation von Bands die Bühne, angeführt von Oasis, der selbsternannten bedeutendsten Band der Welt, und gefolgt von zahlreichen anderen Bands wie The Verve, The Chemical Brothers, Badly Drawn Boy und Elbow.

Wer die Party versäumt hat, kann sich trotzdem einen wunderbaren Eindruck davon verschaffen, was sich damals abspielte: Michael Winterbottoms *24-Hour Party People* (2002) zeigt den Hedonismus, die Extravaganz und das Genie der Hauptfiguren von Madchester. Und der tolle Film *Control* (2007) von Anton Corbijn erzählt die Geschichte von Ian Curtis, dem tragischen Leadsänger von Joy Division.

Dach: Im Lyric Theatre mit der größten Bühne des Landes außerhalb des Londoner West End finden unterschiedliche Aufführungen statt, u. a. diejenigen der Opera North. Im kleinen Saal Quays finden kleinere Veranstaltungen statt.

### Sport

Wenn es um Sport geht, verbinden die meisten Leute mit Manchester Fußball und hier denken sie v. a. an Manchester United (S. 598). Aber in den vergangenen Jahren hat sich der Stadtrivale Manchester City angeschickt, United bei der globalen Vermarktung den Rang streitig zu machen.

**Manchester City** FUSSBALL
Der frühere Underdog Manchester City war 2014 Ligachampion des Jahres und zählt heute zu den reichsten Clubs der Welt. Fans aus aller Welt nehmen an der **Etihad Stadium Tour** (☎0161-444 1894; www.mcfc.co.uk; Führungen Erw./Kind 14/10 £; ⏲Führungen außer an Spieltagen Mo–Sa 11, 13.30 & 15.30, So 11.45, 13.45 & 15.30 Uhr) teil. Sie führt zum Spielfeld, in die Mannschaftskabinen und durchs Museum, bevor sie im Vereinsshop endet, und muss im Voraus gebucht werden.

Die Erfolge der letzten Jahre verdankt der Verein Scheich Mansour von Abu Dhabi: Er kaufte den Club 2008 und baute ihn in eine ernstzunehmende Fußballmacht um. Mittelmäßige Spieler wurden für viel Geld durch einige der größten Stars der Fußballwelt ersetzt und bald darauf stellte sich auch der Erfolg ein: zwei Meistertitel und ein Pokalsieg innerhalb von drei Jahren.

Anfahrt mit Bus 53, 54, 185, 186, 216, 217, 230–37, X36 oder X37 von Piccadilly Gardens.

**Lancashire County Cricket Club** CRICKET
(☎0161-282 4000; www.lccc.co.uk; Warwick Rd; Karten 11–17 £; 🚊Old Trafford) Das Gentlemen-Spiel Cricket erfreut sich in Manchester großer Beliebtheit und die wichtigste Begegnung der gesamten Spielzeit ist das Roses Match gegen Yorkshire. Lancashire trägt seine Heimspiele in Old Trafford aus, neben dem gleichnamigen Fußballstadion; hier finden gelegentlich auch internationale Begegnungen statt.

Der 1816 als Aurora und 1864 umbenannte Lancashire County Cricket Club zählt zu den beliebtesten County-Teams Englands, obwohl er die County-Meisterschaft seit 1934 nicht mehr gewonnen hat. Trotzdem ist ein Spielbesuch ein tolles Erlebnis.

## Shoppen

Manchester genießt einen guten Ruf als Shopping-Destination, mit alternativ angehauchten Läden im Northern Quarter und schicken Geschäften in **Spinningfields** (www.spinningfieldsonline.com), darunter **Emporio Armani** (☎0161-220 2980; Unit G1 & 2, The Avenue; ⏲Mo–Sa 10–18, So 11–18 Uhr), **Brooks Brothers** (☎0161-834 6649; Unit G19, The Avenue; ⏲Mo–Sa 10–18, So 11–18 Uhr) und **DKNY** (☎0161-833 3277; Unit G18, The Avenue; ⏲Mo–Sa 10–18, So 11–18 Uhr). Auch die New Cathedral Street, die zum Millennium Quarter gehört, und die King Street warten mit eleganten Läden auf. Das Gegenstück zu einer traditionellen Haupteinkaufsstraße ist das Arndale Centre.

**Oi Polloi** KLEIDUNG
(www.oipolloi.com; 63 Thomas St) Neben einem eindrucksvollen Sortiment an Freizeitschuhen bietet dieser hippe Laden auch Bekleidung der Marken APC, Lyle & Scott, Nudie Jeans und Fjällräven.

**Tib Street Market** MARKT
(☎0161-234 7357; Tib St; ⏲Sa 10–17 Uhr) Auf diesem wöchentlich stattfindenden Markt können junge Designer der Stadt ihre Arbeiten präsentieren. Hier gibt's alles von Brieftaschen bis zu Unterwäsche und von Hüten bis zu Schmuck.

**Oxfam Originals** VINTAGE
(Unit 8, Smithfield Bldg, Oldham St; ⏲Mo–Sa 10–18, So 11–18 Uhr) Für Fans von Retromode bietet dieser tolle Laden erstklassige Bekleidung aus den 1960er- und 1970er-Jahren. Und das Ganze ist für einen guten Zweck!

## Praktische Informationen

### MEDIZINISCHE VERSORGUNG

**Cameolord Chemist** (St. Peter's Sq; ⏲10–22 Uhr) Apotheke im Stadtzentrum.

**Manchester Royal Infirmary** (Oxford Rd; ⏲24 Std.) Das am zentralsten gelegene Krankenhaus der Stadt.

### NOTFÄLLE

**Ambulanz** (☎0161-436 3999)

**Polizei** (☎0161-872 5050; Bootle St)

### POST

**Post** (Brazennose St; ⏲Mo–Fr 9–17.30 Uhr)

### TOURISTENINFORMATION

**Touristeninformation** (www.visitmanchester.com; Piccadilly Plaza, Portland St; Führungen tgl. 7/6 £ pro Erw./Kind; ⏲Mo–Sa 10–17.15,

So bis 16.30 Uhr) Größtenteils eine Selbstbedienungs-Touristeninformation mit Broschüren und interaktiven Karten.

### WEBSITES

**Manchester City Council** (www.manchester.gov.uk) Offizielle Website der Stadt mit Besucherportal.

**Manchester Evening News** (www.menmedia.co.uk) Online-Ausgabe der Abendzeitung der Stadt.

**Real Manchester** (www.realmanchester.com) Online-Führer fürs Nachtleben Manchesters.

**Restaurants of Manchester** (www.restaurantsofmanchester.com) Detaillierte, zuverlässige und aktuelle Kritiken von Restaurants im Zentrum und in den Vororten.

**Visit Manchester** (www.visitmanchester.com) Offizielle Internetsite für den Großraum Manchester.



## An- & Weiterreise

### BUS

**National Express** (☎ 08717 81 81 81; www.nationalexpress.com) bietet vom Busbahnhof in der Chorlton Street im Stadtzentrum fast stündliche Verbindungen in die meisten größeren Städte, z. B. nach Leeds (9,70 £, 1 Std., stündl.), Liverpool (7,10 £, 1¼ Std., stündl.) und London (26,20 £, 3¾ Std., stündl.).

### FLUGZEUG

Der **Manchester Airport** (☎ 0161-489 3000; www.manchesterairport.co.uk) ist der größte Flughafen des Landes außerhalb von London, mit Flugverbindungen zu 13 Zielen in Großbritannien und mehr als 50 Zielen im Ausland.

### ZUG

Manchester Piccadilly (östlich des Gay Village) ist der Hauptbahnhof für Züge ins restliche Großbritannien; Züge nach Halifax und Bradford fahren allerdings von der Victoria Station (nördlich des National Football Museum). Die beiden Bahnhöfe sind durch Metrolink miteinander verbunden. Erheblich billiger fährt man in Zeiten mit geringer Auslastung *(off-peak)*. Züge fahren z. B. nach Blackpool (16,30 £, 1¼ Std., halbstündl.), Liverpool Lime Street (11,90 £, 45 Min., halbstündl.), London Euston (78,70 £, 3 Std., 7-mal tgl.) und Newcastle (62,70 £, 3 Std., 6-mal tgl.).

## Unterwegs vor Ort

### VOM/ZUM FLUGHAFEN

Der Flughafen liegt knapp 20 km südlich der Stadt. Eine Bahnfahrt zur Victoria Station kostet *peak/off-peak* 4,10/3,50 £, mit dem Bus kostet es 3,50 £. Ein Taxi kostet bei geringem Verkehrsaufkommen fast viermal so viel.

### ÖFFENTLICHE VERKEHRSMITTEL

Für die exzellenten öffentlichen Transportmittel sind verschiedene Day Saver Tickets erhältlich. Infos dazu wie auch zu den Nachtbussen gibt's im **Travelshop** (☎ 0161-228 7811; www.tfgm.com; 9 Portland St, Piccadilly Gardens; ⏲8–20 Uhr).

#### Bus

Der kostenlose Centreline-Bus 4 pendelt alle zehn Minuten durch das Herz Manchesters. Streckenkarten gibt's in der Touristeninformation. Die meisten Stadtbusse fahren ab Piccadilly Gardens.

#### Metrolink

Die **Metrolink** (www.metrolink.co.uk) bietet die beste Verbindung zwischen den Bahnhöfen Victoria und Piccadilly (und dem G-Mex für Bahnen nach Castlefield) und fährt auch hinaus nach Salford Quays und in andere Vororte. Tickets gibt's an Automaten an den Bahnsteigen.

#### Zug

Der Bahnhof von Castlefield ist die Deansgate Station, mit Verbindungen zu den Bahnhöfen Piccadilly, Oxford Road und Salford.

# CHESHIRE

Cheshire ist das vornehme südliche Hinterland von Liverpool und Manchester. Hier residieren viele der wohlhabenderen Bürger der beiden Metropolen, darunter auch deren Fußballmillionäre: Sie genießen den ländlichen Charme einer modernen, gut ausgestatteten Version des guten alten Englands – komplett mit Weiden voller Holstein-Rinder, Fachwerk-Tudorhäusern und schnellen Internet- und Bahnverbindungen. Für Besucher ist Chester ganz klar das Zentrum von Cheshire.

## Chester

90 525 EW.

Chester ist eines der größten Geschenke der englischen Geschichte an den modernen Touristen. Seine Stadtmauer aus rotem Sandstein, die heute eine hübsche Ansammlung von Häusern aus der Tudor- und der viktorianischen Zeit umschließt, geht zurück auf die Zeit der Römer. Damals hieß die Stadt Castra Devana und war das größte römische Kastell in Großbritannien.

Außerhalb der Altstadt präsentiert sich Chester als gewöhnliche Wohnstadt. Heute kaum zu glauben, aber im Mittelalter war

Chester der wichtigste Hafen des Nordwestens. Jedoch versandete der River Dee im Verlauf der Zeit und Chester büßte gegenüber Liverpool stark an Bedeutung ein.

## Sehenswertes & Aktivitäten

**★ Stadtmauer** WAHRZEICHEN

Einen guten Eindruck von Chesters einzigartigem Charakter erhält man bei einem Spaziergang entlang der gut 3 km langen Stadtmauer um die Altstadt herum. Die Stadtbefestigung wurde ursprünglich um 70 n. Chr. von den Römern angelegt, im Verlauf der folgenden Jahrhunderte aber umfassend verändert. Ihr heutiger Verlauf entspricht dem von etwa 1200. Ein ausgezeichneter Führer für einen Rundgang ist die in der Touristeninformation erhältliche Broschüre *Walk Around Chester Walls.*

Das auffallendste Merkmal entlang der Stadtmauer ist das **Eastgate** mit der nach dem Londoner Big Ben berühmtesten Uhr Englands, 1897 zum diamantenen Thronjubiläum Königin Victorias angefertigt.

In der Südostecke der Stadtmauer befinden sich die 1785 entstandenen **wishing steps**, die „Wunschstufen": Angeblich sollen Wünsche von Leuten, die diese ungleichen Stufen ohne Luft zu holen hoch- und runterlaufen können, in Erfüllung gehen.

Am Southgate oder **Bridgegate** (am Nordende der Old Dee Bridge) befindet sich das Pub **Bear & Billet** (www.bearandbillet.com; Southgate; ⏲12–23 Uhr), Chesters ältester Fachwerkbau (1664), einst ein Zolltor.

**★ Rows** ARCHITEKTUR

Charakteristisch für Chester sind neben der Stadtmauer die Rows, Einkaufsarkaden im 1. Stock, die sich vom **Central Cross** in alle vier Himmelsrichtungen erstrecken und vier Straßen entlang führen. Die schönen Häuser sind Originalgebäude der Tudorzeit oder viktorianische Nachbauten und beherbergen phantastische kleine Läden.

Der Ursprung der Rows ist unklar, aber man nimmt an, dass, als die römischen Befestigungen langsam verfielen, die Kaufleute ihre Läden direkt an die entstehenden Schutthaufen bauten und später wiederum einfach auf die entstandenen Läden draufgebaut wurde.

**Chester Cathedral** KATHEDRALE

(☎01244-324756; www.chestercathedral.com; 12 Abbey Sq; Eintritt 3 £; ⏲Mo–Sa 9–17, So 13–16 Uhr) An dieser Stelle stand ursprünglich eine der hl. Werburg, der Schutzpatronin der Stadt, geweihte sächsische Kirche, auf deren Überresten eine Benediktinerabtei entstand. Diese wurde 1540 unter Heinrich VIII. aufgelöst, die Klosterkirche wurde im folgenden Jahr jedoch als Kathedrale neu geweiht. Zwar wurde die Kirche in viktorianischer Zeit umfassend umgestaltet, jedoch zeigen sich der Kreuzgang aus dem 12. Jh. und die umliegenden Gebäude noch mehr oder weniger im Originalzustand der Frühzeit des Klosters.

**Grosvenor Museum** MUSEUM

(☎01244-972197; www.grosvenormuseum.co.uk; 27 Grosvenor St; ⏲Mo–Sa 10.30–17, So 14–17 Uhr) GRATIS Das exzellente Museum beherbergt die umfassendste Sammlung römischer Grabmäler in Großbritannien. Im hinteren Bereich des Museums befindet sich ein aus georgianischer Zeit erhaltenes Haus mit Küche, Salon, Schlaf- und Badezimmer.

**Dewa Roman Experience** MUSEUM

(☎01244-343407; www.dewaromanexperience.co.uk; Pierpoint Lane; Erw./Kind 5,50/3,75 £; ⏲Mo–Sa 9–17, So 10–17 Uhr) Wer hier durch die nachgebaute römische Straße bummelt, kann erleben, wie das Leben zur Zeit der Römer aussah.

**Römisches Amphitheater** ARCHÄOLOGISCHE STÄTTE

(Little St. John St) GRATIS Unmittelbar außerhalb der Stadtmauer liegen die Überreste einer Arena, in der 7000 Zuschauer Platz fanden – sie war damit die größte des Landes. Einige Historiker haben auch die These vertreten, dass hier auch König Arthurs Camelot lag und der runde Tisch seiner Ritter in Wahrheit einfach dieses Amphitheater war. Hier wird weiterhin ausgegraben und im Sommer finden manchmal Veranstaltungen statt.

**St. John the Baptist Church** KIRCHE

(Vicar's Lane; ⏲9.15–18 Uhr) Diese Johannes dem Täufer geweihte Kirche entstand 1075 an einer Stelle, an der schon eine sächsische Kirche gestanden hatte. Seit 1581 ist die Kirche eine friedvolle Ruine mit den Überresten eines normannischen Chors und mittelalterlicher Kapellen.

**Bootsverleih** BOOTFAHREN

(The Groves; 6–8 £ pro Std.; ⏲April–Sept. 9–18 Uhr) Auf der Rückseite der St. John the Baptist Church (Vicar's Lane) führen Stufen hinunter zur Uferpromenade The Groves.

## Chester

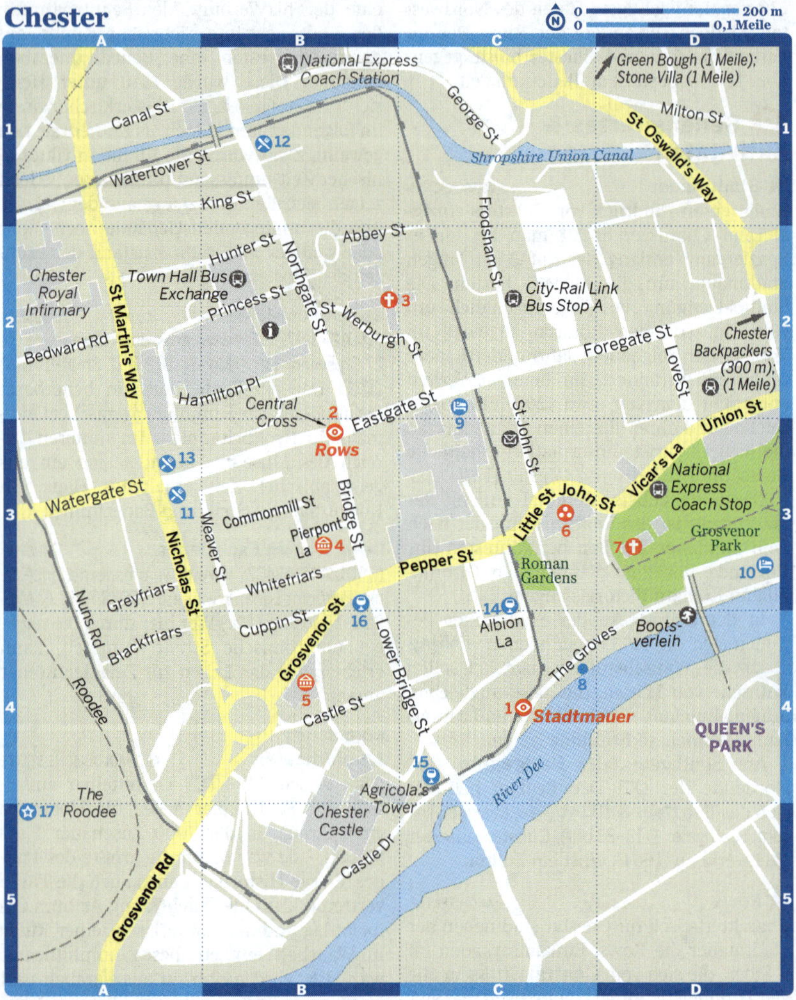


Hier kann man Tret-, Ruder- und kleine Motorboote leihen.

### Geführte Touren

Das Chester Visitor Information Centre offeriert ein breites Spektrum an geführten Rundgängen; los geht's am Rathaus. Die Führungen, darunter auch Geisterführungen, dauern 1½ bis zwei Stunden. Empfehlenswert sind die Bootsfahrten auf dem Dee von **Chester Boat** (☎01244-325394; www.chesterboat.co.uk; Boating Station, Souters Lane, The Groves; Touren 6,50–15 £), u. a. zum wundervollen Eaton Estate des Herzogs und der Herzogin von Westminster.

### Schlafen

Wer zwischen Ostern und September in der Stadt ist und eine seinem Geldbeutel angemessene, gute Unterkunft finden möchte, sollte frühzeitig reservieren. Außer einigen wenigen liegen die Unterkünfte außerhalb der Stadtmauern, sind aber vom Zentrum aus gut zu Fuß zu erreichen.

**Chester Backpackers** HOSTEL £
(☎01244-400185; www.chesterbackpackers.co.uk; 67 Boughton; B/EZ/DZ ab 16/22/34 £; 📶) Gemütliche Mehrbettzimmer mit schönen Kiefernholzbetten in einem der für die Tudorzeit typischen schwarz-weißen Gebäude

## Chester

**Highlights**
1 Stadtmauer ... C4
2 Rows ... B3

**Sehenswertes**
3 Chester Cathedral ... B2
4 Dewa Roman Experience ... B3
5 Grosvenor Museum ... B4
6 Römisches Amphitheater ... C3
7 St. John the Baptist Church ... D3

**Aktivitäten, Kurse & Touren**
8 Chester Boat ... C4

**Schlafen**
9 Chester Grosvenor Hotel & Spa ... C2
10 Grove Villa ... D3

**Essen**
11 Bar Lounge ... A3
12 Joseph Benjamin ... B1
13 Upstairs at the Grill ... A3

**Ausgehen & Nachtleben**
14 Albion ... C3
15 Bear & Billet ... C4
16 Falcon ... B3

**Unterhaltung**
17 Roodee ... A5

nur einen kurzen Spaziergang von der Stadtmauer entfernt. Außerdem gibt's hier einen hübschen Garten.

★ **Stone Villa** B&B ££
(☎01244-345014; www.stonevillachester.co.uk; 3 Stone Pl, Hoole Rd; EZ/DZ ab 45/75 £; P 🛜; 🚌9) Diese schöne Villa gewann in den letzten zehn Jahren zweimal den Titel als Chesters B&B des Jahres und bietet alles, was man für einen erinnerungswürdigen Aufenthalt braucht. Elegante Zimmer, ein fabelhaftes Frühstück und freundliche Gastgeber machen diese zu einer der besten Unterkünfte der Stadt. Rund 1,5 km vom Stadtzentrum entfernt.

**Grove Villa** B&B ££
(☎01244-349713; www.grovevillachester.com; 18 The Groves; Zi. ab 75 £; P) Das viktorianische Haus in wundervoller Lage am Dee bietet Zimmer mit altmodischen Betten und tollem Flussblick.

**Chester Grosvenor Hotel & Spa** HOTEL £££
(☎01244-324024; www.chestergrosvenor.com; 58 Eastgate St; Zi. ab 175 £; P @ 🛜) Das perfekt gelegene Chester Grosvenor beeindruckt mit riesigen Zimmern mit feinen Stilmöbeln und allen modernen Annehmlichkeiten. Das auch für Tagesgäste offene Spa bietet unterschiedlichste Anwendungen wie Reiki, La-Stone-Therapie (Warmsteinmassage), indische Kopfmassage und vierhändige Massage. Unten gibt's außerdem ein mit einem Michelin-Stern ausgezeichnetes Restaurant.

### Essen

Chester beeindruckt mit tollem Essen – nur nicht in den Touristenläden an den Rows. Neben den besseren Restaurants gibt's das beste Essen in einigen der Pubs.

**Joseph Benjamin** MODERN BRITISCH ££
(☎01244-344295; www.josephbenjamin.co.uk; 134–140 Northgate St; Hauptgerichte 13–17 £; ⌚Di & Mi 9–17, Do–Sa 9–24, So 10–17 Uhr) Ein leuchtender Stern an Chesters kulinarischem Himmel ist diese Kombination aus Restaurant, Bar und Feinkostladen. Die aus regionalen Zutaten sorgfältig zubereiteten Gerichte kann man vor Ort verzehren oder auch mitnehmen. Den Schwerpunkt des Takeaway-Angebots bilden ausgezeichnete Sandwiches und wunderbare Salate. Auf der Speisekarte stehen tolle Vertreter der modernen britischen Küche.

**Bar Lounge** MODERN BRITISCH ££
(www.barlounge.co.uk; 75 Watergate St; Hauptgerichte 11–18 £) Eins der beliebtesten Lokale der Stadt ist diese bistroähnliche Bar. Hier werden gute Burger, Pies und besonders leckerer Schellfisch in Bierteig geboten. Draußen lockt eine beheizte Terrasse.

**Upstairs at the Grill** STEAKHAUS £££
(☎01244-344883; www.upstairsatthegrill.co.uk; 70 Watergate St; Hauptgerichte 17–29 £; ⌚Mo–Do 17–23, Fr–So 12–23 Uhr) Das zweigeschossige Steakhaus im Manhattaner Stil ist ein Mekka für Fleischfreunde: Hier gibt's alles vom amerikanischen Porterhouse bis zum in Sauce schwimmenden Chateaubriand. Das gesamte Fleisch stammt aus der Region und wird fünf Wochen lang trocken gereift, damit es schön saftig ist. Bei den meisten Stücken kann man zwischen 225 und 340 g wählen, außer beim Ribeye: Das kommt als furchteinflößender 680-g-Fleischbrocken.

### Ausgehen & Nachtleben

**Albion** PUB
(4 Albion St; ⌚12–23 Uhr) Keine Kinder, keine Musik und keine Spielautomaten oder Großbildschirme – dafür aber jede Menge

britische Fahnen. Dieser „familienfeindliche" edwardianische Pubklassiker führt zurück in eine Zeit, als das Biertrinken noch festen Ritualen unterworfen war. Dennoch ist dies eines der schönsten Pubs in Nordwestengland – genau deshalb, weil es sich hartnäckig weigert, modern zu werden.

**Falcon** PUB
(Lower Bridge St; ⌚12–23 Uhr) Der Falcon ist eine altmodische Kneipe mit einer netten Atmosphäre – toll für ein Pint, vielleicht ein Samuel-Smyth-Ale, ein Weizenbier oder einen Cider. Außerdem werden hier Bio-Fruchtbiere ausgeschenkt.

## ☆ Unterhaltung

**Roodee** PFERDERENNEN
(www.chester-races.co.uk; The Racecourse; ⌚Mai–Sept.) Auf Chesters sehr alter und sehr schöner Pferderennbahn auf der Westseite der Altstadt finden seit dem 16. Jh. Rennen statt. Die Highlights der Sommersaison sind das zweitägige July Festival und dessen Äquivalent im August.

## ℹ Praktische Informationen

**Cheshire Constabulary** (☎01244-350000; Town Hall, Northgate St)
**Countess of Chester Hospital** (☎01244-365000; Health Park, Liverpool Rd)
**Post** (2 St. John St; ⌚Mo–Sa 9–17.30 Uhr)
**Touristeninformation** (☎01244-402111; www.visitchester.com; Town Hall, Northgate St; ⌚Mai–Okt. Mo–Sa 9–17.30, So 10–16 Uhr, Nov.–April Mo–Sa 10–17 Uhr)

## ℹ An- & Weiterreise

### BUS

Busse von **National Express** (☎08717 81 81 81; www.nationalexpress.com) halten an der Vicar's Lane gegenüber der Touristeninformation beim Amphitheater. Es bestehen Busverbindungen u. a. nach Birmingham (14,30 £, 2 Std., 4-mal tgl.), Liverpool (8,20 £, 1 Std., 4-mal tgl.), London (23 £, 5½ Std., 3-mal tgl.) und Manchester (7,70 £, 1¼ Std., 3-mal tgl.).

Informationen zu den Regionalbussen bietet **Cheshire Bus Line** (☎01244-602666). Die Busse fahren von der **Town Hall Bus Exchange** (Princess St).

### ZUG

Der Bahnhof liegt rund 1,5 km vom Stadtzentrum entfernt, zu erreichen über die Foregate Street und City Road oder über die Brook Street. City-Rail-Link-Busse sind für Reisende mit Bahnticket kostenlos; sie verkehren zwischen dem Bahnhof und dem **Bus Stop A** (Frodsham St). Zugverbindungen bestehen z. B. nach Liverpool (6,65 £, 45 Min., stündl.), London Euston (78,70 £, 2½ Std., stündl.) und Manchester (16,10 £, 1 Std., stündl.).

## ℹ Unterwegs vor Ort

Von 10.30 bis 16.30 Uhr ist ein großer Teil der Innenstadt für den Autoverkehr gesperrt, sodass ein eigenes Fahrzeug hier eher hinderlich ist. Ohnehin lässt sich die Stadt leicht zu Fuß erkunden und die meisten Sehenswürdigkeiten liegen nicht weit von der Stadtmauer entfernt.

## Rund um Chester

Der **Chester Zoo** (www.chesterzoo.org; Upton-by-Chester; Erw./Kind 20/16 £, Monorail 2/1,50 £, Wasserbus 2/1,50 £; ⌚10 Uhr–Sonnenuntergang, letzter Einlass Mo–Fr 16, Sa & So 17 Uhr), der größte des Landes, bietet Tieren, die in künstlichen Nachahmungen ihres natürlichen Lebensumfeldes eingesperrt sind, noch die angenehmsten möglichen Bedingungen. Der Zoo ist so groß, dass für seine Erkundung sogar eine **Monorail** (Hochbahn) und ein **Wasserbus** zur Verfügung stehen. Der Zoo liegt knapp 5 km nördlich des Zentrums von Chester an der A41. Zwischen der Town Hall Bus Exchange in Chester und dem Zoo verkehrt der Bus 1 (hin & zurück 8 £, 15 Min., Mo–Sa alle 15 Min., So alle 30 Min.).

# LIVERPOOL

466 400 EW.

Nur wenige englische Städte sind so sehr auf Image festgelegt wie Liverpool und kaum eine andere hat sich so viel Mühe gegeben, den Klischees zu entkommen, mit denen sie so lange beschrieben wurde.

Liverpool ist eine von Armut geprägte Stadt mit einem besonderen Witz und einer obsessiven Liebe zum Fußball, verfügt jedoch auch über ein reiches kulturelles Erbe: Es besitzt nach London die meisten denkmalgeschützten Gebäude des Landes, seine Kunstmuseen zählen zu den besten Großbritanniens und seit Kurzem wird die Stadt umfassend saniert. Und dann gibt's da noch die Beatles. Liverpool verehrt sie nicht etwa deshalb, weil die Stadt in der Vergangenheit stecken geblieben ist und nicht darüber hinwegkommt, dass es die Beatles schon lange nicht mehr gibt – sondern weil es angesichts der Beliebtheit der Band auf der ganzen Welt Wahnsinn wäre, ihnen hier nicht zu huldigen.

Die Hauptattraktionen der Stadt sind das Albert Dock westlich der Innenstadt und das angesagte Viertel Ropewalks südlich der Hanover Street und westlich der beiden Kathedralen. Der Eisenbahnhof Lime Street Station, der Busbahnhof und das Cavern Quarter – ein Mekka für Beatles-Fans – liegen unmittelbar nördlich.

## Geschichte

Liverpool verdankte seinen Reichtum dem Dreieckshandel mit Sklaven, Rohmaterialien und fertigen Gütern. Ab 1700 transportierten Schiffe Baumwollprodukte und Industriegüter von Liverpool nach Westafrika, von dort wurden Sklaven in die Karibik und nach Virginia verschifft und von dort wurden wiederum Zucker, Rum, Tabak und Baumwolle nach England gebracht.

Als großer Seehafen lockte Liverpool Tausende von Zuwanderern aus Irland und Schottland an und deren keltischer Einfluss ist nach wie vor spürbar. Gleichzeitig begaben sich zwischen 1830 und 1930 rund 9 Mio. Auswanderer, v. a. Engländer, Schotten und Iren, aber auch Schweden, Norweger und russische Juden, von hier in die Neue Welt.

Mit dem Beginn des Zweiten Weltkriegs nahm Liverpool wieder an Bedeutung zu. Vor der alliierten Landung in der Normandie gingen hier 1 Mio. amerikanische GIs an Land und der Hafen war als westenglisches Tor zum Atlantik erneut immens wichtig. Die GIs brachten aus den USA die neuesten Schallplatten mit und Liverpool war daher das europäische Einfallstor für den neuen Rhythm and Blues, aus dem schließlich der Rock and Roll werden sollte. Nur 20 Jahre später war der Mersey Beat *der* Sound der britischen Popmusik und vier Pilzköpfe hatten eine Skiffleband gegründet …

## Sehenswertes

Das wunderbare Albert Dock ist die größte Touristenattraktion der Stadt und der Schlüssel zum Verständnis der Geschichte Liverpools. Der eigentliche Alltag spielt sich jedoch eher im Stadtzentrum ab.

### Stadtzentrum

★ **World Museum** MUSEUM

(☎ 0151-478 4399; www.liverpoolmuseums.org.uk/wml; William Brown St; ⊙ 10–17 Uhr) GRATIS Naturkunde, Wissenschaft und Technologie sind die Themen des ältesten Museums der Stadt, gegründet 1853. Die Exponate hier reichen von lebenden Käfern bis zur Anthropologie des Menschen. Das äußerst unterhaltsame und lehrreiche Museum belegt fünf nach Themen geordnete Etagen. Im 1. Stock befindet sich ein Aquarium mit Fischen, im fünften ein Planetarium. Hier oben werden

### LIVERPOOL IN …

#### … zwei Tagen

Los geht's mit den erstklassigen Museen am Wasser, dem **Museum of Liverpool** (S. 616) und, unmittelbar südlich davon, dem **International Slavery Museum** (S. 614) am Albert Dock.

Nachdem den vier Pilzköpfen in der **Beatles Story** (S. 615) Tribut gezollt wurde, geht's ins Cavern Quarter um die Mathew Street in der Innenstadt. Das **Monro** (S. 618) empfiehlt sich fürs Mittagessen, die **London Carriage Works** (S. 618) fürs Abendessen. Den Tag krönt ein Pint im großartigen **Philharmonic** (S. 618), bevor man sich im **Malmaison** (S. 618) in die frischen Bettücher wickelt. Wer noch fit ist, kann sich auch in die Bars und Clubs des hippen Viertels **Ropewalks** stürzen. Am nächsten Tag stehen zunächst die beiden **Kathedralen** auf dem Programm, anschließend das **World Museum** (s. oben) und die **Walker Art Gallery** (S. 613).

#### … vier Tagen

Am dritten Tag lohnt sich eine Pilgerfahrt zum Haus **Mendips** und zur **20 Forthlin Road** (S. 615), wo John Lennon bzw. Paul McCartney aufwuchs. Ein Tipp fürs Abendessen ist das **HoSt** (S. 618). Am nächsten Tag lockt der heilige Rasen an der Anfield Road, im Stadion des **FC Liverpool** (S. 619). Wer sich für Pferderennen interessiert, steuert das Besucherzentrum der Rennbahn von Aintree an; hier findet das wichtige Pferderennen **Grand National** (S. 617) statt.

# Liverpool

0 200 m
0 0,1 Meile
Mersey
Mersey Tunnel
Princes Dock
William Jessop Way
Bath St
King Edward St
New Quay
Goree Piazza
Old Hall St
Tithebarn St
Moorfields
Dale St
Chapel St
Mersey Tunnel
Town Hall
Rumford St
Water St
Castle St
Cook St
Temple La
Victoria St
Hatton Gdns
Queen Sq
Williamson Sq
Cavern Quarter
Harrington St
Paradise St
Lord St
Church St
School La
James St
Brunswick St
Mersey Ferry
Mann Island
PIER HEAD
Strand St
Canning Dock
Canning Half Tide Basin
Museum of Liverpool
International Slavery Museum
Salthouse Dock
Beatles Story
Wapping Basin
Wapping Dock
King's Pde
Monarch's Quay
Wapping
Liver St
Park La
Tabley St
ROPEWALKS
CHINATOWN
Hanover St
Campbell Sq
Seel St
Parr St
Duke St
Concert Sq
Bold St
Slater St
Wood St
Nelson St
Ranelagh St
Central
Clayton Sq
Lime St
Arriva 500
Lime St Train Station
Lord Nelson St
Hotham St
William Brown St
World Museum
Walker Art Gallery
National Express Coach Station
London Rd
Pembroke Pl
Daulby St
Copperas Hill
Russell St
Brownlow Hill
Mt Pleasant
Renshaw St
Clarence St
Rodney St
Leece St
Hardman St
Hope Pl
Hope St
Rice St
Falkner St
Myrtle St
Catherine St
Oxford St
Berry St
Great George St
Upper Duke St
Canning St
Liverpool Cathedral

## Liverpool

**Highlights**
1 Beatles Story ... C4
2 International Slavery Museum ... C3
3 Liverpool Cathedral ... F4
4 Museum of Liverpool ... C3
5 Walker Art Gallery ... E1
6 World Museum ... E1

**Sehenswertes**
7 Albert Dock ... C3
8 Beatles Story: Elvis & Us ... C3
9 Cunard Building ... C2
10 Liverpool War Museum ... C2
11 Merseyside Maritime Museum ... C3
12 Metropolitan Cathedral of Christ the King ... G2
13 Port of Liverpool Building ... C2
14 Royal Liver Building ... C2
15 St. George's Hall ... E1
16 Tate Liverpool ... C3

**Aktivitäten, Kurse & Touren**
17 Beatles' Childhood Homes Tour ... D4
18 Magical Mystery Tour ... C4

**Schlafen**
19 62 Castle St ... C2
20 Hope Street Hotel ... F3
21 Liverpool YHA ... D4
22 Malmaison ... B1
23 Radisson Blu ... B1
24 Richmond Hotel ... D1
25 Roscoe House ... F3

**Essen**
26 HoSt ... F3
27 James Monro ... D1
London Carriage Works ... (s. 20)
28 Monro ... E3
29 Quarter ... G3

**Ausgehen & Nachtleben**
30 24 Kitchen Street ... E4
31 Everyman Bistro ... D2
32 Philharmonic ... G3
33 Ye Cracke ... F3

**Unterhaltung**
34 Cavern Club ... D2
35 O2 Academy ... E1
36 Philharmonic Hall ... G3

**Shoppen**
37 Liverpool ONE ... D3

außerdem Ausstellungen zum Thema Weltall (mit Mondsteinen, Fernrohren usw.) und Zeit (mit Uhren vom 16. Jh. bis 1960) präsentiert. Sehr empfehlenswert!

**★ Liverpool Cathedral** KATHEDRALE
(☎0151-709 6271; www.liverpoolcathedral.org.uk; Upper Duke St; Besucherzentrum & Turm Eintritt 5 £; ⌚8–18 Uhr) Liverpools anglikanische Kathedrale ist ein Gebäude der Superlative. Sie ist nicht nur die größte Kirche Großbritanniens, sie ist auch die größte anglikanische Kathedrale der Welt. Erbaut wurde sie nach Entwürfen von Sir Gilbert Scott, dem England auch die roten Telefonzellen und die Southwark Power Station in London verdankt, die heutige Tate Modern. Die mittlere Glocke des Geläuts ist die drittgrößte der Welt (das Glockenspiel insgesamt das höchste und schwerste der Welt) und die Orgel mit ihren 9765 Pfeifen ist wahrscheinlich die größte noch spielbare der Welt.

Im Besucherzentrum ist der zehnminütige Film *Great Space* über die Geschichte der Kathedrale zu sehen. Danach können sich Besucher mit einem Kopfhörer ausgestattet auf einen audiovisuellen Rundgang begeben. Mit der Eintrittskarte hat man auch Zugang zum 101 m hohen Turm; von oben eröffnen sich phantastische Ausblicke auf die Stadt und ihr Umland – an klaren Tagen ist der Blackpool Tower zu erkennen!

**★ Walker Art Gallery** GALERIE
(☎0151-478 4199; www.liverpoolmuseums.org.uk/walker; William Brown St; ⌚10–17 Uhr) GRATIS Das wichtigste Kunstmuseum der Stadt ist mit seiner herausragenden Sammlung von Kunst des 14. bis 21. Jhs. so etwas wie die Nationalgalerie Nordenglands. Besonders gut vertreten sind präraffaelitische Kunst und moderne britische Malerei und Bildhauerei. Dazu kommen noch Wechselausstellungen mit Gegenwartskunst. Das Museum ist zudem sehr familienfreundlich: Die Abteilung Big Art for Little People im Erdgeschoss richtet sich an Kinder bis zu acht Jahren und umfasst interaktive Exponate und Spiele, die eine lebenslange Liebe zur Kunst wecken sollen.

**St. George's Hall** KULTURZENTRUM
(☎0151-707 2391; www.stgeorgesliverpool.co.uk; William Brown St; ⌚Di–Sa 10–17, So 13–17 Uhr) GRATIS Das vielleicht eindrucksvollste Gebäude der Stadt ist die denkmalgeschützte

## LIVERPOOL FÜR KINDER

Die Museen am Wasser kommen bei Kids sehr gut an, besonders das Museum of Liverpool (S. 616) und das Merseyside Maritime Museum (S. 615), das ein paar Boote hat, auf denen Kinder herumwursteln können. Wenn sich die Kleinen für Fußball interessieren, muss natürlich ein Abstecher an die Anfield Road (S. 619) auf dem Programm stehen. Die Abteilung Big Art for Little People in der Walker Art Gallery (S. 613) ist perfekt für Kinder, die ausprobieren wollen, was es mit der Kunst eigentlich so auf sich hat.

St. George's Hall, ein großartiges Beispiel klassizistischer Architektur, das heute noch genauso imposant erscheint wie im Jahr 1854, als es fertiggestellt wurde. Ursprünglich diente das Bauwerk als Gerichtsgebäude und Konzerthaus – wahrscheinlich sollten sich die Richter nach ihren Urteilssprüchen bei Streichquartetten entspannen.

Drinnen können sich Besucher den kürzlich renovierten Gerichtssaal und das Umkleidezimmer der Richter anschauen, unten einen Blick in die Zellen werfen und auch die Great Hall mit der zweitgrößten Orgel Großbritanniens bestaunen – mit ihren 7000 Pfeifen ist sie nach den Orgeln in der Kathedrale von Liverpool sowie in der Londoner Albert Hall die drittgrößte des Landes. Im Gebäude finden außerdem Konzerte, Unternehmensveranstaltungen und andere Events statt und der Platz vor dem Bau ist ein Magnet für alle möglichen städtischen Feiern.

**Metropolitan Cathedral of Christ the King** KATHEDRALE
(☎0151-709 9222; www.liverpoolmetrocathedral.org.uk; Brownlow Hill; ⏲7.30–18 Uhr) Liverpools katholische Kathedrale, im Volksmund Paddy's Wigwam genannt, ist ein eindrucksvolles modernes Bauwerk, das einem riesigen Betontipi ähnelt – daher der Spitzname (Paddy wiederum ist ein Spitzname für Iren). Das Gotteshaus wurde 1967 nach Plänen von Sir Frederick Gibberd, der sich wiederum auf Entwürfe von Sir Edwin Lutyens stützte, fertiggestellt; erhalten ist Lutyens' Krypta. Der zentrale Turm thront über dem weltgrößten Buntglasfenster, erschaffen von John Piper und Patrick Reyntiens.

**Liverpool War Museum** MUSEUM
(www.liverpoolwarmuseum.co.uk; 1 Rumford St; Erw./Kind 6/4 £; ⏲März–Okt. Mo–Do & Sa 10.30–16.30 Uhr) Das geheime Kommandozentrum für die Atlantikschlacht des Zweiten Weltkriegs, der Western Approaches Command, wurde am Ende des Krieges mit seiner fast vollständig intakten Einrichtung einfach aufgegeben. Heute erhält man hier einen guten Einblick in die labyrinthhafte Steuerzentrale der alliierten Operationen. Das Herzstück der Anlage, der Kartenraum, sieht so aus, als könnte man hier eine lebensechte Partie *Risiko* spielen.

## Albert Dock

Liverpools größte Touristenattraktion ist das **Albert Dock** (☎0151-708 8854; www.albertdock.com) GRATIS, ein 2,75 ha großes Wasserbecken umgeben von großen Gusseisensäulen und beeindruckenden fünfstöckigen Gebäuden – die größte Konzentration des Landes an denkmalgeschützten Gebäuden und als Unesco-Weltkulturerbe gelistet. Dank einem tollen Erschließungsprojekt sind die Docks wieder zu neuem Leben erwacht: Es gibt hier mehrere erstklassige Museen und eine Filiale der Londoner Tate Gallery sowie einige Top-Restaurants und -Bars.

★ **International Slavery Museum** MUSEUM
(☎0151-478 4499; www.liverpoolmuseums.org.uk/ism; Albert Dock; ⏲10–17 Uhr) GRATIS Museen sind ihrem Wesen nach Standbilder aus der Vergangenheit, doch das herausragende International Slavery Museum schlägt auch in der Gegenwart ziemlich hohe Wellen. Es erzählt klar und kompromisslos von den unsagbaren Gräueln der Sklaverei – und unterschlägt auch nicht Liverpools eigene Rolle im Sklavenhandel. Dies geschieht mithilfe von sehr guten Multimedia- und anderen Exponaten und schreckt auch nicht vor einer Auseinandersetzung mit dem Rassismus zurück, der düsteren ideologischen Rechtfertigung für die unmenschliche Praxis der Sklaverei.

Den Besuchern wird die Sklaverei anhand einer Reihe persönlicher Geschichten nahegebracht. Ein sorgsam geführtes Schiffs- und ein Kapitänstagebuch erzählen die Geschichte eines Sklavenhändlers auf einer typischen Reise von Liverpool nach Westafrika. Dort wurden dann so viele Sklaven wie möglich gekauft oder gekidnappt; anschließend ging es auf die gefürchtete „mittlere Passage" des Handelsdreiecks über den Atlantik in die Karibik. Die Sklaven, die diese qualvolle Fahrt überlebten, wurden dann für Zucker, Rum, Tabak und Baumwolle eingetauscht; diese Waren wurden am Ende in England gewinnbringend verkauft. Zu den Ausstellungsstücken im Museum zählen Original-Fußeisen und -Ketten sowie Instrumente, mit den aufrührerische Sklaven bestraft wurden – eins schrecklicher als das andere.

Das ist alles harter Tobak; jedoch erleben Besucher hier nicht nur eine spannende Geschichtsstunde, sondern sie werden im gesamten Museum immer wieder auch an ihre eigene Verantwortung für Menschlichkeit und Gerechtigkeit erinnert. Dies geschieht nicht zuletzt in der Ausstellung „Legacies of Slavery", die den fortdauernden Kampf für Freiheit und Gleichheit dokumentiert.

**★ Beatles Story** MUSEUM
(☎0151-709 1963; www.beatlesstory.com; Albert Dock; Erw./Kind 12,95/7 £, inkl. Elvis & Us 15,95/7 £; ⏲9–19 Uhr, letzter Einlass 17 Uhr) Liverpools beliebtestes Museum beleuchtet keine dunklen Ecken in der turbulenten Geschichte der berühmtesten Viererbande der Welt – bandinterne Spannungen, Drogen oder Yoko Ono werden nicht erwähnt. Doch hier gibt's jede Menge Original-Erinnerungsstücke, um echte Beatles-Fans glücklich zu machen. Es sind auch Kombitickets erhältlich, die den Eintritt zur Ausstellung Elvis & Us (S. 616) im Beatles-Story-Ableger am Pier Head einschließen.

Besonders eindrucksvoll sind der 1:1-Nachbau des Cavern Club – der wirklich winzig war – und das Abbey-Road-Plattenstudio, in dem die Jungs ihre ersten Singles aufnahmen. George Harrisons mickrige erste Gitarre, die heute eine halbe Million Pfund wert ist, sollte mittellose Nachwuchsmusiker dazu inspirieren, den Glauben an den großen Durchbruch nicht aufzugeben.

**Merseyside Maritime Museum** MUSEUM
(☎0151-478 4499; www.liverpoolmuseums.org.uk/maritime; Albert Dock; ⏲10–17 Uhr) GRATIS Dieses ausgezeichnete Museum ist der Geschichte eines der bedeutendsten Häfen der Welt gewidmet, und das auf wirklich sehr fesselnde Weise. Eine der vielen tollen Ausstellungen hier ist „Emigration to a New World" zur Geschichte der 9 Mio. Auswanderer, die sich in Liverpool nach Nordamerika und Australien

## (NEVER) LET IT BE

Sie trennten sich vor über 40 Jahren und zwei ihrer Mitglieder sind bereits tot, aber die Beatles sind in Liverpool heute ein größeres Geschäft als je zuvor.

Der größte Teil des Beatles-Rummels spielt sich um die winzige Mathew Street ab, wo früher der Cavern Club stand; heute ist sie die Hauptstraße des sogenannten Cavern Quarter. Hier kann man in der Rubber Soul Oyster Bar Austern schlürfen, im Laden From Me to You George-Harrison-Kissenbezüge kaufen und sie über die Kissen des Hard Day's Night Hotel stülpen. Ringo hat die Stadt zwar 2008 heruntergemacht, indem er erklärte, er hätte keinen Grund sie zu vermissen, doch das Liverpooler Fremdenverkehrsamt schlachtet die Verbindung der Stadt zur berühmtesten Popgruppe der Welt weiterhin ordentlich aus – und zwar sehr erfolgreich. Das ursprünglich Beatles-orientierte Mathew Street Festival erfreute sich ungeheurer Beliebtheit und lockte über 350 000 Fans an. Heute heißt es Liverpool International Music Festival (S. 617) und widmet sich auch Musik jenseits der Pilzköpfe.

Über die Mathew Street zu bummeln macht viel Spaß – und Andenken kauft man am besten im Beatles-Shop. Wer jedoch ein echtes Stück Beatles erleben möchte, muss sich zum Haus **Mendips** auf den Weg machen, das heute dem National Trust gehört. Hier lebte John Lennon von 1945 bis 1963 bei seiner Tante Mimi; dies ist übrigens auch der Zeitraum, den Sam Taylor-Woods wunderbarer Film über den jungen Lennon, *Nowhere Boy* (2009), abdeckt. Paul McCartney wuchs im schlichten Reihenhaus **20 Forthlin Road** auf. Die beiden Häuser sind nur im Rahmen einer vorgebuchten **Tour** (☎0151-427 7231; www.nationaltrust.org.uk; Jury's Inn, 31 Keel Wharf, Wapping Dock; Erw./Kind 22/7 £; ⏲März–Nov. Mi–So 10, 11 & 14.15 Uhr) zu besichtigen. Touren gibt's außerdem ab der **Speke Hall** (☎0151-427 7231; www.nationaltrust.org.uk; The Walk, Speke; ⏲März–Okt. Mi–So 15.15 Uhr).

Wer sich lieber auf eigene Faust auf die Spuren der Beatles macht, für den hält die Touristeninformation den Führer *Discover Lennon's Liverpool* samt Karte sowie Ron Jones' *The Beatles' Liverpool* bereit.

einschifften. Das begehbare Modell eines typischen Auswandererschiffs verdeutlicht, wie hart die Bedingungen an Bord wirklich waren.

**Tate Liverpool** GALERIE
(☎0151-702 7400; www.tate.org.uk/liverpool; Albert Dock; Sonderausstellungen Erw./Kind ab 5/4 £; ⌚Juni–Aug. 10–17.50 Uhr, Sept.–Mai Mo geschl.) GRATIS Dieses Museum, das sich als Hort der modernen Kunst in Englands Norden anpreist, wartet auf seinen vier Etagen mit einer eindrucksvollen Liste von Künstlern des 20. Jhs. auf. Dazu kommen Gastausstellungen aus der Hauptniederlassung an der Londoner Bankside. Aber es ist alles ein wenig dürftig –von der Energie der weltbekannten Tate ist hier nichts zu spüren.

## Nördlich des Albert Dock

Das Gebiet nördlich des Albert Dock ist als **Pier Head** bekannt, nach einer steinernen Seebrücke aus den 1760er-Jahren. Hier fahren noch immer die Fähren über den River Mersey ab und hier standen Millionen von Auswanderern zum letzten Mal auf europäischem Boden.

Das Museum of Liverpool ist ein eindrucksvoller architektonischer Eindringling, doch der ganze Stolz dieses Teils des Hafengebiets sind nach wie vor drei edwardianische Gebäude, die zusammen als die „Drei Grazien" bekannt sind. Sie stammen aus den Tagen, als Liverpools Stern noch im Steigen begriffen war. Das südlichste, mit seiner die St. Paul's Cathedral nachahmenden Kuppel, ist das **Port of Liverpool Building** von 1907. Daneben steht das im Stil eines italienischen Palazzos erbaute **Cunard Building**, einst der Hauptsitz der Reederei Cunard Steamship Line. Das **Royal Liver Building** (sprich: *lie*-wer) wurde 1911 als Hauptsitz der Royal Liver Friendly Society eröffnet. Gekrönt wird es vom Liverpooler Symbol, dem berühmten 5,5 m großen Liver Bird.

**★Museum of Liverpool** MUSEUM
(☎0151-478 4545; www.liverpoolmuseums.org.uk/mol; Pier Head; ⌚10–17 Uhr) GRATIS Liverpools Vergangenheit wird hier anhand von interaktiven Erkundungen von Meilensteinen der Stadtgeschichte erzählt – Eisenbahn, Armut, Reichtum, *Brookside* (eine populäre Seifenoper der 1980er-Jahre, die in Liverpool spielt), die Beatles und Fußball (der 15-minütige Film zur Bedeutung des Sports für die Stadt lohnt sich). Da die reiche Geschichte der Stadt gänzlich abgedeckt werden soll, geht das Ganze leider kaum in die Tiefe, doch für Kinder ist's klasse.

**Beatles Story: Elvis & Us** AUSSTELLUNG
(☎0151-709 1963; www.elvisandus.com; Mersey Ferries Terminal, Pier Head; Eintritt 6 £; ⌚April–Sept. 9–19 Uhr, Okt.–März 10–18 Uhr) Das Zusammentreffen der berühmtesten Ikonen der Popgeschichte am 27. August 1965 bildet die Grundlage für diese Ausstellung oben im Pier-Head-Fährterminal. Die Fender-Bassgitarre, die Paul bei diesem Treffen spielte, das Hemd, das Elvis in *Jailhouse Rock* trug, seltenes Filmmaterial und eine Eintrittskarte für das 68er-Comeback von Elvis – wer all das sehen möchte, ist hier richtig.

## Geführte Touren

**Beatles Fab Four Taxi Tour** TAXITOUR
(☎0151-601 2111; www.thebeatlesfabfourtaxitour.co.uk; 2-/3-stündige Tour 45/55 £) Zu den Touren zu den Pilzkopf-Sehenswürdigkeiten der Stadt zählen eine dreistündige Lennon-Tour und eine zweistündige Epstein-Expresstour. Abholung wird bei der Buchung arrangiert. Bis zu fünf Personen pro Tour.

**Liverpool Beatles Tour** STADTRUNDGANG
(☎0151-281 7738; www.beatlestours.co.uk; Touren ab 65 £) Individuell zugeschnittene Touren zu allem, was mit den Beatles zu tun hat – von der Wiege bis zur Bahre. Die Touren reichen von der dreistündigen Helter-Skelter-Exkursion bis zur Fantastic All-Day Tour – am Ende ist man sicher überzeugt davon, selbst zur Band gehört zu haben. Bei der Buchung wird auch die Abholung organisiert.

**Magical Mystery Tour** STADTRUNDGANG
(☎0151-709 3285; www.cavernclub.org; 16,95 £ pro Pers.; ⌚Touren 10.30, 11.30, 13 & 14 Uhr) Die zweistündige Tour führt zu allen Beatles-Sehenswürdigkeiten: wo sie geboren wurden, wo sie aufwuchsen, wo sie zur Schule gingen, dazu zu Orten wie der Straße Penny Lane und dem ehemaligen Waisenhaus Strawberry Field. Die Tour endet am Cavern Club, der allerdings nicht der echte Cavern Club ist. Los geht's gegenüber der Touristeninformation am Albert Dock.

## Festivals & Events

**Creamfields** MUSIK, TANZ
(www.cream.co.uk) Das Freiluft-Tanzfest bringt am letzten Augustwochenende einige der weltbesten DJs und Tanzproduktionen in die Stadt. Das Ganze findet auf dem Daresbury Estate bei Halton in Cheshire statt.

## DAS GRAND NATIONAL

Das berühmteste **Hindernisrennen** (☎ 0151-522 2929; www.aintree.co.uk) der Welt – und eines der wichtigsten Events in England überhaupt – findet am ersten Samstag im April statt. Es führt über eine Distanz von gut 7 km und über die schwierigsten Hindernisse in der Welt des Pferderennsports. Die Teilnehmer sind rund 40 Veteranen des Jagdrennsports, alternde Kraftmeier angefüllt mit den ach so englischen Qualitäten Charakterstärke und Draufgängertum. Wer einem Rennen beiwohnen möchte, sollte sich sehr frühzeitig um Karten kümmern.

**International Beatleweek** MUSIK
(www.cavernclub.org) Tribute-Bands unterhalten Ende August eine Woche lang mit von den Beatles inspirierter Musik und vom Cavern Club werden Vorträge organisiert.

**Liverpool International Music Festival** MUSIK
(☎ 0151-239 9091; www.limfestival.org) In den letzten beiden Augustwochen präsentieren sich auf fünf Bühnen in der ganzen Stadt heimische und internationale Bands.

## Schlafen

Liverpools Angebot an Unterkünften reicht von sexy Boutiquehotels bis zu streng funktionalen Herbergen. Wenn der FC Liverpool seine Heimspiele hat und wenn die Musikfestivals Ende August viel Publikum anlocken, sind die Zimmerpreise am höchsten. Für Leute, die eine Unterkunft mit Selbstversorgung bevorzugen, hält die Touristeninformation die nötigen Infos bereit.

### Stadtzentrum

**★ Richmond Hotel** HOTEL ££
(www.richmondliverpool.com; 24 Hatton Garden; DZ ab 80 £, 2-Schlafzimmer-Apt. ab 199 £) Das zentral gelegene und vollständig renovierte Richmond bietet praktische Unterkunft in klassischen Doppelzimmern und Suiten sowie voll ausgestatteten Apartments mit einem, zwei oder drei Schlafzimmern. Alle Zimmer sind gehoben eingerichtet, u. a. mit 50-Zoll-Flachbild-TVs und schicken Hygieneartikeln. Die Gäste haben außerdem Zugang zum hoteleigenen Spa.

**Radisson Blu** HOTEL ££
(☎ 0151-966 1500; www.radissonblu.co.uk; 107 Old Hall St; Zi. ab 95 £; @ 📶) Die Zimmer in diesem frischen skandinavischen Designhotel teilen sich in „Ocean" mit Königsblautönen und Ausblick auf die Docks und den Mersey und „Urban" mit satten Rot- und Lilatönen und Stadtblick. Jedes Zimmer verfügt über die zu erwartenden Designersachen wie Flachbild-TVs, kostenloses schnelles WLAN und superhippe Bäder. Die Zimmer sind nicht besonders groß, dafür aber echt cool.

**62 Castle St** BOUTIQUEHOTEL ££
(☎ 0151-702 7898; www.62castlest.com; 62 Castle St; Zi. ab 80 £; P @ 📶) In diesem eleganten Haus werden die traditionellen viktorianischen Merkmale des klassizistischen Gebäudes erfolgreich mit einem eleganten modernen Stil kombiniert. Die 20 fabelhaft unterschiedlichen Suiten warten mit HD-Plasma-Fernsehern, Regenduschen und Luxustoilettenartikeln auf.

**Roscoe House** BOUTIQUEHOTEL ££
(☎ 0151-709 0286; www.roscoehouse.com; 27 Rodney St; Zi. ab 70 £; 📶) Das hübsche georgianische Haus gehörte einst dem in Liverpool geborenen Schriftsteller und Historiker William Roscoe (1753–1831). Es ist umfassend saniert worden und beherbergt heute ein schickes Boutiquehotel. In den eleganten Zimmern ist neben alten Originalkaminen und -möbeln auch Modernes wie Flachbildfernseher und schicke Bettwäsche aus Mako-Baumwolle zu finden.

**★ Hope Street Hotel** BOUTIQUEHOTEL £££
(☎ 0151-709 3000; www.hopestreethotel.co.uk; 40 Hope St; Zi./Suite ab 130/190 £; @ 📶) Das Vorzeige-Luxushotel der Stadt ist dieses umwerfende Boutiquehotel in der elegantesten Straße Liverpools. Große Betten mit Wäsche aus ägyptischer Baumwolle, Eichenböden mit Fußbodenheizung, LCD-TVs und schicke moderne Bäder (mit Pflegeartikeln von REN) sind nur die offensichtlichsten Luxuselemente dieses überaus coolen Hauses. Das Frühstück, das in den grandiosen London Carriage Works serviert wird, ist nicht im Preis inbegriffen.

### Rund um das Albert Dock

**Liverpool YHA** HOSTEL £
(☎ 0845 371 9527; www.yha.org.uk; 25 Tabley St; B ab 18 £; P 📶) Es sieht vielleicht aus wie ein osteuropäischer Wohnblock, doch dieses preisgekrönte Hostel, das mit zahlreichen

Beatles-Erinnerungsstücken geschmückt ist, gehört zu den komfortabelsten Großbritanniens. Die Schlafsäle mit eigenem Bad verfügen sogar über beheizte Handtuchhalter.

**★ Malmaison** HOTEL ££
(☎ 0151-229 5000; www.malmaison.com; 7 William Jessop Way, Princes Dock; Zi. ab 89 £; P @ ᯤ) Die bevorzugte Farbkombination von Malmaison, Pflaume und Schwarz, findet sich in diesem eigens erbauten Hotel überall, was ihm ein Flair von zeitgenössischer Raffinesse verleiht. Hier ist alles opulent, von den großen Betten und den tiefen Badewannen bis zu den schweren Samtvorhängen und dem ausgezeichneten Frühstücksbuffet.

## Essen

Internationale Topküche, beste britische Kost und *greasy spoons* (billige kleine Esslokale) – hier gibt's etwas für jeden Bedarf. Die besten Essgegenden sind Ropewalks, die Hardman Street und die Hope Street.

**Monro** GASTROPUB ££
(☎ 0151-707 9933; www.themonro.com; 92 Duke St; 2-Gänge-Mittagessen 11,95 £, Hauptgerichte abends 14–20 £; ⏲ 11–23 Uhr) Das Monro hat sich schnell zu einem der beliebtesten Lokale der Stadt fürs Mittag- und Abendessen und besonders für den Wochenendbrunch gemausert. Die ständig wechselnde Karte mit klassischen britischen Gerichten, deren Zutaten so regional wie möglich sind, hat dieses schöne alte Pub in ein erstklassiges Restaurant verwandelt. Pubessen dieser Qualität ist sonst nur schwer zu finden – es sei denn, man steuert das Schwesterpub an, das **James Monro** (☎ 0151-236 9700; www.thejamesmonro.com; 69 Tithebarn St; ⏲ 11–23 Uhr).

**HoSt** ASIATISCH, FUSIONSKÜCHE ££
(www.ho-st.co.uk; 31 Hope St; Hauptgerichte 9,50–13 £; ⏲ 11–23 Uhr; 🖉 👪) In einem hellen, luftigen Raum, der an eine schicke moderne New Yorker Brasserie erinnert, werden ausgezeichnete asiatische Gerichte wie indonesisches Schmorlamm mit gebratenem Reis und rotes Entencurry mit Litschis serviert. Auch die als Vorspeise erhältlichen Knabbereien sind lecker.

**Quarter** BISTRO ££
(☎ 0151-707 1965; www.thequarteruk.com; 7–11 Falkner St; Hauptgerichte 9–15 £; ⏲ Mo–Fr 8–23, Sa & So 9–23 Uhr) Wunderhübsche kleine Weinbar mit Tischen draußen für die seltenen wirklich sommerlichen Tage.

**London Carriage Works** MODERN BRITISCH £££
(☎ 0151-705 2222; www.thelondoncarriageworks.co.uk; 40 Hope St; 2-/3-Gänge-Menü 17,50/22,50 £, Hauptgerichte 16–30 £; ⏲ Mo–Fr 7–10 & 12–22, Sa 8–11 & 12–22, So bis 21 Uhr) Liverpools Gastrorevolution wird von Paul Askews preisgekröntem Restaurant angeführt. Hier werden erfolgreich verschiedene Einflüsse aus aller Welt mit alten britischen Lieblingsspeisen zusammengeführt und das Ganze kommt in einem schönen Speiseraum auf den Tisch – eigentlich einer Art hellem Glaskasten, unterteilt nur durch Glasscheiben, die wie große Scherben aussehen. Reservierung ratsam.

## Ausgehen & Nachtleben

Wenn nicht anders angegeben, haben die hier aufgeführten Bars montags bis samstags von 11 bis 2 Uhr geöffnet und in den meisten wird nach 23 Uhr ein kleiner Eintritt erhoben. Die meisten Clubs der Stadt liegen im Stadtteil Ropewalks, wo sie mit den zahlreichen Bars um Kundschaft konkurrieren. Angesichts der Massen, die hier freitag- und samstagabends unterwegs sind, fällt aber sicher für jeden ein Stück vom Kuchen ab.

**Everyman Bistro** BAR
(www.everymanplayhouse.com; Williamson Sq; ⏲ 10–22 Uhr) Diese Liverpooler Institution eröffnete 2014 an anderer Stelle neu und ist besser als je zuvor. Die Bar und das Bistro sind an den meisten Abenden voll – dies ist also eines der besten Lokale der Stadt für einen Drink und eine Mahlzeit. Und das WLAN ist besser als in den meisten anderen Bars.

**Philharmonic** PUB
(36 Hope St; ⏲ 10–23.30 Uhr) Diese außergewöhnliche Bar, entworfen von den Schiffsbauern, die auch die *Lusitania* bauten, gehört zu den schönsten Kneipen in ganz

**NICHT VERSÄUMEN**

### DIE BESTEN PUBS IM NORDWESTEN

- Philharmonic (s. oben), Liverpool
- Britons Protection (S. 602), Manchester
- Albion (S. 609), Chester
- Peveril of the Peak (S. 603), Manchester

England. Sie strotzt nur so vor Ätz- und Buntglas, Schmiedeeisen, Mosaiken und Keramikkacheln – wer hiervon schon überwältigt ist, den werden die marmornen Männertoiletten gänzlich umhauen, die einzigen denkmalgeschützten Klos im Land.

**Ye Cracke** PUB
(13 Rice St; ⌚11–23 Uhr) Ein traditionelles Pub mit Biergarten; auch abgesehen davon, dass John und Cynthia Lennon als Studenten gern hierher kamen, ist die Kneipe sehr reizvoll.

**24 Kitchen Street** CLUB
(www.facebook.com/24kitchenstreet; 24 Kitchen St; Tickets 8–12 £; ⌚Fr & Sa 21–4 Uhr) Der Mehrzweckclub widmet sich sowohl der Kunst als auch der elektronischen Musik. Das umgebaute viktorianische Gebäude zählt zu den besten Tanzläden der Stadt.

## Unterhaltung

**Philharmonic Hall** KLASSISCHE MUSIK
(☎0151-709 3789; www.liverpoolphil.com; Hope St) Eines der schönsten Gebäude der Stadt ist die im Art-déco-Stil erbaute Philharmonic Hall. Hier ist das wichtigste Sinfonieorchester Liverpools zu Hause, aber hier werden auch Werke von Avantgarde-Musikern wie John Cage und Nick Cave aufgeführt.

**O2 Academy** LIVEMUSIK
(☎0151-794 6868; www.o2academyliverpool.co.uk; Liverpool University, 11–13 Hotham St) Eine gute Bühne für tourende mittelgroße Bands.

**Cavern Club** LIVEMUSIK
(☎0151-236 1965; www.cavernclub.org; 8–10 Mathew St; Eintritt vor/nach 14 Uhr frei/4 £; ⌚Mo–Mi & So 10–24, Do bis 1.30, Fr & Sa bis 2 Uhr) Dies ist nur ein Nachbau, und dann noch an falscher Stelle, aber im „berühmtesten Club der Welt" kann man immer noch toll heimischen Bands lauschen.

**Liverpool FC** FUSSBALL
(☎0151-263 9199, Kartenverkauf 0151-220 2345; www.liverpoolfc.com; Anfield Rd) Sorry, liebe Everton- und Beatles-Fans, aber die Institution, die den Geist und die Identität Liverpools am besten verkörpert, ist der FC Liverpool. Er prägte den englischen Fußball in den 1970er- und 1980er-Jahren – in den Jahrzehnten danach musste der Verein dann zusehen, wie der bittere Rivale Manchester United diese Rolle übernahm.

2012 wurde Brendan Rodgers als neuer Trainer engagiert; er hat den Verein wieder zu einem Titelaspiranten umgeformt. 2014 schnappte Manchester City Liverpool die Meisterschaft vor der Nase weg, doch die Millionen Fans in aller Welt haben wieder Hoffnung für die Zukunft geschöpft.

Nach jahrelangen Diskussionen wurden 2014 die Pläne zum Ausbau des grandiosen Fußballtempels an der Anfield Road schließlich gutgeheißen und 2017 sollte die dann 60 000 Zuschauer fassende Arena fertig sein. Bis dahin bleibt der Besuch eines Spiels im Stadion eins der Highlights einer Englandreise, besonders wenn 40 000 Fans die Vereinshymne „You'll Never Walk Alone" anstimmen. Die **Anfield Stadium Tour** (www.liverpoolfc.com; Anfield Stadium; Stadiontour Erw./Kind 16,50/10 £) führt Fans in die Umkleideräume der Heimmannschaft und durch den Spielertunnel am berühmten „This is Anfield"-Schild vorbei zur Trainerbank. Anfahrt mit Bus 26 oder 27 von der Paradise Street Interchange oder Bus 17 oder 217 von der Queen Street Bus Station.

**Everton Football Club** FUSSBALL
(☎0151-330 2400, Kartenverkauf 0151-330 2300; www.evertonfc.com; Goodison Park) Die 1878 gegründete blaue Hälfte Liverpools, der FC Everton, tröstet sich über sein Verharren im Schatten des erfolgreicheren Lokalrivalen mit der historischen Tatsache hinweg, dass „wir zuerst da waren". Die **Goodison Park Tours** (☎0151-530 5212; www.evertonfc.com; Erw./Kind 10/5 £; ⌚Mo, Mi, Fr & So 11 & 13 Uhr) werden das ganze Jahr über angeboten, außer am Freitag vor den Heimspielen. Anfahrt mit Bus 19, 20 oder 21 von der Paradise Street Interchange oder von der Queen Street Bus Station.

## Shoppen

Das einfach nur riesige Einkaufsviertel (Einkaufszentrum hört sich nicht groß genug an) **Liverpool ONE** (www.liverpool-one.com; ⌚Mo–Fr 9.30–20, Sa 9–19, So 11–17 Uhr) zwischen Albert Dock, Cavern Quarter und Ropewalks bietet 17 ha Konsum- und Gaumenfreuden.

## Praktische Informationen

Es gibt eine kleine **Touristeninformation** (☎0151-707 0729; www.visitliverpool.com; Anchor Courtyard; ⌚10–18 Uhr) am Albert Dock sowie eine separate **Unterkunfts-Hotline** (☎0845 601 1125; ⌚Mo–Fr 9–17.30, Sa 10–16 Uhr).

**Liverpool Magazine** (www.liverpool.com) Der Insiderführer des *Liverpool Echo* mit jeder

Menge tollen Empfehlungen fürs Essengehen und Nightlife.

**Mars Pharmacy** (68 London Rd) Jeden Abend bis 22 Uhr geöffnet.

**Mersey Guide** (www.merseyguide.co.uk) Führer für den Großraum Greater Mersey.

**Merseyside Police Headquarters** (☎ 0151-709 6010; Canning Pl) Gegenüber vom Albert Dock.

**Post** (Ranelagh St; ⏱ Mo–Sa 9–17.30 Uhr)

**Royal Liverpool University Hospital** (☎ 0151-706 2000; Prescot St)

## An- & Weiterreise

### BUS

Die **National Express Coach Station** (www.nationalexpress.com; Norton St) liegt 300 m nördlich der Lime Street Station. Es bestehen Verbindungen zu den meisten größeren Städten Englands wie Birmingham (13,80 £, 2¾ Std., 5-mal tgl.), London (28 £, 5–6 Std., 6-mal tgl.), Manchester (7,10 £, 1¼ Std., stündl.) und Newcastle (25,70 £, 6½ Std., 3-mal tgl.).

### FLUGZEUG

Vom **Liverpool John Lennon Airport** (☎ 0870 750 8484; www.liverpoolairport.com; Speke Hall Ave) gibt's Verbindungen zu Zielen im In- (Belfast, London und Isle of Man) und Ausland.

### ZUG

Liverpools Hauptbahnhof ist die Lime Street Station. Von hier gibt's stündliche Verbindungen nach fast überall, u. a. nach Chester (6,65 £, 45 Min.), London Euston (78,70 £, 3¼ Std.) und Manchester (11,90 £, 45 Min.).

## Unterwegs vor Ort

### AUTO & MOTORRAD

Ein Auto ist in Liverpool kaum eine Hilfe und kostet nur Parkgebühren. Wer dennoch mit einem unterwegs ist, findet in der Innenstadt gebührenpflichtige Parkplätze und Parkhäuser. Ein relativ häufiges Problem sind Diebstähle aus Autos – also nichts Wertvolles im Wagen lassen!

### VOM/ZUM FLUGHAFEN

Der Flughafen liegt knapp 13 km südlich der Innenstadt. Die Busse 80A und 180 von **Arriva Airlink** (www.arriva.co.uk; Erw. 2 £; ⏱ 6–23 Uhr) fahren von der Paradise Street Interchange zum Flughafen, Busse von **Arriva 500** (www.arriva.co.uk; 2,50 £; ⏱ 5.15–0.15 Uhr) verkehren von der Lime Street Station. Von beiden Bahnhöfen brauchen die Busse eine halbe Stunde zum Flughafen; sie fahren alle 20 Minuten. Ein Taxi vom Flughafen ins Stadtzentrum sollte nicht mehr als 18 £ kosten.

### ÖFFENTLICHE VERKEHRSMITTEL

Der Betreiber der öffentlichen Verkehrsmittel ist **Merseytravel** (www.merseytravel.gov.uk). Sehr empfehlenswert ist das Saveaway-Ticket (Erw./Kind 5/2,50 £); damit kann man *off-peak* (nach 9.30 Uhr) mit allen Bussen, Bahnen und Fähren im gesamten Gebiet Merseyside fahren. Fahrkarten sind in Geschäften und Postämtern in der ganzen Stadt erhältlich. Die Paradise Street Interchange liegt im Stadtzentrum.

**Merseyrail** (www.merseyrail.org) betreibt ein umfassendes Stadtbahnnetz im Großraum Greater Merseyside. Im Stadtzentrum gibt's vier Bahnhöfe: Lime Street, Central (praktisch für Ropewalks), James Street (nicht weit vom Albert Dock) und Moorfields (fürs Liverpool War Museum).

### SCHIFF/FÄHRE

Die berühmten **Mersey Ferries** (www.merseyferries.co.uk; einfach/hin & zurück 2,30/2,80 £) fahren vom Pier Head Ferry Terminal neben dem Royal Liver Building (nördlich vom Albert Dock) hinüber nach Woodside und Seacombe.

### TAXI

**Mersey Cabs** (☎ 0151-298 2222) bietet Taxiservices für Touristen und hat auch einige rollstuhltaugliche Fahrzeuge.

# LANCASHIRE

Auf dem Weg nach Norden, vorbei an der Betonwüste, welche die Südhälfte des Countys großteils bedeckt, entfaltet die sanft hügelige Landschaft Lancashires langsam ihren ländlichen Charme. Das Ribble Valley hinter Blackpool – der gealterten Königin der englischen Seebäder – ist eine sanfte und hübsche Vorbereitung auf den Lake District jenseits der Nordgrenze des Countys. Nördlich des Ribble Valley liegt die reizende georgianische Hauptstadt von Lancashire, Lancaster.

## Blackpool

148 185 EW.

Blackpool ist die Königin der verblassten englischen Badeorte, eine trotzige Hommage an eine Tradition aus der Zeit vor Billigfliegern und Ferien unter spanischer Sonne. Es ist kitschig, geschmacklos und ein wenig schäbig, aber das stört die Stadt nicht und die mehr als 15 Mio. Besucher pro Jahr auch nicht.

Die Stadt ist berühmt für ihren Turm, ihre drei Seebrücken, ihren Pleasure Beach und ihre Illuminationen – bei Letzteren handelt es sich um einen cleveren Trick zur Verlängerung der kurzen Sommersaison: Von Anfang September bis Anfang November werden 8 km der Uferpromenade mit Tausenden elektrischen und Neonlichtern erleuchtet.

## Sehenswertes

**Blackpool Pleasure Beach** FREIZEITPARK

(www.blackpoolpleasurebeach.com; Central Promenade; Pleasure Beach Pass 6 £, Unlimited-Ride-Armband 1 Tag Erw./Kind 30/27 £, Speedy Pass/VIP Speedy Pass 12/42 £ pro Pers.; ⏲ unterschiedlich) Der Hauptgrund für die enorme Beliebtheit Blackpools ist der Blackpool Pleasure Beach, eine 16 ha große Ansammlung von mehr als 145 Fahrgeschäften, die jedes Jahr rund 7 Mio. Besucher anziehen. Wer sowas mag: Unter den Freizeitparks in Großbritannien ist dies bei Weitem der beste.

Die Fahrgeschäfte sind in Kategorien eingeteilt. Zusätzlich zur Eintrittskarte kann man für einzelne Kategorien oder eine Kombination von mehreren weitere Tickets kaufen. Oder man erwirbt ein Unlimited-Ride-Armband für unbegrenzte Nutzung der Fahrgeschäfte; der Eintrittspreis ist dann bereits inbegriffen. Wer seine Tickets im Voraus übers Internet bucht, erhält erhebliche Rabatte. Mit dem Speedy Pass, der „gemietet" wird, brauchen Besucher sich nicht bei den Fahrgeschäften anzustellen; sie erhalten eine feste Fahrzeit und können außerdem noch weitere Personen mit ihrem Pass mitnehmen. Neu ist der VIP Speedy Pass, der einem noch Vortritt vor normalen Speedy-Pass-Nutzern lässt.

Es gibt keine festen Schließzeiten; der Park wird dann geschlossen, wenn nichts mehr los ist.

**Blackpool Tower** UNTERHALTUNGSKOMPLEX

(☎ 0844 856 1000; www.theblackpooltower.com; Tower Ticket Erw./Kind 52/40 £; ⏲ unterschiedlich) Der 1894 erbaute, 154 m hohe Turm ist Blackpools augenfälligstes Wahrzeichen. Im seit 2011 bestehenden **Blackpool Tower Eye** können sich Besucher einen 4-D-Film über die Geschichte der Stadt anschauen und dann geht's mit dem Fahrstuhl hoch zur Aussichtsplattform. Von oben bieten sich tolle Ausblicke – zwischen den Besuchern und den ameisengroßen Menschen unten auf der Erde befindet sich nur ein (dicker) Glasboden.

Zurück unten am Boden gibt's neben dem Gruselkabinett **Dungeon** einen alten maurischen Zirkus und einen prächtigen Rokoko-Ballsaal mit wundervollen vergoldeten Gipsarbeiten, Wandbildern und Kronleuchtern; zu den melodramatischen Tönen einer riesigen Wurlitzerorgel schieben sich hier Paare über den schön polierten Holzboden. Kinder werden mit dem Abenteuerspielplatz **Jungle Jim's** bei Laune gehalten.

Tickets kauft man am besten online, da sie an der Kasse bis zu 50 % teurer sein können.

**Sandcastle Waterpark** FREIZEITPARK

(www.sandcastle-waterpark.co.uk; Erw./Kind 14,50/11,50 £, Hyperzone 5/2,50 £; ⏲ unterschiedlich) Gegenüber vom Pleasure Beach befindet sich dieser Wasserpark mit 15 verschiedenen Rutschen und Fahrten. Die Hyperzone umfasst die beliebtesten Rutschen des Komplexes: Aztec Falls, Montezooma, Sidewinder und Master Blaster, die weltweit längste Hallenwasserrutsche.

**North Pier** WAHRZEICHEN

(Promenade) GRATIS Die 1862 erbaute und ein Jahr später eröffnete Seebrücke ist der berühmteste der drei viktorianischen Piers. Früher kostete sie einen Penny Eintritt. Heute kann man die zahlreichen, eher langweiligen Fahrgeschäfte gratis benutzen.

## Schlafen

Wer in Meeresnähe unterkommen möchte, muss sich auf eine laute Nacht einstellen. Ein bisschen ruhiger sind die Unterkünfte an der Albert und Hornby Road 300 m vom Meer entfernt. Die Touristeninformation hilft bei der Unterkunftssuche.

**Number One** BOUTIQUEHOTEL ££

(☎ 01253-343901; www.numberoneblackpool.com; 1 St. Lukes Rd; EZ/DZ ab 70/100 £; P 📶) Dieses umwerfende Boutiquehotel ist weit schicker als alle anderen Unterkünfte der Gegend: Hier dreht sich alles um Luxus und zeitgenössischen Stil. Alles verströmt eine Aura dezenter Eleganz, von dem dunklen Holzmobiliar und den edlen modernen Annehmlichkeiten bis zum erstklassigen Frühstück. Das Haus liegt an einer ruhigen Straße landeinwärts der South Promenade in der Nähe des Freizeitparks Pleasure Beach.

**Big Blue Hotel** HOTEL ££

(☎ 01253-400045; www.bigbluehotel.com; Blackpool Pleasure Beach; Zi. ab 80 £; P @ 📶) Ein hübsches Familienhotel mit schick eingerichteten Zimmern am Südeingang des Blackpool Pleasure Beach. Kinder können sich außerdem mit DVDs und Computerspielen vergnügen.

## Essen

Gourmets sind in Blackpool fehl am Platz – hier geht's allein darum, sich mit Hamburgern, Doughnuts und Fish and Chips den Bauch vollzustopfen. Die meisten Leute essen in ihren Hotels: Hier kostet der Braten mit drei Sorten Gemüse oft nur 5 £ pro Nase.

Rund um den Talbot Square (bei der Touristeninformation) gibt's an der Queen Street, Talbot Road und Clifton Street ein paar Restaurants.

## Praktische Informationen

**Touristeninformation** (☎ 01253-478222; www.visitblackpool.com; 1 Clifton St; ⌚ Mo–Sa 9–17 Uhr)

## An- & Weiterreise

### BUS

Der zentrale Busbahnhof liegt an der Talbot Road beim Stadtzentrum. Es gibt Busse u. a. nach London (34,20 £, 7 Std., 4-mal tgl.) und Manchester (8,90 £, 1¾ Std., 4-mal tgl.).

### ZUG

Der Hauptbahnhof ist Blackpool North, etwa fünf Straßen östlich des North Pier an der Talbot Road. Es gibt Direktverbindungen nach Blackpool ab Manchester (16,30 £, 1¼ Std., halbstündl.) und Liverpool (17,60 £, 1½ Std., 7-mal tgl.), ansonsten muss man meist in Preston (7,60 £, 30 Min., halbstündl.) umsteigen.

## Unterwegs vor Ort

In der Touristeninformation und an den meisten Zeitungskiosken sind verschiedene Ermäßigungskarten für Straßenbahnen und Busse erhältlich, von Tages- bis zu Wochenkarten. Angesichts der mehr als 14 000 Parkplätze in Blackpool sollte es kein Problem sein, ein Plätzchen fürs Auto zu finden. Die kürzlich modernisierte **Straßenbahn** (ein Halt 1 £, bis zu 16 Haltestellen 2 £; ⌚ April–Okt. ab 10.30 Uhr) pendelt etwa alle acht Minuten über eine Strecke von 18 km an der Küste bis zur Fylde Coast entlang (auch vorbei an den Parkplätzen). Ansonsten bietet das Fahrradverleihsystem (www.hourbike.com; 1 £ pro Std.) der Stadt Fahrräder an Stationen entlang der Promenade und im Stanley Park.

# Lancaster

44 500 EW.

Die Hauptstadt von Lancashire ist vornehm, genügsam und sehr viel ruhiger als zu ihrer Blütezeit im 18. Jh.: Damals war sie ein wichtiger Handelshafen für alle möglichen Güter, darunter auch Menschen. Dem durch den Sklavenhandel erworbenen Reichtum verdankt die Stadt ihre ansehnliche georgianische Architektur.

## Sehenswertes

**Lancaster Castle & Priory** BURG

(☎ 01524-64998; www.lancastercastle.com; Castle Park; Erw./Kind 8/6,50 £; ⌚ 10–17 Uhr, Führungen 10–16 Uhr alle 30 Min.) Lancasters imposante Burg geht zurück auf das Jahr 1150. Im 14. Jh. kam noch der **Well Tower** (Brunnenturm) hinzu, besser bekannt als Witches' Tower (Hexenturm), denn hier wurden die Beschuldigten im berühmtem Pendle-Hexenprozess von 1612 gefangen gehalten. Im selben Jahrhundert entstand auch das eindrucksvolle **Torhaus** mit seinen zwei Türmen. Die Burg lässt sich nur im Rahmen von Führungen besichtigen, da hier noch Gerichtsverhandlungen stattfinden.

Im 18. und 19. Jh. wurde die Burg stark umgebaut, da sie dann auch als Gefängnis dienen sollte. Noch bis 2011 saßen hier Häftlinge ein.

Neben der Burg befindet sich die schöne **Priory Church** (Priory Cl; ⌚ 9.30–17 Uhr). Sie geht auf das Jahr 1094 zurück, wurde dann später im Mittelalter jedoch umfassend umgestaltet.

**Judges' Lodgings** MUSEUM

(Church St; Erw./Kind 3/2 £; ⌚ Juni & Juli 10–16 Uhr, Ostern–Mai & Aug.–Okt. 13–16 Uhr) Das einstige Zuhause des Hexenjägers Thomas Covell, der die armen Pendle-Frauen „fasste", ist Lancasters ältestes Stadthaus und ein denkmalgeschütztes georgianisches Gebäude. Heute ist hier das **Museum of Furnishings** mit Möbeln von den Baumeistern Gillows aus Lancaster untergebracht, deren Arbeiten auch die Londoner Houses of Parliament zieren. Außerdem befindet sich hier das **Museum of Childhood** mit Spielsachen von der Wende zum 20. Jh.

**Williamson Park & Tropical Butterfly House** GÄRTEN

(Tropical Butterfly House Erw./Kind 3,70/2,70 £; ⌚ April–Sept. 10–17 Uhr, Okt.–März bis 16 Uhr) Lancasters höchste Erhebung befindet sich in diesem eleganten, 22 ha großen Park. Neben dem Ausblick zählen zu den Highlights das **Tropical Butterfly House** mit jeder Menge wunderschönen exotischen Schmetterlingen und das **Ashton Memorial**, ein 67 m hoher spätbarocker Kuppelbau – Lord Ashton, der Sohn des Parkgründers James Williamson, ließ ihn für seine Frau errichten. Anfahrt mit Bus 25 oder 25A vom Bahnhof; ansonsten ist es ein kurzer, aber steiler Spaziergang die Moor Lane hinauf.

## Schlafen & Essen

**Sun Hotel & Bar** HOTEL ££
(☎01524-66006; www.thesunhotelandbar.co.uk; 63 Church St; Zi. ab 90 £; P) Ein exzellentes Hotel in einem 300 Jahre alten Gebäude mit einer rustikalen, altmodischen Erscheinung, die aber nur bis zu den Zimmertüren reicht – dahinter verbergen sich 16 stilvolle moderne Zimmer. Das Pub unten zählt zu den besten der Stadt und ist eine der Top-Adressen fürs Essen; sehr gut ist der Tagesbraten (8 £) mit zwei Gängen.

**Whale Tail Cafe** VEGETARISCH £
(www.whaletailcafe.co.uk; 78a Penny St; Hauptgerichte 8–11 £; ⌚Mo–Fr 10–16, Sa bis 17, So bis 15 Uhr;) Dieses prächtige vegetarische Restaurant im 1. Stock wartet mit einem eleganten Speisesaal auf; für ein Mittagessen an einem sonnigen Tag gibt's außerdem einen informelleren, schön bepflanzten Hof. Besonders gut ist der würzige Bohnenburger. Die Zutaten stammen aus der Region und soweit möglich aus biologischem Anbau.

## Praktische Informationen

**Touristeninformation** (☎01524-582394; www.citycoastcountryside.co.uk; Storey Creative Industries Centre, Meeting House Lane; ⌚Mo–Sa 9–17 Uhr)

## An- & Weiterreise

Lancaster liegt an der Hauptbahnstrecke entlang der Westküste, mit Verbindungen z. B. nach Carlisle (19,50 £, 1 Std., stündl.), Manchester (8,60 £, 1 Std., stündl.) und Morecambe (2,30 £, 15 Min., halbstündl.).

# Ribble Valley

Die schönsten Landschaften Lancashires, in der Region als „Little Switzerland" bekannt, erstrecken sich östlich von Blackpool und nördlich des Ballungsraums Preston/Blackburn.

### DIE PENDLE-HEXEN

Ein hübscher Weg führt hinauf auf den Pendle Hill (558 m), von dem sich ein prächtiger Blick auf das Umland eröffnet.

Im Jahr 1612 spielten sich in den Dörfern im Schatten des Pendle Hill jedoch dramatische Szenen ab – es fanden Hexenprozesse statt. Zehn Personen, darunter zwei ältere Frauen, die in der Gegend als „Heilerinnen" bekannt waren, wurden der Hexerei und des Mordes bezichtigt und auf der Grundlage der Aussage eines neunjährigen Kindes zum Tode am Galgen verurteilt. Jedes Jahr Halloween wird hier eine pseudomystische Zeremonie abgehalten, um ihrer „Aktivitäten" zu gedenken. Wem das noch nicht reicht: 1652 sah sich George Fox, Gründer der Quäker, angehalten, den Pendle Hill zu erklimmen, und wurde hier von Visionen heimgesucht – dieses Ereignis verschaffte der Quäkerbewegung erheblichen Auftrieb.

Die Nordhälfte des Tals nimmt größtenteils die dünn besiedelte Moorlandschaft des Forest of Bowland ein, ein wunderbares Wanderrevier. Die Südhälfte zeichnet sich durch sanftes Hügelland, schöne Marktflecken und romantische Ruinen aus und hier fließt auch der River Ribble.

## Aktivitäten

**Ribble Way** WANDERN
(www.visitlancashire.com) Der 112 km lange Ribble Way folgt dem River Ribble von seiner Quelle bei Ribblehead in den Yorkshire Dales bis zur Mündung in Preston. Er ist einer der beliebteren Wanderwege der Region und führt u. a. durch Clitheroe.

**Lancashire Cycle Way** RADFAHREN
Durch das Ribble Valley führt auch die Nordschleife des Lancashire Cycle Way. Nähere Informationen dazu gibt's bei **Blazing Saddles** (☎01442-844435; www.blazingsaddles.co.uk; 35 West End, Hebden Bridge, West Yorkshire), einem Fahrradladen in Yorkshire.

## Clitheroe

14 700 EW.

Der größte Marktflecken des Ribble Valley liegt nordöstlich von Preston und ist v. a. für seinen eindrucksvollen **normannischen Burgfried** (⌚Sonnenaufgang–Sonnenuntergang)

GRATIS bekannt, erbaut im 12. Jh. und nun leider leer. Von oben bieten sich tolle Ausblicke auf das Tal darunter. Auf dem weitläufigen Gelände befindet sich das runderneuerte **Castle Museum** (Castle Hill; Erw./Kind 4/3 £; März–Okt. 11–16 Uhr, Nov.–Feb. Mo, Di & Fr–So 12–16 Uhr) zur Lokalgeschichte.

### Schlafen & Essen

**Old Post House Hotel** HOTEL ££
(01200-422025; www.posthousehotel.co.uk; 44–48 King St; EZ/DZ ab 50/70 £; P) Ein altes Postamt ist heute Clitheroes hübschestes Hotel, mit elf wunderschön eingerichteten Zimmern.

**Halpenny's of Clitheroe** TEAROOM £
(Old Toll House, 1–5 Parson Lane; Hauptgerichte 7–9 £) Die traditionelle Teestube serviert Sandwiches sowie Gerichte wie Lancashire Hotpot (Lammauflauf).

### Praktische Informationen

**Touristeninformation** (01200-425566; www.visitribblevalley.co.uk; Church Walk; Mo–Sa 9–17 Uhr) Infos über die Stadt und ihr Umland.

## Forest of Bowland

Der Name dieser ausgedehnten, von zahllosen Moorhühnern bewohnten Moorlandschaft ist irreführend. Die Bezeichnung „Forest“ (Wald) rührt daher, dass das Gebiet früher als königliches Jagdrevier diente. Heute ist es eine sogenannte Area of Outstanding Natural Beauty (Gebiet von außerordentlicher natürlicher Schönheit; AONB) und ein Mekka für Wanderer und Radfahrer. Der **Pendle Witch Way**, ein 72 km langer Wanderweg von Pendle Hill bis in den Nordosten von Lancaster, führt mitten durch dieses Gebiet; der Lancashire Cycle Way führt an seiner Ostgrenze entlang. Der Hauptort im Forest ist **Slaidburn**, rund 15 km nördlich von Clitheroe an der B6478.

Andere lohnende Dörfer sind **Newton**, **Whitewell** und **Dunsop Bridge**.

### Schlafen & Essen

**Slaidburn YHA** HOSTEL £
(0845 371 9343; www.yha.org.uk; King's House; B 18 £; April–Okt.) Der umgebaute Dorfgasthof aus dem 17. Jh. ist besonders bei Wanderern und Radlern beliebt.

**Inn at Whitewell** GASTHOF ££
(01200-448222; www.innatwhitewell.com; EZ/DZ ab 90/119 £) Hier wohnte einst der Wildhüter des Forest of Bowland. Heute ist dies eine tolle Unterkunft mit antiken Möbeln, Torffeuern und viktorianischen Klauenfußbadewannen. Das Restaurant ist auf traditionelle englische Wildgerichte spezialisiert (Hauptgerichte 11–19 £).

**Hark To Bounty Inn** GASTHOF ££
(01200-446246; www.harktobounty.co.uk; Slaidburn; EZ/DZ ab 45/90 £) Dieser herrliche Gasthof aus dem 13. Jh. bietet stimmungsvolle Zimmer mit freiliegenden Eichenbalken. Das hervorragende Restaurant unten ist auf hausgemachtes Kräuterbrot spezialisiert (Hauptgerichte 9–17 £).

### An- & Weiterreise

Nach Clitheroe fahren ab Preston und Blackburn regelmäßig Busse und von Manchester (9,30 £, 75 Min.) und Preston (6,70 £, 50 Min.) stündlich Züge. Vor Ort ist man mit einem eigenen Fahrzeug besser bedient: Zwischen Clitheroe und den anderen Orten im Tal fährt nur sonntags ein Bus.

# ISLE OF MAN

Die Isle of Man – auf Manx, der Sprache der Insel, Ellan Vannin – ist bewusst anders, pocht aber nicht verbissen auf ihre Unabhängigkeit. Doch hat sie sich ihren halbautonomen Status (mit dem ältesten Parlament der Welt, dem Tynwald) bewahrt und macht in vielen Bereichen ihr eigenes Ding. Übersetzt bedeutet das, dass sie ein beliebtes Steuerparadies ist.

Aus der Tatsache, dass die Insulaner sich der herzlichen Umklammerung durch die Engländer widersetzt haben, hat sich das Vorurteil entwickelt, dass sie irgendwie komisch seien. Doch das Einzige, was hier merkwürdig ist, ist die schwanzlose Inselkatze.

Die Jagd nach dem schnöden Mammon und der Massentourismus haben hier keinen Platz, außer natürlich beim weltberühmten Motorradrennen der Tourist Trophy (TT) im Mai und Juni. Dazu reisen rund 50 000 Zuschauer und Motorradfreaks an und füllen die schöne Insel mit ihren üppigen Tälern, kahlen Hügeln und zerklüfteten Küsten mit Lärm und Chaos. Wem also der Sinn nach etwas Ruhe steht, der sollte die Zeit des PS-Taumels meiden.

### Aktivitäten

Mit ihren vielen schönen Wanderwegen erfreut sich die Isle of Man großer Beliebtheit bei Wanderern und wird regelmäßig zu einem der besten Wanderziele Großbritanniens gekürt. Die Ordnance Survey (OS) Landranger Map 95 (6,99 £) deckt die gesamte Insel ab; in der Touristeninformation in Douglas ist außerdem die kostenlose Broschüre *Walks on the Isle of Man* erhältlich. Der **Millennium Way** führt durch teils spektakuläre Landschaften die gesamte Insel entlang. Der anspruchsvollste aller Wanderwege auf der Insel ist die gut 150 km lange **Raad ny Foillan** (Straße der Seemöwe), ein gut ausgewiesener Rundweg um die Insel, für den man gewöhnlich fünf Tage benötigt. Im Mai findet fünf Tage lang das **Isle of Man Walking Festival** (www.iomevents.com; ⌚ Mitte Mai) statt.

Die Insel verfügt über sechs ausgewiesene Mountainbike-Trails, jeder einzelne mit unterschiedlichen Schwierigkeitsgraden – siehe www.visitisleofman.com.

## ℹ Praktische Informationen

Die meisten historischen Stätten auf der Insel werden von Manx Heritage verwaltet, mit freiem Eintritt für National-Trust- und English-Heritage-Mitglieder. Wenn nicht anders angegeben, sind die Stätten von **Manx Heritage** (www.manxnationalheritage.im) von Ostern bis Oktober täglich von 10 bis 17 Uhr geöffnet. Der **Holiday Pass** (www.manxheritageshop.com; Erw./Kind 20/10 £) von Manx Heritage gewährt kostenlosen Zutritt zu allen neun Heritage-Sehenswürdigkeiten der Insel; erhältlich ist der Pass in den Touristeninformationen und im Internet.

Einen Veranstaltungskalender sowie touristische Infos bietet auch www.iomevents.com.

## ℹ An- & Weiterreise

### FLUGZEUG

Der **Ronaldsway Airport** (www.iom-airport.com) liegt 16 km südlich von Douglas bei Castletown. Fluggesellschaften mit Flügen zur Insel:

**Aer Lingus Regional** (www.aerlingus.com; ab 75 £) Von Dublin.

**Citywing** (www.citywing.com; ab 50 £) Von Belfast, Blackpool, Leeds-Bradford, Gloucester M5, Newcastle und East Midlands.

**EasyJet** (www.easyjet.com; ab 59 £) Von Liverpool und London Gatwick.

**Flybe** (www.flybe.com; ab 21 £) Von Birmingham, Bristol, Jersey, London Gatwick, Luton, Liverpool, Manchester, Glasgow und Edinburgh.

### SCHIFF/FÄHRE

**Isle of Man Steam Packet** (www.steam-packet.com; Fußgänger einfach/hin & zurück 22/40 £, Auto & 2 Insassen hin & zurück ab 115 £) Die Isle of Man Steam Packet Company betreibt eine Autofähre und einen schnellen Katamaran von Liverpool und Heysham nach Douglas. Außerdem gibt's eine Sommerverbindung von Dublin (3 Std.) und Belfast (3 Std.). In der Regel ist eine Rückfahrkarte billiger als eine einfache Fahrkarte.

## ℹ Unterwegs vor Ort

Vom Flughafen fahren von 7 bis 23 Uhr jede halbe Stunde Busse nach Douglas; ein Taxi sollte nicht mehr als 18 £ kosten.

Die Insel verfügt über ein umfassendes **Busnetz** (www.gov.im); die Touristeninformation in Douglas hält Fahrpläne bereit und verkauft Karten. Außerdem ist dort der **Island Explorer** (1 Tag Erw./Kind 16/8 £, 3 Tage 32/16 £) erhältlich, mit dem man alle öffentlichen Verkehrsmittel unbegrenzt nutzen kann, auch die Bergbahn zum Snaefell und die Pferdewagen in Douglas.

Fahrräder verleiht **Eurocycles** (www.eurocycles.co.im; 8 Victoria Rd; 14–20 £ pro Tag; ⌚ Mo–Sa 9–17.30 Uhr).

Autofreaks freuen sich über die schönen, kurvenreichen Straßen, auf denen man wunderbare Touren unternehmen kann – und außerhalb von Douglas gibt's keine Geschwindigkeitsbeschränkungen! Die beliebteste Tour führt natürlich über die Strecke der Tourist Trophy. Autoverleiher gibt's am Flughafen; Mietwagen kosten um die 38 £ pro Tag.

Mit den elektrischen und dampfbetriebenen **Eisenbahnen** (☎ 01624-663366; www.iombusandrail.info; ⌚ März–Okt.) des 19. Jhs. kommt man bestens von A nach B:

**Douglas–Castletown–Port Erin Steam Train** (hin & zurück 10,80 £)

**Douglas–Laxey–Ramsey Electric Tramway** (hin & zurück 10,80 £)

**Laxey–Summit Snaefell Mountain Railway** (hin & zurück 10,80 £)

# Douglas

28 940 EW.

Genauso wie Blackpool erlebte auch Douglas seine Blütezeit um die Mitte des 19. Jhs. Damals war es ein beliebtes Ziel für viktorianische Touristen. Heute ist es bei Weitem nicht mehr so beliebt – oder so hübsch – wie zu jener Zeit, doch gibt es hier nach wie vor die besten Hotels und Restaurants der Insel. Außerdem haben hier die meisten Finanzinstitute ihren Sitz, die Briten mit einer Aversion gegen Steuern so gern aufsuchen.

Das **Manx Museum** (www.gov.im/mnh; Kingswood Grove; ⌚ Mo–Sa 10–17 Uhr) GRATIS liefert einen Überblick über alles von der Vorgeschichte der Insel bis zu den aktuellen Tourist-Trophy-Gewinnern.

## Schlafen

An der Seepromenade tummeln sich zahlreiche B&Bs. Wer nicht zu Beginn des Jahrtausends reserviert hat, hat jedoch kaum eine Chance, während der Tourist-Trophy-Woche und in den beiden Wochen davor und danach eine Unterkunft zu finden. Die Touristeninformation hält ein Verzeichnis aller Campingplätze auf der Insel bereit.

**Sefton Hotel** HOTEL ££
(☎01624-645500; www.seftonhotel.co.im; Harris Promenade; Zi. ab 70 £; P 📶) Das beste Hotel in Douglas ist eine vornehme Oase mit eigenem Wassergarten im Gebäude und Zimmern, die das gesamte Spektrum von einfach und gemütlich bis elegant und sehr luxuriös abdecken. Besonders schön sind die Zimmer am Wassergarten, sogar besser als die mit Meerblick. Wer online bucht, spart 10 %.

**Admiral House** B&B ££
(☎01624-629551; www.admiralhouse.com; Loch Promenade; EZ/DZ ab 60/75 £; P 📶) Dieses elegante B&B liegt in der Nähe des Fähranlegers am Hafen. Die 23 tadellos gepflegten und modernen Zimmer bilden eine freundliche Abwechslung zu den verwohnten Bleiben vieler anderer B&Bs am Meer.

**Palace Hotel** HOTEL ££
(☎01624-662662; www.palacehotel.co.im; Central Promenade; Zi. ab 75 £; P @ 🏊) Saubere, moderne Zimmer, ein kleines Fitnessstudio und ein Kasino – im Best Western ist für alle Bedürfnisse gesorgt.

## Essen & Ausgehen

Die Stadt wartet mit ein paar guten Kneipen auf wie der **Bar George** (www.bargeorge.im; St. George's Chambers, 3 Hill St), einer eleganten Bar für ein Gläschen Wein, und dem **Rover's Return** (11 Church St), das v. a. die Biere der örtlichen Brauerei Bushy's ausschenkt.

**14North** MEDITERRAN ££
(☎01624-664414; www.14north.im; Hauptgerichte 14–21 £; ⏲Mo–Sa 12–14.30 & 18–21.30 Uhr) Das einstige Haus eines Holzhändlers beherbergt heute ein schickes Speiselokal. Hier wird nordafrikanisches Fladenbrot serviert, im Grunde eine Art edle Pizza, die unterschiedlich belegt wird. Außerdem gibt's Fisch- und Fleischgerichte.

**Tanroagan** FISCH & MEERESFRÜCHTE £££
(☎01624-472411; www.tanroagan.co.uk; 9 Ridgeway St; Hauptgerichte 19–31 £; ⏲Mo–Sa 12–14 & 18.30–21.30 Uhr) Dieses Fischrestaurant ist das nobelste Esslokal der Stadt. Serviert wird frischer Fisch direkt vom Boot, mit nur ganz leichtem kontinentaleuropäischem Einschlag oder nach nur einem kurzen Aufenthalt auf dem Grill. Reservierung ratsam.

## Praktische Informationen

**Touristeninformation** (☎01624-686766; www.visitisleofman.com; Sea Terminal Bldg; ⏲Mai–Sept. 9.15–19 Uhr, Okt.–April So geschl.) Kostenlose Buchung von Unterkünften.

# Rund um Douglas

Der Strecke der Tourist Trophy kann man über die Berge oder an der Küste entlang folgen. Die Bergroute führt dicht am Gipfel des **Snaefell** (621 m) vorbei, des höchsten Bergs der Insel. Hoch zum Gipfel ist es eine leichte Wanderung oder man nimmt nicht weit vom Meer in Laxey die elektrische Bergbahn.

Am Ortsrand von Ramsey im Norden der Insel liegt das **Grove Museum of Victorian Life** (MH; Andreas Rd; Eintritt 5 £; ⏲April–Okt. 10–17 Uhr). Hier ist das Sommerhaus einer wohlhabenden Familie im Originalzustand zu sehen – und man erfährt, wie der Alltag eines Küchenmädchens aussah. Wo heute im kleinen Dorf **Maughold** die Kirche steht, gab es früher ein Kloster; in einem kleinen Unterstand ist eine recht schöne Sammlung von Steinkreuzen und alten Inschriften zu sehen.

Das 1854 gebaute **Lady Isabella Laxey Wheel** (MH; Mines Rd, Laxey; Eintritt 5 £; ⏲April–Okt. 10–17 Uhr) ist mit 22 m Durchmesser wirklich beachtlich groß. Mit ihm konnten aus einem Bergwerk aus 550 m Tiefe 1140 l Wasser pro Minute hochgepumpt werden. Das Wasserrad ist das größte der Welt und trägt den Namen der Gattin des damaligen Gouverneurs der Insel.

Das Radkreuz an der **Lonan Old Church**, unmittelbar nördlich von Douglas, ist das eindrucksvollste der frühen christlichen Kreuze auf der Insel.

# Castletown & Umgebung

Am südlichen Ende der Insel liegt Castletown, eine stille Hafenstadt, früher Hauptstadt der Isle of Man. Der Ort wird vom imposanten **Castle Rushen** (MH; Castletown Sq; Eintritt 6 £; ⏲April–Okt. 10–17 Uhr) aus dem 13. Jh. beherrscht. Vom Fahnenturm bieten sich schöne Ausblicke auf den Ort und die Küste. Außerdem gibt's hier ein kleines **Nautical Museum** (MH; Bridge St; Eintritt 5 £; ⌚Ostern–Okt. 10–17 Uhr); hier steht die 1791 gebaute *Peggy* auch heute noch in ihrem ursprünglichen Bootshaus. In der **St. Mary's Church** (MH; ⌚März–Nov. 10–17 Uhr) GRATIS hinter der Burg befindet sich eine Schule, die auf das Jahr 1570 zurückgeht.

Die **Garrison Tapas Bar** (www.thegarrison.co.im; 5 Castle St; Tapas 7–8 £; ⌚Mo 10–16, Di–Sa bis 21 Uhr) bringt in einem hübschen Haus aus dem 17. Jh. im Ortszentrum iberische Aromen auf die Insel. Die Paella ist phantastisch und wirklich reichhaltig, sodass man sie sich am besten teilt.

Die Eisenzeit-Bergfestung auf dem **Chapel Hill** umfasst ein Wikingerschiffsgrab.

Das **Cregneash Village Folk Museum** (MH; Eintritt 5 £; ⌚April–Okt. 10–17 Uhr) an der Südspitze der Insel erinnert an das traditionelle Landleben auf der Isle of Man. **Calf of Man**, die kleine Insel unmittelbar vor Cregneash, ist ein Vogelschutzgebiet. **Calf Island Cruises** (☎01624-832339; Erw./Kind 14/7 £; ⌚April–Okt. 10.15, 11.30 & 13.30 Uhr, wetterabhängig) bietet Bootstouren von Port Erin zur Insel.

## Port Erin & Port St. Mary

Port Erin, ein weiteres viktorianisches Seebad, beherbergt ein kleines **Railway Museum** (Station Rd; Erw./Kind 2/1 £; ⌚April–Okt. 10–17 Uhr) zur Geschichte der Dampfeisenbahnen auf der Insel.

Port Erin wartet mit einem guten Angebot an Unterkünften auf, genauso wie Port St. Mary auf der anderen Seite der Landzunge, zu erreichen mit der Dampfeisenbahn. Das viktorianische **Falcon's Nest Hotel** (☎01624-834077; www.falconsnesthotel.co.uk; Station Rd, Port Erin; DZ ab 80 £; WLAN), einst äußerst elegant, ist heute nur noch in nostalgischer Verklärung hübsch. Die Zimmer sind nichts Besonderes, aber die Aussicht aufs Meer ist wunderbar. Das etwas edlere **Aaron House** (☎01624-835702; www.aaronhouse.co.uk; The Promenade, Port St. Mary; EZ/DZ ab 38/70 £) ist ein B&B im viktorianischen Stil, das sich allen Einrichtungsdetails mit viel Liebe widmet, von den großartigen Messingbetten und Klauenfußbädern bis zu den altmodischen Fotos an den Wänden. Auch hier sind die Seeblicke überwältigend.

## Peel & Umgebung

Der netteste Ort an der Westküste hat einen schönen Sandstrand, die eigentliche Attraktion ist jedoch das **Peel Castle** (MH; Eintritt 5 £; ⌚April–Okt. 10–17 Uhr) aus dem 11. Jh. in grandioser Lage auf St. Patrick's Island, mit Peel verbunden durch einen Damm.

Das **House of Manannan** (MH; Eintritt 6 £; ⌚April–Okt. 10–17 Uhr) erläutert anhand von interaktiven Exponaten die Geschichte der Insel und ihre Seefahrttraditionen.

Knapp 5 km östlich von Peel liegt in St. John's der **Tynwald Hill**, wo jedes Jahr am 5. Juli die Parlamentszeremonie stattfindet.

Peel kann mit mehreren Unterkünften aufwarten, darunter das **Fernleigh Hotel** (☎01624-842435; www.isleofman-bedandbreakfast.com; Marine Pde; DZ ab 72 £; ⌚Feb.–Nov.) mit zwölf recht guten Zimmern. Überdurchschnittlich gutes Essen gibt's im **Creek Inn** (☎01624-842216; www.thecreekinn.co.uk; East Quay; Hauptgerichte um 8 £, Zi. ab 35 £; ⌚10–23 Uhr) gegenüber vom House of Manannan; hier werden *Manx queenies* serviert, Jakobsmuscheln mit Käsesauce.

# Lake District & Cumbria

**Inhalt ➜**



## Die besten traditionellen Inns

- Drunken Duck (S. 649)
- Wasdale Head Inn (S. 654)
- Pheasant Inn (S. 657)
- Mortal Man (S. 641)
- Kirkstile Inn (S. 661)

## Die schönste Orte

- Wasdale (S. 653)
- Tarn Hows (S. 648)
- Great Langdale (S. 652)
- Buttermere (S. 661)
- Derwentwater (S. 655)

## Auf in den Lake District

„Kein Teil des Landes ist so erhaben wie dieser", schrieb William Wordsworth und bis heute haben seine Worte nichts von ihrem Wahrheitsgehalt eingebüßt. Was die Schönheit der Natur anbelangt, kann kein anderer Ort in England mit dem Lake District mithalten. Poeten, Maler und Reisende auf der Suche nach Inspiration und Erholung zog es hierher und noch heute ist die Gegend das beliebteste Reiseziel der Nation für all jene, denen der Sinn nach wildromantischer Landschaft steht.

Hauptanziehungspunkt ist der Lake District National Park, mit rund 2292 km² der größte Nationalpark des Landes. Hinter jeder Straßenbiegung öffnen sich atemberaubende Ausblicke auf tiefe Täler, steile Gebirgspässe, glitzernde Seen und schroffe Hügel. Doch auch außerhalb des Parks gibt es einiges zu entdecken. Historisch interessant sind die Städtchen Carlisle, Kendal und Penrith und die windgepeitschte cumbrische Küste hat ihren ganz eigenen Charme.

## Reisezeit

- Der Lake District ist der beliebteste Nationalpark im Vereinigten Königreich. Am wenigsten überlaufen ist er am Frühlingsanfang und im Spätherbst. Die Unbeständigkeit des Wetters ist berüchtigt – Regenkleidung gehört zu jeder Jahreszeit mit ins Gepäck.
- Mitte Mai wird in Keswick das größte „Fest der Berge" von Cumbria abgehalten und zum Bierfest im Juni finden sich Gerstensaftliebhaber aus aller Welt ein.
- Auf Amblesides traditionellem Sportfest am letzten Samstag im Juli werden Spürhundrennen und landestypische Ringwettkämpfe ausgetragen. Das Sportfest von Grasmere findet am letzten Montag im August statt.
- Im November versammeln sich die besten Lügenerzähler der Welt in Santon Bridge zum jährlichen Wettkampf im Flunkern.

## Geschichte

Gegen 5000 v. Chr. erreichten neolithische Siedler den Lake District. Anschließend besiedelten Kelten, Angeln, Wikinger und Römer die Region, und im Frühmittelalter bildete sie das Zentrum des Königreichs Rheged.

Im Hochmittelalter begannen in Cumbria die *debatable lands* (die umstrittenen Ländereien), die gesetzlose Grenzregion zwischen England und Schottland. Regelmäßige Plünderungen durch Räuberbanden, die sogenannten *border reivers*, führten zum Bau von Wehrtürmen *(pele towers)* und Burgen in Carlisle, Penrith und Kendal.

Im 19. Jh. wurde die Landschaft des Lake District zum Anziehungspunkt für die englischen Romantiker. Großen Anteil daran hatte der in Cumbria geborene Dichter William Wordsworth, der auch den Schutz der Natur vor übermäßiger Erschließung forderte – ein Traum, der sich 1951 erfüllte, als der Lake District National Park eingerichtet wurde.

Die heutige Grafschaft Cumbria enstand 1974 aus dem Zusammenschluss der Nachbardistrikte Cumberland und Westmorland.

## Aktivitäten

### Radfahren

Der Lake District und Cumbria lassen sich wunderbar mit dem Fahrrad erkunden, sofern man kein Problem mit Steigungen hat. Sehr beliebt für kurze Mountainbiketouren sind die Trails im Grizedale Forest (S. 648) und im Whinlatter Forest Park (S. 656).

Empfehlenswerte Langstrecken-Radwege sind beispielsweise der 112 km lange **Cumbria Way** zwischen Ulverston, Keswick und Carlisle; die 224 km lange **Sea To Sea Cycle Route** (C2C; NCN 7; www.c2c-guide.co.uk), die in Whitehaven beginnt und über die nördlichen Pennines nach Newcastle führt, und die rund 277 km lange **Reivers Route** (NCN 10; www.reivers-route.co.uk) vom River Tyne nach Whitehaven.

Mehrere Lokalbusse (darunter Bus 599 von Bowness nach Grasmere, Bus X33 von Ambleside nach Ravenglass und der Cross Lakes Experience) nehmen Fahrräder mit. Außerdem gibt's den Bus 800, der im Sommer das Westufer des Windermeres entlang fährt und bis zu zwölf Drahtesel befördern kann. Er verkehrt im Juli und August mehrmals täglich, im Mai und Juni am Wochenende. Die Fahrradmitnahme kostet genauso viel wie ein Personenfahrschein, nämlich 1,50 £. Weitere Informationen unter www.golakes.co.uk/travel/New-Bike-Bus.aspx.

### Wandern

Viele Leute kommen hauptsächlich zum Wandern in den Lake District. In allen Touristeninformationen und Buchläden werden Karten und Wanderführer verkauft, z. B. *Lakeland Fellranger* von Collins und die *Pathfinder Guides* von Ordnance Survey's. Puristen ziehen Alfred Wainwrights siebenbändiges Werk *Pictorial Guides to the Lakeland Fells* (1955–1966) vor. Die Bücher – teils Wanderführer, teils illustrierter Kunstband und teils philosophische Memoiren – sind Reproduktionen eines handgeschriebenen und mit sorgfältigen Federzeichnungen versehenen Manuskripts.

Vernünftige Landkarten sind unverzichtbar. Die meisten offiziellen Stellen verwenden die *Landranger*-Karten von Ordnance Survey's im Maßstab 1:25 000, manche Wanderer halten die *Superwalker*-Karten von Harvey, ebenfalls im Maßstab 1:25 000, für geeigneter.

Zu den Langstrecken-Radwegen, die durch Cumbria führen, gehören der 86,5 km lange **Allerdale Ramble** von Seathwaite zum Solway Firth, der 112 km lange **Cumbria Way** von Ulverston nach Carlisle und der rund 305 km lange **Coast to Coast** von St. Bees nach Robin Hood's Bay in Yorkshire. Firmen wie **Coast to Coast Packhorse** (☎017683-71777; www.c2cpackhorse.co.uk) oder **Sherpa Van** (☎0871 520-0124; www.sherpavan.com) befördern das Gepäck von Tür zu Tür.

### Weitere Aktivitäten

Cumbria ist ein Paradies für Outdooraktivitäten, darunter Felsklettern, Orientierungslaufsport, Reiten, Bogenschießen, *fell running* (Berglauf) und *ghyll* (Wasserfall)-Klettern. Auskünfte erteilen das **Holmescales Activity Centre** (☎01539-722147; www.holmescales.com; Old Hutton, Kendal), das **Rookin House** (☎017684-83561; www.rookinhouse.co.uk; Troutbeck) und das **Keswick Adventure Centre** (☎017687-75687; www.keswickadventurecentre.co.uk; Newlands).

## An- & Weiterreise

Carlisle liegt an der Strecke der West Coast Main Line von London Euston nach Manchester und Glasgow. Um zum Lake District zu gelangen, muss man in Oxenholme nach Kendal und Windermere umsteigen. Landschaftlich

# Highlights

1. Englands höchsten Berg, den **Scafell Pike** (S. 653), bezwingen
2. In **Hill Top** (S. 648) herausfinden, woher Beatrix Potter die Einfälle für ihre Geschichten nahm
3. Mit der **Steam Yacht Gondola** (S. 650) Coniston Water befahren
4. Über die Trails im **Grizedale Forest** (S. 648) biken
5. In die Schieferbergwerksstollen am **Honister Pass** (S. 659) hinabsteigen
6. Die Minidampfeisenbahn **La'al Ratty** (S. 666) ins Eskdale nehmen
7. Wordsworths Wohnsitze **Dove Cottage** (S. 645) und **Rydal Mount** (S. 642) besuchen
8. Die Wehranlagen des **Carlisle Castle** (S. 667) abschreiten
9. In **Sarah Nelson's Shop** (S. 647) in Grasmere legendäre Lebkuchen probieren

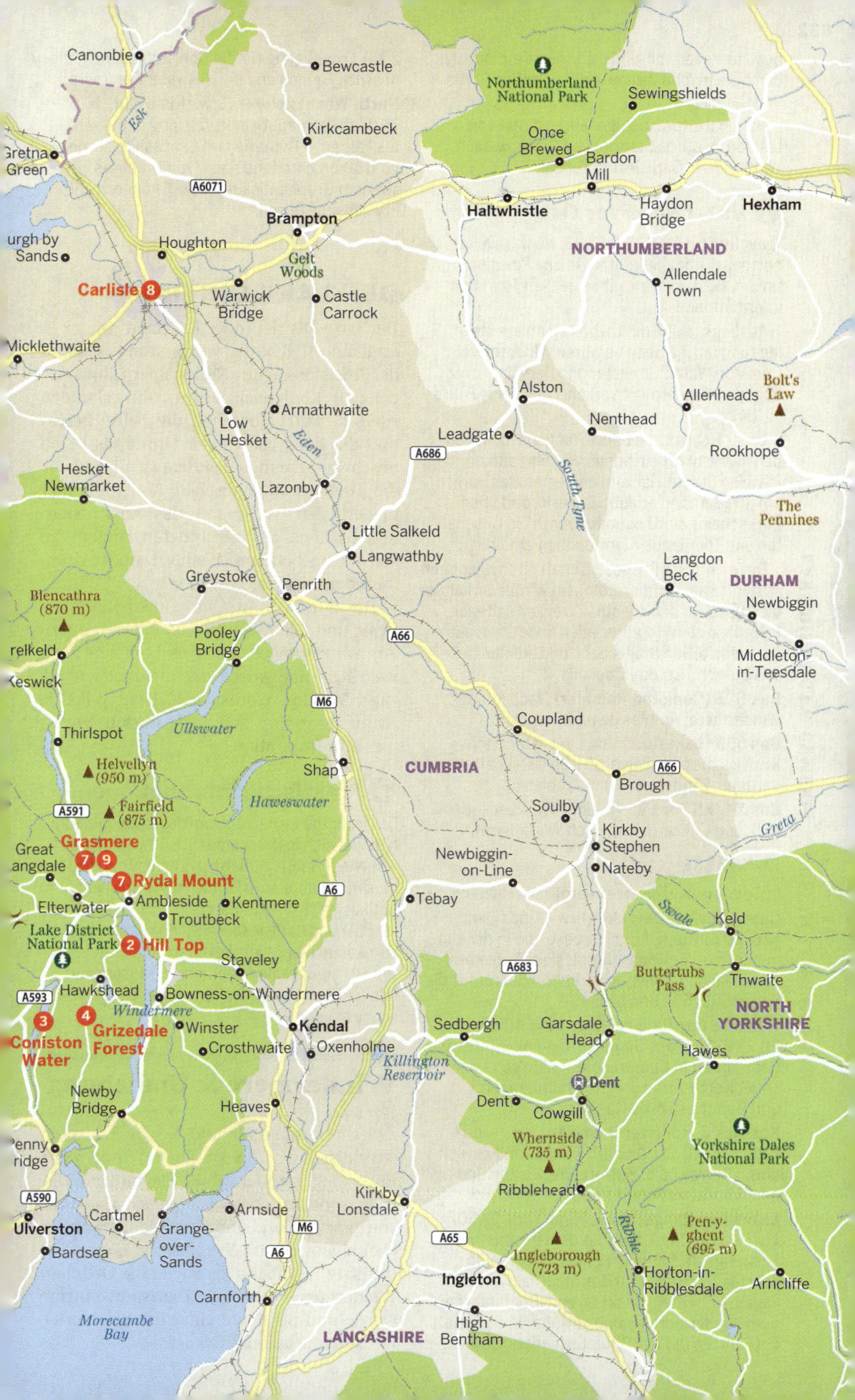

Canonbie
Bewcastle
Esk
Northumberland National Park
Sewingshields
Kirkcambeck
Once Brewed
Bardon Mill
Gretna Green
A6071
Haltwhistle
Haydon Bridge
Hexham
Brampton
urgh by Sands
Houghton
Gelt Woods
NORTHUMBERLAND
Allendale Town
Carlisle 8
Warwick Bridge
Castle Carrock
Micklethwaite
Alston
Allenheads
Bolt's Law
Low Hesket
Armathwaite
Nenthead
Leadgate
Eden
A686
Rookhope
South Tyne
Hesket Newmarket
Lazonby
The Pennines
Little Salkeld
Langwathby
Langdon Beck
Greystoke
Penrith
DURHAM
Blencathra (870 m)
Newbiggin
A66
Pooley Bridge
Middleton-in-Teesdale
relkeld
Keswick
M6
Coupland
Thirlspot
Ullswater
Helvellyn (950 m)
Shap
CUMBRIA
A66
Brough
Haweswater
Fairfield (875 m)
A591
Soulby
Greta
Kirkby Stephen
Grasmere
Great Langdale
7 9
Newbiggin-on-Line
Nateby
7 Rydal Mount
A6
Tebay
Elterwater
Ambleside
Kentmere
Swale
Keld
Troutbeck
Lake District National Park
2 Hill Top
Staveley
A683
Buttertubs Pass
Thwaite
Hawkshead
A593
Bowness-on-Windermere
NORTH YORKSHIRE
Windermere
3 Coniston Water
4 Grizedale Forest
Winster
Kendal
Sedbergh
Garsdale Head
Crosthwaite
Oxenholme
Hawes
Killington Reservoir
Dent
Dent
Cowgill
Newby Bridge
Heaves
Yorkshire Dales National Park
Penny Bridge
Whernside (735 m)
A590
Kirkby Lonsdale
Ribblehead
Ulverston
Cartmel
Grange-over-Sands
Arnside
M6
Pen-y-ghent (695 m)
A65
Ribble
Bardsea
A6
Ingleborough (723 m)
Horton-in-Ribblesdale
Ingleton
Arncliffe
Carnforth
Morecambe Bay
High Bentham
LANCASHIRE

besonders reizvoll sind die Strecke entlang der cumbrischen Küste sowie die zwischen Settle und Carlisle.

National-Express-Züge fahren direkt von London (Victoria Station) und Glasgow nach Windermere, Carlisle und Kendal.

## Unterwegs vor Ort

**Traveline** (☎ 0871 200 22 33; www.traveline northeast.info) hat umfangreiche Reiseinformationen. Busfahrpläne gibt's bei den Touristeninformationen.

Ausflugsschiffe mit mehreren Anlegestellen rund um die Seen befahren Windermere, Coniston Water, Ullswater und Derwentwater, über den Windermere verkehrt auch eine Fähre (S. 641).

In der Hochsaison und an langen Wochenenden herrscht oft ein hohes Verkehrsaufkommen. In vielen Städten ist zeitlich begrenztes Parken am Straßenrand erlaubt. Die erforderlichen Parkscheine sind kostenlos vor Ort in Geschäften und Tourismusinformationen erhältlich.

Die wichtigste Busgesellschaft ist **Stagecoach** (www.stagecoachbus.com). Im Winter verkehren die Busse auf den meisten Strecken seltener. Fahrpläne zum Herunterladen findet man auf der Website von Stagecoach und auf der Website des Cumbria County Council.

**Bus 505 (Coniston Rambler)** Nach Kendal, Windermere, Ambleside und Coniston.

**Bus 555 (Lakeslink)** Von Lancaster nach Keswick, hält in allen größeren Ortschaften, darunter Windermere und Ambleside.

**Bus X4/X5** Von Penrith über Troutbeck, Keswick und Cockermouth nach Workington.

### FAHRPÄSSE

In Cumbria sind diverse Fahrpässe erhältlich.

**Central Lakes Dayrider** (Erw./Kind/Fam. 8/6/20 £) Gültig für alle Busse, die in der Umgebung von Bowness, Ambleside, Grasmere, Langdale und Coniston verkehren, darunter die Linien 599, 505 und 516.

**Cumbria Day Ranger** (Erw./Kind 40,50/20,25 £) Ein Pass für einen Tag unbegrenztes Bahnfahren in Cumbria und Teilen von Lancashire, North Yorkshire, Northumberland und Dumfries sowie Galloway.

**Keswick & Honister Dayrider** (Erw./Kind/Fam. 8/6/20 £) Gültig für Busse von Keswick durch Borrowdale, Buttermere, Lorton und den Whinlatter Forest Park.

**Lakes Day Ranger** (Erw./Kind/Fam. 21,50/11,75/42 £) Das Ticket mit dem besten Preis-Leistungs-Verhältnis erlaubt unbegrenzte Fahrten mit Bahn und Bus innerhalb eines Tages. Außerdem deckt es eine Bootsfahrt auf dem Windermere ab und gewährt 10 % Rabatt bei Fahrten mit der Dampfeisenbahn sowie 20 % Ermäßigung für die Coniston Launch, die Keswick Launch und die Ullswater Steamers.

**North West Explorer** (Erw./Kind/Fam. 10,50/7,50/25 £) Erlaubt einen Tag lang unbegrenztes Fahren in Cumbria und Lancashire sowie grenzüberschreitend nach/von Dumfries. Mit dem Gruppenticket für 30 £ können fünf Erwachsene reisen.

# DER LAKE DISTRICT

Der Lake District (oder Lakeland, wie er in England oft genannt wird) ist mit Abstand der meistbesuchte Nationalpark im Vereinigten Königreich. Jedes Jahr erkunden rund 15 Mio. Menschen die Fells (Berge) und die Landschaft – der Grund lässt sich unschwer erkennen. Seitdem sich im 19. Jh. die Poeten der englischen Romantik hier niederließen, verzaubert das Ansichtskartenpanorama aus zerklüfteten Gipfeln, in Täler eingebetteten Weihern und schimmernden Seen die Besucher.

Das Angebot an Outdooraktivitäten ist riesig und reicht von Seerundfahrten bis zu Bergwanderungen, doch es kommen auch viele Reisende wegen der literarischen Bezüge: William Wordsworth, Beatrix Potter, Arthur Ransome und John Ruskin fanden hier ihre Inspiration.

## Praktische Informationen

Das Hauptbesucherzentrum des Nationalparks befindet sich in Brockhole (S. 640), am Rand von Windermere. Außerdem gibt es Tourismusinformationen in Windermere, Bowness, Ambleside (S. 645), Keswick (S. 658), Coniston (S. 651) und Carlisle (S. 668). Alle haben Infos zu lokalen Sehenswürdigkeiten, Aktivitäten, Unterbringung und öffentlichen Transportmitteln und die Mitarbeiter können bei der Zimmersuche helfen.

# Windermere & Umbebung

5423 EW.

Zwischen Ambleside und Newby Bridge erstreckt sich der 16,8 km lange Windermere. Er ist nicht nur der größte See im Lake District, sondern auch das größte Gewässer von ganz England und ähnelt landschaftlich eher einem schottischen *loch*. 1847 erreichte die erste Eisenbahn keuchend die Ortschaft Windermere, die zum Tourismuszentrum wurde und bis heute einer der belebtesten Flecken im Nationalpark ist.

## Lake District

Verwirrenderweise ist Windermere zweigeteilt: Bowness-on-Windermere (meist zu Bowness verkürzt) liegt am Ostufer des Sees, Windermere Town dagegen 2,4 km weiter landeinwärts auf einer steilen Anhöhe namens Lake Road. Bowness ist ein pulsierender Ferienort mit jeder Menge Teashops, Eiscremebuden, Restaurants und Souvenirläden, die ihm das Flair eines altmodischen britischen Seebads verleihen. In Windermere Town gibt's eine geschäftige Hauptstraße und ordentliche Häuserreihen mit viktorianischen und edwardischen Villen. Außerdem befinden sich hier der städtische Bahnhof und der Busbahnhof.

Wichtig bei der Reiseplanung: In den Ferien und zu begehrten Reisezeiten sind Gästebetten (und Parkplätze) oft Mangelware.

## Sehenswertes

Für die vier Hauptattraktionen Windermeres – Lakeland Motor Museum, Lakeside Haverthwaite Railway, Lakes Aquarium und Windermere Lake Cruises – gibt es Kombitickets. Die Höhe der Ersparnis hängt davon ab, welche Sehenswürdigkeiten man miteinander kombinieren möchte. So kostet beispielsweise ein Ticket inklusive Bootsfahrt von Bowness, Hin- und Rückfahrt mit der Railway, Eintritt zum Lakeland Motor Museum und Busfahrt zurück nach Bowness Erw./Kind/Fam. 21/12,65/58,35 £.

Die Tickets werden bei jeder der vier Attraktionen verkauft.

**World of Beatrix Potter** MUSEUM
(www.hop-skip-jump.com; Crag Brow, Bowness-on-Windermere; Erw./Kind 6,95/3,65 £; April–Sept. 10–17.30 Uhr, Okt.–März bis 16.30 Uhr) In dem Freiluftmuseum erwachen verschiedene Szenarien aus den Büchern von Beatrix Potter zum Leben, darunter der Garten von Peter Hase (Peter Rabbit), die Küche von Frau Tiggy-Wiggel (Mrs Tiggywinkle) und die Waldlichtung von Jemima Prat-

## Windermere Town

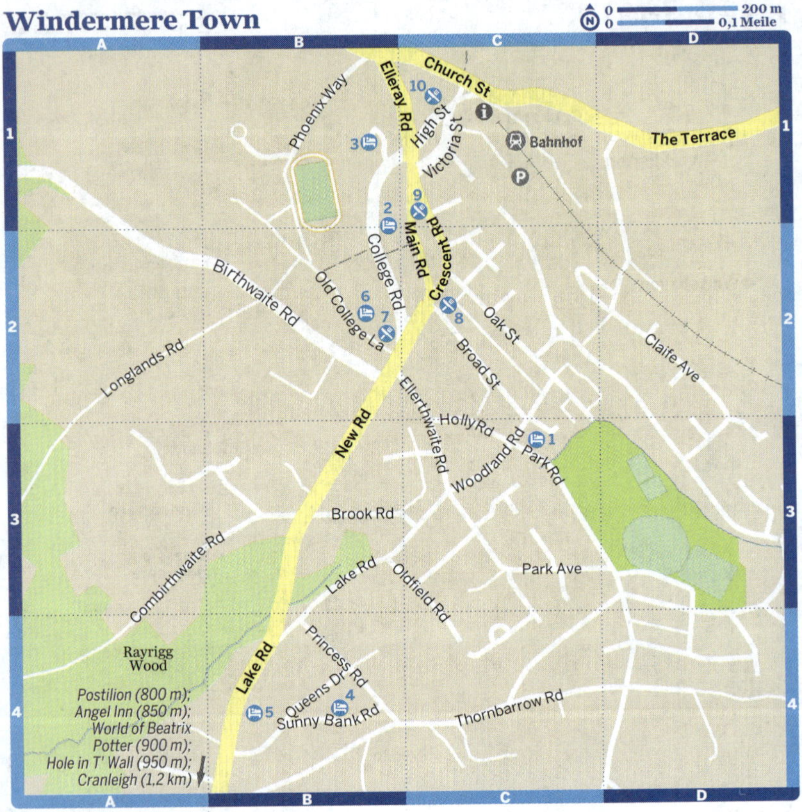


### Windermere Town

**Schlafen**

1 1 Park Road ... C3
2 Archway ... B1
3 Lake District Backpackers Lodge ... B1
4 Rum Doodle ... B4
5 The Boundary ... B4
6 Wheatlands Lodge ... B2

**Essen**

7 Hooked ... B2
8 Lazy Daisy's Lakeland Kitchen ... C2
9 Lighthouse ... C1
10 Mojo's Bistro ... C1

schel-Watschel (Puddle-Duck). Außerdem gibt es einen Themen-Tearoom. Das Museum richtet sich in erster Linie an Kinder, doch auch erwachsene Potter-Fans schlüpfen hier gern noch einmal in die Kinderschuhe. Zur Haupturlaubszeit ist mit langen Warteschlangen (und massenhaft japanischen Touristen) zu rechnen.

**Blackwell House** HISTORISCHES GEBÄUDE

(www.blackwell.org.uk; Erw./Kinder unter 16 J. 7,25 £/frei; April–Okt. 10.30–17 Uhr, Feb.–März, Nov. & Dez. bis 16 Uhr) Das 3,2 km südlich von Bowness an der B5360 gelegene Blackwell House ist ein erstklassiges Beispiel für das Arts and Crafts Movement, eine Bewegung in der Kunst und im Produktdesign, die Anfang des 19. Jhs. gegen automatisierte Massenfertigungstechniken eine Rückbesinnung auf die handwerkliche Einzelfertigung propagierte.

Das von Mackay Hugh Baillie Scott für einen wohlhabenden Brauereibesitzer entworfene Gebäude weist zahlreiche Markenzeichen des Arts-and-Crafts-Designs auf: helle, luftige Räume, aufwendiges Dekor und maßgefertige Handarbeit (darunter Holzverkleidung, Buntglas und Delfter Kacheln).

Besondere Beachtung verdienen die riesige holzvertäfelte Great Hall und der stilvoll schlichte White Drawing Room. Vom Café hat man eine sensationelle Aussicht über Windermere.

**Fell Foot Park** GÄRTEN

(NT; www.nationaltrust.org.uk/fell-foot-park; ⌚April–Sept. 8–20 Uhr, Okt.–März 9–17 Uhr) GRATIS Der 7 ha große Park befindet sich am Südende des Sees, 11,2 km südlich von Bowness. Früher gehörte er zu einem Gutshaus, heute ist er Eigentum des National Trust und seine Uferwege und saftigen Wiesen sind an sonnigen Tagen ideal für einen Picknickausflug. Das kleine Café hat von 10 bis 17 Uhr geöffnet, außerdem gibt's einen Ruderbootverleih.

**Lakes Aquarium** AQUARIUM

(☎015395-30153; www.lakesaquarium.co.uk; Lakeside; Erw./Kind 6,95/4,95 £; ⌚April–Okt. 9–18 Uhr) In dem Aquarium am Südende des Sees nahe Newby Bridge werden diverse Unterwasserhabitate vorgestellt. Die Bandbreite reicht vom tropischen Afrika bis zur Morecambe Bay. Windermere Lake Cruises und die Züge der Lakeside & Haverthwaite Railway halten direkt beim Aquarium, ebenso Bus 618 von Bowness. Onlinetickets sind zu ermäßigten Preisen zu haben.

**Lakeland Motor Museum** MUSEUM

(www.lakelandmotormuseum.co.uk; Backbarrow; Erw./Kind 8/5 £; ⌚April–Sept. 9.30–17.30 Uhr, Okt.–März bis 16.30 Uhr) Das 3,2 km südlich von Newby Bridge in einem eigens zu diesem Zweck errichteten Neubau untergebrachte Automuseum beherbergt eine sagenhafte Oldtimersammlung: Klassiker (Minis, Austin Healeys, MGs), Sportwagen (DeLoreans, Audi Quattros, Aston Martins) und Raritäten (Scootacars, Amphicars).

Das Museum liegt an der A590 von Newby Bridge Richtung Kendal. Bus X35 (Mo–Sa stündl., So 3-mal tgl.) von Newby Bridge nach Ulverston und Kendal hält ganz in der Nähe.

In einem separaten Gebäude erfahren die Besucher alles über die Geschwindigkeitsrekordversuche von Donald und Malcolm Campbell bei Coniston Water und können Nachbildungen des Bluebird-Rennwagens von 1935 und des 1967 eingesetzten Rennboots *Bluebird K7* besichtigen.

**Lakeside & Haverthwaite Railway** MUSEUMSEISENBAHN

(☎015395-31594; www.lakesiderailway.co.uk; Hin- und Rückfahrkarte für Erw./Kind/Fam. 6,50/3,25/18 £; ⌚Mitte März–Okt.) Ursprünglicher Zweck der alten Dampfeisenbahn, die sich schnaufend ihren Weg zwischen Haverthwaite nahe Ulverston, Newby Bridge und Lakeside bahnt, war es, Eisenerz und Nutzhölzer zu den Häfen bei Ulverston und Barrow zu befördern. Pro Tag verkehren fünf bis sieben Züge. Ihr Fahrplan ist auf den der Windermere-Ausflugsdampfer abgestimmt.

## Aktivitäten

**Windermere Lake Cruises** BOOTSTOUREN

(☎015395-31188; www.windermere-lakecruises.co.uk; Tickets ab 2,70 £) Seit 1845 die erste Passagierfähre den Betrieb aufnahm, ist eine Fahrt auf dem See unverzichtbarer Bestandteil jeder Reise nach Windermere. Einige Schiffe sind modern, aber es tuckern auch noch ein paar wunderschöne alte Schätzchen aus den 1930er-Jahren auf dem Wasser herum. Bei allen darf man an jeder beliebigen Anlegestelle aussteigen und ein späteres Boot zurück nehmen.

Im Angebot sind unterschiedliche, farbig codierte Routen. Das **Freedom of the Lake** Ticket (Erw./Kind/Fam. 18,50/9,25/50 £) gilt einen ganzen Tag für unbegrenzte Fahrten auf sämtlichen Strecken.

Die **Blue Cruise** (Erw./Kind/Fam. 7,50/3,80/20 £) ist eine 45-minütige Fahrt rund um den Windermere und seine Inseln. Die **Red Cruise** (Erw./Kind/Fam. 10/6/29 £) auf dem nördlichen Teil des Sees geht von Bowness nach Ambleside und die **Yellow Cruise** (Erw./Kind/Fam. 10,50/6,30/30 £) auf dem südlichen Teil fährt nach Lakeside und zum Lakes Aquarium.

ABSTECHER

### WRAY CASTLE & CLAIFE HEIGHTS

Am ruhigeren Westufer des Windermere kann man den Massen prima entgehen. Nördlich des Fähranlegers beim Ferry House zieht sich ein Netz aus Waldwegen durch **Claife Heights**. Und in der Nähe befindet sich das zum National Trust gehörende **Wray Castle** (NT; www.nationaltrust.org.uk/wray-castle; Erw./Kind 7,20/3,60 £; ⌚10–17 Uhr). Das 25 ha große Anwesen, auf dem ein türmchenbewehrtes Herrenhaus aus dem 19. Jh. steht, war einmal das Feriendomizil der Familie von Beatrix Potter.

1

3

# Englands schöne Landschaften

**Die Engländer lieben ihre phantastischen Naturlandschaften. Jedes Wochenende fliehen sie in Scharen aus den Städten in die Berge, Moore und an die Küste. Am beliebtesten sind Wandern und Radfahren, aber daneben gibt's noch eine Menge anderer Möglichkeiten – und sich nass und schmutzig zu machen, kann sogar zu einem Highlight der Reise werden!**

## Wandern

Sobald man die überfüllten Städten hinter sich lässt, bieten sich wunderschöne Landschaften zum Wandern an. Vom kurzen Spaziergang am Flussufer bis zur ambitionierten Bergwanderung ist alles drin. Zu den besten Regionen gehören die Cotswolds, der Lake District und die Yorkshire Dales.

. Mountainbiken im Peak District National Park (S. 517) **2.** Wandern n Yorkshire Dales National Park (S. 564) **3.** Surfen in Newquay S. 360) **4.** Reiten im Northumberland National Park (S. 696)

## Radfahren

Ein Fahrrad ist ideal, um ländliche Gegenden Englands kennenzulernen. Regionen wie Suffolk, Yorkshire und Wiltshire bieten ein ausgedehntes Netz von ruhigen Landstraßen, die sich für Radtouren eignen. Mountainbiker können sich im Peak District, den North Yorkshire Moors und den South Downs etwas weiter in die Wildnis wagen.

## Reiten

Wer die Hügel und Moore in einem gemütlicheren Tempo erkunden möchte, kann die unberührteren Gegenden Englands vom Pferderücken aus betrachten. In ländlichen Regionen und Nationalparks wie Dartmoor und Northumberland bieten Reiterhöfe Ausritte für jedes Niveau an.

## Surfen

England ist vielleicht nicht das naheliegendste Ziel für Surfer, aber an einigen Orten sind die Bedingungen überraschend gut. An der Spitze der Hitliste stehen die Westküsten von Cornwall und Devon, kleinere Surfszenen gibt's an der Ostküste, vor allem in Norfolk und Yorkshire.

Die ausschließlich im Sommer fahrende **Green Cruise** (Erw./Kind/Fam. 7,50/3,80/ 20 £) bedient Waterhead/Ambleside via Wray Castle und Brockhole Visitor Centre. Für eine Fahrt quer über den See eignet sich die Route **Bowness to Ferry House** (Erw./ Kind/Fam. 2,70/1,60/7,60 £) mit Anschluss an Busse nach Hill Top und Hawkshead. Zu bestimmten Jahreszeiten werden auch *Twilight Cruises* angeboten.

Wer auch noch andere Attraktionen wie das Lakeland Motor Museum und/oder das Lakes Aquarium besuchen möchte, besorgt sich am besten ein Kombiticket, s. S. 633.

## Schlafen

Da Windermere ein beliebtes Reiseziel ist, sind die Übernachtungspreise hier höher als anderswo.

**Archway** B&B £
(☎015394"45613; www.the-archway.com; 13 College Rd, Windermere Town; DZ 50–86 £) „Preiswert" lautet das Zauberwort im Fall dieses bescheidenen, altmodisch-gemütlichen Gasthofs. Einige Zimmer haben Fell-Blick und das Frühstück ist riesig. Allerdings gibt es keinen eigenen Parkplatz.

**Lake District Backpackers Lodge** HOSTEL £
(☎015394-46374; www.lakedistrictbackpackers.co.uk; High St, Windermere Town; B 16 £, Zi. 36 £; @) Nicht gerade die nobelste Herberge im Lake District, aber so ziemlich das einzige Logis für Rucksackreisende direkt in der Stadt. Das Hostel verfügt über zwei kleine 4-Bett-Schlafsäle sowie zwei Privatzimmer mit einem Doppelbett und einem Einzel-Stockbett darüber.

**The Boundary** B&B ££
(☎015394-48978; www.theboundaryonline.co.uk; Lake Rd, Windermere Town; DZ 100–191 £; P ) Keine billige Unterkunft, aber definitiv eine der luxuriösesten in ganz Windermere. Die Eigentümer Steve und Helen haben dem viktorianischen Haus ein schickes Boutique-Update verpasst, d. h. stilvolles Dekor, gediegenes Farbkonzept, Retro-Möbel usw. Steve ist ein Cricket-Aficionado, daher sind die Zimmer nach berühmten Batsmen benannt.

**Rum Doodle** B&B ££
(☎015394-45967; www.rumdoodlewindermere.com; Sunny Bank Rd, Windermere Town; DZ 85–119 £; P ) Schrulle statt Boutique: Das kleine, urige B&B ist von Kopf bis Fuß im englischen Stil gehalten. Jedes der neun Zimmer ist nach einem Abenteurer benannt und entsprechend eingerichtet: Im „Jungle" gibt's alte Koffer und eine riesige Landkarte und im „Wish" ein Himmelbett und eine Bücherwand-Tapete, während „Summit" und „Burley" sich unter Dachschrägen ducken. Im Sommer zwei Nächte Mindestaufenthalt.

**Wheatlands Lodge** B&B ££
(☎015394-43789; www.wheatlandslodge-windermere.co.uk; Old College Lane; DZ 80–170 £; P ) Das frei stehende Haus zwischen Bowness und Windermere sieht viktorianisch aus, doch die acht Zimmer präsentieren sich freundlich und modern. Sie sind in drei Kategorien eingeteilt (Comfortable, Deluxe und Master); wer mehr Geld hinlegt, bekommt mehr Platz und ein luxuriöses Spa-Bad. Ein großes Plus ist das Frühstück mit hausgemachtem Müsli, Schinken und Würstchen aus der Region sowie geräuchertem Lachs aus dem Loch Ewe.

**1 Park Road** B&B ££
(www.1parkroad.com; 1 Park Rd, Windermere Town; DZ 76–104 £; P ) Es sind kleine Extras, die das gemütliche Gästehaus vor anderen auszeichnen. Im Bad gibt's Produkte von Pure Lakes und The White Company, in jedem Zimmer ein iPod-Dock und zum Frühstück selbstgemachte gebackene Bohnen und Marmeladen. Die Zimmer sind einladend und die Preise das ganze Jahr über fair – eine Seltenheit in Windermere.

**Cranleigh** HOTEL ££
(☎015394-43293; www.thecranleigh.com; Kendal Rd, Bowness-on-Windermere; DZ 109–189 £, Suite 220–425 £; P ) In diesem Haus wurde viel Wert auf eine repräsentative Einrichtung gelegt, doch hinter den Kulissen ist es nichts weiter als ein B&B. Wegen der geräumigeren Badezimmer lohnt es sich, etwas mehr Geld für ein Superior-Zimmer auszugeben, oder gleich tief in die Tasche zu greifen und eine der beiden Topsuiten zu nehmen (z. B. die Sanctuary, die über eine Bose-Stereoanlage, ein gläsernes Bad und Kamin verfügt).

**Samling** HOTEL £££
(☎015394-31922; www.thesamlinghotel.co.uk; Ambleside Rd; Zi. 220–670 £) Wenn Geld keine Rolle spielt, ist dieser vornehme Gutshof die erste Wahl. Die Zimmer und Cottages sind im klassischen Stil eingerichtet und bestechen durch Luxusdetails wie Mezzanine, Regenduschen oder separate Wohnbereiche. Das Hausrestaurant hat jüngst einen

NICHT VERSÄUMEN

### WINDERMERE & DIE INSELN

Der Name Windermere geht, wie viele Ortsnamen in Cumbria, auf einen altnordischen Begriff zurück. Der *Vinandr mere*, d. h. der See von Vinandr („Lake Windermere" ist also eigentlich eine Tautologie) hat eine Fläche von 14,7 km$^2$ und liegt zwischen Ambleside und Newby Bridge. Er misst an seiner breitesten Stelle 1,6 km und an seiner tiefsten ungefähr 220 m.

Das Seeufer gehört Privatleuten, der National Park Authority und dem National Trust, aber das Seebett (und damit der See selbst) ist verbriefter Besitz der Anwohner (der ortsansässige Philanthrop Henry Leigh Groves ermöglichte 1938 die Erwerbung.

Im Windermere liegen 18 Inseln. Die größte ist die 16 ha große **Belle Isle**, auf der eine italienisch anmutende Villa aus dem 18. Jh. steht. Die kleinste, **Maiden Holme**, besteht nur aus einem Stück Erdboden und einem einzigen Baum.

Von April bis Oktober werden für 12 £ Ruderboote vermietet. Motorboote kosten für zwei Erwachsene 18 bis 22 £ pro Stunde; Kinder unter 16 zahlen nichts. Die zugelassene Höchstgeschwindigkeit ist 16 km/h.

Michelin-Stern eingeheimst. Frühbuchern winkt ein erheblicher Rabatt. Das Hotel liegt 4,8 km nordwestlich von Windermere Town abseits der A591.

## Essen

**Lazy Daisy's Lakeland Kitchen** CAFÉ £
(☎015394-43877; 31-33 Crescent Rd, Windermere Town; Hauptgerichte mittags 4–10 £, abends 10–16 £; ⌚Mo–Sa 10–21 Uhr) Herzhafte Hausmannskost steht auf dem Speiseplan des Traditionscafés. Zu den Spezialitäten gehören Torten und gewaltige Yorkshire Puddings.

**Lighthouse** CAFÉ £
(Main Rd, Windermere Town; Hauptgerichte 8–15 £; ⌚8.30–17.30 Uhr) In dem dreistöckigen Café am Hang unterhalb vom Bahnhof erwartet die Gäste mitteleuropäische Küche, erstklassiger Kaffee und ofenfrische Backwaren.

**Hooked** FISCH & MEERESFRÜCHTE ££
(☎015394-48443; www.hookedwindermere.co.uk; Ellerthwaite Sq, Windermere Town; Hauptgerichte 16,95–19,95 £; ⌚Di–So 17.30–22.30 Uhr) Das Meeresfrüchterestaurant in Windermere Town hat eine treue Fangemeinde. Der Fisch kommt täglich frisch von den Fleetwood Docks und Küchenchef Paul White zaubert daraus alles Mögliche, von klassischen Fisch- bis zu Fusionsgerichten. Zur Vorspeise *moules marinières* (Muscheln in Weißwein) und anschließend einem ganzen Barsch auf thailändische Art oder Jakobsmuscheln an Bohnenpüree und Blutpudding *(black pudding)*, wie klingt das? Einziger Wermutstropfen ist der begrenzte Platz; ohne Reservierung geht hier gar nichts.

**Brown Horse Inn** PUB ££
(☎015394-43443; www.thebrownhorseinn.co.uk; Winster; Hauptgerichte 11,95–17,95 £; ⌚mittags 12–14, abends 18–21 Uhr) Das 4,8 km von Windermere entfernt in Winster gelegene Brown Horse zählt zu den besten *dining pubs* von Windermere. Die Lebensmittel stammen vom Brown Horse Estate, das die Küche mit Fleisch, darunter Rotwild, Frühlingslamm und Täubchen, versorgt. Holzbalken und Kamine schaffen eine rustikale Atmosphäre und es werden zwei hausgebraute Biere vom Fass ausgeschenkt (Old School und Best Bitter). Die Fahrt heraus lohnt sich!

**Watermill** PUB ££
(☎01539-821309; www.watermillinn.co.uk; Ings; Hauptgerichte 12–20 £; ⌚Mo–Sa 11–23, So bis 22.30 Uhr) 3,2 km sind es von Windermere nach Ings, wo der traditionelle Landgasthof steht. Er ist der Inbegriff dessen, was man sich gemeinhin unter einem cumbrischen Pub vorstellt: Holzbalken in der Decke, weißgetünchte Wände, Holzscheite im Kamin, Handpumpen etc. Dazu kommen noch leckeres Essen und ein 16 Sorten umfassendes Biersortiment – darunter selbstgebrautes Collie Wobbles – kein Wunder, dass das Pub eine Menge örtlicher Auszeichnungen bekommen hat.

**Mason's Arms** PUB ££
(☎015395-68486; www.masonsarmsstrawberrybank.co.uk; Winster; Hauptgerichte 13–20 £) Das bezaubernde Mason's Arms, 4,8 km östlich vom See nahe Bowlands Bridge, ist ein Geheimtipp. Die Dachsparren, Steinfliesen und der Gusseisenherd sind Jahrhunderte alt und die Aussicht vom Hof über die Fel-

der und Fells ist traumhaft. Kurz gesagt: der Hammer.

**Mojo's Bistro** BRITISCH ££
(☎015394-449540; www.mojosbistro.co.uk; 4 High St, Windermere Town; 2-/3-Gänge-Menü 13,95/17,95 £; ⏲Mo–Sa 18–21 Uhr) Dank der hochwertigen Kneipenkost und der günstigen Lage in der High St ist Mojo's ein Renner. Die Karte gibt überwiegend altbekannte britische Klassiker her: Hackbraten und Kartoffelbrei *(bangers-and-mash)*, Rindfleischpastete *(beef-and-ale cobbler)*, Hühnchen vom Holzkohlengrill mit Pilzsoße.

**Angel Inn** GASTROPUB ££
(☎015394-44080; www.the-angelinn.com; Helm Rd, Bowness-on-Windermere; Hauptgerichte 10,95–16,50 £; ⏲11.30–16 & 17–21 Uhr) Das Gastropub von Bowness thront auf einer Anhöhe über dem Ufer. Man kann sich gemütlich auf einem Sofa niederlassen und eine Vorspeisenplatte für zwei oder etwas Nobles wie eine *paupiette of plaice* (Plattfischroulade) bestellen. Besonders hübsch sitzt es sich an den kleinen Tischen auf dem Rasen vor dem Haus.

**Postilion** BISTRO ££
(☎015394-45852; www.postilionrestaurant.co.uk; Ash St, Bowness-on-Windermere; Hauptgerichte 12–16 £, Tagesmenü 18,95 £; ⏲18–22 Uhr) Gediegenes Bistro mit französisch-mediterraner Speisekarte, abseits der Ash St etwas versteckt gelegen.

## Ausgehen & Nachtleben

**Hole in T' Wall** PUB
(Falbarrow Rd, Bowness-on-Windermere; ⏲11–23 Uhr) Die beliebteste Absturzkneipe von Bowness ist gleichzeitig auch die älteste. Sie eröffnete im Jahr 1612 und der Gastraum mit unbehauenen Holzbalken und niedriger Decke versprüht ziemlich viel Flair.

**Hawkshead Brewery** BRAUEREI
(☎01539-822644; www.hawksheadbrewery.co.uk; Mill Yard, Staveley) Die Mikrobrauerei hat ein eigenes Bierlokal in Staveley, 4,8 km östlich von Windermere. Zu den Kernbieren zählen Hawkshead Bitter, dunkles Brodie's Prime und fruchtiges Red. Bei vorheriger Anmeldung sind Führungen möglich.

## Praktische Informationen

**Bowness Tourist Office** (☎015394-42895; bownesstic@lake-district.gov.uk; Glebe Rd, Bowness-on-Windermere; ⏲Ostern–Okt. 9.30–17.30 Uhr, Nov–Ostern Fr–So 10–16 Uhr) Neben den Bootsanlegestellen am See.

**Brockhole National Park Visitor Centre** (☎015394-46601; www.lake-district.gov.uk; ⏲Ostern–Okt. 10–17 Uhr, Nov.–Ostern bis 16 Uhr) Das in einem Herrenhaus aus dem 19. Jh., 4,8 km nördlich von Windermere an der A591 eingerichtete Besucherzentrum, ist das Haupt-Informationszentrum des Lake District und hat auch einen Teashop, einen Abenteuerspielplatz und eine Gartenanlage.

**Windermere Tourist Office** (☎015394-46499; windermeretic@southlakeland.gov.uk; Victoria St, Windermere Town; ⏲April–Okt. Mo–Sa 9–17.30, So 9.30–17.30, im Winter kürzere Öffnungszeiten) Gegenüber der Natwest Bank.

## An- & Weiterreise

### BUS

Einmal täglich hält der National-Express-Bus aus London (31,50 £, 8 Std.) in Lancaster und Kendal.

Kombitickets gelten für unbegrenzte Busfahrten innerhalb eines Tages sowie eine Bootsfahrt: Das Central Lakes Ticket kostet für Erw./Kind/Fam. 12/8/32 £, das Explorer Ticket 15/11/36 £.

**Bus 505 Coniston Rambler** (stündl., inkl. So) Fährt von Windermere über Troutbeck, Brockhole, Ambleside, Skelwith Fold, Hawkshead und

### CROSS LAKES EXPERIENCE

**Cross Lakes Experience** (http://www.lakedistrict.gov.uk/visiting/planyourvisit/travelandtransport/crosslakes; ⏲April–Nov.) ist ein Dampfer-, Bus- und Minibusservice, mit dem man autofrei von Windermere nach Coniston kommt.

Die Tickets gelten für die Fahrt mit der Windermere Ferry von Bowness nach Ferry House, wo Busse nach Hill Top, Hawkshead, Grizedale und Coniston abfahren. Nähere Auskünfte zu Fahrplänen und Tickets bei **Mountain Goat** (☎015394-45161; www.mountain-goat.com; Victoria Rd, Windermere) oder den örtlichen Touristeninformationen. Eine Rückfahrkarte von Bowness nach Coniston kostet pro Erw./Kind 20,20/11,90 £. Kosten für die einfache Fahrt pro Erw./Kind zum bzw. nach:

- Ferry House (2,70/1,60 £)
- Hill Top (5,65/3,25 £)
- Hawkshead (6,70/3,70 £)
- Coniston (12,05/6,85 £)

Hawkshead Hill nach Coniston (4 £, 50 Min.). Zwei Busse am Tag bedienen Kendal.

**Bus 555/556 Lakeslink** (mind. stündl., inkl. So) Der Bus fährt am Bahnhof ab, hält in Troutbeck Bridge (5 Min.), am Brockhole Visitor Centre (7 Min.), in Ambleside (6,30 £, 15 Min.), Grasmere (6,80 £, 30 Min.) und Keswick (8,55 £, 1 Std.). In der entgegengesetzten Richtung fährt er weiter bis nach Kendal (9,30 £, 25 Min.) und Lancaster (1 Std. 40 Min.).

**Bus 599 Lakes Rider** (4–6 £, 3-mal stündl., inkl. Sa & So) Die oben offenen Busse verkehren zwischen Bowness, Troutbeck, Brockhole, Rydal Church (Ausgangspunkt zum Rydal Mount), Dove Cottage und Grasmere. Einige Busse halten am Bahnhof von Windermere.

#### SCHIFF/FÄHRE

Die **Windermere Ferry** (Auto/Fahrrad/Fußgänger 4,30/1 £/50 p; ⏲ März–Okt. Mo–Fr 6.50–21.50, Sa & So 9.10–21.50 Uhr, Winter bis 20.50 Uhr) befördert Fahrzeuge und Fußgänger von der gleich südlich von Bowness gelegenen Ferry Nab hinüber zum Ferry House an der Westseite des Sees. Die Fähren legen ungefähr alle 20 Minuten ab, doch im Sommer kann es zu endlos langen Warteschlangen kommen. Für die Überfahrt kann man aber auch ein Ausflugsschiff nehmen (S. 632).

#### ZUG

Windermere ist die einzige per Bahn erreichbare Stadt innerhalb des Nationalparks. Sie liegt an der Bahnstrecke nach Kendal und Oxenholme.

**Edinburgh** (59,10 £, 2½ Std.)
**Glasgow** (51,50 £, 2¼–2¾ Std.)
**Kendal** (4,50 £, 15 Min.)
**Lancaster** (13,50 £, 45 Min.)
**London Euston** (99 £, 3½ Std.)
**Manchester Piccadilly** (22,70 £, 1½ Std.)

## Troutbeck

Die in die Fells eingebettete ländliche Siedlung nördlich von Windermere, an der Straße zum Kirkstone Pass, scheint Lichtjahre vom Trubel in Bowness entfernt zu sein und gewährt wunderbare Ausblicke über Windermere.

### Sehenswertes

**Townend** HISTORISCHES GEBÄUDE
(NT; ☎01539-432628; www.nationaltrust.org.uk/townend; Erw./Kind 5,25/2,60 £; ⏲März–Okt. Mi–So 13–17 Uhr, in den Schulferien tgl.) In dem historischen Bauernhaus in Townend sind altes Bauernwerkzeug und Möbel aus dem Besitz der Familie Browne ausgestellt, der das Haus bis 1943 gehörte. Für die Allgemeinheit ist von 13 bis 17 Uhr geöffnet, doch wer möchte, kann sich um 11 und um 12 Uhr einer einstündigen Führung anschließen.

### Schlafen & Essen

**Windermere YHA** HOSTEL £
(☎0845 371 9352; www.yha.org.uk/hostel/windermere; Bridge Lane; B 15 £, Zi. 29 £; ⏲Rezeption 7.30–11.30 & 13–23 Uhr; P@) Am Fuß des Hügels unterhalb von Troutbeck liegt die Windermere am nächsten gelegene Jugendherberge Windermere YHA. Sie hat moderne Zimmer, einen gut sortierten Laden, eine Cafeteria und einen Trockenraum für Sportausrüstung. Die Busse halten rund 800 m unterhalb des Dorfs an der Straßenbrücke von Troutbeck Bridge.

★ **Mortal Man** PUB ££
(☎015394-33193; www.themortalmaninn.co.uk; Hauptgerichte 8,95–14,95 £, Zi. 85–130 £; P🐾) In Troutbeck gibt es ein paar ausgezeichnete Pubs. Das beste von allen ist das seit dem 17. Jh. bestehende Mortal Man, zu dem ein gemütlicher Biergarten mit Panoramablick auf Fells und See gehört.

### An- & Weiterreise

Die Fahrt mit Bus 508 von Windermere kostet 3,20 £.

## Ambleside & Umgebung

2529 EW.

Ambleside war früher ein wichtiges Mühlen- und Textilzentrum am Nordzipfel des Windermere und ist eine attraktive Kleinstadt. Die Gebäude sind aus dem gleichen Schiefer und schlichten grauen Stein erbaut, wie er auch im übrigen Lakeland vorherrscht. Der von Fells umgebene Ort ist eine Hochburg für Wanderfreunde mit einer Reihe Outdoorgeschäften und zahlreichen behaglichen Pubs und Cafés zur Stärkung.

### Sehenswertes & Aktivitäten

**Bridge House** HISTORISCHES GEBÄUDE
Das Wahrzeichen des Städtchens ist das Bridge House, das die Stock Ghyll überspannt. Wahrscheinlich diente es ursprünglich als Lagerschuppen für Äpfel; heute ist darin ein Laden des National Trust untergebracht.

**Armitt Museum** MUSEUM
(www.armitt.com; Rydal Rd; Erw. 2,50 £; ⏲10–17 Uhr) Neben seiner festen Sammlung zeigt das hervorragende kleine Museum von

NICHT VERSÄUMEN

## FÜNF KLASSISCHE LAKELAND-WANDERUNGEN

Der berühmteste Fellwanderer des Lake District, der schriftstellernde Buchhalter Alfred Wainwright, behandelt in seinem siebenbändigen Werk *Pictorial Guides* 214 Fells (und als ob das nicht genug wäre, beschreibt er meistens mindestens zwei Routen auf jeden Gipfel, im Fall des Scafell Pike sogar fünf). Für Besucher mit begrenzter Zeit hier fünf Wanderungen, die einen Eindruck davon geben, was das *fell-walking* im Lake District so besonders macht.

**Scafell Pike** (978 m) Der Klassiker unter den Lakeland-Wanderungen, eine sechs- bis siebenstündige Tour auf den Gipfel von Englands höchstem Berg. Die Route beginnt in Wasdale Head.

**Helvellyn** (950 m) Nur für Schwindelfreie! Eine senkrechte Klettertour am messerscharfen Felsgrat Striding Edge entlang. Sie startet in Glenridding oder Patterdale und dauert mindestens sechs Stunden.

**Blencathra** (868 m) Der freistehende Blencathra bietet einen Panoramablick über Keswick und die nördlichen Fells. Für die Besteigung von Threlkeld aus ist mit vier Stunden zu rechnen.

**Haystacks** (597 m) Wainwrights Lieblingsberg, wo auch seine Asche verstreut wurde. Der steile An- und Abstieg vom/zum Dorf Buttermere dauert insgesamt drei Stunden.

**Catbells** (451 m) Der Fell für jedermann, ob sechs oder siebzig Jahre alt. Er liegt an der Westseite des Derwentwater und lässt sich in zwei Stunden besteigen.

Ambleside auch hervorragende saisonale Ausstellungen. Ständig gezeigt werden zahlreiche Objekte mit Bezug zu wichtigen Lakeland-Persönlichkeiten wie Beatrix Potter, dem National-Trust-Gründer Canon Hardwicke Rawnsley sowie Herbert Bell und den Gebrüdern Abraham, Pionieren der Fotografie. Außerdem hängen hier Werke des dadaistischen Künstlers Kurt Schwitters, der Deutschland auf der Flucht vor den Nazis verließ und sich nach dem Zweiten Weltkrieg in Ambleside niederließ.

**★ Rydal Mount** HISTORISCHES GEBÄUDE

(www.rydalmount.co.uk; Erw./Kind 7/3 £; ⏲ März–Okt. 9.30–17, Nov., Dez. & Feb. Mi–Mo 11–16 Uhr) Der bekannteste Wohnsitz des Dichters William Wordsworth im Lake District ist Dove Cottage, doch in Wirklichkeit verbrachte er sehr viel mehr Zeit in Rydal Mount, einem erheblich vornehmeren Gebäude auf halbem Weg zwischen Ambleside und Grasmere. Hier lebte die Familie Wordsworth von 1813 bis zum Tod des Poeten im Jahr 1850 und das Haus ist eine wahre Schatztruhe an Wordsworth-Erinnerungsstücken. Es steht 3,2 km nordwestlich von Ambleside abseits der A591. Bus 555 (von April bis Oktober auch Bus 599) hält am Ende der Auffahrt.

Im Erdgeschoss liegen die Bibliothek, das Esszimmer und das Wohnzimmer. In den Vitrinen lassen sich Wordsworth Schreibfeder, Tintenfass und Butterbrotdose entdecken und über dem Kamin hängt ein berühmtes Porträt des Dichters, gemalt von dem amerikanischen Maler Henry Inman. Oben befinden sich die Schlafzimmer der Familie und Wordsworths Mansarden-Schreibstube, in der seine Enzyklopädie und ein Schwert von seinem Bruder John ausgestellt sind, der 1805 bei einem Schiffsuntergang ums Leben kam. Unterhalb des Anwesens liegt Dora's Field, wo Wordsworth zum Gedenken an seine 1847 an Tuberkulose verstorbene Tochter ein Narzissenbeet anlegen ließ.

**Stock Ghyll Force** WANDERN

Die beliebteste Wanderstrecke von Ambleside ist der halbstündige Anstieg zum 18 m hohen Wasserfall Stock Ghyll Force; der Weg ist hinter der alten Market Hall am Fuß der Stock Ghyll Lane ausgeschildert. Wer noch überschüssige Energie hat, erklimmt hinter dem Wasserfall den Pfad zum **Wansfell Pike** (482 m) – eine ziemlich steile Angelegenheit, die rund zwei Stunden Zeit beansprucht.

**Low Wood Watersports** BOOTFAHREN

(☎015394-39441; www.englishlakes.co.uk/watersports; Low Bay Marina) Das Angebot des Wassersportzentrums umfasst Wasserskilaufen, Segeln und Kajakfahren sowie einen Ruder- und Motorbootverleih.

## Schlafen

**Ambleside YHA** HOSTEL £
(☎0845 371 9620; ambleside@yha.org.uk; Windermere Rd; B 20–23 £; P 📶) Das riesige Haus am See ist eins der YHA-Vorzeigehostels im Lake District und eine Lieblingsanlaufstelle von Aktivurlaubern (für alle möglichen Sportarten von Kajakfahren bis *ghyll*-Klettern). Dank der vorzüglichen Ausstattung (Küche, Fahrradverleih, Bootsanlegestelle und Bar) ist die Herberge mächtig gefragt und muss lange im Voraus gebucht werden. Familien können einen ganzen Schlafsaal für sich reservieren. Das Hostel liegt auf halber Höhe zwischen Ambleside und Windermere an der Lake Rd (der A591).

**Ambleside Backpackers** HOSTEL £
(☎015394-32340; www.amblesidehostel.co.uk; Old Lake Rd; B 21–25 £; P @) Ein unabhängiges Cottage-Hostel, nur einen kurzen Fußmarsch südlich vom Zentrum von Ambleside gelegen.

**Low Wray** CAMPINGPLATZ £
(NT; ☎Reservierungen 015394-63862; www.ntlakescampsites.org.uk; 2 Erw. & Zelt 14,50–19 £, Eco-Pods 35–55 £; ⊙Anreise März–Okt. Sa–Do 15–19, Fr bis 21 Uhr) Dieser Lakeside-Campingplatz wird vom National Trust betrieben. Er befindet sich 4,8 km von der Stadt entfernt an der B5286 unweit von Wray Castle; Bus 505 hält ganz in der Nähe. Auch Jurten und Tipis sind vorhanden.

**Regent Hotel** HOTEL ££
(☎015394-32254; www.regentlakes.co.uk; Waterhead Bay; DZ 89–159 £; P 📶) Das attraktive Hotel liegt in Seenähe, berechnet dafür aber ausnahmsweise keine astronomischen Preise. Die Zimmer sind unterschiedlich ausgestattet. Manche haben einen Balkon mit Aussicht auf den Garten, andere Stockbetten für die kleinen Gäste oder barrierefreie Badezimmer und ein paar erlauben sogar einen Blick auf den Windermere. Das Sail Loft im obersten Stock hat sogar eine Terrasse.

**Lakes Lodge** B&B ££
(☎015394-33240; www.lakeslodge.co.uk; Lake Rd; Zi. 99–129 £; P 📶) Das schicke Minihotel verspricht einen Hauch mehr Luxus als die anderen Gästehäuser von Ambleside. Klare Linien und null Kinkerlitzchen zeichnen den Einrichtungsstil der 16 Zimmer aus. Die meisten schmückt ein einzelnes Gemälde, das eine ganze Wand einnimmt und eine Sehenswürdigkeit der Gegend zeigt. Ein Teil der Zimmer befindet sich im Hauptgebäude, die restlichen in einem Anbau.

**Gables** B&B ££
(☎015394-33272; www.thegables-ambleside.co.uk; Church Walk; EZ 45–50 £, DZ 90–120 £; P 📶) Das B&B ist eins der preisgünstigsten von Ambleside und liegt in einer ruhigen Gegend, mit Blick auf ein großes Freizeitgelände. Bunt verstreute Kissen und farbenfrohe Drucke schaffen ein behagliche Atmosphäre, die Zimmergröße variiert jedoch und größer ist definitiv besser. Die Gästen bekommen Rabatt im Restaurant Sheila's Cottage, das denselben Besitzer hat.

**Compston House Hotel** B&B ££
(☎015394-32305; www.compstonhouse.co.uk; Compston Rd; EZ ab 45 £, DZ ab 65 £; 📶) Die Eigentümer stammen aus New York und haben die Gästezimmer nach Bundesstaaten ihrer Heimat benannt und eingerichtet: Hawaii sonnig, Florida heiter, Maine maritim. Zum Frühstück gibt's u. a. Blaubeermuffins und Pancakes mit Ahornsirup. In der Saison drei Nächte Mindestaufenthalt.

**Waterhead Hotel** HOTEL £££
(☎0845 850 4503; www.englishlakes.co.uk; Zi. 135–215 £; P 📶 🐾) Das vornehmste Hotel von Ambleside erfreut sich einer erstklassigen Lage am Seeufer. Von außen präsentiert es sich im klassischen Lakeland-Look, d. h. massiver Stein und Erkerfenster, innen da-

### RESERVIERUNG VON NATIONAL-TRUST-CAMPINGPLÄTZEN

Der National Trust hat vier phantastische Campingplätze im Lake District: In **Low Wray** nahe Ambleside, **Hoathwaite** nahe Coniston, **Wasdale** und **Great Langdale**.

Buchungen für sämtliche NT-Campingplätze im Lake District laufen über die Zentralstelle **National Trust Lake District Campsite Bookings** (☎01539-432733; www.nationaltrust.org.uk/holidays/camping/camping-in-the-lake-district; ⊙Mo–Fr 10–15 Uhr). Reservierungen sind bis 24 Stunden vor Ankunft möglich. Bei Onlinebuchung wird eine Gebühr von 5 £ fällig, per Telefon und E-Mail sind es 7,50 £. Mindestaufenthalt zwei Nächte.

INSIDERWISSEN

## TOP-CAMPINGPLÄTZE IM LAKE DISTRICT

Zusätzlich zu den vier hervorragenden Campingplätzen des National Trust (nahe Ambleside, Great Langdale, Wasdale und Coniston) gibt es noch weitere tolle Schlafplätze unter der Sternen. Hier unsere Top Five:

**The Quiet Site** (☎07768 727016; www.thequietsite.co.uk; Stellplätze 18–30 £, Pods 50 £; ⏲ganzjährig; 📶) Umweltbewusster Campingplatz auf den Fells über Ullswater mit festen Zelten und Eco-Pods.

**Syke Farm** (☎01768-770222; Erw./Kind 7/3,50 £; ⏲Ostern–Okt.) Einfacher Campingplatz am Fluss in Buttermere. Im Hofladen werden frische Milch und hausgemachte Eiscreme verkauft.

**Bowkerstead Farm** (☎01229-860208; www.grizedale-camping.co.uk; Satterthwaite; Erw./Kind 7/3 £, Camping Pods 30 £; ⏲April–Sept.) Am Rand des Grizedale Forest kann man entweder sein eigenes Zelt aufschlagen oder in einer luxuriösen Jurte bzw. einem Eco-Pod aus Holz nächtigen.

**Seatoller Farm** (☎01768-777232; www.seatollerfarm.co.uk; Erw./Kind 6/3 £; ⏲Ostern–Okt.) Versteckt gelegener Campingplatz bei einem 500 Jahre alten bäuerlichen Anwesen nahe Seatoller in Borrowdale mit Stellplätzen am Fluss oder im Wald.

**Fisherground Farm** (☎019467-23349; www.fishergroundcampsite.co.uk; Erw./Kind 6,50/3,50 £, Auto 2,50 £; ⏲März–Okt.) Ein familienfreundlicher Campingplatz im idyllischen Eskdale in günstiger Nähe zur Ravenglass & Eskdale Railway (s. S. 666).

gegen überwiegend modern. Es hat geräumige, mit antiken Möbeln und Designertextilien eingerichtete Zimmer und ein feines Restaurant, das Mountain View.

**Cote How** B&B £££
(☎015394-32765; www.bedbreakfastlakedistrict.com; Rydal; DZ 150–180 £; P 📶) In diesem abgeschiedenen Haus in Rydal, 2,4 km von Ambleside, wird Umweltbewusstsein groß geschrieben. Die Verpflegung ist 100 % regional und Bio, die Elektrizität stammt von einem Ökostromanbieter und wer ohne eigenes Auto anreist, erhält einen Preisnachlass. Die drei Zimmer sind *olde Edwardian:* gusseiserne Bettgestelle, Kamine und Badezimmer mit freistehender Wanne (in der Rydal Suite logierte schon Ex-Präsident Woodrow Wilson). Am Wochenende zwei Nächte Mindestaufenthalt.

## Essen

**Zeffirelli's** ITALIENISCH £
(☎015394-33845; www.zeffirellis.com; Compston Rd; Pizzas & Hauptgerichte 8–12 £; ⏲11–22 Uhr) Zeff's ist eine Institution der Gegend und oft rappelvoll mit Gästen, die sich über köstliche Pizzas und Pasta hermachen. Wer das *Double Feature* für 19,75 £ nimmt, bekommt zwei Gänge sowie eine Eintrittskarte fürs Kino nebenan.

**Lucy 4** TAPAS £
(2 St. Mary's Lane; Tapas 4–10 £; ⏲Mo–Fr 17–22.30, Sa & So 12–22.30 Uhr) Behagliche Weinbar, in der zum Wein leckere Tapas gereicht werden.

**Apple Pie** CAFÉ £
(Rydal Rd; Mittagsgerichte 4–10 £; ⏲9–17.30 Uhr) Das helle Café ist für seine Sandwiches, *buns* (weiche Brötchen) und herzhaften Pies bekannt.

**Atelier** BISTRO ££
(☎015394-31156; www.atelier-ambleside.co.uk; Kelsick Rd; Hauptgerichte 11,95–20,95 £; ⏲Do–Sa 18.30–22 Uhr) Die Stärke der kleinen Eckkneipe liegt in der Einfachheit. Das intime moderne Bistro zieren gerahmte Drucke und Stühle im Arne-Jacobsen-Stil. Die Küche ist auf frische, pikant gewürzte mediterrane Gerichte spezialisiert. Die Auswahl ist klassisch, aber die Speisen sind vollendet zubereitet, beispielsweise Barbary-Ente mit sautierten Kartoffeln oder in Balsamico mariniertes Lakeland-Lamm.

**Fellini's** VEGETARISCH ££
(☎015394-32487; www.fellinisambleside.com; Church St; Hauptgerichte 11,95 £; ⏲17.30–22 Uhr; 🌿) Keine Angst, liebe Vegetarier: selbst im Land der Cumberland-Würstchen und der fleischlastigen Eintöpfe müsst ihr dank Fellinis ausgezeichnetem „vegeterranem“

Essen nicht Hunger leiden. Den Betreibern gehört auch das Zeffirelli's, in dem kleinen Kino im Obergeschoss stehen Arthouse-Filme und Opernmitschnitte auf dem Programm.

**Glass House** MEDITERRAN ££
(☎015394-32137; www.theglasshouserestaurant.co.uk; Rydal Rd; Hauptgerichte 10,25–14,75 £; ⏲12–14 & 18.30–22 Uhr) Hier ist stilvoll speisen in einer umgebauten Walkmühle (die Originalmühlenräder und Maschinen stehen noch an alter Stelle) angesagt. Das Glass House ist für seine hochkarätige französisch inspirierte Küche bekannt, es darf mit einer Vielfalt an köstlichen Aromen, unterstützt von Lakeland-Ingredienzen, gerechnet werden.

## Ausgehen & Unterhaltung

In Ambleside gibt's eine Menge Pubs: die Einheimischen zieht es der Ale-Auswahl wegen vor allem ins **Golden Rule** (Smithy Brow), Wanderer nach vollbrachter Tour eher ins **Royal Oak** (Market Pl).

**Zeffirelli's Cinema** KINO
(☎015394-33100; Compston Rd) Das Kino von Ambleside, das Zeffirelli's Cinema mit zwei Sälen, befindet sich gleich neben dem Zeffirelli's. Mehr Kinounterhaltung gibt's in einer entwidmeten Kirche eine Stück weiter die Straße herunter.

## Shoppen

**Gaynor Sports** OUTDOORAUSRÜSTUNG
(☎01524-734938; www.gaynors.co.uk; Market Cross) In der Compston Road gibt es genügend Ausrüstungsläden um eine komplette Expedition zum Everest auszurüsten. Der größte ist Gaynor Sports: drei Stockwerke voller Outdoorequipment.

## Praktische Informationen

**Hub** (☎015394-32582; tic@thehubofambleside.com; Central Buildings, Market Cross; ⏲9–17 Uhr) Hier sind sowohl die Touristeninformation als auch die Post untergebracht.

## An- & Weiterreise

### BUS

**Bus 505** nach Hawkshead und Coniston (4 £, stündl., auch So).

**Bus 516** nach Elterwater und Langdale (3,60 £, 7-mal tgl.).

**Bus 555** nach Grasmere und Windermere (6,30 £, mind. stündl., auch So).

### FAHRRAD

Fahrräder und Zubehör vermieten **Biketreks** (☎015394-31505; www.biketreks.net; Rydal Rd; 20 £ pro Tag) und **Ghyllside Cycles** (☎015394-33592; www.ghyllside.co.uk; The Slack; 18 £ pro Tag).

# Grasmere

1458 EW.

Selbst ohne Bezug zu den Dichtern der Romantik wäre das bezaubernde Grasmere ein Hauptanziehungspunkt der Gegend. Umgeben von Wäldern, Wiesen und schiefergrauen Hügeln schmiegt sich das Dörfchen ans Ufer eines mit Inseln getupften Sees und ist eins der schönsten Dörfchen von Lakeland. Doch von den Tausenden von Tagesausflüglern kommen die meisten auf der Suche nach seinem prominentesten ehemaligen Bewohner: dem Dichter William Wordsworth, der sich 1799 im nahe gelegenen Dove Cottage häuslich niederließ. Angesichts dieses großartigen literarischen Erbes ist es kein Wunder, dass in Grasmere ganz schön was los ist.

## Sehenswertes

★**Dove Cottage** HISTORISCHES GEBÄUDE
(☎015394-35544; www.wordsworth.org.uk; Erw./Kind 7,50/4,50 £; ⏲9.30–17.30 Uhr) Der berühmteste Bewohner des mit Kletterpflanzen überrankten Häuschen (ein ehemaliges Pub namens Dove & Olive Bough) am Rand von Grasmere war William Wordsworth, der hier 1799 einzog. Die kleinen Zimmer sind ziemlich vollgestopft, aber mit etwas Glück lassen sich der Pass des Dichters erspähen, eine seiner Brillen und ein Porträt seines Lieblingshundes Pepper, ein Geschenk von Sir Walter Scott. Damit sich nicht zu viele Besucher gegenseitig auf die Füße treten, gilt die Eintrittskarte nur für einen begrenzten Zeitraum. Sie berechtigt aber zur Teilnahme an einer interessanten Führung.

Wordsworth bewohnte das Haus mit seiner Schwester Dorothy, Ehefrau Mary und den drei Kindern John, Dora und Thomas. 1808 zog die Familie ins nahe gelegene Allen Bank und das Cottage wurde an Thomas de Quincey, den Verfasser der *Confessions of an English Opium Eater (Bekenntnisse eines englischen Opiumessers)*, vermietet.

Die Eintrittskarte berechtigt auch zum Besuch des **Wordsworth Museum & Art Gallery** nebenan, wo eine der wichtigsten Sammlungen des Landes zur Romantik untergebracht ist, darunter zahlreiche Originalmanuskripte und die gruseligen Totenmasken einiger namhafter Vertreter der Epoche.

**St. Oswald's Church** KIRCHE
(Church Stile) Auf dem Friedhof der kleinen Kapelle mitten in Grasmere ruhen die Mitglieder der Familie Wordsworth. Wer sucht, der findet die Grabsteine von William, Mary, Dorothy und allen drei Kindern. Auch Samuel Taylor Coleridges Sohn Hartley liegt hier begraben.

**Grasmere Lake & Rydal Water** SEE
Die Ufer des zweigeteilten Sees Grasmere säumen idyllische Spazierwege. Am nördlichen Ende des Grasmere kann man beim **Faeryland Tea Garden** (10.30–16 Uhr), fünf Minuten zu Fuß vom Dorfkern, Ruderboote ausleihen.

## Aktivitäten

Grasmere ist Ausgangspunkt beliebter Wanderungen, unter anderem zu dem wegen seiner Umrisse oft „der Löwe und das Lamm" genannten **Helm Crag** (405 m), zum **Silver Howe** (394 m) und zum **Loughrigg Fell** (335 m). Außerdem geht es von hier aus auf den mehrere Gipfel überquerenden Rundwanderweg **Easedale Round** (5–6 Std., 13,6–14,4 km).

Eine weniger große Herausforderung stellt ein Spaziergang auf dem **Old Coffin Trail** zwischen Grasmere und Rydal Mount dar, auf dem früher Särge zum Friedhof der St. Oswald's Church transportiert wurden. Der Weg beginnt in der Nähe des Dove Cottage.

## Schlafen

**Butharlyp How YHA** HOSTEL £
(0845 371 9319; www.yha.org.uk; Easedale Rd; B 18–21 £; Rezeption Feb.–Nov. tgl. 7–22 Uhr, Dez. & Jan. nur Sa & So; P @) Grasmeres YHA ist in einem großen viktorianischen Gebäude, umgeben von Wiesen, untergebracht. Es besitzt eine große Auswahl an Schlafsälen unterschiedlicher Größe und eine Café-Bar.

**Grasmere Hostel** HOSTEL £
(015394-35055; www.grasmerehostel.co.uk; Broadrayne Farm; B 20–22 £; P @) Das unabhängige Hostel in einem umgebauten Landhaus an der A591 in der Nähe des Pub Traveller's Rest hat zwei Küchen und ein eigenes Badezimmer für jeden Schlafsaal. Sogar eine Sauna ist vorhanden.

**Thorney How** HOSTEL £
(015394-35597; www.thorneyhow.co.uk; Easedale Rd; B 21–5 £) Das unabhängige Hostel befindet sich in einem denkmalgeschützten Bauernhaus (Grade II auf der amtlichen Denkmalliste, d. h. von nationaler Bedeutung und speziellem Interesse) abseits der Easedale Rd, 15 Minuten zu Fuß von Grasmere entfernt, und war früher eine YHA-Herberge. Die Unterbringung in 6- bis 10-Bett-Schlafsälen ist ziemlich beengt. Es stehen aber auch ein paar Doppelzimmer zur Verfügung. Zur Ausstattung zählen eine Küche, ein Café und ein Fahrradunterstellplatz.

**How Foot Lodge** B&B ££
(015394-35366; www.howfoot.co.uk; Town End; DZ 75–80 £; P) Das nur einen Katzensprung vom Dove Cottage entfernte Steinhaus hat sechs in unterschiedlichen Beigetönen gehaltene Gästezimmer. Die schönsten sind die Deluxe Doubles, von denen eins eine Sonnenterrasse besitzt und das andere ein separates Wohnzimmer. Angesichts der Lage ein absolutes Schnäppchen.

**Raise View House** B&B ££
(015394-35215; www.raiseviewhouse.co.uk; White Bridge; EZ 53–58 £, DZ 106–116 £; P) Fast jedes Zimmer hat Aussicht auf einen Fell. Einen besonders majestätischen Anblick bieten der Helm Crag, der Easedale und der Stone Arthur. Das am Rand von Grasmere gelegene Haus hat Stil: Farrow & Ball-Farben, Gilchrist & Soames-Artikel im Bad und Wedgwood-Porzellan auf dem Frühstückstisch.

**Heidi's Grasmere Lodge** B&B ££
(015394-35248; www.heidisgrasmerelodge.co.uk; Red Lion Sq; DZ 79–110 £; ) In dem edlen B&B direkt über dem gleichnamigen Café gibt's sechs ausgesprochen feminin eingerichtete Gästezimmer voller Zierkissen und Accessoires im Cath-Kidston-Design. Sie sind ziemlich klein, aber echt gemütlich. Zimmer Nr. 6 besitzt einen eigenen, über eine Wendeltreppe erreichbaren Sonnenbalkon.

★ **Moss Grove Organic** HOTEL £££
(015394-35251; www.mossgrove.com; Zi. So–Do 114–209 £, Fr & Sa 129–259 £; P) Das Hotel macht keinen Hehl aus seiner grünen Gesinnung: Dämmung mit Schafwolle, umweltverträgliche Wandfarben, Betten aus Abfallholz. Was es von vergleichbaren Unterkünften abhebt, ist, dass hier Öko und

Geschmack einander nicht ausschließen. Die Zimmer sind riesig und die blitzblanken Bäder haben fabelhafte Duschen und Fußbodenheizung. Das Frühstück wird als Buffet vorbereitet und im kombinierten Küche-Esszimmer im Erdgeschoss eingenommen.

## Essen

**Heidi's of Grasmere** CAFÉ £
(Red Lion Sq; Hauptgerichte 4–8 £; ⌚9–17.30 Uhr) Das mit Kiefernholz ausgekleidete Café stellt ein willkommenes Refugium bei Wetterumschwüngen dar. Üppige Sandwiches und warme Suppen gehen hier weg wie warme Semmeln, aber wer richtig hungrig ist, bestellt am besten die Spezialität des Hauses, *Lakeland Cheese Smokey*.

**Baldry's Tea Room** CAFÉ £
(Red Lion Sq; Hauptgerichte 3–8 £; ⌚10–17 Uhr) Das plüschige Café ist die richtige Adresse für einen klassischen Cream Tea: Tee aus einer Knochenporzellantasse und dazu buttrige *scones* oder ein Stück *Victoria Sponge Cake*.

★ **Jumble Room** MODERN BRITISCH ££
(☎015394-35188; www.thejumbleroom.co.uk; Langdale Rd; Hauptgerichte mittags 14,50–21 £; ⌚Mi–Mo 17.30–22 Uhr) Das Ehepaar Andy und Crissy Hill hat eine Dorfkneipe in ein hübsches, einladendes Esslokal und einen Gourmet-Hotspot verwandelt. Farbenfrohes Geschirr, Kuh-Gemälde und Primärfarben sorgen für Boho-Atmosphäre. Passend dazu gibt's eine bunt gemischte Speisekarte, vom *Dithwaz Chicken* bis zum über ein halbes Pfund schweren *Flat Iron Steak*.

**Sara's Bistro** BISTRO ££
(Broadgate; Hauptgerichte 10–16 £; ⌚Di–So 18–21 Uhr) Bodenständiges, hausgemachtes Essen ist Saras Raison d'être – große Portionen Brathähnchen, Ente mit Honigkruste und Schweinebauch mit Thymian. Weder die Speisen noch der Einrichtungsstil sind außer der Reihe, aber es herrscht rundum Wohlfühlambiente.

**Miller Howe Cafe** CAFÉ ££
(Red Lion Sq; Hauptgerichte 5–14 £; ⌚8.30–17.30 Uhr) In dem schicken Café am Hauptplatz wird Mittagskost vom Feinsten serviert, darunter Räucherlachsmuffins und Clubsandwiches, dazu erstklassiger Kaffee von Farrers.

## Shoppen

★ **Sarah Nelson's Gingerbread Shop** LEBENSMITTEL & GETRÄNKE
(www.grasmeregingerbread.co.uk; Church Cottage; ⌚Mo–Sa 9.15–17.30, So 12.30–17 Uhr) Seit 1854 produziert der namhafte Süßwarenhersteller direkt neben der Dorfkirche das unverzichtbare Grasmere-Souvenir: traditionelle, nach einem streng gehüteten Geheimrezept gebackene Lebkuchen, halb Keks, halb Kuchen (12 Stück für 4,95 £). Für die freundliche Bedienung durch Verkäuferinnen in hübschen Trägerschürzen und gestärkten Häubchen gibt's noch einen Pluspunkt obendrauf.

## An- & Weiterreise

Bus 555 fährt von Windermere über Ambleside, Rydal Church und Dove Cottage nach Grasmere (15 Min.).

Der oben offene Bus 599 (im Sommer 2- oder 3-mal pro Std.) verkehrt von Grasmere via Ambleside und Troutbeck Bridge nach Windermere und Bowness.

Die Preise sind für beide Bussen gleich. Die Fahrt von Grasmere nach Ambleside kostet 6,30 £, nach Windermere 6,80 £.

# Hawkshead & Umgebung

1640 EW.

Hawkshead ist das Musterbeispiel eines Lakeland-Dorfs, ein Haufen weißgetünchter Cottages, kopfsteingepflasterte Gassen und alte Pubs inmitten der flaschengrünen Landschaft zwischen Ambleside und Coniston. Auch literarischen Ruhm hat das Dorf aufzuweisen: Wordsworth ging hier zur Schule und Beatrix Potters Ehemann William Heelis war lange Jahre in Hawkshead als Anwalt tätig (sein ehemaliges Büro ist heute eine Kunstgalerie).

Das Dorfzentrum ist Fußgängerzone.

## Sehenswertes

**Hawkshead Grammar School** HISTORISCHES GEBÄUDE
(www.hawksheadgrammar.org.uk; Eintritt 2 £; ⌚April–Sept. Mo–Sa 10–13 & 14–17, So 13–17 Uhr) In vergangenen Jahrhunderten wurden begabte junge Gentleman auf die Dorfschule von Hawkshead geschickt, um eine solide Grundbildung zu erwerben. Zu den Zöglingen zählte auch ein gewisser William Wordsworth, der die Schule von 1779 bis 1787 besuchte.

NICHT VERSÄUMEN

## GRIZEDALE FOREST

Der Grizedale (abgeleitet von der altnordischen Bezeichnung für „wilder Eber") Forest überzieht die Hügel zwischen Coniston Water und Esthwaite Water. Er ist einer der zauberhaftesten Wälder im Lake District – und gleichzeitig sein größtes Freiluft-Kunstprojekt. Mehr als 90 großformatige Kunstwerke und Skulpturen verteilen sich über den Wald, von einem Riesenxylophon bis zu einem „Waldmann", der einem Tolkien-Roman entsprungen sein könnte.

Bus X30, der Grizedale Wanderer (März–Nov. 4-mal tgl.), fährt von Haverthwaite über Hawkshead und Moor Top nach Grizedale.

**Grizedale Visitors Centre** (☎01229-860010; www.forestry.gov.uk/grizedaleforestpark; ⏲10–17 Uhr, Winter 11–16 Uhr) Die Hauptinformationsstelle hat jede Menge Landkarten und Broschüren zu Freizeitaktivitäten im Grizedale-Wald.

**Grizedale Mountain Bikes** (☎01229-860369; www.grizedalemountainbikes.co.uk; Erw./Kind ab 25/18 £ pro Tag; ⏲9–17 Uhr) Verleiht Mountainbikes und verkauft Radwegkarten. Letzte Vermietung um 15 Uhr.

**Go Ape** (www.goape.co.uk; Erw./Kind 30/24 £; ⏲März–Okt. tgl. 9–17 Uhr, Nov.–Feb. Sa & So) Kinder (große und kleine) werden den Kletterwald in den Baumwipfeln lieben.



Der Lehrplan hatte es in sich. Die vorgeschriebenen zehn Unterrichtsstunden am Tag umfassten anspruchsvolle Fächer wie Latein, Griechisch, Geometrie, Naturwissenschaften und Rhetorik. Wie nicht weiter verwunderlich, fühlte sich der junge William bemüßigt, seinen Namen in ein Pult zu schnitzen.

Im Obergeschoss erzählt eine kleine Ausstellung die Geschichte der Schule.

**Beatrix Potter Gallery** KUNSTGALERIE

(NT; www.nationaltrust.org.uk/beatrix-potter-gallery; Red Lion Sq; Erw./Kind 5/2,50 £; ⏲Mitte März–Okt. Sa–Do 10.30–17 Uhr) Beatrix Potter war nicht nur Kinderbuchautorin, sondern auch eine talentierte Pflanzenmalerin und Amateurbotanikerin. Besonders angetan war sie von Pilzen. In der kleinen Kunstgalerie (in den ehemaligen Büroräumen von Potters Ehemann, dem Rechtsanwalt William Heelis) sind von ihr gemalte Aquarelle mit Darstellungen der lokalen Flora und Fauna ausgestellt.

Wer eine Eintrittskarte zum Hill Top vorweisen kann, wird zum Ermäßigungspreis eingelassen.

**★ Tarn Hows** SEE

(NT; www.nationaltrust.org.uk/coniston-and-tarn-hows) GRATIS Rund 3 km abseits der B5285 von Hawkshead her schlängelt sich eine Landstraße zu dem künstlich angelegten See. Er ist ein populäres Fotomotiv und gehört mittlerweile zum National Trust. Fußpfade durchziehen das Seeufer und den Wald ringsum – wer die Augen offen hält, sieht Eichhörnchen in den Baumwipfeln herumturnen.

Es gibt einen kleinen National-Trust-Parkplatz, der aber schnell voll ist. In der Nähe halten mehrere Busse, darunter der 505 und der X30.

**Hill Top** HISTORISCHES GEBÄUDE

(NT; ☎015394-36269; www.nationaltrust.org.uk/hill-top; Erw./Kind 9/4,50 £; ⏲Mitte Feb.–Okt. Sa–Do 10.30–16.30 Uhr, im Juli & Aug. längere Öffnungszeiten) Das malerische Bauernhaus im Dörfchen Near Sawrey, 3,2 km südlich von Hawkshead, ist Pflicht für Beatrix-Potter-Fans. Nach ihrem Umzug in den Lake District war dies ihr erstes Domizil; hier schrieb und illustrierte sie viele ihrer berühmten Geschichten. Sie kaufte Hill Top im Jahr 1905, überwiegend vom Ertrag ihres ersten Bestsellers *The Tale of Peter Rabbit (Die Geschichte von Peter Hase)*. Das Haus steckt voller Gegenstände, die Lesern aus den Illustrationen ihrer Bücher bekannt vorkommen dürften.

In *Samuel Whiskers (Die Geschichte von Bernhard Schnautzbart), Tom Kitten (Die Geschichte von Tom Kitten)* und *Jemima Puddle-Duck (Jemima Pratschel-Watschel)* ist das Haus naturgetreu abgebildet. Manche Besucher werden den schmiedeeisernen Küchenherd aus vielen Tierhöhlen wiedererkennen.

Dank Potters Berühmtheit (zu der auch die 2006 in die Kinos gekommene Filmbiografie *Miss Potter* beigetragen hat) ist Hill Top eine der ganz großen Sehenswürdigkeiten der Lakes. In der Saison sind Warteschlangen unvermeidlich. Die Eintrittskarten gelten nur für einen begrenzten

Zeitraum. Um dem Massenansturm etwas zu entgehen, kommt man am besten erst später am Tag her.

## Schlafen & Essen

**Hawkshead YHA** HOSTEL £
(☎0845 371 9321; hawkshead@yha.org.uk; B 15–21 £; P @) Das große Hostel residiert in einem Gebäude im Regencystil, das 1,6 km außerhalb, an der Straße nach Newby Bridge steht. Die Schlafsäle und die Küche sind geräumig, es gibt einen Fahrradverleih und direkt vor der Tür halten Busse.

**Yewfield** B&B ££
(☎015394-36765; www.yewfield.co.uk; Hawkshead Hill; EZ 49–65 £, DZ 98–130 £; P ) Das freistehende Haus steht auf einem Hügel in der Nähe von Tarn Hows, auf halber Strecke zwischen Coniston und Hawkshead. Seine Betreiber sind auch die Besitzer des Zeffirelli's in Ambleside. Das Gebäude ist zwar im viktorianischen Baustil errichtet, wird aber umweltbewusst bewirtschaftet. Das Frühstück ist *veggie* und Bio, für Energie sorgt ein mit Holzabfällen gespeister Brenner und die Lebensmittel kommen aus dem eigenen Gemüsegarten.

**Randy Pike** B&B £££
(☎015394-36088; www.randypike.co.uk; Zi. Mo–Fr 200 £, Sa & So 225 £) Andy und Chrissy Hill, die Eigentümer des Restaurant Jumble Room in Grasmere, managen das ehemalige Jagdhaus und sorgen dafür, dass sich ein Aufenthalt mehr wie ein Besuch bei Freunden auf dem Land anfühlt und nicht wie eine B&B-Übernachtung. Die drei Zimmer haben Bohème-Flair: abgezogene Holzdielen, urige Möbel und bunt zusammengewürfelte Stoffe plus mit Musik bestückte iPods. Im Garten steht sogar eine Tardis.

**Love Shack** COTTAGE £££
(☎015394-41242; www.lakedistrictloveshack.com; Cunsey; Zi. Sa & So 350–650 £, 600–850 £ pro Woche) Ein cooleres Cottage sucht man vergebens. Die umweltfreundliche Holzhütte wurde an einer Stelle erbaut, an der in den 1960er-Jahren eine Liebeslaube stand (daher der Name) und ist das Geisteskind der Künstler Karen Guthrie und Adam Sutherland. Es ist eine Mischung aus modern und retro – aufgemöbeltes Holz, Bio-Farben und Eichenholzdielen, dazu hippe Möblierung und abgerockte mega-retro Love Seats. Das Ganze in abgeschiedener Waldlage unweit von Near Sawrey.

**Hawkshead Relish Company** DELI £
(☎015394-36614; www.hawksheadrelish.com; The Square; ⌚Winter 9.30–17 Uhr, Sommer 9–17.30 Uhr) Beim dörflichen Chutneyhersteller gibt's eine Riesenauswahl an Würzsoßen und Konfitüren zu kaufen.

**Queen's Head** PUB ££
(☎015394-36271; www.queensheadhawkshead.co.uk; Main St; Hauptgerichte 14–22 £, EZ 70 £, DZ 100–130 £; ⌚12–15 & 18–22 Uhr) Hawkshead hat mehrere nette Pubs, aber bezüglich Alter und Atmosphäre schlägt das altehrwürdige Queen's Head sie alle um Längen. Die niedrige Kopfanstoß-Decke und die Eichenholzvertäfelung katapultieren die Gäste in vergangene Zeiten und das Essen ist hundert Prozent regionaltypisch (Herdwick-Lammbraten, *shepherd's pie, sticky toffee pudding*). Die kleinen, schmucken Zimmer im Haupthaus sind mit eleganten Vichy-Karostoffen eingerichtet und in neutralen Farben gehalten.

★ **Drunken Duck** PUB £££
(☎015394-36347; www.drunkenduckinn.co.uk; Barngates; Hauptgerichte 13–25 £; ⌚12–14 & 18–22 Uhr; P ) Wenn's um Top-Gastronomie in den Lakes geht, ist das Drunken Duck unübertroffen. Inzwischen eine der gefragtesten Foodie-Adressen der Region, hat es mehr von einem Feinschmeckerrestaurant als von einem Landgasthof. Das Essen ist Gaumenfreude pur und die Biere stammen aus der eigenen Brauerei hinter dem Haus. Wer hier zu Abend essen möchte, muss Wochen im Voraus reservieren; mittags gilt das Motto *first-come, first-served.*

Übernachtungsgäste werden feststellen, dass die Zimmer (95–275 £) genauso hochkarätig sind wie die Speisen. Das Pub ist nicht leicht zu finden: Autofahrer nehmen die B5286 von Hawkshead Richtung Ambleside und halten Ausschau nach den braunen Schildern.

## An- & Weiterreise

Zwischen Hawkshead und Windermere (6,50 £), Ambleside (4 £) und Coniston (4 £) verkehrt Bus 505 (stündl., inkl. So).

# Coniston

641 EW.

Das Dorf am Seeufer duckt sich unter einen zerklüfteten Berg namens **Old Man of Coniston** (803 m). Es entstand als Versorgungszentrum für die Bergwerke der Umgebung und in den Hügeln ringsum finden sich überall Reste alter Kupferminen. Heutzutage plant, wer Coniston einen Besuch abstattet, normalerweise zwei Unternehmungen: eine Fahrt mit der reizenden alten Coniston Launch und den Aufstieg zum Gipfel des Old Man, eine steile, aber wunderschöne Wanderung von insgesamt rund 11 km.

Coniston wurde aber auch als Schauplatz einer Reihe von Geschwindigkeitsrekordversuchen bekannt, die Sir Malcolm Campbell und sein Sohn Donald von den 1930er- bis in die 1960er-Jahre anstellten. Nachdem er den Weltrekord mehrmals gebrochen hatte, kam Donald bei einem weiteren Versuch 1967 ums Leben, als sich sein raketengetriebenes Schnellboot *Bluebird* bei 527 km/h überschlug. Erst 2001 wurden das Boot und sein Kapitän geborgen und Campbell auf dem Friedhof der Kirche St. Andrew's begraben.

## Sehenswertes

**Brantwood** HISTORISCHES GEBÄUDE

(015394-41396; www.brantwood.org.uk; Erw./Kind 7,20 £/frei, nur Grundstück 4,95 £/frei; Mitte März–Mitte Nov. 10.30–17 Uhr, Mitte Nov.–Mitte März Mi–So bis 16 Uhr) John Ruskin (1819–1900), der Brantwood 28 Jahre lang bewohnte, war einer der großen Denker des 19. Jhs. Der Universalgelehrte, Philosoph, Maler und Kunsthistoriker sowie passionierter Muschelsammler verfasste Abhandlungen über eine Vielzahl von Themen, von venezianischer Architektur bis zu den Feinheiten des Spitzenklöppelns.

1871 erwarb Ruskin dieses Haus am See. Die nächsten 20 Jahre verbrachte er damit, es aus- und umzubauen, wobei er seine Vorliebe für traditionelles Kunsthandwerk und Kunstgewerbe und seine Ablehnung fabrikgefertigter Materialien auslebte. Sogar das Tapetenmuster entwarf er selbst.

Besonders sehenswert sind Ruskins riesige Muschelsammlung im Erdgeschoss und mehrere Gemälde von J. M. W Turner (Ruskins Lieblingskünstler) in einem Schlafzimmer im Obergeschoss. Auch auf dem Gelände, von dem sich majestätische Ausblicke eröffnen, lässt es sich wunderbar herumspazieren.

Zu erreichen ist das Anwesen am besten mit der Fähre von Coniston (dann gibt's obendrein 50 p Ermäßigung auf den Eintrittspreis). Die Wartezeit kann man für ein Mittagessen im **Jumping Jenny** (4–8 £) in den ehemaligen Stallungen nutzen. Wer lieber mit dem eigenen Fahrzeug hinfahren möchte, nimmt die B5285 von Hawkshead Richtung Coniston und folgt den Wegweisern.

**Ruskin Museum** MUSEUM

(www.ruskinmuseum.com; Erw./Kind 5,25/2,50 £; Ostern–Mitte Nov. 10–17.30 Uhr, Mitte-Nov.–Ostern Mi–So 10.30–15.30 Uhr) Das kleine Museum von Coniston erzählt die Geschichte des Dorfs und dabei insbesondere vom Kupferbergbau, Arthur Ransome und den Campbells. Eine Abteilung beschäftigt sich auch mit John Ruskin und zeigt einige seiner Schriften, Aquarelle und Skizzenbücher.

Im neuen Bluebird Wing ist derzeit der geborgene Bootsmotor von Donald Campbells *Bluebird* untergebracht. Man hofft, dass das ganze Boot hier ausgestellt wird, sobald es wieder gänzlich restauriert ist (falls es je dazu kommt).

## Aktivitäten

Der Lake Coniston inspirierte bekanntermaßen Arthur Ransome zu seinem Kinderbuch-Klassiker *Swallows and Amazons (Kampf um die Insel)*. Peel Island, zum südlichen Ende des **Coniston Water** hin gelegen, wurde im Buch zu Wild Cat Island und der Dampfer *Gondola* soll Ransome die Idee zu Captain Flints Hausboot eingegeben haben.

**Steam Yacht Gondola** BOOTSTOUREN

(NT; 015394-63850; www.nationaltrust.org.uk/gondola; Coniston Jetty; „half-lake"-Rückfahrkarte Erw./Kind 11/5,50 £) Das wunderbare, 1859 gebaute und in den 1980er-Jahren mit Mitteln des National Trust restaurierte Fahrgastschiff sieht aus wie eine Kreuzung zwischen einem venezianischen *vaporetto* und einem englischen Hausboot, samt Salons mit Polstersitzen und polierten Holzbänken. Mit der *Gondola* lässt sich der See auf stilvolle Weise erkunden, vor allem wenn ein Besuch von Brantwood auf dem Programm steht. Und umweltfreundlich ist das auch, denn seit 2008 wird das Schiff mit Abfallholz betrieben.

Von Mitte März bis Oktober werden täglich mehrere „Half Lake"-Trips durchgeführt. Die längeren „Full Lake"-Fahrten finden nur ein paarmal pro Woche statt und werden kommentiert mit Informationen zu Ransome, den Campbells und Ruskin. Im Sommer stehen auch Picknick- und sonntägliche *afternoon tea*-Fahrten auf dem Programm. Bei Onlinebuchung gibt's 10 % Rabatt.

**Coniston Launch** BOOTSTOUREN
(015394-36216; www.conistonlaunch.co.uk; Coniston Jetty; Northern Service Rückfahrkarte für Erw./Kind 10,50/5,25 £, Southern 15,50/7,75 £) Die beiden Coniston-Barkassen fahren seit 2005 mit Solarenergie. Der reguläre 45-minütige **Northern Service** legt am Waterhead Hotel, in Torver und Brantwood an. Der 105-minütige **Southern Service** fährt von Montag bis Donnerstag unter wechselnden Mottos. Am Montag und Mittwoch lautet es *Swallows and Amazons* und am Dienstag und Donnerstag *Campbells on Coniston.*

**Coniston Boating Centre** BOOTFAHREN
(015394-41366; www.conistonboatingcentre.co.uk; Coniston Jetty) Vermietet Ruderboote, Kanadier und Motorboote.

## Schlafen

**Coniston Holly How YHA** HOSTEL £
(0845 371 9511; conistonhh@yha.org.uk; Far End; B 15–21,50 £; Rezeption 7.30–10 & 17–22 Uhr) Das Hostel in einem schönen alten Gebäude bietet den üblichen YHA-Standard, d. h. ordentliche Schlafsäle, gut ausgestattete Küche, organisierte Wanderungen und ein Café im Haus.

**Coppermines YHA** HOSTEL £
(0845 371 9630; coppermines@yha.org.uk; B ab 16 £; Rezeption Ostern–Okt. 7–11 & 17–22 Uhr) Das rustikale Hostel an einer steilen steinige Straße, 1,5 km vom Dorf entfernt, diente früher als Unterkunft für Bergleute aus den Kupferminen. Heute ist es eine begehrte Wandererherberge. Die Schlafsäle sind klein, aber es gibt eine Küche, Duschen und sogar eine Bar mit Alkohollizenz.

**Hoathwaite Campsite** CAMPINGPLATZ £
(NT; Reservierungen 015394-63862; www.ntlakescampsites.org.uk; Erw., Zelt & Auto ab 6 £; Ostern–Nov.) Der „Zurück zur Natur"-Campingplatz gehört zum National Trust und liegt an der A5394 zwischen Coniston und Torver. Er hat einen Sanitärblock, Wasseranschlüsse und sonst praktisch nichts – aber die Aussicht über Coniston Water ist spitzenmäßig.

**Bank Ground Farm** B&B ££
(015394-41264; www.bankground.com; East of the Lake; DZ ab 90 £, Mindestaufenthalt 2 Nächte; P) Das Bauernhaus am See wurde literarisch verarbeitet: Es diente Arthur Ransome als Vorbild für die Holly Howe in *Swallows and Amazons*. Teile des Hauses datieren aus dem 15. Jh. und so sind die Zimmer ziemlich kuschlig. Manche haben Schlittenbetten, andere freiliegende Holzbalken. Auch der Tearoom kann sich sehen lassen. Für Besucher, die längere Zeit bleiben möchten, stehen Cottages bereit. Zwei Nächte Mindestaufenthalt.

**Lakeland House** B&B ££
(015394-41303; www.lakelandhouse.co.uk; Tilberthwaite Ave; EZ 30–55 £, DZ 60–95 £) Das schnörkellose B&B liegt direkt über dem Dorf-Internetcafé. Die billigsten Zimmer sind vor allem zweckmäßig, sodass sich die Mehrausgabe für ein Superior echt lohnt, wenn man etwas Platz und Komfort haben möchte. Die Lookout Suite verfügt über ein separates Wohnzimmer.

## Essen & Ausgehen

**Bluebird Cafe** CAFÉ £
(Lake Rd; Hauptgerichte 4–8 £; 9.30–17.30 Uhr) Das Café am See profitiert nicht schlecht von den Ausflüglern, die auf die Coniston Launch warten. Es hat die üblichen Salate und Sandwiches und eine Menge Tische im Freien.

**Sun Hotel** PUB ££
(www.thesunconiston.com; Hauptgerichte 12–20 £; 10–23 Uhr) Das 400 Jahre alte Gasthaus mit Giebeldach spielte eine wichtige Rolle in der Geschichte von Coniston. Hier hatte Donald Campbell während seines fatalen letzten Rekordversuchs sein Hauptquartier aufgeschlagen. In der Gaststube unter den Holzbalken sind zahlreiche Campbell-Erinnerungsstücke zu sehen und vom hübschen Garten fällt der Blick über den See. Die Verpflegung ist bodenständig (in Bierteig gebackener Fisch, über Eichenholz gegrilltes Hühnchen); zum Runterspülen gibt's Gast-Biere aus Brauereien der Region.

**Black Bull** PUB
(www.conistonbrewery.com/black-bull-coniston.htm; Yewdale Rd; Hauptgerichte 8–16 £; 10–23 Uhr) Das alte Black Bull ist Conistons beliebtester Treffpunkt und hat eine stattliche Anzahl an Gaststuben und eine gutbesuchte Freiterrasse zu bieten. Das Kneipenessen ist in Ordnung, aber berühmt ist der alte Stier vor allem wegen der hausgebrauten Biere: Bluebird Bitter und Old Man Ale werden jederzeit gezapft, andere nur zu bestimmten Jahreszeiten.

## Praktische Informationen

**Coniston Tourist Office** (015394-41533; www.conistontic.org; Ruskin Ave; Ostern–Okt. 9.30–17.30 Uhr, Nov.–Ostern bis 16 Uhr).

Verkauft die Coniston Loyalty Card, mit der man bei vielen Einrichtungen in der Region Rabatt bekommt.

### An- & Weiterreise

Bus 505 fährt über Ambleside (4 £) nach Windermere (4 £, stündl. inkl. So) und zweimal täglich nach Kendal (9,30 £, 1¼ Std.).

Das Coniston Bus and Boat Ticket (Erw./Kind 17,90/7,50 £) gilt für die Hin- und Rückfahrt mit Bus 505 plus eine Fahrt mit der Coniston Launch und Eintritt in Brantwood.

## Elterwater & Great Langdale

Nördlich von Coniston führt die Straße in die wildromantische, menschenleere Landschaft von Great Langdale, einem der meistbesuchten Wandertäler der Lakelands. Hinter dem schmucken Dorf Elterwater reihen sich vor der pastoralen Kulisse eines Flickenteppichs aus baufälligen Scheunen und sattgrünen Feldern am Horizont imposante Fells wie Dominosteine auf.

Die berühmteste Wanderung von Langdale führt über die **Langdale Pikes**: Pike O' Stickle (709 m), Loft Crag (682 m), Harrison Stickle (736 m) und Pavey Ark (700 m). Auf der anderen Talseite erheben sich die zackigen Gipfel des **Bowfell** (902 m) und der **Crinkle Crags**, die selbst für erfahrene Wanderer eine Herausforderung darstellen.

### Schlafen

**Great Langdale Campsite** CAMPINGPLATZ £
(NT; ☎015394-63862; www.ntlakescampsites.org.uk; Zeltstellplätze 10,50–13 £, zusätzl. Erw. 6 £, Pods 35–50 £; ⌚Anreise Sa–Do 15–19, Fr 15–21 Uhr; P) Der wahrscheinlich am spektakulärsten gelegene Campingplatz des Lake District erstreckt sich über eine Wiese, hinter der die Langdale-Fells aufragen. In der Saison wird es hier voll, aber rund drei Viertel der Stellplätze können im Voraus reserviert werden. Die restlichen werden nach dem Motto „Wer zuerst kommt, mahlt zuerst" vergeben. Es stehen auch Camping-Pods und Jurten zur Verfügung.

**Langdale YHA** HOSTEL £
(☎0845 371 9748; langdale@yha.org.uk; High Close, Loughrigg; B 15–21 £; ⌚Rezeption März–Okt. 7–10 & 17–22.15 Uhr; P @) Das geräumige Hostel in einem vornehmen viktorianischen Haus an der Straße nach Grasmere hat große Zimmern, hohe Decken und eine riesige Gemeinschaftslounge.

**Elterwater YHA** HOSTEL £
(☎0845 371 9017; elterwater@yha.org.uk; B 15–21 £; ⌚Rezeption Ostern–Okt. 7.30–10 & 17–22.30 Uhr; @) Ein freundliches Hostel in einem ehemaligen Bauernhaus, nur einen Steinwurf vom Dorfplatz von Elterwater entfernt.

★ **Old Dungeon Ghyll** HOTEL ££
(☎015394-37272; www.odg.co.uk; DZ ab 106 £, HP 156 £; P 📶 🐾) Der historische Gasthof, liebevoll The ODG genannt, bietet Lakeland-Erbe pur. Hier haben schon viele berühmte Wanderer genächtigt, darunter Prince Charles und der Bergsteiger Chris Bonington. Es ist ganz bezaubernd *olde-worlde* (in Ehren abgewohntes Mobiliar, Himmelbetten). Wer nicht hier absteigt, muss wenigstens nach der Wanderung auf ein Pint in der Hiker's Bar vorbeischauen – seit Dekaden der Mittelpunkt des gesellschaftlichen Lebens von Langdale.

★ **Eltermere Inn** HOTEL £££
(☎015394-37207; www.eltermere.co.uk; Zi. 125–225 £) Der von den Hoteliers Mark und Ruth Jones liebevoll renovierte Landgasthof ist eines der reizendsten ländlichen Refugien von Lakeland. Die Zimmer sind klassisch-schlicht eingerichtet, nach einem geschmackvollen Farbkonzept beige-antrazith gehalten und weisen bezaubernde Details wie tiefe Fensterbänke und frei stehenden Badewannen auf. Auch das Essen, das in der gemütlichen Hausbar serviert wird, ist von erster Güte. Der *afternoon tea* wird an sonnigen Tagen auf dem Rasen eingenommen.

**Brimstone Hotel** HOTEL £££
(☎015394-38062; www.brimstonehotel.co.uk; Langdale Estate; Zi. 200–300 £) Der prächtige Cottagekomplex auf dem Langdale Estate definiert das Wort Luxus neu. Die riesigen Suiten kennzeichnet eher London-Chique als Lakeland-Gemütlichkeit. Zum Standard gehören Mezzanine, edle Kacheln, eigene Patios und ultramoderne Holzbrenner. Eine Bibliothek, ein Spa, ein Restaurant und ein privates Waldstück dürfen da natürlich nicht fehlen.

### Essen

**Stickle Barn** PUB £
(☎015394-37356; Hauptgerichte 6–12 £) In dem quirligen, bei Wanderern sehr beliebten Pub in der Nähe des ODG wird Nahrhaftes wie Currys, Chilis und Hotpots aufgetragen.

ABSTECHER

## DIE STEILSTE STRASSE ENGLANDS?

Eine haarsträubend steile Bergstraße führt im Zickzackkurs über die Fells zwischen den Tälern **Little Langdale** und **Eskdale**. Der einstige Maultierpfad, der später von den Römern stark ausgebaut wurde, war eine wichtige Handelsroute zwischen den zentralen Tälern von Lakeland und den Häfen an der cumbrischen Küste. Sie überquert die beiden höchsten Straßenpässe Englands, den **Wrynose** und den **Hardknott**, und erreicht stellenweise ein Gefälle von atemberaubenden 30 %. Auf dem Hardknott Pass stehen die Ruinen einer römischen Festung. Erhalten sind Reste der Außenmauer, vom Exerzierplatz und vom Kommandantenhaus. Von hier oben eröffnen sich traumhafte Ausblicke.

Solange man es vorsichtig und entspannt angeht, lässt sich die Straße gut befahren. Aber wer nicht gern im Rückwärtsgang oder am Rand von Abhängen fährt (für Wohnwagen und Busse definitiv ungeeignet), sollte auf die Fahrt verzichten. Wichtig zu wissen: Die Straße ist fast durchgehend einspurig und es gibt nur wenige, weit auseinanderliegende Ausweichstellen, aber mit Gegenverkehr ist zu rechnen. Vor der Fahrt muss man sich vergewissern, dass die Bremsen einwandfrei funktionieren und das Kühlwasser auffüllen – meist wird im ersten oder zweiten Gang gefahren.

Um von Ambleside zur Passstraße zu gelangen, folgt man auf der A593 den Straßenschildern nach Skelwith Bridge und biegt dann Richtung Little Langdale ab. Hinter dem Three Shires Inn wird die Straße steil. Wer dagegen von Westen kommt, nimmt auf der Küstenstraße A595 die Abfahrt Richtung Eskdale und fährt an Boot vorbei hoch zu den Pässen.

**Chesters by the River** CAFÉ ££
(☎015394-32553; www.chestersbytheriver.co.uk; Hauptgerichte 8–14 £; ⏲10–17 Uhr) Ein hübsches Café am Fluss in günstiger Lage zwischen Ambleside und Elterwater mit Feinschmeckerküche und verführerischen Kuchen. Angeschlossen ist ein Geschenkeladen und in der Atelierwerkstatt um die Ecke kann man sich mit Souvenirs aus Schiefer eindecken.

### An- & Weiterreise

Als einziger Bus verkehrt der Bus 516 (7-mal tgl.). Er hält in Skelwith Bridge, Elterwater und am Old Dungeon Ghyll Hotel in Great Langdale. Ein Fahrschein von Ambleside zu allen Zielorten kostet jeweils 3,60 £.

## Wasdale

Im schroffen, windgepeitschten Tal Wasdale, nur 8 km von der cumbrischen Küste entfernt, zeigt sich der Lake District von seiner unwirtlichen Seite. Das Tal wurde von einem längst verschwundenen Gletscher geformt und beherbergt die höchsten und rauesten Gipfel der Region sowie das stahlgraue Gewässer Wastwater, den tiefsten und kältesten See Englands.

Die Fells von Wasdale ziehen Wanderer magisch an, vor allem die, die Englands höchsten Berg bezwingen möchten, den **Scafell Pike** (978 m). Die klassische Route beginnt am Wasdale Head und ist für die meisten Wanderfreunde machbar. Allerdings handelt es sich um eine lange, steile und bei schlechtem Wetter schwierig zu begehende Strecke. Da man ungefähr sechs bis sieben Stunden am Berg vor sich hat, muss entsprechend Proviant und Ausrüstung mitgenommen werden.

In dem Tal steht auch eine der kleinsten Kapellen von England, die **St. Olaf's Church** aus dem 16. Jh. Ihre Dachbalken stammen angeblich von einem gekenterten Wikinger-Langboot.

Im **Barn Door Shop** (☎019467-26384; www.wasdaleweb.com), neben dem Wasdale Head Inn, wird Camping- und Wanderzubehör verkauft.

### Schlafen

**Wasdale Head Campsite** CAMPINGPLATZ £
(NT; ☎bookings 015394-63862; www.ntlakescampsites.org.uk; Stellplätze 10,50–13 £, zusätzl. Erw. 6 £, Pods 35–50 £; ⏲Rezeption Mo–Fr 8–10.30, Sa & So 8–10.30 & 17–18.30 Uhr) Der Campingplatz liegt in schöner Natur am Fuß des Scafell. Die Einrichtungen sind schlicht (Waschraum, Duschen), aber der Blick ist überirdisch.

**Wastwater YHA** HOSTEL £
(☎0845 371 9350; wasdale@yha.org.uk; Wasdale Hall, Nether Wasdale; B 18–23 £; ⏲Rezeption 8–10

& 17–22.30 Uhr; P) Das Hostel am Ufer des Wastwater erfreut sich einer Lage, für die man normalerweise einen Haufen Geld hinlegen muss. Es ist in einem Herrenhaus aus dem 19. Jh. untergebracht, dessen ursprüngliche Bausubstanz größtenteils noch erhalten ist, inklusive Original-Fachwerkdach und Gitterfenster. Die Herberge hat die üblichen Selbstverpflegereinrichtungen und darüber hinaus ein ordentliches Restaurant.

★ **Wasdale Head Inn** B&B **££**
(☎ 019467-26229; www.wasdale.com; EZ 59 £, DZ 118–130 £, 3BZ 177 £; P) Das ehrwürdige Bergwanderer-Gasthaus aus dem 19. Jh. schmiegt sich an den Fuß des drohend aufragenden Scafell Pike. Es ist bezaubernd altmodisch und mit alten Fotos und Bergsteigerzubehör vollgestopft. Den Gästen stehen gemütliche Zimmer und geräumigere Suiten in einem umgebauten Stall zur Verfügung. Im holzvertäfelten Speiseraum werden Gourmetgerichte serviert, in Ritson's Bar dagegen Kneipenkost und Biere aus der Great Gable Brewing Co.

### An- & Weiterreise

Nach Wasdale Head fahren keine öffentlichen Busse, aber man kann bei **Gosforth Taxis** (☎ 01946-734800) ein Taxi bestellen.

## Cockermouth

9146 EW.

Die Stadt Cockermouth am River Cocker ist als Geburtsort von William Wordsworth und Heimat der renommierten Jenning's Brewery bekannt. Schlagzeilen machte Cockermouth 2009, als es von einer verheerenden Überschwemmung teilweise verwüstet wurde. Inzwischen sind die eleganten georgianischen Straßenzüge wieder in Schuss. Der Besuch von Cockermouth bietet eine interessante Abwechslung von den prominenteren und von mehr Reisenden angesteuerten Lakeland-Städten.

### Sehenswertes

★ **Wordsworth House** HISTORISCHES GEBÄUDE
(NT; ☎ 01900-824805; Main St; Erw./Kind 6,70/3,35 £; ⏲ März–Okt Sa–Do 11–17 Uhr) In diesem hübschen georgianischen Haus am Ende der Main St wurde am 7. April 1770 William Wordsworth geboren. Das um 1745 erbaute Haus wurde nach Aufzeichnungen aus Wordsworths Nachlass restauriert. Dank der im Stil der damaligen Zeit gekleideten Guides können sich die Besucher eine Vorstellung davon machen, wie das Leben im Haus damals aussah.

Der Küchengarten – er wird in Wordsworths autobiografischem Gedicht *The Prelude (Präludium oder Das Reifen eines Dichtergeistes)* erwähnt – hat bei der Überflutung schwer gelitten, wurde jedoch originalgetreu wieder angelegt.

**Jenning's Brewery** BRAUEREI
(☎ 01900-821011; www.jenningsbrewery.co.uk; Erw./Kind 8/4,50 £; GRATIS Führungen April–Okt. Mo–Sa 12 & 14 Uhr, im Winter seltener) Bierkennern ist der Name Jenning's natürlich ein Begriff, die renommierte Brauerei existiert seit 1874. Bei einer Führung wird der Herstellungsprozess gezeigt und anschließend wartet eine Bierprobe in der Old Cooperage Bar. Zur Auswahl stehen goldenes Cocker

ABSEITS DER ÜBLICHEN PFADE

**ENNERDALE**

Wer Urlaub weit abseits der ausgetretenen Pfade machen möchte, sollte das weltabgeschiedene Ennerdale ansteuern. In diesem nördlich von Wasdale gelegenen Tal mit dem gleichnamigen See gab es früher Schieferbergwerke und ausgedehnte Nutzwälder. Sie werden aber allmählich abgeholzt, denn das Tal soll im Rahmen des **Wild Ennerdale-Projekts** (www.wildennerdale.co.uk) der Natur zurückgegeben werden.

Ennerdale ist ein Paradies für Wanderer, die stille Wege lieben. Mehrere schöne Strecken führen über die Fells nach Wasdale, und wer Richtung Buttermere wandert, kommt an der **Black Sail YHA** (☎ 0845 371 9680; www.yha.org.uk/hostel/black-sail; B 20,50–22,50 £) vorbei, einem wunderbar einsamen Hostel in einer Schäferhütte. Die bei Bergsteigern und Wanderern sehr begehrte Herberge hat sich zu einem YHA-Aushängeschild entwickelt und wurde kürzlich mit einem Kostenaufwand von rund 260 000 £ mit Sonnenkollektoren, LED-Leuchten und Doppelfenstern ausgestattet. Unbedingt vorbuchen, denn Schlafplätze sind dort Mangelware.

Hoop, klassisches Bitter und süffiges Sneck Lifter. Kinder unter 12 Jahren dürfen nicht teilnehmen.

## Schlafen

**Six Castlegate** B&B ££

(☎01900-826749; www.sixcastlegate.co.uk; 6 Castlegate; EZ 45–50 £, DZ 70–80 £; 📶) Ein Grade II-denkmalgeschütztes Stadthaus, in dem georgianisches Erbe mit modernen Einflüssen kombiniert wird. Alle sechs Zimmer haben Federbetten, hohe Decken und blitzsaubere Duschen.

**Croft House** B&B ££

(☎01900-827533; www.croft-guesthouse.com; 6/8 Challoner St; EZ 50 £, DZ 70–80 £; 📶) Alle Zimmer des schicken B&B in einem georgianischen Haus mit zitronengelbem Anstrich besitzen freiliegende Steinwände und Fußböden aus recyceltem Ahornholz.

## Essen & Ausgehen

**Merienda** CAFÉ £

(7a Station St; Hauptgerichte 4–8 £; ⏲Mo–Sa 9–17 Uhr) Ein preiswerteres Mittagessen als die frisch zubereiteten Suppen und großzügig belegten Sandwiches in dem hellen Café gibt's in der Stadt nicht.

**Quince & Medlar** VEGETARISCH ££

(www.quinceandmedlar.co.uk; 13 Castlegate; Hauptgerichte 13,95 £; ⏲Di–Sa 19–22 Uhr; ✍) 🍃 Innovative vegetarische Kost, aufgetragen im noblen Ambiente – Holzvertäfelung und Kerzenschein – eines georgianischen Hauses in der Castlegate. Die phantasievollen Kreationen werden sogar überzeugte Fleischesser in Versuchung führen. Darf's vielleicht Butternusskürbis mit Ingwer und Cumin-Quinoa-Kruste sein?

**Honest Lawyer** BISTRO ££

(☎01900-824888; 2 Main St; 2-Gänge-Menü 18,95 £; ⏲17.30–21.30 Uhr) Das versteckt am Fluss gelegene attraktive Bistro ist auf französisch-italienische Fusionsküche wie gegrillten Wolfsbarsch mit Jakobsmuscheln an Sauce Vierge oder Entenbrust mit Pommes Anna spezialisiert. Auch ein paar vegetarische Gerichte stehen zur Wahl. Selbst wenn Hochbetrieb herrscht, findet sich normalerweise noch ein freies Plätzchen.

**Bitter End** PUB

(☎01900-828993; www.bitterend.co.uk; 15 Kirkgate; Hauptgerichte 10–15 £; ⏲12–14.30 & 18–22 Uhr) Das namhafte Brewpub produziert seine eigenen, preisgekrönten Biere, z. B. Cockermouth Pride, Lakeland Honey Beer und Cuddy Lugs. Durch eine Glasscheibe kann man von der Bar aus den Brauprozess verfolgen.

## Praktische Informationen

**Tourist Office** (☎01900-822634; cockermouthtic@co-net.com; ⏲Mo–Fr 10–16, Sa bis 14 Uhr). Im Rathaus.

## An- & Weiterreise

Bus X4/X5 (Mo–Sa halbstündl., So stündl.) fährt von Penrith nach Keswick und Cockermouth (6,40 £) und Workington (7,60 £, 1¼ Std.).

# Keswick

4821 EW.

Keswick, die nördlichste der größeren Städte im Lake District, erfreut sich einer bezaubernden Lage. Eingerahmt von wolkenumhüllten Fells kuschelt sie sich ans Ufer des idyllischen Derwentwater. Den silbrig schimmernden See mit vier Inseln überzieht ein Netz tuckernder Ausflugsboote. Auch als Ausgangspunkt für Erkundungszüge in die nahe gelegenen Täler Borrowdale und Buttermere ist Kenwick bestens geeignet.

## Sehenswertes

Das Zentrum von Keswick ist der alte Marktplatz im Schatten des ehemaligen städtischen Gefängnisses und der Versammlunghalle **Moot Hall** (wo jetzt die Touristeninformation untergebracht ist). Keswicks Museum hat immer noch wegen Renovierung geschlossen; den aktuellen Stand der Dinge erfährt man im Tourist Office.

**Castlerigg Stone Circle** DENKMAL

GRATIS Auf einem Hügel 1,6 km östlich der Stadt befindet sich dieser atemberaubende Kreis aus 48 zwischen 3000 und 4000 Jahre alten Steinen, umgeben von einer majestätischen Runde aus Berggipfeln.

**Pencil Museum** MUSEUM

(www.pencilmuseum.co.uk; Southy Works; Erw./Kind 4,25/3,25 £; ⏲9.30–17 Uhr) Gäbe es eine Liste der verrücktesten Museen von Cumbria, hätte das Bleistiftmuseum gute Aussichten auf Platz Eins. Zu seinen Ausstellungsstücken zählen der längste Bleistift der Welt (einschließlich Spitze 8 m lang) und die Nachbildung eines Borrowdale-Schieferbergwerks. Was auf den ersten Blick skurril erscheint, hat einen historischen Hintergrund. Als in den Borrowdale-Fells im 17. Jh. Graphit entdeckt wurde, entwickelte sich Keswick zu einem international bedeutenden Zentrum der Bleistiftproduktion. Im Museumsladen gibt's Derwent-Farbstifte von erstklassiger Qualität zu kaufen.

**Whinlatter Forest Park** WALD
(www.forestry.gov.uk/whinlatter) GRATIS Der 1200 ha große, mit Kiefern, Lärchen und Fichten bestandene Whinlatter, Englands einziger natürlicher Bergwald, steigt rund 8 km von Keswick steil bis auf 790 m an. Er ist als Eichhörnchenschutzgebiet ausgewiesen; auf einem Bildschirm im **Visitor Centre** (017687-78469; 10–16 Uhr) sind Live-Übertragungen von den Eichhörnchen-Fütterungsstationen zu sehen.

Im Wald gibt's zwei tolle Mountainbiketrails und den Kletterwald **Go Ape** (www.goape.co.uk/days-out/whinlatter; Erw./Kind 30/25 £; Mitte März–Okt. 9–17 Uhr). **Cyclewise** (017687-78711; www.cyclewise.co.uk; 10–17 Uhr), neben dem Besucherzentrum, vermietet Fahrräder.

Der Eintritt zum Park ist frei, nicht aber das Parken. Von Keswick fährt Bus 77 (4-mal tgl.) hierher. Selbstfahrer nehmen die A66 nach Westen und halten in der Nähe von Braithwaite Ausschau nach den braunen Hinweisschildern.

## Aktivitäten

Direkt vor der Haustür von Keswick beginnen zahlreiche herrliche Wanderwege. Begehrtestes Ziel ist der familienfreundliche Fell **Catbells** (451 m) am westlichen Seeufer; der Aufstieg beginnt neben der Landebrücke Hawse End, wo die Keswick Launch anlegt. Ein ebenfalls leicht begehbarer Weg führt entlang der **alten Bahnschienen** nach Threlkeld.

Erfahrene Wanderer werden die anspruchsvollere Tour auf den **Skiddaw** (931 m) vorziehen, dessen mächtige Silhouette das Panorama nördlich von Keswick beherrscht. Alternativ dazu gibt's in der Nähe von Threlkeld den einsamen Fell **Blencathra** (868 m) zu besteigen, den der Earl of Lonsdale neulich für 1,75 Mio. £ zum Verkauf ausgeschrieben hat.

**Keswick Launch** BOOTSTOUREN
(017687-72263; www.keswick-launch.co.uk; Seerundfahrt Erw./Kind 9,25/4,50 £) Der **Derwentwater** soll Beatrix Potters Lieblingssee gewesen sein (angeblich kam ihr beim Anblick der am Ufer spielenden Eichhörnchen die Idee zu der Geschichte vom Eichhörnchen Nusper). Er ist auch wirklich eine Schönheit – am besten erschließen sich seine Reize vom Wasser aus. Von März bis November verkehren sechs Boote täglich. Im Sommer kommen noch zwei Nachmittags- und eine Sonnenuntergangsfahrt hinzu. Im Winter läuft die Barkasse nur zweimal am Tag aus.

Die Landestellen am See sind (abgesehen von der Hauptanlegestelle in Keswick) Ashness Gate, Lodore Falls, High Brandlehow, Low Brandlehow, Hawse End und Nichol End. Abfahrt im Uhrzeigersinn ist jeweils zur vollen, gegen den Uhrzeigersinn zur halben Stunde. Bei den Launch-Anlegestellen befinden sich Ruder- und Motorbootverleiher.

### DIE FISCHADLER VON BASSENTHWAITE

Zum ersten Mal seit 150 Jahren brüteten 2001 wieder freilebende Fischadler in England. Ihr Nest bauten sie am **Bassenthwaite Lake**, nahe Keswick. In den letzten Jahren kamen sie meist im April, verbrachten den Sommer am See und brachen Ende August oder Anfang September wieder nach Afrika auf.

Es gibt zwei offizielle Aussichtsstellen, beide in **Dodd Wood**, rund 5 km nördlich von Keswick an der A591 (den Wegweisern Richtung Dodd Wood und Cattle Inn folgen). Die untere (10–17 Uhr geöffnet) liegt etwa 15 Minuten zu Fuß vom Parkplatz bei Mirehouse entfernt, die obere (10.30–16.30 Uhr geöffnet) eine halbe Stunde weiter. Näheres unter www.ospreywatch.co.uk.

## Festivals & Events

**Keswick Mountain Festival** OUTDOORAKTIVITÄTEN
(www.keswickmountainfestival.co.uk) Beim „Fest der Berge" im Mai wird alles gefeiert, was mit der Bergwelt zu tun hat.

**Keswick Beer Festival** BIER
(www.keswickbeerfestival.co.uk) Viel Bier rinnt beim Keswicker Bierfest im Juni die Kehlen hinunter.

## Schlafen

In Keswick gibt es haufenweise günstige B&Bs; rund um die Stanger St und Helvellyn St sind besonders viele zu finden.

**Keswick YHA** HOSTEL £
(☎0845 371 9746; keswick@yha.org.uk; Station Rd; B 13–21 £; @) Keswicks YHA ist wunderschön. Es ist in einer umgebauten Wollmühle am rauschenden River Rothay untergebracht und dank der generösen Spende eines Arztes komplett renoviert. Die Schlafsäle sind gemütlich, das hauseigene Café ist hervorragend und manche Zimmer haben sogar einen Balkon mit Aussicht auf den Fitz Park.

★ **Howe Keld** B&B ££
(☎017687-72417; www.howekeld.co.uk; 5-7 The Heads; EZ 58 £, DZ 110–130 £; P📶) Das B&B zieht alle Register: Eiderdaunenbetten, Schieferplattenfußboden im Bad, schicke Farben und Möbel, die in der Region gefertigt wurden. Die besten Zimmer bieten Blick auf den Crow Park und den Golfplatz. Das Frühstücksbuffet ist ein Gedicht. Falls Platz ist, kann man auf den Heads kostenlos parken.

**Linnett Hill** B&B ££
(☎017687-44518; www.linnetthillkeswick.co.uk; 4 Penrith Rd; EZ/DZ 45/80 £; 📶) Viele Reisende empfehlen das liebevoll geleitete B&B, das zahlreiche Pluspunkte verbuchen kann: strahlend weiße Zimmer, eine tolle Lage in der Nähe des Fitz Park und scharf kalkulierte Preise, die das ganze Jahr über gleich bleiben. Auch das Frühstück, bei dem die Gäste aus verschiedenen Gerichten, die auf einer Tafel angeschriebenen sind, wählen dürfen, ist gut. Die Esszimmertische zieren Vichy-Karo-Tischdecken und ein bollernder Holzofen sorgt für Wärme.

**Oakthwaite House** B&B ££
(☎017687-72398; www.oakthwaite-keswick.com; 35 Helvellyn St; DZ 76–90 £; 📶) Eine Topadresse in der B&B-reichen Gegend rund um die Helvellyn St. Hier gibt's nur vier Gästezimmer (die Menge der Gäste ist also überschaubar!), alle mit Elektro-Duschen, schneeweißer Bettwäsche und unaufgeregter neutraler Farbgebung. Die Zimmer 4 und 5 liegen unter dem Dach. Am geräumigsten ist Zimmer 2 mit Aussicht auf den Walla Crag.

★ **Cottage in the Wood** HOTEL £££
(☎017687-78409; www.thecottageinthewood.co.uk; Braithwaite; DZ 110–190 £; ⏲Restaurant Di–Sa 18.30–21 Uhr) Wer sich wirklich etwas gönnen möchte, ist in diesem abgeschiedenen Hotel richtig. Es ist in einer komplett modernisierten Poststation aus dem 17. Jh. untergebracht und liegt am Weg zum Whinlatter Forest. Von den elegant eingerichteten Zimmern aus sieht man auf Wälder und Wiesen. Das Zimmer „Mountain View" bietet Aussicht auf das Skiddaw-Massiv, aber uns haben die angenehm separat gelegene „Attic Suite" und der „Garden Room" mit Holzboden und super Badezimmer am besten gefallen. Das Restaurant ist eine Wucht.

## ✕ Essen & Ausgehen

**Abraham's Tea Rooms** CAFÉ £
(2 Borrowdale Rd; Hauptgerichte 6–10 £; ⏲Mo–Sa 10–17, So 10.30–16.30 Uhr) Das behagliche Café über dem George Fisher, im ehemaligen Fotoatelier der Brüder Abraham, ist eine prima Anlaufstelle für einen Countrylunch, z. B. *hot rarebit* (gebackener Käse auf Toast), Makrelenpaté oder eine klassische Ofenkartoffel.

**Lakeland Pedlar Wholefood Cafe** CAFÉ £
(www.lakelandpedlar.co.uk; Hendersons Yard; Hauptgerichte 4–10 £; ⏲9–17 Uhr) 🍃 Der Veggie-Bio-Vollwertkostladen in einer Gasse abseits der Hauptstraße ist eine regelmäßige Anlaufstelle für Wanderer und Radfahrer. Die Kunden loben die reichlich belegten Sandwiches, hausgemachten Suppen und gewaltigen Kuchenstücke. Im Stockwerk darüber ist ein Fahrradgeschäft.

**Bryson's** CAFÉ £
(42 Main St; Kuchen 2–5 £; ⏲8.30–17.30 Uhr) Die altmodische Bäckerei ist berühmt für ihren Obstkuchen, Battenbergkuchen und Florentiner.

**Pumpkin Cafe** CAFÉ £
(19 Lake Rd; Hauptgerichte mittags 3–6 £; ⏲Mo–Sa 8.30–17 Uhr) Großstädtische Cafékultur hat den Weg nach Keswick gefunden. Man kann sich an der Salatbar bedienen oder ein Deli-Sandwich ordern, gefolgt von einem frischen Croissant und einem *flat white* (Espresso mit heißer, unaufgeschäumter Milch). Oben sind Sitzgelegenheiten; wer möchte, kann sich das Essen auch zum Mitnehmen einpacken lassen.

★ **Pheasant Inn** PUB ££
(☎017687-72219; www.the-pheasant.co.uk; Bassenthwaite; Hauptgerichte 14–18 £; ⏲Restaurant Di–Sa 19–21, So 12–14 Uhr, Bistro 12–16.30 & 18–21 Uhr) Das Feinschmecker-Pub ist nach einer kurzen Fahrt am Bassenthwaite Lake entlang zu erreichen. Jagddrucke und Bierseidel mit Zinndeckeln schmücken die alte, mit Vintage-Whiskys und Lakeland-Bie-

ren wohlgefüllte Bar. Die zwei getrennten Räumlichkeiten (ein legeres Bistro und ein elegantes Restaurant) haben sich beide der gehobenen Landküche verschrieben. Auch der *afternoon tea* wird streng nach englischer Tradition serviert, einschließlich der obligatorischen Gurken-Sandwiches.

**★ Chalet** BISTRO ££
(017687-72757; www.thechaletportinscale.co.uk; Hauptgerichte mittags 5–8,50 £, abends 12,95–17,95 £; Di & Mi 9–17, Do–Mo 9–17 & 18.30–23 Uhr) Das 2013 eröffnete Café-Bistro in Portinscale eroberte sich rasch einen Platz unter den gastronomischen Hotspots von Keswick. Wie die Inneneinrichtung, die Altes (Holzöfen, Feuerholzstapel) und Neues (Bauglas, skandinavischer Minimalismus) mischt, besticht auch das Essen durch Stilmix. Auf der Mittagsspeisekarte stehen u. a. herzhafte gefüllte Brottaschen und Häppchenplatten für zwei, auf der Abendkarte raffinierte Sachen wie Entenconfit und gut abgehangenes Steak, jeweils mit Weinempfehlung. Große Klasse.

**Morrel's** BRITISCH ££
(017687-72666; www.morrels.co.uk; Lake Rd; 3-Gänge-Menü 21,95 £, Hauptgerichte 12,50–16,50 £; Di–So 17.30–21 Uhr) Ein bewährtes Bistro mit mediterran angehauchter Küche. Das schlichte schwarze Interieur und die Spotlights geben dem Laden einen formellen Anstrich, aber das Ambiente ist total entspannt.

**Cafe-Bar 26** CAFÉ, BAR
(26 Lake Rd; Tapas 4–10 £; Mo–Sa 9–23, So 10–22 Uhr) In der hübschen kleinen Weinbar sind auch leckere Tapas zu haben.

**Dog & Gun** PUB
(2 Lake Rd; 11–23 Uhr) Bänke, Balken, Kamine, Teppiche – das alte Dog ist der Inbegriff eines Lakeland-Pubs. Hier wird Thirst-Rescue-Bier serviert – ein Teil vom Verkaufserlös geht an das Bergrettungsteam von Keswick.

## Shoppen

**George Fisher** OUTDOORAUSRÜSTUNG
(2 Borrowdale Rd; Mo–Sa 9–17.30, So 10–16 Uhr) In Keswick gibt's zahlreiche Outdoorshops, doch wer auf sich hält, geht zu George Fisher, einem der ältesten Ausrüstungsgeschäfte des Lake District. Es führt Boote, Zelte und Outdoorzubehör auf drei Stockwerken, dazu kommt ein hervorragender Service für Wanderschuhe.

## Praktische Informationen

**Tourist Office** (017687-72645; keswicktic@lake-district.gov.uk; Moot Hall, Market Pl; April–Okt. 9.30–17.30 Uhr, Nov.–März bis 16.30 Uhr) verkauft ermäßigte Tickets für die Keswick Launch.

## An- & Weiterreise

Der Keswick & Honister Dayrider (Erw./Kind/Fam. 8/6/22 £) erlaubt einen Tag lang unbegrenztes Busfahren in der Region von Keswick.

Nützliche Busse ab Keswick:

**555/556 Lakeslink** Fährt stündl. nach Ambleside (7,95 £, 40 Min.), Windermere (8,55 £, 50 Min.) und Kendal (£9,30 £, 1½ Std.).

**77/77A Honister Rambler** Verkehrt auf der Rundstrecke (Keswick & Honister Dayrider Erw./Kind 8/6 £, 4-mal tgl.) von Keswick über Portinscale, Catbells, Grange, Seatoller, Honister Pass, Buttermere, Lorton und Whinlatter.

**78 Borrowdale Rambler** (Keswick & Honister Dayrider Erw./Kind 8/6 £, Mo–Fr mind. stündl., Sa & So halbstündl.) Der wichtigste Borrowdale-Bus. Er hält in Lodore, Grange, Rosthwaite und Seatoller.

**X4/X5** Von Penrith über Keswick nach Workington (6,40 £, Mo–Fr stündl., So 6-mal tgl.).

## Unterwegs vor Ort

**Keswick Mountain Bikes** (017687-75202; www.keswickmountainbikes.co.uk; 133 Main St; Räder für Erwachsene 15–40 £ pro Tag; 9.30–17.30 Uhr) vermietet Mountainbikes. Über dem Lakeland Pedlar Wholefood Cafe ist ein Fahrradgeschäft.

# Borrowdale

Die Nachbartäler Borrowdale und Buttermere sind Flickenteppiche aus schroffen Hügeln, ausgedehnten Feldern, plätschernden Bächen und Steinmauern und entsprechen damit ganz und gar der landläufigen Vorstellung von der typischen Lakeland-Landschaft. Früher war Borrowdale ein Bergbauzentrum (in den Minen wurden vor allem Schiefer, Kohle und Graphit abgebaut), heute ist es ein Wanderparadies. Abgesehen von der einen oder anderen wackligen Scheune oder einem herumtuckernden Traktor trübt weit und breit so gut wie nichts die herrliche Aussicht.

Südlich von Keswick führt die B5289 am Derwentwater entlang ins Herz von Borrowdale, vorbei an den Bauerndörfchen Grange-in-Borrowdale, Rosthwaite und Stonethwaite.

## Sehenswertes & Aktivitäten

**Lodore Falls** WASSERFALL

Der Wasserfall am Südende des Derwentwater ist berühmt, denn er wird in einem Gedicht von Robert Southey besungen, lohnt einen Besuch aber nur nach reichlich Regen. Er befindet sich auf dem Gelände des Lodore Hotel; Eintritt wird in Form einer Spende in die *honesty box* entrichtet.

**Bowder Stone** OUTDOORAKTIVITÄTEN

Eine 1,5 km südlich von Grange abzweigende Straße führt hinauf zu der geologischen Kuriosität. Ein abschmelzender Gletscher ließ den 1696 t schweren Felsbrocken, den man auf über eine Leiter erklimmen kann, zurück.

**Watendlath Tarn** SEE

Der von Bergen umgebene Weiher gehört zum National Trust und ist über eine Abfahrt von der B5285 südlich von Keswick zu erreichen. Unterwegs passiert man die **Ashness Bridge**, einen viel fotografierten Packpferdeübergang, von denen es im Lake District mehrere gibt. Für National-Trust-Mitglieder ist das Parken am See kostenlos. Die Straße ist allerdings schmal und hat nur wenige Ausweichstellen, deshalb macht es zumindest im Sommer mehr Spaß, zu Fuß hochzugehen.

**Platty+** BOOTFAHREN

(☎017687-76572; www.plattyplus.co.uk; Kajaks & Kanus pro Std. 8–15 £) Der Anbieter mit Sitz an den Lodore Boat Landings vermietet Kajaks, Kanus und Segelboote und bietet Kurse an.

## Schlafen

**Derwentwater Independent Hostel** HOSTEL £

(☎017687-77246; www.derwentwater.org; Barrow House; B 19–21 £, Zi. ab 66 £; P @) Das piekfeine Hostel in einem Herrenhaus, das im 19. Jh. für die lokale Honoration George Pocklington erbaut wurde, gehörte früher der YHA. Inzwischen wird es privat geführt und hat saubere, schlichte Schlafsäle (die meisten mit vier bis acht, einer mit 22 Betten) plus Einrichtungen für Selbstversorger. Am Gebäude ist noch viel Originalarchitektur erhalten. Auf dem dazugehörigen 7 ha großcn Gelände rauscht sogar ein Wasserfall.

**Borrowdale YHA** HOSTEL £

(☎0845 371 9624; borrowdale@yha.org.uk; Longthwaite; B 19–23 £; ⏲Feb.–Dez.) Die Mitarbeiter des im Chaletstil erbauten Hostels organisieren Wanderungen und andere Aktivitäten.

**Langstrath Inn** B&B ££

(☎017687-77239; www.thelangstrath.com; Stonethwaite; DZ 100–128 £, Hauptgerichte ab 11,30 £; ⏲Restaurant Di–So 12–22.30 Uhr; P WLAN) Die Landhotels in Borrowdale sind teuer – wer in dem abgelegenen Inn in Stonethwaite absteigt, kommt billiger weg. Seine acht Zimmer haben weiße Wände, purpurrote Bettüberwürfe. hübsche Bäder und eine märchenhafte Aussicht. Im Restaurant werden Hausmannskost und Biere aus der Hawkshead Brewery serviert.

**Seatoller House** B&B ££

(☎017687-77218; www.seatollerhouse.co.uk; EZ 55 £, DZ 90–100 £; P) Ein heimeliger Rückzugsort in Seatoller, der sich wie eine Wohnhöhle aus einem Beatrix-Potter-Buch anfühlt. Alle Zimmer in dem Haus am Fuß des Honister Pass sind nach Tieren benannt. Das Osprey (Fischadler) unter dem Dach hat Oberlichter, das Rabbit (Kaninchen) ist mit Kiefernholz ausgekleidet und Badger (Dachs) bietet Gartenblick. Eine Übernachtung inklusive 4-Gänge-Menü für zwei kostet 139 £.

**Yew Tree Farm** B&B ££

(☎017687-77675; www.borrowdaleherdwick.co.uk; Rosthwaite; DZ 80 £; P) Jede Menge Blumenmuster schmücken das robuste cumbrische Bauernhaus im ländlichen Rosthwaite. Die drei schnuckligen Gästezimmer besitzen mit Haselnussholz vertäfelte Wände und winzige Fenster (und weder WLAN noch Fernseher!). Die Gastgeber betreiben eine Schaffarm; ihre Herdwicks grasen auf den Wiesen ringsum. Das Frühstück ist üppig und im Tearoom Flock-In auf der anderen Straßenseite gibt's köstliche Kuchen und Puddings.

## An- & Weiterreise

Die Busse 77/77A und 78 verbinden Borrowdale und Buttermere mit Keswick. Das passende Ticket ist der Keswick & Honister Dayrider (Erw./Kind 8/6 £).

# Honister Pass

Von Borrowdale schlängelt sich eine enge, sehr steile Straße den Berg zum Honister Pass hoch und dahinter zum Buttermere Valley hinunter.

Oben am Pass befindet sich die **Honister Slate Mine** (☎017687-77230; www.honister-slatemine.co.uk; Minenführung Erw./Kind 12,50/7,50 £, Tagespass 34/25 £; ⏲Führungen März–Okt. 10.30, 12.30 & 15.30 Uhr). Dort geht es bei unterir-

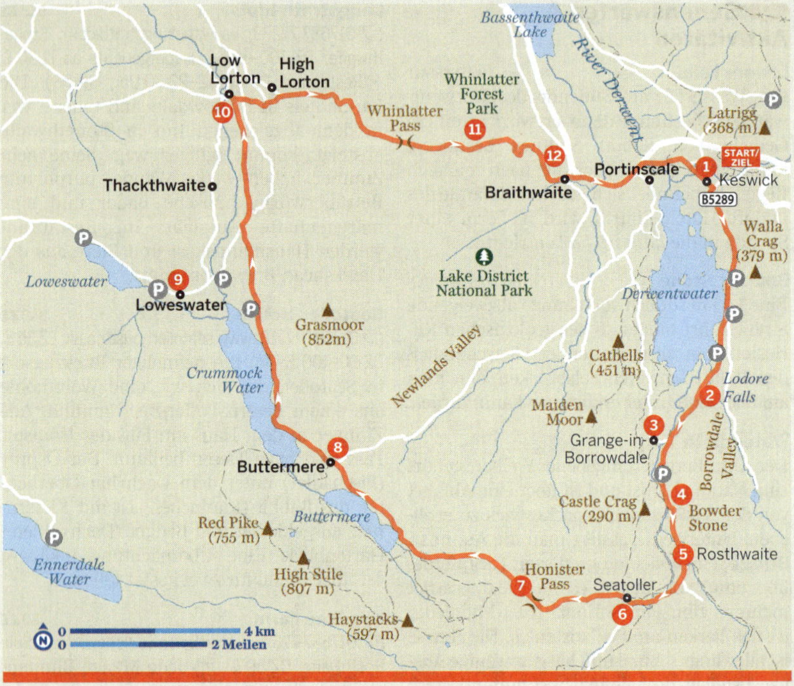


# Autotour
# Borrowdale & Buttermere

**START** KESWICK
**ZIEL** KESWICK
**LÄNGE** 45 KM; DREI BIS VIER STUNDEN

Zu einer wunderschönen Fahrt durch die unberührten Täler Borrowdale, Buttermere und Lorton geht's nach dem Frühstück in 1 **Keswick** auf der B5289 nach Borrowdale. Der erste Stopp wird bei den 2 **Lodore Falls** (S. 659), einem hübschen Wasserfall am Südende des Derwentwater eingelegt. Es folgt ein Abstecher in das Dörfchen 3 **Grange-in-Borrowdale**, wo ein Pfad die schieferübersäten Hänge des Castle Crag hinaufführt, eines kleinen Fells mit herrlicher Aussicht über Borrowdale.

Nächster Halt ist am 4 **Bowder Stone** (S. 659). Der riesige Felsbrocken ist eine Hinterlassenschaft des Gletschers, der das Tal formte. Weiter geht's nach 5 **Rosthwaite** zu Tee und Kuchen im Tearoom Flock-In oder durch bis 6 **Seatoller** zum Lunch.

Der Nachmittag beginnt mit der steilen Anfahrt zum 7 **Honister Pass** (S. 659). Dort kann man an einer Bergwerksführung teilnehmen und Souvenirs aus Schiefer kaufen. Hinter dem Pass geht's runter ins malerische Tal von 8 **Buttermere**. Linker Hand thronen High Stile, Haystacks und Red Pike über dem See. Eine Erfrischung gibt's im Fish Inn – und nicht vergessen, in der St. James' Church Alfred Wainwright die Ehre zu erweisen.

Die Fahrt führt am Ufer des Crummock Water entlang, vorbei an 9 **Loweswater**. Hier lohnt sich ein Abstecher zum urigen Kirkstile Inn. Hinter 10 **Low Lorton** hält man sich rechts. Über den Whinlatter Pass geht's zum 11 **Whinlatter Forest Park** (S. 656). Das einladende Café im Besucherzentrum und eine Ausstellung zur Fauna der Region laden zu einer Pause ein.

Am Weg zurück nach Keswick warten ein paar ausgezeichnete Lokale auf Gäste zum Abendessen, z. B. das 12 **Cottage in the Wood** (S. 657) direkt vor Braithwaite.

dischen Führungen tief in die Eingeweide der alten Schieferbergwerksschächte „Edge" und „Kimberley" (auf Anfrage wird freitags eine Führung in den Stollen „Cathedral" veranstaltet, allerdings müssen mindestens acht Personen teilnehmen und sie kostet 19,75 £ pro Person).

Am Honister befindet sich auch die erste **Via Ferrata** (Klassische Route Erw./Kind 35/25 £, Xtreme 39,50/29,50 £) im Vereinigten Königreich, ein schwindelerregendes Netz aus Kletterseilen und Leitern, die früher von den Bergleuten benutzt wurden. Das Herumturnen macht Riesenspaß, ist aber nur etwas für Schwindelfreie. Es werden auch Kombitickets verkauft, die sowohl für die Minentour als auch die Via gelten.

Im April 2014 kam eine neue Attraktion hinzu, die Minenbesuch und Klettern vereinigt: Eine unterirdische Burma Bridge, über die an befestigten Seilen durch Minenschächte geklettert wird. Der Spaß kostet für Erwachsene/Kinder 19,95/14,95 £, das Mindestalter ist zehn Jahre.

## Buttermere

Vom Honister Pass fällt die Straße steil ins tiefe Tal des Buttermere ab und führt am Seeufer entlang zur 6,4 km vom Honister und 14,4 km von Keswick entfernten Ortschaft Buttermere (Buttermere Village). Von hier aus passiert die B5289 Crummock Water und verlässt das Tal an seinem nördlichen Ende.

Buttermere ist der Ausgangspunkt von Alfred Wainwrights Lieblingsrundwanderweg: den **Red Pike** (755 m) hoch und über **High Stile** (807 m), **High Crag** und **Haystacks** (597 m) zurück. Dem berühmten Mann gefiel es hier so gut, dass er für immer bleiben wollte: Nach seinem Tod 1991 wurde seine Asche auf dem Gipfel des Haystacks verstreut – so hatte er es in seinem Testament verfügt. In der **St. James' Church**, der kleinen Kirche von Buttermere, erinnert eine Gedenktafel an die außergewöhnliche Persönlichkeit.

### Schlafen & Essen

**Buttermere YHA** HOSTEL £
(☎ 0845 371 9508; buttermere@yha.org.uk; B 17–22 £; ⏲ Rezeption 8.30–10 & 17–22.30 Uhr) Das ordentliche YHA mit Seeblick liegt auf halbem Weg zwischen dem Honister und der Ortschaft Buttermere.

★ **Kirkstile Inn** PUB ££
(☎ 01900-85219; www.kirkstile.com; Hauptgerichte 12–16 £, EZ 63,50–90 £, DZ 99–109 £) Schöner kann ein Country Pub einfach nicht sein! Das in der Nähe des kleinen Sees Loweswater, rund 1,5 km nördlich von Buttermere gelegene Kirkstile ist ein echtes Schmuckstück mit prasselndem Kaminfeuer, Eichenholzbalken, abgetretenen Teppichen, Holzbar usw. Bekannt wurde es vor allem für seine preisgekrönten Biere (Tipp: das Loweswater Gold). Die Gästezimmer sind wunderschön; manche bieten Aussicht auf das Lorton Vale.

**Fish Inn** PUB ££
(☎ 017687-70253; www.fishinnbuttermere.co.uk; Hauptgerichte 8–14 £, DZ 90–110 £; P) In dem Landgasthof arbeitete eine berühmte Schönheit des 18. Jhs., die „Maid of Buttermere". Heute ist er nichts weiter als eine nette Dorfkneipe, wo Gerichte wie Lasagne und Schellfisch im Bierteig zu haben sind, dazu Biere aus Brauereien der Region.

### An- & Weiterreise

Bus 77/77A fährt von Keswick nach Buttermere und zum Honister Pass. Das passende Ticket ist der Keswick & Honister Dayrider (Erw./Kind 8/6 £).

## Ullswater & Umgebung

Der nach dem Windermere zweitgrößte See im Lake District ist **Ullswater**. Er erstreckt sich auf einer Länge von 12 km zwischen **Pooley Bridge** im Norden und **Glenridding** und **Patterdale** im Süden. Um das tiefe, von einem Eiszeitgletscher geformte Tal, in dem der See liegt, stehen eine Reihe imposanter Fells. Am eindrucksvollsten ist der rasiermesserscharfe Grat des **Helvellyn**, mit 950 m Cumbrias dritthöchster Berg.

Der See ist auch dafür bekannt, dass er William Wordsworth zu seinem berühmtesten Gedicht *Daffodils (Narzissen)* inspirierte.

### Sehenswertes & Aktivitäten

**Gowbarrow Park & Aira Force** PARK, WASSERFALL
GRATIS Der hügelige Park säumt das Seeufer zwischen Pooley Bridge und Glenridding. Gut ausgeschilderte Wege führen zu dem eindrucksvollen, 20 m hohen Wasserfall **Aira Force**. Ein Stück weiter oben am Berg

befindet sich ein weiterer Wasserfall, der **High Force**.

Südlich des Gowbarrow Park liegt die **Glencoyne Bay**, deren Anblick Wordsworth die unsterblichen Zeilen eingab: *„I wandered lonely as a cloud / That floats on high over hills and dales / When all at once I saw a crowd / A host, of golden daffodils“* („Ich wandert' einsam wie die Wolk' / Die über Tal und Hügel zieht / Da sah ich, dass ein ganzes Volk – /Ein Heer! – von Goldnarzissen blüht“)

Wer das Blumenmeer in voller Blüte sehen möchte, kommt am besten im Februar und/oder März her.

**Ullswater Steamers** BOOTSTOUREN
(☎017684-82229; www.ullswater-steamers.co.uk; Seerundfahrt für Erw./Kind 13,20/6,60 £) Seit 1855 sind die historischen Ausflugsdampfer auf dem Ullswater unterwegs. Derzeit verkehren vier dieser Boote, alle in den unverkennbaren Farben der Gesellschaft gestrichen. Die vornehme *Lady of the Lake* lief 1888 zum ersten Mal aus und ist das älteste Fahrgastschiff der Welt, das immer noch seinen Dienst tut.

Die Dampfer verkehren von der Pooley Bridge aus in Ost-West-Richtung und halten auf der Fahrt nach Glenridding im Dorf Howtown am Südufer. Im Sommer finden bis zu elf Fahrten pro Tag statt, im Winter vier.

## Schlafen

**Helvellyn YHA** HOSTEL £
(☎0845 371 9742; helvellyn@yha.org.uk; Greenside; B 13–18 £; ⊙Ostern–Okt.) Das Hostel in einer alten Bergwerkerhütte liegt in luftiger Höhe, 275 m über dem Tal, am Ende einer Schotterpiste. Es ist sehr beliebt bei Wanderern, die frühmorgens den Aufstieg zum Helvellyn in Angriff nehmen wollen. Die Schlafsäle sind klein und die Ausstattung ist bescheiden, aber die Mitarbeiter bereiten Mahlzeiten zu.

**Patterdale YHA** HOSTEL £
(☎0845 371 9337; patterdale@yha.org.uk; Patterdale; B 17–22,50 £; ⊙Rezeption Ostern–Okt. 7.30–10 & 17–22.30 Uhr) Das Hostel aus den 1970er-Jahren kommt zwar nicht so altehrwürdig daher wie einige andere Lakeland-YHAs, hat aber eine tolle Lage am See und alle üblichen YHA-Einrichtungen (Küche, Café, TV-Lounge) zu bieten. Man darf sich nur nicht an der wenig ansprechenden Architektur stören.

**Lowthwaite Farm** B&B ££
(☎017684-82343; www.lowthwaiteullswater.com; Matterdale; DZ 86–90 £; P) Das entzückende Bauernhaus in Matterdale hat sich komplett der Nachhaltigkeit verschrieben. Die Besitzer haben es mit Reisemitbringseln eingerichtet, darunter klobige Holzbetten aus Tansania, die wunderbar zu den robusten Holzbalken im Haus passen. Es liegt rund 3 km vom See entfernt abseits der A5091 Richtung Dockray und ist schwer zu finden; es ist ratsam, sich den Weg telefonisch beschreiben zu lassen. Am Wochenende zwei Nächte Mindestaufenthalt.

**Old Water View** B&B ££
(☎017684-82175; www.oldwaterview.co.uk; Patterdale; DZ 72–86 £) In Patterdale gibt es mehrere B&Bs, aber dieses ist das beste. In der schlichten Unterkunft konzentriert man sich auf das Wesentliche: freundlicher Service, gemütliche Zimmer und ein gutes Preis-Leistungs-Verhältnis. Das zweigeschossige Zimmer „Bothy“ mit Stockbetten für die kleinen Gäste ist für Familien ideal, „Little Gem“ hat Aussicht auf einen Bach und „Place Fell“ soll das Lieblingszimmer von Alfred Wainwright gewesen sein.

## Essen

**Traveller's Rest** PUB ££
(Glenridding; Hauptgerichte 5,50–15 £; ⊙10–23 Uhr) Das Traveller's Rest, ein Wahrzeichen von Glenridding, eignet sich prima für ein Bierchen mit Blick auf die Fells. Das Essen ist nicht weltbewegend (Steaks, Pies, Krabbencocktails), aber die Portionen sind mächtig.

**Fellbites** CAFÉ ££
(Glenridding; Hauptgerichte 5–15 £; ⊙11–20.30, Mi bis 17.30 Uhr) In dem beliebten Café in Glenridding gibt's eine gute Auswahl an Kartoffelspeisen, Sandwiches und Frühstücksgerichten, die den ganzen Tag serviert werden, sowie täglich wechselnde Braten und dicke Steaks.

## Praktische Informationen

**Ullswater Information Centre** (☎017684-82414; ullswatertic@lake-district.gov.uk; Glenridding; ⊙April–Okt. 9–17.30 Uhr)

## An- & Weiterreise

Das Ullswater Bus and Boat Combo Ticket (Erw./Kind/Fam. 15,50/8,50/33 £) gilt einen Tag lang für den Bus 108 sowie eine Hin- und Rückfahrt mit einem Ullswater Steamer. Das Ticket kauft man im Bus.

**108** Fährt von Penrith über Pooley Bridge und Glenridding nach Patterdale (5,50–6,50 £, Mo–Fr 5-mal tgl., Sa & So 4-mal tgl.).

# Kendal

28 586 EW.

Geografisch gesehen liegt Kendal nicht im Lake District, ist aber ein wichtiges Zugangstor. Wegen des schlichten grauen Steins, aus dem viele Gebäude erbaut sind, wird die Stadt auch „Auld Grey Town" genannt. Kendal ist ein pulsierendes Handelszentrum mit guten Restaurants, einem unkonventionellen Kulturzentrum und spannenden Museen. Für viele Menschen ist Kendal gleichbedeutend mit seinem berühmten *mint cake*. Seitdem Edmund Hillary und Tenzing Norgay während ihrer Besteigung des Everest im Jahr 1953 *mint cake* knabberten, darf der in keinem britischen Wanderrucksack mehr fehlen.

## Sehenswertes

**Kendal Museum** MUSEUM

(www.kendalmuseum.org.uk; Station Rd; Di–Sa 10.30–17 Uhr) GRATIS Das 1796 von William Todhunter ins Leben gerufene Museum zeugt von dessen viktorianischer Sammelleidenschaft und zeigt eine bunte Mischung, die von ausgestopften Tieren und aufgespießten Schmetterlingen bis zu mittelalterlichen Münzen reicht. Auch eine Nachbildung von Alfred Wainwrights Büro ist zu sehen. Wainwright war von 1945 bis 1974 als ehrenamtlicher Kurator des Museums tätig; besonderes Augenmerk verdienen seine Pfeife und sein Tornister.

**Abbot Hall Art Gallery** KUNSTGALERIE

(www.abbothall.org.uk; Erw./Kind 5 £/frei; April–Okt. Mo–Sa 10.30–17, Nov.–März bis 16 Uhr) Die Kunstgalerie von Kendal beherbergt eine der besten Sammlungen im Nordwesten von Kunstwerken aus dem 18. und 19. Jh. Besonders gut vertreten sind Porträtmalerei und Lakeland-Landschaften. Highlights sind die Werke von Constable, John Ruskin und George Romney. Letzterer ist ein Sohn der Stadt und zählt zu den Schlüsselfiguren der Kendal School.

**Museum of Lakeland Life & Industry** MUSEUM

(www.lakelandmuseum.org.uk; Erw./Kind 5 £/frei; März–Okt. Mo–Sa 10.30–17, Nov.–Feb. bis 16 Uhr) In dem Museum direkt gegenüber der Abbot Hall sind diverse Lakeland-Räumlichkeiten des 18. und 19. Jhs. nachgestellt. Dazu zählen eine Bauernwohnstube, eine typische Küche, eine Apotheke und das Schreibzimmer von Arthur Ransome, dem Autor von *Swallows and Amazons (Kampf um die Insel)*.

## Festivals & Events

**Kendal Mountain Festival** OUTDOORAKTIVITÄTEN

(www.mountainfest.co.uk) Bei dem alljährlich im November stattfindenden „Fest der Berge" werden Filme gezeigt, Bücher vorgestellt und Vorträge gehalten.

## Schlafen

**Crosthwaite House** B&B ££

(015395-68264; www.crosthwaitehouse.co.uk; DZ 80 £; P) Cool und hipp kommt die helle, originär eingerichtete Unterkunft daher. Ihre sechs farbenfrohen Zimmer zieren Vintage-Tapeten, ausgefallene Textilien und Retromöbel und alle sind nach Pflaumensorten benannt, die hier angebaut werden. Zum Frühstück gibt's leckere Sachen wie Blaubeerpfannkuchen und *huevos rancheros*. Das B&B liegt in Crosthwaite, rund 9,5 km westlich von Kendal.

**Beech House** B&B ££

(01539-720385; www.beechhouse-kendal.co.uk; 40 Greenside; DZ 75–100 £; P) Das vornehme B&B oben auf dem steilen Hügel von Beast Banks hat nur Bestnoten verdient. Die Zimmer sind makellos und komfortabel. Manche haben Schlittenbetten und Daunenkissen, andere freistehende Badewannen und gemütliche Sofas.

## Essen

**Baba Ganoush** DELI £

(01539-738210; Finkle St; Hauptgerichte 5–8 £; Di–Sa 9.30–16 Uhr) In dem ausgezeichneten Café-Deli in einer Seitengasse wird köstliches, mediterran angehauchtes Essen wie Falafel, Lammgulasch, vegetarische Meze und marokkanische Tajines serviert.

**Waterside Wholefoods** CAFÉ £

(Kent View; kleine Mahlzeiten 4–10 £; Mo–Sa 8.30–16.30 Uhr) Kendals Vegetarier stehen Schlange vor dem Café am Fluss, seit Langem ein Renner bezüglich Sandwiches, Pancakes und sündhaft leckerer Kuchen.

**1657 Chocolate House** CAFÉ £

(54 Branthwaite Brow; Mittagessen 3–8 £) Ein Paradies für Schokoholics. Im Souterrain warten handgemachte Schokolade und

Kendal Mint Cakes auf Abnehmer, im Café darüber zig Variationen von heißer Schokolade.

**New Moon** BISTRO ££
(☎01539-729254; www.newmoonrestaurant.co.uk; 129 Highgate; Hauptgerichte 11,95–16,95 £; ⌚Di–Sa 11.30–14.15 & 17.30–21 Uhr) Eine gute Adresse zum Abendessen vor dem Theaterbesuch ist das New Moon, eines der ältesten Bistros von Kendal. Seine Spezialität sind sättigende Speisen mit asiatischem und afrikanischem Einschlag. Das 2-Gänge-Menü vor 19 Uhr ist mit 13,50 £ supergünstig.

**Grain Store** BISTRO ££
(Highgate; Pizza 6,50–10 £, Hauptgerichte 10–16,50 £; ⌚Mo–Sa 10–23 Uhr) Im Restaurant des Brewery Arts Centre kommen ordentliche Kneipenkost und Steinofenpizza auf den Tisch.

★ **Punch Bowl Inn** PUB £££
(☎015395-68237; www.the-punchbowl.co.uk; Crosthwaite; Hauptgerichte 14,50–19,95 £; ⌚12–16 & 17.30–20.30 Uhr; P) Der Landgasthof in Crosthwaite, auf halber Strecke zwischen Kendal und Bowness, zählt zu den legendären Pubs im Lake District. Küchenchef Scott Fairweather bevorzugt klassische Geschmacksrichtungen, verfeinert seine Speisen jedoch mit Gourmetzutaten wie Schwarzwurzeln, eingelegten Karotten, Pak Choi und Pilzpüree. Erste Sahne sind auch die eleganten Zimmer (105–305 £) mit Roberts-Revival-Radios und Holzbalken, die aus Abbruchhäusern stammen.

## Ausgehen

**Brewery Arts Centre** THEATER, KINO
(☎01539-725133; www.breweryarts.co.uk; Highgate) In dem Kulturzentrum – einem der besten im Nordwesten – mit Galerie, Café, Theaterbühne und zwei Kinosälen finden regelmäßig hervorragende Live-Events statt.

## An-/Weiterreise & Unterwegs vor Ort

Die Züge von Windermere nach Oxenholme halten in Kendal (4,50 £, 15 Min., stündl.).

**Bus 106** Fährt nach Penrith (4,50 £, 80 Min., Mo–Sa 6–8-mal tgl.).

**Bus 505** Fährt nach Windermere, Ambleside, Hawkshead und Coniston (9,30 £, stündl. inkl. So).

**Busse 555/556** Fahren regelmäßig (8–9,30 £, Mo–Sa halbstündl., Sa & So stündl.) nach Windermere (30 Min.), Ambleside (40 Min.) und Grasmere (1¼ Std.).

# Rund um Kendal

In der Umgebung von Kendal zeigt sich die Natur von einer lieblicheren Seite als in der dramatischen Berg- und Tallandschaft des übrigen Lake District. Ein Abstecher hierher lohnt sich vor allem wegen der schönen Herrenhäuser und einem der besten Hofläden der ganzen Grafschaft.

## Sehenswertes

**Sizergh Castle** SCHLOSS
(NT; ☎015395-60070; www.nationaltrust.org.uk/sizergh-castle; Erw./Kind 9,45/4,73 £, nur Park 5,85/2,93 £; ⌚Schloss So–Do 13–17 Uhr, Park tgl. 11–17 Uhr) Das Schloss, rund 5,5 km südlich von Kendal und über die A591 erreichbar, ist der feudale Wohnsitz der Familie Strickland. Die größte Besonderheit in dem um einen *pele tower* herum errichteten Gebäude ist die edle Holzvertäfelung in der Great Hall. Zwischen 12 und 13 Uhr finden private Führungen durch das Haus statt.

**Levens Hall** HISTORISCHES GEBÄUDE
(☎015395-60321; www.levenshall.co.uk; Erw./Kind 12,50 £/frei, nur Garten 8,50 £/frei; ⌚Gebäude März–Okt. So–Do 12–16.30, Garten 10–17 Uhr) Das Anwesen aus elisabethanischer Zeit wurde um einen *pele tower* aus der Mitte des 13. Jhs. herum errichtet und ist mit erlesenem jakobitischen Mobiliar eingerichtet. Das eigentliche Highlight ist jedoch der Formschnittgarten aus dem 17. Jh. – eine surreale Assemblage aus Pyramiden, Kegeln, Kringeln, Püscheln und Pfauen, die direkt aus *Alice im Wunderland* stammen könnte. Levens Hall steht 3,2 km südlich vom Sizergh Castle an der A6. Die Busse 555/556 fahren an den Schlosstoren vorbei.

## Shoppen

**Low Sizergh Barn** LEBENSMITTEL & GETRÄNKE
(☎015395-60426; www.lowsizerghbarn.co.uk; ⌚9–17.30 Uhr) Der Hofladen mit Holzbalkendecke ist einer der besten im ganzen Lake District und hat ein unglaubliches Sortiment an Lakeland-Leckerbissen: Brot aus der Grange Bakery, Fleisch und Wurstwaren von der Mansergh Hall, Käse aus der Thornby Moor Dairy und Biere aus der Coniston Brewery Co sind nur einige der angebotenen Köstlichkeiten. Bei gutem Wetter lädt ein *farmtrail* zu einem Spaziergang über das Gelände, zwischen den Weiden und im angrenzenden Wald ein. Schilder an der A590 kurz vor Kendal weisen den Weg zur Low Sizergh Barn.

# DIE CUMBRISCHE KÜSTE

Die Seen und Fells im Binnenland ziehen einen nicht abreißenden Besucherstrom an. Doch überraschend wenige unternehmen die Reise nach Westen, um die Küste Cumbrias zu erkunden. Das ist jammerschade. Auch wenn sie vielleicht nicht ganz mit der erhabenen Wildheit Northumberlands oder der Rauheit der zerklüfteten schottischen Küste mithalten kann, lohnt die cumbrische Küste unbedingt eine nähere Betrachtung. Weniger attraktiv ist das Kernkraftwerk Sellafield, das auch rund 50 Jahre nach seiner Errichtung immer noch für Kontroversen gut ist.

## Sehenswertes

**Holker Hall** HISTORISCHES GEBÄUDE

(015395-58328; www.holker.co.uk; Erw./Kind 12 £/frei; Gebäude März–Okt. So–Fr 11–16 Uhr, Park 10.30–16.30 Uhr, Juli & Aug. länger) Holker Hall diente der Familie Cavendish gute 400 Jahre als Residenz. Teile des Bauwerks stammen noch aus dem 16. Jh., doch nach einem verheerenden Brand 1871 wurde fast das gesamte Anwesen neu aufgebaut. Es ist ein typisches pompöses viktorianisches Gemäuer mit jeder Menge Stabkreuzfenstern, Giebeln und Kupferdachtürmchen und einem Labyrinth verschwenderisch ausgestatteter Räume. Der Adelssitz liegt ungefähr 4,8 km östlich von Cartmel an der B5278.

Besonders sehenswert sind die Bibliothek, die prächtige Long Gallery (berühmt für erlesene Stuckarbeiten) und die sogenannten Wedgwood Dressing Rooms mit sensationeller blau-weißer Wedgwood-Jasperware. Beachtung verdienen ferner diverse unbezahlbare Chippendale-Möbel, vor allem im Drawing Room.

Das mehr als 10 ha große Gelände umfasst einen Rosengarten, ein Waldstück, Zierbrunnen und einen 22 m hohen Zitronenbaum. Es gibt auch einen Hofladen mit Lebensmitteln, die auf dem Anwesen produziert werden, darunter Wildbret und Salzwiesenlammfleisch.

**Muncaster Castle** SCHLOSS

(www.muncaster.co.uk; Erw./Kind 13/7,50 £; Park & Eulenzentrum So–Fr 10.30–17 Uhr, Schloss 12–16.30 Uhr) Wie viele andere cumbrische Schlösser wurde auch Muncaster um einen *pele tower* aus dem 14. Jh. herum erbaut, der zum Schutz gegen Überfälle durch die *reivers* diente. Sieben Jahrhunderte lang war es der Sitz der Familie Pennington. Die architektonischen Highlights der Burg sind ihre noble Eingangshalle und die achteckige Bibliothek. Auf dem Gelände befinden sich ein Irrgarten und ein Eulenzentrum.

Berühmt-berüchtigt ist das Schloss für die Gespenster, die hier spuken. Vorsicht vor dem Muncaster Boggle (Schreckgespenst von Muncaster) und einem bösartigen Spaßvogel namens Tom Fool (daher der englische Begriff *tomfoolery* für Albernheit)! Muncaster Castle steht rund 2,5 km östlich von Ravenglass.

**Laurel & Hardy Museum** MUSEUM

(01229-582292; www.laurel-and-hardy.co.uk; Brogden St, Ulverston; Erw./Kind 4,50/2,50 £; Di & Do–So 10–17 Uhr) Der passionierte Fan und Sammler Bill Cubin gründete das Museum 1983 in Ulverston (dem Geburtsort von Stan Laurel). Inzwischen hat es größere Räum-

ABSTECHER

### CARTMEL

Für drei Dinge ist das winzige Cartmel bekannt: für ein aus dem 12. Jh. stammendes **Kloster** (Mai–Okt. 9–17.30 Uhr, Nov.–April bis 15.30 Uhr) GRATIS, die **Miniaturrennbahn** und den weltberühmten *Sticky Toffee Pudding*, den man im **Cartmel Village Shop** (015395-36280; www.stickytoffeepudding.co.uk; Mo–Sa 9–17, So 10–16.30 Uhr) käuflich erwerben kann.

Neuerdings hat es sich auch einen Namen als Heimat von Gourmetkoch Simon Rogan (Cumbrias Antwort auf Heston Blumenthal) gemacht. In seinem Restaurant **L'Enclume** (015395-36362; www.lenclume.co.uk; Cavendish St; Mittagsmenü 45 £, Abendmenü 120 £; Mi–So 12–13 & tgl. 18.30–21 Uhr) kann man sich von seiner Kochkunst, der umwerfenden Präsentation der Speisen und Rogans Passion für ungewöhnliche Zutaten überzeugen.

Er betreibt auch das weniger förmliche Bistro **Rogan & Company** (015395-35917; www.roganandcompany.co.uk; The Square; 3-Gänge-Menü 40 £; Di–Sa 12–14, Mo–Sa 18.30–21 Uhr) auf der anderen Seite des Dorfs. Für beide ist eine Tischreservierung unerlässlich.

NICHT VERSÄUMEN

### LA'AL RATTY

Ihr offizieller Name lautet **Ravenglass & Eskdale Railway** (☎01229-717171; www.ravenglass-railway.co.uk; Hin- und Rückfahrkarte für Erw./Kind/Fam. 13/16,50/33 £), aber hierzulande heißt sie nur La'al Ratty. Die Bahnlinie im Taschenformat wurde erbaut, um Eisenerz von den Bergwerken in Eskdale zur Küste zu befördern. Heute ist sie eine der beliebtesten Familienattraktionen in Cumbria; Die Minidampfzüge zuckeln auf einer 11,2 km langen Strecke durchs Eskdale-Tal zwischen der Küstenstadt Ravenglass und dem Dorf Dalegarth.

Man muss kein Eisenbahn-Nerd sein, um diese kuriose Art der Fortbewegung durch die Landschaft des Lake District zu genießen. Je nach Saison verkehren zwischen sieben und 14 Züge pro Tag. Sie halten unterwegs an verschiedenen Bahnhöfen.

lichkeiten im alten Stadtkino Roxy bezogen. Sie stecken vom Boden bis zur Decke voll mit kinematografischen Memorabilien, von Originalpostern bis Filmrequisiten. In einem winzigen Kinosaal laufen pausenlos Laurel-and-Hardy-Klassiker.

**Furness Abbey** KLOSTER
(EH; Erw./Kind 4,20/2,50 £; ⏲10–18 Uhr) Alles was von einem der größten und mächtigsten Klöster Nordenglands übrig blieb, sind diese rötlichen Ruinen. Furness Abbey, 13,6 km südwestlich von Ulverston, wurde im 12. Jh. gegründet und fand 1537 im Zuge der Auflösung der Klöster während der englischen Reformation sein trauriges Ende. Seine Ausmaße lassen sich aber noch erkennen, denn Kreuzgänge, Fenster und einige Querschiffe sind noch erhalten, zusammen mit Überresten des Glockenturms.

Unter anderen archäologischen Funden werden im **Klostermuseum** ein kürzlich ausgegrabener goldener Bischofsstab und ein Edelsteinring ausgestellt. In der Nähe halten mehrere Busse, darunter Bus X35.

**St. Bees Head** WILDSCHUTZGEBIET
(RSPB; stbees.head@rspb.org.uk) Die windumtoste Landzunge, 8,8 km südlich von Whitehaven und 3,2 km nördlich des Städtchens St. Bees, ist eins der wichtigsten Seevogelschutzgebiete von Cumbria. Je nach Jahreszeit nisten hier beispielsweise Eissturmvögel, Dreizehenmöven und Tordalken, außerdem lebt hier die einzige Gryllteisten-Kolonie Großbritanniens. Felspfade von insgesamt über als 3 km Länge laden zum Herumspazieren ein.

### ℹ Unterwegs vor Ort

Die Bahnstrecke der Furness and Cumbrian Coast Railway beschreibt einen 192 km langen Bogen von Lancaster nach Carlisle. Die Züge halten in den Küstenurlaubsorten Grange, Ulverston, Ravenglass, Whitehaven und Workington. Das Cumbrian Coast Day Ranger Ticket (Erw./Kind 19/9,50 £) gilt einen Tag lang für unbegrenztes Fahren auf der Strecke und ist billiger als eine Hin- und Rückfahrkarte von Carlisle oder Lancaster.

# NORD- & OSTCUMBRIA

Viele Besucher fahren ohne anzuhalten durch die nördlichen und östlichen Ausläufer Cumbrias, um so schnell wie möglich den Lake District zu erreichen. Man sollte sich jedoch die Zeit nehmen und vom Nationalpark einen Abstecher landeinwärts machen. Zwar gibt's hier keine berühmten Fells und Lebkuchenhaus-Dörfchen zu sehen, dafür aber ganz andere interessante Sachen: alte Städte, im Verfall begriffene Schlösser, verwaiste Klöster und weite Moore – und alle liegen sie nahebei einem großartigen Bauwerk aus römischer Zeit, dem Hadrianswall.

## Carlisle

75 306 EW.

Carlisle gehört sicher nicht zu den schönsten Städten Großbritanniens, hat aber Geschichte und damit verbundene Hinterlassenschaften im Überfluss vorzuweisen. Die Hauptstadt Cumbrias liegt in prekärer Lage auf der Grenze zwischen England und Schottland, in einer Gegend, die früher unheilvoll *debatable lands* (umstrittene Ländereien) genannt wurde, und blickt auf bewegte Zeiten zurück: Von den Wikingern gebrandschatzt, von den Schotten ausgeraubt und von den *border reivers* geplündert, war die Stadt mehr als 1000 Jahre vorderste Front in der Feindabwehr Englands.

Steinerne Zeugen der Vergangenheit sind das imposante Schloss und die ehrfurchtgebietende Kathedrale, beide aus dem gleichen roten Sandstein erbaut wie die meisten Häuser der Stadt. In der English Street sind außerdem zwei massive runde **Türme** zu sehen, die einst das Stadttor flankierten.

Der am nächsten gelegene Abschnitt des Hadrianswalls beginnt nicht weit von Brampton, Genaueres s. S. *695*.

## Sehenswertes

**★ Carlisle Castle** SCHLOSS

(EH; www.english-heritage.org.uk/daysout/properties/carlisle-castle; Castle Way; Erw./Kind 5,90/3,50 £; April–Sept. 9.30–17, Okt.–März 10–16 Uhr) Drohend überragt das wuchtige rostrote Schloss von Carlisle den Nordrand der Stadt. Es wurde um eine keltische und eine römische Festungsanlage herum erbaut. Den normannischen Burgfried fügte 1092 William Rufus hinzugefügt, später wurde er von Heinrich II., Eduard I. und Heinrich VIII. (der die angeblich kanonensicheren Türme hinzufügte) noch weiter verstärkt. Von den Wehrgängen eröffnen sich sensationelle Ausblicke bis nach Schottland hinüber.

Im Lauf der Jahrhunderte war das Schloss Zeuge dramatischer Ereignisse. 1568 wurde die schottische Königin Maria Stuart hier gefangen gehalten. Und im englischen Bürgerkrieg erlebte das Schloss eine acht Monate andauernde Belagerung, die in die Geschichte einging: Um nicht zu verhungern, verspeisten die Soldaten des Königs Ratten, Mäuse und die Schlosshunde, bevor sie sich 1645 schließlich ergaben. Sehenswert sind die mittelalterlichen Graffiti und die „Lecksteine" im Kerker, an denen verdurstende jakobitische Gefangene auf der Suche nach Flüssigkeit gelutscht haben sollen.

Die Eintrittskarte gilt auch für das **Kings Own Royal Border Regiment Museum**, in dem die Geschichte des cumbrischen Infanterieregiments aufbereitet wurde. Von April bis September werden Führungen angeboten.

**Carlisle Cathedral** KATHEDRALE

(www.carlislecathedral.org.uk; 7 The Abbey; empfohlene Spende 5 £, fotografieren 1 £; Mo–Sa 7.30–18.15, So bis 17 Uhr) Die aus dem gleichen roten Sandstein wie das Schloss errichtete Kathedrale von Carlisle wurde 1122 als Klosterkirche erbaut. Den Rang einer Kathedrale erhielt sie, als ihr erster Abt, Athelwold, zum ersten Bischof von Carlisle ernannt wurde. Zu den Highlights zählen das Chorgestühl aus dem 15. Jh., das Deckengewölbe und das aus dem 14. Jh. stammende East Window (Ostfenster), eines der größten gotischen Fenster in England. In der Umgebung der Kathedrale befinden sich noch Überreste des Klosters, darunter der **Fratry** (Mönchsspeisesaal) aus dem 16. Jh. und der **Prior's Tower** (Turm des Priors).

**Tullie House Museum** MUSEUM

(www.tulliehouse.co.uk; Castle St; Erw./Kind 7 £/frei; Mo–Sa 10–17, So 11–16 Uhr) Das wichtigste Museum von Carlisle beschäftigt sich mit der Vergangenheit der Stadt von den römischen Anfängen bis heute. Vom Aussichtspunkt auf dem Dach bietet sich ein atemberaubender Blick aufs Schloss.

Ein Highlight ist die Roman Frontier Gallery, in der mit einer Kombination aus archäologischen Exponaten und interaktiven Displays die römische Besiedlung von Carlisle dargestellt wird. Ein Stockwerk höher erzählen die Border Galleries den Rest der Stadthistorie, von der Bronzezeit bis zu den *border reivers*, dem Jakobitenaufstand und der Industriellen Revolution. Die Carlisle Life Gallery präsentiert mit Fotos, Filmen und Tonaufnahmen die Sozialgeschichte der Stadt, und im Old Tullie House sind Kunstwerke, Skulpturen und Porzellan ausgestellt.

## Schlafen

Die Unterkünfte in Carlisle lassen viel zu wünschen übrig. Die B&Bs in der Innenstadt sind ziemlich trist, weiter draußen ist man besser aufgehoben.

**Warwick Lodge** B&B £

(01228-523796; www.warwicklodgecarlisle.co.uk; 112 Warwick Rd; EZ/DZ 40/75 £) Ein ordentliches Budget-B&B mit sauberen Zimmern, altem Mobiliar und großzügigem Frühstück.

**Willowbeck Lodge** B&B ££

(01228-513607; www.willowbeck-lodge.com; Lambley Bank, Scotby; DZ 100–130 £; P ) Der moderne Bau, 4,8 km von der Innenstadt entfernt, ist eine Fluchtburg, um dem städtischen Trubel zu entgehen. Vom Standard her sind die sechs Deluxe-Zimmer eher im Hotel- als im B&B-Bereich angesiedelt. Sie sind geschmackvoll in Beige und Dunkelgrau gehalten und haben mit allen Schikanen versehene Badezimmer. Von der Lounge unter dem Giebeldach fällt der Blick auf den Gartenteich.

**Premier Inn Carlisle Central** HOTEL ££

(0871 527 8210; www.premierinn.com; Warwick Rd; DZ ab 60 £; P ) Obwohl es zur Premier-Inn-Kette gehört, ist das Hotel eine der preisgünstigsten und am besten gelegenen Unterkünfte in Carlisle. Das Hotel liegt rund 1,6 km östlich der Innenstadt an der Warwick Road und bietet den üblichen Standard: einigermaßen große Zimmer, Durchschnittseinrichtung, WLAN und zahlreiche Parkplätze.

**Warwick Hall** B&B £££
(☎01228-561546; www.warwickhall.org; Warwick-on-Eden; EZ 95 £, DZ 126–180 £) Der wunderschöne Landsitz 3,2 km von der Innenstadt an der Warwick Road ist ein ländlicher Rückzugsort wie er im Buche steht. In den riesigen Räumen, unter hohen Decken und zwischen antiken Möbeln fühlt man sich hier ein wenig wie zu Besuch bei adligen Freunden. Zum Grundstück gehören viele Hektar Land und sogar ein Flussabschnitt, an dem die Gäste angeln dürfen.

## Essen

**Shabby Scholar** CAFÉ £
(☎01228-402813; 11-13 Carlyle Ct; Hauptgerichte 7–10 £; ⏲Di–Sa 9.30–21 Uhr) Wie der Name vermuten lässt, kommt das beliebte Lokal stilvoll schäbig daher: abgenutzte Möbel, eine aus alten Obstkisten gezimmerte Bar und ein extra relaxtes Ambiente. Super, um Tapas und Snacks wie Pulled Pork Burger, Makrelensalat und Nachos in Fleischesser-Variante zu verspeisen. Keine Tischreservierung möglich.

**Prior's Kitchen Restaurant** CAFÉ £
(Carlisle Cathedral; Mittagsgerichte 4–6 £; ⏲Mo–Sa 9.45–16 Uhr) Für den traditionellen *afternoon tea* gibt's in Carlisle keinen stimmungsvolleren Ort als dieses Café im ehemaligen Mönchsspeisesaal in der Kathedrale.

**Foxes Cafe Lounge** CAFÉ £
(www.foxescafelounge.co.uk; 18 Abbey St; Hauptgerichte 4–10 £; ⏲Di–Do 10–19, Fr bis 23, Sa bis 16.30 Uhr) Das coole Café plus Kunstgalerie dient als Veranstaltungsort für alle möglichen kreativen Events, von Open-Mic Nights und Live-Gigs bis zu Fotoausstellungen. Das gastronomische Angebot umfasst europäische Kaffeehauskost und exzellenten Kaffee.

**David's** BRITISCH ££
(☎01228-523578; www.davidsrestaurant.co.uk; 62 Warwick Rd; 2-Gänge-Mittagessen 13,95 £, 2-Gänge-Abendessen 18,95 £; ⏲Di–Sa 12–15.30 & 18.30–23 Uhr) Wer in Carlisle nobel speisen möchte, muss unbedingt das in einem vornehmen Stadthaus untergebrachte David's ansteuern. Hier wird ausschließlich Gourmetküche geboten – Lamm in Kräuterkruste, Saffran-Dorsch oder gebackene Goosnargh-Ente. Das vornehme Interieur (Kerzenlicht, Kamine) steht dem Essen in nichts nach.

**Holme Bistro** BRITISCH ££
(☎01228-534343; www.holmebistro.co.uk; 56-58 Denton St; Hauptgerichte 10,95–15,95 £; ⏲Di–Sa 12.30–14 & 18–21 Uhr) Das fabelhafte Bistro wird vom Geschwisterpaar Rob Don und Kirsty Robson gemanagt und hat sich mit seiner unprätentiösen Küche eine treue Kundschaft erworben.

## Ausgehen & Unterhaltung

Das Nachtleben von Carlisle spielt sich überwiegend in Botchergate ab. Zu fortgeschrittener Stunde wird das Pflaster dort aber ziemlich heiß.

**Fats** PUB
(☎01228-511774; 48 Abbey St; ⏲11–23 Uhr) Eine unaufgeregtere Alternative zu den Pubs von Botchergate ist das Fats, wo regelmäßig Comedy Nights stattfinden und DJs auflegen.

**Hell Below & Co** BAR
(☎01228-548481; 14 Devonshire St; ⏲12–1 Uhr) Nackte Ziegelsteinwände und Holzfußboden verleihen der angesagten Bar so etwas wie Hipsterflair. Die Spezialitäten des Hauses sind Mojitos und Craft-Biere, Letztere genießt man am besten mit einer Holzofenpizza.

**Brickyard** LIVEMUSIK
(www.thebrickyardonline.com; 14 Fisher St) Carlisles Bühne für rockige Veranstaltungen ist in der ehemaligen Memorial Hall untergebracht.

## Praktische Informationen

**Tourist Office** (☎01228-625600; www.historic-carlisle.org.uk; Greenmarket; ⏲Mo–Sa 9.30–17, So 10.30–16 Uhr).

## An- & Weiterreise

**BUS**

National-Express-Busse fahren am Busbahnhof in der Lonsdale St ab, z. B. nach London (22–34,80 £, 7½ Std., 2-mal tgl. direkt), Manchester (22,90–27,40 £, 3–3½ Std., 4-mal tgl.) und Glasgow (16,40–19,50 £, 2 Std., 4–6-mal tgl.).

**104** Nach Penrith (5,40 £, 40 Min., Mo–Sa halbstündl., So 9-mal tgl.)

**554** Nach Keswick (7,75 £, 70 Min., Mo–Sa 4-mal tgl., So 3-mal tgl.)

### ZUG

Carlisle liegt an der Strecke der West Coast Main Line von London nach Glasgow. Es ist auch der Endbahnhof der Panoramaeisenbahnen Cumbrian Coast Line und Tyne Valley Line sowie der historischen **Settle to Carlisle Railway** (www.settle-carlisle.co.uk; Einzelfahrschein nach Settle 20,30 £, Hin- und Rückfahrkarte 26,20 £) durch die Yorkshire Dales. Wichtigste Ziele:

**Glasgow** 27 £, 1¼ Std.

**Lancaster** 29,70 £, 45 Min.

**London Euston** 109,70 £, 3½ Std.

**Manchester** 53 £, 2 Std.

**Newcastle-upon-Tyne** 15,50 £, 1½ Std.

## Unterwegs vor Ort

Telefonische Taxibestellung bei **Radio Taxis** (01228-527575) oder **Cumbria Cabs** (01228-899599).

# Alston

1105 EW.

Berühmt ist das abgeschieden zwischen den kargen Gipfeln der Pennines gelegene Alston in erster Linie wegen seiner Höhe von 305 m ü. d. M., denn damit gilt es als die höchste Marktstadt Englands (obwohl sie gar keinen Markt mehr hat). Passionierten Eisenbahnfans ist der Name darüber hinaus ein Begriff, weil sich zwischen Alston und Lintley die **South Tynedale Railway** (01434-381696, Fahrplan 01434-382828; www.south-tynedale-railway.org.uk; Rückfahrkarte nach Lintley für Erw./Kind 10/4 £; April–Okt.) keuchend und ratternd ihren Weg durch das hügelige Gelände bahnt. Sie verkehrt auf einem Schienenweg, der von 1852 bis 1976 in Betrieb war.

1983 haben Bahnliebhaber die Stecke teilweise wieder funktionstüchtig gemacht; jetzt wird sie von einem eingetragenen, gemeinnützigen Verein betrieben. Dank einer jüngst zugesagten Finanzspritze aus Lotteriemitteln in Höhe von 4,2 Mio. Pfund dürfte in den nächsten Jahren die lang ersehnte Verlängerung des Schienenstrangs bis nach Slaggyford Wirklichkeit werden.

Die Hin- und Rückfahrt dauert rund eine Stunde. Im Hochsommer fahren bis zu fünf Züge pro Tag.

# Penrith

15 181 EW.

Direkt außerhalb der Nationalparkgrenzen gelegen hat das aus rotem Backstein erbaute Penrith vielleicht mehr mit den behäbigen Marktstädten der Yorkshire Dales gemein als mit den Ortschaften des Lake District. Es ist ein bodenständiges, traditionelles Städtchen mit zahlreichen gemütlichen Pubs und einladenden Teashops; dienstags wird ein lebhafter Markt abgehalten. Penrith ist außerdem der wichtigste Ausgangspunkt zur Erkundung des malerischen Eden Valley.

Im **Rheged Visitor Centre** (www.rheged.com; 10–18 Uhr), 3,2 km westlich von Penrith, gibt's ein großes Imax-Kino und Einzelhandelsgeschäfte. Der Name des Zentrums bezieht sich auf das keltische Königreich Rheged, dessen Mittelpunkt das Eden Valley bildete.

## Sehenswertes

**Penrith Castle** RUINE

(Ostern–Okt. 7.30–21 Uhr, Nov.–Ostern bis 16.30 Uhr) Am Rand der Stadt, gegenüber vom Bahnhof, ragt die Ruine von Penrith Castle auf. Die im 14. Jh. von William Strickland (dem späteren Bischof von Carlisle und Erzbischof von Canterbury) erbaute Burg wurde später von Richard III. ausgebaut, um schottischen Überfällen zu trotzen. 1345 war bei einem dieser Raubzüge die Stadt in Schutt und Asche gelegt worden.

## Schlafen

**Brooklands** B&B ££

(01768-863395; www.brooklandsguesthouse.com; 2 Portland Pl; EZ 40 £, DZ 80–90 £; ) Der viktorianische rote Ziegelbau am Portland Place ist das eleganteste B&B am Ort. Mit edlem Mobiliar und exquisiten Extras (wie White-Company-Toilettenartikel, Kühlschrank und Schokotäfelchen auf dem Teetablett) übertrumpft es die Konkurrenz.

★ **Augill Castle** HOTEL £££

(01768-341967; www.stayinacastle.com; Kirkby Stephen; Zi. 170–240 £; P ) Wer davon träumt, in einem englischen Schloss abzusteigen, kann sich diesen Traum in dem imposanten Gemäuer in Kirkby Stephen erfüllen. Das Augill hat alles, was dazugehört: Türmchen mit Zinnen, Bleiglasfenster und gewölbeartige Räume. Innen schaffen die bunt zusammengewürfelten antiken und modernen Möbeln ein cooles Ambiente. Sogar ein Mini-Kino ist vorhanden. Das Hotel steht 40 km südöstlich von Penrith.

**George Hotel** HOTEL £££

(01768-862696; www.lakedistricthotels.net/georgehotel; Devonshire St; DZ 134–204 £; P ) Penriths altehrwürdige, aus rotem Backstein

ABSEITS DER ÜBLICHEN PFADE

### HAWESWATER & LOWTHER

Der östlichste See des Lake District, der **Haweswater**, ist auch einer der abgeschiedensten und nur über eine schmale, kurvenreiche Straße zu erreichbar. Eigentlich ist er gar kein See, sondern ein künstliches Reservoir, das 1935 angelegt wurde. Bei außergewöhnlicher Trockenheit ragen zuweilen die Reste des überfluteten Dorfs Mardale aus dem Wasser. Die Gegend ist optimal, um einmal nicht ständig anderen Wanderen zu begegnen, und auch bei Tierbeobachtern beliebt; manchmal sieht man Steinadler an den Fells entlang gleiten.

In der Nähe liegt die weitläufige Schlossanlage **Lowther** (☎01931-712192; www.lowthercastle.org; Eintritt 8 £; ⏲10–17 Uhr). Sie gehörte einer der angesehensten Familien des Lake District und wird zurzeit für viele Millionen Pfund restauriert. Das 400 Jahre alte Gemäuer und die Gärten sind das erste Mal seit langer Zeit für den Publikumsverkehr geöffnet. Das Schloss soll eine Ruine bleiben, aber der Park, der seit dem Verfall des Anwesens nach dem Zweiten Weltkrieg sich selbst überlassen blieb, erwacht dank der Restaurationsarbeiten wieder zum Leben. Auf dem Gelände gibt's ein Café und einen Laden. Zum Mittagessen geht man am besten ins nicht weit enfernte **George & Dragon** (☎01768-865381; www.georgeanddragonclifton.co.uk; Hauptgerichte 12,95–21,95 £; ⏲12–14.30 & 18–21 Uhr) in Clifton.

erbaute ehemalige Poststation hat im klassischen Landhausstil eingerichtete Zimmer sowie eine Bar und ein Restaurant, beide entzückend altmodisch gehalten.

## Essen

**No 15** CAFÉ £

(15 Victoria Rd; Mittagessen 6–10 £; ⏲Mo–Sa 9–17 Uhr) Das gut besuchte Café plus Kunstgalerie ist auf kleine Gourmet-Mittagsgerichte wie Ciabattas, Burger, Salate und vegetarische Quiches spezialisiert. Nach dem Essen lädt die angeschlossene Galerie zur Besichtigung ein.

**★ Four & Twenty** BISTRO ££

(☎01768-210231; www.fourandtwentypenrith.co.uk; 14 King St; Hauptgerichte 13–16 £; ⏲12–14.30 & 18.30–21.30 Uhr) „Erstklassige Küche zu erschwinglichen Preisen" – das ist der Anspruch des viel gelobten neuen Bistros, in dem zeitgemäßes Dekor auf rustikales Holz und Sitzbänke auf bunt gemischtes Mobiliar treffen. Hier darf mit edlen Speisen wie zweimal gebackenem Stilton Soufflé und Rinderschmorbraten an karamellisierten Zwiebelrösti gerechnet werden. Wer in Penrith fein essen möchte, ist hier an der richtigen Adresse.

## Praktische Informationen

**Tourist Office** (☎01768-867466; pen.tic@eden.gov.uk; Middlegate; ⏲Mo–Sa 9.30–17, So 13–16.45 Uhr). Beherbergt auch das winzige Museum von Penrith.

## An- & Weiterreise

Es bestehen zahlreiche Bahnverbindungen nach Carlisle (7,30 £, 15 Min.) und Lancaster (16,80 £, 1 Std.).

Der Busbahnhof liegt nordöstlich des Zentrums unweit der Sandgate.

**104** Nach Carlisle (5,40 £, 40 Min., Mo–Sa halbstündl., So 9-mal tgl.).

**X4/X5** Fährt über Rheged, Keswick und Cockermouth zur cumbrischen Küste (6,40–7,60 £, Mo–Sa halbstündl., So stündl.).

# Newcastle & Nordostengland

**Inhalt ➡**



## Gut essen

- Jolly Fisherman (S. 701)
- Mizen Head (S. 703)
- Bouchon Bistrot (S. 694)
- Blackfriars (S. 680)
- Broad Chare (S. 679)

## Schön übernachten

- Otterburn Castle (S. 697)
- Jesmond Dene House (S. 679)
- Ashcroft (S. 696)
- 2 The Crofts (S. 693)

## Auf nach Newcastle & Nordostengland

Die unverwüstliche Stadt Newcastle-upon-Tyne ist der Anker Nordostenglands. Die steilen Hügel der ehemaligen Industrie- und Bergbaumetropole am mächtigen Fluss Tyne sind von hübschen viktorianischen Häusern gesäumt. Viele der einstigen Fabriken und Lagerhäuser haben sich in Galerien, Museen, Bars und Veranstaltungsorte verwandelt. Das Nachtleben von Newcastle ist legendär, wer hier abends um die Häuser zieht, sollte auf wilde Partyexzesse gefasst sein.

Newcastle ist auch ein idealer Ausgangspunkt, um in die urwüchsige, schroffe Natur Nordostenglands zu entfliehen. Hier locken die sanft geschwungenen Cheviot Hills, der melancholische Northumberland National Park und die entlegenen North Pennines. Der monumentale Hadrianswall schneidet sich samt Wanderpfad einsam durch eine Landschaft, in der versprenkelte gespenstische Festungsruinen an die blutigen Kämpfe mit den Schotten im Norden erinnern. Entlang der unberührten Küste bezaubert die Region mit langen, menschenleeren Stränden, verwitterten Burgen und winzigen, magischen Inseln.

## Reisezeit

- Im Mai wird mit dem Hadrian's Wall Festival eine Woche lang alles römische gefeiert.
- Im Sommer (Juni bis August) ist die Wahrscheinlichkeit, an den kilometerlangen, breiten Sandstrände Sonne tanken zu können, am größten. Für Wassersportler bietet der Weltklasse-Surfspot Tynemouth dagegen im Winter und Frühling die besten (wenn auch kältesten) Wellen.
- Im September und Oktober kann man sich wunderbar in den Herbstlandschaften der North Pennines verlieren.
- Im September haben Besucher zudem Gelegenheit – ausgerüstet mit Laufschuhen oder einem Newkie Brown Ale – beim Great North Run in Tyneside mitzumischen, einem der größten Halbmarathons der Welt.

## Highlights

1. Auf der **Victoria Tunnel Tour** in Newcastle (S. 676) einen Tunnel und Luftschutzbunker erkunden
2. Im **Kielder Observatory** (S. 697) den Sternenhimmel über dem Northumberland International Dark Sky Park bestaunen
3. Den nur bei Ebbe befahrbaren Damm zur weltentrückten Insel **Holy Island (Lindisfarne)** (S. 703) nehmen
4. Im Château von Barnard Castle ausgefallene Kunstobjekte im **Bowes Museum** (S. 688) bewundern
5. In Berwick-upon-Tweed eine Runde auf der elisabethanischen **Stadtmauer** (S. 704) drehen

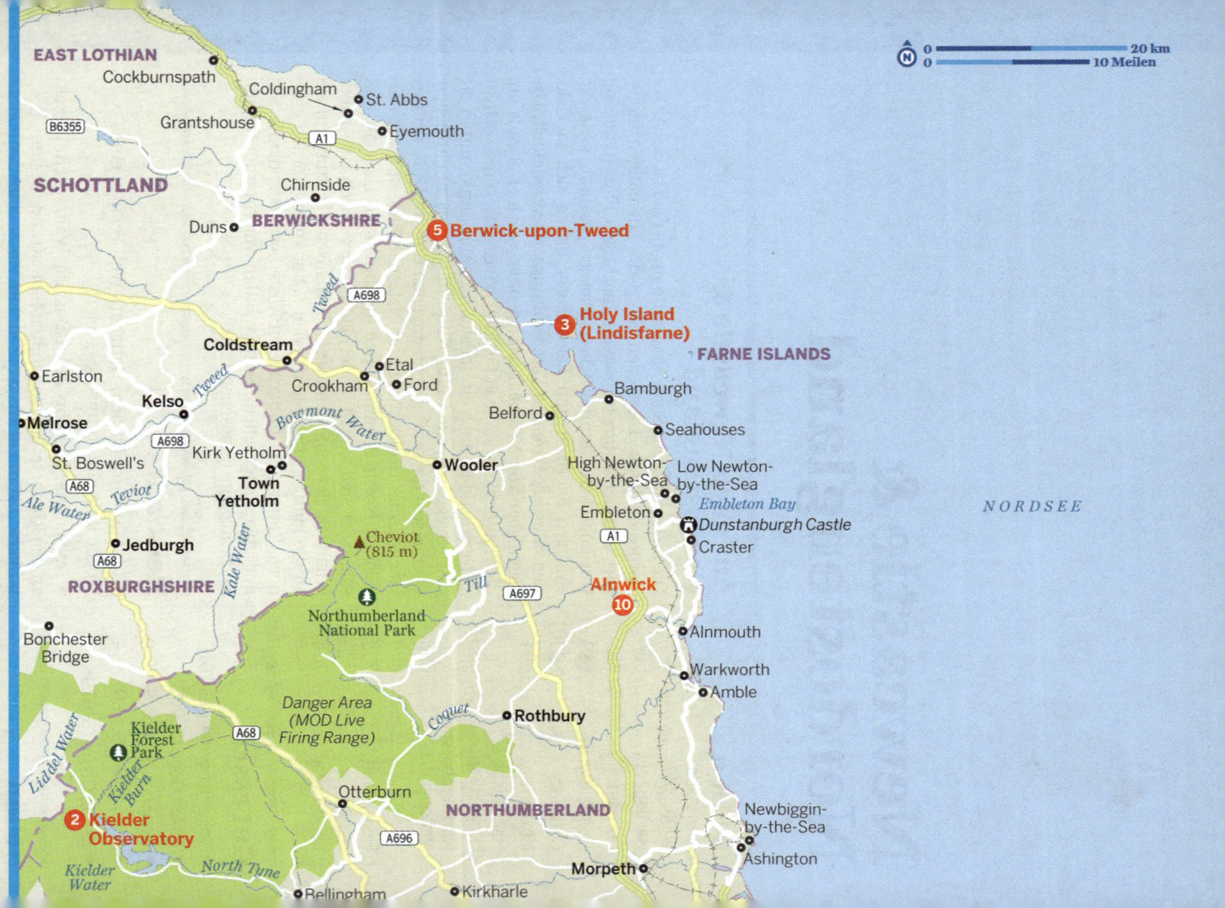

6 Bei einer Bootsfahrt auf dem **Fluss Wear** (S. 686) den Ausblick auf Durham genießen

7 Am **Hadrianswall** (S. 690) an römischen Ruinen entlangwandern

8 Die Kriegs- und Seefahrtsgeschichte von **Hartlepool** (S. 684) kennenlernen

9 Im **Freilichtmuseum Beamish** (S. 685) einen Trip in die Zeit der Industrialisierung unternehmen

10 Durch die Hallen von Harry Potters Schule Hogwarts alias **Alnwick Castle** (S. 698) wandeln

## Geschichte

Keine andere Region Englands hat eine so gewaltvolle Geschichte hinter sich wie der Nordosten, was vor allem der Grenzlage geschuldet ist. Auch wenn der Hadrianswall nicht in erster Linie als Verteidigungsbollwerk diente, markierte er die nördliche Grenze des römischen Britanniens und war die mächtigste Grenzbefestigungsanlage des Römischen Reichs. Nach Abzug der Römer gehörte die Region zu Bernicia, einem Königreich der Angeln, das 604 mit Deira (einem Großteil des heutigen Yorkshire) zu Northumbria vereinigt wurde.

Das von Angelsachsen und Dänen umkämpfte Königreich stand fortan unter wechselnder Herrschaft und im Laufe der folgenden 500 Jahre verschoben sich die Grenzen mehrmals. Im Jahr 1018 bekam Schottland schließlich das Gebiet nördlich des Flusses Tweed zugesprochen. Das im Entstehen begriffene Königreich England behielt alle Gebiete südlich des Flusses.

Als die Normannen 1066 England eroberten, war Wilhelm I. sehr erpicht darauf, die Grenze zu Schottland abzusichern. Die meisten Festungen, die heute an der Küste zu sehen sind, wurden in seinem Auftrag gebaut und durch diverse Geschäfte mit den Fürstbischöfen von Durham erkaufte er sich deren Loyalität. Die neuen Feudalherren von Northumberland gewannen ihrerseits Macht und Einfluss, weil sie als *Marcher Lords* (Grenzlords) dem König die Schotten vom Leibe hielten.

Northumberlands Ruf als Brutstätte der Rebellion verstärkte sich in der Tudorzeit. Angeführt von Thomas Percy, dem 7. Grafen von Northumberland, erhob sich der überwiegend katholische Norden 1569 im schnell niedergeschlagenen *Rising of the North* (Aufstand des Nordens) gegen Elisabeth I. Die *border reivers*, Banditen beider Seiten, sorgten im 16. Jh. in der Region für fortwährende Gesetzlosigkeit. Dieser Zustand ließ erst 1707 mit dem *Act of Union* (Vereinigungsgesetz) zwischen England und Schottland nach.

Kohlebergwerke waren der Schlüssel für die Industrialisierung des Nordostens im 19. Jh. Sie lieferten die Energie für die Stahlwerke, Werften und Rüstungsfabriken, die sich an den Flüssen Tyne und Tees ansiedelten. Der Bedarf an Kohletransporten inspirierte den hier beheimateten Ingenieur George Stephenson 1825 zum Bau der ersten Dampfeisenbahn der Welt namens Stockton & Darlington. Als es im 20. Jh. während der Großen Depression und in den Nachkriegsjahren mit dem Bergbau, den Werften, der Stahlproduktion und der Eisenbahnindustrie bergab ging, führte das verstärkt zu sozialen Spannungen. Die Neuerfindung des Nordostens ist ein Mammutprojekt, aber die Wiederbelebung läuft auf Hochtouren.

## Aktivitäten

Wander- und Radfahrmöglichkeiten gibt es in der Region in Hülle und Fülle, allerdings sollte man zu jeder Jahreszeit auf Wind und Regen und im Winter auf äußerst raue Bedingungen gefasst sein. Die örtlichen Tourismuswebsites verzeichnen Wander- und Radfahrtipps und die Touristeninformationen vergeben kostenlose Broschüren und Karten zu Wanderungen, Radtouren und anderen Aktivitäten.

### Radfahren

Der Nordosten kann sich einiger der attraktivsten Radrouten Englands rühmen. Ein Dauerbrenner ist die **Coast & Castles Cycle Route** (www.coast-and-castles.co.uk; NCN Route 1). Sie gehört zum National Cycle Network (NCN) und verläuft von Süden nach Norden zwischen Newcastle-upon-Tyne, Berwick-upon-Tweed und dem schottischen Edinburgh entlang der wildromantischen Küste Northumberlands.

Die 225 km lange **Sea to Sea Cycle Route** (C2C; www.c2c-guide.co.uk) zieht sich quer durch den Norden Englands: von der Küste Cumbrias (wahlweise von Whitehaven oder Workington) über den nördlichen Lake District und die Hügellandschaft der North Pennines bis nach Tynemouth und Sunderland.

Von Küste zu Küste radeln kann man alternativ auch auf dem 282 km langen **Hadrian's Cycleway** (www.cycle-routes.org), der von South Slides oder Tynemouth am Hadrianswall entlang nach Ravenglass in Cumbria führt.

### Wandern

Die North Pennines werden – zusammen mit den weiter nördlich gelegenen Cheviots – als „Englands letzte Wildnis" gehandelt. Zu den Fernwanderwegen durch die Hügel zählt der beliebte **Pennine Way National Trail**. Er passiert hauptsächlich das Hochland zwischen den Yorkshire Dales und der schottischen Grenze, kreuzt jedoch auch immer wieder Flusstäler. Die gesamte

Strecke ist 435 km lang, aber der 113 km lange Abschnitt zwischen Bowes und dem Hadrianswall ist eine nette, viertägige Kostprobe.

Entlang des **Hadrianswalls** gibt es eine große Auswahl an einfachen Rundwegen, die an Festungen und anderen historischen Highlights vorbeiführen.

Eine der schönsten Wanderungen an der windumtosten **Küste Northumberlands** verläuft von Craster über Dunstanburgh nach Bamburgh und führt an zwei spektakulären Burgen vorbei.

## Anreise & Unterwegs vor Ort

### BUS

Busverbindungen sind in dieser Gegend ziemlich dünn gesät, besonders in den abgelegenen westlichen Regionen Northumberlands. Informationen zu Fahrplänen und Preisen bietet **Traveline** (☎0871 200 2233; www.traveline northeast.info).

Es gibt mehrere eintägige Explorer-Spartickets, einfach nachfragen, ob eines in Frage kommt. Das Ticket Explorer North East (Erw./Kind 9/8 £) ist in Bussen erhältlich, ermöglicht einen Tag lang unbegrenzte Fahrten zwischen Berwick-upon-Tweed und Scarborough und verschafft zudem zahlreiche vergünstigte Eintrittspreise.

### ZUG

Die Züge der East Coast Main Line fahren von London King's Cross über Durham, Newcastle und Berwick nach Edinburgh. Northern Rail unterhält im Norden etliche Regional- und Fernverbindungen, u. a. nach Carlisle.

Verschiedene Rovertickets berechtigen zu unbegrenztem Fahrvergnügen für einen oder mehrere Tage, Infos dazu liefert die Website www.railrover.org.

# NEWCASTLE-UPON-TYNE

279 100 EW.

Inmitten einer sensationellen Kulisse, die viktorianische Eleganz und schroffe Industrieszenerie vereint, kultiviert die ungemein eigenwillige und unabhängige Stadt einen schwungvollen Mix aus lokalem Erbe und urbanem Esprit. Hier tummeln sich exzellente neue Kunstgalerien, eine pompöse Konzerthalle, diverse Boutiquehotels, einige außergewöhnliche Restaurants und natürlich allerhand interessante Bars. Newcastle ist in ganz Großbritannien für sein turbulentes Nachtleben berühmt, das von den vielen feierfreudigen Studierenden angetrieben wird.

Die Stadt hat sich ihre tiefverwurzelten Traditionen bewahrt. Das verkörpern auch die geradlinigen, sympathischen Einheimischen. Die Geordies, wie sie genannt werden, haben den Aufstieg und Fall der Kohle- und Stahlindustrie hautnah erlebt und erlitten. Ob ihr Spitzname darauf zurückgeht, dass sie während des Jakobitenaufstands von 1745 George II. unterstützten, oder darauf, dass die Sicherheitslampen der Bergarbeiter von George Stephenson erfunden wurden, weiß niemand genau. Neben der gemeinsam durchgestandenen Geschichte und Not vereint sie auch ihr schwer verständlicher Dialekt. Von allen in England gesprochenen Dialekten ist er dem Altenglisch am nächsten.

Für die Erkundung des viktorianischen Stadtzentrums und der Uferviertel am Tyne und in Gateshead auf der anderen Flussseite sollte man mehrere Tage einplanen. Außerdem lohnen sich ein Besuch im aufgemöbelten Stadtteil Ouseburn Valley im Osten und im szenig-schicken Vorort Jesmond im Norden sowie ein Ausflug an die Surfstrände von Tynemouth.

## Sehenswertes

### Stadtzentrum

Newcastles prächtiges viktorianisches Stadtzentrum ist eines der überzeugendsten Beispiele urbaner Verjüngung in England. Das kompakte Gebiet wird im Westen von der Grainder Street und im Osten von der Pilgrim Street begrenzt. Am Flussufer scharen sich die augenfälligsten Touristenattraktionen: die berühmten Brücken, die den Tyne überspannen, und markante Gebäude, die ihn flankieren.

**Castle Garth Keep** BURG
(www.castlekeep-newcastle.org.uk; Castle Garth; Erw./Kind 4 £/frei; ⏲Mo–Sa 10–17, So 12–17 Uhr) Das Bollwerk, dem die Stadt ihren Namen verdankt, ist größtenteils vom Bahnhof verschluckt worden. Eines der wenigen Überbleibsel ist der quadratische normannische Bergfried. In dem Turm gibt es eine hübsche, mit Fischgrätmuster verzierte Kapelle und eine Ausstellung mit Architekturmodellen (vom Hadrianswall bis zu Bausünden des 20. Jhs.) zu sehen. Oben eröffnet sich mit einem 360-Grad-Panorama der beste Blick über die Stadt.

**★ Discovery Museum** MUSEUM
(www.discoverymuseum.org.uk; Blandford Sq; ⌚Mo–Fr 10–16, Sa & So 11–16 Uhr) GRATIS Das absolut sehenswerte Museum dokumentiert die bewegte Geschichte des Ballungsraums Tyneside. Die Ausstellung erstreckt sich über drei Etagen des ehemaligen Verbrauchergenossenschaftsgebäudes. Zentrales Ausstellungsstück ist die imposante 30 m lange *Turbinia*, die 1897 das schnellste Schiff der Welt war und das erste, das von einer Dampfturbine angetrieben wurde. Weitere Highlights sind der Museumsbereich zum Schiffsbau auf dem Tyne mit einem Maßstabsmodell des Flusses von 1929 und die Dauerausstellung „Story of Newcastle". Sie veranschaulicht die Geschichte der Stadt von ihren Anfängen als römische Festung Pons Aelius bis zu Cheryl Cole, der jüngsten berühmten Tochter der Stadt.

**★ Great North Museum** MUSEUM
(☎0191-208 6765; www.greatnorthmuseum.org.uk; Barras Bridge; Eintritt frei, Planetarium Erw./Kind 3/2 £; ⌚Mo–Fr 10–17, Sa bis 16, So 11–16 Uhr) Das renommierte Hancock Museum residiert in einem klassizistischen Gebäude und präsentiert neben naturgeschichtlichen Exponaten auch die Sammlung des Museums der Universität von Newcastle. Das Ergebnis dieser Liaison ist ein faszinierendes Sammelsurium mit Dinosauriern, römischen Altarsteinen, ägyptischen Mumien, Samuraikriegern und eindrucksvollen Tierpräparaten. Herausragend sind die lebensgroße Nachbildung eines Tyrannosaurus Rex und ein interaktives Modell vom Hadrianswall, das jede einzelne Meilenfestung und Burg berücksichtigt. Es gibt auch viele Mitmachangebote für Kinder und ein Planetarium, in dem ganztägig Vorführungen stattfinden.

**Laing Art Gallery** KUNSTGALERIE
(www.laingartgallery.org.uk; New Bridge St; ⌚Di–Sa 10–17, So 14–17 Uhr) GRATIS Zu der außergewöhnlichen Sammlung gehören Werke von Gainsborough, Gauguin und Henry Moore sowie bedeutende Gemälde des aus Northumberland stammenden Künstlers John Martin (1789–1854). Unter dem Link „What's on" verzeichnet die Website kostenlose Veranstaltungen, Führungen und Vorträge.

**★ Life Science Centre** WISSENSCHAFTSZENTRUM
(☎0191-243 8210; www.life.org.uk; Times Sq; Fam./Erw./erm./2–17 J. 29,50/12 /9,50/7,50 £; ⌚Mo–Sa 10–18, Do 10–20, So 11–18 Uhr) Das an ein nüchternes Genforschungsinstitut angeschlossene Zentrum widmet sich mit einer Reihe spannender, interaktiver Ausstellungen den Geheimnissen des Lebens. Höhepunkt ist der *Motion Ride*, ein Simulator, der die Besucher Bungeesprünge u. ä. „erleben" lässt (der 3-D-Film wechselt jährlich). Vor allem die kleinen Nachwuchsforscher begeistern sich für die vielen anregenden Videospiele. Auch wenn der Informationsgehalt dabei manchmal zur Nebensache verkommt, Spaß macht's allemal! An besucherreichen Tagen lohnt es sich, die Tickets vorab zu kaufen.

**Bessie Surtees House** HISTORISCHES GEBÄUDE
(EH; www.english-heritage.org.uk; 41–44 Sandhill; ⌚Mo–Fr 10–16 Uhr) GRATIS Das nördliche Tyneufer war im 16. Jh. das wirtschaftliche Zentrum Newcastles. Am Sandhill stehen noch heute einige Kaufmannshäuser aus jener Zeit. Eines davon ist das Bessie Surtess House, in dem drei Räume besichtigt werden können. Bessie, die Tochter eines reichen Bankiers, verliebte sich sehr zum Ärger ihres Herrn Papa in den mittellosen John Scott (1751–1838). Die väterlichen Sorgen waren aber schnell vergessen, als Scott später zum Lordkanzler ernannt wurde.

## ◉ Ouseburn Valley

Etwa 1,6 km östlich vom Stadtzentrum hat sich Newcastles Industriegebiet aus dem 19. Jh. zu einem angesagten, teilsanierten Viertel mit Töpfereien, Glasbläsereien und anderen kreativen Werkstätten sowie einer großen Auswahl an Pubs, Bars und Veranstaltungsorten gemausert.

**★ Victoria Tunnel** HISTORISCHE STÄTTE
(☎0191-261 6596; www.ouseburntrust.org.uk; Erw./Kind 6/3 £; ⌚nach Anmeldung) Der 4 km lange Tunnel unter den Straßen Newcastles wurde zwischen 1839 und 1842 zur Kohlenbeförderung erbaut und im Zweiten Weltkrieg als Luftschutzbunker genutzt. Ehrenamtlich geleitete, zweistündige Touren führen durch einen 700 m langen Abschnitt, der die Geschichte des Tunnels sehr anschaulich lebendig werden lässt. Da die Teilnehmeranzahl auf zwölf Personen begrenzt ist, empfiehlt sich eine Anmeldung. Außerdem ratsam sind gutes Schuhwerk und eine waschbare Jacke wegen der gekalkten Wände. Startpunkt ist normalerweise die Ouseburn Farm.

**Ouseburn Farm** BAUERNHOF
(☎0191-232 3698; www.bykerbridge.org.uk/farm; Ouseburn Rd, nahe Lime St; Spenden erbeten; ⌚9.30–16.30 Uhr) Shetlandponys, Schweine,

## Newcastle-upon-Tyne

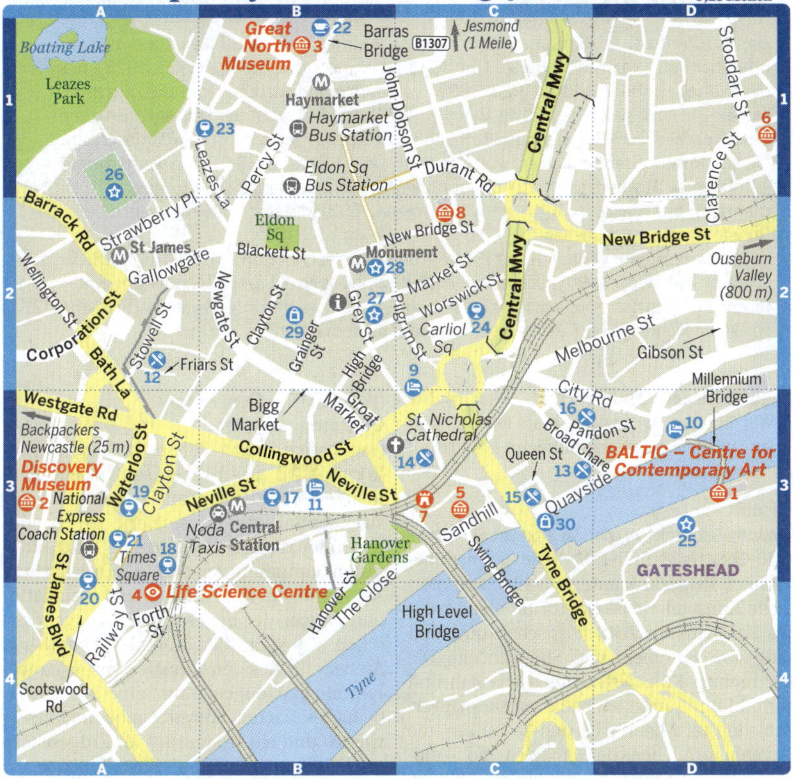


### Newcastle-upon-Tyne

**Highlights**

1 BALTIC – Centre for Contemporary Art ....... D3
2 Discovery Museum ....... A3
3 Great North Museum ....... B1
4 Life Science Centre ....... A4

**Sehenswertes**

5 Bessie Surtees House ....... C3
6 Biscuit Factory ....... D1
7 Castle Garth Keep ....... C3
8 Laing Art Gallery ....... C2

**Schlafen**

9 Grey Street Hotel ....... C2
10 Malmaison ....... D3
11 Royal Station Hotel ....... B3

**Essen**

12 Blackfriars ....... A2
13 Broad Chare ....... C3
14 Oak Newcastle ....... C3
15 Quay Ingredient ....... C3
16 Silk Room ....... C3

**Ausgehen & Nachtleben**

17 Centurion Bar ....... B3
18 Digital ....... A3
19 Eazy Street ....... A3
20 Loft ....... A3
21 Powerhouse ....... A3
22 QB Tea House ....... B1
23 Trent House ....... B1
24 World Headquarters ....... C2

**Unterhaltung**

25 Sage Gateshead ....... D3
26 St James Park ....... A1
27 Theatre Royal ....... B2
28 Tyneside Cinema ....... B2

**Shoppen**

29 Grainger Market ....... B2
30 Newcastle Quayside Market ....... C3

## BRÜCKENBAUKUNST

Das berühmteste Postkartenmotiv in Newcastle sind die vielen Bücken, die den Tyne überspannen. Die prominenteste Überführung ist die **Tyne Bridge** (1925–1928), die wie die Sydney Harbour Bridge (1923–1932), von dem Ingenieurbüro Dorman Long erbaut wurde. Die kuriose kleine **Swing Bridge** (1876) dreht sich auf dem mittigen Brückenpfeiler parallel zum Fluss, um großen Schiffen Platz zu machen. Nicht weit davon steht die von Robert Stephenson entworfene **High Level Bridge** (1849). Sie war die erste kombinierte Straßen- und Eisenbahnbrücke der Welt. Der jüngste Neuzugang ist die mehrfach preisgekrönte **Millennium Bridge** (2002), die sich wie ein Augenlid hebt, um Schiffe passieren zu lassen.

Unter dem Tyne verlaufen seit 1951 die denkmalgeschützten **Tyne Pedestrian and Cyclist Tunnels** (www.tynepedestrianandcyclisttunnels.co.uk) für Fußgänger und Radfahrer. Für Kraftfahrzeuge gibt's zwei gebührenpflichtige **Vehicle Tunnels** (TT2; www.tt2.co.uk; pro Richtung 1,60 £, keine Geldscheine und Kupfermünzen).

Schafe, Ziegen, Hühner und Ackerfrüchte erwartet man in Newcastle als letztes, sind aber auf diesem gemeinnützigen Bauernhof zu bestaunen.

**Biscuit Factory** GALERIE
(www.thebiscuitfactory.com; 16 Stoddart St; ⌚Mo–Fr 10–17, Sa bis 18, So 11–17 Uhr) Die in einer ehemaligen Keksfabrik untergebrachte kommerzielle Kunstgalerie ist Großbritanniens größtes Kaufhaus für zeitgenössische Kunst und lädt zum Bummeln und Shoppen ein. Die vertretenen Künstler kommen von nah und fern. In ihren Arbeiten bedienen sie sich verschiedenster Materialien und Techniken, die Ergebnisse reichen von Gemälden und Skulpturen über Glasobjekte bis hin zu Möbeln. Viele greifen Motive Nordostenglands auf.

**Seven Stories – The Centre for Children's Books** MUSEUM
(www.sevenstories.org.uk; 30 Lime St; Erw./Kind 7/6 £; ⌚Mo–Sa 10–17, So bis 16 Uhr) Das interaktive Kinderbuchmuseum Seven Stories befindet sich in einer einfallsreich umgebauten viktorianischen Mühle. Es entführt auf sieben Etagen in die wundervolle Welt der Kinderliteratur. Neben Originalmanuskripten und Kunstwerken ab den 1930er-Jahren gibt es ein ständig wechselndes, auf Kinder zugeschnittenes Programm mit Ausstellungen, Aktivitäten und Veranstaltungen, um angehende Nachwuchstalente zu beflügeln.

### Gateshead

Die „Stadt" Gateshead besteht aus den Vierteln Newcastles, die südlich des Tyne liegen. Die Stadtverwaltung betitelt den gesamten Ballungsraum am Tyne inzwischen als „NewcastleGateshead".

★ **BALTIC – Centre for Contemporary Art** KUNSTGALERIE
(www.balticmill.com; Gateshead Quays; ⌚10–18 Uhr) GRATIS Das riesige, senffarbene ehemalige Getreidelager macht heute als riesige, senffarbene Kunstgalerie der Londoner Tate Modern Konkurrenz. Statt einer festen Sammlung zeigt BALTIC wechselnde Ausstellungen mit Arbeiten und Installationen einiger der angesagtesten zeitgenössischen Künstler. Der Komplex beherbergt Ateliers für Residenzkünstler, Performance-Räumlichkeiten, ein Kino, eine Bar, ein fabelhaftes Dachrestaurant (unbedingt reservieren) und ein Restaurant im Erdgeschoss mit Tischen am Fluss. Eine Terrasse im 4. Stock und eine Panoramabox im 5. Stock bieten eine umwerfende Aussicht auf den Tyne.

## Schlafen

Obwohl die Zahl der innerstädtischen Unterkünfte zunimmt, beschränkt sich das Angebot im Allgemeinen immer noch auf Budget- oder Businesshotelketten, die auf Partytouristen und Führungskräfte ausgerichtet sind. Die meisten anderen Optionen sind in dem ansprechenden nördlichen Vorort Jesmond zu finden, wo Gentrifizierungskräfte und studentischer Widerstand einander das Feld streitig machen.

### Stadtzentrum

**Backpackers Newcastle** HOSTEL £
(☎0191-340 7334; www.backpackersnewcastle.com; 262 Westgate Rd; B ab 18 £; 📶) Dieses saubere, gut geführte Budgethostel hat nur 26 Betten und damit etwas mehr Backpackerflair als seine Konkurrenten in der Stadt.

Tolle Extras sind u. a. die Fahrradstellplätze, die Küche, der große Freizeitraum samt X-Box und die Powerduschen.

**Grey Street Hotel** BOUTIQUEHOTEL ££
(☎0191-230 6777; www.greystreethotel.com; 2–12 Grey St; DZ ab 80 £; ❄📶) Das hübsche, denkmalgeschützte Hotel logiert in der edelsten Straße der Stadt und wurde zeitgemäß überholt. So sind z. B. die Schiebefenster mit einer Dreifachverglasung versehen. Die stilvollen, individuell gestalteten Zimmer sind modern eingerichtet und mit Flachbild-TVs und großen Betten ausgestattet.

**Royal Station Hotel** HOTEL ££
(☎0191-232 0781; www.royalstationhotel.com; Neville St; EZ 53–93 £, DZ 80–150 £, FZ 90–120 £; P📶≋) Kein Hotel Newcastles kann mit einer besseren Lage punkten als dieses. Der schmucke, denkmalgeschützte viktorianische Bau am Bahnhof verfügt über eine Lobby mit Kronleuchter und 144 moderne, schnörkellose Zimmer, darunter einige günstigere, kleinere Doppelzimmer (ab 55 £). Der Service ist superfreundlich und äußerst hilfsbereit. Wer früh kommt, ergattert einen der 20 kostenlosen Parkplätze auf der Straße.

**Malmaison** BOUTIQUEHOTEL £££
(☎0191-245 5000; www.malmaison.com; Quayside; DZ/Suite ab 99/174 £; P@📶) Mit großem Erfolg hat die Hotelkette Malmaison auch diesem ehemaligen Lagerhaus ihren pompösen, stylischen Stempel aufgedrückt. Hier fahren sogar französisch sprechende Aufzüge. Die fröhlichen Ankleidezimmer und schnieken Gemächer schmücken sich mit großen Betten, eleganter Beleuchtung und Designermöbeln.

## Jesmond

Im 2,4 km nördlich vom Stadtzentrum gelegenen Jesmond gibt es jede Menge Budget- und Mittelklasseunterkünfte. Die Metro hält in Jesmond und West Jesmond.

**Newcastle Jesmond Hotel** HOTEL ££
(☎0191-239 9943; www.newcastlejesmondhotel.co.uk; 105 Osborne Rd; FZ/DZ ab 55/65 £; P📶) Die Zimmer in diesem frisch renovierten, roten Backsteingebäude sind nicht riesig, aber gemütlich und komfortabel. Die Bars und Restaurants der Osbourne Road sind nur wenige Schritte entfernt und es gibt Gratisparkplätze (wenn auch nicht allzu viele). Das WLAN ist nicht immer stabil.

★ **Jesmond Dene House** HOTEL £££
(☎0191-212 3000; www.jesmonddenehouse.co.uk; Jesmond Dene Rd; EZ/DZ/Suite ab 115/130/180 £; P@📶) Die großen, traumhaften Zimmer in diesem noblen Hotel sind in einer modernen Variante des britischen Arts-and-Crafts-Stils eingerichtet und bestechen mit allerlei technischen Bonbons (z. B. digitale Flachbild-TVs und digitale Radios). Die feschen Badezimmer haben Fußbodenheizung. Famos ist auch das hauseigene Feinschmeckerrestaurant (S. 680).

# Essen

Die Geordies wissen gutes Essen zu schätzen und es gibt in allen Preisklassen eine große Auswahl an Restaurants.

## Stadtzentrum

**Quay Ingredient** CAFÉ £
(☎0191-447 2327; www.quayingredient.co.uk; 4 Queen St; kleine Gerichte 2–7 £; ⏲Di–So 8–17 Uhr; 📶) Das schicke, kleine Café unter den hohen Stahlträgern der Tyne Bridge hat sich mit seinen Eierspezialitäten (Eier Benedikt, Florentine und Montreal) viele treue Stammkunden angelacht. Aber auch sonst ist die Speisekarte nicht zu verachten: *kippers* (kalt geräucherte Bücklinge) aus Craster mit eingelegter Roter Bete, Scampi mit hausgemachter Tartarsoße oder Pulled Beef mit Bourbon Whiskey …

★ **Broad Chare** GASTROPUB ££
(☎0191-211 2144; www.thebroadchare.co.uk; 25 Broad Chare; Hauptgerichte 11,50–18,50 £; ⏲Küche Mo–Sa 12–14.30 & 17.30–22, So 12–17 Uhr) Das großartige Gastropub mit Zwischengeschoss und dunkler Holzbar verwöhnt mit vortrefflichen englischen Klassikern – das gegrillte Schweinekotelett mit Blutwurst und Cidersauce ist göttlich – sowie besten Ales vom Fass.

**Oak Newcastle** INTERNATIONAL ££
(☎0191-232 3200; www.oaknewcastle.co.uk; Milburn House, Dean St; Hauptgerichte 8–20 £; ⏲Restaurant Mo–Fr 7.30–23, Sa & So 10–23 Uhr, Bar tgl. 12–2 Uhr) Dieser Mix aus Restaurant, Feinkostladen und Bar bietet neben vorzüglichen Take-Away-Schmankerln wie Pies eine köstliche Abendkarte mit schwarzem Trüffelrisotto und marokkanischen Lammburgern. Gekrönt wird das Ganze von raffinierten Cocktails und Live-DJs. Die schwungvolle Belegschaft hat alles souverän im Griff.

**Silk Room** INTERNATIONAL ££

(☎0191-260 3506; www.silkroom.co.uk; Pandon Bankside, Trinity Gardens; Hauptgerichte 13–28 £; ⌚Mo–Fr 11–14 & 17–24, Sa & So 17–24 Uhr) In diesem glamourösen Restaurant im Quayside-Viertel kommen erlesene Speisen wie Kobe-Wagyu-Burger oder Kängurufleisch mit Portwein und karamellisierten Birnen auf den Tisch. Passend dazu stehen über 25 Sorten Schaumwein und 16 Champagnercocktails zur Auswahl.

★ **Blackfriars** BRITISCH £££

(☎0191-261 5945; www.blackfriarsrestaurant.co.uk; Friars St; Hauptgerichte 12–25 £; ⌚Mo–Sa 12–14.30 & 17.30–23, So 12–16 Uhr) Ein Kloster aus dem 12. Jh. dient als stimmungsvolle Kulisse für die hier gebotene „moderne mittelalterliche" Küche. Die Tischuntersetzer erläutern die Herkunft der kredenzten Dorsche, Ringeltauben und seltenen Schweinerassen. Alles andere wird komplett vor Ort hergestellt, darunter Würste, Brote, Gebäck und Eis. Reservierung empfohlen.

## Jesmond

**Fat Hippo** BURGER ££

(☎0191-340 8949; www.fat-hippo.co.uk; 35a St Georges Tce, West Jesmond; Burger 7,50–14,50 £; ⌚Di–Fr 11.30–21.30, Sa 9–21.30, So 9–15.30 Uhr) Das fette Nilpferd ist eine gefeierte lokale Größe. Auf Holzbrettern werden gigantische Burger serviert, dazu gibt's dreifach gebratene, handgeschnittene Pommes in Emailleschalen. Die drei Rindfleischbratlinge im Shenton Burger bringen 700 g auf die Waage, Vegetarier freuen sich über die Bohnenburgervariante mit Halloumi und Knoblauchmayo. Als Beilagen beglücken z. B. frittierte Gurken und panierte Jalapeñoschoten mit saurer Sahne.

Um die Ecke bietet der Ableger **Little Hippo** (☎0191-447 2114; www.fat-hippo.co.uk; 7 Acorn Rd, West Jesmond; kleine Gerichte 4–5,50 £; ⌚11–20.30 Uhr) kleinere Burger, Streetfood und Leckereien wie Pulled Pork und Käsenudeln.

**Pizzeria Francesca** PIZZERIA ££

(134 Manor House Rd; Pizza & Pasta 5–7 £, andere Hauptgerichte 9–17 £; ⌚Mo–Sa 12–14.30 & 17–21.30 Uhr) So chaotisch und fröhlich sollte es in jedem italienischen Restaurant zugehen. Temperamentvolle Kellner und riesige Portionen Pizza und Pasta sorgen dafür, dass die Einheimischen Schlange stehen. Einfach hinten anstellen und warten, reservieren kann man nicht.

**Jesmond Dene House** MODERN BRITISCH £££

(☎0191-212 5555; www.jesmonddenehouse.co.uk; Jesmond Dene Rd; Hauptgerichte 20–35 £; ⌚7–21.30 Uhr) Für seine exquisiten Kreationen verwendet Chefkoch Michael Penaluna mit Vorliebe regionale Zutaten. Zum Einsatz kommen Wildfleisch aus County Durham, Austern aus Lindisfarne und Kräuter aus dem eigenen Garten. Das Ergebnis ist ein Gourmeterlebnis der Extraklasse.

# Ausgehen & Nachtleben

Lust, auf die Piste zu gehen? Die Geordies sind als feierfreudig bekannt und in der Partymetropole Newcastle kommt man kaum drum herum, die Nacht zum Tage zu machen. Berühmt-berüchtigt ist vor allem der exzesslastige Bigg Market mit seinen quietschbunten Cocktails und torkelnden Partyhorden. Aber es gibt auch ein Nachtleben jenseits der lärmenden Massen. In Jesmond warten jede Menge Bars und wer es etwas ruhiger mag, kommt in Ouseburn auf seine Kosten.

## Stadtzentrum

**QB Tea House** TEESTUBE

(☎0191-261 4861; www.quilliambrothers.com; Claremont Bldgs, 1 Eldon Pl; ⌚Mo–Fr 10–24, Sa 9–24 Uhr) Als „Alternative zu Newcastles Trinkgelagen" haben drei Brüder dieses hippe Teehaus im ungarischen Stil eröffnet – mit postindustriellem Dekor, 100 verschiedenen Teesorten, einem winzigen Kino, in dem Kultfilme gezeigt werden (Zeiten variieren), und verschiedenen Konzert- und Kunstveranstaltungen.

**Centurion Bar** BAR

(www.centurion-newcastle.com; Central Station; ⌚Mo–Do 12–23, Fr 11–24, Sa 12–24, So bis 22.30 Uhr) Der ehemalige Erste-Klasse-Wartesaal im Hauptbahnhof von 1893 hat sich vom Boden bis zur Decke mit viktorianischen Zierkacheln in Schale geschmissen und ist ideal für einen stilvollen Drink, bevor es in die Clubs geht.

**World Headquarters** CLUB

(www.welovewhq.com; Curtis Mayfield House, Carliol Sq; ⌚ab 23 Uhr, Tage variieren) Dieser brillante Club ist Welten entfernt von kommerzieller Langeweile und hat sich den Perlen schwarzer Musik verschrieben. Gespielt werden Funk, Rare Groove, Dancefloor Jazz, Northern Soul, echter R&B, satte Discobeats, House, Reggae und mehr.

**Trent House** PUB
(1–2 Leazes Lane; ⌚12–24 Uhr) Das Trent House ist ein Pub der alten Schule und übertrumpft alle anderen Bars mit seiner coolen Unaufgeregtheit. Die Jukebox ist kostenlos und die Stimmung grandios.

**Digital** CLUB
(www.yourfutureisdigital.com; Times Sq; ⌚Mo & Mi–Sa 23–3 Uhr) Dank seines unübertrefflichen Soundsystems wurde dieser Megaclub vom *DJ Magazine* zu einem der besten 20 Clubs der Welt gewählt. Der Dancemusic-Tempel erstreckt sich über zwei Etagen und hat auch Livekonzerte im Programm.

## Ouseburn Valley

★ **Tyne Bar** PUB
(☎0191-265 2550; www.thetyne.com; 1 Maling St; ⌚So–Do 11–23, Fr & Sa bis 24 Uhr; 📶) Kostenlose Konzerte auf der Open-Air-Bühne, eine ausgedehnte Rasenfläche samt phänomenalem Flusspanorama und eine Discokugel, die sich unter der Glasshouse Bridge dreht – das versteckte Pub am Ufer zieht einheimische Insider an wie Motten das Licht.

**Ship Inn** PUB
(☎0191-222 1322; www.ship-inn.co.uk; Stepney Bank; ⌚Mo–Mi 15–23.30, Do 12–23.30, Fr & Sa bis 0.30, So bis 23 Uhr) Maritime Memorabilien und historische Fotos von Ouseburn Valley verleihen dem charmanten, roten Backsteinbau uriges Flair. Die ersten Pints wurden hier bereits um 1800 ausgeschenkt. Wenn viel los ist, schwappt das feuchtfröhliche Geschehen hinaus auf die kleine Grünfläche vor dem Pub.

**Cumberland Arms** PUB
(www.thecumberlandarms.co.uk; Nähe Byker Bank, Ouseburn Valley; ⌚Mo–Sa 11–1, So 12–0.30 Uhr; 📶) Die Bar aus dem 19. Jh. thront auf einem Hügel über Ouseburn und rühmt sich einer sensationellen Auswahl an Ales, Ciders und Honigweinen aus Northumberland. Es gibt eine Terrasse und regelmäßig Livemusik. Wer es nicht mehr nach Hause schafft, kann sich in einem der vier gemütlichen B&B-Zimmer im oberen Stockwerk einmieten (DZ 80 £).

## ☆ Unterhaltung

Das kostenlose Monatsmagazin *The Crack* (www.thecrackmagazine.com) informiert über Theater-, Musik-, Kino- und Clubveranstaltungen im gesamten Nordosten Englands und liegt in Clubs, Touristeninformationen und einigen Hotels aus.

**Sage Gateshead** LIVEMUSIK
(☎0191-443 4666; www.sagegateshead.com; Gateshead Quays) Norman Fosters Konzerthaus erinnert an eine liegende Flasche. Allein schon die Architektur ist eine Wucht. Als Heimstätte der Northern Sinfonia und von Folkworks ist es aber auch ein Garant für erstklassige Konzerte.

**Tyneside Cinema** KINO
(www.tynesidecinema.co.uk; Pilgrim St) Das Art-déco-Filmtheater eröffnete 1937 als Newcastles erstes Wochenschaukino. Auch heute noch können Besucher auf den üppigen, roten Samtsesseln Ausgaben der Wochenschau verfolgen (tgl. 11.15 Uhr). Gezeigt werden außerdem Kassenschlager aber auch ausgefallene Filmware und Schätze aus dem British Pathé Archiv. Montags, dienstags, freitags und samstags starten um 11 Uhr kostenlose, einstündige Führungen durch das Gebäude.

**Theatre Royal** THEATER
(☎08448 11 21 21; www.theatreroyal.co.uk; 100 Grey St) Das Winterquartier der Royal Shakespeare Company erstrahlt in viktorianischer Pracht. Das exzellente Programm beinhaltet Dramen, Komödien, Musicals, Opern, Ballett und zeitgenössischen Tanz.

### NEWCASTLES SCHWULEN- & LESBENSZENE

Das Herz der pulsierenden Schwulen- & Lesbenszene Newcastles ist das Viertel „Pink Triangle“, viele Veranstaltungsorte finden sich auch weiter südlich Richtung Scotswood Road. Ausgehtipps listet www.negayscene.co.uk.

**Eazy Street** (www.eazy-street.co.uk; 8–10 Westmorland Rd; ⌚12–3 Uhr) In dieser Schwulenbar ist jeder und jede willkommen. DJs und Dragqueen-Revues lassen hier allabendlich die Puppen tanzen.

**Loft** (10a Scotswood Rd; ⌚So–Do 23–3, Fr & Sa bis 4 Uhr) Eine kleine, superbeliebte Bar für spätere Stunden.

**Powerhouse** (www.clubph.co.uk; 9–19 Westmorland Rd; ⌚Do–Mo 23–4 Uhr) Der vierstöckige Megaclub mit gigantischem Licht- und Soundsystem zieht ein überwiegend schwules Publikum an. Hoher Flirtfaktor!

**Head of Steam @ The Cluny** LIVEMUSIK
(☎ 0191-230 4474; www.headofsteam.co.uk; 36 Lime St; ⌚ Mo–Do 12–23, Fr & Sa bis 24, So bis 22.30 Uhr) Im Cluny, das der Künstlerkooperative 36 Lime Street angeschlossen ist, treten allabendlich tourende Musiker und lokale Talente auf. Von experimentellem Prog-Rock bis hin zu angehenden Popgöttinnen ist alles vertreten.

**Newcastle United Football Club** FUSSBALL
(NUFC; www.nufc.co.uk) Der NUFC ist mehr als einfach nur eine Fußballmannschaft – er verkörpert Hoffnung und Stolz der Geordies. Das heilige Rund **St. James Park** (Strawberry Place) ist fast immer ausverkauft, aber es gibt geführte **Stadiontouren** (☎ 0844 372 1892; Erw./Kind 15/8 £; ⌚ tgl. 11.30, 12.30 & 14.30, an Spieltagen 10.30 Uhr), die auch die Trainerbank und Umkleidekabinen besuchen. Die Karten für ein Spiel gehen etwa zwei Wochen vor Anpfiff in den Verkauf.

## Shoppen

**Newcastle Quayside Market** MARKT
(☎ 0191-211 5533; unter der Tyne Bridge; ⌚ So 9–16 Uhr) Jeden Sonntag bieten Marktbuden am Ufer rund um die Tyne Bridge Schmuck, Fotografien, Kleidung und Haushaltswaren feil. Musiker und Essensstände sorgen für Straßenfeststimmung.

**Grainger Market** MARKT
(www.graingermarket.org.uk; zwischen Grainger St und Clayton St; ⌚ Mo–Sa 9–17 Uhr) In der pittoresken, denkmalgeschützten Markthalle von Newcastle wird seit 1835 Handel getrieben. Über 100 Stände verkaufen hier alles Mögliche von Fisch, Fleisch, Gemüse und anderen landwirtschaftlichen Erzeugnissen über Mode und Accessoires bis hin zu Haushaltswaren. Zwischen den Gängen 1 und 2 steht noch das historische Wiegehäuschen, in dem früher die Waren gewogen wurden.

## Praktische Informationen

**Polizei** (☎ Notruf 999, Bürgertelefon 101; www.northumbria.police.uk; Forth Banks; ⌚ 24 Std.)

**Touristeninformation** (☎ 0191-277 8000; www.visitnewcastlegateshead.com; Central Arcade, Market St; ⌚ Juli & Aug. Mo–Sa 9.30–17, So 14–17 Uhr, Sept.–Juni Mo–Sa 10–17 Uhr)

## An- & Weiterreise

### BUS

Regional- und Stadtbusse verkehren von den Bushaltestellen Haymarket und Eldon Square. Die Busse von National Express starten am Busbahnhof (St. James Blvd). Für die meisten Regionalbusverbindungen im Nordosten ist das preiswerte Explorer North East Ticket (9,30 £) gültig.

Die Busse X15 und X18 fahren gen Norden nach Berwick-upon-Tweed (6,50 £, 2 Std., 9-mal tgl.). National Express unterhält Verbindungen nach Edinburgh (14,90 £, 3 Std., 2-mal tgl.), London (16 £, 7 Std., 9-mal tgl.) und Manchester (12,50 £, 4½ Std., 4-mal tgl.).

### FLUGZEUG

**Newcastle International Airport** (☎ 0871 882 1121; www.newcastleairport.com) Der Flughafen liegt 11 km nördlich der Stadt an der A696. Neben Direktflügen zu vielen britischen und kontinentaleuropäischen Städten starten von hier auch Langstreckenflüge nach Dubai. Außerdem bieten diverse Reiseveranstalter Charterflüge in die USA, den Nahen Osten und nach Afrika.

### ZUG

Newcastle liegt an der Haupteisenbahnstrecke zwischen London und Edinburgh und ist Ausgangspunkt der landschaftlich reizvollen Tyne Valley Line, die westwärts nach Carlisle führt.

**Alnmouth** (von hier fahren Busse nach Alnwick) 9,70 £, 25 Min., stündl.

**Berwick-upon-Tweed** 23,60 £, 45 Min., stündl.

**Carlisle** 15,50 £, 1½ Std., halbstündl.

**Edinburgh** 48 £, 1½ Std., halbstündl.

**Hartlepool** 8,90 £, 45 Min., stündl.

**London King's Cross** 121 £, 3 Std., halbstündl.

**York** 32 £, 1 Std., alle 20 Min.

## Unterwegs vor Ort

### VOM/ZUM FLUGHAFEN

Der Flughafen ist mit der Metro an die Stadt angeschlossen (3,30 £, 20 Min., alle 12 Min.).

### ÖFFENTLICHE VERKEHRSMITTEL

Newcastle hat ein großes Busnetz, aber am besten kommt man mit der Tyne & Wear Metro herum, die den gesamten Ballungsraum bedient. Fahrkarten kosten ab 1,80 £, außerdem sind verschiedene Spartickets erhältlich. Streckennetzpläne für Busse und Metro händigt die Touristeninformation aus.

Das Ticket DaySaver (2,60–4,50 £) gilt ab 9 Uhr einen Tag lang unbegrenzt für das ganze Metronetz, mit dem Ticket DayRover (Erw./Kind 6,80/3,70 £) lassen sich alle Verkehrsmittel in Tyne und Wear einen Tag lang nutzen.

### TAXI

Am Wochenende können Taxis abends und nachts knapp werden; einen Versuch wert ist

**Noda Taxis** (☎ 0191-222 1888; www.noda-taxis.co.uk). Das Unternehmen betreibt einen Kundenschalter vor dem Hauptbahnhof.

# RUND UM NEWCASTLE

## Angel of the North

Etwa 10 km südlich von Newcastle erhebt sich seit 1998 ein 20 m hoher, 200 t schwerer, rostbrauner Stahlengel über der A1 (M). Seine Flügelspannweite übertrifft die einer Boeing 767. Wegen seiner offenherzigen Pose hat sich der Engel des Nordens den Spitznamen *Gateshead Flasher* (Exhibitionist von Gateshead) eingehandelt. Die berühmte Skulptur stammt von Sir Antony Gormley (der 2014 zum Ritter geschlagen wurde) und ist das größte und bekannteste öffentliche Kunstwerk im Vereinigten Königreich. Vom Eldon Square in Newcastle fahren die Busse 21 und 22 (2 £, 20 Min.) hierher.

## Tynemouth

67 520 EW.

Tynemouth ist eins der beliebtesten Ausflugsziele der Geordies. Der attraktive Badeort liegt etwa 14 km östlich von Newcastle. Die Mündung des Tyne gehört zu den besten Surfspots in England. Am halbmondförmigen Strand, der mit dem Gütesiegel der Blauen Flagge ausgezeichnet ist, lassen sich das ganze Jahr über tolle Wellen reiten. Gelegentlich finden hier auch die britischen Surfmeisterschaften statt.

### Sehenswertes & Aktivitäten

**Tynemouth Priory** RUINE
(EH; www.english-heritage.org.uk; Erw./Kind 4,80/2,90 £; ⌚ April–Sept. 10–18 Uhr, Okt. bis 16 Uhr, Nov.–März Sa & So 10–16 Uhr) Die im 11. Jh. von Benediktinermönchen erbaute Abtei thront in strategisch günstiger Lage auf einer Steilklippe über der Mündung des Tyne. Im Zuge Auflösung der Klöster während der Reformationszeit wurde sie 1539 geplündert. Danach ließ sich für vier Jahrhunderte das Militär hier nieder und verließ den Standort erst 1960. Heute ruhen rund um die skelettartigen Überbleibsel der Klosterkirche alte militärische Anlagen. Ihre aufs Meer gerichteten Kanonen scheinen immer noch auf einen Feind zu warten, der nie kam.

**Tynemouth Surf Company** SURFEN
(☎ 0191-258 2496; www.tynemouthsurf.co.uk; Grand Pde; ⌚ 10–17.30 Uhr) Dieser nette Surferladen bietet alles, was das Wellenreiterherz begehrt, u. a. zweistündige Gruppenkurse für 25 £ pro Person.

### Essen & Ausgehen

Gegenüber vom Kloster führt die dörfliche Front Street vom Meer landeinwärts. Sie ist von Bars, Restaurants, Cafés und Künstlerläden gesäumt.

**Barca Art Cafe** CAFÉ ££
(☎ 0191-257 7959; www.barcaart.co.uk; 68 Front St; Hauptgerichte 10,50–19 £; ⌚ Küche Mo–Sa 17–22, So 12–16 Uhr, Bar 12–1 Uhr) Das kuriose Barca Art Cafe ist Bar, Restaurant und Kunstgalerie (die ausgestellten Arbeiten lokaler Künstler sind alle verkäuflich) in einem. Die Küche ist modern und ambitioniert, allerdings gibt es – abgesehen von Vorspeisen wie dem großen Mezze-Teller zum Teilen – nur wenige vegetarische Optionen. Samstags legen ab 22 Uhr DJs auf.

**Turks Head** PUB
(☎ 0191-257 6547; www.johnbarras.com; 41 Front St; ⌚ Mo–Mi 11–23, Do–Sa bis 23.30, So 12–23.30 Uhr; 📶) Das bodenständige Traditionspub von 1850 mit elfenbeinfarbener Fliesenfassade ist der perfekte Ort, um bei einem Pint *real ale* ein Newcastle United Spiel zu verfolgen.

### An- & Weiterreise

Tynemouth erreicht man von Newcastle aus am einfachsten mit der Metro (3,20 £, 25 Min.).

## Segedunum

Das Römerkastell **Segedunum** (☎ 0191-236 9347; www.twmuseums.org.uk; Buddle St, Wallsend; Erw./Kind 5,50 £/frei; ⌚ April–Aug. 10–17 Uhr, Sept. & Okt. bis 16 Uhr, Nov.–März Mo–Fr 10–14.30 Uhr) war die letzte Festung des Hadrianswalls. Es befindet sich 8 km östlich von Newcastle am Ende der Mauer im heutigen Vorort Wallsend. Der 35 m hohe Turm des Forts bietet eine umwerfende Aussicht. Unten umfasst die beeindruckende Anlage ein rekonstruiertes römisches Badehaus (samt Dampfbecken und Fresken) und ein Museum, das einen faszinierenden Einblick in das Leben zur Zeit der Römer gewährt.

Segedunum liegt drei Fußminuten von der Metrostation Wallsend (ab Newcastle 3,95 £, 20 Min.) entfernt.

# HARTLEPOOL

88 895 EW.

Stahlwerke und Schiffswerften bescherten der Küstenstadt an der Nordsee im 19. Jh. ein Vermögen, ließen sie im Ersten Weltkrieg aber auch zur Zielscheibe werden. Am 16. Dezember 1914 wurde Hartlepool mit 1150 Granaten beschossen. 117 Menschen starben, darunter der 29-jährige Infanteriesoldat Theophilus Jones aus Durham. Er war der erste Soldat, der in diesem Krieg auf britischem Boden fiel. Die Kanonenbatterien von Hartlepool erwiderten das Feuer und beschädigten drei feindliche Schiffe. Es blieb das einzige Mal, dass die englischen Küstengeschütze im Ersten Weltkrieg zum Einsatz kamen.

Nach dem Zweiten Weltkrieg kollabierte sowohl die Stahl- als auch die Schiffsbauindustrie. Infolgedessen siechte Hartlepool bis zur Wiederbelebung des Jachthafens um die Jahrtausendwende vor sich hin. Heute kann man hier bei einem Zwischenstopp das spannende Seefahrer- und kriegszeitliche Erbe der Stadt erkunden.

## Sehenswertes

**Hartlepool's Maritime Experience** HISTORISCHES MUSEUM

(☎01429-860077; www.hartlepoolsmaritimeexperience.com; Jackson Dock, Maritime Ave; Erw./Kind 8,95/6,85 £, Museum Eintritt frei; ⏲April–Okt. 10–17 Uhr, Nov.–März 11–16 Uhr) Die beliebte Familienattraktion beherbergt zum einen das Museum von Hartlepool. Die gezeigten Exponate reichen von der Bronzezeit bis in die Gegenwart. Zum anderen liegt hier die 1817 erbaute *HMS Trincomalee* vor Anker. Sie ist das älteste noch schwimmende britische Kriegsschiff. Am historischen Museumsufer stehen nachgebildete Geschäfte und Werkstätten (z. B. von Büchsenmachern und Schwertschmieden). Kostümierte Mitarbeiter und Audioguides lassen die Vergangenheit wieder aufleben.

**Heugh Gun Battery Museum** MUSEUM

(☎01429-270746; www.heughbattery.com; Moor Tce; Erw./Kind 5/3 £; ⏲Do–So 10–16 Uhr) Etwa 3 km westlich des Erlebnisparks hält die aus dem 19. Jh. stammende Heugh (sprich: Jaff) Gun Battery noch immer die Stellung auf dem windgepeitschten Kap Hartlepool Headland. Sie ist eine der beiden Kanonenbatterien von Hartlepool, die im Ersten Weltkrieg zum Einsatz kamen. Besucher des angeschlossenen Museums können u. a. die unterirdischen Munitionslager und den Exerzierplatz inspizieren oder einfach die Aussicht vom Beobachtungsturm genießen.

## Schlafen

**Hillcarter Hotel** HOTEL ££

(☎01429-855800; www.hillcarterhotel.com; 31–32 Church St, Eingang über Whitby St; EZ 65 £, DZ 75–85 £, FZ 95 £; P 📶) Das Wahrzeichen im Zentrum von Hartlepool erblickte 1887 als Kaufhaus Hill and Carter das Licht der Welt. Ein Jahrhundert später wurde es zum Hotel umfunktioniert. Die Zimmer sind geräumig und behaglich, der Service ist erstklassig. Zum Hotel gehören ein Dachrestaurant, eine Bar, die auch kleine Gerichte serviert, und zwei Clubs. Freitags und samstags abends kann es wegen der benachbarten Kneipen ziemlich laut werden (an anderen Abenden bleibt es aber ruhig).

## Essen & Ausgehen

Die Ausgehmeile von Hartlepool ist der Navigation Point am Hafen. Hier überblicken eine ganze Reihe verschiedener Bars, Cafés und Restaurants die in der Marina vertäuten Boote. Die kulinarische Bandbreite reicht von traditioneller und moderner britischer Küche über chinesische und indische Gaumenfreuden bis hin zu italienischen Leckereien.

**Cinnamons** BENGALISCH£

(☎01429-269666; 29 Navigation Point, Hartlepool Marina; Hauptgerichte 6–11 £; ⏲Mo–Sa 12–14 & 17.30–23.30, So 17.30–23.30 Uhr) Das geschmackvoll eingerichtete Restaurant serviert frische, feurig scharfe Küche wie Tikka- und Tandoori-Spezialitäten aus dem Lehmofen, bengalische Currys, *baltis* (Wokgerichten) und unzählige Variationen mit *chingri* (Garnelen).

## Praktische Informationen

**Touristeninformation** (☎01429-869706; www.destinationhartlepool.com; Church Sq; ⏲Di–Sa 10–17.30, So 14–17 Uhr) Bei der Hartlepool Art Gallery.

## An- & Weiterreise

Zwischen Hartlepool und Newcastle verkehren Züge (8,90 £, 45 Min., stündl.). Der Bus 22 von/nach Durham (5,70 £, 1¼ Std., stündl.) hält am Bahnhof.

# COUNTY DURHAM

Die Grafschaft Durham erstreckt sich über die einsamen, von Kaninchen bevölkerten North Pennines und die ockerfarbenen Hügel von Teesdale. Starattraktion ist die Kreisstadt Durham. Ihre Kathedrale und die benachbarte Burg waren Sitz der mächtigen Fürstbischöfe, die ab 1081 über die Pfalzgrafschaft Durham herrschten. Diesen quasi autonomen Status verdankten sie Wilhelm dem Eroberer, der damit ein Bollwerk gegen die Sachsen und Schotten setzte.

Die Grafschaft war das Herzstück des regionalen Bergbaus. Sein gnadenloser Niedergang hinterließ in der Landschaft inzwischen verblassende, aber die Erinnerung wachhaltende Narben. Die letzte Zeche schloss 1984.

## Durham

47 785 EW.

Durham eignet sich als Ziel für einen Tagesausflug von Newcastle, ist aber auch eine Übernachtung wert. Rund um die riesige Burg und die romanische Kathedrale, die als schönste Englands gilt, ziehen sich Pflasterstraßen über die Hügel. Bevölkert sind sie vornehmlich von Elitestudenten, die hier die drittrenommierteste Universität Englands (nach Oxford und Cambridge) besuchen.

### Sehenswertes

★ **Durham Cathedral** KATHEDRALE
(www.durhamcathedral.co.uk; Spenden erbeten, Turm 5 £, geführte Touren Erw./Kind 5 £/frei; ⌚Mo–Sa 7.30–18, So bis 17.30 Uhr) Die monumentale Kathedrale ist das Paradestück des anglonormannischen romanischen Baustils und ein prachtvolles Denkmal der englischen Kirchengeschichte. Seit 1986 gehört sie zum Unesco-Weltkulturerbe. Auf dem Weg in das überwältigende Kircheninnere passiert man am Haupteingang den berühmten **Türzieher**. Mittelalterliche Straftäter betätigten ihn, um ein 37-tägiges Asyl in der Kirche zu erhalten, bevor sie vor Gericht gestellt wurden oder das Land verließen. Wer über die 325 Stufen den Turm hinaufsteigt, wird mit einer atemberaubenden Aussicht belohnt.

Die Kathedrale von Durham war die erste europäische Kirche mit einem durchgehenden steinernen Kreuzrippengewölbe. Es stützte das schwere, steinerne Dach und ermöglichte den Bau spitz zulaufender Gurtbögen. Sie waren die ersten ihrer Art in England und eine beachtliche architektonische Leistung. Der Mittelturm stammt von 1262. Bei einem Brand, den ein Blitz ausgelöst hatte, wurde er allerdings schwer beschädigt und nach halbherzigen Reparaturversuchen 1470 komplett neu errichtet. Die beiden Westtürme kamen zwischen 1217 und 1226 hinzu.

Die Nordseite der hübschen, 1175 erbauten **Galiläa-Kapelle** ist mit seltenen Wandmalereien aus dem 12. Jh. verziert (sie soll sich um Porträts des hl. Cuthbert und des hl. Oswald handeln). In der Kapelle befindet sich das **Grab von Beda Venerabilis**. Der aus Northumbria stammende Mönch lebte im 8. Jh. und machte als Historiker von sich Reden, seine *Kirchengeschichte des englischen Volkes* ist noch heute die wichtigste Quelle zum frühen Christentum in Großbritannien. Beda führte u. a. die Jahreszählung ab Christi

ABSTECHER

### FREILICHTMUSEUM BEAMISH

Das nordwestlich von Durham gelegene **Freilichtmuseum Beamish** (☎0191-370 4000; www.beamish.org.uk; Erw./Kind 17,50/10 £; ⌚April–Okt. 10–17 Uhr, Nov.–März Di–Do, Sa & So 10–16 Uhr) entführt seine Besucher in das Zeitalter der Industrialisierung und gibt einen Einblick in die regionalen Lebens- und Arbeitsbedingungen im 19. und frühen 20. Jh. Die für alle Altersgruppen unterhaltsame und lehrreiche Anlage ist 121 ha groß. Für einen Rundgang sind gut drei Stunden einzuplanen, in den Wintermonaten sind einige Bereiche geschlossen.

Zu den Highlights zählen eine Fahrt unter Tage sowie der Besuch eines Gehöfts und einer ganzen Bergarbeitersiedlung samt Schule, Zahnarztpraxis und Pub – es ist erstaunlich, aber auch in der kleinsten Hütte scheint damals noch Platz für ein Klavier gewesen zu sein. Ein tolles Erlebnis ist außerdem die Fahrt mit der Dampflokomotive *Steam Elephant* von 1815 oder dem Nachbau von Stephensons *Locomotion No 1*.

Von Newcastle (4,70 £, 1 Std., halbstündl.) fahren die Busse 28 und 28A hierher, von Durham der Bus 128 (3,20 £, 30 Min., stündl.).

# Durham

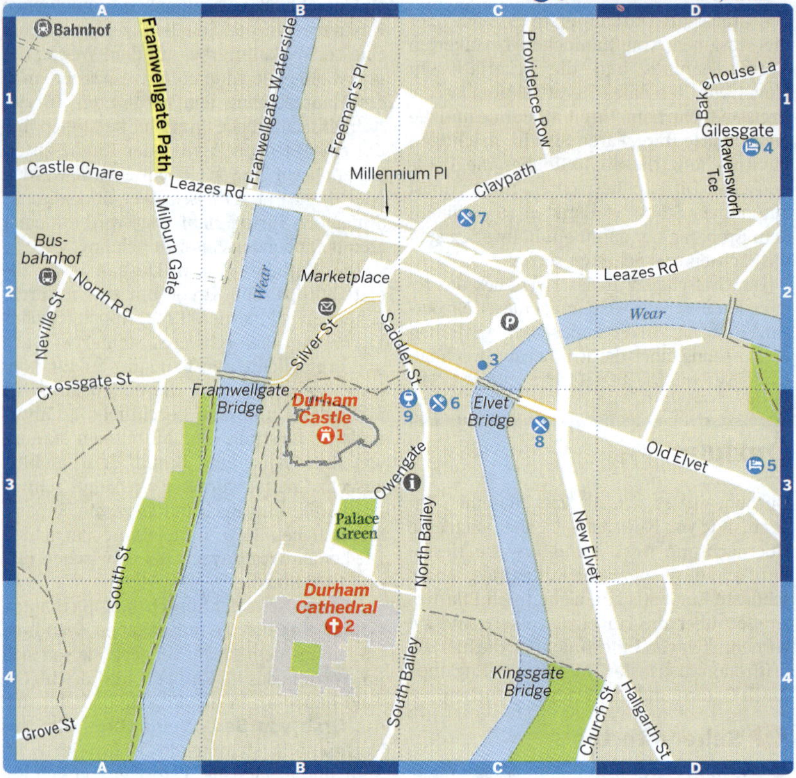


Geburt ein. Er wurde zunächst in Jarrow begraben, aber 1022 stahl ein ausgefuchster Mönch die sterblichen Überreste und brachte sie als kostbare Reliquie nach Durham.

Zu den weiteren Highlights zählen der **Bischofsthron** aus dem 14. Jh., die meisterhafte steinerne Chorschranke **Neville Screen** (1372–1380), die den Hochaltar vom **Grab des hl. Cuthbert** trennt, und der hauptsächlich aus dem 15. Jh. stammende **Kreuzgang**. Er führt zum ehemaligen **Schlafsaal der Mönche**, in dem heute die Bibliothek mit 30 000 Büchern sowie einige angelsächsische Steinschnitzereien untergebracht sind. Audiovisuelle Schautafeln informieren über den Bau der Kathedrale und das Leben des hl. Cuthbert.

**★ Durham Castle** BURG
(☎0191-334 2932; www.dur.ac.uk/durham.castle; Besuch nur im Rahmen einer Führung, Erw./Kind 5/3,50 £; ⌚nach Anmeldung) Die 1072 erbaute Turmhügelburg Durham Castle war bis 1837 Sitz des Fürstbischofs und wurde dann zum ersten College der Universität von Durham umfunktioniert. Die Burg ist bis heute ein Universitätsgebäude und bietet in den Trimesterferien Übernachtungsmöglichkeiten (bei Interesse die Burg kontaktieren). Zu den Höhepunkten der 45-minütigen Tour zählen die ächzende **schwarze Treppe** aus dem 17. Jh. und die bestens erhaltene **normannische Kapelle** (1080).

Jeder der hier einer nach dem anderen residierenden Fürstbischöfe wollte dem Komplex seinen eigenen Stempel verpassen, aber da die Burg aus weichem Stein und auf nachgiebigem Untergrund gebaut ist, waren sowieso ständig Restaurierungen und Renovierungen notwendig.

## Aktivitäten

**Prince Bishop River Cruiser** BOOTSTOUREN
(☎0191-386 9525; www.princebishoprc.co.uk; Browns Boathouse, Elvet Bridge; Erw./Kind 7/4 £;

## Durham



Bootstouren Juni–Sept. 12.30, 14 & 15 Uhr, Okt.–Mai nach tel. Absprache) Traumhafte Bootstouren auf dem landschaftlich reizvollen Fluss Wear.

**Browns Boathouse** BOOTFAHREN
(0191-386 3779; Elvet Bridge; pro Std. Erw./Kind 5/4 £; April–Okt. Sonnenaufgang–Sonnenuntergang) Der Bootsverleih vermietet Ruderboote für romantische Flussfahrten.

### Schlafen

**Honest Lawyer** GASTHOF ££
(0191-378 3780; www.honestlawyerhotel.com; Croxdale; DZ 68–88 £; P) Der ehrliche Rechtsanwalt liegt bequeme 5 km südlich von Durham an der A167 und bietet vorwiegend motelartige Zimmer mit bäuerlichen Karostoffen und Parkplätzen vor der eigenen Tür. Im Hauptgebäude gibt es eine holzvertäfelte Bar und ein Restaurant, das großzügige Portionen guter Kneipenkost aufträgt.

**Cathedral View** B&B ££
(0191-386 9566; www.cathedralview.com; 212 Gilesgate; EZ/DZ ab 75/90 £; P) Das unauffällige Haus aus der georgianischen Epoche hat kein Schild. Die sechs großen Zimmer schmücken sich mit allerlei Kissen sowie geschmackvoll harmonierenden Betttextilien und Vorhängen. Zwei der Zimmer sind mit einem sensationellen Blick auf die Kathedrale gesegnet. Das nach Wunsch zubereitete Frühstück wird mit selbst gebackenem Brot serviert – entweder auf der Terrasse oder im kunstbehangenen Esszimmer.

**Gadds Townhouse** BOUTIQUEHOTEL £££
(0191-384 1037; www.gaddstownhouse.com; 34 Old Elvet; DZ 110–250 £; ) Jedes der elf opulenten Zimmer hat ein Motto. Das „Le Jardin" kommt mit Schuppen und Gartenmöbeln daher, das „Premiere" hat eine riesige Leinwand und eine Popcornmaschine und das Zimmer „Edwardian Express" ist aufgemacht wie ein Schlafwagenabteil von anno dazumal. Das „normalste" Zimmer heißt „Garden Lodge" und ist mit Freiluftbadewanne und Fußbodenheizung ausgestattet. Das Restaurant ist erstklassig.

### Essen

**Tealicious** CAFÉ £
(0191-340 1393; www.tealicioustearoom.co.uk; Elvet Bridge; kleine Gerichte 2–5,25 £; Di–Sa 10–16 Uhr) Von außen gibt es im Schaufenster eine Lebkuchennachbildung des kuriosen, blau-weißen Häuschens zu bewundern. Drinnen lockt ein antik eingerichteter Teesalon mit selbstgemachtem Backwerk (z. B. Käsekuchen mit weißer Schokolade oder Limettenkuchen mit Ingwer), Suppen und über einem Dutzend Sorten Tee, der in edlen Porzellankannen kredenzt wird. Der Gastraum ist winzig und eine Reservierung ratsam.

**Cellar Door Durham** MODERN BRITISCH ££
(0191-383 1856; www.thecellardoordurham.co.uk; 41 Saddler St; Hauptgerichte 14–17,50 £; 11.30–22.30 Uhr) Durch eine unscheinbare Tür in der Saddler Street gelangt man in das aus dem 12. Jh. stammende Gebäude. Die Aussicht auf den Fluss ist sowohl drinnen als auch draußen auf der Terrasse hinreißend. Die Küche vereint britische und mediterrane Einflüsse. Auf der Karte finden sich Vorspeisen wie doppelt gebackenes Ziegenkäsesoufflé, Hauptgerichte wie sautiertes Wildfleisch mit Maronendressing und Desserts wie Briocheauflauf. Der Service ist hervorragend.

**Oldfields** BRITISCH ££
(0191-370 9696; www.oldfieldsrealfood.co.uk; 18 Claypath; 2-/3-Gänge-Mittagsmenü 10/13 £, Hauptgerichte abends 12–17,50 £; 12–22 Uhr; ) Das preisgekrönte Restaurant logiert im Sitzungssaal des ehemaligen Hauptsitzes der Durham Gas Company aus dem Jahr 1881 und hat sich der saisonalen Küche verschrieben. Verwendet werden nur lokale und Bio-Zutaten, die aus einem Umkreis von 100 km stammen. Dieser Ansatz paart sich mit einer Leidenschaft für gute britische Kü-

che. Auf den Tisch kommen *pan haggerty* (ein nordostenglisches Kartoffelgericht), ein Auflauf mit Fisch aus der Nordsee und Wildschweinpie.

## Ausgehen & Nachtleben

**Shakespeare Tavern** PUB
(www.shakespearedurham.com; 63 Saddler St; ⏲11–23.30 Uhr) Authentischer geht's nicht. Das Pub existiert seit 1190 und hat alles, was dazugehört: eine Dartscheibe, gemütliche Nebenzimmer, eine grandiose Bier- und Spirituosenauswahl, originelle Stammgäste und angeblich auch ein Hausgespenst. Mittwochabends gibt es Folk-Jam-Sessions.

## Praktische Informationen

**Die Touristeninformation** (World Heritage Site Visitor Centre; ☎0191-334 3805; www.thisisdurham.com; 7 Owengate; ⏲Juli & Aug. 9.30–18 Uhr, Ende März–Juni & Sept. bis 17 Uhr, Okt.–Ende März bis 16.30 Uhr) ist klein, aber hilfsbereit und hat das übliche Informationsmaterial im Angebot.

## An- & Weiterreise

### BUS

Es bestehen Busverbindungen nach Hartlepool (Bus 22; 5,70 £, 1¼ Std., stündl.), London (National Express; 32 £, 6½ Std., 4-mal tgl.) und Newcastle (Bus 21, 43, 44, X2, X21, X41; 3,60 £, 1–1¾ Std., mehrmals stündl.).

### ZUG

Durham liegt an der East Coast Main Line, der wichtigsten Nord-Süd-Eisenbahnstrecke an der Ostküste. Viele Orte sind daher zügig zu erreichen, wie Edinburgh (56,20 £, 2 Std., stündl.), London King's Cross (121 £, 3 Std., stündl.), Newcastle (5,10 £, 15 Min., 4-mal stündl.) und York (30,50 £, 50 Min., 4-mal stündl.).

## Unterwegs vor Ort

**Pratt's** (☎0191-386 0700; www.prattstaxis.co.uk) Zuverlässiges Taxiunternehmen.

# Barnard Castle

7040 EW.

Das idyllische Marktstädtchen Barnard Castle, besser bekannt als Barney, ist der Traum jedes Traditionalisten. Es wimmelt nur so von Antiquitätenläden und urigen alten Pubs, die eine tolle Kulisse für die beiden Hauptattraktionen abgeben: eine gewaltige Burgruine am Ortsrand und ein elegantes Schloss in französischem Stil. Für

ABSTECHER

### RABY CASTLE

Die weitläufige Burg **Raby Castle** (www.rabycastle.com; Erw./Kind 10/4,50 £; ⏲Juli & Aug. So–Fr 13–16.30 Uhr, Mai, Juni & Sept So–Mi 13–16.30 Uhr) 11 km nordöstlich von Barnard Castle war einst Sitz der katholischen Familiendynastie Neville. Wegen ihrer Beteiligung an dem Aufstand *Rising of the North* musste sie ihr Anwesen 1569 räumen. Die Inneneinrichtung stammt größtenteils aus dem 18. und 19. Jh. Äußerlich sieht die Burganlage mit Innenhof und Burggraben fast noch aus wie eh und je, hinzugekommen sind prachtvolle Gartenanlagen und ein Wildpark. Zwischen Barnard Castle und Raby pendelt der Bus 8 (3 £, 15 Min., 8-mal tgl.).

alle, die sich diesem Zauber zwischendurch entziehen können, ist Barnard Castle auch ein nettes Basislager, um Teesdale und die North Pennines zu erkunden.

## Sehenswertes

**Barnard Castle** BURG
(EH; www.english-heritage.org.uk; Erw./Kind 4,60/2,80 £; ⏲April–Sept. 10–18 Uhr, Okt. bis 17 Uhr, Nov.–März Sa & So 10–16 Uhr) Die von Guy de Bailleul auf einer Klippe über dem Fluss Tees angelegte Burg wurde um 1150 erweitert und einige Jahrhunderte später teilweise abgerissen. Die Gemäuer erstrecken sich aber bis heute über zwei beachtliche Hektar Land und bieten phantastische Ausblicke auf den Fluss.

★**Bowes Museum** MUSEUM
(www.thebowesmuseum.org.uk; Erw./Kind 9 £/frei; ⏲10–17 Uhr) Das mit großem Aufwand eingerichtete Bowes Museum residiert in einem prunkvollen Château 1 km östlich von Barnard Castle. Der Industrielle John Bowes ließ hier den Traum seiner Frau Josephine, einer Pariser Schauspielerin, Wirklichkeit werden. Der nach Entwürfen des französischen Architekten Jules Pellechet errichtete Kulturpalast eröffnete 1892. Er war von Anfang an Ausstellungsort für die Kunstsammlung geplant, die das Ehepaar auf Reisen in der ganzen Welt zusammengetragen hatte. Das Prachtstück dieser Sammlung ist ein bezaubernder mechanischer Schwan aus dem 18. Jh. Er ist täglich um 14 Uhr in Aktion zu erleben. Wer die

Vorführung verpasst, kann sich das Spektakel in einem Film anschauen.

Zu sehen sind außerdem Werke von Canaletto, El Greco oder Goya und 55 Gemälde von Josephine selbst. Unter den 15 000 weiteren Kunstobjekten befinden sich kostbare Uhren sowie silbernes und goldenes Tafelgeschirr. Eine Ausstellung über Textilien im Wandel der Zeit zeigt zudem phantastische Kleider aus verschiedenen Epochen vom 17. Jh. bis in die 1970er-Jahre.

## Schlafen & Essen

**Old Well Inn** GASTHOF ££

(☎01833-690130; www.theoldwellinn.co.uk; 21 The Bank; EZ/DZ/FZ ab 50/70/96 £; ) Die über einem riesigen (nicht sichtbaren) Brunnen erbaute, ehemalige Postkutscherherberge verfügt über zehn großzügige Zimmer. Die Nummer 9 samt Privateingang, Steinplattenboden und Bad ist am imposantesten. Das Pub ist bekannt für sein vorzügliches Essen (Hauptgerichte 7,50–9 £). Empfehlenswert ist z. B. der Kaninchenauflauf mit Blutwurst. Bei schönem Wetter schmecken die regionalen Ales im begrünten Biergarten besonders gut.

**Jersey Farm Country Hotel** HOTEL ££

(☎01833-638223; www.jerseyfarmhotel.co.uk; Darlington Rd; EZ/DZ ab 72/99 £; Küche 12–14 & 18–21 Uhr; P) Der Name lässt eines der üblichen nobel umgebauten Bauernhäuser mit gediegenem Landhausflair vermuten, aber weit gefehlt. Stattdessen überraschen die Zimmer mit coolen Retromustern und -spielereien. Das gepflegte Restaurant serviert schnörkellose Klassiker (Hauptgerichte 10–19 £). Das Hotel liegt 1,6 km außerhalb der Stadt an der A67.

## Praktische Informationen

Die **Touristeninformation** (☎01833-631107; www.thewitham.org.uk; 3 Horsemarket; Mo & Mi–Sa 10–16 Uhr) ist im neuen Kulturzentrum The Witham untergebracht.

## An- & Weiterreise

Von Durham fährt der Bus 75 über Darlington nach Barnard Castle (3,80 £, 1½ Std., 2-mal stündl.).

# North Pennines

Die North Pennines erstrecken sich vom westlichen Durham bis kurz vor den Hadrianswall im Norden. Im Süden liegt Teesdale, das sanft hügelige Flusstal des Tees, und im Norden das urwüchsigere Tal Weardale, das vom Fluss Wear durchschnitten wird. In beiden Tälern finden sich Spuren alter Steinbrüche und Minen, die auf den Bergbau zur Zeit der Römer zurückgehen. Auch die malerischen Täler Derwent und Allen Valley nördlich des Weardale gehören zu den North Pennines.

Detailreiche Informationen über die Gegend gibt's auf www.northpennines.org.uk und www.exploreteesdale.co.uk.

## HADRIANSWALL

Die alten Römer haben uns ja so einiges hinterlassen. Aquädukte. Fußbodenheizungen. Kalender. Latein. Und dann auch noch diese monumentale Mauer. Sie wurde von 122 bis 128 n. Chr. als Grenzwall zwischen den Römern und den schottischen Pikten errichtet. Ihren Namen verdankt sie Kaiser Hadrian, der das Mammutprojekt anordnete. Der Wall war eines der größten Bauvorhaben Roms, ein gigantisches, 117 km langes Zeugnis römischen Ehrgeizes und Tatendrangs. Wenn die Römer etwas wollten, zogen sie das auch durch. Das belegen die ehrwürdigen erhaltenen Abschnitte noch heute, 2000 Jahre nach der Grundsteinlegung.

Einfach war das Unternehmen nicht. Nach seiner Vollendung zog sich das Riesenbauwerk quer über den schmalen Hals der Insel, von Solway Firth im Westen bis zur Mündung des Tyne im Osten. Im Abstand einer römischen Meile (1,5 km) wurden Tore eingefügt, über die jeweils kleine Kastelle *(milecastles)* wachten. Zwischen diese setzten die Römer jeweils zwei Wachtürme. Die Meilenfestungen sind von Osten nach Westen durchnummeriert: beginnend mit der Meilenfestung 0 in Wallsend (dort ist mit Segedunum das letzte Kastell des Walls (S.683) zu besichtigen) bis zur Meilenfestung 80 in Bowness-on-Solway.

Eine Reihe von Festungen wurde (möglicherweise schon früher) weiter im Süden als Garnisonen errichtet und weitere 16 liegen beiderseits des Walls verstreut.

Carlisle in Cumbria und Newcastle sind perfekt als Ausgangs- und Endpunkte einer Tour; Haltwhistle, Hexham und Corbridge eignen sich gut als Basisstandorte. Die B6318 folgt dem Wall von den Vororten Newcastles bis nach Birdoswald. Die Haupt-

# Hadrianswall

## ROMS LETZTE GRENZE

Von allen römischen Stätten in Großbritannien ist der Wall von Kaiser Hadrian aus dem 2. Jh., der Nordengland von der Irischen See bis zur Nordsee durchschneidet, bei Weitem die spektakulärste. Die Unesco verlieh ihr 1987 den Status einer Weltkulturerbestätte.

Wir haben die Highlights herausgepickt – eines ist das gut erhaltene römische Kastell Housesteads, das hier rekonstruiert dargestellt ist.

IAN MURRAY/GETTY IMAGES ©

### Housesteads' Getreidespeicher

Eine so clevere Untergrundbelüftung, welche die lebenswichtigen Getreidevorräte in Northumberlands regnerischem Klima trocken hielt, hat man hier die nächsten 1500 Jahre nicht gesehen.

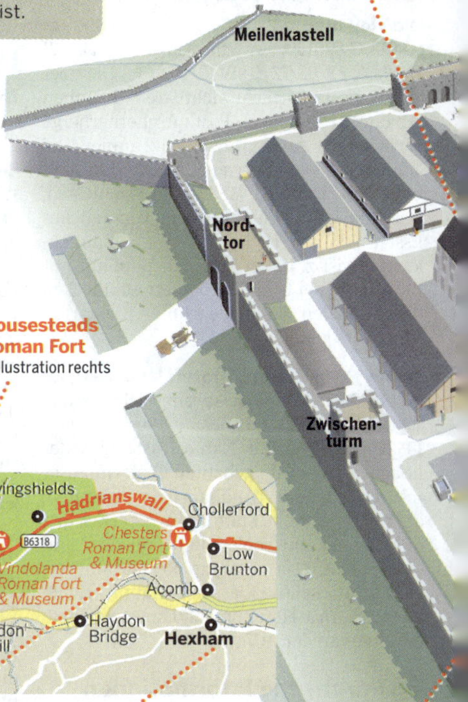

STEPHEN DOREY/GETTY IMAGES ©

### Birdoswald Roman Fort

Der längste intakte Abschnitt des Walls – über die Reste einer großen Festung klettern und drinnen ein lebensgroßes Modell der Anlage zu ihren Hochzeiten bewundern: ein großer Spaß für Kids.

### Housesteads Roman Fort

s. Illustration rechts

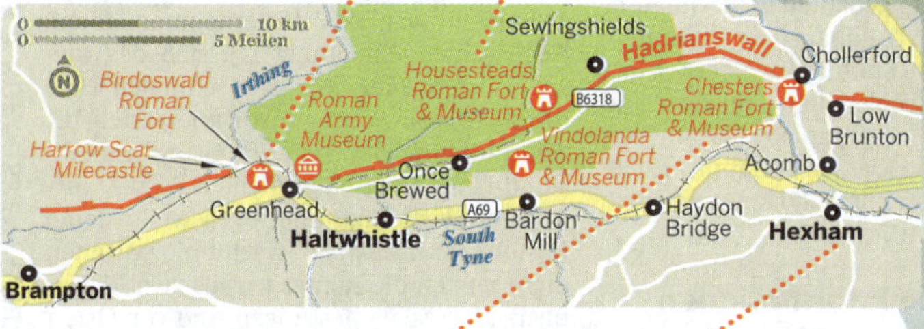


### Chesters Roman Fort

Zur Überwachung einer Brücke über den North Tyne gebaut, verfügt das gut erhaltene Kavalleriefort über ein fabelhaftes Badehaus – essenziell, um monatelange nördliche Winter zu überleben.

NEIL HOLMES/GETTY IMAGES ©

### Hexham Abbey

Diese phantastische Kirche ist vielleicht die bedeutendste nichtrömische Sehenswürdigkeit am Hadrianswall. Teile aus dem 7. Jh. wurden aber mit Steinen aus römischen Steinbrüchen erbaut.

VISITBRITAIN/BRITAIN ON VIEW/GETTY IMAGES ©

### Housesteads' Lazarett

Im Lazarett wurde überraschend effektiv operiert, ganz ohne Betäubungsmittel; religiöse Rituale und Gebete an Äskulap, den römischen Gott der Heilkunst, waren möglicherweise weniger hilfreich bei Leistenbrüchen oder Blinddarmentzündungen.

**Housesteads' Latrinen**
Gemeinschaftstoiletten waren in römischer Zeit die Norm und die in Housesteads sind besonders gut erhalten – zum Glück ist aber von den essiggetränkten Schwämmen, die statt Klopapier benutzt wurden, nichts mehr übrig.

## ZAHLEN & FAKTEN

» **Lateinischer Name** Vallum Aelium

» **Länge** 117,5 km (80 römische Meilen)

» **Bauzeit** 122–128 n. Chr.

» **Für den Bau benötigte Arbeitskräfte**
Drei Legionen (etwa 16 000 Mann)

» **Bestandteile** Mindestens 16 Festungen, 80 Meilenkastelle, 160 Türme

» **Schon gewusst?** Der Hadrianswall war nicht die einzige Wallanlage in Großbritannien. 142–144 n. Chr. wurde der Antoniuswall quer durch das heutige Schottland errichtet – aber bald wieder aufgegeben.

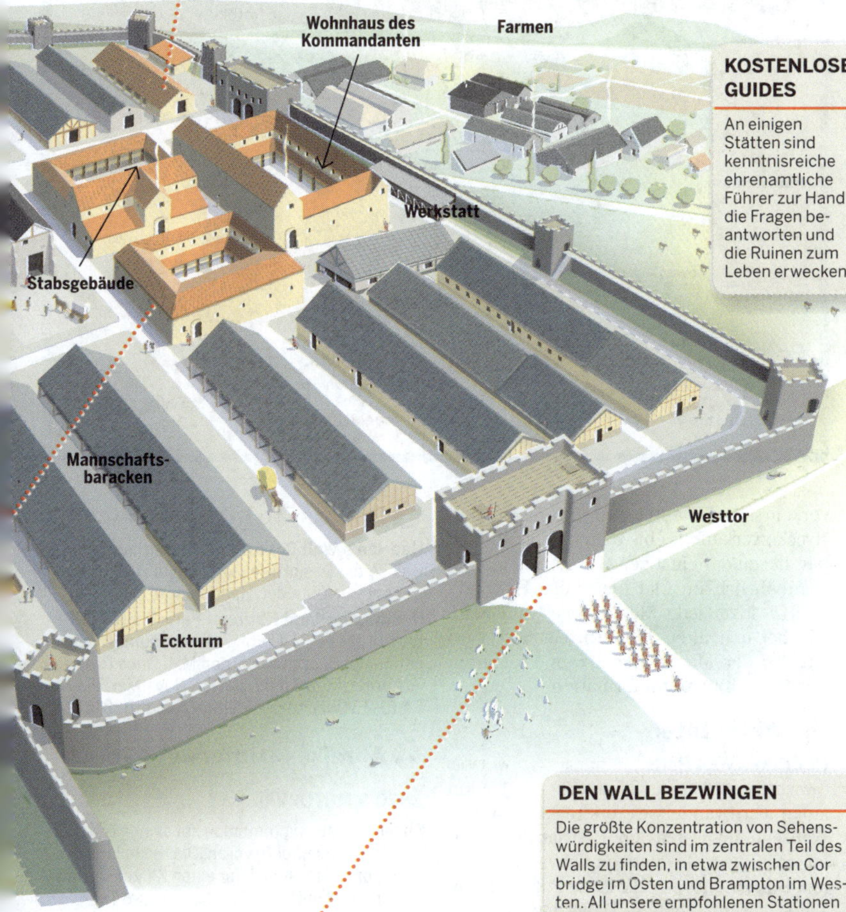


## KOSTENLOSE GUIDES

An einigen Stätten sind kenntnisreiche ehrenamtliche Führer zur Hand, die Fragen beantworten und die Ruinen zum Leben erwecken.

**Housesteads' Torhäuser**
In Housesteads ist keins der Tore zum Feindesland hin ausgerichtet, wie es bei römischen Festungen sonst üblich war, stattdessen liegen sie auf einer Ost-West-Achse. Im Stein sind immer noch Spurrillen von Wagenrädern zu erkennen.

## DEN WALL BEZWINGEN

Die größte Konzentration von Sehenswürdigkeiten sind im zentralen Teil des Walls zu finden, in etwa zwischen Corbridge im Osten und Brampton im Westen. All unsere empfohlenen Stationen liegen in diesem Bereich. Am einfachsten ist es, mit dem Auto über die B6318 zu flitzen, aber Spezialbus AD122 bringt einen auch hin. Wer den ausgewiesenen Hadrian's Wall Path (135 km) entlangwandert, kann die Leistung der Römer aus nächster Nähe bewundern.

## Hadrian's Wall & Northumberland National Park

verkehrsstraße A69 und die Eisenbahnstrecke verlaufen 5 bis 6 km weiter südlich parallel zu der einstigen Grenzbefestigung.

Alljährlich im Mai bietet das Hadrian's Wall Festival jede Menge Spiel und Spaß wie bei den alten Römern. Gefeiert wird entlang der Mauer, mehr zum Programm verrät die Touristeninformation.

## Aktivitäten

**Hadrian's Wall Path** WANDERN

(www.nationaltrail.co.uk/hadrianswall) Der 135 km lange Fernwanderweg erstreckt sich von Wallsend im Osten am Hadrianswall entlang bis nach Bowness-on-Solway im Westen. Die gesamte Strecke ist zu Fuß in sieben Tagen gut zu schaffen. Dabei bleibt genug Zeit, um unterwegs das reiche archäologische Erbe dieser Gegend unter die Lupe zu nehmen. Detaillierte Wanderführer gibt es vor Ort in Buchhandlungen und Touristeninformationen zu kaufen.

## Praktische Informationen

**Hadrian's Wall Country** (www.visithadrianswall.co.uk) Das offizielle Portal für die gesamte Gegend rund um den Hadrianswall.

**Northumberland National Park Visitor Centre** (☎ 01434-344396; www.northumberlandnationalpark.org.uk; Bardon Mill, Once Brewed; ⊙ April–Okt. 9.30–17.30 Uhr, Nov.–März Sa & So 10–15 Uhr) An der Military Road (B6318).

## Anreise & Unterwegs vor Ort

### AUTO & MOTORRAD

Am einfachsten kommt man auf seinen eigenen vier oder zwei Rädern voran. Die Kastelle und Garnisonen sind meist nur einen Katzensprung voneinander entfernt. Parktickets (pro Tag/Woche 4/15 £) gelten für alle Stätten entlang des Hadrianswalls.

### BUS

Der Hadrianswallbus AD122 (Tageskarte Erw./Kind 12/6 £, April–Okt. 5-mal tgl.) verkehrt zwischen Hexham und Carlisle und hält auf Anfrage. Pro Tag startet und endet zudem ein Bus am Hauptbahnhof von Newcastle, aber nicht alle Verbindungen bedienen die gesamte Route. In den AD122 können Fahrräder mitgenommen werden, der Platz dafür ist allerdings begrenzt. Das restliche Jahr über fährt die Buslinie 185 schnurstracks von Haltwhistle nach Carlisle (nur Mo–Sa).

Westlich von Hexham verläuft der Wall parallel zur A69, die Carlisle und Newcastle miteinander verbindet. Auf dieser Strecke verkehrt die Buslinie 685 das ganze Jahr über stündlich und führt 3 bis 5 km südlich an den wichtigsten Sehenswürdigkeiten vorbei.

Für alle diese Verbindungen gilt das **Hadrian's Wall Rover Ticket** (Erw./Kind 1 Tag 9/4,50 £, 3 Tage 18/9 £, 7 Tage 36/18 £). Erhältlich ist es bei den Busfahrern und Touristeninformationen, die auch Fahrpläne bereithalten.

#### ZUG

Auf der Zugstrecke zwischen Newcastle und Carlisle (Tyne Valley Line; 12,20 £, 1 Std., stündl.) gibt es Bahnhöfe in Corbridge, Hexham, Haydon Bridge, Bardon Mill, Haltwhistle und Brampton. Nicht alle Züge halten an allen Stationen.

## Corbridge

2950 EW.

Das Städtchen Corbridge oberhalb einer grün beuferten Flussschleife des Tyne kann seine Anfänge bis in die Zeit der sächsischen Besiedlung zurückverfolgen. Damals gab es hier ein vermögendes Kloster. Zur Errichtung der anmutigen Gebäude wurden Steine aus der nahe gelegenen römischen Garnisonstadt Corstopitum entwendet. Die schattigen Pflasterstraßen sind gesäumt von altmodischen Läden und Pubs.

### Sehenswertes

**Corbridge Roman Town & Museum** HISTORISCHE STÄTTE
(EH; www.english-heritage.org.uk; Erw./Kind 5,60/3,40 £; ⏲April–Sept. 10–18 Uhr, Okt. bis 17 Uhr, Nov.–März Sa & So 10–16 Uhr) Die Überreste der römischen Garnisonsstadt Corstopitum liegen etwa 1 km westlich vom Market Place an der Dere Street, die einst als Hauptstraße von York nach Schottland führte. Das Kastell ist das älteste in der Gegend und wurde bereits etwa 40 Jahre vor dem Hadrianswall erbaut. Die heute zu besichtigenden Ruinen stammen jedoch überwiegend aus der Zeit um das Jahr 200. Damals war aus der Garnison eine zivile Siedlung geworden, die als wichtige Versorgungsbasis entlang des Walls diente.

Die sichtbaren Überreste der Stadt vermitteln einen Eindruck vom damaligen Alltagsleben. Das Corbridge Museum präsentiert römische Skulpturen und Schnitzereien, darunter den kunstvollen **Corbridge Lion** aus dem 3. Jh.

### Schlafen & Essen

★ **2 The Crofts** B&B ££
(☎01434-633046; www.2thecrofts.co.uk; B6530; DZ ab 80 £; P 📶) Mit Abstand die beste Adresse, um sich in Corbridge wohl zu betten. Das abgelegene B&B in einem beschaulichen viktorianischen Haus östlich vom Ortszentrum an der Newcastle Road ist bequem zu Fuß zu erreichen. Die drei Zimmer mit hohen Decken haben eigene Bäder und die aufgeweckten Besitzer zaubern morgens ein verführerisch gutes, warmes Frühstück.

**Corbridge Larder** FEINKOST, CAFÉ £
(☎01434-632948; www.corbridgelarder.co.uk; 18 Hill St; kleine Gerichte 4–7 £; ⏲Mo–Fr 9.30–17, Sa 9–17.30 Uhr) In diesem ausgezeichneten Feinkostladen gibt es alle nur erdenklichen Zutaten für ein Gourmetpicknick: Brot, über 100 Sorten Käse, Chutneys, Kuchen, Schokolade, Wein, nach Wunsch zubereitete Sandwichs, Pies, Quiches und Tartes sowie Antipasti und Mezze. Man kann sich auch komplette Picknickkörbe zusammenstellen lassen. Über dem Schlaraffenland lockt ein kleines Café.

**Black Bull** BRITISCH ££
(Middle St; Hauptgerichte 8–17 £; ⏲Küche 12–21 Uhr; 📶 👪) Der schwarze Bulle umsorgt seine Gäste mit britischer Hausmannskost und beglückt sie z. B. mit Rindfleischburgern, Fisch in Bierteig oder geschmortem Lammfleisch. Sonntags stehen fünf verschiedene Braten zur Auswahl. Serviert wird das Ganze in rustikalen, urgemütlichen Speisezimmern mit niedrigen Decken.

### Praktische Informationen

Die **Touristeninformation** (☎01434-632815; www.thisiscorbridge.co.uk; Hill St; ⏲Ostern–Okt. Mo–Sa 10–16.30 Uhr, Nov.–März Fr & Sa 11–16 Uhr) belegt eine Ecke der Bibliothek.

### An- & Weiterreise

In Corbridge halten die zwischen Newcastle und Carlisle verkehrenden Busse 85, 685 und X85 (beide Richtungen 4,70 £, ca. 1 Std., halbstündl.) sowie der halbstündlich getaktete Bus 10 von

Newcastle (5 £, 1 Std.) nach Hexham (2,90 £, 20 Min.). In Hexham besteht Anschluss an den Hadrianswallbus AD122.

Corbridge liegt an der Zugstrecke Newcastle–Carlisle.

# Hexham

11 390 EW.

Das geschäftige Hexham ist ein hübsches, wenn auch ein wenig in die Jahre gekommenes Marktstädtchen. Es hat sich rund um ein stattliches Augustinerkloster angesiedelt und versammelt in seinen Kopfsteinpflastergassen mehr Geschäfte und Einkehrmöglichkeiten als irgendeine andere Stadt am Wall zwischen Carlisle und Newcastle. Wer in die windgepeitschte Wildnis vor den Toren der Stadt aufbrechen will, kann sich hier bestens mit Proviant eindecken.

## Sehenswertes

**Hexham Abbey** KLOSTER

(www.hexhamabbey.org.uk; 9.30–17 Uhr, sächsische Krypta 11 & 15.30 Uhr) Die Abtei von Hexham dominiert den winzigen Market Place und ist ein Paradebeispiel frühenglischer Baukunst. Der Auflösung der englischen Klöster entkam sie durch einen cleveren Schachzug. Sie wurde 1537 kurzerhand zur Gemeindekirche umfunktioniert und erfüllt diesen Zweck bis heute. Das Highlight ist die **Krypta** aus dem 7. Jh. Sie ist das einzige Überbleibsel des ursprünglichen Klosters, das der hl. Wilfrid 674 gründete. Für den Bau wurden damals mit Inschriften versehene Steine aus Corstopitum verwendet.

**Old Gaol** HISTORISCHES GEBÄUDE

(Erw./Kind 4/2 £; April–Sept. Di–Sa 11–16.30 Uhr, Okt.–Nov. & Feb.–März nur Di & Sa) Das 1333 als erstes eigens zu diesem Zweck erbaute Gefängnis Englands dokumentiert heute als Museum auf vier Etagen seine Vergangenheit in allen schaurigen Details. Die Ausstellung erzählt neben Anekdoten über die hier verhängten Strafen auch die Geschichte der *border reivers*. Jene Clans bekämpften, entführten, erpressten und töteten sich im 16. Jh. gegenseitig, um in dem rechtsfreien Raum entlang der angloschottischen Grenze ihre Macht auszuspielen.

## Schlafen & Essen

**Hallbank Guest House** B&B ££

(01434-605567; www.hallbankguesthouse.com; Hallgate; EZ/DZ ab 70/90 £; P) Das altehrwürdige Haus hinter dem Old Gaol stammt aus der Zeit Eduards VII. Seine antike Eleganz verträgt sich wunderbar mit den stilvoll eingerichteten Zimmern, die über Flachbild-TVs und riesige Betten verfügen. Das B&B ist sehr beliebt, eine Reservierung lohnt sich.

**Deli at Number 4** FEINKOST, CAFÉ £

(01434-608091; www.deliatnumber4.co.uk; 4 Beaumont St; kleine Gerichte 2–5 £; Mo–Sa 9–17, So 11–16 Uhr) Die bunte Schaufensterauslage gegenüber der Hexham Abbey lässt einem das Wasser im Mund zusammenlaufen: Da stapeln sich Brote, Käse, Oliven, Marmeladen, selbstgebackene Kuchen und viele andere Köstlichkeiten. Drinnen verleiten die Düfte aus der Küche dazu, treppauf im Café Platz zu nehmen und sich dort mit Suppen, Sandwichs und verschiedensten Spezialitäten zu verwöhnen.

★ **Bouchon Bistrot** FRANZÖSISCH ££

(www.bouchonbistrot.co.uk; 4–6 Gilesgate; Hauptgerichte 12–20 £; Mo–Sa 12–14 & 18–21.30 Uhr) Niemand erwartet in Hexham ein Feinschmeckerrestaurant, aber der gallische Gourmettempel genießt einen hervorragenden Ruf. Die klassisch inspirierte Auswahl reicht von echter französischer Zwiebelsuppe mit Greyerzer über Knoblauchschnecken bis zu gebratenem Seelachsfilet mit Brunnenkressesoße. Die Zutaten sind alle taufrisch und auf der Weinkarte finden sich edle Champagner und erstklassige Rot- und Weißweine.

## Praktische Informationen

Die **Touristeninformation** (01434-652220; www.visitnorthumberland.com/hexham; Wentworth Car Park; April–Okt. Mo–Sa 9.30–17, So 11–16 Uhr, Nov.–März Mo–Sa 10–16.30 Uhr) hat ihren Sitz nordöstlich vom Stadtzentrum.

## An- & Weiterreise

In Hexham halten die zwischen Newcastle und Carlisle verkehrenden Busse 85, 685 und X85 (4,70 £, 1¼ Std., halbstündl.); der Hadrianswallbus AD122 verbindet Hexham mit anderen Orten entlang des Walls. Die Buslinie 10 (5,40 £, 1¼ Std., halbstündl.) verbindet Hexham mit Newcastle.

Hexham liegt an der landschaftlich reizvollen Zugstrecke zwischen Newcastle (6,60 £, 30 Min., stündl.) und Carlisle (5 £, 1 Std., stündl.).

## Chesters Roman Fort & Museum

Die fabelhaft erhaltenen Überreste des römischen **Reiterkastells** (EH; ☎01434-681379; www.english-heritage.org.uk; Erw./Kind 5,60/3,40 £; ⌚April–Sept. 10–18 Uhr, Okt. bis 17 Uhr, Nov.–März Sa & So 10–16 Uhr) ruhen inmitten einer grünen Wald- und Wiesenlandschaft in der Nähe des Dorfs Chollerford. Ursprünglich wurde das Fort als Quartier für eine Truppeneinheit aus dem nordspanischen Asturien errichtet. Die Ruinen beinhalten Teile einer Brücke (am besten vom östlichen Flussufer zu sehen), vier Pförtnerhäuser, ein Badehaus und eine Fußbodenheizungsanlage. Das Museum zeigt eine umfangreiche Sammlung römischer Skulpturen und ist mit dem Hadrianswallbus AD122 zu erreichen.

## Haltwhistle & Umgebung

3790 EW.

Eine der spannenderen Streitfragen in Großbritannien ist: wo genau liegt die Mitte der Insel? Die Einwohner von Haltwhistle, einem Örtchen nördlich der A69, das im Grunde aus einer langen Straße besteht, behaupten, sie befinde sich hier. Die Einwohner des 114 km südlich gelegenen Dunsop Bridge beanspruchen das für ihren Ort das gleiche. Egal, in Haltwhistle kann man gut einen Stopp einlegen, um Bargeld zu ziehen und Vorräte einzukaufen. Donnerstags ist Markttag.

### Sehenswertes

**Vindolanda Roman Fort & Museum** HISTORISCHE STÄTTE
(www.vindolanda.com; Erw./Kind 6,50/4 £, Kombiticket mit Roman Army Museum 10/5,50 £; ⌚April–Sept. 10–18 Uhr, Okt. bis 17 Uhr, Nov. & Dez. bis 16 Uhr) Die weitläufige Ausgrabungsstätte Vindolanda gewährt einen faszinierenden Einblick in das Alltagsleben einer römischen Garnisonsstadt. Teil der großen Anlage, die mit beeindruckenden Ruinen eines Kastells und einer Stadt sowie rekonstruierten Türmen und Tempeln aufwartet, ist ein Museum, das die Besucher auf eine Zeitreise mitnimmt.

Der Komplex, in dem auch heute noch Ausgrabungen vorgenommen werden, liegt 2,4 km nördlich von Bardon Mill zwischen der A69 und der B6318 und ist 1,6 km von dem Dorf Once Brewed entfernt.

Zu den Highlights unter den Museumsexponaten zählen Ledersandalen, die typischen Helmbüschel, die etwas von Zahnbürstenborsten haben, und zahlreiche beschriebene Schreibtafeln, die erst kürzlich von der British Library zurückgegeben wurden. Bei einer handelt es sich um die benotete Arbeit eines Schülers („schlampig"), bei einer anderen um ein Begleitschreiben das Eltern einer Sendung mit Socken und Unterhosen beilegten (die Dinge haben sich nicht geändert, in diesem Klima kann man nie genug davon haben).

**Roman Army Museum** MUSEUM
(www.vindolanda.com; Erw./Kind 5,25/3 £, Kombiticket mit Vindolanda 10/5,50 £; ⌚April–Sept. 10–18 Uhr, Okt. bis 17 Uhr, Nov. & Dez. Sa & So 10–16 Uhr) Das Museum liegt 1,6 km nordöstlich von Greenhead in der Nähe von Walltown Crags und gefällt auch Kindern. Die farbenfrohe Ausstellung vermittelt viele Hintergrundinfos über das Leben am Wall und verrät z. B., womit die Soldaten an jenem einsamen Außenposten des Römischen Reichs ihre Freizeit verbrachten.

**Housesteads Roman Fort & Museum** HISTORISCHE STÄTTE
(EH; www.english-heritage.org.uk; Erw./Kind 6,40/3,80 £; ⌚April–Sept. 10–18 Uhr, Okt. bis 17 Uhr, Nov.–März bis 16 Uhr) Housesteads ist die markanteste Festung des Hadrianswalls und das besterhaltene römische Kastell ganz Großbritanniens. Zu finden ist es 4 km nördlich von Bardon Mill an der B6318 und ca. 10 km östlich von Haltwhistle. Das hoch auf einem Felsgrat gelegene Fort erstreckt sich über 2 ha. Es überblickt die Moore des Northumberland National Parks und den sich dahinschlängelnden Wall. Den Betrachter erfasst Ehrfurcht vor der Landschaft und vor den römischen Beobachtungsposten.

Die Ruinen von Housesteads umfassen ein beachtliches Lazarett, Kasernenbaracken und Kornspeicher mit einem ausgeklügelten Belüftungssystem. Bemerkenswert sind auch die Gemeinschaftslatrinen mit Spülfunktion und Panoramablick. Wie die jeweiligen Gebäude zur Zeit der Römer aussahen, zeigen verschiedene Schautafeln. In dem kleinen Museum beim Ticketschalter gibt es das gesamte Kastell als Maßstabsmodell zu bestaunen.

**Birdoswald Roman Fort** HISTORISCHE STÄTTE
(EH; ☎01697-747602; www.english-heritage.org.uk; Erw./Kind 5,60/3,40 £; ⏲April–Sept. 10–18 Uhr, Okt. bis 17 Uhr, Nov.–März Sa & So 10–16 Uhr) Dieses einst stattliche Fort wurde an einem Steilhang mit Blick auf die schöne Schlucht Irthing Gorge angelegt. Seine Überreste stehen streng genommen in Cumbria. Die 5 km westlich von Greenhead gelegene Ruine ist von der B6318 über eine Nebenstraße zu erreichen. Von hier führt ein gut erhaltener Mauerabschnitt bis zu der Meilenfestung Harrow's Scar.

**Lanercost Priory** RUINE
(EH; www.english-heritage.org.uk; Erw./Kind 3,60/2,20 £; ⏲April–Sept. 10–18 Uhr, Okt. bis 17 Uhr, Nov.–März Sa & So 10–16 Uhr) Die 4 km nordöstlich von Brampton liegenden Ruinen sind die Überreste eines 1169 von Augustinern gegründeten Prioratsklosters. Nach der Auflösung der Klöster in England diente es als Privathaus und die im frühenglischen Stil erbaute Prioratskirche fungierte von da an als Gemeindekirche.

## Schlafen

**Once Brewed YHA** HOSTEL £
(☎0845 371 9753; www.yha.org.uk; Military Rd, Bardon Mill; B/DZ ab 19,50/37,50 £; ⏲März–Nov.; P) Die moderne, gut ausgestattete Jugendherberge mit Küche, Waschmaschine und Verköstigung eignet sich als zentraler Ausgangspunkt für Ausflüge zu den römischen Ausgrabungsstätten Vindolanda (1,6 km) und Housesteads (5 km). Der Hadrianswallbus AD122 bringt einen bis vor die Tür.

**Greenhead** HOSTEL £
(☎01697-747411; www.greenheadhotelandhostel.co.uk; Greenhead; B ab 15 £) Dieses unabhängige Hostel hat in einer umgebauten Methodistenkapelle mit hübschem Garten und einem Bach vor der Tür Quartier bezogen. Es gibt eine Waschmaschine und eine Küche. Wer nicht selber am Herd stehen will, kehrt gegenüber im Greenhead Hotel ein, das ein Restaurant und eine Bar betreibt. Das Hostel liegt 5 km westlich von Haltwhistle in der Nähe des Roman Army Museum und ist mit dem Hadrianswallbus AD122 zu erreichen.

★ **Ashcroft** B&B ££
(☎01434-320213; www.ashcroftguesthouse.co.uk; Lanty's Lonnen, Haltwhistle; EZ/DZ ab 65/89 £; P 📶) Pittoresker kann ein britisches B&B kaum sein. Das elegante Pfarrhaus aus der Zeit Eduards VII. ist umgeben von einem fast hektargroßen, sorgsam gepflegten Garten mit terrassierten Rasenflächen. Die neun Zimmer haben hohe Decken, teilweise eigene Balkons oder Terrassen und sind mit allem ausgerüstet, was der Mensch des 21. Jhs. zu brauchen glaubt. Der Speisesaal ist nobler als der mancher Luxushotels und die Begrüßung garantiert herzlicher.

**Holmhead Guest House** B&B ££
(☎01697-747402; www.bandbhadrianswall.com; Greenhead Brampton; B/EZ/DZ ab 12,50/56/72 £, Camping pro Pers. 7 £; P 📶) Das malerische Bauernhaus steht auf dem Fundament einer Mauer, aus deren recycelten Steinen es erbaut wurde. Es liegt knapp 1 km nördlich von Greenhead und bietet wohnliche Zimmer, eine Scheune mit einfachem Schlafsaal und Zeltstellplätze ohne Elektroanschluss. Der Pennine Way und der Hadrian's Wall Path führen über das Grundstück und im Hintergrund thronen die zerklüfteten Ruinen von Thirwall Castle. Neugierige sollten sich die römischen Graffiti aus dem 3. Jh. zeigen lassen.

## Praktische Informationen

**Touristeninformation** (☎01434-322002; www.northumberland.gov.uk; Mechanics Institute, Westgate; ⏲April–Okt. Mo–Sa 10–16.30 Uhr)

# NORTHUMBERLAND NATIONAL PARK

Großbritanniens am dünnsten besiedelter Nationalpark ist ein 1050 km² großes Naturwunderland und Englands letzte große Wildnis. Entlang des südlichen Parkrands verläuft der schönste Abschnitt des Hadrianswalls und die Landschaft ist mit prähistorischen Ruinen und Wehrbauten übersät. Die einzigen soliden Gebäude, die hier bis Mitte des 18. Jhs. gebaut wurden, waren die aus dicken Mauern errichteten *pele tower*.

Der angrenzende Kielder Water & Forest Park beheimatet mit dem Kielder Water Europas größten künstlichen See. Er fasst 200 000 Mio. Liter Wasser. Rund um sein 43 km langes Ufer erstreckt sich Englands größter Wald mit 150 Mio. Fichten und Kiefern.

Dank ihrer geringen Bevölkerungsdichte wurden beide Parks Ende 2013 von der International Dark Skies Association gemeinsam zum Dark Sky Park gekürt. Sie bilden damit das größte der europäischen Dunkelheitsschutzgebiete, die der Lichtverschmutzung trotzen.

Die Städtchen Wooler (1990 Ew.) und Rothbury (2330 Ew.) bieten sich als Basislager an, um die Gegend zu erkunden.

## Sehenswertes

### ★ Kielder Observatory — STERNWARTE

(☎07805-638469; www.kielderobservatory.org; Nähe Shilling Pot; Sternbeobachtung Erw./Kind 15/10 £; ⌚nach Anmeldung) Wer den Sternen über dem Northumberland International Dark Sky Park besonders nahe kommen will, kann in diesem supermodernen, 2008 eröffneten Observatorium einen moderierten Sternguckerabend besuchen. Auf dem Programm stehen zudem viele andere Veranstaltungen wie eine Sternstunde für Kinder, Kurse für Astrofotografie und Übernachtungen unterm Sternenhimmel. Alle Events sollten rechtzeitig im Voraus gebucht werden, da sie schnell ausverkauft sind. Ratsam ist auch warme Kleidung, nachts wird es hier eiskalt. Beim Hinweisschild „Kielder Observatory and Skyscape“ links abbiegen und dann 3 km den Weg hochfahren.

### Cragside House, Garden & Estate — HISTORISCHES GEBÄUDE, PARK

(NT; ☎01669-620333; www.nationaltrust.org.uk; Erw./Kind 15,85/7,90 £, nur Park & Außenflächen 10,20/5,20 £; ⌚Haus je nach Monat Di–So 13–17 oder 11–17 Uhr, Park Mitte März–Okt. Di–So 10.30–17 Uhr) Der extravagante Landsitz des ersten Lord Armstrong liegt 1,6 km nordöstlich von Rothbury direkt an der B6341. Das Haus war bereits in den 1880er-Jahren mit fließend warmem und kaltem Wasser, einem Telefon, einer Alarmanlage und – als erstes Haus der Welt – elektrischem Licht ausstaffiert. Der Strom dafür wurde aus Wasserkraft gewonnen. Der weitläufige viktorianische Park bestickt u. a. mit Seen, Mooren und einem der größten Steingärten Europas. Von Ende Mai bis Mitte Juni können Besucher die berühmte Rhododendren-Blütenpracht bewundern.

### Chillingham Castle — BURG

(☎01668-215359; www.chillingham-castle.com; Erw./Kind 9/5 £; ⌚April–Okt. So–Fr 12–17 Uhr) Das von der Geschichte, Kriegen und Folter gezeichnete Anwesen soll heute eines der umtriebigsten Geisterschlösser des Landes sein. Zu den Spukphänomenen zählen z. B. eine Phantombeerdigung oder der rastlose Geist von Lady Mary Berkeley, die ihren untreuen Gatten sucht. Der Besitzer Sir Humphrey Wakefield hat die luxuriösen Gemächer, Bankettsäle und grausigen Folterkammern mit viel Liebe und Enthusiasmus renoviert. Chillingham liegt 10 km südöstlich von Wooler. Der Bus 470 (Mo–Sa 3-mal tgl.) hält auf der Strecke zwischen Alnwick (3,70 £, 25 Min.) und Wooler (3,10 £, 20 Min.) am Schloss.

In den mittelalterlichen Gemäuern, wo sich einst Heinrich III. und Eduard I. zur Ruhe legten, können Selbstversorger eine Gruselnacht in einem der acht Apartments verbringen. Doppelzimmer gibt es ab 100 £.

## Aktivitäten

Der spektakulärste Abschnitt des **Hadrian's Wall Path** verläuft im Süden des Parks zwischen Sewingshields und Greenhead.

Es gibt diverse abwechslungsreiche Wanderungen durch die Cheviots (u. a. eine Kletterpartie auf den 815 m hohen **Cheviot**, den höchsten Gipfel dieser Bergkette), die zahlreiche prähistorische Relikte passieren. Karten, Routentipps und Wanderführer sind bei den örtlichen Touristeninformationen erhältlich.

Auch wenn's mitunter anstrengend wird, macht das **Radfahren** hier Spaß. Die Straßen sind gut in Schuss und der Verkehr hält sich sehr in Grenzen.

Wassersportler können sich auf dem Kielder Water austoben (hier toben aber auch die Mücken, unbedingt Insektenschutzmittel mitbringen). Rund um den See finden sich schöne Rad- und Wanderwege und tolle Möglichkeiten zur Vogelbeobachtung. Detaillierte Informationen bietet die Website www.visitkielder.com.

## Schlafen & Essen

### Wooler YHA — HOSTEL £

(☎01668-281365; www.yha.org.uk; 30 Cheviot St; B/DZ ab 15,50/32 £; ⌚März–Nov.; P 📶) Der niedrige, rote Backsteinbau oberhalb von Wooler verfügt über eine moderne Lounge und ein kleines Restaurant. Die 57 Betten verteilen sich auf verschieden gestaltete Zimmer und vier handgezimmerte Schäferhütten.

### ★ Otterburn Castle Country House Hotel — HISTORISCHES HOTEL ££

(☎01830-520620; www.otterburncastle.com; Main St, Otterburn; EZ 59–69 £, DZ 99–119 £, FZ 129 £;

P) Ein Cousin Wilhelm des Eroberers namens Robert Umfraville erbaute dieses Märchenschloss 1086 auf einem 13 ha großen Anwesen. Die 18 frisch renovierten Zimmer sind teilweise mit Himmelbetten ausgestattet und erstaunlich preiswert. Das Frühstück wird im holzvertäfelten Restaurant Oak Room eingenommen und ist im Preis inbegriffen. Günstigere Speisen serviert die Bistrobar The Stable.

**Katerina's Guest House** B&B ££

(01669-620691; www.katerinasguesthouse.co.uk; High St, Rothbury; DZ 78 £; ) Eine der besten Unterkünfte in Rothbury: Die Zimmer haben Holzbalkendecken, steinerne Kamine, Himmelbetten, eigene Bäder und Kühlschränke. Vor der Tür tummeln sich entlang der Straße viele Bäckereien, Cafés und Pubs.

### Praktische Informationen

Umfangreiche Informationen bietet die **Nationalparkverwaltung** (01434-605555; www.northumberlandnationalpark.org.uk). Neben den Touristeninformationen in den Ortschaften **Wooler** (01668-282123; www.wooler.org.uk; Cheviot Centre, 12 Padgepool Pl; April–Okt. 10–16.30 Uhr, Nov.–März Mo–Sa 10–16.30 Uhr) und **Rothbury** (01669-620887; www.theheartofnorthumberland.co.uk; Church St; 10–16.30 Uhr) gibt es ein Nationalparkzentrum in **Once Brewed** (01434-344396; Military Rd; April–Okt. 9.30–17 Uhr, Nov.–März Sa & So 10–15 Uhr). Alle genannten Stellen helfen bei der Unterkunftssuche.

### Anreise & Unterwegs vor Ort

Die öffentlichen Transportmöglichkeiten sind ziemlich begrenzt. Für ausgiebige Entdeckungstouren ist ein eigener fahrbarer Untersatz erforderlich.

**Kielder** Der Bus 880 (3,50 £, 50 Min., Di, Fr & Sa 2-mal tgl.) verkehrt zwischen Hexham und Kielder.

**Otterburn** Die Buslinie 808 (3,50 £, 55 Min., Mo–Sa 3-mal tgl.) bedient die Strecke zwischen Otterburn und Newcastle. Ein National-Express-Bus hält auf der Strecke zwischen Newcastle und Edinburgh auch in Otterburn (5,80 £, 50 Min., tgl.).

**Rothbury** Die Buslinie 14 verkehrt zwischen Morpeth und Rothbury (5 £, 1¼ Std., Mo–Sa stündl.).

**Wooler** Die Busse 470 und 473 fahren von Wooler nach Alnwick (3,70 £, 50 Min., 9-mal tgl.). Die Buslinien 267 und 464 bedienen die Strecke zwischen Wooler und Berwick-upon-Tweed (3,70 £, 50 Min., 9-mal tgl.).

# NORTHUMBERLANDS KÜSTE

Genauso wie das abgeschiedene Landesinnere ist auch die Küste Northumberlands sehr dünn besiedelt. Statt rummeliger Ferienanlagen finden sich hier charmante, von Burgen bekrönte Dörfer und kilometerlange, breite Sandstrände, die man oft ganz für sich allein hat.

## Alnwick

8120 EW.

Über Northumberlands historische Herzogsstadt Alnwick (sprich: Ännick) und ihr Labyrinth aus engen Pflasterstraßen wacht eine gewaltige mittelalterliche Burg. Alnwick beherbergt außerdem einen bezaubernden Buchladen und den opulenten Park Alnwick Garden.

### Sehenswertes

★ **Alnwick Castle** BURG

(www.alnwickcastle.com; Erw./Kind 14,50/7,50 £, mit Alnwick Garden 26,25/10,40 £; April–Okt. 10–17.30 Uhr) Der herrschaftliche Familiensitz des Dukes von Northumberland hat sich seit dem 14. Jh. äußerlich kaum verändert. Bei Filmemachern ist die Burg daher als Drehort sehr beliebt, u. a. stellte sie in den ersten *Harry-Potter*-Verfilmungen die Schule Hogwarts dar. Das Interieur ist feudal und prunkvoll. Die sechs der Öffentlichkeit zugänglichen Zimmer – Schlafgemächer, Speisesaal, Wachstube und Bibliothek – bergen eine unglaubliche Sammlung italienischer Gemälde, darunter Tizians *Ecce Homo* und etliche Canalettos.

Es gibt diverse kostenlose Führungen, mehrere befassen sich mit *Harry Potter* und anderen Kino- und Fernsehproduktionen, die die Burg als Kulisse nutzten, so auch die britische Comedy-Serie *Blackadder*.

Der umliegende Park geht auf das Konto des Landschaftsarchitekten Lancelot „Capability" Brown. Von dem Spazierweg Woodland Walk eröffnen sich grandiose Ausblicke auf die Burg und wer sie samt Flusspanorama fotografieren möchte, folgt der B1340 Richtung Küste bis zum Aln.

**Alnwick Garden** PARK

(www.alnwickgarden.com; Erw./Kind 13,75/4,40 £; Jan.–Okt. 10–19 Uhr, Nov. & Dez. 12–18 Uhr) Der 4,8 ha große, ummauerte Park ist von einem ehemals heruntergekommenen Grundstück

# Autotour entlang der **Küste von Northumberland**

**START** NEWBIGGIN-BY-THE-SEA
**ZIEL** BERWICK-UPON-TWEED
**LÄNGE** 125 KM; EIN TAG

Man kann von Tynemouth bis Schottland durchgehend an der Küste entlang fahren. Landschaftlich interessant wird die Strecke ab 1 **Newbiggin-by-the-Sea**, dessen Strand kürzlich mit über 500 000 Tonnen Sand aufgeschüttet wurde. Vor der Küste schaut Sean Henrys Skulptur *The Couple* aufs Meer.

Auf der A1068 geht's 21 km weiter nordwärts zum Fischerhafen 2 **Amble**, wo Bootstouren zu Papageientaucherkolonien starten. Knapp 3 km nördlich kauert in einer Flussschleife die keksfarbene Häuseransammlung 3 **Warkworth** unterhalb der Ruinen der namensgleichen Burg (14. Jh.). Sie kann sich prominenter Auftritte rühmen – u. a. in Shakespeares *Henry IV* und im Film *Elizabeth* (1998). Ein paar hundert Meter flussaufwärts versteckt sich die winzige, in den Fels gehauene Einsiedelei Warkworth Hermitage (14. Jh.).

Die nächste Station ist das 8 km entfernte 4 **Alnmouth** mit bunten Häusern und hübschen Stränden. Von hier führt die Tour 8 km ins Landesinnere zum geschäftigen Städtchen 5 **Alnwick**, das mit einer sehenswerten Burg – die im Film Harry Potters Schule Hogwarts mimte – und dem prächtigen Park Alnwick Garden viel zu bieten hat. Danach geht's zurück Richtung Küste nach 6 **Craster**. Der Ort ist berühmt für seine *kippers*, die es direkt bei der Räucherei zu kaufen gibt. Unbedingt empfehlenswert ist das Restaurant Jolly Fisherman mit einer grandiosen Aussicht auf die düstere Burgruine Dunstanburgh. Im 8 km weiter nördlich gelegenen 7 **Low Newton-by-the-Sea** lockt das Ship Inn mit selbstgebrautem Bier.

Hinter dem Fischerdorf Seahouses (Ausgangspunkt für einen Trip zu den Farne Islands) liegt das malerische 8 **Bamburgh**. Der Ort wird überragt von einer imposanten Burg. Nach weiteren 27 km führt ein nur bei Ebbe befahrbarer Damm (Zeiten beachten!) auf die weltentrückte Insel 9 **Holy Island (Lindisfarne)**. Die berühmte Klosterruine zieht heute noch Pilger an. Zurück auf dem Festland erreicht man nach 22 km Englands nördlichste Stadt 10 **Berwick-upon-Tweed**, deren elisabethanische Stadtmauer fast komplett abgelaufen werden kann.

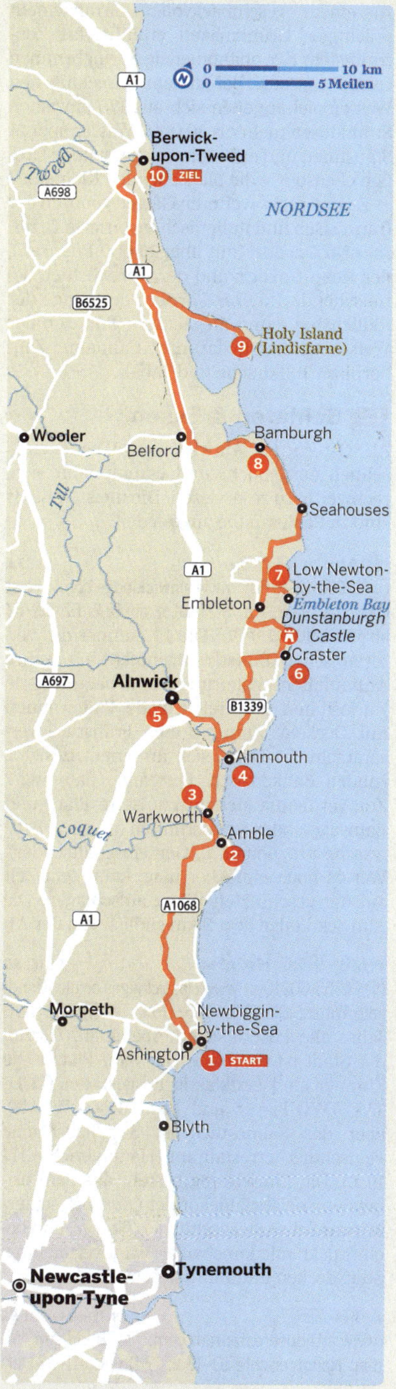

zu einem geschmackvollen Arrangement prächtiger Grünanlagen erblüht. Im Zentrum steht der phänomenale Springbrunnen Grand Cascade. Bei diesem ausgeklügelten Wasserspiel ergießen sich aus 120 einzelnen Strahldüsen mehr als 30 000 l Wasser über 21 Staustufen und erfreuen die staunenden Großen ebenso wie die planschenden Kleinen.

Zu den sechs weiteren Gärten gehören der französisch und italienisch inspirierte **Ornamental Garden** (mit über 15 000 Pflanzen), der **Rose Garden** und der wortwörtlich berauschende **Poison Garden**, der einige der tödlichsten – und illegalsten – Pflanzen der Welt beheimatet, darunter Cannabis, Zauberpilze, Tollkirsche und Tabak.

## Schlafen & Essen

Ab Ostern ist Alnwick am Wochenende schnell ausgebucht und es empfiehlt sich, rechtzeitig zu reservieren. Die meisten B&Bs sind in Schlossnähe angesiedelt.

**★ Alnwick Lodge** B&B ££

(☎ 01665-604363; www.alnwicklodge.com; West Cawledge Park, A1; Stellplätze ab 12 £, EZ/DZ/FZ ab 55/72/100 £; P 📶) Die 15 Zimmer des viktorianischen Bilderbuchgehöfts sind wahre Antiquitätenschatztruhen und bergen nette Kuriositäten wie freistehende Badewannen mit Deckeln. Zum warmen Frühstück versammeln die Gäste sich an einem riesigen, runden Bankettisch. Lust auf „Glamping"? Zur Verfügung stehen renovierte Plan- und Bauwagen oder Schäferhütten (ab 45 £, Bettwäsche pro Bett 15 £, Gemeinschaftsbäder). Wer es noch einfacher mag, kann sein Zelt auf der geschützten Wiese aufschlagen. Die Alnwick Lodge liegt 3 km südlich von der A1.

**White Swan Hotel** HOTEL ££

(☎ 01665-602109; www.classiclodges.co.uk; Bondgate Within; DZ/FZ ab 105/115 £; P 📶) Die 300 Jahre alte Postkutscherherberge im Herzen der Stadt ist das beste Haus am Platze. Die Zimmer sind erstklassig ausgestattet (LCD-TVs, DVD-Player und kostenloses WLAN), aber das Sahnestück ist das hauseigene Feinschmeckerrestaurant (Hauptgerichte 11–19 £). Die Einrichtung besteht aus dem originalen Speisesaaldekor der *Olympic*, seinerzeit das Schwesterschiff der *Titanic*, und beeindruckt mit kunstvoller Wandvertäfelung, Stuckdecken und Buntglasfenstern.

**Art House** INTERNATIONAL ££

(www.arthouserestaurant.com; 14 Bondgate Within; Hauptgerichte 10–16 £; ⏲ Do–Mo 11–23 Uhr) Das hippe Art House ist eine Mischung aus Restaurant und Kunstgalerie. Ein Teil der Räumlichkeiten befindet sich im Hotspur Tower (alias Bondgate Tower) aus dem 15. Jh. Auf den Tisch kommt gehobene Hausmannskost wie Würstchen mit Kartoffelbrei und Vollkornsenf, Pulled Pork-Burger und Steaks mit Alnwicker Rumsoße.

## Shoppen

**★ Barter Books** BÜCHER

(☎ 01665-604888; www.barterbooks.co.uk; Alnwick Station; ⏲ April–Sept. Mo–Sa 9–19 Uhr, Okt.–März Mo–Fr 9–17, Sa bis 19 Uhr) Im Zweiten Weltkrieg entwarf die britische Regierung ein Propagandaposter mit dem Slogan „Keep Calm and Carry On" (ruhig bleiben und weitermachen). Die Renaissance des inzwischen zum geflügelten Wort avancierten Spruchs ist diesem anheimelnden modernen Antiquariat im ehemaligen viktorianischen Bahnhof von Alnwick zu verdanken. Als der Ladenbesitzer den Bahnhof umbaute, entdeckte er einen Stapel der Poster und machte damit ein blühendes Geschäft. Das Original hängt heute gerahmt über der Kasse.

Kohlenfeuer, samtbezogene Ottomane, Lesezimmer und ein Café lassen die Zeit vergessen und verlocken dazu, hier tagelang zu schmökern. Das einzige Geräusch, das die Stille unterbricht, ist das leise Rattern einer Spielzeugeisenbahn, die über den Bücherregalen ihre Runden dreht.

## Praktische Informationen

**Touristeninformation** (☎ 01670-622152; www.visitalnwick.org.uk; 2 The Shambles; ⏲ Ostern–Okt. Mo–Sa 9–17, So 10–16 Uhr, Nov.–Ostern Mo–Fr 9.30–16.30, Sa 10–16 Uhr) Am Marktplatz.

## An- & Weiterreise

Der nächste Bahnhof ist in Alnmouth und wird von dem Bus X18 angefahren (2,65 £, 10 Min., stündl.). Die Busse X15 und X18 fahren nach Berwick-upon-Tweed (5,90 £, 50 Min., 10-mal tgl.) und Newcastle (5,90 £, 1 Std., 10-mal tgl.).

# Craster

435 EW.

Sand und Salz sind die Urelemente von Craster. Das kleine Fischerdorf liegt geschützt 10 km nordöstlich von Alnwick und hat sich mit *kippers* (kalt geräucherte Bücklinge) einen Namen gemacht. Anfang des 20. Jhs. wurden hier pro Tag 2500 Heringe geräuchert. Die *kippers*, die noch heute hergestellt werden, landen regelmäßig auf dem Frühstückstisch der Queen.

## Sehenswertes

**Dunstanburgh Castle** BURG

(EH & NT; www.english-heritage.org.uk; Erw./Kind 4,30/2,60 £; April–Sept. 10–18 Uhr, Okt. bis 16 Uhr, Nov.–März Sa & So 10–16 Uhr) Der reizvollste Spazierweg zu diesem verwitterten Gemäuer (nicht für Autos zugänglich) verläuft von Craster 2,5 km an der Küste entlang. Nachdem die Burg 1314 errichtet und während der Rosenkriege ausgebaut bzw. verstärkt wurde, überließ man sie ihrem Verfall. Um 1550 war sie bereits zur Ruine verkommen. Teile der Originalmauer und des Torhauses stehen aber bis heute, was ihren Erbauern hoch anzurechnen ist.

Ein weiterer Fußweg (2,5 km) führt von Embleton zu der Burg.

## Essen

★ **Jolly Fisherman** PUB ££

(01665-0576461; www.thejollyfishermancraster.co.uk; Haven Hill, Craster; Hauptgerichte mittags 7–10 £, abends 12–20 £; Küche Mo–Sa 11–15 & 17–20.30, So 12–19 Uhr; ) Krebse in allen Variationen (sensationelle Suppen, Sandwichs, Seafoodteller und mehr) sind die Spezialität des ausgezeichneten Gastropubs. Zu den weiteren vortrefflichen Kreationen des Chefkochs und Paul-Bocuse-Schülers John Blackmore zählen Fasanenbein mit Aprikosenfüllung und Wild aus Northumbria mit Wacholderbeerenjus. Zudem gibt es eine erlesene Weinkarte, wunderbare *real ales*, ein knisterndes Feuer in der Bar und einen lauschigen Biergarten mit Blick auf die Burg Dunstanburgh.

## Shoppen

**Robson & Sons** ESSEN

(01665-576223; www.kipper.co.uk; Haven Hill, Craster; kippers pro kg 6 £) Die traditionelle Fischräucherei geht ihrem Handwerk bereits seit vier Generationen nach. Bekannt ist sie v. a. für ihre *kippers* (kalt geräucherte Bücklinge), aber auch Lachs und andere Fische landen hier im Räucherofen.

## Praktische Informationen

**Touristeninformation** (01665-576007; Quarry Car Park; Ostern–Okt. 10–17 Uhr)

## An- & Weiterreise

Der Bus X18 fährt nach Berwick-upon-Tweed (5,90 £, 1½ Std., 9-mal tgl.) und Newcastle (5,40 £, 1½ Std., 9-mal tgl.). Die Buslinie 418 verkehrt zwischen Craster und Alnwick (4,90 £, 30 Min., stündl.).

# Embleton Bay

Die schöne Bucht Embleton Bay mit ihrem breiten, vanillefarbenen Sandstrand zieht sich in einem schwungvollen Bogen von Dunstanburgh an dem reizenden, abschüssigen Dorf Embleton vorbei. An ihrem nördlichen Ende kauert der winzige, weiß getünchte Weiler Low Newton-by-the-Sea, der vom National Trust in Schuss gehalten wird.

## Sehenswertes & Aktivitäten

Hinter der Bucht führt ein Pfad zum **Newton Pool Nature Reserve**. Das Schutzgebiet dient Brut- und Zugvögeln wie Lachmöwen und Feldschwirlen als Zufluchtsort und steht mit seinen versteckten Beobachtungsposten bei Ornithologen hoch im Kurs. Weiter geht's am Kap entlang bis zu dem einladenden Strand **Football Hole**, der sich hinter Low Newton zwischen den Landzungen verbirgt.

**Dunstanburgh Castle Golf Club** GOLF

(01665-576562; www.dunstanburgh.com; Greenfee pro Runde Mo–Fr/Sa & So 26/30 £; nach Anmeldung) Der paradiesisch gelegene Golfplatz existiert seit 1900 und wurde 1922 vom legendären Golfchampion und Erfinder der *doglegs* (Golfbahnen mit Richtungswechsel) James Braid (1870–1950) ausgebaut.

## Schlafen & Essen

**Joiners Arms** PUB £££

(01665-576112; www.joiners-arms.com; High Newton-by-the-Sea; DZ 140–155 £; ) Die Einheimischen lieben dieses Gastropub aus gutem Grund: Die Zutaten stammen aus der Umgebung, das Seafood und die Steaks sind exzellent (Hauptgerichte 8–21 £) und Familien sind herzlich willkommen. Es lohnt sich aber auch, über Nacht zu bleiben. Die fünf modernen Gästezimmer sind individuell gestaltet und überraschen mit flotten Extras wie freigelegtem Mauerwerk, freistehenden Badewannen und Himmelbetten.

**Ship Inn** PUB ££
(☎ 01665-576262; www.shipinnnewton.co.uk; Low Newton-by-the-Sea; Hauptgerichte 8,50–18 £; ⌚ Bar Mo–Sa 11–23, So 12–23 Uhr, Küche So–Mi 12–14.30, Do–Sa 12–14.30 & 19–20 Uhr) Dieses famose Pub an der Dorfwiese braut 20 verschiedene Biere: Helle, Hefeweizen, Roggenbiere, Bitter, Stouts und saisonale Varianten. Das eingesetzte Wasser aus dem benachbarten Fluss Coquet. Auch das Essen ist vorzüglich, aufgetischt werden vor Ort gefangene Krebse und geschmorte Biolammkeulen von der Peelham Farm mit Zitronen-Petersilien-Couscous. Keine Kreditkarten.

### An- & Weiterreise

Der Bus X18 hält auf seiner Strecke zwischen Newcastle (5,40 £, 1¾ Std., 9-mal tgl.) und Berwick-upon-Tweed (5,40 £, 1¼ Std., 9-mal tgl.) vor dem Pub Joiners Arms. Die Buslinie 418 (4,90 £, 40 Min., stündl.) fährt von Embleton nach Alnwick.

## Farne Islands

Während der Brutzeit (ca. Mai bis Juli) lassen sich auf dem felsigen **Archipel** (NT; ☎ 07901-922143; www.nationaltrust.org.uk; Erw./Kind ohne Boottransport 6,80/3,50 £; ⌚ nach Anmeldung, jahreszeiten- und witterungsabhängig) 20 verschiedene Meeresvogelarten beobachten, die hier ihre Küken aufpäppeln, darunter Papageientaucher, Dreizehenmöwen, Küstenseeschwalben, Eiderenten, Kormorane und Möwen. Darüber hinaus leben 6000 Kegelrobben auf der Inselgruppe, die 5 km vor dem Fischerdorf Seahouses im Meer liegt. Von dort steuern Bootstouren die Farne Islands an, einer der Betreiber ist **Billy Shiel** (☎ 01665-720308; www.farne-islands.com; Erw./Kind 2½ Std. 13/9 £, 6 Std. 30/18 £).

Die Überfahrt kann rau sein (und ist bei schlechtem Wetter nicht möglich). Warme, wasserdichte Kleidung ist ebenso ratsam wie ein alter Hut zum Schutz vor Vogelkot! Inner Farne ist die interessantere der beiden öffentlich zugänglichen Inseln (die andere ist Staple Island). Ihre winzige Kapelle (1370 erbaut, 1848 restauriert) ist dem hl. Cuthbert geweiht, der eine Zeit lang auf den Inseln lebte und 687 hier starb.

### Praktische Informationen

**Touristeninformation** (☎ 01670-625593; www.seahouses.org; Seafield Car Park; ⌚ April–Okt. 10–17 Uhr, Nov.–März Sa & So 11–15 Uhr)

### An- & Weiterreise

Die Buslinie X18 verbindet Seahouses mit Berwick-upon-Tweed (5,70 £, 45 Min., 9-mal tgl.) und Newcastle (6,20 £, 2 Std., 9-mal tgl.). Der Bus 418 fährt nach Alnwick (5,10 £, 55 Min., stündl.).

## Bamburgh

280 EW.

Die stattliche Burg von Bamburgh überragt auf einem Basaltfelsen das malerische Dorf, dessen Häuser sich rund um einen Anger scharen. Noch heute gedenkt man hier der Leuchtturmwärterstochter Grace Darling und ihrer beherzten Heldentat.

### Sehenswertes

**Bamburgh Castle** BURG
(www.bamburghcastle.com; Erw./Kind 9,95/4,50 £; ⌚ Mitte Feb.–Okt. 10–17 Uhr, Nov.–Mitte Feb. 11–16.30 Uhr) Northumberlands imposanteste Burg wurde von Heinrich II. rund um einen wuchtigen normannischen Bergfried aus dem 11. Jh. angelegt. Die Festung spielte eine Schlüsselrolle während der Grenzkriege im 13. und 14. Jh. Zur Zeit der Rosenkriege war sie 1464 die erste englische Burg, die unter Artilleriebeschuss fiel. Im 19. Jh. kaufte und restaurierte der einflussreiche Industrielle Lord Armstrong die Burg, die bis heute im Besitz seiner Familie ist.

Der Name geht zurück auf den angelsächsischen Herrscher Aethelfrith. Er ließ sich bereits 500 Jahre vor Heinrich II. hier nieder und taufte die Festung – nach seiner Frau Bebba – Bebbanburgh, woraus im Laufe der Jahrhunderte Bamburgh wurde. Die Säle und Kammern sind vollgestopft mit antiken Möbeln, Rüstungen, unbezahlbarer Keramiken und Kunstwerken. Das Prunkstück ist die neugotische **King's Hall** mit Holzvertäfelung, Bleiglasfenstern und massiven Dachbalken.

**RNLI Grace Darling Museum** MUSEUM
(www.rnli.org; 1 Radcliffe Rd; ⌚ Ostern–Sept. 10–17 Uhr, Okt.–Ostern Di–So 10–16 Uhr) GRATIS Die in Bamburgh geborene Grace Darling war die Tochter des Leuchtturmwärters auf Outer Farne. Als die *SS Forfarshire* im Jahr 1838 vor den Farne Islands Schiffbruch erlitt, ruderte sie trotz schweren Sturms zu dem Wrack und rettete einen Teil der Besatzung. Das kürzlich renovierte Museum präsentiert das Originalruderboot und einen Film über die Ereignisse in jener Nacht. Das Geburts-

haus von Grace ist nur drei Häuser vom Museum entfernt, begraben ist sie auf dem Friedhof gegenüber.

Das Grabmal aus Sandstein und verschnörkeltem Schmiedeeisen wurde extra hoch gebaut, damit es für vorbeifahrende Schiffe sichtbar ist.

## Essen

**★ Mizen Head** MODERN BRITISCH £££

(☎ 01668-214254; www.mizenheadhotel.co.uk; Lucker Rd; Hauptgerichte 10–29 £; ⏲ 12–14 & 18–21 Uhr; P 📶) Seit seiner Eröffnung im Jahr 2011 ist das grandiose Restaurant mit angeschlossenen Hotelzimmern die beste Adresse in Bamburgh zum Essen und/oder Übernachten. Die Spezialität sind regionale Fische und Meeresfrüchte (z. B. Lobster Thermidor oder gebratener Steinbutt mit Spargel, Estragon und Zitronenbutter) sowie Steaks vom Holzkohlegrill. Auf müde Gäste warten sechs helle, geräumige Zimmer (DZ 100–140 £), die sich mit karierten Stoffen und Schwarz-Weiß-Fotos von der Küste herausgeputzt haben. Der Service ist auf Zack und erfahren.

WLAN gibt es nur in den Gemeinschaftsräumen.

## An- & Weiterreise

Der Bus X18 fährt Richtung Norden nach Berwick-upon-Tweed (5,90 £, 35 Min., 9-mal tgl.) und Richtung Süden nach Newcastle (5,90 £, 2 Std., 9-mal tgl.).

# Holy Island (Lindisfarne)

160 EW.

Die winzige, 5 km² große Insel hat geradezu etwas Jenseitiges. Mit dem Festland ist sie durch einen schmalen Damm verbunden, der aber nur bei Ebbe aus dem Wasser ragt. Das einsame, weltentrückte Eiland hat sich kaum verändert seit der hl. Aidan hier 635 ein Kloster gründete.

Beim Überqueren der Sandbänke kann man sich gut ausmalen, wie brandschatzende Wikinger die Ansiedlung zwischen 793 und 875 wiederholt plünderten. Schließlich verstanden die Mönche den Wink mit dem Zaunpfahl und verließen die Insel. Mit im Gepäck hatten sie das kunstvoll verzierte Evangelienbuch *Lindisfarne Gospels* (heute im Besitz der British Library in London) und den wie durch ein Wunder unverwesten Leichnam des hl. Cuthbert. Letzterer lebte hier ein paar Jahre, bevorzugte allerdings ein Eremitendasein auf Inner Farne. Im 11. Jh. wurde auf Holy Island erneut ein Kloster gebaut, das aber der Klosterauflösung im Zuge der Reformation zum Opfer fiel.

Unbedingt zu beachten sind die Überfahrtzeiten, die in der ganzen Gegend an Tafeln und in den Touristeninformationen angeschlagen bzw. auf www.holy-island.info aufgelistet sind. Jedes Jahr werden Autofahrer mitten auf dem Damm von der Flut überrascht und müssen ihre Autos zurücklassen.

## Sehenswertes

**Lindisfarne Priory** RUINE

(EH; www.english-heritage.org.uk; Erw./Kind 5,40/3,20 £; ⏲ April–Sept. 10–18 Uhr, Okt. bis 17 Uhr, Nov.–März Sa & So 10–16 Uhr) Die skelettartigen roten und grauen Ruinen des Klosters sind ein unheimlicher Anblick und vermitteln einen Eindruck von dem isolierten Leben der Mönche auf Lindisfarne. Die **St. Mary the Virgin Church** wurde im 13. Jh. zwischen Tees und Firth of Fourth am Standort einer älteren Kirche errichtet. Das benachbarte **Museum** versammelt die Überreste des ersten Klosters und erzählt die Geschichte der Mönchsgemeinschaft vor und nach der Klosterauflösung.

**Lindisfarne Heritage Centre** MUSEUM

(www.lindisfarne-centre.com; Marygate; Erw./Kind 4/2 £; ⏲ April–Okt. 10–17 Uhr, Nov.–März kürzere Öffnungszeiten) Auf Touchscreens lassen sich zwanzig Seiten der leuchtend bunten *Lindisfarne Gospels* durchblättern, dafür steht man jedoch meist Schlange. Spannend ist auch die Ausstellung über die Wikinger und deren Überfall auf Lindisfarne im Jahr 793.

**Lindisfarne Castle** BURG

(NT; www.nationaltrust.org.uk; Erw./Kind 7,40/3,70 £; ⏲ März–Okt. Di–So 10–15 Uhr) Die kleine Bilderbuchburg steht knapp 1 km außerhalb des Dorfes, wo sie 1550 auf einem Felshügel erbaut wurde. Zwischen 1902 und 1910 baute Sir Edwin Lutyens die Burg für Mr. Hudson, den Herausgeber der Zeitschrift *Country Life,* aus und um. Man kann sich lebhaft vorstellen, wie hier in den Goldenen Zwanzigern so manch dekadente Party gefeiert wurde. Die Öffnungszeiten sind abhängig von Ebbe und Flut.

## Schlafen & Essen

Besucher können auf der Insel übernachten, sollten allerdings weit im Voraus eine Unterkunft buchen.

**Crown & Anchor** GASTHOF ££
(☎01289-389215; www.holyislandcrown.co.uk; Market Pl; DZ 75–100 £) Das einzige von Einheimischen betriebene Inn auf der Insel ist ein entspannter, bodenständiger Ort mit bunt gestrichenen Gästezimmern und solider Kneipenkost (wie *steak-and-ale pie* oder Rib-Eye-Steak mit Zwiebelringen; Hauptgerichte 8–18 £). Das Allerbeste ist jedoch der Biergarten samt Postkartenpanorama mit Burg, Kloster und Hafen.

**Lindisfarne Inn** GASTHOF ££
(☎01289-381223; www.lindisfarneinn.co.uk; Beal; EZ/DZ ab 60/85 £; WLAN) Die Unterkunft befindet sich zwar auf dem Festland (an der A1 bei der Abzweigung zum Damm), ist bei knappen Überfahrtszeiten aber eine praktische Alternative zu einer Inselübernachtung. Die 21 makellosen Zimmer sind weit genug von der Straße zurückgesetzt und entsprechend ruhig. Die Bar (Hauptgerichte 9–15 £) serviert überdurchschnittlich gutes Essen, z. B. einen *fisherman's pie* mit dem fangfrischen Fisch des Tages.

WLAN gibt es nur in der Bar.

**Open Gate** GÄSTEHAUS ££
(☎01289-389222; www.aidanandhilda.org; Marygate; EZ 48–58 £, DZ 78–85 £) Das elisabethanische Bauernhaus dient als christliche Begegnungs- und Exerzitienstätte. Vermietet werden vier Zimmer mit eigenem Bad sowie mehrere günstigere Einzelzimmer mit Gemeinschaftsbad (38 £) in der oberen Etage.

## Anreise & Unterwegs vor Ort

Während der Flut heißt es für den Damm Land unter, daher ist die Insel jeden Tag für ungefähr fünf Stunden vom Festland abgeschnitten.

Gelegentlich fährt der Bus 477 von Berwick-upon-Tweed nach Holy Island (4,50 £, 40 Min., gezeitenabhängig); die Touristeninformation in Berwick informiert über den aktuellen Fahrplan.

Autofahrer müssen auf den ausgewiesenen Parkplätzen parken (4,60 £ pro Tag). Ein Shuttlebus (Hin- & Rückfahrt 2 £) fährt alle 20 Minuten vom Parkplatz zur Burg.

# Berwick-upon-Tweed

13 265 EW.

Die pittoreske Festungsstadt Berwick-upon-Tweed ist Englands nördlichste Stadt. Mitten hindurch strömt der Fluss Tweed, über den sich zwei Brücken spannen: die denkmalgeschützte Berwick Bridge (alias Old Bridge), die zwischen 1611 und 1624 aus Sandstein erbaut wurde, und die Royal Tweed Bridge (1925–1928).

Berwick ist hartnäckiger Titelverteidiger zweier einmaliger Auszeichnungen: Zum einen ist die Stadt wohl die am meisten umkämpfte Ansiedlung in der Geschichte Europas (zwischen 1174 und 1428 erlebte sie 14 Herrscherwechsel und befand sich mal in englischer, mal in schottischer Obhut). Zum anderen spielt die örtliche Fußballmannschaft als einziges englisches Team in der schottischen Liga (wenn auch nur viertklassig in der Scottish League Two). Obwohl Berwick seit dem 15. Jh. fest in englischer Hand ist, hat sich die Stadt eine eigene Identität und einen hörbar schottisch geprägten Dialekt bewahrt.

## Sehenswertes & Aktivitäten

**Berwick Walls** STADTMAUER
(EH; ⏲Sonnenaufgang–Sonnenuntergang) GRATIS Die mächtige elisabethanische Stadtmauer kann fast in ihrer gesamten Länge abgelaufen werden. Sie wurde 1558 errichtet, um bereits unter Eduard II. fertiggestellte Befestigungsanlagen zu verstärken. Der etwa 1,5 km lange Spaziergang ist ein absolutes Muss und eröffnet überwältigende, weite Ausblicke. Von der einst gewaltigen **Grenzburg** sind nur noch Fragmente übrig, der Großteil des Gebäudes musste dem Bahnhof weichen.

**Berwick Barracks** MUSEUM, KUNSTGALERIEN
(EH; www.english-heritage.org.uk; The Parade; Erw./Kind 4,20/2,50 £; ⏲April–Sept. Mo–Fr 10–18 Uhr, Okt. bis 16 Uhr) Die älteste speziell als solche erbaute Kaserne Großbritanniens (1717) wurde von Nicholas Hawksmoor entworfen. Heute versammelt sie unter ihrem Dach verschiedene Kunstgalerien und Museen, die sich mit der Geschichte der Stadt und des britischen Militärs seit dem 17. Jh. befassen. Die **Gymnasium Gallery** zeigt hochkarätige zeitgenössische Kunstausstellungen.

**Cell Block Museum** MUSEUM
(Marygate; Erw./Kind 2 £/50 p; ⌚Führungen Ostern–Sept. Mo–Fr 10.30 & 14 Uhr) Schuld und Sühne sind das Thema des schaurigen Museums, das die originalen Gefängniszellen im oberen Stockwerk des Rathauses (1750–1761) bezogen hat. Die Führungen zeigen neben dem Museum auch den ehemaligen Gerichtssaal, die Ratssäle und den Glockenturm.

## Geführte Touren

**Time to Explore Guided Tours** STADTRUNDGÄNGE
(☎01289-330218; www.visitberwick.com; 106 Marygate; Town & Walls Erw./Kind 5 £/frei, Hidden Berwick Erw./Kind 6 £/frei; ⌚Ostern–Okt. nach Anmeldung) Derek Sherman ist ein passionierter Sohn seiner Stadt und hat unterschiedliche Führungen im Programm. Die Tour Town & Walls (1¼ Std.) widmet sich den Hauptattraktionen der Stadt. Die Tour Hidden Berwick (1¾ Std.) erkundet u. a. eine elisabethanische Bastion und ein Schießpulvermagazin aus dem 18. Jh., die der Öffentlichkeit normalerweise nicht zugänglich sind. Startpunkt ist die Touristeninformation.

## Schlafen

In Berwick gibt es nur wenige Unterkünfte, die Touristeninformation ist bei der Suche nach freien Betten behilflich.

**Berwick YHA** HOSTEL £
(☎01629-592700; www.yha.org.uk; Dewars Lane; B/DZ ab 18/59 £; @📶) Die hochmoderne Jugendherberge ist in einem umgebauten, 240 Jahre alten Kornspeicher untergebracht und überzeugt mit zeitgenössischem Komfort: wohnliche Schlafsäle, ein paar Doppelzimmer mit eigenem Bad, Fernsehzimmer, Waschmaschine und WLAN in den Gemeinschaftsbereichen. Die Mitarbeiter sind superfreundlich und hilfsbereit.

**Granary Guesthouse** BOUTIQUE-B&B ££
(☎01289-304403; www.granaryguesthouse.co.uk; 11 Bridge St; EZ/DZ ab 80/96 £; P📶) 🌿 Das romantischste B&B Berwicks in charmanter Innenstadtlage verfügt über drei elegante, moderne Gästezimmer. Die Frühstückszutaten stammen aus regionalem und/oder biologischem Anbau und im hauseigenen Behandlungsraum werden Massagen angeboten.

## Essen & Ausgehen

**Audela** MODERN BRITISCH ££
(☎01289-308827; www.audela.co.uk; 41–47 Bridge St; Frühstück 3–8 £, Hauptgerichte mittags 5–9,50 £, abends 8–19 £; ⌚9–21 Uhr; 👪) 🌿 Die brandneue Bereicherung der hiesigen Restaurantszene hat sich schnell zum angesagtesten Lokal der Stadt entwickelt. Der Name zollt dem letzten Schiff (1979) Tribut, das in der Werft von Berwick gebaut wurde. Die verwendeten Zutaten kommen aus dem Umland. Nach ihrer kunstvollen Zubereitung wandern sie z. B. als doppelt gebackenes Käsesoufflé, Heilbutt mit Zitronenbuttersauce oder Lammkarree mit Kräuterkruste in den markanten, salbeigrünen Speisesaal.

**Barrels Alehouse** PUB
(59–61 Bridge St; ⌚12–24 Uhr; 📶) Die beste Kneipe von Berwick zieht ein gemischtes, entspanntes Publikum an. Von früh bis spät gehen *real ales* sowie Gin und Whiskey aus Mikrodestillerien über die Theke. In der stimmungsvollen, düsteren Kellerbar gibt es regelmäßig Livemusik.

## Praktische Informationen

**Touristeninformation** (☎01670-622155; www.visitberwick.com; 106 Marygate; ⌚April–Okt. 10–17 Uhr, Nov.–März Mo–Sa 10–16 Uhr)

## An- & Weiterreise

### BUS

In Berwick halten die Fernbusse von National Express auf ihrer Strecke zwischen Edinburgh (11,60 £, 1¼ Std., 2-mal tgl.) und London (36,50 £, 8 Std., 2-mal tgl.). Nach Newcastle fahren die Busse X15 (über Alnwick) und X18 (6,50 £, 2½ Std., 9-mal tgl.). Die Buslinie 477 steuert Holy Island an (4,50 £, 35 Min., gezeitenabhängig, die Touristeninformation in Berwick informiert über den aktuellen Fahrplan). Alle Busse halten am Golden Square (zwischen den Straßen Marygate und Castlegate).

### ZUG

Berwick liegt an der East Coast Main Line, die London mit Edinburgh verbindet, und befindet sich fast genau auf halber Strecke zwischen Edinburgh (19,90 £, 40 Min., halbstündl.) und Newcastle (23,60 £, 45 Min., halbstündl.).

# England verstehen

# England aktuell

**Für England und die Engländer waren die ersten 15 Jahre des 21. Jhs. eine Zeit des Umbruchs, der Konflikte, Kontroversen und der Identitätssuche. Zwar hat sich die Stimmung im Land durch die erfolgreiche Londoner Olympiade 2012 und den wirtschaftlichen Aufschwung der letzten Jahre spürbar aufgehellt, aber es bleibt die quälende Ungewissheit darüber, was die Zukunft bringen mag.**

### Top-Bücher

**Reif für die Insel** (Bill Bryson) Das Buch ist schon ein bisschen älter, aber der liebevolle Blick des amerikanischen Autors auf britische Verhaltensweisen ist ein Klassiker und trifft noch immer ins Schwarze.

**Gebrauchsanweisung für England** (Heinz Ohff) Eine humorige Beschreibung der Absonderlichkeiten im Königreich.

**Queenig & spleenig?! Wie die Engländer ticken** (Nina Puri) Die gebürtige Engländerin gibt einen Einblick in die Verrücktheiten ihrer Landsleute.

**England, glorious England. Ein Länderporträt** (Holger Ehling) Ein unterhaltsamer Streifzug durch Geschichte und Alltag der Inselbewohner.

### Top-Filme

**Begegnung** (1945) Klassische Geschichte über eine verklemmte, englische Liebesaffäre.

**Lockender Lorbeer** (1961) Düstere Ergründung der Realitäten des Nachkriegslebens in Nordengland.

**Mein wunderbarer Waschsalon** (1985) Bewegende und launige Studie von Rassismus und Homophobie im London der Thatcher-Ära.

**Ganz oder gar nicht** (1997) Arbeitslose Stahlarbeiter wandeln sich zu männlichen Strippern.

**Gefährten** (2011) Das Erwachsenwerden eines jungen Mannes, der den Ersten Weltkrieg überlebt.

## Britisch oder Englisch?

War einst das Vereinigte Königreich von Großbritannien und Nordirland eine politische Einheit, so ist heute von Einigkeit nicht mehr zu reden. Seit 1999 hat ein Prozess der Dezentralisierung eingesetzt: Schottland, Wales und Nordirland erhielten ihr eigenes Regionalparlament mit Entscheidungsgewalt über innere Angelegenheiten wie Gesundheit und Bildung.

England ist zwar seit über 300 Jahren Teil des Vereinigten Königreichs, aber da es mit 84 % der Gesamtbevölkerung das weitaus größte Mitgliedsland ist, gab es bis jüngst noch keinen Ruf nach englischer Unabhängigkeit. 2004 lehnten die Wahlbürger in einem Volksentscheid mit einer großen Mehrheit von 78% die Bildung von Regionalparlamenten in Nordengland ab.

Nach dem schottischen Unabhängigkeitsreferendum von 2014 jedoch (als die Schotten mit 55 % der Stimmen für den Verbleib im Vereinigten Königreich votierten) wurde die Identität Englands heiß diskutiert. Die Unabhängigkeitskampagne warf alle möglichen Fragen über Werte, Überzeugungen und Institutionen auf, die das Vereinigte Königreich zusammenhalten. Würde ein unabhängiges Schottland noch weiterhin das Pfund Sterling benutzen können (das von der Bank of England ausgegeben wird)? Würde es Grenzkontrollen zwischen Schottland und England geben? Wäre die Queen noch immer Staatsoberhaupt?

In der „Nein“-Kampagne der Regierung in Westminster zum Unabhängigkeitsreferendum wurden dem schottischen Parlament mehr Befugnisse versprochen, wenn die Schotten für einen Verbleib im Vereinigten Königreich stimmten. Nach dem Referendum sorgte dieses Versprechen jedoch für empörte Reaktionen unter den englischen Abgeordneten – warum sollten schottische Abgeordnete in Westminster in Angelegenheiten, die nur England betreffen, abstimmen können, während englische Abgeordnete kein Mitspracherecht in Angelegenheiten hätten, die in Edinburgh entschieden werden und nur Schottland betreffen? „Englisches Stimmrecht für englische Gesetze“ wurde zur Parole eines neu entbrannten englischen Nationalgefühls.

## Eine bröckelnde Koalition

Ein wichtiger Wendepunkt in Englands jüngster Geschichte war die Parlamentswahl von 2010, als die Labour-Regierung nach 13 Jahren an der Macht abgelöst wurde, aber keine Partei eine absolute Mehrheit erreichte. Konservative und Liberaldemokraten bildeten die erste Koalitionsregierung in Westminster seit dem Zweiten Weltkrieg.

Doch die Beziehung zwischen den Koalitionsparteien war turbulent, aufgerieben von Unstimmigkeiten darüber, wie die Probleme des Landes zu lösen seien. Konservative „Rebellen" blockierten Anträge der Liberaldemokraten zur Reform des Oberhauses (House of Lords), die Liberaldemokraten sperrten sich gegen die Pläne der Torys, die Steuern für Reiche zu senken, das Menschenrechtsgesetz abzuschaffen und die Zahl der Abgeordneten in Westminster zu reduzieren.

Wegen der Koalitionszwänge mussten die Liberaldemokraten auch einige ihrer Wahlversprechen von 2010 aufgeben, vor allem jenes, die Studiengebühren an den Universitäten in England und Wales nicht zu erhöhen. Daraufhin verloren sie massiv an Unterstützung. Meinungsumfragen legen nahe, dass bei den Parlamentswahlen 2015 wieder keine Partei die absolute Mehrheit erreichen wird, was zu einer Minderheitsregierung oder einer weiteren spannungsreichen Koalition führen könnte.

## Der Aufstieg der UKIP

Die britische Politik wird zwar seit 2010 von Sparmaßnahmen bestimmt, die die Auswirkungen der globalen Finanzkrise bekämpfen sollen, aber seit Anfang 2014 kam auch die Frage der Einwanderung als Thema hinzu. Im gleichen Jahr trat die United Kingdom Independence Party (UKIP) prominent hervor, eine rechtslibertäre Partei, zu deren Hauptanliegen die Einschränkung der Einwanderung und der Ausstieg Großbritanniens aus der EU gehören.

Die UKIP ist besonders in England populär, wo sie von etwa 30 % der Wahlberechtigten (in Wales sind es 20 % und in Schottland 10 %) unterstützt wird. Bei der Europawahl im Mai 2014 kam sie mit 27,5 % der Stimmen auf Platz eins (bei einer Wahlbeteiligung von 34 %) – das erste Mal seit 1906, dass eine Partei außer Labour und den Konservativen in einer landesweiten Wahl den ersten Platz einnahm – und gewann wenig später bei einer Nachwahl ihre ersten zwei Sitze im britischen Parlament. Das Ergebnis sorgte in Großbritannien für Aufregung. War dies ein Vorbote für einen grundlegenden Wandel britischer Politik? Oder war es eine Protestwahl der Bürger, die von den Politikern in Westminster die Nase voll hatten?

Umfragen zufolge könnte die UKIP bei der Wahl von 2015 weitere Sitze in Westminster erobern. Dies veranlasste Labour und die Konservativen, ihre Positionen zur Einwanderungspolitik zu verschärfen. Und der Parteichef der Torys David Cameron versprach, ein Referendum zum Verbleib in der EU vorzuschlagen, sollte er nach 2015 Premierminister bleiben.

BEVÖLKERUNG: **53 MIO.**

FLÄCHE: **130 000 KM²**

BIP PRO KOPF (UK): **21 800 £**

WIRTSCHAFTSWACHSTUM (UK): **1,8 %**

INFLATION (UK): **2 %**

ARBEITSLOSIGKEIT (UK): **7,2 %**

### Gäbe es nur 100 Engländer, wären …

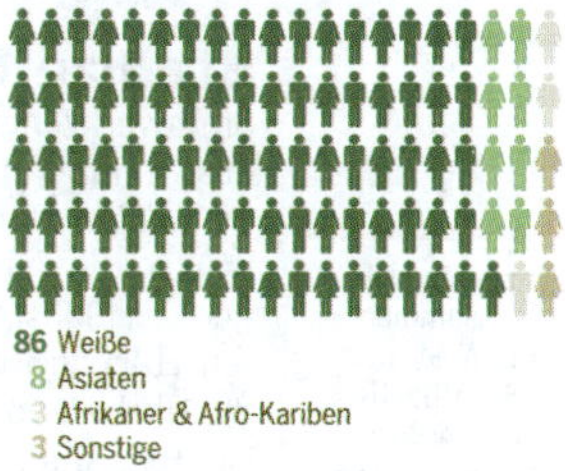


### Religionszugehörigkeit

(% der Bevölkerung)

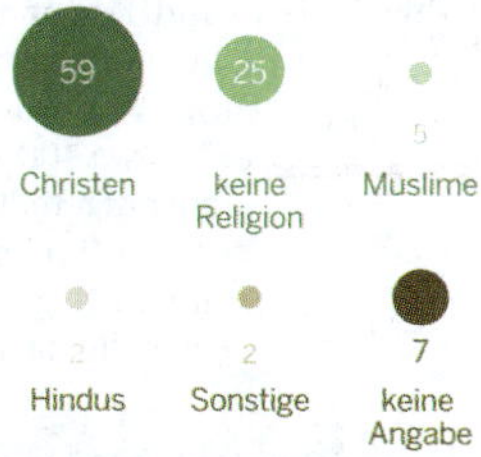


### Einwohner pro km²

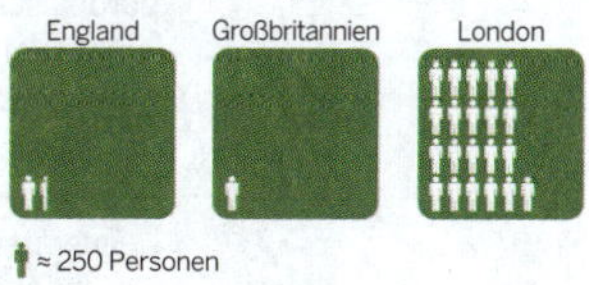

# Geschichte

**England mag zwar ein kleines Land am Rande Europas sein, aber seine bunte Geschichte bietet reichlich Drama und Faszination. Über die Jahrtausende kamen Invasoren und Einwanderer, ließen sich nieder und hinterließen ihre Spuren. Das Ergebnis ist eine faszinierende Mischung aus Landschaft, Kultur und Sprache – ein dynamisches Muster, das die Nation formte und sich ständig weiterentwickelt. Für viele Besucher ist dieses reiche historische Vermächtnis – von Stonehenge über den Hadrianswall bis zur Canterbury Cathedral und dem Tower of London – Englands Hauptattraktion.**

## Steinzeit & Eisenzeit

Steinwerkzeuge, die bei Lowestoft in Suffolk entdeckt wurden, belegen, dass in England seit mindestens 700 000 Jahren Menschen leben. Diese frühen Bewohner waren Sammler und Jäger, aber etwa um 4000 v. Chr. waren die meisten bereits sesshaft, besonders in offenen Gebieten wie der Salisbury Plain in Südengland. Sie legten Felder an und bauten Hügelgräber, aber ihr dauerhaftestes Vermächtnis sind die großen Steinkreise von Avebury und Stonehenge, die bis heute noch deutlich sichtbar sind.

England ist (zusammen mit Wales und Schottland) Teil der Insel Großbritannien. Die Begriffe „England" und „Britannien" sind nicht synonym, was nicht allen Besuchern bewusst ist. Wer den Unterschied kennt, wird englische Geschichte und Kultur leichter begreifen.

Ein oder zwei Jahrtausende später folgte die Eisenzeit. Mit besseren Werkzeugen konnten nun Bäume gefällt und mehr Ackerland gewonnen werden. Die Landschaft veränderte sich, aber es war auch eine Zeit des Kulturwandels: Eine neue Welle von Einwanderern - die Kelten - kamen vom europäischen Kontinent nach Britannien. Es ist nicht klar, ob die Neuankömmlinge die Alteingesessenen integrierten oder umgekehrt, aber das Ergebnis war die umfassende Übernahme keltischer Sprache und Kultur und das Entstehen einer keltisch-britischen Bevölkerung – heute meist als Briten bezeichnet (oder Britannier, um sie von den heutigen Einwohnern zu unterscheiden).

Etwa 100 v. Chr. waren die Britannier in etwa 20 verschiedene Stämme aufgeteilt, darunter die Cantae (in der heutigen Grafschaft Kent), die Icener (im heutigen Norfolk) und die Briganten (Nordwestengland). Verantwortlich für die lateinisch lautenden Namen der Stämme sind übrigens die nächsten Ankömmlinge an den Gestaden Englands ...

## ZEITACHSE

### 4000 v. Chr.

Neusteinzeitliche Menschen wandern vom europäischen Festland ein. Anders als frühere Ankömmlinge lassen sie sich nieder und betreiben Ackerbau, anstatt zu jagen und weiterzuziehen.

### ca. 55 v. Chr.

Relativ kleine Gruppen römischer Invasoren unter Führung von Kaiser Julius Cäsar stoßen von der Nordküste Galliens (des heutigen Frankreichs) nach Südengland vor.

### 43 n. Chr.

Unter Kaiser Claudius beginnt die erste richtige römische Invasion Britanniens. Seine Armee führt einen gnadenlosen Feldzug und 50 n. Chr. beherrschen die Römer fast ganz Südengland.

## Die Römer

Es gab zwar schon frühere Expeditionsfeldzüge, aber die große römische Invasion im heutigen England begann 43 n. Chr. Sie nannten ihre neu eroberte Provinz Britannia und nach einem Jahrzehnt stand der größte Teil Südenglands unter römischer Herrschaft. Ein Kinderspiel war das nicht: Einige Einheimische wehrten sich, am prominentesten die Kriegerkönigin Boudicca, die eine Rebellenarmee gegen Londinium anführte, die römische Hafenstadt und Vorgängerin des heutigen Londons.

Widerstand gab es jedoch nur sporadisch und war keine echte Bedrohung für die römische Militärmacht. Um 80 n. Chr. umfasste Britannia in etwa das heutige England und Wales. Die Versuchung ist zwar groß, sich edle Eingeborene im tapferen Kampf gegen die Besatzungsmacht vorzustellen, aber römische Herrschaft und Stabilität wurden wahrscheinlich von der allgemeinen Bevölkerung begrüßt, die die ständig streitenden Häuptlinge und unsicheren Stammesgebiete leid waren.

Stonehenge steht seit über 5000 Jahren in der Salisbury Plain und ist somit älter als die großen Pyramiden Ägyptens.

Die römische Besiedlung Britanniens setzte sich über fast 400 Jahre fort. Mischehen zwischen Einheimischen und Zuzüglern (viele aus anderen Teilen des Reichs, u. a. aus dem heutigen Belgien, Spanien und Syrien statt aus Rom selbst) waren üblich. So entstand vor allem in Städten eine römisch-britische Bevölkerung, während die ländlichen Gebiete keltisch-britisch blieben.

Neben Stabilität und Wohlstand führten die Römer auch einen anderen kulturellen Aspekt ein: eine neue Religion, das Christentum, nachdem sie von Kaiser Konstantin im 4. Jh. anerkannt worden war. (Jüngste Forschungen weisen jedoch darauf hin, dass keltische Christen die

### RÖMISCHES ERBE

Zur Überwachung ihres neu eroberten Gebiets bauten die Römer in ganz England Garnisonen. Viele entwickelten sich zu Städten, was an den Ortsnamen zu erkennen ist, die mit „chester" oder „caster" enden (aus dem lateinischen *castrum*, Militärlager) – Lancaster, Winchester, Manchester und natürlich Chester, um nur einige zu nennen. Die Römer bauten auch Straßen, anfänglich damit die Soldaten rasch von Ort zu Ort marschieren konnten, später auch, um den Handel zu fördern. Wo immer möglich, waren die Straßen gerade Linien (weil es effizient war, nicht – wie der alte Witz besagt – um zu verhindern, dass die alten Britannier hinter Kurven lauerten). Dazu gehören die Ermine Street zwischen London und York, die Watling Street zwischen Kent und Wales und der Fosse Way zwischen Exeter und Lincoln. Bei Fahrten durch England wird deutlich, dass viele moderne Fernstraßen noch immer dem Verlauf der römischen Straßen folgen. In einem Land, das eher für seine alten Sträßchen und Landstraßen bekannt ist, die sich durch die Landschaft winden, fallen diese wie mit dem Lineal gezogenen Straßen auf der Karte auf.

**60**

Boudicca, die Krieger-Königin der Icener, führt eine Rebellenarmee gegen die Römer an, zerstört die römische Stadt Colchester und steht bald vor der Hafenstadt Londinium (dem heutigen London).

**200**

Die Römer bauen eine Wehrmauer um London, deren vier Haupttore noch in den Namen der Bezirke Aldgate, Ludgate, Newgate und Bishopsgate erhalten sind.

**ca. 410**

Als das größte Reich der Antike nach fast 300 Jahren relativen Friedens und Wohlstands zerbröckelt, endet die römische Herrschaft in Britannien sang- und klanglos statt mit einem Knall.

**5. Jh.**

Germanische Stämme – heute als Angelsachsen bezeichnet – aus dem heutigen Deutschland wandern nach England ein und breiten sich rasch fast im ganzen Land aus.

Religion schon früher nach Britannien brachten.) Die römisch-britische Kultur blühte in dieser Zeit zwar in Britannien, aber im südländischen Kernland des Reichs war sie bereits im Niedergang begriffen.

Es war ein schnörkelloses Finale. Die Römer wurden von den Britanniern nicht vertrieben – nach mehr als 300 Jahren war die römisch-britische Kultur so etabliert, dass es für viele kein Zurück mehr gab. Tatsächlich wurde Britannia von den Herrschern in Rom einfach aufgegeben und die Kolonie verlief langsam im Sand. Aber Historiker sind ordentliche Menschen und so wird das Ende der römischen Herrschaft in England auf das Jahr 410 n. Chr. datiert.

## Erblühendes England

Als die römische Macht schwand, ging es mit der Provinz Britannia bergab. Römisch-britische Städte wurden verlassen und ländliche Gebiete verwandelten sich in gefährliches Terrain, auf dem sich lokale Kriegsherren um Lehensgüter bekämpften. Das Machtvakuum blieb nicht unbemerkt und wieder kamen Invasoren vom europäischen Kontinent – dieses Mal germanische Stämme, die Angeln und die Sachsen.

*A History of England in 100 Places* von John Julius Norwich ist ein faszinierendes Handbuch, das Geschichte und Geografie verbindet und zahlreiche Orte „von Stonehenge bis zum Gherkin" beschreibt.

Historiker sind sich uneins, was dann geschah: Entweder die Angelsachsen überwältigten oder integrierten die römisch-britischen und keltischen Einwohner oder die einheimischen Stämme übernahmen schlichtweg angelsächsische Sprache und Kultur. Wie auch immer, Ende des 6. Jhs. war England vorwiegend angelsächsisch und in einzelne Königreiche aufgeteilt, allen voran Wessex (in Südengland), Mercia (die heutigen Midlands) und Northumbria (Nordengland).

Einige Gebiete blieben von den Neusiedlern unbeeinflusst, aber insgesamt waren die Folgen enorm – der Name England bedeutet „Land der Angeln" und der Kern der heutigen englischen Sprache ist das Angelsächsische. Viele Ortsnamen haben angelsächsische Wurzeln und allein der Begriff „Angelsachse" wurde (im anglophonen Sprachraum oft missbraucht und sachlich unzutreffend) zum Synonym für „reiner Engländer".

## Die Wikinger & Alfred der Große

Im 9. Jh. drang in England erneut ein Haufen aufdringlicher Kontinentaleuropäer ein. Dieses Mal waren es die Wikinger aus dem heutigen Skandinavien. Sie eroberten rasch die östlichen und nordöstlichen Gebiete Englands und breiteten sich dann bis ins Zentrum aus. Die angelsächsischen Armeen machten sich auf nach Norden, um ihren Vormarsch abzuwehren – unter Führung von Alfred dem Großen, König von Wessex und einer der bekanntesten Gestalten der englischen Geschichte.

England wurde somit zweigeteilt: Der Norden und Osten war Wikingerland, das „Danelow", der Süden und Westen war angelsächsisches

**8. Jh.**

König Offa von Mercia befiehlt den Bau einer Grenzmarkierung zwischen seinem Königreich und Wales – einen Wehrgraben namens Offa's Dyke, der noch heute zu sehen ist.

**850**

Wikinger aus dem heutigen Dänemark erobern Ost- und Nordostengland. Als Hauptstadt wählen sie Yorvik, die heutige Stadt York.

**927**

Athelstan, der Enkel Alfred des Großen und Sohn von Eduard dem Älteren, wird als erster Monarch zum König von England gekrönt, nachdem seine Vorfahren Wikingerland zurückerobert hatten.

**1066**

Der amtierende König Harald wird von einer normannischen Invasionsarmee in der Schlacht von Hastings besiegt und England hat einen neuen Monarchen: Wilhelm den Eroberer.

Territorium. Alfred wurde als König der Engländer gefeiert – das erste Mal, dass die Angelsachsen sich als wirklich vereintes Volk begriffen. Seine Hauptstadt war Winchester; wer hier die berühmte Kathedrale besucht, sollte ganz in der Nähe auf die Statue Alfreds im Stadtzentrum achten.

Alfreds Sohn und Nachfolger war Eduard, genannt Eduard der Ältere. Nach weiteren Schlachten erlangte er die Macht über Danelow und wurde so zum ersten König, der das ganze Land beherrschte – ein wichtiger Meilenstein in der englischen Geschichte.

Aber es war kaum ein Grund zum Feiern. Später im 10. Jh. bedrohten weitere Überfälle aus Skandinavien die junge englische Einheit und am Ende des ersten Jahrtausends war die Zukunft ungewiss.

Trotz der Dominanz der Angelsachsen ab etwa 500 n. Chr. wurde die keltische Sprache noch in Teilen Südenglands gesprochen, als die Normannen im 11. Jh. dort eindrangen.



## Und natürlich 1066

Als König Eduard der Bekenner starb, ging die Krone an seinen Schwager Harald über. Das wäre soweit in Ordnung gewesen, aber Eduard hatte einen Cousin in der Normandie (Nordfrankreich) namens Wilhelm, der meinte, dass er den Thron von England hätte besteigen sollen.

Das Ergebnis war die Schlacht bei Hastings 1066, das einprägsamste Datum für alle, die sich mit englischer Geschichte beschäftigt haben. Wilhelm setzte mit einer Armee von der Normandie über, die Angelsachsen wurden besiegt und König Harald getötet – der Legende nach durch einen Pfeil ins Auge. Wilhelm wurde König von England und erhielt den glanzvollen Beinamen „der Eroberer".

In den Jahren nach der Invasion blieben die Französisch sprechenden Normannen und die Englisch sprechenden Angelsachsen jeweils unter sich. An der Spitze des Feudalsystems stand der Monarch und darunter die Adligen mit Grundbesitz: Barone und Baronessen, Herzöge und Herzoginnen sowie die Bischöfe. Dann folgten Grafen, Ritter und Lords – und ihre Ladys. Ganz unten waren die landlosen Bauern bzw. Leibeigene. Diese strikte Hierarchie wurde zur Grundlage eines Klassensystems, das bis zu einem gewissen Grad bis heute in England existiert.

*Medieval Women* by Henrietta Leyser blickt aus der weiblichen Perspektive auf die englische Geschichte im Zeitraum von 500 bis 1500 n. Chr.; ein Leben aus Arbeit, Ehe, Sex und Kindern – nicht unbedingt in dieser Reihenfolge.

## Zank zwischen König & Kirche

Wilhelms Nachfolger, Wilhelm II., wurde auf einem Jagdausflug ermordet. Ihm folgten Heinrich I., Stephan von Blois, dann Heinrich II., der erste Herrscher der Plantagenet-Dynastie. Dieser Zeitraum begründete auch die langjährige englische Tradition der Rivalität um den Thron und die ebenso langwährende Neigung zu Streitereien zwischen König und Kirche. Das Ganze kulminierte, als Heinrich II. den „widerspenstigen Priester" Thomas Becket in der Kathedrale von Canterbury ermorden ließ.

**1085–1086**

Die normannischen Invasoren erstellen das Domesday Book – eine umfassende Auflistung der Grundbesitzverhältnisse Englands; es ist noch heute ein wichtiges historisches Dokument.

**1095**

Beginn des ersten Kreuzzugs – ein Feldzug christlicher Armeen gegen die muslimische Besetzung von Jerusalem und des „Heiligen Lands". Weitere Kreuzzüge folgen bis 1272.

**12. Jh.**

Die Universität von Oxford wird gegründet. König Heinrichs II. Verbot von 1167, an der Pariser Universität zu studieren, festigt rasch ihre Bedeutung.

**1215**

König Johann unterzeichnet die Magna Carta, mit der die Macht des Königs eingeschränkt wird: ein erster Schritt in Richtung konstitutioneller Herrschaft.

Vielleicht wollte der nächste König, Richard I., Wiedergutmachung für die ruchlose Haltung seiner Vorfahren leisten, indem er gegen muslimische „Ungläubige" im Heiligen Land kämpfte (dem heutigen Israel und Palästina sowie Teilen von Syrien, Jordanien und des Libanon). Leider hielten ihn seine Kreuzzüge davon ab, England zu regieren – allerdings erwarb sich Richard mit seiner Tapferkeit den Beinamen Löwenherz – und das Land fiel in seiner Abwesenheit ins Chaos.

Nachfolger Richards war sein Bruder Johann. Der Legende nach verbarg sich in dieser Zeit ein Adliger namens Robert of Loxley, besser bekannt als Robin Hood, im Sherwood Forest und beschäftigte sich mit Vermögensumverteilung.

Über 500 Jahre nach den Rosenkriegen ist Yorkshires Symbol noch heute die weiße Rose und Lancashires die rote Rose. Die Rivalität zwischen den beiden Grafschaften ist noch immer sehr ausgeprägt – besonders wenn es um Cricket und Fußball geht.

## Aufstieg der Plantagenet-Dynastie

Anfang des 13. Jhs. war den mächtigen Baronen die unberechenbare Herrschaft von König Johann zu viel und sie zwangen ihn, ein Dokument, die Magna Carta, zu unterzeichnen, die die Macht des Monarchen einschränkte. Es wurde in Runnymede bei Windsor unterzeichnet; der Ort kann noch heute besichtigt werden.

Der nächste König war Heinrich III., dem 1272 Eduard I. folgte – ein geschickter Herrscher und ehrgeiziger General. Während seiner 35-jährigen, tatkräftigen Herrschaft war er unverhohlen expansionistisch und führte Feldzüge nach Wales und Schottland, wo ihm sein gnadenloses Vorgehen den Titel „Hammer der Schotten" einbrachte.

Auf Eduard I. folgte Eduard II., dem der militärische Erfolg seines Vorfahren versagt blieb. Auch mit der Ehe hatte er nicht viel Glück und starb einen grausamen Tod, als seine Frau Isabella und ihr Liebhaber Roger Mortimer ihn im Berkeley Castle ermorden ließen. Fans von schaurigen Todesfällen können den exakten Schauplatz besuchen.

### HERRSCHER IM LAND

Der Galopp durch die Geschichte der englischen Herrscherdynastien zeigt deutlich, dass das Leben für die Person an der Spitze nie langweilig ist. Trotz enormer Macht und Privilegien war der Job als Monarch (oder vielleicht schlimmer: *potentieller* Monarch) einer der unsichersten Berufe der Geschichte. Zu den englischen Königen, die einen frühzeitigen Tod starben, gehören Harald (in der Schlacht umgekommen), Wilhelm II. (ermordet), Karl I. (von Republikanern geköpft), Eduard V. (angeblich von einem Onkel ermordet), Richard II. (vermutlich verhungert), Johann (zu viel gegessen und getrunken), Jakob II. (abgesetzt), Eduard II. (von seiner Frau und ihrem Liebhaber beiseite geschafft) und Wilhelm III. (starb, als sein Pferd über einen Maulwurfshügel stolperte). Beim Besuch der Burgen und Schlachtfelder mag vielleicht etwas Mitleid – aber nur ein bisschen – für diese mächtigen Gestalten aufkommen, die immer auf der Hut sein mussten.

**1337–1453**

England und Frankreich bekämpfen sich im Hundertjährigen Krieg. Eigentlich bestand er aus einer Reihe kleiner Konflikte. Auch dauerte er länger als ein Jahrhundert ...

**1348**

Auftreten der Beulenpest, im Volksmund als „Schwarzer Tod" bezeichnet. Die Pandemie tötet über 1,5 Mio. Menschen, mehr als ein Drittel der gesamten Bevölkerung Englands.

**1415**

Die englische Invasionsarmee unter Heinrich V. schlägt die Franzosen in der Schlacht von Agincourt – eine entscheidende Schlacht im Hundertjährigen Krieg (der noch weitere knapp 40 Jahre dauert).

**1459–1471**

Die Rosenkriege: Ein Konflikt zwischen zwei rivalisierenden Dynastien – dem Haus Lancaster und dem Haus York. Die Yorker gewinnen und König Eduard IV. besteigt den Thron.

## Die Häuser Lancaster & York

1399 wurde Richard II. von einem mächtigen Baron namens Henry Bolingbroke vertrieben, der als Heinrich IV. den Thron bestieg – der erste Monarch aus dem Haus Lancaster. Ihm folgte ganz ordentlich Heinrich V., der meinte, dass es nun Zeit sei, den Hundertjährigen Krieg zu beenden, einen Dauerkonflikt zwischen England und Frankreich. Heinrichs Sieg in der Schlacht von Agincourt und die patriotische Rede, die ihm Shakespeare in seinem gleichnamigen Stück in den Mund legte („Gott mit Heinrich! England! Sankt Georg!"), machte ihn zu einem der berühmtesten englischen Monarchen.

Noch immer ganz ordentlich folgte Heinrich VI. seinem Vorgänger auf den Thron. Berühmtheit erlangte er als Bauherr großartiger Gotteshäuser – die King's College Chapel in Cambridge, die Eton Chapel bei Windsor – und durch ebenso großartige Anfälle von Wahnsinn.

Der Hundertjährige Krieg war schließlich 1453 beendet. Aber nur ein paar Jahre später stürzte England in einen Bürgerkrieg, die Rosenkriege. Die verliefen in Kürze folgendermaßen: Heinrich VI. aus dem Haus Lancaster (Wappen: eine rote Rose) wurde von Richard, Herzog von York (Wappen: eine weiße Rose) bekämpft. Heinrich war schwach und für Richard wäre es fast ein leichtes Spiel gewesen. Doch Heinrichs Frau Margarete von Anjou war aus härterem Holz geschnitzt und besiegte mit ihren Truppen den Kontrahenten. Dann trat Richards Sohn mit einer Armee auf den Plan, drehte den Spieß um, vertrieb Heinrich und wurde zum König Eduard IV. – der erste Monarch aus dem Haus York.

Shakespeares *Heinrich V.* wurde 1989 als großartiges Epos mit Kenneth Branagh in der Rolle des titelgebenden Königs verfilmt. Ebenso sehenswert ist ein früherer Film gleichen Namens mit Laurence Olivier in der Titelrolle, der 1944 als patriotischer Propagandastreifen gedreht wurde.



## Dunkle Machenschaften im Tower

Eduard IV. hatte kaum Zeit zum Verschnaufen, als er sich mit dem Grafen von Warwick herumschlagen musste. Der hatte sich mit der tatkräftigen Margarete von Anjou verbunden, um Eduard ins Exil abzuschieben und Heinrich VI. wieder auf den Thron zu setzen. Ein Jahr später kam Eduard IV. wieder zurück, tötete Warwick, nahm Margarete gefangen und ließ Heinrich im Tower of London hinrichten.

Nachfolger Eduards IV. war dessen zwölfjähriger Sohn Eduard V. Doch 1483 wurde der Knabenkönig zusammen mit seinem Bruder auf mysteriöse Weise ermordet – und wieder war der Tatort der Tower of London.

Da die „kleinen Prinzen" nun aus dem Weg geräumt waren, war der Thron frei für ihren alten Onkel Richard. Ob er der Mörder der Prinzen war, bleibt umstritten, aber seine Herrschaft als Richard III. war von kurzer Dauer: 1485 wurde er (und mithin das Haus Plantagenet) von einem walisischen Adligen namens Heinrich Tudor gestürzt, der als Heinrich VII. den Thron bestieg.

Die Filmversion von Shakespeares *Richard III.* von 1955 mit Laurence Olivier und John Gielgud gewann seinerzeit einen Oscar. Sie ist noch heute sehenswert und wirft einen Blick auf diese turbulente Phase der englischen Geschichte.

**1485**

Heinrich Tudor schlägt Richard III. in der Schlacht von Bosworth und wird König Heinrich VII. Er begründet somit die Tudordynastie und beendet die Rivalität um den Thron zwischen Lancaster und York.

**1509–1547**

Herrschaft von König Heinrich VIII. Der Widerstand des Papstes gegen dessen mehrfache Eheschließungen führt zur Englischen Reformation – der Gründung der anglikanischen Kirche.

**1558–1603**

Herrschaft von Königin Elisabeth I., eine Zeit des ungebremsten Optimismus. William Shakespeare betritt die Bühne, die Seefahrer Walter Raleigh und Francis Drake machen sich nach Westen auf.

**1605**

König Jakobs Bemühungen um einen Religionsfrieden scheitern: Der Gunpowder Plot, ein Versuch unter Führung von Guy Fawkes, das Parlament in die Luft zu jagen, löst eine antikatholische Protestwelle aus.

## Frieden & Trennung von der Kirche

Da die Rosenkriege erst kurz zuvor ein Ende gefunden hatten, war die Neutralität der Tudors von Heinrich VII. von Bedeutung. Er befriedete auch seine Nachbarn im Norden, indem er seine Tochter mit Jakob IV. von Schottland verheiratete und so Tudors und Stuarts miteinander verband. Das führte zu einer zutiefst willkommenen Friedenszeit für England.

Der nächste König, Heinrich VIII., ist einer der berühmtesten Monarchen Englands, hauptsächlich wegen seiner sechs Ehefrauen – die Folge eines verzweifelten Wunsches nach einem männlichen Thronerben. Auch die Kirchengeschichte Englands hat er tiefgreifend verändert: Seine Exkommunikation durch die römisch-katholische Kirche führte zur Abspaltung von der päpstlichen Herrschaft und Gründung der Anglikanischen Kirche. Viele Klöster wurden daraufhin aufgelöst, deren Ruinen noch heute zu sehen sind, z. B. die der Fountains Abbey und der Rievaulx Abbey in Yorkshire.

## Das elisabethanische Zeitalter

Heinrichs VIII. Nachfolger war sein Sohn Eduard VI., dann seine Tochter Maria I., deren Regentschaft jedoch nur kurze Zeit währte. Und so bestieg unerwartet Elisabeth den Thron, die dritte in der Erbfolge.

Als Elisabeth I. erbte sie ein böses Fiasko aus religiösen Konflikten und gespaltenen Loyalitäten. Aber nach anfänglichen Unsicherheiten gewann sie an Selbstbewusstsein und gab dem Land eine neue Richtung. Sie weigerte sich zu heiraten, übernahm biblische Motive und wurde als „Virgin Queen", als jungfräuliche Königin, bezeichnet – vielleicht die erste englische Monarchin, die sich ein Kult-Image schuf.

Der Film *Elizabeth* von Shekhar Kapur (1998) mit Cate Blanchett in der Titelrolle behandelt die frühen Herrschaftsjahre der jungfräulichen Königin und ihre Entwicklung von der Prinzessin zur souveränen Monarchin – eine Zeit der verbotenen Liebe, unerwünschten Verehrer, Intrigen und Tod.

Zu den Glanzpunkten ihrer 45-jährigen Regentschaft gehörten der Sieg über die spanische Armada, die weitreichenden Entdeckungsfahrten der Seefahrer Walter Raleigh und Francis Drake und die Ausweitung der englischen Handelswege, darunter zu den neuen Kolonien an der amerikanischen Ostküste – und natürlich die Kulturblüte dank Literaten wie William Shakespeare und Christopher Marlowe.

Elisabeths Cousine Maria Stuart (Tochter des schottischen Königs Jakob V. und Katholikin) wurde derweil zur Königin von Schottland. Sie hatte ihre Kindheit in Frankreich verbracht und den Dauphin, den französischen Kronprinzen, geheiratet und war somit auch Königin von Frankreich. Warum sich mit zwei Kronen zufriedengeben? Nach dem Tod ihres Gemahls (also keine Königin von Frankreich mehr), kehrte Maria nach Schottland zurück und forderte von dort auch die englische Krone ein – mit dem Argument, dass Elisabeth unehelich sei.

Marias Pläne scheiterten; sie wurde gefangengenommen und zur Abdankung gezwungen, konnte aber nach England fliehen und Elisabeth

**1644–1649**
Englischer Bürgerkrieg. Königstreue Truppen stehen Oliver Cromwells „parlamentarischer" Armee gegenüber. Cromwell siegt und England wird zur Republik.

**1749**
Der Autor und Friedensrichter Henry Fielding gründet die Bow Street Runners, die erste professionelle Polizei Londons. Durch ein Gesetz von 1792 verbreitet sich dieses Modell in ganz England.

**1776–1783**
Der amerikanische Unabhängigkeitskrieg ist die erste große Niederlage des britischen Weltreichs. William Pitt der Jüngere wird im Alter von 24 Jahren zum jüngsten Premierminister aller Zeiten.

**1799–1815**
Großbritannien wird in den Napoleonischen Kriegen von einer Invasion Napoleons bedroht, der aber in den berühmten Schlachten von Trafalgar (1805) und Waterloo (1815) vernichtend geschlagen wird.

um Hilfe bitten. Vielleicht war es ein Anfängerfehler oder sie wurde von Höflingen beraten, die ihre eigenen Absichten verfolgten. Auf jeden Fall war es eine keine schlaue Aktion. Maria wurde, wie nicht anders zu erwarten, als Sicherheitsrisiko betrachtet und wieder eingesperrt. Elisabeth, die sich ungewöhnlich zögerlich verhielt, stellte Maria 19 Jahre lang in verschiedenen Häusern unter Arrest, bevor sie schließlich ihre Hinrichtung befahl. Wer heute durch England reist, kann viele Schlösser besichtigen (und sogar ein paar Pubs), die stolz behaupten, dass „Mary Queen of Scots" hier genächtigt habe.

## Vereinigtes & zerstrittenes Britannien

Elisabeth starb 1603, aber trotz einer fruchtbaren Herrschaft hinterließ die Jungfräuliche Königin keinen Erben. Auf den Thron folgte ihr nächster Verwandter, der schottische König Jakob und protestantische Sohn der ermordeten Maria Stuart. Er also nun wurde zu Jakob I. von England und Jakob VI. von Schottland, der erste englische Monarch aus dem Haus Stuart. Jakob gab sich alle Mühe, die Spannungen zwischen Protestanten und Katholiken abzubauen, und vereinte erstmals England, Wales und Schottland zu einem Königreich – ein weiterer Schritt zur britischen Einheit, wenigstens auf dem Papier.

Aber die Kluft zwischen König und Parlament schwelte weiterhin. Der Machtkampf verschärfte sich unter der Herrschaft von Karl I. und mündete schließlich im Englischen Bürgerkrieg. Die antiroyalistischen (also „parlamentarischen") Streitkräfte standen unter dem Kommando von Oliver Cromwell, einem Puritaner, der gegen die Exzesse der Monarchie und der Kirche wetterte. Seine Armee (die Roundheads) kämpfte gegen die Truppen des Königs (die „Cavaliers") in einem Konflikt, der England entzweite, sich aber als letzter Bürgerkrieg der englischen Geschichte erweisen sollte. Er endete mit dem Sieg der Roundheads – der König wurde hingerichtet und England zur Republik erklärt. Cromwell wurde als Lordprotektor eingesetzt.

## Rückkehr des Königs

1653 war Cromwell das Parlament leid; es erschien ihm als zu einschränkend und so riss er diktatorische Machtbefugnisse an sich, sehr zum Entsetzen seiner Anhänger. Nach seinem Tod 1658 folgte ihm halbherzig sein Sohn nach, aber 1660 beschloss das Parlament die Wiedereinsetzung der Monarchie, da sich die republikanische Alternative als weitaus schlimmer herausgestellt hatte.

Karl II. (der verbannte Sohn von Karl I.) bestieg den Thron und unter seiner Herrschaft – der Restauration – erblühten, nach der Zeit der puritanischen Moral Cromwells, Wissenschaft und Kultur. Auch Forschungsreisen und Expansion standen auf dem Programm. Mithilfe

*A History of England in a Nutshell* von John Mathew gibt auf knapp 200 Seiten einen Überblick über die wichtigsten Ereignisse der englischen Geschichte.

*The Isles: A History* von Norman Davies ist eine hoch gelobte und sehr lesenswerte Abhandlung über die letzten 10 000 Jahre in England im Rahmen der umfassenderen Geschichte der britischen Inseln.



**1837–1901**

Herrschaft von Königin Victoria. Das britische Weltreich – „das Reich, in dem die Sonne nie untergeht" – dehnt sich von Kanada über Afrika und Indien bis nach Australien und Neuseeland aus.

**1914**

Erzherzog Franz Ferdinand von Österreich wird in Sarajewo ermordet – der letzte Funke in einer zehn Jahre dauernden Krise, der den Ersten Weltkrieg auslöst.

**1926**

Zunehmender Unmut gegen die Regierung wegen der hohen Arbeitslosigkeit führt zum Generalstreik. Millionen Arbeiter – Zugführer, Bergarbeiter, Schiffsbauer – legen die Arbeit nieder und das Land lahm.

**1939–1945**

Der Zweite Weltkrieg wütet in ganz Europa und weiten Teilen von Afrika und Asien. Großbritannien und die Alliierten besiegen schließlich Deutschland, Japan und Italien.

der Armee und der Marine (die von Cromwell modernisiert wurden) erstreckten sich die Kolonien bald über die ganze amerikanische Küste, während die Ostindische Kompanie ihre Hauptniederlassung in Bombay einrichtete und somit den Grundstein für das zukünftige britische Weltreich legte.

Dem nächsten König, Jakob II., erging es weniger gut. Sein Bemühen, die restriktiven Gesetze für Katholiken zu lockern, endete mit seiner Niederlage in der Schlacht am Boyne in Irland gegen Wilhelm III., den protestantischen König der Niederlande, bzw. Wilhelm von Oranien. Wilhelm war mit Jakobs Tochter Maria verheiratet. Beide hatten das gleiche Anrecht auf den Thron und ihre gemeinsame Thronbesteigung 1688 ging als „Glorreiche Revolution" in die Geschichte ein.

## Aufbau des Weltreichs

Als Maria 1694 starb, war Wilhelm Alleinherrscher. Er starb ein paar Jahre später und hinterließ den Thron seiner Schwägerin Anne. Unter ihrer Herrschaft wurde 1707 der Act of Union verabschiedet, der England, Wales und Schottland erstmals unter einem einzigen Parlament – in London – vereinigte.

Königin Anne starb 1714 ohne Erben, was das Ende der Stuarts bedeutete. Der Thron ging an entfernte (aber immer noch gut protestantische) deutsche Verwandte über – aus dem Haus Hannover.

Das britische Weltreich – das trotz seines Titels überwiegend eine englische Kolonialmacht war – dehnte sich unterdessen auf dem amerikanischen Kontinent und in Asien immer weiter aus. Auch auf Australien wurde nach James Cooks abenteuerlicher Reise von 1768 Anspruch erhoben.

*London* ist ein epischer Roman von Edward Rutherfurd – oder vielmehr etwa 50 einzelne Miniromane –, jeder mit Schauplatz in einer anderen Ära, von der römischen Invasion bis zum Blitzkrieg im Zweiten Weltkrieg. Ausführlich und erschöpfend, aber toll für einen Einblick in jede Periode.

## Das Industriezeitalter

Während sich das Weltreich immer weiter ausdehnte, wurde Britannien selbst zur Schmiede der Industriellen Revolution. Die Dampfkraft (von James Watt 1781 erfunden) und Dampflokomotiven (von George Stephenson 1830 eingeführt) revolutionierten Produktionsverfahren und Verkehrswege. Die Städte in den englischen Midlands entwickelten sich zu den ersten Industriestädten.

Das industrielle Wachstum brachte erstmals eine größere Binnenmigration in Britannien mit sich, da viele Menschen auf Suche nach Arbeit vom Land in die Städte strömten. Gleichzeitig erhöhten medizinische Fortschritte die Lebenserwartung, was zu einem steilen Bevölkerungsanstieg führte. Der wirtschaftliche Aufschwung bedeutete jedoch für viele Menschen Entwurzelung und Armut.

Doch trotz der sozialen Umbrüche zu Beginn des 19. Jhs. dominierten zum Zeitpunkt der Thronbesteigung von Königin Victoria 1837 die bri-

**1945**

In der Wahl unmittelbar nach dem Krieg schlägt die Labour Party unter Clement Attlee die Konservativen unter Winston Churchill, trotz dessen wichtiger Rolle beim britischen Sieg im Zweiten Weltkrieg.

**1946–1948**

Die Labour Party verstaatlicht wichtige Industriezweige wie Werften, Kohlebergwerke und Stahlwerke. Großbritanniens vier Eisenbahngesellschaften werden zu British Railways zusammengefasst.

**1948**

Aneurin Bevan, der Gesundheitsminister der Labour-Regierung, gründet den National Health Service: freie Gesundheitsfürsorge für alle – der Kern des britischen „Wohlfahrtsstaats".

**1952**

Prinzessin Elisabeth wird Königin Elisabeth II., als ihr Vater George VI. stirbt. Im Juni 1953 wird sie in der Westminster Abbey gekrönt.

tischen Fabriken und Flotten den Welthandel. Das restliche 19. Jh. wird als Großbritanniens Goldenes Zeitalter betrachtet – eine Zeit des patriotischen Selbstvertrauens, wie sie seit der Regierung der letzten großen Königin, Elisabeth I., nicht mehr vorgekommen war.

Optimismus beherrschte die Epoche, und es war nicht alles nur demagogischer Hurrapatriotismus. Der Premierminister Disraeli und sein Nachfolger William Gladstone führten auch Sozialreformen ein, um die Ausbeutung in der Industriellen Revolution in den Griff zu bekommen. Bildung wurde in der gesamten Gesellschaft verankert, Gewerkschaften legalisiert und das Wahlrecht durch mehrere Reformen gesetzlich ausgeweitet – 1918 durften schließlich alle Männer über 18 Jahren und ab 1928 auch alle Frauen wählen.

## Erster Weltkrieg

Als Königin Victoria 1901 starb, schien es, als ob auch die Energie Britanniens verpufft wäre, und das Land erlebte eine Zeit des Niedergangs. Auf dem europäischen Kontinent rasselten derweil die Militärmächte Russland, Österreich-Ungarn, Deutschland und die Türkei in den Balkanstaaten mit dem Säbel, ein Konflikt, der schließlich den Ersten Weltkrieg entzündete. Der erschöpfende Krieg endete 1918 mit Millionen Toten, von denen kaum eine Straße oder ein Dorf in England unberührt blieben, wie die Namenslisten auf Kriegsdenkmälern in ganz England noch bezeugen.

Die Ernüchterung der aus dem Krieg zurückgekehrten Soldaten über die alte Sozialordnung führte zur Gründung der Labour Party, einer Arbeiterpartei und politischen Macht, die das altgewohnte Gleichgewicht zwischen den Liberalen und Konservativen gehörig durcheinander brachte.

Die Labour Party kam erstmals in einer Koalition mit den Liberalen 1923 an die Macht. Aber Mitte der 1920er-Jahre übernahmen wieder die Konservativen das Ruder. Die Weltwirtschaft stürzte ab und Arbeiterunruhen breiteten sich aus.

Die Lage verschlimmerte sich in den 1930er-Jahren mit der Weltwirtschaftskrise, die ein weiteres Jahrzehnt des Elends und der politischen Unruhen einläutete. Selbst die königliche Familie hatte ihr Päckchen zu tragen, als Eduard VIII. 1936 abdankte, um Wallis Simpson zu heiraten, eine zweifach Geschiedene und – absolut untragbar – Amerikanerin.

## Zweiter Weltkrieg

Der nächste Monarch war Eduards nicht gerade charismatischer Bruder George VI. Großbritannien dümpelte durch das restliche Jahrzehnt mit einer mittelmäßigen Regierung, die den tiefsitzenden Problemen des Landes nichts entgegenzusetzen hatte.

Einer der besten Romane über den Ersten Weltkrieg ist *Gesang vom großen Feuer* von Sebastian Faulks. Er erzählt subtil, mit perfektem Tempo und äußerst bewegend von Leidenschaft, Angst, Verlust, unfähigen Generälen und dem Elend der Infanterie.



**1960–1966**
In Afrika und in der Karibik erlangen Nigeria, Tansania, Jamaika, Trinidad & Tobago, Kenia, Malawi, Gambia und Barbados ihre Unabhängigkeit.

**1971**
Großbritannien übernimmt die „dezimale" Währung (ein Pfund sind 100 Pence) und gibt das alte System von 20 Schilling oder 240 Pence pro Pfund auf – die jahrhundertealte Plage im Matheunterricht.

**1970er-Jahre**
Das Jahrzehnt wird weitgehend von Inflation, unfähigen Regierungen, Gewerkschaftsstreit, Streiks, Mangelversorgung und Stromausfällen geprägt, was im „Winter des Unmuts" 1978/79 kulminiert.

**1979**
Die Konservativen mit Margaret Thatcher gewinnen die Wahl, ein Meilenstein in der britischen Geschichte des 20. Jhs., der ein Jahrzehnt dramatischen politischen und sozialen Wandels einläutet.

In Deutschland kam derweil Adolf Hitler an die Macht und marschierte 1939 in Polen ein. Zwei Tage später war Großbritannien wieder in einen Krieg verwickelt. Die deutsche Armee überrannte Europa und drängte die britischen Truppen zurück zu den Stränden von Dünkirchen in Nordfrankreich. Im Juni 1940 evakuierte eine Flottille aus Rettungsbooten die Soldaten und machte aus einer kompletten Katastrophe eine

## WINSTON CHURCHILL

Über ein Jahrhundert, nachdem er Mitglied der britischen Regierung wurde, ist der 1874 geborene Winston Churchill noch immer eine der bekanntesten politischen Figuren des Landes. Trotz seiner Herkunft aus einer aristokratischen Familie waren seine ersten Jahre nicht vielversprechend; in der Schule war er bekanntermaßen ein „Dummkopf", ein Image, das er im späteren Leben bewusst kultivierte.

Churchill trat als junger Mann der britischen Armee bei, betätigte sich als Kriegskorrespondent für verschiedene Zeitungen und schrieb zudem mehrere Bücher über seine Großtaten. 1901 wurde er als konservativer Abgeordneter ins Parlament gewählt. 1904 wechselte er zu den Liberalen über, der größten Oppositionspartei jener Zeit. Ein Jahr später erhielt er nach einem Wahlsieg der Liberalen ein Ministeramt. 1922 trat Churchill wieder den Konservativen bei und übte in den restlichen 1920er-Jahren verschiedene Ministerämter aus. Zu seinen denkwürdigen Äußerungen in dieser Zeit gehören die Bezeichnung Mussolinis als „Genie" und Ghandis als „halbnackter Fakir".

Churchill kritisierte 1938 Premierminister Neville Chamberlains „Appeasement-Politik" gegenüber Hitler und forderte angesichts der wachsenden deutschen Bedrohung eine britische Wiederaufrüstung. Aber sein politisches Leben war in der Regel ruhig – also konzentrierte er sich aufs Schreiben. Sein mehrbändiges Werk *A History of the English-Speaking Peoples* verfasste er in dieser Zeit; es war zwar parteiisch und fehlerhaft, ist aber noch immer sein bekanntestes Werk.

1939 trat Großbritannien in den Zweiten Weltkrieg ein und 1940 wurde Churchill Premierminister und gleichzeitig Verteidigungsminister. Hitler hatte einen leichten Sieg erwartet, doch Churchills außerordentlicher Einsatz (nicht zu vergessen seine Radioansprachen, darunter die berühmteste, in der er „nichts als Blut, Mühsal, Tränen und Schweiß" anbot und versprach, „an den Stränden zu kämpfen ...") inspirierte die Briten zum Durchhalten.

Zwischen Juli und Oktober 1940 hielt die Royal Air Force den deutschen Bombenangriffen stand und gewann die Luftschlacht um England – ein wichtiger Wendepunkt im Krieg und eine Chance für die Landstreitkräfte, ihre Stärke wiederzugewinnen. Großbritanniens Weigerung, mit Deutschland zu verhandeln, und die Entscheidung, sich allein gegen Hitlers Truppen zu stellen, war eine gewagte Strategie. Aber sie zahlte sich aus und Churchill wurde als Nationalheld gefeiert – eine Würdigung, die bis über seinen Tod 1965 hinaus bis heute besteht.

**1990**

Thatcher verliert den Parteivorsitz und die konservative Partei erlebt eine Zeit des Niedergangs, bleibt aber an der Macht, hauptsächlich dank einer unfähigen Labour-Opposition.

**1992**

Labour ist noch immer in „Traditionalisten" und „Modernisten" gespalten. Die Konservativen unter John Major widerlegen die Experten und gewinnen überraschend die Wahl.

**1997**

In der Wahl führt Tony Blair „New" Labour mit einer parlamentarischen Rekordmehrheit zum Sieg und beendet die 18-jährige Regierungszeit der Konservativen.

**2003**

Großbritannien marschiert mit den USA in den Irak ein, zunächst mit Unterstützung eines Teils der Öffentlichkeit – trotz der großen Antikriegsdemonstrationen in London und anderen Städten.

tapfere Niederlage – an den Dunkirk Day wird in Großbritannien noch immer jedes Jahr mit Stolz und Trauer gedacht.

Mitte 1940 wurde fast ganz Europa von Deutschland beherrscht. Russland hatte mit Hitler einen Nichtangriffspakt geschlossen und die USA waren neutral – Großbritannien war praktisch isoliert. Ein neuer Premierminister betrat nun die Arena: Winston Churchill.

Zwischen September 1940 und Mai 1941 begann die deutsche Luftwaffe mit ihrem Blitzkrieg („The Blitz") in England, eine Abfolge von (meist nächtlichen) Bombenangriffen auf London und andere Städte. Aber die Stimmung in Großbritannien hielt stand, u. a. auch dank der regelmäßigen Radioansprachen Churchills. Nach der japanischen Bombardierung von Pearl Harbour traten die USA in den Krieg ein und Ende 1941 begann sich das Blatt zu wenden.

1944 befand sich Deutschland im Rückzug. Russland rückte von Osten vor und Großbritannien, die USA und andere Alliierte landeten erneut an den Stränden Frankreichs. Die Landung in der Normandie (der „D-Day") markierte den Beginn der Befreiung des europäischen Westens. 1945 war Hitler tot und der Krieg vorbei.

## Umschwung & Abschwung

In den Jahren nach dem Zweiten Weltkrieg kam es zu einem unerwarteten politischen Umschwung. Die kriegsmüden Briten wählten Churchills Konservative zugunsten der Labour Party ab. Auch außerhalb Großbritanniens wehte ein anderer Wind: Teile des britischen Weltreichs erhielten ihre Unabhängigkeit, darunter Indien und Pakistan 1947 und Malaya 1957, gefolgt von großen Teilen Afrikas und der Karibischen Inseln.

Die Sonne des Weltreichs mochte zwar untergegangen sein, aber die königliche Familie Großbritanniens hielt sich noch immer wacker. 1952 folgte Elisabeth II. ihrem Vater George VI. auf den Thron.

Ende der 1950er-Jahre waren die Nachkriegsfolgen so weit überwunden, dass Premierminister Harold Macmillan das britische Volk daran erinnern konnte, dass „es ihm noch nie so gut ging". Einige betrachteten das als Ruhmrede für eine sorgenfreie Zukunft, andere als Warnung, dass schwere Zeiten bevorstünden. Den meisten Leuten war es aber ohnehin egal, da die 1960er-Jahre begannen und das graue England sich plötzlich viel lebensfroher und quirliger zeigte, als es viele Generationen lang gewesen war.

Die 60er-Jahre mögen zwar die Swinging Sixties gewesen sein, aber in den 1970er-Jahren setzte dank einer Kombination aus Inflation, Ölkrise und internationalem Wettbewerb, der die Schwächen der britischen Wirtschaft offenlegte, der Abschwung ein.

Das restliche Jahrzehnt war geprägt von Streiks, Konflikten und allgemeinem Trübsinn. Aber weder die Konservativen (die Tories) unter

**2005**

Die Labour-Regierung erlebt mehrere interne Krisen, erringt aber dennoch eine historische dritte Amtszeit, teils auch dank der schwachen konservativen Opposition.

**2007**

Tony Blair, Großbritanniens dienstältester Labour-Premierminister, tritt zurück und Schatzkanzler Gordon Brown wird Parteivorsitzender und Premierminister.

**2010**

Labour wird bei den Wahlen knapp geschlagen; die Liberaldemokraten schließen sich mit den Konservativen zusammen und bilden die erste Koalitionsregierung der britischen Nachkriegsgeschichte.

**2014**

Ein Referendum zur Unabhängigkeit in Schottland löst eine Debatte über die Möglichkeit eines eigenen englischen Parlaments innerhalb des Vereinigten Königreichs aus.

Premierminister Edward Heath noch Labour unter den Premierministern Harold Wilson und Jim Callaghan waren in der Lage, die Probleme in den Griff zu bekommen. Das britische Volk hatte genug und bei den Wahlen im Mai 1979 betrat eine neue Premierministerin die Bühne: die bislang kaum bekannte konservative Politikerin Margaret Thatcher.

## Die Thatcher-Jahre

Bald kannte jeder Margaret Thatcher. Ob Anhänger oder Gegner, niemand konnte leugnen, dass ihre Maßnahmen drastisch waren. Viele hatten eine langfristige Wirkung, vor allem die Reprivatisierung von Industriezweigen, die Ende der 1940er-Jahre verstaatlicht worden waren.

**Praktische Websites zur Geschichte**

*www.royal.gov.uk*

*www.bbc.co.uk/history*

*www.victorianweb.org*

Aus heutigem Blickwinkel sind sich die meisten Kommentatoren einig, dass rein ökonomisch betrachtet die Strategien der Thatcher-Regierung weitgehend erfolgreich, aber unter sozialen Gesichtspunkten ein Misserfolg waren und Großbritannien polarisierten: Auf der einen Seite waren die Menschen, die von den Chancen in den „neuen" Wirtschaftszweigen profitierten, auf der anderen Seite jene, die Arbeit und Besitz verloren, da die „alten" Branchen wie Kohlebergbau und Stahlproduktion immer unbedeutender für die Wirtschaft des Landes wurden.

Trotz ihrer häufig als rücksichtslos bezeichneten Politik war Margaret Thatcher 1988 die dienstälteste Premierministerin des 20. Jhs. Ihre wiederholten Wahlsiege errang sie jedoch auch dank der erfolglosen Wahlkampagnen und destruktiven internen Konflikte der Labour Party.

## New Labour, neues Millennium, neue Regierung

Anfang der 1990er-Jahre schlug das Pendel erneut um. Margaret Thatcher wurde durch John Major ersetzt, aber die Wähler betrachteten Labour noch immer mit Misstrauen, was den Konservativen 1992 einen unerwarteten Wahlsieg einbrachte. Die Wahl von 1997 brachte schließlich die Wende, als „New" Labour unter einem neuen, jugendlichen Premier namens Tony Blair zur Macht stürmte.

Blair und die Labour Party genossen eine lange Flitterwochenperiode und die nächste Wahl (2001) gewannen sie ebenfalls mühelos. Die Konservativen taten sich auch weiterhin schwer, was Labour 2005 eine historische dritte Amtszeit einbrachte. Ein Jahr später war Blair der dienstälteste Labour-Premier in der britischen Geschichte.

Im Mai 2010 war die Rekordzeit von 14 Jahren unter einer Labour-Regierung zu Ende und eine Koalition aus Konservativen und Liberaldemokraten bildete die neue Regierung.

# Essen & Trinken

**England mag von billigen Cafés und Fastfoodlokalen übersät sein, aber es gibt genauso viele Pubs und Spezialitätenrestaurants, die leckere, hausgemachte Kost servieren. Seit Jahrzehnten hat so gut wie jeder Ort seinen Italiener, Chinesen und Inder, so dass Spaghetti Carbonara, Chow Mein oder Vindaloo fast schon als englische Küche durchgehen. Auch außerhalb von London, das sich mittlerweile zu einer Hochburg der Gastronomie entwickelt hat, wird die kulinarische Landschaft immer spannender.**

## Englische Mahlzeiten

Für den Durchschnittsengländer besteht der tägliche Essensfahrplan aus *breakfast* (Frühstück), *lunch* (Mittagessen) und *dinner* (Abendessen). Je nach Gegend und sozialer Schicht kann *dinner* auch Mittagessen bedeuten und das Abendessen wird häufig *supper* oder *tea* genannt.

### Frühstück

Viele werfen nur schnell eine Scheibe Toast oder ein Schälchen Frühstücksflocken ein, bevor sie zur Arbeit abzischen. Aber wer in Hotels oder B&Bs übernachtet, wird unweigerlich in den Genuss des *full English breakfast* kommen. Es besteht normalerweise aus gebratenem Speck, Würstchen, Eiern, Grilltomate, gebratenen Pilzen, *baked beans* (Bohnen in Tomatensauce) und *fried bread* (gebratenem Brot) oder Toast. Wer sich nicht in der Lage fühlt, gleich nach dem Aufstehen einen halben Bauernhof herunterzuschlingen, bestellt einfach nur das, worauf er Lust hat – Eier und Tomate beispielsweise. Manchmal werden auch *kippers* (geräucherter Fisch) angeboten oder *continental breakfast*, das nur aus Toast, Butter und Marmelade besteht, gelegentlich ergänzt durch Croissants oder ähnliche Exoten.

Rick Stein, ein Fernsehkoch, engagierter Restaurantbesitzer und Prediger für besseres Essen, bricht in seinen Büchern *Food Heroes* und *Food Heroes – Another Helping* eine Lanze für Kleinproduzenten und regionale Produkte, von Biogemüse bis zu Wildschweinwürsten.

### Mittagessen

Eine der großen Erfindungen, mit denen England die Welt beglückte, ist das Sandwich. Es dient oft als Mittagessensersatz. Ein Stück Käse oder Schinken zwischen zwei Brotscheiben zu klemmen, hört sich eigentlich nicht besonders kompliziert an. Aber anscheinend kam niemand auf die Idee, bis sich der Earl of Sandwich genau das bei seinem Koch bestellte, um während des Essens am Schreibtisch weiterarbeiten zu können – oder, wie manche behaupten, das nächtliche Kartenspiel nicht unterbrechen zu müssen. Seinen Titel verdankt er übrigens der Stadt Sandwich im Südosten Englands, die die Wikinger „Sandstrand" getauft hatten.

Ein weiterer englischer Klassiker, der vor allem in Pubs serviert wird, ist der *ploughman's lunch*. Er besteht im Grunde aus einem Stück Brot und einem Stück Käse und es ist gut vorstellbar, dass sich zünftige Bauern früher ein solches Picknick mit aufs Feld genommen haben. Tatsächlich ist diese kalte Mahlzeit aber eine Erfindung des englischen Käsereiverbands aus den 1960er-Jahren, der mit dem nostalgischen Namen den Käsekonsum ankurbeln wollte.

Einige Pubs bieten noch die schlichte Originalversion an (zu der ein heimisches Bier natürlich bestens passt). Aber meistens wird der Vesper-

### LECKERES AUS CORNWALL

*Cornish pasty* aus dem Südwesten war ursprünglich eine mit Gemüse gefüllte Teigtasche. Heute wird sie oft mit Fleischfüllung angeboten (was in Cornwall nur Kopfschütteln hervorruft) und in ganz England verkauft. Lange vor der Ankunft der Tupperdose war sie ein perfekt verpacktes Mittagessen der Minenarbeiter. Um das auf einer Ablage im Stollen deponierte Gebäckstück identifizieren zu können, wurde es an einem Ende mit den Initialen des Besitzers markiert. So konnte er sich sogar die zweite Hälfte für einen Snack aufheben, ohne befürchten zu müssen, dass sie versehentlich im Magen eines seiner Kumpel landete. Am Ende der Schicht ließen die Arbeiter ein paar Krümel als Geschenk an die Geister der Zinnmine, die *knockers*, zurück. Durch diese Opfergabe hofften sie, auch den nächsten Tag unter der Erde sicher zu überstehen.

teller heutzutage mit Butter, Salat, *pickles* (sauer eingelegtem Gemüse) und Dressing aufgepeppt. Manche Pubs servieren eine regelrechte Käseplatte oder Abwandlungen wie *farmer's lunch* (Brot und Hähnchenfleisch), *stockman's lunch* (Brot und Schinken), *Frenchman's lunch* (Brie und Baguette) und *fisherman's lunch* (erraten: mit Fisch).

## Abendessen

Für Generationen von Engländern bedeutete Abendessen *meat and two veg* (Fleisch und zwei Gemüsesorten), also ein Stück Schweine-, Rind- oder Lammfleisch plus Kartoffeln und standardmäßig Karotten, Kraut oder Blumenkohl (ebenso standardmäßig zu weich gekocht). Die Essgewohnheiten ändern sich zwar, aber in vielen Familien kommt diese klassische Kombination immer noch mehrmals die Woche auf den Tisch.

In Yorkshire wird der berühmte *Yorkshire pudding* (im Ofen gebackener Pfannkuchen) als Vorspeise gegessen. Diese Sitte stammt aus der Zeit, als Lebensmittel knapp waren und der Magen schon vor dem Fleischgericht mit etwas Billigem gefüllt wurde.

Rindfleisch wird traditionell als Roastbeef serviert und dazu gibt's (vor allem sonntags) *Yorkshire pudding*. Das ist eigentlich nur Pfannkuchenteig, der im Ofen gebacken wird, schmeckt aber unheimlich lecker (wenn er richtig gemacht wird). *Yorkshire pudding* mit Würstchen ergibt ein weiteres populäres Gericht mit dem lustigen Namen *toad-in-the-hole* (Kröte im Loch).

Eine weitere Variante des *Yorkshire pudding* findet sich vor allem in nordenglischen Cafés und Pubs. Dafür wird der Pfannkuchenteig zu einer Art Schale gebacken, die dann mit Fleischragout, Sauce, Gemüse oder sogar – im Zeitalter der Fusionsküche – mit einem Curry gefüllt wird.

Das wahrscheinlich bekannteste Gericht der englischen Küche sind *fish and chips*, die meist in Papier eingewickelt beim „*chippie*" zum Mitnehmen gekauft und vor Ort, unterwegs oder zu Hause gegessen werden. Das kann eine echte Delikatesse sein! Aber oft sind die *chips* (dicke Fritten) weich und der panierte Fisch geschmacklos, vor allem, wenn das Meer nicht um die Ecke ist. In Küstenorten dagegen ist der frittierte Klassiker immer einen Versuch wert.

## Dessert

Nach dem Hauptgericht gibt's abends (oder bei einem umfangreicheren Mittagessen) ein Dessert, auch *pudding* genannt. Eine englische Spezialität ist der *rhubarb crumble*, für den die sauren Stangen geschnitten, gedünstet und gesüßt werden, um dann mit einer leckeren Streuselschicht in den Ofen zu wandern. Dazu wird Vanillepudding oder Eiscreme serviert. Weitere süße Leckereien sind *treacle sponge* (Auflauf mit Zuckersirup), *bread-and-butter-pudding* (Brotauflauf mit Rosinen und Eiermilch) und *plum pudding*. Letzterer enthält Trockenfrüchte, Nüsse und Rum oder Brandy, wird nach dem Backen aus der Form gestürzt und traditionell an Weihnachten gegessen.

## Regionale Spezialitäten

Angesichts der langen Küstenlinie ist es kein Wunder, dass Fisch und Meeresfrüchte in vielen Regionen eine Hauptrolle spielen. Yorkshire ist bekannt für Kabeljau, der in den Hafenstädtchen in großzügigen Portionen serviert wird (auch wenn die Bestände wegen Überfischung bedrohlich zurückgehen). Restaurants in Devon und Cornwall haben oft Austern, Garnelen und Muscheln auf der Speisekarte. In anderen Küstenregionen gibt's weitere lokale Spezialitäten wie z. B. Norfolk-Krebse und *kippers* (Räucherhering) aus Northumberland.

In Nord- und Mittelengland werden gerne die langen, zu Schnecken aufgerollten Cumberland-Würste aus Schweinebrät und Kräutern gegessen. Ebenfalls lecker sind *Melton Mowbray pork pies,* mit Schinken gefüllte Pasteten, die kalt serviert werden. Laut einem Gerichtsbeschluss von 2005 dürfen sich nur Pasteten aus dem gleichnamigen Ort in den Midlands so nennen (ähnlich wie Schaumwein, der aus der Champagne stammen muss, um als Champagner durchzugehen). Eine weitere englische Spezialität mit geschützter Herkunftsbezeichnung ist Stilton, ein kräftiger, weißer Käse mit oder ohne Blauschimmel. Nur fünf Käsereien dürfen Stilton produzieren.

*Black pudding* ist vielleicht nicht jedermanns Sache, aber in Nordengland gehört das Wursterzeugnis aus Schweineblut und Haferflocken zu einem traditionellen Frühstück.

Mehr über regionale Spezialitäten steht in den Kästen Essen & Trinken wie die Einheimischen auf S. 303, 432 und S. 548.

In vielen englischen Städten finden regelmäßig Bauernmärkte statt, auf denen Großbetriebe wie auch Kleinerzeuger ihre Produkte anbieten. Mehr dazu steht auf der Website www.localfoods.org.uk (mit Suchfunktion).

## Auswärts essen

*Eating out* bedeutet so viel wie essen gehen in einem Lokal, egal ob Café oder Restaurant, und davon bietet die Insel eine riesige Auswahl.

### Picknick & Selbstversorger

Wer Lebensmittel einkaufen will, sollte neben den üblichen Supermarktketten und Eckläden auch Märkte in Betracht ziehen. Dort gibt's alles, von Tomaten in verbeulten Dosen über selbstgebackenen Kuchen bis hin zum Bioziegenkäse, und das oft zu Schnäppchenpreisen. Besonders Bauernmärkte sind lohnende Ziele, weil da die Ware direkt vom Erzeuger zum Verbraucher wandert, ohne dass sich Zwischenhändler eine goldene Nase verdienen.

### Cafés & Tearooms

Ein traditionelles englisches Café ist nicht mit einem Café in Deutschland zu vergleichen. Schon wer zu seinem Kaffee einen Cognac bestellt, wird auf Unverständnis stoßen, weil Cafés in England selten eine Alkohollizenz haben. Meistens handelt es sich um einfache Lokale, die

#### NICHTS VERKOMMEN LASSEN

Einer der vielen Küchentrends in England heißt *nose-to-tail cooking* und bedeutet, das ganze Tier zu verwenden, nicht nur die besseren Stücke wie Braten, Filet usw. Keine Angst, niemand muss ein komplettes Schwein oder Schaf grillen (obwohl Spießbraten sehr beliebt sind). Aber alles, selbst wenn es unappetitlich oder sogar ungenießbar aussieht, kann irgendwie zubereitet werden. Folglich tauchen auf den Speisekarten von In-Lokalen nun Gerichte mit Leber, Herz, Darm und anderen Innereien auf und traditionelle Genüsse wie Mark auf Toast oder Kutteln mit Zwiebeln feiern ein Revival. Ein Pionier dieser Bewegung ist Fergus Henderson mit seinem Restaurant St. John in London und seinem viel beachteten Kochbuch, das in Deutschland mit dem Titel *Nose to Tail* erschienen ist.

simple kleine Gerichte wie Fleischpasteten, Bohnen auf Toast, Ofenkartoffeln oder Rührei mit Pommes servieren (Kostenpunkt 3–4 £). Dazu gibt's meistens noch Snacks wie Sandwiches oder Kuchen (1–2 £). Der Standard schwankt beträchtlich; manche werden völlig zu Recht als *greasy spoon* (fettiger Löffel) abqualifiziert, andere sind proper und gemütlich.

In London und anderen Städten wehrt sich eine alte Garde klassischer Cafés mit Resopaltischen, Sitzbänken und Dekor aus den goldenen 1950er-Jahren tapfer gegen den Ansturm internationaler Ketten. Auf dem Land, in Kleinstädten und Dörfern, haben sich Cafés auf Touristen, Wanderer, Radfahrer und andere Outdoorfreaks eingestellt und verzichten im Sommer auf einen Ruhetag. Aber egal wo, ist ein traditionelles englisches Café eine wunderbare Einrichtung und immer für eine Pause gut.

Im 16. Jh. bestimmte Elisabeth I., dass Hammel nur mit bitteren Kräutern gegessen werden dürfen. Damit wollte sie den Fleischkonsum drosseln und den Wollhandel fördern. Aber ihre Untertanen erfanden die Minzsauce, die bis heute beliebt ist.

Die etwas schickere Version eines Cafés heißt Teashop oder Tearoom und ist eher in ländlichen Gegenden zu Hause. Die teureren Preise machen sie durch kleine Extras wie hübschere Einrichtung und Tischservice wieder wett.

Neben den traditionellen Cafés gibt's in allen Städten mittlerweile Coffee Shops, nicht nur von internationalen Ketten, sondern auch als unabhängige Kleinbetriebe. Dazu kommt eine wachsende Anzahl an Café-Bars im italienischen Stil, die Espresso und Caffè Latte servieren, dazu „moderne" Snacks wie Bagel und Ciabatta anstelle von Bohnen auf Toast (und vielleicht auch den erwähnten Cognac). Manche gehen sogar so weit, draußen Tische und Stühle aufzustellen, was angesichts der schmalen Gehwege und des englischen Wetters ganz schön mutig ist.

## Restaurants

Mit seinem Riesenangebot an ausgezeichneten Restaurants braucht sich London im internationalen Vergleich bestimmt nicht zu verstecken. Aber auch Bath, Leeds und Manchester können locker mithalten (und das zu meist deutlich niedrigeren Preisen). Uns hat es jedenfalls total Spaß gemacht, die besten und günstigsten Essadressen Englands herauszufiltern.

Fleisch ja, aber nicht aus Massentierhaltung? Das ist das Thema der Freedom Food Website (www.freedomfood.co.uk) der Royal Society for the Prevention of Cruelty to Animals.

Das Preisgefälle von einer Region zur anderen ist beträchtlich. Ein anständiges Hauptgericht ist schon ab 9 £ (oder noch weniger) zu haben, in Mittelklasserestaurants kostet es zwischen 9 £ und 18 £. Wer in Gourmetlokalen mit schickem Ambiente und perfektem Service speisen will, muss zwischen 20 £ und 50 £ anlegen (in London auch mal schnell das Doppelte).

Für Vegetarier sieht's in England nicht einmal so schlecht aus. Viele Restaurants und Pubs haben zumindest ein fleischloses Alibi-Gericht, engagierte Köche lassen sich aber oft noch mehr Vegetarisches einfallen. Veganer haben es da schon schwerer und sind meist auf bekennend vegetarische/vegane Lokale angewiesen.

## Pubs & Gastropubs

Noch vor ein paar Jahren war ein Pub dazu da, den Durst zu löschen. Punkt. Wenn der Magen knurrte, gab's vielleicht ein Schinken- oder Käsesandwich, bestenfalls garniert mit eingelegten Zwiebeln. Mittlerweile haben Pubs ein ziemlich großes Speisenangebot zu meist relativ günstigen Preisen, das von einem getoasteten Sandwich auf dem Weg von einem Londoner Museum zum nächsten bis zum dreigängigen Abendmenü nach einer Burgen-und-Landgüter-Tour in Yorkshire reicht.

Wohlgemerkt, die meisten Pubs bieten gute, preiswerte Hausmannskost. Für alle, die es etwas raffinierter lieben, gibt's als neueste Entwicklung das Gastropub. Die besten Gastropubs sind mit ihrer schicken Einrichtung, anspruchsvollen Speisekarte, ihren Kellnern in Uniform

**RAUCHEN**

Sämtliche Lokale Englands sind Nichtraucherzone! Auch die Pubs, vor denen sich oft Rauchergrüppchen auf dem Gehweg versammeln. Manche haben draußen Raucherecken eingerichtet, oft nur ein Stück Hof, manchmal auch aufwendige Pavillons mit Stoffwänden, Beleuchtung, Heizung, Musikberieselung und Fernsehbildschirmen – wären da nicht die stinkenden Rauchwolken, könnten selbst Nichtraucher vergessen, dass sie eigentlich im Freien stehen.

und dem gelegentlichen Michelin-Stern von Restaurants kaum noch zu unterscheiden. Aber in den meisten geht's relativ entspannt zu; da passt die Gabel nicht unbedingt zum Messer und der Mitarbeiter im T-Shirt schreibt das Tagesangebot auf die Schiefertafel. Nur eines ist allen Gastropubs gemeinsam: Bei Speis und Trank machen sie keine Kompromisse. Und wer einen Tag Hard-core-Sightseeing hinter sich hat, kann sich nichts Schöneres vorstellen, als bei einem anständigen *shepherd's pie* (Hackfleisch-Kartoffel-Auflauf) und einem Pint zu relaxen, ohne rätseln zu müssen, welche der drei Gabeln er jetzt in die Hand nehmen soll.

## Getränke

Was Getränke angeht, fallen einem bei England vor allem zwei ein: Tee und Bier. Beide schmecken hier anders als ihre Namensvettern in der restlichen Welt und sind es wert, unterwegs immer wieder getestet zu werden.

### Tee & Kaffee

Wer in England einen *drink* angeboten bekommt, darf nicht automatisch einen Gin Tonic erwarten. Genauso gut kann eine *cuppa* (*cup of tea*, also eine Tasse Tee) gemeint sein, das populärste Getränk des Landes. Das dunkle, starke Gebräu schmeckt hier bitterer als in vielen anderen europäischen Ländern, was mit ein Grund dafür ist, dass es gewöhnlich mit einem Schuss Milch getrunken wird.

Tee mag zwar als Nationalgetränk gelten (2008 lag der Tageskonsum der Briten bei 165 Mio. Tassen), aber mit rund 90 Mio. Tassen täglich ist Kaffee stark im Kommen. Knapp eine Milliarde Pfund wird jährlich mit Kaffee umgesetzt, was angesichts der Preise in manchen Coffee Shops nicht wirklich überrascht. Übrigens, wenn auf der Schiefertafel *white coffee* angeboten wird, ist das keine neue Sorte, sondern einfach nur Kaffee mit Milch.

Die Kampagne für Real Ale (CAMRA) wirbt für traditionelles britisches Bier. Beteiligte Pubs haben einen Aufkleber am Fenster, mehr dazu steht auf www.camra.org.uk.

### Bier & Wein

Was alkoholische Getränke betrifft, ist Bier wahrscheinlich die größte Stärke der Engländer und es lohnt sich auf jeden Fall, die verschiedenen regionalen Brauereien zu testen. Das dunkelbraune bis bernsteinfarbene englische Bier hat meist Zimmertemperatur. Streng genommen handelt sich es dabei um *ale*, das aber oft als *bitter* bezeichnet wird, um es vom *lager* abzusetzen, das goldgelb ist, eiskalt getrunken wird und dem entspricht, was sich die restliche Welt normalerweise unter einem Bier vorstellt.

Nach traditionellen Methoden gebrautes und gezapftes Bier heißt im Unterschied zu den Massenprodukten aus Großbrauereien *real ale* und tritt in vielen regionalen Varianten auf. Aber eingeschworene Fans des göttlichen Gerstensafts seien gewarnt: Für viele ist das erste *real ale* ein lauwarmer, schaler und dazu noch teurer Schock! Verantwortlich dafür sind das britische Klima und die Tatsache, dass der Druck beim Zapfen nicht mit Gas, sondern per Handpumpe erzeugt wird. Aber so wollen es die Briten: Auf den Geschmack kommt es an, und der soll nicht durch Kohlensäure oder Kühlung leiden.

### DAS ÄLTESTE PUB ENGLANDS?

Selbst alte Kneipengänger wissen oft nicht, dass das nostalgisch klingende Wort „Pub" (Kurzform von *public house*, also öffentliches Haus) erst im 19. Jh. aufkam. Natürlich gab es schon lange vorher Lokale, in denen Bier ausgeschenkt wurde, und „das älteste Pub Englands" ist ein heiß umkämpfter Titel.

Eins der ältesten, das sich auf schriftliche Beweise stützen kann, ist Ye Olde Trip to Jerusalem in Nottingham. Darin gönnten sich schon Kreuzritter im 12. Jh. ihr Abschiedsbier.

Andere Titelanwärter tun diesen Konkurrenten als „Neuling" ab. Das Royalist Hotel in Stow-on-the-Wold (Gloucestershire) behauptet, schon seit 947 im Geschäft zu sein, während das Ye Olde Fighting Cocks in St. Albans (Hertfordshire) seine Anfänge auf das 8. Jh. datiert (wahrscheinlicher ist das 13. Jh.).

Darauf kontert das Ye Olde Trip to Jerusalem, dass eine seiner Bars in einem ausgehöhlten Felsen untergebracht sei – und der sei über eine Million Jahre alt!

An warmen Tagen schmeckt ein *shandy*, die englische Version eines Radlers aus Bier und Limonade zu gleichen Teilen. Normalerweise fragt der Barkeeper, ob es ein *bitter shandy* oder ein *lager shandy* sein soll. Die Mischung ist auf jeden Fall ein perfekter Durstlöscher mit deutlich niedrigerem Alkoholgehalt.

Eine weitere erfrischende Alternative ist *cider*, also Apfelmost, den es süß oder trocken gibt. Im Westen und Südwesten schmeckt der aus lokalen Apfelsorten hergestellte, trockene *scrumpy* besonders aromatisch.

Viele Besucher sind überrascht, wenn sie hören, dass es englischen Wein gibt, und das seit den Zeiten der Römer. Über 400 Winzerbetriebe produzieren rund zwei Millionen Flaschen jährlich, von denen viele internationale Preise abräumen. Besonders erfolgreich sind englische Sekte, vor allem aus dem Südosten der Insel, wo die Anbaubedingungen denen in der Champagne gleichen.

## Bars & Pubs

Die Unterschiede zwischen einer Bar und einem Pub sind oft nicht klar zu definieren. Im Allgemeinen sind Bars schicker und lauter als Pubs und haben ein jüngeres Publikum. Die Getränke sind meistens teurer – wenn nicht gerade eine der vielen Werbeaktionen im Stil von „eine Gallone Wodka mit Red Bull für einen Fünfer" läuft.

Neben Bier und Wein wird in Bars wie auch Pubs das übliche Sortiment an härterem Stoff ausgeschenkt, das sich in beliebten Mixgetränken wie Gin Tonic, Cola-Rum oder Wodka mit Limette wiederfindet. Sie werden als *singles* oder *doubles* angeboten, was ca. 35 ml bzw. 70 ml entspricht. Cocktails finden sich in den hipperen Bars größerer Städte in großer Auswahl.

Noch zwei Dinge zum Abschluss: Wenn sich ein Pub *free house* nennt, bedeutet das nicht, dass Getränke hier frei sind, sondern dass es konzessionslos, also an keine Brauerei gebunden ist und jede beliebige Biermarke ausschenken kann. Und: In englischen Pubs bestellen und bezahlen Gäste an der Bar. Leute, die etwas verloren an ihrem Tisch sitzen und darauf warten, bedient zu werden, sind eindeutig frisch angekommene Touristen.

In Pubs und Bars wird üblicherweise kein Trinkgeld gegeben. Aber wer eine große Runde ausgibt oder sich den ganzen Abend lang besonders nett behandelt fühlt, kann dem Mitarbeiter hinter der Theke ein Getränk spendieren. Er/sie wird es möglicherweise nicht konsumieren, aber den entsprechenden Betrag auf die Rechnung setzen und als Trinkgeld für sich behalten.

## Kulinarisches Glossar

| | |
|---|---|
| **bangers** | umgangssprachlich: Würstchen |
| **bap** | großes, flaches Brötchen |
| **bevvy** | umgangssprachlich: Getränk (Abkürzung aus Nordengland für „beverage") |
| **bill** | Rechnung (im Restaurant) |
| **bitter** | Biersorte, auch *ale* genannt |
| **black pudding** | Wurstprodukt aus Schweineblut und anderen Zutaten |
| **bun** | Brötchen, meistens süß (z. B. mit Rosinen oder dickem Rahm) |
| **BYO** | „*bring your own*" („bring's selbst mit", meist in Bezug auf Alkohol in Restaurants) |
| **caff** | Abkürzung für Café |
| **candy floss** | Zuckerwatte |
| **chips** | Pommes frites |
| **cider** | Apfelmost (Cidre) |
| **clotted cream** | dicker, stichfester Rahm (55 % Fettgehalt, nicht gesäuert) |
| **corkage** | Korkengeld in BYO-Lokalen |
| **courgette** | Zucchini |
| **cream cracker** | ungesalzener, einfacher Keks |
| **cream tea** | Tee und Scone mit Marmelade und dickem Rahm |
| **crisps** | Kartoffelchips |
| **crumpet** | rundes Hefeküchlein, wird getoastet und meist mit Butter bestrichen |
| **double cream** | dicker Rahm (48 % Fettgehalt) |
| **dram** | Maßeinheit für Whisky (3,55 ml) |
| **fish fingers** | Fischstäbchen |
| **greasy spoon** | umgangssprachlich: billiges Esslokal |
| **ice lolly** | Wassereis am Stiel |
| **icing** | Zuckerguss |
| **jam** | Marmelade |
| **jelly** | Wackelpudding |
| **joint** | Fleischstück (meist ein Braten) |
| **kippers** | gesalzener und geräucherter Hering |
| **pickle** | in Essig eingelegte Konserve, meist Gemüse (Zwiebeln, rote Bete usw.) |
| **Pimm's** | beliebter Likör, als Mixgetränk mit Limonade, Minze und frischen Früchten serviert |
| **pint** | Biermaß (0,568 l), auch Bierglas |
| **pop** | Sprudelgetränk |
| **salad cream** | cremiges Salatdressing |
| **scrumpy** | aromatischer, trockener Apfelmost (Cidre) |
| **shandy** | Mixgetränk aus Bier und Limonade zu gleichen Teilen |
| **shepherd's pie** | Auflauf aus Hack mit Zwiebeln, bedeckt von Reibekartoffeln oder Kartoffelpüree |
| **shout** | umgangssprachlich: eine Runde (Getränke in einem Lokal) |
| **single cream** | flüssiger Rahm (18 % Fettgehalt) |
| **snug** | kleiner, abgeschirmter Raum in einem Pub, meist gleich am Eingang |
| **squash** | Fruchtsirup, wird mit Wasser vermischt getrunken |
| **stout** | dunkles, aromatisches Bier mit Malz; berühmtester Vertreter ist das Guinness |
| **swede** | auch „yellow turnip" genannt; Steckrübe |
| **sweets** | Süßigkeiten |
| **treacle** | Zuckersirup aus Melasse, die hellere Variante heißt „golden syrup" |

# Architektur

**Die Geschichte der englischen Architektur umfasst mehr als drei Jahrtausende, von den mysteriösen Steinkreisen Stonehenge und Avebury bis zu den glitzernden Wolkenkratzern im modernen London. Zum architektonischen Erbe des Landes gehören römische Bäder und Pfarrkirchen, mächtige Burgen und prachtvolle Kathedralen, einfache Cottages und herrschaftliche Schlösser. Das alles zu erkunden, ist eines der großen Vergnügen bei einem England-Besuch.**

## Erste Bauten

Die ältesten erhaltenen Bauwerke in England sind die grasüberwachsenen Erdhügel, die Tumuli oder Hügelgräber, Begräbnisstätten prähistorischer Bewohner Englands. Die Erdhügel – von nur 2 m hohen Halbkugeln bis zu viel größeren, länglichen, eiförmigen Erhebungen von 5 m Höhe und 10 m Länge – finden sich von Cornwall bis Cumbria überall in der Landschaft, besonders häufig in Kalkgebieten wie der Salisbury Plain und den Wiltshire Downs in Südengland.

Der Bau von Stonehenge war eine Höhepunkt der Baukunst der Jungsteinzeit. Gewaltige Menhire wurden über eine große Entfernung hinweg hierher transportiert, viele waren wegen der perspektivischen Ansicht an der Spitze etwas breiter geformt – ein Trick, den die alten Griechen Jahrhunderte später anwandten.

Das wohl berühmteste Hügelgrab – auf jeden Fall das größte und geheimnisvollste – ist der Silbury Hill (S. 285) bei Marlborough. Historiker sind sich über den Zweck des großen, konischen Hügels nicht im Klaren – es gibt keine Belege, dass er tatsächlich als Grabstätte benutzt wurde. Manchen Theorien zufolge wurde er für kulturelle Zeremonien genutzt oder als Kultstätte zur Anbetung von Gottheiten, ähnlich wie die südamerikanischen Pyramiden. Welchem Zweck er auch immer diente, er ist noch heute, viele Jahrtausende nach seinem Bau, sehr eindrucksvoll.

Noch imposanter als riesige Grabhügel sind eine weitere Hinterlassenschaft aus der Jungsteinzeit: die Menhire (Hünensteine), besonders bekannt, wenn sie ringartig angeordnet sind. Dazu gehören der berühmte Steinkreis Stonehenge (S. 278) und der sogar noch größere Avebury Stone Circle (S. 283), beide in Wiltshire. Auch hier ist der ursprüngliche Zweck ein Rätsel, was zu reichlich Hypothesen und Spekulationen führt. Die jüngsten Theorien behaupten, dass Stonehenge eine Pilgerstätte für Kranke gewesen sein könnte, ähnlich wie das heutige Lourdes. Aber es wurde auch als Grabstätte und für die Ahnenverehrung genutzt.

## Bronzezeit & Eisenzeit

Im Vergleich zu den großen Steinkreisen aus der Jungsteinzeit sind die noch erhaltenen Bauten aus der Bronzezeit eher alltägliche Angelegenheiten. Hüttenkreise aus dieser Zeit sind noch in mehreren Teilen Englands zu sehen, insbesondere im Dartmoor.

Als die Eisenzeit anbrach, bildeten die frühen Bewohner Englands Clans oder Stämme. Zu ihren Hinterlassenschaften gehören die Festungswälle, die sie zur Verteidigung ihres Territoriums und zum Schutz vor rivalisierenden Stämmen oder anderen Eindringlingen bauten. Die meisten Festungen bestanden aus einem großen runden oder ovalen Graben mit einem steilen Erdhügel dahinter. Ein berühmtes Beispiel ist das Maiden Castle (S. 263) in Dorset.

GLENN BEANLAND / LONELY PLANET IMAGES ©

Römische Bäder (S. 334) in Bath

## Die Zeit der Römer

Reste römischer Bauten sind in vielen englischen Städten zu finden, u. a. in Chester, Exeter und St. Albans – nicht zu vergessen die opulenten Römischen Bäder in Bath. Aber das größte und beeindruckendste römische Relikt ist der 117 km lange Hadrianswall (S. 689), der im 2. Jh. als Verteidigungswall von Küste zu Küste quer durchs Land gebaut wurde. Ursprünglich sollte er ein Eindringen der marodierenden Pikten im Norden (dem heutigen Schottland) in die römischen Gebiete im Süden verhindern, später war er aber ebenso ein Symbol römischer Macht wie Verteidigungsanlage.

In England gibt es über 1000 Hügelfestungen aus der Eisenzeit. Beindruckende Beispiele: Danebury Ring in Hampshire; Barbury Castle in Wiltshire; Uffington Castle in Oxfordshire; Carl Wark in Derbyshire und Cadbury Castle in Somerset.

## Mittelalterliche Meisterwerke

Die Vervollkommnung der Steinmetzkunst in den Jahrhunderten nach der normannischen Eroberung von 1066 führte zu einer rasanten Zunahme von Steinbauten, die von den zwei dringlichsten Anliegen jener Zeit angeregt wurden: Religion und Verteidigung. Frühere Bauten aus Holz und Geröll wurden durch Kirchen, Abteien und Klöster aus behauenem Naturstein ersetzt. Die runden Bögen, gedrungenen Türme und gezackten Ausschmückungen des normannischen bzw. romanischen Stils (11.–12. Jh.) entwickelten sich langsam zu den hohen Spitzbögen, Kreuzrippengewölben und hohen Turmspitzen der Gotik (13.–16. Jh.). Diese Entwicklung kann oft in einer einzigen Kirche nachvollzogen werden – der Bau dauerte oft ein paar Hundert Jahre bis zur Fertigstellung. Viele Kathedralen sind noch heute Wahrzeichen, wie die in Salisbury, Winchester, Canterbury und York.

Stein wurde auch zum Bau von aufwendigen Wehrbauten eingesetzt. Burgen gibt es in allen Formen, von den malerischen Ruinen von Tintagel und Dunstanburgh bis zu den feudalen Bergfrieden in Lancaster und Bamburgh und den massiven Festungen in Warwick und Windsor. Und dann ist da noch der eindrucksvollste aller Bauten: der Tower of London (S. 71), der seit mehr als 900 Jahren über die Hauptstadt wacht.

**HEIM UND HERD**

Nicht alles dreht sich um die großen Anwesen. Neben den Herrenhäusern gibt es in ländlichen Gebieten auch noch ganz normale Wohnhäuser ab dem 16. Jh.: Schwarz-weiße Fachwerkhäuser prägen noch immer Grafschaften wie Worcestershire, Cottages aus Back- und Feuerstein gibt es reichlich in Suffolk und Sussex und jahrhundertealte, robuste Bauernhäuser aus Schiefer und grobem Sandstein sind typisch für Gegenden wie Derbyshire und den Lake District.

## Die Herrenhäuser von England

Das Mittelalter war turbulent, aber um 1600 wurde das Leben ruhiger und der Adel hatte kaum noch Bedarf für seine Burgen. Zwar ließen sich damit Rivalen und das gemeine Gesindel fernhalten, aber sie waren oft zu dunkel, kalt und zugig, um wohnlich zu sein. Also wurden viele Burgen nach Art jener Zeit „modernisiert" – sie erhielten größere Fenster, breitere Treppen und bessere Abflüsse. Andere wurden einfach für ein nagelneues Haus nebenan aufgegeben; ein Beispiel hierfür ist Hardwick Hall (S. 514) in Derbyshire.

Nach dem Bürgerkrieg setzte sich der Trend zur Abkehr von Burgen verstärkt fort und im 17. Jh. entwickelte der Landadel einen Geschmack für feine „Landhäuser", die von den berühmtesten Architekten ihrer Zeit entworfen wurden. Viele wurden zu den „herrschaftlichen Anwesen" – in Noël Cowards berühmtem Lied *The stately homes of England* besungen –, die ein wesentliches Merkmal der englischen Landschaft und eine Hauptattraktion für Besucher sind. Zu den extravagantesten gehören Holkham Hall (S. 425) in Norfolk, Chatsworth House (S. 526) in Derbyshire und Blenheim Palace (S. 200) in Oxfordshire.

Die großen Herrenhäuser zeigten die Proportionen, Symmetrie und architektonische Harmonie, die im 17. und 18. Jh. sehr in Mode waren. Diese Stilformen fanden sich später in den eleganten Stadthäusern der georgianischen Ära wieder – am deutlichsten in Bath, wo der atemberaubend schöne Royal Crescent (S. 337) die Verkörperung des Genres ist.

**Herrenhäuser**

- *Audley End House*
- *Blickling Hall*
- *Burghley House*
- *Blenheim Palace*
- *Castle Howard*
- *Chastleton House*
- *Chatsworth House*
- *Leeds Castle*
- *Snowshill Manor*
- *Waddesdon Manor*

## Viktorianisches Erbe

Die viktorianische Epoche war eine Zeit der regen Bautätigkeit. Damals entwickelte sich der Stil der viktorianischen Gotik bzw. Neugotik, der an die Türme und Turmspitzen anknüpfte, die typisch für die originalen gotischen Kathedralen waren. Das berühmteste Beispiel ist der Palace of Westminster (besser als Houses of Parliament bekannt; S. 57) und der Elizabeth Tower (mit dem Big Ben) in London. Weitere Glanzlichter sind das Natural History Museum und der Bahnhof St. Pancras in London.

Zu Beginn des 20. Jhs., als die Städte Englands immer größer und bedeutender wurden, bebaute die neureiche Mittelschicht Straßen und Plätze mit schicken Stadthäusern. Gleichzeitig ließen die ersten Stadtplaner in den Vororten endlose Reihen von backsteinernen Häuschen errichten, um die zahllosen Arbeiter unterzubringen, die für die Fabriken benötigt wurden – nicht besonders hübsch, aber vielleicht der typischste Anblick in der heutigen architektonischen Landschaft Englands.

## Nachwehen der Nachkriegszeit & Stolz

Im Zweiten Weltkrieg wurden viele englische Städte durch Bombenangriffe beschädigt und der folgende Wiederaufbau nahm kaum Rücksicht auf städtebauliche Ästhetik oder die Menschen, die dort lebten. Die Reihenhäuser wurden abgerissen und stattdessen hohe Wohnblocks gebaut. Die „brutalistischen" Architekten der 1950er- und 1960er-Jahre nutzten die modernen und effizienten Materialien Stahl und Beton, wie beim Londoner South Bank Centre.

Vielleicht deswegen sind die Engländer im Großen und Ganzen eher konservativ, wenn es um Architekturstile geht, und lehnen oft ehrgeizige oder experimentelle Konstruktionen ab, besonders bei öffentlichen Gebäuden oder wenn die Form wichtiger erscheint als die Funktion. Aber das folgt oft einem vertrauten Muster: Erst wird jahrelang genörgelt, dann folgt ein Spitzname, schließlich widerwillige Akzeptanz und zum Schluss – wenn sich die Leute erst einmal daran gewöhnt haben – Stolz und Zuneigung für das neue Bauwerk. Die Engländer lassen sich halt nicht gern drängen.

Mit dieser Haltung im Hinterkopf hat sich die englische Architektur in den letzten Jahrzehnten rehabilitiert. In vielen Großstädten gibt es nun moderne Gebäude, auf die ihre Bewohner stolz sein und in denen sie sich wohlfühlen können. Zu den Highlights im Londoner Bankenviertel gehören der gewölbte Kegel mit der offiziellen Adresse 30 St Mary Axe (aber allgemein nur Gherkin genannt) und der Millennium Dome (heute mit dem neuen Namen O2), der sich von einer peinlichen Fehlinvestition zu einer der führenden Konzerthallen der Hauptstadt entwickelt hat.

## 21. Jahrhundert

In der ersten Dekade des 21. Jhs. wandte man sich vielerorts in England einer fortschrittlichen Architektur zu, die Teil eines allgemeinen Erneuerungsprozesses bilden sollte. Zu den wichtigsten Beispielen gehören das Imperial War Museum North (S. 595) in Manchester, das Aquarium The Deep (S. 585) in Hull, das futuristische Eden Project (S. 375) in Cornwall und die Konzerthalle Sage (S. 681) in Gateshead bei Newcastle.

Ab etwa 2010 stockten die Neubaupläne; einige Projekte wurden infolge der globalen Wirtschaftskrise aufgeschoben, andere vollendet, darunter die Turner Contemporary Gallery (S. 155) in Margate (2011 eröffnet) und die futuristische Library of Birmingham (S. 434; 2013).

Doch das größte und prominenteste Bauprojekt Englands in jüngster Zeit war natürlich der Olympic Park (S. 102), das Kernstück der Olympischen Spiele von 2012 im Londoner Außenbezirk Stratford. Neben dem Olympic Stadium wurden noch andere Stadien gebaut, darunter das Velodrome und das Aquatics Centre – allesamt selbst spektakuläre Bauten mit innovativen Bautechniken. Das Velodrome wurde 2011 schließlich mit dem Better Public Buildings Award der Baubranche ausgezeichnet.

Im Zentrum der Hauptstadt wurde derweil im Juli 2012 der London Bridge Tower eröffnet – seine hohe und gezackte Form verlieh ihm schnell den Spitznamen Shard (Scherbe; S. 81) –, der mit 306 m einer der höchsten Gebäude Europas ist. Auf der anderen Seite der Themse entstanden 2014 zwei weitere Wolkenkratzer: 20 Fenchurch Street (Walkie-Talkie) und das Leadenhall Building (Cheese-grater: Käsehobel).

London wächst also weiterhin in die Höhe und die englische Architektur setzt neue Maßstäbe in puncto Stil und Technologie. Die Gebäude mögen zwar etwas andersartig sein, aber es ist großartig, dass der Geist von Stonehenge nach all den Jahrhunderten noch immer weiterlebt.

### Burgen & Schlösser

- *Alnwick Castle*
- *Bamburgh Castle*
- *Berkeley Castle*
- *Carlisle Castle*
- *Corfe Castle*
- *Ludlow Castle*
- *Richmond Castle*
- *Skipton Castle*
- *Tintagel Castle*
- *Tower of London*
- *Warwick Castle*
- *Windsor Castle*



### DER STIRLING PRIZE FÜR ARCHITEKTUR

Höhepunkt des Jahres für alle Fans moderner Architektur ist die Bekanntgabe der engeren Auswahl für den Stirling Prize, der jährlich für herausragende Architektur vom Royal Institute of British Architects (RIBA) verliehen wird. Den Preis gibt es seit 1996 für „das Gebäude, das im vergangenen Jahr den größten Beitrag zur Entwicklung der Architektur geleistet hat". Zu den berühmten Preisträgern zählen die Millennium Bridge in Gateshead (2002), 30 St Mary Axe (bzw. „Gherkin") in London (2004), das schottische Parlamentsgebäude in Edinburgh (2005) und das Everyman Theatre in Liverpool (2014).

## Englische Architekturbegriffe

| | |
|---|---|
| **bailey** | Burgwall; der äußerste Wall einer Burg |
| **bar** | Festungstor; befestigtes Tor in einer Stadtmauer (York und einige andere Städte in Nordengland) |
| **barrel vault** | Tonnengewölbe; halbrund gewölbte Decke |
| **brass** | Messing; eine Gedenktafel aus Messing an der Seite oder auf dem Deckel eines Grabmals oder im Boden einer Kirche als Hinweis auf ein darunter gelegenes Grab |
| **buttress** | Gewölbepfeiler; senkrechte Stütze für eine Mauer; siehe auch „flying buttress" |
| **campanile** | Freistehender Glockenturm |
| **chancel** | Altarraum; im östlichen Bereich der Kirche, meist für Chor und Geistliche reserviert |
| **choir** | Chor; ursprünglich der Platz für den Kirchenchor |
| **cloister** | Kreuzgang; überdachter Gang, der die Kirche mit den zugehörigen Klostergebäuden verbindet |
| **close** | Einfriedung; Gebäude um eine Kathedrale |
| **cob** | Lehmhaus; Mischung aus Lehm und Stroh als Baumaterial |
| **corbel** | Kragstein; steinerner oder hölzerner Vorsprung aus einer Wand, gestützt von einem Balken oder Bogen |
| **flying buttress** | Strebebogen; Stützpfeiler in Form eines offenen Halbbogens |
| **lancet** | Lanzette; spitzwinkliges Fenster im frühenglischen Stil |
| **lierne vault** | Lierne-Gewölbe; ein Gewölbe mit vielen Nebenrippen |
| **Martello tower** | Martello-Turm; kleine runde Festungstürme an der Küste |
| **minster** | Münster; Kirche eines Klosters |
| **nave** | Kirchenschiff; Hauptraum der Kirche am westlichen Ende, wo die Gemeinde sitzt |
| **oast house** | Hopfendarre; Gebäude mit Trockenkammer, um Hopfen zu trocknen |
| **pargeting** | Stuck; dekorative Stuckarbeiten |
| **pele** | Wohnturm; befestigtes Haus |
| **precincts** | Kirchengelände; siehe „close" |
| **priory** | Priorei; Kloster ohne Abt, aber mit Vorsteher, dem Prior |
| **quire** | Mittelalterlicher Begriff für Chor |
| **rood** | Viertelmorgen; alter Begriff für Kreuz (in Kirchen) |
| **transept** | Querschiff; nord-südliche Seitenschiffe vom Hauptschiff, die der Kirche eine Kreuzform verleihen |
| **undercroft** | Krypta; unterirdischer Raum oder Keller in einer Kirche |
| **vault** | Gewölbe; Dach mit gebogenen Rippen, meist in dekorativem Muster |

# Landschaft

**Landschaftliche Extreme besitzt England nicht; es gibt hier weder Alpen noch Himalaya, keinen Amazonas und auch keine Sahara. Dennoch fehlt es nicht an bezaubernden Landschaften. Das Land mag zwar klein sein, aber selbst eine relativ kurze Fahrt zeigt, wie überraschend vielfältig es ist. Die Veränderungen unterwegs – manchmal fast unmerklich, manchmal dramatisch – gehören zu den besonderen Reize dieses Landes.**

## Strände

In England gibt es sehr viele Strände – von kleinen versteckten Buchten in Cornwall bis zu großen, von Neonlichtern gesäumten Stränden wie die in Brighton oder Blackpool. Tolle Strände haben auch Devon, Somerset und die Südküste sowie Suffolk, Norfolk, Lancashire, Yorkshire und Northumberland zu bieten, jeder mit ganz eigenem Charakter. Die besten Badestrände werden mit der begehrten internationalen **Blauen Flagge** (www.blueflag.org) ausgezeichnet, ein Zeichen, dass Sand und Wasser sauber und unbelastet sind. Weitere Faktoren sind die Ausstattung mit Rettungsschwimmern, Mülleimern und Recyclinganlagen – was bedeutet, dass einige wilde Strände die Auszeichnung zwar nicht erhalten, aber dennoch hinreißend sind.

**Landschaft im Internet**

*www.wildaboutbritain.co.uk*

*www.environment-agency.gov.uk*

*www.nationalparks.gov.uk*

*www.landscapesforlife.org.uk*

## Nationalparks

1810 schlug der englische Dichter William Wordsworth vor, dass die wilde Landschaft des Lake District in Cumbria „eine Art Nationalbesitz, auf den jeder Mensch ein Recht hat" sein solle. Über ein Jahrhundert später wurde der Lake District tatsächlich zum Nationalpark erklärt, ebenso Dartmoor, Exmoor, der New Forest, die Norfolk und Suffolk Broads, Northumberland, die North York Moors, der Peak District, die South Downs und die Yorkshire Dales.

Der Begriff „Nationalpark" kann jedoch verwirrend sein. Erstens gehören die Parks nicht dem Staat: Fast alles Land ist in Privatbesitz, es gehört Bauern, Gutsbesitzern und Naturschutzorganisationen. Zweitens sind die Parks keine Wildnisgebiete wie in vielen anderen Ländern.

In Englands Nationalparks sind in den Niederungen Äcker und in höheren Gebieten Schafe zu sehen, auch Straßen, Bahnstrecken und Dörfer, in manchen Parks sogar Städte, Steinbrüche und Fabriken. Der Grund liegt in dem Kompromiss, der in diesem dicht bevölkerten Land zwischen Naturschutz und den Bedürfnissen der Menschen, die hier leben, geschlossen wurde.

Trotz dieser Besonderheiten bestehen die englischen Nationalparks auch aus Bergen, Hügeln, Niederungen, Mooren, Seen, Wäldern, Flusstälern und anderen stillen Landschaften, die alle bestens dazu geeignet sind, in jedweder Form die Natur zu genießen.

## Naturschutzgebiete

Neben den Nationalparks sind auch andere Teile der englischen Landschaft als Areas of Outstanding Natural Beauty (AONB; Gebiete von außerordentlicher Naturschönheit) ausgewiesen, nach den Nationalparks die zweite Stufe des Naturschutzes. Zu den schönsten AONBs in England gehören die Chilterns, Cornwall, die Cotswolds, die Isles of Scilly, die North Pennines, die Northumberland Coast, die Suffolk Coast und das Wye Valley.

Hinzu kommen noch Conservation Areas (Naturschutzgebiete), Sites of Special Scientific Interest (SSSI; Stätten von besonderem wissenschaftlichem Interesse) und viele andere Arten geschützter Landschaften, die unterwegs erkundet werden können.

## Tiere & Pflanzen

Für ein so kleines Land besitzt England eine vielfältige Pflanzen- und Tierwelt. Viele einheimische Arten existieren im Verborgenen, aber es gibt zweifellos einige Schätze – von Auenwäldern voller schimmernder Glockenblumen bis zu imposanten Hirschherden in den Hochmooren. Wer genau hinschaut und vielleicht sogar Zeit und Lust hat, durch die englische Landschaft zu wandern, kann seine Reise enorm bereichern.

*Wildlife of Britain* von George McGavin u. a. trägt den Untertitel „Der endgültige Fotoführer". Das Buch mit seinen wunderschönen Fotos ist zwar etwa schwer zum Mitschleppen, aber toll, um sich vor der Reise inspirieren zu lassen oder sich danach zu erinnern.

### Tiere

#### Agrarland

Kaninchen gibt es auf dem Land überall, aber auf Wanderungen sind manchmal auch Feldhasen zu sehen, die immer seltener werden. Männchen, die im beginnenden Frühjahr mit boxenden Hinterbeinen um Reviere kämpfen, führten zu der englischen Redensart *mad as a March hare* („verrückt wie ein Märzhase").

Zu den weit verbreiteten Vögeln in landwirtschaftlichen Gebieten (und in Stadtgärten) gehören Rotkehlchen, die an ihrer roten Brust und dem fröhlichen Gezwitscher sofort zu erkennen sind, Zaunkönige, deren lauter, trillernder Gesang über ihre winzige Gestalt hinwegtäuscht, und Goldammern, deren Gesang (mit etwas Phantasie) dem Rhythmus des Satzes *„a-little-bit-of-bread-and-no-cheese"* folgt. Ein weiterer typischer, aber nun selten zu hörender Gesang in der englischen Natur ist auf offenen Feldern der trillernde Ruf der Lerche. Häufiger sind Fasane zu sehen, ein großer Vogel, der ursprünglich aus Russland für die Jagdreviere des Adels eingeführt wurde, aber nun als einheimisch gilt.

Dem einstmals seltenen Otter ist an den Flussufern ein Comeback gelungen. Der schwarzweiß gestreifte Dachs wird hingegen von Bauern bedroht, die glauben, dass er Rindertuberkulose auf ihr Vieh überträgt, obwohl Naturschützer behaupten, dass das keineswegs erwiesen sei.

#### HANDLICHE NATURFÜHRER

Ist das nun ein Karnickel oder ein Hase? Eine Möwe oder eine Seeschwalbe? Eine Butterblume oder eine Schlüsselblume? Wer etwas mehr über die englische Tier- und Pflanzenwelt erfahren will, ist mit den folgenden praktischen Führern gut beraten, die für alle Einsteiger ideal sind:

- *Complete Guide to British Wildlife* von Paul Sterry ist handlich und höchst empfehlenswert. Enthalten sind Säugetiere, Vögel, Fische, Pflanzen, Schlangen, Insekten und sogar Pilze, alles mit Kurzbeschreibung und tollen Fotos.
- Wem die gefiederten Freunde ausreichen, der findet im *Complete Guide to British Birds* von Paul Sterry eindeutige Fotos und Beschreibungen sowie Hinweise, wo und wann jede Vogelart zu sehen ist.
- *Wildlife of the North Atlantic* des weltberühmten Filmemachers Tony Soper beschreibt wunderbar die Tiere, die vom Strand, Boot oder von den Klippen auf den britischen Inseln und darüber hinaus zu sehen sind.
- In der Reihe Collins GEM erscheinen handliche kleine Bücher zu speziellen Themen wie Vögel, Bäume, Fische und Wildblumen.

BLACKCATPHOTOS / LONELY PLANET IMAGES ©

Kegelrobben

Auch der Fuchs steht im Mittelpunkt von Kontroversen; das Tier ist auf dem Land weit verbreitet und hat sich an die Futtersuche in Dörfern und sogar städtischen Vororten gut angepasst.

## Wälder

Zu den Säugetieren in Waldgebieten gehören der kleine Damhirsch und das noch kleinere Reh. Auch zahlreiche Vögel leben in den Wäldern, aber sie sind eher zu hören als zu sehen, z. B. der Fitis (dessen trillernder Gesang eine absteigende Kadenz hat), der Zilpzalp (der ein wiederholtes „zilpzalp"-Geräusch macht) und der Specht mit seinem Tack-Tack-Tack.

Wenn es im Laub auf dem Boden raschelt, könnte das ein Igel sein, ein stacheliger Insektenfresser. Aber das Rascheln wird heutzutage immer seltener; Naturschützer befürchten, dass Igel in Großbritannien wegen der landwirtschaftlichen Insektizide, verminderten Lebensräume und ihrem Unvermögen, unbeschadet Straßen zu überqueren, bis 2025 ausgestorben sein werden.

Grauhörnchen (aus Nordamerika eingeführt) haben sich so gut angepasst, dass die einheimischen roten Eichhörnchen Englands extrem gefährdet sind, da die Grauhörnchen ihnen das Futter wegfressen.

Überraschend ist vielleicht, dass in England ganze Herden „wilder" Ponys leben, besonders im New Forest, Exmoor und Dartmoor. Sie mögen zwar frei umherstreifen, sind aber in Privatbesitz und werden regelmäßig gepflegt. Bei Lynmouth in Devon gibt es sogar ein Gebiet mit Wildziegen, in dem sie anscheinend seit fast 1000 Jahren fröhlich umherspringen.

Surrey ist trotz der Nähe zu London erstaunlicherweise die Grafschaft mit den meisten Wäldern. Der Boden ist für die Landwirtschaft ungeeignet. Während also andernorts in England die Wälder gerodet wurden, blieben Surreys Bäume verschont.

## Berge & Hochmoore

Das Säugetier, das sich in Bergen und Hochmooren am häufigsten blicken lässt, ist der Rothirsch. Die berühmten großen Geweihe der Männchen wachsen zwischen April und Juli und werden im Februar abgewor-

### „DIE UNSÄGLICHEN AUF DER JAGD NACH DEM UNGENIESSBAREN"

Der Rotfuchs, ein hundeähnliches Tier mit einem charakteristischen buschigen Schwanz und einem Ruf der Schlauheit, den ihm die Menschen angedichtet haben, ist in England eine umstrittene Kreatur. Anhänger der Fuchsjagd behaupten, dass dies seit Jahrhunderten ein traditioneller englischer Sport sei und dazu beitrage, die Fuchspopulation unter Kontrolle zu halten. Die Gegner erwidern, dass es ein brutaler Blutsport sei, der praktisch keinen Einfluss auf die Gesamtpopulation habe. Die Abscheu vor dieser Jagd ist nicht neu: Schon Oscar Wilde beschrieb vor über einem Jahrhundert diese Aktivität als „die Unsäglichen auf der Jagd nach dem Ungenießbaren". Beobachter meinen heute, dass die Jagdkontroverse mittlerweile für ein viel größeres Problem stehe: Stadt gegen Land bzw. die Frage, wo die Grenzen zwischen Privilegien, staatlicher Kontrolle und individueller Freiheit liegen. Zumindest wurde die Fuchsjagd mit Hunden 2005 gesetzlich verboten. Und der Meinungsstreit geht mit unverminderter Härte weiter.

fen. Zu den bekannten und leicht zu erkennenden Vögeln in höheren Lagen gehören das Moorhuhn, das sich oft im Heidekraut verbirgt, bis man fast drauftritt, um dann mit einem lauten Warnruf davonzufliegen, und der Brachvogel mit seinen stelzenden langen Beinen und dem elegant gebogenen Schnabel. Wer genau hinschaut, wird vielleicht den Goldregenpfeifer mit seinem schönen Tarnfederkleid entdecken, wohingegen die spektakulären Flugkünste der Kiebitze nicht zu übersehen sind.

### Küstengebiete

Zwei Robbenarten tummeln sich an englischen Küsten: die größere Kegelrobbe, die häufiger zu sehen ist, und der Gemeine Seehund. In Gegenden wie Norfolk und Northumberland sind Bootsausflüge zu Robbenkolonien eine beliebte Attraktion. Delfine, Tümmler, Zwergwale und Riesenhaie sind oft vor der Westküste zu sehen, besonders von Mai bis September, wenn die Sichtverhältnisse besser sind – allerdings sollte man sich an jemanden halten, der weiß, wo sie auftauchen könnten. Bootstouren werden in vielen Ferienorten an der Küste angeboten.

Englands Flussmündungen und Wattgebiete bilden Futtergründe für zahlreiche wandernde Watvögel; leicht zu entdecken sind die schwarzweißen Austernfischer mit ihrem langen, roten Schnabel und ganze Schwärme Sandregenpfeifer, die im Sand umherflitzen. Im Frühsommer kämpfen an den Meeresklippen, besonders in Cornwall und Yorkshire, Abertausende Lummen, Tordalken, Klippenmöwen und andere brütende Meeresvögel um Platz auf gedrängt vollen Felsvorsprüngen und erfüllen die Luft mit ihrem Geschrei. Selbst für Leute, die für Vogelbeobachtung nichts übrig haben, ist dies eines der großartigsten Naturschauspiele.

## Pflanzen

In den sanften Hügeln Südenglands und den Kalksteingebieten weiter nördlich (wie dem Peak District und den Yorkshire Dales) gedeihen Wildblumen am besten auf den Feldern, die unberührt von industrieller Landwirtschaft geblieben sind – im April und Mai sind sie oft übersät von Schlüsselblumen und Primeln.

Für Waldblumen sind April und Mai ebenfalls die beste Zeit, bevor das Blätterdach voll entwickelt ist. Dann kann das Sonnenlicht noch Pflanzen wie Glockenblumen erreichen – eine wunderschöne und seltene Blume. Eine weitere typische englische Pflanze ist Ginster: Der stachlige Busch ist in Heidemooren wie dem New Forest überall vorhanden. Seine leuchtend gelben Blüten zeigen sich das ganze Jahr über und haben einen charakteristischen, kokosartigen Duft.

Die Blütezeit für Heidekraut ist hingegen recht kurz, aber nicht weniger spektakulär; im August und September sind Gebiete wie die North York Moors und Dartmoor von einem violetten Teppich bedeckt.

## Umweltprobleme

Angesichts von Englands langer Besiedlungsgeschichte verwundert es kaum, dass die Landschaft fast überall von menschlichen Eingriffen in die Natur geprägt ist. Seit frühester Zeit wurden Bäume gefällt, um Felder als Weide- und Ackerland zu gewinnen. Aber am stärksten veränderten sich die ländlichen Gebiete in der Zeit nach dem Zweiten Weltkrieg vom Ende der 1940er- bis in die 1960er-Jahre hinein, als intensive und industrielle Formen der Landbewirtschaftung eingeführt wurden, um die unabhängige Nahrungsproduktion sicherzustellen. Die Folgen waren dramatisch: Mauern wurden abgerissen, Wälder gerodet, Teiche aufgefüllt, Feuchtgebiete trockengelegt und – besonders augenfällig – Hecken herausgerissen, und so wandelte sich ein uralter Flickenteppich aus kleinen Wiesen zu einer Landschaft aus riesigen Feldern.

In den meisten Fällen bestanden die alten Hecken aus dichten Gebüsch- und Baumreihen, die sich wie ein Netzwerk durch die Landschaft zogen. Sie schützten Felder vor Erosion und boten Schutz und Lebensraum für viele Blumenarten, Insekten, Vögel und kleine Säugetiere. Aber in der Nachkriegszeit wurden zur raschen Erhöhung der Agrarerträge Tausende Kilometer vernichtet; zwischen Mitte der 1980er- und Anfang der 2000er-Jahre verschwanden weitere 25 %.

Die Hecken um Felder sind zwar weitgehend verschwunden, aber in der Landschaft entstanden neue „Hecken": die langen Gras- und Gebüschstreifen an Autobahnen und Hauptverkehrsstraßen. Sie bieten Tausenden Insektenarten sowie diversen Mäusen und anderen kleinen Säugetieren einen Lebensraum, weswegen Turmfalken dort oft in der Nähe unbeeindruckt vom Verkehr in den Lüften gleiten.

Die Hecken gelten heute als Symbol für viele andere Umweltprobleme in ländlichen Gebieten und in jüngerer Zeit werden sie immer seltener zerstört – teils weil Bauern ihre erosionsschützenden Eigenschaften erkannt haben, teils weil sie (mit finanziellen Anreizen von britischen oder EU-Behörden) dazu motiviert werden, solche Gebiete als Lebensraum für Tiere und Pflanzen „stillzulegen".

Neben der Heckenrodung sind auch andere landwirtschaftliche Maßnahmen hoch problematisch. Studien ergaben, dass Pestizide und intensive Bewässerung zur Verseuchung oder schlichtweg zur Austrocknung von Flüssen führen. Monokulturen bewirken, dass Weiden nur aus einer einzigen Grassorte bestehen, wobei weit und breit keine andere Pflanze zu sehen ist. In solchen „grünen Wüsten" leben keine Insekten, sodass auch die Wildvögel wegbleiben. Das ist kein Klagelied hutzeliger, alter Bauern, die die idyllische Zeit ihrer Vorfahren beschwören; selbst 40-jährige Engländer können sich noch an eine Landschaft erinnern, als Vögel wie Lerchen und Kiebitze noch deutlich zahlreicher waren.

Aber es gibt noch Hoffnung. Entgegen aller Wahrscheinlichkeiten besteht in England noch immer eine große Artenvielfalt. Einige der schönsten Biotope sind (mehr oder weniger) geschützt, sei es durch die Schaffung von Nationalparks und ähnlichen Naturschutzgebieten oder durch private Reservate im Besitz von Umweltinitiativen wie **Wildlife Trusts** (www.wildlifetrusts.org), **National Trust** (www.nationaltrust.org.uk), **Woodland Trust** (www.woodlandtrust.org.uk) und der **Royal Society for the Protection of Birds** (www.rspb.org.uk). Viele dieser Gebiete sind frei zugänglich und lohnen einen Besuch – ob zum Wandern, Vogelbeobachten oder um einfach Frieden und Schönheit der Natur zu genießen.

## NATIONALPARKS

| NATIONALPARK | BESONDERHEITEN | AKTIVITÄTEN | BESTE REISEZEIT |
|---|---|---|---|
| **Dartmoor** | sanfte Hügel, Felsnasen, beschauliche Täler; Relikte der Eisenzeit; wilde Ponys, Hirsche, Wanderfalken | Wandern, Mountainbiken, Reiten | Mai–Juni (Blüte der Wildblumen) |
| **Exmoor** | weite Moore, schroffe Meeresklippen; Rothirsche, wilde Ponys, gehörnte Schafe | Reiten, Wandern | Sept. (Heideblüte) |
| **Lake District** | majestätisches Hochland, schroffe Berge, schimmernde Seen; literarisches Erbe; Fischadler, Rote Eichhörnchen, Steinadler | Wassersport, Wandern, Bergsteigen, Felsklettern | Sept.–Okt. (Sommerbesucher sind abgereist, alles leuchtet in Herbstfarben) |
| **New Forest** | Wälder, Heide; wilde Ponys, Otter, Provencegrasmücke, Helm-Azurjungfer (Libellenart) | Wandern, Radfahren, Reiten | April–Sept. (üppige Vegetation) |
| **Norfolk & Suffolk Broads** | weite, flache Seen, Flüsse, Sumpfniederungen, Seerosen; Windmühlen; Wildgeflügel, Otter | Wandern, Radfahren, Bootfahren | April–Mai (Vögel sind am aktivsten) |
| **North York Moors** | mit Heidekraut bedeckte Hügel, dunkelgrüne Täler, abgelegene Dörfer; Zwergfalken, Brachvögel, Goldregenpfeifer | Wandern, Mountainbiken | Aug.–Sept (Heideblüte) |
| **Northumberland** | wilde, hügelige Moore, Heidekraut, Ginster; Hadrianswall; Birkhühner, rote Eichhörnchen | Wandern, Radfahren, Mountainbiken, Klettern | April–Mai (Lämmer) & Sept. (Heideblüte) |
| **Peak District** | Hochmoore, stille Täler, Kalksteinhöhlen; Turmfalken, Dachse, Moorhühner | Wandern, Radfahren, Mountainbiken, Drachenfliegen, Klettern | April–Mai (noch mehr Lämmer) |
| **South Downs** | sanfte, grasbewachsene Kalksteinhöhlen, Kalksteinklippen, Ginster, Heidekraut; Himmelblauer Bläuling | Wandern, Mountainbiken | Aug. (Heideblüte) |
| **Yorkshire Dales** | schroffe Hügel, üppig grüne Täler, Karstlandschaften; rote Eichhörnchen, Hasen, Brachvögel, Kiebitze, Bussarde | Wandern, Radfahren, Mountainbiken, Klettern | April–Mai (weniger Besucher als, na was wohl, Lämmer) |

# Kunst & Kultur

**Englands Beitrag zu Literatur, Theater, Kino und Pop findet in der ganzen Welt ein großes Echo, was vor allem auch der weltweiten Dominanz der englischen Sprache zu verdanken ist. Unterwegs in England werden Reisende viele Landschaften wiedererkennen, die als Filmset und literarischer Schauplatz berühmt wurden oder in Songs Erwähnung fanden. Wir haben also einige wichtige Meilensteine ausgesucht und uns auf Werke konzentriert, die eine Verbindung zu tatsächlichen Orten haben und etwas vom entsprechenden Künstler vermitteln.**

## Literatur

Die literarischen Wurzeln der Dicht- und Erzählkunst Englands reichen bis zu den nordischen Sagas und altenglischen Epen wie *Beowulf* zurück, aber die moderne englische Literatur begann um 1387 (doch ja, das ist im geschichtsträchtigen England „modern"), als Geoffrey Chaucer *The Canterbury Tales* schuf. Das gigantische Werk ist eine Sammlung von Fabeln, Geschichten und Moralitäten, eingebettet in eine Rahmenhandlung von reisenden Pilgern – *The Knight, The Wife of Bath* usw.

### William Shakespeare

Der nächste Star der englischen Literatur betrat im 16. Jh. die Bühne: William Shakespeare. Am berühmtesten sind seine Theaterstücke, aber er war auch ein bemerkenswert produktiver und einflussreicher Dichter. „Soll ich denn einen Sommertag dich nennen?" ist eine seiner berühmtesten Sonettzeilen, in England noch oft zitiert.

### Die Romantik

Ende des 18. und Anfang des 19. Jhs. ließ sich eine neue Generation von Dichtern von der menschlichen Phantasie und der Natur inspirieren. Zu den führenden Köpfen dieser Bewegung gehörten William Blake, John Keats, Percy Bysshe Shelley, Lord Byron und Samuel Taylor Coleridge sowie der wohl bekannteste englische Dichter William Wordsworth. Seine berühmte Zeile aus *Daffodils* – *„I wandered lonely as a cloud"* – wurde von einem Spaziergang an einem Seeufer im Lake District in Nordengland inspiriert.

Der *Oxford Guide to Literary Britain and Ireland*, herausgegeben von Daniel Hahn und Nicholas Robins, beschreibt Städte, Dörfer und Landschaften, die von Autoren unsterblich gemacht wurden, von Geoffrey Chaucers Canterbury bis zu Jane Austens Bath.

### Viktorianische Ära

Als sich die Industrialisierung unter der Herrschaft von Königin Victoria ausbreitete, befassten sich auch wichtige Romane jener Zeit mit sozialen Themen. Charles Dickens ging viele aktuelle Fragen seiner Zeit an: In *Oliver Twist* beschreibt er das Leben von jungen Taschendieben in den Londoner Slums, *Bleakhaus* ist eine Kritik am englischen Rechtssystem und *Harte Zeiten* kritisiert die Exzesse des Kapitalismus. Etwa zur gleichen Zeit, aber mit ländlichem Schauplatz, schrieb George Eliot (der Künstlername von Mary Ann Evans) *Die Mühle am Floss*, wo der Hauptcharakter gegen gesellschaftliche Erwartungen ankämpft.

Thomas Hardys Klassiker *Tess von den D'Urbervilles* befasst sich mit dem Niedergang der Landbevölkerung und *John Loveday, der Stabstrompeter* beschreibt das Bild des idyllischen englischen Landlebens,

## JANE AUSTEN & DIE BRONTËS

Zu Beginn des 19. Jhs. traten einige der bekanntesten und beliebtesten Autorinnen der englischen Literatur in Erscheinung: Jane Austen und die Schwestern Brontë.

Austens Ruhm beruht auf ihren hervorragenden Beobachtungen von Liebe, Freundschaft, Intrigen und Leidenschaften, die unter den sittenstrengen Konventionen des Bürgertums gären, und auf der endlosen Reihe von Kino- und Fernsehfilmen, die auf ihren Werken basieren, z. B. *Stolz und Vorurteil* und *Sinn und Sinnlichkeit*. Der Ort, den Besucher heute am engsten mit Jane Austen verbinden, ist Bath – auch ohne den literarischen Bezug eine wunderschöne Stadt. Wie eine ihrer Heldinnen sagte: *Who can ever be tired of Bath?* („Wer könnte jemals genug haben von Bath?").

Vom umfänglichen Werk der Brontë-Schwestern ist Emily Brontës *Sturmhöhe* das bekannteste – eine epische Geschichte von Obsession und Rache, in der die düstere und unbeständige Landschaft eine ebenso große Rolle spielt wie die Figuren. Charlotte Brontës *Jane Eyre* und Anne Brontë's *Die Herrin von Wildfell Hall* sind Klassiker der Leidenschaften und Geheimnisse. Fans zieht es immer noch in ihr einstiges Haus in Haworth in Yorkshire am Rand der wilden Pennine Moors, die viele ihrer Bücher inspiriert haben.

das von Krieg und der übergreifenden Moderne erschüttert wird. Viele Werke Hardys spielen in der fiktiven Grafschaft Wessex, dem heutigen Dorset und den umliegenden Grafschaften, wo Städte wie Dorchester zu den beliebten Reisestationen von Touristen zählen.

### Das 20. Jh.

Das Ende des Ersten Weltkriegs und der nachfolgende soziale Umbruch mündete in der Literatur der Moderne, deren vielleicht bester Vertreter D. H. Lawrence ist; *Söhne und Liebhaber* zeichnet Leben und Liebschaften von Generationen in den englischen Midlands nach, in einer Zeit, in der sich das Land von einer ländlichen Idylle in eine zunehmend industrielle Landschaft wandelte. Seine kontroverse Ergründung der Sexualität in *Lady Chatterley* wurde hingegen anfänglich als „obszön" verboten. Weitere Highlights sind Daphne du Mauriers romantischer Krimi *Rebecca* mit Schauplätzen an der kornischen Küste und Evelyn Waughs *Wiedersehen mit Brideshead,* eine Studie des moralischen und sozialen Zerfalls der englischen Aristokratie.

Helen Fieldings Buch *Bridget Jones – Schokolade zum Frühstück*, ursprünglich eine Zeitungskolumne, ist ein liebevoller Blick auf den Herzschmerz einer modernen Single-Frau, die tollpatschig nach Liebe sucht, und der Inbegriff der leichten Frauenliteratur der 1990er-Jahre. Es basiert (sehr frei) auf *Stolz und Vorurteil* von Jane Austen.

In den 1970er-Jahren traten zwei Schriftsteller in Erscheinung, die den Rest des Jahrhunderts und darüber hinaus erfolgreich blieben. Martin Amis veröffentlichte *Das Rachel-Tagebuch* und schrieb daraufhin etliche Romane, zu deren Grundthemen die Absurdität und die unerfreuliche Natur des modernen Lebens gehören, z. B. *1999* (1989) und *Lionel Asbo: State of England* (2012). Ian McEwan debütierte mit *Der Zementgarten* und erhielt viel Kritikerlob für seine fein beobachteten Studien des englischen Charakters wie z. B. in *Ein Kind zur Zeit* (1987), *Abbitte* (2001) und *Am Strand* (2007).

### Neues Jahrtausend

Um die Jahrtausendwende bot die multikulturelle Gesellschaft des Landes eine reiche Inspirationsquelle für zeitgenössische Schriftsteller: Hanif Kureishi bereitete den Boden mit seinem bahnbrechenden Buch *Der Buddha aus der Vorstadt* über eine Gruppe Angloasiaten in den Vorstädten Londons. Zadie Smith veröffentlichte 2000 ihr gefeiertes Debüt *Zähne zeigen*, gefolgt von einer Reihe von Bestsellern, z. B. *Der Autogrammhändler* und *London NW* von 2012. *Eine englische Art von Glück* von Andrea Levy erzählt die Geschichte eines jamaikanisches Paares im Nachkriegslondon und Monica Alis *Brick Lane* stand 2003 in der engeren Auswahl für den renommierten Man Booker Prize.

Zu den weiteren aktuellen Autoren zählen Will Self, bekannt für seine surrealen, satirischen Romane wie *The Book of Dave,* und Nick Hornby, am bekanntesten für Romane wie *Fever Pitch: Ballfieber,* eine Studie der Unsicherheiten englischer Fußballfans. Hinzu kommen Julian Barnes mit Büchern wie *England, England,* einer düster ironischen Studie u. a. über Nationalismus und Tourismus, und *Vom Ende einer Geschichte,* Preisträger des Man Booker Prize von 2011. Hilary Mantel, Autorin zahlreicher Romane mit einem erstaunlich breiten Themenspektrum, erhielt zweimal den Man Booker Prize, erst 2009 für den Historienbestseller *Wölfe* (über Heinrich VIII. und seinen skrupellosen Berater Thomas Cromwell) und nochmals 2012 für die Fortsetzung *Falken* (zur Zeit der Recherche schrieb Mantel gerade an der dritten und letzten Folge, *The Mirror and the Light*).

Englands größtes literarisches Phänomen des 21. Jhs. sind J. K. Rowlings Harry-Potter-Bücher, eine Serie von magischen Abenteuern, die Millionen Kinder verschlungen haben (auch viele Erwachsene), seit das erste Buch 1996 erschienen ist. Die Geschichten sind die jüngsten in einer langen Reihe britischer Kinderbücher, an denen auch Erwachsene Freude hatten, angefangen von den Werken von Lewis Carroll *(Alice im Wunderland),* E. Nesbit *(The Railway Children),* A. A. Milne *(Pu der Bär)* und C. S. Lewis *(Die Chroniken von Narnia).*

Andere Welten und abgründigen Humor bieten zwei der witzigsten – und erfolgreichsten – Autoren Englands: Douglas Adams (*Per Anhalter durch die Galaxis* und mehrere Fortsetzungen) und Terry Pratchett (die Scheibenwelt-Romane).

## Kino

Das englische Kino hat eine lange Geschichte mit vielen Regisseuren, die ihre ersten Erfahrungen beim Stummfilm machten. Der wohl bekannteste war Alfred Hitchcock, der 1929 Regie bei *Erpressung* führte, einem der ersten englischen Tonfilme. In den 1930er-Jahren drehte er weitere Filme, bevor er Anfang der 1940er-Jahre nach Hollywood emigrierte.

*Ladykillers* (1955) ist eine klassische Komödie aus den Ealing-Studios über eine Bande glückloser Bankräuber, die sich in einer Londoner Pension verstecken. Die Hauptrolle spielt Alec Guinness mit dem haarsträubendsten falschen Gebiss, das jemals auf Zelluloid gebannt wurde.

### Krieg & Nachkriegszeit

Im Zweiten Weltkrieg wurden Filme wie *In Which We Serve* (1942) und *We Dive at Dawn* (1943) zur Stärkung des Kampfgeistes gedreht. Ein junger Regisseur namens David Lean drehte hingegen mit *Begegnung* (1945) eine klassische Geschichte zugeknöpfter englischer Leidenschaft, bevor er sich Hollywood-Epen wie *Lawrence von Arabien* und *Doktor Schiwago* zuwandte.

Nach den Entbehrungen des Kriegs stand der Sinn der britischen Zuschauer nach Wirklichkeitsflucht und Unterhaltung. Ende der 1940er- und Anfang der 1950er-Jahre spezialisierte sich die einheimische Filmindustrie auf exzentrische britische Komödien vor allem aus den Ealing Studios: Zu den namhaften Filmen gehören *Blockade in London* (1949), *Adel verpflichtet* (1949) und *The Titfield Thunderbolt* (1953).

### Swinging Sixties

Ende der 1950er-Jahre erkundeten die „British New Wave" und das „Free Cinema" die harten Realitäten des britischen Lebens im halbdokumentarischen Stil. Die Regisseure Lindsay Anderson und Tony Richardson verdichteten diese Thematik in Filmen wie *Lockender Lorbeer* (1961) und *Bitterer Honig* (1961). Am anderen Ende des Spektrums standen die *Carry-On*-Filme, das filmische Äquivalent einer zotigen Urlaubskarte, voller derber Gags und Zweideutigkeiten. Die 1960er-Jahre waren auch die Geburtsstunde eines weiteren klassisch englischen Genres: die James-Bond-Filme mit Sean Connery (der eigentlich Schotte ist).

### „Brit Flicks"

Die 1970er-Jahre waren ein hartes Jahrzehnt für die britische Filmindustrie, die sich aber in den 1980er-Jahren erholte, teils auch durch den Oscar für David Puttnams *Die Stunde des Siegers* (1981) und durch den

### EIN GROSSER ERFOLG

Eine der großen Erfolgsgeschichten des englischen Fernsehens und Films waren der Trickfilmer Nick Park und die Produktionsfirma Aardman Animations aus Bristol, am bekanntesten für ihr preisgekröntes Duo aus Mann und Hund *Wallace & Gromit*. Das liebenswerte Gespann erschien erstmals in Parks Abschlussfilm *Alles Käse* (1989), dann in *Die Techno-Hose* (1993), *Unter Schafen* (1995) und in ihrem Spielfilmdebüt *Auf der Jagd nach dem Riesenkaninchen* (2005). Für die Wallace-und-Gromit-Filme, bekannt für ihre verwickelten Handlungen, Filmhommagen und erstaunlich realistischen Animationen, gewann Nick Park vier Oscars. Weitere Aardman-Filme sind *Chicken Run – Hennen rennen* (2000), *Flutsch und weg* (2006) und *Die Piraten! – Ein Haufen merkwürdiger Typen* (2012).

neuen Sender Channel Four, der in unkonventionelle Filme wie *Mein wunderbarer Waschsalon* (1985) investierte.

Eine weitere kleinere Renaissance gab es in den 1990er-Jahren, eingeleitet von dem enorm erfolgreichen Film *Vier Hochzeiten und ein Todesfall* (1994), der Hugh Grant in seiner typischen Rolle als schüchterner Engländer mit Popperfrisur vorstellte, eine Rolle, die er in nachfolgenden Hits wie *Notting Hill, About a Boy oder: Der Tag der toten Ente* und *Tatsächlich ... Liebe* erneut ausfüllte.

Das größte Filmmagazin Großbritanniens ist das *Empire* (www.empireonline.com). Weniger konventionelle Kritiken gibt es im *Little White Lies* (www.littlewhitelies.co.uk).

Das „Brit Flick"-Genre lässt sich charakterisieren über Ironie, Sozialrealismus und Humor angesichts von Widrigkeiten. Es setzte sich mit folgenden Filmen fort: *Brassed Off – Mit Pauken und Trompeten* (1996) über eine erfolglose Bergarbeiterkapelle, *Ganz oder gar nicht* (1997) über eine Truppe entlassener Stahlarbeiter, die sich zum Strippen entschließen, und *Billy Elliott – I will dance* (2000), die Geschichte eines ehrgeizigen jungen Balletttänzers, der den Abraumhalden und geschlossenen Fabriken des industriellen Nordens entkommen möchte.

Daneben erkundeten Filme wie *East Is East* (1999) und *Kick it like Beckham* (2002) die Spannungen im modernen, multikulturellen Großbritannien. Der altgediente Regisseur Mike Leigh, bekannt für seinen Improvisationsstil, hatte derweil Erfolg mit *Life Is Sweet* (1991), *Nackt* (1993) und *Lügen und Geheimnisse* (1996), mit dem er die Goldene Palme in Cannes gewann.

Das British Film Institute (BFI; www.bfi.org.uk) fördert Film und Kino in Großbritannien und veröffentlicht die wissenschaftliche Monatszeitschrift *Sight & Sound*.

### Hits im 21. Jh.

In den ersten Jahren des 21. Jhs. brachten Literaturadaptionen der britischen Filmindustrie nach wie vor die größten Erfolge ein, darunter *Anna Karenina* von 2012 unter der Regie von Joe Wright mit Keira Knightley in der Titelrolle und natürlich die Blockbuster aus der Harry-Potter-Reihe. Filmbiografien sind ebenfalls beständige Favoriten: Zu den jüngsten Filmthemen zählen Elisabeth I. (*Elizabeth: Das goldene Königreich,* 2007), Margaret Thatcher (*Die eiserne Lady,* 2011) und der Künstler William Turner aus dem 19. Jh. (*Mr. Turner – Meister des Lichts,* 2014).

Unterdessen rollt auch die älteste englische Filmreihe weiter: ein knallharter, durchtrainierter James Bond des 21. Jhs. erschien 2006 in Form von Daniel Craig und dem Blockbuster *Casino Royale* (2006), gefolgt von *Ein Quantum Trost* (2008), *Skyfall* (2012) und *Spectre* (2015).

## Pop- & Rockmusik

Seit einige pilzköpfige Jungs aus Liverpool die Beatles gründeten, hat England der Welt immer wieder den musikalischen Takt vorgegeben. Elvis mag zwar den Rock'n'Roll erfunden haben, aber es waren die Fab Four, die ihn zu einem globalen Phänomen machten, unterstützt von anderen Bands der „British Invasion" der 1960er-Jahre – The Rolling Stones, The Who, Cream und The Kinks.

## Von Glam zu Punk

Glam-Rock war die Musik der 1970er-Jahren, an vorderster Stelle standen Künstler wie der chamäleonartige David Bowie und die hymnischen Queen. Led Zeppelin waren die Vorläufer von Heavy Metal und das Psychedelische des letzten Jahrzehnts wandelte sich zum Prog-Rock von Pink Floyd und Yes.

Am Ende der Dekade wurde alles beiseite gewischt, als Punk die Szene aufmischte, angeführt von den Sex Pistols und unterstützt von The Clash, The Damned, den Buzzcocks und The Stranglers. Aus Punk entstand schließlich die New Wave mit Musikern wie The Jam und Elvis Costello, die bissige Songs und pfiffige Texte zu einem radiofreundlicheren Sound verbanden.

## Die 1980er-Jahre

Der offenkundige Genusswahn der frühen 1980er-Jahre beeinflusste die Popszene jener Zeit. Fönfrisuren und Schulterpolster wurden zur neuesten Uniform, zu den großen Namen gehörten Wham! (ein jungenhaftes Duo mit einem Nachwuchs-Popster namens George Michael) und New-Romantic-Bands wie Spandau Ballet und Duran Duran. Abseits des Glamours fanden Fans Gefallen an den pessimistischen Texten von The Cure, dem Heavy Metal von Iron Maiden und Black Sabbath sowie der Weinerlichkeit von The Smiths.

Filme über die englische Musikszene: *Backbeat* (1994) über die frühen Jahre der Beatles, *Sid und Nancy* (1986) über den Bassisten der Sex Pistols und seine Freundin, *Quadrophenia* (1979) über Mods und Rocker, *Velvet Goldmine* (1998) über Glam-Rock, *24 Hour Party People* (2002) über die Manchester-Szene und *Nowhere Boy* (2009) über John Lennon vor den Beatles.

## Indie & Britpop

In den 1990er-Jahren entstand die von Ecstasy durchtränkte Rave-Kultur, besonders in berühmten Clubs wie Haçienda in Manchester und Ministry of Sound in London. Manchester war auch der Brennpunkt der jungen britischen Indie-Szene mit gitarrenlastigen Bands wie The Stone Roses, James und Happy Mondays. Dann entwickelte sich Indie zum Britpop, mit Oasis, Pulp, Supergrass und Blur, deren ausgeprägt britische Musik mit dem wiederauferstandenen Optimismus nach dem Erdrutschsieg von New Labour 1997 in Einklang stand.

## Sounds des neuen Jahrtausends

In der ersten Dekade des neuen Jahrtausends setzte sich die ständige Veränderung und Neuerfindung in der Musikszene fort. Jazz, Soul, R&B und Hip-Hop verschmolzen zu einem neuen „urbanen" Sound, repräsentiert von Künstlern wie Dizzee Rascal, Tinie Tempah und Plan B.

### ROCK 'N' ROLL LOCATIONS ...

Fans kaufen die Single, dann das T-Shirt. Aber echte Fans besuchen die Locations, die auf dem Albumcover abgebildet sind. Hier ein paar der besten:

- Abbey Road, St. John's Wood, London – *Abbey Road*, The Beatles
- Battersea Power Station, London – *Animals*, Pink Floyd (das aufblasbare Schwein ist aber weg)
- Berwick Street, Soho, London – *(What's the Story) Morning Glory*, Oasis
- Big Ben und ein Ecke des Sockels der Boudicca-Statue, London – *My Generation* (US-Version), The Who
- Durdle Door, Dorset – *North Atlantic Drift*, Ocean Colour Scene
- Salford Boys Club, Manchester – *The Queen is Dead*, The Smiths
- Thor's Cave, Manifold Valley, bei Ashbourne, Peak District National Park – *A Storm in Heaven*, The Verve
- Yes Tor, Dartmoor, Devon – *Tomato*, Yes

Dance-Acts wie Calvin Harris und Disclosure genossen internationalen Erfolg. Nebenbei hatten auch Singer-Songwriter ein Comeback, wie Katie Melua, Ed Sheeran und die unschlagbare Adele. Der Geist von Punk und Indie wird dank Arctic Monkeys, Florence & the Machine, Snow Patrol, Coldplay, Muse, Kasabian, Radiohead und The Horrors am Leben erhalten.

Doch den größten kommerziellen Erfolg landeten die Boygroup One Direction: Ihre ersten drei Alben kamen auf Nummer eins in den US-Charts und 2013 veröffentlichten sie das meistverkaufte britische Album des Jahres und wurden als *die* internationale Spitzenband bezeichnet.

## Malerei & Bildhauerei

Viele Jahrhunderte lang hatte Kontinentaleuropa – besonders die Niederlande, Spanien, Frankreich und Italien – in der Kunst den Ton angegeben. Der erste Künstler mit einem wirklich britischen Stil und Empfinden war William Hogarth, dessen wilde Bilder die Laster und Korruption im London des 18. Jhs. bloßstellten. Sein berühmtestes Werk ist *A Rake's Progress,* das eine lange Tradition britischer Karikaturen in Gang setzte, die sich in direkter Linie bis zu den Werken heutiger Cartoonisten wie Gerald Scarfe und Steve Bell fortsetzte. Zu sehen ist es im Sir John Soane's Museum in London.

### Porträts

Während Hogarth emsig die Gesellschaft verspottete, mühten sich andere Künstler, sie im besten Licht zu zeigen. Führend unter den englischen Porträtisten des 18. Jhs. waren Joshua Reynolds, Thomas Gainsborough und George Romney; George Stubbs hingegen ist für seine detailreichen Tierbilder (besonders Pferde) bekannt. Die meisten Künstler sind in der Tate Britain oder in der National Gallery in London repräsentiert.

Einige Werke von Henry Moore sind im Yorkshire Sculpture Park ausgestellt. Barbara Hepworth wird in der gleichnamigen Galerie in Wakefield geehrt und hat auch Verbindungen mit St. Ives in Cornwall.

### Landschaften & Fabeln

Die führenden Maler des 19. Jhs. widmeten sich der englischen Landschaft. Zu den bekanntesten Werken von John Constable zählen *Salisbury Cathedral* und *The Hay Wain,* die Darstellung einer Mühle in Suffolk (National Gallery). William Turner war fasziniert von den Effekten von Licht und Farbe in englischen Landschaften, allerdings wurden seine Werke in den 1840er-Jahren nahezu vollständig abstrakt.

Die präraffaelitischen Maler des späten 19. Jhs. zogen hingegen einen metaphorischen Stil vor, der den viktorianischen Geschmack für englische Fabeln und Märchen widerspiegelte. Wichtige Protagonisten dieser Bewegung waren u. a. Dante Gabriel Rossetti, John Everett Millais und William Holman Hunt, die alle in London in der Tate Britain oder im Victoria & Albert Museum ausgestellt sind.

### Steine & Hölzchen

Im turbulenten 20. Jh. wurde die englische Kunst zunehmend experimentell. Francis Bacon verarbeitete freudianische Psychoanalyse in seinen Porträts und bahnbrechende Bildhauer wie Henry Moore und

#### ANISH KAPOOR

Der Bildhauer Anish Kapoor arbeitet seit den 1970er-Jahren in London. Bekannt ist er für seine großen Freiluftinstallationen, die oft aus gerundeten Formen und reflektierenden Materialien wie hochpoliertem Stahl bestehen. Zu seinen jüngsten Werken gehören eine neue Installation in London, der *ArcelorMittal Orbit,* der für die Olympischen Spiele 2012 geschaffen wurde. Mit über 110 m ist es das größte öffentliche Kunstwerk in Großbritannien.

Barbara Hepworth experimentierten mit Naturformen in Stein und neuen Materialien. Etwa zur gleichen Zeit bevölkerte der Maler L. S. Lowry seine Bilder von Schornsteinen in Nordengland mit *matchstick men*, „Streichholzmännchen". Heute wird er in dem bedeutenden Kunstzentrum in Manchester geehrt, das seinen Namen trägt.

### Pop-Art

Mitte der 1950er- und Anfang der 1960er-Jahre trat die englische „Pop-Art" massiv auf den Plan, in der Künstler sich von der Popkultur inspirieren ließen. Eine der Leitfiguren war David Hockney. Seine kräftigen Farben und einfachen Linien waren in jener Zeit bahnbrechend und sind ein halbes Jahrhundert später noch immer stark vertreten. Sein Zeitgenosse Peter Blake entwarf die Collage für das Cover des innovativen Beatles-Albums *Sgt Pepper's Lonely Hearts Club Band*. Die 1960er-Jahre waren auch die Zeit des Bildhauers Anthony Caro, der mit seinen großen, abstrakten Werken in Stahl und Bronze einer der maßgeblichsten Bildhauer Englands war.

### Britart & die Zeit danach

Zum großen Teil der Förderung (und dem Geld) des Werbemagnaten Charles Saachti ist es zu verdanken, dass in den 1990er-Jahren eine neue Welle britischer Künstler in den Blickpunkt rückte. Die Bewegung wurde, natürlich, „Britart" genannt; zu ihren Stars gehören Damien Hirst, zunächst berühmt (oder berüchtigt) für Werke mit konservierten Haien, halbsezierten menschlichen Körpern und in jüngerer Zeit für einen mit Diamanten besetzten Schädel mit dem Titel *For the Love of God*.

Eine Zeitgenossin ist Tracey Emin. Das einstige Enfant terrible zog sich den Zorn der Boulevardpresse mit Werken wie *My Bed* zu (ein zerwühltes Bett, das 2014 für 2,2 Mio. £ verkauft wurde), ist aber heute eine angesehene Persönlichkeit und Mäzenin der neuen Turner Gallery in Margate, die nach dem berühmten englischen Künstler William Turner benannt ist.

Nach William Turner ist auch der Turner Prize benannt, ein renommierter und oft kontroverser Preis, der jährlich an britische Künstler verliehen wird. Preisträger waren neben Hirst u. a. Martin Creed (sein Werk war ein Zimmer, in dem das Licht an- und ausging), Mark Wallinger (ein Sammlung von Antikriegsobjekten), Simon Starling (ein Schuppen, der in ein Boot und wieder zurück umgebaut wurde), Rachel Whiteread (ein Gipsabguss eines Hauses) und Antony Gormley (in England berühmt für seinen riesigen *Angel of the North*).

## Theater

Das englische Theater führt seine Wurzeln auf mittelalterliche Moralitätsspiele, Hofnarren und reisende Geschichtenerzähler zurück, wahrscheinlich auch auf römische Dramen in den Amphitheatern – von denen noch einige erhalten sind, wie in Chester und Cirencester. Aber die meisten Wissenschaftler sind sich einig, dass der eigentliche Wendepunkt die Eröffnung des ersten Theaters Englands – schlicht „The Theatre" genannt – 1576 in London war. Ein paar Jahre später kamen noch das Rose Theatre und das Globe Theatre hinzu und die Bühne war frei für den berühmtesten Theaterdichter Englands.

Shakespeares Stücke werden im wieder aufgebauten Globe Theatre in London oder im eigenen Theater der Royal Shakespeare Company in Stratford-upon-Avon aufgeführt.

### William Shakespeare

Für die meisten Besucher in England (auch für die meisten Engländer) ist englisches Drama nur mit einem Namen verbunden: William Shakespeare. Der Dichter, der 1564 in Stratford-upon-Avon in den Midlands geboren wurde, machte sich zwischen etwa 1590 und 1610 in London einen Namen, wo die meisten seiner Stücke im Globe Theatre aufgeführt wurden. Seine genialen Handlungen und sein spektakulärer Einsatz der

Sprache sowie der schiere Umfang seines Werks (darunter Klassiker wie *Hamlet, Romeo und Julia, Heinrich V.* und *Ein Sommernachtstraum*) haben Shakespeare zur nationalen – und internationalen – Ikone gemacht, sodass heute, fast 400 Jahre nachdem er das Zeitliche gesegnet hat, seine Stücke noch immer ein großes Publikum finden.

## Englisches Theater heute

Wie auch immer der Zeitplan und das Reisebudget einer Englandreise aussehen mögen, ein Theaterbesuch sollte immer drin sein. Das englische Theater wird seinem Ruf als bestes der Welt locker gerecht, besonders in London. Aber auch andere Großstädte im ganzen Land besitzen Spitzenhäuser, wie das Repertory Theatre in Birmingham, das Old Vic in Bristol, das Festival Theatre in Chichester und das Playhouse in Nottingham.

Viele versierte britische Schauspieler, z. B. Judi Dench, Ralph Fiennes, Brenda Blethyn, Toby Stephens und Simon Callow, bringen hochbezahlte Hollywood-Rollen mit Auftritten auf englischen Bühnen unter einen Hut. Und auch mehrere amerikanische Stars nahmen im Lauf des letzten Jahrzehnts massive Gagenkürzungen in Kauf, um in Londoner Theatern zu spielen, darunter Glenn Close, Kevin Spacey, Gwyneth Paltrow, Gillian Anderson, Christian Slater und Danny DeVito.

Weitere Londoner Bühnen sind das Donmar Warehouse und das Royal Court Theatre, die neue und experimentelle Werke in Szene setzen. Große Inszenierungen sind vorwiegend im West End zu sehen, mit berühmten Häusern wie das Shaftesbury, Adelphi und das Theatre Royal at Drury Lane. Diese Theater führen meist Klassiker auf, z. B. *Die Mausefalle,* der legendäre Krimi und das am längsten laufende Stück der Welt, das seit 1952 ununterbrochen aufgeführt wird.

## West-End-Musicals

Das Londoner West End steht außer für Schauspiel auch seit jeher für große Musicals und Kassenmagneten, wie *Cats, The Wizard of Oz, Les Misérables, Sweeney Todd, The Phantom of the Opera* und *The Lion King*. Viele Shows greifen heute auch in die Kiste der Popkultur, z. B. *We Will Rock You,* von der Musik von Queen inspiriert, und das Abba-Musical *Mamma Mia!*

# Sport

**Wer sich gleich mitten ins Herz der britischen Kultur begeben will, sollte die Briten beim Sport beobachten. Sport ist ihre Leidenschaft, ob aktiv oder als Zuschauer. Jedes Wochenende feuern Tausende von Fans ihre Mannschaft an und die wichtigen Wettkämpfe, wie Wimbledon, fesseln die ganze Nation.**

## Fußball

In der englischen Premier League (www.premierleague.com) spielen die besten Teams der Welt. In den vergangenen Jahren dominierten die vier Spitzenmannschaften Arsenal, Liverpool, Chelsea und Manchester United, 2012 kam noch Manchester City als fünftes großes Team hinzu. 72 weitere Teams spielen in den nächstbesten Ligen nach der Premiership, in England sind das die Championship, die League One und die League Two.

Die Fußballsaison ist für alle Ligen die gleiche (August bis Mai), ein Spiel anzuschauen passt also gut in die Reisezeit der meisten Besucher. Tickets für die wichtigsten Spiele sind jedoch wie Goldstaub – die Chance, eines zu erwischen, ist ziemlich gering, außer man ist ein Clubmitglied oder kennt eines. Besser ist es, ein Ticket für die weniger angesagten Teams zu kaufen – sie sind billiger und leichter erhältlich. Oft können Tickets vor Ort gekauft werden oder über Internetagenturen wie www.ticketmaster.co.uk und www.myticketmarket.com.

Landesweite Termine und Details zu wichtigen Fußball- und Cricket-Spielen, Pferderennen und anderen Sportereignissen verrät die Sportrubrik auf www.britevents.com.

## Cricket

Cricket ist – neben Big Ben, den Beatles und einer schönen Tasse Tee – durch und durch englisch. Der Sport entstand im 18. Jh. (aber die Anfänge sind viel älter) und hat sich während der britischen Kolonialzeit über das gesamte Commonwealth verbreitet. Australien, die karibischen Inseln und der indische Subkontinent übernahmen das Spiel mit Begeisterung. Heute freuen sich die ehemaligen Kolonien diebisch, wenn sie

### DER LEGENDÄRE POKAL

Die Football Association trug erstmals 1871 Wettkämpfe zwischen den Clubs aus: 15 Clubs nahmen teil und kämpften um einen hübschen Silberpokal, den FA Cup – der damals einen Wert von 20 £ hatte.

Heute spielen rund 600 englische Clubs um die legendäre und kostbare Trophäe. Der Wettkampf unterscheidet sich insofern von vielen anderen Spielen, da jedes Team – von den untersten Rängen der Halbprofis bis zu den Stars der Premier League – daran teilnehmen kann. Die Vorrunden beginnen im August und das Cup Final findet im Mai im berühmten Wembley Stadium in London statt.

Manchester United und Arsenal haben die meisten FA Cups, aber vom Publikum werden ausnahmslos die „Favoritenschrecks" beachtet (und geliebt): kleine Clubs, die sich durch die Runden kämpfen und unerwartet ihren ranghöheren Gegner schlagen. Eines der besten Favoritenschreck-Spiele fand 1992 statt, als Wrexham, damals an 24. Stelle in der 3. Liga, in der dritten Runde den Erstligisten Arsenal schlug.

### DIE ASHES

Die historische Test-Cricket-Serie zwischen England und Australien, die Ashes, werden seit 1882 jedes zweite Jahr ausgetragen (mit einigen Unterbrechungen während der Weltkriege). Sie findet abwechselnd in England und Australien statt, jeweils im Sommer des Gastlandes und jedes der fünf Spiele auf einem anderen Cricket-Platz.

Der Name des Wettkampfs geht auf das einschneidende Testspiel von 1882 zurück, das (zum allerersten Mal) von den Australiern gewonnen wurde. Die Niederlage des Mutterlandes durch einen kolonialen Emporkömmling war ein tiefer nationaler Schock: In einem satirischen Nachruf beklagte die *Sporting Times* den Tod des englischen Cricket, dessen Asche nach Australien mitgenommen wurde.

Den Namen erhielt später eine Urne aus Terrakotta, die im folgenden Jahr dem englischen Mannschaftskapitän Ivo Bligh (später Lord Darnley) überreicht wurde. Angeblich enthielt sie die eingeäscherten Reste eines Stabs oder Querholzes, das in besagtem Spiel benutzt wurde. Seit 1953 steht diese geheiligte Reliquie im Museum des Marylebone Cricket Club (MCC) im Lord's Cricket Ground. Trotz der enormen Bedeutung eines Siegs in der Serie ist die Urne selbst nur winzige 15 cm hoch.

Die jüngste Geschichte der Ashes hat einiges an Drama zu bieten. In den Test-Matches von 2010/11 wurde Australien von England vernichtend geschlagen, das erstmals seit der Serie 1986/87 auf australischem Boden gewonnen hatte. 2013 schließlich schlugen die Australier England mit 5:0 und wiederholten den demütigenden Dreifachsieg, den sie 2006/07 errungen hatten.

dem einstigen Mutterland auf dem Cricket-Rasen ordentlich eins überziehen können.

Viele Engländer betrachten Cricket zwar wie eine Religion, aber für Uneingeweihte kann der Sport ein undurchdringliches Mysterium sein. Der Verlauf der „Test Matches" über einen Tag oder fünf Tage scheint unglaublich langsam voranzugehen und wird von obskuren Fachausdrücken wie *innings*, *cover drives*, *googlies*, *outswingers*, *leg-byes* und *silly-mid-off* bestimmt. Trotzdem sollte mindestens ein Cricket-Spiel auf dem Reiseprogramm stehen. Wer Geduld hat und die Feinheiten lernt, wird vielleicht Cricket genauso faszinierend finden wie die Briten, die den ganzen Sommer über an ihrem Radio oder Computer hängen, nur um zu sehen „wie England vorankommt".

Königin Elisabeth II. ist ein großer Fan von Pferderennen und aus den königlichen Stallungen stammen viele Sieger. Das Grand National von 2005 fand gleichzeitig wie die Hochzeit von Prinz Charles statt; es gab Gerüchte, dass der Start verschoben würde, damit die Queen an der Hochzeit teilnehmen und das Rennen sehen konnte.

Zu Kontroversen führt das Twenty20-Cricket, ein neues Format, das die Spielzeit für jedes Team begrenzt und auf schnelle Schlagpunkte setzt. Traditionalisten kritisieren, dass es den Charakter des Spiels ändert, aber die Popularität ist nicht zu leugnen – die meisten Twenty20-Spiele sind ausverkauft.

Die One-Day-Spiele und internationalen Tests werden auf Plätzen wie Lord's in London, Edgbaston in Birmingham und Headingley in Leeds ausgetragen. Tickets kosten von 30 bis weit über 200 £. In der County Championship spielen die besten Teams aus dem ganzen Land gegeneinander; Tickets kosten 5 bis 25 £ und nur die wichtigsten Spiele sind ausverkauft. Infos gibt's auf der Website des English Cricket Board (www.ecb.co.uk).

Am einfachsten – und oft am vergnüglichsten – lässt sich Cricket irgendwo auf einer Dorfwiese beobachten, wenn zufällig eines stattfindet. Zuschauer müssen nichts zahlen und keinen kümmert es, wenn man bei einem langweiligen Spielabschnitt schnell mal ins Pub geht.

## Pferderennen

Die Tradition der Pferderennen ist in Großbritannien schon Jahrhunderte alt und es gibt so ziemlich jeden Tag irgendwo ein Rennen. Bis auf die größeren Veranstaltungen düfte es kein Problem sein, am gleichen Tag noch ein Ticket zu bekommen. Sie sind auch im Voraus über die Website der British Horse Racing Authority (www.lovetheraces.com) erhältlich, die auch jede Menge Infos zu anderen Veranstaltungen wie Musikfestivals hat, die mit den Rennen zusammenfallen.

Das wichtigste Event des Jahres ist Royal Ascot (www.ascot.co.uk) Mitte Juni auf dem Ascot Racecourse, wo die Reichen und Berühmten zum Sehen und Gesehenwerden antreten und die Mode fast so wichtig ist wie die Gäule. Selbst die Queen taucht auf, um einen Fünfer auf Lucky Boy im 3.15 zu setzen.

Weitere Highlights sind das Grand-National-Hindernisrennen in Aintree (www.aintree.co.uk) Anfang April und das Derby in Epsom (www.epsomdowns.co.uk) am ersten Samstag im Juni. Letzteres ist besonders beim normalen Volk beliebt, viele Cutaways und verrückte Hüte sind anders als in Ascot dort also nicht zu erwarten.



Ein Highlight der internationalen Rugby-Saison ist der jährliche Six Nations Championship (www.rbs6nations.com), in dem England gegen Teams aus Wales, Schottland, Irland, Frankreich und Italien kämpft.

## Rugby

Ein Witzbold sagte einst, dass Fußball ein Spiel für Gentlemen sei, das von Hooligans gespielt wird, während Rugby ein Spiel für Hooligans sei, das von Gentlemen gespielt wird. Da mag was dran sein, aber Rugby ist sehr populär, besonders seit England 2003 Weltmeister wurde (und beinahe auch 2007). Es lohnt sich wegen des Geschicks (okay, und der Muskeln) der Spieler und der vergnügten Atmosphäre auf dem Platz, ein Spiel anzuschauen. Tickets für die Spiele kosten etwa 15 bis 50 £ je nach Status und Spielstand des Clubs.

Es gibt zwei Versionen des Spiels: Rugby Union (www.rfu.com) wird eher in Südengland, Wales und Schottland gespielt und gilt traditionell als Spiel der Mittel- und Oberschicht. Rugby League (www.therfl.co.uk) wird überwiegend in Nordengland und traditionell von der Arbeiterschicht gespielt. Zu den führenden Rugby-Union-Clubs gehören heute Leicester, Bath und Gloucester, auch London hat etliche gute Teams (darunter die Wasps und die Saracens). Interessante Teams der Rugby League sind die Wigan Warriors, Bradford Bulls und Leeds Rhinos.

Der Rugby League World Cup wird von Australien und Neuseeland dominiert (wo auch 2017 die Wettkämpfe stattfinden), aber die Spiele für den Rugby Union World Cup 2015 werden in England ausgetragen, das Finale in Twickenham. Infos siehe www.rugbyworldcup.com.

Über 27 t Erdbeeren und 7000 l Schlagsahne werden jedes Jahr während der zweiwöchigen Wimbledon Tennis Championships verspeist.

## Tennis

Tennis wird überall auf Club- und Regionalebene gespielt, aber der bekannteste Wettkampf sind die All England Championships – allgemein nur als Wimbledon (www.wimbledon.com) bekannt –, wenn das Ten-

### SPORTGESCHICHTE

Englands faszinierende Sportarten haben eine ebenso spannende Geschichte. Niemand weiß, wann der Fußball erfunden wurde, aber das englische Wort *soccer* (für Fußball) stammt angeblich von *sock* („Socke") ab. Im Mittelalter war dies eine Art harter Schuh aus Leder, der vom Landvolk getragen wurde – ideal um an einem Samstagnachmittag im Park eine Schweinsblase herumzukicken.

Rugby hingegen kann seinen Ursprung auf ein Fußballspiel 1823 in der Rugby School in Warwickshire zurückfuhren. Ein Spieler namens William Webb Ellis, dem das bloße Kicken zu beschränkt war, soll den Ball ergriffen und mit ihm zum Tor gerannt sein. Getreu dem englischen Fair Play wurde Ellis nicht vom Platz verwiesen, sondern um seine Taktik ein völlig neuer Sport entwickelt. 1871 wurde die Rugby Football Union formell gegründet. Der Rugby World Cup wurde nach dem beherzten jungen Rabauken Webb Ellis Trophy genannt.

nisfieber in der letzten Juni- und der ersten Juliwoche das ganze Land erfasst. Die Kombination aus Rasenplätzen, höflichem Applaus, Schiedsrichtern mit Strohhüten und dazu massenhaft Erdbeeren und Sahne hat etwas sehr Englisches.

Die Nachfrage nach Plätzen in Wimbledon ist immer höher als das Angebot, aber um jedem eine Chance zu geben, werden Tickets über ein Losverfahren verkauft. Man kann auch sein Glück vor Ort versuchen; etwa 6000 Tickets werden jeden Tag verkauft (außer an den letzten vier Tagen), aber dafür muss man früh aufstehen: Leidenschaftliche Fans stellen sich schon vor dem Morgengrauen an die Kasse. Mehr Infos stehen auf der Website.

# Praktische Informationen

# Allgemeine Informationen

## Botschaften & Konsulate

**Deutschland** (☎020-7824 1300; www.london.diplo.de; 23 Belgrave Sq, SW1X 8PX)

**Österreich** (☎020-7344 3250, www.bmeia.gv.at; 18 Belgrave Mews West, SW1X 8HU)

**Schweiz** (☎020-7616 6000, www.eda.admin.ch/london; 16–18 Montagu Place, W1H 2BQ)

## Essen

Um Appetit auf die englische Küche zu bekommen, siehe Kapitel Essen & Trinken auf S. 723.

## Feiertage

Feiertage in ganz Großbritannien:

**Neujahr** 1. Januar

**Ostern** März/April (Karfreitag bis einschließlich Ostermontag)

**Maifeiertag** Erster Montag im Mai

**Spring Bank Holiday (Frühlingsfeiertag)** Letzter Montag im Mai

**Summer Bank Holiday (Sommerfeiertag)** Letzter Montag im August

**1. Weihnachtstag** 25. Dezember

**2. Weihnachtstag (Boxing Day)** 26. Dezember

Wenn ein Feiertag auf ein Wochenende fällt, ist stattdessen der nächste Montag Feiertag. Die meisten Geschäfte und Banken schließen an diesen Montagen (daher der Begriff „Bank Holiday").

Einige kleinere Museen und Sehenswürdigkeiten sind an Feiertagen geschlossen, in größeren Attraktionen ist dann hingegen am meisten los. Ist eine Attraktion sonntags geschlossen, dann ist sie es meist auch an einem Bank Holiday.

Praktisch alles – Sehenswürdigkeiten, Läden, Banken, Büros – ist am ersten Weihnachtstag geschlossen, Pubs sind jedoch zur Mittagszeit geöffnet. Am ersten Weihnachtstag verkehren meist auch keine öffentlichen Verkehrsmittel und nur eingeschränkt am zweiten Weihnachtstag.

### SCHULFERIEN

In den Schulferien herrscht viel Verkehr und die Hotelpreise steigen. Die genauen Termine ändern sich von Jahr zu Jahr und von Region zu Region, liegen aber ungefähr in folgenden Zeiträumen:

**Osterferien** Die Woche vor und die nach Ostern.

**Sommerferien** Dritte Woche im Juli bis erste Woche im September.

**Weihnachtsferien** Mitte Dezember bis erste Woche im Januar.

Hinzu kommen drei einwöchige Trimesterferien, meistens Ende Februar (oder Anfang März), Ende Mai und Ende Oktober. Sie sind abgestuft, sodass nicht das ganze Land in der gleichen Woche Ferien hat.

### PREISKATEGORIEN FÜR RESTAURANTS

Die folgenden Preiskategorien gelten für ein Hauptgericht:

**£** bis 9 £

**££** 9–18 £

**£££** über 18 £

## Geld

Die britische Währung ist das Pfund Sterling (£). Banknoten gibt es in Werten von 5, 10, 20 und 50 £. Manche Läden akzeptieren keine 50-Pfund-Noten, da Fälschungen zirkulieren.

Andere Währungen werden sehr selten akzeptiert, mit Ausnahme von einigen Souvenirläden, die u. a. auch Euros annehmen.

Wechselkurse siehe Kapitel Gut zu wissen auf S. 21.

## Geldautomaten

Geldautomaten (in England *cash machine* genannt) gibt es in Städten und auch in kleineren Orten überall. Die Bargeldabhebung ist bei einigen Automaten gebührenpflichtig, die meisten sind aber kostenlos. Mit der heimischen Karte ist jedoch mit einer Auslandsgebühr bei Abhebung zu rechnen. Vorsicht vor manipulierten Geldautomaten; ein Trick von Betrügern sind Kartenleser oder eine Minikamera.

## Geldwechsel

In Städten und größeren Ortschaften gibt es Banken und Wechselstuben, die andere Währungen in Pfund Sterling wechseln. Der Wechselkurs sollte zuvor verglichen werden; einige Wechselstuben bieten schlechte Kurse und erheben unverschämte Provisionen. Auch einige Postämter bieten Geldwechsel an – sehr praktisch auf dem Land und die Kurse sind anständig.

## Kredit- & Bankkarten

Kreditkarten von Visa und MasterCard sowie europäische Bankkarten werden in England fast überall akzeptiert. Die meisten Geschäfte erwarten jedoch eine Chip-Karte (statt PIN und Unterschrift). Wenn die Bankkarte keinen Chip hat, geht es manchmal auch mit Unterschrift. Einige kleinere B&Bs auf dem Land akzeptieren keine Karten, sondern nur Bargeld.

## Trinkgeld

In England ist Trinkgeld keine Pflicht, wenn der Service oder das Essen nicht zufriedenstellend waren (selbst wenn es automatisch als „Bedienungsgeld" auf die Rechnung aufgeschlagen wurde).

**Restaurants** Rund 10 %. Auch in Teestuben und schickeren Cafés mit Tischbedienung. Kellner in eleganteren Restaurants erwarten eher ein Trinkgeld von 12 bis 15 %.

**Taxis** Rund 10 % oder auf den nächsten vollen Pfundbetrag aufgerundet, besonders in London. Weniger üblich bei Minicab-Fahrern.

**Pubs** Rund 10 %, wenn Essen am Tisch bestellt und serviert wird. Bei Bestellung und Bezahlung an der Bar (Essen oder Getränke) wird kein Trinkgeld erwartet.

# Gesundheit

➡ EU-Bürger sollten die Europäische Krankenversicherungskarte (EHIC) mitführen, die von der heimischen Krankenversicherung ausgestellt wird und einen Großteil der Krankenversorgung abdeckt. Sie gilt jedoch nur in dringenden Fällen. Die Rückführung in Notfällen ist allerdings nicht abgedeckt.

➡ Apotheker beraten bei kleineren Beschwerden, z. B. bei Hals- oder Ohrenschmerzen. In großen Städten gibt es mindestens eine Nachtapotheke.

# Internetzugang

➡ 3G- und 4G-Datenübertragung ist in dicht bevölkerten Zentren gewährleistet, aber auf dem Land nur teilweise möglich. Vorsicht vor hohen Roaming-Gebühren – der heimische Mobilfunk-

# Klima

## London

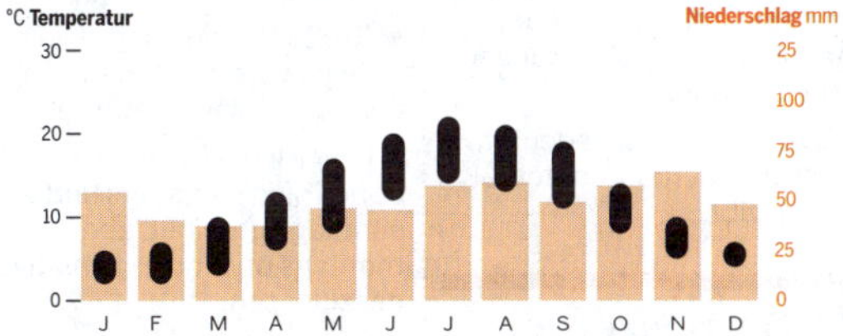


## Bath

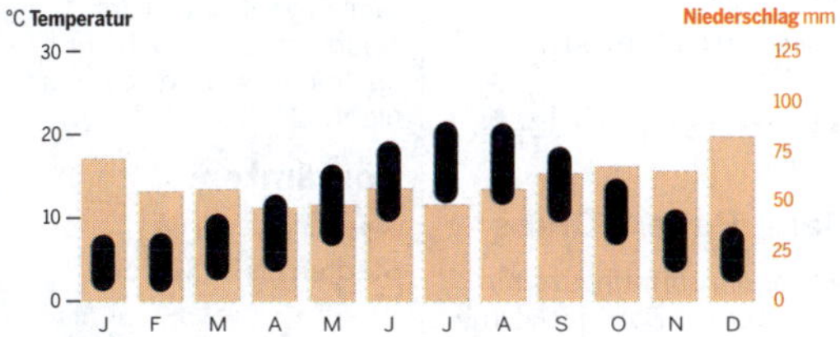


## York

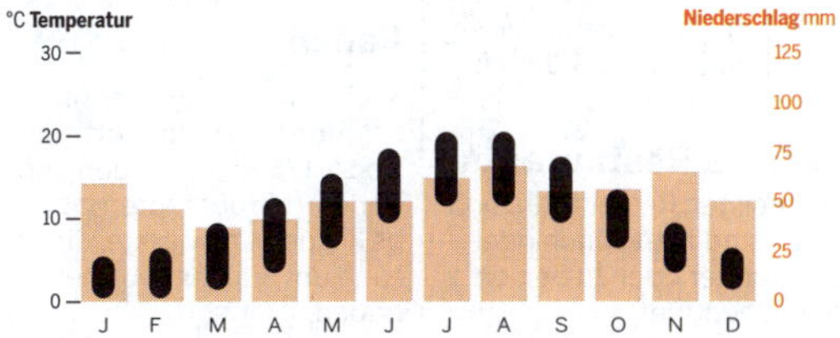

Provider sollte vor der Reise befragt werden.

- Die meisten Hotels, B&Bs, Hostels, Bahnhöfe und Cafés (sogar einige Züge und Busse) haben WLAN, entweder kostenlos oder bis zu 6 £ pro Stunde.
- Internetcafés sind in England sehr selten, besonders außerhalb der Großstädte und Touristenzentren. Die meisten verlangen ab 1 £ pro Stunde, aber in der Pampa bis zu 5 £ pro Stunde.
- Öffentliche Bibliotheken haben oft Computer mit kostenlosem Internetzugang, aber nur für jeweils 30 Minuten – und bei starker Nachfrage. Wie üblich gelten alle Warnungen vor Keylogger-Software und anderen Sicherheitsrisiken.
- Unterkünfte, Restaurants und Bars, die WLAN haben, sind in diesem Buch mit dem Symbol 📶 gekennzeichnet. WLAN ist oft kostenlos, aber manche Häuser (besonders gehobene Hotels) verlangen eine Gebühr.
- Das Symbol @ bedeutet, dass es einen Computer für Gäste gibt.

# Öffnungszeiten

## Banken

- Mo–Fr 9.30–16 oder 17 Uhr.
- Hauptfilialen Sa 9.30–13 Uhr.

## Bars, Pubs & Clubs

- Standardöffnungszeiten für Pubs und Bars: Mo–Do 11–23, Fr & Sa 11–1, So 12.30–23 Uhr.
- Clubs öffnen irgendwann zwischen 20 und 23 Uhr bis 2 Uhr oder länger.

## Cafés & Restaurants

Die meisten Restaurants und Cafés sind zum Lunch oder zum Dinner oder zu beiden Zeiten geöffnet.

- Standardöffnungszeiten für Cafés: 9–17 Uhr. Die meisten Cafés sind täglich geöffnet.
- In Großstädten öffnen einige Cafés zum Frühstück ab 7 Uhr und schließen um 18 Uhr oder später.
- In ländlichen Gebieten sind Cafés im Sommer bis 19 Uhr geöffnet, im Winter schließen sie früher. Einige Cafés sind von Oktober bis Ostern ganz geschlossen.
- Standardöffnungszeiten für Restaurants: 12–15 Uhr & 18–21 oder 22 Uhr (in Großstädten bis 24 Uhr oder später). Die meisten Restaurants sind täglich geöffnet; einige schließen sonntagabends oder montags den ganzen Tag.
- Einige Restaurants servieren auch Frühstück (meist ab 9 Uhr), aber in der Regel tun das Cafés.

## Museen & Sehenswürdigkeiten

- Große Museen und Sehenswürdigkeiten sind in der Regel täglich geöffnet.
- Einige kleinere Attraktionen sind samstags und sonntags geöffnet, aber montags und/oder dienstags geschlossen.
- Kleinere Sehenswürdigkeiten sind in der Hochsaison täglich geöffnet, in der Nebensaison jedoch nur an Wochenenden oder gar nicht.

## Postämter

- Mo–Fr 9–17 Uhr (in Städten bis 17.30 oder 18 Uhr).
- Sa 9–12.30; Hauptpostämter bis 17 Uhr.

## Läden

- Mo–Sa 9–17.30 Uhr (in Städten bis 18 Uhr), oft auch So 11–17 Uhr. In London und anderen Großstädten gibt es kleine Mini-Märkte, die rund um die Uhr geöffnet haben.
- In kleineren Orten und auf dem Land sind Läden oft über Mittag geschlossen (meist 13–14 Uhr) sowie am Mittwoch- oder Donnerstagnachmittag.

# Rechtsfragen

- Die Polizei kann jeden, der einer Straftat (auch Drogenvergehen) verdächtig ist, bis zu sechs Stunden in Haft nehmen. Sie kann auch jeden durchsuchen, der verdächtigt wird, Drogen zu besitzen.
- Alkohol und Zigaretten dürfen nur Personen ab 18 Jahre kaufen. Auch dürfen in der Regel nur Personen über 18 Jahre ein Pub oder eine Bar besuchen, allerdings gelten andere Regeln für Jugendliche, wenn sie in solchen Lokalen essen. Einige Bars und Clubs verlangen ein Mindestalter von 21 Jahren.
- Illegale Drogen sind überall erhältlich, besonders in Clubs. Der Besitz von Cannabis ist eine Straftat; der Besitz einer kleinen Menge hat eine Verwarnung, ein Bußgeld oder eine Haftstrafe zur Folge. Dealer erhalten härtere Strafen, auch Leute, die mit anderen Drogen erwischt werden.
- Schwarzfahrer in Bussen und Zügen (auch in der Londoner U-Bahn) müssen sofort ihre Strafe zahlen – in der Regel um die 20 £.

# Reisen mit Behinderung

Alle Neubauten sind barrierefrei und selbst Hotels in alten Landhäusern haben oft einen Aufzug. Hotels und B&Bs in historischen Gebäuden sind meist schwerer umzubauen, die Auswahl ist daher eingeschränkter.

Moderne Stadtbusse und Straßenbahnen sind niederflurig, aber nur wenige haben einen Schaffner, der beim Ein- und Ausstieg behilflich sein könnte. Viele Taxis nehmen Rollstühle mit bzw. haben einfach mehr Platz im Rückraum.

Reisebusse auf Langstrecken können für Gehbehinderte problematisch sein, aber das größte Unternehmen, **National Express** (www.nationalexpress.com), hat auf vielen Strecken rollstuhlgerechte Busse. Genauere Infos gibt die Hotline **Disabled Passenger Travel Helpline** (☎08717 81 81 79).

In Intercityzügen gibt es mehr Platz und eine bessere Ausstattung. Meist steht auch Bahnhofspersonal zur Verfügung, das gerne behilflich ist. Die BahnCard für Behinderte, **Disabled Person's Railcard** (www.disabledpersons-railcard.co.uk), kostet 20 £ und bietet 33 % Ermäßigung auf fast alle Bahnfahrkarten.

Hilfreiche Organisationen:

**Disability Rights UK** (www.disabilityrightsuk.org) Zu den Publikationen gehört auch ein *Holiday Guide*. Weiterhin ist hier auch ein Schlüssel für 7000 öffentliche Behindertentoiletten in ganz Großbritannien erhältlich.

**Good Access Guide** (www.goodaccessguide.co.uk)

**Tourism For All** (www.tourismforall.org.uk)

## Schwule & Lesben unterwegs

England ist generell tolerant gegenüber Schwulen und Lesben. In London, Manchester und Brighton gibt es lebhafte Schwulengemeinden, auch in anderen größeren Städten geht es recht offen zu. Abgesehen davon ist in einigen Ecken noch immer Schwulenfeindlichkeit zu erleben. Infos bieten folgende Websites:

**Diva** (www.divamag.co.uk)

**Gay Times** (www.gaytimes.co.uk)

**London Lesbian & Gay Switchboard** (☎0300 330 0630; www.llgs.org.uk; ⌚10–23 Uhr)

### PRAKTISCH & KONKRET

- **Zeitungen** Boulevardblätter sind *Sun, Daily Mirror;* seriöse Zeitungen (politisch von rechts links) sind *Telegraph, Times, Independent* und
- **Fernsehen** Fernsehen wird in England digital übertragen. Führende Sender sind BBC, ITV und Channel 4. Zu den Satelliten- und Kabelsendern gehören Sky und Virgin Media.
- **Radio** Die wichtigsten BBC-Sender und Wellenlängen sind Radio 1 (98–99,6 MHz FM), Radio 2 (88–92 MHz FM), Radio 3 (90–92,2 MHz FM), Radio 4 (92–94,4 MHz FM) und Radio 5 Live (909 AM oder 693 AM). Zu den landesweiten kommerziellen Sendern gehören Virgin Radio (1215 Hz MW) und der eher volkstümliche Klassikspezialist Classic FM (100–102 MHz FM). Alle werden digital übertragen.
- **DVD** In Großbritannien wird wie im restlichen Europa das PAL-Format angewendet.
- **Gewichte & Maße** In England wird eine Mischung aus metrischen und imperialen Maßeinheiten benutzt (z. B. wird Benzin nach Litern, aber Bier nach Pints verkauft; Höhenangaben sind in Metern, Entfernungen jedoch in Meilen).

## Sicherheit

England ist ein bemerkenswert sicheres Land, aber Kriminalität gibt es in London und anderen Großstädten natürlich.

- Vorsicht vor Taschendieben und Gaunern in belebten Gegenden, die beliebt bei Touristen sind, z. B. um die Westminster Bridge in London.
- Bei nächtlichen Fahrten mit der U-Bahn, Straßenbahn oder Stadtbahn immer ein Abteil mit anderen Menschen besteigen.
- In vielen Stadtzentren kann es freitag- und samstagnachts, wenn sich die Pubs und Clubs leeren, ziemlich wüst zugehen.
- Minicabs ohne Konzession – ein Typ mit Auto, der sich nebenher was verdient – betreiben ihr Geschäft in Großstädten und sollten vermieden werden, es sei denn, man weiß, auf was man sich einlässt.

## Strom

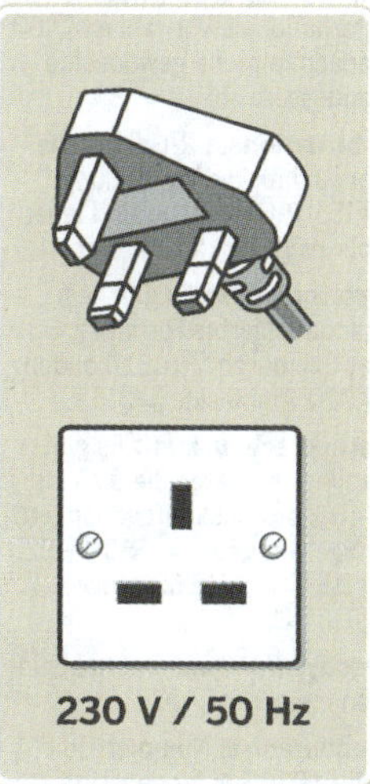

230 V / 50 Hz

# Telefon

## Handys

Wie alle europäischen Länder benutzt Großbritannien den Mobilfunkstandard GSM 900/1800.

Im Dezember 2015 sollen zwar alle Roaming-Gebühren innerhalb der EU abgeschafft werden, aber bis dahin können sie noch sehr hoch sein. Eine britische Nummer könnte daher billiger kommen. Das geht einfach mit einer SIM-Karte (um 10 £ inkl. Guthaben), die ins eigene Handy gesteckt wird. Ist das eigene Handy an die SIM-Karte des heimischen Providers gebunden (SIM-Lock), kann man es entweder entsperren lassen oder sich ein Prepaid-Handy mit der neuen SIM-Karte kaufen (um 50 £).

Guthaben für die Prepaid-Handys gibt es über Gutscheine, die in fast allen Läden verkauft werden.

## Vorwahlen

**Anrufe nach Großbritannien** Die internationale Vorwahl von Großbritannien ist ☎0044, danach folgt die Ortsvorwahl (ohne die erste ☎0) gefolgt von der Teilnehmernummer.

**Anrufe aus Großbritannien** Die internationale Vorwahl ist ☎00, danach folgt die gewünschte Landesvorwahl.

**Internationale R-Gespräche** Vorwahl für die Vermittlung: ☎155. R-Gespräche sind teuer, aber nicht für den Anrufer.

**Ortsvorwahlen** Es gibt kein standardisiertes Format, z. B. hat Edinburgh ☎0131, London ☎020, Ambleside ☎015394.

**Fernsprechauskunft** Es gibt zahllose Anbieter, die 0,10 bis 0,40 £ pro Auskunft verlangen; einige Nummern: ☎118 ☎192, ☎118 118, ☎118 500 sowie ☎118 811.

**Handys** Handynummern beginnen meist mit ☎07.

**Gebührenfrei** Nummern, die mit ☎0800 anfangen, sind kostenlos; für Nummern, die mit ☎0845 beginnen, gilt der Ortstarif.

**Inlandsvermittlung** ☎100

**Auslandsvermittlung** ☎155

# Touristeninformation

In den meisten Städten und einigen Dörfern gibt es in der einen oder anderen Form eine Touristeninformation. Sie haben hilfsbereite Mitarbeiter, die Tipps zu Aktivitäten und Sehenswürdigkeiten geben, verkaufen Bücher, Landkarten und Stadtpläne und verteilen Broschüren und Faltblätter. Manchmal buchen sie auch Unterkünfte. Einige werden von Nationalparks betrieben und haben oft eine kleine Ausstellung zum jeweiligen Gebiet.

Die meisten Touristeninformationen haben regelmäßige Öffnungszeiten; in weniger besuchten Gegenden schließen sie von Oktober bis März, in touristischen Gebieten sind sie das ganze Jahr über täglich geöffnet. In jüngerer Zeit mussten viele kleinere Touristeninformationen aus Spargründen schließen.

Vor der Reise lohnt ein Blick auf die umfassende Website der offiziellen englischen Tourismusbehörde, **Visit England** (www.visitengland.com), die alle touristischen Aspekte berücksichtigt und Links zu zahlreichen anderen Websites hat.

# Unterkunft

## B&Bs & Pensionen

Das B&B (*bed and breakfast*) ist eine großartige englische Institution. In kleineren B&Bs ist es eigentlich nur ein Zimmer in einem Privathaus, größere Häuser werden oft *guesthouse* genannt (Pension; eine Unterkunft zwischen B&B und Hotel). Preise beginnen bei etwa 25 £ pro Person für ein einfaches Zimmer mit Gemeinschaftsbad, rund 30 bis 35 £ kosten Zimmer mit eigenem Bad – entweder im Flur oder direkt ans Zimmer angeschlossen (*en suite*).

### DENKMALSCHUTZORGANISATIONEN

Ein Highlight einer Englandreise ist der Besuch der zahlreichen Burgen und Schlösser sowie der historischen Stätten, die sich im ganzen Land verteilen. Mitglieder einer Denkmalschutzorganisation erhalten freien Eintritt (meist eine große Ersparnis) sowie informative Handbücher und dergleichen.

**National Trust** (NT; www.nationaltrust.org.uk) Eine gemeinnützige Organisation, die historische Gebäude und Gebiete von landschaftlicher Bedeutung in England und Wales schützt. Die Jahresmitgliedschaft kostet 58 £ (Ermäßigungen für unter 26-Jährige und Familien). Der Touring Pass ermöglicht freien Eintritt in NT-Gebäude für 1/2 Wochen (25/30 £ pro Pers.); Familien und Paare zahlen weniger.

**English Heritage** (EH; www.english-heritage.org.uk) Staatliche Organisation, die für zahlreiche historische Stätten verantwortlich ist. Die Jahresmitgliedschaft kostet 49 £ (Ermäßigungen für Paare und Senioren). Der Overseas Visitors Pass ermöglicht freien Eintritt zu den meisten Stätten für 9/16 Tage für 25/30 £ (billiger für Paare und Familien).

In Großstädten sind einige B&Bs nur für Langzeitmieter und Sozialhilfeempfänger gedacht und nehmen keine durchreisenden Touristen auf. Auf dem Land sind die meisten B&Bs auf Wanderer und Radfahrer eingestellt, einige aber nicht. Man sollte also ankündigen, ob dreckige Wanderschuhe oder Fahrräder zu erwarten sind.

Bei der Reservierung ist darauf zu achten, wo genau das B&B liegt. Auf dem Land ist in der Adresse der nächste Ort enthalten, der 30 km entfernt sein mag – wichtig für die Wanderplanung! Einige B&B-Besitzer holen ihre Gäste gegen ein kleines Entgelt mit dem Auto ab.

**Preise** Sind meist pro Person angegeben, wobei die Übernachtung zu zweit im Doppelzimmer zugrunde gelegt wird. Einzelzimmer sind schwer zu finden und Alleinreisende müssen meist einen Aufpreis von 20 bis 50 % zahlen. Einige B&Bs nehmen, besonders im Sommer, schlichtweg keine Einzelpersonen auf (es sei denn, sie zahlen den vollen Doppelzimmerpreis).

**Reservierung** Vorherige Reservierung wird von B&Bs bevorzugt und ist in Hauptreisezeiten unerlässlich. Viele B&Bs können über Internetagenturen gebucht werden, aber es kommt manchmal billiger, direkt zu buchen. Wer nicht reserviert hat, findet in den meisten Orten eine Straße mit mehreren B&Bs; ist ein Zimmer frei, hängt draußen ein Schild mit der Aufschrift „Vacancies". Viele B&Bs verlangen an Wochenenden einen Mindestaufenthalt von zwei Nächten, einige bieten Ermäßigungen für längere Aufenthalte (zwei oder drei Nächte) an Werktagen. Ist ein B&B belegt, empfehlen die Besitzer oft eine Alternative in der Nähe (möglicherweise ein Privathaus, das gelegentlich Gäste aufnimmt und nicht im Tourismusverzeichnis auftaucht).

**Essen** Die meisten B&Bs servieren ein gigantisches Frühstück, manche bieten auch Lunchpakete (um 6 £) und Abendessen (um 15–20 £) an.

### PREISKATEGORIEN FÜR UNTERKÜNFTE

Für die in diesem Buch aufgelisteten Unterkünfte werden folgende Preiskategorien benutzt, alle für ein Doppelzimmer mit Bad in der Hochsaison. Hotels in London sind teurer als im restlichen Land, haben also andere Preiskategorien.

#### London

**£** bis 100 £

**££** 100–180 £

**£££** über 180 £

#### Andernorts

**£** bis 60 £

**££** 60–130 £

**£££** über 130 £

## Camping

Das Angebot an Campingplätzen reicht vom Feld eines Bauern mit Wasserhahn und Plumpsklo für 3 £ pro Person und Nacht bis zu schickeren Anlagen mit heißen Duschen und vielen anderen Einrichtungen für bis zu 13 £. Meist muss alle Ausrüstung selbst mitgebracht werden.

Ein paar Campingplätze vermieten auch Hütten, Wohnwagen, Tipis, Jurten und stilvolle „Campingkabinen", oft als „Glamping" bezeichnet.

Wer in Großbritannien mit Zelt oder Wohnmobil unterwegs ist, sollte vielleicht dem **Camping & Caravanning Club** (www.campingandcaravanningclub.co.uk) beitreten, der gegen einen Jahresbeitrag von 37 £ auf seinen Plätzen 30 % Ermäßigung anbietet. Der Club besitzt fast 100 Campingplätze und hat in seinem unschätzbarem *Big Sites Book* (für Mitglieder kostenlos) Tausende mehr aufgelistet.

## Ferienwohnungen & -häuser

Für Leute, die an einem Ort bleiben möchten, ist eine wochenweise Anmietung ideal, ob kompakte Apartments in Städten oder hübsche alte Häuser auf dem Land (immer „Cottage" genannt, egal wie groß sie sind). Cottages für vier Personen kosten in der Hochsaison zwischen 250 und 650 £. In ruhigeren Zeiten sind sie billiger, auch sind sie dann unter Umständen für ein langes Wochenende zu haben. Einige praktische Websites:

**Bed & Breakfast Nationwide** (www.bedandbreakfastnationwide.com)

**Cottages & Castles** (www.cottages-and-castles.co.uk)

**Cottages4U** (www.cottages4you.co.uk)

**Hoseasons** (www.hoseasons.co.uk)

**National Trust** (www.nationaltrust.org.uk/holidays)

**Stilwell's** (www.stilwell.co.uk)

## Hausboote

Eine beliebte englische Ferienunterkunft sind Hausboote auf einer der malerischen Wasserstraßen Englands, eine Kombination aus Unterkunft und Verkehrsmittel für ein paar Tage oder eine Woche.

**UK Boat Hire** (www.ukboathire.com)

**Hoseasons** (www.hoseasons.co.uk)

## KEINE STANDARDPREISE IM HOTEL

In England gibt es für Hotels keine sogenannten Standardpreise. Viele Hotels, besonders größere oder Kettenhotels, ändern ihre Preise je nach Nachfrage – oder haben verschiedene Preise ja nach Buchung im Internet, übers Telefon oder direkt an der Rezeption – ganz ähnlich wie Flug- oder Bahngesellschaften. Wer also frühzeitig für eine Nacht bucht, wenn das Hotel eher unausgelastet ist, erhält einen günstigeren Preis. Bei kurzfristiger Buchung oder für Wochenenden um einen Feiertag wird's teuer. Wer hingegen bis zur letzten Minute wartet, kann manchmal ein Schnäppchen machen, da die Preise wieder fallen. Daher kann das gleiche Hotelzimmer irgendetwas zwischen 25 und 200 £ kosten. Die in diesem Buch angegebenen Hotelpreise sind daher oft nur ein Richtwert. (Preise für B&Bs sind hingegen eher beständiger.)

**Wandering Duck** „Schwimmende Hostels" für Budgetreisende.

### Hostels

Es gibt in England zwei Arten von Hostels: jene der **Youth Hostel Association** (YHA; www.yha.org.uk) und unabhängige Hostels, die auf der Website **Independent Hostels** (www.independent hostelguide.co.uk) verzeichnet sind.

Hostels sind in ländlichen Gebieten, Dörfern und Städten zu finden und richten sich an alle möglichen Reisenden, ob jung oder alt. Einige Hostels sind umgebaute Cottages, Landhäuser und sogar Burgen – oft mit wunderbaren Standorten. Meist bieten sie nur Schlafsäle, aber einige auch Zwei- oder Vierbettzimmer.

#### YHA HOSTELS

Die einfachsten YHA-Hostels kosten um 15 £ pro Person und Nacht, größere und besser ausgestattete Hostels 18 bis 25 £, in London ab 30 £. Reservierung und Bezahlung mit Kreditkarte ist meist möglich.

Eine Mitgliedschaft in der YHA (oder in einer anderen HI-Organisation) ist nicht nötig. Aber die meisten Hostels verlangen von Nichtmitgliedern ein Aufgeld (3 £ in YHA-Hostels), eine Mitgliedschaft lohnt sich also. Der Mitgliedsbeitrag in der YHA kostet pro Jahr 20 £; jüngere Leute und Familien erhalten eine Ermäßigung.

Die meisten Hostelpreise variieren je nach Nachfrage und Saison. Wer z. B. frühzeitig für einen Dienstag im Mai bucht, erhält den besten Preis, wer hingegen spät für ein Wochenende im August bucht, zahlt den Spitzenpreis – wenn überhaupt etwas frei ist. In diesem Buch sind generell die billigsten Preise genannt (entsprechend jenen, die auf der Website der YHA aufgeführt sind); es kann aber teurer werden.

YHA-Hostels haben oft komplizierte Öffnungszeiten, besonders in abgelegenen Gegenden oder außerhalb der Touristensaison; sie sollten vor der Ankunft erfragt werden.

#### UNABHÄNGIGE HOSTELS

In ländlichen Gegenden sind einige unabhängige Hostels kaum mehr als einfache Hütten (für etwa 12 £), andere haben fast B&B-Standard (ab 20 £). In den Städten richten sich die Backpacker-Hostels in der Regel an junge Budgetreisende. Die meisten sind durchgängig geöffnet, haben eine lebhafte Atmosphäre, ein breites Zimmerangebot (Doppelzimmer oder Schlafsäle), Bar, Café, WLAN und Waschmaschinen. Die Preise liegen bei rund 20 £ für ein Bett im Schlafsaal bis zu 40 £ für ein Bett in einem privaten Zimmer.

### Hotels

Die Hotelauswahl ist in England sehr breit gestreut, ob kleine Stadthäuser oder herrschaftliche Landhäuser, nüchterne Zweckbauten oder schmucke Refugien. In der Budgetkategorie kosten Einzel-/Doppelzimmer ab 40/50 £, in den höheren Kategorien ab 100/150 £.

Wer einfach nur ein Bett will, ist mit den billigen Kettenhotels ganz gut bedient. Den meisten fehlt ein gewisses Ambiente, aber was soll's? Es sind ja nur zwölf Stunden Aufenthalt und acht davon im Schlaf. Die Preise richten sich nach Nachfrage: In ruhigeren Zeiten kosten Zweibettzimmer ab 30 £, zu touristischen Spitzenzeiten sind es ab 60 £. Eine kleine Auswahl:

**Ibis Hotels** (www.ibis.com)

**Premier Inn** (www.premierinn.com)

**Travelodge** (www.travelodge.co.uk)

### Pubs & Gasthäuser

Viele Pubs und Gasthäuser verkaufen nicht nur Ge-

## ONLINE BUCHEN

Weitere Unterkunftsempfehlungen von Lonely Planet Autoren gibt es auf www.hotels.lonelyplanet.com/France. Dort sind unabhängige Besprechungen und auch Empfehlungen für die besten Unterkünfte zu finden. Und das Schönste: Gäste können online buchen.

tränke, sondern vermieten auch Zimmer, besonders auf dem Land. Für ein einfaches Zimmer mit Frühstück ist mit rund 25 £ pro Person zu rechnen, für ein besseres mit rund 40 £. Ein Vorteil für Soloreisende: Pubs haben oft Einzelzimmer.

### Hütten & Campingscheunen

Eine Hütte *(bunkhouse)* ist in England ein einfaches Haus, meist auf dem Land, mit einem Schlafsaal und einem Bad sowie Kochgelegenheit zur Selbstversorgung. Gäste bringen ihren Schlafsack und eventuell Kochgeschirr mit. Die meisten verlangen um 12 £ pro Person und Nacht.

Campingscheunen *(camping barns)* sind noch schlichter: Meistens handelt es sich um umgebaute landwirtschaftliche Gebäude. Für sie muss wie beim Campen alles mitgebracht werden, bis aufs Zelt. Die Preise liegen bei etwa 6 £ pro Person.

### Studentenunterkünfte

Während der Semesterferien vermieten viele Universitäten Zimmer an Besucher. Meist handelt es sich um ein rein zweckmäßiges Einzelzimmmer, aber Wohnungen stehen auch zur Verfügung. Die Preise liegen bei etwa 25 bis 60 £ pro Person. Ein praktisches Internetportal: www.universityrooms.co.uk.

## Versicherung

In England erhalten zwar alle, egal welcher Nationalität, eine kostenlose Notfallbehandlung, aber eine Reiseversicherung ist dennoch empfehlenswert. Sie versichert in der Regel medizinische und zahnmedizinische Beratung und Behandlung in privaten Arztpraxen – was meist schneller geht als in Praxen des NHS (National Health Service). Sie zahlt außerdem alle Rettungsflüge und deckt auch die üblichen Sachen ab, wie verlorenes Reisegepäck.

Weltweite Reiseversicherungen gibt es über www.lonelyplanet.com/travel-insurance. Die Versicherung kann jederzeit, auch unterwegs, online gekauft, verlängert und beansprucht werden.

## Visa

- EU-Bürger und Schweizer benötigen kein Visum für Großbritannien und müssen offiziell nur den Personalausweis vorlegen. Auch können sie hier ohne Einschränkungen arbeiten.
- Visabestimmungen können sich jedoch jederzeit ändern, zumal derzeit Einreisebeschränkungen in Großbritannien heiß diskutiert werden. Europäische Touristen dürfte das aber nicht betreffen.
- Britische Einreisebeamte waren schon immer knallhart; manchmal verlangen sie auch von EU-Bürgern einen Reisepass und lassen nicht mit sich diskutieren.

## Zeit

In Großbritannien gilt die Greenwich Mean Time (GMT). In England ist es also eine Stunde früher als in Deutschland, Österreich und der Schweiz. Die Sommerzeit beginnt Ende März (die Uhren werden eine Stunde vorgestellt) und endet Ende Oktober (die Uhren werden wieder eine Stunde zurückgestellt.

Uhrzeiten werden im Zwölf-Stunden-Takt angegeben, ab Mitternacht mit nachgestelltem „a.m.", ab 12 Uhr mittags mit nachgestelltem „p.m.". Für Fahrpläne der öffentlichen Verkehrsmittel wird hingegen der 24-Stunden-Takt benutzt.

## Zollbestimmungen

Innerhalb der EU gibt es keine Einfuhrbeschränkungen (wenn es sich um versteuerte Waren handelt). Die Zollbeamten halten sich aber an folgende Richtlinien, um persönlichen Bedarf von kommerziellen Einfuhren zu unterscheiden: 800 Zigaretten, 200 Zigarren, 10 l Spirituosen, 90 l Wein und 110 l Bier. Immer noch genug, um eine wilde Party zu feiern.

# Verkehrsmittel & -wege

## AN- & WEITERREISE

Die meisten Besucher kommen mit dem Flugzeug nach England. Da London ein internationaler Verkehrsknotenpunkt ist, gibt es Verbindungen mit der ganzen Welt. Durch die massive Zunahme von Billigfliegern in den vergangenen Jahren gibt es auch mehr Strecken – und niedrigere Preise – zwischen England und anderen Ländern in Europa.

Eine weitere Möglichkeit der Anreise ist die Fähre, entweder von Hafen zu Hafen oder mit einer Fernbusreise kombiniert. Allerdings kann die Fahrt lange dauern und die Ersparnis ist im Vergleich zu Billigfliegern nicht gerade groß.

Internationale Züge sind sehr viel komfortabler und auch „grüner"; der Kanaltunnel ermöglicht direkte Zugverbindungen zwischen England, Frankreich und Belgien mit Anschlüssen zu vielen anderen europäischen Städten.

Flüge, Autos und Bahnfahrkarten können über www.lonelyplanet.com/bookings gebucht werden.

## Flugzeug

### Londoner Flughäfen

**Heathrow** (LHR; www.heathrowairport.com) Der größte Flughafen Großbritanniens für internationale Flüge; oft chaotisch und überfüllt. Etwa 24 km westlich des Londoner Zentrums.

**Gatwick** (LGW; www.gatwickairport.com) Zweitwichtigster Flughafen Großbritanniens, hauptsächlich für internationale Flüge; 48 km südlich des Londoner Zentrums.

**Stansted** (STN; www.stanstedairport.com) Etwa 56 km nordöstlich des Londoner Zentrums, hauptsächlich für innereuropäische Charter- und Billigflieger.

**Luton** (LTN; www.londonluton.co.uk) Etwa 56 km nördlich des Londoner Zentrums, hauptsächlich für Urlaubsflüge.

**London City** (LCY; www.londoncityairport.com) Ein paar Kilometer östlich des Londoner Zentrums, hauptsächlich für innereuropäische und Inlandsflüge.

### Regionalflughäfen

Einige Flieger auf internationalen Strecken vermeiden London und fliegen größere Regionalflughäfen an, z. B. Manchester und Newcastle. Kleinere Regionalflughäfen wie Southampton und Birmingham werden von Kontinentaleuropa und Irland angeflogen.

## Auf dem Landweg

### Bus

Zwischen England und anderen europäischen Ländern gibt es zahlreiche Fernbusverbindungen. Der internationale Verbund **Eurolines** (www.eurolines.de) bedient unzählige Strecken; Fahrkarten gibt es online über die jeweils heimischen Busgesellschaften, die Eurolines angeschlossen sind.

Verbindungen von/nach England werden von **National Express** (www.nationalexpress.com) angeboten. Einige Fahrtzeiten von/nach London: München 19 Std., Frankfurt/M. 14 Std, Wien 24 Std., Zürich 23 Std.

Wer früher bucht und zeitflexibel ist (z. B. zu unpopulären Zeiten fahren kann), kann sehr günstige Preise bekommen. Zum Beispiel zwischen London und Paris oder Amsterdam ab 20 £ für die einfache Fahrt (üblicher sind aber eher 30 bis 40 £).

### Zug

#### KANALTUNNEL-PASSAGIERZÜGE

Der Hochgeschwindigkeitszug **Eurostar** (☎08705 186 186; www.eurostar.com) fährt mindestens zehnmal täglich zwischen London und Paris (2½ Std.) oder Brüssel (2 Std.). Fahrkarten gibt es in Reisebüros, Hauptbahnhöfen oder auf der Website von Eurostar.

Eine normale einfache Fahrt zwischen London und Paris/Brüssel kostet 140 bis 180 £; bei früher Buchung und in verkehrsschwachen Zeiten kostet die Fahrkarte nur 39 £.

**KANALTUNNEL-AUTOZÜGE**

Die Autozüge werden von **Eurotunnel** (www.eurotunnel.com) betrieben. Die Autos fahren in Folkestone in England oder in Calais in Frankreich auf den Zug, werden durch den Tunnel transportiert und fahren am Zielort wieder runter.

Die Züge verkehren von 6 bis 22 Uhr etwa viermal stündlich, nachts einmal stündlich. Die Ver- und Entladung dauert jeweils etwa eine Stunde, die Fahrtzeit beträgt 25 Minuten.

Fahrkarten gibt es über die Website oder direkt vor Ort. Eine einfache Fahrt für ein Auto inklusive Passagieren kostet je nach Tageszeit zwischen 75 und 165 £, bei Sonderangeboten oft auch nur 55 £.

## Übers Meer

### Fährverbindungen

Die wichtigsten Fährverbindungen zwischen England und anderen europäischen Ländern:

- Dover–Calais (Frankreich)
- Dover–Boulogne (Frankreich)
- Newhaven–Dieppe (Frankreich)
- Harwich–Hoek van Holland (Niederlande)
- Hull–Zeebrugge (Belgien)
- Hull–Rotterdam (Niederlande)

### Fährpreise

Die meisten Fährgesellschaften bieten flexible Preise an, also große Ersparnisse zu verkehrsschwachen Zeiten. Zum Beispiel kann eine kurze Kanalüberquerung, z. B. von Calais oder Boulogne nach Dover, nur 20 £ für ein Auto mit bis zu fünf Passagieren kosten, üblicher sind aber eher 50 bis 90 £. Fußpassagiere und Fahrradfahrer müssen nicht unbedingt im Voraus buchen; die Preise für Kurzüberfahrten liegen bei 10 bis 30 £ pro Strecke.

**ZUG- & FÄHRVERBINDUNGEN**

Außer dem Eurostar verkehren auch viele „normale" Züge zwischen England und dem europäischen Kontinent. Dafür ist nur eine Fahrkarte nötig, aber Passagiere steigen am Fährhafen aus, setzen mit der Fähre über und besteigen auf der anderen Seite einen weiteren Zug. Nach London fahren u. a. Züge (mit Fähre zwischen Hoek van Holland und Harwich) von Köln mit Umsteigen in Utrecht und Rotterdam und von Berlin mit Umsteigen in Amersford und Rotterdam sowie (mit Fähre zwischen Calais und Dover) von Köln mit Umsteigen in Lille und Brüssel.

### Buchung

Gebucht werden kann direkt bei einer der unten aufgeführten Fährgesellschaften oder über die sehr praktische Website www.ferrybooker.com, die alle Fährstrecken sowie den Eurotunnel abdeckt.

**Brittany Ferries** (www.brittany-ferries.com)

**DFDS Seaways** (www.dfdsseaways.co.uk)

**Irish Ferries** (www.irishferries.com)

**P&O Ferries** (www.poferries.com)

**Stena Line** (www.stenaline.com)

# UNTERWEGS VOR ORT

Die erste Entscheidung für Reisen innerhalb Englands ist: Auto oder öffentliche Verkehrsmittel?

Ein eigenes Auto spart viel Zeit und bringt einen auch in abgelegenere Gegenden. Aber Mietwagen und Benzinkosten können für Budgetreisende teuer sein (Verkehrsstaus in Großstädten betreffen hingegen alle) – öffentliche Verkehrsmittel sind oft die bessere Alternative. Zumindest bei viel Zeit kann man mit einer Mischung aus Zug, Bus, Taxi, Laufen und hin und wieder einem Leihfahrrad überall in England hinkommen, ohne mit dem Auto fahren zu müssen.

Die wichtigsten öffentlichen Verkehrsmittel sind Bahn und Fernbusse. Die Verbindungen zwischen größeren Städten ist generell gut, allerdings in verkehrsstarken Zeiten sollte im Voraus gebucht werden, um noch eine Fahrkarte zu bekommen. Bei frühzeitiger Buchung oder in verkehrsschwachen Zeiten – am besten beides – können Bahn- und Busfahrkarten sehr billig sein.

## Auto & Motorrad

Auto- und Motorradfahrer können unabhängig und flexibel durch England reisen und abgelegene Orte erreichen. Nachteile sind allerdings Verkehrsstaus, hohe Benzinpreise und in Städten hohe Parkgebühren.

### Mietwagen

Im Vergleich zu vielen anderen Ländern sind Mietwagen in Großbritannien ziemlich teuer; die kleinsten Wagen kosten um 120 £ pro Woche, Mittelklassewagen um 250 £ pro Woche. In allen Preisen sind Versicherung und unbegrenzte Kilometerzahl enthalten. Bei hoher Nachfrage wird's teurer (in ruhigeren Zeiten billiger).

Einige große Firmen:

**Avis** (www.avis.co.uk)

**Budget** (www.budget.co.uk)

**Europcar** (www.europcar.co.uk)

**Sixt** (www.sixt.co.uk)

**Thrifty** (www.thrifty.co.uk)

Eine andere Möglichkeit sind kleine, lokale Autovermieter in Großbritannien, die oft billiger als große Firmen sein können. Generell sind die Verleihfirmen in Städten preisgünstiger als auf dem Land. Schnäppchen findet man auch auf den Websites von Vermittlern oder Vergleichsseiten wie **UK Car Hire** (www.ukcarhire.net) oder **Kayak** (www.kayak.com).

### Wohnmobilverleih

Ein Wohnmobil ist teurer (500–900 £ pro Woche) als ein Leihwagen, spart aber bei Unterkünften und bietet nahezu unbegrenzte Freiheit. Einige Verleihfirmen:

**Just Go** (www.justgo.uk.com)

**Wild Horizon** (www.wildhorizon.co.uk)

### Automobilclubs

Britische Automobilclubs sind die **Automobile Association** (www.theaa.com) und der **Royal Automobile Club** (www.rac.co.uk). Die jährliche Mitgliedsgebühr beträgt jeweils um 50 £, einschließlich Pannenhilfe rund um die Uhr. Eine umweltfreundlichere Alternative ist die **Environmental Transport Association** (www.eta.co.uk); sie bietet Pannenhilfe, engagiert sich aber nicht für mehr Straßen.

### Versicherung

Es ist in England verboten, ein Auto oder Motorrad ohne eine Haftpflichtversicherung zu fahren. Sie ist bei allen Mietwagen enthalten. Wer mit dem eigenen Wagen anreist, sollte die grüne Versicherungskarte mitführen.

### Parken

In vielen Städten gibt es Kurzzeit- und Langzeitparkplätze; letztere sind billiger, aber oft auch ungünstig gelegen. „Park & Ride" sind Parkplätze am Stadtrand mit häufigen Direktbussen ins Zentrum, alles zu einem Preis.

Gelbe Linien (einfach oder doppelt) am Straßenrand bedeuten eingeschränktes Halte- oder Parkverbot; Schilder weisen darauf hin, wann genau geparkt werden darf und wann nicht. In London und anderen Großstädten gehen Verkehrspolizisten streng vor; Autos, die zur falschen Zeit an gelben Linien parken, bekommen eine Autokralle verpasst oder werden abgeschleppt – und es kostet 100 £ oder mehr, um das Auto wieder fahren zu können. In einigen Städten gibt es auch rote Linien. Sie bedeuten absolutes Halteverbot. Immer.

### Straßen

Autobahnen und Schnellstraßen sind der schnellste Weg von einem Ende des Landes zum anderen. Kleinere Fernstraßen, Land- und Nebenstraßen sind viel reizvoller – ideal für Auto- und Motorradtouren. Man kann nicht schnell fahren, aber das macht auch nichts.

Als Geschwindigkeitsbegrenzung gilt in Ortschaften 30 mph (48 km/h), auf Landstraßen 60 mph (96 km/h) und auf Autobahnen und den meisten (aber nicht allen) Schnellstraßen 70 mph (112 km/h).

### Verkehrsregeln

Ein ausländischer Führerschein ist in Großbritannien bis zu einem Jahr gültig.

Alkohol am Steuer wird strikt gefahndet; die Promilleobergrenze beträgt 0,8 – Aktivisten wollen sie, wie in vielen anderen europäischen Ländern, auf 0,5 senken.

Weitere wichtige Verkehrsregeln:

- In England herrscht Linksverkehr (!).
- Das Anlegen von Sicherheitsgurten ist Pflicht.
- Motorradfahrer müssen Helme tragen.
- An Kreuzungen und Kreisverkehren hat Rechts Vorfahrt.
- Auf Autobahnen und Schnellstraßen muss immer die linke Fahrspur benutzt werden, außer beim Überholen (das wird aber von so vielen Leuten ignoriert, als ob die Vorschrift nicht existiert).
- Handybenutzung beim Fahren ist verboten, außer bei Freisprechanlagen (auch das wird gerne missachtet).

## Bus

Bei knapper Reisekasse sind Fernbusse fast immer das billigste Verkehrsmittel, aber auch das (manchmal mit Abstand) langsamste. Viele Ortschaften haben unterschiedliche Busbahnhöfe für Regional- und Fernbusse; sie sollten nicht verwechselt werden.

**National Express** (www.nationalexpress.com) Größtes Fernbusunternehmen mit großem Streckennetz und häufigen Verbindungen zwischen Großstädten. Die Preise variieren: Sie sind billiger bei vorheriger Buchung und zu verkehrsschwachen Zeiten, teurer, wenn die Fahrkarte vor Ort und an einem Freitagnachmittag gekauft wird. Als Richtlinie: Eine Fahrt über etwa 320 km (z. B. von London nach York) kostet 15 bis 30 £, wenn die Fahrkarte ein paar Tage zuvor gekauft wird.

**Megabus** (www.megabus.com) Ein Billigbusunternehmen mit Verbindungen zu über 100 Orten im ganzen Land. Zu verkehrsschwachen Zeiten und bei früher Buchung ist die Fahrkarte sehr billig. Bei kurzfristiger Buchung und in verkehrsstarken Zeiten ... alles klar, oder?

### Pässe & Ermäßigungen

National Express bietet für Studenten und unter 26-Jährige die Young Persons Coachcard, die 10 £ kostet und auf Standardfahrpreise für Erwachsene 30 % Ermäßigung gibt. Erhältlich sind auch Coachcards für Personen über 60 Jahre, Familien und Behinderte.

Der Brit Xplorer von National Express ermöglicht Touristen unbegrenzte Fahrten für 7/14/28 Tage (79/139/219 £). Die Fahrten müssen nicht zuvor gebucht werden: Wenn ein Platz im Bus frei ist, kann er beansprucht werden.

## Fahrrad

England ist ein überschaubares Land, und ein Leihfahrrad – für ein oder zwei Stunden, eine Woche oder länger – ist für Leute mit Zeit eine prima Alternative, das Land zu sehen.

### London

London ist berühmt für sein Barclays Cycle Hire Scheme, nach dem Bürgermeister Boris Johnson, der das Fahrradverleihsystem eingeführt hat, auch „Boris Bikes" genannt. Die Fahrräder können direkt an den automatischen Verleihstationen ausgeliehen werden. Weitere Informationen hat die Website von Transport for London (www.tfl.gov.uk). Weitere Fahrradverleihe in der Hauptstadt sind auf www.lcc.org.uk (unter „Advice/Bike Shops") aufgeführt.

### Andernorts

Bath hat das Fahrradverleihsystem **nextbike** (www.nextbike.co.uk), in Städten wie Oxford und Cambridge gibt es reichlich Fahrradverleiher. Auch in Nationalparks und Forstbetrieben, die jetzt hauptsächlich als Freizeitgebiete dienen, wie Kielder Water in Northumberland und Grizedale Forest im Lake District, werden Fahrräder verliehen. In einigen Gegenden dienen stillgelegte Bahnstrecken als Fahrradwege, besonders im Peak District in Derbyshire. Die Gebühren betragen ab 10 £ oder für ein besseres Rad 20 £.

### Fahrräder in Zügen

Fahrräder können kostenlos in den meisten Stadtbahnen mitgenommen werden (allerdings oft nicht zu Spitzenzeiten, wenn die Züge voll mit Pendlern sind). Auch auf Kurzstrecken in ländlichen Gebieten ist die Fahrradmitnahme erlaubt – falls noch Platz ist.

Fahrräder können auch auf Fernstrecken in der Bahn kostenlos mitgenommen werden, für die meisten normalen Räder muss allerdings ein Platz reserviert werden (Klappfahrräder können in so ziemlich allen Zügen und jederzeit mitgeführt werden). Theoretisch sollte das kein großes Problem sein, da die Fahrkarten für Fernstrecken ohnehin besser im Voraus gekauft werden sollten. Aber manchmal ist man ganz schön lange beschäftigt, um zunächst den eigenen Platz zu buchen, dann den fürs Fahrrad – um dann herauszufinden, dass es keinen Platz gibt. Besser ist es, die Fahrkarten in einem Hauptbahnhof zu kaufen, wo ein Schalterbeamter behilflich ist.

Noch eine Warnung: Bei Reparaturen von Bahnstrecken werden Busse als Ersatz für die ausgefallenen Züge eingesetzt – und die nehmen dann keine Fahrräder mit.

Das sehr hilfreiche Faltblatt *National Rail Cycling by Train* ist in Hauptbahnhöfen erhältlich oder kann online auf www.nationalrail.co.uk (von der Homepage erst dem Link „Stations & on train", dann „Cyclists" folgen) heruntergeladen werden.

## Flugzeug

Einheimische Fluggesellschaften sind u. a. British Airways, FlyBe/Loganair und easyJet. Wer es wirklich eilig, kann längere Strecken innerhalb Englands fliegen (z. B. von Exeter oder Southampton nach Newcastle), allerdings versäumt man dann die herrliche Landschaft unterwegs. Rechnet man die Wartezeiten auf dem Flughafen mit ein, ist eine Bahnfahrt auf kürzeren Strecken (z. B. von London nach Newcastle oder von Manchester nach Newquay) Bahnfahrt letztlich schneller als ein Flug. Es mag zwar Schnäppchenpreise für Flugtickets geben, aber bei frühzeitiger Buchung kann eine Bahnfahrkarte billiger sein.

## Nahverkehr

Die englischen Großstädte haben meist ein gutes öffentliches Nahverkehrssystem (eine Kombination aus Bus, Bahn und Straßenbahn), das oft von einer verwirrenden Anzahl verschiedener Unternehmen betrieben wird. Die Touristeninformationen haben Streckenpläne und weitere Infos.

### Stadt- und Regionalbus

In Städten und größeren Ortschaften gibt es ganzjährig gute Busverbindungen. Auch in einigen ländlichen Gebieten verkehren Busse ganzjährig. Allerdings sind die Fahrpläne auf Schulen und Betriebe abgestimmt, sodass mittags und an Wochenenden nicht viele Busse fahren (oder in den Schulferien gar nicht mehr), oder sie verbinden nur einmal pro Woche Dörfer mit der nächsten Marktstadt.

In touristischen Gebieten (besonders Nationalparks) gibt es von Ostern bis September häufige Verbindungen. Allerdings lohnt es sich, besser nochmals in der Touristeninformation nachzufragen, ob der gewünschte Bus tatsächlich fährt.

In diesem Buch werden neben Nummern der Buslinien, Häufigkeit und Fahrtdauer auch Richtpreise genannt.

#### TAGESKARTEN

Bei mehreren Busfahrten in einem bestimmten Gebiet sind Tageskarten (mit Namen wie Day Rover, Wayfarer oder Explorer) billiger als mehrere Einzelfahrscheine. Sie sind oft im ersten benutzten Bus erhältlich und auch manchmal für Regionalzüge gültig. Es lohnt sich immer, Schalterbeamte oder Busfahrer nach den Möglichkeiten zu fragen.

### Taxi

Es gibt zwei Arten von Taxis in England: solche mit Taxameter, die in den Straßen angehalten werden können, und Minicabs, die billiger sind, aber nur telefonisch bestellt werden können. Minicabs ohne Konzession sind in manchen Städten unterwegs.

Die meisten Taxis in London sind die berühmten „Black Cabs" (manche als Werbeträger in anderen Farben), deren Preis sich nach Entfernung und Zeit berechnet. Je nach Tageszeit dauert eine Fahrt über eine Meile (1,6 km) fünf bis zehn Minuten und kostet 6 bis 9 £. Längere Fahrten sind proportional billiger.

Taxis in ländlichen Gebieten müssen telefonisch bestellt werden. Die Telefonnummer des lokalen Taxiunternehmens erfährt man am besten im nächsten Pub. Die Preise liegen bei 2 bis 4 £ pro Meile.

**Traintaxi** (www.traintaxi.co.uk) ist ein Webportal, das die „letzte Lücke" zwischen Bahnhof und Hotel oder anderen Zielen schließt.

## Zug

Für Langstrecken in England sind Züge generell schneller und komfortabler als Busse, aber auch teurer. Mit einer BahnCard sind sie jedoch günstiger – und sie fahren oft durch herrliche Landschaften. Die Engländer meckern gerne über ihre Züge, aber rund 85 % sind pünktlich. Die restlichen 15 %, die sich verspäten oder ausfallen, sind meist eher Pendlerzüge.

### Bahnunternehmen

Etwa 20 verschiedene Unternehmen betreiben die Bahnstrecken in England, die Gleise und Bahnhöfe werden hingegen von Network Rail verwaltet. Für Passagiere kann das zunächst verwirrend sein, aber Informationen und Fahrkartenverkauf sind weitgehend zentralisiert. Wer umsteigen muss oder zwei oder mehr Bahnunternehmen nutzt, braucht trotzdem nur eine Fahrkarte, die für die ganze Fahrt gültig ist. Auch die wichtigsten Bahncards und -pässe werden von allen Bahnunternehmen akzeptiert.

Wenn mehr als ein Bahnunternehmen die gleiche Strecke befährt (z. B. von York nach Newcastle), mag die Fahrkarte, die bei einem Unternehmen gekauft wurde, beim anderen nicht gültig sein. Wer also den ursprünglich gebuchten Zug versäumt, sollte sich erkundigen, ob die Fahrkarte für einen späteren Zug auch gültig ist.

### Zuginformation

Erste Anlaufstelle sollte **National Rail Enquiries** (☎08457 48 49 50; www.nationalrail.co.uk) sein, die landesweite Fahrplan- und Fahrpreisauskunft. Auf der Website sind Sonderangebote angekündigt und es gibt Live-Links zu Abfahrtsanzeigern auf Bahnhöfen sowie Streckenkarten des Bahnnetzes zum Herunterladen.

### Fahrkarten & Reservierungen

#### FAHRKARTENKAUF

Wer den gewünschten Zug auf der Website von National Rail Enquiries gefunden hat, folgt dem Link zum entsprechenden Bahnunternehmen, bei dem die Fahrkarte gekauft werden kann. Sie wird dann per Post verschickt (nur an Adressen in Großbritannien) oder an Automaten im Bahnhof am Tag der Abreise ausgegeben. Eine Buchungsgebühr wird meist nicht erhoben.

Eine andere Möglichkeit sind Websites für den zentralisierten Fahrkartenverkauf. Sie bieten sämtliche Bahnverbindungen auf einen Blick und verlangen eine kleine Buchungsgebühr zusätzlich zum Fahrkartenpreis. Die wichtigsten:

**QJump** (www.qjump.co.uk)

**Rail Easy** (www.raileasy.co.uk)

**Train Line** (www.thetrainline.com)

Beim Kartenkauf im Internet muss immer der gewünschte Reisetag und die Zeit angegeben werden, selbst wenn der Termin keine Rolle spielt. Aber die Zeiten können beim Weiterklicken geändert werden und bei ein bisschen Herumsuchen sind manchmal echte Schnäppchen zu finden.

Fahrkarten können auch direkt im Bahnhof erworben werden, was für Kurzstrecken praktisch ist (unter 80 km). Ermäßigte Fahrkarten für längere Strecken sind dort allerdings in der Regel nicht erhältlich; sie müssen telefonisch oder online im Voraus gekauft werden.

#### PREISE

Fahrkarten für längere Strecken sind direkt vor Ort zu jeder Zeit erhältlich, aber sie sind viel billiger, wenn sie im Voraus gekauft werden. Je früher gebucht wird, desto billiger wird's, ebenso bei Fahrten zu verkehrsschwachen Zeiten. Wer im Voraus kauft, hat meist auch gleich einen Platz reserviert.

Für alle Bahnunternehmen und Verkaufsstellen gelten die folgenden drei Fahrpreiskategorien:

**Anytime** Kauf und Reiseantritt zu jeder beliebigen Zeit – meist die teuerste Option.

**Off-peak** Kartenkauf zu jeder beliebigen Zeit, Reiseantritt zu verkehrsschwachen Zeiten (die hängen von der Strecke ab).

**Advance** Fahrkartenkauf im Voraus, Fahrt nur in bestimmten Zügen – meist die billigste Option.

Ein Beispiel für die Preisunterschiede: Eine einfache Anytime-Fahrkarte von London nach York kostet ab 125 £, eine Off-peak-Fahrkarte um 95 £ und eine Advance-Fahrkarte um 30 bis 40 £, evtl. weniger, wenn man früh genug bucht und eine Ankunft mitten in der Nacht kein Problem ist.

Die billigsten Fahrkarten sind nicht erstattungsfähig, wer also seinen Zug verpasst, muss eine neue Fahrkarte kaufen.

### ANSCHLUSSFAHRTEN

Gibt es keine Zugverbindung zum gewünschten Ziel, besteht die Möglichkeit, noch einen Zuschlag für **PlusBus** (www.plusbus.info) bei der Reservierung zu zahlen, um mit der Bahnfahrkarte weiter mit dem Bus zu fahren. Das ist praktischer und meist auch billiger als der Kauf einer separaten Busfahrkarte.

## Bahnklassen

Züge sind in zwei Klassen aufgeteilt: die 1. und die Standardklasse. Die 1. Klasse kostet etwa 50 % mehr als der Standardpreis (in verkehrsstarken Zeiten bis zu doppelt so viel). Dafür werden größere Sitze, mehr Beinfreiheit und meist auch eine ruhigere, sachlichere Atmosphäre geboten, plus Extras wie freie Getränke und Zeitungen. Manche Bahnunternehmen bieten Passagieren an Wochenenden gegen 5 bis 25 £ zusätzlich zum Standardpreis ein „Upgrade" in die 1. Klasse an, zahlbar an Ort und Stelle.

## BahnCards

### ERMÄẞIGUNGSKARTEN

Wer sich etwas länger in England aufhält, kann sich eine **Railcard** (www.railcard.co.uk) besorgen:

**16-25 Railcard** Gültig für Personen zwischen 16 und 25 Jahren und für Studenten in Großbritannien.

**Senior Railcard** Für alle über 60 Jahre.

**Family & Friends Railcard** Gültig für bis zu vier Erwachsene und vier Kinder, die gemeinsam reisen.

Railcards kosten 30 £ (gültig für ein Jahr, erhältlich in Hauptbahnhöfen oder online) und bieten Ermäßigungen von 33 % auf die meisten Fahrpreise, außer für jene, die ohnehin stark ermäßigt sind. Mit der Familienkarte erhalten Erwachsene 33 % und Kinder 60 % Ermäßigung. Der Preis für die Railcard rechnet sich also schon nach ein paar Fahrten.

### STADT- & REGIONAL-BAHNCARDS

Städtische Bahnkarten gelten in der Regel für den Schienenverkehr in einer Stadt (viele auch für Busse). Sie sind in den jeweiligen Kapiteln in diesem Buch beschrieben.

Für Reisen im Südosten Englands (z. B. von London nach Dover, Weymouth, Cambridge oder Oxford) gibt es die **Network Railcard** (www.railcard.co.uk/network; pro Jahr 30 £) für bis zu vier Erwachsene und bis zu vier Kinder, die gemeinsam außerhalb der verkehrsstarken Zeiten reisen.

### LANDESWEITE BAHNCARDS

Die Bahnkarten von **BritRail** (www.britrail.net) gelten für landesweite Reisen und richten sich an ausländische Touristen. Sie müssen im jeweiligen Heimatland (nicht in England) im Reisebüro gekauft werden. Es gibt sie in verschiedenen Versionen (z. B. nur England, ganz Großbritannien, Vereinigtes Königreich und Nordirland) für Zeiträume von vier bis dreißig Tagen.

# Sprache

## NOCH MEHR ENGLISCH?

Zusätzliche Informationen zur Sprache sowie praktische Redewendungen finden sich im *Reise-Sprachführer Englisch* von Lonely Planet. Er ist in Buchhandlungen oder unter **http://shop.lonelyplanet.de** erhältlich.

Briten, Amerikaner und Neuseeländer, deutsche Geschäftsleute und norwegische Wissenschaftler, der indische Verwaltungsbeamte und die Hausfrau in Kapstadt – fast jeder auf der Welt scheint Englisch zu sprechen. Und wirklich: Englisch ist die am weitesten verbreitete Sprache der Welt (wenn's auch nur den zweiten Platz für die am meisten gesprochene Muttersprache gibt – Chinesisch ist hier die Nr. 1).

Und selbst die, die nie Englisch gelernt haben, kennen durch englische Musik oder Anglizismen in Technik und Werbung immer ein paar Wörter. Ein paar Brocken mehr zu lernen, um beim Smalltalk zu glänzen, ist nicht schwer. Hier sind die wichtigsten Wörter und Wendungen für die fast perfekte Konversation in fast allen Lebenslagen aufgelistet:

## Konversation & Nützliches

Wer einen Fremden nach etwas fragt, sollte die Frage oder Bitte mit einer höflichen Entschuldigung einleiten („Excuse me, …").

| | |
|---|---|
| **Guten Tag** | *Hello* |
| **Hallo** | *Hi* |
| **Guten …** | *Good …* |
| **Morgen** | *morning* |
| **Tag** | *afternoon* |
| **Abend** | *evening* |
| **Auf Wiedersehen** | *Goodbye* |
| **Bis später** | *See you later* |
| **Tschüs** | *Bye* |
| **Wie geht es Ihnen?/ Wie geht es dir?** | *How are you?* |
| **Danke, gut.** | *Fine, thanks.* |
| **Und Ihnen?/Und dir?** | *And you?* |
| **Wie ist Ihr Name?/ Wie heißt du?** | *What's your name?* |
| **Mein Name ist …/ Ich heiße …** | *My name is …* |
| **ja** | *yes* |
| **nein** | *no* |
| **bitte** | *please* |
| **(vielen) Dank** | *thank you (very much).* |
| **bitteschön** | *you're welcome* |
| **Entschuldigen Sie, …/ Entschuldige …** | *Excuse me, …* |

## Fragewörter

| | |
|---|---|
| **Wer?** | *Who?* |
| **Was?** | *What?* |
| **Wo?** | *Where?* |
| **Wann?** | *When?* |
| **Wie?** | *How?* |
| **Warum?** | *Why?* |
| **Welcher?** | *Which?* |
| **Wie viel?** | *How much?* |
| **Wie viele?** | *How many?* |

## Gesundheit

**Wo ist der/die/das nächste ...?**
*Where's the nearest ...?*

| | |
|---|---|
| **Apotheke** | *chemist* |
| **Zahnarzt** | *dentist* |
| **Arzt** | *doctor* |
| **Krankenhaus** | *hospital* |

**Ich brauche einen Arzt.**
*I need a doctor.*
**Gibt es in der Nähe eine (Nacht-)Apotheke?**
*Is there a (night) chemist nearby?*
**Wo ist die Toilette?**
*Where are the toilets?*
**Ich bin krank.**
*I'm sick.*
**Es tut hier weh.**
*It hurts here.*
**Ich habe mich übergeben.**
*I've been vomitting.*
**Ich habe Durchfall/Fieber/Kopfschmerzen.**
*I have diarrhoea/fever/headache.*
**(Ich glaube,) Ich bin schwanger.**
*(I think) I'm pregnant.*
**Ich bin allergisch gegen ...**
*I'm allergic to ...*

| | |
|---|---|
| **Antibiotika** | *antibiotics* |
| **Aspirin** | *aspirin* |
| **Penizillin** | *penicillin* |

## Mit Kindern reisen

**Ich brauche ...**
*I need (a) ...*
**Gibt es ...?**
*Is there (a/an) ...?*

| | |
|---|---|
| **einen Wickelraum** | *baby changing room* |
| **einen Babysitz** | *baby seat* |
| **einen Kindersitz** | *booster seat* |
| **einen Babysitter-Service** | *child-minding service* |
| **eine Kinderkarte** | *children's menu* |
| **einen Kinderstuhl** | *highchair* |
| **(Wegwerf-)Windeln** | *(disposable) nappies* |
| **ein Kindertöpfchen** | *potty* |
| **einen Kinderwagen** | *stroller* |

### NOTFÄLLE

| | |
|---|---|
| **Hilfe!** | *Help!* |
| **Es ist ein Notfall!** | *It's an emergency!* |
| **Rufen Sie ...** | *Call ...* |
| **die Polizei!** | *the police!* |
| **einen Arzt!** | *a doctor!* |
| **einen Krankenwagen!** | *an ambulance!* |
| **Lassen Sie mich in Ruhe!** | *Leave me alone!* |
| **Gehen Sie weg!** | *Go away!* |

**Kann ich mein Kind hier stillen?**
*Do you mind if I breastfeed here?*
**Sind Kinder erlaubt?**
*Are children allowed?*

## Papierkram

| | |
|---|---|
| **Name** | *name* |
| **Staatsangehörigkeit** | *nationality* |
| **Geburtsdatum** | *date of birth* |
| **Geburtsort** | *place of birth* |
| **Geschlecht** | *sex/gender* |
| **(Reise-)Pass** | *passport* |
| **Visum** | *visa* |

## Reservierungen vornehmen

(telefonisch oder schriftlich)

| | |
|---|---|
| **An ...** | *To ...* |
| **Von ...** | *From ...* |
| **Datum** | *Date* |

**Ich möchte ... reservieren.**
*I'd like to book ...*
**auf den Namen ...**
*in the name of ...*

| | |
|---|---|
| **vom ... bis zum ...** | *from ... to ...* |
| **Kreditkarte** | *credit card* |
| **Nummer** | *number* |
| **gültig bis ...** | *expiry date* |
| **Sicherheitscode** | *security code* |

**Bitte bestätigen Sie Verfügbarkeit und Preis.**
*Please confirm availability and price.*

## Shoppen & Dienstleistungen

**Ich suche …**
*I'm looking for …*
**Wo ist der/die/das (nächste) …?**
*Where's the (nearest) …?*
**Wo kann ich … kaufen?**
*Where can I buy …?*
**Ich möchte … kaufen.**
*I'd like to buy …*
**Wie viel (kostet das)?**
*How much (is this)?*
**Das ist zu viel/teuer.**
*That's too much/expensive.*
**Können Sie mit dem Preis heruntergehen?**
*Can you lower the price?*
**Haben Sie etwas Billigeres?**
*Do you have anything cheaper?*
**Ich schaue mich nur um.**
*I'm just looking.*
**Können Sie den Preis aufschreiben?**
*Can you write down the price?*
**Haben Sie noch andere?**
*Do you have any others?*
**Können Sie ihn/sie/es mir zeigen?**
*Can I look at it?*

| | |
|---|---|
| **mehr** | *more* |
| **weniger** | *less* |
| **kleiner** | *smaller* |
| **größer** | *bigger* |

**Nehmen Sie …?**
*Do you accept …?*
**Kreditkarten**
*credit cards*
**Reiseschecks**
*travellers cheques*

**Ich möchte …**
*I'd like to …*
**Geld umtauschen**
*change money (cash)*
**Reiseschecks einlösen**
*change some travellers cheques*

| | |
|---|---|
| **ein Geldautomat** | *an ATM* |
| **eine Wechselstube** | *an exchange office* |
| **eine Bank** | *a bank* |
| **die … Botschaft** | *the … embassy* |
| **deutsche** | *German* |
| **österreichische** | *Austrian* |
| **Schweizer** | *Swiss* |
| **das Krankenhaus** | *the hospital* |
| **der Markt** | *the market* |
| **die Polizei** | *the police* |
| **die Post** | *the post office* |
| **ein öffentliches Telefon** | *a public phone* |
| **eine öffentliche Toilette** | *a public toilet* |

**Wann macht er/sie/es auf/zu?**
*What time does it open/close?*
**Ich möchte eine Telefonkarte kaufen.**
*I'd like to buy a phone card.*
**Wo ist hier ein Internet-Café?**
*Where's the local Internet cafe?*

## Unterkunft

**Wo ist …?**
*Where's a …?*

| | |
|---|---|
| **eine Pension** | *bed and breakfast, guesthouse* |
| **ein Campingplatz** | *camping ground* |
| **ein Hotel** | *hotel* |
| **ein Privatzimmer** | *room in a private home* |
| **eine Jugendherberge** | *youth hostel* |

**Wie lautet die Adresse?**
*What's the address?*
**Ich möchte bitte ein Zimmer reservieren.**
*I'd like to book a room, please.*
**Für (drei) Nächte/Wochen.**
*For (three) nights/weeks.*

**Haben Sie ein …?**
*Do you have a …?*

| | |
|---|---|
| **Einzelzimmer** | *single room* |
| **Doppelzimmer** | *double room* |
| **Zweibettzimmer** | *twin room* |
| **Familienzimmer** | *family room* |
| **Bett im Schlafsaal** | *dorm bed* |

**Wie viel kostet es pro …?**
*How much is it per …?*

| | |
|---|---|
| **Nacht** | *night* |
| **Person** | *person* |

**Kann ich es sehen?**
*May I see it?*
**Wo ist das Badezimmer?**
*Where is the bathroom?*
**Kann ich ein anderes Zimmer bekommen?**
*Can I have another room?*
**Es ist gut, ich nehme es.**
*It's fine. I'll have it.*
**Ich reise jetzt ab.**
*I'm leaving now.*

## Verständigung

**Verstehen Sie (mich)?**
*Do you understand (me)?*
**Ich verstehe (nicht).**
*I (don't) understand.*

**Könnten Sie ...?**
*Could you please ...?*
**bitte langsamer sprechen**
*speak more slowly*
**das bitte wiederholen**
*repeat that*
**das bitte aufschreiben**
*write it down*

## Verkehrsmittel & -wege

**Wann fährt ... ab?**
*What time does the ... leave?*

| | |
|---|---|
| **das Boot** | *boat* |
| **der Bus** | *bus* |
| **der Zug** | *train* |

## Selbstfahrer

**Wo kann ich ... mieten?**
*Where can I hire a...?*

**Ich möchte ... mieten.**
*I'd like to hire a/an ...*

| | |
|---|---|
| **ein Fahrrad** | *bicycle* |
| **ein Auto** | *car* |
| **ein Allradfahrzeug** | *4WD* |
| **Schaltgetriebewagen** | *manual car* |
| **ein Motorrad** | *motorbike* |

**Wie viel kostet es pro ...?**
*How much is it per ...?*

| | |
|---|---|
| **Stunde** | *hour* |
| **Tag** | *day* |
| **Woche** | *week* |

| | |
|---|---|
| **Benzin** | *petrol* |
| **Diesel** | *diesel* |
| **bleifreies Benzin** | *unleaded* |
| **Autogas** | *LPG* |

**Wo ist eine Tankstelle?**
*Where's a petrol station?*
**Führt diese Straße nach ...?**
*Does this road go to ...?*
**(Wie lange) Kann ich hier parken**
*(How long) Can I park here?*
**Wo muss ich bezahlen?**
*Where do I pay?*
**Ich brauche einen Mechaniker.**
*I need a mechanic.*
**Ich habe (in ...) eine Panne mit meinem Auto.**
*The car has broken down (at ...)*
**Ich hatte einen Unfall.**
*I had an accident.*
**Das Auto/Motorrad springt nicht an.**
*The car/motorbike won't start.*
**Ich habe eine Reifenpanne.**
*I have a flat tyre.*
**Ich habe kein Benzin mehr.**
*I've run out of petrol.*

## Wegweiser

**Wo ist (eine Bank)?**
*Where's (a bank)?*
**Ich suche (die Kathedrale).**
*I'm looking for (the cathedral).*
**Wie kann ich da hinkommen?**
*How can I get there?*
**Wie weit ist es?**
*How far is it?*
**Können Sie es mir (auf der Karte) zeigen?**
*Can you show me (on the map)?*
**Ich habe mich verirrt.**
*I'm lost.*
**Können Sie mir bitte helfen?**
*Could you help me, please?*

# Hinter den Kulissen

## WIR FREUEN UNS ÜBER EIN FEEDBACK

Post von Travellern zu bekommen ist für uns ungemein hilfreich – Kritik und Anregungen halten uns auf dem Laufenden und helfen, unsere Bücher zu verbessern. Unser reiseerfahrenes Team liest alle Zuschriften genau durch, um zu erfahren, was an unseren Reiseführern gut und was schlecht ist. Wir können solche Post zwar nicht individuell beantworten, aber jedes Feedback wird garantiert schnurstracks an die jeweiligen Autoren weitergeleitet, rechtzeitig vor der nächsten Auflage.

Wer uns schreiben will, erreicht uns unter **www.lonelyplanet.de/kontakt**.

Hinweis: Da wir Beiträge möglicherweise in Lonely Planet Produkten (Reiseführer, Websites, digitale Medien) veröffentlichen, ggf. auch in gekürzter Form, bitten wir um Mitteilung, falls ein Kommentar nicht veröffentlicht oder ein Name nicht genannt werden soll. Wer Näheres über unsere Datenschutzpolitik wissen will, erfährt das unter www.lonelyplanet.com/privacy.

## DANK VON LONELY PLANET

**Vielen Dank an die folgenden Leser, die mit der letzten Ausgabe unterwegs waren und uns wertvolle Hinweise, Tipps und interessante Anekdoten geschickt haben:**

Gayle Galletta, Hannah Layford, Heather Monell, Katharina Asghari, Margaret Nash, Nick Adams, Paul Hegenbarth, Safia Weeks, Sain Alizada, Sandra Meinert, Walter Rask

## DANK DER AUTOREN

### Neil Wilson

Vielen Dank an all die hilfreichen und engagierten Mitarbeiter der Touristeninformationen überall im Land und an die vielen Reisenden, die ich unterwegs getroffen habe, die Tipps und Empfehlungen beigesteuert haben. Danke auch an Carol Downie, an Steven Fallon und Keith Jeffrey, Steve Hall, Russell Leaper, Brendan Bolland, Jenny Neil sowie Tom und Christine Duffin. Und schließlich vielen Dank an all meine Koautoren und die stets hilfsbereiten und geduldigen Redakteure und Kartografen bei Lonely Planet.

### Oliver Berry

Dank für Unterstützung bei diesem Buch geht an Alice Sommerlad, Thom Hunt, Rupert Ellis, Dave Grimstead, Jim Burns, Lucy Granger, Simon Timms und Hetty von Koru Kayaking. Besonderer Dank an Susie & Gracie Berry, an Belinda Dixon für ihre tolle Arbeit als Koautorin, an Neil Wilson dafür, dass er das Ruder übernommen hat, und an James Smart und all die Leute bei Lonely Planet für die Hilfe und die klugen Ratschläge.

### Fionn Davenport

Danke an Andy Parkinson von Visit Manchester und Joe Keggin von Marketing Liverpool für ihre Unterstützung; ein dickes Dankeschön an Saralinda Turner bei Lonely Planet für ihre Geduld und ihre Beharrlichkeit, und auch an Neil dafür, dass er ein guter Hirte war, und an James für, nun ja, alles andere.

### Marc Di Duca

Ein riesiges *merci* geht an all die Mitarbeiter der Touristeninformationen überall in Südostengland (also die, die noch nicht wegrationalisiert wurden), aber vor allem an die hilfreichen Leute in Hastings, Canterbury und Rye. Danke auch an Therese von der Canterbury Cathedral sowie an meine Schwiegereltern Mykola und Vira aus Kiew für die Betreuung meiner Söhne Taras und Kirill, während ich unterwegs war. Und nicht zuletzt bin ich meiner Frau Tanya für all die langen Tage, die wir getrennt verbrachten, zu tiefer Dankbarkeit verpflichtet.

### Belinda Dixon

Ein Riesendank geht an: James Smart für das Vertrauen (und den Auftrag!), das Lonely Planet Team hinter den Kulissen und meine Autorenkollegen für ihren Humor, ihre Erfahrung und ihre Reisegeschichten. An alle, die ich unterwegs im Südwesten getroffen haben, für Tipps, Infos und unzählige Gefälligkeiten. Und am JL für die Reisebegleitung (besonders beim Paddeln, bei der Fossilienjagd und beim *afternoon tea*) und dafür, dass er mich noch immer zum Lächeln bringt.

### Peter Dragicevich

Vielen Dank an die Freunde unterwegs, die diesen Job zu einer so angenehmen Aufgabe gemacht haben, besonders Kerri Tyler, Tim Benzie, Paul Joseph und Kurt Crommelin. Ganz besonderen Dank an Matt, Clare, Charlie und Artie Swaine für ihre Bristoler Gutmütigkeit. Ganz liebe Grüße an Phillippa Steel – eine tolle Inspirationsquelle und wahre Freundin.

### Damian Harper

Vielen Dank an eine lange Liste von hilfreichen Personen: John Patrick Egan, Fiona Jenkins, Stephanie Francis, Daisy Harper, Amy Williams, Arlene Fraser, Matthew Scudamore, Daniel Hands und, nicht zuletzt, Timothy Benjamin und Emma Rosalind. Ehre gebührt auch den Leuten in London, die diese Stadt zu einer so aufregenden und faszinierenden Heimat machen.

### Catherine Le Nevez

Danke zu allererst an Julian und an all die Einheimischen, Tourismusprofis und Mitreisenden, denen ich Einblicke, Inspiration und vergnügliche Zeiten verdanke. Besonderen Dank an Ade Andrews für das Interview und an Steven, Jeremy, Jayni und Alan in Birmingham, Nadia in Nottingham sowie Raisa und Jonny in Newcastle. Dank auch an Neil Wilson, James Smart, Cliff Wilkinson, Joe Revill und alle bei Lonely Planet. Und wie immer, *merci encore* an meine Eltern und meinen Bruder samt *belle-sœur* und *neveu*.

## QUELLENNACHWEIS

Die Angaben auf der Klimakarte stammen von Peel MC, Finlayson BL & McMahon TA (2007) „Updated World Map of the Köppen-Geiger Climate Classification", Hydrology and Earth System Sciences, 11, 1633–44.

Titelfoto: Wensleydale, Yorkshire Dales National Park, Paul Harris/AWL.

Illustrationen: S. 72–73 und S. 690–691 von Javier Zarracina; S. 82–83 von Javier Zarracina und Michael Weldon.



## ÜBER DIESES BUCH

Dies ist die 1. deutsche Auflage von *England*. Sie basiert auf der 8. englischen Auflage von Neil Wilson, Oliver Berry, Fionn Davenport, Marc Di Duca, Belinda Dixon, Peter Dragicevich, Damian Harper und Catherine Le Nevez, produziert von:

**Titelredaktion** James Smart, Clifton Wilkinson
**Produktredaktion** Elin SBerglund
**Kartografie** Mark Griffiths
**Layout** Cam Ashley
**Redaktionsassistenz** Nigel Chin, Charlotte Orr
**Umschlaggestaltung** Naomi Parker
**Dank an** Penny Cordner, Ryan Evans, Anna Harris, Jouve India, Andi Jones, Elizabeth Jones, Claire Naylor, Karyn Noble, Katie O'Connell, Ellie Simpson, Lauren Wellicome

# Register



Kartenverweise **000**
Fotoverweise 000

Kartenverweise **000**
Fotoverweise **000**

## H



## I



## J



## K

Kartenverweise **000**
Fotoverweise **000**

Kartenverweise **000**
Fotoverweise **000**



## Q



## R



## S

## Y



## Z



Kartenverweise **000**
Fotoverweise 000

# Kartenlegende

## Sehenswertes

- Strand
- Vogelschutzgebiet
- buddhistisch
- Burg/Schloss/Palast
- christlich
- konfuzianisch
- hinduistisch
- islamisch
- jainistisch
- jüdisch
- Denkmal
- Museum/Galerie/histor. Gebäude
- Ruine
- Sento/Onsen
- shintoistisch
- Sikh
- taoistisch
- Weingut/Weinberg
- Zoo/Wildschutzgebiet
- sonstige Sehenswürdigkeit

## Aktivitäten, Kurse & Touren

- bodysurfen
- tauchen
- Kanu/Kajak fahren
- Kurs/Tour
- Ski fahren
- schnorcheln
- surfen
- Swimmingpool
- wandern
- windsurfen
- sonstige Aktivität

## Schlafen

- Hotel/Pension/Hostel
- Camping

## Essen

- Restaurant

## Ausgehen & Nachtleben

- Bar/Kneipe/Club
- Café

## Unterhaltung

- Unterhaltung

## Shoppen

- Shoppen

## Praktisches

- Bank
- Botschaft/Konsulat
- Krankenhaus/Arzt
- Internet
- Polizei
- Post
- Telefon
- Toilette
- Touristeninformation
- sonstige Informationen

## Geografie

- Strand
- Hütte/Unterstand
- Leuchtturm
- Aussichtspunkt
- Berg/Vulkan
- Oase
- Park
- Pass
- Rastplatz
- Wasserfall

## Städte

- Hauptstadt (Staat)
- Hauptstadt (Provinz)
- Großstadt
- Stadt/Ort

## Transport

- Flughafen
- Grenzübergang
- Bus
- Seilbahn/Standseilbahn
- Radweg
- Fähre
- Metrostation
- Schwebebahn
- Parkplatz
- Tankstelle
- S-Bahnstation
- Taxi
- T-bane/Tunnelbana-Station
- Bahnhof/Bahnlinie
- Straßenbahn
- Tube Station
- U-Bahnstation
- sonstiger Transport

*Hinweis: Nicht alle in der Legende aufgeführten Symbole sind Bestandteil der Karten dieses Buches*

## Verkehrswege

- Mautstraße
- Autobahn
- Hauptstraße
- Landstraße
- Verbindungsstraße
- sonstige Straße
- unbefestigte Straße
- Straße im Bau
- Platz, Promenade
- Treppe
- Tunnel
- Fußgängerbrücke
- Spaziergang
- Abstecher vom Spaziergang
- Weg/Pfad

## Grenzen

- Staatsgrenze
- Provinzgrenze
- umstrittene Grenze
- Regional-/Bezirksgrenze
- Meeresschutzgebiet
- Kliff
- Mauer

## Gewässer

- Fluss, Bach
- periodischer Fluss
- Kanal
- Gewässer
- Salzsee/trockener/periodischer See
- Riff

## Gebietsform

- Flughafen/Flugplatz
- Strand/Wüste
- christlicher Friedhof
- sonstiger Friedhof
- Gletscher
- Watt
- Park/Wald
- Sehenswertes (Gebäude)
- Sportplatz
- Sumpf/Mangroven

# DIE AUTOREN

**Neil Wilson**

Koordinierender Autor; Yorkshire Neil ist in Schottland geboren und hat, abgesehen von ein paar Jahren im Ausland, die meiste Zeit seines Lebens dort verbracht. Als großer Outdoor-Enthusiast hat er per pedes, Fahrrad und Segelboot jeden Winkel Großbritanniens erkundet. Seine jüngsten Recherchen führten ihn vom westlichsten Punkt des Landes am Ardnamurchan Lighthouse bis zum östlichsten in Fraserburgh ebenso wie in jede Ecke von Yorkshire. Neil ist seit 1988 Vollzeit-Autor und hat um die 65 Reiseführer für diverse Verlage geschrieben, darunter den Lonely Planet *Schottland* und *Scotland's Highlands & Islands*.

**Oliver Berry**

Bath & Südwestengland; Lake District & Cumbria Oliver ist Autor und Fotograf und lebt in Cornwall und Bristol. Für ihn geht nichts über die Erkundung seiner heimischen Strände und Klippen im Namen der Recherche. Für dieses Buch übernahm er seine Heimatgrafschaft und wagte sich auch über den Tamar, um die Abschnitte über Somerset, Bristol, Bath und Cumbria zu schreiben. Zu den Highlights seiner Recherche gehörte es, den Helford River hinabzupaddeln und den Sonnenuntergang vom Scafell Pike aus zu betrachten. Seine jüngsten Arbeiten findet man unter www.oliverberry.com.

**Fionn Davenport**

Manchester, Liverpool & Nordwestengland Als Dubliner fühlt Fionn eine Affinität zu Nordwestengland. Seit jeher ist er Fan des FC Liverpool und liebt die Musik der Smiths, und ein Besuch in Liverpool oder Manchester ist immer etwas Besonderes. Über die Jahre und die diversen englischen Auflagen dieses Buchs hatte er reichlich Gelegenheit, die Region zu besuchen und besser kennenzulernen. So erkundete er Chester und die Halbinsel Wirral und wanderte durch Lancaster und in die Hügellandschaft des nördlichen Lancashire.

**Marc Di Duca**

Canterbury & Südostengland Ursprünglich aus Darlington, County Durham, hat es den Nordengländer Marc im Jahr 2000 in den Süden verschlagen. Dort hat er für die letzten drei Auflagen der Lonely Planet Titel *England* und *Great Britain* die Wälder und Hügel seiner Wahlheimat recherchiert. Marc, seit zehn Jahren Vollzeit-Reisejournalist, hat Marc Lonely Planet Reiseführer über die Ukraine, Russland, die Transsibirische Eisenbahn, Polen, Österreich und Deutschland aktualisiert und geschrieben. Meist trifft man ihn aber in Sandwich, Kent, wo er mit seiner Frau Tanya und ihren beiden Söhnen lebt.

Mehr über Marc auf:
lonelyplanet.com/members/madidu

**Belinda Dixon**

Bath & Südwestengland; Cambridge & East Anglia Belinda zog mit Begeisterung für ein Aufbaustudium in den sonnigen Südwesten: die Palmen auf dem Campus hatten es ihr angetan. Wie eine echte West-Country-Klette ist sie nicht mehr wegzukriegen und schreibt und sendet in der Region. Zu den Recherche-Highlights für dieses jüngste Abenteuer gehörten die Fossilienjagd an der Jurassic Coast, Wildwasserpaddeln im Dartmoor, Pony-Spotting im Exmoor, die Cider-„Recherche" in Dorset ebenso wie *afternoon tea* in Lyme.

Mehr über Belinda auf:
lonelyplanet.com/members/belindadixon

**Peter Dragicevich**

Oxford, Cotswolds & Umgebung Wales hat Peter fasziniert, seit er für einen seiner ersten Zeitungsartikel mit einem Reisebeitrag über walisische Burgen beauftragt wurde. Seither hat er an Dutzenden von Lonely Planet Reiseführern mitgearbeitet, darunter auch der Wales-Titel. Und auch wenn sein Name nicht sehr walisisch klingt, so enthält er doch über die Hälfte des englischen Worts für Drachen, *dragon*.

**Damian Harper**

London Damien wurde nahe des Strand und (sofern der Wind günstig wehte) in Hörweite der Bow Bells geboren und wuchs in Notting Hill auf, lange bevor Hollywood das Viertel entdeckte. Der ehemalige Verkäufer im Buchladen Shakespeare & Company und Radiomoderator schreibt seit Ende der 1990er-Jahre Reisebücher für Lonely Planet. Er lebt mit seiner Frau und zwei Kindern in South London, wenn er sich nicht gerade in seiner zweiten Heimat China aufhält.

**Catherine Le Nevez**

Birmingham, Midlands & Marches; Newcastle & Nordostengland Mit vier Jahren bereiste Catherine zum ersten Mal Großbritannien und ist seitdem bei jeder Gelegenheit zurückgekehrt. Zwischenzeitlich hat sie einen Doktor im Kreativen Schreiben und einen Master im Professionellen Schreiben gemacht und weitere Qualifikationen in Redaktion und Verlagswesen erworben. Sie hat Dutzende von Lonely Planet Reiseführern sowie Zeitungs-, Magazin- und Onlineartikel über Großbritannien, Europa und andere Ziele geschrieben. Durch Burgruinen und Korridore von Herrenhäusern zu wandeln waren Highlights bei der Recherche für dieses Buch, ebenso wie die Entdeckung idyllischer Dorf-Pubs.

# DIE LONELY PLANET STORY

Ein ziemlich mitgenommenes, altes Auto, ein paar Dollar in der Tasche und Abenteuerlust – 1972 war das alles, was Tony und Maureen Wheeler für die Reise ihres Lebens brauchten, die sie durch Europa und Asien bis nach Australien führte. Die Tour dauerte einige Monate, und am Ende saßen die beiden – erschöpft, aber voller Inspiration – an ihrem Küchentisch und schrieben ihren ersten Reiseführer *Across Asia on the Cheap*. Innerhalb einer Woche hatten sie 1500 Exemplare verkauft. Lonely Planet war geboren. Heute hat der Verlag Büros in Melbourne, London, Oakland, Franklin, Delhi und Beijing mit mehr als 600 Mitarbeitern und Autoren. Und alle teilen Tonys Überzeugung, dass ein guter Reiseführer drei Dinge erfüllen sollte: informieren, bilden und unterhalten.

**Lonely Planet Publications,**
Locked Bag 1, Footscray,
Melbourne, Victoria 3011,
Australia

**Verlag der deutschen Ausgabe:**
MAIRDUMONT, Marco-Polo-Str. 1, 73760 Ostfildern,
www.lonelyplanet.de, www.mairdumont.com, info@lonelyplanet.de

Chefredakteurin deutsche Ausgabe: Birgit Borowski

Redaktion: Bintang Buchservice GmbH,
www.bintang-berlin.de
Übersetzung: Petra Dubilski, Jürgen Dünnebier, Katharina Grimm, Dagmar Klotz, Silvia Mayer, Gunter Mühl, Julia Rickers
Lektorat: Katharina Grimm, Jan Haas, Julia Niehaus, Katja Rasmus
Satz: Stefan Müssigbrodt



**England**
1. deutsche Auflage August 2015, übersetzt von
*England, 8th edition*, April 2015 Lonely Planet Publications Pty



Printed in China